广东东江地区妇女解放运动

史 料 汇 编

GUANGDONG DONGJIANG DIQU
FUNÜ JIEFANG YUNDONG SHILIAO HUIBIAN

第 一 册

广 东 省 妇 女 联 合 会
中共广东省委党史研究室 编

中国妇女出版社

图书在版编目（CIP）数据

广东东江地区妇女解放运动史料汇编．第一册 / 广东省妇女联合会，中共广东省委党史研究室编．-- 北京 ：中国妇女出版社，2024.3
ISBN 978-7-5127-2371-9

Ⅰ.①广… Ⅱ.①广… ②中… Ⅲ.①妇女运动－史料－广东－1938-1949 Ⅳ.①D442.865

中国国家版本馆CIP数据核字（2024）第018564号

项目统筹：万立正
责任编辑：耿 剑
封面设计：李 甦
责任印制：李志国

出版发行：中国妇女出版社
地　　址：北京市东城区史家胡同甲24号　　邮政编码：100010
电　　话：（010）65133160（发行部）　　65133161（邮购）
网　　址：www.womenbooks.cn
邮　　箱：zgfncbs@womenbooks.cn
法律顾问：北京市道可特律师事务所
经　　销：各地新华书店
印　　刷：小森印刷（北京）有限公司

开　　本：170mm×240mm　1/16
印　　张：188.25
字　　数：2700千字
版　　次：2024年3月第1版　　2024年3月第1次印刷
定　　价：598.00元（全六册）

出版说明

为深入学习贯彻习近平总书记关于党史和文献工作的重要论述精神，切实加强新时代广东革命史料文献的抢救、保护和利用工作，充分展现广东妇女在中国革命历史进程中发挥的重要作用，广东省妇女联合会汇聚中共广东省委党史研究室、华南师范大学等各方力量，编辑出版《广东东江地区妇女解放运动史料汇编》（全六册），为中国妇女解放运动史尤其是广东地方妇女解放运动史的相关学术研究提供更加丰富和系统的史料支持，以推进马克思主义妇女解放理论的创新和发展。

广东东江是中国共产党在新民主主义革命时期开展革命武装斗争的重要地区。本套书所研究的广东东江地区，范围指东江纵队的游击战略区，主要包括惠阳（今属广东惠州）、东莞、宝安（今属广东深圳）、海丰（今属广东汕尾）、陆丰（今属广东汕尾）、博罗（今属广东惠州）、增城（今属广东广州）、龙门（今属广东惠州）等地，同时还包括当时行政区划中中国共产党所领导的香港九龙一带。抗日战争时期，东江纵队在党中央和广东党组织的领导下，进行了艰苦卓绝的敌后抗日游击战争，从无到有、由弱变强，逐步发展成为一支拥有1.1万余人的队伍，建立起总面积6万余平方里、人口450万以上的根据地和游击区，成为华南战场抗战的一面旗帜。抗战胜利后，东江纵队

主力奉命北撤山东，1947年扩大组建为中国人民解放军两广纵队，参与华东战场的多个重大战役。未参加北撤留在广东的武装力量坚持斗争，逐步发展壮大为中国人民解放军粤赣湘边纵队等部队，为解放广东作出了重要贡献。东江纵队这支队伍的一大特点是女战士多，她们是联络站的负责人、是担任敌后游击作战大队中队长、是负责医疗卫生和后勤保障工作的战士，还积极参与了秘密营救香港文化界人士和爱国民主人士行动，她们的英雄身影遍布各条战线，撑起了华南革命战场的“半边天”。但遗憾的是，由于各种因素，目前广东东江地区妇女解放运动的相关史料分布较为零散无序，缺乏系统整理和科学梳理。

本套书收录了1938年至1949年期间有关广东东江地区妇女解放运动的政策文献、文史资料、口述回忆、文艺作品、人物传记、女英名录、历史照片等精选史料，共六册。第一册选编了1938年至1949年间的相关政策文献，依时间排序、按发文机构归类，共计约36万字。第二册和第三册选编了1938年至1949年间相关的文史资料，收录新中国成立以来当地对该段历史的记录和讲述的相关材料，共计约43万字。第四册和第五册选编了革命历史亲历者的口述回忆，共计约70万字。第六册选编了部分在革命斗争中牺牲的女英烈名录、部分具有代表性的革命妇女英雄人物传记、相关文艺作品（包括诗词、歌曲、题词）和珍贵的历史照片，共计约29万字。

为全面、真实、清晰地反映广东东江地区妇女解放运动的相关史实，本套书坚持以历史唯物主义和辩证唯物主义为根本指南，秉承着对历史负责的严谨态度，遵循“尊重历史，求实存真”的基本原则开展编撰工作。本套书在编辑的过程中，对不会产生歧义的字词均未作改动。收入本套书的政策文献、文史资料、口述回忆、人物传记的标题，一般为原标题，凡是原件无标题或标题有误的，均为编者所拟或修改。鉴于革命战争时期的紧张环境，个别政策文献及文史资料存在

着错别字、文理不通、表述与现在不一致、整理者水平不一等问题，为了尽量保持史料原貌，均未做改动，以“[ ]”形式加以修订；对模糊不清、无法辨认、缺损的内容均以符号“△”代替；符号“〔 〕”内容为原书编者修订。

习近平总书记指出：“历史研究是一切社会科学的基础，承担着‘究天人之际，通古今之变’的使命。”出版这套书，只是我们开展广东东江地区妇女解放运动史研究、汲取历史经验过程中的“万里长征第一步”。我们希望这套书能起到抛砖引玉的作用，以期创作出更多体现广东东江地区妇女解放运动的历史地位的精品力作，充分记录展现更多妇女先锋、妇女英烈的历史事迹，发挥妇女运动史料的教育作用，筑牢巾帼信仰之基，彰显巾帼担当作为，从而进一步激励广大妇女知史爱党、知史爱国，以更为强烈的历史自觉、更加昂扬的精神面貌，在贯彻新发展理念、构建新发展格局、推动高质量发展等方面继续发挥自身优势和积极作用，为实现以中国式现代化全面推进强国建设、民族复兴伟业作出新的更大贡献！

广东省妇女联合会

中共广东省委党史研究室

2024年2月

目　录

1938 年

1939 年

1940 年

1941年

1942 年

1943 年

1944 年

1945 年

1946 年

1947 年

1948 年

1949 年

1938年

《新华日报》发刊词（节选）①

1938 年 1 月 11 日

在民族自卫战争的怒潮中，本报得与读者诸君及全国同胞相见，本报同人实觉无限之感奋及欣幸，甚愿于此相见之初，一倾本报创立之初衷及今后努力之鹄的。

……

欲求抗战的最后胜利，欲求独立自由幸福的新中国之实现，其在今天和将来，除应加强我们内部的团结、巩固抗日民族统一战线外，别无方法与途径。这是挽救时局和复兴中华的关键。本报同人前曾为创造此伟大的团结而努力奋斗。于今团结初成之时，本报更将尽其所能为巩固与扩大抗日民族统一战线而效力。本报愿将自己变成一切抗日的个人、集团、团体、党派的共同的喉舌；本报力求成为全国民众的共同的呼声；同时本报将无情地抨击一切有害抗日与企图分裂国内团结之敌探汉奸及托派匪徒之阴谋。务使实现地无分南北东西，人无分老幼男女之铁一般坚固的团结，并且在这个团结之中，各种力量能够互相帮助互相扶持、共同负责共同发展。四万万五千万人民的坚固团结，将成为牢不可破的新的长城，保护我们民族的生命，将成为坚不可碎的新的基石，创立起独立自由幸福的新中华！

当此发刊之始，本报更希望全国人士及读者诸君，对本报力加扶持赞助培植指导，使新华日报能与我们光明灿烂的新中华同时生长发育与同垂永久！

（原载一九三八年一月十一日《新华日报》）

---

① 收录于中国社会科学院新闻研究所编：《中国共产党新闻工作文件汇编》下卷，新华出版社，1980 年，第 27—28 页。

广东妇女“三八”节大会宣言①

1938 年 3 月 8 日

29 年来，震动了全世界的妇女节，在世界史上已占据了最光荣的一页。虽然世界上许多半封建的国家以及资本主义国家的妇女还没有得到真正的解放，然而占全世界土地面积 1/6，人口 1/10 的苏联妇女已经随着民族解放而获得了历史上不可磨灭的光荣胜利，打破了几千年来男性中心的社会制度，推翻了妇女为天下弱者的荒谬理论。因此，更鼓起了二万万五千万中华妇女的自信心，她们深信，欲求中华民族的解放，人类的和平，除了参加神圣的抗日战争，打倒法西斯日本军阀以外，没有第二条出路。

资本主义国家的妇女运动，历史地指示我们，如果少数资产阶级妇女不和大多数劳动妇女密切地联系起来，真正的妇女解放是不会有完满结果的。眼前的事实也正在指示我们，半殖民地的中华民族，如果要达到真正的自由解放，不抗战到底，打倒日本帝国主义，那是绝对没有希望的。在抗战到底的全民动员中，如果不把占半数的至今还被压在封建遗毒下的劳苦妇女大众解放出来，尽管少数上层妇女声嘶力竭高喊着武装妇女、教育妇女，甚至自己武装起来，恐怕仍不免事倍功半。

我们为不负伟人的国际妇女先驱用热血造成的“三八”节，为了完成艰巨的中华民族自由解放的革命战争，为了消灭日本法西斯强盗，今后我们誓以血肉和至诚献给伟大的中华民族，争取抗战的最后胜利。

第一，我们要热烈参加一切抗敌工作，把妇女大众组织起来，武装

---

① 收录于中华全国妇女联合会妇女运动历史研究室编:《中国妇女运动历史资料（1937—1945)》，中国妇女出版社，1991 年，第 105−106 页。

起来，同时把各阶层的妇女团结起来，誓与奸淫残杀我战区妇女同胞的日本兽军作殊死战。一方面为祖国雪耻，一方面为被兽军残杀了的女同胞复仇！

第二，要为无数英勇抗战的将士们的遗孤及战区的流浪儿童谋安全，举办大规模的儿童保育院，保护中华民族未来的主人翁。

第三，为全国都市及今后新兴的民族工业方面的劳动妇女争取同工同酬，产前产后给假的保障。

第四，动员和教育全国的农村妇女，努力生产粮食，解决国防上最重要的粮食问题。

第五，知识界妇女，要把自己的知识和技能尽量传授给被一切恶势力压迫着的劳动妇女大众，先把她们初步解放出来，然后组织她们来参加抗战。

在这悲壮而伟大的民族革命战争中，中国妇女有用武之地了，这是千载难逢的机会，贤明的政府已给我们许多救国的自由了，起来吧！姊妹们！

（原载《中山日报》，1938年3月8日）

中共中央致国民党临时全国代表大会电（节选）①

1938 年 3 月 25 日

……

（六）继续全国人民的动员。首先用最大力量，普遍组织民众的自卫队、联庄队、游击队，对民众自动武装起来的各种武装队伍及全国民众的原始武装组织，应给以各方面的援助与指导，提高他们的政治认识与军事技术。各种抗敌后援会、动员委员会等，应实际上成为有广大民众参加的民众团体。大量扶植与发展一切抗日救国的与工人的、农民的、青年的、妇女的、各界的、职业的民众团体，在全国的与地方的范围内，把它们统一起来。颁布在民族统一战线总方针下言论、集会、结社、出版、信仰自由的民主法令，以建立抗战时期的革命秩序。

……

① 收录于中央统战部、中央档案馆编：《中共中央抗日民族统一战线文件选编》下，档案出版社，1986 年，第 101—103 页。

妇慰劳会续收慰劳品[1]

1938 年 4 月 26 日

（中央社）广东妇女慰劳分会连日收到惠阳妇女会汇来雨衣，代价国币五十四元五角八分，高要妇女会送来雨衣七十一件，教听转[2]钦县县立初中捐棉衣代价国币三十六元九角，广东禁烟特派员李基鸿代募棉衣代价国币一百五十三元八角。

（《越华报》1938.4.26）

① 收录于广东省妇女联合会、广东省档案馆编:《广东妇女运动历史资料》第五辑，广东省供销学校印刷厂，1991 年，第 455 页。

② 原文如此。——编者注

中央关于加强战区青年工作的指示（节选）①

1938 年 6 月 7 日

……

（四）青救要团结全体青年：

1、吸收青工贫农参加青救的活动，但又不应排斥地主商人的子弟。

2、吸收青年妇女参加活动，同时不要减弱妇救而应帮助妇救。

3、积极团结小学教员，组织小学教员联合会，吸收进步的小学教员，参加区村青救的领导。

4、吸收乡间游离知识分子青年参加各种工作，并协助政府建立相当正规的中等学校。

5、青救应注意影响敌占区及大后方的青年。

……

① 收录于团中央青运史研究室、中央档案馆编：《中共中央青年运动文件选编（一九二一年七月——一九四九年九月）》，中国青年出版社，1988 年，第 461—463 页。

中共扩大的六中全会政治决议案（节选）①

抗日民族自卫战争与抗日民族统一战线发展的新阶段，一九三八年十一月六日中国共产党扩大的六中全会根据毛泽东同志报告通过的决议

1938 年 11 月 6 日

中共扩大的六次中央全会听了毛泽东同志关于中央政治局自五中全会到六中全会之间的工作以及关于目前抗战形势及中华民族当前紧急任务的报告以后，完全同意政治局在这一时期的政治路线和具体工作。同时一致指出党在这时期的进步与成绩。党在政治局领导，全党同志努力，和全国军民拥护之下，在极艰难复杂的条件之下，顺利的完成了有历史意义的政策转变——从国内各党派各阶级各军队各政权对立的局面，转变到提出和建立以国共合作为基础的抗日民族统一战线。关于报告中所提出的对于抗战基本趋势的分析，对于目前抗战形势的估计和中华民族当前紧急任务，以及其他事项，扩大的六中全会完全同意。同时扩大的六中全会一致指出下列诸项，以为全党同志努力奋斗的准绳：

……

三　全中华民族的当前紧急任务

根据上述的抗战总结与抗战形势的估计，全中华民族的基本任务应该是：坚持抗战，坚持持久战，巩固和扩大抗日民族统一战线，以便克服困难，增加力量，停止敌之进攻，实行我之反攻，以取得最后驱逐日寇出境

① 收录于中央档案馆编：《中国共产党抗日文件选编》，中国档案出版社，1995 年，第 264–273 页。

和建立独立自由幸福的三民主义新中国的光荣胜利。在此基本原则下，全中华民族的当前紧急具体任务则应该是：

……

（七）扩大民众运动和发展民众团体（工、农、商、学、文化界、妇女、青年、儿童各种组织），动员广大民众积极参加抗日战争。

……

文抗会将发表宣言①

——关于希特勒承认伪满问题②

1938 年 3 月 3 日③

文化界抗敌协会召集的编辑人会议，于二日下午三时在该会举行。到王铭正（民治通讯社）、林向前（战时摄影服务团）、石辟澜、姜君辰（民族生路社）、杨履文（广州学生）、杨北钱（学生战线）、胡春冰（中山日报、抗战戏剧）、陈伊（抗战农村）、张翰荣（民众动员）、田文奎、谢天培（青年动力）、邢永铭（华侨战线）、林卿（诚报）、鸥外鸥、柳木下（诗群众）、雷石榆、卢荻（中国诗坛）、郭顺清、周若愚、罗叔章（妇女知识）。胡危舟（狂潮）、叶兆南（新战线）、姚潜修（救亡日报）、黄昌谷（黄花岗旬刊社）、罗哲明（救亡呼声）、黄刚（大众生路）等。主席罗海沙，记录胡一鸣。行礼，默哀如仪。主席宣布开会理由后，即进行讨论。议决要案如下：一、关于抨击希特勒承认伪满案，决议，根据政府意旨，发表有效力文字，并发表宣言。推定文协研究部宣传部等起草，由叶兆南负责。限三日内草就。二、“三·八”节纪念案，首由罗叔章、郭顺清、周若愚报告妇女界筹备工作经过，决议推举虞焕章、石辟烂［澜］、张翰荣、林娜、姚潜修、田文奎、杨北钱等七人共同进行纪念工作。三、关于慰劳空军案，决议由文协登报征求，1. 团体慰劳代表，2. 慰劳金，3. 慰劳物品。最后，决定于星期五再召集一次扩大会议，集中力量，进行一切工作。

（原载 1938 年 3 月 3 日《救亡日报》）

---

① 收录于中央档案馆、广东省档案馆编：《广东革命历史文件汇集·中共东南特委、西江特委文件和报刊资料选辑（1937—1944）》，广东省供销学校印刷厂，1987 年，第 397–398 页。

② 由编者加拟或改过的副题。——原书注

③ 年、月、日是根据本文内容判定的。——原书注

我们的妇女是顽强的①

——省立广职在陈村

1938 年 3 月 21 日②

海　行

当我在一块墙壁上用粉笔写着"私藏白银的，就是扰乱金融"的时候，几位妇孺停着脚在问：写什么？先生！

标语的收效，是很低微的，老早已被救亡工作者承认着了；但是我们应改变方针，在当标贴时或正在写着当中，必定有些行人为好奇心的驱使而站着观看，这样，我们必抓住了他们向他们用浅白语言去解释，使他们明白而有印象，并且也是个别宣传一个好方法。

她们既敢开声问着，这，当然使我底内心发生无穷的欣慰了，便一一开始向她们解释。

我的音浪张播开到空间，邻家的几位妇女被刺激着吧？拉开了扉门向我跟前聚拢来。于是我更扩大我的微带嘶嗄的喉咙叫喊着，行人站立着不动，孩子们更跑到我的跟前来，这时十来个听众把我包围着，我认为时机到了，便开始用谈话的方式作演讲的开端。

略略把白银国有运动讲了一遍，乃针对着环境而转到日兵的暴行方面去。

当我谈着这一件史实："在无锡附近的一个村庄，当日兵抵达那里的时候，有二百多个青年妇女，闻着日兵的禽兽行为，奸淫抢掠，早已逃避

---

① 收录于中央档案馆、广东省档案馆编：《广东革命历史文件汇集 · 中共东南特委、西江特委文件和报刊资料选辑（1937—1944）》，广东省供销学校印刷厂，1987 年，第 405—406 页。

② 按文章发表时间刊印。——原书注

一空。乃匿居一个野外塔上，可是后来被日兵搜索到来而发现着了，初用狡猾的假慈善欲诱她们，用火烧威胁她们；但妇女是很聪明的不听他们的话，火葬在纯静［净］的洁白里较死在污辱的禽兽铁蹄下好。下了这样坚决意志的她们，是被烧死在这塔中了。”

说完这段惨史后，她们没不痛恨咀［诅］咒敌兵的无耻，在她们底脸上，浮泛着愤怒。我机警的知道了，乃很温和的用启发式向她们说：你们对于那些妇女的死有什么感想呢？

宁烧死也不能落在兽兵的手上！一位二十来岁壮健的似中下人家的女主人这样的回答着。

另一个接着说：不，决不！他们白白的被烧死未免愚笨一点哩！我以为大家应该走下塔来，虽没有武器和他们对抗，然总可以利用自己的拳头（她握着紧紧的右拳）拚［拼］命的与他们作一次最后的挣扎，倒可以搏回些少代价，表示中国妇女不易屈服，这样死得才算光荣！她是较年青的少妇，穿着土布的短衣，拖着木屐，一位受过民族革命的洗礼而不得志的妇女似的。

当然啊！这是虽死犹荣！抵抗暴敌横行，非以这样的手段来还击不可。我这样回答着。

我因为时间不许久留，乃很满足的离开了她们而归到我们大队里去。

（原载 1938 年 3 月 21 日《救亡日报》）

全国学生热望中的新教育政策（节选）①

1938 年 4 月 9 日

梁威林

中国国民党临时全国代表大会所通过之抗战建国纲领中之教育政策，根本上是进步的，是适合目前抗战需要的政策，全国学生应该拥护中央政府及教育部通令全国机关执行这个教育政策，全国学生应该根据这个教育政策向学校当局要求迅速改变旧时教程，实施战时教程，只有这样教育才能配合抗战的要求。

我们不能否认，抗战虽然经过了八个多月，而且在抗战过程中深深地感到由于民众的动员不够，民众的觉悟程度不够，民众的组织力量不够，以致造成民众不能协助军队作战，以致造成人民与军队的对立，以致造成民众被敌人利用当汉奸敌探，而增加前方作战的障碍与困难，这个教训我们是应该深刻地接受过来，因此在教育政策中之“训练青年，俾服务于战区及农村”一项，就是针对这个缺陷而提出的，的确在目前抗战进入困难的关头，学校当局所应负的责任是应该训练青年干部，去协助政府作征调壮丁的政治宣传与明确的解释，使政府减少征兵中遇到由于民众不了解所造成的各种困难，应该训练青年到农村中去组织训练广大的农民大众，参加抗战应该训练大批青年干部到军队中去，充实军队内部的政治工作，提高军队的政治水平与纪律性，使他和民众密切联系起来。而不是训练青年离开现实，养成一种“败北主义”和“逃避主义”的心理，也不单是计划怎样把仪器图书装箱运到自己认为安全地带去关住门来讲授与抗战无关的

① 收录于中央档案馆、广东省档案馆编：《广东革命历史文件汇集 · 中共南委广东省委文件（1937—1939）》，广东省供销学校印刷厂，1986 年，第 139—142 页。

科学，造成“硕士”“博士”。关于这一点，学校当局必需认清楚目前训练青年的目标，是使他们将来到“战区及农村”去服务，而不是要他们获得“文凭主义”，“荣耀乡里”，“光显父母”的虚荣。

要从学校中训练青年干部分派到各方面去，能够负担各种重要的工作，那末就不能象过去那种死板的单纯技术的奴化教育，连大学毕业生都不晓得抗日救国的大事，因此必须改订现在不适抗战需要的课程，增加新的适合抗战需要的课程，所以教育政策中之“改订教育制度之教程，推行战时教程，注重于国民道德之修养，提高科学的研究与扩充其设备”，是针对目前不适应抗战的教育制度而提出来的。至于关于如何改订旧课程，如何推行新的战时教程我认为：

……

3．自然科学如此，社会科学与文学更是如此，经济学就应该具体的研究日本经济、中国经济、抗战中财政经济问题、改善民生问题等等，以便切实的具体的来理解经济科学的基本理论、政治学应该研究日本政治、中国政治，如何充实和加强行政机构。社会学就应当研究日本社会机构、中国社会机构，以及如何改革中国社会关系之适应抗战要求等等。哲学应该具体的研究日本帝国主义及汉奸托派的思想方法，抗日救国运动者的正确思想方法等等问题，总之一切课程的修改，应使之直接适合抗战为原则。

训练青年不但要提高他的政治水平，武装他们的头脑，而且对于各种专门技术人材的训练也是必须的，所以教育政策中之“训练各种专门技术员与以适当之分配，应以抗战之需要”是必需的。因此对于青年的机械工作、化学工作、电气工作、军事工作、财政管理工作、粮食管理工作、运输工作、生产工作等技术的训练是非常必须的。

教育政策中之“训练妇女，俾能服务于社会事业，以增加抗战力量”是非常重要的，因为妇女占全人口的二分之一，如果妇女大众还是象过去一样忽略她们的作用，把他们摈弃在社会圈外，无疑是一个很大的损失，因为妇女和男子能够训练起来，她所起的作用是和男子并驾齐驱的，并不象某些所说的女子不能负担男子的责任。

……

4月9日草于病中

（原载1938年4月25日《救亡呼声》第二卷第9、10期合刊）

南雄的新动态（节选）①

1938年4月28日②

旅　克

……

其次便要说到这儿姊妹们的努力，这里的“慰劳会”有八十多的会员，会员的成份是县长的太太、公务员、小学教员、知识妇女，劳动妇女还没有参加，她们的工作也是非常积极，在一位慰劳会会员中记者看见了她们工作的照片，连小女学生也聚精会神的为前方将士缝制棉衣，在“三·八”节那天，各妇女团体除发动火炬游行以外，还跑到离城四五十里的地方去化装宣传，召集纪念会，因为要一天赶几个地方，竟至下午才吃早饭，这种新妇女的精神是值得向读者报导的！

（原载1938年4月28日《救亡日报》）

① 收录于中央档案馆、广东省档案馆编：《广东革命历史文件汇集·中共东南特委、西江特委文件和报刊资料选辑（1937—1944）》，广东省供销学校印刷厂，1987年，第435-437页。

② 按文章发表时间刊印。——原书注

动员妇女大众的基础工作[①]

——记省妇抗同志会

1938 年 5 月 22 日[②]

灏

“全民动员！全国妇女动员！”自从抗战以来，大家就喊着这句口号，但是这口号实行了没有呢？大家都感到还没有。就妇女来说，有多少的工厂妇女和农村妇女，还没有集中到抗战的旗帜下来，而这是目前太迫切的工作了。

陈明淑先生在过去苦干过妇女教育工作，去年暑中，在省妇女工作委员会，曾动员过中小学校学生五千人以上，在各县各乡举办妇女简易识字班，训练了十万以上的妇女。后因中日战事的剧烈，这工作受了打击。最近又在广东省妇女抗敌同志会从事工厂妇女抗战教育工作，到工厂灌输抗战教育，由两者工作所得经验，是去工厂灌输抗战教育，很受厂方无谓的猜疑，工作进行困难。而倘然在厂方推行识字教育，用教部审定的书，要女工自由参加，再由此中来完成抗战教育的实施，那末比较易收效果。并且就实际的情形说，在厂里讲时事，发给女工抗战时图书看，不但厂方会发生误会，而顶大的阻碍还在女工本身知识水准太低，不能了解，以至缺乏兴趣。

根据以上的经验，省妇女抗敌同志会对女工教育将有新的开展。

十几家工厂，每家每星期去两次。每次在厂的时间约一小时。去时

---

① 收录于中央档案馆、广东省档案馆编：《广东革命历史文件汇集 · 中共东南特委、西江特委文件和报刊资料选辑（1937—1944）》，广东省供销学校印刷厂，1987 年，第 463–464 页。

② 按文章发表的时间刊印。——原书注

带去黑板一块，教部审定的识字课本数十本，另外编有抗战教育材料。到厂时，先找一块较空的地方，由女工抽出时间来自由参加。每人发给书一本，一边教他们书，一边灌输抗战知识。不点名，不拘形式，这种方式有两点好处。一、因为师生的关系，可增加女工与该会工作人员之好感，使工作进行加速。二、因为是教部审定书籍，厂方可无须猜疑，而免相磨［摩］擦。并渐渐地拣女工中有干才的，加以训练，使成干部人员，来组织他们自己，使他们自动的有组织，能团结，而各女工亦可由本身来推动他的家庭和朋友。

十多个工厂，一个工厂有一百个女工，也就有一千多女工，会集中到抗战的阵线里来！希望省妇女抗敌同志会，赶快做好一切准备工作，来开始实施！

（原载 1938 年 5 月 22 日《救亡日报》）

中共广东省委四个月的工作总结报告（节选）①

——关于党的政治领导、组织发展及群运问题②

1938 年 8 月③

省委成立至今大约为四个月，开了三次执委会，第三次为八月二十一日，这次参加人数，还有从未参加之中山县书记（候补）、东莞县书记，这是两个中心县委的书记，新任的青年部长。因此，这次执委会对于检查工作方面，由张同志报告后，大家均热烈发表意见，不但对省委本身的工作有彻底的检讨，还反映出下级党许多实际的结果，许多宝贵的经验教训。

总结起来，大约是这样：

……

四、群众运动的经验教训及工作方针

（一）首先，应了解没有群众运动，我党就不能成为群众的党。

1. 目前群众运动的基本力量仍在青年。广州大半青年团体是在我党领导之下，外县凡有组织基础的地方，几乎首先就是建立青年的团体。潮汕的青年抗敌同志会，都普遍了二十余县的组织，并曾在汕头召集代表会，出席三百余人，成立了“岭东青年抗敌同志会”的统一领导机关。文化、妇女两方面的工作，都有前进形势，然而同样大都是青年妇女与青年

---

① 收录于中央档案馆、广东省档案馆编：《广东革命历史文件汇集 · 中共南委广东省委文件（1937—1939）》，广东省供销学校印刷厂，1986 年，第 207−225 页。

② 由编者加拟或修改的副题。——原书注

③ 年份是根据文件内容判定的。——原书注

的文化人。但学生运动却有后退之势，如广州市学抗会，我们不能起领导作用。在香港，起初在我们党所独立领导之下拥有三百余间学校的学生筹赈会，我们的领导同志已有被排挤出来之势，并有同志在动摇叛变。

……

（二）广东民运的特点及其发展趋势；

……

3. 我们的组织力〔量〕很是薄弱，但真正与群众联系，真正做群众工作的，还是我们的同志，特别是文化、青年、妇女各团体，领导权多在我们干部手里。

4. 我们的基础，还是在青年方面，文化与妇女实质上也多数是青年。但由于缺乏统一的独立领导的基础，还未能把他们团结在青年的组织与工作中。

……

五、省委本身工作的检查

（一）领导方式上。集体领导一般的已经建立起来了，经过常委会集体讨论的，除大的问题、政治问题、一般的工作布置外，个别问题方面，也有如琼崖问题、广宁问题、东江巡视后派达各地巡视员工作、东莞工作检查、政治工作、妇女工作等。

（二）分工与各部日常工作，基本上是建立起来了，组织与宣传部日常工作已建立，妇女与军团也有，职工部近来也有了一些。

……

台山的女壮丁①

1938 年 9 月 9 日②

伍莲顺

这次中华民族的自由解放抗战，谁都知道是我们全体同胞的责任，妇女是占全同胞人类一半，能动员起来，力量是很巨大的。最近女壮丁训练，在我们台山也严格的组织起来了，这可显出第三期抗战中，救亡工作已满布着中华民国的每一角落里。

台山女壮丁训练，目下虽是第一期召集训练，但训练的企图还是伟大，今把大略的情形笔述一下：

第一期是召集全县市公立私［立］③小学校教职员，以及各乡间小学教职员为中心，非有特别事故，绝不能退却，如果有不依规例进行的分子，以后就丧失了教师的权利。除此中心受训人员外，还有小部分自由投考的分子，召集全体在县立台山中学校内训练，训练三个月期满，毕业后愿意恢复教职的就复回原校任职，愿意战时服务的就派往各乡当壮丁训练工作，但复回原校任职的分子，必要时也须动员落乡担任训练工作去。

在半封建半文明交替时期的中国乡间里，妇女们素受着封建社会的包围中，一般妇女都是扫除不了封建思想的皮〔脾〕气，现今受着敌人的打击，竟然在训练下而条理可观，被训者虽然不少是有家庭儿女牵虑的妇女们，但仍完全采取军事纪律化，严格化，毫无通融办理，闻有一不经准许请假而短期不返队受训的妇人，随即被当局开除，以后丧失教师权利了。

---

① 收录于中央档案馆、广东省档案馆编：《广东革命历史文件汇集 · 中共东南特委、西江特委文件和报刊资料选辑（1937—1944）》，广东省供销学校印刷厂，1987 年，第 485–486 页。

② 按文章发表时间刊印。——原书注

③ 原文为“公立私”，根据文意，改为“公立私立”。——编者注

经过那一次的警戒，从后没有敢违背命令的分子，这严格的训练，实在是一种热烈的希望和快慰。

解决民族自由平等所实施的女壮丁训练，实在是一种良好的办法，因为要抗战就要动员，动员是不能缺少妇女，但动员妇女怎样去动员呢？我以为壮丁训练是最有效果。同时也是目前最急需的问题，壮丁训练一方面是武装的训练，但同时也可以思想的训练，提高一般妇女的政治水准，对国家的儿童教养问题，也发生了极大的影响。倘若能在全国的各省各县、各乡各镇，都实施着女壮丁训练的话，相信对抗战前途是有绝大帮助的。回顾世界第一次大战时，各国的壮丁都上前线去，国内工作完全由妇女担任，她们给与祖国以不少的帮助，同时还可以锻炼当时妇女的技能，战后提高妇女地位不少。这是一个自强的良好模范，目下正是时候了，我们要推翻两重的压迫，除了推翻帝国主义的压迫外，还要推翻社会的压迫，争取人类的自由平等，希望女同胞们，更要自觉地把自己训练起来！

（原载 1938 年 9 月 9 日《救亡日报》）

救亡运动在合浦（节选）①

1938 年 9 月 24 日 ②

方　明

……

（二）

……

第三，妇女工作：去干妇女工作的自然是女学生，她们尽了很大的推动作用，现在合浦妇女救亡协会成立了，有会员四百余人，其中六七十人是学生，其余的都是家庭妇女。它中心工作为武装工作，曾进行过慰劳士兵，替他们补缝衣服寄家信；又开设二班妇女识字班，招收家庭妇女六十余人。最近进行女壮丁训练工作，参加者四十余名，都是家庭妇女。她们怎样动员家庭妇女参加壮丁训练的？这个问题怕许多人都需要询问的吧？但说起来并没有什么奥妙的方法，她们亦有认真苦干而已。她们团结家庭妇女的一个方法，便是利用封建的亲戚关系，首先获得感情上的亲热。其次，有计划的将广西女学生军的图片搜集起来，供给家庭妇女看，又和她们谈谈时事，特别着重利用日军奸淫战区妇女的兽行，激发她们的民族意识，而且联系地谈到贞操问题，使她们感到日军的兽行，和她们的生活有不可分开的关系。这一点的宣传，要注意反复，说明要给予深刻的印象。最后，号召她们参加壮丁训练，准备给敌人以武力的打击。合浦的女壮丁

① 收录于中央档案馆、广东省档案馆编：《广东革命历史文件汇集 · 中共东南特委、西江特委文件和报刊资料选辑（1937—1944）》，广东省供销学校印刷厂，1987 年，第 515–522 页。

② 按文章发表时间刊印。——原书注

队，就是这样组成的。它这有一个特点，就是除了出操上课外，还每天抽出相当时间做救亡工作。

（三）

合浦救亡工作的成绩，上面已详细的说过了，为什么他们能够获得这样的成就呢？这些宝贵的经验，是值得介绍给大家学习的。第一，他们确定了一个中心工作，把一切工作配合它，这使得中心工作能够迅速达到目的，而其他工作亦收到紧张与积极的效果。如以武装工作为中心，配合以学生妇女农村工作，这不特使武装工作做得好，而且，在武装工作进行中，亦健全了其他工作的自身。第二，他们虽把一切工作配合中心，但并不是从此放弃本身岗位的特殊工作，如学筹的成立，读报工作，夜报工作，大规模开展技术工作，这些都说明了学生工作并不因中心工作而停顿，相反的更加展开了。第三，他们确定一个工作以后，立即进行深入的政治动员与组织动员，这在自卫运动大巡行中，表现了最典型的模范。第四，他们集中全力于一个部门工作中的一点，便起模范作用，影响其他。如农村工作，首先艰苦地集中全力于一个乡村的夜校工作，使获得良好的成绩，广泛的宣扬这些成绩，影响其他乡村。第五，他们能把握时机，在自卫运动中提出反托派汉奸口号，这不特获得自卫运动的成绩，而且亦获得反托派汉奸的成绩。同时，更扩大了这两种成绩互相影响的作用。第六，他们的工作作风，是艰苦奋斗的，不怕困难，设法克服困难，如农村夜校的工作，更充分的表现了他们优秀的作风。第七，他们大量发展技术工作，以班为单位，这的确能够团结落后群众的，这是一个簇新的方式。

武汉危急华南告紧的今天，大量动员与组织民众，保卫武汉保卫大广东的任务，更加迫切地摆在每个救亡工作者的前面了。过去各地的救亡工作，虽获得许多成绩，但不可否认的还未到应有的程度，克服这个缺点的方法，除了救亡工作者主观上的努力外，还须有好的工作方式，合浦的救亡工作，提供了许多宝贵的经验，我希望大家齐向它汲取。

（原载 1938 年 9 月 24 日《抗战大学》第 2 卷第 3 期）

当前广东的妇女运动[①]

1938 年 10 月 3 日[②]

张　霞

要检讨当前的妇女问题必须首先略知过去妇运的趋势，不论过去妇女团体间团结的程度如何，妇女运动在广州遭受敌人的轰炸之后便走进新的阶段，行动趋向统一，当每个问题未进行工作前经由联席会议共同交换意见，例如在大轰炸中成立战时服务团，对参政会一致的拥护，热烈讨论向参政会的建议，欢迎孙夫人，“八·一三”的献金运动，欢迎赵老太太……等等的例子，但每次都以不能全数妇女团体参加为缺憾，追望着团结合作的发展，由会议转为统一机构，至此曾由联席会议召集妇女团体中的七八十个干部会议，一致要求产生统一的机构，和写过意见书并且根据实际工作中的教训，统一的组织应采用民主的方式去进行达到各党派各阶层各部门的统一，因为只有民主精神才能提高抗战情绪。

因此，孙夫人的返省和赵老太太七年打日本的宝贵经验介绍给广东妇女，邓参政员颖超的南来与目前国际风云的紧张，华南危机更严重，沿海地方敌舰增加和占领北海对面的涠洲岛，增兵南澳，厦门的特务会议……英、法增加舰队到华南、西沙群岛、广州湾、香港等，警惕着群众及妇女领袖们，须要立即产生广东妇女的发号施令机关，才能更好的对付目前华南的危局，这些都是统一团结向前更发展和成立协进会的主要因素。

产生统一机构的愿望和要求就在孙中山先生的三大政策贯彻始终的承

---

① 收录于中央档案馆、广东省档案馆编：《广东革命历史文件汇集·中共南委广东省委文件(1937—1939)》，广东省供销学校印刷厂，1986 年，第 261−264 页。

② 按本文发表时间刊印。——原书注

继者，孙夫人亲自领导下，三次热烈讨论，意想不到的速度便诞生了“广东妇女抗敌工作协［进］会”，十九个团体为今天的基干，业经孙夫人亲临指导和党政军参加的大团结下宣告成立了，这是广东妇女界一个大胜利，是今后妇女运动开展的关键！

广东妇女抗敌工作协进会是广东妇女运动发号施令的指挥机关，解放妇女痛苦的协助所，因此如何巩固和扩大“协进会”是当前妇女运动的中心，妇女领袖间虚诚相见，努力合作，继续孙夫人贯彻始终的意志是今后工作开展的先决条件，故特提供如下的意见：

第一，广东妇女抗敌工作协进会的工作应立即号召广东妇女界响应第四战区政治部五十万套棉衣运动，在协进会的计划分配下，订定各团体友谊间的比赛去加快速度完成，提出：“不让一个广州妇女不参加棉衣运动”的突击努力口号，使有钱者出钱、有力者缝制、有布者出布来参加棉衣运动。

第二，大规模的开办妇女救护训练班，施以救护、防空、防毒的训练，现在敌人在每个战场施放毒气，到处狂炸，因此救护、防空、防毒运动成为我们非常重要的工作，希望组织很多救护队上前线服务，减除前线将士的呻吟疾苦！

第三，要“协进会”健全和扩大必须帮助十九个基干团体健全和充实起来，拥有广泛的妇女群众真正成为妇女的教育机关，除了响应整个的运动外，还担负起经常特殊的任务。

第四，广东妇女抗敌工作协进会还应帮助各县的妇女团体健全和巩固发展，建立起各县的统一组织，成为协进会的细胞之一，在统一组织未成立以前，原有的组织应立即来响应“协进会”的号召，发展工作的联系，是总部队的一个支队，一定要具备着许多外县的妇女团体也环绕在统一组织的周围，这才是真正广东妇女的统一机构。

第五，“协进会”还应帮助建立各种职业部门的妇女组织，如工会、学生会、农妇协会、家庭妇女，另外还应组织各种各样的适合于广泛阶层妇女群众的组织，如歌咏队、剧团、俱乐部、读书会各种工作团等等，以团结更广泛的妇女群众以充实和巩固“协进会”的群众基础，促进广东各阶层妇女的大团结，使广东妇女界成为实现政府“抗战建国”一支有力的部队，一个行动，一个步调——为着实现孙中山先生的民族独立，民权自由，民生幸福的中华民主共和国的光明前途迈进。

最后更应明确的指出，光靠妇女本身的团结合作是很不够的，还希望党政军当局经常的帮助和支持——经费的津贴，工作的指导以及帮助解决妇女团体的困难，比方部分的学校、工厂非常顽固，封锁救亡消息，不允许妇女团体教育工人识字，使工人明白自己的责任，了解抗战的困难处境，华南的紧张局面……这都是过去妇女参战运动中极大的障碍，因为，我们更热烈的要求党政军当局向厂主、学校当局严厉的提出予以救亡的自由和抗战教育的实施，妇女占全国人口的半数，抗战中许多工作都需要妇女负担，比方战地服务、后方生产、侦探敌情……如果不动员妇女自动起来执行抗战建国国策，“抗战建国”的伟大任务是不能完成的。

更希望党政军当局发动每件工作，要督促妇女团体来帮助进行，首先希望动员妇女统一的机构为妇女的代表，再由该组织去整个布置，共同合作去完成，这是党政军当局帮助孙夫人领导和党政军亲临参加成立的妇女统一组织的办法，促成为妇女界更大的团结，也是巩固和扩大妇女统一组织中当局应负的工作，正是成立会中各位党政军先生在演讲里指示的。

（原载 1938 年 10 月 3 日《救亡日报》）

广东的情况（节选）[①]

——关于政治、经济、救亡、党派活动等情况

1938 年[②]

……

四、敌人进攻情形

……

5. 梅城

地租——对租占多。

社会成份：

①自耕农最占多数，雇农不多。（农民连地主占总人口十分之四）？

②手工业——线衫袜子出产很多，这个阶层人数相当数量，以妇女参加为多。（占总人口十分之二）？

③商人亦占相当数量，都是在南洋经商的，家眷住在本乡，每年逢阴历五月、八月、十二月必需要寄钱来，否则家眷便有债主盈门（依旧习在该三月为结束时候），不够开支之虞。

中央派几个人去组织全省的自卫军，成绩是不很好的。

……

① 收录于中央档案馆、广东省档案馆编：《广东革命历史文件汇集·中共南委广东省委文件（1937—1939）》，广东省供销学校印刷厂，1986 年，第 267–280 页。

② 原件未署作者。年份是根据文件内容判定的。——原书注

张文彬关于广东工作的综合报告（节选）[1]

——关于广东共产党的工作环境和群众运动、武装斗争、反托斗争[2]

1938 年

……

二、群众组织

广东群众组织在"七·七"抗战以后，即有御侮救亡会、省市妇女会、秘密学联等组织，到南京失陷后敌人南进政策加紧，广东人心惶惶。因这客观环境的严重，我党的开始活动与省党部谌小岑的倡导，于是群众组织如雨后春笋到处生长，很短期中产生了不少的团体，大小各界不下六七十个，兹举大者转〔较〕有工作者如下：

……

（四）妇女方面，广东妇女在抗战中的积极性与组织性也是很大的，现在广东几个妇女团体在青年妇女的积极斗争下确做过不少的工作，其最大的团体：

1. 广东省妇女抗敌后报会（省党部领导的）。
2. 市妇女抗战同志会（四路军领导）。
3. 市妇女会（市党部）。
4. 女青年会（基督教组织无党派）。

---

① 收录于中央档案馆、广东省档案馆编：《广东革命历史文件汇集 · 中共南委广东省委文件（1937—1939）》，广东省供销学校印刷厂，1986 年，第 297–340 页。

② 由编者加拟或改过的标题。——原书注

5. 慰劳分会（四路军领导）。

6. 女车衣工会（我们领导，本是工人组织，但由妇女部领导工作）。

7. 此外有女权大同盟，有女界联合会，力量都小。这些团体无真正的会员，只是有一些工作干部，总约百五十个到二百个干部。多数为青年学生，过去以联席会为统一组织，现已建立起省的总的领导机关。因为上层的干部有很大的冲突，互争领导，但因为我们掌握上层最有权力的伍智梅（接近吴铁城），经过我们最有信仰的女干部区柏霜[①②]团结所有的青年干部，可以说一切妇女团体实际上都在我们领导下工作，无论是募捐慰劳，或抗议新华停刊等都能积极斗争。

……

（七）以上是在广州的。在香港妇女团体最有力的最有工作的是妇女慰劳分会和妇女赈灾会，虽然无一定会员，但颇能号召华侨中的妇女进行募捐慰劳工作。因为有何香凝、宋子文夫人等的活动，对八路军的捐助等亦很努力，但下层党的活动则是很小的。

（八）在外县的各种群众组织。各县群众组织因为都没有与省有直接联系，无从详知，但一般的情形是沿海各县比较好，尤以珠江区中山、东莞、宝安、南顺、四邑等地及北海、合浦等地为最好，岭东二十多县因为闽粤边特委过去有旧基础和因为敌人威胁更大，群众组织又更普遍健全。各县中的群众组织形式多数是青年抗敌同志会与文化界抗敌协会（多为小学教师）或妇女抗敌同志会，抗先只有四五个县有队部的建立，队员都只几十人。工会的组织除佛山、顺德、江门等处已派人去工作外，中山、东莞等县也已开始进行汽车工会与手工业工会的组织。但因为各县党部对工会组织一时尚不允，故很少建立起来的。目前各县多以工人夜校方式团结与教育工人，或组织工人的剧团，这在中山、东莞、阳江、合浦已有相当成绩。各县农民抗敌同志会亦只有中山、东莞、合浦、惠阳、广宁、顺德、开平等县有。

---

① 即区梦觉。——原书注

② 也有文献用“区白霜”。——编者注

从以上各种群众组织看，可以得出以下几个要点：

1. 现有的群众组织还只是在城市的青年学生、文化界这方面，妇女〔组织〕虽在城市有一些，但其群众基础还很少。在广州、香港的职工组织虽各有人数约一万左右，连海员共约三万人，但这一数目实在不够。农民的组织更加薄弱，青年妇女的组织都未深入到工农群众中去。

2. 小的团体很多，但不统一，使群众运动不能更广泛的发展，除几个工会有较好的群众基础和一二个青年团体如“抗先”、青年群〔社〕还比较有些群众基础外，其余实际都是些几十个人的团体或只是一个空招牌，扩大各团体的群众基础是很重要的。

3. 多数没有实际工作，凡有实际工作的则多为左翼分子在支持，或是因我们的组织支持，这无论青年、文化、妇女、职工都是一样，建立各组织日常工作是很重要的△△。

……

三、党在群众运动中的策略与群众工作

……

（二）根据以上的策略方针，我们曾进行过以下的几个群众工作，兹略述于后。

1. 在一般群众运动上有：

……

（4）暑期工作布置与大轰炸下的工作——这一工作首先只准备暑期工作，号召学生组织回乡工作队，以便开展外县工作。但正在布置时大轰炸来了，学校放假，学生逃难，使我们受影响很大。本省委立即转为轰炸下的工作布置，仍以执行回乡工作为主，提出正确疏散办法，反对逃跑主义，并决定留省工作者和指导在轰炸下工作的方针与办法（主要是如何避飞机、防空与如何利用时机工作），指出轰炸中工作的中心是救护、慰问及捉汉奸，及指导疏散和防空。因为各机关的逃跑迁移，留下者只是我们党员与左翼积极分子，故在群众中的影响很好，和取得了更好工作的地

位。以后乘时建立了青年的、文化的、妇女的战时服务团，战时工作协会，战时工作联席会等初步的统一战线的领导工作机关，许多在国民党控制下的团体转入我们领导下，而他无法〔话〕可说，到七月份仍有一部分为国民党再抢回去的。同时外县工作也得了很大发展，总共组织了三十二个工作队下乡，有的一个党员团结七八十人，有的一个党员领导一个工作队，虽然许多无党员领导（分配不好），但一般都能接受党的指示工作。以后七八两月各县党组织的建立，得这一次工作的收效不少。这次工作基本上的成功与收效及对地方党干部战斗的锻炼都很大，但仍未能取得更好更多的成绩，即是说未能在原无组织的群众中去以战时工作队或救护队名义组织他们，未能将下乡的学生大部分组织起来，甚至一部分党员都未能组织在工作队中和很好的分配在各工作队中，这主要的原因是大轰炸来的第一、二天，尚未警惕到大轰炸的严重性更及时布置，到四、五天后才布置下去。其次是没有很好运用公开的干部公开号召与组织，特别是八路军公开代表的不在广州及在广州之云广英同志中途跑去香港（他是去请△），不仅未能配合这一工作，反而给群众与上层左翼分子以不好的影响。

……

（6）参政会期前后的工作。根据党报的指示，首先发动在党内讨论与研究参政会的意义及如何推动建设的意见，这一讨论便相当提起党内对政权的注意。以后群众中的发动是首先从中大发动学生的座谈会，接着是中大教职员、学生、工人的欢送参政员大会与上意见书，以后是由“抗先”发动的青年团体中的座谈会与意见书，最后又是妇女方面的各团体会议与上意见书，并有榨油工人中、女车衣工会、印刷工会及几个胶厂中都有分头的会议及个别的意见书。只有文化界这次未能积极进行这一工作，以后才补上意见书。意见书都经省、市委干部看过，再给国民党部看，多取得同意再在报上发表与寄送，及直接交与参政员，参政员回后又进行了欢迎请作报告等工作，这样相当的反映了一些意见给参政员。但他们提出的只是保卫大武汉与广东的提案，其他如彻底开放民运、释放政治犯、改善乡村行政机构、实行民主政治、改善国共关系、实行战时教育等。这一运动除相当提高群众参政积极性外，并相当取得参政员的满意，特别中大工作的便利开展的条件。但我们未能更〔好〕做群众运动开展，只限在上意见书，只在广州、香港，未能在外县（香港也差）开展起来，未能将参政会中每一议案在群众中宣传解释，会后的工作只缩小在一个欢迎会上等。特别是未能提出如何实际执行各种建议与各种议案的意见，及在运动中达到组织群众的目的，和与参政员、参政会建立经常的联系通讯等工作（有讨论决定无实行），和未能发动环绕在党报周围的上意见书，未能有计划的使干部多发表政治意见，以培养干部在群众中的威信等。

……

（三）根据以上各次运动与斗争中的重要经验教训：

……

15. 群众团体中的党团问题，象在广东香港这样地方，我以为未到适当时候，未到有相当力量、未到斗争有相当重要而我们必须达到起一种作用不可时，决不轻易组织党团，只给一个任务，靠着一个左翼的派别分头取得信仰，站稳脚根，这样隐蔽目标与力量，等得各方面的输送干部工作相当程度与斗争的确实必要时再行组织党团，给以新的任务，文协中、抗先中与几个妇女团体中，以前我们都是运用这一步骤的，因此等到组织党团活动时（二个月以前），我们的力量已经形成，国民党顽固者欲打击已有些不敢轻率了。

……

1938 年

△△关于高明县状况和建立党组织及群众工作的报告（节选）①

1938 年②

……

三、我这样指示他们

根据前面向他们指出的失败的原因和有利条件，配合着目前的全面抗战、全国总动员的〔形势〕我又主张，对那儿的工作，我和他们这样决定并布置：

1. 建立△的组织：

这项工作，首先是审查由李介绍的，前曾由陈和他们谈话的干部，其后以李为中心，成立了五个人的高明县工作委员会，计除李外，妇女干部一，小学教师二，并一个台山人，其人已回台山工作，他们出身，多系小农人家，经济背景、状况都很苦。

其他干部，则交由该工委会审查，计划在一月内成立农民支部二、妇女支部一、教职员支部一，工作分配，计李任书记，并领导农支，中心工作为乡御侮救亡会，女的领导妇支并该县妇女会，其外，一教员同志则领导教支，并小学教师联合会。工委设三区，惟女的在地域上时负责在城区领导工作。

在该会议上，本人作了一次政治报告，第二天作一次教育谈话，内容

---

① 收录于中央档案馆、广东省档案馆编：《广东革命历史文件汇集·中共东南特委、西江特委文件和报刊资料选辑（1937—1944）》，广东省供销学校印刷厂，1987 年，第 307–311 页。

② 按整理档案时判定的年份刊印。——原书注

分：①党是什么？②党的基本任务。③中国党的特殊任务。④中国党现阶段的任务。⑤工作策略。⑥指出工委目前的任务。为建立高明全县乃至高要全属的抗救工作而奋斗！

2. 关于群众工作：

现在该县的御救分会已成立了，目前我们在里面的工作是如何使之真正干一点工作，在工作进行中来开展党的组织和加强党的政治领导，现已商和该特派员决定，在各组区成立区指挥部，第二区指导员已派定李同志负责，我们的工作就这样决定：

①把原有各乡“力社”组织基础都公开成立乡御救分会。（工作计划决一月内作成）

②普遍地成立各区各乡分会，向全县范围开展。决二月内作成。

③乡分会设警卫部，专管会员训练事宜，建立党团工作？（先就自己群众做起）

④积极实行乡村教育，提高民众政治水平，设有抗日壁报日刊，并决定办夜学，露天演讲会——宣传队已出发各乡宣传。

小学教师联合会，其工作已开始进行，即利用下乡宣传队，每到一乡便与该地小学教师合作演讲，征求他们意见。这主要是第一区和第三区，第二区有把握的学校已有三十余家。第二个方法，是和他们布置了“九·一八”联合纪念办法，即于举行前，由二、三学校发起，召集附近各乡教职员开谈话会，决定在广大中心地方举行纪念（集中各校员生，并可能时动员的农民、妇女），在行动上统一他们，并于大会上提案，立即推选筹备委员。（这方法在高要大巷乡也和他们布置了）

在工作计划上是决定从“九·一八”开始到十月十日成立，大概很有可能。

这会成立之后的工作，也和他们拟定，即执行上条御救会第四项工作。

妇女会。在本人寓县党部之日，已召集第一次谈话会，到会有一十七人，计各校女教员、女医生、女学生，从广州回去女生（计划决于双十节成立）。前举女同志即为筹委主要负责人，现在开始征求女会员，工作路向，决定叫他们向各乡“女房”（即不落家女人集合之所）宣传、谈话，据我的观察，她们能力薄弱，怕难有成绩（现叫她们学习唱歌，然后以姐妹会、歌咏会去组织农妇们到妇女会来，她们要求我们派一、二个能唱歌的妇女同志去教她们，并帮忙她们，费用由县党部出）。工作方法向她们指出利用亲戚、朋友，拜把姊妹关系去先开展，配合着外来的唱歌、宣传……等项。

四、关于李同志本人

一向他在那儿工作，大概没有计划。同时，也不懂得教育下级同志，如大的乡村多没有工作，对党文件虽读了，但没有和其他同志讲。故特和他个别谈了。①领导问题和教育问题。②叫他起草工作计划，除上面讲的外，多对内教育一项。并讨论如何纪念今年“九·一八”……。

五、那儿现在要求

寄文件、报纸，和女歌咏员。

六、附注

那儿工作可说从新开始。真正检讨，大概须在今后，开展也然。零碎关系，现有高要、鹤山、台山等县。

另者，在广州遇到从狱刚出的一同志，前负责马来亚团中央工作，据转告现有许多人出了事并有前省委、琼特委等人员，此事等面谈较好。

文艺人用你们的笔来为民族服务吧！（节选）①

——广东文学会成立大会

1938 年 1 月 30 日 ②

广东文学会筹备以来，有半月之久，最近筹备就绪，于昨日开成立大会。昨天早上九点，天气和暖得简直和初夏一样，准备开成立大会的会员都是精神奋发地跑到知用中学的大礼堂来。一共有几十个人，先由主席胡春冰报告筹备的经过，于是正式推举主席和纪［记］录，跟着全体起立恭读总理遗嘱，向前线将士致敬礼三分钟——这个项目很动人，同时很令人兴奋，在一片静默当中，我相信人们的脉搏在激烈跳动着，心里在默想前方的英勇的将士。

……

经过好一会的工作讨论，然后票选出：夏衍、罗海沙、胡春冰、杨邨人、欧阳山、祝秀侠、林娜、林林、孔仲南、钟天心、周钢鸣、黄石公、雷石榆、林焕平、郁风等十五人为理事。散会，已经近一时了。

（原载 1938 年 1 月 31 日《救亡日报》）

① 收录于中央档案馆、广东省档案馆编：《广东革命历史文件汇集·中共广州市委文件、报刊资料选辑（1937—1940）》，广东省供销学校印刷厂，1987 年，第 259—260 页。

② 年、月、日是根据文件内容判定的。——原书注

抗敌妇女团结起来[①]

——△修关于广东妇女抗敌会成立特写

1938 年 2 月 4 日[②]

民众教育馆的会场，在昨天（二日），从十二时起，陆陆续续地走进了妇女群。由她们的服装和表情上知道包括了知识分子，家庭的母或女，和工友们。快到一点了，余声把会场的空气严肃起来，把几百只眼睛都集中到讲台上。主席团是李峙山、伍坤顺、陈明淑三位先生。轮流着主席。依次宣布宗旨，报告经过讨论、议决和选举。其间自然也有来宾演讲。在决议案里有呈请政府安置和教养伤兵、战区儿童、流离同胞和加紧训练妇女壮丁等十一项。这里面有的是临时动议："参加广东妇女各团体联席会议"，一阵热烈掌声，全体通过。"电请宋庆龄先生、何香凝先生领导全国妇女组织起来参加抗战工作"，一阵热烈掌声，全体通过。"电请宋美龄先生、宋蔼［霭］龄先生筹款安置灾区儿童及抗战将士子女"，又是一阵热烈掌声，全体通过。他们兴奋的情绪把会场空气分外地紧张起来，来宾演讲，有郭顺清先生等。在选举的时间，李峙山先生对记者说："我们的选举，因为会员多是第一次会面，互相不认识；由筹备会介绍了三十多位为候选人。并且事前我们也向会员征求过互相介绍和自我介绍的。但为了绝对民主起见，已把全体会员名单印出来当场散发了，听取会员选举她们自己所知道所信任的。"这种打破包办，厉行民主的选举，想来一定是很圆满的。可惜记者因事早退，来不及眼见干事会人选的结束了。

（原载 1938 年 2 月 4 日《救亡日报》）

---

① 收录于中央档案馆、广东省档案馆编：《广东革命历史文件汇集 · 中共广州市委文件、报刊资料选辑（1937—1940）》，广东省供销学校印刷厂，1987 年，第 269−270 页。

② 按文章发表时间刊印。——原书注

只有团结，才能救国！①

——记“广东妇女团体抗敌工作协会”筹备经过及成立大会

1938 年 9 月 22 日②

高　汾

孙夫人、邓颖超、赵老太太，这三位难得的嘉宾不约而同的来到华南的时候，顿时使华南妇女界象沐在银色的光辉里，光芒万丈起来，女同志们鉴于这三位女英豪过去伟大事业的成就，为祖国不惜任何牺牲斗争的精神，同时在这武汉垂危、全国愈益需集中精力争此次中原会战的胜利的时候，更觉需能集中华南妇女界力量，大家紧密的携起手来，效法这三位女杰的斗争精神，在集中精力，分工合作的原则努力工作。今更在孙夫人的努力，在孙夫人热诚的领导下，果然在十四小时内成立了一个广东妇女团体抗敌工作协进会的统一机构，我们除掉抱着十二万分诚意向孙夫人致敬，庆祝华南妇女界从此将成一支更庞大的力量外，更希望该会能秉着孙夫人和全华南女界的热望，切切实实的负起华南统一战线的任务，决不至统一还只限于形式，没有内容。

在十八日下午四时开第一次筹备会，到会有孙夫人及各妇女团体代表等，由大会拟定章程草案，再于十九日下午七时假迎宾馆开第二次筹备会，且同时举行成立大会。到会的除掉孙夫人、廖梦醒及妇女各团体代表外，有党政军各界代表亲临指导，邓颖超先生也怀着满腔热诚光顾了。正当筹备会开始时，灯光骤息［熄］，于是以烛光代之，在淡淡的光

---

① 收录于中央档案馆、广东省档案馆编：《广东革命历史文件汇集 · 中共广州市委文件、报刊资料选辑（1937—1940）》，广东省供销学校印刷厂，1987 年，第 397—399 页。

② 按文章发表时间刊印。——原书注

辉下，孙夫人还是笑容可掬的沉着而愉快的聆听各团发言人的内容和考虑大家的意见。主席为邓不奴女士，首先修正章程草案，章程内容要点，关于组织方面，最高机关为会员大会，设有名誉会长，下为指导委员会及理事会，理事会下设秘书处，宣传组、训练组、战时服务组、生产事业组、联络组，每组设正组长一人，副组长二人执行理事会议决一切事宜，名誉会长当请孙夫人担任，于是会场掌声四起，足历五分钟。理事会由参加筹备会团体派一代表组织之。本决定十一个代表，后由孙夫人主张增加至十九人，格外能表现民主化精神，计有：①女联会；②广东省妇女抗敌同志会；③市妇抗；④广东省慰劳分会；⑤提倡国货会；⑥中大女同学会；⑦女警队；⑧女青年会；⑨儿童保育会；⑩女权会[①]；⑪社训总队壮丁队；⑫妇女知识社；⑬市立医院护士．学生会[②]；⑭女权会；⑮女车衣工会；⑯第四路军军人家属学校；⑰省立女中；⑱妇女大众社；⑲国际妇女会十九个团体。且推定大会主席邓不奴，纪［记］录何巧生。当时又是一阵掌声，灯光骤亮，大家更热烈的欢呼着，孙夫人更笑容可掬了。接着就举行了成立大会，仪式隆重而简单，先有省党部谌小岑，市党部代表罗伟疆等演讲，说了许多鼓励而祝贺的话。更有伍智梅、邓颖超两位一番感人肺腑的演辞，伍特派员特别沉重的提出今后当秉着孙夫人的精神，破除一切隔阂、成见，集中精力，各人自我做起，不求虚浮，只求实际。邓参政员热烈的祝贺大会的成立，且谓目前不只是华南妇女界大团结，武汉的妇女团体在蒋夫人领导之下最近亦组织了妇女团体联合会，可见在这抗战最紧急的关头我们愈走向统一的道路，秉着总理一心一德，共存共荣的格言最后的胜利定是我们的。当时大家兴奋得真要流眼泪，孙夫人不禁眼红红的。时间已是十一时了，但还继续磋商了一、二件事，决定欢迎密雪斯何登的办法，并请雷砺琼及李钜扬夫人二位计划广东妇女工作报告书以呈示何登夫人，统一机构立即就有行动的反映，这该是可喜的事，但愿以后能不断

① 原文如此。——原书注

② 原文如此。——编者注

的反映出统一机构领导的争取抗战胜利的各种事宜。时已午夜十二时，大会才告结束，孙夫人及各团体代表始慢慢的散会。

（原载 1938 年 9 月 22 日《救亡日报》）

惠阳民众剧团动态（节选）①

——惠州通讯

1938 年 2 月 16 日 ②

林永玖

惠阳民众剧团是惠阳话剧团体中最伟大的一个组织。它是惠阳剧运的先锋队。里面分子包含有党政军中学教员男女小学教师、男女学生、店员、新闻记者、编辑、儿童，——各方面人士都有。当初几位同志是想组成一个独立的团体的，后来因感到在惠阳环境单独活动的困难，而且在统一救亡运动的原则下，为着工作的便利，便把它归属惠阳县民众抗敌后援会去了。它在惠阳县民众抗敌后援会直接指挥之下，不断的工作着，它展开了惠阳的剧运。

……

男女一齐演剧在过去惠阳的环境下是不允许的，所谓道德家礼教家虽然不会将那敢去和男子一同演剧的女子执行“猪笼刑”，但旧礼教的遗虫一定要将他们蛀食得体无完肤，什么要不得，抛头露面，“搅鬼”败风化的。可是惠州女子救亡力量的奔流并不因此而停止，刚刚相反，它反因民众剧团不断的排演试演公演，而冲破了旧礼教旧道德阻拦女子出来活动的水闸，惠阳女子对救亡运动今后是一定更合作起来。

……

（原载 1938 年 2 月 16 日《救亡呼声》第 2 卷第 5 期）

---

① 收录于中央档案馆、广东省档案馆编：《广东革命历史文件汇集 · 中共东南特委、西江特委文件和报刊资料选辑（1937—1944）》，广东省供销学校印刷厂，1987 年，第 377–379 页。

② 按文章发表时间刊印。——原书注

惠阳妇女实施训练[1]

1938 年 5 月 30 日

惠阳：县社训总队部，自派出妇女队长分赴各区训练妇女后，各队长经前赴各区组织妇女队，顷闻全县各区报名受训妇女极为踊跃，已编队者，计有鹅岭、鹤峰、淡水、平山、白芸、花龙岗各镇，日间即可开始实行训练云。

（《越华报》1938.5.30）

① 收录于广东省妇女联合会、广东省档案馆编：《广东妇女运动历史资料》第五辑，广东省供销学校印刷厂，1991 年，第 461 页。

广州湾的爱国波澜（节选）①

1938 年 8 月 22 日②

美　琳

……

在过去，广州湾的妇女，在封建制度下，都是过着厨房的生活，现在妇女运动的狂潮中，广州湾的妇女界也觉悟起来了，她们能自动地起来摆脱了枷锁，争取她们的自由解放。目前广州湾的妇女也自动组织广州湾中国妇女赈灾分会，在救亡的旗帜下，为祖国而努力，举行演剧筹款，献旗募捐，将所得捐款悉数寄回祖国救济难民慰劳伤兵，同时也到各乡村宣传演讲，散发传单，唱救亡歌，呼爱国口号，所以广州湾的妇女救亡工作也有不少成绩的收获。

以上是广州湾救亡运动的大致轮廓，自然，这并算不得什么大的收获，但是这些零星的救亡工作，在帝国主义者的摧残和压迫之下，能够有这样的发展，实也可表示侨胞爱国的热诚，而亦可宝贵了。

（原载 1938 年 8 月 22 日《救亡日报》）

① 收录于中央档案馆、广东省档案馆编：《广东革命历史文件汇集 · 中共东南特委、西江特委文件和报刊资料选辑（1937—1944）》，广东省供销学校印刷厂，1987 年，第 469–471 页。

② 按文章发表时间刊印。——原书注

1939 年

中共中央书记处关于开展妇女工作的决定[①]

1939年2月20日

为了开展全国各地的妇女工作，中央有如下决定：

（一）用各种方法解释妇女大众在抗战建国及将来社会主义建设中的重要作用，坚决消灭党的一切组织与党员中对于妇女及妇女运动所存在的那种陈旧的、庸俗的及中世纪的态度的各种残余，纠正一切对于妇女工作的轻视、忽视与消极的态度。

（二）立即建立与健全各级党的委员会下的妇女部与妇女运动委员会，认真的经常检查与帮助其工作，使之成为各级党的委员会内最重要的工作部门之一。其中的工作人员，不应经常调动，以造成真正熟悉妇女运动的干部，使妇女运动的经验能够不断的积蓄起来。

（三）动员全党女干部与女党员，起来担任妇女工作，鼓励她们，使她们对于妇女工作发生兴趣，相信妇女自己的力量，帮助她们切实解决工作中的困难，并用同志的态度耐心地纠正她们的弱点与可能发生的错误。

（四）注意对于女党员的吸收及女干部的培养。

（五）很好的根据中央妇女运动委员会关于“三八”妇女节及一般妇女工作的指示，准备将要到来的“三八”节工作及切实开展一般的妇女工作。

（原载《新中华报》1939年3月6日）

---

① 收录于中国妇女管理干部学院编：《中国妇女运动文献资料汇编》第一册（1918—1949），中国妇女出版社，1987年，第346页。

中央妇委关于目前妇女运动的方针和任务的指示信①

1939 年 3 月 3 日

一　目前妇运的总方针

根据党六中全会的决议，根据党中央书记处的决定，在坚持抗战，扩大与巩固抗日民族统一战线的总方针下，目前妇女运动的基本任务是：动员与组织更广大的妇女参加抗战建国各方面的工作，以便坚持抗战到底与争取最后胜利；为了克服困难，准备反攻，缩短到抗战胜利去的过程，抗战建国的大业，假使没有占人口半数的妇女积极参加，成功是不可能的。

二　现阶段妇运的特点

（一）目前客观环境特别有利于妇运的开展，由于：

第一，日寇的加紧进攻，烧杀抢夺，尤其是对于妇女的奸淫侮辱，激动了全中国的妇女，从大城市到穷乡村，把大批的妇女从家庭中赶出来；而十九个月的抗战，更使无数妇女觉醒，走上抗日的政治舞台。这个中国历史上空前的全民抗战大时代，给中国妇女运动以从来未有过的突飞猛进发展的机会。

第二，由于日寇实行灭亡全中国的计划，侵犯了每个阶层的利益和生存，半殖民地中国的大多数妇女本来已是最受帝国主义、封建势力、资本家、家庭、法律……等压迫和剥削的阶层，而日寇对于妇女更是不分贫

① 收录于中国妇女管理干部学院编：《中国妇女运动文献资料汇编》第一册（1918—1949），中国妇女出版社，1987 年，第 346—351 页。

富，无恶不做，这样就造成了现阶段妇运底从未有过的广泛的社会基础，造成了目前特别有利于妇女抗日统一战线的建立。

第三，由于日寇的破坏，许多城市中的女工和职业妇女流落到乡村，而武汉、广州失守后，抗战的中心亦由大城市转入广泛的乡村，占全国妇女最大多数的农村妇女底作用，日益重大。目前抗战，需要广大农村妇女有组织的帮助，比任何时候更为迫切。这样就给了动员农村妇女以必要的前提和有利的时机，使中国妇女运动大踏步地深入到有最广大妇女群众的农村去。

第四，由于以上好的客观条件，加上各阶层先进妇女的努力，所以抗战以来中国妇运已有了很大的进步。这主要表现于：甲，妇女对抗战的贡献，如慰劳救护，努力生产，战地服务，救济难民，保育儿童，锄奸警戒，宣传教育等等。乙，妇女本身开始走上团结和组织，如庐山妇女谈话会之召集，确定新运总会妇女指导委员会为全国总机构，并吸收一部分先进妇女的代表参加委员会和工作，以及开始与各地妇女团体的联络，开始妇女生产教育等工作。同时，各地妇女，为了参加抗战，组织了许多不同名称、不同工作性质的团体，使妇女组织从来未有的多样化，从先进的知识分子、女工、农妇到闺房中的小姐、太太，从年幼的小孩到高龄的婆婆，都有参加到工作和组织中来的。虽然由于种种原因，使妇女的团结和组织，还离抗战的需要和客观可能作到的程度很远，但现在已有的团结，不能不成为今后更向前开展妇运的主要因素之一。而在有些地方——如陕甘宁边区和晋察冀边区等地——现有的妇女组织已成为全国妇女团结和组织的模范。丙，妇女参政的开始获得，亦开有史以来的先例，虽然比起抗战需要来，还远不能令人满意，但在国民参政会上，妇女占百分之五，在陕甘宁边区参议会内，妇女占百分之二十，以及在晋察冀边区许多妇女已开始被选为区长、乡长等等，都是由于妇女斗争与妇运开展的结果。

所有以上这些好的开展工作条件，都是抗战以前所未有的。但是——

（二）妇女运动还有许多困难阻碍及本身的弱点和缺点。

虽然目前有上述好的开展妇运的客观条件和已有的基础，但如果不用更大的努力冲破种种困难、阻碍和克服许多弱点、缺点，那末，再好的客观条件，也不能变成为抗战的力量，对于抗战是莫大的损失！

目前妇运的主要困难和阻碍是：

第一，最大多数的妇女，在政治上、经济上、社会生活上处于非人的地位；

第二，不仅在敌人占领区内，敌寇对中国同胞——尤其是妇女的任何解放运动，加以最野蛮的摧残；同时，即在敌未占领区域的许多地方，还有不少顽固、落后、反动的力量，障碍和反对妇女运动之开展；

第三，宗法社会的传统和家庭困苦情形，烦琐事务的压迫，使妇女大众很少参加社会生活和社会活动的可能。

中国妇女要打碎这三条捆在自己身上的铁链，首先要靠自己的力量。要有力量，必须使自己壮健起来；壮健起来的要素，是克服本身的弱点和缺点，是充实和发展自己的组织。

目前妇运本身的主要弱点和缺点是：

第一，最大多数的妇女仍是无组织，少觉悟。

第二，妇女干部的缺乏，和许多知识妇女本身甚至有轻视妇女工作的倾向，尤其是有一部分人特别轻视在妇女基本大众——劳动妇女中工作的有害倾向的存在。

第三，妇女本身的团结不够，特别有一部分上层妇女，为私有财产、党派偏见或奢侈享乐的腐化性所限制，不能把抗战利益放在第一位，以致她们之中不仅有些人至今不热心抗战和动员妇女，而且还时时对动员劳动妇女抗战的工作，加以仇视和阻碍。

第四，许多地方的妇女运动，至今还未得着共产党的有力领导，这一方面是由于党的妇女干部异常缺少，同时也由于全党对妇女工作注意得非常不够。这是党中央在其最近指示中已经指明了的。这些弱点和缺点能否克服和克服的程度，首先要看我们共产党——中国工人和劳动者的先锋队的各个党部和每个党员以及一切先进战士在妇运方面的努力如何而定。

三　对目前工作的意见

（一）建立广大妇女群众的抗战建国工作的统一战线问题——一切妇女工作的干部必须注意在抗战建国的基本原则下，团结各党派、各阶级的妇女群众，同时，不仅须注意下层妇女的思想上、组织上和实际工作上的统一战线的建立，而且须注意上层妇女统一战线之建立，和有系统地吸引上层妇女参加抗战及妇运的工作，因为根据中国社会环境的特点及过去工作的经验，这种上层妇女的参加运动的积极和统一战线的建立，时常大大地便利于妇运工作的开始和发展，以及广大妇女群众统一战线的建立。为达到建立妇女统一战线的目的，不应轻视或放弃任何性质任何形式的实际工作的机会与可能，如慰劳、救护、自卫、宣传、教育、保育儿童、办合作社、开手工厂、帮助军队服务等实际工作，都应看作是组织和接近妇女大众以及建立妇女上下层统一战线的机会。

（二）妇女大众的组织问题——虽因地域、习惯、客观可能和妇女主观接受程度各有不同而异其趣，但原则上应向着达到使各地组织的群众性、统一性和民主性的目标前进，不管开始时用何种姿态出现，主要地要使这一组织形式和工作内容，能为广大群众所了解、所爱护和乐意于参加组织生活和工作。同时，统一组织绝不应了解为组织和工作的单纯化，相反地，只有广大妇女加入到种种不同的组织和工作中去，才能把不同阶层不同地域不同能力和志趣的妇女组织起来。所以各地除现存的妇女会、妇联会、妇救会、新运总会及其分会，或其他名称的妇女组织应大量发展会员外，并在这些基本组织的周围，把会员和非会员组织在各种不同的战时工作队中，这样来建立会员的日常生活和吸收积极分子入会。没有基本组织的地方，也只有经过发展各种工作形式的妇女小组（会或队等）来达到统一组织的目的。应当反对那些脱离群众，藉［借］统一为名，而拒绝广大妇女群众于任何组织之外，或藉［借］统一为名，而实行并吞以至封闭解散各种妇女团体的言论和行动。加入现存的一切公开合法的妇女团体，有必要与可能的地方，建立各种各样适合当地当时妇女需要的新的妇女团体，是当前重要的任务。“组织就是力量”，谁妨害和轻视这个工作，谁就是动员妇女抗战和争取妇女解放的罪人！

（三）妇女大众的教育问题——要动员妇女抗战，要达到妇女解放，必须提高她们的文化水准、政治觉悟和培养她们的工作能力。一方面向政府机关和民众团体建议，要求给妇女大众建立免费教育的学校，同时，用群众自己的力量和热诚，尽可能地设立识字班、夜校、小组、救亡室、话剧团等，以便经常的进行广泛的识字启蒙运动，启发妇女的民族意识、民主思想和基本的政治觉悟。设立各种训练班，同时，在各种实际工作中培养与提拔妇女干部和领袖。利用一切机会灌输抗战常识、社会科学、防空防毒、医药卫生、救护保育等常识；同时必须尽可能地使妇女受职业教育，妇女受武装训练，学习射击等等。同时，在妇女中用说服教育的方法逐渐达到放足，破除迷信及改变恶习惯，还是重要的工作之一。

（四）妇女大众的生活改善问题——极端痛苦的妇女生活是动员妇女时最大障碍之一，相当改善妇女生活是抗战和妇运的需要。

第一，在消极方面是赈济、慰劳、募捐，向政府或地主资方要求减租减息、改良待遇及津贴抚恤，实行有钱出钱和合理负担的原则等，都依不同条件和可能程度而定。

第二，积极方面是动员妇女参加生产运动，如学习耕种，开办手工厂，参加合作社、互助社及设法办保育院，解决一部分人的育儿困难等事。这些虽主要的要看所在地的政府能否实行初步的民权民生政策，但同时也看群众的组织和力量如何而定；用群众自己的力量和互助，不仅能达到自己生活的初步改善，而且可以帮助妇女的教育和团结工作。

第三，改善妇女生活，必须首先注意到改善抗日军人家属的生活，要求和督促政府彻底实行“优待出征军人家属条例”；发动群众优待、尊敬、帮助、慰劳抗属，组织和教育抗属，是目前妇女工作主要任务之一。在这方面应发扬和学习陕甘宁边区和晋察冀边区等的工作经验。

第四，必须注意妇女的家庭问题，适当的帮助她们解决困难，正确的处理她们的家庭纠纷，也是妇女团体的任务。要恰当的运用晋察冀边区的经验——提出“家庭和睦”的口号（或其他口号），和陕甘宁边区的经验——经过群众同意和大会奖励模范婆婆，批评（必要时处罚）打媳妇的婆婆，开婆媳的联欢会、家庭座谈会等，此外如拜寿聚餐、新婚晚会或遇模范老人死时，发动群众吊孝、送纸，必要时募捐抚恤其家属及治丧等机会教育与团结妇女。

但妇女团体和妇女干部，绝不应过于干涉她们的家庭细事，而应熟悉她们的情况，尽力帮助她们排难解纷，同时应耐心的利用家庭日常生活问题，启发她们的思想觉悟和引导她们注意政治问题。

（五）提高妇女地位问题——与一切轻视妇女、侮辱妇女的行动和言论作坚持的严肃的恰当的斗争，用以逐渐克服封建和顽固的思想制度，是动员妇女的必要条件。要求政府禁止打骂、虐待、侮辱妇女和童养媳，并颁布明令禁止买卖妇女和杀婴的法令，颁布禁止缠足及保护孕妇、产妇和儿童等法令。这里我们不应空口反对“贤妻良母”的口号，而应作新的解释，应创造无数抗日革命的模范妻子（贤妻）、模范母亲（良母）以至模范女儿、媳妇、婆婆等。

在进行上述各项妇女工作中，必须注意：（甲）首先动员和组织知识界的妇女及女学生，培养和训练她们成为妇运的干部，使她们不仅成为在妇女知识分子中进行工作的主力，而且成为到女工、农妇及家庭妇女中去工作的桥梁和先锋。（乙）妇女工作的范围，不能长期停留在知识妇女方面；应该向广大劳动妇女——目前尤其是广大农村妇女中去进行艰苦繁杂的教育工作，动员和组织工作。必须认清：目前关于兵役问题、生产问题及帮助军队和反对敌寇汉奸等问题的有效解决，离开广大农村妇女的动员和组织是不可能的。

四　加强全党对妇女工作的注意

（一）只有加强全党对妇女工作的注意和克服党内许多党员轻视妇女工作的现象，才能把妇女工作提高到应有的地位，才能转变党内工作最薄弱的这一环。共产党是要解放全人类的政党，首先是代表最受压迫最受剥削的一切人民利益的政党。因此，共产党对于妇女解放事业的同情、忠实和有办法，是任何其他党派所不及的。在苏联，在过去的苏区和现在的边区的事实都已证明了这一点。正因为如此，中国广大的劳动妇女和一切先进的妇女对于共产党才热烈的爱戴和拥护。但今后需要我们更加倍的注意和努力，如果我们轻视妇女工作，实际上将拖延革命和抗战胜利的到来。因此，忽视妇女工作的党员（不论男女）就不是好的共产党员。

说服和纠正党内外轻视妇女工作的观念和意识，及有些女同志不愿作妇女工作的现象，要在党内进行广泛的教育和转变。女党员除因特殊工作需要外，均应作妇女工作。

（二）扩大党在妇女群众中的政治影响，经常不断的用马列主义教育妇女，大量吸收觉悟、积极的女工农妇及女知识分子入党，把这个工作看作各级党部日常重要工作之一。

（三）有计划地、大批地培养、提拔和爱护党和非党的妇女干部，是解决一切困难的枢纽。除了党的训练班应尽量的吸收女党员外，应办专门的女干部训练班，特别注意训练女工、农妇的党员。不要忽视妇女工作的人才，不要轻易调动妇女工作的干部，各级党应指令负责同志特别负责帮助各个女干部和女党员，要更多的关心她们，尽可能地帮助她们解决工作上、生活上的困难问题（如疾病生育等），但同时对女同志的错误不应"客气"或采取自由主义的态度，应说服教育和进行必要的斗争。

（四）各局、各省、县、区委，应设立妇女部，除部长外，设干事；工作多时，部外可设妇女运动委员会，吸收各方面妇女工作干部参加，同时各级党部的负责同志（不论男女），应有一二人参加此委员会。不论部或委员会开会时，局、省、县、区委负责人必须有人参加。支部则设妇女干事。各省、县党部与省、县妇女部、妇委（以及各重要区和支部）应共同负责定期向中央妇委做报告。

（五）尽可能出版通俗的妇女读物，帮助推销先进的妇女刊物，并经常供给她们稿件，女同志应多练习写作能力，经常给党报（解放、新华、新中华及其他地方报纸等）投稿，应看成各地妇女部和妇委及女同志的日常工作之一。晋察冀和陕甘宁边区的妇委，应负责于短期间把已有的工作经验整理出来（要多写具体例子和经验），供给其他各地，同时今后各局、各省、各县、区妇委应负责经常不断的记载各地的妇女工作经验，以纠正过去各地参加妇女工作的同志不愿写文章报告，以致工作经验不能交换、不能积累的缺点。

这一指示信是经中央书记处讨论和通过的，希望各级妇委接信后除本身讨论外，并立即提到各级党部（直到支部）详细讨论，按照各地不同条件具体执行，并请速将你们讨论的结果和意见告诉我们。

致同志的敬礼，并祝健康和努力！

中共中央妇女运动委员会（选自《六大以来》下册）

抗日民族统一战线中的妇女运动①

在中国女子大学大会上的报告

1939 年 9 月 3 日

邓颖超

一、妇女运动观

我们马列主义者，对妇女运动同样是以马列主义的观点出发。我们认为妇女运动是人类解放的一部分，而不能把它孤立起来，不能把它与整个人类的解放的事业分开。在今天民族的观念上去看，又是民族解放的一部分，又是与民族解放互相关联而不能分开的。因此，我得到的结论是："只有求得社会解放与民族解放，妇女才能得到解放"。然而列宁同志曾告诉我们，人类解放的事业是否胜利，要看妇女运动的成绩如何。因此，可见妇女解放是人类解放事业中重要的一部分。

列宁又告诉我们说："妇女解放不仅是妇女本身的事，而且是全人类的事"。毛泽东同志对女大开学的贺词里说："中国妇女起来之日，即抗战胜利之时"。这许多英明指示，在几句简单的话里，告诉了我们整个妇女运动任务的重大。

在这里我们得到以下的认识：

（一）妇女运动应是整个革命运动的一部分，而不是两性间的斗争。因此我们目前妇运的总方针，应是反对当前民族的敌人——凶恶的日本帝国主义的侵略，而不应该是专门掀动两性间的仇恨与倾轧。

---

① 收录于中国妇女管理干部学院编：《中国妇女运动文献资料汇编》第一册（1918—1949），中国妇女出版社，1987 年，第 354—361 页。

（二）妇女运动的工作，应从民族解放、社会解放的观念出发。妇女运动的发展，应适应于革命斗争的形式。最近三十年来，已充分地证明了这一观点的正确。比如："五四"运动新文化时代和一九二五——一九二七年大革命的前夜，孙中山北上、"五卅"运动大革命开始以及十余年的苏维埃运动时代，妇运都因为适合于革命运动的发展而收到了许多成绩。现在在这伟大的抗战中，妇运又因配合了整个抗战的形式，适合于革命总的任务因而获得了长足地开展。相反的，妇女运动若离开了客观的革命形势，独立地去作，那将得到一无所成的结果。

二、中国妇女运动的环境

（一）抗战以前的环境

中国妇女所处的地位，是最痛苦的。数千年来都处在痛苦悲惨的命运里——宗法传统的封建压迫，国外的帝国主义的压迫，国内的地主资产阶级的压迫，等等，整个的四重锁链，束缚在妇女身上。在这种情况下，妇女们的生活，是处在黑暗、愚钝、不自由的奴隶的命运中。她们本身是男子的财产，男子的私有物，社会上没有她们丝毫权力，自然这个时期的妇女们是谈不到什么解放了。然而，我们同时也应该知道，在这时期，男子同样的也是不能得到彻底解放。

（二）抗战以后的环境

自从神圣的民族自卫战争开始以来，凶恶的敌人夺取了我们很多的地方，我们妇女们所处的环境也大大地改变了。在日本法西斯军阀疯狂的侵略下，许多妇女同胞被惨杀了、奸淫了、蹂躏了。自然在这种情况下，社会上给予妇女的压迫是比较减轻了，社会上曾一度高唱的"妇女回到家庭去"的口号，被消灭了。因为妇女已失去了自己的儿女，丢掉了自己的财产，战争的环境已强迫妇女从那狭隘的家庭中走到了广大的人群中去。

妇女们以英勇的姿态出现在各个抗战的工作部门中，在这抗战的大时代中，妇女们是表现了惊人成绩。因此，妇女们的地位，是一天天的提高、一天天的被人重视了。妇女们对抗战事业中所贡献的功绩是空前的。

如：一九二五年——一九二七年大革命时，有一个后方军事学校，全国人士都议论纷纷，舆论哗然，以为妇女怎样能参加这种工作？另外如其他在军队中的服务工作更是很少。而在今天呢？中国妇女不但参加了后方的工作，而且受到军事、政治训练，同时还能在前方与敌人作斗争。如：杭州的妇女营，能直赴前线打仗，尤其在二期抗战中，广东等地的妇女都要求直接参战；许多妇女服务团，更是作了不少的战地工作。拿女子参政方面来看，三十年来的要求到现在才有了初步的收获。由以上情形，更证明了中共中央妇委对目前妇运环境估计的正确："这个历史上空前的全民抗战的大时代，给中国妇女运动以从来未有过的突飞猛进发展的机会"（《解放》第六十六期第二期）。

当然妇运工作也是最艰苦的工作。在过去不仅是男同志头痛的，就是女同志也是头痛的事。可是，我们要拿出先锋队的姿态，拿出革命者先进的姿态，我们决不会怕困难的。我们一定能克服困难，我们要能象太阳一样，将自己的光芒射入每一个黑暗的角落。

三、最近妇女运动概况

（一）妇女运动的特点

以抗战为一个分界岭，抗战以后的妇女运动与抗战以前的妇女运动，是有着绝大的不同：在国内战争时代，我们的斗争目标是中国的地主资产阶级，而在抗战期中，我们的斗争目标是日本帝国主义。因此，目前妇运的特点是：

1. 民族统一战线组成后，革命走入新的阶段，妇女运动在新的政策的任务之下，要直接武装妇女，去反对日本帝国主义。

2. 妇女运动的发展是不平衡的。由于地区的便利与偏僻不同，由于战区和后方的不同，更由于领导强弱的不同，都使妇运的开展有着很大差别。一般的是在战区，在上层的知识分子妇女，在进步的政党领导之下，妇运开展上是有很大的成绩，这正是抗日民族统一战线发展的不平衡性在妇运中的反映。

3. 从中国南海之滨到北方，从边境的省分到内地的川康；从知识分子到下层劳动妇女、到上层的妇女中间，都广泛地开展着妇女运动。今天单拿湖南、湖北、四川、江西四省就有七十余县妇女运动在发展着。同时，今天妇女运动客观上的发展是比主观领导的力量要大。许多地方的妇女运动都是在自发的无领导的状态下萌发和存在。这是特点，同时也是弱点。

（二）二期抗战中妇女运动的新进步和成绩

1. 由于战争的需要，由于广大地区的失陷，中国妇女运动与一期抗战时有了许多不同，在第一期抗战时只有慰劳会、募捐会、抗敌后援会，后来又成立了保育会，作些慰劳、募捐、救护与抚育等工作。而在二期抗战中，她首先进行了政治、文化、教育工作。单拿广东二十余县与湖南九十三县的妇运来说，她们都进行了教育工作，她们开创了训练班，有广大的妇女群众来参加学习。广东一个妇女团体有十二个训练班，教育了二百五十个妇女群众。

另外，关于妇女干部的教育工作也有很大的进步，正在不断地培养着成批的妇女干部。在广西的学生军里，在第二、五两战区的干训队中，在蒋夫人领导的妇女指导委员会里，在国民政府干训团里，都正在培养着妇女干部。在生产工作方面，各地因为壮丁的被征调而妇女们都走上了生产岗位。延安的生产运动，是大家看到的。而在宝鸡县有千余人的抗属蚕丝工厂，在川陕公路上有数千女工在工作。在四川有两个实验区，完全是妇女在工作。另外，湖南有抗属难民大规模的工厂。在保育工作方面，募捐会工作方面，慰劳会工作方面，亦获得了很大的进步。今年“三八”节举行的妇女献金运动，一日有六十一万的巨款。战时儿童保育院，在敌人炮火下抢救了一万八千多个小生命，建立了四十二个分院。妇女运动与妇女组织，也有了广大的开展，现在已有四十二个妇女慰劳团。庐山谈话会后，产生了今日的领导机关——妇女生活指导委员会。它领导了三十余县妇女分会，职员眷属也组织了三十五个妇女会。在重庆一个地方，妇女团体就有一百一十个。假若全国妇女团体都加以统计，定有很大的一个数量。同时，在这里，我们还应该知道，不仅组织有了发展，而且更获得了新的组织经验。妇女工作者们已懂得了用各种不同的方法、方式去组织各样的妇女。不但有姐妹会，还有“月里会”——妇女生孩子的时候，大家互相帮助一个月，如：湖南的“月里会”就曾获得了不少的成绩。

2. 妇女运动的范围逐渐转向了更广大的群众，从过去狭隘的团体中而走入了各个阶层的妇女群众中去。今年“三八”节，重庆的妇女慰劳会，动员了五百以上的抗属参加大会。在去年“三八”节，动员广大劳动妇女的口号，曾受阻碍。但今年，已有广大的妇女团体开始注意了劳动妇女，开始安置她们一个集中的地方。家庭妇女也是如此，她们也有了自己的组织。

3. 小规模的运动开始走入了大规模的运动。未被敌陷的地方，都有广大的妇女在动员中，从几十个农妇会到几十万的妇女群众大会，都在召集着。在香港有几十万人的妇女大会；在广州、桂林有很多妇女手握着生产工具，来参加纪念“三八”节大会。

4. 懂得了将大的突击运动与经常的工作联系起来，能够在大的突击运动中建立新的工作。如：今年“三八”节大会中，各团体都建立与扩大了本身的组织，发现了新的干部。又如“七七”、“八一三”纪念会，不仅是妇女参加了纪念，而且还壮大了她们的组织，注意了发现干部，在这样的基础上建立了新的工作。

5. 开辟了统一的妇女行动的基础。在各处都有了区的、县的，甚至省的统一性的、同一内容的妇女行动，组织了更广泛的妇女，成立了更多的妇女团体。在第一期抗战，妇女无统一的领导机关，她们的行动是很难一致的。而在今天，在妇女指导委员会成立后，一县数县，一省数省，都有了统一的行动。例如在江西、四川、湖南、湖北有五十几个妇女团体做了同一内容的一致工作。

（三）妇女团体的缺点与困难

1. 广大的妇女群众尚处于无组织的状态：

“今天最大的缺点是大多数妇女还没有组织起来。”这是中央妇委的指示。因此，在毛泽东同志赠给女大的贺词上说：“全国妇女起来之日，即抗战胜利之时。”而抗战尚待努力，妇女群众是亟需要组织。

2. 已经组织起来的基础还非常薄弱，经常呈不稳定性，同时，往往在初开大会时人数还相当多，而多半是愈来愈少。

3. 表现在工作方式与方法上的：

(1) 工作方法与方式的一般化。这不仅是妇女工作，在青年工作，群众工作中，都是很大的弱点。你的团体是这些工作，我的团体也是这些工作，工作是重复而千篇一律的。

(2) 工作的刻板性。无论是座谈会或其他什么会，人数都是愈来愈少。原因是每天工作都是一样，不分对象，不区别什么人，而领导方式就只有一个。当然，关于怎样团结群众，怎样进行工作，各种不同的妇女要用不同的方式去组织她们，是最好的。然而数年来国民党一部分同志的工作传统，一直影响到现在，使某些人仍迷信于一纸命令，而不采取群众路线，也是原因之一。

(3) 突击工作不能够与经常工作联系起来。在今天，这种情况虽然是有了很大的进步，可是大后方的妇运，每次大的纪念会后，大吹大擂之后就完了。而经常的，一贯埋头苦干的做组织教育工作是很少的，工作表现是忽冷忽热。

4. 虽然现在有其统一的妇女领导机关——妇女生活指导委员会，然而它是存在着很多弱点的。现在，全国还没有一个真正坚强的、可以发号施令的全国妇运的总司令部。

5. 干部的缺乏：

在工作发展的方面来看，干部是缺乏的，同时，妇女干部的培养与团结都是不够的。在今天，还只有延安为了妇女运动而创办了女大，各校也培养了妇女干部。在外边除了少数的训练班外，还没有大规模着手做。虽然是知道干部缺乏，可是她们不愿去多多地培养干部，团结干部。她们抱着一种狭隘的宗派思想。因此，形成了一种关门主义，自己与广大的群众分开，而只凭感情与兴味，口味合不来的人，再也合作不了，这样只会形成少数人的包办，形成各自立门户的现象。结果只有使干部更加缺乏；干部的发现更加困难。

6. 妇女运动与整个统一战线是分不开的：

在“七七”纪念时，中共中央对目前时局指出，在新的危机生长之下，在投降反共的阴谋企图中，首长们都指出了这是统一战线发展的困难。而这种逆流，同样也反映到了妇女运动中。她们在全国，从妇女指导机关和各地的妇女组织，统统加以调查、统计她们的干部。在这样调查之下，有许多进步的妇女团体遭到严重损失。如：西安的妇女慰劳分会被强迫改组，这改组的结果，是改而不组，把积极分子排挤出去了，把她们所谓忠实分子捧出来，作一个招牌而已。又如：河南的妇女生活指导委员会，将很好的女青年排除出去，而代替以有托派嫌疑的人物。湖南“三八”妇女歌咏队的被解散。湖北襄阳、樊城的妇女组织部也都有这样的事情发生。然而我们并不害怕，我们尽量指出工作的困难，为的要想办法如何去克服。

7. 我们还没有很好地运用统一战线的原则，致使工作部分的还存在着弱点与缺点：

（1）没有发动各阶层的妇女，发挥她们在抗战中的特殊作用；尤其对上层的所谓太太们，我们的估计是不够的，我们忽略了这半封建半殖民地社会中她们的特殊作用。比如：某地的妇女慰劳分会，两年前抗战后援会欲把她们合并，可是因主任是主席的太太，她是蒋夫人直接领导的，别人不能干涉，这一计划终于未实行。

（2）在统一战线的工作方法表现出幼稚性。急躁爱痛快，要说作就作，从准备到形成到发展的这整个过程中的统一战线全不顾及，是青年人的毛病，而环境偏不能如此，因此，工作就受到很大的阻碍。

其次，是关门主义的倾向。在一块工作的人，一定要脾气合得来，如有对立的现象，门户的见解，自己清高的表示，孤傲而不善于抓住每个人的特点与特长去组织她们，这都是在工作中行不通的。有许多人讨厌出风头的人，然而，她们不能了解假若对事情有益处的话，就出出风头并没有什么大关系。

"组织一支抗日力量到抗日阵线中来"，这是中央的指示。可是到今天，全国还存在着许多对妇女工作的轻视，最庸俗的封建残余的观念。比如:《中国妇女》第二期一篇文章里说：有些人认为妇女工作是随便的，开玩笑的。我们反对这种态度。我们认为：正确的态度，应该是不受中国男性中心社会里的一切轻视妇女的影响。相反地，我们要斗争，我们应该充分地表现自己的先锋的姿态，担负起妇女解放的伟大任务。我们认为担负起这种任务是最光荣的，值得骄傲的。同时，不但妇女如此，即便是男同志只要他是想求得本身的解放、民族的解放，他们都应为妇女的解放而努力。

四、今后妇女运动的方向

（一）今后妇女运动的总方针，仍是要坚持统一战线的原则，组织广大的妇女到抗战建国工作中来。在今年"五一"国际劳动节时，我们革命的导师季米特洛夫同志，曾告诉了我们统一战线在今日的重要性，诚然如面包、空气一样。

如何建立统一战线呢?

1. 由许多不同的人群中，求得一点共同点去组织她们。统一战线是中共所倡导的，我们每一个革命者，均应采取积极的态度，争取的态度，去巩固扩大统一战线。我们不要计较细微的长短，而是要在共同之点上去组织不同的人群。

2. 善于争取中立分子、同情分子，孤立顽固分子。

中立分子态度是冷淡的，争取是比较困难的，然而是非常重要的。比如：开会欲通过有意义的决议案，首先就应该鼓励中立分子赞助我们，其次应该是鼓励、巩固同情分子。在过去，我们往往是不顾及她们的力量和处境去要求她们，结果便产生了两种现象：一种是她们很快的积极的去作，结果暴露了自己的面目，而被顽固分子破坏，遭受到损失；一种是不顾及她们的困难，去硬要她们工作，使她们再不敢接近我们。

3. 在政治上、工作上坚持我们的原则，决不能动摇；而在人事方面，应酬方面，我们不妨让步。也许有些时候，往往因为小问题而对工作有很大的益处。

（二）工作的中心应放在重要的城市与战争的发展上。在重要的城市中。

1. 在对象方面，应该是女学生，她们在开展广大的妇女群众的工作上，是起着主导的作用的。

2. 进行工作时，要具体了解环境，以马列主义的观点，客观地分析环境，使理论与现实联系起来，而不能死背教条。比如：开会在学生中可以在游戏时间、星期日、休假日。而在乡村中就不同了，她们的时间便成了不同的。在地点方面，城市中可以找经常开会的地方，而乡村必须找一个适中地点。在了解工作区域中的一切人情风俗上，也是一样。过去一个男同学说，他的学校中的女学生工作无法作，而我问他女生中你有没有熟人呢？她们那几个是积极分子呢？他一概不知，这难怪无法工作了。

比如在农村中工作，常发生婆婆打媳妇，丈夫打妻子的事情，当然这些事情是应该反对的。可是，方式是应当非常慎重的。在广东东江的地方工作的同志，针对着这种现象提出了对婆婆亲爱，对家事细心管理的口号，结果得到很好的效果，双方都高兴，工作也有了很大的开展。

（三）健全旧的妇女团体，发展新的妇女团体。

1. 今天最不健全的现象是无很好的分工，尤其是不能抓住工作的中心，常表现零乱无计划的状态。

2. 工作无联系，无组织的分工，各自独立，工作重复，表现不出他们特殊的作用。

3. 要努力发展新的团体新的工作，不满足于现有的成绩。

（四）培养新的干部。

1. 培养干部的目的——抗战建国的人材。

2. 如何培养干部：

（1）方式与方法：方式应该是个别提拔集体培养。集体的固然重要，而个别的帮助与提拔也是很重要的。

方法方面：不要是琐碎的苛求，不应是不适当的严格和过分地考虑，而要大胆的提拔。相信干部。使用干部时不应是简单的命令，而是细心地说明、解释与检讨，提高她的积极性与自动性。

团结干部，使用民主集中制的原则。

第一，使用自我批评的精神。

第二，集体讨论、商量、多收集别人的意见，而不应独断专行。

第三，帮助干部克服弱点，采取政治上的团结，以政治原则为出发，不应以个人感情的拉拢，应彻底抛弃自己的门户成见及关门倾向。

（3）培养干部的条件：

对象首先是女学生，次要的是女工与个别的农妇。今天在座的各校同学，有各种不同的作用。除此外，每个干部都应具备以下的共同作风：

第一，忠实于革命的。

第二，勇敢与沉着的。

第三，负责任、热忱、认真、对任何事情不疏忽。

第四，细心、耐心、有持久性。

第五，诚恳的、谦和的。古书云“满招损，谦受益”。谦是虚心，然而不是失去自信心。

第六，不断地学习的。

最后应该有新时代的新女性的作风。

（五）要组织强有力的刊物：因此《中国妇女》便应在中共中央妇委领导下力求充实和健全。

全国妇女刊物有十种，一类是定期的刊物，一类是副刊。如《妇女生活》、《新运妇女》、《新妇女》、《扫荡报》副刊、《浙江妇女》、《江西妇女》、《湖南妇女》、《妇女文学》、《河南妇女》、《西北妇女》等。然而这些刊物中，还没有一个能算得上是强有力的，足以能起领导作用的。还不能满足我们的要求和理想。

女大是与其他学校不同的，她是中国历史上空前的产物，她将在中共中央与校长的领导下，在全体的教职员的帮助下，在全体同学的努力下，定会培养出坚强钢铁般的干部，她们将是妇运中的一支生力军，在妇运史上将放出灿烂的异彩。整个妇女解放的伟大任务，已委托在你们的肩上，你们会很好的担负起来的。让我们高唱吧！女大是我们的母亲，是我们的希望，我们时刻的记着我们的领袖指示我们的："全国妇女起来之日，就是抗战胜利之时"。同志们！担负起这光荣的、伟大的、艰巨的妇女解放的任务来吧！努力地去唤起组织全国的女同胞吧！你们是清晨的警钟，你们是黎明的太阳，全中国的沉在黑暗势力的姊妹在等待着你们带来的光明！

（选自 1945 年《抗战以来妇运文件选集》）

中央关于深入群众工作的决定（节选）①

1939 年 11 月 1 日

……

（三）在八路军新四军活动区域，必须实行激进的有利于广大抗日民众的经济改革与政治改革。……至于地方民众团体，必须由党员领导，深入群众内面去发动为着群众自己利益而斗争的群众运动，依照自愿原则，将最大多数群众一步一步的组织于工会、农会、妇女团体、青年团体、儿童团体及民众武装团体（自卫军少先队）之中，为参加抗日改善生活提高文化而斗争。这些民众团体，负有教育民众，发动民众积极性的重大责任。……

……

① 收录于中国妇女管理干部学院编:《中国妇女运动文献资料汇编》第一册（1918—1949），中国妇女出版社，1987 年，第 361 页。

中共中央南方局关于成立妇委及讨论研究妇运工作情况给中央书记处并中妇委电[①]

1939 年 3 月 24 日

中央书记处并转中妇委：

（一）南方局在二月份成立妇委，以颖超、廖似光、刘群先、卢竞如、陈奇雪、寄洪、徐克立、范元甄等九人为委员，颖超负责。竞如任秘书。决定每周开会一次。

（二）曾开三次会讨论了中央指示电，布置与总结“三八”节工作（另有文章在《新华日报》发表及为书面报告）。通过研究抗战中妇运大纲已成立两个研究组。在妇委下直接管理。另在各省委下成立研究小组，搜集材料加以讨论研究，五月中初步总结。

（三）决定编辑出版一本妇女运动问题的小册子，内容：（甲）国际及中央关于妇运指示。（乙）《新华日报》妇运社论。（丙）几个中局同志的论文选。（丁）现在妇运材料。（戊）孙、蒋、廖夫人文选等。

（四）粤东特委已建立各区妇女工作联系会议。

（五）关于“三八”材料研究大纲小册子内容另外书面报告寄上，望经常给以工作指示。

廿四日

（原件存中央档案馆）

---

① 收录于南方局党史资料征集小组编：《南方局党史资料 · 群众工作》，重庆出版社，1990 年，第 18–19 页。

中共广东省委妇委给中央妇委报告[①]

——关于广东妇运情况[②]

1939 年 3 月 24 日[③]

妇委会电中央书记处转中妇委：

（一）指示妇运电均悉。“三·八”节粤妇委是二月九号开始布置的，与中妇委的指示相同。但因交通关系，通知别的地方较少。（二）“三·八”的情形，现将所知的报告如下：以后续告北江处的曲江进[④]。因翁源、始兴都有纪念大会，与募捐、卖报、慰劳伤兵与当地武装队伍。在翁源，经过这纪念大会后，成立了妇女统一战线与妇女团体筹备会，有六个妇女参加。因封建关系，无一个男团体丈夫引起。最近开香港大会，参加的有万余人。成立联合组织。（三）广州失陷后妇运是趋向好的。东江、西江、北江，中江区的组织健强且成立了六个县的新的组织。就现在所知的且大部分是在乡村。（四）粤妇委已成立区分队工作△△△△香港妇委重新建立了，我们督促△妇委负责，在敌占领区工作的妇女同志，负责妇委工作，各特委、各县委或特支亦有妇女同志，都给以一定的任务。甚至在青年团内的妇女同志，给以这个任务。（五）最近要召集妇女干部会，请准备组织广东妇运的经验教训和以后的方针，研究农村妇运。（六）曲江成立了广东省〔新〕运会妇女工作委员会，他们关心暂组织儿童生产训

---

① 收录于广东省妇女联合会、广东省档案馆编：《广东妇女运动历史资料》第二辑，广东省供销学校印刷厂，1991 年，第 99—100 页。

② 由编者加拟或改过的标题、副题。——原书注

③ 年份是根据文件内容判定的。——原书注

④ 原文如此。——原书注

练聚集工作，各个干部实际作风会。[①]（七）中妇委有什么指示，望速电告，以便实现干部的教育。

---

① 此句原文如此。——原书注

中共广东省委综合报告（节选）[①]

——扩大会后个半月工作概况[②]

1939年4月19日

一、一般的政治环境

……

5. 总的方面说，广东政治环境，还是向着前进道路上走，不过在某些方面，对于我们的限制是并不放松的。如省府方面与最近新换的战区政治部邱主任，虽然都不能说很坏，但在他们对于我们所采取的政治斗争的手段，是多限于消极的。公开宣布："凡是加入了别的政治党派的人员，必须一律自动声明退出，否则是不能容许的。"不断的密令所属要注意清查他们的干部，如新运妇女会要每个人详填履历，写自传，并须明白声明有无加入别的政治派别。政治部已将第三组尚仲衣、石辟澜、林西等撤职，闻将还要开除一批。

……

三、几个主要工作经过情形

……

12. 训练班工作：①由翁源、佛岗［冈］、南雄各地调来一部分干部，另由战工队抽出一部分共三十人。②训练时间准备一个半月，现已训练一

① 收录于中央档案馆、广东省档案馆编：《广东革命历史文件汇集·中共南委广东省委文件（1937—1939）》，广东省供销学校印刷厂，1986年，第377–385页。

② 由编者加拟或改过的标题、副题。——原书注

个月，准备在下星期结束。③训练课目为列宁主义、党的建设、统一战线、游击战争、民众工作（青年、妇女、农民）、军队中政治工作。

……

四、各县工作

……

21. 西江工作：①统一战线方面关系较前好。②党组织发展到三百六十多，比过去增加一倍。③群众工作：广宁农会九万一千人，护种队二十人（有武装），高明“青抗”二个，一个一百六十七人，一个一百人，农协七，“妇抗”二。新兴“抗先”二，训练班七十，妇女班一百六十人。郁南“抗先”二十，特务队三十（武装）。罗定农协二，一个九百人，一个二百多。民众讲座七，每座 32 人，歌咏团五，共二百人，其他团体六，共二百人，西青共三百人，④西江工作一般较前进步，现正在积极准备游击战争工作。

……

粤委

4 月 19 日（1939）

粤委张文彬负责

诸振龙起草

中共广东省委致廖转赵悦急电[①]

——关于南路地委破坏情况

1939年7月6日

香港廖、林报赵悦：

一、南路地委于六月初被一七五师参谋处谍报科及邓世增之特科破坏。该师现有报到战区政治部，情况如下：

甲、六月初，当地委在合浦霄巷八号开会，该特科包围、搜查，当场捕获林七果（二十五岁，主要负责人，似保老姚）、陈任生（一中教员）、利培源、叶△掩（女）、姜（？）[②]伯华五人。

乙、当〔局〕查出党内文件，颇多重要文件：

①目前反共逆流现象与党工作缺点（笔记）；

②地方党部工作报告；

③三合团武装工作报告；

④广东关于党的组织报告大纲（根据估计即姚根据在港听党的组织工作报告记录或自拟）；

⑤合浦党对于环境及建立统〔一〕战线估计；

⑥政治报告；

⑦政治报告记录；

⑧工作检查，党的、青运、工运、妇运这些已油印到战区政治部及桂林行营，此外，尚有许多未送缴。

---

① 收录于中央档案馆、广东省档案馆编：《广东革命历史文件汇集·中共南委广东省委文件（1937—1939）》，广东省供销学校印刷厂，1986年，第389–390页。

② 原文如此。——编者注

丙、查有合浦姚永先与小？廖通信地址一份。

丁、当被捕得由邓世增一七五师训主任林增华及县党部合法庭审判，据报告书中，言词尚好，所供出文件内容亦无妨统战与友党，但对组织秘密则颇有损失。

戊、案被获得，颇蠢［轰］动一时，同情很多？各〔结〕案时只批评被捕者要占县党部。书记长系右翼分子、“抗先”？队长[①]，已呈请辞职。林州防其进退，理〔要〕求他将政党均无法处理，请示战区司令长〔官〕颢庆、政治部张邱，态度尤其知△，请即将合浦关系断绝。六月起来人必须实慎据收。

二、请多方调查情形，准备派人查明真相，营救被难和恢复领导，值抗建即通知高离予备。

三、请桂林访问态度，准备交涉解放。

四、我正观察情况，并准备访问张交〔司〕令。你们所得望告。

粤委　6 日

① 原文如此。——编者注

广东八个月来的妇女工作报告（节选）①

——妇运工作的环境、发展情况、经验教训及今后的方针任务②

1939 年 10 月

……

一、"妇运"的环境

（一）一般形势：广东妇女运动，是在友党的领导下，全省以至地方的妇女团体，都是友党或上层妇女所主持领导的，广东省新生活运动妇女工作委员会俨然是全省的领导机关，建立起了相当威信，企图将妇运纳于友党完全统制之下。

但由于妇女本身还没有强大的组织，妇女的力量还没有充分的发展，因之不曾被人们很注意，在一般的工作表现上，并无过份刺激她们，而人们对妇女又一贯抱着轻视的心理，所以恶势力对妇运还未达到有系统有计划的操纵和统制。

妇女大众逐渐觉醒，妇女群众运动逐渐在各地开展，把妇运纳于"一个主义"、"一个党"领导底下的企图，在某部分人的意识里活跃起来，随着统线逆流，"新运"妇女会排斥我们同志左翼分子，要各县成立新运妇女分会，必须由县长夫人领导。伍智梅到中区巡视时，命令解散台山、恩平"妇抗会"及中山"妇协会"，许多县党部已开始注意和监视妇女工作。

① 收录于广东省妇女联合会、广东省档案馆编：《广东妇女运动历史资料》第二辑，广东省供销学校印刷厂，1991 年，第 101-127 页。

② 由编者加拟或改过的副题。——原书注

封建势力在逆流下更加抬头，阻止妇女参加社会活动，参加抗战工作，某地党部书记长公开说，妇女应好好的躲在家里，不应抛头露面。学校都阻止学生作救国活动，而买卖妇女、打骂妇女、虐待妇女的事情还极普遍。

妇女思想自由、阅读自由、信仰自由一天天受着限制，在机关及半官性妇女团体工作的女干部，不能读进步一点的书报，否则马上会被注意，在新运妇女会工作的人员一律要加入 K，没有你考虑的余地。

汉奸、托派、汪派的活动，已侵入妇运的领域，她们专事造谣挑拨，诋毁进步分子。香港回来的一个陈耀珍（又名耀光）在韶肆出活动，组织和平会，先在新运妇女会生产工作团的团员中散播失望空气，说生产工作没有前途，只是做工，生活太苦，使一部分团员动摇，常常想脱离甚至想逃跑，曾有极少数不坚定的无头脑的被利诱出来。新运妇女会主办的第一期妇干班也有几个托派、汪派在捣乱，由清远、从化来的一个陈君璧（又名璧［璧］君），在班内落后同学面前公开宣传汪精卫不是汉奸，把汪精〔卫〕言论集给同学看，打击救亡团体，特别打击“抗先”，说清远抗先是汉奸组织；还有杨文英（武建剧社的主角）也颇活跃，侦察同学并离间全班同学的团结，当长沙外围战展开时，她在班里散布“曲江危急，我们反对考试”的空气，动摇班内人心；还有陆△△、叶△△（两个都是班内职员）也和托派有关系的，但没具体行动的表现；新运妇女会的黎素绯，更是一向都执行她特务工作的任务；新运妇女会的战工队内也有一个蔡玉辉，行动有点奇怪，每晚必写信，每天必出韶关（战工队驻在桂头），但其他事实尚找不到。

（二）有利条件：

1. 人们轻视妇女，不注意妇女运动，所给与妇运的压迫和限制较宽。

2. 新运妇女会想建立起全省妇运领导机关的威信，因之工作较积极，有助于妇运的开展。

3. 战争更向前发展，好些地区（如潮汕、新会、江门、中山）都成为沦陷区或战区，妇女民族意识提高了，易于动员。

（三）障碍与困难：

1. 封建势力浓厚，旧社会、旧礼教及家庭琐屑事务加诸妇女的束缚，仍无法解脱，妇女不易于出社会活动。

2. 妇女生活痛苦，文化低落，一时不易提起她们的救国热情。

3. 逆流到来，妇运被限制，进步分子被排挤，部分妇干动摇、消极、害怕。

4. 交通困难，联络不易。

5. 妇女干部缺乏，不敷分配。

6. 妇女本身有很多弱点，如感情重，意志薄弱，度量小，猜忌心特别发达等。

二、八个月来工作经过

（一）开展群众组织，深入乡村，建立下层基础：

各地群众组织部有了新的发展，表现在妇女团体纷纷建立，会员大量增加，并且已逐渐深入到下层，建立起乡村小组或分会，建立各种各样的妇女团体，如姐妹会、婶姆会、互助社、乞丐会……等，兹将各地妇女组织表列如次：

县名	团体名称	会员约数	备考
曲江	曲江县妇女会	80 余	过去是空招牌，现重征收会员，十月一日改立
英德	英德县妇抗会	120 余	九月才成立，有三个分会
翁源	翁源县妇抗会	600 余	“三 · 八”节成立的
连县	星子妇女工作服务团	40 余	最近成立的
南雄	南雄县妇抗县〔会〕	100 余	去年成立，现在增加了二十余会员
清远	滊江妇女工作研究会	28 余	最近成立的
河源	河源县妇抗会	600 余	“三 · 八”节成立的

续表

县名	团体名称	会员约数	备考
紫金	古竹潮莎姐妹会	20 余	
	古竹新围姐妹会	30 余	
和平	妇女座谈会	20 余	“五 · 四”纪念时成立的
五华	战时妇女教育推行委员会	70 余	“五 · 四”纪念时成立的
海丰	妇女座谈会	30 余	
恩平	恩平妇抗会	300	“三 · 八”节成立的
台山	台山妇抗会	200	同上
开平	开平妇抗会	320	重新整理的
新兴	新县妇抗会	60	“三 · 八”节成立的
阳江	阳江妇抗会	50	“三 · 八”节成立的
阳春	阳春妇抗会	60	同上
高明	高明县妇抗会	400	去年成立，现增了百多会员
南路	七区行政专员公署妇女服务队	200 余	三、四月时组织的
遂溪	遂溪县妇女会	30 余	
茂名	茂名县妇女会	100	
高州	妇女歌咏班	30 余	
中山	中山妇女协会	400	
惠阳	惠阳妇抗会	900	
澳门	妇女互助社	100 余	去年成立的，现增加了会员
香港	七姐会	800	大部分是女工及家庭妇女
	文化服务团	80	
	晨钟社	200	这都是男女合组的，上列数字是女会员所占的约数
	洋务工会	700	
	印刷工会	200	
	学生赈灾会	180	
总数	三十二	7048 余	

（二）广泛推广妇女大众教育

妇女识字班、夜校是组织妇女的桥梁，各地初期工作，都以此为动员的第一步骤，因此妇女识字班差不多普遍到各个乡村。现在团结在识字班之下的妇女，总有一万以上，现列表如下：

地区	识字班	人数	地区	识字班	人数
英德	浛洸识字班	30 余	紫金	古竹潮莎妇女识字班	20 余
	望埠识字班	40 余			
	县城识字班	30 余		古竹新围妇女识字班	30 余
曲江	马坝识字班	300		识字班	
	田螺蛹识字班	10 余	河源	妇女识字班	80 余
	桂晓妇女夜校	20 余		平陵妇女识字班	30 余
	龙运妇女识字班	50 余	龙川	一区妇女识字班	30 余
	河西妇女夜校	50 余		二区妇女识字班	30 余
	黄岗［冈］妇女夜校	20 余	和平	县城妇女识字班	80 余
翁源	龙仙妇女识字班	30 余		热水妇女识字班	50 余
	坝子妇女识字班	20 余	五华	县城妇女识字班	100 余
	周坡妇女识字班	20 余	海丰	街坊学校	20 余
清远	湛江妇女识字班	100 余	惠阳	夜校十八余所	2000
佛冈	妇女识字班	30 余	东莞	夜校二十余所	300
连县	星子妇女夜校	40 余	香港	夜校二十余所	500
增城	妇女识字班	40 余	茂名	南宫乡妇女识字班	100
博罗	二区显村妇女识字班	80 余	新兴	妇女识字班	50
			高明	二区妇女识字班	50 余
	三区塘下妇女识字班	20 余	四邑	妇女夜校	10000
			南雄	识字班二班	60 余
识字班总数	二十九间	1530 余[①]	夜校总数	一百二十五间	5460 人[②]

① 字识班总人数应为 1510。——原书注

② 夜校总人数应为 12950。——原书注

（三）参战工作蓬勃开展

1. 前线服务——前线服务非常踊跃，新会、江门战事发生时，四邑妇抗会同志许多跑到前线，负责担架救护工作，还有些和指挥官一齐站在最前线，鼓励士气，使弟兄们都肃然起敬；中山横门之役，妇协会全体会员都积极勇敢的在前后活跃着，她们跑到前线抢救伤兵和难民，在炮火的密袭下，毫不畏缩，又常和士兵们一起，把握着一切机会进行政治教育、唱歌、讲故事，使士兵们得到很多安慰，勇气大增；她们还作广大宣传，动员乡村妇女帮助军队洗衣、补衣、炊饭等，都有了很好成绩。香港、澳门不断有女青年参加回国服务团，到惠阳、东莞一带工作。十二集团军政治补训班有近百的妇女，结业后已派到各师去担任政治工作及战地民运。三水前线也有战工队（三水县府组织的）的女队员在服务，还有些零星散在各部队中。

2. 伤兵服务——中山妇协会员，在营看护伤兵，协助后方医院工作；恩平妇抗经常派员赴伤兵医院为伤兵写信、洗补衣裳；南雄也动员一部分到伤兵医院工作，新运妇女会战工队，在英德动员几十妇女到伤兵医院服务。以前伤兵在医院是睡地下的，她们努力为他们募捐，使医院能搭起碌架床，改善了他们的生活，又为他们募捐了被单，伤兵极受感动。一七九后方医院的看护朱姑娘，无数的伤兵在她热情、小心看护之下痊愈了，再上前线了，伤兵都称她为“救星”，伤兵服从她比服务长官还要紧。

3. 募捐慰劳——募捐、慰劳运动，在各地也很热烈进行。在四邑曾举行过多次大规模的募捐和上前线慰劳，参加的妇女很广泛，由七十多岁的周老太太领导，募得的钱超过三千元，米、薯饼近百担，棉衣约千件，雨衣百余件，其他鞋袜毛巾等零星物品很多，又经常写慰劳信到前线去。翁源也来过二次大的慰劳运动，募集了百多个慰劳袋和几百双鞋子，蕃［番］薯米饼几十担。曲江在“三·八”节中募集了九百余元，慰劳伤兵战士。南雄“三·八”纪念义卖献金，卖得近三百元，香港女士的献金，女小贩的义卖是很踊跃的。今年“七·七”纪念，英德妇女来了一次献金，成绩有九百多元。中山战事爆发，妇协会在各乡动员人家制造慰劳品送前线，结果征集了不少米粮、瓜菜、凉茶等物。

4. 抢救儿童——新运妇女会及儿童保育会曾派出抢救队到前线及战区附近去抢救儿童，她们在鹤山、新会、高明、增城、从化、潮安、汕头、三水等地，曾抢救了二千多儿童回曲江，分别安置在儿童教养院内，还在高州、遂溪、罗定、兴宁、连县等地增设保育院，就近收容难童。

5. 直接参加武装战斗——琼岛刘秋菊同志率领一部分妇女，直接参加游击战争，不断给敌人打击，惠、博曾有过妇女参加夜袭敌营。

（四）增加后方生产

新运妇女会设立生产工作团，招收抗日军人家属及难民妇女，授以战时知识及生产技能，现有二百团员。最初她们是没有详细周密的计划的，只有车衣、制草鞋两种工作，车衣的机器又少（四十多架）不够分配，大部分都织草鞋，团员感到没有前途，兴趣、情绪均极低落。该团第一个业务主任（管理生产的）是很糊涂的，把团员当成工人看待，自己却象是资本家的管工，所以团员也感到在团工作和资本家的工厂差不多，加以破坏分子的煽动，于是好些团员都起了离心作用，一时团的空气极不好。后经我们积极努力，草拟详细具体的计划给团长，推动团长从速改进。结果于前月增加了制香糊、做布鞋，抽纱几个部门，并在教育上解释生产工作的重要，提高团员对生产与抗战关系的认识。同时计划以现有的二百人为将来动员生产的干部，必须训练她们以若干种的生产技能和生产管理的常识，经过一定的时间，派赴各乡村就地教授妇女生产技能，设立小规模作坊或生产消费合作社等。以推广生产工作，并通过生产事业去组织妇女，这样一来，大家兴趣都增高了，动摇的现象已渐渐克服过来，九月份已有香糊、抽纱手帕等产品在市面出售。该团团长及新运会主任委员吴菊芳都很高兴。现又准备把团员经过考试分为两部分，一部分是干部，设一中队，受干部的训练；另一部分则做工人，准备增设毛巾厂，招收各地失业妇女。

六十△军军部在新丰沙田也办了小规模的草鞋厂及合作社，收容了几百难民，妇女也占了一百多。

（五）加强团结

许多县的妇抗会建立了，奠下了地方的基础，而县的妇女组织，多数都包含了各阶层的人：当地有名望的中小学教师、校长、知识分子、家庭妇女、有地位的老太太及工农妇女，并能够很好的团结老太太或推动校长等出来号召领导。四邑妇抗会、河源妇抗会及南路各方面，这都很有成绩，与当地的党政机关又能建立密切的关系，取得他们支援，新运妇女会改组后（三月）相当团结了各方面的人才，往日分门别户，各干各的，现在也能在一个计划下分工合作（如郭顺清、陈明淑、雷砺琼等)，比在广州时已进了一步。香港也进行了更广泛的联合，今年“三·八”纪念后，更筹备香港妇女联席会议，包含上层妇女及劳动妇女的，后虽被英政府限制而没有实现，但已显示妇女统一战线基础的扩大和加强。

（六）培养干部

干部到现在还是感到十分缺乏，可是在几个月内也曾经培养了一些出来，在实际斗争里，她们长成了，她们都分配到各个地区去独立工作。各级△△办的训练班也选拔了一部分的女干部，对一般妇干的教育都加强了，经常举行流动训练，上△课及妇女问题，群众干部也推动了新运妇女会及各县妇抗会进行训练。新运妇女会主办的第一期妇干班现已结业，训练了八十多个妇干，准备派到各地工作，正开始计划招收第二期。第二期计划更大，招三百到四百学生，通知各县政府或党部选送，高中程度训练期间三个月，也是派回各地工作的。第一期虽然没有很满意的成绩，但也收了一点效果，我们同志在里面起了相当作用，可以把握上层及群众。四邑妇抗会也办过几班，训练了二十几个下级，电白亦有一妇干训练班，培养当地妇女工作人员。

（七）在逆流下的斗争

逆流所给与妇运的影响是妇女团体被解放、被限制，妇女干部被注意，被监视或排挤。这现象首先表现于新运妇女会，我们公开了的同志第一个站不住脚，失掉工作岗位，继续吴菊芳便对好些妇女青年干部都怀疑，都想不要她们在会内工作，常在其他人面前放出这样的话：“某人成问题，我希望她自动离开”。在这气氛之下，一些青年干部（不仅群众）表示失望动摇，大家都想走。我们一面鼓励群众，提出正确的意见，要她们刻苦工作，共同努力去克服“国内和平妥胁［协]”、“反共”、“防共”的危机，一面坚定同志的决心及提高她们政治斗争性，要她们继续在会内工作，极力改变过左、突出的作风，用埋头苦干争取工作岗位的巩固，非到吴菊芳开口叫走不走。而且纵〔使〕她要我们走，也须尽量向她解释及提出意见，表示我们热心抗战救国，完全没有其他，并用一切方法向同事宣传解释，散布政治影响。结果动摇的现象克服了，大部分青年干部（连我们同志在内）都能保持工作岗位，而且慢慢争得了上层的信任，只有两个干部（一个是同志，一个是非同志，但后来也是同志了）被排出来。

中区台山、恩平妇抗会都要改组或解散，在这种情形下，我们加紧了下层基础的建立，动员群众力量去争取会的存在，同时更正确的运用统线，改变左的作风，尊重并联络当地知识妇女及上层妇女，推动她们领导，并积极参加党政当局所号召的工作，后来空气便缓和了。

中山妇女协会也给当局命令改组和解散，妇协全体会员都坚持维持原有组织，反对无理解散。后横门战争发生，妇协会员奋不顾身，积极在前线。后方担任着救护、慰劳等工作，使官兵大受感动，县长及书记长都不禁止她们活动了。战事停息，不久又旧话重提，县动委会命令解散妇协，妇协也向省动委会递上呈文，控告县动委会，表示反抗，至于详细情形，因得不到她们报告，不能清楚知道。

（八）加强党对妇女工作的注意

自从接得中央妇委的指示以后，省委曾有过一次详细的讨论，指出过去的缺点，并决定对妇女工作无论在观念上、组织上、工作上都来一个新的转变，把决议传达到各级△部，要他们都作详尽的讨论，以求彻底克服轻视妇女工作的错误意识，各特委亦有初步的转变。

加紧建立各级妇委及指定负责妇女工作的人员，计划并主持妇运。中区、东南已建立了妇委，东江、南路、西江、北江只有一二个妇女工作负责人。

加强了对妇运的领导。七月省妇委曾给各地指示在新形势下的妇运方针，并督促省巡视员到各地必须同时检查妇女工作，传达省妇委意见，反映下层意见上来。六月初，省妇委曾召集北江各地妇女干部开过一次会议，会期三天，除政治报告及妇委报告外，还有各地报告和对北江妇运的详细讨论。这会的收获是很大的：1. 提高女同志对妇运工〔作〕的兴趣。2. 省委妇委更清楚了解北江各县妇运情形。3. 对北江妇运有新的布置。4. 交换了好些经验教训，教育了大家。

上述这些是八个月来的工作经过的大概，因为各地没有具体详细的报告，所以相当空洞，而且所表现的成绩也太不能令人满意。现在让我们再来一个检讨吧！

三、检讨

（一）优点

1. 能正确运用统线，创造了新的工作方式和方法：一般说来，妇女工作的作风不会过左，都能够尊重同盟者的意见，推崇她们领导。在新运会工作的同志很能接近上层，取得她们信任，但又不是做她们的尾巴，无作用的跟着跑。各地妇抗会都能推动上层妇女，特别是中区能培养出周老太太，争取党政当局的有力支持。翁源妇抗和十二集团军政治部的关系也不错。南路女同志颇能亲近行政专员夫人，获得了工作的便利条件；河源推动了当地有地位的女校长来主持妇抗；曲江县妇女会因通过党部当书记长的援助而委托我们同志主持。

2. 能埋头苦干：能争取上层，获得她们的信任，是靠正确的运用统线，还靠有埋头苦干的精神。我们同志在各团体各部门工作，都有艰苦工作的作风，切实埋头苦干，名誉、地位、风头让她们占上风，自己就一味工作，处处都表示诚心诚意，帮助她们，纵使她们脾气发作了，我们也得挨一顿骂，只能好好的进行解释，有时对她们总要低首〔声〕下心〔气〕，绝不倨傲。为了工作，苦头是吃不少的，一般女干部都能这样做，所以在团体得上层推动，得下层爱戴。

3. 能及时布置工作，纠正错误：在妇女生产工作团与团长不良倾向及破坏分子作斗争，提高生产工作的意义，能及时注意布置，使团增长了生气。在新运妇女会工作的同志对工作岗位发生动摇，能迅速予以纠正。在妇干训练班能即时注意汉奸、汪派、托派的活动，给她们以有效的打击（陈君壁的面目很快就在同学面前暴露了，班上并把她开除出去；杨文英在同学中也无威信，大家都知道她是只爱说不爱做的人，陆△△、叶△△亦没有机会活动）。各地也能把握时机，争取有利条件开展工作。

（二）缺点

1. 是广东民运最弱的一环，不深入、不普遍、不平衡：广大的工农妇女，仅有极少数参加组织（香港一千多女工，澳门几十女工，中区妇抗千余人，农妇占少数，河源妇抗六百人，劳动妇女亦不多）。东江有很大数量的女苦力、女挑夫，各个乡村中的农妇，多还没有好好的团结起来，工作还停留在市镇上，不曾真正深入下层群众中去。各县妇抗会都注意县城或附城的地方，没有认真的把握着农村工作。开展表现得极不平衡。中区几县妇运都相当蓬勃，但东江、西江、北江、南路还很薄弱，在北江只翁源、南雄有点基础，其余各地仅仅在开创；而始兴、乐昌、乳源等简直没有一点表现。西江各地亦是开拓时期，德庆、封川等仍未有注意。东江除河源外，还极微薄。南路也开始推动，沦陷区如南、番顺等地的妇运更谈不上，一直至目前，仍未注意到，琼崖情形不详。

2. 太政治化：不能紧紧地把握群众兴趣，适应她们心理去团结她们。妇女意识较落后，只靠抗战的动员是不够的，可是过去多偏于抗战动员，如募捐、慰劳运动，或者不论三七二十一劈头就要她们参加什么抗敌同志会等。但多数妇女生活很苦，自己贫乏，拿不出钱捐助，又要天天做工，抽不出时间去慰劳或募捐，而且文化程度低，不懂得谁是敌人，为什么要抗战，你虽然解说三、五次，可是她还认为这于她的生活无关。这使得广泛的妇女仍没有卷进妇运的洪流。

3. 运动式，没有经常工作：过去工作，多是一次运动来一次高潮，运动过后群众的情绪就低落了。不能把握群众情绪给以教育和组织，建立起经常工作。四邑妇运的活跃，多表现募捐、慰劳，未能经过一次运动，使组织扩大和巩固；东江侧重于识字运动，没有把握着识字班这桥梁去组织妇女，给她们经常工作，妇抗会会员多数加入了会，和会没有工作的联系的。这现象很普遍，香港、赣南比较好些。

4. 组织散漫，不健全：一般妇女团体，基础都非常脆弱，会员和会关系不密切，组织观念不强，有些只是挂个名，不出席会议，不参加工作，大多数没有组织生活，一遇打击，很容易瓦解。新会战争发生，新会妇抗不但不能随着战争的开展而作更广泛的动员和推进工作，反而无形解体了。博罗妇抗会亦因敌人扫荡博罗而星散了。中区妇女如此活跃，实际上经常能动的，每个地方只不过二三十人。

5. 工作不是建立在生产部门上面，多数的工作者都是脱离自己的生产岗位而跑出来参加工作的，在工厂里，在农村里，在学生群众中很少妇女的组织（除了香港的女工，赣南农村有一部分工作外，别的地方很难找得基础）。有了前进一点的女工、学生，总会把她拉出外面去担任什么责任，轻轻就把工厂、学校的对象放弃了。而参加工作的妇女，也以为一定要做救亡职业家才算是工作，不了解无论在那种职业范围、那个环境都可以进行抗战救国的。

6. 不能把抗战动员与改善妇女生活紧密的联系起来：一般的宣传教育、动员组织，差不多都是以抗战为内容，并未与改善妇女生活取得密切的联系，如婚姻问题，被公婆、丈夫虐待问题，不能运用适当方法得到妥善的解决。当妇女生产工作团从连县迁过曲江时，有几十个妇女自动要跟她们出来，可是她们的丈夫、公婆不肯让她们走，一定要拉她们回家，那些顽固的还骂生产工作团负责人拐骗她们的女儿、媳妇，要用菜刀来对待，结果为了顺从她们公婆、丈夫的请求就迫她们回去了，这使她们多么失望。固然，我们不能强调妇女本身痛苦，而惹起乡民的恶感，加强了顽固分子的藉［借］口，但说服解释、动员舆论、争取广大同情，使她们不再受压迫和虐待，能参加抗战那是必须的。生产工作团应该组织许多小规模的生产队或合作社，在就近各乡村地方帮助她们生产，免得她们离家，同时又可改善了生活，可是现在还没有这样作。

7. 政治领导薄弱，斗争经验差，对于每次政治形势的转变，不能很快的把握着它，配合到具体的环境而作广大的宣传，使我的政治影响更扩大。逆流的到来，汪派的活动，援助反汪工人运动，这些在妇女范围内都没有很机动地向群众散布正确的意见，或者在政治上采取攻势。如苏德互不侵犯条约的订立、苏联进兵波兰、第二次帝国主义战争、我国国民参政会第四次会议……等。一方面因为很迟才获得上级的传达，不能迅速把党的主张反映出去；另一方面女同志的政治斗争性还差，对于怎样去影响别人，怎样去打击荒谬的言论，还缺少经验；同时又因为一般妇女政治认识薄弱，政治兴趣不浓，跟她们谈政治问题，总是非常吃力，而且不容易得到反映。所以更表现得政治的领导不强。

8. 统线不够巩固：统线的基础还是很脆弱的，各乡村各县的下层组织没有广泛的建立。纵然是统一了，也只是形式的统一，名称的统一，不能成为真正有群众基础的、代表群众的统一的团体。如新运妇女会名义上是全省最高的妇女领导机关，可是它没有群众，和各县妇抗会没有取得联系，简直不想到要联系，各县的妇抗也不能很迅速地争取它的关系，在下面来推动它。新运妇女会本身也没有做到包含各党派人才（逆流到来，我们同志被排了），只可以说是友党上层妇女的组织，内容尚待充实与健全。香港妇女大联合也没有做好，上层妇女和劳动妇女的隔阂仍深，妇女联席会议虽因为英政府禁止而不克〔能〕实现，但亦可以说由于主观的努力不够，太太们对工作并不积极进行。

9. 缺乏干部（不善于提拔干部）：广东富有热情、热力的女青年为数不少，可是由于领导者不善于培养和提拔，使她们无从发挥其天才。友党的妇女领袖不信任干部、怀疑干部，限制干部活动，固然使很多青年干部丧失工作机会，但我们自己也不曾有系统有计划地去训练她们，好些地方△部（连县办三期训练班，只有一个妇女干部参加；南雄前办训练班也无选拔女同志受训，其余的当然还有）。举办训练班，并不注意选拔女同志参加。南雄好些农妇同志，非常忠实，积极工作，本可提拔起来加以培养，负责南雄妇女工作（最少可以负一部分责任），然当地△部始终没有注意。随便调动女同志工作岗位，不尽可能让女同志担任妇女工作，如东南特委的妇委徐△△同志不到两个月就往他调了。佛冈负责妇女工作的李△△同志，两个月工夫北江特委又把她调去做佛冈的组织干事。因此使妇女干部不安于妇女工作，无从有系统的研究与积聚经验。当地干部更加缺乏，各级党部不自己加紧培养，又不选拔女干部来参加省委办的训练班，总希望从上面或外面调去。全省有威望的足以号召广大妇女群众的妇女领袖尚没有（我们自己没有，友党也没有）。对公开干部的培养与帮助也不够，使她们能力提高、威信提高、活动范围扩大的机会很少。

10. 没有获得全党经常的注意：党对妇女工作的注意虽然加强了，但仍没有经常性的，上面来一个督促，便有一个反应，过个把月又慢慢松懈下去。同志的意识领域里，还不免残存轻视妇女的观念，巡视员到下级检〔查〕工作时必定忽略对妇女工作的检查，也不把上级对妇女工作的意见传达，各级的工作报告也总缺了妇女工作那一部分。妇女部或妇委要找当地负责同志去谈妇女工作，解决妇女问题时，负责同志常常表示："妇女工作你们去布置好了，我们不知道，也不必谈"。各特〔委〕还未完全建立起妇委或妇女部，只有东南、中区和赣南是有了较健全的组织，其余东、西、北江及南路都很差，县一级更谈不上，省妇委亦极不健全，最近以一个公开了的同志负责，而整个省妇委的工作人员只有三个，未能更深刻的了解各地情况予以更具体的指示，省妇委要求组织部调一个妇女干部来加强妇委力量，催促了多少次，结果几个月长都没有得到解决。妇委常会和各部及常委脱节，对妇干随便调动，别的工作常会抽调妇女干部去负担，使妇女工作更感觉人才缺乏。

11. 不注意妇运理论的研究，材料的收集：妇运的理论和经验都很差，没有好好的加以研究，在妇女部本身也因人少事忙，疏忽了这点。而关于妇运的材料可以说极少极少，因为从来不注意搜集。各级妇部没有很精密的调查，即使有点材料，也不善于整理，不好好的记下来。妇女还有一个特点，就是长于实干，不长于说长篇大论的道理和写长篇大论的文章。

12. 妇女怕做妇女工作：妇女是最落后的，被压迫又最深，所以客观上有许多困难和主观上有许多弱点。做妇女工作最要很苦耐心，因此女同志和女干部都有怕做妇工的表现，加以各级党部和男同志对妇工的忽视，不能给予她们很大的鼓励和帮助，使她们很易灰心，宁可做别个部门的工作。这些例子很多，用不着在此一一列举。

13. 女党员的发展不够：对女党员的吸收，有些地区或部门是犯了关门主义的毛病。中区群众运动相当蓬勃，可是女党员的数量不多，西江、东江、北江的识字班及妇抗会内，也没有积极去发展党的组织，因此也不能更广泛的去推进群众运动。全省党员的比例，女同志最多只能占到十分之一。

（三）经验教训

1. 必要全党加紧注意和加强领导，妇运才有更蓬勃的开展。有党领导的地方才会有妇女工作，党的基础薄弱，如乐昌、德庆、封川等地不见有妇运表现。党能加紧注意加强领导，那么该区的妇运也会特别活跃，如赣南、中区的特委多注意帮助，所以该区的妇运比其他地方有成绩。西江特委对妇运忽视了，因此西江妇运也特别差。这些事实教训我们：要妇女工作做得好，须靠全党的力量，不单是女同志的责任。

2. 妇女做妇女工作，便利条件更多，须尽可能地使妇干做妇运。

封建势力、宗法社会的传统，尚残存在今天的社会，男子去做妇女工作当然有很多的限制与困难，因此只有妇女本身才易于深入妇女群众中和她们生活打成一片，动员她们起来，目前妇干又极端缺乏，别的工作可以由男同志负担，尽可能让妇干去做妇女工作，才是合理的分配，如较有能力的女干部多调到别的部门去，那末妇运必定永远停留在现阶段上不会进步的。

3. 妇女感情重，教育她们，须特别提高她们的理智。

妇女多富于感情，解决问题时，不免以感情为出发点，因此常会发生毛病，教育她们，必须特别提高她们的理智，万不能又流于感情作用——姑息或纵容。某些地方某个同志由于不了解妇女心理或不善于教育妇干，看见一个妇干多少有点能力，可以做点工作，就怕开罪了她似的，对她不好好的教育，明明错误了也不进行批评。翁源△部曾因为怕一个女同志离开而对她不正确的观念姑息，没有和她的不正确观念作斗争，这样是不会把女干教育得好的。相信其它地方还有同样的例子，这是值得大家注意的。

4. 要纠正一般人轻视妇女及忽视妇工的观念，首先女同志要自重，要努力。

几千年封建思想的遗毒，而目前还是男性中心的社会，男子（虽然是我们的同志）多多少少都保留一点看不起妇女的意识，所以随便爱上一个女子，随便丢弃一个女子的事情并不稀奇，甚至还会把女性当做玩物的，当做安慰品的。要纠正这种现象，妇女首先要自重，要认清自己的前途，要争取独立的工作，要积极努力干，不要有依赖男子的心理，经常警惕，正确去解决恋爱问题，并不懈地去提高自己的知识和能力，顽强地坚持妇女工作，和一切轻视妇女、忽视妇工的观念作斗争。

5. 有力量、有群众基础才能推动统线。要与友党合作，要推动统线进步，必定要有力量有基础才能成功。中区妇运得到党政当局的帮助是因为妇抗已有点基础，表现出群众力量，每次募捐的成绩都好；翁源妇抗获得十△集团军政治部的支持，也因为发动过两次慰劳运动，募集了不少慰劳品，鼓励了士兵；赣南的妇女指导处有我们同志，统线的进展颇有成绩，也是该地妇运建立了基础。新运妇女会还不能成为一个真正统线的组织，是我们各地方的基础未巩固、未强大、推动不起的缘故。

6. 统线要从下层做起，从工作行动达到组织的统一。各地基础未巩固，力量未强大，要促进全省的真正统一是很困难的。因此加强和扩大统线，须着重各县统线的建立，而各县统线又须从乡村做起。任何地方，如果条件未成熟，过早提出统一的组织都是不会成功的，前一项的例都又证明这个道理；而进行统一，又须从工作和行动着手，不如此，纵使统一，也不过是名义上的统一。形式上的统一而已。比方“三 · 八”纪念节、征募棉衣、慰劳或献金运动，那怕一个地区有两个以上的团体，对于这些工作，它都会参加的，都会共同讨论计划的，共同执行的。

7. 善于利用人家的矛盾，不要为矛盾所利用。一般妇女领袖及友党内的妇女干部本身都有矛盾，都有摩擦，我们须极力避免卷入她们派别斗争的漩涡，而须善于利用她们的矛盾。各县的妇女团体与当地党政军都要取得联系，如果她们彼此间的意见不同，作风不同，但为了自己势力的发展，总要拉拢群众，我们便又站在正确的立场，抗战的利益上向她们都要求领导与帮助，靠紧一点进步分子，适当打击顽固分子，但又不要完全站在某一方面去替她们撑腰，免得顽固分子得势时，我们站不住脚。吴菊芳与陈明淑与郭顺清都有矛盾，我们在新运妇女会工作的同志，常常为之调和，或明或暗的减少她们纠纷，推进工作，并没有给她们看成是某个人是某某派的。

8. 要争取合法公开，才能更大量的组织群众。我们估计有把妇运统一在一党统制下的情势，而且目前也是这样做了，所以我们必须积极参加已有的合法的友党主持领导的妇女团体去，以友党的形式，真正三民主义的内容去组织和教育广大的妇女群众。各地的妇抗会能较顺利的开展，也是因为取得了合法地位，取得党政当局支持的原［缘］故，新运妇女会所组织的战时工作队到英德各地开展工作很顺利。我们须尽一切努力去争取公开合法团体的工作岗位。

9. 巩固、扩大群众性团体，充实、改进半官性团体。虽然某些分子企图包办和统制妇运，但是她们本身的基础异常薄弱。干部非常缺乏，其统治力不会十分强大，把握一切机会和条件去巩固和扩大真正群众性的组织，不仅可能而且必要，加紧扩大和巩固下层群众团体，可以树立起妇运坚固的基础。有了强大的群众组织，充实和改进半官性团体是有可能的。如各县妇抗会或妇女会都蓬勃发展。有广大群众基础。新运妇女会必然要受影响而不能不进步。同时因为她们干部缺乏，我们须多训练新的没有色彩的干部，供应他们需要。进去帮助她们、支持她们、推动她们，充实与改进半官性的团体，这样对群众性团体的发展也是有了很大的帮助的。

10. 工作者必埋头苦干，才能取得上层信任，须生活群众化，才能接近群众。我们同志能够建立威信，获得上层信任，下层爱戴，是因为能吃苦、耐劳，生活群众化，在行动中起模范作用，不计较名利地位，总之有利于抗战工作的就拼命去干。那末上层不怕你和她争风头，群众觉得你的确是为大众做事的。中山妇协经过参战，威信大大提高，她们在实际行动中更为上下层所了解。在中区最初我们同志向妇女大众宣传，叫她们出来参加工作，她们说："你们生活好，用不着自己挣钱吃，我们怎能和你们比呵？"后来同志们去帮她们做工，农忙时帮她们打禾割禾，穿的吃的都和她们一样，常和她们在一块儿，渐渐便不必怎样鼓励她们，她们也跟着去募捐、慰劳，为伤兵服务了。

11. 运用多种多样的方法与方式去组织广大的妇女。妇女的环境、程度、兴趣、生活各有不同，想以一种单纯的方式或方法组织她们是不可能的，前进的可参加妇抗会，落后的只喜欢姐妹会、互助社或歌咏班，有些高兴读书，有些爱好打球。所以要以各种各样的、高级的、低级的形式去组织她们。高明曾有过这样的事实：在一个乡村要那些妇女参加妇抗会，结果团结十几个，后由姐妹会的名义却团结了几十个，高明的"女屋"很多，几乎成为各乡村妇女组织的单位。又识字班、夜校等更是组织妇女的最好的初步形式，一般妇女识字的要求相当迫切，每条乡村只要经过家庭访问及宣传解释，总招到二三十以至八九十的学生，她们每到夜深还不愿回去，要求先生告诉她们这样，告诉她们那样。尤其在离战区稍远的后方，仅靠参战动员是不能号召广大妇女的，必须配合低级的、带文化、经济性质的团体，一方面适合她们的兴趣，一方面联系到改善妇女生活上去，如乞巧会、储蓄会、合耕队、生产队等。

12. 培养一些老太太为领袖或干部易于开展工作。老太太在村中的名望地位都较高，她如出来号召，可以发生很大的效力。年老的落后的人，本不高兴女儿媳妇出外活动，倘若当地干部是青年女子，她们不会放心，总说容易学坏，但年老的太太去领导，她们便没有什么藉［借］口，而且也的确放心得多；青年妇女看见老太太都这样努力，她们又不好意思不干，因此跟着老太太干的人就多了。中区妇运的开展，周老太太是起相当作用的。

13. 要善于提拔干部。先对于干部有深刻的了解，然后适当的分配工作，针对她的弱点而教育她。提拔干部时，工作能力、意识都必须注意到，而态度和行为也是不能忽视的。如果工作能力强了，可是行为浪漫，也难建立起在群众中的威信。特别在封建势力仍甚浓厚的乡村，如果一个干部的态度和行动足以引起落后人们的訾议时，马上就会影响到工作的。连县妇女会负责人是相当浪漫的，平常行动态度有点轻浮，便引起了顽固者的反对，阻止他们的女儿、妻子参加工作。星子的女同志虽然能力差一些，可是大家对她的印象好，便团结了数十个妇女。海丰妇女座谈会建立后，有些参加座谈会的妇女（我们同志），闹恋爱问题惹起当地人士的反感，使一部分人说妇女出社会活动为的是找汉子。

14. 适当调解家庭间的纠纷，减少姑媳、妯娌之间的摩擦，易取得乡村多数人的信仰。在乡村工作，我们提出“家庭和睦”、“和气生财”等口号去教育群众，对年老的就劝她爱护女儿、媳妇，对年青的就劝她孝顺父母、翁姑，劝她们做模范的婆婆、模范的媳妇，加入了妇抗会的更鼓励她们起模范作用，过于野蛮的翁姑、丈夫，我们动员社会舆论、群众力量去制裁他，更请求当局主持公道。许多地方识字班的学生因为进了识字班读书，对她的家庭反而和气了，她的父母和翁姑都很高兴，不但不阻止她们入校，而且对先生也很信仰，有东西也送点给先生吃。英德望埠姐妹会成立时，因为有一个十△集团军什么政治主任跑去演说，讲“妇女会是可以帮助你们自由的，如果翁姑虐待你们，丈夫打骂你们，你们不怕，能够和他们脱离”等语（也许是别有作用的），使得姐妹会没有人来了，夜校识字班都不见学生上课，乡村人士大为不满。后经多次解释，再作家庭访问，才渐渐克服转来。

四、今后的工作任务和方针

（一）任务　仍是在总的任务之下，动员全广东及所属地区的广大妇女群众，坚持抗战，反对妥协投降，坚持团结，反对分裂，坚持进步，反对倒退，以争取抗战的最后胜利。

（二）方针

1. 充实健全原有组织，建立并巩固下层基础。

2. 建立经常工作，健全组织生活。

3. 发展群众性组织，运用一切可能的方式与方法，支持半官性团体，求得适当的配合。

4. 坚持团结，正确运用统线。

5. 巩固一切工作岗位，不动摇、不放弃。

6. 展开敌后方妇运。

7. 加强女学生工作。

8. 注意抗战与妇女生活的联系。

9. 加强妇干的教育，特别是马列主义的教育和妇女问题的研究。

10. 加紧提拔干部。

11. 加强党对妇运的领导。

1939 年 10 月

中共广东省委青委给中央青委的报告（节选）[①]

——关于广东各地青年运动工作的总结[②]

1939 年 11 月[③④]

……

第三部分　目前概况及工作总结

……

（下）工作总结

Ⅰ、广东“青运”的新转变

……

二、总结：

甲、由城市到扩〔广〕大农村的转变。

……

4. 学会了许多乡村工作的新方式。

……

（2）利用乡村原有的组织形式组织农民，如猎会、舞狮社、国技馆、音乐会（中乐）、姐妹会、女屋、兄弟会等。

……

① 收录于中央档案馆、广东省档案馆编：《广东革命历史文件汇集·中共南委广东省委文件（1937—1939）》，广东省供销学校印刷厂，1986 年，第 449-500 页。

② 由编者加拟或改过的副题。——原书注

③ 原件未署作者，从文件内容看，作者应为中共广东省委青委。——原书注

④ 年、月是根据文件内容判定的。——原书注

6. 转变到乡村的具体经验：

……

(4) 乡村工作扩大影响是很重要的，在开平得著名“妇运”领袖周老太太到各乡开展“妇运”是一个很好的例子。因此建立模范例子，培养公开群众领袖，对于工作开展是一种很重要的作用。

……

Ⅱ、统一战线工作的总结

(一) 成功的例子

在这最近三个月逆流中的统线工作，虽然还没有建立完善的例子，但基本上还能运用正确方针，把广东“青运”坚持下去。这几个月来在各地有几个不同的工作例子：

甲、在开平　逆流在开平发生之后，当局所用之方法：①造谣中伤，后播九月十七日解散“抗先”谣言，破坏总队部威信，说被CP分子把持。②各方面限制，新闻封锁，限制“抗先”活动。③另一方面积极建立自己的团体“青抗”，与“抗先”争取青年。

我们的办法，最初是和他们隔膜，没有联系，后来发现这个是不正确的，因此首先派人去和他们交涉，到党部三番四次苦缠，和他们讨论工作。他们拒绝后，提出“国民公约”、宣誓工作，最初提出标语，但党部认为不好写。我们又提出只为十条公约，而且用开平县党部名义，请他们写了许多，同时“抗先”的标语也夹杂写起来，他们不好意思阻止。同时和周老太太——一个在当地最有威信群众领袖，一起工作慰劳……团部部分这样的地方领袖并和着我们的力量一起共同工作，把工作消息一起发到报纸上发表。伍智梅（省党部顽固委员）到开平时，我们与各团体一起去筹备欢迎她，与各代表一起去见她，使她不好意思说“抗先”坏话，各乡里同样与“青抗”的下层组织合作，一般的说仍能继续工作下去。

但开平“抗先”存在着很大的危机，只注意做人家的工作，和人家一起做，而忽略了怎样建立自己的力量，巩固自己的组织。

……

中共广东省委组织报告（节选）①

——关于组织工作的成绩、存在问题和今后的方针②

1939 年 12 月 10 日③④

一、具体的工作检讨

A. 这几个月来组织的发展和巩固的具体工作

……

（三）干部的培养、训练锻炼和提拔。

……

Ⅱ、干部的提拔与领导机关的建立和加强，这是跟各地领导机关的建立和加强上而来的。

……

4. 这些干部特别是特委与主要县委和部队中的干部，已经过这一时期的教育锻炼，特别在反逆流的领导群众为保护自己家乡的武装斗争或经济斗争与政治斗争逐渐锻炼起来，逐渐坚强起来，斗争与战争的经验都逐渐积聚起来，领导群众与锻炼群众斗争的方式与方法都比较能够灵活的运用；阶级观念的意识，政治理论水平都逐渐提高了。

……

---

① 收录于中央档案馆、广东省档案馆编：《广东革命历史文件汇集 · 中共南委广东省委文件（1937—1939）》，广东省供销学校印刷厂，1986 年，第 501−523 页。

② 由编者加拟或改过的副题。——原书注

③ 原件未署明作者，从文件内容判断，作者是中共广东省委。——原书注

④ 原件只有“一、”。——原书注

在群众工作方式上如广泛组织民校、夜校文化俱乐部、民教馆等方式，组织合作社、挖金团（有组织的淘金）、牛会（一百几十人组织起来轮流相互看牛）、老婆会（组织几十青年相互凑钱，轮流帮助某一会员娶老婆），老人会（参加会的人的老者死了，大家出钱帮助丧仪等）、搬运队、武馆、妇女方面的女屋等，学校里的读书会、研究班等等，最落后的形式，文化、经济落后新形式。这些都是同志们在实际工作中创造出来的方式与方法，经过这些方式，组织和团结了几万群众。

……

《东江》周刊发刊词 ①

1939 年 1 月 13 日

抗战将转入一个新阶段，我们是接近了胜利的明天。然而，我们是需要更艰苦地克服一切困难，需要更加努力地执行抗战工作，才会争取得到胜利的到来！

我们是中华民族的儿女，当着国家危急存亡之秋，我们愿意而且应该贡献所有整个身体，为争取祖国的独立自由幸福而奋斗！我们认定："抗日高于一切，一切服从抗日。"我们的一切都是为着国家民族，我们救乡救国的工作是完全由这里作出发点。

为着工作上的需要，我们出版了这个小刊物，在创刊的今天，我们有几点意见需要向读者报告：

第一，我们愿意把这个刊物作为南洋各属的侨胞和东江流域各县的同胞沟通消息，交换意见的总汇；家乡的动态是怎样？敌人怎样奸淫屠杀我们东江同胞，焚烧我们房屋，抢掠我们的财产？我们服务团工作者在东江的抗战工作做成怎样？救济难民工作做得怎样？这一切，远隔故乡的侨胞是需要详细和正确地知道的；同时，旅外侨胞救亡工作的动态，对内地抗战工作的意见，对工作者的批评，也是需要从这个刊物里面反映出来，给予工作上的帮助的。

第二，"没有正确认识，就没有正确行动"，这是一句真理！我们决定经常分析政治形势，分析每一个有关抗战的问题。同时对工作技术问题的讨论交换意见，我们也必当尽所能尽的力量。这一点，相信对于旅外的侨

---

① 收录于中共惠阳地委党史办公室、中共惠州市委党史办公室编：《东江党史资料汇编》第九辑，惠州市人民政府印刷厂，1987 年，第 274–275 页。

胞，对于内地的工作者是会有很大的帮助。

扩大我们救国救乡工作的影响，使到整个海外东江的侨胞，整个海外的侨胞和整个东江的同胞，整个国家的同胞，大家都不分男女老幼、东西南北、阶级党派，一致站到抗日战线来，每一个人用尽他能尽所能尽的力量，为救国救乡而奋斗！

第四，内地特别是敌人后方及东江流域各地，不要说新的书报刊物难看到，有些地方连报纸也看不到，内地的精神粮食太缺乏。我们愿尽全力充实这个刊物，使到它能切实做成内地工作者、军士、游击队员、民众和海外侨胞的读物。

上面的四点，是我们出版这刊物的意义，同时也是我们的希望！不过要使到能够相当完成上面四点的意义，却不是《东江》编者几个人能力所能达到，它是需要所有的读者们——特别是东江流域的同胞和工作者以及英荷两属的侨胞的帮助和批评。

(《东江》创刊号，1939年1月13日)

东江华侨回乡服务团组织经过（节选）①

1939 年 1 月 13 日

……

当敌人南侵时，香港新界由惠阳、东莞、宝安等县逃来避难者不下十万人，港地各社团均纷纷捐款捐物救济，一时颇觉风起云涌。十万难民在各侨胞热烈的同情下衣食稍可解决，但对难民教育工作则未有人顾及。而各难胞终日空闲无事可做，其中更有不少适龄学童。本团有见及此深觉有施以教育之必要，且教育中含有慰劳之意义，可给悲苦流离难胞以不少安慰。遂选择有教育经验之男女青年二十余人组织教育队前往新田、落马洲、元朗等难民区服务。服务人员每日到各难民站讲述时事，简单抗战理论、救护、防空、防毒常识等给他们听，及指导他们回乡。在新田、落马洲两处举办难童学校两所，收容难童三百余人。服务时虽只有短短的一个月，但已见相当成绩，已广泛地得到各难胞的好感。在敌人退出惠阳、东莞等地时，各难胞陆续回乡，彼此均有依依不舍之感。

……

自日寇铁蹄践踏到东江以后，东江的〔救亡〕工作日益开展中，更需要大量热心有能力的青年回乡服务，我们很热诚希望旅外青年侨胞参加到我们这一队里来，共负起救乡救国的重大任务！

（《东江》创刊号，1939 年 1 月 13 日）

---

① 收录于中共惠阳地委党史办公室、中共惠州市委党史办公室编：《东江党史资料汇编》第九辑，惠州市人民政府印刷厂，1987 年，第 276—278 页。

两个月来的工作（节选）①

——服务团第一团通讯

1939 年 1 月 13 日

我们，是在炮火中成立起来的。当着敌人进攻华南的时候，我们的家乡——惠阳是敌人的铁蹄第一个登陆点。无数的惠属侨〔旅〕港侨海外的青年男女，不能够眼看家乡沦陷，不能够让敌人占据我们大好的田园，奸杀我们的姐妹兄弟！我们要保护惠阳，我们要救乡救国，发动民众武装自卫，坚持抗战，打击敌人！——就这情形下，我们侨〔旅〕居香港的青年男女组成了回乡工作团，回到家乡工作。

……

遭受了敌人蹂躏而逃亡回来了的民众，记起了在走难时候的颠沛流离，看见了给敌人毁灭了的家，给敌人抢走了的财产，他们对敌人是无限的仇恨，他们更认清了敌人。他们相信：只有坚持持久抗战，才能够消灭敌人，建立起独立自由幸福的三民主义新中国，才能有好日子过。在这样的民众情绪底下，虽然还有小部分的民众存在着太平苟安的观念，存在着失败情绪，可是终因为敌人给我们一笔的血帐［账］太多了，更因前线的胜利，抗战形势好转的事实摆在眼前，所以那些悲观失望、太平苟安的现象并不能阻碍我们对民族的动员。相反地，民众是大批的动员起来，每一个人都负起抗战的工作了。在我们工作团的各地工作队发动帮助之下，目前新圩、坪山、长潭、秋溪、长兴等乡都成立了民众抗日同志会。最模范的是新圩乡，这条乡的乡保长在我们工作同志推动帮助之下，积极地展开

① 收录于中共惠阳地委党史办公室、中共惠州市委党史办公室编：《东江党史资料汇编》第九辑，惠州市人民政府印刷厂，1987 年，第 290—293 页。

工作，从七八十岁的伯父到七八岁的儿童，从家庭妇女到农夫，他们都热烈的参加同志会。在成立后约第三个星期，参加的有一千三百多人，他们是准备在一星期内再发展到一倍，一个月之后使到全村人都组织起来，使到每一个乡民都是抗日的同志。

……

抗战是将要转入一个新阶段，华南的战事，我们军事当局是正准备着大举反攻。在今天的新的形势下面，我们的工作是需要更加的努力，更艰苦的去干！

（《东江》创刊号，1939 年 1 月 13 日）

南洋惠侨救乡会加紧工作①（节选）②

1939 年 4 月 4 日

……

女侨胞也披上征衣

东江华侨回乡服务团两才队，于三月廿十三日在吉隆坡惠州会馆举行授旗礼，并受惠侨救乡总会的欢送，而且发出宣言第二天就乘轮返国。该队原为十人，但是在出发前一天，有侨居吡叻米毛埠福建永春籍的郑玉莲女士，突然和她的家长同到吉隆坡，向救乡总会主席黄伯才先生再三请求，准许她参加两才队回国服务，黄主席为她的爱国热忱所感动，已许她参加该队工作。我亲爱的女侨胞，也纷纷披上征衣，驰骋祖国解放战场上来了！

……

雪分会筹开游艺会

惠州同侨救乡会雪兰莪区分会筹赈游艺会，于十七日下午二时，举行筹备会议讨论一切进行事宜，议决定名“雪兰莪惠侨筹赈灾乡游艺会”。组织筹委会推选职员并决定于两个月内举行。

（《东江》第六期，1939 年 4 月 4 日）

① 本文节录于《惠侨救乡会加紧工作》。——原书注

② 收录于中共惠阳地委党史办公室、中共惠州市委党史办公室编：《东江党史资料汇编》第九辑，惠州市人民政府印刷厂，1987 年，第 327—329 页。

马来亚各地惠侨救乡活动（节选）①

1939 年 4 月 24 日

……

新的力量——吉隆坡蕉赖口救乡支会成立

日本仔靠着飞机快枪和骑兵……冲进了我们的家乡以后，离开了祖国过番来的惠属侨胞，就整天整夜的记挂着他们的可爱家乡。可爱的家乡！南洋有万千华侨在急切地盼望知道你的消息！想知道敌人的铁蹄踏伤了你哪里？敌人的炸弹炸毁了你哪里？一串串得不到答复的问题，使人愈想愈焦灼，愈想愈气愤！

“蕉赖口惠侨救乡支会成立大会”的白布横额挂上了，还有“灾情”、“敌机轰炸下的海陆丰”、“东江青年怒吼起来了”……一幅幅的照片挂在两旁。广场上打扫干净，排满了两张课台合成的方桌，上面盖着洁白的纸，女教师、女学生和女工友们忙碌着布置会场。

人象潮水般地涌来看照片，照片上留着敌军暴行的真相：伸了手等碗稀粥的老婆婆；难胞望着毁于敌轰炸下的家痛哭；美丽的家乡变成一片瓦砾场……太感动人了，乡侨们的眼泪，禁不住滚滚地流下来。

热情的青年男女看到了东江华侨回乡服务团团员殷切地向难胞宣传，帮助难胞工作的照片，都热情地要求回乡服务。一个背着孩子的妇人，也握紧拳头，嚷着“打日本仔！”

……

① 收录于中共惠阳地委党史办公室、中共惠州市委党史办公室编：《东江党史资料汇编》第九辑，惠州市人民政府印刷厂，1987 年，第 344—348 页。

蕉赖口惠侨成立救乡分会

蕉赖口惠州同侨，本月八日假南强学校操场开惠侨救乡支会成立大会。会场的主席台上有总理遗像及党国旗，两旁挂满暴露敌人残暴行为之漫画，及惠属惨遭敌人蹂躏之照片，四周贴着触目惊心的标语，空气〔场面〕甚为庄严。

计到会者有惠侨救乡总会代表团钟醇生、卓天基、郭乃昌、甘善斋、廖沛如、叶淡波等，及本地惠属侨众几百人。下午三时开会，即席推举黄斐君为主席。行礼如仪后，主席宣布开会理由。大意说："蕉赖口的惠侨很多，男女老少计共有数千人，为要彻底做到'有钱出钱，有力出力'救乡救国的初衷起见，须要追随本惠侨救乡支会来推动实行，以实现此决策。"接着由总会代表叶淡波报告总会工作经过详情。及后是总会回乡代表钟醇生报告前次调查家乡灾情工作经过情形，说到悲痛处，不免令人"凄然泪下"，说到激昂处，不免令人"闻鸡起舞"。他又有很多可歌可泣之悲壮事迹讲出来，语多动听，后来是总会代表廖沛如报告惠侨第二次募捐之意义，大概说：惠侨第一次所捐的款约有十多万元，大都用在救乡治标上，就是难民没有衣的给衣，没有食的给食，病了的给他医治。徒在难民的消费方面打算，这都不是根本办法，所以这第二期所捐的款，须要用在治本上才行，专从难民生产方面着想，拟将无家可归的难民移到△△地去，举办一个战时垦殖区，一方面难民可以自我生产以解决生活，他方可以随时游击敌人，这是再好没有的。最后望热心捐助，以完成这计划，以达到救家乡救华南救整个中国的神圣使命。本来还有几位同侨要发表意见的，因时间不早，于是乃拍照并选举该会理事云。

热心惠侨纷纷组织服务团

自吉隆坡侨领张郁才、黄伯才组织东江华侨回乡服务团"两才队"回国服务后，吉隆坡男女青年，到惠侨救乡总会请求回乡服务者为数甚多，兹有雪兰莪惠州会馆审计主任官文森决自费组织一队，名曰东江华侨回乡服务团文森君队，队员六名，而官君并面请惠侨救乡总会工作团代为物色，该团对于官君义举表示钦迟外，并允就百余男女青年中挑选六人，组织文森队云。

又悉雪兰莪属土门月惠侨救乡分会，于三月二十八日下午三时，假座集贤俱乐部召开全侨大会，敦请钟醇生、廖沛如、叶淡波等君，莅临报告代表团回乡赈灾情形，及讨论组织东江华侨回乡服务团等事宜。议决：甲、组织东江华侨服务团土门月队；乙、推选十一人为筹备委员，计丘锦清、叶逸潜、丘标、丘振运、韦强坤、张百详、傅文奎、陈焕铭、丘山、丘菊痴、朱芍；丙、经费问题，由本坡救乡分会向各热心家募捐，如不够时可向惠侨总会商洽云。

内容丰美的《惠报》

惠侨救乡总会为扩大救乡工作影响起见，特出版《惠报》。第二期已于四月五日出版，内容丰富，有开辟东江难民恳［垦］殖区计划提要，马华救乡运动的真正意义，贡献给投效东江华侨回乡服务团青年们等重要文字；封面画是东江回乡服务团第三团出发到前线去的实地摄影，天高岭峻，白云悠悠，美丽的天然景色中，一群英勇的青年迈步前进，使人阅后，悠然神往。

（《东江》第九期，1939 年 4 月 24 日）

马来亚各埠惠侨救乡会相继组成服务团（节选）[1]

1939 年 5 月 22 日

雪兰莪侨贤官文森所组织的东江华侨回乡服务团“文森队”，已由惠侨救乡总会常务工作团挑选热心救国之女侨胞六人组织成立。同时还有位古秀英女士是自费参加东江工作的热忱爱国者。她们都抛别了父母、家庭，以及职业，投身到从未到过的祖国怀抱中去。

在她们启程出发以前，救乡总会特开盛会欢送，并举行授旗典礼。五月五日，这七位女战士，已在巴生踏上征途！

……

惠侨救乡总会除了组织服务团回国救护外，还招募司机人材，热血的志士，又多了一个报国的时机。

（《东江》第十期，1939 年 5 月 22 日）

① 收录于中共惠阳地委党史办公室、中共惠州市委党史办公室编：《东江党史资料汇编》第九辑，惠州市人民政府印刷厂，1987 年，第 357—359 页。

向着充满胜利光芒的祖国前进①

1939 年 5 月 22 日

刘　怡

七位热心爱国的文森队的女战士，终于在我们千等万待中，出现在夜色笼罩着的香港海面的丰平轮里！她们唱着“再会吧！南洋！你蕉雨润，橡风凉，我不能再留在这享乐的天堂……我们要去争取祖国的自由解放”的歌儿，离开了第二故乡，抛弃了美满的家庭和优越的生活。为了抗战，为了求中华民族的解放，为了维护世界的真正和平；她们不避艰苦的踏上征程。这种大无畏的精神，非但使人钦佩，而且足使敌人胆寒的！

文森队的能够组织成立，也就是她们能够达到回国服务的目的，完全是官文森先生和官夫人的力量。同时黄主席和救乡会诸职员先生的指导和爱护，使她们的队伍能够迅速成立，胜利归国。

她们的队伍，是在张郁才、黄伯才两先生所组织的两才队返国后成立起来的。在两百多名报名参加服务团的热情男女青年中挑选了六位女青年，经过口试笔试手续后，“文森队”这三个字就正式和南洋社会人士见面了！她们每天上午九时至十一时受训后，下午就出发征求药品和旧衣，以为救济难民之用，得到加影、淡江、巴生、古毛、煤炭山、暗帮……等地各籍侨胞的赞助，因此有四大箱药品和医药费港币一百四十余元的好成绩。当她们临回国的时候，又受到各地侨团、学校和爱国侨胞的热烈欢送。尤其在吉隆坡叶氏宗祠举行宣誓授旗礼的那一天，各界各籍侨贤的代表都来了，两百多人挤满了会场，救乡救国的情绪，充满一堂。她们站在

① 收录于中共惠阳地委党史办公室、中共惠州市委党史办公室编：《东江党史资料汇编》第九辑，惠州市人民政府印刷厂，1987 年，第 359—362 页。

孙国父遗像之前，高举了手臂，宣誓："余谨以至诚，恪守东江华侨回乡服务团纪律，以身报国，奋斗到底，尚有干犯纪律，或中途退怯，情愿受严厉制裁。此誓。"从此她们以"尽忠报国，奋斗到底"为至高至上的目的！

五日——她们由巴生登轮的一天，码头上站满送行的人，来送他们英勇的女儿、同学、学生、朋友……。悲壮的歌声逐渐远去，而她们与"充满着朝气、活力和胜利光芒的祖国"却一步近一步了！

在航行中，她们没有片刻放弃自己的责任，个别谈话和公开演讲两种宣传方式是在船中惯用。旅客为她们的谈话和实际行动而感动了！一圆、两圆、一盾、半盾、五角、三角，一占占也有，"这些送给你们，去救济东江的难民伤兵吧！"她们快活地接受各地的各种各样的钱币。大家多出些钱，就可以多买些药物，多救济些同胞，就可以多增加抗敌的力量。

一个患着沉重的寒热病的老侨胞，因为失了业流落在南洋，想回家乡——汕头又没有川资，而且寒热病使他忽冷忽热的十分难受，衰老的身体又动弹不得。她们看见了这位老人家的痛苦情形，就把带着的金鸡纳霜，拿些给他吃，仔细的看护他，还把在动身时亲友送的些钱捐助他作川资。她们这种出力又出钱，豪侠勇敢的精神，实在叫一般醉生梦死的自私自利的女同胞羞愧死！

七天海上生活，到了十三日下午七时四十分就告一段落。香港报馆的新闻记者、救乡会驻港施赈办事处、余闲乐社、服务团等等的代表都雇了电船特地去迎接不远万里归来的女战士。她们穿着整齐的制服，精神奕奕地招呼各位欢迎者。当水手很敏捷地把她们的药物、行旅搬上了小电船，人们也跟着下船。她们快乐地唱着救亡歌曲，向岸边前进！挡旗山上的灯光，象含笑的繁星般闪闪烁烁，表示欢迎！

***

古秀英是一位自费参加文森队的热血青年，她是马来亚雪兰莪新古毛警察厅书记长古如能先生的长女公子〔主〕。自从抗战以来，她就很热情参加各种募捐工作，演戏、歌咏、卖花……样样的义举，她都参与，早就得到同侨的称赞和钦佩；这一次她听到官文森先生组织“文森队”，认为千载一时的报国机会，就请命她尊翁。古老先生除了极表同情外，并且供给川资，完成了她的救国大志。她得到正式参加文森队以后，就和新古毛埠筹赈会职员韩子盈、梁子堂等先生，向各热心人士劝募药费，带回去救治伤难同胞，经过半日的奔走，共募到叻币一百二十四元。叻思的曾松夫人因为钦仰古女士的勇敢，特地设筵欢送。叻思埠同侨尽力赞助征募药物，印度人叻沙、都礼两君也各捐十元，共征到叻银一百一十元四角。她的努力结果，先后共得到叻银二百多元的医药费，因此官文森先生给该队征求药品优胜者的银盾，也由她得到了！

***

这一队勇敢热情不畏艰苦的中华民族的好女儿，又将踏上她们的征途了。她们要带了药品和慰劳巾，到东莞、宝安、博罗、增城这一带前线去，慰劳为国守土杀敌的将士！

努力吧，为了争取中华民族的自由解放，为这神圣伟大的事业努力吧！向着充满胜利光芒的祖国前进吧！

（《东江》第十期，1939 年 5 月 22 日）

为争取抗日战争的最后胜利而奋斗（节选）①

1939年5月22日

流　星

……

服务工作的方法

……

（三）服务——我们最主要的工作方法，就是服务。在军队内，我们服务是应该不怕牺牲，不怕任何困难，和士兵共甘苦，尤其是在战争环境底下，我们更应该有冒险的精神。在乡村里，我们应该态度和蔼，教人不倦，做事严肃，建立义务夜校教育儿童妇女，做扫除文盲的运动，事事尊重乡稽的意见，取得上下一致地去工作。一切要经过说服解释去进行。其他如救护伤兵难民更需要态度亲切体贴入微，在服务中要进行鼓舞宣传，使民众对抗战前途不失望不灰心。我们要明白，为祖国抗战而服务是光荣的，决不能有一点雇佣残余观念。

结　论

同志们！在祖国烽火中，在严肃的历史课题中，抗战进入最困难的时候，我们应该坚持在政府领导之下，打破一切困难，争取抗战的最后胜利，为人类和平幸福而服务吧！

（《东江》第十期，1939年5月22日）

---

① 收录于中共惠阳地委党史办公室、中共惠州市委党史办公室编:《东江党史资料汇编》第九辑，惠州市人民政府印刷厂，1987年，第363—367页。

吉隆坡回国服务团文森队访问记①

1939 年 5 月 23 日

林　琳

今日我从朋友处知道马来亚吉隆坡的东江救乡团文森队，已于昨晚（十三晚）乘丰平轮抵港了。当时我得了这个消息，非常兴奋。心里还想，这或许有我的同学罢。这时恨不得立刻就要去见这班为国服务的女勇士，以探询她们工作计划。

这天的上午，我满怀高兴的和林君跑到东江华侨回乡服务团办事处去，开始我的访问。当我们跨进办事处的大门时，便看见七八位壮健的学生装束的男子，有些在整理行装。我四处张望，全看不见有女性，而墙边确有一支绣着文森队的标帜。那时，我把视线紧投到那些男子身上，心里不免迟疑起来了。正怀疑间，林君请过办事处的书记孙女士给我们介绍。孙女士从容地把手伸向刚才的那七八位，一位一位地把姓名介绍出来："这位是王春红女士，这位是贺玉兰女士，李逢娣女士，欧巾雄女士，叶清秀女士，祝少珍女士，古秀英女士。"这时，我忍不住失笑了，原来她们是木兰化身，难辨雌雄。不信请看她们：发儿短短的，梳成男装；恤衫，西裤，黑皮鞋，个个一样；再加上那棕色而结实的肌肤，和那充满朝气的脸孔。假如不把她们细细辨认，真要把她们认为是英勇的男战士了。

介绍过以后，我把视线重向这七位微笑的脸孔掠过，心头起来无限的钦仰。她们很客气招待着我们，围着一张长方形的桌子坐下后，我们的谈话便开始了。我扯起话端："你们真热心，真爱国，不辞千辛万苦而回

① 收录于中共惠阳地委党史办公室、中共惠州市委党史办公室编：《东江党史资料汇编》第九辑，惠州市人民政府印刷厂，1987 年，第 368—371 页。

来为祖国服务，这种伟大的精神，很令我敬佩！我很想知道你们这次参与和组织这一工作的经过。”一位充满南岛少女风味的短小精干的王春红女士——文森队队长，回答我们说：“我们这次工作队，是由吉隆坡侨贤官文森先生出资组织的，我们都决心为祖国效力，为祖国牺牲，不愿再去过那苟安偷生的沉迷生活；虽然我们是几个少经验的女子，工作能力不够，知识薄弱，但我们有的是一颗充满热血的心，献给祖国，给前线浴血苦战的英勇将士和流离失所的难民，我们相信这会产生出一种‘力量’。”她说到这里，略顿一下，又继续下去：“对于南洋侨胞热心爱国的情形，我想给你们知道一点。他们往往不怕一切艰难困苦，整日四处奔走呼号，尤其是那些同乡会，他们发动乡侨起来抢救家乡，他们的工作，除了随时捐款汇返救济外，并加紧推动各种救乡工作，以期得长期救济。我们这次回来，打算把这些事实宣扬到内地各处去，以提高内地同胞们抗战的勇气和必胜的信念……。”她那紧张而兴奋的情绪，正预备把她胸怀的所有倾吐出来。不料这时有人邀她外出，她也只好站起来告退了。

一位体格坚实的队员，把谈话继续下去。她说：“南洋侨胞爱国爱乡的热情，真是如火如荼，随时随地都可以显示出他们那种爱国的特征。比如那儿的救亡团体，每逢到一处演讲、演剧，或报告灾情，千万听众静聆某人被残酷屠杀之后，大都感动得涕泪交流，痛哭失声。每当大家情绪异常紧张的时候，往往一个捐款救国的临时倡议，便异口同声，一唱百和，千百之数，无不立就。”当她的话在这里告了一个段落，每个同志的脸上，都带着胜利的光辉。接着，给我们谈下去的，便是自费的古秀英同志。

古同志，从她那流利的谈话姿态里，更显出她的活泼可爱。她告诉我们，她自费加入文森队的经过，她家是在雪兰莪古毛，父亲是当地警察厅的书记长，她平时对于国事，非常关怀，自芦沟桥事起，她更没有一天有一个安宁的心情，她在古毛时时找机会去参加各方面的救国团体，做各种救亡工作。她说：“国家有难，国人绝不应贪图片面之乐，而置整个民族于水火之中而不顾，尤其是我们青年人，更要努力担负起复兴民族，改造社会的责任。有一分力量尽一分，这才能算是尽了一个国民的天职。对于我自己，我已经决定把自己的一切献给祖国了。这次文森先生热心地组织了这个救乡团，我认为是个大好机会。即请命于家庭，要求让我加入。我家庭除极表同情外，并助我川资，于是我便顺利地在这里成行了。我希望此行不负家庭的热望，……。”她滔滔不绝的倾吐了一串串的热烘的话，令我们都倾听入神了。

她们动程回国中的两次募捐工作，足以表现她们的力量。在雪兰莪捐到港币千余元，在丰平轮船中，也捐了三百多元。

她们队员一共七位，最年长的廿四岁，最幼的只有十六岁。她们没有所谓领导，她们由出发地点直接抵港，一切工作都是她们自己动手。这次她们除了带回来药品等七箱外，还有几麻袋旧衣服，这些旧衣服都是向南洋各热心家捐来的。她们预备把它施给难民啊。为着时间问题，我们不能多谈，我们只得告辞了。

（《星岛日报》，1939 年 5 月 23 日）

香港各社团开会欢迎东江华侨回乡服务团吉隆坡队（节选）①

1939 年 6 月 5 日

……

组织经过

自抗战以来，南洋华侨对于财力虽有相当贡献。而人力尚未十分能为祖国效劳。去年冬至今，南侨组赈会始发动两千多名技工到昆明去服务。至于发动男女青年回来华南一带服务的，是南洋英荷两属惠州同侨救乡会所首倡，已回来的有东江回乡服务团“两才队”、“文森队”和本队。在组织中快要回来的，有“双莪月队”、“加影队”、“星柔队”。本队是惠侨救乡会主席黄伯才先生所发起，而捐资赞助者，则有华侨领袖张郁才、陈永、黄重吉、辛厚慈、萧满、叶馥、叶经纶诸先生。甚至外国人如犹太人、印度人等亦自动捐助巨资。捐助药品的更为踊跃，如福州会馆、各地学校、工人团体等，给本队以精神上物质上，无限的援助。本队队员七十三名，惠州人仅占二十三人，其余是华南各县籍青年。侨生者占多数，多有父兄及亲戚在南洋一带。回来服务动机，完全是为了忠爱祖国，而想尽国民一份子的责任云。

（《星岛日报》，1939 年 6 月 5 日）

① 收录于中共惠阳地委党史办公室、中共惠州市委党史办公室编：《东江党史资料汇编》第九辑，惠州市人民政府印刷厂，1987 年，第 372—373 页。

忠诚为国服务的一年（节选）①②

——东江华侨回乡服务团一年来的工作报告

1938 年—1939 年

……

C、忠诚为国服务的一年

……

b、一年来我们做些什么工作：

……

乙、宣传即是教育。

……

（三）戏剧宣传。戏剧宣传是最能号召广大群众育教广大群众的方式，每一次演戏都有七八百人以上接受了教育，使不识字的人，老人、儿童，男、女，都同样受宣传。总共各县演出次数在一百五十次以上，平均每次观众八百人。

……

丁、新生的力量。

在东江各县，我们协助当地政府把民众组织起来的团体青年抗敌同志会、乡村自卫协会、农民抗敌同志会、抗敌儿童团、妇女会、姐妹会等，总共有一万人以上组织起来。各地的夜校人数也在五千人以上。因为有了这些组织，我们可以动员他们参加各种抗战工作，好像我们在惠阳多祝发

---

① 收录于中共惠阳地委党史办公室、中共惠州市委党史办公室编：《东江党史资料汇编》第九辑，惠州市人民政府印刷厂，1987 年，第 381–395 页。

② 本文是中华全国归国华侨联合会资料室保存，由国务院侨务办公室杜娟提供。——原书注

现了汉奸，假冒服务团的名义卖药、骗钱，我们动员当地的少年先锋团在圩内各街、巷、茶楼、旅店去检查，卒把汉奸捉到了！好像慰劳军队，协助军队作战，进行军民合作都要依靠这些群众组织才可以做，不然就没有办法。

……

d、我们一年来工作中几个主要的经验教训：

1.“待人如己，诲人不倦”。我们做工作对任何人都要“一视同仁”，对汉奸我们是绝对仇视的。就算一些顽固分子，不满意我们，我们也要亲近，因为有良心的人，总是爱护祖国的，只要我们态度好，谆谆善诱，坏人也会同情我们这种为国的真心。许多乡长对我们非常好，但有些乡绅却极端反对，发出许多误会的话，但经过我们从各方面去解释，特别从事实表现去解释，往往对我们极力赞助。

2. 任劳任怨，开展工作。工作是长期的，正和抗战是长期的一样，在工作当中，免不了会有坏人从中破坏或打击，我们要忍受一时人家的不了解，不要稍不如意，就回到南洋。好象我们办夜校，许多妇女去读书，但有些坏人说：“妇女去读是危险的，他们专们［门］教人离婚的！”经过我们请他们家长参加听讲，有些人到夜校去偷听，我们所讲的都是正大的，教他们如何尊敬家长，孝顺父母，家中做些什么工作，之后，什么疑惧都打消了。这里，一切工作的急性病都是要不得。

……

各团工作报告①

1939 年 7 月 3 日

第一团（惠阳）

A、本团状况：

1. 本团成立及开始工作的日期——本团成立在一月初，工作的开始也是在那个时候。因为整顿团员，最初一个长时间完全是为了这件事情。

2. 团员生活：（1）日常生活——早上都是健身运动，或练习唱歌、发音，规定了时间去自己洗衣服，轮值去烧饭食，晚上自由活动，就各自去找自己的对象谈话。（2）工作生活——各队在乡工作、在城工作的都分配了各个工作任务，去教民众识字、唱歌，讲时事给他们听，讨论问题；有些女同志，白天帮助人家耕种，晚上又在妇女识字班上课。（3）学习生活——整个团经常在“学习工作，工作学习”中生活。教育同志，自我学习成为了每天的工作。工作时间表内规定了早晨（时间各队不一定）是学习，有时各自阅读，水平高的帮助水平低的学习，有时又集体学习共同讨论一些重要的问题。我们团员中有些不会写信的，不会认字的，现在都会看书，而且写日记写信都会了！

B、一般工作概况：

1. 与各团机关的关系——在惠州和各团体出版联合壁报，举办儿童歌唱团，工作上大众一致，参加县党部青年工作者座谈会，及一切其他会议，和其他新派来战工团队也有好的关系。

---

① 收录于中共惠阳地委党史办公室、中共惠州市委党史办公室编：《东江党史资料汇编》第九辑，惠州市人民政府印刷厂，1987 年，第 395—409 页。

2. 施赈工作——我们在回来之后，就在各地举行施药，把总会的棉衣分派到各灾区难民，同时各队仍常常为民众施医施药。在惠州甲子埗、马安各地赠种洋痘，这些工作的进行使民众的信仰深深建立了。

3. 服务工作——为政府服务。我们和民众一齐去“破坏公路”；有些学校我们帮助他们办起来，和他们上课，帮助一些交通不便、不便购买课本的学校办理书籍。服务是我们的工作，这是我们已深深的认识到的。

4. 宣传工作——我们在党部工作分配下进行精神总动员的宣传，各种纪念日，我们都举行和召集民众大会进行广泛的宣传。

C、经验教训：

1. “待人如已，悔［诲］人不倦”——我们从没有对某一种人取某一种态度，对另一种人取另一种态度，另眼看待他们是没有的；对老年人、儿童、妇人家，我们都“一视同仁”；许多对我们不了解、不满意的份子，我们都耐心的说服，这里一切对群众粗心大意和急性病，都是要不得的。

2. 用工作影响来推广工作——我们有一次动员民众破坏公路，规定每甲派多少人，结果派人不来，后来我们召集了会议，主要集中男、女夜校学生来讨论，决定大家都尽可能去，同时要去的人数最多的一甲，就是最好，鼓励的结果动员的人数增多了。

3. 言行合一——工作已经谈了，就应该马上实现起来，群众的要求，我们要接受，同时要迅速把它实现起来。好象许多乡村要求我们去帮助他们办妇女夜校或男夜校，我们答应了就要做到，虽然我们辛苦一点这不要紧。这在建立群众信仰中是顶重要的。

4. 利用封建关系和宗族观念来开展工作——我们在某次工作时，因为当地有两姓相当人数的大乡，我们先在一条村工作，教育他们的儿童，帮他办夜校等。另一姓的群众就不甘愿了：我们不要比那一姓人落后！极力争取我们到他们那边去工作，结果我们去工作，成绩很好。常常我们一些女同志到乡村去工作，认了许多亲戚，群众就对我们更亲密起来。

5. 了解干部替干部解决困难才能团结干部——许多同志很努力去工作，但他的工作并没有人去理会他、关心他、鼓励他，使他大失所望了，许多困难没有人帮助他去解决，一点点困难的积累，就把他的工作勇气热情冷落下来。几次我们替正在发生困难的同志解决问题，他们欢喜极了，而且团结起来了。

6. 工作的口号不要提得太高——我们的工作，应该根据〔情况〕来决定的，在了解环境，适合环境之原则下布置起来，我们将适当的工作口号提出来，太高了实现不来之时，使同志产生失败的情绪。

第三团（博罗）

A、本团概况：

1. 成立及开始工作日期——本团于二十八年一月三十日到达博罗，到达后即开始工作。

2. 团员本身生活——一般团员对于工作都很热情，虽在极贫乏的生活条件和极困难的环境下面，大家仍没有放弃任何一个工作机会。譬如在四月十八日敌机大炸博罗时，我们留在城里的工作同志，不特［但］[①] 没有因为敌人大施炸弹而退避，反而很勇敢地在敌机停止丢弹时，便立即去救治被炸伤的民众；在四月二十日敌人向罗浮山“扫荡”时，也能很有计划地疏散开来，在敌人不断威胁下，仍然继续着工作；在学习方面大家都很注意，我们除了利用每一个机会去自我学习外，并经常执行集体学习，如开讨论会、检讨会，所以差不多每个团员都一天天在进步中。不过因为物质条件十分贫乏，及天时和环境的关系，大家的健康都受到很坏的影响，在最近这一个多月来，差不多每个同志都生病，这点对团员本身，固然有很不好的影响，对团的工作也有很大的障碍。总括起来，我们认为最缺乏而最重要的是书籍和药品，没有了这些，工作便会受到阻碍。

B、一般工作概况：

1. 与各机关团体的联系——本团负责人经常拜见谒访县长及党部书记作口头或书面的工作报告，并请指示我们工作方针：和当地各团体则切实

---

① 原文为“特”，根据文意，改为“但”。——编者注

执行统一战线工作，经常交换工作意见，及开联合座谈会等。

2. 社会服务工作——本团到博罗之后，做过的服务工作有下列各点：a、救病救人和受伤者，赠种牛痘；b、战争严重及敌机袭击时，协助政府疏散人口；c、帮助政府推行政令，协助各乡公所推行破坏公路及封锁物品输出等工作，并普遍推行国民精神总动员，及国民公约宣誓；d、协助当地人士普遍建立识字班及夜校等。

3. 宣传工作方式——a、口头宣传：（甲）家庭访问，这种方法最容易接近民众，使民众和我们觉得特别亲密，宣传效果也好；（乙）街头演讲，利用某一件临时发生的事情，群众集合在一起的机会，向他们演讲，譬如某地受敌机轰炸后，群众们起来围看受伤的人时，我们就乘机向他们宣传。b、文字宣传：（甲）出版壁报，向民众报抗 [告][①] 抗战消息并作种种宣传；（乙）标语；（丙）漫画。c、艺术宣传：（甲）演剧，这种宣传最能吸引观众又最能感动观众；（乙）歌咏：这个方式在乡村工作时，收获较少，因为乡民不易领会，但有时候也可以采用。上述的几个宣传方式，我们在工作中都曾采用过，但我们觉得家庭访问和演剧这二个方式收效较大，特别是家庭访问。

4. 施赈工作——我们做过的施赈工作有下面几点：a、施衣这个工作，我们是先经过严密的调查，然后分给最凄凉、最穷苦的人。b、施药，我们利用挨户访问的机会去进行这工作，看到谁病了就给他药，务使药品能真正用到穷苦病人的身上。c、施米，施米的方法先发米票，然后凭票到指定地点领米。

5. 民众教育方式——a、在民众夜〔校〕班中教他们读书识字，并使他们了解当前问题。b、推动团体开读书会及讨论会。c、个别教育。

民众对本团的观感——本团在博罗各区工作的时间虽很短暂，但因为我们都很刻苦，替他们服务，尽可能和他们打成一片，好象最近敌人到罗浮山时，我们的同志在民众完全疏散之后才撤退，敌人一走，我们就回去

---

① 原文为“抗”，根据文意，改为“告”。——编者注

了，因此民众认为我们才不是空口讲白话的，都对我们表示好感。不过因为我们的工作还没有普遍到每一个村落去，所以也有少许地方对我们比较冷淡。然而一般来讲，民众对我们的观感是很好的，他们对我们病的同志很关怀，时常问候，或送些番薯、凉茶、大蔗、大饼等给我们。

C、经验教训：

a、应尽量发挥服务精神使民众和我们打成一片，工作才易于开展。

b、尽量取得上层的指示和援助。过去我们就没有做到应有的程度，使工作有时受到阻碍。

c、在战争常常威胁着的博罗，要有大量的、勇敢的、坚强的干部，勇敢地和民众共进退，才能应付这动荡的环境。过去就因为缺乏这条件，致使未能大量开展工作（现经一度淘汰后，人力较充实一点）。

d、健康生活注意不够，大家把病当作等闲之事，加以药品不足，致使工作受到了障碍。

e、要确实的估计和把握客观环境，针对环境去定出工作计划，不能提出过高口号，〔否则〕不能执行时便灰心，有时又成为空喊主义者。但也不能放弃工作不做，我们要根据主观力量去切实地积极地干。

第四团（紫金）

（一）本团状况：

1. 本团于本年三月成立，在团部未成立前，已于去年十二月用紫金队名义开始工作。

2. 团员生活——日常由生活委员逐日定出生活日程及工作时间，交由值日团员执行。关于教育团员问题，则由自我教育委员会指定各团员阅读书籍，并经常讨论各种问题，检讨工作及经验教训。至教育方式：一方面实行集体教育，以发挥各团员互相批评的精神；另方面则实行个别谈话，实行个别教育。内容是这样：

（1）个别教育——a、自我教育；b、个别谈话。

（2）集体教育——a、讨论会；b、检讨会；c、自我批评；d、集体批判；e、联欢会；f、教育播音。

（二）一般工作概况：

1. 社会服务工作：(1) 协助乡公所办理兵役工作。(2) 调解了当地李、黄两姓争风水的事件，与许、张两姓的人命嫌疑案。(3) 协助政府动员社训壮丁受检阅。

2. 宣传工作及方式——自本团三月成立至现在，其中宣传工作，划分三段：(1)“三·五——三·二九”工作中心，扩大本团影响。“三·八”开始与抗先联合举行出版圩报，及进行家庭访问工作；于“三·二九”由本团发起举行各界纪念大会，并举行示威巡行配合着文字、漫画、戏剧、歌咏宣传，推动了当地中小学生举行卖花筹款慰劳前方将士的创举。(2)“三·二九——四·五”响应政府号召；广泛组织群众。自“三·三十——四·四”分配同志落乡，动员各乡村的保甲长、自卫团的各级队长、乡绅父老及热心青年参加〔大会〕，“四·五”的古竹各界民众代表大会，当时各机关团体代表踊跃到会，开了古竹十余年来未有的盛会。(3)“四·五——六·六”以组织工作为中心，发展组织及巩固原有组织。宣传工作配合组织工作，“五·五”为国民精神总动员与国耻纪念宣传周的抗〔扩〕大宣传，举行巡行，及文字口头宣传工作。“六·六”教师节推动帮助古竹教师举行“歌咏戏剧大会”，一连二宵，民众情绪相当热烈，尽了宣传政治教育工作。

3、民众教育工作及方式：(1) 发动举办民众夜校，使许多失学儿童与妇女及成年青年得到受提高的机会。(2) 设图书阅报处，使一般民众认识抗战的意义和每个国民应尽的责任，与抗战的情形。

（三）经验教训：

1、群众工作的经验与教训：(1) 统一战线做得好，工作一定不致受打击。(2) 宣传和动员工作做得够，收效一定大。

2、内部工作的经验与教训：(1) 同志互相督促来得严密，学习生活就紧张。(2) 有经常讨论工作，能力才能提高。

第五团（河源）

（一）本团状况：

本团成立于今年四月，但以河源队名义开始工作，是在三月间。最初工作时，无具体计划，故收效甚少，团员也很散漫；但自团部建立之后，对团员日常生活，自我教育，小组训练等均已规定，经常举行晚会，检讨日常工作，并规定团员工作大纲，巩固团本身的组织。

（二）工作概况：

本团开始就进行联络和调查两件工作，后来才对内加紧教育训练，对外工作决定计划和步骤。

目前经常协助社会服务处晚间演讲演剧，出版壁报、漫画、标语，组织流动队，到各乡村作街头演讲，个别谈话，家庭访问，替士兵写家信，和士兵补衣服。此外，协助政府鼓励民众破坏公路，协助党部督促各镇举行精神总动员宣誓，帮助新兵营长每天做训练新兵壮丁的工作，另外设法推动当地机关开办民众识字班等。

（三）所收效果：

工作以来，本团尚能迅速切实执行党政各机关的法令和指示我们的工作，故深得党政当局的爱护。本团各同志之刻苦耐劳的精神，使一般民众佩服和信任。

第六团（龙川）

（一）工作概况：

本团的工作地点是龙川，我们主要的工作是宣传民众。工作的方式是帮助当地各机关团体组织歌咏班、音乐会，练习有抗战意义歌曲，提高民众的抗战认识和情绪。协助当地各小学校组织儿童团，开办民众夜校。联合各界举行座谈会。在乡间工作的同志，时时参加乡民的晚会，去报告时事或演讲等。

（二）本团生活概况：

A、团员一般生活：每日除执行工作外，早上晨操或爬山跑步，但每天最少要阅读两小时，经常举行检讨会及讨论会，实行小组生活和野外活动，轮流炊事等。

B、团员教育：(1) 每隔二日讨论专题或举行时事讨论一二次；(2) 每晚开工作检讨会并进行自我批评；(3) 每周举行纪念周，学习政治及时事报告等；(4) 每日至少有两小时自我教育时间。

第七团（和平）

（一）本团概况：

成立经过三月初，在龙川工作的同志，深感和平工作的重要，就派出三人前往该地工作。直到五月十一日，我们在党政军各机关指导之下，假座县党部大礼堂举行东江华侨回乡服务团第七团成立典礼，同时全体团员举行国民公约宣誓。

（二）工作情况：

本团同志分四队，分至各地工作，团部经常派人到各队协助工作。各队的工作，多数做家庭访问，施赠药品，推动当地青年参加救亡工作。

（三）经验教训：

1. 要多替民众服务。

2. 组织青年，发动青年，必须青年化，灵活地运用各种活泼形式。

3. 团结干部，教育干部。首先要了解干部的优点和缺点，了解其生活上之困难，必须从爱护干部观点上给予尽可能之帮助，无论学习上、工作上，甚至物质上之帮忙。

4. 为要达到工作更顺利开展，首先要团结干部，使用民主集中的精神，使其能自觉地执行工作上的纪律、生活上的纪律。

5. 在工作中，我们必须坚持集体生活，克服个人自由主义。

东宝队（东莞、宝安）

（一）本队状况：

A、组织经过：本队在三月始着手组织，经过一个短时期的筹备后，月初即已征足额定的队员人数，十号前后即集中完竣，开始工作。

B、队员人数：六十人。

C、队员生活：本队成立之始，为提高工作能力及加强集团生活起见，三月十号即将集中之队员着手训练。训练时间两周。内容为抗战认识，工作技能及生活管理。开始工作后，每日亦有生活秩序，其时间分配为工作十分之四，学习、锻炼及讨论十分之四，私人生活十分之二。但仍嫌执行得不甚认真。

（二）工作概况：

A、宣传工作：(1) 把握每一个纪念节日工作扩大宣传，如“三·二九”、“四·四”、“五·九”、“五·卅”等，都在当地联合各界召开民众大会。(2) 经常开晚会，利用戏剧作广大宣传。(3) 每日规定时间作家庭访问，个别谈话。(4) 定期出版壁报，灌输国内外及地方新闻。

B、社会服务：(1) 推动谢岗、黎村、青溪乡等三乡捐晒番薯干慰劳游击队。(2) 发动黎村乡捐款慰问惠属三家邓等村抗战阵亡乡民家属。(3) 主持黎村乡民众国民公约宣誓。(4) 调和谢岗乡六、八两房纠纷。(5) 调解黎村乡与惠属罗村械斗，因该两乡有宿嫌，去月中旬爆发械斗，本队对上下进行调解，旋即平息。

C、请示工作：(1) 尽力配合政府措施。经常向党政军当局作报告及协助推动工作；为开始成立时分别报告组织经过，俟后工作地区之选择迁移，及工作概况，皆详为报告；协助县政府及第四区保安司令部发动民众破坏公路与调查乡村情况。(2) 建议统一救亡工作。在东宝武装部队的政工人员及工作队颇多，但过去极少联络，致影响工作大量开展。本月初旬，本队向第四区保安司令部建议召集各团队联席会议。同月十七日遂由保安司令部召集东江南岸政工团队联席会议，决议制定政治工作计划，并将东、宝划分为五个工作区，与以后每月召开联席会议一次。(3) 施赈工作。一切施赈工作亦为本队任务之一，但这几个月来，总会在东、宝并无施赈，故本队对此项工作并无若［任］① 何表现，惟将所储药品（如见连丸、药油、十灵丹等），经常赠送予贫病民众。

以上工作所收效果：本队工作以来，虽因环境关系不能普遍各地及使工作收到更大效果，但因为颇能做到以刻苦、牺牲精神在政府领导下为抗战服务，所以在党政军长官方面皆加以勖勉与扶助；在民众方面亦因为了解本队各队员的身份与他们一样，是以平民的资格来献身国家的，又因为我们一切工作取说服与推动的方式，所以他们不但容易接受，而且常常给予很多的方便，可以说并无什么不良印象。

（三）经验教训：

1. 不估计环境，不计划进行，结果一定失败。

2. 只有加紧各方面联络与团结，工作才能顺利开展。

3. 加强本身教育是开展工作、克服缺点的最好保证。

4. 多接近民众就是多教育自己。

5. 过分忽略卫生问题，会招致工作上意外的损失。

东江流动歌剧团

把抗日的烈焰在广大的群众里燃起，这是现阶段青年救亡工作者的重大任务。为了担负这个任务，我们便在政府及办事处领导之下，开展我们在东江流动宣传的工作。迄至现在，我们已经工作了四个月，现在把这四个月中的工作概况，经验教训，择要分述如下：

（一）工作概况：

我们从香港出发以后，便先后在惠阳及海丰县工作。

我们工作——在惠阳所经过的地方一共有：坪山、淡水、周田、双田、麻溪、良井、多祝几个地方，在这几个角落里，我们的工作内容：

---

① 原文为“若”，根据文意，改为“任”。——编者注

1. 戏剧歌咏宣传工作——我们曾经用二种不同的方式去进行。第一种是在戏台上演出，这种演出多数选择民众集中的地方来搭台，配备了布景灯光，化装演出，穿插于歌咏演讲；第二种方式是街头的演出，利用地方环境与民众打成一片，最好是使民众毫不知道戏剧演出，以为是真情实景，而赋以真纯的情感。前者是最普遍的方式，虽然民众不懂言语，也可以欣赏动作，后者应该与民众打成一片，语言太隔膜时，便不能收效了。

2. 口头宣传工作——可以单独配合歌咏来做，所需时间短，所以可以力图普遍，以及利用民众集圩时候来做。不过，言语的条件，必需使民众懂得听及了解。

因为工作人数只有九个，所以，有的时候主观力量不能适应客观的需要。我们用最迅速的时间也尽我们的力量，在三月初旬完结了以上各地的工作，到要求我们快点前往海丰民众堆里去，而把惠阳其他各地的工作放在我们将来的工作计划里。

在海丰：

1. 歌剧宣传，只用戏台上演的方式，街头剧因语言关系不能运用。我们的宣传工作做遍到赤石、梅垄、附城、公平、可塘、青坑、青草、汕尾各地。

2. 捐款运动，曾经发动全县城一仙[①]捐款救国运动，结果收得拾壹块多钱，发动了群众去民教馆观剧，除此之外还为党部举办的购赠前方将士鞋袜筹款运动，演剧两晚，尽了扩大捐款运动的任务。

（二）经验教训：

我们需要在自我批判之中来抛弃旧的、失败的、错误的成份，发扬新的、胜利的、正确的因素，来求工作的进步。

没有抹煞我们的年青幼稚，以及流动工作环境之变化不同，时时可以使我们的主观判断零乱或错误的，所以我们特别要接受以往的经验教训，引为警惕。

---

① 原文如此。——编者注

综合惠阳及海丰的工作经过，我们自己得到了如下的几点教训：

1. 没有确实的计划，就不能够有条理地去进行工作而收到良好的效果。准备的疏忽，临时的仓卒［促］，都是没有工作计划的弊病，主观力量时时与客观要求无规律的冲突，工作任务与时间分配不得平行，都是没有工作计划的症状。这很多是得自海丰县的工作里。

2. 不能够洞悉客观环境，有时犯了工作上的盲动的错误，纵使有的是可以了解的，但是没有估计到它的错综的情况，这就是没有深入地去认识事物。

3. 没有警惕的、及时的提出同志间私人意见解决办法，只机械地运用公开检讨的方式去解决，而忽〔视〕了灵活办法，结果是不会有良果的。

4. 在统一战线的执行上，不能使之为实际工作的问题，而只是表面上的联络问题。还有在文字发表上，日常行动中还不能够尽量避免无谓的误会。这是我们在统一战线上执行得不够的地方。只有适当地运用统一战线，才〔能〕得到工作的有效的保障。

5. 不能够侧重的作行动方针——行动理论的学习，以致工作判断，在进退维谷的时候，不能够作集体的精湛的讨论，这会使行动欠缺了正确性。

（《东江》第十二期，1939 年 7 月 3 日）

中共中央南方局和南方局妇委关于目前南方妇女运动问题致粤、湘、赣等省委妇委并报中央书记处转中妇委电①

1939 年 7 月 19 日

我们收到粤湘川省妇委工作报告並［并］讨论了目前南方妇女运动，兹择要电示如下：

甲、二期抗战的妇运，由于敌人的进攻、战争的继续、战区的扩大，更广的妇女群众受到战争的影响更提高了民族的觉悟和抗敌的积极性，发展到武装斗争抗敌的要求；更由于各省委执行中央的指示，转知对妇运的作风，加强了领导，在比较更广大的区域发展了妇运，建立了新的工作基础；在这时期的妇运中比前更普遍的开展了。但党对妇运的注意还赶不上客观的发展，不大重视，帮助不够，仍多自发的工作。

乙、妇运由小规模的走上大的群众运动，包括更多阶层的妇女，扩展了工作的内容，组织了更多的妇女。

丙、工作主要缺点与困难在于：

子、妇女团体的基础一般的仍很薄弱而多流动性，缺乏经常性的工作，有计划的建立；

丑、妇女团体中党员不懂得善于培养与团结干部；

寅、整个统线的情况反映到妇运方面也受到限制、防止、排挤和反对、抵压左的份子与共产党员；

卯、未能坚持与正确运用统线，表现着关门、狭隘、对立、宗派的观

① 收录于南方局党史资料征集小组编：《南方局党史资料·群众工作》，重庆出版社，1990 年，第 26—27 页。

念，甚至去支持顽固份子，以及急躁不耐烦的情绪，或者在事实上的消极现象，影响着各地妇运团结的不够；

辰、党的女干部非基本缺少，而是不调剂和保守，提拔和培养不够。

丁、今后的工作方针：

（1）坚持统线，加强正确妇运，用统线的教育和马列主义的教育；

（2）工作的重心应移到各大城市及女生中女之集中的场所、农村妇运开展的老区；

（3）收集和创造新的工作方法和经验，用各种更多方式去组织与发展妇运；

（4）要培养和团结非党的女干部及领导。各省委及妇运（如）要认真的认识现有的女干部，适当的分配和调剂，並［并］勇敢的提拔，将统计干部的材料用妥当秘密方法报告我们。

戊、南方局妇委主要在研究妇运总的方针上，思想上给省委的指导。各省妇委须提高、培养自己的领导能力，自力更生，能独立工作。

己、△成各地党的组织和妇委将当地妇女刊物按期收集寄来，並［并］经常帮助与有关系的刊物。

庚、湖南、广东另给个别的指示，江西报告另寄详细指示，参阅颖超同志的文章。渝十九日。

1940 年

中共中央为“三八”节工作给各级党部的指示[①]

1940年2月1日

自从去年“三八”节，中央书记处关于开展全国妇女运动指示和中央妇委关于开展妇女工作给各级党委信发表以来，我们党的妇女工作，确实有了相当的转变，各级党委内妇委或女工部的成立，各级党委中负责同志担任妇女工作，出版《中国妇女》月刊，创办中国女子大学，妇女党员有相当的增加，各地妇女工作有相当发展，都是这一转变的主要表现。同时，许多地方妇委工作还有有名无实的现象，许多地方女党员的数量还是很少，许多地方对于培养女干部工作还是注意得不够，对建立和扩大各界妇女统一战线的工作还作得不够，对深入广大劳动妇女中工作还进行得不够，许多地方党部对妇女工作经验还很少认真总结，都证明党在妇女工作中还有很多的弱点，因而使妇女工作还未得到应有的成绩。中央为使全国妇女工作继续发展，对今年“三八”节工作有下列指示，望各级党委及妇委一致切实认真地执行：

（一）进行广大的宣传工作和组织工作，以动员广大妇女参加讨汪运动和促进宪政运动，把这些运动与各阶层妇女的切身利益要求联系起来，号召她们反对助汪为虐的女汉奸陈璧君等，在努力开展反汉奸、要民主的群众运动中，建立最广泛的各阶层的妇女为抗战为宪政而奋斗的统一战线。

（二）尽力吸收先进的知识妇女和进步的女工、农妇入党，增加女党员的数量，大胆地提拔妇女干部参加各种革命工作，注意培养大批妇女

① 收录于中国妇女管理干部学院编：《中国妇女运动文献资料汇编》第一册（1918—1949），中国妇女出版社，1987年，第361－362页。

干部。

（三）在广大妇女群众中，广泛进行反对帝国主义战争和国际主义的宣传教育工作。在今年各地“三八”大会上，应通告世界妇女和日、英、法、德、意及苏联妇女的简短函电，建立中国妇女和国际妇女反帝反战的亲密联系。

（四）今年“三八”节，中央决定在延安进行下列工作：（甲）举行妇女生活展览会；（乙）开妇女运动大会；（丙）奖励学习、生产、工作、抗属中的模范妇女及热心妇女、儿童工作者；（丁）慰劳抗属；（戊）群众大会和晚会等。

在八路军新四军驻军区域中的地方党，望斟酌当地的情况，尽量举行类似延安举行之“三八”节各项或某几项工作；其他地方的党委，则应在“三八”节用各种适当的方式，实行鼓励努力工作和学习的女干部女党员。

（五）各级党委须将今年“三八”节工作情形及一年来妇女工作经验教训进行总结，迅速向中央妇委报告。

中央、军委关于在新地区发表布告或宣言传单内容的指示[1]

1940年2月12日

各中央局各军政首长：

我八路军新四军每到一新的地区及建立抗日政府或成立抗日团体，均须发表布告或宣言传单，其内容必须包括下列五条，以广泛宣传，以打击反共派顽固派：

（一）实行总理遗嘱，唤起民众一致抗日。

（二）实行民族主义，抗日到底，打倒汪精卫及一切大小汉奸。

（三）实行民权主义，民选各级政府，人民有抗日救国之自由权。

（四）实行民生主义，废除苛捐杂税，减租减息，实行八小时工作制，发展农工商学[2]，改善人民生活。

（五）实行蒋委员长指示，地无分南北东西人无分男女老幼，均有武装抗日之责任。

中央及军委

二月十二日

根据中央档案原抄件刊印

---

① 收录于中央档案馆编：《中国共产党抗日文件选编》，中国档案出版社，1995年，第305页。

② 另一抄件此处为“发展农工商业”。——原书注

中央关于开展抗日民主地区的国民教育的指示（节选）①

1940 年 3 月 18 日

……

（二）国民教育一般的可为分学校教育与社会教育。在学校教育方面，举其大者，必须：

1. 尽可能的恢复与重新建立各地小学校，达到每村有一个初级小学校，每乡（或每编村）有一个中心小学或模范初级小学，每个中心区有一个两级小学或完全小学，以建立广泛的小学网。

2. 大批的吸收与鼓励青年知识分子或旧知识分子，尤其是过去的小学教员，担任小学教员的工作，开办各种小学教师训练班或讲习所，给他们以必要的训练。必须计划在几个中心地区设立师范学校，大批的培养小学教员，并注意女教员的培养。

3. 用说服解释方法及政府法令的强制力量，大量的动员学龄儿童入学，同时设法克服学龄儿童不能入学的实际困难。一切革命者家属的儿童，应首先入学起模范作用。

4. 为了提高各地文化、政治、专门知识的水平，为了造成中级与高级的知识分子，为了吸收现在尚散伏在乡村中的游离知识分子或半知识分子，某些县区内公立中学校的设立，仍然是必要的。这种中学校的一切设施，应相当正规化。

5. 为了吸收青年妇女进学校，同时估计到中国旧社会中封建思想的

---

① 收录于中国妇女管理干部学院编：《中国妇女运动文献资料汇编》第一册（1918—1949），中国妇女出版社，1987 年，第 362−364 页。

存在，应在某些地区设立女子两级小学或女子高等小学，女子师范及女子中学，但同时应该提倡男女同学，一切学校均应吸收女子入学。

（三）在社会教育方面，举其大者，必须：

1．在各村各乡小学校内或小学校外，建立民革室、救亡室、俱乐部一类的文化教育活动的中心。开办各种民众学校，夜校、识字班（女子可同男子分开，上课应在白天），组织各种识字组、大众黑板、读报、演讲、娱乐体育、壁报、戏剧等一切适合于民众需要及为民众所喜欢参加的活动。小学教员即应成为该乡该村社教的主持者，他的小学校中的优秀分子即可成为他的助手（即小先生制）。该乡该村的共产党员首先应参加这个工作，成为其中的积极分子，并经过他以团结与教育群众。

……

持久抗战中的中国女工①

1940 年 5 月 1 日

蔡　畅

全民族团结抵抗日寇野蛮侵略的民族革命战争，已经坚持了三十四个月。中国工人阶级在为民族解放事业的艰苦奋斗中，无论在前线，在敌后，或在沦陷区，都起了很大的重要作用。占中国工人阶级主要成份的中国女工群众，同样是以民族的命运为其命运，而充分表现了她们在抗战中的很大力量。

不论在“九·一八”以后，不论在“一·二八”沪淞抗战中，特别是在三年来的全国抗战中的女工们，热烈地参加反日的罢工斗争，踊跃的参加救护队、慰劳队、战地服务团，以至在献金运动、兵役运动、生产运动、救济难民运动、游击战争、抗日文化运动中，莫不有大批女工参加。女工们在艰苦的抗战运动中，竭其自身的努力，帮助了抗战，同时也改造了自己。她们的觉醒程度、文化水平以及社会的经验都提高了。中国劳动妇女们的主力军——女工们已经在抗战的各个战线上显现其力量，已经在抗战的实际斗争中与广大的中国妇女大众密切的联系起来了！

但是，我们必须指出，中国的女工群众在抗战中是受尽了各种他人所未经历的灾难和折磨，遭受了中国各阶层人民所未有的遭遇和践踏。中国女工们的觉醒，为民族解放而努力奋斗，却未能丝毫改善她们的生活与待遇！

首先在沦陷区，她们正是日本帝国主义者的第一个剥削与蹂躏的对

① 收录于中国妇女管理干部学院编：《中国妇女运动文献资料汇编》第一册（1918—1949），中国妇女出版社，1987 年，第 364—366 页。

象；成千成万的被日本资本家残酷的压榨、打骂与凌辱；成千成万的失业，被抛弃在街中，抛在难民队伍中。成百成千的被日寇强奸或被迫为娼妓。其次在战区，由于轰炸而遭浩劫，由于迁厂或关厂的结果而被失业，被遣散流难而无人一顾。在大后方，也正为某些发国难财的少数资本家所剥削，生活程度比战前增高七倍到十倍，而工资仅及战前水平，甚至某纺厂初去的女工人每月作工的结果还赚不到六元起码的工钱。一切保护女工、童工的待遇，不管在中国任何地方都被取消一无所有，甚至故意优待男工分裂工人以便孤立女工，更好压榨苛待女工，至于禁止女工有任何组织，不准女工参加抗日活动，限制女工参加文化教育，更是普通的现象。这种不顾民族利益，非人对待女工的状况是与团结全民族坚持抗战的国策，与抗战建国纲领上所规定的“注意改善人民生活”的方针相违背的！只有在陕甘宁边区、晋察冀边区等地，女工们才真正获得了全国未有的胜利。以陕甘宁边区为例：女工同男子及其他妇女群众一样享有一切政治自由，女工可以参加各种抗日团体，参加政府工作，可自由的参加一切文化教育，延安女子大学还特别成立了女工班，各工厂都有女工学习组和补习班。女工在工厂做工的待遇，除工资和工作时间和男工相同等外，还特别注意了女工特殊待遇：如“女工于产前产后给假二月，工资照给并给予产妇津贴费五元到十元”、“女工每月由厂发给卫生（月经）费三角，并得酌给生理假，照发工资”、“女工所带的小孩每月发给代乳费五元”等等。这样女工在经济上、政治上、社会上与其他人都是同等待遇，这正是为着真正实行三民主义，认真执行国民政府的抗战建国纲领，正是为着团结与发挥全民族力量，提高女工的民族觉悟与斗争的积极性、劳动创造性，这不是陕甘宁边区的“特殊化”，而是全国各地都应当如此做的！因此在纪念今年“五一”劳动节的当儿，为着坚持抗战、团结与进步，希望全国人士，特别是全国妇女领导者们，今后要更大的注意于女工运动！目前对中国女工工作，我认为应着重于下列问题：

一、我们必须根据“地无分南北，人无分老幼”，团结全民族，发挥全民族每个人的力量，坚持抗战，争取最后胜利的坚定立场，依据坚持团结抗战，反对妥协投降的方针，去注意动员在二万万五千万中国妇女中最优秀的一部份女工去积极参加抗战，努力参加生产，更大发扬女工们的力量，与全国同胞完成抗战建国事业，与全国妇女完成妇女解放事业。

二、用各种适当的组织形式，女工们所愿意的组织形式，把女工群众组织起来。这首先需要团结与训练愿意埋头苦干愿意做女工工作的妇女干部深入到各工厂、农村中去，将各工厂女工、家庭手工业女工、农村女工及女职员分别组织起来。除了在业的劳动妇女外，我们还必须去组织与训练失业的女工、难民中的女工，把她们分派到抗战中的各个战线上去（如医药卫生工作、军事后方动员工作、农村妇女工作、抗战宣传教育工作等等），使广大的失业流难的女工能够免除饥寒之苦，能够在二万万五千万中国妇女中去尽其先进的作用。

三、要发挥女工的力量，就必须适当的改善女工现在非常苛虐的生活。根据政府一九三八年颁布的战时保证劳工法令及根据建国纲领，必须根据各地的生活条件，适当的增加工资，改良待遇，给女工们以维持生活的必要工资及相当的休息与受教育的机会。把女工沉沦在黑暗的剥削和恶劣的生活中，对全民族的现在与将来的利益只有百害而无一利！社会上一切以“民族至上”的人们应当为适当改善女工生活而奋斗！同时要警惕的防止那些准备投降的人们，故意用“左”的口号造成反工人的阴谋。

四、政府准备实行宪政，并决定今年召集国民大会，我们希望三民主义的宪法，必须有保护劳工、保护女工、允许工人有一切抗日的政治的权利的规定，并能确切实行真正全民的国民大会，必须有由工人自己选举，由女工自己选举的代表参加。我们更希望在国民大会未举行、宪法未制定之前，全国先进人士，特别是妇女界先进人士，在宪法促成运动中切莫忽视了中国女工的地位与权利。

五、我们不能否认中国女工在抗战过程中经过了不少锻炼，并提高了她们的觉醒，同时也不能否认中国女工不但未能组织起来，而且也无时间、无机会受到必要的文化教育。因此，必须注意女工文化教育的开展，用尽一切力量去注意组织女工夜校、女工识字组、女工读报组、女工补习班等等来提高她们的文化水平，扫除女工中的文盲与落后。这不但教育了女工，而且也就是组织了女工。

六、在敌人沦陷区，特别是大城市，必须去组织教育女工与整个工人阶级及全民族团结，坚持反对日寇汉奸汪派等等的欺骗软化，以及分裂破坏工人运动与工人组织的各种阴谋，誓不参加汉奸组织的工会，坚定反对“和平反共”而实际上是出卖民族投降日寇的道路。积极地去参加工人中的互助教育等组织，去团结积蓄工人阶级的力量，准备着配合争取民族解放的最后胜利。

七、在敌后抗日根据地，应当努力注意女工的组织与训练，把她们培养成为千千万万农村劳动妇女的领导者，教育她们团结动员广大农村劳动妇女参加与配合敌后游击战争，参加政权，参加生产，参加建设，为巩固和扩大抗日军队、巩固和扩大抗日根据地而斗争！

（原载《中国妇女》1940 年 5 月）

中国妇女在“五四”运动中走上了自己解放的道路①

1940 年 5 月

吴玉章

如果说五四运动为中国民族解放运动开了一个新纪元，那末，我们完全有权说五四运动也为中国女子社会解放开了一个新纪元。为什么呢？因为五四运动中，中国青年女子不仅同青年男子一样，做了反帝爱国的壮举，而且做了冲破数千年封建束缚的伟绩。中国吃人的所谓“礼教”特别对于女子尽了残酷压迫的作用，什么男尊女卑、三从四德等等胡说，支配了中国数千年的社会。在五四运动时代，一方面中国正是新文化勃兴反对旧礼教，打倒孔家店，抛弃文言文，提倡白话文，一切以科学民主为依据，自由平等为原则，这就激发了千千万万的优秀男女青年，向光明的前途猛进；而另一方面，反动政府及那些自命为“卫道”之士的遗老遗少，拚［拼］命要保存黑暗势力，但这个黑暗势力的万里长城终于被青年男女攻破了。

五四开始的各次运动，都有女子参加，北京各女校也很活动，但每次都给学校当局阻止着。当上月二、三两日被捕大批讲演学生的新闻在报上发表后，北京女子师范学校及附属中学的学生，就商量援助的方法，不料事为该校校长所探知，就一面嘱咐工人把校门紧闭，一方面召集学生训话，加以严厉的斥责。这样的办法，似乎使得该校女生再也没有活动的余地了。但是她们的愤怒却因此更盛，就一齐拚［拼］命把后门打开，蜂涌

① 收录于中国妇女管理干部学院编：《中国妇女运动文献资料汇编》第一册（1918—1949），中国妇女出版社，1987 年，第 366-369 页。

[拥] 向外冲出，沿街讲演，更是激昂慷慨。讲者“垂泪而道”，听者“掩面而泣”。下午一同到了反动政府的临时监狱北大法科的门前，齐声慰劳被捕的战士，同时她们的代表及女中的代表六七人，各用手巾提了几千枚铜元送到法科被捕学生团，接济被捕的男同学，并声明送来的铜元都是临时捐集的，所以来不及换成银元。这种热情侠义，不仅增加了男同学的勇气，而且可以说这是中国女子自己力争解放的第一声。女子师范领导女界首先发难后，接着就有京中十五女校联合呈请政府释放被捕学生，而各地学生会中亦多有女校的学生代表参加。数千年加于女子的枷锁被打破了，这就开辟了女子解放的道路。

中国妇女问题远在五四以前太平天国革命时代就已提出，十几万妇女参加了太平军的武装斗争。中国妇女第一次获得了某些政治权利（当时有女军师，女丞相……）和经济权利，凡十六岁以上的男女都享有分得土地的权利。在法律上也有许多男女平等保护妇女的规定。可是，不仅随着太平天国的失败，随着太平天国上层分子中的中途腐化，中国妇女失去了已获得的某些成果，而且太平天国对于男女的界限还是保存着封建的意识(如座位有男左女右，行路有男行女行之分)，没有自由人权真正男女平等的思想。

戊戌政变时代康有为在广州开始组织不缠足会，一时四川、湖南各省都有天足会的组织。开办女学的呼声也各处可以听到。这一可怜的解放女子肉体上的痛苦和知识上的要求，也随着变法维新的失败而消沉下去了。

戊戌政变失败后，优秀的妇女代表直接参加了革命运动，在义和团运动时，妇女参加汉口唐才常的起义，事泄被杀者有周福贞、刘惠芳等。一九〇七年秋瑾组织了光复军，自任协领，图谋在绍兴起义，事未成即被德廷枪杀。中山先生组织同盟会时，除秋瑾外还有何香凝、方君瑛、曾醒等参加。辛亥革命爆发时，不仅北京有妇女做炸良弼及袁世凯的秘密工作，而且妇女由秘密参加革命进而直接参加武装斗争，如浙江女子军参加杭州之战，女国民军及女子决死队参加南京、汉口之役。这些事实正是说明中国妇女要以自己的力量去奋斗，争取自己的解放。

但是，中国妇女解放运动也和中国资产阶级民主主义革命一样有它的特点。特点在什么地方呢？特点就在于中国是半殖民地半封建的国家，旧范畴的资产阶级民主主义革命，在中国是找不到出路的。所以辛亥革命虽然推倒了满清政府，而革命还是未成功。这是什么原因呢？原因是中国的敌人太大，在外则有世界各帝国主义，在内则有受帝国主义支持的封建残余和依附于帝国主义的大资产阶级。不反对帝国主义则不能推翻本国的封建残余，而要反对帝国主义则必然要站在无产阶级社会主义世界革命的一条战线。因此，中国革命的性质，虽然基本上现在还是资产阶级民主主义革命，它的客观要求，基本上依然还是扫除资本主义发展道路上的障碍。然而这种革命，已经不是旧的、完全被资产阶级领导的、以建立资本主义的社会与资产阶级专政的国家为目的革命，而是新的、被无产阶级领导或参加领导的、以在第一阶段上建立新民主主义的社会与建立各个革命阶级联合专政的国家为目的，与在第二阶段上建立社会主义的社会为目的革命。因此中国革命发展的前途，一定不会成为垂死的资本主义的反革命的一部分，而必然成为社会主义世界革命的一部分。正如毛泽东同志所说：

“中国资产阶级民主革命，自从一九一四年爆发第一次帝国主义世界大战，与一九一七年俄国十月革命在地球六分之一的土地上建立了社会主义国家以来，起了一个变化。

在这以前，中国资产阶级民主主义革命，是属于旧的世界资产阶级民主主义革命的范畴之内的，是属于旧的世界资产阶级民主主义革命的一部分。

在这以后，中国资产阶级民主主义革命，却改变为属于新的资产阶级民主主义革命的范畴，而在革命的阵线上说来，则属于世界无产阶级社会主义革命的一部分了。”（毛泽东著《新民主主义论》）

中国这种殖民地半殖民地半封建的国家要求得解放，中国无产阶级要求得解放和中国妇女要求得解放，都只有走世界无产阶级社会主义革命这条唯一的道路。

这就是说：要求得民族解放和社会解放，就不只是要达到新民主主义第一阶段的革命目的，而且要达到新民主义第二阶段的革命目的。特别是无产阶级和妇女，如果不消灭人剥削人，人压迫人的私有财产制度，即阶级社会，则永远不能得到解放。如资本主义最发达的国家，在法西斯的德国里，“教堂、厨房和儿童”这就是妇女被分配于这三个范围的社会生活；在所谓民主的资本主义的英国有一句老话说：“妇女的位置是在家庭里。”在五四时代最有文学革命声誉的中国资产阶级的代表胡适也说：妇女的美德是“贤妻良母”。总之，女子是男子的附属品，没有以平等的人格相待，自从女子受压迫以来，直到资本主义社会都一样。只有消灭了私有制度，消灭了阶级的社会主义的苏联，才不仅在政治、经济上妇女与男子完全平等，而且没有一种职务或位置，妇女不可以根据男女完全平等的基础上，同样地担任起来，苏联斯大林宪法规定：“苏联妇女在经济、国家、文化及社会政治生活一切方面，都和男子享有平等的权利。”“为实现关于妇女的这些权利有下列保证：妇女和男子平等地享有工作权、劳动报酬、休息、社会保险和教育等权利；国家对于母亲和儿童利益的保障、孕妇保留工资的休假以及广大的产科医院、托儿所、幼稚园网等的设备。”由此可见，只有社会主义社会妇女才能真正得到解放。

中国的妇女在社会上尽了很大责任。中国多年已是小农业与家庭工业合为一体的生产形式，家庭妇女除了生育和教养子女外，还要作渍麻、纺线、种菜、煮饭、驯养家畜、管理家政等等繁重工作。一家之生计大半依靠于女子，而且凡是社会上稍有成就的人，大半都是受了母亲的良好教育，中国社会教育大半要归功于妇女，而社会对妇女的待遇则是奴隶牛马的待遇。世间不平的事莫过于此，而腐儒之辈反造出许多伦理道德，恭顺、贞操等“学说”来粉饰这些罪恶。这些先生们毫不知道：一夫一妻制家族的起源不是基于自然的条件，而是基于经济的条件，即在私有财产对于原始的自然发生的共有财产而占胜利的基础上所建立起来的。封建社会或资本主义社会的一夫一妻制，决不是为和谐夫妇而出现于历史，更不是当作最高的婚姻形态而出现的。反之，它却是当作男性压迫女性，当作为以前历史所未知的两性斗争之宣言而出现的。而且贞操只责备于女子一方面，男子可以多妻。甚至规定有爵位的人有三夫人、九嫔、二十七世妇、八十一御妻。平民也可以娶妾等。

原来人类最初是经过群婚和母权制时代，母权制的特点是男子不能承继氏族的财产，如现在我们的父权制社会一样，女子不能继承父亲的财产。照母权时期家族内的分业，取得食物及制造所必要的工具之责任，由男子担负。因此，他占有了那些工具，当离婚时，如妻子保留家具一样，他就把那些工具带去。照当时的社会习惯，男子也是新的生存资料——即家畜之所有者，后来便是新的劳动力——即奴隶之所有者。因为有了奴隶，财富愈增加，男子在家族的地位也愈比女子重要，且利用这个强固的地位，为他的子女的利益，因而就有推翻传统的继承法则的欲望发生。但是母权制如继续存在则此欲望难于实现。因此，非先把母权制废止不可，而母权制竟被废止了。恩格斯说："这却决不如我们今日所想到的那样困难。因为这一革命——人类所曾经验过的最激烈的革命之一——并没有须侵害氏族中任何一个活着的氏族员之必要。全体氏族员仍能照常过活，只要有一个简单的决议，说从今以后，男子氏族员的子女应属于氏族，女子氏族员的子女应该除外，而转属于他们的父子氏族，就很够了。这样一来，由女系追溯血统及母方的继承权即被废止，而男系追溯血统及父方的继承权即告立。……母权制的颠复［覆］是女性的世界史的失败。男子在家庭中已握着支配权，女子已被贱视、被隶属，成为满足男子欲望的工具与生产子女的机器。……历史上所表现最初的阶级对抗是与一夫一妻制中男女的对抗之发展相一致的，而最初的阶级压迫是与由男性对女性的压迫一致的。一夫一妻制是一个伟大的历史进步。但同时因有奴隶制及私有财产制，它便开辟了这样的一个继续到今天的时代，就是虽有如何的进步，却带着相对的退步，且一个人的幸福与发展是靠别人的苦恼与抑压以成就的。它是文明社会的细胞形态，我们得由此以研究在文明社会正在完全展开的对立与矛盾之性质。"（恩格斯著《家族私有财产及国家起源》）

很明显的，中国妇女如果就是做到了政治上与男子平等，经济上与男子平等，社会上一切都与男子平等也不能得到彻底的解放，因为妇女之受压迫是由于私有财产的经济条件作基础，不推翻私有制度则妇女得不到完全解放。因此妇女是家庭中的无产者，她们的利益与无产阶级的利益是一致的，她们是无产阶级社会主义革命最可靠的同盟军。

中国妇女自五四运动开始觉醒以来，她们同中国无产阶级一样，以崭新的姿态跳上政治舞台，不循旧资产阶级民主革命的道路而开展了中国新民主主义的革命斗争。在一九二五——一九二七大革命时代，在罢工中则纱厂女工不仅占了很大数量，而且表现了坚决英勇的斗争。在十年土地革命中，农妇参加了残酷的斗争。在一二九运动中，青年女学生表现了她们的英勇。在抗日民族革命战争中，女工、农村妇女及青年女学生和文化界女作家等，或慷慨从军，或英勇参战，或下乡宣传，或随军慰劳，或任看护，或育难童；尤其到延安来学习的青年女子成千成万，络绎不绝，在中国革命战争中，添了这一支生力军，使中国革命胜利更有保障。这不仅因为中国妇女有坚强的革命性，而且因为中国有二万万二千五百万这样大的数量地新起的女子革命军。

中国妇女现在的任务是和中国革命现在的任务相一致的。这就是说："中国革命的历史进程，必须分为两步，其第一步是民主主义革命，其第二步是社会主义革命，这是性质不同的两个革命过程。"（毛泽东）。我们要达到第二步的社会主义革命，就不能不努力于第一步的民主主义革命。因为民主主义革命进行得越彻底，则越能更快地转变到社会主义革命。因此我们妇女现在的任务：就是彻底实行新民主主义革命的第一步，即坚决抗战到底，以争取国家民族的独立；力争民主宪政，以争得妇女在政治上，经济上、社会上与男子平等与自由的地位；开展女子教育与文化运动以提高妇女的文化水平，组织妇女团体以发动妇女群众运动。起来！新时代的幸运的二万万二千五百万妇女同胞们，中华民族解放的光明，世界革命的灯塔，照耀着你们的前途，快快地向光明的大道前进！

（原载延安《中国妇女》1940 年 5 月 25 日）

中央关于加强战区青年工作的指示（节选）①

1940 年 6 月 7 日

……

（四）青年救国会要团结全体青年：

1. 吸引青年工人贫农参加青年救国会的组织和活动，但又不应排斥地主商人的子弟。

2. 吸收青年妇女参加青年救国会的组织和活动，同时不要减弱妇女救国会而应帮助妇女救国会。

3. 积极团结小学教员，组织小学教员联合会，吸引进步的小学教员参加区村青年救国会的领导。

4. 吸收乡间游离知识分子青年参加各种工作，并协助政府建立相当正规的中等学校。

……

中央书记处

① 收录于团中央青运史研究室、中央档案馆编：《中共中央青年运动文件选编（一九二一年七月——九四九年九月）》，中国青年出版社，1988 年，第 521—523 页。

中央青委关于开展国民教育工作的决定（节选）①

1940 年 9 月 1 日

……

（二）青年组织应不但领导本组织内部的学习，并应尽量推动和帮助本组织以外的青年（如青年妇女、青年职工、青年战士等）和一般成年群众进行识字教育、卫生教育、反迷信教育、尊重妇女保护儿童的教育、民主教育、政府法令的教育和各种有益的娱乐活动。青年组织应成为国民教育的先锋队，成为政府在这一工作中的第一助手。

……

① 收录于团中央青运史研究室、中央档案馆编：《中共中央青年运动文件选编（一九二一年七月— 一九四九年九月）》，中国青年出版社，1988 年，第 525—527 页。

中央统战部关于统一战线部的组织和工作问题的指示（节选）[1]

1940年11月2日

……

丙、为讨论和研究各方面统战政策问题，除统战部外可成立统战问题委员会，其成份除统战部主要工作人员外，应吸收文化、青年、妇女等负责同志参加，而在我们有军队和政权的地方，并须吸收军队和政府负责同志参加。在秘密环境下，可不成立统战委员会，遇有关某方面的统战政策问题，则由统战部负责人与某方面负责同志临时商决，但性质重要之政策问题，必须提交党委会讨论决定。

……

（三）关于统战工作的对象和范围问题：根据过去经验，有些地方将统战工作限制在狭小的范围以内。有些地方则认不清什么是统战工作对象。今后必须认识统战工作的主要对象惟为各党派（从国民党、第三党、青年党、国社党至救国会、职业教育社、生活教育社、乡村教育社及各地方实力派）各友军，但对各地方各阶层的相互关系政策之研究，对各地方各阶层的政治上经济上的代表人物的联系和争取，对各地方各界（文化教育、新闻、妇女、青年、外交、实业、科学、宗教、技术、社会、秘密团体等）团体及领导人物的联系和争取，对各地方的士绅及各级政府机关（包括联保保甲）人员的联系和争取，均系统战工作的对象和范围。

……

中央统一统战部

---

① 收录于中央统战部、中央档案馆编：《中共中央抗日民族统一战线文件选编》下，档案出版社，1985年，第487–492页。

中央青委关于国民党区域青年统一战线工作的指示（节选）[①]

1940 年 12 月 1 日

（一）根据中央历次指示，今天国民党区域青年工作基本任务，一是长期埋伏，积蓄力量；一是开展统一战线，扩大政治影响，两者不可偏废，而其统一的中心一环，就是党员必须加强社会活动，取得社会的地位。只有如此，才能保证党的力量不受损失，并使挽救时局的努力，得以尽量实现。

（二）今天青年工作中统战主要对象，应该首先选择青年易于接近和关心青年者：

1. 学校当局，包括最大多数的校长教职员。

2. 教育、军政、文化、舆论、工商各界名流，公正人士与学生家长。

3. 各种能容纳青年的合法社团，如青年会、女青年会、新运总会、伤兵之友社、妇委会、学术团体、同乡、同学团体及各种官办的民运动员团体。

4. 国民党、三青团之各级机关，尤其是下级的干部和团员。

……

① 收录于团中央青运史研究室、中央档案馆编：《中共中央青年运动文件选编（一九二一年七月——一九四九年九月）》，中国青年出版社，1988 年，第 534—536 页。

现阶段东南五省的妇女运动（节选）①

1940年1月

秋　若②

浙、皖、赣、粤、闽这几省因为地形相接，所以不论在政治、经济、交通、文化各方面都有它的共同点。这些地方的妇运情形，既不同于西北、西南，也不同于东北、华北，有着它的特殊姿态。今天我们来检阅这五省的妇运是非常必要的，只因过去各省间缺乏任何联系，加以目前交通困难，消息隔阂，材料尤其不易获得，现在仅就见闻所及，作点、线或平面之叙述。

妇运同其它民众运动一样，随着总的政治形势和各地的特殊社会环境的运动而变化发展，因此现阶段东南五省的妇女运动至少有着下面几个特点：

一、发展非常不平衡，有些地方已经相当深入（如赣东、浙东、皖南、粤北等的一些县份），有些地方却处于停滞的状态（如福州和其它曾经有点基础而受恶势力摧残打击消沉下去的地方），还有大部分地方才开始发动。

二、群众基础才初步建立，可是非常不够，因为东南几省有着较多的新工业女工和小手工艺女工；沿海有着无数强悍困苦的盐妇、渔妇和畲民妇女，没有团结到抗日阵营中来。

三、东南几省文化比较发达。比如广东就有六个以上大学，福建有四

---

① 收录于中华全国妇女联合会妇女运动历史研究室编：《中国妇女运动历史资料（1937—1945）》，1991年，中国妇女出版社，第423-433页。

② 秋若即林琼。（1941—　）福建闽侯人，女，中共党员。时任《浙江妇女》主编，浙江省战时儿童保育会秘书，中苏文化协会妇女委员会秘书。——原书注

个大学，各省的中学更不可计数。但是对这部分知识妇女的动员也还十分不够，女学生、女教师的动员更是远远地落在后面（除了极少数的例外）。

四、五省都有这个共同的特点，即：妇女工作者常常离开自己岗位去担任一般的民众工作；另方面，非单纯妇女组织的团体倒做了较多的妇女工作（如浙江各县的政工队，便是一个例子）。

五、在这五省中已有模范据点的建立——江西妇运走上行政正轨——这一事实给其它四省很大鼓动，她们已经急起直追了。这便是各省一致地提出建立统一领导机构的要求。

六、各地妇女工作已由无计划突击渐渐进入具体化、计划化了（比如抗战动员工作已由表面的宣传、捐募，进入参加生产、参加国民经济建设、训练后备军等这些切实的工作境地）。

七、动员妇女的几个先决问题。如提高大众妇女政治文化水平、培养生产技能、改善生活、解除封建恶习（见蒋夫人召集庐山谈话会所订的《动员妇女参加抗战建国工作大纲》等），已被普遍的重视，而且已部分的实践。

所有这一切特点，都表现在以下这些事实中：

各省妇女组织概况

……

广东算是五省中妇女团体最繁杂的，有女界联合会、女权运动大同盟、妇女会、新生活促进会、妇女工作委员会、妇女慰劳自卫抗战将士广东分会、妇女抗敌同志会、战时妇女服务团……等。组织分歧，力量常在自相抵消，不易团结一致。广州退守后，那些市民层的妇女组织无形解体。现在可以称为广东妇运主流的，要算是新运妇女工作委员会，在李主席夫人吴菊芳女士领导下，已展开多方面工作。这里特别值得提出的是广东女学生，她们比其它四省的女学生活跃。除了上述战时妇女服务团大都是各大中学生的组织外，还有无数的青年女学生、小学女教师，团结在广东省青年抗日先锋队的旗帜下，深入乡村工作。淡水敌人登陆后，她们同男青年一样，勇敢响应战区动员会的紧急号召，组织无数战工队挺进到战区附近做动员工作。

还有一点要提的，便是广东农村妇女比较勇敢。由于革命历史的关系，她们的政治觉悟也比较高。尤其是东江流域的客家妇女，她们本身都是直接参加生产劳动，战争加予她们的迫害，她们是很明了的。因此经过“抗先”女队员的鼓励，她们已纷纷加入游击队做各种辅助工作，活跃在五岭山脉一带，给予国军不少帮助。

……

抗战动员工作

由于前节的简单叙述，我们对于东南五省妇女组织的一般情形稍为明了些，但东南妇女对于抗战曾经有过什么贡献？这里限于篇幅，不能详细记载，而且许多地方根本没有统计数字可供比较，只能概略的记些：

第一，关于征募慰劳工作。这个工作常常是由妇女界打先锋。这儿首先讲到江西，她们在两年以来，仅仅献金一项已有740多万元，别的如军鞋、寒衣、食品、慰劳信……等都有惊人的数字。浙江妇女界前年征募记录是4000元，去年已进到二万多元的记录。其它没有数字的地方不见得没有成绩。如广东，她们的征募工作做得相当深入普遍，在抗战开始时，她们就能动员各阶层妇女制造慰劳品，城市方面有：家庭妇女、女学生、职业妇女、女工、难民妇女、女囚徒等；农村方面：在东莞、惠阳、宝安……等这些地方曾组织很多草鞋队。这就是把征募工作当做一种群众运动，在征募中去进行组织。皖南、皖西的农村妇女，对于这个工作，也绝对不肯落在男人后面，当每一次大小战斗胜利之后，游击队弟兄就不愁没有好的饭菜吃，俟后还有大批猪肉、鸡蛋、军鞋……等由她们亲自送到部队里来，表示她们对于战斗胜败的关切，同时也给予游击弟兄很大的鼓励。她们是经常地持久地自动自愿地献出自己宝贵的东西，表示她们对于英勇的游击弟兄的敬爱。

第二，兵役推行与军队服务。胡兰畦先生领导的劳动妇女战地服务团，她们奔走于东南战场的两军中，对于提高士兵的政治教育，加紧救护慰劳，促进军民合作，动员妇女服务军队等，都有很大贡献，无疑的，因为她们的英勇激动了不少青年姐妹。在赣东的弋阳和贵溪两县，两个月中鼓动了140余个壮士志愿投军。福建东南沿海的县份，曾有几批农村妇女自动要求入伍（福清县农妇自动投军的第一批共10多个人，多是初识些字，家里有公婆儿女的）；还有一些女看护从闽南的莆田、仙游等县跑到省抗敌后援会，自愿放弃职业，要求介绍到前方参加救护工作。浙江绍兴妇女营的渡江杀敌，个别热情妇女的无数次请缨杀敌。安徽农村的老婆婆亲自把儿子送到部队去成为常见的事。粤北前线，如增城、龙门、从化……这些地方的妇女，参加军队服役之后便不愿回去，还要用乡长的力量强迫她们回去。这些多么令人兴奋啊！东南妇女已经挺起来了，她们是以自我牺牲的精神来鼓励壮丁，协助政府，服务军队。

除了这些个别的英勇事迹外，各省都有许多战时服务的妇女组织，如福建的战地妇女工作队，△△师服务团；浙江的战时妇女服务团，各县政工队的女队员，妇女会下面的各种工作队；江西妇女战时服务团，妇女指导处下面的无数工作队；皖南的新四军战地服务团；粤北妇女的运输队，生产工作队……和广东各县的战工队等，曾给军政当局莫大的助力。

第三，文化教育工作。东南五省的妇女对于文化教育工作，可说是相当地重视了。关于训练可分干训与社训两种。社训是各省最普遍的下层妇女的半军事性训练，可惜这种训练因为执行方式欠当——带强迫性的，不善于迎合下层妇女的兴趣与要求，而且过于流动和短暂。不能象江西妇训一样，采用“训练三部曲”，由训练进行组织，由组织领导活动。所以除了少数地方经过社训后稍为懂得组织和工作外，大多数被训练的妇女，仍旧回到家庭去。

至于干部训练，又有高级的与普通的。前者如江西地方政治讲习院附设妇女干训班和广东新运妇女工委会创设的战时妇女干部训练班，便是经常培养中学以上的高级人才，作为该省妇运骨干的。在福建全省，高中以上的学生，抗战后曾经两度集中训练（民训干部训练和战时民教干部训练）而且接着下乡工作，在这两次实践中确实锻炼坚强了成千的女学生干部。此外，还有无数的救亡工作人员训练班，分布在每一个工作蓬勃的角落。再说到普通干部训练，在江西已有26000个农妇干部被训练出来了；在浙江也有五千青年妇女受过高小以上程度的训练。虽说这些训练未免偏重于形式，难有圆满的效果，至少不能否认，妇运的新生力量将因此滋长起来。

其次是文盲妇女的识字教育。这个工作算是整个妇女工作中做得最切实最有成效的。首先，福建省府陈主席对于这个工作是有通盘计划的。他计划在全省范围内创设万所战时民校（内分成人、妇女、儿童三班），动员全省高中以上学生、公务员以及教育专家来担任这个工作。现在福建全省无论怎样的穷乡僻壤都有妇女识字班的开设（原来是每三保设立一校，去年全省参议会还讨论通过每一保成立一校）。在浙江，这个工作也做得非常普遍，余姚一县目前同时存在的有40个。在皖南前线还进行突击来完成500个及千个识字运动。

关于妇女读物方面，迄今还没有出版过妇女自己的报纸（或壁报）。地方性的通俗刊物，或其它浅近的、迎合大众妇女口胃［味］的读物也很少发现，供给水平较高的知识妇女或救亡干部阅读的倒很不少。江西一省有三种大刊物：《妇声》、《江西妇女》、《妇干》等，此外还有胡兰畦先生的劳动妇女战地服务团出版的《战鼓》（25开本，这是比较通俗些的）。浙江除了《浙江妇女》月刊外，好些县的妇女会和政工队女队员都编印有小型的妇女刊物（或在报纸上编妇女副刊）。广东就我们所知，还只有《广东妇女》月刊一种。皖南前线妇女普遍地编墙报，皖西北妇女也曾借各种男刊物做她们的喉舌。

其它关于妇女工作的参考资料，江西曾已编印下列各种丛书，如《妇女工作手册》、《怎样领导妇女队》、《农村妇女抗战常识图解》，还有妇女儿童的歌集和剧选以及各科教材等。广东新运妇工会也开始编撰一些妇女民校教材；浙江各县妇女工作同志也在分别编印各种民校教材。

此外，如戏剧、歌咏、读书会、座谈会……等这些文化活动，几乎普遍到每一个偏僻的角落里去了。不少的农村妇女已经成为活动的主角，不仅只作人家宣传的对象了。还有中正室、救亡室、俱乐部、流通网、研究会……等，富有群众性的文化活动和较深入的自我教育，各地方也都在开始发轫。最后一点值得指出的是，在这短短的抗战过程中，培养了无数年青的女作家、女美术家和女戏剧家、歌咏家，如安徽前线的战地服务团里的女兵们，她们不仅是优秀的演员、导演，同时还是剧作者、小说家。她们曾把火线上最真实、最新鲜的题材介绍给后方民众。胡兰畦的劳动妇女战地服务团的团员，原是上海女工，经过这两年多的战斗生活，她们已经会写作、编辑等。她们都要从这东南一角成长壮大起来。

第四，保育工作。两年来东南五省对于这个工作也做得相当有成绩。除妇慰会系统所属的各省保育会和保育院外，其它各种不同名称的儿童保育机关也不在少数（如浙江省就有五个系统的保育机关）。无疑的，这些工作多半由妇女担任。在江西，随着妇女工作的进展，保育事业也更加扩大与进步，她们已建立了赣县“农忙托儿所”，其它几县妇女指导处所在地也都拟设立托儿所。另外还训练了大批从事保育工作的专门人才。广东新运妇工会已设立了第一个托儿所。

第五，生产活动。这个实践的要求，各省都不约而同地提出。浙江全省妇女代表大会的 140 个提案当中，关于参加生产的占了一半。去年福建省参议会关于妇女问题的提案当中，也是十之八九提这个问题。不仅口号这样提出，好些地方已初步实践，如江西妇女对于勤耕、垦荒、刮稻……这些工作都实行政治动员，促其加速实现。她们还同中国工业合作协会联合组织许多妇女手工业合作社，解救了无数饥饿线上的妇女大众。广东新运妇女工委会下的生产工作团已训练了 200 多个妇女做车篷、香糊、毛巾、草鞋等小工艺。为了救济战区逃难妇女和失业女工，她们正在进行向“工合”借四万元资本，举办一个稍具规模的纺织厂。在浙江，除了龙泉、永康设有难民工厂、救济妇女工厂外，其它各县也渐渐成立了一些妇女工艺社、妇女生产合作社等。

几个共同的要求

第一，统一领导机构，建立横向联系。上面的事实已经证明，只要有健全的统一的领导，所有潜在的力量都会充分发挥作用。我们可以武断地说，浙江的潜在力量比其它各省都强，因为它有无数优秀的干部，她们能由下而上地推动起来，为什么它还不能像江西一样蓬勃地开展？理由很明显。今天无论哪一省都有这共同的要求，我们希望各省贤明当局对于这个要求加以采纳，更希望各省妇女工作同志，用积极行动争取这要求的实现！

各省有不同的环境、不同的作风和不同的经验教训，需要互相交流、互相观摩策动、取长补短，把分散的微弱力量，汇合成一支巨流。所以东南五省建立横向联系，也成为今天重要的课题。

第二，巩固群众基础，培养地方干部。各省虽然都有不少的妇女团体，可是都还不能包容各阶层的妇女，而且有些团体仍旧不免关门倾向，非常不够精诚团结，把绝大多数的热血姐妹排在工作门外。我们认为，要使整个妇运向前推进，就必须开放门户，必须用有效方法（主要是解除妇女的生活困难），吸收广大的各阶层妇女加入组织，巩固群众基础。

最正确的干部政策应该是干部地方化。我们觉得东南几省对于地方干部的爱护与扶植非常不够，往往越是本地干部越无法持久工作，好些优秀的青年干部，得不到发挥力量的机会，这都是工作上的莫大损失与浪费。对干部的提拔和培养的方法，也应该经常在工作中留意，光靠机械的训练是不够的。

……

第四，加速开展女学生运动。学生运动在中国革命史上是有着它的光荣历史的。可是抗战爆发后，东南各省的学生运动非常沉寂，甚至无数热血的青年为了要替祖国效劳而放弃学业，离开学校，这是普遍的现象。我们希望教育当局能帮助青年学生，给予极大方便，使她们读书不忘救国，让她们的力量得以发挥，能在妇女运动中起骨干作用。

第五，充实文化教育。文化教育这工作虽然已经引起普遍注意，可是许多执行的方法方式还很成问题。希望今后多多编撰通俗的下层妇女读物，尤其注意采用漫画（浙东某个救济工厂女工曾受《敌寇暴行实录》激动得哭泣绝食，可知绘画的力量）、木刻；编写妇女自己看的壁报，采用方言土话，反映她们的实际生活，迎合她们的兴趣与要求。此外，如通俗歌谣、剧本、教材以及更深入的工作参考资料，也应尽量编印。

至于识字教育和干部教育，应改良形式主义的作风，避免强迫的方式和偏重军事的训练，加紧政治教育和生产教育。教育与生活、工作应联系起来，训练与组织应联成一片，这样才能把东南妇女的文化启蒙运动迅速地扩大与深入。

（原载《浙江妇女》第2卷第1期）

中共广东省委给中央书记处报告（节选）①

——关于广东战后危机、民运、武装组织情况②

1940 年 2 月 12 日

中央书记处：

广东情况报告如下：

一、战后危机加深

……

戊、自去年五月起，广东逆流在邱、李指挥，陈诚两次鼓励下，日益严重。

①迫走各机关团体进步分子，撤换进步△长，先后各拆左右。

②连办干训团五期。邱誉、李汉魂大上反共课（张、余则稍不同，主以进步、团结、反共）。

③解散民众团体，不下十余次。特别是对合浚〔浦〕、中山、台山、高南等，主要的“抗先”组织共队员八十以上，均被解散。中山妇女“抗先”会员一千二百被解散。各地华侨服务团尤其“东戮”较〔更〕压迫，勒令解散不得，遂通电华侨停止接济。广宁的〔也〕被解散。

④封闭进步舆论。《解放》不准卖，闽之《民报》近被封，西江党特委办之《三罗日报》，亦有要封之说。近来曲江审查书报更利害，审查人员扩充。连《新华南》、《新建设》、张司令办〔的〕《新赣南》、蒋经国

① 收录于中央档案馆、广东省档案馆编：《广东革命历史文件汇集·中共南委广东省委文件（1940）》，广东省供销学校印刷厂，1986 年，第 23–31 页。

② 由编者加拟或改过的副题。——原书注

〔的〕《社长》都要查禁。

⑤捕获共产党员、进步分子。六月合浦县委干部五人，至今未释。主犯邓世增十月〔在〕中山暗杀青年妇女领导者一名。琼崖拘捕党员与冯部交通员，时有所闻。

……

二、目前民运

甲、广东民运由广州失守到去年六月，是在向上发展，以后则下降。其原因：①主要组织在“育抗”，到组织两省，共队员一万三千以上。②“青抗”以岭东为主，会员一万五千以上，另在我们所进范围，“青抗”约五千以上。③妇女组织约七千左右，中分散〔的〕组织均突出暴露，尤以“抗先”下层基础。“抗先”及党的战斗力、组织力薄弱。

乙、逆流严重后，①较大县的组织首先被打击。六月合浦（二千队员）、十月中山妇女（一千会员）、十二月中山“抗先”（三千队员）、一月台山（二千）、郁南（一百）等，主要县的县队部被解散，但各地区分队部仍在坚持继续活动，部分已改换形式出现。②自“三青”建立后，依靠友党友军进步分子帮助、支持群众运动的时期已过去，凡原来依靠统一战线我力较弱者，都被免职，或受打击。凡我力〔量〕较强，能独立支持，而又分散形式者，多仍存在，如东江各民众团体就是。③部分地方则在新的发展中，如始兴、英德、南雄、连县等就是。④现〔在〕对原有组织之民众团体组织未受打击者，“抗先”尚有队员二千人左右（最多者河源三百，开平二百）。当时对“抗先”总队部是决心解散，密令已下，但尚顾群众影响，不欲公开解散。先打各县长，打主力区。其余“农抗”等组织尚有六千以上（最大和平千多）。⑤民众中反逆流斗争在东江各地做得较好，多获胜利（如海陆丰反对解散“抗先”总队，反对解散服务团），次为开平、恩平等县，台山县斗争是有的，但不胜利。其余各地斗争多未发展起来，宪政运动亦颇簿［薄］弱。

……

四、党的组织

甲、除琼崖、〔赣〕南另作报告外，广东共有党员六千五百以上（加上赣南三千、琼九千、共一万八千五百），主力在沿海与战区，但北江、西江方面的战区则很少，成份百分之四十为知识分子或半知识分子，农民半数，工人约百分之八，女党员约百分之十五（无精计）。大多数的新党员，二年左右的约百分之二十五，一年左右的约百分之五，余多数为半年左右的。

……

粤委　二月十二日

论广东的妇女运动①②

1940 年

白　霜

抗战后的广东妇运

卢沟桥炮声一响，全国人心都振奋起来，妇运以新的姿态而出现，广东妇运也踏进新的阶段了。

在此我划分四个时期来说明：

第一个时期以“七七”事变至南京失守前后。

这时期主要的工作是征募慰劳，参加的为上层的妇女及一部分女学生、女工、家庭妇女，成绩表现在：超过原定计划完成万件棉衣运动。

妇女慰劳会广东分会是这时期成立的，台山、揭阳等县响应了广东分会的号召组织妇慰会支会。

领导棉衣运动的是妇慰会，而广州市妇女会及广州车衣女工会也是有力的支持者。

纯粹自发的，没有经过有计划的宣传和动员是这时期的特征，而最大的缺点是：没有把参加这运动的力量好好地组织起来，使运动仅仅成为一个高潮。高潮过去了，这些力量也就散漫了。

第二个时期以南京失守前后至广州大轰炸。

---

① 收录于中共广东省委党史研究室编：《华南抗战号角〈新华南〉》，广东人民出版社，1999 年，第 202—210 页。

② 《论广东的妇女运动》全文共三个部分，在《新华南》第一卷第十期（1939 年 12 月出版）、第一卷第十一、十二期合刊（1940 年 2 月出版）、第二卷第一期（1940 年 3 月 15 日出版）连载，本文是该文的第二、第三部分。作者白霜即区梦觉，时任中共广东省委妇委书记。——原书注

这时期的工作，已进一步注意宣传教育，并已认识组织团结的必要。

广东省妇女抗敌同志会、广州市妇女抗敌同志会、中国战时儿童保育会广东分会先后成立，而东莞、高明、中山、新会等县的妇抗会也组织起来，当时加入妇抗会的人不少，单在广州一地就有一千多，成份是女工和家庭妇女占多数，战时儿童保育会广东分会则仅是一部分上层妇女参加。

宣传教育逐渐扩大到女工农妇中去，广东省妇抗、广州市妇抗、广州市妇女会、广州市女青年会都经常派人到各工厂宣传，在市区办妇女夜校、识字班，教育劳动妇女，中大女同学在石牌长湴乡也设立妇女夜校教育农妇，各县的妇抗会对乡村妇女的宣传和教育，亦不断进行。因此，妇女的民族意识都大大提高了，许多妇女从梦中醒过来。

“三八”妇女节在广州举行了一个空前热烈的纪念大会和示威巡行，有四千妇女参加，女工却占了二千以上，各县也个别举行，这证明抗战推进了广东妇运。

推销救国公债和购机运动也尽了很大的力量，这不是说数目怎样高，而是说参加的人相当广泛，因为来一次“一仙运动”，三四百元都是劳动妇女一二枚铜元凑拢来的。

妇运的统一战线在积极推进，广州妇女团体联席会议产生了，各方面的妇女领袖及妇女工作者有了初步的团结，行动已渐趋一致，无谓的磨［摩］擦减少很多，因为亲密团结以取得工作更顺利的开展，上面那些成绩都是在互让互助下获得的。

这时期主要的特征是：由宣传到组织，由散漫到团结。可是这仅仅是开端的开端而已。

缺点是什么呢？（一）工作还不够深入，不免表面化运动化；（二）群众基础薄弱，组织不健全，不巩固；（三）没有充分发挥群众的民主精神，提高她们的积极性；（四）上下层脱节，干部没有获得正确而有力的指导和帮助；（五）团结仍不够紧密，保留派别成见的残余。

这些缺点，在广州大轰炸时被考验出来了，各妇女团体都呈现松懈脆弱，部份干部逃跑，群众感到彷徨。虽然是有不少热情积极的工作者在努力克服困难，但也不能不说是这一时期工作的损失。

第三个时期从广州大轰炸后至广州失守。

接受了前期的经验教训，妇女团体便加紧注意下层基础的巩固了。广东省妇抗会、广州市妇抗会、广州市妇女会、广州女青年会、妇女慰劳会及女校运动大同盟都成立战时工作队，把干部集中起来，经常进行宣传教育动员的工作。联席会议更计划组织一个战时联合工作团并举办救护训练班，后因经济困难，未克实现。但想用更有效的方法去动员群众，去健全本身的组织是很明显的。

由于各战工队的组织，工厂和乡村的宣传工作更积极的进行，这创造了八一三献金运动的伟大成绩。献金运动不但是有钱的妇女献出她们的首饰积蓄，千千万万贫苦的女工农妇做小生意的老婆婆，也毫无吝惜地拿出她们的血汗，胶厂布厂的女工一次、二次……排列队伍到献金台献金，使站在旁边的女同志感动得流泪了。

妇女社训第一期也在此时开始，各区共计有二千妇女参加，个别工厂的厂主为了自己的利益，不愿意女工参加集训，就故意恐吓或欺骗她们，使她们逃避，对积极参加的女工就多方为难，妇女工作者曾尽了很大的力量双方去说服，虽然仍有顽固份子暗中在破坏，可是已得到部分的成功。

广州不断的被轰炸，三灶南澳接连的被侵扰，无数难童急［亟］待抢救，刺激起儿童保育院的设立，然而一年内（从去年四月至今年四月底）只收容了三百多儿童，其中有一百五十还是总会由汉口送来的。

为了征集妇女的意见提供国民参政会，联席会议召开很热烈的座谈会，结果写成了很长的意见书请广东的女参政员伍智梅先生转达。

游击队之母赵老太太到华南来，广州妇女举行了盛大的欢迎会。好些女工和长湴乡的农妇还把她们用劳动赚来的钱热烈的献给游击队，省立广州女子中学（迁到顺德良教乡）和良教乡数千丝厂的女工更欢迎赵老太太到她们那里去，女工们排列整齐队伍站在村口等候，几个钟头没有显露一点倦容。

妇女大众逐渐起来了，需要有计划有系统地开展工作，需要有更详尽的工作纲领和更亲密的分工合作，因此，进一步的团结成为大多数人的要求。孙夫人宋庆龄先生莅临广州，领导了这一要求的实现。广东妇女团体抗敌协进会就是这样产生的。她是联席会议又进一步的结果，她包含的单位多了，范围广了，一起团结起来。这是好的现象。

先前，大家都抱了很高的希望很大的热忱期待着新的广东新运妇女会的建立。蒋夫人召集的庐山会议谈话会在五月就已完满地结束了，可是广东的妇女工作者及妇女大众直至九月底还没有机会知道一点关于这方面的消息，她们在报章上读到蒋夫人的开会词及闭会词，读到全国妇女工作实施方案，都非常兴奋。然而，除此以外，便不再知道什么了。及至广东妇女团体抗敌协进会组织起来后，广东新运妇女会才匆匆的宣告成立，而许多妇女工作者还是有点茫然。

这时期主要的特征是：团结已再进一步了。妇运已趋向群众性，每一件工作都有很多妇女参加，乡村工作，开始提起妇女团体的注意。

可是仍有不少的缺点：（一）工作还是运动式的，没有建立经常工作；（二）没有把握群众的情绪，适当地组织她们，使她们的力量更能发挥；（三）个别份子对团结仍无诚意，企图操纵把持；（四）忽视学生运动，使干部极感缺乏。

第四时期从广州失守至现在。

这时期由客观形势迫使妇女工作从城市转向乡村。妇女团体本身预先没有详细的计划，充分的布置，所以开始时显得颇凌乱，而热情的女青年便不得不自己计划踏上新的征途。

第四战区民众动员委员会于广州危急时，号召青年组织战工队分赴各乡村工作，进行深入的动员，三四天之内就有二百多女青年参加，此后她们的足迹踏遍了东西北江及南路一部分地区，把救亡的种子散播到偏僻的角落，而乡村的妇女也就渐渐活跃起来了，恩平、开平、台山、新兴、阳江、云浮、河源、翁源……等县都有妇抗会的组织，识字班、姊妹会等更为普遍，她们已由散漫走到组织的过程中。

乡村妇女参加抗战工作，其热烈勇敢，不下于男同胞，四邑、高明、翁源、河源、南雄……各地慰劳运动，非常蓬勃，赴前线服务及直接参战的妇女也很多。三水、惠阳、宝安、增城都有女青年在活跃着，而新会、中山几次战役，妇女冒着枪林弹雨到战线上救护受伤将士，随指挥官在战场上鼓励士兵，琼岛刘秋菊率领游击队作战，大歼敌人，都创造了光荣的模范例子。抢救儿童工作，比前积极，高州、遂溪、罗定、曲江、兴宁几县都有了儿童保育院；振［赈］济会与新运妇女会合办了儿童训练团（现改为儿童教养院）收容了数千儿童。妇女生产工作团也建立起来，提高增加生产及生产动员的认识。

妇女大众的启蒙运动和妇女干部的训练也一天天进步，甚至很偏僻的县份也有妇女识字班的设立；新运妇女会的干训班已办了一期，培养了七十多个女干部。△△集团主办的政治补训班、△战区办的游击干部训练班、省府办的地政人员养成所都有几百的女青年。另外在实际工作中还培养了不少。

全省的领导机关——新运妇女会——部份的执行了她的工作，如办训练班，设生产工作团，办妇女识字夜校、托儿所，组织乡村工作队等都获得了相当的成绩。（下全段被删）①

这时期主要的特征是：妇运由城市转入乡村，广大的妇女群众已渐渐抬起头来了，她们自发地自觉地起来参加抗战，而没有获得更有力量的更大的领导和支持。（被删）②

缺点还是有的，表现在：（一）群众基础仍脆弱，组织起来的妇女还是少数；（二）上下层没有很好的配合，广大妇女群飞跃地进步了，而领导机关赶不上她们的和战争的需要；（三、四被删）③

综上所述，妇运虽然是走曲折的路，但仍是向前进步的，妇运是民运中的一环，在今日整个民运的发展还不能令人满意，妇运当然不能例外。不过女同胞如肯加以主观的努力，去克服客观的困难，我相信妇运的进展

---

① 原文如此。——编者注

② 同上。

③ 同上。

还不止此。这是值得我们反省的。

如何发展广东妇运？

我们说明了特点、历史和现状后，就应该来研究一下如何发展广东妇运，善于运用环境的有利条件和接受过去宝贵的经验与教训，将是发展的最有效的方法，根据前面的分析，谨贡献下列几点意见：

1. 坚持团结——广东是在贤明当局——张代总司令长官、余副司令长官、李主席等的领导之下，他们是最能切实执行蒋委员长“精诚团结”、“抗战到底”的训示的，决不容许有破坏团结，制造分裂，有利于敌寇的现象发生。广东妇女又是有光荣的革命传统，丰富的斗争经验，我们应有高度的警觉性，不要为敌寇汉奸托派汪派所愚，因此，我们必须做到：

(a) 加紧妇女界的团结，妇女团体及一切工作，切不要以思想信仰不同而排斥之，使热血青年失掉为国效劳的机会；

(b) 尽量吸收各方面的人材，充实健全各地妇女团体，开展妇女工作；

(c) 新运妇女会是团结广东妇女推动广东妇运的有力的组织，希望她更切实执行这口号，把一切抗日妇女团结在自己的周围，善于利用她们，使她们为抗战贡献所有力量；

(d) 善于领导青年，不要害怕青年。青年是民族的宝贵生命，这青年就包含了妇女。妇女领袖要信任青年女干部，好好地教育她们，鼓励她们，给她们以民主自由；怀疑、限制或奴役都会失掉干部的信仰，这样她们就只有一天天离开你，然而世界上却没有一个光棍的领袖能成功的。

2. 切实执行组织原则的群众性、统一性和民主性——要使妇运真正开展，真正发生伟大的作用，必须做到：

(a) 善于运用一切方式与方法，建立适合于妇女的组织，不要拘于名称，拘于形式。如果硬认为只有某种团体才是合法，而必要用这名义去组织她们，说这样是统一的局面，那是走不通的。因为如此不但没有尽善到统一的作用，反把许许多多不同类型的妇女大众赶出组织以外，这足以减少妇女参加组织的数量和削弱妇女的力量；

(b) 在各种妇女团体中，尽可能运用民主。妇女组织必须带有广泛的群众性，真正与群众的利害相结合，而为群众由衷地拥护爱戴。形式对于我们是次要的，因为法西斯德国挺进队那样漂亮的制服和整齐的操法，并不就是力量。要群众能够用命，须给她们以民主，使她们和组织发生切身的联系，爱护组织如爱护自己生命一般；

(c) 在同一地区如有二个以上的妇女团体，可选派代表组织联合办事处或联席会议，商定工作纲领，作共同行动的标准。在会议中亲密地讨论一切和合理地分工，如客观上需要和取得群众的拥护，可建立一县或一个地区的统一组织。各种组织法等都可由群众民主决定，这必要是由下而上与由上而下的很适当的配合，而不是纯由上而下的机关；

(d) 新运妇女会是全省最高的妇女领导机关，希望她多多帮助各地妇女组织团体和充实原有组织。只有建筑在广大群众的基础上，新运妇女会才能巩固，获得广大妇女群众的拥护，新运妇女会将有更伟大的前途。

3. 加紧生产的动员——增加生产为抗战建国的重要工作，广东妇女十之七八是参加生产的。我们能通过生产事业动员组织她们是很容易深入和广泛，对于这样的号召，一定可以吸引惯于劳动的广东女人，具体的办法是：

(a) 妇女团体请求政府当局资助，举办生产妇干训练班，授以农业及工业的普通知识和技能，以为生产动员的骨干；

(b) 受过训练的干部分派到各村乡，教授妇女大众以生产方面的知识和技能，帮助她们计划生产；

(c) 妇女团体须有详细调查及全盘计划，社会上需要什么？数量多少？怎样生产？怎样分配？怎样运输？都得筹思熟虑，并取得政府密切的联系与帮助；

(d) 各乡村妇女，以不远离家庭为论，故须利用家庭手工业，或一村的妇女组成一生产单位（生产工作队之类），在村里找一地方集中生产；

(e) 在后方开办较大规模的工厂，吸收可以离家的妇女；

（f）在各地设妇女消费合作社，有计划的管理生产和消费；

（g）除生产工作外，授以抗战的基本知识，使她们成为抗战中的一员斗士。

4. 加强战区沦陷区妇女工作——广东妇女矫健强悍，富于反抗性，她们是充满民族的仇恨的。只要我们善于宣传和鼓动，妇女们都可能成为打击敌寇的主要力量。战区沦陷区妇女众多，以前还没有认真注意这工作，致使这部分力量埋没了，我们急切需要改正，因此应当：

（a）全省妇女领导机关须训练大批勇敢机警的女干部，派到战区沦陷区去，取得当地军政机关的领导和联系，作动员组织妇女的工作；

（b）在战区沦陷区尽可能办各种短期训练班，把动员起来的妇女加以训练，如侦察、间谍、救护等，使她们分别担任各项工作，强壮年青的甚至可以编入游击队（东北华北游击队都有妇女队），使之直接参加战斗；

（c）特别在战区，对热情积极的，愿为抗战牺牲一切的女青年，不但不应压制，而且应好好地鼓励她们、支持她们。

广东妇运是有它的有利条件的，而保卫广东、收复广东失地因广东妇女的众多和强悍不屈，亦将起莫大的作用。这说明了广东妇运的重要和它的光明前途，愿广东女同胞努力！更希望领导民运的广东当局给予最大的指示和援助！

张文彬关于广东工作报告（节选）①

——一年来抗战的军事发展和军事工作，广东逆流的发展和当局内部的冲突②

1940 年 3 月 7 日

……

二、一年来广东逆流的发展

甲、曲江的新气象

……

至 12 月（1938 年）各方才稍稳定。1 月张发奎入粤，吴铁城撤职，曾养甫调走，李汉魂上台，余森文作省党部书记长。这样，余为了要整顿复兴四路军，挽回名誉，巩固地位。张、李、余（森文）原都是比较进步点的，尤其是为了要争取群众信仰，建立各自新的基础。而整个当局都为了要稳定粤局，准备应付敌之继续向西南进攻起见，故除军事上的布置以外，特将省府迁韶，在西江省动员委员会亦迁韶。张、李、余（森文）都竞相发表进步言论，强调“团结”、“整军”、“惩贪”、“民运”、“进步”等等。张除引用旧四军系人物外，亦尽力推荐些较进步分子和启用部分青年。李则除继续办地方行政人员训练所收容千余青年（原系广州退出之集训学生）训练外，实际很少进步做法，更少运用进步分子与青年。余汉谋则少讲话，颇为隐忍，埋头苦干，整顿内部，招收八百多青年训练，又选

① 收录于中央档案馆、广东省档案馆编：《广东革命历史文件汇集 · 中共南委广东省委文件(1940)》，广东省供销学校印刷厂，1986 年，第 69—132 页。

② 由编者加拟或改过的副题。——原书注

进步青年成立政治补习班，加强部队政治工作，号召“广东人不作衰仔”、“复兴四路军”……。在这一情况下，各种民众团体积极活动，特别是抗先总队部执委会〔开会时〕各个长官都派人出席。广州劳干队（工人干部组织）与政治大队的到处活动；新的刊物也应运而生，首先是《新华南》的产生，次是《新妇女》、《论新阶段》等书籍到处发卖讨论，……这就形成了曲江的新气象。

……

五、总结

……

丙、目前党的状况

……

3. 但是这一年来的党的损失与弱点的暴露也是严重的：

①在逆流中受的损失：

被捕的干部与党员，合浦五人（四个县委干部一个普通党员），中区干部一个（放了），博罗三个党员（支部干部），琼崖则在十人以上（干部与党员分不清），并有已被杀了的。

群众（前进青年）被捕的，曲江一人（已释放），博罗二十二人。

暗杀与失踪的，中山妇〔抗〕干部一人，惠阳党与群众干部二人。

被解散了的群众团体，其较大些的有中山“抗先”（三千人）、合浦“抗先”（二千人）、台山“抗先”（二千人）、中山“妇抗”（一千三百人）、郁南“抗先”（七百人）、西江“青救”（三百人）、新会“妇抗”（一百人）、龙川“抗先”（五百人）。其余还有广宁、新兴等二“抗先”与其他团体的被解散，共约十四个县，受解散的有组织的群众在一万二千人左右。而“抗先”的几个主要县（计八千人）已遭受了公开解散，目前还在公开继续活动的都只是些数量较少的地方，或者是只有区乡中有组织而无县组织的地方（如北江之翁源、曲江等地是）。

……

丁、今后的方针

在政治上坚持抗战，团结进步，争取时局好转，与同时准备应付局部突变的总方针，及组织上巩固现有基础，经过艰苦长期的努力积蓄力量，以建立坚强的有战斗力的在争取抗战最后胜利时能起决定作用的布尔什维克组织为总方针。

在这个总方针下：

……

6. 几个重要的个别问题

……

②广东妇女新干部与党员及妇女群众基础数量也少，但领导的干部则很少。这固然也是过去培养的不够，但由于历史的原因，一般新党员的培养作省妇领导干部确不是容易的。自区白霜去后，妇女干部便成为群龙无首，大家都差不多，估计到区的不能回粤，请中央无论如何调一个足以领导省妇女部工作的女干部来工作，这是省委整个的要求。

……

这一报告未多加思考与整理，信手写出，致颇有“王婆包脚布味道”。但为了要补上一年未作报告的缺憾，故不妨详细些，要求原谅，抽暇细阅，以便深刻检查我们的弱点和变化的前途，以给我们的详细指示。

同时有些组织与群众运动上的东西，则因为另有组织报告、宣传文化工作报告、青年工作报告（民运的主要部分）、妇运报告，故此报告中多略，请连同参阅。

又关于香港、海员、琼崖、赣南等地许多情形与问题多未写上，这是因为当地都已有人来延，可直接阅他们的报告，还会要来得更清楚。特此述明。

张文彬

1940 年 3 月 7 日于渝

中央对广东工作的指示（摘抄）[①]

1940 年 3 月 11 日

粤委：

关于广东情况电收到，我们有下列意见：(甲)、(乙)、(丙)、(丁)、(戊）略。

(已）对青抗，抗先及妇女团体，在能合法存在的地方，应尽可能的扩大发展深入群众工作、加紧统一战线，加紧抗战活动，以争取广大群众当地驻军和公正士绅的同情和援助。在形势不利不能合法存在的地方，应适当的转变工作方针，将大暴露的干部调往别处工作，普[②]暂时化整为零，尽力利用各种合法团体名义和各种合法工作方式，以掩护我们的群众工作。

(下略)

中央书记处

① 收录于中共潮州市委党史研究室、凤凰山革命纪念公园筹委会编：《凤凰山革命根据地史料汇编》(上)，2003 年，第 391 页。

② 原文如此。——编者注

中共中央书记处关于当前广东工作的方针致中共广东省委电[①]

1940 年 3 月 11 日

粤委：

关于广东情况电收到，我们有下列意见：

（甲）对李、余[②]冲突问题，须利用余之较进步倾向，派进步分子去帮助余汉谋，并设法在余掩护或默〔许〕之下，建立各种抗日群众团体。赵一肩在欧洲时与王明曾通信，为一较进步军官，望派忠实可靠之党员或同情分子去接近并帮助他，使他的做法一方面能巩固地位，一方面能取得青年和民众同情。

（乙）我们琼崖部队必须坚决改变过去依赖国民党的方针，不要依靠国民党发饷，要自力更生，使部队尽量扩大，并委派县长建立区乡政权，依靠群众，依靠有利地形，建立游击根据地，采取灵活游击战术，打击敌伪力量，扩大宣传，争取华侨帮助，同时，你们必须设法派一部分干部去帮助冯[③]部工作。

（丙）对惠阳曾生部，东莞黄木芬及顺德南海吴勤部等游击队，须加强领导，动员地方党及同情群众对他们给以各种精神上物质上之援助，使他们尽可能地扩大，同时严防汉奸顽固派的袭击和瓦解阴谋。

（丁）对三点会应努力争取，他们既称我们为上级与我们表示好感，我应加紧对之进行联络，及争取他们参加抗日工作，至少使他们不为反共

---

① 收录于中国人民解放军历史资料丛书编审委员会编：《八路军新四军驻各地办事机构》(4)，解放军出版社，1999 年，第 630−631 页。

② 李、余，指李汉魂、余汉谋。——原书注

③ 冯，指冯白驹。——原书注

顽固派及日寇、汉奸利用来反对我们。

（戊）对反共顽固派危害新四军残废人员，逮捕共产党员和进步青年事，须用口头书面到处宣传表示抗议，并设法将此等消息及抗议材料，在香港及南洋各中外报纸杂志上发表，同时，尽量向全国散布此类消息和文件，以便动员舆论打击反共顽固派及汉奸阴谋分子。

（己）对青抗[①]、抗先及妇女团体，在能合法存在的地方，应尽可能的扩大，发展深入群众工作，加紧统一战线，加紧抗战活动，已〔以〕争取广大群众、当地驻军和公正士绅的同情和援助。在形势不利不能合法存在的地方，应适当的转变工作方针，将大暴露的干部调往别处工作，并暂时化整为零，尽力利用各种合法团体名义和各种合法工作方式，以掩护我们的群众工作。

对以上问题你们有何意见望电告。同时，望你们此后按时将客观情况及工作情形简明电告，以便我们能更多了解你们情形和多给你们帮助。

中央书记处

三月十一日

① 青抗，即青年抗敌同志会的简称。——原书注

张文彬关于广东抗日战争发展、各政治派别关系及党的工作给中共中央的报告（节选）①②

1940 年 4 月 23 日

……

第二部分　政治环境的发展

……

乙、新的分歧与逆流

……

由广州失守到一九三九年元月，这半年时间，广东民众运动革命势力是向上发展的。这主要表现在抗先与青抗两大青年团体在全省范围内的发展，青抗有了一万会员，抗先有了一万二千队员，华侨回国服务的亦在六七百以上，妇女团体各地共约五千人以上。尤其是民众武装的建立，如东江曾生部、黄木芬部，中山抗先的武装，新会县抗先的武装（主要掌握在绅士手上）。青年在各县、区、乡中成为了最有威信、最有能力的活动者。许多地方民众，只知县长为何人，抗先到各地去，民众尽力扶助，甚至汽车上坐车不要钱，旅馆中警察不检查，民众中有了纠纷也多向抗先、青抗、妇协要求援助解决。于是当局害怕起来了，“抗先横行”、“抗先侵入农村与军队”、“解散抗先、留在部队不得了”等等，声浪便传来了，特

① 收录于中国人民解放军历史资料丛书编审委员会编：《八路军新四军驻各地办事机构》(4)，解放军出版社，1999 年，第 632-645 页。

② 此文共 3 个部分，这里节录了第二部分、第三部分的乙项的第一个问题。——原书注

务机关的情报一个又一个送到了重庆。

同时，因国民党五中全会的限共政策的确定，于是逆流就在全省范围内扩大起来。首先，是伍智梅三月由渝回粤，将五中全会意见传达；邱、蔡接任战区政治部主任起，将战区政治部第三组改组，左翼分子尚仲衣、石辟澜、叶兆南等被革职；妇女协会中，将区梦觉挤出。接着便是各地进步县长的革职，如李伯球（第三党）、祝秀侠等的撤换。再次，则是打击民众团体，限制抗先活动和部分地方取消抗先组织。伍智梅则亲自由西江到中区，△△则由西江到罗定，大大进行逆流的动员。这自三月到五月可以叫做逆流的第一期即开始时期，主要是进行所谓精神总动员，一个主义、一个政党、一个政府、一个领袖的宣传；在组织上，撤换一些较有权力和显著的左翼分子，和进行全省逆流的中上层动员，而其主要区域则在北江、西江及中区。因为他们估计北江是新省会，有重要意义；西江是他们较易成功，而战争有先向西江发展可能，须先作布置；中区是抗先最发展的区域；东江则因为估计我们力量较大，他们要先有好的布置和先从易于成功处下手。

……

这是从六月到八月的逆流事件，这一时期可以称为逆流的第二期。其特点是：

……

5. 逆流发展到七八月时，因为蒋的“七七”谈话与坚持抗战的态度，国际诱降活动的遭受打击和广东反汪运动的开展等，曾在八月稍稍缓和一点。同时，因为九月到来二次世界大战爆发，虽然上层分子许多都在鼓吹参加帝战和反苏，但实际上中、下级不起劲，反而因为大战的爆发，苏联的中立影响，许多军、政、党中人，如张、余、蒋（光鼐）、张炎、古鼎华、钟天心等的出来谈话，反对反苏的言论，表示对青年的关心等等，这倒曾略略和缓了一点点。然而省部当局中左翼分子受了打击，余森文、缪培基（党部委员）被迫走，左翼钟天心等被迫消极不敢说话了。

到十月，配合着全国的更严重的反共活动，又开始严重起来了。特别是十一月陈诚到曲江的讲演（即说八路军游而不击，延安无伤兵等），又重新动员起来了。同时这一时期，又开始了乡、保、甲长的训练，反共的动员已深入到乡村下层政治机构中去了。而在各地的严重事件，则有中山的解散妇协，暗杀妇女干部与解散抗先，十一月的收缴抗先的武装；十二月台山的解散抗先；东江池中宽与香翰屏的命令曾生部集中惠阳，企图用训练为名缴械等等。仅因为敌人十一月的进攻北海、南宁及十二月间的进攻北江，当局调动正规的独二十一旅，由惠阳调来了北江前〔线〕作战，打破了他们消灭曾生部队的计划，和因为战争的紧张，把许多要做的反共事情稍松一下。然而在李汉魂准备从曲江撤退的前一晚，还下密令解散抗先。

……

广东党的研究（节选）[1]

——党的组织、宣传教育工作及群众、统战工作[2]

1940 年 7 月 15 日

第一节　党的发展过程

……

己、发展的成绩

……

二、随着党的发展，党在抗战动员中实在起了许多模范的领导作用，如香港、广州的献金运动，曲江的动员青年参加军队政治工作等。同时也开展与推动了民运，不论在文化方面，青年方面，工人方面，妇女方面，以及农民方面，都有相当的工作，并且还领导了群众作了一些政治、经济的斗争。不论工作好坏总是团结了、组织了一些群众。

……

第二节　党的组织状况

……

丙、党员状况，数量和分布

……

① 收录于中央档案馆、广东省档案馆编：《广东革命历史文件汇集 · 中共南委广东省委文件(1940)》，广东省供销学校印刷厂，1986 年，第 335—374 页。

② 由编者拟加或修改过的副题。——原书注

女党员：

①琼崖：约占党员总数 13%；

②赣南：约占党员总数 10% 弱；

③其它无统计。

……

第五节　党内教育

……

六、教育成绩：

①特委 7 人参加过研究班（即讨论会）；

②县以上干部曾受训者 116 人；

③区、支干部受过训者 591 人。

(这统计是不充分的，又青委、妇委均有个别的短期训练班，无统计)

……

第十节　群众工作

甲、广州失守前的群众运动

一、这一时期的群众团体

……

4 . 妇女方面的。

①广东省妇女抗敌后援会：省党部领导。

②市妇抗战同志会：四路军领导。

③市妇女会：市党部领导。

④女青年会：无党派。

⑤慰劳分会：四路军领导。

⑥女车衣工会：我们领导。

⑦女权大同盟。女界联合会：无真正会员，只有 200 左右工作干部，多为青年学生。联席会为统一组织，已建立起省的总领导机关。经我们的

妇女干部区柏霜利用上层干部互相争夺，领导实际已为我们掌握。有工作并能参加斗争。

……

7. 在香港的妇女组织：

妇女慰劳分会、妇女赈灾会：是港有力量工作的团体，虽无一定会员，但能号召华侨妇女募捐慰劳。因有何、宋的活动，对八路军的捐助很努力。

8. 在外的群众组织：

因与省无直接联系，详情不知。

一般情形：沿海各县较好，尤以珠江区的中山、东莞等县及北海的合浦等为最好；岭东 20 多县因闽粤的旧基础及敌人的威胁大，群众组织又更普遍健全（？）。[①]

①外县的组织形式：

多为：青年抗敌同志会，

文化界抗敌协会，

妇女抗敌同志会。

“抗先”只有几县建立队部，队员几十人。

……

从以上各方面的组织得以下几点：

①群众组织限于城市的青年学生及文化界方面。

妇女组织虽在城市有点，但基础没有。

工人组织在广州、香港连海员约有 3 万，但很不够。

农民组织更薄弱。

青年妇女的组织未深入到工农妇女。

……

乙、广州失守以后，由城市转入乡村，三九〔年〕四月以前是发展时

---

① 原文如此。——编者注

期（逆流以前）。

一、发展的状况：

……

6. 全省妇女组织七千人以上。

……

丙、逆流来了以后的群众工作

……

七、方针的转变：

……

7. 使群众团体在个人的周围，如地方的革命青年绅士或有威信的老年人（如谢老太太、周老太太）。

……

一九四〇年七月十五日

中共广东省委妇委关于广东妇运报告①

——妇运开展概况、成绩和问题、经验教训及今后方针②

1940 年 8 月 5 日③

I. 战争助长了妇运的开展

由于敌人的继续进攻，战争的继续延长和扩大，妇女运动便随之而蓬勃发展。敌人燃起了华南的烽火，推动广东妇运走进新的阶段来。以前妇女运动是停留在城市，停留在少数知识分子，停留在宣传的阶段上。但自广州失陷后，大部分妇女工作者都转移到乡村，因此把妇女运动的种子开始散播到偏僻的角落，许多乡村的妇女都觉醒起来，她们纷纷组织参加战争动员。事实的表现是这样：

一、妇女的民族意识提高了，充满了爱国的热情。沦陷区（如南海、顺德、惠阳、博罗、潮汕、新会、江门等）的妇女亲身尝受了敌人的侮辱和蹂躏，极端憎恨敌人。战区的妇女由害怕敌兵的奸淫而增长了她们对敌寇的仇恨。许多妇女平素是迷信的，她们唯一的办法是求神拜佛。现在那些还没有建立起妇女工作的地区，还有不少的老太婆以至中年的妇女，常常翻山过岭去拜菩萨，求神保佑中国打胜仗。最可笑的，她们还扎了些纸兵、纸将、纸飞机，当菩萨面前来焚烧，说是送给菩萨去打胜仗、打日本。这虽然是一种愚蠢的举动，但也充分表现了她们的民族意识、国家观

① 收录于中央档案馆、广东省档案馆编：《广东革命历史文件汇集 · 中共南委广东省委文件(1940)》，广东省供销学校印刷厂，1986 年，第 375—397 页。

② 由编者加拟或改过的副题。——原书注

③ 年份是根据本文内容和联系其他文件判定的。——原书注

念。较后方的乡村，因为嗅不到火药的气味，一般妇女稍微麻木一点。然而，敌机残暴的轰炸，使每一个落后的妇女都会说“日本鬼真该死！”

二、组织开展了，各地妇女团体纷纷建立及会员增多。妇女觉醒不单表现在思想上，而且都要求组织，所以许多新的妇女团体纷纷建立起来，原有的妇女团体也纷纷恢复和整理，或充实健全。如 1. 新会的妇抗会恢复了，会员也增加了；2. 高明的妇抗会更加充实与健全，会员人数达到四百余；3. 中山的妇抗会增多了会员并成立了区的分会；4. 南雄的妇女会也开展了新的工作；5. 香港女工的组织也扩大了；6. 澳门妇女互助社增加到百人以上，目前比〔较〕健全。

新成立的妇女团体

东江	河源妇女抗敌同志会	会员六百余人
	高要桃溪乡妇抗会	会员四十余人
西江	广宁妇女保乡自卫	会员四十余人
中区	台山妇抗会	会员二百余人
	开平妇抗会	会员三百二十人
	恩平妇抗会	会员三百余人
	新兴妇抗会	会员数十人
	阳江妇抗会	会员数十人
	阳春妇抗会	会员六十余人
北江	翁源妇抗会	会员六百余人
南路	抗日自卫团妇女服务队	会员一千余人

三、工作转向农村，转向妇女大众。当广州退守时，许多妇女干部参加了四战区动委会的战时工作队或其他工作团体，分散在东、西、北江及南路各地，作动员民众、组织民众的工作，因之各地妇女运动也萌起芽来，妇女组织以各种形式出现。今年的“三·八”纪念，在许多乡村都动员了几百的妇女群众参加。如河源、翁源、高明、开平、恩平、台山、中山等地的“三·八”纪念会，参加的妇女超出了六七百人，从年青的妇女

到六十岁的老太婆也居然登台演说了。香港“三·八”纪念会有一万以上的妇女参加，以女工占大多数。澳门妇女也有盛大的纪念。都打破了历史的纪录。新运妇女会最近也组织了四队战工队到英德各地工作。

四、参战工作蓬勃展开，特别表现在慰劳、募捐运动。在四邑（开平、恩平、台山、新会）曾举行过多次大规模的募捐运动和上前线慰劳。参加的妇女很广泛，由七十多岁的周老太太领导，募得的钱在三千元以上，米、粉、饼、薯近两担，棉衣约千件，雨衣百余件，其他鞋袜零碎用品很多，经常写慰劳信到前线去。高明也举行过到前线慰劳，捐了数十担番薯和米饼。曲江在“三·八”纪念节募捐了八九百元，慰劳受伤将士。香港、澳门的募捐、慰劳运动更经常由妇慰会主持进行，所以成绩很不错（具体的材料没有，这是在报上得来的概念）。香港女工的献金，女小贩的义卖，是非常热烈的。今年“七·七”献金，英德一县就有九百几元的成绩，是由新运妇女会战工队去发动的（其他各地尚无报告）。前线服务也相当踊跃，新会、江门战事发生时，四邑妇抗会会员，不少跑到前线去担任担架救护工作。她们有些还和指挥官一起鼓励士兵上前，建立起在士兵中的威信。香港、澳门不断地有女青年回国服务。不久以前，女青年会组织的回国服务队是十四个英勇的妇女。她们回到东江前线去工作。十△集团军的政干班有近百的女学员，她们结业后已派到各师去担任政治工作及战地民运。三水前线有一部分妇女随着警税团在那儿苦干，还有几个散在每个部队中，〔为〕军队服务及伤兵服务。有些地区也在进行，如新会每周都动员妇女大众去帮助军队洗衣、补衣；恩平妇抗经常派会员赴伤兵医院，为伤兵写信、洗衣、补衣；南雄也动员妇女到伤兵医院工作；南路抗日自卫团妇女服务队更经常协助自卫团（具体情形不大了解，这不是我们领导的）。其他，如动员壮丁上前线，在高明曾有多少成绩（高明曾有六十余壮丁请缨杀敌）。协助军队或自卫团站岗放哨，检查行人，在鹤山是有过的。

五、展开启蒙运动。妇女识字班、夜校在许多地方出现了，它成为团结妇女、教育妇女的最高方式。先前是动委会及战工队在他们（她们）所到的地区把识字班建立起来。开平三班，人数一百五十；台山一班，人数三十五；连县一班，人数二十余；广宁一班，人数不详；罗定二班，人数六十；高明二班，人数一百；鹤山二班，人数一百四十；云浮二班，人数一百四十；新兴四班，人数百四十余；翁源三班，人数百五十；新会一班，人数七十余。现在的则有中区各县均设立（班数不明），参加识字班的妇女约在一千以上。翁源仍然是三班，人数一百左右；曲江十五班；人数约二百多；南雄、英德、佛冈都开始建立，人数未详。香港、澳门的女工夜校人数，在二三百以上（没有详细数目）。

六、帮助抗属，救济难民妇女。新运妇女会设立生产工作团，招收出征军人家属及难民妇女；授以战时知识及生产技能。现已办车衣部、草鞋部，并计划开设化学工场，制造头胶、香水、肥皂等。还打算办火柴厂、纺织厂，第一期拟招四百名。现有二百名左右，学员每天除工作外，还上课，并受军训，以三个月为一期。第一期是学习期，由团供给宿食用具，发几角钱零用。第二期为服务期，除一切由团供给，每月还可领六七元。第三期算是熟练工人，可正式领工资。△△军在新丰沙田也办了小规模的手工业和合作社，收容了几百难民。壮年男子多随军服务去了，留下的是年老的妇女儿童。妇女有一百多，她们在那儿也织草鞋，做小买卖。

七、抢救儿童。新运妇女会曾派出了六队抢救队，和省赈济会救济总队一同出发，到前线及战区附近去抢救儿童。她们在鹤山、高明、高要、增城、从化、潮安、汕头、三水几个地方工作，三个月曾抢救了一千二百多儿童回曲江，年龄十二岁到十六岁的安置在战时儿童训练团（是新建妇女会和赈济总会合办的），十二岁以下的安置在儿童保育院。还在新〔兴〕宁、罗定、茂名、连县各地增设保育院，就近收容难童。据说在新会尚有三千多名儿童登记了，要进儿童团或保育院。

八、部分妇女参加武装斗争。琼岛刘秋菊同志领导一部分妇女直接参加游击战争，不断给敌人以打击。新会也有六十余个游击女队员，由梁惠英率领，协同男子一起作战。惠、博曾有过妇女参加夜袭敌兵营的壮举。

九、扩大和加强统一战线的基础。许多县的妇抗建立了，奠下了地方的基础。而县的妇女组织，多数都包含了各阶层的人：家庭妇女，有威望、有地位的老太太，当地的知识分子或小学教师，以至工农妇女。并能够很好地团结老太太，使她们出来号召和领导，与当地党政军当局又能建立很好的关系。如四邑的妇抗会，是有成绩的。翁源妇抗与上层领导机关（十△集团军政治部）的关系也很密切。领导妇运的新运妇女会恢复整理后，相当团结了各方面的人才。往往分门别户，各干各的，现在已能在一个计划下分工合作。广东省妇抗会、广州市妇抗会、广州市妇女会都解体了，它们的领袖和干部大多数集中在新运妇女会之下来工作。广东女界联合会只有个空招牌，妇慰会和儿童保育会也没有什么表现。伍智梅和她的干部对新运会虽然还有成见，但她也不能不参加新运妇女会（还争取当儿童组组长和慰劳事业组组长）的工作了。香港也进行了广泛的联合，今年“三·八”纪念后，便筹备香港妇联会议，包括各阶层的妇女。后被英政府限制而没有实现，但已显示了妇女统一战线的基础已经扩大和加强。

II. 逆流下的妇女运动

妇女本身还没有一个强大的组织，她的力量还没有给敌人注意。而地方以至全省范围内的妇女团体都是友党和社会上有名望的上层妇女所领导、所主持的，一般的工作表现，没有过分地刺激他们。同时，大家存有轻视妇女的心理，所以怎样有计划、有系统地注意妇女运动，严厉地压制或禁止，暂时是不会发生的。但在此树立她们的势力，包办妇女运动，都很显然。可是，这里就有问题，她们是脱离群众的，固然没有群众基础，更严重的还是她们缺乏干部，要开展工作，树立势力，找不出几个有本领、有魄力的人才。她们本身有这样的矛盾：要干部，又怕干部；要发展工作，又没有胆量领导工作。因此，统一战线逆流波及妇女方面。但她是有她的特点的（如上述）。

一、逆流所给予妇运的影响：统一战线的逆流反映到妇女方面，这表现在妇女团体被解散了，被限制了，妇女工作被停止了，妇女干部被监视了，左倾分子及我们的同志被排斥了。首先，新运妇女会的顽固分子（如伍△△、李峙山）极力包围吴菊芳（新运妇女会主任委员），攻击我们在新运妇女会工作的区白霜同志，用尽一切办法怂恿吴排挤她出来。吴初尚犹豫，因没有干才，且和区的感情还不错。但逆流愈来愈严重，整个政局威胁着吴，而她本身又不是个前进开明的分子，结果在四月底，区同志便被迫离开新运妇女会的工作岗位。一时，顽固分子气焰高涨，新运妇女会的干部受了严重的监视和限制，派出特务工作人员公开或暗中检查来往信件，监视行动，对积极努力的女青年则造谣中伤，借故剥夺工作。曾有三四个干部无故被排出来。在会内的工作者，不能自由阅读进步的书籍，哪怕是书店里公开卖的。因此，意志不大坚定的妇女，不免有点灰心，许多积极努力的分子被摈在工作圈外，工作也受着很大的阻碍。十△集团军政治部亦有同样现象，我们的同志及前进分子被托派主和者极尽挑拨离间的能事，在该政治部主任面前攻击〔她们〕，使她们无从开展工作。对进步分子的行动也侦查监视。在中区，当新会、江门战事紧张时，各县妇运还很蓬勃。最近战事沉寂了，伍智梅到中区、西江一带巡视，才把逆流传到西江、中区来。她每到一县都散播谣言，加强国共两党的摩擦。对较贤明的地方长官必痛骂她们放纵青年，助长异党势力的发展。要他们压制青年运动、妇女运动，要立即解散台山、恩平的妇抗会，自己另组团体（妇慰分会）；对开平妇抗则企图把握它，收归自己的荷包里（因开平妇抗会是地方干部支持，且很团结。党部书记长和她们的关系好，又有周老太太做妇抗干事），要以后给她写工作报告，帮助她进行抢救儿童工作，并叫党部书记长更多支持她们。总之，她对中区妇运是敌视的，企图她一手包办，造成她自己的势力。香港妇运也受了国内逆流的影响，积极努力的分子活动较前困难了，妇女大联合被停止进行，上层妇女也就不能坚持这个工作，其他各地尚未有详细报告。

二、工作方式的转变——巩固下层基础，埋头苦干——由于敌人的诱降，由于汉奸、托派以及主和分子的妥胁［协］投降运动，由于国际投降主义者惯于迁就侵略者的阴谋，造成中国目前政治上的严重危机，他们企图使中国屈膝投降，企图分裂国内团结，分裂国共合作，因此逆流现象不会一时就消灭，必然经过一个时期，经过我们艰苦的工作，才能克服。我们要适应目前的环境，要使妇女运动不致一遇风波就沉寂，妇女组织一遇挫折就解体，便〔要〕在工作的方式上进行彻底的转变，避免突出，避免表面化，巩固下层基础，健全组织，建立经常工作，深入乡村，埋头苦干，在新运妇女会加强妇女生产工作团，各识字班、各战工队的领导要耐心去开创和巩固基层组织，务使妇女运动变为坚实的，而不是脆弱的。

三、加强团结，靠紧进步上层，适当地打击顽固分子。在目前争取大多数。加强团结，更成为必要。在新运妇女会更紧密地团结干部，帮助她们解决困难，推动她们工作，靠紧较进步的上层，支持她们，通过她们向吴提供意见，孤立顽固分子，用一切巧妙方法在群众面前暴露顽固分子的罪恶，降低她们的威信。李峙山在会里没有一个群众爱戴她，伍也不会取得群众的信仰，会内的坏蛋分子是很孤立的。在中区，本身的团结紧密，上层工作也做得不错，伍和当地党政当局并不一致。所以，她不会马上发生很大力量。恩、台的妇抗被解散后，会员仍努力进行募捐、慰劳，募得的东西特别多，参加慰劳的人也特别拥挤，结果，曾宣布解散的妇抗的干事亦不得不拿着妇抗的旗帜，随同妇抗会员到前线慰劳去，但亦无可如何。在翁源，是和十△集团军的政治部建立密切的关系，取得其援助与支持。在他的领导下，去开创及发展妇女工作，夺取大多数，去打击主和的和进行分裂团结的人。

四、运用多种多样的形式去组织妇女。为着适应各种阶层、各种生活环境、各种程度、各种兴趣的妇女大众的需要，须有多种多样的形式去组织她们，不能局限于妇抗会、妇女会等名称。为着避免逆流的袭击，也须要运用许多不同的方式与方法去开拓广大的基础。因此有些乡村是用姊妹会、婶姆会或“女屋”等形式去建立组织的。恩平有婶姆会，新会、翁源有姊妹会，高明“女屋”更普遍。正以新的内容充实之。

III. 检讨

我们试就这几个月的工作，扼要地来一次检讨。

一、优点

1. 能坚持统线，适当运用统线，并创造了统线的模范例子。在逆流没有十分严重的时候，我们的同志能在新运妇女会占着相当重要的位置（区白霜同志是新运妇女会的常务委员并任总务组组长），并能团结中上层干部，还有其他的同志，直至现在还能在会内工作，取得她们的信仰。在中区，统战的基础更广泛，特别推动培养了周老太太，争取了党政当局支持、广大群众的信仰。在东江河源，也推动了当地有名的知识分子来主持妇抗。

2. 有艰苦工作的作风。一般妇女干部，特别是我们的同志，都能忍苦耐劳地埋头实干，推动上层妇女，诚心诚意地帮助她们，名誉、地位、风头让她们占上风，自己就切实地在工作，无论在新运妇女会的各部门及各地的妇抗会都如此。所以我们多能获得上层的信任及下层群众的爱戴，而妇女工作也不会过分“左倾”和“突出”，以招致顽固分子的极度打击和当局的严厉限制（固然一般人还轻视妇女也是一个原因）。

二、缺点

1. 妇运是民运中最薄弱的一环，发展不广泛、不深入、不平衡，广大的工农妇女，只有极少数参加组织（香港百女工，澳门几十女工，中区妇旅千余人，农妇占少数，河源妇抗六百，劳动妇女亦不多，翁源六百，真是农妇占大部分）。东江有许多女苦力、女挑伕，但还没有好好地团结她们，工作还是多停留在市镇上，不曾真正深入到乡村，到下层妇女群众中去。各县妇抗，都注意县城或附近城的地方，没有认真把握着各乡村的工作，发展表现得极不平衡。中区几县，妇运已相当蓬勃。但东江、西江、北江、南路都还很薄弱。在北江只有翁源有点基础，曲江、英德、佛冈、清远还只在开创，西江各地亦是在开拓时期，东江则只河源妇女组织建立起来，其他各县仍没有（最近不曾得报告）。南路亦十分薄弱，虽然有抗日自卫团、妇女服务队，且有千多队员、可是是友党领导的，我们没有取得联系，不发生多大影响。这当然是由于当地党的力量薄弱的缘故（最近才整理恢复）。琼崖情况不明，沦陷区如南、番、顺等地的妇女工作更谈不上。

2. 一般都太政治化，不能很好的把握群众兴趣，适应群众心理去团结她们。妇女意识较他人落后，如果只以国家大事去动员她们，那只有年青热情的妇女才会被推动出来参加工作，但年纪大一点或生活太困苦的，她们为了个人的困难，不易被人感动。而过去一般动员工作，都犯了太政治化，多注重于募捐运动，不能为最广泛的乡村妇女所了解及拥护，有时不免疲倦，而她们本身许多痛苦，我们同志忽略了，把这些问题与政治联系起来，抓紧她们的要求、情绪去动员她们。

3. 运动式。没有经常工作，过去工作多是一项运动，来一次高潮，运动过后，群众的情绪就低落了。我们不能把握当时的群众情绪给以组织和教育，建立起经常工作。四邑妇女运动的活跃，多数是表现在募捐、慰劳，除此只办了一些识字班，别的经常工作和更深入的基础还谈不到。其他各地都如此。

4. 组织不巩固，不健全。一般妇女团体基础非常薄弱，会员和会的关系不密切，组织观念不强，没有经常组织生活，工作动员也不能全体参加。四邑各县妇抗的募捐、慰劳运动，发动起来比较广泛，其他各地如翁源、高明、南雄等地经常奔走，坚持工作的不外数十人而已，如遇大的风浪，是很容易被摧毁的。新会战事发生，新会妇抗不特不能随着战争的开展而作更广泛的动员和推进工作，反而无形解体了，直到现在才从惨痛的教训中觉醒过来，加紧转入乡村工作，以建立下层稳固的基础。

5. 忽视女学生工作。过去对女学生运动，始终没有予很大的注意，四邑有好些学校，东江、北江都设有临时中学，但我们对学校工作很少布置一下，积极努力的女学生，多数都被拉出校门，参加外间的工作（如妇抗等工作），能够注意校内团结学生，以文化娱乐或适合学生兴趣的团体去组织她们，是十分少有。翁源中学、北江临时中学的同志，不免还是以参加妇抗、参加抗先来号召前进的女生，稍落后一点的，没有好的方式去推动她们。

6. 不能把参战动员和改善妇女生活紧密联系起来。一般的宣传、教育、动员和组织差不多都是以抗战为内容，并未与改善妇女生活取得密切的联系，如婚姻问题、被公婆丈夫虐待问题，不能运用妥善的方法得到适当的解决。当妇女生产工作团从连县迁过曲江时，有十多个妇女自动参加了，要跟她们一道出来，可是她们的公婆或丈夫不肯放她们走，一定要拉她们回家，那些顽固的还骂工作团的负责人拐骗他们的女儿、媳妇或老婆，要用暴力来对付。结果，为着顺从她们公婆、丈夫的请求，就迫她们回去了。这使她们多么失望！固然，我们不能强调妇女本身痛苦而惹起乡村农民的恶感，而加强顽固分子的藉［借］口，但说服解释动员社会舆论，争取广大同情，使她们不再受压迫、虐待，使她们能参加抗战工作是必须的。新运妇女会对这方面仍很少注意，别的方面也有同样事情。

三、困难

1. 封建势力浓厚，阻止妇女参加社会活动。广东是比较开明的省，封建势力不如北方厉害。然而，这只是表面的现象。固然程度上也许没有北方浓厚，可是在乡村还是根植甚深的，对妇女的束缚和压迫各县都是如此，所以动员妇女和组织妇女，障碍仍很多。

2. 妇女生活痛苦，她们除受封建势力压制外，家庭琐碎的事务，抚育儿女的责任还加在自己的头上。乡村妇女，多数要种田和挑担，帮助维持家庭，她们也是一天到晚为衣食而劳动，常常还不得一饱，加上烧饭、洗衣、育儿、照顾丈夫，侍奉公婆，简直没有半点空闲。哪有精神、时间参加抗战工作？甚至她们很希望进识字班念书也没有办法。北江各县，东江的河源、新丰，比较贫瘠，妇女生活更苦。中区的新兴、高羽也是贫瘠。四邑则华侨多，经济较充裕，妇女多不用做工，可是就养成她们依赖的心理。

3. 妇女本身的弱点：因为几千年封建束缚和宗法社会的传统，妇女没有机会受教育，妇女没有机会参与社会活动，以致形成好些弱点，如意识落后，意志薄弱、感情重、度量小等，因此开展工作、坚持工作都有了困难。北江各地文化极端落后，妇女更加什么都不懂，相信观音菩萨、玉皇大帝，相信命运的普遍得很。意志不坚强，稍经风浪容易害怕、消极，度量小、嫉忌［妒］心发达，在识字班及生产工作团都有这种表现。先生或负责人对成绩好的积极努力的分子赞扬一下，她们就会说先生偏心，对被赞的同学就带讥讽地说："你好啰！""你本事啰！""先生爱你！"如果在识字班及工作团发现了干部，想给以特别的教育，提拔她、培养她，一班学生都发气的。她们不从积极方面去竞争，而从消极方面去打击进步者。

4. 干部缺乏是相当严重的现象。各地方都嚷着干部恐慌。要开拓新基础，巩固原有的组织，加强工作效能，每因为没有干部而受着限制，特别是许多地方都未有培养出本地的干部来，而全省有威望、足以号召广大群众的领袖还缺乏，不但是我们的，就是友党的或群众的，也没有。现在只有一个周老太太能在中区起颇大的作用。

5. 逆流发展。她们对一切民运都采取禁止、压制的态度，妇运也不会例外，她们能够包办的就干一下子，否则就不愿别人有所活动，积极工作的干部被剥夺工作机会，所以困难更多。

四、经验教训

1. 要以工作的统一、行动的统一达到组织的统一，不是在工作中去求得合作，去促成行动的统一，只是形式上的统一、组织上的统一是不可能的，同时也是没有意义的。过去广州妇女团体很多，始终建立不起一个统一的组织。但在募捐、慰劳、"三·八"纪念，欢迎孙夫人、赵老太太等工作上、行动上就获得一致了。广州失守后，妇女团体多已不复存在了，现在曲江的只有新运妇女会、妇慰会及保育会而已。妇慰会及保育会的把持者（伍派）和新运妇女会是有矛盾的，但在抢救儿童的工作上也可以取得统一。各县多是一个妇女团体，间有妇女会的存在，有两个团体的地方（如台山），组织上仍是划分的，而在各种工作总是两个会的会员都共同参加，常常能够合作。

2. 有力量有群众的基础才能推动统线，要与友党合作，要推动统线进步，必定要有力量、有基础才能成功。中区妇运能得到党政当局的帮助，是因为妇抗已有一点基础，表现出群众的力量，每次募捐、慰劳的成绩都很好，翁源妇抗获得十△集团军政治部支持，也因为发动过两次慰劳运动，募得不少的慰劳品，鼓励了士兵。政治部主任见得妇抗是有群众的，有力量的，不是空头机关，便愿意领导妇抗，并信任我们的同志。新运妇女会还不能成为一个真正统一战线的组织，是由〔于〕我们各地方的基础未巩固、未强大，推动不起来的原 [缘] 故。

3. 善于利用她们的矛盾，靠紧进步分子，适当打击顽固分子。她们本身是有矛盾的，有摩擦的，如吴与伍，我们推动吴、支持吴，使她更放胆工作，孤立伍的势力。于可能时，如李峙山、郭顺清对伍攻击，我们都不支持她们，而主张化除成见，亲密团结，因为双方都是顽固势力撑腰，对工作没有丝毫益处。如新运妇女会较进步的组长陈明淑、刘绮文等与李峙山对立，我们帮助陈、刘，而孤立李峙山。在可能时，我们也提供伍一点意见，推动推动她。在中区我们靠紧开明的县政当局，或军事长官，对伍解散妇抗表示不满。

4. 在乡村中争取老太太，培养她们为领袖或干部易于开展工作。老太太在乡村中的名望地位都较高，她能出来号召，可以发生很大的效力。年老的落后的人本不高兴女儿、媳妇出外活动，如果那里的干部是青年，他不会放心，总说她们会出来学坏。但上了年纪的老太太都做得，都愿出外奔跑，他们便没有什么借口了。而青年妇女看见老婆婆也这样努力干，自己有气有力不做，真有一点不好意思，因此跟着老太太干的人就多了。中区妇运之蓬勃发展，周老太太的推动是很明显的。

5. 上下层工作配合得好，就能顺利进行。工作的进行如单靠上层的推动，而没有下层的动员，是做不好的。反之，只有下层的动员而不做上层的推动，也会发生许多阻碍。新运妇女会生产工作团及干训班，因为只有上面的推动，没有做广泛的宣传，向妇女群众做动员解释的工作，所以参加生产团的妇女还不多，参加了的有些也常常想跑出来，妇干班也招不到许多学生，这不是妇女不需要训练，或妇女干部已够了，而是缺少下层动员的关系。高明妇抗则下层动员不错，但因为当地党政及上层分子不密切，不能更进一步的通过上层关系去开展工作，工作也受了极大的障碍

(固然高明当局很顽固很顽固的，统线工作很难收效)。四邑上下层工作都得到很好的配合，故成绩最有可观。

6. 适当调解家庭间的纠纷，减少姑媳、妯娌间的摩擦，容易取得乡村多数人的信仰。在乡村工作。我们提出“家庭和睦”、“和气生财”等口号去教育群众，对年老的就劝她爱护女儿、媳妇；对青年妇女就劝她孝顺父母、翁姑，我们要做模范的婆婆、模范的媳妇，加入了妇抗会的会员更鼓励她们起模范作用。过于野蛮的翁姑，我们动员社会的舆论、群众的力量去制裁她，更请求当局主持公道。对压迫妻子的丈夫也是采取说服的办法，不得已时用多数人的力量去对付他。在中区这成绩还不错，因为宣传教育得法，乡村人对她们都发生了好感。翁源妇抗，也有一会员因参加慰劳工作而被丈夫毒打几次，妇抗会除劝告她的丈夫外，并呈报政治部主任，请政治部派出人员去调查，协同保甲长、乡长去处理。政治部主任对这个男子非常愤怒，说他破坏抗战，要把他枪决。后来我们提供意见，要求派出人来调查并作公开审判，藉［借］以教育群众。打击顽固势力。但结果如何，未接翁源方面报告，不知其详。

7. 运用多种多样方式与方法，更能组织广泛的群众。妇女的环境、程度、兴趣，各个阶层都不同。想以一种单纯的方式组织她们是不可能的。前进的可参加妇抗，落后的她只喜欢姊妹会；有些高兴读书，有些高兴打球，所以要各种各样的、高级的、低级的形式组织她们。高明曾有个乡村要组织妇抗，只有十几个妇女参加。但用姊妹会，却团结了几十个妇女。高明的“女屋”更多，成为各乡村组织的单位。北江临时中学有四十多女生，她们参加抗先或其他抗战团体的没有几个，但她们都愿意参加读书会、时事研究会或歌咏队等。

8. 识字班、夜校是教育妇女、团结妇女的最好方式，各县妇抗未能建立经常组织，但识字班、夜校却能团聚许多妇女，她们识字的要求很迫切，每一个乡村，只要经过家庭访问和宣传解释，总招得到二三十学生，她们每到夜深（十时、十一时）还不愿走，要求先生告诉她们这样，告诉她们那样。

9. 工作者须耐心吃苦，才能取得上层的信任，须生活群众化，才能接近群众。我们同志能够建立威信，获得上层的信任，下层的爱戴，只因为能吃苦耐劳，又能生活群众化，在行动中起模范作用，不计较名利地位，总之，有利于抗日的工作就拼命去干，上层不怕你是和她争权位，群众认为你是为她们好。最初在中区我们同志去宣传，叫妇女都出来参加工作，那些妇女说："你们生活好，不用挣饭吃，我们怎能和你们比呢？"后来，同志们去帮助她们做工，农忙时帮她们打禾割禾，穿的吃的都和她们一样，常和她们一块儿，不要怎样鼓励她们，她们也跟着干起募捐、慰劳等工作了。

Ⅳ. 今后的工作方针

一、深入农村，建立下层基础。各县妇抗都须有新的转变，克服表面化的弱点，散布到各乡村去开创新的下层基础；未有妇抗的地方，也尽可能派人去开拓，深入乡村去办识字班、民校，以组织广大的妇女。

二、巩固、健全已有的团体。已有的妇抗。其他名称的组织，切实予以充实健全，尽可能建立组织生活，加强会员对会的组织观念。

三、建立经常工作。每次运动是推动工作更进一步的方法，不能运动完了，工作也就停了，而且应极力使运动式的工作减少而代替以经常工作，如小组讨论、增加生产、办合作社等。

四、统一战线着重由下而上，加强各县各乡村工作，各地基础未巩固、力量未强大，要促进全省真正的统一是很困难的。因此巩固和扩大统线，须着重各县统线的建立，而各县则须从乡村做起。

五、积极支持及推动新运妇女会，使其逐渐转变为真正全省妇运的领导机关。新运妇女会现在只是名义上是全省妇女的领导机关，实际上它是没有一点基础的，和全省妇女团体都很疏远，我们要从两方面去推动它：1. 参加新运妇女会会内工作，接近主任委员，提供意见，帮助它开展工作及号召各地妇女联络；2. 从各县妇抗和妇女大众写报告。写意见书给新运妇女会，请求它指示和援助，请求它经常给予联系。

六、加强团结，正确运用统线。要克服逆流的现象，更须团结广大的妇女，争取多数人的同情，所以需要正确地运用统线，坚持统线。集中主力打击妥协求和分子，暴露她们分裂国内团结就是对日投降的第一步阴谋，向较进步的。有爱国热情的人宣传“我们要团结”、“我们要胜利”、“分裂就招致灭亡”。

七、加强女学生工作。要在各学校内建立起学生群众组织，反对把所有的前进学生都拉出校外。翁源中学、北江中学、北江临时中学、西江临时中学、香港、澳门都重新布置了学校工作，要用各种文化的、娱乐的、体育的方式去组织她们。

八、注意参战与改善妇女生活的联系。往后不仅只是动员妇女参战，在目前广东战事比较沉寂，如不以新的内容去动员，是不能持久下去的。故此，必须注意与改善妇女生活联系起来，各地应尽可能推动上层援助妇抗会办小规模手工业，办农村合作社，办托儿所、保健所等。举行低利贷款，组织合耕队，帮助妇女解决日常生活问题，推动新运妇女会更广泛地设立生产工作团或各种工厂，招收失业女工及乡村妇女。

九、加紧培养干部与开展妇女大众教育。各县妇抗尽可能办短期干训班，大量培养干部，健全小组生活，举行各种问题座谈会，执行教育工作，并在实际工作中去提拔，在新运妇女会推动〔下〕办大规模妇干班，尽力帮助妇干班进行一切。广泛设立妇女夜校、中山室、识字班等，去教育群众，提高妇女的自尊心与自信心，提高她们对抗战的认识。

V. 加强全党对妇女工作的注意

一、过去检讨

1. 全党没有经常注意妇女工作。一般同志都存有轻视妇女工作的观念，如女同志多提妇女工作就会被批评是：“妇女主义者”。各级党部多没有专门管理妇女工作部门的建立，把好些女干部拉到抗先或青抗去工作，使她们不能建立起妇女工作的系统。对妇女干部的提拔和培养也不注意。省委本身是有些注意妇女工作了，可是并不是经常的。

2. 妇委本身也没有整个计划，没有系统去研究妇运的理论与经验教训。因为得不到全党的经常注意与帮助，妇委本身也就没有整个的计划了。各县党部没有把当地妇运情形向省妇委报告，省妇委无从明瞭［了］各地概况，便无从计划。本身又不大健全，对理论及经验教训的研究很少，而这种材料的获得也极困难。

3. 女同志对妇女工作的坚持性不够顽强，甚至不愿做妇女工作。有些男同志不注意妇女工作，取消妇女工作，女同志也没有顽强地坚持。如东南特委，于广州退守后一个时期把妇委取消了。负责妇女工作的同志没有坚持这个工作，没有和这错误的观念作斗争，有好些同志怕妇女工作麻烦、艰苦，自己不愿做妇女工作。

二、新的转变

1. 和轻视妇运的观念作斗争。自从接到中央妇委的指示信以后，省常委曾有一次详细的讨论，指出过去的缺点并决定妇女工作不论在观念上、组织上、工作上都来一新的转变，把决议传达到各级党部，要他们都作详尽的讨论，以求彻底克服轻视妇女工作的错误意识。

2. 建立并健全各级妇女部及妇委。省妇委本身，增加工作人员，明确分工，使能加强对各地的领导。东南特委的妇委在省委△次扩大会议恢复了。东、西、北江及中区四特委都把妇委建立起来，并指定较强的女干部负专门责任，计划开展该区的妇女工作。

3. 加强对妇委的领导。省委巡视员赴各区巡视工作，须代达省妇委对她们的指示及检查妇女工作。召集妇女干部谈话，反映她们的意见到省妇委来。各特委委员来报告工作时，要通知妇委与他谈妇女工作。省妇委并于六月初召集北江各地妇女干部开过一次会，会期三天，到会人数有翁源的、佛冈的、南雄的，马坝（曲江）的四个，除报告外，对北江妇运还有详细的讨论，这会的收获是很大的：

①提高了女同志对妇女工作的兴趣；

②省妇委更清楚了解北江各县妇女情况；

③对北江妇女工作有新的布置；

④交换了好些经验教训，教育了大家。

4. 有系统地培养干部。选拔女干部参加省委每期的训练班，对参加妇女团体工作的同志则举行流动的训练，由省妇委编定教材，讨论大纲，派出人员帮助她们讨论，现正准备进行。在各特委也尽可能选拔女同志参加他们办的训练班。

5. 研究妇运的理论与经验教训，提供各级妇委参考，有系统地搜集这方面的材料，研究讨论，发表文章。

6. 编纂妇女大众教材。各地妇女识字班都缺乏适当的教材，妇委便编纂妇女大众战时读本六册（初级三册，高级三册），准备印刷，供应各地须要。内容是以提高妇女民族意识、鼓励参加抗战建国及暗示妇女彻底解放的途径的。现已编好，但印刷尚未有办法，将来或要请南方局妇委帮助。

南方局妇女部：我们的具体材料非常缺乏，因此这个报告不能十分充实，且人事更动，时间匆忙，又不能有充分的机会研究讨论，将来再想办法补给你们。对于这里的工作，望经常予以指示！关于妇运具体材料，也望能给我们寄点来，以供参考！

敬礼！

粤委妇委

八月五日

怎样进行女学生工作①

1940 年②

耐　寒

一、女学生工作的重要性

谁都知道中华民族要得到解放，没有广大的妇女参加，胜利是没有保证的。抗战已经进入了第四个年头了，进入了相持的阶段了，今天，正是需要我们集体全力来准备反攻的时候。然而妇女大众参战还是远落在客观环境的后面呢！这虽然是由于政治逆流的汹涌，顽固分子的积极破坏，封建与宗法社会层层的压迫，以及妇女大众本身的落后；但，假如不是妇女干部的缺乏，妇女运动一定不会落后到这样可怜的地步！

妇女干部为甚么会缺乏呢？一个重要的原因是：由于我们一贯来对于女学生工作的忽视，而没有深深地认识到它是培养干部的堡垒。因为她们文化程度较高，感觉锐敏，只要我们好好地来进行教育，她们很快就会成为干部，能够从事妇女运动和妇女工作。正因如此，女学生是妇女工作的桥梁，没有这个桥梁，我们就无法进行教育动员组织广大的妇女来支持长期抗战，争取最后的胜利。

二、过去女学生工作的缺点

在过去妇女学生工作中，存在着甚么缺点呢？主要有：

---

① 收录于中央档案馆、广东省档案馆编：《广东革命历史文件汇集 · 中共广州市委文件、报刊资料选辑（1937—1940）》，广东省供销学校印刷厂，1987 年，第 453−456 页。

② 年份是根据文件内容判定的。——原书注

甲、师生关系不密切，甚至对立起来。一方面固然是有些教师们还未明瞭［了］自己在抗战建国中责任的重大，好好地去领导学生参加救国工作。另方面是由于一般工作者整天忙于工作，忽视功课，使教师不满，与平日缺乏与教师的联络，争取他们的了解和同情。某校有一个女学生为了参加工作至使功课不及格，被她的教师责备，就和他冲突起来，那位教师受了这个耻辱，为了维持他的面子与尊严，就积极地在同学中进行散布谣言，说这女生的坏话。结果，许多落后的同学受到影响，使她的工作蒙受了很大的阻碍。

乙、干部与群众脱离。由于过去一般女学生工作者对于女生工作没有正确的认识，放弃了自己的岗位，成天忙于校外的活动，造成“救亡专家”的样子。本来那些落后同学已经是看不惯了，加以她们常常自以为前进，看不起落后，开口说人家认识不够，闭口说人家庭观念浓厚，太感情化、太软弱，这样造成干部与群众相隔着很深的鸿沟，因而无法进行工作。

三、怎样进行女生工作

甲、正确地建立师生的关系。在今天每个学生首先要认识清楚，除了极少顽固分子、民族败类不希望学生进步外，其余一般说来他们都希望自己的弟子能够学成之后，为社会国家效劳。因为这对于他自己是有无限的光荣的。因此，我们要站在国家民族的立场，与他们建立密切的关系，这不仅对于学业，同时对于工作是有很大的帮助。

乙、要深入同学里面去。学校是拥有广大群众的集团，在这个集团里面是有大半数以上的女学生依然是昏头昏脑，醉生梦死，为着要争取她们到抗战阵线来，我们必需深入到她们里面去，了解她们的生活、习惯、痛苦与要求，个性与情绪，和她们打成一片，恰当地、耐心的用诚恳的态度帮忙她们从切身经验去了解自己的痛苦与地位，指出她们正确的出路，并经常地用最高度的热诚站在她们的切身利益，帮忙她们解决种种困难，如功课、生活、婚姻……等问题，给她们以热烈的鼓励与慰抚。千万不要随便给她们以打击，而是耐心地教育和说服，只有这样才能使她们敬爱你，亲近你，接受你的教育与领导。

丙、为了要完成上述的任务，首先每个工作者应该是品学兼优，怎样才能算品学兼优呢?

1. 应该是有高度的国家民族道德。这就是说：要能够为着国家民族而不怕一切困难与牺牲而奋斗到底的决心。

2. 能够站紧岗位，埋头苦干。这就是说：不要好高骛远，见异思迁，不好出风头，多做实际工作，少说漂亮话。

3. 功课成绩优良。这就是说：功课要弄到比别人好，最低限度不会不及格。

4. 刻苦耐劳，虚心学习。这就是说：不怕一切麻繁［烦］琐屑，困难，不自高自大，时时刻刻虚心向师长向同学学习。

5. 要时时刻刻为同学服务，处处为她们谈利益，为她们的利益而牺牲自己的一切。

6. 要谦虚和气，宽宏大量。

7. 要对妇女问题有正确的认识与了解。这就是说：要懂得妇女被压迫的原因，与今天中国妇女所受的痛苦与压迫，和怎样才能得到彻底的解放。

只有俱［具］备上述的条件，才能得到教师的拥护，取得她们的帮助，同时只有这样才能取得同学的爱护，便利我们工作的开展。

同志们！为着国家民族的解放，同时也就是为着妇女的解放，希望大家加紧努力吧！

（原载 1940 年《妇女阵地》）

纪念“三八”妇女节开展东江妇女运动①

1940 年 2 月

陈　琴

“三八”妇女节是全世界妇女争取自由和解放的伟大战斗日，全世界的妇女都在这一天来检阅自己的力量，整顿自己的阵容，加强国际妇女的团结，为反对法西斯侵略者，保卫世界和平，争取被压迫民族的解放及妇女本身的社会解放而斗争！这一伟大的历史意义，我们要将它发挥于现实工作中，使之发扬光大，并积极开展妇女工作，以彻底完成“三八”妇女节光荣的历史任务。

中国妇女的解放与中华民族的解放有血肉相连的密切关系而不能分离的。因为中国妇女是中华民族组成分子的一半。假如中华民族遭受压迫与灭亡，妇女必然遭受牛马生活的命运。几年来，日本法西斯军阀恶兽在中国的暴行便是明显的例证。所以中国妇女要达到自己的社会解放，必须坚决参加反对日寇法西斯的抗战，争取最后胜利，获得中华民族的解放，才能谈到妇女的解放，同时如果不把占民族半数的妇女宣传和组织到民族解放的事业中来，也就放弃民族力量内一半就无法争取民族抗战的胜利，几年来妇女在参战中所表现了的成绩也就充分的证明了这一点，当抗战达到相持阶段，国内困难更多的今天，更非组织与动员妇女来坚持抗战不可，目前的宪政与民主运动，没有妇女的参加也是不能成功的，因此妇女解放运动的一个组织部分，要求民族解放则必须吸收广大妇女参加民族解放事业，必须给予妇女解放运动充分的自由与帮助。

---

① 收录于广东省妇女联合会、广东省档案馆编:《广东妇女运动历史资料》第二辑，广东省供销学校印刷厂，1991 年，第 128—129 页。

依据中国妇女解放运动这个特点，依据中华民族解放运动的这个需要，中国妇女在纪念“三八”妇女节当中，便必须积极展开以抗日为中心的妇女运动，协助整个抗日战争，成为一支有力量的生力军，为争取民族的自由独立而斗争！

在这总任务下，我们东江妇女也必须开展以抗日为中心的东江妇女运动，用战斗与实际工作的展开来迎接纪念这一伟大的节日，要从过去的工作上和组织上来检阅自己的力量，我们要有计划的积极的扩大自己的阵容，巩固原有组织，发展新的组织：我们要深入农村，普及广大劳动群众文化工作，由此而改变她的非人地位，要号召全东江妇女的大团结，为民族解放与妇女解放而誓死奋斗。

（原载一九四〇年二月《东江青年》第二期）

工作轮廓（节选）①

——工作第二年东江队工作简本

1940 年 6 月 14 日

……

五、第一期政治救护班

在去年 6 月，我们借老隆师范旧址开政治救护班、学员共五十名，女生占十四位。

施教内容分两部分，一部分是救护的，例如：药物学、救急法、外科概要、生理学等；另一部分是政治的，例如：三民主义、哲学、社会学常识、中国革命史等等。

总之使政治与救护相配合，使每一位救亡者，都为抗日战线上有用的人才。

……

---

① 收录于中央档案馆、广东省档案馆编：《广东革命历史文件汇集 · 中共东南特委、西江特委文件和报刊资料选辑（1937—1944）》，广东省供销学校印刷厂，1987 年，第 533—538 页。

中共高要县工委陈道的工作报告（节选）[①]

——高要的政治环境和党的工作情况[②]

1940 年 12 月

一、高要县的环境

高要县是在西江上的一个重要县份，它的交通上、商务上的价值是仅次于它的郊县三水。这一县的居民有二十至三十万，大部是从事农业、手工业和航业生产。三区白土、迴龙、蒜兰等些乡镇的男丁多数在美国和南洋群岛等地佣工或经营商业，吸收了不少外汇（由邮局方面仅华侨汇票一项每月平均有十二万元），是该县除肇庆市外最富庶的地区，该县的主要手工业出品是草席，每年运销外埠的数目也很大，但它几乎全部是由家庭妇女自己织造卖给商人的，直到现在还设有工场或厂的设立。肇庆市有一个蒲包厂和一个织毛巾厂，工人每厂都只有五六十人；同时为了地近江滨，全县的蛋家有七千多户（蛋家即船户），苦力搬运伕也有千多二千人。根据这些，我们明白了高要县过去无论在工业上、农业上或者商业上都没有显著的地位。

……

三、我党在该县的工作

……

他们抵达后，由王韬给予物质的帮助，在该地建立了西江抗日青年团

---

① 收录于中央档案馆、广东省档案馆编：《广东革命历史文件汇集 · 中共东南特委、西江特委文件和报刊资料选辑（1937—1944）》，广东省供销学校印刷厂，1987 年，第 313—328 页。

② 由编者加拟或改过的标题、副题。——原书注

与几个乡的妇女识字班等等。他们同时更帮助水雷队做士兵教育工作和自己开办了一二次的游击战训练班。西青团的团员有五六百人，他们都是散处在围绕峡下的各乡，在西江可以说是当时青年运动中最蓬勃的一个。但是他们这时对于农村统一战线与陆二驻军（如六十四军与税警团）的统一战线工作是没有注意的；在工作表现了左的作风（队员的游击训练班里所用的书籍、课本与救亡室中所陈列的书报、杂志，这些东西有部分给驻后沥六十四军的团政治部主任借去送缴军部，作为证据）和偏重了群众工作而忽略开展组织的工作。以后经当地土劣的挑拨，海、陆军矛盾日益扩大，代替调解他们的矛盾或是利用他们的矛盾来进行工作，我们正陷入这一矛盾的中间，成为人家攻击的借口与目标。王韬被陆军方面控告包庇共党等十条罪名，由于他的害怕退缩，西青失去主要的支持。在群众运动展开的同时，县的党工委也建立起来，当时在西青团工作的有几个党员（都是由广州退出的）。海军水雷队里新开展了两个同志，西青团里也开展了两三个同志，而肇庆市上也有些个别的关系。

……

当特委把肇庆的组织交我领导时，仅有一个支部与几个零星的关系，现在分述如下：

……

②其他零星的关系——a. 刘周屏同志是当地驻军一五六师政治部的科员，他是日本留学生，在该部担任敌军工作，抗战后的党员。因为他在政治部里担任的是技术工作（他们国民党对敌军工作的看法），处于政治部主任彭展义（大革命时代是一个学运领袖，以后变节）、顽固的秘书刘岐山等发现他是较进步而严密监视之下，除开跟他经常接头、讨论决议文件交换情报外，只布置他在政治部里扩大结交朋友。结果他在政治部里与该部的政工队的一些青年关系搅得很好，通过着他们做了些群众工作。但是过了二个月后，他同部队开往前线，这一关系就交给特委直接领导了。b. 王芷香同志是一五六师政工队的队员，她的关系交来时，她是在鹤山、新会前线工作，所以直到两个月后，她回肇时才接到关系。她是个中学

生，1939年头入党的。她回肇两周后又被派到禄步的一五六师班长一级的训练班里去充当政治委员，以后我们就经常个别接头讨论工作，为了她对工作的持重积极，很得政治部主任与秘书的信任，在禄步她还建立了一个妇女识字夜校。个多月后该干部训练班迁移开建，她的关系也交由特委直〔接〕领导。……g. 宋小静同志是当西青还存在时，由东江调来担任妇女群众工作的。她到高要不久，西青就坍了台，在峡下不能驻足，因此她暂时住在高要。以后她在肇庆打入了妇女抗敌同志会，并且跟金渡乡、附市的陈塘乡的劳动家庭妇女（她们多数是农妇与织席工）关系也很好地建立起来，所以决定留下她在肇庆工作。她是一个纺织女工，1938年的党员，她在高要工作直到1940年的3月才因暴露离开。

……

④该县的群众运动

……

b. 群众运动开始活跃起来，首先表现在妇抗会的改组，妇抗本来只是挂在县党部门口的一块木牌子，8月间县党部换了书记长，利用驻军政治部与新书记长间的矛盾，与我们在妇抗的个别会员间有了工作基础，妇抗是被改组，几个热心的群众干部被选到领导机关里去，渐渐展开了慰劳、下乡等等工作。其次就是金渡、回龙等乡小学教师间的活动。由第三区区公所发动的“九·一八”演剧宣传这一工作，团结这几个乡的小学教师与农村中的一些青年，为了他们对演剧感到兴趣，接着我们再布置双十节的公演，由这些工作对他们的团结渐渐诱导他们读书、讨论时事等等。再次就是四区壮丁集结队的编成，把过去被瓦解的西青团群众重新组织起来，第一线军民合作的工作主要就是组织壮丁，自从李浩同志被派往该区后即开始这一工作，它开始时颇在受到当地土劣的顽抗与经费方面的掣肘，结果这些困难都被克服了，通过过去西青团的关系，把当地的壮〔丁〕全部组织起来。总之，这一切说明了当时活跃群众运动是利用我们自己的有利条件，以各种形式去达到这一目的的。

……

1941 年——

中共中央妇委召开“三八”筹备会讨论布置纪念事宜[1]

1941 年 2 月

“三八”国际妇女节转瞬将届，中央妇委特于二月四日上午十时，在妇委秘书处召开“三八”筹备会。到女大、青干、陕公、鲁艺、抗大、党校、马列学院、边妇联、边区妇女宪政促进会、中宣部、后方留守兵团政治部、公安局、总卫生处、保安处、大众读物社、边区政府、文化俱乐部、新中华报、统一战线部、中国妇女社、文协及本社等二十余机关团体学校之代表三十余人。其中并有热心妇女工作之男同志七八人，代表其本机关来参加。妇委代表张琴秋同志报告开会意义，提出妇委筹备纪念“三八”的几点意见：(一) 开群众大会；(二) 晚会；(三) 请延安各剧团帮忙到各分区宣传演剧；(四) 奖励模范妇女、模范妇孺工作者、模范抗属、模范家庭、模范公婆、模范丈夫、产妇科医务人员、各托儿所保育工作人员等；(五) 设立妇女文艺奖金；(六)《中国妇女》出版“三八”特刊；(七) 召开一次妇女座谈会，总结一年来的妇女工作。配合着这些要求，筹备会本身的组织，应该分为宣传、总务、晚会、群众大会、秘书等五股。报告完结，各代表热烈发言，边区政府熊子荆同志，提请在预备会中，增添展览一股，负责收集边区妇女的手工业产品如手纺的羊毛棉纺等物，举行一次展览会，借以提高边区妇女对工业生产的热忱与积极性。新华通讯社袁波同志提请组织文艺奖金委员会，使成为一个永久性质的，不仅今年“三八”节时，文章写得好的可以得奖，即今后一年中，凡写稿多

---

① 收录于中国妇女管理干部学院编：《中国妇女运动文献资料汇编》第一册（1918—1949），中国妇女出版社，1987 年，第 384—385 页。

而好的都可得奖。其他代表对选举模范妇女问题，也纷纷发表意见。会场空气极为热烈。当即决定：(一）开群众大会；(二）开晚会；(三）动员各机关学校女同志，组织宣传队，及延安各剧团，分别下到分区宣传演剧；(四）开边区妇女成绩展览会（内容包括生产、学习、保育工作等）；(五）选举模范妇女、模范妇孺工作者，奖励保育人员、产妇科人员；(六）中国妇女社负责成立妇女文艺奖金委员会，出“三八”特刊，并发动女同志投稿；(七）妇女生产部门及保育院，各托儿所拍照；(八）纪念会以后，出“三八”纪念画册；(九）筹备会中增加展览一般等项。关于纪念会经费问题，除向有关机关交涉领取外，并向各有关机关方面募捐。会议还指出，女同志独立工作的能力，并不逊于男同志，但男同志应该帮助女同志，尤其今年“三八”正当时局紧张之时，须以最大的努力才能使这个纪念会开得好；其次，各机关对选举模范妇孺工作者应给以很大的注意。最后，由张琴秋同志宣布除各股同志每三天接头一次外，筹备会于本月内尚须召开两次。至是，今年第一次“三八”筹备会遂于紧张热烈空气中结束。

新华社

（原载《晋察冀日报》1941 年 2 月 15 日）

中共中央为“三八”节工作给各级党委的指示①

1941 年 2 月 5 日

自一九三九年“三八”节，党中央和毛泽东同志，召号全党转变妇女工作以来，即在全党内造成了对妇女工作从忽视到重视的思想转变并奠定了开展妇女工作的组织基础。去年一年的主要成绩为：在敌后抗日根据地及陕甘宁边区，妇女组织已扩大成为包括广大妇女的群众团体。在抗战动员、生产、学习、工作各条战线上，涌现出许多新的妇女干部。在保护母亲儿童工作方面，已引起一般的注意，并得到初步的成绩。同时，直到现在，党在妇女工作方面也还存在着各种严重的弱点，其主要弱点，是某些党部对妇女工作的认真注意和对妇女干部的切实帮助不够，妇女团体对保护广大群众切身利益的工作做得不够。为使全面妇女工作继续开展，中央对于今年“三八”节工作，有下列指示，望各级党委立即讨论，并规定具体实行办法。

（一）关于纪念“三八”节——今年“三八”节，处在世界帝国主义大战空前剧烈和国内投降分裂危险空前严重之时，各级党委必须进行广泛的宣传和组织工作，以动员各阶层广大妇女群众在（1）反对世界帝国主义大战、（2）反对何应钦等亲日派制造内战破坏抗战、（3）保护妇女切身利益等口号之下，实行力量的检阅和战斗的动员。在八路军、新四军和抗日民主政府所在区域，一般的采取：第一，群众大会和晚会；第二，妇女生产、学习、工作成绩展览会；第三，奖励生产学习工作中的模范妇女；第四，慰劳抗属和奖励模范抗属，在今年尤其应特别慰劳皖南新四军将士

① 收录于中国妇女管理干部学院编：《中国妇女运动文献资料汇编》第一册（1918—1949），中国妇女出版社，1987 年，第 385—386 页。

之家属；第五，奖励成绩优越的保育院托儿所及模范的保育工作人员；第六，奖励热心妇女儿童工作的模范妇孺工作者；第七，奖励民众中的模范翁姑和模范丈夫；第八，通电苏联、日本、英、美、德、法、意、印度、朝鲜、台湾、南洋各地妇女，号召共同实行反帝反战的战争。各抗日根据地可根据其具体情形，决定采取何种纪念方式。在革命妇女运动遭受压迫摧残的地区，各级党委应该认真检讨妇女工作，和加紧培养妇女干部，作为纪念“三八”节的内容。

（二）关于总结妇女工作经验和转变妇女工作作风——各级党委必须在“三八”节前，将当地妇女工作经验认真总结起来。认识过去工作的优缺点，决定今后工作的方针和方式方法。

据中央所得各抗日根据地妇运材料，认为这些地区的妇女工作，必须有一个认真的转变：（甲）过去多半偏重在抗战动员工作方面（如帮助征兵、慰劳、优属、做鞋等），今后除做好抗战动员工作外，必须把深入家庭保护妇女切身利益，作为经常工作的中心。具体地说，就是要把下列各项作为经常工作：（1）动员妇女参加生产工作（如家庭副业、手工业、农业和牧畜业的各种生产），目前首先须动员农业妇女直接或间接参加春耕工作；（2）关心妇女生活痛苦（如反对缠足、早婚、虐待买卖婚姻、疾病、生育、婚丧等困难问题）；（3）注意保护母亲儿童（注意使孕妇得到休息，儿童得到适当的保养）；（4）提高妇女文化教育（教新文字、办识字班、办各级妇女学校等）；（5）动员妇女参加各级人民代表机关的选举，使妇女参加各级政府工作等。（乙）过去妇女群众团体多半是采取造名册、开群众大会方式成立的。今后必须注意教育妇联会、妇救会会员，真正认识这些团体是保护她们切身利益的组织，使她们自愿自动地加入这些团体工作，使各级妇女团体，有许多的积极分子和巩固的群众基础。（丙）过去各级妇女团体的领导机关，多半为共产党员所包办。今后必须大批吸收非党员的妇女干部和妇女群众领袖，参加各级妇救的领导机关的工作。女共产党员一般地最多不得超过这些领导机关成份的三分之一。（丁）过去妇女工作偏重在青年妇女方面，今后除继续注意青年妇女工作外，必须注意动员和吸收老年、中年和成年的各阶层妇女参加妇女团体及其工作。

至于革命妇女工作遭受着压迫摧残的地区，各级党委则应一方面更加发扬抗战以来的妇女抗日统一战线的优良作风，使革命妇女干部以各种适当方式，继续与一切愿意抗战不愿投降，愿意团结不愿分裂的妇女团体（仍有数十种形式）、妇女刊物（还有三四十种）、妇女领袖、妇女群众，真诚合作。另一方面，更加注意长期埋头苦干，认真隐蔽秘密的作风，以免革命妇女干部遭受反革命力量的摧残。

（三）加强培养妇女干部——党的妇女工作干部还异常缺乏，各级党委必须：（甲）大力吸收优秀的工农妇救会员、妇女党员。（乙）在各抗日根据地内开办各种专门培养妇女干部的训练班和学校。根据女大经验，办专门培养妇运人才的学校，对开展妇女工作是有很大帮助的。

（四）扩大妇运宣传——各级党委，必须注意使各地方党政军民的各种报纸杂志经常刊载妇女问题的论文和材料。能出专门妇运刊物的地方，应该出版专门刊物。同时，须认真注意《中国妇女》及《新华日报》的《妇女之路》两刊物的发行、推销和转载翻印工作。各级党委须帮妇女工作总结及“三八”工作总结，于四月一日以前报告中央。同时，须将妇女工作列入经常的议事日程和工作计划以内。二月五日，延安。

（原载《晋察冀日报》1941 年 2 月 15 日）

中央关于调整刊物问题的决定（节选）①

1941 年 3 月 26 日 ②

（一）由于技术条件的限制，与某些书籍小册子的急于出刊，决定《中国青年》，《中国妇女》，《中国工人》，自四月起暂时停刊，以四个月为期。在停刊期内，关于这些方面的指导性的文章，分别登载在《解放》与《共产党人》上面。

……

① 收录于团中央青运史研究室、中央档案馆编：《中共中央青年运动文件选编（一九二一年七月——一九四九年九月）》，中国青年出版社，1988 年，第 539—540 页。

② 原件无年代，此年代是编者判定的。——原书注

怎样在妇女运动中展开调查研究工作[1]

1941 年 9 月

区梦觉

（一）肃清过去主观主义形式主义的作风

“没有调查就没有发言权”，我党领袖毛泽东同志曾再三阐明这个真理。给我们以恳切的号召，最近中央关于调查研究更有详细的决定，调查研究工作的重要，用不着我来重复了。

做妇女工作，不能例外，同样要重视调查研究。可惜这个道理，也没有被全党女同志所深刻认识，粗枝大叶，不求甚解，自以为是，主观主义、形式主义的作风，在女同志中也是严重地存在着，使妇女工作蒙受不少障碍和不应有的损失。这样的事实，随便可以举出很多，例如：我们女同志到某游击区去工作，可宣传方式组织方式仍然用根据地的一套。召开群众大会，成立妇救，有好几次在开会当中碰到敌人来了，老太婆、小足妇女跑也跑不动，结果给敌人打伤的、捕去的、摔破了头的就不少。后来妇女群众都灰心了，害怕的更害怕了，好些更对我们工作人员表示不满。又如某地有一妇女，因为丈夫对她不好，向妇联要求帮助她离婚。妇联同志没有详细调查，就帮助她离婚，当离婚手续办了，该女子和她丈夫抱头痛哭，舍不得分开，致当地妇女对妇联不满，说妇联挑拨人家夫妇，煽动人家离婚，使妇联威信大受影响。至于不问时间地点、不问对象，谈的都是一套，方法都是一样，则更不用说了。从上面的例子，可以看出妇女工

① 收录于中国妇女管理干部学院编：《中国妇女运动文献资料汇编》第一册（1918—1949），中国妇女出版社，1987 年，第 394—396 页。

作的主观主义、形式主义作风的严重，所以根据中央的决定，妇女工作应来一个彻底的纠正。

（二）怎样调查研究？

调查研究，不但要搜集材料，而且还要得出结论，解决问题，因此我们就须有正确的方法。正确的方法是什么呢？毛泽东同志指示我们把握“对立统一，阶级斗争”八个字，这就是自然辩证法与历史辩证法的观点。

然而这方法怎样具体应用到妇女工作上面呢？约有下列几项：

一、要些什么材料“知彼知己，百战百胜”，我们不仅要了解自己，同时要了解朋友、了解敌人，因此搜集材料须注意敌我友三方面的。

（A）敌友我各地区各阶层妇女生活情形和相互关系及其活动状况。

（B）敌友（包括各小党派）我妇女运动政策及其具体措施。

（C）各种不同阶层妇女，各个不同地区，各种妇女组织及各种问题，（如婚姻问题、娼妓问题、生育问题、职业问题、抗属问题……）的典型材料。

（D）各界妇女典型（如地主士绅太太、资产阶级太太、女政治家、女教育家、女律师、女作家、女学生、女工、农妇、童养媳、女医生、交际花、名伶、名娼、女流氓……）及热心妇运的人物（包括男的在内）的传记照片。

（E）国外妇女运动及与妇运有关的材料。

二、如何进行？一个地区的一个工作者，她不能同时样样都调查，不能短时期样样都熟悉，所以要有计划、有步骤、有中心。

（A）从自己工作地方，一村、一学校、一工厂、一团体先着手，先了解当地环境的一般情况，然后特别着重妇女方面的情形。

（B）在乡村中要调查研究的是：（一）地主、富农、中农、贫农、雇农、小贩等各阶层妇女的数量，生活状况，彼此的关系；（二）各阶层的代表人物；（三）风俗习惯；（四）婚姻制度；（五）妇女劳动情形；（六）封建宗教组织；（七）妇女切身要求……。

(C) 在城市中要调查研究的是：(一) 资产阶级、小资产阶级、无产阶级、游民等各阶层妇女的数量，生活状况，彼此关系；(二) 各阶层的代表人物；(三) 各种妇女团体的情形；(四) 各界女名流的事略；(五) 各种问题，如蓄妾、蓄婢、娼妓、职业、社交等具体材料。

(D) 在敌后方特别注意的是：(一) 敌伪对妇女的政策；(二) 敌伪妇女的组织及活动；(三) 敌伪妇女名流的事略……等。

(E) 从研究典型着手，不要贪多，不要急躁。每样选择一二个典型来研究，以免样样知道一点，结果样样都不知道。

(三) 如何获得材料？

(A) 从报纸杂志上摘录有关的消息及材料，加以系统的整理。

(B) 开调查会，找熟悉这方面的人三至五个参加，与之作详细的谈话，谈话时自己要有大纲，并提出一些具体意见和她们讨论。

(C) 找干部或民众作个别谈话，提出问题，要求她们答复，与群众谈话时，要特别注意方法和态度。妇女一般重感情、害羞，怕人家知道她的底细，瞧不起她，疑心大。因此我们和群众谈就得注意：(一) 要有耐心；(二) 先建立友好的感情；(三) 不着形式，随便闲谈；(四) 不要用法官审案的口吻，不要问一句写一句，自己记在心里，回家后再录出来；(五) 通过当地干部的关系；(六) 先和本人谈，再从旁人补充。

搜集材料和整理材料方面，毛泽东同志的《农村调查》是我们学习的很好模范，高克林同志的《鲁忠才长征记》和高自立同志的《赶脚调查》都可以作为我们很好的学习材料。

在妇女运动中展开调查研究工作，是每个女同志的责任，望从今天做起，从你自己做起。

(原载《解放日报》1941 年 9 月 22 日)

妇女团结到反法西斯统一战线上来①

1941 年 10 月 12 日

蔡 畅

法西斯主义是世界和平的敌人。法西斯铁蹄踏上地球的一天，就是世界和平受到威胁的一天。在东方，日本法西斯强盗占了大半个中国；在西方，德意法西斯匪徒吞并了阿比西尼亚，摧毁了自由的西班牙，侵占了欧洲十四个独立国家；现在又背信弃义的进攻了世界和平的堡垒——社会主义苏联。

法西斯匪徒压迫了全人类，特别残酷地蹂躏了妇女。不论在东方或者西方，只要法西斯魔爪伸到的地方，就可以看到妇女们被奸淫和掳掠，就可以听到妇女的呻吟和痛哭。甚至在社会主义乐园里的苏联妇女，也受到了希特勒匪徒的侮蔑和宰割。

因此，莫斯科妇女反法西斯大会，首先号召全世界妇女："建立反对吸血的希特勒主义的统一战线"；"大家起来参加反对希特勒的神圣战争"。全苏联妇女正以"以血换血，拿命换命"的精神，与红军并肩作战，给希特勒匪徒以严重地打击。

我们中国妇女和苏联妇女，大家都为着一个目标而斗争——消灭法西斯主义。在今天。苏联反希特勒主义的正义战争，是世界一切战争的主流；苏联妇女的胜利，是促成中国抗战成功的因素之一；同样的，中国抗日战争，又是世界反法西斯战争的一部分。中国妇女为保卫祖国反抗日寇而战，也就是反对法西斯主义，援助苏联妇女。所以中、苏两国妇女是有

① 收录于中国妇女管理干部学院编：《中国妇女运动文献资料汇编》第一册（1918—1949），中国妇女出版社，1987 年，第 396−398 页。

着共同一致的利害，血肉相连的联系。

因此，我们对于苏联妇女的正义的号召和英勇斗争的精神，除了表示亲切的慰问和热烈的敬意外，还必须和她们紧紧地团结在一起，结成一条世界妇女反法西斯蒂的铁链。为达到这一目的，我们全中国的妇女，必须继续发扬妇女抗日统一战线的优良作风，反对一切反苏、反共的份子，更加紧自己内部团结。用我们妇女界的行动，以推动全国人民的合作，全世界妇女的团结。

我们必须更加坚持抗战到底和自力更生的国策，反对一切投降妥协份子，站在各种不同的岗位上，参加抗日工作。在大后方的姊妹们，可以更多地参加一切抗日妇女团体，开展妇女群众的民族民主教育，以提高抗战的积极性；敌占区的姊妹们，可以利用一切的机会，很巧妙地团结和教育妇女群众，以提高她们的民族意识和抗战信心。抗日根据地的姊妹们，我们一贯是全国妇女运动的先锋，我们享受了抗日民主的自由，所以更应该利用一切方法，动员更广泛的妇女群众，积极参加抗战动员，民主政治经济建设等等。

我们还必须与一切被日寇奴役的朝鲜、越南等地妇女，日本国内被压迫的妇女大众，结成东方弱小民族的妇女反日统一战线；与苏联、英、美以及一切被法西斯奴役的妇女一道，结成巩固的国际反法西斯统一战线。

只有这样，我们才能与全国人民一道，驱逐日本强盗出中国，建立新民主主义的共和国；只有这样，我们才能与全世界妇女一道，根本消灭法西斯主义，争取世界一切民族的独立自由；也只有这样，中、苏妇女及世界一切被奴役的妇女才能奠定平等解放的基础。假使在这种情况之下，要幻想只在家庭里获得平等地位，那么其结果将使中国妇女，或者成为傀儡宫里的陈璧君，或者成为“皇军”铁蹄下的“花姑娘”；何况封建式的中国家庭，本来就是束缚妇女的牢狱，那里能够谈得到平等呢？因此我们认为在今天，妇女的真正位置，不是在家里而是在抗日各个战线上，在争取抗战最后胜利过程中，奠定妇女初步解放的基础。

从后一种人的观点看来，显然认为保护妇女切身利益，提高妇女社会地位的斗争早已完成了。今天妇女运动的任务，只是在动员妇女参加抗战，而不必谈保护妇女切身利益的问题。对于这种主张，我们除掉对他们主张抗日服务的精神表示同意外，还不得不做下列一些补充：首先值得我们提出研究的，就是在中国今天保护妇女切身利益，提高妇女社会地位的任务是否已经完成了呢？我们认为没有。全中国妇女群众，在政治、经济、文化、教育、婚姻等各方面都处在不平等的地位，这已是有目共睹的事实，决不是几条不兑现的政纲和法律所能掩饰的。造成这种不平等的原因，是不是因为妇女本身的知识和技能低劣呢？不是的，是中国旧社会制度所造成的；在这里不必长篇大论来争辩，仅举两个简单的事实来对照一下就够了——在大后方许多有专门技能的妇女被排挤在职业圈外，许多知识丰富的女学生被摈弃在学校门外，许多善于管理国家的妇女，也被弃在政权机关之外；相反的在敌后抗日根据地陕甘宁边区，广大农村妇女获得了参政权，无数文盲妇女走进了学校，绝大多数职业妇女获得了自己乐意的位置。造成这种差别的根本原因就是前者依旧保持半殖民地半封建的旧社会，后者则是新民主主义的新社会雏形。因此把妇女知识技能低下，当作为妇女社会地位不平等的原因，乃是倒果为因的说法；我们认为，这种旧社会制度不根绝，妇女不平等地位及其痛苦的改变和消除，是不可能的，因此保护妇女切身利益，提高其社会地位始终必要，抗战时期也是如此，不然就无从动员广大妇女更加积极走上各种抗战工作岗位。

因此我们认为动员妇女参战，是当前妇运的基本任务，然而为要提高妇女抗战的积极性，使他们自觉自愿参加抗战工作，那么就不能不适当地解除妇女的封建束缚，提高妇女的社会地位，保护妇女切身利益，改善妇女生活。否则虽然你大声疾呼，回答也只能是“空谷足音”。大后方妇女群众，不能真正普遍地动员起来，而陕甘宁边区及敌后抗日根据地的农村妇女却积极踊跃地参加抗战工作，其主要原因就在于此。这一点就是新运妇女指导委员会的工作人员，也曾明白的承认：“乡村妇女大都贫苦，我们只能予以精神教育，不能切实帮助她们解决生活问题，致使妇女失望与减低信仰。”(《妇女新运》二卷一期黄佩兰先生文章)，所以该会三年工作总结中也说：“要动员妇女，必须从改善她们生活入手”(民国三十年七月一日《中央日报》)，这些经验之谈是值得三思的。

综合上述两方面看来，我们认为动员妇女参战，是奠定保护妇女切身利益的基础；保护妇女切身利益，又是深入广泛动员妇女参战的必要条件。因此，动员妇女参战与保护妇女切身利益，是抗战时期妇女运动的基本任务，是密切相连而不可偏废的两大任务。前一种人抛弃了参战动员的神圣任务，曲解保护妇女切身利益；后一种人抹杀保护妇女切身利益的必要，因而也就减弱了妇女参加抗战动员的工作。所以不论他们两方面的主观愿望如何，实质上都是削弱抗战力量和不利妇女解放的。

我们热心抗战热心妇女解放的姊妹们，必须把握住这两大任务的关系性，在不同时期不同地区不同对象中，灵活地运用政策，适当地进行工作。

(原载《解放日报》1941 年 10 月 12 日)

略谈妇女工作作风①

1941年11月

区梦觉

在妇女工作方面，由于主观主义形式主义严重地存在着，所以在作风方面，也表现出下列几种不良的倾向：

一、把妇女解放运动孤立起来看，形成妇女主义的倾向。当然，同志们在理论上，都懂得强调两性对立的女权运动是错误的；可是实际工作上，有些人就不免犯着这样的毛病，他们不从社会经济基础上去探究妇女被压迫的根源，而把妇女被压迫受痛苦归咎于男子；他们不从民族解放社会解放运动中争取妇女解放，而认为只要妇女觉悟起来，向男子斗争就够了。比如曾有过妇女团体独立经营合作社，由妇女出资本，由妇女经营，由妇女推销，不和政府军队及各群众团体取得联系，以致亏本塌台。在敌人“扫荡”时，遭受莫大损失，也曾有妇女团体，因为和某些男同志的轻视妇女的封建残余思想作斗争，而流于男女的对立。

二、不真正了解妇女被压迫是有着牢固的社会根源，妇女解放是必须经过长期艰苦的斗争过程，不耐心点滴工作，患着急性病，用愤慨的情绪来对付一些轻视妇女的言行，用斗争作为解决问题的唯一办法。例如有些地区的妇女工作者，反对婆婆虐待媳妇，丈夫虐待妻子而把老年妇女和男子汉看成顽固分子，给他们戴高帽子游街，或给以各种各样的打击。同时又有为了顾及团结抗战和家庭统一战线，机械了解“家庭和睦”的口号，对于妇女提出的迫切要求和沉重的痛苦搁置不理的。这是强调斗争或强调

① 收录于中国妇女管理干部学院编：《中国妇女运动文献资料汇编》第一册（1918—1949），中国妇女出版社，1987年，第398-399页。

妥协的绝对主义。

三、不懂得正确运用统一战线，使应该包含各阶层各党派广大妇女群众的妇女团体——妇救会（妇联会）只成为一部份妇女的组织，会员都限于贫苦妇女，很少注意如何吸收不反对抗日的地主、富农的妇女参加，也不很注意争取当地知识份子，也不注意吸收非党的妇女干部工作，以致区以上的工作干部多是党员，好些统计党员都占百分之八十甚至有超过九十五的。以领导党的方式来领导群众，会议频繁，满口政治术语，组织纪律和党差不多，拿党内干部的条件要求于非党干部，否则就洗刷开除，这是包办，党化的宗派主义作风。

由于上述各种不良倾向的存在，使妇女工作的开展，受到了若干阻碍。就妇女主义来说吧，不仅不能解决妇女问题，反使妇女孤立见异，而陷入更痛苦的泥坑；就妇女的绝对主义来说吧，不是增加妇女运动的敌人，就是降低广大妇女群众对妇女抗战动员的积极性；就宗派主义来说吧，无异缩小自己的阵营，削弱自己的力量。因此，为了更进一步开展妇女工作，彻底转变工作作风，已是当务之急了。

第一，我们反对妇女主义，要把妇女运动看成整个人类解放事业的一部分，在当前中国，要把它看成民族解放运动的组成部分。因此，妇女解放运动虽然是妇女本身的事情，但并不是妇女单独力量所能促成的，必须是全体被压迫民族被压迫阶级努力斗争的结果。社会主义苏联的妇女才能得到真正的解放，已是人所公认的真理。当民族革命烽火正在热烈燃烧的中国，我们需要民族团结的武器去击溃敌人，在被压迫阶级解放的立场，我们需要阶级的团结和阶级友爱。因此在当前妇女工作，必须成为整个抗战工作的一部分，和各种抗战工作取得密切的联系，在社会人士同情援助之下，向前迈进。

第二，我们反对绝对主义，必须辩证地了解妇女运动的进程。一方面我们应深切地认识妇女解放运动是长期艰苦的事业，愤慨的情绪，不能解除妇女的痛苦，一味斗争，更不是妇女工作的法宝。只有刻苦地、耐心地、点点滴滴地工作，学习传教士百折不挠的精神，苦口婆心地去教育妇女大众，提高妇女大众，使他们成为民族抗战的有生力量；同时使她们了解今天的环境和条件，男子和老年妇女不限制青年妇女的自由，青年妇女不要提过分的要求，情辞恳切地说服一些歧视妇女、压迫妇女的男子和老年妇女，使他们明白男女平等，妇女解放，是整个社会进步的标志，是被压迫民族全体的事业，争取他们同情和参加妇女运动。

但是另一方面也必须不放弃妇女本身的利益，在团结抗战的原则之下，适当地保护妇女切身利益，解除妇女最深刻的痛苦。

第三，我们反对宗派主义，要坚决执行统一战线的政策，充分发挥民主精神，妇救会（或妇联会）既是广大妇女群众的组织，必须包括各阶层各党派的妇女，必须是统一战线的形式，例如根据地妇救会（或妇联会）的各级领导机关，不应是清一色的党员，而必须实现今年“三八”节中央给各级党委的指示：在领导机关，共产党员至多不得超过三分之一的原则，工作方式和方法，必须是群众化的，而不是党的一套，适合群众的胃口和需要，使广大群众能发挥其才能。我们必须做到妇救会是团结一切不愿做奴隶的妇女的中心，各阶层各党派的妇女都在这里面亲密合作，为抗日救国不懈努力，为妇女解放奠下巩固的基础。

（原载《解放日报》1941 年 11 月）

广东省新生活运动促进会妇女工作委员会一年工作总结[①]

1941 年 1 月 15 日

吴菊芳[②]

一、引言

抗战以来，我们民族在抗战建国共同目标之下，每一机构，每一部门，每一中华民族之儿女都表现着深刻的认识，紧张的情绪，坚强的意志，不断地造成许多英勇抗战的事迹，这固然是由于总裁英明的领导，国内的精诚团结，前方将士英勇的效命，及友邦给予伟大的同情和援助，同时也是我国广大民众的刻苦耐劳，牺牲奋斗到底的决心所换得来的代价，我们妇女就占了这里的一半，在抗战中，也本着此种目标而加紧其工作，贡献其伟大的力量，以期完成抗战建国伟大的任务。

二、文化事业

中国妇女处在男尊女卑的传统思想支配之下，被万恶的封建社会压迫了几千年，做了几千年“家庭奴隶”及一生子机器，所以妇女解放在这重重压迫之下，简直没有抬头的日子，妇女与男子所受的教育，自然也是不平等的，因此，妇女的知识和能力，比较低落，这是必然的，我们深深感到要提高妇女知识和能力，非先扫除妇女文盲及提高妇女文化水准不可，

---

① 收录于中华全国妇女联合会妇女运动历史研究室编：《中国妇女运动历史资料（1937—1945）》，中国妇女出版社，1991 年，第 531−539 页。

② 吴菊芳，广东省主席李汉魂夫人。时任广东省新生活运动妇女工作委员会主任。——原书注

因此，文化事业组工作计划之一部就是在曲江附城广设妇女识字班，民众学校共 30 间，学生人数计有 800 余人，通过这种识字班的关系，利用国民月会、姊妹会的方式去动员妇女参加抗战建国工作，收获颇大。

曲江东西两河的蛋［疍］民妇孺数也不少，她们的劳动力比陆上的妇女还要强，我们为了要把这种力量组织起来、动员起来，教育蛋［疍］民就是先行第一步，于是设立两间水上学校，教育蛋［疍］民，三个月后因冬天水浅，她们可得移到别个地方去谋生，这两间学校跟着结束了。

我们感到妇女读物的缺乏，和妇女文化水准的低落，这是妇运不能发展之重大原因，所以加紧各种文化宣传。去年 8 月，“广东妇女”月刊也就随着目前的急需而诞生了，这个刊物，既以广东妇女为对象，故是我们广东妇女共同的呼声，也是妇女发表意见的园地，在那里，把我们的工作报导于社会人士，希望能换得各方面的批评、指示与援助、俾能提高妇女文化水准，及开展我们的工作。在这种艰苦困难的奋斗过程中，现在已出版到第二卷第五期了，此外又出过一个特刊，是特别把我们的工作及广东妇女的生活状况，向海外侨胞报导的。

为了供给识字班、民众学校及各县妇女训练班之需要，编辑了高初级“战时妇女读本”、“民众课本”、“妇女信札”、“歌剧选集”，此外还有纪念日的壁报及各种文化宣传。

三、干部的训练

本会成立以来，短期训练过 20 多人后，各方面的工作都急待开展，跟着就需要大量的工作人员，于是在去年 8 月开始了战时妇女训练班。在曲江招考了 70 多个女青年来训练。因为粤北妇女文化水准过低，她们的程度有点高低不齐，但她们对学习甚恳切，对工作热情也特别来得浓厚，所以经过两个月短期训练后，在各方面，都有了相当的进步，结业后便派到儿童教养院及战工队工作去了。

本会是领导全省的妇运机构，工作愈开展，愈感到人材的缺乏，尤其是各县的基层妇女干部无从建立，为着要广大地动员妇女，组织妇女深入农村，去开展各县妇运工作，去年 12 月第二期的干部妇女训练班就应着这种需要而产生了。

近期的学员共有 182 名，除 40 余名在曲江招考的外，其余都是由各县选送当地妇运工作者，或当地优秀女青年前来参加的。她们的教育程度比较第一期为高，除少部份是在大学肄业外，大部份都是高中毕业或肄业，任过多年小学校长或教员的。她们虽然是来自不同的地方，但都是过着家庭舒适生活的。然而，不到两星期，在紧张严肃的训练里，竟把她们那种温柔的小姐态度及习惯都铲除了，变成抗战女战士的风度，这期的训练本定两个月，不料在训练不到一个月，就碰到粤北会战的影响，而暂时停止训练参加战时救亡工作，在粤北胜利时，各学员可得分批开往前线慰劳英勇将士，及抢救灾区妇孺，经过三个多月后才从前线集中回来，再继续训练两个月，蒙省府批准拨助一万元在曲江来一个组训妇女示范区，于是全体学员又负担起开拓的担子到曲江各乡工作去，在短短的三个月当中训练了 450 余人，实习期满后，因成绩的表现而获得省府允许开展七个县（曲江、连县、南雄、始兴、乳源、连山、阳山）妇女组训工作经费，所以在八月初再来一次全体集中重新分派到各县去，她们在艰苦困难的环境中，由于努力奋斗的结果，竟把七个县的农村妇女组织起来了，这个工作仍在开展中。

四、生产事业

为着积极救济沦陷区的妇孺，为着收容抗战军人家属，为着增加后方生产，协助政府建立国防工业，增强抗战力量，因而生产事业组便设立妇女生产工作团，学生的来源，大部份是从沦陷区抢救来的妇孺，其次是抗战军人家属及受不住农村家庭压迫而出来的妇女，入团后施以战时教育及职业技能训练，先设立草鞋部、布鞋部、车缝部。粤北大战以后，本团扩大组织，由本会与省赈济会合办，学生名额增至 700 人，现在已扩张至七个部门（1）毛巾部（2）织布部（3）缝纫部（4）工艺部（5）制鞋部（6）织袜部（7）农业部，她们的生产工作，除了经常替前方将士制造军衣棉衣及草鞋外，就是着重军需品及日常必需品的手工业，除了在工场里工作外，她们还要受各种军事、政治、生产技术及各种基本常识的训练，此外还参加社会服务工作及实际宣传的工作，如设立短期民校，在团址附近教育农村妇女及儿童，帮助抗属耕种及收割，用各种宣传方式去团结民众的力量。

由于感到生产技术人材缺乏，因而又设立"技术人员训练班"，目的是培养大批妇女生产技术干部，使动员民众工作与生产工作配合起来，现有学生百余人，她们的教育程度是以初中为标准。

为着使学生之子女求学，及避免儿童之牵虑及负担而收工作之效力起见，设立托儿所，免费给予膳食及施以合理之教育。

为着使生产与消费的合理化，在韶市设立一间消费合作社，以合作社的性质推销本团各种出产品及发售各种图书文具。

五、战地服务

战地服务组的工作，组织了四队战时工作队，最初是在曲江县附城及英德县推行战地服务工作，主要在教育妇女及动员妇女，三个月结束后，因扩大服务的区域，便把四队并合成两队，出发清远和四会，在那里，利用识字班及姊妹会的方式深入农村每一个角落里去教育她们，把她们组织起来参加各种抗战建国工作。

六、抢救妇孺

抢救战区灾童及难民妇女，这是目前急切的工作，我们派出六队抢救队，便与赈济会的赈济队联合起来，出发潮汕、高明、鹤山、四会、三水、台山等，深入战区或接近前线的后方，抢救那些惨遭敌人蹂躏无所归依的妇孺，经过艰苦奋勇的两个月抢救，在运输困难，长途跋涉的环境下，终于一批一批地护送回来了，计这次被抢救的儿童及妇女共有 2000 多人，分派到儿童教养院及生产工作团去了。

在去年腊月，敌犯粤北，灾区辽阔，敌军所至，均遭奸淫、焚烧、屠杀、掳掠，其凶暴之兽性，难童妇女满布粤北。本会派出抢救队四队，另儿童教养院选儿童 30 人组一队，分赴英德、沧光、清远、四会、翁源、新丰、龙门、增城、花县各灾区及战地抢救。此外，第一、二、三、四、五之五个慰劳团于慰劳工作完毕后，又分队深入各灾区抢救，这种工作历三个月，计共抢救出难童难妇 4500 余人，抵韶后，儿童已由保育院及广东儿童教养院设法收容，难妇难民则遣入妇女生产工作团训练，使能参加战时的生产工作。

七、慰劳工作

去年 11 月起，敌人陆续增兵，开始进攻粤北，继之以敌军七万分三路猛攻，当敌军分两路会合，猛扑翁源时，混战五昼夜，一部敌军竟不顾危险，孤军乱窜，窜达翁源。由此，粤北曾一度紧急疏散市民。本会及所属部门同志，迫得暂行停止工作及训练，除派一部份同志护送儿童及迁移重要器物于安全地点外，其余同志及学员均留韶担任战时服务。

当粤北最紧张的几天，中央援军过韶时，妇干班全体学员 200 人在车站煮粥劳师。彻夜不停，将士因此感激兴奋，士气大振。妇女生产工作团学员 300 余人则在粤汉沿线分别组织军民合作站、伤兵服务队，除征集慰劳金及慰劳品外，经常赴各伤兵医院及收容所慰劳伤兵，替伤兵换药裹伤，缝洗衣服，写家信及唱歌慰劳，以鼓励其再赴前线杀敌的雄心。

在韶市极度紧张时，全市已成空城，伕力缺乏，某集团军子弹 300 余万发，一时无法搬运，故由妇干班全体学员搬运上车，搬运工作彻夜不息，终把 300 余万发子弹搬完，每人搬一箱或二人抬一箱，毫无倦容，途中还高唱义勇军进行曲。

在粤北告捷后，广东战地服务委员会，推定本会担任慰劳组工作，本会当即统筹组织五个慰劳团，率领妇干班学员，县政人员训练所一部份学员及省战时工作队队员，分赴佛岗［冈］、从化、花县、增城、英德、清远、四会、新丰、龙门、翁源慰劳英勇将士及遭难居民。此外，还派一部份人员参加赣南及湖南的慰劳。在慰劳工作完毕后，跟着做各种宣传工作，又担任着抢救妇孺，调查灾区情形，协助赈济会办理急赈等工作，经过三个月工作完毕，才集中归来。

此外，敌人对中国孩子的凶暴残杀，促进妇女在抗战中负起战时儿童保育工作的责任，这是一个新创的战时事业，这不仅培养新中国的主人翁，而且奠定了儿童公育的基础，协助妇女解放（关于保养儿童概况另文讨论）。

八、征募寒衣

去年 9 月中旬，奉蒋夫人电谕“征募棉大衣慰劳前方抗战将士运动”，本会立刻召集全体工作人员会议，商讨响应这个号召，即席筹备成立“广东省新生活运动促进会妇女工作委员会响应蒋夫人征募棉大衣慰劳前方抗战将士运动会”，专负责这个繁重的责任，该会为求工作扩大推行起见，邀请在韶长官夫人举行茶话会，即席成立菊芳征募慰劳大队及 20 个中队，由菊芳任大队长，各长官夫人任中队长，务求这个工作推广全省去。

为着工作更加开展及加倍工作的效果计，本会又与广东省各界征募慰劳会合作，来一双十节纪念售章，除各征募慰劳中队负责外，由本会所属部门——生产工作团，妇女训练班，战工队及儿童教养院组织售章队十队，分赴曲江附城地方劝销，结果共售得 1751.9 元，又与韶市各机关团体筹备广东省各界征募寒衣运动游艺大会，本会负责售出之上列之售章款均列入该游艺大会内，仅就菊芳征募慰劳大队发动各县妇女所捐得的总共 23 万。

这次征募工作所获得的数目虽然不算惊人，但这一次的发动总算能深入到农村每一个角落里，希望以后也能通过这种工作去进一步组织农村妇女。

九、组训妇女工作

妇女干部的训练，就是准备开展各县广大的农村妇女底组训工作的，所以先在本省战时的省会曲江县作实验区，由妇干班全体学员去担任。先在18个乡里设立妇女训练班，目的是提高农村妇女的政治认识，训练她们具备各种生产技能。一个月后她们的生产事业竟能在困难的环境中发展起来，如车缝、抽纱、制布鞋、草鞋、制牙刷、织手巾、帆布带、竹器等，手工还不错，在两个月结业后，则根据各乡情形建立各种生产合作社、消费合作社、工业合作社、信用合作社。按着各乡情形及需要，现在曲江已成立车缝合作社及布鞋训练班，运用生产合作社之组织，以求妇女经济独立，并增加后方生产，加强抗战力量。同时成立了14个工作队，队员300余人，经常参加抗战工作。

由于妇干班全体会员的刻苦努力造成的成绩，而获得省府再拨助我们5000元，去开展七县（曲江、连县、南雄、始兴、乳源、阳山、连山）的组训工作。在三个月实习结束后，她们又来一次集中，重新分配到各县去，这一次她们所负担的责任更为繁重了。各县负责的同学，是由8—17人，在一个人地生疏、妇女文化水准低落、封建思想极浓厚的县份去进行我们艰苦繁重伟大的妇女组训工作，其中发生很多困难问题。但她们都能以艰苦奋斗，刻苦耐劳的精神克服这个困难，在短短时间的筹备后，每县即成立县妇女工作委员会，设立妇女班、训练班及晚上的识字班、儿童班，计受训练妇女共有800余人。据报各县要求参加训练的妇女还有很多，但是我们为着经费的限制不能尽量收容，除了上述七县经费全部由本会拨给的外，还有由本会津贴一部份经费，其余均由各县各自筹划去开展工作的，如英德、三水、龙川等县，亦训练有300余人。三水县还开设了一间火柴厂，成绩很好。至于生产事业概况，都是车缝、布鞋、制墨及油印文具、草鞋、抽纱、织毛巾、织布等，本年年底结束后，亦是按着各县情形及需要，成立各种合作社。

在过去的一年里，本会在上述各方面取得了一定的成绩，但是我们仍时常感到还有许多做得不够的地方。所以在1941年度的工作纲要里，决定我们的中心工作：（一）普遍推行文化教育（二）动员妇女人才（三）展开县妇女组训工作（四）扩充妇女生产事业（五）协助抗战军人家属。在工作区域方面，我们决意尽量地扩充兴宁、梅县、茂名、信宜、高要、台山等县，从妇女文化水准来说都颇高，而且在以前又有过工作的基础，我们为着要广大地动员妇女群众，普遍地推行妇女组训工作起见，除原有的十余县外，在一九四一年度决意把这几县工作开展起来，此外，仁化、乐昌、清远、翁源、罗定、新兴、德庆、四会等县亦拟由本会辅助经费一部份，以便发展。

为了集中妇女人力物力，统一妇运，提高工作效率起见，拟于下年度在本省及各县设立“广东省妇女机关团体联合委员会”，俾能在一总的机关里，互相分工合作，去推动我们这繁重的工作，以收百倍的效果。

在抗战中，妇女是尽了一部份的力量，但我们的成绩距离我们的理想还很远，我们的力量还不够发动广大的妇女群众参加到抗战的阵线上来，这是我们万分焦虑和应该加倍去努力的，所以今后希望社会人士给予我们多多的帮助及指示，同时，我们女同胞们也要充实自己的能力，唤醒广大农村妇女的觉悟，担负起这种艰苦伟大的工作，以期达到妇女真正的解放及民族解放的完成。

（原载《广东妇女》第 2 卷第 6 期）

我们是怎样奋斗过来的（节选）①

——“五大”斗争经过②

1941 年底或 1942 年初

……

六、在悲愤中东征（二）

……

追击的军队不断压迫前来，使我们没有休息的机会，当我们到达莲花山宿营在一个破庙里的时候，我们被包围起来了，弹丸向我们的宿营地集中射击，我们从梦中醒来，冲出庙门，开枪抵抗，恰巧这一天大雾漭天，对面看不见人影，在雾中打了起来，东冲西跑，已分不清谁是那一面的部队了。许多女战士特别显得英勇，她们在密集的炮火底下，救护受伤的同志。这样漫无目的地打了一整天，我们唱着歌，用歌声来通知自己的部队集中，遍山是一窝蜂地喧闹和纷乱。到了夜间，我们的队伍集合好了，我们实行突围，冲下莲花山来。两天一夜的奔跑，我们的肚子空着，没有一点食物，常常就在风雨中互相偎依着，算是得到片刻的休息。

……

① 收录于广东省档案馆编：《东江纵队史料》，广东人民出版社，1984 年，第 29—39 页。

② “五大”，即广东人民抗日游击队第五大队。此文作者的署名、成文时间均缺。根据其内容和有关资料判断，成文时间应于 1941 年底或 1942 年初。此文收入本书时，请王作尧同志（当时为第五大队大队长）审核。他认为内容基本符合历史事实，但个别历史事件前后倒置，毙伤敌人的数字也夸大了。——原书注

吴有恒关于粤东南特委工作给中共中央的报告（节选）①②

1941 年 1 月 13 日

二、关于武装工作

（一）关于惠阳曾生大队（略——编者）

（二）关于东莞王作尧部队

……

三、各地区党的工作

（一）惠阳县委（略——编者）

（二）东莞县委

……

东莞党没有很大的支部，一般的支部是三四人到六七人。在敌人来了以后，随〔除〕了一般群众中暴露了的分子现在已经参加了公开的部队外，一般的党员支部都能够坚持在地方工作，支部仍有经常的会议生活，在组织生活上他们是比较健全的。

群众工作因沦陷后，所有公开的抗敌后援会等救亡团体都瓦解了，群众也不敢参加了，负责的分子走了。而许多党员都是在合法的救亡运动中长大起来的，一时不会转变工作的方法方式，因此对群众运动曾经表示过

---

① 收录于中共广东省东莞市委党史研究室编：《东莞抗日实录》，中共党史出版社，2006 年，第 43—47 页。

② 标题为编者所拟。编者重点节选有关东莞的内容。作者在报告开头的“几点说明”中所署的写作时间为 1941 年 1 月 13 日。——原书注

束手无策。关于群众工作，特委曾给他们这样的指示：

1. 要组织落后的团体——宗族自治会、村自治会、兄弟会、姊妹团等。

2. 要组织秘密的救亡团体，如救国会等，在群众中秘密地准备着这些力量。

3. 组织游击小组。做土匪工作。

现在他们组织了东江华侨服务团的东宝队，队员三十余人，内有同志十余人，帮助进行地方的群众工作。现在已经组织了的游击小组约百余人，青年会约三百人，姊妹团三百人。就只有这一点点群众组织工作了。群众的宣传工作方面，六七月间恢复了《东莞新闻》的出版，三日刊，销约二三千份。

……

（原件存广东省档案馆）

吴有恒关于香港市委工作给中央的报告（节选）[①]

1941 年 1 月

……

二、三年来香港党的组织工作

……

（五）支部工作

……

对支部的领导方式，我们可以说从来没有怎样改变过，这种方式在好的方面说是上下级关系很密切，了解下层，工作做得实际，但缺点很大：

这种缺点在过去我们还有系统地检讨过。虽然说过：反对包办主义，要培养干部，注意秘密工作等等，因为没有彻底了解这种领导方式的缺点，因此不能改变过来。香港市委的支部一般的是经过整理了的（海委的支部因客观条件的困难，有许多未经过严格的整理，特别是欧战以后有几个支部许久不回港了），而且一向在领导上是相当注意于支部的整理工作的。因为发展时的马虎，因为动员工作的影响，曾经有很多支部陷于无生气的状态。有计划的整个规模的来整理支部，前后共有两次，第一次是一九三八年大量发展以后，第二次是一九三九年动员工作以后，特别是一接到巩固党的决定以后。

现在将经过整理的香港橡胶厂支部作为例子。

香港橡胶厂支部是一九三八年初建立的，它的发展在当时是马虎的，

---

① 收录于广东省妇女联合会、广东省档案馆编：《广东妇女运动历史资料》第二辑，广东省供销学校印刷厂，1991 年，第 263—299 页。

只经过一些旧的关系，很快的发展起来了，除了当时的募捐筹款等一点点的救亡工作外，没有什么群众工作，因此大部分同志是没有经过群众工作的考验的。这个工厂有一千一百个工人，是香港最大的树胶厂。

一九三八年六月党开始对这个支部的整理，当时这个支部的状况是：党员人数共十八人，三个男工，十五个女工，三个男工里面有两个是工头，有一个是工人，支干会就由这三个男工负责，一个叫刘德的工头做书记，一个叫陈文的工头做组织，一个叫邓耀辉的男工做宣传。支干会因市委直接出席是能够经常开的，可是下面的小组会是常开不起来的。刘德总是说："她们不懂得什么，根本就不会开会，她们自己不愿意开会。"十五个女工里面约有十个以上是文盲。也约有十个是曾经参加过海陆丰苏维埃的农民暴动失败后逃来香港做工的。支部没有群众工作，厂里没有任何群众组织。党当时对这个支部的下层实际情形是不了解的。

我们当时对这个支部是采取这样的方针：1. 给这个支部以这样的任务：开展厂内的群众工作，建立群众组织，办妇女识字班，教育文盲的女同志和女工；2. 派人参加她们的小组会议，和下层女工同志个别谈话，了解下层情况。

支干会对开展群众工作这个任务认为非常困难，认为女工们毫无头脑，不能组织，经过上级同志解决后才勉强去执行。党并从外边调两个学生来帮助他们工作，如办识字班及组织工人互助社，结果识字班办起来了，互助社也组织起来了。识字班有三十余人，互助社有六十余人，所有的同志都参加了这两个组织，稍为有一点群众活动，可是小组会议还是很不健全。

市委起初派男同志到下面去找她们谈话。那男同志回来报告说："她们土头土脑蠢得很，谈不出什么。"后来我们就派了妇委的同志去参加她们的小组会议并个别谈话。这个女同志和她们搞了一个多月，混熟了，就听她们对她说："我们不愿刘德来开会，刘德来开会就只有他说的，别人不敢说话，他做工头常骂工人，陈文也常骂工人，刘德是写过自首书的，不革命的。"

市委根据这些反映，开除了刘德的党籍，因为邓耀辉在群众工作上表现得很积极有能力，就提拔邓做支书，提拔一个女工曾莲芳做组织干事，陈文调做宣传干事。

后来又因男工出席女工会议不方便，曾莲芳负责四个小组忙过不了，就又把女工分开另成立一独立的支部，由曾任书记，这时男工已发展到四个人，就成立支部，由邓任书记，邓同时负责和曾关系，指导女工支部。

女工的支部成立以后，工作就逐渐活跃起来，一九三九年六月厂方因为准备搬厂（由香港搬到九龙），因此工人中有了几个迫切要求：1. 搬厂后工人全体要一样有工做，不准因此辞退工人；2. 搬厂后的工人宿舍要由厂方负责（因工人离了家到新地方去不易找到房子）；3. 补回搬厂时休工期间工人生活费半个月工资。

党决定要领导这个斗争，可是邓动摇了，跟他布置了，他不敢拿到下面去讨论，于是区委亲自参加了女工支部的会议，在女工和男工的支部里面都讨论了这个斗争，全体同志都同意领导这个斗争。

于是，展开对邓耀辉的斗争，特别是在女工同志中更热烈，他们指出了邓是信天主教的，每个星期都去教堂礼拜。邓说："信教是他私人的事，共产主义并不禁止信教的自由的。"

支部决定开除邓的党籍。男工支部改由陈文做支书。

于是开始作斗争准备，把全厂分七个部分，工人分为七个组，每组推出一个代表，成立代表团作为总的领导机关。全厂工人都参加了这个组织（一个并没有名称的组织），各组都开了会议。

每个以前是土头土脑的女工同志，现在都变成群众中的积极活动分子了。曾莲芳同志被选为总代表。

和党〔厂〕方交涉几次没有结果，厂方非常轻视工人的力量。支部决定以静坐罢工来解决这个斗争。

在一次和厂主交涉没有结果以后，代表团一退出写字间，手一举（一个暗号），全厂一千工人全部在一两分钟内停了工了。

厂方手足无措，完全答应了工人的条件。

斗争以后，厂内的互助社的社员突增到六百余人。曾莲芳同志成为群众公认的领袖。

陈文在这个斗争中本来是有点动摇的，经过斗争以后，厂主就对他拉拢，给了他三百块钱，他私自收了，没有向党报告。

厂主于搬厂后借故开除了曾莲芳同志，党要陈文设法转圆［圜］，他不肯执行，他一贯对工人态度都不好。

他没有得到党的同意就自己去参加了香港政府的自卫团（商团），于是在支部里展开和陈文的斗争，陈不肯彻底承认错误。党估计这个人是转不回来的了，但现在他还没有胆量，也没有那种忍心来危害党，但将来的危险是大的，因为他全知道了厂里的每个党员（陈文是老农会员，老党员，实际上已开除）。

陈自己大概是一方面受党的指责，一方面是受厂方的压迫，拿了几百块钱想离开香港到内地，党批准他离开，并立即改组了支部，把两个支部合拼为一个支部，由曾莲芳同志任书记，这时候党员已略有发展，共二十三人，男工三人，女工二十人。在斗争后发展的都是群众领袖（陈文前途上不会坏）。

现在的支部是共有五个小组，女工四个，按各个部分组织的，小组长都根据在斗争中的考验，更调了更积极的坚决的干部，新发展的六个女工都是比较有文化程度的（有三个是斗争的代表），因此也改善了支部里的文化程度的比例。

关于曾莲芳同志被开除的事，党发动了二百五十多个工人签名向厂方要求恢复她的工。结果厂方答应发给五十元补助费，并由副厂长写介绍信介绍曾往别厂做工。我们因估计群众经过第一次斗争后休工一个月，现在谁都赶紧做工赚钱，不能再发动更高的群众斗争，就让步接受了。

曾莲芳同志于休工时间参加过特委办的两个星期的训练班，成绩很好。这个同志的特点是阶级意识很强，组织观念好，能坚决执行决议，她有小学程度的文化水平。

现在这个支部已经算是香港的甲等支部了，她的支部组织比较健全了，会议经常了，同时有了中心干部。虽然同志仍有文盲，能力也转［较］弱，但并没有坏分子，而且在这个厂的工人里我们是能切实的领导的。

互助社虽然很不健全，六百社员中只有二百余人能经常交社费，但这个组织是在群众中有威信的。

这个支部可以说是由丁等支部转变为甲等支部的。

由这个支部的整理工作可以指出香港整理支部工作的特点：1. 一般的都注意在群众工作中来锻炼与提高支部的质量。2. 能坚决和坏分子斗争，并能坚决的清除他们出党或撤销他们的工作。3. 因为许多需要整理的支部一般的都是先天不足的（发展时的马虎），因此整理工作需要一个相当长的过程。如我们把黄包车夫支部由丁等支部变成乙等支部是经过领导历时四个月的经济斗争，培养了群众领袖与坚强的支书，才成功的。又如关于汽车支部的整理也是经过了长期的群众工作的。又如关于捕鱼工人支部的整理由丁等到丙等也是如此。这几个支部都是人数相当大的支部。

整理工作中的主要缺点就是教育工作跟不上，无论干部教育、党员教育、党内教育、文化教育等都不很注意的。所有支部的进步几乎是全靠群众中、工作中、斗争中自己熬练出来的。

兹附一个好的支部及坏的支部的例子，以供参考。

最好的一个支部算是中华书局的支部，已由周小鼎同志向刘明同志报告过，我这里不重复。

陶［淘］化大同罐头厂厂内支部：

陶［淘］化大同罐头厂是九龙区的一个规模相当大，而且是完全采取新式技术、机器设备最完美的食品工厂，主要的出品是酱油、罐头、蔬果等，原料多从内地运来，而制罐所用的铁片则差不多是完全用日本铁的。本来原名是大同罐头厂，后来和厦门的陶［淘］化罐头厂合并就改为现在的名字而成为厦门的分厂了。工厂的经理因为做了汉奸，为中国政府在厦门抓了枪毙。厦门失陷后，厂方为着仍然企图恢复厦门厂的营业——实际上和日本人已有勾结，就以这样的原因极力压迫工人的救国运动。

全厂有工人五百至六百人，绝大多数为女工，只有少数男工负责工头和掌理机器的工作。全厂除机器部外还分为好几个部门，如装罐部、切菜部、装璜［潢］部等。厂内女工一般的工资为每日二毛半至三毛，大部分都是日工，每日工作时间为十一小时，中午吃饭时间是一小时。广州失陷以后，营业就一天天的冷淡，工人每月只能做二十天左右的工，因此工人的生活就陷于无法维持的地步，很多以前在市区居住的都大部分搬到工厂（在近邻）附近的乡村居住了。

党在这工厂的工作的建立是在一九三八年三四月间。首先在九龙城学德励志社所办的司机训练班中发展了蔡顺发同志，他是工厂里的工头之一，经常帮助工人解决各种困难，特别是教工人识字，所以他在女工中是有着很好的威信，通过他的努力，很快就成立了支部。广州失陷后他回到东江参加游击队后，支部就由邓俭同志（女工）负责。和蔡同志一块儿回去的有六七个党员，占当时支部人数一半以上。一九三九年春间，邓俭同志调到特委训练班受训，代替她的工作的是蔡顺发的弟弟蔡顺义同志。他虽然文化水平比较高，但是还相信宗教，认为宗教与革命是不会对立的，在这一个短的时期进行过和他的斗争，其他工作没有很大的发展，邓俭同志受训回来后负责该支部指导员工作，继续着和蔡的斗争。一九三九年十月间，就正式开除了蔡顺义，邓俭同志重新负责书记兼其他两个支部女工支部的指导员，经过整顿后工作重新活跃起来，成为香港党的最好支部之一。

一九三九年十一月间，整个支部有十二个同志，其中除了三个是男同志外，其余都是女的。支部会由邓俭（书记）、邓清（邓俭的姐姐，两个都是装罐部的女工，负责组干，）、黄丽珍（宣干）三个女工同志负责。其下分为二个女工小组和一个男工小组，每组三人，尽可能的依工作间来编的。邓俭、邓清两同志，特别是邓俭同志不特是在大同工厂女工中有无比的威信，而且早已成为九龙城一带女工所公认的领袖，经常是一千至二千女工群众大会的组织者与领导者。邓俭同志在一九三九年七月间推动保安公司的女工罢工响应男工的经济斗争后即受到警察到她家里的检查，由于她的镇定和有办法，警察没有得着什么就跑了，以后她就不大负责公开的群众工作，主要的交给邓清同志负责了。宣干黄丽珍同志也是群众中（主要的是厂内）的活动分子，和群众也有着很好的关系。支干三人都有小学的文化程度，因此支干在同志中是有着很高的威信的。小组同志在厂内各部门分布得相当普遍，一般的只是略识字，有三两个是完全不识字的。大部分都是厂内读书会和九龙城一带姊妹团中的活动分子。

支部生活一般的说是健全的。经常到会交费，执行决议，自我批评的精神都相当好，支会除了一般的内容外，讨论得最热烈的就是政治报告和群众工作。支会经常能够保持每周开会一次，有时另有汇报一次。支干对小组的领导是密切的，过去是一般的领导，因为小组长能力的薄弱，支干经常会代替了小组长的工作，后来才注意培养小组长，多着重和小组长的谈话，不过这只是开始，小组仍然不能独立开会和解决问题。

支干的经常工作主要的是着重于教育工作。也曾在区委的直接主持下开过两个星期（大约只有八天）的训练班，大部分都参加的，经常的就以识字文化教育为主，在小组会里要检查，课本是利用公开出版的读书生活社的读书常识、中国历史等，而且她们都参加了教育服务团的职工夜学。在星期日或休假日（星期日工厂是放假的）的早上，支书同志就教她们看报纸，解释给她们听，因此她们对时事问题是相当感兴趣的。其次就是群众工作，她们大约有一半是专负责厂内活动，其余的就分配在姊妹团工作，没有一个同志不参加群众活动的。在这个支部周围有团结着有组织的群众（没有参加群众组织的不算在内），大约有三百五十至四百人，在召开群众大会时能够动员女工至少一千人以上。至于最后，党的发展工作，一向来做得比较差，虽然每个同志都经常指定有两个发展对象，但是一般的把条件提得太高，这个不好，那个又不够格，其次是同志的文化水平太低，因此就产生了没有信心去说服人家的现象，党没有及时的去说服她们，所以发展得相当慢的。

群众工作向来是各个支部最主要的最活跃的一面，支部和群众的联系是很密切的而且是很经常的。广州失陷后，在党的号召下，它第一个热烈的响应了这号召，在厂内动员了四十人（内面有六七个党员）回到敌后方参加惠宝人民游击队，在里面，不论在行动上和工作上都起了模范的作用；此外还动员了两个司机到陕北来。一九三八年十二月间胜利的领导了全厂女工，向厂方要求女工和男工一样的发过年红利的斗争。一九三九年七月间，邻近她们工厂的保安防毒面具公司发生经济斗争，她们一面动员了全厂工人进行募捐慰问保安的罢工工友，另一面推动和组织了保安公司的二百多女工的罢工响应男工的斗争。至于经常的救国募捐和群众教育工作，虽然时时都会受到厂方的干涉和禁止，但是一方面利用厂方股东与股东间的某些矛盾，进行了联络与争取的工作，另一面依靠与群众的密切联系，和职员、男工取得一致的团结，利用午饭和工余的时间进行工作，所以厂方也没有很大的办法，工作还是经常的进行着。在这些工作中，培养出为全个九龙城区一带的女工所公认和拥护的领袖——邓俭、邓清两个同志，锻炼出虽然是新的，虽然是小的，但是可靠的党的群众部队。在这些群众中，党的决定，假如不是错误的话，是有保证执行的。这个所以成为事实，由于：1. 支部进行着经常的、长期的群众组织工作，在工厂内组织了大同读书会有七八十人，包括男工和女工，工人和职员中的积极分子，成为全厂工人的领导核心；工厂外，成立了一个有三四百群众的姊妹团，里面包括了九龙城一带主要工厂的女工前进分子，领导着一个教育服务团（有五六十个文化水平比较差的女工和部分的妇女知识分子），在下面开办了一个四五十人的女工夜学。2. 抓紧了女工群众的迫切要求——女工的教育工作，并且能够比较关心群众的切身要求，提倡工人间的友爱和互助精神，增进了群众的团结。3. 在支部里抓紧了群众工作，造成了不做群众工作是可耻的这样的风气，比方在检查党员工作的时候，假如群众工作做得不好，她在报告时就会表现得面红耳赤，非常难过的态度等。

至于区委对这个支部的领导一般的说，关系是密切的。在以前区委每周参加支干会一次，和支书接头一次，现在就每周和支书接头两次，有时也参加支干会的会议。不过一贯来是有了这些缺点：1. 检查工作不经常、不深入，比方以前的支书蔡顺义是信仰基督教的，党虽然知道一点，但是很少，以后检查起来才知道是很严重的。2. 不注意总结工作去教育同志，这个支部也曾进行过相当多的群众工作，但是做过就了，并没有研究过工作中的经验，以提高同志的能力。3. 没有及时去克服党员中发展组织的关门主义，本来这个支部的工作环境的群众一向都是在党的影响领导下的，群众是纯洁的左倾的，这都具备了大量发展党的组织的可能，可是党没有看到这点而及时的说服同志大胆的进行大量发展党的工作。4. 支部的同志太暴露，没有更好的注意掩蔽工作，没有特别注意培养提拔党内的干部，到一九三九年六月以后才把邓俭同志掩蔽起来，这是在她家里被警察检查之后的。

总之，这个支部一般说来是比较健全的，和群众的关系比较密切的，而现在的问题就在于：1. 加紧支部的文化识字的教育，提高其政治与文化水平，加强它在群众中的领导作用；2. 大胆的发展党的组织，特别是在和它有联系的其他重要工厂建立党的组织，避免以大同工厂的同志去领导别的工厂的斗争（如保安公司）；3. 注意掩蔽工作，公开干部和秘密干部一定要严格的区别，如邓俭同志既然掩蔽起来了就绝对的以后不能任意在群众中过出风头，太过露面；4. 注意厂内群众的哪怕是琐屑的切身要求，为实现这些要求而斗争，以团结组织全厂的群众，但是应该采取合法的，最低限度是尽可能合法的或断或续的彼起此伏的或者一个车间一个车间的形式来进行。避免（最低限度尽可能避免）全厂性的以政治面目出现的“阵地战”。

这个支部的群众是已经相当突出的，现在要想法子使它不受打击。

一点补充

在这个支部里还进行过和两个群众工作中的破坏分子的斗争。

首先就是和大同厂内的女工中的破坏分子罗满的斗争。罗满是厂内的一个女工，行动非常秘诡，每个星期一必定告假，人们问她，她就扯三拉四的支吾以对，在群众中专和邓俭同志等对立，她也是大同读书会的会员，但是每每在群众中造谣中伤邓俭的，比方说邓俭和邓清都和蔡顺义睡过觉，说邓俭是共产党员危险分子，说邓俭是利用群众等。当时支部就认识了她的破坏行为，因此就不断的在群众中揭破她的造谣中伤的阴谋，在同志中号召和鼓励和她斗争。群众依然是相信我们的。在动员回国工作的时候，她又攻击惠宝人民游击队是共产党的，有个别工人从东江有事回港时，她又煽他们不要回去，支部的对策目前是忘记了，不大清楚，以后罗满是完全没有办法在群众中活动了，因为群众都不相信她。于是她就改变了不再在群众公开活动，而经常侦察、监视邓俭等的行动。支部在各个斗争中，克服了同志的惧怕斗争的弱点，提高了对破坏分子作无情斗争的认识。现在估计起〔来〕，罗满可能和国民党的特务朱日水有关系，这个问题对在于巩固与掩蔽支部的工作中是值得注意的。

……

三、三年来的香港群众运动

……

（二）三年来的香港的职工运动

……

7. 关于女工工作

香港有约十八万的女工，其中产业工人占八万，非产业工人约占十万。在产业工人中，主要地是纺织工人，约占四万至五万，其实是树胶、烟草、食品、日用品等工业，在印刷工业上有几百人。非产业工人主要的为佣妇，约三万人，苦力（搬运、打石、挑泥等）工人约二万五千人，店员约二千人，家庭手工业及各种手工业者约四万人。

在产业工人中占总数百分之三十一，在非产业工人中约占百分之三十三。在全香港工人总数中约占百分之三十三。

在香港，妇女参加劳动的比率是相当高的，而且历史也是相当长久的，所参加的部门也很广的，很繁重的，如码头工人、苦力工人、打石工人，甚至锯木工人，铜铁器工人，以至各种家庭手工业。

女工的工资一般地是比男工的工资低三分之一到二分之一。如印刷工业（中华商务等大厂）男工一般的是二十四元，女工一般的是十八元。如纺织工业，男工一般的是十六七元，而女工一般的则是八元—十元。女工的工作时间和男工一样。香港政府曾经规定女工不得在下午八时以后工作，然而许多工厂，如食品工厂常开夜工至第二天早上五六时，纺织工厂也常常如此。

所有的产业女工，常常是件工，因此工人们常为着追逐工资而拼命工作着，工人们常不能有一定的收入，而每天总得回厂里去等工做，有时候一天也赚不到一个铜板。

一般地说，香港的女工有下列几个特点：

(1)她们有相当的独立性，有自信力，她们进行着繁重的劳动工作，在这些工作上表现了她们并不差于男子，她们忍着痛苦，却不肯依靠别人，她们自己有相当的自负自信，她们之间有相当的互助联络，如所有全部的佣妇都有了自己的十姊妹团、拜金兰等组织，在纺织女工中有七姐会，及其他一般女工中有女屋（女宿舍）等组织。在女工和女工之间一般的是很亲切的，而且有一种无形中的女工们团结起来的精神的。这种原因是由于他们在社会上的劳动地位养成的，如这些女工特别是佣妇中有很多是来自顺德县崩溃了的丝织手工业工场来的，在这些手工业里，女工们已进行了自己的独立生活数百年，在这些女工里有非常普遍的风俗——不嫁。所谓拜金兰、十姊妹就是这种独身主义者的畸形组织，又如未嫁的青年女工的七姐会，也是部分的带有这种意味的。

这个特点使近年来香港的女工运动常常在某一方面进行得比男工工作更为活跃，“自成一家”，而且也常有了一些独造的成绩。在女工同志中能够在短时间内发现与提拔了一些有能力的干部。

(2)然而她们却不象香港的男工一样有深长的革命历史与传统，过去的香港党的女工工作是比较薄弱的一环，香港的女工没有过海员大罢工，在省港大罢工时的作用也不很大，以后也不象男工一样有不断的党的工作，因此在今天香港女工中找不到老的干部，没有老的团体，没有很多经验，比起男工来，这支军队是新编的，然而同时也是常常能够表示着她们更多的朝气的。这是她们的一个弱点，在这个弱点之中又还带着一些优点——更多的朝气。

(3) 在她们之中从来很少党派活动，因此她们是纯洁的，是一向在党领导之下工作的，是很少行帮性的。

从工人工作上看来，香港党对女工工作的注意还是不够的，因为今天香港党的男工方面的组织远超过妇女，无论在党员数量及群众团体都一样。然而从妇女工作这方面看起来，则香港党对女工的工作是比对其他妇女的工作注意得多了。

一九三六年底，党就把当时仅有的四个女学生党员中三人分配去做女工工作，而且分配了她们里面一个人进工厂里做工，从这时候起，党就在女工工作中生了根。首先。所有的女工还只组织于个别的一般团体及夜学里△到一九三七年夏，就独立组织了七姐会（姊妹团），一九三七年底就组织了妇女协竞社，组织专门做女工教育工作的九龙妇女教育服务团，一九三八年初就在印刷、洋务两个工会、余闲乐社、晨钟体育社、惠阳青年会等团体都设立了妇女部，妇女工作就更有规则地扩大起来了。

……

香港妇运报告（节选）①②

——1936 年至 1939 年香港妇女的政治、经济地位和妇运概况③

1941 年 2 月

……

五、香港妇运中的女工工作

……

（二）香港女工的抗战动员工作

……

2. 经济上的动员

在女工群众中，我们还没有一个能号召广大群众的全港性的、有了工会地位的团体，因此在经济动员工作中，我们都是采取响应四妇女团体联席会的号召，配合她们的工作，而成为整个运动中积极的执行者和起着模范作用，以影响其他的方式。同时，另一方面又不放弃每个团体独立组织规模比较小的募捐工作。

募捐的种类很多的是跟着抗战形势的发展和需要而提出的，比方什么募〔捐〕慰劳五路军的雨衣运动、寒衣运动，响应国民政府的公债运动，这些都是由四妇联席会或华商总会等上层团体提出后，我们就以这样的名

① 收录于广东省妇女联合会、广东省档案馆编：《广东妇女运动历史资料》第二辑，广东省供销学校印刷厂，1991 年，第 301—378 页。

② 原件未署作者。——原书注

③ 由编者加拟或改过的标题、副题。——原书注

义在群众中推动与执行的。又有一些属于局部性质的，如大同工厂的慰劳东江游击队的募捐运动，和在广州失陷后，资送一些会员回国服务的募捐、赈济难民、组织难民工作队等——如惠阳青年会。

募捐进行的方式，一般的是卖花、卖旗，个别的进行或召集群众大会提出等，经常的由上层团体提出某种募捐运动之后，就抓着公开合法的名义动员群众组织募捐队，到各工厂召集群众进行鼓动、劝捐（因为是华商总会或其他的名义，所以厂主也不好绝对的拒绝），有时统一战线的解释工作做得好，也可以争取了厂主们的同情与赞助，或者有计划的利用个人关系，分别深入各家庭中去进行劝捐，为着鼓动群众起见，经常的采取了竞赛方式，这样大大的提高了群众的情绪与工作执行的积极性。

……

3．人力上的动员

在广州失陷后，动员群众回国参战就成为当时香港党整个党的工作总方针，在各个妇女团体中，毫无例外的积极的执行了这个工作。

在妇女群众中，主要的是依靠个别动员，介绍她们参加到大团体的工作队中去——香港学生赈济会、服务团、东江华侨回国服务团，或者是通过党的关系送到东江学生游击队中工作；另方面各妇女团体就组织各种救护班、座谈会、欢送会员回国的欢送会、集资帮助会员回国的募捐会等，进行奖励与鼓动。

支部在这个工作中起了完全决定的作用。支部规定了动员群众回国服务的任务是支部的经常工作，首先说服了自己的党员，克服了党员的家庭观念，在群众中起着模范的作用，每个党员经常团结着几个群众，不断的向她们解释，要她们和自己找机会一同回国服务。在工作中，女工同志在执行党的决定上，在要求回国服务的热情与坚决性上，是完全满意的，从来没有发现过有女工同志反对过党的任何调动的。

绝大多数女工是动员到惠阳游击队去的，部份的是参加了募〔学〕赈会服务团出发到广东南路去，后来发觉得游击队中妇女太多，不只是不会对游击队有多么大来帮助，而且，特别是在行动的时候，反成一个很大的困难，因此才停止了对妇女的动员。有一个工厂的女工——大同罐头厂，组织了一个慰劳团回到东江慰劳。用这样方式来代替了人力的动员工作。

……

（四）香港女工的组织状况

列表如后：

香港党直接领〔导〕下女工团体

名称	人群	群众	性质	历史	党的领导
七姐会（姊妹团）	800	各种未嫁青年女工	封建性的	三七年在党领导下建立	有二十多同志在活动，全部掌握
余闲乐社妇女部	100	洋务女工	俱乐部	三八年在党领导下建立	有同志活动，能掌握
洋务工会妇女部	800	洋务女工	工会	同上	妇女部长和书记都是同志，下面有两个同志活动
印刷工会妇女部	60	印刷厂工会女工	工会	同上	直接在印刷工会领导下，里面没有同志活动
晨钟体育社妇女部	140	纺织厂女工	读书会	同上	上下层都能掌握
青年同乐社妇女部	50	女工及家庭妇女	读书会	同上	在青年同乐社直接领导下，里面有两个同志活动
惠阳青年会妇女部	80	惠阳青妇，部分是女工	同乡会	三八年在党领导下建立	妇女部长是同志，能掌握
大同读书会	80	陶［淘］化大同罐头厂（厂内有小部分是男工）	读书会	同上	有十二个同志在活动，能领导全厂工人
九龙教育服务团	100	女工，很小的一部分是知识妇女	教育团体	三八年建立	上下层都能掌握
香港树胶厂工人互助社	600	厂内女工，有十多个是男工	互助社（工会性质）	三八年建立	有二十三个同志在活动，能领导全厂的斗争
女工夜学	500	女工	学校（共分为六十个）		

……

六、香港妇运中的女学生工作

……

（四）我们怎样在女学生中进行工作

在一九三七年九月间香港学生赈济会成立之后，女学生就和男学生一道热烈地进行着各种募捐救国的工作。至一九三九年暑假中才在学赈会成立了女学生团（简称女学团），从此就开辟了女学生工作独立发展的道路而成为学赈会工作的一个独立的组成部分。

女学团是根据当时这样的条件而被提出组织起来的：1. 是根据香港女生封建的特点。香港学生既然已经不是男女同校，而且在学赈会的工作中，不少的女学生看见是男女混杂，不敢参加工作。因此就感觉得有成立独立的女学生组织的必要。2. 女学生有她本身的特殊利益与要求，如社交公开，参加社会活动的自由等。

女学团是在党的领导与计划下建立起来的，事先经过很长的一个筹备时期，曾经以很大的努力说服了学赈会男学生的反对，这是筹备期中最大的困难，成立之日在两个日报的副刊出版了特刊，发表了告全港女同学书，第一次在全港女学生面前举起“团结起来”的光辉旗帜。

女学团是一个进步的、纯粹女学生的群众组织，以个人为单位，她是受学赈会所领导的，但又有她的活动的独立性，除了执行学赈会的决定和号召外，她有一个经常的妇女座谈会，团结教育着三四十个积极分子，又有自己的歌咏班、乒乓球队等，在休假日经常举行一些野外活动，如夕阳会、游泳会、旅行会，及其他各种各样的趣味游戏，内容是趣味活泼的。

团长梁欢笑是同志，有五六个同志在下面活动，团员约有二百五十多人，都是比较进步的群众，也曾在暑假中组织过一个七个人的工作团（全是女的）回到惠阳工作。又以个别名义，推动了一些团员负责办了几个女工夜学；香港树胶厂夜学、商务印书馆夜学、冯强树胶厂女学等，帮助发展女工工作。

但是女学生工作主要的仍然是放在校内，在一九三九年暑假提出开辟校内工作的号召后，不久就在四个汉文中学建立了党的工作，其中两个成立了党的支部，特别是在梅芳女中学里面也曾一次领导过全班同学以质问的方式进行反对汪派宣传的斗争，日常的救国募捐工作是在热烈的进行着。

……

廖承志等关于建立文化统战组织的意见致中共中央书记处和周恩来电[①]

1941 年 3 月 24 日

书记处、渝周：

关于渝桂人员疏散，照组织统战文化委员会的指示，已经详加讨论，有如下具体意见：

（甲）党的统战委员会[②]由廖、潘、张友渔、胡绳、章汉夫五人组成之，不要夏衍参加。另成一包括内外统〔总〕的座谈会，包括潘、廖、张友渔、范长江、夏衍、邹韬奋、金仲华、茅盾等八人，做为扩大统战活动，应暂以香港为中心，建立救国会，奠海外基础，以策应沃老生歎[③]重庆内地的活动。

（一）以邹韬奋为中心，成立救国会座谈会，包括邹、张友渔、范长江、金钟华、梅龙水、杨东莼、于毅夫。

（二）邹等应设法在香港取得合法地位，以保持其长期活动。

（三）其海外活动，以报纸杂志中心发表政治主张。

（四）座谈会应分工与上海、桂林、南洋、重庆等地救国会分子联络。

（五）建立与所有民主派别的联系。

（乙）关于文化宣传方面：首先成立新闻、学术、文艺、妇女等座谈会。

（一）党的新闻组，由张友渔、乔木[④]、陆诒组成。由张友渔负责另成

---

① 收录于中国人民解放军历史资料丛书编审委员会编：《八路军新四军驻各地办事机构》(4)，解放军出版社，1999 年，第 773—774 页。

② 党的统战委员会，1941 年 5 月成立时的名称为中共香港文化工作委员会。——原书注

③ 档案件原来如此。——原书注

④ 乔木，即乔冠华。——原书注

立一新闻座谈会，以范长江、张友渔、乔木、陆诒、恽逸群、郑森禹等为中心。以国新社、中国通讯社、国际问题研究会及外各关系报纸吸收所有文字。

（二）学术座谈会，以胡绳、沈志远、姜君镰〔辰〕、张铁生、曹伯韩为中心，此外并包括戈宝权、黄药眠、乔木、杨东莼、悟电文成立一更大的座谈会，从事翻译各种马列、政治、军事名著，继续出版《理论与现实》，并编辑华侨青年丛书及中国知识丛书，同时担负对抗战以来国民党政治、军事、经济各方面的批评。

（三）文艺戏剧座谈会，以夏衍、尤竞、茅盾、宋之的、司徒眉〔慧〕敏、蔡楚生等为中心，并分文艺、戏剧、音乐、漫画、木刻、新闻等座谈会。

（四）妇女方面的小组，由胡乃秋、吴全衡、廖梦醒组织之，另成立座谈会包括沈兹九、沈谱、韩幽桐。

（丁）关于华侨、殖民地域报纸等问题，另分别由廖、潘负责。考虑以上意见，请即审查电示。

廖、潘、刘①

敬日

---

① 潘、刘，即潘汉年、刘少文。——原书注

1942 年——

中央关于纪念“三八”节给各级党委的指示①

1942 年 2 月

在苏德战争，尤其是太平洋战争爆发以后，国际法西斯侵略阵线与反法西斯反侵略阵线最后明朗与剧烈斗争的时候，中华民族坚决地站在反法西斯反侵略阵线上，在加强团结，准备反攻方面获得了更有利的客观形势。

在这种环境中来纪念今年的“三八”节，它的政治任务是在动员各国妇女建立国际妇女反法西斯反侵略统一战线，为消灭东西法西斯主义而斗争。在国内则应更加巩固各阶层各党派妇女的抗日统一战线，配合全国各方面的动员，积极准备反攻，为最后驱逐日本法西斯出中国而斗争。

为了实现这一任务，今年敌后抗日根据地的妇女工作，必须在恢复元气、积蓄力量、坚持群众抗日积极性的总方针下，更加注意动员妇女参加生产。提高妇女参政能力，坚决实行妇女团体中的三三制，改组与巩固妇女组织，这些应成为今后的中心工作。在大后方，则应利用一切公开合法的妇女团体和妇女刊物，在知识妇女和一部分劳动妇女中，进行反法西斯反侵略的民族民主教育，巩固各阶层各党派妇女的亲密团结。

中央建议各级党委，在敌后根据地纪念今年“三八”节的办法，应灵活地采取下列各种方式：召开群众的“三八”纪念大会和晚会，分别组织各阶层妇女（如女工、女护士、女参议员、非党女领袖、女干部等等）的小型会议，调查一定地区的妇女生活及其要求，检查一年来的妇女工作，发动妇女干部、妇女团体的会员在工作、学习、生活、思想各方面进行深

① 收录于中国妇女管理干部学院编：《中国妇女运动文献资料汇编》第一册（1918—1949），中国妇女出版社，1987 年，第 399—400 页。

入的自我检讨，慰劳前线作战部队、受伤将士及抗日军人家属，通电世界各国妇女——英、美、苏、德、日、意、印度、缅甸、泰国，以及南洋华侨和各民族妇女等等，提议建立国际妇女反法西斯反侵略统一战线。

在大后方，于扩大妇女反法西斯运动，推进妇女抗战团结的原则下，与各公开的妇女团体，在合法的条件下，共同纪念“三八”节。必须尽力纠正和避免暴露的突出的纪念方式和方法，以免影响妇女反法西斯运动的开展。

如何使抗日根据地的妇女团体成为更广泛的群众组织①

1942 年 3 月 8 日

蔡　畅

各界妇女联合会或各界妇女抗日救国会，是目前抗日根据地最普遍的妇女群众组织，应该是各党派、各阶级、各种职业、宗教、民族、年龄的妇女抗日统一战线团体。

过去各地妇联或妇救，基本上认识了这一点，实际上团结了相当广泛的妇女群众。根据一九四一年陕甘宁、晋察冀、晋冀鲁豫、晋西北等七个抗日根据地的不完全统计，当地妇联或妇救的会员，平均占了妇女总人口的百分之十二。这在素无组织的农村妇女来看，是相当令人满意的成绩。

但是另一方面，如果就会员成份来说，那么大部分地区，一般地都注意团结基本妇女群众，没有充分的争取（甚至忽视）富农、商人及地主阶级的妇女；就会员年龄来说，一般的注意吸收青年妇女，没有耐心的团结老年壮年妇女及所谓落后的妇女。因此大部分地区的妇联或妇救，实际上近似先进的妇女群众组织。

最近各地妇女工作者，已认识了这一点，正在改进过程中。为了使改进工作获得更大的成绩，使妇联妇救成为更广泛的群众团体，特提出下列几点意见，以供各地妇女工作者参考：

首先从会员说起：关于会员的资格，入会手续以及对会员的要求规定得是否适当，是妇联或妇救能否成为广泛的统一战线妇女群众组织的第

---

① 收录于中国妇女管理干部学院编：《中国妇女运动文献资料汇编》第一册（1918—1949），中国妇女出版社，1987 年，第 400–402 页。

一个关键。过去妇联或妇救对个人会员的要求，一般规定“凡十五岁以上的妇女，除敌探汉奸外，承认本会章程，执行决议，服从纪律，交纳会费，并经会员一人介绍，本会批准者，均得为本会会员”。入会以后要过组织生活，尤其在巩固组织过程中，特别强调这一点。大都规定每十天或一周开一次小组会，再加上其他活动，平均每周至少开两次会。以这样的条件，来要求根据地的妇女群众，那么只有少数先进分子才能做到，绝大多数妇女虽然具有抗日救国的热忱，然而由于处在敌人反复“扫荡”的环境里，过着农村分散的生活，担负着繁重的家务劳动，对于妇救或妇联这样严格的要求，大有望而生畏之慨，她们不能也不大愿意走进妇联或妇救的门沿，就是已经加入的，也觉得难于完成会员的义务，而要求退出。因此，我们建议，凡十五岁以上的妇女，只要赞同抗日，应不分阶级、党派、民族、职业、宗教，经报名批准者（该妇女所在地的妇救或妇联组织的批准），均得为会员，关于会员的组织生活，对于广泛的群众组织在原则上不能也不应要求组织生活过严，如政党要求其党员一样；因此妇联或妇救的小组会议，应尽量少开（对普通会员甚至不开）。同时还要改变其下层组织机构，应以有工作内容的生产小组及识字小组为基础，统一为妇联或妇救小组，取消其他名目繁多的空洞小组。把不同时期的中心工作，当为妇联或妇救小组生活内容，这样既可减少会议，又可推进工作。在组织生活中，必须要有切实的内容，生动活泼的方式，说服教育的精神，以及估计到会员的困难。如果不从这方面着手，而一味强调会员服从纪律，执行决议，以至开除会籍等等，那么不论其主观愿望如何，客观上总是违背群众组织原则，脱离群众的做法。希望各地妇女干部注意纠正此点。

其次，谈到组织形式的问题，过去各地一般地组织妇联或妇救，我们承认这是目前抗日根据地组织妇女群众的较好的普遍的组织形式，然而不是唯一的组织形式。为了更广泛地组织各种不同阶级、不同党派、不同职业、不同信仰（如会门妇女、各种宗教妇女）、不同民族、不同兴趣的妇女，各地妇女工作者，可以根据她们各自的具体条件，在妇联或妇救之外（或在其领导下），采用各种不同形式，如女学生读书会、女教师联合会、姊妹会、母亲会等等，去组织和团结他们（详细办法，当另文发表）。

最后说到领导机关的问题。妇联或妇救领导机关的成份，配备得是否适当，是它能否成为更广泛的群众组织的决定性关键。过去由于各地妇联或妇救组织是从上到下建立起来的，由于战争动员的频繁，常常忽视了妇救或妇联组织中应有的民主作风。再加上宗派主义残余的作祟，习惯于"包办一切"。因此，各地妇联或妇救的领导机关、村乡组织中，虽然吸收了很多非党的妇女干部，然而县级以上的领导机关，共产党员却占了百分之十以上。这样就使妇女群众组织的工作内容与工作方式容易"党化"，因而不能与广大群众有更密切的联系。

因此要使妇联或妇救的组织成为更广泛的妇女群众组织，成为更能获得妇女群众确实热烈拥护与竭诚爱戴的组织，成为真正有充实基础的组织，其领导机关则必须坚决执行下列两个方针。

第一，政治上：妇联或妇救应明确是团结各阶层妇女，照顾各阶层妇女利益的群众组织。妇联或妇救一切工作要从"公平合理"出发，既可确实保障最苦的劳动妇女的利益，又要照顾其他阶层妇女的利益；既要着重注意最受社会压迫与宗法束缚的贫苦妇女的生活改善、文化提高，又要照顾其他阶层妇女地位的改善。

第二，组织必须有大胆的、真正实行"三三制"的精神。各级妇联或妇救的巩固，必须引进大批非党的妇女领袖或积极分子参加领导机关的工作，共产党员最多不能超过三分之一。这样才能真正做到毛泽东同志关于"反对党员把持包办一意孤行，才能彻底肃清宗派主义的排外性"的指示，树立民主作风，使妇救或妇联真正成为团结各阶层妇女的广泛组织。

有些妇女干部，不善于与党外人士合作，不敢放手实行"三三制"。对于这些干部，我们诚恳地希望他们能够深切认识共产党员有义务与党外人士合作，没有权利摒斥党外人士的真谛。在实际工作中学习虚心倾听党外人士的意见，及与之共事的态度与作风，彻底肃清"包办一切"、"自以为是"的陋习。

另一些妇女干部，认为在根据地积极活动的妇女大部分加入了共产党，但是非党妇女都蛰伏家庭深居简出，无从争取。实际情形并不完全如此。只要我们贯彻正确的工作方针，改进工作方法，改善工作内容，使广大妇女认识妇联或妇救不是少数人的组织；只要我们不固执宗派主义的成见；不用党员的条件去衡量群众；那么在党外，我们完全可以发现许多颇有声望、积极活动的非党妇女干部。

再加上敌后根据地的广大妇女群众，在敌人烧杀奸淫之下，在几年民主政权的教育之中，民族觉醒与社会觉醒提高了，成为坚持敌后抗战的伟大力量。而且各阶层妇女占人口之半，这些都是妇联或妇救实行“三三制”的最有利的条件。

在妇女工作中，贯彻执行这种新的方针，那末敌后抗日根据地的妇女运动则必然会大进一步。

（原载《解放日报》1942 年 3 月 8 日）

中共中央通过根据地各级妇委组织工作条例①

1942 年 3 月 13 日

中共中央最近通过关于抗日根据地各级妇委组织工作条例。该条例第一部分为妇委的组织：（一）目前只在中央局中央分局，区党委各级设立妇女运动委员会，地委以下不设妇委但当地尚无妇女群众团体（如妇救妇联）或工作带独立性的地委或县委可暂设妇委，以便领导妇女工作；（二）各级妇委之人数，由同级党委指定三或五人组成之，但妇委委员必须参加实际工作，不得徒挂空名。各级妇委由同级党委指定一人为妇委书记或再指定一人为副书记，其他委员则按工作性质与需要分工负责（由妇委自己决定，但不必分部科）；（三）各级妇委如无适当的女干部负责时，可暂由适当的男同志兼任，但必须是真有时间与能力领导妇女工作者，且须在工作中积极培养女干部；（四）地委以下妇委原有工作人员全部转入当地妇女群众团体，使妇委与党团合并，在妇女群众团体内组织统一的党团，各级党委经过党团去领导各该地的妇运，上下级党团不发生领导关系。该条例第二部分为妇委的工作任务：（一）各级妇委的任务为调查研究当地妇女生活与妇运情况，掌握妇运的方针政策，调剂与教育妇女干部；（二）各级妇委的工作范围：A. 抗日根据地妇运的任务，在于领导妇女群众团体组织与教育各阶层广大妇女群众，积极参加抗战和根据地各方面的建设，在争取抗战胜利的前提下，保护妇女的特殊利益。凡属当地妇女团体及有关妇女工作的组织，妇委应与之密切联系，并尽力协助或指导之；B. 各级妇委应切实调查研究当地有关妇女运动的一切材料，总结经

① 收录于中国妇女管理干部学院编：《中国妇女运动文献资料汇编》第一册（1918—1949），中国妇女出版社，1987 年，第 402-403 页。

验，计划与指导当地的妇运，向同级党委及上级妇委作定期的工作报告，向下级妇委进行工作检查与指导；C．有计划的利用当地报纸刊物，生动活泼的反映当地妇运的情形，指导妇运工作，教育妇女群众，并对外进行宣传；D．帮助同级党委培养审查配备妇女工作的干部。该条例第三部分为妇委的领导关系：（一）妇委为同级党委直接所属部门，须绝对服从同级党委的领导，关于妇运的一切较重要的决定与指示，须经过同级党委的审查和批准；（二）各级党委对妇委工作的领导与对妇委干部的教育，应切实负责和特别关心，并指定专人经常的耐心的领导，如妇委负责者条件适合，应吸收她参加党委，否则党委应派常委出席妇委会议，指导和督促其工作，党委开会时应尽可能吸收妇委与群众团体党团负责人参加；（三）各级妇委可派巡视员或工作团指导检查或调查了解下级妇女工作，遇必要时，并可召集妇女工作会议；（四）各级妇委可帮助同级党的组织部干部部配备调动妇女工作干部，上级妇委或同级妇委对干部调动有意见时，可向同级党委或干部部提出；（五）上级妇委对下级妇委指示工作时，必须经过下级党委，下级妇委向上级妇委作工作报告时，必须经过同级党委；（六）各级妇委对妇女群众团体的领导，必须经过党团，不得直接干涉或包办其工作。该条例最后则谓各级妇委的同志必须努力学习，提高自己，提倡学会调查研究，掌握政策与深入群众，实事求是的作风，培养自己独立工作的能力，反对满足现状、铺张浮夸的习气，纠正把妇女工作突出或者忽视妇女工作而不安心工作的倾向。

中央妇委令各级进行调查研究工作①

1942 年 5 月

中央妇委为了解各地妇女运动情况，以便掌握妇女运动的政策，最近决定对于下层的实际材料作一次深入调查。过去虽有某些地区已开始进行调查研究工作，但仍未普遍，故特发下县和乡的调查提纲，要求各级妇委，切实执行。此次调查办法，规定每个边区完成三至四个县的调查，每个县至少要完成二至三个乡的调查。选择县和乡的典型者为标准。报告的材料，务求详细具体。中央妇委调查提纲中说明，除报告一般的妇女生活及妇女运动的动态外，并且着重指出党政军各级机关对妇救会的帮助；各社会团体与妇救会的联系，各党派及会门的活动中妇女参加的情形；三三制在妇救会各级领导机关的实施；妇救会在参战动员、民主政治建设及改善妇女生活中所起的作用；妇救会对党与非党干部的培养与提拔，外来干部与本地干部，新干部与老干部之间的关系，妇救会党与非党的干部及群众领袖的好坏典型介绍等。各级妇委已根据这个指示，开始积极的进行调查工作。

（原载《解放日报》1942 年 5 月 14 日）

---

① 收录于中国妇女管理干部学院编：《中国妇女运动文献资料汇编》第一册（1918—1949），中国妇女出版社，1987 年，第 404 页。

1943 年

略谈妇女与参政[①]

1943 年 2 月 20 日

邓颖超

妇女问题，是一个社会问题，不是一个简单的孤立的，而是与社会和政治不可分割的问题。所以，妇女问题与政治问题有着密切的关系，是互为因果，而且相辅相成的。一个国家的政治优良与否，可以影响到妇女问题解决的难易；反之，妇女问题解决的情形和妇女解放的程度，又可用作测量政治进步的尺度。同样的，一个国家女子参政的权利及机会之多少，男女平等实行程度的大小，亦可说明一个国家民主政治的广度与深度。

妇女参政，乃是民主政治组成之不可缺少的部分，而不应单纯的看作妇女本身的权利问题。妇女参政权利是否该争取实现的，这问题在男权中心的社会，妇女往往是最易被人轻忽的，只有妇女才能最懂得最关心自己的问题，故妇女参政大有助于妇女问题的解决，并能促进妇女解放运动，同时，亦必能促进政治与社会的进步。但妇女参政，仅仅是争取妇女解放的重要步骤，绝不是妇女解放的全面与全部的内容。盖妇女除了参政权利以外，还有其他有关妇女的政治权利，还有数千年来以男性为中心的封建宗法社会压迫妇女的桎梏和习俗，还有当前的敌寇侵略，特别对妇女的蹂躏和摧残，以及反妇女的法西斯思想的作祟；这些，都是妇女解放途程上的障碍，亦需要妇女用极大的勇气和力量去清除这些障碍，以开拓解放的道路，以达成妇女真正解放的目的。自然，这是一个极其复杂而艰难的任务，如果不是依靠广大妇女的努力和不懈的奋斗，如果没有第一步的民主

① 收录于中国妇女管理干部学院编:《中国妇女运动文献资料汇编》第一册（1918—1949），中国妇女出版社，1987 年，第 408-409 页。

权利的获得，尤其是如果不把敌人——日寇赶出中国去，则这些任务的解决将是不可能的。

由此可见，妇女参政不应把它仅仅限在少数上层的知识妇女中，自然更不应与抗战分离开来。要能把妇女参政扩展到妇女大众中去，首先就要职业机会的解禁，给予妇女过问政治管理行政的机会，以便在实际工作和生活中教育他［她］们，提高她们的政治觉悟和认识，培养她们行政的能力。因为在推进民主政治中，尚没有占全国人口半数的妇女参加与拥护，则运动将是不健全的，其发展亦将是迟慢的。为了民主运动的健全和发展，且争取其完满的实观，我们更应扩张妇女的政治活动，争取妇女在政治上，法律上已得权利的真正实现及其扩大，这就不仅仅是妇女的，而且同时亦是全国同胞的任务了。

（原载《妇女新运》1943 年 3 月）

中国共产党中央委员会关于各抗日根据地目前妇女工作方针的决定①

1943 年 2 月 26 日

五年余以来，我们在敌后建立抗日根据地，坚持抗战，与敌伪作艰苦的斗争，克服了无数的困难，获得了辉煌的成绩；主要是依靠着八路军新四军与广大的人民，而占人口半数的妇女是起了很大的作用，我们的妇女工作是有成绩的。可是由于我们在妇女工作中缺少实事求是的精神，缺乏充分的群众观点，缺乏深入下层、埋头苦干、与群众打成一片的工作作风，没有深刻认识经济建设对于坚持抗战、建设根据地的重要意义，没有把经济工作看做妇女最适宜的工作，没有把握动员妇女参加生产是保护妇女切身利益最中心的环节，没有切实调查研究妇女的具体情况，不深知她们的情绪，不顾及她们家务的牵累、生理的限制与生活的困难，不考虑当时当地的妇女能做什么，必需做什么，就根据主观的意图去提出妇女运动的口号，规定计划，成立团体，要妇女经常出来开会，对她们作不必要的动员，浪费她们一些人力物力，致使工作一般化，组织形式化，缺乏真实的群众基础。这种脱离妇女群众的主观主义与形式主义的倾向，是使妇女工作停滞不能更进一步发展的基本原因。

在日益接近胜利而又日益艰苦的各抗日根据地，战斗、生产、教育是当前的三大要务，而广大的农村妇女能够和应该特别努力参加的就是生产，广大妇女的努力生产，与壮丁上前线同样是战斗的光荣的任务。而提高妇女的政治地位、文化水平、改善生活，以达到解放的道路，亦须从经济丰裕与经济独立入手。多生产、多积蓄，妇女及其家庭的生活都过得

① 收录于中华全国妇女联合会编：《中国妇女运动重要文献》，人民出版社，1979 年，第 7–9 页。

好，这不仅对根据地的经济建设起重大的作用，而且依此物质条件，她们也就能逐渐挣脱封建的压迫了，这就是在整个群众工作中广大农村妇女的特殊利益的中心所在，也就是各抗日根据地妇女工作的新方向。

为实现上述的方针，各地妇女工作作风、方式、方法，须有彻底的转变。要进行深入的调查研究，了解农村妇女群众的生活、需要、情绪，顾及主观能力与客观条件，选择中心地区开展工作，逐渐影响邻近地区，以至于推动全局。因此：(1) 各地妇联会妇救会要以研究组织农村妇女个体与集体的生产为首要工作，深入村庄，教育帮助与解决农村妇女参加生产战线中的困难，农村妇女生产工作的好坏，是测量妇女工作的尺度。(2) 农村妇女能纺织、能养蚕、能种地、能煮饭、能喂猪、能理家……应该按照各地具体情形来作计划，但她们的生产计划，一定要和她们家庭的生产计划结合起来，不可能妇女孤立地去做，不要重复过去某些地区只从形式上，数字上标榜妇女开了多少荒、建立妇女林等没有实际内容的缺点，要动员妇女实实在在参加到广大群众的生产中去。(3) 根据妇女群众的需要进行组织，纠正过去有名无实的组织方式，以生产合作及各种生产方式（如纺织小组等）去组织她们，这些组织应该成为妇救会或妇联会的基本组织，而不是办一些有名无实的空团体、空机关。(4) 尽量减少对农村妇女不必要的动员，减少开会，爱惜她们的人力物力，使她们有更大力量从事生产。(5) 妨碍身体健康以致影响生产的，如小脚及不注意卫生等，应当鼓励妇女改革之。(6) 对于妇女文化的政治的教育，应通过生产方式去进行，如提高生产技术，认识有关生产的文字，编制在生产时的歌曲小调等。(7) 妇女干部要消除轻视经济、生产工作的错误观点，必须了解生产不仅是根据地最重要的政治任务之一，而且妇女工作者要密切与巩固和农村群众联系，只有从深入农村中去组织妇女生产，解决其生产困难，增加其经济利益着手。要做到此点，妇女工作者本身必须学习农村经济知识，了解妇女生产内容，才能真正成为农村群众生产的组织者与领导者。许多有能力的女同志必须到合作社去工作。再则，许多女党员女干部必须到公营经济机关中去工作，使公营经济发展起来。那些浮在上层、空闲无事、不以为耻、反以为荣的观点，是完全错误的。

今年纪念“三八”国际劳动妇女节的方针，就是动员妇女积极参加生产工作。各地应按具体情形规定详细办法。

（原载《中国妇女运动的重要文件》，一九五三年）

改造我们的思想意识[1]

1943 年 2 月 28 日

区梦觉

我党整顿三风，就是号召全体党员干部进行思想改造，这是一个伟大的思想革命运动，在这运动中许多党员都改变了面貌，获得了飞跃的进步。我们女党员女干部有许多也大进了一步。但是女党员女干部，特别是小资产阶级出身的知识分子，在思想意识上有其特有的弱点，值得我们加以检讨的。

以《论共产党员修养》及季米特洛夫《论干部标准》的尺度来测量女党员女干部，一般说来是相差得很远很远，我们的思想的确存在不少的弱点，致阻碍了走向布尔塞维克化的道路。那些弱点是什么？主要有：

第一，狭窄琐碎，对政治问题兴趣不高，把精力的最大部分注意一针一线，一言一语。对私人问题，谁结婚、谁离婚，张家长、李家短的小广播，津津有味，刺刺［喋喋］不休。甚至为了这些事，以主观的揣测，把它片面化而与党对立起来。遇事气量小，着眼点在“我”，斤斤计较，易惹起或卷入无原则的纠纷。每天花在工作学习，思考政治问题思考自己怎样作个好党员的时间占多少？花在私人问题，琐碎事务，无原则争论的时间又占多少？这个比例，要是我们深刻反省，老实说出，就会使我们大吃一惊。因为琐碎、狭窄、注意小事、注意个人、不关心党及劳动大众，就常常把握不稳原则立场。有人危害党的利益，则毫无政治嗅觉，可以熟视无睹，认为与己无干，袖手不理。但一谈到自己有关的一点一滴利害，则

① 收录于中国妇女管理干部学院编：《中国妇女运动文献资料汇编》第一册（1918—1949），中国妇女出版社，1987 年，第 409-412 页。

神气十足，妙舌如花，可以纷扰终日，苦恼终日。这样不仅不会进步，反而与党所要求的愈离愈远，结果只能成为政治上的庸人。此弱点固然由于几千年封建传统将妇女束缚于狭小的家庭所致。然而我们是共产党员，是改造世界的人物，不应以客观原因来原谅自己，主观上努力于自己思想的锻炼是决定的东西。

第二，重感情，讲温情，看人看事，处理问题多从个人感情出发。合乎自己情调兴趣的则认为是知心朋友，可以无原则的推心置腹，无所不谈。得意时互相吹嘘，乐而忘形；失意时同发牢骚，互相慰藉。强调私人友情，遵守私人信义，立脚点不是站在党的方面，而是站在个人方面。精神不是寄托在革命的事业上，而是寄托在朋友的关照爱护，爱人的温柔体贴上。凭感情的冲动可以为朋友赴汤蹈火，但对有关党的问题则淡漠置之。选择爱人，主要条件是情调一致，趣味相投，而不是政治坚强；要求于丈夫的是温情安慰，如果他忙于工作，不能给予满足，则苦闷悲哀。还有一些女同志一面把感情完全寄托在丈夫孩子身上，舍不得丢开。另一方面又幻想着自己美丽的前途。照顾丈夫孩子，做一点轻松的工作则觉得落后，怕人说话又不安心；要实实在在为党多做点工作吗，又想到丈夫孩子，如是流连徘徊，终日矛盾烦恼。致工作既作不好，孩子也带不好，夫妇间常吵架，既影响到自己的情绪，又影响到丈夫的工作。由于从感情出发，不从党的立场出发，看朋友比党亲切可靠，爱人是爱温情；对党则自视清高，公事公办，打打官腔，心里话不尽说，不愿说，便很易陷于爱恨不明，是非莫辨，胡胡［糊糊］涂涂，甚至走到为敌人利用而不自觉。

第三，主观幻想，虚荣心重。这一点特别是知识分子出身的女同志犯得严重，她们缺乏社会知识、斗争经验。接触的仅仅是家庭、学校、书本。过去曾沉醉于温暖的生活，不知世界事物之艰难，而幻想着美丽的人生；或者对家庭学校不满，受某些小说所迷胡，憧憬着伟大的前途，把自己看成是英雄，是圣哲，是仙女，一鸣就足惊人。到了革命队伍里后，又缺乏长期的锻炼，一切仍寄之于渺茫的理想，忽视现实，不管党的利益，不顾主客观条件，过高估计自己，瞧不起别人，把天下事视为易如反掌。

不从点滴努力，天天幻想做政治家、理论家、文学家……，鄙视实际工作，以为经济工作技术工作是埋没“天才”，是倒霉的事。要她去做，就怨天尤人，说党不了解她、不重视她、不爱护她，极大的计较党给予她的多少，极少的想及自己曾为革命尽过多少力。因此常常和党对立，和现实对立和实际工作对立，美丽的前途仍达不到，结果成为一个品质不纯的党员。

上述弱点的存在，足以使我们政治落后，不辨是非；使我们整天为个人问题苦恼，忘记了努力方向；使我们立场模胡［糊］，以致丧失立场反对党。这难道不是很危险的事情吗？在伟大的整风运动中，女党员女干部应下最大的决心来改造自己不正确的思想。

我们要改造成为一个立场明确，原则坚定的党员。丢开琐事，关心政治问题，关心党的利益，不为个人得失斤斤计较，作无原则的纠纷；不为片面主观所限制曲解事物的本质。把全部精力贡献于革命事业。不使一点婆婆妈妈的小事占去宝贵的时间，个人问题吃点亏，没有什么了不起。对危害党的利益的现象，就应挺身而出，当仁不让，与之斗争。

我们要改造成为一个热爱同志和劳苦大众，痛恨敌人，有崇高感情的无产阶级先锋队员。抛弃小资产阶级的温情，打破狭小的无立场的朋友圈子。党是我们的家，是我们的母亲。她爱我们，抚育我们，我们爱她，信赖她。同志是我们的兄弟姊妹，是和我们血肉相关的，应彼此休戚相关，患难与共，互相帮助。个人问题的解决，要以革命利益为依皈［据］①。恋爱、生活要不妨碍党的工作。因得不到爱人的温存而苦闷是没有好处的。对违反党的利益的人（不论是自己的丈夫或所谓朋友），须以同志的态度劝告批评，不要为感情所蒙蔽而有所迁就。

我们要改造成为一个老老实实，埋头苦干的工作者。毁灭我们虽然美丽，可是渺茫的空想。抓紧现实，一点一滴的努力干，服从党的利益，承担党所分配的任何工作。在工作中积累经验，提高自己能力，在党的事业

① 原文为“皈”，根据文意，改为“据”。——编者注

发展中求得自己的进步。政治家、理论家都不是从天上掉下来的，而是从长期革命的实际斗争中产生出来的。他们与群众有密切的联系，深知群众的需要与情绪，代表群众的利益作不卷［倦］的奋斗。他们有丰富的斗争经验，有高度的原则性与运用马列主义精神的方法，丝毫不如我们所想象那么容易的。同时还应懂得革命工作是最实际的工作，不是空喊的。经济、技术工作都是革命工作的一部分，比浮在上层，空闲无事的人实际得多。我们有人在外边，为了生活问题当一个银行职员、医生、护士……觉得满有地位。为什么在革命队伍里担任这些切切实实的工作，倒反觉得辱没了身份呢？能够造就成女政治家，这是很好的，我们也很希望有一批女政治家出现。但要成为一个女政治家，必须有极高度的决心与雄心；有埋头苦干、百折不挠的精神；有充分的群众观点；有马列主义的头脑；有为党牺牲个人温情的胸襟；长期艰苦斗争才可以成功。绝不是侥幸获得，尤其在中国更不容易的。所以没有这样条件的女同志，不要终日幻想作政治家而放松了眼前的工作。无论在那方面工作有成绩，就是对党有贡献，能做一分做一分，能做五分做五分，这是最老实的。有丈夫孩子的女同志，要懂得恋爱——结婚——生孩子是必然的规律。从既舍不得丈夫孩子，又丢不下事业雄心的矛盾中跳出来。多注意丈夫孩子，就不能多做工作；做更多更大的工作，就不能好好照顾丈夫孩子。两条路，必得选择一条。要带孩子就安心带，好好地照顾革命的丈夫，抚育革命的后代。并且还可安心做点能作的工作，别难过，别怀里抱着孩子，眼睛空望着美丽的但是渺茫的前途；脑子里想当好妻子、好母亲，又想当英雄，要干大事。要有伟大的成就，就下决心迟些结婚，结了婚就准备克服生孩子的困难。如果不得已要送给老百姓，也别哭脸，决心深入群众中去长期锻炼，以全部精力用在事业上去。这就是摆在女党员女干部面前的两条路。不能徘徊，不能犹豫，二者必择其一，中间道路是矛盾的、困难的，二条道路的任何一条，都是一个好女党员所能走的。

我们要改造成为一个坚韧耐劳，百折不挠的战士。革命工作是长期的、艰苦的，我们要真正有所成就，得长期在实际斗争中磨炼。在一个地区坚持，与群众打成一片，帮助群众解决困难，为群众服务。虽遇挫折，也不恢［灰］心丧气，仆而复起，刻苦耐劳，经久了自然作出成绩，自然为群众所拥护。如凭偶然的热情，偶然的激动，在轰轰烈烈时干得起劲，在艰苦埋头时消极悲观，那是决不会成功的。

惟有经过这样的改造，才能成为坚强的布尔塞维克，才不辜负党员的光荣称号。以上的话，只是我个人的意见，也许有不妥当的地方，希望大家加以讨论，予以指正。

（原载《解放日报》1943 年 3 月 8 日）

迎接妇女工作的新方向（节选）①

1943年3月8日

蔡 畅

在过去五年余以来各抗日根据地的坚持抗战中，妇女是起了很大的作用，我们的妇女工作是很有成绩的。我们许多女党员女干部是真正能深入群众埋头苦干的。但一般说来，还是缺少实事求是的精神，缺乏充分的群众观点，工作还不够深入踏实。特别是知识分子出身的妇女工作领导机关的干部，有不少是只知道到处背诵一套“婚姻自由”“经济独立”“反对四重压迫”……等等口号，从不想到根据实际情况从何着手；只知道高呼抗战，而不知道在抗战中妇女可能做些什么与必须做些什么；为着解决妇女家庭纠纷，则偏袒妻子，重责丈夫，偏袒媳妇，重责公婆。致使妇女工作不能得到社会舆论的同情，陷于孤立；当要组织妇女团体时，不是根据当时当地群众的需要，而是自己需要包办的空机关，会员多是挂名的；当要动员时，不顾妇女家务牵累、生理限制、生活困难等等条件，常常要她们出来开会，开会讲的又是农村妇女难懂的，结果是徒劳往返，浪费她们的人力与时间；当要做些与妇女有关的事情时，却不顾一切时间空间条件，甲地做什么，乙地照样做什么，农救会青救会做什么，妇救会也学着做什么。一般的飘浮的开大会、提方案、写计划决议，不着实际，只满足于表面上的“成绩”，而真正当地妇女的特殊问题并未解决，结果很多妇联会妇救会的组织就不能成为真正有广大群众基础的组织。许多妇女工作者不是真正为妇女群众所爱戴的领袖，而是浮在机关中的“公家人”。甚至闲

① 收录于中国妇女管理干部学院编：《中国妇女运动文献资料汇编》第一册（1918—1949），中国妇女出版社，1987年，第413–415页。

着无事时，却以片面的“妇女主义”观点，以妇女工作的系统而向党闹独立性。工作遭受挫折时，不去总结教训，而是怨天尤人地埋怨党与政府没有帮助妇女工作；领导机关中的干部，以这样的歪风作了倡导；有些工农出身的女干部一旦提拔到领导机关来时也学样，于是有部分原是从群众中涌现出来的工农干部也变成与妇女群众脱离的“公家人”了。这种主观主义、形式主义、没有群众观点的作风，使许多地区的妇女工作长期不能深入到妇女群众中去。

最近中国共产党中央委员会关于各抗日根据地目前妇女工作方针的决定，检讨了过去妇女工作的缺点与错误，正确地指出了今后妇女工作的新方向、新作风。要求我们每个妇女工作者，深刻认识经济建设对于坚持抗战、建设根据地的重要。而经济工作正是今天妇女对抗战贡献最大与最适宜的工作。应该看到广大妇女的努力生产，与壮丁上前线，同样是战斗的光荣任务。同时帮助妇女发展生产，又是“保护妇女切身利益最中心的环节”。中共中央决定告诉我们“多生产、多积蓄，妇女及其家庭的生活都过得好，这不仅对于根据地的建设起重大作用，而且依此物质条件，她们也就能逐渐挣脱封建的压迫”。因此“各地妇联会、妇救会，应以研究组织妇女个体与集体的生产为首要工作”。今后妇女群众的组织，也应去掉过去徒具形式的空架子，真正根据妇女群众的需要去进行，“以生产合作及各种生产方式（如纺织小组等）去组织她们”。中共中央这个决定号召一切女党员、女干部消除一切轻视经济工作与生产工作的错误观点，“必须学习农村经济知识”，必须乐于到合作社去工作，到公营经济机关中去工作，真正成为农村群众的生产者与组织者。中共中央这个决定是党对妇女工作有历史意义的重要文献，是每个党与非党的妇女工作者及全体女党员今天必须努力的方向。

……

（原载《晋察冀日报》1943 年 3 月）

中央关于中央机构调整及精简的决定（节选）[1]

政治局会议通过[2]

1943年3月20日

（一）根据中央精简政策和过去的经验，适应当前的工作条件，中央机构有重新加以调整之必要，其目的，在于使中央机构更加简便与灵活，使事权更加统一与集中，以达到更能增强中央的领导效能。

（二）根据上述方针决定：

A. 在中央政治局及书记处之下，设立宣传委员会与组织委员会。这两个委员会，是政治局和书记处的助理机关。

甲、宣传委员会的任务与权限是：统一和集中有关宣传教育方面事业的管理，研究宣传教育方面的各种具体政策，分别性质向政治局、书记处提供有关宣传教育政策的提案与意见。对于宣传教育日常性质的问题有权作出决定，交由所管辖之各部委执行之，已决定之问题，须向书记处作通知。

……

G. 为着便于更有连系而统一集中的指导各地民众运动，决定将现有的职工运动委员会、妇女运动委员会、青年运动委员会合并成立中央民运工作委员会，设书记（邓发）和副书记（蔡畅）各一人，下分职工、农民、青年、妇女四个组，每组三四人，分别研究工、农、青、妇工作。各

---

① 收录于团中央青运史研究室、中央档案馆编：《中共中央青年运动文件选编（一九二一年七月——一九四九年九月）》，中国青年出版社，1988年，第597—603页。

② 原件无年代，此年代是根据内容判定的。——原书注

组研究的结果提交委员会集体讨论。关于政策问题提交组织委员会讨论后再交政治局会议讨论。海员及文委，因其工作性质之不同，仍然保留，不合并于民委之内。

……

中国共产党与中华民族（节选）①

——为中共二十二周年纪念而作

1943 年 7 月 1 日

《解放日报》社论

……

我们对于抗日民族统一战线与民主共和国的主张是坚持的，因为中国的解放只有经过这条道路。我党领袖毛泽东同志，在《论新阶段》上就很具体的把这个新中国的道路指出来了："第一，这个国家是一个民族主义的国家。它是一个独立国，它不受任何外国干涉，同时也不去干涉任何外国。即是说，改变中国原来半殖民地地位，它独立起来了；但同时，无论它强盛到什么程度，决不把自己变为帝国主义，而是以平等精神同一切尊重中国独立的友邦和平往来，共存互惠。对国内各民族，给予平等权利，而在自愿的原则之下互相团结，建立统一的政府。第二，这个国家是一个民权主义的国家。国内人民政治地位一律平等；各级官吏是民选的；政治制度是民主集中制；设立人民代表会议的国会与地方议会；凡十八岁以上的公民，除犯罪者外，不分阶级、男女、民族、信仰与文化程度，都有选举权与被选举权。国家给予人民以言论、出版、集会、结社、信仰、居住、迁徙之自由，并在政治上物质上保证之。第三，这个国家是一个民生主义的国家。它不否认私有财产制。但须使工人有工作，并改良劳动条件。农民有土地，并废除苛捐杂税重租重利。学生有书读，并保证贫苦者入学。其他各界都有事做，能够充分发挥其天才。一句话，使人人有衣穿，有饭吃，有书读，有事做。"

……

① 收录于中央统战部、中央档案馆编：《中共中央抗日民族统一战线文件选编》下，档案出版社，1986 年，第 877—887 页。

1944 年

一九四四年上半年军事工作报告（节选）①

1944 年 7 月 6 日

平　西②

一、半年来本队活动区内情况

（一）政治环境：

……

（三）民众情形：

本地区之民众由于我过去的影响，已渐渐的靠近部队，加以我东江纵队成立，正式宣布接受我党的领导，二月参队成立护航大队后，民众对我认识更进一步，特别在东海③能确保东海面之治安，渔民得以自由自在的生活，使龟令不敢越雷池半步；而在三次反顽军事斗争中，又能胜利的击溃 K 之进攻，保卫了半岛民众的利益。以这错综复杂的两面斗争，大大的教育了与团结了广大的群众在部队周围，为着保卫乡土，争取民主的自由与生活改善而和部队一起战斗。

首先在民众武装"自卫班"的建立，在半年内由一个村庄（地福）而发展到二十七个村庄，由五个人发展到五〇六人（内后备队的不脱离生产的三百六十三人）。

在第一次反顽斗争，民众还表现着害怕，袖手旁观，甚至有一部分还不关痛痒；第二次则不同了，部分的直接参加战斗，他们深感到民众利益

① 收录于中央档案馆、广东省档案馆编：《广东革命历史文件汇集·广东人民抗日游击队文件(1944.7—1945.11)》，广东省供销学校印刷厂，1987 年，第 3-22 页。

② "平西"是护航大队的代号。——原书注

③ 东海，指大亚湾。——原书注

与部队利益分不开；第三次的反顽斗争，无论在前[方]在后方，都靠了军民合作，并肩作战，粉碎顽军进攻。坝光的坚壁清野，一百七十民众武装的上战场，后方的数千民众日夜掘战壕，战场上的慰劳品三天内就超过了五十担以上，各民众团体（儿童团、青年会、妇女观音会）都积极在后方支撑，他们把前方的战讯关心到比自己丈夫、儿子还要亲切。

……

关于中国共产党在东江敌后前线地区实施各项政策问题的谈话（节选）①

1944 年 1 月 21 日 ②

林　平

前记：敌人打通了广九路，东江时局起了重大变化之后，广东人民抗日游击队东江纵队宣告成立，并竭诚接受中国共产党的领导，东江前线、敌后军民兴奋异常，纷纷上函我曾、王司令表示敬意，而对于中国共产党在东江前线、敌后实施统一战线、民主政治制度以及各种政策问题，尤为各界人士所关怀。《前进报》记者为此特走访东江纵队共产党代表政治委员林平同志，列举各种问题提出询问，经林政治委员一一详为解释答复，分期发表于《前进报》。为使各界人士普遍了解起见，本社特将各种政策问题谈话汇成专集出版。编者于黄花岗纪念日。

……

关于政治制度社会经济政治诸问题

问：中共在陕甘宁边区，在华北、华中敌后根据地实施民主政治，建设新民主主义的社会，在东江敌后前线抗日区域是否亦实行这样政策呢？对于各项具体政策的实施是如何的呢？

答：中华民国，在他的意义上说来，就是属于人民的国家，而不应当是“一党专政”的国家。孙中山先生的民权主义，就是反对封建军阀势力

① 收录于中央档案馆、广东省档案馆编：《广东革命历史文件汇集 · 中共香港市委、广东人民抗日游击队文件（1941—1944）》，广东省供销学校印刷厂，1987 年，第 241–255 页。

② 林平发表谈话的时间是根据有关资料判定的。——原书注

的垄断的权限△△民权的。正因为中国政治、经济等方面太落后，帝国主义与封建势力重重压迫，人民一切自由权利都被剥夺了。目前的任务，就要使中国人民获得民权，改善民生，使中国成为一个独立自由的强国；而中共向来就主张实现民主政治，建立中华民主共和国，并没有主张中国在今天就实行社会主义，实行共产。

中共在边区、在敌后各根据地就是这样做的。在民主政治的建设上，确表现出伟大的成绩，一万万以上的人民在敌寇铁蹄下、在几千年的专制枷锁下解脱出来，正在埋头建设新民主主义的社会。由于人民政治觉悟性提高了，大家都能站在主人翁的地位，自动的积极的参加抗日战争。这种新民主主义的政治不限于边区和敌后根据地，这种政治正是全国人民的需要，在全国各地都可以普遍实行的。

我东江敌后抗日地区，三年多来，我队曾经作极大的努力，争取人民的一切自由，也曾经在东宝地区恢复过十余个乡政，建立了初步的民主政权，不过在△△军政摧残下，遭受了极大的破坏；自敌寇打通广九路之后，广大区域的民主乡政又逐渐恢复起来。在过渡期间，由本队暂委曾鸿文同志为宝安第四区区长，推动建立各级民主政权及民意机关，并宣布了施政方针。显而易见，这些施政方针，就是根据新民主主义的原则精神订出来的。经验与事实告诉我们，民主政治在我抗日地区是完全可以实现的，必然实现的，而且目前就正在努力使其实现。实施的办法当然与边区有程度上的不同，因为具体环境具体条件不同，但原则精神是一致的。

在政治制度方面，第一，我们认为民主政治的政权形式必须是统一结成的，其内容必须是各党各派各阶层民主合作的，因此我们拥护与实行三三制，即共产党员在一切民意机关与行政机关中只能占三分之一，以便各党各派及无党无派的人士均能参加民意机关的活动和行政之管理。共产党员应与〔一〕切党外人士实行民主合作，不得一意孤行，把持包办。第二，保证一切抗日人民（地主、资本家、农民、工人、基围住民、水上渔民等）的人权、政权、财权及言论、出版、集会、结社、信仰、居住、迁移之自由权，除政权机关依法执行其职务外，其他机关、军队、团体不得对任何人加以逮捕、审问或处罚，而人民则有用无论任何方式控告任何公务人员非法行为之权利。第三，实行普选制度（凡十八岁以上的抗日人民，不分党派，不分职业，不分宗教信仰，不分性别，都有选举权与被选举权），选出村长、乡长，并在最短时期内选出参议员，成立乡、区、县各级参议会，区长由区参议会选举，县长则由县参议会选举。第四，对于汉奸分子，除绝对坚决不愿改悔者外，不问其过去行为如何，一律施行宽大政策，坚决废除肉刑，争取感化转变，给以政治上与生活上之出路，不得加以杀害，强迫自首，或强迫其写悔过书。对于战争中的敌伪俘虏，对于一切阴谋破坏的反动分子、叛徒分子等，亦同此办法处置。

……

在文化教育政策上，第一，积极推动△△开办学校、识字班、夜校，使所有儿童、青农、妇女都有读书识字的机会，实行普及教育。第二，实施成年补习教育，加强干部教育，推广通俗书报，奖励自由研究，提倡科学知识与文艺运动，欢迎科学艺术人员，保护流亡学生与失学青年，实施公务人员的两小时学习制。第三，在遵守政府法令的原则下，允许任何外国人在本区作宗教与文化的活动。

在妇女问题上，依据男女平等的原则，从政治、经济、文化上逐渐提高妇女在社会上的地位，发扬妇女在经济上的积极性，发展家务，保护产妇、儿童，坚持自愿的一夫一妻制。

……

“三·八”妇女节告妇女同胞书①

1944 年 3 月 8 日②

东江纵队政治部

姊妹们!

三月八日是“国际妇女节”，是全世界妇女为了解除妇女本身的痛苦而要求解放的斗争的日子。

今天我们来纪念妇女节，首先要明白日本鬼仔七年多霸占了我们中国许多地方，杀死我们成千百万同胞，强奸了我们成千百万姊妹，掠夺了我们无数的财产，烧坏了许多房屋，破坏了很多幸福的家庭，弄得无数的人变成妻离子散，过着悲惨凄凉的生活，这笔血债至今还没有算清。单就我们东江地区来说，几年来受到日本鬼仔的残害已经很多，而最近日本鬼仔又调了许多兵来打我们，所以，日本鬼仔是我们的死对头，过去我们抵抗了七年多，从今以后，我们还要更加努力打日本，只要打走日本，建设起一个自由、平等、幸福的新中国，我们妇女才能得到真正解放。

所以，我们妇女们第一个任务就是劝自己的丈夫、儿子去当游击队打日本，打走日本，合家再团园［圆］。

但是打日本，不是单单男子的任务，同时也是妇女的任务。而今天要打走日本，就要兵精粮足，如果兵精了，而粮不足，还是打不走日本，所以好男儿要去当精兵，好姊妹就要努力生产，扩大春耕，使粮食丰足，有足粮给精兵吃，日本鬼仔就容易赶走。这是我们妇女的第二个任务。今年

---

① 收录于中央档案馆、广东省档案馆编:《广东革命历史文件汇集·中共香港市委、广东人民抗日游击队文件（1941—1944）》，广东省供销学校印刷厂，1987 年，第 347–348 页。

② 年份是根据文件内容判定的。——原书注

恐怕会有粮荒，我们妇女立刻就要加紧努力种杂粮和蔬菜，准备荒月时候来救饥，同时还努力节衣缩食才能渡过粮荒。

我们妇女很少识字的，不识字，好象瞎了眼珠，一生一世都受苦，所以我们妇女第三个任务就是入夜校，努力读书识字，增加知识，才能替国家多出力和替我们妇女自己多谋利益。

以上是我们妇女要做的三件大事，但是要把这三件大事做好，就要我们全体姊妹们团结起来，组织妇女会，大家同心合力来做，同时还要和青抗会合力来做。而在家庭里就要家婆和媳妇合作，丈夫和妻子合作，大家和和气气，有商有量，才能把这三件大事做好。

姊妹们！放胆出来吧，出来救国家救我们自己吧！现在我们来高呼：

一、努力生产，扩大春耕，解救粮荒！

二、到夜校读书去！

三、妇女团结起来，解除自己的痛苦！

东江纵队政治部

三月八日

一年来的对敌斗争（节选）①

——在东江纵队成立周年纪念会上演讲

1944 年 4 月

曾　生

……

（三）抗日根据地的工作：

我们〔在〕对敌斗争当中，同时更积极的去发展新的地区，来扩大我们的根据地。我们现在已不只在惠、东、宝及港九地区有着部队，而且已伸进到增、博、番一带地区，配合珠江纵队把广州外围包围起来。在这些地区内，大部份已建立了抗日民主政权。铁路之西，我们成立了东宝行政督导处，以推行东、宝两县政权工作。把全区划分八个区，共八十乡，现已全部建立民主乡政〔府〕，并正式成立四个区政府，一个联乡办事处。铁路以东成立新一区，及坪山、定南、南潭、坑梓、东和等乡政府（坪山等乡准备元旦成立区政府）。其他如江北地区也有个别地区建立民主政权的。由于敌伪对民众进行枪杀的结果，民众在我政府及部队领导之下，纷纷组织农抗会、青抗会、妇女会、儿童团……而且普遍地组织武装，总计完全脱离生产的约二千人，不脱离生产的约一万人。我们为了改善民众的生活，便集中了二百余万资金，组织生产救济会，救济贫苦农民、失业小商人，优待抗属，并号召减租减息，进行拥政爱民运动，改善了军民关系、官兵关系，使军政民一体，结成了团结一致的好现象。

……

（原载 1945 年 1 月 1 日《前进报》第 76 期）

---

① 收录于广东省档案馆、广东惠阳地区税务局编：《东江革命根据地财政税收史料选编》，广东人民出版社，1986 年，第 91 页。

半年来工作总结报告（节选）①

1944 年 6 月 18 日

五虎队②

……

二、半年中心工作

……

（二）拥政爱民及民众拥军

……

4. 群众工作

……

其次是关于妇女工作。在泥岗仔也曾经开过第一次大会，到会者有三十人左右，内容是推动他们的组织，指出在抗战中妇女的作用，这个效果差（会议不深入），所以仍是若无组织。在长山口已组织了姐妹会，是在自卫队成立后推动建立的，一般妇女都很有热情（初时害怕，我们要她组织了就要来部队，结果有了解释，使她们安心了，知道姐妹会的作用）。有了一个基本的形式，开过几次会议（到会者五六十人，五六十岁的婆头也来），并且推动了他们慰劳柴草约一百五十担、蕃［番］薯约千斤赠送，亦曾将烂布造草鞋八双送给战士。长山口战斗后，又发动了慰劳伤兵，鸡旦［蛋］27 个和几十元大洋及一点零食等。

---

① 收录于中央档案馆、广东省档案馆编：《广东革命历史文件汇集 · 中共香港市委、广东人民抗日游击队文件（1941—1944）》，广东省供销学校印刷厂，1987 年，第 411–442 页。

② 五虎队，是东江纵队第五大队代号。——原书注

一般的说来，妇女工作有部份能与自卫队合作，帮助自卫队家属耕田等，和送茶水、蕃［番］薯慰劳我们（送上前线，长山口战斗）。但是妇女工作还未能与自卫队并驾齐驱，其他各村（我们活动的）一般的妇女工作是有做，不过仍未做到〔有〕组织而已。

在姐妹会中，一般的都很有热情，有部分的青年妇女要求学习，因此又成立了一个读书会，但他们的组织生活、开会不及自卫队之经常性。

队伍里的同〔志〕（特别女同志）对妇女的工作重视不够，所以在推动和组织妇女仍不深入。

……

五虎 6 · 18

东江纵队报告[①]

——平山民众改组乡政委员会

1944年10月[②]

惠阳前线，平山乡民众，由于国民党在执政腐败，对民无利，公决改组，于十月二日，开了各界团体代表联席会议，产生改组乡政筹委会，决定由各界各保推出候选人，计自卫队、青抗会、妇救会各五人，工界三人，文化界四人、生产救济会、商界绅士各二人，每保六人，共八十八人。从候选人中，选出乡政委员会，于是各界、各保都召开大会，实现普遍不分界、不分贫富，十八岁以上的公民都有选举权与被选举权，民众纷纷组织起来，争取候选，成立了十个新团体，十有五新候选人，选举乡委。七日开选举大会，投票者八十六人（远道缺席二人），产生乡委五人，再选出廖其谷为乡长，已于双十节就职。

---

① 收录于中央档案馆、广东省档案馆编：《广东革命历史文件汇集·广东人民抗日游击队文件(1944.7—1945.11)》，广东省供销学校印刷厂，1987年，第63页。

② 年份是根据文件内容判定的。——原书注

惠阳献谷工作的经验（节选）①

1944 年 11 月 15 日

东江纵队二支队政治处

……

工作的进行，普遍的采取了群众路线。在国民党统治下的新圩，虽然特务很多，但通过了群众中的积极分子，推动有威信的上层，秘密的沿家工作，献到了七十八担。在盐田利用调解民案，布置积极分子提出献谷问题，获得了群众的同情，推动最有威望的绅士吴维汝、何昌礼、何昌容及时成立献谷委员会，协同我队民运同志到各乡村去宣传，由当地同学会起先锋作用，配合委员会每晚到各村去召开座谈会。横岗则除了推动原有乡公所号召组织委员会，召开乡民大会、村民大会，妇女会与青抗会在大会中起积极作用，并把握热心人士廖鉴英、李荣湘热心帮助，李荣湘年纪老，家庭很忙，但经过我们宣传鼓动之后，亦协同我民运同志下乡宣传，民众见到他老人家都这样落力②，许多人都说："这样看来，我们应该热烈的献。"田心开了二次乡保甲长会议、地方干部会议，积极分子叶记[福]③、吴海、许立资组织起来，并推动生产救济会、青抗会成立委员会下乡宣传和发动。坑梓推动当地积极分子下乡，通过乡保甲长，召开座谈会。河澳的妇女夜校协助乡公所突击大涌。由于通过了群众路线，造成了惠阳前线敌后的广泛的群众运动。

掀起了群众运动之后，把运动更进一步的深入，热心人士起模范作

① 收录于广东省档案馆编：《东江纵队史料》，广东人民出版社，1984 年，第 510—513 页。

② 落力，指下功夫、下力气。——编者注

③ 结合下文，此处人名应为"叶记福"。——编者注

用，引起群众中的竞赛情绪，争取了群众认为“顽固”的，可能性甚少的人献出谷来，影响广大中间分子热心人士，如横岗李荣湘首先献了十担，乡长也献了十担，初时打算献五十斤或三十斤的受到影响，献到一百斤，盐田吴维汝打算献五十斤的，见到何干成、高佬胜献两担，他感到不好意思，又多献了五十斤。田心叶记福第一次开村人大会请他参加，他说：“游击队收了我的猪捐，对我不住。”不去开会，但经过耐心的解释教育之后，他很热心，他要找有钱佬田记挑战，他说：“田记献一担我献两担。”田记本来打算献五十斤的，结果就献了一担，他也果然献了两担，在此情形下，有些打算不献的人也献了。河澳有一个人对部队不了解，经常说部队不好，但经过民运同志与乡公所解释后，他也献了五十斤。其他人见到经常说部队不好的人都献，他们更加热烈了，河澳有一个群众说：“游击队有什么好，为什么要献谷给他。”并禁止他的儿女接近我们，怕我们搅走他的儿女，但经过了解释之后，他也乐意献了。岗背的妇女拿出自己的“私己钱”，买了谷来献，有的四十斤，有的二十斤，有二个妇女，没有钱也没有谷，她去割草偷草卖，卖到钱，买了五斤谷来献。有几个小学生把买饼食的钱也节省下来买谷献。甚至坪山有一个女乞丐也献了二斤谷，她说：“游击队不在这里保护民众，我一定乞不到饭吃，早已饿死了。”群众见了很受感动。由于领导的深入，不但原有地区而未有工作过的地区也很热烈，不但进步群众，连比较落后的对部队不了解的群众也卷入了运动的漩涡。

在整个工作过程中，我们采取了一般号召与个别领导，突破一点影响全局的方法，当各区工作开展起来后，便从各区内突击一点，以有基础有条件的地区突击，如横岗的六约、深坑团体首先动员起“模范献”，妇女会献了，自卫队也献了，鼓动各家都热烈献谷，突破了全区模范数目，鼓动了筛坑、牛屎埔要来一个竞赛。盐田区先突击红光围、沙排，鼓动了吴维汝的鸭宿屯不甘落后。又以整个区影响全局，突击横岗盐田区影响坪山、田心。在工作中及时总结经验，把经验指示给工作人员，再到群众中去实践起来坚持下去，这样使工作人员晓得如何克服困难，提高了信心，改变了狭隘观点。全区各地，只有龙岗做得不好，原因是工作人员夸大客观困难，没有信心，不走群众路线，只停留在少数积极分子个别活动，不敢把多数人动员组织起来结果就没有成绩。由此，使我们更好的了解，一切工作都要发动群众、走群众路线，做成群众运动才能胜利这一个教训。

路东新一区党外人士座谈会（节选）[①]

1944 年 11 月 20 日[②]

一九四四年双十节，路东新一区（大鹏半岛）成立的当日，政治部召开了一次党外人士座谈会，这在本区还是第一次。

座谈会与会者共五十余人，他们来自不同的地方，包括各式各样的人物，有同盟会老会员、国民党区党部书记，也有第三党的人士，有乡长、小学校长和教员，也有各乡绅耆父老和各群众团体的代表，从二十多岁的青年妇女到七十高龄的老伯，从开明进步的积极分子到顽固保守甚至对部队有怀疑与不满的人物都有参加。

……

（原载 1944 年 11 月 20 日《政工导报》第 1 期）

① 收录于中共惠州市委统战部、中共惠州市委党史办公室编:《东江党史资料汇编》第十二辑，1991 年，第 229—230 页。

② 按文章发表时间刊印。——原书注。

东江纵队给中央电①

——聘请各阶层代表组织建委会

1944 年 12 月 7 日

宝安沿海前线的大鹏半岛，久经敌伪蹂躏，自去年为我队解放以来，人民安居乐业，于本年双十节正式成立了广东新一区区政府，由东江纵队政治部暂委当地青年赖仲元同志为区长。区政府成立后，民众活跃了，成立了自卫大队、商会、农会、妇女会、青年会等组织，并由区政府聘请该区各党派各阶层代表二十余人组织区行政建设委员会，原定中山先生诞辰日就职，由于国民党顽军进行内战影响，改于十九日在纪念大会上就职。国民党大鹏区党部书记长袁△儒先生亦为建委会委员之一，他发表意见说："汪精卫的三民主义是汉奸主义，国民党的三民主义是法西斯主义，我们实行的三民主义才是中山先生的革命三民主义……。我们要建立民主政权，要求改组国府和统帅部……，用民主运动来纪念总理诞辰，比往年真有意义。"老同盟会员袁少春先生说："我十分难过，给国民党当局骗了二十九年，今天国府与统帅部的腐败无能造成了危机，所以必须改组。"

① 收录于中共惠州市委统战部、中共惠州市委党史办公室编：《东江党史资料汇编》第十二辑，1991 年，第 231 页。

东江纵队征收抗日公粮条例（节选）①

1944 年 12 月修正

……

（三）减征免征办法

第六条：有下列情况之一者得报告，经征人转报该乡政府发给证明，报政治处批准减免或减收抗日公粮。

1. 自由职业者或鳏寡孤独自有田地无力自耕，而每造总收入不足五担者。

2. 抗日军人家属之男系亲（兄弟伯叔等）如确系贫苦或确系帮助出征之军人者；

3. 对抗日有功人士；

4. 遭受敌伪迫害抢掠之民众情节重者；

5. 抗日军人家属其每造收成所得十五担以下八折征收，十五担以上二十五担以下九折征收，二十五担以上的其他数量均照章征收。

第七条：抗日军人不限于参加东江纵队。

附则：

第八条：本条例适用于民国三十三年尾造。

① 收录于广东省档案馆、广东惠阳地区税务局编：《东江革命根据地财政税收史料选编》，广东人民出版社，1986 年，第 103—105 页。

1945年——

今后妇女工作应当怎样做[①]

1945 年 10 月 14 日

《现代妇女》

前记：日本投降了，抗战胜利了，我们是兴奋，也有点惘然。在这八年的日子里，我们做了些什么呢？我们今后怎样做呢？在以前，我们说："妇女要得到解放，必须参加民族解放的战争。"现在，这个战争是胜利了，而妇女得到了真正和完全的解放没有呢？事实的答复是：没有。那末，我们肩上的担子还是沉重，今后我们究竟应当怎么办呢？《现代妇女》编辑委员会提出了这个问题，特地邀请了许多妇女工作者举行一个座谈会[②]，下面便是座谈会得到的一些意见。

战时妇女工作的检讨

要谈到今后妇女工作怎样做，我们就得回顾和检讨一下过去。

中国的妇女，在打击敌人，争取民主，一向都贡献了很大的力量。简单的说起来，抗战初期，妇女在前方、后方，洒血流汗，发挥了最大的力量，那个时候的工作，是显得非常蓬勃而有生气。但是到了第二个时期。1939 年以后，政治环境转变，许多有能力的妇女被排挤、埋没，不能发挥其力量，实际上减少了妇女的工作机会和成绩。第三个时期，

---

① 收录于中华全国妇女联合会妇女运动历史研究室编：《中国妇女运动历史资料（1945—1949）》，中国妇女出版社，1991 年，第 1–5 页。

② 座谈会出席者傅学文、谭惕吾、张启凡、陆慧年、梁柯平、张晓梅、罗静方、胡绣枫、韩幽桐、史良、刘清扬、国瑜、曹孟君、黄为之、左诵芬（以出席签到先后为序）。讨论会执笔：左诵芬。——原书注

由于抗战持久，由于政治环境的更趋黯淡，由于物价的高涨，于是，妇女工作到了最艰苦的阶段。一般职业妇女，保住其工作岗位且不容易，更遑［遑］论其他，这个时期是大大地损害了妇女工作的力量。但是在这种艰苦逼迫之下，妇女并未低下头来，而是在忍受，在潜伏着努力。同时，在敌后解放区里，因有环境以及作风不同，妇女工作日趋深入，妇女大众亦渐渐得到了真正的解放。这是给予了全国妇女的莫大的欢喜和鼓励的。

今天抗战胜利了，我们大后方的妇女究竟做了些什么，获得了些什么呢？广大的乡村妇女、劳动妇女仍是生活在黑暗痛苦中，知识妇女、职业妇女还是在苦闷、彷徨和被排中。这个大后方的妇女，并没有获得快乐和幸福，这是什么原因呢？主要的在客观上是因为政治的不民主，在主观上是因为妇女工作的本身尚有许多缺点。这些缺点表现在：工作没有全盘计划，做得非常零［凌］乱和零碎；工作不切实，做得很表面而不深入；工作没有普遍和深入各阶层妇女，特别是乡村妇女，只停留在都市和上层；没有很好的培养和提拔干部；妇女工作者本身不够团结。

今后妇女工作的总方针

那末，今后的妇女工作，究竟该怎样做呢？谈到这个问题，在目前我们首先应当有个总的方针，有个明确的目标，然后我们才不致迷乱，而大家一齐朝着这个目标前进。这个总的方针应该是什么呢？根据过去事实的经验教训，根据目前中国的环境局势，根据世界的情势，根据妇女本身切身的利害，我们知道，如果没有民主的政治，就得不到真正的妇女解放。同时，如果没有和平，根本上就谈不到建国。所以，我们现在的工作的总方针，就是推动民主运动，争取和平建国。

今后妇女工作的重心

在这个总的方针之下，我们应当从各方面努力，来完成所担负的任务，要做的工作当然很多，但根据目前的形势和妇女本身迫切的需要，我们今天要特别注意这几个中心的工作。

首先我们认识到妇女之所以不能获得平等，最基本之原因是经济问题。过去妇女之所以受人支配，是由于她们的生活依靠男子。因此我们今后要更努力地巩固、争取和扩大妇女的工作和职业，在生活上谋经济之独立。但是，在不民主的政治下，妇女工作没有机会，职业没有保障。同时，过去的妇女，特别是广大的乡村劳动妇女，她们贡献了最大的能力，可是她们只有永远尽义务而没能享到权利。所以，我们今后要特别注意推行妇女的政治民主教育，使妇女们认识自己是个人，是国家的主人翁，要懂得政治，参加政治，推进民主政治之实施。

同时，我们知道，政治如果没有实际工作的配合，则其结果只是落空。所以，我们不能仅仅从政治方面争取男女平等，更重要的要在各个岗位上努力，尤其要在文化和教育工作上切实的做起。妇女要能自由而切实的工作，首先要解除她们生活上的实际的困难，譬如家务的束缚及子女的牵累。因此，多多举办托儿所、幼稚园、公共食堂、公共洗衣间、妇婴医院等一切妇女福利设施，是十分迫切需要的。

我们接受了过去工作的教训，我们知道如果工作只停留在都市和上层，那末，这种工作不过是个形式的空虚的架子。要求得妇女真正的、完全的解放，我们今后工作必须普遍化、深入化。要普遍到各个阶层，要深入到广大的农村。工作需要人去做的，今后我们要特别地注意着重培养、组织和提拔干部，干部决定一切、只有广大的健全的干部，才能担负、开展和完成重大的工作。

目前迫切的工作

今后的工作很重，这并不是一朝一夕所能完成，尤其在这复员期中。一切纷乱无绪，我们只能选择目前最急迫，而且事实上可能做的先着手开始。譬如，在抗战期中，妇女受迫害，痛苦甚大。战事结束，妇女失业或失学流离失所者更多，我们应该要求政府救济失业女及失学青年，并在法律上明文公布具体保障妇女的条文。

现在国共两党有了初步协商，不久就要召开政治会议协商国家大事。这个会议包括各党各派无党无派的代表，我们当然希望其中能有女代表参加，更重要的是我们现在应发动各界妇女，准备选举参加国民大会的女代表。我们一定要选出那些能真正代表全体妇女意见的人。去为妇女争取利益。我们要利用还乡的机会。调查收复区的妇女实际的各种生活工作情形，以作将来从事工作的准备。我们要加强妇女文化工作，在各种刊物杂志报章上，尽量地反映当前妇女的痛苦和要求的呼声。同时正确地分析国内外的情形以及各种有关的实际问题，担负起妇女思想教育的责任。并且，运用文字及舆论的力量，促进民主、和平、建国的实施。

妇女工作者本身的认识

争取妇女解放的任务是艰巨的，担起这个任务的人首先要求本身的健全。否则，这副重担是没有力量挑起，或者走了几步，中途而倒下来。所以我们第一要检查一下自己的能力。要不断的从实际的生活中、工作上、学习上锻炼和加强自己的能力。第二，我们要赶上时代。跟着大众一齐走，只有能和大众一齐走的人，才不致落在后头，才能真正为大众谋福利。第三，我们需要团结。这个时代，不是个人英雄的时代，一个巴掌是打不响的。我们是妇女，特别是从事妇女工作的人，妇女运动的领导者，应当以身作则，在工作的大前提下，消除私见，真诚相待，能团结才有力量。第四，我们要建立互相帮助的作风。各人把自己有余的一点东西，有余的一点力量，去帮助在困苦中挣扎的姐妹。我们要彼此鼓励，大家一同前进。第五，“捧夫人”作风也是特别值得提出的。抗战期中，的确因此动员了许多贤能的夫人来积极领导，做了许多工作。其功绩是不容抹煞的。但也因此招致一些不可忽视的坏的影响：无原则盲目的“捧”不免把少数能力不够或不明大义的夫人也“捧”出来当领导，而有能力的工作者反遭压制而致不能发挥其才能。如果只要嫁了一个有权位的丈夫，做了夫人便一切都可解决，这也就在无形中助长了一部份姐妹的虚荣心。今后的妇女解放的任务须在民主建国的主流中争取完成，过去优良的作风固然竭尽发扬，而有毒素的单方也必须及时加以澄清。

抗战胜利了，我们的民族解放了，我们要继续向前走，争取妇女的真正幸福和自由。

（原载《现代妇女》第六卷第五期）

东江纵队政治部[①]关于发展本区妇女运动的指示[②]

1945 年 2 月 21 日

几年来我解放区的妇女工作，各地是有了点滴的开展，部分的乡村妇女，对抗战工作还有不少的贡献。但各地的妇女工作都是自流的发展，不关心妇女工作，把妇女工作当为附属的，方便时才去开展，无一定的计划，无定期的总结经验教训。组织起来的妇女团体，除了极少数能为妇女谋利益之外，许多都是徒有其名的。一些妇女团体建立起来，以为有了我队做后台，就与丈夫冲突，家庭冲突，以至引起各方面的反对。许多积极活动的妇女，脱离了家庭，脱离了群众，引起社会人氏［士］的攻击。这就是由于我们工作尚缺乏了明确的方针。许多工作不是依据妇女本身的需要、实际情况、当时当地的环境，而凭着工作者的愿望去决定工作。妇女团体的组织不是为了妇女本身的需要，多是为了我队的需要，从我队的利益出发，而不是为着妇女群众切身福利。因此，使我们的工作不能有很好的成绩。

为了开展本区妇女运动，特作如此的决定：

第一，目前妇女运动中主要工作：

1. 动员与组织妇女参加生产工作，改善妇女生活，开展解放区经济，这是当前妇运的中心工作。在解放区内大部分地区的妇女是生产的主力军，我们要开展生产运动，建立起我们解放区战胜敌人的物质基础，就必须在妇女群众中进行广泛地动员工作，就必须与妇女切身利益结合起

---

① 东江纵队政治部原文用代号大岳山。——原书注

② 收录于广东省妇女联合会、广东省档案馆编：《广东妇女运动历史资料》第二辑，广东省供销学校印刷厂，1991 年，第 450–454 页。

来，要改正以前形式主义的做法，只求数目字上开了几多亩地，而实际上得不到好的成效，时常由于与家庭经济利益产生矛盾，引起家庭不满，妨碍了家庭的生产工作。因此，我们的注意点放到如何提高生产力上面，在她们自愿的原则下，把她们有计划的组织起来，进行生产，帮助她们按照自己的环境定出生产计划，使她们家庭经济能够繁荣，实际解决了经济的困难，而不是放弃了家庭生产工作去空喊开展生产运动。应当发动妇女做好家务，做好家庭生产工作，不应空喊妇女解放，提出一些脱离实际的空口号。要了解妇女参加生产工作，与男子上前线是有同样光荣的意义。在增加工作的原则下，可以动员集体开荒，但所得的成果不能完全归于团体，应将主要部分是给参加开荒的成员，只有这样才能提高妇女生产的热忱。在目前应该联系到减租减息运动，发动下层农妇积极的响应，提高妇女的生产热潮。在动员妇女生产上，不要只着眼于开荒，而且要注意到改善生产的方法，如提倡使用绿肥（绿肥就是在收割完后，在田里种豆科的植物，待生长起来后，再把这些作物翻下泥里，让它腐坏起来就是肥料），多积肥料，深耕细作之类，使能多得收获。要取得生产救济会的协助，以具体帮助妇女解决种子、农具、耕牛等问题。除了农业生产之外，还应提倡多养家畜，开展家庭手工业，建立生产合作社，以集体集资从事生产工作等。目前我区一切妇女团体，应该以组织妇女进行生产工作为我们中心任务，从这里去改善妇女生活，提高妇女的地位。

2. 广泛与普遍组织妇女团体，提高妇女地位，保障妇女本身利益，提高妇女的参政热潮，在政治逆流后，妇女组织曾经是采用分散的、据点的、封建落后的组织形式，目前在解放区一般应该改变此种形式，而应该采用抗日进步的组织形式，大规模的进行工作，可以由上而下的推动，公开的教育与号召妇女，只有这样我们才能适合当前的环境。各地如果条件成熟，可以组织全区性统一的妇女组织（妇女会、妇抗会之类），如果条件尚未成熟，可以进行筹备会，以广泛的开展工作，有了普遍的妇女组织后，妇女的参政工作才有好的成绩。

3. 大大开展妇女识字运动，提高妇女的觉悟。照以前妇女工作的经验，要很好的发展妇女工作，必须要与识字运动联系起来，从组织妇女识字过程中去提高妇女的觉悟性，但应改变以前只会开识字班，而不会做组织工作的缺点，在开展妇女识字运动中要及时的把妇女组织起来，识字运动不一定开夜校，如识字小组、冬学等方式也应多采用。

4. 动员妇女帮助扩军工作，配合目前我们要大大的扩大部队。在比较有基础的地区要加紧这工作的进行，要使他们了解当抗日战士是光荣的，能鼓励丈夫儿子上前线。妇女团体要经常注意动员逃跑战士归队，对参军战士举行欢送等工作。

5. 进行拥军优抗工作，具体的帮助队伍解决困难。关于拥军优抗的工作不要只是注意集中物质上的劳军，而引起群众的反感，变成劳军伤财，而应集中注意帮助队伍实际解决困难，如运输、探情报，带路之类，具体帮助抗属生产、解决困难、优待抗属等，这应该是妇女团体经常的工作。

第二，怎样去实现这些工作：

1. 如何健全现有的妇女组织？现有的妇女组织应以进行生产合作等事业为中心内容，把妇女的劳动力有计划的组织起来，要帮助妇女解决纠纷与疑难，有困难的时候运用集中力量，互相帮助来求得解决，使妇女团体成为妇女谋福利的组织；其次要建立起团体中的领导骨干，成为团体的核心，推动工作的进行。

2. 如何开展新的工作？首先进行宣传教育工作，与妇女感情上联络好，帮助她们解决各种纠纷，从这里去建立起自己的威信，渐渐提高妇女的觉悟性。要注意建立好上层的统战工作，以减少工作上的阻力，而且一定要与其他团体联系，以取得他们的协助，免于孤立。有些地区，也可以从建立妇女识字运动中来开展工作的。

3. 关于领导妇女斗争上，目前我们主要是领导妇女对敌斗争。但在中国旧社会中对妇女有许多非人的虐待，随便恶打，随便买卖，这是不合理的事情，我们是反对的，然而有许多封建恶习，有了几千年来的历史传统，不是一下子就能改变过来的，要靠我们耐心说服解释工作。在工作过程中，一些妇女接受了革命的思想，由于过分的热情，不免会提出一些过左的要求的（如东莞客家三洞的妇女提出反对童养媳、娶妾、实行十小时工作制等），她们不满家庭的生活，不愿受姑翁丈夫的压阻，对于这些妇女群众，我们应该很好安慰她们，指出妇女解放、男女平等不是马上就可以完全实现的，还要经过艰苦的斗争才可以，要鼓励她们重回到家庭内很好的团结妇女，努力生产，做一个革命的贤妻良母、生产英雄。

4. 在领导妇女工作方法上，应根据自己主观力量，先抓着一二个据点去开展工作，突破一点以影响其他；要善于发掘典型、收集好的经验，作为发展工作的参考；要大批培养地方干部，组织妇女，以为我们广泛开展妇女工作的基础，在环境许可情况下，可以开大规模的妇女训练班，以便大批的培养干部。

为了要完成上述的工作，必须要全军女同志在思想上有彻底的转变，把开展妇女工作，当作自己的责任，要切实转变作风，真正深入群众，熟悉群众的情况，应处处从群众的利益出发，如为妇女工作开展便利起见，各单位的女同志建立妇女工作研究会，定期研究，总结经验。在行政上政治部民运科增设妇女干事，各支部民运股与各区政府机关增设妇女干事，专门推动与帮助妇女工作的进行。在《前进报》上定期专门报道妇女工作的文章，各地女同志应很好的学习写作，能把各地的妇女工作经验报道出来，作为开展工作的参考。

行政人员训练班报考章程 ①

1945 年 2 月 ②

珠江纵队政治部

（一）训练目的：

培养各区、乡中下层行政人材推行民主乡政，摧毁伪组织，加强治安生产，增进人民福利。

（一）招生名额：

现暂招考学员二十五名。

（三）投考资格：

甲、热心爱国、并无不良嗜好、身体健康者，凡在年龄十八岁至四十五岁之男女皆可投考。

乙、曾在中学以上修业或有同等程度。

（四）训练期〔时〕间：

以一个月内为期限。

（五）待遇：

甲、在学习期间，伙食、书籍由本处发给。

乙、成绩优良者将适当的提拔，任用于各种行政机关。

（六）试验：

甲、论文。

乙、时事问答。

---

① 收录于中央档案馆、广东省档案馆编：《广东革命历史文件汇集 · 广东人民抗日游击队文件（1944.7—1945.11）》，广东省供销学校印刷厂，1987 年，第 249−250 页。

② 年、月是根据文件内容判定的。——原文注。

丙、常识测验。

（七）报名日期和地点。

甲、二月二十八日起至三月十五日止。

乙、报名处：各联乡办事处及南村乡公所。

（八）考试日期与地点：

另行通告。

广东人民抗日游击队珠江纵队政治部印

东江纵队政治部[1]关于纪念今年“三八”妇女运动的通知[2]

1945年2月底[3]

要使今年的“三八”妇女节成为打开本区妇女工作新局面的开始，应抓着这个运动进行队内队外的宣传教育工作，做成今后开展妇女运动的热潮，特决定由三月一日至三月八日为纪念“三八”妇女节的宣传周，在此周间进行突击工作。

今年“三八”妇女节，我们在宣传上要注意的地方：

一、应以动员妇女进行生产工作为宣传中心，使妇女了解生产与开展解放区经济的关系，把边区妇女怎样去开展生产的事实、边区的模范家庭、女劳动英雄的事实，很好地介绍出来，以提高她们对开展生产工作的信心。

二、在我们新开展工作的地区，要注意打破妇女的苟安心理，指出敌人的怀柔政策是一种手段，同时要改变妇女的彷徨无往，悲观失望的情绪，告诉她们有了共产党领导的武装队伍，我们就有办法战胜敌人。

三、要从妇女日常生活谈起，从那里去启发妇女的觉悟性，告诉她们应该怎样去做。

在群众中除了进行宣传解释工作外，还应该联系到调查研究工作，以便深入的了解妇女的情况，使我们的工作更切合妇女的要求。

在队内各单位的政治教育上，要解释今年“三八”妇女节的纪念意

---

① 原文未署作者。这是根据杨康华同志的回忆所加的。——原书注

② 收录于广东省妇女联合会、广东省档案馆编：《广东妇女运动历史资料》第二辑，广东省供销学校印刷厂，1991年，第455–456页。

③ 原文缺成文时间。这是根据本文内容所判定的。——原书注

义。指出目前广东全面沦陷的危机深重，打开广东新局面的责任落在我们身上，我们要完成这个重责，一定要积极的把广大妇女群众动员起来，共同努力，特别在我解放区要开展生产运动，建立起物质基础，就应很好的把妇女劳动力组织起来。从这里联系到纠正一些轻视妇女工作的不正确观点，以为妇女不会进行武装斗争，不能起作用，不认识妇女的力量。

今年“三八”节，各地除了开纪念会外，并且以实际工作来纪念，如发动劳军、优抗、生产（写慰问信、慰劳伤兵等之类），各地如条件成熟，在“三八”节中可建立统一的妇女团体（如妇抗会、妇女会），若条件未成熟可先成立筹备会，在纪念会上讨论模范的例子，要很好的发扬。为了推动工作的开展，在队内也可以即席组织团体（如妇女工作研究会之类）以便经常研究工作，总结经验。

征收抗日公粮与田赋暂行条例（节选）[1]

1945 年 3 月 9 日

东江纵队政治部

（一）抗日公粮与田赋征收总额为土地出产总收获量的百分之九，公粮占百分之四，由地主与佃农平均负担，田赋占百分之五由地主负担，其征收办法，在交租前由耕者手中一次缴纳之。

（二）凡属自耕农、自耕土地者，公粮与田赋统一征收，其征收额为土地出产总收获量百分之六。

（三）凡接敌区，地主与农民有两面负担者，公粮与田赋减半征收。

（四）凡被灾（包括天灾人祸与战争）的乡村，应按其损害的程度，依具体情形予以免征或减征。

（五）凡属种杂粮的土地亦须征收公粮与田赋，其征收办法，将杂粮产量由时价折成谷量为标准进行征收。

（六）凡鳏寡孤独、残废、赤贫及抗日军人家属立即向政府登记，政府分别实际情形予以帮助。

……

① 收录于广东省档案馆、广东惠阳地区税务局编：《东江革命根据地财政税收史料选编》，广东人民出版社，1986 年，第 116—120 页。

广东番顺行政督导处
紧急命令（军字第〇〇六号）（节选）[1]

1945年3月24日

……

六、必须动员全体男女民众，组成各种团体队伍，如担架队、救护队之类，参加所有反敌伪抢掠“扫荡”之战时工作。

……

[1] 收录于中央档案馆、广东省档案馆编：《广东革命历史文件汇集·广东人民抗日游击队文件（1944.7—1945.11）》，广东省供销学校印刷厂，1987年，第269—270页。

东江纵队关于“国事座谈会”情况报告（节选）[1]

1945 年 4 月[2]

为了迅速和坚决执行党中央最近关于进行组织全国解放联合会的指示，我们以东江纵队政治部的名义，在路东召集了路东各界人士的“国事座谈会”，这个会从三月二十九日开始举行，前后共开了四天的会议，经于四月一日胜利地完满结束了。

在这短短的四天“国事座谈会”中，我们得到些什么收获呢?

首先要说的是：参加这个会的各界代表，出席人数的众多，几乎惠阳县上层人士都到来，情绪空前的热烈，都是出乎我们预料之外，我们原拟召集的人不过是百余位，但到会的却有三百五十位以上，其中包括各阶层各党派及父老绅耆、名流学者和新政权的工作者、青年妇女工作者，他们有的是赶了三天以上的长途跋涉，和通过敌人的封锁线路程而来的，如张友仁先生；有的是从更辽远的港九新界地区不辞水陆劳苦而来的，如港九代表、渔民代表。从此可知在我队坚持对敌斗争下的路东解放区的各阶层人士及各界代表对民主要求的如何迫切及对我党我队的热烈期望了。

……

（原载 1944 年 11 月 20 日《政工导报》第 1 期）

---

① 收录于中共惠州市委统战部、中共惠州市委党史办公室编：《东江党史资料汇编》第十二辑，1991 年，第 234—239 页。

② 年、月是根据文件内容判定的。——原书注

东江解放区路东第一届参议会议大会通过提案（节选）①

1945 年 4 月 25 日

（一）关于财政经济问题。通过了：

（1）印发流通券行使解放区，以利物资流通。

（2）发行路东生产建设公债七千万元。

（3）路东行政委员会财政统筹统支，统一税收税率。

（4）踊跃缴纳抗日公粮，充裕部队给养。

（5）整理解放区出入口税。

（二）关于民政问题，通过了；

（1）退租退息改善民生，团结地主、农民，加强对敌斗争。

（2）关于不动产典当，限期应予决定，以免争执。

（3）简政亲民，加紧团结各阶层，减轻民众负担，以利抗战。

（4）广泛推动组织民众，以加强对敌斗争，保卫家乡。

（5）展开经常之拥军优抗工作，增强抗日力量。

（6）各区机关（区级以上）增设妇女干事。

（7）改善工人生活，提高工人地位，以利抗战（海员工会提出）。

（8）婚丧制度应予改良。

……

① 收录于广东省档案馆、广东惠阳地区税务局编：《东江革命根据地财政税收史料选编》，广东人民出版社，1986 年，第 125－126 页。

东江纵队政治部对于建设惠东宝路东区的施政纲领（节选）①

1945 年 4 月

为巩固与发展东江，坚持敌后抗战，配合盟国进攻，驱逐日寇出中国，兹根据孙中山先生的三民主义、本党中央的抗日民族统一战线方针、抗日救国十大纲领及国民政府抗战建国纲领、实际情形，提出目前施政纲领，愿与本区各党各派各界同胞共同实行之。

（一）坚持抗日民族统一战线，团结社会各阶层、各抗日党派、各抗日团队与敌占区同胞，集中力量保卫家乡，准备反攻，驱逐日本帝国主义出中国。

……

（四）一切抗日人民有言论、著作、集会、结社、出版、信仰及居住迁移自由，保障一切抗日人民之人权、政权、地权、财权，非依政府法令手续，任何机关团体或个人，均无权逮捕、审讯、禁闭及施行任何侮辱人格名誉之行为。

附则：

1. 凡十八岁以上之抗日公民，无论男女均有选举权与被选举权与罢免权。

2. 废除过去对水上人民的一切不平等待遇，所有水上人民、盐民，均享有一切同等权利。

3. 在敌人“扫荡”时及敌占区接敌区等特殊情形之下，部队有捕人

---

① 收录于中央档案馆、广东省档案馆编：《广东革命历史文件汇集·广东人民抗日游击队文件（1944.7—1945.11）》，广东省供销学校印刷厂，1987 年，第 319－323 页。

之权，政府亦有授权个人或团体行使这种特权。

……

（六）改善劳资关系，实行十小时工作制，提高劳动纪律，增加〔提高〕生产效率，改良劳动条例和工人待遇。

附则：

1. 登记失业工人，适当安置其生活。

2. 实行实物工资制，或半实物工资制。

3. 工人遵守劳动纪律，雇主不得违约解雇。

4. 废除一切不合理包工制。

5. 禁止使用女工、童工从事妨害身体健康之劳动，并保障同工同酬。

6. 女工产前产后，例假五星期，工资照给。

……

（十）依照男女平等原则，从政治、经济、文化上提高了妇女的社会地位，鼓励妇女增加生产，发挥妇女在经济建设上的积极性。提倡家庭和睦，发展家务，实行自愿的一夫一妻制，注意对孕妇及儿童之保健与教育。

……

……本施政纲领于一九四三〔一九四五〕年四月二十五日路东第一届参议会通过施行。

饶彰风秘书长对施政纲领解释①（节选）②

1945 年 4 月 25 日

……

第六条是关于劳资关系的问题，是资本家与工人，老板与店员的关系问题。本区还少工厂，故这问题比较次要。我们要实行工资实物制，因这可以改善雇工生活，在今天是必要的。其次要安置失业工人，大都市工人因战事影响，一批批失业回乡，我们应要注意登记，以便将来反攻胜利后派遣到各工业部门去，这批人在发展工业上有很大用处。女工在产前产后应有五星期的假期，薪金照发，这问题从人道的观点来看也是应该的。

……

第十条是关于男女平等的问题。男人享有的一切权利女人也应该有，当然在习惯上和实际生活上，女人要负责家庭工作和从事生产工作，不过我们也希望女人能负责政权的或其他社会事业的工作，我们希望妇女提高生产工作的积极性。目前有许多妇女不满意家庭生活，群跑到部队来，且演出许多家庭的悲剧，在新一区的九十余宗民事案件中，离婚案即占六十多宗，这不是好现象，因此我们提倡家庭和睦，发展家务。乡间的习惯不准女人就学，认为妨碍生产，但事实上许多妇女参加夜校之后，不但不会妨碍生产，而且因为学习更能进步，更能使家庭和睦，这是过去妇女工作的经验。我们主张一夫一妻制，而且应该是双方自愿的。

……

---

① 这个解释是饶彰风同志在路东行政区首届参议会上所作的。——原书注

② 收录于广东省档案馆编：《东江纵队史料》，广东人民出版社，1984 年，第 536—549 页。

路东民主政治的新阶段（节选）[①]

——东江解放区路东第一届参议会第一次大会详情

1945 年 5 月

东江解放区路东第一届参议会第一次大会秘书处

关于路东第一届第一次参议会经过的报导

路东首届参议会第一次大会已于本（四）月二十九日胜利闭幕，大会由二十三日开始，前后历时一星期，与上月（三月）二十九日轰［哄］传解放区，出席各界父老、绅士三百人以上的国事座谈会先后辉映相距也不过一月。此次参议会到会参议员四十四人（另有五人因事没有参加），来宾三十一人（军、党代表未计），《前进报》特派记者列席旁听。大会通过提案三十二宗，并通过施政纲领和土地租佃、退租退息等条例。……

……

主席叶锋先生致开会辞

……

林政治委员关于国际国内本区情况分析和中国共产党的主张政策实行的讲话

……

① 收录于中央档案馆、广东省档案馆编：《广东革命历史文件汇集·广东人民抗日游击队文件(1944.7—1945.11)》，广东省供销学校印刷厂，1987 年，第 343-409 页。

肖参议员萌青讲话

……

许参议员达章讲话

……为着祖国，我们也不辞劳苦来做人民公仆，勉为其难，我们四十九位参议员要人民出力，小弟不懂得什么，愿与大家合力。

……

在新一、二区一带建立政权之后，推行民主政令，烟、赌、酒禁绝，深得广大人士好评，人民从赌、烟的生活中转变到参加抗战方面去了，而青年运动、妇女运动也较前热烈，他们离开以前不对的生活而转到办理夜校、剧团、体育团体及自卫队等组织的工作去，不单在政令上做了这些工作，而且注意到民众的需要是什么，在坪山、大鹏、清溪一带便成立了救济会，进行生产救济和筑堤水利等工作，办民众合作社和油榨合作社，使民众购买物资不致受到了多重的剥削，而又不会影响了商人的营业，去年坪山合作社的股东大会结算时，每人分得了利钱几百元。

……

饶秘书长对施政纲领解释

……

今天我代表政治部来解释中共提出的东江解放区路东施政纲领。……

……

第六条是关于劳资关系的问题，是资本家与工人，老板与店员的关系问题。本区还少工厂，故这问题比较次要。我们要实行工资实物制，因这可以改善雇工生活，在今天是必要的。其次要安置失业工人，大都市工人因战事影响，一批批失业回乡，我们应要注意登记，以便将来反攻胜利后派遣到各工业部门去，这批人在发展工业上有很大用处。女工在产前产后应有五星期的假期，薪金照发，这问题从人道的观点来看也是应该的。

……

第十条是关于男女平等的问题。男人享有的一切权利，女人也应该有，当然在习惯上和实际生活上，女人多负责家庭工作和从事生产工作，不过我们也希望女人能负责政权的或其他社会事业的工作，我们希望妇女提高生产工作的积极性。目前有许多妇女不满意家庭生活，群跑到部队来且演出许多家庭的悲剧。在新一区的九十余宗民事案件中，离婚案即占六十多宗，这不是好现象，因此我们提倡家庭和睦，发展家务。乡间的习惯不准女人就学，认为妨碍生产，但事实上许多妇女参加夜校之后，不但不会妨碍生产，而且因为学习更能进步，更能使家庭和睦，这是过去妇女工作的经验。我们主张一夫一妻制，而且应该是双方自愿的。

……

大会提案通过

一、关于财政经济问题，通过了：

……

二、关于民政问题，通过了：

……

6. 各区机关（区级以上）增设妇女干事。

7. 改善工人生活，提高工人地位，以利抗战。（海员工会提出）

8. 婚丧制度应予改良。

……

肖副主席致大会闭幕词

……

路西路东各区民众热烈纪念“七一”“七七”①

1945 年 7 月 23 日

（本报特讯）东江解放区庆祝“七一”中共诞生二十四周年与“七七”抗战八周年，各区都热烈举行了隆重的联合纪念大会，尤以路西、路东解放区更为热烈：

路　西

宝二区用实际行动来纪念，配合部队解放沙井。热烈进行献弹、买枪、劳军、优抗、扩充民兵、缴交公粮、退减租息、破路的动员与竞赛。

宝二区民众，在对敌斗争的热潮激荡下，用实际行动来纪念“七一”与“七七”。从六月底起，各村乡就热烈举行献弹、买枪（黄冈乡民自己决定每五斗种田买枪一枝，三斗种田人家丁口稀少的亦买枪一枝，两三家可合买一枝，组织购枪委员会专理其事。）劳军、优抗（各村组织慰劳队，就地慰问；并组织助耕助收队；商店以八折廉价卖货与抗属一周；医生赠医赠药；学校免学费并赠书籍纸笔，经常帮抗属写信）。扩充民兵，保证缴交公粮，彻底减租减息，退租退息；破路等项动员与竞赛。七月一日，全区民众配合一支队解放沙井。七月五日，就在黄松冈聚集了二千多人举行全区的群众大会。黄区长在会上有声有色的报告这次沙井战斗经过，表扬战斗中新桥曾绍生英勇运用土炮战，潭头的民兵模范文造培在三日夜战斗中从未离开战线，新桥青年团落力担架和一日送成十次情报，妇女会日夜担茶水慰劳部队，都是模范的例子，沙井乡长陈劲川高呼拥护中国共产

---

① 收录于中共广东省东莞市委党史研究室编：《东莞抗日实录》，中共党史出版社，2006 年，第 110—112 页。

党，及后由袁慰霞代表各界向中国共产党、督导处、第一支队献旗，大会提议向中共致敬及响应毛主席成立联合政府的号召，全场热烈通过。一支队收到该区子弹代金十六万一千八百二十元，手榴弹十个，炮弹三个及其它慰劳品甚多。

七月一日晚，宝二区燕川各团体亦联合开会纪念。

宝四区观澜乡纪念会上，妇女代表林玉兰号召妇女界要学习苏联妇女。宝四区观澜乡的纪念会于七月一日在该城的河沙坝举行，参加大会的各界人士，各团体代表约四千人。会场上张贴着观澜文教会出版的纪念墙报，面积占有一百廿方尺，很能吸引人。大会上老国民党员、曾两任宝安县长的何恩明先生热烈主张全区民众拥护毛主席号召，迅速成立联合政府；妇女代表林玉兰号召妇女界要学习苏联妇女；商会长潘影环指出大后方商业凋蔽［敝］，是国民党执行黑暗专政政策的结果，解放区能安全经商，是有中共政策的保证。会后几千群众大巡行。

宝四区中心学校全体员生并写了一封长达二千字的慰劳信送给我队。

莞太线举行万人大会庆祝，群众劳军火般热烈。七月一日的莞太线全线和新二区第一联乡的军政民纪念大会，会场在横岗。挤满了一万以上的群众，大会由政府代表做主席，指出中共廿四年来对中国新民主主义革命的伟大贡献，又指出抗战八年来两条路线的发展。军队代表则指出：唯有走中国共产党和全国人民走的人民战争路线才能胜利。全场都一致赞成立即成立联合政府。妇女英雄吴石娇和一位国际友人都兴奋地演说。会上群众代表纷纷捐献粮食、药品、生果、手巾、竹帽、子弹、生猪、现金等劳军，只现金一项已有国币五十万元。

新二区群众一致通电拥护中共号召，立即成立联合政府；拥护迅速在延安召开解放区人民代表大会。东莞新二区纪念大会在“七七”那天冒雨举行，群众也有五千多，并担了许多慰劳品来劳军。正午，文联会代表方建先生致开会词后，军队的路线是光明的胜利的路线！提出废止国民党一党专政，建立联合政府，全场热烈高呼，并一致通过通电拥护中共号召，立即成立联合政府，拥护迅速在延安召开解放区人民代表大会。主席在会上又介绍了大横的模范村长黄仁宽、妇女英雄吴石娇、妇女模范廖新娣和三嫂、模范的老教师吴元庆，由妇女代表向这些模范人物插花，全场报以热烈的掌声。最后国民党反动特务陈庆能、王锦祚等自述他们破坏解放区的各种工作，表示悔悟。

蔡主任如平说："走共产党的路就是民主的光明的路。"东莞新五区纪念大会原定七月五日举行，因天雨，延至"七七"那天才开会。那天参加大会的群众有三千多人，会场在霄边中心学校。主席团推举蔡主任如平做主席，军队代表张英和各团体代表都讲了话。主席表扬宝太线民兵英雄何森，霄边的开明绅士、拥政拥军模范蔡柏先生，新五区村干训练班学习模范陈伦、孙楚南、陈旭、叶柏华等，亲和他们插花。群众献捐子弹千余发，会后聚餐演剧。

路　东

新五区的纪念会同时又是庆祝区政府成立及区府职员宣誓就职，路东参议会参议长彭东海先生亲临监誓。

新五区各界于七月七日在镇隆联合纪念"七一"和"七七"，同时又是庆祝区政府成立。墟场的墙壁上写着各色各样的标语，各村田野间的"旗报"都生动夺目，墟场和各村的街道举行大扫除，情形真是隆重和热闹。因整天都落大雨，会场改设在镇隆中学，到会的不下数千人，因学校地方少，礼堂又不能尽量容纳，乃变通除依各个社团性质分开文协会、农抗会、妇女会、武装队的分头举行，将课室改为临时会场外，每个团体又推出代表十名，集中在大礼堂举行。统计分成八个会场，这是最盛大最特色的纪念会。

大会主席是新的区长林石同志，致词后，区府职员即举行宣誓就职，由路东参议会参议长彭东海先生监誓并致训；行政委员会副主席萧荫青先生号召各阶层团结，坚持抗战；民政科长廖荣铿号召全区各抗日团体迅速成立，以推展民主工作。

路东新五区秋溪乡于七七开过纪念大会后，第二日，该乡各界又举行座谈会和聚餐，自卫队、文教界、农抗、妇抗等代表百余人参加，大家都是自家人，谈话时的兴致特别好。

新一区卅二个国民党员联名发表对时局宣言，提出要求民主的四项主张。新一区有些乡村虽处于敌人数面包围中，仍灵活的在掩蔽和警戒中开会，有些则把庆祝大会改为座谈会，以免遭受敌人侵害，各乡民众并选出代表偷过敌人封锁线，亲到我高级军事机关献旗，表现无限真情。该区的国民党员袁蔚如等卅二人于七月七日联名发表对时局宣言，主张：(一)立即取消一党专政，从速召开各党各派暨各阶层人士的国事会议，成立联合政府。(二) 反对圈定的国民大会。(三) 切实保障人民应得的一切自由。(四) 取消特务组织。

新二区坪地乡于纪念会的第二日（八日）敌卅余进犯该乡，李区长和萧乡长亲身督率民兵抗击，把敌人赶走。新三区的约场、清溪和第四区的同和乡分别开会纪念。

（原载《前进报》1945 年 7 月 23 日）

1946 年

和平建国纲领草案①（节选）②

1946 年 1 月 16 日

……

二、人民权利

（甲）政府应保障全国人民享受一切民主国家在平时应享受之身体、思想、信仰、言论、出版、集会、结社、通讯、居住、迁徙、营业、罢工、游行示威及免于贫困，免于恐怖等自由。

（乙）承认男女平等及各党派的平等合法地位。

（丙）现行法令有与上述两项原则抵触者，应分别予以废止或修正。

（丁）严禁司法和警察以外机关，有拘捕、审讯和处罚人民之权，所有侵害人民权利之一切特务机构，应即解散。

（戊）立即无条件释放汉奸以外之一切政治犯。

（己）立即无保留的废除一切新闻、出版、戏剧、电影及邮电等检查制度。

（庚）一切政府机关与军政人员，凡有侵犯上述人民自由之行为者应予处罚。

……

---

① 此为中共代表团在政治协商会议上提出。——原书注

② 收录于中央统战部、中央档案馆编：《中共中央解放战争时期统一战线文件选编》，档案出版社，1988 年，第 44—49 页。

中国妇女联谊会对当前政治意见书[①]（节选）[②]

1946 年 1 月 30 日

政治协商会议已举行过几次大会，初步交换意见阶段已告结束，从报端披露之消息，得知会议进行虽极融洽和谐，但对各重要问题各方面意见尚极悬殊。本会已于元月九日招待协商会议代表茶会中，提出各项主张。兹鉴于会议发展中各项问题之解决困难尚多，愿再补充此书面意见如后。

甲、关于停止内战

……

丁、关于妇女的基本要求

1. 应规定妇女在政治、经济、教育、法律上与男子一律平等。

2. 在职业上应给妇女充分就业之机会，并予以切实之保障，不得以性别、已婚或此△△等限制女性。

3. 职业妇女、女工产前△△应有两月假期，并照给薪资，生产费亦应由政府津贴。

4. 各工厂及其他职业部门，应规定男女同工同酬。

5. 凡城镇、乡村、机关、工厂均应广设托儿所、幼稚园。

---

① 中国妇女联谊会：1945 年 7 月成立于四川省重庆市，中国妇女联谊会是由中国共产党领导，由各党派及无党派爱国民主人士组成，旨在对外争取抗日战争胜利，对内争取开展民主运动的妇女统一战线组织。在中国妇女联谊会的成立会上，大家民主推选了李德全、史良、张晓梅等 26 个理事，李德全任理事会主席。——原书注

② 收录于中华全国妇女联合会妇女运动历史研究室编：《中国妇女运动历史资料（1945—1949）》，中国妇女出版社，1991 年，第 85—88 页。

6. 在各城市应设妇婴医院，县以下各村镇应普设妇婴卫生站，以增进妇婴福利。

7. 凡有子女三人以上之家庭，政府应予以津贴。

8 运用合作组织，动员乡村妇女及城市家庭妇女参加工厂工作，以提高妇女经济地位。

9. 各地教育机关，应切实推行扫除妇女文盲工作，并广泛设立职业学校、补习学校，以提高妇女文化水准。

10. 抗战军人家属之生活，应予保障，其子女政府免费教养。

11. 抗战期间各公私教养保育△△收容之儿童，凡△家庭赡养者，应由国家继续教养至其成人为止。

12. 严禁贩卖人口、买卖婚姻、蓄婢、纳妾、收养童养媳等现象。

……

（原载《现代妇女》第七卷第一期）

政治协商会议五项协议①（节选）②

1946 年 1 月 31 日

……

和平建国纲领

国民政府鉴于抗日战争业已结束，和平建设应即开始，爰邀集各党派代表与社会贤达，举行政治协商会议共商国是，以期迅速结束训政，开始宪政，特制定本纲领，以为宪政实施前施政之准绳。并邀请各党派人士暨社会贤达参加政府，本于国家之需要与人民之要求，协力一心，共图贯彻，纲领如左：

……

二、人民权利

（一）确保人民享有身体、思想、宗教、信仰、言论、出版、集会、结社、居住、迁徙、通讯之自由。现行法令有与以上原则抵触者，应分别予以修正或废止之。

（二）严禁司法及警察以外任何机关或个人，有拘捕、审讯及处罚人民之行为，犯者应予惩处。政府已公布之提审法，应迅速明令施行。

（三）保证妇女在政治上、社会上、教育上、经济上地位之平等。

……

---

① 在政协第十次大会上全体一致通过。——原书注

② 收录于中央统战部、中央档案馆编：《中共中央解放战争时期统一战线文件选编》，档案出版社，1988 年，第 58-70 页。

六、经济及财政

……

（八）实行劳动法，改善劳动条件，试行劳工分红制，举办失业工人及残废保险，切实保护童工、女工，并广设工人学校，提高工人文化水准。

……

妇女应为切身利益奋斗[①]

——与《华商报》记者的谈话

1946 年 3 月 7 日

何香凝

关于妇女问题，在民国 13 年孙总理领导的国民党第一次全国代表大会里通过了妇女在政治上、经济上、法律上、教育上一切平等。到民国 15 年第二次代表大会，当时我是妇女部长（邓颖超是妇女部秘书）曾有提案要求：（一）各机关开放，容纳妇女。（二）女子有财产承继权。（三）在政治上有平等地位。（四）有离婚、结婚的自由；不得歧视再婚妇女。（五）产前产后假期内工薪照发。（六）废除童养媳。（七）废除纳妾蓄婢的恶习。（八）优待童工。这些都通过了，我们妇女要监督政府实行这些决案，不要使它成为空头支票。

在抗战苦难期间，贫苦的姐妹们过着牛马不如的生活。她们做工、逃难、历尽人世间的苦痛。两广妇女尤甚，她们的艰苦生活简直非笔墨所能形容。而当官的则穷奢极侈，所谓“富家一席酒，贫者半年粮”，何曾想到在饥饿线上挣扎的贫家姐妹？今天，我希望当官的口里吃着珍馐百味的当儿，心里要记着饿肚皮的无数同胞，省却一点靡费，大慈大悲，救苦救难！中国是这样穷，所谓“民穷官亦穷”，当饿殍载道的时候，做官的何忍独当？

我一生无所长，唯一的长处是只得一个“穷”字！这点，倒可自慰于良心。

① 收录于中华全国妇女联合会妇女运动历史研究室编：《中国妇女运动历史资料（1945—1949）》，中国妇女出版社，1991 年，第 98—99 页。

在这伟大节日，我对姐妹们只有一个希望，那就是为了切身利益，我们要争取妇女应有的权利，我们要努力奋斗，减少前途痛苦，创造人类幸福生活！

（原载香港《华商报》1946 年 3 月 8 日）

中国妇女今后的任务①

1946 年 3 月 8 日

《解放日报》社论

今天是抗战胜利后的第一个“三八”节，是中国进入和平民主建设时期的第一个“三八”节。在八年抗战中，中国妇女和全国人民一起进行了英勇的斗争，付出了极大的代价。无数的妇女失去了自己的丈夫、儿子、兄弟，遭受了饥寒流离以及种种痛苦。在灾难中，她们受着空前未有的锻炼，特别是解放区的妇女，她们热烈地参加了援助军队的工作（如生产、慰劳军队、优待抗属，帮助军队解决困难等）。甚至直接帮助了军队的作战（如进行了爆炸运动、清除奸细、救护伤兵）。解放区妇女并参加群众翻身的运动和新民主主义各项的建设，由于奋不顾身的积极工作，解放区的妇女群众中涌出了大批妇女劳动英雄，妇女文教模范工作者；妇女政权工作者以及模范看护（伤兵的母亲），女战士等等，创造了中国历史未有的奇迹。八年来沦陷区的妇女，无间断地反抗敌伪的统治，大后方妇女努力争取人民的民主自由和妇女本身的平等权利。她们对于抗战的民主事业都有伟大的贡献，总之，中国妇女的觉悟程度和组织力量，在抗战的艰苦斗争中空前提高了。

由于停战令的公布，政治协商会议的成功，全国整军基本方案的签订，今天中国已初步展开了和平民主的新局面。但是由于国民党内反动势力的破坏，中国和平、民主、团结、统一事业的前进道路上，还横着许多困难与障碍。要克服这些困难障碍，完成和平、民主、团结、统一的大

---

① 收录于中华全国妇女联合会妇女运动历史研究室编：《中国妇女运动历史资料（1945—1949）》，中国妇女出版社，1991 年，第 26–28 页。

业，如果没有占全国人民半数的女同胞的动员和组织是不可能的。同时妇女同胞的命运和全中国的命运是分不开的，妇女同胞要完成自身的解放，也就必须首先更积极地动员与组织起来，为实现和平、民主、团结、统一而斗争。

就国民党统治的地区和收复区来说，政治协商会议的决议虽然已经公布，政府当局也对实施政治自由作了郑重的诺言。但除了书报检查的废止和一两个政治犯的释放之外，政治上的民主和人民的基本自由权利以及妇女的各种平等权利依然还没有实现，在那里，妇女的任务就在于要建立民主的统一战线，广泛发动组织各阶层妇女，为实现政协会诸决议，实现和平建国纲领、反对法西斯反动分子的破坏而斗争。在组织妇女工作中，必须照顾到不同阶层不同妇女的生活地位和要求，把改善和解决妇女生活问题要求和政治民主化的斗争要求结合起来，使运动获得深厚坚实的基础。对于工农劳动妇女参加要求政府免除苛捐杂税、减租减息、制定劳动法、帮助民族工业复工、女工复业、发放贷款、组织贫苦妇女生产等一切人民权利的斗争是很必要的。妇女干部必须能切实的埋头工作，长期打算在各种社会职业岗位中，立足生根与各种职业和阶层的妇女紧密地结合起来。

就解放区来说，这里早已实行了民主政治，妇女在政治上已获得平等地位。在这里的任务就是要动员妇女群众积极参加各种民主建设工作，在新解放区里面，肃清一切敌伪残余，巩固民主政权与社会秩序，从事各种社会福利事业。解放区的巩固乃是全国和平民主建设的保证，女干部应学会掌握议会活动、群众运动、建设工作等政治活动形式及民主作风，使解放区妇女工作能成为推动与支持全国民主建设的一个重要力量。

为着发动广大群众巩固民主政权，最根本的工作就是减租减息增资的斗争。解放区妇女必须动员起来参加这一斗争，新解放区的妇女尤其应该以参加控诉，减租减息增资……等群众翻身斗争为工作的中心出发点。妇女的基本痛苦是封建经济剥削（礼教束缚是次要的，可用教育方法解决），应该发动广大新解放区妇女群众从参加翻身斗争，进而准备和组织生产。老解放区妇女工作的中心除了发动妇女参加查租运动外，应当是加强生产，特别着重发展纺织，并建设和睦富庶的家庭。

实行救济复员，创办社会福利事业，也是和平建设新阶段中的一项重要任务。长期抗战以后，流亡受灾人民急［亟］待救济，尤以妇女儿童为最。在国民党统治区及收复区，应要求政府认真抚恤抗战牺牲的遗孤，优待抗属，救济灾难妇孺孤寡，帮助还乡义民妇女路费、工具，分配盟国救济物资应公平，照顾妇孺，创办各种免费学校、保育院，增加妇女求业机会，使流亡学生复学，职业妇女复业。组织失业女知识分子、女职员，积极从事文化、经济建设。解放区应配合政府机关救济灾难妇女，尤应帮助她们组织生产互助，为适应各界妇女需要而更广泛地为群众服务。各地应按具体情况试办各种社会福利事业，如城市设妇婴诊疗所、保健堂、托儿所、饭堂、合作社、妇女职业学校……，农村组织巡回医疗队、助产组等等。

以上各点就是今天纪念“三八”节主要任务，我们希望全国妇女们努力来执行这些任务，这将不但能把中国的妇女解放运动推进一步，而且对于和平建设事业也会有极大的贡献。

（原载《解放日报》1946 年 3 月 8 日）

只有和平团结才能巩固民主妇女才能得到解放①

1946 年 3 月 8 日

李德全

自从有“三八”运动，全世界的妇女们举起争自由的火炬开始，发展到现在，可以说妇女斗争的本质从来就是民主性的，妇女和封建与法西斯势力绝对不能两立，而和民主与封建法西斯绝对不能两立一样。因为有封建及法西斯势力的存在，就没有妇女的自由。没有妇女的自由，就没有完全的民主。民主运动把半数的人口组织到自己阵营中来，妇女必须在民主的社会中以求得解放。苏联没有妇女问题，这说明她们的妇女解放完全成功，这是因为她们的社会完全民主了。英、美、法的妇女比中国自由得多。妇女一般比男子更坚决的反对封建法西斯，更迫切的要求民主设施和民主保障。老实说：谁在用石头、铁尺打民主，就是谁在用石头、铁尺更痛烈的打了我们妇女。

过去我们中国妇女是为民族和民主而流了自己的血汗的，但是我们获得的民主设施和民主保障还太不够。这不仅是由于妇女们的觉醒和决心不够，主要的是因为对于妇女的民主设施和民主保障太少。社会没有充分的给我们以知识的武装，贫苦而忙迫的家庭生活揉碎了我们的心，孩子们绊着我们的脚，母性得不到保护，职业得不到平等，于是人口半数的妇女不能大量走到民主斗争的战线上去。也为了这，我们才更需要民主，更需要民主的斗争，妇女的自由与民主的胜利是，幼稚园、保育院、把妇女的力

① 收录于中华全国妇女联合会妇女运动历史研究室编:《中国妇女运动历史资料（1945—1949)》，中国妇女出版社，1991 年，第 102—103 页。

量解放出来，组织生产消费信用合作社，在经济上开创独立生活的能力和机会。在事业上建立福利事业的经济基础。以识字教育的方法，装进政治的内容，进行国大的竞选，普及政治教育，让姐妹们来为关系她们本身幸福的民主尽力。用各种具体事业，各种社会活动，把妇女一向散漫的力量汇合起来。用事业来团结姐妹，组织妇女，配合整个民主的巨流，冲毁反民主的藩篱，建立民主自由富强的新中国。

（原载《新华日报》重庆版 1946 年 3 月 8 日）

全国妇女加强团结
为巩固和平、贯彻政协决议
争取妇女权利而努力[1][2]

1946 年 3 月 8 日

邓颖超

各界女同胞们，今天是“三八”国际妇女节，我代表陕甘宁边区妇女联合会向你们致姐妹的敬礼。今年的“三八”节，我们正处在世界的和中国的和平、民主、建设的新时代，我们妇女要担负起建国的重大责任。我们首先要做三件最重要最急需的事情。

第一把国内现在已取得的和平巩固起来。只有和平有了保障，能够巩固下去，我们才能避免战争的灾难，才能使战后满目疮痍、民生凋敝，百事待举的中国，开始走上复员和进行国家的政治、经济、文化的改革和建设。只有和平，我们妇女才有幸福可言，和平对妇女有百利而无一害的，我们要反对战争的挑拨者和破坏和平的人。

第二要求政府和各党派真正诚意的贯彻执行政协的五项决议和整军计划，因为实行政治的民主化，各党派才能有效的团结合作。整编计划使军队国家化，这是巩固和平最有效的办法亦是使中国走上和平、民主、团结、统一、富强道路的开端。所以，我们要求政府与各党派不折不扣的迅速实行政协的协议，并且要发挥妇女的民权，起来督促他们、监督他们。尤其是政协五项决议中在和平建国纲领上，保证了妇女在政治上，社

① 本文为邓颖超同志在陪都（重庆）妇女纪念“三八”大会上的讲话。——原书注

② 收录于中华全国妇女联合会妇女运动历史研究室编：《中国妇女运动历史资料（1945—1949）》，中国妇女出版社，1991 年，第 100–101 页。

会上、教育上、经济上之平等地位，规定了知识青年、女学生研究学术的自由，不以政治思想干涉学校行政，确定抚恤阵亡将士的遗族以及切实保护女工，提高教师之待遇等。这些有关妇女切身的利益之实现、生活地位之改善，还有赖于我们努力的奋斗。只有实现了民主，才能得到妇女的权利，我们要反对法西斯分子破坏民主团结的阴谋活动。

第三有效的加强全国妇女的团结，拥护各党派妇女的团结合作。在抗战中我们妇女曾经有过团结合作的基础，今后的团结合作，必定会更有进步。我真诚的希望各党派与无党派的妇女，首先是各方妇女站在领导地位的人物共同来商量今后团结合作的有效办法以便更好的来开展妇女大众谋福利的事业和建国的事业，只有团结，才有力量。

为了实现上述三件事，我们必须要依靠自己的强大的力量去奋斗，不怕困难、不怕挫折，定要使和平、民主、团结、统一、富强的中国建设成功。民主富强的新中国万岁。

（原载《新华日报》重庆版 1946 年 3 月 9 日）

中央关于派干部到大城市建立工作的指示①

1946 年 3 月 28 日

各中央局、分局：

为着建立各收复大城市及交通要道中的工作基础，应抓紧目前时机(国民党立脚未稳，人民情绪等)，派一批适宜的干部到各大城市去建立工作。首先是打入学生群众、重要产业工人中，开展职工、学生、青年及妇女群众运动并进行统战工作。为此，望各地即着手调集一批干部，给以短期训练后，分布到附近城市和交通要道，其中如有适于各该战略区以外的其他区域的城市工作干部，即报告中央，以便统筹调剂。如何布置，盼电告。

中央书记处

---

① 收录于中央统战部、中央档案馆编：《中共中央解放战争时期统一战线文件选编》，档案出版社，1988 年，第 93 页。

民主运动中妇女的新方向①

1946 年 7 月

李公朴②

在过去谈妇女问题时，不外是婚姻问题、家庭问题、妇女从业问题、妇女参政问题、经济独立问题之类，而在今天来谈妇女问题，以上那类枝节的问题就可不谈了。虽然那些问题也是切身的问题，不过，更迫切的是推进民主运动。就是中国先要是一个民主自由的国家，是那些枝节问题方能得解决。我们先承认今天的妇女问题、民主运动中妇女问题的话，首先就得注意三个新的方向；倘使这三个新的方向能切实把握住了，以上那些枝节的个人的切身问题就会自然地得到解决。而且有些也只能摆在根本问题当中，同时得到解决。

正确的思想和人生观

第一、在中国今天来讨论妇女在民主运动中的方向问题，首先要妇女建立起正确的思想和正确的人生观。什么是正确的思想和正确的人生观，不在今天我讲话的范围之内来讨论。我所提出来第一要建立正确的思想和人生观，不是正面的谈思想人生观的问题，而是说，承认民主理论是对的，承认民主运动中的妇女问题，不是那些婚姻家庭等枝节问题的话是对的，那么我说，就不应当有相反的思想，就把那些婚姻家庭等等的枝节问题看作是妇女解放的主要问题的思想，加以扫除。

① 收录于中华全国妇女联合会妇女运动历史研究室编:《中国妇女运动历史资料（1945—1949)》，中国妇女出版社，1991 年，第 114−117 页。

② 李公朴时任中国民主同盟中央委员，积极参加爱国民主运动。1946 年 7 月 11 日在昆明被国民党特务杀害。——原书注

有许多人说妇女主内呀，男子主外呀！妇女受着生理自然的缺陷，工作大受限制呀！这些许许多多的说法，过去是有意无意的造成限制妇女参加工作的口实，这等于用枷锁来限制妇女。枷锁是没有人愿意背起来的。但是上面那些有意说妇女有种种缺陷的话，比枷锁还要利害，使许多妇女在未曾负担起工作任务之前，首先自己就怀着一肚子的怯弱心理。造成除了依靠男子之外，自己没有独立的性格。这种心理的表现，就说明了许多女子仍是甘愿把枷锁枷在自己的头上，它同时也成了民主运动中妇女的枷锁。所以我们首先要提出打开枷锁的思想问题。

生活决定意识

第二、要谈思想与生活配合的问题。这个问题，不仅是妇女们要做到思想与生活配合，就是男子也应当要做到思想与生活配合，言行要做到一致。不过特别是今天的妇女，受到这个思想与生活不配合的侵害特别利害。譬如在重庆大后方的妇女，一些家庭经济好的妇女，很多都是受过了新的教育甚至许多在社会上取得了相当地位的妇女，但是她们还敌不过物质生活的引诱，常常被目前的利害所屈服，甚至受生活的引诱。所以过去虽然受过新教育的洗礼，但一有生活享受的机会，她们的生活就变了样，而不能同所受过新教育的思想配合。就以她们的行动来说，最初也许是被动的，但从被动却变成了主动。有些固然受家庭的束缚，而大多数也实甘心情愿放弃了一个新妇女的任务，使自己的生活与进步的思想背道而驰。由于生活的享受而影响到生活一天天与思想游离。一个哲人有一句名言："生活决定人的意识"。你想许多受过新教育，有思想意识的妇女，尚且会被生活的引诱所改变，何况那些认识不清楚的妇女，将更易受不健康的生活的影响和改变，使她们糊里糊涂。所以在有了正确的思想人生观之后，更要战战兢兢地注意自己生活，若是不注意生活，让生活向着不健康的路上发展，那么在新教育里面所得到的一点进步思想，由于生活不能和它（思想）配合，就会慢慢地把这些进步的思想置之高阁的。

站起来工作

第三、民主的妇女问题，简单地说起来，一方面锻炼了正确的思想人生观，一方面就要工作，站起来工作，切切实实的站起来工作。这个问题讲起来，是一步比一步难。今天思想不清楚，可以找几本思想正确的书来看，朝着正确的方向进行，还容易建立起思想的系统来。今天旧的生活要改变，但不是机械地要每个（各阶层）妇女的生活，都同时改变得和劳苦的人民一样。这是很难做到的，这比改变她们的思想要难。但是最低的限度，在生活上不必要的奢侈是可以改变的，虽然有许多奢侈的装饰，只是属于个人的生活范围之内，改变较容易。但是要谈到工作就不同了。工作的范围是要和社会有关系的。过去的妇女想工作，但是要谈到工作就不同了。工作的范围是要和社会有关系的。过去的妇女想工作，但是她们不敢挺起身来工作。她们在工作中表现得软弱与羞涩，带着消遣的玩耍式的态度。今天妇女运动，便是一种革命，如果忸忸怩怩、羞羞答答地或带着逢场作戏的态度起来革命，那还像话吗！这次战争中，有这许多国家，除了苏联、英、美、法等国家的妇女的积极活动之外，也可在中国敌人沦陷区的地区找出许多妇女站［起］① 来的事迹。今天，已有先驱者给我们踏出了一条血路，因此我们不是孤立的。过去的妇女，不能说她们没有工作，主要的她们的工作态度不积极，今天我们要工作的话，在生活的思想方面都要采取积极态度，要挺起胸来切实地主动的站起来工作。

（原载《现代妇女》第七卷第一期）

① 原文为“站来”，根据文意，改为“站起来”。——编者注

为出席国际妇女会议事对记者发表谈话[①]

1946 年 9 月 6 日

邓颖超

今天我想讲三个问题：

一、介绍在美国将要召开的国际妇女会议。在美国召集的国际妇女会议是根据今年五月联合国社会经济委员会下的妇女小组的提议，接着由罗斯福夫人提议并发起，同时由美国十九个妇女团体共同发起而召集的。这十九个妇女团体包含很广，计有美国大学妇女会、军人家属联合会、美国医药界妇女协会、美国妇女自愿服务队、美国少年同盟、野营团、美国产业职工大会妇女大会、妇女俱乐部、妇女童子军、美国女青年会全国总会、全国教师家长会、全国犹太妇女会、全国黑人妇女会、全国职业妇女协会、全国家庭示范会、全国妇女选民同盟、全国妇女伦理学会、全国妇女职工同盟会、宗教妇女联合会，包括了各方面、宗教与非宗教及有色人种。为了指导这会议的进行，组织了十三人的指导委员会，这些委员都是美国有名望的人物，如主席卡特夫人（Mrs E.C.Carter），迪恩夫人（Mrs Vera M.Dean）格兰夫人（Mrs.Herrg F.Gradg）和潘金斯女士（Miss Frances Perkins，罗斯福执政时劳工长）等等。我是得到这个指导委员会主席卡特夫人的亲笔签名的请柬，和寄来的议事日程，委我出席会议。这会议召集的宗旨，是汇集各国妇女在一起共同研讨如何实现联合国宪章而奋斗，以及交换学识经验。会议的议事日程已拟定要讨论四大问题：第一，我们生活在一个怎样的政治世界内？第二，我们生活在一个怎

① 收录于中国妇女管理干部学院编：《中国妇女运动文献资料汇编》第一册（1918—1949），中国妇女出版社，1987 年，第 441—443 页。

样的经济世界里？第三，我们要为争取怎样的社会秩序而奋斗？第四，我们所在的这个世界的精神与道德情况如何？除这四大问题外，还包括许多小问题，如第一个政治问题里包括：如怎样可以使各种政治经验不同的国家扯到一个国际合作的共同基础；如各国的文化传统如何影响着二十世纪所提出的政治问题；人民在其本国内能作些什么以防止各政治文化的差异对国际合作的阻碍？在第二个大问题里，包括：如人民在其本国内如何提高生活水准？在第三大问题中包括：如什么才是现代社会公民关于营养健康教育业余活动就业平等待遇等等的基本人权？和应采取怎样的具体步骤来实现这些基本人权？在第四个问题中包括：怎样加强精神力量与树立高尚道德标准以求得对国际政治经济社会的生活奠定一健全有力的基础？

从这个议事日程，可以看到这个会所讨论的是有关世界政治、经济、文化、社会秩序、精神与道德情况等诸大问题，以求得世界的民主和平。

这会议举行的时间，是今年十月十三日——二十二日。为了安静起见，地点选在纽约市郊的乡间。

我得到这个通知的时候，觉得是接受了一个光荣的任务。应很好的为中国和世界妇女服务，应向全国妇女说明使大家知道这个会议的种种。我决定接受邀请之后，就在八月三日电复卡特夫人，八月八日即向外交部社会部要求发给护照，外交部答复必须得到社会部核准。社会部尚无明确答复。我不能因此而不从事准备，现正积极准备出席会议的工作。我已把议事日程中选几个问题向全国女同胞征求意见，以便汇集后提交大会。在解放区，妇女联合会已接受我的建议，妇联主任蔡畅同志已向各解放区妇女发出通知，征求意见。另一方面，我已准备了一篇短文，向全国妇女征求意见。

二、简单的讲一讲一年来国际妇女为和平奋斗的活动，期望中国妇女在这方面不应落后人。

远在去年七月，由欧洲几个主要国家发起召开国际妇女大会，经过了短短的筹备，在去年十一月末在巴黎举行了大会。有英美法苏等四十余国的妇女代表出席。由于筹委会向中国驻法大使钱泰的邀请，由钱大使临时指定旅欧的中国妇女、女学生组织了一个十人中国代表团，团长是叶南夫人；团员有李佩、姜漱寰等。当时中国解放区妇女联合会很注意这个会，热望参加，但限于交通等等阻碍，就委托当时在法的邓发、陈家康两同志向大会接洽。这个会的宗旨主要是如何肃清世界的法西斯主义，同时为了加强国际妇女的团结，以及为世界的和平民主而奋斗。在大会里成立了一个经常固定的组织机构——国际民主妇女联合会，联合会的理事，规定中国占八席。当时通知中国解放区妇联可占三席，两位正式理事，一位候补理事。我们得到通知后，在今年四月，提出候选人，由各解放区妇女团体选出蔡畅和我为正式理事，女作家丁玲为候补理事。今年五月初，我得到通知要在六月初赶到巴黎开第一次理事会。但很遗憾的是因为得不到护照而不能出席。在这件事上，国内舆论界曾给予同情和帮助，尤其是国际民主妇女联合会秘书长，曾亲去驻法大使馆四次交涉，仍无结果。这个会开了三天，我已收到她们的决议案，主要是关于参加联合国机构，如何恢复战后秩序及阻止第三次大战和粮食问题西班牙问题等。

前天又得到她们的电报，由于这个会的主席与副主席的提议，将再举行一次执行委员会，地点在莫斯科，时间在本年十月十五日。

今年十月在纽约和莫斯科同时召开的两个会议。我现在决定出席在纽约召开的会议，因为莫斯科的会议可由另两位理事出席。

从这些简单的材料可以看出世界妇女如何为了恢复世界战后建设，以及和平民主不断的积极的努力的活动。所以中国妇女在这样的大事件之前不应落后，不仅要参加，而且要关心世界妇女为和平民主而奋斗的活动，并且要积极的把中国妇女的意见提向大会。中国妇女对中国以及世界和平应作她应有的贡献。

三、关于前次出席巴黎国际民主妇女联合会执委会被阻的经过，也在此略提一下。社会部用了他可能用的借口加以阻碍。在一切的借口为我驳倒了以后，还说必须要钱泰大使的电报证明，才能出国。因此我不能不向国内国际舆论界及巴黎妇女会议呼吁。我已致电该会主席考顿夫人说明不能出席的理由；并由中共代表团周恩来同志致电钱泰大使要求证明。直到六月二十二日（离会前五日）社会部才有答复说没有出席必要，且时间迫促，事实上我五月中即请求发给出国护照，故对于不能出席一事，我不能负责。

由于上次的经验，我感到这次亦将遭到同样困难，我将继续不懈的奋斗。我想，假如今天中国是个民主的中国，民主的政权，我应该得到这起码的民主权利。但人民团体的活动受到政府的如此垄断，显然说明了今天中国政府还是一党专政，而且各党派及人民的国际活动，亦为一党所包办。但我还是向政府请求，希望政府能顾全国际合作的影响，不要因一个人的出席问题而引起国际对中国政府的不良印象和后果。

（原载《群众》1946年9月7日）

中央关于在各大城市组织群众响应北平学生运动的指示[1]

1946 年 12 月 31 日

董（并转沪工委）、吴、张（通知昆蓉）、剑英、刘晓（并转钱瑛）、方、林[2]：

（一）北平学生因美兵强奸女生事，已造成有力的爱国运动，上海、天津闻亦将响应。望在各大城市（平、津、京、沪、渝、昆、港、蓉、杭等）及海外华侨中发动游行示威，并坚持下去，不能游行的地方，亦可进行请愿及组织后援会，一面提出目前具体要求，如要求此案及以前历次悬而未决的惨案彻底解决，要求美国兵犯罪由中国法庭按中国法律公开审判（如华侨在美犯罪一样）等，一面依据情况联系到美军全部撤离中国，反对美国干涉内政，出卖军火，进行借款，助长内战，及废除中美商约，抵制美货等口号。在运动中要尽量推动一般中立分子出面，造成最广泛的阵容，并利用国民党所宣布的元旦起实行宪法人权条文，采取理直气壮的攻势，使国民党不敢压迫，并达到暴露国民党之媚外卖国及其国大制宪全系欺骗之目的。

（二）我们在各地学生及妇女中的关系，应尽量利用学生及妇女中通信办法，向各地推动发展，并推动各界撰文通电，向各方声援呼吁，务使此运动向孤立美蒋及反对美国殖民地化中国之途展开。

中央

---

① 收录于中央统战部、中央档案馆编：《中共中央解放战争时期统一战线文件选编》，档案出版社，1988 年，第 139—140 页。

② 姓名全称是：董必武、吴玉章、张友渔、叶剑英、方方、林平。——原书注

妇女们参加到民主运动中来[①]

1946年3月

明天就是妇女节了！这是我们中国妇女在抗战已经胜利，国家开始进入和平民主建设新阶段的第一个妇女节，因此值得全国姊妹们的热烈庆祝！

和平建国纲领里，明文确定："保证妇女在政治上社会上教育上经济上地位之平等。"这是中国妇女争取民主解放事业中的一次伟大胜利，是二十多年来中国妇女和全国同胞争取民主，争取妇女平等权利的成果。这证明了妇女解放和民族民主斗争是分不开的。只有把妇女本身求解放的斗争和民族民主的运动结合起来，在努力争取民族解放民主实现当中，才能获得本身的自由解放。

但是必须清楚认識［识］：条文的规定，并不就等于事实的存在。因为民主政治未能彻底实现起来，妇女们终还是家庭的奴隶，男子的玩具，为社会所歧视排挤，屈辱地生活在痛苦琐碎麻木的小小圈子里的。

解放区的几千万妇女，生活在民主政治的环境中，她们已经早就获得了政治上、社会上的平等地位，大批妇女被选举到政府机关中去，和男子一样管理政事，她们保证有受教育的权利；而积极参加生产建设的结果，经济上的独立，又保证了一切权利的充分实现。几千年的封建束缚一扫而清，她们已经快乐地过着平等自由的幸福生活了。她们的努力方向，就是全国姊妹们的努力方向。

在大后方，政协会所通过的一切民主的决议，到今天仍待全国人民

---

① 收录于中央档案馆、广东省档案馆编：《广东革命历史文件汇集·广东区党委文件（1946.1—1947.7）》，广东省供销学校印刷厂，1989年，第34—35页。

监督其实现，在国民党内法西斯派疯狂反动之下，中国人民所获得的和平民主的成果正在遭受其阴谋破坏，一万万以上的姊妹们的痛苦生活和卑屈的地位，不独没有丝毫改善，而且由于经济危机的深刻化，特别是我们广东，内战还没有停止，农村里妇女们正在惨遭蹂躏流离死亡。都市里，女工们以低贱的价钱出卖劳力，娼妓还是充斥街头，许多机关不用女职员，用了也被当作花瓶，诸多歧视和侮辱。

封建的法西斯的残余势力，是仇视妇女压迫妇女的。因此我们在纪念这届妇女节当中，我们广东的妇女，特别是生活在省港的姊妹们，就应该迅速把沦陷期间沉寂了几年的妇运恢复起来，检讨过去的工作，总结经验教训，来制止广东的内战，争取和平到来，配合全国的民主高潮，把新的阶段里的新的妇女工作展开。

为此，我们愿向省港的妇女工作者提供几点意见：第一必须加强本身的学习，加深对时局对工作的认識［识］，因为只有正确的理论作指导，运动才能走上正确的道路。第二,一切妇女工作者首先要团结起来，建立起推动妇女的民主运动的核心，而且必须从各方面去加强妇女本身的组织，从知識［识］妇女的圈子走出来，深入到广大的劳动妇女与家庭妇女中去，奠立强大有力的妇运基础。第三，争取经济上的独立，是妇女解放的基本条件，因此必须抛弃在经济上依赖丈夫轻视从事职业劳动的不正确心理，勇敢地到社会上去到职业部门中去。

和平民主新中国的大船，已经桅樯在望，占全国人口一半的妇女们以强大的力量参加到民主运动中来，妇女的真正的自由解放将会更快获得的。

（原载《正报》第49期，1946年3月7日）

中共广东区委目前形势与任务的补充指示（节选）①

1946 年 3 月 10 日

……

本港救灾与国内灾情

旬日以来，本港的救济内地战灾工作，已逐渐走上蓬勃的道路。东江解放区惠东宝三县救济总会已开展救济，且得国际友人的帮助，工作在开展中，短期内并拟办募捐义演等工作。三八节的港九妇女联谊会席上，妇女们捐了一笔款子，筹赈内地战灾。何明华会督赈济惠东宝海陆丰五县灾民的工作也在不停的进行。他所主办的二次大战画展会收入虽不多（每天不过一百元），但他们事业精神和展览会的良好政治影响，却是收获很大的。此外潮属港侨已组织救济粮荒委会，拟向暹购米四万吨，自本月起租轮运潮平粜，他们已呈当局请准在暹购米出口，用平粜方法希图渡过四个月的粮荒。华侨报发动的救助内地战灾难胞，第一批捐款国币六百万元，昨已由中国银行汇往国府。华商总会经杨荨辉的建议，已成立筹赈国内粮荒小组委会，并定今日召开干事值理特别叙会，商讨筹赈问题。女青年会也准备日内开始捐募工作。产业工人方面，一元救灾运动已在开展中。太古船坞煤部工友已获得很好成绩，广九铁路工人也热烈展开捐募。船坞工人更希望华人执器会领导这一救灾运动，使港九机工们能一致地直接为救灾事业努力。

① 收录于中共惠阳地委党史办公室、中共惠州市委党史办公室编：《东江党史资料汇编》第九辑，惠州市人民政府印刷厂，1987 年，第 440—442 页。

关于内地灾情，只要我们关心内地的情形，就晓得它是遭受着两种战灾的威胁：其一是战时惨遭日寇的蹂躏，其二是战后由反动派好战所造成的内战灾祸。关于前者，我们已经看到许多报导的如湘、鄂、赣、豫的饥荒情形，衡阳一地，饿死的已达五六万人，湘南的施粥站，每处常涌着三四千人在候着一碗稀粥。每镇饿死人数百以上。粤省方面，就潮州一地而言，本属缺粮的地方，战前汕头港每年洋米进口在一百万担以上。一九四二年晚造歉收，翌年饿死民众数十万。战胜后晚造同样歉收，洋米又没有进口。时值天旱，今年早造未能下种，米价每斤已售三百元，民众正辗转饥饿死亡线上，这不仅是潮属一地如此，其它各县也同样闹着严重的粮荒。预计今后四个月内谷未有登场，这青黄不接期间，粮价必趋上升，民众痛苦必愈来愈厉害。关于后者，我们看到给违反停战协定的不肖军人进攻的“再度沦陷”地区。在战时，我们已饱受敌人的荼毒，今天又为“胜利灾”所熬煎，其惨状是不能想像的。据不完全统计，抗战期间东江解放区惠东宝各属的损失是人口死于敌伪及灾荒者一万二千一百七十四人，房屋被焚或被拆毁者三十一万六千二百四十间，牲口（牛）损失二万七千二百八十一头，米粮二百二十八万八千一百担，农具损失值国币三万四千八百元，衣物家私损失值国币二百四十万万元。战后人民复受内战之苦，被中央军迫到流离失所，逃亡来港的达三四万人，惨状为空前所未见。

今天我们应该发动广泛的救灾运动，更应该竭力制止内战，争取民主政治的彻底实施。救灾政治和民主事业是不可分离的，我们要使促进和平、民主、救灾的工作更加扩大起来。

（原载《华商报》，1946 年 3 月 13 日）

目前广东工运中的几个问题（节选）①

——为建设民主的工会而奋斗

1946 年 10 月

江子诚

反侵略战争的胜利结束，沦陷了的城市都光复过来。因战争的影响而分散了的工人，又重新从各个不同的农村向城市集中起来了。

……

那么，目前广东（包括港澳）工运中有些甚么问题呢？这就是：一、改善生活问题；二、工会工作问题；三、民主化问题；四、作风问题。

下面，就将这四个问题分别提出来研究研究，聊作引玉之砖，以期引起各方面的深入讨论和指正。

……

工会工作

第二，工会工作问题。

工人组织工会是战后工人应该享有的合法的自由权利，而工人在为争取本身的共同利益当中，亦深感到必须有组织以团结工人力量，代表工人利益的自己的工会的必要。这样，工会工作在实际上就是今天工运中的最中心的工作，必须了解为建设工人自己的民主的工会，这是今天职工运动的中心方向。

今天工会的新方向，就是产业工会的建立。这不单是因为产业工人彼

---

① 收录于中央档案馆、广东省档案馆编：《广东革命历史文件汇集 · 广东区党委文件（1946.1—1947.7）》，广东省供销学校印刷厂，1989 年，第 109—117 页。

此间的利害一致，而且他们过的是集体生活，在共同劳动的锻炼和教育当中，集中性、纪律性和组织性特别强。因此，产业工会是最近代化，最有力量的工会，它是广大职工战斗堡垒和教育堡垒。

产业工会是一个或多个同性质的产业部门的工人组织，它的成份应以全厂熟练工人、青年工人、女工为骨干，争取工头、职员和学徒的参加和拥护，不分帮派，不分里籍、不分行业、不分地域地团结起来。

产业工会掌握着城市的命脉在其发展上将有发展向集中与统一可能。但目前在条件未成熟时，过高的口号是不适当的，应加强产业工会间的无形的、有形的联系。

……

（原载《正报》旬刊新9号，1946年10月11日）

路西征粮工作中的一些经验（节选）[1]

1946 年秋

……

（五）

总结起来的一些经验：

1. 在征粮方针方面的：

……

(4) 核产、抗日军人家属、鳏、寡、孤、独，分别减征或免征。当时，抗日军人家属初期是包括国民党军的，后期则规定 K 军士兵。

……

① 收录于广东省档案馆、广东惠阳地区税务局编：《东江革命根据地财政税收史料选编》，广东人民出版社，1986 年，第 149—160 页。

闽粤赣中心县委致中央电（节选）①

——中心县委扩大会议概况、碧山报告记录②

1946 年 5—6 月

中央：

一、我们中心县委的第一个执委扩大会，于二月二十日开幕，出席人碧山、鲁夫、廖伟、漠琴、志平、平英、亚碧、何勇、碧珍等。缺席有老郭（因赴省见方方同志）、必进、全旅（因长乐内战紧张不能抽身）、献群（因受伤尚留闽西疗养），会议历时八天，于二十九日闭幕。会中我们热烈深刻地讨论了中央二月一日“关于目前形势与任务的指示”，总结了我们一年的工作和斗争，决定了我们今后半年的工作和成立了执委会。

……

2. 我们一年来的斗争虽然还有许多缺点与不够的地方，但也有不少成绩。我们已在秘密的白区工作中学会了武装斗争，军事力量已经由几条烂枪发展到足够一个连的装备，我党威信已大大提高，其余青年、妇女、学生、农民及党的工作均已有了初步的基础。

……

5. 会后成立了执委会，执委会委员是老郭、志明、平英、何勇、亚碧、漠琴、献群、廖伟、鲁夫、全福、必进、碧山共十二人，同时推举碧山为正书记，鲁夫为副书记，全福为组织部，必进为宣传部，亚碧为妇女部，由碧山、鲁夫、全福、必进组织常委，会议记录全文整理中，详情

---

① 收录于中央档案馆、广东省档案馆编：《广东革命历史文件汇集·广东党组织文件（1945.11—1949.12）》，广州市成教印刷厂，1989 年，第 313-315 页。

② 由编者加拟或改过的副题。——原书注

待续。

中央：

闽粤赣中心县委执委会成立大会会议记录。

我们这个会议可分为五部分，第一部分是碧山同志关于怎样去认识和执行中央指示的报告；第二部分是大会关于十多个工作的决定；第三部分是工作总结，其中包括武装斗争与群众工作，武装工作，开办工作，小学教育工作，青年与妇女工作，建党工作；第四部分是整风反省；第五部分是成立执委会，并选出常委人员。现在先将第一部分详细报告如下，敬希指示和批评。

碧山寅真

……

1947年——

中共中央关于发动妇女参加土地改革运动和收集发动妇女经验的指示①

1947 年 2 月 9 日

在进行土地改革运动中，务望在领导上主动及时地加强发动妇女参加，发动得愈多愈普遍愈好。要在农民大翻身的运动中，同时也使受压迫的妇女大翻身，打破数千年来在观念上及社会制度和习惯上的封建束缚，并望搜集发动妇女的经验与参加斗争的各种情况材料加以整理，于土地会议时带来，如有典型材料可先交新华社报道。

① 收录于中国妇女管理干部学院编：《中国妇女运动文献资料汇编》第一册（1918—1949），中国妇女出版社，1987 年，第 445 页。

中共中央关于华南工作的指示[1]（节选）[2]

1947 年 5 月 6 日

叶罗转洋台方林并转沪台刘晓长胜[3]：

……

丁、为适应这种种形式的领导，华南党的组织形式及系统应确定如下：

1. 港设中央分局，直受中央领导，同时与沪中央局发生必要时之联系，并受其指导。分局由甲、乙、丙[4]、梁广、潘汉年、夏衍、连贯七同志组成，以甲为书记，乙为副书记，刘长胜留沪，不再来港，张明如能留沪，亦参加沪中央局工作。

2. 分局下设三项平行组织，一为港工委，专管港及华南、南洋公开的战线、材料（刊物、报纸）、文化、外交、经济、华侨、群众（工、青、妇）各项工作，以便分局本身及其他两项组织都能与公开工作分开，尤其要使港及广州南洋各地当局只知港有工委活动，不知其他，二为城委，专管华南各城市工作。三为各地区党委，专管各小城市及农村工作。目前设广东、琼崖及闽粤赣三个区党委与广西工委。上述三项平行组织人选除琼正进行自选外，余由分局提出，大兄批准。

……

---

① 这是中共中央给叶剑英、罗迈转方方、林平及刘晓、刘长胜的电报。——原书注

② 收录于广东省档案馆、中共惠州市委党史办公室编:《粤赣湘边区革命史料》，广东人民出版社，1989 年，第 96−98 页。

③ 叶罗方林即叶剑英、罗迈（李维汉）、方方、林平。——原书注

④ 甲、乙、丙即方方、林平、章汉夫。——原书注

中共中央对时局口号[①]（节选）[②]

1947年7月5日

……

（十五）全中国的工人、农民、知识分子、爱国青年、爱国妇女、小资产阶级、民族资产阶级，开明绅士及少数民族、海外华侨一切爱国分子，联合起来组织全民族的统一战线，反对蒋介石的卖国内战独裁，建立独立、和平、民主的新中国！

（十六）人民解放军万岁！全民族的统一战线万岁！民主的联合政府万岁！中华民族解放万岁！

---

① 此为纪念“七七”抗战十周年发布。——原书注

② 收录于中央统战部、中央档案馆编：《中共中央解放战争时期统一战线文件选编》，档案出版社，1988年，第160—162页。

土地改革与妇女工作的新任务①

1947 年 12 月

邓颖超

两年来，解放区的农民在我党领导之下，进行了轰轰烈烈的土地改革运动，获得了伟大的胜利。成千万无地少地农民与广大农村劳动妇女都卷入了这个运动，他们摧毁乡村里的封建势力，他们不仅获得了土地和生产工具，而且提高了阶级觉悟和政治积极性。因此他们在经济上和政治上都翻了身。特别是劳动妇女的伟大力量，在这一运动中更明显地表现出来了。她们在土地改革运动的各种反封建斗争中，在生产战线上，在支援前线与担负后方勤务工作上，以及在农村里代替男子的各种工作岗位上，都表现了前所未有的规模与英雄的姿态。在斗争地主时，她们的诉苦往往起了带头作用；在追索地主浮财时，她们往往在一般人易于疏忽的地方，仔细入微地击破了敌人的诡计。甚至在有些地区，男人在前方打蒋匪，女人在后方分田地挖蒋根；有些地区广大的妇女成为生产的主力军；有些地区劳动妇女在乡村中已站在当权的地位；有些地区妇女，在支援前线工作如做鞋、缝衣、磨面、碾米、短距离抬运、看护伤病员等工作上，也都做了重大的贡献。这些都说明了妇女是土地改革运动和爱国自卫战争中一个不可忽视的极重要的力量。因此在土地改革中，发动广大劳动妇女群众来积极参加，实在是整个运动中不可缺少与极重要的组成部分。事实告诉我们，不发动农村劳动妇女群众参加土地改革，就不可能彻底完成消灭封建残余。

---

① 收录于中国妇女管理干部学院编：《中国妇女运动文献资料汇编》第一册（1918—1949），中国妇女出版社，1987 年，第 454—456 页。

但解放区各地党，对于发动与领导妇女群众参加土地改革，除个别地区有明确的认识，并主动有意识有计划地予以注意外，一般来说还重视不够，在大多数地区妇女工作仍是被忽视的，自流的，没有领导的。因此全国土地会议在总结两年来土改的经验时，着重指出：今后为了彻底平分土地消灭封建势力，党的各级领导机关，必须提高与加强妇女工作。

最近我党中央公布了“中国土地法大纲”。它根据农民的要求及土地改革的经验，规定消灭封建性及半封建性剥削的土地制度，实行耕者有其田的土地制度，这一个具有伟大历史意义的土地法大纲之公布，将要在全国特别是在解放区千百万农民群众中，掀起更热烈更雄伟的土地革命运动的高潮。各地党委必须吸收广大的农村劳动妇女积极参加这一伟大的革命运动，号召妇女群众为了自己的解放与广大农民密切团结在一起，以便组成一支强有力的队伍去展开及贯彻土地改革运动，完成中国革命的基本任务。

因此，全国土地会议为了达到这个目的，根据各解放区土地改革的经验，曾着重指出当前妇女工作应特别注意下列几点：

（一）要以土地改革为中心，使妇女工作与土地改革结合，妇女运动与农民运动结合。两者密切结合可以相互推动相得益彰，农村劳动妇女与其他农民同受地主阶级的剥削和压迫，具有共同的要求共同的利害。因此在各地进行彻底平分土地的运动中，发动农民群众时，必须同时发动农村劳动妇女群众。不应有先男后女主从之分，更不能有捎带一下、利用一下的做法，或以落后、啰嗦、麻烦、讨厌、困难种种借口即放弃或避开深入发动广大贫雇农妇女的工作，使妇女工作陷于自发自流的状态。

（二）在发动与组织农村妇女群众时，要以贫雇农妇女为骨干团结中农妇女，贯彻群众路线于各方面。过去农村妇女工作中的阶级观点与阶级路线是长期模糊的，实际是在中农以上的地主、富农妇女中兜圈子，浮在上层包办代替，因而脱离了农村基本妇女群众。今后必须纠正这个错误，应深入贫雇农妇女群众中去，不倦的耐心地进行工作，和她们打成一片，熟悉和了解她们的痛苦与要求，衷心为她们服务。首先从老壮年妇女入手，可采用翻心、诉苦、划阶级、追穷根、比苦、比光景、比日子等方式启发她们的阶级觉悟，使她们与地主富农分清界线。在运动中，更要特别注意培养与提拔妇女积极分子去参加各种领导工作。同时在农民妇女群众中，更广泛地宣传和解释土地法大纲并切实贯彻这个大纲，真正做到妇女与男子一样分得到土地并其所有权。在分配浮财时，要采取从其家庭之不同的需要出发，从喜爱浮财提高到对土地的兴趣，从个人的要求出发，提高到对整个的阶级利益的认识，同被压迫的全体农民团结在一起去消灭共同的敌人——地主阶级。只有这样，在平分土地的运动中，才能使千百万妇女群众勇敢的去进行消灭封建剥削的土地制度，达到经济上、政治上的彻底解放。

（三）在乡村中，工、农、贫民妇女应按各人社会成份吸收她们加入贫民团、农会、合作社及互助组、识字组中；乡村妇女联合会应在农会统一领导下工作，农会可设妇女部（亦即妇联会）；在农民代表会及其委员会中，必须注意吸收妇女的积极分子参加。妇女会员编组的方面：无论是与农民混合编组或单独编组，可依照当地情况与农民妇女群众商量选定；但不论采用何种形式，均应注意妇女会员，以同等锻炼的机会，提高她们的政治觉悟和工作能力为原则。农村妇联会尚未加入农会者应即加入，并审查妇联会的会员的成份，淘汰地主富农分子。

（四）在土地改革完成的地方，应以全力发动和组织广大劳动妇女参加生产运动。妇女在生产与支前中，过去曾作了巨大的贡献，如有些地区为了供应部队作战时的给养，妇女们磨面、碾米每天达十万至百余万斤；为了解决野战军服装的需要，冀南的妇女于一个半月内提早完成了八十万匹布的供给；在山东、太行某些地区，今年的春耕主要是依靠妇女完成的。现在战争规模日益扩大，大批的青壮年男子不断上前线。因此，妇女在发展生产，支援长期自卫战争与取得最后胜利上负有光荣的任务。

为此需要进行许多有系统的宣传组织工作。在生产方面，应以组织妇女参加农业劳动为主，并根据各地的条件发展各种副业及手工业，尤应注意进行组织妇女学习各种生产技术，特别是农业技术的训练。要善于组织农村的劳动互助，打破妇女下地为耻及缠足等各种阻碍妇女参加生产的习俗，以便大量的发展生产，适应支援战争的巨大需要。各种支前工作也需要更好的组织妇女参加。在各种工作中都要以妇女群众的自觉和自愿为原则，纠正强迫命令的作风。

（五）在土地改革的过程中及完成以后发动人民群众进行民主运动时，必须发展妇女群众积极参加，以便更广泛地进行改造民主政府、群众团体及党的各种组织与干部，以及反对官僚蜕化分子的斗争，使民主运动的发展能够达到更大的深度和广度。同时依照男女平等及民主自由的原则，实现妇女应得的各种民主权利。并应切实注意提拔工、农、贫民妇女中的积极分子参加各级民主政府、群众团体及党的各种工作。各级党委及各种组织的领导机关，要经常对她们进行最关心的帮助与培养，训练她们的办事能力、生产技术及提高她们的文化和政治水平，以便在大批男子不断走上前线的情况下，妇女能够代替男子在后方进行各种工作。

应在发动妇女群众积极参加整个群众的土地改革、生产与民主运动中，有意识地注意逐渐解决妇女本身的各种问题（如强迫包办婚姻以及限制妇女参加社会活动自由的一些封建陋习），不要使妇女运动离开了整个群众运动。即是说在整个运动过程中，要打破封建制度残留在妇女方面的压迫和束缚，以及宗法社会遗留下来的对妇女的旧规矩、旧道德、旧思想，使正在起着重大变化的妇女在家庭里、社会上的地位能更加改进与提高，建立起新规矩、新道德、新思想。在进行这些工作时，应争取农民的同情各自来参加，并应在群众中进行长期的思想教育工作，以便彻底消灭封建制度的残余。

在两年来的土地改革，生产运动与支援前线的工作中，已经涌现出了新的、大批的妇女干部，同时原有的妇女干部中也有一部分到农村参加了下层实际工作。但还远不能适应运动发展的需要。为了各种运动更大的开展和需要，应有大批的女干部去进行工作。我们号召一切可以下乡的妇女干部，应克服一切困难，深入到工、农、贫民妇女中去坚持工作并学习与锻炼。各级党委对能够这样做的女同志，应切实注意培养与提拔她们参加各种领导机关，并支助她们解决各种困难，使她们能够得到学习与改造的机会。而女干部自己更要在伟大的土地改革中，从人民群众的教育中努力学习，改造自己，提高自己，使自己能够做一个善于为人民服务，特别是为最受压迫的妇女群众服务的勤务员。

在全国土地会议上曾着重的指出以下各点，能否彻底进行，基本关键在于党的各级党委必须在领导思想上有充分明显的群众观点，重视妇女群众的力量，要克服妇女除外的观点及轻视妇女的思想。领导机关应把妇女工作提高成为全党的任务，不应把它看成只是少数女同志的工作，每个党员都要为广大劳动妇女服务；妇女工作不仅女同志能做，男同志也同样能做，而且有些地区的事实证明，男同志只要克服了不能做妇女工作的一些思想障碍后，亦能做得很好。

从全国土地会议上的材料可以看出，某些地区的妇女工作不仅有了新的进步，并且有了明确的认识。我们相信全国土地会议将成为全党妇女工作的有历史意义的转折点，今后在全党努力之下，在全解放区土地革命的高潮及发展生产与民主运动中，妇女工作将要呈现一个新的面貌。包括妇女在内的广大的劳动群众将从一切封建束缚之下解放出来，并且更有力量更迅速地消灭蒋匪军，在全国范围内彻底推翻蒋介石的统治，争取新民主义革命在全中国的彻底胜利。

（原载《中国解放区妇女运动文献》）

继续发展与深入的南方民主运动（节选）①

1947 年 2 月

闻　挺

……

南方的民主运动，经过一年来的英勇斗争，不只经得起严重的考验，而且已获得伟大的发展了。在国民党统治区里面，由于国民党反动派的恐怖政策和残酷压迫，表面上看起来，民主运动是好像沉寂下去了，然而，实际上却是更深入更实际，比以前和民众结合得更加密切了。在非国民党统治地区，如海外各地，它长成得更加雄伟和壮阔。譬如香港今天在民主阵线上，支持与领导民主运动的，除了政治团体如民主同盟南方总支部，中国民主促进会、三民主义同志联合会以及华侨致公党等之外，还有许多的青年妇女团体、文化团体等，都是民主力量的基干；又如南洋各地，几个月来民主运动也有蓬勃的发展，许多地区都先后成立了民主团体，先后起来为反对国民党统治当局的独裁卖国而斗争。这种情形，我们相信必将继续发展下去，力量一天比一天壮大，阵线一天比一天巩固。最近，广州学生为抗议美兵的强奸中国大学生及美军驻华的爱国运动又重新爆发起来了，我们相信只要国民党反动派继续执行它的卖国政策，只要美帝国主义者继续驻军中国援助一党独裁内战，则这种爱国运动也必将随着扩大与发展。这种爱国运动是今天中国民主运动的主要内容，和整个民主斗争是不可分的。由这个运动看来，我们就可以知道，尽管反动派采取怎样横暴残酷的压迫，人民力量终是无法消灭的，民主的根苗是始终存在而不断潜滋

① 收录于中央档案馆，广东省档案馆编：《广东革命历史文件汇集·广东区党委文件（1946.1—1947.7）》，广东省供销学校印刷厂，1989 年，第 228—231 页。

暗长的。

……

（原载《正报》第 23 期，1947 年 2 月 1 日）

商杰梁广致尧电（节选）①

——关于南方学运情况

1947 年 7 月 21 日

尧：

关于南方学运的报告：（报告之四）

一、反饥饿反内战学运，在南方各大城市，突破K统治的重重压迫，普遍展开罢课，共同创立了依靠群众战胜特务的光荣范例。

二、南方学运之困难，首先是国特恐怖政策，黑名单满天飞。

运动前夜，数次准备逮捕学生活动分子。广州特务分成十组，监视各大、中学校。石榴岗学校区内，有一连军队，特务头子黄珍吾，亲自布置三青团与青年军，破坏各种集会。桂林方面，中央特务迫省逮捕学生。其次，南方各城市经济状况，较京、沪和缓。上海四十万元米价时，广州只十三、十四万元。其他城市更低。再次，中大，西大等学校群众基础薄弱，积极分子在去年“五·四”、今年反暴行运动和反内战独裁罢课时，过分暴露，执行撤退政策上脱离群众，学生群众散漫徬［彷］（徨）。其他大、中学校情形更差，没有配合。最后，由于缺乏上层民主人士公开号召配合（香港较特殊），故运动来潮虽有许多象征，如岭大罢课抗议军人捣毁校车事件，交、理、法、商要求扩大运动，广州中学于反会考，熊仁大教授食野菜误食毒草事件等斗争，都是孤立、分散和起落不平衡的，未提高和扩大统一。因此，我们方针是积蓄力量，准备时机到来，放手发动。

① 收录于中央档案馆、广东省档案馆编：《中共中央香港分局文件汇集（1947.5—1949.3）》，广东省供销学校印刷厂，1989 年，第 21-24 页。

三、这次运动前夜，我们作了如下布置：

甲、传达中央关于我党对反美运动的指示，总结广州、桂林、香港各地反美运动的经验教训，作普遍教育，并作准备学运新高潮到来的思想上动员。

乙、决定组织学生中左派积极分子，作为将来运动的骨干，成立秘密爱国民主协会和半公开读书会。

丙、组织上纵深配备，分为第一线、第二线。党员干部放手发动群众，深入膳团、学会、学生自治会、班会等等活动。加强全体同志群众观点的教育，克服原来积极分子的保守孤立和开始畏头畏尾的现象。

丁、以香港为桥梁，传播各地学运消息，加强各民主报纸关于学运的宣传鼓动指导工作。

四、这次运动的特点：

第一，空前广泛、勇敢、热烈，但仍不平衡、不统一。广州辰世游行，参加者二千余人，包括其他大、中学代表。桂林巳冬（六月二日）西大学生六百人游行，中途参加艺专百余人，中学已准备参加，被压下去，但巳支（六月四日）桂林中学发起，有女师、逸仙、桂林师范、助产护士学校等千余人游行，中途被打垮，仍有千余人大队回校，各校学生声援慰问运动，更好准备，连小学生也参加。香港各校捐款联名慰问国内学生合港币三千八百元。学生与特务战斗中，无数英勇、可歌可泣场面，对参加运动以外的学生、知識［识］分子、教授、市民的影响教育，是很大的。但这次运动，仍未完全克服中大、西大的孤立现象。各大、中学校配合不好，个别学校落在运动后头。

……

商杰　梁广

午马

罗迈

未俭转

人民艺术在珠江三角洲（节选）①

1947 年 7 月

林　洛

生活在珠江三角洲——中山、禺南、南海、三水边境解放区的人们，总不会忘记一个事实：在一九四四年底，国民党当局在西南大后方丧师失地，闻风溃窜的时候，珠江三角洲的人民打起了抗日游击队的大旗——珠江纵队成立了。从三角洲沦陷时起，到纵队正式成立的时间，那里的人民，经过了六年的艰苦战斗；由于日寇在那儿的扫荡特别残酷，而他们的抗日斗争也就特别显得艰苦，然而斗争性却也就特别强烈。由于人民力量的壮大成长，五桂山区成为了珠江抗日民主根据地大本营，民主政权从山区推展到平原、到三乡、到白石、到禹南、西海、南海、三水的边境。珠江沿岸，激涌着英勇抗日的人民鲜血。那儿有了惊人的生命力，也就有了人民艺术的源泉。一九四五年初，人民艺术的春花，开遍了解放的珠江的大地。

……

这里，让我们介绍一些在珠江三角洲这个地区最流行的创作吧。

为了适应战斗环境的要求，戏剧成为一切艺术宣传的主力军，为了适应流动轻便的条件，独幕剧成为最流行的剧作的形式。在那儿最博得民众爱好的，收效最大的剧作有：

……

《前夜》——这是给妇女会演出的，珠宣队也演出十多场，它是描写

---

① 收录于中央档案馆、广东省档案馆编：《广东革命历史文件汇集 · 珠江三角洲和北江地区党组织文件（1946—1949）》，广州市成教印刷厂，1989 年，第 29—35 页。

着民主地区妇女们的转变，他们从封建家庭，从城市生活中养成了不良的意识，但在民主地区展开以后，妇女们活跃起来了。他们要参加人民队伍，但在参加队伍前夜，作了很严重的意识斗争。这剧也出版三百本。

……

（原载《正报》第 47 期，1947 年 7 月 19 日）

△△关于广郊八九月份工作报告（节选）①

1947 年 10 月 12 日

第一部　各地情况

……

第二部　两个月来的工作

……

（二）工作的经过：

1. 群众工作：

……

在广九线，从教育高年级学生进行组织球队、学习组、儿童会，妇女的由女教师通过积极农妇、农女组织秘密妇女会，用储蓄、读书（不是公开夜学）学算盘、坭子兄弟会（半秘密性有武装性的），经过研究，克服过去的散漫，只顾什么时事谈话，而松懈经济福利的工作，重新振奋起来，进行兄弟的解决水灾后的粮荒贷助，因而使这个会有了新的分子参加。

……

① 收录于中央档案馆、广东省档案馆编：《广东革命历史文件汇集·珠江三角洲和北江地区党组织文件（1946—1949）》，广州市成教印刷厂，1989 年，第 40—78 页。

关于五岭地区半年工作的检讨与今后意见（节选）①

1947年1月16日

……

五、三省（湘粤赣）边的环境及今后意见：

A. 各种情况。

……

（4）我队的实际情况：人数方面，我们与始兴合计210人，九连77人，合计287人，分成南山队、下北山队、叶昌队、刘裕安队、戴耀队、邱才队、杨凤章队、机关单位九连队共八队。每队人数不平衡，小的在十人以上，大的五十人以下（来时我是记下了总人数，未有分别统计，各队其中男子267人，女子25人医生、卫生员、厨房、民运人员等），多数是东纵，其次是珠江的，另一部分是风度队的。年龄有十四岁的小鬼，也有四十六岁的老人，平均年龄在25岁以下，十八岁至二十三岁占多数。军事干部叶昌、戴耀、邓文礼、吴提祥（大队级）、邱才、杨凤章、周来、刘裕安、老唐（中队级），小〔队〕级多些，班长又更多，计不清楚；政治干部高子杨、戴苏、劳大、张定、陈林、吴伯忠、何祥、林镜秋等；技术工作干部容寿康、朱绍、林克涛、罗仔（电台）、陈瑞明（油印）、麦雅贞（医生）、朱赞玲（经济）；地方工作有陈仲舒、韩相通、邱素贞、伍秀莲、陈淑芬、郭宏、郭芳、李春、李绪龙、何永传。以上就是我们全队的

① 收录于中央档案馆、广东省档案馆编：《广东革命历史文件汇集 · 粤赣湘边区党组织文件（1946—1949）》，广州市成教印刷厂，1989年，第269−290页。

主要干部。武器方面：步枪 173 条，驳壳 45 枝，杂短枪 28 枝，轻机 6 挺（内一挺不好的）。九连轻机 2 挺，手提 3 挺，驳壳 23 枝，步枪 22 枝。以上总计步枪 195、驳壳 67，左轮及杂枪 28，手机 4 枝，轻机 8 挺，长短枪总共 302 枝（包括隐蔽的一部分步枪），有些比较坏的枪隐蔽的不清楚了，待查才明（那些杂短枪很多是土左墨仔）。这就是我们一直到九连的全部本钱。

……

吴提祥关于九连区工作报告（节选）①

1947 年 1 月 18 日

……

【第三个时期部队北撤后坚持斗争经过】

（一）全队北撤及坚持部队的整个工作。

A. 组织工作

①人员武器、队员统计附表

P1　队员：　　综合统计表　　12 月　日　1946

<table>
<tr><td rowspan="2">总数</td><td rowspan="2">86</td><td>男</td><td colspan="3">78</td><td colspan="2">武装人员</td><td colspan="3">82</td><td colspan="4">战斗员</td><td>58</td><td rowspan="2">指挥员 10</td></tr>
<tr><td>女</td><td colspan="3">8</td><td colspan="2">非武装</td><td colspan="3">4</td><td colspan="4">非战斗员</td><td>18</td></tr>
<tr><td colspan="2" rowspan="2">成份</td><td>农</td><td colspan="3">60</td><td colspan="2">商</td><td colspan="3">9</td><td colspan="4">其他</td><td>5</td><td></td></tr>
<tr><td>工</td><td colspan="3">8</td><td colspan="2">知</td><td colspan="3">4</td><td colspan="4">地主</td><td></td><td></td></tr>
<tr><td colspan="2" rowspan="2">文化程度</td><td>文盲</td><td colspan="3">2</td><td colspan="2">高小</td><td colspan="3">14</td><td colspan="4">高中</td><td>1</td><td></td></tr>
<tr><td>初小</td><td colspan="3">66</td><td colspan="2">初中</td><td colspan="3">3</td><td colspan="4">大学</td><td>×</td><td></td></tr>
<tr><td colspan="2" rowspan="3">干部</td><td rowspan="2">级别</td><td colspan="3">大队级</td><td colspan="3">中队级</td><td colspan="3">小队级</td><td colspan="3">班级</td><td colspan="2" rowspan="2">总计</td></tr>
<tr><td>军</td><td>政</td><td>务</td><td>军</td><td>政</td><td>务</td><td>军</td><td>政</td><td>务</td><td>军</td><td>政</td><td>务</td></tr>
<tr><td>数目</td><td>1</td><td>3</td><td>×</td><td>3</td><td>×</td><td>2</td><td>2</td><td>1</td><td>2</td><td>6</td><td>×</td><td>4</td><td colspan="2">24</td></tr>
</table>

① 收录于中央档案馆、广东省档案馆编：《广东革命历史文件汇集 · 粤赣湘边区党组织文件（1946—1949）》，广州市成教印刷厂，1989 年 6 月，第 25–38 页。

P2 党员 综合统计表 1946年12月28日

<table>
<tr><td rowspan="2">总数</td><td rowspan="2">36</td><td colspan="2">男</td><td colspan="2">31</td><td colspan="3">战斗员</td><td colspan="2">29</td><td colspan="3">正式党员</td><td>34</td></tr>
<tr><td colspan="2">女</td><td colspan="2">5</td><td colspan="3">非战斗员</td><td colspan="2">7</td><td colspan="3">候补党员</td><td>2</td></tr>
<tr><td colspan="2" rowspan="2">成份</td><td colspan="2">农</td><td colspan="2">25</td><td colspan="3">商</td><td colspan="2">3</td><td colspan="3">其他</td><td>2</td></tr>
<tr><td colspan="2">工</td><td colspan="2">2</td><td colspan="3">知</td><td colspan="2">4</td><td colspan="3">地主</td><td>×</td></tr>
<tr><td colspan="2" rowspan="2">文化程度</td><td colspan="2">文盲</td><td colspan="2">1</td><td colspan="3">高小</td><td colspan="2">5</td><td colspan="3">高中</td><td>1</td></tr>
<tr><td colspan="2">初小</td><td colspan="2">26</td><td colspan="3">初中</td><td colspan="2">3</td><td colspan="3">大学</td><td></td></tr>
<tr><td colspan="2">质素</td><td colspan="2">积极</td><td colspan="2">14</td><td colspan="3">中间</td><td colspan="2">20</td><td colspan="3">落后</td><td>2</td></tr>
<tr><td rowspan="3">干部</td><td rowspan="2">级别</td><td colspan="3">大队级</td><td colspan="3">中队级</td><td colspan="3">小队级</td><td colspan="3">班级</td><td rowspan="2">总计</td></tr>
<tr><td>军</td><td>政</td><td>务</td><td>军</td><td>政</td><td>务</td><td>军</td><td>政</td><td>务</td><td>军</td><td>政</td><td>务</td></tr>
<tr><td>数目</td><td>1</td><td>3</td><td>×</td><td>3</td><td>×</td><td>2</td><td>2</td><td>1</td><td>2</td><td>3</td><td>×</td><td>3</td><td>20</td></tr>
</table>

附注：上面的一切数目字是现在的实数（包括调来20人）在内，党员数目字是现在我们本身的数目，不包括调来20人在内。

……

闽粤赣边区工委执委扩大会议决议草案（节选）[1]

——形势和党的任务

1947 年 6 月 18 日

……

妇女问题

一、妇女工作是革命工作的一个重要部份，妇女对革命的贡献及其光荣的历史是不可磨灭的。内战时男子上前线杀敌，妇女却在后方耕作支持前线，其他，如担任交通侦察等，也起了很大的作用。如龙岩之张溪兜，在被敌包围时以一支曲尺枪与敌英勇战斗，来一个杀一个，为了不愿被敌俘虏受辱，剩下的一颗子弹壮烈的自杀了。再如肖坑的一个妇女同志被捕后受尽敌人残酷的刑罚，当其被割去一只奶子时还坚强不屈说："我什么也知道，我的头可断，我却不供"，结果也英勇地牺牲在敌人血腥手下。就是今天冒着杀头的危险替我们的采办给养、搜集情报的妇女群众和被敌人拘捕严刑拷打不供、久坐监牢的妇女同志与家属等也还很多。在新的形势与新任务下，我们必须重视与加强妇女工作。

二、检讨过去在领导上对妇女工作的不够重视是必须承认的事实。这表现在除了平时曾有个别同志关心妇女工作外，在正式会议上从来未曾有过讨论，在分配工作时往往是依照丈夫的需要来分配，或者是打算着某女同志配某男同志，把妇女看作是男子的附属品的观点。有不少妇女在家时是吃苦耐劳、积极肯干的，但是出来以后，没有变得更勤劳肯干，反〔而〕

---

① 收录于中央档案馆、广东省档案馆编：《广东革命历史文件汇集·广东党组织文件(1945.11—1949.12)》，广州市成教印刷厂，1989 年，第 401—447 页。

变得更懒惰，这说明了党对妇女干部教育的不够和不重视，今后是必须加以纠正的。

三、当前开展妇女工作并不是没有条件的，在山地基点就有着不少的妇女群众是我们接头的关系，在党内也有不少的妇女同志和干部，而在发动群众斗争中更是有利于开展妇女工作的条件。但也不是没有困难的，首先我们就很少有接近妇女的机会，而且社会上的礼教限制，男女极难接近，常易引起群众的怀疑，尤其是青年妇女，在所能接近的妇女中很多都要求出来，但这又将引起当地群众的反感。为了今后的妇女工作的加强就必须克服这些困难。

四、如何加强妇女工作。目前的妇女工作还很薄弱，暂时还不需要建立妇女部门工作，在群众斗争发动起来以后，在正式成立区党委时才正式成立妇女部门工作。

1. 目前着重加强内部妇女干部党员或群众的教育，培养妇女干部参加领导工作，对于个别腐化屡教不改的应加以警告或提出纪律问题。

2. 把经过长期考验的妇女群众吸收其参加党，特别是在发动斗争中应密切注意群众家属中之积极分子而加以组织或教育，一些好的妇女群众准备发展。为了避免乡村封建关系，暂时不设妇女支部，但可建立小组。

3. 一般的妇女工作最好能从老太婆和中年妇女做起，通过她们去团结青年妇女或其丈夫家长，态度必须严肃，对要求出来的妇女群众加以说服。今天妇女工作的口号，不是加强家庭的对立而是和睦家属、家庭团结来加强对阶级敌人的斗争。

妇女解放首先是妇女本身的事，妇女同志必须提高警惕、加强学习、努力迈进，担负起妇女解放的责任。

肃反政策

……

经济问题

……

（九）妇女生产：除伙食照领外，每一产妇津贴五斗米（八十斤计）的数目的生产费，一切数用由其自行筹备与自由处理。

……

（十二）上述规定自本年八月份起一律实行。

附：补充决定（一九四七年十二月一日）

由于人民解放军全国大反攻的节节胜利，促使蒋介石的军事挫败政治危机，特别是经济的崩溃，因而中国人民对蒋币的不信任，引起了物价不断上涨。在这种情形下，对于上述决定一般说来尚适用于今日。但在生活制度中根据目前情况有补充的必要：

……

3. 妇女生产费，照原规定增加米一斗（共六斗）。

……

中共闽粤赣边区工委执委扩大会决议草案[①]

——妇女问题

1947 年 6 月 18 日

①妇女工作是革命工作的一个重要部份，妇女对革命的贡献及其光荣的历史是不可磨灭的，内战时男子上前线杀敌，妇女都在后方耕作支持前线，其他如担任交通侦察等，也起了很大的作用，如龙岩[②]之张溪昭[兜]，在被敌包围时，以一支曲尺枪与敌英勇战斗，来一个杀一个，为了不愿被敌俘虏受辱，剩下的一颗子弹壮烈的自杀了。再如肖坑的一个妇女同志被捕后，受尽敌人残酷的刑罚，当其被割去一只奶子时，还坚强不屈说："我什么也知道，我的头可断，我却不供。"结果也英勇地牺牲在敌人血腥手下。就是今天冒着杀头的危险替我们采办给养搜集情报的妇女群众和被敌人拘捕严刑拷打不供，久做〔坐〕监牢的妇女同志与家属等也还很多，在新的形势与新任务下，我们必须重视与加强妇女工作。

②检讨过去在领导上对妇女工作的不够重视是必须承认的事实，这表现在除了平时曾有个别同志关心到妇女工作外，在正式会议上从来就未曾有过讨论，在分配工作时往往是依照丈夫的需要来分配，或者是打算着某女同志配某男同志，把妇女看作是男子的附属品的观点。有不少妇女在家时是吃苦耐劳积极肯干的，但是出来以后没有变得更勤劳肯干，反变得更懒惰，这说明了党对妇女干部教育的不够和不重视，今后是必须加以纠正的。

---

① 收录于中华全国妇女联合会妇女运动历史研究室编：《中国妇女运动历史资料（1945—1949）》，中国妇女出版社，1991 年，第 156–157 页。

② 龙岩，即今龙岩市，位于福建省龙岩地区。——原书注

③当前开展妇女工作并不是没有条件的，在山地支点就有着不少的妇女群众是我们接头的关系，在党内也有不少的妇女同志和干部，而在发动群众斗争中更是有利于开展妇女工作的条件，但也不是没有困难的。首先，我们就很少有接近妇女群众的机会，而且社会上的礼教限制，男女极难接近，常易引起群众的怀疑，尤其是青年妇女，在所能接近的妇女中，很多都要求出来，但这又将引起当地群众的反感，为了今后的妇女工作的加强，就必须克服这些困难。

④如何加强妇女工作

1. 目前的妇女工作还很薄弱，暂时还不需要建立妇女部门工作，在群众斗争发动起来以后，在正式成立区党委时才正式成立妇女部门工作，目前着重在加强内部妇女干部党员或群众的教育，培养妇女干部参加领导工作，对个别腐化屡教不改的应加以警告或提出纪律问题。

2. 把经过长期考验的妇女群众吸收其参加党，特别是在发动斗争中应密切注意发现斗争中之积极分子而加以组织或教育，一些好的妇女群众准备发展，为了避免乡村封建关系，暂时不设立妇女支部，但可建立小组。

3. 一般的妇女工作，最好能从老太婆和中年妇女做起，通过她们去团结青年妇女或其丈夫家长，态度必须严肃，对要求出来的妇女群众加以说服，今天妇女工作的口号不是加强家庭的对立而是和睦家庭、家庭团结来加强对阶级敌人的斗争。

妇女解放首先是妇女本身的事，妇女同志必须提高警惕，加强学习，努力迈进，担负起妇女解放的责任。

惠阳妇女会总工会成立[①]

1947年7月1日

惠阳专讯：本县妇女会经过月余筹备，各项工作已告完成，于二十七日举行成立大会，并分别选出理监事，本县总工会于二十八日举行成立大会，选出黄淑兰、骆森等总工会的理事长。

（《大光报》1947年7月1日）

① 收录于广东省妇女联合会、广东省档案馆编：《广东妇女运动历史资料》第五辑，广东省供销学校印刷厂，1991年，第520页。

关于大搞方针与任务的决定（节选）①

1947 年 12 月 26 日

……

四、大搞的政治工作问题

……

(5) 宣传工作：

A、宣传中心：反三征，停租废债，清算恶霸，分粮分田，武装保卫家乡；

B、报导各地斗争情形，但要注意秘密；

C、对外多发宣传〔品〕；

D、对外对内教育中心均以本次宣传中心为主；

E、多办识字班、妇女班；

F、宣传政策：依靠贫雇农，团结中农及一切进步分子，争取富农及一切中间分子，分化地主及一切反动分子；

G、多反映各方面意见，不断改进宣传品内容与方式，但〔要〕合大搞要求。

……

① 收录于中共惠阳地委党史办公室编：《东江党史资料汇编》第四辑，1984 年，第 165−177 页。

审干问题报告提纲①（节选）

1947 年②

……

三、审查干部的方法和找关键

1. 首先看他本人的自传和各种材料，而且要反复的研究（年表、自传、反省、个别问题的补充材料）。

2. 看完材料后找旁证（不一定发生了问题）。

3. 找关键去发现问题：

（1）参加党和参加队伍的来源（有些从群众运动推动来的，有些个别找关系来的），追究其参党参队时前的思想发展过程，因思想过程并不是突然而来的，要吗就是生活所迫；

（2）是否被捕过或坐过监狱，如何被捕，被捕后情形如何，在狱中表现如何；

（3）失去关系，因在失关系过程中往往容易出问题的；

（4）单独工作，工作环境很恶劣，这种情形要特别注意；

（5）转移地点和转移机关，他离开是否组织决定或个人离开，转移过程是否清楚；

（6）来往人物的关系，社会关系复杂会影响其思想意识，甚至有政治的影响；

（7）机关曾被破坏过而他本人没有被捕；

（8）从生活的表现中去研究他是否有问题，特别女的更易发现。

……

① 收录于中央档案馆、广东省档案馆编：《中共中央香港分局文件汇集（1947.5—1949.3）》，广东省供销学校印刷厂，1989 年，第 95—103 页。

② 原件未署作者，年份是根据文件内容判定的。——原书注

群众斗争与组织问题（节选）[①]

——△△同志在△△会议上的报告

1947 年 7 月

……

五、组织形式问题

……

（五）老年与青年，妇人与女子。过去的斗争，我们只要青年不要老年，认为青年有朝气，敢作敢为，作用很大。老年则暮气沉沉，瞻前顾后，畏首畏尾，作用很小。因此就重视青年，轻视老年，这也是有毛病的。因为老年人虽有其缺点，但也有他的优点。他有地位，受尊重，经验多，知识多，技术高都是宝贵的，应该利用的。譬如在乡村，如果没有老农民参加，就不一定能够动员起农民来或动员起来后不懂得怎样做。在城市，工人运动也如此。那些老工人，虽有许多缺点，像喝酒、打老婆等，但他们技术熟练，有斗争知识，劳资间一切关系、资方的一切阴谋、工厂内部的情况黑幕，他都了解，所以他们的作用也应该重视。又如妇女方面，当她未出嫁时，阶级地位尚未肯定，万一嫁的一个富有的或不好的丈夫，她的思想可能受着丈夫的影响发生变化。但嫁了的呢？则因她的阶级地位已经肯定下来，当她思想上一有了新的觉悟时，她就会坚执不放，不易更改。因此对于这样的一类人，我们一定要重视，也要发展，不可放弃。

……

---

① 收录于中央档案馆、广东省档案馆编：《中共中央香港分局文件汇集（1947.5—1949.3）》，广东省供销学校印刷厂，1989 年，第 27–41 页。

△△致尧笼电①

——香港工作报告

1947 年 8 月

尧笼：

关于香港的运动报告

甲、港九工运，在一九四六年，主要是复会建会、扩大工团联系、改善生活三大斗争。恢复海员等五个工会。新建立三大船坞等五个工会。用协进会、民乐社、詠［咏］闻社等名称，实际是工会性质，打下了广泛基础。深入产业部门，真正工人办工会，这是与战前不同的特点。我领导下的群众三争，由初期千五百人，增至最高峰时，达三万五千人。并间接领导了十二个工会。培养了大批领袖及干部。我几乎全部控制交通、市政、船坞等重工业，影响群众号称十万（实数四万余人）。从三大船坞三争开始，工团联合行动日增。庆祝政协大会，有十六工会，三千余人。五一纪念会，有二十二工会，到五千余人。双十节大会，在广场举行，有二十六工会，到六千余人。工团中之联合，有工团群众会、招待会、后援会、联合调解会、声援慰问等。在九月，建立各种工会，如储蓄工团之劳工子弟教育促进会、福利研究会，曾一度发起组织港九工团联合会（联工会），但至今未有结果。战后大小工潮近八次之多，参加工人普遍全港九各产业。地方工业，我领导了三大船坞为首争取八小时工作制，及六月份电灯厂为首增加百分之五十津贴的两大斗争。先后领导大规模斗争十次，九胜

① 收录于中央档案馆、广东省档案馆编：《中共中央香港分局文件汇集（1947.5—1949.3）》，广东省供销学校印刷厂，1989 年，第 44—47 页。

一败，参加人数达三万五千人。七月，九龙船坞及包工斗争，工会领导脱离群众，损失船坞群众达十分之八。在此之前，加入斗争，因国民党阴谋改组华人之工会，我丧失领导权。一九四六年冬，港九工会环境恶劣，工潮多失败，工会受限制，工会领袖受警告，工人情绪低落。我工会方针乃转向巩固工会，办理工人福利工作，利用英基督教会何明华，创办劳工子弟学校，第一次街头卖花筹款，得港币四万余元，空前纪录，已开办四△校，分三十班，学生一二四九人。港府每月津贴三千七百元。另社会人士捐助全部书籍费。最近举行募捐运动，学生、教员已经捐款一万三千元。各工人及自动捐款还未计算。港府一度藉［借］口接收，经工人力争，仍继续自己办理。这是福利事业成绩，影响最大的。工会本身，以福利工作为中心，举办职业介绍，恤金救济，工人食堂，消费合作社，工厂慰问队，工友探访队，技术训练班、英文夜班，識［识］字班，子弟学校，歌剧社，中乐戏，出版刊物，体育竞赛，调解纠纷，奖券交通，诉讼，代征（售？）购物证等。我新增加三个轻工业工会。扩展一个。计包括铁路、电灯、中华书局等。我领导大小斗争二十一次，胜利十八次，部分解决一次。延而不决两次。影响轻工业六千人，产业工人万余，其中较大斗争，为印劳树胶的士（系私汽车）警（巴）士（公共汽车）的斗争。另外插手领导五次斗争，四胜一败。从中建立了妇女职工总会。我领导的要求港府改善津贴制度斗争，国民党领导的机工加薪百分之一百五十斗争，都得不到群众支持。两年对突破一点推动全局，利用合法斗争中有理有利有节，利用英顽矛盾，联此攻彼，又打又拉，复杂多样方式，有很多经验。现开始作了暑期学习运动。港九工运经验总结，是主要的课题。目前主要弱点：

1. 工会仍不巩固。

2. 福利工作未认真打开，总结其经验，许多停留在口头上、书面计划上。

3. 工会干部脱离群众，上下脱节，党员包办，不尊重群众干部。

4. 党员干部大部暴露，而第二批干部仍未赶得上。

乙、港英对工运政策是采取一定限度之改良，以争取工人，并利用我顽矛盾，分裂和收买工人，以达其巩固统治、复兴经济、统制工运的目的。其具体做法，对调解工潮，去年初，偏袒工友。今年则偏袒资方。对外商多偏资方。对华商多偏工方。反复无常，借此压彼，又拉又压，时松时紧，造成我顽两大工会集团分裂形势。对工人领袖，一面客气尊重协助，做假人情。另一面，则留难、恐吓、警告、监视、开除、传询、欺骗、收买等。对劳工子弟学校之支持，曾引起剧烈争论，一方认为非法，一方认为非如此不能争取工人，巩固殖民地统治。去年，英防国民党重于防我，拉我压顽。今年，则防我重于防顽，拉顽压我。但两面政策至今未放弃。我已作破除对英国幻想，提高党员群众警惕性，一面继续过去之互相利用，一面坚持合法而必要的斗争，以保存干部。英似在企图组成英式（殖民地的）工会，拉拢收买，并培养一批干部。我一面尽量保持工会之纯洁，一面准备在某些方面，参加英式工会，以争取群众。

丙、国民党在港九工运政策，可以说是失败的：

1. 去年运用侨委会职权，强迫工团登记，以达其统制工团取消结果。（疑有掉字——译者）

2. 发动数次工潮（过海小岛、九龙电厂），以广州声援呼应，造成反英浪潮，未得港工人同情（对工潮本身是同情的）。

3. 多次工潮斗争中，骗名骗财，为工人所不援助。曾藉［借］假民主团结外衣，吞并进步工团，上层失败，后转向下层，从事造谣、告密、恐吓、收买。但今年工人对顽之正统观念大减，其中主要工会，如华机印刷，半生不死。比较有群众的毅力，码头起落货工人之集贤工会、小梓工会、和成工会等，其他行会，外表拥顽，但我争取之可能性大增。最近我已打入五个行会，进行工作。国民党总动员令下达后，迫英压我，在工团之活动，更卑劣的行动将要出现。然大部分工人中，国民党分子多表消沉，我正努力争取之。

丁、目前在船坞、市政、交通、海员、产业、商人，已初步稳固向前发展。根据现在群众工会领袖已动起来，可能掌握港九工运领导。但另又面临新的困难。英积极利用我蒋矛盾，加强压力。如英蒋矛盾会继续缓和，便利英加紧控制工运。蒋管区经济崩溃，失业后备军愈增，无疑经济危机愈大。但我阵地还不够，且积极干部暴露突出，大半为英顽所知等。我最近斗争为：

1. 长期打算，巩固工会，发展工人福利事业，应付困难。

2. 努力巩固与发展船坞、市政、交通下面的产业工人组织。

3. 肃清对英幻想，提高警惕英蒋勾结可能，作种种必要之长远准备。但策略上，仍注意英蒋矛盾及英改良政策，以便争取合法条件及可能发展。

4. 培养第二批、第三批工人领袖，以备现在已暴露之领袖，不得已撤退时工作，纠正现工会领袖脱离群众现象。

5. 打入各行会，布置参加英工会集团，从内从外进行长期工作。

6. 不发动无把握无准备的斗争，但参加群众自发斗争，与领导日常小的福利斗争。

7. 在群众公开号召上，强调工人自已办好福利事业，健全工会，教育学习，提高技术，把蒋政府压迫国内工人、统治侨工家属、经济危机、蒋的卖国等，对工人作适当的教育。

香港分局关于加强农村斗争中财税政策问题的指示[①]（节选）[②]

1947 年 10 月

……

二、对于经济财政，必须树立经常收支制度，不要只平衡收支，而且要开始积蓄财富，打下大搞时的本钱。打土豪、捐款、没收反动财产，都是临时收入不是长久可靠来源。因此对于减租减息胜利后的征粮（不胜利最好不收），对于交通孔道的税站，对于有计划的生产（农工商业）三大可靠来源，必须成为我们解决经济的主要方针。但征粮征税，一定要比恶政府征收比例减少三分之一甚至一半，而且还须采用简单累进办法（征收起点，必须保留群众生活所需的△担以上开征，累进提高），或系农民必须消耗品（油、盐、布）奢侈品厘定税则。（免收、轻收、重收）已罚款或已收粮税，不论任何人物，必须保护之。过去侵犯及中农贫农利益，必须赔偿。临时领款则应给予借单，俟财政充裕时分期偿还。

对于革命家属之属于地主者，除照一般地主处理外，必须享优待“解属”的同等待遇。

……

① 本文节录自香港分局《为迎接大反攻，加强农村斗争的指示信》。——原书注

② 收录于广东省档案馆、广东惠阳地区税务局编：《东江革命根据地财政税收史料选编》，广东人民出版社，1986 年，第 160—162 页。

香港分局关于一年来的组织工作总结（节选）①

1947 年 11 月 30 日

一、东纵北撤后党内的一般状况（七月到十一月）

……

（二）初期组织上显露出来的零乱和损失：

在上级"区级以上干部一律撤退保存，不能麻木不仁"的指示之下，内地干部大批涌至△△，又因为"交代落来△△就有办法"于是大家都来，有些匆忙而走，没有符号的，也有带了符号关系，但因生活没法解决没人敢于接收的（路西就发生了三十多人——包括群众，因来△后没人理睬，倒返去受到反动统治者惨杀的事件），也有些因介绍手续不妥被忘记而失掉关系的。东江和北江一时失掉关系的个别党员和地方组织，约占全数三分之一（根据农委及统委材料）。

由于领导上片面地强调了"单线联系"，故造成当时从领导机关到一般干部党员都没有过组织生活（七月以前只有△△△的几个女干部，因工作上的需要成立了一个党组）的普遍现象（组织会议上反映）。

由于北撤前后，领导上对组织工作没有特别的重视，故而产生了北撤前农村各个据点既没有准备面目比较灰色的干部留下，撤退时也没有弄清楚撤退之意义及工作的前途，更没有对撤退干部做系统的登记、介绍、配备、安插……等，造成了一时组织上发生混乱的状态——转移或派出时既没有完成介绍手续，接收时也马马虎虎，只凭自己认识（如△支△△△从

① 收录于中央档案馆、广东省档案馆编：《中共中央香港分局文件汇集（1947.5—1949.3）》，广东省供销学校印刷厂，1989 年，第 67–80 页。

△手里接收一年后，他的上级又来否认）。党员的组织生活既没有人管，党费也不晓得应如何交，甚至有几年不交党费的（如△△——经委及文委反映）。

由于武装发展时期建军建党不严肃，又由于撤退后组织的混乱不严密，暴露人员及暴露地址的继续联系使用。思想上麻木，对特务内奸的警惕不够，公开与秘密混同，以致若干地方组织遭受破坏（如潮汕与南路）。

（三）提出整理组织，审查干部，整风学习得不到大的反响：

去年六月三十日东纵北撤，七月△△同志来港，提出“整理组织，审查干部，防止奸细混入；教育干部，克服悲观情绪，提高政治认识，加强斗争信心”之后，即发下二个文件——“整风审干学习计划”与“审干的意义与步骤提纲”，强调“弄清历史，求得思想一致，增加工作效能”。接着又成立了学委会由黄△△、林△△、苏△、王△△及城委一人组成，由黄负责领导，作为辅助省港工委常委会领导各级组织整风、审干、学习的机构。黄未来之前，由苏代召开第一次会议，确定学委会任务是集中各级提出问题，汇集材料，总结学习与审干经验去指导下面，并决定自上而下地进行审干、整风学习先从各机关建立学习小组做起。不久黄来，“因忙无暇顾及”学委会，苏因职权不能超越，无能为力，致学委会的决定没有下文，审干的工作也只能根据自己份内——如闽粤边及女△△△所能做到的进行而已。

八月根据各方反映，因感情而发生的不必要来往，不应有的工作指示及组织关系，茶楼酒馆中不顾环境的高谈阔论等现象不时发生。尤其是△校小组，因闹一些无原则纠纷，忘记了团结对外任务。为防止这种现象的继续，又发下了“秘密条例”、“在复杂形势中作胜利奋斗”（△△写），强调“严密党的组织，实行公秘分开，保护党的安全，了解自己干部，以便战胜特务统治各点。十月△△同志在文委报告党史时，又再强调以毛泽东思想建党与整顿三风的重要。这之后又发下了“征收党费决定”（△△写）与“献给人民团体”，强调应从原则上取得团结，一致对外。

上述的这些文件当时虽也引起了一些部门（如城委）的讨论，但实际收效仍是很微弱的。从此可以看到这个时期的组织工作是未为全党所重视的。

二、在克服弱点过程中的一些问题（去年十二月到今年五月）

（一）组织工作开始引起注意及其收效。

去年十一月接受中央指示之后，提示划线问题时，又再次地强调了公开系统与秘密系统严格分开，及审查干部、改造干部思想的重要。二月发下了“关于转移关系通知”，强调干部非经审查清楚者不能负责重要岗位。△△同志做了报告，强调巩固组织，防奸反特问题。根据这一报告，各部门加以讨论布置，在干部思想上给予一个很大的教育。

这之后，城委领导下△△方面对审干工作已经有了初步总结，查出了几个嫌疑分子，市方面检讨了过去“审干工作不够认真负责进行，有审查，但无研究，无登记，无结论，犯了报销主义的毛病”，并具体地讨论了今后审干划线之切实执行问题。农委也于这个时期办了五期干部训练班（林△△和郑主持），总结了过去农村工作的一些经验，并在△△同志报告了关于领导问题之后，个别比较高级干部作了自我反省，并检讨了过去的领导作风及执行中央路线时的一些偏向。

今年一月，“报支”在△△同志领导之下成立，提出“健全会议生活、推行节约运动、整风、审干”几个任务。三月文委支部也于△、△二同志的领导之下成立，提出“加强党的思想教育，思想领导，进行思想斗争，审查干部，学习修改党章报告，推进文委业务”等任务。接着青年组、妇女组也在△△同志的指示之下成立，提出“了解与培养干部，巩固与扩大青妇群众基础，总结经验，提高能力，改造思想，增强党性，准备迎接新形势”的任务。五月新华分社的支部也于△△同志领导之下成立，提出“做好工作，加强毛泽东思想锻炼，培养干部”等任务。各部门也于这时开始成立党的小组，过组织生活，学习修改党章报告，并从去年十二月开始缴交党费（十二月之前公开系统只有△△领导下的一个小组及△△联系下的几个女干部交过党费）。到今年五月总计，公开系统方面共收到港币

△元，国币△元，美金△元。秘密系统方面，市委每月征收的党费，除足够本身的经常费之外，还可以帮助城委，审干工作苏△负责部分。从去年七月的个别审查开始，到今年二月统计受过审查的（包括在职干部，要求恢复关系及新党员三类）有△人，五月统计有△人。

……

三、组织工作开始上了轨道，但仍须提起注意的几个问题（“今年六月到现在”）

（一）根据这次各方面关于组织工作总结材料，可以看出目前的组织工作有着如下的几个特点：

1. 党的组织已由零乱、复杂、分散走向系统集中。

首先，是秘密系统领导下的城市工作，今年六月以前，组织系统相当复杂，往往在一个据点（如学校）或一个市区内就有几个地方的干部在那儿活动，各有各的领导系统，各有各的工作任务，有时会闹“尔发展我”、“我发展尔”的笑话。有时也会因意见分歧，步调不一致而引起磨［摩］擦。总之，是公私交错，步伐零［凌］乱，使工作的开展受到妨碍。经过了将近一年来坚持原则的斗争，经过事实不断的教训和△△学运的经验，现在这些弱点已开始被克服过来。△、△、△、△等市的秘密工作和干部已全部集中于城委领导之下，真正做到公私严格分开。

其次，是农村部门领导下，各地干部的配备调整，地区的划分，失去联系及工作停顿的地方恢复起来，并发动了大批干部回到农村去工作。这些干部在思想上和经验上都经过一些教育改造和提高。

第三，是公开系统领导下的组织工作。今年六月△△工委成立之前，组织工作是由各委分开领导，这个时期虽然大部分已有了组织生活，但仍不够健全。工委成立之后，曾着重地讨论了健全各委的组织生活和统一领导问题，当时有二种意见被提出考虑。第一种是，在工委组织部之下设二个干事帮助组织部专管组织工作；另一种是，各委成立支部，支部之上成立总支委——由各委派员组成，工委组织部参加总支委的领导，使工作更能深入下层，接触实际，结果是决定采取后一种形式。在今天看起来，这一决定是正确的。总支委成立之后，统委、经财委、外委各支相继成立。连六月以前的文委、报委、新华分社各支，《群众》、《正报》、《青年》、妇女各组合共六个支部、四个小组都统一于总支委的领导之下，认真地执行各别负责，集中领导的原则。

……

1947.11.30

1948 年

中央对目前妇女工作的指示[①]

1948 年 5 月 15 日

在土改运动中应发动广大妇女参加，妇女在反封建的土地改革运动中是一个重要力量。在土地改革已完成地区，则要全力去发动并组织广大妇女参加生产运动。由于战争规模扩大，大批壮年男子不断涌上前线，妇女在发展生产，支援长期战争取得最后胜利上负有重大光荣任务，必须在广大妇女群众中进行许多有系统的宣传组织工作；广大妇女群众在参加土地改革，生产及支援前线的运动中，其社会地位与家庭地位会起重大变化；妇女的觉悟性与组织性也必然会大大提高；她们应得的各种权利，也更容易得到实现。在这些运动中，大批妇女干部会涌现出来，要好好努力去提拔培养；妇女不仅能做妇女工作，而且也能参加政权的各部门工作与党的工作及其他工作，妇女在解放区的地位一天天重要，成为各项运动中不可缺少组成部分。因此发动广大妇女群众参加土改、支前、生产、管理政权等工作，是重要的而且是必要的。各级党的领导机关对这一工作应加重视，使其成为全党的任务，不能仅交由少数妇女同志去负责。

一、妇女运动的主要对象是农村家庭妇女及城市贫民，要依靠贫雇农妇女为骨干，团结广大劳动妇女及一切爱国民主妇女，进行反帝反封建的斗争，反美、反蒋及土地改革。纠正过去在妇女运动中的地主富农路线及取消妇女工作的现象。

具体的中心工作是土改、支前及生产；在这许多方面妇女尽能代替男子。在土地改革中要保证妇女分得土地所有权；妇女必须参加农会的领

① 收录于中华全国妇女联合会妇女运动历史研究室编:《中国妇女运动历史资料（1945—1949)》，中国妇女出版社，1991 年，第 236—237 页。

导；生产着重于农业与副业，学习并熟练技术；在民主运动中要为妇女获得民主自由及男女平等而斗争。

二、在农民翻身运动中应适时的进行打破、扫除封建束缚；在阶级的一致性与全体利益之下，力争妇女的解放与应得的权利与利益。提出“男女平等”、“婚姻自由”、“婚姻自主”、“废除买卖婚姻”、“反对包办强迫婚姻”、“禁止缠足”、“禁止溺女”、“家庭民主和睦”、“妇女有参加社会政治活动的自由”等等口号。

三、在乡村中妇女组织统一于农会领导之下，各级农民代表会及农会委员会必须吸收妇女参加。妇联即为农会的妇女部。妇女会员以贫雇农为核心团结中农，编成小组，建立各种具体工作，如纺织小组、识字小组等，吸收非会员参加。原有妇联会可以团体会员加入农会，但应审查成份，清洗富农份子。未成立妇联的地方，暂时不必另成立单独组织。

四、各级党的领导机关应设妇女工作的专门部门，或指定专人负责。党委应将妇女工作列入议程，定时讨论检查，改善对妇女工作干部的政治待遇。党应选派最好的女干部作妇女工作。农会妇女部负责人如系党员，应参加同级党委或列席会议。

妇女工作干部应面向群众，深入下层，不能高高在上，脱离群众；应加强培养女干部，吸收参加各种工作，各得其所，不应拘［局］限于一种工作或专当家属。在进行全党整编中同样在妇女干部中进行查阶级、查立场、查思想。

党要加强领导，女干部要自我批评①②

1948 年 9 月 21 日

邓颖超

现在就全党要更进一步加强对妇女工作的领导，女干部中要展开的自我批评问题讲些意见。

（一）全国土地会议以后，在土改中执行土地会议规定的妇女工作方针，各解放区的妇女工作都有进步的程度不同，但已经收到了良好的效果。各级党委对妇女工作的领导有进步，比以前强了，我们应该给予肯定。许多县委书记、地委书记、区党委书记、一直到中央局书记，凡是把妇女工作做好的，我们应该肯定，这是他们的努力，他们的功劳，没有做好的怎么样呢？给他们建议，请他们做好，而不是责备他们，相反地应该先检查我们自己，对土地会议决定的方针贯彻得怎样？我们自己先加强工作，这样作了以后，他们再做不好，我们就可以批评，但现在还是应该先自我批评。中妇委应该在执行党的方针上实行自我批评。比如，拿一九四三年的方针来讲，我得到很多地方同志的反映说：他们对这个方针认识不清，有些地方没有贯彻下去。我觉得不能责备你们，你们中有些同志很好，作了自我批评，说明自己的思想进步。我在这个问题上同样应该作自我批评，我们中央妇委也应作自我批评，我们没有及时向有些地方党委提建议，一直到去年土地会议时才交换意见，四四年、四五年、四六年干么了？今天有许多同志作了自我批评，很好，这个精神就可以回去帮助

① 1948 年 9 月 20 日至 10 月 6 日中共中央在当时党中央机关所在地河北省平山县西柏坡，召开了全国解放区妇女工作会议，这是邓颖超同志在会上作的报告的第三部分。——原书注

② 收录于中国妇女管理干部学院编：《中国妇女运动文献资料汇编》第一册（1918—1949），中国妇女出版社，1987 年，第 460−464 页。

他们自我批评，用你们自我批评的方法，用你们思想认识的发展过程去提醒领导的注意。这样回去才能起积极作用。

一年来各级党委，都重视了妇女工作，特别是各解放区的中央局都如此发出了号召，统一了思想，采取了组织措施，建立了妇委，健全了妇联会，配备了妇女干部，出版了妇女工作通讯，检讨工作时、总结工作时，把妇女工作结合在整个工作中去，当然做的程度，各地不同。我们的男女干部，在土改锻炼中也都有了进步，对妇女工作的思想也有了或多或少的改变。这都是由于群众给我们的教育，事实改变了我们的思想，妇女群众改变了、进步了，不重视她们，工作就作不好。就生产来讲，不重视妇女生产，生产就搞不好。村里人民代表会选举时，我打听了很多地方，有的地方光是男人，女人很少，这样的选举大成问题，将来建政逐渐正规化更不行了。还有一部分女同志思想里边的变化不大、不多，尽管她现在嘴里不敢说，可是当我们提到怎样作妇女工作时，就讲了：我没有作过妇女工作，我不会作妇女工作。我常常碰到这样的同志，我就问她们，党的工作没有妇女工作吗？群众里边有女人，发展女党员，……还不又有妇女工作？答复不上了，后来我又慢慢跟她谈，她才说出，“怕难”。不是不应该做妇女工作而是怕难，这是另一件事。还有些人口头上承认应该做妇女工作，实际上也在做妇女工作，可是她思想上还没有解决问题。在我们全党思想范围来讲，轻视妇女工作，不愿做妇女工作，不管妇女工作，妇女工作有啥做头，做不做没有什么，只有男人能顶事，这些话没有合法地位，可是脑子里的小蛤蟆没有清。轻视妇女工作的思想，非无产阶级的思想意识在我们女干部里边也有，就是在我来说，是不是肃清了？我今天不敢说，因为中国长期专制封建社会给我们每个人脑子里有根深蒂固的影响，我们应当警惕。我自己经常警惕，我希望同志们也经常警惕，我们互相警惕。“先把我们自己的封建思想肃清，从封建思想中解放出来。”重男轻女的思想，在全党思想范围里边，今天已经是暗流，隐藏起来了，但还是根深蒂固，说不定什么时候又冒出来，时起时伏，时明时暗。有时在一些具体工作上往往还是轻视妇女。比如，要讨论干部问题、分配干部时，“女干部不沾，有孩子，工作效率太差”等话马上就出来了。所以还应在这方面加以警惕，还应做长期的思想工作，不仅是跟别人做，首先要跟自己的思想作斗争，致于有些党委，根本没有管妇女工作的，应该加鞭迎头赶上；已经管了的，把成绩巩固起来，更加发扬光大。

（二）今后党如何加强对妇女工作领导问题

一、明确指导思想：各级领导机关要用马列主义及毛泽东同志的思想指导妇女工作。马列主义观点和毛泽东同志的思想是什么呢？就是整个阶级的观点，全面的观点，不要把妇女除外。一个阶级里边包括有妇女，农民里边包括有妇女，各个工作部门里边有妇女，宣传工作里边有妇女，组织工作里边有妇女，青年工作里边有妇女……，我们看毛主席的著作里边，文件里边都没有把妇女除外的。《论联合政府》里边有妇女，《农村调查》里边有妇女，甚至红四军九次党的代表大会决议里边也有妇女，而且还讲到了确切的办法。不是除外的，不是把妇女孤立起来的，一定把妇女工作提到议事日程里边去，定时的检查总结。在布置、汇报、检查、总结各种工作时，把妇女工作包括进去，我们并不希望来一个单独的妇女报告，别的什么也不联系，同时我们也不希望看到党的领导机关来一个报告，什么都说了，就是没有牵涉到一点妇女，尽管发土地证，没有提到妇女，尽管说生产，究竟怎样组织妇女，不知道，也不好，这两种现象今后要改善，请你们回去把这个意见带到领导机关和妇女部门。作妇女工作报告也要联系到全面，从妇女工作这个角度去看全部政策执行得如何，与整个运动结合得怎么样？整个运动对妇女工作又有什么影响？不要把妇女工作孤立起来。比如，过去搜集的一些关于发展党员的数目字，只有女党员的人数看不到一个男的，这样，怎么能看出女党员占的比例数和发展得够不够？又比如我们搜集的农会的一些数字，只有女代表多少，女会员多少，一个男的也没有，这也是看不出什么问题来的。这次汇报时，有些党委有反映，中心工作与妇女工作有矛盾，没有办法解决。其实这两个工作本身并没有矛盾性，只有整体性、统一性，他们所以发生了矛盾是由于我们在领导的具体方法上没有搞对头，没有摸索得好，这怪谁呢？不能怪人家的。所以说，应该把妇女工作计划包括在同级党委工作计划中，然后指导同级妇委执行工作计划，作专门的研究，专门的计划，然后与整体工作结合起来。据我们所收到的材料看，有些党委作的比较好，我们希望做的比较好的地方还要继续摸索，继续去做，至于还没有结合好的地方，要结合得好。这是我讲的第一个问题，属于领导方面的。

二、建立定期的妇女工作报告制度。怎样定呢？由同级党委去定，现在据我所知道的各级中央局都要建立报告制度，自下而上的，向中央、主席作定时的报告，延期报告必须声明理由，得到批准，不能报告的也要说明理由，请求免报。现在加强纪律性、统一性、正规化，使我们党自上而下、自下而上通气、交流经验，使我们很多政策能及时执行，发生了小的偏差能及时纠正，我们不要把建立报告制度看作是简单的事。同级妇委向同级党委作报告，下级党委向上级党委作报告，现在中央规定每一个中央局两个月向中央报告一次，书记亲自写，并且规定一定的数字。以后中妇委两个月向中央、主席作一次报告。如果再不抓紧，将来我要受批评，我不能向主席说：我没有材料，请主席免我一次。要反对无政府、无纪律、不统一的现象，过去有人自由行动，事前不请示，事后不报告，这种现象在我们党内很普遍，你们可以按照所属中央局规定的去作。关于中央的这一决定已经书面通知了，你们回去要告诉同级党委。各级党委的工作报告，需经书记亲自写，亲自看过才能送上来，这一点你们将来可以作为一个根据，将来你们送报告去，党委同志不能说："我没有看，送上去了。"不能马虎，一定要书记亲自看过才能往上送，至于有些重要的带紧急性的问题，应及时反映，不要等三个月或者几个月以后才送上来，若这样，一送就是一大堆，我们看起来，又多，又是过了时的。至于县以下，采用口头报告。

三、建立妇委组织。县以下不建立妇委组织，村经过支部组织，由支委或指定专人领导，区委一级指定一联络员，或一区委委员负责。县以上根据工作的范围需要成立三人至五人的妇委，若工作需要时还可以再增加。至于有些县的民运部、民运科，可以继续存在，不一定把它改为妇委，或者组织妇女研究委员会，或者采取一些其他更多的民主方法，总之不要把它都规定成一律的。

妇委与同级党委的关系，妇委是同级党委组成的一部分，是为同级党委工作服务的。中妇委是为谁服务的？我们中妇委是为中央服务的一部分，中央决定我们作什么，我们就应该作什么，我们不是一个独立的组织，我们与同级党委各个部门一样，是属于党委的一部分。在我们党内没有单独的垂直的系统，我们党只有一个系统，各部门都是党领导的一部分。同时妇委工作的性质（也可以说他有什么职权）是已经决定了的，是研究建议的机关，所以有许多人总是把很多希望寄之于妇委，或者说妇委可以解决一切妇女干部的困难。妇委对妇女干部的教育有什么意见可以直接提出建议，比如，培养女干部的问题，可以向组织部提出建议，因为真正解决培养女干部的问题是组织部的工作。至于需要搞些什么学习组织，妇委可向宣传部提出建议。妇女工作现在要做什么，妇委可以向同级党委建议。因此，妇委要经过同级党委去指导下级党委的妇女工作，也要经过下级党委去指导下级妇委工作。同时要抓紧督促下级党委，过去中妇委没有把这点提清楚，现在把他说清楚，以后你们不要怕党委不管，尽管他们思想上不管，但原则问题我还是写信给他们转给你们，至于他们看不看我不管，反正他们要转给你们，上级党给他的工作，他一定得作。经过同级党委指导下级党委，但是什么时候可以用妇委的名义？在同级党委批准之后是可以的。比如这次召开妇女工作会议的通知是妇委发的。在同级党委的决策之下的许多技术上的督促、检查工作妇委是可以作的，有意见也可以提，如：最近中妇委发了关于通讯员的意见，是经过中央看过和批准了的。但是这两种办法必须跟妇女干部说清楚，还是用第一种办法效果大，经过同级党委指导下级党委比用妇委的名义起的作用大。至于说我们和上级下级党委、妇委在工作上还可以建立经常的联系，对他们的工作可以检查督促。关于妇委组织的成员应该少数专任、多数兼任，吸收各种工作岗位的妇女干部参加妇委工作，妇委负责同志，只要合于条件，应该成为同级党委委员，同时列席同级党委的一般会议。

四、关于各级妇委的问题，以及我们的自我批评问题。各级妇委首先是中央妇委和做妇女工作的干部，以及各个工作岗位的女干部应该加强理论、政治、文化的学习，对自己的工作应该有计划性，并及时的检讨和总结经验，特别密切的联系群众最重要。密切联系群众有几方面：一种是个别的联系，深入群众，到下层去。另一种是一般的联系，比如，这次妇女工作会议发出的东西是对广大妇女群众作了一般的联系。还有一种是与实际工作联系，首先要与你自己的思想观点联系，尽管你到群众中去，但你缺乏群众观点还是不行。比如，今天你在机关工作如何才算联系群众呢？那就是你在每一个问题上都应该是从群众利益出发，要有充分的群众观点，充分的好的思想。从个别到一般，密切联系群众，深入下层，从思想上、工作上进行自我批评，向同级党委作单独的工作报告，对同级党委采取有步骤有方法的建议。因为我们是研究建议的机关，有步骤有方法的建议，就是说不是乱建议，毫无目的的建议，不是一时冲动的建议，而是必须跟领导机关的中心工作结合起来。应该采取一些办法达到我们的建议。那么用什么方法才能达到我们的建议呢？这种办法不是技术的建议，而是要有政策观点的建议。在这里我可以举自己的很小的两个例子，但还不能成为经验。比如：全国土地会议时我提出妇女工作的重要性，那时我采取的是什么办法呢？开始我采取不发言，而是搜集材料，到各个代表团去鼓励他们发言，所以在二十九个人中有十九个人发言，讲了妇女什么，后来我向所有的负责同志建议，请他们对妇女工作加以指导，所有的同志讲了之后，又经过各个代表团让他们组织妇女工作座谈会，我去听，到最后他们说，你们妇女工作不作专题发言？后来我才说了几句话，那时我说的是大家都已经说过的，他们说比我说还好，如果开始我先说，人家就会说：你是做妇女工作的，一说就是讲妇女工作。那时我不是主要的讲妇女工作，是讲土改，只要土改搞好了，妇女工作就会搞好。石家庄会议也是经过主席团通知代表团，汇报上来的，我并未作专门的通知。有步骤有方法，不是说去跟人家吵一顿，想起什么就讲什么，而是考虑建议的效果大不大，能不能达到我们的建议，如果条件没有成熟，不能达到，再等一等，再采取一些办法推进一步。我们妇委，做妇女工作的也好，不做妇女工作的也好，特别是做妇女工作的要起核心骨干分子的作用。这点过去我们做的很少，甚至于没有做。首先讲中央妇委，我自己过去的确做的很少，而我的思想也是在工作过程中逐渐弄清楚的。只有我们把自己的个人主义思想克服了，老老实实的为妇女群众服务，把自己变成为妇女群众服务的工具，那么我们就可以埋头切实的去考虑如何增进效果的办法，不是说表现我这个部门，表现我自己，而是要经过党的组织，领导机关去做工作。现在我们说是经过全党去做妇女工作，我们必须要这样想。所以我想首先应该责备自己，不应该责备人家，这次在干部中间已经有了进步，预备会上已经讲了，你们回去要给同级党委和没有来开会的干部一个新的气象，使他们感觉我们这次的会没有白开，使他们感觉我们在这次会后多少有了改变，并且使他们感觉我们在这一方面作的更好了。所以我想你们回去之后，先作自我批评。今天中妇委先向你们作自我批评，过去我们对你们的帮助太少了，没有把你们的思想搞通，没有做耐心的艰苦的工作，今天首先应该指责我自己。你们有了自我批评我很高兴，并且希望你们对我们批评，如果我们党没有批评与自我批评，那么我们党的生命就发生了问题。批评和自我批评是我们无产阶级党可以战胜一切的条件。你们回去不要责备人家，不要把中央的决议、决定，拿回去变成压人家的武器，应该先自我批评，然后就有力量。你为群众说话你就有力量。毛主席告诉我，"只要你们为群众的利益说话，你们就有力量，就有基础。"现在我们为群众服务，为了整个解放区的农民发展生产，我们就气粗了。然后同志们还要作打通思想的工作，必须把个人丢开，你是为群众服务的工具，你是勤务员，群众需要你服务你就得服务。讲起来妇女有两万万五千万，把地主富农除开，这个数目也还不少，劳动妇女占百分之八十，现在需要共产党为妇女群众服务，如果我们这样一想，不愿做妇女工作的思想就解决了。尽管你做了多年的妇女工作，过去你的思想没有打通。现在只看你做的事对群众有没有利，只要有利，即应做，不应计较自己的问题，到底有没有发展，那件可以发展，那件没有发展。任何人只要为群众服务就可以得到发展，无论那一个人，尽管他有很高的地位，但是他不是为群众服务，他一定会掉下来的。所以不要觉得做妇女工作没有出头的时候，没有发展，而感到苦恼，相反的，妇女工作最困难，也正是磨炼我们的地方，越受磨炼越能锻炼得坚强，能力越能增强，这样认识就不会感觉妇女罗［啰］嗦，妇女工作难做。所以，对妇女工作，不要等待党委领导我们，我们应该积极负责，坚持真理，修正错误，埋头苦干，坚持下去，不要因为困难，就灰心、苦闷。特别做妇女工作更要有思想准备，准备遭遇困难或别的工作困难。

中国共产党中央委员会关于目前解放区农村妇女工作的决定①

1948 年 12 月 20 日

根据 1948 年 9 月中央召开的妇女工作会议的建议，对于目前解放区的农村妇女工作特作如下决定：

（一）中国人民坚持了八年的抗日战争，战胜了日本帝国主义；现在又进行了两年半的人民解放战争，获得了空前伟大的胜利，再有一年左右时期，便可能在根本上打倒国民党反动统治。这种胜利的获得，是依靠着党的正确领导，人民解放军的英勇善战，与广大人民的艰苦奋斗；而占人口半数的妇女，也起了很大作用，成为战胜敌人，建设新中国的一种不可缺少的力量。妇女工作是有成绩的，特别是从 1943 年 2 月中央发布了“关于各抗日根据地目前妇女工作方针的决定”以后，解放区的妇女工作，获得了明确方针的指导，在执行了这一方针的地方，妇女工作有了显著的转变，进一步动员和组织了解放区广大农村妇女，参加了手工业、副业和农业生产，大力支援了战争。在土地改革运动中，各解放区发动了更为广大的妇女群众，积极参加了平分土地，消灭封建的斗争。在土地改革完成了的地区，农村阶级关系起了根本变化，男女老少同样分得了一份土地；有不少的妇女当了区村代表，以致于当选为村长副村长或村以上的干部；妇女们的觉悟程度和积极性，大大提高了一步，她们在政治上、经济上、家庭中和社会上的地位，亦随着有了根本的改变，开辟了妇女完全解放的道路。

---

① 收录于中华全国妇女联合会妇女运动历史研究室编：《中国妇女运动历史资料（1945—1949）》，中国妇女出版社，1991 年，第 299—306 页。

可是解放区的妇女工作，也存在着若干缺点。有一些地区党的组织和妇女团体，对 1943 年 2 月中央发布的决定认识不足，没有全面的了解：组织妇女积极参加生产，是妇女工作的中心任务，也是保护妇女特殊利益，争取妇女从封建残余的束缚之下解放出来的中心关键，有一些地方甚至完全忽视了这一决定，因而没有认真地贯彻和执行，其次，是有些地方，在发动妇女参加生产、土地改革和支援前线工作的过程中，未能有意识地注意解除存留着的一些对妇女的封建束缚，以满足妇女的特殊利益的要求，认为发动妇女参加生产和土地改革，就一切都自然会随着解决了；或者是机械地把一般工作与妇女工作割裂开来，以致妇女群众的某些特殊痛苦，未能及时解除，阻碍了妇女群众的充分发动。有些地区还存在有若干旧的孤立突出地去进行妇女解放工作的错误倾向，造成了男女农民及青年老年妇女内部的对立，以致脱离了群众。后者从 1943 年以后，已大体纠正，只有少数地区尚未完全克服，现在也正在纠正之中；而前者则直到现在还是各地比较普遍存在的现象。产生这些缺点的主要原因，是由于有些地区党和妇女组织中的部分干部，缺乏完整的群众工作观点，没有全面的认识妇女工作的重要性，不够深刻的了解妇女工作是整个革命工作的一部分，未能适当地把发动妇女积极生产与保护妇女特殊利益相结合。

此外，有些地区党的组织的妇女团体对于领导妇女群众支援战争与巩固部队的光荣任务，注意不够。他们或者对于帮助与优待军人家属的工作，没有认真进行，或者对于一部分落后军属“拖尾巴”及其他各种妨碍部队巩固的行为，不进行适当的批评和教育。他们没有使妇女群众了解：如果没有人民解放战争的胜利，就没有妇女群众的真正解放，因而就不能充分启发妇女群众支援战争的热情。

由于没有及时地检查工作，总结经验，纠正偏向，以致上述这些缺点未能及时克服。

（二）目前解放区农村妇女工作的方针，仍应以动员和组织广大妇女群众积极参加生产视为妇女工作的基本环节。中央 1943 年 2 月决定中所提出的妇女工作基本方针，仍然是完全适用的。必须使全党和一切做妇女工作的干部，以及妇女群众中的积极分子懂得：在新民主政权之下，过去旧社会一切束缚虐待妇女，使妇女处于服从或屈辱地位的法律，都已不复存在了；新的保障男女在经济上、政治上、社会上的地位完全平等的法律，在新民主政权建立的最初时期，就已经制订或是基本上已经制订了；问题是如何使这些法律能够贯彻地实现。由于旧社会遗留下来的重男轻女观念，和各样封建习俗的束缚，特别是旧社会遗留下来的妇女在经济上要依靠男子，不善于从事各种劳动，甚至鄙视劳动的弱点，妨碍了妇女迅速实现法律上所已规定了的权利。因此，要贯彻实现妇女的权利，还必须进行必要的工作。首先是必须使妇女不仅与男子一样获得平等的经济权利与地位，在农村获得并保有同样的一份土地和财产，而尤其必须使妇女充分认识劳动的重要，把劳动看成是光荣的事业，而积极地去参加在体力上可以胜任的各种劳动生产工作，成为家庭和社会上财富的创造者。只有妇女积极起来劳动，逐渐做到在经济上能够独立并不依靠别人，才会被公婆丈夫和社会上所敬重，才会更增加家庭的和睦与团结，才会更容易提高和巩固妇女们在社会上和政治上的地位，也才会使男女平等的各项法律有充分实现的强固基础。过去几年的经验也完全证明了这一点。即是说：凡是妇女积极参加了劳动生产，视劳动为光荣，进行过男女平等的教育，反对过封建束缚，又分得了土地的地方，妇女们的地位显得与过去是完全不相同。她们的心情很愉快，受人们尊敬，不少的积极分子被推选为代表或参加其他社会政治活动，而且必须认识：妇女参加劳动，不仅是妇女解放的基本关键；无论为着今天的支援战争，为着新民主主义的经济建设，以及为着将来社会主义的胜利，妇女劳动都是极端需要而不能缺少的。

因此，我们在解放区农村中，要用一切努力，继续去动员和组织广大妇女群众参加农业、手工业及副业生产。至于恢复和发展各种生产的具体方针和要求以及各地的妇女应以参加何种生产为主（农业、手工业、副业），应根据当地党政统一的生产计划，男女劳动力的情况及妇女原有的生产习惯，因时因地而制定具体的方案。

为了安定和提高妇女参加生产的热情，各地在结束土改工作中，必须根据当地党端正政策，处理土改遗留问题的方针，解决有关妇女的各项问题。要由政府明令保障妇女的土地权。在以家庭为单位发土地证件时，须在土地证上注明男女均有同等的土地权，全家成员有民主处理财产之权，必要时，还可单独另发土地证给妇女。同时又应在全体农民中，进行长期的宣传解释工作，使男女农民能全面地认识保障妇女土地权的重要性。

为了使农村妇女生产健全地向前发展，必须正确地贯彻“组织起来”的政策，大力动员妇女群众参加各种合作社（如农业变工互助组、纺织小组之类的生产合作社，与供销合作社等）。在农业生产方面，妇女以参加户与户的合作，男女都可以参加的小型互助组为宜。在手工业及副业方面，妇女以参加各种供销合作社为宜。在方法上，必须实行自愿和两利的原则，发挥民主精神，鼓励群众创造性，力戒过分干涉，强迫命令，形式主义，同时也不能陷于自流。

以生产为中心，并在生产过程之中，加强对于妇女的教育工作，提高妇女政治觉悟，文化水平，动员妇女参加民主建政，推进妇婴卫生（如举办妇婴卫生干部训练班，组织中、西医药合作社等），保护妇女特殊利益。对于阻碍妇女参加政治、经济、文化活动的（首先是参加生产的）封建思想传统习俗，必须有意识地有步骤地去消除之。不应以为只要妇女参加生产，在社会上存留的一些对于妇女的封建束缚，就会自然而然地消除，不必再去进行什么工作了，这种自流主义，不注意妇女特殊利益的观点，也是错误的。在生产过程中，应经过各种群众组织和会议，经常对全体农民进行男女平等的思想教育，批评封建思想和传统习俗，指出一切束缚妇女的封建习俗，均必须废除。对于要保持旧的封建习俗，经常欺压妇女的少数落后分子，必要时尚须适当地进行斗争。但是必须了解，这种斗争是属于农民内部的思想斗争，与反对封建地主的阶级斗争应有严格区别。而且这种斗争的目的，是为了更有效地教育全体农民，更有利于动员妇女参加生产及其他建设事业，建立真正民主和睦的家庭，并更加巩固和加强农民内部的团结。同时，也必须认识，这是改造农民思想的工作，是长期努力的过程，不能操之过急。我们应反对自流，同时也应反对急性病。对于缠足、溺婴、买卖婚姻、童养媳等，应由政府颁布命令加以禁止，同时进行教育群众，力求贯彻。在解放区，过去有些地区的婚姻法，其中若干部分，违反男女平等、婚姻自由的原则，应迅速加以修改。

在新解放区的农村妇女工作的方针，应根据中央对新区工作的指示，宣传党的政策（包含妇女工作政策），扩大党的影响，揭破敌人的一切造谣污蔑武断宣传，安定社会秩序，在进行减租减息或实行土地改革的地区，应发动广大妇女群众积极参加，并领导和组织妇女参加生产建设，和支援战争。那些新的地区，在实行减租减息或分得了土地之后，劳动生产同样是妇女工作的中心环节。至于束缚妇女的封建传统习俗，在新区必然是很严重的，因此必须在广大群众中进行男女平等的教育，启发群众觉悟，按其觉悟的程度，有意识有步骤地逐渐破除之。

（三）关于妇女群众的组织形式问题，过去有一些地区，曾经取消了妇女群众的单独组织，或者名存实亡，这是不适当的。根据中国妇女目前的具体情况，还是需要有单独的妇女群众组织，以便领导和推动妇女工作，团结和教育广大妇女群众，经常为妇女服务。

妇女代表会议是更广泛地更民主地联系妇女群众的最好的组织形式，各地各级均应有此种组织。村级妇女代表会议，是这种代表会议的基础组织。其代表的产生，应由妇女群众民主选举，必须包含人民代表会的女代表，妇女团体的代表（如纺织组、合作社、识字班等的女代表），及广大妇女群众直接选出的代表（可按居住条件由一定数目的妇女选举）。这种代表会议的作用，是代表妇女群众的意见，讨论当地妇女工作的方针任务及重要工作，传达民主政府及上级组织的政策法令或决议，发动广大妇女群众共同执行。同时应由代表会议选出委员会，贯彻决议，主持日常工作，并定期召开代表会议。这种委员会的名称，可根据群众意见规定。在群众对妇联会已经熟悉的地方，可称为妇联会的委员会。又为着充实有组织的群众基础，妇女代表会议的委员会，应运用各种各样的组织形式，如识字班、合作社、互助组等，去组织各种要求不同的妇女群众；同时也必须经常与广大无组织的妇女群众联系，并为其服务。

县以上，也应根据上述原则召开妇女代表会议，选出妇女联合会的委员会，领导妇女工作。

过去有少数地区的妇联会，不是从群众实际情况出发，在组织上形式主义地强调发展会员，过多地开小组会，长期不召开代表会议；在工作上强迫命令，形式主义地完成所谓上级任务，而不是为群众服务；因而使妇联会在实质上脱离了群众，成为少数人包办的机关。这种不良现象，今后应努力纠正。

在新解放的农村，当着局面初步稳定以后，可以建立妇女组织。但是，事前必须有步骤有计划地进行准备工作，根据群众需要及觉悟程度，逐步地建立妇女组织，团结和教育广大妇女群众。这种妇女团体必须以劳动妇女为基础。

（四）根据目前革命形势发展的需要，必须大胆培养，放手使用和提拔大批的党与非党的女干部，到各种工作岗位上去，并加强各级妇女组织的干部。男女干部同等能力者，应当分配同等工作，给予同等培养和教育的机会，不得加以歧视；并应按女干部的特殊情况，更加注意提高其政治、理论、文化的水平及工作能力，帮助其解决特殊困难，举办保育院、托儿所，或组织女干部变工互助带孩子，以减轻女干部的困难，而且可以作为开展社会上的儿童保育事业的起点。对农村新起的劳动妇女干部，特别要在原有的工作岗位上加强教育，耐心培养，逐步提拔，并注意发展女党员。在新区特别注意培养本地的妇女干部。各级党校和政府主办的训练班，应有计划地吸收女干部学习，党的各级组织部宣传部应把培养和教育女干部列入其业务之内。而女干部本身，则应在党的领导教育之下，自觉地积极工作，精通业务，加强团结，提高工作效率，努力学习理论、政策、文化知识、生产业务的知识和技能；开展批评与自我批评，克服妇女的弱点，力求进步，加强为人民服务的思想。这是提高自己成为党的优秀干部的基本条件。

（五）从 1947 年全国土地会议以后，各级党委对妇女工作的领导，一般地较前重视，有了若干改进，但尚未做到经常地有计划地去贯彻对妇女工作的领导，妇女工作表现有上紧下紧，上松下松的被动现象。尚有少数党委，未曾克服对于妇女工作的轻忽自流现象。今后，全党必须全面地认识动员广大妇女群众参加革命斗争，是争取全国革命胜利不可缺少的力量；更加加强领导妇女工作，贯彻全党做妇女工作的方针。各级党委应把妇女工作列为党的整个工作的一部分，在布置检查和总结各种工作时，应把妇女工作包括在内。各级党报和通讯社，应当加强对妇女工作的宣传报道。县以上各级党委，应建立和健全妇委组织，并经常加以指导和帮助。区以下，经过支部领导妇女工作，并应确定专人负责。各级妇委的职责，是在同级党委领导之下，研究妇女问题和妇女政策，检查妇女工作，并向党委提出建议，以指导及推动妇女工作。

党应更进一步地纠正党内外残存的重男轻女的封建思想，和把妇女工作从整个工作中除外的取消思想，以及孤立突出地去做妇女工作的偏向。各级党的组织应加强学习和运用马列主义、毛泽东思想指导妇女工作，培养完整的群众观点，正确地掌握妇运政策，克服妇女工作中的无纪律无政府现象；妇女工作者更应实事求是，深入群众，埋头苦干，全心全意为妇女群众服务，把妇女运动更向前推进一步。

（六）为适应全国革命发展的需要，集中妇女的战斗力量，解放区妇女团体，应当努力去联合全国一切反对美帝国主义、反对封建主义、反对官僚资本主义的妇女，共同为驱逐美帝国主义出中国、打倒国民党反动统治、建立统一的新民主主义的人民共和国而奋斗。为此特决定由解放区妇女团体发起于1949年春季召开全国妇女代表大会，成立全国民主妇女联合会，使全国妇女运动能在统一的方针领导下，更大的和更有力地向前发展。

（原载《中国妇女运动的重要文件》，1953年）

中央关于在县以上党委设立职工、青年、妇女运动委员会的指示[①②]

1948 年 12 月 25 日

各中央局，分局转各区党委，省委，市委和地委：

一、为了加强群众运动的领导，适应今后职工、青年、妇女工作发展的需要，在县委以上各级党委下应分别成立职工、青年、妇女运动委员会（某些县无必要设工委者可不设），如有工会、青年团及妇女联合会等群众团体中的党组的地方，则以党组兼代。不要再设工委、青委或妇委，各地党委现有民运部的组织即可取消。

二、各级党委应在常委中指定专人分别领导职工、青年、妇女运动委员会及其工作。

三、职工、青年、妇女运动委员会的书记或党组书记，凡合于参加党委条件者，应参加党委为委员，否则必须使他们参加党委的一般工作及政策讨论的会议。

四、你们现有各委的名单、简历及应增设各委的步骤和人选，领导各委的常委人选决定后，即分别报告中央。

中央

亥有[③]

---

① 由编者加拟或改过的标题。——原书注

② 收录于团中央青运史研究室、中央档案馆编：《中共中央青年运动文件选编（一九二一年七月——一九四九年九月）》，中国青年出版社，1988 年，第 703 页。

③ 指十二月二十五日。——原书注

华南人民武装当前合理负担的财政政策[①]（节选）[②]

——正报记者罗纯对游击区的访问

1948 年 10 月 9 日[③]

……

（一）征收公粮：第一种按等级征收，其原则是：赤贫免收，贫户每年六升，中农一斗二升，富裕中农二斗四升，富裕地主年收三十石至六十石者收百分之五，六十一石至一百石者收百分之十，一〇一至一五〇石者收百分之十二；年收一五一石以上者另定之，如遇天灾人祸则酌量减低。

第二种按市或按种征收。其原则是：根据收获量百分之三，然后依上中下田之平均数，而定出每亩或每斗种的征收量，如一亩之平均收获量为四担，则一斗二升，照此推算；自耕农（富农除外），和军工烈属，照征收额八折，赤贫或鳏寡孤独，应根据实情征收或免收。但另方面，属于自耕地部分者收入八折，属于租佃部分者，则地主应占征收额的三分之二，佃农占三分之一（按因战争环境关系，第二种的征收办法较多采用）。

以上田租谷物概在收获时田农可直接缴交，并且视各地收一造二造的情形，决定一次或二次征收。

……

（原载《正报》1949 年第 110 期）

---

① 本文节录自《华南人民武装当前行动纲领》。——原书注

② 收录于广东省档案馆、广东惠阳地区税务局编：《东江革命根据地财政税收史料选编》，广东人民出版社，1986 年，第 192—194 页。

③ 这是本文在《正报》发表时间。——原书注

华南人民当前行动纲领（节选）①

1948 年 12 月 ②

尹林平

一、动员与组织本区一切人力物力，积极支援和参加革命战争，彻底歼灭本区蒋宋匪军，迎接并配合南下解放大军，打倒以蒋介石为首的卖国独裁政府，驱逐美帝国主义在华侵略势力，彻底解放全华南、全中国。

二、团结本区各民主党派，人民团体及一切社会阶层，包括工人、农民、独立劳动者、革命军人、自由职业者、知识分子、自由工商业者、爱国华侨、开明士绅，联合与中立不反对我们当前政策的地主、富农及一切可能联合与中立的社会力量，集中火力，打击执迷不悟、坚持对抗人民及我军之反动头子，首要特务、地方恶霸，并消灭其武装组织。

三、摧毁国民党各级伪政府，解散一切反革命组织，废除其一切危害人民的法令，建立人民民主政权，积极领导群众对敌斗争，反对蒋府征兵、征粮、征税、征工，坚决保卫群众利益，解除蒋宋匪帮所给予各阶层人民的种种迫害与灾难，减轻人民负担，改善人民生活。领导人民拥军，优待军属及进行政治、经济、文化等各种建设。

四、放手发动群众斗争，普遍建立广大群众性的职工会、雇农工会、农会、文化团体以及青年、妇女、儿童等组织。加强武装民众，广泛发展民兵及地方团队。动员群众积极参军，支援前线及参加各种战勤工作，争取革命战争更迅速的获得最后胜利。

……

---

① 收录于中央档案馆、广东省档案馆编：《中共中央香港分局文件汇集（1947.5—1949.3）》，广东省供销学校印刷厂，1989 年，第 288-290 页。

② 年、月是根据文件内容判定的。——原书注

江北区一年来工作报告（节选）①

1948 年 1 月

……

五、一年来群众斗争

……

（四）为群众日常的福利事业而斗争

我们在博龙山地曾做过改良风俗运动，提倡节省婚丧费用，深得上下层一致拥护，民众捐谷捐钱组织团体来支持，提高我队的威信。从化地区我队救出了被土匪俘虏的人民，使人民自动在通衢大道用红纸张贴鸣谢我队。从化地方党又发动改良风俗运动（当地妇女穿裙不穿裤的），团结了许多知识青年，组织了百余人的群众团体，深得各阶层人士的同情。

……

① 收录于中共惠阳地委党史办公室、中共广州市委党史办公室编:《东江党史资料汇编》第七辑，惠阳地区行署印刷厂，1986 年，第 89—106 页。

为减息退息征收公粮帮助农民夏收夏耕的指示（节选）①

1948 年 6 月

靖　江

……

二、公粮

……

（六）凡属贫苦的革命军人家属，一般可予其八折优待，而确属赤贫之贫雇农可酌予减低或免收。

……

三、帮助农民的夏收夏耕

……

（三）在驻地周围有组织地，经常派出同志帮助农民夏收夏耕。

（四）帮助对象应以军属，贫苦农民及缺乏劳动力，经常帮助我队工作的为主，而后普遍的帮助广大农民。

……

① 收录于广东省档案馆、广东惠阳地区税务局编:《东江革命根据地财政税收史料选编》，广东人民出版社，1986 年，第 185–190 页。

粤桂边区党委关于反对宋匪第二期清剿计划等问题的指示（摘要）①（节选）②

1948 年 8 月

一、方针任务：

……

二、为完成上述任务，我们必须实行下面的策略政策，这些策略政策，各级组织须严格执行，不得修改。

……

三、四大具体工作：

甲、军事斗争：

……

乙、社会政策：

……

丙、农村统一战线。

……

丁、整党工作：

1. 严密上下级联系，要严格纠正党内纪律、无政府状态，纠正还有轻视领导、闹独立性、不请示、不报告的现象。

2. 健全各级党委机构，实行集体领导，健全小组生活。

3. 由领导干部亲自动手领导全党各级干部、党员进行审查，把每个

---

① 原文即为“摘要”。——编者注

② 收录于中央档案馆、广东省档案馆编：《广东革命历史文件汇集 · 粤桂边区党组织文件(1946.2—1949.5)》，广州市成教印刷厂，1988 年，第 357—360 页。

同志的政治面目弄清楚。提拔干部要放在适当工作岗站上面，信任他们，发挥其积极性和创造性。

4. 为了发展党的工作，必须做好这几件事：

（一）选取历史清白、忠诚老实的党员为组织员，加以训练，专门做党务工作。

（二）各武工队要配备党员，发展组织。地方党员的配备，应适应实际情况，在巩固区乡放在第一线，第二线较少；平原区应多放在第二线；在城市则放在第三线。

（三）组织青年、妇女组织外围团体。

粤赣湘边区党委关于财政政策的决议[①]（节选）[②]

1948 年 11 月 15 日

……

（3）根据今天情况，财政来源及负担办法主要是下面数种：

1. 征收公粮：惯往纳税总税则，尚不适合于我们当前的斗争环境。但他的精神是可以采取的，以尽量做到合理负担为原则。我们尚无征收公粮经验，兹将各兄弟区实行征收公粮所采取的原则和办法，择其较好者列举如下，以供参考采用。

甲、征收原则：

第一种，按等级征收。这种征收原则是赤贫免收；贫户每年六升，中农一斗二升，富裕中农二斗四升，富农地主年收 30 至 60 石者，收 3%，61 至 100 石者收 10%，100 至 150 石者收 12%，151 以上者另规定。如遇天灾人祸，则酌量减低，以米和以户计算。

第二种，按亩或按种征收。这种征收原则是根据收获量收 3% 为原则，然后依上中下田之平均数而定出每亩或每斗种的征收量，如一亩之平均收获为四担，则收一斗二升。照此推算，自耕农（富农除外）军工烈属照征收额八折，赤贫和孤寡孤独根据实际情况减收或免收，细农方面属于自耕地部分的收八折；属于租佃部分的，则地主应占征收额三分之二，佃农占三分之一，概在收获时由农民缴交。

……

---

① 本文节录自《边区党委十一月扩大会议的决议》。——原书注

② 收录于广东省档案馆、广东惠阳地区税务局编：《东江革命根据地财政税收史料选编》，广东人民出版社，1986 年，第 196—198 页。

当前行动纲领①（节选）②

1948 年 12 月

一、动员与组织本区一切人力物力，积极支援和参加革命战争，彻底歼灭本区蒋宋匪军，迎接并配合南下解放大军，打倒以蒋介石为首的卖国独裁政府，驱逐美帝国主义在华侵略势力，彻底解放全华南、全中国。

……

四、放手发动群众斗争，普遍建立广大群众性的职工会、雇农工会、农会、文化团体以及青年、妇女、儿童等组织。加强武装民众，广泛发展民兵及地方团队，动员群众积极参军、支援前线及参加各种战勤工作，争取革命战争更迅速的获得最后胜利。

……

七、实行合理负担的财政政策，各地本此原则，订立公粮、税收条例，务期做到既能供应战争需要，又不致影响人民的生计及生产之发展。对穷苦的军工、烈属、赤贫及鳏寡孤独，则酌予减收、免收。

……

---

① 这是尹林平起草的文件。——原书注

② 收录于广东省档案馆、中共惠州市委党史办公室编：《粤赣湘边区革命史料》，广东人民出版社，1989 年，第 281—283 页。

香港妇女政治情况[①]

1948 年[②]

一、香港特点：

1. 它是中国第二大城市，是一个殖民地化、资本主义化的城市。

2. 它是工人最集中的地区，特别是女工、苦力、小贩、报童等包括相当数目，但没有农妇。

3. 女学生之外，外国女侨之多也是其他地方少有的。

二、从他们的觉悟程度来讲：

1. 特殊地方是这儿女学生不能成为工作桥梁，战前，这儿极难找到个女干部。女学生除看电影、跳舞之外，经常读的也只是“良友”这一类书报刊物。战后女学生觉悟程度是提高了，但一般说起来还比不上内地女学生，因为她们一般的活动多少还带着出风头、享乐态度。

2. 这儿女工觉悟程度较高，因为从一九二二年海员罢工之后，香港工运便奠下了好的传统。所以，目前这儿青运较工运差便是这个原因。由于这两个特点，所以……

三、在理论上说：战前香港除女青年会外可说没有一个联合的妇女团体，因跟着抗日高潮来临，才成立了几个妇女团体，但女学生公开明显组织还很少，现在，唯一范围庆△的妇女团体是女青年会，它包括着职业妇女、女学生、家庭妇女、女外侨、女工、女教徒等各个阶层妇女。目前劳工部办的夜校中，它还拥有四百多学生——女工。以后，还有一个新成立

---

① 收录于中央档案馆、广东省档案馆编:《广东革命历史文件汇集·广东党组织文件(1945.11—1949.12)》，广州市成教印刷厂，1989 年，第 281—283 页。

② 年份疑是 1948 年。——原书注

的妇联会，那里面包括着许多来自国内的进步妇女，一般说起来他们工作稍浮面，最近听说稍有改变——即是着重下层实际工作。

四、当前妇女工作的方针：我们知道什么工作都有个总方针，而我们妇女工作也正应服从这总方针，即是说：目前我们妇女工作是响应国内民主运动，反帝国主义（但应注意不太刺激英帝国主义）、培养干部，团结各阶层妇女，学习女青年令之能适应各阶层妇女要求，但注意发动任何工作时应联合或通过女青年会，因为它有悠久历史和地位。从为妇女谋求利益出发去提高他们觉悟程度。

五、我们女干部，党员中存在着的一些弱点：

1. 不团结，互相轻视，互相排斥，各人因负有一部分工作，各有特长，因之也背负着一个工作经验的包袱，感情用事。

2. 短视，不能掌握原则，或不能从大方面、大方针，从对付敌人等问题去取得一致，心胸狭隘，展不开。假如说，我们能够从大方面着想，互相配合，则更能产生更大工作效率。

4. 依赖上级、缺乏创造性，不能发现新干部，培养新干部。

5. 对婚姻观点还不正确，在这里我们应该指出的是：

（1）处理婚姻问题时应以工作第一，婚姻第二，一切服从工作之需要。

（2）择偶时应以政治信仰，无政治问题为主，其他生活上小枝节尽可求得谅解、让步。

反清剿一般经验的总结（节选）①

1948 年②

香港分局

……

第三个时期扩张战果巩固胜利

……

另一方面，在老区，司令部和政治部在部队乘胜追击前后，应在后方巩固胜利，以与前方扩大胜利两相辉映。其任务是：(1) 领导各级部队（主力、地武、民兵）自上而下与自下而上地总结各战场上战斗经验，进行评功与奖励运动，选举战斗英雄。(2) 留在老区的主力、地武、民兵都应争取时间，利用战斗间隙，轮流进行短期练兵整军工作，力求进一步提高政治觉悟性和军事技术，增长战斗情绪和战斗力。(3) 乘时发动广泛的参军运动，扩大主力与地武。并把民兵提高一步（扩大基干队，部分提升地武）：教育争取与改造俘虏，以补充主力和地武。(4) 在部队中及群众组织中，进行发展党的工作，吸收在战斗中经过考验的积极分子、新英雄、优秀战士进党，壮大党的组织力量。(5) 经过政府发动群众劳军和慰劳伤兵、烈属的工作，又经过政府机关和部队发动救济战区灾民工作，把二者结合起来，形成热烈的运动。(6) 把群众组织和群众斗争提高一步，如减租减息到调整耕地，到清债算息等，民主政权和贫农团、农会、新青

---

① 收录于中央档案馆、广东省档案馆编：《中共中央香港分局文件汇集（1947.5—1949.3）》，广东省供销学校印刷厂，1989 年，第 338-346 页。

② 年份和作者是根据文件内容判定的。——原书注

团、妇女会等群众组织，都应力加巩固和扩大。

综合潮汕及其他地区多次反清剿斗争的胜利经验，得出下列几个基本原因：

第一，由于初步领导〔会〕和执行毛主席的人民游击战争的战略方针。

第二，正确了解和判断敌情，并且慎重初战，又能保持旺盛的主动作战精神。

第三，有各方面工作配合的充分的准备，有符合实际的作战计划，部署和统一的指挥。

第四，随着军事斗争形势，提高较完整规模的战役作战阶段的军事思想。

关于发展党的几个问题①（节选）②

1948 年

一、目前对发展党的认识

……

(3) 为使党更活泼和健壮，亦有认识发展党的需要：

现有不少的老同志，人是入了党，但思想还未加入。如有一位女同志，她是抗战初期入党的，已有十一年的党龄，且负责过区一级的工作，但她现在说，比她更老党龄的同志理论虽然高，但生活意识表现比她坏，故认为自己不看书，也不算什么，自己也不会变质的。她自己忙于家庭事务，她和职业上的同事不团结，计较小事。这种情形很不少，特别是农村，不少党龄长的农民同志，因受党的教育少容易生锈。从这说明在我党注入更多新的血液，在各种群众斗争中吸收他们的积极分子和领袖，使党增强力量，使党活泼健壮，也是很需要的。

根据以上从华南当前形势与政治任务、南方党员的数量和使党更臻活泼健壮这三个意义来说，发展党是十分必要的。

二、发展党的方向

(1) 从一般地区与工作部门来说：

根据本单位所处当前环境，本地区党委本身所负的各种群众斗争任务

---

① 原件未署作者。年份是根据文件内容判定的。——原书注。

② 收录于中央档案馆、广东省档案馆编:《中共中央香港分局文件汇集（1947.5—1949.3）》，广东省供销学校印刷厂，1989 年，第 145-160 页。

需要与环境情况、组织力量分配强弱等来分析，确定展组重心何者为先。不但看今天而且要看明天的形势的发展，环境变动，和工作需要来确定展组方向重心应放在那一个地区和那一个部门。展组方向要分别主要次要，分别重点，不应平均发展，只有这样才能把党力量尽量发挥。

毛主席对这个问题是有英明的远见的。敌投降时，毛主席估计明天的需要，集中力量把几万个优秀干部推向东北，故今天东北有了成绩。又如区党委在敌降前估计城市工作需要，在〔部〕队和地方抽调了不少能力强的干部到广州近郊与△△△准备将来的城市工作，故后期广州的爱国民主运动有蓬勃发展。又如：第二次反共高潮前，党整个力量放在军队工作，特别是在十二集团军里工作，当时就有人说替人抬轿，只一个地委派到十二集团军里工作的干部即有三百多人，二次反共高潮，即把力量抽出，转入穷乡僻壤或有战略意义的地区去播种，后来也发展。又有一个典型的例子：东纵北撤后，有一个县处于敌强我弱的形势下，我武装力量被摧残，我力量缩到山区，老地区和大圩场已没有自己力量，当时干部有两种意见：一说强调部队工作，把强的干部集中到队来，另一说则主张布置外围工作，注意平原工作。领导上的着眼点只注意周围，较远的地区和敌人的中心地区工作注意得很少。偶然有一位女同志因病不能随队转入山区，她又不愿过城市生活，结果考虑利用旧时的群众关系在一个村掩蔽，给予小数款项做小买卖，待病好后回队。该村多沙田，村落集中在沙州民众搭茅厂居住，广阔地区没有泥砖屋，她到达后乡民初时很奇怪，但她能和群众结合，帮助乡民做工，特别农忙时帮农民看管小孩子，先从邻居做起，经三月后群众就喜欢接近她，已不疑她了。五个月后，群众要求她在本村教书，但无课堂，只在树下上课，遇风雨不便，大家就搭茅厂做课室，从几个学生到去年七月发展到四十多个学生，学校稍具规模。K 后来征粮很急，农民因生活痛苦酝酿不交，她即向群众宣传反征粮，群众接受她的意见，对 K 征粮采掩或逃的办法。征粮员把其中一个人捉去，群众与之斗争，其时邻乡被 K 枪杀一人，激起群众愤怒，即集中二百多人包围 K，打死两三个征收员，事体〔态〕因而扩大。K 田赋处又派人来进攻，此时她从旁向村内父老提供意见，主张本沙与各沙组织起来。此时发生打死征粮人员的乡，已借来二挺轻机，组织三百多武装守卫，K 一个中队进攻，与村前河边受阻击，K 又增派一个大队来，附近各村平时受 K 迫害，于是大家齐心奋起抗击，K 不敢激起民变，谈判收尸了事。她在该村工作一年，打下发展地方党的基础，使党的政策深入民众，把民众组织起来。这些例子说明发展党不但着眼今天的利益，且要着眼明天形势的发展，预先布置工作的重要。

（2）从阶级的成份来说：

半年来党的指示都强调在农村展组重心为雇、贫农成份，城市则着重无产工人、城市贫民、小资、知识分子。南方党员成份小资数量不是占绝大多数，但领导干部多是小资出身，有些是地富的儿子，故我党的展组方向在农村要着重贫雇成份，在城市则着重工人、城市贫民，但不因此而把有成熟条件的小资知识分子或其他成份拒于门外。南方党的经教是，在抗战初期，大城市被敌占，大批知识分子干部回到农村，强调发展农民成份的党员，对知识分子则较慎重，到二十七、二十八年亦是如此，后来产生偏向：一九四〇年当二次反共高潮之后，由于过去重视发展农民，忽视其品质、出身与阶级觉悟，忽视其对党了解程度，乱拉入来，此时另一偏向是大量清除文盲分子，审查时不深入了解其文盲程度与对党观念，而是在纸面上“枪决他们的政治生命”，各县地方党都有此现象，一个县一次就清洗五十多个文盲分子出党。阶级成份不是决定其是否真正优秀的布尔什维克的同志，因此发展组织，不应单从阶级成份着眼。

三、发展党与群众运动互相关联的问题

发展党一定从各种群众运动、群众斗争中，特别在武器斗争中，部队每次战斗中发现作战勇敢执行纪律的优秀战士，和在群众中发现积极分子与思想纯正分子、优秀干部，把他们吸收入党，这就使得他们入党后容易巩固。故展组工作是和群众运动有密切联系的，但应注意：在一个群众运动中亦时有投机分子或农村的二流分子，在斗争与他们本身利益结合时特

别表现得积极，如单看他们的斗争积极性就容易把真正思想纯正的分子混淆起来的。例如：有一间中学发动择师运动，发现有一女学生十分积极，敢贴标语；讲话又漂亮，看书又多，斗争胜利后，要发展积极分子，有人把她提出来，指定小组长去吸收她。这个小组长是没有经验的，开始接近她时，她很热情，他自己不自觉的暴露面目，她对他就冷淡起来，采拖的态度。支部讨论这件事，仍是老一套的责成小组长努力进行，他急了单刀直入，她答应考虑，后来发现她和托有来往，在她家里发现托的刊物，由于小组长的暴露，间接暴露了几个同志，不能不撤退。故在群众斗争中不但要注意积极分子，还要深入注意他们是否真正好的，不能看他一时的表现。在发动群众斗争的条件未成熟时，不应急于制造一个斗争，企图在斗争中去发展积极分子。

……

四、为什么要看需要而不是尽可能？

上级提出看需要而不是尽可能的原则，是根据当前全国形势更加发展，广东亦处在群众斗争的高潮时期，农村民变武装一天天发展，城市的爱国民主运动与工人经济政治斗争日益高涨。在此形势下，在各种群众运动群众斗争涌现出来的积极分子，对他们的教育吸收是必要的，而党的任务日益重大，更需要吸收许多革命的积极分子来参加担当重大的任务。

但要注意吸取抗战初期的经教，这时多是拉伕现象。如照顾农村的农民成份就不问其历史和群众联系而乱拉入来，使投机分子、异己分子乘机打入来，麻痹自己的政治警觉性。松懈党的严密性与巩固性，因而过去是吃亏的。特别〔是〕华南今日处于尖锐斗争与游击战争的情形下，敌人加紧采用内线破坏政策，故一方面虽是需要发展，但亦不能是尽可能，故提出这个原则来。

但是，什么是需要？

第一，看当前党委的环境如何？政治任务如何？地区形势如何？不因此一地区或那一地区，与此一部门或那一部门没有党的组织，或感到党的力量薄弱而决定在此地区或部门发展，如果这样看就成为“为发展而发展”。应要看这一个地区或部门今天的处境，和党当前的任务需要如何来决定。如这个地区在形势和任务上非发展不可，就可把重心放在这个地区，不必处处平均发展。不但只看今天的形势和任务需要，而且又要看明天的形势和任务的需要，必须预早布置，不能孤立地去看。今天与明天的需要亦要联系起来看，不从主观愿望出发，要从客观形势，各方配合适当地把发展重心布置好。

例如：△△有一个工厂，有几百个工人，男女工人同等数量，厂的支部全是女工，没有一个男同志。当时女工工作做得差不多，在二百多个女工中，我们女党员已能起领导的作用，能团结全厂女工，还有几个女工对象可吸收的，如吸收后，女工的工作就达到饱和点。当时厂原有的工会是操在 K 的工贼手上，工会又向他们剥削，过去 K 曾发动过斗争已失败，工人情绪低落。当时党的任务是掌握厂的工会，发展男工，要把男工力量和女工力量起同等的作用。厂支部就集中几个能力强的女干部去向男工发展，把原来的女工对象暂时放低，经一个多月努力，发展了一个男工，后经支部布置，使这个男工取得工会的领导地位。虽然这个男的〔工〕的意识比不上当时教育中的那几个女工对象，但因看需要而把重心放在发展这个男工，通过这个男工再去发展了几个男△员，厂里党的力量虽仍是女多男少，但斗争力量就不同。后来这个男工主席意识差、生活坏，又为其他的男工党员影响他转好。这例子说明发展要看其作用，所谓突破一点影响全盘，是和看需要而不尽可能有互相联系的地方的。

除了从政治任务和工作需要来看外，还要：

第二，看对象的条件如何，不能因需要而降低发展党员的条件，不能随便拉伕。如强调每个地区或部门今天党力量已到饱和点，对已有具备条件的对象认为不很需要而放弃不吸收他，也是不对的。因此也不能被这句话来限制，不能放弃条件成熟的对象。

……

粉碎蒋宋进攻计划，迎接南征大军的指示信（节选）①

1948 年 2 月

一、一年的斗争奠定了我们胜利的基础

……

二、宝贵的经验教训，是今后胜利的资本

……

三、目前我们正处在新的革命高潮之间

……

四、当前具体的五大工作

……

（二）关于群众斗争

……

3. 一切为着组织农会

只有组织起来的群众，才是力量。在土改斗争过程中，农村的一切群众组织，在以农会为中心，尽管一时一地群众未觉悟提高到组织农会的阶段，也必须有积极分子的农会骨干的组织，以领导其他一切群众喜欢组织

① 收录于广东省档案馆、中共惠州市委党史办公室编：《粤赣湘边区革命史料》，广东人民出版社，1989 年，第 115—129 页。

的社团。这些骨干应该是雇农、乡村苦力及贫农，以及贫苦农妇（必要可组织女工、农妇代表会）。因此在农会组织起来以后，就可以成为贫农团，去在农会中起核心作用，领导斗争，团结中农。

在我地区，如果尚未建立政权，农会应作为临时政权使用，如果已经建立政权，在土改清算时，农会的决议，政权应该坚决执行。

除农会外，农村中的中小学生与城市贫民，必须以各种方式去组织他们，领导他们为他的本身日常利益作斗争而围绕于农会的周围，配合农会的工作——如土改、文化教育、卫生……等。

在蒋匪力量强大地区，农会可以秘密的，也可以用其他方式组织，以能团结农民，领导农民斗争为主，对于 K 的农会，如有群众基础，我能争取过来，则把他改变为我的方式或在需要时利用它的掩护来开展下层工作，帮助群众做好事，否则不参加而反对之、粉碎之。

……

（五）整党工作问题

……

3. 大胆发展苦力、贫雇农党员

从斗争中吸收苦力雇贫农、农妇入党，应坚决放手，一年来斗争发展已具备了足够的基础，各级党委必须设立组员，在常委领导下专门到各地去指导这一工作，使各个支部、各个同志都能将斗争中积极分子吸收入党，并继续培养党员对象，依照入党手续进行发展党员的工作。

……

中共中央香港分局

1948 年 2 月

半年工作总结和今后方针任务①（节选）②

1948 年 8 月

一

自一九四八年一月起半年多来的客观情况起了很大的变化，首先表现在：宋匪自去年九月底到任，经过三个月的准备工作之后，一面动员他所有的全部兵力，包括十个保安团，三个补充旅及一切地方反动武装，互相配合，先后向我发动几次比过去更大规模的重点进攻；一面又积极扩编新的力量，及收编土匪伪军，以增强兵力，并陆续投入“清剿”战线，或一面补充训练，一面参加“清剿”，对我进攻一步一步地加紧进行。其次，我南方人民在水旱灾荒三征暴政的交相煎迫下，半年来更深刻地常受着饥饿死亡的威胁，处境的惨苦一天甚于一天。最后，蒋宋匪帮投靠美帝，勾结日寇，出卖主权，规模愈大，引起我民族工商业大部源于破产，失业人口猛烈增加，华南殖民地化地位更加深刻与具体化——这是半年来我们所处的客观情况。

……

八

四大具体工作。

（一）军事斗争

……

---

① 这是中共中央香港分局 1948 年 8 月发出的工作指示。——原书注

② 收录于广东省档案馆、中共惠州市委党史办公室编：《粤赣湘边区革命史料》，广东人民出版社，1989 年，第 213—241 页。

（二）具体政策

甲、反三征与减租减息：

……

2. 减租办法规定为对分租（地主农民各半）二五减，即实行减租之后，其租额不得越过耕地正产物收获总量的千分之三百七十五，原租额超过对分（例如主六佃四）者，应降为对分，再减二五，原租额低于对分者，不得借此提高，但可少减或免减（例如主四佃六者可减一五，主三佃七以下者可以免减）。减租之后，农民必须保证交租。

因灾害致正产物全部被毁者，得免付该造地租，因灾害欠［歉］收者，地主与农民应就实际收获之正产物按三七五与六二五之比例分配之，亦可采用先减时年，再减“二五”办法行之。

地主除就正产物按减租后之租额，收取一定之地租外，副产物概归农民所有，一切劳役，季节送礼及其他任何超经济剥削一律禁止。

贫苦的革命军人家属及孤儿寡妇因家中无劳动力，出租少量土地以维持生活，其生活水平不超过当地一般中农标准的，应予免减或少减。

……

戊、财政政策：

……

2、根据今天情况，财政来源及负担办法主要的是下面数种：

A、征收公粮。一般说来，复杂的累进税则尚不合用于我们当前的斗争环境，但它的精神是可以采用的，兹将现在各地区实行征收公粮所采取的原则和办法，择其较好者，列举于下，对供各地参考采用：

①征收原则：第一种按等级征收，这种征收原则是：赤贫免收，贫户每年六升，中农一斗二升，富裕中农二斗四升，富农地主年收卅至六十石者收百分之五，六十一至一百石者收百分之十；一〇一至一五〇石者收百分之二十，一五一石以上者另规定，如遇天灾人祸则酌量减低，以米和以户计算。第二种按亩或按种征收，这种征收原则是根据收获量收百分之三为原则，然后依上中下田之平均数，而定出每亩或每斗种的征收量，如一

亩之平均收获量为四担，则收一斗二升，照此推算。自耕农（富农除外）军工烈属，照征收额八折。赤贫和鳏寡孤独，根据实际情形，减收或免收；佃农方面，属于自己耕地部分的收八折，属于租佃部分的，则地主应占征收额三分之二，佃农占三分之一。概在收获时，由农民缴交。目前在游击战争环境，征粮应一方而［面］求得多收快收，一方面又要适合合理负担的原则，故仍以按亩或按种征收办法适宜。

……

（四）整党工作

为了保证当前斗争任务的完成，既定方针政策的贯彻实现，最有决定性的重要任务，就是加强党的工作。上次指示原已强调指出此点，但半年来党的工作仍然是最弱的一环，此种严重现象发展下去，是具有危险性的。兹规定下列各项工作，各地党委务须坚决完成，并列为今后考绩的重要项目：

……

6. 群众斗争既已猛烈开展，除农会及民兵组织外，还应把为数颇大而且对革命可能起很大作用的青年和妇女组织起来，作为党的外围组织，以加强党与群众的联系，可采用新民主主义青年团和农妇、女工代表团的形式，其公开程度则视地区环境而定。

香港分局关于财政政策问题的指示[①]（节选）[②]

1948 年 8 月

1. 我们今天财政政策的原则，是实现合理负担。合理负担的办要简浅平易，并尽量贯彻累进税的基本精神，有免征点累进率和累最高进率，使负担一面较重于富户，一面又不至窒息生产力之发展。减租减息之前，负担面可以较少，减租减息后，负担面则应该放宽。各地应根据当地经济条件、人民生活水准，群众发动情形及各工作基础来规定具体办法，负担面通常以占百分之七十五至百分之九十的人口为适宜。但规定税等时，应该注意人口密度最大的富力层（中农与接近中农的部分贫农）等级应该划分较细，人口密度较疏的富力层（地主富农），则等级划分不妨较大。

2. 根据今天情况，财政来源及负担办法主要的是下面数种：

A. 征收公粮：一般说来，复杂的累进税则尚不合用于我们当前的斗争环境，但它的精神是可以采用的。兹将现在各地区实行征收公粮所采取的原则和办法，择其较好者，列举于下以供各地参考采用：

①征收原则：第一种按等级征收，这种征收原则是：赤贫免收，贫户每年六升，中农一斗二升，富裕中农二斗四升，富农地主年收卅至六十石者收百分之五，六十一至一百石者收百分之十，一〇一至一五〇石者收百分之十二，一五一石以上者另规定，如遇天灾人祸则酌量减低，以米和以户计算。第二种按亩或按种征收，这种征收原则是根据收获量收百分之三为原则，然后依上中下田之平均数，而定出每亩或每斗种的征收量。如一亩

---

① 本文节录自香港分局《关于半年工作总结和今后方针任务》。——原书注

② 收录于广东省档案馆、广东惠阳地区税务局编：《东江革命根据地财政税收史料选编》，广东人民出版社，1986 年，第 190—192 页。

之平均收获量为四担，购收一斗二升，照此推算。自耕农（富农除外）军工烈属，照征收额八折。赤贫和鳏寡孤独，根据实际情形，减收或免收。佃农方面，属于自己耕地部分的收八折，属于租佃部分的，则地主应占征收额三分之二，佃农占三分之一，概在收获时，由农民缴交（目前在游击战争环境，征粮应一方面求得多收快收，一方面又要适合合理负担的原则，故仍以按亩或按种征收办法为适宜）。

……

香港分局致中央并中城部电（节选）①

——香港分局工作报告

1948年8月18日

中央并中城部：

工委工作补充报告：

一、宣传：

甲、《华商报》未有起改组改版，经费月薪可减至五千元。编辑方针决定更群众化、地方化。日销七千五百，大部在港。

乙、群众现销三千四百，三分之一在国内，沪翻印即可开始。过去半年偏于党内教育及原则问题，对实际及群众问题联系不紧，极少策略教育。

丙、《正报》现销约二千，着重广东问题及党内思想教育。

丁、宣传上的问题，一般原则多于现实问题，概念多于策略，政策的具体解释说情说理态度不够，今春统战问题思想斗争中，少做到分析，打击面过大。解释问题偏于在港民主党派，未着重针对群众中存在的问题。解放区设施具体材料太少，不能满足群众要求（此项请新华社必须系统供给）。

二、群委（工运由城委报告）工作方针为“打下当地基础，培养华南农村干部，支援国内民主运动”，已完成初步工作，最初是把东纵留下和蒋区撤来的干部安置在学校、社团、青年、妇女的岗位，已建立工作据

① 收录于中央档案馆、广东省档案馆编：《中共中央香港分局文件汇集（1947.5—1949.3）》，广东省供销学校印刷厂，1989年，第181-185页。

点，熟悉其环境，然后展开工作。建立了三所以上党领导和当地人员合作的中学；帮助民主党派巩固了达德学院；在十个以上中小学建立了据点；广大〔泛〕发展了文艺性的青年组织如：剧团、歌献团、文学研究组、进步杂志读者会、妇女协谊会、读书会乃至同乡协谊性质的组织。一年来动员一百四十个干部回农村，吸收了一百五十个新青，目下基本群众约在三千至四千之间。工作主要缺点为不够深入落后群众，满足于进步的小圈子，不够深切认识香港特殊社会条件，犯急性病，因此，大部群众组织暴露出来，没有认真进行第二线的准备。七月总结后，推动打通干部思想，纠正性急躁等作风，做到积极打入社会底层，建立长期性的当地基础。

……

港分局

未巧

香港分局港城委致中央及中城部电（节选）①

——关于香港、澳门、广州和桂林等地党组织情况②

1948 年 9 月 1 日

中央、中城部：

目前南方城工，为了避开敌扫荡，保存我基础，仍坚持长期打算，积蓄力量，削弱敌人的方针；并强调依靠群众，与最广大的中间、落后群众结合，共同进退，掩蔽自己，麻痹敌人，渡过难关。相机前进。

……

乙、香港方面：

港委下有党员二百九十一人（百分之七十五为工人），主要分布于三大船坞、电车、电灯、电话、摩托、铁路、印工、纺织、树胶、五金、劳校、女青夜校（有千多女工学生），另新青百人（工人占百分之七十）。

海委下有海员、洋务党员一百二十六人，主要分布于四大酒店、兵房、咩士（海军俱乐部）、大河轮船。

新界党委下一百四十九人（百分之四十为小学教师），主要分布于二十八间小学，十一个民众团体。

全港、九〔龙〕、新界我领导下有组织群众四万人以上，在我工会联合会与劳工教育促进会领导下的大小工团共三十个。

……

港分局、港城委

申东

① 收录于中央档案馆、广东省档案馆编：《中共中央香港分局文件汇集（1947.5—1949.3）》，广东省供销学校印刷厂，1989 年，第 209—213 页。

② 由编者加拟或改过的副题。——原书注

高林邓民光关于香港工运情况报告（节选）①

1948年10月10日

……

前　言

这一份材料是就我们两人所知及记忆所及的范围内写成的，里面已经尽量少下判语，但仍不可免地也有些论判，如果看法及观点有毛病的地方，主要是由我们两个人负责，同时，因为要赶时间的关系，草草写成，遗漏及潦草之处，我们自觉不对。

呈报人：

高林（即朱敬文）

邓民光（即黄灯明）

一九四八年十月十日脱稿

香港工会概况

香港工会约分为：1. 我党领导及影响下的；2. 国民党领导及影响下的；3. 群众性中间工团。三种，其人数及比例见另表，兹略述其概况：

1. 在我党领导及影响下的工会

……

(3) 其次，则为我党干部在上层理事会中有威信担任主要职位（如电话主席就是党员），但在下层群众中没有组织或有力支部的则有电话、香

① 收录于中央档案馆、广东省档案馆编：《广东革命历史文件汇集·广东党组织文件(1945.11—1949.12)》，广州市成教印刷厂，1989年，第238—279页。

港电灯公司、中华电力公司（即九龙电灯），煤汽公司、船艺工社、砰州火柴厂（香港只有两个火柴厂，该厂规模甚大，为官僚资本经营，工人五百人弱）、西式女服工会，糖面西化工会（即制面包）、政府职工会、海军船坞、英美烟草公司、牛奶公司、造船锅造工会、打铜工业会等十四个单位，在这些工会中群众对我党干部积极谋工人福利表示信仰及拥护，但政治觉悟较差。

第三种就是组织虽然上下层都为我掌握，但会员占全行工人中只占极少数的工会：如妇女织造工会，会员最多为八百人，最近实际缴纳会费的只二百人，五金属姐妹会会员不及二百人（前者有工人五万人强，后者则约两万人弱），及灯炮［泡］工会，会员虽有五六百人（现在在业工人千余人），但缴费的亦不及二百人。

……

还有一种是在我党掌握中但不暴露的，如洗衣业工商总会（实际是工会）、打挣工会两个，她们很少参加联合性的活动，但上下层都被我党掌握，至于铁路（广九路）则工会上层为 K 把握，但在下层工友中，我们也有部分的力量，我们的干部目前可以控制三分之一的工友，最后还有一个蛋业职工会，因为他们都是海陆丰人，所以是一个相当赤色的工会，但会员成份多数是小贩及独立劳动者，还有一个油麻地小轮公司职工会，上层为工贼老 K 所把持，声名狼藉，但下层则完全倾向于我党的工会联合会，其干部与电车工会干部联系甚密，在上述这四十个单位之中，参加我党领导下的港九工会联合会的有：海员、电车、太古、牛奶、英美烟草、香港电灯、摩托车、海军船坞、石印、邮政、电话、政府职工、印务、洋务、木匠、手车夫、九龙船坞、妇女织造、树胶、船艺、火柴、德士古、中华电力（九龙电灯）、糖面西化、西式女服、蛋业、五金属姐妹会、煤气、赛马会、灯泡、造船铁工会等三十一个单位。

（4）参加我党领导的港九劳工子弟促进会（办有劳工子弟校，概况另录）的有电车、海员、电话、香港电灯、煤气、太古、海军船坞、牛奶、英美烟草、摩托车、洋务、邮政、政府职工、印务、石印、木匠、妇女织造、五金属姐妹会、火柴、德士古、糖面、西化、消防、市政卫生、坭水、水务局、树胶、打铜、船艺等二十九个单位。

港九工会联合会职员，主席为电车工会主席朱敬文（即高林），副主席两名：电话工会主席张振南及海员工会主席张东荃，常务理事为：摩托车工会主席陈文汉，洋务工会副主席谭棋科（该会正主席徐振材为老洋务工人，较开明的国民党员，目前表面上倾向于我党），太古船坞主席叶光，海军船坞主席李耀全，树胶工会主席卢政之（女性），邮政工会主席（是进步群众，名字一时记不起），港府职工会主席袁香涛（港府特务，但因为理事会中进步力量大，迫得与我们来往），木匠总工会主席郑全（过去大革命时期进步国民党员，据他说周恩来同志在港时曾寓木匠工会内，过去与我党有联系，已退出国民党很久，战后国民党曾屡次派人收买他，给他严词拒绝，他承认国民党郑彦棻，是他的堂侄，为人诚实，对工人负责，积极靠近我党干部，现正研究，作为发展对象，上述十一人中除郑全、袁香涛及邮政工会主席三人外，余皆为我党员。

……

香港分局城委致中央及统战部电（节选）①

——八至十月工运报告及今后策略

1948 年 11 月 6 日

中央、统战部：

经过五月“五一”口号宣传运动，反美扶日运动，七月纪念七七大会之后，已纠正了自庆祝政协以来忽视提高工人政治觉悟的偏向。三个月来，仍坚持一贯“把政治斗争溶化于济经斗争”方针，掌握群众切身利益、要求及福利事业，发动广泛性群众性的公开合法运动，以便提高群众觉悟及巩固工团组织。

兹将最近卖花运动，庆祝“双十”大会及的士（汽车）工潮汇报如下：

一、卖花运动——最近英对劳教会劳校政策有了修改，藉［借］口发展劳校，筹募一百万元建筑校舍，提出拟成立“中央委员会”，由罗文锦、何明华代表政府管理，以代替现有之工会、教会、劳工司、教育司联合构成之劳校管理委员会。八月教会代理人施玉麒宣布，已筹得九万元，教育司答允拨款十五万元，谈话中表示教育不应分党派阶级。我态度先赞同建筑校舍，由劳教会扩大筹募，但将来争取参加“中央委员会”，一面使现有之管理委员会仍存在，暂时可能坚持收容劳工子弟为主。八月初，何明华返国，须戌月始返教会，态度暂恐不积极，我决定利用九月二十五为政府批准劳校卖花筹款际扩大号召发动群众。确定目标：1. 扩大工人福利事业，首先是劳校抓紧利用英改良政策。2. 教育群众认识英统制政策，发动

① 收录于中央档案馆、广东省档案馆编：《中共中央香港分局文件汇集（1947.5—1949.3）》，广东省供销学校印刷厂，1989 年，第 253–257 页。

力量迫英就范。3. 扩大影响，争取中间工会、学校、社会人士甚至英资上层，个别国党[①]校参加。4. 巩固工会，发展力量。当时估计此一公开合法福利改良运动将能得到广大群众支持，提出“10·3”作号召，首先在党内打通干部思想，确立目的，发动全港工会配合，然后八月二十二号劳教会公开号召，由十五个工会成立卖花委员会，各会派出积极分子成立工作人员会议，利用中西报纸扩大宣传。九月一日后开了教会二周年纪念大会及记者学校招待会，争取罗文锦公开广播，以施玉麒劳工司等名义印发通讯、街报，制备漫画标语，九号更招待过港英福利顾问钱氏，藉［借］以扩大合法号召。十五号各工会分别开了月光晚会、干部会，参加人数多者如月光会达二千人，经过酝酿成熟，十八号先在厂内号召工友自己买名誉花，争取厂长工头先买，进一步推动厂外卖名誉花，组织卖花队，无孔不入，故卖花目前到处已快起热潮，广大工友都说：“工人卖花破天荒”，“工人也会办学出钱，应该大家一齐又买又卖”，“我们工会也要办学校”，工会工友互相竞赛，各工会领花初十五朵，后多到一千朵，争先恐后。《华侨报》、《华南报》发表社论，中西各报均有特写，国党特务也不敢公开破坏。到二十五号那天，全体动员深入到市区及新界岛屿，花絮甚多，得款八万五千余元，参加单位九十四个，学校八十一间，工会卖花队及工作人员约二千人，工友买花者达二万人（平常工人不买花），工会全部卖花得款就有四万元，全场卖花优胜者为劳校、女青年、三坞、电车等，成为三年来最广泛、最热烈，参加人数最多的运动，又是我党领导运动以来比较能够纠正过去不走群众路线经验主义思想的一次。

劳校现状：学校六间，原有学生 1286 人，新扩三间，560 人（760）人，补习夜校三间 870（170）人，新扩中四间 420 人，新扩补习日夜（电器班）二间 287 人，与工会合办学校三间 310 人，新扩中五间 600 人，资助工会识字班四间 250 人，共有教员 98 名，五六岁以上小学生 400 人。经费月入七千五百元，另教育司津贴三千三百元（比前缩小一千七百元），

① 即国民党。——编者注

月支的一万五千元，各种学校现在扩大中。劳教会新参加工会单位三个，共有二十九个工会单位，工会及工友重视劳教会，争得的利益对工人福利事业有了信心和成功的模范。

英最近政策：劳工司主张接收，教育司及劳工顾问碧架主张先加强统制一二年后再管，教会施玉麒则主张维持现状，完全由教会去办，彼此同意候何明华会督从英回来再作决定，并将原定十月二十八日开管委会改期戌灰举行。我一面利用矛盾，支持教会，争取教育司，分化劳工司，一面准备其妥协转对我加强统治、增加困难。现继续发动群众争取筹募六万元，一面迫英交出二十四万元建筑校舍捐款，一面作为将来对付英拟成立之中央委员会的斗争资本。

二、庆祝双十大会——英批准大会在广场举行，未有显著干涉，会场顺利进行，大会于双十上午在港中心区萧顿球场举行，到会人数六万，工友六七千人，参加工会 31 单位。会场张贴对联“总统瘾过了，皇帝梦未圆，故此下手令出发父子兵，大搜百姓商民，凡是金银、铜、铁及美金、外币一切劫收，准备铸铜山，迷留二世”。“双十节已到，新政协将开，决先担头旗，动员工农队，捉拿国贼战犯，所有四大家族和贪官污吏〔铲〕除净尽，建立共和国，庆祝千秋”。大会无通过什么决议，但作公开号召，大会口号强调团结民主，港九工人一致起来争取祖国独立民主自由。工会代表演说，海员代表要求工友发扬香港侨工的爱国传统精神，尽一切可能支援祖国同胞兄弟，早日结束中国的封建独裁统治，制止美帝侵略，保证中国民族民主革命完全胜利。女工代表指出女织工今天所受到不可想象的痛苦，根源是由于“美帝扶日”，“——挨了三年零八个月木薯粉——挨到冬天，又在日货侵占下失业了”。电车工友提出纪念双十应准备新民主政府作生日，及送独裁政府的丧。洋务工会代表，他的头已经秃了一半，他说：“我们是主人翁，那些‘是奴才’今天竟欺负起我们来，搅到商人走路，工人失业，农人失耕，多少人在睡街，一切一切都是这（拍拍自己的光头）和尚不好。（全场哄然鼓掌）非消灭这（拍拍光头）个无法活下去的”。许多代表公开揭发了金园券帮蒋打虎的阴谋，斥责了“正孝和”事件的暴行，暴露宋在广东卖国罪状，群众情绪极为高涨，会场烈日当空，站了五个钟头没有一个工友退出会场，工友都卷入了谈论济南胜利，金园券崩溃的政治宣传中了。从此次大会中更多的工人群众表现能接受“打倒光头老”，“反美扶日”，“新政协”，“工人当家做主”的口号，群众情绪一面悲痛愤激，一面热望将来，群众一般政治觉悟程度比五月二十日伪总统就职，甚至比七·七纪念时更提高，这是大会最主要的收获。

……

港粤城委

戌鱼

方方钱之光许涤新致中央电①

——半年经费预算数字

1948 年 11 月 10 日

港分局、工委及有关各单位每月经费预算若依现状而言，最近半年（从今年戌月至明年五月）的数字如下：

分局一千五百元，文委一千二百元，群委一千元，经委一千三百元，群众三千元，国新社二百元，劳协一千元，外委三千三百元，新华社三千元，华商五千元，统委二千五百元，小开三千元，钱、汉（西南）五千元，医药一千元，临时费三千元，电台（现有预备台二个，现用台二个，机要处三处）四千元。此次尚有二笔新增经费：

1. 儿女教育费，以前组织并未负担此项支出，但各人又不能不使子女入学，颇困难，故至酉月份起，每人（从六岁至十二岁）每月津贴二十元学费，全体大约一千元。

2. 经委、外委、文委之研究室以前皆无经费，由各负责人自筹，近为加强搜集材料，决给与经费，使工作能更发展，此项经费主要用于建立沪、宁、穗之调查通讯网及托人从纽约、伦敦剪得材料，各需七八百元，三处每月二千元以上。各项每月合共港币四万二千元，请中央批准。②

方方　钱之光　许涤新

戌灰

---

① 收录于中央档案馆、广东省档案馆编：《中共中央香港分局文件汇集（1947.5—1949.3）》，广东省供销学校印刷厂，1989 年，第 261-262 页。

② 周恩来、任弼时 11 月 22 日复电：“方方之光涤新：戌灰电悉。你们所提预算可以同意。惟《华商报》已拨五百两金子，小开处经费已由中情部送去，不应包括在此预算之内，故每月经费应为三万四千港币，望之光照此数拨发。周任　戌养”。——原书注

香港分局关于划分各级权限的规定（节选）①

1948年12月

为克服某些严重地存在着的无纪律无政府状态，达到全党在方针、政策及行动上的完全一致，以适应当前革命形势发展的需求，特根据中央最近关于划分权限，及建立报告制度指示的精神与原则，对分局、区党委、地委及县委和部队团级以上之权限，作如下之规定：

……

卯、党务方面

一、区党委委员、地委书记之任免，经分局请示中央批准后决定执行；地委委员、县（市）常委、正副县（市）长及团级以上干部之任免，和涉及党籍之处分，则须于分局批准后决定执行。

二、县委及团级以上干部，对政策和策略性质的原则性的分歧意见与争论。

三、各地区（地委或专署以上）职工、农民、青年、妇女等群众运动的方针与计划。

四、各地区（地委或专署以上）建立新青团的工作计划和步骤。

五、有关建党原则制度等问题，凡党章没有原则规定，或虽有原则规定，但因情形特殊必须变通办理者。

以上各级均须事先请示，若分局不便决定时请转中央批准后始得决定执行。

---

① 收录于中央档案馆、广东省档案馆编：《中共中央香港分局文件汇集（1947.5—1949.3）》，广东省供销学校印刷厂，1989年，第284—287页。

子、丑、寅、卯各款中，其决定权全属分局经有决定者，各地必须严格、迅速、正确执行，遇有困难，特殊情形或不同意见时，可说明理由，提出意见，等候批示而不允许擅自修改，未经决定者可提出建议，或根据各自经验拟出处理方案或决议，请求分局决定公布，或批准后由各区以地方名义公布，如分局认为仍须请示中央时，应听候批准后始能执行。

……

一九四八年底

香港分局关于充实各级机构的指示（节选）①

1948 年底

目前华南各地游击战争的胜利的开展，在各区党委地委的范围内已建立起主力兵团，并逐渐开始形成相当稳定的根据地。许多县的地方已全部或大部在我控制之下，为了指挥提高一步的较大规模的战争和建设日益发展的根据地，必须从各方面加强与充实党的领导。

目前各地党领导机构的组织形式与工作方法已经不是适应于今天的斗争环境与工作的需求。①游击战争那种初期的简单的组织形式机构和分散领导，与地下党时期保留下来的单线联系与特派员制度，已经不适宜于领导这样庞大与复杂的工作规模，各地正因此而做成工作上顾此失彼、各自为政的现象，表现如各地党委都只集中于掌握武装斗争，而忽视了其他部门的工作（特别是党务工作），和各种工作中常常表现为各自为政，缺乏统一的计划与配合，这种现象对于集中各地党政军民的力量，应付目前的斗争与今后的发展是有很大妨碍的。②领导机构的不健全，也往往是造成各地党的产生或不能迅速克服各种无政府状态与无法律状态的主要原因。③领导机构的不健全，没有明确的分工与各种制度，常常会因此而造成领导机关工作上的混乱和事务主义的作风，产生某些有人无事做，或有事无人做的现象，并由此而助长了某些领导人员的家长作风而影响干部的团结。因此，健全与充实各级的领导机构，使党的领导提高一步，以适应当前革命形势与实际工作的需要，便应该成为目前党的工作的中心任务之一。

中央指示一九四九年是华南游击战争与根据地大发展的一年，我党即

---

① 收录于中央档案馆、广东省档案馆编：《中共中央香港分局文件汇集（1947.5—1949.3）》，广东省供销学校印刷厂，1989 年，第 293-297 页。

将成为领导全国统一政权的政党，党的建设进入正规化的道路，华南党更需要在这一方面加紧努力，以追上全国党的建设要求，而首先就应该在党的各级机构的组织上逐渐正规化起来。

（二）根据目前的环境与工作的需要，在各级党的机构中，下面的一些部门是应该建立起来的。

1. 关于区党委、地委的。①各区党委、地委必须建立完整的党委的机构（未有条件建立正式机构时，应建立较为完整的工委），并且应有党委、常委，除了总的领导之外，应包括军队的、党务的、民运的各部门的负责人，以便党的常委会能够实现整个地区党政军民各方面工作的集中的统一的领导。②区党委、地委目前应尽可能开始建立下面各个部门的工作及分工：

a. 书记一人、副书记一人或二人，掌握全面的领导与照顾各部门的工作，并建立秘书处（地委可设若干干事）以协助处理机关的各种业务，在区党委与地委中，可抽调若干干部建立各种问题的研究小组，以研究各种问题，提供意见，供领导机关参考。

b. 军队的党委会（纵队或支队的司令部、政治部），军队的党委会是同级党委的一部分，根据党委决定的战略方针领导全区的主力兵团与地方武装，掌握指挥作战，建军扩军，与军队的政治工作，在行署、专署还未建立之前，区党委、地委范围的政权工作亦应由政治部去管理、建立，在建立了行署与专署之后，政权工作则应该直接由党委管理，统线工作目前也暂由政治部管理，在有需要时才建立统线部门。

c. 组织部，各地必须建立并加强这一部门工作，在组织部下，分别建立若干部门，以便逐渐建立组织部的全盘业务：如组织科（专管研究与检查与建立党的与群众团体的组织形式，管理党的组织关系与发展党的组织）、干部科（专管关于党的各种干部的研究、管理、审查、配备的工作，研究、吸收与团结非党干部参加各种工作及协同宣传部进行干部教育工作）、其他的科（如管理档案文件、干部的保健、烈士家属的抚恤、党员的奖惩等工作）。

d. 宣传部，建立党内教育的，党报管理的，群众宣传与游击区文化教育事业的研究与管理等部门的工作。

e. 群众运动委员会，应包括农民的、青年的、妇女的各科专门的小组（有些同志认为应在地委与地区党委中建立青年部与妇女部）。

f. 财政经济委员会（地委是财经小组），除了统一管理该级党委的财政收支之外，目前特别应该加强对于研究与领导各种党的生产事业和群众的生产工作。

③各种部门需要配备的人数，根据当地的需要与干部的条件，由各地自行规定。

2. 关于县委区委的，①应有完整的常委或工委，并应包括党务、民运、政权、武装各部门的负责人，以便实现统一领导。②县委与区委应建立下面部门工作：

a. 书记一人，必要时设副书记一人，一方面可照顾全盘工作，同时可培养干部。

b. 武装部（在有团部的县，则由团党委会代替，没有团部的则设武装部领导各大队、中队和地方武装，区委则一律设武装部管理地方武装与支前工作）。

c. 组织部业务范围较地委缩小些，特别应着重于发展党的组织，研究、检查与建立支部的工作，县委则尽可能建立管理干部部门的工作。

d. 宣传部，主要是管理党内教育与群众宣传及文化教育事业。

e. 民运部，可设农民、青年、妇女干事（或小组）。

f. 政权工作，已建立区政府与县政府的地方，政权首者应参加党委，如果不适宜于参加时，则成立政权中的党组，在接受同级党委的领导。

④县委与区委的各部的建立，若各地的具体情况与党的力量与工作的开展情形而决定在不必要建立部的地方则可暂设干事。

⑤各区党委、地委应抓紧一个两个区的范围作重点建立起由区委到支部，由区到村的各种全部较为完整的各种机构，以便作为典型，吸收经验，而其他的则按照干部条件与实际需要，逐步建立起来。

……

1949 年

中国共产党中央委员会关于建立中国新民主主义青年团的决议（节选）①

1949 年 1 月 1 日

……

（四）新民主主义青年团要建立在青年群众的自愿的和自觉的基础之上，要在群众运动与各种工作中公开地进行建团。因此，应在人民群众和青年群众中进行经常的关于新民主主义青年团的宣传工作，在人民群众和青年群众中树立对于青年团的正确的认识。在开始建团时，尤须深入宣传与充分酝酿，然后根据本人自愿，经过入团手续正式入团。应当绝对防止在发展团员的工作中采用强迫办法，随便拉人入团的办法和简单地追求团员人数众多等项错误的作法与急性病。在建团工作中，一方面必须保持团在政治上的纯洁性，同时也要防止狭隘性，将一些先进青年拒绝于团的大门之外，妨碍团与广大群众的联系。各地党的组织必须将现有青年工作干部加以审查，并慎重与迅速地提拔、抽调一批思想正确、联系群众的青年男女党员干部，经过短期训练，使他们能够正确地掌握建团的方针。各级团委负责人应由相当于同级党委委员与下一级党委书记的干部充任。两年来建团的经验证明，掌握中央建团方针，训练和配备足够数量的青年工作干部，乃是建团所必须的基本条件。

建团的步骤，应当是有重点地逐步地向前推进，首先从城市、工厂、学校、部队及人口较集中、党的工作基础较好的村镇开始，然后再求普遍的发展。在上述地方，尚无团的组织时，党必须责成这些地方党的组织，

---

① 收录于团中央青运史研究室、中央档案馆编:《中共中央青年运动文件选编（一九二一年七月——一九四九年九月）》，中国青年出版社，1988 年，第 707—712 页。

划出一部分年轻而优秀的党员兼为团员，作为建团的基础与骨干。区以上得设青年团筹备委员会。在一个工厂、学校、街道或农村中，有五个团员，应即成立团的支部，一个区内有三个支部以上，即应正式成立团的区委，一县或一市，有三个区委以上，即应正式成立团的县或市委的组织，使团的组织与工作能迅速地得到发展，然后召集各地方各省及各解放区的青年团的代表大会，选举各地方各省及各解放区青年团的领导机关。新解放的城市与地区，因无工作基础，建团时则须较老区、半老区有更充分的宣传酝酿与准备工作。

……

中共中央关于召开新民主主义青年团第一次全国代表大会及全国民主青年代表大会的通知（节选）[①]

1949 年 1 月 19 日

……

乙、中央决定于今年五月四日在华北召开全国民主青年代表大会，商讨全国青年的任务，制定全国青年统一组织的章程，成立全国青年联合会。

（一）出席全国青年代表大会代表总名额为正式代表四百五十名，候补五十名，共五百名。其分配如下：

华北解放区（包括平津）七十名。

东北解放区（包括热河）五十名。

华东解放区（包括华中）四十名。

西北解放区（包括晋绥）三十名。

中原解放区（包括豫皖苏）三十名。

华南游击区一〇名。

中国人民解放军野战军五十名。

全国性的各种青年团体选派的代表及由全国青年联合会筹备委员会聘请的青年代表七十名。

华侨及国民党统治区代表一百名。

候补代表五十名（按正式代表百分之十的比例选出）。

---

① 收录于团中央青运史研究室、中央档案馆编：《中共中央青年运动文件选编（一九二一年七月——一九四九年九月）》，中国青年出版社，1988 年，第 713—716 页。

（二）代表选出的办法是：

（1）以省（行署）级和相当于省的市为单位，召开该省（或区）青年代表大会，成立或改选各该省的青年联合会；同时选举出席各解放区和全国青年代表大会之代表。

（2）出席省（行署）和市的青年代表大会代表的产生，应按产业或职业或团体为基础，即是按工厂和工会，学校和学生会，各部队各地方的青年团、青联会、学联会、剧团、小学教员会等团体，以会员之多少为比例直接选出代表。同时照顾地区，即是使所属各地区都有代表参加大会。

（3）各县得按本县的实际情况，召开全县青年代表会议，或青年团体联席会议，或采其他简便方式，由各地自定。

（4）各解放区正式的青年代表大会，在全国青年代表大会之前或以后召开，由各地自定。

（三）特别注意事项：

（1）代表中应有五分之一的女代表。

（2）代表中应有三分之一左右的非共产党员。

（3）东北应有内蒙青年代表，华北、西北应有回民青年代表。

（4）应保证有足够数量的青年工人代表。

……

加强女工工作①

——新华社短评

1949 年 3 月 7 日

今年解放区各地党的组织和人民团体在纪念“三八”国际劳动妇女节的时候，除了在农村中仍然以农村妇女为目标进行宣传工作外，凡是在有女工群众的地方，都应该注意对于女工的宣传，并且要检讨自己的女工工作，定出加强这个工作的切实可行的具体办法。

随着人民解放事业胜利的发展，我们已经解放了很多的城市和工业区，将来还要解放更多的城市和工业区。在这些地方，工人阶级是我们首先要依靠的力量。在中国的工人中，特别是轻工业工人中，女工占很大的数量有时还超过男工。所以加强女工工作，提高女工的觉悟性和组织性，在当前的人民解放事业中有着极大的意义。

解放区的女工，和男工一样，在政治上和社会上已经处在领导者的地位。在国营企业中，她们是企业的主人翁的一部份。国营企业中女工的当前首要任务，就是努力恢复和发展工业生产，增加军队和人民的必需品，以保障人民解放斗争的迅速胜利。只有这样，女工的生活才能逐步地改善。因此。女工应当以新的劳动态度，努力学习生产技术，提高生产效率，做到产量多、质量好、成本低，以完成并超过国家的生产计划。解放区私营企业中的女工，也应当按照公私兼顾与劳资两利的原则，一方面，努力发展生产，另一方面，保障自己的切身利益和实现自己的权利。无论国营的或私营的企业中的女工，都应当积极参加政治、社会的、文化的各

① 收录于中华全国妇女联合会妇女运动历史研究室编:《中国妇女运动历史资料（1945—1949)》，中国妇女出版社，1991 年，第 360—361 页。

种活动，团结并领导农村劳动妇女以及其他民主阶层妇女，共同参与建设新民主主义国家的伟大事业。

为了达到这些目的，各地党的组织和妇女团体必须进行下列工作：

第一，加强对女工的教育，用召集会议、举办夜校和短期训练班，出版壁报、刊物等等方法，提高她们的政治觉悟和文化水平，使她们建立新的劳动观点和获得新的知识，在各种建设中发挥自己作为一个先进阶级的领导作用。

第二，保障女工的职业并逐步改善她们的生活，实行同工同酬，举办女工福利事业，解决女工的特殊困难，特别照顾孕妇和产妇。

第三，组织女工参加职工会，由职工会领导对女工的教育和女工福利事业，并注意加强男女工人间的团结，必要时在职工会中设立女工部，或由职工会召开女工代表会议，解决与女工有关的特殊问题。

在进行上述各项工作的时候，从事妇女工作的干部，必须努力克服对于工人阶级在革命中的领导作用认识不足的倾向，以及由于长期处于农村所造成的与工人群众格格不入的作风等缺点，以过去向农妇学习，为农妇服务的精神，深入工厂，向女工学习，为女工服务。

（原载《新华日报》太岳版　1949 年 3 月 7 日）

中国妇女运动当前的方针任务报告①

——在中国妇女第一次全国代表大会上的工作报告

1949 年 3 月 26 日

邓颖超

（一）中国革命自“五四”运动开辟了新民主主义革命的时期，30 年来，中国妇女和中国人民一起参加了反对帝国主义、封建主义、官僚资本主义和国民党反动统治的斗争，经历了“五四”运动、“五卅”运动、北伐战争、土地革命、抗日战争及人民解放战争的各个革命时期，特别是劳动妇女及革命的女知识分子，在为民族独立，为民主自由，及为妇女自身解放的伟大斗争中，英勇牺牲，前仆后继，不屈不挠，坚持奋斗，日益团结，对中国革命，起了很大的作用，成为战胜敌人，建设新中国不可缺少的力量。在中国妇女运动史上留下了光辉的成绩，涌现了无数革命的女英雄，有的已成了女烈士，永垂不朽！

中国妇女运动和中国革命运动紧密地结合在一起，随着中国革命胜利地发展而发展。在两年八个月的人民解放战争中，解放区广大妇女群众，响应了中国共产党和人民政府的号召，热烈地支援了战争，英勇奋斗，流血牺牲，表现了前所未有的巨大规模和英勇姿态。很多妇女亲自送子送郎送父兄参军参战（去年山东一次参军运动中由妇女鼓励而送去参军的有 4844 人之多），不少妇女真正用自己的血液救治伤兵，在去年华东野战军中女同志给伤病员输血的达 20000 多 C.C.，因而立功者有 1221 人。绝大多数的妇女（几乎是全体）参加了后勤工作，在两年半的人民解放战

---

① 收录于中华全国妇女联合会妇女运动历史研究室编：《中国妇女运动历史资料（1945—1949）》，中国妇女出版社，1991 年，第 362—369 页。

争中，全解放区妇女共做军鞋 5000 万双左右，山东妇女去年半年做军鞋 450 万双，淮海战役一次鲁中南妇女做军鞋 170 万双，军袜 110 万双，军装 460 万套。在供应军粮方面，费县、临沭、竹庭等三个县的妇女于去年 12 月中磨面碾米共 1665 万斤，最近在沈阳辽西战役，平津战役，以及新解放区的战争中，都有广大的妇女热烈支援。此外，并有一部分妇女英勇地参加武装斗争，与敌人搏斗。在减租减息和土地改革运动中，成千成万的农村劳动妇女，坚决地勇敢地参加了各种反封建的斗争。1947 年在中国共产党中央召开的全国土地会议以后，解放区农村妇女参加土地改革的，在动员工作较好的地区，约占妇女总数 50%—60%，有些地方达到 80%，贫农团新农会中女会员占 40% 左右，参加各级农民代表会的妇女代表，其百分比在村级约占 30% 左右，区级约占 20%，县级约占 10%。在运动过程中，她们大大提高了自己的觉悟，扩大了劳动农民的队伍，加强了摧毁封建主义的力量，彻底地消灭了和正在消灭着封建的土地制度。在生产战线上，劳动妇女群众起了重大作用，女工们积极地参加了城市和工业建设，农妇们辛勤地恢复和发展了纺织手工业，保证了军需民用布匹的自给。例如有名的 1947 年太行百日纺织运动，参加妇女 70 余万，织布 746 万斤，合 15666 万方尺，保证供给了太行全年的军需民用的布匹。同时，她们相当普遍参加了农业生产，1948 年解放区妇女参加农业人数一般占能劳动妇女总数的 40%—50%，有的高达 70%—90%，有些村的妇女劳动力的百分比，还超过男劳动力。很多地方的春耕、夏锄、秋收主要靠妇女完成的。有不少妇女还能作技术的农业劳动。她们接替了参军支前的男子，扩大了耕地面积，增加了生产，改善了农民生活，大大提高了妇女地位。此外在民主建设方面，解放区的妇女亦能积极参加。东北十省妇女参加政权工作的省级 13 人，县级 390 人，专署 125 人，村长 3629 人，山东沂源县一个区 47 个村有正副村长 48 人。有的少数村庄，村干部中女与男的比例为 1/14，在政治上妇女获得与男子平等的权利。在文化建设，妇婴卫生，儿童保育事业方面，均尽了很大的努力。另一方面，民主政府打破了封建和殖民地的枷锁，废除了一切束缚和压迫妇女的法律，颁布了男女在政治上经济上平等的各种法律，特别保障了男女同等分得一分土地和同工同酬。

解放区广大妇女群众，已从帝国主义，封建主义、官僚资本主义、国民党反动势力的压迫下解放出来了，她们在政治经济文化及社会上家庭中的地位大大提高了，更从经济上奠定了妇女解放的基础。在土地改革完成的地区，妇女地位起着根本的变化，开辟了妇女完全解放的道路，使她们从奴隶的屈辱地位，变成新社会的主人，解放区妇女所走的道路，是我们全国妇女的榜样。

国民党区的妇女群众，其处境完全和解放区妇女相反，在帝国主义侵略和国民党反动压迫之下，政治黑暗，特务横行，经济破产，加之美帝国主义在华驻军对妇女的污辱和暴行，层出不穷，国民党匪军所至，奸淫烧杀，焚毁村庄，无恶不作，使国民党区广大妇女与儿童，过着奴役和饥寒交迫的非人生活，以致大批死亡。她们没有任何自由，一切权利被剥夺；她们忍无可忍，起而反对美帝国主义的侵略及国民党反动的压迫，反迫害，要自由，反饥饿，要饭吃，为了自己的生存而斗争。有组织的女工女学生及被压迫各阶层的妇女，不为强暴所屈，英勇奋斗，在国民党统治区的人民斗争中，起了很大作用，与解放区妇女斗争遥相呼应配合。

在两种不同制度下两种不同地区妇女的地位和生活，很明显地指出：我们广大妇女群众，只有响应中国共产党的号召，只有依靠自己的努力奋斗，只有在没有压迫的社会里，在人民民主政权保障之下，才能得到自由和解放。

（二）今后中国妇女要遵循新民主主义革命的道路，踏着先烈的血迹前进！把反对帝国主义、封建主义、官僚资本主义的斗争进行到底。完全肃清国民党反动残余势力，建设统一的人民民主共和国，完成新民主主义革命，这就是中国妇女运动当前的总任务。

现在革命形势，正处在全国最后胜利的前夜，中国人民解放军，英勇善战，所向无敌，歼灭了敌人主力，人民解放战争得到了空前伟大的胜利，中国人民的力量也无比的强大，在军事上政治上已有把握在全国范围内赢得最后胜利。而国民党反动派在军事上完全失败，只剩残兵败将，南京政府四分五裂，土崩瓦解，政治经济上已陷入绝境。于是国民党反动派乃作垂死挣扎，企图争取喘息机会，玩弄虚伪和平，以掩护其重组残余的军事力量，继续抵抗，卷土重来。我们妇女应提高警惕，不使敌人的诡谋得逞，把革命进行到底。不容许任何人中途破坏，只有中国共产党中央委员会毛泽东主席提出的八项和平条件，才是实现真正持久和平的保证，我们号召全中国妇女起来更加强自己的团强，紧密地和中国人民在一起，热烈拥护毛泽东主席的八项和平条件，并为其完全实现而奋斗，这就是中国妇女当前的首要任务。

我们妇女是酷爱和平渴望和平的，但我们要分清真假，认清敌友，我们衷心要求真正的持久和平，坚决反对虚伪的和平，我们拥护以正义的人民革命战争消灭反人民的反革命战争，这样才能达到真正的和平。中国人民的命运，应该由中国人民自己来决定，反对美帝国主义军事干涉及政治阴谋，反对所谓“国际调解”，反对任何外国政府干涉中国的事情，只有中国人民才有权利并且能够解决中国问题。

（三）全国解放，为期不远，建设新中国的任务，迫切地提到我们面前，建设工程，至为艰巨，而这种日益加重的建设任务，已落到我们已解放了的妇女的肩上，积极恢复与发展生产，是解放区当前头等重要的中心任务。据此以支援人民解放战争，开展妇女教育，提高妇女文化水平，改变“劳动为耻”的旧思想，建立“劳动光荣”的新观念。反对封建残余恶习，提倡婚姻自由，组织妇女积极参加民主建设，运用民主权力，推进妇婴卫生和儿童保育事业，增进妇婴健康，建设人财两旺的新社会。至于实施上述任务的具体步骤方法和工作重点，则因城市乡村、新区老区的不同应各有区别。

在解放区的城市，除少数已有初步妇女工作基础外，绝大部分是新解放的城市，不久，又将有更多的城市相继解放，城市妇女工作成为当前新的重要课题，所以当前妇女工作要在不忽视乡村妇女工作条件下，以城市妇女工作为重心。其工作对象应以先进阶级的女工为主，团结其他劳动妇女，争取女知识分子，及其他各阶层妇女。其工作任务主要是发动和组织妇女参加适合于城市经济建设的各种生产事业。

当城市解放之初，首先是号召与组织妇女生产，不是单纯的救济。广泛地宣传人民民主政府的各种政策，打破国民党反动派的造谣恐吓，欺骗宣传，打破妇女的顾虑，当革命秩序安定以后，即以生产为中心，更进一步为妇女群众服务。在工厂中的女工，已有全国第六次劳动大会中国职工运动的任务的决议，其中关于女工的各项规定，如同工同酬，产期待遇等，我们完全同意。对于其他劳动妇女，则应有重点地发动和组织她们恢复与发展生产，提倡她们参加各种供销、生产、消费信用等合作社或互助组。对于职业妇女，要保护其既得的工作岗位，开辟与巩固职业的道路，提倡各机关各部门尽量任用女职员。对于知识妇女，应改造思想提高其知识与技术，并与工农结合，为人民服务，在解放较久、工作已有初步基础的城市，应更进一步围绕生产建设，提高妇女文化水平，开展妇女儿童福利事业，积极组织妇女参加民主建设，运用妇女的民主权利，并要进行男女平等的思想教育，适当地批评轻视妇女的封建思想，贯彻保护妇女权利的法令，以达逐渐解除束缚妇女的特殊封建思想和传统习俗。

城市各界妇女可参加所属行业，机关及学校的组织。由各该组织根据实际需要，酌设专门的妇女工作部门或专任委员、干事，专门进行妇女工作，选举妇女代表，召开各该单位的妇女代表会议，倾听群众意见，传达上级决定。在工作已有初步基础时，即可召开全市妇女代表会议，成立妇女工作的统一领导机构——妇女联合会。

对于解放区农村妇女工作，我们拥护去年十二月中国共产党中央委员会发布的“关于目前解放区农村妇女工作的决定”所提出的方针任务，作为我们今后在解放区农村进行妇女工作的方针。在巩固的解放区动员和组织一切可能劳动的妇女走上生产战线，保证今年生产确实提高一步，继续进行自愿结组、双方有利、等价交换、按劳得酬、男女分工合作等方法，并注意与保护妇女特殊利益相结合，对于阻碍妇女参加生产、政治、文化和各项社会活动的封建思想传统习俗的残余束缚，仍须有意识地继续消除之。在新解放区，发动群众进行减租减息时，应同时发动广大妇女群众积极参加，并与组织妇女参加生产建设和支援战争相结合，在实行减租减息之后，劳动生产问题同样是妇女工作的中心环节，并应注意有重点的进行工作，逐步建立妇女群众自己的组织。

（四）我们关切和同情国民党区被压迫的姊妹们遭受的灾难。我们热烈地支援她们的革命斗争，她们要提高自己的觉悟，不要相信国民党反动派一切反人民的欺骗宣传，粉碎反动派伪装和平，为实现人民领袖毛泽东的八项和平条件而奋斗。国统区受压迫的妇女只有在人民解放军胜利到达的时候，才能从水深火热中解放出来，她们要准备力量，等待时机，配合与支援人民解放军，瓦解匪军，推翻国民党反动派的残余势力，变国民党区为解放区。同时要在适当时机，有准备地进行反征兵、反征粮、反饥饿、反迫害，为争取日常利益，争取生存权利而斗争；但是必须运用灵活的方式，善于避免不必要的损失。至于妇女群众自己的团体，则以采取多种多样灵活分散的组织为宜。

（五）为适应全国革命胜利的发展和妇女运动的需要，应以统一的方针加强对妇女运动的领导，更广泛地动员妇女群众扩大民主妇女运动。特向大会建议成立中华全国民主妇女联合会。目前在解放区各地普遍成立了各种妇女群众团体，涌现与培养了大批的妇女干部，组织了成千成万的妇女群众，做出了工作的成绩。从去年 12 月解放区妇女联合会响应中国共产党的号召，建议召开全国妇女代表大会以来，解放区各地普遍召开了各级妇女代表会议，总结工作，改进和扩大了群众的联系。国民党区的民主妇女组织，也用各种形式响应，并在各地妇女中进行工作，在政治上、思想上、工作上、组织上，以及群众基础上都作了准备。所以成立全国妇女运动总的领导机构的条件已经成熟。在有千百万妇女群众选出的全国性的代表大会上，有权力成立全国民主妇女运动的总的领导机构。让我们庆贺中华全国民主妇女联合会的诞生吧！

（六）为了完成上述任务，必须在我们现有工作基础上，继续努力奋斗，深入群众，坚持有系统的工作，妇女运动的任务及有关妇女的各种政策，必须经过有关的各方面去实现，妇女工作的机关和团体，应主动积极地配合各方面去推行妇女工作，两者不可偏废而要使两者工作更好结合健全发展，克服片面孤立的思想和作法。一切妇女工作要根据具体环境和妇女群众觉悟程度去进行工作，克服主观、强迫、形式作风的残余，把妇女运动更提高一步，扩展起来，以迎接全国的胜利。

（七）为适应革命胜利发展的需要，必须有千百万的女干部，大量吸收城乡劳动妇女及女知识分子参加各学校和训练班，培养与提高她们成为能够担任各种工作的干部，大胆大批提拔现有的女干部，我们已在各个工作岗位上的妇女界先进分子和妇女工作干部，应该成为参加新中国建设的模范。为此我们女干部，必须加紧提高文化，钻研理论，学习科学与技术，精通业务，为人民服务，克服旧社会遗留给我们的弱点，一般的如狭隘、脆弱、琐碎、依赖思想、感情用事、政治上弱、原则性不够等。对改造社会服务妇女大众，我们要主动地、积极地引为己任，在全国民主妇女联合会的领导与群众的教育之下，以自己的努力，改造自己，坚持奋斗，把自己锻炼成为建设新社会的优秀儿女。为了减少女干部的困难，提倡与协力举办各种托儿所。

（八）最近三年来我们与国际民主妇女联合会保持了经常的联系，而且成为其重要的支部，并得到了全世界民主妇女的同情和声援。今后要更加强与国际民主妇女运动的联系，特别是要加强和亚洲妇女的联系。让我们与世界人民主妇女团结一起，和世界人民的民主运动共同建立一个坚强的阵线，来反对人类的敌人——新的战争贩子，保卫世界的和平。让我们把世界第二次妇女代表大会的誓言，作为我们的誓言。

“彻底消灭法西斯主义，为人类的正义与持久和平，为制止任何新的侵略而奋斗，持久的和平，是世界人民的家庭与儿童幸福的唯一保证！”

让我们高呼：

全中国妇女团结起来，把革命进行到底！

拥护毛主席八项和平条件，为实现真正的和平而奋斗！

把美帝国主义赶出中国去！

中国妇女解放万岁！

中国人民解放万岁！

新民主主义中国万岁！

（原载《中国妇女运动重要文献》中华全国妇女联合会编

人民出版社出版，1979年8月）

中华全国民主妇女联合会章程①

——中国妇女第一次全国代表大会通过

1949 年 4 月 1 日

第一章　总纲

第一条　本会定名为中华全国民主妇女联合会。

第二条　本会宗旨在于团结全国各阶层各民族妇女大众，和全国人民一起，为彻底反对帝国主义、摧毁封建主义及官僚资本主义，为建设统一的人民民主共和国而奋斗，并努力争取废除对妇女的一切封建传统习俗，保护妇女权益及儿童福利，积极组织妇女参加各种建设事业，以实现男女平等，妇女解放。

第二章　会员

第三条　本会会员以团体会员为限，各省（市）或地区的民主妇女联合会，或其他民主妇女团体，凡赞成本会决议与章程，申请加入本会，经全国代表大会批准，或执行委员会先行批准，经代表大会追认者，均得为本会会员。如要求退出者，得听其自愿，但必须预先向本会声明。

第四条　本会会员的权利及义务如下：

一、有选举权及被选举权。

二、对本会的各项决议，有讨论、批评及建议权利。

三、有遵守本会章程及执行决议的义务。

---

① 收录于中华全国妇女联合会妇女运动历史研究室编：《中国妇女运动历史资料（1945—1949）》，中国妇女出版社，1991 年，第 392-395 页。

四、定期向本会报告工作的义务。

第三章　组织

第五条　本会组织，以民主集中制为原则，少数服从多数，下级服从上级。

第六条　全国妇女代表大会为本会之最高权力机关，其代表由加入本会之会员，召开代表会议选出之。

第七条　全国代表大会的职权如下：

一、决定本会工作方针和任务，修改本会章程及批准新会员。

二、听取并审查执行委员会的工作报告。

三、选举执行委员。

第八条　执行委员会为全国代表大会闭会期间的最高权力机关，由执行委员 55 人，候补执行委员 23 人组成之，其任期为二年，连选得连任。候补执行委员得列席会议，但无表决权。执行委员会的职权如下：

一、执行全国代表大会的决议及其他重要事项。

二、听取并审查常务委员会的工作报告。

三、召集下届全国代表大会，并规定下届全国代表大会代表之名额及选举法。

第九条　执行委员会互选主席 1 人，副主席若干人，常务委员 17 人(主席副主席在内)，组成常务委员会，执行执行委员会决议诸事项，并处理日常会务。

第十条　常务委员会得设秘书长 1 人，由常务委员互选之，必要时得聘请副秘书长，协助秘书长工作。

第十一条　常务委员会设以下各部、处，必要时得增设部或各种委员会。

一、组织部：管理本会会员及干部事宜，并与其他妇女团体和有关组织取得联系。

二、宣传教育部：管理有关宣传教育事宜，并推动妇女文化运动。

三、生产事业部：推进并举办各种妇女生产事业。

四、妇女儿童福利部：推进并举办妇婴卫生、儿童保育及有关妇女福利的事业。

五、国民党区工作部：管理国民党区的妇女运动事宜。

六、国际工作部：管理与国际民主妇女运动及华侨妇女的联系事宜。

七、秘书处：管理总务、秘书、财务等日常行政工作。

以上各部处得设部长、处长 1 人，副部长、副处长 1 至 2 人，部长由常务委员互选之，副部长及正副秘书长由常务委员互选或聘请之。

第四章　会期

第十二条　全国代表大会每二年举行一次，由执行委员会召集之，必要时得提前或延期召开。

第十三条　执行委员会每半年召开一次，如有执行委员 3/5 的提议得召开临时会议。常务委员会会期另定之。

第五章　纪律

第十四条　凡本会会员，如有违反本会章程及决议者，执行委员会得加以制止并议处。

第十五条　凡本会会员对本会重要决定有不同意见要求修改者，应事先向执行委员会申请批准，不得自由改变。

第六章　经费

第十六条　本会经费由募捐、举办生产事业或收会员会费等方法筹集之。

第七章　附则

第十七条　本会各属会的章程得参照本章程的原则，自行订定。

第十八条　本章程自公布之日起有效，如有未尽善处，得由下届全国代表大会修改之。

（原载《中国妇女第一次全国代表大会重要文件》）

中国妇女运动当前任务的决议①

中国妇女第一次全国代表大会通过

1949 年 4 月 1 日

（一）中国妇女在中国人民革命运动的各个时期，都曾有过重大贡献，今后必须更加努力与全国人民团结一起，把反帝国主义、反封建主义、反官僚资本主义的革命进行到底，完全肃清国民党反动势力，建立一个崭新的中华人民民主共和国，只有这样，才能使全国妇女获得解放。

（二）人民解放战争胜利发展，全国解放为期不远。因之建设新中国的任务，日益加重。解放区的妇女应继续积极支援人民解放战争，发挥高度的才能与智慧，努力参加新民主主义的政治、经济、文化等各种建设事业；其中心环节，是恢复与发展解放区内的工业和农业生产。妇女只有积极参加生产，才能提高并巩固妇女的地位，进一步改善自己的生活和人民的生活，更有效地支援人民解放战争，解除封建束缚。

（三）半年来已有很多大城市和中等城市被解放了，还将有更多的城市相继解放，重要工业多集中在城市及其附近，开始了以城市为中心，并由城市领导乡村的新时期。因此，城市妇女工作的重要性比过去大为增加。当前的妇女工作，要在不忽视乡村妇女工作的条件下，以城市妇女运动为工作的重心。城市妇女运动应以女工为基础，团结其他劳动妇女，争取知识妇女、自由职业妇女及其他各阶层妇女，为肃清敌人，建设人民的新城市而努力。在这里，首先重要的是在发展生产、繁荣经济、公私兼顾、劳资两利、城乡互助、内外交流的原则下，尽量组织劳动妇女参加工

① 收录于中华全国妇女联合会编：《中国妇女运动重要文献》，人民出版社，1979 年，第 41—44 页。

业、手工业生产和商品流通工作。因此，新解放城市中的劳动妇女，应该积极响应复工复业的号召，使公私企业迅速恢复。对在业女工应加强其教育，使之提高觉悟，建立新的劳动态度，发扬生产积极性，加强生产效能，应当根据具体条件，和整个国民经济发展相结合，有计划有步骤地组织各种生产的、消费的、信用的合作社。应当适应工业生产的需要，吸收工人家属和能劳动的妇女参加生产，尽可能组织大批家庭妇女参加劳动，使许多过去不事生产的妇女，转为社会财富的创造者，并树立以劳动为光荣的观念。建议政府的经济机关和企业部门，给这种劳动妇女以充分的帮助，适当的解决他们的生产原料和生产品的供销困难，以利生产的发展和人民生活的改善。

（四）在有了初步工作基础的城市中，应围绕在生产事业的周围，逐渐解除束缚妇女的封建思想传统习俗和迫切的特殊的困难，改善妇女生活，提倡妇女儿童福利事业，举办托儿所、妇婴卫生及助产训练等。发动和组织一切劳动的民主的妇女大众，积极参加民主运动，运用民主权利，废除封建压迫，参加国家政权各方面的工作，以提高并保障妇女在政治上和社会上的地位。

（五）城市和乡村的妇女知识分子，应当努力与劳动妇女结合，与生产事业结合，提高科学知识与技术能力，树立为人民服务的观点。女学生应当努力学习，成为建设新民主主义国家的有用人材。对工农妇女应给以更多的求学机会，培养劳动者出身的新式知识分子。职业妇女应努力学习，精通业务，善尽其职，以自己工作的表现来开辟与巩固妇女参加各种社会职业的道路。要吸收知识和劳动妇女分别参加各种训练班、学习会、研究所、培养大批优秀的女教师、女职员、女经济工作者、助产士、医生、保育工作者等，为新社会的建设事业而服务。要克服知识妇女轻视劳动的旧思想，须重视与工农结合的必要，组织女干部深入工厂和农村，为广大劳动妇女及儿童服务，以达到沟通并促进城乡文化的发展。

（六）在解放区的农村中，我们同意一九四八年十二月中国共产党中央委员会“关于解放区农村妇女工作的决定”，该决定着重指出了老解放区妇女，应以积极参加生产为一切工作的中心环节，在组织妇女参加生产过程中，要善于同反对束缚妇女的封建残余的斗争相结合，提高妇女政治文化水平，动员他们积极参加民主建政，推进妇婴卫生，使农村妇女获得更进一步的解放。新解放区在初期的反恶霸、反土匪的斗争及以后的减租减息、分配土地的斗争中，均必须动员和组织妇女参加，并与劳动生产相结合。这一决定的方针，应当成为各解放区妇女团体在农村中工作的方针，并努力贯彻执行。

（七）现在尚在国民党残余反动势力下受压迫的妇女，过着极端痛苦的生活，迫切的要求解放。这里妇女工作者的任务，应当指出妇女痛苦的根源，使他们认清解放的道路，并善于运用各种方式，团结自己，和人民一道，为着改善自己的生活，为着反对美帝国主义的侵略与国民党的残余反动势力，为着配合人民解放军的前进而进行适当的斗争。

（八）根据中国革命发展的形势和妇女运动发展的需要，大会决定成立中华全国民主妇女联合会，它是全中国各阶层各界民主妇女联合的统一战线的组织，是中国妇女第一次全国代表大会选出的最高领导机关。它必须以城乡劳动妇女为基础，密切地联系和团结全国各阶层的民主妇女大众，忠诚地贯彻执行本届大会的决议，为新民主主义革命在全中国的胜利而奋斗。大会认为：解放区城乡的地方性妇女组织，应以妇女代表会议为主要形式，这种妇女代表会议，是全国民主妇女联合会的主要基础组织。

（九）三年来中国民主妇女运动与国际民主妇女运动的联系是有进步的，这对于反对世界法西斯残余、拥护国际和平民主运动是有重大意义的，今后必须更进一步地加强与国际民主妇女运动，特别是亚洲各国民主妇女运动的联系，以粉碎帝国主义制造新战争的阴谋，争取世界的持久和平。

（原载《中国妇女第一次全国代表大会重要文献》，一九四九年）

华南青年当前行动纲领（草案）（节选）①

1949 年 5 月

华南青年当前的总任务

一、坚决拥护中国共产党及人民政府的号召和主张。坚决拥护中共中央毛主席的八项和平条件，粉碎美、蒋以和备战的阴谋，肃清国民党残余的反动军事力量和统治机构，使革命在中国获得全面彻底的胜利，建设新民主主义的新中国。反对以美帝为首的阴谋准备发动新战争的国际侵略阵营，拥护以苏联为首的和平民主阵营，保卫远东和平，保卫世界和平。

……

青年农民的基本任务

……

六、反对早婚、盲婚、买卖婚姻制度，争取婚姻自由，实现家庭和睦、家庭民主。

青年工人的基本任务

……

六、反对学徒制的封建压迫，倡导尊师爱徒、工人一家的思想作风。反对包工制的剥削及超过青工体力的劳动，与劳动妇女共同争取实现同工

---

① 收录于中央档案馆、广东省档案馆编：《中共中央华南分局文件汇集（1949.4—1949.12）》，广东省供销学校印刷厂，1989 年，第 34—39 页。

同酬。改善工厂安全设备，实施劳动保险。

……

（原载《群众》第 19 期，1949 年 5 月 5 日）

野战军渡江后华南工作部署[①]（节选）[②]

1949 年 5 月 7 日

甲

乙、冯、梁、冯、魏、李、周、庄、梁并报告大兄：

大军渡江以后我们工作布置如下：

一、大军渡江后特点是：（一）局部和平可能性很多，但必须在大军打在残敌头上才会出现。（二）如蒋桂残敌退粤桂滇闽，而我大军未到，我们仍应加紧准备打破敌之进攻（敌有放弃华中西南死守闽粤计划）。（三）由于我游击战争胜利，大军又将南下，对敌政治争取获得成就，敌矛盾困难完全不能解决，可能形成各地暂时相持状况。

二、南下大军是攻打城市，因此在大军未到以前，我们必须将农村完全解放，控制在我手内，以便到时大军可集结力量解决城市工作及追击残敌，不必分兵协助我们下乡肃清残匪。

三、加紧城市接收准备工作，使大军到达时立即有计划接收。

根据以上三个问题，因此我们的工作部署计划：

第一，督促各区完成打成一片的战略部署计划。

第二，成立各边区临时行政委员会，建立县、区、乡政权（不要边县），以便接收。

第三，督促各地准备组织进城部队，大县为一团，小县为一营，加强干部配备及城市政策教育。

---

① 这是方方致各区党委负责人的电报。题目是编者另加的。——原书注

② 收录于广东省档案馆、中共惠州市委党史办公室编：《粤赣湘边区革命史料》，广东人民出版社，1989 年，第 432-434 页。

……

第十，完成发展党，建立新青年团及农会、工会、青年、妇女各种群众组织计划。

至对于如何与南下大军配合作战，如何在敌可能进攻时的作战部署，如何在适当时机发动敌军起义，则将根据实际情况临时讨论通知。

各地有何其他意见，望提出供我们参考。

甲

1949 年 5 月 7 日

华南分局关于制定
行署以下各级政权组织草案的通知（节选）①

1949 年 5 月 10 日

为着开始政权建设工作，特制定行署以下各级政权组织草案，供你们参考实施。其有不妥之处，望即报告我处，以便将各地经验交流，作成最后决定。

五月十日

行署组织法（草案）

第一章　总则

……

第二章　组织

……

第五条　△△区行署得邀请若干各界人士为行政顾问组成顾问会议，成为人民政府在军事斗争时期传达政策、联系群众的咨议机关（顾问人数不拘，包括工人、农民、民兵、青年、学生、教师、妇女组织之代表、民主党派的适当人选、专家及开明士绅参加）。

……

① 收录于中央档案馆、广东省档案馆编：《中共中央华南分局文件汇集（1949.4—1949.12）》，广东省供销学校印刷厂，1989 年，第 50-54 页。

方方致各地党委并报中央电（节选）[1]

——大军渡江后的工作布置

1949 年 5 月 11 日

各地并报中央：

大军渡江以后，我们工作布置如下：

……

三、加紧城市接收准备工作，使大军到达时立即有计划接收。

根据以上三个问题，因此我们的工作部署是：第一，督促各区完成打成一片的战略部署计划；第二，成立各边区临时行政委员会，建立县区乡政权，以便接收；第三，督促各地准备组织进城市部队，大县为一团，小县为一营，加紧干部配备及城市政策教育；第四，分局负责研究接收广州、桂林材料，林处负责研究曲江、惠州材料，魏处负责研究厦门、汕头材料，冯处负责研究江门、高要材料，梁处负责研究广州湾、南宁材料，庄处负责研究昆明材料，冯处负责研究文昌与海口材料，每个地委则由区党委指示其研究一二中心县材料，各县委应研究各该县材料，将材料在二个月内整理好，以便交给军管会参考接收；第五，准备大批城市干部，以便大军达到时交给军管会使用（各地熟識［识］广州、桂林干部将准备由分局调动）；第六，帮助林平、魏二地先搞银行、侨汇、贸易工作，以便取得经验帮助别区，准备夏收秋收时吸收大量米粮、物资迎接大军南下，并培养大批财经干部；第七，根据约法八章广泛开展搭线工作，在目前求得冻结残敌于大据点，使便利于农村之发展，在必要时发动其起义，粉碎

[1] 收录于中央档案馆、广东省档案馆编：《中共中央华南分局文件汇集（1949.4—1949.12）》，广东省供销学校印刷厂，1989 年，第 57-58 页。

残敌可能的进攻及把根据地联成一片，在将来便利于我大军的和平接收；第八，用最大力量去进行部队教育及开办革命训练班，集中力量学习土改及双减政策、工商政策、税收政策、政权建设，必须做到使三年来参加部队战争的优秀战士能懂得搞乡政权工作，那时不怕无下层干部；第九，物色及培养适当民主人士及各小党派中接近我们分子以便解放时吸收他们参加政权工作；第十，完成发展党、建立新青团及农会、工会、青年、妇女各种群众组织计划。至对于如何与南下大军配合作战，如何在敌可能进攻时的作战部署，如何在适当时机发动敌军起义，则将根据实际情况临时讨论通知，各地有何其他意见，望提出供参考。

方方

辰真

华南民主妇联会筹委会宣言①

1949 年 5 月 15 日

东江前线五月十五日讯：华南民主妇女联合会筹备委员会经过两日的会议，已于五月十五日成立。并发出宣言，全文如下：

中国共产党华南中央分局、中国人民解放军华南各边区纵队、各民主党派、各人民团体、全国妇联、华南全体姐妹们：

华南各地各阶层妇女代表于五月十四日在东江前线某地举行集会，会中一致认为：人民解放军横渡长江、扫荡残敌，仅三日即解放了国民党反动巢穴的南京，不一月即解放县城百余座；大军所向，势如破竹。现在围攻上海，进逼南昌，深入闽境，指向湘、粤，华南解放在即，全国解放的日子很近了。我华南人民必须迅速、广泛动员组织起来，支持华南人民武装，迎接大军，配合作战，肃清反动残余，为彻底解放华南、解放全中国而英勇战斗。

我们认为妇运在华南群运中是较弱的一环，更必须迅速加强，使华南群运在华南解放的革命高潮中获得全面的更有力的开展，加速胜利实现并巩固胜利的成果。因此，大会决以实际行动响应全国妇联的号召，联合发起成立华南民主妇女联合会，并即日成立筹委会。我们深感责任繁重，谨以万分的热诚和敬意，恳望中国共产党、人民解放军、各民主先进、妇运先驱予以经常和密切的指导，殷切盼望各民主团体给予亲切的协助，欢迎各地民主妇女团体参加筹备工作，并盼望华南全体姐妹们给以有力的督促

① 收录于中央档案馆、广东省档案馆编：《中共中央华南分局文件汇集（1949.4—1949.12）》，广东省供销学校印刷厂，1989 年，第 67-70 页。

和支持。

我们完全赞同中国妇女第一次全国代表大会的宣言和决议，并认为在解放战争中的华南妇女，必须以最坚决的意志和勇敢的行动来执行“妇大”的决定，正如“妇大”宣言所指出的：“中国妇女长期遭受帝国主义、封建主义和官僚资本主义的深重压迫，在男女不平等社会中，妇女所受的痛苦比男子更甚。”华南妇女在国内外反动敌人压迫之下，长期饱受灾害；特别是近三年来，由于国民党反动派坚持内战、卖国、独裁政策，使华南妇女遭受旷古未有的灾祸。今天，解放军的辉煌胜利鼓舞着我们，全国妇联的决议和各地姐妹英勇斗争的行动坚定了我们的斗志。在新的形势下，我们号召：华南全体姐妹们必须加紧努力，学习北方姐妹们英勇奋斗的精神，迅速团结起来，组织起来，拥护毛主席、朱总司令的进军命令和“约法八章”，大力支持各地人民武装，积极动员准备，迎接大军，彻底消灭各地反对残余及暗藏分子。

历史的事实证明：华南妇女是有光荣的革命传统的。在大革命、土地革命、抗日战争及目前解放战争中，华南妇女都有着重大的贡献，特别是在抗日战争及解放战争中，华南妇女曾广泛动员起来，创造了不少可歌可泣的事迹：参军参战，生产支前，宣教保育，沉着地工作，坚韧地战斗；尤以东江纵队中的女战士和坚持十多年游击战争的琼崖姐妹们，成为我华南妇女光荣的范例。同时适足加强我们信心的：我华南妇女的勇敢勤劳，习惯劳动的精神，是受到全国赞扬的。因此在华南的肃清残敌的斗争中，在今后生产建设运动中，华南妇女是一支强有力的队伍。过去，在国民党反动派欺骗、统制、压迫之下，华南妇女从来未有过真正属于自己的统一性的组织，华南妇运在分散钻隙的生长中，曾有着不少的成就。今后，在中国共产党、人民政权及全国妇联指导之下，华南妇运必能高度发扬革命的光荣传统，群策群力，迅速改变现在沉寂落后的情况，而突飞猛进。

我们一致同意“妇大”的意见：“战争的胜利，是妇女解放的基础。”妇女政治地位、经济地位、社会地位的取得平等与提高，都必须建筑在全面胜利的基础上。面临着急激发展的伟大的战斗，华南妇女必须大力发展，赶上形势。农村中的姐妹们，必须广泛动员起来，并动员丈夫、儿子，在参加反“三征”、反土匪、反恶霸斗争中，壮大自己，锻炼自己；必须迅速组织起来，组织运输队、担架队、救护队、缝纫队、炊事队，并参加各地自卫队，支持大军迅速前进，解放广州，解放福州，解放桂林，解放昆明，解放全华南；必须努力生产，节省粮食，支持前线；又必须努力学习文化，组织識［识］字班，学习科学，学习专长，培养大批农村生产建设的新干部。城市的妇运亦必须加强团结互助，渡过困难，努力学习专长，为新中国服务；尤须发展女工工作，与全体工人及职员组织起来，保护工厂，反对破坏，反对迁移，进行缜密的调查工作，配合解放军接管城市，并迅速恢复生产；同时，必须建立和发展妇女核心组织，广泛联系各阶层人民，宣传政策，介绍解放区真相，安定人心，粉碎国民党反动派造谣诬蔑；知識［识］妇女更应负起宣教责任，积极参加生产劳动及文教工作，与工农劳动妇女结合，为工农劳动妇女服务，改造自己。克服依赖、虚荣、狭隘与自卑心理。华侨妇女及华侨眷属，必须认識［识］只有富强的中国，才能保护华侨的权益，必须热爱人民的新中国，动员子弟参加新中国的创建工作，回国投资、发展工商业，及必须加紧学习和宣传中国共产党及人民解放军的政策，介绍范例，扩大影响，争取各国人民的同情帮助；同时必须全心全意为当地人民服务，扩大团结，介绍中国革命的经验教训，同情各殖民地国家民族民主革命运动。

我们特别感到兴奋的，就是在中国共产党及“妇大”的明确任务指导下，初步总结和开始交换了华南妇运的经验，在总结中使我们更明确地认識［识］了妇运工作的开展，必须根据妇女本身的要求，从照顾妇女切身利益、解决困难入手，来推动和组织妇女，逐步提高妇女的觉悟程度。无数光荣英勇的范例，使我们正确地认識［识］了：妇运队伍应以工农及革命知識［识］分子为骨干及领导力量，我们开始澄清了长期残存的空虚、浮夸的偏向，大大提高了工作的自觉性，并确定了今后必须有系统地学习毛泽东思想，提高自己的理论水平及树立正确工作作风。其次，经过了大会热烈讨论与总结后，在我们思想上有了大大的跃进，部分干部从不重视、不爱做妇女工作，转到重视和热爱妇女工作。

今天，我们都有着这样的决心，我们要团结起来，向已获得解放的北方姐妹看齐，努力战斗，解放华南，解放自己。同时，我们也都有这样的热望，在华南解放以后，经过一个很短的时期，我们将坚强地组织起来，向北方的姐妹们进行生产的竞赛。

我们记着毛主席的训示：中国革命的胜利，只是万里长征走完了第一步，今后生产建设的路，将是更长，更伟大和更艰巨的。特别是在长期压迫下的中国妇女，要获得彻底的解放，斗争的路程，将是复杂和艰巨的。然而，前途是胜利和光明的，我们将永远跟着中国共产党，跟着毛主席走着自己应走的路。

华南妇女团结起来，组织起来！

组织各地妇联，成立华南妇联！

拥护全国妇联，中国妇女解放万岁！

拥护人民解放军，消灭反动派！

欢迎人民解放军，解放华南！

独立、民主、和平、统一、富强的新中国万岁！

建立工业化的新中国，实现中国妇女的彻底解放！

华南民主妇女联合会筹备委员会

五月十五日

中共中央华南分局关于培训干部的指示[1](节选)[2]

1949 年 7 月 13 日

粤赣湘区党委、闽粤赣区党委、港工委、城委并报告中央：

为执行中央“六·二四”关于培养干部接管全省的指示，在梅县未被占领时，我们原拟办一个三四千人的梅州公学及开办的千人的党的工作训练班，现梅县告陷，我们变更计划如下：

……

五、梅县收复，分局即开办一个区、乡二级干部训练班，除学一般政策外，大部教育建党工作。青、妇委则合办一个三百人训练班，教育建立新青及青妇运工作。

……

华南分局

1949 年 7 月 13 日

① 这是中共中央华南分局的指示信。题目是编者另加的。——原书注

② 收录于广东省档案馆、中共惠州市委党史办公室编：《粤赣湘边区革命史料》，广东人民出版社，1989 年，第 485—486 页。

华南分局关于支前工作的决定（节选）①

——支前工作的意义、任务、困难及具体布置

1949 年 9 月 16 日

我南下大军，即将进入广东，消灭蒋匪残余势力，解放广州，解放广东全省，这一大规模的作战行动，必须有巨大的有力的支前工作相配合，因此，我广东全省党、政、军、民应该紧急动员起来，以全力支持大军作战，争取这一战役的迅速胜利。为此，分局对于支前工作，特作如下决定：

……

三、关于支前工作，尚须作以下的具体规定与布置。

……

（三）民工、担架。

1. 民工之动员。凡十八岁至四十五岁、身体健全之男子及二十岁至四十岁、身体健康之妇女，均应动员参加民工队。

行政工作人员、民兵基干队员、教员与学生，一般可不参加民工队，以免影响工作与学习，但在不妨碍工作及民工队须派人领导的情况下，干部、民兵亦应参加，教员与学生中自愿参加民工队者，亦可让其参加，并可让其在民工队中担任一些工作。

2. 民工之组织与任务。各县组织民工团，县长、县书分任团长、政委，团下为营，营下为连，每连二百人左右。

民工分常备民工与普通民工两种。常备民工担任长途运输或随军行

---

① 收录于中央档案馆、广东省档案馆编：《中共中央华南分局文件汇集（1949.4—1949.12）》，广东省供销学校印刷厂，1989 年，第 194—204 页。

动；普通民工担任短途运输，抬担架、架桥修路、看护过往伤员及代耕等。妇女应组织妇女民工队，其任务与普通民工同。

随军行动之常备民工，其任务除抬担架、救护伤员外，在无战斗行动或伤员不多的情况下，亦须担任运输粮草、弹药之任务。其组织应更加严密，必须有班、排、连之组织，以便管理，并须配备得力干部率领，以免发生混乱、逃亡现象。伙食单位更要组织好，锅盆、桶杓、粮食、油盐均应适当携带，以免和大军一起行动，搞不到饭吃。

……

一九四九年九月十六日

江南地委关于目前青妇工作的指示①

1949 年 9 月 18 日

一、半年来，由于我党努力注意青妇工作，收到显著成效。自今年二月我区开始建立青年团以来，现在已吸收了二千个团员，对于参军、建政、群运、学习都发生了先锋和核心作用。而举办青年公学，则又密切我党与广大知识青年群众联系，扩大我党我军政治影响，成为组织知识青年训练干部的核心。以妇女工作来说，已在惠阳、东宝、海陆丰开始建立村、乡的基层妇女组织，并逐渐加强对部队中妇女工作的重视，在各种斗争中，不断地涌现出很多积极有为的女干部；造成我发展青妇工作的更有利条件。但由于下列几个原因：（一）我各级党委对发展青妇工作重视不足；（二）工作缺乏明确的方针和阶级路线；（三）工作作风不深入，脱离群众和经验主义的方法；（四）女同志不愿做妇女工作。故此形成目前青妇工作上存在严重的缺点；工作陷于无组织无计划的自流发展的状态；不善于把青妇工作与当前斗争及各种群众运动紧密结合，不抓紧每个时期的工作环节推动青妇运动，建立青妇组织以及建党建团，培养干部；而在发展青年团工作上又长期的重在革命知识分子及部队青年干部的范围内，忽视和放松在工农劳动青年中建团，有些单位为了追求团员的数目字，把绝大部分年青党员吸入团内。这就使工作缺乏生动实际的内容，和形成发展上形式主义拉夫主义的偏向和组织的狭隘性及其基础极不稳固。至于青妇工作干部不安于位，觉得做青妇工作无出息，不积极学习，敷衍应付；或片面强调其工作特殊性，闹独立，或机械地把青妇工作与党的各种工作截然分开，事实证明这种个人主义错误观点是使工作难于得到发展的。以上

① 收录于中共惠阳地委党史办公室编：《东江党史资料汇编》第八辑，1986 年，第 228—232 页。

的缺点，极［亟］须我们迅速纠正。

二、为适应目前革命形势胜利发展，我江南地区即将获得全面解放，加强党对青妇工作的领导是极其重大的工作之一，现已成立江南青妇委，在地委统一领导下，加强对全区青妇工作的指导，各县党委亦应物色干部，迅速建立各级青妇委（或青妇组）；如已建立的，则应充实干部，加强领导，建立各种工作制度，及有计划的帮助青妇委举办短期学习班，努力培养及训练各级工农干部，建团工作干部。并决定于今年十一月召开江南青年、妇女、学生代表会议，总结经验，制定方针，准备成立各种统一的群众性组织——民主青年联合会，民主妇女联合会，学生联合会。除地委责成江南青妇委主持筹备此一工作外，各级党委必须亲自指导各级青妇委进行筹备工作，物色、培养、鉴定各种代表，召开各级代表会议，至迟于十月底把各种代表名单及此项工作进行情况随时报告我们。

三、江南党在今后两三个月的中心任务，是大力进行迎军支前运动，发动群众热烈参军助战及努力清剿土匪，肃清特务，消灭地反、清算恶霸、从双减转入评租定契运动，发动增产，整理农会及政权组织，加强群众组织。并在不放松农村工作底下，加强发展城市工作。为此，目前青妇运动方针是结合群众本身的利益与要求，积极发动劳动青年、妇女参加迎军支前运动，肃清匪特国民党残余势力等斗争，在热烈的群众性运动中，广泛建立各种青妇组织，大量组织工农劳动青年妇女，并大量挑选其中优秀而纯洁的分子吸收入团入党，努力培养各种农村农民青年工作干部。应该由老区，由已有党及青年团组织，及人口较多，群众基础较好的农村着手，逐渐推广，有计划地求得全面发展。在新区则要特别加强对城市及大乡镇青年工人、学生、青年教师、店员、苦力，以及城郊农民青年、劳动妇女工作的发展。

四、今后两三个月内青妇工作的中心任务及具体工作：

（一）要做好迎军支前工作。努力发动和组织广大劳动青年妇女群众积极参加民工，修桥筑路、磨军米、送军粮、设立茶水站，作交通向导，慰劳过境大军。除此，并须注意发动工农青年积极参军助战，知识青年到服务队，到民工队去，进行政治工作，文娱活动，卫生救护；劳动妇女并应集体组织起来上山割草，献捐迎军柴草，互助生产，帮助出勤民工及军工烈属解决缺乏劳力困难。这些工作并应与目前各地所进行迎军支前运动中的△△工作，反特务反恶霸斗争密切结合起来，才能广泛发动起来。要掀起此一运动，必须坚决依靠贫雇农青年及妇女，并结合其本身利益及要求，有计划地提高其觉悟，善于培养及发现积极分子，大量发展党及青年团的组织，并适时地举办各种学习，培养大批贫雇农青妇工作干部，以作为此一运动的支柱及今后各种青妇组织中骨干。在支前参军热潮中巩固团及其他青年、妇女组织，造成大发展的坚强核心。要完成此一工作，各地党的组织必须有计划地发动，搞青妇工作的干部要带头参加，各种组织及工作中的党员要很好地联系群众，发挥应有的模范先锋作用及善于进行党的工作。

（二）加强在职干部学习，善于组织及掌握在迎军支前运动中涌现出来的积极分子，努力培养及训练贫雇农青年及各种工作干部。目前教育与学习的重心应放在阶级教育、政策教育及工作教育，其方式可采取总结工作、诉苦运动，藉［借］以提高其工作能力及阶级觉悟。组织青妇工作队，有计划地召开总结会议及举办三五天轮训班是必要的。各地党委应抓紧此一工作，研究青妇工作情况，吸取经验，加强对青妇工作指导，挑选出席青妇代表会议优秀的分子。

（三）整理与巩固青年团组织，打下大发展的基础。巩固青年团的工作在于从速建立团的统一领导，如目前惠阳、惠东、海陆丰均可建立团的工作委员会，以便实施领导；有步骤地公开团的组织，发动群众批评。加强团内思想教育，展开学习建团文件的热潮及进行必要的调整支部、清除个别腐化的团员。发动全体团员积极参加迎军支前工作，注意大量吸收青年工人、农民入团，藉［借］以改变团员成份。实行公开建团，发展团员应严格遵守团章规定手续。大胆提拔，培养青工、贫雇农青年参加团的各级领导机关，农村支部干部一般应完全是或大部是贫雇农青年，藉［借］以保证劳动青年的领导地位。

（四）注意学生工作及充分准备城市青妇工作干部。由于我区已有很多中等学校及全部县城很快解放，学生群众日益增加，对学生工作必须较前更要重视。目前学运方针应加强对学生会的领导，展开民主运动、思想改造运动，积极扩大我在学运中的阵地。大量培养学生干部，迅速建立党和青年团组织。而学运的内容要与迎军支前，扫除封建奴化思想的运动紧密结合。派遣适当的党员、青年团员回到学校任教或求学，开展工作并加强对他们的领导是重要工作之一。

（五）各县党委接到此一指示后，应深入研究，召开青妇工作会议，进行检查，总结工作及结合干部思想情况，纠正各种错误观点；并按照各地实际情况定出具体工作计划实行。半个月后要把进行情况切实向我们报告。

广东情况介绍（节选）①

——方方在赣州高干会上的报告

1949 年 9 月 21 日

同志们：

我首先代表华南党和人民欢迎各主力兵团和南下工作同志前来解放华南、建设新华南。分局决定我来报告广东的一般情况，我虽是广东人，但离家二十多年，加之学識［识］浅薄，地方到得不多，又犯了“走马看花”的毛病，很难说得详尽。不过在华南做了二三年的“经理”，对生意盈亏情况，又非向“股东”们报告一下不可。说来有不对乃至错误之处，请予补充和指正，待到广州后再共同作详细的研究。

一、广东一般情况

……

二、三年来对敌斗争简史

……

三、目前广东全省一般概况

……

（五）群众运动

1. 农会。全省参加农会农民约有一百五十万人（参加农会情形，各

① 收录于中央档案馆、广东省档案馆编：《中共中央华南分局文件汇集（1949.4—1949.12）》，广东省供销学校印刷厂，1989 年，第 207-224 页。

地规定不一，潮汕每家以一人为原则。中区则成年人不分男女都参加），主要工作为进行减租。运动初期，农民对评年成对半分、二五减的减租办法不满足，在全省未有统一办法由他们自己去进行减租时，有倒三七（农民七、地主三，原来是地主六或七，农民四或三）乃至倒二八者。

……

3. 青妇工作，已搭了架子，目前正进行重点的培养干部工作。

（六）文教工作

1. 报纸。各地委以上党委都有油印报（粤赣湘边有铅印报），收用新华社稿件，全国性与地方性的政策、法令、号召，都可通过它来达到宣传、教育目的。

2. 学校。东韩江解放区内有中等学校五六十间，都没有搞得好的。对省立学校，因要大批公粮去津贴，未有妥善办法，私立的都能自力办下去。对教材，去“公民”、“军训”、留科学，加政治。对人事，尽量用旧而不坏的教员，只重点的安置一二人。

3. 培养青年干部。在潮汕、梅州、九连、东江、海南都开办有公学，人数由四五百至二三千人不等。

4. 社教。较巩固地区多设有夜校，在潮汕参加夜校有百分之八十是二十岁至四十岁的妇女。其困难为：①缺乏师资，②经费难解决。

……

一九四九．九．二十一

叶剑英方方致中央并报华中局电①（节选）②

——接管广州等准备工作及常委分工

1949 年 10 月 8 日

中央并报华中局：

一、粤汉铁路沿线残敌纷纷南撤，分局准备与四兵团部离赣，同时向翁源移动，并在该地与香港干部汇合，最后完成接管广州的机构及一切准备工作。分局常委暂作如下分工：

……

二、军政领导机构目前极应确定，因广州解放前即须印好文告和印粮票，经讨论后提出，省、市政府和军区的配备如下，请批示。

1. 省政府除叶兼主席外为包括军队、地区、工人、教育、工商、民主党派、华侨、妇女、起义军官及无党派民主人士的代表人物，提议以方方、古大存、李章达、杜国庠、邓华、赖传珠、林锵云、易秀湘、谭政文、云广英、冯白驹、张文、司徒美堂、蒋光鼎［鼐］、吴奇伟、简玉阶、陈汝棠、林儒传、区梦觉、丘哲、李洁芝等二十一人为委员，并以方、

---

① 中央于 10 月 25 日复电：

"华南分局并告华中局：叶方酉齐电悉。

（一）关于广东省政府委员及正副主席已由中央人民政府委任，并经新华社广播，想已收悉。

（二）省府各厅、院、会主要负责人，除请考虑民政厅以古大存代替冯白驹，教育厅以奉元邦代替林砺儒，农业厅厅长提议以林美南担任外，其余诸人均同意，如有变更，请再电告。

（三）同意广东军区以叶兼司令员兼政委，邓华、洪学智、曾生分任第一、二、三副司令，赖传珠、林平、冯白驹分任第一、二、三副政委，肖向荣、杨康华任政治部主任、副主任。

（四）广州市可照你最后来电增加朱光为一个副市长（兼秘书长）。中央 10 月 25 日"——原书注

② 收录于中央档案馆、广东省档案馆编：《中共中央华南分局文件汇集（1949.4—1949.12）》，广东省供销学校印刷厂，1989 年，第 258−259 页。

古、李章达兼任副主席。省政府的分工提议民政厅（易秀湘），公安厅（正谭正文，副布鲁），教育厅（正杜国庠，副林儒传），工业厅（尚缺），商业厅（正缺，副邓文钊），农业厅（正缺，副李伯球），交通厅（古大存），劳动厅（正林锵云，副宋维静），卫生厅（正陈汝棠，副缺），秘书厅（正云广英，副左洪涛），侨务委员会（主席伍治之），人民法院（缺），监察委员会（缺）。

……

叶方

酉齐

叶剑英同志工作报告提纲草稿（节选）①

——广东社会情况和一九五〇年几个重要部门的工作任务

1949 年 11 月 1 日

中国人民及其解放军，在共产党、毛主席正确领导下，经过三年半的人民解放战争，已经解放了整个中国大陆，将于一九五〇年解放台湾、西藏、海南，解放全中国。中国大陆一经解放，广东的地位，很自然的推进到国防的最前线，担负着在南海的边疆巩固中华人民共和国国防的重大任务。

……

一九五〇年，是我们伟大的祖国从战争转入和平的过渡的年头，如果我们能够正确的坚决的执行党中央、中南局的指示，把海南岛解放，把农村中（目前是主要的）和城市中的群众工作做好，把经营珠江三角洲的任务完成，那么我们就能够在一九五一年光荣的迎接中央人民政府给予广东人民的伟大的建设计划。除了上述一九五〇年的中心任务、中心工作、中心地区以外，对于几个重要部门工作任务规定如下：

第一，军事工作的主要任务：

……

第二，经建工作的主要任务：

……

第三：组织工作的主要任务：

……

---

① 收录于中央档案馆、广东省档案馆编：《中共中央华南分局文件汇集（1949.4—1949.12）》，广东省供销学校印刷厂，1989 年，第 282－289 页。

第四，政权工作的主要任务：

……

第五，群众工作的主要任务：

1. 合理负担，减租减息，准备土地改革，消灭封建势力；

2. 动员各级干部，组织工作队下乡（地委组织工作团，县工作队，区工作组，乡工作小组），实行干部下乡，人民币下乡，物资下乡，打通城乡关系；

3. 召集工人、农民、青年、妇女、学生、文化、教育等各种代表会议，建立自己的群众组织和工作；

4. 普遍的建立中苏友好协会，巩固中苏友谊。

这就是一九五〇年我们在军事上、经济建设上、组织工作上、政权工作上、群众工作上所提出的一般的要求。并且要求各负责部门，按照分局所提出的任务，自行制定执行的计划。

……

华南分局致中央并中央妇委电①

——请示妇委人员配备

1949 年 12 月 2 日

中央并中央妇委：

一、分局妇委会除正副书记及秘书长由中央批准李、苏、邓外，再经妇女干部会提出以广西省妇委书记、琼崖妇委书记（以上未知名）、方东平（一九三六年党员，潮汕妇女领袖）、余慧（一九三八年党员，现出席亚洲妇会）、曾珍（一九三六年党员，现广州市妇委书记）、林彩容（一九三八年党员，现广州市总工会女工部长）等六人为委员。

二、妇委会之下设干部科（科长郑丽亚）、福利科（包括生产科长王波）、宣教科（科长黄蕊秋）、研究组（组长余珍）、工作团（团长未定）。以上人选及工作部门是否妥当，请示复。②

华南分局　二日

---

① 收录于中央档案馆、广东省档案馆编：《中共中央华南分局文件汇集（1949.4—1949.12）》，广东省供销学校印刷厂，1989 年，第 326 页。

② 中央 12 月 5 日复电："华南分局：同意华南分局妇委会由李坚贞、苏惠、邓戈明、方东平、余慧、曾珍、林彩容七人组成，以李坚贞、苏惠任正副书记。妇委不设秘书长，邓戈明为秘书。广西省及琼崖区妇委书记，待将来具体的人决定后，再提出来较妥。妇委会是讨论妇女工作的方针、任务及政策指导的，也就是妇联的党组，因此不必设科。只有妇联机构，才需要设科，望注意将党的组织及群众组织加以严格区别，不要混淆。中央　亥微"——原书注

妇女工作报告提纲①

1949 年 12 月

（一）妇委于一周前刚成立，负责人过去不是完全做妇女工作的，因此报告的范围很窄，不能包括全面，特别是农村部分，要依靠各地代表补充。

（二）妇女工作概况：

广东解放前的妇女工作：一九四六年东纵撤退前后，有几位女同志在香港进行妇女工作，一部分打进女青年会的职业妇女部，利用它团结了一些职业妇女；另一部分则利用“三·八”妇女节组织了妇女联谊会，团结了一些进步妇女，市委方面也有个别的女同志，分头进行女工工作，有许多工作是通过女青年会进行的，因此互相间发生了横的联系。

一九四七年三月妇女工作组与青年工作组同时成立，受香港工委的领导，工作方针是“巩固与发展原有阵地，打下群众基础，培养干部，响应与推动国内民主运动”。这之后妇联会与女青年会的工作便统一于妇女工作组的领导之下，利用《女声》及《华侨日报》副刊进行宣传与团结妇女工作。一九四七年底总结工作时，认为妇联的范围太窄，只限于进步妇女的圈子，缺乏经常性的联系工作，女青年在打开工作地盘上是有成绩的，但对培干任务没有抓紧，结果替人家抬了轿子，没有完成培干任务。一九四八年之后，工作开始有了转变，着重培干，通过女青年办各种技术人才训练班——如保育人才训练班（二十二人）、车缝班（二十五人）、合作社人才训练班（二十六人）、救护班（六十四人）等，妇联则办妇女工

① 收录于中央档案馆、广东省档案馆编：《中共中央华南分局文件汇集（1949.4—1949.12）》，广东省供销学校印刷厂，1989 年，第 383—386 页。

作干部训练班（六十五人）。一九四九年五月分局下乡，青妇组主要干部跟着下乡，总结了二个边纵青妇组的工作，留下一小部分在香港继续培干工作，等着会师，个别女干部则由城委方面派到广州搞地下妇女线。这就是广州解放前，妇女工作的简单情况。

由于客观环境的限制，使我们的工作不能不采取多线的领导方式，好处是工作能互相配合而不受帝国主义的注意，坏处就是养成干部思想上的各自为政，一切以个人为主，而不是以组织为主的毛病。

解放后的妇女工作：广州解放后从北方来的妇女小组——以余珍为首，分局领导下的——以余慧为首，广州地下线——以曾珍为首，会合了，构成了全国民主妇女联合会广州工作委员会。但广州解放前，已有民主妇联存在，故工作进行上就成了二个系统，虽然从几个主要干部都参加了委员会这方面来看，似乎是统一的，但在思想上、工作领导上是不完全一致的。

这个时期的工作：根据参座[①]赣州会议的指示“管理城市的总任务是安定秩序，团结人民，进行恢复与发展生产建设”。在这个总任务之下，妇女的中心工作是：“广泛地动员妇女，尤其是劳动妇女组织起来，参加肃特、复工、复业、配合接管、维持社会秩序”。

在干部的配备上：主要是放在女工方面——一共去了二十个干部，占女干部的三分之一强，同时派出了五个接管组，接管伪妇女团体所办的工艺院、产育院、托儿所，并派了二个干部，去配合接管女师和执信。

现在在党领导下的接管工作算是顺利完成，妇女工作除女工工作是协助工会进行，女生工作是协助青年进行，女教师工作是协助教协进行外，妇女本身的工作有——生产方面的工艺院，福利方面的产育院（以上属省）和托儿所，举办了地下妇联干部训练班，全国妇女联合会广州市工作委员会，这就是广州解放后妇女工作的简单概况。

（三）目前妇女干部的一些思想情况：

---

① 参座，指叶剑英。——编者注

1. 普遍地不重视妇女工作——认为做妇女工作没有前途，政治待遇差；也有些同志认为妇女工作麻烦，琐屑、难搞，另方面妇女工作还没有受到全党的重视，领导对妇女工作检查督促帮助不够。

2. 白区的工作作风还没有转变过来——由于过去的多线领导，常以个人为主，不懂得集体领导，不善将许多问题放在会议上来解决。因此上下级的关系搞得不太好，工作的创造性也不能很好的发挥。

3. 进了广州后，部分的妇女干部有了地位观念——做了甚么长就喜欢，做不到就不高兴。

4. 妇女干部间不容易团结合作，感情脆弱，缺乏原则性、严肃性与坚持性。因此无组织、无纪律的事情，在妇女方面也最容易产生（如会议决定要做的事情，会后又忘记了、推翻了）。

（四）一九五〇年度的工作计划：

1. 建立省妇联，帮助广州市妇联，搞好广州市妇女工作，推动与协助佛山、容奇、三埠、湛江、汕头、梅县、惠州、曲江、肇庆等地建立妇联，以便推动全省。

2. 出版《广州新妇女》，报道妇运消息，介绍典型经验，提高干部水平，并有计划、有步骤地编妇女读本活页教材，女英雄连环图书，举办讨论会、讲座等。

3. 恢复与发展妇女生产工作——目前以广东省工艺院为中心，采取“根据需要，逐步发展，完成任务，掌握技艺，加紧生产，达到自给”的长期打算方针，并采取分散经营，集中领导的方式，去组织家庭妇女的手工业生产，开办生产或供销合作社。发动农村妇女，配合征粮、春耕、夏收……等工作，组织变工互助，提倡副业生产。

4. 福利工作——为了使妇女能参加恢复与发展生产建设，注意妇婴卫生，举办儿童保育等训练班，并以广东省人民产育院为中心，提高助产技术，培养保育干部，开办小型机关托儿所，组织农忙时集体带小孩的变工互助。

5. 培养干部，通过省妇联、市妇联、工艺院、保育院、南方大学等机构，大批培养干部——着重广西方面妇女干部的培养，到农村去动员妇女群众，准备配合农村斗争，并推广妇婴卫生与儿童保育事业。

6. 建立研究室，研究各地妇运材料、干部思想倾向，总结斗争经验。

最近华南妇女工作概况报告①

1949 年 12 月②

这个报告因为我们来时很匆忙，共同工作的同志未有把以前的工作总结过，也没有将我们报告的内容请示过华南分局，只是把我个人所知道的写上，如有错误地方由我个人负责。

甲、华南妇女的特点及在革命斗争中的贡献

华南妇女最大多数是参加劳动的，特别是客家妇女，能担一百斤重的妇女很多，有些妇女在农业上全套工作都懂得。华南（特别是广东）华侨很多，许多男子到南洋一带去谋生。因此，妇女担负了主要的劳动，虽然妇女参加生产，但经济上毫无权利，在家庭上无地位。（只有极少数妇女，因为丈夫去了外洋，家庭经济权是操在她手里）

从大革命、内战、抗日战争到三年解放战争，华南妇女在这悠久的时间内，遭受了帝国主义和国内反动派的迫害，经历了千辛万苦，但妇女的斗争意志是坚强的。在广东的海南岛，在闽粤边区，有些女干部是从内战一直坚持到现在，从抗日战争坚持到现在的更加不少，在斗争中产生了很多优秀的女干部。比如：刘秋菊同志（今年八月在琼岛病死了）在海南岛有很高的威信，特别在海外华侨中，她与冯白驹同志一样出名。闽粤边的郭玉意同志，她也是一个农妇出身的女干部，从抗战到现在，在任何艰难的环境下都一样的埋头苦干，把自己一切贡献给党。在斗争中产生了不少

① 收录于中央档案馆、广东省档案馆编：《中共中央华南分局文件汇集（1949.4—1949.12）》，广东省供销学校印刷厂，1989 年，第 428—438 页。

② 原件未署作者。年、月是根据文件内容判定的。——原书注

游击队的母亲，她们在危难时掩护我队，在严重的白色恐怖环境下，冒着生命的危险，运粮食给我们，供情报给我们，党内许多负责同志是由她们救出来的。

在抗日战争和三年解放战争中，更有一万以上的妇女参加到军队中工作，她们负担了最艰苦的工作，部队中的卫生员、炊事员、运输员、交通员大多数是妇女担任。在夜行军里，她们担了文件箱，担了我们食箩，翻山越水。卫生员在火线上抢救伤员，自我牺牲的精神动人极了。今年牺牲了的刘敏儿同志，就因为在敌人强大火力下抢救了十几个伤员，自己最后牺牲了。在残酷的斗争环境下，女同志的斗志是顽强的。今年七月在东江紫金城被敌人杀害的苏同志就是一个例子，她被敌人逮捕后，经过敌人严刑拷打，毫不屈服，临刑前，沿途向群众演讲，从容就义，高呼口号。这钢铁的意志，正表现了中华儿女的英雄气概。在华南斗争的漫长岁月里，这些英雄的事迹是很多的，他们的功绩是永不磨灭！

华南妇女经历了长期革命斗争的体验，她们迫切的要求解放，因此，非常盼望大军南下，在迎军支前工作上，妇女起了很大的作用，为了迎接南下大军，各地掀起迎军支前的热潮。在潮汕元步乡有一个妇女在支前献金大会上，献捐了二十五次，把她的嫁妆、田及屋都献了出来。这种热爱祖国，慷慨牺牲的精神是动人的。他们展开了乡与乡的竞赛，群众连夜的赶修公路，整桥梁，许多地方妇女提出每家准备一百斤柴草，准备好蔬菜各种慰劳品给南下大军。有些妇女准备了许多鸡蛋来慰劳解放军，鸡蛋留太久坏了，但她们一点不在乎，以后又重新准备。许多地方组织妇女参加短程民工队，设茶水站、组织慰劳队、洗衣队、缝衣队，帮助磨谷、造米，解决队伍给养、运输的困难。

乙、今年五月至十月的工作情况（广州解放前）

今年五月华南分局成立了一个青妇工作组，这是一个临时性的组织，在分局青委、妇委未成立前，是以这个工作组来推动华南的青年和妇女工作。因此，这时的妇女工作是和青年工作一起做的。

当时广东环境是：东江、韩江刚连成一片，解放了十几个县城，各地的游击战争已普遍发展起来，广东每一个县都有了游击队的活动，有些边区且建立了主力。为了有力的迎接南下大军，华南分局是以闽粤赣与粤赣湘两个边区为工作重点，作为解放广东全省的总基地。因此根据分局整个工作部署，我们的工作重心也是放在这两个边区上。

两个边区由于处在游击战争的环境，领导上把主要的工作摆在武装斗争上，环境很动荡，能坚持农村斗争的女干部很少。因此各地的青年工作，妇女工作多是自流的现象，环境比较安定的、有女干部的就有些工作。发展很不平衡，大多数都是点滴的开展。

青妇组主要有三个干部负责：黄焕秋（男）、陈思（男）、余慧（女），下面干部共二十多个。我们自己干部少，各地工作基础薄弱，地区又很辽阔，干部对农村具体情况不熟悉。在这种情况下，我们当时主要的工作任务是：①了解各地情况，总结经验，培养干部，提高自己。②推动与帮助各地有系统、有计划的展开青妇工作。

为了完成这些任务，我们主要的工作方法是：

一、召开代表会议，通过代表会议来了解情况，总结经验。曾经召开过一次闽粤赣和粤赣湘两个边区的青妇干部联席会议。后来因为战争的关系，只到了潮汕地委的青妇干部、东江南岸地委的青妇干部、东江北岸地委妇女干部、粤赣湘边区司令部的女代表、东江九连地委妇女干部。这次会议虽然到的代表不多，收获是有些的。我们研究了华南青妇工作的方针、任务，明确了我们的工作方向，懂得我们的任务，把研究结果起了一个草案在会上通过了（草案另付上），而且两个边区的青妇工作经验可以互相交流。这些经验我们曾经部分的整理过，出了一本小册子《青妇工作通讯》（小册子另付上）。在会议上解决了几个思想问题：初时同志们都觉得领导上不重视青年工作，妇女工作，多埋怨上级，而不反省自己。在潮汕方面，由于我们女干部的埋头苦干，做出了成绩。妇女在支前工作、双减斗争中发挥了很大的作用，引起了党的重视。这个例子有力的说明了，要使党重视青年工作、妇女工作，主要依靠我们干部的努力，做出成绩来，不要光埋怨上级。经过这样的研究，大家思想上开始弄通了。其次是使干部认識［识］了青妇工作一定要和各方面配合得好才能开展，要在各种运动、各种斗争中开展工作。东江南岸的女负责干部，她为了开展妇女工作，自己带了工作队去搞，拼命想把工作搞好，但脱离了各种运动，〔虽〕把妇女工作搞起来，〔但〕始终不能打开局面。

第三，是认識［识］了建团的重要，有系统的研究了建团文件，初步懂得了建团的方向和具体办法。许多女同志反省了以前不重视建团工作，不关心、不研究建团的文件，这种对党决议不重视、不研究，是对革命的不负责任的表现。

根据这次会议的经验，推动了九连、潮汕、江南地区都召开了代表会议或积极分子会议，把干部的思想弄通了，认識［识］了政策，懂得工作的方向和具体的做法，经过这种会议后，把各地的工作是推前了一步。

二、组织工作队，结合地委的青妇干部来开展工作，将我们的干部分为四个工作队，分到潮汕、梅州、九连、江南四个地委的地区工作，具体做法是结合到当时的主要运动来开展青妇工作。比如：梅州地委办了一个一千多人的梅州公学（是一所培养干部的学校），这个工作是他们的重点，我们为了培养干部，梅州工作队便以这公学为重点，切实帮助他们把公学办好。又如：江南地委主要的工作是纠正右倾偏向，从纠偏中发动群众，有力的支援前线，我们在江南地委工作的同志就结合这个中心工作有重点的深入各村，展开斗恶霸，撑中农、贫雇农的腰，把压在群众身上的石头搬开了，群众抬起头了，群众的觉悟提高了，才会踊跃的参加战勤工作。通过这个运动来团结青年和妇女。

五个月来我们对两个边区的情况有了初步的了解，而且把主要的经验总结起来。

一般来说，各地组织已经开始注意妇女工作，把妇女工作从整个工作中除外的取消思想开始有些改变了，妇女工作各地都有了一些成绩，而且探索了一些经验。

潮汕地委的妇女工作，因为有些地区在减租减息的斗争中，在反恶霸的斗争中发动了妇女参加，妇女的觉悟提高了。经过这工作组织起来的妇女共三万多（今年元月统计），妇女識［识］字班普遍于各乡。潮汕的民主妇联筹委会及各县的民主妇联筹委会都建立了，开始有计划、有组织进行全潮汕的妇女工作。

潮汕妇女工作做得最好的大溪乡，妇女干部是从一个村开始工作的，经过深入的调查研究，从最穷苦的妇女入手进行教育，建立了識［识］字班，而且把識［识］字班办得很好，建立了威信，从这样深入艰苦的，以劳动妇女为中坚，又团结了全村最大多数的妇女。在这个基础上，后来进行双减斗争中妇女起了带头作用。农妇和农民一起改组了政权，彻底实行了双减，以后妇女在响应政府一切号召中都起了很大的作用，以这个乡为示范，影响了潮汕各地的妇女工作。

九连地委的妇女工作。河源县河西区，这是一个有工作基础的地区，初时因为过左，强调了妇女本身的利益，认为妇女解放，可以随便离婚，过早提出了解放婢女及妾侍的口号，引起了封建势力的反对，引起了男子反对，许多男子限制妻子参加妇女会。以后经过了纠偏，进行了检讨和展开教育，强调家庭和睦，并且根据妇女本身的具体情况和不同要求，从解决妇女本身的困难上把她们组织起来。如老年妇女组织老人会，有病或死时大家集钱来帮助她；已婚的妇女组织鸡蛋会，生孩子时，每个会员送鸡蛋给她，互相帮助，解决困难；青年妇女组织姐妹会。经过这样转变后，争取了广大群众的拥护，以后河西区妇女会发展到七千多会员（全区人口二万多），把最大多数的妇女组织起来。以后在支前、生产各种工作上，妇女起了很大的作用。

东江龙川县妇女工作。这是新解放县城妇女工作做得比较好的例子：龙川城解放后，她们通过了县政府行政上的力量，立即召开了全县性的妇女代表会议，到了一百二十个代表，成份是劳动妇女、知識［识］妇女各半，这次代表会议开得很好，知識［识］妇女受了很大的教育，劳动妇女起了推动作用，选出了全县民主妇联筹委会，这种大刀阔斧的工作方法，我们认为很能适应当前的工作需要。

梅州地委的妇女工作，以梅县、大埔为中心，建立工作基础。在大埔三区办了五十三间夜校，五十多岁的老大娘也去上课。大埔、梅县许多男子去了南洋，妇女很想識［识］字、能写信，不用求人，識［识］字班就是为了适合妇女的要求而举办的。其次是培养了干部，提高了自己。在五个月的工作中，我们采取了工作队的方式，都深入下层搞实际工作，一面做，一面学，旧的干部都提高了一步。由于在工作中的锻炼，对业务上比前熟悉了，吸收一些新的干部，发展了三倍多。对各地的青妇工作干部，因为我们结合他们一起工作，更具体更实际地把地方的干部培养了起来。从训练班和公学中，我们帮助了各地训练了大批的知識［识］青年。

这时期我们工作上最大的缺点，就是与本身的青妇工作还未有很紧密的联系起来。我们在工作上要和当前的运动、当前的斗争结合起来，这是很对的。但是，我们往往只做了一般的工作，而忽视了从这些工作中、这些斗争中提出适合青年和妇女要求的具体口号，使青年和妇女发动起来，使他们成为这些斗争中的主力，再从斗争中把他们组织起来。

五个月来，因为战争环境，流动性大，而且时间太短，干部缺乏，许多工作只做了一个开始，成绩很不够。只可以说是领导上比较有计划、有领导的开展青年和妇女工作的一个开端而已。

丙、广州解放后的妇女工作（从十月中旬至十一月底）

（一）广州概况与解放前妇女工作情形：

广州是华南最大的一个城市，是反动派统治了几十年的反动堡垒。今年四月后，敌人就有计划的布置了地下的特务活动，广州与港、澳相邻，形成了广州的复杂性，增加了我们工作上的困难。

广州共有一百五十多万人口，工业方面以纺织、烟草、树胶、五金、织布、火柴等轻工业为主，女工数目约二万人（确实数目未详），教育相当发达，女学生数量相当多，有一间省立女子师范和执信女中，全部都是女学生，女教师约二千人以上（主要是小学教师），其他职业妇女也很多，女医护工作者约有一千人（女公务员也不少）。

广州原来的地下妇女工作是很薄弱的，今年六月后才比较有计划的开展广州市的妇女工作。城内的女党员不超过五十人，她们组织了一个地下妇联，曾经发过传单，扩大了我们的政治影响，会员共有五十多个，能团结的群众共二百多人，成份百分之七十是女工，以纺织和烟草女工比较有基础。虽然原来地下妇联的会员人数很少，但这些会员都是经过考验的，在白色恐怖的环境下坚持斗争过来的，她们入妇联是要经过填表，经过可靠的人介绍，因此，这些会员不是一般的群众，而是我们的群众干部。因为我们估计形势不足，广州敌人很快就逃跑了，我们在广州解放前的准备工作做得很不够。我们青妇组的干部十三号才抵翁源龙仙集中整训，准备接管广州的工作。广州十四号就解放了，因此来不及准备，就兼程赶去广州。

（二）工作布置：

工作方针、任务：动员妇女，尤其是劳动妇女，协助政府进行肃奸与接管工作，迅速复工、复业、复课，安定革命社会秩序。

工作重点与活动名义：以女工为主，其次是女学生、女教师、女医护工作者。对外活动名义：是采用全国民主妇联广州市工作委员会名义。

干部情况与配备：到广州工作的女干部是临时从四方面会合一起的，从北方来的、从广东解放区来的、从香港来的、原来坚持广州地下的，人数约一百个。这些女干部因为是先后从四方面集合起来的，没有经过共同研究情况，学习政策，使思想取得一致。而且，对这些女干部也不太熟悉。在干部配备上，因我们的重心是女工工作，因此把大部份的女干部都放到工会去，约有六十个，她们参加到工厂的工作组，和军事代表一同到厂进行接管工作。另外派小部份女干部去文教部门，准备将来掌握两间省立的女校（一间女师、一间女中）和做小学校长，团结女教师的工作；派一些女干部到卫生处，帮助接管医院，以后展开女护士工作；余留下广州市工委会。广州市工委会的组织：分正副主任、秘书处、宣传、福利、组织，并有工作队帮助发动群众。工作过程：

第一个时期：以接管为中心，把七个反动的妇女团体接管了。①伪广东省新生活运动妇女指导委员会。②伪广东妇女职业教育协进社及其主办的中华女子职业学校，负责人是伍智梅。③女权运动大同盟，负责人邓不奴。④伪省妇女会。⑤伪市妇女会。⑥伪广东省习艺院。⑦伪广东省实验托儿所。我们共分三个接管小组去进行工作。我们把原来这些伪妇女团体取消了，物资进行清点。原来伪团体还存留一些福利事业，我们打算从新整理及改造。

保育方面：共有五个托儿所（连实验托儿所），共约一百五十个小孩子。目前我们把二间小规模的托儿所合起来，实有四间，全部都是日托的，其中以雷素琼所办的实验托儿所最好，规模较大，共有七十多个小孩子，设备比较完善。这托儿所原来是属伪广东省政府管理的。我们现在每一个托儿所都分派了一些保育干部去工作，以便逐步整理。计划以实验托儿所为重点进行改造，从这里吸取经验，做一个范例，以便影响其他。在保育事业上，我们正在筹开一个分局直属的托儿所，专收分局干部的孩子。

产育院：是原来伪妇委会办的，我们计划将它扩充，变成了真正是为劳苦妇女服务的产育院。另外，从工作中培养一批产育干部，以后回农村去推广妇婴卫生工作。

妇女习艺院：有衣车三十多架，织毛巾机、织布机也有一些。原来这个习艺院是一种救济性质的，大多数女工是无技术的。我们打算改为真正是生产的，最低限度可以自供自给，然后逐步扩充，将来变成训练妇女生产技术的习艺院。

在接管工作上，我们犯了一些偏向：(1) 在对旧人员的政策上，有个别干部认識［识］不清楚，比如：对实验托儿所的所长雷素琼，她在保育工作上有了十年以上的历史，在社会上有些地位，是一个保育人材。她在广州解放前，是与国民党的上层有来往的，但她本人不是国民党党员，政治上没有什么问题，但为了她的业务，当然免不了同国民党的官太联络。我们的干部就认为这样的人有问题，看不起人家，在业务上不虚心向人学习，和她的关系搞不好。这样对待党外人士是不对的，我们发觉后已经开始注意纠正。(2) 未有真正注意发动群众帮助接管，开始接管时是提过的，在工作过程中就注意不够，工作同志都犯了急性病，希望赶快完成接管工作。因此没有注意从接管工作上把这些旧人很好的团结他们，改造他们，没有充分利用原来旧人帮助我们接管。

第二个时期：是环绕着十一月七日庆祝广州解放运动来发动妇女。

我们首先召开了原来市妇联的全体会员开会，先从这些群众干部和积极分子中做动员工作，打通思想。因为广州解放不久，原来地下工作同志在作风上还扭不过来，不敢大胆放手。针对她们这种思想，我们进行教育，号召她们大胆去联系群众，以这些群众干部为核心，我们再分别召开了女工、女护士、女学生、女教师的座谈会，女学生、女教师初时和学生联合会、教师协进会联络不好，和他们工作上有了重复。后来我们很快就改正了，女学生工作以学联为主，女教师工作以教协为主，我们配合工作。

除了开会动员之外，我们还深入到工厂、医院、学校去进行动员工作，分别组织起庆祝广州解放的筹备会。在这次庆祝广州解放运动中，曾举行了一次大游行，约有十几万群众参加，女工、女学生、女教师、女医护工作者都普遍的参加了这个运动。接着还发动了劳军运动，我们号召“一人一信”运动。这个工作我们离开时还未结束，具体数字未有统计。

第三个时期：推选女代表出席各界人民代表会议：广州市召开各界人民代表会议，代表是由群众介绍，政府聘请的。各界妇女代表共有十五名，我们为了解释人民代表会议的意义，为了更好的选派和群众有联系、有威信的代表，并藉［借］此教育群众，因此，曾分别召开了各种会议。女工代表会议曾进行竞选，把护厂有功的、坚持地下工作的女工干部推选出来；女教师，保育工作者、医务工作者都是召开代表会议，由群众介绍出来。这些代表我们预先是有布置的，每次都能顺利的通过。最后，我们曾举行了一次各界妇女代表的联欢会，把十五位女代表介绍给群众见面，请市长来讲话，解释各界人民代表会的意义，并放映苏联名片《政府委员》来助兴。这次工作收了很大的效果，把我们和群众更进一步的联系起来，我们计划以这些妇女代表为基础，准备成立广州市民主妇联筹委会。

工作上的缺点：

一、工作上的制度化、条理化不够。因为到广州工作的女干部是从四方面去的，对政策没有很好的研究，未有充分的准备，思想上未有取得完全一致。广州工作场面大，工作繁忙，在工作上表现凌乱，领导上犯事务主义的作风，还存有农村游击战争和地下工作的作风，未能完全适应今日城市的需要，未有很科学的分工。

二、由于领导上犯了事务主义，因此，在每个运动、每个工作之前未能很好的展开研究，使参加工作的每一个同志都懂得我们的工作方向、具体做法、可能遇着的困难，打破他们的怀疑，并且及时的检查与帮助。这种深入的思想领导与对干部的实际帮助很不够。

在工作上存在的问题和对今后工作的意见：

一、广州市原来地下组织有一个广州市民主妇联，是以个人会员参加的。我们到广州后，为了便利开展工作，采用了全国妇联广州市工作委员会的名义。因此工作上就产生了这样的问题：这两者的关系是怎样？将来广州市民主妇联怎样从个人会员变成团体会员？初时我们是这样来解决，两个单位结合一起工作，共同搞好广州市的妇女工作。两者的关系是明确了，发通知有时是采用联名发出的，但将来广州市民主妇联怎样从个人会员变为团体会员呢？这个问题后来经过我们反复研究，决定最近重新建立广州市民主妇联筹委会，把原来广州市民主妇联的干部和全国妇联广州市工委会的干部放到筹委会去，以后统一于筹委会工作。这样可以吸收各阶层有威信的妇女群众参加工作，把我们的工作范围扩大起来，加强我们对各阶层妇女的联系，更迅速更有力的发动起广大的妇女群众。

这个时期我们主要的工作中心放在广州，先集中力量把广州市的工作搞好，有了初步基础之后，召开广州市各界妇女代表会议。

利用广州市比较集中的条件，举办训练班，培养大批女干部，训练保育干部、产育干部，准备以后输送到农村去，有力的帮助全省各地的妇女工作。

明年“三·八”节以后，拟召开全省的妇女代表会议，总结经验，确定方针，定出工作计划，通过这个代表会议，更有力的推开全省的妇女工作。召开全省的妇女代表会议之前，希望各地先召开当地的妇女代表会议，如条件不许可则召开积极分子会议，以便了解情况，总结经验，选派代表。

华南在这长期斗争中培养了一批女干部，但由于以前处在战争环境，和上海联系很不够，大家忙于事务，学习重视不够，对业务不熟悉，因而华南的妇女工作走了不少弯路。因此，今后有计划的加强学习，把这些女干部提高一步是一个很重要的工作，如果有机会时把她们轮训，使每个女干部都有学习的机会。这样，工作的效率一定会大大的加强。

目前华南除了海南岛之外，全部已经解放，全面的妇女工作应有周密的计划，有全盘的布置，但现在华南分局妇委还未有成立。李大姐还在山东，因此，我们非常盼望李大姐能迅速回广东去，使分局妇委能早日成立，以便全面布置华南的妇女工作。

当前华南青妇工作方针任务与中心工作草案①

1949 年

（一）总方针任务

加强领导，加紧动员与组织工农及革命知识分子，广泛团结各阶层青年和妇女，支持党与民主政府号召。培养干部，发展农村，兼顾城市，为建立总基地、解放全华南而奋斗。

（二）具体任务

1. 加强对青妇的领导，建立及健全各级青妇运领导机构，贯彻全党建团方针，大量发展团员党员保证党在群众中的领导。

2. 普遍建立青联及妇联在各种运动，各种斗争中，根据群众的觉悟程度，要求及群众喜爱的形式，把群众组织起来，在区级（或大乡镇）以上建立统一性的组织。

3. 广泛发动青年和妇女，响应党及民主政府一切号召，积极参加减租减息、参军、参战、支前、除奸、肃反、建政参政、生产、文教等运动与各部门密切结合。

4. 巩固团结，加强学习，培养干部。巩固党内外干部的团结，加强对学习的领导，有计划有系统学习马列主义、毛泽东思想，学习政策，学习专长，精通业务，并注意普遍开展文教运动，提高青年妇女政治觉悟及文化水准。培养各种干部，特别是工农干部、城市干部、建团干部及本地干部。

---

① 收录于中央档案馆、广东省档案馆编：《广东革命历史文件汇集 · 闽粤赣边区党组织文件(1949.4—1949.12)》，广东省供销学校印刷厂，1989 年，第 322—325 页。

（三）当前青妇工作应注意的几个问题：

A. 青年工作方面：

1. 在工作内容方面，以参军、支前、学习、生产为主，在生产上应着重互助合作事业的举办，以开拓新民主主义经济建设的道路。

2. 应特别注意正当文化娱乐的提倡，结合文工团或其他艺术团体，开办艺术训练班，组织联络民间艺术，培养艺术干部，建立娱乐部，发展文化艺术活动。

3. 发挥青年的带头模范作用，防止先锋主义及青年主义之偏向发生。

4. 重视少年儿童工作，普遍组织少年儿童，并着重注意儿童教育及康乐活动。

B. 妇女工作方面：

1. 发动与组织妇女参加生产，应发动妇女参加农业、副业、手工业、工业，以生产工作中把他们组织起来，应注意发展互助合作事业，提高生产技能，确立新的劳动观点，增加生产，改善生活，有力的支援前线。

2. 在促进家庭和睦、增加生产的原则下，逐步解除封建束缚，提高妇女地位，提倡婚姻自愿自主，反对纳妾、畜［蓄］婢、童养媳等陋习，加强团结互助，适当解决妇女本身的福利要求。

3. 特别注意妇女识字运动的开展，扫除文盲，提高文化、政治水平，举办各种训练班，培养干部。

4. 要耐心深入大胆放手展开工作，但须提防各种斗争脱节或提出过高过左的口号形式孤立哭〔突〕出，以致遭受不必要的损失。

（四）中心工作：

A. 建立制度（另）。

B. 建团问题（另）。

C. 建立各种青年妇女组织，成为各种青联、妇联、学联，以工农革命知识分子为基础，依照青年和妇女的兴趣、要求觉悟程度，以各种各样的方式，广泛建立组织，在这基础上，以区（或大乡镇）为单位，为成立筹委会，进行筹备工作，已有初步基础的地方，可成立正式机构。

D. 组织工作队或工作团，县级以上应以各地抽调一部分优秀青妇干部，组织工作队（或工作团）协助各地青妇委开展工作，了解情况，取得经验，加强对各地的联系与领导，从工作中培养干部。

E. 培养干部问题：

1. 注意新老区干部交流与交换，对老区当地干部培养与提升应予重视。

2. 经常开办大小规模干校、团校训练班、团务班、工作团、工作队，并动员大批男女青年热烈参加。

3. 从各种运动中与斗争中，组织学习，开展宣教工作，来培养新干部，有计划的抽调，大胆提拔。

4. 适当使用干部，适时总结工作，纠正偏向，并经常举行学校检查测验，有计划地提高干部思想认识。

F. 巩固老区，开展新区，注意白区工作：

1. 老区的巩固应注意原有组织的建［健］全与提高，特别是建党建团工作。

2. 新区的开展，应着重普遍组织，并以市镇大乡村入手，应特别着重工人及知识分子工作。

3. 新区的工作要大胆放手，但特别要提防形式主义，应善于放手发展，自上而下的公开号召，要提防搭空架子、流于形式一套的偏向，造成脱离群众的现象。

4. 新老区的发展，与巩固应予兼顾，并注意全面发展，重点巩固。

5. 白区工作，要注意宣传我党的政策，解放区的真相，通过改善生活的斗争，以各种各样组织去团结与教育群众，进行保护国家财产，反三征迫害斗争。

G. 加强宣教工作：

1. 培养宣教干部，建立各级宣委会、学委会，有系统、有计划领导学习。

2. 县委以上青妇委、新青团应出版青妇刊物，经常总结各地工作，交流经验。

3. 各地普遍建立图书馆，或巡迴［回］图站或阅报处，开办书店，县以上应尽可能设立印务组或印刷组，以利宣教资料供应。

亚洲妇女代表会华南三代表①

1949 年 12 月 5 日

区梦觉：

她很早就参加了革命工作。在广州文明路的中央机关里头，她担任繁重的“管家”工作，其后蒋党实行血腥的清党，中共党机关和广东省政府搬到香港来，那时候是国民党最反动的时期，革命者整天被特务跟踪着，地下工作机关，也受到最大的威胁。这时，工作人员一定要坚定，机警，而区大姐，正是这△的负责人之一。

因为她担任中共机关的管家和通讯工作，许多由各地到广州和来香港的人，一定要和她接头。因为她的和睦诚恳，因此，大家都喊她区大姐，其实在大革命时，她才是三十几岁，后来去了延安，担任中央宣委工作。

现在，她是广东△△多个省委中间，唯一的女性。

余慧：

余慧这个名字，在港九的民主妇女中间，该不是一个陌生的名字吧！她原名余慧英，东莞人。早年在省四中读书时，就已经是一个很好的学生运动者。她事事埋头苦干，绝不居功，所以在同学中间，有了很好的印象。抗日战争发生，她回到东江去，在游击区，做过长期的妇女工作。经常来往于东莞宝安之间。这时因为生活的流动，工作非常艰苦。战后东纵北撤，她并未随部队北行，仍留在当地工作。有一个时期，曾到香港来，领导过香港的妇运。她是林平将军的妻子，这一双中华人民优秀的儿女，为了民族解放事业，曾经立下了不少功劳。她现在是全国民主妇联广州分

---

① 收录于广东省妇女联合会、广东省档案馆编：《广东妇女运动历史资料》第六辑，广东省供销学校印刷厂，1991 年，第 439—440 页。

会的副主任。

陈贞娴：

如果我们不善忘，该记起本刊从十四期，有一位篇者[①]是“陈慧”吧！她就是陈贞娴。也就是港九民主妇女们，所熟悉的陈慧真大姐，战时，她在广西做过长期的妇女工作。是一位温柔而又斯文的女性。谈起做妇女工作，许多人都不大愿意，而陈姐却是下决心要做妇女工作的，战后，她曾来港工作过。因为对妇女工作很感兴趣，所以曾搜集许多资料准备编一本妇女运动史。可是今年春天，因为工作需要她到农村去了。于是，这一件工作就搁下来，她的身体不好，胃病、肺病，然而她还是一面病，一面工作。广州解放后，她在广州民主妇联的秘书。

---

① 原文如此。——编者注

关于生活待遇的决定（节选）①

1949 年

自本年实行新的生活待遇以来，因为党的经济始终还陷于困难的状况中，以至还不能很好地完满地实现，在各单位中曾经引起争论与怀疑，大会在既照顾改善同志生活又照顾党的经济状况的原则下，根据边工委的新决定，参酌目前粤东地方情况与党的经济状况作如下新的决定：

（一）伙食费：食米——无论地方工作或部队驻军时每人每日二十四两，出发时每人加点心米四两（以过夜半十二点后始休息为标准），内以糙米计算，因各地斗有大小之不同，对于食米采员登记及报销统以实收斤数为准，不以斗计，但各单位庶务长不能因此而对群众代买米时是否贪污不管，仍须以负责任的精神严予检查。

……

（九）医药：各普通疾病之医药费用由公家负责，如必须进医院及滋补的须先得各该单位机关首长的批准始得报销，否则公家概不承认，病人及妇女妊娠之伙食仍由各单位庶务长照顾，其不能食饭须食他物者得在其本人的伙食费项下购买，不足之数得首长批准后，可由公家报销，伤兵之待遇另行规定。

（十）妇女生产费：脱离生产女同志，生产时除其上述各项照领外，另津贴糯米 30 斤，鸡△斤：猪肉二斤，羌［姜］3 斤，蛋 30 只由其自由处理，小孩子衣服，由各△单位负责人照顾，小孩出产后伙食二至三月者月给白糖一斤，米八斤，四至六月者月给米十六斤，白糖二斤，六个月以

① 收录于中央档案馆、广东省档案馆编：《广东革命历史文件汇集·闽粤赣边区党组织文件（1949.4—1949.12）》，广东省供销学校印刷厂，第 328-329 页。

后者月给米二十四斤由其父母自由处理，小孩子之自养或寄养或送人，由父母自行决定，如送人须贴钱者由其直属机关负责人予以照顾，送人后之伙食不再交给。

（十一）男女同志结婚费：得组织批准的男同志结婚，其费用出由各该机关负责人视当时党的财力酌予津贴，不加规定。

本决定自本年八月份起实行，其在本年七月份以前应发未发之伙食、物品（除衣服、胶鞋外）由各该机关庶务长作一总结，发给代金，在党的经济未曾解决前，暂领记帐［账］，俟经济解决后清发。

各单位收支预算须按月造报，由各该单位负责人签名，证明后缴交地委。

税收人员须知[①]（节选）[②]

1949 年 1 月 1 日

谢　枫

税收工作概述

引　言

同志们，我们东宝税站自统一到今，不觉已半年了。在这半载工作过程，各同志都站着一种机构不健全，同样无具体工作指示给同志们作参考的教育材料，使到各支站及分站干部，在工作上增加许多困难和疑问。现目前总部，为着更清楚了解各地税收情况，检查我们半年来对税收政策及税率的执行具体情形，及总结我们的经验，确定今后工作方针，使到今后税收工作顺利进行，更加巩固和发展，因此，召集了各支站干部同志开了一个联席会议，各负责同志都出席这个会。经过五天的工作报告，大家热烈发表了许多宝贵意见，检讨许多优缺点，贡献了许多实际工作经验。我们现在根据各同志的报告，作一个简单的总结，并收集各方材料写就这本书，供给今后税收工作同志作参考材料。内容分如下几面：

（一）我们税站的任务

……

① 《税收人员须知》是一本小册子，内容包括税收工作的概述、税收人员工作条例、军属优待条例、谈谈税站几个实际工作问题。原件作者和编印时间字迹模糊，似是谢枫于 1949 年 1 月 1 日所改编的。——原书注

② 收录于广东省档案馆、广东惠阳地区税务局编：《东江革命根据地财政税收史料选编》，广东人民出版社，1986 年，第 203—237 页。

（二）我们税收政策

我们是中国共产党领导的革命队伍。我们有正确的政治主张，建立在政治上、军事上、经济上。我们要有正确的政策，才能取得革命的胜利。过去，我们税收同志对税收政策很模糊，所以工作上碰到不少困难。

我们的财政政策：1. 是不利于敌人的，是反帝反封建性质的。我们在经济上要封锁敌人，禁止粮食军用品等出口。2. 我们是自力更生的部队，是从无到有，从小到大的队伍。所以我们要想法增加我们的收入，我们收入越大越好。因此，我们要节约与开源，反对浪费贪污及感情用事。但是，我们税收不单纯从经济上的观点出发，还要考虑到政治上的威信，以经济上的利益服从政治上的利益。3. 我们要优待抗战军人的家属，受难同胞及目前我军军工烈属。注意改善民众生活，提高他们反帝反封建的积极性。4. 对中小商人给予优待，培植和照顾中小商人，以有钱出钱，有力出力的口号。但是，还要照顾大商人的利益，使他们有利可图，我们对各阶层的利益，都要照顾到。5. 我们要反对蒋匪政府和反动武装对我们前线民众物资的封锁。我们要使民众生活富裕、丰衣足食，使民众生活过得好。我们税收及确定税率要根据这个方针。

……

（五）今后工作的方向

税站总的任务是如何增加我们税收，保证全军给养充裕，要完成这个任务，要切实执行以下几个中心的具体的工作：

（一）要解决我们政治环境的困难

……

（二）要和走私漏税作斗争

……

2. 过去客商走私漏税的手段，有这几种：

a. 用来利诱我们同志，送物件给我们打好感情，这是我们中国商人奸滑的老办法。他利用物资来迷醉了我们后，就乘机走私漏税。我们要知道，一般的地主资产阶级有利益给我们是有阴谋的。如果我们上了他们的当，不但使税收减少，而且对自己的前途亦很危险，好容易给他们收买了去，所以我们不要贪小便宜。b. 选择我们警戒疏忽地方走私漏税，如小路及没有我队住的地方。因此我们要向这个方向缉私。c. 利用我设备差和弱点走私，如我无女检查员，他们要利用女人来走私，我晚出早归，他便早晚走私。d. 伪装走私，用双格盛物储藏私货，化装成各式各样的人，不似一个客商，迷惑我们。e. 虚报，将货价货量报少，武装护送（有些地区已发展到）。

3. 商人为什么要走私漏税呢？原因是：a. 商人意识是自私自利、个人主义，唯利是图。b. 敌人要通过商人来破坏我们税收。c. 看我们主观上有弱点存在，如同志生活意识腐化、警戒疏忽、无女检查员设备等。因此，商人在战争时期及环境混乱时期走私更严重。

4. 我们怎样去克服走私漏税的现象呢？具体办法：a. 我们要广泛展开向商人政治上的宣传解释。说明我们税收扩大，不但对部队有利，对人民亦有益的。因为我们的力量大了，更加迅速胜利。特别是商民，说明我们税收不是入私人荷包，是为了反帝反封建爱国民主斗争；我们不是抽咸水剥削人民，而是实行有钱出钱来救国的合理负担，各尽“国家兴亡，匹夫有责”的义务。要有缉私的健全制度，如设备女检查员，及缉私队的组织。缉私有成绩者，给予奖励。组织人民力量来配合，组织三五个缉私小组。组织各村的调查走私的情报员，缉到私货给予奖励，报讯者奖给百分之一十利益，配合我们去缉者给予百分之二十利益，以资鼓励。我们要调查那一个走私较多，定出对策，对抗战民众民主团体组合，好好把他们组织起来做缉私的外围组织，对这些人税收应给予优待，一般军属八折纳税，对烈属九折优待（这个优待办法税收条例执行之），税站设卡要健全，针对走私者企图来设的。各个站有各有特点，处罚走私者要酌量执行。大小商人及走私次数多寡，处罚有轻重之别。一般大商人或数次走私者，坚决充公；小商人或初次走私者处罚从轻。

……

军属优待条例：

一、率队税站为优待本军工烈属，改善人民生活特订定之条例。

二、……

三、凡属革命军队军工烈属经营大小生意统予八折之优待。

四、凡本区抗战人民遭受蒋匪军烧杀抢掠等无辜损失者，均可依情节之轻重予以一定期间之减免税照顾。

五、凡属上述之抗战人民均应依手续向本队申请证明发给各种优待券始生效力。

六、经受优待人士，不得将优待券转交别人，或冒认他人之货物，破坏本队之税收。

七、经受优待之人士，不得有走漏税收等事情。若一经查明，本队除没收其货物外，并得取消其优待证。

八、凡经营小贩生意，资额在贰拾元以下者免税，但输出香港之物资不在此例。

九、凡经过本队税站之货物，未经报税，迳行通过，企图走税，一经缉获，概行没收。

十、凡属本区民众之耕牛、耕具、种子、肥料、粮食用具等均予以免税。

十一、本条例于本年一月一日起宣布施行。

谈谈税站几个实际工作问题

一、怎样粉碎敌人对我税站破坏的阴谋

……

二、如何纠正税收的左右倾向

……

三、怎样克服走私漏税的现象

……

走私漏税会使我们部队政治上与经济上受到很大的损失，我们要想办法克服，不能使它严重的发展下去。我们用什么办法去克服走私漏税的现象呢？

……

4. 克服我们税站本身弱点，健全组织，建立缉私队、稽查队，设女检查员补充税收员，建立奖罚制度。工作认真，遵守税收时间，对缉私有成绩者，给予奖励；对工作马虎晏出早归，对缉私工作不关心的同志，给予处罚。对货物要严格耐心的检查，一点小东西不要违［遗］漏疏忽。对情绪低落工作无信心要加以鼓励说服，以坚定其意志，使其认真工作，不逃避工作。

……

谢枫改编于一九四九年一月一日半年总结后

红星村[①]

1949 年 4 月 8 日

琳　瑯

红星村是△△平原（按：即佛冈县水头平原）地方的一条小村庄，全村人口百六七人，以前是颇有钱的，但自对日抗战后，因整个社会都被国民党反动卖国政府搞坏了，红星村也渐渐穷起来，因为村子不大，穷人又多，所以村人的思想都很进步，又齐心，参军人数很多，不能去部队的，也在家参加革命工作，红星村成了我军监视敌人的哨兵，也是我军的一个坚强堡垒。

村里的事务都根据民主原则合理解决的，村里设有一个村务委员会，大家选出委员若干人，负责处理一切内外问题。因为大家思想进步而又齐心，所以一般问题极易解决，对我军的政令，更是推行无阻，减租减息啦，捐枪捐子弹啦，捐谷捐物啦……，都踊跃进行。两次破开附近的蒋仓，全村男女都齐去担谷。这次我们团部成立，除捐了好些牙刷、手巾、日记簿、糕饼等之外，还送了一幅新红毡，三幅红布贺帐。我军首长、部队同志、各界人士都一致赞扬，团长说："红星村的大名，走遍从清花佛了！"

……红星村的人民，不论男女，在"生死同舟"的号召下，仍然替我军搜集情报，传送信件，带路和掩护伤病同志。……

近来红星村的人，更进一步献出了自己的力量来为革命服务了。他们把太公的田卖了来支援我军的经济，他们知道胜利即将来到，可以吐一口

---

① 收录于中共惠阳地委党史办公室、中共广州市委党史办公室编：《东江党史资料汇编》第七辑，惠阳地区行署印刷厂，1986 年，第 251—252 页。

气了。在团部成立时，他们送来的红毡上，就写着八个大字："旧年哑口，今年抬头"。是的，今年是红星村和全中国人民彻底翻身的一年，红星村男女老少都表现出勇敢欢快的神情，他们说："今后就是我们的天下了，挨苦挨到头，倒也值得！"

(原载 1949 年 4 月 8 日《大众报》副刊《播种》)

谈谈税收政策①（节选）②

1949 年 4 月 28 日

在过去反蒋民主斗争中，我们在路西，遭受蒋匪K军数十次的“扫荡”，特点是对我们税站化装的袭击。为了给养队伍，而坚持税收，从小到大，从老区到新区，由两个分站到十几个分站，而打出了莞太线、莞樟线、宝太线、宝深线，建立了缉私排，扩大了机构，都是大家奋斗出来的成绩。但是由于领导上掌握不够，新干部、新同志多对政策的了解模糊，因而也在个别同志与个别分站在过去的税收过程中，多少会犯到政策上的错误。在今天为了迎接胜利的早日到来，使工作的发展更快，加深某些干部及同志对政策的了解认识和掌握，在这里谈谈总会有些帮助的。

……

税收政策是根据新民主主义的经济合理负担的原则，而规定对各阶层工商业家的政策，即是说，对各种商客的方针路线。这个路线是怎样的呢?

……

第四个，优待军工烈属贫苦货商。今天的斗争是为了改善大多数工农人民的生活，提高他们的斗争情绪，因此我们对待这部分民众是有优待条例，希大家去研究，这里不再谈了。

……

① 原件未署作者，从内容看，似是路西的一位负责人写的。——原书注

② 收录于广东省档案馆、广东惠阳地区税务局编:《东江革命根据地财政税收史料选编》，广东人民出版社，1986 年，第 244—248 页。

关于组织群众与建政工作的通知（节选）[①]

1949 年 5 月 14 日

东三支政治部民政科

一、大军已经渡江南下，形势在顺利激变中，我江北区已解放大幅地区，并积极向新区推进。群情日益高涨，而且不日行将变成汹涌的高潮。反动封建势力除少数尚顽抗外，都在震恐、动摇、彷徨、分化。但我群众力量还不够当前需要，工作尚远落在形势发展之后，因此，革命形势摆在我们面前的任务非常紧迫，我们必须迅速建立各种群众组织，立刻建立各地政权，以便更顺利地发动群众、动员群众，为配合大军南下，解放江北，解放各大小城镇而行动起来。因此，在作风上，必须大刀阔斧，雷厉风行。要知道时机万勿错过，形势需要我们紧张、迅速，急如风，烈如火！

……

四、各种群众组织：农会由全体自愿参加组织的农民在大会上选出农会委员，互选正副农会长，其任务为改善农民生活，扩大生产，根据上级指示与当前政策，发动与领导各项必要的和适当的斗争。人民自卫队则由全体自愿参加的农民选出正副队长，其任务为自卫、后备、放哨警戒、保护农作物、维持治安及帮助部队运输、交通、情报、担架救护等工作。其他在可能时可建立青年团、妇女会，上列各种组织，其条例将来可由县政府或团政治处以明令颁布之。

……

① 收录于中共惠阳地委党史办公室、中共广州市委党史办公室编：《东江党史资料汇编》第七辑，惠阳地区行署印刷厂，1986 年，第 189—193 页。

龙川县人民政府成立①

——全县共分设老隆等五个区　魏南金县长发表施政谈话

1949 年 6 月 1 日

（本报特讯）龙川县人民政府决定明日正式成立，并在老隆举行成立典礼，县长魏南金，副县长郑子明（郑风）、骆仰文，秘书叶惠南（叶明），等同时宣誓就职。县府组织设民政、财经、军事、群运等四科，另设教育局、公安局及税捐处。全县共分老隆、鹤市、龙母、黎咀、背岭五个区，设区政府，下辖乡政府、村政府等各级行政机构。老隆另设镇，直属人民县府。龙川县人民政府现△在老隆办公。第一任的龙川县人民县长魏南金昨发表施政谈话，他说，龙川县人民政府的施政的基本精神，就是依据为龙川人民服务为原则，并声称将领导全县人民和任何恶势力进行斗争，人民县府目前的任务第一是建立县以下的各级政权机构，第二是发动全县人民大力支持前线，鼓励参军；推销公粮债券；组织民工。为了发动和组织广大群众支援革命战争和建立龙川新中国，新民主主义青年团将在本县普遍成立，农会先由各乡组织，然后再组织县的总机构。原有的前龙川妇女会、教育会亦将充实和改组，使成为真正的群众组织。教育方面，所有设在本县的各中等学校，均属县府领导，并拟在暑假内召集各校教师会议，商讨改良中小学教育问题。最近人民县府将成立一个二十人至三十人的政工队，深入各乡村进行宣教工作，期使每一个龙川人民都能了解人民政府所执行的各种政策。△文化的供应厂属亦将于短期内成立。本县治安问题要在各乡广泛组织民兵，务求能够自卫。自本季起，本县即实行合

① 收录于中共惠阳地委党史办公室编：《东江党史资料汇编》第四辑，1984 年，第 249—250 页。

理减租减息。最后魏县长声称：人民政府愿与本县公正绅士及各阶层人士携手合作，用人方面决不会△关门主义，只要是诚心为人民服务的均按才录用。

（原载《粤赣报》第七十五期　中华民国三八年六月一日）

本区一九四九年度征收公粮条例（节选）[①]

1949 年 6 月 11 日

东江第三支队

（一）根据田正产物之全年收获量，征收公粮百分之六，即每百斤征收六斤，分两造收完，每造收一半。

（二）全收获之评定：出租田则以全年原（未减租前）租额加倍计算，但若原租额一般过低于原产量一半者，则按实际情况，适当评定，自耕田则根据田亩及产量一般标准伸算[②]，并经群众公议，民主评核。

（三）自耕农（富农除外）可交七折，鳏寡孤独之贫苦者可交五折，贫苦军工烈属可免交。

……

（五）按上项办法征收后，再按收入量五级累进加收，如每年收入五十担至一百担者，加收累进百分之四；一百零一担至二百担者，加收百分之六；二百零一担至三百担者，加收百分之八；三百零一担至五百担者，加收百分之十；五百担以上者，加收百分之十二。军工烈属降一级征收，例如有五百担以上者收入，照规定应征百分之十二，现降级可征百分十，余类推。凡须负担累进者，均将产量征收与累进征收合计缴纳。

……

中国人民解放军粤赣湘边纵队东江第三支队印

一九四九年六月十一日

---

① 收录于广东省档案馆、广东惠阳地区税务局编：《东江革命根据地财政税收史料选编》，广东人民出版社，1986 年，第 258–259 页。

② 原文如此。——编者注

中国人民解放军粤赣湘边纵队东江第三支队政治部布告（节选）①

1949 年 6 月 15 日

本军为求改善人民生活，增加农村生产，团结各阶层，合力打垮残余蒋匪，获取全面胜利，特依据我军现行政策，斟酌本区实际情形，统一颁发我区本年度减租减息条例，公布施行，仰我各阶层人民，善体时艰，切实遵行、毋违，切切。

此　布

附：减租减息暂行条例

……

（四）贫苦的孤儿寡妇，因家中无劳动力，而出租土地用以维持生活，而其生活不超过一般中农水准者，与贫苦的军工烈属，均予少减或免减。

……

政治委员　黄庄平

政治部主任　陈李中

一九四九年六月十五日

① 收录于中共惠阳地委党史办公室、中共广州市委党史办公室编：《东江党史资料汇编》第七辑，惠阳地区行署印刷厂，1986 年，第 201—203 页。

江北地委关于征收公粮的指示（节选）①

——致各县委②

1949 年 6 月 20 日

……

（二）去年征粮有按亩、有按斗种计算。在征收比率方面，多少不一，今年将需统一规定。关于征收方法，亦可吸取过去各种经验，结合目前情况而作新的规定。现规定征收率按累进征收，其办法首先按产量（地主出租土地之产量，按收租额加倍计算，地主自耕部分、富农及自耕农之产量，可由群众公议，民主评定）征收百分之六，自耕者（富农除外）收七折；在二五减租地区之租佃者，耕客缴二成，地主缴八成；在超过四成减租地区，则耕客缴三成，地主缴七成。地主所负责部分，均由耕客代缴，后向地主扣回。贫苦军工烈属免收，鳏寡孤独而生活贫困者减收五折。其次在按产量征收后，则再按收入量分五级累进征收（地主收入量按减租后计算）如一年收入量五十至一百担者，加收累进百分之四，一百零一担至二百担者，加收累进百分之六；二百零一担至三百担者，加收累进百分之八；三百零一担至五百担者，加收百分之十；五百担以上者加收百分之十二。军工烈属降一级征收，例如原来要收百分之十二者则降一级收百分之十，其他类推。

……

---

① 收录于广东省档案馆、广东惠阳地区税务局编：《东江革命根据地财政税收史料选编》，广东人民出版社，1986 年，第 263—267 页。

② 江北地委范围包括博罗、增城、龙门、从化等县。——原书注

紧急热烈动员起来，一切作迎接大军歼残敌解放广东之准备（节选）①

1949 年 8 月 8 日

（一）南下大军上月中旬分三路大举前进，志在消灭华南敌人残余力量，解放华南，解放广东。

（二）根据上述的形势和需要，我们当前斗争的方针任务：

……

（三）根据上述的任务方针，目前的具体工作是：

……

3. 在全民的动员中，首先在全乡召开乡民大会，在动员中要强调大军快要到来的形势，和大军到来对我们有什么好处，我们应如何准备迎接等问题进行动员，在大会中组织迎接大军工作委员会，有计划的推选开明绅士，进步知识份子、教师、妇女代表及农会，村政干部参加，委员会是在政府指导下负责号召发动各乡组织迎工队，并督促指导迎工队进行担架、运输、供应、救护、交通、侦察等工作及发动全乡之慰劳工作。

……

江北地委

一九四九年八月八日

① 收录于中共惠阳地委党史办公室、中共广州市委党史办公室编：《东江党史资料汇编》第七辑，惠阳地区行署印刷厂，1986 年，第 219—223 页。

九连地委召开的青妇会议中关于妇女工作的决议①

1949 年 8 月

（一）我们拥护一九四八年中共中央“关于农村妇女工作的决定”的指示。该决定着重指出了：老解放区妇女应以积极参加生产为一切工作的中心环节。在组织妇女参加生产的过程中，要善于与反对束缚妇女的封建残余斗争相结合，注意提高妇女的政治、文化水平，动员她们积极参加民主建政工作。推进妇女卫生，使妇女获得更进一步的解放。新解放区，在初期应发动妇女参加反恶霸及反土匪斗争，在进行减租减息、土地改革的斗争中，必须动员和组织妇女参加，并与劳动生产相结合。这一次定的方针完全适合本区目前实际环境，应成为我们今后的工作准备，在实际工作中贯澈［彻］实现。各地党、各级妇女干部应研究此文件，加强妇女工作的领导。

根据过去本区工作经验证明：凡符合此文件精神开展工作，党重视妇女工作领导的地方，群众就能发动起来，表现出很大的成绩，否则便会产生偏向或不能发展。前者，如河西区妇女工作能把近万妇女组织成民工队、支前军、妇女参政做村长，妇女的思想、生活以及家庭和社会的地位都起了根本的变化；后者，如连平的太湖群众基础比河西好，但由于领导不重视妇女工作，故至今天该地妇女工作仍未有进展。

过去各级党对妇女工作领导一般都重视不够，没有经常有计划地去贯彻妇女工作的领导，甚至有轻忽自流，把妇女工作从整个工作中除外的取

① 收录于中央档案馆、广东省档案馆编：《广东革命历史文件汇集·粤赣湘边区党组织文件(1946—1949)》，广州市成教印刷厂，1989 年，第 133−138 页。

消思想。今后全党必须全面地认识，动员广大妇女参加革命斗争，是争取全国胜利、解放华南、建设新社会不可缺少的一部份。在布置检查总结工作时应把妇女工作列在其内，克服妇女工作中无政府、无领导、无纪律的状态。为了妇女工作今后的发展，必须建立各级健全的妇女工作领导机构(边纵、地区、县、乡、村)。县以上需有专人负责领导妇女工作，帮助干部学习、解决困难，经常督促、检查工作，总结经验，把工作推进一步。

（二）根据中央一九四八年“关于农村妇女工作的决定”和目前形势以及本区实际情况，定出本区妇女工作具体方针如下：

1. 妇女解放，应从消灭整个封建制度，破坏封建旧思想，从而建立起社会的新制度、新思想，这些妇女的基本问题来解决。因此，必须发动妇女积极参加并参与领导反封建斗争。

过去由于我们对这个基本问题认识不足，使我们的妇女解放工作走着迂回的道路不能发展。过去我们妇女工作长期地停留在单从设学文化教育或个别地帮助三五个妇女离开家庭，表面上“摆脱了”封建束缚，便认为解放了妇女。不注意动员和组织妇女参加反封建斗争，即使参加了也是以附从、客人的地位去参加斗争，甚至有些地方（如新丰县）还有阻止妇女去参加反封建斗争的现象。过去我们不懂得从个别的人或事（如家庭婚姻纠纷等）的具体事件里来在群众中展开教育，启发群众展开思想斗争、讨论，来解决整个群众的思想问题，也不会从发动妇女参加反封建斗争中，解除封建的束缚。

例如滃江[①]山区在一个审奸的群众大会上启发群众讨论“为什么会有通奸的事情发生？村里男女通奸的根源是什么？为什么用杀的办法也不能根绝通奸之风？”从群众思想剧烈的争辩中，使群众认识了这是贫穷，这是封建剥削的结果。从而启发群众讨论了今后如何从合理解决婚姻问题中来扫除男女间不良的风俗。这样通过群众性的思想斗争来破坏了旧的封建婚姻思想束缚，破坏了封建的婚姻制度；从而建设起新的道德观点，新的

① 该时期“翁江”“滃江”未统一用字。——编者注

婚姻制度，从根本上解决了风俗的问题、婚姻问题。这是一个从根本上解决问题的好方法，各地应采用这个方法。

2. 要与群众利益、妇女切身利益相结合。妇女工作要与青年农民工作密切结合，去进行工作。河西区前期的工作以“包办婚姻”、专斗男人为主，引起了青年农民妇女的不满，妇女会脱离了广大群众。河西区后期工作纠正了这种偏向，以生产、互助合作、公益、支前、和睦家庭等为妇女会工作中心。在进行这些中心工作中，注意妇女特殊利益，逐步解除封建对妇女的束缚，与群众利益、妇女切身利益相结合，获得了广大群众的支持与爱护。男人动员自己的母亲、妻子、姐妹参加妇女会，女人也劝她的丈夫或儿子积极农会工作。农会与妇女会的工作互相推动，如举行开荒、慰劳等各种挑战竞赛，协同禁鸦片烟、改造二流子等工作，妇女与青年农民密切结合，造成了今天河西的局面。

3. 贯彻以劳动妇女、革命知识分子为基础，依靠贫雇、中农，团结争取各阶层妇女的阶级路线。

由于目前本区所占有的都是小城市，它们在既不是工业生产也不是人口集中的城市，在经济和人口比例上都不能起领导作用。因此，我们本区工作仍然是以广大的农村的劳动妇女为主，劳动妇女为我们妇女解放的基本动力，农村中的贫雇农在减租减息、清算恶霸以及将来土地改革的斗争中，是一支最坚强可靠的战斗主力；中农在减租减息时期得益较大，在将来土改时也是我们必须争取团结的基本群众，这个阶层的妇女受封建压迫也很深，因此，在目前双减时期，她们也成为我们依靠的力量；知识分子的妇女，在今天形势之下，她们只有跟着革命走才有出路，她们在家庭、社会、婚姻……都受封建的束缚，她们的思想是敏〔锐〕的，因而要求解放也是迫切的、热情的，但她们带着小资产阶级出身的尾巴，缺乏群众观点，因此改造知识分子妇女，为工农妇女服务，动员她们参加革命，特别在干部缺乏的今天，大量吸收知识分子妇女参加革命队伍，来起桥梁、骨干作用是重要的一部份。

我们又必须认识妇女解放不只限于阶级斗争，它是有极其广泛的社会基础的。社会各阶层的妇女都受着封建和帝国主义的压迫，她们共同要求解放，要求男女平等，因此各阶层的妇女不论是商人或中小地主，凡是受压迫的妇女都是我们团结、争取的对象。我们要善于团结和争取一切可能使用的力量，但我们也必须站稳以劳动妇女、革命知识分子为基础，依靠贫雇、中农的阶级立场，纠正过去终日在中上层妇女兜圈子，脱离了广大工农群众的偏向；也要克服不相信群众，把所有可能争取的力量都推出门外的关门主义作风；

4. 要特别注意培养地方妇女干部。

每个地方必须有足够的干部来做骨干，工作才能生根、巩固发展；也只有真正培养起劳动妇女干部，来负担起地方工作，妇女的地位才能提高。

（三）根据我们的工作方针确定妇女中心工作：

1. 支前、迎军。在广大妇女群众中展开深入广泛宣传教育，使她们认识只有革命战争胜利，妇女才能澈彻解放。发动妇女动员丈夫、儿子、兄弟参军立功，使妇女认为家中有人参加解放军，并在解放战争中立功是光荣的一件事，以此来帮助部队的巩固和发展。组织担架、运输、粮草、慰劳、洗衣及民工队。来支援前线，迎接南下大军。

2. 组织妇女参加并参与领导减租减息、清算恶霸、特务等各种反封建、反特务斗争，在有理、有利、有节的原则下，进行反对买卖婚姻、蓄婢、纳妾、童养媳，以反各种欺压妇女封建束缚。

3. 动员妇女积极生产，组织互助合作社，推广公益福利事业，如：春耕、种斜坡、耕公田、深耕细作、开荒、生产竞赛、推广变工互助合作社、妇婴卫生、修桥、整路，组织鸡蛋会、老人会，养猪、养鸭会等福利事业，以及调解纠纷，和睦家庭等团结统线工作。

4. 提高妇女思想，加深政治、文化教育，如多用诉苦大会及从清算恶霸、减租减息斗争中，从妇女切身生活体验和实际活动中，来启发妇女思想，提高其政治觉悟。举办识字班、时事政治广播台等工作，来提高她们的政治、文化水平。

5. 响应人民政府一切号召，妇女积极争取参政，并在工作过程中有计划培养干部，创造典型人物，教育影响其他干部。

（四）形势是飞跃地发展了，过去“细微雕琢、点滴耕耘”的工作方式已不能满足今天形势的要求，只从形式上搭空架子，不择重点巩固，平均主义、空洞形式也不切合实际。采取龙川县大刀阔斧公开广泛号召、宣传，扩大妇女组织，影响阔。[①] 运用行政召开代表会议与发动群众相结合，这样来发动群众组织。以后再由领导集结主力，选择条件较好的地区作为重点，做出成绩，突破一点，推动全局。这是最好的方式，各地应多采用这种方式去开展工作。

至于妇女的组织问题，首先组织妇联筹委会，以妇联筹委会去号召和推动各地妇女组织。然后在各地组织妇女代表会议，代表是更广泛地、更民主地联系妇女群众的最好组织形式，各地应有这种组织。村的妇女代表会议是这种代表会议的基础组织，其代表的产生应由妇女群众民主选出。这种代表会议的作用，是代表妇女群众的意见，讨论当地妇女工作的方针任务及主要工作，传达政府及上级组织的政策、法令或决议，发动广大妇女群众共同执行。同时应由代表会议选出委员会，贯彻决议，主持日常工作，并定期召开代表会议（委员会的名称由群众决定，如妇女对妇联会已经熟识的地方可称为妇联会的委员会）。又为着充实有组织的群众基础，妇女代表会的妇联会，应有各种各样的组织形式，如姐妹会、鸡蛋会、识字班、合作社、互助组等，去组织各种要求不同的妇女群众。同时也要经常与广大无组织的妇女群众联系，并为其服务。当各地的妇女代表会议有了基础的时候，可根据群众觉悟程度，逐步提高，正式成立全区以至全县的妇联会。

（五）干部问题：

妇女干部特别少，到处妇女群众要求组织，到处闹干部荒，成为今天本区妇女工作开展上的重大困难。因此，如何培养大批干部成为今天工

---

① 原文如此。——编者注

作的重要任务。依照目前形势发展的需要，关于解决干部问题有如下的决定：

1. 必须有计划地大胆培养、放手使用和提拔大批党的与非党的女干部。为了应付目前急需，把可能抽调的女干部调去做妇女工作，审查女干部凡与男同志能力相等者，应分配同等工作，给以培养、教育机会，不应歧视。根据目前的情况，一般女干部的能力和政治上的成熟都远落后于男干部。因此，应按照女干部的特殊情况，加以注意提高她们的政治、文化水平以及工作能力，并帮助其解决特殊困难（如举办托儿所等），有计划的培养和使用。

2. 分别举办知识分子、劳动妇女的干部训练班，吸收广大的知识妇女，调动劳动妇女领袖参加训练，培养大批新干部。

3. 特别注意新老干部的团结合作，互相学习。老干部应虚心学习，提高自己的理论、文化水平和领导作风，要负起培养新干部的责任。如组织工作队，老同志带领队伍去工作，从实际工作中来培养、教育新干部。反对摆老资格，代替包办，不信任群众的作风。

4. 培养地方劳动妇女干部，特别注意选择出身贫苦、在群众中有威信的、忠实可靠劳动妇女，有目标、有计划、有步骤地培养教育，从干部切身的生活体验和实际工作中来启发女干部对革命的认识，提高其阶级觉悟，从而确定为劳动人民服务的思想。从群众斗争中以及平时生产、互相合作、劳军、支前、调解纠纷等每件实际工作中，经常给以教育，大胆放手干部独立处理工作，事先帮助其布置，事后总结。多鼓励表扬，用表扬好的，来批评坏的方法来提高干部信心。在群众工作的基础上，有计划地按其能力逐步提高，适当提高思想偏向，关心爱护干部，用培养出典型人物的方法，来教育其他干部。

5. 各级党和政府主办的训练班，应有计划地吸收女干部学习。党的各级组织部和宣传部，应把培养、教育女干部列入革命任务之内。女干部应在党的领导教育之下，自觉积极工作，精通业务，加强团结，提高工作效率，努力学习理论、政策、文化，认识劳动生产的知识和技能。开展批评与自我批评，克服妇女不重视妇女工作、小气、胸怀狭隘、近视依赖（依赖领导、依赖丈夫……）、“英雄”自满而又无信心不敢大胆去单独工作、温情等缺点，多作思想劳动，加速政治开展，发扬忠实、忍耐、勤劳、埋头苦干的精神，用积极工作来创造出成绩，以争取人们对妇女工作的重视。

附：本文即本区具体的工作，至于大原则和方针可根据当前华南的青妇工作方针任务与中心工作草案及当前中国妇女工作的方针任务，关于城市妇女工作可参考“中国妇运当前任务的决议”等文件。

东江行委二区督导处关于速将民工组织民工团给各县人民政府命令（东政字 28 号）①

1949 年 9 月 25 日

一、刻奉：

梁副政委电告：现大军即抵我境，所有民工赶速组成民工团，女民工一同编制，以军队编制为原则，规定县长为民工团团长，县委书记为政委。除前规定准备长途民工、粮食、马粮之一定数额外，兹再组织九千名短途民工，限本月三十日以前准备完善，听候随时调用。至民工团组织法容日再行付上。

奉此，仰即着手先行组织，准备听候调为必要。

二、民工组织，应及时加紧教育，有关其家庭劳动，与使用民工票问题，应善为解决，据龙川登云乡试验使用民工票结果，施行尚见顺利，仰加研究施行。

三、各县应备做担架床至少四百副，得用竹篾、竹逢、绳索织成之，计六尺长、二尺阔，四脚五寸高，仰即规定各区、乡赶速做好备用。

切切此令

主任　黄中强

---

① 收录于中央档案馆、广东省档案馆编：《广东革命历史文件汇集 · 粤赣湘边区党组织文件（1946—1949）》，广州市成教印刷厂，1989 年，第 425-426 页。

粤赣湘边纵东江第二支队发表一年来光荣战果（节选）①

1949 年 9 月

争取投诚起义及歼俘敌军六千余人
获轻重机二百余挺长短枪五千余支

（粤赣湘边通讯）中国人民解放军粤赣湘边纵队东江第二支队司令部发表（一九四八年八月七日至一九四九年八月六日）战绩（第二团除外），公布如下：

一、歼敌

……

二、缴获

……

东二支第二团八个月战果（此讯不包括在上则统计内）：

活动在新连河边的东二支第二团，今年元旦成立以来，在党的正确领导下，在全体同志努力下，结合人民，配合友军，英勇战斗，半年来获得辉煌成绩。由于交通关系，在二支司令部公布一年战绩时未被列入。现据该团某负责人披露其战果如下：

……

四、群众工作，共组织起四个乡农会，一百一十个村农会，一个青年总会，六个分会，三个妇女会，一个教联会，一个儿童团，三个商会。这些有组织群众，正从事解放后的建设工作。

（原载《华商报》一九四九年九月）

① 收录于中共惠阳地委党史办公室编：《东江党史资料汇编》第四辑，1984 年，第 254—256 页。

九连地委关于当前群众工作及文教工作的决定（节选）①

1949 年 11 月 16 日

关于群众工作的决定

今年整个冬季的群众工作，围绕冬季工作中，应继续发展与巩固群众组织，未开展的应迅速建立，已组织起来的应进行巩固工作，将全区绝大多数的群众团结在党与团的周围，进行清匪、肃特、反霸、支前、生产建设工作。

（一）继续发展群众组织

（1）继续发展各人民群众组织。今年冬季有组织的人数应达到人口总数三分之一至二分之一，群众组织的重心应该着重在农民，其次是妇女、青年，城市中应着重职工会的组织，最后是革命知识分子和青年学生。

（2）全区发展农会会员十五万至二十万。作为彻底进行减△△准备土改的基础。各县农会会员应达到全县总人口五分之一。即△河源五万人，龙川六万人，五华四万人，和平三万，连平二万。

（3）全区发展妇女会会员十万至十五万人，各县妇女会会员数额应达到现总人口十分之一。即：河源三万，龙川三万五千，五华二万五千，和平二万，连平一万五千。

……

（二）普遍整理群众组织：

---

① 收录于中央档案馆、广东省档案馆编：《广东革命历史文件汇集·粤赣湘边区党组织文件(1946—1949)》，广州市成教印刷厂，1989 年，第 215−219 页。

（1）整理群众组织以审查团体、审查工作、审查思想为中心，各种群众组织必须切实掌握在基本群众①手里。

（2）农会、妇女会会员，贫雇农应占百分之六十，中农占百分之四十。

（3）地主、富农、绅士、二流子不能参加农会，已经参加应予清除。

……

（8）各级人民团体干部的阶级成份一般规定如下：

①农会、妇女会各级干部的阶级成份贫雇农应占百分之七十，中农及分田区新式富农积极分子占百分之三十。

②工人团体应完全归工人掌握。

……

（三）建立统一领导

（1）制定各团体的统一章程及工作细则，各人民团体应建立县、乡、村的各级系统。

（2）各县党委应建立各种群众组织的领导机构。

（3）各种群众组织县、乡、村的完整系统应在今年底全部建立，具体部［步］骤如下：

①各种群众团体未成立乡级机构的（如乡农民协会、乡妇女联合会、乡青年联合会等），应于十二月上旬以前建立之。如已建立〔则〕应切实根据指示整理之。

②乡级的群众组织建立或改组后，应即建立或整理各围村的群众组织，而且必须在十二月中旬完成之。

③县级的各群众团体领导机构（如县农民协会、县妇女联合会、县青年联合会等）应于十二月下旬成立之。

（四）大量训练群众干部

（1）训练群众干部以农会、妇女会、青年会为主，训练名额规定农会干部占百分之五十，妇女干部占百分之三十，青年干部占百分之二十。

---

① 原文如此。——编者注

（2）村级干部的训练由区委负责，从各村抽选现职干部及群众组织中有条件提拔的积极分子，每村一人至三人，训练三天至五天，内容着重阶级教育及讨论今冬工作、团体生活知识为主，于十二月中旬以前完成之。

……

关于文教工作的决定

今年冬季在完成公粮征收、双减、反霸、清匪、除特、生产运动中，应开展全面性的文化教育运动，有计划地提高有组织的群众和全体人民的政治水平、文化水平及进步，清除落后的、保守的、封建的、阻碍革命发展的思想障碍，以建立新的人生观、新的世界观，建立劳动观点和集体思想。

一、在群众组织中开展文教工作

……

二、广泛群众性的文教运动

（一）展开广泛的识字运动，有计划扫除文盲。今年冬季应广泛开展冬学运动，普遍举办男女夜校，做到每村一校，每校五十人以上。

（二）夜校课程：识字、文化、政治思想三方面并重，并应力求配合。

……

九连区一九四九年工作报告（节选）①

1949 年 12 月

甲、一般情况

一、社会经济：

……

二、治安情况：

……

三、组织状况：

……

四、政权方面：

……

五、党员方面：

……

党员阶级成份：

工人二十二名，贫雇农一千一百五十八名，中农六百一十四名，手工业一十八名，革命战士三十三名，商人一十九名，富农三十五名，地主二十一名。

文化水平：

大学三十八名，中学三百七十三名，高中一百五十名，小学一百零四名，老学一百二十八名，革命知识分子四十一名，文盲一百五十八名，男

① 收录于中央档案馆、广东省档案馆编：《广东革命历史文件汇集·粤赣湘边区党组织文件(1946—1949)》，广州市成教印刷厂，1989 年，第 226-239 页。

党员二千零八十名，女党员一百四十二名。

党员因新党员多，老党员又因长期的分散斗争环境下缺少教育，因而目前一部党员思想上有享乐、地位、腐化不良表现，但工作绝大部份还是积极、热情、肯干，但对政策认识还太弱。

六、群众团体：

目前有组织群众团体八种，四千零五十三个单位，其中有三十五个工会，一百五十六个乡村农会，十个商会，六百四十个乡村儿童团，七十二个村老人会，六十八个乡教联会，七百零九个乡村青年会。

全部有组织人数三十八万二千九百二十一名，占全人口百分之四十，其中农会会员一十八万三千八百四十九名，青年会员三万七千六百一十二名，妇女会一万一千一百二十名，儿童团员四万六千二百三十名，教联会二千二百零七名，老人会七千六百四十三名，工会三千四百八十五名，商会七百八十四名。

这些有组织群众，在迎军支前、剿匪、生产运动中都起了巨大的核心作用，但因为普遍缺干部、缺少教育及党团基础薄弱，所以一般的还不巩固。

七、干部训练方面：

一年来办过三期军政干部训练班一百三十余人；二期青年短期训练班（东公）三百人；一期青妇干部训练班一百三十人；三期支委干部训练班一百八十人及各县短期青年师资训练班一千名；县、区行政干部训练班一期三十六人；卫生人员训练班二期五十人；通讯人员训练班二期三十人；合共办过十五期，共训练二千一百五十六人。

教育的主要经验是：训练时间不宜过长，内容不宜过多过繁，训练以打通思想、提高政策认识、提高能力或介绍经验为中心，训练一个时期即行派出实习工作，经过一二星期后再回来总结，是游击环境下训练干部与照顾工作的最好方法。

其次是训练干部要事前材料准备充实，有提纲、有印发、有讨论题，讲课时间不宜过长，以领导讨论争辩为主。

……

学生会组织纲要（节选）①

1949 年

一、学生会根据民主集中制组织之。

二、学生会基层组织为各班学习小组，根据其政治水平、学科成绩、生活学习表现之高低等，以五人至九人由班主任指导混合组成之。其主要任务为：(1) 以小组集体行动，响应学校及学生会号召；(2) 以小组集体力量加强及改善组员之学习；(3) 以小组集体力量推进班会工作。

三、小组以上组织班会执行班内全面性工作及领导各小组活动。

四、学生会设主席一人，副主席一人至三人，下分设总务、学术、组织、福利、风纪、社会服务、康乐各部。由各干事互选充任之，每部设主任一人（必要时得设副主任一人），干事若干人。

其组织系统如下表：

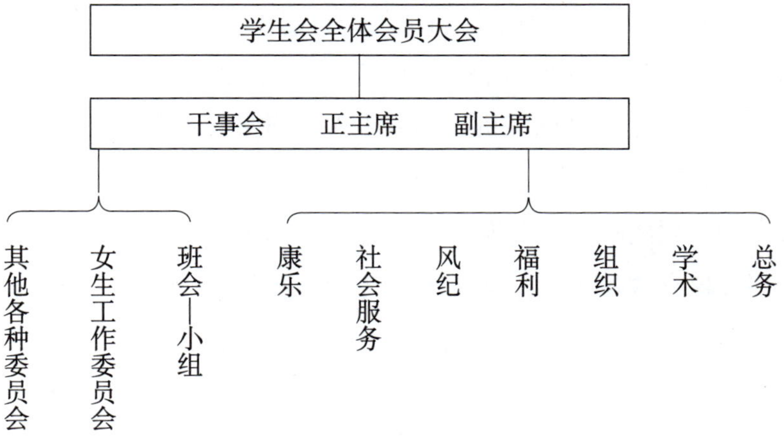

① 收录于中央档案馆、广东省档案馆编：《广东革命历史文件汇集 · 粤赣湘边区党组织文件(1946—1949)》，广州市成教印刷厂，1989 年，第 461–463 页。

说明：

（1）全体会员大会为最高权力机关，每学期最少开会二次。大会闭会期间，由干事会执行职权及决议案。

（2）干事会人数定为十一至十五人，每两周开会一次，必要时得由主席召开临时会议。

（3）组织部负责干部登记、同学思想、生活调查统计及一切与组织有关事宜。

（4）必要时得设立女生工作委员会及各种委员会。

……

初高中政治常识各课重点（节选）[①]

1949 年

对于政治常识的编排，我们采取由近及远，由小及大，从个人问题、家庭问题以至社会与国家的问题。初中第一学年各篇主要内容及要求如下：

一、学题〔习〕问题——说明几种不同的学习目的、学习态度、学习方法。……

……

二、学校民主生活。……

……

三、青年运动。……

四、家庭问题。要使同学知道没有一个独立民主的国，也就不可能有幸福安乐的家庭。因此把爱家思想扩大到爱国爱人民，而不是显了家庭，损害国家和人民的利益。对于日常的家庭问题，应当用民主原则处理，在子女方面，也应当与双亲商量，对于并非重大的问题，也可以让步。

这样是不是鼓动家庭革命呢？要看怎么样的家庭，如果这一家的父兄是汉奸、卖国贼，做子弟的不仅要反对，还要打倒他，这是中国人正确的态度。但对一般的家庭，我们的主张是应当和好融洽，正因为这样，应当要用民主的方法，多商量，多听别人的意见，不应当一意孤行，不应当不问对不对，一定要别人服从。

五、妇女问题。说明男女不平等是不应当的，是没有理由的，在新民主主义社会里；妇女是积极建设者，同男子有同等的能力和地位。

……

---

① 收录于中央档案馆、广东省档案馆编：《广东革命历史文件汇集·粤赣湘边区党组织文件(1946—1949)》，广州市成教印刷厂，1989 年，第 455—459 页。

青妇工作制度草案①

1949 年②

（一）区一级以上的各级党委（县委、地委、区党委）应设青委、妇委，支部在必要时可设青年干事、妇女干事、专门负责青妇工作。如果全部缺乏，或由于干部能力限制，可设青妇委，或青妇组暂时合并，待工作有了发展，才组织青委、妇委。

（二）各级青妇委的书记，以同级党委或下级党委书记充任；青妇委委员相当于下级党委委员，并可根据实际工作需要，增设干事若干。

（三）各级青委、妇委干部的配置调动应得上级党委的批准，并向上一级党委备案（连同负责干部的简历、鉴定）。

（四）县级以上的青委、妇委或青妇组，应组织青年工作队、妇女工作队或青妇工作团，协助各地青妇工作的开展，培养干部。

（五）部队的政训室以上的政治机关，应设青年干事、妇女干事，专门负责青年与妇女工作，部队女工作人员可组织女同志联谊会协助行政上解决有关女同志的各种特殊问题，加强女同志的教育与本身的团结。

（六）各级青妇委在确定工作方针、任务、工作方向、工作决议及出版刊物，应经同级党委批准，并向上级报告备案。

（七）各级青妇委进行有关全区性群众工作，比如召开该区民主青联、妇联会议等，须事先将会议方针、计划、候选委员名单简历报党委同意，及请示上级批准。会后应有总结报告。

---

① 收录于中央档案馆、广东省档案馆编：《广东革命历史文件汇集 · 粤赣湘边区党组织文件(1946—1949)》，广州市成教印刷厂，1989 年，第 146-148 页。

② 原件未署作者，年份是根据文件内容判定的。——原书注

（八）青妇委上下级关系平时可以建立通讯咨询关系，但工作上的处理及进行工作检查必须通过党委，及不能越级处理问题。

（九）党委讨论有关全面性的工作会议，尽可能给青妇委的干部参加，以便了解全面的工作计划，取得密切的配合。

（十）地委以上的每级青妇工作，每二个月向上级报告△次工作。地委以下的各级青妇工作，每一个月向上级报告△次工作，报告内容主要是这个时期工作环境的特点，工作发展情况，主要收获，遇着什么困难，怎样克服，今后工作方向、具体计划等。出版刊物每月△集送各上级青妇两份，如有重大事件，应立即报告。

（十一）各级开办青、妇训练班及团校或团各班，要将教育方案向上级事前报告，向上二级备案。结束要总结报告。

（十二）健全各级青妇委的党委制，健全经常的会议生活，明确分工，加强学习领导，建立定期的汇报、检查、总结工作的制度（注意重大事件及典型范例的总结）。

（十三）各地新民主主义青年团，由各地青委负责，青妇委共同领导。

（十四）青妇委本身要指定专人负责新青团及各阶层、各地区青妇群众组织工作，并须指定专人负责宣教工作（出版刊物、读物，供应资料）及全部干养工作。

香港分局给各地的指示（节选）①

——关于当前工作的意见

1949 年 1 月 26 日

乙、魏、小林、周、冯并报告大兄：

（一）报截蒋匪嫡系部队撤闽浙，李、白部队部分到琼沪，部分入湘。政治上以释张杨、复民盟、取消戒严令作为晃［幌］子，实际上反动派是以和平攻势迷惑群众，作最后挣扎。

（二）毛主席所提出八个条件与革命必须进行到底毫无矛盾。是为着揭露国民党所提“和平”建议之虚伪性及反动性，各地必须深刻认识，免受时局波动所模糊。

（三）不管形势发展是敌人被迫投降梦想保存一点力量以要弄政治阴谋，还是敌人图作绝望的挣扎。我们都必须实现我们的全部主张与政策。问题只是斗争的方法如何适当使用。后者当然打到底，而前者可能从军事接收、军事镇压再配合以广泛性的群众斗争，有步骤的清算。

（四）因此，提出以下工作，供研究，并向分局提意见。

甲、迅速②扩大主力部队，迅速组织民兵，依照各个战略单位展开有战略意义的地区的工作并联成一片（如闽粤赣边与粤赣湘边之海陆惠紫五兴丰，如十万大山与六万大山），而又以武工队向各地普遍发展。

乙、迅速由下而上及由上而下的建立各个区党委的农会、妇女会、青年团体的筹委会，以统一群众组织。

……

① 收录于中央档案馆、广东省档案馆编：《中共中央香港分局文件汇集（1947.5—1949.3）》，广东省供销学校印刷厂，1989 年，第 381–382 页。

② 原文为“速迅”，根据文意，改为“迅速”。——编者注

方方在学习会议上的报告（节选）①

——关于目前形势与任务、华南党的工作

1949 年 2 月

前　言

这次学习会议举行目的，第一在总结工作，从总结中来检查上级对各区领导的是否正确。这种会议虽不算是什么正式会议，但由于参加者都是各地区负责同志，便可以在总结经验中检查分局领导与指示是否符合于中央的方针而又适合于下层实际情况；其次，根据这次的工作总结来展望当前发展着的形势，来讨论今后工作应如何做，但这还不是对今后工作的最后决定，而是于大家取得一致意见后，带回区党委去讨论决定，然后报告分局与中央。我相信区党委是会根据这精神去布置工作，参加的同志们也不会因此而不以严肃负责的态度来学习。

一、我们对中央指示的认识

（一）基本上打倒国民党政府快实现了。

……

第二，阶级力量对比起了根本变化，这表现在基本群众组织力量的扩大，斗争的顽强，发展的普遍和有无产阶级政党的统一领导，说明工农小资联盟的扩大与巩固。象这种轰轰烈烈的伟大场面，除了大革命当时我国历史上是没有出现过的。可是大革命当时群众斗争的发展还是不平衡

---

① 收录于中央档案馆、广东省档案馆编：《中共中央香港分局文件汇集（1947.5—1949.3）》，广东省供销学校印刷厂，1989 年，第 418-435 页。

的，今天的发展虽不能说已经平衡了，但总算平衡得多了，特别是有了全国性的范围的发展。在当时已有全国总工会的组织，可是还没有象今天这么明确的方针，当时的政府又还不是由无产阶级政党的领导的。现在的则不然，它已完全接受了党的“发展生产，繁荣经济，公私兼顾，劳资两利”的经济建设的总方针，不仅在有着二万万人口的广大解放区内，工人们生产热忱的高度是前所未有的，东北、华北铁路交通的迅速恢复和大量利用被国民党统治时代认为是废物机械物资，就充分地表现出来。即蒋区工人也在我领导下跟着解放区工人走，好象一路来最反动决心与工人阶级利益作对到底的广东某工会，现在也来搭线了，表示他们在这时候也可做些事，如保护机器工厂等。这说明在解放区和蒋管区内的工人运动已在无产阶级政党领导下统一起来。农会方面，前年开过农民代表会议，通过了《中国土地法大纲》，并且吸取了大革命时期、苏维埃时期和抗日时期的良好经验，在各方面已有明确而具体的方针及实施步骤，全国的农民正在我们土改、反“三征”、双减种种口号之下行动起来，求得大翻身。小资产阶级方面，全国性的学生、妇女、青年的集会，已经或者快要在解放区召开了，全国所有大学学生都在党的领导之下，只有“五四”时代可与比拟，但当时可没有今天的斗争这么深入和在党的领导下充分表现出为人民服务的精神。参加集会的代表是来自各阶层和解放区与蒋管区的，如妇代中有女工、农妇、女记者、女律师、女技师、女作家等等。这些都足以说明是具有全国性的，足以影响全国的。这是表示在无产阶级领导下的工农小资联盟之日见巩固。

……

三、目前形势、方针与具体任务

华南敌人统治现已极动摇混乱，认为解放军一定要南来，这时候已不可能建立起防御的体系，什么方式才阻挡得住南下大军，没有人有信心。余汉谋说即使有枪也没钱、没人，特别是没有了时间。张发奎虽去搞陆总，但已表示没办法。陈济棠到海南去，主要是搞走私勾当，准备再捞一笔。广西方面，只是把希望寄托在桂系部队能自武汉前线撤回省内。福建方面，蒋介石想把它当作一个桥头堡，搞起两个游击区，但就连闽西某专员也认为这是不可能的。广东敌人虽自称有五个军，实际上所谓军尚不及一个师，其中有三个军还是空头的，只希望今后在当地获得补充。至于敌兵力由上面退下来设防时，我们的解放军也要跟着下来了。何况敌内部分化日甚，搭线者日多（有专员二三个，保团长四五个），而其矛盾又无法解决，如陈一林、喻英奇对宋子文与薛岳之做法。虽然如此，对薛岳的进攻是要防备的，至打得起打不起目前还不能肯定。如进攻前其内部矛盾忽然发生大变，可能受到阻迟或根本破坏了原定计划，若我们打得他叫痛起来，也可能中止。但不论如何，薛岳企图在全省作全面性进攻是不可能的了。由于敌人内部问题多，意见不一致，即使想不顾一切重点进攻也有许多障碍，势必顾到头顾不到脚。薛岳今天只是把希望寄托在第三次大战，和希望打二次仗骗得美元到来。实际上他是外强中干的，不要给他吓倒，我们还是依照自己的方针去发展，不应等他来打。我们的方针就是“全面发展，重点巩固”。所谓全面发展，就是我们一面造成包围城市，接收城市的形势与条件，要发展民兵，要加强主力，要全面展开，形成根据地，各种群众组织，如青年、学生、妇女，特别是农民、工人的组织，要发展整理起来。这个口号在各部门的工作也可适用，如军事上的普遍出击，而重点完成根据地，如军队的大量发展民兵游击队，而重点完成建立主力、整训主力……等。上述方针的目的在完成大塊［块］割据，坚持与发展平原，准备彻底解放的工作。因此，我们的方针现在如再象去年应付宋子文的攻势一样去对付薛岳的进攻，便将处于被动而不是主动。我们是要准备胜利的，要在完成任务的过程中来对付薛岳的进攻，也即是在粉碎薛岳的挣扎中有目标有步骤的去完成我们的战略任务。

具体任务有六个，计：

第一是军事斗争，这里可分为五点：

……

第二，群众斗争：

……

（三）青年、妇女工作。由边区至县，应指定干部建立筹委（群众性的），然后去进行下层的区乡县的青年或妇女联合会。党内则建立青年及妇女的工作委员会，到各区各支部建立起系统，进行领导青年及妇女的联合会。新青团在控制区可开始筹备。

……

香港分局关于我们当前的方针任务（节选）①

1949 年 3 月②

我们当前的方针任务（提供各区党委讨论，再分别报告中央批准）。

根据以上敌友我形势及敌人企图，我们当前的工作布置是：

（一）采取“全面发展，重点巩固”的方针来完成我们大块根据地的建立，来迎接南下大军，准备胜利解放华南。

……

（二）军事上以建立主力、整训主力，配合作战，由游击战为主，逐步提高到配合以运动战。同时又广泛整理地方主力及发展普遍的民兵。

……

（三）群众工作仍以反“三征”、“双减”为主（目前是春荒斗争），有计划适当的去调剂耕地，详细情况见付去参考材料，但准备进行以下的几项群众组织工作。

1. 由下而上、由上而下建立农会，准备在今年年底前发展一百万农会会员，建立各个边区的农会筹委会，以领导各县、区、乡农会（计划另详）。

2. 由下而下、由上而下建立游击区民主青年联合会，拟由过去带全省性、广泛地方性青年群众团体领袖（如抗先、青抗、学联大的剧团、大的青年文化、艺术团体……）发起成立华南民主青年联合会筹委会，以便统一青年运动，整理各县、区青年群众组织。

---

① 收录于中央档案馆、广东省档案馆编：《中共中央香港分局文件汇集（1947.5—1949.3）》，广东省供销学校印刷厂，1989 年，第 459—462 页。

② 写作年、月和作者是根据文件内容判定的。——原书注

3. 妇女工作也将采取以上同样方式进行。

但这些工作主要的都是放在下层的充实整理，上层只是为便于统一与号召及研究政策而已。

……

香港分局香港市委关于香港电车工人保障生活斗争经验总结（节选）[①]

1949 年初

香港电车工潮于二月十四日胜利结束，英警已启封工会，释放被捕工友，答允赔偿损失，资方答允全体复工开车。发给年赏双薪双津，特别津助留待仲裁解决，停工期间工资留待法律解决，全港市民热烈庆祝电车工友的胜利。兹将分局和港市委对工潮的总结如下。

一、此次工潮经过分四个时期

……

二、此次工潮获得胜利的主要原因

甲、由于电车工人在我党领导下，始终团结一致，在反抗敌人饥饿、分化和镇压政策的斗争中，能够坚决勇敢和不断进步地坚持下去。

乙、由于取得了全市工人，首先是工联领导下各工会的全面支援，并在“复工开车，维持交通”的口号下，争取了各阶层市民的同情，全港工人、工商业家、妇女、学生、文化界、报纸及华商总会，应热烈地慰问。各阶层团体代表人物在工联会领导下结成广泛的统一战线，反对警察暴行，要求维持交通，保障工人生活，安定社会秩序，批评当局和资方措施的不当。

……

① 收录于中央档案馆、广东省档案馆编：《中共中央香港分局文件汇集（1947.5—1949.3）》，广东省供销学校印刷厂，1989 年，第 476—481 页。

港九各界妇女宣言响应世界保卫和平大会①

1949 年 4 月 18 日

国际知识份子合作委员会与国际民主妇联所发出的保卫世界和平的号召，在短短时间内便深得各国人民的热烈响应，我们中国人民且已组成代表团去参加将于 4 月 20 日召开的保卫世界和平大会，我们港九妇女谨以万分的热情拥护和平大会的召开并预祝大会成功。

以美帝为首的帝国主义侵略集团，企图发动侵略战争，破坏世界和平来缓和他们内部的危机，维持其重危的统治，最近便公然签订危害和平的北大西洋公约，准备将世界人民重新投入战争的火海，这不能不引起全世界爱好和平的人民的愤怒和反抗。

中国妇女在八年的日帝侵略和两年多的美帝制造的反人民战争中，曾饱受战争之苦。是谁烧毁了我们的田园屋舍，逼使我们背井离乡、流离失所，是谁杀害了我们的父老乡亲使我们的生活陷入困苦无靠，是谁奸淫了我们的姐妹使她们永负着精神与肉体△累以致于死，……所有这一切，我们都牢牢记住，为了我们自己，更为了我们的孩子，我们要坚决反对侵略战争，我们誓愿站在保卫世界和平的最前线。

在八年的抗战和两年多的反美侵略战争中，已教育了我们这一个真理：任何“强大”的帝国主义都是可以战胜的，在真正的强大的人民力量面前，帝国主义只是一只纸老虎，日帝是这样在中国人民面前倒下了，只要全世界爱好和平的力量加强团结，奋斗到底，美帝也快要倒了，他们制造战争的阴谋也是一定能被战胜的。

---

① 收录于中华全国妇女联合会妇女运动历史研究室编：《中国妇女运动历史资料（1945—1949）》，中国妇女出版社，1991 年，第 478—479 页。

中国人民解放战争是世界争取和平运动中重要的一部分，响应保卫世界和平运动，我们首先要拥护毛泽东先生的八项条件，将革命进行到底，争取全国的真正和平，以强大的新民主的中国来保证世界和平的实现。

今天，以美帝为首世界反动集团，正在策动新的战争时候，以蒋介石为首的中国反动派及西南、华南反动集团，则日夜盼望爆发第三次世界大战，想借此挽救他们的危机，并加紧出卖西南、华南主权来勾引帝国主义集团，企图将华南造成反革命基地，对于敌人这种制造战争，使千万万母亲失去儿子、夫妇离散，危害中国、危害远东和平阴谋，我们华南妇女及全体同胞必须充分认识本身处境及所负责任的巨重，加强团结，提高警惕，迎接大军南下，争取华南的彻底解放。

在新的局势面前，我们港九的妇女同胞们！华南的妇女同胞们！迅速地动员组织起来，与全国人民一道，粉碎敌人的进攻阴谋，坚决为保卫世界和平而奋斗。

（原载香港《华商报》1949 年 4 月 18 日）

方方致毛主席并中央电[1]

——港分局三个月的中心工作报告

1949年4月27日

主席并中央、中央统战部：

一、分局三个月来的中心工作，主要放在于发展当前军事、群众斗争、培养干部，以准备迎接大军南下。具体归纳起来，有以下各部分的工作：(一）关于军斗方面：甲、根据敌情及敌准备在西南负隅顽抗企图（详钱带去报告)，布置各地春季攻势，首先督促闽粤赣边与粤赣湘边主力之建立（已集中二千五百人。闽粤边千余主力已建立多时，并增大。粤赣湘边则才由江南、九连抽精锐集结组成)，及两边区之联成一片（已在陆丰、五华会师)。发展新边区根据地（潮梅发展普、揭、丰、五、惠、陆等县，联系江南、九连，发展紫、五、海、陆，控制大鹏半岛及和连边，打通与五岭联系)，有计划的准备部分歼灭两边区敌进攻主力一五四师部队。

乙、为着防止敌大部主力东西压我，以掩护蒋贼逃台，使我在路东打成一片计划受阻，故一部加强粤中攻势，开展了三罗及新高鹤胜利出击，向着控制江西[2]的目的发展，或取得解放三罗大块地区，发展千余部队，瓦解二十余乡、镇公所，打通从西江北岸及与新高鹤地区逐步联成一片的成绩。

丙、为着粉碎敌企图以粤桂滇作为中心，负隅顽抗，故加强粤的雷州

① 收录于中央档案馆、广东省档案馆编:《中共中央华南分局文件汇集（1949.4—1949.12)》，广东省供销学校印刷厂，1989年，第24-26页。

② 根据下文，此处应指西江。——编者注

半岛、十万大山、桂南之左、右江及滇东南工作，也已完成。徐闻、海康工作建立，十万大山伸展至东兴、芒街。滇东已控制广大地区，与越盟联系。同时也组成了主力部队（脱杂地方性）四五千人。

丁、为着吸引粤敌困守珠江三角洲及粤汉线，以便于我东西两面发展，故加强这些地带的武装活动，把武工队扩大至每队百数十人，可聚可分，灵活活动。

戊、三个月来，初步战果总结，已详卯寒电告。敌虽有夏季清剿计划，但兵力仍旧，战力更弱，矛盾更多。我们新的部署，又已完成，更有把握。遵示再部分部分歼灭而打破之。

二、关于群斗方面：

甲、群斗仍遵示，坚持反“三征”及减租减息工作。个别地区，因减租减息，贫雇农得不到利益，故有调剂耕地斗争（详钱瑛带去报告）。在承认地权原则下，向富、中农说服，调剂出部分耕地给有劳动力的贫雇农耕种，影响尚好，正在推广中。惟春荒工作，则今年准备举行发粮食借贷，从地富借出多余粮食，以解决部分贷给贫苦群众，以避免分粮吃大户而混乱。

乙、群众组织，则着重建立区、乡农会及青年、妇女组织。华南青年联合会筹委会已成立。妇女的正在筹备。农会则各地正在筹备边区农会，由上而下，去统一与健全各县、区、乡农会。

丙、政权工作，各地都在普遍建立县民主政权。同时物色干部，准备建立各个边区的临时行政委员会。

三、关于培养干部：

甲、分局已完成各地负责干部来港研究的工作（详前报告）。此次学习，主要偏重于总结过去一年经验及如何把党、政、军、民工作提高到正规化上面。干部并有反无政府、无纪律的反省。

乙、各边委都开办干部训练班、军政学校、教导队等。并开始在控制区接收中学，进行一般的民主教育（只潮梅就控制了三十多个中学），人数未详。

丙、港工委、经委，则能集中三百多学生，学银行、会计、贸易等业务工作。文委已集中一百多文工团学习，准备下乡工作。城委、群委分散组织，准备调动的约千余党内外干部的学习（主要学习政策、经验、情况）。

四、今后三个月工作计划：

甲、分局完成对广州党、政、军、民及财经等各机构接收材料整编。帮助各地研究汕头、惠州、广州湾、桂林、昆明、曲江、高要的接收工作。

乙、指导敌夏季攻势的粉碎，完成包括一些小城市的更大农村占领。

丙、开始完成指导林、魏二处，建立银行，发流通券、搞侨汇、贸易工作。

丁、完成各边委临时行政委员会之建立及开始工作。

戊、完成分局内迁后动员一千以上党内、外干部下乡。

己、完成对已接头起义的二个保安团在适当时机起义。

方方

卯感

香港分局关于在华南根据地建立新民主主义青年团工作的指示（节选）①

1949 年

（一）华南青年经过了长期的各种斗争的锻炼，特别经过了抗日以后反对美帝国主义与国民党反动政府的斗争锻炼和我党的教育，他们的政治觉悟已经普遍提高，并涌现出大批先进的积极分子。但他们中绝大多数还缺乏本身的组织，根据此种需要，并为着团结教育整个青年的一代，以及更大发挥青年群众在华南解放战争中与新民主主义建设中的积极性与创造性，分局特依据中央一九四九年一月一日正式决定在中国普遍建立新青团的组织，在华南游击根据地建立新青团。它是华南当前青运的中心环节，是党在当前革命形势胜利发展下极重大的工作之一。

……

（三）为着有效地建团工作，训练和配备足够数量党的青年工作干部是建团所必须的主要条件之一。各地党应将现在青年工作干部的审查，并慎重与迅速提拔抽调一些思想正确、联系群众的青年男女党员干部，经过短期训练，使他们能正确掌握建团的方针，成为建团的基础和骨干。各级团委负责人，应由相当于同级党委委员与下一级党委书记的干部充任。党与团的关系，在政治上团接受党的领导，在组织上则应保持其独立系统，党无权直接命令团，团内的党员，必须服从党的一切决议，以坚定不移的模范工作和模范行动，来巩固党在团中的领导。

……

① 收录于中央档案馆、广东省档案馆编：《中共中央香港分局文件汇集（1947.5—1949.3）》，广东省供销学校印刷厂，1989 年，第 488–489 页。

珠江三角洲地委关于当前禺南形势特点及今后工作的意见（节选）①

1949 年 5 月

一、当前禺南形势特点：

……

二、今后工作：

（一）方针——到处发展，迅速生根，普遍打下群众基础。

（二）任务——目前是有计划的削弱敌人，壮大自己，以配合各地斗争。将来是配合南下大军，解放禺南。

（三）斗争口号——维持治安，反“三征”，保护人民利益。

（四）具体工作：

1. 武装工作：

……

2. 群众工作：

①当前群众斗争以维持治安、反“三征”及保人民利益为主。

②大量发展各种秘群组织。如联络员秘密小组、部队之友等等。

③大量发展新民主主义青年团。

④建立妇女工作。

……

附注：这仅仅是提纲，请吉叔多作口头补充。

---

① 收录于中央档案馆、广东省档案馆编：《广东革命历史文件汇集 · 珠江三角洲和北江地区党组织文件（1946—1949）》，广州市成教印刷厂，1989 年，第 210–218 页。

东二支政治部关于“八·七”成立支队周年纪念的指示（节选）①

1949 年 7 月 31 日

（一）八月七日，是我九连区，自东江纵队北撤后，在地委领导下掩蔽活动，前年恢复武装斗争，由秘密到公开，由分散到集中领导，正式奉命成立支队司令部政治部的光荣日子，到现在已经一周年了。……

……

（三）纪念办法：原则上应着重精神上的纪念、教育、宣传，物质上不要过于铺张消耗，一切都为了迎接大军南下而准备。

（1）举行成立支队周年的纪念大会，县府附近的区乡村的农会、民兵、妇女会、儿童团及商会、工会、机关学校，由县府召集举行纪念。距离城市较远的乡村由该区、乡政府集会纪念。

（2）举行民兵武装检阅，进行各种迎接大军的组织竞赛，如民工队、运输队等。

（3）通过各种方式，进行广泛具体的宣传教育，组织座谈会及各种晚会或讲座，派专人员负责论述“八·七”历史及一年来的战绩。定八月一日至七日为宣传周。

（4）组织群众〔对〕驻地部队和医院的伤病员进行慰问。

（5）招待荣誉军人及军工烈属，或同他们送礼献花，纪念大会要请他们坐在前面或主席台上。

（6）出版“八·七”纪念特刊或出版壁报。

---

① 收录于中央档案馆、广东省档案馆编：《广东革命历史文件汇集·珠江三角洲和北江地区党组织文件（1946—1949）》，广州市成教印刷厂，1989 年，第 539—541 页。

（7）总结评选各级模范工作者及英雄，颁发奖旗、奖状，或在大会上通令嘉奖。

……

东二支政治部

一九四九．七．三十[1]

① 原文落款时间与开篇处不一致。——编者注

《情况综合》第二期（节选）[①]

——群众革命斗争情绪提高、蒋伪加紧搜刮、各地大天二[②]崛起

1949 年 8 月 28 日

最近三角洲情况，概括起来有如下三个特点：(1) 群众情绪普遍提高，革命力量飞跃发展。(2) 蒋伪加紧搜刮，并积极起用地反，阴谋布置打我们游击；但另一方面则乱七八糟，动摇削弱，信心丧失。(3) 各地大天二乘时崛起，扩充力量，俟机蠢动，搏乱发财。而呈现出来最触目的现象，则是交通险阻，商业凋零，民不聊生，一片混乱。这些情况，正充份显示了华南蒋伪统治在大军南下，日近广州的形势中已开始总崩溃，故有这样的乱七八糟，而这也是"阵痛"时期所必有的现象，走到这一步，新社会的婴儿就快要诞生了！

现将各地具体情况辑要如下：

A. 群众情绪普遍提高，革命力量飞跃发展。

（一）中山方面

……

（二）番禺方面

……

2. △线△△村妇女会成立后，参加妇女很热情，按期开会，交会费。

① 收录于中央档案馆、广东省档案馆编：《广东革命历史文件汇集 · 珠江三角洲和北江地区党组织文件（1946—1949）》，广州市成教印刷厂，1989 年，第 263–270 页。

② 指土匪。——编者注

有些妇女家庭里发生争吵，都说提交妇女会解决。依靠妇女会会员，发现△△村特务活动，并及早秘密地向妇女会负责同志报告，引起全村对特务的警惕，使其无法活动。“八 · 一”纪念妇女会发动捐款劳军，有些没钱的偷偷地向家中量二十多斤谷出来献捐，并写慰劳信给部队。

……

加紧教育对象　大胆发展组织（节选）①

1949 年 9 月 12 日

北一支政治部

（一）为完成九、十两月份发展一倍的号召而奋斗!

……

（二）纠正发展党的几种偏向

……

（三）当前［发］展②党的路线与方针

……

（四）当前［发］展③党具体工作中几点意见

①［发］展④党对象。面向当前迎军支前运动中组织起来的民兵、农会、青运、妇运各种运动热潮中涌现出来的积极分子，斗争中的革命战士及经过考验的指战员（非党群众）；新旧团员中的具备入党条件者给予参加入党。

②地委以下各级党委要有计划的专责领导展党工作，具体指示和经常给他们总结工作经验，并责成各级组织要专责主持，在决定和批准接收新党⑤时进行详细谈话，并参加审查与介绍等。

③在部队中可采取：A．群众公开介绍；B．自己要求，在火线上或斗

① 收录于中央档案馆、广东省档案馆编：《广东革命历史文件汇集 · 珠江三角洲和北江地区党组织文件（1946—1949）》，广州市成教印刷厂，1989 年，第 497－503 页。

② 原文为“展”，根据文意，改为“发展”。——编者注

③ 同上。

④ 同上。

⑤ 原文如此。——编者注

争中号召入党，用三种方式吸取。但均须经支部审查与有党员负介绍责任，并经上级批准。地党则照章办理，不容修改。

④各团队党（包括乡村政权）党员数目应发展至该团总人数百分之三十五以上。地党数目（略）。

⑤武工队、各地方政权机关的党员均应负责发展地党（办法略），并委托有经验、政治上可靠、品质优良的党员同志专责，主持开展地党，另组织地党一线，不能与部队党混淆。

……

注：十八岁以下政治早熟者，希先加入新青团，如有不入党，则党与他个人都要受到很大损失〔者〕，则可准予入党，将候补期要到十八岁才满，转为正式党员。

北一支政治部组织科印发

《情况综合》第五期（节选）①

——广州解放后三角洲革命斗争新形势

1949 年 10 月 25 日

广州的解放，带来了一串胜利的讯息，而且创造了三角洲和平解放的形势。

现今三角洲人民的斗争情绪，有像怒潮一般汹涌澎湃，踊跃参军起义，民众的觉悟，大大提高，武装力量迅速壮大。在另一方面，三角洲的地方反动土霸，内部已经起了剧烈的动摇分化，有的纷纷向我们搭线，有的已经起义转向我们，但有的仍然死硬顽抗，假冒人民解放军的名义成立伪组织，欺骗人民和阻碍我们解放工作的进行。敌伪的这种花样，无疑是国民党匪徒预先布置的阴谋。企图潜伏反动力量去继续其反动的统治。

今天，同志们应该认识目前三角洲的胜利形势，和掌握发展的方向，切实克服等待解放的保守思想。应该一方面向敌人展开猛烈的政治攻势，迅速揭破蒋伪的反动阴谋；另一方面要加强学习，积极组织民众起义军，壮大人民武装，去创造全面解放的条件。

现在将各种情况辑要如下：

A. 珠江河上的巨浪，三角洲人民的怒吼！民众起义参军的热潮澎湃，人民武装的空前壮大

（一）中山方面

……

① 收录于中央档案馆、广东省档案馆编：《广东革命历史文件汇集 · 珠江三角洲和北江地区党组织文件（1946—1949）》，广州市成教印刷厂，1989 年，第 334—341 页。

3. 中山独立团发动的支迎工作积极展开，三日召开全山区代表大会，出席各单位代表有二百余人，包括地方士绅、华侨、农会、新青、妇女会、教联会及县、区、乡各级政府代表等，情绪热烈、紧张。当席组织支迎委员会，选出委员，决定组织办法及分工，不日公布成立。当时各区乡支迎代表反映：人口，粮食，芒草的筹集均不成问题。这充份表现我中山民众的爱国拥军热情。闻石岐的支迎会最近亦准备成立。

……

平给芳姐转泰兄信（节选）①

1949 年 11 月 14 日

芳姐并转泰兄：

进驻王布以来，忙得不可开交，连写信的时间也难抽了，料你们一定很失望了。现把一些大事告及一下吧！

一、进驻很顺利……

……

二、关于军事问题——这个问题很复杂，要报告或请示的有下面几点：

……

三、关于政权问题

……

四、关于经济问题

……

五、关于群运问题

1. 抗征会改为农会（起义军要改为自卫队，由萧等处理），发展得很快，会员将达△千。

2. 区的妇女会也在筹组中，新青组织也有一些条件（但对党的工作却疏忽了，因为太流动，党员太忙，太分散也）。

……

平

十一月十四日晚上十一时

---

① 收录于中央档案馆、广东省档案馆编：《广东革命历史文件汇集 · 珠江三角洲和北江地区党组织文件（1946—1949）》，广州市成教印刷厂，1989 年，第 344–348 页。

珠江三角洲形势研究提纲（节选）[1]

1949 年[2]

I. 秋收后三角洲形势跃进一步，表现于：

……

II. 我大军过江后，三角洲形势必然更大的跃进一步

……

III. 掌握形势的关键在于：(K 靠大天二，我靠人民)

……

IV. 任务、方针、斗争口号：

……

军事斗争：

……

政权：

一、我们对中央指示的认识：

……

二、一年来南方斗争概况：

……

三、目前形势与具体方针任务：

（一）余、薛的地方姿态均是克蒋保己的全部阴谋。

（二）以全面发展，重点巩固，打破余、薛阴谋，接受中央指示。

---

① 收录于中央档案馆、广东省档案馆编：《广东革命历史文件汇集・珠江三角洲和北江地区党组织文件（1946—1949）》，广州市成教印刷厂，1989 年，第 377–386 页。

② 原件未署作者。年份是根据文件内容判定的。——原书注

（三）目的为完成大块割据，坚持与发展平原，准备彻底解放工作。

（四）具体任务六个，如下：

1. 军斗：

……

2. 群斗：

甲、坚持纲领，普遍而有步骤的实施纲领，计划解决春荒，注意反“三征”领导。

乙、由下而上，由上而下组织农会。

丙、青年及妇女由边到县应指定干部建立筹委，展开下层工作。

3. 政权：

……

4. 统线工作：

……

5. 财经工作。

6. 党的工作：

……

反三征斗争经验总结（节选）①

1949 年②

……

（三）要正确掌握斗争策略：

……

（3）斗争必须在低级普遍发动基础上，依据主客观条件的成熟，组织上层掩护来提高，使斗争不会孤立突出，不过早过大刺激敌人，以利广泛发展（如中顺边境的做法）。由前年的零星初步拖欠发动斗争，到去年下半年的普遍发展，到年尾的请愿斗争，群众列队（数十人出发沿途号召参加的，扩大为千多人，包括了农妇、老少）请愿、包围警署征粮处的斗争。

……

（四）如何巩固胜利，发展胜利

1. 必须把反“三征”斗争与领导农民增加生产、改善群众生活、改造蒋伪乡村政权结合起来，当斗争胜利结束之后（某一次），即应加强对群众政治与组织的教育，组织群众（特别是农民）各种团体——农会、妇女会、青年团体、联谊会、合作社各种高级的、低级的组织，把参加与未参加的群众组织起来，加以锻炼教育，提高政治与组织的觉悟，办理生产合作事业、社会福利事业、文化教育（办识字班、办农民夜班），总结斗争胜利经验，提高群众斗争自觉性与坚决性，巩固胜利，发展胜利（准备下一次斗争的胜利）。

……

① 收录于中央档案馆、广东省档案馆编：《广东革命历史文件汇集 · 珠江三角洲和北江地区党组织文件（1946—1949）》，广州市成教印刷厂，1989 年，第 387—394 页。

② 原件未署作者。年份是根据文件内容判定的。——原书注

中共粤桂南边区地委
关于目前本区形势与今后方针的决议（节选）①

1949 年 5 月 15 日

我们完全同意分局对当前形势和方针任务的具体指示，并根据本区实际情况决定执行方针与具体工作如下：

甲、本区目前形势发展特点

……

乙、今后方针任务

A．根据上述形势和实现分局重点巩固，全面发展，准备胜利方针，本区斗争方针应该是：提高廉江，恢复吴、化，打开博、陆，开辟郁〔玉〕(林)、北（流)、容（县)、茂（名）边。逐步形成边区根据地。贯彻这个方针于几种不同地区有几种不同做法：

……

B．当前具体工作：

一、武装斗争：

……

二、群众斗争：

……

目前发展方针与组织形式问题：全面发展工、农、青、妇运动，以农运为主去推动其他运动发展，组织广大群众起来迎接新的形势，支援解放战争。今天本区工作重心仍应放在农村，如果我们抛弃了农民，一切任务都是不能完成的。在廉江群众组织形式应将各种各样的农民组织形式改

---

① 收录于中央档案馆、广东省档案馆编：《广东革命历史文件汇集 · 粤桂边区党组织文件(1946.2—1949.5)》，广州市成教印刷厂，1988 年，第 611–621 页。

为农会，农妇组织改为妇女会，普遍发展农村，城市、学校新青团员。农会限以雇、贫、中农参加，保证领导权掌握在贫雇农的手里。新青团员以工农青年为主，革命知识青年为次。化、吴、博、陆及其他地区，可从吊耕或反“三征”中发展各种各样组织，团结广大群众，组织地富起来反对“三征”。在各种组织中可秘密组织农民为秘密农会，农妇为妇女会，青年为新青团做骨干，保证领导权不移到地富身上。

……

三、政权工作：

……

四、党务工作：

目前党的工作重心是大量发展党员，培养干部，确立制度，健全组织，其具体工作如下：

（一）发展党员问题：

……

（二）确立制度，健全组织：

1. 充实各级党委机构：

首先建立组织部、宣传部，后再建立民运部。地委组织部设干部、组织干事各一，县委组织部亦然。区委组织部干事一人，总支委、支委共设组织委员，宣传部、地委、县委均设对外宣传、对内教育干事各一，区委宣传部干事一人，总支委、支委只设宣传委员，地委、县委民运部未有成立并未有正式成立统一的新青团、妇女会、农会以前，各县委可成立农委、妇委、新青筹委，在常委会领导下工作。县级各种委员会的主要负责人，若不是县委兼任，则须区级以上干部负责，县委、地委均组织财经小组，统一领导财政经济，区委则组织经管处，主要负责人由各级党委兼任，或忠实党员干部充任，在行政上划归各级政权系统管理，受各级党委领导。至于地方武装及民兵，为利于统一指挥，各县委成立武装部，武装部长由县委兼任。

……

粤桂南边区地委

一九四九年五月十五日

南路人民拥军热（南路解放区报道之五）（节选）①

1949 年 5 月 16 日

要是有人问：这一个华南最早建立起来的平原游击根据地，为什么能够在敌人南路统治中心湛江市的旁边没有广大回旋余地的半岛上开创、生根，并且今天已逐渐向解放区的规模发展的？我们可以很快的回答他：因为中国共产党、中国人民解放军的主张、政策，已经完全为高雷广大人民所接受、所拥护，而日益积极起来为实现它而斗争了。

……

在以往最艰难的日子里

……

又比方，有一个女同志掩蔽在一个农民家里，敌人来围村，一定要逮捕她，那个农妇站出来硬从敌人手中把这位女同志拉回来说："她是我的媳妇。"而指着她自己的真媳妇说："她是外村人我不认识她，你们认为有嫌疑拉去枪毙吧！"她的媳妇也就泰然自若承认是来探亲的外村人因而被捕。

……

参军热潮

今年春季，南路解放军分头向海、徐和廉、化进军，不到三个月打开

① 收录于中央档案馆、广东省档案馆编：《广东革命历史文件汇集 · 粤桂边区党组织文件（1946.2—1949.5）》，广州市成教印刷厂，1988 年，第 622—627 页。

了三倍于往昔的地区，解放了四十多万人口，于是一个热烈的扩军运动开始了。

……

今春，在徐闻发生了夫妻参军的佳话：

有一天，一个二十余岁的青年农妇突然跑到△团团部来要求参军，我军政治处人员问她："有没有人介绍？"她说："没有。""没有人介绍我们是不能乱收的，况且，你又是一个女的。"我们工作人员说。"怎么？女的就不能革命？没有人介绍，我就请你介绍！"她理直气壮的说。我们工作人员大吃一惊，转而向她解释："不是不要你参军，实在不明白你的身份，你要坦白说是不是和你丈夫吵了架？""没有吵架，我要参加解放军。""那末，好，我和你去见你丈夫，如果他答应，我们就答应，他不答应，我们也不能答应。"于是我们去找她的丈夫，那晓得她的丈夫竟一口答应了，而且说："她是因为晓得我要参加解放军才先跑来的，报名应该我在先。"现在他们夫妻俩个都在解放军中工作得很好；一个当战士，一个在医务所学看护。在南路人民队伍中父子、兄弟、夫妻、叔侄乃至祖孙同在部队中的很多。

……

五月　日　南路[①]

（原载《群众》第125期，1949年6月16日）

① 原文如此。——编者注

关于公布名义的庆祝及展开政治攻势的指示（节选）①

1949 年 1 月 19 日

一、在解放军渡江迫近及本地区不断发展，胜利粉碎敌人进攻的情况下，我粤赣湘边纵队成立，及各支队公布名义，对全党全军及全体群众是一个巨大的鼓舞，对敌则是一个巨大的震惊，又时值新春，抓紧此一庆典进行全党全军及全体群众的政治动员，进行对敌政治攻势，作用至伟，应列为当前重要工作，各地收到新华社广播宣言后，即须大量印发，随即根据一月十七日的命令所定名义，成立支队司令部，分别进行党内军内及群众的盛大庆祝。在全党全军应评功庆功进行思想教育相结合。通过评功庆功表扬模范典型，选出模范党员、战斗英雄、模范工作者、模范单位等，予以光荣奖励的办法，发扬正气优点，以此联系党内军内所存在的缺点，进行思想教育。……我们的思想教育目的在提高全党全军特别是干部的自尊心、自爱心，提高阶级觉悟程度，提高积极性、创造性。在此思想基础上号召人人学会歼灭敌人、唤起民众两项本领。当这政治动员教育深入贯彻后，即应转入誓师大会，公布各种必要的公约纪律，掀起全军杀敌雄心，按照区党委既定战略计划胜利进军，在群众的庆祝大会及新春宣传活动中，应进行时事教育，提高斗志，消除群众过去受敌摧残的阴影。△△我党当前各种政策，号召和发动扩军运动。拥军工作应注意组织群众，优待军、工、烈属，帮助他们解决生产及其他困难。劳军工作应予发动，但要多式多样，切戒浪费民财，精神慰劳和物质慰劳并重，物资慰劳最好是

---

① 收录于广东省档案馆、中共惠州市委党史办公室编：《粤赣湘边区革命史料》，广东人民出版社，1989 年，第 313—316 页。

发动献金、献谷，献枪，动员广泛群众及说服富户来进行，有利屯粮，仍供扩军之用。

……

粤赣湘边区党委

1949 年 1 月 19 日

目前工作的指示①（节选）②

1949 年 1 月 26 日

乙、魏、小林、周、冯并报告大兄：

一、报载蒋匪嫡系部队撤闽浙，李白部队部分到京沪，部分入湘，政治上以释张杨，复民盟，取消戒严令作幌子，实际上反动派是以和平攻势迷惑群众作最后挣扎。

二、毛主席所提之八个条件与革命必须进行到底毫无矛盾，是为着揭露国民党所提“和平”△△之虚伪性及反动性，各地必须深刻认识，免受时局波动所模糊。

三、不管形势发展是敌人被迫投降梦想保存一点力量以要政治阴谋，还是敌人图作绝望的挣扎，我们都必须实现我们的全部主张与政策，问题只是斗争的办法如何适当使用，后者当然打到底，而前者可能从军事接收军事镇压再配合以广泛性的群众战争，有步骤的清算。

四、因此，提出以下工作供研究并向分△提意见。

（甲）迅速扩大主力部队，迅速组织民兵，依照各个战略单位展开有战略意义的地区的工作并联成一片，如闽粤赣边与粤赣湘边之海陆惠紫五兴丰，如十万大山与六万大山，而又以武工队向各地普遍发展。

（乙）迅速由下而上及由上而下的建立各个区党委的农会、妇女会、青年团体的筹委会，以统一群众组织。

……

甲

1949 年 1 月 26 日

---

① 题目是编者另加的。——原书注

② 收录于广东省档案馆、中共惠州市委党史办公室编：《粤赣湘边区革命史料》，广东人民出版社，1989 年，第 325-326 页。

粤赣湘边纵队减租减息纲领（节选）[①]

1949 年 6 月 13 日

为适应本区农民目前的需要，根据中央的新解放区，采取抗日时期经验实行减租减息的社会政策，改善农民生活，发展农业生产，动员广大农民支援人民解放战争，联合一切可能中立的社会阶层，集中力量，肃清残余反动力量，争取粤赣湘边区人民的彻底解放特制定减租减息纲领。

减　租

……

乙、因灾害（战争、水灾、风灾、虫灾等）而致正产物全部被毁者，得免交该造地租；因灾害而致歉收者，得减付该造地租。

丙、城市工人、贫苦的自由职业者及贫苦的军士、烈属与鳏寡孤独等，因缺劳动力而出租之小量土地（不超过当地中农占有土地的平均数），可以酌情少减或不减。农民与农民之间（指中贫农间，包括富裕中农在内）之租佃关系，本“农民一家人”精神，由双方协议，经过农会处理之。

……

---

① 收录于广东省档案馆、中共惠州市委党史办公室编：《粤赣湘边区革命史料》，广东人民出版社，1989 年，第 455—458 页。

粤赣湘边纵队政治部颁各县迎军支前动委会组织民工队暂行实施办法（节选）①

1949 年 8 月 29 日

……

己、附则

（十七）各地政府或迎军支前动委会，依具体情况灵活执行，但有原则上不同之处，必须请区级（支队级）迎军支前动委会批准后执行。

附一、招待南下大军办法：

（一）按上级政府机关指定地点、数目，准备迎军床板（或门板），空出及布置军营房及厨房。

（二）准备迎军粮（照上级指定之公粮数额准备之）、迎军柴（以每一劳动妇女准备一百斤柴，由县府统一价值以便卖给大军）、迎军菜、迎军马干草、油盐（备卖）。

（三）组织带路组（一天路程的，由青年组成，村范围内的，儿童组成之），树立指路碑（分指进军去路和指营房去路两种）。

（四）组织茶水组、洗衣组、缝补组、烧水组，皆以妇女会、妇工团三人至五人组成之，视妇女多寡和实际需要组成若干组，亦可统一组织之，称之青年〔妇女〕迎军招待组，担任茶水、洗衣、缝补、备水冲凉等任务。

（五）组织牌楼组、歌咏队、秧歌队、鼓乐队、醒狮队、鸣炮队，以

① 收录于中央档案馆、广东省档案馆编：《广东革命历史文件汇集 · 粤赣湘边区党组织文件（1946—1949）》，广州市成教印刷厂，1989 年，第 387-391 页。

工作队、中小学教师及学生和在乡知识青年组成之，亦可统一组织之，称之青年迎军招待组和儿童迎军招待组，担任搭牌楼、歌咏、秋歌、鼓乐、舞狮等任务。

（六）招待事宜由县、乡各级招待部门统一指导之。

……

东三支政治部印发

一九四九年八月二十九日

粤赣湘边纵队政治部
为迎接大军支援前线颁布总动员口号
（节选）①

1949 年 8 月

……

十八、全区的妇女们！赶快组织妇女会，鼓励男子到前线去，自己在后方努力生产，帮助缺乏劳动〔力〕的军属劳动，替解放大军缝衣做鞋、烧茶煮饭及协助其他后勤工作！

……

一九四九年八月

① 收录于中央档案馆、广东省档案馆编：《广东革命历史文件汇集 · 粤赣湘边区党委文件（1946.1—1949.5）》，广州市成教印刷厂，1989 年，第 373—375 页。

做好准备工作迎接大军解放指示（节选）①

1949 年 7 月 29 日

各地委：

（一）大军八月间可抵粤境，解放曲江、惠州，以至广州等城市为期不远。各地应即普遍动员全区党政军民，造成空前热烈的迎接大军的高潮，进行一切工作准备，以便大军到达我区时，能密切配合和支援大军，胜利地歼灭残敌，解放地方、建立政权，这是我区空前有利于作战胜利的时期，全党同志必须急速准备这一胜利的到来。

……

（三）应即准备如下工作：

（甲）首先准备大量粮食，积极进行二五减租及征粮，并秘密调查地、富余粮，以便必要的征借。各地委储粮分配数额；江南、九连各五万担，江北、滃江、五岭各一万担，东、宝、中二万担。此粮专供大军军用。

（乙）把广大群众动员和组织起来，把年龄由十八至四十五岁身强力壮〔的〕壮劳动人民一律变〔编〕成民工大队、中队。内设队长及政治工作人员，担负指挥、给养、教育，党必须加强领导。这种民工组织，专为大军到达时，担任运输、担架、交通、响导任务。此外，还要将知识青年或新青〔年〕团员组织宣传，配合侦察、救护，并立即成立各界支前委员会，俾更有效的组织整个支前工作，号召民众每家每户、人人准备为慰劳大军的柴草、粮米、猪及各种常用品，使大军所到之处，均得人民热烈的慰问与拥护。

① 收录于广东省档案馆、中共惠州市委党史办公室编：《粤赣湘边区革命史料》，广东人民出版社，1989 年，第 515-517 页。

（丙）准备大批干部来迎接新的任务：

……

第四，要各地立即开办地方干部训练班或学校，分类训练财经、接管、行政、文教、新青、群运、妇女等。要九连、江南各训练五百人，滃江、五岭、江北各三百人，八月起至九月上旬，训练完毕，教育内容着重政治教育、业务教育。

……

粤赣湘边区党委

1949 年 7 月 29 日

中国人民解放军粤赣湘边纵队政策方针（节选）[1]

——全体指战员需知了解

1949 年[2]

什么叫政策？

政策是在一个革命时期中根据敌我实际情况而订出各项工作解决的原则。它因为时间地点的不同而变动之。

……

六、经济政策合理负担。本部队是人民的队伍，其一些补给自然是取之于民，但原则上必须合理负担，而且不能过于加重民负，故在税收方面，一般商品仅征收百分之五，征收对象仅限于营业性质者及大宗农产出口，其他买卖与小本肩挑小贩概免征收。且规定在我区仅征收一次便可过境。对公粮之征收，则以每造收获量每百斤征收五斤，鳏寡孤独，贫苦军属等可请求减收或免收。目前因环境关系，便利征收，每亩征收八斤乃权宜办法，一待条件具备即屡进征收，以求更合理负担。过去我队因经济困难向各殷富者所借之粮当根据我队本身经济能力逐步清还。

① 收录于广东省档案馆、广东惠阳地区税务局编：《东江革命根据地财政税收史料选编》，广东人民出版社，1986 年，第 339—340 页。

② 年份是根据文件内容判定的。——原书注

人民队伍攻下了湖寮（大埔通讯）（节选）①

1949 年 3 月

李 文

……

一场盛会

天亮后不久，通红的太阳出来了，村中炊烟四起，人们还是若无其事的做着早饭，但这时街市上及邻近的人家，在战士们高喊安民口号之下，已蜂涌［拥］的拥到街头、广场上，争看仰慕已久的人民战士，当一个战士入街市或在商店里买东西时，总是蜂涌［拥］着许多群众在他的周围。

广场上的群众愈聚愈多，人山人海的拥挤得水泄不通，群众说："好像是九月半作大福一样热闹呀！"（是村中最热闹的一个时间）是的，除九月半外，再没有什么日子可与这场热闹相比了，因为此刻人们是带着热烈的心情来争看"红军"，争看解救苦难的救命恩人呀！

……

虽然没有继续演讲，但人们还是不肯离开广场，政工人员为着满足群众的欲望，乘机宣传，便索性分散开来挤在人群中，宽阔的草地上立刻形成东一堆西一堆，群众向战士问长问短，有的问国家大事，有的谈生活问题，有的问物价，有的问"红军"要在这里住多久，什么时候会再来。战士们都一一简明扼要的回答着，最有趣的一位六十多岁的老太婆问："先生，这个地方给你们管了，我们的保生大帝（当地的神）怎么样呢？"战

---

① 收录于中央档案馆、广东省档案馆编：《广东革命历史文件汇集·闽粤赣边区党组织文件（1948.4—1949.6）》，广州市成教印刷厂，1989 年，第 267—271 页。

士答复说："只要人民要的东西，我们一定继续保留，直到将来人民自动不要时，才会除掉"。老太婆极其满意地连连点头称赞道："好，你们真是好人呀！这样爱人民，保生大帝会保佑你们成功！"另一堆人群里另一个老太婆，拉住一位天真、活泼、说话又伶俐的女政工员，好像对自己的儿女一样地倾吐苦难，还关切地问她那里人？今年几岁？嫁人了没有？……

（原载《群众》第10期，1949年3月3日）

闽粤赣边区各种制度暂行条例（节选）[①]

1949年3月26日

一、伙食制度：

……

二、零用费制度：

……

三、服装用具制度：

……

四、婚姻生产制度：

（一）婚姻制度：

（1）男同志年在二十五岁以上，有五年斗争历史，县团级以上之干部，方准结婚。女同志须在二十岁以上，政治纯洁者，方准结婚。

（2）结婚和离婚必须经县级以上机关批准。

（3）结婚津贴费：县团级干部津贴十五斤猪肉，旅级和地委一级的干部津贴二十斤猪肉，区党委和纵队一级干部津贴猪肉二十五斤。

（二）生产制度：

（1）女工作人员生产者产前产后共休息两个月，小产者休息一个月。

（2）女工作人员生下之小孩尽可能托人或送人抚养。

（3）凡将孩子送人养育者，一次送津贴养育费三担谷。

（4）现任区级以上女干部将孩子托人养育者按月津贴一个战士之用费，自己养育者每月津贴孩子食米三十斤。

---

① 收录于中央档案馆、广东省档案馆编：《广东革命历史文件汇集·闽粤赣边区党组织文件（1948.4—1949.6）》，广州市成教印刷厂，1989年，第299-302页。

(5) 现任县团级以上女干部将孩子托人养育者津贴一个战士的用费，自己养育者，除按月照领一个战士之用费外，另发给孩子食米三十斤。

(6) 丈夫为地委或旅级以上干部，其妻子自己养育孩子者，照县团级以上女干部规定办理。

(7) 女工作人员生产时一律津贴生产用费糙米一百二十斤，孩子用布三丈（中等），棉花半斤，所需药品及手续费概由公家负责。

(8) 小产者一律津贴糙米六十斤。

(9) 禁止打胎、杀婴。

(10) 私生子照一般待遇处理。

(11) 身体病弱或因生产小产后致使身体不健康之女干部，经医生证明及县团级以上负责人监［鉴］[①] 定批准，可由公家酌量津贴保健费，但每月不得超过九斤猪肉价为原则，医药费则由公家负责。

……

① 原文为“监”，根据文意，改为“鉴”。——编者注

杨戬关于潮汕政权工作的报告（节选）①

1949 年 3 月 27 日

……

动员参军的问题，如贫雇农的缺乏劳动力等等困难问题，就要设法照顾其困难，同时也要注意到部队、民兵、家庭问题。于是就发生帮忙解决这些劳动力的问题了。如果劳力问题解决了，参军的人一定会多起来，所以我们组织有劳动服务队，要民兵及乡府青年来参加，又通过乡村政权来联合组织革命后援会，这些家属由后援会去解决其困难。

由于劳服队和后援会有了解决困难方法之后，部队同志的情绪与参军之动员工作，得到相当好的效果，更通过调耕清债，贫雇农得到利益，就更拥护政府和热心参军，如有逃跑回来的通过政权或儿童团、妇女会以及各种方式鼓舞之后，就觉得不好意见［思］②，也会跑回部队去。

……

---

① 收录于中央档案馆、广东省档案馆编：《广东革命历史文件汇集 · 闽粤赣边区党组织文件（1948.4—1949.6）》，广州市成教印刷厂，1989 年，第 306–319 页。

② 原文为“见”，根据文意，改为“思”。——编者注

迎接大军解放潮汕加强新闻通讯工作（节选）①

——五月采访中心的通告

1949 年 4 月 29 日

各地通讯员和爱好新闻工作的同志们：

百万雄师渡过长江，匪巢南京立即解放，江南同胞已面对着轰轰烈烈的斗争场面，空前胜利的形势像大洋排浪般地推拥我们加紧前进。我们不愿意也不应该让新闻工作显得落后，为了配合这一形势，我们除暂时将《团结报》四版缩小为二版、出版时间改为周刊外，并出版《团结报》快讯，随时随地报导大军在江南的重要消息。在通讯工作上已在党的领导下各地开始普遍地建立新闻通讯网，它将深入地布满部队、工作队及各机关团体。因此，我们可以尽量做到有计划有中心有系统地通讯报导。

为了使同志们在报导时有中心，兹特将五月份采访报导中心通告如下：

……

（三）我们要求同志们迅速、热烈、正确的报导潮汕新青团、青联、妇联的组织工作如何在党的帮助领导与新形势下蓬勃的展开，进行对劳动青年和学生青年的改造，以及在战斗中在生产运动中，团起了什么积极的作用。

……

地委宣传部宣传委员会通讯总站

《团结报》编辑部

---

① 收录于中央档案馆、广东省档案馆编：《广东革命历史文件汇集 · 闽粤赣边区党组织文件（1948.4—1949.6）》，广州市成教印刷厂，1989 年，第 394—395 页。

潮汕地委关于一九四九年上半年工作计划的补充和修改（节选）①

1949 年 4 月

潮汕地委四月初干部会议根据分局三月指示，对于一月下旬执委扩大会议“关于一九四九年上半年工作计划”的补充和修改：

（一）军事斗争

……

（二）群众斗争

一、方针：

群众斗争方面，在我区，在普遍实行减租减息和调剂耕地的基础上，普遍深入地展开清债赎业斗争，进一步削弱农村封建势力，巩固农民胜利的果实；在敌区和新区，在广泛发动反三征与反恶霸的基础上，发动农民向地富借粮与低利借贷，救济贫雇，渡过春荒，准备实行减租减息，把反三征与反恶霸与双减结合起来，有分别有步骤有计划地削弱封建势力。

群众组织方面，在我区，在双减、调耕、清赎的普遍深入的群众斗争的基础上，大大地扩大和统一农会的组织和领导，建立贫农团，进一步巩固农会的基础，并加强对清赎斗争的领导。在上述群众的基础上，普遍地建立与统一潮汕新青团、民主青年联合会与民主妇女联合会的组织，以加强对潮汕青年、妇女的领导。并在这种群众组织的基础上，在政府领导

---

① 收录于中央档案馆、广东省档案馆编：《广东革命历史文件汇集 · 闽粤赣边区党组织文件（1948.4—1949.6）》，广州市成教印刷厂，1989 年，第 395–411 页。

下，自上而下成立县区乡村支援前线委员会，以便动员全民全力支援前线，应该根据客观环境和群众的觉悟程度斗争情绪，建立公开或秘密的抗征团、农会、新青团、青联、妇联……等组织，而统一在全县全区的农会、新青团、青联、妇联的领导下，以便加强处于敌区新区群众和青年妇女的领导。

……

四、建立与统一全潮汕青年、妇女的组织和领导：为了团结与迅速组织潮汕各阶层广大的青年和妇女群众，积极参加自己的解放斗争，发挥青年和妇女的伟大力量，应该迅速把全潮汕青年和妇女的组织建立和统一起来，并大大地扩大青年和妇女的组织，以加强对于潮汕青运和妇运的领导。自上而下与自下而上地建立潮汕民主青年联合会的组织，先建立全潮汕和各县的民主青年筹委会，作为临时领导机关，然后由村到区的正式建立青联的下层组织机构，最后召开全县及全潮汕民主青年代表大会，产生全县和全潮汕之青联正式领导机关。各级筹委会的任务大体上与农会筹委会的任务同。至今年年底，全潮汕（潮澄饶不包括在内）应以发展五万个青联会员作为我们的奋斗目标。同时，应该把各地现有的妇女会，一律改为民主妇女联合会的组织。并建立县区及全潮汕民主妇女联合会的领导机关。已有妇女会普遍组织的地区，可即召开全区全县妇女代表大会，正式建立县区妇联领导机关，尚未有普遍组织或没有组织的地区，可先建立县妇联筹委会，再去建立开展全县各区乡的妇联组织，然后召开全区全县妇女代表大会，正式建立县区妇联领导机关。全潮汕妇联筹委会应即成立，以便加强与统一对各县妇联的领导并筹开全潮汕妇女代表大会工作，至今年年底，全潮汕应以发展五万个妇联会会员为我们的奋斗目标。

……

（五）党团工作

……

五、健全区级以上领导机构，加强各级党的领导。应该大胆提拔经过考验而有能力的新老干部到各级领导机关中来，充实各级领导机关，各级党委应该尽可能扩大，区县级常委最少应有五人，建立与健全各部门组织，尤其是组织部门组织，应有人专管干部工作与组织工作。地委县委应增设社会部，专负保卫工作，设秘书长和秘书，帮助党委处理日常工作，建立青年部、妇女部，以领导青年、妇女工作。地委县委应建立工作团与各种研究组，以帮助与加强地委对各地区部门工作的领导。地委应建立二个最少十人的工作团，一个经常派到潮普惠南工作，一个经常派到潮揭丰华工作，工作团应由常委一人负责，吸收各部人员参加。应建立三个研究小组，一个农村政策研究组，一个城市政策研究组，一个政权研究组。研究组员可以参加工作团，到各地区市镇去研究各种政策和执行情形结果。县委同样也应建立工作团与研究组。

……

闽粤赣边区妇女工作初步总结①

——边区妇女干部会议通过

1949 年 5 月 8 日

甲、过去妇女工作的检讨

（一）闽粤赣边区的妇女运动的历史：

一、在中国革命的历史上，有人民解放运动就有妇女解放运动，这两者是永远相结合着，是分不开的。由于中国长期都是遭受着帝国主义与封建势力及官僚资本主义的侵略和压迫，使得全国人民长期地生活在水深火热之中，妇女是占全国半数以上的人口，自然是同样受这些侵略和压迫的痛苦。所以在进行人民解放的战争中，妇女必须与男子一样共同参加各种斗争，在取得了全国人民解放之后，妇女也必然同样地能够获得解放。因此，我们必须肯定地说，妇运是离不开整个革命斗争的，即是说：妇运是整个革命运动里面的一部份。

另一方面，在进行人民解放的斗争过程中，如果没有动员广大的妇女来参加斗争，那么整个革命运动也是不能够得到彻底的胜利的，因为它是缺少了一半的力量。同时在解放斗争到了胜利之后，一切的建设工作也一定需要广大妇女的共同担负才能完成艰巨的任务，这从苏联妇女对国家建设工作的伟大贡献以及中国革命历史上的事实都足以证明。

二、在我闽粤赣边革命历史上的三个阶段中早已明白地表现出了妇女运动的辉煌贡献，例如：

---

① 收录于中央档案馆、广东省档案馆编：《广东革命历史文件汇集·闽粤赣边区党组织文件(1948.4—1949.6)》，广州市成教印刷厂，1989 年，第 418−433 页。

第一阶段在一九二九年至一九三四年的中央苏区时代，妇运曾经是蓬勃地开展过，那时在中国共产党的领导下，大批的妇女被动员组织起来，她们和男人一样迫切地要求改善生活，要求解放翻身，那时妇女不但在支援前线方面起了很大的配合作用，而且在进行土地革命斗争中，表现出妇女的积极性，大批的妇女参加了反恶霸打土豪的斗争，同时还有不少的妇女参加了当地区、乡的政权，做区、乡政府里面的主席、干事，真正的以主人翁的身份去管理天下，开始表现出当时妇女在政治上、经济上和社会地位上是获得了与男子平等的权利，在婚姻自由上也有了保障……那时苏区的妇女是真正地得到了一个时期的解放。

一九三四年主力红军退出苏区，敌人大举进攻，中央苏区的形势也就逆转了，同样的妇运在这个时期也跟着低沉下来，但当时一般山地的妇女群众都还能够在秘密的环境中想尽办法来帮助和支持我们部队，如组织慰劳队、洗衣组、缝衣组等，表现得非常热烈，这对一般的战士鼓励很大。

在三年游击战争时期，环境非常恶劣，部队的粮食非常缺乏，可是在闽西南一带的乡村，一般妇女群众都在艰难困苦的生活中设法替部队解决困难，接济粮食，部队同志分散到各地工作的时候，生活上和工作上一切的困难她们都负责尽力帮忙克服。同志到那个地方，就生活在那个地方的群众家里，这样坚［艰］苦地一直支持了二年多。当时还有不少妇女群众因为帮助过部队而遭受敌人的摧残毁家，被抓入狱，受过残酷的毒刑拷打、活埋（有些群众给烧过五次以上屋的），但她们只有个别的曾破坏革命、动摇和判［叛］变，绝大多数都很坚决的，不怕牺牲的坚持斗争，不少的妇女因为替部队送情报、探消息，结果被敌人抓去，受了无数次的酷刑，但她们却从来没有泄漏过半点秘密，反而在敌人的面前表现出坚决而勇敢的姿态，例如：闽南有两个妇女，被敌人捕去，几次都给敌人用毒刑来拷打，用火烧红了的铁杆刺烫[①]她脚部，要她脱光全身的衣服受污辱，而她们不但不会动摇，而且还非常坚决和敌人辩驳，誓死不屈。

---

① 原文如此。——编者注

其次在这种环境下，也培养了许多妇女干部和英雄好汉，如范乐春同志的牺牲自己一切，一生为了革命事业而坚苦奋斗的精神；罗荣德同志的不怕一切艰苦去进行瓦解白军（十九路军）的工作，结果被敌人捕去，在刑场上所表现出的英勇和坚强的英雄气概；闽西的陈康容、满玉同志也是这样，都是值得我们崇敬和学习的，还有黄月英同志从内战时期一直到现在，她曾经入过三次监狱，受过敌人的毒打，敌人用铁杆刺她的喉咙，砍她的脚根［跟］，但她都能忍受痛苦坚持气节，同时还能够在监狱中进行对同胞们的宣传和教育，真不愧为一个革命的女英雄，这些英雄的确在边区的革命历史上创造可歌可泣的丰功伟绩。

第二个阶段：

一九三七年伟大的抗日战争开始，闽粤赣边的妇运又开始高涨，争取妇女解放与民族解放，两股巨流又互相结合起来。当时，在共同抗日的旗帜下，团结了不少的妇女，特别是团结了广大的农村妇女，如潮汕、梅县、大埔、闽西南等地都有了普遍的识字班的建立和妇女会、妇抗会、女社训队的群众妇女组织，做出了许多轰轰烈烈的工作，如募捐慰劳、生产运动、合作社的开办等。潮汕的女社训队，训练了大批的女壮丁，参加了救亡运动，大批的知识妇女脱离了学校下农村去进行宣传和动员的工作，大大地提高和唤醒了一般妇女的觉悟性和政治认识。由于在这个时期中团结了各阶层的妇女，进行了党的主张政策的宣传和教育，也发展了党的组织，培养了一些优秀的妇女干部，这些妇女干部一直到今天仍然坚持工作。有了这些干部，边区妇运便有了坚固基础；有了这些干部和基础，就创造了今天发动妇女工作的有利条件。

到了一九四〇年，由于国民党消极抗战，执行反动的两面政策及全部武装北上抗日，敌我力量对比悬殊，革命又转入了低潮，妇运亦然，一般的工作都由平原转入山地。直至抗战末期各地展开了大规模的游击战争，一般山地的妇女都在这种环境下继续支持着我们的队伍，那时锻炼出不少的模范游击队母亲，如梅县黄芸的母亲、闽西永和埔的细姆、闽南的李桂姆、老阿姆以及潮汕一带的几个老太婆，她们都是家境非常清贫的乡下人，但为了我们的党和工作，她们都能够在最艰苦的环境底下，不顾一切牺牲来帮助革命和全心全意地贡献出她们的力量。

这些英雄和模范革命的母亲，应该拿来作为今天我们的榜样，用来教育全边区的妇女干部和姐妹们。

第三个阶段：

1. 是一九四七年冬武装斗争以来的时期，初期一些新地区的农村妇女（群众亦然），因怕我们力量小，斗不过反动派，因而抱着怀疑观望态度，给了当时的工作以很大的困难。但在经过进行耐心的说服和教育工作之后，再从实际的表现中去启发和提高她们，把游击战争与她们的实际利益相结合，有步骤地领导她们和组织她们，因此，广大的群众就发动起来了，群众斗争运动也应该而热烈地展开。

2. 在反三征、破仓分粮、减租减息、清债赎业的口号之下，各地都发动了广大的妇女，尤其是劳动妇女群众，热烈地响应和积极地参加了这个斗争。例如：潮汕、揭阳、潮澄、饶丰、粤东，她们在进行清债运动中，不但和男子一样热烈地参加了斗争，而且还起了带头的作用，好像揭阳三区井尾乡的妇女的一种有组织的斗争行动，带头地发动了清债斗争，表现得比男子还要勇敢和积极。又如粤东和闽西等地区都有过不少妇女参加打土豪、破仓分粮的斗争，担回了许多谷子，得到了很大的利益和胜利的果实，大大地启发和提高了妇女群众的觉悟程度和政治认识。

3. 妇女在参加各种斗争的过程中，当时领导上根据各地方群众的要求，定出了组织的形式，如姐妹会、妇女会、互助会、服务队、贫农团、识字班和老婆婆会、运输队，以这些不同的组织形式来组织各阶层的广大妇女，这些妇女组织，在两年来的对敌斗争中，支援前线的表现的确是起了极重要的作用。

譬如：

a. 潮汕方面，普遍地都有了互助社和妇女会的组织，很多妇女参加了农会，参加了各种的生产运动。

另外，还有一些地区，如闽西、粤东、韩东等地最近都有了初步的妇女组织，在帮助部队方面贡献不少的力量，如送草鞋、献柴募菜等。

b. 在闽粤赣边来说：妇女识字班举办得最普遍最典型的就是闽西永和埔这个地区，几乎每个角落都建立有识字班，参加读书的妇女很普遍，有戴起眼镜的老太婆，有中年妇女，也有抱着小孩的年青嫂子，有小亚妹；有高中、初中、小学程度的，也有不识一字的。在潮汕识字班的组织也很普遍，一般的识字班的组织都能很好地成为团结教育妇女和组织妇女的集合场。这样几年来在女干部的苦心工作和教育之下，逐渐提高了一般妇女的文化水平，削弱了乡村中那些重男轻女的旧礼教观念。

4. 二年来在我们控制的地区上，在发动群众斗争中，一般女干部都能很耐心地而且灵活地运用各种各样的方式来进行工作，在工作中表现了不少可喜的成绩和取得许多经验。

a. 例如：潮汕地区的妇女工作在整个闽粤赣边来说，是做得最好最有成绩的，在几年的开展妇运工作中，已取得了一套丰富的工作经验，这些经验都是值得边区各地妇女干部来当作开展工作的典范的。

如揭阳三区大溪乡发动了大批的妇女带头参加筑路工程，影响和激动了全乡及邻近群众的情绪，得到了广大群众莫大的赞扬。

又如，处理婚姻问题上，揭阳某区的女干部也曾大胆地耐心进行适当的处理，从群众实际发生的事件去进行说服和调解来解决问题，结果不但替妇女们本身解决了困难问题，同时还大大地提高了党和工作同志的威信。

b. 例如在韩东地委的漳溪乡那个地区，去年冬曾发动过一次募捐棉衣的工作，由于那个地方的群众生活很苦，尤其是妇女的生活更苦，没有经济权，无法拿出钱来捐献，但我们的工作同志当时不但不会强调发动工作的困难，同时还能够很灵活地改变了工作方式，采用“一担柴运动”来号召妇女群众，结果这种方式就切合了群众的实际捐献能力，募捐的工作也就有了一些成绩，原定额是五件的超至七件，这的确可以说是一种新的创造性的工作方法。

c. 在生产劳动方面，由于有党的领导，一般的妇女都有了一种新的劳动观点，提高了生产热情，如梅州地区发动了许多妇女参加修水利等的工程，都能够很积极地完成工作。

再如潮汕、潮饶丰等地区成立妇女互助社、变工队的组织，经常在劳动生产合作事业中发挥了巨大的力量。

d. 据很不完全统计各地妇女组织单位及人数与支援前线的成绩，如：

①潮汕方面：

在一个月前的统计已组织起来的妇女会人数共有一万多人，识字班共一万多人，在劳军方面的成绩，另行列表。

②在潮澄饶丰方面：

在前次打凤凰的战役之后，妇女群众协同慰劳的物资计有：

生猪十九只、鸡鸭腿猪肉有一百多斤。

米饭十八担、香烟三百多包。

鸡蛋二百多个。

其次是妇女服务队的组织有一百个单位，共有八百多人，识字班有十二个单位，共有三百五十六人，参加政权会议的有十二人。

③梅州方面：

埔永梅有夜校六座、二百多人。

杭武蕉梅有夜校一座、四十多人。

姐妹会共有二个单位，有十多人。

④韩东方面：

百侯：

乌岭共有夜校二座，有一百二十八人。

妇女会一个单位，会员共一百多人。

⑤永和捕［埔］方面：

妇女会有二十个单位。

夜校有五十座，人数共二千二百人。

六、由于妇女有了自己的组织，她们的觉悟性也就很快地提高了，同时进一步还能够提出一种要求，如婚姻自由以及改善生活，废除旧的不合理的乡俗和禁烟赌等的要求，目前各个地区都普遍地发生了婚姻问题的纠纷，除了潮汕某些地区有过一种比较适当地处理方法之外，其他各地区对这些问题的处理都是若无妥善办法。

乙、边区妇运在三个阶段中的优缺点与经验教训

一、第一个阶段的经验教训是：

1. 在肃清封建势力也就是打土豪分田地的口号之下，因为能够真正的给了妇女群众以切身利益，所以能够在当时动员了大批的妇女起来进行翻身解放的斗争和支援前线。这是一方面。

2. 另一方面，在当时的工作过程中，却犯过一种过左的偏向，这就是没有把反封建的斗争和家庭纠纷很好地分清界限，结果闹出许多乱子。例如过分地强调了不合理的男女平等，忽视了男女平等是应该改变整个社会制度上去求得实现，结果形成妇女在家庭中进行斗争，某些男女关系搞得很坏，引起了一般群众的反感。

二、第二个阶段的经验教训是：

1. 优点：(1) 通过了抗战时期青抗会、妇抗会、女社训队、识字班等的组织，展开了广泛的政治宣传，提高了一般妇女的觉悟程度和文化水平。(2) 通过了妇女会的组织，动员和团结了广大的知识妇女和农村妇女。(3) 通过了各种妇女组织，展开了生产运动，增加了劳动生产，给了一般群众以初步的利益，顺利地展开了工作。(4) 在革命过程中，一般知识妇女在工作上起了积极的桥梁作用，在工作中培养了大批的知识妇女干部，组织和领导了广大的农村妇女，所以这个时期知识妇女在革命中的重要作用是不可否认的，同时也是一支不可缺少的力量。(5) 在这个时期的妇运工作中，曾经大胆地发展了党的组织，党的工作中一般都起了很大的核心作用，推动了工作的进展，同时也培养了一批优秀的妇女干部，一直到现在都能够继续地坚持工作。

2. 缺点：但在另方面这个时期的妇运工作也同时犯上了很多的缺点和错误。(1) 由于在当时领导上曾经犯上了原则上的错误，只单纯地强调

抗日统一战线，而忽视了广大群众的切身利益和党的利益，忽视了反帝与反封建的斗争，两者应该同时进行的正确性，结果在工作上表现出有许些地方是客观上帮助了国民党，做了国民党的尾巴，替国民党抬轿子。

例如：潮汕女社训队的组织大多数是用一种强制和命令式发动大批的妇女参加女壮丁训练，同时也发动过许多并不是真正慰劳前方将士而实际上只是饱装了一层阶级荷包的劳军运动，如闽南“一元运动”等都是充分地表现出当时的工作是没有立场，没有正确的工作方针的错误，结果工作做得积极，而群众的埋怨很大，同时在后来救亡工作作得最好的地区，受国民党反动派的注视和摧残就特别多。(2) 其次在这些工作过程中，由于某些地方失掉了正确的立场和方针，致使某些女干部在思想上模糊了，使得那些国民党官僚们的坏作风和坏意识被吸取在工作中，影响和破坏了神圣的救亡工作。

三、第三个阶段的经验教训是：

优点：1. 在反三征、减租息、清债赎卖等这些斗争中，由于工作上能够真正的深入广大群众中去，将群众的利益和革命的利益相结合起来，所以能够发动起广大群众来参加各种斗争，在二年来的斗争中表现和证明了群众能够发动起来的地区，妇女也同样能够发动起来。而且在进行斗争的时候，妇女比男子还要表现得精细和耐心，如揭阳三区的农会，妇女参加的人数比男子多了一样，在清债斗争中妇女起了带头的作用。就是这一个证明。

2. 由于在各种斗争中，能够处处与群众利益相结合，与他们同进退，所以在支援前线方面，妇女也同样能够起着积极的作用，如潮汕、潮饶丰等地的妇女在枪林弹雨中配合民兵部队，热烈地帮助工作。

3. 在一切革命斗争中，只要有了共产党的领导，有广大的各阶层的人民参加，群众运动就能很好地开展，妇女就能自己解放自己。凡是失掉了党的正确领导的工作，它就会犯错误，群众的斗争运动就会做得不彻底，这在各个时期中的妇运历史已经确证了这一个真理。

缺点：1. 过去的妇女工作，由于没有一个统一的领导机构，使得妇女工作缺乏明确的方针，使得妇女干部在工作上得不到具体的指示而陷于摸索。

2. 过去的妇女工作没有专门的女干部去做，使得妇女工作成为一种附带的工作，因而一般的妇女工作经验也就无从吸取。

3. 各级党委不够重视妇女工作，另方面又有好些女干部本身不愿去做妇女工作，这是无法很好开展工作的重要原因之一。

4. 在某些地区，特别是一些白区和新区的妇女工作，女干部过分地强调客观上的困难，而忽略了本身主观上的不够，缩手缩脚不敢大胆发动群众，虚心地向群众学习，结果工作搞不通，群众不能组织起来，例如：

潮澄饶的平原妇女工作，直到现在还停留在几个小角落中去进行老一套的地下式的埋藏工作，没有配合着整个武工队去进行政治鼓动工作，只靠一二个妇女干部在摸索，结果摸不出头路来。

再如百侯这个地区的妇女工作，可以说在客观条件上完全具备了可以进行组织的成熟条件了，一般的妇女“各阶层的妇女”都热烈地要求工作同志替他们组织妇女会，但在工作干部方面却不敢放手地领导她们组织起来，这一方面是由于干部本身能力和经验的缺乏所致，拿不出适当的办法来组织她们。但主要的方面还是干部本身在思想上尚未弄通，没有确立真正向群众学习的观点，自己本身既然没有能力去领导组织，那就应该去想法子多利用当地的地方知识妇女来帮助推动工作，可是百侯区的女干部就缺乏了这个认识。因而，使组织工作只停顿在一个阶段上。

但在另一方面来说，当地党委的领导上也是应该负责任的，因为党委不能及时地重视和帮助干部具体地解决困难问题。

丙、目前边区妇女工作与具体任务：

一、动员妇女积极支援战争：

既然边区妇女运动是离不开边区整个斗争；既然边区妇女不仅与边区男人一样，遭受帝国主义、官僚资本主义的压迫剥削，而且还遭受几千年的封建礼教的束缚，在政治上、经济上和社会上丧失了敌人①的权利；既然边区广大妇女在过去三个阶段中已经对边区人民解放斗争有了辉煌贡献，那么，在边区人民解放战争而面临全面解放的新形势下，她们的革命热情，斗争勇气一定百倍于过去，只要我们能普遍深入地发动她们、组织她们、教育她们，积极起来参加支援前线，参加后勤担架、运输和各种劳军运动、献运公粮等等。这支雄厚的支前力量，将发挥出空前未有的规模与作用，而前方的给养将因有了这支力量起配合作用，而有了确切的保证，后方的巩固和新区的秩序的安定过程也将因有她们的共同努力更加缩短。因此动员妇女积极支援战争，应列为边区妇运主要任务之一。

二、要动员妇女参加各种革命斗争，支援前线，首先就要发动妇女起来参加各种改善生活的斗争，如减租减息、调剂耕地等运动。在这些斗争中启发和提高妇女的政治觉悟性和斗争的积极性，然后动员她们参加各种群众组织，如参加农会、妇女会等，才能进一步进行其他各种支前工作。

同时，我们也必须从发动妇女参加各种群众斗争的过程中去发现和深入了解积极分子，使她们在斗争中去经受考验，提高她们的阶级意识，进而提拔和培养她们，变成很好的干部，通过她们来领导当地的妇女群众进行各种斗争，特别要注意提高她们的自觉性，使她们能认识到参加各种斗争所得到的利益，并不是任何人可以施恩的，而我们工作人员本身也一定要去掉那种代替群众去进行斗争，然后分给群众以斗争果实的包办作风，如果忽视了这一点，群众就一定不能够很好地发动起来。

三、发动妇女热烈参加生产：

在目前一切面向战争，迅速争取全国解放胜利的时期中，发动妇女、组织妇女劳动力积极参加生产，增加生产和恢复生产是今天妇女工作的重要任务之一，因为我们要建设新中国，不但必须恢复生产，而且要大大的发展生产，没有这一点，革命的胜利就无法巩固。

其次，妇女要争取在政治上、社会地位上的平等权，就要获得经济上

① “敌”疑为多字。——编者注

的独立和具有生活技能，使妇女在从事各种生产劳动的过程中，建立新的劳动观点，训练各种生产技术，准备将来参加新社会的生产建设，提高妇女在经济上的地位。

因此目前我们必须普遍地展开宣传，号召妇女参加各种生产劳动，如开荒、种杂粮、努力耕作、进一步组织妇女生产合作社和互助变工队等。依据各个地区的具体情形和群众的要求，提出适当的口号来动员她们热烈参加这些生产劳动工作，增加生产品来支援前线与改善妇女的生活，同时准备参加解放后的建设工作。

四、重视妇女的福利事业：

为了要动员广大的妇女来参加各种群众斗争，增加生产、支援战争。另方面，我们必须适当照顾到妇女的切身利益（文化、卫生、体育、革命家属的救济等妇女福利事业）。在解放后的地区，普遍开办识字班，加紧教育和提高妇女的文化水平，举办托儿所、卫生院，解决妇女负累，保育儿童的健康，发动各地妇女会，帮助革命家属解决困难，并在精神上和物质上以及劳动力等来进行慰劳，使妇女的切身利益与群众斗争相结合来提高妇女的斗争情绪和生产热情，这样我们才能很顺利的开展工作，妇女群众也才能发动起来。

五、解决妇女本身的特殊要求：

在中国不合理的旧社会制度下，因为妇女长时期受到痛苦的压迫，使她们在生活上遭受到许多不合理的束缚，如婚姻的不自由，家庭纠纷、生活上的痛苦、穷困等，这些妇女的切身的特殊要求，在目前进行动员和组织妇女过程中，我们必须很好地给予帮助和解决。但这并不是说我们要强调妇女单方面的独立，过分强调男女平等、婚姻自由这些空叫口号的绝对性，而是要我们从实际出发，很适当地去及时处理她们实际发生的事件，去帮助她们解决困难问题，去改善她们的生活要求。从发动妇女参加斗争的过程中去适当地照顾妇女切身利益，从帮助妇女解决切身困难中去提高妇女的斗争热情，这是一件非常必要的工作。

六、开展城市妇女工作：

随着目前已在迅速向前发展，而全国、全边区人民将要获得最后解放的新形势，人民解放军广泛地解放了许多大小城市，因此为了准备接收城市的妇女工作，动员和组织解放后的城市妇女（主要是城市女工），发动她们参加妇联会的组织，参加恢复生产和城市秩序的接管工作。

其次是要着重动员尚未解放的城市妇女，准备参加接收工作，动员和教育她们进行调查研究的工作，监视敌人、特务的活动；保护工厂、迅速复工，同时展开对敌人的政治攻势及广泛宣传城市工商业政策和约法八章，推动干部学习城市政策等，准备协助接收工作。

再次，在闽粤赣边区看来，有大规模工厂的大城市是很少的，因此一般的城市里面，女工也就比较少，所以目前一般的城市妇女工作的对象除了女工之外，还要注意到女学生，从开展女学生工作中去推动其他各种工作，建立各种的妇女组织来协助城市的各种建设工作。

七、建立妇女的统一领导机构：

为了广泛动员和组织全边区的妇女参加解放战争，迎接胜利，加强今后边区的妇女工作是我们目前重要的急务。

根据此次边区妇女干部会议检讨过去边区妇女工作的总结，很明显地可以看出，过去的妇女工作是表现了有相当的成绩，可是由于在过去工作上缺乏有统一领导机构，使得妇女工作很难开展，同时也使得工作不能有计划有中心地去进行。

因此，目前的边区的妇女工作，除了确定今后工作方针以外，同时还要迅速建立统一的妇女组织和领导机构来加强今后的妇女工作。

按照此次边区妇女工作会议的决议，我们必须在全国民主妇联会统一领导之下，迅速成立边区各级的妇联筹委会，联合和团结各阶层的妇女，成立正式边区妇联会来加强统一领导边区的妇女工作，来积极支持革命战争，同时准备将来参加新民主主义社会的各种建设工作。

目前边区妇女的组织机构，首先还是从上而下的成立各级（如边区、地委、县委、区、村）妇女筹备会，筹备今后成立妇联会的工作，以及推动目前各地区的妇女工作。

八、培养妇女干部：

目前边区的妇女工作干部是非常缺乏的，过去由于没有干部和专门人才来负责做妇女工作，所以使得妇女工作无法搞得好。今天为了要加强妇女工作，除了要很快地建立妇女组织机构以外，主要的还是加紧培养大批的女干部，特别是劳动妇女出身的工农干部来担负动员和组织妇女的工作，才能完成将来重大的任务。

所以在目前，我们必须及时地加紧和培养干部，在党的领导下，开办各级的妇女训练班，专门训练大批的人才分散到各个地区来进行工作，同时还要调派干部到各个新区和解放了的城市中去开展工作。

另外，是选派一部分干部到各部门的训练班去参加训练，学习各种科学，掌握专业，准备参加各部门的建设工作。

其次加强对现有女干部的教育，使能掌握政策，提高理论水平和工作能力，使能够更好去领导边区的妇女工作。

（按一九四九年七月二十七日《大众报》出版《闽粤赣边区妇女工作初步总结》刊印）

配给支领制度暂行条例（节选）①

1949 年 5 月 25 日

(一) 配给制度：

A. 伙食

……

B. 零用

……

C. 服装及用具

……

D. 生育

1. 女工作人员生产者，产前产后共休息两个月，小产者休息一个月。

2. 女工作人员生下之孩子，尽可能托人或送人抚养。

3. 现任区级以上女干部将孩子托人养育者，按月津贴一个战士之用费，自己养育者，每月津贴孩子食米三十斤。

4. 现任县团级以上女干部将孩子托人养育者，按月津贴一个战士之用费，自己养育者，除按月照领一个战士之用费外，另发孩子食米三十斤。

5. 丈夫为地委或旅级以上干部，其妻子自己养育孩子者，照县团级以上女干部规定办理。

6. 女工作人员生产时，一律津贴生产费费用糙米八十斤，孩子用布一丈半（中等），棉花半斤，所费药品及手续费概由公家负责。

---

① 收录于中央档案馆、广东省档案馆编：《广东革命历史文件汇集·闽粤赣边区党组织文件(1948.4—1949.6)》，广州市成教印刷厂，1989 年，第 437—442 页。

7. 小产者一律津贴糙米六十斤。

8. 禁止打胎、杀婴。

9. 私生子照一般待遇处理。

10. 身体病弱或因生产、小产后致使身体不健康之女干部，经医生证明及县团级以上负责人鉴定批准，可由公家酌量津贴保健费，但每月不得超过九斤猪肉价为原则，医药费则由公家负责。

……

魏金水致方方与华南分局电（节选）①

1949 年 3—5 月

……

闽粤赣边区施政方针

政权会议初步研究的施政方针如下：

一、根据华南人民武装当前行动纲领及边纵成立宣言，团结各阶层人民，推翻国民党反动统治，建立边区新民主主义各级政府。

二、动员人力、物力、财力，支援解放战争，争取全边区的彻底胜利，全面的解放。

三、保障人民言论、出版、集会、结社、居住、迁移、宗教信仰自由及人民身体生命财产不受侵犯。

四、实行减租减息，改善人民生活。

五、保护工商业，繁荣地方经济，本公私兼顾、劳资两利原则，改善劳工生活。

六、保护华侨，欢迎华侨回国投资。

七、实行合理负担的财经政策。

八、兴办水利，提倡生产合作，赈灾救济，推行卫生建设及其他人民的福利事业。

九、实行新民主主义文化教育方针，兴办各级学校，推广社会教育，提高边区人民文化、政治水平，改善教师生活。

十、实行男女平等，提高妇女政治、经济、社会地位。

请指示。

---

① 收录于中央档案馆、广东省档案馆编：《广东革命历史文件汇集·闽粤赣边区党组织文件(1948.4—1949.6)》，广州市成教印刷厂，1989 年，第 467—479 页。

关于开办机关托儿所的通知①

1949 年 6 月 4 日

各团、县负责同志：

为鉴于在革命斗争的过程中，在恶劣的形势和困难的环境下，我们的后代——儿童，不能得到好好的爱护和教养；许多女同志在“工作高于一切”的原则下，不是迫着取堕胎方法，就是把产下来的孩子忍痛丢弃在没有教养的环境中，或因养了孩子而大大地影响了工作。这些都是过去无法补救的损失。迎接着目前全国胜利的形势，和大规模建设工作的需要，我们有培养好珍贵的下一代的责任；同时，要求女同志们能更无后顾地参加建设工作，那末托儿所的创办是急不容慢的事业。经呈请地委批准，决即着手进行创办“机关托儿所”。

然而在现实条件限制下，我们还存在着经济、人才、业务经验缺乏等困难。故首先只有从小规模的试办从摸索中吸收经验教训，以求今后更扩大和更能普遍的举办，而这就有盼于各地同志对此项事业提起注意关心，协力促进了。

本筹委会定于七月十五日成立托儿所，兹付上章程一份，希征求、审查及介绍贵单位内合格入所受托之儿童，填具报名表，于约定时间内前来办理报名手续为荷。

此致

敬礼

托儿所筹委会启

六月四日

① 收录于中央档案馆、广东省档案馆编：《广东革命历史文件汇集 · 闽粤赣边区党组织文件(1948.4—1949.6)》，广州市成教印刷厂，1989 年，第 487—489 页。

附：

托儿所临时章程

一、定名：本所定名为机关托儿所。

二、宗旨：为使我们新的一代得到良好的教养，并使女工作同志得在儿女的系累下解放出来。

三、组织：本所设所长一人，下设政治指导员、医生（或卫生员）、事务长等各一人，文化教员、保姆、炊事员、杂务员等若干人（视儿童多少而定）。

四、职权：

（1）所长——管理全所行政、人事措理，领导各部门工作。

（2）政治指导员——把握本所工作方针，推进各项工作开展，指导全所人员在政治上思想上提高一步，协助所长措理问题。

（3）医生——（或卫生员）注意全所人员健康，管理一切卫生、医药等事项。

（4）文化教员——负责全所儿童教育工作，指导儿童游戏，使其养成良好生活习惯及培养其爱群精神。

（5）事务长——管理全所事务、财政、膳食等工作。

（6）保姆——保育儿童，使其起居饮食能定时定量，生活整洁，健康愉快。

（7）炊事员及杂务员——炊事员管理全所炊事工作，杂务员打理全所杂务及交通工作。

五、入所条件及资格：

（1）父母资格：在试办期中暂定，父母中一人为团级（党、政、军）以上的干部，而母亲为本会参加工作的同志者。

（2）本身条件：满 24 个月以上能自行走路，五周岁以下体质健康无遗传病经医生检查证明者。

六、名额：△△△名（超额恕不收）。

七、儿童给养：一切膳宿用品由本所供给（衣服应自备），每童享有相当于战斗员一名之给养。

八、经费：本所经费由△△△供给之。

九、报名及入所手续：

（1）填具入所报名表连同审查人（各县团负责同志）介绍信、医生证明书，于 6 月 25 日以前寄交地委招待所林桂卿同志登记报告。

（2）于 7 月 25 日以前将入所儿童（带同衣服、介绍信）送至招待所登记复查。

十、附则：

（1）本所为试办性质，缺乏经验与人才，如有不够之处希各家长同志原谅，并请予指正帮助，多多提供改进意见。

（2）本章程呈由潮汕地委修正批准之。

（3）本章程自公布之日起有效。

潮汕新青团妇联筹委会关于开展夏收夏耕互助合作运动的指示（节选）[①]

1949 年 6 月 9 日

各地新青团、民主青联、民主妇联负责同志并转告全体同志：

……

（二）“夏收——夏耕互助合作运动”的基本内容，在于使劳动力的利用得到有效的调剂，使劳动力过剩的不致浪费，而缺乏者又得到相当的弥补，这不但是减租减息——调剂耕地的另一发展或提高一步，而且给未来农村合作、集体劳动开辟了新的道路，是支前重要工作之一，其方式计有下列各项：

……

（2）变工或换工——是指较为高级的劳动组合。这是以一种工（如男工、女工、耕牛）去换他种工，采用记工方式“以有易无”来调剂劳动力。例如：甲农户女工多、男工少，乙户恰相反。或甲农有牛，缺乏牧童，但乙农有牧童而无耕牛。或农甲会这样，农乙会那样，农丙会这些，农丁会那些，在一定的条件下（由大家商定，以双方两愿为原则），大家互相交换变工，使彼此获得利益。

（3）农忙托儿所——这可由各地妇女会挑选出若干能干之老妪作为主体来进行，负责看管全村小孩子，而可取得托管家属的某些报酬（这可由妇女会依各地情况找热心老妪商定之），这样，无形便可免掉许多有孩提妇女的负担累，而使劳动力得到相当的增加。

---

① 收录于中央档案馆、广东省档案馆编：《广东革命历史文件汇集·闽粤赣边区党组织文件（1948.4—1949.6）》，广州市成教印刷厂，1989 年，第 496—498 页。

……

（三）各地青联、妇女会接此信后，应广泛发动群众一道展开此一问题的讨论，并作更具体的适合各地情况与条件之布置，切实于夏收一周前完成此项运动的一切准备工作。

（四）各地青联、妇女会同志应在此一运动中起带头模范作用，并结合政权农会及其他群众团体一道，共同负起开展此项运动。

（五）工作之进行，可选择干部较强、条件具备地区，重点展开，全面推动，务必以“全区办不到，几个村一定办到”作为努力的起码要求。

（六）各地青年团、青妇联负责同志接此信后，除展开讨论外，应将此项运动与建团工作结合起来，并请将发展（酝酿方式方法）、组织（干部配置单位及人数）、经过（时间及成绩）写成书面报告，列成统计表连同工作开展之经验教训及时报告本会。

此致

敬礼！

潮汕新青团　民主青年联合会　民主妇女联合会　筹委会同印发

旧历五月十三日

潮汕地委致各级党各级政府函（节选）①

——关于组织群众进行反三征斗争的指示

1949 年 6 月 14 日

各级党各级政府，各部队，各武工队、政工队，各学校，各群众团体负责同志们！

是夏收的时候了，我们必须警惕到，垂死的国民党反动派，将会再作疯狂的向我新解放区及老解放区的边沿地区、广大的人民进行抢劫粮食，作为他们的“走路本”和“续命汤”。因此我们应该抓住时机，动员与组织广大的人民群众，歼灭一切敢于劫夺的匪军，保护我们所辛勤耕作的谷子，为此我们号召：

……

二、广泛动员青年妇女和儿童团，组织劳动服务队，帮助劳动人民和军属烈属，进行割禾晒谷、送饭，和带领小孩等工作，发扬劳动和互助的精神。

……

各县委应根据以上指示依各地具体情况作切实布置，并随时将斗争的经验教训报告地委。

闽粤赣边区潮汕地委

6 月 14 日

---

① 收录于中央档案馆、广东省档案馆编:《广东革命历史文件汇集 · 闽粤赣边区党组织文件(1949.4—1949.12)》，广东省供销学校印刷厂，1989 年，第 5–6 页。

潮汕地委宣传部对当前教育工作的决定（节选）[①]

1949 年 6 月

对当前教育工作的决定

附具体方案八件：

一、筹办潮汕公学方案

二、召开潮汕中学职教员座谈会方案

三、学校行政改革方案

四、对于中小学教材及课程的意见

五、学生会组织方案

六、对中小学经费的意见

七、师训班方案

八、社教方案

对当前教育工作的决定（草案）

……

十二、各级行政机关文教部门应有专人负责社教工作，开展普遍的社教运动，普及农妇农民的教育。经费应由政府负担或向殷户募捐，除现有的夜校、黑板报应加强外，各区应设文化室（或毛泽东室），各村应设公告处，以张贴新闻、政令以及各种文告。

……

---

① 收录于中央档案馆、广东省档案馆编：《广东革命历史文件汇集 · 闽粤赣边区党组织文件(1949.4—1949.12)》，广东省供销学校印刷厂，1990 年，第 60—72 页。

青年团潮汕筹委致各级团委函（节选）①

——关于响应潮汕党政军民欢迎南下大军动员总会号召，给各地团员的指示

1949 年 6 月

各级团委、各地青年团同志们：

我们盼望已久的伟大而英勇的南下解放雄师，挥军直指粤北、粤东与我粤赣湘、闽粤赣解放健儿先后会师。全潮汕的解放，已是指日可待的事了。为此，我潮汕党政军民特成立动员总会，号有各县、区分别成立分支动委会，热烈开展一切准备欢迎南下大军，支援前线工作。我们每一个团员，应该充分地责无旁贷的响应这个伟大的号召，绝对支持并结合各级动委会努力工作，胜利地完成我们的光荣任务！

……

2. 每一团员必须对广大群众——特别是青年妇女群众进行充分的宣传教育指出：大军到达的伟大意义，及当前存在或可能发生的困难，必须展开比任何时期规模还要大的支前运动，应发动青年应大量积极参加到民工队、战工队，妇女应努力生产，劳动服务，广大人民应开展热烈的劳军运动。

3. 在开展此一运动中，青年团员特别应善于掌握宣教群运与发展组织相结合这一宝贵的经验。通过这一伟大的群众性的运动，大量发展新团员，并巩固健全一切青妇群众组织，或通过健全与建立各级团及青妇联正式机构，去开展这一广大群众性运动，这都是非常紧要而值得重

① 收录于中央档案馆、广东省档案馆编：《广东革命历史文件汇集·闽粤赣边区党组织文件(1949.4—1949.12)》，广东省供销学校印刷厂，1989 年，第 2–3 页。

视的。

……

青年伙夥〔伴〕们。各地亲爱的同志们，让我们献出全力来，支援最后一次的战争，欢迎大军到来，解放全华南、全潮汕吧!

此致

敬礼

潮汕青年团青联妇联筹备会为庆贺建党二十八周年告同胞书①

1949 年 7 月 1 日

各位父老兄弟姐妹：

中国共产党成立到今天已经二十八周年了，这二十八年中，千千万万个共产党员离开温暖的家庭和美满的生活，受尽人间一切的痛苦，和帝国主义及国民党反动派的捕禁和枪杀，在毛主席领导下，舍己为群，前仆后继，坚决为民族自由独立，为使人民过着人人有工做、有饭吃、有书读、有衣穿、有屋住的新民主主义社会和将来的共产主义社会而艰苦奋斗。

共产党所以有今天，就是有毛主席正确的领导。当辛亥革命后，共产党为人民利益，推翻北方军阀的统治，与国民党合作，结果北阀［伐］成功，国民党反动派违背仁义，占吞人民用血肉换来的革命果实，大量屠杀对人民有功的中国人民和共产党员，发动十年内战，潮汕人民能忘记张瑞贵、邓龙光、何宝书的大屠杀大抢掠吗？当日本帝国主义向我国侵略，蒋介石在西安被扣留，毛主席为了祖国的独立，何等的英明和宽怀大量，主张释放蒋介石，国共合作，共赴国难，结果国民党反动派是违背仁义，以德报怨，消极抗战，保存实力，积极防共，杀害人民。日本投降后，毛主席为了人民的安居乐业，不远千里，从延安到重庆出席和平谈判，结果国民党反动派是阴谋百出，以和备战，撕毁和平协定，发动内战，进攻人民解放区，真至今年头，国民党反动军队大部被歼灭，他们知道大势去矣，摆出假和平来备战，毛主席却是站在人民的利益上提出八项和平声明，希

① 收录于中央档案馆、广东省档案馆编：《广东革命历史文件汇集·闽粤赣边区党组织文件(1949.4—1949.12)》，广东省供销学校印刷厂，1989 年，第 76—78 页。

望国民党反动派能向人民立功赎罪，结果国民党反动派还是死硬到底，继续作战，愿做人民公敌，民族罪人。

共产党所以能有今天，就是能为人民立功，为人民服务，站在人民的利益上，依靠人民的力量。共产党和共产党领导下的解放军与人民的关系，就是如鱼和水一样，共产党离开了人民的利益，就不能成功和胜利，人民离开了共产党，就不能翻身解放，不能有减租减息调剂耕地的利益，永久受地主恶霸特务走狗的压迫、剥削和残杀，永久受美帝国主义和国民党反动派的统治，做牛马，受尽征兵、征粮、征税的剥削和掠夺。

今天在潮汕将全面解放，全中国将全面解放中来庆祝共产党二十八周年，我们应该用行动来庆祝，用行动来拥护共产党，我们人民有责任批评和协助民主政府的建立和巩固，迅速进行生产建设，我们人民有责任批评和改正一些共产党员的某些弱点，使每个共产党员能更好的为人民立功，我们应该学习共产党员为人民服务、艰苦奋斗的革命精神，学习做一个毛主席的好学生，改造思想做一个光荣的共产党员，更应该积极参加生产建设，响应潮汕共产党号召，保卫夏收，组织劳动服务队、生产互助队，参加夏收夏耕工作，动员一切人力物力支援前线，紧密团结在共产党的周围，在毛主席的领导下，为彻底、干净、全部消灭美蒋反动残余武装力量，为解放全潮汕、解放全中国，为建设新潮汕、建设新民主主义的新中国而奋斗到底。

关于迎接大军解放广东的指示（节选）①

1949 年 7 月 29 日

各地委：

（一）大军八月间可抵粤境，解放曲江、惠州以至广州等城市为期不远，各地应即普遍动员全区党政军民造成空前热烈的迎接大军的高潮，进行一切作准备以便大军到达我区时，能密切配合和支援大军胜利地歼灭残敌，解放地方建立政权，这是我区空前有利作战胜利的时期，全党同志必需急速准备这一胜利之到来。

（二）各支队各团营首长与全体干部应即作充分的配合歼敌的思想准备，动员全军加强信心，提高战斗积极性坚决性，并将兵力置于机动地带，准备配合大军夹歼败敌和相机击歼当地残敌，但不能因胜利或胜利即将到来而冲昏头脑到处与残敌强攻硬碰，或太平麻木遭敌突然袭击，而招致不必要之损失；认識［识］敌人还要临死挣扎的，我们发动全区民众不分男女老少，组织起来到处拿起刀枪，布下天罗地网。捕捉截击溃散南下三五成群大股小股之残兵败将，把他一干二净的全部歼灭，必须使广大群众认識［识］败兵南下必然到处奸淫、掳掠、烧屋杀人，无恶不作，如能组织起来，不但更有力地配合大军速歼残敌，而且能避免败兵窜犯的灾难。

（三）应即准备如下工作：

甲、首先准备大量粮食，积极进行二五减租及征粮，并秘密调查地富余粮，以便必要的征借，各地委储粮分配数额：江南、九连各五万担，江

① 收录于中央档案馆、广东省档案馆编：《广东革命历史文件汇集·闽粤赣边区党组织文件(1949.4—1949.12)》，广东省供销学社印刷厂，1989 年，第 135—137 页。

北、翁江五岭各一万担，东、宝、中二万担，此粮专供大军之用。

……

丙、准备大批干部来迎接新的任务：

（1）分局要从湘粤赣纵队抽调五百名交乡连级的党内外干部（党内三分一，党外三分二），内有十分之一是团县级较老干部，听候分局调集，接管广州，这些干部的条件尽量注意：

……

（4）要各地立即开办地方干训班或学校分类训练财经，接管行政、文教、新青群运、妇运等，要九连江南各训练五百名，翁江、五岭、江北各三百名，八月起到九月上旬训练完毕，教育内容着重政治教育、业务教育。

……

限发到地委、支队级以供参考

粤赣湘区党委　七月二十九日

中共闽粤赣边区党委　八月四日

田野关于伤病员及女同志产期生活补助的通知[1]

1949 年 8 月 10 日[2]

（一）凡经医生证明之伤病员在医治期间规定每人每餐伙食米 24 两，需特别调理与病后补养者，必须经医生证明。县团首长批准方为有效。

（二）女同志婴孩之处理，凡女同志于生产期间，队按照制度发给补养费外，一律不再另发奶食费。唯：(一）县团级以上之女同志。(二）县团级以下之女同志为了特殊工作需要，经地委支队或总队机关批准者，准其雇请保姆一名；其余需要自己哺养，不准雇请保姆，保姆费亦不准超过战士一人之待遇。

八月十日

田野（粤中纵队司令部代号）

---

① 收录于中央档案馆、广东省档案馆编：《广东革命历史文件汇集 · 粤中地区党组织文件（1946.1—1949.10）》，广州市成教印刷厂，1989 年，第 300–301 页。

② 年份是根据文件内容判定的。——原书注

潮汕地委宣传部关于发动“拥军助战，保卫家乡，扩大主力，全歼逃敌”的宣传指示（节选）①

1949 年 8 月 10 日

一

人民解放军解放长沙衡阳后，赣中大军已包围赣州，前锋进入粤北，在我胜利雄师的打击下，由赣南窜入兴梅一带的胡琏匪部，亦狼狈南逃，企图与由潮汕北△的匪军，串成一片，打通潮梅走廊，然后迅速跑进汕头海口，准备逃命，对于新的情况，我们应有如下的认識［识］：

1. 逃命敌人，打通走廊集中潮汕，数量虽较增多，但敌人目的，并非战略进攻，且我大军即将尾追而来，不迅速逃走，就要被消灭，其本身又为残兵败将，七零八落，半数新兵，几全为被抓群众，官无斗志，兵心离散，加上人地生疏，又无反动政权及反动武装支持，其困难失败业已注定。

……

二

在具体宣传上，应以下列各项为内容，以实现“拥军助战，保卫家乡，扩大主力，全歼逃敌”的总任务。

1. 各县各地区的党政军民。特别是边缘区及匪军可能占据的据点、

① 收录于中央档案馆、广东省档案馆编：《广东革命历史文件汇集 · 闽粤赣边区党组织文件(1949.4—1949.12)》，广东省供销学校印刷厂，1989 年，第 144−147 页。

农村，要立即宣传组织保卫家乡，展开群众性的游击战争，所有民兵、基干队、青妇联、儿童，在统一领导下分工合作，坚壁清野，把粮食、物质及老弱人员疏散掩蔽，留下的和敌人展开游击战，利用熟悉地形，打麻雀战，扰乱敌人、疲惫敌人，动摇匪军军心，削弱匪军力量，造成有利于我的歼敌条件，在进行宣传中，要揭露敌人暴行，发扬各地英勇民兵的故事，以加强群众的作战勇气（参考《团结报》最近几期新闻通讯）。

……

4. 在我人民解放军及南下大军对敌作战时，作战地区群众，特别是民兵基干队，要组织助战队，自动上火线配合解放军，歼灭敌人，管押俘虏，妇女会、儿童团、农会，亦应组织洗衣队、慰问队等替解放军洗衣、送茶水，送点心上火线……。

……

四

我们的宣传口号：

一、迅速组织一切力量“拥军助战，保卫家乡，扩大主力，全歼逃敌”！

二、要保卫家乡只有拥军助战！

三、民兵基干队组织起来上火线！保卫家乡！

四、妇女儿童组织起来煮茶水、送点心！

……

潮汕地委关于拥军助战组织欢迎大军动员委员会的指示（节选）[①]

1949 年 9 月 4 日

在全国性追歼残敌的攻势下，我南线人民解放军，已大踏步进入粤境，先后与粤赣湘边纵队、闽粤赣边纵队欢呼会师。胡琏等残破匪部，正怆惶［仓皇］流窜，作逃亡海外的企图。形势说明着：潮汕人民长久盼望中的解放大军，即将到我们的家乡来；干净消灭潮汕匪帮，结束反动统治的一天，就在目前了。解放的理想变成现实，这是我们经过长期艰苦斗争的结果。到此胜利了，这是潮汕人民摆脱灾难奴役翻身管天下的划时代，我党政军，应即行动员，掀起风暴般的人民力量，有组织有计划有领导的动员一切人力物力财力来拥军、助战，欢迎解放大军。

为了这，我们作出下面的工作决定：

（一）按照行政系统组织潮汕县、区、村各级欢迎大军动员委员会（简称动委会），统一领导，执行工作。

潮汕动委会内设各部，分担各项工作如下：

1. 粮秣供应处，由财经机关首长任主任。

任务：是筹集财粮、马草、柴草（发动群众组织斩柴割草队）制服、军帽、笠、蚊帐、被、鞋、冬衣、面巾牙刷等用品。

……

3. 慰劳委员会，由新青年团首长任主任。内设：

……

---

① 收录于中央档案馆、广东省档案馆编：《广东革命历史文件汇集 · 闽粤赣边区党组织文件(1949.4—1949.12)》，广东省供销学校印刷厂，1989 年，第 184—186 页。

③卫生股：由妇联负主要责任，组织卫生队、洗衫队。

……

（四）为了做这件工作，全党全军各级政府、农会、工会、商会、民兵、新青团、青妇联、文教会、儿童团都应动员起来，首长动手，带领群众，加紧筹备人力物力，保证随时供应，可采取竞赛、挑战、组突击队等方式，加强对工作的推动、督促、检查。

……

九月四日

潮汕游击战争的初步总结（节选）①

——从 1947 年 6 月至 1949 年 1 月

1949 年

潮汕游击战争的发展过程，按照当时的客观环境与党的工作部署，可以分为三个时期：

……

第三个时期　是从去年（48）七月到现在

……

再次是扩大与健全农会与各种群众团体组织，准备建立县区级农会，统一全县全区农会的领导，壮大农会的基础。全区农会已有一万五千多会员。潮揭丰行委会已召集揭阳三五区各乡农会代表开会，讨论上述工作。青年妇女组织亦先后召开座谈会，讨论如何建立新青团，扩大与健全妇女会组织。

……

由于半年来的胜利斗争，已经大大地改变了潮汕的形势，打出了一个新的局面。但是，半年来，在各方面还存在相当多的缺点和错误，主要的是：

……

（4）党对群众的组织工作与群众团体的领导很不够，造成自流状态。例如对于扩大与巩固老农会、建立新农会，都没有专门去注意领导，以致

① 收录于中央档案馆、广东省档案馆编：《广东革命历史文件汇集 · 闽粤赣边区党组织件（1948.4—1949.6）》，广州市成教印刷厂，1989 年，第 320—348 页。

许多乡农会没有发展，或有名无实。对于妇女会、儿童团亦是一样，许多地区现在尚没有妇女会及儿童团的组织。尤其是对于建立新青团的工作更加忽视。现在只有揭阳三五区个别乡村有新青团的组织，其他各地区和部队，都还没有新青团的组织。

……

潮梅人民行政委员会组织大纲（节选）①

1949 年

第一章　总则

第一条　为适应闽粤赣边形势的发展与人民的要求，闽粤赣边纵队司令部和政治部决定在潮梅地区先行成立“潮梅人民行政委员会”（简称潮梅政委会），并制定潮梅人民行政委员会组织大纲。

第二条　潮梅人民行政委员会管辖揭阳、潮阳、普宁、惠来、南山、潮安、澄海、饶平、南澳、丰顺、梅县、兴宁、大埔、五华、平远、蕉领［岭］及汕头等十七县市局。

……

第二章　组织

第四条　潮梅人民行政委员会由委员十五人组成之，其中一人为主任委员，二人为副主任委员，主任委员、副主任委员、委员由闽粤赣边纵队司令部和政治部任命之。

……

第八条　潮梅人民行政委员会得聘请若干各界人士为行政顾问，组成顾问会议，为表达民意传达政策，联系群众的咨询机关。

前项顾问人数不拘，包括工人、农民、工商业家、民兵、青年、学生、教师、妇女各团体之负有资望人物及民主党派之适当人士专家及民主

---

① 收录于中央档案馆、广东省档案馆编：《广东革命历史文件汇集 · 闽粤赣边区党组织文件（1949.4—1949.12）》，广东省供销学校印刷厂，1989 年，第 101—107 页。

人士。

第三章　职权

第十条　潮梅人民行政委员会行使有关下列事项之职权，由潮梅人民行政委员会决议行之。

……

潮汕地委宣传部颁发九月标语口号（节选）①

——拥军助战，迎接大军解放潮汕

1949年

（一）解放区拥军助战欢迎大军标语：

……

18. 妇女们儿童们组织洗衣队、茶水队。

……

（二）对蒋管老区城市标语：

……

48. 妇女组织起来成立妇联会。

……

潮汕党政军民迎接南下大军动员总会潮汕饶平分会饶平支会翻印

① 收录于中央档案馆、广东省档案馆编：《广东革命历史文件汇集·闽粤赣边区党组织文件（1949.4—1949.12）》，广东省供销学校印刷厂，1989年，第175–179页。

闽粤赣边区党政军部分干部名单（节选）①②

1949 年

……

……玉姐：女，43 岁，蕉岭县人，小学文化程度，1938 年入党，妇联会委员。

……

陈舜华：女，汕头市人，小学文化程度，调往汕头，未分工。曾任潮饶丰县委之组织部。……蔡大姐：女，潮安人，中等文化程度。……

……

……方东平：女，29 岁，惠来人。中学文化程度，1936 年入党。原为潮汕分委（潮普惠南）宣传部，现调潮梅行署工作（潮梅人民行政委员会委员）。……

……黄惠容（桂姐）：女，28 岁，大埔人，高小文化程度，1938 年入党。地委妇委书记，梅州妇联主席。芬姐：女，29 岁，梅县人。高中文化程度，1941 年入党，地委妇委。梁碧环：女，20 余岁。梅县人，大学文化程度。地委财经委员。……

秋英：女，20 余岁，梅县人，初中文化程度，大埔常委。……

① 收录于中央档案馆、广东省档案馆编：《广东革命历史文件汇集·闽粤赣边区党组织文件（1949.4—1949.12）》，广东省供销学校印刷厂，1989 年，第 366-375 页。

② 原件是 52 张“中共闽粤赣边区党委员会干部简历表”，编者根据“简历表”内的项目内容整理抄写。——原书注

后　记

历时一年有余，《广东东江地区妇女解放运动史料汇编》（全六册）终于完成，这是广东省妇女联合会、中共广东省委党史研究室继联合出版发行《广东原中央苏区妇女解放运动史料汇编》后，持续推进广东省妇女运动历史文献资料的搜集、整理和出版工作的又一重要阶段性成果。

记述中国妇女解放和发展的历史进程，总结妇女运动发展的历史规律，具有重要的历史价值和现实意义。广东省妇女联合会本着对历史高度负责的态度发起了广东东江地区妇女解放运动史料汇编与整理工作，并负责本套书的设计、统筹、协调和统稿；中共广东省委党史研究室发挥专业和资源优势，对本套书的纲目结构、标题设置、编写体例、资料来源等方面进行审读指导；华南师范大学马克思主义学院负责相关史料的收集挖掘、整理勘校等具体工作。

感谢华南师范大学马克思主义学院胡国胜教授带领研究团队亲赴广东东江地区开展实地调研，深入该区域的各县（市、区）党史研究室、档案馆、图书馆、妇联等部门查相关珍贵档案，并摘录了大量翔实的史料！感谢广州市、深圳市、东莞市、惠州市及所属县（市、区）的各级妇联、党史研究室、档案馆、图书馆等相关单位的鼎力配合！感谢广东东江纵队纪念馆、深圳市坪山区东江纵队纪念馆、罗浮山东江纵队纪念馆等专题纪念馆的大力支持！感谢广州市东江纵队研究会、

深圳市东江纵队粤赣湘边纵队研究会、东莞市东江纵队历史研究会、惠州市东江文化两纵历史研究会的全力协助！此外，我们在本次的史料汇编过程中参考了学界同行们的大量成果，恕不能在此一一列明，特表谢意。

本套书集取了党史、军事史、组织史、文艺史和其他方面的研究，是集体合作的成果。由于编写时间仓促，我们的专业基础、研究视野、学术功底等尚存缺欠，加上史料选编难度较大，本套书在考证和编辑方面难免存在纰漏和错误，殷切希望学界同道、广大读者批评指正。

编委会

2024 年 2 月

广东东江地区妇女解放运动

史料汇编

GUANGDONG DONGJIANG DIQU
FUNÜ JIEFANG YUNDONG SHILIAO HUIBIAN

第二册

广东省妇女联合会
中共广东省委党史研究室 编

中国妇女出版社

图书在版编目（CIP）数据

广东东江地区妇女解放运动史料汇编．第二册 / 广东省妇女联合会，中共广东省委党史研究室编．-- 北京 ：中国妇女出版社，2024.3
ISBN 978-7-5127-2371-9

Ⅰ.①广… Ⅱ.①广… ②中… Ⅲ.①妇女运动－史料－广东－1938-1949 Ⅳ.①D442.865

中国国家版本馆CIP数据核字（2024）第020302号

项目统筹：万立正
责任编辑：耿　剑
封面设计：李　甦
责任印制：李志国

出版发行：中国妇女出版社
地　　址：北京市东城区史家胡同甲24号　　邮政编码：100010
电　　话：（010）65133160（发行部）　　65133161（邮购）
网　　址：www.womenbooks.cn
邮　　箱：zgfncbs@womenbooks.cn
法律顾问：北京市道可特律师事务所
经　　销：各地新华书店
印　　刷：小森印刷（北京）有限公司

开　　本：170mm×240mm　1/16
印　　张：188.25
字　　数：2700千字
版　　次：2024年3月第1版　　2024年3月第1次印刷
定　　价：598.00元（全六册）

编委会

出版说明

为深入学习贯彻习近平总书记关于党史和文献工作的重要论述精神，切实加强新时代广东革命史料文献的抢救、保护和利用工作，充分展现广东妇女在中国革命历史进程中发挥的重要作用，广东省妇女联合会汇聚中共广东省委党史研究室、华南师范大学等各方力量，编辑出版《广东东江地区妇女解放运动史料汇编》（全六册），为中国妇女解放运动史尤其是广东地方妇女解放运动史的相关学术研究提供更加丰富和系统的史料支持，以推进马克思主义妇女解放理论的创新和发展。

广东东江是中国共产党在新民主主义革命时期开展革命武装斗争的重要地区。本套书所研究的广东东江地区，范围指东江纵队的游击战略区，主要包括惠阳（今属广东惠州）、东莞、宝安（今属广东深圳）、海丰（今属广东汕尾）、陆丰（今属广东汕尾）、博罗（今属广东惠州）、增城（今属广东广州）、龙门（今属广东惠州）等地，同时还包括当时行政区划中中国共产党所领导的香港九龙一带。抗日战争时期，东江纵队在党中央和广东党组织的领导下，进行了艰苦卓绝的敌后抗日游击战争，从无到有、由弱变强，逐步发展成为一支拥有1.1万余人的队伍，建立起总面积6万余平方里、人口450万以上的根据地和游击区，成为华南战场抗战的一面旗帜。抗战胜利后，东江纵队

主力奉命北撤山东，1947年扩大组建为中国人民解放军两广纵队，参与华东战场的多个重大战役。未参加北撤留在广东的武装力量坚持斗争，逐步发展壮大为中国人民解放军粤赣湘边纵队等部队，为解放广东作出了重要贡献。东江纵队这支队伍的一大特点是女战士多，她们是联络站的负责人、是担任敌后游击作战大队中队长、是负责医疗卫生和后勤保障工作的战士，还积极参与了秘密营救香港文化界人士和爱国民主人士行动，她们的英雄身影遍布各条战线，撑起了华南革命战场的“半边天”。但遗憾的是，由于各种因素，目前广东东江地区妇女解放运动的相关史料分布较为零散无序，缺乏系统整理和科学梳理。

本套书收录了1938年至1949年期间有关广东东江地区妇女解放运动的政策文献、文史资料、口述回忆、文艺作品、人物传记、女英名录、历史照片等精选史料，共六册。第一册选编了1938年至1949年间的相关政策文献，依时间排序、按发文机构归类，共计约36万字。第二册和第三册选编了1938年至1949年间相关的文史资料，收录新中国成立以来当地对该段历史的记录和讲述的相关材料，共计约43万字。第四册和第五册选编了革命历史亲历者的口述回忆，共计约70万字。第六册选编了部分在革命斗争中牺牲的女英烈名录、部分具有代表性的革命妇女英雄人物传记、相关文艺作品（包括诗词、歌曲、题词）和珍贵的历史照片，共计约29万字。

为全面、真实、清晰地反映广东东江地区妇女解放运动的相关史实，本套书坚持以历史唯物主义和辩证唯物主义为根本指南，秉承着对历史负责的严谨态度，遵循“尊重历史，求实存真”的基本原则开展编撰工作。本套书在编辑的过程中，对不会产生歧义的字词均未作改动。收入本套书的政策文献、文史资料、口述回忆、人物传记的标题，一般为原标题，凡是原件无标题或标题有误的，均为编者所拟或修改。鉴于革命战争时期的紧张环境，个别政策文献及文史资料存在

着错别字、文理不通、表述与现在不一致、整理者水平不一等问题，为了尽量保持史料原貌，均未做改动，以“[ ]”形式加以修订；对模糊不清、无法辨认、缺损的内容均以符号“△”代替；符号“〔 〕”内容为原书编者修订。

习近平总书记指出：“历史研究是一切社会科学的基础，承担着‘究天人之际，通古今之变’的使命。”出版这套书，只是我们开展广东东江地区妇女解放运动史研究、汲取历史经验过程中的“万里长征第一步”。我们希望这套书能起到抛砖引玉的作用，以期创作出更多体现广东东江地区妇女解放运动的历史地位的精品力作，充分记录展现更多妇女先锋、妇女英烈的历史事迹，发挥妇女运动史料的教育作用，筑牢巾帼信仰之基，彰显巾帼担当作为，从而进一步激励广大妇女知史爱党、知史爱国，以更为强烈的历史自觉、更加昂扬的精神面貌，在贯彻新发展理念、构建新发展格局、推动高质量发展等方面继续发挥自身优势和积极作用，为实现以中国式现代化全面推进强国建设、民族复兴伟业作出新的更大贡献！

广东省妇女联合会

中共广东省委党史研究室

2024年2月

目　录

全　国

华　南

广　东

广　州

深　圳

全　国

全国妇女政治资料

文献1

纪念三八妇女节[①]

韩

三月八日是全世界妇女为求自身解放而斗争的光荣纪念节。除苏联外，全世界的妇女还是处于重重的压迫之下，特别是我国的妇女同胞，不独在东北四省受着日寇奸淫屠杀种种兽行的摧残，而且在全国范围内都有变为日寇铁蹄下的亡国奴隶的危险。

纪念三八节，我们回忆到过去许多先烈妇女为解放为自由而努力奋斗的种种可歌可泣的史△，例如法国的罗兰夫人，德国的蔡特金及卢森堡，中国的秋瑾及向警予，都是为着自身为着社会，为着民族国家而流着光荣的血！

纪念三八节，我们同情那些无数千万辗转呻吟于法西斯恶势力压迫下的妇女大众的斗争。这里有德国的妇女，意国的妇女，日本的妇女，她们的丈夫是被法西斯强盗逼迫着去充那穷兵黩武、侵略战争的炮灰；她们自己则被关在厨房与家庭过着忍饥挨冻的生活。她们是全世界被压迫妇女不幸的一群。她们在斗争着。

纪念三八节，我们敬佩那些正在为自由民主为民族解放而与法西斯恶势力搏斗的妇女们。例如亚比西尼亚妇女至今还在和男子一块从事反抗法

① 收录于广东省妇女联合会、广东省档案馆编：《广东妇女运动历史资料》第六辑，广东省供销学校印刷厂，1991 年，第 332—334 页。

西斯强盗意大利侵略的游击战争；西班牙妇女的英勇从军，与西班牙人民共同反对那国内外的法西斯——佛兰科暨德意葡三国。她们为着民族，为着全体人民的利益而洒着美丽鲜红的热血！

纪念三八节，特别值得提及的是我们中国的女同胞。她们在救国的神圣事业上，在民族解放运动上，年来有着伟大的供［贡］献，有着极光荣的传统。她们曾参加过1925—1927年大革命。嗣后抗日的“一·二八”战争，长城战争，和最近的绥远战争，无不有着女同胞的努力。她们为着前线数万的士兵结寒衣，她们为着后方千百的伤兵当看护。她们是实行着有力出力，有钱的出钱，民众方面捐款助战最踊跃的是妇女同胞们。特别是宋庆龄、何香凝、史良女士等，她们不断的为救国而努力，不只是妇女界的领袖，而且是众望所归的全国救国运动的领袖。在东北义勇军中有林贞玉女士等率领部队常与日寇交战于冰天雪地之中；在中国红军里面有张琴秋女士和方志敏夫人率领红军北上继续抗日的英勇行动，在学生救亡运动中有如北平清华学生陆璀女士等虽受压迫而努力不倦。这一切都证明女界同胞是民族解放一个伟大的力量。中国的妇女是同样被未来亡国灭种的惨祸所警醒了！

纪念三八节，妇女同胞要十倍努力的组织起来；要把妇女同胞的救国运动，妇女同胞的组织，不问社会地位、政治地位、信仰、宗教等等的不同，而统一起来，要更加扩大抗日救国的宣传与组织运动，要更加扩大抗日救国的宣传与组织运动，要以妇女同胞的力量征［促］进[①]国内的和平统一与民主政治的运动。我国妇女的命运，与整个民族的命运，有如血肉不能分离，只有在抗日救亡的胜利，才可得到我国妇女的解放。

（《救国时报》，1939.3.10）

① 原文为“征进”，根据文意，改为“促进”。——编者注

文献2

干吗妇女要解放？①

三八节，这国际妇女的节日又来了，在整个世界疲战之后，而又还未走上一条和平幸福之路的今日去纪念要求解放者的节日，更觉沉重。

然而，干吗妇女要解放？我们且分开两方面说：

（一）在妇女的本身立场上说，她们是人，自然应该享有人的权利，她们应该跟男子一样的权利自持自己的生活与自谋自己的发展。事实，于家庭的妇女，她们终生为了家庭而家庭以不曾为她们，她们的身份只有妻子与母亲，她们终身所托和终身所为的是丈夫与儿女，她们并没有所为于自己，有所谋于自己。产业革命而后，生活迫她们到社会工作，社会的工作使她们发现了自己也是人，是以她们要求所应有的“人的权利”。

（二）在社会的立场说，妇女是需要解放的。因为从经济的观点说，不能让人类的半数不事生产。从政治的观点说，不能让人类的半数不懂得和不参与处置众人之事。就在教育的立场而言，也不能让人类的半数是文盲。

是以，妇女为其本身的需要解放进步，而健全社会更需要妇女解放，尽管妇女在争取本身的自由的路上暴露缺点，社会在纳进，量从家庭出来的妇女，发生了问题，都需要她们以与生命相终始的毅力去克服，都需要社会的进一步改进，我们不能因为小节废弃原则，我们不能削足就履。妇女解放问题，岂不单具备了社会意义，同时也必须与社会的改革以为条件去解决，我们翻开历史就很明瞭［了］看见二者的关系，尽管封建的社会制度下妇女过的生活如何的黑暗，但人权问题没有被专制政治着的人们喊出，女权问题就不会被提的问题。就解决这个问题的方法上，它

① 收录于广东省妇女联合会、广东省档案馆编：《广东妇女运动历史资料》第六辑，广东省供销学校印刷厂，1991年，第480—482页。

更得与整个社会问题紧紧在一起，被压迫的民族中的妇女不能单独避免，在资本垄断的社会中，她们不能单独避免剥削，本乎此，从事妇运的工作者，她们要把握这点而不要在工作上犯了把男子视为对手的毛病，致在职业的位置上参政的名额上抢向他们争，这样，更会成为男性对于工作妇女的敌视，认她们为争取饭碗、争取政权的人，虽然经济上的独立、政治上的平等，参政问题的解决，就学问题的解决，三者是妇运的主要内容，是千万妇女所需争取的，但它的意义并不压倒男子，而是改造社会，使人类的两性得到幸福。在现阶段的中国，妇运的展开，万分困难，然而，我们不能因为社会的畸形发展，把被孩子、锄头、针线折磨终生的农村妇女视为无知者，把被特权阶级豢养着但求胃的满足的女人视为解放的妇女，而是在艰苦中进行着的中国妇运加以嘲笑非难，在广大的农村战争夺取了她们的丈夫、儿子，毁破她们本就凋残的家园，现在还在饥饿，对这样占绝大多数的妇女去谈进学校、找工作、参加政治活动，那必是太隔膜么？在城市中，工厂倒闭，商店关门，致使恃肉体生活的妓女舞娘，谈培养自食其力解放他人，那也不是太隔膜么？在今日，我们应该明白，为什么生活日益困苦，为什么我们没有权力，如果不认清这点，努力去完成民主、民权主义，把妇女的解放问题孤立起来，那何异于椽［缘］木求鱼？

（《每日论坛报》1947.3.8）

文献3

第七章　团结奋斗　迎接新中国（节选）①

1945年9月—1949年10月

第三节②　携手奋进　奔向新里程

一、“四八决定”促进女界大团结

1948 年 9 月 20 日至 10 月 6 日，中共中央妇委召开的全国妇女工作会议，转述了中共中央九月会议关于召开全国妇女代表大会，成立全国民主妇女联合会的建议，极大地鼓舞了全国妇女团结起来，迎接新胜利。与会同志认真总结交流了解放区妇女工作经验，分析研究了即将到来的新形势和妇女工作新特点，为全国妇代会的召开作了思想上和组织上的准备。根据这次会议精神，1948 年 12 月 20 日，中共中央发布了《关于目前解放区农村妇女工作的决定》简称“四八决定”。

这个决定，首先肯定了广大妇女在解放战争中发挥了巨大作用，已经成为战胜敌人建设新中国的一支不可缺少的力量。

第二，决定指出，随着解放战争在全国的胜利，妇女在政治上、法律上的平等权利将要真正地实现。为此，必须使广大妇女，特别是新解放区和城市妇女充分认识劳动的重要性，把劳动看成是光荣的事业，积极参加体力上可以胜任的各种劳动生产工作，成为家庭和社会财富的创造者。只有妇女积极劳动，逐渐做到经济上能够独立，不能靠别人，才会被公婆、丈夫和社会所敬重；才会更增加家庭和社会团结；才会更容易提高和巩固妇女在社会上和政治上的地位；也才会使男女平等的各项法律有充分实现的牢固基础。

---

① 收录于青长蓉、马士慧、黄筱娜、刘宗尧编：《中国妇女运动史》，四川大学出版社，1989 年，第 164—169 页。

② 原文为“第二节”，核查原书上下文，应为“第三节”。——编者注

第三，决定指出，“根据革命形势发展需要，必须大胆培养、放手使用和提拔大批党与非党的妇女干部到各种岗位上去”，“各级党校和政府办的训练班应有计划地吸收妇女干部学习，党的各级组织部、宣传部应把培养教育女干部列入其业务之内。而妇女干部本身，也应在党的教育上自觉地积极工作，精通业务，加强团结，提高工作效率，努力学习理论、政策、文化知识、生产知识和技能，开展批评与自我批评，克服妇女的弱点……全心全意为妇女群众服务。把妇女运动更向前推进一步”。

第四，贯彻全党做妇女工作的方针，要求各级党委“要加强和应用马列主义、毛泽东思想指导妇女工作”。

第五，决定特别强调指出，为适应全国革命发展需要，集中妇女的战斗力量，解放区妇女团体应当努力去联合全国一切反对美帝国主义、反对封建主义、反对官僚资本主义的妇女，共同为驱逐美帝国主义出中国，打倒国民党反动统治，建立统一的新民主主义的人民共和国而奋斗。为此，建议由解放区妇女团体发起，于 1949 年春召开全国妇女代表大会，成立全国民主妇女联合会，使全国妇女运动能够在统一的方针领导下，更大的、更有力的向前发展。

此后，中央妇委抽调干部成立了以张琴秋为秘书长的第一次全国妇女代表会筹备处，开展筹备工作。东北、西北、华北、华东、中原五个解放区都举行了县级和省级的妇女代表会议，总结工作，选举产生了出席大会的代表，国统区也采取各种民主方法推选了代表。

二、齐心合力迎胜利

1949 年 3 月 24 日至 4 月 3 日，中国妇女第一次全国代表大会在北平中南海怀仁堂隆重开幕。这是全国各界妇女胜利大会师的盛会。出席会议的正式代表 474 名，列席代表 265 名，代表性极为广泛。她们中有女工、农妇、解放军女战士、工程技术人员和知识妇女代表，也有各民主党派、各种不同宗教信仰的民主妇女和少数民族妇女代表。大会主席团由 55 人组成，蔡畅为总主席。

中共中央委员会、国际民主妇联向大会发来了贺电，中共中央领导人毛泽东在香山接见了全体代表，并题了词：“为增加生产，为争取民主权利而奋斗！”朱德、刘少奇、周恩来、任弼时也为大会题了词。大会坚决贯彻了中共中央七届二中全会关于“党的工作重心由乡村转移到城市”的战略方针，和中共中央贺电中提出的“希望你们的大会，能够总结过去妇女运动的经验，制定新的妇女工作方案”的指导思想。各党派和各群众团体的30位来宾到会表示祝贺，董必武代表中共中央致贺词。蔡畅在开幕词中提出了大会的目的是：明确制定中国妇女运动当前的方针任务，成立全国妇女运动的领导机构，加强全国妇女的团结，检阅全国妇女的力量，交流各地工作经验，推进全国妇女运动。大会听取了邓颖超关于《中国妇女运动当前的方针与任务》报告，蔡畅的《世界民主妇女运动的现状及其任务》报告，刘亚雄《关于城市妇女工作中的几点经验的发言》，康克清《关于儿童保育工作的发言》。大会通过了《中国妇女运动当前任务的决议》。大会确定中国妇女运动的总任务是：“把反对帝国主义、封建主义、官僚资本主义的斗争进行到底。完全肃清国民党反动派残余势力，建设统一的人民民主共和国，完成新民主主义革命。”根据总任务提出了各界各地区妇女工作的具体任务，提出了解放区的妇女工作方针是“在不忽视乡村妇女工作条件下，以城市妇女工作为重心”。大会号召全国妇女积极参加新中国的建设，保护妇女切身利益，发展儿童福利事业，争取男女平等和妇女进一步解放；同国际爱好和平人士一起，保卫世界持久和平。

大会通过了《中华全国民主妇女联合会章程》，选举了51位执委。第一次执行委员会决定邀请何香凝为中华全国民主妇女联合会名誉主席，选举蔡畅为主席，邓颖超、李德全、许广平为副主席；选举蔡畅、邓颖超、李德全、许广平、区梦觉、帅孟奇、杨之华、张琴秋、张秀岩、沈兹九、罗琼、康克清、曹孟君、李文宜、刘王立明、雷洁琼、邓康等17人为常务委员；选举区梦觉为秘书长，曾宪植为副秘书长，并委任了各部负责人。中国妇女联谊会、中华基督教女青年会全国协会、中华妇女节制会，申请作为团体会员加入全国民主妇联，这三个团体的负责人都被选入全国妇联领导机构。至此，中国全国性的统一的妇女组织胜利诞生了。

……

文献4

妇女抗日救国联合会①

简称妇救会。抗日战争时期中国共产党领导下的根据地妇女群众组织。1938年2月，晋察冀边区在阜平、平山、定县、定襄等县成立的妇女抗日救国会的基础上组织了边区妇女抗日救国联合会筹委会。3月6日，晋察冀边区第一次妇女代表大会在河北省阜平县召开，宣告成立边区妇救会。赵宝瑾任妇联主任，其机关设在山西五台县。随后，晋绥边区、晋冀鲁豫边区、山东解放区、华中根据地、华南根据地相继建立了各级妇救会组织。妇女救国会是全国各抗日根据地妇女广泛参加的、最为普遍的妇女组织形式之一。其性质是："各党派、各阶级、各种职业、宗教民族、年龄的妇女抗日统一战线的团体"。它也是在全国范围内最早建立的统一战线妇女组织。据不完全统计，到1941年，晋察冀等6个根据地的入会会员占妇女总人口的12%。

（石 彤）

文献5

"三九"决定②

全称《关于开展妇女工作的决定》。抗日战争时期中国共产党关于妇女运动的文件。1939年中共中央书记处为了及时纠正妇女运动中的错误思想倾向，从思想上、工作上、组织上，加强党对妇女运动的领导而作出

① 收录于卢乐山主编：《中国女性百科全书》文化教育卷，东北大学出版社，1995年，第535页。

② 收录于卢乐山主编：《中国女性百科全书》文化教育卷，东北大学出版社，1995年，第536页。

的。《决定》指出：用各种方法宣传妇女大众在抗战建国及将来社会主义建设中的重要作用，“坚决消灭党的一切组织与党员中对于妇女及妇女运动所存在的那种陈旧的、庸俗的及中世纪的态度的各种残余，纠正一切对妇女工作的轻视、忽视及消极态度”；立刻建立与健全党的委员会下的妇女部与妇女运动委员会，使之成为各级党的委员会内最重要的工作部门；动员全党女干部与女党员担任妇女工作；注意吸收女党员及培养妇女干部。《决定》下达后，根据地的各级党组织立即建立健全了妇女部妇委，形成党领导根据地及全国妇女运动的组织网络。王明兼任中央妇委书记。大批女党员、女干部被调来从事妇女工作，促进了解放区妇女运动的发展。

（石　彤）

文献6

《动员妇女参加抗战建国工作大纲》①

抗日战争时期妇女界抗日统一战线的共同纲领。1938 年 5 月 20 日至 25 日在庐山举行的战时妇女工作座谈会上通过。是改组后的新生活运动促进总会妇女指导委员会的工作纲领。它的主要内容：为动员妇女参加抗战建国工作，必须“迅速提高妇女文化水准，普遍地培养妇女的谋生技能，积极地改善劳动妇女生活状况，努力扩大妇女职业范围，并扫除一切束缚妇女的风俗习惯”，同时要“从满足妇女的生活需要入手”，“组织并训练妇女”，“有计划有组织地来推动全国妇女大会”。《大纲》既采纳了国民党《抗战建国纲领》中的积极因素，又听取了共产党代表及进步妇女的合理建议，是一个具有进步意义的妇女工作纲领。

（石　彤）

① 收录于卢乐山主编：《中国女性百科全书》文化教育卷，东北大学出版社，1995 年，第 539 页。

文献7

第四章　解放战争时期妇女工作的壮大（节选）[①]

1945—1949

自1945年8月抗日战争胜利至1949年10月新中国成立，围绕战后中国走向何处的问题，国共两党爆发全面内战，中共进入为夺取全国政权而斗争的解放战争时期。适应战后形势的发展，中国共产党逐步提出、制定了新的妇女工作任务和方针政策，引导、推动国统区妇女界展开了反内战独裁、结束一党专政、成立民主联合政府的和平民主统一运动，广泛组织发动解放区妇女参加土改、支前和生产，并经由中国妇女第一次全国代表大会的召开，实现了中国妇女界的空前团结和统一，为新中国妇女工作的开辟奠定了基础。

一　战后妇女工作方针的制定与中央妇委工作的加强

抗战胜利前后，中共对于战后妇女工作的任务和方针已有初步的研判。1945年，中共中央妇委总结抗战时期妇女运动的经验后，初步提出了战后的工作方针。关于解放区，中共依据解放区的农村环境和工作对象为农村劳动妇女的实际，提出妇女工作的中心是大规模的动员妇女参加生产，强调妇女在社会、经济、政治、文化教育、婚姻方面的解放，必须建筑在经济富裕和经济独立的基础上，为此要求协调处理好妇女运动和农民运动的关系，注意农民和妇女利益的一致性，并改变抗战时期从上到下组织的妇救会系统，发展不拘形式、不拘系统的妇女组织。关于大后方，妇女工作的中心是发动妇女界开展民主运动，反对国民党的一党专政，为建立民主联合政府而斗争。为此，妇女工作应面向广大群众尤其是农村妇

① 收录于耿化敏著：《中国共产党妇女工作史（1921—1949）》，社会科学文献出版社，2015年，第274–282页。

女，注意深入群众、建立基础，增强民主运动的力量；拥护和推广有利于抗战、有利于人民的一切活动和措施，反对投降主义者的阴谋活动、国民党顽固派的反人民的政策和措施。①

抗战胜利后，中国走向何处去成为国内政局的焦点。国民党统治集团希望维持一党专制的体制，中国共产党希望通过和平的途径建设一个独立、民主、富强的新中国，中间党派希望走英美式的资产阶级共和国道路，英、美、苏不希望中国发生内战。在这种形势下，从1945年8月国共开始重庆和平谈判，10月10日签订“双十”协定，到1946年1月中共同国民政府代表签订停止国内冲突的协定，政治协商会议在重庆召开并通过对于国民党权力有所限制的5项协议，国内在各种力量的努力下，维持了短暂的和平局面。

在这一段“和平民主建设”时期，中共分析国内外的形势，一方面顺应国内民众渴望和平的愿望，提出和平、民主、团结的口号，联合中间党派、无党派人士，在国统区开展了反对国民党一党专制、反对内战，建立民主联合政府的斗争（这在当时是首要的），一方面保持对国民党发动内战的警惕，在解放区做好练兵、减租和生产三项中心工作（这在当时是辅助的）。相应的，中共妇女工作紧密结合党的中心任务，适应战后形势的需要，逐步完成了妇女工作从抗日民族统一战线向反对国民党独裁内战的工作路线的转变。

1946年3月8日，中共中央机关报《解放日报》发表社论《中国妇女今后的任务》，集中反映出中共关于中国妇女运动进入和平民主新阶段后的思考。社论提出全国妇女运动总的任务是“为实现和平、民主、团结、统一而斗争”；在国统区和收复区，其任务是建立民主的统一战线，广泛发动组织各阶层妇女为实现政协各协议和和平建国纲领，反对法西斯反动分子（实指国民党顽固派）的破坏而斗争；在解放区，其任务是“动

---

① 参见中华全国妇女联合会妇女运动历史研究室编：《中国妇女运动历史资料（1945—1949）》，中国妇女出版社，1991，第767—770页。——原书注

员妇女群众积极参加各种民主建设工作”。基于解放区的巩固是全国和平民主建设之保证的认识，社论特别强调了新老解放区妇女工作的区别。老解放区妇女工作的中心除了发动妇女参加查租运动外，应当是加强生产，特别着重发展纺织，并建设和睦富庶的家庭。新解放区的妇女工作，一是肃清一切敌伪残余，巩固民主政权与社会秩序，从事各种社会福利事业；二是以参加控诉、减租减息等群众翻身斗争为工作的中心出发点，从参加翻身斗争，进而准备和组织生产。为此，社论要求解放区女干部应掌握议会活动、群众运动、根据地建设等政治活动形式与民主作风。①

1946 年 6 月，随着国民党破坏政协协议和停战协定行动的不断升级，国共内战全面爆发。内战爆发后，中共对于国统区的妇女工作方针大都从统一战线的角度附带论及，而解放区成为制定妇女工作政策的重点。中共制定了应对国民党军事进攻的政治、军事、农村、城市、群众运动等各项方针政策。在妇女工作方面，国统区的妇女工作是团结一切可以团结的力量，建立最广泛的妇女界人民民主统一战线，形成妇女界的配合中共军事斗争的反对国民党独裁统治的第二条战线；解放区的妇女工作是组织发动妇女为巩固解放区，争取自卫战争胜利而斗争。11 月 15 日，蔡畅、白茜在《解放日报》发表《解放区妇女当前的任务》，指出在国民党召开一党包办的“国大”，调集军队进攻陕甘宁边区，不断扩大全国内战的新形势下，全解放区妇女的任务是“要贡献自己一切的力量，以争取自卫战争的胜利”，② 具体则是动员妇女加入参军、防奸、慰劳、生产等与自卫战争有关的各项工作。1947 年 3 月 8 日，《解放日报》再次发表有关社论，将解放区妇女的任务具体归结为参战、土地改革和生产运动三项，反对美帝国主义的侵略和蒋介石的卖国独裁，实现祖国的独立、和平民主和妇女自己的解放。③

1947 年 7—9 月，中共中央工作委员会（简称中央工委）召开全国土

① 参见《中国妇女运动历史资料（1945—1949）》，第 26–28 页。——原书注

② 《中国妇女运动历史资料（1945—1949）》，第 78 页。——原书注

③ 《迎“三八”妇女节》，《解放日报》1947 年 3 月 8 日。——原书注

地会议，妇女工作被提升到前所未有的重要地位。这次会议在中共军队由被动转入战略进攻、解放区土地改革不断深入的新形势下召开，在刘少奇的主持下，通过了《中国土地法大纲》。此后，各解放区掀起土地改革的热潮。在全国土地会议上，各地代表发言者有 29 人，其中 19 人提到了妇女工作，冀南做了妇女工作的专题报告，会外各代表团或小组又举行了妇女工作专题座谈会，大会主席团决定进行专题发言，以刘少奇为书记的中央工委成员还在发言中做了指示。会议认为，妇女在解放区的地位很重要，发动妇女参加土改、支前、生产、管理政权是党的工作中不可缺少的组成部分，党的领导机关应提高对于妇女工作的认识，使其成为全党的任务，不应只是少数妇女工作者的责任。会后，张琴秋、杨之华、康克清、张秀岩、邓颖超 5 名中央妇委委员和一部分妇女干部召开为期 3 天的会议，讨论总结了妇女工作的经验和教训，系统地提出解放区妇女工作方针和妇女运动的中心工作。9 月 26 日，中央妇委张琴秋、杨之华、康克清、张秀岩、邓颖超 5 人联名向中共中央提交《妇女工作报告》。该报告分析解放区妇女工作的环境是农村加中小城市，主要对象是农村家庭妇女和城市贫农，要纠正过去妇女工作中的地主、富农路线及完全没有或取消妇女工作的现象，必须依靠贫雇农妇为骨干，团结劳动妇女和一切爱国民主妇女进行反帝反封建的斗争，参加反对蒋（蒋介石）美（美国）与土改。具体的中心工作是土改、支前、生产，妇女在各方面尽可能代替男子，土改中保证妇女分得土地与所有权，参加农会的领导，生产上着重于农业与副业劳动、学习技术，在民主运动中为妇女获得民主自由、男女平等而斗争。①10 月 6 日，中共中央批复同意该报告，强调“在伟大的土地改革生产运动和支援前线中，妇女们的社会和家庭地位会起重大变化，她们的觉悟性和积极性会大大提高，她们应该得到的各种权利和利益也更加容易实现”。②

---

① 参见《中国妇女运动历史资料（1945—1949）》，第 207–208 页。——原书注

② 参见《中国妇女运动历史资料（1945—1949）》，第 205 页。——原书注

1948年5月15日，中共中央发出《中央对目前妇女工作的指示》，进一步丰富完善了解放区妇女工作政策的内容。指示进一步明确土改、支前、生产、管理政权等是解放区妇女工作的重要任务，强调妇女工作是全党的工作，不能仅只交由少数妇女同志去负责，而且延续此前关于解放区妇女运动的工作对象、依靠对象、团结对象、斗争目标、乡村妇女组织的基本分析。① 至此，中共在政策框架的层面把解放区妇女工作同国共军事对决、妇女自身解放密切结合起来，通过土改、支前、生产和参政，高度动员解放区妇女群众，以为中共战胜国民党发挥重要作用。

1948年8月27日，邓颖超听取冀中地区妇联口头汇报后，表示今后妇女工作的内容即生产、支前、建政、整党四大任务，妇女工作的基本中心是生产。②

……

1948年12月20日，中共中央发出《关于目前解放区农村妇女工作的决定》（“四八决定”）。决定认为目前解放区农村妇女工作的方针“仍应以动员和组织广大妇女群众积极参加生产视为妇女工作的基本环节”，1943年中共中央制定的“四三方针”是正确的、适用的，“组织妇女积极参加生产，是妇女工作的中心任务，也是保护妇女特殊利益，争取妇女从封建残余的束缚之下解放出来的中心关键”，“妇女参加劳动，不仅是妇女解放的基本关键；无论为着今天的支援战争，为着新民主主义的经济建设，以及为着将来社会主义的胜利，妇女劳动都是极端需要而不能缺少的”。③ 决定还就妇女群众组织的形式、妇女干部的培养选拔教育、党委对于妇女工作的领导等问题提出了一系列指导性意见，对于即将迎来革命胜利的全国妇女运动具有理论上、组织上的重要意义。

……

---

① 《中国妇女运动历史资料（1945—1949）》，第236–237页。——原书注

② 《中央妇委邓颖超同志的讲话》（1948年8月27日），转引自晋察冀边区革命史编纂委员会编《晋察冀边区革命史编年》，河北人民出版社，2007，第960页。——原书注

③ 参见《中国妇女运动历史资料（1945—1949）》第300、301页。——原书注

全国妇女经济资料

文献1

第六章　奋起抗日　妇运展现新风采（节选）[①]

1937年7月—1945年9月

第四节　“四三决定”确定了妇女工作新方向

一、“四三决定”产生的主客观条件

“四三决定”是1943年2月26日中共中央委员会发布的《关于各抗日根据地目前工作方针的决定》的简称。这个决定正确而鲜明地提出：“组织妇女参加生产劳动是妇女工作的新方向”，并规定“农村妇女生产的好坏，是衡量妇女工作的尺度”。这是土地革命战争时期苏区妇女运动的成功经验在抗日民族战争时期的新发展，是马克思主义关于妇女解放理论与中国妇女运动实际结合的光辉典范。这个决定的产生，有着特定的历史条件和思想条件。

从历史条件来说，主要是三个方面：

其一，1941—1942年，是抗日战争最艰苦的时期，德意日法西斯同盟先后发动了对苏战争和太平洋战争，猖獗一时。日军为了“以战养战”，以建立其所谓“大东亚战争兵站基地”，在强化对中国沦陷区统治的同时，对抗日根据地大举进行残酷扫荡和掠夺，对游击区实行“蚕食”、“囚笼”政策，使根据地人力、财力、物力遭受极大损失。

① 收录于青长蓉、马士慧、黄筱娜、刘宗尧编：《中国妇女运动史》，四川大学出版社，1989年，第141—149页。

其二，国民党在敌人“共同防共”“经济提携”等诱降政策吸引下，副总裁汪精卫公开投敌建立了伪政权。在“曲线救国”的汉奸论调影响下，国民党大批高级将领和50万军队投敌充当伪军向根据地进攻。蒋介石在日本诱降和英美劝降之下，一再掀起反共高潮，配合日伪夹击抗日根据地，更加重了根据地的困难。

其三，华北等地连续几年遭受严重自然灾害，水灾、旱灾、蝗灾接踵而来。加上敌伪顽的经济封锁，解放区军民“弄到几乎没有衣穿，没有油吃，没有纸，没有菜，战士没有鞋袜，工作人员在冬天没有被盖”的境地。

为了战胜困难，坚持抗战，共产党制定了著名的“十大政策”。开展大生产运动和整风运动，就是其中两个最基本的环节，也是“四三决定”产生的客观的历史背景。

“自己动手、丰衣足食”的大生产运动，需要占人口一半的妇女的积极参加，同时又为妇女参加社会生产劳动，提供了广泛的可能性。在总结大生产运动经验基础上产生的“四三决定”揭示了发展社会生产力与妇女解放运动的客观规律性，并从而使“四三决定”具有深刻的实践基础和依据。

开展以马克思主义普遍原理与中国革命具体实践相结合的整风运动，反对了存在于共产党内的主观主义、宗派主义和党八股等不正之风，清除王明“左”倾教条主义的思想束缚，促进全党和妇女干部思想大解放，为“四三决定”的制定奠定了思想基础。

正是整风运动深入的过程中，中共中央调整了中央妇委领导机构，由富有妇女工作经验的蔡畅接替王明担任中央妇委书记职务。蔡畅主持妇委工作后，坚持中共中央和毛泽东一再倡导的实事求是的思想路线，带领中央妇委的同志深入实际，调查研究，逐步认识到主观主义、形式主义是妇女工作中两个主要错误倾向。其表现一是组织上的关门主义倾向，二是工作上脱离实际。

关门主义倾向表现在忽视妇女组织的群众性：不明确妇女解放是全体

妇女的解放，只强调发展贫雇农妇女入会，忽视了争取其它阶层妇女，只注意吸收青年妇女，忽视团结中老年妇女，致使妇女组织变成了少数先进妇女的组织。在组织活动方面，会议过多，纪律过严，有的地方平均每周至少要开两次会，几次不到会者就被开除会籍，致使在战争环境中，居住分散而又家务繁重的农村妇女望而生畏。这既违反了群团组织的原则，也背离了妇女解放的根本目标。

工作脱离实际主要表现在许多干部忽视农村经济工作，不懂得妇女参加生产与支援抗战同妇女解放的关系，只是空喊“经济独立”、“婚姻自由”、“反对四重压迫”等口号，“没有认识到经济建设对于坚持抗战、建设根据地的重要意义，没有把经济工作看作妇女最适宜的工作，没有把握动员妇女参加生产是保护妇女切身利益最中心的环节”。这种孤立地提倡妇女解放的作法，必然使妇女工作形式化，脱离革命中心任务，脱离实际，脱离群众，甚至引起男女群众之间对立和不团结，损害了妇联组织的威信。

为了进一步引导妇女干部坚持实事求是的思想路线，中央妇委派出了妇女生活调查团，分别深入到延安和绥德等地，用了半年多的时间考察妇女群众的生活、生产情况。调查团出发前，毛泽东为她们作了《关于农村调查》的报告。1942 年“三八”节毛泽东为《解放日报》“三八”节特刊题词：“深入群众，不尚空谈”，表达了中共中央对妇女干部的殷切希望。

在实际的调查研究中，中央妇委发现延安柳林区二乡发动妇女参加生产劳动的办法具有典型性和代表性，她们认真“解剖”了这只“麻雀”，终于找到了妇女解放的新路子。

柳林二乡的妇女原来不会纺纱，合作社主任刘建章在挨户访问中，发现了石匠李国泰的妻子会纺纱，立即将棉花和纺车送到李家，讲明纺一斤纱可挣一斤棉花，交了好纱还有奖金，买布可以享受优惠价格。李家母女纺了一年纱，挣钱买了农具、布匹，给丈夫缝了新衣服。李国泰穿上新衣服，到处宣传婆姨纺纱的好处。刘建章抓住这个典型广为宣传，全乡有 220 户妇女学会了纺纱织布。妇女们挣了钱，生活好过了，夫妻婆媳和睦了，妇女在家庭中的地位也提高了。纺了纱要去合作社交纱换布，社会交往多了，见多识广，思想觉悟也提高了，学文化学技术的欲望增强了。全乡妇女的地位和精神面貌都发生了可喜的变化。是什么力量带来了这些变化？中央妇委的同志们认识到，这正是组织妇女参加社会生产劳动的结果。妇女参加劳动，为发展社会生产力贡献妇女的力量，既符合革命的全局利益，又维护了妇女自身的利益。从全局来说，妇女参加社会劳动，发掘妇女人力资源，能大大促进抗日根据地的经济建设，有力地支援抗日战争；从妇女本身来说，可以改善生活，和睦家庭，促进妇女经济独立，有利于提高妇女在家庭和社会上的政治、经济、文化地位，推动男女平等权利的真正实现。

蔡畅和中央妇委向中共中央提出了关于抗日根据地妇女工作新方针的建议，中央和毛泽东审定后，就形成了 1943 年 2 月 26 日由中共中央公布的“四三决定”。

二、“四三决定”的主要内容

（一）充分肯定各抗日根据地妇女工作的成绩，同时认真分析了妇女工作中存在着的上述脱离群众、脱离实际的主观主义与形式主义倾向及其种种表现。

（二）从战略高度明确提出“组织妇女参加生产是抗日根据地妇女工作的新方向”，指出“在日益接近胜利而又艰苦的各抗日根据地，战斗、生产、教育是当前的三大任务，而广大农村妇女能够和应该特别参加的就是生产，广大妇女努力生产，与壮丁上前线同样是战斗的光荣的任务。而提高妇女的政治地位、文化水平，改善生活，以达到解放的道路，亦须从经济丰裕与经济独立入手。多生产、多积蓄，妇女及其家庭的生活都过得好，这不仅对根据地的经济建设起重大的作用，而且依此物质条件，她们也就能逐渐挣脱封建的压迫了，这就是整个群众工作中广大农村妇女的特殊利益的中心所在”，也就是各抗日根据地妇女工作的新方向。[①]

---

① 《中国妇女运动文件选编》第 142 页。——原书注

（三）为了实现新方针必须转变工作作风和方式方法。要求妇女干部“要进行深入的调查研究，了解农村妇女群众的生活、需要、情绪，顾及主观能力与客观条件，选择中心地区开展工作，逐渐影响邻近地区，以至于推动全局”。为此，“各地妇联会、妇救会要以组织农村妇女参加个体与集体的生产为首要工作，深入农村，帮助与解决妇女参加生产中的困难，农村妇女生产的好坏，是测量妇女工作的尺度。”要求妇女工作者“必须学习农村经济知识，了解妇女生产内容，根据妇女群众的需要，以生产合作社及各种生产方式去组织妇女，使之成为妇联或妇救会的基层组织，而不是有名无实的空团体，空机关”。要“结合生产对妇女进行文化，技术和政治教育。鼓励妇女改革妨碍身体健康和影响生产的陋习”。妇女干部要消除轻视经济、生产的错误观点，尽量减少农村妇女不必要的动员和会议，使其有更多时间从事生产。决定还鼓励女党员、女干部到经济机关工作，成为广大妇女参加生产劳动的表率。

三、“四三决定”的深远意义

“四三决定”遵循了马克思主义关于妇女解放问题的基本原理，顺应社会发展规律，总结了中国共产党在土地革命战争以来领导妇女工作的成功经验，从妇女运动的战略高度，首先明确地把妇女参加社会生产劳动，作为妇女运动的指导方针，为妇女工作者指明了努力的新方向，有着极为深远的意义。“四三决定”的提出，是中国妇女运动史上一个重要的转折点。

妇女占人口的半数，是伟大的人力资源。充分开掘妇女人力资源，解放妇女生产力，是社会生产力解放、民族解放事业的需要，是抗战胜利的重要物质保证。而妇女参加社会生产又是提高妇女经济地位谋求自身解放的首要条件。恩格斯早就说过：“妇女解放的第一个先决条件就是一切女性重新回到公共劳动中去。”[1] 列宁也指出：“要彻底解放妇女，要使她们真正与男子平等，必须有公共经济，必须让妇女参加公共劳动，这样，妇女

---

① 《马恩选集》第四卷第70页。——原书注

才能与男子处于平等地位。”[①]“四三决定”把组织妇女参加生产确定为妇女运动指导方针，既体现了发展社会生产力，夺取抗战胜利这个革命全局对妇女的根本要求，又抓住了妇女解放的中心环节。同时，“四三决定”又立足于实践，从工作作风、工作方法上提出了保证贯彻实现新方针的具体措施，它不仅在当时，就是在今天对我们的妇女运动仍有教益和启迪。

“四三决定”公布后，中央妇委大力宣传《决定》的精神。这年的“三八”节纪念活动，形成了学习宣传贯彻“四三决定”的高潮。蔡畅在《解放日报》发表了题为《迎接妇女工作的新方向》的重要文章，深入阐述了“四三决定”的精神，要求各地妇联会、妇救会，每一个妇女工作者积极贯彻执行这个决定，使延安县柳林二乡的妇女工作经验普及到各根据地去。

延安各界妇女，在杨家岭中央大礼堂和陕甘宁边区议会大礼堂，同时举行“三八”节纪念大会，大张旗鼓表彰马杏儿等边区女劳动英雄。会上还由蔡畅、康克清、张琴秋等人发起成立了妇女生产合作社，为发展妇女生产提供原料、工具和推销产品，以入股分红的方式筹集资金，每份股金边币 50 元，社址设在延安新市场的闹市口。这件新鲜事吸引了许多妇女，她们当场掏钱或拿来实物入股。

在南泥湾垦区，三五九旅全体抗日军人家属和妇女工作者，在“三八”纪念会上表示要以到生产上去的实际行动响应中央妇委的号召。会上当即决定，全旅女同志集中于供给部，纺纱做鞋、学文化、做好参加生产准备，并陆续抽出百多名女同志到工厂、合作社、公营商店中去工作。

“四三决定”如春风吹遍了各解放区。各地妇联会、妇救会普遍采取了广泛发动、掌握政策、传授技术、重点培养、提供原料设备、组织变工互助等做法，切切实实地把组织妇女参加生产作为首要任务抓起来。妇联干部身体力行，带头生产，以实际行动推动妇女生产运动的开展。蔡畅等中央妇委领导人以身作则，挤时间搞生产，在她们的窑洞里，办公桌和纺

---

① 《列宁选集》第四卷第 72 页。——原书注

车并排放着。中央妇委委员区梦觉还被评为纺织劳动英雄。

到 1943 年底，解放区妇女生产运动已初具规模。据统计，以纺织为例，仅陕甘宁边区就有 16 万多妇女纺纱，6 万多名妇女织布；太行、太岳、晋西北参加纺织的妇女达 47 万多人；山东解放区有 80 万妇女参加纺织。除棉纺外，还发展了麻纺、丝纺、毛纺。除织粗布外，还织细布、花布、毛衣、毛裤。由传统的自纺自织自穿，发展成商品生产。到 1944 年底，解放区的军需民用布匹全部实现自给，八路军战士全部穿上了解放区生产的草绿色军装。

“四三决定”随着时间的推移已经载入史册，但在社会主义初级阶段，在今后相当长的时间内，中国妇女仍应围绕着发展社会生产力这个中心来贡献半边天的力量，促进社会的文明、进步和国家的繁荣富强。

全国妇女文艺资料

文献1

对于妇女刊物的几点意见[①]

越 霞

要把妇女运动深入与巩固起来，真正有着广泛的妇女参加的队伍，没有宣传教育工作是不可能做到的。宣传有各种各样方式，妇女刊物，是其中之一。不过，它与一般的宣传品是不同的，它宣传的对象是知识妇女，是用文字去领导妇运，通过用文字的方式去团结妇女与组织妇女，是表达妇女界每个事件的意见的喉舌，报告各地妇女积极地、忠实地援助政府抗战消息，宣布妇女在响应政府号召中的成绩，反映各地妇女生活，妇女要求，介绍妇运的经验教训，提供妇运有系统的材料，帮助那些终日忙于妇运实际工作的干部。因此，如果妇女刊物能办得好，对于妇运会有很大的帮助，能够帮助妇运会走向统一的途径。

妇女刊物的重要意义，已被前进的妇女领袖和妇运干部所注意了。在她们的努力与帮助下，在伟大的民族战争的洪涛里，先后出版了不少的妇女刊物，就个人所知的有：《浙江妇女》、《女声》、《江西妇女》、《上海妇女》、《广东妇女》、《安徽妇女》，重庆出版的《新运妇女》、《妇女生活》、《西江妇女》，延安出版的《中国妇女》，其中斗争历史最悠久、最著名者，首推《妇女生活》了。还在“七七”事变前几年就负起领导者的使命。

① 收录于广东省妇女联合会、广东省档案馆编：《广东妇女运动历史资料》第六辑，广东省供销学校印刷厂，1991 年，第 320—323 页。

这些刊物虽然在程度上有差别，但已担负起引导妇女的使命。在号召妇女参战运动上，指导妇运工作上，已获得了相当的成绩，已引起知识妇女们对它们的兴趣和重视，成为妇运工作者和妇女大众所爱戴的刊物，这是妇运史上一个显著的成绩。但是因种种的原因，妇女刊物并没有完全做到应负的责任，对妇运的帮助上尚未达到应有的程度，也不能满足各地妇女与广泛的妇女大众对于她们所渴望所要求的作用。例如大部分妇女刊物的内容散漫，反映实际工作的通讯甚少，尚没有注意到有系统的如妇女理论材料，定期地总结经验教训，缺少时事分析，发行工作差得很，大部分销售出版的地区，在较远的地区是不易找到的，更感遗憾的是占全国重要地位之一的《广东妇女》（广东新运妇女工作委员会出版），正当妇运蓬勃开展起来，妇运工作者更需要它去领导的时候，停版了。这些都会阻碍到妇运的顺利发展的。因此，妇女刊物还需要检讨和研究，使之走向更健全化。我认为妇女刊物的中心内容是：

第一，经常有时事分析，帮助读者把握住当前政治的动向，妇运前进的途径，妇女及时的任务，中心的工作，这样妇女工作者不致于迷失方向，或被汉奸反动分子造谣所蒙敝［蔽］。在分析事时，最好除了国际与国内政治情况外，工作中应注意之点，以便妇女们了解得更深刻具体，以便培养干部成为一个善于针对当时当地具体情况，规定出灵活适合当地的工作方式与工作方法。

第二，经常地反映各地的情形，各该会妇女的生活情况，切身的要求，觉悟的程度，当时当地政治机关与乡绅们对妇运的态度，我们妇女工作者在这些地方的动员工作所取得的成绩和经验教训，实际工作中所感到的困难，……等等，写成通讯，通过妇女刊物传达到妇女群众中去，便于广泛妇女的学术与研究，从这些通讯中来检查极［亟］待改正的各种弱点，也便于互相引用好的经验教训到工作中去，免得妇运干部重蹈覆辙。担任妇女刊物任务的，除掉一般的论文外，还可以帮助他写些针对各地所需要的意见的文章，做到对实际工作有效的帮助，走向实际工作者与文章工作互相帮助互相配合的效果。

现在所有的妇女刊物，还未全部达到这个要求，这原因妇女工作者对它的重要性尚未体验到，对群众和实际工作的联系太少。虽然下层工作者，手边材料很多，没有理解到这些材料，没有及时地报告给妇女刊物，对整个妇运的帮助很大。因此，忽视在忙中抽时间来写通讯，不督促与帮助妇女群众写通讯，没有鼓励和教育各阶层群众担任通讯员。

妇女团体也没有很好地重视这项工作的重大意义，没有认真地组织通讯工作和成立通讯网。

妇女刊物要真正成为妇女大众的号角，她们的喉舌，她们真正拥护的刊物，要成为妇女大众的……（实在看不清楚——摘者附）[①]女运动努力的行为，加强工作中的信心和勇气。今天很多活跃在妇女群众中妇女工作者，大都是离开学校不久的年青学生。靠她们对工作的积极性，对妇运的热情，在不断地碰钉子中，得到了一些进步。但是因为没有多的学习时间，没有理论研究，在工作中常陷于事务主义，或不能解决问题的苦闷。因此，妇女刊物希望担当起她们的理论的修养，经常地系统地登载妇女理论的材料，给她们行动上的指针，在任何环境中，都能在正确的理论原则下，发现与采用适合当时环境的工作方法。

同时，妇女刊物，也需要系统地介绍社会科学、大众化的哲学、政治常识等等。帮助她们初步理解各种理论基础，把理论与实践联系起来，只有这样，才能成为健全的干部。

第四，尽可能多介绍国际妇运的情况，尤为重要的介绍社会主义国家的妇女地位，男女平等的实质，舒适的妇女生活，她们能够过着幸福生活的原因，以生活的事实鼓励妇女们参加革命运动的勇气。

第五，建立好发行工作的重要，因为有了△△的刊物，要有完备的发行工作来推销传递，这刊物才能实现它领导与教育的意义。可是发行网的建立，主要的应经过妇女组织去办理，动员妇女干部及女学生，工厂女工、女职员……等等，为发行员，负责把妇女刊物推销到后方的地区去。

---

① 原文如此。——编者注

如果这样多方面建立发行网，相信妇女刊物得到妇运的领导与帮助，成绩一定可观的。

以上所述仅仅是中心内容的意见，也可以当作帮助妇女刊物成为文字上领导的任务的建设，对与不对，还待姐妹们的批评。

妇女运动，是整个社会革命运动的一部份，因此妇女运动健全起来，对整个抗日运动的帮助是很大的。肯定地说，没有妇女广泛地参加，抗日战争的胜利是不可能的，这是公认的真理。因此在妇运中有着重要地位的妇女刊物，要求社会人士的更大指正与支持。过去直至今天，帮助与支持妇女刊物，大都还只是先进的妇女领袖和少数先进的社会人士。我们希望一切抗日人士，以后予以更亲切的注意，具体的指导。

（《新华日报》，1940.6.23）

华　南

华南妇女解放运动大事记

文献1

一九三九年（节选）①

……

二月八日　新生活运动妇女指导委员会联络委员会举行妇女参政问题讨论会。到有各妇女团体、各大学代表等三十余人。联络委员会主任史良主持了会议。中共参政员陕甘宁边区各界妇女救国联合会驻渝代表团负责人邓颖超等先后在会上发言。一致指出，妇女解放与民族解放有不可分离之关系，而民族解放亦须占有人口半数之妇女获得解放，方能彻底，故妇女参政极为重要。而妇女参政在当今乃为参加民主政治，拥护及推动民主政治的实现。

……

文献2

1939年（节选）②

……

2月25日　南方局成立“妇女工作委员会”（简称“妇委”），由邓颖

① 收录于南方局党史资料征集小组编：《南方局党史资料·大事记》，重庆出版社，1986年，第46—47页。

② 收录于南方局党史资料征集小组编：《南方局党史资料·群众工作》，重庆出版社，1990年，第579—584页。

超负责。稍后又成立“青年工作委员会”（简称“青委”），由蒋南翔任书记，1940年5月，刘光来渝，任副书记。1940年10月，南方局统战工作委员会之下设青年组、妇女组，其工作由青委、妇委兼，蒋南翔、邓颖超分别兼任青年组、妇女组的组长。1941年1月蒋南翔回延安后。刘光任青年组组长。

……

3月3日　中共中央妇委发出《关于目前妇女运动的方针和任务的指示信》，强调指出，极端痛苦的妇女生活，是动员妇女时最大的障碍之一。相当改善妇女生活是抗战和妇运的需要。应关注劳动妇女。政府应切实检查各工厂执行女工法案的情况。

3月8日　《新华日报》发表邓颖超撰写的代论《纪念“三八”节，开展妇女运动》。重庆、昆明、成都、桂林、梧州、沅陵、韶关、翁源、始兴等市、县，香港及沦陷区的上海妇女群众分别举行纪念“三八”节大会。邓颖超在重庆4000多人的大会上发表讲话，指出只有把妇女的伟大力量组织到民族的抗战中，才能迅速获得抗战胜利、民族解放。重庆妇女在纪念大会后举行了游行。昆明有1000多妇女参加纪念大会和游行；昆明女青年会还举办了有5000余人参加的游艺晚会，并举行了慰问出征将士家属的募捐活动。香港各界妇女召开了30000多人参加的纪念大会，宋庆龄到会，何香凝发表演说，痛斥汪精卫投降卖国的罪行，号召各界妇女反对投降分裂，坚持团结抗战，争取民族解放和妇女解放。

3月13日　新生活运动妇女指导委员会联络委员会召集渝市17个妇女团体参加的座谈会，决定成立“重庆市妇女团体谈话会”，每两周活动一次。参加的有以邓颖超为团长的陕甘宁边区妇联驻渝代表团及我党领导或影响的妇女组织，如中国战时儿童保育总会、《妇女生活》社、难民妇女服务团、回民妇女协会妇女组、重庆妇女慰劳分会、基督教女青年会等。南方局对战时妇女工作的意见可以通过谈话会及时传达到各个妇女团体中去。

……

7 月 25 日　中共闽西南潮梅特委妇女部向中央及南方局妇委报告该地区抗战以来妇女组织的建立情况、工作情况、问题、困难。特委根据中妇委指示认为，该地区妇女工作的方针是：号召各阶层妇女参加一切抗战动员工作，推动广大妇女（特别是农村妇女）到统一战线中来，建立、巩固与扩大妇运统战，在“坚持抗战，保卫家乡，提高文化”的口号下动员、组织广大妇女，帮助他［她］们觉醒起来。

……

文献3

1939年（节选）①

……

二月下旬　南方局根据中央《关于开展妇女工作的决定》，成立了妇女运动委员会（简称“妇委”）。委员有邓颖超、廖似光、刘群先、卢竞如、陈奇雪、寄洪、徐克立、范元甄，邓颖超负责，卢竞如任秘书。后张晓梅到重庆参加南方局妇委为委员，协助邓颖超主持工作。以后，妇委成员多数调回延安，或调任其他工作。一九四〇年十月，南方局统委之下设立妇女组，由妇委兼。邓颖超兼任组长。南方局妇委和妇女组成立后，以陕甘宁边区各界妇女救国会驻渝代表团的公开名义开展了广泛的活动，并指导各级党委内妇委的工作，对推动大后方妇女运动起了重要作用。

……

三月八日　……

同日　《新华日报》发表邓颖超撰写的代论《纪念“三八”节开展妇女运动》。文章指出：今后妇运工作的任务是，切实深入到各阶层妇女，特别是劳动妇女和农村妇女中间去，使妇运工作走出狭窄的范围。同日，

① 收录于南方局党史资料征集小组编：《南方局党史资料 · 大事记》，重庆出版社，1986 年，第 49—51 页。

邓颖超代表陕甘宁边区各界妇女救国联合会驻渝代表团出席重庆各界妇女纪念“三八”节大会，并发表演讲，强调指出：只有把妇女的伟大力量组织到民族的抗战中去，才能迅速的获得抗战胜利。

……

文献4

一九四〇年（节选）①

……

三月二十五日　中苏文化协会妇女委员会成立。该会是在第一次反共高潮后，为了加强和扩大妇女抗日统一战线，开展中苏妇女友好交往和文化交流，在邓颖超倡议下设立的。主任委员李德全、副主任委员傅学文、曹孟君，委员有：邓颖超、张晓梅、史良、刘清扬、胡子婴、刘王立明、黄静汶、胡绣枫、劳君展、郑瑛［英］、倪斐君、张启凡、陆慧年、陆晶清、邓季惺、谭惕吾、彭子冈、谭得先、于立群、王枫、浦熙修等。该会除了积极参加妇女界、文化界的各项重要政治活动外，还经常组织召开中苏妇女联谊会、联欢会、各种学术研究会、妇女问题座谈会、形势报告会、苏联妇女儿童照片展览会、电影招待会，介绍苏联妇女儿童的幸福生活及其在反法西斯战争中的伟大贡献和中国妇女参加抗战工作情况；此外还兴办妇女俄文补习班，儿童之家等。该会的成立，为加强中苏妇女及反法西斯同盟国妇女的友谊和文化交流，为动员重庆各界妇女参加民主、反独裁斗争作出了积极贡献，是南方局妇委团结各界妇女开展妇女统一战线的一个重要阵地。

……

---

① 收录于南方局党史资料征集小组编：《南方局党史资料·大事记》，重庆出版社，1986年，第85–103页。

八月十二日　邓颖超发表《关于“蔚蓝中一点黯澹[①]”的批判》一文。上月六日，《大公报》发表了端木露西的文章《蔚蓝中一点黯澹》后，引起了妇女界的强烈反映，邓颖超遂于《新华日报》“妇女之路”第七期上发表了《关于“蔚蓝中一点黯澹”的批判》，对端木文中所提出的关于中国妇女解放的悲观失望、消极倒退、腐朽自私的观点，从四个方面进行了尖锐地批判。文章指出：这是大地主大资产阶级中一部分人对抗战悲观失望，无自信心，企图妥协投降的情绪的反映，也是一年来复古倒退逆流在妇女问题上的反映。文章阐述了中国妇女解放的基本理论问题及中国妇女解放运动的任务。

……

文献5

一九四二年（节选）[②]

……

三月八日　邓颖超为《新华日报》撰写纪念“三八”妇女节代论《动员太平洋上各国妇女积极参加各民族的抗日统一战线》。文章说：今年国际妇女节的政治任务，是全世界妇女积极动员起来，团结起来，为着建立与参加国际反法西斯侵略的统一战线，为着消灭世界法西斯主义而斗争。

……

---

① 原文如此，即“暗淡”。——编者注

② 收录于南方局党史资料征集小组编：《南方局党史资料 · 大事记》，重庆出版社，1986 年，第 189 页。

文献6

一九四五年（节选）[①]

……

七月十五日　中国妇女联谊会（简称“妇联会”）在重庆成立。这是在南方局妇女组直接领导下，在民主运动高潮中建立的进步妇女组织，它是在我党和进步妇女团体所组织领导的小型读书会和座谈会的基础上形成的。妇联会的理事会成员有李德全、史良、刘清扬、张晓梅、曹孟君、罗叔章、韩幽桐，胡子婴、倪斐君、陆慧年、郑英等二十六人。该会在各地“发展据点”基础上先后在昆明、成都、重庆、桂林、南京、上海、北平、港九等地建立了分会。该会从抗战末期到新中国成立，对团结发动妇女，配合推动国统区的爱国民主运动起了积极作用。

……

八月十五日　……

同日　中国妇女联谊会发表对时局宣言，号召广大妇女组织起来，争取民主、和平、团结建国。提出了彻底解除敌伪武装，严惩战犯等七项要求。

……

十二月二十八日　……

同日　中国妇女联谊会举行同乐晚会，并欢迎出席政协会议的唯一女代表邓颖超。邓颖超在会上发表了关于召开政协会议的经过及这个会议的性质的讲演，并介绍了延安及解放区妇女的学习、工作和生活情况。

……

① 收录于南方局党史资料征集小组编：《南方局党史资料 · 大事记》，重庆出版社，1986 年，第 290—344 页。

文献7

一九四六年（节选）①

……

一月九日　……

同日　中国妇女联谊会在中苏文化协会举行茶会，招待出席政协的各方面代表。中共代表董必武、叶剑英、邓颖超出席。邓颖超发表讲话说，我们中国妇女是要管国事做主人的，无论那一党那一派要想实现民主政治的话，就必须注意多数受压迫的妇女，也只有广大的被压迫的妇女站起来了，真正的民主国家才能实现，如果妇女没有能站起来，我们的任务就没有完成。我愿把大家的意见反映到政协会议中去，因为这是代表着人民的意见。她勉励妇女姊妹们团结起来共同为争取妇女的权利和建设一个民主的国家而坚持奋斗。叶剑英在会上指出：实现民主，还要靠大家长期坚持争取，因为统治者的作风是难改变的。郭沫若、张申府、罗隆基、陈启天、杨叔明、李德全、史良、曹孟君等先后发言。

……

一月二十五日　……

同日　中国妇女联谊会发表对当前政治的五项意见。

……

三月八日　重庆各界妇女五千余人在川东师范广场举行纪念“三八”节大会。即有新生活妇女指导委员会、战时儿童保育会、中国妇女慰劳总会、重庆女青年会、中苏文化协会妇女委员会、中国妇女联谊会、陕甘宁边区妇女联合会驻渝代表团、民主同盟妇女委员会、现代妇女社、职业妇女社、中华妇女节制会等五十余妇女团体。苏联、美国、英国、法国、比利时等国的妇女代表也出席了纪念会。各方代表相继在大会上发表讲话，

---

① 收录于南方局党史资料征集小组编：《南方局党史资料・大事记》，重庆出版社，1986年，第353—383页。

邓颖超在讲话中号召全国妇女团结起来，不怕困难，不怕曲折，定要把和平、民主、团结、统一、富强的新中国建设成功。大会还通过了团结全国妇女建设民主新中国的宣言。同日，广州、昆明等城市均分别举行了大规模的纪念会。

同日 《新华日报》发表纪念“三八”节社论，指出中国和平民主新局面的到来以及前进路上的重重障碍，号召中国妇女在抗战团结的基础上更加广泛团结起来，为建设和平民主、团结统一的新中国，为争取我们和后代过上安居乐业的新生活而努力。社论提出：妇女们一定要建立民主的统一战线，广泛发动组织和团结各阶层妇女，为实现政协决议，实现和平建国纲领，反对法西斯反动分子的破坏而斗争。还提出要团结动员劳动妇女，要求政府免除苛捐杂税，减租减息，制定劳动法，以减轻负担及改善生活。同时，要求政府救济失业，帮助提供交通工具，使能回乡等等。

……

华南妇女政治资料

文献1

第五章　进军华南　解放广东（节选）[①]

……

四、南下进军，参加广东战役

四月下旬，我军发起渡江战役，四月二十三日解放南京，国民党反动统治宣告覆没。国民党的残余部队尚约有一百五十万人，分散盘踞在台湾和中南、西南、西北若干省内。在中南地区的有敌华中军政长官公署白崇禧集团和敌广州绥靖公署（后改为华南军政长官公署）余汉谋集团部，共有二十八个军七十三个师，总兵力四十余万人。中央军委决定，第四野战军在第二野战军一部的协同下，歼灭中南地区的残敌。根据当时的敌情，中央军委判断白崇禧集团将于湘南一带与我南下大军决战，因此决定由第四野战军主力六个军及两广纵队挺进湘南，争取在八月底到达永州、郴州一线。在与白崇禧集团主力交战后，可尾随其退路向两广前进，并于十一月或十二月占领两广。为此，中央军委命令我们两广纵队争取于七月十日左右由陇海线南进，“应争取于八月底九月初到达郴州地区才能不失时机，和主力一道向两广前进”。

根据中央军委的指示，第四野战军前委具体制订了解放两广、聚歼残敌的作战方案：由第二野战军第四兵团、第四野战军第十五兵团和两广纵队组成东路军，由江西进入广东，在解决广东之敌后，第四兵团由粤入

---

① 收录于陈小澄编著：《从东江纵队到两广纵队》，广东人民出版社，2015年，第66–68页。

桂，担任截断敌南逃的任务；由第十二兵团组成中路军，尾随白崇禧集团主力，寻机作战（后发动衡宝战役）；由第十三兵团组成西路军，由常德、桃源等地向沅陵、芷江挺进，截断敌西逃贵州之路。在东西两路大军完成钳形大包围之后，三路大军合力聚歼敌于广西境内，命令我们两广纵队立即出发，由江西入粤，参加解放广东的作战。

七月二十四日，两广纵队在河南省襄城县举行南下进军誓师大会。二十五日，部队在纵队副司令员王作尧和政治部主任杨康华率领下，开始分批出发，南下渡江，参加解放两广的作战。九月下旬，抵达江西省赣州附近地区集结待命。

曾生司令员和雷经天政治委员、姜茂生参谋长则乘汽车到武汉，向叶剑英同志和第四野战军首长汇报工作和参加会议。然后，曾生司令员和雷经天政治委员于九月八日到达赣州，参加华南分局召开的扩大会议。

九月十一日，会议正式开始。会议由叶剑英主持，讨论和决定了解放华南的作战计划，党政军各级领导机构的组成和干部配备，支前工作以及接管城市政策，外交方针和对付帝国主义的封锁等问题。

在会上，曾生见到了方方，感慨万千。曾生在回忆录中写道：他于一九四六年六月在沙鱼涌送我们登船北撤后，留在广东坚持斗争，担任中共香港分局（后改为华南分局）书记，和林平（分局副书记）一起领导华南各地的武装斗争，三年来取得很大的成绩。先后建立了粤赣湘、闽粤赣、粤桂边区党委和琼崖、粤中及西江区党委，下辖二十四个地委、九十八个县委；建立了粤赣湘边纵队、闽粤赣边纵队、粤桂边纵队、琼崖纵队和粤中纵队及西江两个支队，共有武装近十万人。解放了数十个县的广大地区，解放区人口约一千三百五十万人，等于当时广东全省人口三千二百万人的百分之四十以上；并在三分之一以上的地区，初步建立了人民政权和民兵、农会组织，青年团和妇女的组织工作也正在开展，并开始进行经济建设和文化教育事业的建设。

赣州会议通过的《关于过去华南及广东工作的决议》，充分肯定了方方等领导的华南分局和各地党委，自一九四六年以来领导广东及华南各省人民在开展武装斗争及其他各项工作中所取得了巨大成绩，指出由于取得这些成绩“就使得华南敌后人民战争得以坚持下来，配合了三年来全国解放战争的胜利，同时又给人民解放军主力进入华南及广东作战，最后完成解放华南及广东全省的任务提供了有利的条件”。

会议结束后，叶剑英接见了曾生和执行入粤先遣组任务的何维、卢克华、曾小芳三位同志，方方也在座。叶剑英口头交代任务，指出：百年来我们中国受帝国主义的侵略侮欺，广东人民对帝国主义是很仇恨的。但我们当前的主要敌人是国民党反动派而不是帝国主义，告诉广东的同志不要把对象搞错了。他还传达了毛泽东、周恩来的指示，规定我们的部队不能越过樟木头一线。最后叶剑英口述了赋予粤赣湘边纵队的任务，要求先遣组的同志牢牢记在脑子里，见到林平后口头传达。先遣组的任务交代完毕后，叶剑英指示：“广东解放后，你们可以一部分集中驻守珠江三角洲，一部分干部和部队分散到各区去，加强各区的工作。你们驻守珠江三角洲，面对香港、澳门，对内要搞好治安，对外要加强监视，但要避免发生涉外事件。这个问题很重要，一定要抓好。”

九月二十八日，广东战役联合指挥部司令员叶剑英、副司令员陈赓签发了广东战役“战联字第一号作战命令”，规定第二野战军第四兵团为右路军；第四野战军第十五兵团为左路军；两广纵队和粤赣湘边纵队、粤中纵队为南路军，指定由曾生、雷经天和林平统一指挥。任务是于十月二十日进至广州、虎门之间地区，截断敌人南逃的退路，解放广东。十月一日，是中华人民共和国宣告成立的大喜日子，在广东战役联合指挥部的指挥下，我军发起了广东战役。

文献2

南方局领导下的妇女工作（节选）①

南方局党史资料征集小组妇女组

中共中央南方局妇女运动委员会（简称妇委）是一九三九年三月下旬，根据中共中央《关于开展妇女工作的决定》成立的。它的成员有邓颖超、廖似光、刘群先、卢竞如、陈奇雪、寄洪、徐克立、范元甄等。由邓颖超负责、卢竞如任秘书。张晓梅 1939 年秋调重庆后，参加妇委为委员，协助邓颖超主持妇女工作。1940 年 10 月，南方局统一战线工作委员会下设妇女组，邓颖超兼任组长，张晓梅为副组长，参加妇女组工作的，先后有卢竞如、廖似光、张玉琴、周俊、卢瑾（黄柳玲）、罗晓红、吴全衡、徐克立、王汶等人。

南方局妇委成立时，抗日战争已进入相持阶段，国民党顽固派实行消极抗日、积极反共的政策，连续发动反共高潮，斗争尖锐复杂。妇委根据中央“坚持抗战，反对投降；坚持团结，反对分裂，坚持进步，反对倒退”三大政治口号，贯彻“发展进步势力，争取中间势力，孤立顽固势力”的方针。遵循“隐蔽精干，长期埋伏，积蓄力量，以待时机”和周恩来提出的“勤学、勤业、勤交友”和职业化、社会化、合法化的指示，高举抗日民族统一战线的旗帜，创造性地开展了公开与秘密，合法与非法相结合的形形色色的斗争。1946 年 5 月中共代表团迁往南京，在南京建立中共南京局，邓颖超仍继续领导妇女工作。张晓梅调北平工作后，由曾宪植协助邓颖超联系妇女方面的党员和进步妇女骨干开展工作。南方局领导下的妇女工作锻炼壮大了妇女党员的队伍，培养了一批妇女工作骨干，为抗战胜利后，开展国统区妇女参加和平民主运动，迎接解放的斗争，积蓄了

① 收录于南方局党史资料征集小组编：《南方局党史资料 · 群众工作》，重庆出版社，1990 年，第 461—477 页。

力量，发挥了重要作用。

武汉时期打下妇女统一战线工作的基础

南方局领导下的妇女工作是在抗战初期中国共产党在武汉开展的统一战线工作基础上进行的。

1938 年初，为了推动和发展国统区妇女界的抗日民族统一战线，中共中央长江局由邓颖超、孟庆澍组成了妇女运动委员会，对外则以西北各界妇女救国联合会代表名义；公开参加妇女界的活动。当时，武汉已成为全国抗战的政治中心。平、津、宁、沪和沿海各大城市的各界爱国知名人士和抗日积极分子及华北流亡学生等都云集武汉。当地爱国分子也非常活跃。这些力量汇集成一股抗战力量的洪流。邓颖超等一到武汉，便依靠进步妇女，主要是救国会方面的妇女领袖和流亡学生中的妇女骨干，通过当时进步妇女已在汉口基督教女青年会组织起来的“抗战妇女座谈会”，和由上海迁往武汉的《妇女生活》、《战时妇女》、在当地出版的《妇女前哨》等进步妇女杂志，开展了宣传、动员和组织联系工作。

首先是组织了一个核心妇女座谈会，参加的主要是救国会方面的有代表性人物，如史良、刘清扬、沈兹九、曹孟君等和一些从事中上层妇女工作的秘密党员或进步骨干，经常交换意见、统一思想、协调行动、部署工作，如通过“抗战妇女座谈会”开展抗战宣传、组织救护、缝纫班等，筹组战时儿童保育会，抢救难童，参加宋美龄召开的庐山妇女谈话会，促成改组、扩大新生活运动妇女指导委员会等重要问题，都是事先在这个核心座谈会研究部署的。最早建立的这个国统区统一战线组织形式，一直延续到重庆和复员到南京、上海以后。它没有正式名称，在不同情况下，参加的人员也不尽相同，但它对指导国统区妇女工作起着重要的核心推动作用。

建立了公开的统一战线组织

南方局和原长江局妇委认真贯彻党的抗日民族统一战线政策，在武汉首先建立的公开的统一战线组织，是中国战时儿童保育会。最初它是沈钧儒、郭沫若、李德全、邓颖超、史良、刘清扬、沈兹九等联络国民党、各党派以及社会各界知名爱国人士发起组织的，共有一百八十四人签名发起。1938 年 1 月 24 日召开第一次发起人会议，推李德全为主任委员。邓颖超提出请史良、沈兹九去约请宋美龄来主持保育工作。3 月 10 日在汉口圣罗以女中召开成立大会。宋美龄出席了大会。大会选出了五十六人为理事，由宋美龄任理事长，李德全为副理事长，理事会包括国共两党、救国会、宗教界和各方面的爱国妇女，如邓颖超、孟庆澍、史良、曹孟君、沈兹九、安娥、陈纪彝、张蔼真、黄琪翔夫人郭秀仪、吴国桢夫人黄卓群、唐国桢、陈逸云等，并聘请了二百八十六位名誉理事，包括国民党方面的蒋介石、林森、冯玉祥、孔祥熙、李宗仁，共产党方面的毛泽东、周恩来、朱德，及其他方面的沈钧儒、邹韬奋、茅盾、老舍等，还有华侨、港澳同胞和国际友人。各省、市以及香港、陕甘宁边区都成立了分会。1938 年 7 月 1 日新运妇女指导委员会改组扩大后，战时儿童保育会即和妇指会保育组合署办公，但保育会仍保留独立性。八年来它先后建立了五十三个战时儿童保育院，收容了近三万名难童。这许多难童现在大都成为祖国各条战线上的骨干，发挥了很重要的作用。

随之，又创造性地使改组扩大后的新运妇女指导委员会成为在国统区公开合法领导动员全国各界妇女参加抗日活动的统一战线组织。

1938 年 5 月 21 日—25 日，在国共合作抗日形势下，宋美龄在庐山召开了妇女谈话会。参加那次会的有各党派、各界、各地妇女界知名人士。谈话会决定改组扩大原来的新运妇指会，增加各方面力量和新的工作内容，通过了一个《动员妇女参加抗战建国工作大纲》做全国妇女团结抗战的共同纲领。这个大纲由沈兹九起草，邓颖超参加了定稿工作。它基本上符合我党提出的“为争取千百万群众进入抗日民族统一战线而斗争”的方针政策，奠定了妇女界联合抗日的政治思想基础，对此后的妇指会工作起了指导、推动和约束作用。

改组扩大后的妇指会仍由宋美龄任指导长，李德全为常委，邓颖超、孟庆澍、康克清、曹孟君等参加了委员会，基督教女青年会方面的张蔼真、陈纪彝任正副总干事。该会共设八个组、一个委员会，其中联络委员会和文化事业组、训练组是进步力量的核心，分别由救国会方面的史良、沈兹九、刘清扬负责。慰劳组、战地服务组和生活指导组组长，分别由国民党方面的唐国桢、陈逸云、黄佩兰担任。总务组、生产事业组、儿童保育组则由无党派和教会方面的谢兰郁、俞庆棠、纽珉华任组长。为了工作的需要，邓颖超、孟庆澍和史良、沈兹九、刘清扬等研究决定，选派了一些救亡工作的骨干，如罗叔章、郭见恩（郭建）、陆慧年、王汝琪、徐镜平（都是中共党员）等分别安排到文化组、训练组、保育组和联络委员会担任股长或训练班教导主任等职务。随着工作的发展和需要。通过各种渠道，又先后调进一批中共党员，还有一些进步分子，她们大多数是由南方局妇委单线联系的。她们分布在妇指会各组及它所属基层组织，如训练班、战时儿童保育院、工厂服务队、乡村服务队、妇女生活改善实验区、乐山蚕丝实验区、松溉纺织实验区等。

文化事业组在重庆期间，重点办有《妇女新运通讯》半月刊、《新运妇女》月刊和《中央日报》上的《妇女新运》周刊。另外还编有供各妇女团体及各服务队参考的壁报资料。通过这些刊物宣传抗战理论，进行形势教育，探讨妇女问题，武装不同层次的妇女。

训练组从1938年夏至1940年，共举办了五期战时妇女干部训练班，培训妇女干部近千人，周恩来、邓颖超、张爱萍、张友渔、钱俊瑞、陶行知等都去作过专题报告或受聘讲课。学员结业后，大部分编为服务队到工厂或各县、区、乡、镇宣传团结抗日，动员、训练、组织妇女参加慰劳、扶助伤兵和被日机炸伤的群众，并办识字班等。一部分学员后来也成为革命骨干。

联络委员会的任务是发动和统一领导国统区妇女界的抗战活动。从武汉开始，便经常召开当地妇女团体联席会议，研究形势，布置工作。到重庆后，这种形式也还延续采用，并固定下来。参加这个联席会议的有各党派、无党派各种性质的妇女团体。以邓颖超为团长的陕甘宁边区妇联驻渝代表团也参加。代表团成员有卢竞如、廖似光、张晓梅和张玉琴。她们以中共党员的公开身份与各方面人士接触，借以宣传党的主张和提出对工作的意见。联络委员会所召开的联席会议常起着比新运妇指会本身更为广阔的作用。

妇指会还先后在各省建立了新运妇女工作委员会，在国民党党政军机关建立了新运妇女工作队。这些组织原则上都由各地或各部门首长夫人负责，但实际上有些组织也是由中共党员或进步分子在起作用。如广东新运妇工会就是由邓颖超推荐有中共党员公开身分的区白霜（区梦觉）协助李汉魂夫人吴菊芳建立的。广西新运妇工会则由中共党员李应芬等协助李宗仁夫人郭德洁组成。又如在军政部新运妇工队起实际作用的郑英和重庆市政府新运妇工队的负责人贺耀祖夫人倪斐君都是张晓梅个别联系的爱国进步分子，她们在解放前后都参加了中国共产党。

联络委员会召开的妇女团体联席会议决定的事项，如关于纪念“三八”、每个阶段妇女工作的任务，又通过联络委员会通知给各省市新运妇工会。这对推动、协调各地妇女救亡工作和妇女解放运动都起了很大作用。

开展灵活多样多渠道的工作

南方局妇委的工作是非常机动灵活的，除单线联系了许多党员外，还很注意和爱国进步人士如李德全、史良及一些非党青年骨干建立个别联系，除在公开场合接触外，常同她们交心谈心，肝胆相照，对青年干部则更关心她们的成长和安全。对国民党员中有爱国心，愿干工作的，包括宋美龄在内，都坚持又团结又斗争的方针。这也赢得了那些正直开明的中间人士的赞许。在进步势力和顽固分子的斗争中，她们采取了比较公正的态度。

皖南事变后，由于形势的变化，左派力量大批撤出，新运妇指会已失去了原来作为公开合法的统一战线组织领导和推动国统区妇女工作的作用。许多进步的组织被毁残。南方局妇女组便转为运用其它合法和秘密的方式继续开展工作。早在 1940 年春，就由邓颖超建议并推动成立了中苏文化协会妇女委员会。因为中苏是盟国；有公开的场所；委员会主任是李德全，副主任是曹孟君、傅学文，委员有邓颖超、张晓梅、黄静汶、谭惕吾、陆慧年、倪斐君等，都是党员或左派人士，它便成为南方局继续推动妇女统一战线工作的重要阵地之一。《妇女生活》停刊后，由邓颖超倡议，于 1943 年由曹孟君主编的《现代妇女》的创刊，也得到中苏文协妇委会的支持。《现代妇女》社并以妇女团体名义进行活动。

除中苏文协妇委会外，也注意发挥女青年会、中华妇女节制会等的作用。对其它妇女团体的有利于抗战工作的，也尽力支援、鼓励。如全国妇女慰劳总会 1941 年决定拨款三百万元建立荣誉军人新村，1943 年落成，收容荣军一百九十二人，施以教育及技能训练，解决他们的生活问题，还经常置备药品、钱物给战区医院和出征军人家属。《新华日报》曾发表短评《妇女界的光荣》，予以肯定。

在这同时，邓颖超、张晓梅在南方局有计划地转移、撤离、隐蔽了一大批党员骨干和非党骨干后，从 1942 年开始，又通过核心座谈会，以党员骨干为核心，形成了十几个小型学习组、读书会、座谈会，每周或双周聚会一次，交流情况，学习文件或进步书刊，讨论形势，或共同参加一些进步活动。1944 年，随着世界反法西斯战争转入反攻阶段，国内反独裁、反专制的民主运动也逐渐兴起。在南方局妇女组推动下，1945 年 7 月 15 日，又在这些小型组织的基础上，成立了“中国妇女联谊会”。李德全为该会理事会主席，理事有史良、罗叔章、刘清扬、曹孟君、胡子婴、张晓梅、谭惕吾、刘王立明、浦洁修、浦熙修、张启凡、倪斐君、杜君慧、廖梦醒、国瑜、彭子冈、钟复光、梁柯平、韩幽桐、郑英、杜子明、胡绣枫、白薇、王敏仪、于立群、左诵芬、陆慧年等。还设有常务理事，处理日常的总务、联络、研究工作。这个组织是半公开的，内部组织和会员不公开，名义和一些上层领导人对外是公开的，共分二十五个小组，有三百五十余会员。1946 年 5、6 月间，联谊会的理事和会员大部分复员到宁、沪、平、津等地，总会中心则在南京、上海。除原已建立的中国妇女联谊会云南分会和重庆分会外，又建立了南京、上海、北平三个分会。成都、桂林、港九也在当地党组织领导下，建立了以“联谊会”为名的妇女组织。中国妇女联谊会为反对内战、争取民主、迎接解放，作了大量工作，成为国统区进步妇女的一面旗帜。

妇女界抗战活动遍及前后方

南方局所辖地区的党组织对妇女工作都很重视，根据中共中央指示分别成立了妇委或妇女部，配备了专职干部，注意贯彻中央深入发动各阶层特别是劳动妇女，在国共合作的基础上争取结成公开合法的抗日民族统一战线，开展宣传、教育、动员组织妇女参加各方面抗战工作。在国民党加紧反共、环境恶劣时，又能机警灵活地采取隐蔽形式，开展工作。许多妇女还参加了战地服务或直接投入武装斗争。

广东是大革命的策源地，有光荣的革命传统。在抗战时期，广东妇女参军参战是很普遍的。琼崖纵队就有女战士一千多人，占全队 15%；五百廿名党员中。女党员有一百三十人，相当一部分人担任了指导员、支部书记、文工团长、情报站长等重要职务。1943 年底，东江纵队港九大队市区中队也有不少妇女参加收集军事、政治、经济情报，运送弹药、武装爆破工作。1948 年 8 月，黎、苗少数民族妇女同男同胞一起，参加了全岛的白沙起义，打死打伤和活捉敌人三百多人。中山抗日部队 1943 年成立交通总站，90% 以上是妇女，代号为“白鸽队”，活跃在珠江三角洲一带，有力地配合了部队消灭敌人的斗争。

……

其他各省市的上层妇女统一战线工作和基层群众工作也都各具特色。湖南新运妇女工作委员会主要由省政府主席张治中的女儿张素我代她的母亲洪希厚负责。她比较开明。中共党员和进步妇女如曹国智、罗琼、罗叔章等都参加过该会领导的工作。她们有计划地办有难民妇女缝纫工厂、战地服务团。汉口基督教女青年战时服务团，在武汉沦陷后，也撤至湖南境内活动。到 1940 年 6 月，湖南已有女共产党员一百五十三人，不少县委都配备了女干部。广西省新运妇工会主任委员为李宗仁夫人郭德洁，仅先后参加该会担任重要职务的中共党员就有李应芬、赵世芬、马坤元等十人，她们办有各种战时工作训练班。1941 年开展献机活动，在“三八”节献出一架滑翔机。福建妇女 1942 年献了两架滑翔机，第二年“三八”节又献了一架。贵州、重庆、成都等地妇女工作在抗战初期也很活跃，但在国民党积极反共、消极抗战的高压政策下，工作受到摧残，有些妇女为参加抗战工作，惨遭迫害，甚至献出生命。

在沦陷后的上海，中共地下党员茅丽瑛、朱文央、姜平取得何香凝、许广平的支持，用“上海妇女界难民救济会”、“中国职业妇女俱乐部”名义；在“租界”内进行了多种形式的活动，团结教育“孤岛”上的妇女，激发她们的抗战热情，从事募捐、慰劳等工作。参加这些活动的还有上海基督教女青年会、中华妇女节制会、上海舞业妇女联谊会等。仅 1939 年举行的“物品义卖会”就为新四军募集了十万套棉军装和救济难民的款项二千多元。为此，茅丽瑛被敌特枪杀了。港澳女同胞在宋庆龄、何香凝和一些中共党员的领导下，也做了大量宣传、义卖、捐献活动，以实物和医药用品支援抗战。不少妇女还纷纷集体或举家回国参战。

通过宣传进行方针政策的领导

南方局妇委和妇女组是十分重视宣传教育工作的。除了不失时机地在一些重要场合发表讲话外，还常常通过党的公开报刊《新华日报》和它的副刊《妇女之路》、党领导的《妇女生活》、《现代妇女》、《职业妇女》以及新运妇指会出版的《妇女新运》等，宣传党的路线、方针、政策，以指导国统区的妇女工作和提高国统区各阶层妇女的政治觉悟和争取妇女本身解放的热情。妇委和妇女组直接领导的《妇女之路》所起的作用尤为突出。从 1940 年 5 月创刊，到 1947 年 2 月，共出 149 期。它的编辑方针是：指明中国妇女应走的解放之路，研究和探讨妇女运动的理论，反映妇女大众的生活和呼声，回答妇女工作中的问题，促进国内与国际妇女的团结。参加这个周刊编辑工作的，先后有卢竞如、周俊、卢瑾、吴全衡、程绯英、王汶等。

为了推动国统区的妇女运动，邓颖超还在《新华日报》上不断撰写许多文章和代论，如 1939 年发表的《纪念“三八”节开展妇女运动》、《检讨“三八”节的工作以增进妇女运动的更开展》、《二期抗战中的妇女运动》；1940 年发表的《坚持抗战与动员妇女》、《目前形势与妇女》；1941 年发表的《“三八”的献词》；1942 年发表的《动员太平洋上各国妇女积极参加各民族的抗日统一战线》；1943 年发表的《今年妇女运动的方向》、《加强妇女动员》。1945 年刚从延安回到重庆，即为《新华日报》题词“我愿意倾听人民和妇女大众的意见，好使我知道怎样为人民和妇女的利益去奋斗”。张晓梅、卢竞如等也常在《妇女之路》上撰写有关妇女问题的文章。此外，受党领导的《妇女生活》、《现代妇女》、《职业妇女》等也常发表南方局妇委指导性文章，或根据党的意图组织稿件。

在各省、市地下党领导下也都出有自己的妇女刊物，如《上海妇女》、《浙江妇女》、成都的《女型》等。

争取本身权益，反击“妇女回家论”

1940—1943 年间，国统区又刮起一股“妇女回家论”的阴风。突出的是端木露西在《大公报》发表的《蔚蓝中的一点黯澹》和福建省主席发表的《我的理想国》，极力鼓吹妇女回家，还正式通令各机关禁用、限用女职员。这当然引起进步妇女界的反驳、批判和抵制。南方局妇委和妇女组领导下的《妇女之路》、《妇女生活》、《现代妇女》、《职业妇女》以及《妇女新运》,《广西妇女》、《浙江妇女》都投入了这场论战，邓颖超写了《关于“蔚蓝中的一点黯澹”的批判》，沈兹九、胡子婴、葛琴以及许多社会人士也都发表了文章。最后南方局书记周恩来亲自写了《论“贤妻良母”与“母职”》(1942 年 9 月 27 日《妇女之路》)，把“母职”和“贤妻良母”区别开来，指出“贤妻良母”或“新贤妻良母”主义的实质，都是站在男权社会的立场上。周恩来的文章把斗争锋芒引向当时存在的社会问题。为争取妇女就业提供了理论武器，等于为这场论战作了总结。各地同时掀起了一系列对歧视、限用、裁减以至禁用女职工的现象的斗争，并取得了一定的胜利。如 1939 年 9 月邮政总局发布限用女职工四条办法，以后各地国民党政府机关、企业、医院、学校以至一些战时机构都引起连锁反应，福建尤为突出。这引起妇女界强烈反对。除进步妇女刊物都开展了有关问题的讨论外，重庆、成都、上海、江西、浙江、福建的邮局女职工、福建省妇女会都纷纷发表通电、声明，要求收回成命。女参政员史良、吴贻芳等也利用参政会的讲坛，为妇女就业呼吁。新运妇指会联络委员会召开的各妇女团体联席会专门召开了两次妇女职业问题座谈会，呼吁各界人士联合起来，敦促政府撤销禁令，职业妇女组织起来，抵制无理的裁减行为。1940 年“三八”纪念会上，还通过了反对限用女职工的决议。为抗议 1942 年国民党国防最高委员会通过的歧视妇女的《公务员战时生活补助办法》（规定夫妻同为公务员时，其妻不得领购平价米），国民党政府二十三个机关联合成立了“女公务员同盟会”向内政部请愿，要求修改“补助办法”。反“回家”的讨论和职业妇女强烈的抗议活动，迫使国民党当局不得不稍作让步，下令不得借故禁用女职员。邮政局和国防最高委员会对它们的原有规定也作了一定修改。福建新上任的省主席也不得不收回了他的前任禁用女职员的禁令。

紧密配合形势和斗争

在南方局妇委和妇女组的领导下，国统区的妇女运动是和各个时期的革命形势和政治运动紧密结合的。例如 1939 年“三八”由新运妇指会联络委员会召集的重庆各妇女团体联席会所通过的以深入动员各阶层妇女参加抗战为中心的“三八”节工作纲要，就是根据邓颖超在联席会议上的讲话精神拟定的。那年“三八”节在重庆举行了有四五千人参加的纪念大会，而且争取到了各机关、工厂、学校的妇女都休假半天，电影院免费招待妇女。同时，国统区四十多个城市和一些农村乡镇，连沦陷的上海及港澳地区也召开了规模不等的纪念会。

1940 年“三八”节，中共中央指示要以动员广大妇女参加声讨汪精卫叛国和促进宪政运动为中心任务。事先，邓颖超等在党内外都进行了酝酿。当国民党方面在新运妇指会召开的“三八”节筹备会上提出以发动妇女献金为中心任务时，张晓梅建议以反汪肃奸，开展宪政运动为中心内容，也没反对献金。她的建议获得大家支持和同意。于是重庆召开了万人大会。广州、桂林、香港等地，也都以此为中心举行了“三八”纪念大会。

1946年的“三八”节，是抗战胜利后的第一个“三八”节。正值政治协商会议召开之后，南方局妇女组提出要以政协精神纪念“三八”。在党和其它进步力量推动下，仍由新运妇指会召开各团体联席会议进行筹备，邓颖超、张晓梅代表陕甘宁边区妇联会代表团参加了，中国妇女联谊会、中苏文协妇委会、《现代妇女》社、《职业妇女》社等也都有代表参加，虽有争论，但对宣传重点、宣言草案、口号、大会主席、讲演人选都取得了一致意见，同意“三八”应以巩固世界和平，积极推进民主建设，要求各党派长期合作，加强国际妇女团结，彻底实现政协关于妇女权益的决议为中心。纪念大会有五十多个单位六千多人参加，由宋美龄主持，发言的有李德全、邓颖超、刘蘅静和美、苏、英、法的使节夫人。上海妇女界在地下党领导下组织了有三万妇女参加的纪念“三八”大会，大会发言、宣言和通电的基调都是要求实行停战协定、政协决议和蒋介石四项诺言（保障人民自由、保障各党派合法地位，实行普选和释放政治犯）。要求妇女享有与男子同等参政、就业、升学和同工同酬等权利。会后还举行了声势浩大的游行，中国妇女联谊会云南分会不顾“一二·一”惨案阴霾未消，仍联合各界民主妇女举行有千余人参加的“三八”纪念大会和游行，下午还公祭“一二·一”被害的潘炎等烈士，有三千多人参加。

开展宪政运动争取民主

为了反对国民党一党专政，党中央提出开展民主宪政运动，要求早日召开国民大会制定和实施宪法。在南方局妇委和妇女组领导下，国统区妇女界积极开展宪政运动，同时为争取妇女民主、自由、平等权益而斗争。

从 1939 年 9 月到 1940 年 4 月，通过新运妇指会联络委员会在重庆共召开了七次宪政问题座谈会，参加的人数由一百多人逐渐扩大到三百多人。座谈会分别由史良、刘清扬、罗叔章、韩幽桐等主持，先后讨论了“宪政问题的产生和发展”、“宪政运动和妇女解放运动的关系”、“如何促进宪政运动和争取妇女参政问题”等。张晓梅、廖似光、史良、刘清扬、曹孟君、胡子婴等都在会上作过发言。陈波儿在第六次座谈会上报告了华北妇女参政的情况。邓颖超以国民参政员身分经常参加这些集会。并在各妇女团体联合举行的女参政员招待会上，发表重要讲话和介绍苏联妇女参政情况。国民党顽固势力则千方百计阻挠广大妇女参加宪政运动，企图包办“国民大会”代表的选举权。由沈慧莲主持纠集三十多人发起组织国民大会竞选会，遭到史良等人的驳斥，李德全拒绝接受该会理事的职务。在广西桂林、云南昆明、四川成都等地的知识妇女也召开了多次宪政座谈会，并在报刊上刊登了有关文章。

开展妇女宪政运动对提高国统区妇女对民主宪政和民主政治与妇女解放的关系等认识起了重要的作用。

1944 年 9 月 15 日中共中央在国民参政会上通过林伯渠正式提出为了挽救抗战危机，准备反攻，希望国民党结束一党专政，召开国是会议，组织联合政府的主张，立即得到各民主党派和进步力量的响应。

抗日战争接近胜利时，中国面临两种命运的抉择。国统区人民要求国民党结束一党专政，实行民主政治的呼声越来越高，《现代妇女》在 1945 年 1 月号《创刊两周年致辞》及有关文章中就明确提出当前的妇女工作要以民主为中心任务。重庆妇女界一百零四人联名发表了《重庆妇女界对时局的主张》，要求实行民主，成立全国人民一致的政府，给人民以言论、出版、集会、结社等基本自由。抗战胜利后，党和爱国进步人士没有盲目乐观，预见到摆在面前的艰巨任务。1945 年 8 月 15 日，中国妇女联谊会发表了对时局的宣言，提出“彻底解除敌伪武装，严惩战犯；警惕那些企图独占抗战成果的人发动内战的阴谋，召开各党派公正人士的紧急政治会议，组织举国一致的政府；释放政治犯；废除一切战时限制人民自由的法令；取消一切战时的赋税、兵役；保障妇女在政治上、经济上、社会上及文化教育上与男子一律平等”七条要求，号召广大妇女组织起来，争取民主和平、团结建国。1945 年 11 月 7 日，针对蒋介石不顾“双十协定”，仍密令各战区遵照他的“剿匪手册”积极反共的情况，中国妇女联谊会发出紧急呼吁，提出反对内战，召开政治协商会议等四项建议。旧政协 1946 年 1 月 10 日开幕，重庆各界进步妇女又积极参加了旧政协前后的激烈斗争。

中共代表团迁南京，并建立南京局后，原由南方局妇女组领导、联系的党员和非党骨干复员到各地后，继续活跃在各条战线上。她们和各界进步势力一起，在反内战、抗议美军暴行。反美扶日、争取民主自由、迎接全国解放的斗争中，发挥了重大作用。

文献3

南方局通过新运妇指会开展的统一战线和群众工作①

南方局党史资料征集小组妇女组

1937 年七七事变爆发后，中国历史进入了抗日民族解放战争阶段。党中央、毛泽东主席号召：在国共两党合作的基础上，建立全国各党、各派、各界、各军的抗日民族统一战线，共同战胜日本帝国主义。共产党的正确主张符合国家民族的根本利益，符合全国人民的迫切愿望，产生了巨大的影响和推动力量。在这种形势下，国民党蒋介石被迫承认我党的合法地位，国共两党的统一战线宣告成立。

1937 年 12 月，我党中央在武汉成立长江局。由邓颖超、孟庆澍等组成长江局妇女委员会，同时代表陕甘宁边区各界妇女救国联合会（简称陕

---

① 收录于南方局党史资料征集小组编：《南方局党史资料 · 群众工作》，重庆出版社，1990 年，第 478—497 页。

甘宁边区妇联）常驻武汉。长江局撤销后，1939 年 1 月，党又在重庆成立南方局。南方局的妇女运动委员会，由南方局委员邓颖超负责。1940 年 10 月，南方局成立统一战线工作委员会，下设妇女组，由妇委兼，邓颖超兼任组长，张晓梅任副组长。长江局妇委和南方局妇委、妇女组坚决贯彻党中央的方针、政策，以发展妇女抗日统一战线作为在国统区开展妇女工作的指导方针，取得了卓越成就，特别是皖南事变以前，通过新生活运动促进总会妇女指导委员会（简称新运妇指会）为宣传、动员、组织广大妇女群众，投入抗日运动，作了大量的工作，被誉为我党在国统区开展妇女抗日统一战线工作的范例。

（一）

新生活运动促进总会，是 1934 年在南昌成立的，后迁南京。蒋介石建立这个组织提倡“新生活运动”，原是为了反对在中国发展共产主义运动。后又成立了新生活运动妇女指导委员会，由宋美龄任指导长。

1938 年，抗日救亡运动蓬勃发展。在这种新的形势之下，宋美龄以她个人的名义，于 5 月 20 日至 25 日，在庐山召开了一个妇女谈话会。邀请了各党派、各界、各地妇女知名人士共 58 人参加，其中中共方面有邓颖超、孟庆澍，国民党方面有沈慧莲、唐国桢、陈逸云、庄静等，救国会方面有史良、沈兹九、刘清扬，基督教女青年会方面有张蔼真、邓裕志、陈纪彝、刘玉霞，还有社会名流学者李德全、吴贻芳、俞庆棠、雷洁琼、曾葆荪、劳君展等。庐山妇女谈话会上，宋美龄提出以新运妇指会作为动员领导妇女参加抗战建国工作的全国性总机构。经过酝酿，到会人士同意宋美龄这个意见，但建议对新运妇指会加以改组扩大，以适应战时妇女工作的需要。中共方面代表邓颖超、孟庆澍在会上联合发言，除作了《关于陕甘宁边区妇女运动概况》的报告外，还着重讲了《我们对于战时妇女工作的意见》，全面阐述了中共对战时妇女工作的基本方针和中心任务。关于建立全国性的妇女组织问题，她们强调指出：这个全国性的妇女组织不管名称如何，应是代表包括各界、各党派、各省、各地区妇女抗日民族统一战线的组织。它的产生，要采取民主方式，可以由现有的各妇女团体的代表和各界妇女先进人士共同筹备，然后召开全国妇女代表大会，正式成立全国妇女统一的领导机构。当时她们考虑战争正在激烈进行，时间紧迫，召开全国妇女代表大会确有困难，但开展抗日工作又刻不容缓，因此赞同以新运妇指会为全国妇女统一机构，但必须切实加以改组扩大，加强民主协商，团结各方面的爱国妇女参加这个机构，组织动员广大妇女从事抗日建国工作。

会议还拟定和通过了《动员妇女参加抗战建国工作大纲》。沈兹九被推选为起草人，邓颖超参加了定稿工作。这是一个动员全国妇女团结抗战的共同纲领。绪言中说："占国民半数的妇女，极应赶快制定具体的动员方案，有计划有组织地来推动全国妇女大众，参加这种神圣的抗战建国工作。而要动员全国妇女，必须有一个全国性的统一组织，并且联络其他原有的妇女团体，分工合作，以便增加抗战建国的效率。"大纲提出了妇女在抗战建国中的任务是：宣传、救护、征募、慰劳、救济、儿童保育、战地服务、侦察汉奸、动员壮丁上前线以及从事工农业生产与合作事业等。大纲提出了"以工作为中心组织并训练妇女"和"从满足妇女生活需要入手"是动员妇女工作方法的原则；迅速提高妇女文化水准，普遍地培养妇女的谋生技能，积极改善劳动妇女生活状况，努力扩大妇女职业范围……，是动员妇女的先决条件。这个大纲基本符合我党提出的"为争取千百万群众进入抗日民族统一战线而斗争"的方针政策，奠定了妇女界联合抗日的政治思想基础，对改组、扩大后的新运妇指会的工作起了指导、推动和约束作用。在国民党顽固派掀起第二次反共高潮发生皖南事变以前两年多时间内，根据这个大纲，我党通过新运妇指会做了大量的、艰苦的、卓有成效的妇女工作。

改组扩大后的新运妇指会于 1938 年 7 月 1 日在汉口正式组成。它改变了这个组织原来的宗旨和任务，形成了新的阵营，有了新的工作内容。改组后的新运妇指会，仍由宋美龄任指导长，李德全进入了常委会，指导委员会由原来的七名增加到三十六名，其中有邓颖超、孟庆澍、康克清、曹孟君等。张蔼真、陈纪彝分别担任正、副总干事。新运妇指会分设八个组和一个委员会。由国民党方面担任工作的有：慰劳组组长唐国桢，战地服务组组长陈逸云，生活指导组组长黄佩兰。其中唐、陈为国民党中央党部妇女运动委员会的委员。救国会方面的有联络委员会主任史良，训练组组长刘清扬，文化事业组组长沈兹九，无党派人士俞庆棠任生产事业组组长。天主教人士纽珉华担任儿童保育组组长（后由陈纪彝担任）。总务组由谢兰郁担任组长，这些人选的安排是庐山妇女谈话会后，各方面代表共同酝酿、协商确定的。

联络委员会和八个组大都是新建立的，都需要增添和安排工作人员。邓颖超和史良、沈兹九、刘清扬等根据开展工作的需要，对人选问题作了认真的研究．首先选拔了一些在社会上有一定声望、有群众基础、有斗争经验和政治修养又有一定学历的同志，如上海妇女救国会骨干陆慧年、北平“一二·九”运动骨干郭见恩（郭建）、原在上海后到武汉的知名妇女工作者罗叔章、罗琼、王汝琪等（她们都是中共党员），分别配备到联络委员会、训练组、文化事业组担任股长或训练班教导主任和其他职务。后来随着工作的发展，通过各种渠道，又先后在各部门调进了一批爱国进步青年和中共党员，如联络委员会有左岫泉、余梅青、树扬（戈扬）、杜子明，训练组有李植青、张韵之、刘英京等，文化事业组有夏英喆、魏郁（何文）、郑还因（郑炜）、徐培影等。国民党员黄佩兰领导的生活指导组绝大部分也是爱国青年，还有个别是中共党员。儿童保育组的副组长是中共党员徐镜平（也是战时儿童保育会的常委和保育股长），这个组的进步力量也占了主导地位。一些下属单位，如训练组办的战时妇女干部训练班及由训练班学员组成的几十个战时乡村服务队，儿童保育组直属的十来个保育院，生活指导组下属的几个工厂服务队，文化事业组办的女工学校，生产事业组办的生产事业单位等，都有很多爱国进步青年和一些中共党员在其中工作。

1938 年 7 月至 1940 年，新运妇指会先后在广东、湖南、河南、四川、贵州、广西、江西等地建立了分会。它们的名称是新生活运动促进会某某省妇女工作委员会，简称新运妇工会。这些组织里也有中共党员和进步力量，如广东省新运妇工会是邓颖超推荐区白霜（区梦觉）协助国民党省府主席李汉魂夫人吴菊芳建立的；河南省新运妇工会，由中共党员郭霁云和当时中共河南省委妇委书记吴应先（吴平）协助当地战区司令长官卫立煌夫人朱韵珩组织起来的；广西新运妇工会，由中共党员李应芬等协助第五战区司令李宗仁夫人郭德洁成立的，直到 1943 年第三次反共高潮时，先后共有十多名共产党员在该会工作。

新运妇指会还在国民党党政军各部、院、会建立了新运妇女工作队。在这些妇女工作队中也有一部分进步力量，如军政部妇工队一度曾由爱国进步人士郑英担任实际领导工作，重庆市政府的新运妇工队，是由当时重庆市市长贺耀祖的夫人、爱国进步人士倪斐君领导的。

（二）

在新运妇指会中，联络委员会、训练组和文化事业组是进步力量的核心。

联络委员会的任务是以新运妇指会的名义，组织、发动和统一领导妇女界的抗战活动。它先后横向联络在武汉、重庆的各妇女团体，纵向联络各省新运妇工会和国民党党政军各部、院、会的新运妇工队，并且可以新运妇指会的名义对动员妇女参加抗战建国的各项工作进行指导、检查和督促。

联络委员会主任史良，自三十年代初就和中共上海的地下组织建立了联系，和中国共产党一直紧密合作，并肩战斗。她在社会上和妇女界有相当高的威望；同宋庆龄、宋美龄、宋霭龄姊妹也有较好的关系。她敢于斗争和善于斗争。这使得她领导下的联络委员会在新运妇指会中发挥了承上启下、团结各界妇女、坚持抗日统一战线等重要作用，成为新运妇指会中的一个极为重要的部门。联络委员会经常召开各妇女团体的联席会议。这是采纳了邓颖超、孟庆澍在庐山谈话会上的建议，从武汉开始实行到重庆便作为固定形式保留下来。通过联席会议邀集各妇女团体研究和布置工作。在这些妇女团体中，有不少是我党领导或受我党影响的进步组织，如《妇女生活》社（沈兹九任主编，党员寄洪为专职编辑），难民妇女服务团（由倪斐君、黄静汶、胡绣枫、张启凡等组织领导，胡、黄均为中共党员）、重庆妇女慰劳分会（由中共党员陈奇雪、陈玉和、周健负责）、回民救国协会妇女组（由中共党员温式一领导）等。以邓颖超为团长的陕甘宁边区妇联驻渝代表团也参加联席会议。代表团团员是卢竞如、廖似光、张晓梅和张玉琴。她们在联席会议上不仅行使合法的发言权、表决权，而且还以公开的共产党员身份与各方人士接触，这样就使我们增加了一个公开合法的统战工作阵地。我党的统一战线的方针、南方局对战时妇女工作的意见，都可以通过联席会议及时传达到各个妇女团体中去。因此，联席会议实际上起着比新运妇指会本身更为广阔的作用。

训练组的任务主要是办战时妇女干部训练班。在组织和训练广大妇女群众，培养建立一支妇女青年干部队伍方面起了很大作用。从 1938 年夏到 1940 年，训练组共举办了五期训练班，培养妇女干部近千人，学员有小学教师、社会青年、三青团员和国民党军委战干团的女生。其中高级妇女干训班主要是由国民党中央与各省党部和省市新运妇女工作委员会保送来的人，其中也有少数中共党员和公开招考来的爱国进步知识妇女。课程设置理论课有："三民主义研究"、"抗战建国纲领"、"论持久战"、"新生活运动要义"等，业务课有："救护常识"、"农村服务"、"妇女组训"等。第一期训练班，周恩来同志被邀请去作过题为"抗战何以必胜"的讲演，张爱萍同志去讲过"如何开展敌后游击战争"，邓颖超、阎宝航、戴白韬、钱俊瑞、陶行知、张友渔、黄薇等共产党员或进步人士也曾先后在各期训练班受聘讲课。

各期学员结业后，训练组征得妇指会领导同意，除高干班学员回原单位外，绝大部分都要先到农村去实习，编成战时乡村服务队，分别到各县、区、乡、镇做抗日宣传组织工作；少数分到生活指导组所属的工厂服务队及慰劳组所属的伤兵服务队工作。乡村服务队仍归训练组领导，直到 1940 年妇指会增设了战时乡村服务组，由谢伟鹏担任组长。分到乡村服务队的学员，曾先后到湖北4个县、湖南10个县和四川56个县下乡服务，宣传团结抗日，动员、训练、组织妇女参加慰劳驻军、抗属，扶助伤兵，抢救被日本飞机轰炸受伤的群众、难童等抗日工作，开展识字、扫盲、唱歌、演剧等文化活动及举办生产事业等。她们到了乡镇后，使一向沉寂的乡镇不同程度地掀起了抗日群众运动的热潮。许多学员为抗战做了不少有益的工作，一部份还先后走上了革命的道路。

文化事业组主要是根据庐山谈话会制订的《动员妇女参加抗战建国工作大纲》，向广大妇女进行团结抗日、妇女解放的宣传教育工作。工作方法多种多样，如：出版刊物、丛书，编写宣传提纲和资料，开办女工学校、妇女问题研究班，进行社会调查和开展妇女文学作品的征集、评奖等。在武汉时期，文化组把工作重点放在办女工学校上。在中共地方党组织的支持下，由担任股长的罗叔章负责，有大批大、中学生、教师及社会上的知识分子参加，在武汉的工厂区办了20几所女工学校。教员大部分是爱国进步青年，其中有中共党员陈光宇、林袁（林立）等。学校以坚持进行抗日救国，提高女工民族解放和自身解放觉悟的政治教育为主，附带学习文化。武汉撤退前，周恩来同志曾指示：不能让我们的工业落入敌手。罗叔章等同志通过女工学校动员了两千多名女工迁往内地，从而保存了我国民族工业的部分生产力和工人阶级的骨干力量。在撤退中有20多名女工要求去了延安。

在重庆时期，文化事业组的工作重点放在办好妇女刊物上。由党员夏英喆负责编辑的《妇女新运通讯》半月刊，主要面向新运妇指会的乡村，工厂服务队员和妇女团体成员，刊载与当时政治形势有关的论述，并推荐一些进步书目，从理论思想上武装妇女工作者。由郑还因编的《新运妇女》月刊，主要是介绍妇指会工作情况，交流工作经验。由魏郁负责编辑的国民党《中央日报》副刊的《妇女新运》周刊是个很难编的刊物，既不能太进步，又不能宣传反动思想，主要只能从妇女解放的角度编发文章。上述刊物都是以新运妇指会的名义编辑出版的。邓颖超等曾为其撰文。此外，由中共党员徐培影编辑的壁报资料，内容充实，图文并茂，专供乡村、工厂、伤兵服务队和各妇女团体出壁报用，传播广泛，起了正式报刊所起不到的作用，受到各地群众的欢迎。

新运妇指会的其他各组也都做出了很大的成绩。

儿童保育组和战时儿童保育会基本上是一套人马，先后由战时儿童保育会总干事陈纪彝、纽珉华、熊芷兼任组长，由其常务理事徐镜平任保育股长。但保育会仍保持其独立性。它共有 14 个分会，至抗战胜利后的 1946 年 6 月结束工作止，全国先后建立了 53 个保育院，抢救抚育了二万九千多流离失所、挣扎在死亡线上的难童。保育会每月开例会一次，凡属保育会方面的重要事项。均由该会常务理事会商议决定。在抢救儿童和创办儿童保育院的工作中，中共党员曹孟君、徐镜平、罗叔章等都率先亲临战区，在军队和群众已经撤离的街头巷尾，抢救被遗下的难童，并排除千难万险，把他们护送到大后方或较安全的地带。在各保育院中，有一批成绩卓著的优秀院长是共产党员和爱国进步人士，如武汉临时第一保育院院长李邕源、先后任重庆万寿宫临时保育院和泸州第七保育院院长的杜君慧、先后任重庆歌乐山保育院院长的曹孟君、徐篆，保育会直属第一保育院院长罗叔章、杜贵文，第三保育院院长赵君陶等，还有被尊为“伤兵之母”的蒋鑑也是优秀院长之一。在她们和广大保育工作者的精心培养下，不少当年的保育生，全国解放后当了国家干部，成为各方面的专门人才。

生活指导组及其所属的工厂服务队、北碚妇女生活改善实验区等，也都有中共党员和进步青年在其中工作。如生活指导组的股长由上海妇女救国会理事左诵芬担任。工厂服务队和试验区等单位的队长、指导员大多数是进步力量，其中有中共党员李冰洁、沈纪云、胡文经、姚汝安、丁洁如、刘肃宴等。她们分别在重庆申新、裕华、豫丰等几个工厂服务队中，办女工识字班，成立救护队、歌咏队、话剧团等，还在厂内进行反对投降、坚持抗战的宣传教育，培养了一批工人骨干，加强了工人之间的团结。此外，还帮助女工向厂方争取改善生活进行合理斗争。

我党和进步人士还积极参加了慰劳组主持的募捐、慰劳伤兵、慰问军属等活动，宣传坚持抗战，提高士气。仅 1939 年 3 月 5 日在重庆举行的妇女献金会一次就获得了 63 万多元的成绩。邓颖超曾到医院参加慰问伤兵的活动。

生产事业组组长先后由社会知名人士俞庆棠、张惠文担任。也有中共党员和爱国进步人士参加该组工作。生产事业组在四川建立了乐山蚕丝试验区、松溉纺织试验区、新运纺织厂、新运纺织工艺社等生产事业单位，这样既能提供部份军需用品，又解决了部分抗属和难民的就业问题，先后参加生产的妇女共有几万人。

“皖南事变”前后，国民党加紧迫害共产党员、爱国民主人士和进步青年，不少人上了国民党特务机关的黑名单。在南方局领导下，妇女组帮助她们先后从新运妇指会撤离。但仍留下个别没有暴露的党员如：冯光灌、胡文经等一直坚持工作到上海解放前夕。

（三）

改组扩大后的新运妇指会，在皖南事变前两年多的时间里，是我党在国统区动员组织各界妇女参加抗日运动的主要阵地之一。这是我党抗日民族统一战线正确路线的胜利，是妇女组邓颖超等同志坚决贯彻，正确执行党的统战工作方针政策的结果。

抗日战争时期，国统区的妇女工作围绕“为争取千百万妇女群众进入抗日民族统一战线而斗争”这个目的，结合当时的特殊环境，始终坚持党的独立自主原则，发挥党的领导作用。党的妇女工作组织十分注意依靠妇指会内的中共党员，团结广泛的进步力量，积极贯彻执行党的方针、政策和指示。在新运妇指会的各个部门、各基层单位以及有关的妇女团体中，都有为数不多但比较精干的中共党员。这些党员有的是经过邓颖超亲自选定的，有的是由地方党组织推荐的。除个别部门短期成立过党小组外，党组织对这些党员都采取单线领导的方式。因此南方局妇女组同志的工作是十分具体的，也是十分繁重的。特别是邓颖超，直接联系领导的党员最多。她亲自找这些党员谈话，交待［代］党的政策和工作任务，对一些嫌做统战工作麻烦，不愿意干的同志，还要进行教育，提高她们对巩固和扩大抗日民族统一战线的重要意义的认识。党员在工作中遇到困难，或者遇到对全局关系重大的问题时，邓颖超总是亲自找来谈话，针对每个人的特点以及不同的处境和政治水平给予具体的、细微的指导和帮助。对党员既十分爱护，又严格要求，使她们能正确地了解党的决议和指示，自觉地贯彻执行党的方针政策。

邓颖超等妇女工作领导人同爱国民主人士、先进妇女领袖们建立了密切联系，通过他们来贯彻党的主张。早在武汉时期，邓颖超等经常邀集少数知名妇女，对如何开展妇女抗日工作交换意见。后来逐渐形成了在妇女界里有影响人物的核心座谈会。参加座谈会的除妇女组领导同志及少数党员干部外，多数是救国会的人士，主要有史良、刘清扬、沈兹九、杜君慧、曹孟君、罗叔章、韩幽桐等。这个核心座谈会起着沟通意见，统一思想，加强联系，协调行动的作用。自史良、沈兹九、刘清扬进入新运妇指会以后，妇女核心座谈会对推动新运妇指会统战工作起了重要的积极作用。凡是重大政治问题或要在各妇女团体联席会上讨论的问题，大都先在妇女核心座谈会上讨论，集思广益，共同商量；然后，分别在联席会上或其他有关场合提出。这样就能及时宣传贯彻我党的主张，有力地推动了妇女统战工作。

妇女核心座谈会的时间不定期，也不拘形式，不同时期参加会的人员也不尽相同，根据讨论问题的需要，有时也吸收新运妇指会中的党员、非党骨干及参加妇女团体联席会议的各进步团体负责人参加。

妇女组邓颖超等还善于通过公开方式和合法斗争，宣传我党的方针政策，扩大我党在国统区的影响。从 1938 年庐山妇女谈话会以来，邓颖超以陕甘宁边区妇联代表团团长的身份对新运妇指会的工作起了强有力的推动和指导作用。

1938 年，武汉进步妇女团体准备热烈庆祝三八节，但遭到国民党顽固派势力和特务等多方阻扰、破坏。进步势力进行了不懈的努力和巧妙的斗争，并邀请宋美龄主持这次集会，终于在国民党湖北省党部内开了个规模虽小但群众情绪十分热烈的纪念会。会后群众还冒雨举行了游行宣传活动，顽固势力的阴谋并未能完全得逞。

1939 年的三八国际妇女节，是新运妇指会改组扩大后的第一个妇女节。南方局妇委通过新运妇指会联络委员会，发动组织了一次声势浩大、空前热烈的有各界妇女群众四五千人参加的纪念活动。三八节那天，各机关、工厂、学校的妇女，都一律休假半天，电影院免费招待妇女。

节日前，联络委员会召开各妇女团体的联席会议，讨论筹备纪念三八妇女节的工作，邓颖超在会上讲了话。她讲的主要精神是：当前妇女运动的主要任务是将抗战动员切实深入到各阶层妇女中去，以打破妇女运动的狭隘范围。提交会议讨论的纪念三八节工作纲要，主要是根据邓颖超的讲话拟定的。虽遭到国民党方面陈逸云、唐国桢等的反对，但终以出席的多数代表赞成获得通过，并决定把这个纲要发到国统区各省新运妇工会等单位中去，以统一纪念活动部署。于是，这年三八节，不但在重庆举行了声势浩大的纪念活动，而且在四十多个城市同时举行了纪念会，就连一些农村乡镇、沦陷的孤岛上海及港澳地区，在党和爱国进步力量的推动下，也召开了规模不同的纪念会。这次三八节纪念活动宣传动员范围之广，是空前的。

1940 年的三八节，正值打退国民党第一次反共高潮之后不久，当时国民党方面提出，纪念三八节要以发动妇女献金为中心任务；中共中央则指示要以动员广大妇女参加声讨汪精卫叛国和促进宪政运动为纪念三八节的中心任务。南方局妇委根据中央指示，就这个问题先后在党内外进行了讨论酝酿。在作好了准备以后，张晓梅以陕甘宁边区妇联驻渝代表的身份，参加了新运妇指会召开的筹备纪念三八节的妇女团体联席会议。在会上她建议各妇女团体以反汪肃奸、开展宪政运动为纪念三八节的中心内容，对国民党提出的献金问题也没表示反对。她的建议得到了到会代表的支持和拥护。于是，会后重庆、广州、桂林、香港等地，分别举行了三八纪念大会，以反汪肃奸和促进宪政活动为中心内容，同时发动献金活动，仅在重庆一地就有各界妇女近万人参加纪念大会。

为了反对国民党的一党专政，党中央提出开展民主宪政运动，要求早日召开国民大会制定和实施宪法，以揭露国民党假民主真专制的本质。南方局妇委根据党的指示，把发动妇女参加宪政运动作为一项重要的任务。在这一运动中，同时还要争取妇女参政的民主权利。从 1939 年 11 月到 1940 年 4 月，通过新运妇指会联络委员会，组织重庆各妇女团体联合召开了七次妇女宪政问题座谈会。参加会议的人数每次由一百多人逐渐扩大到三百多人，座谈会分别由史良、刘清扬、罗叔章、韩幽桐等进步人士或中共党员主持，先后讨论了“宪政问题的产生和发展”、“参政运动和妇女解放运动的关系”、“如何促进宪政运动和争取妇女参政问题”等。张晓梅、廖似光、曹孟君、胡子婴等都在座谈会上作过发言。邓颖超以国民参政员身份参加了妇女界宪政运动的集会，并在各妇女团体联合举行的女参政员招待会上，作了重要讲话，介绍了苏联妇女参政的情况。

两次大规模的“三八”纪念活动和妇女宪政运动的开展，进一步反映了以进步力量为主导的国统区妇女统战工作是和党的斗争任务紧密结合的。

南方局妇委和妇女组为团结抗日力量，反对顽固势力，坚持抗日统一战线，进行了大量工作。

邓颖超和爱国进步人士李德全、史良、刘清扬、沈兹九等除经常在公开场合接触外，还保持着密切的个别联系，同她们交心谈话，肝胆相照。当进言时总是以大局为重，直言不讳。邓颖超这种坦荡胸怀，使她们心悦诚服，真心实意拥护和执行党的统一战线政策，甚至甘冒生命危险支持党的事业，保护我党同志。一九四一年皖南事变发生后，国民党特务搞了一份“共产党危险人物”的黑名单，准备分批逮捕，其中有一部分还要秘密处死。一位党外朋友得到情报后，立即设法转告邓颖超、张晓梅。根据中共中央的决定和南方局的指示，妇女组对黑名单上的党与非党干部，逐一研究了转移方案，经过周密安排，在地方党组织和进步朋友的帮助下，使她们安全撤离了妇指会，转移到新的战斗岗位。

邓颖超等与新运妇指会以及其他妇女团体中的非党进步人士和青年女

干部，也建立了密切的联系和广泛接触。邓颖超、张晓梅等不辞辛苦，经常采取各种方式和她们保持联系，关心她们的成长，帮助她们解决一些困难，注意保护她们的安全，彼此结下了患难与共、休戚相关的革命情谊。新运妇指会的一些进步人士、知识青年以“小姑”这个称呼作为邓颖超的代号，把到曾家岩五十号或到红岩与妇女组同志见面当作“回娘家”。她们中间不少人，后来都参加了共产党。

邓颖超也十分注意团结、争取新运妇指会中所有赞成抗日、热心妇女工作的中间人士，包括一些国民党员、总干事张蔼真，副总干事陈纪彝是基督教徒，她们作风比较正派，热心抗日和社会工作，富于实干精神。中共党员和进步青年尽力帮助她们搞好工作，如进步青年冯光灌在总干事室任秘书，工作认真负责，又不计较个人得失，深受妇指会工作人员和总干事张蔼真本人的赞赏，成了张的得力助手。又如党员徐镜平任儿童保育组副组长，真心实意协助组长陈纪彝开展工作，配合默契，也受到陈的欢迎。邓颖超本人还亲自做过张、陈的工作。由于重视对她们的争取团结，在进步势力和顽固势力的斗争中，她们对共产党往往能采取比较公正的态度。在国民党政权崩溃前夕，新运妇指会的中、上层工作人员有不少人逃往台湾，张蔼真却去了香港。行前还叮嘱妇指会中愿留在大陆的原总务组长谢兰郁等工作人员，保护好财产帐［账］目，等待共产党的妇女机构来接管。

妇指会生活指导组组长黄佩兰是国民党员。她爱国，有事业心，重视人才。妇女组对她采取支持、团结的态度，安排了一批爱国青年和少数党员到生活指导组及其所属的工厂服务队工作，和她合作得比较好。在第二次反共高潮中，她对进步力量在某种程度上曾起到掩护作用。

即使对国民党顽固分子唐国桢，党员和进步力量也以大局为重，对她分管的慰劳组的工作，一般采取合作的态度，尽可能地帮助她们开展募捐、慰劳抗日军队、扶助伤兵等工作。

对宋美龄，党也是坚持了又团结又斗争，以斗争求团结的方针。抗战初期，根据她表示愿意和各方面人士合作抗日，考虑到她是蒋介石夫人的身份，认为在国共合作的形势下，和她合作推动妇女抗日救国工作，对于发展扩大国统区妇女抗日统一战线是有利的。因此，赞同她继续担任改组，扩大后的新运妇指会的指导长。宋对邓颖超等公开的共产党的代表和妇女界爱国知名人士，如史良、沈兹九、刘清扬等表示尊重，对新运妇指会所进行的各项抗日宣传动员工作基本是支持的，由于她是指导长，对进步力量有时在客观上还能起到某些保护作用。但是，基于其阶级立场和家族关系，她对抗日的态度，对共产党和进步人士的态度，归根到底取决于蒋介石的总体部署。所以妇女组在工作中与进步人士一起，在联合她抗日的同时，对她不利于团结抗日的言行则进行抵制和斗争。如宋美龄曾以优厚待遇为诱饵，企图使沈兹九停办《妇女生活》，被沈坚决拒绝了。陈逸云送给《新运妇女》编辑部一篇工作报告，其中一段诬蔑“共产党制造磨［摩］擦”。沈兹九在刊登这篇稿子时，删去了这段文字。为此陈逸云到宋美龄面前“告状”。沈兹九理直气壮地申辩：我们遵循的正是在庐山谈话会上通过的《动员妇女参加抗日建国工作大纲》的精神，作为编辑，有权对违反共同纲领的言论进行删节。宋美龄也无可奈何。1940 年 3 月底，宋庆龄自港抵渝，渝市妇女以极高的热情表示欢迎。宋美龄自任欢迎委员会主任，但是她却外热内冷，以保护孙夫人为借口，不许记者采访，不许开群众欢迎大会。由于妇女界强烈要求隆重欢迎孙夫人，宋美龄迫不得已才同意在嘉陵宾馆举行一次招待会，参加招待会的人，以国民党员占大多数的高级妇女干部训练班学员为主，企图由她来左右会场。招待会开始后，东道主宋美龄和宋蔼［霭］龄都讲了话，却不安排主宾宋庆龄讲话，当场引起群众极大不满，但宋美龄却装作若无其事，站在凳子上教大家使用西餐刀叉的方法。这样一来，更激起了群众的反感。经我党同志和进步人士的带动，大家高喊：“欢迎孙夫人讲话！”宋美龄出于无奈，只好请孙夫人讲话。宋庆龄在讲话中深入浅出地宣传了孙中山先生的新三民主义，指出：她在国外看到许多人也不会用刀叉，因为民生问题没解决。含蓄地批评了宋美龄。

在皖南事变前，国民党强迫妇指会工作人员参加国民党。宋美龄亲自出马，动员史良、沈兹九、郭见恩等参加国民党，声称要吸收她们作特别党员。她们以不同方式拒绝了，有的并且当面对宋美龄直言不讳地批评了国民党一党专政和实行特务政策等等。

随着国民党顽固派反共面目越来越暴露，新运妇指会内部的斗争也越来越激烈。妇女组高举“坚持抗战，反对投降；坚持团结，反对分裂；坚持进步，反对倒退”的旗帜，团结进步力量，争取中间力量，同国民党顽固势力开展了有理、有利、有节的斗争。

妇指会中顽固势力的代表之一是陈逸云。陈是国民党中央党部妇女运动委员会委员、三青团负责人之一，在新运妇指会任战地服务组长，但她根本没有组织过什么战地服务队，也从未领导开展过这方面的工作。而她的主要活动是同会内外国民党顽固势力一起，反对新运妇指会的进步势力，破坏妇女界的抗日统一战线。她在联络委员会召开的妇女团体联席会上经常和进步人士唱反调。在文化事业组主办的各种刊物上，她千方百计企图塞进反共言论。她对进步人士进行监视、造谣诬蔑，常到宋美龄那里“告状”，以排斥打击进步人士。

陈逸云等国民党顽固势力，阴谋控制妇指会办的妇女干部训练班，并向训练班派遣特务，妄图发展特务组织。针对国民党顽固势力的阴谋，邓颖超强调指出：在训练班同国民党顽固势力的斗争，关键问题在于争取青年，因此，在课程安排，聘请教员，组织辅导学员学习等方面，决不放弃领导；而对三青团员和军委战干团的学员则不应歧视，因为她们中的大多数是爱国的，是热情抗日的，所以对她们必须采取团结教育方针。至于对个别特务，则发动学员予以揭露，并公开批判国民党利用特务镇压群众的政策。事实证明这些指示是正确的。这些学员后来分配到战时乡村服务队后，大多数能刻苦耐劳、勤奋工作；在宣传动员妇女群众参加抗日活动中起了积极作用，有的后来还加入了共产党，如：三期训练班的战干团女生蒋端方就是其中的一个。

武汉失守后，新运妇指会迁往重庆，第一、二期训练班学员编成乡村服务队撤退到湖南，宋美龄指定由刘清扬、陈逸云共同负责领导。1939 年夏，陈逸云趁刘清扬去重庆工作之机，在服务队中肆无忌惮地造谣中伤，挑拨离间，制造分裂，压制破坏服务队的抗日宣传动员工作。同时，由于当时物质条件差，队员生活上遇到不少困难，陈逸云等漠不关心，不予解决，因而，引起队员们的强烈不满和思想波动。有人要求离队，有人不告而别，造成服务队大量减员。1939 年冬这批服务队调回重庆，在向领导汇报工作时，中共党员团结进步力量，巧妙地推动队员们对陈逸云进行了揭发。由于有切身感受，她们发言时甚至声泪俱下，形成了对陈的控诉，这完全出乎陈的意料，感到下不了台，不久她只好辞职离开了妇指会，她的阴谋终于彻底失败了。

我党通过新运妇指会开展的活动，扩大了妇女界的抗日统一战线，为党的革命事业培养了一批干部，为抗战作了大量的工作，同时，也为开展妇女统战工作积累了丰富的经验。

皖南事变以后，进步力量大部分撤出了新运妇指会，从此，新运妇指会已失去了过去领导妇女界团结抗日的作用。南方局妇女组在艰苦斗争的条件下，继续坚持开展妇女统战工作。这期间，除通过 1940 年春成立的中苏文化协会妇女委员会及其他进步妇女组织开展统战工作外，还先后创办了《现代妇女》、《职业妇女》等杂志，作为宣传阵地，并组织了许多小型的妇女读书会和座谈会。在这些组织的基础上和在抗战胜利前夕的民主运动高潮中，成立了中国妇女联谊会，并先后在各地建立了分会。南方局妇女组通过这些组织更广泛深入地团结了各界妇女，扩大了统一战线，在坚持抗战，争取民主，迎接全国解放的斗争中，作出了贡献。

（本文执笔人郭建、寄洪、陆慧年、黄柳玲、刘静、黄慧珠、徐克立等。并承沈兹九、罗叔章、卢竸［竞］如、郑还因、徐培影、左诵芬、姚汝安、徐镜平等提供了许多宝贵回忆资料）。

（1988 年 5 月）

文献4

中共南方局妇女运动委员会[①]

抗日战争时期中国共产党的妇女工作部门之一。1938 年 11 月中共中央决定成立南方局取代长江局，周恩来任书记，邓颖超任委员，专门负责妇女工作。1939 年 2 月南方局成立了下属的妇女运动委员会。邓颖超为负责人，委员有廖似光、刘群生、卢竞如、陈奇雷、寄拱［洪］、徐克立、范之甄等，卢竞如任秘书。南方局以这些妇女委员为骨干，组成陕甘宁边区各级妇女教国联合会驻渝代表团，邓颖超任团长。1940 年 10 月，南方局统一战线工作委员会增设妇女组，邓颖超任组长。南方局妇委会常以“陕甘宁边区各界妇女联合会驻渝代表团”的名义，公开合法地开展统战工作，并根据党的路线、方针政策指导中共南方局所属地区的妇女运动。邓颖超和妇委会成员常发表文章讲话，及时总结纠正妇女运动的经验和错误，指出新的工作方向，为统一战线的建立和发展以及推动国统区妇女运动作出了卓越的贡献。

（石　彤）

① 收录于卢乐山主编：《中国女性百科全书》文化教育卷，东北大学出版社，1995 年，第 537 页。

华南妇女教育资料

文献1

关于南岳游击干部训练班的部分情况（节选）[①]

薛子正

……

我党派到南岳游击干部训练班的同志除担任教官的叶剑英、边章伍、李涛、薛子正、吴奚如、李哲白（又名李崇）外，同时还派去了三个速记员，一个是李涛的爱人，一个是陈宛文（边章伍的爱人），再一个是李蕴玉同志；刘澄清同志带去一部电台；一个负责生活的徐天宝和一个姓薛的炊事员（以后在红岩嘴做过炊事员）。另外还配备了个武装班，一共三十多人组成。我们的名义是中国共产党代表团。我们住在南岳镇南面一个地主的庄园“桔盈圃”里，这个“桔盈圃”有十几间房子，前面有水塘，周围是土墙，附近驻有国民党的军队。

……

我们代表团驻地“桔盈圃”，离南岳镇不过几里，方圆几十米宽，栽满了桔子树，我们没摘过一个桔子吃，树上掉了的桔子，我们拣起来交还给园子的主人。附近鱼塘养了不少的鱼，我们也不钓一条鱼吃。我们的女同志穿戴和男同志一样，从不特殊。这些在当地老百姓中产生了很好影响，他们说：共产党就是不像“刮民党”，共产党就是好。我们的炊事员老薛同志到镇上买东西，很受群众欢迎。

（彭定秀记录整理，原件存红岩革命纪念馆。重庆）

① 收录于南方局党史资料征集小组编：《南方局党史资料 · 军事工作》，重庆出版社，1990 年，第 165—169 页。

广　东

广东妇女解放运动大事记

文献1

1938年（节选）①

……

1月4日　广东省妇女团体联席会议发表告全省女同胞书，号召为“保卫华南、保卫祖国而血战到底”。

……

1月9日　日机分4批空袭公路、铁路。

〇广东妇女团体联席会议召开座谈会，100多人参加讨论训练壮丁问题。11日派出代表到广州市社训总队提出举办妇女武装的要求。后来社训总队成立了妇女队，分期组训妇女。

……

1月15日报道：广东女权运动大同盟动员全省妇女参加救亡工作，协助政府抗战到底。

……

1月　……

〇李汉魂夫人吴菊芳（原为中山大学农学院学生）和共产党合作，筹建汕头市妇女抗敌同志会。

……

2月2日　广东妇女抗敌同志会成立，通过十案，选出干事李峙山等15人，会员500余人。推举李峙山、陈明淑为正、副主席，伍坤顺（共

① 收录于沙东迅编著：《广东抗日战争纪事》，广州出版社，2004年，第70—162页。

产党员）等为常务理事。主要骨干为中共女党员伍坤顺、林玩、汪梅、朱慕湛等人。出版刊物《妇女大众》。该组织迅速地从城市发展到农村，成为领导全省妇女开展抗日救亡运动的组织。广州沦陷时，活动停顿。

……

2月14日报道：……

〇省女联会组织妇女服务团，推动全省妇女救亡。

2月14日　……

〇广东战时妇女服务团成立。

2月中旬　岭东青年抗敌同志会通讯处在汕头公开合法成立，统一领导潮汕、兴梅地区的青年抗日救亡运动。在此前后，粤中、珠江、西江、琼崖、南路、东江、北江等地区的学生、青年、工人、农民、妇女抗日救亡团体也逐步建立起来，形成了全省范围的抗日救亡运动高潮。

……

2月21日　12个妇女团体的代表在省女界联合会召开纪念“三八”节筹备会议，由雷励琼主持，讨论“三八”节纪念大会事宜，布置会后巡行、游艺演出、大会刊物出版工作。议定3月10日至12日3天由各团体派员负责各地段的宣传工作。内容是：抵制日货、劝捐、鼓励壮丁从军，以多种形式动员全体妇女参加抗战工作。

……

2月　……

〇广州妇女抗敌同志会成立（有国、共女党员参加），选出理事11人，何巧生为主席。其他各市、县也纷纷建立了妇抗会，广泛开展抗日救亡活动。

〇中共南委书记张文彬告知区白霜（区梦觉）留在广州工作。区在广州与各妇女团体联络开展抗日救亡工作。

……

3月8日　本省妇女界举行庆祝“三八”节，上午晋谒余汉谋总司令献旗，缀有“守土卫国”四字，正午开会5000余人巡行，晚间游艺，扩大抗战宣传。

……

3 月 11 日报道：……

〇省妇女辅导队续赴沿海各县策动妇女战时组织。

……

春　……

〇中共汕头党组织领导抽纱女工 300 多人组织工会。国民党当局一面不批准成立工会，一面以汕头工会联合出面派两个流氓分子去诱骗工人另组工会。他们收买了数十个流氓并骗取了一些抽纱工人去登记入会，把持工人代表会和选举，结果选其爪牙为理事。至潮汕危急时，中共党组织领导抽纱工人离汕头市，盘踞在工会的两个流氓诱骗工人留在汕头，汕头沦陷后，这两个流氓公然当了汉奸，并将留在厂内的工人掳去台湾或香港。

……

4 月 3 日—4 日　广州市妇女会举行儿童节联欢大会，同时扩大抗敌宣传。

……

4 月 11 日　……

〇广东妇女抗敌会通电吁请世界妇女共讨倭寇。

……

4 月 21 日　广东妇女团体联席会议举办妇女战时学习班，三个月一期，讲授政治、经济、民众运动和妇女问题。

〇在广州的省、市妇女团体领袖几十人在留东同学会址举行聚餐会，商讨怎样执行抗战建国纲领。会上伍智梅、陈明淑、区白霜（区梦觉）、郁风等作了发言。她们提出妇女救亡工作应深入农村开展妇女运动。

……

4 月 23 日　……

〇中山烈女张秋霞为报祖父仇，化装挺入敌营，以白刃、炸药对敌，旋自杀，民众闻风奋励。

……

4月 ……

〇国民党广东省第八区（包括潮、普、惠、南、揭、丰）民众抗日自卫团统率委员会在普宁洪阳举办妇女干部训练所，公开招考知识妇女103名，训练她们掌握军事知识以便到各区乡训练女壮丁，参加抗日自卫战争。女共产党员蔡瑜等4人以青抗会员身份进所受训，建立党支部，在潮普惠中心县委直接领导下开展工作。

……

4月—5月间 在中共梅县中心县委的统一部署下，梅县女师与全县中专学校学生停课一个月下乡宣传，在各地建立夜校200多间，并取得合法地位。

……

5月19日 ……

〇省妇女抗敌会慰劳虎门要塞将士。

……

6月6日 广州全市妇女实行武装动员。

……

6月14日报道：广州市妇女抗敌会组战时服务团。

……

6月20日报道：广州妇女团体筹组联合战时服务团，分设工作队参加抗战工作。

……

6月26日 ……

〇下午，广东省、广州市妇女团体在女青年会召开联席扩大会议，讨论推动妇女界抗敌工作问题，出席代表60余人，主席何巧生。郁风报告了抗战形势，李峙山报告了汉口妇女的战时工作，区白霜作了一年来广州市妇女工作的检讨。

6月27日 广东省、广州市妇女界召开抗战救亡会，讨论对参政会贡献意见。

……

6 月 30 日报道：……

〇日扰合浦白龙，被女壮丁击退。

……

7 月—8 月　在南澳之战中，南澳妇女勇赴国难，积极支前，当义勇军陷入困境时，岛上民众（包括妇女们）英勇救援，帮助 80 多名官兵安全离岛。

……

7 月 28 日　……

〇成立广东妇女献金运动工作委员会，选举陈明淑、区白霜、李峙山等 15 人为委员。决定组织发动妇女投入献金运动。

……

8 月 5 日　……

〇省市妇女团体召开代表座谈会，讨论“八一三”慰劳工作，对慰问工作作了具体的分工。

……

8 月 13 日　……

〇汕头地区各县青抗会代表在汕头集会，讨论岭东通讯处工作，同时决定建立岭东通讯处妇女部，指挥妇女运动。王玉珠（王辉）任妇女部长至翌年 6 月汕头沦陷。

……

8 月 20 日　……

〇宋庆龄在邓颖超等的陪同下，从香港抵广州。省主席、广州市长及各妇女团体代表 200 余人到码头热烈欢迎。21 日慰问伤兵、难民，22 日巡视中山纪念堂。由广东妇女团体联席会议召开 1000 余妇女参加的欢迎宋庆龄大会，宋庆龄、邓颖超等发表讲话，指明了广东妇女工作方向，对妇女运动是一个很大的推动。24 日宋在广播电台作英语广播，讲题是《告世界青年》。25 日检阅救护队、妇女连等。宋还接见了广东省、广州市妇女团体代表，给予赞扬和鼓励。

……

8 月 25 日　广东妇女团体联席会议开会讨论继续开展献金募捐问题，成立劝捐运动委员会，区白霜、伍坤顺等被推选为常务理事，定 8 月 27 日～ 29 日为劝捐时间，并发了《告同胞书》。

……

8 月 31 日报道：广东妇女慰劳分会定期募棉衣 10 万件。

……

8 月　……

中共派邓颖超往香港，与宋庆龄、何香凝联系，向爱国人士宣传中共中央抗日民族统一战线的方针政策，并陪同宋庆龄到广州。邓在广州期间，召开了广州部分女共产党员会议，邓介绍了国共合作的形势，布置了欢迎宋庆龄大会的工作。

……

〇广州社训总队在营模范团设立了妇女连，并建立了中共党支部。广州沦陷前夕，妇女连奉命撤退至广宁。

……

8—9 月间　中共广东省委妇女部在广州秘密召开妇女干部会议，这是抗战以来，省委建立以后第一次召开妇女干部会议。会期一周，参加人员有曾珍（香港妇委书记）、谭本基（广州妇委书记）等七八人。会议由省委妇女部长张越霞主持、布置工作。提出要把妇女抗日救亡运动从城市扩大到乡村，要组织妇女开展抗日武装斗争。

……

9 月 13 日　……

〇游击队之母赵老太太（赵尚志母亲洪文国）由香港来广州。参加欢迎的有广州市政府代表、省党部书记长谌小岑，妇女代表郭顺清、陈明淑、区白霜等。当晚妇女界公宴赵老太太，郭顺清致欢迎词，区白霜提议，为援助游击队募捐，当场捐得200多元。

……

9月14日　宋庆龄再次从香港来广州，出席“华侨抗敌动员总会”第二次代表大会。15日妇女团体为宋举行盛大欢迎会。主席上官德贤（余汉谋夫人）致欢迎词，宋庆龄作了训话，赵老太太、参政员邓颖超讲了话。席间讨论妇女救亡问题。

……

9月18日　广东各界举行“九一八”纪念，实行杂粮膳食运动，组织广东民众战地救护委员会。晚间广州20万人参加火炬大巡行，宋庆龄等参加游行。

〇同晚游行后，在迎宾馆召开妇女团体代表会议，商讨建立广东统一的妇女组织问题。会议由宋庆龄、邓颖超指导召开。代表们决定组织广东统一的妇女团体，定名为“广东妇女抗敌工作协进会”，废去“妇女团体联席会议”，由19个妇女组织组成，开展筹备工作。

……

9月19日　提前举行强迫冬耕运动，吴铁城主席饬主管机关遵办。

〇广东妇女抗敌工作协进会举行成立典礼，聘宋庆龄为名誉会长。理事会由参加筹备会各团体派代表组成。

……

10月3日　日机冒恶劣天气狂炸韶州及银盏坳。

〇广东妇女抗敌工作协进会发表成立宣言。指出此会是“发动和联络全广东妇女团体的中心组织”，是“广东妇女由下而上的统一组织和发动机关”。4日，该会召开第二次理事会，决定从孙夫人的捐款中拨出3000元缝制棉衣和购防毒面具赠送前方将士。

……

10月16日　博罗失陷。

〇广州男集训生在石牌举行自由登记，女集训生在岭南大学举行登记大会，如愿跟随大队者，请即登记，学联会准备届时派员勉励跟随大队。

……

10 月 21 日　……

〇广州社训总队妇女连奉命护送一批妇女儿童撤出广州，向三水、广宁方向撤去。广州各妇女团体也都离开广州，撤向粤北。

……

文献2

1939年（节选）①

……

3 月 8 日　广东省新生活运动促进会妇女工作委员会成立，主任委员吴菊芳。中共广东省委先后选派、动员了区白霜（区梦觉）、杨瑾英、杨衡芬（杨行）等 100 多名女党员和进步女青年入该会工作，举办妇女干训班、识字班、妇女战工队、妇女生产团，并到前线抢救难童、妇女，建立保育院，积极推动妇女参加抗日运动。5 月，因反共逆流，区白霜撤回，继续秘密领导该会的中共组织工作。

……

5 月 4 日　广东省新生活运动促进妇女工作委员会（主任吴菊芳）在曲江主办广东妇女生产工作团（团长陈明淑），共产党员区白霜（区梦觉）、杨瑾英、杨衡芬（杨行）等人参加，取得很好的成绩。

……

5 月 23 日　在中共东南特委派出的香港学生赈济会回乡抗日服务团的协助下，郑坤廉（张炎夫人）在高州县成立了妇女队总队，郑任总队长，张越（袁惠慈，中共党员）任总干事。中共派几个党员协助开展工作，妇女队以宣传抗日为主，同时开展战时服务工作，办有工厂和保育院，收容沦陷区孤儿几百人。

---

① 收录于沙东迅编著：《广东抗日战争纪事》，广州出版社，2004 年，第 163−232 页。

……

5 月　……

〇省新运妇委会成立一支妇女战时工作队，队长关景霞，副队长刘凤岐（均是中共党员），中共党支部书记余志生。下设 4 个队，每队 10 人，分别到英德、曲江、清远、四会等地工作。战工队的主要任务是动员群众团结抗战，组织群众性的妇女会。至 1940 年 11 月被迫解散。

〇开平县妇抗会周老太太（方玉莲，66 岁）领着一班侨眷老妇女，带着慰问品，步行几十公里，到新会、鹤山古劳前线慰劳抗日将士，又步行到恩平城慰问伤员。同年冬，她与同志一齐到香港募捐，带回价值 8000 元港币的药物，送到抗日部队去。

……

5 月、6 月　中共梅县中心县委派党员到国民党第九集团军司令部政工队（政工队前身是战地服务团，团员全部是女的）工作，政工队长是杨凡，下设两个大队，政工队正副队长均是共产党员。政工队的任务是到兴梅地区、潮汕前线用文艺漫画等形式开展宣传活动，在兴宁时还举办了妇干学习班和识字班。

……

6 月初　……

〇中共广东省委召集北江各地妇女干部开会，会期 3 天。最后，省委对江北妇运作了新的布置。

……

6 月 18 日　省赈济会函准新运会妇女工作委员会增拨妇女生产工作团生活费（每月 5 元，增 2 元）。

……

6 月　……

〇省新运妇委会开始举办妇女干部训练班，培养从事抗日工作的妇女干部。共招收学员 80 人，每期三个月。该班训练由中共广东省委妇女部区白霜草拟后交杨衡芬到会争取实现。

〇中共广东省委在曲江县马坝办了一期党员训练班，时间三个月，由张文彬、李殷丹、李大林、吴华、区梦觉讲课，内有几名女党员参加学习。

……

7月　……

〇中共高雷工委把张炎作为主要统战关系。在中共高雷工委的推动下，张炎将广东省第七区专署战时工作队扩充为第四战区南路地区特别守备区学生总队，约1000人（很多共产党员和进步青年参加），总队长张炎，副总队长陈次彬（后为中共党员）。中共高雷工委在学生总队中建立中共支部。张炎聘请回乡服务团正、副团长刘潭锋、黄洛思（黄秋耘）担任政治教官，对队员进行短期政治、军事训练后，派往各县工作。张炎还在高州建立游击干部补训队和妇女队、正气剧团等。服务团还翻印毛泽东的《论持久战》、《论新阶段》等著作，并在云谭珍珠洞村建立抗日民主政权，组织农民武装等。

……

〇澳门四界救灾回乡服务团派第四队、第五队到顺德县开展救亡工作。第四队、第五队队长、党支书均为女同志。同年冬因形势变化，分散到各地继续工作。

……

9月14日　省新运妇委会属下的广东省妇女生产工作团战工队、妇干班等8个单位在韶关中山公园广场举行成立典礼，生产工作团陈明淑、秘书伍坤顺协助团长主持全面工作。团员初期200余人，以后不断增加，最高人数达700多人。各组组长均由中共党员和进步人士担任。

……

11月　……

〇省新运妇委会举行第2期妇女干部训练班，从32个县选送高中以上文化程度的女青年参加。同时在曲江招收一部分人员，共180人，有国民党员、共产党员、进步青年、妇救会工作者……12月因战事紧张，训练班停课参加战事工作。翌年 4 月，大部分学员继续受训，5 月上旬结业，全部学员被分到实验区各乡实习。

……

12 月　……

○中共广东省委妇女部对省新运妇委内的中共党组织提出：粤北有战事，共产党员应留下来坚持抗日工作，通过党组织争取妇干班的干部和学员 200 多人在韶关前方进行抗日工作。日军败退后妇干班的党员及进步青年 20 人组成战时宣传队，队长杨衡芬，副队长张妙灵，出发到前线进行抗日救国宣传，还到半沦陷区花县抢救儿童 1000 余人。

……

文献3

1940年（节选）[①]

……

1 月　……

○在粤北保卫战后，广东省新运妇委会组织了 300 多人组成 5 个慰劳工作团，投入支前和抢救工作。从 1 月 1 日至 3 月 21 日止，先后将战区难妇孺 4200 余人送到韶关。然后按年龄分送儿童保育院、儿童教养院、妇女生产工作团等处教养。省新运妇委会的支前工作受到全国新运妇委会来函嘉奖。

……

3 月 6 日报道：省党部指示农运工作，订定十要点饬所属党部，遵照尽量发动农民、妇女加入农会。

……

4 月 25 日　省党部统一妇运，省党部妇女运动委员会成立，郭顺清、

① 收录于沙东迅编著：《广东抗日战争纪事》，广州出版社，2004 年，第 233–297 页。

吴菊芳、陈明淑、冯秀霞、雷励琼等6人为委员，郭兼主任委员，下设指导、调查、编纂三组。

……

4月30日报道：粤军区政治部组训妇女、少年。

4月30日　全国妇女竞选会广东分会成立，选定吴菊芳等11人为理事。

4月　……

〇省新运妇委会配合省政府推行“新县制”，以曲江县为组训妇女实验区，作为全省的示范。中共组织安排了杨衡芬等9位中共党员和一些进步分子共39人，到曲江县进行实验区的筹备工作。4月17日，曲江县新运妇委会成立，主任委员丁瑾，总干事杨衡芬，后是冯娱修等人，她们均是共产党员。实验区在曲江县17个乡镇举办妇女训练班，每期40人，时间3个月。训练的内容有：文化、政治、抗战常识、妇女问题常识、救护常识、军事术科及手工业生产技术。

〇中共增城、龙门、博罗中心县委设妇委，后改为妇女部。妇委、妇女部长黄秀芳（黄小英）。

……

5月8日　……

〇第三儿童教养院成立，战时妇女干训班结业，在犁市沙园举行典礼。

……

7月19日　……

〇省府电发广东少年、妇女组织训练暂行实施纲要。

……

9月23日　吴菊芳被选为本省妇女会主任委员。

……

10月23日　……

〇省新运妇委会主任吴菊芳发动全省妇女节约储蓄，特组家庭节储队，自行兼任队长。

……

11 月　……

〇中共东江前方特委设妇女部，部长余慧任至 1942 年 4 月。

……

12 月 26 日　……

〇广东妇女会、省新生活运动促进委员会妇女工作委员会和省党部妇女会机关实行合并，成立广东省妇女联合办事处，现已公开办公。

……

文献4

1941年（节选）①

……

2 月 28 日　……

〇中共东江后方特委设妇委，书记徐英，妇委陈婉聪、李静音。

……

3 月 8 日　广东各界妇女举行“三八”节纪念大会。

……

4 月　何香凝视察省新运妇委会，并讲了话，还撰写了《论妇女要求解放应有的认识》，登载在《广东妇女》上，鼓励妇女工作者要为大众做事，求自由幸福；一定要抗日救国，收复失地，推翻法西斯。

……

6 月 1 日报道：粤妇委会推行妇女识字运动。

……

6 月 19 日　省新运妇委会成立生活改进委员会，改进妇女生活。

---

① 收录于沙东迅编著：《广东抗日战争纪事》，广州出版社，2004 年，第 298–350 页。

……

7 月 29 日　妇女生产工作团扩大组织筹设工厂 9 个，资本 200 万元。

……

8 月 23 日报道：吴菊芳兼任妇女生产团团长。

……

9 月 4 日　……

吴菊芳锐意扩展妇女生产团，成立三大工厂，资金达 200 万元。

……

9 月 7 日报道：……

〇省行政会议决定集中人力财力统一妇运机构，还决议：(1) 厉行举发杀婴、租妻、重婚及买卖妇女，并取缔童养媳等恶习；(2) 准妇女团体参加各级行政会议。

……

12 月　中共北江特委沦陷区工作委员会在广州二沙岛召开扩大会议，北江特委派人到会指导。会议鉴于形势需要，决定撤销沦陷区工委，改为特派员制，由王磊任特派员。

〇香港沦陷后，一批香港和海外男女青年在惠东宝抗日游击队的援助下，突破日军封锁线到达深圳白石龙。大部分女子编入女子中队，队长李静，指导员方兰，先后有 200 多人，经过学习训练后分别编入各游击部队或安排在地方工作。

……

文献5

1942年（节选）①

……

---

① 收录于沙东迅编著：《广东抗日战争纪事》，广州出版社，2004 年，第 351–432 页。

年初　中共南番中顺中心县委为开辟五桂山区游击根据地，做好群众工作，派黄纯真等一批女同志到山区乡村，以教书为掩护开展抗日工作。

……

2月　……

○广东省赈济委员会还设立难民技工养成所，办有火柴、制纸、文具等小工厂，训练年轻的难民。省妇女生产工作团尽量吸收团员，授以生产技术。另在马坝开办垦殖场，在四邑办农垦区，以解决难民的生活出路问题。难童则在儿童教养院设难童班作紧急收容。

……

3月8日　妇女界热烈纪念“三八”节。

……

3月13日报道：……

○粤卫生处展开妇女卫生工作。

……

春　中共南路特委在广州湾赤坎举办妇女干训班，约10天。学习后分到新区开展妇运工作。

……

4月3日　何香凝畅谈妇女解放。何自港脱险抵韶后，深居简出，惟绘画自娱。

……

8月28日报道：……

○广东妇运工作发展生产事业。

……

9月20日　粤省务会议通过拨款推广妇婴卫生。

……

11月7日报道：……

○省府严禁童养媳及早婚。

……

11 月 30 日　粤文化界月会举行，有话剧改进与粤剧改革问题讨论，放映《苏联妇女总动员》。

……

文献6

1943年（节选）[①]

……

1 月 28 日报道：……

〇妇女慰劳会粤分会响应元旦劳军，呈献万人签名名册。

……

3 月　……

〇冯平受中共珠江三角洲中心县委派遣到广州，打入汪伪广东妇女会任职作掩护，开展地下斗争。

〇原中共香港市委妇女部长曾珍受梁广派遣到广州，打入汪伪广东高等法院任职作掩护，开展地下工作。

……

8 月 15 日报道：省妇女工作委员会主任委员吴菊芳召开妇运座谈会。

……

10 月 1 日报道：广东妇女福利社扩大征求社友。

……

10 月 3 日报道：女画家张丽嫦（南海九江人，芳龄女士）为秋瑾小学筹款举行国画展览会。

……

12 月　……

〇东江纵队港九大队建立香港市区中队，方兰任中队长兼指导员，队

---

① 收录于沙东迅编著：《广东抗日战争纪事》，广州出版社，2004 年，第 434—517 页。

员从 10 多人发展为 300 多人，其中女队员 70 多人。这是一支不带枪的游击队，活跃在敌人的心脏地带，担负着收集情报的重任，对游击纵队和盟军作战起了很好的里应外合的作用，受到他们的赞扬。市区中队至 1945 年 10 月结束。

〇中共广东省临委城市工作负责人梁广由香港派回到广州工作，以在广州十三行开办华昌京果药材行为掩护。该店一度成为中共广州地下党的领导机关和联络地点。女党员徐淑华以药店老板娘身份掩护梁广的工作。女党员何琼调回广州，到伪法院当录事，负责党组织与基层组织的联络工作。与此同时，东纵、东南特委和北江特委等系统也分别派党员进入广州活动。经过两三年的努力，他们在广州站稳了脚跟，建立了一批交通站、联络站和秘密据点，发展了一批新党员，建立了党的外围组织——“游击之友”。

……

文献7

1944年（节选）[①]

……

2 月 18 日报道：……

〇本省妇女界为扩大纪念“三八”节，筹备捐“美龄机”，总额 60 万元，由 3 月 1 日起始劝募。

……

2 月 29 日报道：……

〇“三八”妇女节，粤举办各项竞赛。

……

3 月 8 日报道：妇女生产分团成立。

① 收录于沙东迅编著：《广东抗日战争纪事》，广州出版社，2004 年，第 518-630 页。

3 月 8 日　今日妇女节，纪念会后有篮球义赛。电蒋介石、宋美龄致敬。

……

4 月 26 日报道：……

〇省新运妇委会热烈研讨宪政。

……

5 月 6 日　……

〇省参议会宪政座谈会热烈举行，对妇女儿童提出特别保障。国民代表男女各占 1 人。

……

5 月 21 日　……

〇省妇女宪政研究会开会员大会，同时行成立礼，选出理事、监事，会员已达 800 余人。

……

7 月 5 日报道：新运妇委会组战士队。

……

8 月 13 日　战时妇工队今分队出发。

……

11 月 27 日报道：省妇运会职员全体报名参军。

……

12 月 21 日报道：曲江志愿从军青年将达 1600 人（女 237 人）。

……

冬 ……

〇东（莞）宝（安）妇女抗日救国会成立，主席张剑莹。该会发动妇女参军参战，开展生产运动，支援东江抗日游击队。1946 年 6 月，东纵主力北撤后解散。

……

文献8

1945年（节选）[①]

……

9 月 16 日　……

〇省妇委会主任吴菊芳在梅城招待梅县妇女界。

……

文献9

大事记（节选）[②]

中华民国

……

民国 32 年（1943）

9 月，琼崖东北区政府公布暂行婚姻条例。总则规定婚姻以自由、自主、自愿为原则，禁止盲婚、早婚、童养媳、指腹婚及相类似的违反条例的婚姻。

12 月，东江纵队港九大队市区中队成立，女共产党员方兰任队长兼指导员，队员从 10 多人发展为 300 多人，其中女队员 70 多人。

民国 33 年（1944）

2 月 21 日，东江纵队政治部发出《关于发展本区妇女运动的指示》，指出发展解放区经济是当前妇运的中心工作，同时提出完成妇女工作任务的具体措施。

---

① 收录于沙东迅编著：《广东抗日战争纪事》，广州出版社，2004 年，第 631—683 页。

② 收录于广东省地方史志编纂委员会编：《广东省志 · 妇女工作志》，广东人民出版社，2007 年，第 14—44 页。

民国 34 年（1945）

3 月，东江纵队政治部、珠江纵队政治部分别发出《关于“三八”妇女节纪念活动的通知》，要求更广泛地宣传发动妇女，组织到抗日阵线上。

同月，中共广州市党组织在全市范围内散发以“东纵”、“珠纵”名义印发的《告广州同胞书》，向广州人民宣布日军即将灭亡、中国人民即将胜利的消息，号召人民起来斗争，以实际行动迎接胜利。在广州的女共产党员也带动“游击之友”参加这一行动。

民国 35 年（1946）

1 月 4 日，广州市各合法妇女团体为争取女参议员名额联名赴国民党省党部及省民政厅请愿，要求男女参政平等。

3 月 8 日，港九妇女联谊会成立。它是经香港政府批准登记注册的合法团体。其宗旨是：“团结妇女，加强联系，增进友谊，互相进步”。会员约 300 人，以职业妇女为最多，次为家庭妇女。

同日，广州各界妇女在广州中山纪念堂召开三八国际劳动妇女节纪念大会。为筹备这次纪念大会，省新生活运动妇女委员会中的地下党员，到工厂、机关、医院、学校去发动妇女群众，宣传形势和党的主张。

6 月 30 日，东江纵队（珠江纵队、韩江纵队、南路和粤中）部分骨干共 2583 人北撤，其中有 300 多名女战士组成了妇女干部大队。

……

广东妇女政治资料

文献1

广东妇女的革命组织——广东新运妇委会①

在抗战动员中，发动和组织占有人口半数的妇女，使得妇女们参与到抗日救国的队伍中，是诸多妇女爱国团体的目标，也是各界爱国进步妇女的共同愿望。在这种爱国热情的推动下，新生活运动促进总会妇女指导委员会进行了改组和扩大，成为广东省各界妇女团体联合抗日的统一战线性质的全省性的妇女工作机构和指挥中心。当时封建势力强大，广大妇女家庭琐碎事务缠身，文化水平有限，加之交通困难、联系不易，诸多因素束缚着妇女与妇女团体，使她们未能投身于抗击侵略者的活动中去。但是，广东新运妇委会不惧困难，不畏艰险，利用各种途径，一面团结各界妇女，一面培训妇委会的成员们，源源不断地向战场输送各类人才，极大地调动了妇女的革命热情，壮大了革命队伍的力量。

一、广东新运妇委会的成立

“新生活运动促进总会妇女指导委员会”（以下简称“新运妇委会”）主要是为当时社会上“新生活运动”而服务的，1936 年 6 月在南京成立，之后在广东省也设有分会。1938 年 5 月，宋美龄邀请各党派、无党派人士，在庐山主持召开各界妇女谈话会，会议主要是总结抗日战争爆发以来的妇女工作，讨论抗日战争中妇女的主要任务，研究如何动员广大妇女参

① 收录于吴东峰主编：《烽火巾帼——抗日战争中的女英雄》，广东教育出版社，2015 年，第 194—199 页。

加抗战和做好后防工作，以及妇女团体的组织和联络等问题。会议中提出改组和扩大新生活运动妇女指导委员会，将其作为领导妇女参加抗日救国工作全国性总机构的提议，以适应战时妇女工作的需要。邓颖超作为陕甘宁边区妇女代表也参与了此次会议。在会上，邓颖超着重强调了妇女指导委员会工作中需要加强民主协商，团结各方面的爱国妇女参加这个机构，同时广泛地组织与动员各界妇女参与抗日救亡活动等意见。此次会议后，各地的新运妇委会纷纷重新进行改组和扩大，为全国的抗日事业贡献力量。

广东新运妇委会是在吴菊芳、邓颖超等人的推动下建立的。1938 年，邓颖超在香港联系宋庆龄、何香凝时，就曾鼓励吴菊芳出面组织广东省的新生活运动促进会妇女工作委员会，并且向她推荐了中共党员予以帮助。1939 年，吴菊芳在向宋美龄请示同意后，根据新运妇委会的总会章程，在广州筹建广东新运妇委会。1939 年的三八妇女节，广东省新运妇委会正式开始工作。吴菊芳任主任委员，此外有各党派、无党派的妇女代表人物参加，吸引了大量有志于从事救亡抗日的进步女青年，共同为抗日救国的目标奋斗。

新运妇委会参照“南京新生活运动促进总会妇女指导委员会”的标准进行机构设置，在主任委员、总干事之下，设总务组、训练组、文化事业组、生产事业组、战地服务组、儿童保育组、联络组等七个组。1939 年 9 月 14 日，韶关中山公园广场举行了盛大的成立典礼，标志着省新运妇委会各项工作的开展。1942 年又另外新增生活指导组，办有各类民众学校、托儿所、妇女生产工作团、图书合作社、儿童教养院、战时妇干班、战时工作队、抢救队等。

新运妇委会相当重视自己的宣传与舆论工作，创办了自己的刊物——《广东妇女》半月刊作为舆论宣传阵地。“这个刊物，是我们广东妇女共同的声音，也是我们广东妇女共同的园地。”妇委会的成员们认识到，“在抗战救国工作正紧张进行的今日，担在我们妇女肩头上的，有两个最重要的责任，第一是争取国家的自由平等地位，第二是争取妇女本身的自由平等地位。”刊物主办者常常反思自己的工作成绩，希望以后在抗日工作中发挥更大的作用。因此这个刊物经常刊登一些宣传中共中央关于抗日政策，反法西斯侵略战争，反对日敌在政治上对国民党政府的分化、诱降，反对限制和歧视妇女参加机关工作、裁减女职员以及揭露妇女受封建礼教压迫之苦等内容的文章和评论，鼓励妇女工作者要为大众做事，为大众求自由幸福，坚持抗日救国，以收复失地，回归和平等。新运妇委会在这里培养了一批又一批革命的广东妇女。

二、广东新运妇委会的各项工作

新运妇委会做了大量的工作。首先，她们深入群众，建立各种组织，以奠定群众基础。在新运妇委会的努力下，当时各地的群众组织都有所发展，尤其是大量的妇女团体纷纷成立，如姐妹会、互助社等。其次，为了培训妇女的技能，大量的妇女识字班和夜校成立，也进行了相关的生产技术培训，以广泛地推广妇女大众教育。尤其值得一提的是，为了发动妇女更好地投身于抗日救亡活动，1939 年 6 月，新运妇委会便开始筹办战士妇干班，以培养从事抗日工作的妇女干部。妇女们在这里可以学习到抗战常识、政治知识、军事训练常识、妇女运动史等，任课老师都是社会上的知名人士或者是政府官员，培训时长为三个月。通过培训，妇女们的知识储备和工作能力得到明显的提高，这个战士妇干班培养了骨干，为抗日队伍输送了干部，壮大了抗日队伍的力量。

在新运妇委会的指导下，妇女们积极投身到前线服务工作当中去。妇委会曾多次派出战时工作队到战地、乡村，大力开展抗日宣传教育工作，发动和组织民众、妇女起来抗敌。面对猛烈的炮火，妇委会的成员们毫不退缩，勇敢地跑到前线抢救伤兵和难民，以柔弱的肩膀扛起担架救护工作。在战斗的休息间隙，她们有机会便给战友们唱歌、讲故事，活跃气氛，鼓舞士气。

与此同时，新运妇委会还组织了一批批的妇女上前线，去战地医院，或是去收容站慰劳及看护伤兵，并为伤兵裹伤换药、写家书；帮军队洗衣服、补衣服、做饭、照顾病员等。妇女们以她们细心的态度和温暖的笑容，给前线战士们带来了极大的安慰和鼓励。在战事紧张的时候，妇委会的成员也会直接参加武装战斗或者是游击战争，有力地支持着主力部队的战斗。

某日，部队中送来了三百余箱的子弹，这些子弹能够极大缓解前线武器的不足，但也急需转移，否则将会落入敌人之手。当妇委会知道了这件事后，立刻组织一批成员赶到现场帮忙，大家扛着弹药箱，来来回回，通宵达旦地搬运，几乎一夜没合眼。觉得辛苦的时候，大伙一起唱起抗日歌曲；觉得饿的时候，匆匆吞下已经硬了的馒头；觉得渴的时候，随便捧两口水喝。在诸多妇委会成员的帮助下，这些宝贵的子弹顺利送达安全地带。

新运妇委会总是想战士们所想，急战士们所急。当负责工作的妇女们看到前线医疗条件的简陋和医药品的紧缺，便积极为他们募捐，筹得了大量的担架、被单、酒精、棉花、药品等前线医疗救护的急缺品。募捐、慰劳活动是一项十分繁重的工作，需要投入相当多的时间和精力，但也是必不可少的工作，关系到前方战场的战事。为此，新运妇委会将极大的精力投入于募捐工作中。

新运妇委会曾经进行大规模的募捐活动，并且率先做了有力的推动者。一次，在妇委会的组织领导下，募得的钱超过三千元，米、薯饼近百担，棉衣约千件，雨衣百余件，其他鞋袜毛巾等零星物品更是多得很。这天，妇委会再一次筹划了特别的卖花活动，为前线战事募捐资金。妇委会的成员们很早以前便准备好了这次活动，她们首先跟当地的花农联系，告诉他们这些花是用来为抗日活动募捐的，很快花农便赠予她们大量的鲜花，并且坚决不要钱。同时，妇委会的成员们也夜以继日地折纸花，和鲜花一起作为义卖用。带着这些鲜花，妇委会的成员们走上街头，她们每个人手上都挎着一个篮子，里面摆满了鲜艳欲滴的花朵。她们脸上洋溢着灿烂的笑容，唱着欢乐的歌儿，一见到路人，便笑意盈盈地拿出一枝鲜花或是纸花，插在路人的衣襟上，随即唱起悦耳的歌声，鼓励大家买下这些象征着自由与解放的花朵，以个人之力，为救国贡献。很多路人被成员们的革命热情和美妙歌声所吸引，往往会大方拿出钱来支援前线。这样的工作方式不仅筹得大量的钱财，也起到了抗日救亡的宣传，丰富了募捐的方式，赢得了社会的好评，成为新运妇委会宝贵的工作方式。

三、吴菊芳与广东新运妇委会

1938 年秋，广州失陷之后，著名抗日将领李汉魂将军主理广东政府，任广东省政府主席，夫人吴菊芳女士任广东新运妇委会主任委员，成为战时广东妇运的主要领袖。由于战火持续燃烧，广东各地兵荒马乱，满目疮痍，群众流离失所，难童们四处流浪。吴菊芳一想到无数孤儿因为战争或是失去双亲，独自流浪，或是与家人失散，失教失养，便心急不已。新运妇委会成立后，吴菊芳在与各界妇女代表商量后，迅速组织成立抢救分队，安排妇委会的成员们到战区或毗邻战区的地方抢救难民儿童妇女。吴菊芳自已则着手安排将难童抢救回来后的后续工作，多次与政府高官和各界团体接触，废寝忘食地到处请款求助，争取为战区已收容的难童、妇女、烈士遗孤找到经济支柱。

1939 年冬，日本侵略军分三路进攻粤北，经过敌人蹂躏的灾区难民流离失所，新运妇委会又同省赈济会联合派出干部、战时妇干班师生和妇女生产工作团的学员、职工等组成抢救队或慰劳团，先后到各地进行宣传、慰劳和抢救受难妇孺。新运妇委会对儿童教养院的儿童实行“管、教、养、卫”合一的制度，给儿童解决衣、食、住，同时，还对他们施以小学文化教育及工业、农业、手工业等职业教育和军事训练。为了更好地安排难童妇孺们的生活，减轻政府的负担，以更好地投入于抗日救亡活动中，吴菊芳决定在兴办赈济事业的同时也要发展生产，以生产自救来缓解经济生活的诸多问题，奋力渡过难关。为此，她除了安排妇女生产工作团通过开垦小农场、设立小型工厂和手工坊等以获取基本的食物和生活必需品外，也与部队后勤、市场、商店等合作，通过供应订货产品，赚取少量的费用，用于维持妇委会的运行。虽然这还不能解决经济上的大问题，但实行生产自救总可以为政府分忧，减轻国家的经济负担，这种自力更生、艰苦奋斗的精神在当时是非常难能可贵的。

广东妇委会的主要负责人吴菊芳在谈到广东妇委会的工作时，她这样评价道：“妇女工作同志，仅仅尽了微小的力量，来号召农村妇女参与抗战的工作，成效我们是不敢说的，但她们热情地去慰劳，勇敢地抢救难童难妇，和刻苦地抢运物资，这也算是她们一点微力的表现。”而正是妇委会一点一滴的工作，使得她们在抗日战争中所能发挥的作用愈加明显，她们的所作所为也有了更为深刻的意义。

文献2

革命军民一家亲（南路通讯）①

李 明

一、我们到处都有“妈妈”

战斗结束后，部队进驻△△村，到入到村的路巷时，有一个同志不小心跌了一交［跤］，后来他跑到一家农人的屋里，取点水把手上的泥洗干净。一个老农妇问他要不要水“冲凉”，他答复说：“我们军队不准用民户家里的水的，这是群众纪律。”那个老农妇说：“哎唷！用点水儿有什么问题呢？我不信有这种纪律，你就在这里，我叫嗳弟给你烧点热水‘冲凉’，如果是说纪律，等我和你们的长官说。”那个同志忙说“不要去说，千万不要去说，说是不成的！”那个女人说：“不去就不去，你在这里冲凉吧，鬼知你在我家冲凉呢？”同时叫他坐下吃烟。她的丈夫刚好回来，和那个同志倾谈打仗的故事。这妇人却偷偷地走出来到部队里去找长官谈话，大

① 收录于广东省妇女联合会、广东省档案馆编：《广东妇女运动历史资料》第六辑，广东省供销学校印刷厂，1991 年，第 340—341 页。

家都莫明其妙，以为有什么事情。政治指导员忙走出来见她，她说："你是长官吗？"指导员答："怎么样？""唉！你们的'律'真太利［厉］害了，怎么一个士兵'冲凉'也犯律呢？"指导员问明以后说："这是因为我们军队人多，恐怕用了民众的水，累了你们没水用，同时我们也有人担水的，如果你一定要给水那位同志冲凉，这是可以特别准许的，你回去好了。"这个女人高高兴兴地回去告诉那位同志说："我已经和你长官说过了，他说准许你在家里冲过热水澡，你们打仗辛苦，满身泥，满身汗，没有热水怎去得汗气呢？"这个同志听了以后，立即跑出来逃回队里，不肯在那里冲凉。后来这女人又到连部问，指导员对她说："我不是准了他冲你的热水凉吗？你还有什么事情呢？"她说："你准暗不准①，他已逃跑回去了，不肯冲凉。"指导员问："你识得那位同志吗？"她说："你几百人我怎识得。"后来指导员查出那个同志是列祥，叫他去冲凉。他对那女人说："我们都是自己挑水冲冷水凉，我一个人去冲你的热水凉，好意思？"她到了立刻回去叫她的婶婶嫂嫂都烧了热水，再走来说："兄弟。谁要冲凉的都来吧！'大把'水了，大家来不会不好意思的，你们打仗辛苦，我们没有什么东西给你们，烧些热水不用钱，大家来冲个热水凉，松松身吧！"大家都觉得：我们到处有妈妈。

（《正报》1949.7.26）

文献3

"妇女官"②

刘　秀

在国民党的独裁政治下，一切官办的"民众运动"都是挂羊头卖狗

① 原文如此。——编者注

② 收录于广东省妇女联合会、广东省档案馆编：《广东妇女运动历史资料》第六辑，广东省供销学校印刷厂，1991年，第346—347页。

肉，脱离人民，背叛人民，成为黑暗社会的装饰品，宰割人民的工具，所谓“妇女运动”也不能例外，以妇女领袖自居的要人太太，正如小罗斯福所指摘，竟以应付男子为她们的第二天性，与国民党的买办政权相结合，她们甚至利用作为献媚驻华美军的手段，她们的工作除了交际之外，便是“剪影”“掷瓶”“献花”。她们对妇女的痛苦决不过问，为妇女谋福利更谈不到。政治统治下的“妇运”也官僚化，挂起堂堂皇皇的招牌，实际工作不知从何处展开。空头的“妇女官”的“工作”是开会，赴宴，发表谈话。有些主持儿童教养院或妇女习艺厂的，不免于贪污，以第一、二流妇女领袖自居的“国大”代表，也是不学无术，笑话百出，连五院是什么也不知道。所谓争参政权，只是争做一官半职而已。有些稍具良心的人愿认真的为妇女于一些福利事业，但给同僚妒忌，还被带［戴］上一顶“红帽子”而不能久于其位。国民党中的进步的革命妇女领袖，如孙夫人、廖夫人等，不是被严密监视，就是流亡国外，连言论、居住都没有自由，国民党的“妇运”早变成乌烟瘴气了。

官办和党办的“妇运”之成为妇女的耻辱，由最近美水兵强奸沈女士一案特别显著出来，当美军的暴行唤起一切有血性、有耻辱的中国男女学生和各界人士的愤怒，纷纷起来抗议的时候，国民党的妇女“领袖”“妇运官”，不但没有甚么抗议的表示，并且压迫援助沈案的运动。若沈女士不是他们的姐妹，他们不是中国人。但是，中国真正的妇女运动是有它自己的道路，她们始终在反独裁内战、反美帝国主义的斗争中解放自己，冒牌的“妇运官”决不能阻碍这股洪流，只会被洪流所冲掉。

（《华商报》1947.3.8）

文献4

先从改造女同志本身着手①

亚　玲

自从发动武装解放斗争以后，直接间接参加解放斗争的姊妹们已大大增加了，这于整个革命过程来说是符合的。我们为了取得更新的更大的胜利，来求得我们的彻底解放，需要大批起着核心和领导作用的女干部，是谁也不会否认的。然而，干部又不会从天上掉下来的，所以我也同意桂妹在《大胆的相信她们吧》一文中提出的要求，同时还深深地反省了德安姊在读《大胆的相信她们吧》的一文中，所指出来需要我们彻底去消灭一些毛病，更感觉到自身和看到我们中还存在着德安姊没有提到的，也是需要克服的观点：

（一）知识分子的小圈子生活。由于我们来自不同的环境，出身各异，历史社会的传统习惯，使我们形成了劳动者与知识分子的界线。同时，一贯来生活在所谓“知识”范围内习惯了的我们，一切情感、生活、兴趣、习惯、言调、风度都是摆着文人的架子。因此，知识分子一碰到知识分子，便是臭味相投，说得天花乱堕，不亦乐呼［乎］。但碰到炊事员或文化程度较低的，除了打个普通招呼外，简稍事寒暄的，但热闹一阵后，便相对无言了，从此你上我落，兴头始终提不起来，不是自己感到勉强，敷衍无味道，不便②是对方不敢亲近我们。彼此都有着格格不入，非常生疏的感觉，这无形中我们间的感情上便划上一条鸿沟，渐渐地疏远起来了。

事实告诉我们，干部并不是一定由知识分子出身的人才能做的，往往劳动出身，经过教育锻炼后，比我们更会做工作，更容易深入和组织动

---

① 收录于广东省妇女联合会、广东省档案馆编:《广东妇女运动历史资料》第六辑，广东省供销学校印刷厂，1991 年，第 463—464 页。

② 原文如此。——编者注

员妇女群众，因为她们经过更多的农村的被压迫生活，她们的革命性也许比我们更坚强勇敢，假使我们能通过同性的感情，好好地影响她们，提高她们的政治认识和文化水平，那么她们是更适合于今天的农村工作的妇女干部。

（二）女同志不喜欢接近女同志，一般人都喜欢生活在热闹轻松的环境里，好象同性间并没有那么舒情轻松似的，所以有许多女同志和男同志干起工作，讲起话来，便津津有味，一块工作起来也干得兴高采烈，见在女同志反而没有什么商量，大家都很隔膜，这种陕［狭］隘自私的现象，生活上就根本不打妇女群众中去，自己都看不起自己，不爱护尊重自己，谁来爱护尊重你呢？脱离了妇女群众的女干部，纵使培养得如何高强，那里还谈得到深入领导斗争呢？

在大革命时期已经来到，推翻反动统治更大的风暴就会来临，正需要我们更大努力的今天，我们提出妇女干部问题，要求党来重视妇女干部，大胆地吸收我使用我们，这是非常切合的，为了迎接未来的先锋的伟大的胜利，干部是有着决定性的重要意义。因此，谁忽视了我们的这一要求，谁就不忠实革命。不过这还是从我们女同志本身着手，自己提高学习教育，从检论接近自己女同志来懂得彼此间的情感、情绪，深入自己阵营里去了解各自的痛苦。我要求互相设法帮助解决困难，来求得进步和团结更多的姊们，今天我们还局限在小圈子里，要改造首先从老干部着手，以老干部来教育新干部，以干部来影响广大的劳苦妇女群众，相信如果能够这样做法，党又能重视这一门工作的话，那我们便可以解决和完成这问题了。

1948.11.15

（《学习》第九期，1949 年 1 月）

文献5

第四章　中国人民解放军粤赣湘边纵队成立（节选）[①]

1949年1月—1949年8月

……

二十一、解放区的建设发展

粤赣湘边各地相继解放后，粤赣湘边区党委和边纵司令部决定大力进行解放区的建设工作，抽调大批党政干部组织民运队，青年、妇女工作队，发动群众，领导解放区人民进行减租减息，发展生产，建设地方党组织，建立人民政权，组织农会、民兵、妇女会、青年团等项工作，从政治、经济、文化教育等方面进行建设。

长期以来，粤赣湘边区人民遭受国民党和地主、恶霸的残酷压迫和剥削，生活十分贫穷困苦。为了改善人民生活，一九四七年冬至一九四八年初，粤赣湘边区各地党组织先后在游击区的一些地区实行土地改革运动。

由于当时进行土改的条件尚未成熟，并且在土地改革运动中出现了偏向，因而游击区的建设工作受到了一定影响。但是，在土改过程中，打击了一批恶贯满盈的恶霸、地主，动摇了封建制度的根基，因而使人民群众的阶级觉悟有了一定的提高，革命胜利的信心更加增强，并纷纷起来组织农会，组织民兵。据不完全统计，一九四八年各地组织农会，会员达十五万人，民兵三万三千多人。

粤赣湘边区纠正偏差停止土改分田运动之后，根据中共中央和中共中央香港分局的指示，在解放区普遍实行减租减息的政策，得到群众的拥护和欢迎。减租减息的政策贯彻实施之后，人民群众在民主政府和农会的组织领导下，迅速发展生产，采取互相合作的方式，组织“变耕队”，开展

---

① 收录于李建国编著：《从东江纵队到粤赣湘边纵队》，广东人民出版社，2015 年，第 105—107 页。

生产活动。

为了帮助人民群众发展生产，中共中央香港分局指示各级党组织和部队“立即发动游击区群众在冬闲时间讨论如何修理水利，积极翻土，准备明春大生产，在部队中必须也应有计划地利用作战空间，投入生产运动，或与群众合作，或帮助群众起推动作用。地方党必须将这一工作列入议事日程，研究如何执行与动员。可能时，应指定一笔款项作生产贷金”。

遵照这一指示，粤赣湘边区各部队和机关经常组织指战员和党政干部帮助农民生产劳动，受到人民群众的热烈欢迎与拥戴。不少农会还募集了一定的款项和实物，低利贷放给农民。

为了适应解放区人民的需要，九连地区建立了“东江贸易公司”，江南地区建立了“新陆贸易公司”。贸易公司一方面从解放区农村和市场收购农副产品，向外地推销，打开农副产品销售渠道，以激发人民群众的生产积极性；另一方面根据人民群众和部队的生活、生产需要，从外地购回食盐、农具及其他各种日常用品。由于贸易公司的收购与销售一律明码实价，有效地控制了投机商人任意压价、抬价的现象，使解放区的市场贸易活跃，物价趋于稳定。

一九四八年八月，国民党反动政府打着所谓“币制改革”的招牌，相继发行金圆券货币，大肆搜刮掠夺人民的财富，加速恶性通货膨胀，钞票形同废纸，完全失去信用。

当时山区人民群众处于以物易物，货币流通范围极窄的状况。为有利于群众进行市场交易，活跃城乡经济流通，从一九四八年十一月开始，粤赣湘边区各地分别以民主政府和财经委员会的名义，先后发行“河源县信用流通券”、“连和县信用流通券”、“海丰民主县政府临时流通券”、“粤赣湘边人民流通券”，在粤赣湘边区各地流通使用。

江南地区建立了新陆银行，发行“新陆券”，在江南解放区流通。其后，还成立了“南方人民银行东江分行”，在粤赣湘边区以“南方券”为流通法币，排斥和抵制国民党当局发行的货币的流通。

在解放区各方面工作不断取得成绩的基础上，粤赣湘边区各级党委非常重视民主政权的建设。随着解放区的不断扩大，粤赣湘边区先后建立了二十二个县人民政府。

一九四九年八月，根据中共中央的指示，成立了东江行政委员会，以谭天度为主任，叶锋为副主任。在江南地区设立东江第一行政督导处，以刘宣为主任；在九连地区设立东江第二行政督导处，以黄中强为主任；在江北地区设立东江第三行政督导处，以陈李中为主任。

粤赣湘边区各级人民政权建立之后，政府部门动员和领导人民群众大力发展生产、支援部队等方面，做了大量的工作。在解放老隆战斗中，政府部门就动员了一千二百多名民工上前线，送弹药、抬担架、救伤员，为解放事业做出了很大的贡献。

为了适应形势发展的需要，粤赣湘边区党委非常重视培养干部。自恢复武装斗争之后，各工委（地委）先后举办许多短期干部训练班，培养根据地和解放区必需的军事、政治等方面的干部。

一九四九年三月，九连地委创办了东江公学，江南地委创办了江南公学、滃江地委也创办了北江干部学校。东江公学办了三期之后、惠州解放即与江南公学合并，其名称仍为东江公学。东江公学先后以钟雄亚、谭天度为校长，以黄中强、李曼晖、容克为副校长。东江公学办至第五期结束，共培养干部五千多人，为迎接全国解放，建立人民政权，接管城市培养输送了一大批各式各样的人才。

随着解放区的巩固和发展，解放区的文化教育事业也迅速兴起，各地都普遍兴办了学校、夜校和识字班，普遍开展群众性认字运动。纵队和九连、滃江地委还组织了具有相当规模的文工团，巡回各地宣传演出。文工团演出的《白毛女》，在人民群众中引起了强烈的反响，深受农民和部队指战员的欢迎。

此外，各地区还创办了颇具特色的油印小报，在解放区及其他地区广泛发行。滃江地区有《滃江报》(后改为《北江报》)，江南地区有《大众报》，江北地区有《大众报》，五岭地区有《人民报》，九连地区有《粤赣报》。九连地委的《粤赣报》初期油印发行量为七千份，老隆解放后，改为铅印日刊大报，发行量在万份以上。这些报纸为宣传群众、教育群众、团结人民、打击敌人起到了很大作用。

文献6

广东党组织的重建与发展（节选）①

李大林

大革命失败后，广东党组织领导全省工农大众在30余个县中发动了40多次的武装起义；1927年12月11日，发动了著名的广州起义；1928年，又先后发动了年关暴动和夏收暴动，从而掀起了土地革命战争的高潮。在此期间，广东党组织和党员人数有了新的发展，至1928年8月，全省党员人数增至64229人。但由于敌强我弱和党内“左”倾路线的影响，党的领导机关不断遭到破坏。1934年9月，香港工委遭受破坏后，作为广东省一级的党组织停止了活动。

九一八事变和一二·九运动后，民族危机日益严重，广东人民掀起了抗日救亡的热潮。在这种形式［势］下，全省各项工作亟待得到上级党的领导。

1936年上半年，中共中央北方局先后派薛尚实、王均予到香港和广州重建和恢复党组织。1936年9月，中共南方临时工作委员会在香港成立；同年12月，成立了中共广州市委和香港工委。1937年8月，中央派张文彬到广东。经过整顿组织后，同年10月撤销了南临委，成立了以张文彬为书记的中共南方工作委员会。1938年4月，根据党中央决定，撤销南委，成立了以张文彬为书记的中共广东省委，隶属长江局。

1938年8月，我接任省委组织部部长；9月，张文彬去延安参加党的

① 收录于中共广东省委党史研究室编：《广东党史资料》第二十七辑，广东人民出版社，1995年，第47–51页。

六届六中全会后，由我代理省委书记。此时，八路军驻香港办事处主任廖承志从香港到广州，向我传达中央关于发展广东各地方党组织的指示。

依据中央历次指示精神，广东省级党组织重建和恢复工作后，主要做了如下几个方面的工作。

第一，加强党建工作，建立地方党委，培训党员干部

为贯彻党中央关于“大力发展党员”和长江局关于“十倍百倍地发展党组织”的指示，我们决定，组织工作以党建为中心，以城市为重点，以青年为骨干，以知识分子为桥梁，深入到工农群众中去发展党员。我们还通过公开合法的形式，派党员和进步青年到国民党领导的干训班、群众团体、武装部队等机构中去工作，在这些单位中建立党的支部，发展党员。同时，我们还在国民党和社会上的开明人士中开展抗日统一战线工作，从而扩大了党的影响，取得了他们对我们工作的支持。

当广东党的领导机关重建并恢复活动后，我们首先在广州青年学生和工人中间发展党员，并以此为骨干，向全省其它地区发展。1938 年五六月间，我们除了巩固已有的党组织外，又建立了中山、东莞两个中心县委，南（海）顺（德）工委，潮汕、梅县、揭阳等县委，惠阳、南雄两个中心支部，紫金总支，及一些地方工委和支部。同年 8 月，省委派黄松坚到广西，建立了广西工委。至 1939 年年底，省委下辖琼崖、东南、西南、东江、西江、北江、南路、赣南等特委，香港海员工委，香港市委，广西工委和一批直属支部；在 72 个县中建立了党的组织，成立了 6 个中心县委，42 个县委；共有党员 1.8 万人。

为了提高党员的理论水平，增强党员的组织纪律性，加强他们对党的方针政策的理解，省委在南雄、曲江、始兴等地举办了党员训练班，共培训 1000 余人。他们毕业后，被分配到各地基层，加强了上级对基层党组织的领导，提高了基层党组织的战斗力。

第二，建立学联，成立抗先，统一和加强党对青妇工作的领导

在党的影响下，早在1935年7月，在广州的勷勤大学、中山大学和其它学校中就成立了“中国青年同盟”（简称“中青”）、“突进社”、“马列主义行动团”、“反帝反法西斯大同盟”等秘密进步团体。1936年夏秋间，随着抗日救亡运动的发展，又成立了“中山大学抗日救亡协会”和“广州市学生联合会”（又称“地下学联”）。广东党组织重建和恢复活动后，将这些进步青年团体中的骨干分子吸收入党。

1938年1月1日，在中共南委的领导下，中山大学青年抗日先锋队、中山大学附中青年抗日先锋队、广州市学生抗敌救亡会、青年群社、救亡呼声社、青年抗日先锋团、平津同学会、留东同学抗敌后援会等八个青年团体联合发起成立广东青年抗日先锋队（简称“抗先”），发表了《广东青年抗日先锋队发起宣言》和《广东青年抗日先锋队组织大纲草案》，成立抗先临时工作委员会，统一领导广州地区各界青年的抗日救亡运动。

省委妇女部（妇女工作委员会）结合抗日救亡运动，组织各妇女团体和工作队，分赴工厂、农村和抗日根据地开展妇女工作。她们积极宣传党的抗日救亡主张和政策，开办妇女夜校，组织妇女参加生产，救济难童和贫困家庭，把妇女群众团结在党的周围。我们还开办了妇女干部训练所，仅揭阳一地就培训了妇女3000人。妇女受训后，有的留在本地工作，有的被派到部队中去当卫生员、交通员、运送弹药和伤病员的运输员。经过考验后，大批先进妇女加入了中国共产党。

邓颖超陪同宋庆龄到广州视察时，鼓励李汉魂的夫人吴菊芳组建广东新运妇女会，党还派出几十名党员和进步女青年到各地新运妇女会中去工作，把各界妇女团结在党的周围，促进了抗日救亡运动的发展。

……

文献7

广东妇女运动史料（节选）[①]

（一）广东妇女运动的特点

广东妇女运动，是随着整个革命运动而发展的，同时，它和农民运动，青年运动的特点一样，是与武装斗争紧密结合的。在大革命时期、土地革命时期、抗日战争时期、解放战争时期、广东的女工、农妇、革命知识妇女和广大的劳动妇女，始终是革命斗争中一支主要力量。这由于广东是一个革命策源地，有着优良的革命传统，而广东妇女一般都受着美帝国主义、封建主义和国民党反动派深重的压迫和剥削；又由于地理环境的影响，她们本身大都是强干、刻苦耐劳、参加主要劳动的。因此她们感受的痛苦更深，一旦在思想上提高了她们政治认识，启发了她们的阶级觉悟，她们就能一往无前的奔向革命，忠于革命，参加武装斗争。虽然是出生入死，赴汤蹈火，她们都能坚持不懈，坚贞不屈。所以，在广东的革命斗争史上，她们留下了光辉荣誉的一页。

（二）大革命前的妇女运动

在大革命以前，广东一部份中上层知识妇女由于受西欧资产阶级民主革命的影响，有过一个时期的女权运动，提出要求妇女有参政权，受教育权，承继财产权，并举行示威，打省参议会，但是这种女权运动所提出的要求与口号，和当时广大的工农妇女的实际生活距离太远，广大的工农妇女并没有卷入这个运动中来。

（三）大革命时期

五四运动以后，特别是在一九二五年，五卅运动省港大罢工，革命运

① 收录于广州市民主妇女联合会编：《广东妇女运动史料》，1950 年，第 1–6 页。

动到处风起云涌，妇女运动在这时便以一种完全崭新的面目出现，这时的妇女运动，是以工农妇女为基础，团结了革命知识妇女和当时整个民族革命运动反帝反封建的斗争密切结合进行的，在参加省港罢工的洋务与针织工人当中，占了相当数量的女工，而且她们成为罢工运动中的积极分子。而在农村里的农妇，都纷纷参加了各地的农民协会。对当时的反霸减租减息斗争，贡献了很大的力量。

当时，由于国共合作，孙中山先生接受了苏联及中国共产党的帮助，改组了国民党，何香凝先生就是当时国民党中央妇女部长兼广东省妇女部长，蔡畅同志与邓颖超同志也就在这里领导妇女工作。同时，为了培养女干部，于一九二六年，在广州由蔡畅同志举办了妇女运动讲习所，全国各省部派有女干部前来学习。另一方面，广东省又成立了妇女解放协会，由区梦觉同志当主任，妇女解放协会的会员很多是女工农妇。在南路、东江、西江、潮梅各地都设有分会，这样，广东妇女群众从城市到乡村都有了自己的组织，打下了工农妇女与其他劳动妇女，革命知识妇女团结的基础。当时协会的主要任务是进行动员组织和宣传教育工作，提高妇女的政治觉悟，把她们组织到反帝反封建的行列中，帮助罢工工友办了许多劳工学校，在农村办识字班，发挥了妇女力量支持了两次东征及北伐。

（四）土地革命时期

自从一九二七“四·一二”国民党蒋介石背叛革命之后，广东的国民党当局就在“四·一五”下毒手，大批的共产党员、工人、农民、革命青年都受到残酷的屠杀和迫害，妇女运动在这个时期受到摧残，很多参加革命的妇女都被逮捕及杀害。当天，广州即有两个省港罢工的青年女工邓金娣、罗智群（她们仅十七八岁，都是青年团的团员）被捕了，不经任何审讯，就拉去枪决，在临刑之前，被押着游街示众，但她们两人毫不畏惧，沿途向群众演讲，高呼口号，并与阻止他们演讲的警察搏斗，这种宁死不屈的精神给市民很大的教育。她们两人，是国民党反动派在广州最先杀害的女革命者。

此后，在革命与反革命，光明与黑暗，正义与野蛮的尖锐斗争中，许多女共产党员、女共产主义青年团员、女革命者，艰苦地工作，顽强地战斗，英勇地牺牲。当时的陈铁军同志最足以代表一般了。陈铁军同志在大革命失败后，即留在广州做地下秘密工作，参加当时的暴动委员会，反抗白色恐怖。有一次，暴委领导人周文雍被捕，陈铁军组织民众，施用计谋将他救出来。后因被特务跟踪，工作机关被破坏，她和周文雍同志同时被捕。敌人用尽了种种手段与苦［酷］刑，逼她招供，但她始终守口如瓶，一字不露［漏］，最后他们两人都被敌人杀死。这件事轰动了广州，市民均认她为不可一世的女英雄。

这时，由于中国革命力量在城市里受到了挫折，而将主力转向了农村，因此，妇女运动也能向农村发展，与当时农村中的武装斗争紧密结合。在海陆丰和琼崖苏维埃所领导的工农红军就有很多的农妇参加，而一般的农村妇女在支援与掩护部队的工作上，亦尽了很大的力量。特别是海南岛、闽粤赣边区的妇女，在长期残酷的白色恐怖下，她们对革命实力的保存，是有其不可消灭功绩的。

闽粤赣边区的李梨英同志——现在被誉为革命母亲，当时她就在残酷的白色恐怖底下，坚持了斗争，在农村中发动农民组织游击小组，并为部队传送消息、看护伤员、筹备粮食；另一方面，还发动了组织了群众，支持了部队的斗争。它从大革命失败后一直在闽粤赣边区坚持工作到解放胜利，二十余年如一日，她的四个儿子和一个女婿，都在她的教导与鼓励之下，参加了部队，并且都为中国人民大革命流了最后一滴血。

像李梨英这样坚持工作与斗争的妇女英雄人物为数不少。当时，在海陆丰壮烈牺牲的区夏民，在闽粤赣边区坚持工作的范乐山等同志都是。

（五）抗日战争与解放战争时期

在八年的抗日战争、四年的解放战争中，广东妇女运动始终遵循着大革命时期与土地革命时期的正确方向，紧密地与人民武装斗争结合在一起，如抗日初期东江的壮丁模范队就有三百多妇女参加。在海南岛则从大革命时期开始就建立了以劳动妇女为主的女子大队，除政委一人是男同志外，其余人员都是妇女。到抗日时期，女子大队缩编为一个连队，与其他部队并肩作战。后来，因为形势日益险恶，女子连队才分散活动。而在海南岛人民武装队伍中，每一连队的炊事员（九人），卫生员（九人），勤务员（一人），交通员（一人），运输员（一人）都完全由女同志担负。这是很突出的表现了妇女运动与武装斗争相结合的典型事例。

由于大革命以来女工、农妇的种种英勇斗争事迹，影响了城乡中的知识妇女，因此，在第二次革命高潮到来的抗日时期，广东的一般知识妇女都卷进了革命的浪潮里面。当时，在广东建立的抗日先锋队的三千队员中女队员几占一半，而这些女队员中多数是年青的女学生、知识妇女。这些女队员后来大多数都参加了农村的实际斗争，走向了工农化，在革命中起了一定的骨干作用；特别是在东江与中区一带，抗先队女队员在发动群众、组织群众的工作上有很大的成绩，而她们中的积极分子后来大多数都参加了东江纵队的武装斗争。

……

（六）解放以来

解放后，在广东全省第一届农代妇代会议上，出现了很多妇女典型人物，她们都是在过去游击战争时期，参加了艰苦的游击战争；而今天又在减租反霸、恢复农业生产的斗争中起了推动带头的作用。

而广州市的女工，虽然在大革命失败后受到了严重的摧残；抗战初期亦只有很短时期的活动。但至解放战争时期，广州女工地下活动又开始活跃，在广州解放前夜，进行了护厂，阻止物资外运等工作；至广州解放后，在恢复工业生产，反对敌特（如反谗言、反轰炸、扫荡地下钱庄等）的工作上，都表现了她们的英勇、坚决与机智。

一般知识妇女在解放后，进行了大规模学习运动，解除了思想上的种种顾虑，确立了向工农学习，为工农服务的革命人生观，在各自工作岗位上，正在为精通业务，做好工作而努力。

现在，妇运的领导机构广东省和广州市民主妇联合委员会都已成立，有着优良革命传统的广东妇女，将在共产党和人民政府和全国妇联的领导下，为建设新广东新中国，为争取中国妇女儿童与全世界人类的幸福，为保卫世界持久和平而永远奋斗！

文献8

概述（节选）①

一

……

抗战初期广东妇女团体较多，当时影响较大的有广东省、广州市妇抗会、广东省女界联合会、广州市妇女会、基督教女青年会、中国妇女慰劳自卫抗战将士会广东省分会、广东省女权运动大同盟、女车衣工会、中大女同学会等，活动较分散。随着抗日救亡运动深入发展，迫切需要成立一个新的妇女统一组织，广泛动员团结妇女担负起抗战的重任。在中国共产党的推动下，由宋庆龄领导，经各妇女团体多方联络和酝酿，于民国28年（1939）2月由19个妇女团体集会成立了“广东妇女团体抗敌工作协进会”，宋庆龄任名誉会长。与此同时，广东各地妇女也办了女壮丁队，培养妇女军事干部。

民国27年（1938）10月，广州沦陷，广东妇女运动也从城市转向农村。当时，国民党省政府迁到韶关。中共广东省委先后派区白霜和100多名进步知识青年妇女到国统区妇女统一战线组织“省新运妇委会”工作，国统区的妇女运动一方面以省新运妇委会为妇女统一战线的阵地，

① 收录于广东省地方史志编纂委员会编：《广东省志·妇女工作志》，广东人民出版社，2007年，第3-4页。

通过合法活动为抗战出力，组织战地服务队，帮助民众疏散、抢运子弹、劳军支前、抢救难民难童、组织生产自救等。另一方面，女共产党员、积极分子，在国民党反共逆流中，以各种方式为掩护，继续进行艰苦的斗争。

除国统区外，广东敌后普遍建立了抗日游击队，先后有东江、琼崖、珠江、韩江等抗日游击队，统称为华南抗日纵队，不少来自城市的女知青、女工人，农村的劳动妇女以及海外华侨、港澳女青年参加，她们在华南抗日纵队中占有相当比例，仅琼崖纵队女战士就占全纵队的15%。她们中一部分知识分子担任部队政治工作，更多的劳动妇女在部队当卫生员、炊事员、交通员、运输员，为抗战胜利默默无闻地工作。据不完全统计，收录在《广东省革命烈士英名录》里的华南抗日纵队女战士就有824名。

……

日本投降后，国民党反动派向解放区进行“扫荡”。中共广东区委采取分散坚持、保存干部、武装自己、长期斗争的方针。一部分女同志跟随各地人民武装进行转移，东江纵队有300名女同志跟随部队北撤山东解放区，一小部分奉命撤往香港或东南亚等地，绝大部分在原地疏散隐蔽，以教师、店老板、假夫妻等形式作掩护，宣传教育群众，收集情报，还利用“姐妹会”、“女友会”、“读书小组”等各种合法团体和敌人作斗争。

文献9

第一章　组织与机构（节选）①

第一节　建国前的组织与机构

清末以前的广东妇女已自发起来参加农民起义运动和反帝反封建的斗

---

① 收录于广东省地方史志编纂委员会编：《广东省志·妇女工作志》，广东人民出版社，2007年，第45—77页。

争，但没有专门的妇女组织。到民国以后妇女运动开始兴起。在五四运动影响下，广东妇女已成为反帝反封建的一支重要力量。民国 11 年（1922）中共广东组织成立后，各个时期在党组织内都设有妇女工作机构领导和推动妇女运动，在群众中建立妇女组织。随着民主革命运动的发展，广东妇女解放运动得到迅速发展，这些妇女组织大多数能团结和带领妇女群众，在争取阶级解放和民族解放的同时，争取妇女自身的解放，发挥了妇女组织的作用。

一、中共广东省组织中的妇女工作机构

广东是全国最早成立中国共产党组织的地区之一。广东各级党组织建立后都设有妇女机构。民国 11 年（1922），中共广东区执行委员会（简称"广东区委"）就设有妇女支部。民国 13 年春，中共广东区委改为中共广州地方执行委员会（简称"广州地委"），设妇女支部。当年 10 月，广州地委改为中共广东区执行委员会，设有妇女运动委员会。在潮汕、东江、琼崖一些县都设立妇女机构或配有妇女委员。大革命失败，中共广东各级组织均遭受一定程度的摧残和破坏。民国 16 年 8 月，中共广东省委，各地党组织也得到一定发展，中共广东省委和东江、琼崖特委以及 30 多个县委都设立了妇女工作委员会。民国 20 年初至民国 23 年 9 月，由于王明"左"倾冒险主义的危害，省一级领导机关屡遭破坏，各级妇女工作机构基本消失。民国 25 年广东省及各市、县党组织相继恢复、建立和发展，这时期广东省有 9 个特委、32 个县委（工委）均建立妇女部或妇委。解放战争期间，中共中央香港分局设立妇女组，后华南分局设有青妇组，各地党组织有闽粤赣中心县委、雷州地委和 33 个县委（工委）建立了妇女工作委员会或妇女部。

建国前中共广东组织中的妇女工作机构一览表（节选）

	机构名称	设立时间	主要负责人
抗日战争时期	中共东江特委妇女部	1939.3—1940.9	陈婉聪（书记）
	中共东江前方特别委员会妇运部	1940.8—1942.4	余慧（部长）
	中共东江后方特别委员会妇委会	1941.2—1942.1	徐英、（书记）[1] 陈婉聪、李静英（妇委）
解放战争时期	中共港粤工委妇女组	1946.6—12	苏惠
	中共香港工委妇女组	1947.1—1948.8	余慧
	中共香港分局妇女组	1946．底—1950	余慧、吴全衡、陈新、邹得心、郑黎亚
	中共华南分局青年妇女组	1949.4—9	黄焕秋（男）
	中共闽粤赣中心县委员会妇委	1945．秋—1946.11	温碧珍

……

三、妇女群众团体

广东妇女群众团体最早成立于民国 8 年（1919），在中国共产党的领导、参与和推动下，妇女群众团体不断建立。开始一些团体的成员大多是社会上层妇女和知识妇女，后来逐步转向以工农劳动妇女为主体。大革命时期，在国共合作的形势下，妇女运动蓬勃展开。各学校的女学生、女教师、医院的女医护人员、工厂女工都分别以本单位的名称作为一个妇女团体参加各项政治运动，妇女团体较多。其中规模较大的是广东女解放协会以及各地县建立的 50 多个分会、协会。此外，还有女界联合会、女权运动大同盟、女车衣工会、女司联等等。大革命失败后，中共广东各级组织遭受破坏，一些革命组织转入分散隐蔽斗争，妇女组织也被迫停止公开活动。抗战开始，广东妇女运动又活跃起来。当时在广州的省、市妇女团体有 10 多个，为共同协商妇女抗日救亡活动，在中共组织提议下，成立广东妇女团体联席会议，后在宋庆龄、邓颖超的促进下，成立广东妇女团体抗敌工作协进会。民国 27 年 10 月广州沦陷。中共党组织派党员、积极

① 原文如此。——编者注

分子协助国民党省主席李汉魂的夫人吴菊芳筹建广东省新生活运动促进会妇女工作委员会，各地也先后建立新运妇委会 13 个。此外，琼崖、东(莞)、宝（安）等地区均建立妇救会组织。在香港，由中共组织领导的妇女团体有 16 个，其中女工组织有 11 个，学生团体 5 个。

……

文献10

第二章　建国前的妇女运动（节选）①

第三节　抗日战争时期

……

二、根据地的妇女工作

民国 27 年（1938）10 月，中共中央电示中共广东省委“要在东江日占区后方开拓游击区”。省委派了一批党员到农村，在顺德西海、中山五桂山、东江的惠阳、东莞、宝安、增城、龙川、博罗，琼崖、潮汕等地建立根据地。在中国共产党的领导下，根据地的妇女工作迅速发展，成立妇女党支部，一批女党员和女干部到农村开办识字班、夜校，启发妇女觉悟，提高其文化水平，并由下而上成立妇女会、妇抗会、妇救会。仅文昌、琼山两县共有 11 个区 31 个乡成立了妇救会，会员五六万人。这些妇女组织带领广大妇女为抗战做了大量工作。

一是积极生产，支援前线。敌后根据地是华南抗日纵队的坚强后盾，妇女是根据地的主要生产力量。当时的农村，大多数男人上前线或出外谋生，生产支前的重担落在广大妇女肩上。在地方党组织和各级妇救会、妇抗会、妇女会的发动和领导下，掀起了大规模的生产支前热潮。在琼崖，

---

① 收录于广东省地方史志编纂委员会编:《广东省志・妇女工作志》，广东人民出版社，2007 年，第 78–97 页。

普遍开展种“劳军田”活动。妇救会会员带头每人种一亩田，把生产出来的粮食支援部队。此外，还发动妇女种海岛棉花，自己纺纱织布，裁制衣服等军用品献给部队。在东江，妇女集体开荒，种上作物支援抗日武装队伍。为了解除前线战士的后顾之忧，不少妇女在妇抗会带领下，组织“帮耕队”、“变工队”、“耕田组”、“生产互助组”，无偿地帮助军烈属耕田、收割。据统计，民国 33 年（1944），东江抗日根据地群众缴纳公粮 5 万担，民国 34 年达 25 万担。

二是动员参军、筹集物资支援前线。各根据地的妇女组织是动员参军的主要骨干，父母送儿女、妻子送丈夫，兄弟姐妹一同上前线的动人事迹不胜枚举。琼山县演丰乡妇救会员林绍香将自己的孩子一男三女都送去部队，中山县五桂山根据地革命母亲谭杏、黄爱、胡兰馨等先后把几个儿女送到部队。由于广大妇女群众的支持，华南抗日纵队得以发展壮大，东江纵队从开始的 300 人发展到 7700 多人，潮汕人民游击队（后称韩江纵队）开始只有 100 人左右，在不到一年的时间发展到 2000 余人。根据地妇女还积极为部队筹集物资，运送粮食、柴草，保证部队供给。很多地方掀起了“一发子弹、一斤米”的捐献活动，妇救会、妇抗会的会员和青抗会的会员组织了各种服务组，分头开展劳军活动。“一切为了前线，一切服从前线，一切支援前线”成为广大妇女的战斗口号和实际行动。

三是传递情报。根据地妇女又是部队和地下党传递情报的一支主要力量。她们常常冒着生命危险往来穿越日军封锁线，或打入敌伪的要害部门收集情报。在琼崖、县、区、乡三级交通员大部分是女同志。文昌县潭牛乡女交通员张玉英，多次机智完成送情报任务。敌人对她恨之入骨，杀害了她的丈夫、家公、叔叔，她仍继续坚持工作。在一次送情报归途中，被敌人追捕，她拉响手榴弹与敌人同归于尽。类似的还有东江的张招妹、李长娘烈士，潮汕的陈锦、林月烈士等，她们是交通员的突出代表。

四是配合部队消灭敌人。部队打仗时，妇女们组成运输队、救护队、担架队等，运送军用物资，抢救伤病员。民国 31 年（1942），琼崖纵队某支队在大水村阻击敌人时，几千名妇救会员和妇女为部队送饭送水、送弹药、抬担架……积极配合部队阻击敌人。民国33年春，日伪军纠集上万人，分十路向中山县五桂山区抗日根据地发动进攻，合水口乡的妇女和集结队（民兵主力），坚壁清野，协助部队放哨、巡逻，并组织打麻雀战，使敌人几天都无法进驻村庄。

根据地的妇女还组织女民兵队伍和男民兵一起，袭击日军运输队，破坏敌人的公路、桥梁和电线，攻打敌人的炮楼，拔掉敌人的据点。民国30年（1941）农历七月七日，日军1000多人进攻黑眉岭，黑眉岭的黎族女民兵配合部队同日寇激战7天7夜。东江根据地妇女配合部队破坏日军重要的交通线广九铁路，使敌人给养的火车无法通行，或出轨翻车，日军不得不惊呼“广州和香港地区是治安之癌”。

五是不惜一切，掩护革命同志，甚至牺牲自己的亲骨肉，也义无反顾。根据地成千上万的革命母亲和老屋主的家，成为革命者的歇脚点、供给点、联络点、交通站、医疗所和掩护所。她们不怕艰难险阻，勇敢机智、无私无畏地保护了一批又一批革命同志。她们中间，有建国后广东省人民政府授予“革命母亲”光荣称号的文昌县龙马新村的云四婆，罗锦乡的森简婆；有建国后光荣当选为广东省人民代表的革命母亲谭杏；还有为掩护革命同志光荣献身的坚强堡垒户郭冠英等。琼崖纵队司令员兼政委冯白驹说抗日根据地“不是山藏人，而是人藏人”，评价得恰如其分。

三、华南抗日纵队中的女战士

广州沦陷后，在中国共产党领导下，广东敌后普遍建立了抗日游击队，先后有东江纵队、琼崖纵队、珠江纵队、韩江纵队等，统称为华南抗日纵队。来自城市的女知识青年、女工、农村的劳动妇女以及香港、海外华侨妇女，纷纷参加华南抗日纵队，她们在华南抗日纵队占有相当比例。据统计，琼崖纵队的女战士就有1000多人，占全纵队人数的15%。东江纵队女战士也占全纵队人数的10%左右。

华南抗日纵队的女战士，主要担任部队的政治工作和后勤工作。政治工作主要由原来的抗日救亡积极分子和知识分子担任，而更多的劳动妇女担任了部队的卫生员、炊事员、运输员、交通员、民运员。

卫生工作。东江纵队先后有200多名女战士担任卫生员工作，珠江纵队也有40多名女卫生员，她们既是救死扶伤的卫生员，又是鼓舞士气的宣传员，同时还是拿枪作战的战斗员。在战场上，哪里战斗最激烈，哪里有战友伤亡，女卫生战士就出现在哪里。民国33年（1944）6月，东江纵队二支队攻打东莞马嘶墟日伪据点战斗中，女卫生员梁通跟随部队突击班冲锋，班长中弹倒地，梁通冒着敌人猛烈的炮火，勇敢冲上前沿抢救班长，她的腹部和双腿中弹，但她仍咬着牙用尽最后力气拿起班长的手提式冲锋枪向敌人射击，为掩护战友献出自己的生命。

在残酷的战争条件下，游击队没有固定的后方医院，部队每次打完仗，很快就转移了，留下的伤病员由医务人员带着寻找山洞、破庙、炭窑、茅寮或寄居在老百姓家中隐蔽起来治病。医疗条件差，女卫生战士自力更生解决一些医疗器械和药品的困难，还依靠群众解决一些给养，治好了一批又一批伤员。当敌人袭击时，她们背起伤病员立即转移，宁愿自己牺牲，也不丢下一个伤病员。琼崖纵队女卫生战士，在日军侵琼6年中，她们共留治伤病员1480多人，治好归队的达78%。还有一些女卫生战士为了掩护伤病员而献出了年轻的生命，东江纵队为国捐躯的女卫生战士，有名字可查的共38人，而更多的是无名英雄。也有不少女战士在战火中锻炼成长，闻名于东江纵队的女连长李玉珍就是从一个普通的卫生员成长为出色的战斗员、指挥员。

后勤炊事工作。据民国31年（1942）统计，琼纵共有120多个炊事班，炊事员800多名，几乎全是女战士。她们的战斗口号是："人在炊具在，人死担不丢。"她们不仅生火煮饭，而且常常冒着生命危险，爬山越岭，穿过封锁线去找粮食。民国32年夏季，琼纵第一支队女炊事员符月娥深入敌占区筹集粮食，归途中被日军巡逻队发觉追捕，她布置送粮群众转移后，立即将敌巡逻队引开，最后用手榴弹与敌人同归于尽。抗战期间，仅琼纵第一、二、三支队，为了给部队筹集粮食而光荣牺牲的女炊事员和群众就有230多人。

交通情报工作。在珠江纵队有一支代号为"白鸽队"的女交通员队伍，从总站长到分站长全是女共产党员。她们担负着部队的信件、文件、报刊、书籍、枪支、子弹、炸药、衣物的转运；护送非武装人员的来往。“白鸽队”在执行任务期间，先后有四位女战士为交通情报工作献出年轻的生命。还有在虎口取情报、在敌人心脏里活动的东莞县“石马赠产所”、“石鼓爱群医社”姐妹交通站，她们勇敢机智，出色完成任务，保证了部队交通情报工作的畅通。

此外还有很多担任运输员、民运员、宣传员、公务员以及在部队电台、报社的女战士，她们默默无闻地工作着，为抗日战争的胜利作出贡献，甚至献出年轻的生命。据不完全统计，收录在《广东省革命烈士英名录》里的华南抗日纵队的女战士就有 824 人。

四、华侨港澳妇女及侨属参加祖国抗战

广东毗邻港澳，又是华侨众多的省份。在抗日战争中，港澳同胞、华侨妇女及侨属纷纷用各种形式报效祖国。有的组建华侨港澳妇女团体支援祖国抗战，有的亲自回国参加抗战活动。而在海外的华侨、港澳妇女则积极筹募捐款、捐物品，为祖国的抗战尽力。

（一）妇女抗日团体

抗战初期，香港地区妇女抗日救亡活动活跃。民国 26 年（1937）9 月，成立香港学生赈济会，不少女学生走出校门参加赈济会的工作。民国 28 年 6 月，专门成立香港学赈会女学团。女学团组织读书会、歌咏团、戏剧队到社会宣传抗日，开展募捐，还组织女学生到工厂、农村开展抗日工作。其他的妇女群众也积极从事抗日救国工作。当时宋庆龄、何香凝在香港，对香港妇女运动有很大促进，成立了中国妇女慰劳自卫抗战将士分会、中国妇女兵灾筹赈会、女青年会、中国妇女策进会、新生活运动妇女会等华侨港澳妇女爱国团体组织。

香港女工较多，先后成立香港九龙妇教团、香港南洋兄弟烟草公司女工互助社。香港深水埗各工厂的女工都行动起来，参加抗日救亡工作，她们开展筹募捐款、运送各种抗战物资支援前线，协助抚育战区难童和救济灾民。

此外，侨居世界各地的华侨妇女也纷纷组织各种抗日救国团体支援祖国抗日。如欧洲华侨联合会、墨西哥华侨抗日后援会、新加坡华侨筹赈祖国难民会，马来西亚、南洋华侨筹赈会，柬埔寨高棉华侨妇女救济会、菲律宾马尼拉中国妇女救济会等，在抗日救亡活动中发挥了华侨、港澳妇女应有的作用。

（二）回国参战

随着抗日斗争深入发展，港澳及各地华侨组织了回乡服务团、救护队，直接回国参加抗日斗争。当时在香港、澳门、马来西亚、暹罗、越南、缅甸、印度尼西亚、菲律宾等地相继成立了广东华侨回乡服务团。在回乡服务团中有相当数量的妇女，澳门四界（学术界、音乐界、戏剧界、体育界）救灾会从民国 27 年（1938）11 月至民国 29 年 6 月派出 11 个队共 157 人回国，其中妇女有 40 多人。东江华侨服务团有妇女 60 多人，吉隆坡爱国侨领官文森独资组织的“文森队”，7 名队员全是女青年。菲律宾华侨慰问团、南洋华侨机工均有女青年回国，为抗战出力。香港教师李淑枢［桓］为支援抗日，先后把 7 个子女送到抗日部队，自己放弃安定生活和职业，到艰苦的抗日根据地当教师，最后壮烈牺牲。

香港、澳门的女青年参加回国服务团，到惠阳、东莞一带工作，为前线的将士服务、救护伤兵，在战斗的间隙还教战士们唱歌、讲故事，使部队士气大增。她们还将募得的鞋袜、毛巾等物品送到前线战士的手中，送饭送水慰劳前线官兵。在香港的中国妇女慰劳自卫抗战将士分会将征募的大笔款项、药品、汽车等送回国，支援抗战。

民国 27 年（1938）10 月，日军占领广州，南路形势危急。香港学生赈济会组织的青年回国服务团中 17 岁的张越，到南路后积极参加抗日宣传，还任妇女队教官，发动当地妇女参加抗日救亡运动。另一位女团员陈碧婷，早年丧父，与母亲相依为命。民国 28 年秋，她瞒着母亲离开家庭，改名陈绍明，剪发着男装参加服务团，投身祖国救亡活动。

广大海外华侨、港澳妇女同胞在回国之前做了许多准备，学救伤治病常识、排戏、唱歌，回国后即能用上。如琼侨回乡服务团的女团员何秀英、何佩玲、朱曼英、钟淑珍、邢月娥等在抗日救亡中表现很突出。还有些女团员为了能回祖国参加抗日，将孩子送给别人代为抚养。

（三）捐款捐物支援抗战

在抗日救亡运动中，在海外各地的华侨和港澳妇女节衣缩食，利用各种方式组织捐款、捐衣物、捐药品，有些华侨女学生把平时省下的午餐费也捐出来，各地捐款的数目达数十万元法币之多。

民国 27 年（1938）8 月 13 日，在中国共产党的推动下，广东全省开展“八一五”抗日救亡献金运动。香港献金活动开展十分热烈，取得献金百万的成绩。许多香港女同胞将自己的金戒指、金耳环、金项链等捐献出来；女工、女小贩甚至把辛苦劳动得来的微薄收入也献出来，支援抗日运动。新加坡华侨妇女利用戏剧、歌咏等各种方式宣传祖国的抗战，并开展了大规模筹赈、募集寒衣运动，推销救国公债达 1000 多万元。柬埔寨的华侨妇女成立了妇女救国会，发动小姐、太太征集寒衣或募捐，每逢节日，她们奔走街头巷尾，发售纪念章或鲜花等。当时在柬埔寨的华侨救灾慈善总会汇回祖国的捐款有 50 万元左右。菲律宾的马尼拉中国妇女救济会民国 27 年 7 月捐款就达 482.77 万元，作救助伤兵之用。到民国 30 年各地侨胞认销救国公债 51250346 元；国防公债 6265138 元；加之月捐、特别捐、献金、航空救国捐、节约储蓄及义卖等，总计三年贡献于祖国共达 20 亿元以上，还有一大批衣物、药品等。

广大侨眷妇女也积极献金募银为抗日部队筹集枪支、物品。台山县冲乡侨眷妇女献出了长短枪 70 多支、手榴弹 50 多颗、子弹 1500 多发；鹤山县侨眷张莲卖田 10 多亩，筹款为游击队购买枪支，后又捐出几百担谷支援部队。开平县侨属周老太太（方玉莲）带头捐献了金耳环和一批衣物，民国 28 年（1939）5 月，年近古稀的周老太太率领侨眷妇女带着慰问物品亲临前线慰问抗日将士。同年冬，还与一些同志奔赴香港募捐价值港币 8000 多元的药品和布料、胶鞋等物资一批，带回家乡送给抗日部队，为此，部队赠给周老太太一面锦旗，锦旗上写着“老犹救国，妇女先锋”。很多侨眷老妈妈，把自己的家变成交通站，成为抗日的堡垒户。中山县五样山根据地的侨眷贺带老妈妈的家成了部队的交通站、情报站、医疗站，她为部队砍柴、舂米、缝衣、送茶送水，并精心护理伤病员，还冒着生命危险掩护革命同志（后来被国民党杀害）。像贺带烈士这样的堡垒户，在潮梅、琼崖、南路等地区侨眷中是数不清的。还有很多侨眷子弟、女青年为了抗日大业英勇牺牲，如林玩、何女爱等烈士，永远载入了华侨抗日救国的光辉历史。

第四节　解放战争时期

一、国统区妇女争取民主、反对内战

抗日战争胜利后，国民党广东当局蓄意挑动内战，疯狂进攻解放区，激怒了广大人民群众。在中共广东区委的领导下，各阶层人民掀起声势浩大的争取和平民主、制止内战的群众运动，并围绕武装斗争开展妇女工作。

（一）女学生的反内战斗争

当国民党反动派在昆明制造“一二·一”惨案的消息传到广州时，愤怒的学生决定行动。民国 35 年（1946）1 月 30 日，以中山大学为主的各大中学校学生 2000 多人举行示威游行，掀起“反内战，要求和平”的斗争。中大女学生约两三百人参加游行、中大附中、省立艺专、中华文化学院、省文女师、知用等一些学校的女生勇敢走上街头游行示威，沿途高呼“政协只许成功，不许失败”等口号。这次学生游行活动，“为寂寞的华南投下了第一颗民主的炸弹”。4 月，省女师女党员组织同学们开展罢课斗争，要求学校当局发放拖欠学生几个月的公粮，斗争持续一周，得到省、市学校声援，迫使校方答应学生要求。在广州学生带动下，各专区、市、县学生也纷纷行动起来，梅州女师地下党领导学生破坏国民党反动派策划已久的全县性的反苏反共游行。怀集县怀中、简师 700 多人，其中女教师、女学生 100 多人参加。广大学生掀起的运动有力地推动各界争取和平民主运动的开展。湛江市地下女党员和一些女教师，在地下党指导下，利用国民党主持的“三八”妇女节纪念活动，在会上演说，宣传中共的和平

民主、反对内战的政治主张，并巧妙地在国民党报纸上刊登了《告各界女同胞书》，号召妇女为民主、和平、自由、平等而奋斗。各民主党派、人民团体和爱国侨胞也积极呼吁停止内战，要求民主和平，著名民主人士何香凝以及港澳同胞和新加坡、泰国等地爱国华侨纷纷发出通电，呼吁和平；港澳妇女界上书蒋介石，敦促他实施政协决议。

（二）城乡妇运

城乡妇女积极配合“三反”（城市反内战、反饥饿、反迫害，农村反征兵、反征粮、反纳税）斗争，动摇了国民党的反动统治。官僚资产的广东纺织厂，女工占多数，尤其是女童工多，她们酝酿组织工会，受到无理阻挠，生活困难得不到解决，工人义愤填膺。民国 35 年（1946）5 月 1 日，工人掀起全厂性的示威游行，接着组织罢工，斗争持续 40 天之久，并向全市和外地发出《告全市工友书》，震动了整个广州城，得到外地工人的声援和慰问。经多次谈判，最后厂方被迫基本答应成立工会等五项条件。民国 36 年 3 月，在中共广州地下组织领导下，广州 50 多家棉纺织厂工人（其中女工占多数）开展反饥饿、反迫害、求生存的斗争。广州女教职员工也因当局克扣、拖欠工资，生活陷于困境而多次联合起来罢教抗议。

广大农村妇女也积极开展反“三征”斗争。民国 36 年（1947）春，惠阳县坪山等地 300 余农民群众，其中不乏妇女群众，首先高举反“三征”大旗，破仓分粮。普宁县的陈赛德装扮成乞丐，黄援劳则以买谷为名，了解敌兵力部署，把出入路线画成简图，使武装队伍破仓成功，夺得谷子 3000 多石。揭阳县在破上陇、灰寨谷仓中，黄伟萍女扮男装走在队伍前头。是役共缴获敌粮 1400 多石，30% 用作军粮，其余分给群众度荒，调动了群众的积极性。粤中、粤北、南路、潮梅等地的妇女群众也积极参加反“三征”斗争。琼崖地区在反“扫荡”、“清剿”中，各县参加青抗、妇救、农救等组织的民众约 5 万人，有组织的妇女积极参加坚壁清野，破坏公路桥梁、割断电线，协助部队做好情报、向导、运输、担架、征集粮食等工作。

（三）妇女参军

随着武装斗争进一步发展，各地掀起参军支前的高潮。隐蔽时期分散到各地城乡的女干部纷纷回部队、游击区工作，在学校的女党员发动学生参加革命，很多女学生投笔从戎，奔向游击区，大批农村男女青年也踊跃参军参战。琼崖五指山中心根据地的少数民族地区，据不完全统计，仅民国 37 年（1948）就有 2000 多位少数民族男女参加琼崖纵队。在潮普惠，从民国 36 年至民国 38 年夏，参加武装队伍的女同志有 250 多人。五岭地区也接收了两三百位女同志参军。出现父母送儿女、妻子送郎上战场的动人场面。

二、参加游击战争

游击战争中，各条战线均有女战士为之战斗，有直接参加打仗的，但大多数是从事情报、交通运输、医疗卫生、给养等工作。部队的卫生医疗工作多数由女同志承担，她们克服种种困难，自制医疗器械，救护了一批批伤病员。粤赣湘边纵队北江第一支队卫生队除救护伤员外，还先后在翁源、英德、新丰等地举办了十几批单生员训练班，队长李伟玢受到支队司令部的嘉奖。粤北游击队女救护队长仕云 7 次带领伤员隐蔽治疗，其中 6 次是她单独负责，共治疗伤病员 30 多人，部队战士称她为“模范的女救护队长”。还有从海外归来的女医生夏雅贞，被战士们称为“观音娘娘”。

电台工作方面，各地委各边纵电台都有不少女同志。她们经常随部队转移、夜行军，每到宿营地，其他同志可稍休息，她们却得树竿子架天线、立平台、装机器、手摇发电机，争分夺秒投入工作。海南特委电台 60% 是女同志，在台长张小章（女）等人努力下，使琼崖党组织同中共中央恢复了中断多年的无线电联络。粤桂湘边纵电台台长卢毅（女），在零件缺乏情况下，带领同志坚持手摇发电，而且在十分困难的条件下，培训了一批新的报务员。还有交通、运输、炊事等工作，也有许多女战士在为之奋斗。如广东三支一团交通总站在龙（门）、河（源）、博（罗）交接地方设有 19 个分站，人数达 135 人，女同志占半数，女站长占三分之一。她们机智地侦察敌情、传送情报、掩护来往的同志，沟通上下左右各方面关系，工作十分出色。惠阳坪山区妇女运输队有队员两三百名，基本负责粤赣湘边 1 万名指战员穿用的运输任务。琼纵三总队后方医院七姊妹运输班在筹粮归途遇敌包围，运输班长带领六姊妹把粮藏好，在后有追兵前有万泉河的情况下，七姊妹宁死不屈，投河牺牲。

三、妇女界迎接广东解放

民国 37 年（1948）下半年，解放战争取得节节胜利，广东妇女在中共地下党的领导下，进一步组织起来，为迎接广东解放做了大量工作。

（一）培养妇女干部

民国 36 年（1947）至 38 年，在中共中央香港分局领导下，香港群团工作活跃，香港工委妇女组织积极参与举办各种干训班，分批输送青年干部回内地。她们以港九妇女联谊会、基督教女青年会为阵地，安排一些女党员进去，以公开、合法的地位开展工作。如在会内职业妇女部下设职光教育团，女党员张莹（张瑜）任副团长，到民国 38 年有团员 400 余人，按职业分为公务、医务、教务三个服务团。为迎接广东解放增设智修团，并以智修团名义举办保育、救护、部务会计班。在劳工妇女部有劳工妇女夜校 7 所，学员达 1300 多人。一部分学员学成后回内地，为广东的解放和建设事业作贡献。

民国 38 年（1949）华南分局迁往闽粤赣边区，青妇组在黄焕秋、陈恩、余慧、林挺等带领下，分别到潮汕、梅州、九连、江南地委开展青妇工作。当时梅州地委正举办梅州公学，林挺、郑黎亚、张韵秋等带工作组进驻，协助工作，从中也培养不少女干部。民国 38 年 2 月至 7 月，中共韩东地委举办中共韩江军政干部学校，共办三期，干校女子连共培养 100 多名女干部。粤中纵队滨海总队在台山汶村举办妇女干训班，参加者 30 多人。潮普惠南分委在林樟举办青妇干部学习班，参加学习者 70 多人，学习结束后分配到政工队、艺宣队、连队、区、乡工作。琼崖区党委作出了关于选送抗日战争时期和自卫战争时期参加革命工作的党政机关中的女同志到妇女学校学习的决定，为迎接海南解放，培养了大批妇女干部。

（二）建立妇女组织

民国38年（1949）1月，中共中央香港分局发出指示，要求各地“迅速由下而上及由上而下的建立各个区党委的农会、妇女会、青年团体的筹委会，以统一群众组织”。7月，青妇组召开闽粤赣和粤赣湘两个边区的青妇干部联席会议，会议提出华南青妇工作的方针任务是：加强领导，加紧动员与组织工人及革命知识分子，团结各阶层青年和妇女响应党与民主政府的号召，培养干部，为建立总基地，解放全华南而奋斗。会议还总结交流了两边区青妇工作经验，号召青年和妇女建立组织。会后各地妇女工作发展很快，农村半数地区建立了妇女会、妇联会等，城市也打下女工工作基础，据不完全统计当时全省有组织的妇女已达50多万人。

3月，全国第一次妇女代表大会召开，香港妇女组、广州地下妇联、香港女工、琼崖妇女等均派妇女代表参加大会。大会之后，广东各地妇女组织纷纷建立，有组织地投入黎明前的战斗。

当年3月，琼崖民主妇女联合会筹备委员会在白沙县成立，并制订出《琼崖民主妇女联合会章程（草案）》。全琼十几个县妇联组织统一在琼崖民主妇联筹委会的领导下。6月，兴梅地区召开第一次妇代会，产生地区妇联。7月，潮汕妇联筹备委员会成立。同月，中共雷州地区妇委成立，随后以遂溪县为点筹建县一级妇委会。肇庆地区高要、广宁等县也成立妇联会。1950年，广州市民主妇联筹备委员会成立。

在各地妇联组织发动影响下，城乡各阶层妇女献金献银、卖花筹款、设茶水站、慰劳军队，护理伤病员、修迎军路等。在九连地区，全区70%以上的妇女投入迎军支前运动；粤北曲江、翁源妇女支前工作队分组到翁源公路及广韶公路沿线，配合各区乡民主政府发动妇女为南下大军碾米、送粮、切马草、铺路架桥；广州地下妇联、地下学联的女学员，想方设法通过各种途径，掌握各工厂、企业、医院、图书、仪器、设备分布等情况，秘密送往中共地下党机关。……

……

文献11

第四章　政治参与（节选）[①]

第一节　建国前的政治参与

……

三、抗日战争、解放战争时期妇女参政

抗日战争时期，广东妇女在为抗战作出重要贡献的同时，也使自身素质、政治觉悟和社会地位都得到很大的提高，涌现了一批巾帼英雄和妇女干部。尤其是在抗战后期，抗日根据地在中国共产党的领导下，革命武装在全省范围发展、壮大、妇女运动以支援抗战前线为主。民国27年（1938）春，随着形势的发展，中共南方工委召开扩大会议，决定撤销南方工委，成立中共广东省委员会，张月霞当选为5位常务委员之一，任妇女部长。同时撤销中共广州、香港工委，建立新的广州、香港市委，黄梅棣任广州市委妇女部长，曾珍任香港市委妇女部长。与此同时，全省不少地方也成立了抗日民主政权，在当时的一些抗日民主政权中均有妇女干部，有的还担任着重要职务。各民主政权都设置了妇女工作机构和配备专职女干部。如民国33年4月成立的惠东行政督导处和7月成立的东江地区东宝行政督导处，陈允、杨彩萍、邹清容、钟笑分别担任区长、乡长职务。同年秋，在五桂山抗日根据地，中山县五桂山区联乡办事处召开各乡群众代表大会，选举产生五桂山区抗日民主政府，谢月香被选为区政府委员，谢月珍为妇女联合会会长。接着，建立了中共中山五桂山区中心支部，方群英任书记，女委员有谢月香、谢月珍、李瑞卿。民主政权的建立，进一步维护了妇女的权益，提高了妇女参加斗争的信心。

这一时期，也有少数妇女被选为国民党省、县参议员及候补中央委

① 收录于广东省地方史志编纂委员会编：《广东省志·妇女工作志》，广东人民出版社，2007年，第134—147页。

员。如：民国 31 年（1942），五华县的黄孝英被选为国民党广东省党部临时参以员；民国 34 年，东莞的陈逸云被选为国民党候补中央委员；邓蕙芳在抗战时期曾任国民党广东省党部执行委员。

抗日根据地的民主参政运动，使所在区域的广大农村妇女享受了民主权利，她们的自身素质和社会地位得到不断提高。

抗日战争胜利后，国民党反动派玩弄两面派的手法，向广东的解放区、游击区进行反复的疯狂“扫荡”，广东的内战全面爆发。这一时期的广东妇女运动，是在中国共产党的直接领导下，以反对国民党反动派为主要斗争目标的。经过八年抗战的考验、锻炼，广东的妇女运动已经拥有一支具有一定规模的斗争力量和一批较成熟的妇女领导骨干。面对新形势，中共广东区党委和党的各级组织，重视发挥妇女的作用，注重培养妇女骨干，为解放战争取得最后胜利以及解放后接管政权打下了良好的基础。

民国 37 年（1948）至 38 年，一批原分散隐蔽的女干部纷纷回部队，一批女学生投笔从戎，一批农村女青年踊跃参军参战。她们先后从香港、广州回粤中和西江地区做妇女工作后参加闽粤赣边纵队、粤中纵队、粤桂湘边纵队等武装部队。这些女同志当中，部分还担任了游击队教导员、指导员，民主政权的区、乡长职务。在珠纵粤中，西江地区的大批女干部被分配到各级领导岗位，工作独当一面。如：方群英任顺德独立团政委，容海云任粤中团政治处主任，谭秀华任县工委委员、区委书记，张慧明任中心区委书记，梁文坚任区委书记。据不完全统计，当时还有连级以上的女干部近 40 人，这批女干部在各自的岗位上发挥了骨干带头作用。民国 37 年（1948），方兰任雷州地委副书记时，非常重视对妇女干部的培养使用，先后安排一批妇女干部参加县、区，乡党政领导工作。如：李华良任康江县委民运部副部长，黄祥棠任廉江县长山区区委书记。据统计，湛江市共有 21 名女同志任区委委员，还有一批女同志任支部书记、乡长。她们为巩固和发展根据地做出了应有的贡献。

为配合全国的解放战争，加强对华南地区中共党组织的领导，恢复游击战争，发展爱国统一战线，1947 年 1 月，中共中央香港分局成立，下设三个组：香港工委、城市工委、各地区党委。香港工委工作机构设组织书记，由苏惠负责。朱而今、余慧、黄焕秋负责青年、妇女工作，后建立妇女组，组长余慧。

解放战争后期，国内革命战争转入了战略进攻阶段，一批在武装斗争中受到锻炼的女干部都先后担任了重要的领导职务。如：叶芬先后任中共梅兴丰华边县委组织部长、县委常委兼宣传部长；黄惠容先后任中共梅埔边县委宣传部长、杭武蕉梅边县委常委兼组织部长；罗克群任中共饶和埔丰县委书记；丘秋任中共埔永梅边县委执委；彭碧琴，余坚任中共梅埔丰县委执委；赵学光任中共曲江工委书记兼组织部长；方东平任中共潮汕地委组织部副部长兼潮普惠南分委宣传部长；容海云任中共新兴县委委员等等。

民国 38 年（1949）3 月 24 日至 4 月 3 日，中国妇女第一次代表大会在北平召开，成立了中华全国民主妇女联合会，从此中国妇女解放运动进入了一个新的历史时期。广州地下妇联、香港女工、琼崖妇女、两广纵队等均派出代表参加了大会，她们是：关景霞、谭英、余珍、何秋明、周敏玲、赵学、邓俭、欧巾雄、李玉珍。5 月 15 日，华南民主妇女联合会筹备委员会成立，负责人是余慧。25 日发表了筹委会宣言，表示完全赞同全国妇代大会的宣言和决议，并号召华南妇女必须迅速广泛动员、组织起来，支援华南人民武装，为彻底解放华南、解放全中国而英勇奋斗。

从全国第一次妇代会后，广东各地各级的妇女组织纷纷建立起来。当时的总任务是：广泛动员妇女参加生产支前与建政运动，响应民主政府的一切号召；建立健全各级妇女领导机构，加强对妇女工作的领导；建立健全各级妇女群众组织，以工农群众及知识分子为基础，大批培养及提拔各种干部。至此，广东妇女更加有计划、有组织地投入夺取解放战争最后胜利的战斗。1949 年 10 月 14 日，广州解放。15 日，全国民主妇女联合会广州工作委员会成立，领导人是余珍、余慧、曾珍，负责开展广州市的妇女运动工作。之前，琼崖民主妇女联合会筹委会在白沙县成立，筹委会主任是刘菊秋。全琼 13 个县妇联组织统一在琼崖民主妇联筹委会的领导之下，此时，琼崖各级妇联干部已达 285 名。

……

文献12

第九章　统战工作（节选）[1]

第一节　建国前的统战工作

……

二、抗日战争时期

抗日战争时期，广东妇女在中国共产党倡导的抗日民族统一战线的旗帜下，发扬爱国主义精神，积极投身到全民族的抗战中。这一过程可分为三个阶段：第一阶段：抗战初期，广大女学生、女知识分子、女工、农妇纷纷从学校、工厂、家庭、田间和各个岗位上汇集到抗日民族统一战线的旗帜下，同时，争取和团结上层妇女和华侨、港澳同胞，形成一支抗日救亡的伟大力量。第二阶段：抗战中期，形势发生变化。民国 27 年（1938）10 月 21 日，广州市沦陷后，国统区的妇女运动以广东省新生活运动促进会妇女工作委员会为妇女统一战线的阵地；妇女运动重点从城市到农村，由公开斗争转入隐蔽斗争。第三阶段：广东妇女运动恢复、发展、高涨。

民国 26 年（1937）9 月，中共中央组织部颁布了《妇女工作大纲》。《妇女工作大纲》明确指出“抗日战争妇女运动的方向是以动员妇女力量参加抗战，争取抗战胜利为基本任务”。具体方法是“经过统一战线的活动与组织，团结各阶层广大妇女群众在党的周围，并特别注意发动与组织劳动妇女，为我党妇女工作的路线”。

---

① 收录于广东省地方史志编纂委员会编：《广东省志 · 妇女工作志》，广东人民出版社，2007 年，第 293–297 页。

抗战初期，云集在广州的妇女团体有10多个。比较活跃的有省、市妇抗会，省女界联合会、市妇女会、广州基督教女青年会、中国妇女慰劳会广东分会、省女权运动大同盟、女车衣工会、中大女同学会等。这些妇女团体大致可分为几类：一类是由中共直接推动下成立的团体，如妇抗会；一类是原有国民党妇女组织，后经过充实改组的，如市妇女会；一类是战前由国民党上层妇女组织起来的，如省女界联合会、女权运动大同盟；还有一类是宗教妇女团体，如广州基督教女青年会。这些妇女团体团结了各阶层的妇女，并以此为阵地，积极开展抗日救亡运动。

民国26年（1937）12月，“广东妇女团体联席会议”成立。次年9月19日，“联席会议”改为“广东妇女团体抗敌工作协进会”，在广州的近20个省、市妇女团体全部参加“协进会”。至此，各妇女团体由分散走上统一，形成一致抗战的局面，但这一局面仅维持到广州沦陷时止。

民国28年（1939）年“三八”妇女节，广东新生活运动促进会妇女工作委员会成立，各党派、无党派和各界妇女均有一定代表加入该会，实现了各界妇女的抗日联合，形成了一个实在的抗日统一组织，这标志着妇女界抗日统一战线的正式形成。

港澳同胞、华侨妇女对抗日战争也给予了巨大支援。

早在抗战初期，香港地区妇女抗日救亡活动就十分活跃。民国26年（1937）9月，香港著名的抗日组织“香港学生赈济会”成立，不少女学生走出校门积极参加赈济会的工作。为了加强女学生抗日救亡工作，民国28年6月还专门成立香港学赈会女学团。女学团以组织读书会、歌咏团、戏剧队等活动，宣传抗日，她们又是香港募捐活动中骨干力量。为了动员妇女群众抗日，女学团还组织女学生们到农村、到工厂开展抗日工作。

不仅女学生活跃在抗日救亡的战线上，香港其他的妇女群众抗日救亡活动也十分活跃，当时宋庆龄、何香凝也在香港从事抗日救国工作，这对香港妇女运动有很大促进，成立了10多个妇女团体，这些团体负责人多数是上层妇女。各个妇女团体、各阶层妇女在团结抗战大好形势下，积极筹募捐款，运送各种抗战物资支援前线，协助抚育战区难童和救济灾民成绩显著。

香港女工群众较多，继民国 27 年（1938）春香港九龙妇教团成立后，民国 28 年（1939）冬，香港南洋兄弟烟草公司女工互助社成立，负责人是董惠珍，后是刘惠娟（均是中共党员）。它以抗日救亡、团结互助、争取民族解放和妇女解放为宗旨。社内设有歌咏、戏剧、宣传等组织，还以姐妹团、七姐会等形式，广泛团结女工群众，进行抗日工作。在香港深水埗各工厂的女工，也积极行动起来参加抗日救亡工作。

侨居在世界各地的妇女，也一样积极投身抗日救亡运动。如欧洲华侨联合会、墨西哥华侨抗日后援会、新加坡华侨筹赈祖国难民会、马来西亚、南洋华侨筹赈会等。侨居在南洋英、荷两属殖民地的广东东江华侨组织了惠州华侨救乡委员会。华侨妇女都十分踊跃参加。在整个抗日战争期间，仅华侨汇回祖国的捐款就达 10 亿，这里面也凝结着华侨妇女的血汗。

随着抗日深入发展，港澳及各地华侨组织了回乡服务团、救护队，直接回国参加抗日斗争。当时在香港、澳门、马来西亚、泰国、越南、缅甸、印度尼西亚、菲律宾、暹罗等地都相继成立了广东华侨回乡服务团。“华侨回乡服务团”回乡时都带有不少的衣物、药品为群众服务。“华侨回乡服务团”被迫解散后，不少女团员加入中国共产党，留下来继续抗日救亡，有的人为此而牺牲。

澳门“四界”（学术界、音乐界、戏剧界、体育界）救灾会，从民国 27 年（1938）11 月至 29 年 6 月派出 11 个队共 157 人（其中女队员 40 余人）回国参加抗战。她们先后组织识字班，青年读书会和医疗站，印发刊物，开展文艺宣传工作。同年冬因形势变化，她们分散到各地继续工作。

民国 27 年（1938）1 月，东江华侨回乡服务团（简称“东团”）在惠阳县淡水镇成立，成立初期总人数 295 人，其中妇女同志有 60 多人，不到半年，人数扩展到 500 多人，先后建立 7 个分团和 5 个队的东江流动歌剧团，邹清溶［容］任河源分团长，女同志较多，东宝队有女同志 20 余人，她们深入农村，组织救亡活动。但国民党反动派多方限制，甚至拘捕队员。民国 29 年 6 月东团总部被封，被迫停止活动。以后，东团女战士大部分参加了东江游击队。

民国 28 年（1939）4 月，南洋琼崖华侨和港澳琼胞组成琼崖华侨回乡抗日服务团，支援琼崖抗日战争。该团女同志先后在文昌、琼山、乐会、琼东、万宁、安定和美合等地活动，动员大批农村妇女组织起来开展抗日。

当年 4 月，马来西亚、吉隆坡惠侨救乡会官文森先生出资组织的东江救乡团文森队成立，全队 7 人，全是女扮男装，花木兰式的女战士。队长王春红（王超），队员欧巾雄、古秀兰、贺玉兰、叶清秀、祝少珍、李兆华。5 月，她们举起队旗带着华侨捐助物品，到香港九龙东团办事处统一编队，在古秀文带领下回东江开展抗日救亡工作。到东江后编入大队部政工队，队长赖汉兴，王春红任小组长带队到各乡工作。

三、解放战争时期

民国 36 年（1947）12 月底，泰国华侨妇女联合会配合“华侨建国救乡总会”，派出妇女骨干，乘坐宣传车在唐人街耀华力路开展宣传。

广东籍泰国归侨女战士，民国 36 年（1947）至 38 年，广东省解放前夕先后回国参加革命武装斗争，多数经汕头分别进入闽粤赣边纵队第二、四支队大北山、凤凰山两处的游击队根据地。

潮汕籍华侨较集中的东南亚一带华侨妇女、青年女学生，在进步团体和学校组织下，积极回国或捐献财物支持广东的解放战争。从民国 37 年（1948）上半年到建国前夕，从泰国、新加坡、马来西亚、越南等东南亚国家回国入伍的归侨有五六百人之多，其中妇女占 10%—20%。她们回来后分布在大北山、凤凰山、大南山等根据地的党政机关及后方医院等部门。台山、中山一带在国外的爱国侨胞有的回国参加解放战争，有的寄物表示其爱国心。中山县爱国华侨谢月梅从国外汇 500 元港币支援中山县武工队，在困难中“雪中送炭”。中山县侨眷贺婶夫妇在澳门的家里设交通站，为中国共产党递送文件，后被国民党反动派杀害，献出其宝贵生命。祖籍琼崖的一批华侨对广东的解放战争也从人力、物力、财力上给予极大的支持。

香港的妇女同胞也通过港九妇女联谊会以及香港、广州的基督教女青年会开展群众运动，支援解放战争。

港九妇女联谊会是经香港政府当局批准登记注册的合法团体，其宗旨是“团结妇女，加强联系，增进友谊，互相进步”。

香港基督教女青年会，是香港较大，又是历史悠久的妇女组织，它的劳工夜校对提高女工素质作出贡献。

广州基督教女青年会广泛联系和教育妇女群众。女青年会是当时广州一个较为活跃的妇女团体，它有活动场地，有各种吸引妇女参加的组织活动。从民国 36 年（1947）起，先后有一批进步的妇女进入该会各个部门去开展妇女工作。她们以该会为阵地，深入群众，做了许多有益的工作，推动各阶层妇女走向进步。

……

文献13

第三章　全面抗战前期的妇女抗日活动（节选）①

第二节　妇女战地服务与武装抗战

全面抗日战争时期，大量妇女活跃在抗日一线，以战地服务、武装抗战等方式为保卫国家做出了积极的贡献。战地服务团是抗战史上一道靓［亮］丽的风景，不仅直接走上前线运物资、救伤员，而且还在抗日部队内创作抗战文艺作品和演出，不仅调动了部队的抗日热情，鼓舞了必胜的信心，而且还带动了沿途的群众，许多服务团行军十几个省，不断向沿途的群众作抗日宣传和动员，广泛撒下抗日救国的种子。此外，大量女战士

① 收录于韩贺南、王向梅、李慧波著：《中国妇女与抗日战争》，团结出版社，2015 年，第 77—89 页。

“巾帼不让须眉”，战斗在抗日前线，涌现出大量抗日女英雄。

一、妇女战地服务团

……

……此外，全国各地还有无数个以妇女为主的战地服务团体。例如在广东有华侨组织的回国服务团二三十个，分别在东江、珠江、西江、琼崖、南路等地开展战地服务。1937 年 4 月，吉隆坡爱国侨胞文森资助 7 名青年妇女建立东江华侨回乡服务团文森队。1938 年 8 月，东江华侨回乡服务团流动剧社在香港成立，17 人中有 7 个女侨胞。她们中有女工、有富家女，国家有难，她们义无反顾地冲破阻挠，告别亲人，将赤子之心“献给祖国，献给前线浴血奋战的英勇将士和流离失所的难民”。[①] 文森队队员李优好是香港英文书院的学生，在美国经商的父亲为她买好去美国读书的船票，她退掉船票，来到烽火弥漫的战场。在许多团员返回香港时，她仍坚持抗战，最终长眠于祖国坪山的山冈上。

……

文献14

第三章　一九三九年三月二十四日（节选）[②]

——南洋“东江华侨回乡服务团两才队”回国

……

1939 年 1 月中旬，“东江华侨回乡服务团”在惠阳县的淡水墟成立，团长叶锋，副团长刘宣。香港惠阳青年会和余闲乐社组织的回乡救亡工作团改编为第一团，团长钟仕开，60 多人，在惠阳活动；香港海陆丰同乡会组织的回乡救亡工作团改编为第二团，团长吴仲伯，30 多人，在海陆丰活动。

---

① 《抗日时期广东华侨回乡服务团中的妇女》，《妇运史研究资料》1985 年第 3 期。——原书注

② 收录于张黎明著：《记忆的刻度——东纵的抗战岁月》，群众出版社，2006 年，第 53-64 页。

1939 年 2 月 25 日，南洋惠侨救乡会在吉隆坡举行第二次代表大会，决定发动第二次募捐，捐款百分之四十献给新四军，百分之四十献给曾生部队，百分之二十做惠州难民救济费。

1939 年年初，宋庆龄女士曾一次性将海外华侨捐赠的 20 万港币转交给曾生部队，她亲自视察抗日物资在香港的装船情况。

渐渐，不仅仅是惠属的。

你是唐人，我也是唐人。

南洋街头都蒸腾着热气，连扑打在脸上的风都是烫的，可也烫不过抗日筹赈的中国人：小贩、苦力工、讲报人、孩子们、奶着婴孩的妇人，甚至九皇爷庙的庙祝。这一只只黄皮肤的巴掌，一大片一大片，橡树叶片那样交替在献金箱：巴掌上存着体温的一天劳作所得，大人赏的中国新年红包，孩子的奶粉钱，每年的庙堂香火款……一天，两天，几乎每一天。

一位橡胶女工，她从手上退下一枚戒指，放入献金箱。她说不是惠阳属的，她的钱也不多，也想尽一尽心。

并非她一人，后来报名参加“东江华侨回乡服务团”的，已经大大超出惠属了，海陆丰，南番顺（南海、番禺、顺德），五湖四海的华侨青年都来了……

非惠阳属的也动了。

这一份南洋华侨的筹赈救国花名册，救乡救国，有钱出钱、有力出力，可以这样救国，必须这样救国。这些侨领代表的半身照已经成为那个年代的中国抗战证明。

除了钱，还有人。

救乡救国事不宜迟，筹赈救灾，他们带着款项，带着药物、布匹、衣物，也带了自己的身子回到了东江，这就是东江华侨回乡服务团。（大部分成员成为曾生抗日游击队的骨干）

两才队。

这是第一批从南洋出发的队伍。由侨领黄伯才、张郁才联资组建，由此命名“东江华侨回乡服务团两才队”。

1939 年 3 月 24 日，巴生港。

11 名队员：黄志强（广东惠阳，24 岁）、刘济民（广东潮州，25 岁）、陈秀（广东梅县，25 岁）、张春和（广东东莞，21 岁）、钟炳佳（广东宝安，24 岁）、叶志强（广东惠阳，24 岁）、劳嚣（广东潮州，25 岁）、颜金榜（福建安溪，22 岁）、严世丰（广东琼州，21 岁）、张其风（广东惠阳，25 岁）、刘治（广东潮州，23 岁）。

有记载，行前一天，一位女孩子和家长赶来了，他们是侨居吡呖米毛埠的福建人。女孩子请求参加两才队。不是惠阳人，可也是中国人，救惠阳就是救广东，救广东就是救华南，救华南就是救中国。男人可以救中国，女人也可以救中国。这位女孩子叫郑玉莲。

谁能说不是呢？黄伯才主席准许了。

非惠阳属的华侨廖荣枝、周锦泉也送来了金鸡钠霜等一批良药，并一份告同胞书：凶残的敌人，残杀我们的同胞，蹂躏我们的家乡，凡是中华民族的儿女，都是悲愤万分的。我们的籍贯虽然不是惠州，但我们知道惠州同侨救乡会所组织的东江回乡服务团……

这些 20 出头的男儿们，站在码头上，每一位队员都穿上了灰色的东江回乡服务团的队服，圆梦了。

“祖国多难之秋，正男儿报国之时。”自从 1938 年他们自行组织的马来亚吉隆坡蜜蜂剧团成立以来，他们每到一处演出抗日话剧，都说这样的话。

救乡报国，就在今日。送行的人，亲人和朋友握手，握了一遍又一遍。中国人有一句送别壮士的老话“壮士一去兮……”亲人不愿意把这话说出口。

这些年轻人，不管高个子还是矮个子，不管圆脸还是长脸，他们变得非常刻意，刻意让自己的腰杆像旗杆那样挺拔，神采像旗帜那样飞扬。

他们的队长手里有一面这样的旗。

队长黄志强手执队旗，他要代表队员们说“身为中华国民，救国救乡，本属天职，吾人此次归去，自己不负所期，努力为国出力……”他突然哽住，把这面蓝底白字的三角队旗举起，挥动，哗哗哗的旗昂旗动。

人们鼓掌，雷鸣当中，有母亲用手腕按住眼角，堵住落下的泪，不让儿子看见……

“丰平”轮启动，壮士去了。

4 月 3 日下午 5 时抵达香港码头。

4 月中，他们回到惠阳坪山，首要任务：转交曾生游击队，一批华侨捐赠给的药物、衣物等。“两才队”队员擅长舞台剧及宣传工作，他们在东江的主要工作：第一，组织歌剧团；第二，以宣传工作为中心；第三，组织民众，协助当地团体及工作队伍。

他们从坪山开始，一村一村地宣传抗日……

翻开许多老战士的履历，会发现东团的脚印：听了东团看了东团，就跟东团了，一直跟，当他们的积极分子，就这样跟到了曾生的游击队……

文森队。

傍晚，太阳低低的，几乎和椰子树等高。两位吉隆坡培德女子学校的小女生，一心去看戏。六年级的欧巾雄，小男孩一样勇猛地蹦着跳着，那身校服，白衣和短裙一鼓一鼓，小裙子张开像一把伞。五年级的李逢娣，校服穿在身上有点大、有点长，她手里的纸币攥出水了，没吃 10 多天早点，才攒得这看戏的钱。

她喘着气说不能走得太快，要摔跤，撕破裙子。

欧巾雄大声嚷嚷：破？买新的。

李逢娣说自己的裙子撕裂过，阿妈没买。

欧巾雄不听，依旧飞跑。

李逢娣的圆脸涨起了两朵红花，大眼睛瞪得像两颗小铁钉一样死硬：我不理你！

一阵中国锣鼓，惊天。

她们都愣住了，转过身子看，几秒钟后，她们往响起锣鼓的地方奔跑。这一跑确定了她们后来的一生。

一群学生抗敌后援会的宣传员在演唱：

我们的祖国已整个在动荡，我们已无处流浪已无处逃亡……你是黄帝的子孙，我也是中华的裔胄，锦绣江山，怎能让敌骑践踏……

演出台边有一个献金箱。有钱出钱，有力出力，人们往台前一个献金箱投钱。献金的人获得一朵小纸花。

演出场边有中国沦陷区的图片，两个小女生挤进圈子，惊呆了：飞机屁股下的炸弹像一片密密麻麻的感叹号；日本人手里举着一个中国人的头颅；一个失去亲人的老人坐在尸体旁边哭泣……

周边的人很愤怒，两个小女生也愤怒了，嘀咕着，翻遍了自己的几个口袋，欧巾雄找出一把零钱。

李逢娣手里攥着买戏票的钱，手在献金箱上头停留了一会，指头一松，钱票子下去了。

献金这刻，欧巾雄的脑袋一探，瞄了一眼箱子里的钱：太少了。

她拉上宣传员大姐姐，一本正经问要不要小学生。答复是抗敌不分男女老少。

这以后，欧巾雄集中了一批小学生，也做纸花，也领来一个献金箱，也上街宣传。她演爷爷，李逢娣演孙女，她们好成了孪生姐妹。

1 年后，日军登陆大亚湾。欧巾雄上了中学，李逢娣却家贫辍学。

这天，欧巾雄在马路上看到一张广告，经营采矿和橡胶等企业的惠阳属马来西亚华侨官文森资助南洋第一支全部为女性组成，以负责救伤任务的队伍，回国抗日。护照为期半年，考试择优录取，报名者须家长同意。

唐山正在打仗！一个从小没有离开过城市，没离开过父母的女孩子，欧巾雄的工程师父亲看看独生女，一百个不放心。他又看妻子，妻子没说话，眼泪却潸潸地落。

父亲在客厅里踱步，欧巾雄步步紧跟，还挽着爸爸的手臂连撒娇带威逼：我要报效国家，你为什么不答应？答应去，不答应也去！

磨了两天，第三天，欧巾雄嘻嘻哈哈硬把父亲拽到报名处。

写名字前，工作人员问父亲：欧先生，同意让独生女去？

父亲：女儿报效祖国，我和内人商量了，应该支持。

欧巾雄万万没想到爸爸说的话全是自己说的，她一咧嘴还想嘻哈，鼻子酸了。

不到16岁的李逢娣也报名了，就像往常她们俩的共同进退。

放榜了。

7位女队员为：王春红（队长），22岁；祝少珍，18岁；李逢娣（后改名李兆华），16岁；欧巾雄，18岁；古秀英，19岁；叶清秀，20岁；贺玉兰，24岁；她们多是学生和教师。

她们俩乐颠颠的，在床上翻跟斗，还掰手腕，说练大力，准备拿行李。她们开始接受训练，上午上课，下午征集药品和衣服。

出发时，文森队已经征集7大箱药品和医药费港币100多元。

"文森女队"，1939年5月5日，这第一支全部为女性组成的南洋华侨回乡服务队，在巴生港口上船，那一面红底白字的队旗，那每人两套的灰制服成为她们内心深处最柔软的记忆。

她们歌唱，人们也和着：

再会吧南洋，你海波绿，海云长；你是我们第二的故乡。我们民族的血汗，洒遍了这几百个荒凉的岛上。再会吧南洋，你蕉雨润，椽风凉；我不能留恋这享乐的天堂，因在日本强盗的蹂躏下，千百万兄弟姊妹已闹着饥荒。再会吧南洋，你看尸横着飞鹅岭上，血染红了东江，这是中华民族的存亡！再会吧南洋！再会吧南洋！我们要去争取祖国的自由解放。

《告别南洋》由田汉作词，聂耳作曲。马六甲惠州会馆主席、南洋商报记者钟醺生将后半部歌词稍作更动，赠与东江华侨回乡服务团青年。这首《告别南洋》一直伴随着她们……

她们在甲板上，深深呼吸，海的味道越来越浓烈。

在香港拍下的这张照片，7位女孩把自己的头发理成了男性发式，灰色制服白衬衣，穿着和男人一样的服装。

这是1939年5月23日星岛日报刊发的照片，照片上多出的一人，或许是记者，也或许是领她们回曾生东江游击队的古素文。

还有那本《东江》与她们做伴。

从沙鱼涌上岸，步行近30华里，女孩子们第一次走这样的远路，到达抗日游击队曾生的新编大队。欢迎仪式后深入农村慰问受灾农民。

1939年8月3日到坪山参加了共产党领导的游击队，各自分配工作，王春红在政训室工作，主要接待回国参加抗战的华侨和港澳同胞，帮助他们转去分配的工作单位，同年加入中国共产党。

半年的护照期限到了，她们俩和王春红都选择留在曾生的游击队，李逢娣改名李兆华。

……

文献15

动员妇女大众的基础工作

——记省妇抗同志会[①]

1938年5月22日[②]

灏

“全民动员！全国妇女动员！”自从抗战以来，大家就喊着这句口号，但是这口号实行了没有呢？大家都感到还没有。就妇女来说，有多少的工厂妇女和农村妇女，还没有集中到抗战的旗帜下来，而这是目前太迫切的

① 收录于中央档案馆、广东省档案馆编：《广东革命历史文件汇集·中共东南特委、西江特委文件和报刊资料选辑（1937—1944）》，广东省供销学校印刷厂，1987年，第463–464页。

② 按文章发表的时间刊印。——原书注

工作了。

陈明淑先生在过去苦干过妇女教育工作，去年暑中，在省妇女工作委员会，曾动员过中小学校学生五千人以上，在各县各乡举办妇女简易识字班，训练了十万以上的妇女。后因中日战事的剧烈，这工作受了打击。最近又在广东省妇女抗敌同志会从事工厂妇女抗战教育工作，到工厂灌输抗战教育，由两者工作所得经验，是：去工厂灌输抗战教育，很受厂方无谓的猜疑，工作进行困难。而倘然在厂方推行识字教育，用教部审定的书，要女工自由参加，再由此中来完成抗战教育的实施，那末比较易收效果。并且就实际的情形说，在厂里讲时事，发给女工抗战时图书看，不但厂方会发生误会，而顶大的阻碍还在女工本身知识水准太低，不能了解，以至缺乏兴趣。

根据以上的经验，省妇女抗敌同志会对女工教育将有新的开展。

十几家工厂，每家每星期去两次。每次在厂的时间约一小时。去时带去黑板一块，教部审定的识字课本数十本，另外编有抗战教育材料。到厂时，先找一块较空的地方，由女工抽出时间来自由参加。每人发给书一本，一边教他们书，一边灌输抗战知识。不点名，不拘形式，这种方式有两点好处。一、因为师生的关系，可增加女工与该会工作人员之好感，使工作进行加速。二、因为是教部审定书籍，厂方可无须猜疑，而免相［这样磨［摩］擦。并渐渐地拣女工中有干才的，加以训练，使成干部人员，来组织他们自己，使他们自动的有组织，能团结，而各女工亦可由本身来推动他的家庭和朋友。

十多个工厂，一个工厂有一百个女工，也就有一千多女工，会集中到抗战的阵线里来！希望省妇女抗敌同志会，赶快做好一切准备工作，来开始实施！

（原载 1938 年 5 月 22 日《救亡日报》）

文献16

抗战时期广东新运妇委会概况[①]

杨　行

1938 年 10 月广州沦陷不久，国民党政府委派二十九军团军团长兼第八集团军副总司令李汉魂接替吴铁城为广东省政府主席。由于日军在沿海各县不断入侵，大片国土沦陷，广东省党政军机关迁韶关。次年元月底，李汉魂发表《告广东各界同胞书》，表示坚决抗战，保卫家乡，收复失地，组织民众发展生产，救济受难妇孺，等等。

李汉魂夫人吴菊芳曾在香港妇女慰劳会何香凝领导下从事过抗日工作。1938 年 8 月，邓颖超到香港联系宋庆龄、何香凝时，曾鼓励吴菊芳出来筹组广东省新生活运动促进会妇女工作委员会（简称：省新运妇委会），并推荐区白霜（区梦觉）帮助她。1939 年初，李汉魂就省主席职后，吴菊芳根据改组后的新运妇指总会章程并向宋美龄请示同意后，在广东筹组省新运妇委会。吴亲自寻找区白霜参加该会的筹备工作。经中共广东省委书记张文彬、妇女部长张月霞的同意和指示。区白霜即到该会的筹备处主持工作。为该会草拟章程、工作计划，特别是抢救受难妇孺的实施办法等，同时研究该会的委员、组长以及一般工作人员的人选。

1939 年"三·八"妇女节时，省新运妇委会经改组在韶关成立，委员有十多人，机构有主任委员、总干事，下设总务、文化、训练、生产、儿童保育。战地服务及联络等七个组，组长均由委员兼任。根据章程规定，省政府主席夫人吴菊芳是主任委员。委员中有公开的中共党员区白霜，有未公开身份的中共党员郁风，无党派人士何巧生以及国民党的左派陈明淑，国民党的老党员李峙山、郭顺清等。各组的实际工作人员来自各

---

① 收录于南方局党史资料征集小组编:《南方局党史资料·群众工作》，重庆出版社，1990 年，第 414–420 页。

方，大多数是从事抗日救亡的进步女青年。省新运妇委会包括同年6月先后设立的广东妇女生产工作团、战时服务工作队、战时妇干班、《广东妇女》编辑室、图书合作社、妇女消费合作社等下属单位，有100多工作人员，其中中共地下党员有34人，这些党员基本上担任了各单位的中层骨干。区白霜被分配担任该会的总务组组长，主持日常会务工作。国民党五届五中全会煽起的反共逆流，在四月扑向了新运妇委会，省委决定区白霜转入秘密工作，在省委妇女部继续领导妇运工作，直至同年底她离开广东去延安。此时，省新运妇委会实际上已成为广东省市各界妇女团体联合抗日的统一战线机构，是广东省国民党统治区唯一的妇女工作指挥中心，也是贯彻执行改组后的全国新运妇指总会及“全国妇女团体联席会议”关于当前妇运方向、方针任务的机构。

1939年，在省新运妇委会工作的地下党员，有的成立了党小组、支部，大多数是单线联系。1940年5月，成立妇女工作党总支部，直属北江特委及省委妇女部领导。1941年10月，因总支委员撤退，留在该会系统的地下党员均改为单线个别联系，直至1942年粤北因省委受破坏而停止了组织活动。但留下的地下党员仍坚持在该会执行组织指示的“三勤”方针，直至1944年底。

在省新运妇委会系统的地下党员，根据党组织的指示，几年来通过各种公开合法的机会坚决执行党中央提出的“坚持抗战，反对投降；坚持团结，反对分裂；坚持进步，反对倒退”的方针，对有利于抗战，有利于社会进步，有利于团结的事就坚决积极去做；对那些违背抗战、违背社会进步，不利于团结的事就加以抵制。同时，又都遵循着“隐蔽精干，长期埋伏，积蓄力量，以待时机”的方针，以深入下层、艰苦朴素、埋头苦干的精神，积极地发动、组织和团结着各阶层的广大妇女起来参加抗日救亡运动，发挥了左派的力量，扩大了中国共产党的影响，促使我省妇女抗日工作蓬蓬勃勃地开展起来。

新运妇委会及其所属单位在抗战中的主要工作是：

一、坚持抗日民族统一战线，团结各阶层妇女，充分发挥了左派的作用，壮大进步力量

省新运妇委会的委员、组长中，左、中、右三种人物都有。主任吴菊芳，对抗战热情，对妇女工作有一定积极性，是刚在社会上担任领导工作的女青年大学生。总干事陈明淑是参政员陆宗琪的夫人，她一贯信任和依靠中共地下党员，为保护地下党员而不怕遭诽谤，是个左派。我们地下党员采取多种方式方法紧密地团结她们和坚决支持她们开展各方面的抗日工作。她们对地下党员、进步女青年艰苦朴素、深入城乡基层埋头苦干的精神很是赞赏，认为这些女青年确实是为民族国家的自由、独立，妇女的解放而拼命的。一九八二年夏，吴菊芳从美回国观光，在广州见到了过去的老相识，原地下党员时，曾热情地说：我不管是什么党派，过去只要是积极肯干的，我都欢迎。的确，由于坚持做好上层妇女领导人物的抗日统战工作，国民党顽固派挑动的三次反共逆流虽也冲击着省新运妇委会系统的地下党员和进步群众，但仍保护了可能暴露的同志安全撤退，而且党也争取把另一些地下党员、进步女青年不断安排到重要岗位上，以公开合法的形式有计划地推动了全省妇女抗日工作的开展。同时，又推动《广东妇女》半月刊编辑室宣传了我党中央关于全面抗战的方针政策；并坚持了反对日本帝国主义的分化诱降策略，坚持了讨汪肃奸、推进民主宪政运动和反封建压迫歧视妇女等方面的宣传。

二、到战地为受难妇孺服务

省新运妇委会成立后，即首先派专人或与省赈济会联合组织抢救队到战区灾区抢救难童和妇女，并先后数次到香港、省内半沦陷区、接敌区共19个县的乡镇进行宣传、抢救工作。至1943年共抢救难妇数百名，送广东妇女生产工作团；难童11000多名。在曲江、连县、南雄、仁化等县建立了7所儿童教养院。此外，还设立儿童教养总院统一筹划各院工作。吴菊芳为总院院长；经费由中央、省赈济会拨给。12岁以下的儿童送到6所

儿童保育院。儿教院除供儿童衣食住之外，主要施行初级文化教育、职业技术教育。小学毕业后分别给予升学或工作的出路。有相当一批儿童参加军、政、文等各种工作，也有的参加了抗日游击队，解放后大多数在国内各部门工作。

三、深入战地、乡村开展抗日宣传，发动和组织妇女参加征集、募捐劳军等工作

从 1939 年 5 月开始，省新运妇委会曾三次派出战时工作队深入战地、乡村大力开展抗日救亡工作。第一次是 5 月，组成 30 人的战工队到清远、英德、四会以及后方曲江的犁市、桂头等乡发动民众、妇女，办识字班、施医赠药，发动和组织她们募捐、慰劳伤兵。第二次是在 1939 年 12 月底，当长沙、桂南大战之后，日军进犯粤北，韶关已紧急疏散，中共地下党员率领着战时妇干班全体员生在陈明淑的亲自指挥下，在韶关帮助疏散民众，搬运子弹，夜以继日地煮粥劳军。日军撤退时，她们又组成 20 人的队伍尾随日军撤退路线直达半沦陷区宣传发动民众抗日，并抢救妇孺千余人回韶关。第三次是 1944 年夏，日军企图南北配合打通粤汉线，又攻粤北，韶关紧急疏散，在省新运妇委会系统的地下党员虽因省委被破坏而暂时停止组织活动，但没有忘记党组织曾有过指示：粤北有战争，共产党员要留在战地坚持抗日工作，所以她们主动要求成立战地服务工作队，驻在马坝乡进行抗日宣传，组织民众起来自卫，广泛征集劳军物资及发动募捐。

1940 年元旦后，省新运妇委会还组织了 5 个慰劳团共 250 多人到战区、灾区慰劳军队、民众自卫队和伤兵。此次组织了千余妇女参加战时工作，募集了现金 230000 元，和约值 290000 元的大批物资。

四、发展战时经济、组织妇女参加生产

1939 年 5 月，原从广州撤出的女壮丁队到连县后改为妇女生产队，后迁到曲江县马坝乡又改名“广东妇女生产工作团”，团长陈明淑。该工

作团 1940 年春迁韶关十里亭转水定址。这个团受省赈济会及省新运妇委会双重领导，经费以赈济会拨给为主，以“生产自救”收入为补充。该团主要是吸取战区、灾区难妇及招收粤北部分贫困妇女学习和从事工农业生产，由供应难童、抗日军队被服发展为供应后方社会日用物资。对解决战时经济困难起了一定作用。陈明淑用的中层骨干除个别人之外，都是中共地下党员和进步青年。生产规模从小到大，设有织布、毛巾、工艺、缝纫、制鞋等部，及一个农垦区、一个技训班。全团妇女受到政治、文化、生产技术的教育和军事训练。入团的妇女（又称学生）先经三个月的实习期，学技术，由工作团给生活费，实习期满按件计工“自食其能”，有的每月可达四十元的收入。全团有学生 700 多人，技术干部 100 多人，工作人员 100 多人，1940 年夏，爱国侨商陈嘉庚到这个工作团参观，认为“很有希望”，决定每月给予经济帮助。1941 年 7 月 26 日，陈明淑遇难去世，由吴菊芳继任团长。

五、培训妇女干部，发展基层妇运

为开展全省妇运，1939 年 6 月，新运妇委会开始办战时妇干班，宗旨是：培养从事抗日工作的妇女干部。该班设置抗战常识、国际政治、抗战建国纲领、总裁言论、妇女问题，军事常识等课程；三个月为一期，讲课人员是请社会上知名人士或有关官员担任，第一期在粤北各县招了 80 人，第二期由省政府通知各县送来，23 个县送来及招考的共 180 人。这两期均是在省委妇女部指示下，由该班中层骨干的地下党员主办的。1941 年底开始至 1943 年，省新运妇委会改为委托省政府办的干部训练团办女干部培训班，以培训各县现职的县新运妇委会干部、机关女职员为主。四年来共培训了五六百名。

六、面向全省基层组训妇女，推行识字教育和发展生产技术教育

1940 年，省新运妇委会配合省政府推行“新县制”，以曲江为组训妇

女实验区示范全省。省委妇女部指示地下党员争取到实验区工作。中共党员杨蘅芬争取担任了实验区的主要负责人、曲江县新运妇委会的总干事。实验区集中了原战时工作队部分同志及第二期妇干班学员共 130 人，其中中共地下党员 9 人，在全县 17 个乡镇开展组训基层妇女。4 月开始筹备。5 月，北江特委决定在省新运妇委会成立直属党的妇女工作总支委员会，由杨蘅芬任书记，下设妇女生产工作团，曲江实验区两个分支部。自此在北江特委、省委妇女部直接领导下开展妇运工作。曲江县组训妇女的主要内容有政治（抗战常识、妇女问题）、文化、生产技术和军事训练等课程。经 3 个月训练后，实验区即结束。此后在 14 个乡镇继续坚持办识字班，组织妇女工作队，在 13 个乡镇成立妇女生产技训班或组合作社。在韶关经中国工业合作协会批准成立妇女工业合作社。8 月，省新运妇委会决定将实验区经验在全省各县推广。第一批实行的有粤北七县和西江、东江个别县，妇女总支委根据这一情况研究了实验区工作人员的分配计划，按党组织的要求争取重点抓了曲江和连县两个点。至 1944 年，全省 66 个县先后建立了县新运妇委会，开展了基层妇女组训工作，并扩展到高等学校组织了女同学会，机关成立了妇女生活辅导会。据不完全统计，这时期参加识字班的基层妇女有 50000 人，受生产技术培训的有 2000 多人。

七、发展了党的组织，培养了骨干，为广东抗日游击队输送了干部

自 1939 年至 1942 年地下党停止活动为止，在省新运妇委会系统内的党组织积极做建党工作，先后吸收了 15 名党员。由于这几年有计划地把地下党员和进步女青年安排在各个岗位上担任负责的工作。使她们在复杂的斗争中，都锻炼成了坚强而有独立工作能力的干部。1944 年底，接原地下党通知，她们分别动员了一批知识青年分批参加东江抗日纵队，投入了武装斗争。

文献17

认真探讨和继承抗日战争时期广东妇女运动的历史经验①

余　慧

经请示中共广东省委同意，由广东妇女运动历史资料编纂委员会、广东中共党史学会举行的抗日战争时期广东妇女运动研讨会，今天开幕了。

一九三七年七月七日，日本帝国主义精心策划了芦沟桥事变，大举进攻中国。在民族危亡关头，中国共产党为了动员一切力量，争取抗日战争胜利，尽最大的努力，实现了国共合作，建立了抗日民族统一战线。在八年抗战中，由于有了共产党在政治上的领导和组织上的推动，才掀起了全民族的伟大抗日救国高潮；才有了中国共产党领导的八路军、新四军、华南抗日纵队和广大敌后抗日根据地的迅速发展壮大，成为坚持抗日战争到最后胜利的主要力量。中国人民取得了抗日战争的完全胜利，这是一百年来中国人民反对外来侵略、争取民族解放，是历史上规模空前的并且是第一次取得了完全胜利的民族解放战争。它在中国历史上，在中国共产党领导的新民主主义革命的历史上，甚至在世界被压迫民族争取独立和解放运动的历史上，都具有重要的地位和重要的意义。

在抗日战争中，中共广东省委坚定地贯彻党中央关于抗日民族统一战线的方针。抗战初期，在全省各地掀起了抗日救亡高潮。一九三八年十月二十一日，日军占领广州，沿海广大地区沦为敌手，广东省委根据党中央的指示，在敌后开展游击战争，建立根据地。在广东广大农村，放手发动群众、武装群众，并得到海外华侨和港澳同胞从人力、物力、财力的大力支援，组建了华南抗日纵队，建立了各抗日根据地，成为我党领导下华南敌后的重要战场。由于广东地处南海之滨，远离党中央，远离华北、华中

① 收录于广东妇女运动历史资料编纂委员会编：《抗日战争时期的广东妇女运动》，广东人民出版社，1985年，第6–8页。

抗日根据地和八路军、新四军，但是抗日战士们和广大群众一起，前仆后继，英勇奋战，打退了国民党顽固派掀起的反共高潮，粉碎了日伪军对抗日根据地的“扫荡”、“围攻”，“蚕食”，并牵制了不少日军，我武装力量在斗争中不断发展壮大，不但在国内抗日战争中发挥了重要的作用，对太平洋战争的胜利也作出了贡献。

妇女解放运动历来是革命运动的一个重要组成部分。在全民抗战的伟大斗争中，广东妇女运动和全国一样，出现了突飞猛进、空前未有的高潮。各阶层妇女、华侨、港澳女同胞以“国家兴亡，匹夫有责”的高度民族责任感，在抗日的旗帜下，团结起来，一致对敌。无论在前线或后方，无论在根据地或游击区，无论在国统区或沦陷区，她们都在抗战中作出了重要的贡献，并涌现了一大批爱国的女英雄豪杰。今天，我们纪念抗日战争胜利四十周年，举行这次研讨会，目的是探讨和总结抗日战争时期广东妇女运动的经验、特点和作用，使八十年代的妇女运动更好地继承光荣传统，承前启后，继往开来，致力振兴中华，开创新局面；促使广大妇女群众从历史上吸取智慧和力量，继承和发扬爱国主义精神，树立共产主义远大的理想，学习革命前辈不怕苦、发奋自励的革命精神，刻苦学习马列主义和毛泽东思想，努力钻研、掌握现代科学技术和文化知识，站在改革的前列，发挥妇女在建设社会主义物质文明和精神文明中的“半边天”的作用，为实现社会主义现代化而努力奋斗。同时进一步提高抗日战争时期妇运史的研究水平，促进妇运史料征集和研究工作的进一步开展。

为了开好这次会议，成立了“研讨会”的领导小组，会议得到省委党史研究委员会和省党校、省社科院历史研究所、中山大学、华南师范大学、省档案馆、省文史馆等有关单位以及老大姐们的积极支持，他们积极收集史料，撰写了论文八十六篇，为开好会议提供了很好的条件。我代表广东妇运史编纂委员会、广东中共党史学会和会议领导小组，向参加会议和为开好这次会议作出了贡献的同志们，表示衷心的感谢。

这次“研讨会”以马克思列宁主义、毛泽东思想为指导思想，坚持党的四项基本原则，坚持“百花齐放，百家争鸣”的方针，解放思想，实事求是，畅所欲言，求同存异，取长补短，对抗日战争中广东妇女运动的规律、特点和历史作用，要作科学的具体分析，全面地客观地反映历史的本来面目。让我们共同努力，为开创妇运史研究工作的新局面而努力奋斗！

（本文是作者在抗日战争时期广东妇女运动研讨会的开幕词）

文献18

努力开拓妇女运动的新局面①

方　兰

抗日战争时期广东妇女运动研讨会经过几天的讨论，今天结束了。来自全省各地大学、研究机关、党史办、妇运史办以及当年参加抗战的老大姐共一百多人云集一堂，共同研讨抗日战争时期的广东妇女运动问题。可算一个盛会。大会收到的论文共八十六篇，其中论述统一战线的妇女工作问题的有二十篇；叙述华南抗日纵队女战士方面的十六篇；女知识分子和女学生运动方面的十二篇；探讨根据地及敌后妇女运动问题的三十八篇。在同志们的共同努力下，会议是开得成功的。

会议较全面地总结了抗战时期广东妇女运动的经验，并根据广东妇运的特点，突出探讨了统一战线的妇女工作和华南抗日纵队女战士的作用等问题。这次研讨会以总结历史经验，积极为现实服务为指导思想，使历史经验为四化建设、为实现党的总任务服务。同时，通过研讨会还进一步推进了妇运史料的征集、整理和研究工作的开展。

四十年前，在全民抗日的伟大斗争中，广东妇女运动蓬勃高涨，如火如荼。各阶层妇女以及海外女侨胞，港澳女同胞、侨属、侨眷在中国共产党倡导的抗日民族统一战线的旗帜下，发扬了爱国主义精神，以高度的民

① 收录于广东妇女运动历史资料编纂委员会编：《抗日战争时期的广东妇女运动》，广东人民出版社，1985年，第9—11页。

族责任感，同仇敌忾，团结一致，共赴国难。她们投身抗日救亡运动，支援前线、慰劳抗日将士、参军参战、掩护作战部队、帮助烈军属、抢救难童难妇筹募捐款等工作中，都发挥了重要的作用，作出了巨大的牺牲和不可磨灭的历史贡献。关于妇女对抗战所作重大贡献问题，这次大会已作了充分的肯定，我就不一一累赘。通过这次会议，对于更好地借鉴历史，为现实服务，是起到一定促进作用的，首先它教育广大妇女要为四化建设、振兴中华多作贡献。抗战中，广东妇女们能积极参加抗日救国和全国人民一道夺取抗日战争的胜利，一个重要原因之一，就是她们有一个明确的奋斗目标和崇高的理想，就是要决心打倒日本帝国主义，不做亡国奴，建立一个独立自主的国家。今天，我们正在进行社会主义现代化建设的伟大事业，要把我们国家建成社会主义现代化强国，这就需要有理想、守纪律、奋发向上，孜孜以求的精神。我们应该把理想、纪律教育作为精神文明建设的重要内容，使广大妇女进一步树立共产主义理想，以充沛的精力，为振兴中华、为四化建设而努力奋斗。

其次，巩固和扩大妇女的爱国统一战线。在抗战中，在我党倡导的抗日民族统一战线的旗帜下，各阶层妇女和海外女侨胞、港澳女同胞团结起来，共赴国难，夺取了抗日战争的完全胜利。今天，我们为了完成八十年代我国人民的三大任务，就更加需要调动各方面的积极性，团结一切可以团结的力量，结成广泛的统一战线。妇女工作应充分利用广东的有利条件，加强与海外女侨胞、港澳女同胞、女台胞的友好往来，加强各界爱国妇女的团结，为实现祖国四化建设，为台湾早日回归祖国，实现祖国统一大业而共同努力。

再次，是要尊重知识、尊重人才。在抗日战争中，妇女抗日救亡运动能轰轰烈烈地开展起来，其骨干力量许多都是大、中学的女学生。在斗争中，她们起了先锋桥梁的作用。为了抗日需要，广大工农妇女学习革命道理，学文化、增长才智，一大批妇女在学习和斗争中成长起来了。当前，我们面临着世界科学技术革命的挑战，提高妇女的文化科学知识水平，开展妇女智力，发掘妇女人才，使妇女跟上时代的步伐，已是急不容缓的问题。

最后，是要继续清除封建残余思想，实现真正男女平等。抗战时期，打败日本侵略者是全民族的根本利益，也代表了妇女儿童的根本利益。当时，有一句反映抗日情景的话："打日本鬼子，地不分南北，人不分男女。"说明在谋求民族解放斗争过程中，妇女的地位是得到了提高的。但是，中国经历了几千年的封建社会，重男轻女的封建思想仍残存在人们头脑中，而且还相当顽固。因此，我们当前的任务就要继续进行维护妇女儿童合法权益的宣传工作，要确保妇女享有与男女同等的权利，如受教育权、劳动权。对目前在招生、招工、提干等问题上存在的重男轻女不平等的现象，要采取有力的措施，并进行必要的斗争。历史经验证明，妇女运动必须要有党的正确领导，健全妇女组织，使妇女运动围绕党的中心工作开展，这样，妇女运动才能不断发展。

（本文是作者在抗日战争时期广东妇女运动研讨会的闭幕词）

文献19

抗日战争时期广东妇女运动的特点①

陈小明

一九三七年七月七日芦沟桥的炮火震惊了中国大地，为了挽救民族危亡，中国人民奋起抵抗。在这如火如荼的民族战争中，广东妇女显示了伟大的革命力量，作出了卓绝的贡献。为了正确评价抗战时期的广东妇女运动，以肯定它的历史地位，本文重点探讨抗战时期广东妇女运动的特点。

一

在艰苦卓绝的八年抗战中，广东妇女不论是在正面战场，还是在敌后

① 收录于广东妇女运动历史资料编纂委员会编：《抗日战争时期的广东妇女运动》，广东人民出版社，1985年，第27—43页。

战场；不论是在沦陷区、国统区，还是在游击区、解放区，都积极参加反抗日本侵略者的斗争，为中华民族的解放事业作出了重大贡献。她们是取得抗战胜利不可缺少的一支伟大力量。这个时期的广东妇女运动，有着它自身的运动规律和发展特点。

（一）抗战时期广东妇运的发展经历了三个不同的历史时期。随抗战形势发展，广东妇运经历了高潮、低潮、高潮阶段，即由轰轰烈烈的抗日救亡运动转入隐蔽阶段，最后又到恢复活动的高潮阶段。

第一阶段（一九三九年——一九四〇年）即广东妇运蓬勃兴起。这个时期是广东妇运发展的高潮时期。在中国共产党倡导的抗日民族统一战线的旗帜下，以国共合作为基础，工农商学兵各界妇女都参加了抗日救亡运动。无数的共产党、国民党、民主党派和无党派的妇女人士，为了挽救民族危亡同仇敌忾、共赴国难，出现了各阶层妇女的大团结。青年女学生、女工、农妇、家庭妇女以及海外女侨胞都行动起来了。她们发动群众、组织妇女抗日团体、成立妇女党支部、建立红色交通站；开展战地救护、劳军支前、参军参战……妇女救亡运动风起云涌。

第二阶段（一九四〇年——一九四四年）即广东妇运转入隐蔽阶段。广州、武汉失守之后，日寇停止对正面战场的进攻，全国进入了相持阶段，地下党实行"荫［隐］蔽精干、积蓄力量、长期埋伏、以待时机"。广东妇女运动也由公开斗争转入隐蔽斗争，妇女骨干隐蔽在农村的学校，以教书为职业，而广大的农村妇女党员则就地隐蔽。她们动员农村妇女生产自救，渡过难关；她们办妇女夜校，培养妇女骨干，在极其艰难困苦的条件下等待时机复甦。

第三阶段（一九四四年——一九四五年）即广东妇运恢复发展阶段。这个时期的国际形势发生了变化，苏联红军打败德国法西斯，抗战转入反攻，党组织恢复活动，武装队伍进一步扩大。为争取抗战的最后胜利，妇女发动群众参军参战、拥军支前，广东又出现了妻子送丈夫、母亲送儿子参军的热潮。一九四五年九月二日，日本政府正式签署投降书，广东妇女在民族解放的胜利欢呼声中，又开始了新的战斗。

（二）抗战时期广东妇运的发展有其自身的运动规律。毛泽东在《论持久战》中说："敌强我弱，日本帝国主义是强国，中国是半殖民地半封建的弱国，日本侵略者在中国有一定时期或有一定程度的横行，中国不可避免的要走一段弯路"[①]。在八年抗战中，广东妇女运动经过不同的历史时期，运动形式是复杂的，是波浪式地向前发展的。它经历了高潮、低潮、高潮三个不同的阶段，斗争长达八年之久。就其发展来说，是有它自身内在的客观运动规律的。从历史发展看，有时为了赢得胜利，要走一段弯路，而这段弯路正是为了取得更大的胜利奠定基础、准备条件。当它的每次再现时就与上次不同了，换句话说，第二次高潮的出现与第一次高潮的出现就不同了，不论是广度或深度都发生了质的变化。广东妇女在为抗战作出巨大贡献的同时，她们的组织程度、政治觉悟、社会地位和文化素质都比抗战初期有较大的提高，是这场伟大的民族解放战争推动妇女解放运动大踏步地向前发展的结果。

二

抗战爆发后，中日民族矛盾上升为主要矛盾，斗争的目标是日本帝国主义。中国共产党倡导的抗日民族统一战线，使全国一切抗日的阶级和阶层团结在抗日民族统一战线的旗帜下，共同对敌。广东妇女也纷纷从家庭、学校、田间和各个岗位上集合在中国共产党倡导的、以国共合作为基础的抗日民族统一战线的旗帜下，使抗战时期的广东妇女运动得到迅猛发展，其特点是：

（一）抗日民族统一战线使广东的妇女运动出现了前所未有的高潮。

以抗日民族统一战线来开展妇女救亡运动，是这一时期的妇女运动的主要特点："妇女运动比较在抗战以前具有新的进步而更加开展。妇女运动的各方面均以抗日救国为中心的姿态，出现而适应抗战环境的需要"[②]。

① 毛泽东：《论持久战》，《毛泽东选集》第2卷第421页。——原书注

② 邓颖超：《对现阶段妇女运动的意见》，《妇女运动的理论与实践》1937年12月。——原书注

这一特点主要表现以下几个方面。

第一，促进广东各阶层妇女组织的大团结。

为更广泛团结教育各阶层的妇女投入抗日救亡运动，中央妇委指示："必须注意在抗日救国的原则下，团结无党派、各阶层的妇女群众，同时，不仅须注意下层妇女的思想上、组织上和实际工作上的统一战线的建立，而且须注意上层妇女统一战线的建立和有系统的吸引上层妇女参加抗战及妇运工作"①。一九三七年由广州市各阶层、各妇女团体组成的"广东妇女团体联席会议"在广州成立。广州各妇女团体在"联席会议"的领导下积极抗日。一九三八年九月，为加强广东统一的抗日救国妇女组织，在宋庆龄的倡导和领导下，"联席会议"改为"广东妇女团体救国工作协进会"（以下简称"协进会"），该会由省妇抗、市妇抗、市妇女会、中大女同学会、女联会、妇女提倡国货会、妇女慰劳分会、儿童保育会、女警队、社训妇女队、女青年会、女车衣工会……等十九个妇女团体组成，② 宋庆龄任"协进会"名誉会长。她指出："在抗战建国的共同目标之下，各妇女工作者需要的是紧紧的团结，有意见应大家讨论，共同策进妇女抗战建国的任员［务］，为加紧广东妇女的团结，需要成立一个统一的组织。妇女运动不但要在城市里繁荣，并且要广泛的发展到各乡，深入到各阶层群众，倘妇女界成立了新的统一组织，大家分工合作，必能达到华南妇女全体动员，来为抗战而奋争。"③"协进会"不但团结上层妇女组织，还帮助各县健全妇女团体。"协进会"是广东妇女的统一机构，它的成立使广东妇女界达到空前的大团结。一九三九年五月，张炎（原国民党广东省第七行政区专员）夫人郑坤廉在高州成立妇女总队，并担任妇女队总队长。女党员张越到妇女队协助郑坤廉工作，郑积极支持张越的政治活动，妇女总队设有

① 中共中央妇女运动委员会：《关于目前妇女运动的方针和任务的指示信》，《河北妇运资料选辑》第2期。——原书注

② 《当前广东的妇女运动》，《救亡日报》1938年10月8日。——原书注

③ 《妇女界空前的大团结——祝统一机构广东妇女团体救国工作协进会的新生》，《救亡日报》1938年9月20日。——原书注

宣传队、救护队、儿童团、保育院，还开办工厂。宣传队下乡宣传抗日，到粤北前线慰问。救护队担任医疗救护工作，遇上敌机轰炸时，能迅速抢救伤员，还免费为当地群众治病。开办的工厂以织毛巾、草鞋为主，解决就业困难。儿童团、保育院收养了沧［沦］陷区失去父母的儿童约三四百人，衣服、伙食全部免费供给，由妇女队给儿童们编班上课。妇女队发动组织妇女投入抗日救亡运动，做了大量工作，在南路地区产生极大的影响①。一九三九年三月八日在粤北正式成立的广东新生活运动促进会妇女工作委员会（以下简称"新运妇委会"）省主席夫人吴菊芳任主任委员。"新运妇委会"是省、市各方面的妇女团体联合抗日的统一战线性质的妇女工作机构，是当时全省国统区妇女工作的指挥中心。我党派出一部分女党员到"新运妇委会"协助吴菊芳工作，使国共合作抗战的方针、妇女运动的方向以及抗战时期妇女工作的具体内容都在该会以及各部门得到实现②。统一战线使"新运妇委会"发挥了重大作用。邓颖超评价国统区妇女运动时说："由于妇女指导委员会包括各方面的妇女参加，这就不能不使统一战线的妇女运动呈现出新的动态与进展。"③ 以上事例可以看出，这一时期广东妇女运动根据统一战线的政策，团结各妇女团体一切愿意抗日的力量，使广东的妇女运动得到空前的发展。正是因为抗日民族统一战线，唤醒了千百万的妇女群众和各种不同的妇女组织进入抗日救亡的洪流，壮大了广东妇女的抗日阵容和救亡声势，只要妇女群众都觉醒团结起来了，必能汇成一股强大的、势不可挡的铁流。所以，笔者认为它是抗战时期广东妇女运动的主要特点之一。

第二，促进广东妇女救亡运动的发展。

广东妇女救亡运动是在抗日民族统一战线的旗帜下发展的。芦沟桥事变不久，广州成立了"广东妇女抗敌同志会"，妇女们纷纷参加这个组织。

---

① 湛江地区妇运组：《湛江抗战妇运概况》1984 年。——原书注

② 杨行：《抗战时期国统区重新建立的广东新生活运动促进会妇女工作委员会的概况》1983 年 12 月 23 日。——原书注

③ 邓颖超：《对现阶段妇女运动的意见》，《妇女运动的理论与实践》1937 年 12 月。——原书注

她们打着旗子走上街头，大讲日本侵略者的凶狠残暴，大讲抗日救亡的迫切性，大声疾呼“国家兴亡，匹夫有责”，动员大家奋起抗日。她们还到天主教堂举办女工夜校，对女工进行识字教育和教唱抗日救亡歌曲，宣传共产党全面抗战的［路］线[①]，大讲平型关的胜利，“苏联的今天就是我们的明天”，“我们国家的希望在延安”。在她们的教育下，女工们也参加了上街游行，宣传演讲、义卖、募捐等救亡工作[②]。普宁妇抗会组织妇女们大唱抗日救亡歌曲：《救亡进行曲》、《送郎上前线》、《抗敌歌》，“九月十八秋风凉，日本起兵打沈阳，只因当时不抵抗，东北三省就沦亡！”激发群众的抗日热情。她们还举办时事讲座，开联欢会，张贴抗日标语，出墙报，召唤广大妇女组织起来，投入轰轰烈烈的救亡运动[③]。一九三九年，潮阳妇女举行“三八”纪念大会，会后示威游行。潮阳海门妇女识字班的妇女们全部剪成短发，英姿飒爽的出现在游行队伍中，她们高呼抗日救亡口号，高呼抗日救亡歌曲，显示了妇女的革命力量以及她们高度的爱国主义精神和强烈的民族感，这次大会的规模之大，影响之深，是潮阳历史上的一次伟大的新举[④]。广东各地的妇女，除宣传发动抗日救亡外，还参加劳军支前。一九三八年，“武汉各界慰劳前线战士委员会”发起征集慰劳信、征集慰劳品等工作，广东各地妇抗会热烈响应。普宁县赵厝寮小学三年级的女学生李彩珠在慰劳信上写到：“亲爱的战士，你们离开了故乡，抛弃了温暖的家庭生活，离开了爹娘和兄弟姐妹，走到战场上杀敌人，你们这种伟大的精神，实在是中华民族的光荣，也是值得我们学习的……，英勇的战士们，再努力下去吧，将来的胜利是我们中华民族的。”这一封封感人肺腑的信给战士们莫大的精神力量。

这一时期广东妇女运动在抗日民族统一战线的旗帜下，从城市到农村，从工厂到学校，都出现了蓬勃发展的新局面。广大女工、农妇、女生

① 原文为“线”，根据文意，改为“路线”。——编者注

② 广州妇运组：《抗战时期广州妇运概况》（第一稿）1983年。——原书注

③ 汕头市妇运组：《抗战时期潮汕妇运概况》1984年。——原书注

④ 同上。

以及各阶层各抗日团体的妇女积极投入轰轰烈烈的抗日救亡的洪流中，到处都是妇女们反对日寇侵华的怒吼。妇女解放运动与民族解放运动结合在一起，使广东抗日救亡运动波澜壮阔。

（二）抗日武装斗争，使广东妇女运动向纵深方向发展。

抗日战争是中国近代史上规模空前的民族解放战争，由于日寇的侵略给中国人民特别是妇女群众带来深重的灾难。日寇所到之处抢劫杀戳[戮]、淫奸妇女、无恶不作。日寇的凶残，激发了广大妇女的愤怒情绪，迫使她们进行武装自卫。无数的戎装妇女在抗日战场上冲锋陷阵，与敌人血肉拼搏，誓将日寇驱赶出家园。“中国妇女的解放也只有在参加抗日的民族自卫战争的最后胜利中才能获得。”妇女界应“抓紧有利的条件，大大开展妇女工作，从中心大城市到落后的乡村，在每个偏僻的角落里，都去进行唤起妇女大众，动员与组织妇女大众到抗战中去”。这一时期的妇女组织在武装斗争的行列中不断壮大。

第一，为抵抗日寇的侵略，大规模的组织武装训练。

一九三八年十月广州沦陷前，广东各地都开展备战工作，准备抵御日寇侵略和日寇占领时开展武装斗争。一九三八年一月下旬，广州市社会军事训练总队应妇女团体的要求，成立了“广州市社训总队在营模范团妇女连”，对女壮丁进行军事训练，培训妇女军事人才，毕业以后分配至各城乡继续培训女壮丁。训练内容以术科为主，有“步兵操典”“射击教范”野外操练以及步哨勤务。一九三八年“揭阳社训总队妇女干部训练班”成立第一期培训三十三人，第二期培训六十六人，发展党员二十余人，结业后又分配到区、乡训练女壮丁三千多人。潮阳女社训队，从一九三九年就开始举办“妇女干部训练班”，一直坚持到一九四四年，全县二万以上的妇女受训①，惠阳总队也派出女队长到各区组织妇女训练。鹤山县规定四十多个乡先行编队训练，每队近百人，参加的妇女很涌［踊］跃，还举行野外大演习和夜间训练。一九三八年四月至八月，广东国民党政府在潮汕洪

① 汕头市妇运组：《抗战时期潮汕妇运概况》1984 年。——原书注

阳办起“抗日自卫团妇女干部训练所”，公开招考知识妇女人所训练，使妇女掌握军事知识，进一步发动广大城乡妇女参加抗日自卫战争，共招收一〇三名学员。学习内容以军事为主，政治为辅。一批党员骨干参加训练后，为潮汕地区大规模的发动妇女参加军事训练奠定了基础。

第二，女兵参军参战热潮空前高涨。

这个时期的妇女参军参战是很普遍的。无论在前线或后方，女兵同男兵一样荷枪实弹，英勇战斗。一九四〇年琼崖纵队第一支队在琼山县办了二期军政训练班后，挑选了二十余名女同志组建“娘子军特务排”，每人配有一支长枪。一九四一年“娘子军特务排”调往琼崖独立队总部，负责警卫总部机关和电话[①]。一九三八年东莞县委组织一支由我党直接领导的武装队伍——抗日模范壮丁队，队员一百五十多人中，女战士约三分之一，她们随军作战，堵截打击日寇。一九四三年底东江纵队港九大队市区中队在香港成立，市区中队相当部分是女同志，她们担负着张贴传单，破坏日伪军事生产，收集军事、政治、经济情报，运送弹药、武装爆破等艰巨任务；她们就象一把尖刀插在敌人心脏，袭扰得敌人日夜不得安宁。一九四三年八月黎、苗少数民族女同胞同男同胞一样，在王国兴的领导下，手持粉枪、弓箭、钩刀进行了震撼全岛的白沙起义，打死打伤和活抓敌人三百余名，缴获枪枝一大批。这次起义充分显示了黎苗少数民族妇女的英姿。东江纵队、琼崖纵队、珠江纵队、粤中以及南路人民抗日游击队里都有为数不少的女兵。各纵队里的宣传员、卫生员、炊事员、公务员等，多由女同志担任，被战士们誉为部队里的“八大员”，她们随部队爬山越岭、风飧［餐］露宿过着十分艰苦的战争生活，遇到紧急情况，她们还拿起武器直接参战。闻名于东江纵队的女连长李玉珍，显赫有名于琼崖纵队的刘秋菊，她们都是被敌人视为“飞檐走壁的女飞将”。

第三、妇女涌［踊］跃参加游击队活动，配合部队消灭敌人。

一九四三年中山抗日部队成立交通总站，这支交通总站百分之九十

---

① 海南妇运组:《琼崖抗战时期妇运概况》1984 年。——原书注

以上是女同志，她们活动在珠江三角洲一带担负着部队的信件、文件、报纸、刊物、书籍、枪支弹药的运送。交通站的代号为“白鸽队”，中山部队的代号为“伶仃洋”，因此，这支交通站被誉为“伶仃洋上白鸽飞翔”，为部队传送了大量的情报，有力的配合了部队消灭敌人①。海南文昌县南阳乡的妇女在妇救会的带领下，在有日寇驻扎的村庄，用野槟榔果汁放在井水里，使敌人无法用水，只得撤走。琼山演丰村妇女则在夜间破坏公路、电线和桥梁，阻障敌人的行动。一九四一年农历七月七日，日军一千多人进攻黑眉岭，黑眉岭的黎族女民兵配合部队同日寇激战七天七夜。一九四二年一月的大水战斗中，琼山、文昌两县妇救会动员六七千男女群众支援部队，打击敌人②。

综上所述，这一时期的广东妇女不论是参加军事训练、武装斗争，或配合部队消灭敌人都是大规模地普遍发展。广东妇女不仅在救亡宣传中是一支重要的力量，武装支前也是勇敢的先锋。虽然没有形成正规的妇女武装部队，但是可以看出广东妇女抗日武装的力量以及她们武装抗日的意志。人民战争是我党我军克敌制胜的法宝之一，一方面如果没有妇女的武装支前，部队没有后备力量，抗战胜利是不可能的；另一方面，抗日武装斗争也促使广东妇女运动向纵深方向发展。

（三）港澳、华侨妇女对祖国抗战的贡献。

广东毗邻港澳，与东南亚隔海相望，是我国著名的侨乡。抗战时期港澳、华侨妇女为支援祖国抗战，捐款、献金、购买公债、抵制日货、示威游行，以至回国参加抗战盛行一时。她们对祖国的贡献有以下几个方面。

第一，港澳、华侨妇女对祖国抗战的支援不甘人后。

一九三八年在香港由宋庆龄、何香凝发起组织的“中国妇女慰劳分会”捐款二十九万元，并且有大批的药品、汽车等前线急需药品③源源不

---

① 珠纵妇运组：《恰仃洋上鸽飞翔》，《五桂飘香》第21页。——原书注

② 韦经照，《琼崖妇女运动概况述》，《海南大学学报》1984年第3期。——原书注

③ 原文如此。——编者注

断的运到广东各抗日前线[①]。一九三九年二月南洋华侨第二次代表大会，进一步动员华侨募捐支援祖国抗战，并决定所得捐款项百分之四十献给新四军，百分之四十献给惠宝抗日游击队，百分之二十救济惠州难民。妇女们把自己多年的积蓄、首饰、订婚戒指都捐献出来。一九三九年海外华侨献给宋庆龄转交曾生抗日游击队的捐款一次就达二十万，还多次捐献被服、军鞋、药品等大量物品，对广东的抗日和发展人民武装起了很大的作用[②]。与此同时，由香港各上层妇女组织的“中国妇女兵灾筹赈会”“女青年会”“新生活运动妇女会”“中国妇女策进会”等妇女团体在香港成立，这些组织大搞义演、义卖、捐款、捐物，为动员广大的港澳、华侨同胞抗日救国做了大量的工作。一九三八年初旧金山洗衣业侨胞除金钱援助祖国抗战外，还将抗日宣传品附入衣服里进行抗日宣传，她们和友帮［邦］人民一起，联合举行反日示威[③]。菲律宾新婚夫妇吴清河、薛素丽因国难当头，不愿过份铺张，特将结婚费用三千元汇回祖国，支援抗战，他俩的信是这样写的：“日寇披猖，举国同愤，捐资抗战，义不容辞，我俩仅将自备结婚三千元于本月十五日由渣打银行汇上，以作抗战军需，聊尽国民天职”[④]。孙中山先生曾经说过：“中国革命多依靠于华侨的帮助，甚至以血汗换得仅能维持温饱工资的侨工，都肯出钱帮助。”这是何等令人感动的[⑤]。

第二，广东华侨回乡服务团中的妇女回国后积极参加抗日救国。

这个时期由港澳同胞、华侨组成的华侨回乡服务团遍及广东各沿海城乡。东江华侨回乡服务团、琼崖华侨回乡服务团、香港学赈会服务团、恩平旅港服务团……等都陆续回到东江、琼崖、南路、恩平等地开展抗日救

---

① 《妇女在香港》，《救亡日报》1938 年 4 月 30 日。——原书注

② 《中共广东党史大事记》第 80 页。——原书注

③ 《华侨援助抗战》，《新华日报》1938 年 1 月 13 日。——原书注

④ 《菲律宾侨胞新婚夫妇节省婚费用三千元捐助抗战》，《新华日报》1938 年 8 月 17 日。——原书注

⑤ 宋庆龄《华侨总动员——庆祝华侨二届会员代表大会》，《新华日报》1938 年 9 月 23 日。——原书注

国运动，这些服务团中都有为数不少的女同志。一九三七年四月以吉隆坡爱国侨领官文森先生独资组织的“东江华侨回乡服务团文森队”在吉隆坡成立，在二百多名报名参加服务团的热血男女青年中，七名女青年经口试笔试后被录取，这支引人注目的由七名女青年组成的“文森队”回到广东东江纵队参加抗日运动。大批的女侨胞随回乡服务团回国后，分别深入在广东农村的穷乡辟［僻］壤，足迹遍及许多抗日的角落。她们所到之处运用各种宣传形式如写标语、画漫画、家庭访问、出墙报、发传单、演唱歌剧、戏剧，控诉敌人的罪行，宣传党的抗日主张，动员群众参加抗日救亡运动。她们还帮助地方建立和发展党的组织；开展经济工作，救济难民。这样，群众性的抗日救亡局面很快就打开了。

从广东妇女运动的特点中不难看出，抗战时期广东妇女运动是在抗日民族统一战线的旗帜下团结各阶层妇女，为抵抗日寇的侵略开展武装斗争，抗日救亡运动始终是轰轰烈烈的。即使在极端艰难、残酷的环境下，广东妇女始终没有停止斗争，她们依靠广大的农村妇女前仆后继，坚持战斗。在中国近代史上曾出现过无数次的妇女为追求自由解放而进行的罢工斗争、示威游行，但规模是极有限的，不曾出现抗战中这样大规模的不分阶级、不分党派、不分团体的妇女抗日救亡运动。

三

如果说上面探讨的抗战时期广东妇女运动特点能成立的话，那么，形成其特点的条件、因素是什么呢？笔者认为它不是偶然的，是有它形成的特定的历史条件和社会因素的。

（一）我党的领导，促进了这一时期的妇女运动与阶级、民族的解放相结合。

中国人民在无数次的反对侵略与压迫的斗争都失败了，其根本的原因“就是当时中国人民还没有近代产业工人阶级及其政党中国共产党的领导”。抗战之所以胜利，是因为“有了经历过第一次大革命和土地革命战争的十几年锻炼的在政治上和理论上已经成熟的工人阶级政党中国共产党的政治领导”[①]。妇女运动历来是中国革命的组成部分，抗战中的广东妇女运动是随着民族解放斗争的发展而发展的。因此，妇女运动必须在中国共产党的领导下与阶级、民族的解放相结合才能发展。

抗战时期我党加强了对妇女运动的领导，不仅把妇女运动作为民族解放运动的一部分，而且还颁布了妇女工作大纲。一九三九年二月二十日中央书记处发出：“用各种方法解释妇女大众在抗战建国及将来在社会主义建设中的重要作用，坚决消灭一切组织与党员中对于妇女运动所存在的那种陈腐的、庸俗的及中世纪的态度的各种残余，纠正一切对于妇女工作的轻视、忽视与消极的态度。”[②]一九三七年九月中央组织部还颁布了《妇女工作大纲》确定了在抗战时期妇女的基本任务是，动员妇女力量参加抗战，争取抗战胜利；制定了妇女工作路线即经过统一战线的活动与组织，团结各阶层的妇女群众在党的周围，并特别注意发动与组织劳动妇女；提出妇女工作纲领，从争取抗战民主自由中争取男女政治上、经济上、文化上的平等，改善与提高妇女地位，反对一切封建束缚与压迫。

一九三七年郭沫若应广州各界妇女团体的邀请，在广州女青年会上作了抗日救亡问题的演讲。一九三八年廖承志也向广州妇女作了一次演讲，激发了妇女救亡的热情，开拓了妇女的思想境界。一九三八年宋庆龄由香港到广州并发表讲话，指出：“广州妇女也穿着战甲，各阶层妇女的努力，不但影响男子，同时影响了国际视听。”[③]

（二）大革命及土地革命时期的革命火种，为抗战时期的广东妇女运动奠定了基础。

“广东是国民革命的策源地，党在大革命时期有相当的基础，广东又接近南洋，广东各殖民地中的华侨数量特别多，他们的爱国热情特别普遍深入。因此，党的统一战线比较早就在省港、汕等地传播。”[④]抗战时期广

---

① 廖盖隆：《关于抗战中的几个问题》，《党史研究》1985 年第一册。——原书注

② 中共中央书记处：《关于开展妇女工作的决定》1939 年 2 月 20 日。——原书注

③ 广州妇运组：《抗战时期广州妇运概况》（第一稿）1983 年。——原书注

④ 张文彬：《1938—1940 年广东工作报告》。——原书注

东妇女运动能如此大规模的开展，并具有自己的特点并不是平白无故产生的，且看如下事例：

第一次国共合作时期，国民政府设在广州，随轰轰烈烈的国民革命，广东妇女运动有很大的发展。一九二四年一月国民党第一次全国代表大会决定在国民党执行委员会下设妇女部，何香凝任国民党中央妇女部部长。广东妇协与国民党中央妇女部紧密配合，广泛发动各阶层妇女参加反帝反封建为主要内容的国民革命。一九二六年在广州举行的纪念“三八”大会，通过了《统一广东妇女运动决议案》，指出：“妇女运动是革命运动的一部分，应该有系统的统一妇女组织……联合起来共同奋斗，以期达到共同解放之目的。”“妇女运动如若没有联合不求统一，即使妇女团体众多，也是不能发展妇女运动，且有分裂妇女运动的危险。”①《决议案》要求从速成立广东各界妇女联合会，以作统一广东妇女运动的大本营。经宣传发动，广东各界妇女联合会于一九二六年八月六日召开成立大会。广东妇协主任区梦觉论述广东各界妇女联合会的成立是妇女运动的新纪元时指出“妇女运动要紧紧附黏在国民革命之上才有发展。”“要唤起妇女群众组织统一的机构，以集中妇女的革命力量，参加打倒帝国主义，打倒军阀工作作为当今妇女运动的首要目标。”② 希望把统一妇女运动推向全国。

一九二五年二月广东革命政府举行第一次东征，讨伐盘踞在东江一带的陈炯明部，海丰农民在彭湃的号召下，拿起粗劣的武器，袭击陈炯明的后方，成千上万的男女农民从四面八方包围和截击败军。一九二六年七月在北伐战争中由妇女组成的运输队、救护队、侦察队，在枪林弹雨中运送弹药，救护伤员，冲锋陷阵，象著名的女共产党员高恬波这样的北伐军救护队长不乏其人。土地革命时期的广州起义中的妇女也和男同志一样，攻占国民党政府，浴血奋战。中国工农红军第二独立师女子军特务连，是一支在中共琼崖特委领导下的妇女武装，这支被誉为“红色娘子军”的妇女

① 广东妇运史编委会：《第一次国内革命战争时期广东妇女运动概况》1983 年 8 月。——原书注

② 区梦觉：《妇女运动的新纪元》，《妇女之声》第 24 期 1926 年 8 月 3 日。——原书注

武装，曾经参加过有名的沙帽岭伏击战，攻打敌人炮楼，拔除敌人据点等许多战斗。

华侨对祖国的贡献远不是从抗战开始。在本世纪初伟大的民主革命先行者孙中山先生发动和领导的辛亥革命，得力于海外华侨的重大支持，故有“华侨为革命之母”的赞词。辛亥革命之后，华侨的光荣传统又随历史的发展而发扬光大。在大革命时期，广大华侨妇女已参加了这些爱国活动，在世界各地她们奔走呼号，掀起了波澜壮阔的爱国热潮。省港大罢工中，华侨无论是人力支援、粮食援助、金钱募捐、争取舆论、扩大宣传都给予很大的帮助。每当祖国最困难、最危急的时候，是广大爱国华侨伸出援助之手，与祖国人民一起同舟共济。即使在今天也是这样。华侨对祖国的贡献是无法用数字统计的。

大革命时期的广东妇女运动已经有较大的发展，虽然土地革命战争时期遭到蒋介石等的反革命血醒［腥］镇压，广东各地的党组织亦遭到严重破坏。但是，革命火种扑不灭，受大革命进步思想影响的妇女骨干已成为抗战的革命火种。“野火烧不尽，春风吹又生”，一九三一年“九一八”以后，广东妇女又开始重新觉醒了。所以说，大革命和土地革命时期的妇女运动为迎接抗日救亡运动高潮的到来，做了思想上和组织上的准备。

（三）阶级与民族的压迫，决定妇女是一支伟大的革命力量。

妇女运动历来是人类解放运动的一部分，从民族的观念看，妇女运动又是民族解放的一部分。因此，只有阶级、民族的解放，妇女才能得到解放。

旧中国的劳动妇女是处在社会最底层的，她们不但受着国民党反动政府的统治，还受着异民族的侵略。广东的妇女同全国妇女一样，她们政治上没有权利，社会上没有地位，经济上受人支配，生活上不能独立，求职没有机会，婚姻不能自由，受教育不平等。男尊女卑、三从四德使妇女成为奴隶和附庸。日本帝国主义的侵略给妇女带来了更深重的灾难，她们遭到欺压、蹂躏、污辱、残杀……。这深重的阶级与民族的压迫，就决定了妇女是一支伟大的革命力量。在水深火热中挣扎的广大劳动妇女，心里压抑着满腔的民族仇、阶级恨，只等待着革命的烈火去点燃。

文昌南阳乡是海南岛著名的根据地，这个乡的青壮年男子多数到南洋谋生或到前线去参加抗日武装，剩下在乡里工作的大都是妇女。在日寇蚕食海南，实行“三光政策”的淫威下，南阳乡的妇女不屈不挠。乡里的粮食生产、组织救护队、慰问队、运输队、建立交通站，掩护部队同志等都由妇女承担。她们对党的事业忠心耿耿，不愧为海南妇女的一代风华。南阳乡妇女黄玉兰被敌人以共产党员的罪名抓住，吊在村头的大榕树下，毒打逼供，并把周围的群众赶到现场，要黄玉兰辨认谁是共产党员。面对这一群杀人不眨眼的刽子手，她毫不畏惧的说：“我就是共产党员，要杀要宰随你们。”话音刚落，就被当场杀死，敌人残忍地将她的心肝掏出，目睹这一悲壮场面的群众都称黄玉兰是“南阳乡的好女儿”。①

正是这些崛起的女性，不畏强暴，敢于冲破一切桎梏，她们一旦觉醒，就将是一支伟大的革命力量，这是毫无疑问的。“无怪乎工人阶级的革命运动，被压迫群众的一切解放运动中最强大的运动，把千百万劳动妇女吸引到自己的旗帜下面”。②

文献20

东江抗日根据地妇女运动初探③

何焕昌

东江妇女具有光荣的革命斗争历史。早在大革命时期，东江妇女就开始觉醒。她们为了民族、人民和自身的解放，进行过英勇的斗争，显示了自己的伟大力量。

---

① 文昌县党史办：《南阳乡革命记事》。——原书注

② 斯大林：《庆祝国际妇女节》，《斯大林全集》第 7 卷第 43 页。——原书注

③ 收录于广东妇女运动历史资料编纂委员会编：《抗日战争时期的广东妇女运动》，广东人民出版社，1985 年，第 76—84 页。

抗战爆发后，东江地区的广大妇女又在中国共产党的领导下，高举民族解放的大旗，广泛组织妇女抗日救亡团体，发动和团结各阶层的妇女群众，积极投入抗日救国的伟大斗争，直接参加抗击日本侵略者的战斗。她们在建立和巩固东江抗日根据地的斗争中，不屈不挠，英勇顽强，发挥了巨大的作用，作出了不可磨灭的贡献，谱写了壮丽的历史篇章。

一、妇女运动的兴起，有力地推动了东江抗日救亡运动的发展

“七·七”芦沟桥事变发生后，中国人民进入了伟大的抗日战争。在中国共产党倡导的抗日民族统一战线的旗帜下，抗日救亡运动在全国蓬勃兴起，各阶层人民群众积极投入了抗日救亡运动。由于土地革命的失败而沉寂下来的东江妇女运动，犹如埋藏在地下的烈火，猛然冲出地面，熊熊地燃烧起来了。东江各地妇女群众，尤其是惠阳、东莞、宝安等地的妇女群众，勇敢地冲出家门，走向社会，建立妇女抗敌后援会、妇女慰劳会等进步团体，组织救护队、宣传队、征募队、慰劳队、救济难民队、锄奸队、缝衣服务队、战地服务团、歌咏剧团等抗日救亡队伍，在城市和乡村，轰轰烈烈地开展抗日救亡宣传活动，广泛动员人民群众参加抗日救国的斗争，其发动面之广泛，声势之浩大是前所未有的。东江妇女救亡运动的兴起，壮大了抗日救亡队伍，有力地推动东江各地抗日救亡运动的发展。

中国共产党一贯十分重视妇女运动，一再动员妇女参加抗战，并要求各级党组织切实加强妇女运动的领导。一九三八年四月，中共广东省委重建时，就专门设立了由张月霞为部长的妇女工作部领导妇女运动。[①]一九三九年二月间，中共东江特委成立，为加强妇女工作的领导，也专门设立了妇女工作组，由陈婉聪任组长。[②]特委还派出得力的妇女干部深入农村、学校，开展秘密宣传活动，发展了一大批女党员，建立了不少妇女

① 广东党史资料丛刊:《中共广东党史大事记》1984年版，第70页。——原书注

② 惠阳地委党史办公室:《东江党史资料汇编》第1辑，第194页。——原书注

支部，为组织妇女抗日团体，开展抗日救亡运动打下了基础。

地处东江腹地的东莞县，妇女救亡运动首先兴起，是东江妇女运动的先声。早在抗战初期，东莞就有一批女青年参加了“中国青年大同盟”，她们和广大青年一道，举行了声势浩大的声援“一二·九”运动的大游行。一九三六年春，女共青团员赵学首先在东莞东坑发动青年妇女组织姊妹会，办起了妇女义务学校，成为唤起广大妇女参加抗日救亡运动的号角。她们通过出版墙报，举办演讲会，宣传抗日救国道理和义勇军抗击日本侵略者的英雄事迹，唤醒广大妇女。一九三六年秋，赵学入党后，先后发展了一批女党员。她们以书店、学校为阵地，大力宣传“停止内战，一致抗日”的正确主张，使广大师生和青年妇女受到了抗日救国的教育，点燃了抗日救亡运动的烈火。“七·七”芦沟桥事变后，东莞县党组织遵照党的“以统一战线的策略去发动与组织各阶层的妇女”[①]的指示，派赵学与国民党东莞县党部商议，成立了“东莞县妇女工作团”。为更广泛发动妇女投入救亡运动，嗣后又成立了“抗日救亡剧社”，在县城和附近农村巡回演出《放下你的鞭子》、《我的故乡》、《雾重庆》、《雷雨》等节目，其影响之大，教育面之广是前所未有的。在普遍发动妇女群众的基础上，一九三八年一月，成立东莞县妇女抗敌同志会，会员达一千多人，遍及全县各地。为进一步掀起救亡热潮，在莞城举行纪念“三八”国际妇女节的活动，召开了隆重的纪念大会，会后冒雨上街游行，高呼“妇女们联合起来，打倒日本帝国主义”的口号。此后，东莞各地纷纷组织妇女会、姊妹会，开展“献金”募捐运动，发动妇女成立慰问队、救护队、缝衣队、写慰问信，以实际行动支持抗战。东莞妇女运动蓬勃开展，在整个东江地区产生了很大的影响。

一九三八年十月十二日，日军在大亚湾登陆后，我党先后在香港组织了七批抗日救亡工作团回到惠阳，其中有青年妇女二三十人。这些具有高度爱国主义精神，勇于自我牺牲的女青年，成为东江妇女运动的骨干力

---

① 《广东妇运历史资料》总第 11 期 30 页。——原书注

量，一九三九年一月，南洋各地华侨团体组织了“东江华侨回乡服务团”(简称“东团”)。“东团”成立后，迅速发展到五百多人，女青年占了相当的数量。其中“文森队”全部由女青年组成，惠阳队、东宝队大部份也是由女青年组成，其它分团、队也有不少女青年。她们的足迹踏遍了东江的十三个县、市，深入城镇、农村，广泛开展抗日宣传活动和赈济救灾工作，并发动青年妇女，组织各种类型的抗日救亡团体，通过开办夜校识字班，宣传演出，出版墙报、漫画深入宣传抗日救国道理。尤其是妇女居多的惠阳队和东宝队，她们发挥自己做群众工作的长处，克服一切困难，深入敌占区周围村庄，走东家串西家，访贫问苦，嘘寒问暖，帮助农村妇女哄小孩，切猪菜、料理家务，给有病疾的群众施医施药，和农村妇女姊妹谈心交友，很快打开了工作局面。广大妇女迅速发动起来，许许多多的乡村组织了姐妹会、妇女会、农抗会、青抗会和儿童团，使抗日救国的道理深入人心，抗日救亡运动的热潮普遍掀起。

二、在抗日武装斗争中，东江妇女作出了特殊的贡献

随着东江抗日救亡运动的深入发展，人民群众迅速觉醒，不愿做奴隶的东江人民，在中国共产党的领导下，团结起来，组织抗日武装，抗击日军的野蛮侵略。在抗日救亡运动中觉醒起来的东江妇女，为了保家卫国，为了民族和人民的解放，也纷纷拿起枪杆，参加抗日武装队伍，参加抗击日本侵略者的战斗，作出了特殊的贡献。

日军在大亚湾登陆后，不断向内地入侵。东莞中心县委组织壮丁模范队抗击日军的侵略。女青年梁霞冰、陈福媛等参加壮丁模范队，在石龙一带英勇打击日军。紧接着，何佳、赵学光、王河等三十多人也参加了抗日武装队伍。连几位年已五十左右的妇女何婶、陈淑、喜嫂、蓉妈等也参加了战斗行列。[①] 她们的模范行动，显示了东江妇女不愿当亡国奴的豪迈气概，有力鼓舞了抗日战士的斗志。一九三九年初，以曾生为大队长的“新

① 惠阳地委党史办公室:《东江党史资料汇编》第1辑，第195页。——原书注

编大队”成立不久，也组织了一支由郭云翔为队长的女子武装队，她们和男战士一样，出操练武，执勤放哨，行军打仗，在斗争中锻炼成长。

在国民党顽固派掀起反共高潮后，东江抗日救亡运动遭到破坏，“东团”和“抗先队”被强行解散，斗争被迫转入地下。这时，东江各地妇女纷纷奔赴抗日前线，参加抗日武装部队，在部队各条战线上发挥她们的重要作用。

战斗在武装队伍中的女战士，虽然没有确切的数字，但占有相当的比例。她们分别战斗在卫生、情报交通、后勤、文化宣传等各条战线上，是部队不可缺少的力量。没有她们，伤病员无人医治，部队指战员的身体健康就得不到保证；没有她们，情报不通，消息闭塞，部队就耳目不明，被动挨打；没有她们，给养断绝，无粮无草，部队就寸步难行。总而言之，没有这一大批女战士，我们的武装部队就可能困难重重，无法打仗。

在东江抗日游击队建立之初，就组织了医疗卫生队伍，其中绝大多数是女同志，后来部队卫生队伍发展到二百多人，女同志占百分之九十以上。① 由于斗争环境险恶，部队长期分散在敌后开展游击战争，没有固定的医院，药物和医疗器械奇缺，困难是不言而喻的。她们凭着对革命事业的一片忠诚，对战友的一颗火热的心，以惊人的毅力战胜一切困难，使部队医疗卫生工作逐步发展。缺少医务人员，她们就自己办班培训，在实践中学习、锻炼、提高；没有医疗器械，她们就因陋就简，就地取材，以土代洋；缺少药品，她们就采集民间药方，自研自制；遇到奇难伤病，她们就向民间医生请教，想尽千方百计，治好伤病员。“一切为了伤病员！”这是女卫生战士的战斗口号。在战场上，女卫生战士总是把生的希望让给战友，把死的威胁留给自己，舍生忘死抢救伤员。女卫生员梁通就是在火线上抢救伤员而英勇牺牲的。在抗战中，东江抗日游击队就有三十多名女卫生员献出了宝贵的生命。

在交通情报部门工作的，大多数也是女同志。她们深入虎穴，出生入

---

① 广东省妇运史编委：《南粤红棉》第 4 页。——原书注

死，在敌人的严密封锁下，搜取情报，传递情报，转运军需物资，掩护过境干部，有力地配合部队作战。

交通情报部门是秘密斗争和公开斗争相结合的特殊工作部门。有的交通站设在解放区，有的设在游击区，有的设在敌占区。有的情报工作人员扎根于群众之中，有的战斗在敌人的心脏。情况复杂多变，斗争激烈尖锐。情报人员随时都有被捕和牺牲的危险。但是，她们不怕流血牺牲，不辞辛苦劳累，机智、勇敢、沉着，在虎穴中出生入死，在封锁线上来往穿梭，出色地完成了党交给的任务。战斗在敌人心脏地区的“石马赠产所”和“石鼓地群医社”，就是两个出色的“姐妹交通站”。她们为部队和地方党制定斗争方针和策略，提供了重要的依据。很多女交通员，长期战斗在敌占区和游击区，奔走在敌人的封锁线上，为传递情报历尽艰辛，有的甚至献出宝贵的生命。烈士张招妹、李长娘就是女交通员最突出的代表。

战斗在文艺宣传战线上的女战士。以文艺为武器，宣传群众、教育群众，动员人民群众参加抗日救亡运动，为抗日武装队伍的发展、壮大，为鼓舞部队的士气，夺取抗战的胜利做了大量的工作。东江抗日游击队的文艺活动是非常活跃的。部队先后组建了“东江流动剧团”、“鲁迅艺术宣传队”等文艺团体，女同志占半数以上。在八年抗战中，她们跟随部队转战东江两岸，挺进粤北山区，在部队战斗过的山山水水都留下了她们的足迹，回荡着她们战斗的歌声。她们除了开展宣传工作之外，还要投入修筑工事、抢救伤员等战勤工作，并深入群众，宣传减租减息，组织“妇女会”，举办识字班，帮助建立民主政权等工作。

在后勤、电台、报社工作的女战士，也是部队不可缺少的革命力量。她们虽然没有在战场上出生入死，但她们在平凡的岗位上吃大苦、耐大劳，兢兢业业，埋头苦干，做出了许许多多的贡献。

三、为根据地的建立和巩固披荆斩棘，开辟前进的道路

一九四〇年秋，东移部队返回惠东宝前线，确立了在敌后独立自主地开展游击战争的方针，决定开辟以阳台山、大岭山为中心的抗日根据地。

当时，部队只有一百多人，力量相当弱小。在阳台山、大岭山周围，纵横交错地驻扎着日、伪军和国民党顽军，敌人常常以十倍于我的兵力，分几路“夹击”、“扫荡”，部队处于最艰难的时期。要取得生存和发展，必须打开斗争局面，建立活动基地。为此，部队建立了民运工作部，决定派出民运队。深入农村，发动群众，开辟农村根据地。但是，由于敌人反复“清乡”、“扫荡”，制造白色恐怖，造谣惑众恐吓群众，破坏我军声誉，使群众不敢接近抗日游击队，给民运队开展工作制造了极大的障碍。以女战士为主体的民运队，受命于危难之际，紧紧依靠党的领导，深入群众、发动群众，为开创斗争局面，为根据地的建立和巩固，披荆斩棘，历尽艰辛，立下了汗马功劳。

这些女民运队员，大多数是十八九岁的姑娘，她们装扮成农家妇女，以认“契妈”、“结姐妹”、“找人家”为由，只身进入敌占区乡村，有的扎根于孤儿寡妇之家，有的由部队武装人员直接送到伪村长、伪保长的家里，强令他们对民运队员的安全负绝对责任。在敌人夹击、土匪猖獗的险恶环境下，开展工作的艰苦性是可想而知的。也许有人要问：为什么不派男同志去担当民运工作的重任，而偏偏要派这些十八九岁的姑娘去冒这么大的风险。当时，濒临港澳的东宝前线，大部分村庄的男人外出南洋谋生、避难，或被抓去充当炮灰，在乡村中妇女占了绝大多数。女民运队员可以利用自己的特殊身份，发挥男同志不能发挥的特殊作用。她们和农家妇女同吃、同住、谈家常，帮她们料理家务、带小孩，和她们一起上山打柴、下田耕种，关心她们的疾苦，做她们的贴心人。经过艰苦深入的工作，终于站稳了脚根。在此基础上，女民运队员通过办夜校识字班，宣传抗日救国和妇女解放的道理，发动群众，组织姐妹会、儿童团、读书会等群众团体，并在斗争中发展地方党员，建立农村党支部，建立乡村抗日民主政权。一九四一年春夏间，在阳台山根据地的布吉、龙华、乌石岩等地，先后建立了党支部和抗日民主政权，几乎每个乡、村都建立抗日群众团体，并动员了大批青年参加部队，使部队进一步壮大。由于得到人民群众的有力支持和民兵组织的密切配合，部队先后取得了黄潭战斗和百花洞战斗的胜利，打退了日、伪、顽的多次进攻。到一九四一年秋，部队发展到一千五百多人，并初步建立了阳台山和大岭山两个抗日根据地。①

一九四二年，全国抗日战争进入最艰难时期。由于国民党顽固派掀起反共高潮，集结兵力进攻东江抗日根据地，布吉、龙华、乌石岩及大岭山区被顽军占据，加上灾荒严重，根据地军民处于极度困难之中。就在这时，民运队奉命进入敌占区，在日、伪眼皮底下开展工作。当时，在敌占区里，日军横行霸道，汉奸特务活动频繁，土匪出没无常，打家劫舍，乡村无日安宁，人民群众深受其害，恐惧心理也相当严重。民运队工作更加艰苦，进村时往往要武装护送。一九四二年秋，杨彩萍进驻泥岗村时，就是由手枪队领着，在夜间送到伪村长郑华家里的。伪村长慑于游击队的威力，硬着头皮接收杨彩萍住在他家。杨彩萍通过一系列的斗争和工作，终于使郑华转变成为“白皮红心”的村长，为部队做了不少工作。不久，又在白芒村改造了土匪张金雄。张金雄改邪归正，参加了游击队，为部队搜集情报，筹集税金和粮食，动员青壮年参加部队，做了很多有益的工作。他的家也成了部队进进出出的“游击队之家”。后来，张金雄被委任为税站站长，在一次战斗中英勇作战，为国捐躯。民运队员曾坚也在沙湾、南岭一带，改造了以林火贵为骨干的股匪，使他们改邪归正，变有害于民为有利于民。后来，这些人改编为护路队，成为抗日的一支力量。

这些女民运队员，就是在如此艰难的环境下开展工作的。为了发动人民群众，组织群众支援抗日救国斗争，她们不辞劳苦、不怕牺牲，饱尝了人间的苦难，费尽一腔热血，甚至献出自己的生命。如女民运队员庞维满、王月富，由于劳累过度病倒了，在环境险恶、缺医少药的情况下长辞于世。又如朱金玉、王月娥，在敌人眼皮底下开展工作而不幸被捕，受尽严刑拷打而壮烈牺牲。就是她们，用辛勤的汗水、鲜红的血液、火焰般的年华，打开了敌占区群众工作的新局面，为根据地的建立和巩固披荆斩棘，开辟了道路。

---

① 曾生：《坚持华南战场抗战的一面旗帜》，《人民日报》1983 年 11 月。——原书注

一九四三年底，广九铁路队西务乡、村。都组织了农抗会、青抗会、妇抗会、儿童团等各种抗日救亡团体。阳台山根据地有二百多个村庄建立了妇女组织，参加妇女组织约五千余人。在广泛建立抗日团体的同时，各乡、村政权也普遍建立。人民群众在乡、村政府的领导下，大力发展生产，开展减租减息运动，号召人民群众缴交公粮和田赋税，支援抗日武装队伍。一九四四年，东江抗日根据地动员群众缴纳公粮达五万担，一九四五年达二十万担。①生产的发展、粮食的增加，使抗日武装队伍的发展壮大、根据地的进一步巩固得到了保证。一九四五年，东江抗日根据地不断扩大和发展，先后成立了东宝行政督导处、路东行政委员会等抗日民主政权，部队发展到一万一千多人，民兵一万二千余人，根据地和游击区人口四百五十万。②

总之，东江抗日根据地是东江人民在中国共产党领导下，经过八年艰苦奋战，建立和发展起来的。东江妇女在建立抗日根据地的斗争中，发挥了特殊的作用。在东江抗日根据地的每一块土地上都留下了她们的战斗的足迹，淌过她们的血汗。可以说，假如没有占人口半数的妇女的觉醒，没有她们的英勇战斗，东江抗日根据地的建立是不可能的，抗战的胜利也是不可能的。

文献21

华侨和港澳妇女在建立东宝抗日根据地中的作用③

傅泽铭

华侨和港澳同胞具有爱国主义的光荣传统。在我国革命史上发挥了

① 《惠阳地区党史通讯》总第64期第35页。——原书注

② 曾生：《坚持华南战场抗战的一面旗帜》，《人民日报》1983年11月。——原书注

③ 收录于广东妇女运动历史资料编纂委员会编：《抗日战争时期的广东妇女运动》，广东人民出版社，1985年，第85-92页。

巨大的积极作用。抗日战争时期，正如毛泽东所说："海外华侨输财助战……都对战争有所尽力"[①]在华南抗日战场上，华侨、港澳妇女在开辟和建立东宝敌后抗日根据地斗争中，和其他海外侨胞、港澳同胞一样，不仅在精神上、财力物力上大力支持祖国抗战事业，还派遣自己子女或自己回国参战，作出了很大的牺牲，用她们的热血谱写出海外侨胞和港澳同胞爱国主义的光辉壮丽的诗篇。

一

没有党领导下的抗日武装，就没有抗日根据地。开辟以东莞大岭山和宝安县阳台山为中心的东宝抗日根据地，更要靠党领导下的抗日武装。她夹在沦陷了的广州和香港两大城市之间，位于日伪控制的广九铁路西侧，和珠江口沿海相依，是日伪的心腹地带。大岭山区北面是东莞县城，莞太、宝太两公路沿山区西缘穿过，东面是广九铁路与莞樟公路，南面与宝安阳台山遥遥相对，面积约一百三十多平方公里，人口十余万人；面对日军长壤大队和伪军共约三千余人，还有国民党顽军保八团徐东来支队控制广九铁路中段。阳台山区北与东莞大岭山相望，东临广九铁路，西南面有宝太公路，面积不大，人口也不多，面对敌、伪军三千多人。因此，深入日伪敌后，开辟和建立东宝敌后抗日根据地，需要经过一场严酷的斗争，建立抗日武装，开展武装斗争，就成为开辟东宝抗日根据地的前提条件。在建立抗日武装初期，得到了广大华侨和港澳同胞在财力物力上的大力支持；抗日游击队建军初期，无固定军费和粮饷，除了依靠当地群众外，就依靠港澳同胞和海外华侨的支援，部队的被服、军鞋、药物、大部分靠华侨捐献。仅一九三九年华侨港澳同胞捐款，通过宋庆龄转给曾生抗日游击队的港币达二十万元。数年累计，捐款约有千万元[②]。华侨和港澳妇女，以开展募捐、巡回义演、卖花劝捐等方式，筹款支援祖国抗战，有的妇女把

---

① 《论联合政府》，《毛泽东选集》四卷合订本第934页。——原书注

② 《东江纵队史》编写组：《东江纵队史稿》，广东人民出版社，第29页。——原书注

自己的积蓄、首饰，甚至订婚戒指捐献出来，她们唱着："你一角、我一毫，捐捐［涓涓］滴滴积成江河变成怒潮，只要你有多少捐多少……寄到前方去，买子弹、买枪炮，赶走强盗，到那时吐气扬眉，誓把中国保。"捐款支援祖国抗战的动人事例数不胜数。美拖埠有一煮饭佣妇刘端芝，每月工薪仅六元，在缩食献金活动中，一次便捐银二十元①。就这样，在抗战头四年，南洋华侨筹交中国政府的钱，总数约值四亿元②。仅一九三九年，南洋华侨筹赈所得之款，约当于当年战费的五分之一。而东宝的抗日游击队，更是在她们的直接支持下建立起来的。

华侨和港澳妇女，不仅献金支持抗日武装队伍，而且纷纷回到东宝地区，参加抗日游击队，出现了母送儿女、妻送丈夫奔赴抗日前线，甚至全家毅然回到东宝参加抗日的动人事例。香港女教师李淑桓，是在东宝抗日游击队中广为传颂的革命母亲，她有六个儿子和一个女儿，"七七"抗战爆发后，就送长子郭宪成去陕北抗日；不久，又送三子郭林参加了东宝抗日游击队；女儿郭云翔要到前线救护伤员，她说："前方将士为国为民，战斗受了伤，很需要人照顾，你就去吧！"高兴地把女儿送上征途；当惠宝人民抗日游击队成立时，李淑桓又把第六个儿子郭际送到了部队。一九三九年五月间，她随慰问团回东宝探望在部队的儿女，又毅然决定把四子显和及五子显乐带上前线，参加抗日部队。有人问她："你把儿女都送上前线，将来老了怎么办？"李淑桓立即回答说："没有国那有家，家可破，国要保"。后来，她的五儿显乐在战斗中光荣牺牲，李淑桓知道了消息，以坚强的意志克制了自己的感情。一九四一年春节过后，在日寇扫荡和顽军进攻的恶劣环境下，带着最小的儿子显隆，来到东莞大岭山抗日根据地，参加建设根据地工作，并把年仅十二岁的七子郭厚智也送到部队当交通员。③李淑桓等强烈的爱国精神，激励了多少爱国青年英勇杀敌，鼓舞了坚持在敌后抗日的人们，誓雪国恨报家仇。据粗略统计，日寇在大

---

① 《现代华侨》1940年第一卷第三期第26页。——原书注

② 李铁民：《南侨筹帐工作概况》刊于《大战与南侨》新加坡1947年版第47页。——原书注

③ 广东省妇运史资料编纂委员会东江组：《南粤红棉》第64页。——原书注

亚湾登陆后，仅香港澳门的进步团体先后动员了十七个工作队五百多人回到惠阳、东莞等地，其中女同志就有二三十人，她们曾组织过一支女子武装队，队长就是李淑桓的女儿郭云翔，她们和男同志一样站岗放哨。华侨妇女回国抗日，也十分感人，新婚不久的叶秀清与丈夫一起回国抗战；王丽也和丈夫钟若潮，离开泰国到抗日最前线；从马来亚回来的欧巾雄，年纪才十六岁；从南洋回来的文森队队长王春红等七人，全部是女青年；从越南回来抗战的有朱金玉等八名女青年，她们成为曾生组建的抗日武装的骨干，在开辟东宝抗日根据地战斗中谱写了一曲爱国的壮歌。

在党的领导下，也在华侨和港澳同胞的爱国热情支持下，我挺进东宝抗日根据地的抗日游击队，在一九四一年秋，已发展为一千五百多人，以及武装民兵一千多人，初步建立了东莞大岭山区和宝安阳台山区的敌后抗日根据地。

二

没有英勇的抗日战士在奋战，就不能深入敌后建立抗日根据地。为开辟东宝敌后抗日根据地的游击队，在敌强我弱的形势下，浴血奋战，英勇拼搏，不怕牺牲地打击敌人，在英雄辈出的我游击健儿中，华侨和港澳妇女，也一样奋战在疆场，把自己的热血洒在东宝大地上，为开辟和建立东宝抗日根据地献出了生命。香港女教师李淑桓，为了开辟大岭山抗日根据地，在大塘办事处为顽军围攻时抓去，不幸壮烈牺牲，用鲜血浇灌这朵抗日之花。从泰国回到东宝，在“宝大”医务所工作的王丽，一九四二年四五月间，敌伪顽联合向我东宝根据地进攻。医务所被顽军包围，卫生员王丽为掩护伤病员撤退，不幸被捕。在敌连长审讯她时，夺过连长的驳壳枪，后被敌惨杀，把尸体吊在乌石岩村边的大榕树下，把年轻的生命献给东宝抗日根据地。香港沦陷前夕，香港女青年陈笑影回到东宝游击区，一九四二年五日①，在宝大医务所当政治服务员。当医务所被敌人包围时，

① 原文如此。——编者注

她拿着手榴弹和三八步枪，掩护同志和伤员转移，弹尽被俘。敌营长问她的名字，她昂然答道："游击战士"，敌人用烙乳房、烙阴部、铁丝穿手指等酷刑折磨她，她在毒刑面前坚贞不屈，临刑时高呼："中国共产党万岁！"① 还有从香港回来在战斗中成长的女连长李玉珍，当日寇向我大岭山抗日根据地进行"万人大扫荡"时，李玉珍在突围中，身背重伤员，不幸左腿受伤，部队突围了。她接受大队长命令带领三名重伤员，在一个大山坑里摸了一夜，才在陡壁上找到一个可隐蔽的小山洞，但山坡太陡，伤员爬不下去，李玉珍以惊人的意志，自己攀住壁上的树枝，咬着牙忍受左腿的伤痛，让伤员抱住右腿，慢慢移下山洞，坚持了三天三夜，避过日寇搜捕。但她左腿伤口化脓了，她把左腿按在一块石头上，在没有麻醉的情况下，用血管钳，硬把一颗子弹从小腿里挖了出来。② 李玉珍就是以这样壮烈的举动，把这颗赤子之心交给祖国的，她们在枪林弹雨中更显出对祖国的忠诚。

在部队医疗卫生队伍的爱国华侨和港澳妇女，抱着抗日救国的革命目标，战斗在东宝大地，经受了罕见的艰难困苦和严酷的战争考验，为伤病员献出自己的热血和青春。一九四一年，太平洋战争爆发后，具有爱国热情的香港广华医院护士冯慕贞等携带一批医药和医疗器械，回到东宝参加抗日游击队，她们和早已回来的陈笑影等一起为部队医疗卫生工作闯开局面，为建立东宝抗日根据地立下了永远铭刻在东宝人民心坎中的功勋。在一九四三年夏天，排长黄秀在龙岗圩同日寇战斗中腹部受重伤，肠子流了出来，女卫生员易焕兰冒着弹雨冲上去抢救，背下战场。当夜黄秀伤势恶化，小便排不出来，膀胱肿胀，痛苦异常，几次休克过去。易焕兰知道尿液排不出，会中毒死亡。但又没有导尿器，易焕兰这个年轻姑娘毫不犹豫地，用嘴吸吮伤员的尿液，黄秀膀胱里的尿液被一口一口地吸了出来，终于甦［苏］醒得救了。③ 女卫生员江培荃冒着敌人猛烈的机枪火力，把受

① 广东省妇运史资料编纂委员会东江组：《南粤红棉》第 160 页。——原书注

② 广东省妇运史资料编纂委员会东江组：《南粤红棉》第 90 页。——原书注

③ 广东省妇运史资料编纂委员会东江组：《南粤红棉》第 11 页。——原书注

伤的中队长背下火线，背包被子也被打穿几个洞，有颗子弹还嵌在背包里面，她们在敌人炮火下出生入死，为民族解放而战斗。

还有战斗在电台的，从南洋回来参加东宝抗日游击队的王彦芝等，是电台的最早的女报务员，她们克服种种艰难困苦，沟通了部队的联络工作，使部队耳目张、情况明。还有战斗在后勤部门，一九四二年春，从香港回来一批女工，建立了宝大被服厂，负责为部队缝制衣服、米袋、挂包。总之，她们不论在那个岗位，都在为开辟和建立东宝抗日根据地立下功勋，正是她们那种乐于为祖国献身的精神，我军就能成为一支驰名中外的坚强武装，就能接连不断地打击日伪和来犯的国民党顽固派。至东江纵队成立时，共对敌伪军作战一千四百余次，反顽作战七百余次，毙伤日伪六千余人，俘虏投诚三千五百余人，建立了东宝抗日根据地，扩大了游击区。自日寇打通广九路后，东宝抗日战场抗击了全部敌伪有日军五十七师团的百分之七十，约八千人以上，伪军约一万人以上。① 以致日军虽已控制了广九路两头有两年多，仍不能使一列火车畅行全线。② 牵制了敌人对粤北的进犯，积极配合全国抗日战场和盟军对日的反攻作战，成为华南抗日战场上一个坚强的抗日的堡垒。

三

没有人民群众的支持，就没有抗日根据地。东宝抗日根据地就是靠勇敢牺牲的民运队员和地方党一道把群众发动起来的。开辟东宝抗日根据地的斗争中，许多民运队员都是华侨和港澳妇女，她们宣传群众、组织群众、发动群众支援部队抗日救国，动员群众参加抗日游击队，组织农民、妇女、青年等抗日团体，建立乡村政权。她们有的参加流动宣传队，足迹踏遍大岭山区客家三洞；她们有的分散在各乡村，大岭山地区的大王岭、

---

① 曾生:《东江纵队史料》中《一年来的对敌斗争》，广东人民出版社，1984 年版第 127 页。——原书注

② 中共广东省党史办编:《东江纵队资料》中《东江游击队与盟国在太平洋的战略》第 71 页。——原书注

畔山、牛牯岭、大环、新屋场以及大雁塘、上下山门和宝安阳台山区的乌石岩、龙华、弓村、杨尾、长圳、水迳、洪田、甘坑、樟坑等地，都有她们的战斗史迹。她们虽刚从海外或香港回来，但能刻苦磨炼自己，和群众打成一片，一起艰苦地生活，个个打扮成农村妇女，和群众同住、同食，一起劳动，就象家里人一样，逐渐地彼此间增进了了解，广大群众自觉自愿地组织起来支持抗日部队。

民运队员往往是离开部队活动的，时时受到日伪顽的袭击。欧巾雄在港九大队做民运工作时，一次，她和几个同志在上水集合群众布置工作，突然十名鬼子来袭，她让其他同志带领群众从村后上山转移，自己扛起一挺机枪，和两个同志抢占有利地形，等到这十个鬼子走近，立即用机枪横扫过去，把鬼子压在一颗［棵］大树后，在我机枪的威力下，鬼子无可耐［奈］何地拖着死尸撤回据点去了。

她们在民运工作中，也时刻准备献出生命。象从越南回国参加抗战的朱金玉，身穿农村妇女的服装，头带凉帽，虽有群众的掩护，但一次在洪田村发动群众，不幸被顽军捉住，敌人对她重刑逼供，她坚贞不屈不吐一言，后为敌人认出她是我副大队长的爱人，更是软硬兼施威逼利诱，但朱金玉始终怒目以对，视死而归，当被押赴刑场时，她高呼："坚持抗日，反对内战，打倒国民党顽固派；打倒日本帝国主义！"英勇就义。

正因为她们和广大人民的英勇奋斗和献身，东宝抗日根据地扎根于群众之中，根据地的建设进展迅速。一九四四年开始建立抗日民主政权，成立了东宝行政督导处，建立八十个民主乡政府，成立四个区政府，三个联乡办事处。同时，组织农会，开展了减租减息的群众运动。年底，东宝抗日根据地就有一百四十二个村组织了农抗会，会员达八千七百余人，① 还有青抗会、妇女会、儿童团等。

东宝抗日根据地的建立和巩固，为东江抗日根据地以至北江抗日游击根据地的建立打下了基础，提供了条件。一九四五年初，继东宝行政督导

① 曾生：《东江纵队史料》中《一年来的对敌斗争》，广东人民出版社，1984年版第130页。——原书注

处成立后，建立了惠东行政督导处、路东行政委员会、博罗县人民政府、海丰县民主政府等东江抗日民主政权，以及北江抗日游击根据地，总面积达六万余平方公里，人口约四百五十万。

在纪念抗战胜利四十周年的时候，我们永远忘却不了作为中共领导下的十五个抗日民主根据地之一的东宝抗日根据地，[①] 她的开辟、建立和巩固，华侨和港澳妇女作出的不朽的贡献。她们支持和参加了开辟抗日根据地的抗日武装；她们为开辟和发展东宝抗日根据地的斗争中作出了牺牲；她们在群众中活动，赢得了群众的支持，巩固了抗日根据地。这些都成为建立东宝抗日根据地的斗争，区别于其它抗日根据地的重要特点。

文献22

第四章　华南抗战的中流砥柱（节选）[②]

第一节　抗日救亡运动的高涨与党组织的发展

……

二、“抗先”成立与救亡运动的高涨

……

为协调各地妇女团体的活动，在党组织的推动和帮助下，广东妇女团体联席会议于 1937 年 12 月成立。参加联席会议的有省、市妇女抗敌同志会以及省女界联合会、市妇女会、女权大同盟、女车衣工会、中山大学女同学会等。广东各妇女抗日救亡团体在募捐献金、医护慰劳、救济收容等方面做了大量工作，促进了广东抗日救亡运动的开展。

……

---

① 曾生：《东江纵队史料》中《一年来的对敌斗争》，广东人民出版社，1984 年版第 132 页。——原书注

② 收录于中共广东省委党史研究室著：《中国共产党广东地方史》（第一卷），广东人民出版社，1999 年，第 384–395 页。

据不完全统计，到 1939 年 5 月，全省“抗先”队员发展到 1 万多人，全省各地“青抗”组织发展到 2 万人，通过“抗先”组织起来的妇女团体，有会员 7000 人，农民抗敌同志会会员约 3000 人，自卫团成员 2000 多人。全省有 60 多个抗日救亡团体，有组织的民众约有 56300 多人（香港未计）。① 在党组织的领导下，在共产党员的带动下，各抗日团体组成浩浩荡荡的抗日救亡大军，活跃在全省各地，广泛宣传党的抗日民族统一战线的主张，把各阶层的人民群众团结在抗日民族统一战线的旗帜下。

……

文献23

东江华侨回乡服务团文森队②

抗日战争时期华侨妇女回乡服务团。1937 年 4 月侨胞史蒂文森在吉隆坡成立，由王春红、贺玉兰、李逢娣、欧巾雄、叶清秀、祝少珍、古秀英等 7 名女青年组成，队长王春红。她们告别亲人，抱着将赤［炽］热的心献给祖国，献给在前线浴血奋战的英勇将士和流离失所的难民，为祖国效劳、为祖国牺牲的坚定信念回到广东东江参加抗日斗争，成为英勇的抗日女战士。

（石　彤）

① 参见《广东青年工作报告》(1941 年 1 月 17 日)，见《抗日战争时期的广东青年运动》，第 68、70 页，中共广东省委党史研究委员会办公室、广东省档案馆 1981 年印。——原书注

② 收录于卢乐山主编：《中国女性百科全书》文化教育卷，东北大学出版社，1995 年，第 542–543 页。

文献24

第三章 白龙石会议。东江敌后抗日游击战争在困难中坚持（节选）[①]

第二节 营救文化界知名人士和爱国民主人士

……

三、文化界人士和爱国民主人士脱险抵达东江抗日根据地

……

大批爱国民主人士和文化界人士的到来，对部队的政治工作起了很大的推动作用。他们很关心部队的宣传教育、文化和新闻出版工作。邹韬奋不仅为《东江民报》写报头，后来还为该报写了一篇《惠博沦陷的教训》的社论，抨击国民党积极反共、消极抗日的错误方针。女作家杨刚以通俗演义的形式，描述了第二次世界大战。漫画家丁聪为报纸画漫画，木刻家制作版画，诗人给副刊写诗。许多名家都为部队和训练班讲过课。邹韬奋讲《中国民主政治问题》，茅盾讲文学，胡绳讲哲学，沈志远讲政治经济学，黎澍讲中国革命史，戈宝权讲《苏联的妇女运动》和《社会主义苏联》。曾任军医处长的陈汝棠和病理学家吴在东教授给医务人员讲解剖学、病理学等。美术界、音乐界、舞蹈界、戏剧界的文化人更是活跃，他们教战士们唱歌、跳舞、绘画，传授漫画创作和演戏的基本知识，推动部队的文化工作。他们的许多活动，使指战员们扩大了视野，增长了知识，鼓舞了斗志。

……

① 收录于《东江纵队史》编写组编：《东江纵队史》，广东人民出版社，1995 年，第 115—119 页。

文献25

第五章　广东人民抗日游击队东江纵队成立（节选）①

第二节　东江抗日根据地的建设

……

二、抗日群众团体的组建

……

为了把广大妇女组织起来，东江地区专门发出了《关于发展本区妇女运动的指示》，指出妇女运动中的主要工作是：(1) 动员与组织妇女参加生产，改善妇女生活，发展解放区经济；(2) 广泛组织妇女会、姐妹会等妇女团体，提高妇女地位，保障妇女利益，提高妇女的参战热情；(3) 大力开展妇女识字运动，提高妇女觉悟；(4) 动员妇女鼓励丈夫、儿子上前线；(5) 进行拥军优抗工作，帮助抗属生产，解决困难。1944 年冬，东宝地区成立了"妇女抗敌救国会"，其他各地区也相继建立了"妇女合作社"、"姐妹会"、"妇抗会"等妇女组织，积极发动广大妇女开展抗日救国和生产自救的活动。广大妇女组织起来后，以各种形式为部队捐募物资，运送军粮，传递情报，掩护和接送部队人员及伤病员，作出不可磨灭的贡献，涌现出千千万万的英雄模范人物。

……

① 收录于《东江纵队史》编写组编：《东江纵队史》，广东人民出版社，1995 年，第 235–238 页。

广东妇女经济资料

文献1

四纺织厂女工罢工[①]

（专讯）九龙土家湾慎城、京华、友达、岭南四家纺织厂女工，日前因资方减低工价，曾于去月二十七日举行罢工；后资方先后接纳她们的要求，乃相继复工。不料三十一日织布厂商同业会理事会席上，订定各厂暂照战前工价六倍发给，（比现行的工价减低）并通告各会员一律执行。工人闻讯后，认为目前资方既得当局配给棉纱，实无理由再减低工价，因此以前罢工的四厂女工又昨日[②]起又再举行罢工。今日劳资双方将于劳工司商谈、工方表示决不接纳减低工金条件，否则罢工有扩大可能。

（《华商报》1947.2.3）

① 收录于广东省妇女联合会、广东省档案馆编：《广东妇女运动历史资料》第六辑，广东省供销学校印刷厂，1991年，第344页。

② 原文如此。——编者注

广东妇女教育资料

文献1

第二章　北撤山东的东江纵队（节选）①

……

二、部队整训学习热情高涨

以东江纵队为主的华南抗日武装的北撤任务顺利完成了。北撤以后怎么办？当时北撤的干部、战士有着各种不同的思想。有些干部迫切要求学习提高；有的则要求到八路军、新四军老大哥部队中去锻炼；有的要求到延安、张家口去学习或工作；也有少数人表示不愿意继续在北撤部队中担负工作，甚至还有个别人偏激地提出，情愿到八路军去当战士，也不在北撤部队里当干部。此外，虽然北撤部队是以东江纵队为主，也是以东江纵队名义北撤的，但里面还有珠江纵队部分部队，还有韩江、粤中、南路的部分干部。在抗日战争中，各路部队分散在广东省各个地区进行独立自主的游击战争，多年来形成的山头观念可能一时难于消除。当时的曾生司令员有这样的思想："深感到自己的理论水平不高，工作能力有限，缺乏组织指挥运动战、阵地战的经验，也迫切希望学习提高"，"加之我当时又还不了解党中央和华东局对北撤部队将采取什么方针"。因此，曾生在向华东局汇报情况时，建议北撤部队是否不再保留东江纵队的名义，把部队交给华东局处置，个人则到华东党校或其他学校学习，然后再由组织另行分配工作。

九月九日，新四军第一副军长兼山东军区第一副司令员张云逸亲切

---

① 收录于陈小澄编著：《从东江纵队到两广纵队》，广东人民出版社，2015 年，第 14-21 页。

接见了曾生，传达了党中央和华东局的意图，指出东江纵队的名义还要保留，部队不但不能分散，而且经过学习提高后还要组建新的战斗部队，在华东战场锻炼提高，在战斗中成长壮大，将来打回华南去，解放两广，解放全中国。

在新的形势下，党中央明确地对北撤部队确定了“保存华南骨干，提高干部质量”的方针。华东局根据战争形势和党中央的方针，决定全面培训北撤的干部和战士，为建立一支华南主力部队打好基础。为此，华东局九月十日召开了会议。经过讨论研究，华东局确定了五条措施并于同日电报党中央批准。这五条措施是：（一）东江纵队名义保留；（二）战斗部队编为教导团，仍由东江纵队司政机关统率；（三）地方干部、技术人员分别送入党校及侦听、卫生、通讯学校学习；（四）军队干部编成一个队在华东军政大学学习；（五）东江纵队教导团统归华东军政大学统一指挥教育。

根据华东局和新四军兼山东军区的指示，北撤部队于一九四六年九月十三日从烟台出发，十月下旬，开向华东军政大学所在地的莒县大店地区，随即进行入学整编，分别进入有关学校学习。

当时，华东军政大学的校长由张云逸兼任，副校长为余立金。为了便于领导，华东局任命曾生为华东军政大学副校长，仍保留东江纵队司令员职务。

进入华东军政大学学习的军政干部、妇女干部和勤务人员共一千一百余人，编为第四、第五两个大队。第四大队为团营干部，王作尧为大队长，谢立全为政治委员，下辖四个队，第一、第二队为新四军干部，第三、第四队为北撤干部，共二百余人。第五大队主要是连排干部、部分营干部，谢斌为大队长，杨康华为政治委员，下辖七个队，共八百余人，其中第五队有两个队是女干部，第七队大部分是女运输员、炊事员、勤务员等人员，以学文化为主。

班以下战士八百余人和干部近百人，编为东江纵队教导团，曾生兼任团长和政治委员，邬强任副团长，陈达明任副政治委员。

进入华东党校学习的有一百七十三人，都是地方党的地、县、区委以上干部，由林锵云、罗范群、刘田夫率领。

此外，专业技术干部二百余名，分别进入各种专业技术学校或训练班学习，另有少数干部进入山东大学学习。

在华东军政大学学习期间，东江纵队教导团还参加了一些作战行动。一九四七年一月中上旬，华东我军发动鲁南战役，教导团奉命开赴华东局和华东我军总部所在地临沂，担任城防警卫任务。二月中下旬，华东野战军发动莱芜战役，野战军主力从鲁南地区秘密北上，求歼进犯莱芜地区的敌人。为了迎合蒋介石在临沂地区与我军决战的企图，野战军部署了一部分部队在临沂以南地区实行宽大正面防御，装作全军在此准备决战的模样，以迷惑敌人。教导团也奉命参加了这一战略佯动，开赴临沂以南五六公里的埠前、兰墩地区构筑野战阵地防御工事，按实战要求，构筑了战壕、交通壕、散兵坑、轻重机关枪阵地、掩蔽部、大小地堡等。执行了这个任务，进一步提高了部队土工作业的水平，也使干部战士对进行大规模的运动战有了亲身的感受和初步的认识。莱芜战役打响后，教导团奉命向北移驻沂水地区，继续担负华东局和华东军区司令部的警卫任务。

……

广东妇女文艺资料

文献1

中共广东省委在粤北、国统区的抗战文化活动（节选）[①]

中共广东省委党史资料征集委员会

……

2.《新华南》等党刊及进步书店的建立。

1939 年初起，根据中央关于开展宣传教育工作的指示，广东省委逐步在粤北曲江和全省范围内重新建立以《新华南》杂志为中心的包括各地报刊、书店、印刷厂的报刊图书宣传阵地。

（1）报刊方面。

……

1939 年至 1941 年初，党在曲江地区办的刊物还有：广东青年抗日先锋队总队部编的《抗先通讯》（机关报）和《广东青年》、《青年动向》（大光报副刊）等，以及以进步团体或国民党名义办的，实际由党掌握或大力支持的进步报刊有《新军》、《新建设》、《阵中文汇》、《北江日报》、《持久战》、《广东民众》（省党部办）、《朝报》、《广东妇女》、《青年知识》、《国际反侵略》、《中苏友好》、《学园》、《广东儿童》10 余个。党在广东各地的党刊或由党支持的进步刊物，据 1940 年 2 月的统计共有 100 多个。（海南地区，梅县、汕头两地区也办有一批刊物，未统计入内）

① 收录于南方局党史资料征集小组编：《南方局党史资料 · 文化工作》，重庆出版社，1990 年，第 376—390 页。

……

3. 进步文化团体的建立和学校、民众教育宣传工作的开展。

……

同时，党还在广东省文理学院、韶州师范、省立女子师范、越秀中学、仲元中学、曲江中学、志锐中学、翁源中学、岭南大学、广州大学等一批学校中建立了支部，广东省艺术专科学校亦有中共党员。通过读书会、文艺、歌咏、墙报、夜校等活动，开展进步文化活动，传播抗日、民主、革命思想。上述学校的进步师生，后来大批奔赴广东抗日游击区，成为游击区的干部和文化骨干。

中共广东省委很重视社会民众教育宣传工作，1938 年底，省委指示黄焕秋、刘秉楷等一批中共党员参加国民党的社会教育工作团，在西江、东江一带开展农村抗日教育工作。各特委、县委、区委在全省掌握了一批乡村中、小学校以及各种工作团队，在乡村举办民校夜校、识字班等，开展启蒙宣传工作，取得可喜成绩。据 1940 年初统计，东江地区有军民夜校 107 所，5700 人以上，文化俱乐部、民众教育馆、流动图书馆各有 20 家左右，以龙川县最有成绩；西江地区在三罗、四会普遍办民校、识字班，仅罗定一地共有民校 14 所，1400 多人；东南地区有民校、夜校 120 所，5000 人以上；南路地区有民校 30 所，3000 多人；中区群众文化水平较高，民校识字班较小，办有研究班。共计受教育的民众及群众干部 14000 人以上（北江、海南、赣南、梅县、汕头地区未统计）。1941 年皖南事变前后在国民党反共逆流压迫下，国统区的进步民校基本上停止。

……

（黄建新、莫振山执笔）

广东妇女军事资料

文献1

东江纵队电台工作概述（节选）①

（一）

1938 年 10 月 12 日，日军入侵广东，国民党守军不战而逃。当时曾生、王作尧等一批共产党员，受命在惠（阳）东（莞）宝（安）地区组建“惠宝人民抗日游击总队”和“东宝惠边人民抗日游击大队”，很快发展到七八百人的武装队伍。这两支刚组织起来的人民抗日武装，在惠东宝敌后前线，在日伪顽两面夹击下对敌作战。由于远离中央，为及时得到党中央的直接指示，迫切需要设法沟通同上级党的无线电联络。1939 年秋，部队领导人梁鸿钧、曾生同志调王彦芝、戴机、王春红、吴镜波、谭淑贞等同志筹建电台，通过香港买来一部电台机器，又自行动手安装了一部。他们就在宝安坪山谷仓下村子里开始了电台业务的学习和筹备工作。

1940 年 3 月，当国民党顽固派不向日军进攻，反而出动重兵进攻惠东宝人民抗日游击队时，部队在突围东移海陆丰地区过程中，遭受很大挫折，部队分散成许多小股隐蔽活动，坚持斗争。而电台则无法工作，领导上决定将电台机器交给高潭地区地方党掩藏起来。电台工作人员也先后分散，后来派戴机、王彦芝去香港廖办电台学习。

6 月，接香港廖办转来党中央“五・八”电示后，部队于 8 月间回防

---

① 收录于中共宝安县委党史办公室编：《回顾东纵电台工作》，广东人民出版社，1989 年，第 8–19 页。

惠东宝抗日前线，部队番号曾生队称为“广东人民抗日游击队第三大队”，王作尧队称为“第五大队”，广东省委派林平同志担任两个大队政委。由于斗争方针正确，广大人民群众支持，部队很快稳住了脚，并又迅速发展起来。

1941 年初，根据省委意图，拟建立部队电台。曾生随即派人到高潭找地方党把掩藏的电台机器取回来，放在东莞大王岭村，后来由香港上级党派回陈英同志对机器进行检查，因机器不完善，未能建立电台。当时《大家团结》报负责人杜襟南同志从中取出一部不调整高放四灯收报机，用来抄收中央社电讯，作为提供报纸新闻来源并给领导参考。

12 月，日军攻占了香港。当时戴机、江群好、伦永谦在廖办一个秘密电台工作，组织上决定派他们回东江游击区重新组建电台。同时原廖办另一个电台的刘澄清同志要撤退到重庆，组织上让他留在东江一段时间，一同建立电台。刘澄清同志先回到宝安游击区，即着手工作。不久，戴机等 3 人亦到达，电台器材零件亦先后由交通从香港送到，他们就共同投入紧张的装配机器工作。当时的工作条件极其困难，除了游击区环境不安定外，器材也很缺乏，只能用烧火钳钳着铜线当烙铁，从老百姓家里找来锡壶当焊锡，到山上老松树头刮来松香做焊油，用缴获收集起来的零碎接线当导线，装装拆拆，反复多次，经昼夜苦战，终于把机器装配起来，并开始守听和呼叫延安总部电台。刘澄清同志原是延安总部派到香港廖办电台工作的，对延安总部电台工作情况、特点比较熟悉，业务熟练。在 1942 年 1 月下旬一天深夜里，刘澄清同志用在香港原廖办电台的呼号、频率，终于同延安总部电台沟通了联络。这一来，连接延安和东江的电波，宣告东纵的无线电通讯的开始。后来正在部队的南委副书记张文彬同志召集有关人员开会，林平、梁鸿钧等同志均参加，会上宣布电台正式成立，由刘澄清同志任机要科长，戴机同志任电台台长。后来又派杜襟南同志负责电台政委工作。刘澄清同志留在部队一年零两个月时间，为创建并主持机要（译电）工作和大力参与及指导电台工作作出了重要贡献。

……

（二）

为适应斗争形势日益发展和部队不断扩大的需要，东纵领导十分重视电台工作，特别是林平同志亲自抓电台建设中的重大问题，并经常到电台检查工作，着手从政治上组织上以及人员培训、技术设备改进上等各方面加强对电台的建设，当时主要采取了如下几项有效的措施：

……

三、开办报务训练班，大力培养报务人员。为适应电台工作发展需要，纵队领导曾先后多次从各地区调来一些技术人员。1944 年，张础、杨兆麟同志和郑敏之同志从香港回来，赖仰高从粤北、王强从韩江、何子良从国民党后方亦先后调来电台。1945 年，方明同志从其他单位调到电台，加强了机务力量。高波亦从香港调来，加强了报务骨干力量。但是少数人调进远不能满足工作需要，出路在于自己动手积极培养。1942 年，电台建立后就注意培训人员的工作，开始是以师傅带徒弟的办法，先后培训出伦永谦、潘雪琼、何太、韩继元、梁静君等同志为报务骨干。其后随着工作发展的需要，从 1944 年 1 月起便开始有计划地分期开办报务训练班。学员是挑选政治思想纯洁，具有初、高中文化程度的男女干部战士参加。

第一期训练班于 1944 年 1 月至 6 月开办，地点在大鹏半岛西涌村，学员有丘海生、张婉玲、余绿波、吴文辉、李子芬 5 位同志，由江群好任报务教员；第二期于 1944 年 8 月至 12 月开办，地点在大鹏半岛油草棚村，学员有戴昌华、李文、卢毅、杨碧群、黄楚珊、文键、卢侃、黄作材、伍惠珍、陈伦、刘婉、梁冰玲、邹顺平等 13 位同志，报务教员是江群好、王强两同志；第三期于 1944 年 12 月至 1945 年 5 月开办，地点从油草棚村迁至罗浮山华首台，学员有杨钊、温键、黄蓝峰、关旭华、潘淑均、王国华、方新、高安、杨白云、黄梅、陈大征、陈真、李键、施斌、梁林、萧水声等同志，教员由戴昌华、邹顺平兼任；第四期于 1945 年 6 月开办，学员有陈焕楷、黄广、郑波、曾光、罗醒中、陈基、曾荣基、杨文伟、梁晨光、高远文、唐竹、李帆、李莹、邓庄、叶茂丽、王冰、高飞、李瑛、刘素辉、李坚、郑平、施伟、王春等同志，共约40余人。当年8月因日军投降，形势变化，未结业就分配工作。

……

在报训班中，除了一般的政治思想教育之外，由于部队是处于游击战争环境，还注意对学员进行保密和组织纪律性的教育，提高学员对敌斗争的警惕性，要求学员严格遵守电台各项工作制度，教育学员不论在任何情况下，都不能泄漏电台的工作情况，以保证电台工作的安全。

……

五、适时组建并派出新台，以保证开拓新区部队的通讯指挥。1944年秋土洋会议后，部队迅速发展，成立了支队并开拓了新区，为适应形势发展要求，从这年冬开始先后派出分台到各地区各部队工作，计有：1944年10月派伦永谦、余绿波、吴文辉、李子芬4人到粤中建台，随后又派何子良同志赴南路解放军建台，以沟通东纵同珠江纵队、粤中解放军和南路解放军的联络；1945年2月初派丘海生建立西北支队电台并派王强、戴昌华建立挺进江北罗浮山先遣司令部电台；8月初派邹顺平建立海上机侦队电台。另外，1944年10月经中央批准，江群好担任美军十四航空队驻东纵联络代表电台的报务员，从而控制了这个电台的使用。1945年8月前和日军投降后，根据党中央指示，东江纵队先后组成江南、江北、粤北、东进等4个指挥部，统率所在各个地区的部队。于是又相继派出王强、戴昌华、杨碧群、方新建立北上粤北指挥部电台；张婉玲、李文建立江南指挥部电台；杨钊、文键建立江北指挥部电台；11月又派邹顺平建立东进指挥部电台，派李文到韩江纵队建台；1946年1月派张婉玲、陈焕楷、方明等到海南岛帮助琼崖纵队建立电台，以恢复琼纵同党中央的无线电联系；2月，又从粤北指挥部派戴昌华建立九连山三支队电台。上述各个新台的组建和派出，除粤中因1945年3月部队在蕉山战斗中，报务员吴文辉同志在突围中保护电台而牺牲，斗争环境不利而未沟通联络外，其他各台均及时沟通，从而保证了东江纵队司令部对开拓新区部队的通讯联络指挥。1944年11月，中央派王震、王首道同志率部从延安出发南下广东，于

1945 年间在行军途中与东纵电台沟通了联络，直至 8 月日军投降后，才奉中央之命回师。

……

（三）

1946 年 4 月 4 日，根据中共中央的指示，东江纵队派出代表团到广州，经过一个多月激烈尖锐的谈判斗争，于 5 月 21 日和国民党当局达成北撤山东烟台 2400 人的协议。从此，广东武装斗争进入了一个新的转折时期。围绕着各路北撤部队的集结与开进的安全问题，破坏与反破坏的斗争异常复杂尖锐地展开。6 月中旬，纵队司令部驻在大鹏半岛的葵涌圩里一幢二层楼房里，电台则架设在楼房附近。同党中央、军委及各路北撤部队的电台保持着密切的联系。6 月 23 日前，东纵各路北撤部队冲破国民党反动派军队的重重破坏与阻挠，终于胜利地陆续到达葵涌地区集结。曾生、林平于即日电报党中央："北撤部队已集结葵涌地区，只待美军登陆艇到达后即可登船北撤。为防备敌人制造事端和突然袭击，我们作好了应急的各种防范措施。"电台也立即将原来和延安总台每日定期联络若干次改为昼夜 24 小时保持不间断的联系，随叫随应。6 月 29 日，北撤部队开往沙鱼涌海滩集结，准备登船北撤，根据曾生司令员的指示，电台在撤离集中地点登船之前，向党中央发了最后一份电报，报告北撤部队于 29 日傍晚在沙鱼涌海滩登船北撤。

从此，东纵电台电讯人员一分为二，北撤山东的有戴机、赖仰高、王强等 26 人，留下来坚持南方斗争的有杨兆麟、何太、伦永谦、潘雪琼等数十人。1946 年 7 月 5 日，当北撤部队胜利抵达山东烟台时，东纵电台同时结束了党所赋予的光荣使命。

（东纵电台史料整理小组）

文献2

东进指挥部机要工作概况（节选）[①]

杨智明

1945 年 8 月 15 日，抗日战争取得了完全胜利，东江纵队各部队和解放区的人民，都以各种形式来庆祝这个来之不易的胜利，沉浸在无比欢乐之中。正在这个时候，中央很快就发来了电报，指出蒋介石要下山“摘桃子”了，要解放区全体军民准备用战斗来保卫胜利果实。中央的指示象一服清凉剂，使大家过热的头脑冷静下来，放弃过和平生活的打算振作精神，准备战斗。

为了适应新的斗争形势，9 月 16 日，广东区党委作出了决定，将广东划为 11 个区，根据不同情况，坚持各种形式的斗争。东江纵队成立了 4 个指挥部——江南、江北、粤北、东进指挥部（即东纵前指），在军事上实行分区指挥。东纵司令员曾生亲自率领司令部机关和江南指挥部机关的一部分，组成东纵指挥部，指挥几个支队向粤东的稔山、平海地区挺进，准备把稔平半岛建成巩固的根据地，和其他几个地区配合，坚持和发展广东地区的革命斗争。东进指挥部机要组由江南指挥部机要组和纵队机要科派来的同志组成，由我负责（我原负责江南指挥部机要组），其余同志是：尹文、黄海、张萃、肖玲（均为女同志）。电台由邹顺平负责，报务员有陈伦、王冰、黄喜铎等同志。

……

① 收录于中共宝安县委党史办公室：《回顾东纵电台工作》，广东人民出版社，1989 年，第 152—155 页。

文献3

第一章　烽火南天，在民族危难的历史关头挺身而出（节选）①

……

二、中共广东省委在东江地区筹建抗日武装和建立民主政权

（一）筹建抗日武装

一九三八年八月，中共广东省委召开了组织和武装工作会议，强调把建立民众抗日武装工作放在第一位，要求各地党组织从思想和组织上做好抗日游击战的准备工作。会后东江地区的惠阳、东莞、宝安、增城等县党组织积极开展工作，掌握了一些壮丁队、自卫队等群众武装。一些党员也积极地参加了军事训练。

日军在大亚湾登陆后，由于国民党守军未能作有效的抵抗，仅十多天时间，广州市周边各县和东江下游地区的大片国土相继沦陷。日军所到之处，杀人放火，奸淫掳掠，广大同胞流离失所，家破人亡，东江两岸哀鸿遍野。在此民族危难之际，中国共产党人挺身而出，担负起领导广东人民抗战的历史重任。

一九三八年十月十三日，即日军在大亚湾登陆的第二天，中共中央电示广东省委和八路军驻香港办事处，指示要在东江日占区后方开拓游击区。八路军驻香港办事处负责人廖承志南接电示后，于当天召集在香港的中共香港市委书记吴有恒和时任中共海员工委书记的曾生及中共香港市委组织部部长周伯明、香港区委书记谢鹤筹等人开会，传达党中央指示，研究回东江敌后组织人民抗日武装、开展抗日游击战争、开辟抗日游击根据地的问题。廖承志说：“党中央早已掌握日军要在广东沿海登陆的动向，鉴于国民党军队缺乏坚决抗战的意志，估计东江地区将会很快沦陷，要求我们迅速在东江敌后组织人民抗日武装，开展敌后游击战争，开辟抗日根

① 收录于蔡伟强编著：《抗日战争中的东江纵队》，广东人民出版社，2015 年，第 5–14 页。

据地。我们要尽快从香港抽调一批得力的干部，由市委或海委一位负责同志带领回去。今天找你们两位来就是研究这件事。”当时，吴有恒和曾生都争着带队回去开辟抗日游击根据地。廖承志分析了两人情况后，决定由曾生带队回去。接着，廖承志分析了回去组织人民抗日武装、开展敌后抗日游击战争可能碰到的困难和有利的条件。他说：“我们回去一时没有武器，没有经费，更重要的是没有经验，可能会碰到很多困难。但是，我们也有很多有利的条件，比如东江是土地革命战争时期农民运动蓬勃发展的地区，人民群众有革命斗争的光荣传统；而今东江各地又有我们的党组织，有更好的群众基础；现在又是很好的时机，敌人在大亚湾登陆之后，国民党守军溃败，群众彷徨无主，在这种情况下我们回去开展抗日武装斗争，群众必定会支持我们，估计国民党军政当局也不会马上反对或阻挠我们的。同时，敌人刚入侵，一时还难站稳脚跟，敌伪统治秩序也未建立。我们要抓住这一时机，高举团结、抗日的旗帜，大力发动群众支持和参加抗战，努力做好统战工作，特别要做好争取国民党驻军的工作。我相信，只要我们的工作做好了，是可以很快打开局面的。”

这次会议还研究了如何组织干部回东江的问题，决定由香港市委抽调市委组织部部长周伯明和香港区委书记谢鹤筹两位同志和曾生一起回去组织中共惠（阳）宝（安）工作委员会，加强党对敌后抗战工作和武装队伍的领导；另外，由曾生负责在海员工委（简称海委）抽调几名得力干部一起回东江。接着，市委和海委很快就动员和物色了一批党员和进步青年回东江敌后开展抗日游击战争。

一九三八年十月二十四日，曾生和周伯明、谢鹤筹组成临时工作组，带领一支由共产党员、进步工人、青年和学生共六十多人组成的队伍，从香港分批出发，回到曾生的家乡惠阳县坪山。随后，中共香港市委又紧急动员了共产党员和进步青年六十八人，以香港惠阳青年会回乡救亡工作团（简称“惠青”工作团）的名义，由刘宣率领回到坪山和曾生汇［会］合。刘宣是惠阳县淡水人，一九三五年在香港参加抗日救亡运动，一九三七年初参加了中国共产党。经曾生介绍入党后，在海员、洋务工人和知识分子的爱国青年中积极开展抗日救亡工作。“卢沟桥事变”后，严尚民、叶锋、刘宣等同志在中共香港海委和市委的领导、支持下，已经分别于一九三七年八月和一九三八年初，以“惠青”工作团的名义，组织了两批工作团团员回到淡水等地，在惠阳沿海地区开展抗日救亡工作。他们在常柏田、横排塑、坑梓、坝岗、澳头等地发展了党员，建立了党支部，成立了群众抗日团体；举办了读书会和妇女夜校；组织了抗日自卫队、游击小组等民众自卫武装；还争取了国民党淡水驻军的支持，举办了惠阳沿海青年自卫武装干部训练班。他们进行的这一系列抗日救亡的宣传和组织工作，为我党组建人民抗日武装、开展敌后抗日游击战争打下了良好的基础。

……

一九三八年十月，叶挺到达香港后，与八路军驻香港办事处主任廖承志会面，表达了回家乡开展抗日游击战争的意愿，此举得到了廖承志等人的支持。这时，中共广东省委领导人张文彬、廖承志等人遵照中共中央关于在敌后组织抗日武装，开展抗日游击战争，建立抗日根据地的指示，正忙于组织抗日武装队伍。当时“省委已有武装部的建立，但干部很弱”，缺乏军事方面的领导力量，他们都为叶挺返回广东抗日感到高兴。经商议，省委决定利用叶挺将军的声望和国共合作的有利时机，在东江地区建立一支由中共领导的抗日武装队伍。在党的配合下，叶挺于十一月前往当时国民党广东省党政军机关所在地韶关，见到当年在保定军校的老同学、时任第六十六军副军长兼第一五九师师长谭邃。他从谭邃的口中得知，国民党第四战区广东分区指挥官、第四路军（广州沦陷后改为第十二集团军）总司令余汉谋因为在广州战役中“指挥失当，失守广州”，被蒋介石“革职留任”。余汉谋为了戴罪立功，重整旗鼓，决定在东江地区成立一个军事机关——“东路守备区总指挥部”，统一指挥滞留在东江一带的国民党部队和民团组织，开展敌后抗战。指挥部由第六十三军军长兼第一五三师师长张瑞贵任总指挥，谭邃任副总指挥，总部就设在深圳。谭邃此时因病要前往香港治疗，难以兼任此职，故不愿出任。当谭邃得知叶挺有回广东抗日的意愿后，立即向余汉谋推荐叶挺担任该职。北伐时，余汉谋与叶挺均为国民革命军第四军的团长，二人又是保定军校的老同学，他认为此时可以借助叶挺的声望，帮助自己摆脱困境，于是当即任命叶挺为“东路守备区副总指挥”，负责统管东江一带的武装力量，并加以整编，开展抗日游击战。叶挺接受任命后，即刻全力以赴投入组建指挥部及抗日部队的工作。具体做了以下几项工作：

第一，筹建东江游击指挥机构。

叶挺从韶关接受任命后，经澳门回香港，向廖承志汇报了情况，请求廖承志帮助筹组队伍。廖承志把叶挺的想法告诉了时任中共东南特委宣传部部长杨康华，杨经请示省委后，将任务交给东南特委组织部部长吴有恒具体协办。吴有恒通过地下组织，得知深圳城南庆街二十号鸿安酒家的老板娘何华益是一位同情革命、支持抗战的爱国归侨，决定把东江游击指挥机构设在鸿安酒家。于是，鸿安酒家的一楼和二楼便成了叶挺指挥部的司令部和政治部。

……

文献4

第二章　孤悬敌后，在日、伪、顽军的夹击中英勇奋战（节选）[①]

……

二、日、伪、顽军夹击，东移受挫

……

国民党顽军发现曾、王两部向东突围后，立即调动兵力，前堵后追。曾、王两部被迫接战，进行自卫抵抗。但由于敌众我寡，实力悬殊，部队被动挨打，连连受挫。新编大队原来发展比较快，新同志较多，其中有不少是华侨和女同志，基层军事干部较少，缺少夜行军的经验，部队突围行

---

① 收录于蔡伟强编著：《抗日战争中的东江纵队》，广东人民出版社，2015年，第25−30页。

进速度很慢，当晚走了一夜，才进入淡水地界。加上当时部队处于半饥饿状态，难以甩开尾追的顽军。三月十三日，当新编大队东进至惠阳吉隆圩以北平政乡桥岭时，又遭到了顽军的截击。经过一番激战，天黑后才摆脱顽军，部队遭受了损失。由于一连几天翻山越岭艰苦行军作战，部队相当疲劳，严重减员。全大队于三月十八日到达惠阳、海丰两县交界的高潭，本拟在高潭作短暂休整，但国民党第一八六师又很快跟踪而至。三月二十二日新编大队撤离高潭，并被迫与敌接战，结果，又遭受了很大损失。此后，新编大队一直难以摆脱被动挨打的局面，该大队所属的第三中队在敌人围攻中，因警戒疏忽，被顽军偷袭，被俘三十多人；接着，新编大队大队部又遭顽军进攻，第一中队、干部队、政工队等奋起顽强抗击，经过一番苦战后才甩开顽军，大队部得以脱险转移，于三月二十六日进抵陆丰县境的碣石溪附近山上隐蔽。新编大队第二中队在向五子嶂转移途中，也与顽军凌育旺团遭遇，中队长叶清华牺牲，政治指导员黄业负伤，部分同志被冲散。部队屡屡受挫，伤亡很大，人员锐减，处境困难。为了适应当时的斗争环境，部队将女同志和非战斗人员暂时疏散，并将部队整编为一个长枪队、一个短枪队和政工队，分散活动。此时，新编大队仅剩下一百多人。

……

文献5

第七章　广东人民解放的一面旗帜（节选）①

……

二、东江纵队发展壮大的力量源泉

八年抗战中，东江纵队远离党中央和八路军、新四军主力，在华南

---

① 收录于蔡伟强编著：《抗日战争中的东江纵队》，广东人民出版社，2015年，第110—114页。

敌后孤军作战。除了几位老红军当领导和骨干以外，多数人之前是没有摸过枪杆子的，全军指战员大都是从战争中学习战争，部队活动地区则在敌占两大城市广州、香港之间，在敌占重要交通动脉广九铁路两侧，是块既无高大山岭依靠、回旋余地又很小的狭长地带。铁路线旁边的日军戒备森严，沦陷区里日伪据点林立，国民党顽军又在背后捅刺刀。在这种困难情况之下，东江纵队能够生存、发展、壮大，为抗日战争、为广东人民作出贡献，其力量源泉究竟在哪里？

对此，东江纵队原政治部主任杨康华曾在《在毛泽东思想指引下奋战八年》一文中注释如下：

……

我军之所以有力量，又由于部队具有优良政治素质，全军上下团结一致，高度发挥了集体智慧，高度发扬艰苦奋斗、英勇牺牲精神。据不完全统计，八年奋战中我军牺牲指战员共两千五百多人，其中不少是爱国归侨和港澳同胞。这些东江英烈中有在东移受挫时惨遭国民党顽固派杀害的李燮邦、何与成、卢仲夫、罗尧、罗振辉和叶镜源等烈士；有战斗在顽军心脏，以后为争取伪军而英勇牺牲的地下党员李一之同志；有在一九四二年的反顽斗争中，顽军袭击我阳台山区的伤兵医院时掩护伤员撤退，英勇献身的中队政治指导员、菲律宾归侨沈尔七，同时不幸被俘、壮烈牺牲的有女卫生员陈笑影、王丽、莫福娣。还有为部队筹集经费而被顽军枭首示众的税站总站长黄国平、税收人员张金雄。一九四二年十二月，我军卢耀康、马来亚归侨陈炎等十七人，在宝安县黄田，与大股顽军顽强作战到只剩下最后一颗子弹，在海滩的泥泞里全部壮烈牺牲。一九四四年五月，日军远道奔袭东莞县之梅塘，独立中队政委钟若潮（李中）率部抗击敌人于梅塘的高地马山，从拂晓坚持到下午，直到附近我军赶到进行合围，才使敌人大败溃逃。马山之战，钟若潮同志壮烈牺牲。他是暹罗（泰国）华侨工人，牺牲时新婚方三日。一九四四年七月二十一日，我军一部在奇袭伪军全胜后，沿平湖、龙岗公路转移，被增援日军追击。该部的黄友“小鬼班”负责阻击敌人，掩护部队撤退，最后全班壮烈牺牲。他们的英勇事迹极大地鼓舞了全军。党中央得悉后，追认黄友烈士为“广东人民抗日游击战斗英雄”、“中国共产党模范党员”。同年九月，我北进部队远离东江基地、挺进北江地区时，女政治指导员黄宝珍在作战中被俘，在顽军严刑毒打下坚强不屈，从容就义。还有率自己的儿女六人从香港回来参加抗日游击队、为全军上下一致敬仰的李淑桓烈士牺牲在顽军之手。港九大队女中队长方兰的年迈母亲冯芝烈士在香港当义务交通员，为掩护同志挺身而出，牺牲在日军牢笼之中。许许多多前仆后继的烈士为国家、为人民献身的伟大精神永远是我们学习的榜样。大队政治委员李少清是国统区著名的“孩子剧团”团员，在部队锻炼成为一个优秀的政治工作者，一九四五年六月，在我路西部队进攻日伪军作战时中弹牺牲。大队长沈标（香港工人）在新基之战全歼伪军一个整营的作战中重伤身亡。一九四五年七月，我博罗部队为保卫罗浮山基地，在柏塘之“三棵松”山头抗击顽军，二十多名指战员在战场上流尽最后一滴血。短枪队是我军的特殊兵种，他们或者神出鬼没地独立作战于敌伪心脏，或者在攻打敌据点担负爆破和突击任务，战功卓著，日伪军为之丧胆。由于他们承担最危险的战斗任务，不少队员英勇牺牲了。他们当中有陈前、刘黑仔、叶凤生（南洋归侨）等。刘黑仔烈士纵横港九的战绩，几十年为人称道不衰。

东江纵队的历史雄辩地证明：它是在中国共产党领导下，以八路军、新四军为榜样建立和发展起来，由工人、农民、革命知识分子、港澳同胞和华侨爱国青年所组成，高举抗日旗帜，坚持团结抗战，坚持独立自主原则，在艰苦的抗战中发展壮大的人民抗日武装队伍。

文献6

第三章　反对国民党“清剿”的斗争（节选）[1]

1948年1月—1948年12月

……

五、反“围剿”的残酷斗争

……

从二月起，中共九连工委全力投入反“清剿”的准备工作，抽调了十几个连队和几十支武工队，组织了三百个民兵队，组成反“清剿”的强大队伍，准备迎击敌人的猖狂进攻。

三月十一日，敌保五团一个营及和平县警队三百余人，在地主武装的配合下，由和平远道奔袭大湖。九连部队及民兵一千多人，与敌激战一天，敌无法立足，撤往忠信。

敌进攻大湖受阻后，于三月十七日分两路向青州、热水进攻，九连连和区部队在民兵配合下分三路阻击敌人，毙伤敌数十人。热水被敌占领，进犯青州之敌则被击退。

三月三十日，敌七百余人再次由忠信、和平、船塘分三路夹击大湖，九连连和区部队及民兵两千余人，在二十华里的公路上与敌展开浴血奋战，至黄昏，因弹药所剩无几，撤退山区，大湖被敌占领。三月三十一日，大湖三角余屋农会会长余旺兴率领民兵、妇女二十余人，与十几倍之敌激战一天，打退敌人十几次冲击，击毙敌排长以下五人，伤敌数十人。因众寡悬殊、敌人攻进村庄，烧杀抢掠。余旺兴等五人血战阵亡，九人被捕杀害。

四月中旬，敌保五团及地主武装七百余人，向和东（和平东部）发动

---

① 收录于李建国编著：《从东江纵队到粤赣湘边纵队》，广东人民出版社，2015年，第37–43页。

进攻，占领了彭寨。二十六日，和东部队袭击敌联防队，缴获长短枪三十余支。五月初，敌八百余人进攻川北（龙川北部），和东部队及武工队集中火力摆阵阻击，毙敌十余人，伤敌二十余人，趁夜撤出战斗。随后，敌一千多人分几路包围和平古寨。因敌强我弱，和东部队冲出重围，撤往河西（河源西部）。和东的古寨、东水等地被敌占领。

……

文献7

第四章 中国人民解放军粤赣湘边纵队成立（节选）[①]

1949年1月—1949年8月

……

十八、部队思想政治工作的加强

坚持党的领导，以无产阶级思想武装广大指战员，这是人民军队取得胜利的根本保证。粤赣湘边区各部队从一开始就按照人民军队的建军原则，建立了一整套政治工作机构和政治工作制度。团（大队）以上设政治委员，营设政治教导员，连设政治指导员，排设政治服务员，班设政治战士，负责思想政治工作的开展。部队从上到下设立了党的组织机构，团（大队）设党委，营设总支部，连设支部，班排设党小组。

各支队成立后都制定了政治工作条例，同时发出了一系列的指示，要求部队认真学习“古田会议决议”，克服单纯军事观点，加强部队思想政治工作，加强纪律教育，严格遵守“三大纪律，八项注意”，密切军民关系，使部队保持旺盛的斗志。

粤赣湘边区各支队，吸取第一期反“清剿”的经验教训，针对部队思

① 收录于李建国编著：《从东江纵队到粤赣湘边纵队》，广东人民出版社，2015年，第97—100页。

想政治工作薄弱、组织机构不够健全，不能适应革命斗争形势和任务的需要等情况，认真强调应大力加强思想政治和军事教育工作。根据中共中央香港分局《二月指示》的精神，各地委和支队都作出了加强政治和军事教育工作的决定。从一九四八年四月至十二月，粤赣湘边区各支队在党内进行了一次自上而下，以“查阶级、查思想、查立场、查作风、查工作、查生活”为主要内容的整党运动。

在开展整党运动的同时，各支队利用战斗空隙开展新式整军运动，以“查阶级、查斗志、查工作”，“整顿制度、整顿纪律、整顿作风”为主要内容，开展诉苦活动，进行阶级教育，提高指战员的阶级觉悟和思想政治觉悟。

通过整党和新式整军运动，各部队广大指战员的政治思想水平有了很大的提高，树立了革命必胜的信心，革命团结和组织纪律性得到进一步的加强。

为了加强思想建设和组织建设，培养各方面的干部，各地委、各支队都先后举办了军政干部训练班，东江第一支队还成立了教导队，培养了一大批政治、军事干部，使部队的思想政治工作和军事工作得到加强。

粤赣湘边纵队成立后，纵队政治部设立了政治大队，以朱超为大队长（后为陈汉华），李福海为政治委员（后为陈晓凡），李卫邦为副政治委员，陈汉华为教导员。政治大队先后举办了两期训练班，学员共三百多人。这些学员绝大多数来自广州中山大学、广东省立文理学院、广东法商学院、中华文化学院、国立侨二师、香港达德学院等大专院校和其他地区的具有大学、中学文化程度的青年学生，经短期训练后，分配到纵队机关或各支队工作，成为各方面工作的骨干。

为了提高部队的战斗力，培养部队英勇顽强的战斗作风，各支队还根据各个不同情况具体，生动地开展战斗前、战斗中、战斗后的思想政治工作，使部队始终保持旺盛的斗志。粤赣边支队普遍开展立功竞赛运动，支队政治部发出《开展立功运动的号召》，号召全体军民英勇杀敌，在战场上立功；大胆向敌区进军，在开辟新区工作中立功；大力支援前线，在支前工作中立功。

粤赣边支队还作出决议，开展以连队为单位的立功竞赛活动，战功显著的连队授予“钢铁”连流动红旗和光荣称号。各部队积极响应号召，每次战斗之前都进行激动人心的思想动员，各连队纷纷组织党员先锋班、火线立功参党班、尖刀班、肉搏团和战士立功委员会等突击队伍。

这些以共产党员、青年团员为骨干的群众组织，为打击敌人、消灭敌人、夺取战斗的胜利发挥了很大的作用。东江第三支队在上坪战斗前后，政治宣传鼓动工作开展得很出色。在战斗前，支队政治部制定《反“扫荡”立功条例》，提出“缴机枪立功，捉俘虏立功，完成任务立功”的口号，号召指战员在战斗中立功，得到热烈的响应。各连、排纷纷表决心、立誓言，全军上下斗志昂扬，情绪十分高涨。在战斗中，连排干部、共产党员、大学生身先士卒，带头冲锋陷阵，以实际行动做无声的鼓动工作。

在战斗后，举行隆重的追悼阵亡烈士和祝捷庆功大会。在追悼会上，支队领导人介绍烈士生平事迹，宣布追认作战勇敢的烈士为共产党员，号召指战员学英雄、立新功。追悼会后即举行隆重葬礼，支队领导人亲自为烈士抬棺扶柩。

这样的追悼会，不但不会造成部队的情绪波动，而且更加激励指战员的雄心壮志。祝捷庆功大会规模更大，场面更加令人振奋。会场设置凯旋门、凯旋路、功臣门、功臣路。开会时，功臣都戴上光荣花，立大功者挂红骑马，支队领导人亲自牵马引路，文工团载歌载舞列队迎候。会场上还挂出功臣榜和功臣的画像，支队领导人介绍功臣事迹为功臣献花。这样，不但使立功的指战员感到光荣，也使广大指战员受到鼓舞和教育。

由于普遍开展了生动活泼的思想政治工作，部队始终保持了旺盛的斗志，树立了英勇顽强的战斗作风。在三年多的游击战争中，粤赣湘边区部队出现了许许多多可歌可泣的动人事迹，涌现了许多英勇杀敌、视死如归的战斗英雄。例如身经百战、七次负伤，被称为“海上蛟龙”的战斗英雄林文虎；屡立战功，三次负伤，两次被评为“战斗英雄”，三次被评为“战斗模范”，在火线上光荣入党的“钢铁”连连长欧阳珍；在反击敌人

“清剿”的战斗中浴血奋战，连续打退数十倍之敌十几次冲击，最后壮烈牺牲的农会会长余旺兴等十四位烈士；横眉冷对顽敌，严守部队机密，视死如归的老红军梁展如；不畏强暴，威震敌胆，英勇顽强，血战阵亡的小队长张玉；在反击敌人“清剿”中英勇献身的黄鉴春、叶景、范金；面对屠刀，坚贞不屈，大义凛然，从容就义的女英雄苏丹、陈玲、杨亚兰、柯彩凤；等等。他们为了战斗的胜利，为了人民的解放，以青春的年华、鲜红的血液、宝贵的生命谱写了一曲曲可歌可泣的壮丽凯歌。

文献8

第五章　配合野战军解放广东（节选）①

1949年9月—1950年4月

……

二、准备迎接野战军入粤作战

中共中央军委关于向广东进军的命令发出之后，粤赣湘边区全体军民受到极大的鼓舞。为了切实做好迎接野战军入粤作战的准备工作，中共中央华南分局早于七月二十二日，就发出了指示，要求各地党委“加紧准备迎接大军南下的工作”，指出野战军南下作战在即，必须“动员全党与人民群众”，认真做好各方面的准备工作，“要健全区、乡政权、以便将群众编整为运输、侦察、交通、宣传、慰劳的各种参战队伍，临时得以有组织的调动”。

同时，强调“坚决执行‘二五’减租，迅速征收公粮，并存储于安全地区、一面在可能中用南方券购买粮食，一面鼓励地、富、商人向各产粮地区购粮，并秘密调查有余粮的地、富，以便大军到达时以公债向其

① 收录于李建国编著：《从东江纵队到粤赣湘边纵队》，广东人民出版社，2015年，第110–114页。

征借”。

七月二十九日，粤赣湘边区党委发出了《做好准备工作，迎接南下大军的指示》，向全区军民发出了迎军支前的总动员令，号召全体军民“动员起来，组织起来，充分准备粮、柴、草料等物资，支持大军作战，做到家家户户都准备好，使大军所到之处，均得于支援”。

此后，粤赣湘边区各地的迎军支前工作形成了一股声势浩大的群众运动。粤赣湘边区党委成立了以区党委副书记、纵队副司令员黄松坚为主任的粤北支前指挥部，统一领导浈江、五岭和粤汉铁路以西地区的迎军支前工作。指挥部下设翁江（北江第一支队）支前司令部。此外，九连、江北也成立了支前司令部，江南成立了支前委员会；各县、区都设立了支前委员会，乡设立支前指挥所，村设立支前指挥员。各级支前司令部，都由各级党政干部参加，由各级主要领导人分任司令员、政治委员，实行一元化领导。

八九月间，粤赣湘边区各县、区、乡、村，纷纷成立战勤组织和慰劳团体，许多地方的民兵、民工、宣传队、慰劳队，以及其他各种迎军支前的工作队都召开动员大会，举行盛况空前的大检阅。

河源县的上莞、船塘、三河等六个乡，在船塘联合举行了有三万四千多人参加的迎军支前大检阅。九月十日，连平的忠信、大湖、三角在洋塘岗联合举行了有四万八千多人参加的迎军支前大会，其声势之浩大、场面之热烈是前所未有的。

赣州会议之后，粤赣湘边纵队政治部为进一步发动群众迎军支前，发出了《告粤赣湘边区同胞书》，要求全区军民办好三件大事：“第一，普遍组织民兵、武工队、地方团队，到敌人后方去，广泛开展游击战争、配合主力兵团，到处骚扰敌人，截击敌人、捕捉敌人奸杀抢掠，保护各阶层人民的生命财产。第二，认真实施合理负担，厉行有钱出钱、有粮出粮，有物资出物资。……每人应缴的公粮，不但要缴得好、缴得快，而且要尽力之所及，储存更多的粮草、油盐、蔬菜和各种军需物资，准备大量献给大军，借给大军，卖给大军，保证大军吃得饱，穿得暖，兵强马壮，不断打胜仗。第三，踊跃参加民工队，加强其组织、教育和领导，配备扁担、绳索、担架、器材和各种必需的用具，为大军担任运输、救护、修桥、筑路、向导、侦察、烧菜做饭和缝衣做鞋等工作，务使大军供应灵便，行动敏捷。”

根据中共中央华南分局关于支前工作的决定，粤北支前指挥部在五岭、渝江和粤汉铁路以西地区展开了筹粮四十二万担，组织民工常备队一万人，准备担架一千五百副，加速修复南（雄）韶（关）、翁（源）新（丰）、翁（源）虔（南）公路，修筑由司前至曲江、坝子、新江三条道路等工作，各县调集了大批干部，组织了强大的借粮工作团或借粮工作队，展开了全面的筹粮工作。

获得翻身解放的粤赣湘边区人民，日日夜夜盼望野战军主力部队的到来，以无比兴奋的心情，热情洋溢地展开了迎军支前的一切准备工作，全区掀起迎军支前的热潮。乡与乡、村与村之间，互相发起挑战，互相提出保证，一致提出了“缴清公粮迎大军，修好公路行大军，争取做个迎军支前模范”的行动口号。

在各地支前组织的领导下，人民群众踊跃地参加民工队，迅速缴纳自己的公粮，风起云涌地掀起了劳军捐献运动。

为了保证筹备野战军作战所需的粮食，粤赣湘边区党委发行了十五万担粮食公债券，并向各地委发出组织“五万民工、十万担粮”的号召。这一号召得到全区军民的热烈响应。

尽管粤赣湘边区人民屡遭国民党军队的抢掠，生活十分困难，但群众宁愿以杂粮充饥，而将主粮交出来，支援野战军入粤作战。

九连地区人民群众缴交公粮的行动十分迅速，很快就献交公粮十五万担。仅有十二万人口的连平县，就献粮四万担、生猪四百头、花生五百五十担、木柴八千八百多担。

北江地区的南雄、始兴、翁源、曲江、仁化、乐昌、乳源、英德、新丰等九个县的不完全统计，共供给大军军粮二十万零一百七十七担、稻草七千七百七十二担（五个县）、木柴一万七千四百七十五担（四个县）、架桥用的木头二万九千八百二十二根（三个县）、木船四百三十艘（三个县），并派出民工九万六千一百六十二名（六个县），其中南雄县六万余人，始兴县两万余人。

同时，由广大群众捐献了大量的慰劳品，热情慰劳南下大军，如新丰县人民捐献的慰劳品就有水牛三十五头、生猪二百零二头、“三鸟”六百二十七只、禽蛋七千二百多个、黄豆六千多斤、花生五千多斤、粉丝一千九百多斤。英德县人民也捐献猪肉七千多斤。惠阳（含惠东）县筹备公粮十八万担、柴草九十四万斤；海丰、陆丰两县超额完成了筹粮一万担的任务。粤赣湘边区全区超额完成了公粮筹备任务，使野战部队入粤作战的粮食供应得到充分的保证。

为使野战军部队入粤作战能够顺利通行，粤赣湘边区动员全区十八到四十五岁的青壮年男子、二十到四十岁的青壮年妇女，投入支前工作，参加民工队、修路队。

这一号召也得到全区军民的热烈响应，九连地区动员了八万多民工，修筑了六百一十华里的公路和桥梁，翁江地区动员了五万民工，江南、江北和五岭地区也动员民工数以万计，参加修筑道路和桥梁的工作。

在和平至定南的一段公路上，和平县民工日以继夜地协助部队修桥筑路，几天内修好大小桥梁五十七座；从化县吕田乡于九月二十二日动员民工三千多人，三天内修好了由吕田至从化、新丰一段六十多里的公路。

由于各级支前干部和粤赣湘边区全体军民的共同努力，迅速恢复了南韶、翁新、翁虔、和定、连和、连河的公路，修筑了由司前至曲江、坝子、新江三条道路，架设了数十座桥梁。

此外，各地人民群众在野战军进军的道路上，普遍设立了指路牌、茶水站和物资供应站。筹集、募捐了大批的慰劳品，慰劳野战军指战员，保证了部队的粮、菜、柴、草等物资的供应。

当野战军进入广东时，各地组织的民工队、运输队、担架队、茶水队、洗衣队、理发队、缝衣队、向导队、炊事队、马草队和秧歌队纷纷出动，守候于野战军将士经过的道路两旁欢迎野战军的到来，热情地为野战军服务。

各地都组织了支前民工营，跟随野战军部队前进。河源县的上莞连平的大湖、和平的东水分别组织了五六百人的民工营，随军南下直到珠江三角洲一带，负责救护伤员和运输工作，为支援解放广州、珠江三角洲做出了贡献。

为准确、及时地掌握敌军的动向，给野战军部队作战提供确切的情报，粤赣湘边纵队有计划、有步骤地开展了情报工作，争取了国民党的一批重要军政人员，并通过他们得到不少重要的军事、政治情报。五岭地委为搜集敌军在粤北的兵力布防情报，派遣地下党员秘密进入韶关，并通过争取过来的准备起义的国民党始兴县县长饶纪绵取得了准确的军事情报，为配合野战军消灭敌人，解放曲江（韶关）提供了确切的依据。

在粤赣湘边区党委的领导下，全区迎接野战军部队入粤作战的准备工作取得了巨大的成绩。据不完全统计，从一九四九年八月至十月，粤赣湘边区人民超额完成了十五万担公粮债券的认购任务，筹集粮食六十九万五千担，并组织了十五万人以上的支前民工队。

文献9

第二章　北撤山东的东江纵队（节选）①

一、山东解放区军民欢迎北撤纵队

……

为了安定情绪、统一思想和等待中共中央赋予新任务，北撤部队在烟台市内稍事休息后，于七月中旬移驻烟台市郊芝水区和福山县一带进行休整。胶东是老解放区，有光荣的革命斗争历史，党组织和群众基础都非常好。胶东地区党政军民对北撤部队十分关怀，为了使南方来的同志能较快

---

① 收录于陈小澄编著：《从东江纵队到两广纵队》，广东人民出版社，2015 年，第 14-17 页。

地适应北方生活，调运来许多大米，按山东八路军部队的供给制度实行补给，发给了山东解放区自制的八路军草绿色军装，换去原来游击队的杂色衣服，使部队在服装上整齐划一、面目一新。各慰问团体陆续送来了许多布匹、军鞋、布袜子和胶东各种土特产等物品，慰劳北撤部队。驻地所在的区乡人民政府派出妇救会、识字班的大娘、大婶们，到机关、连队伙食单位，手把手地教北撤部队的炊事员做馒头、包子、面条和饺子。胶东军区还特地抽调了一百二十名胶东籍的炊事员分配到北撤部队的机关、连队担任炊事工作，使各个伙食单位很快掌握了做北方面食的技术。各区、乡的党组织还派出干部，给北撤部队介绍各地革命斗争的光荣历史和当地群众的风俗习惯，以及部队生活上应注意的问题。北撤部队也进行了有针对性的政治思想教育和政策纪律教育，发动干部、战士做群众工作。特别是充分发挥北撤部队的女同志勤劳能干和善于做群众工作的特点，她们每天都把驻地的街巷庭院打扫得干干净净，为群众挑满水缸，得到广大群众的称赞，从而密切了北撤部队与胶东人民群众的关系。

……

文献10

第二章　一九三八年十月二十四日（节选）①

——曾生组建抗日游击队

……

残阳，一抹一抹地从东边的窗台上撤退。

曾生感到饿，早上吃了一碟炒河粉，从上午跑到下午，如今肚子开始打鼓。他抓起水杯，猛喝，喝了个通底，再一杯。他突然起身出门，还得往弥敦道的惠阳青年会走一趟。叶锋已经先回坪山，第三批回乡工作团的工作落在留守的刘宣身上。如何落实？

---

① 收录于张黎明著：《记忆的刻度——东纵的抗战岁月》，群众出版社，2006年，第28−52页。

和行人相比，曾生走得有点急迫，眼光越过人群，总是落在远处，尽管在骑楼下面行走，并不遥阔，一双行过船看过海的眼睛，习惯了这样看路。

刘宣也往青年会赶。

别说三头六臂，刘宣变成蜘蛛那样的手脚也忙不过来。他突然笑了，凭什么这样高兴？他说不清楚。

惠阳青年会，挤满了人。

一个说客家话的叫得特凶：涯［偓］（我）报名，写涯［偓］名！（写我的名字）

几个说白话大叫：排队！唔准打尖！（不准插队）

李淑桓，这一位有 7 个孩子的母亲也在挤，缠过脚，走路的步伐小且有点歪扭，常常跟不上人家。她也一歪一扭的挤，就是无法进入内圈。

几个行李还没放下，二话不说就推开大家：我们是马来西亚回来的……

马来青年一拥而上。有个鲁莽的一脚落在李淑桓的脚背，她疼得踮起小脚跳了跳，摇动着胳膊，被挤出来了。

李淑桓。广东鹤山县人，幼年缠脚，（10 多岁放脚）随执教的贡生父亲在广州长大，熟读四书五经。婚后，1930 年，她卖掉广州祖屋，在香港九龙官涌街办了一间时修学校。

一天，香港码头当海员的儿子郭显承[①]提出到延安陕北公学读书。儿子告诉母亲，陕北公学是共产党为穷人办的学校，毕业后专门为人民办事。

她从小就喜欢看花木兰、岳飞的故事，儿子去延安报效国家，能不支持吗？

1938 年元旦刚过，她到九龙火车站给儿子送行。

儿子去延安也是香港青年的抗日典型，惠阳青年会的总务长刘宣也来

① 原文为“郭显承受”，据查证，应为“郭显承”。——编者注

送行。就这样认识了，从此她经常去香港惠阳青年会打探儿子的消息，渐渐像惠青会的成员一样，为八路军募捐游行，听抗日的演说。她也“青年”了。

油麻地庙街的青年会，不过是租用了木楼群里的某处三楼，这三楼热闹了：中间的乒乓球桌都看不见了，被人掩藏了。刘宣一眼看到李淑桓，她在密密麻麻的人圈外左右拱，在年轻人中间格外窘迫。

刘宣把她拉到屋角，拉出椅子让她坐。桌子上有一部响个不停的电话，会址的工作人员忙得连接电话的时间都腾不出来。

刘宣一边倒水一边拿起电话，一个接一个的电话，都是要报名参加回乡工作团的青年。

李淑桓笑眯眯：刘先生，我也是来报名的。

刘宣的手按在电话机上不动了，很吃惊：报名？

李淑桓：我代女儿云翔报名，让她参加第三批回乡救亡工作团。

她想说这几天看到一批批从马来西亚、新加坡等地回国的华侨青年，陆续回惠阳抗日。她坐不住，人家千里迢迢回来抗日，自己为什么要把儿女留在身边呢？

她看刘宣忙成这样子，不说了。

刘宣一看曾生就喜形于色：走！请你喝咖啡。

咖啡？刘宣眨眨眼，就是那咖啡室，一有高兴事情，他总是咖啡室。

曾生介绍过好几个余闲乐社的工友入党，刘宣是其一。在哪里宣誓入党？就在咖啡室。众目睽睽，面对人来人往的大街，右手握拳拿着咖啡杯。这就是举起右手，宣誓加入中国共产党。誓词呢在心里默念。

就在这咖啡室。

刘宣轻轻搅拌着小杯子：第三批工作团成员的名单和人数确定了，68 人。

曾生：爱国心强，还要能吃苦耐劳。

刘宣：当然，有惠青会的，余闲乐社的黄冠芳也去，还有晨钟社的李杰、黄小英。泰国直接回来的钟若潮、王丽、钟育民、方定、陈家猷、郑志梅、赖汉、连克重、陈平、符兰平等 11 人……

曾生举起咖啡杯：好！

窗外的太阳突然抛弃了云层，远远的跑在前面。这格外强烈的阳光一下子穿透了弥敦道，明亮耀眼，阳光从楼和楼的缝隙直落地面，好比一把利刀把路面切割成两半。

太阳下也走过一群学赈会的女生，胸前挂着藤托盘，一朵朵小花和大肚子钱罐，花盘边贴满了抗日标语。她们一路地去，一路送上花，人们把钱投入钱罐，一毫两毫，一元两元，女生们说谢谢。

曾生和一群女生擦肩而过，这些女生中有梁柯平、何瑛？有方兰、莫芸、董惠珍？无从考证，只有一点清楚，这些小女孩和曾生还是陌路人。

这些小女孩举起一朵一朵被阳光穿透的花，于是，男人的灰布衣口袋、女人们的发髻上，都开放着它们。

一出咖啡室，曾生就奔南京街 18 号的海华学校。

海华学校——1937 年，自己卖了家中两亩良田，筹款 500 元，筹建了这所专门招收海员和洋务工人子弟的学校，刘宣、沙克负责教学，罗文光、阮群英任教员，自己兼任校长。

从弥敦道到南京街的海华学校，没有几条街。

海华学校，老师们都在上课，有一个叫郭显怡（李淑桓的儿子，两月后，加入游击队，现名郭际）的孩子眼睛特尖，一发现窗外的曾生就嚷：曾校长！屋里的孩子，小脖子像豆芽刷刷刷全挺拔了。

曾校长召集教员们开会：要回东江抗日，谁走谁留？学校不能停。

1938 年 10 月 24 日。

如期出发。

沙鱼涌，香港来的小船靠岸，一行人，有香客，有商人。

曾生，一袭灰色长袍，头戴南洋小竹帽，妻子阮群英手里还抱着襁褓中的儿子。

周伯明、谢鹤筹这几位共产党员，也在香客的队伍中。

七吆八喝的担脚嬷（客家女人，以帮人挑行李货物为生），一晃一晃地走在前头，一路奔向坪山石灰陂。

坪山石灰陂，“担脚嬷”快步如飞，两头担子一弹一跳，吓飞了老围屋门前那池塘边的一群鸭，几个光屁股的孩子从水里蹦出来，衣服也不穿就跑，冲曾家围屋一个劲地喊……

很久没有回家的儿子回家看阿娘了。

满屋子的乡亲，大学生振声（曾生原名）好了不起，乡下人不知道的事情他知道。振声说有抗日的八路军、新四军，振声说日本仔打到了家门前，怎么办？振声说要打日本鬼，要有自卫队，要拿起枪不能当亡国奴……

曾生的母亲钟玉珍只是默默的听和看，她亲手炒的花生米，满满的一碟，儿子一把把往嘴里放，香！吃相还像小时候一样生猛，阿声就喜欢脆香。儿子的手巴掌真大，几乎盖过了那碟花生米。儿子一把又一把，给这个抓一把，给那个抓一把。碟子见底了，她悄悄地出又悄悄地进，花生米又是满满的，小山包那样的满。

客人们走了，母亲看着儿子的脸，本想说，振声，你瘦了。她不说，把小油灯的芯儿拧大了，儿子看起来胖了。儿子的声音听起来和死去的丈夫一样，只是比上次回家沙哑多了，上火了。母亲想明天上山割草，捎带一些蛇舌草，煲点凉茶。

儿子说起家里的田，日本仔打到屋门前，阿娘，我想再卖几亩田，买枪……

母亲的心咯噔了一下，十几亩田是丈夫在澳大利亚苦熬多年，积攒一点血汗钱买下的，去年办“海华学校”，已经卖了两亩良田。再卖下去就没有了。

母亲：没田，吃么介？（吃什么）

儿子：阿娘，没国就没家。

母亲：涯［偓］（我）恐以后……

儿子：国亡家亡，共产党抗日救国，系为老百姓嘎党，抗日就得买枪、买物……

母亲想告诉儿子，她听说当共产党要杀头，自己只有一个独生儿子，哪里有母亲不心疼儿子的。

母亲只是说：曾家的灯火就靠你……

儿子：涯［倨］系共产党嘎人，没党就没涯［倨］，涯［倨］一心一意跟党走，阿娘也跟党走。

母亲很久很久没有说话，儿子说好，那就一定好。母亲默默无言走进里屋又出来，她不敢看儿子的眼睛，掏出留了些日子的银元。

田契，那是命根，她舍不得。这一个晚上，做娘的翻来覆去没有睡安稳。

第二天，这位大脚板的客家女人起了个大清早，像趴在灶塘上的那只老猫一样，步子很轻很轻地烧水做饭，生怕闹醒阿声，让儿子多睡一会。她拿着扁担镰刀走出家门，该上山割柴草了。可步子怎么也迈不出去，回屋，把一个蓝布片的小包裹放在儿子的桌上，里头裹着田契。

这下心踏实了。

也是这第二天，刘宣带着第三批惠青回乡工作团的 68 人，回到坪山。

……

文献11

我随东江纵队到了烟台（节选）[①]

路　平

△△[②] 兄：

……

我们的行列从欢迎的人群中走过，挤在短墙上的青年立即跟下来，冲

① 收录于广东省档案馆编：《东江纵队史料》，广东人民出版社，1984 年，第 759−762 页。

② 原文如此。——原书注

过人群，跑到前面，好奇的在看着我们的装备和亲热地注视着我们这些“广东佬”的面庞。学生和妇救会的会员争着向我们手里送鲜花和水果，有名的山东黄梨、花生，以及纸烟、香皂（据说都是自制的）不断的塞进我们的衣袋里，乘着大卡车的妇女和儿童都站起来向我们欢呼，无论工人、店员、商店老板都冒着七月的烈日，投入了这个欢迎的浪潮中，我们大家都感到莫大的荣幸!

当曾司令、王副司令和杨主任出现在码头门前的临时讲台时，鞭炮声、军乐声、锣鼓声和震耳的欢呼声混成一片，形成一支雄壮的交响曲。曾司令讲话了，立刻被欢迎的学生、妇女、工人们紧紧包围起来，鲜艳夺目的花朵纷纷向台上抛去。记者们的“开麦拉”忙个不停，把动人的场面都已拍入了镜头。

……

如果你要我告诉你什么关于烟台的印象，那只好等待下次的通讯了!因为这几天的日子都是在高度兴奋的休息中过去了的。不过，也许是由于“三句不离本行的原［缘］故”吧，我到了这里以后就着手了解本市的文化教育的状况，倒使我发生极大的兴趣。根据我记录下来的数字，显示出广大群众由于在政治上和经济上获得解放，文化上也在翻身了。现在全市有中学五所，小学七十七所，幼儿园七所，中小学生达二千名。但除此之外，尚有群众夜校一百零一处，工人学校三十五处，妇女识字班五十二处，学员三万三千八百二十三名（其中码头与交通工人就有四千余人），要比中小学生多出十七倍，为失学儿童、跳出火坑的妓女及旧艺人而设立的训练班，即使三千七百余人有机会参加了学习。

……

谨致

敬礼

弟路平七月十三日

（1946年8月1日《正报》）

文献12

理想的闪光[①]

——东江纵队女卫生战士英勇斗争事迹的启示

冯幕贞　邓　英

共产主义理想，从来就是革命战士的精神支柱。邓小平说得好“为什么我们过去能在非常困难的情况下奋斗出来，战胜千难万险使革命胜利呢？就是因为我们有理想，有马克思主义信念，有共产主义信念”。[②]

在纪念抗日战争胜利四十周年的时候，我们回顾东江纵队女卫生战士英勇斗争的事迹，得到一个深刻的启示：这些被人们称誉为“南粤红棉”的白衣战士，所以能够在枪林弹雨中奋不顾身地救死扶伤，所以能够在强敌包围中，战胜千辛万苦为战友治伤治病，所以能够在关键时刻慷慨地贡献自己宝贵的青春甚至生命，就在于她们心中有扑不灭的共产主义理想，有摧不垮的共产主义信念。这理想和信念在当时的实践，就是我们党和全国人民为之矢志奋斗的目标：赶走日本侵略者，争取民族自由独立。它是明灯，指引着我们的女卫生战士唱起“起来，不愿做奴隶的人们，把我们血肉，筑成我们新的长城”的战歌，从香港澳门、从南洋各地、从东江两岸，投身到抗日队伍的行列；它是号角，鼓舞着我们的女卫生战士在八年抗战的岁月里，一不怕苦、二不怕死，为祖国为人民献出自己的一切。党用共产主义理想武装她们，教育她们成长，使共产主义理想在她们身上闪光。

---

① 收录于广东妇女运动历史资料编纂委员会编：《抗日战争时期的广东妇女运动》，广东人民出版社，1985 年，第 93–101 页。

② 邓小平 1985 年 8 月 7 日在全国科技工作会议上的讲话，《人民日报》1985 年 8 月 9 日第 1 版。——原书注

一

在战火纷飞的年代，对一个人最大的考验莫过于生死考验了。生命属于人只有一次，每个人都珍惜自己的生命。然而，女卫生战士却把个人生死置之度外。她们用“革命不怕死，怕死不革命！”的口号来表达打倒日本帝国主义，实现伟大理想的坚强意志和决心。

在战场上，那里战斗最激烈，那里有战友伤亡，女卫生战士立刻就出现在那里。在猛烈的炮火下，她们明知跨前一步就有流血牺牲的危险，也义无反顾，一个劲地冲上去，把生的希望留给战友，让死的威胁留给自己。一九四四年六月，在攻打东莞马嘶圩日伪据点的战斗中，女卫生员梁通跟随突击班冲锋。班长在突击时中弹倒地了，梁通正要跑去抢救，两个战士一把拉住她喊道：“卫生员！敌人火力太猛，上去太危险。”梁通含泪回答：“我是卫生员，死也要把班长救下来。”她勇敢地冲上去，背起班长正要往回跑，敌人炮楼射出的子弹打中她的腹部和双腿，她和伤员一起倒下，鲜血一起流淌。这时梁通的心脏还在跳动，她用尽最后气力拿起班长的手提式冲锋枪，对准敌人炮楼的枪眼射击一排子弹，掩护战士们冲击。如果没有崇高的理想，没有为革命献身的决心，梁通是不可能有如此自觉的牺牲精神的。

在残酷的战争条件下，游击队没有巩固的后方医院。部队每次打完仗，很快就转移走了，留下一批伤病员，由医务人员带着，到深山老林寻找山洞、破庙、炭窑、茅寮，或者到老百姓的柴房、楼棚、破屋，隐蔽起来治伤治病。此时，敌人常常出来搜捕我们的伤病员。为了保护战友的安全，女卫生战士总是不惜付出鲜血和生命。一九四二年四月，敌人袭击我隐蔽在宝安县龙华深坑里的医务所。女卫生员莫福娣将伤病员隐蔽好后，出来观察敌情时不幸落入敌手。敌人对她施加酷刑和进行利诱，她始终坚贞不屈。临刑前，敌人捆住她的双手，押过观澜圩街道。她昂首高呼：“打倒日本帝国主义！”“中国共产党万岁！”阔步走到晒布岭下英勇就义。她喊出的悲壮口号，她视死如归的英雄气概，感动得在场的群众纷纷落泪。试想，如果没有崇高的理想，没有坚定的革命信念，莫福娣那里来的如此震撼山岳的精神力量。

泰国归侨女卫生员王丽，在一九四二年五月敌人包围我游击队设在宝安铁岗村山沟里的医务所时，为了掩护伤病员突围而被捕。她抱定“宁为玉碎，不为瓦全”的革命气节，同敌人展开生死搏斗。在审讯这一天，敌连长拔出手枪放在桌面上，以死相威胁。就在这一刹那，王丽箭步冲上去抢过手枪，对准敌连长猛扣扳机。可惜子弹没有上膛，复仇的枪声未响。最后敌人下了毒手，把她吊死在乌石岩村边一棵大榕树下。这个冲破重重障碍毅然回国参加抗日战争的华侨好女儿，以血肉之躯显示了理想的光芒。

抗战八年，象梁通、莫福娣、王丽那样为国捐躯的女卫生战士，有名字可查的共三十八人。可是更多的女烈士，直到牺牲后，人们只记得她们叫小张、小王、小李……她们象金子一样深深地埋在祖国的土地上。

这些女卫生战士大多是十七八岁的年轻人，她们珍惜宝贵的青春，同样也向往幸福的生活，然而，在党的教育下，她们深深懂得人生的意义和价值。她们怀着远大的理想，洒鲜血于疆场上，献身躯于牢狱里，这是人类最崇高的牺牲精神，这种牺牲精神不仅换来了战友的安全，换来了抗日战争的胜利，而且给人民、给后代留下宝贵的精神财富，成为激励人们奋发前进的巨大力量。无私无畏地为了伤病员的生存，为了共产主义的理想顽强奋战，鞠躬尽瘁，这就是我们女卫生员的人生观。

二

“一切为了伤病员”这个战斗的口号在东江纵队二百多名女卫生员中间广泛流传。它是白衣战士把崇高理想与实际行动紧密结合起来的生动体现。

为了伤病员，她们同罕见的困难进行了顽强的斗争。在部队的医务队伍里，参军前受过专业训练的只占极少数，大多数卫生员是刚刚背起药箱的女青年，医疗技术实在太低了。她们通过勤奋学习，大胆实践，几个月就掌握了初步的医疗常识。在敌人严密封锁下，医药太少太缺了。她们不向困难低头，上山采集草药，走村串户收集民间偏方秘方，自配各种药物，千方百计地给战友治伤治病。医疗器具太少太缺了，她们“土法上马”，用瓦罐代替消毒锅，用削尖竹片代替镊子，用刮胡刀代替手术刀。最常用的棉花、纱布、绷带奇缺，她们就把用过的收集起来，洗涤干净煮沸消毒后再用，有时甚至用碎布消毒后代替敷料。这些土办法是我们卫生战士突破敌人封锁，克服重重困难，乃至创造出医疗奇迹的法宝。一次，小交通员温仔被日本鬼子抓去用火烤、用水浸后扔到山坑。当他挣扎着爬回部队时，大半身已皮焦肉烂，伤口化脓生蛆，生命奄奄一息。医务人员每天用自配的药水给他洗伤口，再涂上自制的中草药膏，经过一个多月的悉心治疗，终于从死神手里把他抢救过来。中队指导员徐慧常在一次战斗中被敌人放火烧伤，面部、腹部烧伤面积很大，头发、眉毛全烧光。医务人员用生油浸纱布和凡士林纱布一起给他敷创面，加上细心照料，在茅寮当病房的简陋条件下，伤员一直没有发生感染而迅速痊愈。这些奇迹般的医疗成绩，不知凝聚了女卫生战士多少心血和汗水。

为了伤病员，她们默默地含辛茹苦，鞠躬尽瘁，毫无怨言。黑夜里行军，她们替伤病员扛枪支、背米袋，牵扶着伤病员翻山头、涉溪涧、过木桥，常常是伤病员跌多少跤，她们也跌多少跤。部队到了宿营地，战士们都躺下休息了，她们还要一个班一个班地检查病号，抓紧时间煮病号饭，煎中草药，或者上山采来草药煮成清凉饮料，让大家消暑防病。当她们带着伤病员在深山密林隐蔽治疗时，由于粮食供应困难，大家经常挨饿。她们总是不辞劳苦，爬山越岭摘山果，采野菜、挖竹笋、捡坑螺，来给伤病员充饥。碰到群众送来一点粮食，开饭时，她们相约吃得很慢，让伤病员先把饭吃饱。夜晚伤病员感到凉了，疟疾病人发冷了，她们就把自己的被单、衣服盖在伤病员身上，然后几个人互相依偎着，用体温取暖度过寒夜。伤病员渐渐恢复健康了，我们的女卫生战士却天天消瘦下去。

为了抢救伤病员，她们可以做出寻常人难以想象的举动。在一九四五年五月的柏塘战斗中，女卫生员徐元红刚在山头替一个伤员包扎好伤口，敌人就反扑上来了，情况危急，她立即背起伤员往山下跑。敌人朝她射击，子弹从她头顶上飞过。她不顾一切，背着伤员弯腰涉过稻田、洼地，忽然双脚陷入烂泥潭，终于精疲力竭与伤员一起摔倒。可是，她又顽强地从泥潭里爬出来，重新背起伤员足足跑了三华里，才找到一个隐蔽地方把伤员安顿好。试想，对一个女同志来说，这需要多么不寻常的毅力！一九四五年夏天，我游击队在龙岗圩与日寇作战，排长黄秀腹部负重伤，肠子外溢。女卫生员易焕兰把他从火线上背下来，躲进山边一座炭窑里。不久，黄秀伤势恶化，小便淤塞，膀胱肿胀，几次休克。为了抢救阶级兄弟的生命，易焕兰——这个年轻的姑娘，竟毫不犹豫地伏下身去，用嘴一口一口地吸出伤员的尿液。黄秀终于得救了，他睁开眼睛看到这情景，感动得泣不成声。对一个姑娘来说，这是多么令人肃然起敬的高尚举动啊！

有人曾经怀疑过，世界上是不是真有大公无私的人。那么，在女卫生战士的事迹中，他应该得到可以信服的回答了。如果要问，当她们把仅有的半碗饭送进伤病员嘴里而自己挨饿的时候；当她们把仅有的被单盖在伤病员身上而自己受冻的时候；当她们背起伤病员而两人的血和汗交流在一起的时候；当易焕兰一口一口地吸吮伤员尿液的时候……她们在想些什么呢？她们绝没想要得到某种报酬，她们也没有希望得到别人的奖赏，她们更不曾想到后人还会记起她们所做的一切；她们心中充满着对伤病员深沉的战友情和真挚的同志爱，念念不忘的是伤病员的安全和康复，唯独没有自己。她们不愧象鲁迅先生所称道的："在生活的路上，将血一滴一滴地滴过去，以饲别人，虽自觉渐渐瘦弱，也以为快活。"[①] 这是什么精神？这是全心全意为人民服务的精神，是可贵的共产主义风格。这就是我们女卫生战士的苦乐观。

三

抗战八年，东江纵队在东江两岸、在广九沿线、在五岭山区、在大鹏

① 《鲁迅全集》第 7 卷，第 290 页。——原书注

湾、大亚湾之滨，进行大小一千五百多次战斗，狠狠地打击日本侵略者，消灭汉奸伪军，反击国民党反动派。女卫生战士几乎参加了每次战斗。战火中，她们常常既是救死扶伤的卫生员，又是拿枪与战友并肩作战的战斗员。许多人打起仗来，勇敢顽强，表现了巾帼英雄的气概。一九四五年六月，在东莞塘屋村的一次战斗中，女卫生员邓英见到前沿一名机枪手负伤倒地了，她冲上去准备把伤员背下，突然三个敌人端着刺刀猛扑上来，乱叫乱喊“抓活的”。她心中燃起怒火，立刻操起伤员的机枪猛射，当即击毙一个敌人，另外两个敌人吓得掉头逃跑。女卫生战士中的佼佼者李玉珍，飒爽英姿，叱咤战场。在一九四四年冬天龙岗低山一次伏击战中，她跟着一个战斗班埋伏在甘蔗林里。敌人进入伏击圈了，部队就要发起冲锋，恰恰班长疟疾病发作，浑身颤抖。在这紧急时刻，李玉珍挺身而出，接过班长的枪，挥手大喊一声：“同志们跟我来，冲啊！”象一阵旋风，向敌群冲杀过去。接着，她又拿起受伤战友的机枪，向敌人射击；又率先跳入激流泅水过河，追歼逃敌。另一仗是一九四五年一月在龙岗圩，部队与日寇展开激战。李玉珍奉命将敌军增援的紧急情况报告支队指挥部。她果敢地冲出敌包围圈，几个鬼子兵端枪追来。她边跑边拔出手榴弹，突然一个转身向鬼子兵掷去。“轰隆”一声，手榴弹爆炸了，鬼子兵血肉横飞。李玉珍以自已的机智和勇敢，胜利地完成了任务。又一次战斗发生在沙井村。李玉珍与指导员两人，冲进伪军驻守的一间祠堂，威慑了二十多名伪军乖乖地缴械投降。也是李玉珍，一九四五年七月带领一个武装小队，在石兰地区设下埋伏，全歼了二十多个敌人。又是李玉珍，曾经在莲花山战斗中左腿中弹。血流如注的情况下，仍背起一个重伤员，在荒山野岭里匍匐前行，迂到悬崖，她用手攀住陡壁上的树杆［干］，让三个伤员抓住她的右脚，慢慢下山坑隐蔽。夜里，她的腿化脓了。她搬来一块石头，把伤腿架上，拿出钳子，在没有麻醉的条件下，硬是把一颗子弹头从肌肉中挖了出来。战争，从来就是考验和造就英雄豪杰的。李玉珍，在战火中由一个女卫生员锻炼成长为闻名东江纵队的女连长。

女卫生战士的勇敢精神从何而来？是“重赏之下必有勇夫”的世俗观

念的驱使吗？不，革命战士的勇敢，是金钱根本无法计算，也根本不是用钱所能买得来的。革命战士的勇敢产生于崇高的共产主义理想，来自对祖国美好明天的热烈追求。勇敢和理想犹如钨丝和电流，一旦接通了，就能发出巨大的光和热。勇敢与忘我总是结伴而行的。我们的女卫生战士心中无私，所以无畏，她们甘愿吃亏，所以自愿赴汤蹈火。而自私的人则总是怯懦的。这种人虽然活着，却往往成了革命队伍的逃兵。为中华民族的解放、为妇女的解放，不惜牺牲自己的一切，包括宝贵的生命，这就是女卫生战士的生死观。

四

女卫生战士也是有血有肉、有思想有感情的女性，并非不吃人间烟火的仙女，也未曾生就一副铁石心肠。她们正当青春年华，都盼望得到甜蜜的爱情，都憧憬建立温暖的家庭，都疼爱自己的儿女，眷恋自己的亲人。可是，在环境险恶、战斗频繁的日子里，她们的爱情生活极少有花前月下的漫步，也很少有朝夕相处的家庭欢乐，她们与爱人常常是匆匆相会，又匆匆离别。更为严峻的考验是，她们要时刻准备承受失去亲人的打击。有好几个女卫生员新婚数日，就接到爱人牺牲在前线的沉痛消息。有好几个女同志刚生下孩子，因为要跟随部队行军作战，不得不忍泪把孩子寄托给老百姓抚养。有的孩子不久就被反动派“斩草除根”了，有的孩子至今仍下落不明。一次，日寇向我游击区白石龙进犯。女卫生员张惠文背着刚满月生病的孩子，奉命去一个隐蔽在深山的医务所，组织伤病员紧急疏散。从清早上山到天黑下山，她心中只挂着伤病员的安全，完全忘记了给孩子喂一口奶。待到把伤病员安置好了，她坐下来喘一口气，这才发现孩子已经死了。母亲匆匆掩埋好骨肉的尸体，擦干眼泪，又继续投入了战斗。

一九四五年农历初一的一次粉碎日伪军扫荡的战斗中，在宝安石坳的一间草房里，女卫生员徐绮云临产前几分钟，仍强忍着胎儿躁动母腹的阵痛，为伤员换药治疗，直到站立不起来了，她才爬到隔壁的柴房去分娩，刚一进门，婴儿就呱呱坠地。这时敌人逼近，情况危急，她又忍痛把孩子留在柴房，拖着虚弱的身子，带领伤员转移走了。

作为妻子和母亲，失去爱情、失去爱人、失去儿女，该是多么大的不幸。血和泪的事实证明：对女卫生战士来说，个人的牺牲决不仅仅在战场上。但是，当不幸袭来的时候，她们没有悲观，没有消沉，更没有绝望。她们把悲痛埋入心中，化为仇恨敌人、打击敌人、消灭敌人的力量。因为她们明白：在日本侵略者的铁蹄下，祖国遭受蹂躏，民族正在受难，人民陷于水深火热之中，相比之下，个人的不幸显得太渺小了。她们更懂得：自己献出爱人正是为了千千万万个妻子与爱人幸福团聚；自己献出儿女，正是为了千千万万个母亲喜听孩子的欢声笑语；个人付出的代价，一定会开花、结果，造福于子孙后代。一句话：崇高的理想使她们把自己暂时的、具体的得失自觉服从于革命的胜利与人民的幸福。马克思有句名言："能使大多数人得到幸福的人，他本身也是最幸福的。"[①] 我们的女卫生战士如此不求索取，乐于奉献。这充分体现了革命者的幸福观。

文献13

东江华侨回乡服务团的女战士[②]

李　杰　黄小英

抗日战争时期，在富有革命传统的广东东江地区，出现了一支由海外华侨和港澳同胞组成的抗日队伍——东江华侨回乡服务团（简称"东团"）。这支队伍，在抗日斗争的高潮中成立，在国民党顽固派掀起的第一次反共逆流时被"取缔"。前后虽然只有两年多时间，但他们爱国爱乡的赤子之心，英勇战斗的英雄气概，艰苦深入的工作作风，坚定不移的革命

---

① 马克思：《青年在选择职业时的考虑》（1835 年 8 月），《马克思恩格斯全集》第 40 卷，第 7 页。——原书注

② 收录于广东妇女运动历史资料编纂委员会编：《抗日战争时期的广东妇女运动》，广东人民出版社，1985 年，第 102—109 页。

立场，灵活机动的斗争艺术，可歌可泣的动人事迹，给东江人民留下了极其深刻的印象，历久不衰。这是海外华侨和港澳同胞的骄傲，也是东江人民的光荣。在“东团”这支革命队伍里，女战士们和男战士一起，为打败日本侵略者，为挽救中华民族的危亡作出了不懈的努力，建立了不可磨灭的功勋。

一

一九三八年初，在国内轰轰烈烈的抗日救亡运动推动下，港澳地区的抗日救亡运动也如火如荼地开展起来了。工人、学生和各阶层爱国人士，先后成立了香港学生赈济会、惠阳青年会以及同乡会等组织。随后又陆续组织了回乡救亡服务团，返回东江、西江各地，参加和推动抗日救亡运动的开展。一九三八年中共香港市委和海委以香港惠阳青年会回乡救亡工作团名义，先后组织了香港的三批男女爱国青年回到东（莞）、宝（安）沿海各地参加抗日斗争，共一百人左右，[①] 其中女青年三十多人。

海外广大爱国侨胞发扬爱国爱乡的优良革命传统，纷纷成立各种救亡团体，支援祖国抗日。侨居南洋英、荷两属殖民地的侨胞，由爱国侨领黄适安、黄伯才、官文森、戴子良等发起组织“南洋英荷两属惠州华侨救乡委员会”，广泛发动侨胞募捐救国，动员华侨爱国青年回乡参加抗战。并决定与香港的惠属爱国团体，共同组织东江华侨回乡服务团。在中国共产党的推动和支持下“东团”于一九三九年一月在惠阳县淡水镇正式成立。广大的港澳同胞和华侨不仅在精神上、物质上对东江人民抗日斗争支持，而且热情送自己子女参加“东团”回国抗敌，不少的爱国华侨男女青年唱着“再会吧南洋……”的歌，远涉重洋，带着几十万海外赤子救国之心，踏上祖国大地，加入了抗日的行列。马来亚年仅十七岁的女学生欧巾雄，父亲是马来亚一间锡矿的技师，家庭生活优裕，是父母的一颗掌上明珠。当祖国的抗日战争爆发后，欧巾雄和同学们在当地一起加入了“学生抗敌

① 《东江纵队史稿》第 26 页。——原书注

后援会”，积极参加宣传募捐等活动，随后又和女同学李兆华一起报名参加“东团”，告别了深明大义的父亲和卧病在床的母亲，投身到祖国抗日的神圣事业。泰国女侨工王丽，出生于泰国华侨苦力家庭，不到十岁就到火柴厂当童工。后来参加过泰共外围组织妇女会。“七七”事变后，她和爱人一齐离开了侨居地回到香港，参加了香港惠阳青年回乡救亡工作团，后在惠阳参加了“东团”。又如刚刚结婚不久的叶秀清夫妇，为了救国救民，也双双回国服务。夫妇两人分开在两地不同岗位上战斗。她的丈夫参加了著名侨领陈嘉庚组织的回国服务团，在云南边境的滇缅公路上开汽车，抢运抗日物资，叶秀清回到惠阳参加“东团”，在抗日前线开展抗日救亡工作。香港一个富有正义感的知识分子李淑恒［桓］，在抗日战争中先后将自己六个男孩子、一个女孩子送回东江参加东江抗日游击队，后来她也壮烈牺牲在东江抗日前线。有个别女青年得不到亲人的支持，也决心回国参加抗日的，如香港橡胶厂女工刘玉珍在出发前，亲人思想还不通，她便趁每天上班时，偷偷把衣服拿出来，出发那天对家里说，今晚要开夜班，不能回家睡，随队伍出发了。

由于华侨、港澳爱国男女青年踊跃回国参加抗日救亡和惠阳、东莞、宝安等本地青年热烈支持，“东团”成立不到半年，人数迅速扩大到五百多人，先后建立了惠阳、海陆丰、博罗、紫金、河源、龙川、和平七个分团和东（莞）宝（安）队，增（城）龙（门）队、两才队、文森队、吉隆坡队等五个队及一个东江流动歌剧团。其中文森队七名全是女华侨青年，惠阳、东宝队女同志亦较多，其他各分团、队也安排有女同志，以利工作的开展。

二

广州沦入敌手后，日寇所到之处，烧杀掳掠，庐舍为虚，人民惨遭杀害，饿殍遍野，妇女被奸淫污辱，人民流离失所，多少孩子找不到爹娘，多少父母失散了儿女，乡村学校停办。就在这个艰难的时候，海外华侨儿女放弃安稳的生活，远涉重洋，回到家乡支援抗日，这对东江地区人民是一个极大的鼓舞。“东团”成员遍布东江的海陆丰、紫金、和平、连平、龙川、河源、增城、博罗、龙门、惠阳、东莞、宝安等十三个县。她（他）们宣传抗日，发动群众，组织群众并为群众排难解忧，施医、施药、施米，深受群众欢迎，有力地配合东江敌后抗日游击战争和建立抗日根据地的工作。

从海外归来的华侨姑娘和港澳女青年，原来都是生活在比较安定的环境中，有的还是富家“闺秀”，未经受过艰苦斗争环境的锻炼，回东江地区后，她们不仅在工作中要克服一切艰难险阻，而且在生活上也要经受着极大的考验。她们在东江农村，与当地老百姓一样赤着脚、行山路、睡地铺、盖稻草、吃咸菜，受尽蚊叮虫咬。由于女同志的生理关系，困难就更多，但为了打败日寇，为了祖国民族解放战争的胜利，她们甘心情愿地受苦受累，以高度的革命乐观主义精神，顶着困难上，出色地工作，受到东江地区广大人民的赞扬。“东团”女战士的足迹踏遍了东江地区的山山水水，城镇和乡村。她们每到一个村庄，首先用唱抗日歌曲、演街头戏、演讲、贴标语漫画、出墙报等方式，吸引群众观看，进而和他们交朋友，逐步把村中的男女老少组织起来，成立妇抗会、青抗会、农抗会、儿童团等，并开办夜校、识字班，自编群众易懂的教材，教识字，讲抗日救亡国难当头匹夫有责的道理，教唱抗日歌曲。到了革命纪念日，开群众晚会，进行革命传统教育，如东莞谢岗召开全村大会，纪念“五卅”，讲解“五卅”惨案的情况和革命意义，使群众受到教育。

为了动员妇女抗日，很多女同志深入到农民家庭中进行家访，帮助农妇切猪菜、剥花生种、缝补衣服、哄孩子、出田工，和农妇们交朋友。有的年长的农妇把女同志当干女儿，年轻农妇和女同志情如亲姐妹，连他们的家庭纠纷、个人哀乐等私事都和女同志交心攀谈，做到队员和群众亲如一家。群众觉悟提高了，增强了抗战必胜的信心，抗日救亡活动搞得热火朝天。如惠阳县的泮塘妇女会广泛发动群众开展一个铜板募捐运动，妇女会会员走街串巷，逐家逐户串连发动，募捐中得款数十元，大米一百多斤、番薯两千多斤以及不少茶果糕点。她们把这些捐款和物资送到坪山慰问新编大队的战士。[1] 妇女们还成立了妇女武装自卫队，队长杨伟英，队员三十多人。一九三八年冬，妇女武装自卫队还参加了在腊屋坪召开的全乡民兵检阅大会，显示了劳动妇女的英姿，得到群众的好评。[2]

东莞县的妇女抗日救亡活动，在“东团”女战士的带动下，十分热烈地开展起来了，特别是拥军工作，妇女们有钱的出钱，有力的出力。妇女会还亲自组织捐钱捐物慰问驻军，帮助军属干活等，有力地支援了部队。在“东团”女战士影响下，不少女青年积极参加“东团”的活动，不少人后来又成为东江纵队的女战士。

赈济工作也是服务团主要任务之一。当时东江地区除受战争的蹂躏，又发生了灾情，难民和灾民疾病严重，人心惶惶，华侨回乡服务团，带回了大批药品回东江救济灾民，如文森队在吉隆坡出发前就募捐了七箱药品及衣物回国。东宝队从香港带回的药品用完了，队部两次派女战士何佳到香港总团部办事处汇报，并领回华侨募捐的大批药物回来。何佳是队的领导人之一，两次单身一人不怕艰险出色地完成任务。这些药物除交队部医治队员外，拿出一部分为群众治病。东团的同志既是宣传员，又是卫生员，对群众边宣传边治病赠药，深受群众欢迎。

随着工作深入，党的建设也抓紧进行，“东团”在积极分子中发展了女党员，不少女侨胞光荣参加了中国共产党，同时又通过她们在农村发展了女党员，播下了革命的种子。如谢岗村发展了两个女党员，后来一个参了军，一个留下来坚持工作。

为了更深入扎实地打下群众基础，“东团”还有计划地安排一批女同志到地方的小学教书，以利抗日救亡活动开展，这批女同志克服一个个困难，都较好地完成了任务。何佳等同志在田界头任小学教师，以这个职业作掩护，在群众中继续进行抗日救亡工作。同时她们又注意上层人物的统战工作，争取上层人物对抗日工作的支持和赞助。

---

① 《抗日战争初期淡水沙坑妇运情况》，登《东江妇运历史资料》总第1期。——原书注

② 同上。

三

“东团”的活动，有力推动了东江地区的抗日斗争，受到了广大人民群众和华侨、港澳同胞的赞扬。但是，它却遭到了东江地区一小撮国民党顽固派的限制和迫害。“东团”广大男女团员坚持抗日，坚持团结，坚持进步，同国民党顽固派破坏抗日的阴谋进行了坚决的斗争。

对于国民党顽固派迫害“东团”的阴谋，“东团”总部早已有所察觉，并采取了一系列应变措施，首先在组织上缩编，把各县的“团”改为“队”，把一部分团员调到其他工作岗位，或转移到我党领导的惠、东、宝敌后人民游击队。并对广大团员加强思想政治工作，使他们在思想上有所准备，能应付突然事变到来。“东团”的女战士为了反对国民党顽固派的迫害，坚决服从组织上的安排，一部分先后调走，一部分先后转到惠、东、宝抗日游击队。一九三九年初至一九四〇年初国民党顽固派在东江发动第一次反共高潮，无理限制龙川队活动，驱逐海陆丰队出海陆丰，非法拘留惠阳队在梁化的五人，特别是一九四〇年一月非法逮捕博罗队二十三人，其中女同志四人。一九四〇年六月，国民党顽固派封闭“东团”总部，停止“东团”活动，又非法逮捕两才队、吉隆坡队十一人，在惠阳淡水镇非法逮捕惠阳队十二人，其中女同志五人。[①]“东团”被捕的男女同志在狱中面对各种利诱、酷刑甚至死亡的威胁，坚贞不屈，视死如归，坚持斗争。国民党顽固派迫害华侨、港澳爱国青年，受到国内外各界人士的强烈谴责，终于迫使国民党当局不得不将被捕的“东团”队员无条件释放。

“东团”出狱的男女同志，重返抗日前线，与同志们并肩作战，坚持抗日。此后原“东团”的女战士大部份参加东江纵队，她们转战东江两岸挺进粤北山区，深入港九敌后，为抗击日本侵略者而努力奋战，作出了重要的贡献，有的甚至献出了宝贵的生命。如女侨工王丽，增龙队被迫停止活动后，参加了广东人民抗日游击队，是战地医务所负责人之一。一次，医务所被顽军包围，她沉着地指挥战友和伤病员突围，不幸被捕。在

---

① 《东江党史资料汇编》第 1 辑，第 125 页。——原书注

审讯中，她义正词严地痛斥国民党顽军投敌反共的罪行，壮烈牺牲。叶锦珠、陈秀在地方党的领导下，于一九四一年在惠州、淡水、滩头、木公塑等地为抢救港九地区文化人士邹韬奋、胡绳、夏衍、戈宝权、宋之的、矛[茅]盾夫妇等，做好了掩护等工作。李兆华于一九四四年多次冒着生命危险，出色完成了掩护美国飞行员的工作。也有不少的原“东团”女战士，在革命熔炉中锻炼成长为部队骨干力量，如文森队队长王春红调部队后一直负责电台的工作。欧巾雄担任东江纵队政治部政工队队长，是一名出色的政治工作者。香港灯泡厂女工李玉珍，曾立过不少战功，三次获得东江纵队的传令嘉奖，是东江地区人人皆知的女连长和战斗英雄，她的英勇事迹登载在《前进报》上，被誉为“模范共产党员。”她们没有辜负海外华侨和港澳同胞的重托，没有辜负祖国父老的期望，在各个不同的岗位上为抗日救国奋战，不愧为巾帼英雄。抗日战争胜利后，在中国共产党的领导下，她们又为推翻蒋家王朝，建立和建设新中国而努力奋斗。

东江华侨回乡服务团，在祖国的抗日战争史上写下的光辉篇章，是广大华侨和港澳同胞的骄傲！那些用鲜血浇灌抗日民族解放鲜花的英雄们永垂千古！

文献14

第四章　华南抗战的中流砥柱（节选）[①]

第二节　敌后抗日游击战争的开展

……

二、省委工作重点的转移

……

① 收录于中共广东省委党史研究室著：《中国共产党广东地方史》（第一卷），广东人民出版社，1999年，第410–416页。

到 1939 年底，广东省委属下党员发展到 17445 人（其中琼崖特委党员 9000 人，赣南特委党员 3000 人）。[①] 闽西南潮梅特委党员发展到 8576 人，其中潮梅地区党员 5658 人（潮汕为 3838 人，梅埔为 1820 人）。至此，“广东党已发展成为全省的组织，深入到了农村，发展到比广州失守以前增加了一倍，广东内部几乎增加到二倍，共 7000 人，琼崖共 8000 人，主要县都成立了县委的领导机关。”由于注重在工农中发展党员，党员成分发生了变化，增加了工人、农民和妇女党员所占的比例。在新发展的党员中，工人党员占 7%，农民党员占 50%，学生、知识分子党员占 40%，其他成分的党员占 3%。“女党员约百分之十五”，“全省妇女组织有七千人以上”。[②]

文献15

第六章　奋起抗日　妇运展现新风采（节选）[③]

1937年7月—1945年9月

第一节　大敌当前　巾帼奋起

……

一、组织团体　宣传抗战

……

1937 年 8 月 1 日，以宋美龄为名誉会长的中国妇女慰劳自卫抗战将

---

① 参见《广东党的研究》（1940 年 7 月 15 日），见《广东革命历史文件汇集》甲 37，第 344—345 页，中央档案馆 1987 年印。——原书注

② 参见张文彬的《关于广东工作报告》（1940 年 4 月 23 日），见《广东革命历史文件汇集》甲 37，第 200、193 页，中央档案馆 1987 年印。——原书注

③ 收录于青长蓉、马士慧、黄筱娜、刘宗尧编著：《中国妇女运动史》，四川大学出版社，1989 年，第 123 页。

士总会（简称慰劳总会）在南京成立。何香凝从抗日大局出发，认为由宋美龄出面领导全国妇女组织，有利于抗日斗争的发展，主动提出并经后援会理事会一致议决，把中国妇女抗敌后援会的名义搁置，改称中国妇女慰劳自卫抗战将士总会上海分会。接着四川省抗敌后援会、广东妇女抗敌协会、河南抗敌慰劳会、回民妇女救国协会、天主教妇女服务会、家庭妇女战时服务团等等如雨后春笋建立起来。据不完全统计全国各类妇女抗日团体有 105 个之多（不包括敌后抗日根据地的妇女组织及一些县以下的妇女组织）。

……

文献16

我们带了一千七百万颗热烈的心向虎门要塞将士们献旗①

灏

十七日晚，广东妇女抗敌同志会会员二十余人，由该会干事陈明淑先生率领到广东国防的最前线虎门要塞去，向捍卫华南和祖国的英勇将士们献旗！此行我们不但代表全会一千个会员，并且也带去了全广东一千五百万颗妇女热忱的心！

当夜幕浓重的挂在大家眼前的时候，船离埠头了。船舱里停滞的空气，给江风拂着流动起来。二十多个团员，有的躺在帆布椅上，有的躺在地铺上，眼睛里充满和平愉快的光！“保卫华南！保卫华南！……这是我们嘅重大的负担……”大家唱着保卫华南的歌。齐一、热情的歌声把船舱里每一个乘客的心摄住了。男士们都用注意的眼光看着这二十多个的一群，听着这热辣的歌声，他们在想：“妇女们站起来了，是的，只要每个

① 收录于中共广东省东莞市委党史研究室编：《东莞抗日实录》，中共党史出版社，2006 年，第 17-20 页。

人站起来，华南永远是我们的！中国的每一角土地都永远是我们的！”

唱过歌，又热心的温习话剧，是预备去虎门作街头宣传的。有的在想顶适合的标语和口号，可以用粉笔在街头写。从船舱的窗口望出去，只见点点灯光向后退去，夜色并不浓重，好像有月光，于是我从舱里走到甲板上。外面是一片银色！两岸的灯光，由密而稀了，一点两点，点缀在朦胧的原野上，宽阔的江面，象流动着千万银条。江风在月光里无稽的吹着！光景是美丽，庄重。我唱着流亡曲，我怀念起沦陷了的故乡的扬子江，我抑制不住我的眼泪！

“保卫华南，保卫华南……”舱里又流出了这歌声。是的，赶快保卫华南，保卫这我国唯一圣洁的大流珠江，保卫这珠江上的夜夜美景！

夜很快的度过，在黎明时船抵太平墟，给群山围着的市镇，居民正在甜睡。有许多壮健的女人，上船来帮乘客搬行李。我们各人整理一下，就鱼贯上岸，一律蓝色的衣服，队伍很显得有精神。

由陈先生打电话到要塞司令部，那边就即刻派一位黎先生来招待我们，他很客气地带我们去吃了早点。因为时间还早，他就带我们到附近走走。

太平墟有一座小山，叫鹅公山，山麓有朱执信先生的纪念碑，碑旁满植美人蕉和篱笆上爬满了牵牛花。走上山顶全虎门历历在目，起伏的连山，山上有虎门寨，那是清时关天培将军卫国殉难的地方。河流，去香港广州的公路、屋宇，都看得清楚。再看江口的虎门要塞占据着优势，看守海面，忠勇的保卫这有三百〔千〕万人口的大广东！

下山后又到山麓的虎门医院参观，这是蒋光鼐先生首创的，也是虎门唯一的医院，内中连院长共有三位医师，看护有十多人，院的环境和建筑都很好。

由医院出来，正是八时，要塞司令部已派汽车来接我们了。车很快的把我们带到部内。

见过要塞副司令、参谋室长、秘书和团长等。他们招待我们先休息一回。在这时候，要塞副司令告诉我们关于敌人对要塞的阴谋，但从未得手。他说最近敌人在厦门的登陆对虎门并无影响：敌人攻虎门不得逞，只是一种佯动而已。同时陈秘书又录了一首副司令的诗，记者将它写在后面，可见要塞将士英雄守土抗敌的一般。诗曰："关前突进敌艟艨，战至酣时气盖雄，守土同甘流尽血，万般早置耳边风。"

大家休息片刻，献旗的仪式在军乐声中开始了。献旗后，由陈明淑先生致词，他讲今日献旗的意义有两点：（一）自去年卢沟桥事变后，日本不顾正义与人道，夺取了我不少土地、财产，虐杀了我多少同胞，尤可痛恨的是对妇女的百般凌辱，而今日寇还是不断的在实施他的阴谋，企图攻华南。但他屡攻虎门要塞而不得逞，靠诸位的英勇，诸位的忠义，来保守要塞，保全了广东三百〔千〕万人口的安全，更保全了妇女的免受凌辱，诸位叫我们敬佩和感激不尽，今日是代表全广东一千七百万的妇女来向诸位致最敬的礼。（二）暴敌阴谋有加无已，我们要保卫民族，要争取最后胜利，需要前后方联系起来，前方与后方民众有真正的合作。倘然你们在前方需要后方民众帮助的事，我们妇女将赴汤入火而不辞，来为你们帮助，来坚强抗战力量。

后由副总司令答辞，他说："蒙诸位好意，我等将士将继续忠于我们的责任，来保卫华南和祖国"等等，讲时眉宇间充满坚定的神气！

献过旗后就摄影，作为要塞将士与后方妇女合作的一个纪念。

他们又太客气的招待我们在副官处吃饭。席上新鲜的有虾和蟹，是虎门的土产。丰美的饭菜，叫我们吃了很觉不安，因为我们只是表示我们一点意义，尚未做到真正的帮助他们，不该受忠勇将士们的优待！

吃过中饭，由陈秘书等率领我们去△△△，△△医院，慰问那些英勇卫国的受伤将士。我们静肃的走进医院，轻伤的同志见我们去，都从铺上爬起来坐着，表示礼貌。我们走过去一一的慰问，末了为他们唱慰劳歌，歌声把我们同他们熔［融］在一起了："我们要拼着最后的一滴血，守住我们的家乡！"

走出医院，在门口的广场上，召集了许多村民妇女孩子。在强烈的阳光底下，流着汗，他们挤在一起，瞪大眼睛，张开嘴巴！由区先生跟他们讲话，告诉他们大家要服务兵役，要除防汉奸等等。在讲完了的时候，群众里一位老太太响应着："我们大家打日本，打日本……"，大家热烈的鼓掌了。接着我们唱《民众起来》、《总动员》等等歌曲，他们眼睛里射着热情的光，他们的心里在燃烧着救亡的火焰！虎门的居民，已经为敌人的飞机大炮震得愤怒了，敌人来，他们会将他们撕得粉碎的！

我们又在四围壁上用粉笔写了许多标语，口号，并贴了带来的壁报。

随后我们乘了来时的汽车往太平城的东莞县县政府第五区区署，由区长等招待我们休息，喝汽水，由谈话中知道区内抗敌后援会与虎门要塞的政治工作队合作了来从事当地的救亡工作，成立了商民、妇女、儿童等识字训练班。

关于妇救的工作，他们很想成立一个妇女抗敌同志会，但是还只在计划中。我们去后，就由陈明淑先生跟当地妇救干部人员佘女士等合作了，跟当地几个小学教员并医院的护士等谈了一次话，结果良好，决定组织妇女抗敌同志会，而以教员、护士、当地行政人员的太太等的力量，首先发动工厂妇女来参加！

当地著名产席，织席工厂大的有四家，小的有十多家，我们分了四队，去各厂作救亡宣传，我们的一队六个人，由区内的一位先生带领了，经过弯弯曲曲的小路、低小的民房，到了一家织席工厂。男女工人见我们去，都停了工，用喜悦的眼睛围住了我们，我们跟他们讲了许多话，又张贴了壁报，写了标语，末了还唱了几只〔支〕救亡歌。他们用亲切的眼光送我们出来，很留恋的样子，我们只怪时间太短促，不能多留一会！

问过那位带我们去的人，知道该地织席的工作是每八月开始，至来年二月为止，男工做染草等工作，女工做织的工作，较大的工厂，总有男女工人各四五十人。男工一天的工资有的是五六角，有的是二三角，女工一天的工资是三四角。工资多少，大抵是论工作的难易而定。而当地的妇女，职业都是跟着他［她］们的丈夫来决定，丈夫种田，妻子也种田，丈夫织席，妻子也织席。可见那儿的妇女，是相当强悍的！

从工厂里出来，大家回到一家茶楼，由要塞陈秘书等请我们吃茶点。

我们又很惭愧的接受了他们的优待！

吃过茶点，由陈副官等带着我们去麒麟山的关天培祠和关岳庙等。这些英雄的先人，很可为国防前线的虎门军民效法，也可为着我全国军民效尤！那边有一个“节马”的碑，把汉奸和马相比，真要叹息人不如兽了。

随后，我们到要塞守备团第三营营部瞻仰将士们的雄姿。一片广场上，数百健儿，戴钢盔、佩武器，列成铁一般的队伍。由营长介绍后，就由陈明淑先生对他们讲话，所讲的是我们对他们的敬意热忱，并民众愿意与忠勇的将士们共甘苦、共患难，联合一起，以争民族革命的最后胜利等等。后由营长对士兵们训话，他说：“今日广东妇女们对我们的一片热忱，我们要接受，我们愿意在一个领袖的领导之下，不怕强暴，不怕牺牲，争取抗战的最抗〔后〕胜利！并愿军民合作，来增强后战力量。……”

接着我们唱《保卫中华》和《总动员》歌。并一起高呼口号“打倒日本帝国主义！”、“中华民国万岁！”热烈的呼声，震彻了原野、山谷！

随后是健儿们列队的前进式，他们一边唱着《前进》、《大路》等歌曲，一边整齐的、精神的，时快时慢的步伐向前进行。歌声、呼声，钢般的精神、铁般的队伍，这是怒焰，这是洪流，他们将粉碎敌人的心。

看过四百健儿的操演同他们在一起摄影后，就回到茶楼吃晚饭，这是当地的一位警察所所长请客。我们整天的打扰他们，心里太感不安了。

晚饭后，要塞的黎先生并佘女士等送我们到乘船的埠头，在热情的握手中，我们别了他们，踏上归船！

船离埠头了，岸上千百只灯光，正热情的向我们眨着眼睛！别了！虎门！要塞将士捍卫祖国的雄姿，军民间交流的热情，虎门民众的抗战情绪，这一切，希望象入海的珠江一般，流得更远，布得更广！

（原载《救亡日报》1938年5月20、21日）

广东妇女卫生资料

文献1

第四章　中国人民解放军粤赣湘边纵队成立（节选）①

1949年1月—1949年8月

……

十九、边区部队的后勤工作

由于粤赣湘边区各部队活动分散且范围很广，交通不便，各支队之间难以取得正常的联系。因而，部队的后勤供给工作，财、粮、军需品的补给都是在群众的支持下各自筹措解决的。

五岭、滃江、九连地区多属贫困山区，恢复武装斗争初期，当地人民群众生活非常贫苦，加之敌人频繁“清剿”和封锁，部队的后勤补给工作极端困难。这时，部队的粮食供给主要依靠地方党组织和人民群众的热诚支持，人民群众节衣缩食，并且冒着生命危险，越过敌人的封锁线，把粮食送到部队。由于粮食供给困难，部队的生活相当艰苦，常常绝粮断炊，以山果、野菜充饥。江南、江北地区多为平原，群众生活稍好，且毗邻香港，交通方便，后勤补给比较容易。

一九四八年，各支队成立后，组织机构也随之建立和健全起来，支队司令部都普遍设立了军需处、税务总站和卫生队（科）或后方医院等机构。

---

① 收录于李建国编著：《从东江纵队到粤赣湘边纵队》，广东人民出版社，2015 年，第 100–104 页。

一九四九年一月，粤赣湘边纵队成立，司令部设立了参谋处、供给处和医务处。参谋处主任叶维儒、张军（后）；供给处处长朱超，副处长刘展明；医务处处长李福海。供给处下设财务科、粮秣科和被服科等。纵队下属各支队的后勤工作机构也健全起来。纵队供给处、医务处主要负责纵队直属机关和五个主力团及第四支队的后勤供给工作，而其他各支队的后勤供给则自行解决。

部队的后勤保障工作，一直是在比较困难的情况下进行的。就是纵队成立后，仍处于分散、流动状态，没有巩固的后方基地，也缺乏具有一定规模的军需设施。但是，纵队及各支队的后勤人员紧紧依靠党的领导和人民群众的热情支持，后勤供给工作基本上得到保障。

后勤供给的首要任务是筹集粮食。粮食的来源一是靠打土豪、地主与袭击国民党区、乡公所的粮仓。恢复武装斗争初期，部队提出了“反抗三征，破仓分粮”的口号，破仓分粮一方面可以解救人民群众的饥荒，另一方面又可以解决部队的粮食。二是依靠地方党组织和人民群众的支持。尤其是在敌人“清剿”的艰苦日子里，部队遭到强敌的围困和封锁，给养极端困难。但是，热情支持革命的人民群众，冒着生命危险，千方百计给部队送粮食，有不少群众由于支援部队遭受敌人的残酷杀害。

一九四九年春，粤赣湘边区的一些解放区建立了各级人民政权。解放区普遍开展减租减息运动，人民群众按规定交纳公粮，使部队的粮食供给有了比较可靠的保障。

为了进一步加强粤赣湘边纵队的后勤供给和经济工作的领导，建立和健全部队的供给制度、财经制度，制定有关财政、经济工作方面的方针政策，一九四九年四月一日粤赣湘边区党委决定成立财政经济委员会。与此同时，各地委也分别成立财经小组。

从此，粤赣湘边纵队的经济和后勤供给工作得到进一步的加强。但由于部队不断发展和壮大，粮食的供应远远满足不了实际需要，为了解决这一困难，粤赣湘边区党委决定在全区发行“公粮债券”，发行量为十五万担。其中江南地区四万担、九连地区四万担、江北地区两万五千担、滃江地区两万担、五岭地区五千担，其余两万担由粤赣湘边区党委直接发行。“公粮债券”的发行，以“拥军增产，军民兼顾，民主认购，合理负担”为原则，规定发行债券百分之四十交区党委，百分之四十为各支队粮食补给，百分之二十作为农业贷款，以帮助贫苦农民度过饥荒及发展生产。

一九四九年五月，粤赣湘边区党委发出征收公粮的指示。指出：“征收公粮根据公平合理负担之财政政策。由各县依照其全年应负担数额，按各乡人口、田亩产量及负担能力分配各乡；各乡召集村民代表会议，民主评议分配各村；各村召集村民大会民主评定。务求合理负担。”“规定公粮的征收，地主最高不能超过其田产总收获量百分之三十，富农最高不能超过百分之十五，中农最高不能超过百分之五，贫农最高不能超过百分之三，赤贫、贫苦鳏寡孤独及贫苦军工烈属可免于负担。”在解放区实行公粮征收政策之后，部队的粮食供应工作有了进一步好转，从以筹借为主，转向以征收公粮为主。粮食来源稳定了，部队的供给也有了比较可靠的保障。

在积极筹集粮食的同时，为了解决部队所需的活动经费，粤赣湘边区各地开展了税收工作。税收是部队取得经费的重要手段。各支队对这项工作十分重视，并派出得力干部负责这项工作，在部队经常活动的边境及河流两岸的主要圩镇建立流动的或固定的税收站或税收点。

这些税收站、点与国民党统治区距离较近，斗争相当复杂，敌人企图从经济上封锁游击区，经常派出便衣特务，对部队的税收站进行突然袭击和破坏。为了保障税收站的安全，各税收站一般都配备武装。

税收工作具有很强的政策性。税收政策是以保护商旅、繁荣市场、发展生产为根本原则的。由于征收税率合情理，收税手续平易简单，一次过进行。凡纳税后的商品，通过游击区一律受到保护，无需重纳税金。一些替游击队代购必需商品的商人，均获得免减的优惠待遇。以上办法，得到了旅商的拥护。

广大税收人员，长期战斗在税收战线上，为保障部队的经济补给作出了很大的贡献。许多税收人员在执行任务过程中，经常遇到敌人袭击，往往因此献出了宝贵的生命。

粤赣湘边区各部队都普遍建立医疗卫生队伍。纵队医务处下设后方医院，各支队建立了卫生队或医院，团有卫生队，营有卫生所，连队有卫生员。在医疗卫生部门工作的绝大多数是妇女。她们凭着对人民解放事业的忠诚，对革命战友的热爱，在缺医少药的条件下，战胜重重困难，肩负起战场救伤和医疗保健工作，使部队长期保持旺盛的战斗力。

粤赣湘边纵队各支队的卫生队是以东江纵队留下的卫生人员为基础发展起来的。东江纵队北撤时，五岭、滃江、九连、江南、江北等地都留下了一部分卫生人员，随着武装斗争的恢复和部队的不断发展壮大，各支队的医疗卫生队伍以她们为骨干先后建立起来。

为了适应形势发展的需要，培养和扩大卫生队伍，各支队先后举办过短期的卫生员训练班。她们在战场上舍生忘死地抢救伤员，表现出卫生战士的崇高精神和高尚品德。

一九四七年冬，解放总队在一次战斗中有八名战士负伤，其中七人负重伤，卫生员杨坚冒着弹雨，把伤员一个一个从阵地上抢救出来。有一位伤员伤势特别严重，全身伤口有十七处，三天三夜流血不止，昏迷不醒。卫生员竭尽全力治疗抢救，经过一段时间的精心护理，伤员们相继痊愈归队，重新参加战斗。

一九四八年的南亩战斗中，解放总队有四位战士光荣牺牲。卫生员李祥香把牺牲的战友一个一个地背下战场，自己身上沾满了鲜血。一九四八年二月，九连的部队在和平县浰头的战斗中，几十位指战员负伤，卫生员韩华英冒着弹雨，在阵地上来回穿梭，抢救了一个又一个伤员。后来，韩华英也中弹负伤，但她仍然忍着剧痛，不下火线，继续抢救伤员。一九四九年一月，在河源大人山战斗中，东江第二支队第三团卫生员直接参加突击队，与敢死队、肉搏团的勇士们一起冲锋。

当一位连长负伤时，卫生员张来喜立即扑向前沿阵地进行抢救。伤员因伤势严重，腹部浮肿，小便闭塞，痛苦异常。若不设法导尿，将会造成尿酸中毒。但在阵地上，没有导尿管，张来喜不顾个人的一切，毅然用嘴巴吸吮，将尿管吸通，使伤员转危为安。张来喜当时还是一位未婚的姑娘。她的模范行为和崇高品德，使广大指战员肃然起敬。

卫生员既要做好卫生保健工作，又要进行战场救伤工作，有时还要跟随战斗队伍冲锋陷阵。东江第三支队卫生员朱惠娟在杨梅潭战斗中英勇杀敌，亲手消灭了一个敌人。在上坪伏击战中，东江第三支队卫生员陈秀琼也跟随连队冲锋杀敌，并缴获轻机枪一挺、步枪一支。

后方医院的卫生员同样要负担保卫医院的战斗任务。东江第三支队第二团南昆山雁洋坡医院，遭受敌人的突然袭击，卫生员黄瑞容和伤病员一起与敌人进行搏斗，为掩护伤病员的撤退而壮烈牺牲。

一九四八年三月，解放总队卫生员张长连在南雄横江坑战斗中不幸被捕。敌人对她严刑拷打，她宁死不屈，最后英勇就义于南雄城。就义前，她给父亲写了遗书。遗书写道："爸爸，我被反动派捉到坐牢房，你不要难过，请吃饱茶饭，保重身体，做好工作，只要大家齐心合力，把蒋介石和一切反动派打倒了，我死也甘心。"这位坚贞不屈的卫生员，牺牲时年仅十七岁。

在解放战争几年中，粤赣湘边纵队卫生员陈俭、刘乔英、梁火娣、尤妹、梁兰芬、熊义妹、杨娥、温三妹、曾锦兰、周丽颜、黄玲芳、陈连英、黄瑞容、柯彩凤、张长莲、杨细慈等，为了人民的解放事业英勇地献出了宝贵生命。

文献2

第四章 淮海战场 浴火成长（节选）[1]

……

三、浴血坚守芦村寨和大方山

……

① 收录于陈小澄编著：《从东江纵队到两广纵队》，广东人民出版社，2015年，第52-59页。

接二连三地吃了败仗的敌人，像输红了眼睛的赌棍，恼羞成怒，不惜孤注一掷，集中了更多的炮兵，并连续出动野马式战斗轰炸机，对芦村寨实施了轮番轰击。仅半个小时，芦村寨前沿阵地所有工事全部被摧毁，全村房屋着火，村子几乎全被炸平。纵队指挥所也遭到敌人炮火的猛烈轰击，一度中断了指挥。十八时许，敌人紧接着炮火轰击之后，出动了两个团的兵力，铺天盖地扑来，妄想一口气踏平芦村寨。我第一团的指战员们伏在敌人轰击后只剩半公尺深的战壕里，眼睛紧紧盯住前方，决心给猖狂进攻的敌人以迎头痛击，绝不让敌人南逃的企图得逞。这次，敌人采取了波浪式的轮番冲锋，第一波被打垮了，第二波继续涌来；第二波被粉碎了，第三波又冲上来。第一团的同志们与敌人进行了激烈的交锋，前沿阵地多次失而复得。在拼杀中，指战员们表现出惊人的英勇顽强。第六连有一个班，与冲上来的敌人展开了肉搏战，全班壮烈牺牲。不少战士带着多处的枪伤或刀伤，仍然坚守在阵地上，拒绝撤下火线。有些战士腿被打断，双眼被打瞎，双耳被震聋，但仍坚持帮助战友装子弹，投掷手榴弹或呼口号。第一营一个台湾籍的解放过来的排长，腰骨和双腿被炸断了，全身血肉模糊，他对前来抢救的卫生员说："我不行了，你去抢救别的同志吧！要消灭国民党反动派，为阶级兄弟报仇！"说完才咽下了最后一口气。在敌人的火网下，卫生员背着急救药箱到处奔跑，哪个阵地打得最激烈，就冲到哪里去救护伤员，伤员鲜血染红了他们的衣裳。为了保证通信联络的顺畅，通信兵前仆后继地去抢修被敌人炮火炸断的电话线，有的同志为此流尽了最后一滴血，嘴里还牢牢地咬着两边的电话线头。团部的通信兵大都伤亡了，作战参谋曾春连冒着敌人炮火去接电话线。第一营营部的通信员大都伤亡了，女医助邓英自告奋勇，背起冲锋枪，穿过敌人火网，来到团指挥所报告情况。只有我们党领导下的革命队伍，才有这样打不垮、摧不毁的精神！

……

广　州

广州妇女解放运动大事记

文献1

1946年（节选）[①]

……

3月8日　重庆各界妇女50余团体5000多人，在重庆川东师范广场举行纪念“三八”节大会。参加大会的还有苏联、美国、英国、法国、比利时等国的妇女代表。邓颖超作为中国妇女代表之一在大会上讲话，号召全国妇女团结起来，为争取和平、民主；贯彻政协协议，争取妇女权利而努力。大会还通过了团结全国妇女建设民主新中国的宣言。同日，广州、昆明等城市均分别举行了大规模的纪念会。上海妇女联谊会由许广平等主持召开了三八节纪念大会，参加的有各界妇女20000多人，会后还举行了游行。

……

① 收录于南方局党史资料征集小组编：《南方局党史资料·群众工作》，重庆出版社，1990年，第610页。

广州妇女政治资料

文献1

广州民主妇联开座谈会[①]

上月二十七日，广州民主妇联在该会址内，举行全市妇女代表座谈会。由民主妇联广州工作委员会代表黄△秋报告今后妇女工作的三点目标：（一）组织团结全市妇女，肃清蒋匪特务的破坏阴谋，进行复工、复学、复教。（二）今后妇女城市工作的对象是工人、学生、教师、护士等，大家要向工农学习，为工农服务。（三）各界妇女应参加妇联。

（《香港文汇报》1949.11.14）

文献2

广州的妇运[②]

南中国的大门——广州解放了。这解放了的、新生的城市里的一切情形，自然是我们侨居海外、热爱祖国的每一同胞所急切希望知道的，我在这里，很简单的介绍全国民主妇联广州工作委员会和广州民主妇联，这两个妇女团体。

（一）全国民主妇联广州工作委员会，他们是和南下工作团一同在今年七月二十六日，从北京南下，自北至南，历时三个多月，到十月二十九

① 收录于广东省妇女联合会、广东省档案馆编：《广东妇女运动历史资料》第六辑，广东省供销学校印刷厂，1991 年，第 439 页。

② 收录于广东省妇女联合会、广东省档案馆编：《广东妇女运动历史资料》第六辑，广东省供销学校印刷厂，1991 年，第 440—443 页。

日她们到达了解放不久的广州市，目前她们工作的中心大约分两方面：

（甲）接收伪妇女团体，在国民党统治下的一些妇女团体如妇女大同盟，女权会，过去这些妇女团体都是被那些女党棍像邓△△，伍△△等人霸占着，作为她的大同盟下的一个女理发师工会，这个工会，这个工会附设一个女理发师训练班，通过这个组织，全市的女理发师便要受她剥削，不久［经］她这个工会，便没有办法在广州市做女理发师，她有了这个工会，便可以对她们尽情地剥削，所谓训练班，实在还是徒弟制，学师三年后，要酬师若干年，满师后另每月抽取若干分之几，多为会费，其实就是装进了邓某人的袋里去。剥削的厉害，有人说，比之鸨母剥削妓女，还要过分的。到了选举什么国大代表，什么“垃圾”要的时候，这些组织也是被充分的利用了。可以争取多量的票数。但是，今天全国民主妇联广州工作委员会接收了，这些组织，决不因为她们会员过去的行为△取消，解散了她们，今天，全国民主妇联，是要为妇女真正做工作，要尽力地使这些过去被人斯［嘲］弄的妇女，实在知道今天妇女在新中国里所占的地位，要使这些团体成为名符其实的妇女团体。至于那些属于这些组织的妇女福利机构，象妇女习艺所、托儿所等，接受过来以后，是要积极的改造那些原来工作人员之工作态度，使她们能好好的为妇女福利事业而努力。

（乙）发动广州市妇女群众，进行宣传教育，要使妇女工作深入各阶层，普遍于各职业部门。使原来被压迫的每一个妇女团体在民主妇联的旗帜下，共同贡献她们的才力，于伟大的中国人民解放事业，彻底肃清市内反动派匪特的残余，尽力建设新民主主义的国家。

（二）广州妇女联合会，这个组织，在广州没有解放以前，今年一月间，便在东江前线某地组织成立，工作人员分别渗透到广州去做地下工作，对于她们地下工作时期的艰苦情形，我们如果说一棵生长在地下的植物是可以比较的容易生长，那么，在地下时期的她们一点一滴工作，那样的高压，这使得她们的联系只能个别的“谊姐妹”或“同心相好”落后形式而△系，她们绝不能成立单位。到了解放后的今天，她们当然可以成立妇女单位，并且她们不久的将来，便有代表参加广州市代表大会参加政权，今后她们一定能成为真正的代表广州市全市妇女的团体。这样从岩石篷［缝］里钻出来的种子，现在可以在自由的土地上莊［茁］壮的成长了，因为那紧压的岩石是已被这种子挤倒了。

在地下工作时期，工作人员到各大工厂去动员女工，多数积极的女工都能接受全国民主妇联的号召，通过各厂储粮应变会，她们空前的团结起来，藉益这些组织掩护工作，也准备了今天解放后的接管工作。

临到广州解放的前夜的时候，广州民主妇联为了安定市内进步的家庭妇女，她们秘密的油印宣传单，先调查了解了大部的进步的家庭妇女，到晚上，便有许多勇敢的姐妹们，勇敢的负起送发传单的艰巨任务，她们不怕监狱、不怕酷刑迫害，在工作过程中，表现出许多英勇好故事，好象一个姐妹，在将传单投到某家的门篷［缝］的时候，发觉了有个警察注意她，那么她应该装成很大方，施施然的特浇［绕］到警察的前面，从她［他］面前走过一点也不畏惧，镇定的态度使那警察也不致怀疑她。这种勇敢的行为，多么的令人佩服，这故事也教育了我们，使我们知道当遇到困难的时候，只要镇定应付，总可以安全的。

为了要组织女工，并深入了解到工厂设备，防止迁移的阴［隐］藏，准备顺利接受广州民主妇联曾动员了好些的女学生到工厂去，这些一向生活得较好的女生，到工厂后，她们都能坚持下去，不怕每天十二时的工作时间，这期间固然有的是体力支持不下去，而病倒了，但大部是坚持下去的，有一个厂同时有六个女同学进去工作，但有五个同学先后的被人发觉了原来的身份，不能不撤退了，有一个却掩护很好，一直坚持到现在，已经成为一个优秀的工运干部。她们这些英勇的行动，切实的做到知识分子到工厂去了。

在广州刚解放的时候，广州的一般民众，因为深受了反动派谣言所迷惑，民众们不敢和解放军接近，广州民主妇联便发动女工和女生烧茶、烧粥去慰劳那些解放军，因为他们态度的热烈，和解放军纪律严明，一般的妇女和民众，已经消除了对解放军的疑虑了。

今天，广州民主妇联先决定两个紧急的号召：

第一，号召全市的妇女起来肃清市内匪特残余分子，帮助建设广州市的革命秩序，假如广州每一个妇女都负责去了解她的邻居的行动，那么那些反动派是没有隐藏的地方，因为妇女们的工作一向是较耐心的、较精密周致的。

第二，号召全市的妇女支援前线，因为面临全中国解放支援前线，使我们的战士吃得饱、穿得暖，然后最大的胜利将更迅速的来到。

（《香港文汇报》1949.12.5）

文献3

妇女问题是怎样提出的？①

——妇女问题漫谈之一

1940年

钟楚珍

一、封建社会不会闹妇女问题

假如你去跟一个顽固的封建的老婆子谈妇女问题，她一定听不惯，你说："应该起来争取自由！"她说："我就不要讲自由的女子做媳妇！"你劝她送女儿进学校读书，她说："女儿养大是别人的，中了女状元也没用。"你说："我们妇女不应该一生一世关在家庭里理家务、喂小孩。"她说："这些事自古以来就是女人做的，妇女不做叫谁去做？"

谈起来就是那么格格不入。

原来封建时代是不会闹妇女问题的。——妇女都很乖的给关在家里做贤妻良母。

① 收录于中央档案馆、广东省档案馆编：《广东革命历史文件汇集·中共广州市委文件、报刊资料选辑（1937—1940）》，广东省供销学校印刷厂，1987年，第447–451页。

这自然是有其客观原因的：封建社会的经济基础是建筑在自足自给的农业上面，农民与土地相依为命，地主靠剥削农民过活。生活是很固定的。在这样的制度之下，地主固然需要妇女来理家务——管理财产，传后代；继承财产。农民也需要有个“贤内助”来帮帮忙，比方在田里耕种回来，有老婆煮好饭等着，那不是很舒适吗？据说农民从田里工作回来，最关心的是他的老婆。老婆在家里，他便很安心的坐在门槛前抽旱烟、修农具，否则就很暴燥［躁］。可见在封建社会不单地主需要提倡“贤妻良母主义”，就是农民也需要有一个“贤妻良母”来帮忙家务。另一方面，由于妇女是站在“内助”的地位，于生产上失去了主要的职务，渐渐失去了独立性，而依赖性也就随之而生，这样，在主观上，妇女自己也是不会提出什么妇女问题来的。数千年的闺中生活，把她们禁驯了。同时，封建礼教又紧紧地缚住她们，更使她们动弹不得，即使心中有什么痛苦，也只能藏在心里，郁郁终生。到了再也不能忍受的时候，那就只好“悬梁自尽”。——表示消极的反抗。但这是不会成为“问题”的，统治者还多去鼓励呢！

然而封建制度是不能“千秋万世”维持下去的。由于资本主义的抬头，把“风调雨顺，国泰民安”的封建社会生活打破了。

于是社会发生了革命，妇女也跟着起来革命了！

二、妇女问题是跟着资本主义的产生而产生的

为什么在资本主义社会发生了妇女问题呢？

资本家需要“自由”。什么“自由”呢？推销商品的自由，购买劳动力的自由！他们对地主说：“你的门不要关得那么紧，让我们进去推销商品吧！你不要把农民都缚在你的土地上种田，让他们‘自由’出来跟我们做工吧！还有，妇女也不必把她关在家里了，我们需要‘自由’地买她们的‘身’和‘力’呢！”

当然，地主是不会答应的，但有什么办法呢？在资本主义的进攻之下，农村破产了，“日出而作，日入而息”的农民不能再生活下去了，于

是他们大批地须到都市里去跟资本家做工，但跟着资本家的剥削加深，工人只赚到一点点的工钱，无能维持一家的生活呢？于是，老婆子女也不得不一起到工厂里去作工了！

就在这个时候，妇女从“家庭”跑到社会上来了。虽然是一样的受人剥削，但总算已经从井里跳出来，望见了辽阔的天地，呼吸了资本主义的“自由”空气。

他们的眼光一大，问题就来了：

“男人做工，女人也一样做工，为什么女工的工钱比男工少呢？丈夫做工，妻子也做工，都是一样的赚钱，但为什么妻子要受丈夫的压迫？……？……”

时代已经不同了；在封建时代，妇女一出了家门，便要遭人唾弃。但在资本主义时代，妇女已经有了找生活的门路，所以，假如两公婆吵起骂来，老婆的声响得多了：“哼！你还要把我当作玩具看待么？不合意时，各走各路！”

娜拉就是这样跟丈夫闹翻了而出走的。

从此，妇女问题成了社会问题的一环。

三、娜拉出来后怎么办呢？

娜拉出来后怎么办呢？当然得找生活。但她踏到社会上来立即就碰到这二个问题：第一，妇女虽然参加了资本主义的经济生产，由家庭的附属物变成社会的一个生产成员，但她们在政治上、经济上、教育上，仍然无权利，仍然得不到法律的保障，这就非起来争取不可！第二，照封建社会的旧道德看来，“娜拉”是一个叛逆的女性，是一个不“贞洁”的“贱妇”，为了妇女的独立人格，她必须起来反抗旧道德与旧礼教。

总之，她们要取得与男子完全平等的地位。

于是就来了一个“女权运动”。女权运动最主要的目的是争取男女平等，这在反对“男尊女卑”的观念上，是正确的，但不能解决妇女问题，因为：

第一，女权运动者把妇女问题和社会问题对立起来，认为妇女问题是超阶级的，是纯粹的两性的斗争。第二，她们既然认为以要求得男女平等就可以解决妇女问题，所以她们以为凡是男子能做的事，她们也都能够做，而忘记了妇女本身的特殊性。第三，她们既然认为妇女问题是纯粹的两性斗争，所以她们只看见男女不平等，而看不见社会不平等，与其说是看不见，不如说是抹煞妇女问题的阶级性，因为女权运动者，是代表资产阶级妇女的利益的！

事实是这样：虽然大多数资本主义国家已经答应女权运动者的要求、在法律上规定男女平等。但大多的妇女仍在过着不平等的悲惨生活，就是少数的上层妇女实际上亦没有得到平等的地位。许多曾经“自由”一时的妇女去做了资本家的姨太太，许多职业妇女往往结了婚就辞去职业。——渐渐的，“娜拉”又回到家庭里去做贤妻良母了！

四、怎样才能解决妇女问题呢？

资本主义真倒霉！他既然不能解决妇女问题，却又产生出妇女问题来？这个矛盾现在要它的老命！

资本主义社会为什么不能解决妇女问题呢？第一，因为资本主义仍然是一个维持私有财产的社会制度，而私有财产的社会制度正是束缚了妇女数千年的锁链。第二，资本主义社会的妇女分成了二大阶级！资产阶级与无产阶级，资产阶级的妇女的利益与无产阶级妇女的利益在反封建时是一致的，但后来分开了。——因为女权运动，不能解决大多数妇女的解放问题。第三，资本主义社会不能保障妇女的特殊利益——母性的保护。因为在资本主义社会下儿女仍然是父母私产，为然生育儿女也是各人的私事。

那末，怎样才能解决妇女问题，这个问题已经很容易答复了。

“所以我们的目的不是资产阶级妇人运动所当为唯一目的的现在社会制度之下的男女平等。而是人类和人类间——就是男性和女性间从属关系的解放！妇女问题的这种解决，是和社会问题的解决相一致的。”

五、问题

1. 封建时代的妇女是怎样的生活着？为什么她们不会提出妇女问题来？

2. 资本主义社会为什么会发生妇女问题？

3. 女权运动者的斗争目标是什么？错误在哪里？

4. 资本主义社会为什么不能解决妇女问题？

5. 怎样才能解决妇女问题？

（原载1940年《妇女阵地》）

文献4

广州湾的爱国波澜（节选）[①]

1938年8月22日[②]

美　琳

……

在过去，广州湾的妇女，在封建制度下，都是过着厨房的生活，现在妇女运动的狂潮中，广州湾的妇女界也觉悟起来了，她们能自动地起来摆脱了枷锁，争取她们的自由解放，目前广州湾的妇女也自动组织广州湾中国妇女赈灾分会，在救亡的旗帜下，为祖国而努力，举行演剧筹款，献旗募捐，将所得捐款悉数寄回祖国救济难民慰劳伤兵，同时也到各乡村宣传演讲，散发传单，唱救亡歌，呼爱国口号，所以广州湾的妇女救亡工作也有不少成绩的收获。

以上是广州湾救亡运动的大致轮廓，自然，这并算不得什么大的收

---

① 收录于中央档案馆、广东省档案馆编：《广东革命历史文件汇集·中共东南特委、西江特委文件和报刊资料选辑（1937—1944）》，广东省供销学校印刷厂，1987年，第469-471页。

② 按文章发表时间刊印。——原书注

获，但是这些零星的救亡工作，在帝国主义者的摧残和压迫之下，能够有这样的发展，实也可表示侨胞爱国的热诚，而亦可宝贵了。

（原载 1938 年 8 月 22 日《救亡日报》）

文献5

抗战初期我党在第十二集团军中的工作（节选）①

杜襟南

……

一、广州沦陷前后党在第四战区政治部和动委会的活动

……

李煦寰为了加强其军队政治工作，决定招考青年学生，成立第四战区政治工作大队（简称“四政大”）。省委为了帮助余汉谋部队坚持抗日，动员一批党员前往报考，考入的有李静筠（李静，女）、李见心、汪绥祚（苏凝，女）等十二个党员。7 月成立“四政大”中共支部，李静筠任书记，曾冬（曾东）、杨应芬（杨重华）、朱慕湛任小组长，由省委军委书记林平（尹林平）亲自领导。至 1939 年 4 月，党支部先后吸收党员八人，全队党员增至二十人，占全队队员三分之一。此时省委青年部长吴华（吴济生）接替军委书记林平领导“四政大”党支部。党支部帮助全体队员提高政治认识和工作能力，完成各种工作和任务，因而受到李煦寰的信赖和倚重，并为后来大规模举办政工人员训练班打下了基础。

……

① 收录于南方局党史资料征集小组编：《南方局党史资料 · 军事工作》，重庆出版社，1990 年，第 431—439 页。

三、政工队在国民党军队中的活动

……

在地下党员的带动下，政工队深入到连、排，加强对士兵的思想教育。他们教唱抗日歌曲，讲述抗战形势和国际形势，教识字，代写信，女同志代补衣服。同时劝说军官不要打骂士兵、不枪毙逃兵，公开伙食帐[账]目，在一定程度上改善了官兵关系。女队员还做军官的家属工作，激发她们的抗战热情。他们还进行大量的群众工作，如办夜校、识字班、军民合作站等，有时还三五成群进行家庭访问，了解民情，宣传抗日保家和军民合作的道理。农忙时政工队员则和官兵一起帮助群众插秧、割稻，改善军民关系。作战时则发动群众支援前线。

政工队员本身也加强学习，总队部常寄来一些学习资料以供阅读，集中时举行时事讨论会、生活检讨会，对国民党中央干训团派来的政工人员，力争团结，使他们绝大部分能坚持抗日，不搞反共。作战时，地下党员起带头作用，与政工队员一起上前线，出现在粤北战场、桂南战场、东江战场和潮汕战场上。粤北战役时，共产党员陈兆佳在战场上牺牲。党员刘树楷、周华等，在日军进犯时，率领东洞护村队英勇抗击。女党员张筱芬（张韶）冒着敌人的炮火，在火线上为指挥官传递信息。女政工队员吕觉觉、戴卉清在桂南战场上牺牲，队员曹展基在潮安蟹目山牺牲。

四、皖南事变前后采取的应变措施

……

1941 年 6 月 13 日，廖锦涛、邝清辉、王珠（邝，群众）等突然被捕，接着何小静等多人亦被捕。廖锦涛被迫“自杀”，王珠、何小静先后被杀害。这一事件发生后，广大政工队员对国民党抗日失去信心。省委根据荫[隐]蔽精干政策和“长期埋伏，积蓄力量，以待时机”的方针，及时向第十二集团军地下党组织作了指示。据此，党组织布置部分党员转到地方或其他单位继续做地下工作，部分党员则以升学为名转入中山大学或其他院校读书，并隐蔽谨慎地从事学生工作；尚未暴露、有条件长期埋伏的则继续留在原岗位，顽强机智地坚持斗争。

……

文献6

广州的女学生工作与妇女运动[1]

曾鸳珠

一、解放战争初期女学生基本概况和历史背景

1945 年抗日战争胜利后，饱受战争颠沛流离之苦的各大、中学校，纷纷先后搬回广州复课。当时能在大学就读的女学生并不多。直到解放战争后期（1949 年 5 月）在校女生的比例大致是：中山大学女生约占 15%；广东省立文理学院和法商学院女生约占 13%；此外，岭南大学、国民大学、文化大学、广州大学等也有一些女生就读。在中等学校方面，女生的比例要比大学大些：全女生学校有执信、省女师等，男女共校的有中大附中、侨二师及广州一些公私立中学等。其中侨二师女生较多约占近一半人数。

在日寇投降后，党组织从各地区抽调了一些女党员充实到学生方面来，但女学生中的进步力量仍比较薄弱，分布也不平衡。在被誉为“民主堡垒”的中山大学，在 1946 年“一·三〇”运动时只有几个女党员。文理、法商、文化大学、侨二师、省女师、执信等学校有个别女党员，大部分学校没有党员。还有一些进步力量是在抗战期间就受到进步思想影响的女同学，数量也不多。

在那时，能够上大学的女学生，大多出身于富有的官僚买办、剥削

---

① 收录于广州青年运动史研究委员会编：《粤海风涛》，广东人民出版社，1990 年，第 61–73 页。

阶级或上层知识分子的家庭，读上中学的其家庭经济也较充裕。也有少数家境贫困靠公费上学的。女学生读书的目的大致是：有的胸怀读书救国的抱负，这是少数；有的为了谋职业、谋自立；有的为了顺从家庭，取张文凭作嫁妆，以便将来找到有钱有势的夫婿。这两种人较多，也有极个别是混进学校从事特务活动的。由于历史的原因，女同学一般社会活动少，社交经验少，她们大多数人"两耳不闻窗外事，一心只读圣贤书"，特别是第一、二类型的同学更是勤奋好学，思想比较单纯。大多数人对国民党反动派缺乏深刻的认识，处在中间、后进状态。女同学由于家庭及社会的影响，其革命斗争性有其先天不足的一面。但是，在旧社会，男女学生虽同受三座大山的压迫，而女学生则与中国广大妇女一样，在社会上、在家庭里多受一重封建制度的压迫与束缚，受着重男轻女、封建婚姻、不能自立等等不平等待遇，有的女学生虽是富有家庭的女儿，但上学读书也要经过斗争。对此她们有着强烈的不满，要求自身的解放与独立，她们的不满在旧社会是没有出路的，她们向往着一个没有人压迫人的社会。因此女学生经过启发教育，认识了革命的道理之后，她们会为实现革命的理想和自身的解放而坚决斗争。

二、学生运动促进了女学生工作的发展

（一）反对内战，争取民主的学生运动启发了女学生的思想觉悟

经过长期战争的苦难，广大的学生都渴望有一个和平安定的环境，为建立一个独立、民主、富强的新中国而努力学习。然而国民党反动派在美帝国主义的支持下，玩弄假民主、真内战的反革命两手，重新挑起内战，引起了同学们的强烈反对，全国的反内战、要和平的爱国民主运动迅速兴起。在广州、香港出版的《华商报》、《正报》等进步书刊，通过各种渠道在女生宿舍广为流传。在学习这些进步书刊的过程中。启发了女同学的思想觉悟。国民党反动派政治上的反动，导致了恶性通货膨胀，学生生活受到严重的威胁。在地下党的领导下，此时广州的学生运动风起云涌。

当蒋介石镇压昆明学生运动的"一二·一"惨案的消息传到广州后，

在党的领导下，于1946年1月30日举行了以中山大学学生为主，其他学校参加的“反对内战，争取民主”的示威大游行。游行前，中山大学召开了大型时事座谈会，悼念昆明四烈士，揭露国民党当局镇压民主，挑动内战的阴谋。会上女同学林贤纾朗诵了悼念四烈士的悲愤诗篇，群情激动，不少同学下泪。会上通过了组织全市学生游行建议，受到女同学的热情支持，参加游行的女同学有二三百人。1946年3月中大首先开展了改善公费贷金的罢课请愿；4月，省女师开展了“要求学校发放拖欠公粮，改善师范生生活待遇”的斗争等等，有不少女同学参加到这些关系到群众切身利益的斗争中来。文理、女师、侨二师等学校的学运领导成员中均有女同学担任。

（二）声援沈崇事件的斗争推动了女学生工作的开展

1946年6月国民党的反动统治愈来愈变本加厉，悍然发动全面内战，斗争形势恶化。有的学校大批开除学生。为了保存革命力量，地下党撤退了一些党员及学运骨干，学运处于低潮。1946年12月发生了美军强奸北大女学生沈崇事件，引起了广大同学无比愤慨，女同学更是怒不可遏。在中大，学生运动迅即转上高潮。沈崇事件是直接关系到女学生切身问题的大事，是中国女学生的奇耻大辱。地下党领导1月7日抗议美军暴行的示威大游行，中大女同学得到前所未有的广泛深入的发动。那些勤奋好学的女同学也不能保持沉默了。中大的女党员和积极分子一起，具体组织与发动中大及其他大、中学校的女学生参加斗争。这次游行中大的女同学大部分参加了，参加游行的还有中大附中及文化大学的女同学。她们走在队伍的最前列，挑起大旗，一路高呼抗暴口号，浩浩荡荡直向沙面租界进发。她们不怕国民党军警的严密封锁，冒着生命危险与男同学一起，拉开铁丝网，迫使军警后撤，直冲到美国领事馆前示威。

在文理学院，有几个进步女学生，在接到中大同学送来的“抗暴”油印品后，她们对美军的暴行异常气愤，连夜在女学生宿舍、教授宿舍广泛张贴，作为声援沈崇事件的行动。学校当局大为震惊，说“共产党又在活动了”。

在执信女中，在地下党员的发动下，部分班级出了墙报，揭露事件真相，有的班级召开了支援沈崇事件座谈会。

（三）在“五·卅一”反饥饿反内战运动中

为了做好游行前的准备，中大女同学与男同学一起，通宵达旦地紧张工作。游行时，女同学走在整个队伍最前列。国民党反动派对这次游行进行了血腥镇压，他们收买暴徒殴打学生。女同学首当其冲，潘明丽、徐健、黄淑媛3人受伤，特务暴徒还在她们的胸腹部乱踩，致使潘明丽身受重伤。面对反动派的血腥暴行，女同学纷纷起来自卫还击，徐健受伤后，还起来捡起砖块追击暴徒，陈穆抱起大竹竿，一边冲，一边大喊“冲上去啊，我们要报仇”。女同学那种奋不顾身，不怕牺牲的革命精神，为广州女学生运动谱写了光荣的一页。游行后，许多女同学主动参加护理伤员；有的同学分别到文理、法商、广州大学、岭南大学和执信、中大附中等校去宣传、募捐和组织慰问。

这些运动推动了女学生工作的开展，把女学生推到运动的前列。运动的发展也启发了女积极分子的组织要求。1947年3月29日，地下党成立了党的秘密外围组织“爱国民主协会”（后简称为地下学联），把经过运动考验的一些女积极分子发展为“爱协”成员，使更多的女同学、女积极分子团结在地下党的周围，成为开展女学生工作的骨干队伍。

三、女学生工作在运动中的地位和作用

“五·卅一”后，地下党认为中大已树立了强大的群众优势，根据形势的发展，采取了“由点到面、结合工农”、“以公开合法活动为主，以合法掩护非法”、“在条件成熟时亦不放弃非法斗争”等一系列方针和策略，目的在于广泛而深入地团结和发动群众，特别要重视发动中间后进学生的工作。这一阶段女学生工作对学生运动起了什么作用呢？试举文理学院为例子说明一下。

在解放战争初期，地下党组织曾领导过广东省立文理学院的“改善生活待遇请假待命”斗争，取得了一定成效。但在“五·卅一”前后，学运受到挫折，一批党员、进步同学被开除或主动撤退，学运仍处于低潮。在

这些学校，学运如何从低潮转向高潮？从实践的经验来看，加强女学生工作，对学运起着十分重要的作用。

首先是地下党加强了文理学院学运的领导，抽调党员干部去推动文理学院的学运，他们十分重视女学生工作。地下党在对文理学院采用单线联系方式，而男生和女生的线头都统一在一位校外的党员干部身上，在校内不发生横的组织联系，男、女生的工作相互配合得很好。又通过校外的老同学、亲戚、朋友等关系，去培养教育一些进步的女同学，让她们在运动中经受考验，条件成熟了便按章程发展为“爱协”成员，以至党员。加上新入学的从别校转来的女党员，文理学院就有了一支开展女学生工作的骨干队伍。

她们一开始就抓住团结与发动广大女同学这一环节。她们利用女生宿舍集中在一层楼的条件，就以宿舍为阵地，开展房与房之间的串联活动，根据不同的对象，开展不同的活动方式与教育内容，与特务分子较量，将新入学的女生争取过来。女同学是重感情的，女学生骨干对新同学的多方关怀与照顾，得到新同学的尊重。

为了改善女同学伙食，密切联系广大的女同学，骨干带头组织女同学膳委会，不但改善了女同学的生活，更重要的是使女同学骨干有更多机会联系女同学，培养了她们的工作能力和在群众中的威信。通过这些工作，就使大多数女同学团结在进步力量周围。

成立各种文娱社团，开展进步的文娱活动是团结中间、后进同学的重要方式，文理学院成立了榴花歌咏团，女党员、女“爱协”成员以身作则，积极参加各项文娱活动。在她们的带动下，大多数女同学，包括一些曾在教会学校读书参加过圣诗班的女同学也参加了，不少女同学成了歌咏团的积极分子。歌咏团里从团长到各组负责人都有女同学担任。女同学的积极活动，对男同学有不少影响。许多男同学来自农村，正如有的男同学说：“开始参加文娱活动时是不习惯的，但女同学主动了，男同学也就不畏缩了。”歌咏团活动的开展，消除了系与系之间、男女同学之间的隔阂，每当课余之际，进步歌声此起彼伏，每当夕阳西下，男女同学三三两两散步谈心，冲破了那死气沉沉的局面。

文理学院有 8 个系的系会，其中 7 个系会的领导权掌握在进步同学手中，女生担任系会会长的先后有 4 人。系会的活动密切了各系师生的关系和同系各级同学的关系，有利于做教授、老师和“咪家”（对埋头读书的同学的通称）的团结教育工作。1949 年 2 月，文理地下党组织领导群众开展抗缴学米斗争，是用系会联合大会的公开合法形式，选举了 10 人为代表的福利委员会领导这场斗争。其中有 4 位女生当选，这次斗争取得了全胜，大大鼓舞了同学们的斗志和增强了同学们的团结。

除了在学校里通过在榴花歌咏团、系会、福利委员会，膳委会等社团工作培养女积极分子外，还选派进步女生参加基督教青年会举办的暑期乡村服务站、娱教社等活动。参加这些站、社的党员和“爱协”会员通过在那里举办的民校、医疗队等工作，有意识引导积极分子走与工农相结合的道路，组织积极分子参加各种小型读书会，学习进步书刊及革命文献等，以提高积极分子的思想觉悟，然后在积极分子中发展一批“爱协”成员，进一步把经过斗争锻炼的“爱协”成员发展为党员，逐步扩大和加强女学生骨干队伍。

在地下党的统一领导下，文理学院女生工作是学生运动的一个组成部分，密切地配合全校学生运动的发展，做好女同学的团结发动工作。1949 年 4 月，文理学院地下党组织经过近两年的团结发动群众工作，已有了广泛的群众基础，培养了一支能联系群众、有工作能力，在群众中有威信的骨干队伍。地下党认为条件已经成熟，可以开展非法的政治斗争，决定于 4 月 20 日举行追悼“四·一”烈士大会，以声讨国民党反动派屠杀人民的滔天罪行。女同学连夜为大会赶制襟头白花、大花篮，大多数女同学也动员起来了，并参加了大会。许多著名教授也参加了大会，不少教授写了挽联和送了花圈。经过慎重考虑，大会由社教二年级女学生何柔为大会主席。大会开得十分成功。会场庄严肃穆，政治气氛十分强烈，大会的许多挽联成了讨伐蒋介石的匕首，成为教育群众的政治教材。女同学马玉梅宣读祭文时，热泪直流，无法抑制，激起群情悲愤，收到很好的效果。追悼大会的成功表达了我党在文理学院的政治力量已占优势，学生运动已从低潮转到高潮。在这一阶段，女学生工作的发展明显地推动了全校学生运动的进展。

据《文理学院 1949 年毕业同学录》（5 月）统计，现已弄清在册的有党员、“爱协”成员 96 人，占全校人数 20%。其中女党员、女“爱协”成员 23 人，占女学生人数 28%。

文理学院只是在这一阶段同类型学校中的一个例子。又如法商学院的女学生的作用也很大，她们成立了女生康乐会，由“爱协”成员主持，成为教育女生的阵地。由于进步力量的不断壮大，促进了其他进步社团的发展，她们认为：“法商进步女生在学运中与男生并驾齐驱，她们与敌特进行巧妙的斗争，立下了不可磨灭的功绩。”

综上所述，从解放战争时期学生运动的发展过程来看，女学生工作就其地位而言是整个学生运动的一个不可缺少的组成部分，学生运动推动了女学生工作的发展，女学生工作的发展又推动了学生运动的进行，两者的关系是相辅相成，互为因果的。

四、女学生工作促进了妇女运动的开展

为了贯彻“结合工农、开展各阶层工作”的方针，地下党市委于 1948 年下半年先后成立了“工人协会”、“教育工作者协会”及“民主妇联”等党的地下外围组织，需要输送相当数量的女学生干部到工厂、农村以及各阶层开展妇女工作。学生运动的蓬勃发展，培养和造就了大批女学生干部。这批干部，是经过斗争锻炼和考验，经过马列主义、毛泽东思想哺育成长的，走工农相结合道路的，有文化科学知识的妇女骨干。她们到了工厂、农村和各阶层后，团结广大的妇女群众，发展各种妇女组织，推动那里的妇女运动的开展。

在工厂，侨二师一批女学生通过招工考入纺二厂，分别在前纺、细纱、筒摇等部门当工人。执信女中也有一些学生打入纺二厂当工人，她们原是“爱协”成员，入厂后则转为“民主妇联”会员了。

在厂里，她们用姊妹会的形式把女工组织起来，团结在“民主妇联”会员的周围。有些女工是从孤儿院入厂的，还有一些是离家出走的童养媳，饱受旧社会的折磨，她们就主动关心生活和做细致的思想工作，来帮助这些女工认识革命道理。对爱好活动的青年女工，就通过组织她们唱歌、讲故事、看进步文艺书籍、到劳动夜校读书等方式向她们宣传革命道理。对一些在女工中有一定影响的生产骨干，争取她们参加活动。这样，在“民主妇联”的周围就有了群众基础。她们设法利用各种机会和条件，向工人宣传党在城市的方针、政策，介绍解放区工人的政治、经济和生活实况。厂里有警察值岗，宿舍有舍监巡视，她们就利用工人白天睡觉都下帐子的环境，白天躺在床上读文件、看传单或写材料。她们设法调查掌握工厂生产、设备、人员、物资等情况，为解放后接管工厂，恢复生产准备资料。如细纱锭数是代表纱厂生产能力的关键数据，在前纺工作的同志，利用每天上下班路经细纱车间的条件，数机台、数锭子，然后推算全厂的纱锭数。她们又与厂里的各方进步力量团结一起，做好保护厂房、设备，防止敌特破坏等工作，组织姐妹会会员参加护厂的各个队伍，通过姊妹会发动女工开展储粮活动等等。由于厂房、设备保持完好状态，工人情绪比较稳定，解放后两三天，便恢复了正常生产。

在农村，中大以进步力量打入长滘夜校，文理学院在土华、仑头、小州，法商学院在岭头、赤沙等地举办过民校，向附近农村的贫苦农民宣传革命道理，提高他们的文化知识，在农村播下革命的种子。广大的贫苦农村妇女，深受封建社会的压迫，有学习文化的迫切要求，当时有相当数量的女学生任民校教师，取得了成效。解放前夕，国民党反动派对进步学生进行大逮捕之时，一些民校女生曾掩护过我们的女党员、“爱协”成员和进步同学，也曾为我们收藏过进步书刊、传单等，解放后有的民校女生成了妇女骨干。

在卫生战线上，在“民主妇联”建立以前，我党在卫生战线上的工作是没有基础的。后来派了女党员、“爱协”成员在柔济医院端拿护士学校、方便医院、两广浸信医院发展了“民主妇联”成员，又派了“爱协”成员打入陆军医院，使广州的主要医院都有了“民主妇联”成员，计有10多位同志。她们运用各种方法向进步群众宣传党的方针、政策及解放区的胜利消息，使到一些倾向进步的医生、护士、工友团结在“民主妇联”的周围。通过举办工人夜校、工人识字班等方式，向女工们宣讲革命道理，在女工中培养积极分子，组织青年人唱革命歌曲、跳集体舞，活跃医院的气氛。还选派两名医务人员转赴游击区参加东江教导营医疗保健工作。她们在艰苦的条件下，细心护理伤员，做好全营的卫生保健工作和沿途为老百姓防病治病的任务。“民主妇联”成员和积极分子，解放前夕做好医院情况的调查，准备接管和保卫医院，迎接解放。国民党的陆军医院设备好、物资多，技术力量较强，是一个保护和接管的重点，国民党反动派控制严密。打进陆军医院护训班的几位侨二师同志，放弃了继续上学的机会，到陆军医院为病人端屎端尿，埋头苦干，终于摸清了陆军医院的情况，团结了一批医护人员，保护了人民财产。使整个医院的设备完好地回到人民军队手中。

此外，还有女同学利用其家庭的社会关系，为党完成十分重要的秘密工作。如有的打听到国民党反动派将要逮捕的黑名单，及时向组织报告；有的利用其可以陪伴亲属乘飞机来往港穗之便，做地下党的交通员。在反动派的严密封锁下，冒着生命危险，勇敢机智为党递送秘密情报。

形势的发展与革命斗争的锻炼，不断提高了进步妇女的觉悟，不少同志决心跟党走，参加到地下党领导的各种秘密组织中来。到广州解放时，参加地下学联的女同志有200多人，参加教育工作者协会的中、小学教师有20多人，民主妇联成员约有100人，女共产党员约40多人。

这一时期，广州女学生的进步力量与各界妇女的进步力量在一起，在各自岗位上，团结广大妇女群众勇敢战斗，迎来了广州的解放。

五、结束语

过去，在国民党反动派统治的极其险恶的环境下，广州女学生中的党员、“爱协”成员在党的领导下，团结广大女同学与男同学一起英勇顽强、并肩战斗，推动了学生运动从胜利走向胜利。她们又服从党的需要，到社会各阶层开展妇女工作，起到了知识分子的先锋与桥梁作用。在艰苦的革命斗争中，锻炼成长了大批在各条战线起骨干作用的女知识分子干部。她们当中的许多人今天已成为新中国培养起来的女教授、女高级工程技术人员、各行各业的女专家和各级领导干部。她们又为社会主义建设作出了新贡献。因此，可以这样说，解放战争时期，广州女学生中的进步群众无愧于党交给她们在人民民主革命和妇女解放事业的历史使命。

为什么广州女学生能在这一历史时期中发挥如此重要的作用呢？我深深地体会到如下两点：

一是有党的正确领导。在一系列的学生运动中，有了党的领导和教育，使广大女学生认清了历史发展的必然，走向了革命的道路。有了党的正确方针、政策的指引，使学生运动在错综复杂的环境中有了正确的航向。地下党十分重视女学生这股力量。广州中共地下党负责学生运动的领导同志，如陈翔南、胡泽群等都曾亲临女学生第一线指挥作战，钟明同志也通过她的爱人何琼同志领导过女学生工作。他们对女学生骨干严格要求，亲手培养了这一年代大批的女学生骨干。

二是女学生的崇高革命理想是她们献身革命的力量泉源。一般来说，女学生参加革命工作遇到的阻力和困难比男学生要大些。首先是家庭的阻挠，甚至把她们禁锢起来。有的反动分子以为女学生是软弱可欺的，特别对女学生施加种种压力、威吓等等，阻止她们参加进步活动。但在党的教育下，女学生们认识到，中国只有走社会主义道路才有出路。只有无产阶级获得了政权，妇女才能得到真正解放。在革命的大熔炉里，她们得到了同志般的温暖和支持。参加革命是她们自觉的行动，不管前面摆着多少艰难险阻，但她们都一往无前。

1987 年 12 月 4 日修改

文献7

在增城为抗战作出贡献的华侨（节选）[①]

陈　兵

……

三、外县华侨转战增城地区

战斗在增城土地上的海外赤子，除增城籍的李东林、郑贵章和胡运兰等人外，还有来自外县籍的钟若潮、王丽、萧光星、潘祖岳，卓觉民、陈志奋和郑伟灵等人。他们为解救增城人民于倒悬，为拯救沦陷区百姓于水火，同敌伪顽展开了殊死的斗争。一九三九年，中共增城县临工委领导的东江华侨回乡服务团增龙队队长潘祖岳是马来亚归侨。他带领这个队在增城的国统区和沦陷区播下抗日火种，从事抗日宣传，发动群众，组织抗日队伍，发展抗日组织，带领群众奔上抗日救亡道路。副队长钟若潮是泰国归侨，一九三六年在泰国参加共产党，领导过工会工作，于一九三八年冬回香港，以后参加东江的抗日斗争。他的爱人王丽也是归侨，是妇女干部，在国统区和沦陷区组织妇救会，发动妇女参加抗日救亡工作，深得群众欢迎。一九三九年至一九四二年，他俩来增城地区从事宣传抗日救亡工作。其间钟若潮还先后任过东江抗日游击队增城基干队指导员，中共福和区委书记，增、从、番边沦陷区工作委员会宣传委员和增、从、番抗日游击大队主力中队指导员。率领队伍深入敌后，消灭敌伪。以后到东莞地区发动抗日斗争，于一九四四年五月八日在一次对日寇作战中壮烈牺牲。队员陈志奋（外县籍归侨）于一九四二年春，在敌占区九和附近活动，被特务暗算杀害。他是个年轻的革命干部，不幸过早地遇难，当地人民痛失一个好战友。

……

① 收录于增城县政协文史资料研究委员会编：《增城抗日烽火》，1987 年，第 32–35 页。

广州妇女军事资料

文献1

广东青年抗日先锋队史略（节选）[①]

广州青运史研究室

“抗先”简史编写组

……

在保卫华南的炮火中壮大

……

第二，发动和组织民众参加抗战，抗先队员除继续通过墙报，漫画、演讲、演剧等方式进行抗日宣传外，还注重帮助农民耕种、为农民购买种子。组织护耕队等，解决农民在生产和生活上的实际问题，在这个基础上，进一步把农民组织起来。到1939年5月，由抗先组织建立起来的妇女团体有七千多人；农民抗敌同志会和自卫团五千多人；民校五万多人。

……

（黄穗生执笔）

① 收录于南方局党史资料征集小组编：《南方局党史资料·群众工作》，重庆出版社，1990年，第540—553页。

文献2

积极参加抗日救亡运动的广州妇女①

张 洁

自“七·七”事变，抗日战争全面爆发后，广州地区的广大妇女群众，即迅速投入到抗日救亡运动中去；特别是广州地区各大、中学的女学生们，她们和男同学一样，怀着无限的爱国激情，最先走出校门，深入到工农兵群众中去，进行了大量的各式各样的宣传和组织发动工作，为这次民族解放战争的胜利，作出了重大的贡献。

1937年底，广州国民党当局曾设立“军训团”，将各大、中学的学生集中“训练”，以便约束学生们的思想和行为。但是，学生们爱国抗日的思想有如愤怒的海洋，汹涌澎湃，是任何人也无法压制和阻挡的。当年12月，“军训团”女生队中的市立第二中学、市立美术学校和其他学校的女同学，就冲出“军训团”，参加了当时全市纪念“一二·九”的大游行示威。中山大学、中大附中、省立女师、执信、广雅和市立二中等校的女同学们，在宣传抗日救亡、发动群众参加抗日支前工作上做了大量工作。如省立女中，就是抗日救亡运动最活跃的一间女校。抗战开始不久，省立女中就迁往顺德良滘。当时，省女中的学生中已有中共党员，并建立了学生党支部。在党员余慧、徐华淑、余珍等人的带动下，一边读书，一边参加救亡活动。她们组织读书会，举办时事讲座，成立戏剧队、歌咏班等，到沙滘、龙江、西樵、大良、石岐等地进行宣传和演出活动，并筹募了白银800余元，捐献给艰苦奋战的八路军。在校内，她们联合了进步教师，在各班级中组织“姐妹班”，作为领导和带动各班的核心力量。她们还团结了进步同学，深入到附近工厂、农村，开办民众夜校，组织女工、儿童

① 收录于广州市政协文史资料委员会、广州市人民政府参事室、白云区政协文史资料委员会、从化市政协文史资料委员会合编：《广州抗战纪实》，广东人民出版社，1995年，第51-55页。

学文化，教唱抗战歌曲和讲解革命道理等，并组织女工参加抗日救亡运动，到墟镇演讲、演戏。还发动工人与克扣工人工资的资本家进行斗争。学校借故无理开除中共党员余慧、徐华淑和余珍等，学生们据理力争，与学校当局进行坚决斗争，迫使该校取消开除决定。

这些同学，在老师谭秀锋、谭国标等的启发教育下，有的还参加了“锋社”剧团、“抗战教育实践社”；组织了“流动工作团”，到东莞、宝安等地农村宣传抗日和动员农村妇女支援前线工作。有些女同学还参加了中大进步学生钟文杰、华嘉等所领导的“战时文化服务团”演剧、办农民夜校等，进行抗日宣传和动员工作。

为了扩大抗日民族统一战线，做好团结工作，中共广州妇女部安排李静音、俞福亲与当时比较开明和积极参加抗日救亡工作的妇女会理事长郭顺清进行联系，争取她对开展工作的支持；陈宛聪、潘若茵、陈泳椒等，以市妇女会的名义，组织了两个战时工作团共 200 余人，到工厂、学校、小北农村和市区河南女工集中的纺织厂、橡胶厂、织带厂等和女工一起劳动、办夜校、教文化，开展爱国和“三防”教育（即防空、防毒、防奸）；并组织和发动车缝女工、家庭妇女为前线将士义务缝制棉衣等。1937 年底，梁薇娟在妇女会还创办了《妇女知识》月刊，宣传抗日，直到广州沦陷前夕始不得不停刊；计先后发行了 10 期，对动员妇女参加抗日救亡运动起了不少作用。

中共党组织，对团结当时国民党广东省党部书记长谌小岑，也做了不少工作，并同时派伍坤顺联系谌小岑之妻，以及“救亡呼声社”妇女组骨干李峙山和陆宗祺之妻陈明淑等，以争取她们对工作的支持，从而进一步发展了抗日民族统一战线。

由于能够耐心地做团结工作，各项抗日救亡活动进展得较为顺利。“救亡呼声社”妇女组经常三五成群走在街头演讲，揭露日军的残酷暴行，并在惠爱路的天主教堂办女工夜校，设立抗日宣传讲台和深入女工家里，进行爱国教育，说服她们的亲人支持她们参加抗日救亡活动。

1938 年 2 月，在伍坤顺的策划和推动下，由比较积极的陈明淑出而

[面]，组成了“广东妇女抗敌协会”，由李峙山和陈明淑分别担任正副主席，由伍坤顺担任常务理事，会员有600余人。之后，又成立了“广州市妇女抗敌协会”。她们还深入河南二龙街和十三行一带，办夜校、教文化，宣讲抗日道理。在空袭期间，她们就和女工串连，发动女工对空袭时不准工人停工疏散的资本家进行说理斗争。不少女工还参加了进步的“锋社”和“艺协”，进行了文艺宣传活动。她们根据当时形势发展的需要，于1938年6月，又成立了“妇女抗敌救护队”、“难民服务队”和“灾区儿童调查队”。同时，在“七·七”事变以后至1938年10月期间，在市郊黄埔十三个乡成立了“救亡工作者协会”。继而又成立了“儿童救护队”、“妇女识字班”、“姐妹会”等，更广泛地开展各种形式的抗日救亡工作。

在中共党组织的启发、带动下，广州地区妇女在宗教界也做了不少工作。1937年11月，中共派邓贞子到女青年会工作。她通过组织文娱活动等途径，团结了不少进步妇女，使女青年会这一宗教团体变成一个妇女抗日救亡工作的阵地，使女青年会自己出钱办女工识字班、教文化，讲抗日道理；并发动工厂女工与厂主展开合法斗争。当时日机轰炸频繁，大利车衣厂厂主在日机轰炸下紧锁厂门，不准工人停工走避，结果，该厂被日机击中，死伤工人100余。中共党组织即发动工人向该厂厂主提出赔偿死难工人和受伤工人的医药费，大大提高了工人们的斗争意志。女青年会还组织了救护队，专门处理被日机炸死炸伤群众的救护和善后工作，彻底改变了这个单纯进行宗教活动的女青年会的旧面貌。

为了加强妇女工作的领导，互通消息，交流经验，在中共党员的串连、说服和策动下，于1937年底成立了“广东妇女团体联席会议”，地点设于女青年会。参加的妇女团体有“省妇女联合会”、“省妇女抗敌同志会”、“广州市妇女会”、“广州市妇女抗敌同志会”、“女青年会”、“女权运动大同盟”等。负责人是中共党员、省妇女抗敌同志会委员区白霜。开会大都是由她主持。通过这个组织，改变了过去各妇女团体各自为政的混乱局面和消除了某些国民党右派势力的操纵和阻挠，从而进一步推动了抗日救亡运动的开展。

联席会议成立后，举办了“妇女战时知识讲习班”，又成立了“广东妇女团体联合战时服务团”，全面开展了救护、慰劳、征募棉衣、义演、献金和各式各样的宣传活动。至同年 9 月，中共党组织为了发展农村的武装斗争，推动陈明淑在三元里组织了“广州市民众抗敌自卫团”，还组织了不少农村妇女参加妇女队，由陈明淑任团长。同时又成立了“广东全省妇女团体抗敌工作协进会”，由宋庆龄担任名誉会长，使广东全省的妇女抗日救亡运动有了进一步的加强。

在大敌当前，国家民族处于危难的关键时刻，男人干的，女人也能干。1938 年初，中共广东妇女支部黄梅建议成立妇女武装，经过广州市政府管辖的社会军事训练总队批准，于 1938 年 1 月下旬正式成立了广州市社会军事训练总队模范团妇女连，共 100 余人，大多数是女青年学生和少数社会女青年，进行以军事为中心的综合训练。7、8 月间又办了第二期，130 多人参加。后在广州沦陷时，妇女连护送一批未及撤退的妇女儿童撤往广宁古水，她们荷枪实弹，沿途在敌机不断轰炸下救死扶伤，战胜重重困难，表现了顽强无畏的革命精神！

（广州市人民政府参事室供稿）

文献3

参加八路军办事处组织的活动[①]

经过一段时间的准备，经莫逢湾指引，萧任统、莫富图、陈奋顷、莫荫荷（女）、莫完玉（女）等找到八路军驻广州办事处，开始在中国共产党领导下参加抗日救亡活动。

办事处领导告诉他们：1937 年 7 月北平、天津相继陷落，日军全线进攻咄咄逼人。毛泽东、周恩来、朱德、叶剑英等经多次与国民党高官联系，敦促蒋介石下抗战决心。“八一三”淞沪抗战爆发，国共谈判出现转

① 由广东省东莞市妇联于 2022 年 7 月整理提供给本书编委会。

机。9月22日，国民党中央通讯社发表了《中共中央为公布国共合作宣言》。次日蒋介石发表谈话，国共合作正式形成。据协议，国民党允许共产党在国统区设办事处。此举方便了共产党积蓄革命力量，筹集军需物资，并向抗日前线输送人才。11月，张云逸、廖承志先后被中共中央派到广州。1938年1月，八路军广州办事处成立，接受武汉办事处和中共广东省委双重领导。

在办事处所在的广州德政北路7号2楼，陈奋顷多次见到张云逸、廖承志。张云逸身材矮小，温和敦厚，做事周密，气识不凡，留着长长的美髯，喜穿一袭长袍。萧任统、莫富图、陈奋顷、莫荫荷、莫完玉等渐渐得知，他是海南文昌人，16岁即入黄埔陆军小学，秘密参加了同盟会。辛亥革命中的广州之役，他报名参加“先锋队”即“敢死队”，任炸弹队长，被困民宅时侥幸逃出，自言“险为黄花岗第73烈士”。大革命时期，他参加过学生反帝、反封建、反军阀的斗争。蒋介石发动反革命政变时，张云逸被通缉逃亡海外，1929年回国，在广西领导“百色起义”。

廖承志更是颇具传奇色彩。他籍贯广东惠阳，生于日本东京，父亲廖仲恺和母亲何香凝追随孙中山，使他自幼便和革命结下不解之缘。他生性诙谐，特别爱开玩笑，是陈奋顷遇到过的领导人中最没架子、最有人情味的。

1938年2月，日军连日炮击，进犯虎门要塞，被当地守军击退。3月初，国民党广东民众抗日自卫团东莞统率委员会成立，蒋光鼐等任委员。部分中共党员加入该组织，组建了两个政治工作队宣传抗日。

同年3月，张云逸调任新四军参谋长。4月，廖承志把办事处旧宅出让，迁往百子路8号和10号。此处原为廖仲恺和何香凝早年住过的“双清楼”，名取杜甫诗“心迹似双清”，是一座两层砖木结构的西式洋房，坐北向南，与邝磐石医院斜对，远比德政北路7号2楼宽敞。

莫逢湾告诉萧任统、莫富图、陈奋顷、莫荫荷、莫完玉等，办事处的主要任务包括与国民党有关机关和各界人士联系，办理八路军、新四军的军需，商谈抗日统一战线有关事宜，组织进步青年到延安和各解放区，掩护中共广东省委和地下党的活动……

办事处要求进步青年开展的活动主要是街头宣传、散发传单、张贴大字报。萧任统、莫富图、陈奋顷、莫荫荷、莫完玉等轮流收听延安新华广播电台的新闻报道，刻印传单散发。他们和“三青团”斗争，并发生过互撕大字报等冲突。他们还开办夜校，教工人认字写字。他们走在广州的街头，感受着那些陌生而又觉熟悉的面孔。那些充满自信充满活力的面孔，总让他们联想到全中国的抗日军民。就是这一群群的中国人，挺立着这个国家。廖承志见到这些年轻人，总要抽出时间与他们聊天，问读了些什么书、有些什么活动、对抗战有什么想法、家长们有什么情况……也常引导他们多读些马克思主义，多关心社会，不要光读“书本”的书，还要读好“社会”这本大书。

7 月 7 日，广东各界举行纪念抗战一周年火炬游行，呼啦啦足有几十万人。办事处领导告诉萧任统、莫富图、陈奋顷、莫荫荷、莫完玉等，在十年国内革命战争漫长的时间里，广州曾举行过大规模的群众示威游行。特别是全国抗日救亡运动不断高涨的 1935 年底，在“一二·九”运动推动下，广州成立了许多进步青年的组织，发动了多次抗日反蒋示威活动。

1936 年 1 月 13 日，广州第二女中的学生自发举行游行，中山大学等大、中学校的学生纷纷加入。因准备不周，在荔湾桥遭到军阀陈济棠预先布置好的军警、流氓袭击，当场死伤学生 100 多人，是为有名的“荔湾桥惨案”。惨案发生后，党鼓励学生们走向工厂、农村，走与广大工农相结合的道路，就再没举行过大规模的示威活动。这次火炬游行，是经广东国共两党协商决定的。因此，应当呼吁更多革命青年都来参加。

那天，满街的横幅、小旗、人潮。他们浩浩荡荡地经过广州的惠爱路、永汉路、泰康路、太平南路等主要马路，发现走着走着，围观的市民越来越多。数以万计的群众彻夜高举火炬，沿途挥着拳头高呼抗日救亡口号，高唱抗日救亡歌曲，所到之处，街边和楼房上人群围观如堵，情绪激昂，同仇敌忾，热血沸腾。他们一走进游行队伍，就挥着双臂把口号喊得比一般人还响，像一颗颗喷射的石子在宽阔的马路上激起响亮回声。八路军驻广州办事处的同志率《新华日报》广州分馆、《救亡日报》及“一般书店”等文化团体成员组成的游行队伍走在最前面，其中还有郭沫若、夏衍等名人。

突然，萧任统、莫富图、陈奋顷、莫荫荷、莫完玉等看到有人从队伍中跑出去，立在马路中央，扬起胳膊将怀里的一叠传单向空中抛去。传单像片片雪花从高空飘落，市民们争着去抢、去读。

他们感觉自己今天才实现了人生价值，甚至连个子都长高了，一身的力气。前面那人“突嚓突嚓”的脚步声，他们听着仿佛是前进的号音，一声声地呼唤着自己奔向光明。后面紧跟的脚步声更是令人激动，一声声仿佛战斗的乐曲，敲击着厚重的大地。

直到队伍解散，他们还舍不得离开，想一直跟着浩浩荡荡的队伍走下去，走进一片新天地。这次游行，大大鼓舞了群众抗日救国的热情。尽管国民党统治者惶恐不安，既派人公开监督游行队伍，暗地里又戒备森严，但共产党终归达到了目的。8 月 13 日，广东国民党当局在共产党的推动下，提出“保卫大广东”的口号。当天，省港地区举行了规模盛大的抗战一周年纪念活动暨献金运动。

运动的中心广州反响极为热烈。根据中共广东省委“国民党要钱，我们则要通过献金开展宣传，动员各阶层群众起来抗日”的指示，第 4 战区政治部第 3 组组成的献金运动筹委会宣传部下设指导、编纂、演讲、歌咏、戏剧、美术 6 个股，对各界献金运动宣传指导。

15 日，萧任统、莫富图、陈奋顷、莫荫荷、莫完玉等从东莞来到广州办事处和《新华日报》广州分馆献金台。这里人山人海，已吸引了数千群众。台是临时搭的，高不过一米半，面积不过十几平方米。群众听了廖承志的动员，情不自禁地高喊“共产党万岁！”在共产党员带动下，当场捐出现金四五千元和许多实物。

晚上，在广东文学会主办的献金文艺晚会上，马思聪等进步音乐人参加了演出。夏衍创作的涉及献金运动的独幕剧《赎罪》引起轰动。舆论界普遍认为，是无产阶级领导富人献金。同样在这天，《大公报》由上海迁香港复刊，发表了巴金、丰子恺、萧红、艾芜、徐迟、李健吾、朱自清、朱光潜、史沫特莱、杨朔、吴伯箫、严文井等宣扬抗战的作品。由于国共两党团结合作，整个献金运动取得100多万元的成绩。

9月初的一个晚上，《新华日报》广州分馆和八路军办事处联合举行了一次读者招待会。会址在电影院对面的哥伦布餐馆。萧任统、莫富图、陈奋顷、莫荫荷、莫完玉等作为读者代表参加。整个餐馆座无虚席，连窗沿上都坐满人。招待会的目的有两个：一是呼吁国民党当局立即释放无辜被拘押的爱国青年；二是撤销对《新华日报》广州分馆停业三天的无理处分。两件事其实是紧密联系的。原因是中华民族解放先锋队等全国著名的青年团体代表多人来广州进行抗日救亡活动，“民先队”还曾有意在广州组织分社。这些青年代表借住在广州河南区（现海珠区），由于躲避敌机夜袭，被诬蔑为暴露目标，遭当场拘押。《新华日报》广州分馆的记者对此报道后，国民党顽固派恼火万分，宣布对《新华日报》广州分馆停业三天，并扣留了他们从武汉《新华日报》总社航运来的卷筒机纸模。广州的读者对此十分关心，纷纷来信来访。招待会由廖承志主持。当他向各界的二三百听众说明原委后，忽然有一位学生模样的年轻人高叫：“这个会是汉奸的会，楼下已集中便衣多人，要来抓你们了！”此人坐在窗台上，位置比一般听众都高，立即吸引了大家的目光。有些人跟着呼应，以驳斥的口吻高喊：“岂有此理，反对，反对！”其他一些拥挤进会场的人也开始骚动。原来这些人都是国民党派来的便衣特务。然而，顽固分子毕竟只占少数。“先生们，请大家安静！今晚这个会是共产党召开的，参加者都是爱国人士，绝对不是什么‘汉奸’！”面对已经骚动起来的场面，廖承志当机立断地说，“我刚才来开会时，楼下已有人告知我，说是有人要来镇压这个招待会。但是，我不相信会发生这样的事情，因为现在是国共合作，全国总动员，实行抗日救亡，在此民族生死存亡之秋，不能不坚持团结，同仇敌忾，国民党当局是绝不容许这样做的。……虽然如此，我们也应该感谢刚才发言的那位青年学生的好意告诫，不过我们仍然请他放心好了。”萧任统、莫富图、陈奋顷、莫荫荷、莫完玉等望着廖承志那沉稳的面容，不禁由衷钦佩。他们想，像这样突如其来的顽固分子有计划的阴谋活动，是很不容易对付的，但廖承志凭着从容不迫、捷才睿智的政治家风度，却干脆利落地将其一举击破。他们因此和全场广大与会者一起，热烈地鼓起掌来。

最后，廖承志建议由原香港《大众日报》主笔任毕明即席草拟快邮电报，呼吁国民党当局立即释放无辜被拘押的“民先队”代表，同时撤销对《新华日报》广州分馆停业三天的无理处分。任毕明当场迅速拟稿，当众宣读，全场鼓掌通过。

会后，办事处通过与国民党多次谈判，成功释放出关押在牢狱的300多名红军和群众。

10月，为纪念鲁迅逝世两周年，广州又进行了一系列纪念活动。大家认为，当此广州沦陷、汉口危急，中华民族与侵略者作殊死战以求解放独立之严重关头，追念鲁迅之生平事业，继承其未竟遗志，意义之重大非可言喻。

文献4

第二次国共合作在增城（节选）①

陈冠中

……

四、秘密而又全面的合作

由于中共领导的东江华侨回乡服务团增龙队全面贯彻了党的统战政策，为增城国统区和沦陷区的各阶层人士做了大量的工作，取得了一定的成绩。特别自一九四〇年中共成立增城县委及以后扩大为增、龙、博中心

---

① 收录于增城县政协文史资料研究委员会编：《增城抗日烽火》，1987年，第21—31页。

县委，加强了统战工作的领导，李东林出任国民党县党部书记长后，增城的国共两方出现了全面合作的局面。

……

（二）成立党政军联合办事处。

王新民先调来县任动员委员会秘书，后这个机构撤销，成立党政军联合办事处，李东林任主任、王新民任秘书。何君侠由李东林、王新民介绍任总干事，女共产党员莫惠行、许静文、梁少立等分别参加各级妇女会工作。

……

（六）建立农会和妇女会。

在国统区、敌扰区，由于各地的党组织的大力支持，很多乡村成立了农会和妇女会的组织，开展为群众谋福利的工作。如派潭梅东乡成立乡农会，推行二五减租，在湾下圩召开近千人的动员会，由地下党员、乡农会负责人主持大会，会后群情高涨，纷纷回去贯彻执行，这样的大会是从来没有过的。腊圃地区竹坑村，在春荒期间，谷价飞涨，贫苦农民嗷嗷待哺。在当地的党组织的大力推动下，召开村民大会，订出限谷价具体办法，得到广大群众的热烈拥护，坚决同不法地主、投机商人作斗争，把飞涨的谷价稳住，解决了贫苦农民渡［度］荒问题，斗争取得胜利。

派潭车洞妇女会，在当地党组织的深入发动下，组织妇女上夜校，学习文化知识。为了解决办夜校的经费问题，她们敢于向一块所谓“死人田”（据说谁耕谁死人）开荒，结果种出了粮食，既解决了经费，又破除了迷信，还组织她们做布鞋，送上前方慰劳游击战士。

……

（选自《广州文史资料》，转载时略有删节）

深　圳

深圳妇女政治资料

文献1

第三章　全民族抗日战争时期（节选）[①]

第一节　深圳地区党组织的重建和抗日武装的建立

……

五、华侨港澳同胞对深圳地区抗战的支援

1938年10月，东江下游地区沦陷的消息传到海外，南洋侨胞无不义愤填膺，纷纷行动起来，开展救国救乡活动。12月中旬，在中国共产党的推动和支持下，南洋惠侨救乡会和香港惠阳青年会、余闲乐社、香港海陆丰同乡会等爱国团体的代表在香港开会，决定成立东江华侨回乡服务团（简称“东团”），在香港设总团部办事处；确定以“动员东江群众协助军队及人民武装抗战，并拯救伤兵难民及辅导民众组织各种救亡团体”为宗旨。[②]12月下旬，东团总团部办事处在香港正式成立，负责与南洋惠侨救乡会联系，动员组织华侨和港澳爱国青年回乡参加抗战，保证团员的活动经费和物资供应。办事处主任刘仁铨，副主任曾寿隆、孙石。

1939年1月2日，香港惠阳青年回乡工作团在坪山学校举办训练班，学习内容有新三民主义、抗建纲领、抗日民族统一战线、游击战争、民运工作等课。讲课人有曾生、郑晋、卢伟良、陈铭炎，参加训练的有当地党

---

① 收录于深圳市史志办公室著：《中国共产党深圳历史》第一卷（1924—1950），中共党史出版社，2012年，第98-104页。

② 《东江华侨回乡服务团章程》，中共广东省委党史研究委员会、中共广东省委党史资料征集委员会合编：《广东华侨港澳同胞回乡服务团史料》，广东省内部刊物1985年版，第54页。——原书注

员和工作团成员共 100 多人，还吸收坪山学校高年级的学生作旁听生。训练班总负责人是刘宣、黄国伟。1 月中旬，东团总团部办事处成立之后，即以香港惠阳青年会、余闲乐社和海陆丰同乡会所组织的回乡救亡工作团为基础，在惠阳县的淡水正式成立“东江华侨回乡服务团”。团长叶锋，副团长刘宣。

在中共东南特委和东江特委的领导下，东团的活动得到东江人民的大力支持，国内外爱国青年踊跃参加东团活动，队伍不断扩大，很快建立了惠阳、海陆丰、博罗、紫金、河源、龙川、和平 7 个分团和东（莞）宝（安）队、增（城）龙（门）队、两才队、文森队、吉隆坡队以及东江流动歌剧团，人数也迅速地增加到 500 多人，活动范围遍及惠阳、紫金、龙川、海丰、陆丰、博罗、河源、龙门、增城、东莞、宝安、连平、和平等 13 个县和惠州市。该团内成立中共党组织。其中，东宝队在东莞、宝安一带活动，队长王启光，支部书记祁烽，副队长卢克敏。

东团团员们携带华侨捐献的物资，广泛深入城乡，慰问饥寒交迫、伤病侵扰的同胞，发放救济粮食和衣物，免费给伤、病员治病，鼓励受难的同胞行动起来，保卫家乡。与此同时，他们还广泛开展工作，通过写标语、画漫画、出墙报、发传单、演出抗日救亡戏剧，控诉敌人罪行，动员群众奋起抗日。仅一年时间，抗日救亡团队出版专刊和宣言 2500 份，宣传演出 150 场次，观众达 12 万人次。此外，还通过节日纪念召开群众大会，举办战时小学识字班、民众夜校，设立阅览室、文化站，举办座谈会，深入各家各户谈心等形式，宣传抗日救国道理，动员群众组织起来，抗战到底。到 1940 年初，参加夜校学习的人数达 5000 人以上。东江流动歌剧团巡回演出行程 2000 多华里，演出剧目 40 多个，演唱抗日歌曲 70 多首，以生动的艺术形象，控诉敌人的罪行，激发群众的爱国热情，深受群众的欢迎。经过他们广泛宣传、发动，东江各县抗日救亡群众团体纷纷组织起来。到 1940 年初，仅东团各团队组织起来的群众就达 1 万多人。在群众广泛发动起来的基础上，东团各团队还通过组织打猎队、联防队、自卫队等各种形式，将农村民间枪支动员出来，用以武装青年组织抗日自卫队。东团各团队在东江地区各县，都以民众自卫武装形式，建立了各种类型的抗日武装队伍，为东江人民抗日武装的建立准备了力量。

募捐筹措资金支援祖国抗战，是海外华侨和港澳同胞支援祖国抗战的主要形式。抗战爆发后，华侨和港澳同胞举行的筹赈运动连续不断，抗日捐款形式多样，有月捐、难童捐、救灾捐、购机（飞机）捐、寒衣捐、劳军捐、特别捐和献金、义卖、义演等。吉隆坡华侨组织的“马华蜜蜂歌剧团”和加影华侨组织的“前卫剧团”，在马来亚各地进行义演募捐。各华侨学校也组织师生义演筹款，不少富裕的华侨一次就拿出几百元，几千元甚至几万元。有的贫穷华侨变卖家产，有的家庭妇女把首饰、嫁妆等贵重物品，甚至把结婚时丈夫送的纪念物品也拿出来拍卖捐献。特别令人瞩目的是不少中小学生组织了一支支卖花队，走街串巷，到处可听到义卖的叫喊声。

1939 年 2 月 25 日，南洋惠侨救乡会在吉隆坡惠州会馆召开南洋各埠惠州同侨第二次代表大会，决定在南洋进一步发动义捐，将所捐资金的 40% 献给新四军，40% 献给惠宝人民抗日游击总队，20% 作为惠属难民救济金。会后，各地分会立即行动起来掀起募捐热潮。在饯别回国服务团团员的宴会上，救乡会主席黄伯才当席就认捐功币 5000 元。在他的带动下，仅几分钟时间，其他到会者就捐资 6400 多元。据统计，从 1937 年至 1941 年，南洋救乡总会共捐献和筹集资金 3.8 亿元（国币）。1939 年初，海外华侨寄给宋庆龄转交给曾生部队的捐款一次就达港币 20 万元。东团两才队、文森队、吉隆坡队回国带回布匹、衣物、药品及其它用品不计其数。1940 年以前，曾生部队所用的被服、军鞋、药品等物资，主要来自华侨和港澳同胞的捐献。

除募捐财物与资金救国助战外，许多华侨和港澳爱国青年同胞还纷纷回国回乡参军参战，出现了父母送子女、妻子送丈夫、夫妇同行上战场、家长带领全家一起回国回乡参战的热潮。最令人感动的是带领全家走上抗日救国战场的香港同胞、女教师李淑桓（人称“郭太太”）。这位富有崇高爱国主义精神的知识分子，生有 6 男 1 女。抗战爆发后，长子郭显承（郭宽成）北上延安，参加抗战；女儿郭云翔（郭锦霞）参加了香港惠阳青年会回乡救亡工作团；仅隔两个月，又将年仅 14 岁的郭显怡（郭际）送到惠宝人民抗日游击总队。1939 年 5 月，李淑桓随同慰问团来到坪山游击区看望儿女，深为东江人民抗日救亡的爱国主义精神所感动。回到香港后，又动员她的一对孪生子郭显和、郭显乐参加东江游击队。1940 年 3 月，郭显和、郭显乐在战斗中双双英勇献身。李淑桓虽然无比悲痛，但又毫不犹豫地把三儿子郭村送上战场。1941 年初，丈夫去世后，李淑桓化悲痛为力量，带着年仅 11 岁的小儿子郭显隆（郭厚智）投奔东江抗日游击队。1941 年 10 月 6 日，以教师职业为掩护从事抗日救亡工作的李淑桓，在国民党顽军进攻大岭山时，不幸被捕，壮烈牺牲，年仅 41 岁。革命母亲李淑桓带领全家投身于抗日战场的动人事迹，是港澳同胞和海外侨胞爱国爱乡、保家卫国的伟大爱国主义精神的最生动的体现。据不完全统计，抗战期间，先后参加东江人民抗日武装的华侨和港澳同胞的人数在 1500 人以上。

回国回乡参加东江人民抗日斗争的海外华侨和港澳同胞，在抗日救国的斗争中，拥护中国共产党的领导，经过长期艰苦斗争的锻炼和考验，许多人参加了中国共产党，不少人成为地方党组织和抗日游击队的骨干力量，并涌现了一大批英雄人物。在八年抗战中，许多华侨和港澳爱国青年，为了拯救民族危亡，为了祖国的独立和解放，洒尽热血，英勇捐躯。为国捐躯的华侨同胞中有：钟若潮、陈廷禹、黄密、沈尔七、黄志强、陈现（陈特）、叶凤生、杨仰仁、欧仲生、颜金榜、陈耀光、黄发仔、张慕良、陈志奋、王丽、陈显、颜剑虹、罗一帆、卢鸿基、朱金玉、崔憬夷等；为国捐躯的港澳同胞中有：吴棣伍、黄坚、沈标、黄锡良、胡展光、冯克、尹林枫、陈冠时、杨扬、张金雄、陈定安、杜宏超、黎廷良、张漪芝、李锋等。这些为国捐躯的烈士，有的在战场上浴血奋战，英勇牺牲，有的身陷囹圄，坚贞不屈，英勇就义。烈士们以热血和生命，谱写出海外华侨和港澳同胞爱国主义光辉壮丽的历史篇章。

文献2

第三章　全民族抗日战争时期（节选）[①]

第二节　敌后抗日游击战争的恢复和发展

……

二、阳台山抗日根据地的建立

上下坪会议之后，广东人民抗日游击队第三大队和第五大队分别挺进东莞和宝安，开辟以东莞大岭山和宝安阳台山为中心的抗日根据地。

阳台山位于宝安西部，北与东莞大岭山遥相呼应，东依广九铁路，西临宝太公路，南接宝深公路。这时，第五大队只有30多人，而面对的却是百倍于我的强敌。日军、伪军约3000人分别驻守于宝太公路沿线的松岗、新桥、沙井、福永、西乡、南头、深圳、布吉、沙头角等据点，国民党顽军1000多人则驻守在广九铁路中段的林村、石鼓、塘厦、平湖以及观澜等地，形成了对阳台山地区的三面夹击之势。第五大队在阳台山地区开展敌后抗日游击战争，建立抗日根据地的任务极为艰难。

为了加强对路西抗日游击战争和开辟根据地的领导，前东特委于1940年10月决定组建成立以王作尧为书记、刘汝琛为副书记的中共宝安县工作委员会。工委确定了迅速发展党员和扩大部队两大任务。同月，中共平湖区委员会成立，书记刘曼之，组织委员严国珍，宣传委员刘云。区委辖平湖大村、平湖墟、元屋围、山厦村4个党支部，隶属中共宝安县工委领导。随后，布吉、木古、白石龙、乌石岩、赤岭头、弓村、杨美、水径、山厦、平湖、甘坑、雪竹径等地也先后建立了党支部。

11月，中共南方工作委员会成立，书记方方，副书记兼组织部长张文彬，宣传部长涂振农，辖广东、广西、湘南、闽西南等地的党组织，隶

---

① 收录于深圳市史志办公室著：《中国共产党深圳历史》第一卷（1924—1950），中共党史出版社，2007年，第111-114页。

属中央南方局领导。12月，中共广东省委正式撤销，成立中共粤北省委和粤南省委，均隶属南方工委领导。粤北省委由李大林任书记，下辖前东江特委、后东江特委、前北江特委、后北江特委、西江特委、赣南特委和南雄中心县委。

1941年1月，遵照中共东江前线特委的指示，撤销中共宝安县工委，成立中共宝安县委，书记刘汝琛，组织部长苏伟民，宣传部长杨凡。县委机关先后驻扎雪竹径、赤岭头、樟坑、南头、西乡等地。县委成立之初，前东特委指示要在一个月内发展一倍党员，每个党员发展1个到2个党员。宝安县委坚决执行这一指示，在一个月内从20多人发展为40多人，完成了上级要求发展党员的任务。这个月的发展，主要是依靠外来党员去发展。县委为了争取更大的发展，决定除了继续依靠当地党员去发展党员外，县委领导和外来党员到新区发展党员，建立区乡党组织，开展党的群众工作，配合部队建立乡村抗日民主政权和抗日根据地。刘汝琛、杨步尧在赤岭头，杨德元在岗头村，赵学在杨美配合部队搞民运工作，组织宣传队进行宣传，开办夜校教农民识字，进行政治教育，组织妇女会、自卫队等支持部队。至1942年下半年，宝安县已有100多名党员，比原来发展了五到六倍。

2月4日，坪山区委决定成立中共南盛乡中心支部，书记叶源，统战委员邱能，武装委员李安。同月，中共龙华区委成立，书记赵学。3月，中共龙布区委成立，书记杨德元。3、4月间，在人民抗日武装的直接领导和地方党的配合下，先后建立布吉乡、龙华乡、民治乡3个抗日民主政府，布吉乡长曾鸿文，龙华乡长卓凤康，民治乡长钟福祥。5月，区一级的抗日民主政权——龙华联乡办事处成立，主任陈坤。6月，中共龙布区委改为布吉区委，书记杨德元。

为了深入发动群众，1941年初，广东人民抗日游击队第五大队成立民运委员会，书记王作尧，副书记刘宣。民运队到龙华、布吉、石岩、观澜等地开展工作，在深圳地区地方党组织的配合下，成立农民、青年、妇女等抗日群众组织，组织8个抗日自卫队，并成立抗日自卫队总队，曾鸿文任总队长，刘宣任政训员。在部队的统一领导下，他们在各次战斗中发挥了重要作用。5月，广东人民抗日游击队第五大队已从30多人发展到300余人，共编成3个中队，组织8个民兵（抗日自卫）中队，初步建立了以阳台山为中心的抗日根据地。5、6月间，第五大队派民运队员曾文、赖子行、杨彩萍等到观澜白花洞、大水坑、库坑等地活动，先后发展周来友、曾安、黄瑞彝3人入党，成立观澜乡抗战时期第一个党小组，组长周来友。

……

文献3

第三章　全民族抗日战争时期（节选）①

第三节　敌后抗日游击战争在困难中坚持

……

四、惠宝抗日根据地的开辟

香港沦陷之后，广东沿海大部分地区也沦为敌占区。日军为进一步实行“以战养战”的方针，一方面加强对沦陷区的掠夺，另一方面对东江人民抗日根据地发动大规模的军事进攻。广东人民抗日游击总队建立初期，虽然加强了军事活动，

展开了对日、伪军的军事攻势，但以坪山为中心的惠宝边敌后抗日根据地尚未真正形成。部队活动范围受到限制，能够控制的地区只限于梧桐山以东、葵涌以西、坪山以南至沿海一带约800平方公里的地区，回旋余地很小。

为了有利于打击日伪军的“扫荡”和反击顽军的进攻，取得大鹏湾海域的控制权，进一步巩固和扩展惠宝边敌后抗日根据地，广东人民抗日游

① 收录于深圳市史志办公室著：《中国共产党深圳历史》第一卷（1924—1950），中共党史出版社，2012年，第132−135页。

击总队作出加强惠宝边的军事力量，扩展惠宝边敌后抗日基地的决策。一是西向梧桐山周围扩展，力求全面打通与宝安阳台山抗日根据地的联系，同时打通与港九大队的陆上联系，形成与阳台山抗日根据地相互策应之势；二是东向大鹏半岛扩展，建立游击队基地，确保与大鹏湾海域活动部队的联系，增强海上活动，为进一步控制大鹏湾海域创造条件。

根据惠宝地区日伪顽混杂的斗争形势，地方党组织和部队进行了认真研究，决定采取“利用矛盾，争取多数，孤立少数，各个击破”的方针，在积极打击日伪军的同时，对相互间存在尖锐利益冲突的国民党杂牌部队实行争取与打击相结合的办法，打击顽固派，争取改造中间派，扩大人民抗日武装力量，建立和巩固大鹏半岛抗日基地。1942 年 2 月 11 日，广东人民抗日游击总队集中力量在葵涌围攻盘踞大鹏半岛的国民党杂牌部队梁永年大队的 1 个加强连，毙伤敌 50 余名、俘敌 10 余名，迫使梁永年部撤往澳头。3 月，为了争取杂牌部队王竹青大队抗日，地方党组织在保持人民抗日武装独立性的原则下，决定将茜坑、马鞍岭抗日自卫队、长杆队和塘埔抗日自卫队，以 3 个中队名义编入王竹青大队，驻防葵涌一带。4 月 12 日，编进王竹青大队序列的刘培中队 1 个小队和 1 个班，在关湖海滩阻击企图登陆的日军，毙伤敌人 10 名。第二天，在沙鱼涌缴获伪军陈乃秀机帆船 1 艘，俘伪军 8 人。

惠阳大队成立后即主动出击，频频打击日伪军，取得不少战斗的胜利。5 月 13 日晚，惠阳大队主力在大队长彭沃和副大队长高健的率领下从坑梓向碧岭村进发。14 日凌晨 4 时许，抵达碧岭村，接到村长送来的情报，获悉驻横岗的日军当天要到碧岭抢粮，遂决定在横岗东北面约 5 公里的铜锣径伏击日军。铜锣径是横岗到碧岭的一条峡谷，地形险要。其北面拳禾嶂山势陡峭，难以攀登；南面打鼓嶂有小树林，便于兵力隐蔽，是埋伏用兵的理想之地。惠阳大队到达碧岭后，进入打鼓嶂山谷隐蔽。上午，驻横岗日军出动 70 多人的马队向碧岭村开来。彭沃、高健经认真分析，认为日军轻装出动抢粮，当天必定返回横岗，因此决定待日军运粮负重行动返回时，乘其不备予以打击，并决定由第一、第二小队担负伏击主

攻任务，

第三小队负责戒备监视横岗方向敌情。下午 3 时，日军从碧岭抢粮返回，进入伏击圈。彭沃一声令下，担负主攻任务的第一、第二小队机枪、步枪、掷弹筒一齐攻击，以密集的火力突然射击敌人。日军毫无戒备，顿时阵脚大乱，人仰马翻。战斗进行 30 多分钟后，横岗增援的日军与担负戒备的第三小队开始交火。这时，歼敌的目的已达到，为避免腹背受敌，惠阳大队主动撤出战斗，向打鼓嶂山顶转移。此战，毙伤日军 30 余人，击毙战马 10 余匹，缴获战马 3 匹。惠阳大队战士黄明、林平、张达生在战斗中英勇牺牲。铜锣径伏击战不但打击了日军的嚣张气焰，而且大大地鼓舞了抗日军民的胜利信心，为惠宝敌后游击根据地的建立和发展起到重要作用。

为了开辟惠宝敌后游击根据地，惠阳大队在对日伪顽作战的同时，还组织民运工作队深入乡村宣传，发动群众，组织青年参军参战。中共前东特委与总队政治部从地方党以及海外归来参加部队的党员中抽调了一批素质较强的党员充实民运工作队，各队队长多是区委一级干部。部队党组织围绕着巩固中心地区和扩展梧桐山周围及大鹏半岛地区，组成了坪山、坑梓、横岗、西坑、田心、盐田、大鹏、龙岗、新墟、坪地等 10 个民运工作队，形成了整个惠宝边区的民运工作网。同时，地方党组织成立龙横坪民运队中心支部，支部书记廖荣铿、组织委员叶宋辉、宣传委员张启秀，属部队党组织领导，龙横坪中心支部领导地方党支部 11 个、党小组 2 个，共 60 多名党员。

同年秋，广东人民抗日游击总队部决定开辟梧桐山游击区，惠阳大队派民运队先进入盐田、横岗地区开展群众工作，后又向沙头角、莲塘、莲麻坑、沙湾推进。民运队员充分发扬了党的艰苦奋斗、密切联系群众的优良作风，深入广大农村，通过各种形式开展宣传工作，提高群众的政治觉悟和抗日积极性，把群众发动和组织起来。为了开辟新区，部队未到，民运队首先进入，在发动群众的基础上，以护路队、护青苗队、联防队、姐妹会等组织形式，把群众组织起来，为部队的进入打好群众基础。经过一段时间巩固以后，进而组织抗日自卫队、青年抗日先锋队、妇女会、儿童团等群众组织。民运队还在群众积极分子中发展党员，建立党的基层组织，建立乡村基层抗日民主政权，统一领导各种群众组织，开展各方面的工作。经过艰苦细致的工作，局面很快就打开了。

同时，惠阳大队主力于 10 月初向西转移，10 月 10 日首先在盐田坳背桥歼灭伪军 1 个班，驻盐田日军 1 个小队退回沙头角，盐田宣告解放。为了加强宣传工作，惠阳大队还组织了一支有 20 多人的宣传队，由邝逸任队长。宣传队经常进入敌占区，以唱歌、表演节目进行抗日宣传活动，促使人民群众抗日热情日益高涨。随着军事斗争的胜利和民运工作的加强，部队不断发展壮大，党的基层组织普遍建立起来，以坪山为中心的惠宝抗日根据地进一步得到巩固和扩大。

文献4

第三章　全民族抗日战争时期（节选）①

第五节　深圳地区抗日民主政权的建立和各项建设

……

二、抗日根据地的群众工作与统战工作

为了巩固和壮大人民抗日武装及抗日根据地，安定根据地人民群众的生活，路西、路东解放区各级民主政府成立后，都十分重视拥军优属工作的开展。

东宝行政督导处建立后，积极开展拥军工作。一是动员参军，动员广大青年踊跃参加东江纵队，参加民兵，使民兵队伍不断发展壮大，保证部队兵员补充的需要；二是建立交通情报网络，深入日伪内部收集情报，在

① 收录于深圳市史志办公室著：《中国共产党深圳历史》第一卷（1924—1950），中共党史出版社，2012 年，第 174–178 页。

国民党统治区也设立情报站收集顽军的情报，将情报提供给部队；三是帮助部队购买武器弹药和运输军粮，建立军械厂，帮助部队修理枪械；四是动员群众组织担架队，为部队运送伤病员，掩护部队治疗护理伤病员；五是组织群众支援部队，慰劳部队，为部队战士缝制衣服、军鞋，捐献物品、食物；六是发动群众交纳公粮，解决部队的生活给养，保障部队的供给。此外，各级抗日民主政权还组织变耕队，帮助军烈属解决劳动力不足的困难；对抗属公粮实行减免征收的政策，同时组织慰问抗属，帮助抗属解决各方面的困难。

路东行政委员会在农村普遍组织“献谷委员会”，动员群众给部队捐献粮食。横岗、坪山、龙岗、坑梓等地先后成立“献谷委员会”，各乡村分别召开乡民献谷大会，广大群众争先恐后地为部队捐献粮食。坪山乡的群众捐献粮食的行动最为踊跃，在乡长廖其谷、陈伟的带领下，在“献谷”的群众大会上，捐献粮食的群众争先恐后，当场就献谷 1500 担，代金 10 万元。1944 年 7 月 7 日，在纪念抗战七周年的大会上，解放区民众一致通过《拥军公约》。秋收期间，敌伪在宝太线、莞太线、莞龙线一带抢夺粮食，勒收禾花。东纵即在各地广泛组织民众进行斗争，保卫秋收。部队还组织大规模的割禾队，突击帮助群众抢收。群众秋收不忘部队，积极缴交抗日公粮，掀起献粮热潮。

12 月 2 日，路西东宝地区和路东坪山军民分别举行隆重集会，庆祝东纵成立一周年。曾生、尹林平、杨康华分别在庆祝大会上发表讲话，回顾总结东纵成立一年来的斗争过程和所取得的成绩。各区群众热烈劳军，其中宝安黄田乡群众捐献棉衣 100 件。

抗日民主政权在武装斗争中诞生，在战争环境里执政，所以必须有自己的武装力量，才能保卫政权，巩固政权。路西解放区东宝行政督导处成立后，原宝安大队的主要干部转入地方，在督导处成立警卫连，在区、乡抗日民主政府组织 1 个班或 1 个小队的脱产武装。各区、乡普遍成立民兵组织，区有基干民兵，成立民兵大队；乡、村有普通民兵，乡成立民兵中队，村成立民兵小队。路西解放区共有民兵 7000 人。路东解放区则于 1945 年 4 月正式成立了人民抗日自卫总队，由叶锋任总队长，蔡子培任副总队长。此外，还组织了海上渔民抗日自卫队、盐民抗日自卫队以及惠淡、坪山抗日自卫大队和土洋、葵涌、坑梓、横岗等区乡的抗日自卫中队。路东解放区共有民兵 3000 多人。路西、路东解放区民兵武装担负着锄奸、清匪、缉私和协同部队作战等任务。有的区还以若干乡为单位，建立抗日联防自卫委员会，一乡有事，八方支援。路西、路东解放区形成了民兵、地方武装和主力部队三级武装，互相配合，开展人民战争，打击敌人，保卫解放区。

为了把广大妇女组织起来，东江纵队政治部发出《关于发展本区妇女运动的指示》，指出妇女运动中的主要工作是：动员与组织妇女参加生产，改善妇女生活，发展解放区经济；广泛组织妇女团体，提高妇女的社会地位，保障妇女切身利益，提高妇女的参战热潮；大力开展妇女识字运动，提高妇女觉悟，动员妇女帮助扩军工作；进行拥军优抗工作，帮助抗属生产，解决抗属生活的困难。1944 年冬，东宝地区妇女抗日总会成立，各区、乡也相继建立了妇女组织，积极发动妇女开展生产互助和参加政权活动，动员妇女鼓励丈夫儿子参军参战，使解放区到处呈现出“男儿上战场，妇女多打粮”的新气象。各区乡的妇女群众在党支部的领导下，响应中共中央“增加生产，厉行节约，支援前线”的号召，为部队指战员缝军衣做军鞋，热情慰劳抗日游击战士。各地妇抗会还积极配合学生做纸花等手工艺品进行义卖，将义卖所得捐献给部队。当东江纵队部队驻扎乡村时，妇抗会立即组织群众慰劳部队，主动为部队打扫住所，自动拿出床板、木板、稻草给战士铺垫床位。不少妇女走出家门、走向前线，参加战地救护工作，护理伤病员，积极拥军支前，为抗战的胜利做出积极贡献。

为了动员和团结一切爱国力量参加抗日斗争，更好地贯彻执行党的抗日民族统一战线政策，巩固和发展抗日根据地，各级抗日民主政府先后召开有各阶层、各党派和无党派人士参加的国事座谈会，共同商讨民主建政。

1945 年 3 月 30 日至 4 月 1 日，中共广东省临时委员会根据中共中央关于建立东江解放区抗日民主政权的指示，以东江纵队政治部名义，在惠阳县约场乡召开东江解放区路东地区各界人士国事座谈会。出席座谈会的代表 350 多人，他们当中有各阶层、各党派及开明绅士、名流学者的代表，已建立政权的各区乡的农、青、妇抗日群众团体的领导人，还有路东解放区党政军负责人叶锋、张持平、蓝造、蔡子培、廖荣铿及当地农民领袖李顺等。座谈会由尹林平、曾生主持。尹林平代表广东省临委、东江纵队政治部作国际国内形势报告，东江纵队司令部秘书长饶彰风代表东江纵队政治部解释中共提出的东江解放区施政纲领。国事座谈会发扬民主，广泛听取和征求各界人士对根据地政权建设、民主政治、土地政策、人民权利、劳资关系、经济建设、文化教育、财政税收等问题的意见和建议。参加座谈会的各界人士代表为中国共产党的热情、诚恳及尊重各界人士、尊重民意的精神所感动。到会代表一致拥护中国共产党在东江抗日根据地所施行的各项方针政策，不仅在原则上赞成而且对如何具体执行也提出了意见，如实行的土地政策、减息减租、退租退息的办法，提议地方政权主持成立有农民和地主共同参加的仲裁委员会，仲裁双方意见，采取调处、照顾、团结双方的办法，以利于团结一致，共同抗战。在中国共产党的真诚感召下，各界人士代表敢于将心中疑虑尽情倾吐，并对中国共产党统一战线方针、抗日救国十大纲领和各级党政军实行简政亲民、廉洁奉公、克服官僚主义作风等方面，畅谈自己不同意见，提出诚恳的批评和建议。这次座谈会，进一步宣传了中国共产党民主建政的基本思想，坚定了各界人士代表对民主建政的信心，使各界人士对中国共产党的政治主张更加理解，对共产党人更加信赖和尊重。这次座谈会，是东江抗日根据地实行民主建政的开端。

4 月 10 日至 13 日，东宝行政督导处在宝安公明水贝村召开路西国事座谈会。到会代表既有各阶层的知名人士代表，又有农工兵学商的代表；既有民主政权各级领导干部，又有各人民团体的代表，还有宗教界代表和国际友好人士，共 248 人。会议决定：(1) 动员全区人民团结起来，一致抗日，争取最后胜利，并发表告全区人民书；(2) 通过路西的建政纲要；(3)

继续开展减租减息运动，并在这个基础上，农民保证交租交息，做到主佃两利，团结抗战；(4) 发展生产，改善人民生活，支援东江纵队的给养；(5) 成立东宝路西地区生产建设委员会，聘请各阶层人士参加，并发行 1 亿元的生产建设公债，作为发展本地区农工业生产之用。[①]

路东、路西国事座谈会的召开，使抗日根据地进一步掀起了民主建政、减租减息、拥军优属、建立农民抗敌会、动员广大农民参军参战、扩大武装力量的热情，为夺取深圳地区抗日游击战争的胜利，为根据地的巩固和发展发挥了积极的作用。

文献5

第三章　全民族抗日战争时期（节选）[②]

第六节　夺取抗日战争的最后胜利

……

二、惠东宝抗日根据地的巩固和发展

根据土洋会议精神，东江纵队的主要任务是在巩固和发展惠东宝抗日根据地的基础上，首先集中主力向北挺进，创建东江、北江间的抗日根据地，同时积极组织力量向东发展，创建东江、韩江间的抗日根据地，全面发展东江敌后游击战争。1944 年 9 月，东江纵队决定对部队进行整编，建立支队的编制。在路西，以东莞大队、宝安大队、第三大队一部为基础，组建第一支队，支队长卢伟良，政委陈达明。在路东，以惠阳大队、铁东大队、独立第三中队等部为基础，组建第二支队，支队长蔡国梁，政委张持平。以主力第五大队为基础，并从路西抽调一个新兵大队，组建第三支

① 《东宝行政督导处统战工作片断和体会》，《深圳党史资料通讯》总第 15 期（1985 年 8 月），第 3 页。——原书注

② 收录于深圳市史志办公室著：《中国共产党深圳历史》第一卷（1924—1950），中共党史出版社，2012 年，第 194−199 页。

队，作为超地区性作战的主力支队，支队长彭沃，政委陈志强。港九大队改称为独立第一大队，活动于香港、九龙、新界及附近海面；独立第二大队、独立第三大队活动于增城、博罗和广州近郊一带；护航大队改编为独立第四大队，活动于大亚湾、大鹏湾，惠阳、海丰交界的平海、稔山等地沿海。

为了团结一切可以团结的力量共同抗日，争取抗日战争的最后胜利，东江纵队司令部根据中共中央"发展进步势力，争取中间势力，孤立顽固势力"的抗日民族统一战线政策的总方针，积极开展统战工作，争取了中国农工民主党李伯球掌握的大鹏联防自卫队的支持和共同抗日。12月，东江纵队决定以东纵护航大队为主体，联合中国农工民主党领导的大鹏联防自卫大队和澳头乡、万年乡自卫大队等，组成大亚湾人民抗日自卫总队，陈友芳任总队长，曾源任政委，叶基任副总队长。总队下辖5个大队：独立第四大队，叶基任大队长，曾源任政委；第三大队，大队长吴海，政委黄秉；大鹏联防大队，张平任大队长兼政委；万年乡自卫大队，陈可永任大队长；澳头乡自卫大队，卓绍基任大队长，李覃桂任政委。这是一支由中共领导的、统一战线形式的、团一级的抗日武装，活动于大鹏湾沿岸的海域。

在积极发展人民抗日武装的同时，深圳地区党组织和抗日民主政权的建设也得到进一步加强。1944年秋，县特派员王士钊在龙华乡弓村周家祠主持举办区一级的党员干部学习班，时间七八天，参加学习的有麦尧、阮洪、梁忠、周吉、刘贵就等5位同志。学习内容是：政治形势、党的基本知识和汇报总结工作，研究如何开展党的工作。学习结束后，他们根据各区的具体情况，采取灵活方式，对党员继续进行教育。10月10日，大鹏地区抗日民主政权——路东新一区抗日民主政府成立，区长赖仲元。同时成立中共路东新一区委员会，书记赖仲元，组织委员彭明，宣传委员王舒。区政府成立后，将民兵常备中队与农工民主党掌握的联防中队合并，成立大鹏抗日游击独立大队，由张平任大队长兼政委，直属区府领导；还先后建立了南坪、水上、葵华3个乡的民主政权。至此，区府辖属的大鹏地区6个乡已全部建立民主政府。10月，东纵第一支队设宝（南头）深（深圳）线特派室，军事特派员郑珠明，政治特派员张斌，管辖宝深线和广九线平湖至深圳地区。11月初，县副特派员黄树楷到龙华乡赤岭头村，召集何伯琴、周吉、何富儒、周振熙了解工作情况，研究如何加强党的活动以及如何配合部队和政府做好工作等问题。同时为了加强党对乡政府的领导和有利于开展上层统一战线工作，黄树楷指示何伯琴、周吉、何富儒、周振熙等4位同志组成党支部，何伯琴任书记。同年冬，坪山乡、南强乡将原来的“白皮红心”政权公开为抗日民主政权。接着，定南、坑梓、龙岗、沙湾、东和等乡也相继成立抗日民主政府。

11月，中共路东县委成立，蓝造任书记，辖惠阳县及广九铁路以东的宝安、东莞部分地区的地方党组织，隶属中共东江前线临时工委领导。同时，中共路西县委也宣布成立，黄树楷任书记，辖广九铁路以西的宝安、东莞两县地方党组织，隶属中共东江前线临时工委领导。随着形势的发展，地方党组织的活动形式也有所改变，党员逐步改单线联系为支部活动。1944年底至日本投降前，地方党的主要工作是：配合抗日民主政府完成各个时期的中心任务，如减租减息、征收公粮等；协助抗日民主政府恢复和建立农抗会、妇抗会、教师会、自卫队等各种群众组织；在斗争中物色培养建党对象。

1945年1月1日，坪山地区抗日民主政权——路东新二区抗日民主政府成立，区长廖荣铿，参议长陈大球，副参议长何绍琪。区政府成立后，建立民兵大队。接着，坪山成立自卫大队，土洋、葵涌、坑梓、横岗等先后成立脱产的自卫大队，同时还成立坪地乡政府。至此，新二区政府下辖坪山、南强、定南、坑梓、龙岗、沙湾、东和、坪地等8个乡政府。

1月，经中共广东省临委批准，撤销中共东江前线临时工作委员会，重新成立中共东江前线特别委员会（简称“前东特委”），黄宇任书记。2月15日，中共路东新二区委员会成立，区委书记叶源，委员叶茵（负责组织）、曾文贵（负责宣传）、廖荣铿（负责政权）。区委下辖8个乡党支部，各乡支部书记由党员乡长兼任。全区共有党员100多人。区委成立后，实行党政军一元化领导，原来由部队联系的地方党员，由潘清统一转交给叶源。区直属武装有 1 个中队，共 100 多人，后来发展到 1 个大队，李奕清兼大队长，叶源兼政委。

4 月，东江纵队政治部根据中共中央关于“抗日统一战线政权的施政方针，应以反对日本帝国主义，保护抗日的人民，调节各抗日阶层的利益，改良工农的生活和镇压汉奸、反动派为基本出发点”[①] 的指示精神和“孙中山先生的三民主义，本党中央的抗日民族统一战线方针，抗日救国十大纲领，及国民政府抗战建国纲领，实际情形”，[②] 提出了包括有坚持抗日民族统一战线、实行民主政治、人民权利、土地政策、改善劳资关系、发展生产、财政税收、战时教育、男女平等、优抚抗属、社会救济、没收日伪汉奸土地财产、肃清汉奸特务等主要内容的施政纲领。惠东宝抗日民主政权施政纲领的颁布和实施，对于巩固和发展抗日民主政权，巩固和扩大抗日根据地起着重要作用。它标志着惠东宝抗日民主政权和抗日根据地的建设发展到一个新的阶段。

随着形势的变化，中共广东省临时委员会于 4 月决定，撤销原属地方党组织的路东县委，建立党政军一元化领导的中共路东县委，由广九铁路以东的部队党员领导干部和惠阳县及东莞、宝安两县地方党组织的部分领导干部共同组成，东纵二支队政委张持平兼任书记，隶属中共东江前线特委领导。5 月，东宝路西党组织在燕川村召开会议，传达党中央关于抗日根据地实行党政军一元化领导的指示和中共广东省临时委员会的决定，宣布撤销原属地方党组织的路西县委，成立党政军一元化领导的中共路西县委，书记由东纵一支队政委陈达明兼任，委员有古道（组织部长）、谭天度（宣传部长）、何鼎华、王士钊（政权部长）和地方党的黄树楷（民运部长）等 6 人。地方党由黄树楷负责，谭天度、何鼎华、王士钊抓政权工

---

① 《抗日根据地的政权问题》(1940 年 3 月 6 日)，《毛泽东选集》第 2 卷，人民出版社，1991 年版，第 743 页。——原书注

② 《东江纵队政治部对于建设惠东宝路东区的施政纲领》(1945 年 4 月 25 日)，《东江纵队史料》，第 550 页。——原书注

作，军队由陈达明管，军队党组织由一支队政治处管。县委组织部长除抓地方党务工作外，还要了解和指导部队党务工作。

惠东宝抗日根据地军民在党的领导下广泛开展敌后抗日游击战争，进一步巩固和发展了抗日根据地，壮大了部队，实现了土洋会议的战略目标，密切配合东江纵队北上和东进部队的战略行动，为开辟新的根据地创造了条件。

文献6

第四章　解放战争时期（节选）①

第一节　党为争取实现和平民主而斗争

一、抗战胜利后深圳地区的局势和党的工作

抗战胜利后，人民革命斗争进入新的历史发展阶段。在新的历史阶段中，中国将向何处去？这是中国共产党和全国人民关心的首要问题。

为了回答这个问题，在日本宣布投降的前夜，毛泽东就在延安干部会议上发表题为《抗日战争胜利后的时局和我们的方针》的演讲。在演讲中，毛泽东告诫全党和全国人民“必须清醒地看到，内战危险是十分严重的”。毛泽东总结了中国人民同帝国主义和国民党统治集团长期斗争的经验，指出中国共产党和全国人民同美蒋反动派的斗争方针必须是“针锋相对，寸土必争”。为了维护人民的根本利益，必须以革命的两手反对反革命的两手，即一方面领导全国人民尽力争取和平民主，另一方面对以蒋介石为代表的国民党统治集团发动内战的阴谋有充分的认识，不抱幻想、不怕威胁，准备以革命的战争打败反革命的战争。“总而言之，我们要有准

① 收录于深圳市史志办公室著：《中国共产党深圳历史》第一卷（1924—1950），中共党史出版社，2012 年，第 220−224 页。

备。有了准备，就能恰当地应付各种复杂的局面。”① 毛泽东在关键时刻提出的基本方针和斗争策略，使中国共产党人在复杂的环境中保持清醒的头脑，对反革命内战保持高度警惕，为动员全党保卫胜利果实和争取全国的革命胜利，作了充分的思想准备。

抗日战争胜利后，蒋介石集团为了抢夺人民的抗战胜利果实，在美国的武力和经济援助下，加紧策划内战。在广东，国共两党的力量对比悬殊，国民党在经济上、政治上和军事力量上都占有绝对的优势。尤其是在军事力量上，国民党为了控制广东，把广东变为支撑全国内战的后方基地，除了原驻守在广东的第五十四军之外，又将赣南的第六十三军一五二师、一五三师，第六十五军一六〇师，驻防广西的第四十六军和第六十四军以及从缅甸归来的新编第一军调入了广东。国民党统治集团图谋利用军事上的绝对优势，以两三个月的时间，彻底消灭广东境内的人民武装，建立起独裁统治。深圳地区在抗战期间既是广东党组织领导机关的所在地，又是东江纵队开展敌后游击战争的主要根据地之一。因此，国民党广东当局一直将包括惠东宝解放区在内的东江解放区作为军事进攻的重点，投入大量的兵力，妄图一举摧毁广东党组织的领导机关，消灭东江纵队，以实现其完全控制整个广东的战略目标。

为了适应抗战胜利后的新形势，迎接新的任务，1945 年 8 月 20 日，广东区党委在《目前工作布置》中决定成立中共江南地委，由黄宇、陈铭炎、卢伟良、张持平、陈达明组成，黄宇任书记，下辖惠阳、东莞、宝安、海丰、陆丰、紫金、五华等地的党组织。9 月中旬，尹林平率领中共广东区委和东江纵队领导机关由罗浮山返回惠宝地区，同曾生会合后，接连召开了区党委会议和干部会议，遵照党中央的指示，联系广东的实际情况，作出反击国民党进攻和坚持斗争的部署，决定将东江纵队活动地区分为粤北、江南、江北和海（丰）陆（丰）惠（阳）紫（金）五（华）四个

---

① 《抗日战争胜利后的时局和我们的方针》(1945 年 8 月 13 日)，《毛泽东选集》第 4 卷，第 1123—1134 页。——原书注。

地区，建立四个地委和四个指挥部，实行党组织和部队统一的分区指挥和领导。卢伟良任东江纵队江南指挥部指挥，政委由黄宇兼任，高健任参谋长，陈达明任政治部主任，下辖第一支队、第七支队、第六团，活动地区包括广九路东、路西和惠东一带。广东区党委的战略部署下达后，东江纵队各部队在国民党军尚未发动大规模进攻之前，进行整编，将一批干部充实到战斗部队，一批干部调到城市工作，并安置了老弱病残者，减少非战斗人员，使指挥机关相对精干。原东纵第一支队转到惠阳地区活动，路西东宝地区重新成立新一支，何鼎华任支队长，古道任政委，鲁锋任支队副队长，赵督生任政治处主任，在原来东纵第一支队活动的地区坚持斗争。

9月，为了减少领导层次，广东区党委决定撤销路东县委，其原辖各区委改由江南地委直接领导。为适应国民党打内战的形势，保障党组织的安全，坪山地区党组织设二重组织，转入地下活动。江南地委二重负责人黄坚，路东县二重负责人李光，新二区二重负责人黄康。10月，宝四区委在龙华窑下召开区委和区政府领导干部会议，传达上级关于认真做好准备，对付国民党军队大“扫荡”的指示，结合区的具体情况，周密部署反“扫荡”斗争和认真研究疏散人员及组织武工队事宜，决定把观澜乡政治工作人员和已暴露的人员组成武工队，人员有黄瑞舞、黄炳森、徐马连等10人，队长黄瑞舞，属宝四区政府领导。龙华地区党组织根据宝四区区委的布置，在敌人“扫荡”前做好如下准备工作：将一些面目较红的党政人员组成武工队，龙华乡武工队负责人周吉、何富儒，民治乡武工队负责人刘鸣周，各有队员10多人；把一部分党政人员派到元朗经商，派党外开明人士吴盛堂任经理；帮助部队、政府掩埋多余的武器、物资、文件；把党支部集体活动改为单线联系。10月底至11月上旬，东宝行政督导处副主任何鼎华先后两次到宝四区检查指导工作，同区委同志开会研究敌情和对策，并派出短枪队打击敌人。

11月，中共路西县委召开紧急会议，参加会议的有古道、何鼎华、鲁锋、赵督生和王士钊，会上分析了当时内战与反内战的斗争形势，并根据党中央对东江纵队的“分散坚持，保存干部”的指示，决定采取三项紧急措施：一、老弱妇幼及非战斗人员立即疏散，撤离路西地区；如有关系，可打入国民党内部进行工作；布置王永夫妇到九龙旺角筹办“玫瑰”服装店，作为路西县委的联络点；邹远山通过宝安观澜商会会长吴盛堂在元朗开设“广益隆”米店，作为路西人员撤退的联络站。二、立即将多余的枪支弹药和物资掩藏好；把文件、枪枝、弹药和其他物品交岗头仔、木古、弓村的党员隐蔽；同时动员群众掩藏好粮食，实行坚壁清野。三、分片活动，把路西分为三片：一片以梅塘、大宝山为中心，由古道、鲁锋、赵督生率领第一支队坚持斗争；一片以龙华、布吉、观澜为中心，由何鼎华带领该区干部坚持斗争；另一片以大岭山为中心，由王士钊带领东莞新二区干部坚持斗争。

10 月 20 日，国民党广州行营主任张发奎在广州召开粤桂两省“绥靖会议”，策划对广东解放区的全面进攻，扬言在两个月内“肃清”人民武装力量。会后，张发奎调集了 8 个军 22 个师的兵力，大举进犯广东解放区。广东内战全面爆发。11 月 12 日，国民党调集新一军、新六军和五十四军 1 个师，并收编伪军麦浩、陈培等部，对路西解放区发动大规模进攻，采取“填空格”战术，村村驻兵，严密封锁，断绝交通，反复搜索，来回“扫荡”。同时恢复保甲制度，来回“扫荡”。同时恢复保甲制度，扶植区乡反动政权，妄图消灭路西部队，把解放区连根铲除。在敌人重兵压境的情况下，第一支队分散突围，转移到路东地区。23 日，为保卫路西解放区，东江纵队出击歼灭伪海联防军 1 个营。12 月 12 日，国民党新一军五十师、三十师、七战区一五四师、五十四军三十六师及杂牌军徐东来等部，大举进犯东江解放区，东江全面内战开始。国民党保安团队和地主武装摧毁民主政权，解散农会，收编伪军、土匪，组织伪联防队，实行保甲制度。解放区部队采取“保存实力，分散活动，避开敌人的锋芒”的方针，与地方政权又分又合，转入地下或半公开活动，化整为零。

在国民党军大规模进攻的情况下，江南指挥部进行部署，卢伟如、黄宇、叶锋率第一支队一部、第二支队、第七支队一部，分散在惠东宝老区坚持斗争；高健、黄高阳率第一支队一部、第七支队一部及港九独立中队，挺进惠阳、紫金一带活动。为了避开国民党军优势兵力的进攻锋芒，进行分散的自卫斗争，尹林平、曾生于12月30日做出决定：一、主力部队立即向惠紫方向突围，开辟新的活动区域；二、组织武工队，坚持斗争，保护群众，解决经济困难；三、精简人员，保存干部，适当将一些干部撤到香港及其它地区；四、原地区党组织做好顽军占领后的军政特两面工作及群众对敌工作；五、干部分散负责，曾生、黄宇、卢伟如坚持在东莞指挥反击斗争；高健、黄高阳率主力突围，地委、县委干部分散坚持斗争；六、广东区党委机关转移香港。①

人民群众积极支援部队，配合部队作战。为解决慰劳部队的经费，沙溪乡妇抗会在黄鸡妹、溜马石村开荒地20多亩，青抗会在余庆堂门前垦出荒田2亩多，种上花生和水稻等作物，生产的果实专为慰问部队使用。土洋村的群众凡遇部队驻防，就自动打扫住地，预先借好床板、门板，献出稻草给部队同志铺床，献出柴草给部队做饭。大家对部队非常热情，甚至不怕牺牲，保护革命同志，出现了不少革命堡垒户。11月，国民党驻布吉的1个加强营长途奔袭驻在土洋村的江南税务处。该村群众黄英发现后，立刻向税务处工作人员报告。税务处马上组织撤退，但由于国民党军队来得十分突然，不少工作人员来不及撤退，只好由群众掩护。有6个工作人员来到潘秀金家想继续冲出村外去，潘秀金觉得情况十分危险，便把5个男同志藏在草间的棚上，把行李埋在草木灰堆里，又用自己的衣服、围裙把另外1个女同志化装成农村妇女，躲过了搜查，安全脱险。还有一些工作人员走到群众家里，同样得到掩护而脱险。

抗战结束后，深圳地区军民在党组织的领导下，坚决执行中共中央和广东区党委分散坚持的斗争方针，与国民党军队进行了英勇的斗争，给敌人以狠狠的打击。在斗争中，虽然东江纵队大量减员，但各支队都保存了骨干队伍，为中共中央与国民党政府进行北撤谈判斗争创造了有利条件，同时也为以后的人民解放战争恢复和发展武装斗争打下基础。

---

① 《曾生、林平关于东纵对付国民党军进攻的措施问题给中共中央军委的报告》(1945年12月30日)，《南方局党史资料·军事工作》，第144—145页。——原书注

文献7

东江华侨回乡服务团（节选）①

叶　锋

“东团”成立的经过

1938年10月，日本帝国主义开始南侵。日本强盗从大亚湾登陆，他们的机械化部队沿着公路从坪山淡水分两路直扑惠州，不数日，广州也为敌人所占领。

广州沦陷，敌蹄践踏着自己的家乡，消息传到南洋各地，立即激起广大华侨保卫祖国、抢救家乡的烈焰。旅马来亚、印尼的惠州十属华侨成立了南洋英荷两属惠州华侨救乡总会，募捐了大量的物资和金钱。动员大批华侨青年回乡参加抗日救国工作。南洋华侨的抗日救国运动很快就和香港的抗日救亡力量汇集在一起，并同我们八路军驻香港办事处取得联系。早在1937年“七七”事变后，香港惠阳青年会、香港海陆丰同乡会、余闲乐社等团体在党的领导下，已经组织了回乡工作团，在海陆丰、惠州、淡水一带做抗日宣传工作，团结了沿海乡村的广大农民青年和知识青年。

当日军从大亚湾登陆之后，淡水附近的常柏田和坑梓乡的农民夜校青年，以及大鹏、坝光海岸读书会的青年，纷纷成立抗日自卫武装。广州沦陷后的1939年春，南洋惠侨救乡总会派回来第一批由八十多名华侨青年组成的吉隆坡队回到祖国，他们带回广大华侨的救国热诚和大批药品、棉衣等物资。大部分青年一到达坪山，就要求参加我们党所领导的抗日游击队。一部分人则代表华侨分赴遭受日军烧杀的各乡去慰问难胞。随后回来的华侨青年有加影队、双峨月队，以黄伯才、张郁才两位侨领出资组成的两才队，和以官文森先生独资组成的文森队（全是女同志），还有暹罗队、

① 收录于刘中国、余俊杰等编：《白石龙文钞》，花城出版社，2015年，第203—208页。

越南队等。他们是那里的橡胶园工人、机械工人、矿工、汽车司机和贫苦的中小学教员、学生等。他们在海外出生，没有回过祖国。在回国的途中，他们都深情地唱着《再会吧，南洋》那首歌曲，互相勉励回到祖国将以生命来保卫可爱的家乡。他们同香港回乡青年汇合后，为统一指挥、统一行动，组成了东江华侨回乡服务团。原香港惠阳青年会和海陆丰同乡会的回乡工作团，分别成为“东团”的惠阳队和海陆丰队。这个抗日救乡的团体，一开始就在党的直接领导下，在东江前线开展抗日斗争。

东江华侨回乡服务团成立之后，迅速派出工作团到东江各县，包括惠阳第一团、海陆丰第二团、博罗第三团、紫金第四团、河源第五团、龙川第六团、和平第七团，还有增（城）龙（门）队、东（莞）宝（安）队、两才队、文森队、东江流动剧团等，人数共五百多人。“东团”总部设在惠州城，并在香港设立“东团”办事处与南洋惠侨救乡总会联系。

日军侵占广州后，放弃了淡水、惠州等据点，国民党顽固派又回到东江来，恢复其反动统治，成立第四战区东江前线指挥部及东江行政督察专员公署，恢复了县政府、县党部。这个时候，我们亦在淡水建立了区人民政府，民选了区长严奎荣。东江华侨回乡服务团进驻惠州。国民党当局对“东团”非常害怕，惠阳县县长刘秉刚私下对人说：他们有七个团和几个独立队（指“东团”的组织），我只有一个保安团，他们力量比我大几倍，这还了得。于是，他们开始对“东团”进行迫害。我们为了应付国民党顽固派的突然袭击，也需要把一部分力量隐蔽起来。1939年9月，我们把“东团”的队伍作了全面的调整，所有的团都改称为队，人数适当缩小，计惠阳队五十人，博罗队三十五人，东宝队四十人，增龙队三十五人，海陆丰队（吉隆坡队）三十人，紫金队二十五人，河源队十五人，和平队十人，龙川队十二人，两才队十一人，文森队七人，团部二十五人，共二百九十五人。团部由团长叶锋、副团长刘宣、特派员高云波、组织钟镇寰、宣传张子贞等人成立团部委员会，直接领导两才队、文森队。团员的生活不分团长、队长、团员，每人每月发伙食费七元五角，生活费两元。

“东团”的活动情况

“东团”在东江各县，深入到广大乡村进行抗日宣传工作和群众组织工作。由于各个地区的情况不同，有沦陷区、接敌区，敌人占领过的和敌人还未到过的地区，群众的觉悟程度也各不相同。“东团”团员五六个人组成工作组，深入到各个村庄去工作。

当敌人从淡水、惠州、博罗撤走之后，这些地区的人民惨遭敌人烧杀、抢掠、奸淫，我们带了华侨募捐来的药品、棉衣、大米前来调查慰问，给无衣缺食的难胞分发棉衣和大米，给病人分发成药，治疗疾病，向群众宣传抗日救国的道理。

那时候老百姓普遍患疟疾。我们从印尼带回来一批金鸡纳霜，正当群众找不到医生买不到药时，我们去赠药治疗疾病。

日军入侵以后，很多地方的学校停办了，大批青少年没书读。我们工作组进村之后，便和群众商量，举办战时小学、识字班、农民夜校，在这些学校里进行时事宣传，讲解抗日救国的道理，在团结教育青年方面起了很重要的作用。通过教育，发现积极分子；再通过他们，去串联发动，组织各种抗敌救国的群众团体。我们办夜校也遭到乡村中封建势力的反对和破坏，特别是青年妇女上夜校，坏人就造谣，说我们专门教妇女离婚。有的家长信以为真，偷偷到夜校偷听，听到我们讲的都是他们的心里话，听到许多从没有听过的道理，不仅消除了顾虑，还索性自己也到夜校来上课了。

农忙的时候，我们所有工作队都组成割禾队去帮助贫苦农、军人家属收打粮食，平时也帮助他们挑水、打柴，在共同劳动中和群众建立深厚的感情。

我们利用各个纪念节日和各种庆祝会，召开群众大会进行宣传，这种会议，工、农、商、学各界人士都前来参加。

“东团”各队都经常出版壁报、大字报，到处写墙头标语、漫画，印发各种宣传品。我们对各个战场的消息以及抗战形势的分析报道得及时而准确，在群众中享有很高的威信。

我们还通过演话剧进行宣传。话剧分舞台剧、街头剧、活报剧等几种，效果都很好。话剧演出时观众最多，每次演出都有上千的观众。不论男女老少，识字不识字的人都同样受到教育。

我们各工作队在乡村工作时，普遍进行家庭访问，个别谈话。有的同志晚上和农民青年同住，白天随他（她）们上山割草或下地劳动，彼此建立了深厚的感情，因此个别教育也收到了很好的效果。

敌人占领广九沿线后，国民党顽固派是不敢主动和日军打，除非敌人发动进攻，因此几乎是前线无战事。1939 年秋，日军企图打通粤汉铁路。为了配合湘北的战争，东江国民党的军队组织了袭击深圳、石龙日军的战斗。当时我党领导下的武装——曾生同志率领的东江第三游击队新编大队和王作尧同志率领的第四游击队第二大队也参加了战斗。

“东团”的惠阳队、东宝队、博罗队、增龙队积极动员群众支援军队作战。增龙队派出两个工作队配合随军杀敌队，深入敌后打击敌人和汉奸。东宝队的同志动员群众帮助军队侦察，引路去袭击敌人，给作战部队送茶水、送饭，把受伤的战士抬下火线。

那时候，国民党的军队只要有一点点抗日的行动，我们都发动群众慰劳，鼓舞士气。

在“东团”活动的地区，我们根据群众抗敌的情绪和觉悟程度，采取不同的形式，把群众组织起来。有的地区抗日情绪高涨，我们组织起来的群众团体是农民抗敌同志会、青年抗敌同志会、抗敌儿童团等，并且用各种办法，把乡村的武装掌握在农民青年手中，成立农民自卫队。有的地区群众抗日情绪受到顽固派的压制，我们就采用灰色的名义把群众组织起来，如组织兄弟会、姐妹会等形式，武装组织则有打猎队、护路队，等等，在这些组织内进行抗日宣传和革命活动。

……

文献8

回忆香港惠阳青年回乡抗日救亡工作团和淡水区人民行政委员会（节选）[①]

严尚民

抗战前期近二年，我在淡水地区工作，直接领导过香港惠阳青年回乡抗日救亡工作团和淡水人民行政委员会，后来被迫离去。《淡水史话》第一辑对香港惠阳青年回乡抗日救亡工作团和淡水人民行政委员会已有专题记述，但不够完整。《史话》编委认为上述两项史实，是淡水抗战时重要的一页，要我写点回忆录，使之更完整更全面。事隔半个多世纪了，经过一番追思回忆如下：

一、“香港惠阳青年回乡抗日救亡工作团”回淡水前后

香港惠阳青年回乡抗日救亡工作团（简称惠青工作团）是香港同胞第一个回乡抗日救亡组织，是香港惠阳青年会（简称惠青）所派出。“惠青”原是香港惠阳商会青年部为了摆脱商会的控制而从惠阳商会拉出来的，于1937年4月成立。当时东北已经沦陷，平津正告急，中共中央号召全国各族人民奋起抗日。抗战爆发后，中共广东党组织亦估计日寇进攻广东迫在眉睫。所以“惠青”一成立。就公开高举抗日救亡旗帜，积极从各方面开展抗日救亡的宣传组织工作，并动员青年到前线去，拿起枪杆与日寇作殊死的搏斗。惠青的宗旨是十分明确的。我回忆起在日本参加东京诗歌社、社会科学座谈会等情况，认为利用这些方式组织和教育青年是十分有效的，建议惠青组织了时事座谈会、社会科学座谈会、歌咏班、戏剧座谈会、救护班等，用爱国主义、社会主义的思想教育青年，使他们接受革命的世界观、人生观，并学会一些做群众工作的方法和军事知识，为抗战作

① 收录于刘中国、余俊杰等编：《白石龙文钞》，花城出版社，2015年，第243−255页。

思想和组织准备。这样，惠青就发挥出强大的凝聚力量，各界青年，包括外县的一些青年纷纷参加惠青的各种活动，惠青的社会地位迅速提高，各界青年的抗日意识也增强了。在此基础上，我们积极筹备惠青工作团，组织青年学生上街卖花，向爱国的社团、工厂募捐物资、金钱，动员粤剧界在香港最大的普庆戏院举行义演募捐。募捐的物资包括药品、救伤包、宣传品、化妆品、纸张笔墨、印刷机、担架床、幕布、大光灯等。在筹备过程中，惠青内部是有分歧的。在中共香港市委领导下的共产党员和团结在我们周围的革命青年积极拥护惠青工作团将工作重点放在沿海。我们党估计大亚湾（英国人、香港地图称为拜亚士湾）极可能是日军选择的登陆点。我们工作重点放在沿海就是要在大亚湾组织群众阻击敌人的登陆。当时主张我任惠青工作团团长。但另外一些人则主张将工作重点放在城镇，主张由邓光度任团长。邓是广州中山大学毕业生，刚刚加入惠青，在群众中无威信，而我在惠阳商会青年部已参加了与商会的斗争。惠青成立后，惠青会长李庆祥是一位爱国商人，无暇经常到惠青主持工作，而我当时尚无社会职业，他就把主持惠青日常工作的担子落在我的肩上，我和惠青的群众关系就比较密切。上述两种意见争执了一段时间，最后，和曾生、叶锋、刘宣、朱快鸣商量，在人选方面让步，让邓光度任团长，我任副团长；但在工作重点上不能让步，坚持在大亚湾沿海组织群众准备武装斗争。

参加惠青工作团是自愿的，多数是在惠青各种活动中受到教育，但是政治素质不高，其时只有我一人是共产党员；文化水平也不高，又缺乏工作经验。我也是刚走出学校校门，谈不上什么工作经验。但是我们凭着满腔爱国热情，坚决走上了抗日的革命道路。

惠青工作团离港出发具体日期记不清了，只记得是在上海“8·13”事件之后至8月底这一段时间。我有个印象很深，是因为“8·13”事件中日本军舰在上海被击伤，后拖来香港太古船坞修理，在德士古油库加油，党组织派我带领一班青年在天亮前赶到太古船坞宣传劝阻工人不要为日本军舰修理和加油。我们在船坞周围张贴了许多标语口号，有两个从泰国回来的青年还爬上电线杆挂长幅标语，直到大批警察赶来追捕，我们才撤退。

全面抗战已开始一个多月，惠青工作团出发了。那天，骄阳似火，李庆祥亲自率领大批会友前来火车站送行，壮怀激烈，出发的、送行的都高呼口号，此起彼伏，互相呼应，火车站的人群如山似海，围着我们问长问短，见我们都穿着整齐的制服，带着药品、担架床，当他们知道我们是回乡宣传抗日，都肃然起敬，纷纷为我们鼓掌叫好。

回到惠阳后，我们工作团团部安置在淡水邓屋。淡水是惠阳县第二区的政治经济文化中心。淡水对我并不陌生，它和过去一样，到处有挂着“戒烟所”布帘、乌烟瘴气的房子。在大革命失败后白色恐怖的日子里，晒布岭刑场不时有革命志士高呼着“共产党万岁”的口号，在敌人屠刀下壮烈牺牲。我有一次在崇雅中学就碰到军警突然进校搜查，说是发现了共产党的传单，然后包围学生宿舍进行搜查。抗战爆发后，国民党军队的所谓备战，我们所见只是在公路两旁随便挖了点个人掩体，偶尔看到一些机枪阵地，从澳头修了一条军用公路到平海，实际上未修通就停工了。夜晚不时放警报，不准老百姓出门，他们就利用夜间大量走私钨砂，大发其财。在此情况下，多数老百姓认为日寇在上海、华北打仗，离广东很远，对日寇恨不起来。而对国民党反动派的腐败无能极为不满。我们到达淡水前已有两个由小学教员组织起来的抗日组织，一个叫“淡锋社”，一个叫“淡声社”，我们到达淡水后，他们都主动接受我们领导。

大亚湾在呜咽着！我们要动员群众提高觉悟，组织起人民的抗日长城，把日本侵略军淹没在大亚湾的汹涌波涛之中。我们心里很痛苦、很焦急。

由于工作团团员们活动能力低，所以到淡水初期以集体活动为主，除了发传单贴标语外，就是开大会作演讲、演出话剧等。团员张果鲁是香港话剧专业演员，演出认真，演技又高。另一个是黄一帆，唱歌、演剧都可以。邓怀希字写得很不错，许多传单标语都是他写的。李惠清、李星尧都是活跃分子。我们这些团员来自各行各业，政治、文化修养和生活习惯都不一样，但都能团结一致、积极工作。我们到过澳头、霞涌、坝岗一带活动，不管烈日当空还是刮风下雨，行李和道具都是自己运送，并且轮流煮饭。所到之处，我们先与当地学校联系，住在学校，请老师、学生帮我们搬书桌出去搭戏台，搬回来当床睡，请他们动员群众前来开会看演出。我们演的话剧有《放下你的鞭子》《烙痕》《张家店》《逃亡》等，揭露日本法西斯的亡我之心不死，杀人放火、奸淫掳掠等惨无人道的暴行，以及沦陷区人民在敌人的铁蹄下求生不得、求死不能的惨状，说明全国人民唯有团结抗战，才能挽救民族的危亡。

工作团回乡一个多月，在坝岗活动时，团长邓光度突然提出要离开工作团而去。我们虽做了很多工作，极力挽留，但他执意要走，离团时还带走了他的小姨子——团员杨月香。事后才知道他去了南洋。他这一走，幸亏对工作团无大影响。

工作团在惠阳活动了4个月，于1937年12月底，将全团队伍撤回香港整顿。4个多月的时间虽不长，但在淡水附近活动范围很广、影响很大，死气沉沉的局面已初步改变。惠青工作团到淡水前，淡水镇、澳头、坑梓、坝岗等地的小学教师和城镇青年已组织了一些读书会组织，倾向进步。由于受工作团的影响和全国形势的推动，他们迅速地、旗帜鲜明地投入到抗日救亡运动中来，有的组织宣传队到街头宣传抗日，有的办夜校，有的组织自卫武装，广大群众抗日意识有了提高。工作团所到之处都受到热烈欢迎，演讲、演戏时家家户户男女老幼都到场，看到戏中表演的日寇、汉奸横行霸道，都咬牙切齿，大声喝骂，有的情不自禁地扔石头打演员，特别是演街头剧，扮演日寇、汉奸的演员常遭群众追打。

惠青工作团的活动对香港各界影响也不小。很多群众团体比以前更加积极公开进行抗日宣传和救亡工作，有些同乡会还纷纷组织回乡工作团（如海南、广宁、海丰、陆丰、台山等）派回本县工作。

在香港整顿时，我们除了肯定惠青工作团的上述成绩和影响外，还指出由于组织回乡工作团，使惠青在香港的社会地位提高了，越来越多人加入惠青（其中有很多外县人），使惠青很快成为香港三大群众组织之一：第一是海员工会，第二是余闲乐社，第三就是我们惠青了。1938年春节前后，香港成立了“洋务工会”，也成为一个较大的组织。当时惠青发展到

5000 余人，有名导演来教演戏，名学者来作报告，歌唱家来教唱歌，群众情绪非常热烈和活跃，小小的惠青，从早到晚活动排得满满的，开座谈会、出版报刊宣传抗日，掀起了抗日救亡运动的新高潮。

惠青第二批工作团于 1938 年春节后派出。第二批不论是在数量上还是质量上都比第一批强多了。第二批是由我任团长，在中共香港海委领导下成立了党支部，朱快鸣任支部书记，叶锋任组织委员，我任宣传委员。第二批团员共 20 人。到工作团前就入了党的除朱快鸣、叶锋和我外，还有黄国伟、蔡萍、黄佛光、黄云生、黄启帆、黄恩、钟仕开等，到工作团后入党的有黄史楷、李惠清、叶锦珠。非党群众有朱薇、张果鲁、李星尧、叶勇英、朱秉雄、陈玉梅等。廖素娥原是党员，大革命时被捕，失去了关系，她表现还好。故第二批质量高了，工作也好做多了。我们把工作重点首先放在组织群众、组织武装上。在淡水把“淡锋社”和“淡声社”合并成为“淡水文化界抗日救亡工作团”，由黄史楷任团长，这不但是合并了上述组织，而且也把淡水各地中小学教师都团结和组织起来了。黄史楷（又名黄达三）是崇雅中学二届毕业生，思想进步，在同学中威信很高，会绘画，字也写得很好，又会拉小提琴，故被选为淡水文化界救亡工作团团长。我们在淡水也开始搞工人工作，由李星尧组织工人夜校，黄佛光到澳头组织澳头抗日自卫队。淡水、澳头工人多是店员工人。黄佛光在澳头也办夜校，组织工人等学文化，宣传抗日。李惠清是坝岗人，他回到坝岗组织抗日自卫队。黄国伟、黄云生、黄恩、黄启帆是坑梓人，他们回坑梓金斗沥、新桥围等村组织抗日自卫队。参加自卫队的都是青年农民。其时回乡工作团不但在淡水二区各乡活动，而且到外区、外县进行抗日救亡活动，活动到宝安葵涌一带。叶锋带着一批人到稔山、平海一带开展工作，组织群众参加读书识字，组织唱歌演剧，组织妇女姐妹会等，形式多样。我们第二项工作是搞统战工作。惠青会长李庆祥亲自回乡做统战工作，他认识骆风翔，骆原是粤军将领，当时是东江统率委员会主任，李庆祥亲自做骆风翔的工作，带我和骆风翔见面，并经骆同意任命我们回乡工作团为政治大队，我为大队长。此后，我们到稔山、平海等地活动，都是以政治大队的名义，同当地的区、乡、镇长打交道，开展上层工作，掩护基层工作的开展。惠阳县的国民党驻军是一五一师，师长莫希德，下辖两个旅，一个旅驻在稔山，平海一带；另一个旅驻在淡水、澳头坝岗一带，旅长是何联芳。何联芳是淡水人，原姓李，卖给何家为子，何联芳实际上和李庆祥是同村兄弟，私情甚笃，常有来往。李庆祥又介绍我与何联芳认识。何联芳较开明，支持我们的工作。何旅下有两个团，一个团驻淡水，一个团驻龙岗坪山。驻淡水的团长叫罗懋勋，这个人政治上很反动，但罗团里政训室主任姓陈，年纪较大，常到我们团部坐，看到我们很多关于共产党的书刊，不指责还常借去看，后来才听说他在大革命时期当过农会会长。由于何联芳比较开明，我们请求他利用暑假组织青年教师参加军训、办军训班，他同意了。于是，军训班办起来了，有百多青年参加，有我们回乡工作团的人，也有青年教师和农村青年。名为何联芳办，实际上政治领导是我们，叶锋、钟仕开、黄国伟、李惠清、李星尧、黄云生等人都进去军训班为骨干，掌握着军训班。

我们第三项工作就是发展党。1938 年是全国性抗日高潮，中共中央说这是新的革命高潮，我们中共党组织为了适应新的形势需要，要有大的发展。中共惠青支部做了安排，在军训班，在各地区（坑梓、稔山、坪山、多祝）发展了大批党员。淡水沦陷后，我和黄达三在周田、双田发展了叶特青、陈永；在横排朗、常柏田又发展了邓秀芳等；淡水区政权成立后，又发展了古海生、陈志期等。惠青工作团在推动惠阳的发展党的高潮中起了积极的作用，各地发展的党员，后来都成为开展惠阳游击战争的骨干。

当时在淡水也有人和我们争权、争群众，如曾庆聪，原是淡水最大的渔商，他和淡水国民党部负责人梁文杰互相勾结排除异己。梁文杰是澳头人，是个党棍，1938 年夏，淡水要成立第二区抗日后援会，曾庆聪在梁文杰支持下想争当二区抗日后援会主任，他自恃钱多势大，有人抬他的轿子，但广大群众不看钱，只看谁在淡水做了多少抗日救国工作。结果都选我任主任，而曾庆聪一败涂地，于是我便成为半官方的抗日后援会主任了。抗日后援会有个武装组织，由中间派方挺群（西湖人）负责，我们就利用后援会的名义大刀阔斧地开展工作。

惠青工作团的活动加强了，组织群众、宣传工作都加强了，影响扩大了，威信也提高了，我们举行过一次军事演习，由淡水到坪山，一路上派哨兵从两侧搜索前进。在坪山见到陈铭炎、黎孟池、黎伯驹等人，我们互相交换情况和意见，得益不少。他们都是共产党员，是由曾生同志介绍到坪山小学教书的，我们联合他们在坪山组织纪念“8 · 13”抗战一周年纪念大会，大会后举行火炬大游行，沿途许多群众自动参加，情绪高涨，自发地创作了许多革命歌曲。火炬游行像火龙在大地上移动，壮丽动人。抗日救亡运动的高潮到来了。

从 1937 年 8 月下旬到 1938 年 10 月日寇入侵，惠青工作团在大亚湾一带开展工作，是有很大成绩的。

二、日寇入侵，淡水陷落

我们的工作正快步向前发展，但抗战形势发展更快。历史证明党是正确的。1938 年 10 月 12 日，日本帝国主义向广东进攻了，登陆地点正是大亚湾。

早上 4 时多，我们给飞机的轰鸣声吵醒了，跟着是几十分钟的轮番轰炸。我和朱快鸣跑去打听消息，罗懋勋团部中了一个弹，政训室陈主任正在隔壁打电话，炸弹响时他一惊，把电话机不知摔到哪里去了。他告诉我们：日军已在澳头、霞涌登陆，国民党军队一触即溃。

中午，日军已进到了三间店，后来才知道，澳头的抗日自卫队进行过抵抗，但由于队员人少和敌人多火力猛，打了几枪也就撤退了，虽想和我方联系，当然联系不上了。日军进入沙田下和妈庙村时，抓了一批来不及逃走的妇女进行轮奸。烧光了澳头的房子，沙田下和妈庙也烧了一些房子，被杀的最多的是渔民，因为渔民用渔炮进行抵抗。还拉了许多老百姓去担东西，从澳头到淡水的路上被杀死的人不少。我有个表弟被活活折磨死了，那时他才十三四岁，住在澳头，日寇登陆后被抓去担东西，由于年幼当然挑不了多少，日寇有意折磨他，问他汪精卫好不好，他知道汪精卫是汉奸，就说不好，日寇听他说不好，就一刀刺过去，虽刺得不深，仅入皮肉，但血流不止，日寇第二次又问他汪精卫好不好，我表弟只好说好，日寇又说他不说真话，又一刀刺过去，就这样反复刺他。他虽然在途中跑了出来，由于有伤又受了惊吓，不久就病死了。

日寇轰炸淡水时，工作团除我和朱快鸣外，还有钟仕开、蔡萍。蔡萍病了，她母亲带个七八岁的妹妹来看护她。日军开始是狂轰滥炸，开头就中弹的有珍合茶楼附近的房子和崇雅中学操场。我和朱快鸣找了消防队来，那时有许多老百姓被炸倒的房子压在下面，哭叫着“救命”，我们叫消防队搬开砖瓦沙石救人，也有些被木桁压着的，我们便用锯子锯断木桁救人，接着谦成布店着火了，日机使用了燃烧弹。消防队束手无策，我们一转身，他们就跑光了。跟着朱快鸣说他兼塘尾乡乡长，要回去清理文件财物也走了。钟仕开则在早上八九点钟时被我派他骑单车去坑梓向在那里工作的黄国伟等讲明战争形势。我估计淡水是守不住的，我将撤退去坑梓。

街上走动的群众逐渐少了，我去国民党区署查看，区长李彦早已逃之夭夭，碰见一个年轻的杂役，我说：“你没事干了，你跟着我吧！”这个青年却是聋子，正好和我配合，我们在祖庙附近碰见国民党特务东江组组长，他装死爬［趴］在水沟里躲飞机，这个家伙在前两天双十纪念大会上还和我针锋相对地争论，气势汹汹，现在我看见他那狼狈怕死的样子，真是教人眼里冒烟。他还劝我跟他走，我训了他一顿，我用手枪点着他的额头警告他不要再破坏团结，否则有朝一日再碰见我，我就不客气了。

下午二时许，日机轰炸次数少了，群众开始从藏身之处跑出来，由各城门出走，日机就改用机枪扫射，有时，飞机还俯冲到离地面只几丈高，敌机师狰狞的鬼脸都看得清清楚楚。我和那位聋青年从东到西，从南到北跑去各城门叫群众注意隐蔽身体。大批的房子倒塌了，上午还能够看见街道，这时一眼望去都是残垣败瓦。我们走路就是走在屋顶上，躲避飞机却方便了，我听到飞机声就叫那聋青年看飞机从哪个方向来，我们就对着飞机来的方向跑。四五点钟我回团部，路上捡了几个月饼充饥，回到团部将外面情况告诉蔡萍及邓屋一家人，我认为应该撤退了，我只带些药品、毛毯准备打游击，我的衣服、相机、书籍等都请邓婉浓的叔父代为收藏，他家穷年老，不准备走了。邓家回乡下躲避，我带着蔡萍和她的母亲妹妹出城。出城后，一路上逃难的老百姓和国民党的败兵互相拥挤，传说纷纷，有的人说，下午四点钟就有日军先头部队骑着摩托车到过车站，还向车站讨茶水，可能因为后续部队未到，就退回去了。我考虑去坑梓有困难，改去周田。沙坑是有革命光荣传统的地方，我在坑梓光祖中学读书时，有四个沙坑姓叶的同志常借“响导”“拓荒者”“海燕”等禁书给我看(后来知道他们都是CY)。当念到初中二年级，我参加罢课被开除后，转学到沙坑象山中学。象山中学曾被围捕几次。有一个教员被捕后被枪毙了。象山中学常常有共产党人在夜晚从窗口投传单进来，我的国际歌就是那时学会的；还有几首我至今不能忘记的山歌：“杀头如同风吹帽，坐监好比游花园”等也是那时学会的。同学们公开谈论要参加共产党。语文老师廖立莪的弟弟廖立明在上海，经常参加飞行集会。廖立莪主编《梨社》。我还写了一篇长诗《控诉》，说一个犯人把法庭变成控诉旧社会的讲坛，他被杀后还被剖腹，肚里都是草。我写的就是义勇军领袖杨靖宇。“九·一八”事件后，我们象山师生组织宣传队到各地宣传团结抗日，到平山师范学校，我们还热烈赞扬他们学校的革命性。在沙坑，有个老革命叶文华，有不少同学很进步，我想把沙坑作为一个革命根据地。

我是带着悲愤的心情离开淡水的，一个难以描述的灾难铺天盖地正降临在人民的头上。我边走边想我早就应该选好基地——抗日据点，在这个基地上准备一些粮食、药品，更重要的是有觉悟、有组织的群众，建立一支精干的革命武装。从当时条件看，这些事情是可以办到的，由于我对敌人估计不足，由于缺乏经验，缺乏革命预见性，我们将要付出多大的代价啊！这代价包含着大量生命和鲜血。

我走到西湖村吃晚饭后转去周田。路上给我拖累最大的是蔡萍的妹妹，走路走得慢，过山坑时又跌落水，我拉起她来，背着她走了一段路，天将亮时终于走到周田，住在周田小学，立即挂起“淡水二区抗日后援会”的牌子，准备开展工作。周田到处是一群群逃难的老百姓，山上还有一群群人流走下来。

我把蔡萍等刚安顿下来，叶汉生、叶文华就来了。我和他们商量，取得一致认识，立即着手组织武装斗争，并确定争取乡长叶良的合作。叶良表示赞成成立一支“大栋山游击总队”，叶良当总队长，我当参谋长。叶良答应拿几十支枪出来，叶汉生和叶文华也说可以设法拿些枪出来。第二天，有人传说日寇飞机在周田发现我挂抗日后援会招牌，要来炸周田，恰巧我在周阳碰到黄达三，大家都很高兴，因黄达三原是工作团的成员，又是淡水二区文化界抗日救亡工作团团长（陈志期、邓秀芳是副团长），为了开展淡水、海陆丰一线的工作，才调去象山小学任校长。还有陈永、叶特青也在象山教书，敌军登陆后他们三人带了三个男学生、两个女学生转移到双田，其中一个学生还带来了一支步枪，双田卢保长对我们很好，我便决定转移去双田，和黄达三他们住在一起。在与上级断了联系的情况下，要充分发挥独立作战的精神，不能坐等。故决定除发展武装外，还要发展党员。我和黄达三商量发展党员，组织武装斗争。我们先发展陈永、叶特青 2 人入党，后又到横排朗、常柏田发展了邓秀芳、高秀入党。

我们又约定高健，到过桔子望，那里有土匪武装，我们想做好他们的工作，团结争取他们打击日寇。我们的活动范围逐渐发展到三栋、永湖一带。

叶锋在淡水陷落后到香港找组织。10 月 24 日，即淡水陷落后 10 多天，曾生、周伯明、谢鹤筹、黄雁芝、叶锋等到了坪山。叶锋和黄雁芝随即来到周田，通知我去坪山开会，叶汉生、叶维儒也同行，他们还带了一支小武装，有一些想去香港避难的老百姓跟着走。蔡萍病后身体衰弱，我便叫她及她母亲和妹妹一同走，通过封锁线去香港她父亲处避一下。在路上没有碰到日军，却在土湖附近与土匪打了一仗。到达坑梓时，见到黄国伟、黄恩等（已组成抗日自卫队），便叫黄国伟和我们一起去坪山开会。过了坑梓不远，去香港的就分路走了。

坪山会议由曾生同志主持，我们汇报了组织游击队的意见。曾生同志叫我和叶汉生同志去找温叔海，向他提出我们组建游击队，请他任命，温叔海这时很大方，给我盖了他部队印章的信封和信纸让我们自己填写，委任谁都行。他没有估计到日寇这么快撤出淡水，在他自己部队都不安全的情况下，他也愿多组织武装以壮声势。

……

四、被迫出走，离别家乡

听说国民党惠阳县长刘秉刚快要到淡水，他这一来肯定是为了撤换我，另任新区长。为了避免发生麻烦，我决定他来时我就离开淡水。离开前我想发表一篇《告淡水各界同胞书》，揭露国民党消极抗战，积极反共、反人民的反动政策，以及迫害我的有关事实，后来考虑到这不是我个人问题。这会产生其他纠纷，会影响东江华侨回乡服务团的工作和留下来的其他同志的处境。故以不发表为好。

5月，刘秉刚到淡水前，我把工作交给黄达三和陈志期后去坪山，同时也交代他们准备撤退。刘秉刚到达淡水后即在崇雅召开大会。在大会上肆意攻击我乱办离婚案，搞乱社会，并无耻地说，如果有哪个妇女要求离婚，我就将她送给“摩罗鬼”。大肆攻击和谩骂后，即宣布撤销我的区长职务，并委任曾庆聪为继任区长。黄达三、陈志期向曾庆聪办理交接工作时，曾庆聪诸多刁难，逼着黄达三、陈志期交出财产。罗坤看不过眼，对曾庆聪说：“他们廉洁奉公守法，确实无钱，我垫出一笔钱算了！”曾庆聪看榨不出油水，只好接了一个印章。曾庆聪上任后，区署原来的工作人员一个不留地撤走了。

我到坪山后见到梁广，梁广这时是新成立的中共东南特委书记，我向他提出要到敌后去参加游击战争。梁广决定我去珠江三角洲吴勤部队。我先和梁广从坪山去香港，同行的还有澳门的林锋、中山的黄友涯，他们是从澳门中山派来坪山参加学习班的，结业后和我们一齐走。梁广决定他们两人也去吴勤部队工作。那时吴勤部队用的是国民党的番号“广州市区游击队第二支队”，这是珠江纵队前身主要组成部分，在南海、番禺、中山、顺德、三水一带活动。

别了！淡水、司前、喷泉古井、狮子庵、听得到海上诱捕黄鱼敲板声的石岩、大亚湾后山蓝蛇岭顶的白碉楼、雄视三门岛内广大海域的螺岭、弥漫着恐怖气氛又回荡着革命志士就义前革命歌声的晒布岭，在反动派围捕时掩护着共产党员逃出魔掌的象山中学沙梨园，我现在才发现我对故乡的一草一木都是多么依恋！

别了！我的故乡、淡水、沙坑、澳头、大亚湾。别了！我的战友们、同学们、同乡们。我在这里接受了爱国主义的启蒙教育，小学时我唱的歌就是“打倒列强，头顶中国天，脚踏中国地，吃吾中国饭，穿吾中国衣”，还有劳动神圣歌：“青的山，绿的田，灿烂的山河，玲珑的楼阁，谁的功、谁的力，劳动的结果”“工农兵联合起来向前进”。我一本一本地背熟“爱国教材”、老师带着我们去游行、演讲、演戏，我看了广州商团反革命暴行的画册、照片，气得哭了。我曾经把我村洪圣宫王爷塑像的胡子拔掉，我和李文健、麦晓湘三个人把打倒国民党乡长的标语贴在乡长的门上，终于把乡长赶下台。我的故乡是我革命思想的摇篮。

可以预料，日寇的铁蹄还会重新践踏我的故乡，战火将带来死亡、饥饿、妻离子散！

“风萧萧兮易水寒，壮士一去兮不复返”。我抱着必死的决心向枪林弹雨组成的死亡之网冲过去！

我回家向母亲辞行，她知道我去打仗，我走的每一步都是危险的，但是，她相信我选择的道路，她无条件地支持我，她默默给我送行，她不断地向神灵喃喃祈祷！请神灵保佑我。我心里却吟诵着普式庚“十月革命党人”的诗句：“复仇的宝剑已在盒内轰鸣！”

5 月离开坪山，7 月到达珠江三角洲，我和家乡断绝了信息，以免暴露自己，连累家人。东纵的情况是可以不断听到一些的，家里的情况一直到 1943 年我妹妹从东江调到珠江工作，我们见了面才知道。她告诉我大姐和母亲都在 1942 年死于霍乱病。1941 年底，爆发了太平洋战争。1942 年春，日本海军大角大将去南洋途经斗门，座机坠落在黄杨山，珠纵陈中坚部还将缴获的大角指挥刀和文件送来司令部，不久，日寇就在斗门施放霍乱病毒进行报复。我估计同一时间在澳头一带发生的流行性霍乱病，也是日寇放毒所致。原来母亲在大哥死后就不烧香拜神了，以为烧香拜神没作用，但我离家之后，她又烧起香拜起神来了。她见到东纵部队的同志就打听我的消息，东纵那些同志都不知道我在哪里，就安慰她，说我在毛主席身边工作。我无论怎样都想不到，她竟会死在我前面，而死亡之网没能拦住我。

1947 年我调到九连地区工作。1949 年，我们粤赣湘边纵队奉命配合南下大军解放广州、解放广东。我们边纵主力在河源城外埔前石坝与国民党 154 师、196 师打了一仗，历时一周。接着东渡古竹，经淡水、坪山直扑樟木头；然后横渡珠江，解放番禺、顺德、中山，截击南逃之敌。部队经过淡水时，将近天黑才到了崇雅中学晒布岭，天亮前又出发了。我 1939 年 5 月离开淡水，已整整 10 年了，重新踏在故土上，我多么高兴啊！我心里用全力欢呼："我回来了，我的故乡解放了！"但是，还是没有机会回澳头。1962 年，我去粤东检查公路备战，回程走广汕南线，由于平山去惠州的桥梁给洪水冲垮了，只得绕道淡水。到淡水时，天快黑了，从淡水至澳头只要行车半个小时，我就直奔澳头。在澳头，我从街头走到街尾，竟找不到一个认识的人。离开澳头 23 年了，不只是儿童相见不相识，中年人也很多不认识了，最后只见到同村李庆，但是我认得他，他还不认得我。我觉得自己好像是一个陌生人，是一个远处归来的浪子，一阵阵悲凉的感觉涌上我的心头。

我在澳头停留不到半个小时就走了，归途经过我大哥的坟墓山下，我听说过我母亲就葬在大哥墓旁，我爬上小丘眺望过去，我千言万语都堵在喉头里！

祖国现在正阔步走在社会主义大道上，近几年来，改革开放，淡水、澳头、惠阳、惠州都起了巨大变化，经济在腾飞。少年时代起就立誓要为之奋斗终生的理想正在变为现实！

（1992 年 9 月）

文献9

第四章　南山抗日斗争的发展和走向胜利（节选）[①]

……

二、第五大队在南山的抗日斗争

羊台山位于宝安西部，北与东莞大岭山遥相呼应，东依广九铁路，西临宝太公路，南有宝深公路。这时，第五大队只有30多人，而面对的却是百倍于我的强敌。日军、伪军约3000人分别驻守于宝太公路沿线的松岗、新桥、沙井、福永、西乡、南头、深圳、布吉、沙头角等据点，国民党顽军1000多人则驻守在广九铁路中段的林村、石鼓、塘厦、平湖以及观澜等地，形成对羊台山地区的三面夹击之势。第五大队在羊台山地区开展敌后抗日游击战争，建立抗日根据地的任务极为艰难。

1940年10月，中共东江前方特委为了加强对广九铁路路西抗日游击战争和开辟根据地的领导，决定组建成立以王作尧为书记、刘汝琛为副书记的中共宝安县工作委员会。工委确定建立羊台山抗日根据地的两大任务——迅速发展党员和扩大部队。

1941年1月，遵照中共东江前方特委的指示，撤销中共宝安县工委，成立中共宝安县委，书记刘汝琛，组织部长苏伟民，宣传部长杨凡。县委机关先后驻扎雪竹径、赤岭头、樟坑、南头、西乡等地。县委成立之初，中共前东特委指示要在一个月内发展现有数量一倍的党员，每个党员发展1名到2名党员。宝安县委坚决执行这一指示，除了继续依靠当地党员去发展党员外，县委领导和外来党员到新区发展党员，建立区乡党组织，开展党的群众工作，配合部队建立乡村抗日民主政权和抗日根据地。在一个月内，党员人数从20多人发展为40多人。

---

① 收录于深圳市南山区区志编纂委员会办公室著：《中国共产党南山历史（1924—1950）》，中共党史出版社，2016年，第74-85页。

同时，在 1941 年初，成立广东人民抗日游击队第五大队民运委员会，书记王作尧，副书记刘宣。组织民运工作队开展抗日宣传，开办夜校教农民识字，进行政治教育；成立农民、青年、妇女等抗日群众组织；组织 8 个抗日自卫队，并成立抗日自卫队总队，曾鸿文任总队长，刘宣任政训员。5 月，广东人民抗日游击队第五大队已从 30 多人发展到 300 余人，共编成 3 个中队，组织 8 个民兵（抗日自卫）中队，初步建立以羊台山为中心的抗日根据地。

……

文献10

介绍宝安县民主妇联①

为着赶上形势，提高认识和工作能力，加强组织团结起见，宝安县的民主妇联遂于本年九月三日成立了。她们的成员包括县府组、第一区妇工队、第二区妇女队医院小组、税站组交情组和各区乡、各单位。她们以崭新的姿态，齐一的步伐，热烈响应支前迎解运动，为她们首要的中心任务，她们的小组都展开了热烈的讨论，争相提出工作挑战计划。下面的是她们向东莞全体女同志的挑战书：

我们全县女同志响应上级号召，加紧工作，迎接即将进军东宝之解放军，愿向东莞全体女同志挑战，坚决彻底完成下列各项：

一、每个女同志彻底搞好本身业务工作。

（一）妇工队在同志要做到有妇女会的地方，就有割草劳军运动，动员妇女热烈参加战勤。

（二）医院女同志改良医术，加速医好伤病同志，各单位动员来学卫生员的，保证半个月教熟出队。

---

① 收录于广东省妇女联合会、广东省档案馆编：《广东妇女运动历史资料》第六辑，广东省供销学校印刷厂，1991 年，第 443—445 页。

（三）县府、税站、交情等女同志保证除业务外，还要做好驻地群众工作，开晚会及口头宣传。

二、九月内，女同志扩军二十五名（不拉夫）[①]。

三、保证全县女同志，在一九四九年不谈恋爱，已结婚的不拉尾巴。[②]（敢向全体东莞男同志挑战）

四、克服保命、享乐、个人打算、不团结等坏思想，自己保证做好，帮助别人克服。

五、学习入城和战勤工作，学习用到，用得着。

当宣传这挑战书后，她们各小组马上以迅速的步伐根据本身的业务互相提出挑战刊，△县府组：

一、积极搞好本身业务工作（不讲价钱，不捞油水，不畏缩，有步骤有计划地负责）。

二、住到那里便把群众工作做到那里，扩大支前迎解宣传（如开晚会、口头宣传、写墙标、歌剧等）。

三、保证组内同志，团结友爱，一九四九年内不谈恋爱、生活规律化。

四、每天争取两小时学习，加紧展开城市政策，教育及战勤工作讨论，纠正思想错误偏向，保证言行一致。

第一区妇女挑战书：

（一）保证九月份每人扩军△名。

（二）有妇女会地方都发动起割草运动，组织后勤队连运劳军，每到一处都配合工作队搞战勤工作，并发动妇女参加。

（三）保证克服保命，小圈子，团结一致，绝对服从工作。

（四）一九四九保证不谈恋爱，不拖尾巴。

（五）建立起健全的生活和学习制度。

（六）在半月内完成战勤入城问题学习，并能运用自如。

还有医院小组，第二区工作队，税站组，都同样的写出了挑战书，这

① 指不抓壮丁，是否参军全凭自愿。——编者注

② 指不影响整体进度、不牵制他人。——编者注

挑战的办法多么生动活泼，多么英勇坚强，多么充满朴素。她们都坚强的绝不畏缩，毫不尤［犹］豫地负起这新的繁重任务。她们的坚决自信，只有在明确的信念，只有决心献身人民革命事业的意志才能这样表现，才能真正的按期全［完］成。

目前她们还继续着这伟大的支前运动，同时正在号召全县妇女来肃清县内匪特残余，向着建设“新保宝”迈步前进。

（《香港文汇报》1949.12.1）

文献11

路东新一区党外人士座谈会（节选）①

1944年11月20日②

一九四四年双十节，路东新一区（大鹏半岛）成立的当日，政治部召开了一次党外人士座谈会，这在本区还是第一次。

座谈会与会者共五十余人，他们来自不同的地方，包括各式各样的人物，有同盟会老会员、国民党区党部书记，也有第三党的人士，有乡长、小学校长和教员，也有各乡绅耆父老和各群众团体的代表，从二十多岁的青年妇女到七十高龄的老伯，从开明进步的积极分子到顽固保守甚至对部队有怀疑与不满的人物都有参加。

……

（原载1944年11月20日《政工导报》第1期）

---

① 收录于中共惠州市委统战部、中共惠州市委党史办公室编：《东江党史资料汇编》第十二辑，1991年，第229—230页。

② 按文章发表时间刊印。——原书注

深圳妇女教育资料

文献1

第三章　全民族抗日战争时期（节选）①

第五节　深圳地区抗日民主政权的建立和各项建设

……

四、文化建设与东宝中学的创办

抗日根据地的文化事业，是随着根据地巩固发展而发展的。1940年9月10日，中共中央就在各抗日根据地推动文化运动作出指示，要求“各地党部与军队政治部应对全部宣传事业、教育事业与出版事业作有组织的计划与推行，用以普及与提高党内外干部的理论水平及政治水平，普及与提高抗日军队抗日人民的政治水平，要使各根据地干部、军队与人民的理论、政治及文化水平高于与广于全国各地”。②在创建东江抗日根据地的过程中，深圳地区党组织一直非常重视开展文艺宣传和文化教育工作，在日、伪、顽军重重封锁，战争频繁、物质条件相当困难的情况下，始终坚持发展东江抗日根据地的宣传和文化教育事业，使宣传教育工作成为团结教育人民，团结各阶层人士，打击敌人的有力武器，为争取敌后抗日游击战争的胜利发挥重要作用。路西、路东解放区的文化教育建设，主要有报刊宣传、文艺宣传和文化教育三个方面。

① 收录于深圳市史志办公室著：《中国共产党深圳历史》第一卷（1924—1950），中共党史出版社，2012年，第185−190页。

② 《中央关于发展文化运动的指示》（1940年9月10日），《中共中央文件选集》第11册，第488页。——原书注

深圳地区党组织和人民武装建立之初就非常重视报刊宣传工作，1941年开始，先后创办了《大家团结》、《新百姓》和《东江民报》等报纸。1942年3月底，广东人民抗日游击总队部决定将《东江民报》改名为《前进报》，作为总队机关报，杨奇任社长。报社随部队流动于惠东宝一带，在相当困难的情况下，坚持出版。东江纵队成立后，《前进报》又成为纵队机关报。该报从创刊至1945年9月共出版100多期，直至1946年北撤为止。报纸大量刊登了中共广东党组织和东江纵队领导人的文章、讲话，发表社论100多篇，及时报道东江抗日根据地的新闻，宣传中国共产党的抗日主张、方针和政策，指导东江抗日根据地的抗日斗争。1944年冬，东宝行政督导处的机关报《新大众报》出版，主要是公布政府法令，报道战斗胜利的消息，歌颂抗日救亡的英雄人物和先进事迹，教育和动员群众团结抗日。此外，东江抗日根据地还先后出版《东江》、《奔流》、《抗日杂志》、《政工导报》、《锻炼》、《岳中导报》等报刊。

深圳地区地方党组织以及人民抗日武装十分重视发展抗日根据地的文艺宣传工作，把文艺宣传工作作为开展思想政治工作，组织教育群众，鼓舞士气的有力武装。1943年初，广东人民抗日游击总队成立“东江流动歌剧团”。东江纵队成立后又建立了以“拖拉机”为代号的政工宣传队以及“铁流”、“海燕”、“星火”、“马达”等为代号的支队政工宣传队。1945年8月，这些政工宣传队的艺术骨干集中成立“鲁迅艺术宣传队”。在战斗频繁、物质条件非常困难的情况下，文艺宣传队坚持文艺为工农兵服务的方向，把民主政府的政策精神和抗日军民英勇斗争的事迹编成话剧、民歌等节目，到各地宣传演出，教群众唱抗战歌曲，既宣传了抗日道理，又活跃了文化生活。在庆祝东江纵队成立一周年纪念大会上，东江流动歌剧团演出了五幕话剧《路西一年》，真实反映了东江路西根据地军民团结抗战，建设民主政权和发展游击根据地的战斗历程。“拖拉机”队演出的《两家亲》、《朱大嫂送鸡蛋》等剧目，热情歌颂了军民鱼水情。政工队员和民主政府还在一部分乡村组织了各种文娱、体育群众团体，重大节日开展文娱、体育比赛，文娱、体育活动空前活跃。东宝行政督导处建立了“天府”政工宣传队，东宝中学则成立了“五四剧团”。他们先后演出了《太阳照耀大岭山》、《模范军人》等话剧，不仅加强了对群众的思想教育，而且丰富了群众的文化生活。

文化教育工作是抗日根据地建设的一个重要方面。路东区施政纲领明确规定：在抗日根据地要“实行战时教育，普及农村文化，加紧培养干部，提高人民文化水平与政治水平，保护与优待流亡学生与失学青年”。[①] 在文化教育政策上，东江纵队政治部提出具体措施：“第一，积极推动开办学校、识字班、夜校，使所有儿童、青农、妇女都有读书识字的机会，实行普及教育。第二，实施成年补习教育，加强于［干］部教育，推广通俗书报，奖励自由研究，提倡科学知识与文艺运动，欢迎科学艺术人员，保护流亡学生与失学青年，实行公务人员的两小时学习制。第三，在遵守政府法令的原则下，允许任何外国人在本区作宗教与文化的活动”。[②] 为了加强路东解放区文化教育建设，路东行政委员会及所属各级抗日民主政府都设立文化教育机构，县级民主政府设立宣教科，区政府设文教股，负责开展民众文化教育事业。路东各区、乡普遍办起小学，同时还举办夜校、识字班，以扫除文盲，普及文化教育，并对广大群众进行抗日救亡宣传教育，提高民众文化水平和政治觉悟。路东行政委员会新二区政府成立不久，就召开全区文教座谈会，决定坚持办好战时全日制学校，大力发展夜校、识字班。葵涌土洋村十分重视民众教育，民众夜校教师由各村学校老师担任，夜校也利用学校的课室，上课的时间是逢周一至周五的晚上。土洋村的民众夜校开办时有 50 多人，参加学习的群众每人发给 1 本文化课本。老师们除讲授课本文化知识外，还宣传抗日救亡的道理和讲解毛泽东的《论持久战》等著作。

东宝行政督导处和宝四区区政府先后举办了 2 期教师学习班，都收到

① 《东江纵队政治部对于建设惠东宝路东区的施政纲领》(1945 年 4 月 25 日)，《东江纵队史料》，第 552 页。——原书注

② 《关于中国共产党在东江敌后前线地区实施各项政策问题的谈话》(1944 年 1 月 21 日)，《东江纵队史料》，第 107 页。——原书注

较好的效果。在龙华乡举办的教师学习班，路西县委书记黄树楷做了关于政治形势问题的报告，教师们反映很好。组织教师们学习的目的是帮助他们了解党和政府的方针政策，提高政治觉悟，当好人民教师和配合政府做好工作。抗日游击区，组织青年男女学文化，开展文娱体育活动，搞得很热闹，是和教师们的努力分不开的。在开展征收公粮工作中，教师们不只是在宣传上做了许多工作，并在统计报表等具体工作中对村干部也给予很大的帮助。

1945 年 2 月，路西解放区东宝行政督导处在公明墟水贝村麦氏宗祠创办的第一所新型战时中学——东宝中学正式开学。何恩明、曾劲夫为正副校长，全校教职员工 19 人。学校建立了党支部，初属东宝行政督导处，后属中共宝二区区委直接领导。教师黄研任支部书记，教育长周大洲任组织委员，教导主任梁克寒任宣传委员。陈燕、凌琅、林振如、胡剑华是党组织在师生中最早秘密发展的一批学生党员。学校还建立了青年团组织(先称共产主义青年团，后改称抗日民主青年同盟)，团支部书记由梁克寒兼任，在学生中发展的团员有冼杏娟、陈琴、陈海、周洁莹、文慧庄、黄俊如、曾集明、邓俊良、孙帼英、蔡志坚等人。

学校开办时先招收 1 个简易师范班和 1 个初中班，秋季又招了 1 个初中班和 1 个升中班，学生人数最多时达 100 多人。学校面向工农，办学方针是："实施新民主主义教育，着重培养人的政治思想、道德品质，树立革命人生观；同时使学生掌握科学文化知识，学用结合，使之成为为人民服务的干部，为党和政府输送新生力量。"在教学方面，始终贯彻"因材施教，教学相长"的原则。在校风方面，以延安抗大的"团结、紧张、严肃、活泼"的优良传统为榜样。因此，艰苦奋斗、勤奋学习、团结友爱、尊师守纪、朝气蓬勃的精神面貌，在全校蔚然成风。①

根据抗日战争的实际需要，学校的学制有所改革，学习期限规定师范

---

① 《东宝中学简史》，东宝中学校友会编：《东宝中学校友会会刊（创刊号）》，1989 年 5 月版，第 21 页。——原书注

班为 1 年，初中班为 2 年。课程设置与国统区、沦陷区的旧式中学有着本质上的区别，作了较大的改革和精简，除了正课设置语文、数学外，增设政治常识、社会发展史、哲学讲话等课。当时购买这些课本是很困难的，多是由老师选印的，有的还是自行编写的教材。为了适应农村生产和战争需要，学校特别设置了动植物、生理卫生和军事知识等课程，收到很好的效果。学校还经举办演讲、书法、球类、戏剧、歌咏、体育等比赛，活跃师生课余文化生活。时事讲座、形势报告、各种专题讨论会、座谈会、文艺晚会等也有计划地进行，东宝行政督导处领导谭天度、王士钊还经常到学校向师生作形势报告和讲解党在东宝地区各项方针、政策，使师生受到深刻的教育。

10 月，因国民党当局挑起内战，东宝中学被迫停办。东宝中学虽存在时间不长，但为有志青年提供了接受革命教育的机会，为革命培养了一批骨干。

文化教育工作是路西、路东解放区建设的重要组成部分。它对宣传中国共产党的政治主张和各项方针政策，团结人民、教育人民、坚持抗战、打击敌人、瓦解敌人，进而巩固敌后抗日根据地，起到不可忽视的积极作用。

文献2

红星出版社（节选）①

岑诒立

1948 年 10 月，东宝地区在粉碎宋子文的第二期“清剿”之后，形势发生了可喜的变化，国民党反动派的统治已摇摇欲坠；人民革命的胜利已

---

① 收录于傅泽铭主编：《永远的心碑——厚街革命斗争纪实》，广东人民出版社，2006 年，第 156—162 页。

指日可待。这时，东宝县委布［部］署要进一步加强宣传工作，为革命大造舆论，以便更好地配合部队，打击敌人，夺取新的胜利！

……

红星出版社的诞生

1948 年 12 月，方东从太平秘密地送来了一本刘少奇著的《论共产党员的修养》，叫方焕文等同志翻印。并冠以“红星出版社”出版的名堂。人员也从原来的三位增加了莫润枝（女）。四个人就是一个战斗的集体，也是直接由方东领导（1949 年 1 月后，方东是蒋管区区委书记）。方东对出版工作的领导是很具体的，不但抓好大家的思想政治工作，而且，经常参加实践，写稿、油印、发放资料都身体力行。他还绘得一手好画，传单、捷报上的漫画大都是他亲自绘制的。红星出版社诞生后，出版的任务更繁重了，出版的项目也多起来了，计有：

一、小册子。不定期的翻印上级有关指示、学习文件、社论，如毛泽东著的《将革命进行到底》等，均为 32 开本，封面题签写美术字，套红色，正文印蓝色或黑色，一律用仿宋字体书写。

二、捷报。稿源经常来自两个方面，一是全局性的消息，及时转载《华商报》、《正报》：二是东宝地区的消息，多来自东一支三团政治处和地方党组织。印刷大小看内容而定（8 开或 16 开），单页，套红色标题。

三、传单。多是本地消息，有时配上顺口溜、民歌，这样，既及时反映现实，又便于传诵。多是小型的（32 开或 64 开），便于携带和散发。

四、标语。带口号式的宣传品，如“行动起来，迎军支前！”“有粮出粮，有钱出钱，有力出力”等，多用于张贴。这类宣传品比较大张，多印成长条、单张、用套色印刷，有时还绘上漫画。

此外，还印发过贺年卡、慰问信、统计表、《入党申请书》党员登记表，等等。

……

靠的是机智勇敢政

从《盟讯》的试刊到红星出版社的出版，很长时间都坚持在槐香园里。有谁知道红星出版社就在国民党河田乡公所一墙之隔的地方？这与战斗在红星出版社的同志们的机智勇敢分不开的。为了坚持在槐香园活动，按照党组织的指示，方焕文于1948年底便打进国民党河田乡公所里去，当上个文书，披上一层白色的外衣，干着红色出版的工作。白天，在国民党乡公所里“上班”；晚上到夜校去上课：深夜，回到槐香园里，油灯下，就和方玉书、方学文、莫润枝等同志投入紧张的战斗！

……

在斗争中，红星出版社也培养了一批又一批新人。1949年7月，方焕文等同志被输送到新的工作岗位后，红星出版社又迎来了一批新的同志，由谭亮、方芳（女）、方旺兴（女）等同志接过他们的班，出版地点也随着人员的变动而变动，先后在河田方东的家、涌口莫润枝的家、桥头陈明的药材店以及横岗尹守仁的家继续出版。9月初，县委和三团团部根据形势发展的要求，决定红星出版社与团部油印室合并，继续出版，直到东宝解放，红星出版社宣告完成其历史使命。

（本文根据方东、方焕文、方玉书、方芳等同志的回忆及有关档案资料编写）

深圳妇女军事资料

文献1

第五章　东纵北撤后南山的革命斗争（节选）[①]

……

四、长岭皮减租减息与民治民兵基干队（节选）

……

由于减租减息既不使地富利益受太大的损害，避免他们对党的基层政权和武装斗争的破坏，又减轻地富对贫苦农民的剥削，从而调动农民积极性。工作队又因势利导，动员村民保卫已经取得的胜利果实。长岭皮群众被充分发动起来参加武装斗争，没有家庭负担的年轻人报名参加正规部队，属于家庭主要劳力的当民兵或者参加武工队，年纪小的当交通员，有些妇女去税站或情报站服务。全村报名应征参军达到32人，他们中有吴罗清、吴财、吴珠生、吴珠妹、吴庆祥、吴茂青、吴友生、吴国民、吴国安、吴运财、吴观带、吴汉来、吴仕娇、吴官妹、吴福华、张桂英、吴运生、吴细妹、吴生仔、吴娇仔、吴仁安、吴美才、吴就光、吴仕英、吴胜华等。长岭皮扩军的成功极大地鼓舞布吉、龙华、沙河和梅林的其他村庄，各地纷纷效仿，大家纷纷报名参军，部队迅速壮大。路西地区的革命工作进入一个新的发展阶段。[②]

……

① 收录于深圳市南山区区志编纂委员会办公室著：《中国共产党南山历史（1924—1950年）》，中共党史出版社，2016年，第121−132页。

② 参见《铁骨凌霜——尹林平传》、《战斗的足迹——战时广东儿童教养院老战士回忆录》、《东宝烽烟——粤赣湘边纵队东江第一支队第三团史》，均转引自《深圳的小延安——长源纪事》编辑委员会编：《深圳的小延安——长源纪事》，香港东方文化出版社有限公司2013版，第32−41页。——原书注

深圳妇女卫生资料

文献1

第四章　解放战争时期（节选）[①]

第三节　解放区的扩大和国统区的斗争

……

二、深圳地区解放区的建设

……

医疗卫生工作是人民武装后勤工作不可缺少的重要组成部分。部队能否长期保持充足的战斗人员和旺盛的士气，与医疗卫生工作息息相关。因此，部队组建之初就建立了医院，各连队都配备了卫生人员。随着部队的扩大，医务人员也逐步增加。初设医院时，由叶群负责，后由叶聪慧任院长。初期医院只有医生、护士、采购员、炊事员各一人。江南支队成立后，第二团增加了一批医务人员，第四团的医疗机构也逐步建立和健全起来。因处于战争环境，特别是1948年夏秋间沙鱼涌、山子下、红花岭战斗后，伤病员骤然增加，医院困难越来越大。医务人员人数明显不足，药物又相当缺乏，常常只有一点少量的阿斯匹林、硼酸水、红药水等药品。为了解决缺医少药的困难，医务人员除了给伤病员治伤治病之外，每人还要为伤病员洗血衣、洗抹身体、护理大小便。在部队医院部门工作的绝大多数都是妇女，她们在缺医少药的情况下，战胜种种困难，肩负起战场救

---

① 收录于深圳市史志办公室著:《中国共产党深圳历史》第一卷(1924—1950)，中共党史出版社，2012年，第262—268页。

伤和日常医疗保健工作，使部队长期保持旺盛的战斗力。连队卫生员的工作更加艰苦。她们平时要做好连队的卫生防病工作，防止非战斗减员；行军时，为了减轻伤病员的负担，经常帮助伤病员背枪支、弹药和背包，搀扶伤病员；到了宿营地，战士们可以休息，而卫生员还要抓紧时间检查病号，帮助伤病号端水端饭、煎草药、洗涮伤口；战场上，卫生员和战士一起并肩战斗，还要舍生忘死地救护伤员，甚至流血牺牲，献出自己的宝贵生命。

部队作战能立于不败之地，准确和及时的情报是十分重要的保证。江南支队一再强调："加强全区的情报工作、侦察工作是十分重要的。情报、侦察工作之所以重要，由于有了它才能了解敌人情况，敌情不了解，无论如何不能打仗。"[①] 据此，部队一直十分重视交通和情报工作。1947 年人民武装建立时，就设立了情报总站和交通总站，并逐步建立了交通和情报网点。由于淡水和深圳所处位置相当重要，因而部队首先在这里设立情报站，由刘俊尧任沙湾情报站站长，叶健任淡水情报站站长。1948 年江南支队第二团正式成立后，交通情报工作逐步健全，先后建立了坪山、龙岗、横岗、沙湾、深圳、新墟、淡水、沙坑等 8 个情报站，交通情报网点遍布江南支队活动地区，交通情报总站机构设置也较完善。情报总站站长由戴震担任，下辖 2 个支站，8 个分站，4 个情报点。交通总站站长由罗许月担任，下设 12 个交通分站，主要任务是通讯联络，传递指示、命令和情报，为运送军用物资的小分队民工以及归队、从外地前来参加游击队的人员引路。

为了适应形势发展的需要，江南地委非常重视培养干部，先后举办了许多短期干部训练班，培养了解放区急需的军事、政治各方面的干部。1949 年 3 月，江南地委举办了江南公学，为迎接全国解放，建立人民政权，接管城市培养输送了一大批各式各样的人才。随着解放区的巩固和发

---

① 《关于七月到十月的江南军事斗争情况》(1948 年 12 月 5 日)，《广东革命历史文件汇集》甲 52 卷，第 176 页。——原书注

展，解放区的文化教育事业也迅速兴起，普遍兴办了学校、夜校和识字班，普遍开展群众性认字运动。部队和地方党组织组织文工团，巡回各地宣传演出，深受群众欢迎。此外，江南地区还创办了颇具特色的油印报纸《大众报》，在解放区广泛发行，在宣传党的方针政策、教育团结人民群众、打击敌人方面起到了很大作用。

后　记

历时一年有余，《广东东江地区妇女解放运动史料汇编》（全六册）终于完成，这是广东省妇女联合会、中共广东省委党史研究室继联合出版发行《广东原中央苏区妇女解放运动史料汇编》后，持续推进广东省妇女运动历史文献资料的搜集、整理和出版工作的又一重要阶段性成果。

记述中国妇女解放和发展的历史进程，总结妇女运动发展的历史规律，具有重要的历史价值和现实意义。广东省妇女联合会本着对历史高度负责的态度发起了广东东江地区妇女解放运动史料汇编与整理工作，并负责本套书的设计、统筹、协调和统稿；中共广东省委党史研究室发挥专业和资源优势，对本套书的纲目结构、标题设置、编写体例、资料来源等方面进行审读指导；华南师范大学马克思主义学院负责相关史料的收集挖掘、整理勘校等具体工作。

感谢华南师范大学马克思主义学院胡国胜教授带领研究团队亲赴广东东江地区开展实地调研，深入该区域的各县（市、区）党史研究室、档案馆、图书馆、妇联等部门查相关珍贵档案，并摘录了大量翔实的史料！感谢广州市、深圳市、东莞市、惠州市及所属县（市、区）的各级妇联、党史研究室、档案馆、图书馆等相关单位的鼎力配合！感谢广东东江纵队纪念馆、深圳市坪山区东江纵队纪念馆、罗浮山东江纵队纪念馆等专题纪念馆的大力支持！感谢广州市东江纵队研究会、

深圳市东江纵队粤赣湘边纵队研究会、东莞市东江纵队历史研究会、惠州市东江文化两纵历史研究会的全力协助！此外，我们在本次的史料汇编过程中参考了学界同行们的大量成果，恕不能在此一一列明，特表谢意。

本套书集取了党史、军事史、组织史、文艺史和其他方面的研究，是集体合作的成果。由于编写时间仓促，我们的专业基础、研究视野、学术功底等尚存缺欠，加上史料选编难度较大，本套书在考证和编辑方面难免存在纰漏和错误，殷切希望学界同道、广大读者批评指正。

编委会

2024 年 2 月

广东东江地区妇女解放运动

史 料 汇 编

GUANGDONG DONGJIANG DIQU
FUNÜ JIEFANG YUNDONG SHILIAO HUIBIAN

第 五 册

广 东 省 妇 女 联 合 会
中共广东省委党史研究室 编

中国妇女出版社

图书在版编目（CIP）数据

广东东江地区妇女解放运动史料汇编. 第五册 / 广东省妇女联合会，中共广东省委党史研究室编. -- 北京 ：中国妇女出版社，2024.3
ISBN 978-7-5127-2371-9

Ⅰ.①广… Ⅱ.①广… ②中… Ⅲ.①妇女运动－史料－广东－1938－1949 Ⅳ.①D442.865

中国国家版本馆CIP数据核字（2024）第020300号

项目统筹：万立正
责任编辑：万立正
封面设计：李　甦
责任印制：李志国

出版发行：中国妇女出版社
地　　址：北京市东城区史家胡同甲24号　　邮政编码：100010
电　　话：（010）65133160（发行部）　　65133161（邮购）
网　　址：www.womenbooks.cn
邮　　箱：zgfncbs@womenbooks.cn
法律顾问：北京市道可特律师事务所
经　　销：各地新华书店
印　　刷：小森印刷（北京）有限公司

开　　本：170mm×240mm　1/16
印　　张：188.25
字　　数：2700千字
版　　次：2024年3月第1版　　2024年3月第1次印刷
定　　价：598.00元（全六册）

出版说明

为深入学习贯彻习近平总书记关于党史和文献工作的重要论述精神，切实加强新时代广东革命史料文献的抢救、保护和利用工作，充分展现广东妇女在中国革命历史进程中发挥的重要作用，广东省妇女联合会汇聚中共广东省委党史研究室、华南师范大学等各方力量，编辑出版《广东东江地区妇女解放运动史料汇编》（全六册），为中国妇女解放运动史尤其是广东地方妇女解放运动史的相关学术研究提供更加丰富和系统的史料支持，以推进马克思主义妇女解放理论的创新和发展。

广东东江是中国共产党在新民主主义革命时期开展革命武装斗争的重要地区。本套书所研究的广东东江地区，范围指东江纵队的游击战略区，主要包括惠阳（今属广东惠州）、东莞、宝安（今属广东深圳）、海丰（今属广东汕尾）、陆丰（今属广东汕尾）、博罗（今属广东惠州）、增城（今属广东广州）、龙门（今属广东惠州）等地，同时还包括当时行政区划中中国共产党所领导的香港九龙一带。抗日战争时期，东江纵队在党中央和广东党组织的领导下，进行了艰苦卓绝的敌后抗日游击战争，从无到有、由弱变强，逐步发展成为一支拥有1.1万余人的队伍，建立起总面积6万余平方里、人口450万以上的根据地和游击区，成为华南战场抗战的一面旗帜。抗战胜利后，东江纵队

主力奉命北撤山东，1947年扩大组建为中国人民解放军两广纵队，参与华东战场的多个重大战役。未参加北撤留在广东的武装力量坚持斗争，逐步发展壮大为中国人民解放军粤赣湘边纵队等部队，为解放广东作出了重要贡献。东江纵队这支队伍的一大特点是女战士多，她们是联络站的负责人、是担任敌后游击作战大队中队长、是负责医疗卫生和后勤保障工作的战士，还积极参与了秘密营救香港文化界人士和爱国民主人士行动，她们的英雄身影遍布各条战线，撑起了华南革命战场的“半边天”。但遗憾的是，由于各种因素，目前广东东江地区妇女解放运动的相关史料分布较为零散无序，缺乏系统整理和科学梳理。

本套书收录了1938年至1949年期间有关广东东江地区妇女解放运动的政策文献、文史资料、口述回忆、文艺作品、人物传记、女英名录、历史照片等精选史料，共六册。第一册选编了1938年至1949年间的相关政策文献，依时间排序、按发文机构归类，共计约36万字。第二册和第三册选编了1938年至1949年间相关的文史资料，收录新中国成立以来当地对该段历史的记录和讲述的相关材料，共计约43万字。第四册和第五册选编了革命历史亲历者的口述回忆，共计约70万字。第六册选编了部分在革命斗争中牺牲的女英烈名录、部分具有代表性的革命妇女英雄人物传记、相关文艺作品（包括诗词、歌曲、题词）和珍贵的历史照片，共计约29万字。

为全面、真实、清晰地反映广东东江地区妇女解放运动的相关史实，本套书坚持以历史唯物主义和辩证唯物主义为根本指南，秉承着对历史负责的严谨态度，遵循“尊重历史，求实存真”的基本原则开展编撰工作。本套书在编辑的过程中，对不会产生歧义的字词均未作改动。收入本套书的政策文献、文史资料、口述回忆、人物传记的标题，一般为原标题，凡是原件无标题或标题有误的，均为编者所拟或修改。鉴于革命战争时期的紧张环境，个别政策文献及文史资料存在

着错别字、文理不通、表述与现在不一致、整理者水平不一等问题，为了尽量保持史料原貌，均未做改动，以“[ ]”形式加以修订；对模糊不清、无法辨认、缺损的内容均以符号“△”代替；符号“〔 〕”内容为原书编者修订。

习近平总书记指出：“历史研究是一切社会科学的基础，承担着‘究天人之际，通古今之变’的使命。”出版这套书，只是我们开展广东东江地区妇女解放运动史研究、汲取历史经验过程中的“万里长征第一步”。我们希望这套书能起到抛砖引玉的作用，以期创作出更多体现广东东江地区妇女解放运动的历史地位的精品力作，充分记录展现更多妇女先锋、妇女英烈的历史事迹，发挥妇女运动史料的教育作用，筑牢巾帼信仰之基，彰显巾帼担当作为，从而进一步激励广大妇女知史爱党、知史爱国，以更为强烈的历史自觉、更加昂扬的精神面貌，在贯彻新发展理念、构建新发展格局、推动高质量发展等方面继续发挥自身优势和积极作用，为实现以中国式现代化全面推进强国建设、民族复兴伟业作出新的更大贡献！

广东省妇女联合会

中共广东省委党史研究室

2024年2月

目　录

口述回忆（下）

口述回忆（下）

在港九大队卫生队的日子里[①]

麦雅贞

我原是香港广华医院护士学生。香港论［沦］陷后，自己抱着不愿做亡国奴的满腔爱国热情，于1942年1月15日经香港地下党的联系，毅然与同学四人一起参加到东江人民抗日游击队。第一站到了新界元朗，得到黄冠芳同志的接待，继在宝安白石龙的女子中队受训，队长李静、指导员方兰。以后分配在白石龙医务所工作，所长梁国［帼］莲同志。5月，调到惠阳中队，彭沃同志为中队长，参加了铜锣径对日军的突击战斗。随后转移到东莞，参加了对敌杨参化大队的战斗。以后我因患病留医，愈后于1942年冬调到港九大队大队部工作，1943年12月东江纵队成立后，司令部卫生处江枫医生到港九大队来检查工作，宣布凡是在支队或独立大队部负责工作的，均称为卫生队长；在大队和独立中队工作的，称救护队长；在连队工作的称卫生员。我一直在港九大队工作至1944年冬才调往东江纵队司令部卫生处工作。

我在港九大队部工作期间，主要是负责大队部的救护工作，有时到中队去了解情况，哪里有重伤病员就到那里去。当时的卫生人员大约有蔡冰如（经常不在港九）、麦雅贞、吴影子（男，已牺牲）、欧坚、林英、余绿波、邝如菊、崔莞、黄标（男）等。我们经常住在老百姓家，和群众在一起。日本鬼子压榨群众越利［厉］害，群众越接近我们，为我们作耳目，掩护我们。我在港九地区经常可以到处走动，为群众治病，做群众工作；活动的地方记得有：西贡、嶂上、大浪、赤径、白沙坳、黄毛应、横山

① 收录于广东妇女运动历史资料编纂委员会编印：《香港妇女运动资料汇编（1937年—1949年）》，1994年，第123–126页。

脚、三丫等地；到连队去主要是与林英同志去。在分散的单位有病员时，我也赶到他们身边，进行治疗与护理，梁雪英和王铁峰同志患病，我就是在他们的住地护理的。我也到海上中队去了一段时间，和陈志贤、曾少芳、黄康柏等同志一起活动，在海边化装成渔民打蚝、捉海胆，远远听到日本“铁扒”小炮艇的轧轧声，或者得到群众的报告，就上山隐蔽。由于有群众的掩护，我在单独的活动中，未受过损失。

药物的来源，主要是从香港购买，一般只有医治疟疾、退热、止血、止痛、消炎及外伤用的常用药，平时我们是采用土方法，利用中草药作辅助治疗，如煲些凉茶，都是就近山上采的草药。遇到较危重的病伤员，我们解决不了的，就通过地下党的关系，送往香港治疗，个别的伤员，也送到惠州的英军服务团的医院去住院治疗。我自己也曾因下楼跌伤，组织上送我到香港治疗了一个多月才回队工作。

在记忆中，有几件事是很深刻的。

一、为惠阳部队治疗护理一批伤员

大约是 1943 年 1 月，惠阳梧桐山战斗负伤了一批同志，由于惠阳方面国民党顽固派猖狂“围剿”，这批伤员只好送到港九地区来治疗，地点是三丫村附近，在距离入村有十多里地的海边小山上搭起茅寮作掩蔽。我们用船把一般应用药品送到这个地方，由于附近没有淡水，每天要由炊事员在三丫村煮好饭菜、开水，挑到驻地。当时日寇对村民每天只配给六两四“沙谷米”（沙子和谷粒、米粒混合），群众生活十分困难，我们经常是用木瓜、野菜合［和］上米来煮饭或粥，伤员的营养根本谈不上，吃饱肚子也不容易，致使有些伤员面部浮肿，脸色苍白；有时不够吃，我们采取让伤员先吃饱，工作人员再吃，为了怕伤员知道，大家商量好用吃得很慢的办法，让伤员多吃，但很快被伤员发觉了，一定要大家一起吃，甘苦与共，这种阶级友爱精神，处处都能表现出来。有时，天下大雨，小茅棚到处漏水，伤员的伤口敷料也弄湿了，待雨下完，三丫村群众带上干柴、衣服前来帮助烧火取暖，换上干衣，这种军民鱼水关系也是常常表现出来。

经一段艰苦的生活和治疗，全体伤员虽然身体虚弱，但伤口已基本愈合，那时惠阳情况有好转，才派船把这批伤员接回惠阳疗养。

二、与香港英军服务团的联系

香港英军服务团曾派外籍医生来为我们讲课，帮助我们提高医疗业务水平。当时是由方觉魂同志联系的，黄作梅同志作翻译，我们大队部全体卫生人员都参加了学习。

三、“三·三事件”伤员的处理

1943 年 3 月 3 日，日寇包围了我们政训室，章平同志（现在湛江）负伤，日本兵用刺刀插进他嘴巴，铁沙梨（即温观有）小同志也负伤了，大队部派我去护理。经过初步处理，后来两位同志都转送英军服务团惠州医院，住院治疗（送惠州我只知这决定，但具体情况不清楚）。

四、护送刘培同志到香港治疗

1943 年，护航大队长刘培同志在下涌战斗中负伤，情况严重，必须手术治疗，由惠阳送来转送香港医院治疗。领导决定，由我负责护送。经过港九各个日寇的关口，沿途用担架抬、用船运。最危险的是接近香港的关口，由地下党同志做好关口人员的工作，我化装为家属，声称是传染病人，日本兵不作检查就放行了。到了香港以后，进了私家医院，也是通过地下党的同志做好医院医生护士的工作，隐蔽下来治疗。在刘培同志做了手术以后，我才离开香港返回港九大队部。

五、对盟军遇难飞行员的接待

1944 年 5 月美军 14 航空队的五位飞行员，在遇难营救后送到港九大队部，我去接待了他们，为他们换洗包扎伤口，和他们联欢，高唱抗日歌曲，表示慰问。

原载 1987 年 5 月出版的《回顾港九大队》（上集）

解放战争时期香港海军船坞华员协进会的女工工作①

麦耀全　雷　平　胡若曦

抗日战争前海军船坞有4000多工人，抗战胜利后增加到9000多工人。抗日战争前，香港海军船坞是没有女工的，战后开始招收女工，女工主要从事运输及仓库工作。

1946年4月20日，海军船坞工人自己的工会组织“海军船坞华员协进会”正式成立。工会女工部长先是由黄玉英担任，胡景文任副部长。1947年后，胡景文任女工部长，庄婉霞任副部长。1951年，胡景文调去工人医疗所工作，女工部长改由陈玉琼担任。工会的会址设在洛克道。

在海军船坞一号仓工作的女工有雷平、胡景文等女工，八号仓有刘惠娟，五号仓有张惠雷、庄婉霞、胡若曦等，各仓之间互相联系、互相掩护开展活动，发动女工加入工会。

当时船坞的女工多数是住在水渠街、华佗庙，而船坞地方势力头子文建及其老婆利用拜“七夕”、“功会”等形式吸引一些思想落后，没有文化的卖菜妹。针对这部分女工文化低，受封建思想影响，信命运、信鬼神、盲目讲义气的特点，工会组织宣传反帝反封建思想，提高她们的思想认识。工会通过组织女工参加识字班等各种形式团结女工、组织女工，还组织女工学手艺、学技术，办女红班、车缝绣花等，使女工有更多的就业门路。当工人中出现婆媳关系不合、夫妻打骂等情况时，工会还派人进行调解，向他们宣传夫妻和睦、互敬互爱、男女平等的思想。

---

① 收录于广东妇女运动历史资料编纂委员会编印：《香港妇女运动资料汇编（1937年—1949年）》，1994年，第198—200页。

工会还组织联欢、文艺活动，演出各种有教育意义的节目，如《阿Q正传》、《铁心肝》、《放下你的鞭子》，当时这些演出地点多在孔圣堂进行。当时还在工会四楼天台举行拜“七夕”的活动中，演出《牛郎织女》、《三姐妹》、《夫妻识字》、《五里亭》等剧集，通过演出宣传活动，提高了女工们的思想觉悟。

工会还关心和帮助受迫害、有困难的工人和工人家属，密切工会和工人群众的联系。1946年底，海军船坞派船到西沙拯救“玫瑰号”商船，不幸发生沉船事故，船上遇难者19人，这就是当时的“曼地沙事件”。船坞工会主席麦耀全、副主席郭荣章为了维护工人的利益，带领遇难工人家属共四五十人到厂部办公室，谈判善后事宜。经过据理力争，船坞方答应：1. 一律有长粮（薪金），每月发一次；2. 安置一些家属入坞就业；3. 发抚恤费及一些救济物资；4. 子女未满14岁的供给读书费用。工会女工部干部胡景文、庄婉霞协助做遇难工人家属的思想工作，从思想上、生活上关心她们，当时这些家属被照顾入船坞工作后，很快就成为工会积极分子，还有的后来回内地参加革命工作。

工会还保护受迫害女工。一次工头张顶想要女工容燕卿当小老婆，容不答应，张就利用职权，找借口开除容燕卿。容燕卿失业后，当时的工会女工部长黄玉英把容燕卿带到工会干部刘惠娟栖身。一次海军船坞水泥部在装车运输途中，因急转弯，车上的铁制品翻动压死了一名女工，当时厂方想草草了却此事。虽然这名女工是“七夕”会的人，但工会仍出面为死者争取合法利益，要求厂方发放抚恤金和安排死者的弟弟入厂工作，通过交涉迫使厂方接受二个条件。“七夕”会的女工们看到工会对工人的疾苦如此关心，深深感到工会是自己的依靠，于是全部姐妹们转过来参加工会组织。当时，工会为了工人群众利益，还做了不少事情。如组织女工卖花、演出，捐献资金建工会会址，建劳工子弟学校、图书馆、工人诊所等。女工识字班还在晚上读书活动中，组织秘密地学习刘少奇同志关于安源煤矿工人运动的论述。工会的威信在斗争中越来越高。

（以上内容是根据麦耀全同志生前回忆录和雷平、胡若曦等同志提供的材料整理）

回忆在部队里的卫生工作①

麦　霞

我原是香港工人，在南针电筒厂、永备电筒厂做工。由于我的二姐麦梅参加了东江纵队，在她的教育影响下，我于1948年1月参加了惠东宝人民护乡团第三大队，当时大队长是张军、政委杨培。到部队后仅三几天，领导就派我和曹尉同志返回香港，在一位医生的家中学习战地救护常识，学习了一个多月才回到部队。初时在大队部做卫生员，后来在夜行军中不慎摔伤了左手肘关节，不便随队战斗，被送到医务所当卫生员。以后一直都在医院里工作。

我之所以回东宝参加游击队，投身人民解放斗争，除了麦梅对我的影响外，还有香港蜂蜂歌咏团，她是香港的青年学生、工人、失业青年和一些小商贩等青年人业余学习活动的组织，在这里我接触了一些进步人士和知名人士，开始知道一点国家大事，认识了国民党反动派发动内战的实质，响应过国内各大中城市学生、工人掀起的反饥饿、反内战、争自由、求解放的斗争。后来这个团体的青年不断地回到东江游击区来，我只是其中的一员。

我参队后，有机会学习卫生知识，心里十分高兴。做个白衣战士的理想实现了，尽管当时条件艰苦，缺医少药，救伤只靠碘酒、红汞水，连无菌操作的条件都没有。但我们满腔热血，坚定地相信“打倒蒋介石，解放全中国”的目标一定能实现，克服了不少想象不出的困难，热情耐心地医护伤病员，使他们一批又一批地伤愈归队。同时我们还凭一点有限的卫生

① 收录于中共东莞市委党史办公室编：《东莞烽火》第十二册，广东省东莞市印刷厂，1988年，第59−61页。

知识，培训了不少年青的卫生员，把她们一批又一批地输送到连队去。从1948年下半年至解放前夕，共培训了三十多名女青年到连队去当卫生员。

当时，缺医少药，医疗技术水平低，眼看一些伤病员在我们手里未能挽救他们年轻的生命，常常感到痛苦在心，久久不能平静。有一个负伤后感染了破伤风病毒的伤员，我们是知道他得了这种病的，可没有破伤风血清，眼巴巴地让他痛苦地痉挛挣扎而死去。一位卫生员黎桂英，在浮竹山战斗中英勇负伤，腹部肠子流出体外，送到我们医院去抢救，由于我们没有过关的手术，结果还是牺牲了。还有一位战士，名叫叶洪友，在战斗中大腿负伤骨折，也是由于没有手术设备，致使这位同志长期卧床，成了残废。

我们医院初时仅有七八人，后来发展到近二十人，尽管当时战斗频繁，环境十分恶劣，生活、工作条件极差，但由于我们有共同的理想，都有着十分高贵的品格，把生存的希望让给别人，把死亡的威胁留给自己，同心合力，战胜了一个又一个困难。

有一次，老天下着大雨，国民党兵来“扫荡”，我们把伤病员隐蔽在树林里，为了保护伤员，卫生员们把自己的蓑衣、雨帽、毛毯全部盖在伤员身上，而自己一直在大雨中挨淋，坚持到傍晚。敌人退了，卫生员已成了个“落汤鸡”，身体虽抖个不停。我们仍把伤病员平安送回驻地，便架起了火堆，为伤病员御寒，为他们烤干衣被，煮好饭，安置好他们休息，这时，身体颤抖的卫生员的湿衣也被自己的体温烤干了。我们工作不知疲倦，白天为伤员送医换药；晚上为他们放哨、巡夜；遇到敌情，还要背着伤员行军，为他们的安危操心。

有一次，医院驻在梅塘附近的山沟里，敌人刚巧来“扫荡”，扬言要找医院和伤病员！我们整天掩蔽在山上，不能烧火做饭，一整天了，我们肚子里滴水未进，直待到晚上，敌人退了，樊英同志只身乔装村姑娘步行数十里去找部队，天亮才高一脚、低一脚地回到我们身边。当樊英同志带了部队的信息回来后，我们肚子虽然饿，可是心里确［却］是暖呼呼的。

又有一次，医院驻在长山口，一位农村妇女难产，生命危险。卫生员张勤同志自告奋勇，去为她助产，整整忙了一个晚上，帮助妇女母子平安地度［渡］过了难产关。我们经常为乡亲治病，使我们同群众的关系，就象鱼水一样。遇有敌人来袭击，群众都主动告诉我们。一次，我和陈永莲同志在一个村里遇到了敌兵，群众机智地为陈永莲化装成一位村姑，她就坐在灶前烧火，就在敌人的眼皮底下，敌人也分不清她是什么人，我也迅速地进了厕所掩蔽，没有被敌人发现。

回忆在部队的日子，虽然条件差，生活苦，但有党的领导，有颗解放全中国的心，为了胜利，人人都甘愿吃苦，不怕牺牲。

东纵税站与涌口税站（节选）①

莫　维

抗日战争初期，我党领导的抗日武装，虽然取得国民党给予“新编大队”和“第二大队”的番号，但国民党并未供给枪弹。我部队的给养主要依靠广大群众、海外侨胞、港澳同胞的支援以及缉私和战斗中取得的战利物资。

1939年冬，国民党掀起第一次反共高潮。翌年3月，国民党调集3000兵力妄图消灭我党领导的人民抗日武装，曾、王两部队被迫东移海陆丰。同年8月，根据党中央“五·八”指示精神，部队从海陆丰重返惠东宝抗日前线。9月中旬把番号改为广东人民抗日游击队第三大队和第五大队，完全摆脱了国民党的关系。这时部队还没有建立起巩固的根据地，在敌、伪、顽军的包围下，虽有海外华侨及港澳同胞的支援，部队的给养仍然十分困难。

为了打破敌人的封锁，遵照党中央关于独立自主，征收“抗日捐税”的指示。部队决定建立自己的税站。第五大队于1940年11月，由陈前、林冲带领短枪队，首先在宝安县的梅林坳、乌石岩、布吉三处的交通要道建立税站。第三大队也于1941年1月派出宋悦明配合地方的魏田、宋天生、黄观友、杨贵等同志，在东莞的横岗、水涧头、火炼树等地建立税站，由魏田任站长。同年九十月间，国民党大举向我大岭山区进攻，税站被迫停止活动。11月我队又派蔡焯重新恢复税站工作并任税站长，同时在三屺、赤岭增建了税收点。

① 收录于傅泽铭主编：《永远的心碑——厚街革命斗争纪实》，广东人民出版社，2006年，第96—99页。

……

关于涌口税站，是在1943年4月在王作尧领导下成立的，由部队委任我做站长，初时只有梁周、王伦和我共三人，以流动形成向客商收税。到1943年底，涌口税站发展到10余人，其中有方福、方适恩、方光、培兴、李平（女）、王妹、王培、张学文等。我们为了扩大税收点，把11人分为三个组，第一组以梁周为组长，与张学文、李平负责在涌口收草席税、烟酒、市场、屠宰税等；第二组以王培为组长，带领王妹、方光到溪头莞太线一带收往来车辆货客税，同时封锁莞太敌人的物资补给；第三组组长方福，和我与方适恩到双岗鬼涌征收莞太往来机船、望牛墩车渡、东莞往广州省渡等税项。我们涌口税站还负责海上缉私工作，1944年10月中，在厚街王金枝、王定、王尚等同志支持下，得知厚街福音堂麦枢，用大帆船运军谷300担由上石角往广州给敌军使用，我税站马上与涌口常备武装民兵开往现场，当即把该谷船押返涌口。当时己［已］是深夜两点多钟，为了在天亮前把谷收藏好，避免敌人反扑，我们税站又动员涌口后备队40余人与常备武装民兵一起，把全船的军谷分别担回南社王启家和北社莫新家收管，随后供给部队使用。涌口税站的全体同志，就是这样为改善部队的经济给养作出了积极的贡献。

涌口妇女在地下斗争中的作用 ①

莫润枝

1941 年—1942 年间，我读小学时，涌口就有地下党组织活动。我的老师何佳、黎慧明都是中共党员。我第一次听“白毛女”的故事是黎老师讲的。当时我虽年纪小，但抗日热情很高，谁愿意当亡国奴？为了抗日可以抛头颅、洒热血，所以我常帮助地下党送情报、带信、带路。那时是单线联系的，任务都是由王映南交给我，送往地点主要是双岗林淦、厚街王作尧家（王作尧的弟弟王步尧是王映南单线联系领导人）。1943 年 3 月由王映南介绍我参加抗日大同盟，仍负责交通工作，那时地下党的同志经常到涌口活动、开会、办识字班，我帮他们带信、带路。1944 年 5 月，由王步尧介绍我参加游击队，同年参加游击队的还有王文、王志英，我离开涌口约两年多，直到 1946 年才从香港回涌口。香港党组织告诉我说：现在农村地下党停止活动，是积蓄力量，等待时机的时候，暂不能转关系，等待时机吧。这样，我的党组织关系，一直是在香港。1948 年，五、六月间，组织关系才转到方东那里，是年七月在双岗林淦家里开会有王定、王创、林桃南、方东和我共五人参加，由方东作目前形势和我们的任务的报告，要求我们迅速把东纵北撤后留下来的同志组织起来，配合游击队活动。在涌口由王创负责组织男同志，由我负责组织女同志。会后我回涌口，很快串联王文、王志英，以我们三人为骨干，在涌口开展妇女工作：

一、首先，建立以我家为联络点，掩蔽上级领导来往涌口、双岗指导

---

① 收录于傅泽铭主编：《永远的心碑——厚街革命斗争纪实》，广东人民出版社，2006 年，第 399–406 页。

工作。县委组织部长卢焕光、区委书记方东经常掩蔽在我家开展工作，边纵一支三团政治部主任黄永光也在我家掩蔽养病、指导工作。国民党常到双岗捉林淦，林淦的弟弟林桃南亦在我家掩蔽。我家是在当时乡公所后门斜对门，如果没有鬼头子报信的话，一般不会给发现的。且我家四周都是姓莫居住的，都是我房叔伯、兄弟、姐妹，他们都不会告密的。一般人都认为，男同志在我家出入是我哥的同学或朋友。我家房子较多，掩蔽较容易，如黄永光掩蔽在西边新屋，林桃南掩蔽在东边大祖屋小房阁楼里，方东常住在南边小房里，桃南、方东同时在我家，我不说他们都互不知对方在此。1949 年 1 月至 8 月，党员陈子清在涌口小学任教，秘密进行工作，在我家吃、住，有时她不知道有同志在我家掩蔽的。除上级来人出入外，本村的同志也常来我家联系，研究工作，如王文、王志英、王创、王冷、王启、陈洪近、陈冬桂……等。这么多人在我家出出入入，如果没有我母亲支持革命是办不到的。同志们在我家住宿、吃饭，我母亲从来没有反对。开始的时候，母亲有些害怕，经作思想工作后还能帮我做些事。如我不在家时，有同志送信来，她将收到的信放在神主牌底下，有时又放在香炉灰中去。有时有同志身体不适，她就给些药吃，如王冷有胃痛，我家有些进口药，她拿出来给王冷吃；林桃南在我家掩蔽，曾患感冒，她煲感冒茶给他服。有时情况有些紧张，她就带弟妹到香港，紧张过去了又回来。

二、团结和组织广大妇女，发展党员，建立党支部。我首先介绍王文、王志英入党，以后又发展莫惠英、陈冬桂入党，建立党支部，我任支部书记、王文任宣传委员、王志英任组织委员。同时建立解放大同盟，盟员有王润多、莫女、王杰、王妙兰、陈美田、王锦英、王瑞欢、王艮、王琴……等二十多名。我们支部在上级正确领导下，积极开展工作，对妇女进行宣传教育，提高妇女革命自觉性，要使妇女懂得要翻身解放，就要靠自己。为了团结教育广大妇女，我们在北社村逸美公祠配合学校进步老师办起妇女夜校，党员、盟员深入群众中动员，发现有的父母亲不愿给女儿上夜校，如西社兆大不愿给女儿亚梅上学，我们就多次上门说服，讲不识字的痛苦。在我们的努力下，动员有 100 多名青年妇女读夜校，我在夜校担任算术课程外，王文、王志英、王润多也担任课程，我们对夜校的学生，除了上基础课外，常给学生讲革命道理、讲革命故事。在这基础上，为更广泛团结妇女，我们发起组织“姐妹会”以互相关心，互相帮助为宗旨，团结妇女。如还有妇女家庭不和，我们就去调解；家庭有困难，捐款帮助，妇女有病痛就去慰问。因此，“姐妹会”在妇女中威信较好，我们党员、盟员在妇女中威信较好，全乡有 120 多人参加“姐妹会”，除青年妇女还有中年妇女。姐妹会的妇女都愿意接近我们，村中有什么情况、有什么事情发生，都乐意帮我们反映。尤其本身或家庭有何困难，都愿意对我们申诉，我们也都乐意帮他们解决，这对我们开展工作很有利。如游击队打胜仗或开庆祝大会，涌口妇女都会踊跃捐献，我们把大家的钱多数买毛巾慰劳游击队，多次捐款买牛奶、鸡蛋慰问伤员。邓奕光起义时涌口妇女送了很多慰问品，也组织妇女车鞋面，送去慰劳，也发动妇女亲手自做纸花义卖，所得款项买毛巾慰劳游击队。

三、建立宣传机构，做革命先锋。为了很好宣传我党的方针、政策，敌我斗争形势和游击队丰功伟绩，我们建立自己宣传机构并大量印制宣传品。以方东为首，我和王文、王志英配合，在我家建立了红星出版社。当时工具很简单，一块钢板，两支钢笔（一支粗，一支细），一块屐皮，一罐印油，就可以干起来。开始时是方东刻腊［蜡］纸，我和他一起油印，我学会刻写腊［蜡］纸后，就参加刻写工作，最记得有一本《党员须知》全部是我亲手刻写的（听说这本书曾在“东纵在东莞”展览里展出过）。以后扩大王文、王志英参加油印、刻写腊［蜡］纸工作时，大多在白天进行，有时隐藏在我家南边小屋，有时隐藏在西边新屋里，有时也在东边新屋房间里。因刻腊［蜡］纸时工具简单，容易收拾，容易收藏隐蔽，但油印时较复杂，需要一定面积开展工作，收集起来也较麻烦，所以都是在南边小屋夜间进行。一张刻好的腊［蜡］纸印两千份，每次最少三四张，有时五六张或更多些。重复的手工印刷动作几千次、万次，印好后还要整理好，有时还要装钉［订］，印前要将拿回来的纸，切成所需要的大小，都是我们用手工一张一张剪开的。因此，工作经常由黑夜开始干到第二天，天快要亮就要收拾，有时连干几个通宵。虽然那时年青，身体好，但走起路来脚浮浮，飘飘然的，那时革命热情是很高的。

印刷品的一部分在涌口、双岗散发张贴。涌口圩日是三天一圩，是逢三、六、九日都是圩日，我们的传单印刷品都是在圩日前一晚散发。散发传单分工：王创负责草席圩、街市一带。王泠、王创常在我家睡到半夜一二点钟去散、贴传单的。第二天天刚亮，竹溪各乡村的老百姓都到涌口做各种买卖，传单内容很快传通［遍］整个竹溪，影响相当大。另一部分，有的送游击队，有的送到太平、石龙、莞城、广州等地，是通过地下交通送出的，如陈洪近负责往广州、游击队方面；李淑姿（即三嫂，刘燕华家婆）负责太平、莞太线，刘燕华负责莞太线。她们都是上了年纪的妇女，但胆大心细、机灵，能随机应变，每遇到有危险时都能巧妙地应付过去。如有次，陈洪近去广州回来对我说，她送文件、宣传品去广州要上码头时，发现有国民党搜查，在船上她注意同船有个军官和老婆孩子，有很多行李物品，她就主动帮那个军官挑着行李上码头，码头负责搜查那个兵，认为她是那个军官的佣人，没有搜查她挑的行李物品，她一直送那军官上车后，才走自己的路，终于巧妙地避开敌人搜查，安全到达目的地。又如李淑姿有次去敌区镇口，她化装成乞丐，去赤岭装成上山打柴，拿起柴刀，担条上路去。有次行到半路看到一队伪军，她将信件放入装置死人的“金塔”里，她是50多岁人了，能破除迷信，敢去动金塔，确实是不简单。过去一般老百姓都不敢动死人“金塔”的，就算伪军也不会去动它的。等伪军走远了，才取出信件上路。那时她们都很穷，生活很艰苦，经常饿着肚子去干革命。那时当交通［员］[①]是没有车的，全靠两条腿走路。有次刘燕华送信件到沙塘，她没有饭吃，也要去完成任务，走到半路饿到呕白泡、头晕眼花，咬着牙，坚持完成任务。陈冬桂经常带信到河田、横岗、桥头、厚街、新围，常走夜路。有时还碰上“狼布狗”，一个小女孩

---

① 原文无，根据文意补充。——编者注

一个人行夜路，黑麻麻的，走两三小时，确实不简单，是需要多大的勇气啊！

我们的印刷品有的未送出去，就想办法收藏起来，我家北面有一间大柴房和西边新屋房间里都有很多青砖，我们在青砖中搬砌成很多个洞，洞口用砖砌好，只要搬开几块砖，文件就藏起来。我家厨房有谷壳（大炉的燃料）一大围。柴房里柴草很多，都是收藏较多宣传品的好地方。小件的文件有时藏在柴炉底下、石凳底下。陈冬桂将宣传品藏在菩萨底下（她爷爷是庙祝公），那时大人、小孩、老人都会想办法对付顽军搜查的。

1949 年七八月间，准备迎接解放，要印一大批传单，如《告全国人民书》……等，由于数量大、要得急，光靠夜间时间不够。当时形势也不同以前，斗争差不多公开了，我们思想上有些麻痹，一次安排白天在我家东边第一间新屋内油印，参加油印有我和王志英，还有一个是陈冬桂还是王娣（记不清）三人。在油印中有妇女来报告，说顽军已进村了，要我们赶快撤离。我们把印刷品刚收藏好，正准备撤离时，就听到顽军打我家的大门。我问王志英大门上面的插塞插好没有，志英说没有插上塞，只插下塞。我听后就说快走，下塞推几下会开的，我家没有后门，就由房顶上走，过邻居房顶，走到尽头，我们在四米多高房顶跳下来，我腰部受伤，志英他们也有皮外伤，她们扶我到洪二嫂莫女家掩蔽。不久，敌人又到洪二嫂家借东西，二嫂叫我不要睡，赶快活动腰部，叫我去织席，她自己坐在大门口拣［捡］草，顽军要什么，她就给什么，顽军就没有进里屋，我们才未被发现。我受伤后由陈冬桂向组织汇报涌口的情况。当时我方武工队在石角，陈冬桂提起篮子像去探亲的样子，出村到石角找到武工队，王永祥交了两粒双料跌打丸由她带回来给我用，并说要我撤离涌口。当时，斗争的需要，我不能撤离，我是支部书记，要坚持岗位，要监视敌人动态。当我们了解到国民党兵中，有的是刚被强拉入伍的，他们想逃走，苦于没有民服换掉兵服和不知逃走方向路线。敌人在涌口安营住下来，我们在敌人心脏里召开党员会，会议在我家开的，中心议题要动员党、团员、“姐妹会”、夜校学员中可靠的妇女去帮助国民党兵想逃走的人逃离队伍，给他们衣服，指点逃走方向、路线。后来顽军走后，老百姓在草田里发现一些军服，可能是一些已经逃离的兵脱掉的。

四、掩蔽伤员，慰问伤员，涌口妇女也是很积极的。有一次战斗，一支三团副团长何棠和数名队员受伤。伤员中有个叫法叔，有个是女同志，安排在水北村后野外草寮中掩蔽接受治疗。由王创、万筹负责安全、保卫等工作，组织人员警戒、放哨；王文、王志英负责给伤员洗伤口、换药、护理。何棠开始在涌口，后在五坑掩蔽，以后又转去河田，专门由卫生员黄葵护理，何棠伤势很重，大腿骨折移位，医生开的处方：活的公鸡不要头，连毛、内脏加上生草药一起舂成烂坭［泥］敷在伤口上。我与王文去河田舂过数次。当时我们支部除了轮流照料掩蔽在水北村伤员外，还动员广大妇女慰劳伤员。涌口妇女对伤员是关心、爱护的，捐献是踊跃的。我们将妇女捐的鸡蛋和钱，将钱买了些营养品慰问伤员，我就将鸡蛋和一些营养品送到五坑，代表涌口妇女慰问伤员。当时的伤员很苦的。在五坑时我见到何棠睡在地上，黄葵也是坐在地上陪伴他的。在涌口水北村野外草寮里掩蔽的伤员同样是睡在地上，伤员中有个女同志（名字记不起）她是右腿部受伤，有次需要移动，将她的右腿放在左腿上，我们四五个人搬动她左腿，虽然大家叫一、二、三齐动手，人不是机器，动作肯定有些快慢，痛得那个女同志大叫，直流眼泪。当时医疗条件很差，没有治疗设备，伤员是很痛苦的，如果没有革命牺牲精神，是不可能坚持的。

五、服从调动，接受新任务。1949 年春上级指示要我们抽一名女党员到部队，当时我想回部队，但方东不同意，怕我走后，涌口工作受影响，我家这个联络点将会失去。后来决定王文归队。约 1949 年七八月间组织要我负责竹溪女党员、盟员积极分子工作。当时联系点有：厚街、河田、桥头、白濠、双岗、榄树厦、涌口。不久组织又要我们组织妇工队，我们就把竹溪的党员、团员（那时解放大同盟盟员转为共青团员）愿意脱产出来工作的，组成妇工队，我是队长，王如珍副队长，队员有：王志英、王润多、王丽嫦、方秀英、王丽娇、王少芳、陈明、陈燕……等十多人，属竹溪联乡办事处领导。妇女队组织后曾在桥头、河田召开妇女大会，帮助组建妇女会，动员妇女迎接大军南下等工作。两广纵队文工团在厚街演出话剧“白毛女”，竹溪各乡妇女都带慰问品慰问文工团，涌口妇女亦带很多慰问品，我记得其中有一种是用白糖、花生制的花生糖，文工团的同志都称赞花生糖是最好吃。约 1949 年底或 1950 年 1 月我们妇工队全部被调去搞征粮，接受新的任务。

缅怀港九新界三位英雄妈妈①②

欧伟明

每个人的一生，都有许许多多难忘的事。一九四一年十二月到一九四五年三月又是我一生中最难忘的岁月。几十年来，不论走到何处，港九地区三位大娘的光辉形象都会时刻出现在我的心中，使我激动，使我敬仰。

凌娘——游击队的好妈妈

港九新界西贡区有个偏僻的村庄，叫做昂窝村，有个农家主妇，当地人都叫她凌娘，已是花甲之年，没有什么文化，她有两个儿子、媳妇和四个孙儿，一家同住在一起，务农为生，是个和睦的家庭。港九被日寇占领后，在共产党的抗日影响下和凌娘的教导下，她的二儿子刘茂华参加了我海上中队，儿媳是当地抗日妇女会会长。对这户革命家庭我们游击队是充满了敬佩的心情。

昂窝村后山，山高林密，石头如林，那里有个僻静的山洞，一般人都不知道，可以存放很多的军用物资，如遇紧急情况又是一个很好的藏身之处。从村口向外一望，西贡圩上的一切可以清楚看见，一旦日军有什么异动，我们便能及时应付各种情况，是游击队开展活动的好地方。

凌娘自幼在香港看饱了英帝国主义对民众的压迫、欺凌。日寇进来了，铁蹄横行，山河破碎，中国亿万同胞陷入深重灾难之中，凌娘由于民

① 收录于肇庆市城区东江纵队粤赣湘边纵队老战士联谊会编：《峥嵘岁月》，2003年，第126–137页。

② 《峥嵘岁月》原书存在不少错讹，为了便于阅读和理解，编者对明显错讹进行了直接修改。——编者注

族义愤，怀着满腔的救国热情，投入到抗日事业。港九大队成立之后，我带着唐华、陈忠、何华、梁雪英和两个小鬼住在凌娘家。她家很穷，八九口子之家，床上的被子露出了棉絮。心想穷人的心都是向着共产党和新四军的，对着凌娘照直说了我们是共产党领导的游击队。凌娘一听，立即就热乎起来，说："怎么，不信我这穷老婆子！我懂，新四军就是当年的红军，红军还信不过穷人！"我一想，凌娘是热爱红军的，于是我把来此地的事说了。凌娘听说后立刻拉住我们，说："放心在我凌娘家住吧，你们就是我凌娘的亲人，大娘有吃的就饿不着你们。"这样，港九大队部的副官处（后勤处）就安在凌娘家中。

反击日寇法西斯统治的风暴，在港九地区掀起来了。各武工队积极开展锄奸活动，坚决打击那些首恶分子。但是，敌人却以"政治作战"为主的法西斯统治，也迅速在占领区内全面展开。为消灭游击队，日寇便派出大股小股人员到处乱窜，有时化装成收买佬，组织"鬼头仔"，在各村寨侦察游击队的行踪，企图使我们住不上、吃不上，而退出港九地区。敌人还趁我们立足未稳之时，以分散对分散，向我武工队"合击"或"剔块"，日军或半夜包围，拂晓偷袭，或利用每个村的地痞流氓给敌人报信，全力对付我们。在敌人的"囚笼"内，我游击队有了群众，就有了靠山，就有了广大的回旋余地。村与村之间，逐渐地建立了我游击队的"无线电"，敌人一出动，消息就已传过来。有时敌人从村前进，我们游击队从村后出。所以，隐藏在凌娘家的副官处，两年多的时间里一直没有被日寇发现，可谓隐蔽至极。

九龙、新界西贡与昂窝之间，近在咫尺，日寇对我游击队为什么情报不灵呢？关键是我们与人民群众血肉相连，以及艰苦、细致的工作所致。住在凌娘家，军民之间真是鱼水情深。她老人家对我们每一个同志，都是关怀备至，经常地向我们嘘寒问暖。冬天来了，她叫媳妇烧水给我们洗澡，从不间断。日寇统治下的香港地区，卫生条件恶劣，蚊蝇飞舞，人们经常患疟疾（俗称打摆子），我们游击队战士也不例外。凌娘一见，马上烧水为战士焗身，到山上去采来草药熬给我们喝，使我们很快就能痊愈。

她家中弄到一点什么好吃的，都有我们一份，生怕我们饿着冻着，游击队与凌娘真是亲如一家。

一九四二年夏天，队员梁雪英突发急病，高烧不退，昏迷不省［醒］，当地人称这种病为“大热症”、“出标蛇”，不及时医治会有生命危险。我和几个同志十分焦急，商量诊治办法。当中有人提议出山去请个郎中来给她治病。但一想，昂窝是山区，又是沦陷区，请郎中进来要通过日寇重重哨卡，风险很大。再说此种境况城镇郎中还不一定进山，一时束手无策。后来在西贡活动的武工队长，通过一道道敌人的封锁线，将请来的郎中送进山来。谁知这个郎中给她把脉后，摇了摇头说：“‘标蛇’快到心口了，你们准备她的后事吧！”大家听了郎中这个嘱咐，好似晴天霹雳，泪如雨下。送走郎中之后，我们的心情更加沉重，随即有的同志提议将病人搬出草房，以免影响凌娘家。

正在此刻，凌娘出现在我们面前，她老人家好像猜透我们的心思，胸有成竹地说：“不要怕，郎中不医我来医，这种病农村常见，我会治。”接着，她又安慰我们，并说：“你们千万不能将病人抬出屋外，万一有什么事也不要紧，何况她是为救国救民而来的好青年呢！”说完，转身进入厨房倒半小碟油，拿一把匙子，采用土法给她全身“括［刮］痧”、“钳痧”，不一会功［工］夫，其身上就出现“黑蛇”影子，她还一边做一边给我们讲解操作的要镇［领］。然后，走到屋后用菜刀砍掉自家种的芭蕉树，取心［芯］榨汁喂入病人口中。稍后只听梁雪英长叹一声，低声地说：“心口好凉呀！还想再饮一点。”凌娘听到后，又榨了半碗给她服下。这时病人慢慢地苏醒过来，我们十分高兴和感激，齐声地说：“凌娘你真神，医生不敢治的病，你给治好了，不是医生胜似医生，我们永远忘不了您老人家的恩德！”

人在最激动的时候，嘴总是最笨的。我们望着凌娘和她的全家人，除了说出这样的话，似乎什么也不会说了。然而，几十年后的今天，凌娘那光辉而伟大的慈母形象，仍然在教育着我们。

容娇——机智勇敢的好妈妈

容娇是西贡区桥咀的水上渔民，丈夫早去世，和儿子石来福、女儿石桂好靠在海边捕鱼捞虾为生，有时在西贡、坑口之间来往送客，一直过着极其艰辛的日子。日寇在港九铁路被东江纵队切断后，又开辟了海上运输线，他们见了渔船就抓，渔民们的生活就更难了，不敢出海捕鱼，只有在海边捞点鱼虾来维持活命。

这里的渔民早年就受过革命的影响，曾经支援过省港大罢工，有的还参加过广州起义。东纵港九大队建立后，渔民们就知道这支队伍就是当年的红军，专门打日本鬼子的，反抗的火焰立刻在这里燃烧起来。我们根据广大渔民的要求，首先对无恶不作的土匪进行了清剿，维持了这一带的社会治安，并开展了广泛的抗日宣传活动，然后帮助民众组织了各种抗日群众团体。觉悟了的港九民众，掀起了参军热潮。母亲送儿子，妻子送丈夫，就连容娇也争着要参军。我们说："你年纪不小了，叫年轻人去吧！"她说："让我跟着游击队就行，年纪大些，也能给你们撑船和做饭。"接着，来福、桂好兄妹俩也吵着参加游击队，我们说服不了他们。经过她［他］们的再三要求，港九大队同意她［他］们加入游击队。这样，一家三口都是我们游击队的地下交通员，成为游击队在西贡、坑口、滘西、龙船湾北潭涌一线的海上交通艇。在此后的反"扫荡"、反"清乡"的斗争年月里，他们工作认真负责，无论是在海上执行任务，还是保证港九大队人员的生命财产安全方面，都做到了万无一失。

我们在敌人"囚笼"内站住了脚，扎深了根，尽管敌人军事上仍占着相对优势，但想拔除我们这个"心腹之患"，愈来愈困难了。一九四三年初，江水短枪队在西贡活动，就在这个时候，垂死挣扎的日寇突然对我海上和陆上的游击队进行大"扫荡"。一天，江水短枪队坐上容娇划桨的交通艇正在回西贡途中，日军见该艇便追了上来。怎么办？退回去是不可能了。容娇见此情景，不慌不忙地叫江水等人坐进船仓［舱］内，飞快地将小艇摇到桥咀掩蔽起来，躲过了这一劫，敌人妄图消灭海上游击队的阴谋破产了。

一九四三年夏秋的一个晚上，这天略有做［起］雾。我乘坐容娇母女划着的交通艇，到滘西湾税站检查税收情况。那时敌伪海上封锁甚严，为避免在海上与敌人接触，我们利用雾天作掩护，选择八时后才从北潭涌出发，十时左右顺利进入滘西湾口。容娇凭着多年海上生活的经验，一旦有什么风吹草动，都能觉察出来。我们刚进滘西湾口内，立即感觉有船跟踪我们。她说："有情况！后面大约五六十米处有摇橹声，可能是日本鬼子检查船从龙船湾来。"果然，一会儿功［工］夫，日本鬼子的声音也都听到了。于是，她交待［代］我要镇定，千万不要慌张，艇到湾内时利用渔船掩蔽，你就悄悄地下水，潜入水中，看敌情变化而动。这时，容娇母女俩加大力气，把艇的速度加快。……四十米、三十米，我紧紧攀住船沿，按照娇妈吩咐悄然地潜入水中，无声无息地躲开。靠近小艇的四个日本兵，端着长枪，厉声喝问，还拿着手电筒在船的四周照射。其中一个日本仔，跨过小艇来，用不咸不淡的广州话问道："你们在这里做乜嘢？"容娇不慌不忙，象平常打鱼虾时那样，拉出虾网，做出捕虾样子，"捞虾啤！"容娇答道。鬼子到处张望，用手电筒的光亮进行搜寻，希望能在这里发现"游击队"的行踪，但一无所获。过了十来分钟，返回敌船，几个鬼子叽叽咕咕了一阵，约停留不到半个小时，挥手开船离去，驶向大海。大约过了十五分钟，娇妈估计敌船去远了不会掉头再来。于是，她母女俩把艇划到岸边，说："连哥（我当时叫欧连），没事了，鬼子船走远了，出来吧！"当时，我又喜又羞，喜的是平安避过敌人搜捕，"羞"的是全身湿透，在她母女俩面前一付［幅］落汤鸡的模样。

到达税站后，站长赖全见此情景，立即大吃一惊，随即叫我将衣服换过，关切地问是怎么回事。我把前后发生的经过说了一遍，说："要不是容娇警惕性高，遇事镇定，临危不惧，今晚我一定实死无疑。正因为她的机警，才逃过日寇的搜寻，因而化险为夷，平安无事，是容娇给了我第二次生命，不知怎样才能报答她的救命之恩。"

此时此刻，就是用千言万语，也道不出满腹的深情。而娇妈却说：

"没有什么了不起，是锻炼出来的，每天在海上行船，碰到敌人检查是家常便饭，我习以为常了。"对于这样的亲人，对于这样爱我们唯恐不周，助我们唯恐不力的亲人，我们还能说什么呢，我们只能把深情记在心里。

冯芝——英雄伟大的好妈妈

在港九地区，人们流传着许多关于冯芝老人的传说，他们都以自己最真挚的感情和最美丽的语言来颂扬这位为革命牺牲的冯芝老妈妈。

冯芝老妈妈到底是怎样一个人呢？还是从她支持女儿参加抗日工作的时候说起吧。她是港九大队市区中队长兼指导员方兰的母亲，婢女出身，经多次被人转卖之后与方兰的父亲结婚的，几十年来经历过许多苦难，她养育了七八个子女，其中方兰（乳名亚齐）是她最疼爱的女儿。

一九三七年芦沟桥事变之后，方兰在香港投身到党领导的抗日洪流中，抛弃了求学的生活。一九四一年底香港沦陷时，方兰接受党对她的指示，从九龙潜回香港与地下党取得联系。这期间，冯芝老人见到女儿与这些革命青年都有一股抗日热情，是中国革命的希望。这时她的母爱逐步孕育出一股无所畏惧的力量，并开始关注着局势的发展，到后来和女儿一样，也积极投身于抗日事业。

香港被侵占后，日伪宪警经常搜查来往的人群，尤其是对中国人像"梳蓖［篦］"一样地进行检查盘问。她开始对女儿不放心，担心她出事，总是时时陪伴女儿出入，但从不问为什么。有时女儿叫她在这里等，她就在这里等，从无怨言，见到女儿之后才放心。

在港九地区，我们与冯芝老人相处的日子里，逐渐了解到她是一位不平凡的老人，不仅能吃苦，而且对我们这些贫苦出身的战士极富同情心，特别是她有一颗火热的心，和勇于斗争的坚强意志，我对她更加敬佩。

广东抗日游击队在港九地区的活动，使日寇极为恐慌。一九四四年二月，日寇在陆、海、空配合下，开始对西贡、沙田等地进行了持续一个月的"扫荡"。三月中旬的一天，市区中队交通员亚四将一份情报和宣传品从冯芝老人家送去伍家，再从伍家带情报回来，可伍家交给亚四的不但数量多，而且有一份特别重要的情报，再三叮嘱千万小心，要及时送到。当时九龙市区敌人防卫极严，交通员亚四是位年轻的姑娘，担负传递情报这项工作时间不长，缺乏应付敌人的经验，遇到复杂情况不够镇静，对这条水路又不很熟识，这么多东西尤其是那份特别重要的情报，她能带到伍家吗？于是，冯芝老人决定自己送，叫亚四扮作自己孙女陪嫲嫲（即奶奶）出外。冯芝老人将重要情报卷成火柴棒那样小，缝进衣角里去，宣传品则分放在竹篮底，有些则缠在腰间。临行前再三叮嘱亚四："万一有什么事发生，不要慌张，就说'我陪嫲嫲外出'，其他什么都不知道。"当晚一切准备妥当。

第二天一早，天刚蒙蒙亮，南方的三月还有几分寒意，冯芝"祖孙"俩上路了。她想，筲箕湾码头通常只检查船不检查人，以为乘小艇过海，很快就可以送到目的地。谁知这天她俩到筲箕湾才突然发现，日军宪警对过往行人严加盘查，不放过任何人。退走已来不及了，怎么办？老人四处现看了一下，灵机一动，乘敌人没有注意时，便将篮底的宣传品迅速扔到身后的水里去，刚想把缝在腰间的那一捆抽出来扔掉，一个伪警走过来夺走了这捆宣传品，厉声问道："老太婆！你干什么的？""我是水客，帮人带东西是为了糊口。"老人神态自若地答道。"哎呀，老太婆，这是惹大祸的东西呀！"这个伪警随即将宣传品撕成碎片扔到水里。正在这时，过来一个印度籍警察（人称嚤啰叉），将老人全身搜查了一遍，当摸到衣角有条硬梆梆［邦邦］的东西时，以为是钞票，动手拆开，老人一见马上怒斥这个印警："你想日本人给你买咖喱鸡吃呀！（印度人喜欢吃咖喱鸡）你发梦。"这时一个日军宪兵听到声音马上走过来，见是一份情报，二话没说就把她俩抓走了，囚押在筲箕湾巡捕房。

短短的几天，日伪宪警对冯芝老人进行严刑拷打，用电刑和放狼狗咬，但她始终坚贞不屈，仍是那几句话："我家穷，给人做'水客'，别人叫我带些衣物到坑口，我就带了，又不识字，不懂纸上写的什么。"敌人对此毫无办法，老人每次用刑回来后便悄悄地对亚四说："不要怕，敌人没有在你身上搜出任何证据，你只说我陪嫲嫲出街，什么都不知道。"这时，冯芝老人所担心的不是自己的生死，而是担忧亚四不镇定、慌张而露出马脚，会受到酷刑，更怕暴露出市区中队的秘密和人员，担心女儿亚齐（方兰的乳名）受牵连，影响整个中队的抗日工作。因而，老人抱定宁可杀头，绝不招供的主意。但是，日寇将这份情报送到宪兵派遣队进行字迹鉴别，查出了书写这份情报的是位十八岁姑娘、游击队员、敬记造船厂报图员张咏贤，于是她也被捕。

在筲箕湾码头曾搜查过冯芝老人的那个伪警，偷偷地给她家里送去她被捕的消息。在探监时，老人对着儿女神色坚定，没有掉半点眼泪。反而劝慰儿女让其告诉方兰绝不做对不起党的事，让她放心。并小声对张咏贤说："既然被捕，出去是不可能的，千万不要害别人，自己虽死，也要死得光荣，绝不做汉奸、卖国贼而遗臭万年。"

六月二十二日，敌人用尽各种刑具，企图想从冯芝老人口中套出市区中队的活动秘密，但枉费心机，于是恼羞成怒，将冯芝及张咏贤等一批抗日志士杀害了。风在呼啸，人们在啜泣，同志们听到这个消息，无不痛哭失声，冯芝老人生前的音容哭［笑］貌一直在我脑海里回荡。

解放战争时期的港九妇女纺织总工会及其活动①

欧丽华　梁少初　等

港九妇女纺织总工会成立于1947年6月21日，会址设在香港砵兰街349号4楼。1950年该工会改名为港九纺织染业职工总会。港九妇女纺织总工会第一届领导人为：总会主席欧丽华（大同布厂织布女工，后连任三届），副主席杨少琼，组织部长陈勋，财务部长张月，交际部长李逸梅，总会书记先后由黄瑛、李逸梅、邓宝、叶南、张勋等人担任，工会理事除李逸梅为脱产外，其余均不脱产。1949年8月，该总会又成立九龙城支会，支会主席为冼佩玲、支会书记为姚坚。

抗日战争胜利后，香港布厂的生意兴隆，资本家发了财，过着豪华的生活，而广大工人从早到晚不停地劳动，却连最基本的生活都难以维持，工人们辛辛苦苦织一匹布只得工资2元8角，有些厂只得2元6角。

1947年下半年，由于国内局势不稳，上海纺织厂商纷纷将工厂迁往香港，在九龙土瓜湾一带相继开办了南洋、纬纶、怡生等纱厂。

当时，香港织布行业有个国民党背景的工会，名为香港九龙纺织总工会，负责人严省躬是国民党党员。该工会由一些工头和布厂里的较机师傅、拉纱师傅所把持，这些人在该工会内受到特别优待，工会里经常开着几台麻将，招待机面师傅在那里玩，弄得工会象个麻将馆。而一般工人要入布厂做工必须经这些人点头同意，才能入布厂做工。严省躬一伙还出卖纺织工人的利益，把战前的劳资旧契约送给资本家，使资本家以此为依据，克扣削减工人的工资。

① 收录于广东妇女运动历史资料编纂委员会编印：《香港妇女运动资料汇编（1937年—1949年）》，1994年，第177−181页。

抗日战争胜利后，一部分原在东江纵队工作的干部战士先后返回香港从事工运和妇运。当时参加筹办港九妇女织工总会的有：欧丽华、梁少初、张月、李逸梅、李绮文、何玉屏等同志。

土瓜湾四大厂罢工后，港英政府劳工司想分化我们男女工人，叫女工另外组织女工工会。我们趁这个机会向劳工司申请注册组织纺织女工工会（简称妇织工会）。妇织工会的成立是经过许多斗争的。

开始黄色工会向我们施加压力，严省躬等人叫喊，女工工会招牌不能挂起来。欧丽华、李逸梅、何玉屏等人在亚皆老街一个工友家里开筹备会，一班黑社会的人准备在她们散会时打她们。这个情况被放哨的工友发现后，大家马上从另一条街下楼，各人分头坐出租的士走了，这才未出事。黄色工会还去港英政府民政司告梁少初的状，民政司因此发出传票传梁少初问话，问她为什么要另行组织工会，谁指使你组织的。梁少初一一作了解释，民政司官员才没说什么。

为了发动女工加入自己的工会，工会骨干带着板凳和肥皂箱，在工厂附近马路转弯的地方（即工厂不能看到的地方）向工人宣传，叫她们参加妇织工会，动员女工们团结起来，对抗伪工会。严省躬等人对女工组织工会的行动非常恼火，组织一些流氓烂仔打女工工会骨干。后来女工骨干外出宣传时，常常带着警笛，以备有人捣乱打人时报警。1946年2月，许多工友到亚皆老街登记入会。到1946年6月，在九龙荔枝角道明星戏院召开港九妇女织工总会成立大会，选举主席和理事。在港九妇女织工总会成立大会上，工会交际部长李逸梅把港英政府的劳工司也请来了，后来这位官员对工会会员说，李小姐的嘴巴很厉害！

当时工人很穷，工会没有经费，工会活动靠会费开支，不能搞什么福利事业，我们就组织歌咏队、识字班、七姐会等吸引工人。如七月初七举行的七姐会，在天台用书桌搭戏台，表演歌舞等文娱节目。海员、洋务等兄弟工会也来支援我们。因为那时凡开会都要报香港政府政治部，所以政治部的官员朱良也来看过我们的表演。我们工会的影响日益扩大，搞到为工会收不到女工的会费，只能收机面师傅的会费。

当时，布厂设备落后，没有防护罩，布梭容易跳出来伤人。工会成立后不久，万昌布厂发生了工伤事故，有个女工被布梭插伤眼睛。我们工会前去交涉，那个工厂的资方很专制，工会干部进厂和工人谈话，资方即叫机面师傅拆掉那个工人的皮带，使她不能开机，随即又把那个工人开除。于是我们直接到厂部与资本家交涉，要求为受伤的工人镶回假眼。我们还把情况向劳工司反映，经过合理合法的斗争和交涉，万昌布厂的资方不得不给那个女工装上假眼。这次斗争的胜利，我们工会的威信大为提高，接着又发展了一批新会员。

1947年12月30日，大同布厂资方找欧丽华谈话，说要开除她，并说厂方有权开除工人。工会认为欧丽华是工会主席，不能让资方随便开除，必须与他们斗争到底。1948年1月2日开工后，在工人工休吃饭时间，欧丽华和30多位工人一起到港英政府劳工司控告厂方。劳工司里一个英国女人接见工人们，她听了工人们的投诉后，便和工人们到工厂去，并对资方代表说：你如果开除她，开除得一个便可以随便开除其他，这是违反劳工法例的，我们可以吊销你的执照。资方无言以对，劳工司女官员又问：什么时候可以让欧丽华回厂上班？资方代表只得说：欧丽华明天可以回来开工。于是工会又赢得一次胜利。

那时每年七八月是淡季，工厂没工开。工会经过研究，认为资方有困难我们应支持。因此在1947年淡季，工会和资方签订协议，减薪30%度淡，但淡季过后，进入旺季工人们开工干到晚上8点，资方却对复薪一事完全没有表示。工会便先在大同布厂发起反减薪运动，实行怠工。大家排队去厕所，布不烂也拆布，工厂听不到机声，因为当时工人织的是出口货，误了船期要罚款。资方害怕了，张罗了几日，便给工人恢复了原薪。工会立即发简报宣传大同布厂反减薪的胜利，于是各厂也行动起来，争取到恢复厚薪。

南洋纱厂罢工是一次规模较大的行动。这次工潮是由于厂方无理开除许玉芳引起的。当时厂方曾答应年终发双薪，结果却不发。许玉芳便与一些工人找厂方论理，要资方履行诺言，给工人发年终双薪。厂方不答应工人的要求，并开除许玉芳。许被开除后生活困难，而且还被家人埋怨，只好到豪华饭店洗碗。这件事激怒了工人群众，大家自发举行了罢工行动。当时，工会事先不知道此事，事情发生后工会立即去慰问工人们。工联会理事张东荃、谭祺科、谭卓芬等在海员工会和妇织工会一起商量对策。鉴于妇织工会没有男工，而纱厂有男工，于是发动红磡劳联的男工帮助妇织工会开展斗争。斗争开展起来后，南洋纱厂的经理翁联文到海员工会找到港九妇女纺织总会的干部李逸梅，掏出一个装了200元港币的信封给她，想对工会干部行贿。李逸梅不为所动，将这笔钱上交组织，用作了工人福利。

南洋纱厂罢工斗争的结果，资本家发了双薪，但开除了一批工人。接着香港纱厂、九龙纱厂、大南纱厂先后发生罢工，由于工会力量薄弱，结果都失败了。100多名工人被开除，妇织工会副主席冼佩玲和工会干部被押解出境。

我们工会还办过缝纫班、歌咏班、织工夜校、织工子弟小学。每逢周年纪念，工会都大搞庆祝活动。在庆祝工会成立二周年时，工会请中原剧社林榆同志帮助导演话剧《谁之过》，该剧内容讲的是一个女工生活贫困，机面师傅拆落了她的机器皮带，使她的孩子患病后没钱医治死去，这个女工抱着孩子面对观众说：“这是谁之过。”

（以上材料是根据纺织工会针织组及欧丽华、梁少初、何玉屏、姚坚、梁婉华、冼佩玲等同志提供的情况整理）

回忆港九大队的卫生工作①

欧　坚

1941年12月，日本帝国主义发动太平洋战争，香港九龙相继沦陷，广东人民抗日游击总队遵照党中央关于深入敌后开展游击战，建立敌后抗日根据地的指示，先后从广东人民抗日游击总队第三大队和第五大队抽调各级指战员和武工人员进入港九地区开展抗日活动。1942年2月公开宣布成立港九大队。

当时港九大队的领导机关是采取分片领导，指挥各区工作的。大队长蔡国梁和政委陈达明负责西贡区，副大队长鲁风和政训室主任黄高阳负责沙头角区。那时的卫生工作也是分片管理的，沙头角区由张惠文同志负责，西贡区由麦雅贞和欧坚负责。在西贡区，我们卫生员随大队部活动，并设有医务所，为各部队送来的伤病号作留医安置。港九地形特殊，时刻都有日寇扫荡，医务所工作很不安定，一有敌情就得转移。在西贡区，我们常驻在赤径村、北潭涌、白沙坳、深坑、大浪村等地附近的大山密林里，行动除直接由大队部指挥外，还得到了当地各村群众的密切配合和支持，保证了医务所的安全。

1944年，随着部队的发展扩大，大华队（即海上中队）、中华队扩展到大鹏半岛一带活动，大鹏成了港九大队的后方。蔡国梁同志曾带着大队部从西贡区迁到枫木榔等地驻防，以后又由鲁风同志带一部份力量驻守水头沙、半天云等地，领导分工我负责从西贡区转移到大鹏半岛设立医院，一直流动在水头沙、南澳、鹅公、西涌等地，主要任务是接收医治伤病员和为连队培训随军卫生员。

随着形势需要，1945年港九大队医院与东江纵队司令部医院合并，

---

① 收录于广东妇女运动历史资料编纂委员会编印：《香港妇女运动资料汇编（1937年—1949年）》，1994年，第118–122页。

我们由半山区转入大鹏城内设院，麦雅贞、冯慕贞、欧坚等同志又聚汇［会］一起，全院工作人员与伤病员有近百人。不久，东纵司令部医院转移江北，麦雅贞、冯慕贞奉命北上，欧坚调江南指挥部负责江南医院，在惠阳汤坑、约场、五道将军等地设院，直至日寇投降。

卫生工作是当年港九大队不可缺少的组成部份。有战斗总避免不了有伤亡，救死扶伤的许多工作得由卫生人员去承担。在那战火纷飞的年代，环境和设备又是那么恶劣和简陋，加上港九大队所活动地区是在敌人四面包围之中，开展卫生工作十分艰难。要医要药经常受到敌人的封锁与限制，治病治伤全靠游击队的自力更生和群众的通力支持，通过敌人的重重岗哨才购进一些药品。除保证港九大队本身用药外，还为大陆部队输送药物。伤病员转移，也全靠当地群众协助，用担架抬，用渔船运。当年大队部常驻在赤径村，村长赵庚喜和媳妇李有娣对部队帮忙很大，部队需要什么都能组织村民完成任务。我们的医院，住的是山上的草棚，或住天主教堂和庙宇，稻草当被褥，稍好些的地方还能用门板当床板，而多少伤病员是在那潮湿的土地上挨过那无数漫长的昼夜。

卫生员既是医生又是护士，还要烧水做饭和做群众宣传工作，利用晚上组织妇女办识字班。医院的同志除做好接收连队送来的伤病员外，还要护理好大队部的领导同志，如对大队长蔡国梁同志伤后治疗、照顾过鲁风同志肺部切除后的养伤护理。1944 年，护航大队长刘培同志在海战中负重伤，先送到我西涌医院进行打针止血，然后由麦雅贞同志化装和群众刘金一起护送去香港做手术，手术后又在西贡医疗点料理了一段才返回部队。1943 年至 1944 年，医院曾经抢救过一些重伤者，如被地雷炸至重伤双目失明至今还健在的蓝天洪同志和曾九同志。1944 年冬，大华队在海战中缴获日本两艘电船，打伤八个日本兵，本着优待俘虏的政策，欧坚和小李上船，为他们包扎了伤口，然后才由大队部的同志押送往司令部。回想当年，在敌占区那样的恶［劣］① 环境下开办自己的抗日部队医院，虽然条件甚差，

① 原文无，根据文意补充。——编者注

但在同志们的艰苦奋斗下，却能做出许多出色的工作。当接到负伤送来的指战员，我们心里是多么憎恨那残暴的日本侵略者啊，经过治疗全［痊］愈后，又看到我英勇善战的勇士们雄纠纠［赳赳］地重返战斗岗位，我们是多么高兴啊！

港九大队的医务人员，除麦雅贞同志曾受过护士专业教育外，其余同志都没有学习过专业知识。曾在港九大队当过卫生员的有：陈瑞、余绿波、刘可仪、梁若莲、小李、罗月英、陈光（男）、李牛（男）、高年欢等许多同志，这些同志大多是十六七岁的年青战士，大多来自香港，有的是来自内地农村，文化水平不一，她（他）们离开家门，走出校门参加抗日武装斗争，明知征途有艰险，越是艰险越向前，绝对服从工作需要，勇敢地背起药箱随军当卫生员。他们从不懂学起，挑起救死扶伤的重担。不会打针就用罗［萝］卜学插针，互相用自己的肌体进行注射和学习包扎伤口。他们不论是随军或在医院，都不怕苦和累，为伤员洗血衣、洗绷带，没有药棉就求助老乡支援一些破旧棉絮，一丝一丝地洗拆消毒，充当药棉；没有药水敷洗伤口，就用盐水代替；西药供应不上就用中草药；为卧床不起的重伤员一口一口地喂食物，毫无顾忌地为伤病员更衣、大小便。在恶劣的环境中，不幸有同志牺牲了，不能声张，不能暴露部队目标，在不能买到棺木的情况下，卫生人员含着眼泪亲手把牺牲的同志遣［遗］体用毛毡包好，求助老乡用把竹梯一步一步抬着，默默地埋葬起来。

在港九大队当卫生员，工作既艰辛又琐碎，既充当医生又当政治宣传员，在养伤养病的伤病号中，经常出现一些不耐烦、情绪暴燥［躁］，不接受治疗的事情，是卫生员给他们唱歌、讲故事、说笑话、读报纸，从精神上减轻伤病员的疾苦，鼓励他们安心接受治疗。那时候，不少伤病员的资历和年令［龄］都比卫生员大，但在那胆大心细的卫生员面前，在他们的专心照料下，伤病员们都能自觉地听从指挥，互相配合把伤病治好。在每次的漫长行军征途中，卫生员不仅要背好自己包袱、药箱和水壶，还要为走不动的病号背行李、背枪，保证病员不掉队。行军途中虽是稍有休息，但随队的卫生员却是最忙的时候，他们要为同志们送水送药，还来不及休息一刻又要随队赶路了。部队所到之处，卫生员又要与群众联系，往往一些男同志办不到的事情，却由卫生员去想办法，很快地完成了。我们为乡村群众送医送药，老百姓们都亲切地称呼卫生员为“亚姑”。通过卫生人员与群众的亲切联系，在配合部队开展发动、团结广大群众进行抗日活动，起到了一定作用。卫生员们出色地完成了许多不平凡的工作，深受部队和同志们尊重与爱戴，曾有许多战士在伤病全［痊］愈后唱着自己喜爱的歌曲来表示对卫生员的感谢。直至今天，老战友相会时，战争年代凝结下的革命感情还是那样深刻、难忘！

在港九大队负责卫生工作期间，我曾动员了在敌占区沙头角区役所的朱医生回来参加抗日部队。那是 1943 年，当沙头角区役所温二被我军镇压后，朱医生带着唯一的儿子明仔回到港九大队医院，经大鹏水头沙转到东江纵队司令部。后随军当医生北上，是位很出色的医生。他的儿子还当了武装连的班长，但在 1947 年粤北一次战斗中光荣牺牲了。

1944 年港九大队医院在大鹏半岛时，经大队部争取，香港玛丽医院一位外科医生来我部队参加医院工作。他的名字叫孙育民，大埔塔门人，孙医生爱国爱民，医德甚高。当年，是带着妻子和两个儿女举家回来抗日的。在医院里，孙医生天天忘我地为伤病员诊病检查，亲自洗擦伤口，他的妻子也做些辅助工作。尽管环境恶劣，生活艰苦，医院条件简陋，但孙医生夫妇毫无怨言，克服种种困难，坚持工作。有一次，一位战士腿部负重伤，非手术不可，但医院无手术器械，敌人封锁甚严，无法把伤者送往外地，情况十分危急，孙医生以他高超的医术和沉着谨慎的意志，果断地借用老乡一把普通木工锯子，清理消毒后给伤员做了截肢手术，并把子弹取了出来，伤员得救了，孙医生的事迹也传为佳话。孙医生参加工作后，在百忙中还为我们讲课，给我们增长不少医务知识。1944 年下半年，孙医生夫妇在鹅公村生了个男孩，十分高兴，夫妇俩为儿子取名“鹅公”以资纪念。

原载 1987 年 5 月出版的《回顾港九大队》（上集）

忆东纵第一期报务训练班（节选）①

丘海生

1943 年冬东江纵队成立后，由于抗日斗争形势发展对通讯的需要，党组织安排我到东纵电台第一期无线电报务训练班学习。当时，我的文化水平不高，且对无线电通讯这一事物又极感陌生，在这种情况下，我心里觉得任务既艰巨又光荣，认为这是组织上对自己的莫大信任。因此，我就暗下决心：不管多大困难，一定要把学习任务完成好。

我去东纵电台训练班是在 12 月下旬，从大鹏湾土洋上洞村出发，跟随东纵新闻台的同志乘坐一条木帆船抵达鹅公、大山田村——东纵电台所在地。参加第一期报务班学习的两位女同志张婉玲、余绿波比我先到达。不久吴文辉和另一位女同志李子芬也从粤中调来。大家集中于大山田村等待，尚未正式开始学习。第一期报务训练班，就是我们这 5 位学员。

1944 年 1 月，东纵电台从大山田村转移至西涌村，训练班才正式开学，并跟随东纵联络台一起行动，电台台长戴机和女报务员江群好两人，既要应付电台日常的联络工作，又要腾出一定的时间为我们当教师，工作比较繁重。在这种情况下，实际上只能是采取师傅带徒弟的教学方法，对我们进行培训。我们 5 位学员开始学习时，主要先学翻译明码，熟记电码符号、通报缩语，然后学听抄电码、练习拍发电码手法及通报联络的基本方法。江群好主要上收发电报和通报联络课，她从慢到快发报，让我们抄收，耐心细致地教我们练习按电键发报的方法。她教的报务课是我们学习的主要课程。戴机有时也教我们收发电报，但主要是给我们上一些无线电

---

① 收录于中共宝安县委党史办公室编:《回顾东纵电台工作》，广东人民出版社，1989 年，第 56—58 页。

机务常识课。他从实际出发，紧紧围绕着电台现时使用的机器，如用 30 真空管装配的收报机，用 6L6 强放管装配的哈脱莱式发报机和孙立记式手摇发电机的基本工作原理、安装及维护的一般知识，电阻、电容、电池的串并联的作用及焊接方法等等，耐心地给我们讲解。

……

当我们基本掌握一些收发报的技能后，戴机就有计划地安排我们跟随他和江群好直接上机当副班，并学习掌握调整收发报机或安排到何太负责的新闻台当副班，学习抄收新华社的电讯新闻和翻译明码。采取这种学用结合的教学方法，使我们能在学中练、练中学，很快地从副班转为正班，基本上可以独立进行联络和抄收新闻的工作。这年 6 月上旬，经过约半年的苦学，我们 5 位学员终于顺利地完成了报务学习任务。训练班结业仪式是在大鹏湾油草棚村举行的，东纵政委林平高兴地向我们表示庆贺，并发给一些纪念品，勉励我们继续努力，为搞好部队无线电通讯多作贡献。

训练班结束后，我和张婉玲留在东纵司令部电台当报务员，大约 6 月中旬，余绿波、李子芬、吴文辉 3 位同志跟随伦永谦调到粤中部队去建立电台。

护送余汉谋夫人上官贤德①

丘荫棠

一九四二年春，我在惠阳队的手枪队。春节过后不久，我们部队驻在坪山汤坑。一天，高健通知手枪队队员王寿、曾尧、钟生、翟信和我，说有一个国民党重要人物并有一批货物要从大小梅沙护送到淡水，一定要保证安全。那时，盐田、沙头角、沙鱼涌一带都驻有日军。临出发前，领导才告诉我们，护送的是余汉谋的夫人，名叫上官贤德。

我们晚上出发，经马栏头到达小梅沙隐蔽。天亮以后，派出瞭望哨对海面进行观察，直到傍晚，见到海面上有一艘三桅杆的大爬艇，缓缓地向小梅沙驶来，并向岸上发出两长一短的电筒光，这是约定的接头信号，我们立即发回同样的信号。

大船驶近小梅沙，因沙滩搁浅，不能靠岸，改用小艇把人和货接运上岸。他们是由海上队和港九短枪队的黄青等护送来的。上岸后，黄青介绍我们认识了余夫人，随行的还有一个年青女人和四五个副官。余夫人四十来岁，短头发，身穿黑色大襟衫，脚着蓝色冯强鞋，说话利落。她带的货物有近百件，我们雇请当地群众替她挑运。

我们当晚十时起程，深夜到达嶂顶。由于前面要经过驻有日军的地方，所以只能昼伏夜行，绕过敌人据点，而且多是走山路。我们曾提议用“土轿子”抬余夫人，但她怕夜间走山路，容易跌倒，还是跟着我们步行。

第二晚到葵涌的枫树山，距离沙鱼涌只有十多里地，这里的基本群众好，为我们掩护、保密。我们不走坪山、龙梓这条大路、近路，而宁愿走山路、远路，因为怕人多货多目标大，易暴露。

---

① 收录于中共惠阳地委党史办公室编：《东江党史资料汇编》第三辑，1984年，第117-119页。

第三晚住在樟树埔，计划次日上午起程。我们对余夫人说："此处离政府军防地淡水不远，你要作好准备，我们护送到靠近防地时，就算完成任务。如果中途遇到政府军，我们不打他，如他们先打，我们就要还手。"余夫人说："不怕，由我来应付他们。"

第四天，在樟树埔换了挑夫，向淡水进发。走不多久，有群众报告：今天早上日军包围了我们昨晚住的地方。我们将情况告知余夫人，要她走快一点。上午十时到了离淡水一里左右的地方，护送队员不再前进了。王寿要我把枪留下，混在挑夫中间，去淡水圩看看。

到了淡水圩的东门，只见国民党军设有岗哨，用两挺机枪把守。他们见有大批货物，以为发财的机会到了，哨兵高声吆喝。一个连长带着几个兵前来检查，余夫人不让，几个士兵蜂涌［拥］而上，就要动手检查，并把机枪也端了出来。余夫人严厉喝道："你们要动手，我可就不客气。在香港日军飞机一连串炸弹丢下来，我都不怕。我从香港出来，一路上都是共产党游击队护送，他们没动我半根毫毛，到了这里，你们却要动手。叫你们的头子出来！"国民党兵见余夫人态度强硬，知道来头不小，赶忙回去报告。

不一会，走出个长官模样的人，问她是什么人？运的什么货？余夫人不答，上前狠狠打他两记耳光，然后拿出余汉谋的手令。军官看后，连忙喝开士兵，毕恭毕敬地把她们连同货物一起带过淡水河，进入圩内，将货物停放在永昌号店里。余夫人给挑夫付了钱，我也随挑夫离开淡水回部队。

不久，余夫人到达韶关，国民党报纸还刊登消息，说余夫人从香港脱险归来，由东江游击队护送到淡水，然后由国民党军护送到韶关。

（郭际、王军／访问整理）

回　忆（节选）①

邱伯祥 ②

……

“活虎队”有炊事员五六个人，都是女游击队员，每天背着箩筐，装着炊具跟部队行军，每当行军休息或住宿下来，我头一件事就是安排埋锅做饭。碰到下雨天野外煮饭，柴湿烟大，很难煮熟，只好让同志们吃夹生饭。

……

① 收录于李建国编著：《从东江纵队到粤赣湘边纵队》，广东人民出版社，2015年，第185—189页。

② 粤赣湘边区部队江南支队“活虎队”战士。——原书注

在东莞的抗战岁月（节选）①

邱　林

1940 年冬天一个夜晚，“东团”总部派曾观福来与我联系，传达“东团”总部要我立即返回曾生部队参加敌后抗日斗争。我当时如同久离母亲的孩子，又将重新回到母亲怀抱，心里高兴极了。一瞬间，我打点好行装，把学校的事托给邱健球，让他聘人任教。在交通员的带领下，爬山越涧，星夜兼程，通过敌人重重封锁线，到了宝安县王作尧（东江抗日游击队第二大队大队长）部队，在山上搭起的草寮中歇了几天，吉隆坡队队长黄义芳、队员叶子汉、叶仕安也先后到达，大家重逢，特别高兴。可正在这时，我的疟疾病发了，又患上鼻窦炎，天天发冷发热。叶仕安、叶子汉也病了。当时部队缺医少药，王作尧大队长决定我们三人去香港治病。交通员麦容带我们由深圳游水过河，在新界元朗换上新衣服，搭巴士到了九龙油麻地惠阳青年会，住宿青年会办公室。在团长叶锋亲切关怀下，送我去看病，安慰我安心治病。同时又安排我治病期间在惠阳青年会办的小学任教。

病愈后在交通员带领下，我又回到东莞县大王岭曾生领导的第三游击大队。从此，我们与日寇和国民党顽固派开展了艰苦卓绝的斗争。

我回到部队后，所有东江华侨回乡服务团的同志，都编入曾生领导的第三大队，归部队统一指挥。根据大队政委林平的指示，林务农同志分配我到牛牯岭村，以教师为掩护，发动群众。小学设在福音堂内，白天小孩上学，晚上青年男女聚在一起。我教他们唱歌，讲抗日救国的道理，成立

① 收录于中共广东省东莞市委党史研究室编：《东莞抗日实录》，中共党史出版社，2006 年，第 346—350 页。

姐妹会、儿童团，建立抗日自卫武装。1941 年 3 月，是我人生征途的重要时刻，由林务农同志介绍，我光荣地加入了中国共产党。从此立下了为全中国人民的解放奋斗终生的誓言，并为履行这一光荣誓言而义无反顾，不畏艰险。当时在大岭山区区委黄庄平、黄业的领导下，学校成了区委的联络点和培训党员干部的地方。第一次党员培训班就是在学校办的。我也参加培训班学习。学习结束时，村里成立党小组，选我任党小组长。不久又成立党支部，我任支部书记。由于革命力量迅速发展壮大，很快建立了有 20 多支枪 40 余人的抗日自卫大队，李桂平任大队长，我任教导员。

在牛牯岭村，为了便于开展工作，更好掩护区委机关，及往来的地下党领导人，我认李娣为干妈。她勤奋朴实、心地善良，关心爱护游击队和地方工作同志，待我如亲生儿子。她家为我们往来同志煮饭、煎药、缝缝补补，再困难从不叫苦。她的大儿子刘福来，是我的学生，担任儿童团团长，常为我们送信送报，站岗放哨，亲如兄弟，至今我们仍保持着兄弟关系。干妈与村里李长娘都是姐妹会会长，两人常一起赶场，为部队购买日用品和药品。

1941 年，我和黄业同志介绍李长娘入党，不久任党小组长，担任秘密交通员，晚上执行任务，一个人单独行动，翻山越岭，每次都胜利完成任务。1941 年冬，国民党顽军进攻大王岭、牛牯岭，由于村里坏人告密，一天早上，长娘给掩蔽在山里的同志送饭回村，到了村旁水井边，就和顽军相遇，她想避开也来不及了，被顽军围住。李长娘临危不惧，大声吼道：“我李长娘生为共产党人，死就是共产党的鬼。”她与那井边的花岗石柱抱在一起，顽军无奈开枪杀害了她。她那英勇的女交通员光辉形象，永远活在善良的人们心中！

……

面对顽军的优势，为了保存有生力量，我主力部队转移到莞太线打击敌人。国民党顽固派以及日、伪军向我抗日民主根据地发动反复“扫荡”，实行“三光”政策，大肆掠夺，滥杀无辜，烧毁大王岭、牛牯岭、瓮窑、百花洞、连平、大环一带房屋，一片白色恐怖。党组织为了保存力量，命令分散隐蔽下来，暂时停止活动。粉碎敌人“扫荡”之后，区委派我恢复这一带党的组织，开展活动，积极配合部队开展对敌斗争。我接受任务后，以大岭山阿妈庙为落脚点，开展革命活动。为了同地下党秘密接头。收集情报。我独身一人，带一支手枪，白天隐蔽在山上崖穴或窑洞里，天黑后进村，鸡鸣时离村。有时一夜转移几个地方，然后将收集到的情报及工作情况，写好放置一个秘密联络点的石洞里，供联络员取去。我在大王岭至大环一带活动，在区委黄业同志的领导下，与刘若愚、张七稳、严英等同志取得联系。大环村党员黄仁宽夫妇，为了掩护我们开展工作，其房屋两次被顽军烧毁，仍然毫无怨言，意志更加坚强。尽管当时白色恐怖，形势恶劣，斗争非常残酷，各村遭敌、伪、顽多次烧杀抢掠，群众生活陷于极度困难，广大群众仍然想办法帮助我们。在我隐蔽期间，每天鸡鸣离村时，群众将煮熟的蕃［番］薯给我带上，白天我就靠吃带走的几条蕃［番］薯度日，夜里进村才能吃上一顿蕃［番］薯粥。在困难面前，由于党组织的领导和群众的支持，这一带党组织很快又恢复建立起来，进行单线活动。

……

为了更积极地扩大对敌斗争，我由中堂调到石碣村任小学校长。这里原有三位地下党员，一位系本校的教员叫尹平，另外两名是叫袁胜、袁旺的村民，区委机关联络站就设在石碣。后来又发展了袁胜的妹妹袁咱，她是我的学生，担任区委联络员，尹平担任县委的联络员。区委分工我主要负责石龙、茶山、凌屋、陈屋、塘厦等地工作。我的主要任务是，与从香港沦陷区撤回来的党员联系上，并积极建立武装力量。梁屋村籍的梁锦霞、石龙籍的机械修理工和一个药店职员，都是香港回来的党员。石龙是日寇盘踞的重要战略据点，防守严密。我化装成商人，带上良民证，按照党的联络暗号，与梁屋村、石龙等地的党员接上关系并交代了任务。石碣是一个有上千人的大村，有一个伪联防队，队长与袁胜、袁旺同乡。我们便通过他们同宗的关系，在敌人那里搞到一些枪支弹药，成立了“巡丁队”。开始七八个人，后发展到了20几个人，10多支长短枪，由袁旺任队长、袁胜任副队长，直接由区委领导。凌屋村、茶山村等都先后建立了“巡丁队”、“乡勇队”，100 余人的武装力量就这样建立了起来，积极配合主力部队作战。在水乡敌占区工作期间，我们坚持一边发展水乡地区的革命力量，一边有力地开展对日、伪军的斗争，有效地打击了日、伪反动势力。

1942 年 5 月，“粤北事件”发生，党的领导机关被国民党特务破坏。形势恶化，一时白色恐怖笼罩蒋管区党的组织。根据斗争形势和工作需要，我离开石碣转移到杜屋村隐蔽下来，党的工作全部转入地下。为了组织的安全，进行单线联系，开展革命活动。县委特派我负责水乡、槎滘、道滘、麻涌、黎屋、望牛墩、鹤田等地的工作。杜屋村原是水乡区委联络点，钟育民和他的夫人杜娟同志在村里做了大量工作，群众基础较好，为我后来开展工作提供了有利条件。杜屋村有个叫邓瑞红的优秀党员，她长期担任区委秘密交通员，无私接待和掩蔽路过此地的党的领导干部，十年如一日完成党的任务。隐蔽期间，我在村里办了一所夜校，联络该村 40 多名青年就读。通过夜校这个阵地，把这 40 多名青年组织起来，吸收杜运通、杜国成等人入党，并将他们中的优秀青年杜梁军送到部队，把夜校变成培养后备干部的阵地。我们利用学员杜两进、杜周成与该村伪军连长杜荫的叔侄关系，开展统战工作，把杜荫拉到夜校担任名誉校长，争取了杜荫的同情和支持。我们借成立“巡丁队”，维持治安，通过杜荫捐出枪支弹药，成立 20 多人的“巡丁队”，有 10 多支长短枪，杜周成任队长。这既增强了部队的枪支弹药，又保住了地下党的安全，对开展水乡的武装斗争起到了积极作用。在水乡区委一年多，给我留下了深刻的记忆。我时时怀念那些坚持在敌后斗争的共产党员和人民群众。

（节选自《天地春秋——邱林回忆录》，2003 年 10 月）

铁笔为枪　版胶作剑①

——记东纵前进报社女战士

石　铃

（一）

抗日战争时期，我党领导的广东人民抗日游击队东江纵队（前身是曾生同志领导的惠宝人民抗日总队和王作尧同志领导的东莞模范壮丁队），英勇抗击日本侵略军的疯狂进犯，并一直在敌伪顽两面夹击中艰苦奋战。同纵队各个武装部队紧密配合进行斗争的，有一支年青的新闻宣传工作队伍，这就是东江纵队政治部前进报社。

《前进报》是东江纵队的队报。她的前身是曾生部队的《大家团结报》和王作尧部队的《新百姓报》；一九四一年七月上述两报合併［并］，仍称《新百姓报》；一九四二年一二月间，曾改名《东江民报》；同年三月底，即定名为《前进报》。

关于《前进报》及其前身各报，报社早期负责人李征同志在一篇文章中这样写道：“它在党的直接领导下，在抗日武装力量和广大群众支持下，冲破重重压力，克服种种困难，象黎明前一支响亮的号角，坚定不移地宣传党的纲领和政策，传播着来自延安的党中央、毛主席的声音，报导东江地区抗日斗争的胜利喜讯，揭露国民党反动派一切出卖民族利益、破坏抗战的反动政策和行径。从而有力地唤起民众，团结抗战，推动了东江抗日形势的向前发展。它不愧为我们的战斗喉舌！”

---

①　收录于广东省妇女运动历史资料编纂委员会东江组编：《南粤红棉——东纵女战士》，1983年，第137–144页。

前进报社的女战士，是新闻宣传战线的生气勃勃的力量，是报社的“半边天”。她们是采编、资料工作人员：许洛明、陈梦云；出版工作人员：黎笑、黄志坚、黄稻、黄玉飞、刘洁、杨韶；后勤工作人员：吴嘉华、叶金兰、古翠英。一九四五年八九月间，报社人员分别随军挺进粤北，坚持在东江南北办报，或赴香港办报。在《前进报》江南版做出版工作的有黄玉飞；在《前进报》江北版任特派记者的有黄稻、梁牧。

在东江革命斗争史上，《前进报》占有重要的一页。在《前进报》的社史上，女战士们占有重要的地位。

（二）

在敌伪炮楼叠立的东莞敌后，在山花海月的大鹏半岛，在雄伟幽深的罗浮山，她们默默无闻地做着最平凡的工作。她们生产出无数威力巨大的“炮弹”——《前进报》和各种宣传品、文件，震慑和打击敌人，鼓舞军民的斗志。她们随部队频繁地行军，忍受着生疥、烂脚、发疟疾等等疾病的痛苦，走遍了东江的丛山深谷，农村渔寨。

她们以满腔的革命热情，从四面八方汇集到抗日救国的旗帜下，聚首在前进报社这个战斗集体里。在日本侵略者的铁蹄下，黄玉飞家散人亡；在辗转挣扎中，她被卖到惠阳农村。她一再出走未成，却受到更加残酷的毒打、折磨。在繁重的劳动中，她接触到老区的群众，知道有一支共产党领导的真正救国救民的抗日游击队——东江纵队，她终于勇敢地逃出了封建宗法的牢笼，投奔了我们的队伍。吴嘉华等同志生长在比较富裕的家庭，为了抗日救国，她们毅然走出学校、家庭，走上革命的道路，参加了艰苦的游击战争。刘洁出身在一个革命家庭。杨韶那时还不足十四岁，她的哥哥们大都是老革命。她们从学校出来就参加了东江纵队。她们都很能吃苦，没有一点娇气。

《家乡进行曲》是报社女战士们很爱唱的一首歌。在风朝雨夕中，或轻霞淡月时，她们常常深情地唱着：“过一峰，又一岗，山山是我们的家乡。水在谷里流，花在崖上香。我们都在这儿过活，在这儿生长。忍得住饥饿，经得起风霜，你帮我，我帮你，早晚工作不嫌忙。……”报社的女同志有的来自农村，有的来自城市，东江是她们共同的战斗家乡。军民鱼水情、同志阶级爱、崇高的革命理想，鼓舞着她们战斗前进的步伐。

（三）

“谁说我们不会打仗？钢版［板］、铁笔，是我们的炸弹和钢枪；我们的油墨泼向法西斯强盗，我们的笔尖刺破反动派的胸！”（前进报社社歌《我们这一群》）

《前进报》曾经两度铅印：第一次是一九四四年秋在大鹏半岛，第二次是一九四五年夏在罗浮山。但两次时间都很短，敌人一进行“扫荡”，就拆机隐蔽，恢复油印。因此，油印是当时宣传出版的主要武器。报社女战士紧紧掌握和熟练运用这个武器，同敌人作坚韧的战斗。

前进报社的油印技术是出色的。但是，提高油印技术的一些基本问题，在《新百姓报》时就已经逐步获得解决。当时，李征、杨奇、史明等同志对油印工作进行了一次“革命”：淘汰了笨重的油印机，代之以用木屐的胶皮做成的油印刷子（印刷时犹如扫帚在腊［蜡］纸上扫，故当时习惯称油印为“扫”）；在调油墨时加入适量的凡士林、甘油、煤油，提高油墨的润滑性，增加了印刷份数；在誊写上，丢掉钢版［板］的木框，并将长方形的钢版［板］锯成两块，使用时轻便，行军中便于携带；缮写员们一律用小三角尺写小仿宋字，统一了字体；在报纸排版上，固定了栏数字数，既使版面美观，又方便了誊写。

《前进报》的油印技术，就是在《新百姓报》的基础上继承和提高，并有新的创造和发展。

黄玉飞，是报社油印员中的佼佼者。她热情工作，埋头苦干，努力钻研，精益求精。她同其他油印员一道，努力学习和掌握老油印员们传下来的印刷技术，并进行一些探索，加以提高。她们主要掌握几个环节：一是在调油墨时，做到每次都达到“滴珠”的标准，在调比较凝固的油墨时，还用纱布先过滤。二是制造胶皮印板［版］时，做到十分平整、光滑，使胶皮能均匀地磨［摩］擦腊［蜡］纸。三是将腊［腊］纸钉在桌上（或木板上）时，两端适当拉高成小弧线状，做到一叠［沓］白纸放进去时，腊［蜡］纸不起皱纹。四是在印扫时手力适当、均匀，不轻不重。经过黄玉飞等油印员的努力，印出的报纸、文件清晰干净，美观悦目。每个油印员都能做到一张腊［蜡］纸印四五千份；黄玉飞曾做到一张腊［蜡］纸印七千五百份（当时《前进报》发行量恰为七千五百份）。这是一个奇迹般的纪录，是油印技术发展的一个高峰。

刻写腊［蜡］纸，是油印的第一道工序，也是一门艺术。黄稻是缮写员的主力之一。当时全体缮写员所誊写的仿宋体小字，字体划一，整齐美观，有时竟分不清是谁刻写的。黑体、老宋体等标题字也刻写得大小适当，漂亮醒目。《前进报》的报头一直是套印红字的。后来，《整风文献》、党的各项政策文件，党的“七大”文件，她们都设计印成彩色封面，使文件更加得到指战员的喜爱。

《前进报》开始是四开四版的油印小报（同《新百姓报》的规格一样），一九四四年以后改为对开四版的油印大报。为了美观整齐，也为了减少油印工序，报社做出版工作的女战士们把两张腊［蜡］纸用香火烫熔连接在一起刻写，这要求腊［蜡］纸连接得平，连接得牢，需要有较好的技术。女缮写员们都具有全面的刻写技术，黄稻则更胜一筹。

夏天炎热季节，她们在刻写时更注意小心保护腊［蜡］纸，尽量在荫凉处工作。一张腊［蜡］纸能印四五千份以至七千五百份，与腊［蜡］纸的刻写过程，关系是很密切的。

编辑部的女同志工作也是出色的。许洛明经常下山采访，在采访中同时做群众工作。

担任后勤工作的报社女战士，克服物质条件的极大困难，为大家做好服务工作。伙食费很少，她们尽一切努力，改善生活；医药奇缺，她们想方设法为大家的健康操劳。卫生员叶金兰还上山采草药配制凉茶给大家清热解暑。古翠英是个纯朴的农村劳动妇女，她既是炊事员，又是运输员，行军时她一头挑着油墨纸张，一头挑着炊事用具，从不叫苦。她们就是这样任劳任怨地埋头工作着。

（四）

游击队的生活十分艰苦，但她们在精神上却十分愉快。

在敌占区的碉堡下，她们悄无声息地愉快工作着；在大鹏半岛的村庄谷场，在罗浮山华首台前的平台，她们呼吸着清新的空气；在灿烂的朝霞映照下，矫健地跑步，纵情地歌唱；在夜深静谧的山村、古刹，她们披肝沥胆，促膝谈心。年轻的黄稻是黄玉飞、刘洁、杨韶等同志的“大姐”，她细心地关怀着比她迟参加部队的“小妹妹”们，向她们讲革命故事、谈革命道理，同她们一起讨论如何正确认识革命和人生。在海风呼啸或山风劲厉的寒夜，她们合盖一条军用毛毯，相互用自己的体温温暖着同伴的心。报社常常转移行军，她们互相关照，互相帮助。刘洁有深度近视眼，不慎眼镜打破了，晚上行军多困难啊！但她以坚强的毅力，愉快的心情，在战友的帮助下，硬是随队前进，从不掉队。报社行军一到宿营地，她们就很快摆开“战场”，写稿，刻腊［蜡］纸，油印，行军的劳累化作工作上的愉快。报社转移到罗浮山后，她们经常同男同志一道，在黑夜中到罗浮山下的福田村，把一袋袋的米和一捆捆笨重的白报纸扛上华首台。她们没有什么星期日、节假日，天天都在战斗。伙食是顿顿素菜，偶尔吃点肉，就像过节般高兴。有一年的春节，她们得到半截甘蔗，大家分着吃，感到格外甜美，这就是节日的享受了。

前进报社女战士们在异常艰苦的环境中战斗、工作、生活，有着巨大的精神支柱。这就是革命的坚定性，是对中国共产党的热爱和信赖，是对共产主义的崇高信仰！

“争祖国的自由，求人类的解放！”她们经常唱的前进报社社歌，唱出了她们的意志，她们的信仰，她们的目标！

（五）

二十年前，我在回忆东江革命斗争时，用《念奴娇》的词牌填过一首词。原词下阕是：

“梦中历历萦迴［回］，《国际》悲歌，壮誓铭心膜。雾里朝霞红烂漫，个个英姿绰约。铁笔为枪，版胶作剑，长与倭顽搏。青春岁月，硝烟漇［弥］漫寥廓。”

这是对前进报社的战友们，也是对报社的女战士们的英雄形象的写照。

（注：石铃同志是东纵前进报社出版部主任）

袜子是血泪织成的[①]

谭宗文

东方刚现着第一道灰白曙光，我就警醒地跳下床来开始这一天天的劳苦生活，在早上我吃着隔夜煮好的冷菜饭，塞饱肚皮就上工厂，每天七时开始工作，到晚上 8 时才能收工，但每日所得工钱，不过三块钱左右，这一点钱我们要养活一家人啊！

我是织袜厂的女工，这工作伤害了我的身体，织一条袜，要用百多二百支针，我们的眼睛就要十分紧张地看着每一支针。我真不敢想，如果再过 10 年，我的双眼会不会盲。可是，工作的时候，不看又不行，因为有一支针不食纱，那么整条袜就要变成破袜，给老板发现，除打、骂外，还要扣钱。工厂的老板和工头常常想些刻薄的方法剥削我们，有时候我们整日工资也被扣除了。

我们做了两年多的织工，本来，在农村里红胖胖的我，现在面黄体弱了，我才 20 岁，看来就象 30 多岁的中年妇女，但是，为了年老病弱的母亲，我的可怜的弟弟、妹妹已经要天天出去卖报帮助家里。我即使苦死了也不能丢了这份织机的工作，如果我失了业，一家人的生活，就成问题。苦死了，只有自己知，泪流只往自己肚里流啊！唉，又有谁知道你们自己脚上穿着的袜子都染满我们辛苦的血汗和眼泪。我们女织工的生活太苦痛了，我描写不尽我们女工的痛苦，就只有沉默地把我们的苦痛和眼泪织在每一只袜子里。

（《华商报》1948.8.1）

---

① 收录于广东省妇女联合会、广东省档案馆编：《广东妇女运动历史资料》第六辑，广东省供销学校印刷厂，1991 年，第 365–366 页。

解放战争时期我在香港大中国火柴厂开展女工工作的回顾[1]

谭　英　胡　加　陈懿芳

大中国火柴厂是上海火柴大王刘鸿生创建。建厂后不久，因香港沦陷而停工，抗战后又复工。该厂位于新界坪洲岛。坪洲岛是一个远离港九的小孤岛，与陆地的联系靠每天一次来回的轮渡。火柴厂是岛上最大的工厂，厂里原来只有几个黑社会组织，而没工会组织。该厂有800多名工人，其中大多数是女工，厂里的职员和主要技术骨干都是上海人，他们当中很多人与资方有裙带关系，普通工人有来自本地和来自东莞、四邑农村的，同乡关系是这里人与人之间联系的重要纽带。工人们的文化水平都很低，大部份人都还是文盲。当时岛上很落后，无水无电，岛上居民大部分都在火柴厂做工。厂里专门设有女工宿舍，供部份女工居住。岛上还有三间灰厂和一间牛皮厂，这几间厂的规模较小，工人合计只有100多人。

1946年夏，华南地区抗日游击队主力北撤后，一部分游击队员复员来港，其中珠江纵队的女战士刘贞（现名谭英）、郑德云、黄绮云等“十姐妹”，从中山县五桂山区来到香港，被安排在新界坪洲岛这间大中国火柴厂当工人。1947年春节后，东江纵队一、二支队10多名女战士在莫淑英等同志带领下，来到这间火柴厂做工。这些同志入厂后，分别在几个部门边做工边开展工作。她们通过生产上的接触，把那些有正义感的工人作为积极分子重点培养，再通过他们以同乡关系去扩大团结工友。还通过组织工友读报、演戏、唱歌、打球、游泳等文化娱乐活动，向工人群众宣传

---

① 收录于广东妇女运动历史资料编纂委员会编印:《香港妇女运动资料汇编（1937年—1949年）》，1994年，第206－211页。

我们工人是社会财富的创造者，是我们工人养活养肥了资本家，工人们要团结起来才有力量。当时有好几位女工就是通过参加这些活动，逐渐提高觉悟靠拢党组织的。

1947 年夏，厂内装盒部发生了一起不公平处罚工人的事件。当时装盒部一个女管工，在工场内吃东西（厂规是不得在工场内进食），一个女工友看见了，自己也拿东西出来吃，而那个吃东西的管工却说她违反厂规，要将那个女工开除并叫她立即停工。这件事引起了该部门工友的愤怒，放工后工友们在宿舍内开会，讨论如何解决这个问题，随后工人们派出代表与厂方谈判。斗争中工人们很团结，并获得男工友们的支持。经过多次交涉，那个女工得以复工。事后，工人们开始酝酿成立工会。资方害怕工人们团结，首先将支持工人斗争的职员麦丽芳降职为件工，以恐吓其他人。同时，还挑动一些男工进行分裂，说这次女工要组织工会，我们男工也要组织起来，否则将来男工就要被女工欺负。后来果然成立了友爱体育会。厂方还说，如果工会的牌子由香港搬到厂里来，我们就要把它扔进大海。晚上工友在女工宿舍开会，厂方就切断电源，使女工们只能在海边山边开会，进行筹组工会工作。

经过斗争，大中国火柴厂的工会得以正式成立，工友们纷纷报名入会。1948 年夏经工会会员大会选举，建立工会的核心领导，第一届工会主席刘贞、副主席林绍、福利部余凤娥、康乐部谭雪芬、组织部谭舜华、财政部郑德云、生产部余昌、宣传部徐焕贞，制订了工会章程。工会成立时，港九工联会和各兄弟工会派代表到会祝贺我们工会的成立。

工会成立后，针对当时火柴工人不少人是文盲、半文盲的情况，开办了工人夜校。因工会经费的主要来源是工人交的会费，经济能力有限，办校中我们通过本地工人租到简陋廉价的房子，大家自己动手把房子修理好，用一些旧木料钉起简单的课桌板凳，教员由工人中读过几年书的工友担任。我们还组织工人技术学习班，学习一般的电器技术。组织读报组吸引工人关心国家大事，请港九工联会派人到夜校讲课作报告。在工会的督促下，资方开办了饭堂，拨款开办了图书馆，改善了工人的物质生活和文化生活条件。鉴于工人收入微薄，供不起子女读书，工会遂出面要求资方拨出经费，由工会聘请老师，开办工人子弟学习班。

火柴业总工会建立后，即参加了港九工联会，与工联会下属的太古、海员、电灯、电话、大英、树胶等工会开展联欢、旅游等活动，增加港九地区工人的团结。

1949年夏，火柴业总工会举行了成立一周年纪念活动，出版了特刊，组织了文娱演出活动，进一步壮大我工会的声势。在工会成立后的一段时间内，厂方在录用新工人时，先要新工人答应不参加工会才予录用，否则就开除。这个情况一直到1951年，厂里工会力量日益壮大，连职员也有大部份人参加了工会，资方才改变对工会的态度。

解放战争时期，香港大中国火柴厂工人群众先后进行了二次罢工斗争。每次罢工斗争的具体情况是：

第一次罢工斗争

火柴厂的工人工资很低，日工每天工作10小时，工资2.15元，件工工作的时间更长而每天工资只有2元。工友们生活都很苦，而且还经常遭管工处罚。一次装盒部工人亚莲早上吃了碗稀粥就上班，到了中午肚子饿得难受，就买了一个面包躲到厕所里吃，不料给工头发现遭到打骂。加上当时火柴绡［销］路不佳，资方把危机转移到工人头上，规定装盒部工人装枝的盒差只能在5支之内，超出此数的查出一盒就整盘没收（整盘有120盒），结果不少工人累死累活一天干了十多小时，竟然被罚得分文无收。这件事激起了工人们的愤怒，大家决定举行罢工抗议。

1947年，装盒部工人爆发了第一次罢工斗争，工人们派出代表向资方提出：1. 取消对工人的苛刻罚则；2. 改善工人的生活条件。由于资方拒绝工人的要求，我们开始罢工。但这次罢工只是装盒部200多工人的行动，没有把全厂工人发动起来。使资方能利用一部分工人怕丢饭碗的弱点。对工人进行分化瓦解，使一部分工人在罢工未取得胜利情况下就回厂复工。而资方也对罚则作了一些修改，还安排一间宿舍给工人居住。

第一次罢工后，我们总结了经验教训，进一步抓紧在工人中培养积极分子。如一位工会骨干，她有文化、有正义感，对资本家的剥削压迫愤愤不平，在罢工中积极参加，坚持到最后才复工，我们就经常接近她，帮助她，使她逐步提高阶级觉悟，积极向党组织靠拢。我们还教育培养了麦丽芳，她在火柴厂装盒部是个管工，在部分工人中有号召力。我们有意识地帮助教育她，利用她管理工厂图书室的有利条件，带《华商报》回工人宿舍给工人阅读，经过培养教育和斗争的锻炼。麦丽芳于 1949 年参加中国共产党，并接刘贞（谭英）任火柴业总工会主席。经过一段时间的努力，进步工人初步形成了核心力量。但这时主要骨干力量都还是年青女工，于是我们先从四邑籍工人中入手，利用同乡关系联络感情。如四邑人余昌有正义感，工人积极分子余凤娥三姐妹就以同乡关系，通过余昌联络了一批男工友，组织他们参加读报活动。通过一系列活动，工人中的潮州人、上海人、四邑人、东莞人都团结在工人骨干周围，从而为建立工会打下了思想基础和组织基础。

第二次罢工斗争

火柴厂的资本家为了赚钱，不顾工人的身体健康和生活，生意好时要工人们加班加点以至通宵工作；生意淡时，又要工人停工，工资一文也不给工人。工人们生活毫无保障，便派出代表向资方提出保障工人基本生活的要求，资方不予理睬，从而激怒了工人，触发了第二次罢工。罢工中，我们发动了全厂各个部门的工友，争取了部分管理人员的支持，组织起工人纠察队，港九工联会及所属的各工会也进行了声援。资本家则用软硬兼施的手段对付工人，企图对工人代表进行分化。后来还勾结当局以维护公共秩序为名，要长洲警署派出警察，阻止工人纠察队的活动，还开进女工宿舍，监视工人的行动，强迫工人复工。面对如狼似虎的警察，工人们高唱《团结就是力量》，针封［锋］相对拆穿资方的欺骗阴谋。斗争持续了十多天，我们在罢工中趁热打铁着手成立工会。刘贞同志在港九工联会朱敬文同志的帮助下，到香港政府劳工署登记，几经周折，终于办妥了工会合法登记手续。在工会成立的大会上，几百名工会会员及家属聚集在一间小学的操场上，当工会筹备委员会负责人向大家报告工会筹备成立工作情况和宣布选举工会领导人办法时，资方用金钱收买黑社会的打手捣乱会场，用石头将几盏照明的汽灯打烂，使会场一片漆黑，并对参加大会的工人大打出手，一名工友被打至重伤，几名工友受轻伤。资方的这一恶劣做法激起了工人的愤怒情绪，工人代表在谈判中提出新的复工条件。资方看到全厂职工团结一致，同时得到工联会的支持，不得不同意接受工人的要求。

第二次罢工的胜利，使工人们懂得团结起来的重要性，明白了要争取自己应得的权利就必须组织起来。

（以上内容是根据谭英、胡加、陈懿芳、汤南新、莫淑英、陈勋等同志提供的材料整理）

活跃在广九线上的“交通王”（节选）①

王作尧

交通和情报，是两个紧密关连的系统。要传递情报，就必须建立一个交通网，而这个交通网，又必须由许许多多的交通站联接组成。交通员除了传递情报以外，还要负责运输物资，带部队或干部通过封锁线。交通站秘密设在老百姓家中，如果你不是交通站直接联系的人，你就不知道交通站的所在。部队依靠群众，群众视我们为亲人，大力支持我们的工作。

到这些交通站去送信送情报的多数是农村中的小孩、大婶、老人，最小只有 10 岁，特别是小女孩占多数。这些小鬼有的还是拖着一把鼻涕、扎条小辫、光着脚丫的乡村小孩，由他们来担负这项工作，不容易引起敌人的注意。这些精灵的小家伙都是很勇敢、能干和伶俐的，他们会想出很多成人想不出的点子来迷惑敌人。就拿东移时捉住过一条大蟒蛇的谢恩照来说吧，他刚到部队时长得又瘦又矮，脸上有几颗雀斑，头发也稀稀疏疏，样子怪难看的。

……

在横过广九铁路的交通线上，我们还有一个人人称赞的“女交通王”杨少珍同志。人们见这个小姑娘瘦得象个老妈妈，因而都叫她杨嫲。

广九线是日军的动脉。敌人占领了香港以后，做梦都想着在南边修复广九路，在北边打通粤汉线。这对他们来说，是具有重大的战略意义的。我们东江纵队对于广九铁路当然也不放松，于是它就成为我们破坏的目标。

---

① 收录于中共宝安县委党史办公室编:《回顾东纵交通工作》，广东人民出版社，1987 年，第 216—221 页。

日军在铁路线上的兵力很强，五里一碉堡，还派出巡逻队来回巡逻，工事也很坚固，此外还有相当的伪军配合。我们当时的力量无法将它彻底破坏，那就只有不断地袭击、小规模地破坏，使铁路不能畅通，以达到牵制的目的。这条铁路刚好把东莞和宝安都划成两半，我们在广九铁路东西两侧的交通来往，调动兵力和运送人员物资等自然是频繁的了。敌人的严密布防使我们感到极大的不便。

在平湖车站到布吉车站之间，是我们横过广九铁路最安全的地段。这并不是由于敌人防守较疏，而是因为这一个地段由我们的“女交通王”杨嫲负责。她在地方党的同志和情报工作人员配合下，工作做得很出色。无论是个别人员或是部队，只要听从杨嫲的带引，一定能够安全通过敌人这一段封锁线。从 1942 年直至抗战胜利，她所负责的交通地段，连同她领导之下的几个女小鬼，从来没有出过事故。

杨嫲有一段悲惨的经历。她是贵州人，因为家穷，13 岁就给人家当童养媳，捱［挨］打受骂。她走到大路口啼哭，拐子佬骗她说带她找父母，卖到一个姓陈的军阀地主家，做陪嫁丫头跟小姐到上海。女主人对杨嫲百般折磨，夏天要她在床边打扇到半夜。上海沦陷，那个女人又把杨嫲带到香港，住在六国饭店。正当杨嫲捱［挨］打受饿走投无路的时候，饭店里有个女工劝她逃走，把她带到一个进步女工的家里。从此，杨嫲的生活有了依靠，进步的思想逐渐滋润着这个苦孩子的心灵。1941 年底，何炎同志把她带到部队来。这时，她已经是 17 岁的大姑娘了，由于苦难的折磨，她长得又瘦又小。

杨嫲是个聪明伶俐的孩子，到部队当交通员以后，很快就学会讲一口流利的广州话和客家话，初步懂得了抗日和革命的道理。她带着满腔激情，不知疲倦地去熟悉道路，了解敌情、地形，摸清了敌巡逻队的活动规律，很快就成为一个出色的交通员。什么人应该走什么路，人多人少，在什么时间内通过铁路段合适，她心中都有个计划。有时她带着你就擦着敌人碉堡旁边过，你紧张得出冷汗，她却说这样走最安全。到了铁路边她经常是先叫人隐蔽起来，自己一个人走到铁路上，用耳朵贴着铁轨，听清楚没有声音才带人过去。有时到了铁路附近，她把人藏好，自己也藏好不动，果然过一会敌人的巡逻队就来了，敌人过去后，她又抓紧空隙，引着自己同志跑步通过。一次，杨嫲带着一份写着三个“+”号的紧急文件，刚好碰上敌人“扫荡”，杨嫲临危不乱，装作害怕跌倒，翻到路旁的稻田里，迅速地将文件埋好，然后爬回路上。敌人对她进行搜查，扣留了一晚，杨嫲说自己是个童养媳，被婆婆赶出来，无家可归，敌人找不到可疑之处，便放了她。杨嫲又把文件挖出来，赶快运到了部队，同志们都称赞她是个胆大心细、智勇双全的小交通员。

杨嫲是在战斗中锻炼成长起来的，记得在一次执行任务中，一开始她可把人难住了。路西部队押送着刚捉到的几个俘虏，要从她这里通过封锁线送到路东司令部来。她对这些俘虏满腔怒火，提议把他们枪毙了算数。她说：“我参加部队就是为了打日本鬼，把这些禽兽枪毙了为同胞报仇吧，不然我死了也是不闭眼的。”她一边说一边流下泪来。

押送的同志向她解释说，这是党的政策，优待俘虏是为瓦解敌军，削弱敌军的战斗力，正是为了早日取得抗战胜利，替全国人民报仇雪恨。在押解的同志反复的解释说服下，杨嫲终于明白过来了，她同意带路。

快到铁路边了，杨嫲说必须将俘虏反绑手腕，将眼睛蒙住才能过铁路。押送的同志说：“有这个必要吗？现在是绑着的了，又是一个人牵着一个。”

“你们只绑着上臂，他们的眼睛是看得见的，到了铁路上他一挣脱，沿着铁路不管往南往北，走两三里路就到了敌人据点。黑夜里，你的子弹不容易打中他，何况离敌人据点近，打枪会引起大事，这多危险啊！我们的同志流血牺牲捉来的俘虏，给他跑了多不值得啊！”

“对！”同志们十分佩服杨嫲的见解，依照她提出的办法将俘虏重新捆绑，用手巾将眼睛蒙住。杨嫲指挥着队伍先在距铁路二三百米远的地方等着，待敌人的巡逻队过去以后再跑步通过铁路。杨嫲还要求每人相隔十多步，为的是万一出了意外，也可以尽量减少损失。果然，一踏上铁轨，一个日军俘虏就躺下来，赖着不走，押送的战士立即拉下一条毛巾捂住他的嘴，两个战士象抬猪一样把他抬了过去。

杨嫲，这个年青的姑娘，与许多出色的交通员一道，用她们的智慧和勇敢，保证了广九铁路东西两侧的交通畅通无阻。

（摘自《东纵一叶》，题目为编者所加）

东江抗日回忆（节选）①

王作尧

……

二、扑不灭的火种

……

一九四〇年春，广东的国民党香翰屏部强令曾生部队和我们开赴惠阳集中“整训”，妄图诱我上钩，一网打尽。我们识破其阴谋，严词拒绝。这一来，国民党露出了本相，他们调动两个师一万多人的兵力，分别“围剿”我们和曾生同志率领的队伍。当时我们才一百四十多人，曾生的队伍四百多人，众寡悬殊，情况非常危急。为了保存抗日力量，我们先后向东突围，朝海陆丰撤退。

那些日子，天降大雨，国民党两个保安团咬住我们，围追堵截。游击队边打边退，艰难跋涉，到了海丰县莲花山，被敌人包围在一座大庙里，有十几名战士为了牵制敌人、掩护部队突围，壮烈牺牲了。队伍趁黑突围撤至三十余里外的斜幛山。

斜幛山海拔九百多米，山势险峻，奇峰剌［刺］天。队伍驻在山下静静的小村里，想休整一下。可是第二天拂晓，炊事员还未煮好饭，村外又枪声大作，保安团好几百人又尾追而来。大家顾不得饥肠辘辘，把煮得半生不熟的米捞起来装入粮袋，撤往山上。我们利用险峻的山势，用石头垒起简单的工事，抗击强敌。我们此时仅有六七十人，子弹也越打越少。为了节省子弹，我们便摆下石头阵。几个战士咬着牙，合力把一块隆起的巨

① 收录于蔡伟强编著:《抗日战争中的东江纵队》，广东人民出版社，2015 年，第 124−138 页。

石，从高高的山岩推下去。巨石隆隆飞滚，震撼山谷，顷刻裂成千百颗碎石，打得敌人哭爹喊娘。

队伍摆脱了追敌，转移至北山。北山山高林密，人迹罕至，成群的小松鼠在树上跳来跳去。这时候，我们仅有的一点粮食已经快吃完了。

北山南面十多里外的大安洞乡是大革命时期彭湃同志起义的根据地，经过残酷的斗争，那里的房子都被国民党军队烧了，老百姓苦得很。我们想派人到村子里弄点粮食，可是山下十多个村子里都驻着国民党的军队，戒备森严，一时很难弄到。于是我们只好挖野菜充饥，人饿得面黄肌瘦。这天，我们有个战士叫谢愚照，挎了个篮子去采野菜，采了半天，野菜没采到多少，人却饿得发昏。他回来时走过一片低洼地，忽然见到草丛里有什么东西在微微晃动。突然，一条碗口般粗的蚺蛇从草丛中竖起头来，前后颤动着，张开了血口。愚照心里一怔，想躲开。但他马上想到饿得面黄肌瘦的同志们，于是心里一动，想看看附近有没有石头和棍棒。但这片洼地，除了茂密的草丛外，什么也没有。愚照急中生智，脱下衣服，张成网状，蒙住蛇头，双手紧紧地掐住蛇颈，要把它卡死。蛇挣扎着，一丈多长的身子狂舞，把附近的草丛也扫平了。后来蛇身缠着愚照的身子，紧紧地收缩起来。愚照感到身子有点发软，但还是死劲卡住蛇颈不放。当他把蛇卡死的时候，人也几乎昏了过去。

那天黄昏开饭的时候，炊事员的声音特别响亮："开饭啰！开饭啰！今餐加菜、'龙肉'煮饭！"战士们兴高采烈地拥到大锅旁，见煮着野菜的汤水里，飘着片片蛇肉，大家高兴地又说又笑，"好菜！好菜！"舀上碗里，却不见一粒粮食。有个战士打趣地问炊事员："你这是先开菜，后开饭吧？"炊事员笑着说："这是饭菜一齐开，饭是菜，菜也是饭啊。"说着，脸上的笑容消失了，朝前面努努嘴，"你看。"前面，一排洗得干干净净的粮袋晾在树枝上，在微风中飘拂。炊事员叹了口气："山下国民党封锁得严哪！"

战士们默默无声地走开了。

这时候，女战士张惠文走到我身旁，望望我，把一个口盅塞到我手里，说：“你吃吧！”我一看，是一口盅饭，闻一闻，已有点馊臭了：一问，这盅饭是她在莲花山战斗前留下来的，一直舍不得吃。我见小张也饿得瘦棱棱的，便把饭还给她。小张用手挡住说：“看你瘦的，你吃吧！”说罢一溜烟地跑开了。……

……

（王作尧／口述，陈家亮、阮立威／整理）

（原载于《广东文艺》1977 年第七期）

敌后工委（节选）①

王作尧　彭　沃　黄　布　方　兰　王步尧

一九四二年十月至一九四三年底，莞太线敌后工作委员会（简称“敌后工委”）在部队党组织的直接领导下，活跃在莞太、宝太公路两侧的敌后三角区。她认真遵照党中央到一切敌人占领的地方去开展抗日游击战争，建立抗日根据地的战略方针，紧密依靠地方党，宣传群众，武装群众，广泛而有效地开展统战工作，有力配合部队主力对敌、伪、顽的战斗，为恢复和发展路西抗日根据地作出了重要的贡献。

一

一九四二年，日本帝国主义为适应太平洋战争的需要，加紧了对我惠东宝抗日根据地的全面进攻和野蛮掠夺。国民党顽固派也进一步加紧了投降、反共的罪恶活动。驻惠东宝地区的国民党一八七师师长张光琼狂妄地声称：从四月中旬到七月这三个月内，要消灭东江的人民武装。驻东莞的国民党顽军杨参化部也叫嚣：“共军残余，不日可以消灭！”从四月中旬开始，国民党先后出动了一八七师、独九旅、独二十旅、保八团等正规军和徐东来、梁桂平两支地方部队，向我东宝抗日根据地发动了疯狂的军事进攻和政治封锁，加上当时发生了严重的旱灾和饥荒，我抗日根据地的军民面临着严重的困难。

为了粉碎日、伪、顽的进攻和封锁，我军紧密依靠地方党和广大群众，进行了艰苦卓绝的斗争，避敌之锋芒，攻敌之弱点，机动灵活地打击

① 收录于中共东莞县委党史研究小组办公室、中共东莞县委党史资料征集小组办公室编：《东莞烽火》第三册，1983年，第7–18页。

敌人，歼灭其有生力量，并从内线转到外线作战，深入敌后，开辟新区。六月下旬，我军主力大队和惠阳大队由梁鸿钧、王作尧、杨康华、邬强等同志率领，挺进东莞，于二十六日和二十七日分别与顽军杨参化部和保八团展开了激烈的战斗，打退了敌人的进攻。这次战斗的胜利，大大鼓舞了东莞地区的抗日民军，为恢复东莞大岭山根据地创造了有利的条件。战后，邬强同志率第三大队留在东莞继续坚持斗争。并于八月二十四日在宝安成立以彭沃为大队长、卢伟良为政委的主力大队，在宝太、莞太公路两侧活动，积极开展以东、宝抗日根据地为中心的广州外围的游击战争。

宝太、莞太公路，位于大岭山根据地的西南面，是沟通香港和广州陆上交通的主要干线，具有重要的战略地位。当时，这两条公路都控制在日寇手里。莞城、篁村、赤岭、厚街、仙桥、太平、霄边、黄松岗、福永、新桥、黄田等沿线据点都驻有日、伪的重兵，戒备十分森严。但这两条公路相夹形成的三角区，却是敌人的真空地带，日军守备力量比较薄弱，国民党军队也不敢轻易进入，是开拓敌后新区、配合主力部队开展广州外围游击战的好地方。为此，广东人民抗日游击队总部决定抽调一批领导骨干，挺进三角区，组织一个敌后工作委员会。并在解决福永伪军之后，将珠江队和黄布中队调到东莞地区，以互相配合打开这个地区的局面。

一九四二年十月，王作尧、卢克敏（已牺牲）、方兰（女）、陈明、林淦等同志先后到达厚街，由王作尧主持，在桥头塘面新村召开了一个会议，正式成立了“敌后工作委员会”。敌后工委由王作尧兼书记，卢克敏任副书记，方兰任组织委员，陈明任宣传委员，林淦任武装委员，王步尧任民运委员。工作人员有马森照（已牺牲）、黄琴、黄华、王农［侬］（已牺牲）、王兰、林芬（林桂枝）、王鸣（王培兴）等同志。一九四三年二、三月间杨康华到厚街后，敌后工委便交给杨康华领导。这时由卢克敏担任书记，由卢与杨直接联系，王作尧则专门负责军事这方面的工作。敌后工委直属总部党组织领导，主要任务是宣传群众，武装群众，打击敌伪，肃清汉汗，加强部队在东莞地区，特别是莞太公路两侧的敌后工作，配合主力部队恢复和发展东莞的抗日根据地，以打通与珠江三角洲各兄弟部队的联系，搜集广州敌伪情报，深入地开展广州外围的游击战争。

敌后工委成立后，立即与地方党取得联系，选择了地下党力量雄厚，有坚实群众基础的厚街西门坊作为大本营，并逐步在双岗、官美下、涌口、宝塘厦、赤岭、桥头、河田、溪头、沙塘仔一带建立了活动基地，从而使部队的敌后工作在莞太公路两侧迅速展开。

二

一九四二年十月，国民党顽军“三个月内消灭共军”的计划和七月中旬的谈判阴谋接连破产后，出动了数千兵力，实行“勤剿”、“穷追”、“杜绝”的反动方针，对我抗日根据地发动了新的更加疯狂的进攻。驻东、宝地区的日、伪军也频频出动配合。我军在敌、伪、顽的三面夹击下，活动地区逐步缩小，只限于宝太、莞太公路两侧，珠江口以东之狭长地带。面对险恶的形势，敌后工委坚决执行了我党抗日民族统一战线的方针。广泛开展统战工作，团结各阶层一切可以团结的力量，并组织起地方武装，积极主动地开展敌后工作，从而在艰险恶劣的环境条件下站稳了脚跟，打开了局面。

……

在游击小组活跃在莞太公路两侧的同时，敌后工委的领导分头深入各个乡村开展敌后工作。卢克敏同志除了在厚街、双岗等主要活动基地开展宣传群众，部署配合主力部队的对敌斗争，还经常深入到官美下、涌口、赤岭等地指挥开展面上的敌后活动。方兰同志则与在涌口教书的地下党员何欢认作姐妹关系，以此为掩护，住进涌口，着重在双岗、涌口、官美下、水北村、红花林一带和林桂枝同志一起宣传群众，组织抗日大同盟、姐妹会、七姐会、民兵后备队等群众抗日团体，为深入开展敌后活动打下了良好的基础。陈明同志除了在莞太线两侧活动外，还深入到宝太线的太平、北栅、怀德等附近开展敌后工作。

由于敌后工委广泛开展了统战工作，广泛团结了各阶层的力量，加上游击小组神出鬼没锄奸的震慑和广大群众的支持，因此，尽管当时莞太线桥头驻有日军一个连队，厚街驻有伪三十师一个团和王柏林的伪护沙队，公路沿线又有不少土匪武装，但敌后工委在短短的二三个月时间里，就顺利地在敌人的鼻子底下建立了篁村、赤岭、石鼓、厚街、涌口、双岗、官美下、桥头、溪头、白沙、白蚝等活动基地，并开展了工作，打开了局面。

……

敌后工委撤出后，莞太沿线成立了“莞太线特别支部”，接替了敌后工委的主要工作。不久，又成立了政工队和民运队，继续配合部队打击敌伪顽，坚持广九铁路以西的敌后斗争。

（陈铣鹏／整理）

我在涌口的两个联系点①

王纪平

我是1942年冬回到厚街，由县副特派员方定领导我并宣布我为厚街区特派员，负责联系厚街、桥头、河田、沙塘、涌口一带的地下党员。关于当时涌口的地下党员活动情况，我直接联系的有两个点：一个是荣昌米铺，老板是陈明（党员）、刘照光（进步群众），店内有两个碾米工人，都是党员，一叫陈苍，是陈明的儿子，一叫陈桃，是桥头人也是陈苍的同乡，他们的党关系由我联系。方定也经常在此出入，由陈明负责掩蔽。陈明日常做一些老板上层工作，进行宣传教育，争取他们同情我们以及了解一些敌伪情况；并有时在经济上、粮食方面支持部队。陈苍、陈桃两同志主要是联系工人，做宣传教育工作，动员进步群众参军，在席铺、搬运工人中介绍他们参军有三四人。有一次部队袭击桥头伪军陈太驻地时，群众积极提供情况，配合部队爆炸陈太的炮楼，缴获物资一批，震动了驻仙桥的日军。接着布置党员巧妙地散发传单，扩大各地政治影响，鼓舞群众支援我军，更有利于我们做群众工作，发动群众慰劳部队。后来工作需要，陈苍上调给部队当林平的警卫员，厚街王实也先后上调去。

另一个点是四嫂家（即刘燕华），她有一个家婆叫三嫂在家织席，她家可说是我地下党一个联络站，有关宣传材料、传单等都是由厚街经过榄树厦村农民党员陈庚，用尿桶装着，上面盖着禾草挑运到四嫂家，再通过教师交给有关党员。当时在涌口小学先后有两位党员，一个叫黎少玲（即

---

① 收录于傅泽铭主编：《永远的心碑——厚街革命斗争纪实》，广东人民出版社，2006年，第264–265页。

黎明，现在北京某厂），一个叫黑莫（即莫儿的亲妹），都以亲戚关系住在四嫂家，以教学掩护从事革命工作，她们在妇女中组织姐妹会、读书班等，提高妇女认识，发展妇女入党入盟，使涌口妇女在地下斗争中发挥了很好作用。

厚街的抗日斗争（节选）①

王永祥

抗日战争时期，厚街统属大岭山抗日根据地的区委所辖，涌口又是厚街镇革命老区的重要组成部分之一，有着优良的革命传统。

……

四

1940年初，国民党顽固派掀起第一次反共高潮，很快席卷东江。我党组织的东江华侨回国服务团被解散，曾生、王作尧部队被迫东移。其中有部分非武装人员先后撤退到厚街，属厚街地区辖的大雁塘也被顽军破坏，支书和组织委员以及两个交通联络人员被捕。何欢也从大雁塘撤到厚街。撤下来的同志大大加强了厚街的工作。先后到过涌口工作的有中共党员王莲、王霞到编草席工场做女工工作，王达（中共党员）在当地建立了一间小学，为活动据点。此外，还有中共党员刘青、何佳做教师开展活动，何欢也在涌口刘燕华家隐蔽，王步尧到红花林等地活动，涌口当地先后发展了一批党员。王祖尧、刘燕华及她家婆三嫂，陈明、陈苍、王文映、莫润枝等先后参加中国共产党。

此时厚街、桥头、河田、涌口、沙塘已先后建立了党支部。党的外围组织和灰色组织纷纷建立起来，如抗日大同盟、夜校、同学会、兄弟会、姐妹会、校友会等都有了更大的发展。

……

① 收录于傅泽铭主编：《永远的心碑——厚街革命斗争纪实》，广东人民出版社，2006年，第48–58页。

六

皖南事变，第二次国民党顽固派的反共高潮，再次波及东江。曾王部队回到东、宝、惠前线进行大发展，建立大岭山——阳台山抗日根据地，也震动了国民党顽固派。

1942 年，顽固派调集了 8 个团的正规部队兵力，并差遣了几股反动地方武装力量，对我抗日根据地采取所谓“勤剿”、“穷追”、“杜绝”的战术方针，并侵占我大片根据地。而我们的部队，留下一部分精干坚持内线，同顽固派周旋，主力即向外线相配合，发展新区，深入敌占区。

这时，王作尧再次来到厚街，1942 年 10 月建立东纵党组织领导的莞太线敌后工作委员会，简称“敌后工委”，并亲自兼任工委书记。卢克敏任副书记，方兰任组织委员，陈明任宣传委员，林淦任武装委员，王步尧任民运委员。工作人员还有马森照、黄琴、黄华、王侬、王兰、林桂枝、王鸣等同志。

在广大的群众支持与蔽［庇］护之下，在地方党的积极配合下，东纵部队出版的《前进报》，电台，伤病员，也转移到厚街、桥头、涌口、双岗、官美厦等地。部队的军政训练班也转到双岗，依托大片草田，办了几期。在四乡也都组织起灰色的与秘密的民兵队伍。建立起一些白皮红心的两面政权。黄布所率领的一些部队活跃在莞太线，攻打敌伪据点，瓦解敌伪组织。黄琴还组织梁德明一个营伪军起义投诚……在厚街敌占区的工作做得轰轰烈烈。

杨康华在桥头召开了部队的政治工作会议，后来他曾住在厚街和双岗，王作尧住在厚街下菊塘，后又转到涌口王祖尧家（地方指定他做掩护工作）主持“敌后工委”的工作及双岗的军政训练班等工作。

……

抗战开始的东莞救亡运动①

王棠棣

一九三五年，我考入东莞师范学校读书。一九三七年“七·七”事变前后，东莞师范从虎门寨迁到篁村新基。从此，我离开了家庭，进行半独立的生活，在学校接受了王天锡、王爱玉、林淦等同学的进步思想影响，我亦经常与王匡联系，他买的《共产党宣言》等马列书籍，都收藏在我的家里。

一九三八年二月到七月，我当了东莞师范学校学生自治会付［副］主席。那时，东莞师范已建立了中共东莞师范学生支部，王爱玉当支部书记，王天锡、林淦等都是党员。由于我的父亲当时在县里有点威望，所以王天锡等把我推到了学运第一线，我的直接领导是县委袁鉴文和篁村小学老师张志宽。在这期间，我住在李南的书房里，书房附近都住着一些进步青年，王天锡、林淦、王永（王泽民）等住在公路旁水塘边的一间屋里，大家经常组织一些秘密活动，并由学生会出面在师范组织过两次斗争。

第一次斗争是与舍监的斗争。当时，学校指定一个体育教师当舍监，他经常到学生的宿舍搜书，连《徬［彷］徨》也列入禁书之列，动不动就大会点名批评，干预同学们看进步书籍。为此，我们组织女同学联名写信给校长伦学普，以“舍监随便窜入女宿舍搜铺”为由，向校方提出抗议。在签名时，我们把名字排成一个圆圈，使校方无法查到抗议的领头人。经过斗争，学校终于被迫取消了对女宿舍的查铺，获得了斗争的胜利。

第二次斗争是与校长伦学普的斗争。当时，东莞的抗日救亡运动搞

---

① 收录于中共东莞县委党史研究小组办公室、中共东莞县委党史资料征集小组办公室编：《东莞烽火》第五册，广东省东莞县印刷厂，1984年，第53-59页。

得热火朝天，“八·一三”剧社控制着东莞城各个舞台，青抗、妇抗的群众救亡组织如雨后春笋，遍及东莞城乡。东莞师范的进步学生，纷纷投身抗日救亡的革命洪流，经常利用课余时间跑入县城，与莞中的进步学生一起，到民众教育馆去开展抗日救亡的宣传活动，方盛娣等同志还参加了县妇抗会。由于我们经常外出活动，所以引起了校方的注意，并由校长伦学普出面，开大会点了王天锡等同学的名，下了一道禁令，不准同学们外出活动。在学生党支部的领导下，学生会由我出头，与伦学普进行了正面交涉，我们提出:“学校只有一个球场，一付［副］双杠，没有其他活动地方。同学们利用课余时间出外活动，没有违反学校的作息时间，是正当的行动，不能随意强加罪名！”通过交涉，学校仍未取消“禁令”，于是，我以学生会的名义写了一个报告给县教育局，对伦学普无理干预学生的自由提出申诉。后来，教育局责成伦对此事要正式答复学生。伦鉴于这种情况，不得不取消了“禁令”，从而使东莞师范的进步学生重新获得了外出参加抗日救亡活动的自由。但伦对我们要求校方“向王天锡等同学道歉”一事，始终没有同意。通过这两次斗争，伦学普逐渐注意我的行动，经学生党支部研究，决定由王天锡出头，叫我辞去学生会付［副］主席的职务，由邓淑英（伦的狗腿子）接任。

一九三八年七月二十九日，我由张志宽介绍，加入了中国共产党。张在学校的办公室里跟我举行了入党宣誓。过了一个星期左右，一个夜晚，由何丽文（何欢）领我到袁鉴文同志家里，由袁对我进行党章、党纪和党的基本知识的教育。不久，我介绍了何丽文加入中国共产党，我与何丽文、方盛娣同一个党小组，由我当组长。

八月初，学校放暑假。根据县委指示，我们组织了抗日救亡宣传队，公开名义是“八·一三”剧社，我和王天锡、王永、林淦、黎少弟、植基等同学都参加了。王爱玉因为是党支部书记，所以组织上叫她不要参加。抗日救亡宣传队先后到莞太线、宝太线和道滘、望牛墩等地演出《日出》、《雷雨》、《雾重庆》、《金门除夕》、《放下你的鞭子》等话剧，大力进行抗日救亡的宣传。

一九三八年九月，局势日趋紧张。一天，何丽文拿着袁鉴文的一张字条给我，约定谈话时间，要我们参加军训。遵照县委的指示，东莞师范学生党支部共组织了十二个同志参加了军训，其中有王爱玉、王永、林淦、王天锡、梁达仁、何丽文、叶宝安、植基和我。我们师范的十二个人被编到三排六班。军训地点在莞城东北面的教练场上。训练内容有队形操练、匍匐前进、持枪、夜行军等。我和林淦、王永、王天锡、梁达仁等六人经常在一起。十月中旬，我们六人以夜行军为名，拉出学校，直插飞鹅，参加了“东莞抗日模范壮丁队”。途中，我们在一所小学里休息，那时已是深夜三点多钟了。在小学里，党组织向我们传达了任务，简短地进行了“国难当头，匹夫有责，有钱出钱，有力出力，献金献物”的动员，我当场把随身带着的三十元现款和金镯、金项链献了出来，交给何佳同志。休息了一会，我们又继续前进，在天亮前到达飞鹅岭。

到飞鹅后，我随部队在当地开展民运工作。不久，组织上通知我和何欢、何通随何与成到壮常队总部（在莞城附近的一个村庄）。何通当小鬼，搞交通，我和何欢到警卫连当政治战士。我们跟着总部的队伍，教战士们唱歌、识字。在总部我见到了陈福媛和梁霞冰，陈福媛在总部当卫生员。

十月中下旬，壮常队从莞城出发到石龙榴花塔。这时，国民党顽军向后逃遁，我们的队伍则向前开进。我随总部住在离榴花塔约三里路的一间祠堂里。当时，县委书记姚永光亦随部队到了石龙的榴花塔，记得在一条河溪旁边跟我们谈话，检查我们是否遵守国共合作的原则。在石龙榴花塔与日寇对峙了几天后，一天晚上，何与成带着何通匆匆回来，我问他有什么情况，他说没有。正在洗脚，颜奇派人来报告，说有情况，日本鬼子正准备过河，要提高警惕。当晚，我们没有睡。第二天拂晓，我部队主动过河迎击日寇的先头部队，打了一次胜仗。何与成高兴地对我们说：“打得真痛快！”

第二天下午三时左右，日寇的后续部队到了石碣附近，对我进行反扑。我一直跟着何与成，与何丽文均没过河对岸。当天下午的战斗，我方牺牲了十一位同志。战后，烈士的遗体运回莞城，在莞城开了一个追悼会。何与成等三位领导在追悼会上发表了激动人心的讲话，并对烈士家属进行了慰问。烈士们顽强战斗、为国捐躯的精神，一直鼓舞着同志们驰骋沙场，英勇杀敌。榴花战斗在东莞打响了抗日的枪声，其意义和影响都是相当深远的。

追悼会结束后，我们在梅塘田心围整编。整编后，我们到常平、大朗、清溪、塘厦一带活动，进一步发动群众。活动了约三个星期，到十一月下旬，日寇占领了莞城，对我进行残酷的扫荡。民运队的一些同志有的被安排当教师，有的投亲靠友，进行分散掩蔽。我随部队一起撤到飞鹅。当时，王爱玉也到了飞鹅。我的堂姐、妹妹、堂兄、嫂、养弟等亦到了飞鹅参加了壮模队，但后来他们由于吃不了苦，都回家去了。到飞鹅不久，日寇就扫过来了。部队边打边撤，我随壮常队和壮模队一部分同志，向南一直撤到公明圩。当时，我带着八个伤员住到楼村，在煎稀粥喂伤员时不小心烫伤了自己的脚，连续几天发高烧，后来遇见王永家里三个人，他们轮流背着我，与伤员一起乘小舢板过了元朗。在安排好病号以后，何与成派何通送我到广东街一座“联合会”的楼房里，打电话找到了我的父亲，由我父亲把我暂时接回去治病，但关系仍在部队。

一九三九年一月，党组织通知我到清溪苦草洞参加新党员训练班学习，袁鉴文、陈坤、黄庄平等同志都在那里，黄庄平当我们班的班主任兼支部书记。苦草洞训练班结束后，组织上又派我回香港，在香港洋务工会妇女部工作，开始当探访员，后来当书记，一直到一九四一年十二月日寇进攻香港。

一九四二年一月，党组织派我回到东宝根据地。二月，我跟随曾生在虎门的郭武村掩蔽活动。三月，我到民运队，队长是李明。从四月到九月，我负责赵屋、北栅墩、大宁的民运工作，主要任务是配合部队打博头的地主，同时配合王屋、官涌、赤岗、社岗四个点的地方党开展民运工作。九月，我转到居歧［岐］，在居歧［岐］住了三个月。这期间，我化名王荷，但战友和老乡都叫我“肥女”，在居岐发动群众，组织武装，组织村的“乡丁会”。民运工作开展得较活跃。

一九四三年初，北栅的伪军麦浩公开投靠日寇，对我在北栅、居岐的交通情报站采取了突然包围袭击。当时，我正患痢疾，晚上经常要起床上厕所。一天晚上，交通员郭志带了一批传单到居岐，吴仿、小李也从外面出发回来了。我见同志们都回到了交通站，很高兴，于是把我姐姐托人带给我的年糕、糖环等拿出来，对大家说："一起来提早过年！"并派出郭志在外面负责警戒。十一时许，村里突然狗吠。郭志跑回来说："村后竹林有动静。"凌晨一时多，狗又吠起来。三时许，狗吠声越来越紧。我起床叫醒吴仿，由吴仿出去观察动静。不一会，吴仿回来说："情况不好，村后有人，交通站被敌人监视了！"我立即与同志们一起把传单、文件处理好，一些重要的塞藏在竹帽里，其余的全部烧掉。准备过年用的东西叫郭志送到堡垒户邓嫂家里。将近四点钟，敌人开始进村捉人。邓嫂和两面政权的负责人掩护我们从屋后墙洞爬出去，避过了敌人的搜捕，跑到怀德独树村后的一个山岗里暂时掩蔽下来。在山上，我们远望到居岐住地已被日寇焚烧，冒着浓烟大火，心头无比的愤恨，把一天没东西下肚的事都忘记了。下午五时左右，居岐村开始有炊烟冒起，估计敌人已经撤走了。于是，我们决定由吴仿到山下小村附近买些点心，以解决晚餐，待天黑后回居岐慰问一下群众。当晚，我们上山找到了部队，部队正在等我们。事后我们才弄清楚，到北栅、居岐搜捕我交通情报站的是驻在太平镇的日寇。这次行动，是麦浩与日寇互相勾结进行的。这次行动虽然捉不到我居岐交通情报站的同志，但捉了梁丽霞和张嫦同志，她俩是当天晚上突然从北栅转到居岐，住在我们平日住的草寮里被捉的。后来通过各种办法进行营救，才放了出来。这次事件后，麦浩便公开叛变，与我为敌。

一九四三年七月以后，我离开了东莞，随部队在惠阳、宝安等地活动。

一九八三年六月十日访问于济南，

陈铣鹏记录整理。

回　忆①

王慕坤②

我十四五岁的时候，一个做媒介绍人带着一个五十多岁的华侨到我家，告诉我母亲，说要带我去南洋做那个男人的小妾。

我知道了，又气又急又怕，不仅极力反对，并跑去姨妈家哭诉了这件事，表明了自己誓死不从的心情。为此，姨妈就把我带到香港。我在香港她开的理发店里帮忙打扫卫生、洗衣服等。

不久后的一天晚上，我表哥李赴光（中共香港地下党员，后任广州市市长欧初的秘书）就把我和表姐李瑞萍、表弟李少光三人带到香港元朗，送我们乘上地下组织安排好的小船。当晚船就到了福田皇岗的水围码头，我们上岸后，武工队的一个同志把我们带到驻在龙华白石龙的粤赣湘边纵队一支三团。这一天是一九四九年三月，我正式投身了革命。

政治部组织股股长湛芬接待了我们。她见我又瘦又小，就叫我还是先回家读书，读完书以后再来。我当即就哭了起来，并且告诉她，如果我有书读就不会来了。

当时，我并不懂什么是革命，只是听表哥说带我去一个有饭吃、有书读、有工做的地方。湛芬见我立意不走，就把我和表姐送到团部卫生队，又将表弟安排到基层连队。后来，表弟在一次战斗中不幸英勇牺牲了。当时参军还不到三个月，真是太可惜，牺牲时年仅十三岁呵！

我和表姐原来都没有接触过医疗卫生工作，而部队的医护人员除了像一般医院的同事那样熟悉业务，还经常需要冒着枪林弹雨去抢救伤员，所

---

① 收录于李建国编著：《从东江纵队到粤赣湘边纵队》，广东人民出版社，2015 年，第 250–252 页。

② 时任粤赣湘边纵队一支第三团宝安龙华后方医院卫生员。——原书注

以，我们到了团部卫生队之后，首先就是学习和培训。于是，组织上直接安排我们到了粤赣湘边纵队一支第三团设立在宝安龙华的后方医院，地点在龙华赤岭头后面那座山上。

当时，山上林深草密，高大的树木葱葱茏茏，半山腰上有许多巨大的石头。在那些巨石之中，一块大石头的下面有一个又大又深的山洞，洞口约一个房门大小，几条粗壮的树藤垂入洞内。

人们出入山洞，必须借助树藤攀缘。伤病员不能用担架抬，只能背着进出。山洞下面呈长方形，面积有六七十平方米。洞内两边的石块比较平，但空间狭窄，最高处只有几十公分，人坐上去，会碰到头，最低处，只够人平躺。

我们用稻草铺在上面，一边给工作人员睡，一边给伤病员睡。中间一条小道，小道尽头有泉水从上面流下来。我们在那里挖了一个小池蓄水，旁边砌了一个大灶、一个小灶。小灶是专门熬稀饭给伤病员吃的。在这两个灶台的顶上还有一条较大的石缝，我们经常利用这条石缝，把干柴草用绳子吊下来……这里就成了医院的天然厨房。

当时生活很艰苦，每天只有九两米、二钱油，医疗条件更是简陋，不仅缺医少药，而且基本上没有什么设备，很多时候对伤员的救治只能用土办法。但我们过得很快乐，一方面与伤病员不分彼此，亲如家人，尽我们最大的努力，令他们得到在当时条件下最好的救治，挽救他们的生命，恢复他们的健康；另一方面，通过对他们的救治，我们迅速地学会了许多战地救护和医治伤员的本领。为了保障医院的后勤供给，我们的院长曾瑞英，还经常化装到当地农村买米、买菜、买药。当时的医生是龙苑，政治服务员是张哲，卫生员李瑞萍、曾红娇和我等人。（其他还有一些人，我现在记不清楚了。）由于大家团结友爱，洋溢着革命乐观主义，在洞内治疗的伤病员，都会因为心情舒畅而忘却伤病，大多数都能很快康复，重返前线。如金虎队的连长何官德（何志青），因战斗受伤曾在这里治好的。

我们这所简陋的后方医院，医疗效果令人惊喜的格外良好，因此，部队首长和伤病员就把我们这个山洞叫做“巴黎医院”。新中国成立前夕，我们的“巴黎医院”随部队进驻南头县城，成为后来南头医院的骨干力量，也就是今日南山区人民医院的前身。

我在“巴黎医院”学习、生活、工作了三个月左右，算是“成绩良好，准予毕业”，随后便被组织派到第三团第二营第四连“金虎”队当卫生员，追随着我们的部队，参加了许多次枪林弹雨的战斗和解放大铲岛。

最近，南山人民医院要写院史，谈及南山医院的前身，来找我了解当年医院的情况，我介绍当地边纵老战士何鹏飞同志带领我们重游故地，看到山坡上和山洞周围的荔枝已开花，十分美丽，令我心中非常激动和感慨。

插在敌人心脏中的水北情报交通站（节选）①

王　永

解放战争时期，为了掌握反动营垒活动情况，主动歼灭敌人，解放在水深火热中的人民。1948 年 3 月，广东人民解放军江南支队第三团设立情报机构，在东莞、宝安和莞太线设立情报支站。莞太情报支站由王定负责，地点在涌口水北（现今厚街镇涌口管理区），后经情交总站站长徐保和批准，以王永为该站站长。定名为水北情报交通站，代号“飞燕”。1949 年春，浮竹山战斗后更名为“全记”。水北情交站编制有交通员五名，即方闰、陈柏、阿章（女）、范才、范德等，主要是负责来往部队以及各地情交工作，调查敌伪动态，转送情报、文件、部队物资，输送进步青年参加部队等。以后又在厚街建立一个情报站，属水北情交站领导，该站设在厚街上凤林季轩祖公祠（在祠内夹墙设有暗道和掩体），由王金枝负责。水北情交站又在河田“市地”设立一间濑粉小食档，由情报员方万祥负责，作为情交人员往来的联络地点，与环岗情交站联成一线。环岗情交站站长游波，代号“青鸟”，浮竹山战斗后更改为“宝记”。

……

水北情交站从建立至解放，没受过破坏和任何损失，在当时的敌占区，在敌我生死搏斗的环境下，如果没有涌口水北群众的保护、支持和帮助，情交站要想立足，要完成任务是不可能的。涌口水北的人民群众不畏艰险、不怕牺牲，不怕困难为解放战争作出的贡献是永远不能忘记的。

---

① 收录于傅泽铭主编：《永远的心碑——厚街革命斗争纪实》，广东人民出版社，2006 年，第 139–142 页。

抗日时期东莞学运和妇运的片断①

王　河

一九三六年六月，我在家乡厚街接受抗日救亡运动的影响，参加了王启光（王次华）、王寿祺（王鲁明）、王锦枝（王永祥）等同志组织的抗日宣传队、歌咏队、新文字班、世界语班的活动。活动的“大本营”在厚街西门巷三号王耀昆的一间房子里，这里集中了全乡抗日爱国的青少年。我们除组织学习外，还上街宣传、演戏、演讲。这年的十月我由王启光介绍参加了“中青”。这时东莞在“中青”的基础上，恢复了共产党的组织。党在莞城、东坑、厚街、凤岗、虎门、东向、高埗等地开展革命活动。十一月，我也参加了中国共产党。

厚街莞中师范热血青年积极参加抗日救亡运动

三六年底，组织派我到乔森小学做学生工作，我在学校读书，当学生会主席，这时乔森小学已经建立了党支部，王耀昆（教师）当支部书记，王冠勋（教师）当宣传委员，我当组织委员；王启光又在厚街鳌溪小学先后吸收教师王炽光，王治光和学生王锦屏（女）等入党，成立党小组，由乔森支部领导。他（她）们原来也是“中青”盟员；还有五嫂（炽光妻）、七嫂（治光妻）、王章（女、乔小学生）以及王锦枝都是盟员，是党的培养对象，我们在学校把学生发动起来，组织了歌咏队、读书会，举办演讲会，又把从党内油印刊物中了解的抗日形势，在纪念周时宣讲。厚街乡党的工作是由王启光开创和领导的，在斗争中以我们为核心，团结乔森小学

① 收录于中共东莞县委党史研究办公室、中共东莞县委党史资料征集办公室编：《东莞烽火》第二册，1983年，第49—61页。

和鳌溪小学一部分教师和大部分学生，以及校外进步群众，如鳌溪小学有王月娥、王月富、王莲、王衬蓉、王应登和王满堂（王日新）；乔森小学有苏启华、苏翰华、王士光（王彪）、麦容、王永康、王浩波（王清）、王亦可、王月华、王妙移、王雅宜、王兰、王苏、王风等同学，还有校外的进步青年王伯强、王仁长、王灿长、王萌枬……等，我们都是不愿当亡国奴的热血青年。西安事变后，大家兴高彩［采］烈，更加废寝忘餐地组织救亡宣传活动，如似渴地学习进步书刊，秘密传阅《大众哲学》《八月的乡村》《生死场》《表》等书借［籍］，在学校通过学生会出版黑板报、墙报，还利用各种节日宣传抗日救国的道理。

一九三七年春节后，在虎门寨的东莞县乡村简易师范学校学生王瑗玉，是王士钊吸收入盟入党的，她的关系转到厚街，由我负责和她联系，王瑗玉在师范学校团结了一批进步学生，如万明、王泽民（王永）、林淦、陈懋芬、王棠棣[①]（何淑）、方盛娣（方平）、黎少弟……等，我每个星期日都去同她联系，研究学校的学生工作，商量开展抗日救亡运动。在东莞中学，学生运动更加蓬勃发展。莞中是个有光荣革命传统的学校，大革命失败后，学生运动沉寂一时，“九·一八”和“一·二八”事变后，莞中沉寂的局面被打破了，有少数进步学生开始探求救国救民的道路，一九三五年莞中学生运动在“中青”东莞分盟的领导下，逐步活跃起来，王士钊（莞中图书馆管理员）王寿棋（学生会主席）和黄庄平等组织发动了一次声援北京“一二·九”运动的“一二·一六”大会和火炬游行示威，这是东莞从革命低潮转向革命高潮的转折点，学生们扬眉吐气。西安事变后，陈富根等写了反蒋的标语，莞中军训教官、蓝衣社特务邝达，借意镇压学生运动，拘捕学生会主席王寿棋，又把十一名进步同学（其中有“中青”盟员）以操行丁等为由，饬令退学。尽管国民党反动派费尽心机，也镇压不了莞中的学生运动，在校的革命学生古锦容（古道）、赵学光、黎颖瑜（黎英）、张玉婵、王锦枝、王荫枬、王庆棠（王纪平）、罗炽尧、王以良、

① 原文为“弟”，结合全书查证，应为“棣”。——编者注

张广嗣、卢希贤……等，他们仍坚持在校活动。由于学校没有党员，组织派我去东莞中学，一九三七年九月，我考入莞中，在王寿棋的领导下，在同学中开展革命活动，我每周星期天都到望角和王寿棋联系，并主动接近上述的男女同学，很快组织起两个秘密的学习小组（读书会），一个有张玉婵、张领枚、古素文（古锦容的妹妹）参加；另一个有黎颖瑜、黎降和谢坚参加。大家通过学习《大众哲学》《大众生活》《读书生活》等革命书刊，提高对党和当前政治形势的认识，并向其他同学宣传，团结大家一起抗日。我还参加在莞中读书的厚街同学会，地点设在莞城木巷桂香书室。我们的工作是在斗争中发展的，是在同“亡国论”、“宿命论”、“闭门读书论”等错误观点的斗争中前进的，我们这班同学后来大都参加了党，走上了革命的道路，有的英勇牺牲了如王月娥、古锦容、陈懋芬、苏启华、罗尧、王农［侬］……等，有的积劳成疾病故了，有的仍在为社会主义现代化出力，他们都对革命作出贡献。

高埗党支部的发展和高埗群众对抗日的贡献

一九三七年十一月，我调到高埗乡顺成小学当教师。当时张广业（张如）已在学校建立了党支部，张广业当支部书记。党员有教师陈前、邓德昌、王均诺（拨家窝教师）和我五人。我到高埗是接替共产党员张瑞蓉的，她是张广业的妹妹，去了延安，她原来教有一个女生班，团结了一班妇女。我接手后在“女间”（农村中青年妇女集中住宿的地方）同学生住在一起，当时学校党支部同群众的关系很密切，全乡大部分群众都团结在支部的周围。一九三六年，张广业和其他的同志一起，根据群众的切身利益，发动群众团结起来，成立“拒耕会”，反对地主把田亩转佃。有了“拒耕会”，稳定了一定的地租，稳定了佃户，保护了佃户的权益，所以群众和学校的关系很密切。党支部内有些同志善于讲故事和唱歌，因此每当晚饭后，村中男女老少都自动齐集在广场的大树下，学唱抗日歌曲、听故事、听时事。群众特别喜欢听前线的形势，我们画了幅地图，上插红旗，边讲边移动红旗，群众很感兴趣。党支部通过宣传群众、组织群众，组织村与村、校与校的青壮年和学生进行联欢，用演讲、演戏等文化活动，巧妙地消除农村间的封建矛盾和封建械斗，促进群众团结抗日。支部又进一步发动群众买枪，修理旧枪械，武装群众，动员他们有枪出枪、有钱出钱、有人出人，响应党的号召，实行全民总动员，打倒日本帝国主义。高埗村的妇女，尤其是青年妇女，在这些斗争中思想觉悟有很大提高。经过培养和教育，党支部于一九三八年先后吸收莫艮尚、莫就兴、莫福弟、莫才参加中国共产党，又吸入青年农民莫浩波、莫润潮、黄桃（黄锦桃）、莫福如、莫寿维、黄嘉等入党。一九三八年二月罗慧贤来高班小学教书，她是大革命时期参加革命的李本立同志的妻子，在大革命时期已受到革命的影响，经受过严峻的考验。李本立去世后，她强忍悲痛站起来，追求革命；抗战开始，就跑出家庭，经县委袁鉴文的介绍，来到高埗，于六月参加中国共产党。她工作负责，团结同志，在妇女群众中作了不少工作。高埗党支部输送了不少干部和物资武器到前线。高埗的人民群众在抗战中贡献大，付出的代价也大，英勇牺牲的有黄桃、莫福弟、莫芬扬、莫权、莫鉴桃（奀桃）、莫同尚、莫润、莫美检等十多位烈士。

一九三八年一月，东莞抗日形势很好，群众的抗日情绪很高，国民党的东莞县党部，为了装点抗日门面，成立“民众抗日自卫团统率委员会”，党派张广业打进该委员会，以该会的名义组织了一个政治工作队，由张广业任队长，王寿棋任副队长，队员有蔡焯、陈福媛（女）、叶沫凡（女，叶茵）、张英、罗炽尧、祁和、王文山等十多人。二月间，我也参加了这个政工队。我们先到清溪，后到凤岗、塘夏［厦］、大朗、黄江、观澜、樟［嶂］阁、大坪、山厦等地活动，主要是搞调查研究，为发展革命力量打下基础。我们每到一个地方，通过演出街头剧、唱抗日歌曲，宣传党的抗日主张，发动群众参加抗日救亡运动。工作队在乡下活动了两个多月，张广业调去长江局学习，我也于五月初回到高埗。七月，参加了县委举办的党员训练班学习，地点在莞城东正街力行小学，班主任是王寿棋，在班里学习的有何鼎华、王夫、王瑷玉、梅爱芳等十来个人，由县委袁鉴文讲党的建设。张广业学习回来，在班上讲共产国际和论持久战，王作尧讲军事知识，学习了一个多月。

东莞妇女的先锋和她们在抗战中的贡献

一九三八年九月间，党派我到县委妇女部当部长，住在我的契妈七嫂（后来成了地下党的堡垒户和联络站）家里。这时县委派我参加中共广东省委召开的妇女工作会议，主持会议的是广东省委妇女部长张月霞同志，我参加那个组有中山县的方群英、香港的曾珍，还有余慧等六、七位同志，地点在广州市永汉路附近。会议的中心内容，我记忆不全，印象较深的是强调当前妇女运动要同抗日民族解放运动联系起来，只有民族解放才有妇女解放，全民总动员不可没有妇女参加，妇女是一支不可缺少的力量；会上还讲述了当前政治形势和妇女工作任务，提出要做好妇女抗日民族统一战线工作，要发动妇女组织医疗救护队，在斗争中培养妇女干部，加强学习等等。会后，我回到东莞，向县委组织部长袁鉴文汇报，他叫我在东莞县委第二期党员干部训练班上传达，后又分配我去联系何巧图（何佳）同志。何巧图同志是新的女性，她出身于书香之家，自幼勤读好学，有志气，是东莞中学第一届男女生同校的十六名女学生中的一个，又是始终读到中学毕业的五个女生中的一个。一九二五年毕业前，她参加了北大东莞学生回乡举办的暑期补习班，受到五四运动思想影响，产生了妇女要解放的新思想，她从此懂得妇女要读书，反对封建旧礼教；妇女要谋独立，反对“三从”、“四德”的束缚，立志要做一个新女性。中学毕业后，她毅然冲出家庭，当了一名女教师，摆脱家庭的封建枷锁，艰苦地奔波了十多年，才走上真正的革命道路，还把自己的两个女儿（何值、何琦）带上革命队伍。一九三八年初她在赵学、梁霞冰的影响下，担任东莞县妇女抗敌同志会主任，在妇抗会内成立妇女支部，书记梅爱芳、付［副］书记梁霞冰。她在支部领导下，满腔热情地投身抗日救亡运动，参加军事训练，组织妇女救护队，发动妇女做棉衣慰劳前方将士，组织献金募捐，大大提高妇女群众的政治觉悟和抗日的积极性。她有文化有知识，革命性坚强，经历丰富，工作办法多，在妇女群众中威望高，号召力大，团结了广大妇女。妇抗会中还有梁霞冰（梁燕云）、赵学光、陈爱莲以及莞中一些先进的女学生，在她们的支持下妇抗会的工作做得很出息。何巧图同志于一九三八年四月参加中国共产党，组织派我同她联系，我非常高兴，我为能有这样一个好老师的指导而激动，我在她的身上学到了很多有益的东西。可惜时间很短，大约一个月左右，由于工作调动，我依依不舍地离开了何大姐。

在东莞妇女运动中，赵学同志是一个杰出的妇女干部，她于一九三四年参加了革命工作，很早在东坑开展妇女运动，谢坚、卢当、陈怡等同志都是她带领出来革命的。一九三七年暑假，我患上脚病，不能行走，一天突然从县城来了赵学光（赵学的妹妹）、谢坚、张玉婵三位当时仍不相识的“小姐”，说是专程来厚街看望我，还带来一些礼物和钱，给我治病。后来我才知道是赵学老大姐派他们来的，赵学同志关心同志的行动，使我感动万分，永不忘怀，永远鞭策着我前进。我把这件事看成是党的温暖，是革命的情谊。一九三七年，我考入东莞中学读书，这时因县工委成立后工作的需要，她与谢阳光在莞城西正街开办阳光书店，秘密发行革命书刊，谢坚也在书店里工作。我常去书店，赵学不仅介绍进步书刊给我学习，还要我提高警惕，注意莞中教官邝达，启发我要大胆接近同学，大胆讲话。当时我还是初中一年级的新生，真是“初到贵境，人地生疏”，得到这种帮助，真是感动万分。这个阳光书店，给革命青年学生提供了学习革命理论的条件，也促进了青年学生的觉醒。“七七”事变后，她和何与成一道，积极做抗日民族统一战线工作，争取了国民党驻军，帮助抗日青年进行军事训练，培训救护队。赵学同志的修养、风度、领导艺术都很得同志们特别是妇女同志们的敬佩，她是我们东莞妇女学习的好榜样。她的妹妹赵学光同志，从小接受她的熏陶，十四五岁便参加革命，在学生、工人、农民、妇女中作了很多工作；她们的妈妈陈淑衡，也在她们的影响下参加革命队伍，随部队南征北战当军医，深受东纵的同志们的爱戴，赵学的一家是革命的一家。

一九三八年十月，县委调我同张广业去宝安准备建立工委。到宝安后，我负责与梅塘的陈鸣（陈庆南）联系，并同樟［嶂］阁的谢坚一起做群众工作，准备武装斗争。东莞抗日枪声在榴花塔对河刘屋打响了，陈福媛、梁霞冰两名妇女奋勇参加。东莞县委搬到苦草洞后，我当县委组织干事。年底，我参加了县委武装政治工作队，我当支部书记，陈鸣当队长，赵学光当付［副］队长。一九三九年，纪念“二七”后，我参加了县委扩大会议，会后，我调到大朗区当区委书记，祁烽是组织委员，黄庄平是宣传委员，仅在大朗大井头叶佛家里开过一次区委会议，研究布置区委工作。我又被派到东南特委学习，地点在宝安坪山羊古障。学习班由温焯华当班主任，杨康华、吴有恒等都来讲课，学员有邓秀芳，郑永辉、黄有崖、王夫、黄高阳、邓俭等共二三十人，学习了三个多月。一九三九年七月，学习结束，我又回到东莞县委任妇女部长，这时县委在大岭山。八月左右，县委在大公岭祠堂召开东莞县第一次妇女工作会议，参加会议的有赵学光、黎颖瑜（黎英）、曾润珠（曾玲）、谢坚、何丽文（何欢）、黄宝珍等十多位同志，会议上明确妇女的特殊性，妇女工作的重要性，联系当前的政治形势，宣讲党的三大法宝，布置开展妇女工作的任务。会上还配备了各区委妇女干部，赵学光任三区妇女部长，陈福媛（陈文慧）、梁霞冰负责水乡妇女工作，王农［侬］负责洗沙和槎滘，莫儿负责小东向，王章负责平湖，何丽文、何群在松木山，黎颖瑜在屏山水口、曾润珠在犀牛陂新围，谢坚在犀牛陂老围，黄宝珍在大公岭，赵学光和我轮流全面联系工作。赵还在东坑抓一个点，我们都以教书为掩护，同群众一起学习、劳动，以日校带夜校，举办妇女识字班，组织妇女会、七姐会、姊妹会等，以各种形式把妇女群众组织起来，并发展党的组织工作。因此，在抗日战争和解放战争中，都涌现出大批的妇女老革命、老交通、老堡垒户，涌现出很多妇女的先进人物。我在一九四〇年二月离开东莞去省委学习，尽管我们妇女干部常常调动，但由于妇女群众的基础好，从抗战到解放整个历史时期，她们十年如一日，为党的革命把自己的家庭作党的交通联络站、后勤供应站、卫生医疗站、伤病员疗养院、党训班地点、党的机关办公地点、情报站……等，她们不怕危险，也大多数成了临时交通情报员。如袁鉴文父母亲的家，既是东莞地下党的联络站（东莞和香港），也是游击队、东纵，甚至广东省委、江南特委的联络站、后勤供应站。十多年来，大多数同志无不知晓“惠伯”“伯母”（对袁鉴文父母亲的称呼）的。又如莞城葵衣街尹七嫂，是华侨家属，她的家也是东莞地下党的交通联络站，活动很广泛。七嫂不怕危险，还在革命的影响下，送大儿子尹应林（尹景文）、二儿子尹梓桥参加部队，二儿子光荣牺牲了。大雁塘的吴石娇同志，原是个农村妇女，在何丽文的培养教育下，参加了共产党，她的家成为地下党和部队的堡垒户、联络站，凡是党和部队交给她的任务，她都不怕困难、不怕牺牲，出色地完成任务。一九四二年，黄布同志的队伍准备打篁村四十五师的一个伪军中队，为了出击的胜利，布置吴石娇和几个农民化装卖柴去侦察敌情。她挑着柴担，乘机进入宝太祖（敌人驻地）内，摸清了敌情；使我部顺利地全歼这个伪中队，俘虏了伪中队长。吴石娇在革命低潮时，被迫掩蔽在山中，但表现得很坚定，即使这时期，队伍要什么，她拿什么，连谷种、豆种、花生种也拿了出来支援部队，她的丈夫宋天生牺牲后，敌人也要杀害她，可她毫不动摇害怕，一直坚持革命直至解放。此外，还有新基的勤妈（张英的母亲），厚街涌口的亚嫂（李淑姿）、四嫂（刘燕华）两婆媳，家里成了交通联络站，两婆媳成为交通员，又兼卫生员；双岗的林九弟、中堂小东向的六嫂（黎厚贤）和二个女儿，都是交通员，家里是党的联络站；还有陈林柏、陈艳兰等交通员，她们对抗日战争都作出了贡献；厚街小坞园王作尧同志的母亲二嫂家里都成了地下党和东纵部队的地下室、医疗站、联络站；望牛墩望角的扁润（黄润娣）参加三五年的火炬游行，在战斗中送子弹探情报，对革命尽了很大力量。又如大公岭邝应桃（应桃叔）、叶有敬（亚娘），他们家里也是我地下党的堡垒户，房子被敌人烧光了，她们一点也不动摇，亚娘直坚持到解放战争壮烈牺牲；宵边张善芳女医生、莞城棠梨川二婆（祁兴），寮厦的梁凤、亚琼，大公岭围仔的三大（女）、莞城彭屋大街的李顺欢（李顺同志的姐姐）、王屋街的尹冠玉、清溪铁场的王三和罗满、杨梅岗的张四和李亚娘、下泥的谢秀云、土桥的黄仲、大岭山大环的刘运生和黄仁宽、大王岭的刘洪兴、瓮窑的张七稳、篁村水濂的叶胜祝、附城火炼树的蔡容、高埗低冲的大嫂（吕秀兴）和五嫂、东坑的丁勤德和李葵兴，梅塘的刘培医生、莞城内陈富根的母亲亚妈、冲口林桂枝母亲炳开（开嫂）、林冲母亲林梅四等等，数不胜数，也有我还不认识也不知道的无名英雄，在这里难以一一列举。我列举了她（他）们，是希望我们不要忘记她们的功勋，也不要轻估了她们对革命的贡献。

我从省委学习班回到东莞，已经是一九四〇年八月了，特委尹林平和余慧叫我回东莞继续当妇女部长，在东莞时间很短，只到高埗活动，和王农［侬］同志联系过。一九四〇年十月党组织调我到香港工作。

“铁脚板、神仙肚”的意志　地下交通员的功勋

一九四一年七月左右，我在香港市委组织部当干事，不久香港沦陷，年底从香港撤退出来，又分配回东莞工作，我又回到莞城葵衣街十二号尹七嫂家里，负责县的交通情报站工作。交通联络点和人员有城内黎适、李顺，城外有张申、谢渠、江炳贤（江灼生）、陈紫芝、周棠，交通员有陈权、古兴、祁稠（祁放之）、袁能等。他们的工作量很大，在任务多和紧迫的时候，一天要跑一百多华里，经常处于备战状态中，只要有任务，不论白天黑夜、暴风大雨，都要立即行动，风雨不改；他们经常生活于烈日当空，大雨淋头，马不停蹄地把情报送出去；他们是天不怕、地不怕、鬼（日本鬼子）不怕顶天立地的人民好儿女，经常机智地通过敌人的封锁线，巧妙地应付敌人的突然搜查；他们经常饿着肚子保护我们的同志，把他们送到目的地；所以，他们被誉为“铁脚板、神仙肚”的好英雄，正是由于这种“铁脚板、神仙肚”的革命意志，构成了地方党县区之间、地方党与部队之间的联络，构成了我们地下党和部队的生命线；这种“铁脚板”“神仙肚”的革命意志，代替了电台、电话、车辆的工作，克服了当时我们缺乏这些现代化工具的困难，完成了难以想象的艰巨任务。

我在情报交通站干到一九四三年初离开了东莞，一九四五年十月，我又回到东莞水乡担任二线区委书记。当时区委组织委员陈光、宣传委员黄

永光（但他未到任，又另行分配工作）、委员方东，我负责联系的党员有李顺、李玲、黎锡宜、刘茜芬、刘燮芬、徐旺、吴业藩、周履光、翟翠芳、施惠菲、何汝等，还有非党人员周棠。另外还有胡文毅和张哲没有联系上，冯华以补鞋佬的身份掩护，是秘密交通员，必要时才使用。一直到一九四六年七月，我离开了东莞，解放后又回到东莞工作。

几十年来，党对我非常关怀爱护，给我很多学习的机会，解放前送我入学学文化，参加县委、特委、省委举办的党训班，解放后送我进党校，又送我到华南工学院干部特别班学习文化一年，学习专业两年。党对我的培养教育关怀是无微不至的，但我对党做的工作太少了，内心常在责备自己，现在年已过花甲，决心于晚年之时作些力所能及的工作来补偿过去的一些不足吧！

（傅泽铭／整理）

江北白衣战士在战斗中成长①

汪　英

一九四七年江北地区恢复武装斗争时，卫生工作人员只有我一个人。我是东纵北撤时留下在象头山地区坚持斗争的。因为人数少，非常不适应部队的发展和战争环境的需要，困难是很多的：一无医生，二无医药，三无设备。为了解决这些问题，一是用师傅带徒弟的办法，培训卫生工作人员，使他们从实践中学习，增长医疗卫生知识，提高工作技术水平；二是以草药为主，及时为伤病员治疗；三是依靠地方党，依靠群众，在深山密林中办临时医院。这样，克服了一个又一个困难。使卫生工作逐步适应形势的需要，队伍也日益发展、壮大。

刚恢复武装斗争时，领导上派李英、黄慧灵，和我一起负责卫生工作，她们都是新参加工作的农村青年，文化水平不高，也缺乏卫生医疗常识，于是，和我一起边学、边做，经过一段时间，学会了对一般常见病的诊断和用药以及包扎伤口等。当时，队伍不多，在河东地区只有一支队伍，还能勉强应付得来。

后来，队伍不断发展扩大。江北工委成立，组织上把我调到工委机关工作。后来香港分局又把比较有卫生工作经验的郑兰和黄锦派来。一九四八年春，成立江北支队，下辖四个团，这时，我们的卫生工作队伍又远不能适应形势发展的需要。领导决定我们三人到各团去负责卫生工作，培训卫生工作人员。我到一团，郑兰到二团，黄锦到三团。我们到各团后，就在各团部队中，挑选了五十多个适合做卫生工作的女同志进行培

① 收录于中共惠阳地委党史办公室、中共广州市委党史办公室编：《东江党史资料汇编》第七辑，1986年，第347—351页。

训。这些女同志有：许招贤、黄连招、张荣凤、冯年娣、黄石带、陈秀琼、赖银、朱碗娣、叶添、潘英、曹小花、冯流娣、潘荷花、胡三桂、王雪珍、张秋、胡木娇、邓玉招、陈小娣、陈秋环、刘英、彭玉、李月英、宋瑞梅、薛英、黄伟、张秀清、潘亚连、曹润娇、宋秋华、黄瑞容、张娇、潘带、陈燕云、潘翠、方紫贞、张金娣、何花、何仔、伟仔等，他们多数出身于农村穷人家庭，文化水平较低，卫生知识也很缺乏。我们培训的办法，一是以老带新，边学边实践边提高，二是先到后方医院跟班学习，掌握医疗卫生工作的基本知识，然后就去连队做卫生工作。这样，各团的卫生队伍很快就建立起来了。各个团都建立了后方医院或医疗站，每个大队、每个连队都配上卫生员。如猛虎队有李英，斑虎队有黄河，白虎队有黄慧灵。又如三团一开始仅有三个卫生员，以后发展到二十多人，基本上能适应战争形势发展的需要。由于卫生人员工作积极负责，从来没有出过任何医疗事故，出色地完成上级交给的任务。

一九四八年四五月间，国民党军队对我区实行“清剿”，调广州行辕独立二团、保八团、一九六师二个团及地方反动武装共五六千人向我江北地区扑来，这时，战斗频繁，伤员不断增加，各团先后建立了后方医院、医疗站。因为斗争环境比较复杂，后方医院的住地必须十分秘密、掩蔽。因此，医院都是远离村庄，住在高山密林的地方。如一团医院就分别设在何家田的大元坑、陈禾洞、鹅头寨、茅田的大山里，二团的医院就分别设在南昆山的三斗米、山猪坪的大山里。这样各地医院都是远离领导机关，远离村庄，可以想象困难是很多的，在山上没有房子，就得自己动手搭茅寮，没有床板，就用树枝、竹枝拼起来作床板用。这些草棚用来遮太阳还可以，遇着刮风下雨就无法住，好似水瓜棚一样，外面下大雨，屋内下小雨，处境十分艰苦。粮食给养也非常困难，常常供不上粮。只好向当地群众借，有时借不到，就饿肚子，如南昆山的山猪坪医院，常与领导机关失去联系，粮食中断。白天不敢下山，只好晚上到群众家里借粮，这里的群众都比较穷，家里没有多少粮食。有时借到十斤八斤，三四十人煮一两煲粥，卫生员让伤病员吃，而伤病员见我们不吃，他们也不吃，大家看着那两煲粥，后来我们经过再三动员，才吃下一些粥水。为了解决困难，有时组织同志们上山摘野果，有些人懂得“老鼠耳”可以吃，我们就四处去摘，用来充饥。医院碰到另外一个问题是药物十分缺乏，除了我们随身携带的一些战场上急用药，如碘酒、红汞水、雷佛奴尔、硼酸和阿士匹林等药之外，其它药物都很少，这些药物也只有在急用时才用。平时只好用青草药来代替，如三团有一段时间发现有不少伤员疴痢，就在田野采一些车前草、凤尾草煲水给战士服，发高烧就用狗干菜煲水饮，生癞就用松毛和大茶药煲水洗。有些伤员伤口发炎，没有消炎药，我们就用青草药来代替。医疗器械更缺，我们只能想其它办法来代替，如棉花不够用，我们就用棉衣折下来用水煮过消毒之后，当作药棉来用。

治疗过程困难是很多的，但我们的伤病员和医务人员都有一个共同的理想，就是要打败蒋介石，解放全中国。我们能够团结合作、互爱、互助，大家想办法，就没有克服不了的困难，许多伤病员，经过入院治疗之后，绝大多数都能治好出院，重返前线。据不完全统计，经过医院医治重返前线的有一百多人。

我们在培训卫生工作人员时，十分注意加强政治思想工作，教育她们全心全意地为伤病员服务，做一个出色的卫生员。卫生员不仅在战场上要担负起抢救伤员、治疗伤员的工作。平时也要十分关心战士的健康，认真做好卫生保健工作，象关心自己亲人一样地关心战士、关心同志。要完成这样的任务，光靠一个卫生员是难以办到的，必须团结全体的同志，特别是靠连队领导支持协助，才能把卫生工作做好。

平时我们的卫生员，每到一个住地就同战士们一起打扫环境卫生，搞好住地清洁，督促大家要用公筷、不要饮生冷水，预防传染病发生。行军时卫生员主动帮助体弱多病的同志，背枪支、弹药，鼓励体弱的同志赶上队伍，如李英、朱惠娟、陈秀琼、黄河等同志，行军时经常与伤病员背枪支，有时一人背两支甚至三支步枪，使有病的同志能赶上队伍，卫生员在连队或行军时，处处起带头作用。战斗打响以后，我们连队的卫生员，都能跟随连队，冲锋陷阵，勇敢杀敌。如在杨梅潭战斗时，朱惠娟冲锋在前，亲手打死一个敌人，又如陈秀琼在上坪伏击战中，跟随连队向敌人冲去，看见被打得晕头转向、四处逃命的敌人，立即喝令缴枪不杀，敌人只好放下武器跪地求饶，她一个人收缴了一支步枪、一挺轻机。后方医院卫生工作人员，同样要担负起战斗任务。因为战斗频繁，不可能由部队派人来警卫，只好由我们的卫生工作人员来承担警卫工作，平时放哨警戒也由卫生员和轻伤病员轮流值班，遇到敌人袭击，我们的卫生员就要掩护伤员撤退。如二团设在南昆山雁洋坡的医院，于一九四八年七八月间，战士罗古天，送伤员来医院，在回程中与敌人相遇被俘，他经不起考验，当了可耻的叛徒，带领敌人的一个中队，向我医院扑来，当医院郑兰发觉敌人袭来时，立即组织战斗，掩护伤病员撤退，卫生员黄瑞容与伤病员一起，用手榴弹与敌人搏斗，为掩护其他同志撤退而壮烈牺牲。这次敌人的突然袭击，我们虽然受到一些损失，牺牲了两个同志，一女同志小林被俘，但由于该医院领导郑兰组织力量，掩护撤退，使大多数同志都能安全转移。敌人也曾经先后两次袭击我一团设在大元坑和陈禾洞的医院，幸得领导上及早发觉，及时组织我医务人员和伤病员安全转移。

回忆东江人民的敌后抗日斗争（节选）[①]

邬　强[②]

红旗插在大岭山

1940年10月初，根据上下坪会议的部署，第五大队留在宝安阳台山地区活动。部队领导机关率第三大队开往东莞大岭山区，开辟新的抗日根据地。

……

严惩日伪军

1943年8月，大岭山区一派夏收景象，老乡们在田野里忙碌着，喜悦的脸庞挂满了汗珠。

部队在大岭山区打击日伪势力，开展民运工作，帮助群众搞生产，当地群众的情绪逐步安定下来。

但是，一年多来，北栅事件的阴影始终萦绕着我的心头。

麦浩依仗日军的势力独霸一方，为非作歹。他自恃紧靠着鬼子重兵把守的虎门据点，我们不敢把他怎么样。然而，攻打篁村的成功，使我们增强了信心。我们一直在寻找战机，惩治麦浩这个北栅事件的罪魁祸首。

前不久，我见到了部队医务所负责人周昆同志。周昆是个热情爽朗的年轻姑娘，工作积极，认真负责，她身材修长苗条，同志们都叫她“高

① 收录于惠州市档案局（馆）编著：《惠州革命历史记忆丛书·抗日战争卷》，光明日报出版社，2015年，第238—269页。

② 作者系广东英德人。广东人民抗日游击总队大队长、总队参谋处主任、东江纵队北江支队支队长。——原书注

佬周”。

说到北栅事件，周昆同志收敛了笑容，气愤地叙述了他们当时的经历。

那天大清早，他们就发现驻地被麦浩的队伍围住了。伪军的态度十分蛮横，吆三喝四，不准同志们离开住处，甚至禁止他们在窝棚里走动，结果同志们整整一天没吃东西，许多伤病员的病情伤势都恶化了。傍晚撤出时，同志们饿得眼冒金花。但是，我们的医务人员还是咬紧牙关，坚持搀扶着伤病员在壕涌纵横的芦苇荡里艰难跋涉，最后终于脱离险境。

得知周昆他们的经历，引起同志们的无比愤慨，更加坚定了我们复仇的决心。

……

（本文节选于广东人民出版社：邬强著《烽火岁月》，第113—126、155—185页）

掩护美国飞行员克尔中尉脱险[①]

武　勇

那是 1944 年的 2 月 11 日，正在中国助战的美国盟军号称“飞虎队”的第十四航空队担任中美联合空军飞行员指挥兼教官的克尔中尉，率领二十架战斗机从广西桂林基地起飞，护卫十二架轰炸机袭击侵占香港的日军，在九龙启德机场的上空与敌机发生空战。激战中，“飞虎队”击落了三架敌机，而克尔中尉也不幸遭到侧击，其座机被打中汽油箱而起火，他被迫弃机跳伞。

克尔中尉在高空俯视地面，只见机场、太子道和宋皇台历历在目，而那些荷枪实弹的日军士兵亦依稀可见，他们正虎视眈眈地盯着上空“迎候”着自己……克尔心想：这下一切都完了！他不敢再看下面，也不敢再想下去，用手蒙住眼睛……

忽然，一阵强劲的南风刮来，把克尔中尉推到了毗邻机场的新界沙田区上空，最后悠悠地落到了观音山的半山腰上。他大喜过望，连忙甩脱降落伞觅地躲藏。日军当即从机场方向拥过来搜山，情况十分危急！

在这关键时刻，一个少年出现在克尔中尉的面前，他用手势招呼着，示意其跟着他。克尔中尉顾不得多想，便跟在少年的后边急步奔跑起来。原来这少年是东江纵队港九大队市区中队的交通员李石，年仅十三四岁。因送信返回时途经此地，目睹克尔中尉遇险情形，便果断地迎了上去……

日军的枪声和呱呱的吼叫声终于被他们远远地甩到了后边。李石径直把克尔领到观音山外芙蓉别村附近的一个山坳里，觅了个深深的土坑让克尔中尉钻进去，又用树枝遮掩好。然后他便急急地抄小路赶往村里去找进

---

① 收录于刘中国、余俊杰等编：《白石龙文钞》，花城出版社，2015 年，第 265—270 页。

步群众邱葵大叔，正巧港九大队沙田区民运干部李兆华也在这里。

李石连忙如此这般地作了报告，便告辞回队复命去了。

李兆华虽是姑娘家，却泼辣干练，机智勇敢。她年仅十五岁便参加了抗日队伍，十六岁曾做“事务长”，十七岁即任职“民运区委”，而此时也仅仅二十岁。听了李石的报告，她知道美国盟军正在帮助中国的抗日战争，现在他们的飞行员有难，作为中国的抗日队伍当然有责任去救援他，决不能让他落入日军的虎口。

正在这时，去山上割草的哑巴邱大娘气喘吁吁地跑进来，口里急促地咿咿呀呀地发出“喔喔”的声音，同时神情紧张地向山坡方向一个劲地比划［画］着：手指在嘴唇上比划［画］胡子，又用手指做放枪状，“啪、啪、啪！”李兆华明白了，日军已搜索到山这边了，要赶紧把飞行员转移走！

“葵叔，现在情况很紧迫了，你先把飞行员转移到吊草岩坳。”李兆华果断地吩咐邱葵大叔，“我去准备一下，天黑以后我再去接他。”

葵叔应了声，就出门去了。

李兆华随即动身赶往邻近的黄竹山村，这个村子是她的落脚点，群众基础好，她准备以此地作为安排那位飞行员的藏身之处。可走着走着，李兆华忽然觉得不妥：日军已把这一带严密封锁起来了，并且正在全面搜索。飞行员是白种人，大鼻子，特征明显，再化装也瞒不过敌人，如果把他藏在村子里，很容易被敌人搜出来；而现在要把他转移出敌人的包围圈，显然也不可能。怎么办？——唯有把他隐藏到不容易找到的地方，可哪儿才是安全的地方呢？

想啊想啊，她忽然灵机一动：何不把他藏到日军据点附近的北围村山窝里呢？一是那儿已被日军搜索过，二是处在日军的眼皮底下，反倒不至于引起注意。对，就这么办！

主意拿定后，李兆华急步赶往黄竹山村，让房东钟大娘（游击队员钟炳之母）赶做了几斤糯米糍粑。天傍黑时分，李兆华匆匆赶到吊草岩坳，按照预先约好的暗号，拍了三下手掌，葵叔应声把飞行员带到了李兆华的面前。

李兆华目视着面前这位身材高大的飞行员，微笑地点了下头，想问他什么，对方也似乎要说什么，可是因为语言不通，彼此只好又点了下头算是打了招呼。

考虑到多一个人多一个目标，容易暴露，李兆华就让葵叔先行独自回村子去，自己随即领着克尔在伸手不见五指的山丛中转移。

夜，静悄悄的，阵阵晚风不时传来日军驻地的嘈杂声。李兆华警惕地向四周环视了一遍，没有发现异常情况，便搜索着向前赶路，走走停停，再屏住呼吸察听周围的动静。克尔显得很紧张，半步也不敢落后。

好在李兆华平时在这里搞民运工作常常走村串户，对这一带山头的地形十分熟悉，他们终于顺利地摸到了北围村后山的山谷。她把克尔掩藏在一条山溪旁的灌木丛里，递过准备好的糯米糍粑干粮，然后示意他：你就待在这儿，别弄出声响来。

安顿好克尔，她便急忙赶回黄竹山村去察看敌情。

第二天，日军果然把芙蓉别村及其附近的吊草岩等地搜了个底朝天，接着便涌向李兆华待的黄竹山村搜索，好险啦!

日军一到村里，便将老百姓全部赶到晒谷场里训话：

“你们看到一个飞行员了吗？他是白种人，被我们皇军打下来的。看到了交出来，皇军有赏；知情不报，格杀勿论！”

老百姓一点也不知道内情，所以都很坦然；李兆华更是镇定自若，未露半点破绽。

日军后来又挨家挨户地搜查。有几个日军凶神恶煞地端着上了刺刀的步枪闯到李兆华的“家”，推倒桌子撞倒柜，里里外外地折腾着。李兆华呢，在一旁从容不迫地与房东钟大娘忙着家务：斩猪草，挑水，烧锅……

日军当然是一无所获，在村上杀鸡宰猪大吃了一顿后，便继续往别的村子搜索去了。

翌日一大早，东方刚刚露出一缕晨曦的时候，李兆华就开始梳妆打扮，脑后梳了个发髻，上身穿一件黑布大襟衫，下身着一条大裆裤，一副当地客家妇女的模样，然后扛起扁担，拿着镰刀，掖上准备好的干粮，便佯装上山去割草，悄悄地来到了克尔的隐蔽处。

不知怎么地，克尔显得很激动，他远远地就向李兆华不停地招手，似乎忘记了自己危险的处境。李兆华忙用手势向他示意：小心，小胡子（指日军）就在山那边！

克尔领悟了，随手掏出一个红皮面子的本子，翻开其中的一页纸，只见上面密密麻麻地印着好几种文字，他指着一行中文："游击队在哪里？"又指着另一行："游击队离这里有多远？"

李兆华理解他急于脱离日军包围的心情，然而她更明白当时的严峻形势，但又不能用语言交流，只好又打了几个手势告诉他：别轻举妄动，要耐心等待！

由于久久抓不到重重包围之中的美军飞行员，日军更加疯狂了。连日来频繁地出动飞机在新界南北低空盘旋，同时出动舰艇和电扒在港九海峡穿梭巡逻，地面也加强了兵力，进行梳篦式"扫荡"，总兵力已有一千多人。

一时间，从沙田区的观音山、吊草岩、芙蓉别、牛皮沙、插桅杆、小立园、大水坑到西贡区的壕涌、北围、南围、黄竹山、黄竹洋、北港澳、沙角尾、北潭涌、北潭坳、高塘、赤径、大浪等村子无不狼烟滚滚，所幸的是克尔藏身之地因临近日军的据点，恰恰被日军忽略了。

虽然克尔暂时还处于"安全地带"，日军一时搜不出来，但总这么僵持也不是个办法呀？倏地，李兆华眼前一亮：何不去找自己的队伍想想办法呢！于是，李兆华毅然冒险闯过敌人的封锁线，赶到邻近的港九大队沙田短枪队常驻地石垄仔村，不料却扑了个空。

原来，日军围捕盟军飞行员的情报，早已像雪片般飞到了隐蔽在大浪村附近海边一个山洞里的港九大队部。大队长蔡国梁特地召集刚好来大队部汇报工作的沙田短枪队队长黄冠芳（后期接任港九大队大队长）和蔡仲敏、陈亮等情报人员，进行了周密研究，定下了"围魏救赵"之计，决定所属各游击中队主动出击，展开全面攻势，特别以沙田短枪队和市区中队为主，采取突击行动，以解盟军飞行员之围。正因为如此，李兆华扑空了。

以孤胆英雄著称的刘黑仔，随即率领沙田短枪队的邓贤（现名邓斌）、丘胜、詹云飞等七八名智勇双全、能征善战的短枪队员扑向九龙敌人心脏，展开了一系列惊心动魄的斗争：偷袭启德机场，炸飞机、烧油库、剪电线、破交通、打据点、杀汉奸；与此同时，市区中队的游击队员们在中队长兼指导员方兰的率领下，以“纸弹战”——贴标语、散传单等——配合“地雷战”，不断骚扰敌人的大本营……

游击队这些攻击行动打乱了敌人阵脚，终于迫使日军不得不将搜捕飞行员的部分兵力撤回市区。

这时敌人虽没全部撤走，但形势已缓和多了。约摸［莫］在克尔遇险的第七天，按照黄冠芳队长的指示，邓贤和丘胜两名队员悄然赶到黄竹山村，与李兆华取得了联系。随即，李兆华带他们来到了克尔的隐蔽处。

见过克尔后，李兆华用手比划［画］着示意克尔：他们两人是游击队员，要接你走。

克尔很是激动，高兴地连声说：“Yes！ Yes！”

游击队员们把克尔接到石垄仔村的山丛里掩蔽好，由陈勋（现名陈才）和吴顿两个小交通员照应，其他队员则在山脚下布哨警戒。三天后，刘黑仔接到黄冠芳队长的通知：即刻把克尔送往港九大队部。

这又是一个伸手不见五指的黑夜。短枪队员们星夜兼程，护送克尔离开石垄仔村径往港九大队方向转移。刘黑仔在前面，克尔居中，邓贤、丘胜、詹云飞等几位队员作后卫。他们沿着山间小路过草坪、梅子林，到濒临海边的十四乡属地乌龟沙，随即登上老渔民黄炳和青年李锦亮的木船，由海路北上，越过海湾，登临深涌，与大队部派来的翻译谭天等游击队员会合后，邓贤等队员随即沿原路返回，而刘黑仔与谭天一行则护送克尔又从深涌上山抵达已转移到障上村的港九大队部。

大队长蔡国梁和政治委员陈达明等人热情地接待了克尔，随后派谭天陪克尔隐蔽在障上村附近山坡上一个废弃多年的炭窑里，又派小交通员陈勋负责大队部与他们之间的联络。

在这个炭窑里，翻译谭天整日伴着克尔，像老朋友一样与他无拘无束地交谈，讲东江纵队以及港九大队的英雄业绩，成了克尔“精神上一刻不可少的朋友”；而陈勋则晚晚下山去，早早上山来，拿水递饭取药，并通报情况。

为了“安慰”克尔，陈勋甚至用自己刚发的五毛钱（军用券）薪水买了几粒糖果和两块小芝麻饼给克尔吃。克尔深受感动，他双眼湿润了，用手抚摩［摸］着陈勋的头说：“谢谢你的好意，真懂事，太可爱了！”克尔还说：“我舍不得吃下去，我将原封不动地把它们带回去给我的同事和亲友们看一看。这是一份富有戏剧性而耐人寻味的最珍贵的礼物。”

在那个简陋的炭窑里，克尔度过了一段难忘的时光。他回忆说：每当夕阳西下，黄昏美景浮上天际时，我就感受到了人生特有的愉快。他甚至低声地哼着歌曲，和谭天、陈勋他们开起玩笑来……

调养了一些日子后，于 2 月底的一天，克尔在谭天和另外两名短枪队员的陪伴下，由港九大队海上中队指导员陈志贤率领的一个班的游击队员护送到驻扎在惠阳坪山的东江纵队司令部，受到了司令员曾生等将领的热情接待。

不久，克尔便到了桂林。

克尔中尉终于安全归队了。他这段蒙难脱险的经过很快成为传奇式的故事被广泛传播。美国盟军第十四航空队还将此事作为教材，说明飞行员只要找到当地游击队即可求得救援。陈纳德将军也给予了高度评价。以此事为契机，世人这才知道了活跃在东江以及港九敌后游击队的英勇事迹，进而促使在华美军总部排除国民党的阻挠并主动派人前往东江纵队寻求直接合作，从而扩大了东江纵队乃至我党我军的国际影响。

克尔中尉本人，更是一再表示他的由衷谢忱。他曾对东江纵队《前进报》的记者这样动情地说：

“我想为了救我，你们一定动员了许多我所看不见的力量。我要和你们做永久永久的朋友。你们的蔡大队长是能干的领导者，黄冠芳队长是敌人心目中的第一号大敌，刘黑仔是我的再生父亲，谭君（谭天）是我精神上一刻不可少的朋友。那位女士小朋友，我真愿意用飞机把他们载回美国去，把他们的神奇本领亲自介绍给美国人。当然，这是不可能的，但我可以写本书描述我所知道的所感受到的一切……”

是年 3 月 8 日，克尔自绘了五幅漫画，描述了自己在港九蒙难脱险的经过，还写了致东江纵队的感谢信，后来一并刊发于同年 6 月 11 日东江纵队的《前进报》上。一年以后，东江纵队司令部又收到了克尔从大洋彼岸寄来的美国杂志，里面刊登有克尔自绘的五幅漫画以及上述真实而感人的故事。

据悉，抗战胜利后期克尔因事途经香港时，还登报寻找过首先帮他脱险的那位“小朋友”李石，可惜因故未能与他谋面。

历史跨越了整整四十年之后的 1984 年，美国总统里根来华访问期间在上海复旦大学发表演讲时，追述了第二次世界大战年代的历史，他说：“我们和你们并肩抗敌，在座的有些人会记得那时候的情况，会记得美国的陈纳德将军率领空军，飞越半个地球前来助战的事迹，有些飞行员在中国上空机毁人伤，你们还记得那些勇敢的小伙子吧，你们把他们藏起来，照料他们，包扎伤口，你们救了他们很多人的命……”

是的，在那难忘的抗战岁月里，中国人民与包括美国盟军在内的各国盟军官兵并肩抗击日本侵略军及汉奸走狗，结下了深厚的友谊，而东江纵队包括属下的港九独立大队游击队员及当地的老百姓就曾先后营救过很多遇险的盟军人士，仅美国飞行员就有八位。

如今，在当年那些参与营救克尔中尉的勇士们中，“能干的领导者”蔡国梁、“再生父亲”刘黑仔、“精神上一刻不可少的朋友”谭天等英灵已“名垂千古”了，而“敌人心目中第一号大敌”黄冠芳、“那位女士”李兆华、那位“小朋友”李石、“天真、活泼、能干与懂事的孩子”陈勋（陈才），以及邓贤（邓斌）、丘胜、詹云飞、方兰、陈志贤等等老游击队员虽然都已进入耄耋之年，但他们依然精神矍铄，依然惦记着大洋彼岸曾有过一段生死缘分的克尔中尉。

我参加"中青"和妇女工作情况①（节选）②

伍坤顺

……

1937年初，我参加中国共产党。5月间，我被编到妇女支部，同支部的有李静音、谭本基、俞福亲，后来还有邓贞子等人。同年六七月间，在我党推动下，成立了"救亡呼声社"，是由国民党省党部书记长谌小岑直接主办的。具体负责编写《救亡呼声刊》的是虞焕章（即杨康华），龙世雄是编辑，谌的爱人李峙山是这个社妇女组的负责人，还有一位叫陈明淑的，是国民党的进步人士，也常来活动。七七事变后，党中央积极号召同国民党实行第二次合作，以结成抗日民族统一战线，共同抵御日本帝国主义的侵略。省、市党组织贯彻中央这一指示精神，加强对妇女的工作领导，指示我们要扩大妇女抗日统一战线，打入合法的妇女团体中去，全面开展妇女抗战工作，推动妇女抗日救亡运动的蓬勃开展。党组织当时派我到"救亡呼声社"，主要任务是争取李峙山支持抗日，参加妇女救亡活动。

一方面我以"救亡呼声社"妇女组成员的身份积极开展抗日救亡工作；以"救亡呼声社"的合法招牌，在惠爱路（现在的中山四路）天主教堂举办女工夜校。我们名义上是教女工识字，实际上是宣传共产党的抗日主张，对女工进行正面教育。记得我曾大讲特讲平型关战役的胜利，借以扩大共产党的影响，使群众树立起抗战胜利的信心。为了团结、教育、唤

① 原标题为《我在广州沦陷前参加抗日救亡和妇女工作情况》。此标题是本书编者所改。——原书注

② 收录于中共广州市委党史研究室等编：《走向抗日——广州中国青年抗日同盟史录》，广州出版社，2015年，第145—152页。

醒妇女大众，我晚上在妇女夜校讲课，教唱救亡歌曲。课后还常深入到女工家里访问，向她们宣传抗日，说服她们的母亲、丈夫、婆婆支持她们参加社会活动。白天则三五人一组，拿着旗子到街头演讲。那时我们人人都带着板凳，站上去揭露日本帝国主义的残暴和宣传抗日救亡的迫切，大声呼喊“国家兴亡，匹夫有责”，动员大家起来抗日。我们讲得激昂愤慨，群众听得聚精会神，时而鼓掌叫好，时而高呼“打倒日本帝国主义”等口号，我们和群众的思想感情完全融合在一起。这说明抗日已深入人心。反过来，群众高涨的情绪又极大地鼓舞了我们，同志们都以能作为一个救亡积极分子而感到自豪。然而可笑的是谌小岑开始相信我，没发现我是共产党员，还表扬妇女夜校办得好，说还要多办。因此，我们又办了一所夜校，为党多设了一个讲台。

另一方面，我们努力做李峙山的工作，争取她站到抗日救亡阵线上来。但李峙山比较顽固，对我党戒备甚多，对抗日救亡的态度不积极，不肯放手，在她的控制下难以大刀阔斧地开展工作。陈明淑（国民党员、广州市府三科科长陆宗祺的爱人）比较开明，有抗日的积极性，党组织指示我们要争取她出来组织妇女抗日团体，以扩大妇女抗日组织，壮大妇女救亡力量。经过一系列的工作，李峙山、陈明淑终于接受了我的建议，于1938年2月正式成立了“广东妇女抗敌协会”（国民党报纸称为“广东妇女抗敌同志会”，这不是本名），选出李峙山、陈明淑为协会正、副主席，我为常务理事。李只挂个名，陈虽是实干的，但也不常来，并且肯放手，所以实权掌握在我们打进去的几个党员手里，这就为贯彻我党抗日主张、动员妇女群众参加抗日救亡活动造就了极为有利的条件。“妇抗会”成立时，由我执笔写了成立宣言，它的宗旨是动员组织妇女大众参加民族解放斗争。还编了“妇抗会”成立特刊，好多同志写了文章，我也写了一篇《巩固广东妇女统一战线》的文章。“妇抗会”的会址在珠玑路36号。在“妇抗会”里成立了共产党小组，我任组长，党员有陈凤鸣、林玫，后又发展了罗翠仪、邓毅如、陈熙（她年龄比我们大，大家都称她“家长”）等人。我们党小组经常根据上级的指示进行妇女抗日救亡工作，同时利用这个合法的妇女团体去开展女工工作。“妇抗会”里还有陈明淑带来的一部分人，对我们也常设置阻力，我们采取又团结又斗争的办法，团结他们一道工作。党还指示我们把各妇女团体组织起来，统一行动，以便于更好地开展妇女工作。我们建议将“广州市妇女会”“女青年会”“省市妇女联合会”等联合起来成立“广东妇女团体联席会议”，我们“妇抗会”也参加进去，共同商讨妇女参加抗日救亡运动的大事，取得了陈明淑、李峙山、郭顺清等几个大小官太太的赞同和支持，并选举她们为负责人（记不清楚是什么头衔了）。同时由我代表“妇抗会”，邓贞子代表“女青年会”，俞福亲代表“市妇女会”，邓宝代表“女权运动大同盟会”等参加联席会议。具体工作由我们地下党员直接抓。我们每项工作都是根据党的指示，事先研究，在党内外磋商，并反复做她们（指陈明淑、李峙山、郭顺清等人）的工作，在取得她们的支持后，再将要讨论的问题在会上通过。有的问题也是有斗争的，但我们积极肯干，不谋私利，她们离开我们也找不到积极分子，而且我们抗日救亡的言论与行动也是无可非议的，她们也不得不让步；又由于她们是官太太，不常来，实权在我们手里，有时她们不在我们商定了就干。这时，区白霜（区梦觉）同志常和我们联系，张月霞同志也来指导我们的工作。“妇女联席会议”成立后，统一了妇女群众的行动，改变了原来各个团体各自为政及被某些国民党人乘机操纵，闹不团结的局面，妇女工作获得了蓬勃发展。各妇女团体做了大量工作，印象较深的几件事是：一、8月13日全省范围成立了八一三献金运动工作委员会。在献金运动中，“广东妇女联席会议”和中山大学等几所大学的学生共同发出通告，敦促富商献金。二、成立“广东文化、青年、妇女各界联合举行献金、劝献运动委员会”，区白霜和我被选为常务委员，参加运动的领导发动妇女群众踊跃献金。这个委员会还发出了《告同胞书》，掀起了献金的热潮。我们“妇抗会”全体出动，组织了好几个筹募小队，日日夜夜深入到广州各个戏院、茶楼、旅馆、商店、码头、工厂及政府机关和长堤一带的街头宣传我党提出的抗战“十大纲领”中“有钱出钱、有力出力”的主张，并进行义演和筹募、劝募。筹募的目的是为了支援前线和救济难民、受灾儿童，但更重要的是通过这些活动，进一步唤醒千百万群众，组织妇女大众到抗日救亡阵线上来。在宣传劝募中，同志们废寝忘餐，夜以继日，全心全意扑到工作上，不管日晒雨淋，也不知饥饿疲劳。现在想起来这种精神是多么可贵。人民没有伟大的理想，没有自我牺牲的精神，哪能取得抗日战争的胜利。这次献金运动取得很大成功，共得献款一百多万元，还有金银、珠宝、玉器、首饰等。同时发动了各界群众，通过献金活动，扩大抗日统一阵线。三、1938 年 8、9 月间宋庆龄同志曾两次来广州视察工作，邓颖超大姐专程从武汉赶来广州欢迎宋庆龄同志。那是 8 月的一个深夜，邓颖超大姐亲自召集广州地下女党员开会，参加的有黄梅棣、谭本基、俞福亲、邓贞子、李静音和我等人。会上，邓大姐听取了广州妇女工作近况的汇报，并谈了国共合作形势，指导我们设法同国民党阻挠宋庆龄同志（当时宋被国民党暗中监视）接近群众的阴谋作斗争，组织迎接宋庆龄同志的大会，借以推动妇女工作的进一步发展。会后，曾以妇女团体的名义，派我和邓贞子等人到离市区很远的岭南大学邀请宋庆龄同志参加欢迎大会，为广州妇女工作作指示。宋庆龄同志亲自接见我们，并欣然答应我们的要求。回来后，各妇女团体都积极动员妇女参加大会。我负责动员“妇女抗敌协会”的会员及工厂的女工参加大会。记得大会定了地点、日期之后，我们打听到宋庆龄同志要到的地方（具体地点记不清了），便赶到该地点想把通知送给她，可是守门的宪兵不让进，正在争执时，宋庆龄的汽车来了，她把手伸出来接过我们的通知。她那坚贞的革命思想，坚决支持抗日，与群众心连心的崇高品质，给我留下了深刻的印象，我情不自禁地叫了一声：“可尊敬的国母。”更可喜的是那次大会邓颖超同志也上台讲了话。自广州暴动失败以来，我们共产党人在广州第一次以公开身份登台讲话，国民党束手无策，我们高兴地以热烈而持久的掌声来庆贺这次斗争的胜利。四、9 月，共产党员赵尚志的母亲赵老太太由港来穗，区白霜和我偕各妇女团体的代表，并动员各妇女团体的会员及妇女大众开大会欢迎。她视察了广州市社训总队妇女壮丁队等妇女武装组织的工作。至于我们“妇抗会”的工作则是以会的名义，组织会员、群众经常到河南纺织厂、织席厂等工厂宣传发动群众，并在女工较集中的地方开办女工识字班，进一步开展女工工作。

七七事变不久，在党的领导下，《妇女知识》（前身是《妇女月刊》）创刊，它是广州唯一的妇女刊物。经费来源是“市妇女会”资助，编辑部地址在“市妇女会”内，由“市妇女会”负责人郭顺清挂名领导。参加出版工作的主要有俞福亲、梁薇娟、周若愚、陈宛聪和我，我们经常撰写文章。此外文化界爱国人士郁风、草明、罗叔章等人也协助出版工作。刊物反映了全国、全省和广州市各地妇女救亡活动的情况及各阶层妇女的生活状况，宣传我党的抗日主张，宣传妇女在抗日民族战争中的地位、作用，这对于推动妇女群众参加抗日救亡起了一定作用。这个刊物一直出版到1938年上半年，共10期左右。

广州沦陷前夕，党组织为了搞农村武装斗争，推动陈明淑在三元里组织“广州市民众抗敌自卫团”，动员农村妇女参加妇女队，受军事训练，陈明淑任团长，以社训总队下属的妇女壮丁队毕业学员为骨干，如张馥茵、杨玉婷等人，进行军事训练，准备广州沦陷后能坚持地下武装斗争。“妇抗会”的许多同志也都参加了。党派我负责妇女队的工作，由市委书记罗范群亲自联系、领导我。因队伍刚组成不久，广州即告沦陷，脚跟未站稳，坚持不下去，被迫撤走。当时罗范群指示我利用公开合法条件同陈明淑及民众自卫团的工作人员一起撤到西江、韶关一带，继续开展妇女救亡工作。

（陈梅／记录整理）

（作者伍坤顺现名朱学浣，任浙江美术学院党委书记）

“东莞抗日大同盟”在莞城的地下斗争（节选）①

熊庆新

正当抗日烽火燃遍中华大地的时候。1938 年 10 月 20 日，东江河畔峡口榴花塔的枪声震撼着东莞山河，这是中国共产党东莞县委领导“东莞抗日模范壮丁队”吹响了抗击日本帝国主义侵略者的号角，唤醒了东莞英雄儿女纷纷起来参加抗日；他们高举抗战旗帜进行英勇顽强的战斗。随着抗战形势的发展，中共东莞县委为了发动广大人民群众共同参加抗日，分别在全县各地建立“东莞抗日大同盟”（中共外围群众秘密组织）组织，觉醒的东莞人民在党的领导下，积极参加抗日战争。

……

抗战期间开展地下斗争活动中，我们得到一些革命老人的帮助。例如尹旭同志（尹平的父亲，尹平是抗战初期老党员）的支持，他住在莞城光明街，他按照党组织的布置打入日伪组织内，以伪保长身份作掩护，帮助我部队收集情报、购买药品、生活用品、枪支子弹，为抗日做了许多工作，取得不少成效。我和他家经常来往有联系。1945 年 7 月间，组织上通知我和李志文到他家取两条驳壳枪和子弹，拿回家里再转交给地下交通员运走。我经常与地下交通员阿艳（原名陈艳兰，中共党员）有来往，阿艳经常从莞城来往游击区时我家成为她的立脚点。阿艳是个勇敢的、有胆量的农村姑娘，是一名坚强的抗日战士。她不论白天黑夜，不怕风吹雨淋，经常一个人挑着一担竹箩运东西来往莞城至大岭山区之间。由于我们这班“抗日大同盟”盟员有坚强的革命意志，勇于牺牲的精神，有严密的组织，

① 收录于中共广东省东莞市委党史研究室编：《东莞抗日实录》，中共党史出版社，2006 年，第 467—469 页。

采取单线联系，严格遵守地下斗争的纪律，又注意讲究隐蔽斗争的方式方法，使日伪敌人难以捉摸，在莞城的“抗日大同盟”组织的地下斗争活动中，没有发生过任何意外事件，始终坚持到抗战最后胜利。

抗战胜利后，“东莞抗日大同盟”终于完成了它的历史使命。在抗日战争中，“大同盟”组织像一把尖刀插在莞城日寇的心脏里。莞城“抗日大同盟”的活动震慑了敌人，鼓舞了抗日革命人民抗日斗争情绪。每个盟员是在党组织的直接领导和指挥下工作，他们为了捍卫中华民族的尊严，为了祖国的独立而斗争，是在无形战线上同日本侵略者进行战斗的英勇战士。对这些战斗历程，我们记忆犹新，永远不会忘记。

（原载东莞《老干生活》1995年第3期）

解放战争时期莞太区革命斗争的回顾（节选）①

熊庆新　方　烈

从莞城到虎门太平沿着莞太公路 30 公里的两旁村庄，是具有革命光荣传统的地方，它是抗日战争时期东江纵队和解放战争时期粤赣湘边纵一支三团经常活动的游击区。

……

1948 年春，惠东宝人民护乡团成立，标志着东宝地区武装斗争有了新的发展。国民党统治区的“反饥饿”、“反迫害”、“反内战”和“反征兵”、“反征粮”、“反征税”的群众运动如火如荼地发展，区委抓住这个大好时机，进一步领导党员和革命群众开展斗争。

……

四、建政权——人民当家作主人

早在 1945 年抗日战争后期，河田、厚街、桥头、涌口先后建立了抗日民主乡政府。抗战胜利后，国民党反攻倒算，重新建立反动的乡公所，压迫人民，迫害抗日复员同志。

随着革命形势的好转，大岭山根据地日渐巩固，筹建人民政权条件逐渐成熟。在区委领导下，各乡党支部都积极做好筹建人民政权准备工作。1949 年春，区委经县委同意决定成立莞太线组织工作队和妇女工作队。妇工队队长是莫润枝（中共党员）、副队长王如珍（中共党员），组工队长由陈光担任（中共党员）。下设三个小组、第一小组组长陈光（兼），

---

① 收录于傅泽铭主编：《永远的心碑——厚街革命斗争纪实》，广东人民出版社，2006 年，第 330—340 页。

副组长邓牖民（中共党员，怀德人，虎中学生），负责桥头、溪头、沙塘一带活动；第二小组组长郑淦杰（即李和，盟员，太平人），组员有黄敏、余文伟、苏嫦、王少毅、曾其坤，负责河田、汀山、坑口、东埔、白石坑一带活动；第三小组组长方焕文，组员林桃南（中共党员）、王创（中共党员）、王振、刘炯贤等人，负责涌口、五坑、双岗一带活动。组工队主要任务是代表党组织在敌占区、游击区串连、发动群众，进行组织地下农会、民兵、妇女会、姊妹会；发展盟员、团员、党员，建立团组织。经过整顿党组织，个别发展党员、健全制度、健全党支部领导，重新任命党支部书记并建立团支部。当时有河田党支部，支部书记方康，党员有方旭、方贺仔等 12 人；团支部书记梁石仔，有团员 10 多人（包括盟员转团员，下同）；涌口党支部书记莫润枝，党员有刘燕华、陈洪近、王文、王创、莫慧英、林桃南等 13 人；厚街党支部书记王莲（兼），党员有王元亨、王如珍、祁碧如、王倩、王自耀等 7 人；桥头党支部书记陈光，党员有陈七金、林九娣、陈怡、陈艮、沙塘叶德、叶美等 14 人。涌口、桥头、厚街团支部也相继成立，约有团员五六十人。党支部在建团、建党、建政中，都很好地发挥了支部战斗堡垒作用。这个时期组工队为党在农村培养了大批革命积极分子，为解放后在农村筹建乡政权打下组织基础。由于组工队同志与群众打成一片，感情融洽，有敌情时群众及时掩护他们撤退或疏散，群众又为组工队提供情报，与群众关系很好。区委当时除了在农村中宣传、发动群众外，还设法控制敌乡政权。……下面是这些乡政权的工作人员：

河田乡人民政府：乡长方焕文，副乡长方学新，文书兼文教方玉书，财粮方润连，妇女会长方秀英，民政方时通，常备队长方贺仔。

厚街乡人民政府：乡长王元亨，副乡长王冠勋，卫生王戚书，财粮王卓轩，民政王锦成，文教王作材，保卫方明德，常备队长王养，妇女会王如珍（兼）。

桥头乡人民政府：乡长陈佳，副乡长陈发、陈瑞棠（中共党员），民政陈强，常备队长陈七金，妇女会长林九娣。

涌口乡人民政府：乡长刘月强（又名刘光，民主人士），文教袁永康，保卫武装王应居，财粮王启、王冷，文书兼民政王衍居，常备队长李万筹，姊妹会长屈艳娇。

10月下旬成立的双岗乡人民政府：乡长占博文（原双岗小学教师，后被清洗），副乡长林桃南（党员）、王映南，财粮万广亨（团员），民政林步墀（团员），武装兼常备队长林天祥，妇女会长林肖娟（团员）。

赤墩乡人民政府（包括三屯、赤岭、伦品涌等村）：乡长陈德辉，副乡长尹金海，财粮尹秀华，妇女会长莫润枝（组工队兼）。乡人民政府成立后大部分公开挂牌办公，个别乡由于敌我交界，处于游击区，情况复杂，虽未公开挂牌办公，但实际为我所接管办事。乡府成立后，分别选派一些办事公道，为人正直，深受群众拥护的青壮年农民和革命积极分子担任村长，配合乡府建立各村农会、民兵、妇女会组织，并建立乡村团支部，组织支前民工队伍，为南下大军筹款、筹粮，做好一切支前准备工作，迎接东莞早日解放。

……

群众是铜墙铁壁①

谢　坚

1940年初，由于国民党掀起反共逆流，使华侨回乡服务团东宝队被迫结束。党把我分配到犀牛陂村（现属大朗公社）工作，这是边缘山区的一个村庄，是梅塘与大岭山的连接点，是个未开垦的处女地。对开展游击战来说，既重要而又是空白点，是敌人“扫荡”梅塘、大岭山游击区的集结点。它距东莞城、太平镇和樟木头这几个日军据点，亦不过是三十至五十华里。国民党军队则驻樟木头以南天堂围和平湖一带，他们与日寇和平共处，我们部队在这个游击区活动，随时都可能遭到敌、伪、顽的夹击。1940年三月初，国民党反动派抽调了两三个团的兵力，从梅塘、观兰［澜］一带形成了一个包围圈，妄图一举消灭我党领导的活动于东宝地区的王作尧部队，这时，部队被迫开始东移海陆丰。在这种形势下，我接受党交给我到犀牛陂开辟工作的任务，感到责任重大而又光荣，当时与我谈话的县委领导同志王鲁明，勉励我要勤勤恳恳地完成党交给的任务，我担忧自己没有独立工作过，是否能搞好，王鲁明同志看我有忧虑，叫我要胆大心细，事事依靠群众。我便横下一条心，决定去闯。

我持着陈鸣同志给他的同学刘天恩（是个有抗日思想的青年，同情抗日）的介绍信，到了犀牛陂，我找到了刘天恩，他热情地接待我在他家暂时吃住，待学校办起来再说。那知这便引起了一场误会，刘天恩的妻子怀疑她丈夫要娶妾侍，看见我就不高兴。我看出了她的心事，便与她一起劳动，讲妇女的痛苦和受封建的压迫，又讲男女要平等、反对三妻四妾的

① 收录于中共东莞县委党史研究办公室、中共东莞县委党史资料征集办公室编：《东莞烽火》第二册，1983年，第74—78页。

封建婚姻的道理给她听，又表明我是来教书，要教妇女读书识字的，这才解除她的顾虑。同时，我认真去串连发动妇女办夜校，经过十多天的工作，初步找到了黎敬大嫂作为依靠对象。她年青守寡，孤单一人，想改嫁又害怕封建势力不容。我同情她，教她识字，她欢迎我住到她家。我搬到她家以后，她串连了一些贫苦妇女和青年女子到她家座谈，我与她们讲述日寇的强暴，国民党军队不打日本，专打内战，共产党为贫苦人办事，打日本为民族解放事业流血牺牲，大家都称我们的部队为“老模”。阿兰说：“啊！怪不得人们都说老模好嘢！”我说：“全国有八路军、新四军，广东省有抗日游击队，都是与全国人民一起抗日，英勇战斗。”我又讲述一些八路军、新四军的战斗故事给她们听，同时揭露国民党的腐败无能。这样逐渐提高妇女们的觉悟，把一批群众团结起来。这时已办起了夜校，有二十多名学生，多数是妇女，有少数是少年男孩，他们都是穷苦人家的子弟，无读书机会，不识字。我通过家访，去做群众工作，当时涌现出来的积极分子有刘阿兰、刘阿多，她们都帮我串连和家访，她们两人进步比较快，阿多还配合我做好她的父亲刘鉴恩的工作。在这个时期，我们把学生家长和亲人都作为团结教育的对象。一九四〇年冬，“东移”的武装队伍回到东宝地区活动，为了不被敌伪顽发现，部队派少数同志分散到新围活动。我以十分兴奋的心情，盼到部队回来，立即动员群众让出房子住，帮助部队买柴、买菜等，支持游击队开展工作。因为犀牛陂村有新围和老围，部队住在新围，背靠山，便于走动，进退都快，老围有祠堂可作学校教室，还有两口鱼塘围绕全村，好象护城河一样，只有两道围门口作行人道，我住在老围祠堂的偏间里，这房子有一小阁楼，阁楼上一个大窗对正新围，后来，为方便上级来人联系工作，我晚上有时在这个阁仔过夜。

一九四〇年十二月，一天我在小阁仔睡，早上五点起来了，我习惯站在窗口向新围了［瞭］望，因为新围有我们部队住着，这是我对部队的感情吧！因为自己一个人在这条村独立工作，现在见到他们来了，感到无比高兴。这天早上站到窗口望的时候，天已开始亮了，忽然远远看见我们的同志背着行李很迅速走出新围，半路上枪响了，原来地头蛇刘光的部队来进攻。游击队便迅速地向大塘、大岭山方向撤退，这时我自己未有接到通知要撤退（因为我是地方党领导的），怎么办呢？自己便把上级传达的指示记录烧了，遵守党的纪律，坚持原地工作。但必须要做好保密，又要更隐蔽。于是我很快便离开小阁仔，去找大嫂、刘亚兰、刘亚多几人商量，大家认为学校不能去，黎敬大嫂的屋大家都不要去了，决定我隐蔽在刘亚多的柴房内，同时，刘亚多的父母都同情革命、可靠，于是我便转移到柴房里，不出柴房门。夜晚由刘亚多的母亲假作到柴房取柴的样子送饭给我吃，日间亚兰、亚多、黎敬等人注意了解刘光部队吃饭时有多少人？住在那间房等情况。晚上夜深时由亚多告诉我，国民党刘光部队是为“扫荡”山区一带游击队，妄图摧毁我党的地下据点，他们不敢到靠近日本仔的地方，而是从天堂围、观兰、白［百］花洞、梅塘扫过来，这天早上是从新围的后山过来的，由于我们部队退得快，没有损失，他们打了一轮枪，虚张声势。大队人马便驻进老围祠堂，也正是我驻入柴房的时候，他们先把老围包围了，在两个围门口放上岗哨，他们得到鬼头仔的告密，知道犀牛陂老围有一个共产党派来的教师。刘光扬言要捉教师，但由于群众的掩护，他捉不到我，于是刘光大发雷霆，要该村父老把人交出来，由于该村的群众认清他们的反动性，知道要保护革命力量，大家异口同声地说：这个教师已经走了。刘光则说，他自己是姓刘的，是同宗兄弟，不忍烧村，叫同宗兄弟支持他。这个软计不成，就凶相毕露地说，如果不交出人来，便要烧平全村！谁家收藏即要全家杀绝，谁人交出教师即可得赏钱七百元。刘光用软硬兼施的办法威迫利诱群众。由于群众有了觉悟，不受利诱，不怕杀头烧村，不肯出卖同志，刘光即派兵到每条巷侦察，我在柴房里面也能听到他们走的脚步声。在这种情况下，我考虑到群众为了掩护我，可能要付出重大代价，我想共产党是为救国救民，与群众是同生共死的，尽可能不使群众受损失，我不能连累全村群众，宁可出了村，出了柴房被捉，这样可保群众利益，也有可能安全脱险。当晚几个积极分子到柴房汇报说：“刘光说明天要搜屋了。”我便同她们商量脱险方法，他们当时都哭起来，怕我一出柴房就被捉住，另方面又怕烧村杀头不知怎好。黎敬大嫂说："宁可大家一齐杀头，都不能让刘光捉去。"刘鉴恩说："谢老师生得皮肤黑，很象当地人，化了装难认出，如此出去是比较安全。"我叫大家不要哭，不要怕我离开你们，敌人退走了我又会回来的。这时刘亚多的母亲找来剪刀，在刘亚兰、刘亚多头上剪下部分的头发给我化装，梳成一个髻，化装得真象本村人，待天亮时头戴凉帽，身穿阿兰的衣服，光着脚，担起锄头，还赶着一条牛，前面刘鉴恩父女，后面又有阿兰和其他姐妹六七个人一齐出村放牛去。在出围门口时，我虽然内心说要镇静，但还是心跳得很厉害，心想如果被捉，我就要做一个光荣的烈士，下了这样的决心，就镇静多了。但是当到了那个哨兵的前面，我又怕被识破，连累这条牛的主人刘鉴恩，不但牛要损失，而且主人要受害，觉得自己不应牵牛，边想边行，已经无法改变，于是横下一条心，很自然地从哨兵眼前走过去。出了围门口，算是脱了第一个险关，但还有刘光的兵在村外活动的，我们这些人便走小路，向高山方向去，避免与这些兵撞面。刘鉴恩很熟悉道路，他带我走了几个山头才算真正脱险了。脱险后，我便从松木山、大朗方向去找上级党委。一路上，我想，群众觉悟起来，真是可以筑成一道铜墙铁壁啊！经过这次斗争，阿兰、阿多可以发展为党员了！后来，犀牛陂成为根据地，在建立民主政权之后，黎敬大嫂从封建束缚中解放出来，与本村一个贫农结了婚。

征衣染霜雪　苦斗显风流[①]

谢　生

交通站的故事

一九四四年五月，我到东江纵队情报站横岗分站任交通员，站长陈松是当地简背村人。

该分站仅我一个交通员。我的任务是到深圳或上水岭和日军营内的“便衣”何官来（他当时为我们作内线）联系取情报。第二天我再将情报送到龙岗金城岭东纵情报总站交给黄东。我每天都要赤脚跑六七十里，从不间断。黑夜走路，多次踢伤脚趾头，踢反脚甲发炎、溃烂，一样要跑。有时情况紧急，从深圳回来跑完六十多里路，天黑了，还要连夜将情报送到龙岗总站。

一九四四年冬，一个晚上九点多了。曾生司令员带着警卫部队转移到简背村，住在陈天来家，他命令我马上送信到龙岗情报总站，叮嘱我当晚不要回来。但黄东仍要我带信回去给曾司令，黄东说：“情况紧急，你必须回去，其他交通员不熟此山路。”我回到简背村口时，天还未亮，突然一声：“站住！不要动！”一位前哨班长走出来带我绕道入村。他说：“此地设防，埋了地雷，你再走前两步就没命了。”

港九沿线到深圳、香港新界是日军控制区，设封锁线。而横岗、龙岗是国民党杂牌军肖德清、肖天来驻守地区。我每次出发不是通过日军封锁线，就是踏上蒋管区。为了适应环境，我努力学会纯正的客家话，虽然我

① 收录于肇庆市城区东江纵队粤赣湘边纵队老战士联谊会编：《峥嵘岁月》，2003年，第53—64页。

走的路都是山踏［坡］、田埂、村道，有时也会遇上日、伪军或国民党杂牌军的盘问。遇上日、伪军盘查，我用纯正香港白话回答，使他们感到我不是来自游击区；遇上国民党军，则用客家话对答，说明我是当地居民。加上我当时只有十五岁，因营养不足，个子很小，更加容易混过去。

横岗圩驻有肖天来部下肖德青一个连，我们情报站也活动在横岗圩。敌我之间表面还讲国共合作，互不干扰。我们遇过来往香港、惠州的水客收集日军及国民党沿线的活动情况，收集两方面出版的报纸，一面与深圳、香港新界日军营里的何官来接触，收到许多直接、间接的情报。但时间长了，我与何官来的接触有人向日军翻译告密，说："何常与一个小孩联系，那小孩似游击队小鬼"。翻译曾警告何官来，何官来否认，大概翻译看我不像游击队小鬼，所以不加追究。经此之后，我停止与何官来直接接触，改用定点取情报方式，他将情报卷成细细的纸条，放在约定的地方待我去取。

这年的中秋节前两天，我们得到情报，肖天来命令肖德清撤离横岗调回龙岗。因龙岗没有油水可捞，肖德清正在犹豫，我们及时报告东纵司令部，就在中秋节晚上派来一连武装强迫肖德清起义。

一九四五年八月，日军投降前夕，我调任江北指挥部下属龙门县鳌溪洞塘肚村交通分站站长。中央几次指示，要东纵迅速派出强有力的队伍北上迎接王震三五九旅南下巩固华南根据地。东纵副司令员王作尧带队北上。从博罗龙华到新丰铁场，是我当响导带队的。这是我第一次见到王作尧，可惜因电台失灵，联系不上王震部队，加之国民党一六〇师、一五三师在粤北拦截，王震部队被迫三路突围回陕西，东纵部队则分散在九连山坚持斗争。

一九四五年秋冬之间，东纵短枪队收税员黄聪在河边收税，被玻璃割伤脚，留在我站养伤。塘肚村基本群众陈伙上山采药给他治伤，我在山溪捉些鱼仔给他补充营养。半个月后，他伤愈归队。

一天早上，他继续去江边收税，被国民党兵伏击而被捕。当天我便接到江北指挥部的通知说："黄聪被捕，注意隐蔽，保持联系。"我们当即把住地清理干净，放了两条水牛入去，翌日一早，在陈伙家煮饭吃后，我叫两个交通员上山隐蔽，我在村口保持联系。十时左右，突然从村前竹林路上窜出国民党兵一个班，押着黄聪进村。村前禾地有几个妇女在切番薯片晒干，我走避不及，立即向一妇女要了一把刀，坐下来切番薯片。黄聪带着国民党兵经过我身边，我俩还对视了一下。我准备，如果他出卖我，我就先杀了他。但他一直把敌军带入村内，村口只留下几个敌兵警戒。这时，陈伙老婆给我一个竹篮，叫我："去捡番薯呀！"我趁势脱身。

敌军在村内搜不到什么，责问游击队去向，村长说："早给我们赶走了。"敌兵搜到我们住地，见只有两条水牛和满屋牛屎就走开了。当天下午，黄聪被押到显村杀害了。

日本投降后，政治形势起了很大变化。抗战期间，不少开明绅士支持抗日，支援东纵经费，当地土豪地主武装，对我们也不敢[①]怎么样。胜利后，他们从同盟者变成了敌人，对东纵人员逮捕、杀害。交通站的活动就更艰苦了。那时，国民党调集八个军的二十二个师七万余人，大举进攻广东增城、博罗、龙门、从化等地的游击区，实行撒网式"围剿"，所有村落、要道几乎都驻有小部队，不时搜村、搜山。我们交通站与各个部门都失去了联系。一九四五年冬、一九四六年春几个月我交通站三人白天隐蔽在山头，半夜下山到陈伙家煮点番薯、南瓜、竹笋之类吃，有时情况恶劣，进不了村，就几天挨饿。我们三人仅有一张军毡，在山上过了一个严冬和春节。我当时患疟疾，天天发冷发烧。直到一九四六年春遇上罗浮大队，整个大队仅有两支奎宁针，大队长黄康叫卫生员给我打了针才好。

一九四六年春，我站交通员郑仔给江北指挥部一个传令员带路送信。他们刚到麻榨地段的一个山头，同国民党军一个炊事班相通。走在前面的特务长（事务长）喝令他们："站住，做什么的？"传令员说："看牛！"特务长说："不要动，搜身！"当特务长行前两步，传令员"啪、啪"两枪把特务长打倒，并缴了他的驳壳枪，逃上山去了。国民党兵被吓呆了，

① 原文如此。——编者注

打了几枪，将郑仔逮捕。郑仔矢口否认，并据理力争说：“如果我是游击队，我为什么不跑呀？”国民党军无奈，遂勒索要二十担谷才肯放人。指挥部托当地乡亲花了二十担谷把郑仔赎回来。

一九四六年春，我交通站跟随罗浮大队，较长时间隐蔽在山上，敌情不明。一个晚上，大队长黄康命令我和黄国到柏塘侦察。驻地离柏塘约有一个多小时路程，我们半夜出发，沿着田埂前进。天黑雾大，伸手不见五指。我行惯夜路困难不大，可黄国不行，跌了几跤，要求休息一会，等天亮再走。当我们到达离柏塘还有两里左右的小山岗前，天已蒙蒙亮，但有雾气。我发现山坡上多了许多黄色石头，这不正常。我对黄国说，我印象中这里没有这么多石头，说它是人，没这么大，石头又没这么小。黄国说：“不要怕死，去啦！”当我们走到离山坡约七八十米时，看清原来是国民党兵披着葵背伏在山上。我说：“老 K 呀！”转身就跑。国民党兵喝道：“不要走呀，契弟！”机枪、步枪随即向我们射来，打在我们后面，同时离我们二三十米的茅草丛中窜出一队国民党兵，向我们追来。我叫了一声：“驳火啦！”我们用驳壳枪还击了两枪，国民党兵不敢追得太近。我们寡不敌众，只有机智避开敌人，黄国向山上跑，我从原路向山下跑。敌军向我追得紧，我从四五米高的崩岗跳下去，顾不得双膝跌伤流血。敌军不敢向下跳，我一口气跑了三四里路，跑进一个小村，再从小村跑上后山，躲在一个棺材坑中。敌军在村内搜不到人，向山上打了几枪，然后抓走两个村民，要他们交出游击队。最后该村花了一大笔钱才将两个村民赎回来。

我到下午才归队，黄国晚上才回来。晚上黄国打开军毯睡觉，发觉军毯被打穿好几个洞。真险！

报务员生活

一九四七年，我调到两广纵队电台当报务员。当时电台设备及报务人员都很缺，只有司令部、政治部、师部和独立活动的面[①]才有一部电台，

---

① 原文如此。——编者注

一部电台只有三五个报务员。作为军中的机要人员，领导是很重视、很关心的。行军不用背自己的行李，只背一条约二三斤的米袋，到新发展区每人发十个银元，每个月按不同等级发三五斤肉食、技术津贴，但绝不允许掉队，不许单独活动和失密。北撤后，我们隶属“三野”，打的是运动战、阵地战，往往日行百里。一九四八年五至七月间，参加金乡阻击战、睢杞歼灭战、津浦伏击战中，五十六天转移五十三次，行程二千七百余里。一次在行军途中与国民党交警第二纵队遭遇，警卫员入村取水饮，面对面都不知是敌人。后来我们发觉，在村内打了起来。为了摆脱敌人，司、政、后机关人员一口气跑了二十多里。

运动战多数是夜间行军，跑完六七十里，人已十分疲倦了，但不管多累，首先要架设电台，沟通联络。一旦坐上机台，还要金睛火眼盯住度盘收听讯号，不敢丝毫放松。职责所在，战况需要，失误了要杀头的。当时我们的野战通讯，靠的是电台及复线电话传达信息。电台设备十分落后，发报机是五至十五瓦，收报机是再生式，讯号比敢子声还小。有时天气影响，讯号弱，简直要把脑袋钻入耳机内。有时联系不上，军情又急，则采取“盲发”电报，即呼叫对方电台，说有急情，连续发报几次。这种方法对于落后的通讯设备，也能凑［奏］效。通上天气恶劣，受雷电干扰，无法收报，则把天线含在嘴里，手扶机体，以人体隔雷感应操作。这种做法是相当危险的，天线会引雷落地，伤人及打坏电台。

虽然电台是跟随指挥部，稍靠后方，相对安全些，但也受炮火、炸弹威胁。一九四八年七月，在睢杞战役中，我们纵队守杞县打阻击战。司、政驻尤旗屯，电台设在大地主空置的大宅内。该宅大、围墙高，加之电台天线暴露了目标，被国民党B二十九重型轰炸机连续几次轰炸。那天早晨，我正站在门边吃饭，偶然望见远处天空B二十九抛出许多黑点。我大叫：“飞机屙屎啦！”当即放下饭碗，冲出屋外十余米趴在地上，炸弹落在邻屋。这屋里有有线电话总机班，大屋的山墙炸坍［塌］了，当即把正在值班的总机班长压死。

第一轮轰炸后，我首先进入围墙下的防空洞。两广纵队政治部副主任刘田夫带着一班警卫员进来，把我挤到洞底内，很闷气，受不了，我便走出去。刘田夫问："小鬼去哪里？"我说："屎急呀。"我翻过围墙外，躲在一棵大杏树下。B二十九盘旋回来又落炸弹，把防空洞炸塌了。刘田夫警卫员站在洞口，他知道刘站的位置，首先把刘挖出来。另一个被炸塌的洞，一位老红军团级干部陈志强被埋着，挖出来已经牺牲，这次轰炸，被活埋了二十多人。

一九四八年"八·一"宣布成立两广纵队。号称纵队，只有两个团，战斗力不足五千人。一九四八年十一月淮海战役第二阶段，我们纵队据守徐州以南津浦线上的芦村寨、秤砣山（大方山）二十余里防线，阻击李弥、孙元良、邱清泉三个兵团南进，这三个兵团企图与刘汝明、李延年兵团北上汇合，守住淮南，构成南京屏障。一旦汇合成功，我军南下解放全中国就会增加难度。中央指示我们纵队一定要死守。敌人上有飞机，下有坦克和一百五十毫米口径大炮，采取整团整营集团式波浪冲击，我二团秤砣山阵地几次失而复得。一团芦村寨阵地伤亡过半。一百二十多人的一个连剩下二三十人。在这紧急关头，曾生司令员集合司、政、后全体人员，动员支援前线。他说，此战关乎淮海战役胜败，关系全国战争大局，要坚决死守，打剩我曾生一个都要打。凡是拿过枪的都站出来！我们电台只留几个女报务员，男的都上前线。我、胡松、黄只平、邱伟球等拿起枪上了第二道战壕，近视的宣教科长何支也扛起担架上一线，结果，粉碎了敌人南北汇合的企图。

解放万山群岛

一九五零［〇］年三月，我们两纵一批报务员跟随三科长王强调到黄埔江防司令部备战，准备解放万山群岛。

解放万山群岛炮舰队为首的桂山号，是排水量不足四百吨的美造登陆舰。该舰火力除原有的十二至三十七毫米口径机枪、机炮各一座外，船头用沙包装一门陆军山炮。副指挥舰为解放号，排水量不足五十吨，火力有四十毫米口径机关炮一座，其余先锋号是木质船，不足一百吨，前进号、勇敢号小炮艇，只有二十至三十吨，船上各有二十五毫米机炮一座。桂山号、先锋号、解放号配有报话两用电台，其余各炮艇只有步谈机。桂山号电台组长张济。登陆艇队的指挥艇是一艘木质机动船，排水量四十吨，指挥员张诚。下有五六艘铁壳小登陆艇，排水量约二十至三十吨，每艇载有陆军步兵一个连。我带一部报话两用电台在指挥艇上，还有边纵实习报务员陈埠才，通校刚毕业实习报务员刘志中。其余登陆艇只有步谈机。

据守垃圾尾的国民党第二艇队有太字号、承字号，均为排水量二千吨，中字号巨型登陆舰排水量四千吨，还有炮二十五、炮二十六等近二十舰艇，总排水量超过一万吨。他们龟缩在垃圾尾海湾金苗地。岛上还有从广东溃通［败］下来的国民党陆军一个团千余人。对于这些，我们情报不准，以为只有二三艘炮艇，实际上是敌整个第二舰队。

一九五零［〇］年五月二十五日凌晨，我军从唐家湾出发，发挥夜战近战的威力，向垃圾尾敌舰队袭击。炮舰（艇）队先行，登陆艇队随后。我炮舰（艇）队到达垃圾尾海湾时，敌舰人员还在睡梦中。我炮艇队首先冲入敌舰群开炮，击沉敌炮二十六，俘获敌炮二十五。敌第二艇队司令齐志鸿刚上到指挥塔，就被我们炮火打至重伤（运回台湾途中死亡），失去指挥能力。随后敌舰斩断锚链，冲出海湾，对我舰队形成包围之势，猛烈向我舰艇射击。桂山号目标最大，首当其冲，岛上国民党陆军居高临下，炮火亦猛烈向桂山号袭来。桂山号弹药库中弹自爆，油库也中弹起火。大队长郭庆隆、大队副政委曹志友，被迫带领二百余人抢滩登陆，与敌军一个团苦战。这时登陆艇队因船速较慢还未赶到，赶到时又被敌军强烈炮火打得不能接近，转向了青洲岛。曹志友等终因后援不继，同敌人打了八个小时，绝大部分战士牺牲了。桂山号舰上原来有海员战士八十多人，有陆军一个充实连，还有江防司令部参战人员约三百余人，被俘去二十余人外全部牺牲，电台报务组长张济一开始就被击中重伤。国民党兵搜到他身上有电台呼频密码，将他捉去了台湾。报务员曾光当场牺牲。解放号炮舰大队副林文虎，有名的老虎仔站在前炮位上指挥战斗，牺牲在炮位上，该炮艇上二十余人，没有一个不受伤的。艇长虽然身负重伤，仍坚持将解放号冲出敌舰群，撤了回来。其余被敌人围攻的各炮艇，体小灵活，左冲右突，最后都能突出重围撤回。

当炮舰队同敌舰打起来时，登陆艇队离垃圾尾海湾还有一段航程。我们发现桂山号起火，指挥员张诚命令向火光前进。我们通过电台喊话："命令（先行艇）一号向火先［线］前进！"这时，敌舰炮火猛烈向我登陆艇队射击，我们的登陆艇每艘仅有一挺十三毫米的机枪，无法与敌舰一百多毫米的大炮抗衡。指挥员张诚命令转航登陆青洲岛，船一靠岸，全体人员离船登陆。敌舰则向岛上及艇队不断轰击。整个艇队只有我一人在船上拆卸电台，把电台、电动马达、蓄电池及其他附件撤到船头，叫两个实习报务员来搜［接］应，将电台搬入山边石缝处。我上岸架设电台，伏在地上操作，向指挥部报告："桂山号已成废铁！""我们在青洲无损失！""其余炮艇不知去向！"……

这次战斗我们以弱攻强、以少战多，虽然付出较大牺牲，但我们打乱了敌舰队的指挥核心。我们战士的大无畏精神，震憾［撼］了敌人，使敌人军心浮动，加之敌人孤守无援，迟早要被我们消灭，于二十六日晚上全部撤回台湾。我们二十七日从青洲岛登上垃圾尾，救出了重伤的曹志友等全部伤员二十余人，解放了垃圾尾。其他岛屿也陆续解放，后来垃圾尾改名为桂山岛。

转战南北地　巾帼英姿骄①

谢　苑

（一）掩护电台

一九四五年下半年，我在韩江纵队第二支队大南山临时医院工作。由于国民党反动派调集挺进队等反动武装疯狂进攻韩江纵队。为了精简疏散非战斗人员，我暂离开部队，到梅县县城道街前林园姐姐家里掩蔽。整天在家里，心情很烦闷。姐姐伴我出街散散心，想顺便买点东西回家，谁知韩江纵队党代表兼司令员林美南和二支队政治处主任方东平两同志，就在这条街的酒店二楼靠近窗边饮茶。他们往下一望，凑巧看见我和姐姐两人从酒店门口经过，他们早晓得我在梅县亲戚家掩蔽，但不知住址。正是踏破铁鞋无觅处，得来全不费功［工］夫。他们发现我在街上，立即下楼朝我追来，美南同志当时穿件浅灰色长衫，戴顶有边毡帽。东平同志在后面跟着，美南同志没有声张，几次走在我面前，又回过头微笑地望着我。开始我没有注意，只觉得这个男人，为什么这样走路呀，心里有点生气，即拉着姐姐走快几步，他又迅速走近来。这时，我开始注意，定神细看。啊！原来是部队的党代表！我心情非常激动，又惊又喜，即和他打招呼，想知道他有什么指示。他笑着说："明天八点钟你到刚才经过这间酒楼门口等我。"说后他迅速地走开。

我和姐姐归家后，思想没法安静下来，总是反复的思考党代表的话。是否党代表要我归队，或是有其任务要我去完成呢？想着想着，几乎整晚

① 收录于肇庆市城区东江纵队粤赣湘边纵队老战士联谊会编：《峥嵘岁月》，2003年，第91–106页。

都睡不着。第二天一早，我依约和姐姐在酒楼门口等着。美南和东平同志也依时到来，大家一起到姐姐家里坐［座］谈。美南同志首先了解我姐夫和姐姐的职业。我告诉他，姐夫是小学教师，姐姐是家庭妇女。他们思想比较进步，同情和支持革命，不然我就没法在他们家掩蔽。美南同志再了解周围环境情况，姐姐介绍他家只有家公和后继家婆，姐姐夫妇和他们分开住宿没有其他人。美南和东平同志听后点点头，美南同志沉思片刻说："有件事想和你姐夫姐姐商量，有两个女同志想在你姐姐家寄住，和你三人住在一起，还有一个电台也装在你姐姐家里。对此事要绝对保密，不能泄漏消息。对外面说是你们三人来梅县读书，我们两人有时会来走走，说是你姐夫的老师，我叫陈先生，东平同志叫陈太太。他问这样安置，你们感到有无困难？"姐姐随即和姐夫商量，认为这是革命工作需要，应该支持。姐夫和姐姐没有给他父亲和继母知道，便同意美南和东平同志的意见。姐夫和姐姐将自己住的房间让出来给我们三人住和安装电台。姐姐和姐夫两人去他养母家里住。

第二天译电员李珊、李文秀两位女同志将电台搬进姐夫让出的房里。当时梅县三青团在县城办了一个会计班，招收社会青年学习。为了更好地做好掩护工作，遵照美南同志的指示，我们三人一起去会计班报名交学费，参加会计班的学习，还要表现出很积极的样子。我的数学基础不好，便由她两人帮我做习题，考试时大家便坐在一块，她们把答题给我抄。这样三个人成绩都不错，给班里的印象都是好学生。我们白天上课，晚间开展电台业务。美南、东平同志隔晚便来看电报或与各方联系工作。

我负责三个人的膳食工作，每天托姐姐帮我们买菜，并了解群众对我们的看法。要求姐姐和姐夫不但要绝对保密，而且要积极向家属亲友和邻居解释我们的学生身份，以及和美南同志的师生关系。姐夫、姐姐都坚决不向其父母暴露我们的真面目，直到一九四六年五月我们离开，参加东江纵队北撤后，姐夫的父母和邻居仍不了解我们的真实身份。

（二）参加北撤

一九四六年五月间，我突然接美南和东平同志的通知，要我参加东江纵队北撤，并要我护送两个装有重要物件的皮箱去汤坑。东平同志非常郑重地交带［代］我一定要细心的将这两箱东西送到。她提示说，途中通过国民党畲坑检查站时，你就说是自己来梅县读书的行李。我看东平同志对这两箱行李一再反复的交带［代］，心里已明白，这非一般的行李，既然领导信任自己，一定要不畏艰险完成任务。我点点头说："请你放心，我一定保证细心完成任务。"可是心情却很紧张，因皮箱装的东西，东平同志不便告诉我，钥匙不知谁人带；到检查站时要我承认是自己的行李，我该怎么对付呢？心里七上八下，但立即鞭策自己，既然参加革命，就应不怕牺牲，领导布置的工作要绝对服从，丝毫不能动摇，只能设法来完成这个艰苦任务。绝不能计较个人的安危得失，这时思想又镇定下来。

姐姐从旁也明白这两皮箱行李的重要，她心情也很紧张，细声细语的吩咐我，路上一定要细心。最后姐姐仍是不放心我一人独行，她向东平同志说："为了在途中不发生意外，安全地把两皮箱行李送到汤坑，我愿和我妹做伴同行，至汤坑后，自己返回揭阳老家。"东平同志同意姐姐意见，并叫来一个男同志，说是我们请来的挑夫。我和姐姐化装学生模样，早餐后出发，至中午时分来到国民党畲坑检查站。我心情有些紧张，表面仍装镇定，三人继续前行。检查站有一个哨兵在山顶放哨，另一个哨兵拦路检查。当我们定［走］近检查站时，检查员大声吆喝放下行李检查。挑夫说，这两位姑娘是在梅县读书，现在因有事回家。我帮她们挑行李和书籍，让她们走吧。检查员对我们上下打量一下，看我们态度镇定，毫无慌张可疑，便问在梅县那间学校读书。我回答，在梅中。我姐姐遮着一把伞，装着无所谓的态度打笑脸说："先生，我们是去梅县念书的，不是做生意。天气这么热，晒死人了，让我们赶路吧。"检查员粗声粗气的向姐姐吆喝一声，说："不行，行李一定要打开检查，没有检查，一个人也不能走！"挑夫再走前几步，请求说："先生，她们两人都是女学生，年纪还轻，天气炎热，路途还远，就让她们走吧！”谁知这个凶神恶煞的检查员，对着挑夫大声的吆喝，快滚开！我看到这情况，知道检查员不会轻易地放过我们了。我沉着地显出没有问题的样子做［微］笑的向检查员说：“先生，我拿钥匙打开皮箱给你检查吧。”这时，我想起国民党这些烂兵，他们为的是金钱美女，过的是腐化堕落生活。我为何不将衣袋里的几百元掏出来换条生路呢？于是急中生智，假装在衣袋里摸来摸去掏出两百元国币塞进检查员手里说：“先生，钥匙一时找不到，可能在路上遮［遗］失了，请你们行个方便，给我们走吧！”检查员看看手里的钱，眼睛发亮的盯着我，发出一阵傻笑，厚厚的咀［嘴］唇向上一翘，右手一甩：走吧！灵活的挑夫急忙挑起行李向前直奔，我捏着一把冷汗，心惊胆战的闯过了这一关。

走到猴子抖山下青潭圩，已是傍晚了。我们就在一间旅店住宿。旅店很简陋，里面是用木板隔成房间。我和姐姐同住一间房。挑夫住到那里，我们不知道。他临走时告诉我们：“今晚你们睡时不要说话，也不要点灯。”他交带［代］后就离开了。我们照挑夫的布置洗面洗脚后，两人睡在床上连转身也不敢，留心倾听外面的动静。至午夜十二时左右，查房的警察来了，逐间清查，我靠近姐姐耳边细声说：“这次如果过不了头，我准备不成功，便成仁，现在拖累你了！”姐姐摇着我的身子，不要说话，不要说话，假装睡着。警察已敲响了我们的房门，通知开门查房。姐姐点亮了灯，用眼色示意我开门。我思想一阵紧张，强作镇定地把门打开。房内很简单，只有一张既矮又旧的小木桌。桌面上我们放着一个旧学生手提袋。一幅乌黑黄麻蚊帐垂下床前，遮住了放在床下的两个皮箱。床的右角放着一个小便罐。两个警察站在门槛上，看了看，望了望四周，似是感到房子既小又脏，不愿进入房内。一个说客话的警察查问姐姐从那里来，姐姐用客话回答，从梅县来。他又问，往那里去？姐姐说：回揭阳老家。他又查问还有其他人吗？姐姐说：没有。两个警察见我们态度镇定回答自然，房子很小，里面的东西一目了然，没有什么可疑之处，便转过隔壁房查看了。我和姐姐出了一身冷汗，幸好放在床下的两个皮箱，警察没有发现。

要［翌］日天朦朦［蒙蒙］亮，我们继续登程。沿着崎岖不平的羊肠小道，快步前进，中午时分赶到汤坑，由挑夫领着把这两个皮箱交给汤坑的领导同志。我们两姐妹在大门口等待着。挑夫进门后没有再出来，由另一个不相识的男同志出来向我们说：“带来的行李已收到，你们可以走了。从大路直去约有五六华里路外，路旁有一间凉亭，里面有人等你。”说后他便回里面去。这时我和姐姐也要分手了，骨肉之情依依不舍。姐姐回揭阳还有五十多华里。她的心情极为痛苦，一方面舍不得离开我，恐我途中发生意外，自己又急于赶路，在这生离死别的情况下，姐姐泪如断线珍珠般滴下来，千叮咛，万吩咐我一路要细心谨慎。说后含着泪水，朝揭阳方向走了。这时只剩我一人，心情万分沉重，大路一片茫茫，只有从远处听到一些青蛙的叫声，农夫们都归家了。形单影只，凉亭在何方呢？若找不到凉亭，我今晚到那里住宿呢？内心极为惊恐彷徨。细雨霏霏暮色茫茫，四周的景色没法辨清方向。大约走了半个多小时，仍未见到凉亭，我踌躇了，继续向前走，还是不走？不走又要往那里去？这是上级的指示呀！在这十分彷徨的一刻，我忆起在梅县临走时，东平同志的教导，遇到困难时，要设法克服。一定要战胜困难赶上参加北撤行列。这时，我立即鼓起勇气，绝不能辜负领导期望。于是我朝大路继续走去。突然间，两眼模模糊糊的望见远远路旁似乎有间矮屋，心里一阵高兴，这可能就是凉亭了？恨不得一下子飞到凉亭跟前，会见来接我的战友。我匆忙地走到凉亭门前踏进门槛，睁大眼睛一望，吓得魂飞魄散，一个肮脏的乞丐，直挺挺的躺在墙边的石板上，身边放着一个讨食的破篮。这意外的遭遇，心里一阵慌乱，我连忙转身就走。乞丐见门前有人来过，即起身在我后面追来。我惊得想叫救命，可惜大路上没有半个人。我用尽全身的劲，拼命地走。乞丐在后面穷追不舍，始终没法追上我。最后那个乞丐只得大声的呼喊：“喂，你是不是二姊呀？”我听到二姊这个称呼，心想一般人是不会知道的。“二姊”是一九四一年，我在潮阳前线参加抗日救国宣传队和生死与共的战友，排起来的兄弟姊妹称呼，既然知我是“二姊”，那就不是外人了。

我开始放慢脚步，并回过头来观望一下，心里仍是七上八落警惕着是否伪装的敌人。我半走半停的观察乞丐的一举一动，在距我不远的地方，乞丐将头顶的破草帽脱下来笑着说："二姊，是我嘛。"我留神细看，认出是林英同志："啊，真是被你吓死了！"两人交谈一会，林英同志说："时间不早了，支队政委林川同志在前面村庄等我们，快走吧。"于是两人飞快地去见林川同志。

晚饭后，夜幕降临，林川同志带领我们几个人踏着迷朦［蒙］星光，沿着山坡出发。刚离村不远，便看见前面提着灯笼的一群巡夜警察，一晃一晃地从山坡下的田埂走动。林川同志怕我们被警察发现，迅速的用手势指挥我们向山坡卧倒，我们几个人立即卧下。我因几个晚上没有睡好觉，精神已困倦至极，眼皮刚闭上，就睡着了。大概是他们没注意到我睡着，竟不打招呼就走了。我一会儿睁开眼睛一看，周围的同志不见了。我马上爬起来，拼命的向前追赶，看见前面有几个黑影，他们已经在涉水过河了。为了能追上同志们，我绕道从山沟爬过去。两只脚的脚趾，被山沟里的荆棘刺破鲜血直流。赶上同志们后，我咬紧牙关，忘掉了两脚的剧痛，连夜赶路。

从揭阳进入普宁时，天色微明，为了不被敌人发现，便到堡垒户家隐蔽。堡垒户家只有一个阿姆。阿姆迎我们进屋后，安排男同志在房内休息，我和阿姆暂在外厅坐着。在闲谈中，阿姆突然发现我双脚每个脚趾都充满血泡。阿姆很同情的说，可怜可怜，这双脚怎能走路呀。她马上进房里取出一支缝衣针，把每个血泡全挑破，然后用力把血水挤出来，又再拿来一盆盐水，叫我双脚浸入盐水半小时。我依照阿姆的指点来做，初浸进盐水时，十个脚趾疼痛得难受。为了治好这双脚，能跟上北撤行列，我咬紧牙关，忍痛坚持浸下去。过了半小时后，慢慢地感到舒服了。这时，我高兴地一再感谢阿姆，阿姆也像对待自己儿女一样高兴。晚饭后继续走路。抵达惠来后，林川同志安排我在她妹妹家里隐蔽。

过了几天，林英同志通知我离开惠来，到神泉集中，傍晚在一间很小的饭店吃饭。晚上八时左右和几位我不认识的男同志，一起登上机帆船赴香港。这时我心里非常高兴，认为今次定能平平安安的抵达香港了。谁知机帆船航行至中途，在岸上忽然出现一群人，提着火把大声呼喝，要机帆船靠岸检查。机帆船的舵手没有理睬，反而开足马力向前冲。这群人则尾随穷追不舍。船上的客人很恐慌，知道是海盗来劫船，大家争先恐后的钻落舱底躲避。海盗见机帆船继续航行，便用土枪射击，船身被打穿几个洞，海水涌进船舱，船身微微的倾斜，在这紧急关头，船上有位同志，马上开枪回击。海盗见船上有枪回击，立即仓惶［皇］逃窜。这时机帆船也没法航行，只得靠岸让客人下船。幸好这里已近香港地界，我们几个人总算幸免于难。步行至天明，抵达香港。在香港的集中点，第二天我出来洗面漱口，突然见到我爱人古绍祥同志，也在此洗面。这时才知道两人均参加北撤，心情非常高兴。住了几天，由组织介绍我们四个女同志，陈虹、林月、王琴和我到九龙林西园家住。又由他介绍我们到九龙弥敦道一间火柴厂做工，以解决当时的生活问题。在火柴厂做工期间，经组织批准，我曾和古绍祥同志返过他的老家淡水镇。在家里住了一周，我才回香港，仍在火柴厂做工，一直做至组织通知赴大鹏湾沙鱼涌集中为止。在沙鱼涌等了几天，五十公里外是国民党反动派大兵压境，虎视眈眈，时刻想消灭我们东江纵队。当时纵队领导指示全体指战员，加倍警惕，做好一切准备，以防反动派突然袭击。大部份同志，日夜都分散在山头的松树下露宿或在海边的沙滩上睡觉，若有敌情便乘船撤往香港。几日几夜的露宿生活加上炎热的六月天气，茶水缺乏，大部分同志身体支持不住，有的病倒了。就在生活极困难的环境下，在接运的美国舰艇到达前，美国佬又提出要连续注射三天防疫针，以免在舰上发生传染病，并由军调部第八执行小组，美方医疗队负责执行。他们服务态度很差，心目中没有把东江纵队作人看待。每支注射针像打牲畜针一样粗，两手臂同时注射。药物反应强烈，打完针后，大部分同志发热发冷。有的病倒了，没法起床，同志们意见很大。认为是美国佬和国民党的阴谋，纷纷要求由我们部队的卫生员来打防疫针。美国佬在同志们的强烈要求下，总算勉强接受了。

临行前的一个下午，方方同志召集营级以上干部讲话，大意说：“你们坚持了八年抗战，解放大片国土，保卫了家乡，功劳最大。现在日本投降了，你们却要背井离乡，北撤山东烟台。这是为什么？就是因为我们的拳头没有人家那么大。你们到北方后，要学好本领，壮大自己的力量，将来打回来，解放全广东。”方方同志的这番讲话，给我们极大的鼓舞！

六月二十九日，好不容易等到美国派来的三艘登陆艇和一艘护航的驱逐艇徐徐的驶进大鹏湾沙鱼涌。大家很高兴，准备登舰了。美军又发出通知，凡是有病的同志一个也不准登舰。当时打防疫针后，而又露宿山林，以致生病的同志不少。听到这个消息后，有病的同志也装做无病。当时，我爱人古绍祥在部队参加作战负了重伤，身体尚未康复，比别人病得更厉害，我知道这情况后，焦急万分。急中生智，迅速向村民买回薯粉，煮成稀糊给他吃，以望恢复健康。果然有效，第二天能起身，勉强可以走动了，我高兴得很。

沙鱼涌没有码头，要登上美舰的吊桥，需要趟［蹚］过一丈多远的海水。水有一米多深，没有病的人，也不能轻易渡过，需要几个人互相搀扶或专人帮助护送，否则没法登上吊桥。古同志刚病好，身体虚弱，他也跟着人群慢慢的移动着，这时，有位身体健壮的同志看着他病体虚弱，已没法往前移了，乘着美军不注意，迅速的将他背上吊桥去。

沙鱼涌附近的老乡们知道东江纵队北撤，有的迅速前来送行。我登上吊桥后，含着泪水默默自语：别了！亲爱的乡亲父老，别了，可爱的家乡。我深深地怀念留下坚持战斗的战友和在家年迈的老母和幼女。我们一定要打回来的！

我乘的是第三艘登陆舰，韩江纵队的女同志和全体北撤的女战士都集中乘这艘登陆舰。六月三十日早晨兵舰驶出大鹏湾，只见海天相接，风浪逐渐大了，兵舰起伏颠簸。韩江纵队几位女同志都眩晕呕吐，躺在船内的人行送［道］，东倒西歪的任风浪颠簸。当时，既无医生，也无药物。第二天，林月同志发高烧，口唇烧得红红干裂，精神非常烦燥［躁］，也没水喝。其余几位同志也程度不同地病倒了。每天都要由舰舱内慢慢地背她们到舰尾去解手，真是够辛苦的了。

由于美国佬有意刁难我们，每天两餐干饭和罐头作菜外，开水是定量定时供应，没有病的同志也很难支持，患病的就更加困难，病情日加严重了。我眼看着战友们患病连清水都喝不上，心里很难过，心想不管怎样困难也应设法寻点清水来救救患病的同志。于是我沿着铁床边，揸［握］紧床柱一步一步的移至舰尾，要求水兵给点清水，供患病的同志饮。得来的答复却是水库已关闭，未到供应时间一概停止供水。任我一再要求，他们都不理睬，最后竟说："海水可以。"这些刺耳的话，令我十分气忿［愤］，又无可奈何。在绝望中，我往后一望，偶然发现后面有几个自来水的龙头清水一点点地滴下来。我用舌头去舔一下，啊！是淡水，我高兴得跳起来，病水成渠，我就在这里耐心地等着，盛滴一碗水，马上送给患病的同志饮。数天来，除服侍患病的同志之外，稍有空我即去盛点清水，以补充供应患病的同志饮用。李清同志说，若果谢苑没有同来，我们不知怎么办了。

美国军舰的水兵起初瞧不起我们，认为东江纵队的战士服装不整齐、装备不好，更瞧不起我们游击队这些女战士。但几天来，当他们看到我们纪律严明，团结互助，亲如姊妹的情况，都改变了起初对我们的看法，态度好了一些。后来还在舰顶的甲板上放电影招待我们。

舰队经过五天五夜的航行，穿过令人心情紧张的台湾海峡，驶过扬子江口，绕过胶东半岛，七月五日美丽的烟台港到了。远远望去，红墙绿瓦，风景如画。我们终于投进解放区的怀抱了！大家高兴得跳起来，准备上岸。可是林月、王琦两同志，已病得没法站立，这时，林月同志由另一位女同志搀扶离开舰舱；我背着王琦同志，慢慢地由舰舱内背出舱外，登上吊桥上岸。这时，烟台市医院的救护车，已在待命，迅速的将病人接入医院治疗。

病人进［接］走后，我满怀豪情地挺着胸膛，迈着大步，完全忘掉了五天五夜的颠簸和疲倦。烟台的人民，手提着篮子，满盛着鸡旦［蛋］、苹果、雪梨、鞋林［袜］等，热情地组成欢迎的队伍，夹道欢迎、慰问。我们高兴得像要飞起来了！

生长在国统区的人，坚持了游击战争和地下党工作的人，到了解放区，一下子会感觉到解放区的空气好像特别清新，解放区的天，特别明朗，解放区的人民特别亲切。大家欢乐的唱起解放区的歌：“解放区的天，是明朗的天，解放区的人民好喜欢。民主政府爱人民呀，共产党的恩情说不完呀！”……

多少年来憧憬着的理想，仿佛就在眼前。

在烟台我们游览了市容，参观了海关养殖场和张裕酿酒厂。然后我们女同志编为三个中队。我和韩江纵队的女同志编在妇女干部大队第一中队，驻防烟台市郊区福山县孙家庄。村妇女会对我们很关心，经常派人来帮我们做馒头。我们大家也争着做爱民工作，帮老乡打扫清洁卫生，挑水扫地、做饭。老乡用来打水的是一种瓦罐，开始我们不会用，碰上井壁便立即破了。大家不敢让老乡知道，悄悄的拿二毛钱到圩上另买一只小罐回来。以后渐渐学会用小罐打井水，生活过得很愉快，亲切如一家。

由于国民党企图打通胶济路，切渐［断］胶东和鲁中南解放区的联系。我们在福山县，住了一个多月便辞别了依依不舍的老乡，向南长途行军。穿过胶济路的高密段，通过鲁中解放区，到达鲁南，华东野战军司令部驻地——临沂，参加华东军政大学学习。

除王琦等部分女同志在华东党校学习外，我们仍以原在胶东组编的三个妇女队为基础，编入华东军政大学妇女干部大队。大队长是赵学同志，指导员何少冰同志，区队长是董惠珍同志。学校以民房或树荫下为课堂，学员自备板凳上课，学习论战局等文件。大家都响应党中央号召，为树立战争观念而努力学习政治和军事。

这期间，国民党反动派集中兵力，重点进攻华东。我军部署莱芜、孟良崮等战役。两广纵队成立，我被分配到第二团任司令部文书和文化教员。以后，由于部队转战山东、河北、河南，打运动战，千里行军，我们女同志虽然暂留后梯队，同样日夜行军。在风雪交加中，林月同志的孩子，在行军中，不幸冻死在背上。大家为了减轻孩子的拖累，都把孩子送给老乡。后来因领导提出批评，我们遂又把孩子从老乡手里接回来。

一九四八年八月，我和古绍祥同志及部分两广纵队领导干部，调到石家庄华北军政大学学习和工作，我任校务部文书。平津解放，大批知识青年，参加华北军政大学学习，组编军大直属妇女干部大队，我调任该干部妇女大队第一中队副指导员。一九四九年十二月，奉令南下，转业于广州市民政局工作，任人事室负责人。

北撤是对我参加革命过程的一次严格的考验和锻炼，是我人生征途中的一段最难忘的旅程。

我在三团医院工作的回顾①

许坚灵

一

1949年2月的一个晚上，香港某工厂的车间里，同往常一样，机器隆隆响，忽然一名工头走近我身旁说："门外有人找你"。我奔至大铁门口，原来是我们工会的领导、地下党领导人，阮洪和凌风、赵慧明同学。此刻，阮洪低声说："你们今晚离开香港，到游击队去。"这一下子实现我盼望已久的愿望，真有说不出的高兴和激动。

我们从香港转至元朗后，白天掩蔽，傍晚由两位武工队员护送我们找到了游击队。当时，他们正在开晚会，见到我们到来，表示欢迎。在这连队里，有数位同志是我们一个工会的，熟人见面，更是高兴。此时，锣鼓响起，欢迎新战友到来，晚会结束已经是凌晨二时多了。

到连队第三天，就第一次参加与国民党匪军遭遇战，走了五座大山，战斗整整打了一天。以后每晚随着连队行军、露宿，当了一周多的战士。随后，我到了东一支三团团部，分配我到医院当卫生员，第一个会见就是王福院长，她对同志和霭［蔼］可亲，体贴入微，平易近人，当即和我简略谈了医院的情况：游击队很艰苦，医院更是辛苦，经常不断有伤员到来抢救和医治，常会遇到敌人来袭击，既要医治伤病员，又要掩护伤病员的安全，不能给伤员连负两次伤，这就要靠我们医院每个同志的努力。我听后马上回答说："我不怕艰苦，我能吃苦的，但我从未学过医，什么都不

① 收录于中共东莞市委党史办公室编：《东莞烽火》第十二册，广东省东莞市印刷厂，1988年，第91—97页。

会做。”王福院长微笑着说：“学医边学边做就会的，现在跟我一起给伤员换药吧！”就这样我接过他们已准备好换药的各种物品的白色方盘，跟着王福院长，弯着腰走入一个炭窑洞内，伤员都躺在用稻草铺垫的地铺上，各卫生人员已经和伤员进行换药治疗了。我接触第一位伤员，是某连长，上肢枪伤，伤口较大而深，几乎“贯穿伤”，已见骨骼，院长亲自用消毒水清洗伤口，然后撒上伤散，再用敷料，绷带包紥［裹］好，我初见这么大的伤口，又闻到伤散的药味，当时头晕，又想呕，唯有咬紧牙关，坚持看完。王福院长察觉我的情况，要我到洞外透透风，当时使我觉得这位院长对我的体贴，真象自己亲姐姐还要亲。

二

在医院里，有工作人员十余人，包括院长王福，政治服务员张哲，除此，是卫生员、运输员和炊事员。虽然医院条件较差，生活艰苦，但每个同志精神振奋，团结友爱，工作认真，娱乐时活泼天真，每日把伤病员的医治工作做到家，查铺、盖被，比爱护自己弟、兄、姐妹还要好，伤员多者三十多，少者十余个，不论伤病员多少，都是一样细心的治疗。有时遇到“呵呵鸡”路过，或与我们连队遭遇战时，虽然敌人未发现医院，只要我们得到敌情，就迅速把伤员背着，扶着或抬着，转入附近深山或树丛中，掩蔽起来，使伤病员安然无羌［恙］。

我们工作很紧张，每日天亮前，把换药治疗，注射等器材全部消毒妥当；炊事火烟必须全部消散；所以日食两餐，都是在黑夜里进行。伤病员例外，让他们稍迟一点起床，把饭送至铺前，能自己吃的就自理，不方便自己吃的伤员，就一个一个的喂食。饭后，进行换药治疗，伤口有无感染，都要注射消炎药，有肌肉和静脉注射，失血多的伤员，天天要静注葡萄糖等。在治疗中，看到每位伤员们都是刚强的，从没见到一个伤员在治疗中叫痛叫苦，这使我得到很大的鼓励和教育。

此后，王福院长，和早在医院工作的老卫生员曾瑞英，在工作之余，就抓紧时间进行医学知识的讲授，以老带新，和急用先学的办法。对新来的同志，教包扎、止血、夹板固定、换药、打针和战地救护的各种操作，手把手教，言传身教。老师示范，学员跟着练，开始学打针，先用废针头在萝卜上学扎，操作练习皮下，肌肉静脉等手法，经过刻苦学习，先在自己身上实践，互相在身上注射，反复多次，认为操作技术提高了，才在伤病员身上注射。医院风气很好，以老带新，主动交流工作经验，互教互学，成了医院的老传统。尹志明是经过医校毕业的，她常主动的，不厌倦的把医学知识教给我们，其他从连队回来医院的卫生员也是一样。医院一般掩蔽在村庄外围，当地乡亲们有的知道，有病都来求医，一天一位老乡亲媳妇快要生孩子，要我们帮她接生，尹志明立即领着我们数人，跑到乡亲家里，为她［他］媳妇接产，乡亲们很高兴，十分感谢，要煮酒给我们吃，我们好言谢绝了。平时，我们分批去做群众工作，帮助插秧，搞宣传等工作。

医院经常缺乏药物器材，有时派人化装农村妇女，去镇上买药外，往往用其他代替，一般冲洗伤口用奴佛奴耳，缺乏时就用盐水代替，并常到山上采中草药，如三丫苦、地胆头、崩大碗，有时挖些茅根作清热消炎汤。每次换下来的棉球、纱布、绷带，更是一点都舍不得丢去，将它一一洗干净晒干，用锅煮沸消毒后再用。没有夹板，就用树枝 2—3 枝固定平，再用绷带缠好使用，总之在缺乏某种器材，都能想尽办法代替。伤病员的衣服经常换下，我们大家都抢着去洗，发现衣服破了，就用针线及时缝补，对活动不方便的伤病员，常为他们端屎端尿，这是常规的工作，人人自觉去做。

当伤病员较多，住满瓦窑或炭窑洞内，我们就在洞外小树林里夜宿，每当雨季天气寒冷，我们只穿一两件布衫，一张灰色薄毛毡，用树枝搭个小棚架，盖上一张小胶布，几个人睡在一起，往往毡子上很多雨水，甚至湿透了！

医院流动性很大，经常转移，每次在转移中全体人员更是同心协力，争着挑重担，除自己行装外，都背着大药袋，在转移的路上，除了护理好伤病员外，还互相帮助抢着多背行装，及挑各种箱具、炊具、医院一切用具和抬担架，到目的地后，先把伤病员安置好，随即大家分头合作，把需用药物和物品拿出，其余就藏起来。

三

1949 年 5 月 4 日晚上，部队集中在龙华开“五 · 一”、“五 · 四”的纪念大会，医院大部分卫生员，都去参加，并与连队卫生员共同表演节目，唱歌、跳舞，非常热闹。5 月 7 日晚上，医院转移到阿婆坎村，已是深夜，就在本村歇宿，翌晨四点钟左右，早餐完毕，王福院长对我说：“你把吃过饭的伤员带到瓦窑休息，并把那边安排好，余下少数伤病员，待他们吃完饭后，由在村里的卫生员再带过去！”天还很黑，我和陈伟及一名运输员挑起药箱、药袋扶着伤员们到瓦窑，并把地方打扫干净，铺上稻草，让十多位伤员躺下休息，马上进行药物、器材的消毒工作。天亮了，我们还要和伤员换药治疗，忽然“砰、砰”两声清脆的枪声，一会儿湛芬来到，她说有个国民党兵远远追过来，我即拨开密集的树丛，往村里望，隐约看见很多穿黄色军服的“呵呵鸡”，知道我们医院被包围了！怎么办？想到瓦窑内十多个伤员，若被“呵呵鸡”发现，就要白白牺牲。我立刻把伤员扶到外面山坳，分散掩蔽妥当，就跑回来和湛芬、陈伟掩蔽在一起。那时听到村里一阵阵枪声和“呵呵鸡”的叫喊声，一直到中午时分。因情况不明，我们掩蔽到下午五六点钟，到曾瑞英等同志到瓦窑找我们，才知王福院长牺牲了！我们听了当场大哭。曾瑞英见我们这样，问及伤病员我才猛然想起把伤病员扶出来，一起进村。我们全体卫生员来到王福院长遗体边，见到她平仰在地上，两眼张开，口出唾沫，腹部内脏脱出在体外，全身冰凉，四肢冰硬，不由又痛哭一场。王福院长是与国民党匪军交上火，为了掩护在村里的同志，边打边撤，子弹打光了，寡不敌众，最后壮烈牺牲的。曾瑞英同志在村里，借来了一副尚未打油漆的白色棺木，由我们几位卫生员共同把亲密的战友、王福院长的遗体抬起，安放在棺木内，我默默的说：“我们的好院长王福同志安息吧！”然后盖上棺盖，用很长很长的钉子，钉得严严实实的，由曾瑞英交托给本村乡亲们帮忙掩埋好。天已黑了，由曾瑞英带领着我们和伤病员一起转移。

四

王福牺牲后，一个晚上乌石岩战斗打响后，我们到村里接收伤员，经抢救包扎后，随即护送回医院治疗，那时伤员较多。不久医院来了很多同志，有连队老卫生员，当中就有钟齐好，她有战地抢救的经验；还有香港来的，广州来的新战友，她们有些是经过医校毕业，如张勤、龙苑、利贞、梁昌……等同志，也有在农村被迫婚的张煌娇，人多力量大，医术更提高，生活更活跃了。

一天，领导派我和王护英护送八位重伤员到东莞水乡医治，伤员中多数是下肢股骨骨折，伤势很重，也有眼睛负伤，失明的。晚饭后，我们背好行装药袋和两位武工队员一起护送着八副担架，一行共 28 人。武工队员对我们说："今夜要通过一条三华里长的公路，最近"呵呵鸡"在公路旁埋伏，如果到时有敌情，你们护着伤员往前跑，我们两人负责掩护。"我听后马上出发，爬越了梅林坳，一直向水乡前进，经过不少村庄，狗吠声很厉害。深夜了，前面出现了一条宽阔平坦的公路，担架队一踏进公路，就飞快的跑起来，我和王护英一前一后跟着担架奔跑，跑了三华里的公路，才转入田间小道，总算把八位重伤员护送脱离险地了，在天亮前到达了目的地。

这次到水乡掩蔽医治的，都是重伤员，有何棠副团长和叶洪友、叶发等，股骨骨折，伤口较大，黄葵卫生员已先到，在此负责医治，每日还由陈培医生，用中药中草药治疗，又用西药配合治疗。这样，我们三个卫生员汇在一起，黄葵医术较好，常教我们怎样给伤员取出子弹头和护理，使我受益不浅。大家共处约一个月左右，伤员有好转，我奉命调回宝安医院，七八月间，就调到团部当卫生员，直至解放东莞。

我在保卫中国同盟和香港妇女促进会工作的回忆①

徐舜英

1938年底到1941年末，我在香港参加保卫中国大同盟和妇女促进委员会，跟随宋庆龄、廖梦醒从事组织动员妇女特别是团结上层女士支援抗战的实际工作。

保卫中国大同盟是宋庆龄与一些国际友好人士，在中国共产党的支持下组织起来的国际组织，会长是宋庆龄，廖承志任秘书长，副秘书长是爱泼斯坦（廖承志回延安后，爱泼斯坦任秘书长，司徒永觉任副秘书长）。香港名人何东爵士曾拨出西摩道1—4号房屋供保盟使用，办事人员有10多个。保盟的英文简称是C.D.L，它的最高领导机构是中央委员会，下有妇女工作促进委员会做上层人士家属工作，任务主要是开展国际宣传，动员捐钱捐物支援抗战。担任保盟中央委员的有美、英、葡藉［籍］人士和中国的知名文化人，如香港医务监督司徒永觉的夫人路易艾黎……等。斯诺在香港时也常来开会，邹韬奋有一个短时期也参加领导会务，担任中央委员的外国朋友还有美国女记者湛马利、斯特朗、史沫特莱和加拿大共产党员白求恩大夫的朋友白吐兰，中国方面的委员还有金仲华、陈翰笙、郭沫若等。我的爱人许乃波也被邀为中央委员，他在这些人的带动和影响下，思想上也多少倾向进步。而我只是保盟妇女工作促进委员会的成员，在该盟秘书处的领导下做些事务性的工作。这一时期，我在盟内的工作虽然不多，但接触了不少伟大的人物和场面，懂得了一些新鲜的革命知识，

① 收录于广东妇女运动历史资料编纂委员会编印：《香港妇女运动资料汇编（1937年—1949年）》，1994年，第40—44页。

在思想认识上也有了提高。

保盟当时着重抓了下列两大工作。

一是办《两周通讯》刊：两周出版一次，用中、英、法、日四国文字刊登，装订成册发致［至］世界各地，散发的范围十分广阔，在世界各国17个地方设办事处推销该刊，为我方向外播新闻扩大进步事业影响重要喉舌。内容主要报导解放区战场和民主运动真实情况，揭露国民党黑幕，争取世界人民支援我党抗日力量，如“皖南事变”、重庆大隧道案、白求恩大夫事迹等，都是由该刊最先向外透露消息，宣扬开去的。《两周通讯》的主编是金仲华，他天天到社主持工作，陈翰笙夫人也在那里负责编辑和组织稿件，刘露斯（谭世藩教授夫人）和柳亚子的两个女儿亦参加中文翻译和跑外勤等。这个刊物办得很出色，成果显著，所起的作用很大。

二是向解放区赠送医药物资和输送技术人员，在财力物力人力上给予全面的支持。那时创办了一个称为工业合作的运动（即 CIC 运动），是由宋庆龄发起，路易艾黎主持，大力提倡要在农村普遍组织起各种小型合作社，再逐渐推广成为一个工业网，以便成为抗战需要打下坚实的物质基础。以后，支援解放区的人、财、物资大部份都是通过保卫中国大同盟的渠道，利用“工合”的名义，陆续不断地经西安运到延安，公开说要替“工合”运材料、机器，输送人员，顺理成章地把从各国人民包括红十字会、教会等组织捐集的东西和志愿为中国人民抗战事业服务的友人，先集中到香港保盟总部，然后送到内地有“工合”存在的地方，再转运到中共领导的抗日根据地。据我所知，供应“工合”运人［动］根据地的物资，较大的一批是从加拿大来的物品，共有16大箱的羊毛袜、羊毛衣等。

1941年底香港沦陷前夕，宋庆龄从香港飞往重庆，保盟总部也随之迁入内地，来援物资也随之继续经由在渝的总部转运。我记得最后一次有三大卡车货物从该处运出，其中有两车装满医疗器械药品，是送去延安建立军队医院用的，另一车载有发电机可供窑洞发电使用。

保盟所送的物资的面很宽，除大宗的医药和大件的机器外，小型衣物、日常用具、照相机、书报杂志、工具书等什么都有。我的父亲徐直公

（他是广州第一批文史馆馆员）就曾做了许多地下运输工作，主要把货物押运上船，送到韶关，交给接收人员再由他们接运冲过日、伪、顽层层封锁，运到抗日根据地。为了避过敌特耳目，有时还要走些相反方向的运输路线，上船转车的地点常变化不定，要经过许多艰难险阻，要保证送到接运人手里，才算完成任务。

在香港活动时，我白天在圣士提反学校教书，不能天天到保盟总部，但一有空就往那里跑，帮助做些事务性的打杂工作和联系工作。当时领导大家从事这些具体事的是廖梦醒同志，下面有我、柳无忌等几个人和一些太太们。宋庆龄的家住在九龙塘，中央委员会人员经常到宋家开会，我也曾去宋家送几次信。

1938—1941 年，妇促会在宋庆龄的领导下做了许多工作，主要是利用上层妇女的力量，筹款支援抗战。一些人看不起这些太太们，但在抗日爱国思想引导下，她们是能够真心真意为抗日救亡事业出力的。妇促会很能抓紧机会，利用一切有利因素开展活动。在香港时，经常动员有号召力和代表性的知名妇女到各学校、社团和街头捐钱、推销义演义卖入场票等，动员工作做得很成功，几乎所有知名度较高的太太小姐们，如高可龄夫人、戴翰芬夫人、何贤夫人、李树芬夫人、郭琳弼夫人、罗文锦夫人等和一些有名的女医师，都来积极参加筹款活动，人人尽心尽力认真负责完成任务。事实证明，她们确是能够干出成绩来的。

妇促会在香港组织的活动，最大的有两次。

一次是一碗饭运动：由宋庆龄主持在英京酒家开筹款大会，事前印好大批入场票，票价不定，任由购买者自愿给钱，目的是筹款抗日。这次筹款很多，向上中下层人士推销的票，很快就顺利出售。持票人被安排在酒店的餐桌上，每人面前放一碗炒饭，由宋庆龄带头领吃，餐后还有义卖。宋把孙中山先生的一幅扉绣摆出来任人拍卖，结果被香港中国人民银行以 5000 元的高价买去。这次活动气氛热烈，马路一早就挤满了人，港英政府也出动警察来维持秩序。这次一碗饭运动顺利获得了一大笔钱。事后，宋庆龄很满意，表扬了出过大力的太太小姐们及妇促会有关的工作人员。

另一次是嘉年华会活动。那时，利希慎先生（即花园酒家老板利铭泽的父亲）在香港铜锣湾地方有一个颇大的园地，他愿意借出来供使用一个月。于是，就在那里开了个嘉年华会。用钱招聘外国的马戏团来表演，有各种形式的节目，如动物演出展览、武术、杂技、游艺等，还搞了一场足球义赛，吸引群众购票入场参观，票款全部用来支持抗日事业。因该活动刚结束，日本人就进攻香港，要从收入中拿出大部分来给演出团作回归路费，故实际所得不多，但有些在内地作战受了重伤，伪装为平民出来香港就医的抗日战士，都是靠这笔筹来的经费开支维持生活的。

（此文由张建军、罗修湖根据徐舜英同志多次回忆整理　1994 年 1 月）

我在粤北工作的回忆①

徐　英

抗战初期我参加省委组织的第一期党员训练班后，组织上便安排我负责省妇委秘书工作。1940 年春，我又被派往曲江马坝区任党支部书记，那时自己才 20 岁。我在马坝救亡书店的小楼上住下来，这个地方既是掩蔽党支部活动的据点，又是同志们经常活动的所在地。夏天，躺在床上像煎鱼一般。冬天刮风时，楼上震动得像快要倒塌一样。就在只有一张床、一张桌椅的小房子里，我联系过不少同志，也发展了一些同志参党，记得有何尉儒、陈乃仁、何春焦等同志，当时曲江马坝省银行也有几个女同志是由我联系的，省行党的小组长是邓筠，女党员有施惠英等，每周她们都来过一次组织生活，以后这个支部还发展了蔡惠容参党。那时，我们的心是热乎乎的，同志们的感情都交炽［织］在一起！现在曲江的何国文是当时的组织委员，他对当时的活动比较了解，谁也想不到这个小书店是当时广东抗日先锋队的一个比较活跃的据点，它开展过声势浩大而又扎扎实实的抗日宣传活动，办民众夜校、妇女识字班、青年学习培训班，组织歌咏队、演剧队，并且在农村巡回演出，还举办义卖募捐慰劳抗日军队，可以说搞得有声有色，当时做到了激发群众抗日热情，还培养了一批青年积极分子，抗先总队部的负责同志连续来过几次检查鼓励我们的工作。

1940 年冬，由于工作需要，我离开马坝，在后北特委负责过妇女工作。那个时候党组织转入地下，工作方式随着形势的变化而改变，联系同志时，只能一个一个见面，而且不能久留，时间长了，彼此都有生命危

---

① 收录于韶关市妇女联合会、清远市妇女联合会合编：《粤北妇女运动（1921—1949）》，1994 年，第 75–76 页。

险。记得那时候我和妇女生产团的刘素然、广州女师的梁雪儿、曲江妇女会的冯娱修等同志多次接头，了解和指导过她们的工作。这期间北江地委的领导人是黄松坚、李守纯。我在北江工作时的名字是徐侠梅，那时我很纯［淳］朴，对领导同志很敬重。当时他们都有自己的代号，我向领导汇报工作，大都是在晚上。1942 年我就离开了粤北。

回忆香港惠阳青年回乡抗日救亡工作团和淡水区人民行政委员会（节选）①

严尚民

抗战前期近二年，我在淡水地区工作，直接领导过香港惠阳青年回乡抗日救亡工作团和淡水人民行政委员会，后来被迫离去。《淡水史话》第一辑对香港惠阳青年回乡抗日救亡工作团和淡水人民行政委员会已有专题记述，但不够完整。《史话》编委认为上述两项史实是淡水抗战时重要的一页，要我写点回忆录，使之更完整更全面。事隔半个多世纪了，经过一番追思回忆如下：

一、“香港惠阳青年回乡抗日救亡工作团”回淡水前后

……

惠青第二批工作团于1938年春节后派出。第二批不论是在数量上还是质量上都比第一批强多了。第二批是由我任团长，在中共香港海委领导下成立了党支部，朱快鸣任支部书记，叶锋任组织委员，我任宣传委员。第二批团员共20人。到工作团前就入了党的除朱快鸣、叶锋和我外，还有黄国伟、蔡萍、黄佛光、黄云生、黄启帆、黄恩、钟仕开等，到工作团后入党的有黄史楷、李惠清、叶锦珠。非党群众有朱薇、张果鲁、李星尧、叶勇英、朱秉雄、陈玉梅等。廖素娥原是党员，大革命时被捕，失去了关系，她表现还好。故第二批质量高了，工作也好做多了。我们把工作重点首先放在组织群众、组织武装上。在淡水把“淡锋社”和“淡声社”合并成为“淡水文化界抗日救亡工作团”，由黄史楷任团长，这不但是合

---

① 收录于刘中国、余俊杰等编：《白石龙文钞》，花城出版社，2015年，第243–255页。

并了上述组织，而且也把淡水各地中小学教师都团结和组织起来了。黄史楷（又名黄达三）是崇雅中学二届毕业生，思想进步，在同学中威信很高，会绘画，字也写得很好，又会拉小提琴，故被选为淡水文化界救亡工作团团长。我们在淡水也开始搞工人工作，由李星尧组织工人夜校，黄佛光到澳头组织澳头抗日自卫队。淡水、澳头工人多是店员工人。黄佛光在澳头也办夜校，组织工人等学文化，宣传抗日。李惠清是坝岗人，他回到坝岗组织抗日自卫队。黄国伟、黄云生、黄恩、黄启帆是坑梓人，他们回坑梓金斗沥、新桥围等村组织抗日自卫队。参加自卫队的都是青年农民。其时回乡工作团不但在淡水二区各乡活动，而且到外区、外县进行抗日救亡活动，活动到宝安葵涌一带。

……

二、日寇入侵，淡水陷落

……

日寇轰炸淡水时，工作团除我和朱快鸣外，还有钟仕开、蔡萍。蔡萍病了，她母亲带个七八岁的妹妹来看护她。日军开始是狂轰滥炸，开头就中弹的有珍合茶楼附近的房子和崇雅中学操场。我和朱快鸣找了消防队来，那时有许多老百姓被炸倒的房子压在下面，哭叫着“救命”，我们叫消防队搬开砖瓦沙石救人，也有些被木桁压着的，我们便用锯子锯断木桁救人，接着谦成布店着火了，日机使用了燃烧弹。消防队束手无策，我们一转身，他们就跑光了。跟着朱快鸣说他兼塘尾乡乡长，要回去清理文件财物也走了。钟仕开则在早上八九点钟时被我派他骑单车去坑梓向在那里工作的黄国伟等讲明战争形势。我估计淡水是守不住的，我将撤退去坑梓。

……

三、淡水人民行政委员会

……

沦陷前惠阳国民党县长是蓝逊，日寇退出惠州后许久，他惊魂未定才回来。他大概知道我的情况，想撤销淡水行政委员会，我们知道后，就由叶汉生、叶良去找他，说明严尚民是人民选举的，人民群众拥护，希望能继续由我干下去。惠宝人民抗日游击总队副总队长兼参谋长郑晋（后改名郑天保）和东江国民党专员池中宽是同学同乡，他为淡水行政委员会和我的问题，和我一起专程去惠州找过池中宽。池中宽考虑到劫后没有多少人愿当区长，而且不知日寇何时再来，同时也很难找别的人代替我，只好答应由我继续抓淡水二区工作，不过他要把行政委员会改回区署，我们同意了，于是我由主任又变为区长。不久，东江华侨回国服务团成立了，团长叶锋、副团长刘宣，服务团团员和骨干很多是原来惠青回乡工作团的。团部就设在区署里。这时，“惠宝人民抗日游击总队”“淡水区署”“东江华侨回国服务团”都是党领导下的组织，军政群都掌握在我党手里。二区淡水各地抗日救亡运动就迅速地轰轰烈烈地开展起来，群众组织如雨后春笋地建立，抗日同志会、夜校、妇女识字班、自卫队等在许多村成立了，同时动员群众参加惠宝人民抗日游击总队，支持和参加东江华侨回国服务团，支援和拥护淡水二区区署等工作进行得热火朝天。乡人民政权虽多数不是共产党员所掌握，但还是做了很多工作，搞得很不错。饶彰风同志和尹林平同志先后经过淡水到东江各县检查工作，饶返港后在香港报刊发表了一篇“新淡水巡礼”，把二区的施政纲领也一并发表，扩大了党的影响。但这样一来，二区政权就红得很了。坪山更不用说，在大革命失败后逃到香港澳门的红十一军的干部、战士回来了一大批。国民党反动派在内部称曾生、叶锋和我是东江“三大寇”。

……

四、被迫出走，离别家乡

……

我回家向母亲辞行，她知道我去打仗，我走的每一步都是危险的，但是，她相信我选择的道路，她无条件地支持我，她默默给我送行，她不断地向神灵喃喃祈祷！请神灵保佑我。我心里却吟诵着普式庚“十月革命党人”的诗句：“复仇的宝剑已在盒内轰鸣！”

5月离开坪山，7月到达珠江三角洲，我和家乡断绝了信息，以免暴露自己，连累家人。东纵的情况是可以不断听到一些的，家里的情况一直到1943年我妹妹从东江调到珠江工作，我们见了面才知道。她告诉我大姐和母亲都在1942年死于霍乱病。1941年底，爆发了太平洋战争，1942年春，日本海军大角大将去南洋途经斗门，座机坠落在黄杨山，珠纵陈中坚部还将缴获的大角指挥刀和文件送来司令部。不久，日寇就在斗门施放霍乱病毒进行报复。我估计同一时间在澳头一带发生的流行性霍乱病，也是日寇放毒所致。原来母亲在大哥死后就不烧香拜神了，以为烧香拜神没作用，但我离家之后，她又烧起香拜起神来了。她见到东纵部队的同志就打听我的消息，东纵那些同志都不知道我在哪里，就安慰她，说我在毛主席身边工作。我无论怎样都想不到，她竟会死在我前面，而死亡之网没能拦住我。

……

（1992年9月）

港九烽烟忆当年[①]

杨爱英

盛世迎洪福，今朝逸兴闲。我总爱翻阅我的相册，每当我一页页地看着那些跨越了半个多世纪的老照片，心情就象大海一样，难以平伏［复］。这帧当年风华正茂、腰间荷枪实弹的照片，不禁令我又回想起在香港投身革命、加入中国共产党、参加广东人民抗日游击队东江纵队港九独立大队的战斗历程。它就象电影似的，一幕幕地浮现在我的眼前。

一九二五年，我生于香港新界，十八岁就在新界参加进步团体“少年德育社”和“妇女会”，积极抗日救亡，动员社群为抗日募捐，将募捐款用来缝制棉衣，然后送到华商总会廖承志同志那里，再转运给内地抗日游击队。我与少年德育社的一班热血青年走上街头，进行救国宣传活动，唱革命歌曲，还与妇女会的姐妹们一起开设妇女识字班，演讲救国道理。一九四四年八月三日，我在陈瑞和吴江同志的介绍下，于新界荃湾菠萝山加入中国共产党，怀着一腔热血，为港九抗日游击队运进物资、转送情报和担任交通联络等工作。

为游击区运送枪支弹药

有一次，港九大队的孙亮仁、何富裕同志扮成水客在敌占区买了一批游击队需要的枪支弹药，要我协助将这批物资安全运到游击区。接到任务后，我马上到新界荃湾杨屋村动员了几位乡亲，陈嫂、李嫂、聂嫂、何嫂、国莲、梦仙等，连同我与孙亮仁、何富裕一共九人，将这批枪支弹药

---

① 收录于肇庆市城区东江纵队粤赣湘边纵队老战士联谊会编：《峥嵘岁月》，2003 年，第 20—25 页。

分成九担，一人一担挑着，背着干粮，从荃湾出发，由孙亮仁领头带路，白天走崎岖的山路，晚间则偷摸黑越过敌人的岗哨。一连几天，我们的肩膀都压肿了，脚也磨破了，渴了就在溪边喝几口溪水，饿了就吃几口干粮充饥。我从没有走过这么长的山路，况且肩上还挑着这么沉重的枪支药品，真是一次严峻的考验。

当走到第三天的时候，我的脚跟就不听使唤了，步履艰难。但当我一想到这些枪支运到游击队手里，成为打击日本侵略者的武器，这些药品物资送到游击区可及时治愈伤病员上前线杀敌的时候，我就热血沸腾。我一股冲劲地向前走，每迈一步，就离游击区近一步。每过一个山头，就像占领了敌军一个阵地，使我克服了重重困难，闯过了层层关卡，终于将这批枪支弹药按时安全地送到游击区。东江纵队副司令员王作尧同志见到我们胜利完成了这次艰巨的任务，激动热情地赞扬我们："为革命工作不怕困难，甘冒危险，为抗日出了一份力量！"

当我们将这批枪支交到龙华圩游击队驻扎地时，战士们都高兴地围了过来，斟茶递水，亲切问候，我不由得心中一股暖流涌上，看着意气风发、生龙活虎的港九战士，更加坚信在共产党的领导下，一定能早日打败日本侵略者，将日寇从中国的土地上赶出去。

军民众志成城心连心

一九四四年十一月，我转为正式中共党员，后奉组织之命，赴游击区港九大队工作。当时，港九游击队活动是困难的，生活也很艰苦。

游击队非常注意与群众建立密切的关系，注意做群众工作，动员群众成立民兵组织，成立青年会、妇女会、儿童团等，使这些团体成为游击队的有力助手。我们平时经常为群众排忧解难，组织村民生产自救，帮他们解决种子、猪苗、耕牛等难题，并扫清土匪海盗，保障了群众的安全。所以，港九人民与我们游击队心连心，相互间建立了深厚的情谊。每逢部队到村，他们就腾出地方给部队安歇，把家里的柴米、地里的蔬菜硬要送给部队；每当部队转移上山，他们就主动运送干草给游击队，使战士们不用睡在冰冷潮湿的山洞地上；一旦游击队需要运输物资，他们就全力以赴；一有伤病员需要住在村里疗伤，他们就帮烧水、煮饭，照顾伤病员；一发现敌情，他们就协助游击队掩蔽物资和协助转移。

一次，我和部队的特务长下山了解敌情和采购物资。我们进村以后，特务长与我分头行事，他去供销社购军需品，我就到村民家里了解敌情。这时日军突然进村搜捕抗日游击队，特务长搜［收］到村民报告后迅速离开了村庄。当我接获消息转移时，日军已开始进村，村民们马上帮我化妆［装］成农妇，戴顶大凉帽，扛着锄头。在百姓的掩护下，我安全脱险，使日军进村搜捕扑了个空。

抢救抗日盟军飞行员

在港九抗日游击队的日子，每场战斗都使我难以忘怀。记得有一次，我与战友们奉命参加抢救援华抗日盟军飞行员及其军用物资的战斗。那天，两架美国盟军飞机奉命炸毁分布在龙古滩海面的日军战舰和修筑在沿海的炮台工事设施。飞机在执行任务时不幸坠毁，一名飞行员跳伞。我们游击队接到命令后，马上报［派］人抢救飞行员及其机上军用物资的战斗。由于飞行员多处负伤，不幸牺牲。我们冒着飞机随时爆炸的危险，抢在日军到来之前把飞机的军用物资迅速抢运走。待日军到来搜查时，遭到我游击队狙击，取得了胜利，获得一批枪支武器和两枚飞机坠毁时插在泥土里的炸弹等战利品。

在敌占区建立交通站

我是在香港土生土长的热血青年，投身港九大队，思想也逐步成熟。组织为培养我，曾安排我参加东江纵队司令部举办的短期政治培训班学习。我在政治培训班学习结束后，组织派我到香港铜锣湾敌占区建立地下交通站，并担任交通员。我服从组织的派遣，带着冯燊同志的信函，到敌占区找到江城同志，建立了交通站。从此，开始了从东江纵队到香港铜锣湾的地下交通联络工作。

一九四四年冬，日军在太平洋作战处处失利，盟军逐步向日军本土推进。在港的日军作垂死挣扎，到处搜捕抗日志士，疯狂封锁通往游击区的交通运输，这给我们地下交通站的工作带来更大的困难。但无论多么艰难危险，我始终抱着为革命事业随时捐躯的思想，勇敢地挑起了地下交通站这副担子，与日寇进行了各种形式的斗争。我以高度的责任心，坚强的意志力，一次又一次地完成了上级交给的任务。

一九四五年八月十四日，日本正式宣布接受无条件投降。东江纵队港九大队奉命接受了沙头角、大埔、粉岭等地日军的投降。港九人民从日寇铁蹄下解放出来。至此，港九独立大队在香港的历史任务已经完成，为顾全大局，发表了《撤退港九新界的宣言》，东江纵队港九大队奉命北撤，于是，大队告别了乡亲，撤出港九。而我接到黄云鹏政委的指示，与陈连宝同志取得联系后，留在香港工作，后被调回内地粤中纵队任交通站站长。

岁月倥偬，时光飞逝。我于一九八一年离休，在家安享晚年。一九九七年七月一日，是我人生很值得纪念的日子，我在香港回归祖国怀抱的时刻，应港九独立大队老游击战士联谊会的邀请，回香港观礼。

当我踏上家乡这片熟悉的土地时，心情真是万分激动，为革命奋斗了一辈子的我，终于见到了香港回归。在家乡的土地上，我见到久别的战友和亲朋，共叙别情，无比兴奋。

回首往事，无悔无愧，我为能将自己的生命和全部的精力献给伟大的共产主义事业而感到自豪，感到一种人生由衷的高兴。

我是东江纵队交通员①

杨少珍

参加游击队

我是贵州人，家里很穷，父母亲生下我，却无力把我抚养大，只好忍痛把我送给舅舅。舅舅家里也很穷，吃了上顿没下顿，现在又添了一张嘴，日子就更艰难了。我14岁那年，因为贵州军阀混战，加上家乡遭到天灾，漫山的竹子开花，村里不少人离乡别井，流落他乡，舅舅一家人实在过不下去，为了不让我活活饿死，忍痛把我卖给一户农民当童养媳。这家农民也很穷，过着半饥半饱的生活，我到他家说是童养媳，实际上是小帮工。俗话说，童养媳做人难，装瓦泥、挑水、劈柴样样都得干，稍不顺婆婆意，就要挨打受骂。有一天，我挑水慢了，被婆婆打骂，我忍受不了，偷偷跑了出来。当时，一个小女孩跑出来有什么出路呢？我只好一个人蹲在鱼塘边哭了起来，真是上天无路，入地无门。这时，走来一个陌生的男人，他好象很关心我，我就把自己的遭遇告诉了他。他说："你不要哭，跟我走吧！我帮你找父母去。"我信以为真，就跟着他去了。谁知他竟是个人贩子，把我卖给了云南一个姓陈的军阀当丫头，服侍少奶奶。这个少奶奶可厉害，一不顺心就拿我的头往墙上撞，直撞得头破血流。没几天，我头上留下了好几个伤疤。这真是刚逃出虎口又进了狼窝。

我生性倔强，拼死反抗，不甘心受压迫的怒火已经再也压抑不住了，准备再一次逃跑。就在这时，这家的小姐出嫁到上海，把我当陪嫁女带去

① 收录于中共宝安县委党史办公室编：《回顾东纵交通工作》，广东人民出版社，1987年，第98–114页。

了。到上海后，人生地疏，我只好暂时放弃逃跑的念头。在上海租界住了近一年，继续做丫头，时值日军轰炸上海，我又被迫跟着主人逃到了香港，住在六国饭店。我在港人生路更生，连白话都听不懂，更加难走。

由于日军的侵略，在我的心头上又增加了一份仇恨。在香港，有不少抗日力量在活动，我跟一些进步工人接触多了，眼光也渐渐亮堂了。一位工友还帮我逃出来，介绍给一位洋人做家务。后来我又认识了洋务工会的黄堂娣，她对我亲如姐妹，两人无话不谈。她还介绍我参加了洋务工会，晚上常在一起到工会读书，学文化，唱歌，讲时事，讲日军怎样侵略我国，宣传中国人不愿意当亡国奴的道理。这使我耳目一新，就象进入一个新的天地。我还认识了一些字，也学会讲多少白话，这对我后来参加抗日斗争很有帮助。

1941 年 12 月 8 日早上，日军飞机轰炸启德机场，香港一片混乱，街上躺着遇难同胞的尸体。几天后，日军占领了九龙，街上家家关门闭户，不少人家都没米下锅，我饱尝了民族仇、阶级恨，要寻找出路，要报国恨家仇。一天晚上，街上静悄悄的，不时从远由近传来日军巡逻队的脚步声。我避开日军巡逻队，摸黑找到了黄堂娣。她对我说：“少珍，我们在这里活不下去了，如果你愿跟我走，明天上午 8 点到花圩集合，一块回内地参加游击队，打鬼子去。”我一听，高兴得跳了起来，回去后连夜串连了几十位工友。第二天，我们化装成难民，在黄堂娣带领下，通过元朗，悄悄渡过深圳河，走到梅林坳，见到路边有一面红旗。黄堂娣带我们到游击队税站，说明来意。随后税站同志带我们到了杨美村，参加了抗日游击队。

我们同来的 70 多人分配工作时，有的搞宣传，有的到制衣厂。我被编入妇女队，进行学习和训练。训练很紧张，早上出操跑步，上午和下午上课，晚上参加文娱活动。尽管生活很艰苦，但大家亲如姐妹，感到很温暖。在妇女队学习期间，黄堂娣还介绍我参加了中国共产党，成为无产阶级先锋队的一员。

一个月后，国民党顽军来“围剿”，部队被迫开到山区，我由于发高烧，不能随队出发，一个人到树林隐藏起来，由于连日没吃没喝，我在树林里昏了过去。第三天敌人“扫荡”过去了，我身体很虚弱，但还是咬着牙关，下定决心，只要还有一口气，就要找到部队。我连夜往望天湖走去，走呀走呀，渴了饮口泉水，饿了采摘野果充饥，就在身体快要支持不住的时候，碰到了搞民运工作的同志，大家七手八脚把我抬到卫生队抢救。病愈后，我被分配到制衣厂工作，后来杨康华同志调我到政治部伙房任炊事员。随着抗日战争形势的发展，部队需要建立和加强交通站，我也被调出来参加了交通工作。

担任交通员

1942 年 4 月，路西交通总站成立不久，交通总站长符铁民分配我在雪竹径交通分站任交通员。分站长叶青，站内连我在内共 4 个人，其中两个交通员仅有 12 岁，像我的小弟弟，白天我带着他俩帮助群众干活，晚上执行交通任务。饭菜都是由我来做，衣服也是我帮他们洗。如果晚上不出发，我和两个小鬼睡在一起。我们住在老百姓的一间草屋，由于我们经常和老百姓干活，认识村上的小朋友，和他们感情也很好；村里的大狗、小狗、亚香、亚娇，以及哪家哪户的情况我们都很熟悉。敌人来扫荡时，两个小交通员和村内小朋友一起牵着牛，坐在牛背上离开村庄。我和村中姐妹背着担杆草绳、手拿镰刀上山割草，谁也不知我们是游击队交通员。

一天，雪竹径交通站接受了到深圳去取西药的任务，特别是奎宁，部队需要很多。深圳一间药房有我们的同志，已准备好了西药，只要对上规定暗号，或交上介绍信就可以取出来，站长决定由我完成这个任务。我化装成农村妇女，同村中的嫂子、大娘一起乘深圳圩日进去，见到药房一位年近 50 岁的男人，我就问他：“掌柜先生，有没有阿西比林？”他说：“有，要多少？”

“大的三合［盒］，小的二合［盒］。”对上了暗号，“掌柜先生”拿药给我。我将药分散包装好，有的藏在瓜菜里，有的藏在担杆竹筒上带走。深圳农历逢一、四、七为圩日，以后，凡圩日我就来往深圳一次，药少时自己带，多时请村中大娘大嫂帮助带，这样将近一个月的时间完成了带回西药的任务。但其中有一次差点出了事故。那天，我挑着包菜通过布吉伪军检查哨卡，一个伙伕模样的伪军走过来，顺手拿走几棵包菜，正准备往哨卡里走。这几棵包菜里就藏着药，我感到不好，心里象十五只吊桶打水，七上八落。我想，如果现在不采取果断行动，就可能暴露了。于是我不顾一切地一个箭步冲上前去，把包菜抢回来。伪军见捞不到油水，不让我过关。就在这关键时刻，一位知底细的村中大嫂从萝［箩］里拿出自己的几棵包菜，对伪军说："老总，她家里穷，你拿了这几棵包菜，叫她回去如何交待［代］？我把这几棵送给你，放她过去吧！"伪军见有人为我说话，又给他们送菜，就放我过关了。

完成带西药的任务后，我被分配负责与路东惠阳大队，后与司令部的交通联系，一直到 1944 年 7 月中旬。在将近三年的时间里，主要是日宿夜行，通过广九铁路日伪军的封锁线，不管带人带信、转运物资，从来没有出现事故。在敌人严密封锁的情况下，我们始终保持路东与路西的交通线畅通。1942 年到 1943 年初，国民党顽军封锁铁路没有那么严密。1943 年下半年，日军打通广九铁路。大批军用物资从广州运往香港，日军为了巩固其铁路线运输安全，集中了上万兵力对我路西根据地进行包围扫荡，同时严密封锁广九铁路线，在我们经常通过的铁路地段如布吉、李朗，特别是平湖和天堂围，派驻有日军一个中队、伪军一个大队，从天堂围到布吉一段铁路线，日军经常派出装甲车日夜巡逻，主要路口派出哨卡，检查来往行人，同时派出便衣特务汉奸沿途巡查，遇见可疑的行人就进行搜捕。但是我游击队也经常利用黑夜袭击日伪军，打得日伪军晚上不敢随意出来。因此，我们交通员就采取夜间通过铁路线，走小路、过田基、爬山头、钻涵洞，不走大路，避开村庄绕路走，走路时聚精会神，眼睛和耳朵注意前方，见到人影、听到人声，不管是什么人立即躲开。

小交通员邹振强也负责路东线，他才 12 岁，人小胆大，机警灵活，夏天赤身光脚，冬天裹着麻袋，雨天穿着蓑衣。由于目标小，他两次在凤岗路上碰到日伪军夜袭，都被他预先发觉，暗中闪开，安全完成交通任务。

打破日伪军万人“扫荡”后，我路西根据地和部队迅速扩大，司令部转移到路东。这时人员、信件、报纸、物资来往更加频繁，每天晚上几乎都有交通员来往通过铁路封锁线。我经常上半夜到达路东，下半夜又转回路西，一夜来回行程 70 华里，大风大雨，酷暑寒冬都是如此。

当时我们往路东地区有两条交通线，一条由雪竹径经李朗、避开李朗村，爬山路、下山谷、走田基，钻过铁路的涵洞，绕过白泥坑，进入横岗水深围司令部派设的交通分站，全程 35 华里。这条路线比较安全，要穿过的铁路底下的那个涵洞极隐蔽。涵洞有一公尺八高，八十公分宽，是一条排放山水的过水道，冬天无水，夏天水深齐膝，涵洞离路口的顶端有 20 公尺，敌人在路面很难发现我们的行动。我在此多次碰到日军铁甲巡逻车在路面通过，我在洞底下安全无事。

一次，我带了七八位民运工作同志，刚好到达涵洞，洞内水淹半身，日军装甲车在上面巡逻驶过，灯光四射，又打机枪。民运工作女同志吓得有些害怕，我镇定沉着地对他们说：“敌人只是巡逻，没有发现我们，不要怕！”

三分钟后敌人过去了，我们才出来。如果是带领武装部队，就由分队先在两头警戒，部队由路面通过。还有一些坐轿子的人，或用担架抬的伤病人员，也要由路面通过。他们通过时，我先爬上铁路，把耳朵贴在铁轨上，没有听到巡逻车的声音才回头领大家通过。

有时我白天化装成农妇通过铁路。铁路两旁是小丘陵地带和田地，李朗的农民都在此耕种。我拿着锄头，担着粪箕，装上火灰、肥料，装着下田种地，或者担着担杆草绳、挂上镰刀，将报纸信件藏在草把内捆好，装着上山割草。过了铁路将化装工具藏在丛林中，改用面粉袋或手蓝［篮］装报纸，继续赶路。一次，我将大捆报纸和一大包信件装在粪箕火灰中，中午 12 时到达铁路，刚好碰上两个汉奸走到我面前，问我到布吉有多远，此路能否走得到。我知道我语言四不像，容易出漏洞引起怀疑，就装作哑吧［巴］比比手、点点头来回答，终于蒙混过去。

这条交通路线从 1942 年 6 月由民运同志带我开辟出来后，一直走到 1944 年 7 月，我共走了二年的时间，传送了一封封紧急的情报与信件。这条交通线为扩大我游击队，巩固根据地起了一定的作用。我还分别带领雪竹径、水深围两边交通分站的交通员钟来、朱松、李仔、李娇、陈仔、邬仔、黄仔、陈永生、邱福如、刘堂等熟悉走这条线。后来民运和政府工作人员、情报员、传令员、手枪队员及各个系统的同志，大多数都走这条交通线，其中司令员曾生和政委林平，经我亲自带领通过就不知有多少次。有一次通过铁路后，曾生问前面带路的交通是谁，警卫员告诉他是杨嫲。

休息时，曾生将我拉到他的身边说："你是交通王杨嫲吗？"接着鼓励我说："你带路带得很好，你是女的，走夜路你不怕吗？"我说："现在不怕！是敌人迫出来的！"以后部队传开了，都叫我交通王杨嫲。我也不好意思回答同志们的称呼。我为部队做的工作不多，只是做些应该做的交通工作。但我认为这条交通线是东纵时期的一条红色交通线。

另一条交通线，是由雪竹径到大坪经山吓村通过铁路，到达路东官井头。这条交通线是活动于凤岗地区的何通独立第三中队于 1943 年冬开辟出来的，日伪军万人"扫荡"前，何通中队的小队长邬振祥带我第一次走这条线，后就由我和邬振祥的弟弟邬振强负责这条线，有时两人一起走，有时轮换着走。邬振强年小胆大心细、责任心强，在大风大雨的黑夜出发从未讲过价钱，有时他身体发烧也不说，照样出发。

这条交通线的山吓村铁路线是敌人封锁的重点地段。山吓村南面是平湖车站，北面是天堂围车站，两地都有日军一个中队，伪军一个大队驻守，负责交叉巡逻、封锁铁路。山吓村又是两地敌人巡逻活动中心，我们就是在此通过。山吓村还是邬仔家乡，他的嫂嫂即是邬振祥的爱人严尚志在村里担任秘密情报站长，掌握敌人日夜巡查的规律和情况，道路也非常熟悉。有她掩护，我和邬仔两人的胆子更大、办法更多。

这条路线开辟的时间几乎与日军打通广九路，发动路西万人大"扫荡"同时进行。因此封锁与反封锁的斗争非常激烈。当时总队部转移到路东，曾生、林平在路东率部队开展活动，路西留下王作尧、杨康华率部队对付日军大“扫荡”，路东、路西两地的紧急情报。信件来往频繁，这些情报、信件都要通过这条交通线传送。敌人在路西“扫荡”后，接着又向我路东进攻，平湖、天堂围、清溪三地的伪军，连续向我何通中队活动的凤岗、塘坜地区“扫荡”，威胁着整条交通线的安全。为了打破敌人“扫荡”，何通中队夜袭平湖，消灭敌人一个中队，敌人采取报复行动，使斗争持续很长时间。

当时这条路线在路东的官井头交通分站由邱福如和邹洪兴两人负责，由官井头经塘坜、两渡河到达山吓村；在路西由雪竹径分站转入大坪后，再由大坪到达山吓村有15华里，全程有30多华里，由我和邬仔、邹洪兴、邱福如四个人负责。有时晚上从大坪出发，8时半左右到达铁路线上的山吓村，如果有情况严尚志就出到村前路口，告诉我暂不要前进，如果没有情况就迅速的通过铁路。有时就在村前休息，由严尚志或邬仔从他家里拿来热开水喝后再前行，有时进入邬仔家，严尚志还拿出花生、糖水、甘蔗招待我们，如果有紧急情报要白天通过，就到严尚志家借化装工具，如担杆、锄头、粪箕等，伪装成农妇，过了铁路封锁线，就找个地方将化装工具藏好，待回头再奉还给她，有时化装直达官井头，第二天再带回来。

1944年2月的一天晚上，我由路西带一份写着“一〇一（即曾生）亲收”的紧急情报，半夜2时到达官井头，3时左右，邹洪兴由坪山带来一份紧急信件是给路西一〇二（即王作尧）亲收，信上打着三个“△”，还加“火急”二字，旁边又加上二个圈。从当时情况判断，是有关路西反“扫荡”的指示。第二天起床后，分站长邱福如一面分派邹洪兴将我带来的紧急情报带往坪山纵队司令部，另又分派我将火急信件带往路西。吩咐我说在日军“扫荡”时期，白天走路要特别小心。邱福如布置完后，又和我一起到邹洪兴家借了一枝担杆、一付［副］草绳、一把镰刀。我在担杆上打了一个洞，将急件塞在内面，再用泥团堵塞好，马上起行。上午10时左右，到达铁路山边，我用半小时割了二把草，用草绳捆好后担着过铁路，将到山吓村路口，碰上伪军一个班前来搜查，将我的头发和所挑的草全打开搜查，没有发现枪支、信件，就查问我是哪里人、到哪里去。我就按准备好的口供，指着山吓村说："我就是山吓村人，我叫王娇，我丈夫叫邬芳，你不相信请你到我家看看。"一位伪军小头目说："你村有没有游击队？"我摇摇头，即可表示没有，也可表示不知道。后来小头目招手叫我走，我就尽快的将草捆好迅速离去。我进村后将此情况向严尚志报告并将二把草留在她家。我拿着担杆，内藏急件，迅速向大坪交通站方向行走，终于安全到达。

一次，大约是一个星期后的一天晚上12时，我送信到达官井头分站后，邹洪兴从坪山交通总站带回来的半面粉袋信件和报纸，其中有二份急件我特别掩藏好，即向路西转送，争取拂晓前赶过铁路回到大坪交通站。不料半夜2时，走到两渡河小路拐弯处，发现河边电光闪闪，人声嘈杂。待看清是一群敌人后，我想转弯走小路躲开，转念又想到这是敌人出动"扫荡"，部队和群众都不知道，天亮后群众的生命财物损失难于预料。我当机立断，立即回头跑到油柑埔报告何通中队，接着回到官井头报告民兵，要群众做好离村准备。天朦朦［蒙蒙］亮时，塘坜方向响起了密集的机枪声，这是何通中队派出班哨和敌人打响了。不久在官井头山上的民兵发现畔田公路上一群敌人进来，是从平湖、天堂围分二路乘夜包围我塘坜地区。我随官井头老百姓转移到帐贝山藏了一天，何通中队也向黄洞山转向南门山逃脱敌人的包围圈，使敌人扑了空。

敌人走后，我当晚回到大坪交通站，向总站长符铁民报告了延误一天时间的原因。符铁民表扬我做得对，我也感到为群众做了一件应该做的好事。

几天后，我又送信到路东，经过山吓村严尚志的家，在她的协助下，我打扮成一个农妇，用锄头担着装满火灰的粪箕，把两封急件藏在裤带里。严尚志送我出村，我刚跨过铁路，就碰上两个带枪的便衣汉奸，查问我到哪里。我指着田野说是在此积肥。汉奸看我的打扮没有怀疑，只将我挑的两管火灰倒在地上，没有发现枪支就没再查问，也幸好没有搜身。当汉奸离开时，我用手将火灰捧回粪箕，拿起锄头假装锄草，待到汉奸走远了，即将工具藏好，加快速度继续赶路。

自从日伪军向路东路西频繁“围剿”和“扫荡”被我根据地抗日军民粉碎后，1944年下半年东江纵队转向东江河两岸日伪军的据点进行攻击，开辟江北根据地。这时，交通线由山吓村通过敌人封锁线，转向由常平地段通过，工作重心也由官井头交通分站转向清溪和桥头镇分站，延伸向江北发展。

1944年7月初的一天，我由路西带来大包信件，到达官井头分站，由于该站交通员全部出发未回来，只好由我直接送往坪山交通总站。我到达老大坑分站，见到钟来分站长，我就将带来的这包信件交给他转送土洋纵队司令部。当天吃过晚饭，钟来交给我半面粉袋的报纸和信件，要我带回路西。当时我认为这段路比较安全，没有做好碰到敌人的思想准备，接近黄昏时，我起程回路西，走到葫芦围，想起当地群众关于“水过葫芦坡，水深龙岗圩”的传说。我边走边想，在葫芦围对面的公路上碰到国民党保八团九龙大队巡逻队。这时要躲开已来不及了，敌人发现我了，怎么办？往前走一大包信件过不了关，往后走敌人又会追上来？我当机立断，沉着应变，就地坐在田基上。我看到敌人向我这边走来时，立即将信件报纸踩到秧田底下，移动几步，把前后左右的田水搞浑，接着坐在田基大哭起来。巡逻队赶来，说我是游击队，我不理，又问我是哪里人。我用手指着葫芦围，边哭边说：“我真苦命！丈夫又打，家婆又骂！我要回黄果坑娘家！”敌人不信，但从我的说话中也没有发现破绽。后来敌人将我拉到公路上，又打又搜查，硬说是我游击队。此时离开信件、报纸的位置远些，敌人不会找到证据，我心中更加踏实，硬咬定我是回娘家，什么游击队我不知道。我只有哭，尽量少说话，敌人没有办法，就把我拉到石岗圩队部搜查。他们搜不到什么东西，就抓住我头发往墙上撞，我就睡在地下。他们又用棍子捅我肚子，说我是游击队，我不承认。他们边打边威胁我，直把我打得全身肿痛。最后敌人没有办法，只好用绳子将我捆了一夜，直到第二天上午才放我。出了敌人队部，我先向黄果坑方向走去，到了坡头背附近，观察到没有敌人跟踪我，我休息一会才折向原来的地方，将秧田底下的报纸、信件取出来，回到了官井头。几个交通员帮助我将信件、报纸烤干。当晚，我将这些信件、报纸带回路西。

后来，我在训练班学习时，黎崇勋科长表扬我机智勇敢，称我为“交通王”。接着，东纵《前进报》也载文表扬我在这一时期的工作表现，鼓励我继续完成好交通任务。

参加交通训练班

1944 年 7 月到 8 月，司令部交通科开办第一期交通训练班，我作为老交通和骨干去参加学习，由黎崇勋和李群芳主持，共有 30 多人。其中大多数是港九、路西、路东的交通总站长、分站长，有男有女，差不多各占一半，有的我认识，有的不认识。路西交通总站包括我有 6 人参加。

训练的主要内容一是总结几年来的交通工作，进一步提高认识交通工作对我游击队的重要作用，互相交流经验，表扬一批先进人物，其中有我一个，也有范房发。对于今后的工作打算首先由黎崇勋科长作了一个形势报告，使大家认识到德意法西斯将灭亡，侵略中国的日军也是兔子尾巴长不了，我东江纵队和东江根据地不断扩大，很快就要扩大到东江以外的地区去，交通联络工作作为一条战线，也要跟上去，要求大家安心工作，发扬成绩，克服困难，继续前进。

二是学习交通员须知手册，每个人发一本，是纵队司令部编的，内容有怎样做好一个交通员，交通员的职责、组织、纪律，交通员必须具备的条件，大家经过反复学习讨论，比较深刻地认识到交通工作的作用和意义。后来大家又交换了重要的情报信件如何掩藏伪装，如何通过敌人封锁线的方法和经验。

这次学习，给我印象最深的就是使我懂得了交通员和游击队员一样冲锋陷阵，不怕苦、不怕死，不管在什么情况下要做到威武不能屈，贫贱不能移、富贵不能淫。还使我扩大了视野，打开了眼界，进一步看到革命的远景和前途，思想上有了进一步的提高。

在黄田中站工作

交通训练班学习完毕后，宝安县黄田建立交通中站，由陈永生任站长，我调到该站任交通员。黄田位于珠江口，离孤洲很近，北面是福永。我随陈永生到达黄田后，将中站设在基围，离黄田有二华里，背靠黄田，面向珠江河畔。后又调来女交通员利惠民，她是中山人，担任过与珠江纵队的交通联络工作，对中山的横门、崖口、大朗、五桂山的情况很熟悉。中站还有一个男交通员，共4个人，直接和路东坪山交通总站联络。交通总站也有二名交通员专走黄田，全程90华里。

不久，又从大鹏湾沙鱼涌调来两艘交通船，一条叫大索（索枯帆船），由陈福娣夫妇驾驶，一条叫小索，由何金娣驾驶。他们三人是蛋［疍］家出身，打鱼长大的。二艘船都配置全套打鱼工具，我和利惠民，陈福娣、何金娣互相以兄妹姑嫂相称，随这两艘船渡过珠江口，到中山崖口或大朗与珠江纵队联络。从黄田到崖口顺风时要二个半小时，大海茫茫，晴朗的白天可望到对岸的山头，日军军舰定期与不定期地在珠江口巡逻，晚上则较少出动，但日军运输舰由香港到广州来往不绝。我们在晚上先后两次试航渡过珠江口，与珠珠纵队交通站联系点接上头，开始了交通运输工作。第一次由我和利惠民分乘两艘船护送珠纵参谋长周伯明等20多名干部到珠江纵队任职。

由于我们注意掌握日本军舰的巡逻活动规律，四个月期间来回接送领导干部近百人，以及许多文件、信件、情报、物资，都没有出现过差错。一次，我从中山南朗交通站回来乘陈福娣驾驶的交通船，护送珠江纵队十多位干部到东纵政治部参加学习。黄昏时候，我领大家下船出发，不久，刮起了一阵东北风，船被迫驶往伶仃岛，碰上了一条海盗船。海匪鸣枪，强令我们的船停航。我看船上的干部都很紧张，我就更紧张了，不知是遇上日伪军还是土匪。但我很快镇定下来，叫大家不要怕，在船舱坐好，不要出声，由我来应付。

三名海盗靠近我们船，企图抢劫。我心中有数，就对他们说我们是打鱼的，船上没有值钱的东西，请望原谅。海匪指着船上的人问：这么多人是干什么的？

我说："这都是穷人，要去香港找工做的。"

我话还没说完，两个海匪闯进舱内搜查，见没有什么东西可抢，就将船上的一只鸡和两条鱼拿走，还顺手将珠纵干部的两张比较好的毛毡拿走。海匪走后，珠纵干部的情绪安定下来，问我姓什么，又说我胆子大，应付得很好，很灵活。尔后，大家谈笑风生，于上午 9 时安全到达黄田。这样，我也顺利地完成了护送任务。

1945 年 1 月中旬的一天，陈永生站长忽然发起高烧，卧床不起，昏迷不醒，叫他不应，有时眼珠直直的望着我。我和利惠民心慌意乱，想不出办法，因基围上没有医生，到其他城镇又怕有敌人。我俩商量后，找到二条竹杆［竿］，用绳子捆成担架，不管夜黑下着毛毛雨，路很滑，准备将陈永生抬到坪山交通总站进行治疗。天亮后，我和利惠民感到腰酸腿疼，走路很吃力，到达乌石岩附近的一个交通站。利惠民说到交通站休息一下，我也同意。来到交通站见到叶青站长，她很热情，给我们做饭。此时，陈永生可以喝点开水，但不会说话，仍然昏迷。饭后，利惠民即回黄田坚持工作，叶青派了女运输员陈莲清和李仔帮我抬担架。我们三个人轮换着抬，黄昏到达雪竹径。晚饭后又立即起程，晚上 12 时通过铁路，因为担架过不了涵洞，要从路面上通过，所以由我负责观察动静，由陈莲清和李仔抬担架。因路滑陈莲清她们跌了一跤，陈的膝盖流着血，我急忙回来扶起她们。此时，陈永生开始叫痛，好象已醒过来，我们怕耽误时间，尽快离开了铁路，直至翌日下午差不多用了二日二夜走完 90 华里的路程，将陈永生平安地抬到坪山永贞总站，交由女交通员邱贵芳照料。陈永生病愈后留在江南指挥部任交通总站长，我和陈莲清亦留总站。不久陈莲清调到卫生处学习班学习，我跟随总站转移到江北罗浮山。

活跃在东江河两岸

1945 年 3 月，东江纵队司令部直属交通总站跟随司令部转移到博罗罗浮山，驻在拦石。我被分配在东江河南岸桥头镇，交通分站站长是邓青。该站是东江河南北主要干线上的一个中心站，向南到清溪杨梅坑交通站可联络江南指挥部、二支队和路东行政委员会，向西到常平可联络一支队和路西行政督导处。东江河北面的龙溪也有一个站，站长开始是芦当，后是熊芬。这就是东江河南北干线上的两个交通分站，直接由司令部交通总站领导。

我担任交通员期间的桥头镇分站门庭若市，人来人往，穿［川］流不息，伙房同志每天要做好多次饭菜招待过往人员，物资多时每天数十担，分别向南向北向西转送，报纸一次也有数担，一捆捆一叠叠［沓沓］分派路西、路东各地，每天大大小小的信件有一面粉袋。交通员、运输员忙个不停，日夜奔走，没有发生过事故。

此时，日军大势已去，我军频频出击日伪军据点，在许多村庄建立民主政权，整个交通工作的环境也随着改变，尽管任务比过去重、工作量大，但没有以前那样危险。日伪军除了在东江河用电扒，广九铁路用火车，惠樟公路用军车进行运输外，其它地区不敢随便出来活动。有一次，我和邹洪兴带上百个民运和政工人员到罗浮山纵队政治部。按规定来往的人员较多时必须有二个以上交通员随同护送，并听从交通员指挥。因此，我和邹仔的分工是我在前他在后，领大家从清溪杨梅坑出发。黄昏通过惠樟公路时，因为刮风听不清汽车声音，刚好将到公路上不巧遇到日军运输车队开来。我发现后一声口令："扑下！"大家迅速伏在蔗沟里。日军军车一辆接一辆地从我们面前开过，汽车的灯光都射在我们身上，但没有发现我们。

日军投降后不到20天，国民党为了争夺胜利果实，向我根据地进行猛烈的进攻，地主老财反攻倒算，组织武装枪杀我农会和政权工作人员，各个据点的伪军摇身变成国民党杂牌军，配合国民党153师和独20旅向我江北围剿。我驻罗浮山司令部被迫撤回到老根据地宝安坪山，精简了队伍，组织精干武工队和国民党展开斗争。原交通科取消，科长李群芳组织武工队在龙岗坚持斗争，我仍留在交通总站。

一天，我用面粉袋装了七支手枪，由竹园出发准备绕开坪山圩，从大畔围附近转到龙岗近郊，交给李群芳武工队。不料在上午 10 时左右，在路上碰到出动“扫荡”的国民党一连军队，我正想后退逃走，发现路边有群众收割稻子。我立即将面粉袋卷好，卷起裤腿，下田和群众一起割稻子，群众知道我是游击队，即将我面粉袋的枪技用稻草掩藏好，并给我一把镰刀，要我蹲下割稻子，有些小孩跑到路边看热闹，有些群众也站起来看。待敌人过完后，群众指点我快走。就这样在群众的掩护下，顺利的脱险了。

在坪洲岛当站长

1945 年 11 月底，交通总站跟随司令部转移到新界赤径。此时，交通总站人数不多。原总站长李坤调走。暂由邱福如代理总站长。我被分配在坪洲岛任分站长，负责对三门、南澳、沙鱼涌和大梅沙的交通联络，有一只交通船、三名交通员。由于经济供给相当困难，总站交通人员上山打柴解决生活经费，我们则和群众一起下海打鱼。

12 月中旬的一天，国民党军队“围剿”和“扫荡”大鹏半岛，并经港英当局允许，派出四艘军舰在坪洲海面游来游去，见船就抓，企图海陆配合一网打尽我东纵指挥机关。发现这一情况后，我和交通员刘堂化装成渔民，坐交通船赶到赤径司令部报告，当天下午又赶回来。晚上 8 时左右，海上大队长陈志贤不了解敌人“围剿”的情况，从三门岛坐船到坪洲，要去司令部。我被吓了一跳，马上要他暂时在坪洲掩藏。第三天晚上，当敌人军舰没有在坪洲海面出现时，我们才用交通船将他安全送到赤径司令部。

我一直在坪洲负责交通联络近四个月的时间，东江纵队北撤山东时，由于人数所限，领导决定让我复员，我虽然舍不得离开部队，但还是服从了组织上的决定，复员留在坪洲岛。

东移的女战士①

杨彩萍

一

1938年10月，日军在惠阳县大亚湾登陆。国民党闻风而逃，日军直入惠州，不久广州沦陷，日军到处杀人放火，奸淫掳掠，人民流离失所，家破人亡。在这生死关头，广东人民抗日情绪高涨。在中共东南特委的领导下，惠宝人民抗日游击总队为了争取国民革命军的合法番号，于1939年5月改为第四战区第三游击纵队新编大队，大队长曾生、副大队长周伯明。新编大队从成立之日起，不但吸收了大量的男战士，而且也有许多女战士。她们和男战士一样，拿起枪杆，打起脚绑，剪短头发，参加军事操练。根据革命的需要，女战士被分配到部队各条战线去工作。当时在部队做卫生工作的有周军、招丽真、叶萍、邝爱莲、蔡冰如、韦世珍、容敬玉、梁国［帼］莲等同志。在政工部门的有王颜之、郭云祥、李秉冰、杨彩萍、王柏、欧巾雄、刁慧文、李少华、谭淑珍、梁丽行、容克波、黄春红、朱金玉等同志。在服装厂工作的有易焕兰、李玉珍、林冰、袁巧婵等同志。在部队做特务长的有叶少雅、王雅宜、薛冰，还有女炊事员大游、小游。她们活跃在龙岗、横岗、坪山一带，宣传团结抗日，反对内战，动员群众参军，有时也派出去侦察敌情。

由于国民党已开始其反共阴谋活动，1940年2月间，形势很紧，国民党在惠州设立的游击指挥所，头子香翰屏已派出其便衣队，不断在坪山

① 收录于中共惠阳县委党史办公室、东纵边纵惠阳县老战士联谊会编：《东纵战斗在惠阳》，广东人民出版社，1993年，第140—149页。

地区周围活动，侦察我部队情况；又派兵驻在惠阳龙岗、新圩等地，蠢蠢欲动，大有准备消灭我党领导下的新编游击大队之势。曾生抗日游击大队为了保存抗日力量，反对分裂投降，3 月 9 日下午七时左右，部队集结在江边草地，由邬强动员后开始夜行军，这就是坪山事变突围东移海陆丰开始。

二

在坪山突围东移中，部队边行军打仗，我们女同志在各个方面都起着很大作用。如女特务长（即事务长）叶少雅、王雅宜，女炊事员大游、小游（她们是堂姐妹，惠阳白花大阳村游屋人），她们每到一个地方，放下肩上的炊事用具，就立即去找粮草，找地方煮饭，前面有敌人，后面有追兵，时间紧，人地又生疏，要找到一顿米做饭可不是容易的。3 月 14 日，我们走到稔山之西斧头山附近牛湖村，碰上国民党军陈支队在吉隆拦阻我们，后面又有追兵罗坤部队，我们刚刚煮熟了饭，同志们还没有来得及吃，枪声就打响了。由于当时我们还缺乏与国民党军队打仗的经验，而且存在和谈幻想，因此边打边走，直到这天深夜才爬过了斧头山。第二天拂晓时，指挥员梁鸿钧告诉特务长叶少雅，并通过望远镜指着离山远处东北方向的几间屋说：“你赶快下山去，到那几户人家想办法搞点粮食，如有番薯全部买来。”就这样，叶少雅带着炊事员大游和小游，冒着敌人包围的危险，下山去找到那几户人家，买了些白米和番薯，煮成了番薯饭担上山头。经过一夜行军打仗，一天未吃东西的同志们已经饥饿不堪了，看见香喷喷的番薯饭多么高兴啊！吃了一顿饭后，我们继续行军，直往多祝方向走，第二天拂晓到达尖碧山。尖碧山有座庙，庙里有和尚，叶少雅带着小游去到庙里向和尚买了一些谷子，磨成米（中间有许多谷子还没有磨净）连米带谷煮成稀饭，同志们吃后才又继续行军。当时适遇下大雨，同志们几乎个个都是全身湿淋淋的，沿途群众见到我们既不了解，又惊慌害怕，特别是有几处地方的畲族人家，因为他们经常被国民党土匪抢劫，就更为害怕，逃到山上去了。为使群众了解我们来历，了解我们是抗日军队，敢于接近和支持我们，我们政工队员沿途就边行军，边做群众工作，特别是女同志，她们接近群众比男同志方便些，每到一个地方，常常放下包袱就去宣传我们是抗日军队，宣传团结抗战，中国人不打中国人的道理。向群众了解国民党军队活动情况和社会情况，搞粮食、买禾草，为伤病员买几个鸡蛋、几斤番薯等等。在与群众的买卖中，我们坚持“三大纪律、八项注意”，群众看见我们态度好，买卖公平，不损害他们的利益，就逐步了解我们，丢掉害怕的心理，乐意卖给我们点东西，乐意借地方给我们煮饭。有的人还向我们介绍国民党军队在这一带地方活动的情况等。在我们的女同志中，许多都是来自城市的工人和学生；有些是刚从香港南洋回来参加抗日战争的女同志，还是嫩手嫩脚的，到部队后不久就遇到这次坪山突围事件，十分不适应这样紧张又常常饿着肚子的长途行军打仗的战斗生活，所以在行军中不少女同志，如刁慧文、李秉冰、梁丽行、朱金玉、黄春红等脚上都起了大血泡，欧巾雄脚盘肿得通红。我虽然双脚没有多大问题，但腰却痛得要命，可是谁也没有叫苦，有时还忍着肿痛赶在队伍前头，上山顶做“啦啦队”，叫喊着：“同志们加油，加油呀！山上有泉水饮，快点上来呀！”有时又高声唱几首救亡歌曲，解除战士们的疲劳，鼓舞士气。

部队边打边走，不知爬了多少大山，绕着羊肠小道，经大安洞、布格村、埔仔洞，才转到高潭。高潭是第二次国内革命战争时期建立过苏维埃政权的老根据地，并且现在又有我们地下党的同志在工作，群众对我们很好，所以我们到了高潭就象到了家里一样，群众说：“红军又来了，我们欢迎红军。”可是，国民党这时已采取三路进攻高潭，企图一举歼灭我军。就在我军到达高潭后的第四天，由于前面部队出了问题，敌人突然出现在我军大队部住地，向我军进攻。我们吃过中午饭，同志们搭起了枪枝准备午睡了。忽然哨兵报告前面发现敌人，接着枪声就打响了。这时大家有点乱，有的同志连被帐都未带上，有的战士还来不及拿枪和系子弹带，敌人就到大部队的住地柑树下村前了，只见同志们冲着走。在大队部的刁慧文。叶少雅、曾伯强、蔡冰如、易焕兰和大关，还有两个小鬼王来和罗仔等九个同志走散了，与部队失了联系，掩蔽在一个山坑炭窑里，呆了一个晚上。第二天有个姓王的地方老百姓（记不清名字）说是部队叫他到山上来寻找被打散的同志，在炭窑里和刁慧文等同志联系，当时不敢一齐跟他走，怕上当，就先派刁化装和他去看个究竟，翻过了几座大山，来到海丰的石山村，时已深夜十二点了，刁一进屋就见到了小队长陈其禄（陈是在该地负责收容被打散同志的），高兴极了，即将情况汇报，当晚派那位王同志回去炭窑又把其余八个同志带回来，然后送到交通站分别归队，我这时刚从大队部派到第二中队部政工部，中队长叶清华，指导员黄业，住在高潭圩旁的一个小村。我们听到枪声立即集合，刚刚跑到村外一个小山湾的一块坟地上，就碰到敌人，双方打响了。敌人机枪密集扫射，我们边跑边喊口号："枪口对外，中国人不打中国人。"这时已有几个同志受伤了，鲜血直流。当时我有个亲戚在高潭罗屋，怕我在战火中牺牲，跑出来把我拉回村中掩蔽，不让我跟部队走，我挣脱那个亲戚的手说："我不能离开部队"，就加快步伐随着部队跑了。这天正好下着滂沱大雨，跑了一千米左右，遇上一条小河，河水上涨且又湍急，我不会游泳，跟着几个战士一齐冲向河中，你拉我扯就冲到河的对岸了。过了河，我和八个战士与中队部失去了联系（战士的名字记不清），只好绕着一条小路直向前面山头跑去，跑到半山腰有一片较密的树林，就此掩蔽下来了。但后面的枪声还没停止，一直响到下午四点钟左右。这天我们都没有吃晚饭，因情况弄不清楚，一直不敢出来。天黑了，同志们着急地说："现在我们找不到部队怎么办？"有个同志说：怕敌人来搜山，不如趁现在天还未亮再走远一些，分散几个地方掩蔽。我和另几个同志坚持不再远走，也不再分散（怕走远分散不好联系），估计不久会有人来寻找我们的。我说："我是女同志，高潭又有亲戚，如果明天下午还没有人来找我们，我就出去找。"叫同志们不要怕，顶多再饿两餐。天亮了，我们仍不敢出去，后来我和两个战士就轻步走出前面较稀疏的树林里，探望外面周围的情况，没有发现什么动静；只望见远处田间有人拿着锄头象看田水似的，看着，看着，我们就发现有人靠近树林轻声喊着："这里有人吗？可以出来啦！"边喊边向树林走来。这时留在后面树林的几个同志也紧跟着出来了［瞭］望。我们就一直观察这个人和分辨这种叫喊声，大家认为是来寻找我们联系的，不是坏人，所以就高兴地出来了。这个人态度诚恳，冷静给我们讲了一下外面的情况，并说，他是高潭当地群众，知道部队昨天走散了许多人，主动出来寻找；但他不说自己的姓名（现在看来，可能是地方党的同志），就带我们离开树林到一个小村里吃饭，晚上又随即带着我们走了一夜行程，天将亮才到达石山村。在这里见到了不少大队部同志，有邬强、卢伟良、彭沃、翟信、刁亮、王彦之等同志，直到这时候我们才知道当时中队和大队部失去联络，中队部碰到敌人一个团的兵力，战斗非常激烈，中队长叶清华在高潭五子山英勇牺牲，指导员黄业受伤，只由中队副带了一些人找到大队部。

在高潭战斗中，大队部特务长王雅宜在战斗前两个小时接受了邬强的命令，叫她去高潭圩购买米、火柴、火水、走马灯等用物。写给她一张条子，叫她找到米店的负责人，把要买东西的清单交给他便可。现在看来这间店铺就是我们地下党开办的，因为当时凭邬强一张条子，买东西可以不付钱。王雅宜带了一个战士买齐了东西，准备回大队部去时，就听到枪声响了，并且越来越激烈。王雅宜即把所买的东西交回店主，并说：“我不要了，我要赶回部队去。”该店主立即说：“你们不能走，跟我来，到我家掩蔽”（事后才知道店主叫罗克明）。罗克明匆匆带着王雅宜和那个战士离开高潭圩，到了他家一间小楼阁上住下。因怕国民党来村子搜查，住了两天，王琴就来与她联系，接上了头，当晚就带着王雅宜和那个战士到另一个地方掩蔽了一段时间。后来又由另一个同志把她带到汕尾郑重同志家去。在这里，王雅宜见到了刁慧文、易焕兰、叶彬、梁丽行和我等八九位同志。我们见面时是多么的高兴啊！大家不约而同地说：“没有想到在这里见面！”因为当时谁也不知道谁是否还活着。住在汕尾我们就没有什么活动了，经常小声，私私谈话，我们讲理想、讲未来、讲几个月来不断行军打仗的经验和教训。大家不但没有什么害怕和动摇，而且还挺乐观。如果说有时出现一些思想情绪，那就是不知在汕尾住到何时？恨不得快点出去干工作。郑重家里当时虽然很富裕，但他家庭有不少人还是支持革命的，我们记得他的母亲、嫂嫂和他的爱人王英都常偷偷地来看望我们并且常常端着新鲜的鱼肉给我们吃（他家是开鱼栏的）。当时我们都说，他的家有点象土地革命时期彭湃的家。

周伯明因在高潭被捕，后来越狱逃跑出来，也来到汕尾，我们见到他时高兴得热泪几乎流出来了。不久，部队接到党中央电报指示，曾、王部队立即把部队开赴惠、东、宝前线敌后作战，才能生存，才能发展（大意）……。根据党中央指示，部队领导决定打回惠阳、东莞、宝安前线去。这时部队虽然被打散了一部份人，死伤了一部份人，又被俘了一部份人（女同志邝爱莲、周坤、潭淑珍等同志也被俘了），减员很大，但是经过几个月的战斗，我们对于打仗行军，如何开展游击战争也就积累了不少经验，而且人员也精干得多了。不过，这时部队要夜行军，秘密打回惠东宝前线，不需要非武装同志随军做群众工作，因此只好将女同志另行分散安排处理。当时刁慧文、梁丽行、王雅宜和我四个女同志，由邬强布置疏散回惠阳掩蔽，并定了联络暗号交给地方党的同志，派人带着我们，化装成“人贩”（当时高潭、海丰等地有做“人贩”习惯）从汕尾出发，经惠阳多祝、平山、平潭等地。我和梁丽行回到良井，刁慧文与王雅宜回到新圩。大约经过二个月的时间，部队就派人来和我们联系，重新回到东宝前线进行抗日活动。从汕尾回到惠东宝前线的路上，我们四个女同志由于化装成为“人贩”，所以沿途在好几个村都给群众相过面，打过价钱。现在想起来也真有意思，觉得好笑，干革命嘛！这一点委屈算什么。其余女同志王颜之、李秉冰、欧巾雄。叶少雅、李少华、容克波、朱金玉等二十多位女同志分批从汕尾坐船到香港，以后陆续再转到抗日前线的部队去。

三

坪山事变突围之前，1940 年 1 月初的一天晚上，曾生叫李华、王柏、王琴、王伟华等四位同志去谈话，轻声地对他们说：“现在形势发生了变化，而且这个变化发展得很快，部队可能不久后就要行动，现在要派你们去高潭做群众工作，那里有比较好的群众基础，大革命时建立过苏维埃政权。”他们到高潭后，王柏分工管妇女工作，王琴做上层统战工作，王伟华做青年工作，李华负责支部书记，管发展党的工作。王柏住在柑树下王屋，高潭当时仍是国民党管辖，乡长王伯坤是柑树下村人，王伯坤在土地革命时期任过苏维埃财政部长，现在做了“白皮”“红心”的乡长。王柏假做王伯坤的侄女，化名王文英，从广州读书回来家乡做小学教师，利用这个合法地位进行发动群众工作。因为这个村全是姓王的，过去许多人都参加过苏维埃政权，有一定觉悟，警惕性也较高，全村的人对王柏都很好，特别是妇女们，她们中许多人都知道王柏不是王伯坤侄女，而是共产党派来的，是共产党人。不过谁都是心知就是，谁也不去说这些。王柏做小学教师兼办夜校妇女识字班，发动妇女，开展抗日救国宣传工作，做好迎接部队到来的准备工作。

高潭战斗，我部队撤离之后，国民党军队搜村捉人，怀疑王柏、王伟华是共产党，要捉她们两个人。可是当地群众齐声担保她们两个人不是共产党，而是王伯坤侄女和亲戚，是他们学校的教师。由于群众的坚持担保，国民党军找不到可疑的情况（这些军队是临时开进高潭的），就放了她们两人。但是国民党军的一个团却住在高潭柑树下不走（柑树下，就是我们大队部住过的），而团部又进驻王柏教书的那所小学。这时王柏利用已经摆脱了怀疑这一点，以第三者面目出现，向国民党军队宣传曾生部队不是土匪，宣传他们中许多是学生、工人和农民，因受不了日本鬼子残暴屠杀而组织起来抗日救国的。这个团部有个指导员偷偷地对王柏说：我也知道他们不是土匪，所以我们包围了他们时，枪口朝天打，我们前几天去搜山时，一进山有的人就先打枪，使他们早听到枪声有所准备。王柏继续做他们工作说：“你们做得对，国难当头，双方都应团结抗日，中国人应当不打中国人。”后来才知道追击我们的国民党军队中也有我们共产党员和进步分子。

王柏在高潭秘密发动妇女，送情报、送粮食、做交通带路和掩蔽伤员（当时黄业受伤就在高潭掩蔽治疗）。到 1940 年底，由于地方党内出了叛徒，王柏面目暴露了，工作不能再坚持下去，才从高潭撤回东宝前线工作。

四

东移海陆丰的斗争，由于走到国民党后方活动，方向不对头，所以斗争特别艰苦，吃了不少苦头，但又使部队受到了锻炼和考验。我们这些女同志，随着部队行军、打仗的锻炼，不但逐步适应战争的环境和艰苦的生活，在斗争中作出应有的贡献，而且也学会了同国民党反动派作有理有节的斗争。如邝爱莲、周坤、韦世珍、潭淑珍等同志被俘后，面对国民党军队的威迫，一直坚持抗日救国无罪，反对投降分裂打内战，直到取得了无罪释放的胜利。有的在战斗中与部队失去了联系的女同志，掩蔽在丛林中、炭窑里，经受了死亡与饥饿的考验，她们克服了种种困难，坚定不移千方百计寻找部队，直到与部队取得联系，坚持斗争。当部队急须［需］从速秘密打回惠东宝前线去，许多女同志需要暂时离开部队，分批化装撤退疏散时，能顾全大局，服从有组织有计划的撤退。后来又能积极主动与惠、东、宝前线部队取得联系，返回部队继续为民族解放斗争作出应有的贡献。

路西民运工作的回忆①

杨彩萍　曾　坚

一九四〇年秋，曾生、王作尧部队根据党中央的指示，由海陆丰秘密开回惠东宝前线，坚持敌后游击战争。王作尧、周伯鸣同志带领一部份队伍到宝安广九铁路两侧地区活动。当时番号叫广东人民抗日游击队第五大队。

广九铁路南端的布吉和深圳两个圩镇，日寇驻有重兵。在日寇没有打通广九铁路之前，铁路中段平湖、天堂围、塘厦等地驻有国民党军队。

广九铁路南端，东有梧桐山，西有鸡公头山。再往西二十里有一座阳台山。这带山区约有十万人口，三个乡镇——布吉、龙华、乌石岩。这三个乡镇的周围有二百多个大小村庄。这些地方抗日初期就有地下党活动，也是我们部队较早进村活动的地方，是我们部队坚持抗日斗争的根据地和战场。部队到达这个地区后，立即派出许多民运工作人员，进驻各村庄，开展群众工作。

我们驻村民运队的任务就是宣传群众、组织群众，发动群众起来支援部队抗日救国保家乡；揭露国民党顽固派不打日本鬼，专打抗日军民的反动政策和卖国罪行；宣传和执行抗日民族统一战线政策；团结各阶层抗日人士，做好地方上层统战工作；配合部队改造社会上的土匪、“捞家”，分化瓦解敌伪乡政权，争取他们中大部份人同情、支持我们部队；动员群众参加游击队，发展地方党员；组织农民抗日协会，建立乡村政权，巩固和扩大抗日民主根据地；筹粮筹款，减租减息，征收公粮，传送情报；发行

① 收录于广东省妇女运动历史资料编纂委员会东江组编：《南粤红棉——东纵女战士》，1983年，第123-136页。

部队的报纸等工作。民运队的任务是繁重的，要求民运工作人员作风上艰苦朴素，不怕苦、不怕累，为群众做好事，同群众打成一片，取得群众的信任和支持。特别是我们女同志，个个打扮成农村青年妇女的模样，住在群众家里和群众“三同”，担水、煮饭、淋菜、斩柴、抱小孩、洗尿布，样样都做，就象他们家里的人一样，与群众建立了深厚的阶级感情，不少女同志把“三同户”认作“契妈”、“契父”。我们利用这种关系作掩护，住在村中开展工作就更加方便。由于群众逐渐认识我们部队是真正抗日的军队，是人民的子弟兵，因而自觉自愿地组织起来支持部队。通过斗争的锻炼，涌现出许多男女青年积极分子，涌现出许多游击队的好妈妈、好嫂嫂、好大娘，为创造游击根据地和民主政权，作了思想准备和组织准备。

路西民运工作队的工作，随着形势发展变化而变化。我们的工作大致分为三个时期。

（一）

一九四〇年秋至一九四一年冬，我们第五大队民运队的主要任务，是迅速地开展布吉、龙华、乌石岩等地的群众工作，把群众发动起来，组织起来，支持部队，使部队有依靠力量，站稳脚跟，打击敌人，发展壮大队伍。当时民运队负责人先后有赵督生、芦克敏、刘宣等同志。布龙区委书记赵学同志和副书记杨德元同志，也经常来往各村协助部队民运队开展工作。由于有了地方党的配合，我们部队民运队的工作进行得较顺利。

当时女民运员的分布是，杨彩萍先后在布吉杨尾、大斜埔、乌石岩、长圳等村。朱金玉先后在布吉水逕［迳］、乌石岩、洪田。曾坚在木古、甘坑、樟坑、望天湖等地。张仕娥在光头仔、龙华弓村。刘玉珍在布吉木古。朱微在龙华元汾、布吉杨尾村。李又伦在龙华赤岭头等地。姚玲在板田村。以上都是女同志。当时也有不少男同志驻村的，如李征、李明、文贯、曾文、沈浮、陈子进、李培等，在西路还有孙冰、陈明同志。

太平洋战争爆发后，陆续增加进来的女民运队员还有：何景荀、黄峰、何瑛、何淑娴、王英、陈胜华、庞维满等同志。这个时期，民运队进村都是公开身份去的，一进村就旗帜鲜明地向群众说明来意，说明我们是抗日军队。

到一九四一年春夏，布吉、龙华、乌石岩等地的民兵自卫队、儿童团、妇女会、夜校识字班等各种群众组织陆续建立起来了，他们协助部队站岗放哨，热情接待部队同志来往住宿，帮助部队解决给养困难，掩护伤病员，送情报，做交通，送子参军，参加各种集会，十分活跃。接着布吉、龙华、民治（望天湖）三个乡的抗日民主政权也相继建立。乡政府成立后，在党的领导下，发动群众，发展生产，改善生活，支援部队作战，维护社会治安，深得群众拥护。

民运队员积极协助乡政权进一步发展民兵组织（十八岁以上至四十五岁都可参加，包括各阶层人士）。据不完全统计，当时布吉、龙华、乌石岩三个地方的民兵组织，已达一千多人。在民兵中又把骨干力量组成常备队（即基干民兵），常备队组织较健全，有大、中、小队，由地方党员和积极分子负责，随时准备接受任务，配合部队作战。例如：一九四一年春，布吉民兵七十余人随周伯鸣同志带领的部队到路东，奇袭苦草洞顽军的后方仓库，把所缴获的枪枝子弹和大批军用物资，运回杨尾和光头仔村。这些物资除武装部队和民兵外，其余的就由妇女会积极分子收藏起来，以备后用。春节后部队在泥坑开了一次军民祝捷大会，各村妇女会都把春节做的年糕、炒米饼和猪、鸡、鹅、鸭送来慰劳部队。

又有一次，驻在宝、深线的日寇，越过梅林坳经望天湖，来扫荡龙华。卓风康乡长接到通知后，立即到民兵大队部去集合常备队配合部队打埋伏。大队长何贵生带领民兵与卓风康乡长一齐登上水斗村后山，拦腰截击敌人，把敌人打得蒙头转向，只好抬着伤员和死尸向布吉方向撤退。当时妇女会也很勇敢积极，会长谢冬娇组织村中青年妇女煮茶水担上山给民兵喝。有的人听到枪声害怕，谢冬娇大声说："怕什么，赵学同志不也是女的吗，她还在山上指挥战斗。"说完就领着妇女们一股［鼓］作气把茶水担上山去。敌人被打退了，民兵和妇女们一齐打扫战场，中队长何信恩捡到一把马刀，把敌人被打死的战马削开，大家高兴地抬着马肉回家。

（二）

一九四二年春至一九四三年秋日寇打通广九铁路之前，这时国民党顽固派集中兵力，向我惠东宝抗日根据地进攻。斗争十分尖锐复杂。从一九四二年四月中旬起，国民党纠集顽军一八七师和地方杂牌挺进第六纵队及保八团等几千兵力，向我布吉、龙华、乌石岩等西路抗日根据地疯狂进攻，推行勤剿穷追的反动方针和三光政策（烧光、杀光、抢光）。南头、深圳等地日寇也频频出动“扫荡”我区，配合国民党顽军夹击我军。顽军到处捕捉我地方工作人员和村中积极分子，到处杀人放火，大肆抢劫群众财物，使我区人民群众陷于水深火热之中。布、龙、乌地区群众被迫坚壁清野，离村上山。这时我军活动地区缩小，老区几乎都被顽军占去。为了粉碎顽匪妄图消灭我部的阴谋，宝大领导决定把队伍分散活动，并采取深入敌后的方针。

为了做好日伪占领区的群众工作，发动敌区人民大力支持部队，坚持对敌斗争，宝安大队将我们民运队从老地区抽出一批人进驻到敌占区，在敌人眼皮底下开展工作。

一九四二年秋，杨彩萍调到深圳圩泥岗村开辟工作（村后炮台驻有日军）。由手枪队卢耀康等同志领着杨彩萍在夜间到泥岗伪村长郑华家，要伪村长对杨彩萍的安全负责，并住进他的家。当时伪村长慑于部队的威力，一方面硬着头皮表示同意；另方面又千方百计利用日寇进村活动企图吓走她。经过一番周旋，杨彩萍在泥岗站稳了脚之后，逐步寻找可靠对象，准备发展党员，暗中组织儿童团、妇女会。经过一番了解，发现该村有一户贫农寡妇，带着一子一媳，寡妇姓沈，儿子叫戴洪来，儿媳叫郑群娇。他们对游击队有好感，态度真挚，村中许多情况都向杨彩萍反映。为了对戴洪来加强教育，杨彩萍常帮助他们做家务、割禾种地。戴洪来农闲时爱去捕鱼，杨彩萍也跟随他去，以加强接触。不久洪来便成为泥岗村第一个共产党员。后来何妹、曾玉娇也入了党。另方面做少年儿童工作，给他们讲游击队小鬼同日本仔、同“河呵鸡”斗争的故事。他们很爱听，也很恨日本仔。杨彩萍因势利导，就在该村暗中组织儿童团，以郑石清为团长，有郑银保、郑狗仔等人参加。儿童团很积极，一见到日本仔从炮台出来活动，或听到外面有敌方消息，就向杨彩萍报告。

泥岗妇女都很积极帮助部队，为部队活动做了不少工作。有一次我手枪队在深圳以西的上步与日本仔遭遇，打死一名日本兵。我手枪队有一个同志受伤，走到泥岗，郑群娇、何妹等迅速把伤员藏好，敌人追到村中，把群众都赶到晒谷场，用枪威胁群众把伤员交出来。群众都说不知道。敌人找不到可疑迹象，无可奈何撤走了。郑群娇等人还为部队送钱送物，送报纸宣传品，送情报。有时手枪队深夜路过泥岗，她们主动烧水、做饭，尽力为手枪队解决一些生活问题。

泥岗村的男女青年，在对敌斗争中不断提高觉悟。参军的男青年有郑石清、郑元有等十余人。参军的女青年有王玉英、郑兰妹等六人。泥岗群众在抗日战争、解放战争中都为革命做出贡献。

杨彩萍通过泥岗小学教书的老先生梁秉儒的关系（梁是草埔人），到草埔活动。梁秉儒受过大革命的影响，曾参加进步人士梁金声等在草埔开办民族中学，宣传抗日救国等活动。抗战后梁金声去了延安，梁秉儒留在原乡泥岗、草埔一带教书。杨彩萍进驻草埔后，开展募捐借粮，梁秉儒积极支持，并协助杨彩萍做了许多工作。

草埔是个行政村（位于布吉圩与深圳圩之间），周围有十条自然村，自然村多则六七十户，少则三四户。杨彩萍住在草埔企凹头小村，这条小村离铁路较远，偏僻，周围又有较茂密的树林，中间住了三户人家。一户叫张嫂，另一户是刘嫂，还有一户孤寡老大娘。杨彩萍与张嫂同住了几个月，亲如姊妹一样。张嫂、刘嫂的丈夫都去了南洋，太平洋战争爆发后，音讯全无。他们对日寇恨之入骨，对我抗日游击队十分支持。企凹头这个三户人家的小村，既是我们民运队的落脚点，又是我们伤病员隐蔽的地方，交通人员来往之地。不久民运队许佛腾、何淑娴、张平也来了，许、张住在上草埔，何住下草埔。草埔不少青年参加部队，如梁学、梁福胜等十余人，并且出现了象钟锤那样的英雄妇女。她为部队送情报经过观兰

［澜］圩，被顽军抓去严刑拷打，逼她口供，她坚贞不屈，藐视敌人，在观兰［澜］圩就义前，高呼“游击队万岁”！

杨彩萍通过草埔群众在上步、南头等地的亲戚来往，从他们口中了解敌伪情况，同时教育他们回去暗中宣传我们游击队的抗日主张；还与他们一起走访亲戚，进村个别活动。不久，杨彩萍调到离南头不远的白芒村工作。该村有个张金雄，他与南头一带“捞家”有来往，也有一定威信。当时张金雄已与我们部队有些接触，也常帮助部队做点好事。为了进一步争取张金雄，使他全力转向我们，以便通过他去控制南头一带“捞家”活动，一九四三年六月，部队决定派杨彩萍进驻张金雄家。由赵督生同志领着杨彩萍在西路长圳村见到了张金雄，由张金雄亲自带杨彩萍到他家住。赵督生交代杨彩萍的任务，主要是和张金雄家人搞好关系，了解张金雄的活动情况，转送张金雄从南头等地弄来的情报，发动张金雄为部队购买必要的物资等工作。

白芒村离西乡圩、南头城都不远。两地都驻有日伪重兵。该村是南头至乌石岩公路的中间站，公路上日伪军经常来来往往，也常进村捉猪、鸡，捉人做苦工，群众都很害怕。但张金雄和他妻子还是冒着生命危险，留杨彩萍在他家食宿，并为我们部队做了许多工作。他还积极在这一带地方，为部队筹备税收，协助部队解决经济困难，动员青年参军。后来部队委任他为白芒税站站长。一次国民党军来打税站，张金雄与敌人搏斗，负重伤被捕，惨遭杀害。

一九四二年七月，曾坚调到敌占区沙湾南岭村工作。当时通过部队同志介绍，以探亲为名住进该村谭祥集嫂家。南岭是沙湾一条较大的村子，位于梧桐山下，有六百人左右。驻在沙湾圩和丹竹头的日伪军经常到这一带村庄抢掠，并在离沙湾几百公尺的球水景山顶修炮台，控制各地行人。日寇在山下巡逻，对所有行人都要检查，稍有好食的东西都被他们抢去。

曾坚进驻南岭后，为了摸清情况，白天和群众一起下田、上山斩柴，晚上教群众读书识字，讲革命故事。群众逐步了解她、相信她。民运队负责人赵学同志也常到南岭指导工作，找伪村长讲明形势，要他不要做与人民为敌的事，不要做日伪的奴才走狗，警告他不得泄漏民运队驻村的消息，讲明游击队驻村的安全要他负责……。通过不断工作，唤起了伪村长的民族感，提高了他的觉悟，他后来为部队做了一些有益的工作，不但愿意掩护我民运队住村，还为我民运队去伪乡府领取“良民证”，为我们开展工作创造了条件。南岭经过一段时间的活动，加上当地群众长期以来受到日伪欺压，尝尽了苦头，一旦提高了觉悟，很快就组织起来。妇女会有三十多人，自卫队也发展到四十多人，还有儿童团、护路队等组织。后来又在自卫队中挑选了一些骨干，如谭子荣等人参加游击队，还发展了张水娇等两名妇女党员，使整个南岭掌握在我们手里。一九四三年六月宝大袭击丹竹头伪军据点，事前就是通过那些组织起来的群众，用探亲访友的办法了解敌情——人数、装备、活动规律等。他们为协助部队成功地拔掉丹竹头的伪军据点做出了贡献。

曾坚到南岭工作后，听说四渡水、感龙坳一带公路，有一伙流动土匪队伍，抢劫来往客商财物。当地群众白天怕日本仔，晚上怕土匪。她经过一步步了解，这批土匪是南岭村以张秤娇、林火贵为首的十八个青年纠合的。这些人大多是穷苦人家的孩子，由于不堪日寇欺凌，屈于生活所迫，挺［铤］而走险，企图通过抢劫来“捞世界”。周围村庄对这些土匪又恨又怕。他们的父母明知其儿子走的是不正之路，但又无可奈何。为贯彻党的团结抗日政策，部队决定改造争取这股土匪。于是曾坚就向赵学汇报，共同分析研究这股土匪的情况和对付的办法。为了更有效地做他们的工作，曾坚特地从祥集嫂家搬出来，住进土匪骨干林火贵家。他们的家属听到游击队要改造这批土匪仔，十分高兴，但又担心一个还不到二十岁的姑娘，能否做通他们的思想。曾坚耐着性子找他们谈话，赵学也常来教育他们，要他们认识国难当头，不要做亲者痛仇者快的事。加上政委何鼎华也通过各种关系，找他们队长谈话。经过两个多月的反复工作，大多数土匪思想渐渐开窍，从内疚到希望改邪。也有一些慑于游击队的威力而同意改造的。一九四二年十一月将这股土匪改编为护路队，并从自卫队中挑选十多个思想较好的人掺进去。宝大马史同志专程来宣读护路队的章程和纪律。潘陆同志还去当过一个多月指导员。护路队活动在感龙坳至深沙公路之间的大路上，保护过往行人，收一些护路费维持生活，向过路行人宣传游击队政策。由于护路队接触过往外来的人多，得到情况也多，因而他们又是情报队。

这支护路队，除原来队长张秤娇、副队长林贵英抢劫成性，继续顽固与人民为敌，被我部队枪决之外，其他队员大都表现还好，有些回家务农也很积极生产，有的后来配合部队作战很勇敢。有一天日寇来南岭“扫荡”，林火贵不顾个人安危，冲出敌人包围圈，跑去园线窝山坑通知部队转移。当时敌人向他开枪，他受伤了全不顾。林火贵的母亲是个寡妇，吃野菜杂粮拉大火贵这个独生子。过去母亲眼看他走上邪路，终日伤心痛哭，现在看他改好十分高兴，逢人便说：“游击队一来，人都变好了，现在火贵性子转好，我就安乐了。”一九四四年林火贵与肖天来土匪部队作战，光荣牺牲。

南岭妇女会曾去沙湾散发传单，她们胆大、心细、镇定、勇敢，办法也多，好几次弄得敌人心惊肉跳。大嫂们挑着农产品到沙湾去卖作掩护，把传单丢在街头巷尾，卖完农产品，买回生活用品，挑着箩筐三三两两自然地回家。敌人那会想到，散发传单的正是这些身带“良民证”常出常入沙湾圩的普通妇女。

就在这个时候，民运队来了一位一九三九年从越南回国参加抗日的华侨女青年朱金玉同志。她回到东江抗日游击队后，严格要求自己，刻苦磨炼，很快就适应了部队艰苦生活的要求。她和其他女民运队员一样，身穿农村妇女的服装，头带［戴］凉帽，脚踏千里马草鞋，深入发动群众，支援抗日部队。朱金玉同志在洪田村工作，不幸被顽军捉到。尽管敌人对她重刑逼供，她英勇顽强，坚贞不屈。后来顽军王文光老婆认出朱金玉同志是我军大队副周伯鸣同志的爱人（因一九四一年冬，我五大队捕捉了王文光老婆，曾派朱金玉同志去做她的工作，所以王文光老婆认识朱金玉同志），就软硬兼施，威逼利诱，企图得到我军情况。朱金玉同志始终以坚定无畏的革命精神，怒目以对，批驳敌人的无耻滥［谰］言。敌人不得其法，就用重刑折磨她，但她宁死不屈，视死如归。后来她被押赴刑场。朱金玉同志高呼“坚持抗日，反对内战，打倒国民党反动派！”英勇就义。朱金玉同志英勇牺牲的事迹，深深教育了我们全体民运队员。

（三）

一九四三年十一月，日寇打通广九铁路之后，顽军畏敌如虎，逃之夭夭，丢下大片土地。我们部队随即敌进我进，收复失地。同年十二月二日东江纵队成立，公开宣布我们部队是中国共产党领导的广东人民子弟兵，极大地鼓舞了我区军民的斗志，掀起了对敌斗争的高潮。这时我路西民运队工作人员又有新的任务，特别是原在敌占区工作的同志，如鸟出笼，有的返回老区重整各类群众组织，迅速恢复政权。有的飞向新区开展群众工作，建立民主政权。当时，路西民运工作负责人，东片是赵学同志，西片是郭坚同志，由一支队政治处直接领导（政治处主任是李征同志）。这时形势大好，任务繁重。我们民运队调到各地新区，迅速组织农民抗日协会，组织广大民兵配合部队在敌后开展游击战争。路西当时就拥有农抗会员四万多人，民兵七千多人，随时配合部队作战。乡村政权建立后，实行减租减息，退租退息，征收公粮，建立税收制度。号召有钱出钱，有力出力，抗日救国。做好上层统战人物的工作，向地主豪绅和富裕农民募捐。组织农民生产自救，成立生产救济会等工作。

一九四四年七月，路西地区在观兰［澜］章角塘开了一次党政军会议，主要讨论在游击区开展减租减息，退租退息。参加会议的路西领导同志，有黄宇、谭天度、何鼎华、李征、李东明等人。会后决定由曾坚带一个民运队进入燕村搞试点工作。队员有叶一萍、叶芬、张瑞英等十余人。燕村试点后，很快就在路西地区全面铺开。生活在几千年封建制度压迫下的贫苦农民，听到要进行减退租息，十分高兴，参加开会非常踊跃。但也有些人担心地主有朝一日报复。有些地主手中又有武器，所以群众都有些顾虑。民运队一方面发动农民组织农抗会，参加自卫队，掀起抗日保家乡群众运动，并将部队袭击天堂围伪军所缴获的枪枝武装自卫队员，增强他们配合部队抗日斗争和夺取减租减息的胜利信心。另方面民运队也对地主进行教育工作，特别对那些比较开明的地主，动员他们带头减退租息。同时对个别顽固地主对抗减退租息的给予打击，如松年下地主陈某又是三青团的骨干，他经常破坏减退租息，暗中威胁群众，挑拨军民关系，群众要求对他严惩，以消除障碍。经过教育无效，把他处决了，大快人心，使这一带地方减退租息得以顺利进行。在减退租息斗争过程中，各地都涌现出大批积极分子。他们深感只有共产党领导，才有农民的翻身解放，所以踊跃参军，积极交纳公粮。群众生产积极性也普遍提高。

一九四四年夏天，稻谷成熟时，南头、西乡、沙井等地日伪军出动抢粮。我民运队配合政府动员组织群众数万人进行反抢粮斗争，保卫夏收。路西部队和群众并肩月下抢割，边割边打，边运走。一九四四年十二月二日路西庆祝东江纵队成立一周年纪念大会时，有三万三千多群众参加大会。各地群众热烈慰劳部队；掀起拥军、参军热潮。我军迅速扩大，成为广东人民解放斗争的强大武装力量。苏军攻克柏林，战胜德寇，路西军民召开万人庆祝大会。最后各地民兵配合部队上前线，开展对日寇大反攻。抗日战争终于胜利了。

难忘的老区妇女群众[1]

杨彩萍　曾　坚

回顾在抗日战争的艰苦岁月里，我们部队在党的领导下，依靠了人民群众，克服了无数的困难，闯过了无数的险关，才取得了革命的胜利。特别难忘的是老区的革命群众，他们对自己生命的危险、家财的破产，儿女的安危都在所不顾，全心全意地支持部队，坚持斗争。仅宝安路西一带，就有许多支持革命、热爱祖国的妇女群众。她们是我们游击队的好妈妈、好嫂嫂、好大娘，我们部队还亲热地称她们为八大员、九大员——宣传员、运输员、采购员、炊事员、交通员、情报员、侦察员、护理员和保卫员。她们用自己的行动写下了光荣的一页。

杨美村的梁嫂

布吉杨美村著名的积极分子梁嫂，为了部队的需要，不知什么叫做危险、困难，胆大心细忘我工作。一九四〇年秋冬，我部队刚到杨美一带山区活动，许多同志在她家出出入入。在她家吃饭、洗澡、缝补衣服，她都热情关照。她还经常组织该村妇女，帮助部队磨谷舂米，送米、送菜上山。事务长梁志明碰到部队供应有困难，就去找她商量解决。她常常省吃俭用，把家里粮食拿出来支援部队。一九四二年，部队发动群众破坏布吉至龙华的公路，梁嫂带头参加。在破坏敌人通讯时，她给部队带路去原头村剪了大捆电线。她家又是交通情报站，有了敌情，她冒着危险赶送去部队。她还细心护理伤病员，在缺医缺药的情况下，她想尽办法去河边、到山上采摘青草药，重病号更是得到她悉心照料。

---

① 收录于中共深圳市委党史研究委员会办公室编：《广九烈焰》，1983年，第357–364页。

太平洋战争爆发后，部队从香港九龙搞到一批枪枝弹药回来，有一部份物资需要藏起来。梁嫂接到任务后，便和丈夫刘马养一起，在村后沙梨园找到一处合适地方把物资埋藏起来。一九四二年△月阮海天同志（“宝大”副大队长）的警卫员刘△△被捕叛变，刘知道部队在梁嫂楼上藏有书、文件、《前进报》、药品等物，便带国民党顽军来她家搜查。结果被搜出一大批书报药品，顽军当场放火把梁嫂的屋全部烧掉了。顽军还到处找她的儿子，企图斩草除根。幸好她的儿子给群众带走了。另一个叛徒邓△△带了几个国民党兵追捕梁嫂，她机智勇敢避开敌人，跑出村外，跳下河里，才摆脱了险境。当天晚上梁嫂回村看见自己的房屋被烧了，十分痛苦。但她想到“许多同志为革命牺牲了生命，自家房屋被烧算得了什么”。于是，她同部队联络上后，又继续工作了。

一九四六年夏天，部队准备北撤山东，有部份留下的军用物资交给梁嫂收藏。她和丈夫通力合作，从天黑一直干到天将亮，分几处地方把物资收藏好。这时形势很紧，国民党顽军实行“填空格”战术，每天都到杨美一带搜剿。梁嫂带着八岁的孩子，东藏西躲坚持工作。

部队北撤山东后，国民党扬言要捉她的丈夫刘马养和岗头村党员陈德林同志（后来陈被捕，壮烈牺牲）。为了躲避敌人，刘马养同志住在山上病重也不能回家治疗，由于环境恶劣，得不到药物治疗，不久马养同志不幸逝世。他临终时怀着革命到底的坚定信念，对梁嫂留下了感人肺腑的遗言：“我死后你不要哭，我们都是共产党员，还要坚持革命工作，世界始终是我们的……”梁嫂含着眼泪点头，以安慰马养同志。

一九四七年，党在宝安重建武装，梁嫂又积极配合地方党的张辉、梁忠等同志，串连党员和积极分子，发动群众配合我武工队在布吉一带开展反“三征”斗争（即反对国民党征粮、征兵、征税），继续为解放战争作出贡献。

八大员刘亚娘

杨美还有一个游击队的好妈妈——刘亚娘（名叫丘银娇）。我民运队一九四〇年冬进村后，刘亚娘积极帮助民运队串连发动群众，并带头参加妇女会，上夜校妇女识字班，还经常帮助部队解决给养困难。我第五大队大队部的副官杨元有当时住在刘亚娘家，她积极协助杨元有和总务叶茂采购油盐柴米。她还冒着生命危险，带着十多岁的儿子刘展明到深圳、布吉（驻有日军）、观澜（驻有国民党顽军）等地，购买部队所需要的物品。后来其儿子刘展明逐步有了一些对敌斗争的经验，刘亚娘就放手让自己的儿子去做。刘亚娘母子当时虽然还不是正式的游击队员，但实际上是部队可靠的骨干力量。

一九四一年冬，香港沦陷，部队抢救文化人，护送茅盾等一批文化人回内地。刘亚娘也参加了接待工作，送米、送菜照料这批文化人的生活。他们从刘亚娘身上看到游击区军民关系亲如骨肉，赞叹不已。

刘亚娘疾恶如仇，她的"驳脚"外家的大哥，是顽军的密探，她十分注意其活动情况。有一次她知道其哥哥回家，就即去告知民运队何景荀同志，通知部队，把他逮捕了。

一九四二年，国民党顽军来杨美村抓刘亚娘，抓不到就把她家的水缸、桌椅板凳砸烂。刘亚娘无所畏惧地说："保护同志要紧，这算不了什么"。后来她两个儿子相继参加了部队，刘亚娘带着小女儿在村中坚持工作，掩护部队伤病员、送情报、收藏军用物资、交通联络，什么工作都做，一直坚持到一九四六年部队北撤。

一九四七年春，党在惠东宝重建武装，我护乡团第三大队又在布吉、杨美、甘坑、木古、白石龙一带活动。当时由于部队力量还小，不能暴露，不便进驻村里，经常住在山沟或果园。刘亚娘得知部队回来了，十分高兴，她第一个主动上山找部队。同志们见到刘亚娘，就象孩子见到久别的亲娘，格外高兴。刘亚娘立即将村里村外的情况向副大队长李和、政委杨培汇报，并继续帮助部队购米买菜做饭。部队给养遇到困难时，只要她家里存有油、盐、柴、米，就主动拿出来给部队。

一九四八年六月。大队长张军、副大队长李和带领部队攻打沙尾海关，全歼国民党反动派海关武装人员。缴获了一批枪枝弹药，除补充装备部队外，其余交给刘亚娘负责收藏隐蔽。国民党不甘心失败，抽调近二千兵力，疯狂向我杨美、木古、白石龙一带“扫荡”，企图围剿我部队。这时刘亚娘为部队转送情报、搞给养，白天黑夜奔跑在甘坑、木古、大斜埔、白石龙一带，同李和、杨培取得了联系。小队长巫奇在布吉受伤，与部队失去联系，半夜里去杨美找到刘亚娘，刘亚娘急忙把他掩藏起来，细心料理。与部队联系上后，即把他转移到更安全的地方治疗。

一九四八年七月，刘亚娘被国民党逮捕了，敌人满以为能从刘亚娘口中得到部队的情况。谁知对她用尽各种刑法［罚］，却只能得到“不知道”三个字。为了营救刘亚娘，党组织发动群众签名担保，又通过一些保甲长和地方绅士出面活动，花了大笔钱，内外串连，终于把刘亚娘营救出来了。她出狱后，并没有害怕，反而更加积极帮助部队。她那种坚强的革命意志和真挚的阶级感情，使同志们深受感动，大家都把她当作自己的亲娘，人人都称呼她为亚娘，称赞亚娘是我们部队的八大员。

大斜埔江嫂

布吉大斜埔村有个江嫂。她是人们公认的妇女积极分子。她经常帮助部队收藏粮食，发动本村妇女为部队磨谷、舂米、当交通送情报、掩护伤病员等。有一次李朗税站税收员吕△△（名字忘记了）受了伤，掩藏在江嫂家中养伤。顽军突然包围了大斜埔，挨家挨户地搜索。吕同志无法出村，只好上江嫂家楼上躲藏。当敌人到江嫂家搜查，正要上楼搜查时，江嫂机智地抢先上去，扬声说“你们上楼看吧，穷人家楼上有什么呀”。吕同志立即将短枪对准楼梯口，准备与敌人搏斗。正在危急关头，江嫂有意从楼上摔了下来，头部跌伤流血不止。几个国民党兵看见江嫂摔破了头，又见不少群众涌来为江嫂包扎止血，把楼梯口堵塞了，于是嚎叫了几声便离开了江嫂家。吕同志安全脱险了。江嫂保护我们抗日游击战士是付出血的代价的。她当时年龄不过是三十出头，又不识字，但她为了革命不怕困难、不怕流血牺牲，且能机智勇敢地战胜敌人。我们永远忘不了她和我们同生死、共患难的战斗生活。

上木古刘带嫂

上木古的刘带嫂，她不但在本村走家串户协助民运队曾坚同志工作，还亲自领着曾坚到下木古做好谢桂嫂的工作，让曾坚住进谢家。刘带嫂是个寡妇，带两个孩子，还积极支持部队。有一次，国民党顽军从观澜来上木古扫荡，眼看敌人就要到村了。刘带嫂急忙叫曾坚等几个同志赶快上山，而她自己留下把文件、衣物迅速收藏好，才赶上山来。凭着她对地形道路的熟悉，领着曾坚、黄思明等同志，爬过山梁、走下山沟，钻进草丛脱险。

一九四一年夏，我部队袭击石鼓圩顽军，打死打伤一些敌人，缴获一批枪枝子弹。我部队也伤了两个同志。刘带嫂和曾二娇立即从十多里外赶来把伤员抬回木古掩蔽。刚回村还未吃上一口饭，又立即为部队烧水、煮饭，忙个不停。在刘带嫂的影响下，该村妇女都行动起来帮助部队。

一九四二年四月，国民党顽军进攻我游击区，到处搜索我队人员。我钢铁队二十多人，掩蔽在木古附近的山洞，一连十几天都是刘带嫂煮饭，担上山洞给部队同志吃。为防止敌人袭击，部队十几个人转移到附近的肩岭下山沟掩蔽，又是刘带嫂找米寻菜，煮好饭担给他们吃。后来这些同志转移到苏荣碑，刘带嫂知道后，十分惦念，第二天又把米、菜送去苏荣碑，见到同志们平安无事，她才放心。有一次手枪队苏光等同志，住在了哥笼昂山寨里，刘带嫂又主动设法送米送菜，还帮助他们到山区圩上买生油做擦枪油用。像这些工作，刘带嫂领着木古妇女积极分子不知做了多少次。

固戍嫂

一九四三年，何小冰同志生病，带着自己的婴儿偕何伯母（即何鼎华同志母亲），在固戍一位贫农妇女家掩蔽（名字忘记了）。为了她们的安全，这个固戍嫂把她们安排在自己家隔离的房子住。有一天日寇来搜查，固戍嫂急速来报告："日本仔进村了，赶快把东西收藏好。"何小冰立即把书、钢笔、近视眼镜收藏在大灶内，然后背着自己的婴儿往外跑。一出门就遇见日本仔，她急中生智，用力捏婴儿的脚，婴儿大哭。敌人不在意，就进到她的住房查看。何小冰乘机走到村头躲开日寇。固戍嫂还冒着危险急忙去通知另一处掩蔽的部队衣车组，让她们赶快躲避。然后又赶来村里找来几个亚娘、亚嫂，把何小冰围在中间。日本仔在人群中指手划［画］脚嚎［号］叫着，意思要清查什么人。何小冰周围的亚娘、亚嫂心里紧张，强作镇定小声对何小冰说："不要怕，有我们掩护你，日本仔认不出来的。"日寇叫嚷完便收场走了。一场惊险风波过后，固戍嫂对何小冰说："何同志，我真担心，如果出了事，我就对不起部队。"这些真挚的肺腑之言，不但当时使何小冰十分感动，也使她永远难忘。

回顾战争年代，虽然事隔四十多年了，但是那时革命群众用自己智慧和生命保护我们，帮助我们，与我们一起坚持革命斗争，是永远难忘的。以上的事，只不过是千千万万个事例中的代表。有了广大革命群众无穷无尽的力量，才有今天的胜利。

在毛泽东思想指引下奋战八年（节选）①

杨康华

……

我军之所以有力量，又由于部队具有优良政治素质，全军上下团结一致，高度发挥了集体智慧，高度发扬了艰苦奋斗、英勇牺牲精神。据不完全统计，八年奋战中我军牺牲指战员共二千五百多人，其中不少是爱国归侨和港澳同胞。这些东江英烈中有在东移受挫时惨遭国民党顽固派杀害的李燮邦、何与成、卢仲夫、罗尧、罗振辉和叶镜源等烈士；有战斗在顽军心脏，以后为争取伪军而英勇牺牲的地下党员李一之同志；有在1942年的反顽斗争中，顽军袭击我阳台山区的伤兵医院时掩护伤员撤退，英勇献身的中队政治指导员、菲律宾归侨沈尔七，同时不幸被俘、壮烈牺牲的有女卫生员陈笑影、王丽、莫福娣。还有为部队筹集经费、被顽军枭首示众的税站总站长黄国平、税收人员张金雄。1942年12月，我军卢耀康、马来亚归侨陈炎等十七人，在宝安县黄田，与大股顽军顽强作战到最后一颗子弹，在海滩的泥泞里全部壮烈牺牲。1944年5月，日军远道奔袭东莞县之梅塘，独立中队政委钟若潮（李中）率部抗击敌人于梅塘的高地马山，从拂晓坚持到下午，直到附近我军赶到进行合围，才使敌人大败溃逃。马山之战，钟若潮同志壮烈牺牲。他是暹罗（泰国）华侨工人，牺牲时新婚方三日。1944年7月21日我军一部在奇袭伪军全胜后，沿平湖、龙岗公路转移，被增援日军追击。该部的黄友“小鬼班”担负阻击敌人，掩护部队撤退，最后全部壮烈牺牲。他们的英勇事迹极大地鼓舞了全军。党中央得悉后，追认黄友烈士为广东人民抗日游击队战斗英雄、中国共产党模范

① 收录于刘中国、余俊杰等编：《白石龙文钞》，花城出版社，2015年，第157–164页。

党员。同年9月，我北进部队远离东江基地，挺进北江地区时，女政治指导员黄宝珍在作战中被俘，在顽军严刑毒打下坚强不屈、从容就义。还有率自己的儿女六人从香港回来参加抗日游击队、为全军上下一致景仰的李淑桓烈士牺牲在顽军之手。港九大队女中队长方兰年迈的母亲冯芝烈士在香港当义务交通员，为掩护同志挺身而出牺牲在日军牢笼之中。许许多多前仆后继的烈士，为国家为人民献身的伟大精神永远是我们学习的榜样。大队政治委员李少清，是国统区著名的“孩子剧团”团员，在部队锻炼成为一个优秀的政治工作者，1945年6月，在我路西部队进攻敌伪作战时中弹牺牲。大队长沈标（香港工人），在新基之战全歼伪军一个整营的作战中重伤身亡。1945年7月，我博罗部队为保卫罗浮山基地，在柏塘之“三棵松”山头抗击顽军，二十多名指战员在战场上流尽最后一滴血。短枪队是我军的特殊兵种，他们或者神出鬼没地独立作战于敌伪心脏，或者在攻打敌据点时担负爆破和突击任务，战功卓著，敌伪为之丧胆。由于他们承担最危险的战斗任务，不少队员英勇牺牲了。他们当中有陈前、刘黑仔、叶风生（南洋归侨）等。刘黑仔烈士纵横港九的战绩，几十年为人称道不衰。“为有牺牲多壮志，敢教日月换新天。”让我们踏着烈士的血迹，继承和发扬他们的伟大献身精神，在“四化”新长征途中奋勇前进吧！

（说明：本文载于1983年12月29日《羊城晚报》，副标题为“回忆东江纵队”。）

江北指挥部电台见闻（节选）①

杨　钊

一、敌人突然袭击　电台失而复得

1945年8月11日凌晨，在罗浮山的东江纵队无线电台收到从延安发来的电报，传来了一个激动人心的特好消息：延安总部朱总司令8月10日24时电示，日本帝国主义宣布投降，命令东江纵队立即向日军发出最后通牒，限期投降，如遇拒绝，坚决予以消灭。我们有幸能首先获悉这一喜讯，纷纷奔走相告，刹那间整个电台都沸腾起来了。中国人民经历了八个年头的英勇奋斗，流血牺牲，终于把凶恶残暴的日本侵略者打垮了，怎不教人欢欣鼓舞啊！可是，在这一派喜庆声中，人们慢慢地意识到眼前的现实情况：我们部队远离中央，孤悬南方，日军还占据着大小城镇，按兵不动，特别令人气愤的是那些在抗战期间龟缩在大后方的国民党军队一下子都窜了出来，争夺胜利果实。内战危机迫在眉睫。同志们的心情又沉重起来，预感到一场新的斗争即将降临。

9月初旬，伪军李潮部队配合国民党军进攻我解放区福田后，形势急转直下，纵队司令部向江南转移，东江北岸成立江北指挥部，指挥员周伯鸣，政委陈达明，我和文键带着一部电台留下，在极其仓促的情况下，连领来的收发报机还来不及调试，就和总台分开了。

我们电台与其他留下的同志一起临时混编在一个队伍。第一天住在冲虚观，次日早饭后，整队向横河圩方向进发，沿途有不少乡民也往横河

① 收录于中共宝安县委党史办公室编：《回顾东纵电台工作》，广东人民出版社，1989年，第79—93页。

“趁圩”，我们队伍夹杂在人群中，不知不觉就抵达横河。这时圩场上人头涌动，热闹非凡。队伍也在圩场外暂作休息，不少同志跑到圩上买茶解渴。我也走进一家小店，边喝茶边向老乡打听消息。

突然从门外跑进一个神色慌张的老乡，边走边喊“国民党来了”。我闻讯后马上冲出去，跑到队伍集合点。这时，从河对岸的山头上传来了一阵阵枪声，我们队伍包括电台的同志都在杂乱的人群中向圩场外奔跑。我紧紧地拖着文键冲出村口，朝着一片开宽［阔］的田野往前直奔。

敌人的子弹在我们四周飞舞，只见稻田上冒起雨点般的水泡，竹林里不少竹竿被打得断头折腰，子弹呼啸连声不断，所有这些我们都顾不上了，一股劲地直往前冲。眼看文键跑不动了，我就把她的行李接过来，连推带拖地拼死前进，以期迅速摆脱敌人机枪的射程。如是跑了两三里路，到达一个小山坡，大家都到山后歇口气。不久，被打散了的人员陆续到达，我们电台的同志也已到齐，都安然无恙，我为此松了口气。可是立刻又发现那几个装载机器的箱子都不见了，手摇发电机也没有了，一问才知在慌乱中已把这些机器放入路旁的水沟里，“掩藏”起来了。这下子可把我急坏了，没有机器，我们电台这些人留下来干什么？这是多么严重的事情啊！我急忙向领队的同志报告。可是，前面枪声未断，情况不明，队伍还要赶路，只能与当时指挥战斗的同志说明情况，请他们帮助找寻。同时派副官欧香和两位摇机员去找地方党同志，请他们动员群众，密切注意器材掩蔽的地方，一旦发现，就妥为收藏。

安排完毕，队伍继续前进，我背着沉重的思想包袱跟着队伍向山区转移。由于情况不明，走走停停，直到半夜才在一个围村的学校住下来。

次日凌晨，队伍又到附近的山头掩蔽，等待上级的命令。我独个儿默默地蹲在一棵松树下，无精打采地凝视着山下小径，盼望着欧香他们及早回来。太阳西斜时分，欧香他们满头大汗爬上山来，一看他们两手空空就知道情况不妙，我急切地迎上前去，得到的尽是一些含糊不清的答复。眼看天气晴朗，一旦溪水退落，那些被掩蔽在水沟里的器材就会暴露无遗，必须尽快设法赶到现场，及时抢救回来。经请示领导同意，由曾明带我以及丢失器材的几个同志连夜赶往横河圩。沿途，曾明到他所熟识的围村找老乡了解敌情，知道敌人并未向前推进，于是加快步伐，于天亮前赶到离横河圩约十余里的村庄，找到地方党同志询问，了解到横河圩已无敌情，但群众仍不安稳。

我们稍事休息，决定中午由地方党同志带领到横河圩去。在前进途中，一个挑着行装的小鬼迎面而来。他说他的队伍昨天也被打散，今天一早他就赶回去把丢失的东西捡回来。我赶上前去问他有没有看到几个大铁皮箱子。他摇了摇头，但又说好象有人问过他什么箱子的事。这是不是我们正要寻找的器材呢？我们于是加紧步伐，迅速找到横河圩地方党同志。他们说："昨天敌人只是路过对岸，没有过河进村，但乱枪中有10余人受伤，我们在救护时有人报告说在沟边看到一些扁担和绳子，拉上来都是几个铁皮箱，经察看知道是军用物资，就扛回来收藏好。"

我们听后都万分高兴，连声道谢，随即跟着他们走进迂迴［回］曲折的小巷，在一个岌岌可危的牛棚里，从禾草堆里搬出一个个箱子和用麻布包裹着的手摇发电机。我面对这些宝贵器材，就象慈母找回失散多年的孩子那样，激动得热泪盈眶，用颤抖的手抚摩［摸］起来，小心地察看。我特别心痛的就是那湿漉漉的手摇机，看样子要出毛病了。在老乡的帮助下，我们七手八脚地把这些器材扛到一位老乡家中。曾明买了半萝［箩］炒花生和几斤烧酒，与老乡们边谈边吃，以示答谢。

为了迅速赶回部队，由地方党派人与我们一起把这批器材搬运回去。然而天不作美，离开横河圩后，天色骤变，继而大雨滂沱。夜幕已经降临，在伸手不见五指的黑夜里，我们踏着泥泞的小路冒雨行军，特别是那两位挑着担子的妇女，更是倍感艰辛。为了赶路，我们只好咬紧牙根，缓慢地摸黑前进，也不知走了多少时间，爬过多少山头，实在疲乏得寸步难行了，才在路旁一座荒芜的古寺停下来休息。不少同志拧干湿透的衣裳，倒下去就呼呼入睡。那两位妇女找来一些碎木杂草，生火烘焙着身上的湿衣。我拿着手电筒照射墙边的箱子，看到手摇机湿得不成样子，就不顾两天来行军的疲劳，从麻包解开机子扛到火堆旁边，在昏暗中只见机身淌出颗颗水珠，象受伤的孩子在痛苦地哭泣。我一边用手抹去水珠，一边来回转动机身，一直把它烤得热烘烘的。此时，我下意识地感到全身象被一股暖流包围着那样温暖，先前的疲乏和倦意也烟消云散了。

次日清晨，天色仍是一片阴暗，曾明派人到山里与部队联系，直到下午才回来。由于经过半天的休息，也因为找回失散的器材，我们的情绪都很好。大家沿着山路前进，尽管山高路滑，仍然一鼓作气地快速行军，大约走了两个多小时，终于抵达了营地。电台的同志和部队的领导都闻讯赶来迎接，大家显得格外高兴，都说要加菜来庆祝这些失而复得的器材安全归来。走过了这么一段曲折的经历，江北指挥部台电终于建立起来。

二、攻克重重难关“哑巴”电台“说话”

江北指挥部组建之初，由于情况紧急，部队还来不及整编，就遭到敌人突然袭击。因摸不清敌情，我们每天都在山里掩蔽，入夜以后才回到村里。我们电台在一所祠堂里刚刚住定，就工作起来，擦净烘干湿透的器材，架上天线，接通电源，试验机器。文键在收报机上听到了讯号，就按约好的时间、波长和呼号发出讯号呼叫，试着找寻对方。当摇机员摇动手摇机时，发报机上真空管的灯丝不亮，经检查线路都无问题，我预感到是发电机出了毛病。

在这军情紧急环境恶劣的情况下，我们又缺乏起码的检查和修理工具，要查出手摇机的毛病及时修理好，实在是难上加难。可是，如不修理好，我们这个电台就成了个“哑吧［巴］”，指挥部也就无法及时得到上级的指示，问题的严重性是可想而知的。一连几天，我凭着过去学到的一些知识，日以继夜地围着手摇机转，用火一烘再烘，使机内的湿气尽量蒸发掉，又把整流子擦得光亮，取出导电炭刷磨个圆滑。总之，所有本领都使出来了，就是毫无效果，真教人心急如焚。与此同时，文键在当班时一再听到对方电台向我们发出的呼号，可是我们呼叫之后听到对方发出“HW pse Ans”（“如何请回答”）时却令人急得要命。眼巴巴地听着一次再次同样的讯号，而我们却无能为力。几天过后，文键真的急出病来了。在无可奈何中她仍然披着军毡带病坚持当“哑班”，抓紧时间抄收新华社的新闻，以供指挥部首长参阅。首长也很关心我们，经常来了解情况，鼓励我们攻下这一难关。

一天晚上，上级派来一个穿黄军装的陌生人，据说是个国民党俘虏兵，曾在电台呆过，所以要他来协助我们修理手摇机。但因缺乏工具，他感到无能为力，最后走了。

在屡次试机失败之后，我在无意中想起了箱子里还有一本残缺不全的关于无线电原理的书，便随手找来，当在电台电源部分内容中看到汽油发电机关于转子线圈切割磁极的磁力线能产生电流的原理时，忽然想起昔日在学校读书时老师曾讲授过电机常识：一般小型电机在起动之初，由于定子上的磁极带有残磁，转子上的线圈在转动时就能产生微弱的电流，这些电流返流到磁极上的励磁线圈，从而加强了磁极的磁力线，返［反］过来转子线圈又产生更强的电流，如是循环往复，发电机就得以产生额定的电压和电流来。这时，我茅塞顿开，想到眼前这台发电机的毛病也可能是由于磁极的残磁消失所致，就从这方面下点工［功］夫。由于这台机的励磁线圈是由 6 伏低压电源供电的，于是我找来 4 只手电筒使用的干电池并串联起来，分别接到励磁线圈两端，给发电机的磁极充磁。采用这一办法，当我再次摇动电机时，随着转速加快，可以看到整流子与导电炭刷的缝隙间出现火花——“手摇机发电了！”我激动地大喊起来。刹［霎］时间，周围的同志们蜂拥而来，围着电机观看紫色的火花，就象观赏节日焰火那样高兴，一扫几天来笼罩着整个电台的沉闷空气。

“哑吧［巴］要说话了，今夜一定要接通总台的联络！”怀着这个强烈的愿望，全台同志都动员起来，架好天线，调好收发报机。当收报机再次听到对方的呼叫后，我们的手摇机开动了，发报机上两只 6L6 真空管的灯丝被烧得通红，电键在文键的手下跳动，连串的信号随着电波直冲云霄，传到远方战友的耳旁。大家都屏着气在旁边注视着、渴望着……关键的时刻终于到来了，只见文键拿着铅笔在抄报纸上快速地挥舞，抄下总台发来的第一份电报。由于收报机对人体的感应厉害，尽管我们内心多么激动，但谁也不敢把身子稍微挪动一点，直到文键抄完最后一个电码，大家才跳将起来，飞速地把这份珍贵的电报送到指挥部去。这一夜，我们都兴奋得无以复加，直到天亮前抄完新华社电讯后才赶回山上休息。江北电台工作终于走出了第一步。

……

怀念东纵电台政委陈志华（节选）①

杨　钊

……

我在和陈志华接触中，总是感受到一股阶级友爱的温暖。他关心我们的成长，对我们的缺点和错误总是全面地历史地加以分析，客观冷静地进行帮助，使我们感到心悦诚服。我们学员班有一位女同志常常为个人一点小事情和他人争吵不休，闹得同志们都讨厌她。为了帮助她，我找到陈志华。陈志华客观地向我介绍情况，说这位女同志是十分忠诚的共产党员，在白区工作时，为了掩护地下党电台的安全，她年纪轻轻就装扮成家庭妇女，尽量适应旧社会中的世俗人情，以减少敌人的怀疑。因此在相当长的时间内，她就这样地过着单纯的家庭妇女生活，难得有学习机会，久而久之就无形中积集了一些小市民意识。从这方面来看，也可以认为她为党的事业作出了自我牺牲。现在，我们要使大家都能了解她、敬重她，使她感受到革命大家庭的温暖，逐步和大家团结起来，自觉地克服那些小毛病。经陈志华这么一说，使我改变了对她的看法。我满腔热情地帮助她，还和大家说明情况，怀着深厚的阶级感情，共同努力和她团结起来。

……

① 收录于中共宝安县委党史办公室编：《回顾东纵电台工作》，广东人民出版社，1989年，第160—168页。

战斗在东莞（节选）①

杨　培

1938 年，清溪已经有党支部，支部书记张君之，党员有张松鹤、谢乃坚、张万青和张健生。当时，清溪抗日救亡工作搞得轰轰烈烈，合法地组织了“御侮救亡工作团”，林锦华当团长，我和很多教师和进步青年都参加了，我们积极地组织了宣传队下乡宣传、唱歌演戏发动捐献，女同志发动妇女剪辫。我在自己的村子杨梅岗组织青年会、妇女会，巡逻放哨，维持治安，群众十分拥护。党组织考察了我，于 1938 年 8 月由张曼青介绍我加入了中国共产党。当时领导区委工作的有黄高阳、林锦华。黄高阳常住在张秋云家里，因而受到他们很大影响。……

……

1942 年 8 月，我从清溪调到常平区，区委书记王夫，姚山和我是区委委员。这时我在企石铁炉坑当教师作掩护，负责东江河那边几个点：石水口有个党支部，支书由左司马乡当教师的张思乔负责，福隆邓云辉，沙角尾王永在那当教师，发展了两个党员，其中一个女同志叫黄桂香，燕窝有个女同志王英，周屋厦一个支部，支书周扬耀，一共有 10 多个党员，当时的任务主要是掩蔽组织，加强联系。

……

1944 年底，我调离大岭山，到东江河区（原常平区东江河片，包括桥头、石排、企石、常平、谢岗路东一带地区）属路东县委领导，初王文魁同志和我联系，后蓝造同志。部队已活动到那里，大队长黄锡良，政委

---

① 收录于中共广东省东莞市委党史研究室编：《东莞抗日实录》，中共党史出版社，2006 年，第 261—264 页。

卢克敏，后来黄固。我初到时，局面尚未打开，日寇驻常平经常出动，桥头有伪乡公所，匪、伪一体的李潮部占据东江沿岸，各大村封建反动势力很强，红白旗矛盾很深，地方情况十分复杂。我由莫伦安排到石水口小学当校长作掩护。我去之前邓景墀同志在那边负责，我去他调走，接过党的组织关系，石水口一个支部，莫瑞当支书，司马乡一个教师苏宇光，田溪头女教师罗惠贤和当地一个女同志叫罗桂才，沙角尾女党员黄桂香和一男同志，福隆邓云辉，大洲莫扬骏，加上周屋厦支部和常平联络站罗慧舒夫妇共约20多个党员。为了迅速打开局面，县委调来一个工作队，交我直接领导，接着部队也把民运队全交过来，我成为公开的民运队长，再无法掩蔽，学校也没时间去管，只能挂个名由当地一个同志负责。对党员也要求以积极群众面目出现，发动群众，组织民兵、农会、妇女会，配合部队打仗，支前劳军，减租减息，搞得热火朝天。……

……

约1944年5月间成立第四区抗日人民政府，区长李恩、副区长莫瑞。成立区委，我当区委书记。李恩是起义过来的伪军大队长，作为民主人士身份安排当区长，后调任路东行政委员会副主席，莫瑞当区长、副区长张一雷，莫扬骏和他父亲莫侠俦任股长，还有民政股长温海（温巩章）。温原是国民党邓其［琦］昌游击司令部的电台译报员，邓驻石马打内战，经常进攻游击区，温常接近我在石马赠产所的医生罗慧舒同志，经罗教育争取过来，提供许多准确重要的情报，为部队粉碎国民党多次进攻起到重要的作用。后日本再次占领广九线，邓其［琦］昌不战而逃，温留下经过长时间考验，组织同意罗和他结婚。1945年初我到东江河区批准温入党。区府成立时安排温在区府当民政股长。

日本投降后，国民党发动内战，四区最先被占领，部队已转移，区府收集区乡干部民运队员编成武工队，和莆心民兵撤到靠三区一带山地，坚持了一个多月，无法打进去，而地方党较老的党员因大发展期间积极工作都暴露了，新的党员都是大发展中吸收进来的积极分子，乡村政权、农会、民兵、妇女的骨干更加暴露，无法坚持，被迫逃避外地。斗争越来越困难，队伍进行几次精简，莆心民兵和部分同志疏散出香港或其他安全的地方自寻生活，党员约定联系地点符号分散掩蔽，其中温海回去宝安南头，通过其亲属关系打入宝安县国民党县党部内掩蔽下来，铁路工人郭苏回到铁路找到工作。留下区委和区府主要领导撤过三区和三区区委合并。黄克同志当区委书记，他是大队政委，主要抓部队，我当副书记抓地方和政权的党组织，时间大约是 1945 年 12 月间，活动地区主要在三区。

（原载《东莞烽火》第五册）

肩挑革命担　脚踏万重山①

——记东纵两位女运输员

叶绿茵

抗日游击战争时期，东江纵队里的四大员（卫生员、炊事员、运输员、交通员）百分之九十以上都是由女同志担任的。她们大多数是生活在社会最底层的农村妇女——贫苦农民家吃糠咽菜的女儿、封建宗法欺凌下忍饥挨饿的童养媳、地主豪绅鞭棒下啼饥号寒的婢女。她们在水深火热中含冤饮恨，承受着比一般人更沉重的压力。因此，她们谋生存求解放的愿望也比一般人更殷切、更强烈。她们就象压在大石底下的牛筋草，只要有一线亮光，便会从坚石的缝隙中钻出来，迎着阳光雨露，倔强地发芽、生长，显示出强大的生命力和坚韧的性格。我们这些饱受苦难的姐妹们，就是这样参加到中国共产党领导的游击队中来的。

中国妇女素来勤劳、纯［淳］朴、善良，而广东客家地区的农村妇女，更是刻苦耐劳。她们从小就担负起繁重的体力劳动，上山砍柴打草，下田插秧割稻，回家担水煮饭……。但是，在旧社会，尽管她们干得精疲力竭，也得不到温饱，遭欺凌受屈辱更是常有的事。多少含冤负屈的妇女被逼得跳崖、投海、吃大茶药，以死抗争。只有共产党才给她们指出了光明的前途，使她们鼓起做人的勇气。所以，她们参加革命队伍后，组织分配她们干什么就干什么，分配她们做最繁重、最劳累的运输员工作也毫无怨言。而且，她们很快就练出了一套“铁脚、马眼、神仙肚”（能走路、不睡觉、忍得住饥饿）的本领，跟着部队南征北进，出生入死，凭着担柴

① 收录于广东省妇女运动历史资料编纂委员会东江组编：《南粤红棉——东纵女战士》，1983年，第221—228页。

挑谷锻炼出来的“铁肩膀”，为革命出大力，为人民战争挑重担！我们的女运输员，就是在艰苦战争的磨炼下，成长为坚强的革命战士。蔡平英、黄镜棠、黄瑞珍、叶玉莲、陈炳娇、廖观莲等都是当时部队的女运输员。肖盘娣和叶聪，也是她们当中的两个。

肖盘娣是惠阳县客家人，出身贫苦。她在一九四五年一月参加部队，那时才十九岁。开始，她在司令部通讯排当运输员，六十多斤重的通讯器材挑在肩上，走七八十里路，也不当一回事。部队常常夜行军，她总是飞快地走在前头，从来没有跌过跤。通讯排的男同志都很佩服地说：“阿肖有夜眼，真厉害！”

后来，她调到王作尧副司令处当运输员，专门负责挑文件箱子。那时部队在罗浮山一带活动。一次，首长让肖盘娣和另一位姓李的女运输员一起，把部队一套发报机转移到惠阳一个地方。在几名战士的护送下，她们挑着担子出发了。半路上，突然发现了敌情，她们立刻沿着东江河边转移。小李刚参军不久，听到枪声，心里慌乱，把担子丢了。肖盘娣心里明白，她肩上挑着的发报机是部队极其重要的通讯工具，指挥作战、请示报告、上下联络都要靠它，即使自己的生命丢了，发报机也不能丢。她咬紧牙关加紧步伐，握紧担绳，一步不拉［落］地跟着战士们奔跑，一直跑到一片小树林后，才放下担子，喘过气来。不久弄清了情况，大家又把小李丢失的担子找回来，继续前进。到了目的地，首长知道了这件事，表扬了肖盘娣这种把部队物资看得重于自己生命的精神。

日本投降后，国民党反动派发动内战，集中兵力进犯我游击区。为了适应新的形势，东纵粤北指挥部奉命挺进粤北山区，准备与王震、王首道率领的南下部队会师，开辟五岭根据地。部队日夜兼程，在丛山野岭间连续行军二十多天。在行军途中，可忙坏了运输员兼炊事员的肖盘娣、丘月如、彭金娣等几位女同志。她们挑着重担每天跟部队走几十里，到了宿营地，部队休息了，她们放下担子，立刻又和司务长一起去买米买菜，烧饭，为战友们张罗两顿饭。她们这样拼着命干，难道不累吗？确实很累！她们经常一天只睡两三个小时，只要一停下手，脑袋挨着什么东西就很快睡着了。她们流的汗水很多，而休息的时间实在太少了。但她们一想到这是为自己的部队工作，为劳苦大众打天下，再苦再累，心里也感到很愉快，身上仿佛有一股使不完的劲。

一次行军途中，肖盘娣不小心把仅有的一套换洗衣服和一条毯子掉到深坑里，坑很深，找不回来。没有衣服换，只好和丘月如两人，三条裤子轮流着穿，睡觉时合盖一条毯子。毯子太小，翻身时要捅醒伙伴，叫声“一、二、三”才一齐翻身。她们觉得怪有意思，不觉都笑了起来。深厚的阶级感情温暖着她们的心，革命的乐观主义精神鼓舞着她们的斗志；而革命一定成功的信心，就是她们战胜困难的坚强的精神支柱。

那年月，部队为了不暴露目标，常常要夜间行军，从黄昏开始，一直走到翌日天朦朦［蒙蒙］亮。粤北的丛山峻岭，山道崎岖坎坷，更培［倍］添了夜行军的困难。加上频繁作战，粮食药物缺乏，不少战士都病倒了，有些同志在行军路上倒下去，就再也没有起来。肖盘娣当时也患了疟疾，发病时身子一阵发冷，一阵发热。她带着虚弱的病体，坚持挑着担子艰难地走路，始终不肯把担子让给别人。司务长看她病得实在严重，就劝她说：“阿肖，你有病，部队生活又这样艰苦，你不如留下来，在老百姓家隐蔽一个时期，病好了再回部队吧。”已经把自己整个生命和部队连结在一起的肖盘娣同志，说什么也不肯留下。她说：“我不留下。离开了部队，就没有我这个人！”她以惊人的毅力战胜了病魔，克服了种种艰难困苦，不但行军没有掉队，而且从没撂下过肩头的担子。

一次，部队转移到粤北瑶山地区，同国民党的保安团遭遇上，战斗打得非常激烈。我们的队伍抢占了一个山头，阻截住敌人，另一部分队伍和后勤人员则向另一个山头转移。山势非常陡峭，连一条可以下脚的小路也没有，就是空着两手也很难攀登，更何况肖盘娣肩上还有一副几十斤重的担子。枪声炮声响成一片，子弹飕飕地在头上掠过。肖盘娣同志临危不惧，把担子抓得牢牢的，紧跟着战友们的脚印，沿着一条山坑拼命往上爬，一口气爬了三个多小时，终于随部队胜利转移了。

粤赣边界的油山地区，山是陡峭兀突，林是莽莽苍苍，有时候部队走了一整天，都转不出那遮天蔽日的密林。有一天雨夜行军，四周漆黑一片，只听见淅淅沥沥的雨声和战士们嚓嚓的脚步声。肖盘娣挑着文件箱跟在队伍后头，在黑暗中摸索着前进。山道崎岖，又被雨水冲得滑溜溜的。忽然，她脚下一个踉跄，连人带箱子从陡峭的山崖滑了下去，幸好担子卡在一根树杈上，她才没掉下深谷。她身子斜靠在陡坡上，上不去，又下不来。天黑得伸手不见五指。担子虽然有树杈顶着，她双手还是紧紧握着扁担，她怕一松手，树杈挂不稳，文件箱会掉到深谷里去。她明白这两个文件箱是无论如何也不能丢失的。就这样，她在陡坡上淋着雨一直站了两个多小时，腰发酸了，手脚也麻木了，仍然坚持着。直到拂晓，她借着曙色看清了四周的地形，才费劲地把担子从树杈上拿下来，沿着坎坷的山路，拖着疲惫的双脚，慢慢地走到山脚下，找到了部队。肖盘娣累得骨头架子都要散了，可是她却首先忙着检查箱子里的东西，看到文件、地图都完好无缺，她才放下心来。

肖盘娣同志就是这样一位干着平凡工作而又很不平凡的女战士。在她身上，反映了东江纵队女运输员所共有的光辉思想和革命品质。

叶聪同志也是惠阳县客家人，出生在一个贫苦农民的家庭。参军前，她曾在当地地下党开办的妇女夜校学习，懂得一些革命道理，知道共产党领导的东江纵队是真正的抗日救国的军队，就在一九四五年二月参加了部队。当时她只有十六岁，被派到第七支队潘燕修同志处当运输员，主要挑政治处油印室的纸张、油墨、油印工具和文件。担子有五十多斤重，部队又大多在夜间行军，对她来说，是够困难的。她虽说在家劳动惯了，担子再重也挑得起，但在黑夜中走山路，她还没有经历过。开始时，为了不掉队，她让走在前头的同志在背包上拴一条白毛巾，这样，在四周一片漆黑中，她盯着前面晃动着的白影跟着走。日子长了，她也逐渐练就了夜行军的本领。后来，她挑着担子走在又窄又滑的崎岖小道上，再也没跌过跤、掉过队。

叶聪工作上刻苦耐劳，对同志也关怀备至。有一次七支队在多祝大径一带活动，经常要行军打仗，粮食药物等供应极其困难，生活非常艰难，不少同志都病倒了。潘燕修同志病得比较严重，无法随部队行军，领导安排他和二十多个伤病员，隐蔽在多祝松坑大山里，由叶聪和一位女卫生员留下来照顾。叶聪除了协助卫生员护理伤病员外，还经常下山去找粮食和菜蔬。她不避艰险，一心要让伤病员吃得饱一些、好一些，使他们能早日恢复健康。

潘燕修同志病好了，叶聪随他回到了部队。两天后，部队接到地下党的情报，说敌人已探知松坑有我们的伤病员，准备去“扫荡”。情况紧急，必须立刻通知伤病员转移。到松坑的路只有叶聪认识，领导同志就把送信的任务交给了她。当天晚上，她一个人摸黑赶路，在崎岖的山间小路上走了二十多里，找到了伤病员和卫生员，把信交给了领队，又连夜赶回部队。由于送信及时，伤病员连夜转移了，敌人的“扫荡”扑了空。

抗战胜利了，国民党反动军队妄图夺取胜利果实，向我游击区进攻，挑起内战。那时叶聪随潘燕修同志由七支队转到海（丰）陆（丰）惠（阳）五（华）紫（金）五边区指挥部。指挥部在紫金县蓝塘村及紫金惠阳交界的大径村附近，先后同国民党军队发生过战斗。仗打得相当激烈。敌人的枪弹在叶聪头上飞过，她沉着地挑着担子，跟随部队爬上高山，虽然汗流夹［浃］背，十分吃力，仍然顽强地抓牢担子。在几次战斗中，她遇到不少风险，都能以坚强的毅力渡过难关，从来没有掉过队。有一次，我部队要由平海移转到海丰惠阳交界的大安洞。部队领导同志拿出地图一看，路上要经过牛牯嶂、鸡公嶂这样的高山峻岭，当中只有一条路可走。地图上还标有一个奇怪的地名——“奈何桥”。不过，既然是必经之道，就是刀山火海也得闯。部队沿着山间的羊肠小道，走到“奈何桥”边一看，原来是山腰上一条深壑，边上一堵挺立的巉岩。也不知道哪年哪月，有人在岩石上凿出了一条尺来宽的险隘小道，人要过去，非得侧着身子一步一步慢慢地蠕动，一不小心，就会掉进万丈深谷，摔个粉身碎骨，难怪人们叫它“奈何桥”了。只有十六岁的叶聪挑着两大箱东西，如何过得去？同志们都替她为难，有人提出把东西分散，每人拿一些过去，但叶聪怕文件地图会丢失，不同意。她说：“我有办法。”她把一个箱子解下来，把另一个箱子挪到扁担当中，叫一位男同志提着扁担一端，她自己提着扁担另一端，两人小心翼翼地抬着箱子踏上了“奈何桥”。他们背脊紧贴着峭壁，一小步一小步地挪动着双脚。“桥”两边的同志都屏着气看着他们，为他们捏了一把汗。坚强的运输员终于走过来了。游击队的革命战士，自有惊人的气魄和一往无前的精神，象“奈何桥”这样的天险是“奈何”不了他们的。

这位年轻的女运输员，经受了一次又一次严峻的考验，闯过了一道又一道险隘，在革命队伍里锻炼成一个勇敢顽强的战士。

一九四六年六月，肖盘娣、叶聪等女运输员，随同部队一起北撤山东，投身到解放全中国的战斗中去。

回忆《新大众报》（节选）①

叶刚明

《新大众报》是抗日民主政权东（莞）宝（安）行政督导处的机关报，创办于1944年八九月间，1945年8月，日军投降后停办，历时整整一年。

1944年7月，东宝行政督导处成立，为了宣传抗日民主政权的施政方针政策，扩大抗日民主政权的影响；宣传群众积极参加抗日战争，壮大自己的武装队伍等，迫切需要有自己的舆论工具报纸，这份报纸定名为《新大众报》。

《新大众报》的组建。起初从《前进报》调来的徐日青（原名王应登，又名徐晴，东莞厚街人。1945年冬，与路西一支队政委古道、副支队长鲁风等在樟木头宝山附近与敌人遭遇，徐日青当场牺牲），从路西一支队政治处调来邓焜、詹棠等到督导处，编印一些有关民主建政的宣传资料。八九月间，人员陆续增加，便正式成立《新大众报》社，由督导处谭天度主任亲自领导，徐日青具体负责，徐与陈向明（后因托派嫌疑被捕）为编辑。邓焜负责刻印工作。《新大众报》创刊号的创刊词是谭天度主任亲自写的，是邓焜刻印的。同年11月以后，叶刚明、陈新等调入，报社便成立了编委和油印室。编委由徐日青为主编，成员有叶刚明、陈新、陈向明。油印室由邓焜负责，下分刻写和印刷。刻写主要由邓焜负责外，还有詹棠、马烈、邓乔刻写小册子。印刷工作有翟锦清、叶芬、邓敏、张雪芳、张国珍等。

《新大众报》主要的宣传报导任务是：一、关于加强统战工作，发挥

① 收录于中共广东省东莞市委党史研究室编：《东莞抗日实录》，中共党史出版社，2006年，第328－330页。

民主人士参政作用和政权建设动态。如报导 1944 年冬至 1945 年春督导处召开民主人士国事座谈会；东莞新三区成立大会；新二区创造新方法短期培养乡、村干部等。二、指导、组织生产，抗灾度荒。1943 年特大旱灾，造成大面积的饥荒。本报发表了督导处《怎样度过今年的饥荒》的社论。各区、乡为了组织生产，抗灾度荒，纷纷响应，积极行动。报导了“抢救粮荒，迎接胜利，各区、乡纷纷召开生产座谈会”；“宝四区集中各阶层代表组成生产建设分会”；“谷价狂涨不已，座谈会后即回跌”；“龙华合作社抛出存谷，平抑粮价”；“生产节约并进，种植什粮，统制物价”；“生产合作风起云涌，减租退息配合开荒燕川合作社计划好”；“髻岭和大环竞赛，妇女儿童都开荒”；“督导处开办农业示范场”等。三、关于发行公债，筹集经费。报导“竞购公债夜战记宝四区生产座谈会”；“宝四区座谈会一鸣惊人大家都以能多人一着为荣，抓起竞购公债高潮”；“不让宝四区领头，购额突破三千万元新桥压倒各单位夺标而归”；“宝二区生产建设分会雄心购债，向东莞各区挑战”等。四、关于教育方面。报导“适应有志青年急迫需要，东宝中学定 4 月 1 日开课两年毕业另有升中班和师范班”；“督导处力助教育发展，辅检教师 80 名，为九处介绍教员”，“路西教联会宝二区分会选出新职员”以及“各地兴起办学热”等。五、关于青年工作。报导东莞新二区“沦陷区 14 名青年集体来归，备受政府热烈欢迎”等。六、关于妇女工作。报导“三八”妇女节专号“我们的责任更大了”；“妇女界志气高，各地隆重纪念‘三八’节”；“国民党带给妇女的灾难反动派罪行的回忆”等。七、关于农抗会。报导“罗园、水贝成立农抗会”；“奖励集体生产，赞扬玉律农抗会”等。八、关于民兵和打击敌伪。报导“武装保卫春耕，增置枪支，训练民兵”；“英勇民兵处处逞威新三区擒‘番薯兵’，救民又救牛”；“宝二区民兵不断增强，一、二、三乡举行检阅，四、五、六乡联防自卫”；“敌警备队偷过宝太路，中我部队和民兵伏击，先敌大佐一名”；“新四区血战桥头，毙伤伪军十余”等。九、关于儿童团。报导

“梅林开荒种木薯，儿童团唱歌助庆”。此外，还报导卫生防疫，培［训］[①]医生和兴办夜校识字班；反对封建迷信和赌博等。社论需要经谭天度主任或何鼎华副主任审核。

……

由于抗日战争的胜利和新的内战开始，《新大众报》虽然仅仅办了一年，但同志们经过辛勤的创造性劳动，没有辜负党的委托与期望，为抗日民主政权的建设和发展尽了一份应尽的力量。值得回忆的是在当时的困难条件下，办好了《新大众报》，主要靠督导处的正确领导和亲切关怀，靠各区、乡、村政权的大力支持，靠党支部的战斗堡垒作用和徐日青同志优良作风的带动，由编委、油印室到勤杂人员等十多位同志团结战斗的整体，忘我的工作态度，强烈的责任感和创造精神。今天回忆当年艰难的日子，永远值得怀念，特别是光荣献出了宝贵青春的徐日青同志，更是值得我们好好学习和沉痛的哀思。

（原载《东莞党史》2005年第1期）

① 原文无，根据文意补充。——编者注

路东地区的铁城队（节选）①

叶志强

抗日战争时期，在惠（阳）东（莞）宝（安）一带活动着一支保卫部队，当地群众称它为抓汉奸、特务的“老虎队”、“牵牛队”、“杀敌队”、“锄奸队”、“摩托队”、实际上，这是东江地区游击队的保卫队。

铁城队的建立

1942年初，广东人民抗日游击总队政治部成立了保卫科，李筱峰（何维）任科长。保卫科的任务：一是维护部队的纯洁性，保护地方工作人员和人民群众的安全；二是配合部队的战斗任务，提供日、伪、顽三方的情报；三是开展锄奸反特，维护社会治安。1942年11月，总队政治部由李筱峰主持在东莞举办了第一期保卫干部训练班，历时两个月，宝安、惠阳、港九大队的保卫干事李伟邦、叶志强、黄云鹏等参加。训练项目有：分析敌情与研究斗争策略，侦察、审讯、锄奸和建立保卫网等，参照延安保卫工作自编教材。训练班结合东莞当地武装斗争实际，审理了一批敌特汉奸案件，边学边干，提出重证据、重调查，结合实际分析，识别真假案情。由于当时敌特对我地方武装人员威胁较大，所以这个时期保卫工作的重点是锄奸反特。在武装部队以党支部保卫委员为主，在游击活动区以民运队和地方党支部为中心建立保卫网；在我部队活动的边沿地区，则通过民运队和交通情报站，侦察调查，掌握敌情，开展工作。

训练班结束后，叶志强回到坪山惠阳大队，向大队政训室主任叶锋作

---

① 收录于中共惠阳县委党史办公室、东纵边纵惠阳县老战士联谊会编：《东纵战斗在惠阳》，广东人民出版社，1993年，第207–215页。

了汇报，经研究决定成立惠阳大队保卫队，由叶志强负责组建。经过挑选和考察，物色了一批政治可靠，对党忠诚，组织纪律性强，严守机密，作战勇敢机智的同志为保卫队队员。初期队员有：曾送、曾安南、戴才、曾发、曾福。定名为“铁城队”，队长由叶志强兼。随着斗争的发展，保卫任务加重，铁城队增加了戴容、丘平、黄发、叶波涛、小黎等十七八人。铁城队的活动以坪山为中心，涉足塘布、田心、北岭、石灰围、福径、铁西湖、坝岗、衙前、澳头、大鹏半岛至盐田等地。这个时期的工作是宣传发动群众抗日，宣传肃反政策，加强保卫工作。斗争主要对象是汉奸特务及反动土匪流氓分子。随着部队的发展壮大，铁城队吸收了一批新队员，其中有巫伟光、曾亮、许武、黄安、陈慧莲（女）、钟明、丘磷、叶瑞娣（女）、肖玉英（女）、叶观福、曾强、曾南生等。后期经地方党介绍又增加：徐伟光、谢海成、张光、谢添友等。抗日民主政权路东行政委员会成立后，设立保卫科，铁城队在路东行政委员会主席叶锋直接领导下，担负起所属部队及地方民主政权的保卫工作，活动在整个路东区。队伍发展情况是：1943 年，东江纵队成立前后，铁城队从几个人发展到二十多人；1944 年 8 月，东纵二支时达四十人；1945 年 9 月，江南指挥部成立时，铁城队有六十多人，成为一支坚强的保卫队伍。组织情况：保卫科长兼铁城队队长叶志强，内勤干事兼指导员陈慧莲（女），外勤干事兼审讯徐伟光，副队长曾送、叶波涛。初期，铁城队成立党小组，小组长叶志强，党员有曾送、曾福；1944 年 4 月，建立党支部，支委：叶志强、陈慧莲（政治服务员）、曾送。第二次改选支部，支部书记叶志强，副书记陈慧莲，组织委员谢海成，宣传委员徐伟光，保卫委员曾送。发展党员有：戴才、曾发、巫伟光、戴新、肖玉英（女）、许武、戴满。当时上级领导曾生等经常关心过问这方面的工作，铁城队先后由叶锋、张持平、黄宇等同志直接领导。铁城队与各地方党组织、民主政权、情报站、民运队、民兵队、妇女会、儿童团有密切的联系，这是保卫工作的坚实基础和有力保证，也是当时的专门保卫工作与群众保卫工作相结合的群众保证网。

……

铁城保卫人民群众　尖刀刺向日伪顽（节选）[1]

——记抗战时期路东地区铁城队战斗片断

叶志强

……

肩负重任，建队“铁城”

……

……随着部队的发展壮大，铁城队根据活动范围扩大，看押的犯人（包括各地送来的犯人）增多，保卫任务加重的情况，又吸收了一批新同志。这些同志有从部队挑选的，有从地方党介绍来的民兵骨干，还有从民运队转调来的，他们主要有：巫伟光、曾亮、许武、黄安、陈慧莲（女）、钟明、丘磷、叶瑞娣（女）、肖玉英（女）、叶观福、曾强、曾南生等。后期，经地方党介绍，又增加：徐伟光、谢海成、张光、谢添友等。抗日民主政权路东行政委员会成立后，铁城队在路东行政委员会主席叶锋同志直接领导下，担负起所属部队及地方抗日民主政权的保卫工作，活动在整个路东区。队伍发展情况是：一九四三年，东江纵队成立前后，铁城队从几个人发展到二十多人；一九四四年八月，东二支时，达四十人；一九四五年九月，江南指挥部成立时，铁城队多达六十多人，成为一支坚强的独立战斗队伍。组织情况；保卫科长及铁城队队长由叶志强同志担任，内勤干事兼指导员陈慧莲（女），外勤干事徐伟光兼审讯，副队长曾送、叶波涛。初期，铁城队成立党小组，小组长叶志强，党员有曾送、曾福。一九四四

---

① 收录于中共深圳市委党史研究委员会办公室编：《广九烈焰》，1983 年，第 400−411 页。

年四月，建立党支部，支委：叶志强、陈慧莲（政治服务员）、曾送。第二次改选支部，支部书记叶志强，副书记陈慧莲，组织委员谢海成，宣传委员徐伟光，保卫委员曾送。发展党员有：戴才、曾发、巫伟光、戴新、肖玉英（女）、许武、戴满。当时上级党委领导很重视保卫工作，经常关心过问锄奸反特的工作情况。铁城队先后由叶锋同志、张持平同志、黄宇同志等直接领导。上级领导曾生同志等，时常关心过问这方面的工作。铁城队与各地地方党组织、民主政权、情报站、民运队、民兵队、妇女会、儿童团有密切的联系，这是保卫工作的坚实基础和有力保证，也是当时的专门保卫工作与群众保卫工作相结合的群众保卫网。

……

一九八三年六月十三日

东纵女后勤兵生活片断[①]

叶　彬　王雅宜

一九三八年秋，日寇大举南侵，广州沦陷，惠阳失守，同胞惨遭杀戮。在这民族危亡关头，广大群众同仇敌忾，抗日救国情绪高涨。在惠阳和东莞，一支由中国共产党领导，由曾生、王作尧同志率领的抗日游击队——惠宝人民抗日游击总队和东莞模范壮丁队成立了。许多爱国青年怀着满腔热血，勇敢地投身到这支抗日救国的队伍中来。

不到一年，这支队伍发展到五百多人，其中有不少女战士。她们同男同志一样，不怕苦、不怕死，一同参加紧张的军事训练，一同过艰苦的行军生活，一同参加殊死的战斗。但是，更多的还是参加宣传抗日，发动群众参军参战；参加部队的医疗卫生、后勤工作；参加制作枪支弹药以及日用物资（如服装、草鞋）的生产等，从各方面为抗日战争做出自己的贡献。

当时，我们俩都在其中担任后勤工作。叶少雅（叶彬）先是在政工队当特务长（即司务长），后调到侦察队和省委游击训练班任司务长，与炊事员大游（游招来）、小游（游东梅）等同志一起，担负着这两个单位的伙食供应工作。以后这两个单位和大队部合并，叶少雅仍任大队部司务长，王雅宜则在军事特派室任司务长。

我们这些司务长，主要任务是负责部队的伙食和供应，平时也参加些军事训练和抗日宣传工作。处在战争环境中，随时都要准备出击日寇，并要严防国民党反动军队的突然袭击。要挑起一个部队的柴米油盐、吃饱穿

---

① 收录于广东省妇女运动历史资料编纂委员会东江组编：《南粤红棉——东纵女战士》，1983年，第214—220页。

暖的担子，可真不是一件容易的事。忆起当年令人感奋的日日夜夜，以及繁忙的后勤兵生活，至今仍使人心潮澎湃，经久难忘。

那是一九四〇年三月，我们部队从惠阳坪山突围向海陆丰的一次转移。部队且战且走，我们几个随军的女后勤兵也跟着经历了一段不平常的生活。

我们中的叶少雅和炊事员大游、小游等全副武装，还背着沉重的炊事用具，参加了这次行动。部队每到一处，同志们就地休息。我们一放下炊具，就得赶忙到附近村庄找老百姓买粮草，借锅做饭，让同志们吃饱饭继续行军打仗。为此，同志们都风趣地把我们的工作比作是“加油站”。当时前有敌军，后有追兵，人生地不熟，同当地老百姓语言又不通。在这种情况下，要马上弄到一顿饭吃，是多么艰难啊！记得三月的一天，部队路经稔山半岛斧头山附近的牛湖村时，前面遭到国民党的地方团队在吉隆阻击，背后又有追兵罗坤部尾随。经过长途跋涉，大家累得精疲力竭。我们抓紧时机给同志们弄一顿饭吃。可是，饭刚做好，同志们刚闻到饭菜香，四处枪声却“噼！噼！啪！啪！”地打响了。敌人逼近了。我们只好丢掉饭菜，收拾好炊具，打扫好场地，跟部队转移。就这样，大家空着肚子，边打边走，入夜摸黑爬上斧头山（这个山一千二百公尺高，四周大小山头重重叠叠）。教官邬强同志勇挑重担，替战士扛水龙机关枪，在前面引着队伍前进。他看到我们拖着沉重的脚步走着，疲倦不堪的样子，就大声为我们鼓气：“女同志加油啊！”使我们精神振作起来。走到半山腰悬崖峭壁处，一些同志再也爬不动了，那些先上去的同志便伸出手来，一个一个往上拉，在下面的同志又推又托，使这些同志都上去了。在这样艰难的时刻，同志间的阶级友爱和战斗情谊是多么可贵啊！

我们的队伍在山头露宿了一晚。第二天，天朦朦［蒙蒙］亮，又继续往山顶爬。到了山顶，只见一轮红日正从东方冉冉升起，好象一团火。指挥员梁鸿钧同志凭着望远镜，指点我们到远处山脚一个只有一户人家的村庄去找粮食。他说：“小叶，你先带几个人下去看看，最好能给部队搞点东西吃。”作为后勤兵，这当然是责无旁贷。可是当我们站在山顶往下看时，天哪！到处都是悬崖峭壁和大片的芒草，根本没有路可走。革命战士能在困难面前低头吗？不！我们按照领导的指示，脚踏崎岖不平的陡坡，双手拨开密密麻麻高过人头的芒草，有时还顺着芒草连走带滑，好不容易来到了山脚。待寻到那人家时，已经是晌午时分了。经过一天一夜的急行军，一粒米也没有下肚，这时候，我们几个人已经是腰酸背痛、又饥又渴了。但一想到首长的嘱咐和后面很快就要跟上来的队伍，便顾不上休息，想法迅速找到一个老乡，请他卖点蕃茨给我们，好让战友们填肚充饥。我们又爬上半山庙里找到了老和尚，买来些稻谷，赶紧磨了谷壳，草草地用糙米煮成粥和饭，并准备了充足的热水，迎接同志们的到来。

开饭时，当我们看到战友们大口大口地吃，吃得很香，一张张笑脸露出无限喜悦的神情，不禁想起自己在家时还是一个衣来伸手、饭来张口的娇丫头，现在居然在部队当上一名“大管家”。此时此刻，真感到骄傲与自豪！

队伍继续往高潭方向前进。一路上，我们几个人虽然脚底磨起了血泡，周身酸痛，眼睛也熬红了；有时工作还不顺手，急得要哭，但总是不愿意服输，咬紧牙关去克服一个又一个的困难。在行军路上，总是边走边盘算着：到了前一站，如何筹集粮草，如何为伤病员同志设法弄几个鸡蛋、几斤番茨，又如何去发动群众，动员他们卖米卖柴草支援部队。我们路过尖碧山畲族同胞聚居的地方时，由于他们经常受到国民党和土匪的抢劫和屠杀，群众一见到部队，以为是土匪，立刻吹起螺角号，紧急动员，青年人带着长矛，老人携儿带女，一股劲地往山上跑。我们好不容易找到几个老人，耐心地向他们解释，说明我们是抗日的队伍，是为老百姓谋幸福的游击队。他们消除了顾虑后，动员群众回村。这才弄到了一点米粮柴草，解决了部队的急需。

部队来到高潭后，准备在此地驻扎。这个地区是老根据地，大革命时期彭湃同志在此活动过，曾建立过区苏维埃政权。一切都安顿好了，大队部住水口村。第二天一早，邬强同志写个条子，派王雅宜去高潭圩找罗克明（他当时是进步人士，身份是学校董事长。后来参加了党组织，遭敌人逮捕，打伤后，不治去世)，请他帮忙买一些米、火水、纸张和日用东西。并让王雅宜带两个小鬼，一个男的，十四岁，叫黎仔；一个女的，十六七岁，即小游。当我们买好了东西返回驻地，走到半路上，就听到部队驻地那边响起了枪声。我们知道出事了，便马上返回高潭圩，再找罗克明，把米和其他东西交回给他，准备即回部队。他说：“部队出了事，你们现在不能走了。”随后便领着我们到他家去隐蔽起来。

罗克明的家是个大家族，有十一个兄弟。我们小黎作为他家里的放牛仔，小游也当成他家里的人。唯有王雅宜不会讲当地话，一开口就容易出破绽。怎么办呢？恰好罗克明的第十个弟媳妇生了小孩，便将王雅宜打扮成坐月子的产妇，坐在床上。国民党兵跟着来搜查，整个屋子搜了一遍，没有发觉什么，就走了。我们就这样顺利地过了一关。

估计到敌人还会再来搜查，这里不是一个久留之地。地下党领导黄育光同志果断地把我们带到一个受我们控制的伪保长罗班祥家里，隐蔽在他家里的阁楼上。果然不出所料，国民党兵又来了。他们要保长保证在自己管辖的范围内没有共产党活动，如有就要报告，不得收藏；并要他按指模画押。我们透过阁楼的缝隙看到这班反动家伙张牙舞爪，耍威风，训斥、威逼保长，肺都要气炸了。可是，我们没有别的办法，只好暂时忍耐，等待有朝一日同他们算账。

国民党兵走后，黄育光同志感到此地也不很安全，又把我们带到附近的一个大山上。山里有个洞，可以住人。第一个晚上我们三人便在洞内休息。为了预防万一，我们轮流放哨。正当轮到王雅宜坐在洞口放哨的时候，只见一条大蟒蛇在洞口顶上探下半截头，伸出舌来象在寻找猎物。王雅宜捏了一把汗，手中既没有枪，又没有棍，还不敢出声，怕惊动大蛇。真急死人。她心里暗想：没有死在战场上，这回倒喂了大蟒蛇，太不值得了！几分钟后，不知为什么，大蛇没有爬下来，向洞旁溜走了。我们避免了一场祸害。后来几经周折，才找到了部队。

部队在海陆丰一带坚持斗争了一段时间后，按照党中央指示，要回到惠东宝前线去打击日寇。为了秘密夜行军迅速赶回惠东宝前线，部队要减轻负担，决定疏散一些非武装人员。我们几个女同志都不愿疏散，要求跟随部队走。但为了顾全大局，最后还是服从了组织决定。其中王雅宜和刁慧文、杨彩萍、梁励行等，疏散到惠阳。我们临行前都化了装［妆］，装扮成被人贩子贩卖的妇女，由地下交通员一站一站地转送。

经过一个多月的时间，部队到了惠阳的万年坑。此时邬强同志派人来接王雅宜回队。王雅宜归队后仍担任大队部司务长，以后担任过医务所司务长，一直到一九四六年部队集中北撤时，在妇女第三中队，大家仍推选她当司务长。在东纵的女同志中，王雅宜当司务长的时间是最长的了。

在战争年代，后勤工作是一项很重要、复杂、繁［烦］琐，时间性又强的工作。在极端艰苦的环境中，我们女同志干这项工作，确实有不少困难。我们又多是出身于城市、初出校门和家门的女青年，更是不容易啊！但我们始终没有辜负党和人民的重托。为此，我们感到自豪与快慰！当然，这离不开党的领导和群众的支持。在党的领导下，我们紧紧依靠群众，密切联系群众，遵守“三大纪律、八项注意”，用实际行动让老百姓认识到我们是真正的人民子弟兵，使他们乐意卖东西给我们，借地方给我们住宿，给我们提供种种的方便。

我们后勤兵，平时起早摸黑为战士们的温饱而操劳，休息、睡眠的时间很少，眼睛经常熬得红红的。行军路上，走路不比别人少，沉重的炊具不离肩，但从未掉队。大游和小游原是勤劳勇敢的农村姑娘，深受封建主义的压迫，到了游击队后迅速成长起来。在行军中，不管酷暑严寒，雨淋日晒，从未叫苦叫累；脚刮破了，肩红肿了，也未哼过一声。她们的脸上总是挂着笑容，总是用自己紧张的操劳，让同志们吃饱睡足。这是多么可贵的革命精神啊！

七支队成立前后交通工作简记（节选）①

叶　香　练　芬

七支队交通站的基本情况

东江纵队第七支队交通总站站长叶香，下设六个分站，共有交通人员40多名。站内5个共产党员组成一个支部，带领着全体同志坚决完成上级交给的任务。他们负责转送部队的文件、报纸、刊物、书籍、药品和其它物资，对护送来往调动的同志以及护送新战士到部队去，不但要负责他们的安全，而且要照顾沿途食宿。此外，交通员还要帮助掩护伤病员，抬担架，挑行李。

……

机智勇敢地完成任务

……

1944年6月的一天，叶香出发到部队送信，路经蒲田、茜坑尾到九龙峰山腰潭公庙找荀叔联络时，不料敌人包围了整个山头，与我们的部队接上火。敌人在山上到处抓人，放火烧山。叶香走到半山腰眼见不能冲出包围圈，马上钻入长着浓密的灌木和山草的深坑石岩下隐蔽。在这紧急关头。她只有一个念头，即使牺牲个人生命，也不能让所带的信件落到敌人手里。为了安全起见，她预先将信、手表和水笔藏在石头下。就这样，她一直掩蔽坚持到下半夜3点多钟，忍住饥渴，待敌人走后才走出石岩，安

① 收录于中共宝安县委党史办公室编:《回顾东纵交通工作》，广东人民出版社，1987年，第91—97页。

全返回总站。

在艰苦的战争年代，我们受着日伪军、国民党顽军的夹攻，环境十分恶劣。1945 年 8 月日军投降，抗战胜利了，国民党反动派为夺取抗战的胜利果实，丧心病狂地妄图消灭我游击队，设置重围，采用“填空格”战术，不让我们有立足之地。在这种情况下，我们无法入村，被迫撤到山上，有时情况紧急，还不能在一个山头上安静住上一夜，而要连续转移好几个山头，住的是牛棚、炭窑、山洞、石岩，有时遇上大风大雨，连山洞、石岩也找不到，就钻进竹林里，或芒草丛中。我们都单衣薄裤，幸好每人带有一张薄毡，女同志常常是两三个人缩卷在一起，把薄毡合起来盖，以熬过寒夜。在这样艰苦的环境里，我们都经受了严峻的考验。

……

护送、照料伤病员

我们交通员除了完成交通任务，充当部队的耳目之外，在作战中还担负起护送伤病员的任务。1943 年元旦的夜间，我们部队在坝光坳袭击敌大鸡六大队，我队战士黄九仔受了重伤。深夜 12 点多钟，交通站叶香与另一位交通员及部队请来的四位老乡，用担架抬着伤员星夜赶路，从坝光西乡一直护送到石桥坑鸭麻脚我后方医院。

1943 年 4 月，因大饥荒，逃难人多，引起霍乱病流行。刘培部队住在牛草棚，生活相当艰苦，该队战士李水也染上了霍乱，不能随队行军，刘培把他交给交通站照顾。当时环境险恶，敌人封锁很严，药品十分缺乏，李水得不到及时治疗，于当晚 11 时病情恶化死去。为了安葬好烈士的遗体，交通站叶香和另一位 13 岁的小交通员含着悲痛的泪水，在油灯下把李水的衣服整理好，然后找来一块木板，抬着李水的遗体向山上一步一步走去。时值深夜，天下着雨，道路十分泥泞，叶香两人摔倒了又爬起来，齐心合力把烈士的遗体抬到寮边，随即他俩又返回村里，在群众的帮助下买到棺材、衣服，再次来到寮边，妥善地处理了烈士的后事。

1945 年 3 月，日军在行将失败前作垂死的挣扎，加紧封锁和“扫荡”

我军，斗争环境越来越恶劣。我军的给养、药物十分缺乏，偏偏这时又遇上天花传染病流行。上寨村交通分站的交通员丘仔也传染上天花病，一连几天发高烧，接着又全身长满了脓泡［包］，行走困难。该站分站长练芬和小交通员李天生除了坚持完成交通任务外，不怕传染上天花病，一直护理在丘仔身边。他俩为了使丘仔早日痊愈，克服了缺医少药的困难，上山采集山草药给丘仔治疗。在当地群众的帮助和他俩的细心照料下，丘仔终于转危为安，恢复了健康。

依靠群众战胜困难

随着斗争形势的发展变化，部队经常转移活动，交通站的人员及联络地点也随时转移。我们每到一处，就宣传抗日救国、反对内战的主张，还为群众挑水、劈柴、插秧、割稻。群众都把我们当作自己的子女一样，支持我们的工作，掩护我们的安全。

1943 年 12 月的一天晚上，我们接到司令部的紧急命令：获悉日军及国民党徐东来部共两路兵力开来大鹏沿海，立即通知各部队火速转移。

我们连夜出动，抢时间把通知送出去。由于天黑加上路不熟，我们在半路迷失了方向，只好请枫木朗的农民何亚伙来当向导，他沉着地辨别方向，并到附近一个村庄把他的堂外甥叫来一起为我们带路。当在我们走到七娘山的半山腰时，突然遇上了敌人。

敌人听到动静，大声喝叫：“边个（是谁）？不准动！”

由于正是深夜，敌我双方并未看清对方的人数。伙哥带着他的堂外甥沉着机智地高声应答道：“我们是七娘山里的人，出海打鱼现在才回来。”

我们在后面停下来隐蔽，伙哥他们就在前面与敌人周旋，直到 5 点多钟，敌人走了，伙哥回到我们隐蔽的棺材坑草头下，悄声地唤我们出来，说：“敌人已经走了，我们赶路吧。”

当时叶香已冻得几乎说不出话来。原来她蹲在一个棺材洞里，里面又阴又冷，还有一具女尸，她一直蹲了几个小时。就这样，伙哥临危不惧，在关键时刻全力相助，披星戴月地把我们送到了目的地。

还有一次，交通员黄仔带着信件出发，经过惠阳横輋［峰］一条河边，不巧碰上了敌人要抓他。黄仔见到河边有一位妇女在洗衣服，马上灵机一动，跑到那位妇女身边叫道："阿妈，他们要抓我，我怕！"这位妇女见状，马上明白了。她抬起头来，对敌人说："先生，你们不要抓我的儿子，不要吓着他了。"说罢，又转身叫黄仔快去放牛。这位妇女对黄仔表现出的那种母子般自然而又亲切的表情，竟使敌人信以为真，不再盘查。黄仔在这位妇女的掩护下，摆脱了危险，顺利地完成了任务。

我们交通员与老百姓的关系就是这样亲密无间，休戚与共。为了支援游击队的抗日活动，许多群众不仅把自己的家作为交通站的联络点，还主动向我们提供情报。尽管当时生活很艰苦，我们的同志还能经常吃到群众煮的稀饭、番薯。1945 年底至 1946 年初，我们交通站与短枪队一起在刘屋仔村屋背山上活动。当时敌人在那一带的据点密布，经常出动"扫荡"，刘屋仔的群众在十分艰难的条件下，坚持掩护我们。特别是那里有一个老婆婆，她的儿子已死，只剩下儿媳和一个孙子，家境贫苦，仍尽力支持交通站。我们在刘屋仔都是住在阿婆家，她家有一间靠屋背山、在村边路口的房子，专门空出给我们住。要是我们人多了，阿婆还把楼板也腾出来，视我们如亲人一般。阿婆家里很缺劳力，但无论在怎样困难的情况下，她家都坚持为我们挑物资、带路，有了情报就及时告诉我们。

……

路东行政委员会新二区党政建设和活动情况的回忆片断（节选）①

叶　源　廖荣铿

路东，是指广九铁路之东，包括东（莞）、宝（安）一部份，和惠阳的大部份。路东新二区（现属宝安），南与香港的新界相连，北同新六区的新圩交界，东邻新一区的桂岗乡，西到深圳的铁路边，横直三四十公里，人口约十万。这里是华南与国外通商的重要吐纳口之一，有铁路公路连接内地和香港，大海又把大陆和香港的新界大部相连，水陆交通，都很便利。

自日军南侵后，这里的人民在党的领导下，积极支持、配合当地游击队，与敌、伪、顽展开了持久的错综复杂的斗争。在斗争中削弱了敌、顽，锻炼了人民，壮大发展了自己。一九四三年十二月二日东江纵队成立，标志着东江地区抗日战争进入了一个新的发展阶段。人民军队来自人民，部队一成立，便派出了民运队，深入各乡村宣传发动组织群众，先后组织了青抗会、农抗会、妇抗会和民兵。军民联结成抗日长城，更有力地打击敌人。

……

在发展生产，恢复经济的同时，大力普及文化教育。抗战初期，坪山已有文化促进会的组织。区政府成立不久，便在马峦头召开了全区文教座谈会，汇报讨论了全区文教情况。决定坚持办好战时全日制学校，大力发展夜校。当时的全区各夜校，常有夫妻、父子、婆媳一起学的情况。教材不少是自编的，内容多是战时的、科学的、民主的和生产的知识。虽然在

① 收录于中共深圳市委党史研究委员会办公室编：《广九烈焰》，1983 年，第 337-343 页。

炮火连天的战争环境，不少青少年、妇女仍然坚持学文化，从而减少了文盲，提高了文化水平和政治思想觉悟。

……

一九四六年六月三十日东纵北撤后，没有留下公开的武装力量。各地只留下小分队分散活动，坚持斗争。由于敌我力量悬殊，抗日民主政权完成了这一历史任务后告一段落。全区的一百五十多个党员，除部分北撤、他调外，剩下不足一百人，改为单线联系。其实留下的是一支经过考验的坚强的力量，为在东江纵队北撤半年之后重建武装，起了骨干带头作用。

1983 年 8 月 29 日

洋塘党支部的组建和革命活动片断（节选）①

叶　昌　叶　萱　叶玉榴　叶　惠

洋塘村离淡水三公里，全村都姓叶，同宗同祖，由族长统治，是一个著名的封建堡垒。这个村原属惠阳县淡水区长潭乡，全村包括老屋（八角楼）、岭下、铁寮岘、洋塘围、新屋、河背及果园新屋七个自然村，村民近三百户，一千多人，超过全乡人口的一半。附近二三十里的田地，多属叶氏大家族的祖尝所有，洋塘村及其周围小村小姓的贫苦农民，租种叶氏祖尝田，一年两造要交纳租谷给管理祖尝的叶姓族长，长潭乡的事情，要看他的面色，甚至乡长也是由他提名的洋塘人担任。村里封建统治极其严厉，村民不得违犯封建乡规。青年叶汉青与女青年叶丽文同窗学习多年，建立了感情。这事给村里管事叶聪知道了，他布置要把他俩抓起来装入猪笼，沉到河里去。吓得他俩外出逃亡，多年不敢回村。

淡水是革命老区，洋塘青年在革命思想感召下，奋起与封建统治作不屈不挠的斗争。早在大革命时期，洋塘青年叶长盛、叶衍航、叶俊扬等人就参加了莲塘面、滩头的苏维埃和农会，并动员洋塘青年，敲锣打鼓去淡水参加大会。叶姓族长派人堵截，不准革命。“四·一二”蒋介石叛变，镇压参加农会的群众，洋塘叶姓族长要捉拿叶长盛等三人问罪，叶长盛等被迫连夜出走，逃亡到南洋新加坡等地。“九·一八”事变后，全国各地开展了抗日救亡运动。具有革命传统的惠阳县中共地下党员和进步教师，在青年学生中宣传抗日。洋塘善培学校的叶钦梅老师，教唱革命歌曲，组织学生演出抗日歌剧，带领学生到淡水参加反对日军侵略我东北三省的群

① 收录于中共惠阳县委党史办公室、东纵边纵惠阳县老战士联谊会编：《东纵战斗在惠阳》，广东人民出版社，1993年，第119－124页。

众大会，在青年学生中传播了爱国主义思想。“七·七”事变后，在全面抗战的大潮中，洋塘青年的思想觉悟有了进一步的提高，他们组织了读书会，集资订阅抗日报刊和书籍，进行学习和宣传。参加读书会的有：叶振基（叶基）、叶仕成（叶仕）、叶俊林、叶森、叶春吉、叶枢、叶宏等十多人。

1938 年上半年，共产党员严奎荣（严尚民）领导的（香港）惠阳回乡青年抗日救亡工作团（后称“东江华侨回乡服务团”）在淡水、澳头一带农村开展抗日宣传活动。洋塘进步青年叶仕与严尚民取得了联系，并由严尚民发展为党员。稍后，由叶仕介绍叶森参党。1938 年 10 月，日军在大亚湾登陆，淡水、惠州等城镇相继沦陷。11 月间，严尚民先后派来了叶锦珠、叶芳、刘玉珍、李洁贞、谭淑珍等女同志进驻洋塘老屋村，开展抗日救亡的宣传活动。工作团进村后，与叶仕等取得联系，以读书会为基础展开宣传活动，教唱抗日歌曲；演出抗日歌剧，组织抗日同志会、妇女会，成立夜校开办识字班，团结男女青年，并在这些活动中，注意发现积极分子，发展党的组织，当时的活动骨干有叶枢、叶宏、叶昌、叶鸿希、叶道生、叶仕强、叶谷、叶本道、叶艮盛、叶迈、叶全、叶福墀、叶道宽、叶仕祥、叶长贵，女的有叶萱、叶仕有、叶玉榴、叶娇（叶惠）、叶柏如、彭玉梅、叶针、叶佛腾等。叶基在“七·七”事变后到了香港，在香港参加了共产党，其后，回来参加曾生领导的抗日武装。他也不时回洋塘配合工作团工作。在工作团党组织的帮助下，1938 年 11 月底，洋塘党支部成立了。第一任支部书记叶仕，组织委员叶森，宣传委员叶枢，青年委员叶鸿希。1939 年下半年，叶仕调淡水区委任宣传委员，洋塘党支部书记由叶森担任，叶鸿希为组织委员，叶枢任青年委员，叶道生任宣传委员，叶萱任妇女委员。

洋塘有了党组织，广大男女青年团结在党支部的周围，在工作团的协助下，反对封建思想的束缚，积极参加抗日救亡活动，这个古老的封建堡垒，开始发生了新的变化。当时，族长和家长们极力反对女青年出来活动，说什么“男女搅在一起，有伤风化。”党支部针锋相对地提出“抗日救国人人有责，凡不愿做亡国奴的人，不分男女都应起来参加抗日救亡运动。”骨干分子带头冲破家长的阻力，带动群众参加抗日活动。“如女青年叶仕有不顾父亲的反对，跑到外村去办夜校，宣传抗日，从而扩大了活动范围。1938 年 12 月 10 日，淡水祖庙召开成立抗日民主政权的群众大会，洋塘党支部发动了数十个男女青年，不顾族长和家长的反对，敲锣打鼓，舞着狮子去参加大会。其后，一批青年骨干如叶昌、叶本道、叶艮盛、叶仕强、叶长贵等先后参加了曾生领导的惠宝人民抗日游击总队。

……

抗日战争期间，洋塘党支部始终坚持党的工作，虽然 1942 年党组织生活暂停一个时期，但党员并没有停止党的任务。特别是在日军第一、二次侵占淡水期间，它广泛动员群众参加抗日斗争；组织抗日自卫队，支援抗日武装，动员党员、青年参加武装部队等等，作出了贡献。洋塘村虽然遭到日军摧残，付出了沉重代价，但是，洋塘人没有屈服，反而更加坚强。抗战期间参加党和东江纵队的洋塘青年就有二十多人，其中有十位同志为革命献出了自己年轻的生命，他们是：叶本道、叶艮盛、叶全、叶仕样、叶梓运、叶鸿希、叶仕有（女）、叶谷、叶佛腾（女）、叶福墀。我们永远怀念他（她）们。

东江华侨回乡服务团建立始末（节选）①

叶　锋

“东团”成立的经过

1938 年 10 月，日本侵略军开始南侵。日本强盗从大亚湾登陆，他们的机械化部队沿着公路从淡水、平山分两路直扑惠州，不数日，广州也为敌人所占领。

惠州沦陷，敌铁蹄践踏着自己的家乡，消息传到南洋各地，立即激起广大华侨保卫祖国、抢救家乡的烈焰。旅马来亚、印尼的惠州十属华侨成立了南洋英荷两属惠州华侨救乡总会，募捐了大量的物资和金钱，动员大批华侨青年回乡参加抗日救国工作。南洋华侨的抗日救国运动很快就和香港的抗日救亡力量汇集在一起，并同八路军驻香港办事处取得联系。早在 1937 年“七·七”事变后，香港惠阳青年会、香港海陆丰同乡会、余闲乐社等团体，已经组织了回乡工作团，在海陆丰、惠州、淡水一带做抗日宣传工作，团结了沿海乡村的广大农民青年和知识青年。当日军从大亚湾登陆之后，淡水附近的常柏田和坑梓乡的农民夜校的青年，以及大鹏、坝岗海岸读书会的青年，纷纷成立抗日自卫武装。广州沦陷后的 1939 年春，南洋惠侨救乡总会派回来第一批由黄伯才、张郁才两位侨领出资组成的两才队，和以官文森先生独资组成的文森队（全是女性），以及由吉隆坡七十三名华侨青年组成的吉隆坡队回到祖国，他们带回广大华侨的救国热诚和大批药品、棉衣等物资。大部分青年一到达坪山，就要求参加抗日游

---

① 收录于中共惠阳县委党史办公室、东纵边纵惠阳县老战士联谊会编：《东纵战斗在惠阳》，广东人民出版社，1993 年，第 111—118 页。

击队。一部分人则代表华侨分赴遭受日军烧杀的各乡去慰问难胞。随后回来的华侨青年有加影队、双峨月队，还有暹罗队、越南队等等。他们是那里的橡胶园工人、机械工人、矿工、汽车司机和贫苦的中小学教员、学生等。他们在海外出生，没有回过祖国。在回国的途中，他们都深情地唱着《再会吧！南洋》那首歌曲，互相勉励回到祖国将以生命来保卫可爱的家乡。他们同香港早期回乡的青年汇合后，为统一指挥、统一行动，组成东江华侨回乡服务团，由南洋惠侨救乡总会统一领导。原香港惠阳青年会和海陆丰同乡会的回乡工作团，分别成为“东团”的惠阳队和海陆丰队。这个抗日救乡的团体，就在东江前线开展抗日斗争。

东江华侨回乡服务团成立之后，迅速派出工作团到东江各县。包括惠阳第一团、海陆丰第二团、博罗第三团、紫金第四团、河源第五团、龙川第六团、和平第七团，还有增（城）龙（门）队、东（莞）宝（安）队、两才队、文森队、东江流动剧团等，人数共五百多人。

“东团”总部设在惠州城，并在香港设立“东团”办事处与南洋惠侨救乡总会联系。

……

“东团”的活动情况

“东团”在东江各县，深入到广大乡村进行抗日宣传工作和群众组织工作。由于各个地区的情况不同，有沦陷区、接敌区、敌人占领过的，和敌人还未到过的地区，群众的觉悟程度各不相同。“东团”团员五六个人组成工作组，深入到各村庄去工作。

当敌人从淡水、惠州、博罗撤走之后，我们到战区调查，慰问难胞。这些地区的人民惨遭敌人烧杀、抢掠、奸淫的苦难。我们带了华侨募捐来的物资，给无衣缺食的难胞分发棉衣和大米，给病人分发成药，治疗疾病，向群众宣传抗日救国的道理。

那时候老百姓普遍患疟疾，我们从印尼带回来一批专治疟疾的金鸡纳霜。正当群众找不到医生买不到药的时候，我们赠药治疗疾病，药到病除。

日军入侵以后，很多地方的学校停办了，大批青少年没书读。我们工作组进村之后，便和群众商量，举办战时小学、识字班、农民夜校，在这些学校里进行时事宣传，讲解抗日救国的道理。在团结教育青年方面起了很重要的作用。通过教育，发现积极分子；再通过他们，去串连发动，组织各种抗敌救国的群众团体。我们办夜校也遭到乡村中封建势力的反对和破坏。特别是青年妇女上夜校，坏人就造谣，说我们专门教妇女离婚的。有的家长信以为真，偷偷到夜校偷听，听到我们讲的都是他们心里话，听到许多从没有听过的道理，不仅消除了顾虑，还索性自己也到夜校来上课了。

……

坚持正义的斗争

……

惠阳队事件之后，“东团”在各县的活动更为困难。当时我们在惠州团部只留下两才队和吉隆坡队部分同志在那里坚持，他们全部是南洋回来的华侨青年，是可以坚持的。为了回击国民党顽固派对“东团”接二连三的迫害，他们又派几个队员骑自行车到街上散发传单，反对迫害华侨的种种暴行。7 月一天早晨，国民党顽固派竟把两才队的驻地重重包围，进行严密搜查，在屋内搬出几个手榴弹，捏造罪证说我私藏军火，阴谋暴动，将两个队全体团员十一人逮捕起来，关进惠州监狱。南洋惠侨救乡总会和广大华侨闻讯异常怒愤，斥责国民党顽固派破坏华侨抗日救国保卫家乡的罪行，纷纷函电要求国民党当局立即释放“东团”被捕人员，经过一个多月的斗争，全体人员才获得释放。

1940 年冬天，东江华侨回乡服务团被迫停止在东江各县的公开活动，但是我们绝大多数的团员在广大群众的支持下，取得各种职业的掩护，继续留在各地进行工作。有的女同志过去在香港是纱厂工人，还不认识字，经过在“东团”二年多的学习和锻炼，当起农村小学教员来了，并且教学效果很好，很受群众欢迎。随后，东团团部，博罗队、惠阳队、东宝队的同志们以及吉隆坡队、两才队、文森队的团员们一道，也回到东莞、宝安敌后，参加广东人民抗日游击队，发动群众，开展敌后游击战争，建立抗日根据地去了。

在魔爪下的抗争①

袁映兰

温塘离东莞县城仅十公里，离龙舟圩、横坑仅二公里左右，处在莞城、石龙、茶山、龙舟圩、横坑的敌军包围中。由于离敌驻军最近，而又有一定群众基础，我们在那里建立情报交通站。一九四九年上半年，敌人曾多次到温塘进行“扫荡”，斗争形势十分险恶。一九四九年六月间，领导派我以农村姑娘的身份作掩护，接任温塘交通站站长，又派旺嫂（刘雪）以卖布小贩身份作掩护任情报站站长，我俩分工合作。交通情报站就设在温塘中和圩我家中，我哥哥袁苏是武工队队长，经常带队回温塘活动。我母亲叶英、妹妹袁锦兰虽未正式参队，但义无反顾地支持我们，自觉承担放哨、煮饭和洗衣等工作。经常有十多位同志在我家搭食，屋［里］虽坐不下，一些同志只好在屋门口蹲着吃饭。我母亲在乡亲中有很高威信，我家也很受乡亲爱护，同时也引起敌人的注意，敌人路过或来“扫荡”，我家必受搜劫，曾几次放火烧屋，都幸被乡亲救熄。

一九四九年中秋节前两天，国民党保安队一个营进驻温塘中和圩，武工队队长袁苏考虑到武工队只有十多名队员，敌强我弱，不宜正面硬碰，于是组织税站、情报交通站等人撤离，并嘱我和旺嫂两人转移到安全地方隐蔽，继续打探敌情，设法联系已出发未归的交通员撤离。

一切安排好后，我带着母亲和妹妹转移到离我家不远的月嫂家里，月嫂家前屋作铺面，摆卖杂货，后屋是磨坊和柴房，有后门可通田垌。我们在那里掩蔽了一夜。次日早上，我家邻居美嫂匆匆来报讯：匪兵在我家翻

---

① 收录于肇庆市城区东江纵队粤赣湘边纵队老战士联谊会编：《峥嵘岁月》，2003 年，第 250–254 页。

箱倒柜，挖地拆瓦，口口声声要挨家逐户搜捕老毛婆（指我母亲）。情况危急，我和母亲妹妹先后从月嫂家的后门出去，绕过敌人岗哨进入温塘围的皂角坊，到衬开大嫂家掩蔽。

不久，旺嫂也来和我会合，我们在衬开大嫂家研究工作，母亲到巷口放哨，狡猾的伪保长罗根带了十多个便衣从对面茶岭坊直入菜市，我母亲以为敌人向别处去，所以未作防范，不料敌人绕了一个大圈又突然出现，只差几米远就到她跟前，她来不及通知我们，闪入巷口一农户掩蔽。

敌人很快冲入衬开大嫂家，把我、旺嫂、妹妹和衬开大嫂的女儿袁爱香四人捉住，在屋内四处搜查，并迫问我们："老毛婆在哪里？"我们都说，屋里只有我们四人，不知道那个是老毛婆。敌人悻悻地将我们押到匪军驻地，这原是一家当铺，我们被关押在二楼一间房里，两名持枪的匪兵恶狠狠地要我们一人蹲在屋角，不准讲话。到了中午，两个便衣来带走旺嫂和袁爱香。不久，又把两人押回来，旺嫂偷偷向我打手势，暗示她们没有招出我们的情况。又过了一会儿，两个便衣把我妹妹押走，约一小时后，妹妹被一匪兵拖回房间，只见她脸青唇白，跌跌撞撞倒在地上，我想过去照看妹妹，却被看守的匪兵拦住，我看到她两手的中指和小指又红又肿，象熟透的大红椒，她低声喃喃说："电，电我！我没招……"我心里又痛又恨，恶魔竟用电刑迫害我的妹妹！

此时，我意识到审讯将轮到我了，我认为我的身份还未暴露，我一定要咬定自己是普通农家姑娘，若被问到游击队这事，一概一问三不知。当然，这样必然招来酷刑，我要有充分的思想准备，我看到妹妹年纪比我小，她既能挺住，我一定能挺住。我要学习英雄烈士们临危不惧、宁死不屈的精神，我即便要死，也要死得光荣！下午四时许，两个便衣气势汹汹地冲到我面前，揪着我的衣领，推我走，把我押到当铺后花园的凉亭里，这时的凉亭变成阴森森的刑场：火焰熊熊的火炭炉，上面放着各种铁器，炉旁有根约十公分粗的大碌竹，两大桶水，地上有麻绳、电线，还有一台手摇电话机，凉亭正面放着一张台，坐着三个面目可憎的便衣特务。凉亭四周站着十多个持枪的匪兵。当我被押到台前时，坐在中间那个特务一挥手，两个手下将我推到凉亭一条石柱旁，用麻绳将我捆绑在石柱上，我动弹不得。他们拿来两条两端都裸露出金属线的电线，用金属线分别缠住我两手的小指和无名指，电线另一端分别接到手摇电话机电源输出线上。特务头子阴冷地说："死妹丁，现在先让你尝尝'电老虎'的滋味，看你敢不老实交代！"一特务即把电话机的摇手轻轻一转，我全身一震，麻痛入骨。特务头子哈哈大笑说："不好受吧！这不过是轻轻一摇，如果快速摇下去，就算你是铜皮铁骨也休想捆得住，时间一长，要你麻痹而死。我劝你放聪明点，只要你老实招供，就可免受这种苦楚。"于是特务连串审问："你什么时候参加游击队？任什么职务？老毛婆（指我母亲）在哪里？你的顶头上司在哪里？游击队去了哪里？……"我按我原来想好的口供装着农村姑娘怕事的样子回答："我和母亲、妹妹一家三口都是耕田的，我是家里的主要劳动力，你们看我粗手大脚就可证明我是真正的耕田人。我不是游击队又怎会知道游击队的情况。我母亲是胆小的人，被你们吓走，下落不明。我家又被你们搜劫，现在还绑我审问，真是无天理。"特务头子发狂了："你还敢嘴硬，电她！"爪牙们恶狠地摇动电话机，电流通过我全身，我两手的小指无名指立即发黑，散发出一股烧焦味，我全身抽捆[搐]，真是心肺俱裂，头晕眼黑喘不过气来，初时我还哼得出声，后来渐渐失去知觉，昏了过去。也不知经多久时间，我从迷糊中苏醒过来，发觉头股湿漉漉的，这大概是特务用水淋醒了我。特务又问我旺嫂是不是游击队，我说旺嫂是卖布的，你们已审问过她了还问我干什么，我只顾耕田，其它的什么都不知道。特务又骂我不老实，又电我。受电刑的痛苦是难以形容的，当时如果有选择：是枪决或是电刑，我会选择前者而不是后者，可惜无可选择，为了革命利益，敌人如此反复多次对我施电刑，我总不招。我昏昏醒醒不知多少次，特务用电刑把我折磨到傍晚，没有从我口中掏出什么有用的口供，这时匪军要开饭，特务只好叫爪牙把我松绑拖走。

回到原先被关押的房子，我全身酸软，站立不稳瘫坐在地下，头晕眼黑，唇焦舌燥，全身湿淋淋的，分不清是敌人泼的水还是自己的汗水。又觉得两手有几处被电焦的伤痕阵阵剧痛，还闻到一股焦臭味。旺嫂她们三人看到我受苦，不禁抱着我痛骂敌人。

晚上八时许，一个匪兵走来说："你们可以走了。"我们四人相扶着回到衬开大嫂家。

我们四个人在敌人审讯甚至严刑迫使时，能够临危不惧，与敌人周旋，没有给敌人抓到任何把柄，加上我武工队和衬开大嫂等乡亲群众督促本地知名人士联名担保，迫使敌人释放我们，我们才能在敌人的魔爪下重获自由。经历这次斗争，使我变得更坚强。

抗战时期宝安县重建党的工作回顾（节选）①

袁鉴文

……

二、宝安县重新整顿党组织、建立党的领导机构的过程

（1940 年秋至 1943 年春）

……

一九四〇年十一月（或十二）月，遵照东江特委的指示，宝安成立县委，刘汝琛同志任县委书记，苏为民同志为组织部长，杨凡同志任宣传部长，杨步尧同志任青年部长。一九四一年一月，赵学同志任妇女部长，刘曼之同志参加县委。一九四一年七月袁鉴文同志任县委组织部长，同年十一月间杨步尧同志任宣传部长，杨凡、苏为民先后调到部队。一九四二年七月，刘汝琛同志调去新成立的东宝工委任宣传部长（吴超炯同志任工委书记，王仕钊同志任工委组织部长）。宝安县委由黄树楷同志代书记。一九四二年夏，广东省委被破坏。一九四三年春，遵照党中央指示，我们在国民党统治区的方针是“隐蔽精干、长期埋伏，积蓄力量、以待时机”，并成立东江前线特委，黄宇同志任书记，取消县委，改为特派员，黄树楷任宝安县特派员。把暴露的同志调到部队去，把公开的与不公开的党员严格分开来，采取单线联系个别接头的办法进行工作。

……

一九四〇年十一、十二月成立县委时，尹林平同志指示要在一个月内发展一倍党员，每个党员发展一个到两个党员。宝安县委坚决执行这一指

---

① 收录于中共深圳市委党史研究委员会办公室编：《广九烈焰》，1983 年，第 257−279 页。

示，在一个月后从二十多人发展到四十多人，完成上级要求发展党员的任务。这个月的发展，主要是依靠外来党员去发展。县委为了争取更大的发展，决定除了继续依靠当地党员去发展党员外，县委领导同志和外来同志到新区发展。刘汝琛同志到乌石岩去，杨凡同志也在乌石岩，黄枕云同志到西路。后来县委为了密切配合部队，决定集中在龙华、布吉部队活动的地区开展工作，大力发展党组织。刘汝琛、杨步尧在赤岭头，杨德元在岗头仔，赵学在杨美配合部队搞民运工作，组织宣传队进行宣传，开办夜校教识字，进行政治教育，组织妇女会、自卫队，支持部队，到一九四二年下半年宝安县已有一百多党员，比原来发展了五六倍。

……

我们地下党和部队民运队的同志，培养了许多积极分子，特别是妇女积极分子很积极很活跃。梁嫂、刘亚娘、冯嫂、郑嫂、龙亚娘等妇女，积极支持各种活动。她们发动妇女参加识字班，动员青年参加部队，她们热情接待部队的同志，帮助部队解决给养困难，做交通、送情报。

……

一九四一年秋冬，地下党赵学、杨德元同志和部队民运队曾坚、李达明同志经常到这个村活动，开展群众工作。由于我们党和部队都是坚持抗日，反对国民党反动派的，很受群众拥护和支持。经过我们深入串联发动，这个村的自卫队、妇女会、儿童团很快就组织起来。自卫队发展到五十多人，由彭开华任队长，彭佛任副队长。妇女会有四十多人，张爱云任会长。组织起来的自卫队和妇女会在党的领导下，带领全村群众，积极支持部队，配合部队作战，打击敌人。

部队经常到甘坑，自卫队员和妇女们安排他们住山寮，给他们送柴草、送蔬菜，烧水给战士们冲凉。一次苏光同志的短枪队去侦察敌情，下大雨，同志们全身湿透，很晚才回到村里来，江嫂等妇女们连忙煮饭、烧水，让他们吃饱饭，洗个热水澡，并为他们烘干衣服，同志们很受感动。惠阳中队中队长陈力辉和指导员杨凡同志，乡亲们把他们安置在山寮里治疗养伤。部队缺药，妇女们天天上山采药，自卫队员轮流到山顶上放哨、监视敌人。一九四一年夏天，妇女会长张爱云在田里插秧，发现国民党反动军队从樟坑和新田分两路向雪竹径、甘坑进攻，她不顾一切，急忙告诉自卫队长彭佛，彭佛立即跑到石鸡窝向部队报告。当时曾生同志正在发高烧，同志们迅速掩护他转移到上坑村的山寮里。部队缺医药，乡亲们秘密请中医刘仲田给曾生同志看病开药，吴二嫂还帮曾生同志“夹砂”，用竹叶煲水给曾生洗身，使曾生同志慢慢恢复了健康。

……

一九四一年夏，我们部队为了打击日寇的军运，决定在李郎村附近破坏日寇广九铁路运输线。地下党配合部队组织木古村和甘坑村的自卫队九十多人和妇女会三十多人，由彭佛、陈志仁两个党员负责带队直接参加行动，在一夜之间把一大段铁轨拆除并翻倒过来。

一九四二年，国民党掀起反共高潮，反动军队对我们部队进行疯狂的大“扫荡”，情况很严重。部队不能在村里驻扎，只能在山上树林里驻扎，给养十分困难。甘坑自卫队和妇女会经常要为部队买米、担米，送米上山。妇女会由张爱云、张静娇负责，带领三十多个妇女到观澜圩和平湖镇分期分批购买谷子，组织妇女分头舂成米，分批担到山寮里交给部队。自卫队员彭佛、彭开华、陈志仁、彭官生、邓胜等不时帮助部队买日用品和买猪，宰好送去部队。有一次甘坑自卫队和妇女会组织八十多人到山厦运一万二千多斤粮食，通过平湖敌人封锁线到白石龙部队后方办事处。又一次，帮助部队把一批枪枝弹药送到惠阳坪山竹坑村。

甘坑群众在党的领导下，积极配合部队，坚持斗争，不断提高觉悟，涌现出许多男、女积极分子，彭佛和陈志仁被吸收为党员。一批又一批青年参加了部队。甘坑成为党和部队一个很有群众基础的重要据点。

水径村是布吉乡的一个村庄。布吉圩驻有日军，水径很接近日军据点，经常受到日军的侵扰、抢掠。一九四〇年十月间，部队先派民运队员朱金玉同志进入水径工作。开始时，群众有害怕敌人的情绪，接近我们有顾虑，经过宣传教育工作，争取了该村的伪村长，使他在暗中支持我们。特别是经过深入群众，和群众打成一片，同吃、同住、同劳动和群众逐步建立密切的关系，有了阶级感情。我们在水径培养了党的积极分子，吸收甘嫂、江嫂两个女党员和邱△生，三人组成一个支部，由甘嫂任支部书记。接着部队开进水径活动，群众更加活跃，组织了自卫队，配合部队行动。特别是三个党员积极做交通、送情报，发挥了先锋带头和骨干作用。邱△生不暴露，经常到深圳、布吉买油盐酱菜供应部队。他表面上做小买卖，实际上是收集敌伪情报。

……

抗战初期东莞党开展抗日武装斗争的回顾（节选）①

袁鉴文

回顾抗战初期东莞党领导东莞人民开展抗日救亡运动和抗日武装斗争的经历，是很有意义的。

一、重建党组织，壮大党的力量

1927年，蒋介石发动四一二反革命政变，实行极残酷的白色恐怖，广东党受到严重的损失，中共东莞县委被破坏。1928年秋，东莞中学学生李勤媛、李海青、工友黎寿被捕，从此，东莞党停止了活动。有的党、团员远避他方，有的隐蔽起来。直到1936年秋，东莞才恢复党的活动，重建党组织，先后成立了东莞特别支部，县临时工作委员会。1937年改为中心支部，领导东莞、宝安、增城三县党组织，到1938年5月成立东莞中心县委。东莞重建党组织后，遵照广州市委和广东省委的指示，为了适应发展的有利形势，坚决克服关门主义，发展了一大批党员，到1939年有100多党员。东莞中学有光荣的革命传统，学生有较强的爱国心和较高的思想觉悟。重建党组织时，首先吸收了一大批莞中进步学生，通过他们深入城乡发动群众，发展一大批党员。在莞城和农村建立了一大批党支部，有学生支部、妇女支部、工人支部、农民支部，还有部队的党支部。在东莞各个区都成立了区委。

东莞党为了培训党员骨干，先后举办了三期党员训练班，每期有十

① 收录于中共广东省东莞市委党史研究室编：《东莞抗日实录》，中共党史出版社，2006年，第171—176页。

多人，共有50多人。授课内容主要有党的建设、群众工作和游击战争等。受过训的党员，后来都担任党支部、区委或县委的领导干部。东莞人民有了党的领导，在党的领导下，经过艰苦工作，英勇战斗，开创了新局面。

二、抓紧时机，积极开展抗日统一战线工作

（一）出版报刊，传播党的主张

……

（二）以革命知识分子为先锋，大力开展抗日救亡运动

东莞县政府经我党同志的推动，为了表示支持抗日，取得群众信任，建立了“青年抗敌同志会”（简称“青抗”）和“妇女抗敌同志会”（简称“妇抗”）。我党派何与成负责领导“青抗”，派何佳任“妇抗”主任。动员中学生、小学教师和进步青年参加，其中有许多是党员。这两个群众团体实际上是在我党的直接领导下，统一行动的抗日群众组织。各种活动都是统一进行，他们一起组织歌唱队，每晚集中练唱，到街头演唱和教唱，城里群众纷纷涌来，跟着放声高唱。宏［洪］亮激昂的抗日歌声响彻大街小巷，鼓舞了群众抗日情绪。他们还联合组织下乡宣传队、演剧队深入到广大农村宣传抗日救亡，写标语、出墙报，演《放下你的鞭子》等街头剧，很受群众欢迎。

县委还利用三八妇女节、五四青年节、五一劳动节等节日，在县城和乡镇组织庆祝、纪念活动，在学校里或在公园召开群众大会，众多群众踊跃参加，情绪激昂。会后，还举行声势浩大的游行。

1938年秋，东莞县委支持国民党县政府发动为前线抗敌募捐，决定由莞中党支部和“妇抗”负责组织、发动。在莞城大西路、彭屋大街搭起了献金台，宣传为前线抗敌募捐的重要意义，动员路人捐献，还组织募捐分队，到商店、茶楼酒馆去募捐，妇女同志还深入到街坊去动员各阶层妇女捐献，许多妇女连金戒指、金项链也献了出来。这次捐献活动，搞得较广泛，不但在县城，且扩展到圩镇，不但为前线抗敌捐得一大笔金钱，更重要的进行了一次广泛的抗日宣传，提高了广大群众的抗敌情绪。

东莞国民党成立了“民众抗日自卫团统率委员会”（简称“统委会”），张我东当主任。县委委员张广业打入内部活动，征得张我东同意，组成了政工队，到清溪、塘厦、凤岗、樟木头、大朗等乡村活动。接着，张高科又组成第二个政工队，他任队长，到水乡的高埗、道滘、中堂、望角等村庄活动。经过这两个政工队进行广泛的宣传、组织工作，在各村组织一批兄弟会、姐妹会，开辟了一些新的据点。东莞的山乡、水乡和铁路沿线的许多农村的群众都发动起来了。

……

东莞党在抗日战争爆发初期，开展抗日救亡运动和抗日武装斗争所取得的成就，作出的贡献，主要是由于紧紧抓住三大法宝：坚决执行广州市委和广东省委的指示，充分发挥党的领导作用，紧跟形势，大胆发展党员，重建党组织；不失时机，大力开展抗日民族统一战线，争取了国民党的党、政、军的上层人士和地方开明绅士的支持，广泛、深入地发动和组织群众；参加和组织合法抗日武装，及时建立我党直接领导的抗日部队，开辟抗日基地，英勇抗击敌军，为后来东江纵队开展抗日武装斗争、创建抗日根据地打下了党和群众的良好基础。

（原载《东莞党史》1997 年第 1 期）

东进指挥部战地医院①

袁　靖

1945年8月15日，日本天皇宣布无条件投降。东江纵队命令所属部队开到敌伪据点，解除日伪武装。九月间，东进指挥部部队解放稔平半岛。这个半岛濒临大亚湾，与大鹏半岛遥遥相望，海岸相连，是一个战略要地又是海外通往大陆的交通要道，即使在战时，港澳商船进出口货物，也络绎不绝地经过这里。

全心全意为伤员治病

我奉命调到指挥部的战地医院工作，担任政治服务员和党的小组长。医院设在平海镇内的一座祠堂里，设备很简陋，到处都躺着伤员，共有五六十个。他们睡在用门板搭成、铺上稻草的一排排大铺上。这些伤员很多是在解放稔平半岛的战斗中负伤的。我看见一个卫生员正在替伤员洗伤口，伤员痛得咬紧牙关。医院负责人叶萍说："医院缺药，只好用盐水来洗伤口。"她指着解下来的绷带、纱布说："这些纱布、绷带已经反复用过多次，消毒后还要再用呢！"

我到医院的当天晚上，正遇上战斗部队送来伤员，医护人员忙着接收、抢救到深夜。这种情况是经常发生的。

一连几天，我同卫生员一起工作。有时到伤员住地去，见到卫生员替伤员换药、洗伤口，我也从旁协助，伤员要小便，我递尿壶，替伤员倒屎倒尿、送水送饭。伤员们同我混熟了，都很热情地要我坐下来，要我讲情

① 收录于中共惠阳县委党史办公室、东纵边纵惠阳县老战士联谊会编：《东纵战斗在惠阳》，广东人民出版社，1993年，第311—318页。

况。我向他们讲了情况后，请他们讲讲战斗故事。一个战士有声有色地讲起亲身参加的一次战斗。其他同志也禁不住你一言、我一语地讲起来，越讲越起劲。我发现请伤员讲亲身经历、见闻、活生生的战斗事迹，是一种自我教育的好方法，它能鼓舞斗志，比上政治课还见效。于是我们便经常到伤员住地去，了解他们的情况，听取意见，诱导他们讲战斗故事。每当伤员讲起战斗故事来，病房里的气氛就立即活跃起来。他们讲得眉飞色舞，有的坐起来，有的按住发痛的伤口，抢着插上几句。有的重伤员听着，竟忘了自己的伤痛，卫生员一边为伤员洗伤口一边听，也听得入了神。

在工作中，我与工作人员也渐渐熟悉了。有位清洁员何玉英，当她去洗血衣、纱布、绷带时，我也一同去。我们一边洗，一边谈心。这个纯［淳］朴的女青年，才二十出头，她有一肚子苦水，讲到身世就流下泪来。我很同情她，常常鼓励她。她是从香港回来参加抗日队伍的，在香港是小女工，来到路西的米站工作，顽军进攻路西时，她从那边撤退过来，分配来医院工作。她工作很热情，不论做什么工作她都积极肯干，卫生人员不够，临时叫她值夜班，她也乐于接受。

还有个卫生员张仔，担负司药工作，她是从连队调来的，她对战地救伤工作很负责，表现很好。她主动同我谈心，谈她长期未解决入党问题：在连队时，负责教育她的那个班长牺牲了，接着有一个小队长培养她，后来又牺牲了，所以很久都得不到解决，心里很苦闷，她希望这次在医院能解决入党问题。我鼓励她努力工作，党的大门是打开的，对够党员条件的同志不会拒之门外。

医院还有一位姓邓的老卫生员，同志们称她邓大姐。当时抢救伤员的任务很重，每当战斗部队送来伤员时，她忙得连吃饭都顾不上，由于劳累过度，有一次抢救伤员时，她突然晕倒在地，当她一醒来又拖着虚弱的身体继续工作，同志们深为她的精神所感动。

这些忘我工作的卫生员，不嫌脏、不怕臭，精心护理伤员，还常常配合我做伤员的思想工作。在艰苦的环境下，他们团结互助，克服困难，努力做好医务工作。

大约在10月底，我们医院来了位久经战斗的老卫生队长韦世珍，不久，叶萍调走了，由韦接替她的工作。韦世珍性格开朗直爽，待人和蔼可亲。她是香港的一个女工，参加洋务工会组织的战地救护队学习，于1939年回到坪山参加曾生部队，经过东移，坐过牢狱。她有长期医务工作经验，处理问题很果断。她来后经常同我研究工作，工余时间主动找我谈心，我们工作很协调，相处得很好。

当时药品奇缺，医院只有碘酒、红汞、灰锰氧和少量的雷佛雷尔、贯通双。为了解决这个问题，韦世珍带着卫生员走访当地群众、民医，搜集民间处方，采用中西医结合，药物治疗与营养滋补结合的方法给伤员治病，收到很好效果。那时患夜盲症的战士不断增加，严重影响连队的战斗力。韦世珍认为：夜盲症主要是缺乏营养引起的，应该采用营养疗法。但当时我们没有维生素这一类的药物，于是她采用民间处方“猪肝蒸锅底灰”，给患夜盲症病员吃。接连吃上一段时间，的确见效，这些战士大都病愈归队。为了使伤病员早日恢复健康，韦世珍带领卫生员和接近痊愈的伤病员去海边拾蚌。她访问住在附近的海队领导同志，请他们将出海时捞到的鱼，分一些给伤员增加营养，海队负责同志表示大力支持。不久，驻暗街海队队长林文虎，先后数次派人送鱼慰问伤病员以及医院工作人员。我们收到慰劳品，总是以伤员为重，首先选择好的、大的鲜鱼分给伤病员伙食单位。

我们医院很重视做群众工作，常常在晚饭后挨家挨户访问群众。医生替当地渔民治病、接生，卫生员帮助渔民洗伤口、换药、从而得到老百姓的支持，他们帮助医院在新界西贡采购西药，以及购买粮食。

不久，上级调来邓天凡医生和他的学生方演、李任坚、金玄等同志。方演、金玄任医助，李任坚任司药，原来的司药张淑文改任医务工作。我们对新来的专业技术干部是很关心的，经常考虑如何更好地发挥他们的作用，在工作上放手，在生活上照顾，使之感到革命大家庭的温暖，从而尽快适应环境，安心工作。在党小组会上，我提出老同志要团结好新来的同志，在工作上多听取她们的合理意见，发挥她们的专长。于是新老同志一起讲革命故事、散步、谈心。方、李、金很快就适应了环境，工作主动积极。方演、金玄两同志对医务工作认真负责，工作很细致，不怕苦、不怕累，日日夜夜埋头工作，护理几十个伤员。工作条件虽然很差，她们却能努力克服种种困难，由不习惯到习惯。

战火又在燃烧

情况急剧变化。国民党顽固派妄想在国共两党停战协定生效之前，一举消灭我东江纵队的部队。10月下旬，国民党一五四师一个团，开始进犯稔平半岛，侵占了我稔山镇。与此同时，国民党一五四师的另外两个团，又陆续开到惠阳淡水、平山一带，矛头对着稔平半岛。到了11月间，由云南空运到广州的国民党新一军三个师和五十四军一个师及地方杂牌军，又沿着广龙铁路南下“扫荡”铁路两侧。这样，稔平半岛就处于敌人“钳形攻势”的包围之中，形势十分险恶。面对敌强我弱的情况，我东进指挥部开会研究对策，认为要确保稔平半岛是不可能的，但为了牵制敌人的力量，捍卫东纵司令部的安全，掩护机关、医院等安全撤退，必须加强保卫稔平的防线，力争在稔平半岛多坚持一些时间。

10月下旬的一天，医院接到了待命转移的命令。当时，敌人进攻稔山，我赖祥营及曾城大队在稔山前沿阵地与敌人展开激战。我们医院即雇了一只大渔船，载着伤病员在平海的海湾隐蔽待命。渔船在海湾整整泊了一天。我们医院全体工作人员一边观察战情，一边护理伤员。

第二天，我们医院从平海海湾转移到暗街（港口），住在海滩上大澳村的一座庙宇里。庙宇背靠山，周围没有人家。庙前有一片海洋，早晨，我们医院的伤病员就在晨曦中到沙滩上做操、散步。

正当情况危急的时候，从四团转送来一个重伤员，这位重伤员是由两个民工抬着，由一位女卫生员护送来的。原来他们是从海丰九龙洞、赤石转移过来，走了好几天路才找到四团驻地，四团同志又带路送来我们医院的。护送伤员的那个女卫生员，身体结实，中等身材，她一个人领着两个民工辗转走了四天山路，终于安全将重伤员送到。

伤员躺在担架上，脸色苍白，体质虚弱，医生立即给他检查伤口，打开绷带一看，只见右脚盘踝关节处伤白［口］红肿、腐烂，流脓流血水。显然是负伤后，没有及时治疗造成的，再仔细检查伤口、发现伤员的脚盘踝关节已被子弹打穿，盘骨断碎。在当时情况下，这样的伤势是很难治愈的。医生把他安排好后，卫生员立即给他冲洗伤口、换药，照料他休息。由于暗街四周是海，地方很潮湿，蚊子成群，如果没有蚊帐是很难安眠的。可是当时大家都没有蚊帐。为了让这位新来的重伤员能安静入睡，这天晚上值班的卫生员整夜守护着他，用扇子为他赶蚊子。

三天之后，卫生员来向我汇报情况，说从赤石来的那个重伤员哭了。韦世珍去看了他，安慰他，他要找支部书记。于是我就来到这个伤员的病床旁。他见到我，劈头就问："我的组织关系转来没有？"我回答："还没有接到。"他听了露出焦急的神色说："我不能失去政治生命呀！"象小孩似的呜咽着哭起来。他叫李禄，是第六支队七大队的干部，受党多年教育，现在伤重不能为党继续工作，非常伤心，彻夜未眠，泪水浸湿了枕巾。我们深受感动，耐心地劝慰他。

每当送来重伤员，我们的医护人员都全力以赴，加以救治。对于李禄等几位重伤员，我们也拿出当时医院里最好的药雷佛雷尔为他们治疗。可是，由于他们伤势严重，仅使用这些药物一时难以见效。为了保证他们的安全和避免影响整个部队的行动，在平海战役发生的前两天，上级决定，先把这几个行动不便的重伤员转到安全地带去，医院派了医护人员，乘坐木船专程护送他们前往九龙新界赤径司令部属下医院。

12 月初，国民党顽军一五四师以一个团兵力向我扼守王爷径的曾城、赖祥部队发动进攻，我军沉着应战，英勇阻击，打退了敌人十几次冲锋，打死敌军几十人，从火线上抢救下来的我军伤员很快送来医院。两天后，敌人占领王爷径，又以两个团的兵力分由铁涌、黄埠、大洲几路扑向观音山，包抄我东西涌的部队，从早上激战至下午。五团一营机炮连连长曾志强壮烈牺牲。平海处于危急状态，指挥部命令部队打击敌人主要阵地，掩护机关、医院以及区、乡干部撤退。

突围护送伤员

12 月 5 日的午夜，我们医院接到指挥部的紧急通知，要医院立即撤出暗街，令我带领伤员及部分工作人员，从海面上搬去新界赤径；韦世珍率一部分精干的医务人员随战斗部队四团行动。在这紧急的情况下，我和韦世珍研究了如何执行任务。商定后，轻伤的伤员跟战斗部队，较重的伤员由我带走。韦世珍带走的有医生邓天凡，卫生员赖英、邱友娣、陈玉芳等人。我带的医务人员有方演、金玄、李任坚、张淑文以及后勤工作人员何玉英等同志及伤员共二十多人，分乘三只木船。当晚午夜，曾城、赖祥部队正在暗街前沿阵地阻击着敌人。在形势非常紧急的情况下，我带着伤病员及医护人员，从暗街登上了木船撤退，我坐的那条木船载了十余人，船舱很小，伤员进入船舱，大家背靠背地紧挨着坐。船家起锚，撑着木船离岸驶向大海。海面上的风浪渐渐大了，船身摇晃不定，同志们晕船呕吐，我咬紧牙关，抬头吸了一口新鲜空气才止住了呕吐。

天色渐渐明亮，隐约听到船后边有密集的枪声。老船家侧耳细听，辨别枪声的方向，说是在暗街那边，离我们这条船约有二十多海里。战友们正在与敌人接战，我们惦念着他们的安危。突然一阵大浪打来，小船一会儿被抛上浪尖，一会儿没入浪窝中，大家都有点紧张。船家向我们摆手，叫大家不要动。同志们自觉地保持镇静，船身恢复了平衡，终于度［渡］过了难关。但小船仍向大海驶去，只见一片迷茫，白浪滔滔。我不解的说：“靠岸走不是平稳些吗？”船家笑着说：“我们现在是出海打鱼呀！明白吗？过午后我们就靠岸边走啦。”我恍然大悟，原来船家是在蒙骗敌人。群众是真正的英雄。

太阳升起来了，肚子咕咕地叫。我向船家借了一个铜煲，要了一锅淡水，煮了一煲粥给伤员们吃，有的伤员胃口不好，在医护人员的劝慰下，也勉强吃下半碗。淡水用完了，我们工作人员只好煮一煲咸水粥充饥，又苦又涩，很难下喉，为了工作，也只好勉强咽下去。这一天，医务人员忍着呕吐和饥饿，坚持给伤员查看伤口和换药。傍晚，小船驶进一个风平浪静的海湾靠了岸，我们扶着伤员登陆。

岸上有一个农民装束的人向我们打招呼，领着我们穿过山间小路往山里走，在半山的几间茅屋里住下来。这里有我们的一个武装小队，我找到小队长了解情况。他说：“国民党顽固派重兵压境，我部队已从平海、暗街撤出来了。区乡政府的非武装人员站不住脚，也向这边撤来，群众害怕国民党反动军队，也跟着走。人流一队队往新界那边涌去。”他又告诉我附近还驻有我武装部队一个连队。于是我去同那个连的连长联系，大家约好了夜晚放哨的口令和分工担负警戒地段。我回到营地，将情况对同志们讲清楚后，组织了几个伤势接近痊愈，行动方便的同志和我们工作人员轮班放哨。

天亮后，我们吃了饭，沿着山边出发，伤员们好不容易走了几里路。在山边停着木船，那是为送我们到新界赤径而准备的。船行大约两天，到了赤径，同赤径医院负责人陈霜子联系上了，我们护送伤员登陆，和我们同时从暗街撤出的还有两只护送伤员的船，也先后到达目的地。至此，我们便胜利地冲出了敌人的包围圈，完成了伤员转移的任务。

回忆香港沦陷后何香凝、柳亚子脱险经过①

袁　复

复壁殷勤藏老拙，柳车辛苦送长征。

须髯如戟头颅贱，涉水登山愧友生。

——柳亚子《别谢一超、蓝奋才、袁嘉猷、连贯》

这是一九四二年，柳亚子先生回首与何香凝从香港脱险经海丰至后方，与我地下党参加护送的谢一超、蓝奋才、袁嘉猷、连贯诸同志离别时，对艰苦流亡旅程的患难之交深致感谢所作的诗。现在读来，倍感亲切。

情怀至笃的诗意，把我们带进了烽火连天的抗战时期。一九四一年十二月八日，日军偷袭珍珠港，太平洋战争爆发，同日，进攻香港。二十五日，港英总督杨慕琦向日军投降，香港沦陷。由于情势险恶，十二月下旬，周恩来电示八路军驻香港办事处负责人廖承志，要想尽一切办法拯救在香港之进步文化人和民主人士，转移到安全地带。广东党组织和广东抗日游击队经过三个多月的紧张工作，克服了许多困难，在日军的严密控制下，抢救出进步文化人和民主人士七八百人，护送他们安全到达大后方。

当时，在香港的何香凝和柳亚子也面临被捕的危险。谢一超奉八路军驻香港办事处连贯之命，担负护送何香凝、柳亚子及其家属转移到后方的任务。为了旅途的安全和方便，一超联系好两艘机帆船，分两路护送。何

① 收录于中共惠阳地委党史办公室编：《东江党史资料汇编》第三辑，1984 年，第 91–95 页。

香凝是国民党的元老，准备公开向国民党当局提出保护，故由一超的妻子护送，至汕尾港上岸；柳亚子不便公开身份，与女儿柳无垢由一超亲自护送，从香港直达海丰马宫。

谢一超及柳亚子一行，船至大鹏湾海面，突遇海贼截劫，觳觫之际，一超挺身而出，孤胆应付，与之斡旋，始得放行。他们终于在一月中旬安抵马宫。上岸后，由我地下党安排，柳亚子扮成黄姓大客商，到马宫与红草交界处的新村，在港商杨胜昌的大院住了十天，后恐特务盯梢，于农历十二月下旬由一超护送到联安下许村。除夕，再由海丰地下党南路支部负责人郑耀护送到公平日中圩附近的一个小村庄，由钟娘永（中共党员，在国民党任伪乡长）负责掩护安置。

何香凝及其儿媳从汕尾港登岸后，直达海丰城。她即向国民党驻海丰保安二团团长邓龙启提出保护，邓碍于何是国民党中央委员的身份，让她住在邓的公馆（朱厝祖祠）。何香凝的儿媳不愿公开身份，则住在海丰城东门头春利旅店。当时，谢一超住在我家，他以何香凝谊子的身份，经常出入于朱厝祖祠与春利旅店之间。何香凝时刻不忘抗日救亡，到海丰后，在红场讲演宣传抗日救亡的革命道理，鼓舞民众，并深入附近的小汾村召集农民，鼓动抗日。她老人家不懈地做抗日的宣传工作，引起了当局的不安，因此，国民党当局匆忙把她送走。临行前，她老人家画了一幅“威震群峦”的老虎和一幅“凌霜怒放”的菊花送给我和谢一超。

二月底，我接海丰地下党负责人蓝奋才的指示，要我筹足旅费，跟随谢一超协助护送柳亚子及其女儿往兴宁。二月二十九日，我和谢一超、蓝奋才及柳亚子父女一行五人，从海丰公平日中圩出发，柳亚子父女两人坐轿，我们三人步行。第一天到陆丰县新田，住在米町岗小旅店，第二天兼程赶到河婆圩。柳无垢提出不坐轿，要步行。我们便到河婆圩买了一双胶底鞋给她穿。从河婆到安流有九十华里，要爬几座大山，不久，柳无垢双脚便磨起了血泡。为了不耽误时间，我们还是说服她坐轿。

三月三日，天刚亮就启程，由蓝奋才带路，向黄岗七斜径进发。那里层峦叠嶂，深山幽谷，人烟稀少。上午约十点钟，我们正在翻越七斜径时，山谷里，突然闯出十个身穿黑衣、手执驳壳枪的人，领头的用客家话吆喝我们：“站住，不许动！”这突如其来的情况把我怔住了。此刻，只见一超泰然自若，把手一抬，请见他们的头领。约过了两个钟头之后，一超回来了，他站在一块大石上与他们其中的一个人道别，其余拦路的都撤走了，我们又启程了。事后，我曾问起内中奥妙，他只是以笑作答，从不炫耀自己的才干。

我们到达安流欲往五华，经水寨改走水路。蓝奋才通过当地地下党找到木帆船。蓝曾以染衣匠的身份在这一带公开活动过，不便与我们同行，遂独自步行走小路。我们由于沿途水浅逆流，往往停船铲沙开道，三天后才抵达五华县城。接着我们又乘车到老隆，当晚住进谷行街的一家小旅店。为预防不测，我与一超同住，柳亚子父女则另住一处，我们彼此佯装不相识。不久，获悉粤北省委受破坏，无法接交，只得暂住下来，等候联络。那几天，我们的心情非常焦虑，度日如年。四天后，蓝奋才派人通知我们，把柳亚子父女转交给兴宁地下党。

三月十五日，我们四人乘车赴兴宁。当时汽车用木炭作动力，车速很慢，下午五时才到陈店车站，只好停下来过夜。深夜，伪警到旅店查房，盘问了一阵，便将一超带走。约一个钟头后，一超安然回来。原来是登记住房时，一超的年龄有一岁之差，引起怀疑。幸好一超随机应变，对答如流，才化险为夷。

到达兴宁后，为慎重起见，一超派我先去侦察，选择住地。经过查看，觉得安多尼旅店比较合适，于是一超安排柳氏父女住进该店，而我和一超则在相距不远的华隆小旅店住下。安排好后，一超立即派我去与地下党的同志——兴宁银行电台何台长接上关系，并约何到华隆旅店隔离的茶楼与一超会面。这样，我们便通过何与兴宁地下党接上关系。同时，我们利用银行的电台与在韶关的何香凝取得联系。第三天，柳亚子父女被兴宁地下党的同志接往石马乡。临别时，柳亚子感激之至，挥毫疾书，为我和一超、奋才三人各书一副中堂联语，患难之情，倾注笔端。

护送柳亚子的任务完成后，我又跟随一超，在连贯直接领导下，于老隆冠华旅店设立临时招待点，接待一些从香港脱险到老隆的爱国人士及文化界人士五十余人，其中有华北银行经理邓文钊。一九四二年四月，连贯派一超到韶关工作，我亦随之赴韶。当年端阳后，日寇有进犯粤北之势，一超接上级通知急返东江。由于沿途阻绝，加上长期积劳成疾，中途发病，回海丰后他一病不起，于一九四五年八月，当日寇投降的消息传来时，便与世长辞了。

一九四八年一月，我在香港重晤柳亚子先生，相见之下，同忆当年香港逃难之事，柳亚子闻悉谢一超逝世，心情惆怅，即题诗一首赠我，以表当年营救他的恩情。诗云："赠我延年之大药，感君援手在穷途。当时行役舟中瘁，此日重逢肝胆粗。各有相思动寥廓，可无魂梦落江湖。谢生长逝蓝生远，说到酬恩泪眼枯。"

在开辟凤北等新区的日子里[①]

余卓芬

1948年春，我奉党组织之命，从澄海上凤凰山，在六连任妇女班（第五班）班长。参加了“武工委”在盐坪丝丝坑的集训后，我调至第二武工队，队长蔡初旭，女队员有我和黄凤、李钗、阿媳等人，在“三老家”一带活动。

中共潮澄饶丰边县委书记张震传达了中共香港分局的指示信，介绍了南路的武装斗争经验之后，县委根据斗争的需要，决定开辟凤北新区，扩展凤凰山根据地。中旬，在盐坪村成立了第七武工队，队长阿忠（李民禧），我是事务长（后任副队长）。全队七人，只有我和阿媳是女的。“七武”成立后，即从盐坪村向凤北进发、每人带背包、干粮袋、雨伞、油布各一件，并带上一捆韩江支队第十一团的布告和两领红毛毡。我们头戴五星帽，脚穿力士鞋，身佩短枪，以武工队人员的身份出现。队伍到达青麻园村时，已是傍晚时分，天又下雨。此地仅有一户人家，主人是一位30多岁的妇女，她见到我们时十分害怕，不敢接近，把门关紧，我们也不贸然进去，暂在屋檐下避雨。看到天色已晚，无法赶路，我和阿媳便上前敲门，女主人勉强把门打开，我们即向她宣传革命道理，但当听到我们要在她家住宿时，十分惊怕，我和阿媳忙劝她进屋坐［座］谈，向她讲明我们的队伍是为穷人翻身、为人民谋幸福的，是遵守“三大纪律，八项注意”的，不会伤害她。她终于放心地同意我们在院子里过夜。男同志睡在天井角一堆杉木和新做的空棺材上，我和阿媳睡在大鸡寮顶，不进她家住房。

---

① 收录于中共潮州市委党史研究室、凤凰山革命纪念公园筹委会编：《凤凰山革命根据地史料汇编》下，2003年，第106–109页。

当晚，我们向她买点柴草和咸菜，用自带的米做饭。女主人见我们纪律严明，秋毫无犯，顾虑顿消，也就敢与我们谈话了。

第二天，我们到达乌岽顶的李仔坪村。该村有十多户人家，他们也不敢接近我们。李民禧便以武工队长身份找该村甲长文永渠之父文阿森要他安排住宿，并保证我们的安全。文阿森口是心非，一面安排我们到村外的大庵夜宿，一面派他儿子文永渠到乡公所告密。当时我们都很疲倦，想躺下休息。但我们吸取了陈维扬蒙难的教训，分析形迹可疑，庵庙环境不佳，又无群众基础，且此地离凤凰圩国民党军班扎地仅10公里，万一出事，将孤立无援，十分危险。于是，我们决定乘夜撤回“三老家”。这里山高林密，路很难走，野兽也多，怪叫声此起彼落，令人心悸。我们每到一村，都进村宣传。到达苦竹坑村时，已是半夜，但茶农们仍在做茶，我和阿媳在村口放哨，男同志进村宣传，然后又摸黑爬山越岭。这条路小而陡，石壁峭立，何况又在晚上，好不容易才到达丝丝坑，此时天已亮了。同志们连日跋涉奔走，十分疲倦，倒在谷笪上，便呼呼入睡。

第二天，我们才知道文永渠到乡公所告密后，敌人即派一个联防中队乘夜赶到李仔坪村，在庵外架起机关枪，妄图将我们一网打尽。敌人扑了个空，便顺手牵羊，抢了一些物资后撤离。于是，游击队派出一支由武工队和民兵组成的小队伍，到李仔坪村搜捕文永渠，但他已先逃脱，遂将其父押至盐坪村囚禁了近月，对他进行教育警告，后送他回村，武工队在该村召开群众大会，着令文永渠（已回家）在会上检讨，教育了群众，扩大了影响。从此，打开了工作局面。武工队便在李仔坪建立了联络站。5月，“七武”到古兰坑村活动，该村仅有三户人家，都是勤耕力作的贫农，黄添（又名凿仔伯）在村里辈份最高，初时他也不敢与我们接近，但听了我们的宣传之后，便十分热情地接待我们，积极支持我们的工作，成为我们的基点户。

当年在新区做群众工作，碰到的困难真多。如我们初去苻头村时，住在侨属廖嫂家中，她因儿子被国民党军抓去，不久前，敌人又来骚扰，因此见我们带着枪时，十分惊怕，晚上不敢与我同睡，躺在长椅上发抖。我耐心地向她解释我们是一支怎样的队伍，她也从我们的行动中看出武工队是为人民谋利益的。于是，从不敢接近到热情接待我们。后来，廖嫂成为一名支前的积极分子。

荇头村的文锡雨和他母亲惜婆、嫂嫂陈毛经我们发动后均参加革命活动。惜婆支持儿媳帮助武工队工作，同志们一到她家，她就忙着烧水、做饭。逢年过节，她把鸡翅之类的食品放进酒糟里储存起来，以招待我们。要是同志们好久没去她家，她便依［倚］门盼望，分别时往往哭得很伤心。我每次去她家都同她睡。她家很穷，床上仅有三条麻袋御寒，她自己钻进一条麻袋里，让出两条麻袋给我盖，半夜常用手摸我，连问："冷么？"两条麻袋不足御寒，确实冷，但我的心里却暖烘烘的。

1948 年农历 5 月 29 日，喻英奇纠集潮安蓝道立部、饶平吴大柴部和丰顺林海琴部共 500 余众，分三路围攻凤凰山根据地官头輋［峰］村。当时第七武工队的同志住在古兰坑，要上官头輋［峰］村军需处吃早饭，刚登上山即听到枪声，敌人已经进古兰坑。我因脚腿生疮发烧，赶不上队伍，才走到半山，进村的敌人见山腰一妇女，即要举枪射击。农妇添婶见状忙挺身而出，指着我对敌说："她是我的女儿，上山摘多年果"。黄添伯等群众也上前作证，我才免于难。敌人在村中大肆抢劫掠夺，全村民房 17 座，被敌人放火烧毁 15 座。第二天敌人撤走时，抓去妇女骨干普婶和 3 名农民，强迫他们脱光衣服抬运受伤的副中队长。途中，副中队长伤重死亡，敌军竟将他们活埋于路旁。

1949 年 1 月凤凰山区全面解放后，成立了十多个政工队，我担任第七政工队队长。

1949 年 3 月上旬，我奉调至潮安秋东区开展群众工作。有一次，我正在社光洋村章美嫂家中活动，被联防中队丁章文的弟弟发觉，向乡公所密报。丁章文的父亲反对儿子的行为，暗中告诉章美嫂。章美嫂连忙带我躲进杨桃园，之后再转移至六亩村地下联络员发伯家中。

1949 年 7 月 29 日，澄海县澄南区区委书记杨敦礼，要往凤凰山区开会，当晚在六亩村交通站住宿，被该村保长刘良史发觉而告密，洪之政派兵二百余人，包围了六亩村。当时我与许静同志均在六亩开展活动，妇女们忙将许静扮成农妇，与五姆一起下地劳动。我则藏在琪香姑的杂草间里。中午，敌人搜查至这里，威吓群众供出武工队人员的下落，群众不敢暴露，敌人则往杨桃园搜捕。杨敦礼同志不幸被捕（后牺牲）。敌人离村后，群众马上叫出我和许静两人，由五姆撑船，护送我俩至黄金塘烈属陈真和延国嫂家中隐蔽。当时正是炎夏，我又患伤寒症发高烧，为了保证我的安全，妇女群众又几经周折，设法护送我和许到仙美李村，后经该村妇女美玉等人的细心护理，我的病情才转危为安。我的病好后，仍在这一带工作。是年 7 月，秋东区委成立时，我担任区委妇委。这时，六亩、仙美李、黄金塘、下埔洲等村都成立了妇女会，培养了一批妇女骨干。

1949 年 10 月 22 日，潮安县城解放。不久，成立了潮安县妇委会，书记陈通杏，我和黄秋兰是委员。

（1981 年 11 月、1982 年 6 月回忆，1991 年 5 月重新校核）

缅怀一位女共产党员①

余　慧

岁月似流水，冲淡了人们的记忆，但有一个人——我青年时代的好姐姐、好战友余慧珍，却铭刻在我心中，她的音容笑貌历历在目。她是我党千千万万中普通的一员，她的一生是那么平凡却又是那么有意义，她走过的道路也正是中国无数革命知识分子所走的道路，她无私地把自己的青春、生命献给中华民族解放斗争的壮丽事业，而离开我们时却只有二十七岁。

慧珍自幼读书用功，人很聪明，在私塾读书时年年考第一名。当时私塾是旧式教育，只有语文课，她毕业后补习一年，就考上了当时全省有名的女校——省立女师。毕业后又以优异成绩考上当时赫赫有名的高等学府——勷勤大学。她完全可以走另一条道路：大学毕业，找个优越的工作或当太太，过安稳自在的生活。但她有自己崇高的理想，找到了一条终生为之奋斗的极为艰难曲折的道路，这正是中国知识分子可贵之处。

在学校读书时，慧珍受进步书报的影响，思想进步，接受新生事物很快。正当伟大的一二·九学生运动的浪潮席卷祖国大地时，她就满腔热情地投入爱国的抗日救亡运动中去。同时，她又受陶行知先生推行大众教育的爱国主义精神的影响，一九三六年她和十多位搞教育的爱国师生自动组织了学团。在团内共同阅读进步书刊，讨论国内外形势和爱国主义的宣传教育，利用课余时间和假日到郊外座谈活动。而且还到郊县南海、佛山等地的民众教育馆进行爱国主义的教育，宣传抗日救亡，反对日本帝国主义等活动。民众歌咏团成立后，慧珍积极参加民众歌咏团活动。用战斗

① 收录于东莞市妇女联合会编：《东莞市妇运志》，东莞市印刷厂，第 139—141 页。

的歌声呼唤千百万群众起来抗日。为了援助绥远前线抗日部队，歌咏团组织了义卖筹款，她积极参加义卖，整日奔波街头，废寝忘食地在工作。一九三七年“七·七”事变后，她以更大热情参加广州学生的各项抗日救亡工作，当时她是学生抗敌救国会的一名活跃分子，学抗会每一项工作无不留下她的心血。一九三七年秋，她由陈能兴同志介绍，光荣加入了中国共产党，从此，她在党的领导下，意气风发地参加各项抗日救亡工作。当时她所在的勷大法商学院政治气氛比较薄弱，党员很少，她在同学中做了大量工作，动员他们投身抗日救亡运动。一九三八年一月，她以勷大法商学院学生代表身份参加筹建广州学生抗敌联合会工作。

一九三八年十月，慧珍参加广东省高中以上学生军训队，大学生在岭南大学集中。她平易近人，对同学热情帮助，如搬行李、开床铺等……很容易就和大家亲热起来了。利用这个机会，她与同学们一起谈抗日形势。当时日寇已一天天逼近广州，形势十分危急，不少同学心情很紧张，对抗战前途缺乏信心，慧珍针对这思想，积极引导，她沉着地对同学们说：我们都是有热血的青年，抗战救亡是我们青年义不容辞的责任。我们首先对抗战要有信心，要相信正义的事业必胜！现在正好利用这个时间多看书学习。于是，在她的指导下，大家互相交换书刊学习，有文艺书，也有政治书，文艺书多数是屠格涅夫、丁玲、茅盾等进步作品。政治读物由慧珍从自带的书中选择一部分供大家阅读，以增加同学们对抗战形势的认识。十月十二日，日本在大亚湾登陆，广州告急。集训队宣布准备撤退到粤北连县星子继续训练。这时，有不少学生纷纷离队回家，有些同学思想混乱、彷徨。慧珍动员同学们应该先行撤出广州，参加到抗战救亡的行列中去，做一番有意义的工作。不少同学认为她讲得有道理，坚定了参加集训的决心。在撤退途中，为了防备空袭，常半夜行军，要自己背行李，要跨过五岭高山，十分疲劳辛苦。慧珍身体比较瘦弱，但她却以顽强的意志坚持行军，并在途中经常鼓励同学们说，为了救亡，抗日征途还有很多困难和险阻，参加革命就要有这样的思想准备；现在行军就是一个很好的锻炼机会。集训队开课后，每晚饭后允许学生作室外活动。慧珍利用这个时间积

极做发展党员的工作，每晚她都和进步同学邓�在一起谈心，对她传播党的理论和思想。经常介绍革命书刊《论政党》、《论持久战》、《国际政治两条洪流》等给邓筠看，使她的思想境界开阔了，对党的认识加深了，阶级的觉悟提高了，理解到只有中国共产党才能救中国，只有共产党的领导才能使全民族得到彻底解放。慧珍还结合抗先队在集训队中展开各种活动和斗争所取得的成果，说明这都是离不开党的领导，使邓筠同学深感到革命的洪流不可阻挡，迫切要求参加中国共产党。一九三八年底，由慧珍介绍邓筠参加了中国共产党。

慧珍对同志十分关心，这一点，余珍同志是永远不能忘怀的；她的名字，就是为了纪念慧珍而改的。一九四〇年初，慧珍参加了省委第三期短训班学习，地点在江西赣南；但由于蒋经国的破坏，短训班中途停办，分几组撤退。慧珍和余志生（即余珍）一个组，撤到南雄县。志生不幸患了严重的痢疾，每天拉四十多次，病情十分危险。在病中慧珍帮她煲药，无微不致地照料她的日常生活，一直到她痊愈。后来志生为了工作需要，借用慧珍的勷大的休学证作为掩护，改名为余珍。

一九三九年春到一九四〇年春，慧珍根据党组织的指示，到国民党曲江县党部当文书，兼负责筹建曲江县妇女会工作。她在县党部搞抄写文件工作，从中可以了解国民党一些内情和动向。在筹建妇女会工作时，她负责联系知识妇女，主要是中小学教师和机关团体的女职员。当时和慧珍一同在国民党县党部工作的还有一位进步女青年杨明。慧珍对她的进步十分关心，经常有针对性地对她进行思想教育，如讲妇女解放问题，讲革命道理，讲一些革命斗争故事等等，使杨明政治觉悟和工作能力都得到不断提高。因而，在工作上和慧珍密切配合。由于她们的共同努力，很快就把曲江的妇女会组织起来，成立时，有三百多会员参加。此后，慧珍以妇女会为阵地，开展抗日救亡工作。她首先开展妇女识字活动，以提高妇女思想觉悟。识字活动形式多样、灵活，如采用识字夜班和妇女识字小组。识字小组分散在街道，识字夜班是借用学校的课室来上课，培养小先生作为她们的骨干。根据自愿与可能，有的集中到小组学习，有的则通过小先生进行个别帮助学习。用的教材是慧珍亲自编写的。课本内容：人类、社会、男人、女人、穷人、富人、工人、农民、手、脚、劳动、国家、侵略、抗战、爱国等，每个学生都发一本油印课本。通过识字和讲解对学生进行革命和爱国思想教育，通过识字活动培养了一批拥护共产党、听党的话，团结在共产党周围，坚持为抗日而积极工作的妇女积极分子。这批女积极分子活跃在抗日救亡的各项工作中，如参加抗日宣传，为抗战筹款、为前方将士募集寒衣等。在此期间，慧珍和杨明二人利用公开职业作掩护，为党做了不少工作。如在一九三九年冬（或一九四〇年初）我党要散发揭露国民党克扣新四军战士伙食费的传单，她们二人就在夜晚到街上张贴和散发。一九四〇年春，东江华侨回乡服务团遭受国民党顽固派迫害，一些同志被捕入狱，她们曾到西河坝湖蒙山监狱看望被关押的同志。当她们知道狱中一位仅十五岁的小青年被毒打重伤吐血，十分气愤，并抓住这个典型在妇女群众中宣传，揭露国民党顽固派残酷迫害爱国青年的罪行，让她们看到了国民党顽固派倒行逆施、破坏抗日的丑恶嘴脸，从而激发起妇女群众更大的抗日热情。

慧珍又是一个十分机智、沉着、灵活的人。一九四〇年秋，她在东江前线特委机关工作。那时机关设在惠阳县吉布乡，她和另一位女同志住在那里。吉布乡邻近永湖，是到惠州的必经之路。由于是山区，平时国民党只有少数军队驻防。有一次慧珍发现连日来国民党军队突然增多，加设岗哨，修建工事，又有日寇飞机低空盘旋，侦察情况，似有临战征象。她们二人马上警惕起来，认为日寇可能有行动。她们通过当地党支部的同志把情况迅速告知特委，赶快把机关撤走，特委同意她们的意见，并派同志前来接应。但特委机关有些文件必须带走。她们机智地把文件用薄纸抄好，卷成小小一筒，藏在食盐罐内。她们两人先走，行李以后再托人担。国民党军队对她们的行李搜查十分认真，但对油、盐、盆、碗之类厨房杂物就没有注意。因而文件得以安全转移。过了几天。日寇果然“扫荡”吉布乡，群众生命财产备受损失，幸而慧珍二人及时告知特委安全转移了机关和文件。

一九四一年大约四月，她随东江前线特委机关转移到东莞抗日根据地大岭山。因为她文化水平比较高，有一定的写作能力，党组织分配她到《大家团结》报社工作。当时报社是用油印出版的，条件十分艰苦，她总是勤勤恳恳努力完成工作任务。同年九月，当时敌、伪、顽对我抗日根据地大举进攻，战斗十分激烈，她随报社撤退到东莞北栅、宵边一带。在一次战斗中，她不幸和部队失了联络，被困在荒野树林中，但她不顾疲劳，不怕危险，以顽强的意志，强忍着饥饿，一直坚持找部队，经过了十多天时间，终于在群众的帮助下，找到部队。当时她和另外一个女同志已衰弱不堪，脸色象黄纸一样，一点血色也没有。在战争的艰苦岁月里，她身体已很弱了，再经过这十多天的折磨，就更坏了，得了比较重的肺病，在战争年头那样艰苦的条件下，这种病是很难治愈的。一九四二年初，顽军一八七师及徐东来支队等又大举向我根据地发动疯狂的进攻，扬言三个月内消灭我东江人民抗日武装，一场大的恶战将要开始了。我抗日游击队当时没有一个巩固的根据地，为了她的安全，部队领导决定送她回东莞余屋家里隐蔽治病。以后战斗异常频繁，一直很激烈、很艰苦。顽固派对我们游击区周围进行严密的封锁，我们同外边联系已十分困难了。慧珍回家后，一边治病，一边念念不忘找部队，心情非常焦急，但一直无法与部队联系上。本来她在家里经过一段治疗后，开始病情有点好转，但后来病情不断恶化。一九四三年部队派同志到东莞余屋找慧珍时，她已不幸病逝离开我们了。

慧珍同志为人刚直，个性坚强，待人热情，工作积极，埋头苦干。她忠于党的事业，把一切献给党；在战争的艰苦岁月里她积劳成疾，不幸身染重病，以致夺去了她年青宝贵的生命。弹指一挥间，四十三年蹉跎岁月过去了，慧珍当年为之而奋斗的神圣事业，正一代一代地往下传，人们将永远怀念那些为革命而献出过年青生命的普通共产党员！

（附：感谢杨行、莫福生、杨明、邓筠、张慧明等同志提供材料。）

回顾解放战争时期香港妇女工作的片段①

余　慧

抗战胜利后，中国人民和美帝国主义支持下的国民党反动派的矛盾，就迅速上升为国内的主要矛盾。中国面临着两种命运、两个前途的决战。

1946年7月，东江纵队北撤后，广东的局势随着全国内战的全面爆发而发生了急剧的变化，国民党广东当局公然违背保证东江纵队复员人员安全的诺言。疯狂迫害东江纵队的复员人员和军人家属，制造白色恐怖。国民党广东当局还迫害爱国民主人士和进步青年学生。镇压民主运动，强化反动统治，使广东人民陷于水深火热之中。

在这种政治形势下，许多进步人士被迫离开国民党统治区，纷纷前往香港。当时香港英政府知道东江纵队虽然北撤了，但东纵还有相当的力量留下来。对于东纵的英勇善战，威震中外，是东纵把日寇打倒了，英国政府才能回香港，这种情况香港当局是一清二楚的。他们虽然对我党的活动很警惕。但表面上还比较开明一些。当时广东区党委领导机关设在香港。后来香港分局领导机关也在香港。在这种形势下，如何抓紧时间，认真做好各方面工作是刻不容缓的。

东纵北撤时，党组织有计划留下一批干部，坚持华南工作。也有一批干部留在香港，其中有不少女同志。当时，党组织要我负责把这些女同志联系起来。了解她们的情况，希望她们能够找到工作，既可以在各自岗位上开展工作，也可以解决生活费用。党组织对同志们提出了“三勤”要求：勤学、勤职、勤交友。以便更广泛的联系群众，扎根于群众之中，更

---

① 收录于广东妇女运动历史资料编纂委员会编印：《香港妇女运动资料汇编（1937年—1949年）》，1994年，第171–176页。

好宣传党的主张。许多同志都到了学校、工厂、商店、医院、她们都在各自的岗位上开展工作。

东江纵队北撤后，面对国民党反动当局的猖狂进攻，有些同志产生了悲观情绪，就组织大家学习我党第七次全国代表大会的文件，以提高思想认识，增强信心。认清革命的光明前景，困难是暂时的，从而克服悲观情绪。

为了加强妇女工作，1946 年冬，香港分局领导下的香港工作委员会成立了妇女工作组。成员有余慧、郑黎亚、何明、吴全衡、邹得心。组长余慧，由苏惠同志领导，苏惠是香港工委总支书记、负责组织工作。妇女工作组成立后，为了加强对下面的领导，我们作了具体分工。我负责全面工作，郑黎亚、何明负责领导港九妇女联谊会的工作，邹得心负责领导基督教女青年会的工作，吴全衡负责文化方面工作（她也是文委的成员）。我们定期汇报情况，研究工作。我们比较重视学习，提高思想觉悟。除了一般政治学习外，还进行过三查三整学习：查立场、查思想、查作用，以增强党性、端正立场观点、整顿工作作风。按照党的要求，开展比较严格的批评与自我批评，通过这次学习，我们大家思想觉悟有了很大的提高，加强了党性锻炼。

港九妇女联谊会开始是由陈新、林珊等同志发起组织。在 1946 年 3 月 8 日国际妇女节那天成立的。为了便于工作，到港英政府办理了注册手续，成为香港的合法团体。港九妇联实质上是我党领导下的一个进步妇女群众组织。港九妇联会员大多数是思想倾向于民主进步的妇女群众。根据国内革命斗争的发展，结合港九当地的情况，开展了许多有意义的工作。港九妇联宣传，教育。组织妇女群众，认清形势，团结一致，为打倒蒋家王朝，解放全中国贡献了不少力量。

港九妇联内部组织比较健全，按会员居住地点，编成读书小组，学习党的方针政策。学习政治理论、学习时事、分析形势。在开展读书小组活动同时，还有的放矢地组织专题讲座，以加强对我党各项方针政策的理解，认清国内形势，国家的发展前途。由于学习内容充实，要求认真，而且针对性比较强，效果非常显著。在群众经常性的政治活动中，培养了大批学习和工作的积极份子，在此基础上港九妇联的党组织进行了党团组织建设，发展了一批党员和团员。

对基督教女青年会的工作要求有所不同，何秋明同志是通过找职业到女青年会工作的。由于何秋明工作做得好，很快取得了女青年会总干事的信任。通过女青年会我们办了许多女工夜校，团结教育了大批女工，培养了不少女工干部。办了女职宿舍，解决了一批职业妇女的实际困难。女青年会本身的组织也很活跃，团结教育了各阶层的妇女群众，也为妇女群众办了许多实事。比如：举办了保育人员学习班，当时党组织有计划选派了一批同志到班学习，同志们在保育人员学习班经过系统的学习，后来都成为保育人员的骨干力量，有不少同志解放后当了幼儿院的领导。

黄蕊秋同志帮女青年会编辑《女声刊物》，后来，在华侨日报副刊上编答读者问，同几百名读者有了比较好的联系，为他们解答了不少疑难问题，取得他们的信任，有利于团结教育他们。

1948 年刘邓大军渡过黄河，人民解放军转入战略进攻阶段。香港分局为了配合全国革命战争形势的发展，进一步放手发动人民群众，大力发展武装斗争。在这种情况下，香港工委为了加强对群众工作的领导。一九四八年初建立了群众工作委员会，统一领导校委、青委、妇工组的工作。群委成员有：黄焕秋、华嘉、余慧、张明生、吴佩纶。黄焕秋当书记。我负责管组织工作和妇女工作。群委成立后，群众工作发展更加迅速。因为全国要召开青年代表大会和全国妇女代表大会，我们分别召开座谈会，推选出席全国青代会和全国妇代会的代表。何明同志是青年代表。余珍、关景霞、谭英同志是妇女代表。

当时农村的武装斗争已经全面开展起来。需要大批干部，为了适应形势的需要，加紧干部培训工作。党组织举办了不少干部短期培训班。为了支持农村武装斗争，组织上提出：响应党的号召，到农村去。我们分期分批动员了大批女同志回到各地农村，参加武装斗争。

1949 年毛主席发表新年献词，指出中国人民将要在伟大的解放战争中获得最后胜利，要求我们应当加紧努力。全国形势十分鼓舞人心，胜利在望。华南分局为了适应革命形势需要，在 1949 年初成了华南分局青妇组，统一领导青年、妇女工作。青妇组由三位同志负责：黄焕秋、陈恩、余慧。为了加强华南青年、妇女工作，迎接解放。我们分别召开了青年、妇女的代表座谈会，成立了华南青联、华南妇联的筹委会。

1949 年 5 月，华南分局机关从香港迁到闽尊赣边区。我们青妇组带领了一批青年、妇女干部从香港坐小船到惠阳，再步行到梅县。途经揭阳灰寨时，方方同志接见了我们，并给我们很多鼓励。到梅县后，闽粤赣边区党委负责人王维和廖伟同志对我们的工作很支持，并派了一批干部参加我们青妇工作团工作。闽粤赣党委为了迎接解放，举办梅州公学，培训干部。我们派了林挺、郑黎亚、刘卓礼、陈真等同志到梅州公学工作。我们曾经召开了闽粤赣边区的青年和妇女工作会议，研究如何开展边区的青年和妇女工作。会上强调必须迅速筹建各级青年和妇女的组织，大力发动群众，做好迎接解放工作。

1949 年 7 月上旬，国民党反动军队胡连兵团残部，逃窜到闽粤赣边区，梅县形势很紧张。我们青妇工作团为了方便工作，把工作团分为三个队。一队由陈恩负责在兴宁一带活动，一队由黄焕秋负责在揭阳一带活动，一队由我负责到粤赣湘边区江南地区活动。我到了江南地区后，了解江南青年公学正在开办，我们派了俞仲达、陈颖、黄洁等同志到公学工作，协助他们培训干部。我们和江南地区工委妇委朱薇同志共同研究，有关发动妇女群众，建立妇女组织，积极进行迎接解放的工作。我们召开过江南地区妇女干部会议，谈了我们的工作要求。

大约 9 月初，我们工作团又集中到揭阳河婆。根据华南分局指示，青妇工作团扩大了，成立了华南工作团，有四百人左右。工作团组织干部学习党的政策，以便迎接解放。我们是边行军、边学习。10 月 1 日，我们队伍到了老隆，收到了中央电台广播，中华人民共和国成立了。我们整个队伍都沸腾起来，大家心情非常激动，热泪盈眶。打倒了蒋家王朝，解放了全中国，我们日日夜夜盼望的新中国终于诞生了。

10月14日广州解放了，我们工作团的同志马上准备回广州。步行到翁源时，遇到了南下的同志，我们和他们会师了，坐了他们的汽车一同回广州。大约10月16日回到广州郊区，在沙河马路上睡了一夜。第二天回到市区，到广州后，华南青妇组这段历史任务是胜利完成了。我们马上把青年和妇女工作分开进行，以便迎接新的战斗任务。

（原载1992年8月出版的《广东妇女运动历史资料汇编》）

东纵机要工作的片断回忆[①]

尹　文

在江北指挥部机要组

1945年6月，我离开东纵举办的青干班，来到机要训练班，在一起学习的有肖玲、朱伟、梁斌、林立、徐红、李力等。机要科长杜襟南主持我们的学习，给我们讲机要工作的重要性、机密性、业务发展过程等。我们每天练习码字、汉字，熟悉明码，学习密码的编造。最后，学员还分成两人一组互相练习通报。

机要训练班和机要科一起住在纵队司令部所在地——罗浮山冲虚观，生活稳定而优裕，每星期加菜一次。每天坚持早操，唱革命歌曲。3个月后，我们就结业了。经过学习，我认识到机要通信的重要性，今后工作绝不能粗枝大叶，掉以轻心。

日本投降后，根据形势发展的需要，东江纵队分散各地，巩固解放区，发展游击区，我们这批机要人员也随着分到各部队去。9月，成冠同志和我分到江北指挥部，成立江北机要组，成冠为组长。

国民党调集军队向江北罗浮山地区进攻，我江北部队要坚持斗争，处境非常艰苦，我们就在困难处境中坚持工作。有时我们一天也吃不上东西，行军后马上工作，工作刚完毕又继续行军，整日整夜不能休息，也要保证完成通报任务。有时晚上行军到达一个地方，没桌、没凳、没灯光，而电报又等着要发出去，我们就想方设法点上蜡烛或寻来油灯，找个安静

---

① 收录于中共宝安县委党史办公室编：《回顾东纵电台工作》，广东人民出版社，1989年，第148－151页。

且能保密的角落，垫起皮包或背包便工作，有时则扛下门板或找来长条凳作为工作台。每当我们接到向上级的请示、报告，或是上级指示有关战斗部署，或是和兄弟部队如何配合战斗，或是兄弟部队反映敌人动态的电报，这时不管怎样疲劳，都要精神十足地细心核对，保证任务及时准确地完成。

有一次，在紧张战斗中，电台摇机员把手摇机埋在水田里，再找回来时，不能发电了，因而联络、通报也就停止了。指挥部失掉上下联系，在不明情况下，只好在山窝里掩蔽下来，焦急和期待的心情交杂着，日子真难熬。也只有这时候，我们才更深深地感受到机要通讯工作的重要所在。

在江北这段时间虽短，但我经受了战斗的锻炼和考验，更深刻地体会到机要工作是刻不容缓的神圣任务，绝不能有半点疏忽和差误，当然更不能因失误而使通报中断，这是关系到部队的进退和成败的一个重大问题。

在江南指挥部机要组工作

1945年11月左右，我们随东江纵队司令部回到宝安县马拦头，机要科有杜襟南、叶佐平、梁静君、林立、肖玲等同志。这里是老区，环境较为稳定，我临时作些校对文章、业务编写等工作。生活上有肖玲同志对我周到关照，直到现在，我们还有着深厚的情谊。

12月，杨智明和我被分派到江南指挥部机要组，杨任组长，跟随曾生司令员一起行动。曾生对机要人员的工作和安全非常重视，二三个月以来，不管行军、住宿都要我们两人跟在他身边，好让他的警卫员保护我们，连吃饭他也要我们跟他一起吃，家乡亲人送给他的土特产也常留给我们，使我们成了“天之骄子”。

1946年1月间，上级来电指示要执行“停战协定”，不主动出击。曾生拿着电报焦急万分。事实上，敌人天天在进攻我们，挨打的局面确实不能再忍受了，曾生通过电台不断将情况向上级反映。在反映期间，我武装部队只有被动地迎击敌人，指挥部领导机关不断转移，曾生也日夜焦急地等待上级指示。

几天以后，上级的指示果真来了，曾生、黄宇等首长急切地接过我们送去的电报："人不犯我，我不犯人，人若犯我，我必犯人"，我们部队不主动出击，如敌人打来，必狠狠迎头痛击。上级的指示很快就贯彻到各支队，狠狠打击了敌人，扭转了被动局面，并迫使国民党当局不得不承认我武装部队的存在。曾生后因工作任务离开了江南，我们将收到的电报直送黄宇同志。

这段时间我和杨智明在一起工作，他是我学习的榜样。他继承党的传统，对工作认真负责，任劳任怨，对同志非常诚恳，每到住宿地，后勤工作多是他包下来。行军中，他总让我走在前面以便照顾我。电报较多，我们也常工作到深夜，从不拖压（这也是我们机要工作者的共同特性），对译出的电报他总要反复查阅后才送交领导。工作之余，我们就一起谈理想、谈工作，同下决心不管战斗多艰苦，一定要保证通报任务完成。

不久，黄海也调来，我们 3 人一起工作。

4 月，我们 3 人和电台、部队分开，单独隐蔽在靠新界一个村庄的群众家里，白天和群众一起干农活，晚上坚持通报工作。电台则在另一个地方，派联络员来往联系。有急件时，电台台长赖仰高就亲自送来。我们处境较为困难，每餐是大米掺番薯一起煮粥，半饥半饱过日。5 月，我调到香港工作。北撤前夕，机要科长杜襟南和杨智明也留在香港工作，没有参加北撤。

在江北、江南 9 个月的时间里，不管生活多么艰苦，处境多么困难，我们的通报工作从来没有中断，及时、准确地完成了任务。

华侨和港澳同胞支持东江抗战（节选）①

曾　生②

我回家乡参加抗日斗争前在香港工作，又曾经是澳大利亚的华侨。我很了解海外侨胞和港澳同胞具有爱国爱乡的优良传统。近一个世纪以来，广大海外侨胞和港澳同胞始终与祖国人民同命运、共荣辱。我们这支由中国共产党领导的抗日武装，得以在惠宝边建立和开展抗日游击战争，是和海外侨胞和港澳同胞的大力支援分不开的。

……

1939年2月25日，“惠侨救乡会”在吉隆坡举行第二次代表大会。我们的副总队长郑晋同志应邀出席了大会。为了进一步支援祖国抗战，大会决定发动第二期募捐，把募捐所得款项的百分之四十献给新四军，百分之四十献给我们惠宝人民抗日游击总队，百分之二十作为惠州难民救济费。会后，南洋各地华侨积极响应号召，掀起了为抗日救亡捐献的热潮。富有的人一次捐出几百元至上万元；一般工人、店员、职员节衣缩食，献出每月工资收入的百分之五至百分之十；有的妇女把自己的积蓄、首饰甚至订婚戒指都捐献出来。1939年春，海外华侨寄给宋庆龄转交给我们这支部队的捐款，一次就达港币20万元。以后还多次送回捐款和被服、胶鞋、药品等大量物资。直到1940年3月，我们这支部队的经费和物资供应，还是主要靠华侨和港澳同胞的捐助。

我们这支部队组建之初，主要成员是我从香港带回来的爱国青年。惠

---

① 收录于惠州市档案局（馆）编著：《惠州革命历史记忆丛书·抗日战争卷》，光明日报出版社，2015年，第61-64页。

② 作者系广东惠阳坪山人，惠宝人民抗日游击总队总队长，广东人民抗日游击队东江纵队司令员。——原书注

宝人民抗日游击总队建立之后，又有一批爱国青年从香港回来参加。1939年上半年，南洋各地的华侨爱国青年，在当地华侨团体的发动组织和爱国侨领的支持下，纷纷组织团体返回家乡参加抗战。如吉隆坡爱国侨领黄伯才和张郁才先生出资，以黄志强为队长，由11人组成的“东江华侨回乡服务团两才队”；爱国侨领官文森独资，以王春红（王超）为队长，由7位女侨胞组成的“东江华侨回乡服务团文森队”；吉隆坡各界侨胞集资，以黄义芳（黄炜然）为队长，由73人组成的“东江华侨回乡服务团吉隆坡队”和“加影队”、“星柔队”、“士毛月队”，以及“北马华侨回国服务团”等华侨子弟队伍相继回国，参加我党领导的东江人民抗日战争。与此同时，安南（越南）、暹罗（泰国）、缅甸，甚至美国等地的华侨爱国青年，也纷纷回东江来参加抗战。大批海外华侨爱国青年回国后，大部分参加我们这支部队，小部分仍以“东团”名义，在东江各地开展抗日救亡的宣传和组织工作。直到1941年12月太平洋战争爆发前后，华侨和港澳爱国青年仍陆续回东江参加抗战。据初步统计，先后参加我东江人民抗日武装的港澳同胞和华侨子弟共约一千人以上。大批爱国青年受中国共产党的教育，经过长期艰苦斗争的锻炼，参加了中国共产党。到抗日战争结束时，有的成为支队（团）、大队（营）、中队（连）一级的领导干部，并且涌现了林文虎等一批英雄人物。

……

（本文节选于解放军出版社：《曾生回忆录》，第130—134页）

建立东江敌后抗日根据地的回忆（节选）①

曾　生

大岭山抗日根据地初具规模

1940年10月初，林平和梁鸿钧同志率领第三大队先到大岭山区，驻在大环村。我去香港结束了筹款和联络工作，随后也赶回部队。为了不过早暴露部队的行动，我对外暂时化名王彬。

大岭山区在东莞县西南部，广九铁路以西、东莞城以南。莞太公路从山区的西面边缘绕过，宝太公路在山区西南面，莞樟公路自西北边缘向东行。东南面与宝安的阳台山遥遥相对（相距约12公里）。这个山区有大岭山、莲花山、水濂山、摊尸山（亦称红山）、莲花山等许多山岭，地势险要。我们活动的地区方圆130多平方公里，8个乡，10多万人口。这个地区人民刻苦勤劳，具有优良的革命传统。1938年冬，王作尧等同志带领东莞县模范壮丁队来到这里活动，打下了群众基础。1939年，建立了党的大岭山区委，黄树楷（黄达三）、张英同志先后任书记。许多乡村都建立了抗日自卫队。这次我们部队开回来，东莞县委发动群众支援部队，大岭山区群众喜笑颜开，都说“老模回来了！”（东莞的人民都亲切地称呼模范壮丁队为“老模”，历久不衰）在人民群众的热情支持下，部队很快就安定下来。

为了统一领导东莞地区的武装斗争和地方工作，在中共东江特委领导下，成立了军政委员会，成员有林平、梁鸿钧和我。在军政委员会的领导

① 收录于惠州市档案局（馆）编著：《惠州革命历史记忆丛书·抗日战争卷》，光明日报出版社，2015年，第143—171页。

下，我们开始了大岭山抗日根据地的创建工作。

建设和发展武装力量。经过前一段的斗争，我们深深地体会到，要建设和巩固抗日根据地，必须要建设一支坚强的骨干部队，同时还必须有广大的群众武装相配合。东移回来的70多名勇士，是我们建设大岭山抗日根据地武装力量的坚强骨干，我从香港又动员了几十个同志回来，大岭山区委也动员了几十个青年参加部队，这样我们一共有了100多人。10月下旬，我们着手组建部队，在大队下面编有两个中队和一个短枪队。第一中队代号“虎门队”，彭沃任中队长，陈胜（后韩藻光）任政治指导员；第二中队代号“大华队”，陈其禄（后符东）任中队长，陈明（后陈一民）任政治指导员；短枪队翟信任队长。各中队五六十人，有的战士还没有枪。但我坚信，在斗争中我们一定能够发展充实起来。

……

当时人民群众的抗战热情很高。我们每次和日军作战后，都有爱国青年从四面八方前来参军；大岭山地方党一些党员坚决要求跟随部队战斗和工作；各乡村抗日自卫队更是源源不断地输送优秀队员到部队来；部队东移时留下的和途中受伤、失散的人员也千方百计地寻到大岭山来归队。东移时被顽军逮捕，没有暴露干部身份的陈一民等同志出狱后也回来了；回家去养好伤的政治指导员黄业同志也回来了，还带回来10多位新同志。负责采购的女同志王雅宜多次从东莞城和厚街带人回来参加部队，一共带来了32人。

……

建党建政。要建设一个巩固的抗日根据地，必须加强党组织的建设和政权建设。林平同志对此很重视，他要我多负责这方面的工作。我一向认为只有深深扎根于人民群众之中，革命才能开花结果。我们部队自创建以来，每到一处，必先向群众宣传、发动群众、组织群众，这是建设根据地各项工作的基础。东移前，我们在惠宝边的淡水、坪山地区，做过的建设抗日根据地的尝试，就是部队、地方党组织和“惠青”工作团，在群众中进行了大量工作的基础上搞起来的。我吸取了这个经验，认识到今天要在大岭山区进行建党建政工作，首先必须要有一支坚强的民运工作队，深入到群众中去进行宣传、发动和组织工作。为此，我们大队成立了民运部。从地方党和“东团”调来一批干部，加强民运工作力量，部长就是原“东团”负责人叶锋同志。在民运部的领导下，一批具有独立工作能力、能掌握党的政策、作风艰苦朴素的男女干部，深入到大岭山区的各个乡村，进行细致的群众工作。他们和地方党密切配合，宣传抗日，宣传我党和我军的政策和主张，发动群众参加抗日活动，广泛建立各种抗日群众组织，建党建政，工作做得踏踏实实，卓有成效。

……

经过几个月艰苦的工作，在连平、大沙、大塘、同沙、治平、怀德、杨西和霄边8个乡建立起抗日兄弟会、姐妹会、夜校、识字班、农会等。通过这些组织，把绝大多数的群众都发动起来、团结起来了。这8个乡先后建立起民主政权，建立了政权机构——乡办事处。在这个基础上成立了全区性的政权机构——联乡办事处。按照党中央提出的“三三制”，民主政权的成员中共党员占三分之一。刘荫任联乡办事处主任。

……

（本文节选于解放军出版社《曾生回忆录》，第170—195、241—248、261—277页）

港澳青年大批上前线①

曾　生

在紧急营救爱国民主人士和文化界人士的同时，香港党组织还动员了大批坚

决抗日的港澳青年回来参加部队。他们是有组织地，一批一批，或是随同文化界人士一起，或是单独地由交通员带领来到我们部队。从 1942 年 1 月到 4 月，一共回来有约一千人。他们中有工人、学生、职员、医务工作者等各行各业的人。他们的到来，受到我们热烈的欢迎。我会见了几批这些同志，表示热诚欢迎他们回来参加我们的部队，共同对日本侵略军作战。根据不同情况，他们一部分回来后即陆续分配到部队，一部分集中起来，经过短期训练才分配。这两部分，大约各有五六百人。需要集中训练的这一部分，是作为干部进行了解和培养的。为此，我们专门成立了一个干部训练队，下分男子队和女子队，男子队由李东明、黄文俞负责，女子队由李静、方兰负责。训练队先是设在白石龙，后来转移到雪竹径。教育的内容是队列训练、站岗、放哨、游击战术、部队政治工作和介绍八路军、新四军情况等，还邀请了文化界人士来做报告。在此期间进行个别谈话，了解各人的情况和对工作的意见。因为情况紧张，不容许长时间的集中，所以少则一周，多则半个月就分配工作。而且是随来随训，来一批就训练一批，流水作业，到 4 月份，基本分配完毕，训练队结束。他们大多是分配到各大队任文化教员或政治战士；一部分分配到民运队、医务所、报社、税站和交通站等单位，有的派遣回香港、九龙去工作。这些同志大多原来就是抗日救亡运动的积极分子，很多是共产党党员。他们有文化，

---

① 收录于刘中国、余俊杰等编：《白石龙大营救文献》，花城出版社，2015 年，第 87—88 页。

有的有专业知识，抗战意志坚决，工作热情高昂，分配工作后，大多数很快就成为各单位的骨干。到 1945 年抗战胜利时，其中很多人已成为中队或大队的干部了。当时在我们部队还处在艰苦斗争的时期，得到这么一大批人员的补充，很大地加强了我们的干部队伍，对于我们部队以后的发展壮大是起了很大的作用的。

除了以上所述，在同一时间，我们部队还护送了港澳的青年学生一千多人，经过我们游击区转到大后方韶关、桂林和重庆等地去求学和工作。同时，还护送了不下一万名的港九同胞和侨商、侨眷脱离香港，经过游击区安全地回到内地。这些行动，也扩大了我们部队的政治影响。

坚持华南战场抗战的一面旗帜①

——回忆东江纵队的战斗历程

曾　生

1943年12月2日，根据中共中央指示，广东人民抗日游击队东江纵队宣布成立，至今已四十年了。回忆东江纵队的战斗历程，东江人民艰苦抗战的情景，一幕幕呈现在我的眼前。

1938年10月12日，日本侵略军在大亚湾登陆，国民党守军一触即溃。21日，日军侵占广州，东江下游和广州地区沦为敌占区，广大群众对腐败无能的国民党政府和军队丧失信心，领导华南人民抗战的重任，责无旁贷地落在我们中国共产党人的肩上。

广东东江，是我党第一、二次国内革命战争时期开展武装斗争的重要地区，东江人民具有光荣的革命传统。抗战爆发后，这里的人民响应中国共产党的号召，积极开展抗日救亡运动、组织抗日自卫队、壮丁常备队等民众抗日武装，进行抗日武装斗争的准备。当日本侵略者的铁蹄踏进东江土地时，惠阳、东莞、宝安、增城等地的人民，在中国共产党的领导下，纷纷拿起武器，奋起抗击敌人。

日军在大亚湾登陆的第二天，八路军驻香港办事处主任、中共广东省委委员廖承志同志，根据党中央关于要在东江敌后开辟抗日游击区的指示，召集中共香港市委书记吴有恒同志和我（当时任中共香港海员工作委员会书记）研究回东江开展敌后抗日游击战争的问题。我们两人都争着要回东江组织抗日武装开展敌后抗日游击战争，我对吴有恒同志说："回东

① 收录于陈一民主编：《南北征战录》，广东经济出版社，1998年，第3—14页。

江打游击我比你合适。你是外地人，语言不通，人生地疏；我是惠阳人，语言通，了解情况。”我还说：“1935 年，我在中山大学读书时，以中山大学师生员工抗日救国会负责人的身份，参加组织广州学生举行抗日示威游行，被国民党当局赶出了校门。为寻找中国共产党的组织，来香港做海员工作。现在家乡沦陷，我有责任回乡组织群众、救国救民。”廖承志同意我的要求。10 月 24 日，我和谢鹤筹、周伯明同志带领一批党员和积极分子回到我的家乡惠阳县坪山，组建中共惠（阳）宝（安）工作委员会，组织人民抗日武装。10 月底，成立中共惠宝工委，由我任工委书记，属中共广东东南特委领导。12 月 2 日，在叶挺将军的家乡惠阳县淡水周田村，成立惠宝人民抗日游击总队〔我任总队长，周伯明任政治委员，郑晋（郑天保）任副总队长兼参谋长〕，在惠宝沿海地区开展抗日游击战争。在此之前，中共东莞中心县委和增城、宝安的党组织，在东莞、增城、宝安等地先后建立了我党掌握的人民抗日武装，多次和敌人作战。1939 年初，东（莞）宝（安）地区的人民抗日武装，整编为东宝惠边人民抗日游击大队，王作尧任大队长，何与成任政训员，黄高阳任党总支书记。他们在广九铁路中段和宝（安）太（平）公路沿线开展敌后游击战争。两支队伍共二百余人。

在党的领导和东江广大人民群众的支持下，我们这两支人民抗日武装积极打击敌人，先后收复了淡水镇、葵涌、沙鱼涌和宝安县城南头等失地。在淡水镇建立了东江地区第一个抗日民主政权，从敌人手里收复了广东第一座县城。特别是收复葵涌、沙鱼涌，恢复了内地与香港和南洋重要的交通口岸。我们保护商旅安全，得到广大群众、海外华侨和港澳同胞的拥护和支持。广大华侨和港澳同胞不仅从精神上、财力物力上大力支持我们，而且把儿女送回来，参加我们的游击队。惠宝人民抗日游击总队的经济来源，全部靠港澳同胞和海外侨胞的支援。1939 年初，海外华侨经宋庆龄同志转给我们游击队的捐款一次就达二十万元。华侨子弟和港澳爱国青年先后回来参加我们游击队的达一千人以上，对我们部队的建立和发展起了很大作用。我们保护归侨、侨眷的利益，始终同海外华侨和港澳同胞保持密切的联系。通过他们在国际上宣传我党我军抗战的主张和战绩，争取国际友人对我抗战的同情和支援。

党中央对我们这支初建的人民抗日武装非常重视和关怀；从延安等地抽调梁鸿钧、李松（李振亚）、卢伟良等红军骨干，加强我们部队的领导。他们以八路军、新四军为榜样建设部队，使部队继承和发扬我军的光荣传统，成为一支坚强的革命队伍。

我们在建军初期，根据党中央和省委指示的精神，经过一系列的斗争和统战工作，取得了国民革命军第四战区的统一番号，惠宝人民抗日游击总队改为“第四战区东江游击指挥所第三游击纵队新编大队”（简称新编大队）；东宝惠边人民抗日游击大队改为“第四战区东江游击指挥所第四游击纵队直辖第二大队”（简称第二大队）。部队虽然接受了统一的番号，但仍保持原来的党组织和独立的编制，在作战行动、军政训练、干部任免和经济上均独立自主，不受国民党的限制，拒绝其拉拢腐蚀，坚决依靠人民群众，坚持独立自主的敌后游击战争。部队在斗争中迅速发展，到1939年底，我们两支部队发展到近七百人，在惠阳县的坪山和宝安县的龙华、乌石岩建立了抗日游击基地，初步打开了东江敌后抗日游击战争的局面。

1940年初，第一次反共高潮的逆流到了广东。广东国民党顽军纠集一八六师和地方武装三千余人，向我们两支人民抗日武装围攻，企图一举消灭我们。两部突围后，向海丰、陆丰和惠东转移时，遭到国民党顽军的围追堵截，损失严重，最后两部仅剩下一百余人。正当我们部队处于生死存亡的危急关头，党中央5月8日发来指示，指出目前全国尚是拖的局面，国民党还不会整个投降和分裂，曾、王两部应回到东、宝、惠地区，在日军和国民党军之间，大胆坚持抗日，也不怕打磨［摩］擦仗。这个指示就如黑夜的明灯，给我们指明了前进的方向。我们遵照党中央的指示，返回东宝惠前线敌后地区，投入新的战斗。

1940年8月，中共广东省委遵照党中央加强对曾、王部队领导的指示，派省委常委、东江特委书记林平（尹林平）担任我们两支部队的领导。9月，他在宝安县的上下坪村召开了部队的干部会议。根据党中央“五八”指示的精神，总结部队东移海、陆丰的经验教训，确定了坚持在惠、东、宝敌后开展独立自主的游击战争，建立抗日根据地的方针，决定将东江地区的人民抗日武装，合编为广东人民抗日游击队第三大队、第五大队。我和王作尧同志分别担任大队长，林平兼任两个大队的政委，梁鸿钧负责军事指挥。第三、第五大队分别进入东莞县的大岭山区和宝安县的阳台山区，建立抗日根据地。这次会议，贯彻了党中央指示的精神，确定了方针，增强了团结，提高了斗志，为部队的发展打下坚实的思想基础，是东江纵队发展史上的一个重要的转折点。

部队进入大岭山区和阳台山区之后，我们执行了上下坪会议的决定，在党的领导和广大群众的支持下，积极打击敌人，清匪锄奸，打退敌、伪、顽多次进攻。1940 年 11 月，第三大队在黄潭打退日军二百多人的进攻，毙伤敌数十名，这是我部返回敌后的第一仗，影响很大。1941 年 6 月在民兵的配合下，把进犯我大岭山区的日军长濑大队和伪军六百余人，围困在百花洞山地梅林村后面、大公岭西南、髻岭东南一带达两昼夜，击毙日军大队长长濑以下五十余人，取得百花洞战斗的胜利。广州日军首脑哀鸣:“这是进占华南以来最丢脸的一仗。”第五大队在宝安县粉碎了敌人先后出动一千余人的“扫荡”，毙伤日军大佐指挥官以下七十余人，取得反“扫荡”的胜利。在与日、伪斗争的同时，还打退了国民党顽军多次进犯。我们在和日、伪、顽的激烈斗争中发动群众，组织民兵，建立乡村抗日民主政权。到 1941 年秋，部队发展到一千五百余人，武装民兵千余人，建立了大岭山区和阳台山区两个抗日游击根据地。

1941 年 12 月 8 日，日军偷袭珍珠港，发动太平洋战争，同时进攻香港，我们第三大队和第五大队立即派出部队挺进香港、九龙地区，开展港、九敌后的抗日游击战争。在港、九敌后，组织了民兵，建立了抗日游击基地，成立了港九大队。为开展海上游击战争，我们先后建立了海上中队和护航大队。在陆地和海上积极打击敌人，袭击敌人的交通运输，有力支持了东江地区的抗日游击战争。

日军占领香港之后，广东人民抗日游击队遵照党中央的指示，在廖承志的领导下，不怕艰险，深入港、九市区，抢救被困留在香港的重要文化界人士和民主人士。我军从日军的严密封锁下，先后抢救出文化界人士和民主人士何香凝、柳亚子、邹韬奋、茅盾、胡绳、戈宝权、张友渔、千家驹、于伶、丁聪等七八百人，并护送他们安全到达大后方。他们中的许多人在我解放区宝安县白石龙村逗留期间，对我军的政治工作和战士的文化学习帮助很大，他们给战士上文化课，给干部讲哲学、政治经济学和国内的形势报告。胡绳、戈宝权、黎澍等同志还直接参加了我军的政治工作。邹韬奋对我们的报纸特别关心，建议把我军办的《新百姓报》和《团结报》合并，改名为《东江民报》，以集中力量把报纸办得更好。当我们接受了他的建议时，他欣然挥笔书写了《东江民报》的报头，茅盾也为《东江民报》的副刊题名为“民声”。邹韬奋临别时还送给我一张写有“为民先锋”的条幅，表达了他对我们的鼓励和期望。被抢救出来的还有国民党第七战区司令余汉谋夫人和陈汝棠等国民党官员和眷属，以及美、英、荷、比、印等国的国际友人近百人，连同港九同胞和侨商、侨眷不下万余人，在国内外产生很好的影响，对扩大和加强抗日民族统一战线和国际反法西斯统一战线，起到了积极的作用，得到党中央的表扬。

1942 年春，根据中共南方工作委员会的指示，成立广东人民抗日游击总队，总队长梁鸿钧、政委林平。部队整编为一个主力大队和四个地方大队，以加强东江敌后的抗日游击战争，为坚持艰苦斗争和准备反攻创造条件。

自国民党顽固派发动第二次反共高潮之后，广东的顽军勾结日、伪军大规模地向我解放区猖狂进犯，日、伪军也频频配合向我夹击，妄图消灭我军。由于日、伪、顽的进攻，加上 1942 年严重灾荒，我解放区军民处境十分困难。我们贯彻执行了中共中央南方局书记周恩来同志关于国民党对我是“势在必打，志在消灭”，不能对其存在幻想，要依靠群众，加强团结，针锋相对开展斗争的指示，经过一年的艰苦奋斗，终于战胜了困难，取得了反顽斗争的胜利。从 1943 年春起，我们主动袭击敌人，拔除了广九铁路和宝（安）太（平）、莞（城）太（平）沿线敌人的一批据点：护航大队夜袭大亚湾马鞭岛，全歼伪海军反共救国军第一总队第四中队；独立第二中队在东江北岸的罗浮山区开辟抗日游击区，向增城、从化、番禺方向发展，活动到广州市近郊；我主力大队首次爆破攻坚，炸毁福永炮楼，全歼固守的伪警中队，缴机枪六挺；争取了伪军一个营和两个连分别起义、投诚。

我们惠东宝抗日游击根据地，处于广州到九龙的广九铁路南段两侧，地位十分重要，特别是1943年冬，日军太平洋战场陷入困境，急需以广州和香港为基地，支持太平洋战争，为此，发起打通广九铁路战役，国民党顽军闻风而逃。11月中旬，日伪出动九千余人，号称“万人扫荡”，在空军配合下，对我东莞大岭山根据地实行“铁壁合围”，下旬又对我宝安根据地实行“多路围攻”。我军在人民群众的大力配合下，经过一个多月的顽强战斗，粉碎了敌人大规模的“扫荡”，收复了大片失地，扩大和巩固了根据地。我惠东宝根据地的建立和巩固，卡住了广九铁路这条敌人交通运输的大动脉，使之始终无法正常通车，破坏了日军的战略部署，支持了南洋各地人民和盟军的对日作战。敌人惊呼“广州和香港之间地区是治安之癌”。统计一年作战，共歼日、伪、顽军千余人，我部队发展到七个大队，打开了东江地区抗日游击战的新局面。

1943年12月2日，为了适应形势的发展和斗争的需要，党中央指示把广东人民抗日游击总队的番号，改为广东人民抗日游击队东江纵队（简称东江纵队），下辖七个大队。我任司令员，林平任政委，王作尧任副司令员，杨康华任政治部主任。公开发表成立宣言和领导人的就职通电，宣布我军是中国共产党领导的部队。

东江纵队成立后，号召全军乘胜前进，广泛开展游击战争，扩大游击区，壮大我军力量，迎接反攻的到来。全军开展杀敌、扩军竞赛。仅广九铁路以西的部队，就歼敌二十多个连，迫使伪军一个营和一个暂编团投诚；港九大队不断袭击敌人的岗哨、巡逻队和海上敌船，炸毁了日军启德机场的油库、飞机和破坏九龙第四号火车铁桥，在市区大量散发传单，使日军陷于惶惶不安的困境；护航大队和大亚湾独立中队在海上袭击敌船，俘获日军武装运输船，缴获大批重要物资，并向稔平半岛出击，打垮伪海军陆战队一个大队。为扩大游击区，纵队派出一支部队挺进增城、博罗、从化、番禺边区及广州外围，袭击广州郊区罗岗等敌人据点，解放了广州近郊龙眼洞，消灭伪军一个连。游击队活动到广州市的白云山下，威胁广州的敌人。1944 年 6 月 22 日，八路军参谋长叶剑英在延安发表讲话时指出："敌第五十七师团在广九沿线，由我游击队抗击其百分之七十。"我军已成为东江地区抗击日军的主要力量。在抗战七周年的时候，党中央和中央军委给东江纵队和琼崖纵队全体指战员的电报中指出："你们在华南沦陷区组织和发展了敌后抗战的人民军队和民主政权，至今已成为广东人民解放的旗帜，使我党在华南的政治影响和作用日益提高，并成为敌后三大战场之一。"党中央的指示传来，给我们全体指战员极大的鼓舞和鞭策。

根据党中央的指示，我们先后抽调了一批干部，派到珠江纵队、琼崖纵队、韩江纵队和粤中、南路人民抗日游击队工作，并帮助纵队建立无线电台。

在解放区不断扩大和部队迅速发展的情况下，我们大力加强根据地的建设。在根据地普遍建立抗日民主政权，开展减租减息运动，建立健全了农民抗日救国会、妇女抗日救国会、青年抗日救国会、儿童团等民众抗日团体和民兵组织，领导生产建设，实行战时文化教育。到 1944 年 8 月，根据地和游击区人口达一百二十万以上。

由于部队和根据地的发展壮大，对敌斗争的不断胜利和国际声誉的日益提高，引起了盟军的重视。1944 年 7 月，《美亚杂志》发表题为《东江纵队与盟国在太平洋的战略》一文中指出：东江纵队是"纪律良好，经验丰富，获得地方居民及国外爱国团体支持的一支很强的军队"。10 月，美军派欧戴义到东江来找我们，要求与我们合作，共同建立情报站，侦察敌情，收集情报资料，为盟军空军对日作战及将来配合我反攻时在华南登陆作战做准备。我们经请示中央同意，并按照党中央的指示和盟军合作，共同设立情报站和电台，向盟军提供有关日军的情报。由于我们的情报工作人员的努力、收集到许多重要的情报资料，经请示党中央同意，提供给盟军对日作战，得到美国第十四航空队队长陈纳德将军和在华美军司令部的赞誉。他们认为“在质与量都非常优越”，“对美军战略部队在中国的组织成功，有着决定性的贡献”。

1944 年 7 月下旬，党中央给中共广东省临委和军政委员会发出关于广泛开展敌后游击战争的指示。8 月，中共广东省临委和军政委员会在大鹏半岛的土洋村召开联席会议。会议根据党中央的指示精神，作出部队向东、向西、向北发展，全面开展广东抗日游击战争的决定。我东江纵队立即派出部队，向粤北挺进，一度解放清远县城。1945 年初，日军为防备盟军在沿海登陆，增添了一个师团，据守大鹏湾、大亚湾、红海湾一带，同时派两个半师团打通粤汉铁路南段。我纵队又派出两个支队挺进东江北岸，开辟以罗浮山为中心的抗日根据地，同时派出两个支队挺进北江，组建第六、第七支队挺进惠东、海丰、陆丰地区。同年 8 月，集中主力一千余人，挺进粤赣湘边区，迎接王震、王首道率领的八路军南下部队，开辟五岭根据地。为适应新的发展形势，全军先后成立九个支队、六个独立大队，并成立江南（东江以南）、江北（东江以北）、粤北和东进（海丰、陆丰、惠阳、紫金、五华）四个指挥部，分别对各区域的部队实施作战指挥。我们把活动地区推进到广州市郊、粤赣湘边和韩江地区。

1945 年 8 月中旬，日本宣布无条件投降。朱德总司令命令华南日军派代表到东莞地区，由我代表华南抗日游击队受降。在美帝国主义和蒋介石的阻挠下，各地日、伪军拒绝向我军缴械，我解放区军民执行朱德总司令的命令，坚决向一切拒绝投降的敌人开展进攻。至 9 月底，经过激烈的战斗和政治攻势，解放了东江两岸、沿海地区和粤北等地的城镇六十余处，缴获一批武器和物资，收复大片国土。

在八年抗战中，我们这支远离党中央、远离八路军、新四军主力，孤悬敌后，处于敌伪和国民党顽军夹击的人民抗日武装，在党中央和广东党组织的领导下，从无到有，从小到大，逐步发展成为一支拥有一万一千余人的队伍，组织民兵一万二千余人。它转战东江两岸、港九敌后、粤北山区和韩江地区的三十九个县市；在大鹏湾、大亚湾海域英勇打击敌人，控制着数百里的海岸线和通往香港的交通要道，威胁着敌占大城市广州和香港，收复大片国土。我们在东江和北江解放区，先后建立了东宝行政督导处、路东行政委员会、惠东行政督导处、博罗县人民政府、海丰县民主政府以及北江东岸抗日动员委员会等抗日民主政权。根据地和游击区的总面积约六万余平方里，人口四百五十万以上。对日、伪军作战一千四百余次，毙伤日、伪军六千余人，俘虏、投诚三千五百余人，反击顽军作战三百余次。共缴获各种武器六千五百余件，大量歼灭敌人的有生力量，牵制了敌人的大量兵力，破坏敌人的交通运输和通讯联络，严重威胁着日军的南海防线、积极配合全国抗日战场和盟军的反攻作战。东江纵队成为中外共知的一支坚强的抗日武装，成为华南抗日战场的一支主要力量，为抗日战争的胜利作出了一定的贡献。

日本投降后，国民党反动派为抢夺抗战胜利果实，其广州行营主任张发奎竟污蔑我军为“土匪”，调集四个正规军及地方武装共七万余人围攻我军，妄图在国共谈判达成协议之前，一举消灭我军。我们坚决执行党中央给我们提出的“分散坚持”的方针，紧密依靠人民群众，和国民党反动派进行了将近一年的艰苦斗争，终于粉碎了国民党反动派妄图消灭我军的阴谋。

正当我们反击国民党反动派进攻的同时，在重庆谈判中，我方代表挫败了国民党拒不承认华南中共武装部队的阴谋，于 1946 年 3 月，迫使国民党当局签署了华南中共武装力量北撤的协定。3 月底，重庆三人小组派出中共代表廖承志、北平军调部第八执行小组中共代表方方、华南中共武装人员代表林平同志和我在广州和国民党广州行营进行北撤具体问题的谈判。国民党当局蛮不讲理，有意拖延时间，继续疯狂地向我进攻，企图在达成具体协议之前消灭我部。我们揭露国民党反动派的阴谋，进行针锋相对的斗争。经过五十天的激烈斗争，于 5 月 21 日，迫使其达成具体协议，又一次挫败国民党反动派的阴谋。

1946 年 6 月底，根据国共谈判达成的协定，我队主力北撤山东解放区，以后扩大为中国人民解放军两广纵队，编入第三野战军的战斗序列。在第三野战军的指挥下，参加了解放战争华东战场的鲁南、莱芜、豫东、济南、淮海等重要战役。主力北撤时留下的部分部队继续在原地坚持武装斗争，解放战争时期，发展为粤赣湘边纵队。

1949 年 9 月，两广纵队随第四野战军南下，和粤赣湘边纵队汇合，担负解放广州战役一翼的任务，并为解放广东全境作出贡献。

东江纵队的历史雄辩地证明：它是在中国共产党领导下，以八路军、新四军为榜样建立和发展起来，由工人、农民、革命知识分子、港澳同胞和华侨爱国青年所组成，高举抗日旗帜，坚持团结抗战，坚持独立自主原则，在艰苦的抗战中发展壮大的人民抗日武装队伍。

东江纵队的历史表明：它是伟大的中国人民军队的一支光荣部队。这光荣应归于党、归于人民、归于为国捐躯的革命先烈。

论东江纵队（节选）①

曾　生　王作尧

1988 年 12 月 2 日，是广东人民抗日游击队东江纵队成立 45 周年。

……

其次，在于坚决贯彻执行党的全面抗战路线和坚持敌后游击战争的战略方针。……东江纵队从它初建时期开始，就认真贯彻执行党的全面抗战路线，在东江广大地区放手发动群众，武装群众，团结各阶级、各阶层人士一起抗战，建立民兵、抗日自卫队以及农抗会、妇女会等群众武装及抗日群众团体，形成全民的抗战。……

……

第四，在于依靠群众，坚决保卫人民群众的利益，得到广大群众的拥护。……此外，我军每到一地，都紧紧和群众在一起，组织农抗会、自卫队、妇女会以及读书会、识字班等抗日群众组织。……

……

① 收录于《论东江纵队》编辑组编：《论东江纵队》，广东人民出版社，1990 年，第 1—8 页。

妇女战斗在水乡①

曾　玲

一九四四年九月，我随东江纵队第三大队挺进东莞县的水乡沦陷区。水乡地处珠江三角洲，河沟纵横，交叉着一片如镜的绿洲，土地肥沃，物产丰富，素称鱼米之乡。我队的任务是开辟新区，积极配合山乡的游击战争。

当时，第三大队的政委何清同志、大队长谢阳光同志，有两个中队，一个手枪队，一个政工队共二百余人。我们政工队初期十余人，队长胡风（傅冰），我是副队长，队员中女同志有李芬、黄媛、钟惠兰、钟检、黄葵，还有大队部政治干事邝英。邝英同志已有两个孩子，是位坚强的、思想开朗、平易近人的好大姐。

九月三十日（即旧历中秋节前一天），第三大队的全体同志，于深夜二时左右到达水乡，我们政工队随大队部进驻低涌。因已深夜，不想惊动老百姓，坚决执行“三大纪律，八项注意”，不经老百姓同意，不进驻民房，所以，全体指战员都睡在地塘上过了一夜。次日天刚发白，我们起来整理好行装，但老百姓的门户还闭着，不敢接近我们。因为这里是新区，老百姓不知道我们是什么部队，更不知道我们是打日本仔和“大天二”，解放人民的。于是，我们政工队立即开展宣传工作，特别女同志挨家挨户进行宣传和访问，说明来意，讲清我们是共产党领导的人民子弟兵，是为打日本仔、伪军和国民党反动派，为解放人民群众，特别是解放妇女而到水乡的。经过一段时间的宣传发动，很快取得群众的信任，我们就着手组

① 收录于中共东莞县委党史研究办公室、中共东莞县委党史资料征集办公室编：《东莞烽火》第二册，1983年，第69—73页。

织妇女会、农会、民兵、儿童团，进行抗日活动，支援部队，参军参战。

我们还根据水乡的特点，进行统战工作。水乡有土匪李潮、刘发如、黎庆三个部分。李潮自称“抗红义勇军司令”，经常到山区“扫荡”，欺压老百姓，捕捉我部队同志和进步群众，十分反动；刘发如是水乡最大的“大天二”，专收禾花、鱼肉人民，经济上对群众残酷剥削，群众恨之入骨；黎庆（又名硼口庆）队伍较少，不敢侵犯我们。因此，我们的宣传明确地提出打击谁、团结谁。为达到家喻户晓、深入人心，除到户宣传外，有时也演剧、唱歌及街头演小活报剧等，例如唱：“刘发如，你是只禾花雀，真抵死，一亩田，收六十斤谷，惨呀！唉呀！”我们唱，群众唱，人人唱，特别是妇女唱的情感逼真，边唱边流泪，等于诉苦会。同时，又把妇女受压迫、不能入祠堂、婚姻不自由、无书读，不识字，以及一些妇女的英雄事迹谱成歌曲，集中一起时，大家就自然而然地唱起来。

在宣传工作中，我们注意发动和培养妇女骨干，妇女会组织起来后，涌现了一批妇女积极分子，如低涌的吕伟民（五嫂），是个寡妇，对共产党和我队的宗旨是有认识的，有正义感，工作积极，有一定的宣传能力，对我队同志亲如姐妹，谁交带［代］工作也一样去干。吕秀兴（大嫂），工作积极肯干，斗争坚强，经常和五嫂回娘家宣传组织妇女会工作。初时她丈夫说：“我是民兵，经常出去工作，你也经常出去工作，影响家务”，对秀兴有点意见。我们政工队的同志就找她丈夫做思想工作，说明男女都应做革命工作，家务问题大家负担，只要安排好，谁留家谁多做一点。还在民兵中经常表扬他是个好民兵也是个好丈夫，逐步地使他不干涉大嫂工作，有时主动承担家务。亚洁是个寡妇，娘家在洪涌，出身贫苦，深受旧社会压迫。她沉静寡言，为人忠诚老实，对我部队同志热爱，拥护我队主张，交带［代］工作能积极完成。凌屋村方二婆，当时三十余岁，但她的丈夫年纪很大，大家都称二公，已有几个孙子，她是二公的续弦，本身姓方，我们跟她的孙子叫二婆。她拥护部队的主张，积极为部队工作，我们同志经常出入她的家里。

低涌妇女会为协助部队解决生活必需品，组织了一个消费合作社，用农村铺头仔的方式义务供应部队，有油、盐、酱、醋、火柴、电池、烟、药品等。资金来源，以妇女会的会员自由参加，每份投资五十斤谷，当时我部队也投资小部分。五嫂是消费合作社的负责人兼记帐［账］，大嫂负责采购，来回于莞城或潢涌。当时，部队来往人多，也能保证必需日用品供应，使部队同志满意。妇女会的同志亦感到自己为部队和人民做了点有益的事情而高兴。

为了发动群众，在低涌虽然不能象解放区那样二五减租减息。但是，对莞城、洪涌、江城洲来收租的地主或公尝租，我们采取简单的办法，即交百分之六十或五十，这样做一方面保护了群众的利益，另方面照解放区一样，也收地主一部分。群众高兴极了，称“老模”（部队）是为穷人打天下的，积极拥护我们。

五嫂、大嫂莞城有亲戚，我们常把情报、信件交给她们，放在她的发髻上，带进莞城，福嫂也带信去过望牛墩。

在冼沙打李潮捉李女（李潮哥哥）的战斗中，当时大队部给政工队女同志的任务是：动员妇女会划船运输，送茶水，运物资，护送伤病员，我们几位女同志就把妇女会的会员动员起来了，五嫂、大嫂、亚清、福嫂和二婆等，把分工煮好的茶、糖水、粥等食物收集起来，送到各小船上，并一马当先，负责把舵运送。这个晚上，月色明朗，妇女们飒爽英姿，坚定沉着地工作，阵阵的划船声水声，冲击着肃静的大地，小船乘风破浪前进，把食物送到前线。战斗打响了，妇女们积极地运弹药、运伤员，来回几次低涌、冼沙之间。战斗结束了，把部队缴获的物资运回来。特别听到捉到土匪头子李女和他的老婆时，妇女们高兴极了，胜利鼓舞了她们，一夜的疲劳、饥饿也忘记了。

冼沙战斗之后，游击队声威大振［震］，刘发如龟缩道滘不敢出来了。我队在这有利的形势下，大力发展民兵、农会、儿童团的组织，特别是妇女会组织扩大了，通过五嫂、大嫂等骨干关系，到朱磡、隔基、横滘头、乌芋墩建立了妇女会。但是，敌人是不甘心失败的，在我队攻克冼沙、活捉李潮兄嫂之后，李潮为了报复，亲自率领五六百伪军从石龙出动，上午九时左右到芦溪，企图歼灭我驻鸭仔滘的黎敏中队。当时，我黎敏中队的战士们英勇顽强的迎击，激战两小时，敌人始终无法占领鸭仔滘，只有隔河相恃［持］。后来，李潮只好留下小部分匪军隔河监视，而集中四百多人直攻低涌。激烈的战斗开始了，枪声密集，谢阳光同志到战斗前沿指挥，政工队的李芬、黄媛，还有几个女同志和我，都跟着他到战斗前沿，同敌相距只有百多米，隔河相恃［持］，双方都靠堤坐做掩护进行战斗，我队同志及民兵打得英勇、顽强，李匪无法攻进来。这时，我们开展攻心战术，大声喊："李潮契弟，听着，我们是共产党领导的部队，是英雄好汉，是不怕死的，李潮你有本事进来吧，李女的死尸等你们抬回去。"喊一次，停一次，又打一次枪，这样持续数次，把敌人气得暴跳如雷，而又无法进入低涌。这场激烈战斗持续三个钟头，忽然，敌人的枪声停了，谢大队长对我们说："我下口令，一二三，你们抬起头来即又伏下，试看敌人是否撤退。"这样连续几次，敌方阵地毫无声息。谢大队长判断说："敌人已退了"。于是我部队立即追击，打扫战场，在河涌上打捞有轻机枪、七九枪等胜利品一批，这样，军民同心合力，保卫了低涌。

水乡的妇女，经历工作上，思想上和多次战斗的考验，不愧为中国新妇女。同时，她们也有入党要求，经政工队党支部讨论，她们先后都参加中国共产党，成为中共党员。一九四五年四月，我队完成任务，突围回山区，她们也随队工作，大嫂、五嫂分配在医院，二婆在连队任炊事员工作，从此，她们走上了新的革命征途。

战斗在梧桐山（节选）①

郑伟灵

1941年10月，由中队长彭沃、指导员陈胜、副中队长祁和率领的一个一百余人的中队，从东莞转战宝安，奉命来到惠阳碧岭（现属深圳宝安县）。彭沃中队是广东人民抗日游击队曾生第三大队主力中队（代号虎门队）。中队下属三个小队：第一小队长吕苏，服务员王市光；第二小队长郑伟灵，服务员陈铭辉；第三小队长李惠钦，服务员吴提祥。每小队三至四个班，各配机枪一挺。各小队均有伙食单位、卫生员等。

当时，侵华日军沿广九铁路及其两侧，集结三万兵力准备进攻香港九龙。梧桐山周围的深圳、沙头角、盐田、梅沙、沙鱼涌沿海地带，以及横岗、龙岗、坪山、坑梓和淡水、清溪等地区均被日军占领。此外，还有王竹青、梁永年、吴斌、莫炯炎、李乃铭等多股土匪聚集在大棚、葵涌、横岗附近一带，打家劫舍、无恶不作。

彭沃中队到达惠阳地区，与在当地活动的武工队、自卫队会合，进一步发动组织群众，开展敌后抗日战争，牵制进攻香港的日军，扩大游击区、扩大部队，准备组建惠阳大队。此任务在当时敌强我弱的形势下，必需［须］经过艰苦卓绝的斗争才能实现。

挺进梧桐山地区

我和陈铭辉带领的第二小队，在恶劣的斗争环境下，奉命挺进梧桐山周围一带及沙头角、盐田、溪涌、梅沙沿海地区。第二小队初到梧桐山脚

① 收录于中共惠阳县委党史办公室、东纵边纵惠阳县老战士联谊会编：《东纵战斗在惠阳》，广东人民出版社，1993年，第157-168页。

的山子下、油田、西坑桔子园时，部队只有一个机枪班、两个步枪班，连同事务长、炊事员、卫生员共有四十余人。面对横岗、深圳、沙头角、盐田大批日军部队。还有盘踞在横岗西坑、盐田附近的莫炯炎、吴斌两股土匪。

……

11 月下旬，我队又从梧桐山南麓半山上的庵上村出发，分别进行夜袭九径口日军辎重部队，和沙头角附近山上（现深圳沙头角三家店后面山上）日军驻地。这两次纯属夜间火力袭扰敌人，不料却引来沙头角、盐田的日军出动向沥背、大小沥方向的扫荡。我们在大小坳以南山地展开，与敌人进行麻雀战。敌人扫荡的行动，却将盘踞在盐田附近沥背一带的吴斌匪部赶向三洲田方向逃去。从此，我队活动地区扩大到盐田附近一带。

12 月 8 日，日军进攻香港，25 日占领香港九龙新界。梧桐山周围全部沦为敌后。不久，惠阳地方党派黄柏（女）、钟淼、黄丽芳（女）、叶梅（女）等同志，到横岗山子下、油田、西坑、盐田沥背一带开展工作。发动群众，组织自卫队。香港失陷后，曹洪、林月桂（女）等也到这一带来工作。当时，在山子下工作的林月桂，在油田村工作的叶梅（住陈娘家中），以及陈娘家的党员媳妇（名字记不起），和在西坑村学校教书的钟淼、黄丽芳（他们两人后来转移到庵上村工作），对部队帮助很大。发动群众组织自卫队和各种群众团体，支援部队，参军、送情报、筹购粮食、带路等等。在惠阳短枪队配合下，部队在大小坳和大小梅沙设立税站。

……

怀念东莞厚街美嫂①

郑伟灵

1983年10月，东纵成立四十周年纪念的前夕，我专程到东莞厚街西门三巷五十三号院内，面对美嫂的骨灰盒，以沉痛的心情拈香奠祭美嫂，表达我对她的怀念。

这是四十年前即1943年3月初的事了！当时，我在东莞干训班学习结束后，因患牙疾，脸颊肿如拳，到日伪据点厚街镇治疗，安排住在西门巷地方党员王培兴家里。培兴母亲敬娘是个寡妇，年老体弱，家境贫寒，但待我如亲生。那年我才十九岁，却因营养不良，疟疾缠身，高烧加发冷，再加牙疾折磨，体质虚弱，卧床不起。在革命母亲敬娘照料下，一周之后病情稍好，能扶墙到院内坐石凳上望天听鸟叫了。与敬娘住同院的邻居美嫂（姓谭名美，人称美嫂），是位积极支援部队的革命群众。美嫂身材瘦俏［小］，个性泼辣，性情开朗、大讲大笑，待人热情，丈夫王力做小买卖，大女已嫁，二女阿当十五岁，参加了地方党组织的姐妹会，小儿王金不满十岁。美嫂有一颗爱国心，她知道培兴是“老模”的人，对出入培兴家的部队同志，总是热情相待。我在敬娘家治病，她时常送些饭菜、鸡蛋给我增加营养，有时还将厚街日伪军活动情况告知我，还带女儿陪我上街去看病，替我煎药洗衣缝补，待我如亲人。有时还邀我到她家叙谈，劝我安心医病。经常讲些社会趣闻，人情风俗为我解闷，使我在治病中，感到精神欣感［慰］。有一次，她对我说：“照我看你不是个莲蓉，也是个排骨。”我一时还未会意，略加思索才明白她在探问我的身份职务。由于

① 收录于傅泽铭主编：《永远的心碑——厚街革命斗争纪实》，广东人民出版社，2006年，第276–283页。

不便明问，就以“莲蓉”（意即连长）、“排骨”（意即排长）作比喻。我笑答，我既不是“莲蓉”，也不是“排骨”，而是“猪脚”（意即士兵）。她哈哈大笑，忙大叫今晚燉［炖］猪脚啦！美嫂笑过之后接着对我说，厚街日本仔、衰军（指伪军）有几百人。有时衰军也来找王力买东西，你是“莲蓉”也罢，“排骨”、“猪脚”也罢，遇到衰军到她家碰面时，不必惊慌，要大大方方，镇定自如，她自会应付。美嫂就是这样关心部队同志的安全。她这种爱护部队同志的精神，使我很受感动，也使我相信她是能应付意外情况的。

一天上午，美嫂请我到她家中闲聊。一个伪军连长，身背驳壳枪，同美嫂丈夫王力一齐进屋来，伪连长身后还跟着一个传令兵。美嫂见此突然情况，落落大方，请连长上坐，递茶送烟点火，殷勤接待。并以眼神示意我镇定莫慌，我也起身相迎。美嫂与伪军一阵寒暄后，问伪连长驾到有何指教？伪连长是为买一箱香烟来的。谈说之间，伪连长发现我这个生面人，指着我问美嫂我是哪里来的？美嫂笑答：“他是阿萍（其大女儿）在道滘茶楼的伙计，阿萍想介绍他来做我的二女婿了。连长，你睇好样不好样，配不配得上我家阿当啊！”伪连长将我从头到脚审视一番后说：“看样还不错！美嫂有福气找个好女婿了！”此时我站在一旁，心中真佩服美嫂灵机应变的本领。接着伪连长大声叫站在厅外天井的阿当进来，问阿当几时请饮喜酒？阿当低头不答。美嫂立即接话：“到时一定请连长赏光饮杯薄酒，不过这个后生仔，人是靓就是又瘦又黑。”伪连长激将式的讲：“美嫂，你不中意！我就招来作女婿啦！”美嫂满脸堆笑：“连长大人，天下只听过拉郎配，未听过抢人家女婿的事！”伪连长和美嫂同时哈哈大笑，传令兵将一箱香烟搬出天井，美嫂送伪连长出门，示意我也随送。送走伪连长，美嫂得意的对我笑问她这两下应付得怎样？我十分赞佩她的机智镇定和胆略。几天之后，我病体恢复，牙疾也治好了，依依不舍的告别敬娘和美嫂返回部队。

半年之后，1943 年 10 月中旬左右，我奉命到厚街执行侦察大汉奸王柏林住地炮楼敌情、地形的任务。由地方党员王培兴负责安排我的行动。

为了不暴露王培兴面目，经王培兴和我与美嫂商谈，希望得到美嫂的帮助。美嫂得知此事，表示一定尽力帮助我完成任务。她提出由其女阿当和小儿王金带我到厚街镇内敌伪住地都去看看，了解多方面敌情，再去详细侦察王柏林住地炮楼的敌情、地形。并要我略加化装，阿当手提竹篮，作上街买物打扮，王金则随姐同行作伴，这样我们出街行走，目标小些，遇到熟人也易应付。美嫂以她抗日爱国的革命精神，机智勇敢的帮我们策划，她也明知倘若暴露，她的女儿和儿子将会作出牺牲，还将祸及全家。为了中华民族的解放事业，她心甘情愿付出全家生命财产。我和培兴都为她这种为革命献身的英勇精神深受感动。一位中国普通的农村妇女，在敌占区内险恶的环境中，能具有这种大无畏的革命精神，主动担负起如此危险的任务，表现出中国人民群众战胜日本帝国主义侵略的强大力量。这是多么可敬可佩的伟大革命精神啊!

阿当听美嫂嘱咐一番后，牵着小弟王金，领着我到厚街镇内敌伪军队、伪镇公所、伪镇联防队等地方侦察。我们以表兄妹相称呼，路遇熟人，均由阿当应付过去。随后，我们经菊塘到王柏林住地炮楼附近侦察。恰好阿当有个同学住在该敌炮楼对面小巷内。我们就去该同学家里，该同学不在家，阿当和她母亲聊天，我带王金在门口装着玩掷石子，观察敌炮楼周围地形情况。我故意将石子掷到敌炮楼大门口。王金去拾石子，我装着追他同到敌炮楼大门口。使我侦察到敌炮楼大门口筑着有两个水泥大碉堡和许多射击孔的情况。阿当随后又带我通过敌炮楼外的巷口门楼，侦察到门楼上敌设置的火力点。我们回来后，我和培兴研究，据侦察敌人炮楼大门和整个巷口，密布火力点，戒备森严，炮楼上和巷口敌楼均放有了［瞭］望监视哨，不利于部队秘密接近，必须再找接敌道路。我们再与美嫂研究，美嫂提出炮楼侧后有条小巷，巷口有一家人，她曾到这家里串过门，这家就在炮楼后墙下面。她愿意领我和阿当去这家串门，让我看看地形是否可以接近敌炮楼。我听后非常高兴，心想美嫂既没打过仗，又不懂军事战术，可是说出的方案，却是象个很有军事战术知识的行家。我钦佩感激之情油然而生，对她亲领我去侦察深表谢意。美嫂却不以为然，认为这是她应做的事。多么无私无畏的革命妇女啊！次日上午，美嫂领着我和她的儿女，来到敌炮楼后侧巷口的这家人门口拍门。我走到巷口抬头一望，距敌炮楼后墙只有五六米，敌人在此毫无设防警戒，只是炮楼上有几个射击孔对着巷口，进入巷口到这家人门口，距敌炮楼只有二三米，而且是敌炮楼射击不到的死角。只需一箭步就可达敌炮楼下墙脚，正是放炸药的好位置。因为这是条很狭的小巷，我乘美嫂和这家人站在门口讲话的机会，拉着王金走到敌楼墙脚去捡石子，选定了爆破的具体位置。由于这家主人不在家，美嫂未进屋就领着我们走出巷，转到村边鱼塘，我一看这鱼塘堤正是安置机枪火力掩护突击队的好地形。回来后我大加赞扬美嫂的智慧。美嫂笑问我，打胜仗之后何以答谢她？我肯定的答复她，打胜仗后请她上茶楼饮茶，一言为定，绝不食言。当时，我许诺之言，只是表达我对她忠于革命的伟大精神的感激和钦佩。但却深深的印在美嫂的脑海中。当天下午，我依依不舍的告别美嫂和培兴，由阿当和王金领着我从敌炮楼旁的鱼塘，走田埂小路到莞太公路，我进一步侦察部队通过公路后接敌路线。在公路上与阿当分别时，我一再感谢她不顾生死的帮助我完成侦察任务，并许诺打胜仗后，也请她姐弟上茶楼饮茶。

数天之后，我再带领班长张锦标和战士王润两位担任突击爆破任务的队员，化装成放牛仔，到小巷口敌炮楼后墙，告诉他们安放炸药包的具体位置。11 月 8 日夜，乘厚街伪军梁德明营起义之机，由珠江队彭沃大队长指挥，三大平南中队担任主攻。我带领平南中队组成的突击队，由张锦标突击班长引路先导，冒着敌人炮楼封锁小巷口的密集火力，在珠江队机枪火力掩护下，以十余公斤的黄色炸药包，炸塌敌炮楼后墙，冲占敌炮楼，俘缴敌 20 余人枪，弹药物资一大批。大汉奸王柏林本人不在炮楼内，未能俘获。美嫂为这次战斗胜利作出的贡献，过去一直鲜为人知。部队在革命战争年代，每次取得的胜利，都离不开广大革命群众的支援。美嫂及其儿女这些普通的农村革命群众，就是这样不畏生死、英勇机智的支援部队取得战斗的胜利。

24 年后，1966 年 4 月上旬，我再到东莞，几经周折，打听到美嫂在厚街汽车站卖茶。我约同邝池寿搭公共汽车去到厚街汽车站，进入茶亭，我见到一位头发稀疏斑白，背有点弯的老太婆，我一眼就认出这是当年谈笑风生的美嫂，可她却认不出我了。我们各要来汽水坐下边喝边注视着美嫂，往事历历在目，我的心情非常激动。我走前去看她挂在墙上的营业执照，执照上写着“谭美”，还贴有她年青时的小照片。我确认这位老太婆就是当年的美嫂。我故意和她攀谈逗乐。我向她打听厚街西门巷有位叫美嫂的她可认识？她将我从头望到脚，机警的反问我是何处来的？怎么认识美嫂的？我说是广州来，过去和美嫂是好朋友，现在专程来探望她。美嫂似信非信的再次将我从头望到脚。突然提高声音问道：“你叫什么名字？”我激动的脱口而出：“我叫郑伟灵！”“哎哟，你从天上跌落来的吗？24年了，你毫无音信，你答应请我饮茶，我等着24年了！”“现在马上请你去饮茶！”美嫂即刻恢复当年泼辣的动作，高兴得将手一挥，要我们立即跟她返厚街家中。她什么也不收拾，敏捷的将茶亭门锁好，兴冲冲的领着我们到她家。进门就大喊大叫：“郑伟灵返来啦！”卧病在厅的王力也高兴的站起相迎。美嫂将长大成家的王金及媳妇、孙女都叫到面前向我介绍相识，并领我去看当年我住过的敬娘家屋，已倒塌成为瓦砾堆。告诉我现在培兴和敬娘在三水县。阿当出嫁市桥，现肺病严重在广州市结核病院住院。时已下午，美嫂一定要留食晚饭，问我要食什么？我说要当年的糯米饭伴猪油和豉油。这是当年在她家最好的食品。美嫂哈哈大笑，说我还未忘记当年。立即要媳妇做糯米饭，王力上街买瘦肉作汤，并对我说现在解放了，食糯米饭要比当年增加一个瘦肉汤。当年厚街西门巷还未有电灯，我们就在油灯蜡烛光下愉快的食晚饭。我约次日早上请美嫂全家去厚街茶楼饮茶，以实现24年前的诺言，我还要美嫂带只提蓝［篮］去装点心返来。当晚，我和邝池寿及后来的王洪、王善昌等同志在厚街公社住宿。次日清早美嫂穿戴整洁，拿着提篮，携同王金来到茶楼前。她告诉我，家中其他人不来了，她全代表领情了。当时厚街茶楼尚未有开早茶的生意。当经理知道我们的来意后，特为我们开一台茶，将所有的各种茶点都拿出来供我们品尝。我向在座诸老战友介绍当年美嫂的功绩。美嫂却谦虚的说这是应该做的事。茶后我为她装满提篮点心带回家，并约她次日到县城县委招待所找我，我在莞城再请她饮茶。还约她同去广州探望阿当病情。美嫂非常高兴的应约，并大声对我说，她现在是人叫美婆了，再问美嫂已经无人识得了！引起大家一阵哈笑。我对她说，我永远叫她美嫂，美嫂有过光荣的历史，对革命作过较大贡献。后来，我们在莞城华侨大厦和广州泮溪酒家再次请美嫂饮茶。我还同美嫂、阿萍曾经三次买了许多食品去探望住院的阿当，她高兴得热泪满颊，滔滔不绝的谈起当年带我侦察王柏林的往事。由于贫穷，阿当的病未能及时得到医治，住院时已到病重难医，次年就病逝了。1982 年美嫂也因患胃癌在莞城医院病逝，终年 77 岁。可惜在美嫂病重临终前，我未能趋前问候，终生憾事。美嫂与我非亲非故。但她支援部队，为革命作出的贡献，唯有我亲受其相助，知道最详，特撰此回忆录，作为对美嫂永远的怀念！安息吧。美嫂！

终生难忘的东纵交通员（节选）①

郑伟灵

在艰苦卓绝的抗日战争时期，我在东江纵队接触到许多交通员，他们绝大多数虽是些十四五岁的男女青少年，但表现得十分机智勇敢。他们经常是一个人单独活动在敌占区，在多少个风雨交加的黑夜，行走在高山峻岭的崎岖小路上，穿过敌人一道道严密防守的封锁线，将一封封命令、情报以及各种信件、报纸、宣传品及时传送到敌后各地的部队。他们还担任着部队战斗行动的向导，为来往的干部带路。他们没有配备武器，赤手空拳，凭着对革命无限忠诚的勇敢精神和机动灵活的智慧，在敌伪顽占领区内沉着镇定地应付各种意想不到的复杂情况，一次次转危为安，出色地完成各种交通任务。东江纵队的交通员，不愧是机智勇敢的战士。40多年过去了，但交通员给我留下的深刻印象，至今记忆犹新，终生难忘。我应约撰写此文时，交通员的英勇事迹，他们机警的身影，仿佛又出现在我的眼前……

……

1944年3月，我和林光、卢克华、徐荣光等4位中队干部，奉命由东莞县第三大队调到东江纵队司令部设在宝安县大鹏半岛西冲村的干训队学习。我们由东莞长山口交通站派出的交通员带路送我们到宝安县张坑径交通站，当晚露宿在山坡柿子树下菠萝丛旁。次日夜由十六七岁的女交通员杨少珍负责带路到惠阳，同行者增加医务所长梁帼莲同志。杨少珍十分熟悉沿途路线和情况，行前她要求我们遵守夜行军时要紧跟行进不掉队，

---

① 收录于中共宝安县委党史办公室编：《回顾东纵交通工作》，广东人民出版社，1987年，第222—228页。

不要发出响声的规定，途中遇到情况听从她指挥安排，要镇定莫慌乱，不要随便开枪暴露目标。虽然说我们都是经历过多年战斗锻炼的军事指挥员，但在此时此刻，我们不识路，不明情况，也都自觉听从她的安排。她带我们从敌据点天堂围附近的山下村通过广九铁路封锁线时，要我们在铁路附近的土堆旁蹲下等候。我们见到她先猫腰摸上铁路观察两侧情况（此动作交通员称作先探路），并沿铁路旁两端来回行走一趟，还蹲在铁路旁一会儿细心观察动静。她进行这些动作时，十分沉着机警，动作熟练，毫无声响。在她确认为安全时，才将我们带过铁路。深夜凌晨 2 时左右，她带我们到达官井头交通分站，将我们交给分站长邱福如。我们在官井头交通分站屋内天井露宿，次日夜由交通总站十四五岁矮小个子的交通员唐运兴负责带我们到惠阳坪山竹园村李群芳负责的交通总站。之后，又由交通员分段将我们带到大鹏半岛西冲村纵队司令部干训队。沿途我们得到了各地交通站的热情接待和精心安排，由此还认识了罗顺生、陈汉生等交通员。

……

交通站救了我的生命①

周国勋

1943年，日伪军和国民党顽军遥相呼应，疯狂“围剿”我惠东宝解放区，白色恐怖十分严重。我抗日游击队为了保存力量，更有力地打击敌人，转移到新区打击日伪军。当时，我接受组织命令，坚持敌后搞民运联络工作，在上川、步深一带活动，并由李友伦、梁帼莲同我联系。有一次，伪军连续“扫荡”了5天，到处设立岗哨，杀人放火，我与上级的联系中断了，村里的老百姓为避开敌人的“扫荡”早就转移，村子里什么也没有。我为了坚持工作，只好找野菜充饥。然而坚持不了几天，我就病倒了，高烧使我昏迷不醒，几天来滴水未进，也没有人知道。一天，我被人连摇带喊弄醒了，有气无力地张开眼睛一看，象是梁帼莲同志，我想说些什么。但话还没说出来又晕过去了，当我再张开眼睛时，才发现林冰同志（即李青同志）把我抱在怀里。

原来，梁帼莲执行任务路过村子，发现我病情严重，但由于她任务在身，无法把我带走，只好让上级通知就近的交通站进行抢救。当时，林冰同志在路西交通站工作，她接到上级的紧急通知后，马上带上一名交通员，连夜赶到上川。一路上坑坑洼洼，他们不知摔了多少跤才赶到，又一家一家地找，终于在一间又黑又湿的泥屋里发现了我。当时我病得两只眼睛陷进去，高烧把嘴唇都烧裂了，说话的力气也没有。林冰把我从地上抱起来，用拇指使劲压我的人中，把我救醒过来。为了防止遇到敌人，他们连忙把我从泥屋里转移到安全的地方。林冰同志背着我走走歇歇，歇歇走

① 收录于中共宝安县委党史办公室编：《回顾东纵交通工作》，广东人民出版社，1987年，第203—205页。

走，直到第二天才走到西乡。交通站的同志们七手八脚把我抬到床上，林冰马上把乡下的土郎中找来。郎中给我把了脉，说我是连饿带病疲劳过度了，只要服了药，再好好休息，会很快恢复的。

当时，交通站的同志把我当作亲姐妹一样，把最好的床铺让给我睡，稍有一点好吃的东西，大家都舍不得吃，总是留给我吃，我要大家一块吃，她们总是说吃过了。经过几天的治疗和休息，我的病慢慢好了。

我病好后，一心想要去找部队，林冰知道我的心事后，就象大姐般开导我说：革命不是一帆风顺的，战争中个人与部队失去联系，那是常有的事情，虽然革命是艰苦的、长期的，但只要我们有一个人在，就要坚持到底。林冰大姐的开导使我的情绪逐渐稳定下来。后来，我为了多做工作就和交通站的姐妹们一起去完成各种任务。

当时，交通站为了打击敌人的嚣张气焰，鼓舞敌后人民坚持对敌斗争，经常利用夜晚敌人不敢出动的有利条件，到处贴标语。贴标语是很危险的，一不小心就会被敌人发现。但是，我们越干越有办法，越干胆子越大。西乡有个伪乡公所，经常贴些布告恐吓群众，林冰大姐和大家商量，要把标语贴到伪乡公所门口，让敌人小心脖子上的脑袋。那天晚上，云层遮住了月亮，天一黑乡亲们就把门关上了。我们悄悄地潜到伪乡公所附近，林冰大姐先去刷浆糊，我再把标语贴上去，还把警告信从门缝里插入伪乡公所内。第二天，伪乡公所人员看见标语和警告信，都慌成一团，以后再也不敢那么嚣张了。在这艰难的岁月里。交通站的姐妹们互相关心、互相爱护、互相鼓舞，更加坚定了革命的信心。

敌人象是秋后的蚂蚱，蹦不了几天，当我们的部队一出动，他们又缩回去了。敌人撤走后，我终于找到了部队。

（叶林／整理）

解放战争时期香港九龙南洋纱厂的两次罢工斗争①

周玉华　卢秀华　等

从香港的工业发展史看，1947 年以前香港的纺织工业基础比较薄弱。1947 年下半年由于国内解放战争形势的发展，国民党节节败退，上海的一些官僚资本家惊慌失措，把部分资金转移到香港，在香港九龙土瓜湾一带相继开办了南洋、九龙、伟纶、怡生等纱厂。1948 年 2 月南洋纱厂边安装设备，边招收新工人，除了少数老工人和管理人员是从上海新新纱厂雇请来港之外，其余都是在香港和广州新招收的，当时总共 100 多人，学徒工占大多数。招工时规定，学徒入厂时每天工资 2 元，入厂发工资却只发 1 元。工人每天工作 12 小时，有时还要加班几个小时，加班工资只有二角钱，每月工资约港币 30 元，仅仅够伙食费开支。

南洋纱厂拥有纺织机 50 台，职工 200 多人，其中大部分是女工，技术人员和管理人员多数是从上海调来，少数是从广州招收的，养成工（即学徒工）全部在香港招收。招工时厂方说每年年终可给工人发双薪，有例假休息，养成工满 6 个月后即转为正式工人。但工人入厂后情况却大不一样，工人们病假、例假休息没有工资，劳保用品只有一条围裙，连口罩和工作帽也没有，工人们上班时是黑头发，下班时变成白头发；养成工的产量虽已达到正式工的水平，到期却不予转为正式工；限制工人的行动自由，工人吃饭时间不能超过半小时，稍不顺工头的意，动手就打；工人进厂时只发一把小剪刀作工具，时间长了剪刀用坏了，工人再去领用时，厂

① 收录于广东妇女运动历史资料编纂委员会编印：《香港妇女运动资料汇编（1937 年—1949 年）》，1994 年，第 212-217 页。

方就要工人出钱买；年终双薪只发给上海籍工人，广东籍工人没有双薪。工人们尤其是养成工在资本家的剥削和压迫下，工作劳累，待遇低微，每月的工资仅够伙食开支，生活无保障，还要受管工头的随意打骂和虐待，他们已到了忍无可忍的地步，因此自发地举行了第一次罢工。

1948 年 4 月 27 日晚工厂发工资，刘伟珠等 4 名女工辛辛苦苦干了一个月，被厂方七扣八扣竟分文无取，她们当场哭了起来。工友们见此情景，纷纷抱不平，各车间工人停下机器选出 7 名代表向厂方交涉，提出 4 点要求：1. 工人进厂时免交保证金；2. 不准打骂工人；3. 不得欠发工资；4. 改善工作时间。由于工人们没有斗争经验，行动时一窝蜂的乱哄哄，被资方抓住弱点，进行分化瓦解，开除了包括工人代表在内的 18 名工人，强迫一部分工人复工，另又吸收一部分新工人开工。

5 月 21 日，劳方召开大会讨论对策，会上被开除的 18 名工人为顾全大局，宁愿作出自我牺牲，工人大会决定接纳资方意见，同意复工。至此，南洋纱厂的第一次罢工宣告结束。因被开除的工人工作无着落，生活相当困难，工人们决定成立罢工斗争善后委员会，选出卢婉洁等 5 人为委员，负责处理善后事宜。

这次罢工斗争，充分暴露了侨港纺织工会的真面目，平时他们打着代表工人阶级利益的旗号，紧急关头却是维护资本家的利益。

因南洋纱厂 18 名工人在罢工斗争中被无故开除，生活困难，港九妇织总会开展募捐活动，将所筹得的款物救济工人。妇织总会还多次召开罢工积极分子和骨干座谈会，肯定斗争成绩，分析失败的原因，总结经验教训，指出这次斗争失败的主要教训是组织领导不严密，没有斗争策略，工人内部未能团结一致。但是通过这次罢工，我们在南洋纺织厂工人中播下了革命的种子，形成了工会在工厂中的一股核心力量，如周玉华同志加入中国共产党，卢婉洁和陈瑞霞参加中国共产主义青年团，周、卢两同志还被选为妇织总会九龙城支会的干事。同时，工人们在斗争中提高了阶级觉悟，认清了侨港纺织工会的真面目。

南洋纱厂工人第二次罢工于 1949 年 1 月 22 日正式开始。主要是因上海籍工人要求厂方按合同规定发给年终40天年赏而爆发的。当时香港各纱厂资方成立同业公会（即雇主联合会），由九龙、伟纶、南洋、南海、大元等纱厂资方组成，该会秘书是英国人巴臣（译音），资方为更多榨取工人血汗，于1月18日决定取消原与上海工人议定的40天年赏合约，改按等级比率计算，再分360天平均，工人的年赏大部分被剥夺了并规定养成工和广东籍工人无权享受。21日上午，厂方向工人宣布了上述决定后，工人们群情激愤，大家议论纷纷。22日上午，300多名上海籍工人留在宿舍没有去上班，在厂外住宿的工人回厂上班也无心工作。至9时许，全部关机停止生产，傅琪同志（地下工作者）到车间串连非沪籍工人，动员大家支持上海籍工人的罢工斗争。当各车间的工人要去和留在宿舍的上海工人会合时，厂方不准打开车间的铁闸。双方僵持至中午，厂长翁传云召集车间里的工人开会，训斥工人闹事，声言养成工就是不发年赏，当时细纱车间女工许玉芳说："养成工也是工人，为工厂做工就应得年赏。"许的话音刚落，翁传云即叫人把许玉芳拖出来，并宣布立即开除。摇纱车间一姓叶的女工，因不满意厂方的这种做法，也被开除。厂方枪打出头鸟的恶劣行径，激起了工人们的愤怒，约六七百工人冲开车间的铁闸，与宿舍内的沪籍工人会合，工人们宣告正式罢工。

23日上午，厂长要工人们派代表谈判，因一时未选出代表，即由一个上海籍工人在人群中将写有十条罢工要求的纸团，扔给厂方，主要内容是：1. 由沪来港的工友不论是请来的还是自来的，凡满10个月都要发双薪，1个月的年终奖另发。2. 如做满10个月而自愿退职返沪者，要发给赏薪1个月，返沪船费由资方负责。3. 厂方不得无故开除工人，若开除应发给解雇费两个月和返沪船费。4. 临工、养成工做满两个月，应作长工对待。5. 逢节假日全体工人全日休息，工资照发。6. 工人因病请假，由医生证明后，工资照发，医疗费由厂方负责。7. 工人无论是沪籍、粤籍，各种待遇相同。8. 8小时工作制，如超过工时应加倍计算。9. 工人到厂一天以上，半年以下作半年论；半年以上、一年以下者作一年论。10. 复工时全体一起复工，不得开除任何人。

厂方对工人提出的条件不予理睬，并请了 5 名警察把守宿舍大门，不准工人进出，禁止工人与外界接触，企图置工人于孤立无援之地。被困于宿舍内的 600 多名工人团结一致，在饥饿中坚持斗争，厂方不答应 10 条要求决不复工。工人们选出吴燕萍、傅琪、陈瑞霞、陈桂仲、黄剑萍等 9 名代表与厂方谈判，同时组织了包括梁婉华、叶婉芝、余碧君、何素梅等在内的几十名工人纠察队，负责维持秩序。

24 日，工厂宿舍大楼的窗外挂上了大标语“南洋纱厂工人饥饿待援！”“要求社会援助”。当晚厂方召集 8 个工头开会，由这些工头出面动员养成工复工，均遭到拒绝。厂方一计不成又生一计，打开大门让工人自由出入，以分化工人队伍内部的团结。工人们并不上当，他们在极其困难的情况下，坚持斗争，并赢得了社会人士的同情和关怀。25 日，港九妇女织工总会等团体纷纷到南洋纱厂慰问罢工工人，妇织总会、劳联、政军医、摩总、电车、海员、太古、电话等工会赠送大批饼干、面包及其它食物，支持工人的正义斗争，大大鼓舞了工人们的志气，厂方在此情况下只好恢复供应工人膳食。

27 日，罢工代表到港府劳工处要求调解，厂方也表示原则上可参照九龙，大南纱厂的协议解决，代表们也认为这基本上可以接受，但经过几天谈判仍未达成协议。31 日下午，厂方竟唆使厂内 8 名工头在宿舍大吵大闹，借故砸开宿舍大门，殴打工人抢劫财物，并扬言如工人不复工从即晚起停水停电，工人们手挽手筑起人墙，把厂长围起来，要他收回“两停”决定才能走。双方在僵持的情况下发生了骚动，警察冲过来用警棍、皮靴踢打工人，当场有 13 名工人受伤。由于劳资双方谈判未达成协议，资方制造事端，酿成流血事件，并推翻其原来提出的条件，企图迫使工人无条件复工，遂使谈判又告中断。

2 月 1 日，港九妇织总会主席欧丽华在《华商报》就南洋纱厂工潮发表谈话：1. 警方采取殴打镇压而不是采取和平劝谕，造成这一事件，至属遗憾；2. 望工友合理解决，尤希望资方勿再拖延，免得事件扩大；3. 南洋纱厂工友绝大部分不是本会会员，但属纺织女工。对此本会不能缄默，除慰问外，还希望当局以社会秩序为重，迅速调处解决。如各有关方面同意，愿竭绵力，协助当局和劳资双方寻求办法解决。

2月2日，工联会所属的14个工团单位到南洋纱厂慰问罢工工人，送来了大米、饼干、糕点、肉菜和捐款，并介绍他们开展工潮斗争的经验。

2月3日，劳资双方举行正式谈判，达成5项协议：1. 年赏30天；2. 养成工满3个月后为临时工，满6个月转正式工；3. 每年例假5天；4. 服务满1年，厂方负责沪籍工人省亲的来回旅费120元；5. 经劳工处调解无效的工潮劳方才能进行罢工或怠工。

4日下午，厂方贴出布告，宣布5日上午6时复工。至此，坚持了十多天的南洋纱厂罢工斗争胜利结束。

通过这次罢工斗争，使工人们受到了一次深刻的政治教育，提高了阶级觉悟，认识到：工人必须有自己的组织，才能实现工人阶级的真正团结。因此，罢工结束后，很多工人群众要求港九纺织总会在九龙城建立支会，以适应这一地区工人活动的需要。总会采纳了工人们的意见，于1949年8月在九龙城南道成立了支会，梁婉华、余碧君、何素梅被选为支会的主席和委员，支会发展了大批女会员。南洋纱厂的工人入会特别积极，仅傅琪一人就发展了100多名女会员。她们在斗争中经受了锻炼和考验，为港九工人运动增添了新生力量。

（以上内容是根据周玉华、卢秀华、梁婉华、姚坚、陈瑞霞等同志提供的材料整理）

东莞三区党的妇女工作回顾（1938—1940年）①

赵学光

东莞三区是以大公岭为中心，包括大公岭、连平、大沙、飞鹅、大雁塘、屏山水口、松木山、犀牛陂、东坑、大朗等，即现在东坑、寮步、大朗、大岭山四个公社所管辖的地区。这个地区是东莞重要的游击根据地，党和群众的基础很好。一九三八年到一九四〇年这一段时间，是由初期国共合作较好到后来发生第一次反共高潮的时期，也是我们党开辟新区、建立据点，打下基础的时期。

一九三八年十月，日寇在澳头登陆，东莞县委组织了在党直接领导下的武装队伍——模范壮丁队。首先就是以大岭山为基地，在飞鹅、大雁塘一带乡村活动，深入发动群众，和群众一起劳动，深受群众欢迎，建立了亲密无间的关系。广大群众亲热地称呼我们地下党和部队的同志为“老模”。

一九三九年初，东江华桥［侨］回乡服务团在东莞成立“东宝队”，也派队员在这个区活动，进一步发动群众，开展抗日工作，组织抗日团体，配合和支援部队，动员青年参军。三月间，成立三区区委（大岭山区），黄树楷任区委书记，黄枕云任组织部长。同年七月改由赵学光任组织部长兼妇女部长，卢居谦任宣传部长，张英任武装部长。

东莞县委很重视妇女工作，县委和有些区委设有专管妇女工作的妇女部，开展党员训练班也有妇运的课程，培养了许多党员干部，这个区就有谢坚、曾玲、何欢、何群、黎颖瑜、黎少棣等同志。县委还召开了妇女

---

① 收录于中共东莞县委党史研究办公室、中共东莞县委党史资料征集办公室编：《东莞烽火》第二册，1983年，第62-68页。

工作会议，由妇女部长王河同志专门传达上级党关于妇女工作的指示，讨论和布置东莞妇女工作。三区区委机关在大公岭村（分新围和老围），早在一九三八年初，张英同志到大岭山开辟工作，就曾配合在这个村教书的李占芳访贫问苦，串连发动，在新围物色了邝应桃和阿娘两夫妻，在老围物色了邝池寿，不久，吸收了邝应桃和邝池寿等十人为党员，成立了党支部，邝应桃任支部书记。该村以党支部为核心，团结了广大农民群众，逐步发展成为党的据点和部队的重要根据地。但是，敌人却把这条村看成眼中钉，在抗日战争和解放战争时期，进行多次残酷的“扫荡”，烧杀抢掠，惨无人道。然而，这条村的群众没有被屈服、吓倒，经受住严峻的考验，不惜牺牲，配合部队、支援部队、保护部队同志的安全，始终和部队紧密团结在一起，同凶恶的敌人进行斗争。这个村涌现了不少顽强战斗的勇士和坚贞不屈的烈士，比较突出的有阿娘和张妈。

阿娘（叶敬有）她受张英同志的教育和她的丈夫的影响，特别是她亲眼看到我们党员和部队同志全心全意为人民和坚决抗日的模范行动，深受感动，她坚决支持抗日，打反动派，虽然家庭收入并不富裕，却热情地支援部队。自从一九三八年初张英到她家里起，她的家庭就一直是我们党和部队的交通联络站，同志们不断地在她家进出，她都热情接待，把家里最好的东西拿出来给同志们吃用。她对同志象自己儿子一样，甚至比她的独生儿子阿杜还要好；同志们对她也象母亲一样，都亲切地叫她“阿娘”。日寇投降后，国民党反动派更加疯狂，不断对我们活动的地区发动大规模的“扫荡”，阿娘总是奋不顾身保护部队，掩蔽同志。有一次，在顽军的进攻中把阿娘抓住吊起来，强迫她讲出我部队的去向及同志们隐藏的地方，她咬着牙一声不吭，敌人狠狠地毒打她，骂她是女土匪，并威胁说：“如不讲出来，就把你打死。”她毫不畏惧，愤怒地指着敌人痛骂：“你们这班该死的‘呵呵鸡’才是真土匪！我不讲，我知道也不讲。”敌人气坏了，狠狠地把她打得头破血流，遍体鳞伤，她始终没有向敌人屈服。敌人无可奈何，只好把她掉下。当村里群众把她抬回家时，已不省人事，呼吸微弱，终因伤势过重，为革命牺牲了。

张妈是张英同志的母亲，篁村新基人。年青守寡，带着一子二女十分贫困，是靠当奶妈来养大张英的。她随着张英来到大岭山，同地下党及部队同志经常在一起，受到革命的教育和影响，把自己的命运和部队的存亡联系在一起。她经常到大公岭去看望她的儿子和部队同志，总是把自己最好的东西带来给同志们吃。她住在大公岭就帮助同志们做事，只要部队需要她干的事情，她都坚决完成。当时，日寇驻扎在东莞城，一次，部队要她进城去了解敌情。她一口答应，便化装成乞丐，左手提着破篮子，右手扶着拐棍，走到敌人营地附近，趁敌人吃饭的机会，冒险走进敌人的营地讨饭，敌人对这个可怜的老太婆不大注意，所以侦察到许多敌情及时报告给部队。她脑子想的和做的，都是为她儿子和部队的事，一直坚持到解放。胜利后，她还念念不忘我们的同志，十分怀念为革命牺牲的烈士，在她村附近埋葬的烈士，每年清明节时，她都亲手做饱［包］子和买些水果，带着该村的小学生前往烈士墓前，把墓打扫干净，领着学生向烈士行三鞠躬礼，并对着墓碑说："各位烈士，学生前来为你们扫墓，送上果点请你们吃，你们安息吧！"扫墓完毕就把果点分给学生们，年年如此，一直坚持到现在。十年内乱，她听到我们同志被批斗、关押，她十分难过和担忧。"四人帮"被打倒后，她看到我们的同志，十分欢喜，又哭又笑，向天又跪又拜，对着我们的同志竖起大拇指，连声说："好嘢，好嘢！大家又见到面了。"她几十年都是这样热爱部队，她对党和部队的感情多么深厚啊！

属三区管辖的东坑妇女工作，是赵学同志开创的，她于一九三五年秋从上海回到东莞，就在井美村发动青年妇女谢坚、谢艳当、谢有琼等妇女积极分子组织了姊妹会，争取了东莞女权会的李群英，开办妇女义务学校，但是受到当地顽固的封建势力多方阻挠和破坏。赵学一方面向妇女宣传要自由、解放，男女平等，妇女应享有入学读书的权利；另方面发动青年妇女起来斗争，终于冲破顽固封建势力的阻挠，把妇女义务学校办成，并以学校为基地宣传抗日救国，给妇女们灌输革命思想，提高他［她］们的觉悟，培养积极分子，发展党织组［组织］。后来在东坑吸收了卢仲夫、陈昶、陈福媛、李葵兴、陈怡等人党，建立了支部，并在卢仲夫、陈福媛的主持下，办了一间妇女日校，培养了一些妇女积极分子。

一九三九年初，党派黎少棣到东坑教书作掩护开展工作，当时东坑建立了两个党支部，一个是男支部，卢淦明任支部书记，有卢敏宜等四五个党员；另一个是女支部，黎少棣任支部书记，有陈怡、李葵兴、卢彦爱、卢杨焕、卢春、黄巧、黄敬谦等女党员，办了一间日校，有三十多人，组织了姊妹会，有十多个妇女，培养了许多妇女积极分子，动员了许多男女青年支援部队，参加部队。

一九四〇年初，东莞简易师范学校从篁村搬到东坑丁屋复课，开了一个春季班和秋季班。为了开展学生工作，区委派谢坚、陈怡、卢扬焕连同县委派的刘丽珍、刘碧瑚到简师读书，她们五位女同志建立支部，以刘丽珍同志为支部书记，后谢坚任支书，后发展刘秀琼、刘曼努为党员，在学校推选学生积极分子傅苏发当学生会主席，组织读书会，并联合广英小学、和贵小学和黎少棣主办的日校一起，到街头唱歌、演剧，开展抗日救国工作。国民党反动派在简师的教导主任企图对抗进步学生，在学校发展“三青团”，每个学生发一张表，威胁全校学生都要参加。支部坚决执行上级党的指示，进行个别串连，指出三青团的反动性质，揭露教导主任的反动阴谋。结果，两个班只有两个学生参加三青团，其余同学坚决抵制，不填表、不交表，把表撕烂烧掉。

犀牛陂是一个山区的村庄，离日军和国民党顽军的驻地都不远，是我们部队的活动地区。一九三九年夏秋，党组织派曾玲到新围，派谢坚到老围开辟工作。谢坚拿着陈鸣给他的同学刘天恩（是个进步青年）的信，到犀牛陂找到刘天恩，和他的妻子一起劳动，串连发动妇女办夜校。经过十多天的工作，认识了青年寡妇黎敬大嫂作为依靠对象，和她同住、同吃、同劳动，对她进行宣传教育，并通过她串连了一些贫苦妇女到她家座谈，向她们讲述妇女要解放，打日本的道理，同时，讲明妇女读书识字的重要，不久，办起有二十多名学生的妇女夜校。在夜校里，培养了积极分子黎敬大嫂、刘亚兰、刘亚多等，组织了姊妹会，她们亲密无间，象是亲人。曾玲在老围也开办了夜校，亦组成了姊妹会，培养一批女积极分子。

一九四〇年八九月间，我们东移部队从海陆丰回到东莞地区，谢坚怀着十分兴奋的心情盼到部队回来，立即动员群众让房子住，帮助部队打柴、买菜，做交通送信。同年冬天，国民党反动军队向我们部队大扫荡，部队撤离犀牛陂，谢坚还要坚持原地工作。国民党反动派刘光的军队进驻犀牛陂后，扬言要捉拿一个共产党派来的教师，要该村的父老把人交出。大家说："这个教师已经走了，学校不办了"。刘光凶相毕露地说："如果不交出人来，要烧平全村，谁家收藏即把全家杀绝，谁交出来即赏七百元"。当时谢坚隐蔽在亚当的柴房里，由于群众有了觉悟，谁都不受利诱，不怕杀头烧村，都没说出来。刘光只好派兵到各条巷逐间屋搜查。谢坚考虑到群众为了她可能要付出很大代价，想起共产党是为国为民，宁可出柴屋被捉，不能使群众受损失，当晚几个积极分子商量办法，决定由群众掩护谢坚化妆为本地人出村。待天微亮，刘亚多替谢坚化了妆，梳了一个髻，穿亚兰的衣服，戴着帽，光着脚，扛起锄头，赶着一条牛，前面有刘亚多父女，后面又有亚兰，几个人一起出村放牛，终于骗过哨兵，出了围口，在群众的掩护下脱了险。在这次斗争中，阿多、阿兰都经受了考验，后来亚兰被吸收入党，阿多的父亲刘鉴恩和黎敬大嫂成为党和部队可靠的对象，广大群众也都觉悟起来，坚决跟党走，积极支援部队，犀牛陂成为我们游击队的活动基地。

松木山也是辖属三区，党组织派何欢、何群两人去开辟工作，经过深入串连发动，办了三十多人的女夜校，组织了十多人的姊妹会，培养了王志改、王敬礼、王永荪、吴群好、王凤莲等积极分子，后吸收吴群好入党并介绍她参加部队，还吸收王永荪入党，动员王介参加部队。何欢和何群为了便于工作，认该村一个较活跃的妇女二嫂为干妈，把二嫂培养教育为热爱党，积极支持部队的妇女骨干，她的家成为地下党和部队同志经常出入的据点。

屏山水口村，一九三八年模范壮丁队和一九三九年东宝队都曾在这个村活动过。后来，党派黎颖瑜到这个村办了个二十多人的女夜校，组织了姊妹会，培养了一批女积极分子，吸收了邝亚莲、邝红为党员。这个村男女群众都很活跃，积极为部队工作，有许多青年参加了部队。

东莞三区在一九三八年到一九四〇年这段期间，在东莞县委和区委的领导下，对党的建设、武装斗争、统一战线和群众工作都取得较好成绩，同时对妇女也做了大量工作，配合各个方面发挥了较好的作用，为后来党和部队的发展，胜利打下了良好的基础。

曲江工委妇女工作回忆①

赵学光

五岭地委所属地区包括粤北、赣南、湖南三省边广阔地区。在粤北方面有南雄、始兴、曲江、仁化、乐昌、乳源6个△。1948年8月。五岭地委为了统一和加强粤北地下党的领导。把部队党和地方党严格划分。决定将粤北6个县（后来湖南的宜章县）的地方党组织，成立曲江工委（领导机关在曲江）。赵学光任工委书记，兼组织部长，李凌冰任宣传部长。曲江工委成立时，正是五岭地区的部队遭受到国民党反动军队疯狂的重点进攻，处于困难的时期。南雄、始兴是当时五岭部队活动的中心，部队武装斗争大发展时，群众运动也蓬勃开展起来。各乡村普遍建立民兵组织、农会、妇女会。各村妇女积极支援部队。在地方党和部队领导下。和民兵一起配合部队袭击和摧毁反动的区乡政府，建立自己部队的区、乡政权。积极参加“反三征”斗争，毁税卡、反抓丁，群众政治觉悟和斗争积极性很快提高。一些乡村妇女组织起来，用屎尿泼向下乡抓丁的保警队，南雄反动县府派出一个职员到各乡催征，被愤怒的男女群众合谋捉去，不知下落，使得其他督征人员也不敢下乡催粮，在部队的支持下破仓分粮，妇女们更是喜气洋洋，晚上点着火把，争先恐后，前呼后应，把满筐粮食。一担又一担挑回家里去。在敌人集中重兵对部队进行疯狂重点进攻时，绝大多数民兵组织被迫解散，群众组织也停止了活动。南雄、始兴的地下党员，绝大部分因为公开参与积极支援部队活动而暴露了。为了安全，这些党员不得不撤到部队，跟随部队活动，剩下没有暴露的地下党员就不多

① 收录于韶关市妇女联合会、清远市妇女联合会合编：《粤北妇女运动（1921—1949）》，1994年，第127-139页。

了。南雄留下几个党员，由女党员林修负责单线联系，她家住在县城，父亲开商店。她在县城广仁小学任教师。她就利用父亲的社会关系，借着本人的职业作掩护，坚持下来，进行秘密工作，采取公开合法的形式，组织男女学生唱歌、演戏、访问女家长，开展学校附近的妇女教育工作。始兴县也留下10多个党员，后来，以邓济舟为支书，建立党支部。始兴比南雄的形势较好，在1949年3月，始兴部队在清化的竹子排全歼始兴国民党县长饶纪绵亲自带领的自卫总队的一个中队，接着，1949年5月，饶记［纪］绵县长表示接受我们的条件听命起义。形势大变，始兴县除了县城内要进行较秘密的活动外，全县各地部队都可以半公开或公开的自由活动，始兴县便成为我们的半公开的解放区。群众又活跃起来，乡村妇女也积极行动起来，部队同志和群众打成一片。广大群众可以公开配合部队活动，支持部队工作，积极筹粮，为迎接大军、解放粤北作准备。

乐昌县是国民党反动势力较大，又很顽固的县、是国民党所谓“模范县”。中共地下党活动十分困难，派了几次党员干部去，都因受到监视，而撤了回来。1948年春，派李启民和他的爱人邱桂芳到乐昌塔头小学当教师，他们吸取教训，十分注意讲究工作方法。李启民主要联系上层，邱桂芳则接近学生的家长利用给失学的男、女青年补习文化，开办夜校，对入学的女青年进行政治思想教育，培养了一批进步青年，并在他们中发展了一名女青年加入青年团。1949年夏，因吸收一个榨油工人入团而暴露，受到监视，1949年暑假只好离开乐昌。

乐昌的梅花（解放前属乳源）是中共地下党和部队在乳源的活动重点，地下党以梅花中学为阵地团结了一批进步学生，准备搞武装斗争。五岭地委派陈克、殷石梅、胡军、陈德元等同志到梅花，加强开展那里的工作。胡军是个女同志，着重开展妇女方面工作。

曲江县不是敌人进攻的重点，受影响不大，曲江县的马坝是个老区，大革命时期，就有党的组织。在抗日战争时期，妇运也有蓬勃的发展。解放战争初期，国民党反动派坚持反动政策，大肆逮捕共产党员和进步群众，曲江党组织为了安全、保存力量，决定采取分散掩蔽，积蓄力量、等待时机的方针，把地下党员分散到各小学去教书。当时，张漪珊、卓玉琴（非党）被调到马坝小学教书，陈爱莲先后在石堡洞、滃溪当教师，她们利用教师的身份，配合当地的男党员围绕中心工作同时开展妇女工作。利用访问学生的家长，做女家长工作，联系附近的妇女群众。做调解婆媳（尤其对童养娘）关系的工作，和进行宣传教育工作。因为马坝是个老区，当地党员和游击队员多，他们的亲属和广大群众都深受党和部队的教育和影响，很同情和支持党和部队，群众基础好，所以当地的妇女工作很快就开展起来，她们团结了附近的妇女，开办夜校，组织姊妹会，晚间教识字、教唱歌，搞得很活跃。从1948年底到1949年春，在马坝秘密组织农会的同时，在龙岗、阳岗、石堡、滃溪演出，在乌石、鹅鼻等地成立妇女会。在游击队直接控制的小坑、罗坑、樟市、白沙等地也组织了妇女会。

1947年7至8月，曲江地下党为了打开马坝的工作局面，依靠地下党的组织力量和广泛的群众基础，积极推动进步人士杨际春，争取开明人士饶克明，利用地方实力派联防队长杨新，充分利用各方面的社会关系，公开揭露伪乡长张秉枢的劣迹，发动群众把他赶下台，推举地下党老党员罗玉麟当乡长。把各保长、乡代表的委任权夺取过来，都由我们内定的可靠的群众来担任，这样，马坝乡的基层整个政权和地方武装（联防队，乡自卫大队常备中队），以及学校文化阵地基本上都掌握在中共地下党手里，极有利于保护地下党的活动和武装斗争的顺利开展，广大群众积极支持我们。这样，马坝就成为我们在紧靠国民党的反动统治中心的韶关的一个秘密解放区。中共地下党员和部队同志白天都可以公开活动。武装队伍扩大了，群众运动广泛开展起来了，农民协会、妇女会比较普遍在各村建立起来，普遍办了夜校识字班，广东妇女都积极支持部队。有些村庄的妇女工作做得很出色。

1949年4至5月间，为了加强马坝的妇女工作，张漪珊调到马坝中心小学任教导主任，陈爱莲调回马坝石堡第十一、十二联堡小学教书，在石堡洞党员陈耀康、林志明、陈事仁、官怀民等及他们的爱人积极支持和配合下，积极开展妇女工作，用教识字、办夜校和妇女会的形式教育，团结组织妇群众，许多妇女经过宣传教育，政治觉悟有所提高，认识到学文化组织妇女会的重要，积极要求报名参加。官屋有个妇女叫官秀兰，她被迫与一个姓丘的地主仔结了婚，回到娘家，见到村里妇女都参加妇女会，她也来报名（解放后，她与地主家庭割断关系去读书，现在成为一个人民教师）。又有一个地主的婢女叫吉莲，受尽压迫，她知道有妇女会组织，就偷偷地来报名。在解放前夕，地主强迫她做了小老婆，她尽力反抗。当时，报名参加妇女会的就有几百人。建立妇女会后，便发动先进女青年教育后进妇女群众，如对林满娇、林双娇、林顺娇、林满娣等先进女青年。分配他们想办法分片包干，到各村秘密进行深入发动妇女群众工作。经过教育的妇女，政治觉悟提高很快，如官屋丘东娣，有次到村外倒垃圾，突然发现敌人向村里袭来。她立即跑回村里报告。如石堡张屋赖嫲热情负责隐蔽王华和几个部队同志，并为部队裁缝 100 多套衣服。曹石养家隐蔽王华的爱人肖萍达几个月之久，在先进女青年的带动下，各村的妇女都发动起来，组织儿童团，人数有 100 多名，女孩子占一半。涌现出大批优秀少年儿童，如官家香、林建明、林潮正等积极学习，服从分配，不怕艰险，担任送情报，完成任务，杨成球（少年）家里做交通站，一次来了 10 多个游击队的青年学生，他家里热情接待，并把他们顺利安全地转入游击区部队去。

在石堡，马口下围林屋，是曲江工委设在马坝的重要交通站，1948 年至 1949 年有大量的干部和进步青年从香港、韶关到北二支，大都是经过这个交通站，接待、护送的这个繁重的工作，除了党员林志明负责外，大量工作都是由一些青、老妇女担任，她们送信、接待、照顾生活，有时还作安全保卫的放哨。1949 年我曾在那里住过，站里的“主人”阿姆（伯母）那种纯［淳］朴、诚恳、任劳任怨的精神，那些女仔（青年妇女）积极热情、灵活细致的作风使我深受感动。通过党的长期教育和锻炼，涌现了许多积极分子，成立了妇女会，还吸收了林满娇、林双娇、林顺娇、林满娣四个优秀女青年入党。解放后，林满娇参加土改，脱产参加革命工作，后来在连南县任民政局长。在马坝阳岗上何村有几位难能可贵的革命母亲：何远赤的妈妈（何远赤当时是曲南大队大队长），他夫妇俩不但支持3个儿子参加革命，连年龄不大的大女孩也积极在村中做送信等工作，大媳妇也是妇女工作积极分子，是妇女会的骨干。远赤妈妈把党和部队的命运同儿子与他们自己的命运连结起来，息息相关。她密切联系村中的中、老年妇女，有事共同商量，有工作分头去做，她对党和部队同志视如亲生儿女，她家里是党和部队出入的交通联络站，来往的同志很多，谁来她都热情接待。上何屋村离马坝墟很近，为了安全，我们的同志晚上一般不住在那里，但是她老人家毫不畏惧，白天晚上一样接待。1948年底至1949年初，张漪珊、卓玉琴、陈爱莲等3位女同志住在她家里，她不但管他［她］们生活，还帮他［她］们化装，有时带他们去田里干点活，以作掩护。有一次，地委领导袁鉴文一只脚面溃烂又肿，不能穿鞋，只能赤着脚走路，他到马坝检查工作。晚上，袁到她家，老妈妈看到袁一只脚又肿又烂的样子，十分难过，亲自替袁用温水洗脚，专托人找到草药，替袁敷药，还杀了一只自己养的鸡煮好，硬要袁吃，补养身体。临走时，还给袁带上她准备好的草药。事后，她还一直惦念着，不时说：阿袁，多辛苦啊！脚烂成那个样子，还要奔波、走路！”袁的脚得到痊愈，多亏她的照顾，袁深受感动。直到1984年袁到马坝看望她时，老妈妈还记忆犹新。1986年3月，我们到马坝又去看望她时，老妈妈已病重数月，卧床不起。她89岁，已到了耄耋之年了，当她儿子告诉她：“福嫂（我当年的用名）来看你。”她艰难地睁开眼睛看到我们，声音低微地说：“你来了，真有心！保佑你们有福。”她再没有说了，半句没提到她自己。她重病在身，还念念不忘为我们后辈祝愿，真不愧为令人敬重的革命母亲！当时，我内心十分难过！多希望这位革命妈妈长命百岁！

革命烈士何耀爵的妈妈（何耀爵曾任中共曲东区委书记，马坝武工队长，解放前夕，在曲江小坑被捕牺牲）。不仅积极支持耀爵革命，自己在村里也积极进行革命活动。她和何远赤的母亲很知已［己］。许多事情都是互相商量，分头去做。她是妇女会的骨干，耀爵的妹妹何莲凤是妇女会的积极分子，小弟弟何耀梧（现在韶钢当工程师）当儿童团长。她把党和部队的同志当作自己的亲人，热情接待。有一次，当耀爵告知她地下党需要经济支援时，就将自己多年积蓄的三四十个光洋（银元）和一双金耳环献交给党。她很痛［疼］爱何耀爵，儿子的牺牲，对她是晴天霹雳的重大打击，但他［她］顶住了，没有挫钝革命锐气！真不愧是革命英雄的革命母亲！1986 年 3 月，我去马坝看望她老人家，她已 85 岁了，身体还健康，进她家后刚坐下问候了一声：“伯母，你好啊！”她见了儿子的战友，引起对烈士怀念的深情，一直流泪，只告诉我：她生活过得可以，就是没有福啊！我听了她这句满含悲痛的话，顿时使我对战友的深情、对烈士的敬佩、对革命母亲的爱戴、对往事的回忆，千丝万缕的思绪久久不能平静。我安慰和勉励了老妈妈几句，再也说不出话来了，临走时，依依惜别。

何耀垣和何英的母亲。她们都很积极支持党和部队，参加妇女会的工作，她们家同样是党和部队的交通联络站，耀垣妈妈不但支持自己的独子参加革命，还接待不少我们的同志，陈先信、张若子、黄峰等同志就掩蔽在耀垣家的阁楼上住过。照顾无微不至，使住过她家里的同志都深受感动，把她当成自己亲妈妈一样尊敬，十分可惜，这两位革命母亲都已去世了。

1926 年入党的大革命时期的老同志罗玉麟是马坝阳岗茶仔园村人。他对革命忠诚，深得群众拥护，在马坝有威望。他的老母亲和妻、儿在他的熏陶和马坝地区革命热潮的影响下，积极支持党的工作，他的家是地下党的一个隐蔽交通站，我们不轻易使用它，李凌冰、何远赤都在他家里住过较长的时间，张漪珊、陈爱莲等同志住在他家里印文件和传单，如“目前形势和我们的任务”、“解放军三大纪律、八项注意”等。他年迈的老母亲和家人很热情接待我们的同志，照顾诚恳、周到。罗玉麟爱人陈洁贞和张漪珊同在马坝小学教书，一起做女家长和妇女群众工作。1949 年，在韶关解放前夕，万恶的敌人还作垂死挣扎，诱捕罗玉麟和陈洁贞，关在曲江县伪警察局，他俩坚贞不屈。韶关解放前 3 天，国民党反动派在监狱里把他们俩人秘密杀害（曲江县已追认陈洁贞为烈士）。

进步绅士杨际春，是龙岗大文山村人。他从抗日战争到解放战争时期一直和党有密切关系。从各方面支持党和部队，为党和部队做了许多工作，对革命事业作出了不少贡献。他在马坝各阶层中享有很高的威望。他家里是中共地下党和部队的领导干部经常进出的一个重要据点。他的妻子甘人娣、独生女儿杨永娴思想进步，工作热情积极。我住过他家里，何远赤经常来接头商量工作，曲江工委交通员何远安经常来往于马坝——韶关，也常住杨际春家。这样，人来人往，他的妻子和家人毫无厌烦、热情接待，照顾周到，掩护得很好，他们的革命思想和热情是很可贵的。

开明人士饶克强，也同情革命，支持部队，把自已的枪枝献给部队，部队困难时，为部队筹粮，他的女儿饶小春追求进步，积极靠拢党，尽力为部队工作。在陈爱莲的培养教育下，积极做妇女工作，滃溪的妇女很快就被发动起来，许多妇女参加妇女会。

马坝地区男女群众都发动起来了。男的参加部队、民兵、农会，女的就参加妇女会，小孩就参加儿童团。夫妻一同参加革命，全家支持革命，家里做交通站、联络站。许多群众的家庭成为部队同志自由进出的“家”。

小坑，是曲江县和始兴县联系的一个地方，是韶关、马坝到始兴的必由之地。何远爵、何龙、欧阳、许泰清、江浪等同志坚持在小坑活动。这个地区的妇女群众。经过部队同志的宣传、教育，也觉悟起来，很同情和支持部队工作。1948 个 4 至 5 月间，敌人“围剿”小坑一带。坚持在小坑的黄洞、西洞一带的部队，为了不暴露目标，几天掩蔽在山上。黄洞的张大婶、温细妹等便把粮食、蔬菜、油盐送到山上。1949 年上半年，小坑民主乡政府成立后，便成为一个红色的解放区。西面与马坝的秘密解放区，东面与始兴半公开解放区联成一大片。群众都发动起来了，先在塘背村成立家庭识字班，妇女占多数，后来在上洞杨屋，中分坪等村先后成立妇女会，杨定英、张福兰等是其中积极分子，带头为部队工作，下半年敌人围攻小坑乡政府后，杨定英、张福娣便跟部队活动、行军、做饭从不落后，小坑妇女为建立、巩固小坑民主乡政权，迎接曲江的解放，做了许多工作，起到一定作用。

韶关市是国民党的党政军的统治中心，韶关既是曲江工委领导机关所在地，又是五岭地委和北三支领导同志到香港分局联系、请示工作的交通要地，是从香港、广州调来五岭地区工作的干部必经之地。所以，韶关又是我们党和部队的重要基地。为了保护领导机关和领导同志的安全，为了掌握敌人的统治中心的敌情，我们地下党通过各种社会关系，派可靠的党员同志打进国民党的军、政机关。其中打进国民党军队的有杨泰湖、杨国益，杨泰湖在韶关军队中有许多熟人，曲江工委领导机关就设在他家里，袁鉴文和杨泰湖对外说是结拜兄弟，有时就在他家里居住，他爱人杨时英就负责掩护。对袁鉴文叫福祥叔，对赵学光叫福婶，打进曲江县伪警察局的张洪的爱人，利用她是伪局长的小姨的身份，掩护和帮助张洪工作。

曲江卫生院院长陈维廉，是党的统战对象，袁鉴文就是利用他的关系在他的卫生院当一个职员，化名叫周辉，以作职业掩护，袁和赵学光住在卫生院的职工宿舍，和陈维廉原爱人吴金英同住一栋房子。吴金英负责掩护工作，称袁鉴文为周先生，称赵学光为周太，大家和其他职员搞得很熟，借以掩护。吴金英还帮助我们缝蚊帐、棉衣送给部队。卫生院的助产士护士张媛爱是党的培养对象，在工委同志的直接领导下，做团结、教育该院护士的工作，其中有几个积极分子，在临解放时，保卫卫生院以及解放后的工作中表现都不错。1949年春，我流产大出血，都是经张媛爱精心医护，得以恢复健康。1949年夏，戴耀的爱人方嫂（郭云祥，生第一个女孩时难产，也是陈维廉和她尽力抢救，转危为安的，后来我们送张媛爱去北二支入了党。

陈维廉的爱人张丽芬，也是个护士，她支持陈维廉支援我党和部队的工作，她掩护和帮助我们，我和李凌冰常到她家里。有一个时期，李凌冰就住在卫生院，以治病为名，掩护工作，李子明和他们也很熟，她待我们的同志都很热情诚恳。

曲江工委在韶关设立了三个不同作用的交通联络站：第一个联络站是设在东河坝的一间小木屋里，由陈先信和梁维平大姐俩［两］夫妇负责，这个联络站，主要负责接待从香港、广州调来的干部和五岭地委的领导同志。梁维平大姐为了保护联络站，就在屋旁围了一个小菜园，种果、养鸡以作掩护。同时，和附近周围的群众，特别是妇女群众搞好关系，建立友情，为了与河上的交通联络，她还和停泊在附近的渔民妇女搞得很熟。有一次杨泰湖要负责从韶关把买来的一挺轻机枪送给乌石何远赤部队，就是乘着梁大姐知己的渔船送去的。地下党和部队的干部，经常在这个联络站居留，她都接待得很好，掩护得很好，保证了安全。

第二个联络站是设在罗宽的父亲在韶关开的金铺，由罗宽和爱人肖健负责，这个站负责收信和送信，从香巷、广州调来的干部要到游击区去，首先从香港、广州到韶关找旅店住下来，用约好秘密联络符号写信送到罗宽的联络站，罗宽收到信，把信交给工委，工委便派交通员前去找到游击区的同志，由交通员负责把他们带到马坝交通联络站，再由马坝的交通员带到游击区去。罗宽的爱人肖健表现很好，我们吸收她入党，以后由她负责联系，她是妇女，不会被注意，她工作很积极，和周围的妇女们的关系也搞得很好。她还掩护我，她是广西人，称我是表姐，利用罗宽父亲的地位和大家庭的关系，有时陪我在韶关走动，她俩单独住在风度路罗沙巷，是罗宽父亲的一间闲屋，工委有时开会、接头有她家里，她就担任放哨。在她的帮助下，1949 年罗宽的妹妹罗广珍参加了北二支。

第三个交通联络站是河西芙蓉山下的马蹄脚农场，这个农场最初由梁大姐负责过一段时间，后来就由曲江工委直接领导。这个农场主要负责掩蔽地下党和部队的同志，这个站掩蔽过许多地下党和部队的同志，有的从部队调往地方工作的，有的因暴露撤离原地，暂时未找到职业的，有的要生小孩的部队女同志，如张励、方嫂等，都由组织先安排到这个农场（这个农场挂名张华是老板），以老板亲属或工人的身份掩护。作为过渡，待组织替她们找到职业或工作时才离开，产妇生了小孩后可以回部队或安置回家才离开。这个农场有邱桂芳、三嫂等几个女同志。负责农场的耕种工作，和照顾居留的同志，还要负责保护农场的安全，搞好四周群众工作，由于她们工作做得好，一直没有暴露，没受到破坏。

曲江工委除了有党员打进国民党的军政机关，收集敌人各方面的情报，在敌人的心脏里开展工作，交朋友、进行宣传教育工作，争取同情者为我们工作外，他们还在韶关的几所中学大力开展学生运动，这几所中学都有我们的党员，特别是志锐中学，我们在学校建立党支部，并以党、团员为核心，团结广大师生，在学校组织各种进步群众组织，这几所学校的学生运动，搞得很活跃，办墙报、动员进步学生利用暑假到北二支受训。受训回来在学校作骨干。1949 年夏，解放大军已到江西赣州，为了迎接大军解放粤北，韶关先后动员了几十个学生参加游击队，其中也有女学生。这时，香港、广州也有大批青年、学生调来粤北，交通联络很繁忙，为了适应需要，就发动韶关几所中学的男、女学生，利用他们的家，建立了许多临时的交通联络站，例如伪专员薛汉光的女儿薛冰、女学生刘晶等，通过教育和考验，她们表现很好，很积极，对我们开展工作起到作用，最后我们送她们参加了北二支，入了党。

北江第二支队的支前任务极其繁重，解放大军进军广东，东面首先要经过北二支的活动地区南雄、始兴、仁化、曲江、韶关；北面从铁路进军必须经过乐昌、韶关；西部则要经乳源。这个极为繁重的支前工作，是在北二支支前司令部直接领导下进行的，当时部队和地下党的中心工作是支前工作。曲江工委配合部队动员所属的县、区、乡的党员，妇女会会员和广大妇女群众积极参加支前工作，迎接南下大军，解放粤北、解放韶关。

天未亮，妇女们三三两两成群结队，拿着镰刀、柴刀，扛个扁担，喜气洋洋地上山砍柴。一时满山遍野传来砍柴声和欢乐的唱歌声。妇女们夜以继日地赶着磨谷舂米，忙个不停，准备迎接大军。

她们还组织慰问组，以妇女和少年儿童为主，敲锣打鼓，唱歌鼓掌，热烈欢迎解放军，主动慰问解放大军，还设茶水站在公路边，铁路沿线设缝纫组，主动帮助大军缝补衣服、鞋袜。协助解决过境大军的困难。

人民渴望已久的解放，终于实现了！ 1949 年 10 月 6 日，北江第二支队和友邻兄弟部队配合南下大军解放粤北，解放韶关。

抗日救亡运动中的东莞妇女①

赵学光　何　佳　王　河　梁燕云

早在大革命时期，东莞就有我们党的活动。在党的领导下，妇女运动蓬勃开展。当时，在东莞县城和虎门成立过广东省妇女解放协会的分会，也有女权运动大同盟东莞分盟，广泛开展争取妇女解放和女权运动。

大革命失败后，东莞和全国各地一样，处在国民党反动派的白色恐怖之中。但是，东莞的共产党员没有被吓倒、被征服，他们转入地下分散继续坚持革命斗争。一九三五年，上海共青团组织派赵学和谢阳光回到东莞。赵学回来后便到东坑串连了谢坚、谢远当（后来参加马共，在马来亚牺牲）、谢有琼等，积极开展妇女工作，他们向东莞县女权会申请了经费，在东坑办起了女校，称为东莞县第四平民妇女义务学校。这间学校办得很有生气，一方面读书，一方面出街头墙报，到街头演讲，宣传抗日救国，团结广大妇女参加各种活动。

一九三五年夏，东莞建立了“中国青年抗日大同盟东莞分盟”（简称“中青”，相当于大革命时的“共青团”）。由于东莞青年、学生、妇女在“九·一八”事变后，一直坚持公开和秘密的抗日救国活动，涌现和培养许多积极分子，所以“中青”组织很快在莞城、厚街、太平、东坑发展了一批男女盟员。

一九三六年九月，东莞县党特别支部成立，同年底，成立了临时县工委。这期间，党、团组织都很重视妇运工作，发展了王河、王爱玉、王雅宜等女同志加入党组织。在东莞中学发动了进步女学生张瑞容、何淑仪、

① 收录于中共东莞县委党史研究办公室、中共东莞县委党史资料征集办公室编：《东莞烽火》第二册，1983 年，第 42—48 页。

王竹、谢亮欢、张玉婵、赵学光、刘觉兰、潘清、黎颖瑜、张岑梅等参加秘密读书会、新文字（拉丁化）研究会。组织歌咏团和剧社搞街头演唱，在县城和下乡演出，积极宣传抗日救亡和发动援绥募捐，支援前方抗敌战士。

一九三六年的西安事变消息传到东莞中学时，同学们十分高兴，奔走相告。读书会会员纷纷组织讨论。当时，有一个叫陈富根的初中学生，还写了一张坚决拥护张学良、杨虎城两将军革命行动的传单，夜里张贴在莞中礼堂后面墙上。第二天早上，该校反动军训教官邝达发现后，立即对广大学生威迫利诱。当时。读书会一个女同学经不起考验，动摇告密。结果莞中唯一的地下党员王鲁明被扣押（后被保释），麦祖萌、黄庄平、王卓培、陈富根等十一位同学被开除出校。读书会被迫转入更秘密状态。

一九三六年底，谢阳光、赵学在东莞城西门口开了一间“阳光书店”，名为做买卖，实际是用来掩护革命工作。谢坚同志在书店负责买卖，秘密推销进步的报刊、书籍，并以此来联系当时的进步青年。一九三七年秋，党组织又派王河到莞中领导一个女同学的读书会，加强女学生工作。莞中的抗日救亡活动，又逐渐蓬勃地开展起来。

一九三七年十一月，东莞党由何与成同志通过统战对象国民党一五三师政治处潘主任的关系，举办了一期军政训练班，参加训练的都是我们党动员参加的党员和进步青年，有一百多人，其中有不少女青年，赵学、何佳、赵学光、何淑仪、王竹等女同志都参加。

一九三七年九月，省委先后派姚永光、王作尧、袁鉴文同志到东莞组成东、增、宝党的中心支部。次年四月，成立了中心县委，为了加强妇女工作的领导，县委指定王河同志负责妇女工作。十一月，王河在高埗通过教书、教唱抗日救亡歌曲去宣传群众、发动群众。高埗支部书记张如同志每天晚饭后在村里的大祠堂进行形势教育，村里男、女群众踊跃前来听讲。经过一段时间的宣传、教育，妇女群众的觉悟逐步提高，一些积极分子有参加抗日救亡工作的迫切要求，王河同志便进一步向他们进行个别教育。称为“莫氏四姐妹”的莫兰、莫就兴、莫福娣、莫银尚表示，为了抗日，不惜牺牲个人的生命。后来，莫就兴、莫福娣、莫银尚都参加了党的组织。

在“七·七”事变后，东莞县成立了抗日救亡工作团。三八年初，又分别成立了青年抗敌同志会和妇女抗敌同志会（不久改称为青年抗敌后援会和妇女抗敌后援会）。妇抗会会员有几百人，主任是何佳同志。

“妇抗”成立后，在党的统一领导下，经常和“青抗”、莞中学生一起活动。组织歌咏团，成立剧社，排演大型进步话剧，“回春之曲”、“飞将军”（梁燕云同志当时就是主要演员之一）。组织抗日救亡宣传队，到街头、农村演讲、宣传，晚上还到郊区农村办夜校，发动群众成立妇女会。

一九三八年二月，东莞县党中心支部通过国民党东、增、宝抗日自卫团统率委员会的统一战线的关系，组织了第一政工队，到清溪、山厦、平湖、塘厦、太平、松木山、石水口、屏山、水口、章［嶂］阁、白［百］花洞一带进行抗日救亡活动。不久，又组织了第二政工队，到水乡高埗、麻涌、道滘、槎滘、中堂等地活动。两个政工队都有女队员，第二政工队的女队员占了半数以上，有谢坚、谢亮欢、何小士、何韶美、王雅宜、王月娥、陈联英等等。第二政工队所到之处，办女夜校、演剧，组织妇女会、姐妹会，影响很大。

一九三八年“三八”国际劳动妇女节，东莞县委决定由“妇抗”组织发动广大妇女群众，举行盛大的庆祝纪念活动，以发挥妇女在抗日救亡工作中的作用。“三八”节当天，莞城各阶层妇女和郊区篁村、壕江、江贝的妇女二百多人，来到东莞公园中山纪念堂参加纪念会。会后，由主席团作先导，带领着二百多个妇女上街游行。虽然那天阴雨连绵，但姐妹们热血满腔斗志昂扬，大家手执小纸旗冒雨前进，边走边呼口号，边走边唱歌曲。口号声、歌声响彻整个县城。这个激动人心的盛况，在东莞妇运史上留下了难忘的一页。

一九三八年四月，东莞中心县委正式成立，王河同志任第一届妇女部长，参加了广东省委第一次召开的妇女工作会议。一九三八年秋，形势已很紧张，东莞县为了支援前线抗战，发动了一个“献金”募捐运动。在妇女支部领导下，“妇抗”负责莞城的募捐工作。她们分别在大西路、两隅小学前、彭屋大街搭了三个“献金台”，请过路行人募捐。她们还组织妇女小分队，深入商店、学校、街道去广泛发动，不但动员知识界的女教员、女职员、女学生和炮竹、缝纫等手工业界劳动妇女，还深入到茶楼、酒馆，动员那些侍女、雇员，甚至连尼姑、妓女都发动起来。通过“献金”活动，使广大妇女懂得抗日救亡、爱国保家的道理。许多妇女捐献出自己多年的积蓄，献出了自己的金戒指、金手镯、金耳环等贵重首饰。

日军入侵广东前，敌机不断地对广州及周围的县城进行疯狂扫射、轰炸，局势日趋紧张。在此形势下，“妇抗”组织了一个妇女救护队，发动了教师、学生、护士、医生及家庭妇女参加救护队，有赵学光、梁霞冰、何佳、何小士、刘清、王竹、何淑仪、叶茵等二十多人，由医生、护士当教员，为队员讲解救护常识。教的认真教，学的认真学，妇女们很快掌握了一套救护本领。有一次，敌机在万江洲省渡头丢下炸弹，妇女救护队即赶到现场，给轻伤员洗伤、搽药、包扎，把重伤员护送到东莞医院，并帮助医院做好护理。受到了人民群众的称赞。

一九三八年十月，东莞处在危急之中，为了打击敌人的猖狂进攻，东莞县委立即通过我们的统战对象——国民党社训总队副队长颜奇的关系，组织了一个直接在我党领导下的武装队伍，命名为“东莞抗日模范壮丁队”。队长王作尧，指导员袁鉴文，队员有县城和各乡的党员及一部分进步青年。这支队伍有一百多人，女的占了三分之一。当时，部队给养很困难，国民党县政府除敷衍发给四十支旧步枪和五百发子弹外，一切均由我们自己解决。队部发动了一次捐献，队员们踊跃捐献。女同志更是热心慷慨解囊，除了捐款外，不少人献出了自己结婚时的金戒指首饰。如何佳同志除捐了自己手头的四十元大洋外，还把结婚时的一只金戒指和一条金项链也捐献出来。

十月十一日，日军在大亚湾登陆，国民党军队一枪不发望风而遁。这时候，我们的“壮模队”在石碣阻击了敌人，陈福媛、王雅宜、梁霞冰（梁燕云）等女同志参加了这次意义重大的战斗。这支武装队伍的生活是很艰苦的，特别是来自城市的青年，更不习惯这种游击生活。睡的是稻草，吃的是糙米，沙多谷又多，同志们都称之为“沙谷米”，菜中开始还有点油盐，后来连油盐也没有了。有时连糙米也吃不上，只得以芋头、番薯充饥。因此，不少同志都病倒了。女同志普遍患上妇女病和疟疾。经常发冷发热，发起冷来，没有药物，被子又不多，对同志们的健康影响很大。有一个叫王棠棣的女同志两腿肿得很厉害，部队转移时，只好用一个大箩让她坐着，由两个人抬着走。尽管困苦和病魔百般折磨我们，但大家仍然不怕苦、不怕死，充满革命乐观主义精神。

十一月七日，莞城沦陷，日寇开始沿着铁路和公路进行疯狂的“扫荡”。十二日敌人扫荡过后，县委遵照东委“重新整编部队，坚持抗日游击战争”的指示，决定建立东莞抗日游击队，由王作尧任大队长，并通知各地党支部在三天内送参加武装人员到清溪苦草洞集中整编整训。为了加强部队的群众工作，整编时成立了一个武装政工队，由王河同志任支部书记，陈庆南任队长，赵学光任副队长。从白［百］花洞开赴苦草洞、铁场、清溪一带大力开展群众工作，动员群众参加我们的部队，动员妇女帮助部队买东西、磨米、打柴、割草。在这些活动中，培养了一些妇女工作骨干，进一步推动了妇女工作的开展。

一九三九年春，东江华侨回乡服务团宣传队成立，队长王启光，副队长为卢克敏。下分六个分队，每队十多人，其中有许多女党员、女队员。尤以第一分队女同志为数最多，有王章（副队长）、赵学光（副队长）、王农［侬］、王兰、王霞、王莲、谢坚、何耀莲等。他们活动在黎村、谢岗、石马、樟木头、土桥一带，成为东莞妇女运动中的一支活跃队伍。

同年七月，县委在大公岭召开了一次规模较大的妇女工作会议，决定进一步开展妇运工作。参加会议的都是各区派来的妇女干部。有赵学光、黎颖瑜、黎少棣、何丽文等十多个同志。会议由县委妇女部长王河同志传达东南特委关于妇女工作的指示，着重讨论如何根据新形势进一步广泛深入、扎扎实实地开展妇女工作问题。会后，县委把到会代表都分配到各区去负责妇女工作，包括组织姐妹会、办夜校、培养妇女骨干、发展女党员等。这些同志都能与群众打成一片，关心群众疾苦，帮助解决群众的困难，在群众中享有很高的威信，从而大大推动了全县妇女工作的发展。此外，为了恢复和加强党在学校的工作，县委派谢坚、陈宜章到东坑县立简易师范读书，派李楠、刘青、王章等到常平县立莞中读书，要她们在学校中开展学生工作，特别是女学生工作，开辟妇运工作的新战线。

东莞县委采取了这一系列的措施，大大推动了全县妇女工作的开展。随着抗日战争的深入发展，东莞妇运工作进入了一个新的发展阶段。

赵学同志回忆抗战初期的东莞妇运①

赵　学

一九三五年秋天，根据中共中央对白区工作“埋头苦干，积蓄力量，等待时机”的指示精神，上海共青团号召团员分散到各地去，以散播革命种子。组织上决定陈沛隆（陈孔嘉）、谢阳光（原名谢煦祥）和我三人回广东，组成一个共青团支部，由陈沛隆同志负责与上海共青团组织联系。

我和谢阳光回到东莞后，分工我在东坑开展妇女工作。我首先在井美村组织青年妇女，以办学为名，宣传抗日救国十大纲领，发动了谢坚、谢艳当（后在马来亚被捕牺牲）、谢有琼等青年妇女建立了姊妹会。主要活动是出版墙报，宣传义勇军抗日的英雄事迹，墙报张贴至井美、东坑、新市等地方。

在组织姊妹会的基础上，我与谢坚到东莞城去找当时女权运动负责人之一的李群兴（她管三间妇女义务学校，在莞城），取得了李群兴的同意后，我们回到东坑建立了第四妇女义务学校。有了名堂，就有了经费（月薪白银二十元）和一些桌椅。我利用老谢家的仓库做课堂，校长、教师和打铃都由我一个人来干。我们号召妇女起来读书，宣传这间学校不收钱，凡愿意读书的妇女都可来报名。这样，不几天，就有一百多人报了名。

我们开始办校的时候，阻力很大，反动封建势力攻击我们，说赵学是共产党，在她办的学校读书就是造反。因此，谢有琼的哥哥不准她妹妹来读书，硬要拉她离开学校。甚至有人对我与老谢在外结婚一事，进行人身攻击，使想入学读书的妇女不敢报名。但在我们的宣传发动和谢坚等妇女

---

① 收录于中共东莞县委党史研究办公室、中共东莞县委党史资料征集办公室编：《东莞烽火》第一册，1982 年，第 103—107 页。

的带动下，还是有不少妇女冲破反动封建势力，来到学校读书。反动的封建势力一计未成，又生一计，他们一方面给学生施加压力，声称有女子在女校读书的家庭，都不准去祠堂分猪肉；同时，又耍流氓手段，派一些封建思想严重的男青年用石头砸破学校的瓦面，在放学途中拦截打骂学生。我们则针锋相对，把学生有组织的排着队回家，年纪较大的学生走在前头和后面，保护年纪较小的学生，并鼓励年纪较大的妇女带领年纪小的继续读书，与他们斗争。

开学不久，刚好快到“三八”妇女节，我们决定搞纪念活动，给反动的封建势力一个回击。于是，我们联合了周围的女私塾及学校妇女师生，大力宣传男女平等，反对夫权、族权。当时，我们了解到有一个顺德妇女被卖到东坑，因不懂农活，被丈夫、家公、家婆经常打骂，要把她卖给妓馆，受到反抗，她的丈夫用刀割去她的一双耳朵，并把她赶出家门，最后被迫跳水自尽的事实；便利用这个妇女的悲惨遭遇，大造舆论，并以女权会作后盾，宣传妇女独立、妇女解放，争取妇女权利。结果，三八节那天的纪念大会，有几百女学生和教师参加，连看热闹的有千人以上。由于事前的统线工作做得好，至［致］使好些出身于地、富和有钱人（如富商、华侨等）的女儿和媳妇，都敢于出来活动，使反动封建势力不敢攻击我们的活动。

在学校里，我们除了教语文、算术外，还特地印发了一些小册子，宣传“什么是帝国主义”、“什么是封建主义”，“什么是社会主义”，给学生们灌输革命思想，为后来党的发展打下了思想基础。

东莞恢复党的活动以后，我是第一个女共产党员。一九三六年党在东莞有两条线：一是南委线，在香港。接上关系的是谢阳光与陈沛隆。一九三六年八月，是谢阳光到东坑同我转党的。我转党后，在东坑发展了卢仲夫、陈昶、陈文慧（陈福媛）。另一条线是广州市委领导的，如张广业（张如）、王士钊等同志便是。那时候两条线的同志是互不相识的。我发展卢仲夫后，卢也在他家里办起了一间妇女学校，进行过不少工作，他把苏联画报剪贴下来搞展览，宣传苏联的妇女解放运动，提高妇女的觉悟。后来，李葵兴、陈怡等同志也被吸收入了党。但当时我们工作的圈子还比较窄，大都是发展知识分子妇女，对农民妇女重视不够，也没有把工作做到男青年中去，只让卢仲夫他们去做。

“西安事变”后，中国的形势发生了很大的变化。陈文慧留在乡下，继续办义校，我们的工作中心转移到县城，妇女工作也出现了新的形势。一九三六年底，谢阳光同志就在东莞城、广州之间奔跑，在莞城开办了一间书店，作为公开活动的掩护点，叫做“阳光书店”（地点在西城楼爱群医社侧面）。一九三七年初，我到了这书店，成立了一个文化支部，有谢阳光、我、张士升等。后来，接广州市委外县工作委员会的指示，把东莞的各个支部统一起来，成立临时县工委，谢阳光任书记，张广业任副书记，王士钊为委员。陈昶、陈文慧等还在下面活动，陈沛隆从上海回来后，去了三埠，不在东莞。按照抗日民族统一战线的要求，我们大力开展宣传工作，以书店为中心，对象是知识分子，如莞中和附近乡村的学生和教员。书店就象一个图书馆，有进步的师生来，我们便把进步书籍给他们看。工作开展起来后，很多人来看书，我们便把谢坚调到书店来掌柜面。当莞中的军训教官邝达来监视时，我们便赶忙把进步书籍藏起来。为了扩大影响，我们还经常送书籍和文具下乡（由平湖的刘荣同志挑担子，送到县城附近的乡村去）。

另一方面，我与谢阳光搞公开的活动，那就是组织抗日团体。开始搞的是“抗日救亡工作团第一团”，我们集中了一批骨干，宣传抗日。在这基础上，又发展了一批党员，壮大了我们的队伍，成立了好几个工作团，其中“工人工作团”是第二团；“七七”事变后，又成立了妇女工作团，推陈佑卿为挂名团长（因陈的姐姐是国民党国大代表，便于通过合法的形式开展工作），工作团的实际工作主要由何佳（何巧图）同志负责。我们的工作就在县城和附近农村展开。妇女工作团的骨干主要是知识分子，县城中的妇女既可参加工人工作团，也可参加妇女工作团。妇女工作团的任务也是宣传抗日。在平型关大捷之后，几个团都发动起来了，有一次，搞演讲比赛，我讲的是《八路军在平型关大战日本鬼子》的故事，受到了群众的欢迎，获得第一名。当时国民党县党部书记湛小岑是个中间分子，因为受我党的影响，也开始拥护抗日民族统一战线，还给我们发了奖品。但奖的都是有蒋介石像的奖状，我只有把它拿来应付邝达。

后来，我和妇女工作团的成员尹叶枝等同志，又组织了一个“抗日救亡剧社”，经常在“民众教育馆”的礼堂和附近乡村活动。为了动员大家起来抗日，我们把国民党一五三师政训室的一个大尉军官也动员来登台表演，这样，我们的活动就变成合法的。剧社的节目有《放下你的鞭子》、《我们的故乡》、《凤阳花鼓》等，还大力开展大唱抗日救亡歌曲活动，搞得有声有色，对唤醒民众起来抗日起到很大作用。由于争取到当时驻东莞的国民党一五三师政训室军官的支持，一九三七年冬，我们工作团搞军训，请一五三师帮助。他们给我们搞军训，每人发一套军装，部分人在训练中还发了枪枝，进行实弹射击，使我们学会了一些军事常识。参加第一期军训的，有不少女同志，如梁霞冰、何佳、赵学光等。

一九三七年十二月，我离开了东莞。一九三八年初到延安去。到延安的除了我和谢阳光外，还有李荫之、陈和兴（是陈冲的弟弟），当时，他们两人都不是党员。延安学习回来后，我俩回广东，李荫之到了安徽，陈和兴到了新四军工作（后在上饶集中营牺牲）。

一九三九年十月，我到水乡任区委书记，副书记是王夫（即刘妈），区委是廖安、陈文慧（王永祥爱人）。我当区书时是不管武装的，管武装的是谢阳光同志与陈昶同志。区委开会多在望角陈昶的家，有时也在江城洲刘妈、廖安处活动。地区分工是：中堂、向东由陈成来负责：江城洲由李植光负责；望牛墩由梁霞冰负责；朱平沙由张士升、尹柳媚负责。接我手当水乡区书的是刘妈，以后是黄庄平。

高埗党支部建立于一九三七年，莫润潮是第一任支部书记，三七年的老党员，为党做了不少工作！他们莫氏四姊妹（名字记不清）都为党做了不少工作，都是高埗支部培养出来的好党员、好的妇女干部。

（岑诒立／整理）

回　忆①（节选）②

曾荣招③

我生于一九三三年十一月，……，我那时刚满十二岁，就去帮大湖凤尾笃大地主曾文中家放牛、砍柴，以此糊口。

我虽然只读过两年书，但为人精干、勤快、肯干，深得地主的二儿媳、小学教师（地下党员）麦惠娜的喜爱。麦是连平县伪参议长麦哲坤的女儿，思想进步，不时向我宣讲一些抗日救国、反封建、反压迫的革命道理。有意安排一些轻杂活给我干，久而久之，让我传话送条子，甚至她在夜间去学校或其他地方活动时，除了自己配枪外，还带我“做胆”、“跟班”。当然，我白天仍要放牛、干杂活，好在我嘴紧，凡麦交代的事，我都圆满完成，不露破绽，渐得麦的信任。

一九四五年冬，麦怀孕在身，夜间带我去离凤尾笃十七八华里的五角村开秘密会议。行经一条小溪时，脚下一滑跌了一跤，腰部扭伤了。我惊慌失措，麦反而安慰我说：“我歇一会儿可以慢步回家，没事，但五角村我不能去了。我交代你把这几夹驳壳枪子弹和纸条，在半夜前一定要赶到五角村上新屋，亲手交给宪章叔，说我病了，不要等我了。”

……

一九四五年秋末的一个中午，麦把我叫到房中坐下说：“过些时候我可能离家去山东读大学，书也不教了。你也长大了，要好好做人，有机会要参加革命救国，帮助穷人的军队做点事业，寻条出路，老是在我家做长

① 标题为编者所加。——编者注

② 收录于李建国编著：《从东江纵队到粤赣湘边纵队》，广东人民出版社，2015 年，第 131—133 页。

③ 小交通员，当时只是个十二岁的孩子。——原书注

工不是办法。我送你一个搪瓷口盅，盅底有暗记，有参军救国的念头时，拿此盅去找宪章叔，他会帮助你。”

当年冬天，麦走了。后来才知道她与曾方如、曾坤倩（女）等几位地下党员随东纵北撤烟台。[①]

① 麦北撤前与二少爷离婚，到山东后一直在解放军工作，离休前是师级干部，一九九三年连平县召开纪念“东纵”成立五十周年大会时曾邀请她作为贵宾参加。——原书注

回　忆（节选）[1]

曾荣招[2]

……

在半路歇息时，有两名贫家少女要求参队，哭诉她们在家的困境，哪怕让她们为伤员洗绷带都行。我被她俩苦难的身世和恳切的爱国心所感动，答应带她们见首长，是否接受，要由首长决定。这两名少女就跟着队伍到达老隆水贝，恰巧这些女兵是编入卫生总队，由韩华英、江增荃同志领导的，江见两名少女身体好、人机灵，细细观察后就委托她俩家乡农会政审后也吸收了，这俩人一个叫刘曼，一个叫曾秀英，之后表现都很好。事后江增荃同志对我开玩笑说："叫你接女兵二十名，你还会多带两名，你怕将来娶不到老婆吗？"事实上我以后再也没机会与她俩相见。

……

① 收录于李建国编著：《从东江纵队到粤赣湘边纵队》，广东人民出版社，2015 年，第 261—264 页。

② 时任粤赣湘边支队司令部政治部主任贴身卫士。——原书注

回　忆①

曾秀英②

我的一生中最难忘的就是一九四九年的春节，因为大喜和大悲犹如两股从天而降的瀑布兜头冲撞，一样让人头晕目眩，一样感觉淋漓尽致，一样令人喘不过气来。

我是深圳市龙岗区坪山街道办事处沙湖社区（原惠阳县坪山镇园岭村）人。我和著名的抗日将领曾生是同乡。那里是东江纵队最活跃的革命老区，抗战胜利之后，一九四六年东江纵队北撤，国民党在我们家乡乃至整个广东采取高压手段，大肆搜捕和屠杀共产党人和东江纵队复员人员，到处都陷入白色恐怖之中。

不久，共产党开始奋起反抗，重新建立武装，我的二哥曾振辉立即参加了游击队。而我们家乡因位于梧桐山脉与七娘山脉交汇［会］地带，是游击队最为活跃的区域，加上哥哥就是游击队员，因此我们家自然成了游击队同志常来常往的堡垒户。

虽然二哥离家后只是在今天龙岗、盐田两区的范围内活动，但难得和我们见一次面，不过每次见面他都显得很开心，还给我讲了不少革命胜利之后的美好前景，每次都逗得我心痒痒的，十分向往。有了二哥的榜样，加上来往我家的那些同志的教育影响，我很早就开始倾向革命。

一九四八年初，当时第二团税务局的政委廖新华以及后来成为他夫人的妇女干部叶莲等同志在我家接连住了好几天。在他们的教育下，我也参加了游击队，并且分配到第二团坪山税站工作。

---

① 收录于李建国编著：《从东江纵队到粤赣湘边纵队》，广东人民出版社，2015 年，第 332–335 页。

② 时为第二团坪山税站司务长。——原书注

二哥知道我参加了游击队，而且也在税站系统工作，他显得十分高兴，曾经专门抽空来看我，鼓励我要好好干，并且每次我有一点进步，他都会托人捎话来向我祝贺，让我更加努力地工作。

由于我的出色表现，很快被上级任命为税站的司务长，享受副站长的待遇，算是干部了。这个司务长说起来是主管全站的后勤保障工作，其实就是一个服务员，不仅要为全部七八个同志买菜做饭，还负责洗衣服以及缝缝补补。

当时的条件很艰苦也很危险，一方面经费很少，因为我们本身的工作就是为部队筹措经费，所以对自己则是能省则省，征税得来的钱基本全部上交了；另一方面，敌人对我们格外凶残，他们觉得我们手里有钱，战斗力又弱（税站只有少数骨干配有短枪，而且大多是没有战斗经验的海外青年和女同志），好对付，而且油水大，所以我们经常被敌人追得到处转移而无力进行反击。

最危险的一次，我们站里征税的同志被敌人发现了，敌人一面开枪，一面追赶，大伙四散躲藏，其中一个香港回来的青年同志大约慌了神，只知道拼命往宿舍跑，幸亏在快进村之前清醒过来，跳进村旁的小河，躲进草丛中，避过了敌人的追捕，否则差点将整个税站暴露给敌人。而那时要转移已经来不及了。最后躲在周围山上的同志向敌人射击，吓得敌人没敢进村搜查，在村外乱放了一阵枪就撤走了。

一九四九年春节前夕，我们接到总站的通知，第二团税务局准备在春节期间召开联欢大会，所有的税站工作人员集中聚餐和文艺汇演，要求大伙准备节目。

我们革命的队伍那时几乎是十几二十岁的年轻人。年轻人的天性就是喜欢热闹快乐，总站的通知让我们充满了期盼。全国的革命形势一片大好，“三大战役”的胜利令蒋家王朝的灭亡指日可待，而我们深圳这一带的游击队也已正式编入刚成立的中国人民解放军粤赣湘边纵队，开展了一连串的进攻，取得了许多战果，已经基本掌握了坪山、龙岗一带的管制主动权。同时，我们都知道第二团税站系统人多势众，但从来没有在一起开过全体大会，这次聚会能热闹到什么程度实在是难以想象，不过大家都会很开心是肯定的。

这时我已调到龙岗税站，还是当司务长，而二哥已是盐田税站的站长了。由于距离太远，我们又是许久没有见面了，心里很是有些想念。这次大聚会，相信我们兄妹一定也能趁机见面，因此我比其他同志更多了一层对这次联欢大会的期盼。

一九四九年大年除夕，我们全体税务人员按照上级指示陆续赶到坪山田头村。这座紧靠大山的小村一下子热闹起来，原来我们征税的人员有一千多人呢！其中有太多久未见面的亲朋好友，大家欢聚在一起，令这里顿时变成一片欢乐的海洋。大会还没开始，欢笑声、打闹嬉戏声、客家山歌声、革命歌曲声迅速传遍了这里的每一个角落。

我见到了我的二哥，他精神抖擞，意气风发地跑到我面前，脸上堆满了灿烂的笑容，在明媚的日光下，显得那样英俊潇洒、斗志昂扬。我看着他开心地笑了，他也毫不遮拦地夸奖我比原来漂亮好看，有革命战士的气质了。

这次春节联欢大会真是热闹非凡，许多地方都超出了我们的期望。李木局长和廖新华政委先后在大会上发表了讲话，宣传了党的最新方针政策和全国最新革命形势，为我们下一步的工作指明了方向，同时也极大地鼓舞了我们的士气。

随后，各税务总站的领导代表各自单位的同志发言表决，还有介绍我参队的叶莲同志代表全体妇女同志讲话，号召大家不要早恋早婚，要争取解放后到广州爱群大厦举办婚礼。这在当时简直就和做梦一样。爱群大厦可是当时全国除了上海的国际饭店外最高、最豪华的高层建筑。然而，没出一年我就随着部队住进去了，也真的有能力在那里举办婚礼。

我们的狂欢接连持续了三天，真的太开心了，我和二哥都要随各自的单位活动，但我们还是抽空在一起吃了两餐饭，一次是大集体，一次是我们两兄妹单独相聚。开心的时光总是过得太快，一转眼，我们就又要分开各奔东西。当时我们相约，待到全国解放，我们一起去广州的爱群大厦吃饭，再好好看看广州是什么样，结果没想到这次欢乐的会面之后不久，竟变成了悲痛的永别！

这次大会后的第三天清晨，驻横岗的国民党军突然袭击我盐田税站。当时天降大雾，当发现情况时，敌人已经对税站形成了包围。

为了掩护其他同志转移，站长曾振辉只身突围，边走边鸣枪，吸引敌人朝避风塘方向追赶，让其他同志趁着浓雾向山上撤退。

撤退途中，敌人击伤了二哥的小腿，令他行动迟缓而艰难，但他忍痛继续前行至避风塘附近，利用沙丘继续与敌周旋。

不久，天色大亮，浓雾散去，他完全暴露在敌人的火力之下，最后子弹耗尽，身中数枪，壮烈牺牲在盐田的避风塘畔……

我得到消息已是十天之后，当时还未从春节联欢的愉快中回过神来，突然闻此噩耗，真是晴天霹雳，当场晕了过去。醒来之后，我说什么也不愿再留在税站了，坚决要求参加战斗部队，要去给二哥报仇。

后来经领导劝解，又到葵涌税站过渡了一下，最后我终于到了司令部直属的教导营。

一九四九年这个春节，以它畅快无比的欢愉和痛彻入骨的悲伤成为我永远不能忘记的春节。

回 忆（节选）①

朱磷钦②

一九四八年春天，我参加革命后被调到粤赣湘边纵队东一支第二团交通总站，当交通员。总站长叫罗许月，是位三十岁左右的女同志，站里有交通员十八人、副官一人、文书两人、文化教员一人、卫生员一人。

由于我们这些人年龄只有十四岁至十八岁，所以平时称站长时总是亲切地叫她“月姐”。月姐和大家朝夕相处，她对大家的疼爱就像对亲生兄弟姐妹。她喊我们不喊全名，都称什么“仔”，如“朱仔”、“陈仔”，同姓的称“大李”、“小李”、“高王”、“矮王”。女的，加个娣字，如“张娣”、“黄娣”。顺口的名就叫名，如“玉森”、“端霞”、“玉英”、“来娇”。对老的则称“阿伯”、“阿娘”、“阿哥”、“阿嫂”、“阿弟”、“阿妹”。

月姐一有空就教我们认字、写字。叫我们送信时快走、快跑，要时刻提高警惕，看到敌人不要怕，绕道走，不要暴露自己的身份。夜间她还经常起来查铺，检查我们这群小孩子盖好被子没有。

有一次，小李晚上突然发高烧三十九度，月姐听说后，连忙抱起小李就往团部卫生队走，医生给小李吃过药，她又把小李抱回总站，一直守候在他身边，等他完全退烧后才去休息。

……

① 收录于李建国编著：《从东江纵队到粤赣湘边纵队》，广东人民出版社，2015年，第235—237页。

② 时为边纵东一支第二团交通总站团结站站长。——原书注

回忆北江支队医院片断①

朱玉莲

（一）掩护电台

一九四四年冬，原东江纵队某部的卫生队编入了由邬强、李东明同志领导的挺进粤北的北江支队。一九四五年二月下旬，粤北支队经过两个多月的战斗，冲破了敌人的封锁和阻击，到达了英德县东乡鱼湾，建立了英佛边区革命根据地。不久，随军的卫生队也编为北江支队医院，就这样，北江支队医院诞生了。

医院创建时，只有十二人，领导成员有院长余奇、指导员王彪、事务长丘冰。我刚参军，十五岁多，从青干班抽调去，抽调来的还有廖东、赖玉、林志行、罗娣等几个女同志。以上人员除了余院长是正规学校毕业的医生外，其余人员都没有受过正规的医护训练。为了工作需要，医院决定自己办护训队，由余院长当老师。我们边学习边实践，没有教室，没有教科书，经过两个月左右时间的训练，我们护训队的学员基本掌握了一些常用药品的使用、战地抢救包扎、临床护理打针、量体温、换药等护理知识，为医院后来的工作打下了基础。

医院的设备简陋，又缺医少药，没有固定驻地，经常流动在鱼湾、大镇、黄岗、赤珠等四个乡的山区。每到一个地方，我们几个十几岁的女同志总是蹦蹦跳跳，又唱歌又跳舞，还帮群众拾柴、担水，为村民治病。由于军民关系密切，医院每到一处，总是得到群众的爱戴、拥护和支持。

---

① 收录于肇庆市城区东江纵队粤赣湘边纵队老战士联谊会编：《峥嵘岁月》，2003 年，第 120—125 页。

一九四五年，日本侵略军投降，国民党驻江西的六十三军也下山开回广东，并对我英佛边区革命根据地进行疯狂的“扫荡”。八月下旬，各乡镇被他们占领，地方民主政权遭到破坏。当时留在医院治伤的有张彩辉、郑瑞发、廖华茂、李汉军、丘意、王仔等十几位伤病员。我们在余院长的带领下，向大镇山区三木塘村转移。不久，敌人又“扫荡”三木塘村，医院再转移到赤珠乡、黄竹朗深山老林。在当地群众的帮助下，军民一齐动手，盖起革［草］房，并用树枝搭起床铺，上面铺上厚厚的杂草，软乎乎的，伤病员风趣地说：“我们睡上沙发床咯。”黄竹朗处于深山老林，风景怡［宜］人，空气格外清新，革［草］房西侧有一条清清的溪河，从半山腰涌出的泉水是天然的自来水，茂密的树林在微风中不时发出沙沙的声音，十分悦耳，这真是个养伤的好地方。

但医院驻下不久，我们发现有敌人侦探在医院附近活动，大家都高度警惕起来。为了应付不测，余院长将大家组织起来，由医护人员和轻伤员成立了一个武装班。伤员廖华茂和卫生员李金山两同志分别担任正副班长，加强巡逻放哨。有一天，一个不明身份的人鬼头鬼脑地在医院附近窥探，经过调查，他曾在大镇墟当过伪警察，是受国民党军队派遣来搞侦察活动的。此事，让我们认识到医院随时都有可能遭到敌人的袭击。于是，我们全体医护人员和伤病员都做好了战斗的准备。

一九四五年十月上旬，国民党反动派军队气势汹汹地对游击队住过的村庄进行烧、杀、抢，他们白天搜山，夜间派兵在路口设伏，使当地的群众无法给医院送粮送药，妄图用围困的办法把我们困死、饿死。有一天，支队民运队在黄竹朗的一个村庄过夜被敌人发现，第二天早晨天未亮，便遭到敌人的袭击，我民运队全体同志与敌人展开了激烈的战斗，但因寡不敌众，最后，我民运队有十三人伤亡和被捕。

为了医院的安全，我们决定离开黄竹朗深山老林，向廉滩大山转移。黄竹朗离廉滩大山有四十多华里，由于敌人封锁得紧，我们只好在夜间行动。当时，吴海锋等三名重伤员不能行走，医院从村里雇了六名青壮年用背带轮流背着他们走。这次转移非常艰苦，由于医护人员要背行李，轻伤员又要撑［搀］扶，大伙又饿又累地在夜里翻山越岭。因此，我们每爬过一座山要花三四个小时，累得腰酸腿痛，只要一停下来不到一刻钟，人们就会呼呼地睡着了。于是，余院长和王指导员又一个一个叫醒我们，继续前进。一直走到天亮，我们才选择一个山坑隐藏起来休息。为了不暴露目标，我们不敢烧火做饭，大家只好吃生米，喝凉水充饥。当时吴海锋同志的伤最重，发高烧，他的左小腿从骨头里面到皮肉全部感染化脓生蛆了，伤口足足有一尺长。由于没有什么药，只能用盐开水放凉了冲洗伤口。每天，我给他换药，伤口很臭，至今想起来都会全身起鸡皮疙瘩，从伤口胴骨冲洗出来的蛆，大大小小有上百条，看到他痛苦地咬紧牙，额头渗满了汗珠，配合治疗，我既感动又难过，总是要流泪，多么坚强的战士啊，那一幕幕情景令我终身难忘。为了大家的安全，这时，他对我们说："不要拖累你们啦！把我留下就地隐藏，你们走吧！"余院长坚定地说："有我们在，决不能丢下一个伤病员。"他鼓励大家要有信心，要坚持下去。就这样，我们在山坑休息了一个白天，待到下午七点多钟，天渐渐黑了，大家整理行李，借着月色，又向目的地出发了。又经过一整夜的艰苦行军，第二天早上八点多钟，我们终于到达了廉滩彭屋村的后背山。大家松了一口气，这次行军整整走了两个晚上。

到达目的地后，余院长马上派丘事务长带两名武装人员下山找到了彭屋村农会长彭观妹同志。他一方面了解山下的情况，另一方面吩咐筹备粮食。中午，丘事务长和彭观妹同志及三个民兵挑着粮食、青菜、生盐等上山来了。看着群众送来的白花花的大米，同志们感动地流下了眼泪。午饭后，余院长、彭农会长他们翻过一个小山选择医院地点。在离彭屋村约十三华里处有个偏僻的山坑地，那里树林茂密，空气清新，用水方便，医院便决定设在那里。选好地址后，我们医护人员同当地民兵一起，很快便搭起了草棚。不久，我们与珠江纵队南山支队北上五岭留下的七八个伤员会合。

由于敌人的封锁，医院用药非常困难，我们在余院长的带领下，自己想办法解决。没有碘酒、红汞，我们就用盐开水代替；药棉用完了，我们就用旧布消毒后代用；没有西药，我们就上山采中药；用过的绷带洗干净再用，连镊子也是我们用竹片自己制造的。总之，为了解决伤病员的痛苦，让他们早日康复，重返前线，我们全体医护人员在伤病员的积极配合下，在当地民兵和群众的大力支持下，共同努力，克服重重困难，使一些伤员不断治愈归队。

一九四五年十二月中旬，国民党调动了驻黄岗圩一个营兵力向廉滩地区大举扫荡，他们占领了所有的村庄，并向村民公布了三条规定：通匪者杀；知情不报者罚；外出者要登记，回来要报告。敌人白天搜山，晚上不许村民外出。因此，医院的处境更加困难了，药品和粮食送不进山，伤病员的生命直接受到了威胁。在这极度困难的情况下，我们没有丧失斗志，为了粉碎敌人封锁的阴谋，我们几个女同志在余院长的带领下，每天下午四五点钟就出来挖野菜充饥，把省下来的一点点粮食留给重伤员。敌人在廉滩“围剿”了几天都没有发现我们的踪影，便全部撤回了黄岗圩。

一天，廉滩的伪保长陈某发现我们驻在老虎坑，便连夜跑到黄岗圩向敌军报告，于是敌人在伪保长的带领下，重新扑回廉滩向老虎坑发动武装围攻。情况危急，余院长和王指导员命令武装班的同志作掩护，带着能走动的伤员转移到山林密处。但吴海锋等三名重伤员因不能走动，未来得及转移，结果被敌人冲进驻地把他们活活烧死了。后来在三山一带活动的江水大队长得知我们的情况后，第二天晚上派张学松同志带领一个班前来联系，安葬好牺牲的三位同志的遗体后，我们和张学松同志带来的一个班连夜离开了廉滩。经过三个晚上的夜行军，我们到达了三山与江水大队会师，从此医院转到了后方。

以上的事情过去五十多年了，每每念及医院的艰苦岁月，特别是牺牲的吴海锋等三位伤员，我心里都十分悲痛，他们是为中国人民的解放事业献出了自己宝贵的、年青的生命。安息吧！英烈们。

回　忆（节选）①

庄福泽②

……

为了保证安全，在不暴露身份的前提下，迅速把皇岗水围交通线恢复起来，完成上级战略部署，经过再三考虑，先是将我的亲弟弟福松发展成为我的助手，随后我的妻子和他的妻子也加入进来，同时我的母亲也义无反顾地全力支持我们……在我最亲的这些家人参与下，我们的家庭很快成为了皇岗水围交通线上的一个重要堡垒。我和弟弟经常隔三差［岔］五甚至每天从我们水围一侧将人员、情报送到香港落马洲或者米埔，再从那边接载人员、物资、医药、子弹等回到皇岗水围码头。在多数情况下，往返都不会落空，但有时也会专程撑船运送人员、情报到对岸，或接载人员物资回来。

我们的妻子主要是负责将香港运送回来的物资挑到梅林，然后上山去望天湖，送到当时人称"小延安"的白石龙。有时物资多了，我们还悄悄动员水围其他可靠的妇女群众协助挑送，如潘金和庄南的老婆赵丽婆、林简好等。虽然部队支付给这些妇女一些报酬，而且这一路也有我们武工队的同志护送，但是在这样的环境下，风险仍然极大，敌人一旦发现，追杀起来，这些妇女很可能要招来杀身之祸呵！

我们的母亲则主动担负后勤保障的艰巨任务，不管白天黑夜、风吹日晒雨淋地为我们把风放哨，还不顾家中贫困，倾己所有地接待过往的同志，招呼他们住和吃，并帮助隐藏一时无法转运出去的物资，我们屋后

---

① 收录于李建国编著：《从东江纵队到粤赣湘边纵队》，广东人民出版社，2015 年，第 241—243 页。

② 时为边纵东一支第三团交通站特别交通员。——原书注

专门存放了一堆柴草，几年都没舍得烧，就是为了方便隐藏那些过往的物资……

……

回　忆（节选）[①]

庄启森[②]

……

我们的工作取得了积极的成效，党团组织得到了极大的发展，在一九四八年至一九四九年期间，仅我们皇岗村（包括今天的水围社区）就发展了中共党员庄就能、庄玉婵（女）、庄枚礼（女）、庄英忠、庄达锐、黄群（女）、庄展鹏共七人，他们在新中国成立初期即全部安排到了人民政府各部门工作；各村的“反征队”队员及青年团员（大同盟盟员）庄贵财、庄照生、庄南（已牺牲）、庄兴林、欧伙昌、赵炳权、庄伟忠、庄树林、庄树华、庄森福、庄树稳、简锦洪、简芳位、简大海、简就发、林长妹（女）、林家怀、林雪英（女）等五十多人，也都成为建设新中国的骨干，其中还有七人直接参加了解放家乡的武装斗争……

……

① 收录于李建国编著：《从东江纵队到粤赣湘边纵队》，广东人民出版社，2015 年，第 246—248 页。

② 时任中国共产党皇岗村地下党支部组织委员。——原书注

难以忘却的战斗生活①

钟惠卿

我是东莞人，生在香港，六岁丧父，母亲携我们做小贩、打零工维持生计，我做过小买卖，当过泥水工，修过飞机场。参队前三年是在一家电筒厂做女工。工余我参加了“蜂蜂歌泳［咏］团”，才开始懂得爱祖国，为本阶级利益而战斗。从47年开始，我受到一批批的团友回国参加游击队的影响。48年，我刚17岁也就回祖国参加革命了。

到连队去当卫生员

我来到三团，接待我的是团部的湛芬和袁蔚霞。当时我既单纯又幼稚，初换一个生活环境，对什么都感到新鲜，内心充满活力。袁蔚霞大姊在港时已认识我，她认为我的性格适合搞医务，便叫我做卫生员，送我到三团医院学习卫生工作。当时王福是院长，张哲（又名张峰）是服务员。医院经常流动，伤员总是分散住在村民家中，每天由我们换药，伤员和我们像兄妹一样，一起学习，一起唱歌。我们共有六个人，有陈秀琼、罗结玲、黄景云等。学习了三个月左右，当时敌人正要“扫荡”，连队正需要我们，我们便到连队当卫生员。初时在镇平队，后来镇平与黄龙队合并改为镇龙队，于是我在镇龙队当了很长一段时间卫生员。镇龙队在东宝铁路沿线活动多，保护税收，敌人常来争夺地盘。部队三天两头打仗，我们总是和衣睡觉，大热天时也不准脱衣睡。在镇龙队的卫生员有刘竦婵、黎桂英和我，打仗时每人跟一个排，我们都配合得很好。后来黎桂英在一次敌

① 收录于中共东莞市委党史办公室编：《东莞烽火》第十二册，广东省东莞市印刷厂，1988年，第62—65页。

人偷袭战斗中牺牲了。

最初的战斗

我来到连队第一次打仗就是夜战，派一个排去骚扰乡公所的敌军，开始时没什么感觉，当打完仗，战士们部分去打扫战场，我见四周漆黑，心里害怕起来，我永远也不会忘记那次的情况。

1949年初，水莲山战斗，我在镇平队，团部命令我们登山，抢占制高点。铁鸟队登上水莲山最高点，镇平队和平西队在它的左右翼，战斗打得很激烈。我们卫生员紧跟连队左右，敌人的六〇炮打得越来越猛，铁鸟队撤退了，我们左右翼的便受到猛烈的攻击，敌人一炮伤了我五个同志，我便仃［停］下来抢救包扎，背上他们的五枝枪，扶着他们一起撤退。当时敌人正在追赶我们，连长邓奕光和几个战士在后边掩护我和伤员撤退，我陪着五个伤员又走了一段路，才遇上后方的同志，把伤员交给了他们。我和几个战士赶部队，恰巧又碰见刘婹婵，她在平西队，臂部和小腿都受伤了，幸而子弹没有留在腿部，眼见她虽受伤也坚持跟着队伍走。我因为抢救伤员，未能赶上自己的队伍，和二十多人一起失去联络了，三天后才赶上队伍。

随队东上

1949年五六月间，我们连队东上，二团在王母坪迎送我们，当晚开文娱晚会，敌人来偷袭。我连很快便投入二团的战斗行列，我和刘婹婵跟着队伍一起上山，敌人被打退了。文娱晚会继续，二团长在会上大大地表扬我队，行动迅速，表现勇猛，指挥灵活。我们都很高兴，其实也很平常，三团的战士和卫生员，把行军和打仗当食生菜，并以此为自豪。

东上到了目的地，上级命令我们选一个精干排到很远的地方护送银纸回来。正是大暑天，炎日当空，连长朱汉谭带队出发，我也去了，轻装急行军，一天赶一百多里路，真是马不仃［停］蹄。好不容易才赶到目的地，是一个深山大岭，光进去就要走一条30多华里的山坑路，只够一个人走。满以为到达后会给我们休息一夜，再返回来。谁知只休息一个多钟头马上赶我们往回走，这回更辛苦了，中间是抬着大木箱的民工，队伍两头是战士。我这个卫生员要头尾照顾，跑路比别人多，那种苦味直到现在想起来还很深呢。

剿　匪

解放后，我们编为华南军区东江军分区，我队在七团，是主力团，当时受命到十万大山剿匪，整条东江河给我们走完了，剿匪很艰巨。有一次我们围住了梁志坚土匪，同他接火了，地点在和平县燕子窝，四周是重叠的群山峻岭，他们土匪住的炮楼在群山包围中间。我跟着团部上去了，战斗打响后，土匪占着优势，我们攻不下。团部通讯员下去了解情况，不料回来时还有两公尺便可到我和参谋长身边，正在这时，敌人一粒子弹从背部穿过他胸膛，我连忙上前拉他抢救，敌人的子弹向我头上打来，参谋长拉着我伏下，我的军帽给打穿了，也顾不得那么多了，急忙为通讯员剪开上衣进行心肌注射，结果，他牺牲了……。战斗仍在继续，我一直守在他的身边。

这次战斗把一百多名土匪全部消灭了，也算为他报了仇。战斗后谣传我牺牲了，团卫生队长关玉云和所有卫生员为我流泪。后来我们见面时又笑了，大家都笑得非常开心。

傅泽铭

根据钟惠卿给樊英的信整理

美国飞行员克尔脱险记（节选）①

钟　紫

……

敌兵已四面八方进行搜索，小鬼跑出去与游击队联络。在惊恐而紧张的心情下，克尔好不容易把白天打发掉。到了黄昏，小鬼回来了，他带来一位女游击战士，送来一床棉被和一些食物。

在敌人严密的包围封锁下，游击队把克尔转移到另一个较安全的地方，在那里隐蔽了两个星期以上，每一天都亲眼看见敌人在山头山麓、在附近的围村和田野走来走去，呱呱地号叫。小鬼和女同志很勇敢，冲破重重的封锁和包围，每天都给克尔上药、包扎伤口。当时游击队的物质条件很困难，小鬼身上只有五角钱，还买了一包糖果送给克尔，这使飞行员感动极了。事后，克尔对《前进报》记者说："这种天真活泼能干与懂事的小孩，真是世界少有啊！世界上所有被称为神童的，比起你们的小同志来，实在是不算得什么。我掏出五十元给他，他始终未要，中国人民对我的亲切崇高的感情使我永远不能忘！"

……

① 收录于刘中国、余俊杰等编：《白石龙文钞》，花城出版社，2015年，第262−264页。

回忆第三武工队（节选）①

张广友

一九四八年三月初，潮澄饶丰武装工作委员会集中武装队伍于凤凰山三洲寮进行整训，组编成一武、二武、三武、四突、五中、六中，六个战斗单位。三武队长张广友，副队长刘裕新，队员有张化亮、黄秀（女）、阿宗、阿奇、阿士等人。当时敌人在军事上的部署已从潮、饶、丰形成三面包围我根据地“三老家”（东隔的盐坪、大钱、茅）之势，并在经济上实施的全面的封锁，企图将我队伍消灭于凤凰山区。为了粉碎敌人的阴谋，“武工委”按照华南分局的“碰到敌人向我包围，思想上不强调一时一地的巩固，形式上采取梅花式散开，迂回跃进……，应有计划向敌疏弱地方，绕敌左右侧或后方去活动以反包围”的指示，决定以中队及武工队为战斗单位，分散挺进到根据地的外围，绕敌左右侧翼疏弱地方和敌人后方去开辟新区，扩充力量，打破封锁，实施迂回跃进以反包围于敌。于是，派三武到登荣（今文祠、归湖、赤凤地区）和意溪、河内一带活动，进行开辟新区，筹取经济，打通山地（凤凰山根据地）与平原的交通走廊，以打破敌人军事上的包围和经济上的封锁，扩大根据地及武装队伍。

……

妇女工作方面，这里妇女参加社会活动较少，老人的思想比较封建守旧，我们的工作对象，以中、青妇女为主，到各户个别进行。在工作过程中，先物色积极分子，扎根串连，培养骨干，不断地扩大发展，达到把妇女群众发动组织起来的目的。经过近一个月的艰苦努力，连续突击，至三

---

① 收录于中共潮州市委党史研究室、凤凰山革命纪念公园筹委会编：《凤凰山革命根据地史料汇编》下，2003年，第88-96页。

月底，建立了合佩、麻地下、竹园、宫前、石门、楠木、陂坑李、岭后、陂坑尾等村的立足点（宿营地），同时设立了合佩村、月宫、陂坑李、陂坑尾等村的联络站（平原与山地），以接送过往人员及转运物资、递送情报等工作。

工作普遍展开以后，为了巩固和扩大队伍的需要，我们继续进行收缴乡村枪支（武器）的工作，对于公有的反动分子的枪支我坚决收缴，对一般群众的枪支，则以借用的办法、先后收缴长短枪四十余支。同时为了巩固已开的乡村工作，我们动员群众积极参加工作，号召入伍，进一步扩大武工队，建立长枪班。至三月底，三武已发展到二十人左右，长枪班十余人〔武、均、兴、秀（女）、洁（女）、映（女）、庭、宗、佚、专、术、枝（女）、莲（女）、史、悦、信、泽（女）等〕，已具有一定规模和战斗力。

……

路东三区妇女革命斗争的回忆①

张秋云

1936年“西安事变”后，全国掀起抗日高潮。东莞路东三区（包括清溪、塘沥、凤岗、塘厦、樟石及惠阳的约场等乡）人民抗日情绪亦很高潮［涨］，清溪乡成立了“清溪人民御侮救亡工作团”，这是在党的发动和领导下的爱国教师、学生和知识青年组成的抗日群众组织。当时参加的女同志有杨秀琼、张秋云、林观莲、温碧兰等，她们和男同志一起宣传抗日，圩日在清溪圩演出街头剧，卖花劝捐，支援前方战士；晚上下乡宣传动员剪辫，办夜校，组织青年会、姊妹会。最先组织起来的姊妹会有杨梅岗、铁场、土桥、柏朗等村。

1938年10月，日寇南侵，惠州沦陷。11月间，日寇“扫荡”广九沿线，东宝惠边人民抗日游击队成立。不久，华侨回乡服务团的东宝队来到三区，他们深入各村活动，随着群众工作进一步发展，罗裙埔、苦草洞、磨泥圩、青塘、三峰、吕屋围等村的姊妹会也先后建立起来。姊妹会的主要活动是：一、宣传抗日救国，办夜校开展识字运动；二、支援抗日游击队，帮助解决部队驻地禾草，运送和掩藏物资，年节或打了胜仗时，征集糕点食品慰劳部队；三、调解会员之间和家庭纠纷，帮助解决不合理的婚姻关系；四、有些姊妹会还搞点集体生产（租耕一些田地）作为会的经费，或帮助贫苦会员度荒。各姊妹会之间，平时互相联系，有喜庆或会员死亡，互派代表庆贺或吊唁，她们团结互助，一致对敌的战斗精神，使姊妹们认识到自己的力量和作用。1940年，国民党公开反共，部队东移到海

---

① 收录于中共东莞市委党史办公室编：《东莞烽火》第十二册，广东省东莞市印刷厂，1988年，第72–79页。

陆丰，抗日群众组织被迫转入掩蔽，有些姊妹会改名为七姐会、观音会、耕田会、继续掩蔽活动。

1943 年 11 月，日寇打通广九铁路，国民党不战而逃，我们部队又回到三区。民运队分散到各乡活动，在地方党配合下，妇女工作在原来姊妹会的基础上，普遍发展起来，建立起区、乡、村妇女会。当时区妇女会长张秋云（部队民运队长兼）、副会长李琼珍，清溪乡会长韩日灵、塘凤乡会长房新添，樟石乡会长曾胜娇、副会长温运兰，塘夏［厦］乡和约场乡也有部分村妇女会建立起来。妇女会在配合区、乡、村农会、青抗会和民兵，进行拥军建政、减租减息斗争中，锻炼得更加坚强。

1945 年日本投降后，国民党为了独占胜利果实，大举进攻解放区，利用新一军、新六军、六十三军过境北上打内战之机，对惠东宝抗日根据地进行“填空格”式的大“扫荡”，摧毁抗日民主政权和革命群众组织，捕杀共产党员、复员人员和进步群众，建立区、乡反动政权和联防队。他们配合国民党军队出动搜山，围村，到处捉人杀人。但是三区的妇女并没有被吓倒，很多姊妹冒着抄家杀头的危险，掩护部队和抗日政权坚持到北撤，掩护地方党坚持下来。

1946 年 11 月，广东省委决定恢复武装斗争。路东三区张生、莫来、张德明、黄仕昌等同志最先出来开展武装斗争，他们和东莞路西、宝安地区的武装配合，经过三年艰苦的斗争，部队不断发展壮大，成为一支坚强的东宝人民武装队伍——粤赣湘边纵队东一支三团，最后配合南下大军解放东宝。三区的妇女继续支持参加武装斗争，积极参加反三征，减租减息，粉碎宋子文两期“清剿”，建政、拥政、支前，在解放东宝的三年解放斗争中，发挥了重要的作用。

在长期艰苦斗争中，有一批特别勇敢、坚强、可敬、可爱的亚婆、亚娘、亚嫂、亚姑，如清溪铁场围的韩炳姑、罗满嫂、谢兰、李亚娘（韩明的母亲）、韩玉姑；柏朗村的陈亚娘（张生的母亲）；吕屋围李亚娘；磨泥圩的亚婆（张秋云的祖母）、陈亚娘（曾清的母亲）；杨梅岗张凤、进友嫂；土桥村的大嫂（莫志强的母亲）；三峰的李嫂；青塘的谭嫂；湖笃尾的黄二嫂；风岗乡官井头村的黄亚娘（连长发的母亲）；南塘围的巫亚娘（李官运的母亲）；凤德岭村的李嫂（黄步仁的爱人）。她们支持自己的子女亲人参加革命队伍，爱护部队的同志。她们的家，经常是部队或地方党的联络点，不分领导同志还是战士交通员，随时来到都热情接待。她们的家多数筑有隔墙，挖有地洞，准备危急时掩藏或挺身出来保护我们同志。下面是其中一些事例。

1944年1月，部队民运队从宝安过路东开展工作，先到官井头村，黄亚娘（黄玉英）热情的向我们介绍了村里村外的情况，并鼓励她的儿媳、女儿要帮助部队做事，民运队分散活动时，我就住进她家，从此她家成为我们的联络点，部队人来人往，不论白天黑夜，她们都热情接待；也常为我们送信带路，探敌情及护理伤病员。不久她女儿连络同志参加了部队，在部队入了党，她更加把部队的同志看为一家人了。1944年5月间，日本鬼子到村里抓人，放火烧了炮楼，到处撞门。那天我和她家人一起在屋里，用木梯木凳顶住大门，敌人撞不开门，扬言要放火烧门。我见情况危急，要求她让我一人出去，免连累她全家受害。她坚决不同意，她全家人都说："要死大家一起死，绝不能让你一人出去。"敌人撞不开门，吼叫了一阵就走开了，侥幸地避过了一场危难。黄亚娘不惜牺牲全家生命来保护一个部队同志，她对革命队伍深厚的感情，使我永远难忘。日本投降后，国民党进攻我区，情况更加紧张，她也毫不动摇的掩蔽我们的同志。东纵北撤后，继续掩蔽留下坚持斗争的同志。她的女儿连络同志病死在部队，儿子连长发被迫逃港，家人离散，境况困难，她也毫不动摇。恢复武装斗争后，她继续帮助部队打叛徒，支持革命到底，黄亚娘是革命的好亚娘。

1946年3月间，肥仔安、曾世炎带国民党军队包围杨梅岗村。前一天晚上，杨培、黄仕昌和我一齐转移到该村，青抗会长杨谭仁来报，清溪圩敌人增兵，前几天包围了土桥村、柏朗村，这次不知要包围那个村了，要我们注意。但时已深夜，黄仕昌出外联系没有回来，不能远走，当即商定，杨培到邻近重木村树林里掩蔽，我在村里姑母家掩蔽。天亮前发现杨梅岗被包围了，我即转移到邻居进友嫂的家里。天亮后她出去打听，见到敌人正在逐家搜查，她赶回来，带我上楼，用谷缸谷萝［箩］禾桶围起来让我躲进去。不久，敌人进来了，在地下东搜西搜，还要上楼搜。进友嫂很镇定的拿出丈夫（在广州机场工作）写回的家信对敌人说：“长官，你们看，我丈夫也是在政府做事，我怎么会包藏他们呢？”敌人看了信，点点头才离开。快到中午，谭带（青年会员）叫一位老大娘来说，敌人正集合吃饭，村边警戒的哨兵也去吃饭了，叫我赶快设法离村。几个老亚娘立即帮助我化了装，提了一个菜蓝［篮］，由谭带和她们掩护我离开了村子。我走了不远，又遇到一群敌兵迎面而来，刚好路旁有一个妇女在田里锄蕃［番］薯，我过去帮她捡蕃［番］薯，等敌人过后，才转去油甘坪村军属杨兴的祖母家。她关切的告诉我，有很多敌兵从村旁大路经过，要我注意不要碰上他们。我说要去铁场，她拿了张割草镰，带我到村后山割了把草药放在蓝［篮］里，边割边走，爬过后山，去到铁场上围李亚娘家里。见到韩炳姑、罗满嫂、谢兰等在那里哭哭啼啼，因为她们听到敌人包围杨梅岗，以为我被捉去了，所以都在边哭边骂肥仔安。天黑了，杨培、黄仕昌也来到铁场，由谢兰、罗满嫂带我们转移到山背五道将军她们的亲戚家掩蔽。我这次安全脱险，完全是靠进友嫂、谭带哥，和其他亚娘亚嫂冒险掩护出来的。

也是在情况非常紧张的时候，杨培同志到柏朗和张生联系。他先到学校旁边的树林里观察村里的情况，（那时各村都有浓密的树林，大跃进时才被砍光）给一个小孩看见了，跑回去告诉妈妈说树林里有个“麻疯佬”（小孩见到生面人，怕是“麻疯佬”）孩子妈妈知道是自己的同志，立即告诉张生的母亲陈亚娘，她立即挑粪箕装着拾猪屎，到树林里找到杨培同志，带回村里张生掩蔽的地方（是一间被敌人烧去一半的破屋楼上，地下挖了个地洞，敌人来了可以进去掩蔽）见到了张生，和张生一起掩蔽了几天。陈亚娘天天给他们送茶送饭。

东纵北撤后，杨培、黄仕昌和我留下在三区坚持，我们有时到铁场掩蔽，该村的伪保长最初很坏，常恐吓群众，不要收留共产党游击队的人员，发现有人来要去乡府报告。韩炳姑是铁场、茅峯［峰］党的负责人，她很坚定，一面教育同志们要加强保密，一面亲自去做村里上层人物韩作环的工作，通过他劝告伪保长不要招惹是非，铁场离清溪圩远，肥仔安保不住他。同时秘密配合我们，在一个黑夜里，把伪保长从家里拉出来，押到村后铁场学校，严励［厉］的警告他，规定：一、以后部队有同志到来要热情接待，保证同志们的安全，如果出了问题唯他是问；二、要保护村里和部队有联系过的人的安全，如果出了问题唯他是问；三、肥仔安有什么行动消息，要立即告诉村里群众，使大家作好准备，部队有同志在村里立即通知和保护他们的安全，如果出了问题唯他是问。他一一答应了，从此就老实了。

从 1946 年初，敌人“填空格扫荡”到恢复武装之前，这段最艰苦的时候，我们根本上是在凤岗官井头、排沙围、松木岗、竹尾田、清溪的铁场、茅峯［峰］、磨泥圩、杨梅岗、柏朗、三峰、湖笃尾等村转来转去，多数是掩蔽在那些亚婆、亚娘、亚姑、亚嫂和一些女同志的房间里坚持下来的。她们为了我们的安全，不怕闲言、不怕危险，吕屋围的李亚娘被肥仔安捉去严刑拷打，迫她供出部队和党的秘密，她宁死不屈，始终没有暴露部队和党的秘密，后来我们责令吕屋围的伪保长去担保，李亚娘卖了一斗半种田才被赎回来。杨梅岗的刘运娣，她爱人杨良，叔叔杨扬，都在战斗中牺牲了，全家老小都被肥仔安捉去坐过牢。张凤也因工作积极面目暴露，肥仔安要捉她，被迫到外村和香港逃避了一段时间，受过不少苦头，但她们都是坚强的共产党员。没有动摇，解放战争期间，继续坚强勇敢的斗争到胜利。

三区妇女先后参加部队的有 100 多人，这些同志在部队搞政工、组织、民运、交通情报、卫生、财务、运输、炊事等工作，绝大多数表现都很坚定勇敢，有些还英勇牺牲了。如罗裙埔刘银莲小交通员，一次在杨梅岗，被肥仔安捉去，用刑迫她说出部队秘密，她坚决不说，在清溪圩被枪毙，英勇牺牲。

三区妇女在长期艰苦的斗争中，能不屈不挠，坚持到解放，主要是有党的坚强领导和有一批坚强的地方妇女党员。据我接触过的，她们是：铁场的韩炳姑、韩日灵、罗满嫂、谢兰、高叔母、韩留英，杨梅岗的张凤、江春来、刘运娣；磨泥圩的谢秀云，土桥的福成嫂，柏朗的蔡凤娇、黄观英、温伯友，吕屋围李亚娘，三峰李嫂，青塘的谭嫂，塘沥上村张辉，官井头邹玉兰、邹求珍，鹤湖凫的杨嫂，林村的李群、派哥嫂、复兴嫂等，就是通过她们带动广大妇女群众，坚持长期艰苦的斗争。东纵北撤前后，敌人向我们疯狂进攻，地方党的男同志绝大部分因暴露都先后撤离当地，能掩蔽下来的大多数是女同志；由张辉同志领导继续坚持斗争，克服无数困难，取得解放胜利，妇女同志起了重要的作用。三区人民是英雄的人民，三区妇女是英雄的妇女，战争年代她们发挥了重要的作用，四化建设的今天，亦将会起到更重要的作用。

东江纵队北撤侧记（节选）①

张持平

一、党领导的华南抗日武装队伍

……

二、日本投降，加紧内战

1945年8月15日，日本天皇正式宣布无条件投降，8月16日，我军奉朱德总司令给日本侵华司令官岗［冈］村宁次的命令，立即展开收复失地，解除日伪武装的斗争。在广东大陆先后解放南头、深圳、新会等地；在海南岛解放县城两座一百八十余个乡镇。广东国民党军政当局，消极抗日，坐守粤桂深山，眼看着现在有“桃子”可摘了，就赶快调兵遣将，他们怕力量不够，还从云南空运新一军、新六军，加入广东国民党的内战。广东原有国民党的六十三军、六十四军、六十五军、五十四军，另有保安七、十、十二团，以及地方杂牌军。国民党前后投入五十五个团的兵力，妄图实现在签订全国停战协定前，一举歼灭我东江纵队之目的，先把广东的胜利果实全捞到，然后再把这里的部队调运到东北、华北，囊括全国。他们对惠（阳）东（莞）宝（安）老区，则采取“分进合击”、“反复扫荡”、“重兵镇压”、“常川驻杂［扎］”、“填空格”等战术，用美式武装，大规模发动进攻，残杀我老区军民。在这危急关头，党中央指示，在新形势下斗争方针是：坚持斗争、保存力量，

① 收录于中共惠阳县委党史办公室、东纵边纵惠阳县老战士联谊会编：《东纵战斗在惠阳》，广东人民出版社，1993年，第415–430页。

坚决自卫。斗争方式，采取分散活动，化整为零，减少目标，在有利时，则迅速集中兵力，消灭敌人。斗争是艰苦的，前途是光明的。为了保存兵力，分散敌人目标，广东区党委、东纵司令部决定再成立海（丰）陆（丰）惠（阳）紫（金）五（华）特委和指挥部（称“东进指挥部”）。将活动在石龙至九龙铁路两侧的部队抽出两个团（即两个支队）到上述新区去。特委和指挥部，由张持平任书记兼政委，卢伟良任指挥员，黄布为参谋长兼四团团长，李征为政治部副主任兼四团政委，赵学（女）管军队组织，方定任多祝地区党委书记，赖祥为五团副团长，罗哲明为政委，海丰六支队归指挥部管辖。我们的队伍多半都是在老区工作的，为了使老区人民少受战火损失，不得不忍痛告别父老兄弟姐妹，到新区去打开新局面。在进军途中，突然接到司令部的指令，要进驻稔（山）平（海）半岛，减轻国民党军队我江南指挥部在铁路两侧的压力，并保卫半岛人民（尤其是盐民）的利益，准备与国民党军周旋一个时期。平海地区是广东重要盐产区之一，我军进驻后，减轻了盐产区不合理的赋税，保障了商人渔民的利益，得到各阶层人民的拥护，对国民党反动当局引起很大震动。平海一带的盐税，以当时国民党的法币计算，每日收入数百万元，这对经济相当困难的东纵全军，也是一个有力的支撑，前后约三个月共上交六千万元法币。为了保卫平海，我们一面发动群众，清匪反霸，减租减息；一面加强整训，构筑工事，准备背水一战。我们东进部队先暂驻稔平，从经济价值来说，对东纵全局起了一定作用，但对挺进新区开展工作，却推动了一些有利时机。最后国民党正规军伙同杂牌军以数倍的兵力节节进迫，迫使我军从暗街下船撤退。当晚英国兵舰，在海上巡逻，我军采取“人不犯我，我不犯人”的方针，在海上空隙中，撤至霞涌。这里我要写一下永远值得我们纪念的女共产党员，名叫张（玉）桃，为了送情报到霞涌，给国民党反动派抓去了，要她供出我军转移到什么地方，她什么也不说。于是威迫当地群众说张桃不是当地人，群众也不说。国民党当场撕下她的假发，说她不是当地人，是共产党员，她仍坚决回答说，你要杀就杀，我不知道。假发落地，群众就认识她，前几天她在镇里演《血泪仇》的女主角，在日本鬼子面前英勇就义，而今在国民党反动派屠刀面前，还是面不改色。张桃在血泊中倒下去了，群众不但没有被吓倒，而是仆［扑］在张桃身边，痛哭流涕，悼念我军英勇就义的女战士。

……

东宝游击队卫生队的回忆①

张惠文

一九三九年一月一日，东宝人民抗日游击队（第五大队前身）在苦草洞成立，设有救护组，组长赵督生（督叔，中医生），副组长叶佑佛（佛爷，牙科医生），卫生员张惠文、杨连友、陈贻，跟着又新增了叶妙有、林杰。当时，战士们患的多是疟疾、感冒发烧、手脚损伤等常见病，用中西药物治疗。至于肌肉注射，我和林杰在救护班学习过，能应付，但对恶性疟疾，就要用黄连素等，静脉注射，而我两人都不会。佛爷平日治疗牙痛和拔牙止痛、打麻醉针等，也是肌肉注射，虽然静脉注射的知识和操作，他是懂的，但眼睛不好，时常找不到血管，出现注射部位药水漏出肌肉而发肿，战士们害怕，不愿接受静脉注射。因此，恶性疟疾就不易治疗。有一次，林杰发高烧到半昏迷，她叫我大胆的给她进行静脉注射，侥幸成功了，于是我们卫生员互相在自己身上用葡萄糖液来练习静脉注射的技术，才熟练了。

这时经济困难，买不起西药，只好找些青草药来吃，或者找点草药煲水洗澡，把病治好了。督叔懂得脉理和中草药性，我们就分头按治常发病的药名，请群众采摘回来，使我们认识了许多青草药名和使用方法，为治病起到很大的作用。

游击生活环境非常艰苦，经常吃不到青菜和生油，战士们常害夜盲症（发鸡盲），夜间看不见东西，使夜行军或作战失去应有的作用，甚至拖累了部队的活动，要治疗夜盲症需要大量鱼干［肝］油丸，我们弄不到鱼干

---

① 收录于中共东莞市委党史办公室编：《东莞烽火》第九册，广东省东莞市印刷厂，1986 年，第 121—125 页。

[肝] 油，就从一位战士的父亲中得知，他患了夜盲症，是用猪肝和锅灰蒸熟吃过几次治好病了。从此，我们懂得了凡遇到多种奇难杂症，就向战士们或群众请教，不断的丰富我们的医学知识，提高我们的医疗技术，逐步做好我们的卫生医疗工作。

一九四〇年九月，我们队伍东移（海丰）回来，曾生同志带领第三大队到东莞活动，王作尧同志带领第五大队在宝安活动，大力补充人员，许多伤病员和东移失散的同志都回队了，当地的青壮年也一批批的踊跃参队，成立了几个中队。可是我们的活动地区仍在国民党军队和日本鬼子的包围中，环境非常艰苦。为着保卫群众利益，我们经常和敌伪顽军作战，大小战斗接连不断，伤病员不能跟随队伍频繁活动。为着适应形势变化，王作尧等领导同志决定各中队配备一、二名坚强勇敢的卫生员，跟随队伍行动，不能行动的战士，集中医疗，所以要筹备成立医务所，领导把这个任务交给我。当时既无驻地，又无医务人员，怎样开展医务工作呢？领导说："条件不具备也要办的，要从无到有，从小到大的艰苦创业精神。"从此，我们在宝安龙华观澜之间和光头仔村山上沙梨园的一间小房子，设立医务所的立脚点，请地方党同志帮助搭了个小草棚临时住下，我和老战士莫艮尚、新参队的何景询，黄雪珍（黄峰），以及从香港回来的徐绮云、欧坚、欧峰、欧强等十多位同志都有一股强烈的革命热情，虽然不懂医疗卫生，但我们边学边干，坚信一定能够愈办愈好。开始我们挑起两担药箱和伙食担等东西，来到光头仔村，得到当地党员陈耀同志和游击小组的协助，割茅草、砍竹仔、砍树枝等，在沙梨山上搭起几座小草棚，便是伤病员的住房。这样，第五大队第一个医务所正式诞生了！开始接收伤病员，可是小草棚不牢固，稍下大雨就漏水，一刮风就把大部分棚顶刮走或倒塌，人人变成"落汤鸡"。

吃过几次苦头，我们便摸索出用树身作支柱，在两棵树之间搭上矮棚仔，棚顶用黄泥茅草盖顶，用山藤在顶上结成十字压实，四周边紧紧扎在树身上，巩固，能顶风雨，每间小草棚住上五六人，不再换雨淋了。战斗频繁，伤病员不断增加，到三十多人，住房不够，于是轻病员主动配合我们一齐动手，就地取材，很快盖好几间小草棚，住房又解决了。

但是，怎样成为名符其实的医务所？必须提高业务水平，使伤病员迅速恢复健康。正当我们发愁的时候，曾生大队医务工作者梁国［帼］莲同志调来当所长，负责医疗业务工作，我是指导员，组织学习业务和其他工作，可是刚开始形势突然变化，使我们的工作受到影响。

后来部队在宝安地区站稳脚跟，当地民兵、妇女会、儿童团都纷纷组织起来。一次日军出动抢粮，在上下坪挨了打，不久，日军与国民党顽军一千多人，向观澜、龙华游击区扑来，领导通知医务所伤病员迅速转移掩蔽。我们刚离开驻地，顽军果然来围剿，把我们的小草棚烧了，后在我军反击下，顽军撤走，可是我们伤病员没有安身的地方，为防备敌人的袭击，我们选择离白石龙较远的深坑，敌人难到的地方，重建我们第五大队的医务所，既有存放药物和诊病的单房，也有容纳卅多人学习的草棚，轻、重伤病员分开住地，便于照顾，医务人员也有所加强了，老战士莫福娣、莫就兴也调来医务所，从顽军俘虏过来的周医生，香港回来的两位助产士，香港光华医院学生冯慕贞、江培全、麦雅贞、邝日莲等四同志也来了，日军占领香港时陈元仁医师和他的家属（护士）等，另外还有香港进步青年五六人都到我们所里来，使医务和行政等人员发展到卅多人，政治与业务学习等制度建立起来了，党组织生活也很正常。

但是，经济生活困难，伤病员的营养跟不上，甚至要保证吃上两餐饭也不容易，致使伤病员恢复健康缓慢，影响部队战斗力。这时，我们就本着近山靠山、近水靠水的原则，发动一些轻伤病员在住地附进［近］的山坑、田边，捉田鸡、鱼虾和取黑鸟、鸟旦［蛋］、木耳、松菇、竹笋等东西，补充营养，他们在行动时，有说有笑，心情愉快。这对改善伤病员生活、恢复健康，都起了很大的作用。

一九四二年春，除医务所外，还建立起兵工厂、出版社。那时日军占领香港新界，我们短枪队就进入香港新界，经过许多困难，抢救出许多知名的文化界人士和民主人士，其中有些到过医务所的，都称赞我们能够在这样恶劣环境中建立起这样别具风格的医务所，知名文化界人士邹韬奋先生常到报社，路过我们医务所，虽然不是看病，他到所里找伤病员或工作人员交谈，了解我们的情况。遗憾的是我们当时不会说普通话，不能好好的交谈，交流感情。

为着适应形势发展需要，领导决定在阳台山由陈医生负责建立后方医院。那时我到白石龙村附近沙梨园的刘鸣洲同志家里生孩子，这是领导机关所在地，王作尧、梁鸿钧等领导同志也在这里。医务所由梁国［帼］莲负责，从香港回来的陈△平同志任指导员。

一九四二年四五月间，顽军一八七师独九旅独二十旅及宝安第八团黄文光大队等部，向我游击区进攻，我们部队以游击战和运动战迎敌。首先将白石龙一带的非武装人员，分头掩蔽疏散。当时领导对我说："敌人就要向乌石岩阳台山一带地区包围，陈医生初到游击区，对情况不熟，你速到阳台山和地方党联系，帮助陈医生将伤病员疏散到敌占区掩蔽、埋藏好医药用品等物资，回来随队行动。"接受任务后第二天早晨，我背着刚出生不满两个月的女儿赶路去乌石岩阳台山，下午天将黑才到达山脚下古庙里，找到和尚（党员）和地方党李敏同志，互相研究如何将伤病员分批疏散到西乡、黄田、固戍一带乡村掩蔽。吃过晚饭天黑多时，孩子不肯吃奶又发烧，夜间爬山路确实不成，心里又惦念着伤病员的安危，那能睡得着！盼到天刚亮，立即背上孩子。由和尚带路上山，到了医务所就将孩子放下，即与陈医生伤病员等商量疏散掩蔽的具体办法，李敏同志带来的十多人同时赶到，将伤病员分头护送去掩蔽，陈医生到敌占区去掩蔽，我们将粮食医药用品等藏好，才松了口气。想起孩子要喂奶，回到棚里抱起孩子，真没想到，她已经死了！我没有尽到做母亲的责任，留下终生难忘的悲痛。

这次，在白石龙村医务所的伤病员，分散躲藏在山坑的石洞或炭窑里，给敌人搜索发现了，大部分安全脱险，少数被俘或打死。从此，我们吸取教训，没有集中起来办医院，把医务所改变为小型为主，分散各地，一个个小组便于收容伤病员，遇到顽军袭击，也便于疏散掩蔽。

东纵老战士“兰姐”[①]采访实录[②]

张黎明

我问兰姐为什么不怕？

兰姐说，我三更半夜送情报，走的都是大山大岭，一个人、一条竹仔，一面走一面拨。有一次拨出一条饭铲头（眼镜蛇），呼呼呼，大扁头一扑一扑，真的很吓人……一路上有日本人、有伪军、有土匪，还有国民党军队，可就是不能惊，为什么不惊？我是越打越心雄的人，我是受苦人，不能惊！

这位93岁的老人，领着我走访她的战友，走到哪里，小孩大人都喊她“兰姐”。

我手里有一份兰姐的自传。1912年2月4日出生，广东鹤山人。自小在香港谋生，后入香港九龙陶【淘】化罐头厂当工人。受到领班蔡国梁同志（地下党员）影响，1938年11月奔赴广东惠阳坪山（现属深圳）。参加曾生司令领导的“惠宝人民抗日游击队”。

1938年香港九龙陶【淘】化罐头厂工人18人从香港回到坪山，加入游击队，编入特务队。易焕兰就是18人中的一个。

最危险的工作是送情报。来往于香港和坪山，来往于司令部和各游击队，来往于游击区和敌占区。随时有生命的危险，在这份自传里面，没有说很多的险境和艰巨。仅说1943年，送情报遇敌，即将情报咬碎，抛入

---

① 易焕兰，原佛山市卫生局局长。——原书注

② 收录于张黎明著：《记忆的刻度——东纵的抗战岁月》，群众出版社，2006年，第45-49页。

水渠，被拳打脚踢，枪托乱捅，直至昏迷。被救后仍然昏迷了3天，后来腹部常常疼痛，肚脐不断流出淡红的血水。接着她参加了几个月的医疗训练班，即成第一线卫生员。

她从第一线上抢救过多少伤员？自传里也找不到这样的数字。

在游击队里，易焕兰和战士们的年纪差别不大。在拿枪的战士面前，20多岁的大姑娘看了生人还会脸红，遇到伤心事情也会掉泪。

为什么喊“兰姐”？在龙岗的一次战斗中，她背下了左脚骨折的李官喜班长。背下了左肩受伤的李强班长。这些她一鼓作气办到了。可看到小队长黄秀腹部中弹，肠子随血外流，她慌了，她捂着胸膛不让自己那颗心跳出来，这是火线，容不得想，容不得退，容不得脚软。她一咬牙，捧着那把血肉肠子，更狠地咬牙，把肠子全部送回黄秀的肚子……易焕兰把黄秀背下了火线，背到了山边的灰窑。

几个被易焕兰背下火线的伤员都在灰窑，大家都在看她。她知道，她想哭，没有什么药，只有几捆纱布和几瓶红药水、酒精。她扭头看看大家，半点眼泪也不能掉下来，自己是希望。她给伤员们包扎，洗伤口。还得想法子上外头给伤员们找喝的吃的……

这天晚上，黄秀情况恶化，尿液无法排出，膀胱肿胀，几次休克。尿中毒会要性命的。她在医疗培训班学习的时候听医生说过。

怎么办？需要导尿管！没有！易焕兰的眼泪要决堤了，哭，哭什么？伤员们都在看！

她按摩黄秀的膀胱，一滴尿也没有！黄秀的肚子鼓胀，好比怀孕几个月的妇人。易焕兰咬着牙，按摩，按摩，还是没有作用。

吸管！吸管！没有吸管，她恨不得自己是吸管！她顿住了，自己为什么不是吸管？她闭了闭眼睛又睁开，俯下腰，可是……可是……自己是个没结婚的姑娘。

灰窑里的战士都在看。黄秀的眼睛抖，嘴抖，手也抖。

黄秀要死了！他才10多岁！易焕兰不想了，她就是吸管，她趴下了，用尽力气吸吮排尿口……一口又一口的尿，出来了。

黄秀有救了。

一脸湿透的她，连头发都滴水，是汗是泪？她不想。

灰窑里的战士有的大睁眼睛，有的眼泪扑扇扑扇落，有的压抑哭声太难倏然背脸……

黄秀脱险了，睁开眼，拼了力气说话，他憋了半天，突然哭着喊：兰姐……

灰窑里的战士先是静得连呼吸的声音都听不到，突然也像黄秀那样，你一声我一声的哭喊：兰姐。

于是“兰姐”充盈在灰窑。

从此，游击队有了一位“兰姐”，从战士到司令员都这样喊。大的小的，老的少的，一直喊到2005年的今天，已经93岁的她依旧是“兰姐”。

建国后，黄秀成为北京空军某飞行团参谋长。只要有机会来广东，他一定探望“兰姐”，他逝世后，他的家人依旧如此。

“兰姐”不是随便喊的，“兰姐”的分量，东纵的战士知道。

有一位被兰姐抢救过的伤员高松，他的自传清楚记载了沙湾炸伪军碉堡的一场战斗。他被炸得血肉模糊，一只眼球迸出眼眶，硬是塞了回去。他们被安置在梧桐山的灰窑，没有水喝、没有饭吃。

直到第二天晚上，地下党送来一小锅稀饭。兰姐把稀饭送到一个又一个战士嘴边，一勺一勺喂进嘴里。

兰姐喂高松。

高松听见有人轻轻说：兰姐，你也吃几口。

兰姐笑：我不饿，不饿，你们吃……

高松哽咽，扭过头不肯吃稀饭。兰姐命令高松：多吃几口，再多吃，多吃才能好……

就是这几口稀饭，伤员们都活下来了。

建国的几十年后，高松病危，兰姐又坐在高松的床前。

兰姐说，那一次在梧桐山，多么艰难，你都挺过来了。你要挺过这一关……

弥留中的高松竟然动了动眼睛，兰姐的声音，为他送行。

2005年的夏天，我采访兰姐。我常常提醒自己这是一位93岁的老人，可她不是那种让人时时感觉像鸡蛋般脆弱，必须小心护卫的人。她喜欢哈哈笑，这笑感染我，让我忘记她的年龄，让我打消伸手搀扶她的念头，当年，这样的笑声一定鼓舞过很多她的战友。

93岁的她没有忘记游击队同甘共苦的细节——

没有水喝，路过一个废旧炭窑，有一摊［滩］浑浊的黄泥水，每人一小口盅，不能舀光，第一个人这么说，一个传一个，先头的人想到最后的人……

没有饭吃，有一种野果，叶子酸，果实甜，先头路过的人摘几个，绝对不会摘完，留给后面的同志，没有人命令，大家都习惯了……

我相信兰姐说的，那个特定的时代，每个人的肩膀都扛着一个民族，共同的苦难令他们有福同享。

尽管如此，我仍然疑惑：一个20出头的女子，送情报，救护伤员，都需要胆量，不怕吗？

兰姐哈哈笑：怕？不能惊，一惊就脚软！

我问兰姐为什么不怕？

兰姐说，我三更半夜送情报，走的都是大山大岭，一个人、一条竹仔，一面走、一面拨。有一次拨出一条饭铲头（眼镜蛇），呼呼呼，大扁头一扑一扑，真的很吓人……一路上有日本人、有伪军、有土匪，还有国民党军队，可就是不能惊，为什么不惊？我是越打越心雄的人，我是受苦人，不能惊！

东纵老战士郭际[1]采访实录[2]

张黎明

我心想，原名郭显怡，为什么改名郭际？（我想到的是“国际”的同音，他的名字烙上共产主义痕迹，合情合理）

郭际哈哈笑：我大多活动在客家地区，客家人都叫“郭仔”“郭仔”（际与客家话、白话的仔类同音），就这样叫下去了。

郭际，李淑桓的第六子。今年已经79岁，他的母亲，就是1938年10月在惠阳青年会为女儿云翔报名参加东江游击队的母亲；就是在香港走街串巷，为东江抗日游击队募捐的母亲；就是后来被东江纵队司令员曾生称为革命母亲的李淑桓。

一位很普通的香港女人，为什么要陆续把7个孩子送到抗日部队？

我没有问这位母亲的儿子，79岁的郭际。这样的问题在那个年头是不用问的，比1 + 1还简单。还问？问日本人！

一位小脚母亲送了7个子女去抗日，大儿子去了延安，其余6个子女到了东江地区参加共产党领导的游击队，后来这位母亲自己也来到抗日部队，以教书作掩护为东江纵队传送情报。她与自己的3个孩子牺牲了。

她不是共产党员。

日本人为什么失败？这位母亲就是答案。

郭际还记得1938年12月惠宝人民抗日游击总队成立。自己刚刚13岁，就读的香港海华学校，有位叫沙克的老师（原名李廉东）给大家讲历

---

① 原广东省军区梅县军分区参谋长。——原书注

② 收录于张黎明著：《记忆的刻度——东纵的抗战岁月》，群众出版社，2006年，第49－52页。

史，讲二万五千里长征，翻到一张毛主席掰着指头和红小鬼在一起的照片，红军部队有很多这样的红小鬼。老师问大家愿不愿意参加东江游击队？“红小鬼”和自己的年龄差不多，他跑回家问母亲能否参加游击队。

年龄太小，人家会要吗？母亲有些吃惊。郭际说游击队里有个十一二岁的红小鬼班，自己正好合适。大哥当了八路军，姐姐也在东江，怕什么？

母亲跑到惠青会问，孩子没有撒谎。

母亲在课堂诵读自己写的《哀国难》：呜呼，今日何日？日军强占我国土，屠戮我人民之日乎！日军强占我重镇，蹂躏我人民之日乎！……故今日为我最悲最痛之日，最悲最痛之日，即吾人复仇雪耻之时，能为此矣，执干戈以卫社稷，此其时矣！男同胞们！女同胞们！祈速起！

孩子自己打定了主意，自己能说不行？不点头，如何面对自己的学生？

出发前，13 岁的郭际一倒头就睡了。

拿什么给孩子上路？家里孩子 7 个，全靠澳门打工的丈夫维持生活费用，生活拮据，小学也因为交不起房租停办了。天已经入秋，不能没有一件抵寒的衣服。母亲一夜无眠，一针针修补破旧毛衣和一条红色的旧棉毯。当缝纫学徒的五哥翻箱倒柜，找出各种色彩的巴掌大的布头布尾，缝制了一件百样布的夹背心。

第二天，郭际离开了香港。

1939 年 5 月，李淑桓应香港海员回乡慰问团的邀请，到惠阳坪山慰问惠宝人民抗日游击总队。李淑桓把郭际的两个哥哥和年仅 9 岁的弟弟也带去了。

到坪山的当天，母亲带着孩子们到处观看，见识游击区。曾生大队长把自己的白马让妈妈骑，路上遇到几位儿童团的小士兵在站岗，母亲很感慨，小小年纪就会站岗放哨，为国家效力。得向人家学习。

第二天，在部队召开的欢迎慰问团群众大会上，让母亲上台讲话，她把孩子 5 个都叫上台，按高矮排列，对着台下的战士和群众说：我的大儿子在陕北参加八路军，三子在香港搞抗日救亡工作，其余的孩子在这里。我现在把他们都交给部队，最小的这个才 9 岁，先报个名，等他长大了我再把他送过来。我没有别的能耐，这就算我尽了一份责任吧。

这位香港母亲没有食言，她把孩子们一个接一个送到游击队。

部队被迫东移时期，香港的抗日组织同时被迫转入地下。她的五儿子在一次阻击战中牺牲，肝肠寸断的母亲，没在孩子们面前落泪。郭际失散回家，失散的游击队员都到她家找联系，五六位年轻人吃住在家里，家里本来就常常断粮断炊，可她说：你们的难就是我的难，我有吃，就不会饿着你们。

她是游击队的母亲。

1940 年秋天郭际父亲病故，日伪军正准备联合进攻东宝地区，她听说经过东移回来的游击队非常艰难也非常需要人，她带着年仅 11 岁的小儿子参加了游击队。

母亲牺牲在大岭山，牺牲时年仅 47 岁。消息传到大岭山根据地，许多人都放声大哭，游击队办的《东江民报》还出版了纪念她的专刊。曾生号召大家学习这位母亲：李淑桓同志牺牲时已年近半百，她和 7 个子女是从香港回来参加抗日的。她本人在部队东移最艰苦的时候来到大岭山区，坚决要求参加革命。

这位叫李淑桓的母亲和她的 7 个孩子留在了东江纵队抗日的史册上。

面对郭际，这位 13 岁就参加曾生游击队的老战士健谈风趣。

我心想，原名郭显怡，为什么改名郭际？（我想到的是“国际”的同音，他的名字烙上共产主义痕迹，合情合理）

郭际哈哈笑：我大多活动在客家地区，客家人都叫“郭仔”，“郭仔”（际与客家话、白话的仔类同音），就这样叫下去了。

在战争中，你们兄弟全都参加了抗日的部队。你们 7 人当中，牺牲了 4 位，如今活着有多少位？只剩 2 位。

郭际参加过东纵史料上记载的黄谭、百花洞、梅塘等战斗。我问：最难忘的是什么？

我身上留下的印记，日本军、伪军、国民党军，各有一处。

郭际顺手撩开裤腿，让我看这些印记；大腿的疤如眼睛；右臂的疤扭成一团，那子弹穿过肘部又进入上臂；左小腿全是手榴弹留下的伤疤，像纵横了几条粗大的黑蚯蚓，这差点锯掉的腿，经多次手术，短且歪扭，像折歪的树丫。

郭际笑谈伤疤。

说起牺牲的哥哥，五哥东移途中牺牲，1985 年才从五哥战友处得知五哥头部中弹的经过。八路军的大哥没有任何消息，估计是牺牲了。

1941 年，郭际受伤被国民党徐东来部队抓捕，化名李昌，在惠州监狱与同样受伤被捕化名李炎的四哥相遇，四哥胯部伤口已经长蛆。

一行游击队员从惠州押解到韶关，他们获得东莞同乡会 10 元（银号券，相当于现在 20 元）、1 斤饼干、1 盒万金油、2 双筷子以及 2 个可当被子盖的麻包袋的资助。

四哥伤口发炎、发烧，浑身发抖，不但没有治疗还必须走，在韶关马坝倒下，临死前要弟弟记住妈妈和哥哥们的仇，还用最后的力气抓住郭际的手。押解的兵催促上路，不许留片刻。郭际和战友把余温未消的四哥抱到路边，盖上属于四哥的两个麻包袋，麻袋小盖不完全，弟弟铺上属于自己的麻包袋……

79 岁的郭际声音哑了，那一刻还可以为四哥做些什么呢？他哽咽无语。

东纵老战士杨彩萍[①]采访实录[②]

张黎明

我想想，问了杨彩萍唯一的一个问题：当时有共产党也有国民党，都说抗日，你怎么就参加共产党领导的队伍？

杨彩萍立即抬头，瞪眼（也许觉得我的问题不可思议）：哈？我一去就去了共产党的队伍！国民党共产党我都分不清，我好恼日本仔，有人说去打日本仔，我当然去。我们几个姐妹一起去，有的人吃不了苦，东移的时候我们不通知她。

广州东风东路的教育厅宿舍，大热天，没有一丝风，岗亭里的保安把椅子搬到外头，还不停扇动手里的一叠报纸。

院子里有几栋互相之间显得挤迫的楼房，杨彩萍住二楼，这铁门长满了锈，本原颜色似乎是绿的。我按了门外的对讲机，听到回应，然后拉了拉靠对讲机这头，门不开，更用力地拉，门咬得死紧，尝试另一头，原来不能拉，得推，门才开了，这一折腾，我出了一身大汗。

我往上走，看到二楼的门半开，85岁的杨彩萍老人腰背不驼，很挺直地立在门中，笑声清脆和悦耳。这霎［刹］那，刚才那点不愉悦也就融化了。

说真的，这是我最轻松的一次采访。她语速很快，想起什么就说什么，快得像一串串脱口秀，一卡壳就瞪愣着大且圆的眼睛。说话间，她打开冰箱拿出荔枝，招呼我、保姆和寄住她家的男孩吃。她家来往的人很

① 原广州中山大学统战部部长。——原书注

② 收录于张黎明著：《记忆的刻度——东纵的抗战岁月》，群众出版社，2006年，第93-97页。

多，只要说是老战友的孩子就朗声宣布：包吃包住。

老人像流水一样想到什么说什么。

新编大队——我们新编大队从成立的那天开始，就吸收了许多女同志。她们和男同志一样剪短头发，参加军事训练。

我的家在惠阳良井，日本鬼子来了，大家都跑，我妈妈爬楼梯，一下从楼上跌下来，手也跌断了。我是农村姑娘，小学生，刚刚十六七岁，什么都不懂。我们家本来很穷，日本鬼子一来，连饭都吃不上，吃番薯叶豆叶。村里来了宣传抗日的东江华侨回乡服务团，我和村里的几个姐妹就跟着走，最起码跟东团有饭吃，我跟东团，当东团的积极分子，跟到大洋村，跟到曾生的新编大队。当时部队只有100多人。那时候还不叫东纵，参加游击队的有很多一家一家的，连家里六七十岁、五六十岁的妈妈也跟来，像何鼎华一家、高键一家、郭际一家，都是一家一家的。

新编大队的女战士，记得有朱素英、李玉珍、易焕兰、招丽真、邝爱莲、郭云翔、袁巧婵、叶萍、叶彬、王柏、容敬玉、梁国［帼］莲等。

她话锋一转又说起高键，日本人来的时候，他们自卫队打了一枪就跑，人家的武器，你打不过。就一枪，老百姓传他们打了几天几夜。哈哈哈！

她翻看一些准备好的资料，手写的、油印的，她说你拿去，我去深圳的时候再问你拿。她又说，书太高，没有力气翻出来了。

我想想，向了杨彩萍唯一的一个问题，当时有共产党也有国民党，都说抗日，怎么你就参加共产党领导的地位？

杨彩萍立即抬头，瞪眼（也许觉得我的问题不可思议）：哈？我一去就去了共产党的队伍！国民党、共产党我都分不清，我好恼日本仔，有人说去打日本仔，我当然去。我们几个姐妹一起去，有的人吃不了苦，东移的时候我们不通知她。

村里一起去的姐妹，受不了苦的，后来都离开了，一个参加了国民党部队，一个嫁了国民党官，当了第三还是第四小妾。说着说着，老人突然顿住：哎呀，我去过罗坤国民党部队，是啊，是国共合作的时候。

她杨彩萍怎么就不留在有吃有穿的国民党部队，反倒跟着曾生游击队？我在她的眼里也看到了问题。杨彩萍瞪着眼睛，这严肃表情让人乐，她也在琢磨，参加曾生游击队并非像六合彩靠碰运气，是杨彩萍自己选的，快人快语的她愣怔了好几秒。也就几秒，反正她就是跟了共产党。

她话题转回新编大队——

1939 年秋天，我们部队发展很快，需要枪支子弹，需要服装和鞋，需要医疗卫生人员，需要广泛的发动老百姓支持抗日。女战士被分配到各个部门，有卫生工作，有政工部门，有服装鞋厂，还有在部队当事务长，当炊事员等。

1939 年 10 月我和几个男同志被派到惠阳大小牛山区开展群众工作，准备在山区建立一个兵工厂。1940 年 1 月，我又被调往坪山，在龙岗、横岗一带做群众工作。

然后是 1940 年 3 月东移，我是东移火线入党的。

大队部派我到第二中队部政工队，中队长叶清华，指导员黄业。住在高谭墟旁的一个小村，听到枪声集合，我们跑到村外的小坟地，就碰到追赶我们的国民党部队，我们没有和国民党军队打仗的经验，还幻想中国人不打中国人，边跑边打还边喊口号：枪口对外，中国人不打中国人！

（这些口号对士兵有作用，新编大队曾派王柏在高谭做工作，有个国民党部队指导员偷偷和王柏说，上头说围剿土匪，曾生游击队不是土匪，包围了也枪口朝天打，搜山也一进山就打枪，让游击队赶紧走。）

我有个亲戚在高谭罗屋，怕我牺牲，跑出来拉我，不让我跟部队，我挣脱了拼命跑，跟上部队。这天下大雨，小河水很急，我不会游泳，“扑通”跟着战士冲到河里，你拉我扯就冲到了河对岸。

这天打散了好多同志。我们躲在半山的树林里，枪声一直响到下午 4 点多。第二天，我们走出树林就看到远处田间有人拿着锄头，东看看、西看看，好像看田水。他靠近树林喊：有人吗？可以出来啦！这是同情我们的当地群众，他领我们走到石山村，又看到了许多大队部的同志。

我从来没有想到，我们打日本仔，国民党会打我们。有一天，我对曾生说，国民党这样坏，打我们共产党。

曾生看看我，没想到他会问：你是共产党吗？

我瞪着曾生，我当然是共产党！很奇怪，曾生问我，你知道共产党员？我说当然知道，就是打日本鬼。谁不知道？八路军、新四军，不就是打日本鬼，我们游击队也是打日本鬼的。

曾生哈哈笑，说了些共产党军队和人民是鱼水关系，和国民党军队不一样的道理。

我说知道，我也哈哈笑，我就是共产党，我以为自己到了曾生新编大队就是共产党员了。

过了几天，王颜之（共产党员）和我谈“入党”的事情，我大吃一惊，我早就是“党”了，我不是共产党？我还要入党吗？王颜之说你现在还不是共产党员，她告诉我，共产党员要加入组织，要成为真正的共产党员必须经受考验。天啊，我才知道自己不是共产党员。

我喜欢王颜之，说话有条有理，党的道理讲得很清楚，我很想加入中国共产党。她和我谈了几次话，成了我的入党介绍人。就在石山火线入党，宣誓入党那天，还有梁仔、欧巾雄坐在一边，梁仔可能是介绍人。几个人，没有什么红旗和镰刀斧头，只有介绍人王颜之和监誓人邬强。

我举手宣誓加入了中国共产党。那一年，我 19 岁。

东纵老战士叶彬[1]采访实录[2]

张黎明

曾生大队长真得的好[3]。

说到这里，老人明显动了感情，声音更轻更柔。她毫不掩饰这样的爱：他真的很好，他有一匹马，他没有骑马，他把马让给一位伙夫，那位伙夫的脚有问题，不能走路。这些领导真的很好，和战士们一起吃饭，8个人围在一起，战士吃什么，他们吃什么。曾生死的时候，我都去看他了。

那个年代的人，她们有一种集体性的温柔，同时恨大家所恨，爱大家所爱。

叶彬住在广州荔湾区林业厅的宿舍，家很大，光客厅就有三四十平米，一列向街的玻璃窗，大都市的嘈杂声毫不客气地从那玻璃的缝隙挤进来。她的客厅显乱，墙上挂，桌上摆，全是她每周学习书法的作品，在这样的闹市中挥笔执毫，需要什么样的定力？

叶彬的眼睛分得有点开，这令她像一个孩子，让我惊奇的是84岁的老人，眼神竟然如此天真，说话的时候，那眼神绝对不会左顾右盼。叶彬的声音很柔却很有力，柔柔的声音和她孩子似的眼神一齐穿透着我。

战争没有打死，运动没有搞残，不是吗？你看我，我还能说话。我是幸存者。

---

① 原广东省林业厅办公室主任。——原书注

② 收录于张黎明著：《记忆的刻度——东纵的抗战岁月》，群众出版社，2006年，第124−128页。

③ 原文如此。——编者注

我造反，不让我读中学，什么女子无才便是德，我不服气，1937 年，我就给加抗战后援会。17 岁参加曾生大队。

我为什么恨日本人？我是博罗人，在石龙长大。我亲眼看到日本人追我妈妈，妈妈一下子钻进煮饭的灶间，爬进黑咕隆咚的烟囱，爬，一直爬，爬到上面的屋顶天棚，躲过了日本仔。日本仔追不到我妈妈就追我家隔壁的姑娘，强奸了她。我好恨日本仔，好想杀死日本仔。

1938 年，我就跟着石龙和博罗交界的黄家山民团打日本鬼，打了一天，第二天日本仔的橡皮艇过了江。我们家赶紧逃到香港，我在余闲乐社当小学教师，夜晚教人识字，认识了很多人。

1939 年，我偷了家里两块钱，逃回来了，坐车到深圳，从深圳走到沙鱼冲，走到坪山墟 [圩]，走了整整一天，参加了曾生游击队。分配我在政工队，天天下乡宣传抗日。后来让我当政工队的事务长，管伙食，每到一个地方，别人休息，我们就要找粮草找地方煮饭，炊事员大游小游是堂姐妹，她们跟着我。

最困难是东移，国民党军队前后夹击，我们人地生疏，想找一些米做饭真不容易。

1940 年 3 月 8 日，我们政工队正在演出《放下你的鞭子》，还没演完，接到通知，马上撤退。

我当时叫叶少雅，我们在斧头山附近的牛湖村刚刚煮熟饭，还没有吃，追兵就到了。上山！斧头山只能上不能下，爬山，爬了一晚，爬到天亮还没有到山顶。拂晓，梁鸿钧站在山头，拿着望远镜，看到了东边山下的几间屋，他命令我赶快下山，搞点粮食，如有番薯全都买来。爬了一晚山，已经很累，我是事务长，大家的吃饭问题靠我，累死也要去。我就带着大游、小游找到了那几户人家，买了白米番薯，煮成番薯饭挑到山上。两天没有饭吃，总算吃上一顿饭。

上了斧头山，我们打前站，根本没有路，指挥员手往前一指说，这里！我们就开路，有的地方尽是半人高的芒草，草叶子布满锯齿，我们两只手一拨一拨往前走，手臂被割得一条条，血迹斑斑。

又渴又饿，我们打前站还算好，到处钻，有的石头缝还有一点点泉水，很脏，我们连泥带水喝。大部队人多，不能像我们这样钻，根本没有水，比我们更艰难。

到了高谭水口，第二次国内革命战争时期，这里建立过苏维埃政权，还有我们地下党的同志，群众也很好。我们听到群众说“欢迎红军”，感觉真像到了家。

国民党的军队紧追着我们。大队部住在柑树下村的柑树下小学，我们刚刚吃了午饭，搭起枪支准备午睡。欧巾雄正在冲凉。突然，枪声响了。梁鸿钧大声喊：立即上山。欧巾雄衣服来不及穿，裹着一张毛毯跑出来。大家都很乱，有的来不及拿枪系子弹袋，有的来不及收拾被帐。

大家都往外冲。我和刁惠民、欧巾雄、蔡如冰、易焕兰等七八位女同志，还有一个小鬼，拼命冲上山。爬到山上才发现和部队失去了联系，我们在山上互相挤在一起，过了一个夜晚，蚊子叮虫子咬，这是小事情，找不到部队是大事情。第二天刁惠民下山联系老百姓，刁仔是客家人，懂当地话。老百姓带她找到山坑的炭窑，我们掩蔽在炭窑里。第三天，有个姓王的老百姓说部队让他上山寻找打散的同志，我们半信半疑，怕上当，先让刁仔跟他看个究竟。

刁仔翻过几座大山到了海丰石山村，已经深夜 12 点。她一进屋就看到小队长陈奇禄，才明白是真的。我们又回到了部队。

我们撤到汕尾，周伯明也来了，大家见面，眼泪都流出来了。原来周伯明他们三中队的几十人被捕了，他说自己在墙洞挖了一个洞，跑出来了。

不久，部队接到党中央的电报，东移海陆丰是错误的，我们坐渔船跟周伯明、梁鸿钧一起回到香港。

东移的艰难，84 岁的老人叙述得很平静，说到最艰难的时候，仍然微笑。曾生大队长真的很好。

说到这里，老人明显动了感情，声音更轻更柔。她毫不掩饰这样的爱：他真的很好，他有一匹马，他没有骑马，他把马让给一位伙夫，那位伙夫的脚有问题，不能走路。这些领导真的很好，和战士们一起吃饭，8个人围在一起，战士吃什么，他们吃什么。曾生死的时候，我都去看他了。

那个年代的人，她们有一种集体性的温柔，同时恨大家所恨，爱大家所爱。

记得有一年的东纵老战士周年纪念聚会，应该是20世纪90年代，他们七嘴八舌互叙衷情，突然说曾司令来了，七八十岁的老人腾的一下，全站起来一齐涌向他们的司令。

叶彬不时透露一些秘密。

我偷偷买了几个鸡蛋，煮熟了，偷偷给几个队长，每人一个。偷偷用伙食钱买了几个鸡蛋，煮熟了给曾生几位领导吃，这是叶彬的秘密之一。

说起梁鸿钧，我给叶彬看我带来的梁鸿钧照片。叶彬摇头，假的。我大吃一惊，怎么假的？梁鸿钧照片，我看到的也就这张，没别的。许多文献都用它，假的？叶彬说梁鸿钧不懂广东话，她当过梁鸿钧的翻译。后来找不到梁鸿钧的照片，让梁鸿钧的儿子化装成梁鸿钧拍了照片，也就是我手上广为流传的这张。她手上这张照片是真的，梁鸿钧儿子从家乡史料找到疑似梁鸿钧的照片。让叶彬辨认，的确是当年的梁鸿钧。这是叶彬的秘密之二。

李夑帮最后交了一笔党费，他的眼镜。他本来可以跟着周伯明一起跑，可他说自己要留下来做国民党士兵的工作，没想到国民党杀了他。要枪毙他了，他默默地把鼻梁上一副近视眼镜脱下，（身上唯一值钱的东西）递给看管他的士兵，想办法帮他转交最后的党费，他的党费交给谁？我。这是叶彬的秘密之三。

我问叶彬，收到李夑帮的眼镜了吗？叶彬摇头。

即将被推上断头台，李夑帮笃定地脱下眼镜，交给了那些士兵。他为了争取那些士兵留下来，他把士兵当朋友，或将来的朋友看的。这些士兵或许理解不了，或许永远都无法成为李夑帮的朋友，可他们把这个用眼镜交党费的故事传开了。

1940年8月30日，李燮帮真正的朋友，他的同志何与成、卢仲夫、罗尧、罗振辉、叶镜源也被押到刑场，也是在惠州，他们也沿途微笑，沿途喊抗日的口号。

我在哪里看过这几句诗——

我走了，
太阳我带不走，
你跟着它呀！
永远的跟着它呀！
朋友，努力！
天一亮，
你就能看见太阳的微笑……

只有李燮帮、何与成他们是真懂这首诗的。

东纵老战士何瑛①采访实录②

张黎明

她们也看到了另一支队伍。

她们自自然然夹在这一支10多人的队伍里，这些人不怎么说话，穿唐装，高的矮的瘦的都有，最特别的是一位高大的妇女，头上绑着灰色头巾，不像广东妇女那样在下巴打结，她的结打在后脑勺，看起来像戴了一顶帽子。

方兰偷偷和何瑛嘀咕，这些人看样子像文化人。方兰的眼睛真尖，没猜错。

在东莞的东纵老战士聚会上，何小士拉着我找王作尧的夫人何瑛。何瑛眼镜片后的眼睛闪了闪，蜻蜓点水那样点了点我就转到何小士那些老战友身上，她们有说不尽的语言。

何瑛第一眼的感觉：挺傲。

我的感觉没错，她不是一个随随便便的人，为什么采访？为什么需要照片？她问得清清楚楚，一点也不含糊。她清清楚楚记得自己出生于1924年10月27日，年近80岁的她口齿清楚伶俐，思维敏捷。

她原名何秀云，出生在贫苦人家，小时候家里有多省吃俭用？她记得三天两头母亲总有一道菜，咸虾酱蒸石卵，这石卵是洗干净的鹅卵石。吃饭没有菜，只是夹一颗小石卵吸吮上头的咸味。7岁那年就帮有钱人背孩子挣几个铜板，帮补家庭。长大一点，白天一大早就拿着小脸盘占位置，

① 原广东省广州市园林局纪委书记。——原书注

② 收录于张黎明著：《记忆的刻度——东纵的抗战岁月》，群众出版社，2006年，第195-199页。

给人刮生姜（一斤几分钱），晚上还和母亲一起拆面纱、钉纽扣。一句话，穷人孩子早当家。

人穷志不短，她很想上学，哪里有钱？妈妈不忍心打击她，就说除非不要钱。她果真免费上了学，先是自己找到的香港夜校。女校长赏识这个倔强聪明的女孩，让她转为日校，上四年级。这时候她已经 13 岁，别的富家子女年仅 10 岁，个个嘲笑她“大牛龟”。她苦心读书，从小学到初中二年级，年年考第一，也就是说全免学费，同学们的称呼也变成了“秀云姐姐”。

1937 年冬天，小学五年级，14 岁的她认识了中共香港市委青年部部长钟明，参加了抗日组织“二六团”。1938 年 4 月，钟明介绍她加入了中国共产党，这一年她不到 15 岁。六年级，16 岁的她已经是香港九龙区学生中心的支部书记。谁会想到，这位梳两根小辫的女孩竟然是党支部书记，领导着不少年纪比自己大的“学长”。

这个名叫何秀云的小姑娘不但勤奋学习，还非常热心参加抗日救亡活动，曾经亲自把抗日捐款送到宋庆龄的“保卫中国同盟”。她和方兰、梁柯平、莫婉珍在儿童团和女学团很出名，被大家称为“四大金刚”。

1941 年年底，她念初中三年级，刚满 18 岁，家在九龙花园街 108 号。

日本军进攻香港九龙，日本仔在何文田的小山坡架着大炮打香港，一炮打中油库，大火连天。老百姓能路到哪里去？一听炮弹响，大家赶紧从三四楼跑到楼下，一排排坐在楼梯上，怕炸弹会打穿屋顶。

我问她参加过大营救吗？她说自己和文化人一起从香港回到游击区。她是党员，一接到隐蔽待命的通知就化装成最普通的老百姓，走街串巷通知支部七八个学生党员。近视眼的她摘下眼镜，模模糊糊看不清，竟一头撞到日军设置的铁丝网，一阵枪响差点要了她的命。

九龙一片混乱，没有口粮，家里天天吃麦皮（麦子褪下的壳）粥，家里想典当点什么，当铺都关门了，其实也没有值钱东西。父母无计可施，只有把家里穿的用的摆地摊，能卖一个钱就是一个钱。她天天看地摊。

这天有一个人来到地摊前：你是阿祁吗？她一听，高兴坏了，阿祁是自己的代号。组织告诉她晚饭后到深水埗福华街某号三楼，带两件换洗衣服和手巾牙刷。

她回家告诉妈妈，说要到大后方教书。妈妈哭了，为了逃命，走吧。这天正好舅妈拿来两斤米，好久没吃饭，终于吃上一顿真正的饭，母亲还加了点咸菜，很香，这是自己在香港家里吃的最后一顿饭。

一进福华街的那个三楼就看到10多人，大多是香港的学生和工人。孔秀芳！她一眼看到这位儿童团团长（后任港九大队市区中队长），她们可是“金刚”姐妹，她们脑袋碰脑袋，肩膀挨肩膀，说不尽的悄悄话。

孔秀芳脸上的笑一波一波像挡不住的波浪，从日本进攻香港，秀云很少看到这样的笑，她不笨：你孔秀芳有什么秘密？

孔秀芳伏在秀云的耳朵边：我们要去游击区！

秀云眼睛一瞪，差点蹦了起来：游击区？不等回答，她就笑得比孔秀芳更灿烂。游击区！那是两位女孩的梦，她们开始筹划，如果碰上日本人盘问，她们是表姐妹，何秀云改成何瑛，孔秀芳连姓也不要了，就叫方兰。

第二天，这一支队伍全副难民打扮，其实根本不用打扮，他们和香港成千上百被迫逃往内地的老百姓没有差别。他们出发了，路线从深水埗到长沙湾到青山道，走所有难民的必经路线。人很多，密密麻麻，一个接一个，蜿蜒的队伍像一条缓缓爬动的蛇。

经过日本人的岗哨，人太多根本不可能检查，就这样通过了。何瑛直到今天仍然记得哨所旁边那10多具令人寒心的中国人尸体。难民的队伍异常沉闷，只有像哭一样沙哑的脚步声。那种感觉，哀伤？悲愤？都打压在心里。

何瑛和方兰手牵着手，不忍看遇难的同胞，谁也不说话，一直往前走，走到荃湾，过元朗，然后上大帽山。一上大帽山，看到一位接他们的游击队交通员，小个子，眼睛滴溜溜，机灵得像金睛火眼的猴子，后来才知道他是王作尧部队的谢愚（加单人旁）照[①]。

她们也看到了另一支队伍。

她们自自然然夹在这一支 10 多人的队伍里，这些人不怎么说话，穿唐装，高的矮的瘦的都有，最特别的是一位高大的妇女，头上绑着灰色头巾，不像广东妇女那样在下巴打结，她的结打在后脑勺，看起来像戴了一顶帽子。

方兰偷偷和何瑛嘀咕，这些人看样子像文化人。方兰的眼睛真尖，没猜错。

两支队伍夹在一起，自自然然一起走山间小道，一起在一个小村子过夜，一起过深圳河，根本不知道和什么人一起走，也不能问。

说到这里何瑛笑得极其清脆：到了白石龙，才知道这些是文化人，才知道我们和韬奋、茅盾一批回到了游击区。到了白石龙，文化人吃狗肉，我们吃客家咸酸菜焖猪肉，实在很香。

64 年前的这一幕，被何瑛描绘得很细微。

翻看史料的时候，我常常想，10 多人如何变成几十人？她不但解开了我的谜，更让我清楚这次大营救的组织如何缜密，这一支香港本地学生、老师、工人组成的掩护队伍，且这支掩护队伍根本不知道自己的任务，如果有万一，这些土生土长的广东人是最好的掩护。这样的天衣无缝，可看出负责沿途护送工作的王作尧很高明。

我说：你们这支队伍很特别，同样是营救者。

何瑛：我们是被营救者。

我和何瑛理论，这支队伍具有营救和被营救的双重身份。这是我的看法。

这一批批随同文化人回来的香港青年到底有多少人？陆续回来的据说有 1000 多人，她们回到东江游击区，经过训练分配到部队，大多担任文化教员和政治战士。

---

① 原文如此。——编者注

何瑛经历了真实的大营救。我们不知不觉说起某些人笔下的大营救，她呵呵笑，说自己的批评有很辣的五点，她只说了一点：不尊重历史事实，类似武侠小说。

确实一针见血，还是当年“四大金刚”的风格，批评绝对到位。这场大营救不是飞檐走壁的武侠小说。结束采访前，我们变得很贴心，也有说不尽的语言。

我直言对她的第一眼印象：傲。

她反驳我：其实，我也挺随和。

这是真的，特别是她的笑声。

东纵老战士张屏[①]采访实录[②]

张黎明

她的东纵记忆从 1944 年 5 月开始，5 月 8 日在梅塘干训班学习遇上日本军扫荡，15 岁的她拔腿就跑，枪声呼呼响也不怕，人人都一样。跑着跑着包袱皮散了一地，丢了筷子和衣服。

2005 年 6 月，参加香港各界纪念抗日战争 60 周年的大会，我和张屏同住一房。闲聊中发现共同认识谭军和韦丘，关系自然近了。

20 世纪 80 年代，广东作协副主席韦丘来深圳创办《特区文学》，我在诗人主编旗下“开荒”。珠影文艺部主任谭军来深圳也组过我的稿。他俩的共同点：嗓门洪亮。《特区文学》编辑部绰号“快乐编辑部”就因为韦丘的哈哈大笑。谭军和韦丘乃东纵版本《白毛女》杨白劳和穆仁智的扮演者，那时候演出，嗓门就是麦克风，能不洪亮?

我采访的老战士中，1929 年出生的张屏最年轻，仅 76 岁。

她的东纵记忆从 1944 年 5 月开始，5 月 8 日在梅塘干训班学习遇上日本军“扫荡”，15 岁的她拔腿就跑，枪声呼呼响也不怕，人人都一样。跑着跑着包袱皮散了一地，丢了筷子和衣服。吃饭还好，剩下 1 个口盅，牙刷成了筷子。突围的当天转移到东莞大队当文化教员。后来让她下乡去收公粮，她怕，怕部队不要她，要队长保证才去了。不久后，一支队陈明指导员挑选东流剧团队员，张屏特想唱歌跳舞，如愿成了东流剧团谭军部下。部队开到哪里，剧团就演到哪里，演抗日戏，唱抗日歌。斜挂在肩上

---

① 原深圳市税务局副局长。——原书注

② 收录于张黎明著:《记忆的刻度——东纵的抗战岁月》，群众出版社，2006 年，第 294—299 页。

的军毯卸下围起来作布幕，山上砍下的松明点起来开台，8 个文艺战士扛起 1 个晚会的节目……

1943 年春天成立的东江流动剧团，在广九铁路西地区活动。团长谭军，副团长肖英，政治服务员麦容、叶一萍、何值（后），导演林榆。队员从初始 8 人发展到 30 多人，有杨碧琼、何汝、巫军、湛芬、叶芬、张瑞英、陈全、李雷、陈锡祺、何祈、张屏、何景珣等，抗战中牺牲的东纵文艺战士约 30 人。

谭军这样记忆："东流剧团经常从黄昏出发，轻装急行军三四十里，开进距离日军据点五六里的沦陷区山村演出。演出结束时已是深夜，当翻过沉睡的山冈，越过崎岖的山径回到宿营地时，火红的朝霞已经升起来了。有一次剧团在常平附近演出，日军准备进袭，当剧团接到情报，马上拆台撤退，才离开村庄半小时，日军的骑兵便到了。有一次东莞的政工队在客家山区演出，给敌人包围了还不知道，直至闭幕之后才发现敌情，在突围的时候，有两个战友光荣牺牲了，他们为游击区的文艺事业，战斗到最后一刻。"

是否张屏说的 1945 年春天的赤岭突围？正在演出，群众突然跑来说伪军已经包围村子，枪声呼呼响了，可能伪军和黄布派来保护我们的爆破班打起来了。我们没有任何武装，群众带我们走村后的花生地，子弹从头顶飞过，不能站猫着走，过了花生地越过公路……真险，一跨过公路，伪军的机关枪就嗒嗒嗒封锁了。我们演出队从来不在村里过夜，一演完就走，不管多晚都赶路，十里八里，有时候夜行军一晚。

张屏说的，也许不是谭军说的那一次。那时候，民运队和文工团都经常在村里活动，发生过多少次被包围被突袭，很难统计。

东纵有多少这样的抗日文艺队伍？每一片游击区和每一独立作战的部队都有自己的文艺队。路西解放区东宝行政督导处政工队以"天府"为代号；"五四剧团"属东江解放区第一所战时中学东宝中学；东纵政治部政工队以"拖拉机"为代号；"铁流政工队"属挺进粤北的北江支队。相继成立有 10 多个。

张屏参加东流剧团那时还小，指导员让过路的林展把张屏捎去，捎的代价是张屏为林展抄了几天情报。林展会日语，她是东纵敌工科科长，日军战俘工作归她管。

1945 年的某个夏夜，罗浮山黄龙观前的空地架起篝火，人在一个平和洁净的月亮下面席地而坐，冉冉上升的火映红了人们的脸，夜和火焰互相糅合，张开翅膀的风让人想飞，没有枪声和硝烟，只有歌声和笑声……其实战争并没结束，人们在庆祝“日本反战同盟”“朝鲜独立同盟”“台湾解放同盟”的成立，各同盟由战俘组成。联欢会上除日军投诚者和战俘近 60 人，还有宣传队员、警卫班战士等。如果不说话，这一样服装的人很难分出谁和谁。为庆祝同盟成立，东纵特为战俘杀了一头肥猪，每人 4 两酒，还有日本人喜欢的萝卜。林展代表东纵领导贺词，同盟的代表发言，然后是表演。第一个节目，全体战俘列队在篝火前高唱:《停止不正义的战争》、《大众之旗》、《国际歌》……如非亲眼所见，不会相信这样真实的一幕。杀人机器恢复人性绝对不是梦，日籍战俘大多是日本农民和渔民，没天生热爱战争的，日本军国主义把人逼成魔鬼罢了。

敌工科的杨素、陈清敏、李耐接着上台，连警卫班的黄锦也唱上了客家山歌。穿着新衣服的战俘一个接一个亮出他们的节目，韩青唱朝鲜的《桔梗谣》，方光唱起台湾山歌，中岛一曲幽怨的《思乡曲》唱出了所有心思：这样的月亮，家乡，父母，和平，还有多远?

1945 年 6 月，敌工科组织反战宣传队，演员全是三同盟骨干，在乡村演出，他们被称为国际友人。这样的演出能不特别？罗浮山的村子禾塘中央，几把干柴已经烧旺，四围老百姓等着开锣。

国际友人演出队代表出场，他沉默着走到台前向所有老百姓深深弯腰，行第一个 90 度的日本鞠躬礼。我们借演出机会向中国人民谢罪，行第二个 90 度鞠躬礼。我们决心和中国人民一起反对侵略战争，行第三个鞠躬礼。

老百姓静了，惊怵和肃立的静：日本鬼？！这些曾经往百姓锅里撒尿，往油里拉大便，砍农家猪屁股肉，连裤裆都不掩的野兽?

他们不再是日本鬼，他们回归本来的人。蹦蹦跳跳好像在撒网的《渔夫舞》；拿着竹笠上下摆的《竹笠舞》；日本人竟然学会唱客家歌：蛤蟆呱呱叫，田里水飘飘，涯刁（我们）大家从早到晚，弯背来拭田（种田）……

反战宣传队在罗浮山下的村子巡回了10场。老百姓说“老模”本事，鬼变成人。

1个多月后，日本宣布投降。可东江地区还有顽抗日军，陈正光上战场喊话，同行有参加过演出队的几位战俘。50米之外的日本杀人机器一阵机枪扫射，这头的日本人脸无惧色撕开喉咙：日本政府已经无条件投降，游击队欢迎你们缴械。此番情景令陈正光感慨。

人和魔鬼的距离有多远，一线一念，仅此。

参加东纵那年张屏15岁，这样的孩子，东纵有很多这样缠上部队的孩子。张屏也得了“打摆子”，每天准时9点全身瑟瑟发抖，她死活不肯回家，于是调到大队部当文书，这天在里间抄文件，外间和她年纪相仿的几个小鬼吵吵嚷嚷，稚嫩的刚刚进入转声期的顽孩。桌上有交通员刚送来的信和一个古怪东西。什么？是电话？有开关，扭动。冒烟了！扭回去扭回去！这嚷嚷没完就轰隆了……里间的张屏跳出屋子，一脚落下，插在血肉之中，6个孩子全炸得或血肉模糊或焦黑一堆。尖叫！匕首一样插进张屏的心，张屏自己的尖叫。张屏说不怕死，事实上她怕做噩梦，她一连几天做噩梦。这些孩子在战争年代这样结束了。

东纵老战士王冲，他是粤北支队鲁迅文艺宣传队队员，他让我看腿上20多个伤疤，非子弹疤。挺进粤北艰难到什么程度？天天只有番瓜充饥，饿病了，早上腿上长出针眼大的红点，奇痒。他问马列医生，有药吗？马列医生说有。快点给我。医生说，死仔，有饭吃就得了。下午那些渐渐扩大的红点流出黄水，连血都没有，最后连皮带肉地掉，王冲看见了自己的骨头……

他和东莞的学生说当年的抗战，有个孩子瞪起眼睛：王冲爷爷，你笨，没钱又没得吃，点解仲要做？（没钱没吃的，为什么还要干）

是啊，为什么？如果说为了和平，如今的孩子明白吗？能明白张屏他们为什么刻骨铭心地爱和平吗？

像很多中国的平凡母亲，我只有 1 个孩子，17 岁的女孩。采访的日子，有几天碰上暑假。我让她跟着，有些勉强，60 年前的抗战记忆，血腥、残酷都很遥远，老人们的叙述方式宏大，不时尚，不像唱片那样具有新鲜的吸引力。她还是跟下来了，不时拿着相机找角度，拍下了许多活的“记忆”。

我心里不会有过多奢望，像所有母亲，包括日本的母亲，祈求孩子的将来离战争远远的……可以阻挡战争吗？这样想会很渺小，很无力。

记忆，我唯一能做的，和女儿一起记忆，如果这可以成为力量。

东纵老战士张婉华① 采访实录②

张黎明

每隔三两天，她会从“不夜天”茶室出发。挑着担子的她一下子就淹没在来来往往的难民和商人之中，她看上去不过是个普通客家妹，头戴客家宽布帘凉帽，肥大的黑土布衫，一双人字形草鞋，担子沉沉稳稳，一点破绽也没有。

1916年出生的张婉华已经89岁，她妹妹张小章也是东江纵队的游击队员（后调琼崖纵队）从什么时候开始，人们喊姐姐大张、妹妹小张，已经无从考究。

我依旧记得，1996年年末，中央人民广播电台和深圳电台联合做一套有关香港回归的节目。我和电台的记者一起采访曾任港九大队大队长的黄冠芳。

他说的普通话客家音很浓，也许为了让我们明白，他握着拳头作出炮弹从脑袋上飞过的动作：1941年12月8日，日本仔炸香港，分三路打香港。在沙田澳遭到抵抗就退到大埔墟，大水坑黄竹坑统统架起日本仔的大炮，一只只炮弹啾啾啾，从头壳顶一迭一迭过，从狮子山一直插到鬼仔山。12月15号，我带着短枪队插进九龙，天天都有被杀头的危险，怕有什么用，日本人不会自动消亡，只有拿起枪和他们干。

当时坐在一旁的大张，不时瞅自己的丈夫，嘴角流露出一丝笑意，这令看上去很安静的老人流露出少女一般顽皮的神情。她知道他耳朵背，一

① 原广东省佛山地区妇联副主任。——原书注

② 收录于张黎明著：《记忆的刻度——东纵的抗战岁月》，群众出版社，2006年，第190–195页。

面夸他是个硬汉一面摇晃着头，难以想象的硬。黄冠芳在将军澳执行任务，滑落山坡，伤了脚，骨头一下子鼓突出来，多痛？他闭嘴咬牙两手压着自己的脚，猛力一掐，骨头就这样给掐回去，接着就一拐一拐地跑。

黄冠芳的确是一位硬汉，从 12 月 13 日接受任务到 12 月 25 日香港沦陷，他已经和李健行等接上关系，并和彭景、肥佬彭在九龙城开了一家运输行，雇了十几个菜农，帮助商人挑运布匹、棉纱等到西贡，每天生意兴隆。这可是一举两得，不但是游击队活动和联络的最好掩蔽，还能为游击队营救文化人赚取活动经费。

九龙城社情复杂，黑社会多如牛毛，什么“草鞋”“红棍”和“白扇”，还有地头蛇帮，听起来都不寒而栗，要打通交通线，就得碰。黄冠芳逐个碰，不管黑社会还是英帮办或是船馆头都得碰，刘庆记、李九记、黄安记等商行也得碰，不过不能硬碰。上茶楼，高举酒杯：我黄某回九龙做点小生意，只想找碗饭吃，日后请诸位多多关照。

交朋友是最好的招数，他一开始就把交通线上可能遇到的险阻化解了。连敌伪内部的“骨头”也得碰，密探邱金仔负责九龙牛池湾启德机场一带的治安，这正是护送文化人的必经之路，瞒不过邱金仔。

他和蔡国梁的警卫员卓绍基直接闯到邱金仔的家，坪山乡里，打碗糖水喝喝。邱金仔认乡亲，亲自端上糖水。黄冠芳一边喝糖水一边打出坪山乡亲的牌，硬邦邦的一句好像石头一样重：我们坪山乡里说你给日本仔做事，都不认你了！

邱金仔脸露愧色：没良心的事情，我邱某绝对不干……为一碗饭。

黄冠芳再三试探，觉得邱金仔并非良心泯灭的汉奸，干脆以心换心：我是西贡（指抗日游击队）那边的，以后要在你的地盘活动，如果你还认乡里，我这条命就交给老兄。日本人有什么行动及时通知我。

邱金仔没有食言，这就是九龙至西贡交通线没有出过差错的原因之一。

大营救的工作进行顺利，脱险的人越来越多，日本人派出的特务觉察出问题。几处联络点遭受日本军捣毁，掩护过游击队的老乡挑夫和开明绅士，还有经常送情报的邱金仔，都给日军杀害了……这些事情，脱险的文化人不知道，黄冠芳很清楚，交通线上的人，天天都有杀头的危险。

黄冠芳哈哈大笑：日本仔出过好多钱买我黄冠芳的头。

张婉华和黄冠芳的爱情故事如何在抗日的炮火中产生？她如何爱上这样一位硬汉？

很私人的过程我没有打听，仅仅从他们俩不多的对话和动作就看出这种爱：他的耳朵听不见妻子的赞美，他也许以为妻子说起往日他们唱的歌，他转向妻子轻轻地哼着唱着那些很热血的歌，一个老人的声音很低很哑，然而做妻子的眼睛一亮一亮。

最让我意外和过意不去的是，大张给我看一些材料时，黄冠芳老人忙出忙进亲自做饭菜，（两位80多岁的老人不用保姆）不管多少遍摇头摆手，他一概不理，一定要吃他的普通便饭，声音洪亮：要工作也要吃饭嘛！

大张说不吃是不行的，一早就买好了。拿起筷子吃他这普通便饭，他很乐，把最好的鸡肉一块块夹到我们碗里，他说自己的牙齿已经不能吃鸡了，年轻人要多吃。我们第一次吃一个80多岁老人做的普通饭，我吃得很小心，很慢，像在钢丝上捧着一碗满满的水，里头盛着一种很特别的精神，但不是那种易碎的东西……

香港回归那年，黄冠芳走了。

一晃八年，张婉华已经89岁。香港沦陷前，她20出头，当过小学教师和中华书局的板票工人。港九沦陷，学校书局都关门，她姐夫经营的“远香士多”店也遭日军搜查被迫关闭，转移到西贡中心街另开“不夜天”茶室。她常常挑着担子来往九龙西贡，下乡卖米挣几个钱度日。

东江游击队派遣的黄冠芳、江水、刘黑仔带着队伍也在西贡沙田一带活动。党组织派方觉魂和大张谈话，在“不夜天”当招待员，收集和转送情报，配合游击队营救文化人的行动。于是她成为“不夜天”的招待员，认识了黄冠芳。

这位大营救西线的秘密情报员，由蔡国梁直接领导。为了方便接送情报，她包下“不夜天”采购面包西饼的工作。每隔三两天，她会从“不夜天”茶室出发。挑着担子的她一下子就淹没在来来往往的难民和商人之中，她看上去不过是个普通客家妹，头戴客家宽布帘凉帽，肥大的黑土布衫，一双人字形草鞋，担子沉沉稳稳，一点破绽也没有。

秘密情报员得冒生命危险，三天两头就得从日本人的眼皮底下过，心里有多恨都得藏得像情报一样严实，心里有多悬都得把步子迈得像石磨一样稳当。遇上日本兵检查能躲当然好，躲不了就把西点送到日本兵面前，日本岗哨一看香喷喷的西点就拿，想拿多少就拿多少，有的时候几个，有的时候几十个。不管多少个，保住情报就行了。

关乎文化人路线行动的情报在哪里？细小得好比一根小牙签，扁担缝、衣角、发辫都是收藏处，大张常把情报夹在蛋糕底层。接头人是地下党员李生和游击队的地下交通员。情报送到九龙城的两个人，一个是刘庆记织布厂的李健行，另一个是戴发。

从第一批文化人到最后一批，情报没有出过差错。走九龙西贡线的文化人，大都在“不夜天”歇脚，吃顿便饭喝点茶水，这时候她就是名副其实的招待员，接送了一批又一批。1942 年春节前后，走九龙西贡路线返回东江游击区的文化人和民主人士日益增多，每天早上宵禁一解除，就一批批混出九龙城，直奔西贡。

接待过多少文化人？是谁？

大张对我的问题感到惘然：我什么都不问，也不能问。只有护送的游击队员才知道。

她错了，护送的游击队员也不知道，黄冠芳就不知道自己护送廖承志。要都知道，还算什么秘密信道？大家天天冒着杀头的危险，护送文化人上路，几乎没吃过一顿安心饭菜。

那顿春节前夕的抗日团圆饭，大张一直记到今天。负责九龙西贡交通线的黄冠芳、江水、叶凤生、刘黑仔、肖华奎、赖章等，往日奔波在各站，互相看见了也装着不认识，这天聚集在“不夜天”的二楼，吃顿抗日团圆饭。说吃饭，其实是开总结会，这段日子日本的谍报机关也嗅到了风声，原本九龙至西贡的秘密交通线，沿途突然盘查很紧。怎么办？开辟新的交通线，从哪里到哪里？大家一阵比比画画，几个方向几条路线。路线确定了，大张的饭菜也弄好了。

从第一批到最后一批文化人离开香港，大张都在自己的秘密岗位上。1942 年的 7 月，她的行踪已经引起日本人的注意，党组织命令她撤出“不夜天”……

营救文化人的两条路线，九龙西贡线和元朗罗湖线，一定还有许多我不知道的秘密。

回忆中华书局罢工斗争①

张婉华

一、罢工前

三十年代期间，以印书本为主、兼印国民党钞票的中华书局，是全港九工厂中规模较大之一。该厂有男工、女工共 5000 多人。男工多为技术工人，是从上海雇佣来港的。上海工人很团结，很多都参加了香港印刷工会九龙第三支部。

在 1939 年前，中华书局工人为了要提高低徽［微］的工资、改善生活，曾组织过一次罢工，并取得了胜利。斗争教育了工人，大家觉悟日渐提高，参加工会的人数不断增加。大家懂得工会是工人群众的组织者和领导者，是工人向资方争取合理待遇和人身自由等各种权利的有力支持者。

1939 年 8 月 7 日，厂方无理开除 1300 多名工人。开除名单贴在厂门时，全厂工人当时便骚动起来。厂门的警车警察如临大敌，几十名工人提出反对意见便被抓起来。场面很紧张混乱。工人们便到工会商量对策，推出 4 名工人代表（他们似乎是姓夏、朱、周、钱），向厂方提出要求：1. 厂方立即收回开除的 1300 多名工人，并立即让工人上班，补发停工工资。2. 释放无辜被捕的工人，并负责医伤、赔偿和恢复名誉。3. 劳资双方立即派出代表谈判。由于资方不接受工人提出的要求条件，也不派代表谈判，工人便立即成立罢工委员会，推选夏国钧为主任，在工会领导下，实行全面罢工。

① 收录于广东妇女运动历史资料编纂委员会编印：《香港妇女运动资料汇编（1937 年—1949 年）》，1994 年，第 72–74 页。

二、罢工斗争

1. 罢工委员会的领导层仍然负责与厂方和有关部门进行说理斗争。

2. 扩大宣传教育活动。女工方面则由古妙婵、张婉华、程淑英、徐泳芹等人教育动员工人家属支持斗争，向女工宣传这次罢工意义，争取更多女工参加罢工，以壮大工人的力量，并团结已参加罢工的女工，坚定她们的信心，坚持罢工，斗争到底。

3. 建立各种类型组织，如歌咏班（教唱抗日歌曲为主）、话剧组（演救亡戏剧），到港九各地演出，演出前则呼吁各阶层人士、社团和各行各业，支持我们正义的罢工行动，扩大外围的支持力量。我们还开办读书班，号召工人参加学习。在课堂上向工人讲授“什么是帝国主义”、“什么是资本主义”、“什么是社会主义”和大众哲学，提高大家的阶级觉悟。另外，结合吸收新党员，对一些积极参加罢工，思想作风正派，家庭情况清楚则作为建党对象，进行教育吸收，如张婉华、夏夷生、陈联芳等。

4. 开大锅饭，帮助工人解决生活困难，坚持罢工，斗争到底。从1939年8月7日开始罢工，到三个月以后，厂方仍无诚意解决问题，工人没有工资收入，经济和生活成为一个大问题。工会便向社会人士、进步团体呼吁捐款支援因经济无收入生活有困难的工人，组织他们吃大锅饭，另一方面号召还能维持生活、吃饭不成问题的工人，尽量不参加吃大锅饭，以减少经济困难的压力。这样维持了几百工人差不多两个月的吃饭问题。在困难环境下，厂方仍无动于衷，更激起了广大工人群众和各界人士，各进步社团的无比义愤，纷纷起来联名抗议，要求厂方尽快提出合理解决这次事件的声明，如不及早解决就全港动员起来采取更大行动，后果应由厂方负责。同时组织几百名工人游行示威，抗议厂方置工人死活不顾。全港新闻界、舆论界激起义愤，不断抨击中华书局厂方采取的不负责态度和拖延做法。

这场震动全港的罢工斗争，迫使厂方不得不采取其它方法来解决罢工问题。就在这时，国民党派杜月笙从上海来港调解，我们又组织工人请愿队前往杜月笙在九龙塘的住所，要求谈判解决。在社会各方面的压力下，厂方提出了一些条件。我们估计国际形势有变，太平洋战争风云之影响，为顾全大局，代表们只有让步，接受了解雇一些工人，发给停工6个月工资，凡是上海雇来的工人，由厂方出路费并安全送返上海，凡愿意领取解雇金的可到香港华民政务司签名领取，结束了这场震动港九的中华书局工人罢工斗争。当时有些人在工人中散播谣言“凡不去领取解雇金的，工厂复工时仍录取雇用”。张婉华、程淑英、夏燕清、麦琼卿、张鸣凤、颜姑等女工表示坚决斗争，不受厂方欺骗，都到华民政务司领取解雇金。

回忆西贡区的民运工作①

张婉华　戴宗贤

1941年12月8日凌晨，日军出动海、陆、空部队15000余兵力，向香港进攻，25日，香港总督向日军投降。在日军进攻港九地区时，广东人民抗日游击总队立即派出黄冠芳、江水、刘黑仔等人率领武工队进入西贡、沙田、坑口等地区，放手发动群众，打击敌伪、肃清土匪，开展敌后游击战争，建立抗日游击基地。随后派出了民运工作人员，进驻各村，配合和协助部队开展工作。最先到达的民运负责人是刘志明，逐步调来的有李兆华、张婉华、梁雪英、方汉光、倪珍美、林苑明、戴宗贤、何若明（现名何玉屏）、邓志坚、何培、陈贵华、伍淑仪、张婉玲、陈玉莲、谭志坚、刘杰（现名周杰）、唐丽华、李萍、谭地等共二十多人，负责西贡、沙田、坑口等地一百多条村庄的群众工作。

民运工作是我党领导的人民抗日武装的重要组成部份。港九西贡区民运工作的任务是：配合武装斗争，向群众宣传中国共产党的抗战主张和方针政策。宣传抗日民族统一战线、国际反法西斯统一战线，揭露日寇暴行，提高群众对我党和部队的认识，扩大其在群众中的影响。发动群众支援部队，搞好群众生产自救，组织民兵队伍、“游击之友”、“游击小组”等各种群众团体，建立情报网，发展党的组织等工作。

民运工作的任务是繁重的。要求民运工作人员要具有不怕苦，不怕累的顽强精神和艰苦、朴素的工作作风，善于联系群众，和群众打成一片，多为群众办好事，取得广大群众的信任和支持。在党的正确领导下，经过

---

① 收录于广东妇女运动历史资料编纂委员会编印：《香港妇女运动资料汇编（1937年—1949年）》，1994年，第94–111页。

全体民运同志的积极努力，港九沦陷的三年多时间里，西贡区民运人员做了如下工作：

一、宣传共产党和我部队的政策，揭露日寇暴行，揭穿国民党不抗日、打内战的罪恶，以实际行动密切军民关系

港九大队成立初期，西贡地区处在土匪横行，民不聊生之际。当时较大股的土匪有何成连、陈乃秀、黄竹青等，他们都打着游击队的旗号。而我部队当时为了便于工作，暂未公开党领导的，也称是港九人民抗日游击队。一时，有些群众曾误把我们视为“土匪”。

当时，港九地区长期处在港英政府的统治下，当地群众对共产党和国民党的认识是很肤浅的。因此，当时民运人员在宣传上，着重宣传我们部队的抗日主张，宣传我党领导的八路军、新四军的英勇抗日杀敌事迹，揭露国民党的消极抗日、积极内战和腐败无能。我们还抓住当时在西贡危害人民的国民党土匪何成连的罪恶事实，在群众中广为宣传，又对国民党财政部长的女儿孔二小姐在困难当头之时，大量耗费民脂民膏的绯闻，在群众中广为揭露。使群众家喻户晓，人人皆知，让他们有个对比，帮助他们提高认识。

1943 年 12 月 2 日，东江纵队宣告成立，公开了党的领导关系，为了进一步扩大我党的政治影响，在离敌据点较远的乡村，我们都召开了村民大会，庆祝东江纵队的成立。有些乡村还利用旧历年的拜年习俗，组织了麒麟队伍，敲锣打鼓，浩浩荡荡地闯入敌据点——西贡墟。当时进入西贡墟的麒麟队伍共有两队，一队是由李兆华同志在濠涌、界咸等地组织一些青年参加的，他们经北港坳进入墟场；一队由戴宗贤和林苑明同志动员沙角尾和南山等村的部份青年参加的，他们经过了敌人的警备队的住地进入街市。当地的男女老少为了看热闹，跟着麒麟队走，一时形成了一支浩浩荡荡的大军，场面十分热闹。这两支麒麟队伍进入墟场后，就利用拜年的形式，将预先印制好的宣传品，分送给各户、各商店。墟场市民收到一看，初时有点惊异，后则喜形于色，迅速把传单藏起来，并互相称贺。就

这样，用了大半天的时间，把“东纵”成立的喜讯和我八路军、新四军抗战胜利的消息，神不知鬼不觉地送到墟内各家各户，真是大快人心。

西贡区地处崇山峻岭，面临大海，交通很不方便。当时从九龙地区去西贡墟，一条可行车的公路也没有，必须翻过九龙黄琼仔坳，步行二三小时才能到达西贡墟（后来日寇才修了通车的公路）。初时，日寇对还未派出重兵控制西贡地区，所以群众对日寇的侵略罪行还认识得不那么清楚，民运工作人员就在群众中揭露日寇侵略的狼子野心。号召群众起来，爱祖国、爱家乡、爱香港，参加抗日救亡工作。

随着抗日斗争的深入进行，日寇占领香港后的兽行更加残暴。我们就紧紧抓住日寇对市民的每一件逼害事实，进行揭发，鼓动群众。接近九龙市区的濠涌、界咸、窝美、大脑、吊草若等村的群众，为了生活，每天有不少人担柴、挑菜到九龙牛池湾一带去出售，但总要受到日寇设在牛池湾关卡的检查，关卡的敌寇任意打骂百姓，有的群众被打至重伤。我们就把这些活生生的事实，广为宣传，激发群众的抗日救国热情。日寇为了强化对九龙市区的统治，借疏散为名，经常将一些无辜百姓赶出市区。有一次，有二三百名难民，扶老携幼，逃到烂泥湾，居无住所，生活无门，病无医药，在短短的时间内，饿死病死很多人，尸暴山头，臭气熏天，惨不忍睹。我民运领导人刘志明用乡长名义出面，亲自处理这件事，对难民施粥医病，还指引他们返回港九市区。当时驻在该村的民运人员何若明同志，就以这件事来教育群众，加深群众对敌寇的憎恨。

后来西贡区群众在日寇频频“扫荡”，到处杀人放火，强奸妇女，抢劫民财等等罪恶事实的教育下，抗日救国热情勃然高涨，已到人如火如荼、不可抗拒的形势。

我队民运人员不但为宣传抗日救国的真理做了大量工作，而且身体力行，以自己的实际行动，取得了群众的信任，支持和爱护。我民运人员进入村庄，与当地群众打成一片，白天和群众一起上山砍柴割草、下田种稻割禾，剁猪菜、喂牲口，晚上和群众谈家常，进行宣传工作。当时我们的民运人员，有不少人是来自城市，对农村的劳动生活都很不习惯，有的不懂客家话，语言不通，接近群众有困难，有些与群众一起吃杂粮和菜糠粑很不习惯。正如梁雪英同志说：“我们民运人员，首先要过好三关：一是讲话关（学讲客家话）；二是生活关；三是劳动关，才能开展工作。”我们的民运同志以自己的实际行动，克服了种种困难，群众看到我武装部队清匪反特，坚决抗日，保护群众生命财产取得一个个胜利的事实，从而加深了对我部队的认识，觉悟有了提高，开始接近我们这支真正的抗日武装队伍。

日寇入侵港九后，新界村民遭受土匪、敌特的洗劫，又遇上天旱大灾。我们民运同志就发动村民上山开荒，组织群众生产自救。当群众缺乏猪苗，我们部队积极想办法购回猪苗借给群众饲养，每头猪苗十斤的话，猪养大出卖后，再还回我部队十斤猪肉；猪苗若死了，就不用还。群众种田缺乏谷种，部队又到内地设法弄回一些借给各家各户，收成后借多少谷种还多少谷。群众对我部队感恩感德，赞叹不已。

1943 年，方汉光同志在十四乡进行民运工作，组织当地抗日青年队反对日寇征粮。当时，日寇叫井头乡乡长何华来征粮，抗青队队员带头抗交，并叫何华向日寇报告，叫日敌亲自来收。经斗争后，日寇恐于驻兵力薄，再也不敢来收粮了。在渡［度］荒期间，生产自救会又组织乡民到榕村坳、马鞍山、樟木头的密林中去砍柴，挑到大埔墟去换米，想方设法渡［度］过荒年。

通过我们民运同志的辛勤工作，关心群众的生活，组织生产自救，解决群众的疾苦，从事实上教育了群众，使群众认识到，港九大队确是人民的子弟兵。以后见到我部队同志、民运工作人员，就象亲人一样，热情接待。将我驻村民运人员，作为最公道、最信得过的人来看待，不论村里发生什么事，都来请问我民运人员怎么办？如农民争田水、夫妻打架等等，都向我民运人员反映，听从驻村民运人员的劝解。昂窝村有个农民，经常打老婆，经梁雪英同志劝解教育后，就不再打了。

群众对驻村的民运工作人员和部队同志的生活也非常关心，对我队同志的安全，更是关怀备至。有同志病了，群众象对待自己儿女一样，精心照料。北潭涌鲫鱼湖村妇女李亚新（我们都叫她新姐），她的家是我大队民运干事刘志明的长驻地，新姐待我们的同志亲如兄弟姐妹。我们有些伤病员的衣服，她经常拿去洗，还把衣服晒在树林后面，避免让敌特看见。当她收获番薯、姜芋时，总是煮一大锅给同志们吃。驻村同志用的柴草就是她供给的。每当部队的运粮船来到，她总是争着和下窑的刘桂英、刘英仔一起挑到赤径村山后我部队驻地。有一位女同志生了孩子，就拿出新姐预先为她准备好黄酒（糯米浸的酒），煮鸡蛋、杀鸡给这位女同志吃。后来这女孩病死了，她又不惧一切，葬殓了孩子。民运工作女同志倪珍美，病至休克，新姐就亲自为她治疗，上山采来草药熬好给她饮用。大家都称她为好姐姐。昂窝村有位凌娘，对我部队同志也是亲如子女，事迹感人，大家就称她为游击队的母亲。

在敌人进村扫荡时，村里的群众总是千方百计地掩护我们的同志，有些群众在敌人严刑拷打下，也没有供出我部队同志的下落。何若明同志在烂泥湾村工作时，遇到敌人进村搜查，三同户李辛娇的家姑，马上把自己的孙儿给何若明同志抱着，认何若明是媳妇，瞒过敌人，安全脱险。张婉华在坑口村工作时，敌人来扫荡，她正在农民家和交通站长冯伯福在分信件和《前进报》，在群众的掩护下，他们跑到密林处迅速隐藏起来，才得脱险。七天后，敌人又来扫荡，指名要找英姐（当时张婉华化名刘英），一群青年掩护张婉华跑上了山。但山是光秃秃，山边还有五个敌人在巡逻，她和青年们就从山顶滚到山脚下，躲藏在炭窑洞里才脱了险。事后才知道，敌人把坑口等十多条村的几百名乡民都集中到一间学校的操场上，要群众供出游击队，但没有一个乡民向敌人透露出一点消息。1944 年 5 月的一天，西贡片的民运负责人戴宗贤同志囦笏村，召开民运工作人员会议。会议开至深夜，民运人员都住在村里，翌晨，驻西贡墟的敌人来黄毛应村扫荡，被在田寮守夜看番薯地的一位青年发觉，他即跑到囦笏村报告，同志们听到报告后，马上撤到山上掩蔽起来，脱了险。事后知道，敌人入村后，对邓福、邓德安、邓盛奎、邓石水、对三秀等进行严刑拷打，吊起来用火烧，把邓福折磨得死去活来，腰骨给踩断了，双脚被烧烂了；

把邓德安烧得全身都是火泡，三天后便死去。但他们都坚贞不屈，敌人始终没能从他们嘴里得到半点我队的活动情况。真是可歌可泣，撩人心肺。三年多来，群众千方百计，甚至牺牲自己的生命来掩护我们，保障我们的安全，这种民族气节，值得千古留［流］芳。

二、广泛组织抗日团体，支持抗日救国工作

在民运工作人员的广泛发动下，群众对抗日救国的认识有了一定的提高，民运工作的重点就由宣传工作转移为组织工作。经过发动和精心组织，各村各乡的抗日团体如青年会（团）、妇女会、儿童团、抗青队、生产自救会等有如雨后春笋，蓬蓬勃勃发展起来。群众还把那些信得过的抗日积极分子选任为青年会、妇女会的会长、副会长和儿童团团长等。这些会长、团长，有的后来成了西贡区各常备队的负责人，如大浪村青年会会长张兴、赤径村的范发，在西贡区第一个常备队成立时，就分别担任了队长和副队长，后来张兴还当了西贡中队的中队长，参加了中国共产党。

在驻村民运人员的指导下，各村还成立民兵组织，他们白天在家里进行生产劳动，晚上集中睡觉，站岗放哨或操练。发现敌情，马上派人通知部队，并组织群众转移到山上躲藏起来。有的乡村还组织了联防，一有敌情，派人互相通知邻近各村庄，一村一村地传报消息。他们成了部队的眼睛，为了保护群众和部队的安全，起了很大的作用。他们是部队的后备队伍，后来参加部队的战斗成员，全部都是青年会、民兵队的会员、队员。

青年会对我部队的工作给予了很大的支持。只要知道部队有困难，他们就积极动员群众帮助解决。1942 年 5、6 月间，我部队经济上遇到困难，连吃饭都成问题。大浪、赤径等村的青年会知道后，就立即召开村民大会，动员群众把日寇每月配给群众的大米，想方设法结余下来，让部队购买。大浪村还指定了青年会会员戴茂有专门负责此事。有一次戴茂有往九龙牛池湾领购给部队的配给粮时，由于当天风大，渡船不能回航，当晚他就住在天主教堂。翌日清晨，日寇到西贡“扫荡”，他被敌人拉去当挑夫，敌人对他又打又踢，到九龙后，被关进监狱十多天，经群众的保释出

狱后，他怀着对日寇的满腔怒火，再三要求参加部队，打击敌人。青年赵富，则经常为我部队摇船送情报。每次出海打鱼回来，都要送些鱼给我们的同志吃。

妇女会的嫂嫂姐妹们也不简单，她们既是运输的主力，又是传送情报的能手；既能当好安排部队后勤工作的服务员，又是唱歌演戏的宣传员。

西贡地区是个山区，交通不便，部队的军需物资和生活用品，都需要动员大批的人力来运输。这个繁重的任务，往往是落在妇女会嫂嫂姐妹们的肩上。只要部队一有运输任务，她们不管白天黑夜，随叫随到，绝不推辞，不论路途多么遥远，不论是涉水还是爬山，她们都是精神抖擞地挑起担子就走。赤径村妇女会会长李有娣，经常发动妇女割柴草供给我港九大队大队部驻地的同志烧用。半夜，部队运粮的船一靠岸，她便动员全村妇女帮助部队挑米，并亲自分配到各家各户去掩蔽起来。村里的刘娘，虽然年纪较大，她经常关心有病的同志，只要有好吃的东西，都要留给同志们。我们部队的好几个同志都认她做干娘。

传送情报工作，妇女们也干得很不错，不论白天黑夜，都是随到随送。这项工作，表面上看起来，只是举足之劳，但按当地妇女的习俗来看，实在是很不简单。当地的妇女，平时很少出远门，只是在逢年过节时，才到外村探望父母或亲戚，平时上山砍柴割草也是三五成群结伴而行，至于在黑夜时，更是不出家门半步。因此，要独自出远门，摸黑走夜传送情报，对她们来说确实是个严峻的考验。直至最近我们还和曾为我部队送过情报的湛四娇、张牛妹等人谈起往事，问她们当年深夜送情报时怕不怕，她们都说当然怕罗。她们还说："深夜送情报，一般都是两人同行，胆大一些的走在前面，胆小一些的跟在后面。虽然如此，但心里总有点害怕，一有风吹草动，就吓得一跳，两个人紧紧地抱在一起。""当时不知怎的，我们既害怕又想去，能为部队送情报，好象是无尚［上］光荣的事，任务完成后，心里总是乐滋滋的。"送情报，免不了要通过敌人的关卡，她们都很有办法。有时她们把情报放进髻内藏起来，有的把情报藏在探亲用的"萝格"（即礼盒）中的礼物里，掩藏得严严密密，不知情者，实在难以发现。总之，她们是根据各人的条件和智慧，各施其法，顺利地完成了每次情报的传送任务。

妇女们对部队进村驻［住］宿的场地安排，更是照顾得无微不至，实在令人难以忘怀。当群众知道部队要进村驻宿时，妇女们预先就把住地打扫好，铺上稻草或山草。同志们进村后，她们如发现哪个战士的衣服破了，便硬要战士把衣服脱下来，给她们缝补。部队煮饭要柴草，她们回家挑来；水，她们从河里担来；菜，她们从自家的地里割下，洗好了送来。那些老大娘，更把战士们当作自己的亲生儿女一样看待，问寒问暖。呈现出一片军民鱼水情的气象。每当情况紧急，部队要转移到山上去掩蔽时，妇女们就把稻草或山草担到山上给战士们铺睡驱寒。

妇女会的姐妹们，还组织起来参加唱歌、演戏，进行抗日宣传。西贡区的农村妇女，并不象港九郊区的那么开放，她们在封建思想的束缚之下，受重男轻女的思想岐［歧］视，她们从小到大就是辛辛苦苦地劳动。不单是贫苦家庭的妇女，就算较为富裕家庭的妇女，要想读书，也是难以办到的事。所以，当地农村妇女，大都是不识字的，见到陌生人也不敢多言一句。可是，在我党的教育和民运人员（特别是女同志）的影响下，在短短的时间里，竟然能动员她们出来放声歌唱，参加演戏，有时还到外村去演唱，实在是不简单。最近有几位当年曾参加过宣传演出活动的妇女谈起往事，还是感慨万分。现年 68 岁的张牛妹，曾在《好仔要当兵》的节目里扮演过日本兵；现年 60 岁的湛四娇，还扮演过男青年哩。当年大浪村妇女会副会长，大家都称作靓嫂仔的许辛娇，现在 69 岁了，就是在戏中扮女青年的。她们说，当时女游击队员欧坚叫我们出来演戏时，心里直卜［扑］通，后来经过反复鼓励动员，才勉强出来排练节目。经过几次排练，就觉得演戏并不太难，心也逐渐平定下来，直到第一场在大浪村演出后，群众都报以热烈掌声，大家欢乐在一起。许辛娇的家翁戴贵长还捧腹大笑，一面笑一面称赞说演得真象。第一场的实践，使她们的胆子大起来了，后来到外村（如赤径、高塘、白沙坳等村）演出时，心不慌、脸不红，愈演愈好。许辛娇回忆起来说："那时部队的人真有办法把我们这些乡下大嫂、乡下大妹子都能动员出来演戏，真不简单！”

儿童团员的作用也不小，他们虽然年纪小，办起事来尤［犹］如初生之犊不畏虎，勇敢机灵。1943 年，有一次，敌人电船来到了赤径村的海面上，海水退潮，敌船泊不到码头，抛锚在海上。当时我港九大队大队部正驻在赤径村的天主教堂里，为了摸清敌船的情况，就派了三名儿童团员划小艇到敌船上了解情况。由于不懂话，就用手指比比划划［画画］，假装向敌寇讨东西吃，敌人见到他们都是小孩，就放松了戒备之心。这些小鬼就装作好奇的模样，在船上东张西望，把日寇人数和枪枝武器的情况，一一暗记在心里，顺利地返回部队报告了敌情。

有一次，有个十一二岁的儿童团员，要给部队送情报，时值天黑下着大雨，伸手不见五指，路滑难行，但他无半点犹疑退缩，戴上竹帽，穿上蓑衣，赤着双脚，喳喳喳大步向前奔去，一夜走了三四十里路，顺利地把情报送到目的地。

还有一儿童团员，给部队送情报时，在山路上发现不远处来了敌人。那时山高路狭，很难逃避，但他非常机智地一手把情报放进嘴里，一头滚下山坑里藏了起来。待敌人过后，才爬起来拍净身上的泥草，抹去头部被树枝刮伤的血迹，吃力地爬上山路，又继续前进了。

总之，西贡区各种抗日团体为抗日救国事业所做过的事，真是数不胜数。

三、发展“游击小组”和“游击之友”，建立秘密情报网，配合部队，打击敌特

随着抗战形势的发展，我港九人民抗日游击队伍逐步扩大起来。西贡地区的常备队，继 1942 年第一支常备队成立之后，于 1944 年初先后在南山村、黄竹洋村、沙角尾村、黄毛应村、北潭涌村等地，分别成立了两个常备队，一队驻在黄竹洋，队长是蓝丁昌、政治教官是戴宗贤；一队驻在黄毛应，队长邓某某，政治教官是陈亮。队伍扩大了，战斗力加强了。而日寇为了作垂死的挣扎，于 1943 年在西贡墟建立了警备队和宪兵队的据

点。敌人的“扫荡”，一次紧接着一次。为了摸清敌人的活动情况，能及时地把情报通知部队，组织群众性的情报网，已势在必行。因此，游击小组和游击之友等情报组织，根据形势发展的需要也逐步建立起来了。

当时的游击小组和游击之友的组织，是由驻村的民运人员作个别秘密发展的，采取单线联系。在吸收游击小组和游击之友的成员时，还举行了一定的仪式，填写表格，进行宣誓：不投降，不出卖同志，不泄露部队的秘密。

游击小组和游击之友建立起来后，在刺探敌情、传送情报、鼓动在敌人工地上做工的民工怠工等都起到不少作用。

1944 年，日寇为了搜捕美国飞行员克尔中尉，对西贡区的十四乡和昂窝、北潭涌、赤径、大浪等村一带进行连日大“扫荡”。驻在南山、沙角尾、黄竹洋等村的民运人员，为了及时弄清敌人的活动情况，每日都派出游击小组和游击之友成员进入敌人的据点西贡墟刺探敌情，对我部队粉碎敌人的“扫荡”阴谋，起了一定的作用。

1944 年 3、4 月间，敌寇为了加强对西贡地区的控制，在西贡墟附近的乡村强征民工，劈山筑路。驻在南山、十四乡、昂窝等地的民运人员，布置各村的游击小组和游击之友成员，混进民工队伍中去，鼓动民工怠工。当有敌监工在旁时，就把锄头高高地举起，却轻轻地锄地；敌监工离开，即时放下锄头休息，并派人敌哨。就这样，故意把敌人的筑路工程拖得极为缓慢。敌人抓不到把柄，只好无可奈何，不了了之。

1944 年冬，日寇在观音山脚窝塘筑工事，派有一个工兵班（十二人）住在工地上，我部队准备消灭这股敌人，摧毁其修筑的工事。于是就派出吊草岩、芙蓉别村的游击之友郑容生、丘葵两个去侦探，他们装成探亲的样子，手提竹蓝［篮］，里面装了一只鸡和一些鸡蛋，经过敌人驻地时，把鸡放出，借追鸡的机会，了解敌军驻地人数、枪支、进出口路径等。晚上我武工队连夜摸营，把敌兵 12 人全部消灭，并缴获轻机 1 挺、步枪 10 支、手枪 1 支和一些炸药、粮食等。迫使敌人放弃了这个工事的修筑。

四、发展党的组织，在当地生根开花结果

由于抗日斗争形势紧张，当时驻在各村的民运人员，调动也比较频繁。但是驻各村的党员民运工作同志，还是抓紧工作时机，积极开展发展党员的工作。如驻在大浪村的党员方汉光同志，他先后发展了3名党员；驻在昂窝村的党员梁雪英同志，发展了1名党员；沙角尾村发展了2名党员；烂泥湾发展了1名党员；沙田片发展了4名党员；坑口片也发展了6名党员（西贡地区入党的人是不少的，但大部份是在参加我部队后入党的）。

当时在西贡地区发展的党员虽然不多，但这是中国共产党成立20多年来第一次在西贡地区建立党的组织。党在西贡地区开始生根、开花、结果。这些被发展的党员，后来都成为各村的中坚力量，有个别党员还担任过西贡片的民运负责人。

五、发动群众，配合做好营救美国飞行员克尔中尉

1944年2月11日，美国盟军第14航空队飞行员克尔中尉，在袭击启德飞机场时座机被击中起火，他跳伞降落在九龙观音山附近山头，被我小交通员李石看见，即把克尔中尉带到吊草岩附近的山洞里，隐蔽起来。当地的民运负责人李兆华同志（女），得到李石的消息后，立即安排了吊草岩积极分子李亚梅（女）负责克尔中尉的安全和生活照顾。后来李兆华又设法把克尔中尉转移到敌人已搜查过的北围村的密林中。随即动员黄竹山村的钟炳同志（我队队员）的母亲做些干粮给克尔充机［饥］，并送去棉被给其御寒。经李兆华通知短枪武工队的刘黑仔等同志。研究了对策，设法把克尔送到十四乡的海边泥涌村，乘上60多岁的积极分子黄炳的船，在青年李锦亮的帮助下，摇船驶到深涌村后，送到港九大队大队部。在营救克尔中尉这件事中，我队民运人员和有关村庄的积极分子，做了不少工作，并和我武装部队密切配合，克尔中尉才得以脱险。

六、做好上层统战工作

1941年底，日寇侵占港九地区后，1942年在西贡墟成立了维持会，要西贡各村乡都要有人出来做村长和乡长，企图借此加强对西贡人民的统治。而我港九大队为了团结更多的人共同抗日，也指定专人负责对上层人士进行统战工作。当时港九大队政训室统战工作由方觉魂同志负责。经过方觉魂同志和驻各村民运人员的共同努力，对上层人士进行说服教育，从多方面做工作，后来这些村长、乡长都成了我们应付敌人的义务员。有的村长还想方设法，掩护我民运人员进行工作。如1943年敌人在西贡墟建立警备队和宪兵队的据点后不久，为了搜集我队活动情况，在铁钳坑村一带的乡村，派出了不带枪的密探，长驻在各村，进行搜集我队活动的情报。这样一来，对我驻村的民运工作人员威胁极大。各村的村长，就预先把消息告诉了民运工作人员。敌探进村后，村长们就利用敌探害怕我游击队的心理，就对敌探说：有游击队来过，但游击队是支神出鬼没的队伍，来无影，去无踪。你们进村前，宪兵队长要我保证你的安全。我希望你不要到处乱跑，老老实实在屋内呆着，否则我就很难保证你的安全。这些敌探，远离敌据点，本来就有点害怕，经村长这么一讲，更加胆颤心惊了。震住了敌人，我民运人员也就得以照常活动了。后来我部队为了进一步警告敌探们，在村长的帮助下，探知敌探回据点汇报的时间，我刘黑仔短枪队，就预先埋伏在敌探必经之路的企岭下村的山上，将敌探全部抓起来，当面警告他们不要在村内随便走动，回据点报告时，也不能说出曾被抓的事，否则就不客气。敌探们个个都吓得直发抖，满口答应。短枪队就放了他们。敌探们都一一照短枪队所说的去办。但不到半个月，一个姓何的敌探，把被抓的事告诉了宪兵队长，而日军头目见到派敌探长期驻村也无济于事，很快就将各村的敌探撤回了敌据点。敌人的阴谋被我们挫败了。西贡区第一任维持会会长李少软，在1942年4、5月间，被日寇怀疑私通游击队，抓去九龙严刑拷打了一番，他始终没有说出我部队的活动情况，受到西贡区人民的敬重。

1943年，刘培同志在多竹与土匪战斗时，不幸负伤。当时我队医疗条件较差，必须要送到香港去医治枪伤。驻坑口片的张婉华同志即找到上洋村乡绅刘金，要他以兄弟关系（刘金与刘培同姓）护送去港。在香港码头上岸时，敌哨兵查看担架上的刘培同志，刘金说是弟弟，因患伤寒急需入院。事后刘金说，当时我的头象浆［糨］湖［糊］粘着一样，险呀！张婉华（当时化名刘英）表扬了他，说金哥做了一件好事。

坑口的上层人士陈景清，经我队民运人员何培同志和武工队江水（在坑口搞税收工作）的教育，负责起坑口商会会长之职，多次出面应付敌人的搜查。

沙田石古垄村的许章达，港九沦陷前是香港政府查学员，初时认为我部队的同志都是村夫之辈，态度较为傲慢。我民运人员张婉华既表扬他不愿为日寇卖命，有骨气，也以自己的战前曾执教于九龙立雪女子中学附小，为了抗日救国，而为国为民奔波，虽苦而乐的历程启发他。我武工队副队长刘黑仔也经常和他据典论经，促膝谈“三国”，对答如流。许说，想不到你们的学问也很深。以后许对我们的态度就很热情。这位统战对象，以后还出席过东江纵队召开的路东行政委员会会议。

七、民运工作人员的深刻体会

1．群众是护身符。

西贡区的民运人员，大部份都是孤身作战，在远离领导的村落工作，有些乡村还处在敌据点的边缘地区，随时都有遭到敌人和汉奸袭击的可能。只有在群众的掩护下，我们才得以顺利开展工作。群众是真正的铁壁长城，民运人民与群众建立了鱼水关系，才能遨游在群众之中，发动群众，保存自己，打击敌人。

2．若欲取之，必先与［予］之。

民运工作必须要和群众打成一片，把群众之事，当作自己的事来办，急群众之所急，切实帮助群众解决困难、疾苦，我们的工作就有了立足点。我们民运人员探知这点的重要性，所以在同群众共同劳动时，开始时虽然很吃力，但也要咬紧牙关，坚持下去，才能克服困难。1944 年高塘村发生严重的流行传染病，死了不少人，民运人员何若明同志看到此情况，心急如焚，凭她的经验，配制了一些土药方，给群众治病，传染病制止了。后来该村的群众对何若明同志非常亲切、非常信任。

3. 世上无难事，只怕有心人。

西贡区的大部分村庄都是讲客家话的，而当时我队派驻各村的民运人员则绝大多数不会讲客家话。攻克语言关，成为我们开展工作的先决条件，我们的民运人员没有被困难所难倒，下定决心，不懂就学，上山砍柴时跟妇女们学，串门时向群众学，睡觉时向三同户学。世上无难事，只怕有心人。在不太长的时间里，我们的民运人员都学会了客家话，拉起家常话来，居然象个客家妹、客家人了。

西贡区的民运人员大部分都是女的，而且每人都要负责数村，甚至十多个村的工作。每个晚上从这村到那村，少则一里多的路，多则十多里路，还要穿山林，有的地方还要通过敌人的封锁线。这对民运人员来说，既不轻松，更不能轻敌。正如她们回顾起来所说的："那时候，不知怎的，心里全无害怕，一心都想把工作搞好，好象那些种种困难，都不觉得有它们的存在。"

总之，西贡地区的民运工作是卓有成效的，民运人员的功绩也是不可磨灭的。

此文经李兆华、林苑明、梁雪英、方汉光、倪珍美、何玉屏（原名何若明）、伍淑仪等同志提供材料。张婉华、戴宗贤整理。

原载 1987 年 5 月出版的《回顾港九大队》（下集）

“不夜天”茶座①

张婉华

1941年12月，香港九龙沦陷后，我姐夫胡有在九龙城太子道经营的“远香士多”店（英语译音），因遭日本侵略军几番搜查关闭了，便到九龙城西北方向的西贡墟，开设了一间茶室，经营咖啡、面包、西饼等，为当时从香港、九龙被日本侵略者驱赶疏散逃往内地的难民歇脚解饥。这间茶室，日夜开门迎客，人们给它起名“不夜天”。

“不夜天”位于西贡墟中心街，来往方便。房子不是很大，楼上住人，楼下是茶座。开张时，只有一个叫叶仔的伙计帮忙经营。

港九沦陷前，我先后在九龙城立雪女子中学当小学教师和九龙中华书局当板票工人（港币板票工），掩护从事抗日救亡工作。港九沦陷后，学校和书局都被关闭，我便到九龙城买些大米，担到西贡放在“不夜天”，然后挑到乡下去卖，挣得几个钱度日。

日军侵占九龙城不几天，东江游击队派遣黄冠芳、江水、刘黑仔等同志，带领一支队伍秘密挺进西贡区，沙田区一带活动，配合港九地下党组织，营救和护送困留港九的爱国著名文化界人士。

方觉魂同志来到“不夜天”，找我谈话。他说：“现在港九很紧张，为使游击队和党组织及时掌握敌情，以便香港脱险的爱国文化人安全过境，党组织决定派你在‘不夜天’当招待员，做地下情报工作。”我当即表示服从党组织的安排。他向我交代了具体工作任务。临离开时，他低声嘱咐我，要多加小心，要注意保密。

过了两天，我对姐夫说：近来卖米生意不大好做，我想在您的“不夜

① 收录于刘中国、余俊杰等编：《白石龙大营救文献》，花城出版社，2015年，第177-181页。

天”帮帮手，反正茶室人手少，多个自己人照顾会好些。姐夫同意后，我就做起招待员，

在蔡国梁同志直接领导下收集、传递情报，配合游击队秘密营救文化人的工作。我在“不夜天”接受地下党员李生和地下交通员送来的情报，然后送往九龙地下党和西贡游击队，沟通九龙与西贡的地下情报线。在九龙城与我接头联系的两个人，一个是刘庆记织布厂的李健行同志，一个是戴发同志。为了接送情报方便，我主动把“不夜天”需要采购面包、西饼等活包下来，每隔两三天，就到九龙一次。我常常身穿黑色土布衫，头戴客家布凉帽，脚穿人字草鞋，打扮成一个客家乡下妇女，挑着两个竹箩筐，来往于九龙、西贡之间，有时路上遇到日本兵巡逻检查，我就混在难民或商人中，能躲就躲，不能躲时，只好任其检查勒索。所以，有时运回西贡的面包、西饼，会少几个或几十个，姐夫知道路上的麻烦，也不跟我计较。

“不夜天”表面是我姐夫在做生意，招待四方来客，可是暗中却掩护了我做地下情报工作，配合了游击队接送过往的文化人和民主人士。至今我仍有深刻印象，经这条路线回内地的，多数是知名人物，都由游击队员秘密护送，在“不夜天”歇片刻，吃顿便饭或喝点茶水，就继续赶路。由于有工作纪律的约束，我只热情接待，不多问事。究竟有哪些知名人士经过“不夜天”，只有负责护送的游击队才清楚。

1942 年春节前夕，是游击队和地下党护送文化人的紧张时刻，活动频繁，过往人员很多。日军也嗅到香港—九龙—西贡有我们一条秘密交通线，就加紧对九龙至西贡的交通封锁，盘查来往行人。我地下党和游击队，为保证护送工作顺利展开，黄冠芳、江水，叶风生、刘黑仔等同志来到“不夜天”，在二楼秘密开会，总结了护送文化人的经验教训，并针对日军的封锁，研究了开辟新的地下交通线。会间，我做好饭菜，让他们几个人吃了一顿抗日团圆饭。会后，他们返回各自的战斗岗位。

1942 年 4 月的一天，一个名叫杨惠敏的女人来到西贡。杨原是上海童子军学生，“一·二八”事件时，曾冒生命危险把当时的国旗插到国民

党军坚守的“四行仓库”顶上，由此出了名。后来她被蒋介石认作干女儿，投靠了国民党。这次来，她找黄冠芳、江水等人，要求游击队协助营救困在港九的国民党南京市长马超俊的太太两姐妹和电影明星胡蝶。事后，杨去九龙找马太太。过了两天，她又喜形于色回到西贡。这次，黄冠芳在“不夜天”会见了她。我像往常招呼客人一样，给他们倒咖啡茶，她怀有戒意地指着我问黄冠芳：“这位小姐是谁呀？”黄冠芳答道：“是这问［位］茶室老板胡有的小姨，在这里当招待员。”接着黄问她：“杨小姐，找到人没有？”杨十分神气地说：“我费了不少心机，总算找到她们。现在她们住在九龙城，正准备启程返后方。今天我回来，就是请贵部派人，尽快从九龙城把她的行李挑到西贡来。”黄冠芳略有所思地说：“现在敌人封锁盘查更加严了，不能一齐运来，只能每次三两担，当作货担分散运。”杨一时想不出更好的办法，便说：“货物行李由你们负责，我负责带人到西贡，货物行李运慈［送］起程。”经双方协商，委托我姐夫胡有找熟人运货物回九龙城去了。我姐夫在九龙城找熟三两担，足足运了一个星期，才把马太太和胡蝶等人的行李货物运到西贡，由游击队派人看管。

本来黄冠芳与杨惠敏已约定好胡蝶等人离开港口的时间，可是，行李货物装好船后，到了约定的时间，只有马太太姐妹俩及随员五六人到西贡，不见胡蝶到来。马太太乘坐的船按时开船离港，几个游击队员留下守卫装着胡蝶行李的那条槽仔船，等待胡蝶，却一直不见胡蝶的人影。第二天拂晓，日本侵略军突然出动海陆部队，直扑西贡墟［圩］。我赶快关好“不夜天”跑到邻居家躲起来。日本兵包围了西贡圩，找到了装有胡蝶行李那条船，然后抓夫把船上的东西全部运回九龙。

到了中午，胡蝶才姗姗来到西贡，黄冠芳在卖鱼栏老板徐观生家里安排她稍作休息，把日本兵抢走她的全部行李的情形告诉了她。胡蝶听后，捶胸顿足，抱头痛哭。她伤心地说：“天哪，我几十年积攒的金银首饰金藏在行李中啊，以后叫我怎么过日子呢？！”黄［问］[①] 她为什么来迟？她

① 原文无，根据文意补充。——编者注

哭着说："杨小姐说有事未办完，叫我等她办完事再来，所以来迟了。"劳见她哭哭啼啼不停，便安慰说："事到如今，行李财物倒是小事，只要人安全就好了，请你多多保重身体。"随后派人送她回九龙城，并告诉她要多加小心，注意提防杨惠敏这个人。胡蝶走后，大家分析了杨惠敏的行为和胡蝶的行李被抢的情形，觉得其中必有内鬼。于是，把这一情况报告大队领导。

5月下旬的一天，姐夫叫我和阿森把一些机器零件、药品等物，运到惠州去卖。我想，去还是不去呢？去嘛，谁替我去九龙联络？不去嘛，姐夫有意见。我左右为难。于是，我把情况向大队领导欧伟连报告后（蔡国梁同志外出执行任务不在部队），便和九龙远香店员阿森、九龙启新学校校长黄健生（地下党员）、九龙培侨中学校长叶挺英（地下党员）结伴而行。提组织一些货物运到惠州"东和行"和"惠丰行"卖的。到了惠州把货物处理好，便各自投宿去了。不巧，我在惠州城吃了一些不清洁的食物，患了痢疾病，进惠阳医院治疗了十天，愈后在表嫂文秀英家养病。一天，我上街买东西，无意中碰到杨惠敏，她也认出我，双方注视了一会儿就走开了。这时我想起一连串的问题，她不是早已离港返回了吗？为什么还逗留在惠州？

晚上十时许，我正在床上睡得迷迷糊糊的，突然有人敲门，问："张小姐住在这里吗？"表嫂问道："谁呀？"边说边开门察看。一个陌生人进门便问："张小姐在家吗？"表嫂又问道，"有什么事呀？她已经睡觉了。"那个人说："杨小姐摆酒设宴，派我来请张小姐赴会。"我觉得很惊奇，便坐起来问道："是哪位小姐呀？现已是晚上了，请我赴宴有什么事呀？"那个陌生人趾高气扬地说："杨小姐就是上海抗战大名鼎鼎的'女英雄'嘛！"我一听心里想，狐狸给鸡拜年，肯定不怀好意，就说："请你回去告诉杨小姐，说我有病，谢谢她的盛情了。"那陌生人说："不行呀，杨小姐已经摆好酒，请你一定光临呀。"我知道推迟不过，只好穿上衣服跟着那个人出了门。我一出门，身后就闪出几个穿军衣的国民党兵跟着我，又有几个闯进表嫂家动手就搜，我在门外看到他们翻箱倒柜胡作非为，便质问道："你们到底是什么人？要干什么呀？"这帮家伙说："到了宴会你就明白了。"他们哪里是带我去赴宴啊，而是押我到看管所。

第二天，把我押送到国民党军队张光琼的师部。阿森也被押在那里。我惊奇地问他："你为什么被抓到这里来了？"阿森一脸苦笑说："还不是卖机器的事。他们问我是不是运电影明星胡蝶的行李来卖？我哪里知道呀，无缘无故把我捉来提审。"听了阿森的话，使我想起四月份胡蝶的行李被日本兵抢走的前后情景，这回准是杨惠敏干的栽赃的勾当。于是我抱定主意，准备应付国民党的提审。不久，几个国民党军官，装模作样地问我："你是张小姐吗？"我说："是呀，有什么事？""你认识黄冠芳、江水吗？"他们问。我冷静地回答道："贵长官，我在西贡'不夜天'茶座当招待员，每天四方来客，有买卖的、有逃难过路的，也有带枪的，我哪里知道谁叫什么名字啊！"他们又问："那你知不知道电影明星胡蝶的行李是他们游击队抢走的？"我理直气壮地回答："知道胡蝶的行李是日本鬼子'扫荡'西贡时抢走的，听说有内鬼通风报信。""这个人不知是谁？"他们问不出什么东西，就气急败坏地说："那你到惠州来卖什么东西？"我毫不犹豫地回答："我从九龙运到惠州卖的东西都是机器零件和药品，长官不信，可到'惠丰行'调查。"他们自感无理就走了。过了两天，他们又来了，对我说："在一个星期内有人担保，就可以放人。"阿森恳求说："长官，我没有罪呀，为什么要关我呀？"他们哪里管你有罪还是没罪。

我被关在囚室坐立不安，心急如焚，不知"不夜天"情报站谁代我传送情报。越想越急，恨不得捉到杨惠敏这个家伙算账。

那天我被国民党兵捉走后，表嫂家被抄，一些好一点的衣物都被抢走了，表嫂也被带走，他们企图以此作为诬我出卖胡蝶的人证物证。但是，表嫂拒不承认，表现很坚强。

在我被捉走几天后，黄健生、叶挺英等同志曾到表嫂家找我，得知我被捕的消息，他们马上意识到这里面有阴谋，便赶快搭船返回西贡，向游击队领导报告。部队领导派黄冠芳找到我姐夫胡有，叫他立即前往惠担保营救我。姐夫听说我被捕，吓了一跳，急急忙忙赶到惠州城。刚好这时马超俊的太太及小姨子还在惠州城。姐夫通过熟人找到了马超俊的小姨子，诉说了我被张光琼师部扣押的原委，请她出面担保。她很同情，就和我姐夫一起找到张光琼质问说："你们为何扣押张小姐？胡蝶的行李被抢的情况我知道，是日本人干的，与张小姐无关。"张光琼见马超俊小姨子知道底细，态度强硬，无言答辩，便推卸："扣押张小姐是杨惠敏小姐的事，与我们无关啊！"马超俊小姨子说："那就请你放人吧！"张光琼骑虎难下，说："这是杨小姐亲自命令，我们不好办呀！"马超俊小姨子马上说："如果你们不放人，我就打电话告诉我姐夫，让他跟你谈吧。"张光琼沉思了一会儿，无可奈何地说："扣押张小姐不是张某之意，是奉杨小姐之命，既然胡蝶行李被抢之事与张小姐无关，小姐你愿意担保我可以放人。不过，请小姐写个字条，签个名，如果杨小姐一旦追究这件事，卑职也好有个交代。"马超俊小姨子挥笔写了张字条，签了名，慷慨作保。张光琼这才叫人带着马超俊小姨子前来接我。

我被放出的第二天，收拾完行李，告别了表嫂全家，就和姐夫及阿森到马超俊小姨子寝下再次感谢，然后搭船返回西贡"不夜天"。

后来胡蝶经我港九大队抢救护送，回到了大后方。

事隔不久，我游击队侦知，出卖胡蝶，给日本兵通风报信的，正是杨惠敏。她在惠州扣押我，妄图将出卖胡蝶的罪名嫁祸于我，以转移视听。

我返回西贡"不夜天"后，继续做情报工作，直到 1942 年 7 月，香港地下党和东江游击队抢救护送文化人的工作基本结束。这时，日军要实行全面大"扫荡"，加紧了对我西贡、九龙交通线的封锁，我的行踪也引起了敌人注意。党组织为了我的安全，把我调到港九大队搞民运工作。但"不夜天"仍然是我地下党和游击队的秘密交通站。

（梁长盛／整理）

广东省临委沙鱼涌交通站（节选）①

张持平　李惠群

1942年底，中共南方局根据形势的发展，指示以林平、梁广、连贯组织中共广东省临时省委，简称省临委。1943年1月，省临委成立，林平任书记，决定在广东国民党统治区恢复党的活动。省临委吸取前任省委在粤北遭受严重破坏的教训，因此，紧紧跟随自己的部队，林平同志还兼任部队政委，主要精力放在东江纵队，抓武装斗争。

……

1943年农历1月初，张持平在港九嶂顶参加整风学习结束后，归途中林平同志在一个部队交通站找到他，决定调他到沙鱼涌负责省临委交通站。李惠群是当地地下党员，熟悉情况，由他协助张持平以经商面目出现在沙鱼涌。当林平知道张持平尚未结婚，要他通过组织赶快找个女党员结婚，以便带上家属好掩护。张已满30岁，为了党的事业，与杨桂琼同志很快结婚。杨只做几天新娘子，称为亚杨嫂，便偕张一起带了简单的行李，于暮春时节前往沙鱼涌屯洋村李惠群的家住下来，开始在沙鱼涌建立省临委交通站（部队交通站另设）。临行前，林平说："只给你们三个月生活费，以后不再给钱了，靠自力更生。来往交通站的同志，要包他们食宿、路费等费用，注意安全，迅速送到。"

……

沙鱼涌交通站由于有省临委的正确领导，得到当地党支部和广大群

---

① 收录于中共宝安县委党史办公室编：《回顾东纵交通工作》，广东人民出版社，1987年，第75—79页。

众的大力支持和保护，做了许多工作。特别是沙鱼涌和屯洋两地的妇女抗敌会的积极分子，经常帮助交通站传送文件情报，报告敌情，协助挑运货物到淡水等地。屯洋村地下党员李乃胜发现英军服务团调查我们活动的情况，立即向我们报告，引起我们的注意。交通站的工作开展得很顺利，直至 1945 年 3 月结束活动，胜利完成了它的历史使命。

回　忆（节选）①

张联兴②

……

我们从皇岗水围的码头上岸后，与岸上接应的同志汇合在一起，有时还会有一些皇岗水围的妇女加入进来，一起担运物资，经皇岗、岗厦到梅林，然后进山到白石龙、望天湖……

……

① 收录于李建国编著：《从东江纵队到粤赣湘边纵队》，广东人民出版社，2015 年，第 244–245 页。

② 时为边纵一支三团交通员。——原书注

我在惠东宝游击区情报站工作①

张瑞英

我是东莞清溪乡人，出生于一个山村贫苦农民的家庭。一九四七年十月，我在小学读书，年仅十四岁，是个黄毛丫头，大我三岁的陈金传同学介绍我参加了游击队，在惠东宝游击区情报站工作，直至全国解放。五十多年了，当年的战斗生活和战友的身影仍历历在目，毕生难忘。

夜送情报，在锻炼中成长

我在情报站工作几天后，领导忽然对我说：目前情报任务重，交通员都执行任务出发了，要我同一位叫蔡仔的，夜送情报。这可为难了，我在家时，最怕黑，一到晚上，一个人连自己的住家都不敢进去，但又想，我是游击队员，应该服从工作分配，不能不接受任务。领导见我没鞋穿，叫有关同志给我一双鞋。我拿来一看，天哪！是大鞋，三十八码，比我的脚大了两码。我向领导说：在家很少穿鞋，习惯赤脚走路。领导见我有点犹豫，郑重其事地对我说："傻妹子，不穿鞋怎能爬山走夜路？万一弄伤了脚，或脚底起泡出血，走不动，不能按时把情报送到目的地，延误军机，问题可大了。"经过领导的教导，我再没有推辞了，心里想，原来穿鞋也有文章，既然是任务需要，再大的鞋我也穿。就这样，我和蔡仔漏夜奔程，从龙岗瓦窑村出发，过公路，走山路。山路险要，崎岖不平，加上穿的鞋码大，走起路来咯咯作响。蔡仔闻声，问我是否不习惯，害怕走夜路？我说不害怕，是鞋码大发出的响声。次日早晨，到达目的地南坑村，

① 收录于肇庆市城区东江纵队粤赣湘边纵队老战士联谊会编：《峥嵘岁月》，2003 年，第 245–249 页。

连队驻扎在这里，起床的哨音在山村回响，我和蔡仔呼吸着新鲜空气，沐浴着曙光的温暖，高兴极了。

在情报站工作很愉快，怎么也没料到，我突然牙痛，正所谓牙痛惨过大病，痛得非常难受，顿时，思家观念涌上心头。我想念父母，想念弟妹。三姊妹，我最大，最生性，最懂事。家里穷，我边读书，边做家务，带弟弟。母亲没有文化，只会干粗活，父亲外出做工，临行前，总是把一头家务交给我料理。我离家后，父亲少了一只手，家里少了一个劳动力。牙痛令我坐立不安，思家令我心烦意乱。这一切，领导上看在眼里，同事们深表同情。情报站只有十多人，缺医无药。为了医好我的牙病，同事们四出奔波，寻医买药，好不容易从农村弄来药方，买来草药。他们亲切地安慰我，把药煮好，送到我的跟前。经过同事们的亲切关怀，我的牙病逐步好转。领导和同志们不但医好了我的牙病，还医好了我的思家病。病中，他们给我讲革命故事，使我逐步懂得革命道理，心灵逐步开窍，从此，我感到大家庭的温暖，克服了思家观念。

领导和同事讲述交通员执行任务，机智勇敢，化险为夷的故事，至今记忆犹新。

一位年轻资深的女交通员，名叫李贵娇。一次，受命执行任务，临行前，她一身客家妇女打扮，头披白毛巾，戴黑色环边凉帽，手里挽着探亲用的圆形竹篮子。正当她沿着公路行走的时候，突然敌人窜了出来，太意外了，她开始显得有点惊慌，稍一定神，见到前面有一位大嫂在地里掘花生，便急中生智，大声呼叫："大嫂，你一个人在这里掘花生吗？我来帮你吧。"大嫂反应灵敏，随即招手叫李前来帮忙。两人谈笑风生，情同姑嫂。敌人看不出破绽，没有盘问和搜查，大摇大摆，扬长而去。事后，李对其他同志说："当时不但有军事情报在身，竹篮里还有一支手枪，要带到目的地。如果被发现，我就要当场被捕，投入监狱，甚至人头落地。"

年少胆大、勇敢机智的交通员，他们每当送情报出去，总要预防不测，设想一些办法对付敌人。有时他们扮成牧童，拿着牛绳，执着牛棍，蹦蹦跳跳，躲过敌人的盘查，乘机及时赶往目的地。当发现情况危急时，小交通员还有一招，手执牛棍，抱头痛哭，大声呼喊，假装牛只走失了。敌人见状，不屑一顾，犹如蠢猪的敌人，当然再次上当受骗了。

这些活生生的教材，不但给我启迪，还使我认识到做情报工作的艰巨性和复杂性。要出色地完成情报任务，交通员还要有勇有谋和有随机应变的本领。

为胜利开路，为战斗立功

情报工作，非同小可，有时是战斗成败的关键所在，举足轻重。一九四八年八月，龙岗红花岭战斗，是由二团开始打响的，由于敌人不断增派兵力，形成敌强我弱、敌众我寡的被动局面，二团陷入前后受敌的险境，急需兄弟团队救援。我们情报站的交通员遵照指挥部的指示，从龙岗出发走公路，穿山越岭，经过几十公里的紧急行程，把火急军情送到清溪三团团部。三团接获情报后，指派副团长林文虎率部从东莞清溪出发，急行军赶到现场增援，及时解救了二团的危境，重创敌军。当时，我们完成情报任务后，已返回深圳至龙岗公路的一条村，目睹敌人用八部大卡车载着死尸及伤兵返回深圳。这次战斗，二团转危为安，打得败军措手不及，焦头烂额，尸横遍野，取得辉煌胜利，情报站起到了重要作用，功不可没，我们情报人员为此感到无比的自豪。

英烈不朽，人民永远怀念您

有战斗必有伤亡，愿望是把伤亡减到最低限度。情报站既然是对敌斗争的前沿，战斗多了，情报任务频繁，交通员伤亡在所难免。一九四八年五月，我刚从驻东莞黄江北雁村的情报支站调出不久，该站被敌人发现，来不及转移，受到敌人的袭击。站长卓镜钦同志在反击敌人时，寡不敌众，牺牲于黄江镇黄牛浦村后。一九四八年初，在东莞塘厦镇的情报员张新友、巫进友两位同志，坚守岗位，不幸罹难。以上三人都是我同村同巷的邻居，他们少年英俊，风华正茂，为情报工作献出了年轻的宝贵生命。周兰芬同志一九四九年春，从广州报［投］奔情报站当会计，兼任文化教员。同年七月在副官室开会时，不幸遇难，牺牲于东莞梅塘。还有两位交通员被捕，其中一位叫小黄仔，他从惠州一间中学前来情报站工作，因工作需要，调到交通站被捕坐牢，幸好当地解放得早，被我们的同志抢救出狱，幸免于难。每当我想起曾经一起战斗过的烈士们，往往思绪万千，久久不能平静，情不自禁地泪湿衣襟。为情报工作牺牲的战友们，安息吧！我们永远怀念你们！

开辟大岭山抗日游击基地（节选）①

张　英

一

1937年七七事变后，东莞抗日救亡热潮汹涌。当时我刚由东莞中学毕业，是一个失学、失业的青年，准备投考军校。不过，毕业前，我就知道共产党的活动，也支持共产党的抗日主张，所以于1937年10月间，参加了中共东莞县中心支部与国民党一五三师合办的第一期军事训练班。这个班结束后，何与成亲自带我到高埗江城洲，训练自卫队，我在自卫队任中队长兼军事教官。自卫队即国民党社训总队，是一个大组织，因此，我的公开身份是国民党军官。

在高埗，我认识了张如（时任中共东莞中心支部委员）、李南。张如此时已组织了一个武装小组，我一向又主张搞武装，所以深得张如喜欢。李南是江城洲一户有钱人家的千金小姐，也很积极，动员妇女参加自卫队。当时，在江城洲东圃小学，已建立了中共支部，对党发展自己的武装起到核心作用。而我经常到东圃小学教唱歌、跳舞等救亡工作，加上我是由何与成带来的，也深得党支部喜欢。张如找到我，让我训练完这一期后，参加政工队。我积极响应，于1938年初，参加张如领导的东莞县民众抗日自卫团统率委员会第一政工队。

当时，山乡、水乡都有政工队，我参加的是山乡的政工队。张如是队长，王鲁明是副队长，此外有蔡焯、罗瑶（罗炽尧）、陈文慧、王河、叶

---

① 收录于中共广东省东莞市委党史研究室编：《东莞抗日实录》，中共党史出版社，2006年，第275−279页。

淑德（叶茵），共8人。5个男的当中，实际从事工作4个男的；王鲁明在大坪见过一面后，返回水乡。

王河小我一岁，她当时18岁，我19岁，与我一起表演抗日剧《放下你的鞭子》，进行救亡宣传。罗瑶低我一年级，懂武功。我们一起把手插到沙中练武功，以增强体质。此外，我喜欢看孙子兵法、侦探以及有关共产党的书，常向时任东莞中学图书馆馆长的王士钊借进步书籍，偷偷地看。我们政工队还前往寮步、大朗、樟木头等大地方演讲、演出。演讲的内容是为什么打日本鬼、怎样打（通过讲持久战的道理），有什么战果（通过读报纸），等等，效果较好。在清溪、樟木头的时间较长，有的群众还要求参加抗日。我们这些热血青年，个个都热情满腔，有时候写抗日标语还写到天亮，然后用冷水澡、唱歌来提神。大家对这些工作都很乐意，合作很好，一直活动到天堂围、嶂阁。

……

三团东莞医站战斗生活片断[①]

张　勤

我参加三团东莞医站战斗的时间很短，但在那段艰苦岁月的战斗生活，却使我难以遗忘。

东莞医站的卫生员，全部是青年妇女，她们来自四面八方，有城市孤儿院的孤儿、工人和少数青年学生，也有农村放牛女，童养媳。我和梁昌、利贞、龙苑等三位同志，原是省立高级护士助产学校助产班的中专毕业生，出生于旧社会，长在日寇的沦陷区和蒋管区，受尽三座大山的压迫苦，特别是日本帝国主义侵略压迫和封建主义压迫，我们多么渴望有一个民主富强的新中国，多么渴望妇女在社会和家庭中享有和男子一样的平等地位。

1947 年，我们在学校参加地下党组织的秘密读书活动，进步书刊和旧中国的现实，提高了我们对党、对革命的认识，向往妇女解放、民主富强的新中国。随着形势的发展，国民党反动派加紧对革命群众的迫害。1948 年，母校地下党被破坏，一些同学被特务抓走，更激发我们参加革命的决心。1949 年 5 月间学校提前考试，我们毕业了。离开学校不久，我们就走上了革命的道路，怀着争取妇女翻身解放的愿望，我们四人参队时都决定以母姓为姓，用原名中一字谐音为名参加革命。姓吕的我和姓林、姓何、姓赖的三位同学分别改名为张勤、梁昌、利贞、龙苑。

从香港回来参队时，由元朗交通站派武装人员护送我们（还有其他一些青年学生），当越过封锁线进入白［百］花洞即遇到敌人大“扫荡”，因

① 收录于中共东莞市委党史办公室编：《东莞烽火》第十二册，广东省东莞市印刷厂，1988 年，第 83–90 页。

情况危急而退回元朗分界河船上，等敌人退走后再次由武装把我们护送到团部分配工作。我和梁昌被分配到东莞医站不久，医站山下的梅塘田心村遭到敌军袭击，常和我们在一起的武工队、副官室、情报站被打散，遭受很大的损失，牺牲了几位同志，又有一些同志被打伤，敌人占领了整个村庄。医站所在峡谷在敌人机枪封锁之下，我们失掉了与团部的联系和武装的保护，孤立地在敌人包围之中，随时都有被敌人上山搜捕的危险。当时医站有重伤病员和卫生员共30多人，我们是一群只有几支自卫手枪而毫无战斗力的医务人员和重伤病员，大家都非常清楚医院的处境危险，但都表现得非常镇静和勇敢，沉着地准备应变：领导一方面派樊英和两个伤员同志设法与上级联系；另方面采取应急措施，停止一切烟火和音响，人人都坚守工作岗位，随时注视敌人动向准备战斗。此时此刻的领导和群众，伤员和卫生员考虑的不是个人的“生与死”，而是考虑万一敌人上山，如何帮助他人分散掩蔽安全脱险。

当时医站最重伤员是叶洪友同志，他在战斗中大腿股骨被打碎，是医站唯一不能行动的伤员，大家首先想到的是他的安全。我默默的走到他的身旁，一面给他轻轻的按摩；一面对他说：“洪友，如果敌人上来，我就背你上山分散掩蔽。”但叶洪友同志此时想到的不是他自己的安全反而想到的是我的安全。他说：“阿张，我不怕，你不用背我，你也背不动我，敌人上来你把你的驳壳枪给我，再给我一个手榴弹，我掩护你撤走，掩蔽到深山密林中去。”我说不，要走一起走，我们绝不能丢下您。我小声的和他争辩了很久，他还是斩钉截铁地说：“不要管我，你把手枪和手榴弹给我，敌人上来，我一个够本，二个有利，不能叫你们陪着我。”听了他的话我心里又感激又难过，鼻子一酸，禁不住眼圈也红了起来。

大概是由于我们住的峡谷山高林密，医站又非常掩蔽，而且有可靠的人民群众保护着我们，因而敌人摸不清山上情况不敢冒［贸］然上山。当晚敌人退走了，我们又与上级取得联系，医站在上级和乡政府的帮助下趁夜转移出来，我们才脱离了险境。

我们东莞医站，担负着全团主要医疗任务，专收治重伤、病号，它既不能象流动医站那样隐蔽在群众中流动，更不能象连队卫生员那样随时行军、打仗，平时需要隐蔽在深山密林里，创造一个较稳定的环境给重伤病员治伤养病，遇到敌人“扫荡”也要随时向深山密林间转移。我们每转移一次都是很艰苦的，不但要翻山越岭，走上几十里路，而且包袱重、尾巴长、还要半夜三更才能行军、赶在拂晓前到达。医站的卫生员，最大的二十多岁，最小的只有十五六岁，但大家都不怕苦不怕累，有的肩挑两个大药箱、伙食担；有的肩挎两个大药包、身背一个包袱，还有水壶、雨衣、竹帽、手枪，有时还要替伤员病员背一枝三八枪。不少同志负重比她本人体重还多，既要照顾伤病员，又要在黑夜的山路上急行军，但每个卫生战士都英姿飒爽，象连队出征的战士一样，战斗在深山密林里，紧紧跟上担架，护着伤员，按着老战士总结出来的“黑泥、白石、光水氹”的走夜路秘诀，大踏步前进。夜间跑山路、钻密林、稍为不小心就跌到山沟里，身上负重太大，自已就爬不起来了，要两三个同志才能拖上来。到了驻地，放下背包，首先要安排伤员住处，检查伤员伤口有无感染，破裂等情况，处理好一切后才能休息。

医站当时的条件是很差的，我们治疗抢救伤员，一、没有设备，二、没有技术（没有正式医生），三、没有药物，除中草药外用药相当困难。伤员伤着骨头的，我们就束手无策，靠当地同情我们的跌打医生，其他伤员就凭我们治伤四件宝：银针（探针）、引流条、雷佛奴衣溶液、磺胺结晶包（极少有青霉素），靠的是卫生员崇高的阶级感情精心的护理。所用敷料、银针、便用钳，我们没有高温消毒，但坚持尽量做到伤口精心洗涤护理，因而极少发生入院后伤员伤口感染的事，这是非常可贵的。伤口痛了，为了节省或少用止痛药物就靠按摩止痛；在生活无微不至的关心，胃口不好，只要有条件的什么也想着去做，问寒问暖。生活不能自理的医护人员一口一口喂，还帮伤员洗澡、洗衣服等。晚上各个卫生员还自觉的几次起来查看伤员和给他们盖被。白天医护人员每天定时扶伤病员到外边走动晒太阳，使他们能早日伤愈归队。这样的护理工作，卫生员需要付出多少劳动？！遇上打仗大批伤员入院，我们人手少同志们更辛苦了，有些同志边工作边睡着了，一惊醒又接着干，工作对于我们来说是没有时间观念的。

医站绝对隐蔽时，白天是不准外出活动的，晚上才到各单位和群众家看病，经常是天黑出外，深夜才回来。天黑夜静，山间田野经常有野狗出没，有时遇上风雨，山路泥泞，行动困难；有时迷失了方向找不到回山的路，就坐下来定一定神，认清方向再找到回山的路。我们工作虽苦虽累担惊受怕，但每当看着一批批同志伤愈归队，群众的危难病痛得到解决，特别是一些从死神那里抢救过来的重伤病员好了，我们心里真有说不出的高兴。记得1949年8、9月间，税站有一位同志在和敌人遭遇时被打伤了，子弹从前胸射入，穿过肺部从背后出来，出口有大茶杯口大，流血很多，送到医站时人已奄奄一息，非常虚弱，在那时医疗条件非常差的情况下，许多同志都认为没有救了，心里都非常难过。后来凭着我们一颗红心两只手，用我们治伤的几件宝奇迹般地，硬是把这位伤员抢救过来，使这位同志重返工作岗位，我们真是高兴极了。

1949年7、8月间，在医站刚转移到长山口不久，附近有一户人家，听说他的妻子怀了几胎都因难产孩子死去，这时他的妻子又临盆了，这回乡下的接生婆再也不敢帮她接生，听说医站就在附近，村干部找我们帮忙，麦霞同志派我上门接产。我跟随村干部走到她家里，只见房里放着一把木梯子，产妇站在地上双手拉住梯级，转动着身子在呻吟呼喊，孩子生不下来，样子非常辛苦，她丈夫急得走来走去，见到我进来，马上高兴万分。我见到这种情况，心想难怪她生不下来，就算生下来孩子也会窒息而死的。我马上招呼她的丈夫找来棉被物品，协助搞好临时产床和做好一切用品准备，叫她躺回床上，并安慰她说："要听我的话不要怕，只要配合好孩子会顺利生下来的。"接着我帮她检查，发现确是难产（前置胎盘），经过手术助产和她本人配合，终于产下一个男孩，母子平安，他夫妻俩十分感激，我心里也很高兴。以后我们入城了，他俩还抱了一只大鹅去找我们呢。

我们也遇到过失败和挫折，心里感到很难过。如有一次医站接收了一位刚参队就患上伤寒病的青年学生，他一连十多天发高烧没吃东西，我们连口服葡萄糖也不多，加上敌人“扫荡”频繁，转移时，抬着他连续几十里山路颠簸，结果不治而死。我们为没能把他治好而深深感到内疚。

还有一个小鬼，打仗时受弹片射伤前胸，伤不重，伤口恢复很快，眼见伤口快好。一天中午，我外诊回来，吃饭时间早过，他还背靠着墙，低着头，手捧着饭盅发呆。我见了很奇怪，心想这个平常吃饭狼吞虎咽的小伙子，今天怎么啦。我问他为什么现在饭还未吃完？回答说“不知怎么饭吞不下去”。我听了心里“加登”一跳，我马上放下药袋，拿开他的饭盅，要他躺在床上让我检查，果然是我担心的破伤风，明显的全身痉挛在开始。我真急死了，我们没条件做破伤风预防，现在伤员感染发病了，也没有破伤风血清及时治疗，连一线救治病人的希望也没有。对这种病我从学校学的是理论知识，还未亲眼见过破伤风病病人。更没有治疗经验，我虽然立即请领导设法派人去买破伤风血清，但谈何容易？而且远水不能救近火，而他的病情迅猛的发展着，开始是咽喉痉挛，吞不下饭，不一会连水也吞不下去，吃药也引起紧张痉挛和窒息，接着是全身痉挛，任何一点光和声都会引起他的症状频发。我们只好用雨布把周围的亮光挡住了，大家都屏住气不敢大声讲话和弄出声响来，但病情还是继续恶化，我和其他同志都束手无策，在不到一天时间里，眼看着这位精灵的小鬼窒息而死。同志们都掩面而泣，我也泪流满面，心里多痛呀。

1949 年 8、9 月，边纵为迎接大军南下，要医站负责为民兵连培训卫生员。时间短、任务急，各部门动员参军的姑娘们，陆续集中到卫生员培训班，这些人中有城市姑娘，有农村阿妹，文化程度不一，接受能力也不一样。领导指定我和梁昌等同志编教材、讲课，当实习老师，我们手头没有教材一下慌了手脚，幸好有过去医站老一辈卫生员留下的“卫生员治病用药”小册子做参考，我们才能硬着头皮应付过去。

形势发展很快，为适应部队扩编工作，卫生员分批进行培养，培养一批输送一批，每次培训时间 5—7 天。医站先后集体培训卫生员三批，总人数约 50—60 人，另外还有一些人还未来得及培训，卫生员训练班已随着迎接南下大军的炮竹声而结束了。

训练班刚结束，我和张哲、麦霞、梁昌、利贞等同志，被派去参加入城训练班，分在东莞县军事管制委员会卫生科，准备入城接收东莞县卫生系统及其属下各个医院。10月17日我们穿上新军装随团部行军开进莞城，卫生科负责带领东莞卫生院和东莞县医院全体员工，参加了在广场召开群众庆祝大会。会后在张哲、麦霞同志的具体领导下，我和梁昌、利贞等同志在我们的老师、卫生科的顾问黎沛林医生的指导下，顺利地接收了东莞医院、石龙医院、太平医院和万倾沙医院。

活跃在惠阳前线的卫生员①

惠阳因为抗战时期，就已建立了游击根据地，所以这一带的人民，觉悟情程非常高，一般农邨②妇女都参加了解放工作。她们做运动员、做卫生员、炊事员，虽然有些一个字都不识，但是对于工作，是非常热情的，这儿介绍两个女卫生员的故事。

小王是某师部的卫生员，她是惠阳人，初参军的时候，她做运输员，一个字也不认识，但是，很快的，她认识了字，没有好久，她觉得做运输员不能上前线，因此，她要求做卫生员。但是，做卫生员的起码条件，是要认识字，还要认识药物的名称，药物的性质和用途。因此最初，上级不敢答应她，但是，她非常用心的学，一有空闲，她就［在］③药物室里面，向那些老卫生员询问，她很聪明而且用功，因此、许多救伤的药品，很快的，她可以背出它们的名称和用途，而且学会简单的救伤技术，因为她这样用功。于是部队里面便批准了她做卫生员。她满心的高兴，一有战事，她便跟到火线上，拼命抢救伤员，她一直是这样工作着。

有一次，因为部队药品缺乏，小王被派到香港采购药品，当她踏上船，突然，几个特务把她抓起来，小王的心里想，这一次可糟了，特务一抓，可是没命啊！然而再想，无论什么压迫，可不能乱说的，她心里一横，便随着特务们把她拉起走。一间简单的办公室里，伪营长亲自审问她：“你姓什么？”“我姓王！”她说。

---

① 收录于广东省妇女联合会、广东省档案馆编：《广东妇女运动历史资料》第六辑，广东省供销学校印刷厂，1991 年，第 445—447 页。

② 意义同“村”。——编者注

③ 原文无，根据文意补充。——编者注

“啊，我也姓王，我们可是一家人哩！”伪营长狞笑着。

小王心里想：你搞些什么鬼，我可不能上当，当时伪营长变得和颜悦色的问：“你是卫生员吧，这次出差，有什么任务？”

“我是煮饭的，我去买菜！”

“煮饭的，不要装呆吧！”伪营长晓得了对方的厉害，他脸色一变，大声的说：“你是那个部队，有几多人，驻在哪里，领导是谁？”

“我不知道，我只晓得煮饭，不知道什么领导、什么部队，你不要问错人啊……。”小王越说越镇定，因为她晓得不过是一死而已。

“你不说，你真不说？”伪营长从台后抽出一根鞭来。

“我不知道，我真不知道！”

“不知道，让你尝尝厉害！”伪营长手上的鞭子，落在小王的身上，发出一种索索的声音，小王痛极了，她咬着牙根，不愿大声的呻吟，抽了四五十鞭，伪营长套不出一些口供，于是把小王送进牢里去。

一连三天，一口开水也不让喝，一口饭也不送来，小王身上的创伤，又在钻心的痛，带昏带动的，又过了一次堂，还是套不出一句口供。伪营长的心里也软了，他说“这大概不是一个什么角色，好！还是叫她用点钱赎出来吧！”这样，小王的家东凑西借，好容易凑到二千元钱，把小王赎出来，临走的那天，伪营长还警告她说：“你回去以后，不得再搞了！”

“我根本没有搞过什么！”

“要是再次被捕，一定枪毙的！”

小王出狱以后，伤口才好了一点，她又回到部队里去工作了。

小明是一个十五的女学生，她是在县初中里念书，是跟着许多起义的同学，一同参加工作的，她虽然只有十五岁，但是个子可不少哩，因此，经过了短期学习以后，她变成连队的卫生员。

她大胆、热情，不怕困难，每一次战事，她一走上火线，背伤员、救伤员，伤员同志往往因为伤口太痛，脾气很坏，爱骂人，甚至打人，但是小明替伤员服务得很周到，她耐心的服务伤员，小心的替他们包扎，因此小明在部队里，变成一个人人爱戴的小同志，那是六月间，炎热的天气，一次敌人大举进攻，火线上死伤的同志很多，小明忙得很，一次又一次的，一共背回来四个伤员了，突然前面有一个同志受伤了，小明勇敢地跑上前去，她正把伤员背起来要走，这时对方一个子弹，正射中了她的腹部，她“哎哟”一声，倒在地上，背上的伤员也抛在地上。

不久，敌人撤退了，小明被抬到救伤站，当时她已神志不清了，一团肠子从伤处吊了出来，鲜水［血］不断的流着，她口里喃喃地叫着；“不痛的，不痛的，耐心一点！”

同志们都很难过，因为小明经常这样安慰同志们的，今天，当她受了伤，她还在挂念着人家的痛苦哩！

肠子吊在外面的时间太长了，已经冷了、硬了，小明显得没有生的希望，同志们都掉下了泪，尤其是经过她治过伤的同志，更显得难过。

下午，小明稍为清醒了一下，当她知道自己的伤况时，她流着泪说：“我没有希望了，但是我参加了革命，为革命而死，死也是光荣的！”

含泪的眼睛里带着笑容，小明便这样离开了人世。

（《香港文汇报》1949.12.26）

战斗中的遂溪妇女①

枪声渐渐的响起来了，由疏而密的从20里路的杨甘村送来，大家的心弦都跟着枪声的紧密而起伏着，隆隆的大炮声越来越清晰了，六十八岁的老伯婆在忙着向天祷告，保佑人民队伍打胜仗，少女们在忙着加柴烧火，使东西快些煮好，小伙子忙着跳出跳入的打探前线消息，不一会，去海的姐妹回来了，大家挽着一篓篓的螺仔、沙虫、肥蟹，于是全村的姐妹们对工作又从［重］新紧张起来，七手八脚的忙着煮沙虫粥啦、剥蟹肉、煮螺粥啦，忙得不可开交，从八时起一直搅到十二时。

酷热的太阳，像烈火一样，燃烧着每个人的脸孔，燃烧着每个人的心，大家都热切地期待着前线胜利的捷报，每个人都伸长颈子向村外望，看有什么人来传达消息没有，好容易过了一个钟头左右，一个小伙子走得满头是汗，牵着由前线回来消息的同志，于是大家象是获得珠宝似的，脸上充满着愉快的微笑，每个眼睛都集中在这的［个］同志身上，果然同志开始高兴的诉说着前线战事胜利的喜讯，他说："从天光起反动派勾结伪军集中五百以上的兵力，与我部队作激烈的战斗。"

有的同志说：看见陈学谈由马上跌下去（陈是反动巨头，这次战争是由他指挥的）战马是死了，尸首还没有发现，……大家听了都眉飞色舞裂［咧］着嘴笑，陈老伯婆说，你们一定胜利呢，这些没良心的天杀，老早就该死了，不该到今天，他们不知做了多少罪过，杀人放火，奸淫掠夺，老马村那许多屋不是他们烧的吗？朱大嫂家的女儿不是他们强奸致死

① 收录于广东省妇女联合会、广东省档案馆编：《广东妇女运动历史资料》第六辑，广东省供销学校印刷厂，1991年，第366—367页。

的吗？马六爷的儿子不是被他们活埋吗？一旦想起来，实在忍不住心头火起，这天杀的死于今日真太便宜他了，大家同声附和，复仇的火焰燃烧了每个人的心。

下午2时，太阳仍如烈火，但村外路上的行人今天却分外热闹，从早晨起，一直是川流不息的没有间断，挑蕃［番］薯、糖水啦……总之应有尽有，一担担的给她们挑着，送上前线给正在炮火中战斗着的兄弟们。

枪声依然没停，担东西的也没歇息，连陈老伯婆，也赶着热闹，她那久已驼了的背挑起担子来似乎很吃力，但她并不觉得难受，在烈日暴晒下、一口气跑了二十里，距离火线很近了，枪声越来越清晰了，隆隆的炮声，咯咯的机关枪，子弹的飞啸声，响将震耳，弹片象雨点般在她头上身边飞过，但她仍继续前进，慢慢一步一步地沿着山脚半蹲半爬的把东西抬上去，经过很多次负责警戒的弟兄劝阻，才终止了前进。借棘作掩蔽。

天色渐渐阴暗，前面的枪声也渐次疏远，反动部队因伤亡惨重，溃退到另一山峰了，老伯婆找着这机会，连忙拖着弟兄们的手，眉欢眼笑说：好兄弟、好孩子，辛苦了，打了一天的仗，肚子饿得不得啦，这里番薯、糖水，大家快些吃些好充饥，后面还留着很多东西给你们吃哩，乖孩子快去吃点吧，不要客气了，吃饱了有力，好准备多打些天杀的！大家感动得说不出话来，人民子弟兵是属于人民的！

（《华商报》1948.9.3）

七日七夜[①]

在我们的队伍中，有不少有觉悟、性格刚强又具有女性温柔的女医务人员。她们在战斗中出生入死，抢救伤员，在艰苦的环境下想尽办法救死扶伤。因而，受到战士们的尊敬和信赖。一九四八年夏，五岭山下，在粤赣湘边区的五岭支队，传颂着一位在遭遇战被冲散，与部队失去联系后，在空林中走了整整七天，历尽艰辛终于胜利回到部队的女卫生员——何平同志的故事。

何平是广东省中山县人，一九二七年出生。从小跟随做海员的父亲到香港谋生。抗日战争爆发后，父亲失业，家境十分困难，大哥因没钱治病而夭折。香港沦陷后，父亲又被日寇关进集中营后折磨而死，小小何平只得跟随母亲去做小工，艰苦度日。一九四四年，十七岁的何平在姐姐何瑛的教育影响下，来到宝安大鹏，参加了东江纵队。一九四五年八月，部队挺进粤北，准备与王震、王首道同志率领的部队会师后建立五岭革命根据地。后因情况变化，组织上安排何平和朱依群医生到南雄县珠玑乡，通过乡长（地下党员）的关系，以成立乡医疗所为名，转入国民党统治区工作，取得了较好的成绩。一九四六年，部队北撤山东烟台，组织决定何平和朱依群转回香港待命。

何平回香港后，到工厂当车衣工人。她虽然经济上很困难，仍节衣缩食，经常资助其他同志。一九四七年春，坚持五岭地区斗争的队伍大发展。组织通知何平、朱依群返回粤北部队工作。不久，何平光荣地参加了

---

① 收录于广东省妇女运动历史资料编纂委员会东江组编：《南粤红棉——东纵女战士》，1983年，第209–213页。

中国共产党，并被派到连队当卫生员。她性格文静温柔，工作认真负责，热爱和关心同志，大家都亲昵地叫她“阿平”。

一次，部队夜行军，在密下水突然遭到国民党匪军的袭击。一场遭遇战打响了。黑夜中，何平被冲散，一个人走失在密林里，与部队失去了联系。密林一片漆黑，阴森森的，她又是近视眼，辨不出东南西北。整整走了一夜，天亮了，发现自己还在原来的地方打转转。显然，她迷失方向了。在寂静的山林里，看不到一个人影，部队在哪里呢？何平身背药箱，心急火燎地穿过纵横交错的树林。傍晚，突然雷雨交加，雨越下越大，她浑身上下湿透了，疲备［惫］不堪地走到一棵枝叶茂盛的大树底下，用身体护住药箱坐了下来。滴滴雨水从头发流到脸上、身上，一股冷飕飕的寒流直冲入心窝。何平默默思忖：已经三天了，还没有找到部队，怎么办？连里的伤病员无人照料，首长和同志们找不到自己，也一定会焦急万分。我不能坐在这里等，得赶快找部队去！她捡来一根树棍，支撑着疲乏的身躯，又走过了一大片灌木丛林。走了不知多少时候，她突然看见前面有一片杂乱低垂的青草，还隐约可见这片绿草已被踏成一条弯弯小路。何平揣测这里有部队走过，心头一喜，便沿着绿草低垂的方向，踉踉跄跄地奔去。走呀走的，她感到浑身瘫软，四肢无力，饥饿难堪。何平与部队失去联系已经第四天了。几天来，她只吃过三片奎宁片，喝了点山泉水，昨晚被雨水浇透了，今天又被火样的太阳灼烤着。这时密林里散发着闷热而带霉烂味的蒸气，薰［熏］得何平喘不过气来。她一阵恶心，眼前一团漆黑，便一头栽倒在地上，不由自主地昏睡过去了。醒来已是中午时分。她饥肠碌碌［辘辘］，口流清水，心慌眼花，肠里的蛔虫也饿得忍受不了，有的从口里爬出来，有的从肛门钻出来。何平在饥饿中挣扎，死神在她身边徘徊……。

过了不知多少时候，何平才慢慢醒了过来。她想起在茫茫林海中忍受饥寒转了几天，仍找不到部队的踪影，心里万分焦急。她暗暗下定决心：就是死也要找到部队，找到部队就是胜利！她咬咬牙，搀扶着树棍，挣扎着站起来，走几步停一下，边走边拾些野果来充饥。何平的一双脚象绑细着十几磅重的铅，走一步是如此的沉重、困难。她走呀走，看见太阳从东边升起又向西边沉下去，看见月亮慢慢升起了又悄悄地落下去了。她已经走了五天了，这时已感到头重脚轻飘忽不定，腿早已不打弯，站也站不起来了，只好在地上爬着走，爬了一二丈远，又试着站起来东歪西倒地走几步。后来，她干脆爬着上山滚着下山，几次昏迷过去又醒了过来。膝盖、双手磨出了血，她顾不上擦，嘴唇裂开了几道血口，她仍然咬紧牙关。就这样，她终于翻过了几座山头，远远地看见前面有一间草棚，她判断是我们部队的宿营地，可能部队就在那里。顿时，她觉得自己有力了，眼睛也亮了，便加快速度爬到草棚，一看，四围静悄悄的，什么人也没有，显然，部队已经转移了。何平怀着一线希望，沿着山路继续爬着前进，经过第二个草棚时，又扑了个空。她知道有草棚的这一带，是部队经常活动的地方，只要继续寻找，是一定能找到的。她虽然感到体力已渐渐衰竭，还是满怀信心地不断鼓励自己：我是一个共产党员，一定要战胜困难，找到部队！她还想到：这里曾是当年陈毅、项英等革命老前辈走过的地方，我要学习他们战胜困难的革命精神，做个坚强的革命战士！她爬一步歇一歇，全身骨头象散了架似的，要前进一步就得付出全身的气力。第七天，何平已经奄奄一息了，她的视线范围内全是一片模糊的黄色，高山树林也开始幌［晃］动了。她意识到自己体力实在支持不了，很快就要倒下去，便赶忙用手肘支撑着地面，让上身和头部抬起来，不再晕眩过去。就在这一霎时，她模模糊糊地看到百多米外的山坡上有一个人影。她立即使劲地擦擦眼睛，仔细一看，啊！那山坡上的草棚不是我们司令部的所在地吗？那个人影肯定是哨兵了。一股热流直冲到头上，她顿时感到自己强大了，有力气了，一兴奋又拼命地往前爬去。这时，哨兵也发现了她，并向她发出了口令。何平虽然把吃奶的气力使了出来，也只能说出一句："我是何平！"就昏倒在地上了。哨兵回去报告后，山上立即跑下来一群同志，赶快将她背上山去。

经过抢救，喂米汤、打强心针，她才慢慢地甦［苏］醒过来，无力地睁开双眼。当她清楚地辨认出黄业司令员、麦雅贞医生等同志后，她深情地注视着一张张熟悉的脸，激动得用几乎听不到的声音说：“我真的回到部队了！”眼睛一阵酸涩，两行热泪流到了她那消瘦、憔悴的脸上，随即又泛起了一丝胜利的微笑。经过三天的细心护理，何平才能起床。不久，她又和同志们一起投入了新的战斗。

何平历尽艰辛，战胜饥饿和死神，力量来自坚强的革命意志，来自对革命事业的无限忠诚。同志们称赞她是一位坚强的革命女战士，值得尊敬的女卫生员。

（根据何平、麦雅贞提供的材料，由华英整理）

东莞抗日模范壮丁队的女战士①

"西安事变"停止了十年内战，但东莞的白色恐怖并没有结束，国民党顽固派仍在镇压抗日救亡运动，逮捕了东莞中学的学生会主席，开除了东莞中学十一个进步学生。"七·七"芦沟桥事变爆发，全民抗战，东莞党所领导的地下"青年同盟"及秘密读书会等组织，勇猛地冲破压制，又迅速展开合法的、公开的轰轰烈烈的群众性抗日救亡运动。这时，"抗日后援会""妇女救亡会""抗日歌咏队""戏剧队""抗日宣传队""抗日政工队"等组织，如雨后春笋，蓬勃发展，党组织还通过当时驻军153师和统率委员会，组织了几期军事训练班与救护班，培养了大批军事干部和救护人员，训练出来的骨干有的派到农村组织群众自卫队，办救护班，为武装斗争作了准备。我们各界妇女和男子们一样，也纷纷投入各种形式的救亡运动，担负起民族兴亡的责任。

1938年10月11日，日寇在大鹏湾登陆，局势非常紧张。东莞县委通过统战关系，组织了一支直接在我党领导下的武装队伍"抗日模范壮丁队"。这就是"东纵"在东莞方面的前身。队长王作尧，政训员袁鉴文，队员一百五十多人，是莞城和各乡的教师、学生、进步青年。其中很多是党员。有50多名女战士，约占队伍的三分之一。从莞城跟随模范壮丁队开赴飞鹅山区的女战士有：何佳、卢洪婉、梁燕云、刘清、何小士、叶茵、赵学光、施伟文、李晁莺、黎颖瑜、刘暖等同志。

另外，从东坑方面跟随卢仲夫的抗日自卫队上山参加模范壮丁队的女

① 收录于中共东莞县委党史研究小组办公室、中共东莞县委党史资料征集小组办公室编：《东莞烽火》第三册，1983年，第185—194页。

战士有张惠文、陈怡、卢当、卢杨焕，还有来自石龙黄家山小学的曾玲同志等，当时陈怡同志表现很坚强，千方百计说服家婆，争取她的同意，毅然把未满周岁的“三代单传”的宝贝儿子放下，参加武装队伍。当时部队武器很缺，她把陪嫁的首饰金器捐献出来买武器，并给丈夫（卢仲夫）买了一枝短枪。卢当同志参队是瞒着母亲的，因她是独女，怎么也不让她出来，母亲得知，晕倒过几次，她带几个亲人，在东坑往飞鹅必经之道的塔岗路口，把卢当捉住，母亲又劝又骂、要生要死，要卢当回家，卢当挣扎着要逃跑，但那些人七手八脚，连拉带拖捉她回家。次日，由大姑把她送到香港，困在哥哥家里。当时卢当同志身虽被困，但抗日救国心切，她觉得硬碰不如智取，于是耐心的说服了哥哥让她出去做工。一天她见到壮模队来港的同志，就逃出来跟陈坤归队了。

在日寇的隆隆炮声中，陈福媛（陈文慧）同莞太区的几位区委同志，连夜步行几十里，往返双岗与莞城，取得县委“立刻带自卫队的人和枪撤离双岗，到飞鹅集结”的指示，她们几个同志顾不了来回跑路的疲劳，等不到天亮，又同自卫队十余人和编草席的女工林桂枝等同志，在夜色苍茫中跨过莞太线，也直奔飞鹅岭。

从水乡高埗随游击小组先后上山区的女战士有罗慧贤，“莫氏四姐妹”等同志，罗慧贤是东莞城某秀才世家的年轻寡妇，曾受丈夫（李本立同志，是1925年的党员）的进步思想影响，当民族处于生死存亡的危急关头，不怕“人言可畏”，冲破封建礼教的束缚，走出家庭，参加了如火如荼的救亡运动。在高埗搞群众工作的“莫氏四姐妹”莫艮尚、莫福娣、莫就兴、莫婉兰等同志当时是农村姑娘，有的已许配了人，要上山打游击，不但娘家反对，婆家也反对，她们不畏艰难，坚决斗争，勇敢地走出田庄，与罗慧贤等同志一起奔赴山区嶂阁集结。

封锁珠江口的日寇军舰炮打虎门，在太平的简易师范学校迁到篁村，在地下党的领导下，党小组也带领一批学生走出课堂参加模范壮丁队，这批同志有何欢、何群、王棠棣、黎少娣、方盛娣等女战士。

此外，还有从其他方面上山集中的和原来已派进山区在东宝边区活动的同志中也有女战士王河、王月富、王农［侬］、王月娥、王雅宜、谢坚……等同志，特别要提到的有几位革命妈妈——何婶、陈淑、蓉妈、陈根妈等。她们都是年近四十（有的已年过四十）的妈妈了，但仍不辞劳苦，爬山越岭，上山集结，她们说："国破家何在，抗战不分男女老少，都要为抗日救亡贡献自己的力量。"这种精神的确可贵，她们普遍受到同志们的尊敬。妈妈们对同志也是问寒问暖，把大家当作自己的亲生儿女，关怀备至。

"工、农、商、学、兵，一起来救亡""走出工厂田庄课堂，到前线去吧"的抗战歌声在响彻四方！

东莞抗日模范壮丁队10月13日在新生小学正式宣布成立后，除留下一个分队坚持县城宣传工作外，都集中在飞鹅山区。王作尧等同志同国民党县政府作了多次交涉，只拿到几十枝旧枪和几百发子弹，给养也很困难，在这种情况下，部队号召大家捐献。女同志慷慨响应，有的把平时省吃俭用的积蓄全部捐出，有的把金银首饰，珠宝玉器献出，甚至把结婚时的纪念品也献出来。如何佳同志，除捐了手头的四十元大洋外，还把结婚时的一只金戒指、一条金项链也捐出来，梁霞冰、陈怡等她们也是把结婚时的金器和珍珠首饰献出。

在山区物质生活条件差，生活很艰苦，睡的是铺在地上的稻草，吃的是糙米，有时连糙米也吃不上，经常没有油盐，吃蕃［番］薯、芋头、苦麦菜充饥。许多女战士病倒了，肚疴、妇女病、疟疾普遍发生，而且缺医少药，营养不足，健康受到威胁，在嶂阁山区工作队员王月富同志就是在艰苦的岁月里最早被恶性疟疾夺去了年青的生命的。王棠棣有病，双腿发肿，部队转移时，只好用大箩把她抬着走。胸怀救国壮志的女战士，大家都不怕苦、不怕死，充满了革命乐观主义精神。

女战士在队伍中还要和男同志一样担负着站岗放哨的任务，在夜深人静的高山密林中，警卫着自己的防区，随时准备着战斗。

十月中旬，日寇侵占石龙，石龙桥已炸毁，不能通过，日寇不时到石碣侦察。这时县委书记姚永光同志同何与成带领模范壮丁队一部，以及以党员陈昶同志为中队长的东莞常备壮丁队第二中队，以党员李夔邦同志为中队副的第一中队，进驻东江河衅［畔］的峡口石碣鳌峙塘村一带，曾经阻击企图向东莞进犯的入侵敌人。一天据情报说敌人又有活动，模范队的同志们控制不住对敌人的满腔仇恨，个个磨［摩］拳擦掌，决定横渡东江河打击日寇，"抢他的军火要他的命"，当时挑选了五十多个壮士，因为要渡江，宣布不要女的。王雅宜等女同志有意见，积极请战。陈福媛苦苦缠住何与成，说："我们受过军训，学过救护，会打枪，会救护，参加抗日模范壮丁队，就是要模范地拿起枪杆上前线杀敌，怎么临阵不让我们去？"何与成说不过她。颜奇便同意陈福媛、梁霞冰两人与男同志一起渡江参加这次有意义的战斗。次日五更吃完饭，战斗队分两只船渡江，到了石碣刘屋村，派几个同志进村宣传群众，颜奇布置武装队伍在村外竹林里埋伏好。这时忽然发现敌人一队骑兵沿着河堤跑来，王班长即向渡江的领导何与成、颜奇报告，颜奇立即命令依托竹林土堆，准备密集射击，说声未停，转眼敌骑已跑近，"打！！！"班长下口令，"噼噼啪啪"一阵齐发枪响，一些敌兵应声倒在马背，敌方缺乏准备，一阵慌乱，像只受惊的野兽，用冲锋枪向我方疯狂扫射。到底我们缺乏实战经验，好些同志中弹倒了下来，陈福媛同志原跟着颜奇在一起，看到王尚谦班长负重伤躺在血泊中，心情着急万分，便不顾个人安危，冒着弹雨冲上前去抢救，把个子比自己高大得多的王班长和枪枝背下火线，一口气撤到江边船上。梁霞冰同志与男战士在一起，依托着竹林土堆战斗，坚持到战斗结束。敌人不了解我们的底细，不敢恋战，我方也因伤亡重大，主动撤离战场。傍晚，队伍陆续撤到榴花塔下的熊飞庙集中。这次战斗我们牺牲了十一位好同志。现在回忆起，心情仍然很沉重！这就是"模范队"第一次组织上火线杀敌的"峡口榴花之役"。在这一役中，女同志与男同志一样，表现出英勇坚强的大无畏精神。

当时莞城尚未沦陷，刘屋战斗之后，壮模队留城小分队发动群众组织了数千人参加的追悼大会。何与成回到莞城主持这个追悼会，怀念英勇牺牲的十一位烈士。会上群情激奋，在烈士墓前群众送来："老模首战东江畔，榴花塔下显忠魂”的挽联。会后立即掀起广泛的募捐支援前线的运动，在城郊的女战士李楠同志也参加了这个工作。模范壮丁队的政治影响扩大了，广大群众对壮模队的抗日模范行动十分敬仰，从此都称我们的队伍为“老模”。

继“榴花之役”后，十月下旬王作尧又率领部分模范壮丁队在太平前线动员了各乡的抗日自卫队和国民党一五三师的一个营的兵力，在白沙抗击从虎门方面进犯的日军，打退几百敌人的多次进攻。战斗中壮模队的女战士，深入各村组织妇女向前线送茶送饭、救护伤员，又模范地做好支前的各项工作。

自后，早期参加模范壮丁队的女战士做卫生员工作的有张惠文、陈怡、莫就兴、莫银尚、莫福娣等同志。当时卫生员就是“五大员”，即卫生员、民运员、战斗员、炊事员、交通员。她们与其他战士一样深入联系群众，宣传抗日主张，以身作则执行“三大纪律、八项注意”，义务为群众治病。一次，部队驻在大船坑村附近，听说有个男孩从树上跌死了！张惠文同志立即带着医生赶到现场抢救。因为抢救及时，把孩子救活过来，这孩子是个“三代单传”的独子，他的父母和亲人不胜欢喜。不久，又有个小孩掉下水淹得将死，张惠文同志又立即赶去抢救，经过努力，也把孩子救活了。这两家联合送鸡、送酒和爆竹等礼物给部队，感谢卫生员，说救命恩人是模范队。部队婉言谢绝，群众反映很好，说“抗日模范壮丁队”是一支真正模范队。部队转移，卫生员同志还经常要为不能随军的重伤病号找地方掩蔽好，为轻伤病员背米袋、枪枝，沿途护理。作战时。要跟在指导员身旁，听候命令。……凡是战斗需要干的事情，都去干。但是，对自己的事往往却顾不及了。如张惠文同志于 42 年到羊台山筹建医院时，带着不满周月的婴儿赶路，沿途要注意防备敌人，而对婴儿照顾不到，到了乌石岩的交通站时，已经天黑，孩子发烧，不肯吃奶。当时形势紧急，医院要撤退，伤病员要疏散，张惠文同志忙于与有关同志安排工作，直到深夜，才想起要给孩子喂奶，于是赶忙去抱孩子，可是小小的身体已经疆［僵］硬了！当时张同志很难过，但又不能过份悲伤，只有更好地振作革命精神继续战斗。张惠文同志就这样在战斗中坚持医务工作十年。

抗日模范壮丁队的女战士负责民运宣传工作的也比较多，有何佳、罗慧贤、赵学光、何欢、刘清、何群、曾玲等同志，当时部队开到那里，民运宣传工作就做到那里，在地方党组织领导下，积极开展抗日救亡的群众运动，把军民的关系结成为鱼水的关系。

日寇占领了广州和重要交通线后，立即进行了疯狂的回师大扫荡，“模范队”被迫分散活动保存力量。这时部队受到很大挫折，但斗志不减。扫荡过后，抗日模范壮丁队又集结部分由何与成带领约七八十人编归曾生部队领导，其余全部在清溪苦草洞整训，总结经验教训，重整旗鼓，东山再起，组建东宝惠边区抗日游击大队。在极其困难的条件下，我们女同志仍和男同志一起坚持战斗，莫氏姐妹、林桂枝、富根妈……留在整训队搞炊事工作。在县委支持和领导下，组织起武装政工队，支书王河、副队长赵学光，在铁场、清溪一带山区活动，开展政治宣传，开办识字班，歌咏队，组织姐妹会、妇救会，经过深入发动群众，提高群众政治思想觉悟，使部队取得了广大群众的支持和拥护。这时进步青年涌［踊］跃参军更多了，为部队补充新生力量。发动妇女为部队探情报，买物资、磨米、割草，掩护伤病员，支持部队解决后勤工作，克服困难。还有一批女同志派回敌占区和水乡，坚持斗争。何佳、梁霞冰、陈福媛、何欢等女同志，也转入敌后建立情报组织，恢复和发展党的地下工作，组织地下抗日组织，建立交通站、情报网，配合部队侦察，袭击日寇驻地，打汉奸，打击敌伪政权等，更加深入和广泛地开展抗日战争。

回顾起来有几位牺牲了的早期壮模队女战士确实应该悼念和向她们学习的。

王月富同志三八年参加了我党掌握的统率委员会第二政工队，模范队开到飞鹅之后，她和谢坚等同志在嶂阁山区一带，开展民运工作。很不幸，一九三八年十月在我们枪声还未打响，她在嶂阁就被恶性疟疾夺去了年青的生命，为抗日救亡付出了最高的代价，同志们悲痛地掩埋了亲密战友的遗体，挺起胸膛，抹干眼泪又继续战斗。

卢洪婉同志在日寇回师大“扫荡”的困难逆境中，和黎协万等五个同志执行任务到国民党守备团政工队去争取他们的下级军官和士兵坚持在东宝前线抗日，但路经龙华圩，同敌人遭遇，被日寇机枪扫射而牺牲的。她是模范队在同敌人作战中最初牺牲的一个女同志。同志们带着沉重的心情把她掩埋在龙华圩附近的小山岗上，立了碑以致纪念！

莫福娣同志是个出色的炊事员和卫生员。行军时总是要自己挑炊具，驻下来又想尽办法搞柴、米、油、盐、青菜，保证供给。以后任卫生员，工作又总是积极负责、任劳任怨。一九四二年四月间，顽军一八七师三千余人分三路围攻王作尧部队，当时莫福娣同志在深坑地方负责掩蔽好伤病员；她是因出来侦察情况给顽军捉住，押送观澜圩顽军营部的，在顽军用枪威协［胁］迫供时，她勇夺敌营长的驳壳枪，而被立刻绑送刑场。莫福娣沿途高呼“反对分裂”“反对投降”“坚持抗战到底”的口号，壮烈牺牲。顽军枪杀莫福娣同志后，宣布不准收尸，但群众不忍烈士暴尸风雨中，冒着危险偷偷把莫福娣同志遗体安葬了。

王月娥同志一九四四年在港九独立大队任民运干事，这年七月初，日寇对我大屿山游击区进行大“扫荡”，王月娥同志奉命从大屿山转移不幸给汉奸盯着，被日寇逮捕。她在狱中遇到严刑拷打，最后被敌人杀害了。王月娥同志当时对地方组织和秘密交通的情况了解很多，但她严守党的机密，虽然受到百般折磨，也没有任何泄露，保护了有关组织和人员的安全。她这种英勇牺牲精神，同志们都是敬佩的。

王农［侬］同志不愧为英雄模范队女战士。日寇投降了，国民党反动派下山取桃，疯狂向我们进攻。一九四六年初在汕尾海城路口，卢克敏作战负伤。王农［侬］随同护理转到地方治疗，被当地伪保长告密被捕。王农［侬］同志在国民党186师的酷刑和威迫利诱下坚贞不屈，最先被用铁丝穿过手心押送猪仔铺刑场。王农［侬］同志沿途高呼“打倒国民党反动派”，“中国共产党万岁”！大义凛然，壮烈牺牲。

抗日模范壮丁队从一九三八年十月宣告成立，到一九三九年元旦整编为东宝惠边区抗日游击大队。在这短短的两个多月的时间里，它的抗日模范行动，影响深远。不但培育了一批坚强的“战士”，而且“老模”这个响亮的称号，继续响彻东宝一带。后来老百姓一直称呼我们的武装队伍包括宣传政工队伍为“老模”，称呼我们的女同志为“老模”的女战士。女战士也以“女老模”的称号而自豪。

一九四三年十二月二日庄严发出《东江纵队成立宣言》，“老模”的女战士，又和男同志一样，成为东江纵队的一员，跟随“东纵”北战南征，解放全中国。

（东江女战士编写组根据何佳、罗慧贤、刘清、梁燕云、赵学光、张惠文、王河、谢坚、王雅宜等同志集体回忆整理）

抗战中的东莞妇女①

东莞的妇女是富有革命传统的妇女。在党的领导下，早在大革命时期，就成立了广东省妇女解放协会东莞分会，广泛开展争取妇女解放和女权运动。

大革命失败后，东莞和全国各地一样，处于国民党反动派一片白色恐怖之中。但是，东莞的妇女，没有被吓倒、被征服……

组织起来　抗日救国

“九·一八”事变后，热血沸腾的东莞妇女对日本帝国主义侵略中国的罪行无不义愤填膺，纷纷组织起来，参加到抗日救国的行列。一九三五年夏秋间，我县建立了党的外围组织——中国青年同盟（简称“中青”），负责人是张广业（张如），张先后在莞城、望角、厚街等地发展了张瑞蓉、陈福媛（陈文慧）、李兰芳（李兰）、王思河（王河）、张怀好（张文）、翟瑞莲、王旺章（王章）、五嫂（王炽光爱人）、七嫂（王鉴光爱人）等一批进步妇女入盟。她们和广大青年妇女一道，走上街头，参加伟大的“一二·九”运动和“一二·一六”运动的大游行，高呼“停止内战，一致对外”的口号，开展各种抗日救亡活动。

同年秋天，在上海工作的赵学同志响应上海共青团“分散到各地去，以散播革命种子”的号召，回到了东坑，串连发动了谢坚、谢艳当、谢有琼等青年妇女，成立了姊妹会。一九三六年春，办起了妇女义务学校，不

① 收录于中共东莞县委党史研究小组办公室、中共东莞县委党史资料征集小组办公室编：《东莞烽火》第四册，广东省东莞县印刷厂，1984年，第116—132页。

但在姊妹会和学校里进行“古书新讲”，大力宣传抗日救国、宣传义勇军抗日的英勇事迹；而且，还走出校门，到街头巷尾宣传讲演、出版墙报，他们把宣传抗日救国的墙报从东坑张贴至井美、新市、卢屋、石狗前一带，唤醒广大妇女，摆脱封建枷锁，参加各种抗日救亡活动。一九三六年秋天，东莞党恢复了活动，谢阳光回到东坑，八月，同赵学同志转党，播下了抗日战争时期东莞县妇女工作的第一颗红色的种子。从此，赵学同志更积极、更忘我地战斗了。她在东坑先后发展了陈福媛、李葵兴、陈怡等入党。

十月，东莞县成立了特支，十一月，在厚街发展了王河入党，并派她到乔森小学党支部任宣传委员。王河到学校后，正值西安事变，她通过学生会出版的黑版［板］报、墙报，大力宣传“停止内战，一致抗日”的主张，并在学校师生中传阅《大众哲学》、《八月的乡村》、《生死场》、《表》等进步书籍。年底，王士钊发展了在虎门寨东莞简易师范读书的王爱玉入党，她在学校里又团结了一批进步青年，大力开展抗日救亡的宣传活动。

一九三七年初，县成立了临工委，谢阳光任书记。赵学随他到莞城，开办了一间“阳光书店”，把谢坚调来掌柜面，书店名为做买卖，实是掩护自己从事党的工作，秘密推销和传阅进步书籍，成为传播进步思想、团结广大青年妇女进行抗日救亡运动的阵地。

“七·七”芦沟桥事变后，在“华北危急！中华民族危急！”的形势下，党中央号召“全民族实行抗战！”在临工委的领导下，开展统战工作，赵学同志与国民党县党部共商，组织成立“东莞县妇女工作团”，推陈佐馨为挂名团长（因陈的姐姐陈逸云是国民党国大代表，便于通过合法的形式开展工作），工作团的实际工作主要是由我们派去的何佳（何巧图）负责。不久，赵学又与工作团的成员尹叶枝等成立了“抗日救亡剧社”，经常在县城的民众教育馆及附近的乡村演出。妇女们把国民党一五三师政训室的一个大尉军官也动员出来登台表演，演出了一批《放下你的鞭子》、《我们的故乡》、《回春之歌》、《雾重庆》、《金门除夕》、《日出》、《雷雨》等剧节目，当时梁霞冰（梁燕云）就在话剧《回春之歌》中饰女主角——

梅娘，王棠棣（何淑）在《放下你的鞭子》活报剧中饰小姑娘。

九月，我县临工委改为中心支部，由姚永光（中共广州市委外县工作委员会委员）兼任书记。为了恢复东莞中学的工作，党组织派王河到东莞中学读书，她在莞中秘密组织学习小组（读书会），把黎颖瑜（黎英）、张玉婵、张领梅、古素文和阳光书店的谢坚等进步妇女团结起来，同“亡国论”展开针锋相对的斗争。同年冬天，党组织吸收梁霞冰入党。同时，中心支部派赵学等继续做国民党一五三师的工作，争取了政治处主任和一部分中下级军官的同情和支持抗日，协同我们举办了两期军事训练班，他们负责军事训练，我们负责政治工作。参加训练的约有二百多人，大都是进步青年，其中，不少是妇女。有赵学、何佳、梁霞冰、赵学光、何淑仪、陈福媛、陈紫芝、罗慧贤、李晃莺、李晃章、刘清、王竹、何欢等二三十人。

一九三八年一月，成立“东莞县妇女抗敌同志会”（简称“妇抗会”），由何佳任主席，梁霞冰、赵学任常委，参加的妇女达一千多人，大部份区乡都有人参加，活动重点在县城。三四月间，梁霞冰先后发展了何佳、赵学光入党。

二月，国民党东莞县党部成立“民众抗日自卫团统率委员会”。中心支部先后派张广业、张高科打入该组织，组成第一、第二政工队，分赴山乡和水乡发动群众，宣传抗日，参加第一队的妇女有陈福媛、叶沫凡（叶茵）、王河；参加第二队的有何韶美、王月富、王雅宜、谢坚、谢亮欢、陈联英、何小士。

“三八”国际妇女节那天，县妇抗会组织纪念“三八”妇女节的活动。当时，莞城、篁村以及附近村庄的妇女都参加了在莞城中山纪念堂召开的大会。会后，由主席团作先导，带领二百多妇女，走上街头，冒雨游行，各执写满标语的小纸旗，边走边振臂高呼“妇女联合起来，打倒日本帝国主义！”的口号，边走边歌唱《三八妇女节歌》和《大刀进行曲》，为东莞妇女史上留下了难忘的一页。

四月，中心县委成立，由姚永光任书记。为了加强县城妇女工作的领导，在莞城成立东莞县第一个妇女党支部。梅爱芳任支部书记，成员有梁霞冰（后任支部书记）、何佳、赵学光等。六月，张高科在第二政工队发展了王雅宜、何小士入党；六七月间王河在高埗培养发展罗惠贤（大革命时团东莞地委书记李本立的爱人）、莫福娣、莫艮尚、莫就兴、莫婉兰（莫氏四姐妹）入党。张志宽、王祥介绍在篁村简师读书的王棠棣入党。八月，梅爱芳、何佳先后发展了何欢、李楠、尹柳眉、李晃莺入党。这些党员，大都成为抗日战争中的妇女骨干。

这年秋天，中心县委在莞城举办第一期党训班，参加这期党训班学习的妇女有梅爱芳、王河、王爱玉。

在纪念“八·一三”抗战一周年的时候，全省掀起了一个“献金”募捐运动。东莞县妇抗会在妇女支部的领导下，负责莞城地区的募捐工作。她们分别在大西路、西隅小学、彭屋大街搭了三个“献金台”，宣传、动员群众募捐。并组织妇女小分队，深入商店、学校、街道，广泛宣传，不但动员了知识界的女教员、女职员、女学生和炮竹、缝纫等手工业劳动妇女，还深入到茶楼、酒馆，连资本家、老板娘，甚至那些侍女、雇员、尼姑、妓女都发动起来，献出自己的金银手［首］饰。妇女支部在莞城进行了“三个发动”：一是发动群众写慰问信，慰问前方战士。妇女小分队深入大街小巷，深入各家各户，动员群众写慰问信，不识字的，则由分队的同志代笔，花了十多天时间，群众就写了大批慰问信，由妇抗会统一集中，寄给前方将士；二是发动青年妇女参加救护队。妇抗会在莞城建东小学举办“救护班”，有几十名妇女参加，请了有名的医生、护士，为我们讲授救护知识，并理论联系实际地进行学习。当时，正碰上万江渡头被日本鬼子飞机轰炸，训练班即发动学员奔赴现场进行实地救护，李兰、杜娟、何群等女同志当时均参加了这个训练班；三是发动妇女捐献寒衣和义务缝制棉衣。分队的同志起了带头作用，尹柳眉一马当先，回家拿了一批棉花和布到玉姑（尹冠玉）家，发动家庭妇女义务缝制棉衣，何欢、何群姊妹俩立即回家动员母亲捐献寒衣……通过这一系列的活动，既使广大妇女懂得更多抗日救国的道理，又动员了广大群众，以实际行动支援前方将士。

八九月间，王河任东莞县委妇女部长，并出席了中共广东省委召开的妇女工作会议。会后，王河回到东莞，正逢县委举办第二期党训班，王河在班上传达了省委妇女工作会议的精神，为动员全县妇女起来抗日做好各方面的准备。

开赴前线　深入敌后

一九三八年十月十二日，日寇在大亚湾登陆，国民党不战而退，日本鬼子长驱直入。为抗击日寇的入侵，县委立即在莞城成立了抗日模范壮丁队。战士们对日寇侵占祖国大地的罪行无不义愤填膺，磨［摩］拳擦掌，纷纷要求渡过东江河阻击日寇（十月中旬，石龙已沦陷），在这种形势下，颜奇、何与成终于在壮常队和壮模队中挑选了四十多名勇士，横渡东江河，打响了东莞人民抗日的枪声。当时，过河参加战斗的女同志就有梁霞冰、陈福媛等。我们敢于以落后的单响旧枪，抗击全副武装的日本骑兵，凭的是抗日救国的热情和高昂的斗志，虽未能阻止日寇的入侵，但对当时的“恐日病”是个很大的还击，对广大群众起了很好的鼓舞作用。从此，“老模”的美名，威震东江。二十一日，广州沦陷。二十二日，虎门失守。东莞县委决定把壮模队、壮常队和各乡支部所掌握的武装开到大岭山飞鹅和东宝边一带集结。当时，先后从莞城跟随大队上山集结的女战士有：何佳、梁霞冰、刘清、张文、叶淑德、赵学光、李晃莺、刘暖、何小士、施伟文；从东坑方面来的女战士有陈怡、卢当、卢杨焕；从莞太线方面来的有陈福媛、林桂枝；从水乡高埗方面来的有罗惠贤、莫福娣、莫艮尚、莫就兴、莫婉兰；从石龙中学、篁村简师等方面来的有曾玲、何欢、王棠、方盛娣；已派进山区作准备工作的女同志有王河、王月富、王农［侬］、王月娥、王雅宜、谢坚等等。特别要提到的几位上了年纪的母亲——何婶（何鼎华的母亲）、陈淑（赵学的母亲）、喜嫂（陈根的母亲）和蓉妈，她们都已年近半百（有些已年过半百），但仍不辞劳苦，爬山越岭，上山集结。她们说：“国破家何在？抗日救国，也有我们的一份力量！”于是，她们上山后，起早摸黑，干活在前，对同志关怀备至，把年青战士当作自己亲生儿女一样，受到同志们的尊敬。

一九三九年二月，东江华侨回乡服务团成立，我县组成了东宝队，大部分都是女同志。何佳任东宝队党支部组织委员，赵学光、王章在分队里任付［副］分队长，王农［侬］、黄宝珍、王棠棣、李楠、刘清、何小士、黎颖瑜、谢坚、曾玲、叶茵等都是东宝队的女战士，东宝队所到之处，与当地民众打成一片，参加劳动，替群众治病，向群众宣传、揭露日本帝国主义侵华的暴行，组织武装，动员群众起来抗日，受到人民群众的爱戴。

这年春天，党组织派黎少弟到东坑卢家村去继续开展工作。她到东坑后，成立了妇女支部，黎少弟任支部书记，党员有陈怡、李葵兴、卢彦爱、卢杨焕、卢春、黄巧、黄敬谦等。在妇女支部的领导下，在东坑办了一所日校，还在附近农村组织了妹妹会，培养了一批妇女参军，走上了打日本鬼子的行列。

四月，王河到东南特委党训班学习，七月结束。回来后，于八月间在大岭山太公岭（当时县委机关所在地）召开东莞县第一次妇女工作会议。参加会议的有赵学光、黎颖瑜、曾玲、谢坚、何欢、黄宝珍、黎少弟、刘碧珍、李楠等十多个妇女干部。会议传达了上级对妇女工作的指示，明确了当前的形势与任务，讨论了妇女工作在抗日战争中的重要地位，并布置了当时的妇女工作。会上，县委还配备了各地的妇女干部，赵学光任三区区委妇女部长，陈福媛任水乡区委妇女部长，梁霞冰负责望牛墩，王农［侬］负责冼沙和槎滘，莫儿负责小东向，李楠负责江城洲，王章负责平湖，何欢、何群负责松木山，黎颖瑜负责屏山水口，曾玲负责犀牛陂新围，谢坚负责犀牛陂老围，黄宝珍负责太公岭，赵学光还在东坑蹲了一个点。会后，各地妇女干部多以教书为掩护，以日校带夜校，举办训练班，广泛发动妇女，通过妇女会、七姐会、姊妹会等形式，把妇女组织起来，把她们的积极性最大限度地调动到抗日救国方面来。使当时的妇女工作，蓬勃开展，除了嶂阁、太公岭、东坑、厚街、高埗、望角、锦窝、拔蛟窝等有基础的点外，还开辟了松木山、屏山、水口、犀牛陂、沙塘、大雁塘、涌口、桥头、杜屋村、寮厦、新鹤田、洲涡、朱平沙、蕉利、袁家涌、马沥、东滘湾、四涌、旧鹤田、石马、林村、石鼓、温塘、主山等一批革命活动点。在那里，建立了群众机构，播下了革命的种子。

艰难岁月　坚持斗争

一九四〇年至一九四三年间，正是汪精卫投降后，在南京成立伪中央政府，日本帝国主义向蒋介石诱投，互相勾结，蒋介石向解放区连续发动了四次反共高潮，再加上一九四三年又来了一个百年一遇的天大旱，真是“外侵内扰，天灾人祸”一齐来，我们的处境十分困难。一九四〇年初，党的活动转入地下，曾、王部队被迫东移……

在艰难的岁月里，我们的女同志很不简单，王雅宜就是其中的一个。她从三月份开始，一直随曾生部队东移海陆丰，担任事务长，和男同志一样，经历了万水千山，战胜了敌人的“围剿”截击。半年后，部队奉命又回到了宝安上下坪，总结时，成为一百〇八个好汉中的一个。曾生部队重返大岭山后，在瓮窑建立医务所时，正碰上药物奇缺。这时，王雅宜同志二话没说，立即回家（家庭在厚街开医务所，姊姊是医生，正碰上姊姊病逝），把家里的药物，全部送给部队（担了两担西药回瓮窑），有力地支援了部队的卫生工作的开展。

在艰难的岁月里，莞城、石龙、太平已成为沦陷区。学校被迫迁到农村去复课。莞中从莞城迁到常平，简师从篁村迁到东坑丁屋。为了占领阵地，县委先后派李楠、王章、方盛娣等到莞中；派刘丽珍、谢坚、陈怡、卢杨焕、刘碧瑚等到简师去开展学校的工作。刘丽珍、谢坚等五个女同志到简师后，即秘密建立了党支部，刘丽珍任支部书记（后谢坚任支部书记），并发展了刘秀琼、刘曼努入党。她们在学校中，团结了一批青年、妇女，与学校反动当局企图在校发展“三青团”的阴谋开展了针锋相对的斗争。结果，在几十个学生中，他们只发展了两个三青团员，大多数人不填表，也不交表，有些人甚至把那份三青团的表撕烂、烧掉！

这个时候（一九四〇年二月至七月）王河到大庾岭学习期间，县委妇女部长由潘清接任。一九四〇年十二月至一九四一年十二月，李好（李杰）调东莞县委任妇女部长，她们到东莞后，均住在温塘，以教书为掩护，从事地下活动，为了开展工作，她们常把自己打扮成村妇或青年学生，出没在县委与区委、县委与特委之间，联系和指导全县妇女工作的开展。

一九四一年六、七月间，梁霞冰调清溪任区委妇女部长。这时，她一方面深入苦草洞、铁场，把妇女们组织起来，并在那里秘密成立了妇女支部；另方面，又直接与石马（周爱莲、罗慧舒）、石鼓（李琼珍、周玲）两个交通情报站的女党员以及打入敌人内部任警长的罗涛同志联系。他（她）们从敌人的心脏中取得了大量可靠的情报，直接支援了部队和地方党工作的开展，多次得到上级的表扬。

王河于一九四一年七月调香港，从事地下工作。年底，香港沦陷，又回到东莞。在艰难的岁月里，任县的交通情报站长。她住在敌占区莞城葵衣街十二号尹七嫂家里，在莞城地区建立了和平路豉油街、振华路、城内彭屋大街、城外、博厦十佛庵等五个交通情报点。通过交通员，经常与各地如厚街、河田、涌口、双岗、白沙、寮步、横坑、东坑、角社、中堂、郭州、东向、槎滘、潢涌、东滘、道滘等交通情报站联系。培养了象尹七嫂、陈紫芝等一批妇女骨干从事交通情报工作。这些交通情报员，经常处于备战状态，只要有任务，不管白天黑夜，暴雨狂风，道路崎岖，都要立即行动。她们经常机智勇敢地通过敌人的封锁线，饿着肚子，有时，一天还要走一百多华里，按时把情报送到目的地。在艰难的岁月里，被誉为“铁脚板”、“神仙肚”的英雄汉。正是由这种“铁脚板”、“神仙肚”的革命意志，代替了电台、电话、车辆的工作，沟通了地方党县区之间、地方党与部队之间的联系，构成了地下党和部队的生命线，克服了种种困难，完成了一个又一个难以想象的艰巨任务。

在艰难的岁月里，在水乡活动的陈福媛、尹柳眉、杜娟、王芝等同志，以望牛墩、杜屋村等为阵地，组织起姐妹会，并广泛发动姊妹们办了一份不定期的以手抄本为主的刊物——《村女》，大力宣传抗日救国。当时，女青年王若写的《饥饿》、王勤写的《八月十五》等文章，就是日本鬼子铁蹄下的、处于水深火热中的水乡人民的生活的真实写照，因此，在传阅中，普遍得到妇女们的共鸣。

在革命低潮的时候，大雁塘村的吴石娇同志，被迫隐蔽在山中，夜深了才回家，为了革命，公而忘私，表现很坚强。地方党和部队派人同她联系，要什么，她就拿什么，不但家里的米吃光了，就是连谷种、豆种、花生种也拿出来给同志们吃，直接支援了革命。一九四三年七月，部队准备袭击篁村伪军，为了出击全胜，布置吴石娇侦察敌情。吴巧妙地把自己打扮成卖柴草的农民，趁敌人买柴草煮饭的机会，一直把草挑进宝太祖（伪军三十师八十九团第一营第一连驻地），摸清敌情，使部队出奇制胜，胜利地完成任务，俘虏和缴获伪连长以下一连人（枪）。

在战斗中，我们的女同志经受了严峻考验。一九四二年十二月中旬，莞太线上的土匪头麦浩投敌，派兵突然包围了我隐蔽在咸田的医务所，几十名伤病员的安全受到严重的威胁。在危急关头，我医务所负责人周昆带领医护人员和伤病员坚贞不屈，团结一致，经过两整夜的斗争，麦浩摄［慑］于我军威力，终于答应她们的要求，使全体医务人员和伤病员安全脱险，胜利返回部队，表现了我女战士大无畏精神。一九四三年十一月十八日，日寇集中近万人的兵力，向我大岭山地区进攻，号称“万人大扫荡”。我军被包围于纵横十多公里的大岭山区。日寇出动飞机和大炮，实行“村村驻兵”、“铁壁合围”，妄图一举“歼灭”我们，战斗异常激烈。我卫生员李玉珍同志在战斗中负伤，仍带领十多个伤病员，隐蔽在山洞中，坚持护理，历尽艰难险阻，终于胜利地完成伤病员的突围及转移任务。在敌人疯狂的“围剿”里，在严酷的斗争中，在艰难的岁月里，我们的女同志起到了她们应该起的作用。

妇女参政　迎接胜利

一九四三年年底，东江纵队成立。一九四四年初，国统区地方党组织恢复活动以后，革命形势已一天天的好转。开始从相持阶段转入局部反攻阶段。东宝地区已解放了铁路以西、清塘以南的大片土地，为各方面的工作创造了有利的条件。从一九四四年夏天开始，我县开展了民主建政工作。五月，成立了新一区政府。七月一日，成立了路西东宝行政督导处。八月，又成立了新二区政府。九月，新五区联乡办事处宣布成立。在路西东宝行政督导处的领导下，一九四四年冬天，又成立了“东宝地区妇女抗日救国会”，由路西东宝行政督导处的妇女干部张剑莹兼任该会的主席。各区乡亦相继建立了妇女组织，积极进行生产合作和妇女参政活动，使我县的妇女工作走上了一个新的阶段。广大妇女在妇抗会的带领下，更积极地搞好生产和做好各方面的工作。这个时候，“男儿上战场，妇女多打粮。”真是一派大生产的新气象，把生产搞得热火朝天。大岭山的计岭和大环两村的民众就开展了生产大竞赛，他们把广大妇女和儿童都发动起来，上山开荒扩种，多打粮食，支援部队打鬼子。她们响应党中央“增加生产，厉行节约，支援前线”的号召，发动广大妇女为前线战士缝军鞋、送鸡旦［蛋］，写慰问信，慰问当地驻军，慰问和护理伤病员。妇女们还在村子里提倡喜事新办，鼓励举行“集体婚礼”，取消童养媳制度。

一九四五年“三八”国际妇女节那天，路西东宝行政督导处所属各区乡均举行了隆重的纪念活动。新一区在大朗召开了“庆祝三八国际妇女节大会”，东坑、大朗各阶层的妇女都兴高采烈地出席了大会。区长赵笃［督］生同志亲自到会讲了话，号召妇女们以实际行动，搞好生产，多打粮食，夺取抗日战争的最后胜利！新三区在横坑召开了大会，由区妇抗会主席袁蔚霞主持，两百多人出席了大会。扬西乡在大雁塘召开了大会，由该乡妇抗会主席吴石娇主持，会后，还表演了各种文艺节目，演出了自编的歌舞《民众小英雄》，当时，妇女们还登台表演了一首歌谣，叫《军民齐合作》：

你在前面打，
我在后面帮。

挖战壕，送子弹；

不怕流血汗。

抬担架，送饭菜，

大家齐心干。

军民齐合作，

定把鬼子消灭光！

这些出自肺腑之言，道出了广大妇女的心愿。这一天，路西东宝行政督导处出版的《新大众报》，特辟了“三八”专栏，发表了《我们的责任更大了》为题的文章，及报道了各区、乡纪念三八国际妇女节的动态。专题文章指出：“动员广大妇女更紧密地团结在党的周围，开荒扩种，搞好生产，多打粮食，支援部队，做好各方面的工作，为抗日战争的最后胜利、为广大妇女的翻身解放而斗争！

英雄儿女　青史流芳

在抗日战争中，东莞县的广大妇女在党的阳光照耀下，茁壮成长。涌现了大批革命老妈妈、老交通、老堡垒户，涌现了很多先进人物。正是她们，用鲜血和汗水，配合部队和地方党，狠狠地打击敌人，迎来了抗战的伟大胜利，无数的英雄人物、英雄事迹在鼓励和鞭策着我们前进！

何婶（区丝宝）在抗日战争年代已是五十开来的人了。他有四个儿子，老大叫何鼎华、老二叫何与成、老三叫何太、老四叫何通，抗日战争爆发后，四个孩子都先后出来参加了“老模”。老大何鼎华，前期是《东莞新闻》的主编，后期是路西东宝行政督导处付［副］主任、驻港办事处主任；老二何与成，是东莞青年运动的领袖，在“东移”途中英勇牺牲；老三何太，前期是《大家团结报》的编辑，后期是《前进报》的记者；老四何通，从小就参加了抗日。何婶为自己能有四个孩子参加抗日而自豪！她打从心眼里说，抗日救国保家乡，最光荣，最高尚。当老大何鼎华办《东莞新闻》的时候，经费不足，何婶二话没说，立即回家卖了傢俬［家私］，支援老大办报；当老二何与成在“东移”途中壮烈牺牲的时候，何婶说：“老模是杀不尽的！”从这以后，她横下一条心，带着最小的女儿（景绚），一起去当“老模”；老三何太办《前进报》，何婶到报社去做后勤，除了做好两顿饭外，还主动帮助同志们缝洗衣裳、煲粥煲水、送医送药，一有空，就帮忙印刷报纸、传单或装钉［订］小册子，还冒着生命危险把一期又一期的《前进报》散发出去，出色地完成党分配给她的任务。篁村新基村的张妈（张英的母亲），年青守寡，抗战初期就随张英到大岭山，在党的熏淘［陶］下，她把自己的命运同地下党、部队的命运连结在一起，把最脏的活留给自己干，把自己最好的东西留给同志们吃。只要地方党和部队需要她干的事情，她就坚决完成。那时，莞城已沦陷，部队要她去莞城了解敌情，她就一口答应。于是，她连夜把自己伪装打扮成一个乞丐，穿上破衣裳，一手提破篮，一手扶拐棍，一步一拐的走到莞城，天亮时正好赶上日本鬼子开早饭，她走进敌营，向鬼子“讨饭”，从中侦察到许多敌情。回来及时报告部队，出色地完成了一个又一个艰巨的任务。袁伯母，是袁鉴文同志的母亲，她热情“好客”（各地来往的同志），有“客人”来，她总是笑脸相迎，尽量使“客人”高兴而来，满意而去。同志们把袁伯母的家看作是自己的家。厚街小坞园的二嫂（王作尧的母亲）的家实际上成了地方党和部队的重要据点，部队的新闻台曾设在这里，《前进报》也曾在这里出版，党和部队在这里举办了多期训练班和召开过不少会议，掩蔽过不少同志和医护过一批又一批伤病员。二嫂就是这个小坞园中的好主人、好后勤。中堂小东向的六嫂（黎厚贤）、莞城葵衣街的尹七嫂（梁旺良），她们的家既是地方党的联络站，又是堡垒户，凡是党和部队交给她们的任务，她们都不怕困难、不怕牺牲，出色地完成任务。她们的子女，在党的教育和影响下，都先后参加了革命，六嫂有个女儿、七嫂有个儿子都为革命献出了自己宝贵的生命。为了掩蔽同志，她们的家川流不息，人来人往，吃的、住的、用的，全部包下来。初时，她们把自己出嫁时仅有的金戒指、金耳环变卖了；进而档［当］了衣服、卖了傢俬［家私］；最后，甚至连房子也变卖了，为的是不当亡国奴，为的是全民族的解放！被誉为革命的老妈妈。象这样崇高品格的革命老妈妈何只［止］她们俩！象望牛墩望角的扁润（黄润娣）、大岭山太公岭的亚娘（叶有敬）、霄边女医生张善芳、党城彭屋大街的李顺欢、王屋街的尹冠玉、杨梅岗的李亚娘、高埗低涌的大嫂（吕秀兴）、东坑的李葵兴、城内陈富根的母亲亚嫲、涌口林桂枝母亲炳开（开嫂）、林冲母亲林梅四、林村的周福兴等等，真是不胜枚举。

在抗日战争中，不少妇女，为革命献出了自己的宝贵生命。王农［侬］同志就是其中的一个。王农［侬］十六岁参加革命，十八岁入党，曾参加"救亡呼声社国防前线工作队"、"东江华侨回乡服务团东宝队"，一九四四年五月任东纵一支队铁东大队中队指导员。为了中国人民的解放事业，不惜牺牲个人和家庭的利益，一九四六年三月，她把刚生下来的儿子送回家去，带领部队出发，途中，她为了护理和秘密转移伤病员，被捕于海陆丰。牺牲前高呼："打倒国民党反动派！""中国共产党万岁！"对着敌人的枪口，大义凛然，从容就义，牺牲时，年仅二十六岁。在女英烈中，有在暴敌面前向敌人夺枪搏斗而英勇牺牲的海外赤子王丽；为抗日不惜牺牲个人一切的莫福娣；民运战线上英勇战斗的王月娥；临刑前高声朗颂［诵］"革命何须怕断头"的黄宝珍；英雄的秘密交通员李长娘；忠贞不屈的情报员张招妹，等等，都是我们学习的好榜样。她们的事迹，至今犹在人民群众中广泛流传。

岑诒立根据赵学、王河、梁燕云、陈福媛、何佳、赵学光、谢坚、李嫦、潘清、李楠、王棠棣、莫艮尚、王雅宜、曾玲、李杰、李兰、何瑛、何欢、何群、杜娟、王芝、张剑莹、李琼珍、周爱莲、周玲、袁鉴文、李征、黄业等同志的回忆及提供的资料编写。

（这个材料在《东江党史资料汇编》第一辑登载过，由于删节太多，特重新刊出。）

南征北战　英姿飒爽[①]

——记东纵女卫生战士

集合在抗日红旗下

抗日战争爆发后的第二年——一九三八年十月，日本侵略者大举进犯广东，国民党腐败军队仓惶［皇］溃逃，仅十余天，东江下游各县和广州地区沦于日寇铁蹄之下，人民群众陷入苦难的深渊。为了挽救民族危亡，在中国共产党广东省委的领导下，由曾生同志率领的惠（阳）宝（安）人民抗日游击队（后改称为新编大队）和由王作尧同志率领的东莞模范壮丁队（后改称为二大队），迎着抗战烽火诞生了。广大爱国青年响应党的号召，从内地、从香港、从南洋接踵来到惠东宝，参加抗日队伍，献身于民族解放战争。这批青年当中，有十多个女同志，在新编大队的是周昆、招丽真、梁帼莲、韦世珍、叶萍、邝爱莲、蔡冰如、容敬玉、张淑文、江群好、谢秀远等；在第二大队的是张惠文、杨元有、叶妙有、林杰、陈怡、王雅宜等，最先担任部队的医疗卫生工作。从此，她们成了东江纵队卫生战线的骨干。

我游击队成立之初，高举着抗日救国的旗帜，主动出击、伏击日本侵略军，扼守东江河，收复淡水、沙鱼涌、葵涌等圩镇，摧毁敌伪政权，严惩汉奸败类。我们的初胜振奋了东江人民，也震惊了蓄意反共的国民党顽固派。驻惠州市的国民党第四战区游击纵队指挥所主任香翰屏，策划种种阴谋，企图消灭我游击队。一九四〇年三月九日，部队被迫撤离惠东宝根据地，向海陆丰转移，途中遭到国民党军队的围追堵截，损失很大。我们

---

① 收录于广东省妇女运动历史资料编纂委员会东江组编：《南粤红棉——东纵女战士》，1983年，第1–38页。

的女卫生战士第一次经受了艰苦的行军作战的考验。战斗中，有的同志牺牲流血，有的同志不幸被俘，多数同志被打散了。这一年九月，曾生、王作尧同志遵照党中央的指示，带领东移后保存下来的一百余名游击队员，返回惠东宝前线，被打散的女卫生战士陆续回到了战斗岗位。这时部队番号改为广东人民抗日游击队第三大队和第五大队。在人民群众的支持下，坚持了独立自主的正确方针，广泛开展了抗日游击战争。为适应斗争的需要，部队充实了医疗卫生队伍，原先做其他工作的李玉珍、易焕兰、莫福娣、莫银裳、莫就兴等女同志被分配当了卫生员。江枫（男）徐绮云、欧坚、欧风、何景珣、余丽云、曾新英、叶婉娴、叶雁如、王月仙、张漪芝、周洁冰、周文等医务人员也陆续来到部队。当部队东移回来初期，医药最感缺乏的时候，女卫生员王雅宜回家将她姐姐开的诊所的全部医药和医疗器械，送给了三大队医务所。一九四一年底太平洋战争爆发后，日本侵略军占领香港。党组织动员了在香港广华医院当护士生、具有爱国热忱的女青年冯慕贞、麦雅贞、江培茎、邝丽英、冯长风等，携带一批医药和医疗器械，参加了游击队。这批受过专业训练的医务人员，给部队卫生战线增添了新生力量。这时期，游击队在宝安的岗头仔、沙梨园、白石龙，东莞的甕窑、大石板，惠阳的竹坑、赤径、大鹏半岛等地，设立了医务所或医院。卫生战士们在设备简陋、医药奇缺、驻地分散、战斗频繁的条件下，积极地开展了医疗卫生工作；同时担负起宣传群众、建立民兵和妇女组织、为伤病员筹粮和送情报等多项任务。

一九四三年十二月二日，奉党中央的命令，我“广东人民抗日游击队东江纵队”正式宣告成立。这支东江人民的子弟兵，从无到有，经历五个年头艰难曲折的斗争，成长壮大起来了。几乎是清一色由女同志担任的卫生人员，发展到了三十多人。朱依群、张霏、吴影子（男）等同志在这一时期参加了医务工作。当时各大队医务所或医院的负责人是：第二大队邝爱莲，第三大队韦世珍，惠阳大队陈湘子，宝安大队梁帼莲、叶蜿娴，护航大队叶萍，港九大队麦雅贞。一九四四年后，我东江纵队在战场上节节取胜，力量迅速发展，到一九四五年成立了九个支队的番号，每个支队都设有卫生机构。这期间，一批在兴宁等地医务学校读书的青年学生，如男同志邓天帆、刘纪三、金帆、林毅和女同志方演、李任坚、金玄、肖萧、肖滔等，还有在东莞石滩镇开业的医生马烈（男）和阮群治，都加入了部队的卫生战线。这些同志在我地下党的影响和教育下，曾参加过当地的抗日救亡运动，不仅有强烈的革命要求，而且有一定的医疗技术水平，是抗日队伍急需的宝贵专业人才。此后，部队医疗卫生水平相应有了提高，原来分散、简陋的医疗机构逐步健全起来。一九四五年二月，东江纵队司令部迁到罗浮山，五月创办了部队第一所能接收一百多伤病员的医院。江枫同志担任医院主要负责人。医院配有实践经验的中西医医生，以及一定数量的护理人员和后勤服务人员。为了提高部队卫生人员的业务水平，进一步扩大卫生队伍，纵队司令部派江枫、冯慕贞等同志负责，在惠阳的土垟、洋坑、王母等地举办三期卫生员训练班，每期学员三十多人，时间两三个月；以后又在罗浮山，由江枫、周昆、陈曙光等同志负责，举办一期卫生员训练班，学员四十多人。训练班的教学内容，主要是常见病如疟疾、感冒、肠胃病、夜盲等的预防和治疗，重点是战场救护、外伤处理和连队卫生管理。教员大多是有专业知识的医生、护士，学员是各支队和各大队送来的，几乎都是参军不久具有小学文化程度的女青年。教学方法注重联系实际，上课与实习相结合。教员经常带着学员下病房，一边护理伤病员，一边传授打针、服药、处理伤口等常识和技术。学员学习情绪高涨，刻苦钻研业务，结业后多数分配到连队当卫生员。在分散开展游击战争的条件下，还有不少女卫生员没有机会进训练班学习，她们在实践中学会一点卫生工作的本领，便勇敢地挑起救死扶伤的责任。部队领导也想方设法提高她们的业务能力。支队长彭沃同志红军时代当过医官，他在指挥作战的空隙，就亲自给卫生员上过业务课。

到了抗日战争胜利前夕，集合在东江纵队抗日红旗下的女卫生战士，已从最初的十多人发展到了二百多人。这些被游击队员所爱戴的白衣战士，年龄最大的二十五六岁，最小的才十三四岁。她们之中，有的是历尽辛酸的女工童工，有的是被旧社会压在最底层的童养媳和婢女，有的是冲破封建枷锁投笔从戎的学生妹，有的是飘［漂］洋过海回到祖国怀抱的华侨女，有的还是抛弃富裕家庭、瞒着父母跑来参加革命的姑娘。她们出身不同，在党的教育培养下，都抱着共同的革命目标——抗日救国，怀着共同的革命理想——实现共产主义，在东江两岸，在广九沿线，在粤北山区，在大鹏湾、大亚湾之滨，工作、学习、战斗！她们一不怕苦、二不怕死，经受了罕见的艰难困苦和严酷的战争考验，大多数成长为坚强的共产主义战士。不少巾帼英雄在战场上，在敌人屠刀下，英勇牺牲，慷慨就义。她们的鲜血洒在广东的山山水水，她们的英名永远铭刻在广东千千万万人民的心坎里。

在艰难岁月里

东江纵队长期分散在敌后进行游击战争，部队缺少稳定的医疗后方，医疗卫生工作困难重重，医务人员常［长］年累月都在艰难中苦斗。因为没有后方医院，部队打到哪里，医务人员就带着伤病员跟到哪里。每到一个地方，老百姓的柴房、茅屋或破祠堂、庙宇，凡能遮风挡雨的地方，把它打扫干净，铺上门板、稻草，就成了病房。更多的时候是，部队在一个地方打完仗，立即转移走了，留下不能走动的伤病员，由医务人员带领，到深山老林找个山洞、炭窑或者搭个茅寮，隐蔽起来治伤治病。有时把伤病员分散隐蔽在可靠的老百姓家里，医务人员天天爬山越岭、走村串户去送医送药。就算办起医务所或医院，收治重伤重病的同志，也很少有固定的地点。为了躲避敌人的包围袭击，医务所在一处住上两三晚，就得用担架抬着伤病员东移西转。由于敌人的严密封锁，药品十分紧缺。医务人员帆布药箱里装的药物，通常只有几支止血针和止痛针，几个急救包和一点棉花敷料，一个注射器，少量的碘酒、酒精、红汞、灰锰氧和常用药如建连丸、APC，外加一个洗伤口用的口盅。医疗器械更少得可怜，常常用瓦罐代替消毒锅，削尖竹片代替探针或镊子，甚至不得不用碎布消毒后代替棉花敷料。这样的医疗条件，遇到破伤风患者，医务人员虽然尽了最大努力，也只能淌泪看着伤员死去。

面对着重重困难，我们的女卫生战士没有被吓倒。她们在党组织和广大指战员的支持下，凭着对革命事业的忠诚，和对阶级兄弟一颗火热的心，又通过大胆的实践和摸索，使部队的医疗卫生工作在战胜困难中步步发展。

部队各级领导同志非常关心医疗卫生工作，经常对医务人员讲解抗日战争的形势，进行革命传统教育，表彰卫生战线的模范人物，鼓励大家全心全意做好本职工作。每当医务所转移或隐蔽，领导同志总要反复交代当地党组织、人民武装和交通人员，尽力保护伤病员和医护人员的安全。协助医务所解决给养、医药等困难。为了加强对卫生工作的领导。有的医务所配了一名政治服务员，如平海医务所的袁靖、铁岗医务所的陈笑影、白石龙医务所的郭云翔等女同志，就是做思想政治工作的。在连队，卫生工作由政治指导员领导。战士们很爱护和尊重卫生员，热情支持卫生员的工作。南方气候炎热潮湿，连队经常在野外露营，生活又艰苦，营养又不足，战士们容易生病。卫生员除了经常进行卫生常识的宣传教育，还作出有关个人卫生和预防疾病的各项规定，都得到战士们的积极配合。许多战士还经常利用休息时间，帮助卫生员上山采集草药。所有这一切，鼓舞了卫生员战胜困难的信心和勇气。

为了克服缺少医药的困难，医务人员突出地发扬了艰苦奋斗、自力更生的革命精神。最常用的棉花、纱布、绷带太少，她们就把用过的收集起来，不管它沾脓带血、腥臭不堪，洗涤干净、煮沸消毒后再用。她们爱惜医疗器材如珍宝，一个注射针头，用钝了磨尖再用，舍不得丢弃。在西药奇缺的情况下，医务人员每到一个地方，就上门访问民间医生，采集土方偏方，用中草药来治疗各种常见病。如凤尾草煎水治痢疾，鸡屎果叶炒米煎水治腹泻，苦楝叶煎水治烂脚，眉豆煲蒜头治脚气，猪肝拌锅底灰治夜盲症，崩大碗、田冠草煮水作清凉饮料，等等，都收到一定的疗效。医务人员还在吸取民间经验的基础上，创造一些治病治伤的好办法。例如，治贯通枪伤和粉碎性骨折，用一种自制的药膏敷在伤口，过不多久，嵌在伤员体内的弹片、碎骨就被吸出来。一九四一年，东莞大队指导员韩藻光同志在战斗中肱骨被打断，伤势很重。医务所长周昆走访民间，用捣烂生鸡肉加五加皮配六十度米酒调和，敷伤口一昼夜，起到了恢复肌体活动能力的作用。中队指导员徐慧常同志在肖边战斗中被敌人放火烧伤，面部、腹部烧伤面积很大，头发、眉毛全烧光。医务人员用生油浸纱布和凡士林纱布一起给他敷伤口，加上细心照料，使创面一直没有感染而迅速治好。中队指导员陈一民同志颈部负伤，神经受损，也是采取“中西结合”的方法，即内服中药松筋藤，外敷消毒凡士林纱布，效果很好。一九四三年，三大队队部张继同志在自制炸药时，不慎被炸药炸伤面部、胸部和手脚，高烧昏迷。卫生员韦世珍用煮沸消毒的石灰水给他敷伤处降温，减轻了伤员的痛苦。战士张煜华脑部负伤，身体半边瘫痪，动弹不得；半边兴奋，乱抓乱动，病情十分严重。当时敌人频频出动“扫荡”，医务人员把他隐蔽在树林里，几昼夜寸步不离地悉心治疗，使他脱离了危险。在一次反“扫荡”中，小游击队员温仔被日本鬼子抓去。凶残的鬼子兵扒光他的衣服，捆住他的手脚，放到火堆上烤，直烤得皮焦肉烂，又把他扔进池塘里浸泡，最后将他丢弃山坑。当温仔挣扎着爬回部队时，已奄奄一息，身上伤口化脓生蛆。医务人员每天用灰锰氧水给他洗伤口，涂上从民间学来的中草药膏，并精心护理，终于从死亡线上把他抢救过来。在如此困难的医疗条件下，创造出如此奇迹般的医疗成绩，我们的女医务人员需要付出多少心血和汗水！

在战争年代，遇到一些单用中草药无法治愈的伤病，或者在当时的医疗技术无法解决的危重伤病员，医务人员就依靠党组织的支持和群众的掩护，到敌占区或香港购买一些急需的药品，或者把伤病员千方百计地送到敌占城镇的医院或香港的医院去医疗。一九四三年，护航大队大队长刘培同志战斗中肩部受重伤，非动手术不可。根据上级指示，女医生麦雅贞化装成贵妇，冒着生命危险通过日本鬼子关卡，把刘培同志送到香港华人办的医院，进行了手术治疗。一九四五年二月，战斗在东莞水乡的大队政委何清同志，亲自带着女卫生员孔毓冰等来到敌伪重兵盘踞的东莞城，进入德国传教士办的普济医院，经过一番软硬兼施的斗争，争取到该院德国人院长何济民的同情，先后为我游击队收治伤病员四十多人。

香港沦陷后，我抗日游击队排除万难，从日寇铁蹄下抢救出重要文化界人士和民主人士七八百人，并护送他们安全到达大后方。我们的女医务人员尽了最大努力，为何香凝、柳亚子、邹韬奋等著名人士看病治病，煎药送汤，在生活上倍加照顾。当日伪军“扫荡”时，女医务人员甚至不惜流血牺牲，保护他们的安全。这些都受到他们的热情赞扬。一九四四年，我游击队在港九和大亚湾营救了被日寇击落的盟国飞行员克尔中尉等数人。女医务人员本着革命的人道主义精神，克服医药条件上的困难，热情地为他们治伤、护理。克尔中尉等被我护送到大后方后，多次来信表示感谢。

为伤病员献出一切

一切为了伤病员！我们的女卫生战士从背上药箱的第一天起，就把全部的阶级感情倾注到伤病员身上。为了减轻伤病员的痛苦，她们宁愿自己吃苦受累；为了抢救阶级兄弟的生命，她们不惜献出自己的亲人，献出自己的热血和青春。

游击队在敌后作战，行动是神出鬼没的，越是伸手不见五指和风雨交加的黑夜，越是部队隐蔽行军的好时机。女卫生员经常带着伤病员，在这样的黑夜里跟随部队爬山越岭、涉水过河。她们自己背着背包、药箱、米袋，又总是争着替伤病员扛枪枝、背米袋。为了避免伤病员掉队，卫生员在前头探路，牵着伤病员跋涉行进。有时伤病员太疲劳了，边走边合上眼皮打盹，脚步一乱掉下山沟水坑，把卫生员和别的同志一起拽倒。卫生员带患夜盲症的战士行军，更不知要跌多少跤。常常出现这样的情景：经过一夜行军，天亮了，患夜盲症的战士睁开眼睛能看见东西了，可他们看到的女卫生员满身泥污，衣衫扯破，脸上、手上挂着血迹。这些在枪林弹雨中滚出来的坚强战士，这时也感动得掉下了热泪。我们的卫生员却顾不上洗去身上的泥土，就到各班检查病号，替战士挑脚泡，给带轻伤的同志换药。战士们休息了，卫生员就去煎药、做病号饭，为伤病员洗衣服，或者上山采药。遇到紧急情况，卫生员往往来不及躺下合上一眼，又带着伤病员重新上路了。有的医务所设在大鹏湾、大亚湾的海边，医务人员经常驾着小帆船，顶狂风战恶浪，运送伤病员和粮食、药品，被颠簸得连胃液都吐了出来。

当医务人员带着伤病员在深山密林隐蔽治疗的时候，总要和饥寒交迫的困境作顽强的斗争。因为粮食的来源经常断绝，医务所常常吃了上顿没有下顿。开饭时，医务人员就相约吃得很慢很慢，把仅有的一点食物让伤病员先吃。伤病员问："卫生员，你们为什么吃得这么慢呀？"卫生员就回答："我们女同志胃口小，吃得少嘛。"伤病员不相信，第二天要求分饭吃，一人一口盅。这时卫生员又把自己口盅里的饭拨出一半给伤病员。她们看到伤病员一个个面黄饥［肌］瘦，哪里吃得下呀！有时粮食吃光了，卫生人员就去摘山果、采野菜、挖竹笋、捞坑螺，给伤病员充饥。要是能捡到野鸡蛋，捉到田鸡、乌龟、鱼虾，给伤病员增加点营养，卫生人员更高兴得不得了。夜里，伤病员感到凉了，疟疾病人发冷了，卫生人员马上把自己的毯子、被单、衣服盖在伤病员身上。然后几个女同志卷［蜷］缩一团，互相挨着取暖，度过一个又一个的寒夜。

当伤病员的生命处于危险的时候，我们的女卫生人员总是把个人的一切置之度外，竭尽全力进行抢救。一九四三年夏天，发生过这样感人肺腑的事迹：排长黄秀同志在龙岗圩同日本鬼子战斗中腹部受重伤，肠子流了出来。女卫生员易焕兰冒着弹雨冲上前去抢救，包扎后立即把他背下战场，躲进山边一座炭窑里。这时部队已经撤走了。晚上，黄秀伤势恶化，小便排不出来，膀胱肿胀，痛苦异常，几次休克过去。易焕兰知道，伤员的尿液排不出，就会中毒死亡。怎么办？药箱里没有导尿器，作膀胱按摩又没有效果。为了挽救阶级兄弟的生命，这个年轻的姑娘毫不犹豫地伏下身去，用嘴直接吸吮伤员的尿液，吸了一阵，淤塞在膀胱里的尿水终于被一口一口吸了出来，黄秀同志得救了。他甦［苏］醒后叫了声"兰姐呀兰姐……"，便感动得泣不成声。易焕兰同志的模范事迹，受到上级领导和同志们的高度赞扬。

一九四五年初，在一次粉碎日伪"扫荡"的战斗中，在宝安石坳医院，女卫生员徐绮云临产前几分钟，仍强忍着婴儿操动母腹的阵痛，沉着地为伤员换药治疗，直到站立不起来，她才急忙爬到隔壁一间破柴房分娩。刚一进门，婴儿就呱呱坠地了。这时，敌人逼近伤员隐蔽点，徐绮云又忍痛把刚出世的孩子留在柴房，拖着产后虚弱的身子，带领伤员转移到安全地点。一次，日寇向我游击区白石龙一带进犯。女卫生员张惠文奉命去乌石岩深山的医务所，组织伤病员疏散隐蔽。她背着刚出生一个多月的婴儿，从清早上山到天黑下山，心中只挂着伤病员的安全，为他们奔波忙碌，完全忘却了背上的孩子。待到把伤病员安顿好了，她坐下来休息，发现奶水渗透了衣襟，这才想起孩子早晨曾发烧啼哭，一整天没有吃过奶。她赶忙解下背带想给孩子喂奶，可是病魔已经夺去孩子的生命，他全身僵硬，不能吸吮母亲的乳汁了。张惠文悄悄地掩埋了孩子的尸体，又投入了紧张的战斗。还有几个女医务人员，如周昆、陈湘子、蔡冰如、叶萍、张淑文、蔡明等同志，有的新婚数日，就接到爱人牺牲在战场上的沉痛消息；有的为了跟随部队行军作战，忍泪把亲生儿女送给群众抚养，不多久惨遭敌人杀害。战争夺去了她们的亲爱伴侣，敌人夺去了她们的亲生骨肉，但是没有动摇她们的革命意志，没有消磨她们为伤病员服务的一片热忱。她们把对敌人的刻骨仇恨和对亲人的痛切怀念，化成了对敌斗争无穷无尽的力量。

在人民群众的怀抱中

东江两岸的人民群众，和东江纵队患难相处、生死与共。他们把游击队员看成自己的子弟兵，把女卫生战士当作自己的亲女儿。游击队每到一个地方，大伯大娘们总要拉住卫生员的手，“阿妹！妹仔！”地叫个不停。他们主动热情地腾出房子，送来粮食、蔬菜，帮助卫生员照顾伤病员。他们看到卫生员和伤病员一个个又黑又瘦，总是心痛地说：“阿妹好辛苦呀！”“妹仔好辛苦呀！”随着把家里不多的鸡蛋、黄豆拿来塞到卫生员手里，说是要给阿妹阿仔补养身体。卫生员按照“三大纪律八项注意”还钱给他们，往往磨破嘴皮也无法使他们收下。在危急关头，许多群众不顾个人安危，给医务所报告敌情，主动当向导、抬担架，帮助医务人员隐蔽、转移伤病员。在抗日战争最困难的年代，游击队有的医务所就设在离敌伪据点很近的山坳丛林里，甚至能看到日本鬼子的了［瞭］望哨。几十个医务人员和伤病员在敌人眼皮底下隐藏了几个月，没有遭到一点损失，靠的全是人民群众这堵铜墙铁壁的掩护。东江根据地的一些群众，如宝安杨尾村的刘亚娘、杨嫂，东莞瓮窑村的张七稳、石鼓村的亚满嫂、二嫂，后街双岗村林炳开烈士的母亲，都舍生忘死支援过游击队，象父母亲一样爱护过伤病员。一九四四年八月，东纵二支队隐蔽在坪山竹坑的医务所遭到顽军的袭击。医务所负责人陈湘子同志立刻布置伤病员分散躲藏在群众家里。刚参加革命不久的女卫生员黄惠庭是本地人，她把十多名伤病员安置在自己家里，有的躲进阁楼，有的藏在村外荔枝园。她所在的村子里有不少人在国民党里做事。黄惠庭和她母亲瞒着村里人，没有走漏一点风声。她们每天夜里给躲在阁楼的伤病员喂饭、敷药，天蒙蒙亮又假装去送肥、锄地，给藏在荔枝园的伤病员送饭送水。黄惠庭白天化装成农妇，四处寻找游击队联络点。就这样，十多个伤病员安全地度过了敌人的搜捕，最后顺利地返回部队。在大岭山区，有一个负伤的游击队员来不及去医务所，正碰到日伪军扫荡，一位老大娘把他接到家里，给他穿上女人衣服，包上头巾，假称是她的儿媳妇，瞒过了敌人的搜查。象这样的动人事例，在惠东宝地区是不胜枚举的。

人民群众支援了人民军队，人民军队倍加爱护人民群众。我们的卫生战士发扬了我军的优良传统，严格遵守群众纪律，做到秋毫无犯。医务人员和伤病员在甘蔗园里隐蔽，尽管蔗地很潮湿，也不去剥一片甘蔗叶垫地。医务所住在果园里，尽管熟透的荔枝、沙梨举目皆是，也没有人伸手摘一个。医务人员随时随地注意做群众工作，每到一个村子，宣传抗日救国的主张，教群众唱抗日歌曲，动员妇女参加抗日活动，动员青年参加抗日游击队。女卫生员还和妇女群众一起下地干活，一起上山打柴，一起烧水、做饭、喂猪、洗衣服，象亲母女、亲姐妹一样亲热。她们特别热情地为群众看病治病，受到群众的衷心欢迎。一九四三年夏，宝安县杨尾村霍乱流行，许多人被病魔吞噬了生命，有一家三口人两天内全部死亡，群众万分焦急。女卫生员江培荃等同志及时赶到，把患者隔离起来，积极治疗；同时广泛宣传卫生常识，破除迷信，发动群众用石灰水进行环境消毒，很快扑灭了疫情，在群众中留下深刻的印象。有一次部队住在大船坑村附近，几天之内，村子里有一个男孩爬树掉下来昏迷过去，另一个男孩掉进水塘受淹休克。卫生员张惠文等同志闻讯后赶去救治，及时做人工呼吸，救活了两个小孩的生命。还有一次，部队住在横岗村，有个男孩看水牛打架，不慎被牛角尖挑破了腹部，露出了肠子。卫生员邝爱莲赶紧给孩子缝合伤口，经过细心护理，不久得到痊愈。这几件爱民事迹在当地引起了轰动。孩子的家长和亲属敲锣打鼓，燃放鞭炮，给卫生队送来酒肉；有的把自家做的茶粿、糖糕硬塞到卫生员的衣袋里，表现了人民群众和游击队之间的鱼水深情。

枪林弹雨显英豪

在游击队同日伪顽军的多次作战中，在一些医务所遭受敌人包围袭击的紧急情况下，我们的女卫生战士总是冒着枪林弹雨，不惜一切地抢救战友；并且常常拿起枪杆，与战士们并肩杀敌，成了无畏的战斗员，有的还当上了出色的指挥员。

这是一九四二年春节前发生的事情。虎门太平外围土匪头目麦浩投敌，派兵突然包围了我隐蔽在离太平镇仅几里路的咸田医务所，几十名伤病员的安全受到严重威胁。在危急关头，医务所负责人周昆同志和伤员中的中队长沈鸿光同志一起，坚定沉着地指挥伤病员突围。先是向伪军展开政治攻势，晓以民族大义，与伪军周旋了大半天，同时做好夺枪突围的准备。经过顽强的斗争，伪军答应让路给我伤病员撤出咸田。当夜幕降临时，周昆把伤员编成几个小组，转移到另一块咸田隐蔽。隆冬季节，天寒水冷，伤病员既没有饭吃，又没有草棚歇脚。为了摆脱伪军的包围和恶劣的环境，周昆和一位女炊事员在茫茫黑夜里，涉过一道道河涌，踏过一块块咸田，一边探听敌情，一边寻找部队。经过两天跋涉，终于和部队取得了联系，使全体伤病员安全脱险。一九四二年五月阳台山战斗后，由于国民党军队的多次袭扰，我游击区日益缩小，第五大队卫生所长梁帼莲、政治指导员黄海平带领全所医务人员，在极其艰险的环境里，分散隐蔽好几十个伤病员，梁帼莲同志带一部分伤病员隐蔽在白芒花南头岗的山坑里。医务人员除护理伤病员外，还要担负筹款、借粮、警戒、侦察等任务。有一次，梁帼莲等同志化装成老百姓，出发侦察敌情，路上恰遇一股化装成游击队的伪军。梁幄［帼］莲等机警地同伪军搭讪，假说带他们去找游击队，但嫌他们带着枪行动不方便。伪军听了她们的话，乖乖地把枪解下来放在一边。梁帼莲等以迅雷不及掩耳的动作把枪夺过来，子弹推上膛，枪口对准伪军，迫使他们投降，缴获了十几条枪。

一九四一年五月，我游击队在宝安游松村同日寇作战，小队长张新同志受了重伤。卫生员叶蕴娴、韦世珍同志不顾敌人子弹从头顶呼啸而过，轮流背着张新撤离战场，把他隐蔽在村外一个破炭窑里。以后在当地群众的掩护下，韦世珍又精心护理伤员十多天，直到他的伤势好转才送回部队。一九四三年的白芒花战斗打响了，女卫生员江培荃同志冒着敌人猛烈的机枪火力，带两个同志把受重伤的中队长韩捷同志抬下火线。回来后她才发现自己的背包被子弹打穿几个洞，一颗子弹头还嵌在背包里面。可是她当时只顾抢救伤员，根本没有觉察出来。一九四五年五月柏塘战斗中，有个战士腿部中弹负伤，鲜血淋漓，行走不得。女卫生员徐元红同志迅速为他包扎好。这时部队后撤，顽军反扑上来，情况危急，徐元红立即背起伤员往山下跑。一路上，敌人朝她开枪射击，子弹从她头顶飞过。她不顾一切，双手背紧伤员，弯腰涉过稻田、洼地，一下子双脚陷入水沟的烂泥，终于精疲力竭和伤员一起摔倒。伤员同志见她浑身泥浆，不忍让她再背，要她单独先走。徐元红宁死不肯丢弃一个伤员！她从泥沟里爬出来，又背起伤员，足足走了三华里，找到老百姓一间茅屋，才把伤员安顿好。也是在这一年的六月，我三支队和五支队在博罗公庄围歼国民党顽军。徐元红和王彩莲、王素珍三个卫生员，冲到战斗最激烈的山顶附近的坟地上救护伤员。在漆黑的夜空下，她们沉着而熟练地给伤员包扎止血，然后一个个背下山去。她们背着伤员在水田、泥沟里跑着、爬着，直背到隐蔽所，浑身上下已分不出血水和泥水了。一九四五年六月，在东莞塘尾村一次同敌伪战斗中，女卫生员邓英同志见到前沿有一名机枪手负伤倒在地上，她冲上去正准备把伤员背回来，突然有三个敌人端着刺刀扑上来，乱叫乱喊“抓活的！”邓英临危不惧，立刻操起伤员的机枪向敌人猛射，当即击毙一个敌人，另外两个敌人吓得掉头就跑。女卫生员袁品端、周嫦、邓女三同志在东莞簕棚围一次战斗中跟随部队后撤，因携带的药箱、担架床、背包等东西过重，行动不便而跟不上队伍。这时几个敌人追了上来。她们把自己用的东西一件件丢下，最后剩下一个药箱和一颗手榴弹，准备与敌人同归于尽。幸亏夕阳西下，黄昏来临，敌人不敢再追。她们几个在附近农民的掩护下，安全返回部队。

一九四三年十一月，我彭沃大队在莲花山同前来“扫荡”的日伪军展开激战。女卫生员李玉珍同志背着一个重伤员下山时，腿部中了两弹，她抢救战友心切，全不顾疼痛，继续向前猛跑。傍晚部队转移走了，李玉珍带着三个重伤员到大王岭的一个大山坑隐蔽。山路崎岖，走了一夜才找到一条山坑，可是山坡太陡，伤员下不去。李玉珍就双手抓住山坡的树枝和石壁，伸出没有受伤的右脚，让伤员贴着脚掌慢慢吊下。在坑里，李玉珍忍着伤痛，照看着三个重伤员。药品用光了，伤员伤口化脓，她用泉水给伤员洗净伤口，又拆下自己的衣服当绷带给伤员包扎。这样坚持了三天三夜，正巧碰见前来寻找他们的地下党同志，李玉珍和伤员才脱离了险境。在一九四四年冬天龙岗低山的一次伏击战中，李玉珍跟着一个战斗班埋伏在甘蔗林里。敌人进入伏击圈了，部队瞬间就要发起冲锋，恰恰这时班长疟疾发作，浑身颤抖。在这紧急时刻，李玉珍挺身而出，对班长说：“病号留下，枪交给我！”她拿起枪，挥手喊道：“同志们跟我来！”战士们被她高昂的喊声所鼓舞，跃起冲击。激战中，机枪手受伤倒下了，李玉珍又迅速拿起战友的机枪，向敌人射击。这一仗李玉珍打得很英勇。另一仗是一九四五年一月十五日，部队攻打龙岗圩肖天来顽军。驻横岗、深圳的日本鬼子前来增援伪军，进到龙岗圩内与我攻击部队展开激战。李玉珍为了把鬼子增援的紧急情况送给在大井的支队指挥部，她果敢地冲出鬼子的包围圈。几个鬼子兵从后面追来，她边跑边抽出一枚手榴弹，跑到拐角处突然转身，把手榴弹向鬼子掷去，“轰隆”一声，鬼子兵倒地完蛋了。李玉珍一口气跑到大井，向支队部报告了敌情，部队迅速登山，使日寇合围我游击队的企图归于失败。这一仗，李玉珍同志机智勇敢，受到部队的嘉奖，并被提升为中队副，不久成为闻名东纵的女连长。

为有牺牲多壮志

在东江纵队抗日战争时期的烈士光荣册上，写着梁通、莫福娣、王丽、芦玉华、张漪芝、余丽云、陈笑影、叶丽珍、胡润清等女卫生战士的英名。她们用自己的青春为东纵卫生战线的历史写下了壮丽的篇章。

女卫生员梁通同志，在战斗最激烈的时刻挺身抢救战友，直至生命的最后一刻，还举枪向敌人射击，为战斗的胜利作出了贡献。那是一九四四年六月，我二支队谢阳光大队攻打东莞马嘶圩的日伪据点。战斗开始后，班长游成带领一个小分队冲杀进去，卫生员梁通跟着冲锋队伍前进。突然，敌人从一座阁楼上射出猛烈的火力，游成等同志中弹倒地。梁通正要冲上去抢救，几个战士拉住她说：“敌人火力太猛，冲上去太危险。”梁通两眼含泪说：“同志们流血牺牲，我是卫生员，死也要把他们救下来！”她猫腰跑到游成身旁，立即背起就往回跑。就在这时，敌人射来一阵机枪子弹，梁通的脚部、腹部多处中弹，同伤员一起倒下，鲜血染红了她的衣裳。但梁通没有死。为了战斗的胜利，她使出最后的气力，撑起上身，拿起游成身边一挺手提机枪，对准敌人阁楼的枪眼，“嗒！嗒！嗒！”喷射出一排复仇的子弹。敌人的机枪被打成哑巴了，我游击队立即发起冲锋，杀进了村子，打垮了敌人。巾帼英雄梁通因流血过多而英勇牺牲了。

女卫生员莫福娣同志，横眉冷对敌人带血的屠刀，以大无畏的英雄气概高呼口号，走上刑场。那是一九四二年四月，国民党顽固派徐东来所部围攻我东宝抗日游击队。卫生员莫福娣在龙华深坑的山坑里掩护一部分伤病员，不幸被捕，同时被捕的还有一位刚参军的女卫生员（至今仍不知姓名）。在敌人严刑拷打和利诱之下，莫福娣和她的战友坚贞不屈，视死如归。残暴的敌人下令枪毙她们。临刑时，敌军如临大敌，一大群士兵持枪押着被捆绑的莫福娣两人，在观澜圩游街。一路上，莫福娣挺起胸膛，慷慨激昂地高呼口号，她呼一句，她的战友跟着呼一句。“反对内战！”“反对投降！”“团结抗日，反对分裂！”“我们是抗日战士！”“打倒日本帝国主义！”“中国共产党万岁！”悲壮的口号声惊天动地，激动着趁圩群众的心弦，不少阿公阿婆低声啜泣为她们送别。敌兵企图阻止她们呼口号，用枪托猛击她们。但是敌人打得越凶残，她们高呼口号的声音越响亮，直走到晒布岑下英勇就义。烈士牺牲后，敌人下令不准收尸，企图以此恐吓群众。可是群众是吓不住的。两日后，在地下党的组织下，观澜圩附近白［百］花洞等几个村子的群众，挥泪偷偷地掩埋了烈士的忠骨。

女卫生员王丽同志，在凶恶狡猾的敌人面前威武不屈，一息尚存仍与敌人搏斗，为后人留下铮铮铁骨的英雄形象。那是一九四二年五月，国民党军队包围了我惠东宝人民抗日游击队医务所。卫生员王丽为掩护伤病员，来不及突围，被顽军捉住。敌人一个连长“审讯”王丽时，逼迫她供出游击队情况，还要她答应做他的小老婆。王丽抱定宁为玉碎的决心，怒斥敌人无耻。那家伙恼羞成怒，拔出驳壳枪放在桌上，以死相威吓。就在这一刹那间，王丽一个箭步冲上前去，抢过手枪，对准敌连长猛扣扳机。可惜手枪子弹没有上膛，枪声未响。一群敌兵扑将过来，王丽拼命和他们扭打，最后手枪被敌兵夺走。她被打得遍体鳞伤，奄奄一息，仍不停口地痛骂敌人。敌人无计可施，便下了毒手，把王丽吊死在乌石岩村边一棵大榕树下。这个历尽人间苦难、怀着满腔热血回国参加革命的泰国华侨工人，把年轻的生命献给了祖国。

在残酷的战争中，有的女卫生员不幸被俘入狱。她们把敌人的监狱当作另一个战场，不屈不挠地展开斗争，保持了无产阶级革命者的气节。那是一九四〇年三月，我游击队被迫东移海陆丰时，女卫生员周昆、邝爱莲、韦世珍三同志在行军途中被国民党反动军队抓去，关进了惠州监狱。国民党当局要尽花招，企图从她们口里捞到游击队的情况。每次过堂，我们的女卫生员都慷慨陈词："国家兴亡，匹夫有责！我们是抗日游击队，抗日救国有什么罪？你们为什么害我们？"一次又一次挫败敌人的阴谋。她们和其他难友一起，团结在狱中秘密的党组织的周围，始终保持革命的坚定信念，并且展开各种形式的斗争，不向国民党屈膝投降。监牢里九个月的时光，她们含泪送别六位战友走上刑场，咬牙战胜饥饿、寒冷、疾病的折磨，最后迫使国民党当局宣布无罪释放。出狱后，她们立即回到部队，重返抗日前线。

踏上新的征程

抗战胜利了！日寇投降了！这震撼全世界的消息传到东江纵队，我们的女卫生战士高兴得热泪盈眶。是啊，抗战八年来，我们吃了多少苦，流了多少血，牺牲了多少战友，如今，胜利终于来到了，谁不为之欣喜若狂！但是，就在这个时候，蒋介石在美帝国主义的支持下，不顾全国人民的强烈反对，悍然发动了反共反人民的内战。在东江各地，那些出卖祖国、作恶多端的汉奸和伪军，不仅不向人民低头认罪，反而被国民党政府所任命，摇身一变成了"国军"。那些在日本侵略者面前望风逃命的国民党军队，现在卷土重来，伸出魔手要抢夺革命军民用血汗浇灌出来的抗战胜利果实。一时间，东江上空乌云密布，四处闪着刀光剑影。一九四五年十月，为了制止内战、争取和平，同时也为了团结教育全国人民，揭露蒋介石的内战阴谋，毛主席亲赴重庆同蒋介石进行和平谈判，国共两党签订了《双十协定》。根据协定，我党在不损害全国人民根本利益的原则下，主动让出广东、浙江、苏南等八个解放区。可是，协定的墨迹未干，国民党就调集大量军队，向我东江抗日根据地压过来，企图消灭我东江游击队。我全体军民奋起投入了粉碎国民党进攻的自卫战争。经过半年多艰苦卓绝的斗争，国民党反动派才被迫承认了东江纵队的力量，坐下来谈判，最后双方达成了协议。根据这个协议，我东江纵队和珠江纵队、韩江纵队、南路抗日游击队共二千五百八十三人（其中东纵二千四百二十三人），北撤山东解放区。东纵的女医务人员，一部分留下坚持武装斗争，大部分随部队北撤。一九四六年六月三十日，当部队集结在大鹏湾沙鱼涌的海滩上，准备登船北撤的时候，女卫生战士人人心潮起伏，泪水难禁。她们就要离开洒着烈士鲜血的土地，离开留下坚持斗争的亲密战友，离开同生死共患难的东江父老，离开养育自己的故乡和亲人，哪个心里不泛起依依难舍之情？然而她们是坚强的革命者。她们知道，部队北撤是党中央的英明决策，是为了实现广东和全国的和平。同时北上和八路军、新四军老大哥会师，我们的力量更加强大了，有朝一日将雄纠纠［赳赳］气昂昂地打回广东。于是，她们和战友们一起，深情地向送行的老区群众告别："等着吧！乡亲们，我们一定会打回来的！"毅然踏上了人民解放战争的新的征程。

北撤部队乘船经过五天五夜的航行，七月五日清晨到达烟台港口。这时一轮红日冉冉升出海面，光芒四射，烟台市楼宇、码头、山峦披上一层金灿灿的色彩。港湾里穿梭着迎接北撤部队的气［汽］船，堤岸上站满了欢迎北撤部队的人群，天空上飘荡着"解放区的天，是明朗的天，解放区的人民好喜欢，……"热情欢快的歌声。我们的女卫生战士看着眼前的情景，激动得热泪直流。当部队穿过夹道欢迎的人群时，八路军军乐队奏起热烈的乐章，处处红旗招展，歌声如潮，鞭炮声与锣鼓声齐鸣，"热烈欢迎坚持敌后抗战劳苦功高的广东人民子弟兵！"的口号声此起彼落。千万只热情的手捧着大苹果、大红枣、熟鸡蛋和花生，装进游击队员的挂包和衣袋。妇女们提着水壶，斟满一盅盅香茶，端到战士们面前。老大爷老大娘们含泪拉起女卫生员的手，抚摸着她们黝黑消瘦的脸庞，亲切地说"闺女辛苦了！闺女辛苦了！"此时此刻，我们的女卫生战士都被山东亲人的深情所感动，她们好象在外地历尽艰辛、受尽欺凌的孩子，一旦回到母亲怀抱那样的感到温暖和幸福，一个个任由眼泪痛快地流淌。这一天，标志着女卫生战士新的生活、新的战斗开始了。

部队到达烟台后进行了整编。根据解放战争形势发展的需要，也为了提高医务人员的政治素质和业务水平，上级领导决定卫生机构除少数同志留职外，卫生队长一级干部送到华东军区卫生部干部学校学习，一般医务人员一部分进文化速成学校学习文化，一部分进第三野战军卫生学校学习。女卫生战士们都非常珍惜这一学习机会。别看这些广东女子大多长得瘦小，可是在紧张的学习和训练当中，谁也不甘示弱，各方面都力争走在前头。对于以前很少接触过的生理解剖学、药物学、拉丁文等课程，她们克服畏难情绪，刻苦钻研，互相帮助，各个科目都取得了比较好的成绩。在日常生活当中，她们保持着广东劳动妇女那种吃苦耐劳的精神，重活、累活、脏活抢着干。顿顿喝小米稀饭，啃高粱窝窝头，大家都吃得很香。没有课堂、课桌、板凳，大家就在晒谷坪席地而坐，背包、膝盖当写字台。有时冒雪听课，一堂课下来，身上沾满了雪花，手脚快冻僵了，但大家的心是热乎乎的，都想着尽快学到医疗本领，上战场去救死扶伤，为人民立功。他们的良好表现，经常受到学校领导的表扬，给兄弟部队的同学也留下很好的印象。一九四七年初，在卫生学校学习结业的一部分女卫生员，分配到国际和平医院实习。这间医院设在沂蒙山区，工作条件和生活条件都比较艰苦，医护人员绝大多数是男同志，还有几个外国援华的医生。他们见来了一些身体单薄的南方女子，开始担心他们会顶不住，影响实习任务的完成。可是后来他们惊奇地看到，这些“黄毛丫头”不但学习医疗技术的积极性很高，组织纪律性很强，而且每天争着给伤病员喂水喂饭、端屎倒尿，争着搞卫生、抬尸体，有的还争着给危重伤病员输血，于是很快改变了看法，翘［跷］起大拇指称赞她们“顶呱呱”！有一天，华东野战军陈毅司令员来国际和平医院视察，给全体同志作报告，鼓励大家努力做好医疗救护工作，为消灭国民党反动派做出自己的贡献。陈老总的讲话，给了女卫生战士巨大的精神力量。

一九四七年八月一日，奉党中央的命令，北撤部队在山东渤海地区改编为“华东野战军两广纵队”。按照野战军的编制，纵队司令部设立卫生处，江枫同志任处长；下设一个医疗队，马烈、叶萍同志任正副队长；设一个直属门诊所，易焕兰同志任所长。两广纵队初建时辖三个团，每团设卫生队，一团卫生队长是韦世珍同志，二团卫生队长是李玉珍同志，三团卫生队长是张霏同志（三个团的卫生队长后来由周扩源、佘琪、马健等男同志接任）。各营配一名医助，各连配一名卫生员。初期连队卫生员全是女同志。一九四八年以后才陆续把她们调到营医务室或团卫生队工作，另派男同志当连队卫生员。纵队卫生处根据战斗的需要，还专门组建了一支战地手术队，由广东籍的原新四军女卫生干部吕力吾同志任队长。

两广纵队成立后，一百多名原东纵的女卫生战士，随部队转战辽阔的华东战场，参加了许多重要战役，为埋葬蒋家王朝、解放全中国的伟大斗争贡献了力量，也为从游击战争开始的东纵卫生战线的光荣历史写下新的一页。

华东战场立新功

在党中央和毛主席的英明指挥下，华东野战军配合全国各大战场，进行了大规模的运动战、歼灭战。两广纵队在南麻临朐战役、鲁西南战役、睢杞战役、济南战役和淮海战役中，多次担负阻击、追歼敌人的战斗任务。打运动战，部队要大踏步前进，大踏步后退，经常连续强行军。有时为了完成某项战斗任务，三天内不休息地行军五百多华里。我们的女卫生战士发扬我军勇往直前、连续作战的传统，克服生理上的困难，携带着药品、器械，迈开双脚，紧紧地跟上部队。她们常常唱起这样的歌：“拉起两条飞毛腿，胜过神行太保快如飞。南征北战，东奔西跑，追上敌人打个大胜仗！”始终保持着革命的乐观主义精神。一九四七年七月打南麻临朐战役时，正值雨季，部队几天几夜在雷电交加、大雨滂沱中行军。许多男同志都累得支持不住，经常摔倒沟里，跌伤碰伤。女卫生人员就更辛苦了。有个卫生员月经来潮，挨了一天的雨浇，又冷又饿又累，走着走着突然休克，瞪着眼睛直挺挺地站着不动，经抢救才醒过来。有一次部队追击国民党保安第三师，途中要过一条沙河，河水湍急，漩涡滚滚，过河时有的男同志竞［竟］被急流冲走。女卫生员们把药箱顶在头上，紧紧地拉着男同志的手艰难地涉过齐胸的河水。遇到隆冬季节，大雪纷飞。部队在零下十几度的气温下行军，这对南方长大的女卫生员也是一个严峻的考验。几乎每个人的脚指［趾］、手指、耳朵都长了冻疮，行军时又痛又痒，磨破了还渗出血水。有时双脚陷进冰水泥潭，连鞋子也拔不出来，就光着脚板走路，被冻得两脚发紫。一次几个女卫生员背粮食过冰河，因为没有经验，有个同志踩塌薄冰，掉进冰窟窿去，等把她救上来，她的棉衣、棉裤已冻成冰甲。尽管行军这样艰苦，我们的女卫生员不但没有一个掉队，还经常帮助掉队的战士扛枪、背背包、米袋，又收容病号。部队途中休息了，卫生员就赶紧去检查病号，做各种治疗，军号一吹，又跟着行进。在山东解放区，尤其是沂蒙山区，老百姓受国民党反动军队的严重摧残，生活非常困难。部队同群众同甘共苦，连续几个月吃高粱掺合［和］烂黄豆、地瓜干、榆树钱做的窝窝头，有时连这样的粮食也供应不上。女卫生员风趣地说，我们有三件宝：铁脚、马眼、神仙肚。意思是说，我们一双脚是铁打钢铸的，能同敌人的汽车轮子赛跑，再苦再累也压不弯、拖不垮。骡马夜间是不睡觉的，我们几昼夜不合眼也照样行军作战。神仙是不食人间烟火的，我们饿着肚皮也一个劲地打胜仗。的确，在解放战争的日日夜夜，我们的女卫生战士跟男同志一样参加大兵团行军作战，是够苦够累的。但她们爱唱这样一支歌："翻大山呀过沙河呀，夜行军，朝露营，我的同志呀！不怕苦、不怕累，不怕牺牲往前冲呀！"心中充满着强烈的自豪感和胜利的喜悦。

在两广纵队参加过的重要战役和战斗中，各级医务人员对保证作战的胜利都发挥了应有的作用，特别是在团、营、连以及战地手术队工作的女卫生战士，在血与火的战场上，更表现了她们的飒爽英姿。

一九四八年六月，我第二、第三野战军继开封战役胜利之后，打了瞧［睢］杞战役，围歼国民党区寿年兵团。战役进行中，两广纵队一、二团在杞县城附近同敌人展开争夺战，营、连卫生员就在短兵相接的激战中奋不顾身地抢救伤员。二十八日晨，我一团三连奉命出击彭庄，副连长郑龙同志身先士卒，带领一排勇猛冲锋，不幸中弹牺牲。女卫生人员陈兰、赖英不顾敌人机枪猛烈的扫射，迅速把郑龙和其他十多个伤员抢下火线。伤员要喝水，她们就沿战壕爬去找水。部队攻占彭庄后转移了，她们又把三十多位烈士的遗体掩埋好，才追赶部队。当日黄昏，我一团一营在杞县城连续打退敌人多次攻击后，敌人作垂死挣扎，在猛烈炮火掩护下冲进城来。三连同志为掩护部队撤出城外，同敌人展开了白刃战，有的战士当场牺牲了，有的战士受伤倒下。在这血肉横飞之中，营部一个女卫生员冲上前去，敏捷地为两个伤员包扎，随即扶起他们冲出城门。刚迈出城门，几个敌兵端着刺刀追了上来，她马上把伤员推到一边卧倒，自己端起步枪向敌兵射击，当场击毙一个，另一个被射中眼睛扑在地上打滚，其余的狼狈逃窜。她这才扶着伤员飞速冲出城外，赶上部队。当敌人冲进城内与我进行巷战时，二团包扎所的女卫生人员从城门口冲杀出去。这时候，地面的敌人炮轰，天上的敌机扫射，包扎所驮药箱的骡马被炸死。女医助何明舍不得丢掉药品，立即带几个女卫生员冒着炮火回头跑去，从骡马背上解下药箱，扛起就跑。途中何明看到有个重伤员躺在担架上，担架员已牺牲了。医务人员救死扶伤的高度责任感，促使她和另一个女卫生员又把伤员抬了起来。炮弹在她们身边爆炸，她们时而卧倒，时而快跑，终于把药箱和伤员都抬回部队。当天夜里，冲进杞县城的敌人即被我主力部队全部歼灭。

一九四八年十一月，第二、第三野战军发动了震惊中外的淮海战役。战役初期，我两广纵队在徐州以西鱼台、砀山一带作战，牵制敌军东援徐州。接着在徐州西南萧县的芦村寨、孤山集一带担负阻击任务，配合主力兵团围歼徐州之敌。就在芦村寨附近，我一团同企图夺路逃跑的敌人浴血奋战了三昼夜。疯狂的敌人孤注一掷，用飞机、大炮向我阵地进行毁灭性的轰击，几乎把芦村寨夷为平地。阵地上整日烈焰熊熊，黑烟滚滚，爆炸声震耳欲聋。指战员们坚决执行纵队首长的命令，抱定与阵地共存亡的钢铁意志，一天之内打垮敌人八、九次冲锋。枪炮打坏了，子弹打光了，就拼手榴弹、端起刺刀与敌人肉搏，始终没有后退一步。由于战斗空前激烈，部队伤亡很大。女卫生员们下定牺牲个人的决心，在密集炮火下连续抢救伤员。哪个阵地战斗最激烈，她们就背起药箱奔向哪里，一边为伤员包扎，一边进行宣传鼓动，还把已牺牲的同志抬下阵地。三天三夜，她们眼睛熬红了，嘴唇干裂了，浑身血迹斑斑。但是战斗越激烈、越残酷，她们的斗志越高昂。到了第三天，急救包、棉花、绷带、夹板用光了，她们解下自己的裹腿代替绷带，用棍棒代替夹板，或者爬到阵地前沿，从敌人死尸身上捡回急救包，给伤员做包扎。在战斗最紧张的时刻，一营营部通向团指挥所的电话线被炮火炸断，营部通讯员牺牲的牺牲，受伤的受伤，一时抽不出人来传达命令。营长张新同志正在焦急的时候，女医助邓英自告奋勇站出来请战："营长，让我去吧，保证完成任务！"营长叫她去团部要求补充弹药。她放下药箱，背起冲锋枪，跳出堑壕，穿过敌炮火封锁的开阔地，跑到团指挥所，向团长彭沃同志、政委郑少康同志报告了一营的战斗情况，又接受了团首长"打到最后一个人也要守住阵地"的指示，在火网下跑回营部向营长传达。如此来回三趟，当了勇敢的火线通讯员。三团女医务员邱银带着一个担架班，在火线上来回抢运伤员。她看到几个刚解放过来的担架员有畏缩情绪，便挺身而出，带头冲过敌炮火封锁线。担架员们大受感动，紧紧地跟着她往前冲，把伤员抢运到安全地点。一团卫生队包扎所离前沿阵地仅半里地，整日受到敌炮的轰击和敌机的轰炸，有一次被炸塌了半个掩体。女卫生人员邱友娣等同志不顾个人安危，沉着地给伤员打针包扎、喂水喂饭，掩埋烈士遗体，运送伤员去纵队手术队，三天三夜不曾合上一眼。纵队手术队工作也非常紧张。女队长吕力吾同志带领全体医护人员，临时摆上一张用门板拼起来的手术台，点亮一盏马灯，日以继夜地给不断送来的伤员做紧急手术处理，然后由担架队送去医院。敌机从早到晚在上空盘旋、扫射，炮弹爆炸的隆隆巨响使手术台都幌［晃］动起来。吕力吾同志始终聚精会神地为伤员施行手术。她忘却一切，顾不上吃饭，有时只喝几口小米汤，又继续投入工作。女医助黄润梅、周嫦、王开等同志带领民工队护送伤员去后方医院，要走二百多里路。为了及时抢救伤员的生命，她们日夜兼程，饿了啃一口又凉又硬的窝窝头，渴了抓一把雪塞进咀［嘴］里。途中经过新解放区，她们热情地向群众宣传党的政策，筹措粮食给民夫和伤员吃。就这样克服了重重困难，安全地把伤员送到目的地。在战役进行中，纵队直属门诊所女所长易焕兰同志带着周田、袁品端、袁玉婵、叶梅珍等几位女卫生人员，收容了几百名伤病员，既要负责救治，又要负责转送，工作非常紧张、繁重。易焕兰长期患黑热病，经常低烧，腹部肿胀，体质孱弱。但她日夜坚守在岗位上，不声不响地为伤病员做各种平凡而细小的工作。组织上给她发了微薄的保健津贴费，她舍不得用，积蓄起来买营养品送给伤病员。同志们称赞她："心里只装着伤病员，就是忘掉她自己！"淮海战役结束后，这个在广东游击战争年代忘我抢救战友而令人肃然起敬的女卫生员，被评为模范医务工作者，立了二等功。她领导的纵队直属门诊所，由于团结合作圆满完成抢救、运送伤病员的任务而荣立集体功。

两广纵队女卫生战士在战斗中的勇敢精神，不仅受到纵队指战员们的赞扬，许多兄弟部队的同志也很佩服。女卫生员李维同志在睢杞战役中，冒着敌机猛烈扫射帮助伤员隐蔽，自己被敌机关炮打中手臂，来到后方医院治疗。她舍己救人的勇敢行为，感动了医院的医生、护士们，许多同志又惊奇又羡慕地说：广东女同志能在前线参加战斗，不怕流血牺牲，真是了不起！在战争中被我军解放过来的国民党军队的医务人员，亲眼看到我们的女卫生战士是怎样地勇敢、坚定和沉着，怎样地刻苦耐劳，怎样地体贴、爱护每一个同志（包括他们自己），都表示钦佩。他们当中的许多人，如军医高岗峰等同志，在我军政治工作的教育下，在我卫生人员的影响和帮助下，接受了革命道理，提高了思想觉悟，参加到人民军队医务工作者的行列。

淮海战役胜利结束后三个月，我百万雄师横渡长江，解放南京，蒋家王朝宣告覆灭。两广纵队在第四野战军的指挥下，长驱千里，终于回到了日夜想念的广东。我们的女卫生战士在凯歌声中同坚持广东斗争的姐妹会师了。

战斗在南粤群山

东江纵队北撤时留下的队伍，在粤赣边界的五岭山，在九连山和东江两岸，继续坚持反对国民党反动派的斗争。队伍里的女医务人员，在五岭山区的有卫生队长麦雅贞和卫生员柯彩凤、李桂英、叶仕云、黄月英、陈金英、杨瑞英、李维清、陈淑芬和曾松（男）等同志，不久又从香港调来原东纵女医务干部朱依群、何平等同志。在九连山区的有卫生队长江培荃和卫生员莫就兴、王彩娥、王彩莲、韩华英、韩之兰、张来喜等同志。初期一段时间，队伍奉命在高山密林里隐蔽，生活非常艰苦。女医务人员在树林中搭一间竹棚、茅寮，就作为医疗室；靠勤劳的双手上山采集中草药，来治伤治病；有时还冒着生命危险下山弄点粮食，给伤病员充饥。五岭地区的帽子峰和油山，曾经是陈毅同志率领一部分红军坚持三年游击战争的地方。陈老总的光辉形象，红军艰苦奋斗的革命传统，教育着、激励着我们的女卫生战士去战胜困难。她们时刻想念远隔千山万水的战友，每听到华东战场我军的胜利消息，都受到鼓舞，增添了坚持斗争的力量。到一九四七年春天，为了配合各个解放区粉碎国民党反动派的进攻，我隐蔽部队走出山区，挺进平原，主动打击国民党军队和地方反动势力，革命烽火在各地重新燃烧起来，部队的医疗卫生工作也随之得到发展。根据斗争的需要，各地部队办起了卫生员训练班，培养了一批新的卫生人员，又通过地方党动员了一批地方医疗技术人员来部队，进一步充实和加强了卫生战线。一九四九年一月，粤赣湘边区纵队宣告成立。边纵统一指挥下的六个支队都设有卫生队，每个连队都配有卫生员。我们的女卫生战士从开始上山隐蔽时的二十多人，扩大到了二百多人。随着全国解放战争势如破竹地向前发展，边纵各部队更加猛烈地打击国民反动派，发动群众开展减租减息，壮大武装力量，扩大根据地，准备迎接和配合南下大军，迎接全国胜利的到来。

在三年坚持南粤的斗争中，女医务人员继承和发扬了东纵时期的光荣传统，不怕苦不怕死，勇于牺牲个人的一切，全心全意为伤病员服务。被战士们暗地里称做“观音娘娘”的女医生麦雅贞同志，对每个伤病员都抱着菩萨心肠。一次，有个手枪队员在战斗中大腿负伤，躲在茅草丛中隐蔽。因为流血不止，他抓了一把泥糊住伤口，结果伤口严重发炎，生了蛆虫。麦雅贞和朱依群同志合作，把伤员伤口里的蛆虫一条条取出来，细心地把伤口洗干净。经过精心护理，伤员很快就恢复健康。在艰苦的日子里，麦雅贞为了便于跟随部队救死扶伤，把出生九个月的女儿寄养在老百姓家里。因为坏人告密，丧心病狂的敌人竟把孩子抓去活埋。不懂人事的孩子开始还坐在土坑里咧着嘴笑，等到被泥块打疼了才哇哇地哭起来。在场的群众目睹这一惨景，无不肝肠欲裂。麦雅贞听到孩子被害的消息，忍着极大的悲痛对丈夫说："天塌下来也顶得住。我们要记住这笔血债！"她擦干眼泪，加倍努力地做好医务工作。在医药、器械极端困难的条件下，女卫生员张来喜同志为了抢救一名尿道淤塞的伤员，象当年易焕兰同志那样，毅然用嘴吸出伤员的尿液，使伤员死里逢生，在部队里传为佳话。被同志们誉为"九连山模范卫生员"的韩华英同志，一九四八年初在和平大浰坝战斗中，因抢救伤员自已负伤，右肩关节脱落，右手肿痛失去活动能力。她坚持不下火线，用左手配合牙齿，继续给伤员包扎伤口。又忍痛托住伤肢，跟随部队追击敌人，表现了一个女革命战士的顽强性格。一九四八年春，女卫生员何平同志在一次夜间遭遇战中，同部队失去联络。她独自在茫茫林海中走了七天七夜，靠喝生水、啃野果维持生命，饿得连肠子里的蛔虫也忍受不了，从嘴巴和肛门钻出来。最后两天，她站立不起来，就扑在地上爬行，遇到山坡干脆往下滚。她双肘磨破了，膝盖碰裂了，口吐青水，嘴唇出血，多次昏厥过去，醒来又挣扎着往前爬。找到部队就是胜利！这个坚定的革命信念，支持着她战胜死神的威胁。直到第七天同志们发现了她，背她上山救治，她从昏迷中甦［苏］醒过来说的第一句话就是："我真的回到部队了！"经过三天的休息，这个坚强的女卫生员又朝气勃勃地跟随部队行军打仗了。

粤赣湘边纵的女卫生战士和广大指战员一样，为人民革命的胜利不惜抛头颅、洒热血。当新中国即将诞生的时候，许多好同志、好姐妹却英勇地献出了年轻的生命。胜利了的人民永远铭记着柯彩凤、张长莲、黄福、黎桂英等烈士的光辉名字。

一九四八年春，女卫生员柯彩凤同志带着三个伤员，隐蔽在大庾义安圩的深山里治疗。一天，叛徒带国民党军队前来搜捕。柯彩凤掩护伤员突围，可是她回身取药箱时，不幸被敌人捉住。第二天，当我们的同志返回隐蔽所时，发现柯彩凤已被敌人残害了。她的耳朵、乳房被割掉，阴部被戳烂，全身血肉模糊，惨不忍睹。不难想象，柯彩凤同志在生命的最后一刻，曾经同残暴的敌人进行过何等剧烈的搏斗！烈士虽然牺牲了，她那英勇抗敌、刚烈不屈的精神却激励着游击队员去同敌人战斗。

一九四八年三月，我游击队在南雄横江坑山顶上的龙凤庵宿营，由于伪保长告密，被国民党反动军队包围。战斗中，女卫生员张长莲同志不幸被俘。敌人审问她："你犯的什么罪？"张长莲慷慨地回答："我为穷苦人翻身闹革命，光荣得很！"一个叛徒诱骗她写信给父亲用钱赎她出狱，张长莲斩钉截铁地说："要杀要剐任由你们，要我投降，绝对办不到！"敌人狗急跳墙，对张长莲施用灌辣椒水、坐老虎凳、吊打、夹手指头等酷刑，她宁死不向敌人低头。最后，敌人把她和其他被俘的游击队员，枪杀于南雄城外的五里山下。临牺牲前，张长莲同志给在我游击队当副官的父亲张功尚写了一封遗书，书中写道："爸爸：我被反动派捉到坐监房，你不要难过，请吃饱茶饭，保重身体，做好工作。只要大家齐心合力，把蒋介石和一切反动派打倒了，我死也甘心。你的爱女长莲。"这位党的好女儿牺牲时才十七岁。

一九四九年初，我游击队安置在宝安龙华圩阿婆坎村炭窑里的医务所，遭到国民党军队袭击。女卫生员黄福指挥伤病员迅速向密林撤走，她自己同一个女卫生员朝相反方向的小山奔跑，边跑边开枪，用火力吸引敌人。一群敌兵应声追来，向黄福两人射击，黄福不幸被打中大腿倒在地上。女卫生员要背她走，黄福看敌人已经逼近，大声喊道："不要管我，你快撤，护送伤员要紧。"并用力推走卫生员。敌人随即追上来，乱枪把黄福打死。黄福同志牺牲后，阿婆坎村一位大娘把为公爹备用的棺材献出来。夜里，全村老老少少人人举着芒草扎的火把，洒泪为英雄的女卫生战士送葬。

一九四九年六月二十二日，国民党军队三千多人包围了我驻东莞浮竹山的部队。我突围时，女卫生员黎桂英坚决要求留在第一排掩护主力突围。当敌人冲上我阵地，一排战士同敌人展开肉搏战的危急关头，黎桂英满腔怒火，举起药箱朝敌人砸去。敌人被突如其来的怪物吓了一跳，赶快躲避。黎桂英趁机拾起战友的冲锋枪射击，把敌人压了下去。这时一颗子弹击中她的腹部。她忍着剧痛，用子弹带和衣服束紧伤口，继续坚持战斗。当天黄昏，一排完成掩护任务后撤出战斗，黎桂英因伤势沉重走不动路了。连长背着她边走边问："为什么不听命令跟二、三排先撤走？"黎桂英断断续续地说："战斗一打响，眼看就要发生伤亡，我是卫生员，怎能先走？连部通信员又牺牲了，他的工作该有人做呀！……"第二天，同志们送她到团卫生队。她醒来首先关心的是战友的安全，并催促护送她的卫生员赶快回连队参加战斗。这天晚上，黎桂英同志在梅塘田心村光荣牺牲了。

处处青山埋忠骨。解放战争时期战斗在南粤的女卫生战士中，还有陈坚、黄惠群、赖润兰、张绮兰、曾金兰、叶碧兰、陈玉云、何玲志、彭玉梅、李满红、吴影子等同志，她们或者在战场上救护伤员时，或者在隐蔽所掩护战友时，或者在敌人的监狱里和屠刀下，为党为人民献出了生命。在游击战争条件下，也还有一些女卫生战士为革命流尽最后一滴血而没有留下名字。然而，她们的英灵却永远留在人间。

一九四九年十月，我两广纵队配合第二野战军四兵团和第四野战军十五兵团进军广东，同粤赣湘边区纵队在五星红旗下胜利会师。三年前南北分离的原东江纵队女卫生战士，现在在新中国的灿烂阳光下胜利重逢了。姐妹们人人脸上挂着泪花，热情地握手拥抱，互相倾诉别后思念之情，一起分享革命胜利的喜悦。她们还共同勉励：在欢庆胜利的日子里，我们不忘记走过的艰难坎坷的道路，不忘记长眠地下的战友，不忘记艰苦奋斗的光荣传统，一定继续前进，为新中国的社会主义事业再次献出自己的一切！

（根据东纵女医务人员提供的材料，由黄创坤、何小林整理）

献身于永不消逝的电波①

——记东纵电台女战士

谈起战争年代，人们往往会联想到枪林弹雨的战场，冲锋陷阵的战士，处身于白色恐怖中的地下交通员。战斗在电台里的通讯兵战士们，没有在出生入死的战场上显身手，而献身于永不消逝的电波，指战员们誉之为“平凡的无名英雄”。他们手按电键，头带［戴］耳机，充当了千里眼、顺风耳的角色，为保证部队与中央的联系，为部队领导掌握情况，兢兢业业地战斗着。

东江抗日游击队活跃在五岭之南，远离党中央，孤悬敌后。部队组建初期，有事向中央请示，不得不由地下交通员通过敌人重重封锁，把电文交到香港秘密电台发往延安。这样辗转联系，既不方便，又往往耽误时机。

一九四一年底，日军占领香港。在香港八路军办事处电台工作的干部文澄清同志，返延安途经东江人民抗日游击队总部，在他的努力帮助下，于一九四二年一月下旬沟通了同延安党中央的无线电联系。从此，东江人民抗日游击队就在党中央和南方局的领导下，开展了广东敌后独立自主的游击战争。在电台工作的有半数以上是女同志，她们和男同志一样，为游击队能够与南方局和党中央取得最快的联系，作出了最大的努力。

电台的最早女报务员是王彦芝、江群好、陈英等同志。江群好同志出生在南洋，当日寇铁蹄蹂躏祖国南方时，她只身离家，跟着几个爱国华侨

① 收录于广东省妇女运动历史资料编纂委员会东江组编：《南粤红棉——东纵女战士》，1983年，第145–150页。

途经香港，由廖承志同志介绍参加了东江抗日游击队。初到部队时，她一句汉语也不会讲，可她学习、工作都十分认真刻苦。她做过卫生员，后转到电台工作，曾担任过东纵和同盟军联络代表电台的联络工作，并担任过东纵第二期报务训练班的教员。她待人热情和蔼，精心教学，使学员很快掌握了技术。她经历了许多艰难困苦，什么样的困难都挺住了。她在十九岁那年加入中国共产党，学员们都亲切地称她“江姐”。

电台创建初期，从部队挑选年纪轻、有文化的女同志，以师傅带徒弟的方式一个一个地进行训练。继江群好之后，潘雪琼、梁葆葆等女同志陆续进入电台学习和工作。一九四三年东江纵队成立后，为适应形势发展的需要，先后举办了四期报务训练班。第一期训练班的女学员有余绿玻、张小章、李子芬、梁宛玲；第二期训练班的女学员有文健、杨碧群、黄楚珊、刘婉、伍慧珍等；第三期的女学员有关旭华、温健、杨白云、施斌、梁林、陈真、李健、黄蓝峰、潘淑均、王春、黄梅、方新、李坚等十三位女同志；第四期人数较多，其中女学员有郑波、李帆、郑平、王冰、叶茂丽、邓岸、唐竹等二十多人。这一期训练班是在临近日寇投降的时候举办的，日寇投降后，由于国民党反动派发动全面内战，训练班未能完成预定学习计划，学员便提前分配到各部门工作了。

电台是技术部门，在电台的女战士们第一道关就是文化关。她们中除了个别同志念过高中外，一般都只有初中和小学程度。有的刚到电台，听到发报声还误以为是鸟叫，可见知识水平是很低的。要在艰苦的环境中和很短的时间内达到要求，确实很不容易。但她们十分刻苦，连吃饭、上厕所、睡觉部在背字码、念单词，记联络语。学习的笔墨、纸张，工作用的电台零件，都是部队其他部门的同志冒着生命危险千方百计弄来的。设备简陋，给工作带来不少麻烦，收、发报时要一手调台，一手抄写，全神贯注，一不小心就会漏码。遇到闪电或打雷，常使信号消失，有时甚至震耳欲聋。尽管如此，女战士们从来没有在困难面前低头。她们认真学习，努力工作，无论是长途行军后的小休，还是在夜深人静的时候，她们都不辞劳苦，争分夺秒，任劳任怨地工作。四十年代的电台机器，收听延安电台讯号声音是非常微弱、非常困难的。她们聚精会神地抄收每个讯号，不掉一字一码，往往强忍着蚊叮虫咬的疼痛，甚至让蚊子在脸上、手上、脚上吸满了血也不发觉。而每当收到重要的胜利消息和党中央的重要指示、文章，她们则感到莫大的欢乐和幸福。同样，因为行军、战斗错过了联络时间，她们心里都会感到最大的不安。杨碧群同志一次不小心烧了一个真空管，为此难过了好几天。

经过战斗生活的人们，都知道艰难岁月是怎么一回事。电台女战士也都经历了各种各样的恶劣环境。她们当中许多人来部队前，都是城市和乡镇的学生，夜里走田埂，一不小心就摔跤，过独木桥心一慌就掉下水。部队常常露宿山头，天当被、地当床，下起雨来上淋下泡，不少人染上了各种疾病。但这一切都没有难倒电台的女战士们。大家团结友爱，互相鼓励，冲破一道又一道难关。来了例假，照样爬山涉水，从不掉队。到驻地收、发报时，炎夏，蚊叮虫咬；冬天，寒风刺骨，但她们动也不动，忘我地工作。战斗突围时谁丢了行李，睡觉时大家就挤在一起取暖。张若子同志看到大家工作时常被蚊叮，就把自己唯一的一件毛衣拆散，织了一双厚袜子，让当班的同志轮流着穿。葛曙和林沛然两人只有三条裤子，一次下雨后，两人互相推让，都希望对方换上那条干裤子，结果都没换上。

东江纵队粤北指挥部在一九四五年挺进粤北时，是比较艰苦的。由于是新区，群众基础差，部队供应困难，有时要拾坑螺、捉石蚧、挖野菜来充饥。没有油、没有盐吃，大家浑身发软、无力。由于营养不良，电台女战士们眼睛看东西不清楚，工作时十分费劲。但是同志们提出要照顾她们，让她们吃些点灯用油，她们都婉言谢绝了。一名叫陈平的女报务员在瑶山时病得厉害，为了不拖累部队，和一位小同志留下隐蔽在一个小山洞里。一次，小同志下山为她取水，被敌人发觉了，敌人把陈平同志从山洞里搜捕出来。陈平同志严守我军秘密，最后光荣牺牲。

尽管斗争生活十分艰苦，电台的女战士仍然十分乐观，经常组织起来，唱起那熟悉的《通讯兵颂》：

嘀嘀嘀哒［嗒］、嘀嘀嘀哒，
V〔英文 Victory（胜利）的缩写〕的信号在天空中交流，
广阔地永恒地缭绕。
笔在纸上伸展，
手在电键上跳，
齿轮紧推齿轮，
真空管像地下火在燃烧。
不是沉默，
我们在欢笑，
因为天将破晓。

电台女战士们为革命事业而自觉地牺牲个人的利益。电台的保密纪律很严，工作人员不能随便与外人通信和接触，不能随便单独外出，就连找对象也只能在本电台里找。这对于年轻好动的女战士们，的确是一个考验。她们在部队首长的教育和启发下，思想觉悟提高很快。正象报务员潘雪琼的哥哥教育她所说的“有的工作是从表面上一下子就可以看到的，就象人的皮肤、五官一样。而血管是很重要的，又是看不见的，你现在的工作就好比是部队的血管”。女战士们认识到自己工作的重要意义，一心都扑在工作上。在恋爱、婚姻的问题上，更表现了她们的高尚情操。在东纵电台里，曾经举行过别开生面的集体婚礼。就是这样幸福成家的女战士，为了不影响工作，也总是千方百计地不让自己怀孕和生小孩。潘雪琼同志怀孕后，瞒着组织打胎，开始吃些西药不见效，听老乡说一种治疥疮的中草药是孕妇忌服的，她就不顾一切找来煮了吃，硬是把胎打了下来，可是影响了身体健康，一次竟在厕所里昏了过去。有的同志在孩子生下来后，为了不拖累部队，不得不把孩子留在乡间或送给老百姓。钟韶同志就因为这种情况，有两个孩子生病，相继夭折。

东纵北撤后留下坚持斗争的电台女战士们，继承和发扬了东纵时期的优良传统。一九四八年秋，江南指挥部在三家村与敌人发生遭遇战。电台女运输员邹才有同志牢记上级的嘱咐：要像保护自己眼睛一样来保护电台机器，必要时用生命来保护它。她冒着枪林弹雨，利用漆黑的夜暗突围，只身把电台机器和文件担子挑到山沟密林的山洞掩藏起来，躲过了敌人的追捕搜索。过了一整天，敌人走后，她只身回到村中老百姓家里隐蔽起来。当部队把她找回后，很快恢复了与总部的无线电联系，受到了当时粤赣湘边纵领导的表扬。指导员为了表彰她机智保护电台机器，把她改名为“邹智聪”。陈炎同志也是电台女同志中杰出的代表之一，她在一九四五年三月加入东江纵队，因为工作努力，同年四月加入中国共产党，并被党委特别批准把三个月的候补期编［缩］短为两个月。后来，她随部队北撤山东，参加了解放战争和抗美援朝，都因工作出色，得到上级领导和同志们的好评。她先后四次荣立一等功，三次立二等功，一次立三等功，当选为营团模范各二次，师模范一次，并当选为一级人民英雄，出席过全军群英会和全国战斗英雄代表大会。东纵电台女战士们的业绩，和那些浴血战场的战士们一样，将永远记载在我军光荣的史册上。

（根据东纵部分电台同志提供的材料，由葛玉兰、范柏祥整理）

东纵文艺战线的“半边天”①

说起东江纵队的女文艺战士，真可以说是“五彩缤粉［纷］”，她们来自前线、后方，海外、本地，农村、城镇，工厂、课堂……要真正或受过专门训练的不多。但她们都有一颗赤［炽］热的心，为了宣传群众、组织群众，战胜敌人，她们都听从党的安排，不计较本身条件，抱着不懂就学的决心，尽可能培养自己的文艺素质，努力发挥自己的文艺才能。驰骋于山区平原，活跃于河网水乡，团结群众，鼓舞士气，为广东抗日游击战争的壮丽画卷增添了一笔异彩。

东江纵队的文艺活动，是非常活跃的。从部队开始组成，就有文艺活动，有武就有文。部队先后组成过的剧团、宣传队很多，成员中女同志占一半以上。正如上面所说，她们来自四面八方，完全服从战争需要，指到哪里，就到哪里，叫干什么，就干什么。诸如减租减息，建立政权，救死扶伤，前线鼓动，后方勤务，样样都干。到处有她们的舞台，到处有她们的战斗岗位。文艺队伍人员流动性大，今日你来，明天她去，这是游击环境一大特点，文艺战线上的女同志也不例外。

抗日战争爆发后的一九三九年，“东江华侨回乡服务团”回到东江，他们是从南洋各地回来的进步青年，其中不少文艺爱好者，组成了“东江流动歌舞团”，在惠阳坪山等地做抗日宣传工作。这是东纵第一个组织起来从事宣传工作的队伍。当时的女同志有李兆华、欧巾雄等人。一九三九年“三八”节曾在坪山举行过大规模的演出。后因战争需要，那些女同志

---

① 收录于广东省妇女运动历史资料编纂委员会东江组编：《南粤红棉——东纵女战士》，1983年，第105-113页。

又分散到机关、连队干其他工作去了。但作为东纵文艺战线上的女兵，她们不愧是先行者。

一九四三年，“东江流动剧团”（简称“东流剧团”）成立，这是一个颇具规模的文艺团体。剧团每到演出地点，挂起了从香港买回来的金黄色的漂亮前幕，队员们穿上蓝色的列宁装、戴上黑色的五角帽，上台表演大合唱，使敌后的民心士气为之振奋。当时的女同志也比较多，有赵学、何小士、何汝、叶芳、张瑞英、黄英、杨碧群、张萍、何值、何祈、湛芬、夏冰、王辛等。演出的节目也比较丰富，曾经演出过《流寇队长》、《一家人》、《模范家庭》、《邹韬奋》、《腐蚀》等话剧。经常在惠、东、宝各地演出。东纵成立一周年（一九四四年十二月）时，在金桔岭演出《路西一年》，开创了自编自演多幕话剧的先例。由于该剧反映了东纵在广九铁路以西一年的战斗生活，同志们看来特别亲切，纷纷给予好评。当时扮演剧中小女孩阿娥的何汝同志，给人留下特别深刻的印象。后来因为工作需要，这批文艺女战士又分散到各个岗位上去了。

一九四四年十月，东江纵队政治部政工队（代号“拖拉机”）成立于大鹏湾王母圩，它的成员大多是东纵政治部第一期青年干部训练班的学员，和大后方来的青年知识分子。最初队长是夏虹（男），付［副］队长梁浣沙。女队员有沈群华、余小敏、梁洁岩、陈嘉、邓掌珠、刘坚、戴福娣等人。沈群华同志是“大家闺秀”出身，很文静，原是中山大学法学院学生，参加革命后很能吃苦，有肺病也不在意，遇到困难的工作抢在前头。一九四六年她在战斗部队任文化教员，这年春节，她在紫金乌禽嶂战斗中，英勇牺牲在战场上。余小敏同志是个孤女，是中山大学文学院学生，她十分关心同志，大家推举她兼任队里卫生员。行军时老是背着个沉甸甸的药箱，她的表演唱《朱大嫂送鸡蛋》，很为战士、群众所欢迎。可惜一九四五年随队北上粤北途中，她身患重病，在始兴奇心洞遭敌人包围时被捕。她面对敌人的严刑拷打，丝毫没有泄露党和部队的机密，宁死不屈，后来牺牲在南雄敌人的监狱中。这两位烈士虽然不是毕生于文艺工作，但她们以文艺为武器，为革命贡献过力量。文艺战线应以有这两位烈士而引为光荣！还有个“小鬼女”戴福娣，当时只有十二三岁，她来自农村，唱得一口好山歌，且能出口成章，是一位富有创作才能的民歌手。她在转战南北之后，现在在新疆任中学校长，又在教育战线上发挥她的才能。一九四五年初，欧巾雄同志接任“拖拉机”政工队队长，她是“东江华侨回乡服务团”的成员。还有崔克、崔碧姐妹俩，王奇、严冰、杨绮、张芬等女同志。人员增多了，演出的节目也增多了。曾演出过苏联话剧《前线》，配合部队整风，整顿官僚主义和保守思想。那时，女同志们都敢想敢干，没有剧本自己编，没有歌曲自己谱。部队在大雁圹乡搞民主建政时，选出吴石娇当乡长。当时不会绘画的陈嘉，竟绘出了一套《女乡长吴石娇》的连环画，配合了民主建政的工作。后来她们又参加了建立博罗县政权等工作，以文艺为武器，参加了各种革命活动。“拖拉机”这支名称新颖的队伍，以它的战斗作风，活跃在惠、东、宝游击区，而队长欧巾雄的飒爽英姿，更给同志们留下深刻的印象。这位脸蛋白皙的归侨姑娘，由于她那大胆泼辣和热情奔放的作风，竟被同志们亲昵地称呼为“摩罗差”，闻名于整个东江纵队。

一九四四年底，侵华日军垂死挣扎，企图打通粤汉线。在粤北“国统区”坚持进步活动的学生、青年，大批转到游击区来，“铁流”、“星火”两个宣传队适时成立。“铁流队”的指导员是李静同志，她手下的女兵有：王辛、马咏、杨素、张沂等人，还有个女工出身的邓真同志。她们从大后方带来很多新歌曲、新剧目、新舞蹈，如《新年大合唱》、《五月礼赞》等等，给游击区带来了新的文艺形式。该队王辛同志始终站在文艺战线上，部队上粤北时她被派回香港参加“中原剧社”，解放前夕在著名导演蔡楚生拍摄的《珠江泪》中饰演女主角牛嫂，获得了很大的成功。解放后她一直当电影演员，曾在《老兵新传》等电影中担任重要角色，于一九七九年患癌病不幸逝世。

“星火队”女同志以老游击队员居多，如何丽琴、大张（蒲特同志的爱人，在星火队时病逝）、杨绮、潘廉、江哲等，她们常常以客家山歌这种为群众熟悉的形式，宣传抗日大好形势。这个队较多的时间是搞民运工作。

一九四四年十一月，在韶关国民党第七战区政治大队的地下党员及进步青年，由中共广东省临时工作委员会召回游击区工作，其中有一半是女同志。她们在“国统区”复杂的环境中从事进步的文艺活动，坚持了八年地下工作，一旦回到自己的队伍里来，真象回到了家一样，被捆绑了八年的手脚松绑了，感到无比的自由、舒畅。她们先后分别参加了第四、第五期“青干班”学习，如饥似渴地吮吸着新鲜的乳汁。结业后，组织上发挥她们之所长，成立了“海燕”宣传队。她们继承了以前各个宣传队的优良传统，学会了在连队和战士交朋友，为战士们补衣服、教唱歌。战时做战勤工作，平时做群众工作，投身到火热的减租减息、退租退押及建立政权等工作中去。她们还努力改造思想，改变作风，从习惯于城市的所谓“正规”演出，改变为习惯于游击区的流动演出。从“第七战区政治大队”来的女同志，除陈学贤、陈坤模、易洵芬三人分配做其他工作外，乔毅、何菲、何虹、练芳、全昕、李昭、张沂、叶慧斌等人都分配到“海燕队”里。

与此同时，共产党员谈星同志领导下的“广州儿童剧团”，在广西，全团曾被国民党反动派逮捕，一九四四年底被保释出狱，也秘密回到了英德、清远游击区，成立了“北江流动剧团”，随东纵的西北支队在北江一带进行宣传活动。

一九四五年七八月间，各个宣传队在罗浮山有过一次比较大规模的集中，“拖拉机”、“铁流”、“海燕”都在这儿休整。休整后，三个队合编成“鲁迅艺术宣传队”，队长是李门，副队长是游波。当时的人马比较整齐了，而且不少人还有较长的舞台生活经验。他（她）们除推广了一大批抗日歌曲之外，还创作了许多客家方言歌曲，其中马咏作词的一首《反抢粮》最为流行。

“鲁迅艺宣队”成立后，并无多少演出，不久（一九四五年八月），即随纵队粤北指挥部挺进粤北，准备同从陕北南下的两王（王震、王首道率领的三五九旅）部队会师，开辟五岭根据地。“艺宣队”在罗浮山附近的横河，参加了动员行军北上的大会，演出了《八宝糖》以后，便分散到各个连队去，做行军中的宣传鼓动工作。

日本投降后的第一个中秋节，队伍到达了始兴南雄交界的下北山，在宝峰、埕坪休整评功。艺宣队的何菲同志因行军中关心集体，受到了表扬，得到了奖励。但在此时，由于国民党军队沿途追截，加上给养困难，生活非常艰苦，部队减员较大。“艺宣队”的女同志因病不能随军作战的就有练芳、张沂、严冰、梁励行、余小敏、马咏、何菲、何虹等人。部队继续北上了，她们就近隐蔽在山林野岭。后来，除张沂、练芳、何菲等人几经艰险脱离困境之外，严冰同志带着重病，在粤北山区坚持斗争，不幸去世了。余小敏、马咏被捕。何虹（何菲之妹）因病体难支，被敌包围时走避不及，中弹牺牲于始兴奇心洞。

在粤北的十个月中（一九四五年九月——一九四六年六月），以前干过文艺宣传的女同志如李静、欧巾雄、乔毅、李昭、张芬、任克、崔克、邓掌珠、华英（始兴风度队的）等人，都担负其他工作去了。那时环境艰苦，作战频繁，要组织比较集中专门搞文艺宣传的队伍是不可能的。那时，乔毅、李昭、张芬三个女同志分配到一个武工队里，由于她们的带动，整个武工队三四十人都喜欢演戏，这个武工队倒像个“文工队”了。政委陈志强、队长肖德青都经常参加编剧和演出，中队长邱才、小队长李生贵都是主要演员，卫生员汪艮英是个山歌手。全队上上下下，走到哪里宣传到哪里，群众很喜欢看她们的“把戏”，军民关系非常密切。这支武工队还经常去南雄的圩镇上突击演出。有次到大圹圩宣传，戏没演完，国民党兵来了，队伍边打边撤，谁也顾不及“卸装”。撤回山沟里时，李生贵演的地主，墨塗［涂］的胡子和汗水搅在一起，成了个“花面猫”。中队长邱才演的蒋介石，那用玉米须糊成的“大将”肩章，还在肩头上飘动。大家你看看我，我看看你，不禁笑弯了腰。每次这样的演出，多是乔毅同志出的主意。

一九四六年七月五日，部队北撤到山东烟台，很多文艺战士又从四面八方汇集起来，成立东纵政治部政工队（曾经叫做前进剧团），当时的女同志有欧巾雄、乔毅、李昭、张芬、彭仪、华英、肖吐、邓掌珠、梁兰、陈嘉、任克、张志文、张玉莲、吴舒华、辛枚、罗耘、陈小尘、王奇、崔克、杨绮、谢月珍、何沛、何值、关尤丽等人。当时在烟台市郊芝水村，演出多幕剧《路西一年》，作为与八路军老大哥的见面礼。政工队刚成立，我们对解放区文艺活动还缺乏认识和理解，记得演出《路西一年》时，是用广州话演的，八路军老大哥出于礼貌，听不懂还没多大意见。但在芝水演出苏联革命话剧《虹》时，群众即向我们提出“请你们用中国话演”。他们以为我们说的是日本话呢！这说明我们当时是多么幼稚。后来在华东军政大学整风班学习了半年，才改变作风，初步摸到了解放区文艺的形式和特点，向群众学会了秧歌舞，编演了《论战局》和《学习模范李宇光》等剧，揭露了当时国民党发动大规模内战的阴谋，受到部队和群众的赞许。

一九四七年八月，两广纵队成立，政工队正式命名为“两广纵队文工团”。那时谢月珍、杨绮、何沛、何值、陈嘉等少数同志因工作需要调出，绝大部分女同志仍留在团内。她们直接投身于伟大的解放战争，参加了睢杞战役、济南战役以及著名的淮海战役。解放战争三年，她们在北方三年。三渡黄河，四跨陇海线，和战士在一起，驰骋于华东战场，以文艺为武器，为兵服务，为战争服务。行军途中，少不了她们的宣传鼓动，前沿阵地，常有她们的歌声飘荡。一九四八年中秋节打济南外围据点长清城，华英在堑壕里高歌“八月十五啊打长清”，参加了战前鼓动。战士们说，“女同志都不怕危险，我们就更勇敢了。”十一月淮海战役打响，女同志也和男同志一起上前方，战壕工事里面写标语，敌人阵地前面撒传单，护理伤员喂茶饭，洗涤血衣、绷带不怕脏，抬伤员、挖战壕，样样都干，休息下来烧起火，雪地上面扭秧歌……在黄河边，部队进行“新式整军”——诉苦运动，文工团演出了大型歌剧《白毛女》，台上演戏台下看，台上台下都伤心。战士们流着热泪高呼要为喜儿报仇。莱芜战役后，部队里补充了大批解放战士，急需进行阶级教育。文工团又赶排了大型歌剧《血泪仇》，自己编演了四幕歌剧《为谁当兵》。刚解放过来的新战士说：看了王东才（《血泪仇》主角）和陈耀生（《为谁当兵》主角）被拉壮丁去当兵，才晓得自己过去打的是反动仗，现在要调转枪口打老蒋。一九四九年初，我们曾为北平和平改编部队演出《血泪仇》和《为谁当兵》。当时傅作义部何宝松师长曾到我演出后台，表示感谢，并说："演这些戏顶得上三个月的政治课，人民解放军确实了不起！"在这些大型歌剧编演中，女同志都担任过主角、导演和编剧。她们不愧是文艺战线的"半边天"。

一九四九年夏，文工团随大军南下解放广东。年底，在中山县石歧［岐］镇驻军时，吸取了刚到山东时的教训，为使群众更能接受，我们用广州话演出了歌剧《白毛女》，一连演出十二场，场场满座（第一次卖票演出）。而我们从北方带回来的秧歌舞、打腰鼓，更为广东的父老兄弟姐妹所欢迎。在中山县，文工团还办起了文艺训练班，从内地及港、澳招收了一百多名青年学生，其中女学生就有三四十人，结业后除纵队保留一个文工团外，其余编为四个宣传队，配属于三个步兵团和一个炮兵团，参加剿匪和开展文艺宣传活动。全国解放了，各方面的工作蓬勃开展，她们又服从工作需要，奔赴各条战线、各个工作岗位，成为社会主义建设的骨干。

（根据东纵女文艺工作者集体回忆，由李昭整理）

后　记

历时一年有余，《广东东江地区妇女解放运动史料汇编》（全六册）终于完成，这是广东省妇女联合会、中共广东省委党史研究室继联合出版发行《广东原中央苏区妇女解放运动史料汇编》后，持续推进广东省妇女运动历史文献资料的搜集、整理和出版工作的又一重要阶段性成果。

记述中国妇女解放和发展的历史进程，总结妇女运动发展的历史规律，具有重要的历史价值和现实意义。广东省妇女联合会本着对历史高度负责的态度发起了广东东江地区妇女解放运动史料汇编与整理工作，并负责本套书的设计、统筹、协调和统稿；中共广东省委党史研究室发挥专业和资源优势，对本套书的纲目结构、标题设置、编写体例、资料来源等方面进行审读指导；华南师范大学马克思主义学院负责相关史料的收集挖掘、整理勘校等具体工作。

感谢华南师范大学马克思主义学院胡国胜教授带领研究团队亲赴广东东江地区开展实地调研，深入该区域的各县（市、区）党史研究室、档案馆、图书馆、妇联等部门查相关珍贵档案，并摘录了大量翔实的史料！感谢广州市、深圳市、东莞市、惠州市及所属县（市、区）的各级妇联、党史研究室、档案馆、图书馆等相关单位的鼎力配合！感谢广东东江纵队纪念馆、深圳市坪山区东江纵队纪念馆、罗浮山东江纵队纪念馆等专题纪念馆的大力支持！感谢广州市东江纵队研究会、

深圳市东江纵队粤赣湘边纵队研究会、东莞市东江纵队历史研究会、惠州市东江文化两纵历史研究会的全力协助！此外，我们在本次的史料汇编过程中参考了学界同行们的大量成果，恕不能在此一一列明，特表谢意。

本套书集取了党史、军事史、组织史、文艺史和其他方面的研究，是集体合作的成果。由于编写时间仓促，我们的专业基础、研究视野、学术功底等尚存缺欠，加上史料选编难度较大，本套书在考证和编辑方面难免存在纰漏和错误，殷切希望学界同道、广大读者批评指正。

编委会

2024 年 2 月

广东东江地区妇女解放运动

史料汇编

GUANGDONG DONGJIANG DIQU
FUNÜ JIEFANG YUNDONG SHILIAO HUIBIAN

第六册

广东省妇女联合会
中共广东省委党史研究室 编

中国妇女出版社

图书在版编目（CIP）数据

广东东江地区妇女解放运动史料汇编．第六册 / 广东省妇女联合会，中共广东省委党史研究室编．-- 北京 ：中国妇女出版社，2024.3
ISBN 978-7-5127-2371-9

Ⅰ.①广… Ⅱ.①广… ②中… Ⅲ.①妇女运动－史料－广东－1938-1949 Ⅳ.①D442.865

中国国家版本馆CIP数据核字（2024）第020292号

项目统筹：万立正
责任编辑：万立正　刘煜溪
封面设计：李　甦
责任印制：李志国

出版发行：中国妇女出版社
地　　址：北京市东城区史家胡同甲24号　　邮政编码：100010
电　　话：（010）65133160（发行部）　　65133161（邮购）
网　　址：www.womenbooks.cn
邮　　箱：zgfncbs@womenbooks.cn
法律顾问：北京市道可特律师事务所
经　　销：各地新华书店
印　　刷：小森印刷（北京）有限公司

开　　本：170mm×240mm　1/16
印　　张：188.25
字　　数：2700千字
版　　次：2024年3月第1版　　2024年3月第1次印刷
定　　价：598.00元（全六册）

如有印装错误，请与发行部联系

编 委 会

出版说明

为深入学习贯彻习近平总书记关于党史和文献工作的重要论述精神，切实加强新时代广东革命史料文献的抢救、保护和利用工作，充分展现广东妇女在中国革命历史进程中发挥的重要作用，广东省妇女联合会汇聚中共广东省委党史研究室、华南师范大学等各方力量，编辑出版《广东东江地区妇女解放运动史料汇编》（全六册），为中国妇女解放运动史尤其是广东地方妇女解放运动史的相关学术研究提供更加丰富和系统的史料支持，以推进马克思主义妇女解放理论的创新和发展。

广东东江是中国共产党在新民主主义革命时期开展革命武装斗争的重要地区。本套书所研究的广东东江地区，范围指东江纵队的游击战略区，主要包括惠阳（今属广东惠州）、东莞、宝安（今属广东深圳）、海丰（今属广东汕尾）、陆丰（今属广东汕尾）、博罗（今属广东惠州）、增城（今属广东广州）、龙门（今属广东惠州）等地，同时还包括当时行政区划中中国共产党所领导的香港九龙一带。抗日战争时期，东江纵队在党中央和广东党组织的领导下，进行了艰苦卓绝的敌后抗日游击战争，从无到有、由弱变强，逐步发展成为一支拥有1.1万余人的队伍，建立起总面积6万余平方里、人口450万以上的根据地和游击区，成为华南战场抗战的一面旗帜。抗战胜利后，东江纵队

主力奉命北撤山东，1947 年扩大组建为中国人民解放军两广纵队，参与华东战场的多个重大战役。未参加北撤留在广东的武装力量坚持斗争，逐步发展壮大为中国人民解放军粤赣湘边纵队等部队，为解放广东作出了重要贡献。东江纵队这支队伍的一大特点是女战士多，她们是联络站的负责人、是担任敌后游击作战大队中队长、是负责医疗卫生和后勤保障工作的战士，还积极参与了秘密营救香港文化界人士和爱国民主人士行动，她们的英雄身影遍布各条战线，撑起了华南革命战场的“半边天”。但遗憾的是，由于各种因素，目前广东东江地区妇女解放运动的相关史料分布较为零散无序，缺乏系统整理和科学梳理。

本套书收录了 1938 年至 1949 年期间有关广东东江地区妇女解放运动的政策文献、文史资料、口述回忆、文艺作品、人物传记、女英名录、历史照片等精选史料，共六册。第一册选编了 1938 年至 1949 年间的相关政策文献，依时间排序、按发文机构归类，共计约 36 万字。第二册和第三册选编了 1938 年至 1949 年间相关的文史资料，收录新中国成立以来当地对该段历史的记录和讲述的相关材料，共计约 43 万字。第四册和第五册选编了革命历史亲历者的口述回忆，共计约 70 万字。第六册选编了部分在革命斗争中牺牲的女英烈名录、部分具有代表性的革命妇女英雄人物传记、相关文艺作品（包括诗词、歌曲、题词）和珍贵的历史照片，共计约 29 万字。

为全面、真实、清晰地反映广东东江地区妇女解放运动的相关史实，本套书坚持以历史唯物主义和辩证唯物主义为根本指南，秉承着对历史负责的严谨态度，遵循“尊重历史，求实存真”的基本原则开展编撰工作。本套书在编辑的过程中，对不会产生歧义的字词均未作改动。收入本套书的政策文献、文史资料、口述回忆、人物传记的标题，一般为原标题，凡是原件无标题或标题有误的，均为编者所拟或修改。鉴于革命战争时期的紧张环境，个别政策文献及文史资料存在

着错别字、文理不通、表述与现在不一致、整理者水平不一等问题，为了尽量保持史料原貌，均未做改动，以“[ ]”形式加以修订；对模糊不清、无法辨认、缺损的内容均以符号“△”代替；符号“〔 〕”内容为原书编者修订。

习近平总书记指出：“历史研究是一切社会科学的基础，承担着‘究天人之际，通古今之变’的使命。”出版这套书，只是我们开展广东东江地区妇女解放运动史研究、汲取历史经验过程中的“万里长征第一步”。我们希望这套书能起到抛砖引玉的作用，以期创作出更多体现广东东江地区妇女解放运动的历史地位的精品力作，充分记录展现更多妇女先锋、妇女英烈的历史事迹，发挥妇女运动史料的教育作用，筑牢巾帼信仰之基，彰显巾帼担当作为，从而进一步激励广大妇女知史爱党、知史爱国，以更为强烈的历史自觉、更加昂扬的精神面貌，在贯彻新发展理念、构建新发展格局、推动高质量发展等方面继续发挥自身优势和积极作用，为实现以中国式现代化全面推进强国建设、民族复兴伟业作出新的更大贡献！

广东省妇女联合会

中共广东省委党史研究室

2024 年 2 月

目　录

女英名录

人物传记

文艺作品

照　片

女英名录

广州东江纵队女英烈名录（节选）

1

一、抗日战争时期①

姓名	性别	出生年月	籍贯	党团员	参加革命时间、牺牲时间、地点、原因	牺牲前单位、职务
黄惠芳	女	1919	街口镇城内	党员	1939年9月在温泉参加中国共产党，1945年6月在英德东乡战斗中牺牲。	东江纵队江北支队妇委会总干事

2

增城县②

姓名	曾用名	性别	籍贯	参加部队时间	牺牲时间、地点、原因
温叔娣		女	派潭	1942年	1944年7月被捕遭杀害
何观娣		女	正果	东纵队员	1945年在白面石执行任务时牺牲
林观妹		女	三江	1942年	1945年送情报到博罗县兰石被捕遭杀害
欧阳洁英		女	永和	1944年	1945年在东莞县作战牺牲
蔡英		女	正果	1945年	1946年在龙门县永汉战斗中牺牲

① 收录于从化县地方志编纂委员会编：《从化县志》，广东人民出版社，1994年，第1022页。

② 收录于中共广东省委党史研究室、广州地区老游击战士联谊会、广州地区老游击战士联谊会东江纵队分会、广州市东江纵队研究会编：《东江纵队英烈集》，2013年，第283—286页。

3

广州市①

姓名	曾用名	性别	籍贯	参加部队时间	牺牲时间、地点、原因
卫文	卫文女	女	新滘	1943年	1944年7月26日在番禺县植地庄与日伪军战斗中牺牲
张猗［漪］②芝	张仔	女	新滘	1942年	1945年春在攻打福田乡战斗中为抢救伤员牺牲
洪佩兰	洪彬	女	广州	1944年	1945年8月北上在赣江大庚［庾］岭遭敌追击战斗牺牲
沈如琼		女	广州	1944年	1946年3月24日在白沙湖赤坎村遭敌包围，敌人要逮捕她，她坚决不走被敌杀害

4

番禺县③

姓名	曾用名	性别	籍贯	参加部队时间	牺牲时间、地点、原因
李淑恒［桓］		女	沙湾	1941年	1941年在东莞大岭山被捕杀害
何虹		女	沙湾	1944年	1945年8月挺进粤北在奇心洞战斗中［被］④敌人包围壮烈牺牲

① 收录于中共广东省委党史研究室、广州地区老游击战士联谊会、广州地区老游击战士联谊会东江纵队分会、广州市东江纵队研究会编：《东江纵队英烈集》，2013年，第309页。

② 根据查证，应为“张漪芝”。——编者注

③ 收录于中共广东省委党史研究室、广州地区老游击战士联谊会、广州地区老游击战士联谊会东江纵队分会、广州市东江纵队研究会编：《东江纵队英烈集》，2013年，第307页。

④ 原文无，根据文意补充。——编者注

潮州东江纵队女英烈名录（节选）

潮州县①

姓名	曾用名	性别	籍贯	参加部队时间	牺牲时间、地点、原因
王丽		女	潮州	1939 年	1942 年在宝安西乡敌包围医院被俘与敌扭打遭枪杀

① 收录于中共广东省委党史研究室、广州地区老游击战士联谊会、广州地区老游击战士联谊会东江纵队分会、广州市东江纵队研究会编：《东江纵队英烈集》，2013 年，第 312 页。

深圳东江纵队女英烈名录（节选）

宝安县[①]

姓名	曾用名	性别	籍贯	参加部队时间	牺牲时间、地点、原因
钟锤	钟安娇	女	布吉		1943 年在观栏［澜］送情报时被捕后杀害
邱进娣	邱少云	女	龙岗	1942 年	1944 年在博罗县战斗牺牲
廖玉容		女	坪地	1942 年	1944 年在惠东县白芒花战斗牺牲
肖秀芳	肖佛麻	女	坪地	1942 年	1944 年在惠阳县澳大战斗牺牲
钟锦少	钟锦笑	女	大鹏	1942 年	1944 年在陆丰县甲子战斗牺牲
钟安好		女	布吉	1941 年	1944 年在罗浮山战斗牺牲
池添财		女	宝安	1943 年	1944 年 11 月
黄戊娣		女	龙岗	1943 年	1945 年海丰县战斗牺牲
李清		女	坪地	1942 年	1945 年在惠阳县狱中就义
许春娣		女	坪山	1943 年	1945 年在始兴县竹坑战斗牺牲
钟容妹		女	大鹏	1944 年	1945 年在惠阳县澳头战斗中牺牲
钟笑		女	宝安	1944 年	1945 年 12 月在大坑埔村被埋伏的地主武装杀害
廖淑仪		女	横岗	1944 年	1946 年春在博罗县罗浮山战斗牺牲
赖兰		女	龙岗	1943 年	1946 年在博罗县被捕于惠州监狱杀害
黄英	黄春	女	龙岗	1945 年	1946 年北上战斗中牺牲
彭官福		女	坪山	1943 年	1947 年农历 8 月 14 日在惠阳县澳头黄鱼涌战斗牺牲
徐维珍		女	葵涌	1940 年	1947 年在惠阳县被国民党反动派杀害
彭竞[①]		女	坪山	1940 年	1947 年在惠阳沃［澳］头大湾战斗中牺牲

① 收录于中共广东省委党史研究室、广州地区老游击战士联谊会、广州地区老游击战士联谊会东江纵队分会、广州市东江纵队研究会编：《东江纵队英烈集》，2013 年，第 193—215 页。

续表

姓名	曾用名	性别	籍贯	参加部队时间	牺牲时间、地点、原因
陈玉云		女	观兰[澜]	1944 年	1947 年 5 月在惠阳县战斗中抢救伤员牺牲
柯彩凤		女	大鹏半岛	1944 年	1948 年春夏间因叛徒叛变出卖而遭杀害
肖马凤		女	坪地	1944 年	1948 年春在坪山铜锣径战斗牺牲
杨秋来		女	龙岗	1944 年	1948 年 8 月在红花岭战斗牺牲
杨瑞灵	杨瑞伦	女	龙岗	1944 年	1948 年 8 月在红花岭战斗牺牲
陈义妹	陈英	女	观兰[澜]	1943 年	1949 年 3 月南下时因公牺牲

① 由于年代久远，“竞”“竟”均有出现，无法查证人名准确用字。——编者注

东莞东江纵队女英烈名录（节选）

1

东莞县①

姓名	曾用名	性别	籍贯	参加部队时间	牺牲时间、地点、原因
卢洪婉		女	莞城	1938年	1938年11月在宝安县龙华墟作战牺牲
陈瑞英		女	高埔[埗]		1940年10月［在］龙华被捕，于浪口杀害
林杰		女	石龙	1938年	1941年在部队东移时缺医无药情况下病逝
李长娘		女	连平乡	1941年	1941年被顽军捕获而遭杀害
陈奎欢		女	中堂	1940年	1942年夏在东莞县附城横岭被捕遭杀害
周金玉		女	高埔[埗]	东纵战士	1942年4月在龙华浪口就义
李晃莺		女	莞城	1937年参加革命	1942年8月在宝安县企石村河边作战牺牲
谢维		女	新塘	1942年	1943年12月在惠阳镇隆江子岭被捕杀害
关琦清		女	东莞	1944年	带病参加战斗牺牲
黄宝珍		女	莞城	1938年	1944年作战牺牲
梁通		女	石排	1944年	1944年6月在东莞县马嘶圩战斗中英勇牺牲
曾凤通		女	石排	1944年	1944年8月在博罗县嘶圩与国民党作战牺牲
陈志良	陈肖芳	女	篁村	1944年	1945年夏在始兴县战斗牺牲
陈淑平	陈淑姬	女	东莞	1943年	1945年冬在南雄白云圩战斗中牺牲
陈葵欢		女	中堂	1940年	1945年在东莞附城横岭被捕杀害

① 收录于中共广东省委党史研究室、广州地区老游击战士联谊会、广州地区老游击战士联谊会东江纵队分会、广州市东江纵队研究会编：《东江纵队英烈集》，2013年，第215—237页。

续表

姓名	曾用名	性别	籍贯	参加部队时间	牺牲时间、地点、原因
王月富		女	厚街	1938 年	1945 年上半年行军途中，在常平周屋吓战斗牺牲
吕谢娟	吕娟	女	高步[埗]	1944 年	1945 年 1 月在宝安县公明墟燕村因地雷失事牺牲
赖玉英		女	清溪	1943 年	1945 年底在筹粮中被敌人杀害
叶敬有		女	东莞	1938 年	1945 年秋牺牲
曾自通		女	石排	1941 年	1945 年 8 月在博罗县马西村与国民党军队作战牺牲
莫肖丽		女	桥头	1943 年	1945 年 8 月在博罗县罗浮山作战牺牲
叶丽珍		女	大朗	1943 年	1945 年 10 月在宝安县公平墟光头仔战斗负伤，于龙华牺牲
李应怀		女	莞城	1944 年	1946 年上半年在东莞县被捕杀害
王浓旺	王旺弟	女	厚街	1938 年	1946 年在海丰县被叛徒出卖牺牲
欧凤兰		女	石碣	1945 年	1946 年 3 月在东莞县大岭山作战被捕遭杀害
吕桂		女	高步[埗]	1946 年	1946 年 8 月在东莞县独脚下与国民党反动军队作战牺牲
赖润兰		女	清溪	1945 年	1946 年 11 月在博罗县柏塘被捕杀害
陈佩瑶		女	大朗	1946 年	1946 年 12 月在东西黄江大坎村收税时被捕，于东莞县市榕杀害
李长		女	大岭	1935 年参加革命	1947 年上半年在下油古村执行任务时，被捕杀害
邹元娇		女	凤岗	1946 年	1947 年在宝安县光头仔被叛徒出卖遭杀害
邱带		女	凤岗	1946 年	1947 年因叛徒出卖在宝安县观兰［澜］被杀害
刘银莲		女	清溪	1946 年	1947 年 8 月在东莞县三坑被捕，于下泥杀害
王福		女	厚街	1945 年	1949 年 4 月在宝安县布吉板田亚婆坎村作战牺牲
罗月桂		女	桥头	1942 年 1 月	1949 年 5 月在东莞县寮步寮竹山作战牺牲

2

第一节 烈士英名录①

(1929—1949)

姓名	籍贯	出生年月	参队时间	职务	牺牲时间	牺牲地点	牺牲原因
利敬	东莞城	1907	1925	妇协会员	1929年	广州	英勇就义
王月富	厚街			模范壮丁队员	1938年	于部队	缺医药病逝
卢洪婉	莞城	1920	1938	模范壮丁队员	1938年11月	于龙华	遇日寇袭击牺牲
李长娘	大岭山			交通员	1940年	牛牯岭	英勇就义
陈瑞英	高埗	1920			1940年	宝安龙华	被捕牺牲
莫藻鸿	麻涌	1914	1939		1940年	部队	病逝
李淑恒[桓]	鹤山县	1894	1938	东江人民抗日武装大队队员	1941年	大岭山	被捕就义牺牲
李满荷							
林杰	石龙		1938	卫生员	1940年		作战牺牲
莫福娣	高焜	1922	1938	卫生员	1942年	观栏[澜]	英勇就义
陈笑影		1920		医站服务员	1942年		被捕就义
王丽	泰国华侨	1916	1938	卫生员	1942年		英勇就义
杨素贞	香港	1917	1942	游击队员	1942年	阳台山	作战牺牲
周金玉	高埗			卫生员	1942年	龙华	被捕牺牲
欧阳	东莞		1941	供给员	1942年	乌石岩	被捕牺牲
李晃莺	莞城	1919	1941	游击队员	1942年	企石	作战牺牲
张妙灵	篁村	1917	1935	政治交通员	1942年	桂林	被捕自尽

① 收录于东莞市妇女联合会编:《东莞市妇运志》,东莞市印刷厂,1995年,第118-119页。

续表

姓名	籍贯	出生年月	参队时间	职务	牺牲时间	牺牲地点	牺牲原因
朱金玉	东莞		1939	民运队员	1942年	宝安	被捕牺牲
谢维	东莞	1921	1942	情报员	1943年	惠阳	被捕牺牲
梁通	石排	1944		卫生员	1944年	马嘶圩	作战牺牲
王月娥	厚街	1920	1936	民运队员	1944年	香港赤柱	被捕就义
黄宝珍	莞城	1923	1936	政治指导员	1944年	韶关	英勇就义
关绮［漪］清	东莞			河源妇委	1944年		作战牺牲
欧阳洁英	东莞			卫生员	1944年	东莞	作战牺牲
陈葵宽	东莞			交通员	1945年	大朗	被捕牺牲
叶丽珍	东莞	1928	1943	卫生员	1945年	宵［霄］边	作战牺牲
陈淑姬	桥头	1923	1943	民运队员	1945年	南雄县	作战牺牲
吕谢娟	高埗	1924	1944	民运队员	1945年	宝安	作战牺牲
赖玉英	清溪	1923	1943①	游击队员	1945年	东莞	被捕牺牲
李靖妹	清溪	1915	1944	卫生员	1945年	惠阳	作战牺牲
张招妹	石龙	1889	1943	情报员	1945年	石龙	被捕牺牲
莫肖丽	桥头	1921	1944	勤务员	1945年	博罗	作战牺牲
陈志良	篁村	1921	1944	通讯员	1945年	始兴	作战牺牲
叶敬有	大岭山		1938	交通员	1945年	大岭山	被捕牺牲
阿桂	厚街			炊事员	1945年	厚街	作战牺牲
陈志良	常平	1922	1938	电台机要员	1945年	始兴瑶山	被捕牺牲
王侬	厚街	1920	1936	组织干事	1946年	海丰	英勇就义
赖润兰	清溪		1945	卫生员	1946年	博罗	被捕牺牲
陈佩瑶	大朗	1921	1946	税务员	1946年	东莞	被捕牺牲
李应怀	莞城	1925	1944	报务员	1946年	东莞	被捕牺牲
欧凤兰	厚街	1925	1945	卫生员	1946年	大岭山	作战牺牲
吕桂	高埗	1922	1946	游击队员	1946年	东莞	作战牺牲

续表

姓名	籍贯	出生年月	参队时间	职务	牺牲时间	牺牲地点	牺牲原因
刘良莲	清溪	1924	1946	游击队员	1946 年	清溪	被捕牺牲
邹郭英	凤岗	1925	1948	游击队员	1948 年	金竹园	被捕牺牲
邹带	凤岗			交通员	1948 年	观栏[澜]	被捕牺牲
邹元娇	凤岗			交通员	1948 年	观栏[澜]	被捕牺牲
王进喜	清溪	1929	1947	卫生员	1948 年	黄江	作战牺牲
陈卫				卫生员	1948 年	谢岗	作战牺牲
叶碧流	黄江	1924	1947	卫生员	1948 年	镇隆	作战牺牲
关迪萍	广州			游击队员	1949 年		作战牺牲
李冬燕	广州			卫生员	1949 年		作战牺牲
王福	厚街	1925	1944	医院院长	1949 年	宝安	作战牺牲
黎桂英	温塘	1932	1948	卫生员	1949 年	浮竹山	作战牺牲
陈泳莲	香港			卫生员	1949 年	龙华	作战牺牲
周兰芬	广州	1932	1949	文化教员	1949 年	梅塘	作战牺牲
关汉芝	开平	1928	1948	文工队员	1949 年		作战牺牲
罗月桂	桥头			文工队员	1949 年	黄岗	作战牺牲
黄月琼				卫生员	1949 年	水濂	作战牺牲
苏桂英	东坑			游击队员	1949 年	大岭山	作战牺牲
巫香莲	清溪			运输员	1949	宝安	作战牺牲
杨元友	清溪	1921	1938	情报站长	1949		在岗位病逝

① 原文是“19343”，结合上下文，改为“1943”。——编者注

3

革命烈士英名录①

姓名	性别	出生年月	乡属	党团员	参加革命时间	牺牲时间、地点、原因	牺牲前单位、职务
王娥（月娥）	女	1920	厚街乡菊塘村		1938年参加游击队	1944年被捕杀害	东纵港九大队民运干事
王月富	女	1917	厚街乡菊塘村		1938年参加游击队	1945年上半年行军途中在常平周屋厦战斗牺牲	东纵一支队战士
欧凤兰	女	1925	双岗乡上环村		1945年8月参加游击队	1946年3月在大岭山作战被捕杀害	东纵卫生员
王侬（旺弟）	女	1920	厚街乡西元村	党员	1938年参加革命	1946年在海丰县被叛徒出卖被捕杀害	东纵六支队指导员
王福	女	1925	厚街乡上凤林	党员	1945年参加游击队	1949年4月在宝安埗吉板田亚婆巷村作战牺牲	粤赣湘边纵一支三团后方医院院长

① 收录于傅泽铭主编：《永远的心碑——厚街革命斗争纪实》，广东人民出版社，2006年，第574–582页。

惠州东江纵队女英烈名录（节选）

1

解放战争时期女烈士英名录①

姓名	曾用名	性别	出生年月	籍贯	党团员	参加革命时间、牺牲时间、地点、原因	牺牲前单位、职务
陈壬娣		女	1918	稔山公社白云大队下街村		1945 年参加东江游击队，1946 年冬在公平区被捕遭杀害。	东江游击队七支队战士
古娣		女	1922	白花公社黄塘大队东风村		1947 年参加东江游击队，1948 年春在惠阳县白花岐山脚作战牺牲。	东江游击队第六支队五大队战士
谢绿霞		女	1924	附城公社承良陂大队石坑村		1945 年春参加游击队，同年秋在响水被捕遭杀害。	东江纵队交通员
姚贵心	姚碧	女	1931	蓝田公社蓝新队澄塘村		1948 年 2 月在紫金县古竹榕树下参加游击队，1949 年秋在紫金县黄塘病故。	东江一支队卫生员
鸿妹仔		女	1932	附城公社承良陂大队石坑村		1946 年上半年参加地下活动，1948 年 12 月在送信途中被捕，在博罗城北门遭杀害。	东江三支队联络员
林英	林英女	女	1913	永汉公社见田大队新围村		1948 年参加革命，1949 年 4 月在梅州南山被伪自卫队杀害。	东江纵队三支二团联络员
王瑞容		女	1931	麻榨公社坑口村		1947 年 11 月参加革命，1949 年 4 月在永汉雁洋陂被敌包围战斗牺牲。	东江纵队三支队司令部卫生员
陈廖彩		女	1924	永汉公社大埔大队新围仔		1948 年上半年参加革命，同年 9 月在西河村被敌军杀害。	东江纵队三支队二团交通员

① 收录于《惠州革命老区志》编纂委员会编：《惠州革命老区志》，中共党史出版社，2000 年，第 552—584 页。

2

抗日战争时期女英烈名录①

姓名	曾用名	性别	出生年月	籍贯	党团员	参加革命时间，牺牲时间、地点、原因	牺牲前单位、职务
蔡容		女	1910.5	惠阳淡水土湖叶屋村	团员	1930年5月参加革命，1938年3月在惠阳县淡［水］土湖被杀害。	惠宝人民游击队通讯员
欧阳		女	1917	惠阳县		1942年在宝安县石岩圩被捕遭杀害。	广东人民抗日游击队供给站工作人员
谢维		女	1921.5	惠阳新圩新联旱塘村	党员	1942年5月参加地下组织，1943年12月在惠阳县镇隆江子岭送情报时被国民党杀害。	地下工作者
张招妹		女	1904	惠阳县七斗米村		1942年2月参加地下组织，1944年7月因叛徒出卖被捕遭杀害。	地下工作者
林文彦		女	1920.2	惠阳淡水镇千秋坊		1943年12月8日参加东江纵队，1944年10月须［在］惠阳县黄毛岭作战牺牲。	东江纵队黄毛岭分队小队长
叶蔚英	叶爱华	女	1925	惠阳秋长周田村		1942年参加广东人民游击队，1945年8月在始兴县遇敌袭击牺牲。	东江纵队粤北指挥部文书
谢绿霞		女	1924	博罗附城承良陂石坑村		1945年春参加游击队，同年秋在响水被捕杀害。	东江纵队交通员
胡运清		女	1924	惠东白花联丰托石村		1944年参加东江游击队，1945年冬在博罗县被捕遭杀害。	东江纵队一支队四团卫生员

② 收录于惠州市地方志编纂委员会编：《惠州市志》，中华书局，2008年，第4689—4734页。

续表

姓名	曾用名	性别	出生年月	籍贯	党团员	参加革命时间，牺牲时间、地点、原因	牺牲前单位、职务
叶佛腾		女	1923.4	惠阳淡水洋纳老屋	团员	1940年3月参加广东人民游击队，1946年2月在博罗县罗浮山被国民党杀害。	广东人民游击队税收员
薛五妹		女	1921.1	惠阳永湖彩二薛屋村		1944年3月参加东江纵队，1946年3月在博罗县被捕，在监狱中受折磨致死。	东江纵队战士
陈娟		女	1926.4	惠阳澳头小桂陈屋村		1942年3月参加广东人民游击队，1946年8月在惠阳县平海作战牺牲。	东江纵队卫生员
曾友		妇[女]	1910.4	惠阳镇隆井龙沙堆村	党员	1943年5月参加广东人民游击队，1946年9月在惠阳县镇隆沙堆被国民党杀害。	东江纵队战士
陈壬娣		女	1918	惠东稔山白云下街村		1945年参加东江游击队，1946年冬在公平区被捕遭杀害。	东江游击队七支队战士
叶碧玉		女	1927	惠阳秋长象岭	党员	1944年参加革命，1946年在黑龙江省勃利城战斗牺牲。	三五九旅七一八团教育股长
彭竟		女	1921.3	宝安县坪山三家村	党员	1942年5月参加广东人民游击队，1947年8月在惠阳县澳头大湾作战牺牲。	惠东宝人民护乡团税收员
古娣		女	1922	惠东白花黄塘东风村		1947年参加东江游击队，1948年春在惠阳县白花岐山脚作战牺牲。	东江游击队六支队五大队战士
叶争娣		女	1922.3	惠阳新圩花果鸡公田村		1942年3月参加广东人民游击队，1948年5月在惠阳县新圩作战牺牲。	惠东宝人民护乡团战士
杨群		女	1923.4	惠阳淡水十围新围仔村	党员	1940年6月参加惠宝人民游击队，1948年5月在紫金县山区战斗中牺牲。	惠紫人民自卫队民运队队长

续表

姓名	曾用名	性别	出生年月	籍贯	党团员	参加革命时间，牺牲时间、地点、原因	牺牲前单位、职务
陈廖彩		女	1924	龙门永汉大埔新围仔		1948年上半年参加革命，9月在西河村被敌军杀害。	东江纵队三支队二团交通员
鸿妹仔		女	1932	博罗附城承良陂石坑村		1946年上半年参加地下活动，1948年12月在送信途中被捕，在博罗城北门遭杀害。	东江三支队联络员
李顺好		女	1910.5	惠阳马安下良村		1947年5月参加惠东宝人民护乡团，1949年2月在惠阳县马安下良邹屋被国民党暗杀。	惠东宝人民护乡团交通员
杨浓		女	1927.1	惠阳下冲虾居		1948年3月参加惠东宝人民护乡团，1949年2月在惠阳县平海与国民党军作战牺牲。	惠东宝人民护乡团战士
林英	林英女	女	1913	龙门永汉见田新围村		1948年参加革命，1949年4月在梅州南冚被杀害。	东江纵队三支队二团联络员
王瑞容		女	1931	龙门麻榨坑口村		1947年11月参加革命，1949年4月在永汉雁洋陂被敌包围战斗牺牲。	东江纵队三支队司令部卫生员
姚贵心	姚碧	女	1931	博罗蓝田蓝新澄塘村		1948年2月在紫金县古竹榕树下参加游击队，1949年秋在紫金县黄塘病故。	东江一支队卫生员

3

惠阳县①

姓名	曾用名	性别	籍贯	参加部队时间	牺牲时间、地点、原因
蔡容		女	淡水	1930 年	1938 年 3 月在惠阳淡水土湖被杀害
欧阳		女	惠阳	1941 年	1942 年在宝安县石岩墟被捕遭杀害
阮进		女	惠阳	东纵战士	1942 年在宝安县龙华区望天湖乡梓坑村协助曾坚作民运工作被捕杀害
廖汉英		女	惠阳	东纵战士	1943 年 4 月在李朗税站被国民党包围，在突围时牺牲
谢维		女	新圩	1942 年	1943 年 12 月在惠阳镇隆送情报被捕杀害
张招妹		女	惠阳	1942 年	1944 年 7 月叛徒出卖被捕杀害
林文彦		女	淡水	1943 年	1944 年 10 月在惠阳县黄毛岭作战牺牲
田玉英		女	淡水	1943 年	1945 年在吉龙镇东进坑村被捕杀害
叶佛田		女	淡水	1944 年	1945 年在博罗麻坡石坝战斗牺牲
杨惠育		女	惠阳	1944 年	1945 年在增城战斗中牺牲
张涛		女	坪山	1939 年	1945 年在牛麻围被捕，被敌枪杀
叶蔚英	叶爱华	女	秋长	1942 年	1945 年 8 月在始兴县遇敌袭击牺牲
陈坚	陈娟	女	桂岗	1943 年	1946 年 1 月在多祝安墩抡［抢］救伤员中弹牺牲
叶佛腾		女	淡水	1940 年	1946 年 2 月在博罗县罗浮山被国民党反动派杀害
薛伍妹		女	永湖	1944 年	1946 年 3 月在博罗县被捕，在监狱中受折磨致死。
曾友		女	镇隆	1943 年	1946 年 9 月在惠阳县镇隆沙堆被国民党杀害
叶争娣		女	新墟	1942 年	1948 年 5 月在惠阳县新墟作战牺牲
杨群		女	淡水	1940 年	1948 年 5 月在紫金县山区战斗中牺牲
叶登娣		女	新圩	1942 年	1948 年 10 月在罗浮山作战牺牲
李清薇		女	秋长	1941 年	1948 年 10 月 10 日在多祝宝溪战斗中牺牲
叶碧玉		女	淡水	1945 年	1949 年春攻打海丰县城战斗中为救伤员牺牲

① 收录于中共广东省委党史研究室、广州地区老游击战士联谊会、广州地区老游击战士联谊会东江纵队分会、广州市东江纵队研究会编：《东江纵队英烈集》，2013 年，第 237—254 页。

4

惠东县[①]

姓名	曾用名	性别	籍贯	参加部队时间	牺牲时间、地点、原因
胡运清		女	白花	1944 年	1945 年冬在博罗县被捕遭杀害

5

博罗县[②]

姓名	曾用名	性别	籍贯	参加部队时间	牺牲时间、地点、原因
张招妹		女	汝湖岭	1943 年	1945 年叛徒引路被国民党逮捕后杀害
谢绿霞		女	附城	1945 年	1945 年秋在响水被捕遭杀害
鸿妹仔		女	附城	1946 年	1948 年 12 月送信途中被捕，在博罗城北门遭杀害

① 收录于中共广东省委党史研究室、广州地区老游击战士联谊会、广州地区老游击战士联谊会东江纵队分会、广州市东江纵队研究会编：《东江纵队英烈集》，2013 年，第 255—261 页。

② 收录于中共广东省委党史研究室、广州地区老游击战士联谊会、广州地区老游击战士联谊会东江纵队分会、广州市东江纵队研究会编：《东江纵队英烈集》，2013 年，第 301—302 页。

清远东江纵队女英烈名录（节选）

英德县[1]

姓名	曾用名	性别	籍贯	参加部队时间	牺牲时间、地点、原因
陈亚带		女	黄岑潭	1946年	1948年在鱼湾战斗牺牲
陈亚带[2]		女	英德	1946年	1948年在鱼湾战斗中牺牲
曹美容		女	桥头	1946年	1948年在桥头被敌杀害
朱玉英		女	青塘	1946年	1951年在鱼湾神前江边被敌杀害

① 收录于中共广东省委党史研究室、广州地区老游击战士联谊会、广州地区老游击战士联谊会东江纵队分会、广州市东江纵队研究会编：《东江纵队英烈集》，2013年，第261—267页。

② 原文如此。——编者注

汕尾东江纵队女英烈名录（节选）

1

海丰县①

姓名	曾用名	性别	籍贯	参加部队时间	牺牲时间、地点、原因
刘幼		女	城东	1945 年	1946 年 2 月在海城因叛徒出卖被捕杀害
刘乔英		女	古寨	1946 年	1948 年 7 月在彭寨街被捕遭杀害

2

陆丰县②

姓名	曾用名	性别	籍贯	参加部队时间	牺牲时间、地点、原因
林娥		女	陆丰	1945 年	1946 年春节敌人突击突围中弹牺牲

① 收录于中共广东省委党史研究室、广州地区老游击战士联谊会、广州地区老游击战士联谊会东江纵队分会、广州市东江纵队研究会编：《东江纵队英烈集》，2013 年，第 267—273 页。

② 收录于中共广东省委党史研究室、广州地区老游击战士联谊会、广州地区老游击战士联谊会东江纵队分会、广州市东江纵队研究会编：《东江纵队英烈集》，2013 年，第 307 页。

韶关东江纵队女英烈名录（节选）

1

始兴县①

姓名	曾用名	性别	籍贯	参加部队时间	牺牲时间、地点、原因
张禄群		女	城南	1944 年	1945 年 8 月作战被俘，在始兴县石人嶂遭杀害
邓肥肥		女	顿岗	1945 年	1947 年 5 月在始兴刘家山柑子园作战牺牲
徐访群		女	太平	1946 年	1948 年 2 月在始兴县朱岭下土地石战斗中牺牲

2

翁源县②

姓名	曾用名	性别	籍贯	参加部队时间	牺牲时间、地点、原因
胡冬娣		女	翁源	交通员	1948 年 8 月在家中被捕严刑拷打坚贞不屈被枪杀
胡兰菊		女	翁源	交通员	1948 年 8 月在家中被捕严刑拷打坚贞不屈被枪杀

---

① 收录于中共广东省委党史研究室、广州地区老游击战士联谊会、广州地区老游击战士联谊会东江纵队分会、广州市东江纵队研究会编：《东江纵队英烈集》，2013 年，第 273—277 页。

② 收录于中共广东省委党史研究室、广州地区老游击战士联谊会、广州地区老游击战士联谊会东江纵队分会、广州市东江纵队研究会编：《东江纵队英烈集》，2013 年，第 280—283 页。

中山东江纵队女英烈名录（节选）

中山县[①]

姓名	曾用名	性别	籍贯	参加部队时间	牺牲时间、地点、原因
梁桂好		女	三角	1938 年	1945 年 5 月在博罗县被捕后遭杀害
郑吉星	郑照星	女	三乡	1938 年	1945 年 6 月在宝安县作战牺牲
卢八女	卢八妹	女	三角	1938 年	1945 年 7 月在博罗县被捕后遭杀害

① 收录于中共广东省委党史研究室、广州地区老游击战士联谊会、广州地区老游击战士联谊会东江纵队分会、广州市东江纵队研究会编：《东江纵队英烈集》，2013 年，第 277—280 页。

河源东江纵队女英烈名录（节选）

1

和平县①

姓名	曾用名	性别	籍贯	参加部队时间	牺牲时间、地点、原因
刘乔英		女	古寨	1946 年	1948 年 7 月被捕后在彭寨街遭杀害

2

龙川县②

姓名	曾用名	性别	籍贯	参加部队时间	牺牲时间、地点、原因
严伟玲		女	附城	1937 年参加革命	1945 年 8 月在始兴县其［奇］心洞战斗牺牲

① 收录于中共广东省委党史研究室、广州地区老游击战士联谊会、广州地区老游击战士联谊会东江纵队分会、广州市东江纵队研究会编：《东江纵队英烈集》，2013 年，第 288–290 页。

② 收录于中共广东省委党史研究室、广州地区老游击战士联谊会、广州地区老游击战士联谊会东江纵队分会、广州市东江纵队研究会编：《东江纵队英烈集》，2013 年，第 290–292 页。

佛山东江纵队女英烈名录（节选）

1

三水县[①]

姓名	曾用名	性别	籍贯	参加部队时间	牺牲时间、地点、原因
钱玉芝		女	三水	1944 年	1945 年秋在始兴奇心洞英勇牺牲
严慧玲		女	河口	1938 年	1946 年在博罗县战斗中牺牲

2

南海县[②]

姓名	曾用名	性别	籍贯	参加部队时间	牺牲时间、地点、原因
冼风来		女	西樵	参加游击队	在宝安光头仔被国民党包围战斗中牺牲
朱金玉		女	南海	1939 年	1942 年 7 月敌人村被俘与敌斗争遭杀害
高方		女	南海	1941 年	1945 年 8 月在始兴遭敌人袭击牺牲

① 收录于中共广东省委党史研究室、广州地区老游击战士联谊会、广州地区老游击战士联谊会东江纵队分会、广州市东江纵队研究会编:《东江纵队英烈集》，2013 年，第 309 页。

② 收录于中共广东省委党史研究室、广州地区老游击战士联谊会、广州地区老游击战士联谊会东江纵队分会、广州市东江纵队研究会编:《东江纵队英烈集》，2013 年，第 302—303 页。

江门东江纵队女英烈名录（节选）

1

新会县①

姓名	曾用名	性别	籍贯	参加部队时间	牺牲时间、地点、原因
陈笑影		女	新会	1938 年	1942 年 5 月敌人包围医院与敌斗争被俘遭杀害
陈昭		女	新会	1939 年	1945 年 8 月在始兴县被敌包围冲出时中弹牺牲

2

台山县②

姓名	曾用名	性别	籍贯	参加部队时间	牺牲时间、地点、原因
徐丽云		女	台山	1942 年	被敌逮捕杀害

① 收录于中共广东省委党史研究室、广州地区老游击战士联谊会、广州地区老游击战士联谊会东江纵队分会、广州市东江纵队研究会编：《东江纵队英烈集》，2013 年，第 309 页。

② 收录于中共广东省委党史研究室、广州地区老游击战士联谊会、广州地区老游击战士联谊会东江纵队分会、广州市东江纵队研究会编：《东江纵队英烈集》，2013 年，第 310 页。

梅州东江纵队女英烈名录（节选）

1

梅　县①

姓　名	曾用名	性别	籍贯	参与部队时间	牺牲时间、地点、原因
黄　丽		女	水车	1931 年参加革命	1943 年在宝安县作战牺牲
丘　平		女	东谢田村	1944 年	1946 年春在平安圩与国民党军遭遇战斗中牺牲
熊兰英		女	梅江	1945 年	1947 年在惠州市被捕杀害
邓雪如		女	松源	1945 年	1948 年在英德县新兴突围战斗中牺牲

2

解放战争时期女英烈名录②

姓名	出生年月	籍贯	参加革命时间	职务	牺牲时间	牺牲地点	牺牲原因
熊兰英	1925	梅县	1945	纵队战士	1947 年	惠州	被捕就义

---

① 收录于中共广东省委党史研究室、广州地区老游击战士联谊会、广州地区老游击战士联谊会东江纵队分会、广州市东江纵队研究会编：《东江纵队英烈集》，2013 年，第 303 页。

② 收录于梅州市妇联编：《梅州妇女志》，1990 年，第 137 页。

香港东江纵队女英烈名录（节选）

香　港①

姓名	曾用名	性别	籍贯	参加部队时间	牺牲时间、地点、原因
杨素贞		女	香港	东纵战士	1942年春在羊台山战斗牺牲
张漪芝		女	香港	1941年	1944年9月在博罗福田圩战斗中为抢救伤员而牺牲

① 收录于中共广东省委党史研究室、广州地区老游击战士联谊会、广州地区老游击战士联谊会东江纵队分会、广州市东江纵队研究会编:《东江纵队英烈集》，2013年，第304页。

其他地区东江纵队女英烈名录（节选）

1

外　省①

姓名	曾用名	性别	籍贯	参加部队时间	牺牲时间、地点、原因
全赓靖		女	北京市	1945 年	1945 年 8 月 1 日被捕遭杀害

2

籍贯未明②

姓名	性别	职务	牺牲时间、地点、原因
林杰	女		1939 年参加部队，1940 年 9 月在东莞黄潭战斗牺牲
叶碧华	女		1940 年 12 月［在］水乡芦溪村和李一之被日冠［寇］被捕枪杀
庞维满	女		1942 年春由于缺医少药病故

① 收录于中共广东省委党史研究室、广州地区老游击战士联谊会、广州地区老游击战士联谊会东江纵队分会、广州市东江纵队研究会编：《东江纵队英烈集》，2013 年，第 313 页。

② 收录于中共广东省委党史研究室、广州地区老游击战士联谊会、广州地区老游击战士联谊会东江纵队分会、广州市东江纵队研究会编：《东江纵队英烈集》，2013 年，第 313–316 页。

人物传记

曹美容（1903—1948）

曹美容①

（1903—1948）

曹美容，英德县黄坡乡东水管理区曹屋人，生于1903年4月。15岁时与桥头乡梅影村赵詹培结婚，家境清贫。

桥头乡是革命老区，1944年冬日本侵略军进攻粤北，党在这里组织抗日游击队，曹美容的儿子赵瑞珍参加抗日武装斗争。从此赵家就成了游击队的联络点，日本投降后改为党的秘密联络站。在赵瑞珍和其他革命同志的帮助下，她从一个普通农妇终于走上了革命的道路。

解放战争时期，英德东部人民武装斗争迅速发展，曹美容冒着生命危险，一心一意援助人民游击战争。1947年12月，国民党反动政府派正规军69师向英东发动全面进攻，大“扫荡”后留下一个团分驻在桥头、溪板、大镇三个乡，扶助地方反动势力组织“戡乱会”、联防队。这些反动武装白天搜山，晚上围村，滥捕滥杀无辜群众，推行五家联保（即一家通共，五家杀头），企图以此断绝游击队同人民群众的联系，把游击队困在深山里饿死。在这紧急关头，曹美容不顾生命危险，在隆冬深夜爬山越岭，秘密给游击队送粮，又把游击队印制的传单和战报带回来。散发在墟场和交通要道上，使敌人胆颤心惊，使群众受到鼓舞。

1948年6月7日，游击队为伏击桥头乡的反动头子杨成光、郭先基、深夜来到梅影曹美容家，她高兴极了，把小分队隐蔽在村后竹林的茅棚

① 收录于韶关市妇女联合会、清远市妇女联合会合编：《粤北妇女运动（1921—1949）》，1994年，第188–189页。

里，又赶忙给同志们烧水做饭，天蒙亮又带路去伏击点侦察地形。部队一连设伏三天。她白天给部队侦察敌情，晚上送饭照顾生活，使部队顺利完成伏击任务。击毙了罪大恶极的杨成光、郭先基，为英东人民报了仇，沉重地打击了敌人气焰。

但战斗后，因叛徒告密，曹美容不幸被捕，敌人对她软硬兼施，要她供出游击队活动情况，她大义凛然，痛骂敌人，敌人用香火烧，用针刺指头，用刀割舌头，用尽酷刑，她毫不屈服，最后被押赴刑场，英勇就义。

（韶关市妇运史资料，作者邱振英。许明整理，本文有删节）

陈　昭（1921—1945）

1

党的好女儿——陈昭烈士传略①

陈昭（原名陈妙慈），在抗日战争时期，曾任中共连（县）连（山）阳（山）三属工委领导下连县的一个地下妇女支部的书记。一九四四年到东江纵队西北支队任政工队副队长。一九四五年夏末随部队北上与王震部队会师，在始兴县隘子汤武輋山遭国民党反动派军队包围，突围时光荣牺牲，年仅二十五岁。陈昭的一生虽然没有轰轰烈烈的英雄业绩，但她的心却象向阳花那样，永远向着党，党需要她到那里，她就在哪里埋头苦干，她那种坚韧不挠、无限忠于党的事业的革命精神，同志们是永远难忘的。

陈昭是新会县外海乡人，出生于一九二一年，家中姐弟七人，她排行第二，父亲是乡村教师，经常失业，生活贫困。她从小勤奋好学，成绩优秀。当她读小学五年级时，因家庭经济困难而缀［辍］学。十三岁时，就随姐姐远离家乡，到广州河南广东纺织厂当摇纱工，每天工作十二小时，每月只拿到十元工资。繁重的劳动，把瘦弱的她，煎熬得皮黄骨瘦，精疲力竭。为了赡养父母和幼小的弟妹，姐妹俩从不敢吃一顿饱饭，经常在市场捡些烂菜或买些平价的番薯回来煮粥充饥，偶然在街边的平民饭摊买上几分钱饭菜吃，就象过节似的高兴。陈昭看到工头，老板吃得油光满面，腰圆肚胀，常问姐姐：我们穷人什么时候才能有饱饭吃……。

最使她难堪的是，那些资本家、工头不把女工当人看待，出入工厂要搜身，上厕所要限时间，稍有差错就挨打骂或罚款，甚至开除。长得漂亮

---

① 收录于广东妇运史编纂委员会、东江地区东纵编写小组编：《东纵女英烈》，广东五华印刷厂，1987年，第92—99页。

的女工，还遭工头调戏污辱。陈昭年纪虽小，但对这种现象非常反感，她常愤愤地说："如果工头敢碰我，我就狠狠地揍他一顿，大不了也不过开除而已"。她开始意识到，对待压迫，只能反抗，不能逆来顺受，要生存，必须寻求出路。生活的磨炼使幼小的心灵开始迸出反抗的火花。

一九三七年"七 · 七"芦沟桥事变，全国掀起抗日热潮。广州的抗日救亡运动，也搞得热火朝天。陈昭在时代洪流的影响下，深感"国家兴亡，匹夫有责"。但想到倚门等候着自己买米下锅的父母，养家、救国矛盾的心情，使她彻夜难眠。细想没有国，也没有家，投身抗战激流，是有志青年的真正出路。她回家乡，说服了父母。一九三八年七、八月间，毅然离开工厂，投考"广州市在营模范团妇女连"，这是国民党政府举办的一个培训妇女军事骨干，为广州市全面训练女壮丁提供教练人员的机构。陈昭当时还不晓得，她一心一意抢着为国捐躯的心愿，热心学习军事，以便将来拿起枪杆杀敌人，她以一股抗日热情刻苦学习，引起当时打进模范妇女连的中共地下党员的注意，党派人有意识的接近她、帮助她，陈昭就象久旱的禾苗逢甘露，如饥似渴地埋头阅读进步书刊，她利用休息的时间，躲过别人偷着看。她阅读了《大众哲学》、《论持久战》、《共产党宣言》等书，开始考虑自己要做一个对社会有益的人。从而认识到：中国共产党坚持抗日，要打倒日本帝国主义，就要跟着中国共产党走。从此她主动靠拢进步的同学，争取对自己的帮助。

在抗日救亡的热潮推动下，妇女连的进步同学要求上街宣传抗日。广州沦陷前夕，她参加了广州的进步社团组织的几万群众游行示威，和大家一起高呼："誓死保卫大广州"，"打倒日本帝国主义"，高唱"保卫中华"等歌曲。把喉咙喊沙哑了，在游行示威中，使她深感群众力量伟大。可是她那里想到，国民党实行的是消极抗日政策，就在第二天，妇女连奉命撤出广州，逃难似的步行到广宁县古水镇。当时，一些进步同学带着耻辱的心情洒泪离开广州。刚懂一点抗日道理的陈昭，感到迷惑不解，伤心地痛哭起来。

广州沦陷后，广东省政府主席李汉魂为了培植自己的势力，他把当时在连县星子集训的高中以上军事集训生和模范团的学生编入他举办的“地方行政干部训练所”。培训三个月后，分派到基层工作。陈昭当时参加了军事系学习。“干训所”有中共地下总支——军事系党支部，在党支部的教育下，陈昭进步很快，迫切要求参加中国共产党。

一九三九年夏天，“新生活运动妇女委员会”从干训所抽调一批学员，组成战时妇女工作队，开赴英德、清远工作。地下党总支布置部分党员带领一些进步群众参加妇女工作队。陈昭参加了战工队。战工队的总队长、分队长都是中共党员，他们利用这个公开合法的组织，按照党的指示开展抗日救亡工作。陈昭当时还是一个年轻没工作经验的小妹妹，但她有一种自强不息的好学精神，干什么，学什么，在地下党的领导下，在工作中很快成长起来。当时战工队要经常出墙报、战报，要画漫画、插图，但绘画人手不够。陈昭为了工作需要，不顾自己只有小学画图画的水平，主动承担这项工作。经过夜以继日的不断地刻苦临摹，终于画出了使大家满意的画来，解决了墙报的插图。

战工队白天组织青年、儿童歌咏班，晚上分头到驻地附近的村庄办妇女识字班。陈昭在一个离驻地较远的村庄办了一个识字班，她认真负责，风雨无阻，准时到达上课。有一个夜晚，雷雨交加，道路也被水淹了，去不去上课？下村上课的同志正在犹豫，她却不声不响戴上雨帽出门，带动了其他同志。

陈昭在战工队里，由于工作踏实，认真负责，成为战工队里的骨干分子。一九三九年八月在英德光荣地参加了中国共产党。

一九四〇年夏天，省新运妇委会决定在粤北几个县建立县一级的新运妇委会。当时中共北江特委妇女总支，决定把中共地下党员（原在战工队工作）的力量，重点安排到国民党省府所在地——连县曲江和省府的大后方。当时分配到连县的地下党员有叶婉香、刘德容、麦曼瑛、陈昭和十几个非党工作人员。四个党员成立了一个支部。开始支书是叶婉香。一九四一年叶离开连县由陈昭任支书，公开身份叶婉香是总干事（一九四三年陈昭任总干事），党支部完全掌握了连县新运妇委会的大权。

我们是打着李汉魂的学生（干训所学生）吴菊芳的部下，新运妇委会以公开合法组织的旗帜开展活动，以联络为名，上至行署的专员，县府的县长、科长，下至乡、镇长、国民党、三青团、国民兵团，广泛进行访问，了解他们工作情况和对时局的看法，收集情况，及时向党反映，使连县新运妇委会成为我们党窥测国民党动态的窗户。特别叶和刘离开后，一九四三年陈昭在群众和机关中树立了一定的威信，被选为县参议员，她利用这个地位，参加国民党更多的会议，并按党的需要经常亲自到机团及地方了解情况。有一次，党组织要了解连县反动头子关以忠家乡情况，陈昭便利用自己的合法身份，胸前挂着县政府的钢质圆证章，带着黄惠同志，步行九十里到关以忠家乡——西岸村，观察地形，了解情况，为党提供了不少情报。

连县新运妇委会的会址是座落在一条狭长的偏僻小巷，里面开办了一个妇女织造所，生产毛巾、土布，陈昭利用这个僻静的地方，以推销产品、洽谈生意为名，和地下党领导同志接头，让过境的同志秘密住宿，以免同志们住在旅店受宪警搜查的麻烦。一九四四年春天，省委青年部副部长张江明同志从东江纵队回到坪石，遭国民党特务逮捕，后逃脱转到连县星子，隐蔽了一段时间后，到达连县县城。陈昭冒着极大的危险，巧妙地把他隐藏在连县新运妇委的阁楼上，使敌人的追踪断了线。几天之后，又秘密地把他转移到东江纵队，使张江明同志脱了险，保护了党的力量。

陈昭利用新运妇委会的招牌，以提高妇女文化水平，推广妇女识字运动，广泛办了妇女识字班。到那里办班，就要县政府给乡、保长发通知、协助她找开班的地址，借桌椅，使乡保长感到她是上头来的，不敢急[怠]慢，也使自己添上一层保护色。她又向乡、保长进行宣传教育，争取他们乐意帮助，减少阻力。为了扩大影响，每期识字班结束（三个月一期）还举行结业礼，请乡、保长参加，感谢他们的帮助，使他们非常高兴。乡、保长聚会时也乐意谈谈此事，无形中为我们做了义务宣传员。陈昭在连县五年先后在连城、三江区、东坡区、星子区等地的圩镇、乡村办了十几期妇女识字班，工作都是畅通无阻。

妇女识字班表面上是读国民政府教育厅编的民众识字课本，学识字、算数，实际上在讲课时加插不少抗日的内容。识字班又是党支部接近群众、教育群众的一个阵地。陈昭工作得很出色，她上课时耐心地教妇女识字、算数，使妇女们真正学到文化、懂得一般的抗日道理。在课外，她找妇女谈心，了解她们的家庭情况，然后分别先进、中间、落后，有针对性地进行教育，除了讲妇女解放的道理外，对一些先进分子有意识讲国共两党的情况，八路军、新四军的战绩，苏联社会，苏联妇女的幸福生活等。在她的教育下，妇女群众的思想觉悟提高很快，有些先进妇女敢于背着家人，为我们收藏禁书和做事。

陈昭还深入到连县中学、燕喜中学，通过一些进步女学生，组织同学阅读进步书刊，传播革命理论，激发他们的爱国热忱，在她的启发教育下，一九四四年先后动员了一批青年参加东江纵队游击队。

陈昭在连县新运妇委会战斗五年，严守党的秘密，她既坚持党的原则，又灵活机动，她表面看来是一位温雅、贤淑的妇女，她的行动循规蹈矩，不露锋芒，不仅国民党特务没有发现她的活动，就连跟她在一起工作的亲姐姐也没有想到，这个跟自己从农村出城市做工的黄毛丫头，竟然成长为中共地下党的支部书记，为了要坚持新运妇委会这个阵地，陈昭懂得抓好人事权，凡有同志调走要补充新人员时，她一面向地下党领导同志反映，及时介绍新同志进来，另一方面做好上层工作，力争把准备调来的新同志安插进来，所以连县新运妇委会几年来的人事多次更换，都是调进共产党员担任工作。由于陈昭善于做好各方面工作，所以连县新运妇委会党支部历时五年未被敌人发现，新运妇委会工作实际上是按着党的指示办事。

一九四四年冬，日寇占领了粤汉铁路干线重要城市，我党动员地方党的党员和进步青年到东江游击队去。陈昭得到这个消息非常高兴，朝夕向往到火线上锻炼自己的机会到来了。但是在这个时候她已怀孕了。怎么办呢？当时请医生做人工流产是不可能的，后来她自己偷偷地七弄八弄，终于把胎儿搞下来了，但是身体也大大减弱，她不哼一声，瞒着同志们，精神抖擞地奔赴东江。

一九四五年初，东江纵队西北支队奉命挺进粤北，当时她和爱人李信分配到西北支队担任政工队正副队长。西北支队行军路线是从东江增、博出发经从化进军英德然后渡江、沿着北江的西岸纵深发展。那地方过去没有部队活动过，群众基础差，工作非常艰巨，连部队的给养也成问题。政工队常常要担负动员群众卖粮、油给部队的任务。群众不了解我们，所到村庄都是关门闭户，陈昭带着几个女同志，到群众家轻轻敲门，隔门向群众做宣传工作，群众还是不开门，她们就坐在门口耐心地等候，终于把群众感动了，门开了，陈昭就用群众容易懂的语言，宣传我军抗日救国的政策，动员群众支持部队，在她的耐心宣传下，不但动员群众卖粮、盐给部队，还动员了一些贫苦无出路的青年农民参军，随部队北上。

省委为了发展粤北地方武装力量，调她爱人重返连阳地区工作，恢复和发展党组织，发动群众，准备武装起义，他们一个在地方党工作，一个在游击队，联系已很困难，更没有想到这次和爱人一别，就成了他们的永别啊！

八月，西北支队北上至曲江边境，遭国民党军队和地方反动武装截击，大部队难以前进。部队重新部署了力量，组织了一支精干的部队继续北上，参加北上的女同志，除一个女报务员外，就是陈昭一人。

在日寇投降前夕，蒋介石拼命争夺抗战胜利果实，派重兵向解放区发动全面进攻，广东国民党反动派也出动三个师的兵力，对我在粤北的部队发动大规模的“围剿”。由于敌我兵力悬殊，我们只能避开敌人主力，往深山荒岭前进。粤北山区，山高林密，土地瘦瘠，山上偶然有一二间茅屋，住的都是缺衣少食的贫苦瑶民。当时部队给养非常困难，经常断粮。长期行军，饥饿和疲劳折磨着每一个战士。陈昭在这样艰苦的环境中患了疾病，身体十分虚弱，但她以惊人的毅力坚持行军打仗。

当我部队到达始兴瑶山时，敌军一八七师死咬住我部队穷追不放，部队只得在始兴龙头峰山头和敌人周旋，连续几天急行军，没得吃、没得睡，同志们的体力实在支持不下去了，部队只好进入隘子附近名叫汤武輋大山，让同志们稍作休息，大家忍着疲劳，赶快找些野菜充饥，以便继续战斗。天黑了，同志们正在煮野菜的时候，突然四面山头枪声大作，我们队伍被包围了，四周的制高点也被敌人占领了，当时唯一的出路只有通向对面山的独木桥。支队领导同志立即集中机枪、步枪，压住敌人的火力，让同志们用最快速度冲过独木桥，由于地形对我不利，伤亡很大。陈昭当时正患着疟疾，加上饥饿，疲劳已使她步履艰难，但是一个不屈的战士怎能束手待毙？她振奋精神，勇敢地冲上独木桥。但罪恶的子弹正向她射来，陈昭倒下去了。一个从童工成长起来的共产主义战士，为人民解放事业献出她最后一滴血。她的血染红了汤武嶂山的溪流，染红了祖国的大地。冲出包围的战士们洒着复仇的眼泪，向牺牲的同志宣誓，我们一定踏着你们的血迹前进，胜利一定属于人民。

刘　思　王　健

2

陈　昭[①]

陈昭（1921—1945），女，广东省新会县外海乡人，家中姐弟七人，她排行第二，父亲是乡村教师。她从小勤奋好学，成绩优秀，因家庭经济困难而辍学。13 岁时，就随姐姐到广州河南广东纺织厂当摇纱工。

1937 年“七七”卢沟桥事变，全国掀起抗日热潮。1938 年 7、8 月间，她毅然离开工厂，报考了“广州市在营模范团妇女连”。陈昭刻苦学习的精神，引起当时打进模范妇女连的中共地下党员注意，有意识的接近她，帮助她。

广州沦陷后，广东省政府主席李汉魂为了培植自己的势力，举办“地方行政干部训练所”。陈昭当时参加了军事系学习，“干训所”有中共地下

① 收录于中共广东省委党史研究室、广州地区老游击战士联谊会、广州地区老游击战士联谊会东江纵队分会、广州市东江纵队研究会编：《东江纵队英烈集》，2013 年，第 103—104 页。

总支，在党的教育下，陈昭进步很快。

1939年夏天，干训所抽调一批学员，组成战时妇女工作队，开赴英德、清远工作。陈昭参加了战时妇女工作队。工作队的总队长、分队长都是中共党员，陈昭在地下党组织的领导下，在工作中很快成长起来。

1939年8月，陈昭在英德光荣地参加了中国共产党。

1940年夏天，中共北江特委妇女总支，决定安排一批中共地下党员，到国民党省府所在地连县、曲江工作。其中党员有叶婉香、刘德容、麦曼瑛、陈昭和十几个非党工作人员。4个党员成立了一个支部，由陈昭任支部书记，党支部完全掌握了连县新运妇委会的大权。

打着李汉魂的学生（干训所学生）吴菊芳名义，陈昭以公开合法组织的身份开展活动，并以联络各界人士为名，范围上至行署的专员、县府的县长、科长，下至乡、镇长、国民党、三青团、国民兵团等有关组织，收集情况，及时向党组织反映。陈昭在群众和机关中树立了一定的威信，1943年被选为县参议员。她利用这个地位，参加国民党更多的会议，并按党的需要经常亲自到机团及地方了解情况，为党提供了不少情报。

连县新运妇委会开办了一个妇女织造所，陈昭以推销产品、洽谈生意为名，和地下党组织接头，让过境的同志秘密住宿。1944年春天，省委青年部副部长张江明从东江纵队回到坪石，遭国民党特务逮捕，后逃脱转到连县，陈昭冒着极大的危险，巧妙地把他隐藏在连县新运妇委会的阁楼上，使敌人的追踪断了线。几天之后，又秘密地把他转移到东江纵队。

陈昭在连县新运妇委会战斗五年，由于她善于做好各方面工作，连县新运妇委会党支部始终未被敌人发现，胜利完成党交给的任务，还先后动员了一批青年参加东江纵队。

1944年冬，党动员地方党的党员和进步青年到东江游击队去。陈昭得到这个消息非常高兴，但是在这个时候她已怀孕了，她强忍心中的痛楚，暗自把胎儿打掉，拖着虚弱的身子奔赴东江。

1945年初，东江纵队西北支队奉命挺进粤北，她和爱人李信分配到西北支队担任政工队正副队长。西北支队从东江增、博出发经从化进军英德然后渡江，沿着北江的西岸纵深发展。所经地方由于过去没有部队活动过，群众基础差，工作非常艰巨，政工队要担负动员群众卖粮、油给部队的任务。陈昭带着几个女同志，到群众家做宣传工作，开始群众不敢开门，她们就坐在门口耐心地等候，终于把群众感动了，门开了，陈昭就用群众容易懂的语言，宣传人民军队抗日救国的政策，动员群众支持部队，在她的耐心宣传下，不但动员群众卖粮、盐给部队，还动员了一些贫苦的青年参军，随部队北上。

省委为了发展粤北地方武装力量，调她爱人重返连阳地区工作，他们一个在地方党工作，一个在游击队，可没有想到这次和爱人一别，就成了他们的永别啊！

8 月，西北支队北上至曲江边境，遭国民党军队和地方反动武装截击，大部队难以前进。部队重新部署了力量，组织了一支精干的部队继续北上，参加北上的女同志，只有一个女报务员和陈昭两人。

在日寇投降前夕，蒋介石拼命争夺抗战胜利果实，派重兵向解放区发动全面进攻。长期行军，饥饿和疲劳折磨着每一个战士。陈昭在这样艰苦的环境中患了疾病，身体十分虚弱，但她以惊人的毅力坚持行军打仗。

当部队到达始兴瑶山时，敌军一八七师穷追不放，部队只得在始兴龙头峰山头和敌人周旋，连续几天急行军，没得吃、没得睡，战士们的体力实在支持不下去了，部队只好进入隘子附近名叫汤武峯大山，让战士们稍作休息，以便继续战斗。天黑了，突然四面山头枪声大作，队伍被包围了，四周的制高点也被敌人占领了，当时唯一的出路只有通向对面山的独木桥。支队领导同志立即集中机枪、步枪，压住敌人的火力，让战士们用最快速度冲过独木桥。陈昭当时正患着虐［疟］疾，加上饥饿，疲劳已使她步履艰难，她振奋精神，勇敢地冲上独木桥。但罪恶的子弹正向她射来，陈昭倒下去了，为人民解放事业献出她最后一滴血。

3

陈　昭[①]

(1921—1945)

陈昭（原名陈妙慈）新会县外海乡人。1921 年出生，父亲是乡村教师，生活贫困，12 岁到广州纺织厂当女工，工厂劳动繁重和资本家的压迫，使她感到要寻求出路。1937 年芦沟桥事变，广州掀起抗日热潮，1938 年 8 月，她离开工厂，报考广州市在营模范团妇女连。这是国民党为培训妇女军事干部的机构，里面有中共地下党员。她在党的思想教育下，阅读《大众哲学》等进步书籍，参加抗日宣传示威游行活动。广州沦陷不久，她随队步行到广宁古水，接着又步行到韶关，全连参加了省行政干部训练所军事系学习，1939 年夏，她和一部分同学抽调到省新运妇委会工作，参加战时妇女工作，开赴英德、清远。这个战工总队和分队的负责人都是中共党员，她在队里工作踏实、深入，进步快、觉悟高，1939 年 8 月在英德参加中国共产党。

1940 年夏天，省新运妇委会决定以曲江、连县为重点建立县级妇委会，派去连县妇委会的党员有叶婉香、刘德容、麦曼瑛、陈妙慈，建立了党支部，叶婉香任支部书记。1941 年叶离开后，陈昭担任支书，1943 年又任妇委会总干事。她利用公开合法的身份进行党的活动，掩护地区领导开会，过境住宿。如 1944 年春，省委青年部付［副］部长张江明被国民党特务抓住，后逃脱到连县，陈把他隐蔽在妇委会内，使敌人追踪断了线，后又秘密把他转到东江纵队。她在县城、三江、东陂、星子等地区乡镇及村子办起十多期妇女识字班，籍［借］此联系农村妇女，进行宣传教育；她还到连州中学，燕喜中学向中学生宣传革命理论，1944 年先后发动

---

① 收录于韶关市妇女联合会、清远市妇女联合会合编：《粤北妇女运动（1921—1949）》，1994 年，第 194－195 页。

组织一批青年参加东江纵队游击队。她在连县工作了 5 年，忠实地执行了党的任务，又是一个出色的妇女工作者。

1945 年初，东江纵队、西北支队和北江支队奉命挺进粤北与王震南下部队会师，陈昭为了参加部队，用土办法打掉了腹中的胎儿，与爱人李信到了西北支队分别担任正付［副］队长，从增城、博罗经从化、英德往北江西岸深入。沿途给养困难，政工队动员群众卖粮油给部队，她和队员挨家挨户去群众家里做工作，在她们的影响下，有些贫苦青年农民参军，随部队北上。省委为了发展粤北地方武装，调李信重返连阳地区，陈昭没有提出与爱人同行，而是随队继续北上。在日寇投降前夕，国民党部队疯征进剿我部队，沿途围追堵截，由于敌我兵力悬殊，部队避开敌人主力往深山前进，山区群众甚少，长期行军，饥饿疲乏，陈昭流产后身体很虚弱，又得了疾病，她十分顽强的坚持与队伍行军打仗。在十分困难情况下，部队只好进入始兴隘子附近的汤湖崋大山，山高又陡，同志们正煮野菜充饿［饥］，敌人占据两面大山制高点，密集火力射击，当时唯一出路只有冲下山通过独木桥，占据对面山。支队领导集中机枪、步枪、压住敌人火力，让同志们冲过去，地形不利，不少同志伤亡，陈昭因患疟疾病，步履艰难，也一样往独木桥冲去，敌人子弹打中了她，为了革命事业她献出了自己宝贵的生命。

（根据王健、刘思《陈昭烈士》一文摘录，刘碧整理）

陈志良（1922—1945）

1

血写的履历——陈志良烈士传略[①]

陈志良，曾用名陈萍。

一九二二年出生于广东省东莞县黄村。

一九三八年加入中国共产党，先后担任广东韶州师范学校地下党女学生支部宣传委员；后北江特委书记秘书；广东人民抗日游击队西北支队电台机要员。一九四五年十月在始兴瑶山不幸被捕牺牲。这就是她二十四年的生命旅程，用鲜血写成的人生履历。

志良烈士离去已经四十二年了，当后人想起她那朴实、无私、坚强、乐观的革命品质无不为之感动。她的名字刻在东莞县的烈士纪念碑上，也刻在人们心中，她的英雄业绩将永久地留在人们记忆的长河中……

一九三一年，“一二·八”事件震惊着亿万颗爱国心，抗日救亡运动正在全国掀起。志良的大哥陈柏昌在党的影响和教育下，积极从事抗日救亡的学生运动，他常和弟妹讲亡国痛苦和党的抗日主张，使少年时代的志良满怀着强烈的爱国激情，并坚定地信赖共产党，在哥哥的影响下，她阅读了《钢铁是怎样炼成的》、《铁流》等进步书籍，经常倾听兄长与学友组织的读书会，了解时局，在她心里燃起了抗日救国的革命烈火。一九三八年初，她考进广州黄埔中正中学。踊跃参加城市爱国青年抗日宣传活动、同年冬，广州沦陷，她目睹祖国河山破碎，人民遭受蹂躏的惨景，激起了对日本帝国主义的无比仇恨，她决心弃学参战，挽救国家危亡。于是，她

---

① 收录于广东妇运史编纂委员会、东江地区东纵编写小组编:《东纵女英烈》，广东五华印刷厂，1987年，第84—87页。

随兄参加了我党领导下的进步的青年团体——广东青年抗日先锋队，此时，由我党倡导的，以国共两党合作为基础，各界各族人民广泛参加的抗日统一战线已逐步形成，国民党第四战区成立了抗日动员委员会，以抗先队为基础，吸收了一批爱国青年组成战时工作队，分赴广东各地农村宣传动员民众抗战，陈志良所在的抗先队编入了战工队，到东江一带敌占区，动员群众开展抗日武装斗争。经过斗争的艰苦磨练，志良进步很快，这年底，她加入了中国共产党。

由于革命的需要，志良从学校走向战场，一九三九年春天，她又从战场回到学校——韶州师范。那时，国民党消极抗战，排挤、打击进步力量。在整编时，党组织决定把志良及其弟等四人通过国民党十二集团军的统战关系保送到韶州师范读书，从此，她又以笔当枪，把学校当另一重要战场开始了新的战斗。

陈志良在韶州师范一面读书，一面开展学运工作。深得同学拥护，被选为学生自治会主席，又担任了地下党女学生支部的宣传委员。在党的特派员李仲才老师的具体领导下，她利用合法的身份组织学生举行歌咏、演讲、体育比赛，组织读书会团结进步青年成为党的外围组织。她利用每年寒、暑假期，组织进步师生到学校附近的董塘、石塘、城口、长江、扶溪、下富等地进行抗日宣传活动。此外，她还注意同校方当权人物搞统战工作，积极争取校长黄焕福，打击克扣师生伙食费、贪污学校办公费、修缮费的中统特务、训育主任朱桓，使他陷于孤立的境地，大煞了他的威风。志良在斗争中更得到了师生的信任和拥护，她在同学的心中，是一个诚挚、活跃、稳重、威信高的“大家姐”。

可是，正义的行动，总是会引起反动派的仇恨的。一九四一年冬，组织决定让她撤离学校，以社会职业为掩护，协助后北江特委书记李守信进行地下活动。于是她匆匆告别了学生时代，告别了爱戴她的同学。

开始，她在韶关市五里亭救济总署电台当译报员，进过“电报技术夜校”学习，她熟练地掌握了收发电报技术。一九四三年，她随同李守信同志到河源县电报局任报务员，年轻的志良为了掩护守信的工作，假扮了他的妻子。随着时间的流逝，爱情悄悄地诞生在他俩心中，四四年六月，他们结合了。组织上让他们暂时住在韶关市东河坝的一间木屋里，李的公开身份是一间印刷厂的总务，志良是家属。不久省委交通员吕友被捕叛变，供出了李守信的住处。李守信和陈志良被捕入狱，先关在韶关市监狱，后解押到南雄监狱。志良被关在十几个女犯的牢房里，狱里生活的折磨，她的胃病经常发作，身体十分虚弱，但她表现非常坚强，敌人多次对她审讯，也无法从她口中得到半点供词。不幸的是她爱人在狱中受刑后，又患恶性疟疾，竟在狱中去世。志良强忍着悲痛，同狱中难友安葬了爱人，继续坚持狱中斗争，她同狱中的党员成立了临时党支部，她担任支委，经常研究对敌斗争策略，进行抗日无罪的宣传。她还争取了一位女看守，通过她，志良与党组织取得了联系，常常能得到狱中禁看的进步书刊和有关外面时局的消息。

一九四四年冬，日寇进攻粤北，韶关局势十分紧张，国民党军队不战而逃到江西省。身处囹圄而忧国忧民的志良是多么不安呀，在地方党的帮助下，由她过去在韶师读书时的校长黄焕福出面保释，年底，志良终于被保释出狱。

回到家乡东莞，亲人见她被折磨得消瘦不堪，尤其是心疼孙女的年迈的祖母更是不忍志良再离家上前线。可是，志良抱定抗日救国的决心，耐心说服了老人，决然到抗日的最前方去。一九四五年春，她几经周折到达英德找到了党组织，经北江特委批准，恢复了陈志良的组织关系，考虑她的身体较弱，把她留在地方工作。她再三要求组织让她参加武装斗争，终于，她到了由邓楚白领导的东纵西北支队电台工作。

一九四五年夏天，党中央指示广东各地党组织率师北上与王震、王首道同志领导的南下部队汇［会］合，建立五岭抗日游击根据地。担任西北支队电台机要员的陈志良随军北上。行军生活十分艰苦，这期间，志良患了痢疾病，饥饿和病痛折磨着她，而她以无比坚强的毅力坚守工作岗位，通宵达旦地工作。九月间，部队到达始兴瑶山，此时日本已宣布投降，国民党更加疯狂地对我武装部队“扫荡”，由于敌军长时间的封锁，部队缺吃少穿，志良病情日益严重，十月份，兵分几路突围和部份分散掩蔽，陈志良是重病号，组织决定暂留始兴瑶山掩蔽治疗。十月，部队刚突围离开瑶山，国民党入山进行搜索，志良被捕，当时志良已病得无法行走，敌人用门板把她抬到半山中，将她杀害了。象许许多多烈士一样，她至今为人民深深缅怀。

陈仲舒、张光芒供稿

（韶关市妇联妇运史小组整理）

2

陈志良①

陈志良（1922—1945），女，出生于广东省东莞县黄村。在大哥陈柏昌影响和教育下，志良积极参与抗日救亡工作。

1938 年，广州沦陷，她随兄参加了党领导下的广东青年抗日先锋队，编入了战时工作队，到东江敌占区动员群众开展抗日活动。志良进步很快，年底，她加入了中国共产党。

那时，国民党消极抗战，排挤、打击进步力量。在战工队整编时，党组织决定把志良及其弟等四人保送到韶州师范读书，他们把学校当作另一重要战场开始了新的战斗。

陈志良在韶州师范一面读书，一面开展学运工作，深得同学拥护，被选为学生自治会主席，并担任了地下党女学生支部的宣传委员。在党的领导下，她利用合法身份组织学生举行歌咏、演讲、体育比赛，组织读书会团结进步青年成为党的外围组织。利用每年寒、暑假期，组织进步师生进行抗日宣传活动；同时注意同校方当权人物搞好统战工作，积极争取校长

① 收录于中共广东省委党史研究室、广州地区老游击战士联谊会、广州地区老游击战士联谊会东江纵队分会、广州市东江纵队研究会编：《东江纵队英烈集》，2013 年，第 108-109 页。

黄焕福；打击克扣师生伙食费、贪污学校办公费的中统特务训育主任朱桓，得到了师生的信任和拥护，她在同学的心中，是一个威信高的“大家姐”。

她的正义行动，引起反动派的注意。1941 年冬，党组织决定让她撤离学校，以社会职业为掩护，协助后北江特委书记李守信进行地下活动。她进“电报技术夜校”学习了收发电报技术。为掩护李守信的工作，假扮他的妻子。1944 年 6 月他俩正式结合。

不久，省委交通员吕友被捕叛变，李守信和陈志良被押送到南雄监狱。志良表现非常坚强，敌人多次审讯，也无法从她口中得到半点供词。不幸的是她爱人在狱中受刑后，患恶性疟疾，在狱中去世。志良强忍悲痛，与狱中坚持斗争的党员成立了临时党支部，并担任支委，研究对敌斗争策略，进行抗日无罪的宣传。她还争取了一位女看守，通过她，志良与党组织取得了联系，常常能得到狱中禁看的进步书刊和有关外面时局的消息。

1944 年冬，日寇进攻粤北，局势十分紧张，国民党军队不战而逃到江西。身处囹圄而忧国忧民的志良心中十分不安，在地方党的帮助下，年底，由她过去在韶师读书时的校长黄焕福出面保释出狱。

回到家乡东莞后，亲人见她被折磨得消瘦不堪，年迈的祖母更是不忍志良再离家上前线。志良耐心说服了老人，于 1945 年春，几经周折到达英德找到了党组织，经北江特委批准，恢复了她的组织关系，考虑她的身体较弱，把她留在地方工作。她再三要求参加武装斗争，终于到了由邓楚白领导的东纵西北支队电台工作。

1945 年夏天，党中央指示广东各地党组织配合东纵挥师北上与王震、王首道领导的南下部队汇［会］合，建立五岭抗日游击根据地。陈志良随军北上。这期间，志良患了痢疾，饥饿和病痛折磨着她，但她以无比坚强的毅力坚守电台机要员的岗位，通宵达旦地工作。9 月间，部队到达始兴瑶山，此时日军已宣布投降，国民党更加疯狂地对人民武装部队进行扫荡。10 月份，人民武装部队兵分几路突围和部分分散隐蔽，因陈志良是重病号，病情日益严重，经组织决定暂留始兴瑶山隐蔽治疗。部队刚突围离开瑶山，国民党入山进行搜索，当时志良已病得无法行走而被捕。敌人用门板把她抬到半山中，将她杀害了。

3

陈志良①

(1922—1945)

陈志良，曾用名陈萍。1922年生于广东省东莞县黄村。1938年参加中国共产党，先后担任中共韶关师范学校女生支部宣传委员，后北特委书记秘书，广东人民抗日游击队西北支队电台机要员。1945年10月在始兴县瑶山被捕牺牲。

志良少年时期受到从事抗日救亡学生运动的长兄陈柏昌的影响和教育，热爱祖国，信赖共产党。她在哥哥的指引下，努力阅读进步书刊，经常参加兄长与学友组织的读书会，了解时局，在心里燃起了抗日救亡的革命烈火。1938年初，她考进广州黄埔中心中学，便踊跃参加爱国青年的抗日宣传活动。同年10月，广州沦陷，目睹祖国山河破碎，人民受蹂躏的惨景，她决心弃学参战，随兄参加党领导的广东青年抗日先锋队。又随战时工作队到东江敌占区去发动群众开展武装斗争，经过艰苦磨炼，同年底参加中国共产党。

由于革命的需要，1939年春党组织安排志良及其弟弟等4人到韶州师范学校读书，从事学运工作。在学校她勤奋好学，又善于团结同学深得师生敬重。被选为学生会主席，在党内任女生支部宣传委员。在党的特派员李仲才老师的具体领导下，她利用学生会合法阵地，组织读书会，把进步青年团结在党的周围，利用寒暑假组织进步师生下乡进行抗日宣传活动。同时注意同校方当权人搞统战工作，积极争取校长黄焕福，打击克扣师生伙食，贪污学校办公费的中统特务训育主任朱桓，使他陷于孤立。志良在

① 收录于韶关市妇女联合会、清远市妇女联合会合编:《粤北妇女运动(1921—1949)》，1994年，第172–174页。

斗争中更得到师生的信任和敬重，在同学心目中，她是一个诚挚、活跃、稳重的“大家姐”。

1941 年冬，党组织派她离校到韶关，以社会职业为掩护，协助后北特委书记李守信同志进行地下活动。开始，她在省救济总署当译电员，进过电报技术夜校学习收发报技术。1943 年随李守信到河源县电报局当报务员。多年的共同战斗，使她和李守信结下深厚的友谊，1944 年 6 月他俩结为终生伴侣。当时李守信的公开身份是韶关工会印刷厂的会计，陈志良是家属。不久，由于省委交通员被捕叛变，供出他们住址，李守信和陈志良被捕入狱，先后押在韶关和南雄的监狱里。她被押在女牢中，受尽折磨，身体十分虚弱，但表现非常坚强，始终严守党的秘密。不幸的是李守信在狱中屡受重刑，又染上恶性疟疾，病逝狱中。她强忍悲痛，同难友一起安葬了爱人，继续坚持斗争。后经党组织营救出狱。

她回到故乡东莞，顾不上休养病体和慈祥的母亲及祖母的挽留，为了尽快找到党组织，投入斗争的最前线，又辞别亲人，几经周折，于 1945 年春到达英德，找到了组织。经北江特委批准恢复了组织关系。当时日寇已侵占粤北，广东人民抗日游击队西北支队开赴英德，开辟抗日游击根据地。志良坚决要求参加武装斗争，终于到了西北支队电台工作。

1945 年 8 月，西北支队奉命北上与王震、王首道率领的南下部队汇［会］合，建立五岭抗日游击根据地。任电台机要员的陈志良随队北上。行军生活十分艰苦，志良染上痢疾，饥饿与疾病折磨着她，而她却以无比坚强毅力，坚守岗位，通宵达旦地工作。9 月间，部队到达始兴瑶山，国民党军队疯狂扫荡人民抗日游击队。由于敌军长时期围困，部队缺吃少穿，志良病情日益严重，10 月，部队分路突围，因志良病重组织上决定她暂时在瑶山隐蔽治疗，不幸被敌人搜捕杀害。时年 23 岁。

（原载于《东纵女英烈》陈仲舒、张光芝供稿、
韶关市妇运史小组整理，本文有删节）

陈笑影（1922—1942）

1①

陈笑影，是广东省新会县人，生于一九二二年，因生活困苦，举家到香港谋生。她的父亲早逝，家里有母亲、姐姐，一个弟弟因家贫卖掉，兄长也过早去世，遗下嫂嫂和一个侄子。陈笑影和姐姐在香港九龙深水埗长沙湾道嘉纶织造厂当女工。一家五口。全靠姐妹俩微薄的工资度日。

一九三七年抗日战争爆发后，香港的抗日救亡运动如火如荼，深受压迫和剥削痛苦的青年女工陈笑影，积极投身到爱国洪流中去。她在深水埗参加了共产党外围组织“晨钟社”举办的工人夜校。接受了革命思想的教育，她的觉悟迅速提高，积极参加了抗日宣传，发动群众参加救亡，组织救护组，发动营救“七君子”的募捐等活动，不久成了夜校的一名骨干。一九三八年，陈笑影加入了中国共产党，决心为中国人民的解放事业献出自己的一切。

一九四一年香港沦陷前夕，党组织动员大批党员回东江参加抗日武装斗争。陈笑影坚决服从党的安排，离开家庭，回到东江游击区，参加军事干部训练班学习。她和班里另外三个女同志，互相鼓励，互相帮助，克服学习上和生活上的困难，进步很快。经过四个月的学习后，陈笑影受组织委派，到惠东宝抗日游击大队一所医院当政治服务员。

当时我游击队经常遭受日伪顽的夹击，敌情严重，环境艰苦。医院在宝安县南头镇铁岗村附近的山沟里、荔枝园和群众家里分散隐蔽，工作人员常常每天只分到一两米，过着半饥半饱的日子。但她们都以火一般的热

① 收录于中共广东省委党史研究委员会办公室、广东省中共党史人物研究会、广东省民政厅合编：《南粤英烈传》第三辑，广东人民出版社，1987 年，第 428—430 页。

情，温暖着伤病员的心。陈笑影经常打摆子，但她不顾自己身体虚弱，悉心照顾伤病员。行军时她不怕苦累，背着伤病员爬山涉水。有一次，她发现有个伤员光着脚走路，二话不说，便脱下自己的鞋子给了伤员。一天，一些从国民党军队投诚过来的伤病员，看到卫生员吃番薯而没有分给他们，很有意见，发脾气动手打人。陈笑影知道了，没有责怪他们。她一边安慰挨了打的卫生员，一边诚恳地对伤病员解释：卫生员是把米都让给伤病员吃了，自己吃番薯充饥。她还对大家说："现在我们生活是苦一些，我们吃苦是为了打败日本鬼子，我们死都不怕，还怕苦吗？我们是共产党领导的部队，要守纪律，要讲团结，团结才能战胜敌人。"一席话，不但平息了风波，还教育了态度不好的伤病员。

一九四二年五月的一天，国民党顽军"围剿"我游击队医院。凌晨时分，担任巡逻的小鬼胡仔喘着气跑回来报告："'呵呵鸡'（指敌人）来了！"陈笑影立即组织伤病员疏散。刚开始行动，对面林子里即升起火光，响起密集枪声，敌人已经逼近，情况十分危急。陈笑影决定让卫生员月娣和胡仔带伤病员向东南方向突围，她自己留下顶住敌人。胡仔要求留下担任阻击，陈笑影斩钉截铁地说："这是命令，快撤！"胡仔等含泪转移。很快，一群敌人围上来了。陈笑影选择好隐蔽的地方，一枪就撂［撂］倒了冲在前面的一个敌人，迅速扔出一颗手榴弹，三个敌人又倒下去了。乘着手榴弹爆炸的瞬间，陈笑影转移到另一个土堆，继续瞄准射击。天亮了，敌人借着晨曦，发现只有她一个人，于是停止射击，两翼包抄，紧缩包围圈。陈笑影利用这个间隙，向伤病员撤退的方向瞭望，见队伍已经在松林间消失，脸上露出胜利的微笑。她看到二十米开外一个戴军官帽的家伙在指手划脚，便举枪瞄准，想把他干掉。不料，左背侧的敌人已包抄上来，用枪托猛击她的手臂，她身体失去平衡，终于被捕。

敌人用酷刑折磨陈笑影。用烧红的铁条烙她的乳房、下肢，用铁丝穿透她的掌心押出去示众。在毒刑面前，英勇的共产党员陈笑影毫不畏惧，坚贞不屈，没有向敌人暴露我游击队的半点秘密。敌人耍尽花招，一无所获，最后下毒手杀害陈笑影。临刑前，她挺身高呼："中国共产党万岁！”“打倒国民党反动派！”又痛骂了敌人一顿，从容就义。仅二十二岁的陈笑影，把鲜血洒在了她曾经战斗过的土地上。

（黄小英　麦静婉）

2

短暂的一生　光辉的一生——记陈笑影烈士①

黄小英　麦静婉

共产党员陈笑影同志，牺牲已经四十个年头了。每想起她的光辉事迹，令人久久不能忘怀。

陈笑影是广东新会县人，生于一九二二年，家庭贫苦，谋生于香港。她父亲早死，家里有母亲、姐姐，一个弟弟因家贫卖掉了；兄长也过早去世，遗下一位嫂嫂和一个侄子。陈笑影和姐姐在香港九龙深水埗长沙湾道嘉纶织造厂当女工。一家五口，全靠她们俩微薄的工资勉强度日。

在贫困中挣扎的陈笑影，面对日本帝国主义的侵略，资本家的压迫剥削，为生活、出路、前途而徬［彷］徨。抗日救亡运动和香港工人运动，象磁铁般吸引着这位年青女工。一九三七年，陈笑影参加了深水埗我党外围组织——晨钟社举办的工人夜校。进了夜校，就象拨开云雾见朝阳。她虚心地求教，拼命地学习，热情地工作，宣传抗日，发动群众参加救亡活动，组织救护班，发动营救“七君子”的募捐，样样都走在前头，加上严守纪律的作风，所以逐渐成为夜校的骨干。一九三八年，陈笑影光荣地参加了中国共产党。当时，她下定决心：为革命不惜牺牲自己的一切。

一九四一年，香港沦陷前夕，组织上动员一批党员回东江参加抗日武

---

① 收录于广东省妇女运动历史资料编纂委员会东江组编：《南粤红棉——东纵女战士》，1983年，第160—164页。

装斗争。陈笑影坚决听从党的召唤，毅然到了东江游击区。一九四二年四月，陈笑影参加了华南队排以上军事干部训练班。班里有四个女同志，她们互相鼓励，互相帮助，克服学习上和生活上的困难。训练班过的是战斗生活，整天在山沟树林里转。因为生活条件恶劣，她们常常生疥疮、长虱子、打摆子（疟疾病）。这一切，动摇不了她们的信念，相反更加磨炼了她们的意志。上操、站岗、放哨、行军，样样干得象男同志一样。经过四个月的学习，组织上调她到宝安大队医务所当政治服务员。她与莫福娣、王丽、沈尔七几位同志共同挑起医务所这副担子。

陈笑影深深懂得，要治疗好伤病员，要保证他们的安全，使他们早日恢复健康重返前线，这副担子是不轻的。当时，敌情严重，生活条件差，每个工作人员每天只能分到一两米。面对这些困难，她以火一般的热情，温暖着每个伤病员的心。行军时，尽管她自己常打摆子，身体很弱，还坚持背伤病员走路。有一天，行军途中，她发现有个伤员光着脚走路，二话没说，就脱下自己的鞋子给他穿。她总是这样想：宁可自己多吃点苦，也要尽量减少伤病员的痛苦。一次，一些从国民党军队投诚过来的伤病员，看到有的卫生员吃番薯而没有分给他们吃，很有意见，态度不好，动手打人。陈笑影知道了，没有责怪他们。她一方面安慰挨了打的卫生员，一方面耐心向伤病员做解释，说明卫生员是把米让给伤病员吃而自己吃番薯充饥，并说："我们现在生活是苦一些，我们吃苦是为了打败日本帝国主义，我们死都不怕，还怕苦吗？我们是共产党领导的军队，要守纪律，要讲团结，团结才能战胜敌人。"一席话，把原来态度不好的伤病员说得低下头去了。

自敌人大"扫荡"以后，医务所经常要转移。一九四二年五月，医务所转移到西乡。为了安全，伤病员分散隐蔽，一部分住铁岗村，一部分轻伤员住铁岗村对面的小林子里。一天凌晨五时，负责巡逻的小鬼胡仔回来报告："呵呵鸡（顽军）"来了。陈笑影她们立即组织转移。刚开始行动，轻伤员那边传来了火光、狗吠声和枪声，情况十分紧急。陈笑影决定分两路转移，让王丽带一部分伤病员先撤走，她自己与月娣、胡仔带着一部分伤病员从另一个方向撤。可是敌人逼近了，要按原计划转移已经来不及了。她命令月娣带着伤病员由胡仔掩护，往东南方向转移，自己留下咬住敌人。胡仔认为应由他留下，要陈笑影掩护伤员转移。他正准备申述理由，陈笑影斩钉截铁地说："这是命令、快！""服务员，你……"胡仔噙着眼泪说不下去，掉头跟上队伍撤走了。伤病员刚撤下去，敌人已影影绰绰地从松林中摸过来了。陈笑影瞧了一下地形，卧倒在一个土堆后面。她摸了摸身上的手榴弹，握紧手中的三八枪，向敌人方向瞄准。砰的一声，一个敌人倒下去了。敌人骚动一阵，随即向陈笑影反扑过来。霎时，一个手榴弹又在敌人来的方向爆炸了。乘着爆炸声，陈笑影转移了射击位置。她就这样与敌人周旋。忽然间，枪声停止了，敌人终于发觉了只有她一个人，于是改变战术，进行两翼包抄，压缩包围圈。陈笑影利用这个间隙，向伤病员转移的方向瞭望，队伍已在松林中消失了，她舒了一口气，脸上露出了胜利的喜悦。"来吧，我跟你们拼了！"她换上了一梭子弹，迎接更激烈的战斗。敌人从两翼包抄过来了。正面二十米平视线上露出了一个国民党的指挥官，她手急［疾］眼快地给了他一枪，偏了，再瞄准补他一枪。从两翼包抄过来的敌人蜂拥而上。正在她扣扳机时，敌人打了她一枪托，她射出的最后一颗子弹从敌人身边飞过。终因寡不敌众，她落到敌人的手里了。

陈笑影被押回观潮圩敌人的前线指挥所，关进一间裂痕累累的更楼。在这里，她进行着另一场战斗。审讯时，一个国民党营长心怀不轨，想侮辱她。

"叫什么名字？"敌营长装模作样地问。

"游击战士！"陈笑影昂然回答。

停了一会，敌营长死皮赖脸地说："我们交个朋友吧！""上前来，让我好好看看你的芳容。"

"呸！你这个禽兽，痴心妄想！"陈笑影吐了一口唾沫，射出了仇恨的眼光，威严地回答。

敌人火冒三丈，露出了狰狞的面目，接二连三地用法西斯的酷刑折磨陈笑影。烙乳房，烙阴部，用铁线穿手指和掌心示众，无所不用其极。在残酷的毒刑面前，陈笑影毫无畏惧，坚贞不屈，没有向敌人暴露我军半点机密，反而质问敌人：“我抗日有何罪？”

敌人耍尽花招，一无所获，最后下毒手杀害了陈笑影。临刑时，陈笑影威武不屈，高呼“中国共产党万岁！”“打倒国民党反动派！”英勇就义。当年只有二十二岁的陈笑影同志，为解放祖国的神圣事业献出了热血和青春。

群山屹立，流水咆哮。人民永远深切怀念党的好女儿陈笑影同志！

陈　玲（1922—1948）

1

英勇的巾帼——陈玲烈士传略[①]

岁岁清明，今又清明。为她扫墓的队伍循着自韶关北去的公路行车一小时至曲江犁市以北肖廊坳，远远看见一座庄严的墓碑挺拔在凄凄［萋萋］芳草、烂漫山花中，微风细雨在低诉，向景仰她的人们诉说着一位英勇巾帼的悲壮故事：

一九二二年，陈玲来到了人世，也许由于出生在一个职员家里吧，她因而有了上学的福份，她就读于石门中学。石门中学进步师生组织的宣传队里就活跃着她的身影，上街演抗日救亡话剧，唱革命歌曲，宣传抗日，动员群众积极参加抗日救亡工作。

终于，校外轰轰烈烈的抗日热潮强烈地震撼着她的心，广州的沦陷，更坚定了她投笔从戎的决心。一九四〇年，她告别家人上前线了。当时我们党为了改造国民党的旧军队，促使他们坚持抗日。中共北江特委秘密派一批党员进“挺四”（国民党第七战区第四挺进纵队）工作，陈玲也进了“挺四”。

在“挺四”，陈玲不断进步，主动接近我党的同志，在他们的指导下，阅读了毛主席的《论持久战》、《论抗日游击战争的战略问题》和《大众哲学》等进步书刊，参加读书会、形势讨论会，在党的教育下提高了觉悟，她认识到中国共产党是伟大的，只有共产党才能救中国。因此，她暗暗下决心参加中国共产党。

---

① 收录于广东妇运史编纂委员会、东江地区东纵编写小组编：《东纵女英烈》，广东五华印刷厂，1987 年，第 167–172 页。

一九四一年春天，一个严峻的考验到来了，当时，她同陈狄波、郭启武等同志一起到花县前线去宣传动员群众，碰上日寇进攻，不幸被俘了，敌人把他们押在广州石榴岗日寇司令部的监狱里，严刑审讯，要弄清她们的身份，她和被俘的同志都装成逃难群众，严守军事秘密，后来经过地下党组织设法营救，才逃脱敌人魔掌。心疼女儿的妈妈、姨母得知此事，极力劝她回家，但怎么也劝不动陈玲那颗抗战救国的心，说服了妈妈和姨母，她坚定地重返了“挺四”，毫不动摇地站到共产党的立场上。一九四一年秋天，陈玲梦寐以求的理想实现了：成为中国共产党党员。

一九四二年，我党在“挺四”的党员同志受到反动派注意，组织上决定这些同志分批转移。陈玲被调到四会县当小学教师，在党的领导下从事群运工作。不久，省委机关在粤北被敌人破坏，对此，党中央决定广东党暂时停止组织活动，指示党员坚持“三勤”，积蓄革命力量，准备迎接新的斗争。陈玲先后在英德溪板乡江古山、翁源新江乡教书，她遵照党的指示，在学校里团结教育进步师生，并以家访和办识字夜班等形式，教育农民群众，为开展人民游击战争打下良好的群众基础。

一九四三年冬，粤北党组织恢复活动，陈玲的爱人何俊才同志任清远县委书记，组织上调她到清远任县委秘书。她公开身份是小学教师，一肩挑两担，只好起早贪黑挤出时间处理县委文件和党内联络工作。就这样，她夜以继日地工作着，不计个人得失，把一颗赤胆真心交给了革命，交给了党。

一九四四年冬，日寇侵占清远县城，县委机关转移到回兰乡庙子岗村。这时，刚做妈妈的陈玲谢绝了组织的照顾，跟随爱人来到了这里组织农民武装，建立抗日同盟军，她一面宣传动员群众抗战，一面编印游击队战报，缮写抗日同盟军骨干训练班讲义和抗日传单。

斗争形势不断变化着，陈玲迎接着一次又一次新的战斗，也经受着一次又一次考验。四五年夏天，上级指示东江纵队主力北上粤赣湘边，同王震、王首道同志领导的南下部队汇［会］合，建立五岭抗日游击根据地。

陈玲考虑到武装斗争是当时全党的中心任务，于是她毅然给刚刚半岁的孩子断奶，送交地方党交通员的家里抚养，拖着产后欠补的虚弱身子，她随部队北上了。途中受到国民党反动军队和日寇的前堵后追，只得边行军边作战，风餐露宿急行军。陈玲更是疲惫不堪，她在部队担任政治工作，急行军之后，一到驻地，顾不得休息，立刻又开展群众工作。几经折腾，本来就十分虚弱的陈玲终于在部队到达曲江沙溪乡凡洞村时病倒了。年底，部队从始兴回到翁源，初愈的陈玲又立即归队了。

经过艰苦卓绝的八年抗战，终于取得了胜利。为了停止内战，建立和平民主的新中国，毛主席到重庆同国民党谈判，签订了“双十”协定。党中央决定我华南人民抗日武装北撤山东烟台，留下坚持斗争的同志暂时绝对隐蔽。陈玲也留下了，很快，她又遵照上级指示隐蔽在翁源新江乡太平大水坑密林里坚持整风学习，为提高部队素质而紧张工作着。这里有两个小组，她担任了第二学习组的辅导员。她一面帮助文化低的同志学习文化，提高他们的文化素质，一面深入浅出给同志们讲解文件精神，启发大家联系实际，提高认识，武装思想。她还教唱革命歌曲《八路军歌》、《向太阳》，“……我们向太阳歌唱，歌唱新的力量飞跃成长，把旧世界彻底埋葬……”激动人心，鼓舞斗志。

由于她的以身作则和精心辅导，隐蔽的战友们个个斗志高昂，严阵以待。

惯于玩弄阴谋的国民党当局果真撕毁“双十”协定，发动全面内战。一九四七年春天，中共香港分局决定广东恢复武装斗争。正巧陈玲的第二个孩子又降临人世，为了斗争，她又一次毅然把刚满月的婴儿送给农民抚养（后来带孩子的农民被国民党反动派逮捕了，孩子也病死了）。继续参加武装斗争。她先后担任中国人民解放军粤赣湘先遣支队连指导员、支队政治部组织干事。她是支队司令员的夫人，但从不闹特殊，与战士们同甘共苦，一起出操上课，一起查哨查铺，战士病了，她端药送饭，衣服破了，她帮助缝补。因此，大家都亲切地称她为“大姐”。诚然，她如此爱着部队，恋着战士，忠于革命，战士才会如此亲近她、爱戴她，她又是多么希望和战士们一道去迎接曙光，走向胜利呵，可是……

一九四八年一月三日，不幸的事情发生了。这天清晨，支队部在太坪上洞受到敌人的袭击，在突围中，陈玲有病行走困难，被敌人包围在一个小山坡上，眼看敌人从四面涌来，她知道自己无法冲出去，便立即把文件袋掩埋在泥土中，把绝密文件放在口里嚼碎吞进肚里，然后拔出手枪同敌人拼杀。最后弹尽不幸被俘。敌人把她押到新江乡的伪乡政府里，伪联防大队长是个狡猾的家伙，曾经假装靠近我们，这时他认出陈玲是支队司令员的爱人，就劝她投降，要她供出部队的情况，并写信叫丈夫回来自新，这样就可以担保她立即释放。陈玲怒骂敌人无耻，并斩钉截铁地说："要杀就杀，要我背叛革命，办不到！"敌人知道她家里有个四岁的孩子，便威胁她"如不投降，就把你的儿子抓来杀掉"。陈玲十分疼爱自己的孩子，但是她更热爱革命事业。她坚定地回答："革命者可以牺牲自己的一切，杀了我母子二人，会有更多的人起来革命，胜利是属于人民的！"敌人果然去搜捕她的儿子，幸得群众掩护，才免于遭难。

第二天，敌人见软的不行，就对她施酷刑，用绳子绑着她两个拇指"吊飞机"，用皮鞭抽打，用烧红的铁块烙她的肉，昏迷了就用冷水泼醒再打，敌人声嘶力竭，她却没有叫喊一声。敌人一连三天的刑讯，都没有从陈玲口中得到半句供词。同牢的一个女难友看到陈玲被折磨得血肉模糊，难过得流下热泪，陈玲却安慰她说："不要哭，我受点苦不要紧，只要咬紧牙关，坚持下去就是胜利"。并勉励她"要坚强，在任何情况下都不能出卖同志，不能透露组织秘密"。她坚贞不屈的革命气节，使难友们敬佩，更使他们得到极大的鼓舞。

不久陈玲等被敌人押到曲江伪警察局看守所，她同样以坚定不移的英雄气概对付敌人残酷的刑讯，敌人给她戴上沉重的脚镣，关在阴暗潮湿的牢房里，在生活上百般折磨，每天只给一杯水，四两发霉的米饭，睡水泥地板，不给被褥，当时正是腊月寒冬，她们冷得发抖，难友们互相依偎取暖，同陈玲一起被俘的一个女同志身上只有一件单衣，陈玲就脱下自己的毛背心给她穿上。为了进一步同敌人开展斗争，她带着沉重的脚镣，同牢中的囚犯交朋友，当她了解到同牢里有共产党员和游击队员时，便秘密和他们串连，研究狱中情况，团结教育难友。他们曾经挖墙洞组织越狱，但不幸被敌人发现而失败了。她还争取了一些刑事犯家属的帮助，秘密从外边送报纸、书籍到狱中，组织难友共同学习，宣传解放战争即将胜利的大好形势，鼓舞难友们的斗志。她很关心游击队的同志，得知飞虎队中队长江枫同志在战斗中牺牲的消息后，在悲痛中挥笔写信安慰他的未婚妻："……我们不应该停在悲痛中，相反，我们要加倍努力，踏着他的血迹前进。继续完成他未完成的事业，来纪念他，才有意义……"。她也怀念自己的亲人，常对难友们说，"我只有一个四岁的孩子，他很聪明"。还对一位年轻的难友说："如果将来你能出狱，请你一定去找我的爱人，告诉他要很好教育孩子，使他能继承革命事业。"

一九四九年八月，我人民解放军南下大军已到江西赣州，广东即将解放，陈玲沉浸在胜利的喜悦中。她知道敌人是不会放过她的，她告诉难友："胜利在望了，估计敌人终会杀害我，但我想到胜利的明天，心情是舒坦的"。

八月中旬，解放的炮声接近韶关的时候，在一个漆黑的晚上，敌人果然向陈玲下毒手了。伪警察局长带着刑警队把陈玲和两位革命同志押出牢房，用汽车押到曲江犁市以北的肖廊坳的山野上，这时陈玲意识到就义的时刻到了，她激昂地高呼："共产党万岁！"悲壮的口号响彻了粤北的原野，这位年仅二十七岁的党的好女儿把自己宝贵的生命献给了革命，献给了全中国的解放事业。为了纪念这位英勇的巾帼，韶关人民在她被害的地点为她立了墓碑，每年的清明，缅怀她的人们都忘不了祭扫她的英灵，为她献花。并把陈玲的英名铭刻在韶关市和翁源县城的革命烈士碑上，让她的名字和精神永留人间。

（张光芝供稿韶关市妇联妇运史小组）

一九八七年四月

陈　青（1925—1945）

陈青同志革命事迹[①]

陈青同志又名陈次青，是江苏省常州市人，一九二五年出生在一个书香世家。其父陈守实教授抗战时在广东省立文理学院任教，解放后在上海复旦大复［学］任教，抗战爆发后，陈青同志随父亲来到广州，在文理学院附中（后改名为越秀中学）读书，她爱好文学，又喜欢体育，在学校经常阅读高尔基、托尔斯泰、鲁迅等文学家的作品，同时也参加学校运动会如低栏竞赛，身体得到了锻炼，一九四四年抗战已进入反攻阶段，党动员粤北各校的一批知识青年到东江前线参加东江纵队，文理学院一批师生及附中的一些同学在党的组织和帮助下前来东江，陈青同志告别了父母亲毅然参加到抗日前线队伍里来，他们从韶关坐汽车到老隆，随后沿东江河步行到横沥，从横沥、良井、永湖、沙坑、坪山直抵大鹏丰岛东纵司令部。政治部专门成立了一个青干班为他们作短期训练，陈青同志在训练班光荣地参加了中国共产党。训练结束后，他们就分配到各支队、各地区去工作。陈青同志被分配到第二支队部任文书。二支队是活动在北至东江河，东至淡水河，西至广九线。南至大鹏丰岛港九地区。敌人占领了广九沿线和惠樟线，部队正在开展惠樟线以北地区的活动。这时，政治部派铁流文工队来这个地区工作，队员全是陈青从粤北一起来的同学，她要求和同学们在一起开展群众宣传工作比较适应，而文工队又经常回到支队部总结工作，然后再下去开展新的工作，这样更能够得到锻炼。一次文工队到了同和乡开展工作，

① 收录于广东妇运史编纂委员会、东江地区东纵编写小组编：《东纵女英烈》，广东五华印刷厂，1987 年，第 100−102 页。

这个乡在惠樟路旁，日本鬼子经常上乡抢猪抢鸡，文工队到了之后和乡政府一起宣传组织民兵保卫家乡。陈青同志积极参加组织农会，开办夜校教唱抗战歌曲。日本鬼子来了，他们动员民兵包围打退了日本兵，还收缴了一枝日本枪。文工队的同志们创作了一支歌，歌词是这样的：你来、我（嘘）来，大家来，同和乡民兵都来齐；围住佢日本仔走唔得；把佢喊嘭口另明杀清光。阿潭生你唔使狂，日本仔就冇行，下舖段后备队烧大炮，皇后村阿炳仁送茶饭，打死佢日本仔缴他的枪，把佢喊嘭口另杀清光（合唱）。”用客家方言来演唱，更加鼓舞了民兵和群众的斗志，陈青同志不仅在学校学会了广州话，到了东江半年多还学会用当地方言唱歌了。

一九四五年六七月间，敌人的大队人马不时从樟木头经惠州、淡水向潮汕方向撤退，每次过境，都扬言向我解放区进攻，那时还有一种传说，说盟军要从大亚湾沿海登陆，开辟华南战场，敌人是要加强沿海防御力量，殊不知这是敌人投降前的准备工作。一次得到情报敌人要向我区进攻，由樟木头向镇隆、新圩进攻，当时，陈青已经怀了孕，她被安排在莫福枝同志领导的学校当教员，以为环境比较安定，不像在部队那样要经常转移行动不方便，住在约场的学校，接到司令部的通知说敌人将从石马向青溪、约场进攻，要他们当天晚上即向欣乐乡转移。从约场到欣乐乡要爬过一座艮瓶咀大山，成千米的高峰，一个孕妇怎么爬得过去？天很黑，路又滑又窄，一路还摔了几跤，天亮才到将军坳，进村住在小学里，因为她身体好，开始还不感到不适，继续上课，第二天就不行了，肚痛得就要流产了，天又下着倾盆大雨，连夜派人去司令部报告，派人去镇隆请医生，第二天医生请来已经来不及了，已经流产了，司令部派人送高丽参来也赶不及了，流血过多已无法挽救。叶勇英同志去照顾她，看看［着］她惨痛地离开了人世。那是在八月上旬的时候，离日本投降只有几天，她却在敌人临终挣扎的时候去世了，没有能够看到抗战胜利的日子，全校师生及当地群众都非常悲痛，对一位家在江苏的年轻女同志来到广东东江前线为抗日救国不幸牺牲感到非常婉［惋］惜，沉痛地把她安葬在沥林企岭洞的一个山上。解放后，1952 年沥林水流田村学校老师罗戊生同志用一块青石，亲手刻上“陈青墓”三个字为她立碑，每年清明率领学生前往扫墓，以教育后代，怀念这位远离江苏到东江前线抗日的光荣战士，一位可敬的共产党员——陈青。

叶　锋

1987.7.25

陈玉云（1929—1946）

1

陈玉云烈士传略①

陈玉云（陈小云），宝安县深圳观栏［澜］企坪村人，一九二九年出生，一九四四年参加东江纵队，在第一支队第三中队担任卫生员工作。

一九四六年春，我一支队活动于紫金地区。有一次，我们同顽军战斗一天之后，转移到某地山间的一条小村子里，暂时住下休息。次日清晨顽军跟踪而来，直扑我中队附近的第三中队。该中队立即迎击敌人，我中队亦迅速投入战斗，战斗非常激烈。我们一面打一面撤向村子后面的山上，并和敌人争夺山头。我队占了制高点，并用机枪火力猛烈射击敌人，使敌人伤亡不少。在激烈的战斗中，第三中队有好几个同志不幸中弹牺牲和负伤。女卫生员陈玉云同志勇敢沉着地抢救负伤战友，当她正在为伤员包扎止血时，不幸中弹负伤，但她毫不畏惧，继续给受伤战友包扎。在弹雨纷飞之际，她第二次中弹，身负重伤，在生命的最后一刻，她还抖擞精神，竭力高呼："同志们冲呀！打倒国民党反动派！"她为我们伟大的革命事业流尽了最后一滴血，壮烈牺牲了。

陈秀萍

---

① 收录于广东妇运史编纂委员会、东江地区东纵编写小组编：《东纵女英烈》，广东五华印刷厂，1987年，第112页。

2

陈玉云①

陈玉云，1929 年出生，宝安县深圳观栏［澜］企坪村人。1944 年参加东江纵队，在第一支队第三中队当卫生员。

1946 年春，第一支队活动于紫金地区。有一次，我军与顽军战斗了一天之后，转移到山间一条小村里住下休息。次日清晨顽军跟踪而来，直扑第三中队，该中队立即迎击敌人，我中队亦迅速投入战斗，使敌人伤亡不少，第三中队有几位同志不幸中弹牺牲和负伤。女卫生员陈玉云同志勇敢沉着地抢救负伤的战友，当她正在为伤员包扎止血时，不幸也中弹负伤了，但她毫不畏惧，继续为受伤的战友包扎。在弹雨纷飞当中，她第二次中弹，身负重伤。在生命的最后一瞬间，她还竭尽全力高呼："同志们冲啊！打倒国民党反动派！"她为了伟大的革命事业流尽了最后一滴血，壮烈牺牲了。

---

① 收录于中共广东省委党史研究室、广州地区老游击战士联谊会、广州地区老游击战士联谊会东江纵队分会、广州市东江纵队研究会编：《东江纵队英烈集》，2013 年，第 126 页。

陈文慧（1917—　）

1

坚持在厚街敌后战斗的王永祥（节选）[①]

张凤燕

……

王永祥的妻子陈文慧原名陈福媛，望牛墩人，是陈昶、陈佩龙的亲妹妹，1935 年参加革命，1936 年入党。1938 年参加过榴花战役，是当时跟随过江参战的两位女同志之一。1939 年至抗日战争胜利前夕，一共七年之久在厚街坚持为我党作地下工作。

……

2

陈文慧[②]

陈文慧（1917—　），原名陈福媛，东莞望牛墩望角村人。1935 年参加中国青年同盟。1936 年春被派往东坑办女校，开展妇运工作，宣传抗日救国。同年 8 月加入中国共产党，协助谢阳光、张如、王鲁明、卢仲夫等在望角村组建中共东莞县工委，恢复东莞党的组织活动。

---

① 收录于傅泽铭主编：《永远的心碑——厚街革命斗争纪实》，广东人民出版社，2006 年，第 528—536 页。

② 收录于中共广东省东莞市委党史研究室编：《东莞抗日实录》，中共党史出版社，2006 年，第 591 页。

1938 年参加中共东莞中心县委办的党训班，后调到厚街双岗工作。同年 10 月参加东莞抗日模范壮丁队。参加了著名的榴花战斗，与男队员们一起渡江，在石碣刘屋村伏击日军骑兵巡逻队，成为东莞地区第一位上阵杀敌的抗日女战士。后调回大岭山飞鹅岭，负责照顾伤病员，并参加中共大岭山区委工作。1939 年被派往东莞水乡，负责恢复水乡党的工作。1941 年调到双岗、厚街，以教书为掩护，开展党的秘密工作。1945 年调到抗日民主政权路西新四区联乡办事处任政治指导员。

1946 年 6 月东江纵队北撤后，调往开平县工作。后又调到香港，负责中国人民解放军粤中纵队驻港联络处的工作。

中华人民共和国成立后，历任开平县人民银行行长、湛江建设银行行长等职，后调广东省高教局、广东省教育厅工作。1983 年离休。

3①

陈文慧（1917—　），原名陈福媛，东莞望牛墩望角村人。

1935 年在秀园，经张如介绍加入“中青”。1936 年春被派往东坑办女校，开展妇运工作，宣传抗日救国。同年 8 月经赵学在东坑介绍入党，后协助谢阳光、张如、王鲁明、卢仲夫等人在望角村组建中共东莞县工委，恢复东莞党的组织活动。

1938 年参加中共东莞中心县委办的党训班，后调到厚街双岗工作。同年 10 月参加东莞抗日模范壮丁队。1945 年调到抗日民主政权路西新四区联乡办事处任政治指导员。

曾负责中国人民解放军粤中纵队驻港联络处的工作。

中华人民共和国成立后，曾任湛江建设银行行长。

---

① 收录于中共广州市委党史研究室、共青团广州市委员会、广州青年运动史研究委员会、广州市中共党史学会编：《走向抗日——广州中国青年抗日同盟史录》，广州出版社，2015 年，第 369 页。

陈　新（1922—2004）

1

永结同心的革命伴侣[①]

——东太村的好女儿陈新与丈夫谭天度的故事

水乡麻涌位于广州郊区的珠江岸边，田园富饶、风光绚丽。俗话说，一方水土养育一方人，在麻涌八百多年的历史长河中，它不仅是自然环境美好的“鱼米之乡”，更是历代功名辈出，名门望族林立，乡贤文士数不胜数的“人才荟萃之乡”！这众多的仁人志士恰似群星璀灿［璨］、光芒四射，他们的光辉历程和成功业绩，增添了麻涌历史的光彩，激发了麻涌时代的豪情，真的是可歌可泣！下面讲述的，就是麻涌东太村的好女儿陈新与丈夫谭天度的故事。

出生名门望族大家庭　参加抗日十六岁入党

陈新（女），1922 年出生在麻涌人在广州的聚居之地——芳草街的一个名门望族的大家庭里。芳草街位于广州中山三路，过去是明清年间达官显贵与文人墨客聚居的区域。今芳草街西邻的毛泽东同志主办的农民运动讲习所旧址在明清时代是番禺学宫，而麻涌历史上曾属广州番禺管辖，故麻涌的书香门第、名门望族、文人墨客多有迁居到芳草街生活的，而且绝大多数都是芳草街与麻涌乡村各有一处甚至多处房产的，如：麻涌魁楼的主人、明末大中丞萧奕辅就曾与一帮志同道合的仁人志士、文人墨客聚居

---

① 本文由广东省东莞市妇联 2022 年 7 月整理提供给本书编委会。

在芳草街，萧奕辅并与陈虬起、梁佑逵、黎帮瑊和区怀年等人于明崇祯末年在芳草街的芳草精舍结为芳草精舍诗社（史称芳草诗社），故尔［而］曾流传这样的说法：芳草街得名于明崇祯末年的芳草精舍诗社（见《羊城晚报》1981 年 12 月 23 日《芳草街》一文）；但也有另一种说法，即芳草街地名出现在前而芳草诗社成立在后，有番禺学宫里明万历三十三年（1605）所立《重修番禺儒学记》的碑文“东边侵地悉复，直至芳草街”为证。不管怎么说，存在的事实就是麻涌人喜好聚居在番禺学宫旁边的芳草街，陈新的父亲陈德明就是其中之一。

陈新的父亲陈德明属于芳草街与麻涌东太村都有家业且经常两边生活的。陈德明（1875—1945），原名陈兆骥，考取官费留日，毕业于早稻田大学化学本科毕业。民国 24 年（1935），青岛火柴厂一案，牵连甚广，入狱者数以十计，陈德明接任青岛高等法院首席检查［察］官，昭雪冤案，官声流芳。后日陷广州，军至新塘，日酋玲［铃］木（一说冈村宁次）是陈德明留学日本时的同学，逼德明出任广州增城伪县长。陈德明不忍存个人名节而陷父老乡亲于水火，乃应族人、乡绅、百姓所请，以不扰民、不驻兵为条件，并保护乡梓，将家乡麻涌划入增城辖区，以护民为宗出任伪增城县长。陈新的家中大小兄弟姐妹共十九人，同她一个生母的有三哥和十二妹，其他的都是同父异母，陈新排行第九，还有祖母和堂兄弟、姐妹、姑姑、表哥、表姐等，全家数十人。父亲当时在省里当官，其祖父是大地主。这个家是典型的封建大家庭，大家庭的繁重家务活，一直由陈新的母亲担负，父亲没有钱寄回来，只能由伯母持家。抗日战争爆发前，陈新考进了中大附中初中部。自“九一八”事变后，富有革命传统的中山大学已是广州学生救亡运动的主力。陈新在学校进步老师的教育和启发下，积极投入救亡的革命洪流中，在假期与同学们一同下乡宣传群众、发动群众起来反对内战，一致对敌。1937 年 7 月，抗日战争爆发了，陈新参加了中大附中的广东青年抗日先锋队，经常对群众进行爱国抗日的宣传，她又参加了战时文化界服务团及抗日救亡歌唱队等活动，还出发到从化县做抗日宣教工作一个多月，用演唱形式去宣传、发动群众；办民校、夜校、识字班，教育农民。陈新通过参加这些革命活动同时教育了自己，提高了自己的思想觉悟。在地下党同志的启蒙引导和革命实践的锻炼提高下，陈新于 1938 年被吸收参加了中国共产党。

隐蔽斗争进广州大学　暴露身份入东江纵队

1938 年 10 月，广州沦陷前夕，年仅十六岁的陈新，随着在党领导下的广州战时工作队，到农村，到抗战最需要的地方去。战时工作队是广东省抗日动员委员会所组织，任务是在广州失陷后转到各地农村去继续开展群众的工作。参加战工队的都是爱国青年、工人、学生，当中有不少是中共地下党员。陈新参加后被编入 128 队，由广州出发步行到鹤山瓦瑶村，立即开展抗日宣传，组织人民自卫队及难民救济等工作。1940 年，皖南事变发生。国民党不顾大敌当前，竟然掀起反共恶浪。1941 年，把魔爪伸向政工总队，抓走了廖锦涛、何少静、王珠（均为地下党员）等表现积极进步的政工总队队员，先后杀害了我党廖锦涛、王珠等一批同志，为了保存力量，地下党布置全体党员分别撤退，陈新被迫撤离政工总队。

1941 年秋，省委从各条战线抽调有条件的党员到沦陷了的广州作长期埋伏，陈新和邓克达由省委青年部吴华同志通知调向广州敌后工作。陈新和邓克达到达广州的第二天，找到了王磊同志（党组织联系人），他分析了当时的形势，传达了党的“隐蔽精干，长期埋伏，积蓄力量，等待时机”的工作方针，要求陈新和邓克达同志首先站得住脚，然后广交朋友，建立群众基础。陈新家在惠吉西路一所洋房里。日本侵华南支派遣军司令冈村宁次（一说是铃木）是她父亲留学日本时的同学。有了这层关系做挡箭牌，日敌和汪伪人员从未对他们搜查过，这对地下党的工作提供了很大的方便。陈新的三姐当时任市一间小学校长。四姐任洪门小学校长。四哥四嫂在广东大学念书，四哥又在汪精卫女儿汪文煦办的工读学校教滑冰舞技，与汪女熟悉。这些都是掩护陈新为党工作的有利条件。陈新首先争取四姐陈淑珍的支持，四姐安排陈新和邓克达入大学读书，经考试，陈新和邓克达被录取，进了广东大学（后邓克达意外身亡——他是陈新的初恋），接着，王磊调走，把陈新的关系交给了何君侠。陈新入广东大学时，和林照明、何君侠在洪门小学共同建立一个小组，林分工担任洪门小学的工作，陈新分工担任广东大学工作，何君侠则为两校工作的直接领导人。洪门小学后来组织了“游击之友”（陈新四姐陈淑珍也参加，成了爱国的进步分子），在学生中发展了一些党员，在洪门二小建立秘密印刷据点，油印东江纵队《前进报》及其他宣传品，在广州四处散发，成为广州地下党的一个重要工作据点。陈新在广东大学，到了大学三年级，将近毕业，要开始读书写论文，教育系还有个学习教书的机会。以此为名，陈新和李少华同志通过学生会同意，共同组织了一间民众夜校，设在学校旁边（河南康乐村），由黄莹杰、冯淑珍、张国欢等任老师，教农民识字、学算术。进行抗日宣传工作。1943 年底，陈新找何君侠汇报工作，地下党认为她已经受学校注意，可能暴露应立即撤退。因此，她就连放在学校宿舍中的行李，一件也没有取回，立即离开学校转到广州市光孝路芽苗巷东江纵队交通站躲藏起来，后由钟文钜同志的爱人关婉明（她是东纵的交通员）带她到东江纵队，入青训班学习，参加新的战斗。

……

东宝督导处相遇相知　革命队伍中喜结伴侣

再说陈新来到了惠东宝地区，被安排在东江纵队路西敌后的东宝行政督导处《新大众报》社工作。那时，谭天度任东江纵队路西敌后的东宝行政督导处主任，经常指导《新大众报》社的工作，一来二去的谭天度就与陈新相识了，且双方工作上相互配合，生活上互相关心，大家心中都有一份好感。谭天度曾在二十年代中期和他的一位学生区梦觉结婚，后因他被捕，这一对情侣不得不分离，直到抗日战争开始，谭天度才被释放。1940 年，区梦觉作为“七大”代表北上赴延安参加会议，此后音讯隔绝。东江纵队的领导尹林平、曾生、杨康华等同志都很关心谭天度，同情他已届中年仍形单影只，主张他再行结婚。

当时，陈新在报社担任副刊编辑兼外勤记者，经常要离开报社到农村采访，把各地开展减租减息等工作情况写成新闻寄回报社刊登，及时报道农民在党领导下提高觉悟，起来与地主斗，要求减租减息，使各地斗争地主的经验和斗争胜利的消息、各地的生产情况得到交流，表扬先进的农民和妇女群众，鼓励各地妇女群众要积极和男人一样参加减租减息、向地主斗争，这些新闻报道，极大地鼓舞了党员和农民、妇女的斗志，此外，陈新还写一些议论文投稿《新大众报》，既做到为党进行宣传工作，也联系了群众。看到斗争的发展形势，陈新经常抱着愉快的身心到处活跃地找群众谈天说地。《新大众报》社的工具是用自制的油印机印刷出版。为了群众携带方便，字要写得细小，因为怕敌人随时来扫荡。有时为着赶任务，同志们工作到深夜不眠。社内的同志们人手虽少，可是合作很愉快。报社的组织也很简单，属于督导处辖下的一个小单位，由谭天度领导，报社设 3、4 人为编辑兼记者，油印人员 1、2 人，发行工作 1 人，炊事员 1 人。谭天度和陈新在工作中，互生爱慕之情，陈新才貌双全，是 1938 年入党的老党员，又是广东大学学生，经过斗争的考验和锻炼，都和谭天度很相称。在战争年代谈恋爱与和平环境有很大的不同，心情不同，工作紧张，时时刻刻准备投入战斗，也随时准备有牺牲的危险，因为经常要争分夺秒的工作，谈恋爱的方式也不同，没有在花前月下去恋爱，只是互相了解对方的过去和现在，是否适合自己，谭天度比陈新年龄大了很多，资历深，相互之间存在较大的差距，这是不可忽视的，经过反复思考，陈新想到：爱情并没有年龄的限制，只要我俩信仰相同，立志为实践共产主义奋斗终生，就是好伴侣。天度参加革命至今，已有 21 年党龄，经验丰富，培养过不少干部参加革命，人和蔼可亲，胸襟广阔，在革命旅途中经过许多重大的考验，虽然他比自己年龄大得多，但多少革命同志为了革命献出了自己的生命，只有对党的革命事业作出贡献，才是真正的幸福！于是，两人的感情更加深了。再经过党组织调查天度和前妻区梦觉的情况，陈新知道他们离婚属实。于是，谭天度和陈新就准备结婚。谭天度和陈新结婚时，同志们向他们祝贺，谭天度和陈新微笑不语，但看出他们很幸福，就这样，陈新和谭天度在革命烽火中历经坎坷，相遇相知，结合为终生伴侣。

受命前往香港搞统战　负责筹建港九妇女会

1945 年 8 月，抗战胜利了，日本侵略者宣布投降，谭天度和陈新被派赴香港工作。那时，党为了实现全国人民迫切期望，建设和平民主的新中国，联合各民主党派同国民党进行和平谈判，但国民党反动派却破坏停战协定，破坏政协决定，悍然发动内战。根据抗日战争结束后出现的新形势，中共广东区党委在香港也加强了对各阶层群众工作。在 1946 年底，党中央为了加强华南地区党的领导，在香港建立中共中央香港分局，在分局领导下，设立中共香港工作委员会。谭天度、陈新夫妇到达香港后，谭天度分配搞统战工作，陈新分配筹办港工委会群委妇女组的成员。港九妇女联谊会成立于 1946 年 3 月 8 日国际妇女节。当时祖国大地上内战阴云密布，人民群众反迫害、反饥饿、反内战的斗争日渐走向高潮，在香港需要有一个民主、进步的妇女团体来开展工作，以团结港九各阶层妇女的力量，反对内战，反对国民党独裁。当时中共广东区党委决定要成立港九妇女联谊会，指派陈新、林琅两人负责组织筹备。经过她们的奔走，分头到各界知名妇女和知识妇女中串联发动，做了大量准备工作，用雷英、黄维新、刘伟三人的名义向香港政府申请，并由当时在天一图书公司任秘书，熟悉英语，有一定社会地位的雷英到香港华民政务司联系，港九妇女联谊会注册提出的宗旨是："团结妇女，加强联系，增进友谊，互相进步。"经过批准成为香港的合法团体。这是在我党领导下的一个进步群众组织，港九妇女联谊会会员大多数是文化、教育界的职业妇女，各民主党派、民主人士的中上层妇女和家庭妇女、女工、女学生。会员中除了少数共产党员、共青团员外，有相当数量的民主党派成员，尤以民主同盟的盟员为多，其他大多数是思想倾向于民主、进步的团体。港九妇女联谊会紧紧抓住宣传教育这重要一环，有计划、有步骤地组织会员群众参加学习。并根据当时的情况成立了许多读书小组。还有的放矢地组织专题讲座，请政治家、名人、学者前来讲授，曾请过郭沫若、胡绳、乔冠华、龚澎、饶彰风、张铁生、金仲华、孙起孟、茅盾等，讲解国内外形势，特别侧重国内形势，国家的发展前景，加强对我党各项方针政策的理解。此外，编辑出版妇联刊物《港九妇女》，作为宣传教育的另一阵地。成立“海燕歌咏团”。港九妇联从 1947 年初就创办学校，为了解决战后港九工人子弟的读书问题，港九工联会决定开办劳工子弟学校，这是我党在港开展工运工作的重要任务之一。1947 年，陈新接受党组织的指示，组办香港工联的劳工子弟学校，陈新当了校长，陈平当了老师，以校长、老师的身份掩护自己从事地下党工作。陈新是教过书的，有一定经验，可以来开办这样课室分散、班级分散、师生分散的分散式学校，学校当时设立在各个工会，分上下午上学，共十二个班，作为校长的陈新，她团结起一班老师，共同克服困难，如期正式开学了。她们在学校里教贫苦的劳工子弟读书识字，学工艺，学习革命道理，提高思想觉悟，并培养一批成熟的劳工子弟成为共青团员和共产党员，输送到广州做党的地下工作。

遭诬陷谭天度坐洋牢　建国后夫妻扎根广东

在香港搞地下工作的那些日子里，谭天度因为工作需要，为了掩护自己身份，打扮成商人似的，穿着长袍，拿着算盘漫步而过，表面真像个大老板。当时直接或间接认识他的人都叫他“谭老板”，有的干部只知有谭老板其人，既不知其真名，也未见过他。陈新是他的夫人，那时只有 30 多岁，是在香港与谭天度一起做地下工作。1949 年，由于谭天度被英政府诬指他贩卖鸦片为罪名，逮捕到拘留所坐牢，因为是被英国人逮捕，故尔［而］号称坐洋牢。（谭天度在革命当中，可谓九死一生。据称他曾 5 次被捕、4 次入狱，其中入狱两次在上海、两次在香港。1927—1931 年的时候，谭天度在香港主办多个革命刊物，包括《针锋》、《正义》、《济公小报》、《香港小日报》等，曾经两度被港英当局逮捕。而 1933 年，他再次在上海被捕，并以“危害民国罪”被判处 10 年徒刑。到了 1937 年，抗日战争爆发释放政治犯，他才得以提前出狱。）英国人逮捕谭天度，家也被抄得乱七八糟，还把陈新写的劳工子弟学校总结抄出来，为了不暴露目标和身份，陈新也不能再回劳工子弟学校当校长了，只能去给别人当家庭老师。而谭天度几经党设法营救而被释放，不能继续留在香港，便被党组织1945年5月调离香港，回到粤赣湘边区，赴东江参加人民解放战争，任粤赣湘边区党委委员、东江人民行政委员会主任。1949年10月新中国成立后，谭天度在广东长期从事民族事务和统一战线工作，任省政府西江地区专员，中共西江地委常委，省政府粤西办事处副主任，省民族事务委员会副主任、主任，省委统战部副部长，省华侨投资公司董事长，省政协文史资料研究委员会副主任、主任，省政协第三、四届副主席、党组成员等职。是省第一、二届各界人民代表会议协商委员会委员，省政府委员，省人委委员，第一、二、三次省人代会代表，省政协一、二、三届常委，中共广东省第一、二、五次代表大会代表，第六、七、八次代表大会特邀代表等。1983年3月谭天度经中共中央批准离休。撰有《南粤风云三十年》、《追忆南昌起义》、《谭天度诗文集》等。

陈新和母亲带着三个孩子在香港继续作战，搞统战工作，直到全国解放。1950年初，谭天度由东江调往西江任专署专员。陈新随同在西江地委任妇工委书记。当时，陈新在西江做妇女工作，投入了西江的土改工作中。陈新被派到西江地区高要县三区白土镇龙剑乡任土改队长，区委委员之一。陈新除参加土改以外，还要搞妇女工作，解决妇女的特殊问题，解放妇女出来工作，办托儿所解决妇女的后顾之忧问题等。到1954年，中央决定撤消［销］“专区”，几个专区合并为“行署”，地委也合并为区党委，谭天度离开了西江调回广州。陈新随调回广州在广东省妇联农村工作部工作，任农村工作部部长。后来，陈新被组织调到省中级学校学习培训了两年，以后她又被送去报考上北京高级中央学校。学习结束后，陈新在中级党校的支部中，被选为留校工作成员之一，到广东省党校教研室当研究员。省党校的学习、工作十分繁忙，陈新经常下乡，长期住宿在校，不能照顾家庭和谭天度生活，为此组织上决定把她调到谭天度的工作单位——省政协，任学委办公室副主任，任务是组织政协所属的各民主党派成员学习的工作。

一生相依相偎迎金婚　开办岭海大学夕阳红

在他们共同生活的近60年里，谭天度一直十分爱护陈新，陈新也全心全意照顾谭天度。在甜蜜的爱情生活中，他们有了3个女儿和两个儿子，一家人生活得幸福愉快。但天有不测之风云，1966年，“文化大革命”爆发了，有一个时期，谭天度和杨应彬关在一个班，一同劳动。陈新在另外一个班。有一次，陈新找杨应彬说：“天度的底裤已破旧了，我想买几条手帕，缝几条底裤给他，您可不可以帮我转交给他？”杨应彬感动地说：“可以，您缝好就交给我转交谭老好了。”陈新果然很快就缝好了几条底裤，让杨应彬转交给谭老了。1969年夏天，得知谭老一个人要转移到别处，陈新十分惦记。陈新隔窗望着谭老，带着生离死别的感情久久地望着，直到看不见他的身影才含着泪离开了。他们这种心心相印、互相关照的感情真使［让］人感动。1983年底，岭海颐老会召开常务理事会议，决定创办一所老人大学，一致推选陈新负责筹办岭海老人大学时，她面对的是“一无经费，二无场所，三无师资”的情况，何况家住在东山区永福路大院，离在荔湾区的岭海老人大学校10多公里，自己还承担着照顾好老伴谭天度这位党龄最长的一位97岁老干部的责任，但从深层次上想，提高老年人的科学文化水平，既是时代的要求，也是千千万万离退休同志的迫切愿望，开办“老大”为他们“老有所学、老有所乐、老有所为”创造条件，这是有利于国家长治久安，有利于社会安定团结的大好事，作为立志为党的事业奋斗终生的共产党员，尽管摆在面前的，有这样那样的困难，但只要懂得发动群众保持那种艰苦奋斗的作风，继承千千万万革命行［先］列的牺牲精神，任何困难都可以排除的，她想到这里，便毅然接受了任务。在颐老会的领导下，经过陈新等创业者们的辛勤劳动，广州岭海老人大学于1984年3月宣布正式成立，这是全国第一间民办老人大学。有一次，她的老伴谭老病危，为了抢救要转换医院，省委组织上要求医院和她每天要把谭老的病情向省委汇报，她时刻守候着病人，内心十分痛楚。尽管如此，她还记挂着学校，每天有时［到］[1]校布置工作或抽空打电话与吕冰副校长联系，共同研究工作。“天道酬勤”，陈新参与创办六年的岭海老人大学，先后入学就读的有6021人次，结业的有1079人次，其中有51位学员参加全国、市、局、区等单位举办的书画和文体活动比赛获得了嘉奖，有80位学员光荣地被中国老人大学书画研究会吸收为会员。1990年春在北京举行“海机杯老年大学书画邀请赛”，有10位获奖……这真是繁花似锦，硕果累累啊！以后，岭海老人大学在她和领导班子的同志们努力下，获得更多的成绩，今天已发展到15个专业，72个班，3800多学员，拥有了新的教学大楼，先后入学的老人有五万多人次。20年来，岭海老人大学培育了许多老人书画家、诗词家、保健“医生”等，从1988年至1993年，连续六年被评为广州市社会力量办学先进单位。陈新从1984年一直工作到1997年，才因身体有病而依依不舍地离开广州岭海老人大学。

潇潇风雨行、情深度金婚。1999年5月谭天度先陈新而走，2004年8月陈新又追随谭天度而去，他们这一对革命的伴侣，恩爱的夫妻又到另一个世界去相依相偎、并肩战斗了。正像1985年8月1日，在谭天度和陈新结婚40周年时，谭老写的一首诗《纪念结婚四十周年——献给爱妻陈新同志》：

抗日战争烽火中，
天缘有幸喜相逢。
情投意合两厢愿，
卫国保家一脉通。
势易时移倭寇降，
河山光复我成家。
并肩革命四十载，
卿云烂漫灿中华。

---

① 疑为漏字。——编者注

2

东太村的女儿①

芳草街位于广州中山三路，过去是明清年间达官显贵与文人墨客聚居的区域。如今它西邻的毛泽东主办的农民运动讲习所旧址，在明清年间是番禺学宫，而麻涌历史上曾属番禺管辖，因此麻涌的书香门第、名门望族、文人墨客多有迁居到芳草街生活的，而且绝大多数都在芳草街与麻涌乡间各有一处甚至多处房产，如麻涌魁楼的主人、明末大中丞萧奕辅就曾与一帮志同道合的仁人志士聚居在芳草街，还与陈虬起、梁佑逵、黎帮瑊和区怀年等人于明崇祯末年在芳草街的芳草精舍结为芳草精舍诗社（史称芳草诗社）。

陈新（女）于1922年出生在芳草街一个名门望族的大家庭里。其父陈德明（1875—1945）原名陈兆骥，考取官费留日，毕业于早稻田大学化学本科。1935年青岛火柴厂一案牵连甚广，入狱者数以十计，陈德明接任青岛高等法院首席检查［察］官，昭雪冤案，官声流芳。后日陷广州，军至新塘，日酋铃木是陈德明留学日本时的同学，逼德明出任广州增城伪县长。陈德明不忍存个人名节而陷父老乡亲于水火，乃应族人、乡绅、百姓所请，以不扰民、不驻兵为条件，并为保护乡梓，将家乡麻涌划入增城辖区，以护民为宗出任伪增城县长。陈新家中兄弟姐妹共19人，同她一个生母的有三哥和十二妹，其他都是同父异母，陈新排行第九，此外还有祖母和堂兄弟姐妹、姑姑、表哥、表姐等，全家几十人。这个典型的封建大家庭繁重的家务活，一直由陈新母亲担负，父亲没有钱寄回来，只能由伯母持家。

抗日战争爆发前，陈新考进中山大学附中初中部。那时富有革命传统的中山大学已是广州学生救亡运动的主力。陈新在进步老师的教育和启发下，积极投入救亡的革命洪流中，假期与同学们一同下乡宣传、发动群众

---

① 本文由广东省东莞市妇联2022年7月整理提供给本书编委会。

起来反对内战，一致对敌。

1937 年 7 月，抗日战争爆发。陈新参加了中大附中的广东青年抗日先锋队，经常对群众进行爱国抗日的宣传。她还参加了战时文化界服务团及抗日救亡歌唱队等活动，到从化做抗日宣教一个多月，用演唱形式宣传、发动群众，办民校、夜校、识字班，教育农民。陈新通过参加这些革命活动同时教育了自己，提高了思想觉悟。在地下党的启蒙引导和革命实践的锻炼提高下，陈新于 1938 年被吸收为中国共产党党员。

1938 年 10 月广州沦陷前夕，年仅 16 岁的陈新随着党领导下的广州战时工作队，到农村、到抗战最需要的地方去。战时工作队是由广东省抗日动员委员会所组织的，任务是广州失陷后转到各地农村去继续开展群众工作，参加者都是爱国青年、工人、学生，其中不少是中共地下党员。陈新被编入 128 队，由广州出发步行到鹤山瓦瑶村。她立即开展抗日宣传，组织人民自卫队及难民救济。

1940 年皖南事变发生。国民党不顾大敌当前，掀起反共恶浪。为了保存力量，地下党布置全体党员分别撤退，陈新被迫撤离政工总队。

1941 年秋，省委从各条战线抽调有条件的党员到已经沦陷的广州长期埋伏。陈新和邓克达由省委青年部吴华通知调向广州敌后。他俩抵达广州的第二天，找到了党组织联系人王磊。王磊分析形势，传达了党“隐蔽精干，长期潜伏，积蓄力量，等待时机”的工作方针，要求陈新和邓克达首先站住脚，然后广交朋友，建立群众基础。

陈新家在惠吉西路一所洋房里。日本侵华南支派遣军司令铃木是她父亲留学日本时的同学。有这层关系做挡箭牌，日伪人员从未对他们进行过搜查。这给地下党提供了很大方便。陈新的三姐当时任市一家小学校长，四姐任洪门小学校长，四哥四嫂在广东大学读书，四哥又在汪精卫女儿汪文煦办的工读学校教滑冰舞技，与汪女熟悉。这些都是掩护陈新为党工作的有利条件。她首先争取得到四姐陈淑珍的支持，陈淑珍安排陈新和初恋男友邓克达入大学读书。经考试，他俩都被广东大学录取。可惜后来邓克达意外身亡。接着，王磊调走，把陈新的关系交给何君侠。陈新入广东大学时，曾和林照明、何君侠在洪门小学共同建立一个小组，林照明分工洪门小学的工作，陈新分工广东大学工作，何君侠则为两校工作的直接领导人。洪门小学后来组织了“游击之友”，陈新的四姐陈淑珍也参加进来，成为爱国的进步分子。他们在学生中发展了一些中共党员，在洪门二小建立秘密印刷据点，油印东江纵队《前进报》及其他宣传品，在广州四处散发，成为广州地下党的一个重要据点。陈新在广东大学读到三年级，已经开始写毕业论文。她和李少华还通过学生会同意，共同组织了一个民众夜校，设在学校旁边的康乐村，由黄莹杰、冯淑珍、张国欢等任老师，教农民识字、算术，并进行抗日宣传。

1943 年底，陈新找何君侠汇报工作。地下党认为她已经受到学校注意，有暴露危险，应立即撤退。因此，她连放在学校宿舍中的行李一件都没有取回，立即离校转到广州市光孝路芽苗巷东江纵队交通站躲藏，后由东纵交通员关婉明带到东江纵队，先进入青训班学习，后被安排到东江纵队路西敌后的东宝行政督导处新大众报社工作。

那时，东江纵队路西敌后的东宝行政督导处主任是谭天度。他经常来新大众报社指导工作，一来二去就与陈新相识。两人工作上相互配合，生活上互相关心，彼此心中都有一份好感。

谭天度原名谭鸿基，乳名贞元，字振中，学名夏声，化名夏钊、谷风、伍拜一，1937 年秋改名为谭天度。他 1913 年 7 月从广东高等师范学校毕业，1917 年在广州教书，后参加过新文化运动和五四运动，1920 年夏天就开始参加陈独秀、谭平山等人在广州创建中国共产党和中国社会主义青年团的活动。

谭平山（1886—1956）和谭植棠（1889—1952）、谭天度均是广东佛山高明区明城镇人，被世人誉为“革命三谭”。1921 年他们在广州创办《广东群报》，建立广东共产党支部。当时全国仅有的 50 多名党员中，就有谭平山、谭植棠的名字。当时包括巴黎、日本在内，中国共产党仅有 8 个党支部，其中广东支部就是他们建立的。1921 年春，谭天度就参加过陈独秀在广州召开的关于正式成立中共广东党组织、建立全国统一的中国共产党及商量派人出席中共一大等各次会议，在中共广东早期党组织创办的广东省立宣讲员养成所任教员，在广州机器工人补习学校负责实际领导工作。

1922年，谭天度成为1921年7月中国共产党成立后最早发展的一批中共党员；1922年2月，他参加了支援香港海员大罢工的斗争；5月出席了在广州举行的第一次全国劳动大会及中国社会主义青年团第一次全国代表大会。

同年10月，谭天度参与创办后来成为中共广东党组织第一份机关报的《广东群报》。1923年6月中共三大后，他以中共党员身份加入国民党，参加了第一次国共合作。这期间，谭天度与周恩来筹建民族解放大同盟，负责宣传工作，并与越南胡志明和朝鲜崔庸健等共事，曾任国民政府广东兵工厂训育部主任及该厂中共支部书记、广东农工商学联合会秘书长、广东省党政军民各界慰劳东征军总团团长、广东省各界对外协会副主任、国民党广州市党部商民部秘书等职，曾在广州农民运动讲习所兼职授课。

1925年谭天度参加五卅运动和省港大罢工，引导陈铁军等大批优秀青年走向革命道路；1927年4月15日广州国民党右派发动政变后被列为通缉要犯，同年参加八一南昌起义，任革命委员会政治保卫处秘书并代行处长职责。起义部队在粤东失败后，撤退到香港，谭天度参加开创中共地下工作，打通华南地下交通，策应广州起义，到南洋联络失散党员并筹集经费等，负责创办《针锋》周刊、《正义》周刊及《济会小报》，并任省委机关报《香港小日报》副刊主编。抗战初期，谭天度在高明县组织青年和妇女的抗日活动；1939年9月后，在韶关任中共广东省委文化工作委员会书记，并任省委机关刊物《新华南》半月刊主编。1941年9月赴东江参加抗日武装斗争，先后任中共惠阳前线工委书记、东江军政委员会委员、惠阳大队政治委员。1941年12月香港沦陷后，参加文化人士和民主人士撤离香港的秘密大营救，是惠阳宝安地区营救行动的主要负责人之一，积极开展在惠阳、东莞、宝安及香港新界等地区的抗日游击战争，领导和参与指挥了著名的铜锣径战斗，创建和领导东江抗日民主政权，任东宝行政督导处主任等职。

自谭天度的前妻区梦觉北上延安后，就音讯隔绝。东江纵队的领导尹林平、曾生、杨康华等都很关心他，同情老谭已届中年仍形单影只，主张他再行结婚。

当时，陈新在报社担任副刊编辑兼外勤记者，经常要离开报社到农村采访，把各地开展减租减息等工作情况写成新闻寄回报社刊登。这些文字极大地鼓舞了党员和农民、妇女的斗志，此外，陈新还写一些评论投稿《新大众报》，既做到为党进行宣传，也联系了群众。看到斗争的发展形势，陈新经常抱着愉快的心情到处活跃地找群众谈天说地。《新大众报》是用自制的油印机印刷出版。因为怕敌人随时“扫荡”，也为了群众携带方便，字要写得很细小。有时为赶任务，同志们常常工作到深夜不眠。报社的机构也很简单，属于督导处辖下的一个小单位，由谭天度领导。谭天度和陈新在工作中，互生爱慕之情。陈新才貌双全，又经过长期斗争的考验和锻炼，与谭天度很相称。在战争年代谈恋爱的方式也与和平环境有很大不同，工作紧张，经常要争分夺秒，时刻准备投入战斗，也随时有牺牲的危险，没有在花前月下卿卿我我，只是互相了解对方的过去和现在，看是否适合自己。谭天度资历深，比陈新年龄大许多，相互间存在较大差距。经过反复思考，陈新认为爱情并没有年龄的绝对限制，只要两人信仰相同，立志为共产主义奋斗终生，就能成为好伴侣。天度已有 21 年党龄，在革命旅途中经过许多重大考验，人和蔼可亲，胸襟广阔，虽然比自己年龄大得多，但多少革命同志为了革命献出自己的生命，只有对党的革命事业做出贡献，才是真正的幸福！于是，两人感情更加深厚。再经过党组织调查天度和前妻区梦觉的情况，陈新知道他们离婚属实。于是，谭天度和陈新就准备结婚。办喜事时，同志们向他俩祝贺，两人微笑不语，但看得出他们很幸福。就这样，陈新和谭天度在革命烽火中历经坎坷，相遇相知，喜结连理。

1945 年 8 月抗战胜利，谭天度和陈新被派到香港工作。那时，党为了实现全国人民建设和平民主的新中国的迫切期望，联合各民主党派同国民党进行和平谈判，但国民党反动派却破坏停战协定，悍然发动内战。根据抗日战争结束后出现的新形势，中共广东区党委在香港也加强了对各阶层群众工作力度。

1946年底，党中央为了加强华南地区党的领导，在香港建立中共中央香港分局，下设立中共香港工作委员会。谭天度被分配搞统战，陈新被分配筹办港工委会群委妇女组。

当时祖国大地内战阴云密布，人民群众反迫害、反饥饿、反内战的斗争日渐走向高潮，香港需要有一个民主、进步的妇女团体来开展工作，以团结港九各阶层妇女的力量。中共广东区党委决定要成立港九妇女联谊会，指派陈新、林琅两人负责组织筹备。她们分头到各界知名妇女和知识妇女中串联发动，进行大量准备工作，用雷英、黄维新、刘伟三人的名义向香港政府申请，并由当时在天一图书公司任秘书、熟悉英语、有一定社会地位的雷英到香港华民政务司联系，港九妇女联谊会注册提出的宗旨是:“团结妇女，加强联系，增进友谊，互相进步。”经过批准成为香港的合法团体。

港九妇女联谊会会员大多数是文化、教育界职业妇女，各民主党派、民主人士的中上层妇女和家庭妇女、女工、女学生。会员中除了少数共产党员、共青团员外，有相当数量的民主党派成员，尤以民主同盟的盟员为主，其他大多数是思想倾向于民主、进步的团体。港九妇女联谊会紧紧抓住宣传教育这重要环节，有计划、有步骤地组织会员参加学习。并根据当时的情况成立了许多读书小组，有的放矢地请政治家、名人、学者，如郭沫若、胡绳、乔冠华、龚澎、饶彰风、张铁生、金仲华、孙起孟、茅盾等前来组织专题讲座。此外，编辑出版妇联刊物《港九妇女》，成立“海燕歌咏团”。

1947年，陈新接受党组织指示，组办香港工联的劳工子弟学校，学校共12个班，设立在各个工会，分上、下午上学。陈新当校长。她教过书，有一定经验，有能力开办这种课室分散、班级分散、师生分散的分散式学校。陈新团结一帮老师，共同克服困难，学校如期正式开学了。她们在学校里教贫苦的劳工子弟读书识字、学工艺、学习革命道理、提高思想觉悟，培养出一批成熟的劳工子弟成为共青团员或共产党员，不断输送到广州做党的地下工作。

在香港搞地下工作的那些日子里，谭天度因为工作需要，为了掩护自己身份，穿着长袍，拿着算盘漫步而过，表面真像个大老板。当时直接或间接认识他的人都叫他“谭老板”，有的干部只知有谭老板其人，既不知其真名，也未见过他。

陈新那时只有30多岁，与谭天度一起做地下工作。1949年，由于谭天度被英政府诬指为贩卖鸦片，逮捕到拘留所。因为是被英国人逮捕，故号称坐“洋牢”。谭天度在革命生涯中，可谓九死一生。他曾五次被捕，四次入狱，其中两次在上海，两次在香港。1927—1931年，谭天度在香港主办过多个革命刊物，包括《针锋》《正义》《济公小报》《香港小日报》等，曾经两度被港英当局逮捕。而1933年，他再次在上海被捕，并以“危害民国罪”被判处十年徒刑。到了1937年，抗日战争爆发，释放政治犯，他才得以提前出狱。

英国人逮捕谭天度，家也被抄得乱七八糟，还把陈新写的劳工子弟学校总结抄出来。为了不暴露目标和身份，陈新不能再回劳工子弟学校当校长了，只得去给别人当家庭教师。而谭天度几经党组织营救而被释放，不能继续留在香港，便回到湘粤赣边区，赴东江参加人民解放战争，担任粤赣湘边区党委委员、东江人民行政委员会主任。而陈新和母亲带着三个孩子在香港继续作战，搞统战工作，直到全国解放。

陈　坚（1925—1946）

1[①]

陈坚，一九二五年出生在广东省惠阳县桂岗乡小桂村一个富裕的华侨家庭。一九四三年九月，在民运队员、堂姐陈通的教育下，陈坚立志“不做娇生惯养的小姐，要做抗日救国的革命战士”，勇敢地冲出家门，参加东江抗日游击队，在护航大队当卫生员。第二年，她经受了艰苦生活和战火的考验，光荣地加入中国共产党。抗战胜利后，她与在枪林弹雨中同生死共患难的大队长邓金结为伴侣。不久，国民党反动派发动内战，疯狂进攻我抗日游击队。一九四六年农历正月初一早晨，反动军队和地主武装偷袭我正在惠阳县多祝乡大径深山里宿营的邓金大队。战斗开始了，陈坚跟随部队冲出敌人火力网，越过山岭，到了安全地带。可是她回头一看，发现山沟里有个战士负了伤，不能走动。她毫不迟疑地回转身冲下山沟，给伤员包扎好伤口，背起伤员艰难地爬向山顶。当爬到半山腰，敌人火力又射来，她立刻放下伤员，用自己身体来掩护。不幸她被子弹击中，摔倒了。下午，邓金大队长带部队打退了敌人。打扫战场时，战友们找到陈坚，她已经停止了呼吸，而身体还护卫着牺牲了的伤员。战友们还发现，陈坚已怀孕数月，可她为了坚持行军打仗，从来不对别人讲起。为了人民解放事业，党的好女儿陈坚慷慨地献出了自己的青春，还献出了没有来到人间的骨肉。

（何小林　邓　英）

---

① 收录于中共广东省委党史研究委员会办公室、广东省中共党史人物研究会、广东省民政厅合编：《南粤英烈传》第三辑，广东人民出版社，1987年，第432-433页。

2

风雨浴红莲——陈坚烈士传略①

陈坚，原名陈娟，一九二五年出生在广东惠阳县桂岗乡小桂村。在硝烟滚滚的岁月里，她亲眼看见日寇的铁蹄践踏自己的家乡，残杀自己的父老乡亲，烧毁房子和渔船；亲眼见到成群结队、衣衫褴褛的难民拖儿带女，逃荒要饭，饿死冻死在他乡。

一九四二年，共产党员刘培指挥的独立中队，在惠阳、惠东和宝安等沿海一带活动。游击队所到之处都唱着抗日救亡的战歌，吹响了保家卫国的号角。陈坚的堂姐陈通是独立中队的队员，常在小桂活动。她常常接近姐姐，并把心里的疑团向她倾吐，陈通也常常给她讲革命道理和革命故事。在陈坚的幼小心灵里播下了仇恨日寇的种子。

一天夜里，陈坚躺在床上，翻来覆去，怎么也不能入睡，她多么羡慕黄业哥哥、陈通姐姐参加游击队。她爬起来，点着油灯，默默地望着窗外，心潮翻滚。母亲问："阿娟，你起来干什么呀？"陈坚轻声细语地回答："妈，我想参加游击队！""什么？"她又说："妈，国难当头，我要象通姐那样，参加游击队。"母亲疼爱地说："你神经错乱吗？在家里茶足饭饱，参加游击队是闹玩的吗？"

是的，当时陈坚的家庭是本村比较富裕的，有田出租，父亲在美国，常常寄钱回来，确实不愁吃、不愁穿。母亲只生两个女儿，特别溺爱陈坚，连做饭、担水这些家务都不让她做。

第二天，陈坚把这事告诉陈通，希望姐姐去说服母亲。陈通想游击队员绝大多数都是苦大仇深的人，吃得了苦，而她一贯娇生惯养，能行吗？陈通望着陈坚那又嫩又白的脸蛋，摸摸她那娇嫩的手，说："阿娟，游击队，地当床、天当被，风餐露宿，雨淋日晒，黑夜行军，你熬得了吗？"

---

① 收录于广东妇运史编纂委员会、东江地区东纵编写小组编：《东纵女英烈》，广东五华印刷厂，1987年，第114—118页。

陈坚哭着说：“通姐，你太小看人，你不是经常说，要使全国人民过好日子，就要大家起来革命，赶走日寇！可你现在又说我不行！通姐，你能干的，我也能干，我坚决参加游击队！”陈通看看她那激动得绯红的脸蛋，看看她那饱含泪水的眼睛，一股欣喜，疼爱的激流涌上心头，情不自禁地搂着陈坚，不停地抚摸着她那柔软的长发……。

这件事很快就给家里人知道了。母亲终日缠着陈坚，祖母和姐姐也想用眼泪来软化她的心。诚然，陈坚心里是很难受的，难道她不爱祖母、母亲和姐姐。然而，日寇的凶残、难民的惨状，不断浮现在她的眼前，抗日救国的呼唤不断在她耳边回响，于是，她又再次劝说母亲。

一九四三年上半年，由于日寇和国民党顽固派的摧残，加上罕见的大旱，小桂人民处于水深火热之中，只在夏收前后，就饿死了二百多人。上高围这个一百多口人的村庄幸存者只有百分之二十。村子里，经常哭声四起，惊天恸［动］地。陈坚流了多少同情的眼泪，仇恨的火种炽烈地燃烧着。她决定不顾一切，摆脱家庭，参加游击队。

农历八月的一个深夜，下弦月灰黯［暗］地照在大地上，家乡的一切景物，隐约可见，显得那样惨淡。陈坚悄悄地起床，轻轻地打开家门，一声不响地跨出了门栏［槛］，离开养育自己十八年的亲人和故乡。这时，依恋之情油然而生；慈爱的祖母和母亲、亲爱的姐姐，再见；陈坚跟着陈通，踏着残月的余辉［晖］，奔往东江抗日根据地——大鹏半岛的坝岗。

陈坚来到部队，在护航大队二中队当卫生员。那时，日寇垂死挣扎，加紧“围剿”护航大队。斗争很激烈，生活很艰苦。陈坚时而乘着木船在宝安、惠阳、惠东等海面颠簸；时而跟随部队在高山野岭上辗转；时而战斗在炮火纷飞的战场上。晕船、挨饿、受冻、劳累……无情地考验着她。她看到伤员浑身血淋淋，心里多么难过！这对一个妙龄弱女来说，确是严峻的考验啊！但是，陈坚时刻记住自己的誓言，不做娇生惯养的小姐，要做捍卫祖国的战士。她勒紧腰带，咬紧牙根，经受着种种考验。

抗日的志向，支配着陈坚的一言一行。业务不熟，她虚心学习；对待伤员，她十分关心。天气寒冷，把自己的毯子盖在伤病员身上。行军的时候，她替伤病员背东西。同志们都深为她的行为所感动。

有一次，二中队在海丰活动，有个伤病员病情严重，当时药物缺乏。陈坚从当地群众中访问到一种草药，对治那个伤病员的病有很好的疗效。她很快就找到了这种草药，并借来药煲。那个伤病员经过几次服药，终于恢复了健康。

革命队伍，是锻炼革命者的熔炉。陈坚跟随护航大队二中队风里来、雨里去，跋山涉水，身体逐渐坚实，思想不断成熟，不久便光荣地参加了中国共产党。

一九四四年，日寇第三次在大亚湾登陆。为了扩大队伍，打击敌人，上级决定护航大队二中队扩编为东江纵队第六支队的一个大队，由邓金任大队长。这个大队转战在惠东多祝、高潭和海丰等地。

在斗争中，陈坚爱上了出身贫寒、勇敢机智的邓金；邓金更喜欢她那刚直、坚强的性格。一九四五年冬，他们结了婚。

一九四六年初，邓金大队在多祝、安墩和高潭一带活动。敌人调动大批兵力，跟踪追击，妄图消灭这个大队。一九四六年正月初一早上，为了防备敌人偷袭，邓金把部队带到多祝松坑的大径深山沟里宿营。山沟里顿时腾起了做年饭的袅袅炊烟，邓金在翻阅文件，陈坚在收拾药物。将要吃饭的时候，突然山下传来两声枪响，紧接着枪声四起。邓金马上集合队伍，指挥突围。这时，枪声越来越近，陈坚背起药箱便跟着队伍往山顶冲。

在一个中队的掩护下，队伍很快就要转移到安全地带。就在这时，后面山沟里有一战士受重伤，不能走动。为了抢救伤员，陈坚马上回头，直往山沟冲。这时敌人蜂拥而上，子弹不断地打过来，随时都有牺牲的危险。但她想，抢救伤员是我的天职，就是牺牲自己，我也要去。她冒着枪林弹雨，冲过后山沟，找到伤员，包扎好伤口。她背着伤员又往山顶冲。当她冲到半山腰时，敌人的子弹不断地从她身边飞过，她［立］即放下伤员，以自己的身体来作掩护。就在这时，她不幸中弹，鲜血直流，染红了衣裳，染红了山岗，……。

部队在邓金的指挥下，打退了敌人，取得了胜利。在打扫战场时，战友们发现了陈坚，然而，她却停止呼吸了，她的身躯还掩护着伤员！

邓金蹲在陈坚身旁，眼泪禁不住夺眶而出，他悲痛地喊着：“阿坚，你醒醒，你醒醒呀！……。”

陈坚为抢救伤员、为民族的解放，光荣地牺牲了。她不愧是中华民族的优秀女儿，是在革命风雨中开放的一朵红莲，永不凋谢。

（惠阳县委党史办王石胜根据陈瑞、陈通提供材料整理）

3

陈　坚[①]

陈坚，原名娟，1925年出生于广东惠阳桂岗乡小桂村，家庭比较富裕，有田出租，父亲在美国，常常寄钱回来，母亲只生两个女儿，特别溺爱陈坚。

1942年，共产党员刘培指挥的游击队独立中队在惠东和宝安沿海活动，陈坚的堂姐陈通是独立中队的队员，陈坚常听堂姐讲革命大事和革命道理，在心灵里种下抗日的种子，她一次次提出要参加游击队，都遭到母亲的反对。1943年8月一个深夜，她悄悄地出了家门，跟着陈通奔往东江抗日根据地，大鹏半岛的坝江。

陈坚在护航大队二中队当了卫生员，这时，日寇加紧“围剿”护航大队，斗争激烈，生活很艰苦。陈坚时而跟随部队辗转在高山野岭，时而战斗在战火纷飞的战场，时而乘着木船在宝安、惠阳、惠东等海面颠簸，但是她立下誓言：“不做娇生惯养的小姐，要做捍卫祖国的战士”。她咬紧牙关，经受种种考验。天气寒冷，她把自己的毡子盖在伤病员身上，行军时候，则替伤病员背东西。当时部队缺医少药，她就向群众请教采集一些草

---

① 收录于中共广东省委党史研究室、广州地区老游击战士联谊会、广州地区老游击战士联谊会东江纵队分会、广州市东江纵队研究会编：《东江纵队英烈集》，2013年，第116页。

药，使伤病员尽快恢复健康，保证了部队的战斗力。

革命队伍是个熔炉，陈坚雨里来、风里去，身体逐渐坚实，思想逐渐成熟，不久她参加了中国共产党。

1946 年正月时候，陈坚正随着东江纵队第六支队的一个大队在多祝安墩和高泽一带活动，敌人调动大批兵力，跟踪追击，我军迅速上山顶转移到安全地带。就在这时，后面山沟里有一个战士受了重伤，不能走动，为了抢救伤员，陈坚冒着枪林弹雨冲回后山沟，包扎好伤口，背起伤员又往山顶冲，刚到山腰敌人的子弹不断的飞过，她立即放下伤员，用她自己的身体掩护伤员，她身上多处中弹，鲜血染红了全身，染红了山岗。这一仗，打退了敌人，取得了胜利。在打扫战场时，战友们找到了陈坚，然而，她已停止呼吸了，而她的身躯还掩护着伤员。

陈贞娴（？—？）

亚洲妇女代表会华南三代表（节选）①

……

如果我们不善忘，该记起本刊从十四期，有一位篇者是“陈慧”吧！她就是陈贞娴。也就是港九民主妇女们，所熟悉的陈慧真大姐。战时，她在广西做过长期的妇女工作，是一位温柔而又斯文的女性。谈起做妇女工作，许多人都不大愿意，而陈姐却是下决心要做妇女工作的，战后，她曾来港工作过。因为对妇女工作很感兴趣，所以曾搜集许多资料准备编一本妇女运动史。可是今年春天，因为工作需要她到农村去了。于是，这一件工作就搁下来，她的身体不好，胃病、肺病，然而她还是一面病，一面工作。广州解放后，她在广州民主妇联的秘书。

（《香港文汇报》1949.12.5）

① 收录于广东省妇女联合会、广东省档案馆编：《广东妇女运动历史资料》第六辑，广东省供销学校印刷厂，1991年，第439—440页。

邓金娣（1909—1927）　罗大妹（1908—1927）

邓金娣　罗大妹[①]

陶德芬

邓金娣原籍高要，1909 年出生于一个水上居民家庭。父母早逝，留下她和祖母弟弟相依为命，生活上除靠在艇上干活的叔伯们帮助外，主要靠她在香港三角码头上当童工补麻袋赚钱来维持。人们称她为“麻包女”。苦难生活的煎熬，使她自小养成倔强泼辣、爱憎分明的性格。

罗大妹原名罗志群，番禺人，1908 年出生于海员工人家庭，她有两个哥哥、一个妹妹。母亲是家庭妇女。她的大哥罗福是一个海员，在省港大罢工中加入中国共产党，是海员工会办事处的职员兼工人代表，后在广州农讲所学习毕业，被组织派去开展农民革命运动。二哥罗基是共青团员，海员工会宣传队员，“宣传养成所”第一届毕业生，后因被叛徒出卖而牺牲。妹妹罗细妹，1926 年也参加了共青团。罗大妹自小受着兄长革命思想的熏陶，在幼小的心灵中埋下革命的火种。

1925 年 6 月 19 日，震惊中外的省港大罢工爆发后，邓金娣、罗大妹随着海员罢工工人从香港来到广州，分别住在罢工工人宿舍里。在罢工期间，金娣和大妹进入海员工会工人子弟学校就读，她们不仅学文化、政治，而且还能听到海员工人活生生的亲身经历，从而懂得省港罢工的重要意义，为什么要打倒帝国主义、军阀的道理。

1925 年冬，省港罢工委员会下属各个工会子弟学校相继组织了劳动

---

① 收录于中共广州市委党史研究室、广州市民政局编：《广州英烈传》，广东人民出版社，1991 年，第 62-66 页。

童子团。金娣、大妹都带头参加了海员工人子弟学校——劳动童子团，和其他童子团员一起，按照劳动童子团“团结起来，努力工作，勇往直前！”的目标，严格要求自己，积极参加各种活动，日间上课，早晚操练，还经常学唱歌、做游戏、学救护、打旗、卖花、募捐、推销革命书报刊物等，特别每逢节日、革命纪念日，她们像成人那样整整齐齐地排列着队伍，参加大会和大检阅及示威游行，并且在场内外帮助工人纠察队维持秩序。由于邓金娣、罗大妹积极热情、敢于宣传革命道理，坚决拥护共产党主张，成了青少年的坚定的骨干。1925 年底，两人都参加了共青团。

邓金娣、罗大妹又是海员工会宣传队成员，常和其他积极分子周秀珠、陈淑英一起，搞好家属妇女工作，主动把孩子组织起来，协助搞清洁卫生，搞好饭堂秩序，关心家属疾苦，对有病家属送饭菜上门，帮助缝缝补补等，深得群众的好感。她们结合串连发动，宣传罢工意义和斗争的情况，使家属们提高认识，自觉支持海员的革命行动。她们四个人还经常带着凳子、宣传品，到中央公园、太平南路（现为人民南路）、西关一带的热闹街道进行宣传，她们把凳子一放，就一边散发宣传品，一边进行演讲。邓金娣虽然文化不高，但她善于词令，演讲时吐词清楚，热情奔放，激昂愤慨，很吸引群众。她们还以“粤曲”、“白榄”、“小调”等文艺形式揭露帝国主义和军阀在“五卅”惨案、“沙基”惨案中的罪行，宣扬革命，以唤起民众的斗志。由于邓金娣、罗大妹和另两名女青年周秀珠、陈淑英工作出色，斗争坚决，当时被誉为“四大天王”，成为海员劳动童子团的小领袖。

1926 年 9 月，省港劳动童子团联合成立后，罢工委员会为了加强培养和训练骨干力量，举办了一个“领袖班”，分为六个队：马克思队、恩格斯队、列宁队、李卜克内西队、卢森堡队、孙中山队，每队十人左右。学员是从各工会劳动童子团负责人中挑选出来的。邓、罗两人是“卢森堡队”队员。她俩认真学习政治和军事技术，每天早晨五时起床，即跟着队伍到惠福东路九曜坊广东省教育会广场，神采奕奕，参加操练，如学守营、摸营、捉奸细、救伤、射击等。通过约一个月的集体生活的培训和分散进行活动的锻炼，更进一步提高了她们的觉悟，增强了她们工作的活力。

1926 年 7 月，国民革命军誓师北伐，她们满腔热情投身各项工作，如参加北伐誓师大会和庆功游行等活动，并运用各种宣传形式到工人宿舍和街头演讲，大讲“打倒列强，除军阀和北伐必胜”之理，以鼓舞人心，支援北伐。

1926 年 10 月，中共广东区委对省港大罢工采取自动停止封锁、结束罢工的新策略，金娣、大妹两人按照组织意图，不厌其烦地到家属中去，宣传省港大罢工的伟大成绩和所采取的措施，并针对不同的思想进行耐心解释，做好稳定家属的工作。

邓金娣和罗大妹经过一系列工作和斗争磨练，逐步成长为敢于斗争，坚强不屈的战士。邓金娣祖母见自己孙女老是在外活动，担心她会有生命危险，要她弟弟到罢工工人宿舍劝她回家，不要在外抛头露面。弟弟转达了祖母的意见，她对弟弟说：“我出来参加罢工斗争，到处奔走宣传，都是为了革命嘛。”邓金娣终于以雄辩道理说服了弟弟。此后，家人也不再阻挠她外出活动了。

1926 年冬，海员泰山轮船支部在香港成立。海员工会派劳动童子团维持大会纪律。开会之前，童子团员在香港三角码头上高唱《国际歌》、《劳动童子团歌》、《少年先锋队歌》和进行操练，被香港警察包围，她（他）们毫不畏惧。罗大妹还带领童子团员高呼“打倒帝国主义”的口号，有一个副警司（英国人），指着罗大妹身穿童子团制服上的“准备”两字，喝问什么意思。她一点不害怕，并灵机一动愤怒地回答：“准备，就是准备打倒帝国主义”，“帝国主义滚出中国去！”一个女青年，敢于面对强暴，这种大无畏的精神，深受同志们的赞扬，有的同志以她原名罗志群之义，释为“罗通扫北志勇超群”，赞她的机智勇敢。邓金娣和罗大妹在革命摇篮中，成为志同道合的战友。

1927 年 4 月 15 日风云突变，广州的国民党反动当局向革命者举起了屠刀，广州城顿时为白色恐怖所笼罩。国民党侦缉、警察、特务、走狗到处跟踪、盯梢、追捕共产党员和革命群众，形势非常严峻。4 月 17 日，中共广东区委召开紧急会议，制定反抗反革命大屠杀的措施，决定将组织转入地下活动，同时以“广东区委”、“团委”、“全国总工会广州办事处”、“省港罢工委员会”、“广州工人代表会”、“广东省农民协会”、“广东妇女解放协会”、“广东新学生社”等团体联名发表《反抗国民党反动派残暴大屠杀宣言》，散发抗议传单，张贴标语。海员工会按照地下党的部署，派邓金娣、罗大妹等同志分别往一德路、太平南路一带秘密散发传单。邓金娣、罗大妹接受任务后，冒着生命危险巧妙地把传单送给过路行人。

但是，她们的行动终于被巡警发现了。罗大妹被一个巡警抓住，邓金娣上前为之申辩，结果两人一齐被押送到警察局。当晚敌人进行审讯，迫她们供出指挥者和同党，遭到严正拒绝，敌人便将她们“吊飞机”，又把她们的头往墙上撞。敌人恶狠狠地反复将她们折磨，致使她们周身上下血渍斑斑，昏去几次，但她们始终坚贞不屈，痛斥敌人：“你们投降帝国主义，背叛革命，干尽坏事，现又向罢工工人下毒手，决不会有好下场！”反动派无计可施，于 1927 年 4 月 23 日，由国民党广州戒严司令钱大钧下令，借口“以散发传单、蛊惑民众、谋危政府之罪”，判处邓金娣、罗大妹、周翼华、黄培、何全等五人死刑，立即执行枪决。在押赴东校场刑场的路上，人群都怀着沉重的心情，跟随囚车。她俩面无惧色，昂首挺胸，手里拿着用撕下来的一角红毯作成红旗，不断高呼口号：“打倒帝国主义！”“打倒国民党反动派！”“中国共产党万岁！”人们为她俩大义凛然的英雄气概所感动。在刑场上，他们面对刽子手，依然高呼口号，并把手上的订婚戒指扔得远远的，不让敌人装入私囊。敌人瞄准她们开枪，罗大妹先英勇倒下，但子弹却从邓金娣的肩上穿过，她面不改容，回头对敌人怒目而视，大喝：“打吧！打吧！”她们英勇就义。

当时，邓金娣仅有十九岁，罗大妹才十八岁，她们没有辜负党、团和人民的培养教育，为革命献出了年轻宝贵的生命。

冯　芝（1883—1944）

1

义务交通员[①]

冯芝是东江抗日游击队的义务交通员，是革命队伍中的一位好妈妈。

她家在香港。香港沦陷前，她热心支持女儿方兰（香港地下党员）进行抗日救亡活动。每当女儿和战友在家里开会，写传单、印宣传品，她总是忙里忙外，悉心照料。香港沦陷后，方兰当了东江纵队港九大队市区中队长，妈妈便当了市区中队的义务交通员。她每天在香港市区来去送宣传品和情报资料，风雨无阻。1944 年 3 月 17 日，她身上携带许多抗日宣传材料和部分关于日本海军的情报，不幸被日本宪兵截获。在狱中，日本鬼子一次又一次审问她，还用皮鞭抽打她，放狼狗咬她，她始终没有说出市区中队的秘密。一天狱卒问她："你是什么人？"冯芝理直气壮地回答："我是中国人！"表现了可贵的民族气节。这年 6 月 26 日，残暴的日军将冯芝杀害。她牺牲时 61 岁。

2

伟大的母亲冯芝烈士[②]

冯芝烈士不是共产党员，也不是我们革命组织里的正式成员，但她为了保护党的交通员，为了保护革命组织，为了驱逐日本帝国主义和维

① 由广东省东莞市博罗东江纵队纪念馆于 2022 年 7 月整理提供给本书编委会。

② 收录于广东妇运史编纂委员会、东江地区东纵编写小组编：《东纵女英烈》，广东五华印刷厂，1987 年，第 183–188 页。

护民族尊严，也为了保护她心爱的女儿，慷慨地贡献了自己的生命。她于一九四四年三月十七日在香港被捕，同年六月二十五日就义[①]，终年六十一岁。

一九四三年底，日寇占领了南洋（现在的东南亚），战线拉长，为此十分重视香港这个补给地。武装的宪兵、警察和多如牛毛的特务，把香港的每个工厂、店铺，每条大街小巷，控制得几乎不透风不渗水，时时有中国百姓被逮捕，被杀害，腥风血雨，生灵涂炭，整个香港处在一片恐怖之中。

当时，东江纵队港九独立大队就活跃在日本侵略者占领的港围内。这支武装游击队伍，或整或零，声东击西，神出鬼没，无处不在，扰得日本侵略者坐立不安，心神不宁。独立大队有个市区中队，这支队伍战斗在市区，任务是把敌人的力量牵制在市内，分散敌人对付周围游击队的力量。他们明打明地让敌人知道，不仅香港周围有游击队，在他们的心腹之地也有。这个中队是一把插在敌人心脏上的尖刀，在敌人的眼皮底下公然活动。市区中队在日本侵略者极其疯狂的法西斯统治下开展斗争，其艰巨性和复杂性是可想而知的。市区中队的战士们，不仅胆大、坚定、不怕死，而且学了一套孙悟空的本领，随机应变，斗争手法灵活多样，他们时常在敌人眨眼的那么短暂的瞬间，把传单和地下刊物撒出去，把传单贴到日本宪兵部大门口的布告板上，把地雷放在市中心铁路桥的桥墩上，他们把侵略者激怒得大喊大叫，暴跳如雷。

市区中队队长兼指导员是个姑娘，乳名亚齐，那时只有二十三岁，她是冯芝老人的女儿。

冯芝老人非常疼爱这个女儿。自一九三七年底女儿参加抗日宣传活动时起数年如一日，她都主动帮助女儿做些力所能及的事。香港沦陷前，女儿和一些同志在家里开会，写传单、刻钢板，她总是前前后后招呼着。那时她家里生活很困难，时常断炊，见年轻人饿着肚皮干事很心疼，有时急得没法就脱下身上的衣服送附近当铺，然后拿钱给他们买些食物回来充

---

① 由于年代久远，无法考证确切牺牲时间。——编者注

饥。女儿募捐回来一大堆小票，她拿到银行兑换成大票。女儿他们要演戏宣传抗日，她就把家里的床板搬出去帮他们搭台子。后来女儿离家到九龙去开展工作，路虽近，但是过年时候，甚至在她病的时候，都不能回来看她一次，她心里非常想女儿，可没一句怨言。别人说叫亚齐回来一趟吧？她摇摇头，“不用，我已经好了。”她体贴女儿，不愿给女儿增加麻烦。一九四一年底香港沦陷了，最初几天里香港禁止出入，日本宪兵警察对香港每个中国百姓象过筛子一般盘查。就在这时候，亚齐从九龙坐小艇偷渡回来联系工作。冯芝老人见到女儿又高兴又担心，在亚齐停留香港的三天里，她天天陪着女儿出去，但她什么也不问，女儿让她在哪里等，她便在哪里等，待女儿办完事她又伴女儿回家。后来，亚齐要到游击队去了，回来和母亲告别。老人只知道女儿要走了，去那里，干什么去，她依然一句也不问，而是急忙把自己较好的两套衣服给女儿包好，连夜做“手抓”（一种炒米和糖做的干粮）给女儿路上吃，天微亮，便送女儿上路，一直送出二里远。女儿不让她送了，她也不再坚持送，只是深情地瞧瞧女儿，用平时一样说话的口气说了句：“胜利以后回来吧。”说完她就走了，走了几步回头望望女儿，恰巧这时女儿也回过头来，她只一瞥便马上调头往回走了。她不愿女儿牵挂她，她用自己的坚强意志鼓励女儿去参加新的战斗。待女儿一九四三年冬从游击队又回到香港，担任了市区中队长职务后，她便主动提出帮女儿做点事。她看见女儿带着宣传品出门，拦住说：“外面天天有检查，你带这些东西太危险，让我来吧，要送到那里，我去送。”

当时，亚齐很犹豫，风险是自己担还是让母亲担呢？再三考虑，从革命利益出发，同意母亲的意见，从此冯芝老人便成了市区中队的义务交通员。那时中队活动频繁，老人天天在市区内奔走。

冯芝老人出身婢女，从小受苦受难，流离和苦难把她磨炼得耿直、仗义、坚强。她没文化，但天性聪明，头脑灵活，那时她已六十岁，仍然很机智。她个子不高、不胖，两只眼炯炯有神，个性刚直，身子也灵巧，特别是她有强烈的民族自尊心。一九二五年，她亲眼看见了香港大罢工的壮烈场面，她虽然没参加到那行列里去，心里也翻涌着斗争的激情。后来，抗日战争的洪流和女儿给了她有力的影响，使她由爱女儿、支持女儿，进一步懂得了女儿所从事的活动的重要意义，于是便义无反顾地投身到抗日斗争中去。她每天换着手法藏好宣传品，一副城市贫苦老妇人的装扮，挎个菜篮，或提只鸡笼，或捡只米袋，嘴上衔支廉价的香烟，来来去去。她不是不知道有危险，但她那颗要为女儿分忧、为民族分忧的心，什么也不怕。

三月十七日傍晚，市区中队交通员亚四迟迟没返回中队部，使中队的同志很着急。直到点灯，她也没回来。中队长估计出事了，马上派人出去打听消息。很晚才听说下午海边的日本哨岗抓了一个阿婆和一个年轻妇女。亚齐知道母亲与交通员亚四被捕了，便立即通知有关的人转移。老人被捕不久，市区中队从内线关系知道老人表现很坚强，有同志提出要营救老人越狱。中队长亚齐心情十分矛盾，她自然希望救出母亲，因为革命需要她，自己也需要她；可是考虑到，营救中万一出点岔子，非但救不出母亲，反而会使革命力量受到重大损失。思来想去，她决定不去冒险。加上那段时间，中队任务很重，正在紧张筹备着四月份对敌的全面大行动，她想，营救母亲的事由自己姐妹们去办吧。

三个星期后，亚四回来了。她一头扑进中队长怀里泣不成声。边哭边叙述冯芝老人被捕的经过。那天，交通站给了亚四很多东西，冯芝老人考虑亚四年轻，东西那么多难收藏，便决定亲自带那些材料，和亚四一起送回中队部。于是她分别藏好，有的缝在衣服里。结果碰上大检查，老人和亚四以及其他“嫌疑犯”一起被扣，关进日本宪兵部海边的一个派出所。先由一个中国宪察（可能同情者）来搜查，那中国宪察从冯芝老人身上拿出的一些材料，把它撕碎扔到窗外的海边。可是缝在衣服里的材料一时无法取出，这时印度警察进来了，部分材料便落在敌人手里。由于证据确凿，敌人便一次又一次审问冯芝老人，用皮鞭抽她、用狼狗咬她、施电刑，可是她反反复复总是那几句话：“我穷，给人当‘水客’。邻居看我穷，叫我做水客；给他带点衣服送到一个地方，给钱我，我就带了，我没文化，不懂上边写的是什么。”她又悄悄地对亚四说：“敌人没从你身上搜到证据，不会拿你怎么样，你就说是陪我走路的，什么也不知道。死就死我自己，不要连累更多人。我反正这么大年纪了，死了也没什么。”那些天里，冯芝老人常常唱歌，“起来，不愿做奴隶的人们……。”唱的就是我们现在的国歌。她为了照顾亚四的身体，把家里送去好吃的东西，都留给她吃。亚齐的姐妹去探望她时，见到她遭到非人的折磨，哭了。老人没掉过一滴泪，反而劝慰女儿，同时嘱咐转告亚齐，说绝不会做对不起她的事，让她放心，叫她不要再回家。

亚四被放出来后，冯芝老人先是被押送到日本宪兵部，后被投入监狱，这时，敌人又在她身上搜出一份关于日本海军的情报，把她作为间谍，转送到日本海军刑务部。这时，敌人不准冯芝老人的亲属探望她，冯芝老人心里明白，作好随时牺牲的准备。囚禁在这里的都是重大的政治犯，有人见她是这么一个瘦小老太婆，有点奇怪，问她：“老太婆，你是什么人？”她说：“我是中国人，……”看守牢房的中国狱卒很佩服她。后来狱卒告诉老人的女儿，在险境中，冯芝老人很乐观，当知道要被处决时，她泰然自若，没有一点慌乱，因为她早做了死的准备。

冯芝老人从小就非常热爱生活，她喜欢种花，又绣得一手好花，不用纸样，能绣出朵朵彩花，她很喜欢小动物，她养了一只小猫，自己没钱买鱼吃，也常想办法买条鱼给猫吃。她非常爱她的几个儿女，尤其爱亚齐，她很想能看到日本鬼子从香港、从中国滚出去……因为她时刻没有忘记“我是中国人”。

同年四月二十二日，港九大队开展全市大行动，沉重打击了日本侵略者。这时猛兽般的日寇把怒火转向被囚禁的革命者，不久，冯芝老人光荣牺牲。

老人临刑前，对同情她的一个中国狱卒说了一句话：“请你转告我的家人，方便的时候，把我的尸体领回去。”

市区中队的同志得知老人牺牲的消息后，个个悲痛万分，特别是亚四，想到老人为了救她，献出自己的生命，哭得成个泪人，他们强制自己，化悲痛为力量，决心要为这位中华民族伟大的母亲报仇雪恨。在老人就义十天后，亚齐正在大队开会时，得知母亲牺牲的噩耗。她十分悲痛，强忍着眼泪，因为她知道母亲希望她的决不是泪水，而是要给日本侵略者更有力的打击。

柳　明　苏　平

3

冯　芝①

冯芝烈士既不是共产党员，也不是我们革命组织里的正式成员，但她为了保护党的交通员，为了保护革命组织，为了驱逐日本帝国主义和维护民族尊严，也为了保护她心爱的女儿，献出了自己宝贵的生命。她于1944年3月17日在香港被捕，同年6月25日就义，终年61岁。

1943年底，日寇占领了南洋（现在的东南亚），战线拉长，为此香港这个补给地被控制得几乎不透风、不渗水。当时，东江纵队港九独立大队就活跃在日本侵略者占领的港岛内。独立大队有个市区中队，这支队伍战斗在市区，任务是把敌人的力量牵制在市内，分散敌人对付周围游击队的力量。市区中队队长兼指导员是个姑娘，乳名亚齐，那时只有23岁，她是冯芝老人的女儿。冯芝老人非常疼爱这个女儿。自1937年底女儿参加抗日宣传活动时起，数年如一日，她都主动帮助女儿做些力所能及的事。女儿1943年冬从游击队又回到香港，担任了市区中队长职务后，她便主动提出帮女儿做点事。她看见女儿带着宣传品出门，就拦住说："外面天天有检查，你带这些东西太危险，让我来吧，要送到那里，我去送。"

当时，亚齐很犹豫，风险是自己担还是让母亲担呢？再三考虑，从革命利益出发，同意母亲的意见，从此冯芝老人便成了市区中队的义务交通员。那时中队活动频繁，老人天天在市区内奔走。

冯芝老人出身婢女，从小受苦受难，流离和苦难把她磨炼得耿直、仗义、坚强。她没文化，但天性聪明，头脑灵活，那时她已60岁，仍然很

① 收录于中共广东省委党史研究室、广州地区老游击战士联谊会、广州地区老游击战士联谊会东江纵队分会、广州市东江纵队研究会编：《东江纵队英烈集》，2013年，第80–81页。

机智。她每天变着方法地藏好宣传品，以一副城市贫苦老妇人的装扮，来来去去穿梭于市区大街小巷。

3 月 17 日傍晚，市区中队交通员亚四迟迟没返回中队部，使中队的同志很着急。直到点灯，她也没回来。中队长估计出事了，马上派人出去打听消息。很晚才听说下午海边的日本哨岗抓了一个阿婆和一个年轻妇女。亚齐知道母亲与交通员亚四被捕了，便立即通知有关的人转移。

三个星期后，亚四回来了。她一头扑进中队长怀里泣不成声。边哭边叙述冯芝老人被捕的经过。那天，交通站给了亚四很多东西，冯芝老人考虑到亚四年轻，东西那么多难收藏，决定亲自带那些材料，和亚四一起送回中队部。于是她分别藏好，有的缝在衣服里，结果碰上大检查，老人和亚四以及其他“嫌疑犯”一起被扣，关进日本宪兵部海边的一个派出所。先由一个伪警察（可能同情者）来搜查，那伪警察从冯芝老人身上拿出的一些材料，把它撕碎扔到窗外的海边。可是缝在衣服里的材料一时无法取出，这时印度警察进来了，部分材料便落在敌人手里。由于证据确凿，敌人便一次又一次审问冯芝老人，用皮鞭抽她、放狼狗咬她、施电刑，可是她反反复复总是那几句话：“我穷，给人当‘水客’。邻居看我穷，叫我做水客，给他带点衣服送到一个地方，给钱我，我就带了，我没文化，不懂上边写的是什么。”她又悄悄地对亚四说：“敌人没从你身上找到证据，不会拿你怎么样，你就说是陪我走路的，什么也不知道，死就死我一个人，不要连累更多人。我反正这么大年纪了，死了也没什么。”那些天里，冯芝老人常常唱歌，“起来，不愿做奴隶的人们……”唱的就是我们现在的国歌。她为了照顾亚四的身体，把家里送去好吃的东西，都留给她吃。亚齐的姐妹去探望她时，见到她遭到非人的折磨，哭了。老人没掉过一滴泪，反而劝慰女儿，同时嘱咐转告亚齐，说绝不会做对不起她的事，让她放心，叫她不要再回家。

亚四被放出来后，冯芝老人先是被押送到日本宪兵部，后被投入监狱，这时，敌人又在她身上搜出一份关于日本海军的情报，把她作为间谍，转送到日本海军刑务部。这时，敌人不准冯芝老人的亲属探望她，冯芝老人心里明白，做好随时牺牲的准备。囚禁在这里的都是重大的政治犯，有人见她是这么一个瘦小老太婆，有点奇怪，问她：“老太婆，你是什么人？”她说：“我是中国人！……”看守牢房的中国狱卒很佩服她。后来狱卒告诉老人的女儿，在险境中，冯芝老人很乐观，当知道要被处决时，她泰然自若，没有一点慌乱，因为她早做了牺牲的准备。

同年4月22日，港九大队开展全市大行动，沉重打击了日本侵略者。这时禽兽般的日寇把怒火转向被囚禁的革命者，不久，冯芝老人光荣牺牲。

她不愧是革命的母亲，出色的义务交通员。

4

冯芝老妈妈英勇就义①

61岁的冯芝老人是在交通线上被捕牺牲的。她是市区中队指导员兼队长方兰的母亲。因为交通线上人手不够，主动担任义务交通员。

市区中队的交通总站设在坑口。从坑口到香港的筲箕湾要乘小艇。日军在筲箕湾附近一个小岛上设了检查哨。1944年3月17日，新交通员袁益从坑口送了一批传单到湾仔交给冯芝老人。冯芝老人送到下一个联络点去，取回一大堆东西交袁益带回中队部。因为要带的东西太多，冯芝担心袁益年轻缺乏经验，决定和袁益一起送材料。她把要带的东西缝在身上穿的衣服和其他衣物里，当天下午两人乘船到坑口去。船到筲箕湾亚公岩岗哨时，不幸遇到突击大检查，开始是一个中国籍宪查走来，他从冯芝身上搜出一些东西，顺手丢到海里。跟着又来了个印度籍宪查，他把老人缝在衣服上的东西搜出，两人不幸被捕入狱。

在狱中，冯芝对袁益说：“我自己就是死了也绝不连累别人。他们在

① 收录于广东妇女运动历史资料编纂委员会编印：《香港妇女运动资料汇编（1937年—1949年）》，1994年，第144—145页。

你身上没有搜出东西，你就说和我同行，什么也不知道”。她自己也编了个口供，说年老不识字，家里穷，出来做水客，是以前一个邻居叫我带到坑口去的，其他就不知道了。敌人多次审问，残酷地对她施以电刑，又放出狼狗来唬吓，口供依然不变。敌人把她们转到筲箕湾宪兵派遣队去。老人在监狱见到因情报落在敌人手上，被认出字迹而被捕的张咏贤。她们三人关在一起，老人鼓励小张要坚定，“既然被捕了，千万不要害别人。自己死了就算了”。她对小张和小袁的生活也很关心，把家里送来的食物分给她们吃。冯芝老人对来探望她的人说：“转告阿齐（方兰的小名）我绝不会做对不起她的事，请她放心好了。”

敌人没有抓到袁益的证据，把她放了。冯芝和张咏贤被转到宪兵总部去，那是囚禁重要政治犯的地方。敌人幻想从这一老一少的口中得到游击队的消息。冯芝老人意志坚强，绝不向敌人低头。敌人又把她们转到赤柱监狱去，最后转到海军刑务部（即军事法庭），把她们作为间谍判处死刑。

1944 年 6 月 22 日，冯芝和张咏贤在香港加路连山英勇就义。

冯芝老人的被捕牺牲对于她的女儿、市区中队长兼指导员方兰是严峻的考验。当队员们知道老人和女青年张咏贤在狱中受到酷刑的折磨时，曾有人提出劫狱的建议。方兰从全局出发，否定了这个建议。冯芝老妈妈英勇就义，方兰把满腔悲愤化为力量，认真检查了情报交通工作上的漏洞，防止有同类事件发生，并带领战士们展开更英勇顽强的战斗。

（《港九独立大队史》第 152—154 页）

高　芳（1924—1945）

高奋　高芳[1]

高奋、高芳两兄妹，广东省南海西樵人。高奋生于1922年，高芳生于1924年。1940年他俩随已是共产党员的大哥高扬到国民党军第四挺进队搞兵运工作。1941年同时参加中国共产党。1942年粤北省委遭破坏，停止活动。由广东北江特委安排他们到翁源县新江何俊才家乡任小学教师。遵照中央的“隐蔽精干、长期埋伏、积蓄力量、以待时机”的原则，从事翁东地区的调查，准备恢复组织工作。1944年冬，日寇占领韶关市，这时他们恢复了组织关系，在何俊才领导下，在翁东地区组织青年抗日武装自卫团，并从中教育选拔骨干。

1945年3月东江纵队北江支队到达英翁地区时，他们兄妹俩先后参加了武工队。后随部队北上粤赣湘边，准备迎接王震部队，因抗战胜利，王震部北返，内战爆发。武工队在始兴县龙头畲山区与何通的部队在一起，遭到敌人的袭击，高奋、高芳兄妹俩在敌人的炮火下同时牺牲。

经组织查核已在其祖籍南海县（区）民政局登记入册为革命烈士。

---

① 收录于中共广东省委党史研究室、广州地区老游击战士联谊会、广州地区老游击战士联谊会东江纵队分会、广州市东江纵队研究会编：《东江纵队英烈集》，2013年，第105页。

何香凝（1880—1972）

1

何香凝[①]

何香凝（1880—1972），女，原名谏，又名瑞谏，别号双清楼主，广东南海棉村乡（今广州市芳村区）人，生于香港一个拥有相当大资产和地产的家庭，自幼爱好读书，反对缠足，反对剥夺女子学习文化的权利。1897年（清光绪二十三年）10月底，与廖仲恺在广州结婚。1902年秋，变卖妆奁为廖仲恺赴日留学筹集费用，以成其志。同年冬东渡日本。1903年初入东京目白女子大学，后转入女子师范学校预科。同年春，在东京结识孙中山，并先后跟留日革命青年赵声、秋瑾、黎仲实等人交往。1905年加入中国同盟会，担任联络和勤务工作。还与廖仲恺等向海外华侨宣传反清革命，并跟康有为、梁启超等保皇派进行斗争。1906年再入目白女子大学，读博物科。1908年改入本乡女子美术学校，在高等科学绘画，1910年（宣统二年）秋毕业。1911年2月，回到香港。辛亥革命后，随廖仲恺到广州。1913年（民国2年）“二次革命”失败后，与廖仲恺随同孙中山再度亡命日本。次年在东京加入中华革命党，参加孙中山领导的讨袁和“护法”运动。在东京留日学生中进行广泛宣传和联络活动。为动员北洋海军参加“护法”，于1917年在上海从事海军家属的发动工作。1921年与宋庆龄在广州发动妇女组织“出征军人慰劳会”，任总干事，带领慰劳队赴广西梧州前线慰问。1922年6月，陈炯明叛变前夕，扣留廖仲恺于石龙，囚于石井兵工厂。经何香凝多方营救，于8月19日获释。夫妇俩旋

---

① 收录于惠州市地方志编纂委员会办公室编：《惠州历史人物传》，中国文史出版社，2006年，第192–195页。

离穗抵沪，与孙中山会合。

1924 年国民党改组后，当选国民党中央妇女部部长，兼管广东省妇运工作。忠实执行孙中山“联俄、联共、扶助农工”的三大政策，大力开展妇女运动，开办妇女日校、夜校及贫民妇女医院，创办妇女运动讲习所，出版《妇女之声》旬刊，号召全国妇女参加民主革命。同年秋，在平定广州商团叛乱的斗争中，又组织人民救护队，赴广州西关区救护伤员，并筹措经费抚恤烈士家属和慰问受伤人员。1925 年 2 月，孙中山在北京病重，何香凝闻讯后兼程赴京护理。她是孙中山临终口授遗嘱的在场见证人之一。5 月，回到广州，与廖仲恺一起努力贯彻孙中山遗嘱。6 月，参加平息滇桂军阀杨希闵、刘震寰叛乱。奔走各地，筹募经费，慰劳士兵。广州“六 · 二三”惨案（即沙基惨案）发生后，领导广州妇女组织救伤团及慰问队，亲往现场救护和慰问伤员；组织演讲团，揭露帝国主义的罪行，呼吁群众起来斗争。7 月，为参加省港大罢工的女工和工人家属创办罢工妇女工读传习所，引导她们坚持反帝斗争。8 月 20 日，廖仲恺遇难，何香凝目击一切，悲愤已极。为继承孙中山、廖仲恺未竟事业，实现其遗愿，何香凝更坚定地维护孙中山的三大政策，更加勤奋地工作。10 月，发起组织援助海丰农民自卫军筹备会，支援农民运动；又创办军人家属妇女救护员传习所，救护东征军人；还亲赴惠州前线，慰问国民革命军。12 月，发起组织中国各界妇女联合会，以期集中全国妇女力量，致力于民主革命。1926 年 1 月，出席国民党第二次代表大会，当选为国民党中央执行委员，继任中央妇女部部长。同年秋，参加国民革命军北伐。组织慰劳队和救护队随军出发，先后到达南昌和汉口进行慰问与救护，开展妇女运动。还同邓颖超等共同制定妇女运动规约，并把规约中规定的男女平等、同工同酬及男女都有遗产继承权等条款，在汉口地区付诸实行。又同宋庆龄组织红十字会，发动慰问伤兵运动和战时救济。

为维护孙中山的三大政策，何香凝进行了不懈的努力。同年 3 月 20 日，蒋介石制造“中山舰事件”，逮捕李之龙等共产党人。何当面责问蒋介石：“孙先生和仲恺的尸骨未寒，北伐也正在开始，大敌当前，你们便在革命队伍里闹分裂，何以对孙先生？何以对仲恺？”5 月，在广州召开的国民党二届二中全会上，蒋介石提出所谓“整理党务案”，排挤和打击共产党人。何香凝严正指出，这个提案完全违背孙中山革命真意，并对此提出强烈抗议。1927 年 3 月，和宋庆龄、邓演达等召开国民党二届三中全会，通过了坚持国共合作的革命原则和限制蒋介石权力的决定。

蒋介石发动“四·一二”政变后，何香凝羞与民贼为伍，毅然辞去国民政府的一切职务，回到广州，创办仲恺农工学校。还亲自赴南洋各地卖画筹款解决办学经费。1929 年离开广州，去欧洲考察，奔走于英、法、德等国，在国外继续从事革命活动。后旅居法国巴黎郊区的里拉顿岛，作画自娱。

1931 年“九·一八”事变后，回国参加人民抗日救亡运动，并响应中国共产党关于建立抗日民族统一战线的号召。1937 年 2 月，同宋庆龄、冯玉祥等联名向国民党五届三中全会提出恢复孙中山三大政策的建议，力促国民党改变立场，团结抗日。同年春，与沈钧儒等人组织全国各界救国联合会，任该会理事。6 月，同宋庆龄以及上海文化界人士共同发起“救国入狱运动”，抗议蒋介石非法逮捕沈钧儒等“七君子”。同年冬，何香凝由上海迁居香港。1941 年 1 月“皖南事变”发生后，即同宋庆龄等联名通电，斥责蒋介石破坏团结抗战，呼吁“今后必须绝对停止以武力攻击共产党”。日军占领香港后，又于 1942 年 2 月离港经海丰登陆，转赴韶关。7 月迁居桂林，1944 年夏转至平乐县。在流亡中，始终积极从事抗战宣传，主张团结抗日，反对国民党顽固派制造分裂活动。抗日战争胜利后，组织国民党内的民主力量，反对蒋介石的独裁和内战政策。1946 年秋，在广州组建中国国民党民主促进会。1948 年 1 月，与李济深等在香港组织中国国民党革命委员会。1949 年（民国 38 年）4 月，由香港赴北平，参加新政治协商会议筹备会，并出席中国人民政治协商会议第一届全体会议。

中华人民共和国成立后，历任中央人民政府委员会委员，华侨事务委员会主任、中国美协主席，中国文联副主席，民革第二届中央常委、第三届中央副主席、第四届中央主席，第二、三届全国人大常委会副委员长，第二、三届全国政协副主席，全国妇联名誉主席等职，在团结爱国民主人士、爱国华侨和全国妇女积极参加社会主义革命和建设，反对国内外敌人，维护人民团结，争取祖国统一的斗争中，做了大量的工作，作出了重大贡献，“是同中国共产党真诚合作的典范”。

何香凝擅长国画，尤善画狮、虎和松、梅。60年代曾画国画《长啸一声，威震神州》雄狮图一幅赠送陈江公社，并托其长女廖梦醒专程送达。1972年9月1日，何香凝病逝于北京。遗体安葬于南京中山陵侧，与廖仲恺合葬。著有《何香凝诗画集》、《回忆孙中山与廖仲恺》、《双清文集》（与廖仲恺合著）等。

2

傲雪寒梅终不倒——何香凝①

她是中国民主革命的先驱、妇女运动的领袖。她自小爱好绘画，在日本求学的时候，专门学过相关课程。她尤喜画冬梅、菊花、翠竹和青松。她笔下的梅花清雅而俊逸，菊花凌霜而傲雪，竹子清秀而潇洒，青松长青而挺拔。拥有高洁、坚强、谦虚品格的她在暗无天日的岁月里，从不屈服，不曾被日本帝国主义的残暴吓倒，更不曾向日本帝国主义低头。她的名字叫何香凝。

一、“天下兴亡，吾二万万（女）同胞安能漠视”

何香凝，原名谏，又名瑞谏，号双清楼主，原籍广东省南海县棉村。1878年6月27日，何香凝出生于香港一个富豪之家，何香凝的父亲是香港著名商人何炳桓。与一般热衷于打牌、穿戴的富家千金不同，何香凝自

---

① 收录于吴东峰主编:《烽火巾帼——抗日战争中的女英雄》，广东教育出版社，2015年，第64–69页。

小便聪颖勇敢，富有反抗精神。在“女子无才便是德”的旧社会中，家人不准她和哥哥们一起入塾就读，她便找来课本进行自学，并显示了非凡的天分。就这样，她自己认识了不少字，并接触到一些妇女解放等新知识。何香凝性格刚毅有主见，坚决不肯服从封建陋俗——缠足，与自己的父母进行长期的斗争，甚至自己偷藏一把剪刀把缠足布剪去。父母的教育和打骂都没有用，完全拿这个倔强的女儿没有办法，只得放任她长成一双天足。长着一双大脚，幼时的何香凝常常是到处飞奔，跟自己的哥哥们一起上山爬树，自小便是开朗的性格和健康的体格。

1897 年 10 月，在媒人的介绍下，何香凝与廖仲恺在广州结婚。婚后，何香凝很快就被有着耿直性格和强烈进取心的廖仲恺所吸引，两人志趣相同，很快陷入爱河。夫妻俩常在一间小屋子里读诗作画，讨论时政，表达救国救民的夙愿，感情甚笃。

1903 年，何香凝跟随廖仲恺的步伐，前往日本求学。在这个过程中，夫妇二人不断汲取新知识和新思想，并且萌发了强烈的民族意识和爱国热情。在日求学期间，夫妇二人结识了孙中山，开始接触革命思想，决心献身民主革命。同时何香凝成为同盟会最早的女会员。何香凝在这期间完成了《敬告我的同胞姐妹》一文，发出“天下兴亡，吾二万万（女）同胞安能漠视”的呼吁，期待新时代妇女能够为国家贡献自己的力量。何香凝成为早期宣传妇女解放的代表人物。

在担任国民党中央妇女部长和兼管广东妇女运动工作期间，何香凝不仅通过《妇女之声》等杂志为妇女权益发声，还积极推动妇运讲习所、女工学校等组织的成立，努力开展妇女运动。1925 年 1 月，听闻孙中山在北京病情危重的消息，何香凝立即赶到病榻前，哽咽着向孙中山保证：“我虽然没有能力，但对于先生改组国民党的精神和苦心非常了解。今后我一定遵守先生的主张，并尽力照料孙夫人，请您放心。”但不幸的是，在几个月后，廖仲恺被国民党右派集团刺杀身亡，留下了妻子何香凝和未完成的革命事业。面对着接连的打击，何香凝强忍悲痛，继承廖仲恺未完成的事业，始终坚持孙中山和廖仲恺的革命主张，奔走海内外募捐经费创办仲恺农工学校，为培养革命和建设人才作出努力。1927年蒋介石叛变革命后，何香凝便辞去国民党政府职务，随后赴欧洲旅居。

二、“吾侪妇女们，愿赴沙场死”

“九一八”事变爆发后，日本侵略者对中国领土蚕食鲸吞，人民陷入了水深火热的生活之中。此时，本于巴黎静心养病的何香凝，在得知日本帝国主义侵略魔爪伸向东三省的消息后，义愤填膺，立马致函上海的《申报》，并且转告全国人民：“虽已老病，不能奔逐疆场，然亦必马上归国，誓随我民众之后，作救护死伤工作。”担忧祖国命运的她再也不能平静地待在巴黎了，她不顾身患心脏病，决意回国投入抗日救亡运动。

回国后，她立即在报纸上发表了《对时局的意见》，表达了坚定的抗日决心，以挽救民族危亡。不久后，上海诸多报刊大篇幅的版块刊登了《何香凝主办救济国难书画展览会宣言》，即何香凝邀请全国各地著名书法家、画家捐赠作品，而她自己也带头捐出了自己历年的画作，以举办“救济国难书画展览会”。何香凝的号召一经发出，全国响应。展览会当天，两千多件当代名家书画作品挂满了墙壁，社会各界踊跃认捐，为抗日战士征募军用品。

1932年，“一·二八”事变爆发后，何香凝不顾年近花甲体弱多病的身躯，全力以赴地领导上海妇女界，分别成立慰劳队、救护队、缝纫团、烹饪队、难民救济队等，展开支援前线工作。劳累繁重的工作使何香凝病情越发严重了，她常常病得起不了床，却仍然拿着电话筒指挥救助的工作。得知前线伤员救援困难的消息，何香凝与宋庆龄等人倡议，发起大规模的募捐活动，顺利地筹集了大量资金，并且于上海和苏州等地设立了国民伤兵医院，以救治前线下来的伤病员。同时她也注重设立妇女救护慰劳工作训练班，培养战时救护人才，为抗日救伤服务。

前方战场战斗激烈，到处都是炸弹的爆炸声，机关枪的嗒嗒声和步枪的齐射声不绝于耳，弹片横飞，烈焰腾空，焦土片片。在这样危险的环境中，何香凝还冒着枪林弹雨，亲自深入前线，慰问第十九路军和第五军官兵。面对战场上悲壮的情景，何香凝慷慨赋诗，强烈地抨击了日本帝国主义的狼子野心：“倭奴侵略，野心未死，既据我东北三省，复占我申江土地，叹我大好河山，今非昔比。焚毁我多少城市，惨杀我多少同胞，强奸我多少妇女。”为了从实际上帮助前线战士，解决抗日将士的军饷、武器和医药品等问题，何香凝亲自去见蒋介石，明确要求其坚定抗日决心，支持第十九路军的英勇抗战行为。在得不到回应后，何香凝气愤地把一条裙子寄给了蒋介石，并附上一首诗《为中日战争赠蒋介石及中国军人以女服有感而作》，想唤醒蒋介石积极抗战，同时也表明了自己坚持抗日的决心：

枉自称男儿，甘受倭奴气。
不战送山河，万世同羞耻。
吾侪妇女们，愿赴沙场死。
将我巾帼裳，换你征衣去。

日本侵略者惧怕何香凝的影响力及其积极的抗日活动，无耻地让各方面对何香凝施加压力，甚至进行威胁，迫使其停止宣传活动。何香凝面对这些，不屑地对前来劝告的人说：“现在人人抗战，我一个妇人出来主持救伤慰劳的事，你也是一个中国人，应该同情赞助才是，为什么反而迫害我呢？”她不顾日军的监视和威胁，坚持把社会各界捐献的钱物交到军队手里。直到上海陷落，何香凝安排好各项抗日工作，才举家迁往香港。

三、“妇女手中线，征人身上衣”

卢沟桥事变的爆发激起了全民族的抗日热情，战士们纷纷开赴抗日前线，守土卫国，奋勇杀敌。后方的广大妇女群众，则将做好后援工作视为义不容辞的任务。何香凝充分认识到妇女群众所能够发挥的力量，便决定团结党政要人和各界知名人士的夫人，共同组织“中国妇女抗敌后援会”，以此发动妇女“和男同胞们共赴国难”，“一致起来抗战”。在抗敌后援会的成立大会上，何香凝拄着拐杖抱病出席。即使如此，何香凝依旧难掩兴奋，她热情地呼吁“现在是我们民族争生存的最后关头，一切不愿做亡国奴的姊妹们，请都快起来，我们有力的出力，有钱的出钱，能上战场的上战场，能救护慰劳的就来做救护慰劳的工作”，并做《勖励将士》一诗：

妇女手中线，征人身上衣。
针针含敌忾，勉子杀敌夷。

后方的妇女们表示与前线战士一起努力，齐心协力将侵略者赶出去。作为上海最早、最大的妇女抗敌团体——中国妇女抗敌救援会的成立，标志着上海各界妇女团结起来，共同为抗日救亡的目标而努力。

之后，何香凝再次前往香港。在香港期间，除了自己绘画义卖募捐救国外，何香凝分别组织“保卫中国大同盟”“香港各界赈济华南难民联合会”“南洋惠属东江华侨抗日回乡服务团”等组织，发动海外侨胞们支持祖国抗战或回国参加抗战，向海外华侨和同情中国处境的国外友人进行募捐，救济难民，并且统一调度，将侨胞的捐款、捐物和其他物资源源不断地输送到抗日前线。1938 年 3 月的一天下午，有一批国际友人捐助的医药需要寄到汉口给八路军。然而，棘手的是，此时的铁路运输处只接受寄给中央政府各部长官的东西。负责此事的陈君葆在着急之中，想到了办法，他来到何香凝的家里，希望寻求帮助。此时，何香凝一个人在家，由于多日的奔波劳累和过度工作，她被医生严格要求卧床静休，绝对不能再操劳工作。当陈君葆进去说明来意后，何香凝挣扎着爬起来，完全忘记医生的警告，戴上老花镜，请陈君葆将床尾的拐杖拿来，拖着病躯去书房，打电话给工作人员，安排妇女慰劳会接管此事。在何香凝和妇女慰劳会的帮助下，这批药品顺利寄给前方战场，帮助了一批伤员。

1942 年初，随着日本侵略魔爪伸向香港，何香凝为了避难，迁居桂林。面对国土的进一步沦陷，她心急如焚——“漂泊天涯隐桂林，国仇家恨两相侵”，她内心遭受着国与家处于水深火热的双重煎熬。虽然她此时到处奔走呼号，为前线战事筹款，也有众多捐款和物资，经由她手，运送到前线上；但她自己却生活困难，靠卖画维持清贫的生活。有一次，蒋介石曾到桂林请何香凝到重庆去，并且送去了一百万的支票。何香凝依然拒绝了这份馈赠，赋诗一首“闲来写画营生活，不用人间造孽钱”，将钱款退回。1944年夏，随着日本的大肆侵略西南领土，广西的桂林、柳州相继沦陷。此时，身在桂林的何香凝不得已也跟着大批爱国进步人士撤退到昭平，并且在那里组织成立了“昭平民众抗日自卫工作委员会”，以广泛地团结当地各界人士和人民群众，共同抗击敌人，保卫家园。为了达到宣传效果，壮大抗日队伍力量，何香凝甚至拖着病体多次到街头演讲，以激发群众的抗日激情。在她离开昭平的前一天，昭平县民众自发组织和参加了“廖夫人送别会”，为她送别，在会上何香凝再次作了慷慨激昂的演讲，鼓舞大家为“胜利的前途”和“中国的富强”团结起来，共同奋斗。何香凝的演讲又一次振奋和鼓舞了昭平人民抗日的决心。

毛泽东充分肯定何香凝在团结民众、建立抗日民族统一战线上所做的成就：“今日之事，唯有斗争乃能胜利。先生一流人继承孙先生传统，苦斗不屈，为中华民族树立模范，景仰奋兴者有全国民众！”何香凝一生都在为革命奔波，在八年抗日战争中做出了卓越的贡献。她不仅自己积极参与抗日事业，还积极发动各界妇女参与到赶走日本侵略者的事业中。从政府官员的妻子，到普通的妇女民众，在她的号召之下，都用自己的方式支持前线的战士，为中华而战，为国仇而战！

3

妇女领袖何香凝①

（她的历史就是一部中国近代史，早期加入同盟会，后来坚持孙中山先生三大政策，曾发誓说：海枯石烂，此志不渝）

---

①　收录于广东省妇女联合会、广东省档案馆编：《广东妇女运动历史资料》第六辑，广东省供销学校印刷厂，1991年，第467—468页。

现在北平担任全国民主妇联名誉主席，国民党革命委员会中央委员的何香凝同志，高龄已七十一岁，从她的毕生历史中，洽［恰］似修了一部中国近百年史。

当四十年前，何先生和廖仲恺先生在日本东京读书，当时她才十三岁，已经参加了同盟会，她参加盟还在廖先生之前，该盟机关报就设在何先生家里。

民国十三年，孙中山先生在三大改革的原则下，进行国民党改组，将就是有名的国民党十三年改组。廖何伉俪是孙先生最有力的助手，当孙中山在北平临死之前，廖先生已经先在广州殉国[①]当时孙中山先生于弥留一时一息奄奄，曾对何先生说，要同志们遵守他的三民主义和三大政策，何先生当时忍泪表示："十三年改组和精神，必将贯彻始终，海枯石烂，此志不渝。"从此以后，直到今天何先生从未违背其誓言。在国民党宁汉分裂时，她担任中央委员及政治会议委员等职。但蒋宣布绝俄反共，她便毅然辞去所有要职。后来，宁汉再合作，国民党在南京成立了中央特别委员会，她拒不参加，不和那些西山会议派的人合作。

二十几年，坚持着革命的进步的主义，反对以蒋为首的国民党反动派，以卖字卖画维持她的生活。她常对人说："革命是为大众谋利益，个人利害得失，不足介意。"

抗战期间，她辗转在上海、香港、桂林各地，从事慰劳士兵，救济难民的工作，也就是在此期间，她的爱儿廖承志被蒋党所捕，生命几乎不保，她的爱婿李少石在重庆被狙遇难。尤其在抗战后期，湘桂大撤退，她跑到桂东南的八步，于敌寇压境中，坚持西南敌后反抗。其伟大坚贞的人格，给了许多人以精神感召。

战后回到香港和李济深将军等，组织了国民党革命委员会，仍然继续三大政策。为国民党的进步和向上而努力。

（《周末报》（香港），1949.7.2）

---

① 此句原件如此。——原书注

4

抗日救亡领袖——何香凝[1]

何香凝（1878—1972）中国著名的女革命家，妇女运动先驱，抗日救亡运动中杰出的女性领袖。她从1903年参加孙中山领导的民主革命以来，顶风傲雪，为中国革命和妇女解放奋斗了近七十年。

何香凝是广东省南海县人。她与丈夫廖仲凯［恺］留学东京时，接受了孙中山先生的革命思想，参加了革命活动。1905年成为同盟会的第一个女会员，是孙中山革命事业最坚决的拥护者。1924年，她当选为国民党“一大”中央执行委员会的妇女部长，兼管广东省的妇女运动。她坚决执行新三民主义政策，与共产党人密切合作，有力地推进大革命和妇女运动。为培养妇运骨干，她与蔡畅创办妇女运动讲习所，亲自担任所长，后还举办了妇女学校，提高女工农妇的知识文化水平。五卅运动和省港大罢工期间，她办的贫民医院为罢工工人和工属免费治病；她组织女工工属合作社，为国民革命生产军鞋等物品，解决女工生活问题。

1925年8月，国民党右派暗杀了廖仲凯［恺］。何香凝强忍悲痛，继承亲人遗志，继续坚持孙中山的三大政策，同国民党右派进行斗争。蒋介石叛变革命后，她愤然与之决裂，拒绝做蒋介石和宋美龄的证婚人，回香港暂住，进行反蒋斗争。

“九一八”事变后，何香凝怀着抗日救国的强烈愿望回国，发表了《对时局的意见》，痛斥蒋介石消极抗日，积极反共的行为，郑重宣布“坚决辞去国民党中央委员职守”，努力尽“国民一份应尽的责任”。

1932年1月，日军进攻上海，十九路军在爱国将领蒋光鼐、蔡廷锴指挥下，奋起抵抗，掀起著名的“一·二八”淞沪抗战。何香凝激动得热泪满襟，她挂［拄］着拐杖亲临前线慰问抗敌将士，并不记旧怨，与陈铭

---

① 收录于青长蓉、马士慧、黄筱娜、刘宗尧编著：《中国妇女运动史》，四川大学出版社，1989年，第111-113页。

枢、蒋光鼐一起到南京见蒋介石，要求出兵支援上海抗战。蒋介石在宴会上只字不提援军之事，何香凝愤然离席而去。

1935年，何香凝气愤地取出自己的一条裙子，附上如下的一首诗寄给蒋介石：“枉自称男儿，甘受敌人气，不战送山河，万世同羞耻。吾侪妇女们，愿往沙场死，将我巾帼裳，换你征衣去。”这首诗既抒发了中国妇女的抗日决心和崇高的民族气节，又无情地鞭挞了蒋介石对侵略者妥协投降的可耻行径。

1936年，傅作义部队发动绥远抗战。全国人民无比振奋，展开了援绥运动。何香凝特举办书画展览，将所得的钱全部用来赶制丝棉背心和印着“收复失地，为国雪耻”的毛巾5000条送给抗敌将士。

1941年，皖南事变发生后，何香凝与宋庆龄等联名通电谴责蒋介石破坏抗日统一战线的罪行。自上海沦陷后，何香凝先到香港，在侨胞中宣传抗日，后来移居桂林以绘画为生，并积极为抗战献力。1942年，蒋介石派人给她送去100万元的法币支票和请她到重庆去的信，她在信封背面写上“闲来写画营生活，不用人间造孽钱”的批复，原件退回。她曾写诗以记此事，并明其志“万里飘零意志坚，怕为俘虏辱当年。河山不复头宁断，逆水行舟勇向前”。充分表现了她抗战到底的决心和气节。

1948年，她参与发起成立“中国国民党革命委员会”，与中国共产党亲密合作，参加了推翻蒋家王朝建立新中国的伟大斗争。全国解放后，何香凝任全国人大副委员长、全国政协副主席、全国妇联名誉主席、中国国民党革命委员会主席、华侨事务委员会主任等职，为社会主义建设，为祖国统一大业作出了重要贡献。毛泽东主席曾高度评价她“继承孙先生革命传统，苦斗不屈，为中华民族树立模范”。

1972年9月1日，何香凝在北京逝世，享年95岁。她生平爱画梅花，多次题诗赞梅，其中一首是：“一树梅花伴水仙，北风强烈态依然。冰霜雪压心犹壮，战胜寒冬骨更坚”。梅花的神韵，正是她一生品格的生动写照。

何　虹（1926—1945）

何　虹[①]

何虹（1926—1945），女，广东省番禺沙湾乡人。全家七兄妹都是共产党员。四姐何小静 1941 年被捕牺牲。

1937 年，共产党员黄焕秋、何飞（何虹二姐）、杨普在花县南阳庄举办乡村教育实验区，何虹及七弟何克球在实验区小学读书，参加了学校成立的抗日少年团。1938 年 10 月广州沦陷，抗日少年团参加广东青年抗日先锋队战时工作队西江队赴广宁、四会等地活动。1939 年 1 月抗先战时工作队到韶关集中后解散。广东地下党为开展国民党十二集团军的统战工作，组织一批抗先队员进入十二集团军举办的政工人员训练班。抗先队中有 30 多名 16 岁以下的儿童即以抗日少年团为基础被安排为十二集团军政治部少年团，在部队中开展抗日救亡宣传活动。由于他们年纪小（最大的 16 岁，最小的才 8 岁），不适合部队工作，地下党通过统战关系，由十二集团军政治部出资送他们到仁化韶州师范学校读书。少年团员中有吴群卓等 4 名共产党员，加上由外校转来的一名党员，在韶师建立了第一个共产党支部，以后又发展为男生、女生、教师三个党支部。在党的领导下开展轰轰烈烈的抗日救亡学生运动。

何虹于 1942 年春入党，这年她初中毕业，转入师范科读书。1942 年夏，发生粤北省委事件。根据中央指示，地下党暂时停止活动。一些高年级的党员同学先后撤离学校，但韶师的学运是有光荣传统的，它没有因党组织暂停活动而停顿下来，校内还有党员，进步力量还很强大。何虹由于

---

① 收录于中共广东省委党史研究室、广州地区老游击战士联谊会、广州地区老游击战士联谊会东江纵队分会、广州市东江纵队研究会编：《东江纵队英烈集》，2013 年，第 102 页。

年轻，政治面目较灰，她坚持下来，坚决执行党的“三勤”指示，一面努力学习、力争优异成绩，一面密切联系群众，团结教育了许多女同学，何虹成为韶师学运的中坚分子，进步学运的主要骨干。

1944 年底，党组织逐渐恢复活动，她和几个同学赴东江，参加了东江纵队政治部青干班学习。1945 年 8 月参加了东纵鲁迅艺术宣传队，随王作尧副司令员挺进粤北，回到仁化长江一带活动。在长途行军中她身患重病，两脚糜烂，无法随队行动，部队安排她和一批重伤病员在仁化长江一个深山茅寮中治病。被敌人搜索发现，经过激烈的搏斗，敌人放火烧掉茅寮，何虹等全部伤病员约三十人壮烈牺牲。

何　欢（1921—　）

何　欢[①]

何欢（1921—　），东莞莞城人。1938 年 7 月加入中国共产党。同年 10 月参加东莞抗日模范壮丁队。1938 年冬调往大朗区松木山乡交通站工作。1941 年任中共大岭山区委妇女委员。1942 年 7 月任中共厚街区委委员。1943 年 7 月随丈夫黄庄平（时任中共博罗县特派员）前往博罗县，在横河区的坪山和坡下两村以教书为掩护，从事党的工作。1944 年初任中共博罗县长宁区委书记。1945 年任中共博西区委副书记，负责长宁、福田、联和、石湾等地的党组织工作。

1946 年底返回东莞望牛墩教书。1947 年 3 月调回东江北岸游击区参加解放斗争。1948 年任中共从化县委组织部长。1949 年历任中共博东县委组织部长、中共博罗县委组织部长、中国人民解放军粤赣湘边纵队东江第三支队第一团政治处主任。

中华人民共和国成立后，历任中共东江妇委委员、广东省妇联办公室主任、广东省委直属党委审干办公室副主任、暨南大学人事处副处长、中山大学干校副主任、中山大学政策落实办公室副主任、中山大学党委直属机关党委总书记。1983 年离休。

① 收录于中共广东省东莞市委党史研究室编：《东莞抗日实录》，中共党史出版社，2006 年，第 563 页。

何　佳（1907—2003）

何　佳[1]

何佳（1907—2003），原名何巧图，东莞莞城人，出生于书香门第。14 岁考入东莞中学，是东莞中学最早的女毕业生之一。1930 年离开家庭，外出当小学教员。

1937 年七七事变后，走上抗日救亡道路。1938 年 1 月任东莞妇女抗敌同志会主席。主持当年“三八”国际妇女劳动节的纪念活动，参加发动献金募捐活动，支援前线抗敌。在这次活动中加入中国共产党。10 月参加东莞抗日模范壮丁队，任队部特务长（事务长），管理部队的伙食和事务工作。1939 年调到东江华侨回乡服务团东宝队，任该队中共支部组织委员。1940 年 6 月东宝队解散后，转入地下工作，打入道滘土匪头子刘发如家当家庭教师，后又到厚街和望牛墩当小学教员，从事党的地下工作。1944 年转到东江纵队工作。11 月被部队派回厚街，在莞太线从事抗日宣传、征收公粮支援部队、惩办汉奸等工作。1945 年 4 月任东江纵队第一支队莞太线特派室政治干事。

1946 年 6 月，随东江纵队北撤山东，任北撤部队妇女大队第三中队政治指导员。中华人民共和国成立后，先后在广东省商业厅下属的土产公司和省糖业公司担任副经理。1972 年退休，1982 年转为离休。2003 年逝世。

---

① 收录于中共广东省东莞市委党史研究室编：《东莞抗日实录》，中共党史出版社，2006 年，第 564 页。

胡冬娣（1896—1948）

1

革命母亲胡冬娣[①]

她是一位善良朴实的农村妇女，又是一位坚贞不屈的革命母亲。她没有多少文化，却有坚定不移的革命信念；她不会讲许多大道理，只知道全心全意为革命做工作，尽管受委屈、遭祸殃、担风险，她却从不退缩，从不畏惧。临刑时，她还面对凶残的国民党反动派高呼“共产党万岁”。

她支持儿子革命，儿子影响着她，她失去了丈夫，只有一个清贫的家。于是，她把家也献给了革命，家成了我游击队，地下党的交通站，交通站就是她坚守的战场。

一九三八年，胡冬娣的大儿子张国菁在翁源县新江区万青小学教书时，参加了抗日救亡活动，从此她的家也经常有党的同志和进步师生来往，每次她都热情接待同志们，有好吃的都拿来给大家吃，他们亲热地称她为“张伯母”，长期和同志们的来往，使她受到党的影响，懂得抗日救国的道理。从此，她经常帮助同志们收藏进步书刊，送信联络同志，而对国民党反动政府迫害进步师生，消极抗日的反动行径，切齿痛恨。

一九四四年冬，日寇进犯粤北，东江纵队北江支队在邬强同志的率领下，挺进英德、翁源抗日。这时，张国菁同志是翁西区委书记，胡冬娣的家也成为游击队的交通站。当时，党在始兴风度中学的地下组织，同英东游击队的联系也是以她家为中转站。由于她长期接受党的教育，立场坚定，爱憎分明，在工作中胆大心细，勇敢机智，不管在多么危急的情况下，她

① 收录于广东妇运史编纂委员会、东江地区东纵编写小组编：《东纵女英烈》，广东五华印刷厂，1987 年，第 191—194 页。

都为党着想，不顾一切地完成党的任务，因此，是个可靠的交通员。

一九四五年七月，党领导的新江独立分队配合邬强部队全歼了新江伪联防大队，击毙了伪区长兼联防大队长何祖华，但反动政府不甘心失败，千方百计捉拿游击队的组织者。胡冬娣明白自己儿子的正义行动，便泰然处之，毫不畏惧。一天深夜，张国菁同志从英东游击队开完会回家，想到县委指示：要散发传单，揭露反动政府卖国求荣的阴谋。辗转反侧，不能入睡。胡冬娣察觉到儿子有心事，急切地问她［他］想什么，并告诉他，近几天反动政府扬言捉他，叫他多加小心，有事交给自己去做。第二天早上，胡冬娣用较新的衣服包着一捆传单装在一个破旧的竹篮里，上面放着两筒米饼，装成外出探亲，把传单按时送到联系点去。

她家还是游击队运送电台、枪枝、弹药的转运点。一九四五年春，党从始兴风度中学运送电台、枪枝等给英东游击队，当扮成商人的游击队员把武器送到她家时，她立即把“货物”收藏在她睡房的楼棚上。为了武器的安全，她专心看守了三天三夜，直到英东游击队派人来取“货”。

她担着风险，受着威胁，却充满信心，毫不动摇。

我游击队杀了何祖华，反动政府抓不到组织者，便对独立分队成员的家属进行迫害。当部队离开新江向北挺进后，他们抓走了胡冬娣，七天七夜，敌人对她实行了软硬兼施，威迫利诱的手段，但胡冬娣面对凶恶的敌人毫不畏惧，没有吐露丝毫党的机密。她声色俱厉地说：“我不知道有什么部队，只知你们逼走了我的儿子，我向你们要人。”弄得敌人毫无办法，只好勒索了她二千斤“红谷”①，把她释放了。回家后，仍秘密和游击队保持联系。她愤怒地说：“那些‘斩千刀’的能够刮走我的粮食，但不能使我屈服，我相信共产党一定会胜利。”她对革命充满信心，积极热情帮助游击队做事。

在白色恐怖的日子里，胡冬娣的家仍然是游击队的交通站，她同周围的群众一起，为游击队筹粮、送粮、联络同志。一九四八年初，国民党反动派集中兵力扫荡我游击区，实行“三光”政策，残酷镇压革命群众，对

---

① 红谷：是反动政府对红军家属勒罚的稻谷。——原书注

边远山区进行封村、并村，建立反动武装据点，到处设立岗哨。胡冬娣所在的柳下村封锁特别严，便衣特务伪装成补锅匠或货郎常出入于柳下村，探听我游击队的活动情况。面对敌人的严密封锁和恐吓，她没有畏惧，还耐心劝导同村的群众："共产党为穷人打天下，我们不支持谁支持。"她巧妙转到村外去与游击队联系，她一边在大路边筑篱笆开荒地种菜、放牛，一边监视敌人便衣特务，找时机与游击队交通员联系，交通员送来信件，她马上接过来放好。游击队下山来了，她就把信件转过去，并告诉他们到指定的地方取粮食。由于游击队白天不便入村取粮，胡冬娣事先把粮食运到屋背山大枫树下放好。她对游击队的全力支持，因而使游击队保持不断粮、不断联系。

一九四八年五月，游击队抄了大地主、大恶霸、伪乡长张日光的家，开了他的粮仓，帮助饥饿群众度过了饥荒。因此，反动政府纠集各村伪自卫队疯狂反扑，到处搜查游击队员，在胡冬娣家翻箱倒柜，财物被抢劫一空，又放火烧了她的屋，并把她抓入牢房，这位忠心耿耿为革命的母性[亲]已是第二次进牢房，敌人对她严刑拷打，要她供出：如何接济游击队？游击队的人数多少？枪枝弹药配备如何？活动地址在哪里等情况，胡冬娣面对凶狠的敌人，大义凛然，对游击队的情况守口如瓶，只字不露。就这样，她熬过了半个月的铁窗生活，遭受了非人的折磨，因伤势过重，她病倒了。敌人见捞不到什么，又没有找到她和游击队联系的证据，只好让群众担保，把她释放了。

房子被烧了，财产被抢光，拖着病体的胡冬娣终究挺过来了，她没有后悔，更没有动摇，一些怕受连累的亲戚劝她暂时离家出去养病，但为了革命，她谢绝了乡亲的规劝。还对游击队的同志说，"我不能离开家，更不能离开交通站，家就是我的斗争阵地，我永远跟着党与敌人斗争到底。"游击队的同志见她遍体鳞伤心疼地说："伯母受苦了"，她说："没什么，只要你们能打胜仗，就是坐一辈子牢我也心甘情愿。"

万万料不到，不久，这位受人爱戴的革命母亲竟为了游击队的安全而遭到不测。一九四八年八月的一天晚上，她正煮饭给游击队的同志们吃，由于坏人告密，敌人包围了她的家，在敌我力量悬殊的情况下，游击队的同志不得不边打边退。胡冬娣收拾了军用行李、米袋，清除部队住地的痕迹后，来不及转移，被敌人抓了。敌人把她和她的儿媳妇胡兰菊捆绑在屋前柿子树上，严刑拷打，逼她们说出游击队的去向，她心里知道游击队已经安全远离了，于是坦然以对，咬紧牙关矢口不供。敌人气急败坏，先杀死胡冬娣，接着又砍死胡兰菊，更残忍的是把她们尸分两块，惨不忍睹。英雄的母亲胡冬娣带着对游击队员们的良好祝愿和对敌人的刻骨仇恨离开了人世、惊闻噩耗的游击队员们无不深切痛悼，表示要讨还血债，争取早日解放以告慰她的在天之灵。

何白、梁怀珠供稿

一九八七年四月

2

胡冬娣　胡兰菊[①]

胡冬娣、胡兰菊是翁源县新江区双联乡柳下村人，一个贫苦家庭里的婆媳俩。胡兰菊丈夫张国菁1939年参加抗日救亡活动，以教师工作掩护身份，1944年担任翁西区委书记。胡兰菊跟婆婆胡冬娣一起，积极支持协助丈夫进行革命工作。她们的家里成了进步师生的活动点，区委的交通联络点，游击队往来的接待站。东江纵队邬强大队在她家里设立情报交通站，胡兰菊和婆婆胡冬娣一起帮助游击队转送情报、收藏文件、隐蔽武器、配合游击队打击敌人。她们多次被敌人抄家、被勒索交纳“红谷”(家中有人参加游击队要交纳谷子税)，婆婆胡冬兰被抓去坐牢，受尽折磨，但始终没有动摇她们和游击队的血肉情谊。

1948年8月的一天，游击队在她村子里隐蔽，她婆媳俩正在忙着为部队做饭吃，由于坏人告密，敌人把村庄包围了，部队迅速与敌人展开战

① 收录于中共广东省委党史研究室、广州地区老游击战士联谊会、广州地区老游击战士联谊会东江纵队分会、广州市东江纵队研究会编:《东江纵队英烈集》，2013年，第163—164页。

斗，边打边撤出村子。兰菊和婆婆冬娣俩不顾个人安危，匆匆赶去部队住房，为部队收拾行李以及其他的军用物品而来不及隐蔽，被国民党反动派抓住。敌人恶狠狠地用绳子把她们俩捆绑在村里一棵柿子树下，严刑拷打，迫她们供出部队的情况。胡兰菊坚贞不屈，咬紧牙关，忍着疼痛，矢口不供。敌人奈何她不得，便恼羞成怒，先将她婆婆胡冬娣枪杀了，然后采取极其残暴的手段，用大刀朝胡兰菊拦腰砍去，尸分两段。兰菊壮烈牺牲后，敌人放火烧毁村庄，并把百姓财物抢掠一空。

胡冬娣、胡兰菊不是正式的游击队员，也不是共产党员，但她们的家成为了游击队接待站，她们成为游击队的义务交通员和情报员。她们是为革命而牺牲的。

3

胡冬娣[①]

(1896—1948)

胡冬娣是翁源新江镇柳下村人，1896 年 7 月出生于贫农家庭。18 岁嫁到张屋，生有两男一女，41 岁时不幸丈夫去世。她是一个善良、勤俭的农村妇女，又是一个意志坚强的革命者。尽管家境困难，仍以自己辛勤的劳动供子女上学，同时又热心支持儿子张国菁参加革命活动，并且在革命同志的影响下，勇敢地当上游击队的交通员。在与残暴的敌人斗争中，曾两次坐牢，家被烧光抢光，仍坚守岗位。1948 年 8 月为掩护游击队撤退，不幸被捕，壮烈牺牲。

1938 年她大儿子张国菁在本乡小学教书，参加了抗日救亡运动，使她接近到一些共产党员和进步青年，党的抗日主张和年青人忘我工作精神深深感动了她。当反共逆流迫害进步青年时。她热心援助他们。1944 年

① 收录于韶关市妇女联合会、清远市妇女联合会合编：《粤北妇女运动（1921—1949）》，1994 年，第 183–185 页。

冬，日寇进犯粤北，东江纵队北江支队挺进英德、翁源抗日。党派张国菁任翁西区委书记，联系始兴、翁源、英德等县工作。交通站设在他家里。胡冬娣不辞劳苦协助交通站工作。1945 年初，党从始兴运送一部电台以及枪支、弹药等给英德部队，她为隐藏交通人员和武器操劳了 3 天 3 夜，保证安全完成运送任务。

1945 年 8 月，游击队全歼新江乡反动联防队，镇压了伪区长、联防队长何祖华。伪乡政府为追查张国菁下落。把胡冬娣抓去坐牢，她骂道："你们把我儿子迫走了，我要向你们要人！"敌人找不到证据，勒索了 2000 斤稻谷就放了她。同年 10 月游击队员钟振芬到她家掩蔽，她热情接待，并为她送信与组织联系。

1947 年恢复武装斗争后，张国菁任粤赣先遣支队翁西大队政委，胡冬娣的家仍是游击队的交通站，她担当柳下交通站交通员，为游击队筹粮、送粮、送信。1948 年反动派集中兵力"扫荡"游击区，实行"三光"政策，残酷镇压群众，在平原地区还实行"五家联保"，声言"一家通匪，五家问斩"，妄图割断群众同游击队的联系。敌人对柳下监视特别严，她也灵巧地转移到村外，装着围篱笆开菜园、放牛、同交通员联系。游击队不能进村挑粮，她乘夜把粮藏在后山的大枫树下，让游击队去取。同年 5 月游击队抄了伪乡长的家，敌人又一次反扑，放火烧了胡冬娣的家，把财物抢劫一空，并把她抓入牢房，严刑拷打。她在狱中受折磨半月多，因伤重病倒了，敌人毫无所得，只好让群众保释。同志们慰问她，她却说："只要你们打胜仗，我一辈子坐牢也甘心。"

1948 年 8 月的一个晚上，她在家给武工队的同志煮饭，因坏人告密，被敌人包围了。因敌我力量悬殊，同志们且战且撤，她为掩护部队不幸被俘。敌人把她和大儿媳胡兰菊捆在柿子树下，严刑拷打，逼她们说出游击队去向，她婆媳两人咬紧牙关，矢口不供。她们高呼"共产党一定赢的！"残暴的敌人举起大刀砍过来，她们的鲜血染红了大地，躯体被劈成两块。她们崇高的革命品格，教育了群众，也激励着革命者英勇奋战。

（何白、梁怀珠供稿 / 许明整理）

胡　娇（1899—1998）

胡　娇[①]

胡娇（1899—1998），双田村老屋小组高排屋吴珍兴的妻子。他们有三个儿女：吴英、吴方招、吴安。由于丈夫吴珍兴早逝，胡娇独自一人把三个儿女抚养长大。在她的教育培养下，三个儿女先后参加了东江纵队、抗日自卫队、粤赣湘边纵队，成就了“一门三杰”的佳话。

抗日战争爆发后，在党组织的领导下，双田有了抗日夜校，组织了妇女会、打猎队和自卫队。胡娇参加了妇女会，开展抗日工作。抗日游击队在转战中，经常驻扎在双田，高排屋成为抗日游击队的驻地之一。胡娇对住在这里的游击队战士，像对待自己的孩子一样，关怀备至。

双田抗日夜校开办后，胡娇坚决支持女儿吴英参加夜校的学习，让她学习到一些文化知识，为后来参加革命打下了文化基础。胡娇也带着吴英加入了妇女会，一起参加抗日工作。1944 年 10 月，胡娇把刚满 18 岁的吴英，送去东江纵队，成为一名光荣的抗日战士。1946 年 6 月，东江纵队北撤，吴英根据组织安排，复员回到家乡继续坚持革命斗争。1948 年 3 月，吴英归队。组织上为了培养吴英，把她调到第二团医院学习医疗卫生知识。同年 9 月，为了迎接解放，粤赣湘边纵队第二支队健康医院（军管）在坪山创建，吴英成为淡水人民医院的 25 位创始人之一。

由于东江抗日游击队战士们常驻高排屋，吴方招经常能听到抗日打鬼子的战斗故事，让他懂得了不少革命道理。1944 年 10 月，他参加了双田抗日自卫队。1945 年 6 月，为了反击敌人“围剿”，伏击日军。尚未满十八岁的吴方招为保卫家园，参加了这场反“围剿”战斗。在坭禾堂，他

---

① 收录于《惠阳红色双田》编委会编：《惠阳红色双田》，2021 年，第 117-120 页。

们遭受到日军的埋伏，吴方招等十二人被日军抓到了惠州，关进大牢。吴方招年纪虽小，但意志坚定，不吐露一点秘密。在地下党组织的营救下，这十二位勇士被营救出来。吴方招又拿起武器，投入到保卫家乡的战斗中。新中国成立后，吴方招历任双田村高级社主任、党支部书记，带领家乡人民建设家乡。后来，参加了家乡的水利建设。

小儿吴安在姐姐吴英、哥哥吴方招革命的影响下，一心想参加到革命队伍中。母亲胡娇告诉他："你想要参加革命队伍，娘支持你，但你要满了十八岁再去。"1948 年 1 月，堂兄吴洋归队；同年 3 月，姐姐吴英也归队。看到堂兄、姐姐都离开家乡回到革命队伍，吴安萌发了不辞而别的念头。1948 年 9 月，刚满 17 岁的吴安给母亲胡娇留下一张纸条："我到队伍去了，别找我。"到了早上，母亲胡娇看到这张字条后，急坏了，含着眼泪到处寻找，吴安躲着没有出来。吴安找到吴洋后，分配到平山通总站工作，成为粤赣湘边区纵队第一支队第八团情报总站的一名小交通员。新中国成立后，吴安先后在惠东、博罗、惠阳、惠州等地工作，直到 1991 年离休，享受处级政治、生活待遇。

胡娇在艰苦的战争年代，独自一人撑起了这个家，把三个儿女都带上了革命道路，不愧是一位伟大的"革命母亲"。1998 年，胡娇在秋长去世。

黄　丽（1916—1942）

誓死严守机密的卫生战士黄丽①

黄丽祖籍广东潮安县，1916 年生于泰国一个华侨工人家庭。她十岁进一家火柴厂为童工，受尽苦难。

1938 年 10 月，与丈夫钟若潮一起回到香港，经八路军驻港办事处介绍，回内地参加“东江华侨回乡服务团”。1939 年春加入中国共产党。1940 年冬，黄丽到广东人民抗日游击队第五大队当卫生员。1942 年 5 月，隐蔽在宝安县铁岗村山沟里的医院遭到国民党顽军袭击，黄丽为掩护伤病员来不及突围而被捕。顽军连长逼她供出游击队情况，拔出手枪放在桌面上，以死相威胁。就在顽军连长拿出香烟正要点火的一刹那，黄丽一个箭步冲上去夺过手枪，对准顽军连长就打，那坏蛋吓得滚地大声呼救。可惜驳壳枪的保险掣未打开，子弹没有出膛。屋外几个敌兵扑将过来，黄丽被打得遍体鳞伤，奄奄一息，仍不停口地痛骂顽军。顽军连长夺过驳壳枪向王丽连开数枪。黄丽牺牲了，顽军还把她吊在乌石岩村边一棵大榕树下。入夜，乡亲们偷偷地将烈士的遗体埋在附近的山坡上。

① 由广东省东莞市博罗东江纵队纪念馆于 2022 年 7 月整理提供给本书编委会。

黄伟群（1923—1946）

1

黄伟群烈士传略[①]

黄伟群（又名黄式娣），广东宝安县龙岗区上大井村人，生于一九二三年，家庭华侨贫农，本人小学生，一九四三年九月参加东江纵队第一支队第二中队当卫生员。

一九四五年八月日本投降后，国民党反动军队集中大量兵力大举围攻东江纵队的艰苦斗争时期，黄伟群调任东江纵队东进指挥部第四团三营七连卫生员（副营长张法兴、副连长彭邻）。

一九四六年三月中旬第四团挺进五华县八乡山地区，准备与韩江纵队取得联系、常常遇到国民党反动军队的包围堵截，必须展开艰苦的反围攻斗争。三月中旬，第四团（团长黄布，政委李征）率领第三营三个连奔袭五华县郭田村反动地方武装，途中在禾田水村宿营，被该村反动保长密报国民党军队，我部队遭到国民党军队一个营的突然袭击，部队奋起反击，黄伟群在战斗中受重伤。战斗结束后，团首长将她安置在禾田水村后山寮，她的爱人彭邻副连长陪伴。团长黄布给她留下一个金戒指做药费，托该村积极分子照料。部队转移后不久，三月下旬，由于该村反革命分子向敌人告密，黄伟群和彭邻被敌人逮捕，惨遭杀害。据当地群众反映被枪杀时他们还高呼共产党万岁！

书世珍

① 收录于广东妇运史编纂委员会、东江地区东纵编写小组编：《东纵女英烈》，广东五华印刷厂，1987年，第113页。

2

黄伟群　彭　邻[1]

黄伟群，又名黄式娣，宝安县龙岗区上大井村人。生于1923年，家庭是华侨贫农，本人是小学生。

1943年9月参加东江纵队第一支队第二中队当卫生员。1945年8月日本投降后，国民党反动军队集中大量兵力大举围攻东江纵队，此时是东江纵队最为艰难困苦的斗争时期，黄伟群调到东进指挥部第四团三营七连当卫生员。

1946年3月中旬，第四团挺进五华县八乡山地区，准备与韩江纵队取得联系。这时，常常遇到国民党反动部队的包围和堵截，必须展开艰苦的反围攻斗争。3月中，第四团领导率领第三营三个连奔袭五华县郭田村反动地方武装。途中在禾田水村宿营，被该村反动保长密报，我部队遭到国民党军队一个营的突然袭击，黄伟群在战斗中受重伤。战斗结束后，团首长将她安置在禾田水村后山寮，留下医药费，托该村积极分子照料，还留下她的爱人彭邻副连长陪伴。

部队转移后不久，3月下旬，由于该村反革命分子向敌人告密，黄伟群和彭邻被敌人逮捕，惨遭杀害。当地群众反映说，黄伟群和彭邻被枪杀时高呼“中国共产党万岁！”

---

① 收录于中共广东省委党史研究室、广州地区老游击战士联谊会、广州地区老游击战士联谊会东江纵队分会、广州市东江纵队研究会编:《东江纵队英烈集》，2013年，第125页。

黄　英（1926—1949）

劳动称模范　战斗勇争先——黄英烈士传略[①]

黄英，乳名黄春，原籍广东省宝安县龙岗区同乐乡阳和浪村。父亲黄贵，母亲叶运友，早年全家跟随祖父到马来西亚打工，割橡胶，做锡矿（洗锡米），生活很苦。黄英于一九二六年八月二十一日生于马来西亚柔古佛来埠，其父母共生下十六个孩子，因为家贫，先后夭折只剩下六个，黄英在剩下六个中排行第三。

一九二八年，黄英两周岁时，祖父在南洋做工积赚点钱，回到家乡阳和浪村建了两间屋，黄英和全家在祖父带领下回到家乡定居。回来后，全家以务农为主，兼做腐竹、养猪、磨豆腐维持生活。有一段时间，父亲还去紫金县替人做锡矿赚钱帮补家庭。

即便如此，家中的生活也并不好过。黄英三周岁时，即以三十元身价，卖到相隔两公里的老大坑村陈家做童养媳。其男人陈发，又叫傻发，脾气暴躁，动不动就打骂幼小的黄英，黄英被打骂后，常常带着满身伤痕，跑回娘家。但在封建势力强大的农村，黄英还是一次又一次被送回陈家。在挨打受骂中，黄英渐渐长大，也渐渐懂事。

一九三八年十月十一日，日军在大亚湾登陆，铁蹄踏进了惠阳、宝安。日军长期驻扎在黄英家乡附近的坪山及沿海地带，到处烧杀掳掠，无所不为，土匪流氓乘机作乱，人民陷于水深火热之中。在中国共产党领导下，惠宝人民抗日游击队活跃于惠宝地区，打击日伪军。黄英虽然年纪不大，但在游击队影响下，也明白了一些抗日救国的道理。她的二哥和表哥

---

① 收录于广东妇运史编纂委员会、东江地区东纵编写小组编：《东纵女英烈》，广东五华印刷厂，1987年，第146—152页。

是中共地下党员，母亲也热心支持游击队活动。黄英回到娘家，二哥和表哥就耐心启发她，提高她的认识。她看到只要有游击队路过，母亲总会煮好茶水给同志们喝，这时，她就会主动上前帮助。当游击队在村子里住下来时，她便积极为游击队割草、担水。经过长时间的耳濡目染，及参加一些实际活动，在她的心底逐渐萌发了长大后也要参加抗日斗争的思想。

一九三九年，东江华侨回乡服务团派出人员深入到各村开展宣传抗日救亡工作，举办民众夜校，组织群众抗日团体，黄英得以进入老大坑村小学夜校读书，继而参加了妇女会。在地下党领导下，妇女会秘密散发传单，张贴标语，发动群众起来参加抗日斗争。一次，妇女会参加破坏日军的通讯设施，黄英虽然生得斯文，但她却象个男孩子一样，很快地爬上电线杆，剪下不少电话线拿去掩埋。她还积极参加破路活动，不让日军的车辆通过，表现很活跃。每当游击队的流动医院或交通联络站需要妇女会派人帮助时，她都抢着参加，从中受到了锻炼。她的这些举动，引起了丈夫和家人的不满，丈夫更加经常打骂她。但这些并没有动摇她争取参加抗日斗争的思想，相反，她的这种思想越来越强烈。一九四五年四月，她十九岁那年，终于下决心冲破家庭羁绊，同毫无感情的丈夫脱离关系，参加了东江纵队。在部队，她担任运输员，工作非常热情主动，执行任务态度坚决，表现了一股刻苦耐劳的精神，进步很大。

日本投降后，东江纵队为了坚持和平，奉命北撤山东，由于名额所限，许多战士要复员回家，黄英因为入伍时间不长，又是普通女兵，按规定也要复员。但她坚决不肯回家，哭着去找首长。首长看她态度如此坚决，批准让她随队北撤。一九四六年六月三十日，黄英和战友们一起离开可爱的家乡，乘船北撤山东。

北撤部队抵达山东烟台后，有三百多个女同志编为妇女大队，下属两个中队，黄英被编在第二中队。妇女大队过着部队正规生活，上午学习，下午自由活动，各班轮流买粮、推柴和做饭，没有多少工作可做，但黄英是个闲不住的人，经常主动找工作做，如帮助同志出公差、担柴、煮饭，抬送有病同志到医院等，她总是争先去做。

一九四七年一月，黄英和一批女同志调到山东军政大学文化连学习。她过去家穷，除读过夜校外，没有上过学，深知这次学习机会难得，因此抓紧一切时间学习文化。中午，领导强调要休息，她为了多学文化又不影响大家休息，便来到门外，拿根棍子在地上练习写字，晚上睡觉前也要学一段时间。她学习是这样刻苦用功，曾被评为学习模范，后来能够学着写信了。她还积极响应领导号召，参加宣传队，学跳秧歌舞，活跃连队生活。为了多做群众工作，早晨，她很早起床，帮助附近几家老百姓挑水，做完好事后，同志们才起床。一次，她挑水时不慎碰烂了一位老百姓的水缸，尽管连队每月发几毫子津贴，但她还是把节约下来的几毫子拿出来赔。这位老百姓感动的说：我们这里的缸很薄，容易打烂，这是常有的事，黄同志是为了帮我挑水才打烂的，还自己掏钱赔，这是多么好的同志呀！

一九四七年三月二十八日，华东野战军总部到文化连挑选一批女同志到军测室工作，黄英学习有进步，表现又好，被挑选上。在军测室，她被安排到石印组学习石印技术。石印组的任务就是把测绘组画好的地图制成石板并印出来供野战部队使用。石版［板］很重，要用很大力气才能拿得起来。制版也很辛苦，要求严格，一些同志分到石印组担心身体吃不消，不安心工作，但黄英毫不顾虑个人身体，相反，在石印室，摇石印最辛苦，她就抢着干，并且总是高高兴兴的拼命去干。早晨，她最先起床，挑水洗净石版［板］，做好工作前的准备，交班时又挑好水，给同志们洗手。

印好地图要有一定的文化和技术。白天，测绘组把地图画好，晚上，石印组就要赶印出来，因此，学习时间就完全要靠挤出来。黄英深知自己文化低，便采用“死学”的办法，甚至上厕所也带上学习本子和测绘手册。对技术不懂的地方，她虚心请教老同志。经过一段时间的努力，她从工作不熟练到初步能掌握业务技术，较快地投入工作。每当工作紧张时，大家累得满头大汗，她就唱一首歌鼓舞干劲。她还参加打篮球，石印组和测绘组比赛，活跃了部队。八月，她参加了中国共产党，从此，她更加拼命地为党工作。

当时，国民党重点进攻胶东半岛，我军为减少损失，抢运物资甚急，黄英尽自己力量参加挑运，指导员怕她身体吃不消，不允许她搬挑，但她不理，并说在广东时还更加艰苦哩！一次，敌人向北进攻，我军向后撤退，渡过大沙河。上级要军测室当晚赶出渤海湾地图，晚上一定要渡过黄河。为了赶印地图，同志们连饭都没有吃，尤其是黄英，晚上在花生油灯下上印时，已感到不舒服，开始吐血，但她唯恐领导不给她工作，而把病情隐瞒起来。地图赶印出来后，她又连夜坚持参加赶埋机器。

由于敌人进行疯狂进攻，军测室领导决定男同志突围上山打游击，女同志和体弱有病的同志分散到山东乳山县一带老区群众家里掩蔽。黄英在群众家里同吃同住，经常起早摸黑帮助群众种地、割草、挑水、打地窖收藏蔬菜，甚至带小孩。为了做好群众工作，她坚持学讲普通话。她还参加村里的青妇会，晚上同去埋地雷。群众生活很苦，日常吃的是地瓜苗煮豆渣，黄英有病照样吃。一次，她得了一身湿疹，也不要特殊照顾。她和群众关系密切，群众很喜欢她，要她留下来做闺女。三个月过去了，黄英要离开村子归队，群众都难过的哭了起来，以后还经常打听她的消息。后来黄英被部队评选为掩蔽期间的积极分子，受到奖励。

黄英和同志们归队后，上级决定分两批突围过渤海，身体强壮者参加第一批。黄英有病也争取参加第一批，领导见她身体很弱但态度很坚决，只好同意。一九四八年一月，黄英调到华东第三野战军测量大队石印组。从五月开始，在半年的时间里，我华东野战军连续参加了豫东、济南、淮海等重大战役。部队行军作战极其频繁，石印组的工作也更加重了，常常要连日连夜加班干。由于辛劳过度，黄英身体非常瘦弱，同志们看她有病，劝她好好休息，她却始终坚持多干工作。她说，如果要我不工作，那就是躺在床上不能起来的时候了。有时，有的同志弄点病号饭给她吃，她因怕同志们把她当病号看待而不愿吃。

在南下途中，她又开始吐血，但还叫同志们为她保密，不要告诉领导，以免影响行军。尽管她身体有病，但在行军途中，仍跟以往一样显得很活跃、诙谐，不时站出来打起竹板，唱一段山歌或顺口溜来提高士气。她看到有的同志掉队就抢过他的背包背上，有时她背上背包叠背包还不算，干脆用棍一次就挑四、五个背包。到宿营地后，她放下背包，就拿起扫帚搞清洁，到厨房帮助做饭，或到附近老百姓家里访问，帮助挑水。有一次行军，她看到有些民工很疲劳，便主动上前帮他们拉车子，扛东西，并且拿出自己的钱买东西给民工吃。黄英做好事不声不响，工作任劳任怨，有个别同志不理解她，甚至讥讽她，说她“争功”，但她不当作一回事，注意团结这些同志，照样做好事。

后来，她的病情给领导知道了，经过组织上批评说服，她才服从组织决定暂不参加工作。但她是个闲不住的人，确实找不到工作做时，她就为勤杂人员缝补衣服，替有病的同志煮病号饭、打水，一刻也闲不住。

一九四九年三月下旬，黄英和一起参加北撤的二十多位女同志要调回两广纵队司令部工作，同志们知道她要走时，都依依不舍，说她是个十分难得的好同志。

就在她要调回两广纵队的前几天，她的病情越来越严重了，面色发黄，眼眶下陷，一直发着低热。但她仍一直坚持从济南沿铁路行军到徐州，再到商丘。回到两广纵队才两天，她由发低热变为发高热，起不了床。纵队司令部参谋为她开好到卫生处的介绍信并办好一切手续，准备要她去治疗。

就在二十七日半夜时分，黄英想找水喝，为了不打扰同志们休息，她挣扎着起身爬过几个床位，突然扑倒在地上昏迷不醒。第二天一早，同志们起床才发现她，马上请来军医对她进行紧急抢救。这时，她的腹部积血，嘴唇和全身发黑。整个上午过去了，抢救仍无效果。下午三时左右，黄英停止了呼吸，年仅二十三岁。

黄昏时分，在沉痛的气氛中，纵队司令部机关为黄英举行了追悼会。在黄英灵前，挂着战友们和泪写的挽联：

劳动称模范，商城有幸葬忠魂；

党群同敬仰，南国无缘殒英烈。

这副挽联，是对黄英同志革命英雄主义的写照，虽然她不是在战场嘶[厮] 杀敌人而献身，但她的行为也是壮烈的。她为革命不惜自我牺牲，为工作流尽了最后一滴血，她把年轻的生命献给了壮丽的无产阶级革命事业，献给了中国人民的解放战争。

黄英被安葬在商丘附近的一座小山丘，同志们悲痛难忍，尤其是和她一同调回纵队的女同志都放声痛哭，久久不愿离开她的坟墓。第二天部队行军离开商丘时，这些女同志含着眼泪，不时回转头来遥望小山丘上黄英的坟墓，遥望墓旁的小松林。

黄英烈士安息在异乡的土地上，她的英名将与日月同辉，留 [流] 芳百世!

林华新

黄惠芳（1919—1945）

黄惠芳[1]

黄惠芳（1919—1945年），女，从化街口镇城内人，出身于富裕家庭。民国27年（1938年）夏，她在从化读完初中后到广州读高中。民国28年，参加抗日的群众组织——群策救亡会。同年秋，在温泉加入中国共产党。

民国28年（1939年）11月，黄惠芳接受党组织的安排，前往曲江参加省妇女干部训练班。民国29年1月，参加地下党发动的战时宣传队，到马坝、乌石、英德、清远、花县等地，开展抗日救国宣传活动。

民国30年（1941年）11月，黄惠芳参加省干训团（国民党省主席李汉魂培训干部的机构），目的是取得在国民党机关工作的合法身份。民国31年5月，被派任曲江县新生活运动促进会妇女指导委员会总干事。民国33年，在曲江等地发动群众组织抗日自卫团，并募捐收集了不少劳军物资。

民国34年（1945年）6月，黄惠芳随邬强领导的东江纵队北上，到达英德东乡后，部队派她搞群众工作。7月间，日军从曲江等地南撤，国民党军队偷偷南下，在翁源、英德一带向北江支队进攻，黄惠芳在撤出据点、越过山岗时被国民党军队开枪杀害，牺牲时年仅26岁。

---

① 收录于从化县地方志编纂委员会编：《从化县志》，广东人民出版社，1994年，第1016页。

黄荔容（1914—2009）①

黄荔容（1914—2009），曾用名黄蓉，东莞城镇人。

莞城女子职业学校毕业。1933 年到广州升初中（广东国民大学附中初中一年班）。1934 年前后参加进步读书会“正路社”，1935 年 8 月“正路社”合并入“中青”，她成为“中青”盟员。

1938 年上半年在东莞妇女救国会工作。同年 7—8 月参加在东莞大岭山成立的抗日模范队。后来，到八路军驻韶关办事处工作、琼崖纵队抗日新闻社搞发行工作。

中华人民共和国成立后，曾在广州市委、中南局、中共广东省委党校工作。

---

① 收录于中共广州市委党史研究室、共青团广州市委员会、广州青年运动史研究委员会、广州市中共党史学会编：《走向抗日——广州中国青年抗日同盟史录》，广州出版社，2015 年，第 361 页。

黄宝珍（1923—1944）

1

坚贞不屈的女烈士黄宝珍①

李筱峰

黄宝珍同志英勇就义距今三十九年了。她的英雄事迹和崇高的形象，一直在人民群众中广泛流传。

黄宝珍原籍东莞黄家堂村，出身于一个城镇居民的家庭。一九三八年十月，日本侵略军在大亚湾登陆，不久东莞县城宣告沦陷。在这民族危亡关头，广大青年在中国共产党东莞县委的动员和组织下，纷纷走上抗日救亡前线。年仅十六岁的黄宝珍，也毅然投身于东莞抗日模范壮丁队的行列。当时的游击生活是极端艰苦的。睡的是稻草铺，吃的是糙米饭，有时甚至连糙米饭也吃不上。不少同志病倒了。女同志普遍患上了妇女病和疟疾，但又缺医少药。黄宝珍是队伍中年纪最轻、个子又小的一个，但她斗志顽强，努力经受艰难困苦的考验，时时处处以共产党人的标准严格要求自己，因而参军第二年就光荣地加入了党组织。

从一九三九年到一九四三年的四年间，黄宝珍担任过民运队员、情报员、交通员、交通站长等职务，活动在前线敌后。特别是东莞县城郊的篁村、水廉［濂］山一带，更是她经常出入的地方。她的工作作风朴实、深入，每到一个地方，都与群众打成一片。水廉［濂］山的草塘、青竹笋、

① 收录于广东省妇女运动历史资料编纂委员会东江组编：《南粤红棉——东纵女战士》，1983年，第171–175页。

大进埔等地的大娘大嫂子，都把她看作是自己的好闺女、亲妹子。她那秀丽活泼的音容笑貌，长久地留存在当地群众的心目之中。

一九四三年六月，黄宝珍奉命调到当时负责开辟罗浮山、增城和广州近郊根据地的独二大队，任机关政治指导员。来到这里，斗争环境更加复杂。我军在日、伪和专打内战的国民党反动军队之间活动，任务非常繁重。她经常只身深入到日军驻守的石湾、石龙等地，和我们的地下工作人员取得联络并收集情报。在一九四三年九月震动东江敌后的博罗源头乡茹屋村战斗中，她指挥我驻村十七名战斗人员和村中一百四十名武装民兵，同数以千计的日伪军激战。在敌人的飞机狂轰滥炸和大炮轰击下，她与同志们英勇顽强战斗了三天三夜。这次战斗，击毙日军少佐指挥官一名和士兵七八十名。为了请调援兵，她深夜泅渡池塘，冲过敌人的包围圈，来到罗浮山下的大队部，报告了战斗情况后，又返回茹屋村继续参加战斗。由于敌众我寡，力量悬殊，为避免老百姓的损失，她按上级指示，带领全体军民安全撤出村围。黄宝珍在这次战斗中英勇果敢的事迹，久久为当地人民所传颂。

一九四四年八月，占领广州的日军沿粤汉铁路北犯，企图打通粤汉线。东江纵队按照党中央的指示，派出独立二大队精干队伍汇［会］同由东莞出发的邬强指挥的部队北上，恰遇国民党顽军从韶关回师清远，与我部队在花县、清远百步梯一线发生遭遇战。以后部队又在清远、花县交界处受到国民党顽军的包围袭击。这次战斗中，黄宝珍等六位同志不幸被俘，另有邬强部队的十名战士也同时被俘。

黄宝珍被俘时，身上带有一份机密材料。为保守党的机密，她乘敌人不备，迅速把密件塞进嘴里。当敌人发现后用刺刀撬开她的嘴巴时，她早已把材料吞下肚了，气得敌人直嚎叫。她和战友们被押到伪清远县监狱。在狱中十天后的一日，一个姓黄的国民党官员前来“提审”。当轮到黄宝珍“上堂”时，她首先报了一个李燕石的假名来掩护自己的真实身份，接着又义正词严地提出了对国民党的三个质问，要敌人回答。第一个是为什么男女同监？她质问敌人说：“难道你们国民党是男女不分的吗？”敌人不得不承认理亏，答应马上给她分监。黄宝珍又提出：“第二个，我十多天没有洗过脸了，我们革命战士是圣洁无瑕的，你想得到我的回答，首先你要亲自端一盆清水来给我洗脸。”敌人妄想从她口中捞到什么东西，也慑于她那不可征服的威严，不得不给她捧来一盆清水。黄宝珍理了一下蓬乱的头发，抹完了脸，才转过来审判敌人道：“我得先问问你，抗日救国有何罪？”把敌人问得瞠目结舌，哑口无言。这次“过堂”，最后以敌人的失败而告终。

由于被俘人员中，有一个原大队部的司务长叛变，指证黄宝珍是一个政治指导员，是大队政治委员的妻子，使她的处境更加危难。但黄宝珍坚贞不屈，始终坚持说自己就是李燕石，清远人，二十六岁，从广州回清远探亲途中参加了东江纵队，是炊事员……。敌人未能从她身上捞到任何东西，只得把她转押到韶关国民党第七战区政治部“基庐”政治监狱。押送途中，敌人对她采取了特别的防范措施。除了前后有两条枪夹送外，还怕她是“双枪女将”，难以对付，加上这时她已身孕三四个月，因此，硬是用一个竹箩筐把她抬到政治监狱。

在政治监狱里，黄宝珍表现得非常坚强。她不顾敌人的严刑拷打，在牢房高唱革命歌曲，用歌声表示自己的革命乐观主义精神，并鼓舞难友们坚持斗争到底。在放风的时候，她总是抓住一切机会，向难友们宣传东纵已向粤北发展，革命胜利的时刻快要到了。她把生死置之度外，常对难友表示自己的决心说：“我的案子快要结束了。将来你们有机会见到我的战友和亲人，代我向他们致意吧！”

黄宝珍同志的坚贞不屈和革命乐观主义精神，深深地感染了全体难友，也感化了一些看守她的宪兵。其中有一个十八岁的年轻宪兵，由于受到她的影响，一直悄悄地保护着她。在她英勇就义的当天晚上，这个小宪兵也逃回家去了。

十月二十五日，即旧历九月九日重阳节，是她就义的日子。这天，她再一次朗诵自己非常喜爱的革命诗词：“满天风雪满天愁，革命何须怕断头。留得子胥豪气在，三年归报楚王仇。”又按照习惯，先把牢房打扫得干干净净，然后泰然自若地梳好了头，等着生命最后时刻的到来。

这一天，与黄宝珍同时赴刑场的有我北上支队被俘的十四位战士，还有被国民党反动派抓来的三名爱国青年。此外，那个当了叛徒的司务长也被拉去枪毙。刑车从监狱开出，沿途经过韶关市最繁华的风度路等地。一路上，黄宝珍领着难友们不断高呼口号。行刑队是在清远、花县边界和我军激战过，受过我军沉重打击的那个国民党连队。这班刽子手以百倍的疯狂端起机枪屠杀我们的同志。在难友们壮烈地一个个倒下去的最后时刻，黄宝珍还高呼“中国共产党万岁！”“抗日游击队万岁！”……第三句口号还没有来得及喊出，便中弹倒下了。黄宝珍就义时年仅二十二[①]岁。

历史的车轮滚滚向前。在中国共产党的领导下，我们英雄的游击队配合南下大军，终于在一九四九年十月解放了韶关市，解放了整个广东省。黄宝珍生前为之奋斗的人民革命事业，在她就义五年后就胜利了。今天，亿万人民踏着烈士的足迹，高举着烈士的旗帜，为建设现代化的社会主义祖国而奋斗。黄宝珍在天之灵，看到她未竟的事业后继有人，也当“回眸应笑慰”了。

安息吧，黄宝珍同志！

2

革命何须怕断头——黄宝珍烈士传略[②]

一九二三年农历十月初一，黄宝珍出生于广东东莞县莞城镇安靖乡的一个贫民家庭里，由于苦难生活的折磨，母亲生下第五个孩子不久便去世了。父亲带着五个儿女，在饥寒线上挣扎度日。黄宝珍是长女，肩负着家务的重担，但她仍然坚持一面做工，一面读书，在同学和亲友的帮助支持下，终于在一九三七年读完了小学。

那时，日本帝国主义发动了芦沟桥事变，中华民族处于危亡之中，东

---

① 结全前后文，黄宝珍牺牲时年仅 21 岁。——编者注

② 收录于广东妇运史编纂委员会、东江地区东纵编写小组编：《东纵女英烈》，广东五华印刷厂，1987 年，第 50—55 页。

莞县的地下党迅速行动起来，组织了“抗日救亡工作团”。年仅十四岁的黄宝珍主动靠近“抗日救亡工作团”，串联和发动一批进步同学上民众夜校，积极参加抗日救亡的宣传工作和县“妇抗”发起的献金募捐活动。由于她能歌善舞，在宣传活动中十分活跃，同学们都很佩服她。

一九三八年十月，日寇在大亚湾登陆，东莞中心县委决定立即成立“抗日模范壮丁队”，奔赴前线。

黄宝珍毅然参加了“壮模队”，当时游击队生活非常艰苦，睡的是稻草铺，吃的是糙米饭，油盐又少，有时甚至连糙米饭也吃不上。不少同志都病倒了，特别是女同志普遍染上了妇科病和疟疾，当时又缺医少药，医治困难。但黄宝珍斗志顽强，经受了这严峻的考验，因而参军的第二年，即一九三九年就加入了中国共产党。

入党之后，黄宝珍先后担任过民运队员、情报员、交通员及交通情报站长，担负部队与地方党的联络和传递情报的任务。一九四二年，她秘密回莞城搞交通情报工作。她离家四年没有音讯，这次突然回来，家里人又惊又喜，更为她的安全担心。她把情报站设在家中和渡头庙的外祖母家，何欢、何小士、刘婉等同志经常以亲戚名义与她联系。她还经常带着文件通过日寇的岗哨，把情报转送到部队去。弟妹们问她：“你经常进出敌人的岗哨不怕吗？”她坚定地回答：“怕死就不参加共产党。”并且经常教育弟妹要投入抗日救国的行列。在她的影响和教育下，弟弟黄宝光，妹妹黄宝珠都先后于一九四三年和一九四四年参加了东江纵队，走上革命的道路。

一九四二年到一九四三年间，黄宝珍活动于莞城、篁村、水濂一带，同地方党的交通情报站紧密联系，及时为部队提供准确的情报。她深入群众之中，与他们拉家常，做家务，并协助群众办夜校，教他们唱歌、识字，同群众建立了深厚感情。水濂山的草塘、青竹笋、大圳埔一带的大娘大嫂们都把她看成是自己的亲生女儿。

一九四三年十二月，她调到独立第二大队任机关政治指导员。这期间，斗争更加复杂。她经常独自深入到驻有日军的石湾、石龙等地，和我们的地下人员联络，收集情报。一九四四年四月，在博罗源头乡茹屋的战斗中，她英勇地协助宋晋（联和税务总站指导员兼分站长）指挥税站和部队二十多人，以及一百二十名武装民兵与数百名日伪军激战三昼夜。当时我军在茹屋建立抗日根据地，黄宝珍与周某正在茹屋作民运工作，附近上南驻有我宋晋税站和一个武装班共八九人，配有交通船一艘；日寇与李潮匪部都把它视作眼中钉，非把它扫平不可。起初日寇出动一百多人，会同李潮匪部三百多人，分两路向茹屋进攻；宋晋即率领税站和武装班从上南撤到茹屋，茹屋村虽地处平原、五百多人口，但群众基础好，抗战热情高，为保家卫国，用祖藏的公款购有轻机枪两挺，枪枝弹药一大批，有武装民兵，村里筑有坚固的围墙，只留两个门口出入，围墙外四周是鱼塘，只有两条小路经这两门口进村，围墙内有五座炮楼，易守难攻。当宋晋等人撤到茹屋村后，即与黄宝珍研究对策，茹屋群众一致要求要打，于是一面派税站一战士去大队部汇报请示，一面组织战斗，于当晚十二时，大队部即派一个班来支援并即投入战斗。到翌日中午十二时敌人开始进攻，打了半天，攻不进来，战斗相当激烈，在围墙门前打死日寇一人、缴枪一支，黄宝珍在战斗中勇敢积极，不断往返部队与民兵之间联系，作宣传鼓动工作，并组织群众送茶送饭，对战斗起了很大作用。晚上日寇调来大炮轰打炮楼，有四个炮楼被打中，第二天，敌人发起进攻，战斗非常激烈。打了大约一个小时，敌人突然停火，原来木下大队长（少佐）负重伤（后死去），日伪军死伤一百多人，其中日军七八十人，用十八条木帆船运送死尸和伤员。第三天打打停停，由于敌强我弱，为避免村民损失，在部队和民兵的掩护下，有秩序地组织全村四五百群众撤出村庄。晚上，战斗人员亦撤走。第四天日寇调来飞机轰打了一个多钟头，因我方部队、民兵和群众早已全部撤走，敌人见村中无动静才进村。这次敌人损失惨重，一无所得，显示了我军民的抗战力量，黄宝珍在这场战斗中起了很大的作用，群众一致赞扬她勇敢和宣传组织的才干。

一九四四年八月，日军沿粤汉铁路向北进犯，企图占领我战时广东省会韶关市和粤汉线两侧广大乡村。东江纵队按照党中央指示的精神，派出独立第二大队和邬强支队两支精干的战斗部队，挺进粤北建立根据地。九月一日，独立第二大队北上部队在清远、花县交界处受到国民党顽军的包围袭击。在这次战斗中，黄宝珍等六位同志被捕。黄宝珍被捕时，身上带有一份机密材料，她乘敌人不注意，把密件塞进嘴里嚼烂，敌连长见状，马上用刺刀撬开她的口，但她已把文件强吞下肚。

黄宝珍同其他被捕的战友一起，被关在清远县阴暗的监狱里。十多天后，一个国民党少将前来提审，黄宝珍泰然自若，轻蔑地看了“审判官”一眼。“你叫什么名字？干什么的？”少将开口问。“我叫李燕石，是个炊事员。”黄宝珍镇定地回答。敌人正欲继续发问，她庄严地提出：“你想得到我的回答，必须答应我三个条件：第一条，为什么男女同监！难道你们国民党男女不分吗！”敌人十分尴尬，答应马上分监。黄宝珍又提出第二条：“我已经十多天没有洗脸了，我们革命人员是纯洁无瑕的，你想得到我的回答，必须捧一盆清水给我洗脸。”敌人为了从她的口中得到口供，不得不给她捧来一盆清水。她从容不迫地梳了梳蓬乱的头发，洗了面，然后又反问敌人道：“第三条，我得先问问你，抗日救国有何罪？”黄宝珍就这样反把敌人推上了审判台。

由于被捕人员中有一个司务长叛变，指证黄宝珍是政治指导员，是政治委员的妻子，但她坚持说自己名叫李燕石，清远人，二十六岁，由广州回清远探亲，途中参加了东江纵队，当炊事员。敌人始终不能从她身上取得任何材料，只好把她押到韶关国民党七战区政治部“基庐”政治监狱。由于她屡受严刑拷打，身上又怀了孕，步履艰难，敌人是用竹箩把她抬到监狱的。

在政治监狱里，黄宝珍不畏惧敌人的拷打辱骂，在单独的监房里高唱《延安颂》、《在太行山上》等革命歌曲，以歌声向难友们表示她的革命乐观主义精神，鼓舞难友们坚持革命到底。在放风的时候，她总是抓住机会向女难友们宣传东江纵队已挺进粤北，革命胜利用不了多少年月了。她说：“我的案子快要结束了，将来你们有机会见到我的战友、亲人，请代我向他们致意。”她的坚贞不屈和革命乐观主义精神，深深感动了全体难友，也感动了一些看守的狱卒。有一个十八岁的狱卒受她的影响，一直悄悄地保护着她，在她就义的当天晚上，这个小狱卒逃跑了。

十月二十五日（农历九月九日重阳节）是她就义的一天。她反复朗诵她平日爱好的诗句“满天风雪满天愁，革命何须怕断头，留得子胥豪气在，三年归报楚王仇。”这一天，她还象往常一样，把牢房打扫得干干净净，然后从容不迫地梳好了头，随时准备英勇就义。

同她一起遇难的，还有三名是国民党从其它地方抓来的抗日青年和十名被捕的战士，那个叛变的家伙也不能幸免，共十五人。在押赴刑场途中，黄宝珍领着难友们高呼“打倒国民党反动派！”“打倒日本帝国主义！”“中国共产党万岁！”口号声连续不断。敌人是用机枪扫射的。在壮烈地倒下去的片刻，黄宝珍还高呼“中国共产党万岁！”“抗日游击队万岁！”第二天，韶关市的《晨报》也只能刊登如此一则新闻“警备部奉长官部于昨日执行枪决李燕石等男女十五人。……”敌人连她的姓名也无法弄清。

黄宝珍牺牲了，时年二十一岁。无数革命志士踏着她的血迹英勇地前进。

（东莞市委党史办赖日昌根据李筱峰、黄敏、何欢、杜娟、宋晋、邝爱莲等提供材料整理）

3

黄宝珍[①]

黄宝珍（1923—1944），女，出生于广东省东莞县莞城镇安靖乡的一个贫农家庭，母亲生下第五个孩子便去世了。黄宝珍是长女，肩负着家务的重担，她一面坚持做工，一面读完了小学。

卢沟桥事变发生，东莞县的地下党组织了“抗日救亡工作团”。年仅14岁的黄宝珍主动串联和发动一批进步同学参加抗日救亡的宣传工作。

---

① 收录于中共广东省委党史研究室、广州地区老游击战士联谊会、广州地区老游击战士联谊会东江纵队分会、广州市东江纵队研究会编：《东江纵队英烈集》，2013 年，第 86−87 页。

她能歌善舞，在宣传队中十分活跃。

1938 年 10 月，日寇在大亚湾登陆，东莞中心县委成立“抗日模范壮丁队”，黄宝珍毅然参加了。当时游击队生活非常艰苦，有时连糙米饭也吃不上。不少人都病倒了，女同志普遍染上了妇科病和疟疾，又缺医少药，医治困难。但黄宝珍斗志顽强，经受了考验，1939 年就加入了中国共产党。

入党之后，黄宝珍先后担任过民运队员、情报员、交通员及交通情报站长，担负部队与地方党的联络和传递情报的任务。1942 年，她调回莞城搞交通情报工作。在她的影响和教育下，弟弟黄宝光、妹妹黄宝珠都先后参加了东江纵队。

1943 年 12 月，她调到独立第二大队任政治指导员。这期间，斗争更加复杂。她经常独自深入到驻有日军的石湾、石龙等地，和地下工作人员联络，收集情报。

1944 年 4 月，游击队在茹屋建立抗日根据地，黄宝珍在博罗源头乡茹屋村搞民运工作，她协助宋晋（税务总站指导员兼分站站长）指挥税站和部队两个班以及民兵 100 多人、抗击日伪军 400 多人。对茹屋村的进犯，激战三昼夜，敌人发起一次次进攻，都被击退，始终未能攻入村内。此战毙伤日伪军 100 多人，其中日军七八十人。日军大队长（少佐）被击致重伤，敌人损失惨重，无奈地偷偷撤退。黄宝珍在这次战斗中起了很重要的作用，群众一致赞扬她勇敢兼有组织的才干。

1944 年 8 月，日军沿粤汉铁路向北进犯，企图占领广东省会韶关市和粤汉线两侧广大乡村。东江纵队按照党中央指示的精神，派出精干的战斗部队，挺进粤北建立根据地。9 月 1 日，独立第二大队北上部队在清远、花县交界处受到国民党顽军的包围袭击。在这次战斗中，黄宝珍等 6 位同志被捕。

当时，黄宝珍身上带有一份机密材料，她乘敌人不注意，把密件塞进嘴里嚼烂，敌连长见状，马上用刺刀撬开她的口，但她已把文件强吞下肚。

由于被捕人员中有一个司务长叛变，指证黄宝珍是政治指导员，是政治委员的妻子，但黄宝珍坚持说自己名叫李燕石，清远人，26 岁，由广州回清远探亲，途中参加了东江纵队，当炊事员。敌人始终不能从她身上取得任何材料，只好把她押到韶关国民党七战区政治部“基庐”政治监狱。由于她屡受严刑拷打，又怀有身孕，步履艰难，敌人是用竹箩把她抬到监狱的。

黄宝珍在监房里高唱革命歌曲，鼓舞难友们坚持到底。在放风的时候，她向女难友们宣传东江纵队已挺进粤北，革命快胜利了。她的坚贞不屈精神，深深感动了全体难友。

10 月 25 日（农历 9 月 9 日重阳节）是她就义的一天。她反复朗诵平日最爱的诗句：“满天风雪满天愁，革命何须怕断头，留得子胥豪气在，三年归报楚王仇。”

同她一起遇难的，还有三名抗日青年和 10 名被捕的战士，那个叛变的家伙也不能幸免，共 15 人。在押赴刑场途中，黄宝珍领着难友们高呼：“打倒国民党反动派！”，“打倒日本帝国主义！”，“中国共产党万岁！”，口号声连续不断。敌人用机枪扫射，在即将倒下去的片刻，黄宝珍还在高呼：“中国共产党万岁！”，“抗日游击队万岁！”。第二天，韶关市的《晨报》刊登如此一则新闻：“警备部奉长官部于昨日执行枪决李燕石等男女十五人。……”敌人最终连她的姓名也没有弄清。

黄宝珍壮烈牺牲了，时年 21 岁。

柯彩凤（1928—1948）

壮丽的青春——忆彩凤烈士①

一九四四年，她才十六岁。

就在这一年，她在家乡——广东省宝安县大鹏半岛参加了东江纵队，从此，她的一切便属于南征北战的生涯，出生入死的革命了。

一九四五年八月，柯彩凤跟随部队到粤北。当东江纵队北撤烟台时，她留在五岭地区坚持武装斗争。平时她什么活都争着干，每次行军到达宿营地，大家休息了，她还忙于搞炊事工作。同志们都称赞她是勤劳勇敢的铁姑娘。在革命的斗争中，她进步很快，一九四七年四月，她光荣参加了中国共产党。

一九四七年在五岭坚持武装斗争的粤赣湘边区纵队北江第二支队，在南雄县的白云、栏河一带发动群众搞土改，游击区和队伍迅速扩大，引起了敌人的注意。国民党派了隆昌部队一个师，对游击区重兵围剿。为了避开敌人的锋芒，司令部决定从主力分出一部份部队到湘南；一部份到江西大庾、崇义一带活动，开辟新区，叫崇庾大队。因为工作需要，彩凤经过了短期卫生训练，调到崇庾大队当卫生员。她是大队唯一的医务人员，全队的医疗工作由她一人负担，当时医药很缺乏，工作是很吃力的，但她勇于负责，善于向群众学习，学会了用土医土药来治病。很得群众和同志们信任。彩凤对同志态度和蔼，阶级感情深厚，有时通宵达旦地看护伤病员，为病员倒屎倒尿，不怕脏和臭。她一有空就跑到伙房，帮助炊事员烧火、切菜。部队在新区活动，多是夜行军，彩凤除了背药箱外，还经常替

① 收录于广东妇运史编纂委员会、东江地区东纵编写小组编：《东纵女英烈》，广东五华印刷厂，1987年，第140-141页。

伤病员背东西。到了驻地，别人休息了，她还要为伤病员洗伤换药。伤病员给雨淋了，她马上煮姜汤给他们喝。她还经常为驻地群众治病、洗烂脚，并向群众宣传革命道理，加深群众对部队的了解，密切了部队与群众的关系。为开辟新区作了贡献。

一九四八年初，她与中队长何珠结了婚，不久，彩凤怀孕了，但她仍顽强地和同志们在一起向敌人作斗争。在一九四八年春、夏之间，为了分散江西保安团对崇庚大队部的注意和包围，大队决定由排长林德志带领步枪班轻装到敌人统治区大庾县与崇义县之间的义安圩一带进行武装活动。在一次战斗中，林德志大腿受伤，黄玉石左手负伤，黄云贞被毒蛇咬伤。大队政委郑彦文决定，彩凤带这三位伤员在义安一带的大山中掩蔽治疗。

不幸的事情就发生在这次掩蔽。当大队部转移时有个新战士被俘，叛变了，他带着保安队去包围林德志、柯彩凤等四人的掩蔽点。这时刚好大队部派了两名武工队员送粮油到掩蔽地，在敌人开枪射击时，他们立即用火力掩护伤员向左边山撤退。彩凤怀着孩子，行动不便，但她只有一个信念，一定要帮助伤员安全转移。于是拼命把伤病员扶起来，一个个催他们快走。可是，她自己却弄得精疲力尽了。当她眼看着战友们脱离了险境，心中也很欣慰。敌人一步步逼近她，因为自己没有武器，她视死如归，下意识地抚摸一下沉甸甸的肚子，似乎在对她未见面的孩子说：为了革命，咱娘儿俩一起牺牲吧！凶残的敌人终于杀害了她。就在这异乡的大山中，为了革命，为了战友，柯彩凤献出了她壮丽的青春。牺牲时才二十岁。

（林德志、郑彦文供稿。韶关市妇联妇运史小组整理）

李淑桓（1894—1941）

1

二、惠属华侨港澳同胞对东江抗战的支援（节选）①

……

1938年10月，当战火在东江地区燃烧起来的时候，许多华侨和港澳爱国青年同胞，纷纷回国回乡参军参战，出现了父母送子女，妻子送丈夫，夫妇同行上战场，家长带领全家一起回国回乡参战的热潮。如香港同胞、爱国青年李杰、黄小英，说服年老双亲，抛弃安逸的家庭生活，毅然走上抗日救国的革命道路。最令人感动的是带领全家走上抗日救国战场的香港同胞、女教师李淑桓（人称“郭太太”）。这位富有崇高爱国主义精神的知识分子，丈夫是一个店员，生有6男1女。抗战爆发后，长子郭显承（郭宽成）北上延安，参加抗战；女儿郭云翔（郭锦霞）参加了香港惠阳青年会回乡救亡工作团；仅隔两个月，又将年仅14岁的郭显怡（郭际）送到惠宝人民抗日游击总队。1939年5月，李淑桓随同慰问团来到东江游击区，看望儿女，深为东江人民抗日救亡的爱国主义精神所感动。回到香港后，又动员她的一对孪生子郭显和、郭显乐参加东江游击队。1940年3月，郭显和、郭显乐在战斗中双双英勇献身。李淑桓虽然无比悲痛，但又毫不犹豫地把三儿子郭村送上战场。1941年初，丈夫去世后，李淑桓化悲痛为力量，带着年仅11岁的小儿子郭显隆（郭厚智）投奔东江抗日游击队。1941年10月6日，以教师职业为掩护，从事抗日救亡工作的李淑桓，

---

① 收录于中共惠阳区委党史研究室、中共惠东县委党史研究室、深圳市龙岗区史志办公室著：《中国共产党惠阳地方史（1919—1949）》，中国社会出版社，2004年，第223—226页。

在国民党顽军进攻大岭山时，不幸被捕，壮烈牺牲，年仅 41 岁。革命母亲李淑桓带领全家投身于抗日战场的动人事迹，是港澳同胞和海外侨胞爱国爱乡，保家卫国的伟大爱国主义精神的最生动的体现。

……

2

革命母亲——李淑桓[①]

刘玉珍　何小冰　范柏祥

抗日战争时期，活跃在广东省惠（阳）、东（莞）、宝（安）抗日前线的曾生、王作尧部队，传颂着一个革命母亲——李淑桓的动人事迹。为了抗击日本侵略者，她送七个子女先后奔赴抗战前线，自己也献出了宝贵的生命。

李淑桓，原名壶娴（人们习惯称她为“郭太”），广东省鹤山县古劳维墪乡人。生于一八九四年。父亲是清朝贡生。李淑桓自幼勤奋读书，求知欲强，年轻时接受了民主思想的影响。丈夫郭福荣是个店员。婚后，李淑桓在广州开设“时修”女塾，亲自执教。“九·一八”事变前夕，“时修”女塾搬迁到香港。

李淑桓是一个富有正义感的知识分子。早在一九二五年，她家境虽然不济，却多次在家门口以大锅煮粥，救济从山东逃荒来的灾民。“九·一八”事变的消息传到香港，广大学生发起抵制日货运动，香港各界人士纷纷响应，把日货丢弃街头，有的放火烧了。李淑桓在爱国主义思想影响下，义愤填膺地在一篇题为《哀国难》的文章中写道：“今日为我国最悲最痛之日也。最悲最痛之日即吾人复仇雪耻之时。”她以此文教育学生，并积极支持当时抵制日货的活动。

一九三七年，抗日战争爆发。在这国难当头，李淑桓看到香港的爱国

---

① 收录于广东省妇女运动历史资料编纂委员会东江组编：《南粤红棉——东纵女战士》，1983 年，第 64—70 页。

同胞有钱出钱，有力出力，纷纷起来支持抗战，再也坐不住了。一天，在党的教育下满怀革命激情的长子显承（后改名郭宪成）与她商量，要去陕北公学，投身到抗日救国的前线。李淑桓开始有所顾虑，后经儿子说服，便欣然答应，并写信给澳门的丈夫征询意见，最后也同意让显承北上。不久，三子显绪（后改名郭林）也参加了东江抗日游击队。

李淑桓有六个儿子和一个女儿。女儿郭云翔（原名郭锦霞）在显承北上后，积极参加当时“惠阳青年会”等抗日救亡团体的活动，很快接受了进步思想。不久，也向母亲提出上前线救护伤员的要求。李淑桓因为只有一个女儿，开始舍不得女儿离开。但当她经常去“惠阳青年会”打听长子显承的情况，不断受到进步会员的启发教育，过了不久，她就对女儿说：“前方将士为国为民，战斗受了伤，很需要人照顾。我想通了，今后如有机会到前方去，你就去吧，我再也不阻拦了。”一九三八年十月中旬，“惠阳青年会”筹备组织第三批回乡救亡工作团，李淑桓看见很多人报名参加，又听了叶锋同志有关东江抗日形势的报告，就毫不犹豫地在报名表上用秀丽的毛笔字写上了女儿“郭云翔”的名字，回家后才告诉女儿。当时离出发日期很近，李淑桓匆匆忙忙为女儿收拾行装，十月二十五日清晨，高兴地把女儿送上征途。

在儿女们参加抗战的前后，李淑桓的生活也起了很大的变化。她在香港党组织的教育影响下，开始了频繁的社会活动，经常奔走于各进步社团之间。除“惠青”外，还有大鹏同乡会、清远同志会、海南同乡会、洋务工会、余闲乐社、银行联谊和中华书局妇女夜校等。她和三儿显绪同是宝安青年会的执行委员之一。她热心从事力所能及的抗日救亡工作，诸如做棉衣、义卖筹款、献金和募捐等。她多方设法，曾以自己的名义向原来的学生及社会关系包括当时的歌星月儿募捐，曾向陈嘉庚开办的冯强树胶厂提出先领取几百双胶鞋慰问部队后再付款的要求，得到了同意。大家目睹李淑桓废寝忘餐地工作，都尊敬地称她为郭太。一九三八年十二月，惠宝人民抗日游击队成立，郭太又把第六个儿子显怡（后改名郭际）送到了部队。

一九三九年“三八”妇女节，郭太参加在香港加路连山举行的一个纪念会，听了著名女革命家何香凝的抗日演说，备受鼓舞。当时，有人对她说："你把儿女都送上前线，将来老了怎么办？"李淑桓立即回答说："没有国就没有家，我还有几个儿子，抗战需要的话，我把他们都送去。"五月间，刚好有一批华侨青年回国参加曾生部队，香港团体募捐一批物资随他们去慰问子弟兵。党组织动员李淑桓随慰问团回东江探望在部队的儿女。郭太毅然决定把双胞胎的四子显和及五儿显乐带上前线，参加抗日部队。

在惠阳坪山部队召开的群众大会上，部队首长把郭太请到台上，号召群众向革命老妈妈学习。郭太则把云翔、显和、显乐和显怡叫到跟前，嘱咐他们不要想家，要服从命令听指挥，坚决抗日。并在台上唱了一首歌，表达了她送子参军的革命豪情。南洋侨领官文森、黄伯才曾带家庭电影机，拍摄了郭太高兴地骑在一匹小红马上的几个镜头，一九四〇年在香港九龙弥敦道余闲乐社社址旁的大华电影院放映，在港九同胞中引起很大的反响。

一九四〇年三月，广东国民党反动派掀起一次反共逆流，东江反共头目香翰屏指挥顽军罗坤等部包围了我坪山抗日根据地。部队东移途中，在惠（阳）海（丰）交界处的牛湖与敌人发生遭遇战，郭太的五子显乐在掩护部队突围的战斗中光荣牺牲。郭太知道了这个消息，十分悲痛，但她以坚强的意志克制了自己的感情。

一九四〇年春曾、王部队东移海陆丰后，因战斗频繁，部队有计划地疏散一些同志到香港等地，也有些同志在战斗中失散，辗转到了香港。他们到香港后，由香港党组织设法安置，其中便有几个女同志安置在郭太家住宿。郭太非常热情地接待部队同志，亲如子女。她在小房间里搭起两三层床板，让李玉珍、祝国筠、欧巾雄、梁帼莲等女同志居住。并与林务农同志取得联系，协助党组织把其他同志安置好。

一九四一年初，郭太的丈夫因患肾炎病逝。香港党组织发动"惠青"进步会员资助她安葬丈夫，并由组织安排，将她和显隆接到萧春同志负责的交通站住，给她分配点力所能及的工作。郭太在当时日寇"扫荡"和顽军进攻的恶劣环境下，自动要求回部队。经部队党组织同意，她即于一九四一年春节过后，带着最小的儿子显隆离开九龙，到了我东莞大岭山抗日根据地。

大王岭对面的大塘村，是日伪经常骚扰的边缘村。我大队部决定在该村建立交通站。部队领导考虑到郭太年纪大，又是缠足放脚的，走路不方便，就安排她在那里教书作掩护。郭太很高兴，因为这样可以自食其力，减轻部队的负担，又可以为部队做些工作。她对同志们说："我年纪虽大，但不能当'蛀米大虫'，我要干些青年人所做的事情。"年仅十二岁的七子显隆（后改名厚智）也参加了部队，当了我东莞敌后交通站的交通员。

可是不久，顽军进攻我东莞大岭山根据地，郭太不幸过早地牺牲了。那是农历八月十四日早上，国民党反动派纠集了一两千人向我大岭山抗日根据地进攻，大圹［塘］村首当其冲。顽军包围了该村。人们听到枪声，立即扶老携幼往村外的山头逃避。郭太当时正在紧靠大圹村的一个小村子教书，因为敌情来得突然，同志们来不及找郭太一起撤退，她便跟着老百姓跑到山上隐蔽。黄昏时候，枪声早已停止，郭太回村子看看动静，顺便带点衣物和粮食。没想到，她刚走到村口，就被埋伏的敌人发现，不幸落入魔爪。敌人把她押到祠堂门口，刑讯逼供。顽军军官骂她"游击婆"，要她"改邪归正"。郭太初时想不暴露身份，后见敌人已经知道她是谁，就义愤填膺地与敌人展开针锋相对的斗争。她说："我只有一个心，只知道要抗日救国。"敌人以死来威胁她。郭太指着敌人痛斥道："你们才怕死，畏敌如虎，听到日本鬼子来就逃跑。我是不怕死的，怕死就不来打游击。"顽匪恼羞成怒，举起枪托打伤郭太的左耳，接着又用施加毒刑相威胁，妄图逼她供出游击队的情况。郭太坚贞不屈，斩钉截铁地回答敌人："你们要杀就杀。我一个老太婆死了，还有我的儿子，还有许许多多的爱国抗日志士，你们杀不绝，他们一定会替我报仇！"敌人凶性大发，当夜把她残酷地枪杀在大圹村附近。郭太壮烈牺牲时，年仅四十七岁。

郭太惨遭杀害，当地老百姓十分悲痛。当"河呵鸡"（国民党顽军）撤离村子后，老百姓纷纷出动寻找郭太的遗体。有的乡亲传说，郭太已被"河呵鸡"用石头捆绑扔到河里了。当时龙山村的段江顺就动员会游水的青年，立即下水打捞，可是没有寻找到。这以后很长的一段时间，经常有乡亲站在坡头上寻望，表现了他们对郭太无限怀念的心情。

郭太坚贞不屈的革命气节和对敌人英勇斗争的事迹，很快就传遍了东江人民抗日游击队活动的地区。在一九四二年举行的“三·八”妇女节纪念大会上，我部队首长以她的英雄事迹教育指战员和人民群众，《东江民报》也为她出了专刊。大家尊称她为“党外布尔什维克”，决心以她为榜样，为革命事业献身。

郭太为革命不惜献出生命的高尚品德，也激励着她的儿女们在革命征途上勇往直前。这一年，她的四子显和同志因负重伤被敌人捉走。在惠州狱中，敌人对他多次严刑拷打，他象自己的母亲一样屹然挺立。最后在被解往韶关的途中，因伤重光荣牺牲。郭太的六子郭际同志写了一首诗悼念他的母亲：“昔年砚下栽桃李，爱国送儿上战场。华发投笔从军去，艰苦奋斗打东洋。逆流冲击大岭山，顽匪魔爪伸大圹。横眉怒斥卖国贼，慷慨就义壮歌扬。”

一九四二年一月，在惠阳田心村，东江纵队政委林平同志见到郭太的三子显绪时，鼓励他说：“你母亲就义时很壮烈。你应该好好学习杀敌本领，雪国恨，报家仇。”

一九五六年，也就是郭太牺牲十五周年的时候，原东江纵队司令员曾生同志说：郭太是个小资产阶级知识分子，在党的影响教育下，成长为一个忠心耿耿的革命战士。她参军时，正是我们部队处境困难的时期，斗争非常艰苦。她是抱着献身革命的目的来到革命队伍的。所以，她跟敌人的斗争非常坚决，在生与死的关头，大义凛然，表现出民族的气节和骨气。值得我们永远学习，永远怀念！

3

李淑桓[①]

李淑桓（1894[②]—1941），女，被誉为“东江游击队之母”，原籍广东

① 中共广东省委党史研究室、广州地区老游击战士联谊会、广州地区老游击战士联谊会东江纵队分会、广州市东江纵队研究会编：《东江纵队英烈集》，2013 年，第 42-43 页。

② 原文为“1884”，结合上下文，改为“1894”。——编者注

鹤山县古劳围坳乡。她自幼勤奋读书，求知欲强，年青时接受了民主思想影响。婚后，她在广州开办“时修”女塾，亲自执教。1930 年，“时修”女塾搬迁到香港。

李淑桓是一个富有正义感的知识分子，她家境虽然不济，却多次在家门口以大锅煮粥救济逃难灾民。

1931 年“九一八”事变，东三省沦陷，李淑桓悲痛欲绝，挥笔写了《哀国难》词教育学生。她积极向学生灌输爱国思想，教《正气歌》，讲《木兰词》，讲岳飞精忠报国，讲林则徐虎门销烟等抵抗外侮、保卫祖国的故事。1938 年元旦刚过，李淑桓通过八路军驻香港办事处，把大儿子郭显承送去延安参加抗战。10 月，日本侵略军在大鹏湾登陆，东江和广州周围各县沦陷，香港掀起抗日救国热潮，许多爱国青年男女纷纷回内地参加抗战。李淑桓亦把女儿郭云翔和六子郭显怡（后名郭际）送回坪山，参加惠宝人民抗日游击总队。她和三子郭显绪（后名郭村），参加宝安青年会领导的抗日救亡运动。她走街串巷，一家一户，一双胶鞋，一条毛巾，一把牙刷地为东江游击队募捐。

1939 年 5 月，李淑桓第二次应邀参加香港海员回乡慰问团，慰问惠宝人民抗日游击总队时，把四子郭显和、五子郭显乐和 9 岁的郭显隆也一起带上。部队在坪山召开欢迎慰问团群众大会上，总队长曾生请她上台讲话，她把 5 个子女（包括已参军来看望她的女儿和六子也叫上台，把他们按高矮站好），对台下的战士和群众说：“我的大儿子显承已参加八路军，三子显绪在香港做工（后在 1941 年参军），其余统统在这里，我现在把他们都交给部队，最小的只有 9 岁，先报个名，待他长大再送回来（后在 1941 年参军）。国家兴亡，匹夫有责，抗日人人有份，我没有别的本事，就尽我这份责任吧。”

1940 年，李淑桓第五子郭善随曾生、王作荛［尧］两部东移海陆丰，于 3 月 9 日在惠阳县吉隆以北的斧头石壮烈牺牲。东移部队不少在战斗中失散的战士到香港来找郭妈联系，她家一时成了联络站和收容所。郭妈在家庭经济十分困难的情况下，义无反顾地收容无家可归的战士。她说：“你们的困难也是我的困难，我有得吃，就不会饿着你们。”

李淑桓在香港一连串的抗日活动，引起国民党驻香港特务机关的注意，不断派人来查问。中共香港地下党组织为了她的安全，把她们母子接到设在九龙的交通站帮助工作。1941 年 4 月经批准，她带着七子显隆到东莞大岭山抗日根据地，被分配到根据地前沿的大塘村小学以教书为掩护，负责广东人民抗日游击队第三大队大塘情报站的工作。1941 年农历 8 月 10 日，顽军发起对大岭山抗日根据地的进攻，大塘村首当其冲。李淑桓来不及转移被俘，遭到毒打后仍宁死不屈，并痛斥国民党顽固派不打日本专打内战，顽军无可奈何，用箩筐抬着身上和手脚都是伤的淑桓，押到金桔岭顽军徐东来支队司令部秘密处决，就义时年仅 47 岁。李淑桓之四子郭顺也在第二天的大王岭战斗中负伤后牺牲。

李晃莺（1918—1942）

一心革命　矢志不移——李晃莺烈士传略[1]

黄　克　李　章　李　玲

李晃莺是民运工作人员，一九四二年牺牲于宝安县乌石岩，时年二十四岁。李晃莺同志出生在广东省东莞县城镇一贫农家庭，幼年丧父，十几岁才读书，学业优良，“七·七芦沟桥”事变后，她在东莞县城和何巧图（何佳）、王媛等同志一起积极投入抗日救亡活动，演白话剧，宣传抗日救国，因此，引起学校当局注意，教务主任要开除她的学籍。她不顾一切，坚持斗争。于一九三八年七八月间，由何巧图介绍加入中国共产党。一九三八年东莞人民在中国共产党领导下，组织“抗日模范壮丁队”，王作尧同志负责。李晃莺带着妹妹李章参加了“模范壮丁队”。后来改为“东宝抗日游击队”，一九四〇年初国民党企图消灭我抗日游击队，部队被迫东移。在革命低潮的时候，有个别人动摇了，她的男朋友革命意志消沉，要脱离革命，也劝她离开游击队，她为了要继续革命，只好各奔前程，她继续坚持战斗。后来她得了重病，组织把她送到香港她叔父家里养病。病愈后，她叔父安排她在香港当小学教师，要她安居香港，不问政治。但她革命矢志不移，积极寻找组织联系。终于，在一九四一年冬，再回东宝惠人民抗日游击队工作。组织安排她在宝安县乌石岩一带搞民运，那时她改名李芬。搞民运工作孤身一人化装掩蔽在群众之中，是比较艰苦的，她对客家话不大熟识，开展工作有一定困难，但她无条件服从组织分

---

[1] 收录于广东妇运史编纂委员会、东江地区东纵编写小组编：《东纵女英烈》，广东五华印刷厂，1987年，第22–23页。

配，克服困难，积极开展工作。一九四二年春夏之间，国民党反动派向我东宝惠人民抗日游击队大举进攻，在这危险时刻，她坚持工作。当国民党反动派到她住的村子扫荡时，她化装成村妇去河边洗衣服，她没有武器，为了摆脱敌人，只好跳下河去。但被敌人发现了，用乱枪打死了她。李晃莺牺牲了两日之后，才发现了她的尸体。李晃莺同志抛弃了优越的家庭生活，抛弃了爱情，把自己宝贵的生命贡献给革命事业，她这种为革命献身精神，永远值得我们怀念。

李玉珍（1922— ）

1

在战火中成长的女连长李玉珍[①]

廖 琪 王 曼

一九四五年春天。

夜，已深了，一尘不染的天宇上，一轮冷月撒下遍地白银，无数星斗不时地闪烁着耀眼的亮光。巍峨的罗浮山，仿佛茏［笼］罩在一片似有若无的轻纱之中，只看见铝锈色一般的轮廓。山下的一个小村庄里，静悄悄的，人们早已入睡了，只有那一阵阵的轻风，抚拂得树丛竹林沙沙作响。然而，就在这静谧的月夜中，在这村头的一间土屋里，东江纵队第三支队一个异乎寻常的任命，就要马上决定下来了。

“李玉珍同志，支队决定，由你担任前进大队二中队的中队长。你看——”支队长彭沃一边说，一边用慈祥信任的眼光望着坐在他对面的一位年轻的女战士。

女战士一听，蓦地站了起来，激动的胸脯一个劲地起伏着。她，一米六五的个子，双眼炯炯有神，紧抿的嘴唇流露出凛凛的豪气，硕大的军衣上扣着一条武装带，越是显得英姿飒爽，泼辣粗犷。更有那理得很短的发型，仿佛就是一个能够力挽千钧的男子汉。可是，这时她除了由于意想不到的任命而有些慌乱之外，好久好久了，却一句话也没说出来。

一直不声不响地站在旁边的大队长张新，这下子走了过来，拍拍她的

① 收录于广东省妇女运动历史资料编纂委员会东江组编：《南粤红棉——东纵女战士》，1983年，第90-104页。

肩膀，亲切地说："不用急，你可以考虑考虑嘛！"又给她倒了一杯开水。

她慢慢坐了下去。是呀，是该好好地想一想。我，一个没有文化的不满二十三岁的女孩子，能够带好一支一百多人的队伍吗？这担子，实在是太沉、太重了。然而，没有党的指引，我能有今天吗？我能够走上这样一条充满光明的希望之路吗？李玉珍呀李玉珍，自从你降生到这纷杂的人世上，乖戾的命运就象魔鬼一样把你推向了生活的深渊，使你背驮着超负荷的重担，在生死线上没日没夜地挣扎着。那时，你有泪流不出，有苦无处诉，只有咬紧牙关默默地去对付旧制度施予你的一切严峻的挑战。但是，为什么当你的再生母亲——党需要你的时候，你还是沉默了呢？从一个受蹂躏的弃儿变成一个无产阶级的先锋战士，党在你身上花了多少心血呀！顿时，她的眼睛象燃烧的火把一样，变得熠熠发亮了。

望着窗外的星空，回忆的小舟倏地把她引向那遥远的过去——

抗日战争初期，偏安于一隅的香港出现了前所未有的畸形的繁华。黄昏了，高楼大厦的前面是灯火辉煌、宽敞热闹的大街；后面，则是笼罩在黑暗中的崎岖不平的小巷。刚刚从电泡厂拼命干了十多个钟头的她，拖着疲惫不堪的身躯，在小巷中慢慢地走回家去。突然，就在她转过最后一个弯，已经望见半山腰那间用茅草盖成的小"窝"时，黑暗中跳出几条鬼魂一样的大汉，还没等她对跟前的突变作出任何反应，几只铁锤一样的拳头就象雨点般朝她倾泻下来了。顿时，她倒在阴影里的一滩［摊］污水中……好久，她才象从恶［噩］梦中醒来，嘴角，血还在流；身上，青一块紫一块的创伤更是疼痛难忍。然而，她没有出声，仅仅用手抹了一下嘴角，又艰难地朝前走去，只有胸膛间再一次燃起了愤怒的烈火。她完全知道这顿毒打的起因。今天上午，正当她埋头干活的时候，工头走过来，一看左右无人，阴阳怪气地笑着说："嘻嘻，小妹仔，看你的脸蛋多白嫩。嬉嬉［嘻嘻］……"说着，那只被烟头熏得黑黄的手，就向她的脸庞摸来。蓦地，她为受到侮辱而忿［愤］然了，怒不可遏地回敬了一巴掌，外加一顿劈头盖脑［脸］的训斥……没想到，恶毒的报复竟来得这么快，这么绝——除了歹徒的毒打，翌日，她就接到通知，她被厂里开除了。苍茫大地呵，竟然没有她立足寸土；道路千万条呀，哪一条是她的求生之旅？孑然一身的她，惘然了，绝望了。

就在她踯躅于街头，茫茫然不知走向何方的时候，一位好心的大婶收留了她。大婶有个邻居名叫香翰芬，是牛奶公司的工人，他知道了她的遭遇，主动来到她的身边，不仅帮助她找到生活出路，还时不时给她讲一些使她耳目全新的道理……。真没想到，天底下还有这么一位善人！党啊，正以母亲一般的巨手，温暖着一颗灰冷麻木了的心。她的命运，开始浮现出一抹玫瑰色的曙光。

她的身影，出现在“惠阳青年会”和“余闲乐社”，出现在工会的识字班。就象一滴水，一个浪花，她融化在革命的洪流中。集会，游行，送情报；捐钱，卖花筹款，支援前方抗战，她都奋勇争先，吃苦耐劳。一九三八年冬天，随着抗日高潮的到来，她参加了“惠阳青年会回乡服务团”，在地下党员李洁真（李杰）大姐的带领下，翻山越岭，辗转百余里，从香港来到坪山抗日游击区。就在一间小学的教室里，年仅十六岁的她加入了中国共产党。弱小的孤女啊，终于找到了赖以依靠的家。从此，她抱着为解放全人类而奋斗的崇高理想，踏上了新的征途。

她已经记不清参加过多少次战斗了。但是，她绝对不会忘记一九四三年十一月十九日这一天。清晨，莲花山还蒙在薄雾之中，作为卫生员的她，就和战友一同上山拾柴火了。忽然，她发现，前方的公路上，尘土飞扬，太阳旗在晨风中拂动，日本鬼子的步兵和马队象蚂蚁一样密密麻麻地向我部队驻地袭来。呵，日寇的万人大扫荡开始了。当她赶忙跑回驻地向彭沃队长作了报告，部队刚要转移，敌人就尾随而至了。这是一次多么激烈的战斗呀！在阻击战斗中，迎战着数倍之敌，我们的队伍面临着严酷的考验。枪林弹雨中，她冒死从火线救下七名伤员，且战且退。不知是哪来这么坚强的毅力，一路上，她要挽［搀］扶着伤员，还要背着从伤员手中接过来的一挺轻机枪。从莲花山走到大岭山，只有几华里的路程，他们就花去了将近几个钟头的时间。黄昏了，山下的鬼子已经点起了篝火。山上疲惫不堪的战士有的就地躺下了，有的吃着炒米充饥。突然，一位伤员大叫了一声："李玉珍，你的腿……"她朝左腿看去，哟，两颗罪恶的子弹打进了大腿，鲜血早已把裤腿染红。这时，她才感到一阵阵钻心的疼痛。

还没来得及让她喘过一口气，彭沃大队长又找她来了，向她布置新任务："李玉珍，部队早上要突围，你带三名重伤员留下吧。"李玉珍一听，顿时愣住了。一种稚童远离亲娘一样的感情油然而生。当大队长走开了，她不由得流下了泪水。这几年中，她一直在部队这个大家庭中生活，在党这位母亲的身边成长，如今，她就要带着三位重伤员去孤军作战了，这不能不使她感到一种从来未有过的惶惑。就在这时，又有人在她的身边说："李玉珍同志，杨主任知道你负伤了，这是他送给你的拐棍。"她转身一看，身旁站着纵队政治部主任杨康华同志的警卫员。她接过拐棍，一股不可名状的暖流蓦地涌上胸膛。连纵队的首长都在关心着我，我怎么会是孤军作战呢？她猛然抹去不争气的泪花。可是，新的泪水又流出来了。这，是激动的泪水呀！

天亮了，部队突围出去了。然而，鬼子却象梳子一样对着大岭山进行严密的搜捕。李玉珍和三个重伤员，依靠着茅草和石头的掩护，与敌人展开了惊心动魄的"捉迷藏"。三个重伤员中，一个伤了手臂，一个伤了小腿，而严重的是伤了腹股沟的刘班长。辗转在这荒山野岭之中，他们遇到了难于［以］想像的困难。为了迅速找到一个可以隐蔽的地方，她不得不时刻把刘班长驮在背上，匍匐前行。有多少次她攀不稳那圆滑的石头，手一滑，连人带抱象滚石一样跌出几丈远。她爬起来，喘喘气又背起伤员继续往上爬。她这种超人的力量，无不使同志们感到吃惊，而更使大家瞠目结舌的，并不仅仅这些。在陡壁上，他们发现了一条可以隐蔽下来的小山坑，可是，陡壁和山坑相差两丈多高，怎么能下去呢？突然，她攀住壁上的树杆［干］，对刘班长说："你抱住我的右腿爬下去。"并告诉其他同志也照样互相帮助下去。这真是个绝妙的办法呀！然而，她受得住吗？时间就是生命。三位伤员匆匆地交换了一个诧异的眼色，便照她的主意办了。当大家安全地落到山坑，这时，一个壮观的场面出现了：她双腿往陡壁一蹬，手一松，整个身子划出一条弧线，在地上打了个滚，便稳稳地站住了。啊，仿佛象雏鹰展翅，如流星横空……。

“李玉珍，你什么时候练就这身绝技的？”三个战友异口同声地问。

她没有回答，反而转过身，脸色倏地有点凄然。是呀，有谁想再提起那辛酸的往事呢？

——她是云南人，五岁那年，在天灾人祸、家破人亡的困境中，母亲无可奈何忍痛把她卖给当时风靡全国和东南亚一带的“岑祥福”马戏团。吃人的社会，迫着一个不谙世事的雅［稚］童当上了“江湖女”，推上了充满着黑暗和罪恶的舞台。开头，她在魔术“截美人”中扮演美人；不够一年，她就能单独表演“踩钢绳”；到了八岁，就可以演出令人揪心牵肠的“三绳吊”了。为了达到惊险和刺激的效果，尽管节目中大多是高空杂技，但老板从来是不让演员使用保险绳的。她的精灵、泼辣和大胆，使她在技术上具有很大的可塑性。然而，偶尔失误，她还是逃脱不了严厉的惩罚。轻则是藤条和藤板的抽打，重则是头顶着一瓶开水跪在地上。小小年纪的她，浑身几乎没有一块肌肉是没有伤痕的，而膝盖上，早就长出了厚厚的茧子。十岁那年，在香港普庆戏院演出“三绳吊”，当她从一股绳正要荡到另一股绳上时，不慎一个失手，从一丈多高的空中摔了下来。顿时，戏院里那些把金钱看得比人命还重要的达官显贵，发出了一阵阵尖刻的口哨和刺耳的怒骂，有的甚至向她掷来了烟头和杂物。尽管她还是忍着难耐的疼痛重新表演了一番，但马戏团的老板自认为丢尽了脸皮，砸烂了招牌，并没有因此放过她。当晚，老板喝足了酒，凶神恶煞地把她叫到跟前，当场摔了酒瓶，让她跪在碎玻璃上。蓦地，玻璃片扎进本来已经麻木的茧皮，鲜血，洒满了一地……也就在这个晚上，她第一次起来反抗了。乘着夜静更深，她只身逃出了虎口。

真没想到，她在淫威下练就的一身硬功夫，眼下倒派上用场了。

然而，同志们对于她的胆量和意志，除了当鬼子围剿到了跟前，她把手榴弹让给了大家，要大家准备与敌人同归于尽，自己仅仅拿着一把剪刀准备作殊死的决斗时，从她那双血红的眼睛中可以领略到一点点之外，毕竟是太少了。在小山坑的第二个晚上，由于得不到有效的治疗，加上时刻要躲在水里，她左腿的伤口开始化脓了，行动已十分困难。为了完成任务，她趁着银白色的月光，悄悄地离开了大家，来到坑边，把左腿按在一块石头上，拿出血管钳，在毫无麻醉的条件下，硬是把一颗子弹挖了出来……。啊！亲爱的同志，在古今中外的巾帼英雄中，你曾见过这样壮烈的举动吗？

就这样，他们在小山坑里隐蔽到第四天早晨，她才找到了地方党，把三位负伤的同志安全地转移到部队医院。

是的，尽管她年轻，尽管她只是一个卫生员，然而，由于战火的锻炼，她早已成长起来，具备了一个指挥员所应有的优秀素质。那是一九四二年春沙井的一次围歼战。这天夜里，中队主力由中队长带着去围攻日军驻守的祠堂；指导员王仕光和李玉珍带一个通讯员在沙井外围警戒。突然，发现村口另一个祠堂驻有伪军。王仕光即令李玉珍去大队部报告情况，要求派部队增援。李玉珍走不多远，遇见一位参战的民兵，身上带有一支短枪。她请民兵把枪留下，并去大队部找大队长彭沃同志要求增援。李玉珍回身与指导员一起，起脚踢开祠堂大门，冲进厅堂厉声喝道："我们是老模，缴枪不杀！"伪军吓得魂飞魄散，不敢抵抗，乖乖地缴了枪。这时指导员因另有任务暂时离开，他交代李玉珍和通讯员看管俘虏。就在指导员走后，李玉珍发现祠堂里屋还有十多个伪军。她意识到自己力量太单薄了。但是，她信心百倍地要用机智和勇敢制服敌人。她装着指挥祠堂门口的"部队"注意警戒，又警告被俘的伪军不准乱动；还叫俘虏兵对里屋的伪军喊话，叫他们出来缴枪投降。不一会，伪军一个个举起双手，喊着"我们投降！我们投降！"从里屋走出来站队。这时，大队部派来增援的一个班恰好赶到。大家一齐清点胜利品，计有二十多个俘虏，几十条枪。这场小小的战斗，显出了李玉珍的军事才能。

她参加的另一次剧烈的战斗，是一九四四年冬天的龙岗低山伏击战。当时敌人两只税船，有一只已进入伏击圈，另一只却在战斗打响之后，突然转舵后退了。就在这紧急关头，谁料到前沿阵地上一位班长的疟疾病正在发作，连起身都十分困难。她看在眼里，急在心头，两眼直冒着火星。难道能让敌人溜之大吉吗？不！她匍匐爬到班长身边，接过班长的枪，大吼一声："同志们，跟我来，冲啊！"象一阵旋风，她和战士们猛然向蔗林冲去。可是，冲到河边，她站住了。她在陆地上虽然有着一般小伙子所不及的硬本领，但毕竟是只“旱鸭子”。况且刚过大雨，五十多米宽的河面上，洪水湍急，漩涡一个接着一个。即使是有一点游泳技术的人，面对这样的情况，也会脸泛难色，陡然怯［却］步的。呵，敌人的税船已经到河心了，时间已经容不得她再踌躇下去了！她一急，竟然身先士卒地跳进河里。冬天的河水冷如刀割，她蓦地感到全身的肌肉一阵紧缩，就象僵死了一样。然而，奇迹出现了——怎么没有沉下去呢？原来，她身上背着皮革药箱和帆布药袋，还有一条担架床布，这些东西都有一定的浮力。顿时，一种无比的兴奋掠过她的脑海，一种杀敌的热望使她的肌肉松驰［弛］开来，她猛然地用双手和双腿不停地拍打着水面，居然象一条惯于惊涛骇浪的蛟龙，比其他战士抢先登上了对岸……。由于受到她那临危不惧、挺身而出的大无畏精神的鼓舞，战士们一个个奋勇争先，爬上对岸，跟着她的背影向敌人追去。

啊，战争，考验和造就了多少英雄豪杰！短短的几年，李玉珍就三次获得纵队的传令嘉奖；她的战斗事迹，不时地登载在《前进报》上，并且被誉为“模范共产党员”。是呀，战争的天才，必然诞生于战争之中。中国共产党领导下的人民战争，更是如此！

……

“李玉珍同志，考虑得怎样了？”

近一个钟头过去了，当彭沃同志又一次询问，她站了起来，深沉而坚定地点了点头，说：“我明天就去报到。”

她的生活从此翻开了新的一页。过去，她仅仅是一名服从别人领导的战士，而今，却是连队的一名指挥员。党的许多方针政策，需要她去贯彻执行；连队的战斗部署，部队的管理教育，需要她操心。职务变了，需要她在各个方面变得更加成熟。接受了任命之后，她首先碰到的困难是没有文化。

她本姓苏，但因为不识字，却连自己的名字也不会写。在香港参加了党的外围组织以后，当第一次要在表格上填上自己的名字，她感到为难了。“‘苏’字太难写，你干脆改个姓吧！”同志们善意地和她开玩笑。谁料她竟然同意了，改姓“李”。上“木”下“子”，记起来实在方便，笔划

[画] 也少了许多。可是，作为一名中队长，改姓的办法毕竟弥补不了文化上的缺乏。使她感到格外头痛的是，部队每一次行军之后，必须向上级写一份《宿营报告》。从此，每每从硝烟弥漫的战场上下来，她又转入一个新的“战役”。夜深了，战士们早已睡了，而她，则点上蜡烛，捧着识字课本在慢慢地啃着。没有纸张，只要有沙滩和泥土，再加上一支竹签，她就可以练习写字了。战斗前的空隙，行军休息的短暂时间，当她布置完任务，察看完地形，就拿出书本来了。碰上生字，她就在上面画一个圈，不管是谁，只要有文化，她随时随地都可以请你作老师……。谁也不敢相信，后来的一次文化测验中，她竟然能够默写出两千多个字来。

从李玉珍当中队长的那一天开始，张新大队长、彭沃支队长就给予她极大的信任，让她在独立作战中去增长才干。接受任命不久，她就带着两个小队，到离敌人据点不够三十里的石兰地区去设置临时税站。在那鱼龙混杂，敌我阵线不很分明的地区，税站不仅是为部队筹集资金，同时还要宣传革命，树立党的威信，维护地方治安，保护商旅安全和群众生产，搜集情报并瓦解敌军，壮大我军力量。任务是艰巨的。然而她不仅使税站发展到僻远的圩镇，为部队提供了大量的物质支援，而且使这个地区保持了将近半年的安宁。难道是反动派发了善心？难道是她碰到了好运气？不！几乎每一天，每一次行动，每一次战斗，她都在和死神打着交道。放冷枪和暗杀的“小武打”暂且不说，就是面对面枪对枪的白刃战斗，半年间从没有断过。七月的一个上午，她带着一个武装小队到一个圩镇开辟税站。那里三面环山，前面有一条大路。她把税收人员安顿完毕，便带着一部分战士来到山头上警戒。太阳才升得一竿高，从敌人据点的方向走来二十多个穿着黑衣服的汉子，每个人都挑着一担东西，象来赶圩的农民。他们走走停停，东张西望。李玉珍看看他们，凭着丰富的斗争经验，迅速作出判断：这帮人不是农民！于是马上指挥战士们兵分两路，抢先占领两侧高山。那帮人没有发觉，继续往前走来。这时李玉珍已看清楚他们是嫩肉黄脸皮的敌人便衣队，一股怒火往上升。待敌人进入伏击圈，便放了一枪，接着两侧的子弹便象雨点一样朝那帮家伙倾泻下来。这帮家伙听到枪响，还来不及拔出手枪，有的已经中弹跌倒了，象头死猪横躺在路上。就在这时，一队为数八十多人的国民党兵，朝着那帮家伙的来路开来了。好险啊！如果让这便衣队混过去，势必形成两面受敌，一个武装小分队怎么敌得住数倍于我的敌人夹击呢？现在该怎么办？这股便衣队没有全部歼灭，还在负隅顽抗，企图待援。难道就这样白白放过敌人吗？不，一定要迅速把这班坏蛋消灭干净。她估计后面跟来的敌人不明情况，不会贸然前来助战。嘿，就这样打它个措手不及。战斗方案已定，她立即派出一位同志飞速去向支队报告，以防万一。接着，就率领战士象猛虎下山一样向便衣队冲杀下来。顿时，枪声四起，杀声如雷。李玉珍冲在最前面，后面是跟着冲锋的战士。一个敌人埋伏在一个掩体，正在朝她瞄准。战士担心她会受害，大声喊道："连长看枪！"可是李玉珍早已发觉了，没等敌人开枪，她先发制人，一枪把那敌人撂倒了。战斗在激烈发展，包围圈越来越小。负隅顽抗的敌人全部被击毙，二十多人没有一个逃生。

后面跟来的大队敌人，果然不出李玉珍所料，他们不明事情底细，不敢前来增援，只好眼巴巴地看着他们的同伴一个个活活地死去。待他们清醒过来，我们的大队人马已由彭沃支队长带着赶来了。敌人见势不好，无可奈何地仓惶［皇］逃走了。

战斗结束，李玉珍满脸风尘地跑来见彭沃同志。支队长握住她的手，高兴得一句话也说不出来，只是一个劲地笑着。看吧，在党的培养下，即使是一个曾经被生活压在最底层的普通妇女，面对着武装到牙齿的反动派，同样能够以一当十，令敌丧胆。

战斗，就这样在不断地进行；胜利，也一个接着一个地传来。"女英雄李玉珍"的名字，不仅在东纵战士中和东江地区的人民群众中广为传扬，而且成了敌营中一位谈虎色变的传奇式人物。然而，李玉珍并没有陶醉在以往的赫赫战果上，没有忘记养育着革命的广大劳苦大众。在多少次艰难困苦的时刻，正是人民的保护和支援，她才能够化险为夷的。一九四五年冬天，已经调往支队警卫连当连长的她，带领十三个战士，管押着一批作为人质的反动地主豪绅，隐蔽在九连山上。当时环境十分恶劣，国民党反动派集中几个团的兵力向我游击区轮番“扫荡”。我军被迫化整为零进行活动，主力部队转移到与江西交界的边远地区。这批人质的给养主要靠李玉珍他们去筹措。李玉珍肩负着多么繁重的担子啊！她带着这班人质在这深山野岭中，一个山沟过一个山沟地转移着。九连山，山高林密，道路十弯九曲，仿若一座迷宫，没经验的人走着走着，就会迷路，走不出来。那些出没无常的野兽，随时都有可能危及每一个弱小的生命。夜间，老虎隔着山头呼啸，地动山摇。更有那，敌人层层设防，妄图把我们赖以生存的粮食封锁在山外。李玉珍他们啃草根、咽野菜、吃竹笋，饿得面黄肌瘦，吐泻得皮包骨头。可是，即使有着杀头的危险，许多群众还是冒死把一口一口节省下来的粮食、蕃［番］薯送上山来。有时，一条蕃［番］薯就是一天的口粮，但是，这在他们的口里，却胜得过任何佳肴美味。有几次，李玉珍吃着吃着，不禁流下了感激的泪水……人民呀，革命的母亲！正因为这样，每当人民群众遭到危难，需要党的时候，李玉珍就毫不犹豫地挺身而出。也是在九连山，有一次，我们一位姓裴的交通员被敌人抓走了。只有他一个人知道李玉珍的住地。敌人对他施用坐老虎凳、针刺手指、电鞭抽打等毒刑，妄图逼他供出游击队的去处。他被折磨得皮绽肉烂，始终坚贞不屈。李玉珍闻知这一情况，把个人安危置之度外，好几夜爬过敌人的封锁线，潜入交通员所在的村里，配合当地党组织，发动群众联名把裴交通员从虎口中营救出来……正因为她和群众有着水乳交融的关系，她才能够和战士们在人烟稀少的九连山上坚持了整整八个月，圆满地完成了上级交给的重任。

一天，李玉珍接到部队集中的通知，她和战友们匆匆告别了九连山，来到指定的集中地点，见到多时不见的支队长，才知道部队要南下，到沙鱼涌集中，准备北撤山东。听说要离开经常战斗的故乡，离开血肉相连的乡亲，李玉珍不免有一股难言的离情别绪。一九四六年六月，她带着部队抵达沙鱼涌，与各路战友会合。六月三十日，就在海滩上登上了北去的登陆舰。从此，她踏上了新的征途，从睢杞战役到济南战役，到震惊中外的淮海战役，她跟随着战斗的红旗，以全部的热忱和忠诚，去迎接全中国的解放。

2

前东江纵队的女连长李玉珍是什么样的一个女人①

编辑同志：

李玉珍同志被选为全国青年代表大会委员，听说她是做东江纵队的女连长，小时候被卖去做丫头，生活很艰苦，到底是怎样的一个女人，你先生知道吗，如果知道，就请你在报上告诉我们：

△△工厂的一群女工友：

不错的，全青代表大会筹备委员之一的李玉珍是做过东江纵队的女连长，她是在战斗生活中锻炼出来的女战士。她今年二十八岁原籍是云南人，曾被贩卖到上海、香港和广东，现在是在天津一家无线电工厂里做女工。

她是一个穷苦出身的人，从小便在苦海里生活，她曾被卖出去当了三次丫头，受了不少的打骂和气。最后她逃了出来，流浪到广州街头，后又经朋友介绍到一家电泡的工厂里做工。当抗战爆发后，她参加了抗日人民游击队，找到了一条真正的出路。最初，她只不过是一名炊事员，然而在每次的战斗中，她都保证了给战士们做好饭吃。以后，她在游击队里做救护工作，在火线上，无论在怎样危急的情况下，她从来没有掉过一个伤员。而且还学会了拿着枪，帮助战士们进行战斗。有一次在攻敌的战斗中，她们的指导员负伤牺牲了，敌人想要他们缴枪，可是敌人迫切［近］他们时，她带着一班人冲上去，她抱住了一个敌人，抢了敌人的枪把他打死了。又一次在她们攻敌的战斗中，她缴获了敌人的二十多支枪。以后她便做了连长。

她参加部队生活多年，不管怎样艰苦，她从未动摇过，因为她知道，不消灭敌人，不能解决我的痛苦，尤其当她想到她过去所受的痛苦时，她就更勇敢地作战了。她知道妇女要求解放，必须和革命的力量连在一起，而今天没有中国共产党的领导武装斗争，她们妇女是得不到解放的。她和

---

① 收录于广东省妇女联合会、广东省档案馆编：《广东妇女运动历史资料》第六辑，广东省供销学校印刷厂，1991 年，第 377–378 页。

她们的许多同志，都在解放斗争的岗位上坚持着工作。在她们的队伍里，所有的救护员炊事员差不多都是女的。

从上面的事实，她说明妇女们不但能在后方工作，而且也能在部队中进行战斗。在一次激烈的战斗中，一个扛弹的兵牺牲了，一个女救护员马上打药继续扛到机枪处，使机枪能继续扫射，把敌人的冲锋阻止了。

今天，在中国共产党的号召把城市工作做好的形势下：她响应了这一号召，又回到工厂里去，重新加［入］① 工人队伍。她在全国妇女代表大会说："我们不是奴隶，我们是主人了。我们一定要发展中国的工业，建设新中国。我完全拥护蔡大姐、邓大姐的报告，不但要努力做好工作，且要更好地做好工作，我要以过去的勇敢克服现在的一切困难。

(《华商报》1949.6.24)

---

① 原文无，根据文意补充。——编者注

李清薇（1927—1948）

1

忆李清薇烈士①

李清薇，惠阳县秋长佛岭村人，孩童时曾受过勤劳淳朴的农村生活的薰［熏］陶，就逐渐养成她的端庄纯朴、娴［贤］淑倔强的情采品格，我们曾经与她开玩笑：“蔷薇花，浑身是刺，无心摘花的人，手指头可能要惹来鲜血直流呀！”她说：“是呀！满身是刺，表明蔷薇花是有很强的抗御力的！”逗得我们呵呵大笑。的确，清薇待友热情真挚，落落大方，大姐姐的正派之风，深获战友们的好评。她满头黑发，却生来就是天然的“微波荡漾”；水波型的头发，一绺刘海，衬托着她圆润的笑脸。她真有点儿象春天的浑身有刺的高洁清雅的蔷薇花。清薇，真是名如其人。

少年时期的清薇跟随父亲李毓霖在香港读书。父亲是在香港经营建筑行业的豪富巨商。家庭生活富裕舒适。一九四一年冬，香港沦陷，家庭损失严重。她几经颠簸，返回老家。残酷的现实，使她睁开了眼睛；为了民族的生存，在秋长区地下党的教育指引下，她毅然投身于抗日洪流，参加东江纵队，在政治部工作。一九四五年，她刚满十八岁，就光荣地参加了中国共产党。她是一名年青的女战士，又是一名出色的卫生员。

抗日战争结束后，国民党背信弃义，撕毁了重庆“双十协定”，调动新一军等美式装备的嫡系军队，用“填空格”的“扫荡”战术，疯狂地进攻广东解放区，妄图消灭抗日有功的东纵。一九四五年十月，部队领导决定清薇带着组织关系转入香港，在另一个战场，继续战斗。一九四六年

① 收录于广东妇运史编纂委员会、东江地区东纵编写小组编：《东纵女英烈》，广东五华印刷厂，1987年，第174–182页。

夏，清薇以学生的身份到香港培侨中学，插班就读于高中二年级。她严格执行党的秘密隐蔽的规定，生活在学生群里，平时从不抛头露面，在上级党委和学生支部的直接领导下，根据青年学生的特点，通过生动活泼的文娱、旅游、戏剧、歌咏、出版学生刊物等多种形式的活动，进行交友团结教育工作。例如沙田上水的旅游，孔圣堂的歌咏活动，《侨锋》刊物的执笔投稿，每年一度的校庆的化装庆祝。在一次盛大的《人之初》的四幕戏剧的公演中，她负责筹借了各种服装道具，有效地完成了她的“后台主任”的职责，保障了前台的演出。一九四七年春，党支部指示她在初中部的女同学中，发展吸收新民主主义青年同志会会员工作。她出色地完成了任务，为在学生中发展和建立党的组织打下了基础。

一九四六年七月，国民党反动派背信弃义，倒行逆施，到处搜捕和迫害东纵的复员同志；四处拉壮丁、征粮、征税，打内战，横征暴敛，贪污勒索。民生涂炭，哀鸿遍野，怨声载道，神州大地，重陷于水深火热之中。大江南北，又燃起了内战的烽火。大中城市，到处已掀起了反饥饿反迫害反内战的斗争浪潮。一九四六年冬，广东区党委根据广东形势的特点，决定恢复和发展武装斗争。

一九四七年夏，武装部队有了较大的发展。干部严重不足。香港分局决定分期分批动员北撤时转入香港地下工作的干部归队；并发动进步的青年工人、学生、知识分子，参加武装斗争。我们这些归队人员，充分估计到，要与宋子文为首的广东的反动堡垒的统治力量作斗争的艰巨性和长期性；一九四七年九月在培侨中学学生支部的动员归队报名会上，响亮地提出：准备十年艰苦奋战，迎接全国解放。清薇作为一个女同志，毫不懦怯犹豫，坚决要求第一批归队，充分体现了她对党的忠诚，党的利益高于一切的信念的指导下的革命的坚定性；充分体现一个革命者的崇高品质。这是难能可贵的！

日敌投降，香港经济逐步趋于恢复和发展。李毓霖先生经营的建筑业境况日佳。作为即将高中毕业的女儿清薇，将是一名瓜熟蒂落的有力助手。况且，爱女如珠，望女成凤的心意，希望她有朝一日，能够留在他的身边，选择乘龙快婿，既可配合其企业的经营发展，又可过着金玉满堂，荣华富贵的生活。因此，父亲经常有意要她打扮得摩登时髦点，社交周旋，要她主动出场。然而，灯红酒绿，金迷纸醉，追污逐垢，这就是人生的理想和幸福吗？清薇心底充满着阳光，胸有成竹，积极作好回乡归队的准备。香港地下党为我们归队同志举办了秘密政治训练班，艺宣班和科学社会主义，社会发展史等理论讲座。清薇总是按时到达秘密地点参加，从不缺席，并且孜孜不倦地听课和做笔记。有时还积极与我们一起搞课外活动。连续一个月，脱下皮鞋穿布鞋，在跑马地伽路连山一带的山岭，参加登山活动，为即将开始的游击生活作好准备。

一九四八年一月，清薇终于实现她的理想，与陈平、李岳、林木等二十多人离开香港，奔赴惠阳山区，参加武装斗争的行列。一天午后，到达九龙深水埗的地下交通站集合，分乘出租小车，避开英警监视，离开深水埗交通站，踏上了遍地阳光的征途。

黄昏，小车到了上水公路边的一间小茶店，由事前约好的交通员，带着我们这群“洋气十足”的“香港客”，越过田埂小道，进入了一个深圳河畔的小村庄。这是第二个秘密设立的武装交通站。在这里，我们又看到从游击区来护送我们的身背英式手提机的英姿勃勃的游击战士，顿时令人敬慕，内心激奋不已！我们迅速地脱下西装、旗袍，丢掉洋服，换上便装，背上一个既可当雨衣又可作席子的胶布包着的小包袱，在武装战士的护送下，午夜十二点后，趁着夜色，开始步行出发。越过国民党设置的封锁线之后，开始攀越高耸的梧桐山。这时，接到敌人向我龙岗地区一带进行武装围剿的情报。我们决定连夜行军，争取敌人未到达坪山之前，赶到惠东宝护乡团政治处。一直坚持了十七八个小时的急行军，至第二天黄昏，才到达目的地。男同志都感到劳累不堪，而作为“千金小姐”的清薇，虽然面红耳赤，满头大汗，却是欢声笑语，没有叫过一声苦！

由于敌人的扫荡，组织上决定我们暂时在坪山秋长老区一带停驻。这时我们以“反三征”为题材编演了一幕舞剧，加插了“唱春牛”，口琴独奏，独唱或小组唱歌咏节目，开展了农村的政治文艺宣传。在坪山、秋长、周田等老根据地，夜晚巡回演出。远近群众闻讯而来，观看我们临时组凑的演出。群众都说："东纵的老文工团又回来啦！"不但扩大了政治影响，也鼓舞和教育了渴望解放的群众。清薇在《反三征》的舞剧中饰演一位五十多岁的农妇，眼望着自己的儿子被伪保长捉去当炮灰，打内战，咬牙握拳，捶胸顿足愤懑万千，表达了万千善良的劳动人民的母亲对独夫民贼为打内战，横征暴敛的反动统治的怨愤。清薇的表演，深受人民群众的好评。

巡回演出十多天之后，我们接到命令，继续东上到司令部报到，接受新的战斗任务。

从坪山出发，经过几个夜晚急行军，安全地越过淡水、平山、增光几个危险地带，进入两边是陡峭山峦的狭谷地带，土名叫大径。当我们走完狭长的径谷，快要到达仅有半里之遥的松坑的时候，已将近黄昏了。路旁的一个小村庄的地下党的同志突然出来告诉我们："前面的松坑圩，已经被徐东来的匪军所进袭，如前进半里，就将陷入敌人的包围圈里。"因此，我们马上决定在山谷西侧的森林密布的山麓，就地掩蔽。

到第四天，地下党的同志通知我们：敌人已经被高固所率领的惠紫人民自卫大队击退了。我们整装下山，到了松坑，找到了惠紫人民自卫大队部。大队政委胡施热情欢迎我们这批从香港重返前线的青年男女。按照支队司令员蓝造在香港时的指示，我们全部要到司令部报到。支队领导尚在香港开会未回，大队政委胡施决定临时调陈平到主力扫北连队任政治指导员。清薇闻讯也自告奋勇要求到主力连队去。当时领导认为扫北队是主力连队，作战任务重，流动性大，担心她不能适应艰险紧张的战斗生活。但是清薇态度坚决，说："连队不是有女同志当卫生员吗？难道女同志就不能适应主力连队的生活？艰苦紧张的连队生活，正是锻炼人的好地方！"她语壮情真，终于使政委感动了。从此清薇被留在扫北连队当文化教员。

清薇到连队后的第一件事就是把香港城市式的披肩卷发剪成与耳朵平齐的短发，换上男女一式的游击队员的黑色对襟制服，腰里挂一支左轮短枪，戴着五角军帽。一个地地道道的香港小姐，顿时变成飒爽英姿的战士。她穿着黑色军服，神采奕奕，笑逐颜开，与男同志排列在一起，骤看之下，“扑朔迷离”，“难辨雄雌”。到了连队后，她真诚地与战士们打成一片。连队的文化学习、文娱活动就在行军、战斗的空隙中开展。更使同志们感动的是清薇知道一个女炊事员的棉毡破烂了，就主动把自己从香港带回来的羊毛毡剪了一半送给了她。当时虽属初春，但山区气候仍是天寒地冻，霜冷雪寒。一张毛毡是不足以御寒的，她主动热情，先他人之忧而忧。这种真挚的阶级友爱，感人至深。此事传遍连队，深获干部、战士的好评。

一九四八年四月，紫金上义反动地主张卓文勾结惠阳土匪钟友，配合国民党反动派向游击区“扫荡”。敌人占据了上义。惠紫大队长高固率领严宗英队。扫北队、常山队等三个连队四百多人，从松坑向上义奔袭。扫北队担任突击。陈平考虑到这将是一场激烈的战斗，因此建议清薇与事务长等后勤人员留在后边。但，清薇决不同意，一定要跟随部队打突击。战斗从下半夜打响，至次日早晨，扫北队一连攻下九座敌人占据的房子。这一夜，清薇紧跟着连队与敌人逐屋争夺，把生死置之度外。

土匪钟友残部龟缩在下沙坝的那座四角楼。第二天晚上，部队向匪部发动总攻，又是由扫北队担任主攻任务。我们中队已跃进到离四角楼五十米左右了，并以此作为前沿出击点。这里确实是短兵相接的前沿阵地，太危险了，陈平再次劝清薇回后面房子比较背角的安全点；然而她还是坚守在前沿阵地。当夜因地雷班配合不好，敌人盘踞的四角楼，未能及时爆破。双方只用机步枪对射之后，就结束了战斗。但是清薇坚决要与战士同生死，共战斗，坚持前沿作战，表现了她临危不惧，视死如归的革命胆略，令人景慕!

上义的战斗结束后，扫北队转移到支队司令部的驻地黄沙参加整训。陈平奉命调回司令部任民运队长。于是陈平又劝清薇按支队领导在香港时的指示，全部要回司令部分配工作。清薇听后回答说：“经过几个月的连队战斗生活，我已开始习惯了，我与战士们建立了较好的感情，我不愿离开连队！你代我向蓝司令请示，批准我留下吧！”她那倔强的性格，勇敢的作风，情真意切的话语，使同志们不便过分勉强她了。

当扫北队整编为四团主力的独立中队后不久，清薇被调任为政治服务员。从此她跟着这一战斗的主力独立中队，驰骋于古竹、上义、梁化、河东、多祝、平山等边缘地区。奔跑驰骋、流动性大，战斗频繁的连队生活的锻炼，她已由一个文艺新兵、普通战士，逐渐成长为连队的政治干部了。

一九四八年九月下旬，因工作的需要，她被调到四团（前身是惠紫大队）警卫排担任政治服务员。林木回团部开会，在宝溪黄石砺会见到了她。同学加战友，相逢更见亲。当天下午，清薇背地里亲手当厨师，办了一席丰盛的酒菜，盛情款待林木，畅谈别后各自的学习、工作情况，交流心得，互相激励。翌日，林木又返回埔心石山连队，清薇挥手送别在村头。虽然革命队伍里，从来不兴“十里长亭行复止”的那一套，但是谁也想不到这次分手，竟然一别成永诀！

十月十日，国民党广东保安十三团，用钳形攻势，从多祝出发，分两路进犯宝溪地区。三家村遭遇战的枪声打响了。在敌强我弱的情况下，经过整日的战斗之后，傍晚，枪声停止了。江南支队第三团政委黄华，一团副团长萧伦和清薇等十多位同志分散掩蔽在地形低陷狭长的坑沟里。翌日早晨，发现三面的山脊，敌人已构筑了机枪阵地，居高临下。坑沟面临三面交织火网的威胁。不久，萧伦同志不幸牺牲了。清薇觉得不应在此被动挨打，便当机立断，她以“我自横刀向天笑”的英勇胆智，单独突围。冲出坑沟，越过前面开阔地，正想奔向对面的丛林高地的时刻，终于被埋伏在沟口边侧的敌人发现了。“砰！砰！”敌人的枪声响了，清薇中弹倒在血泊里，敌人的子弹夺去了她年仅二十一岁的生命！

十月十二日夜晚，黄华等十几位同志胜利突围到达里坑屯西面的山麓，与林木率领的石山连队取得了联系。他把亲目所见的上述情况告诉了林木，闻噩耗，泪眼迷朦［蒙］，心绪如焚，愤激万千！十月十三日，服务员林远青赶到合水坝，找到陈平，偕同曹尉和乡农会主席张福合等，奔赴三家村，买了棺木，把萧伦、清薇和一位警卫员等三位烈士的遗体，安葬于苍松翠柏环绕的山巅。

在清薇的遗体中除了找到一束平时用来帮助连队战士缝补衣服的针线之外，还有一幅和两位扫北连队的男同志齐肩并立的相片，相片的背面，清薇用钢笔工整地书写着一段铿锵有力的题言：

“中国妇女的解放，不能孤立地依靠妇女本身的力量，而必须同广大的男同志团结一致，并肩战斗。在求得中国以至全世界的人民的解放的同时，妇女本身才能获得彻底的解放！”上述题言，不但与照片的内容一致，和偕［谐］交融，也反映了清薇同志的文思修养。

悠悠四十载，沧海变桑田，社会主义的新中国有如巨人矗立东方，震惊世界，烈士的鲜血所染注的五星红旗，已经在长城内外，大江南北，迎风飘扬。怀念牺牲了的战友，感慨万千！五十年代后期李岳在福州、林木在海丰，不约而同地生下长女，又不约而同地取名为“小薇”、“素薇”。希望我们的后代以烈士为榜样，成为素质高洁的小清薇，让革命传统的朵朵春花，永远开在年青一代的心坎上；而且，女儿的命名，也寄托着我们对牺牲战友的深情哀思和永恒怀念！

烈士的铮铮白骨，已经由宝溪口区政府移葬在三面环水，山明水秀，景色葱茏的宝溪口北畔的山坡上；并且建起一座烈士陵墓，巍然墓碑，直耸苍天！

石韫玉而山晖，水怀珠而川媚！

清薇同志光辉的一生，有如美玉之高洁，有如珍珠之晶莹。它将使烈士陵墓高筑的山岭增辉，将使烈士陵墓面前流过的潺潺川河，更加壮丽！

安息吧！忠诚的共产主义战士清薇同志！

陈　平　李　岳　马林木

2

李清薇[1]

李清薇，1927 年生，惠阳县秋长佛岭村人。少年时跟随父亲到香港读书。1941 年冬香港沦陷，返回老家。在秋长区地下党的教育指引下，参加东江纵队，在政治部工作。1945 年，她刚满 18 岁，就参加了中国共产党。

1945 年 10 月，部队领导决定清薇带着组织关系转入香港。

1947 年夏，香港分局决定分期分批动员北撤时转入香港地下工作的干部归队。清薇毫不懦怯犹豫，坚决要第一批归队。

1948 年 1 月，清薇，与陈平、李岳、林木等 20 多人离开香港，奔赴惠阳山区，参加武装斗争。在武装战士的护送下，越过国民党设置的封锁线，攀越高耸的梧桐山，经过几个夜晚急行军，找到了惠紫人民自卫大队。大队政委胡施热情欢迎我们这批从香港重返前线的青年男女。按照支队司令员蓝造在香港时的指示，决定临时调陈平到主力扫北连队任政治指导员。清薇闻讯也自告奋勇要求到主力连队去。当时领导认为扫北队是主力连队，作战任务重，流动性大，担心她不能适应艰险紧张的战斗生活。但清薇态度坚决，说："连队不是有女同志当卫生员吗？难道女同志就不能适应主力连队的生活？艰苦紧张的连队生活，正是锻炼人的好地方！"清薇被留在扫北连队当文化教员。

到了连队后，她真诚地与战士们打成一片。连队的文化学习、文娱活动就在行军、战斗的空隙中开展。

1948 年 4 月，紫金上义反动地主张卓文勾结惠阳土匪钟友，配合国民党反动派向游击区"扫荡"。敌人占据了上义。惠紫大队长高固率领严宗英队、扫北队、常山队等三个连队 400 多人。从松坑向上义奔袭。扫北队担任突击。陈平考虑到这将是一场激烈的战斗，因此建议清薇与事务长

---

① 收录于中共广东省委党史研究室、广州地区老游击战士联谊会、广州地区老游击战士联谊会东江纵队分会、广州市东江纵队研究会编：《东江纵队英烈集》，2013 年，第 167 页。

等后勤人员留在后边。但清薇决不同意，一定要跟随部队打突击。战斗从下半夜打响，至次日早晨，扫北队一连攻下九座敌人占据的房子。这一夜，清薇紧跟着连队与敌人逐屋争夺，把生死置之度外。

土匪钟友残部龟缩在下沙坝的那座四角楼。第二天晚上，部队向匪部发动总攻，扫北队担任主攻任务。这里是短兵相接的前沿阵地，太危险了，陈平再次劝清薇回后面房子比较安全，然而她还是坚守在前沿阵地。

扫北队整编为四团主力的独立中队后不久，清薇被任为政治服务员。她已经由一个文艺新兵、普通战士，逐渐成长为连队的政治干部了。

1948 年 9 月下旬，因工作的需要，她被调到四团（前身是惠紫大队）警卫排担任政治服务员。

10 月 10 日，国民党广东保安十三团，从多祝出发，分两路进犯宝溪地区。经过整日的战斗之后，江南支队第三团政委黄华，一团副团长萧伦和清薇等十多位同志分散掩蔽在地形低陷狭长的坑沟里。翌日早晨，发现三面的山脊，敌人已构筑了机枪阵地，居高临下。坑沟面临三面交织火网的威胁。不久，萧伦同志不幸牺牲了。清薇觉得不应在这被动挨打，建议当机立断，组织突围，她以“我自横刀向天笑”的英勇胆智，首先突围，冲出坑沟，越过前面开阔地，正想奔向对面的丛林高地的时刻，被埋伏在沟口边侧的敌人发现了。“呯［砰］！呯［砰］！”敌人的枪声响了，清薇中弹倒在血泊里，敌人的子弹夺去了她年仅 21 岁的生命！

李冬燕（1930—1949）　关　嫘（1929—1949）

四、长岭皮减租减息与民治兵基干队（节选）[1]

在长岭皮这片洒遍烈士热血的土地上，人民群众对为民族解放献身的烈士充满了崇敬之情。村子里的麦地巷有座小小的“金塔”及一块纪念碑，下面安葬着二女三男五位烈士的忠骨。

……

两位女烈士长期无人知道姓名，被称为无名女烈士，后来才清楚她们是：李冬燕（绰号叫印度娃娃），1930 年生，广东省广宁县古水镇下滂村人。幼年丧父，被送到广东儿童教养院第三分院读小学；抗战胜利后，考入广州省立女子师范学校简师部。1949 年 2 月底与校友钟齐浩一同进入广九路西地区。在分散路过长岭皮村时，被国民党保安队便衣队杀害。关嫘（迪萍），1929 年生，广东南海市九江镇人。5 岁父亡，8 岁随母移居香港，13 岁进入广东儿童教养院第七分院读小学，15 岁考入省立江村师范学校简师部，毕业后受聘于该校附小任教。1948 年 12 月加入粤赣湘边纵队东江第一支队第三团任油印员。1949 年 3 月 3 日与李冬燕同时在长岭皮被杀害。[2]

附记：长岭皮两名无名女烈士确认姓名经过

长期以来，长岭皮两位无名女烈士的传说有两个版本。

一个是以吴东胜为代表的、长源大多数人长时间流传的，说两位无名

---

① 收录于深圳市南山区区志编纂委员会办公室著：《中国共产党南山历史（1924—1950）》，中共党史出版社，2016 年，第 130−132 页。

② 以上史料参见《深圳的小延安——长源纪事》编辑委员会编：《深圳的小延安——长源纪事》，香港东方文化出版社有限公司，2013 版，第 42−47 页。——原书注

女烈士是从香港过来参军的女青年。吴东胜及村民们当年见到的情形是:1949年3月初，地下党一名交通员护送两个香港妹仔路过长岭皮，因为担心香港妹仔走得太累，交通员就安排她们在吴木财家的果园里住下。但不幸早就被国民党保安队便衣盯上，以为东江一支三团晚上会在长岭皮驻扎。于是第二天天刚亮，大批“疴疴鸡”(伪装的国民党保安队) 包围了整个村子。交通员和撤到村外的民兵，从鹅公石方向往村里打排枪想引开敌人，两个香港妹仔以及部分村民赶紧朝着不同的方向躲避。晚上，躲“疴疴鸡”的人都回来了，唯独不见两个香港妹仔。第二天，村民们都上山找人，在村里搞地下工作的吴灶金找到两个香港妹仔遗体。

另一个就是长岭皮复员战士吴灶金在1964年宝安县复退军人代表大会上的发言稿。稿中说两位无名女烈士中，一位是香港过来参军的女青年，另一位是东一支三团搞后勤工作的女战士。档案馆收藏的吴灶金当年发言稿中说:1949年3月3日，国民党保安团装扮成老百姓突然袭击了长岭皮村，两个香港妹仔在战斗中失踪了。第二天，吴灶金在横沥一个山窝里看见第一具尸体，左腿被打断，全身被刺刀捅得千疮百孔，唯有被血迹粘连成板块的长发可以证实她是个女性。就在这具尸体左下方20步远山草被火烧光的地上，又是一具连人形都没有的血肉模糊的尸体，衣服碎片表明是那个绰号叫“印度娃娃”的遗体。她是被机枪近距离射死的，30多枚弹壳就散落在她的身旁。后来，吴灶金在一次庆功会上，听一名卫生员发言，说两个月前和她一齐来参军的一个同学死在敌人手里了。而这位同学牺牲的时间地点与长岭皮的牺牲者正好吻合。

后来有关人员偶然从一本内部交流的资料里发现烈士身份。被称之为香港妹仔的两个女青年，是中国人民解放军粤赣湘边纵队东江第一支队第三团的战士，连队派她俩去战地医院学救护，因人地生疏，组织上派交通员负责护送，途中在长岭皮遇难。至此，安葬在麦地巷的两名无名女烈士才得以为后人所知。

李长娘（1902—1947）

1

怀念一位秘密交通员——记李长娘烈士①

李长娘，出生在东莞县连平乡牛牯岭村一个贫农家庭，是家里最大的女儿，父母也就管她叫长娘了。她年青守寡，茹苦含辛抚养着一个取名树根的女儿，备受贫困忧患的折磨。

一九四〇年秋天，我们广东人民抗日游击队第三大队从海陆丰挺进到东莞敌后大岭山区的黄潭村。我因伤后贫血不能随部队行动，从连队调出到大岭山东侧的大王岭村休养和做群众工作。第二年初春，我和村子里一些同志商量开展邻近的牛牯岭村的工作。那时，刚好是春节，按照农村习惯，春节后，结了婚的妇女都要“返外家”的。村里刘小旺刚结婚，按例要陪新娘回牛牯岭娘家，俗称叫做“回门”，新郎还要有村里小伙子作伴同行，大家都说我同旺仔一起去最好了。

在沦陷区，尽管平日总是一片动乱不安的情景，可是到了春节，还是象在灰暗的画面上抹上一点粉彩，家家户户门前贴上象“平安是福，人寿年丰”那样的桃符，那辟辟卜卜的鞭炮声给破落的农村增添了一点节日的气氛。到了牛牯岭，小旺和我都是受欢迎的客人，小旺是新姑爷，自不用说。而我呢，由于大王岭和牛牯岭村的群众彼此间都很熟悉、很和睦，相结亲缘，来往频繁，所以这里的人们大致上都知道我的来历。李长娘对我更热情不过了，要我到她家作客，看看她那相依为命的孩子，还给我准备好了茶果、花生、炒米花糖。这次春节之行，在欢乐的节日气氛掩盖

① 收录于广东妇运史编纂委员会、东江地区东纵编写小组编：《东纵女英烈》，广东五华印刷厂，1987年，第36-40页。

下，牛牯岭村播下了革命的火种。李长娘成为我们在牛牯岭一带开展工作的主要依靠。三月间，牛牯岭开展党的活动时，我和丘霖同志介绍了长娘入党。

“黄明同志，我入了党，我这长娘真是有亲娘了。”一天长娘在厨房灶下一边烧火一边意味深长地对我说。从她那修长结实的身材，热情和蔼的面容和闪动着泪花的眼睛里，我看到了觉悟的中国劳动妇女的形象。“是呀，长娘，党就是我们的亲娘，我们的希望。”我激动地回答说。

“黄明同志，我长娘这一生一世是党的人了！”在日后的战斗生涯中，她完全是这样做的。

长娘入党后，很快就担任了党的小组长，忙于村里抗日姐妹会的工作，还参加部队派出的民运队员在村里一间教堂办的夜校，如饥似渴地学习政治文化。濒于绝望中获得新生的她，面容的憔悴神色消失了。她好象获得一股新的力量，总是高高兴兴地进行着每一件工作，勤恳认真地去完成党交给她的每一个任务。她和同志们一起时，就象一个大姐姐似的，煮饭、煎药、缝缝补补，把大家照顾得无微不至，她的家也就是同志们的家了。每当开会，她总是聚精会神地听着，稍带羞怯，然而却是富有思想性地发表意见。

时隔不久，第三大队的领导机关，由曾生、林平等同志率领进驻大王岭村。东莞县委组成了大岭山区委会，区委机关就设在牛牯岭，我在区委里负责组织和民兵工作。这期间，我们与日寇和伪军展开了激烈的战斗，继黄潭战斗、杨西战斗以后，又打了震撼敌后的百花洞战斗。一些战斗长娘都是亲历其境的。特别是在那荔枝将熟时节的百花洞战斗中，她带领着姐妹会的妇女们，在硝烟弥漫中，出入松林、甘蔗地、乌杬［榄］园，给部队和民兵送来红糖绿豆水、白米饭。敌人的密集枪弹把她们身边的松树一株株刀砍似的打断了，她们也若无其事，毫不畏怯。长娘是她们中间勇敢沉着的指挥员。

为了斗争的需要，党组织决定加强大岭山抗日根据地与东莞城、虎门、厚街等地地下党组织的联系，进一步建立和健全这条地下交通线。部队和区委要长娘担负起秘密交通员的任务。为了瞄［躲］过敌人和汉奸的注意，她穿上草鞋，戴上凉帽，束上围裙，手里提上竹篮子，把自己装扮成赴圩进城探亲买物的大嫂，当经过篁村汉奸肥仔张、厚街伪军王柏林和虎门、东莞城门的日军的岗哨时，她总是机智地应付自如。敌人哪里知道这个普通的农村妇女，就是共产党游击队的地下交通员！

长娘往往要在晚上执行任务，而且总是一个人单独行动的。那时邬强同志带了部分队伍坚持在大岭山上。我在山下做群众工作，搞情报、粮食，支援山上的部队。一次，我和长娘一同从虎门回大王岭。这是一个寒冬的黑夜，下着小雨，我们要通过一条漫长的莲花径。在高耸的山崖两边，夹着的是一条弯弯曲曲的小路，路旁的小溪在静夜里细声地低吟。偶尔在树林里发出猫头鹰咕咕的叫声，有时还夹杂着黄猄的嘶鸣。

"黄明，这里有个茶亭，我们休息一下吧。"长娘细声地征求我的意见。"好，就坐一会吧。呵，长娘，我问你，平时你一个人在黑夜里这样走路，不感到有些害怕吗？"茫茫黑夜的神秘感，使我不由自主地这样问长娘。

"啊，怕是不怕，就是有时总觉得后面有人跟着似的。"长娘回答说，她自己也不禁笑了起来。

"这可能是你自己走得快，裤腿发出声响吧！"我说。

我们继续走路，突然发现路旁有走动的音响，我还以为是敌人的埋伏，长娘倒很沉着，她说："天这么黑，哪怕是敌人也看不见我们！"她话还未了，就听见一阵鸣鸣［呜呜］的低沉的叫声，这时我们才弄清是一群野猪在吃山坑梯田里的禾。

我边走边沉思着：长娘是多么坚强和出色的一位女交通员啊！

这一年的冬天，由于牛牯岭村的一个坏人告密，驻金桔岭顽军的魔爪终于伸向长娘。一天早上，长娘给隐蔽在山里的同志们送饭回村，手提着一个空篮子，裤脚湿漉漉的，到了村旁就和顽军相遇了。她想避开已来不及。她被他们围住了。

“你们干什么？！”长娘质问顽军。

“抓共产党，你不是共产党吗？”顽军军官恶狠狠地说。

“我不知道什么党，我是一个穷寡妇。”长娘不慌不忙地说。

“你就是共产党地下交通员，是不是？！”顽军军官说。

“我不知道什么交通员，我日夜守着我的独生女儿。你们放着日本鬼子不打，却拿我们老百姓作对！”长娘在敌人面前大义凛然，临危不惧。

“你们的曾生、林平在哪里？”顽军军官步步紧逼，气急败坏地追问着。

“交通站、游击队我不知道在哪里，曾生、林平你们不是天天在找他们吗？还问我干什么？告诉你们这些没良心的东西，曾生、林平是中国人，是抗日游击队的领导，不是日本鬼子，知道吗？！”长娘理直气壮，把敌人推到被告席上，边说边用手理着自己浓黑的头发。

“不说就把你和你的女儿拉走，枪毙！”敌军军官歇斯底里地挥地［动］着手中的驳壳枪嚎［号］叫着。

“你们这些禽兽，什么都做得出来的！”长娘指着那军官的鼻子说。

“真的什么都不说吗？那就请吧，走！”顽军军官用手拉着长娘，几个如狼的士兵也用刺刀对着长娘。

“我李长娘生为共产党的人，死是共产党的鬼，要死就死在我的家门口！”长娘斩钉截铁地说。她与井边的花岗石柱并立在一起，好象比那石柱还要挺直坚硬。

长娘终于英勇地牺牲在那口水井旁。她那英雄的女交通员的形象，永远活在善良的人们心中！她那洒染在大岭山抗日根据地上的热血，培育着年年早春盛开的杜鹃花！

黄　业

2

李长娘①

李长娘，女，出生在东莞县连平乡牛牯岭村一个贫农家庭，是家里最大的女儿，父母也就管她叫长娘了。她年青守寡，茹苦含辛抚养着一个取名树根的女儿。

1940 年秋天，广东人民抗日游击队第三大队从海陆丰挺进到东莞敌后大岭山区，游击队在牛牯岭村播下了革命火种。1941 年 3 月间，牛牯岭开展党的活动时，长娘就参加中国共产党。

长娘入党后，很快担任了党小组长，忙于村里抗日姐妹会的工作，还参加部队派出的民运队员在村里办的夜校，如饥似渴地学习政治文化。她总是高高兴兴地进行着每一件工作，勤恳认真地去完成党交给她的每一个任务。她和同志们一起时，就像一个大姐似的，煮饭、煎药、缝补，把大家照顾的无微不至，她的家也就是同志们的家了。每当开会，她总是聚精会神地听着，稍带羞怯，然而却是富有思想性地发表意见。

第三大队的领导机关，由曾生、林平等同志率领进驻大王岭村，东莞县委组成了大岭山区委会，区委机关就设在牛牯岭。这段期间，我们与日寇和伪军展开了激烈的战斗，继黄潭战斗、杨西战斗以后，又打了震撼敌后的百花洞战斗。一些战斗长娘都是亲历其境的，特别是在那荔枝将熟时节的百花洞战斗中，她带领着姐妹会的妇女们，在硝烟弥漫中，出入松林、甘蔗地、乌榄园，给部队和民兵送来红糖绿豆水、白米饭。长娘是她们中间勇敢沉着的战地后勤指挥员。

为了斗争的需要，党组织决定加强大岭山抗日根据地与东莞城、虎门、厚街等地地下党组织的联系，进一步建立和健全这条地下交通线。部队和区委要长娘担负起秘密交通员的任务。她穿上草鞋，戴上凉帽，束上

---

① 收录于中共广东省委党史研究室、广州地区老游击战士联谊会、广州地区老游击战士联谊会东江纵队分会、广州市东江纵队研究会编:《东江纵队英烈集》，2013 年，第 47—48 页。

围裙，手里提上竹篮子，把自己装扮成赴圩进城探亲买物的大嫂，当经过伪军和日军的岗哨时，她总是机智地应付自如。敌人哪里知道这个普通的农村妇女，就是共产党游击队的地下交通员！长娘往往要在晚上执行任务，而且总是一个人单独行动的。

这一年的冬天，由于牛牯岭村的一个坏人告密，驻金桔岭顽军的魔爪终于伸向长娘。一天早上，长娘给隐蔽在山里的同志们送饭回村，手提着一个空篮子，到了村旁就和顽军相遇了。她想避开已来不及。

“你们干什么？！”长娘质问顽军。

“抓共产党，你不是共产党吗？”顽军军官恶狠狠地说。

“我不知道什么党，我是一个穷寡妇。”长娘不慌不忙地说。

“你就是共产党地下交通员，是不是？！”顽军军官说。

“我不知道什么交通员，我日夜守着我的独生女儿。你们放着日本鬼子不打，却拿我们老百姓作对！”长娘在敌人面前大义凛然，临危不惧。

“你们的曾生、林平在哪里？”顽军军官步步紧逼，气急败坏地追问着。

“交通站、游击队我不知道在哪里，曾生、林平你们不是天天在找他们吗？还问我干什么？告诉你们这些没良心的东西，曾生、林平是中国人，是抗日游击队的领导，不是日本鬼子，知道吗？！”长娘理直气壮，把敌人推到被告席上，边说边用手理着自己浓黑的头发。

“不说就把你和你的女儿拉走，枪毙！”敌军军官歇斯底里地挥地[动]着手中的驳壳枪嚎[号]叫着。

“你们这些禽兽，什么都做得出来的！”长娘指着那军官的鼻子说。

“真的什么都不说吗？那就请吧，走！”顽军军官用手拉着长娘，几个如狼的士兵也用刺刀对着长娘。

“我李长娘生为共产党的人，死是共产党的鬼，要死就死在我的家门口！”长娘斩钉截铁地说。她与井边的花岗石柱并立在一起，好象比那石柱还要挺直坚硬。

长娘英勇地牺牲在那口水井旁。她那英雄的女交通员的形象，永远活在善良的人们心中！

林　杰（1922—1940）

林　杰[①]

林杰，女，1922 年出生。1939 年初夏，国民党第四游击纵队部派了 3 名战地救护员（两男一女）来我队工作。他们原在国民党里是上士待遇，每月有 20 多元的薪饷，来到游击队里没有了薪饷，跟大家一样领几角钱零用钱。那两个男救护员待了不够一个月就自动离队了，只有林杰留下了。

她来到游击队后，高兴地看到部队官兵生活一致，没有彼此之分，大家有着共同的抗日决心，互相间比兄弟姐妹还亲。她说："我能在共产党领导下的抗日游击队里工作，多好啊！这是我的初衷。"所以她坚持留下。

1939 年，部队生活很艰苦，终日住山寮，睡柴草间，夜间睡觉没蚊帐，患疟疾病很普遍，要用黄连素针静脉注射才能有效。救护组的医生原是牙医，对静脉注射不熟悉，一些同志经静脉注射后，针口引起红肿进而化脓，所以许多同志不肯进行静脉注射，曾有两三个同志被严重的疟疾夺去了生命。这时林杰也患了疟疾，她叫卫生员给她做静脉注射。她鼓励说，"不入虎穴，焉得虎子！我都不怕，你怕什么呢？快动手吧！"卫生员按她的指导，给她做了静脉注射，结果成功了。林杰以自己的身体给卫生员作练习注射，自此卫生员间互相以身体练习注射技术，恶性疟疾病得到了及时治疗。

由于生活艰苦，平时缺油、缺蔬菜吃，营养不良使同志们容易患上夜盲症，天黑了，眼睛看不见东西。夜间行军走路时要用绳子缚着患者的

---

① 收录于中共广东省委党史研究室、广州地区老游击战士联谊会、广州地区老游击战士联谊会东江纵队分会、广州市东江纵队研究会编：《东江纵队英烈集》，2013 年，第 36—37 页。

手，让前面的同志牵着他们行走。患夜盲症的越来越多，影响了队伍的战斗力。吃鱼肝油丸可治愈这种病，但在经济困难的情况下，哪有这么多的钱来买鱼肝油丸呢。林杰听一个战士说，他爷爷曾患过夜盲症，自己找点东西吃，很快就好了。她到这个战士家里，访问爷爷，学习治疗良方。原来他爷爷是用猪肝加锅底炭混起来蒸煮吃。回来后，按这方法治疗眼疾，的确行之有效。并进一步了解到，用松树叶煮水喝，也能预防夜盲症。我们用从群众中学来的土方土药治疗与预防夜盲症，逐步把队伍中的夜盲症控制住了。

1940 年 3 月初，“三大队”突破了国民党顽军的包围圈，东移海陆丰时，受到顽军的前堵后追，大小战斗频繁，使伤员增加。我们在山里的崎岖小路上行走，伤员痛苦极了，林杰总是将伤员的枪和包袱拿过来，替他们背上。背着两三支步枪，再加上自己的药箱、水壶、包袱、米袋等东西，总有四五十斤。但她仍是紧紧地跟随队伍行动，从没见她皱过眉头。

战斗频繁，受伤的战士多了，药物非常缺乏，连纱布、绷带都没有。林杰就将自己的衣服扯了做绷带，给伤员包扎伤口，伤员的伤口发炎需要雷佛奴尔水来敷洗，但雷佛奴尔水也已用完，林杰心里既难受又着急，关键时刻她想起了山上的黄果子（白婵花仔）有消炎消毒作用，即用黄果子水作代用药品敷伤口，起到了很好的疗效。伤口不发炎了，稳定了伤员们的情绪。

部队在东移中，常在顽军的追击下前进，部队终于到达了海陆丰，但也受到损失。这时，有一些伤员情绪不好，有个别人对革命事业悲观失望，可林杰表现很坚定、乐观，而且经常同大家谈心，并鼓励大家说：“坚持斗争就是胜利，星星之火可以燎原啊！艰难环境才能锻炼人们的斗志呢。”林杰很爱唱歌，也会说故事，常说些诙谐的事，引得伤员们哈哈大笑起来。1940 年夏秋，党支部根据林杰在战斗中的表现，吸收她为共产党员。

1940 年 9 月，她随曾生的“三大队”回到大岭山，在黄潭战斗中，不幸壮烈牺牲。牺牲时只有 18 岁。

林　娥（1928—1946）

短暂的一生　无私的奉献——林娥烈士传略[①]

林娥同志，广东省陆丰县甲子镇归湖村人，一九二八年十月十五日出生。幼年时，父母家贫，约十岁其母带亚娥离家乞食，到该县谭西镇关爷宫村时被该村林炳意家收养为婢女。翌年，林炳意把林娥配给该镇龟山村的内侄庄土吉作童养媳。

一九四五年春季，日本法西斯军队沦陷粤东海陆丰一带，日寇的残暴激起海陆丰人民抗日救国的义愤。当时东江纵队六支队已到海丰四、六区等地活动，打击日伪。在抗日救国革命烽火的鼓舞下，林娥、庄土吉及同乡数人一起到海丰六区大化村参加六支队的独立第四大队（亦叫吴海大队）。林娥参队后，被分配在大队属下独立中队当见习卫生员，庄土吉则到武装班。林娥第一天参加部队，部队就转移驻地，她揹［背］了背包，左边挎个大药箱，右边是行军水壶和米袋，当晚随着部队跳沟过壑，到了新驻地，第二天一早就跟老卫生员到各班给损手烂脚的战士们洗伤口换药。很快她就适应了部队生活，因而钟通中队长以赞扬的口吻说："林娥第一天行军便显示出劳动人民的本色"。在独四大工作一段时间后，庄土吉的母亲因土吉父有病来队要把两人带回家，然而林娥参队后，思想进步很快，当时对土吉表明："革命不成功，决不回家，待革命成功后，再返家团圆"。其语言铿锵，革命意志坚定。土吉只好自行回家。

当时部队的生活虽苦，但文化生活很活跃，她原是文盲，参队后，求

① 收录于广东妇运史编纂委员会、东江地区东纵编写小组编：《东纵女英烈》，广东五华印刷厂，1987 年，第 132–135 页。

知欲，上进心很强，人也很聪明，部队学文化，她把铅笔削得尖尖的，用心写字，字幼细而整齐。经老卫生员陈娟等同志的帮助，自己利用空余时间勤奋学习，逐渐掌握了文化和医务知识，初时只做些医治损手烂脚煲药等工作，逐步能书写普通药名。在医疗实践中学会正确用药，医传［治］同志们的伤病。

在中队里，她不怕苦，不怕脏，工作热情负责，服务周到；那个战士生病，她悉心守在床头，问寒问暖，按时给病人服药，有谁脚上生疮溃烂，她细心去治疗洗敷伤口，从没有一丝厌嫌之色，有次部队行军到埔仔洞，战士胡谭书不慎跌伤头部，林娥为他处理了伤口，把新发给自己的新毛巾同受伤战士包扎。六支干部周权左脚踝关节扭伤肿痛，行动困难，她非常耐心的用中草药酒多次为他按摩搓擦，终于治痛［愈］了周权扭伤的关节，使他能正常行走，脱离危险处境。独立小队机枪手曾纪湖患痢疾，林娥给他注射了从日军中缴获的止痢针，治痛［愈］了他的痢疾。说明林娥在实践中医疗技术有了明显的提高。除日常繁［烦］琐的医务工作外，她还经常替伤病同志洗衣服，在行军中有人疲劳了，她又做鼓动工作，使大家完成行军任务。她那热诚殷勤的工作态度深深打动了指战员们的心，大家都把她当作自己的亲姐妹。在夜行军中，她那几十斤重的药箱总有战士把它抢过来揹［背］上，同志们都热情的叫她娥姐，年纪大一些的叫她“亚娥”。

林娥同志又积极地参加文娱活动，独四大在四、六区南涂、沙港，吉屿、围仔等地活动期间，经常与驻地群众合开文娱晚会，林娥在晚会上常演唱的歌有“冲过敌人封锁线”、“八路军军歌”、地方方言歌有“岳子荆投水”等节目，战士和群众都非常喜欢听她唱歌。

一九四五年十一月间，日本投降以后，部队调整，她随中队集中到大安洞支队部，她到卫生队工作，为防备国民党反动派进攻，部队加强训练，也有一些小伤病，林娥同志继续为指战员服务。其后，敌一八六师围攻大安洞根据地，林娥随支队部卫生队一起上了白马山，以后跟着部队转战惠阳、紫金等地，在战斗中还学会了一套包扎伤口的战地救护本领，她在战火中正逐渐锻炼成长。

一九四六年初，她被调到支队部独立小队当卫生员，反动派军队以它优势兵力分兵把守，层层封锁。我们部队给养很困难，她为了照顾伤病员，有时把自己的一份稀粥也给了他们，其时部队在呆贡附近活动，山洼地蚊多，队伍中患疟疾症的也有一些，她烧好了粥汤，把奎宁丸送到患病指战员跟前，关切地按时给病人服药，大家都十分感动。由于工作忙、营养少，她自己变瘦了，小队领导找她谈心，问她有什么困难，劝她多注意身体，她还是很乐观的说："有什么困难，能吃会跑，只要同志们没有病痛，我什么困难也不怕"。她的话显示她有一颗忠诚于革命事业的心，有了这颗心，任何困难也不能难倒她。

一九四六年春节过后，旧历年初四，反动军队由哥沙地区突然袭击我六支队驻地吊贡村，林娥同志当时到村边的小河沟里给伤病同志洗衣服，听到枪声，知道敌人打来，但她首先的行动是跑回营房去揹［背］救护战友的工具——药箱。当走到半途时，已有一个战士替她把药箱带出，她接过药箱揹［背］上，与战友们一起突围，在通过一片开阔地时，不幸大腿部被敌弹射中，不能行走，后被凶恶的敌人杀害。她的生命很短促，牺牲时仅有十八岁，她正以她纯真的热情为革命事业竭诚奋斗，可恨的敌人竟夺去了她的生命，谁能不为她过早的牺牲而惋惜而悲愤！

林娥烈士没有生儿育女，土吉回家后得病不久也逝去，以后土吉的兄弟土宽把一儿子叫庄玉金过继给土吉、林娥为继子。

林娥烈士牺牲到现在已过了四十一周年，她那青春之火没有熄灭，她那圆圆美丽的脸庞，明亮带着羞涩的眼睛，较为矮胖的身材，工作时勤快的脚步，为战友治伤病热情负责的医疗作风，勤奋刻苦的学习精神，长久萦系在战友们的脑海，永远活在同志们心中！

马　健

一九八七年十月十一日

（本文承蒙卓恢俊同志参加调查。余沛良、曾纪湖等同志提供资料，并参考王曼同志写的《默作小文寄哀思》一文，特向以上同志致谢）

罗　英（1927—　）

罗　英[①]

罗英，又名罗维英，1927年出生在深圳宝安（现深圳坪山新区）马峦村罗氏大屋。辛亥革命时期，马峦村也叫作马栏头村，是“庚子首义”的发源地。1939年5月，为了统一领导曾生、王作尧两部，东南特委在马峦山成立了中共东江军委，梁广任书记，梁鸿均、曾生、王作尧、何与成为委员。由于罗氏大屋位于马峦山深处，十分隐蔽，中共东江军委会就设在罗氏大屋。

1943年6月，年仅16岁的罗英，参加了东江纵队，在曾生司令部任事务长，做勤务工作。1944年6月，调到东江纵队下设的医院卫生队，任卫生员。在这期间，部队医院要转移。有位伤员是欧初的妻子，手被打伤住院，不便随医院转移，需要留在当地养伤，罗英安排留下照顾欧嫂。临别时，欧初交给欧嫂一枚戒指，告诉她：如果与部队失去联系，就卖了戒指到香港去，找《大公报》联系组织。她们在隐蔽期间，住在村民家中，一旦发现情况，就躲到后山上。在群众的掩护下，她们躲过了国民党军队的搜捕，终于胜利归队。

1945年2月，罗英所在卫生队被编入邬强、李东明领导的北江支队。3月，北江支队到达英德县东部的鱼湾。不久，卫生队扩编为北江支队医院。院长是余奇，队长是李惠群，医院共有12人。全院除了余院长是正规卫校毕业的医生外，其余人员都没有受过正规医护培训。于是，就由余院长当老师，对大家进行培训，让大家掌握了常用的药品使用、战地抢救包扎、临床护理、打针等医护知识。医院没有一个固定地点，经常流动于

① 收录于《惠阳红色双田》编委会编：《惠阳红色双田》，2021年，第113–116页。

鱼湾、大镇、黄岗、赤珠等四个乡。每到一个地方，罗英和几位十几岁的女卫生员又唱歌，又跳舞，一有空就给群众抬柴、挑水，有的还为群众治病，深受群众欢迎。

在艰苦的战争年代，罗英经组织的介绍，与主力大队第一中队吴晃中队长相识相爱。1945 年 8 月，在日本宣布无条件投降后，他们结婚了。但是，国民党在 8 月下旬开始了对根据地的“围剿”，英东地区各乡镇都被国民党军队占领，地方政权遭到破坏。医院先转移到鱼湾山区的杉木塘，后又转移到赤珠乡的黄竹朗深山老林。在当地群众的帮助下，盖起了草房，用树枝搭起了床铺。

1945 年 9 月，国民党军队对游击队住过的地方，实行白天搜山，夜间派兵在路口埋伏，使当地群众无法给医院送粮送医。为了医院安全，余奇院长又带着大家向廉滩转移。虽然黄竹朗离廉滩大山 40 多里，由于敌人的封锁，只能晚上背着重伤员行动。经过两个晚上的艰苦行军，终于到达廉滩彭屋村后背山。这时正是八月中秋时节，在彭屋村农会会长彭观妹的帮助下，地方党组织把大米、肉菜送到山上，让同志们加餐。由于缺少菜碗，大家就在地上挖了几个小坑，铺上芭蕉叶，做成了芭蕉叶碗，把菜舀到芭蕉叶碗中。大家在艰苦的战争年代，度过了一个难忘的中秋会餐。后来，医院与江水部队会合，转移到了后方。

1946 年 6 月 12 日，北江支队主力大队整编近百人的北撤部队到达英东龙口集中。6 月 15 日，罗英、吴晃与北撤战友一道，告别了战斗过的北江山山水水，于 23 日到达了大鹏湾葵涌。吴晃、罗英没有参加北撤，他们按照组织上化整为零，分散隐蔽，等待时机的精神，回到家乡双田。罗英回到双田后，与丈夫吴晃一起，坚持地下斗争。吴晃在 1948 年归队，罗英于 1949 年 6 月加入中国共产党，担任双田村妇女主任。

新中国成立后，罗英在东江专区银行惠阳支行任保管员。1951 年 5 月，被组织选送到南方大学学习，1951 年 10 月毕业后，先后任横沥居委会妇女主任、龙门麻榨公社任党委委员兼妇女主任、龙门县糖烟酒公司副经理、龙华公社党委会委员。1972 年调到惠阳秋长供销社工作，后任惠阳县副食品公司副经理。1982 年 11 月，罗英离休，享受副科级政治生活待遇。现居住在惠州市，安享幸福的晚年生活。2021 年 6 月，罗英获得了中共中央授予的“光荣在党 50 年”纪念章。

黎桂英（? —1949）①

黎桂英，广东省东莞县温塘乡人，共青团员，牺牲时是粤赣湘边区纵队东一支三团二连卫生员。一九四九年六月二十日黄昏，黎桂英跟随连队袭击驻东莞寮步圩的国民党军队两个团部，打了胜仗，但随后敌人出动大批兵力，把二连包围在浮竹村里。一场激烈的突围战斗开始了。黎桂英坚决要求和担负阻击任务的一排在一起，掩护连队主力首先突围。第二天黎明，敌人发起冲锋，激战中我一排冲锋枪手中弹倒下，一群敌兵乘隙突入我阵地。一排战士与敌兵展开了肉搏。在这危急时刻，黎桂英手急［疾］眼快，猛然举起药箱，随着一声怒吼，朝敌兵砸了过去。敌兵被突如其来的“怪物”吓了一跳，赶快躲避。说时迟，那时快，黎桂英立刻拾起牺牲战友的冲锋枪，对准敌人猛扫。敌人死的死，伤的伤，败退下去。可是就在这时，一颗子弹击中黎桂英的腰部，从小腹穿出，她的肠子和鲜血一齐流了出来。勇敢的黎桂英没有倒下，她用子弹带和衣服紧紧勒住伤口，顽强地坚持战斗。当天黄昏，一排完成阻击任务撤出村子，黎桂英因伤势过重走不动了。连长背着她边走边问：“为什么不听命令，不跟二、三排先撤走？”黎桂英断断续续地说：“战斗一打响，眼看就要发生伤亡，我是卫生员，怎能先走？……连部通讯员又牺牲了，他的工作也该有人做呀。……”连长感动得说不出话来。第二天，同志们用担架抬着她去团卫生队救治，但已经太晚了。当夜，正当青春年华的黎桂英，来不及亲眼看见即将从东方升起的新中国的灿烂阳光，就在梅塘田心村光荣牺牲了。

（何小林　邓　英）

① 收录于中共广东省委党史研究委员会办公室、广东省中共党史人物研究会、广东省民政厅合编：《南粤英烈传》第三辑，广东人民出版社，1987 年，第 436 页。

黎　笑（1917—2001）①

国民大学附中初中学生。1934 年前后参加进步读书会“正路社”，1935 年 8 月“正路社”并入“中青”，她成为“中青”盟员。

1937 年，在“中青”东莞分盟开办的莞光小学任教。曾参加东莞抗日模范壮丁队；曾在八路军驻香港办事处、东江纵队《前进报》、《香港正报》工作。

中华人民共和国成立后，曾在新华社广东分社、广州日报社、羊城晚报社工作。

① 收录于中共广州市委党史研究室、共青团广州市委员会、广州青年运动史研究委员会、广州市中共党史学会编：《走向抗日——广州中国青年抗日同盟史录》，广州出版社，2015 年，第 361 页。

梁　绮（？—？）[①]

梁绮（生卒年不详），原名梁丽蓉，其父亲是同盟会会员。

1932 年参加了谭秀峰（何干之）、谭国标领导的学生组织读书会。1935 年经谭本基介绍，王均予、邱萃藻曾在梁绮家借宿（1935 年 8 月—1936 年 1 月），故与王、邱来往密切。王均予说："梁丽容，后来是张凤楼的爱人，张文的儿媳妇，当时是中学生，在邱与我影响下，梁后来参加革命。"于 1935 年 8 月经邱萃藻介绍加入"中青"。她投身广州一二·九学生运动，积极参加了示威游行。1936 年 8 月，由邱萃藻介绍参加中国共产党。

梁绮是"锋社"第一任党支部书记。

中华人民共和国成立后，曾任广州人大办公室主任。

① 收录于中共广州市委党史研究室、共青团广州市委员会、广州青年运动史研究委员会、广州市中共党史学会编：《走向抗日——广州中国青年抗日同盟史录》，广州出版社，2015 年，第 349 页。

梁　通（1927—1944）

1[①]

梁通，原名曾凤通，一九二七年出生在广东省东莞县石排乡曾屋村一个贫苦农民家庭。由于贫穷，父母亲把她卖给茶山乡梁屋村一户梁姓人家做养女，改名梁通。一九四四年一月，在我民运队员的教育下，梁通挣脱家庭的束缚，参加了东江纵队第二支队第三大队，不久分配到江虎队当卫生员。这年六月一个夜晚，江虎队攻打东莞县马嘶圩日伪军据点。梁通跟随突击队冲锋前进。突然，敌人从一座炮楼射出猛烈的火力，突击班长游成中弹倒地。梁通正要冲上去抢救，两个战士拉住她喊道："敌人火力太猛，上去太危险。"梁通两眼含泪，说道："我是卫生员，死也要把班长救下来！"只见她猫腰跑到游成身旁，立刻背起就往回跑。就在这时，敌炮楼一阵机枪子弹射来，梁通脚部、腹部多处中弹，同伤员一齐倒下，鲜血染红了她的衣裳。但梁通没有死，她拼力撑起上身，拿起游成的手提机枪，对准敌炮楼的枪眼，"嗒、嗒、嗒、……"喷出一排子弹。敌机枪顿时成了哑巴，我江虎队随即发起冲锋，杀进了村子，打垮了敌人。巾帼英雄梁通用自己的青春换取了战斗的胜利。

（何小林　邓　英）

---

① 收录于中共广东省委党史研究委员会办公室、广东省中共党史人物研究会，广东省民政厅合编：《南粤英烈传》第三辑，广东人民出版社，1987 年，第 430−431 页。

2

一腔热血献人民——梁通烈士传略[①]

梁通，原名叫曾凤通，广东省东莞县石排曾屋村人。小时候由于家庭贫穷，姐妹众多，父母将她买［卖］给茶山梁屋村一户梁姓人家做养女，改名梁通。她于一九四四年一月参加革命，同年六七月在东莞县马嘶圩一次战斗中英勇牺牲。

梁通十多岁时，我东江纵队游击队经常在她家乡活动，宣传抗日救国的革命道理。梁通受到了教育，认识到民族要解放，妇女要翻身，就要参加革命队伍，拿起武器同敌人战斗。一九四四年一月，她不顾家庭的阻挠，不怕社会舆论的压力，不怕掉脑袋的危险，参加了东江纵队第二支队第三大队（大队长谢阳光，政委卢克敏），在卢照、张包为队长的江虎队当卫生员。她入伍不久就多次参加战斗，在战场上出生入死地抢救伤员，不怕苦、不怕死，受到战友们的称赞。

一九四四年六、七月间的一个晚上，梁通跟随部队出发，同盘据［踞］在东莞马嘶圩的日伪军展开激烈的战斗。敌人受到我游击队的突然袭击，伤亡惨重，其残余部队退缩到圩里头一座当铺的楼阁上，倚仗着坚固的建筑，作垂死挣扎。敌人居高临下不断地用猛烈的机枪火力，封锁我游击队的进攻通道。为了彻底消灭这股顽敌，谢阳光大队长命令我江虎队派出班长游成，带领一小分队从小路冲杀进去，当时，梁通紧跟着冲锋队伍抢救伤员。在快要接近当铺楼阁的地方，游成等数人中弹负伤，倒在血泊之中。梁通眼看着战友一个个倒下，心中怒火燃烧，她正要冲上前去抢救，几个同志拉住她说："敌人火力太猛，冲过去太危险！"梁通同志两眼含着泪水，激动地回答："同志们流血牺牲，我是个卫生员，怎能不去抢救伤员呢？敌人杀我战友之仇，怎能不报呢？"她挣脱战友的手，跃进

---

① 收录于广东妇运史编纂委员会、东江地区东纵编写小组编：《东纵女英烈》，广东五华印刷厂，1987年，第61–62页。

到游成身旁，立即背起他就走，就在这个时候，敌人打来一阵机枪，梁通脚部中弹负伤站立不住，同伤员一起摔倒在地。敌人的机枪继续朝着他们扫射。梁通身上多处中弹，鲜血染红了衣裳。在这关键时刻，她咬紧牙关，忍着疼痛，撑起身来捡起游成身边一支手提机枪，对着敌人楼阁的枪眼，哒哒哒哒狠狠地还击，当场把敌人的机枪打成哑巴。就在这一刹那，队伍发起冲锋，冲进了村子，打垮了敌人。英雄的卫生员梁通和游成等同志却牺牲在马嘶圩的土地上了。

（邓英根据张一雷提供材料整理）

3

梁　通①

梁通（1927—1944），原名曾凤通，东莞石排曾屋村人。由于家境贫困，自幼被卖到茶山梁屋村一户梁姓人家做养女。

1944 年 1 月，摆脱家庭束缚，参加广东人民抗日游击队东江纵队，在第二支队第三大队江虎队当卫生员。同年 6 月，随江虎队夜袭东莞马嘶墟的日、伪军据点。战斗中，冒着敌人猛烈炮火把受伤的班长背下火线。此时，被敌机枪射中脚部和腹部，与伤员一起倒下，鲜血直流，仍奋力挺起上身，端起班长的手提机枪，对准敌炮楼机眼扫射，把敌人的机枪火力点压住，掩护江虎队杀进村子消灭了敌人。梁通在这次战斗中壮烈牺牲。

① 收录于中共广东省东莞市委党史研究室编：《东莞抗日实录》，中共党史出版社，2006 年，第 646 页。

4

梁　通[①]

梁通，原名曾凤通，东莞石排曾屋村人。小时因家贫，父母将她卖给茶山梁屋村一户人家做养女，改名梁通。

梁通十多岁时，东江纵队常在她家乡宣传抗日救国的革命道理。梁接受教育，要求参队。1944 年 1 月，她参加东纵铁东大队，在江虎队当卫生员。她入伍不久就首次参加战斗。在战场上出生入死抢救伤员，受到战友们的称赞。

1944 年 6、7 月间一个晚上，梁通跟随部队出击，同占据马嘶墟［圩］的日伪军展开激战。敌受我游击队突袭，伤亡惨重，残部退缩到墟里一座当铺阁楼，倚仗着坚固的建筑，作垂死挣扎。敌人居高临下，不断用猛烈的机关枪火力，封锁我游击队的进攻通道。为了彻底消灭这股顽敌，谢阳光大队长命令我江虎队派出班长游成，带领小分队从小路冲杀进去。当时，梁通紧跟着冲锋队伍抢救伤员，在快接近当铺角楼时，游成等数人中弹负伤，倒在血泊之中。梁通眼看战友一个个倒下，心中怒火燃烧，她正要冲上前去抢救，几个同志拉住她说："敌人火力太猛，冲过去太危险！"梁通两眼含着泪水，激动地回答："同志们流血牺牲，我是个卫生员，怎能不去抢救伤员呢？敌人杀我战友之仇，怎能不报？"她挣脱战友的手，跃进到游成身旁，将他背起就走。就在这时候，敌人打来一阵机关枪，梁通脚部中弹负伤，站立不住，同游成一起摔倒在地上。敌人的机枪继续向着他们扫射，梁通身上多处中弹，鲜血染红了衣裳。为了战斗的胜利，她咬紧牙关，忍着疼痛，使出最后的气力，撑起上身，拾起游成身边的一支手提机关枪，对着敌人楼阁的枪眼，哒！哒！哒！喷射出一排复仇的子弹，当场把敌人的机关枪打成哑巴。就在这一刹那间，队伍立即发起冲锋，杀进了村子，打垮了敌人。

---

① 收录于东莞市妇女联合会编：《东莞市妇运志》，东莞市印刷厂，1995 年，第 122 页。

英雄的卫生员梁通和游成等同志却牺牲在东莞马嘶墟［圩］的土地上了。

（摘自《东莞烽火》第七册邓英一文）

5

梁　通①

梁通，女，原名曾凤通，广东省东莞县石排曾屋村人。小时候由于家庭贫穷，姐妹众多，父母将她卖给茶山梁屋村一户梁姓人家做养女，改名梁通。她于 1944 年 1 月参加革命，同年六七月间在东莞县马嘶圩一次战斗中英勇牺牲。

梁通十多岁时，东江纵队游击队经常在她家乡活动，宣传抗日救国的革命道理。梁通受到了教育，认识到民族要解放，妇女要翻身，就要参加革命队伍，拿起武器同敌人战斗。1944 年 1 月，她不顾家庭的阻挠，参加了东江纵队第二支队第三大队（大队长谢阳光，政委卢克敏），在卢照、张包为队长的江虎队当卫生员。她抓紧学习医药知识、还学打枪。入伍不久就多次参加战斗，在战场上出生入死地抢救伤员，受到战友们的称赞。

1944 年六七月间的一个晚上，梁通跟随部队出发，同盘踞在东莞马嘶圩的日伪军展开激烈的战斗。敌人伤亡惨重，其残余部队退缩到圩里一座当铺的楼阁上，居高临下用猛烈的机枪火力，封锁我游击队的进攻通道。为了彻底消灭这股顽敌，谢阳光大队长命令江虎队派出班长游成，带领一小分队从小路冲杀进去。当时，梁通紧跟着冲锋队伍抢救伤员。在快要接近当铺楼阁的地方，游成等数人中弹负伤，倒在血泊之中。梁通眼看着战友一个个倒下，心中怒火燃烧，她正要冲上前去抢救，几个战士抓住她说："敌人火力太猛，冲过去太危险！"梁通两眼含着泪水，激动地回

① 收录于中共广东省委党史研究室、广州地区老游击战士联谊会、广州地区老游击战士联谊会东江纵队分会、广州市东江纵队研究会编：《东江纵队英烈集》，2013 年，第 81—82 页。

答：“同志们流血牺牲，我怎能不去抢救呢？敌人杀我战友之仇怎能不报呢！？”她挣脱战友的手，跃进到游成身旁，立即背起他就走，就在这个时候，敌人打来一阵机枪，梁通脚部中弹负伤站立不住，同伤员一起摔倒在地。敌人的机枪继续朝着他们扫射，梁通身上多处中弹，鲜血染红了衣裳。在这关键时刻，她咬紧牙关，忍着疼痛，撑起身来捡起游成身边一支手提机枪，对着敌人楼阁的枪眼，哒哒哒哒狠狠地还击。当场把敌人的机枪打成哑巴。就在这一刹那，部队发起冲锋，冲进了村子，打垮了敌人。英雄的梁通和游成等却牺牲在马嘶圩的土地上。

廖似光（？—？）

廖似光印象记[①]

芳　洁

在市总工会欢宴港九侨胞回国观光团的宴会上，我们第一次见到了市总工会主任廖似光同志。假如不留意的话，你几乎看不出她是一个女人，她和一般的男干部一样，穿着绿色的军服，戴着军帽，头发是剪得短短的。她有着健硬的身材，满脸埋着笑容，她是那样的和蔼可亲，即使你跟她第一次见面，也不会有陌生的感觉。从表面上看，她似乎是沉着寡言的，但是和她谈起话来，你会觉得她是多么的热情豪爽，坦白诚意。对于每一个问题的回答，是如何的明彻。

看来她不过是四十岁左右，但她已有了二十几年的革命经验，是的，她不但是一个优秀的革命者，还是一个工人领袖，她是广东梅县人，工人出身，早年参加了革命工作，曾参加了二万五千里长征，这次一路参加接管工作，在天津汉口都做着工会工作，她有丰富的斗争经验，大军南下时，她随着大军一路南下，解放了广东，解放了广州。现在，她是市总工会的主任，因为她的和气亲切，她的工作经验丰富，所以劳工界对她非常热爱，从这次的宴会上，几百个人把她高高的抬起，工会场上高呼“廖同志万岁！”的热烈欢呼中，可以看出廖同志是如何的受人的敬爱。

在欢迎词中，廖同志谈到了对于港九侨胞在庆祝中华人民政府诞生与最近展开的热烈劳军运动所表现的辉煌成绩，以前海外侨胞始终坚持祖国

① 收录于广东省妇女联合会、广东省档案馆编：《广东妇女运动历史资料》第六辑，广东省供销学校印刷厂，1991 年，第 438–439 页。

革命运动，给国内同胞很大的鼓舞，如号召着海外同胞和回到祖国投资于工商业的建设，号召教育文化界回到祖国参加文化建设，妇女界回来参加儿童保育工作，生产建设工作。

在艰难的斗争中磨炼出来的伟大的革命者——廖同志，她的革命经验是如何的丰富。她的性格态度是如何的和霭［蔼］亲切，姐妹们，我们应标向廖同志看齐，学习她的革命精神，响应她的号召，让港穗的姐妹们在五星红旗下挈［携］手前进吧!

（《香港文汇报》1949.11.14）

廖梦醒（1904—1988）

廖梦醒[①]

廖梦醒（1904—1988），女，化名少芳，祖籍清归善（今惠阳市）陈江。生于香港，童年在日本度过。自幼受其父母廖仲恺、何香凝革命思想之影响。1922年（民国11年）参加广州社会主义青年团发起成立的广东非基督教学生同盟，参与领导反对帝国主义文化侵略的非基督教运动。1923年考入岭南大学。1924年加入中国国民党。1925年6月，参与组织和领导岭南大学师生声援“五卅”运动的活动，被学校开除。1928年留学法国，1930年回国。1931年加入中国共产党，长期与周恩来单线联系。与丈夫李少石在香港建立中共秘密交通站，负责与中央苏区和中共中央（在上海）之间的联络工作，安全接送邓小平、蔡畅等中共许多重要人物。1933年任中国工人通讯社英文翻译。1937年“七七”事变后，参加宋庆龄、何香凝领导的中国妇女抗敌后援会（后改称中国妇女慰劳自卫抗战将士总会上海分会）和保卫中国同盟（简称“保盟”），积极参与抗日救亡运动。以其特殊身份联络国民党军政要员家属中一批有名望、有地位的妇女代表，参加后援会。“八一三”淞沪抗战爆发后，向中共中央建议，动员宋庆龄离沪赴港。在中共地下组织工作人员的陪护下，宋床［庆］龄安全抵达香港。廖梦醒以宋庆龄秘书身份，负责周恩来与宋庆龄之间的联络工作。1938年6月任保卫中国同盟办公室主任，负责向海外华侨和国际友人筹款支援八路军、新四军抗战，仅两年共募捐2亿多元。1941年12月太平军战争爆发后，奉调协助宋庆龄在重庆重建保卫中国同盟，负责与中共

---

① 收录于惠州市地方志编纂委员会办公室编：《惠州历史人物传》，中国文史出版社，2006年，第235−237页。

驻渝办事处联络，多次协助宋庆龄接待周恩来、董必武、王若飞、林伯渠等中共领导人。

1945 年抗日战争胜利后，在国、共两党重庆谈判期间，廖梦醒多次安排宋庆龄与毛泽东、周恩来、叶剑英等人会见。10 月 8 日，丈夫李少石在重庆遇难，她为此极其悲痛。不久，“保盟”迁至上海，改名为中国福利基金会。她陪宋庆龄返回上海，协助宋庆龄开展中国福利基金会的各项工作。解放战争时期，组织中国福利基金会支持解放区军民，为人民解放军筹集大量钱财和物资，并为中共地下组织转送情报和活动经费。1948 年底，被上海国民党特务列入黑名单，遂奉命由上海撤至香港。1949 年（民国 38 年）由上海抵北平。9 月，出席中国人民政治协商会议第一届全体会议。

中华人民共和国成立后，历任全国妇联国际联络部副部长，全国第一、二、三届人大代表，第五、六届全国政协委员，第一、二、三届全国妇联执行委员会委员，中苏友好协会、中国保卫世界和平委员会、中日友好协会、宋庆龄基金会理事，廖仲恺、何香凝纪念馆名誉馆长等职。60 年代，受母亲何香凝之托，返乡探望陈江父老乡亲，向陈江公社赠送何香凝《长啸一声，威震神州》国画雄狮一幅。1987 年又为仲恺中学题写校名。1988 年 1 月 7 日在北京逝世。

卢洪婉（1920—1938）

1

宁可沙场阵上亡——卢洪婉烈士传略[①]

“不要寂寞在家过，宁可沙场阵上亡！”这是卢洪婉烈士生前的豪迈誓言，也是她短暂而值得缅怀的一生的形象写照。在民族危难的时刻，她毅然带着弟妹离开温暖的家庭，在抗日救亡的第一线上忘我战斗，无私地把自己的一切献给了伟大的民族解放事业。

一九二〇年一月十二日，卢洪婉出生在东莞城镇北隅区世科里一户商人家庭。祖父卢麟书原籍茶山增埗，在沙墩打鱼摸虾维持生计。后因生活所迫，跑到莞城帮人打工。经过数年的日夜操劳，节衣缩食，积攒了一笔血汗钱，跟别人合股做些小生意。洪婉的父亲卢庆寿，自青年时代开始，也就随父从商，以此维持全家的生活。洪婉共有六个弟妹，堂兄卢居谦、卢华（卢宗）由于其父早逝，亦随洪婉一家生活。

洪婉从小勤劳俭朴，勤奋好学。自懂事的时候起，她就帮着母亲张玲料理家务，照顾弟妹。她不仅自己从来不讲究吃穿，还经常教育弟妹不要追求有钱人家那种奢华的生活。因此，深得母亲的钟爱和弟妹的敬重。

一九三五年夏，洪婉考入东莞中学读初一。年底，爆发了“一二·九”运动。运动的洪流很快波及到广东。东莞中学的全体学生，在学生会主席王鲁明（王寿祺）同志的领导下，在“一二·一六”两天停课，上街示威游行。十五岁的洪婉，夹在示威的人流中，心情显得格外激动，她一次又

---

① 收录于广东妇运史编纂委员会、东江地区东纵编写小组编:《东纵女英烈》，广东五华印刷厂，1987年，第1–5页。

一次地高呼着“停止内战，一致对外！”“打倒日本帝国主义！”的口号，开始了人生道路中具有非凡意义的转折。她经常打听着北平爱国学生运动的消息，如饥似渴地阅读着《铁流》、《八月的乡村》等进步书刊，探求着抗日救国的道路和真理。读初二那年，她叫卢居谦为她画了一个炭像，自己在炭像下面工工整整地题写了“不要寂寞在家过，宁可沙场阵上亡”的豪迈誓言，然后庄重地安放在房间的桌子上，作为自己的人生抱负和教育弟妹的座右铭，立下了为国为民的崇高志向。

一九三七年初，中共东莞临工委书记谢阳光和赵学同志在莞城西门口开了一间“阳光书店”，秘密推销进步的报刊书籍，并以此联系当时的进步青年。洪婉与堂兄卢居谦经常到“阳光书店”阅读进步书刊，还秘密买了《共产党宣言》、艾思奇的《大众哲学》、肖［萧］军的《八月的乡村》等一批进步书籍，在家里建立了“图书角”，与弟妹、堂兄一起阅读议论，教育弟妹树立爱国思想和远大理想，把家庭变成了一个爱国主义的教育阵地，为以后全家支持革命、参加革命奠下了良好的思想基础。

一九三七年“七七”卢沟桥事变后，东莞的抗日救亡活动在我党的领导下，开展得如火如荼，迅速遍及城乡。洪婉满怀革命激情，于一九三八年一月参加了何佳同志领导的“东莞县妇女抗敌同志会”（简称“妇抗”）她与战友梁霞冰、尹柳眉、尹叶枝等同志，积极排练救亡歌曲、话剧，深入到大街小巷和附近乡村进行宣传演出。有一次下乡演讲，天气很冷，在下户活动时，她把自己的棉衣送给了一位患病的妇女，冒着严寒继续下户宣传，使当地的群众都为之感动。与此同时，她还与张玉婵、尹柳眉等同志到郊区农村举办妇女识字班，经常忙到三更半夜才回到家里，第二天一早，又参加“妇抗”组织的“啦啦队”，到大街小巷呼喊着抗日救亡的口号……。在火热的救亡运动中，洪婉光荣地加入了中国共产党。

一九三八年八月，为支援前线抗战，广东全省开展了“八·一三”献金运动。“妇抗”在中共东莞中心县委的直接领导下，在莞城搭了三个“献金台”，发动了一个献金募捐运动。洪婉热情奔放，积极行动。她一方面与“妇抗”的战友们深入到学校、街道、商店、茶楼、酒馆去宣传发动；另方面带头把母亲用多年积累为她精心选购的两只金戒指、一只金手镯献了出来。还动员弟弟卢焕光、卢佳分别献出了一个袋表和两个积攒多年的钱筒。

一九三八年秋，日寇的飞机加紧对广州和东宝惠三县的公路交叉点和市镇进行扫射、轰炸。在这日趋严重的紧张局势下，洪婉对参加抗日工作的心情也越感迫切。当时，“妇抗”正准备开办一个“救护班”，组织妇女学习战地救护的知识和本领，以适应战时之需。洪婉求之不得，立即报名参加。在救护班学习期间，她从不迟到、早退，专心致意［志］地听医护人员讲解战地救护常识，很快学会了一套战地救护的本领。有一次，日寇的飞机在万江渡头丢下了几颗炸弹，洪婉和战友们一听到爆炸声，立即奔向渡头，迅速为伤员洗伤、包扎，及时把重伤员抬到东莞医院抢救，并主动协助医院做好护理工作。她们的行动受到了广大群众的称赞。

一九三八年十月十二日凌晨，日寇在大亚湾登陆，东莞的形势十分紧张。次日，洪婉刚吃完晚饭，“妇抗”的同志跑到她家，说晚上在公园成立抗日游击队，征求她去留的意见。洪婉毫不犹豫，立即动员弟弟焕光、妹妹洪珍与堂兄居谦一起，匆匆收拾行装。父母见状，顿时感到有点难舍难分，便对洪婉说：“亚［洪］婉，弟妹尚小，你也刚刚初中毕业，待多读几年书再出去吧！”洪婉向双亲耐心地讲了“国破家必亡”、“抗日救国、匹夫有责”的道理，坚定地说：“爸爸妈妈，现在正是民族危难之际，难道我们能坐以待毙么？”焕光、洪珍也一起帮着做双亲的说服工作。孩子们切合时势的说理和满腔的革命热情，有力地叩动了父母亲的心扉。他（她）们两眼饱含热泪，慢慢地向洪婉点了点头，勉励孩子到部队好好地干。当晚，洪婉带着焕光、洪珍与卢居谦一起，告别了家庭，赶往东莞公园，参加了东莞抗日模范壮丁队。

参队不久，洪婉被派到东坑一带开展民运工作。十月底，与弟弟卢焕光一起被调到黎协万同志的政工队，开赴怀德做虎门要塞司令部守备团的统战工作。到守备团后，洪婉与政工队的战友们一起，一方面深入到当地群众中，动员群众捐钱捐粮，积极设法帮助守备团解决给养问题；另方面深入连队，废寝忘食地向广大士兵宣传抗日救国的道理，力图争取他们坚持就地抗战。十一月，守备团因上层“恐日病”复发，从东莞撤向宝安。洪婉与战友们随队边撤边继续做争取工作。十一月底，守备团撇开政工队，从大船坑往七娘洞撤去，同志们很气愤，但为了争取守备团的下层官兵团结抗日，于是沿着守备团撤走的方向继续前进。在途中经龙华圩西门桥时，不幸遭到进攻南头的日寇的突然袭击，洪婉与队长黎协万等五位同志壮烈牺牲，年仅十八岁。

洪婉牺牲后，遗体弃于龙华河边，水浸日晒，惨状目不忍睹。七天后，几位烈士的遗体由战友们掩埋在散兵坑里。不久，模范队开赴到龙华圩，在那里举行了追悼大会，并树碑纪念。

卢洪婉等烈士的英名，永远与龙华的历史丰碑共存。

（陈铣鹏根据卢佳、万明等同志的回忆编写。）

一九八六年四月一日

2

卢洪婉[①]

卢洪婉，女，1920 年 1 月 12 日出生在东莞城镇北隅区世科里一户商人家庭，她有 6 个弟妹，家境并不富裕，洪婉自懂事起，就帮着母亲料理家务，照顾弟妹。

1935 年夏，洪婉考入东莞中学读初一。北京爆发了“一二 · 九”运动，很快波及到广东。东莞中学全体学生，在学生会主席王鲁明的领导下，停课两天，上街示威游行。15 岁的洪婉心情格外激动，和大家一起高呼着“停止内战，一致对外！”，“打倒日本帝国主义”的口号，开始了她在人生道路中具有非凡意义的转折。如饥似渴地阅读《铁流》、《大众哲

① 收录于中共广东省委党史研究室、广州地区老游击战士联谊会、广州地区老游击战士联谊会东江纵队分会、广州市东江纵队研究会编：《东江纵队英烈集》，2013 年，第 31—32 页。

学》等进步书籍，并工工整整地题写了“不要寂寞在家过，宁可沙场阵上亡”的豪迈誓言，作为自己的人生抱负和教育弟妹的座右铭。

1937 年“七七”卢沟桥事变爆发后，东莞的抗日救亡活动在党的领导下，迅速遍及城乡。洪婉满怀激情，于 1938 年 1 月参加了“东莞县妇女抗敌同志会”（以下简称“妇抗”），与战友们积极排练救亡歌曲、话剧，深入到大街小巷和附近乡村宣传演出。一次，下乡演讲天气很冷，她把身上的棉衣送给一位患病的妇女，当地的群众都为之感动。她和一些同志到郊区农村举办妇女识字班，经常到三更半夜才回家，第二天一早，又参加“妇抗”组织的“啦啦队”，到大街小巷呼喊抗日救亡的口号，在火热的救亡运动中，洪婉被批准加入了中国共产党。

1938 年 8 月，为支援前线，全省开展了“献金运动”。洪婉积极行动，与“妇抗”战友深入学校、街道、茶楼、酒馆去宣传发动；在家里，她带头把母亲用多年积累为她选购的金戒指、金手镯献出来，还带动两个弟弟献出了手表和多年积攒的钱筒。一天，洪婉得到消息：“妇抗”要办一个救护班，学习战地救护的常识和本领，而且准备晚上在公园成立抗日游击队。她立即动员弟弟焕光、妹妹洪珍与堂兄居谦，匆匆收拾行装，当晚即赶往东莞公园，参加了东莞抗日模范壮丁队。

父母一时感到难舍，便对她说：“亚［洪］婉，弟妹还小，你也刚刚初中毕业，多读几年书再出去吧！”洪婉对双亲耐心地讲了“国破家必亡”、“抗日救国，匹夫有责”的道理，旗［焕］光、洪珍也一起说服双亲，父母饱含热泪，向洪婉点点头，勉励孩子们到部队要好好干！

参队后，洪婉被派到东坑一带开展民运工作。10 月，她与弟弟卢焕光一起调到黎协万同志的政工队，开赴怀德做虎门要塞司令部守备团的统战工作。他们深入连队，向广大士兵宣传抗日救国的道理，争取他们坚持就地抗战。11 月中，守备团因上层“恐日病”发作，把部队从东莞撤向宝安，洪婉与战友们随队边撤边继续做争取的工作。月底，守备团撇开政工队，又从大船坑往七娘洞撤去，洪婉和同志们十分气愤，但为了争取守备团的下层官兵团结抗日，于是沿着守备团撤走的方向继续前进。途中，经龙华圩西门桥时，遭到进攻南头的日寇突然袭击，洪婉与队长黎协万等 5 位同志壮烈牺牲，洪婉年仅 18 岁。

不久，抗日模范队开赴龙华圩，举行了追悼大会，并立碑纪念。

3

卢洪婉[①]

卢洪婉，1920 年出生于莞城镇北隅区一个商人家庭。从小勤奋好学，1935 年夏考入东莞中学。年底爆发了“一二·九”运动。莞中全体学生在 12 月 16 日停课上街示威游行，15 岁的洪婉也参加了示威行列。此后，她经常打听着北平爱国学生运动的消息，如饥似渴地阅读着《铁流》、《八月的乡村》等进步书刊，探求抗日救国的道路和真理。

七·七卢沟桥事变后，东莞的抗日救亡运动遍及城乡。1938 年 1 月，卢洪婉参加何佳领导的“东莞县妇女抗敌同志会”，她与战友们一起积极排练救亡歌曲、话剧，深入大街小巷和附近乡村进行宣传演出，并到郊区农村办妇女识字班。经常忙到三更半夜才回到家里。在救亡运动中，卢洪婉光荣地加入了中国共产党。

1938 年 8 月，为支援前线抗战，广东全省开展“八·一三”献金运动，卢洪婉与“妇抗”的同志开展宣传发动工作，并带头把自己的两只金戒指、一只金手镯献出来，同时动员其弟卢焕光、卢佳分别献出一个袋表和两个钱筒。

1938 年秋，妇抗会开办一个救护班，以应战时之需。卢洪婉积极报名参加，专心致志地学会战地救护的本领。

1938 年 10 月 12 日，日本帝国主义侵略军在大亚湾登陆，卢洪婉动员弟妹和堂兄居谦一起参加抗日游击队。

参队不久，洪婉被派到东坑一带开展民运工作。10 月底，与弟卢焕

① 收录于东莞市妇女联合会编：《东莞市妇运志》，东莞市印刷厂，1995 年，第 120—121 页。

光一起调到政工队，开赴怀德虎门要塞司令部守备团帮助他们解决给养问题；并深入连队，向广大士兵宣传抗日救国的道理，争取他们坚持就地抗战。11 月，守备团因上层“恐日病”复发，撇开政工队从东莞撤向宝安。为了争取守备团的下层官兵团结抗日，洪婉与战友们继续做争取工作。在途经龙华墟［圩］西门楼时，不幸遭到进攻南头的日本侵略军的袭击。年仅 18 岁的洪婉与队长黎协万等五位同志壮烈牺牲。

摘自《东莞英烈》

莫福娣（1922—1942）

1[①]

莫福娣，广东省东莞县高埗乡人，一九二二年出生在一个贫苦农民家庭。抗日战争爆发后，参加了中国共产党领导的抗日救亡宣传活动，一九三八年成为共产党员。此后，党分配她到东江抗日游击队当炊事员、卫生员。她不怕苦不怕累，克服重重困难，为部队搞来柴米油盐菜，为伤病员悉心治伤治病。一九四二年四月，国民党顽固派配合日军围攻我游击队，莫福娣奉命带一部分伤病员在宝安县龙华深坑的山坑里隐蔽。一天她出坑观察敌情，不幸被捕。敌人对她严刑拷打，逼供利诱，她毫不动摇。审讯时，敌营长开口就诬蔑中共和抗日游击队是“奸党”、“匪军”，莫福娣义正词严地驳斥敌人：“谁配合日伪军进攻抗日部队，谁就是奸党。谁抢劫老百姓的财物，谁就是匪军。我们是抗日的队伍，打鬼子，保家乡……。”话未说完，又遭到一顿毒打。第二天，残暴的敌人下令枪毙莫福娣。一大群敌兵持枪押着被捆绑的莫福娣，在观澜圩游街示众。一路上，莫福娣挺起胸膛，激昂地高呼口号：“反对内战！”“反对投降！”“团结抗日！”“反对分裂！”“抗日无罪！”“中国共产党万岁！”悲壮的口号声震撼着趁圩群众的心弦，许多阿公阿婆低声啜泣。敌兵企图阻止莫福娣呼口号，用枪托猛击她。莫福娣不低头，不闭口，顽强地用尽气力喊出革命战士的心声，一直走到观澜圩旁晒布岭下的刑场。临刑前，莫福娣面带笑容，对被胁迫来围观的群众大声说：“父老兄弟姐妹们，我是抗日游击队队员，是为了抗日救国来革命的，他们为什么要杀我？”转

① 收录于中共广东省委党史研究委员会办公室、广东省中共党史人物研究会、广东省民政厅合编：《南粤英烈传》第三辑，广东人民出版社，1987 年，第 425-426 页。

而怒斥行刑的刽子手是汉奸、卖国贼，然后从容就义。

（何小林　邓　英）

2

为抗日不惜牺牲个人一切——记莫福娣烈士[①]

莫福娣同志是东莞县高埗公社高埗大队南白生产队人，因家庭穷困，四岁时送给高埗一个贫农抚养。抗战前两年，我党在高埗开辟工作，派了一些同志在高埗教书，莫福娣同一些妇女得到了读书的机会。一九三七年九月，她参加党领导的抗日宣传组的工作，积极动员村中青年男女参加抗日活动。在党的教育下，她进步较快，曾立下誓言：为抗日不惜牺牲个人一切！一九三八年罗慧贤在高埗教书期间，发展莫福娣入了党。

莫福娣于一九三八年参加革命后，初时在连队当炊事员。她不怕苦，不怕累，行军时总是自己挑炊具。后来当给养员，为部队搞柴米油盐莱[菜]。她身体比较瘦弱，但总是不辞劳苦，想尽办法为部队搞给养。后来她又当了卫生员，为伤病同志治病疗伤。工作一贯积极负责，任劳任怨。

一九四二年四月间，国民党徐东来部属黄文光配合张光琼的一八七师三千余人，从青湖出发，分三路进攻我王作尧部队所在地白石龙和樟坑，一路经龙华、深坑至长皮岭；一路经岗头仔至望天湖；一路经游松至樟坑，对我军进行围攻。莫福娣同志当时在深坑左侧的山沟里负责掩护一部份伤病员。深坑右侧山沟也隐蔽着一部份伤病员，由一位从香港回来的女卫生员负责（查不出她的姓名）。敌军黄文光进入深坑后，派出尖兵排到处搜索。右侧山沟的女卫生员却在这时拿着药煲，从山上走下来，准备

① 收录于广东省妇女运动历史资料编纂委员会东江组编：《南粤红棉——东纵女战士》，1983年，第151–153页。

给伤病员煎药。她是个毫无战斗经验的新同志，不认得眼前穿着军装的敌人。当她走近村前时，敌人喝问她是什么人，她居然答是王作尧部队的。敌人马上把她绑起来，她才恍然大悟，后来敌人再问她时，她什么也不说了。敌人抓到这个卫生员后，又派兵到左侧山坑搜索。这时，正好莫福娣已经把伤病员隐蔽好，走出来在河沟边的树丛里察看敌人动静，不幸被敌人发现了。敌人从树丛里把她抓出来，问她是干什么的，她说是从香港逃难到这里找饭吃的，路上见到那么多人心里害怕，就躲在树丛里。敌人把莫福娣和那个卫生员绑在一起。莫福娣不断地重复上述的口供，好让那个卫生员知道。后来那个卫生员也改口说是从香港回来的。敌人不相信，马上给她一巴掌，随后便把莫福娣她们两人绑着押走了。

黄文光押着莫福娣两人回到观澜墟［圩］（黄文光的大本营设在此地），就交给他下属一个营部看守。开始时，敌人用软的办法劝降。莫福娣知道那个卫生员没有斗争经验，就叫她不要怕，要和自己一个口供，死也不要供出部队的秘密，她自己来顶住敌人。一天上午，敌营长亲自审问莫福娣两人。敌人开口就说共产党是“奸党”、“匪军”。莫福娣满腔怒火，于是公开和敌人针锋相对，义正词严地驳斥说：“谁配合敌伪进攻抗日部队就是奸党，谁抢劫老百姓财物就是匪军。王作尧部队是人民组织起来的抗日队伍，为群众谋利益，保家乡……。”话还没有说完，敌营长就大发雷霆，拔出驳壳枪相威胁。莫福娣坚贞不屈，痛骂敌人不绝。黄文光下令马上把莫福娣两人游街示众后就地枪毙。当时趁墟的群众不少。黄文光如临大敌，派一大班士兵押着被绑着的莫福娣和她的战友，在墟里游街。莫福娣两人非常沉着坚定，挺着胸膛，脸不改色。一路上，莫福娣高呼口号，她呼一句，她的战友跟着呼一句。“反对内战！”“反对投降！”“团结抗日，反对分裂！”“抗日无罪！”“王作尧部队是人民抗日部队！”“我们是抗日战士！”“中国共产党万岁！”等口号声响彻云霄，震撼着每个趁墟群众的心弦。敌人越不准她们叫喊，她们就越高声呼喊。游街后，两位英勇的女战士在观澜墟旁边的晒布岭就义了。莫福娣同志牺牲时年仅二十岁。她为党的事业献出了宝贵的青春，实践了自己“为抗日不惜牺牲个人一切”的誓言。莫福娣同志壮烈就义的事迹传遍全军，激发起全体指战员对国民党反动派无比的仇恨。部队发出了号召，向莫福娣同志学习！

莫福娣和她的战友牺牲后，敌人宣布不准收尸。但观澜圩附近白［百］花洞等几个村的群众，还是悄悄地把两位烈士的遗体埋葬了。莫福娣同志大无畏的革命形象，永远深印在我们心中。

（赵学整理）

欧巾雄（1923—1980）

归侨女杰欧巾雄[1]

张良生

一九八〇年三月十九日，北京一家医院的急诊室里，医生和护士正在全力抢救一位危重病人。病人处于半昏迷状态，嘴里喃喃自语道："电话还没打完，事情还没办完……"当医生问及发病原因时，陪送的同志说：

"她因为管一件闲事——不，不是闲事，她是为一家素不相识的人落实政策，那个家庭在'文革'中家破人亡，剩下七个孤儿，还受到株连。她很激动，正在给上级打电话，就……"

医生在住院登记卡上写着：欧巾雄，女，五十七岁。

二十四日，欧巾雄同志与世长辞了。在她身上，人们找到一张纸条，写着她发病前一天去看望的那七个孤儿的单位和地址。

这就是闻名东江纵队的巾帼英雄欧巾雄同志。她为了祖国和人民的解放，在艰苦卓绝的敌后战场上献出了宝贵的青春。如今，又为了维护党的政策，倾尽了最后的心力。

在欧巾雄同志灵前，挂着战友们和泪写的挽联：

念当年，把青春献祖国人民，地北天南，烟尘戎马劳巾帼。

思往日，沥肝胆解神州枷锁，心丹志远，腥风暴雨洗英雄。

① 收录于广东省妇女运动历史资料编纂委员会东江组编：《南粤红棉——东纵女战士》，1983年，第84–89页。

一九三九年，一艘从马来亚启碇的客轮，迎着南海的风浪，向中国前进。甲板上，两个华侨姑娘极目眺望前方，婷婷［亭亭］玉立，风神英爽。这是欧巾雄和她的好友李兆华，在民族危急存亡的当头，她们胸怀大志，毅然回到战火纷飞的祖国，投身于抗日战争。

欧巾雄当时只有十六岁，父亲是马来亚一家锡矿的技师，她是这个生活优裕家庭的掌上明珠。抗日烽火点燃了海外华侨的爱国热情，欧巾雄和李兆华等同学加入了"学生抗敌后援会"，积极参加宣传、募捐等救亡活动。当她听到将要成立"东江华侨服务团"的消息，就和李兆华一起报名回国参战。深明大义的父亲和卧病在床的母亲泪水涟涟地送别了心爱的女儿，把她交给了苦难的祖国。

她们来到了东江纵队的前身——惠宝人民抗日游击总队。这是革命的队伍，抗日的队伍。欧巾雄十分满意。这位出身于比较富裕家庭的华侨姑娘，面对艰险的战斗生活，乐观镇定，愉快开朗。她对敌作战勇敢坚决，对同志热情诚恳，受到东纵同志普遍的爱戴。战斗生活使这位白皙的华侨姑娘变得又红又黑，焕发出更加健美的神采，加上她又是从海外远涉重洋而来，人们就开玩笑叫她"摩罗差"。提起"摩罗差"，东江纵队无人不知。

她参军后，上级让她去管大队部的小鬼班。她带着小鬼们去野地里操练，摸爬滚打样样带头。回到驻地，亲自替小鬼们缝洗弄髒［脏］弄破的衣服。行军露宿山头，她对小战士们说："看，这草地好比一张大床铺，那蓝天好象一床大棉被，到哪里也买不到这么大的床铺和被褥啊！"说得小鬼们笑起来，从心底里钦佩这位从海外归来的大姐姐的宽广胸怀。

一九四〇年春，部队东移海陆丰的时候，欧巾雄是政工队员。这是部队最困难的日子。一路上遭到国民党反动派围攻、追击，部队在风雨泥泞中行军，爬山越岭，捱饥抵饿。欧巾雄一面做宣传鼓动工作，不时说个笑话；一面帮助同志们背枪、背包袱，鼓励同志们克服困难，努力前进。

后来欧巾雄到港九大队做民运工作和情报工作。她白天和老乡一起下地劳动，晚上办夜校，在青年、妇女中进行宣传、组织工作。还经常身带短枪，到日寇戒备森严的地区活动，为部队提供宝贵的情报。

她在沙头角、上水一带活动，和当地人民结下深厚的鱼水关系。这一带的人大部分姓陈，她就化名姓陈，人人叫她“陈姑”。群众一听说“陈姑”来了，都亲热地来看望她，照她的话去做。敌人对这个“陈姑”恨之入骨，高价悬赏她的头。有一次，日寇得到消息，突然包围了沙头角，挨家搜查“陈姑”。几家贫苦渔民冒着身家性命的危险，把“陈姑”从这家转移到那家，终于化险为夷。

一天下午，欧巾雄和几个同志正在上水集合群众布置工作，突然，村外响起了枪声，这是我们的哨兵发出的紧急敌情信号。欧巾雄立即镇定地分派温平、曾发两同志带领群众从村后上山，她自己扛起一挺机关枪，带了两名战士跑到村口，抢占了有利地形。十多名日本鬼子大摇大摆地走近村子。欧巾雄沉着地瞄准敌人，等到他们走近，立即扣扳机横扫过去。两个敌人倒下了，其余的趴在地上不敢抬头。欧巾雄和两个战士用交叉开火，边打边转移位置。日军的队长躲在一棵大树后面呱啦啦地喊叫，弄不清有多少游击队。黄昏后，敌人无［可］[①] 奈何地拖着死尸撤回据点去了。

欧巾雄同志担任过东纵政治部政工队（即“拖拉机”队）的队长。她带头在这支文艺工作队伍里建立了战斗的作风。每当派出队员到边沿地区、到战斗部队进行工作，她都亲自带队。她常常说自己“是个粗人”，“不是搞文艺的材料”，可是，当战士们要求她登台表演的时候，她却能上去来一段即时即景编成的客家山歌。有时，她还站到队前指挥齐唱。开群众大会时，她用广州话或客家话演讲，风趣、生动，将革命的道理讲得浅白易懂，好象讲家常，很受群众欢迎。

日本投降以后，欧巾雄带领“拖拉机”队随粤北指挥部北上粤赣边界开辟工作，后来调任大队教导员，在帽子峰、油山一带战斗。一次，她率领的武工队被国民党反动派军队包围了，战斗后队伍分散了。欧巾雄和三名战士在一起，子弹打光，隐蔽在半山腰一片深深的草丛中。搜山的敌人来到离她几十米的地方，一边搜索，一边喊话。欧巾雄揭开了最后一颗手

---

① 原文无，根据文意补充。——编者注

榴弹的盖子，对战友们说："同志们，现在到了生死关头，正是考验我们革命气节的时候，敌人如果上来，我们就和他们同归于尽！"敌人搜索到他们身边。四个革命战士怒目注视着敌人，面对死亡从容镇定。敌人没有发现一丝动静，撤回去了。

一九四六年六月底，东江纵队按照党中央的指示，根据与国民党达成的协议，乘美国登陆舰北撤山东烟台解放区。航行途中，一个美国水兵竟然拽着我们的女同志企图调戏。欧巾雄冲上前去，狠狠地打了这水兵一个耳光。舰上顿时沸腾起来。同志们喊："欧巾雄，打得好，再给他一巴掌！"部队负责同志严厉指责美国军官，要他们承认错误，并且保证不再发生类似事件。美国军官理屈词穷，只好表示道歉，把那个耍流氓的水兵关了两天禁闭。同志们都称赞欧巾雄："这一巴掌打出了中国人民的志气，打出了中华民族的威风！"

全国解放以后，欧巾雄身患多种疾病，但她积极工作，认真学习，锐气不减当年。她严格遵守制度，对上下一视同仁，坚持原则，铁面无私。一次，铁道部吕正操部长到北京医院看望病人，探望时间已过，刚巧碰上医院办公室主任欧巾雄值班。吕正操同志被挡回去了，却从心底里赞赏这位对工作一丝不苟的女干部，于是他亲自向组织部门指名推荐，把欧巾雄调到铁路医院工作。欧巾雄对同志热情，对一些不相识的群众也时常关怀备至。十年内乱期间，她时常忙着给挨批斗的老干部联系看病、住院。她的房间经常收留着被迫害的干部的子女，管吃、管住、管路费。她时常拿出工资帮助别人，自己却一直生活得简单而朴素。

历史清白、对党忠诚、行为高洁的欧巾雄同志，在十年内乱中被扣上"海外特务"、"假党员"、"土匪部队头目"等帽子，被乱批乱斗。一次，她在病中被斗了三个小时，支撑不住，摔倒在地。一位好心的老工人不怕牵连，把她背起来，送到急诊室。欧巾雄在急救后醒来，感到自己随时都有死去的可能，她掏出了早已写好的一张纸条：

"我死以后，请把我的一万元存款作为党费交给党……"

欧巾雄同志没有死于十年内乱之中，她奋发工作到党的三中全会这个意义深远的伟大转折之后，才离开我们。她是幸福的。她在弥留之际念念不忘“事情还没有办完”。这是她给我们的遗嘱。是的，党的事业在迅猛发展，任重道远，多少事情需要我们加倍努力去完成啊！

欧　坚（？—？）

深入“虎穴”的女游击战士欧坚[1]

女游击队员欧坚，新界人，家住在大埔圩。其父在当地有名望，领导上把她从宝安游击区调回新界，利用亲属关系，打入沙头角区役所当文书，并掌管印章。她经常从敌人来往信件中获悉敌人的动态，秘密抄下来转给大队；另外就是拿一些印有敌伪机关名称的公文纸给部队使用。

敌人是凶残而狡猾的。他们知道在敌伪机关工作的中国雇员，死心塌地为他们服务的究属少数。他们不能不雇请中国人，但是并不信任中国人。女游击队员欧坚在抄写公文时，好几次发现中岛队长悄悄地站在她的背后进行监视。

（《港九独立大队史》第 136 页）

① 收录于广东妇女运动历史资料编纂委员会编印：《香港妇女运动资料汇编（1937 年—1949 年）》，1994 年，第 141 页。

区梦觉（1906—1992）

1

亚洲妇女代表会华南三代表（节选）①

她很早就参加了革命工作。在广州文明路的中央机关里头，她担任繁重的“管家”工作，其后蒋党实行血腥的清党，中共党机关和广东省政府搬到香港来，那时候是国民党最反动的时期，革命者整天被特务跟踪着，地下工作机关，也受到最大的威胁。这时，工作人员一定要坚定，机警，而区大姐，正是这△的负责人之一。

因为她担任中共机关的管家和通讯工作，许多由各地到广州和来香港的人，一定要和她接头。因为她的和睦诚恳，因此，大家都喊她区大姐，其实在大革命时，她才是三十几岁，后来去了延安，担任中央宣委工作。

现在，她是广东△△多个省委中间，唯一的女性。

……

（《香港文汇报》1949.12.5）

2

延安的爱情（节选）②

……

当时组织规定“258 团”，也就是年满 25 岁、八年军龄、县团级干部

① 收录于广东省妇女联合会、广东省档案馆编：《广东妇女运动历史资料》第六辑，广东省供销学校印刷厂，1991 年，第 439—440 页。

② 由广东省东莞市妇联于 2022 年 7 月整理提供给本书编委会。

才能考虑“终身大事”。丁农和莫玉，以及其他干部，自然都严格遵守这一规定。

他们在结婚一年后便有了儿子。丁农和莫玉为了表示不忘家乡，特意给儿子取名为“东江”。

同样幸运的还有杨以平、邓思持。邓思持和杨以平同在中共中央军委二局工作。杨以平老家东莞麻涌，邓思持老家防城（当时亦属广东省管辖）。正像俗话说的那样：“老乡见老乡，两眼泪汪汪。”杨以平、邓思持从乡情发展到产生爱情，并在 1947 年喜结连理，建立起家庭。

在延安，杨以平、莫玉也结识了一位老家广东的女前辈，她就是 1940 年作为“七大”代表北上延安参加会议的区梦觉。

区梦觉的家乡在珠江三角洲的佛山。那里的西樵镇松塘村和东莞的麻涌一样，也有一派美丽水乡的风景：一排排古建筑沿池塘而建，把整个小村装饰得古朴典雅。松塘村还是南海有名的“翰林村”，仅明清两个朝代就出了 14 名进士和举人。

名村出名人，著名的中国妇女活动家区梦觉 1906 年就出生在这里。区梦觉曾用名白霜、区润燕、周爱霞等，16 岁就读于广州坤雅女子中学。在那里，她认识了因“刑场上的婚礼”而闻名遐迩的女革命家陈铁军，并在共产党员老师谭天度的启发下，逐渐走向摆脱封建枷锁、探求革命真理之路。在其他大户人家小姐还在父母的荫庇下生活时，区梦觉就已在思考妇女解放了。她参与组织了时事研究会，参加了学生爱国运动，还参加了广州的“六二三沙基惨案”的游行示威。

1926 年，区梦觉加入中国共产党，随后，受组织派遣，先后到广东省救济会、广东省妇女解放协会等单位工作，并担任广东妇女解放协会第三、第四届主任。在蔡畅和邓颖超的领导下，区梦觉参与组织广东省妇女运动，领导建立各县妇女解放协会。通过她的艰苦努力，广东的妇女运动蓬勃发展，成为全国妇女运动的一面旗帜。正是在那段时间，她与谭天度结为夫妻。1932 年，区梦觉先后两次被捕，她在狱中坚贞不屈，严守机密，坚持斗争。

1937年抗日战争爆发后，区梦觉经党组织营救获释出狱，到澳门、广州、韶关等地参加抗日救亡工作。1939年2月，任中共广东省委委员兼妇女部部长，参与领导发动广东妇女参加抗日救亡活动。抗战初期，广州的抗日妇女团体比较多，并广泛开展抗日救亡活动。在广州抗日救亡团体出版的进步报刊中，妇女报刊颇为引人注目。由广东妇女抗敌同志会于1938年创刊的《妇女大众》就是当时较有影响的妇女刊物，李峙山、区梦觉等负责主编，何香凝题写了“妇女大众”版头。以妇女团体为阵地开展抗日救亡运动，是抗战初期广州妇女运动的一大特点。

区梦觉一生为革命事业而献身，为千万家庭的幸福而奋斗，在延安仍十分关心青年人的成长、婚姻、家庭以及社会的进步。

她在见到杨以平、莫玉等来自广东家乡的女青年时勉励她们说：“工作搞得好，家庭关系好，人的精神就会舒畅，就有充足的劲头干革命。孩子也会受到好的教育和影响……”

因结识区梦觉、杨以平、莫玉以及田心、丁农、余一虹等来自东莞麻涌的男女青年，才晓得了她20世纪20年代中期，曾经和自己的老师谭天度结婚。后因谭天度被捕，这一对情侣不得不分离，从此音讯隔绝。他们渐渐得知谭天度后来的妻子陈新竟是自己东莞麻涌东太村的同乡。

庞维满（1923—1942）

忠魂永存——悼念战友庞维满烈士[1]

庞维满同志与世长辞已经整整四十五年了。虽然，我与她相处只有短短的五个月，但是，在那共同战斗的峥嵘岁月里，她给我的印象，使我永生难忘。她的音容笑貌，至今还留在我的记忆中。

维满出生于香港一个富商家庭，家大人多，生活条件富裕。她排行第三，姐妹四人，还有一个哥哥。她已成长为一个大姑娘了，有时，还扑到母亲怀里撒娇。抗日战争开始，她参加了“秋风歌咏团”，这个团体唱的都是抗日救亡歌曲。由于受到革命思想的影响，自幼娇生惯养的维满，开始厌恶自己的剥削阶级家庭，她尤其看不惯哥哥过着的“二世祖”生活，很同情受压迫受剥削的穷人。这是她后来走上革命道路的思想基础。

一九四一年冬，日本鬼子占领香港后三天，在党组织的接应下，我和维满离开了香港，绕道九龙、元朗，经过鸡公山，来到宝安县白石龙，参加了广东人民抗日游击队，编入了女生队的学习班。几天的艰难行程，使她脚底下起了血泡，每走一步路，都疼痛难忍。这对过惯舒适生活的维满来说，确实是一个严峻的考验。但是，想到了祖国的大好河山，遭到日寇铁蹄的践踏，骨肉同胞，饱尝亡国之苦，一路上，我和维满，流汗又流泪，胸中充满了对侵略者的无比仇恨。

在学习班上，我们学到了不少革命的道理，懂得要打败侵略者，解放全中国，就必须跟着共产党走。维满学习很认真，上课时，专心听讲，不懂就问，进步很快。

---

① 收录于广东妇运史编纂委员会、东江地区东纵编写小组编：《东纵女英烈》，广东五华印刷厂，1987年，第41-43页。

当时，国民党反动派是消极抗日，积极反共，特别是在一九四二年春，常来“围剿”抗日部队，我们处在敌强我弱的情况下，为了积聚革命力量，党领导的游击队，分散到广大农村中去，发动广大农民群众，共同抗日。我和维满一起被分配到宝安县大斜布村做民运工作。战争环境下的农村生活，十分艰苦。要宣传党的方针、政策，发动群众，首先要习惯群众的生活，和群众打成一片。于是，我们积极为群众挑水，椿［舂］米，同群众一起上山打柴、割草，下田插秧等。同时，依靠群众收集敌情，为部队提供情报。部队进村时，我们便分头去发动群众，给部队同志煮饭、烧水等。艰苦的生活和繁重的任务，并没有使维满退缩、动摇。刚到农村时，她挑起水来，行走不稳，十分吃力。我见她这样，便对她说，你去椿米，我来挑水。但她始终不肯，每天争着挑水，直到把江嫂家的水缸装满为止。上山打柴时，她不会用镰刀，以致把手指都割破了，可是她忍着疼痛，从不叫苦。所以，群众都称赞她是一个爱劳动的好姑娘。

维满心地善良，对人诚恳，我们相处得很好，彼此之间，就象亲姐妹一样。可惜不久，这个善良的好姑娘，在缺医少药的环境中患了重病，终于离开了我们，年 19 岁与世长辞了！

记得她到大斜布村不久，由于春雨连绵，天气变化无常，加上生活艰苦，劳累过度，维满病倒了，上吐下泄［泻］，高烧不退。群众为她采来中草药，同志们常等候在她的跟前，盼望她早日恢复健康。可是，由于处于敌伪顽的夹攻的环境中，在缺医少药的条件下，她的病越来越重了。在她临终的那天中午，民运队副队长杨彩萍来了。这一天晚上，杨彩萍和我一同守候在维满的身边，维满静静地躺在果园的草屋里，轻声细语地对我们说：我在病中，得到你们的真心照料，很是感激，希望你们也要注意休息，保重身体，因为，还有很多工作要做啊！看来，我是不行了！请把我的手表和金戒指交给组织吧！说完，她就安然长眠了！

这时，我和杨彩萍泪如雨下，无限悲痛。在一个雷雨交加的夜里，在江嫂、生哥和常伯等人的帮助下，我们强忍着巨大的悲痛，把维满埋葬在大斜布村的叶东坑。

一九八一年六月，杨彩萍和我重回革命老区，访大斜布村时，回到我和维满住过的江嫂家，见物思人，想起了四十年前的战友，心情惆怅，哀恸不已，赋诗一首，以示悼念。

初踏征途不畏难，敌顽山恶只等闲；
休言弱女捐躯易，默默忠魂重泰山。

安息吧！亲爱的战友，中国人民的优秀女儿，你永远活在我们和一切善良人们的心中，你的革命精神将激励着我们为共产主义事业奋斗终生。

陈胜华

全赓靖（1910—1945）

全赓靖烈士简介[①]

全赓靖，女，满族人。一九一〇年在北平出生，（祖籍不详）其父曾任北平教育部部长，天津卫生局局长。

她从小学直到大学都是在外国基督教会办的洋学堂读书，接受了完全的资产阶级教育。讲得一口流利的英语，画得一手很好的油画，温文漂亮，才华横溢。

读大学时，在进步同学的影响下，开始产生了民族、民主爱国思想，愤恨帝国主义的侵略，不满旧社会的黑暗，向往民主自由，追求妇女独立解放。

一九三七年，平津沦陷前夕，她不愿做亡国奴，带着一双儿女和一个妹妹，回到广东梅县大河背叶屋村，她丈夫的老家。因年青丧夫，受到封建世俗的歧视冷漠。后在广益中学执教，用行动来反对封建礼教的束缚。

一九三九年九月，国民党第四战区司令长官张发奎（是全结婚的介绍人及证婚人）热情邀请全到他的家乡始兴县清化彩岭村风度小学任校长。从此，彻底改变了她的人生道路。

风度小学是张发奎为纪念他的父亲用十万元巨款兴建的。一九三六年创建开始，就为进步人士张光弟（大革命时期的共青团员，张发奎的秘书）邀集了一批进步青年所掌握。一九四〇年始兴县正式成立党组织后，这所学校实际由我党领导，校里的大多数教职员工，都是地下党员和革命的知识分子。

全赓靖在党的教育和革命的熏陶下，孜孜不倦地阅读进步书籍，政治

① 收录于广东妇运史编纂委员会、东江地区东纵编写小组编：《东纵女英烈》，广东五华印刷厂，1987年，第78-80页。

觉悟不断提高。她尊重同事，虚心接受意见，积极改革教育，疼爱学生，关心当地贫苦农民，还经常在张发奎面前说教师们的好话，有力地保护了党的力量。

一九四二年，广东地下省委被破坏后，国民党特务不断地搜捕我地下党员和革命工作者。在白色恐怖面前，全赓靖毫不畏惧，她协助学校的地下党员，安全掩护了一批又一批从外地来的同志；她挺身而出，利用自己的社会关系，积极机智地营救被捕的地下党员。表现了对党的忠诚和革命的坚定性。

北江特派员林华康同志（在风度学校中学部任教导主任作掩护）向上级党组织全面汇报了全赓靖的情况后，根据全的表现及要求决定由林做介绍人，单独发展，于一九四五年三月被批准为中共预备党员。

同年五月，党领导的武装斗争开始了，正式成立了抗日风度大队（四五年九月以后归东纵粤北指挥部领导），风度学校也因此而暴露。全赓靖带着两个孩子参加了风度大队，被分配到游击根据地八约乡花山卫生所工作。八月一日凌晨，国民党匪军的一个正规师三个团突然分四路包围了我游击根据地，向我部队发动了全面进攻。花山也受到袭击，全赓靖和她十岁的女孩叶元桐，来不及撤退，不幸被捕。

全赓靖被捕后，受尽了严刑拷打，敌人也末［未］能从她口中得到半点有关革命的秘密。敌人把她母女解到军营部、团部，极尽威迫利诱之能事，仍动摇不了全赓靖对党的忠诚。敌人束手无策，只得把她俩解到江西余江衢州余汉谋的绥靖公署。余电告张发奎后。全赓靖惨遭杀害。

灭绝人性的匪军，对全杀害时，也把仅十岁的叶元桐押赴刑场，枪声响后，小元桐昏倒在母亲的血泊中，致使以后神经受到严重损伤。（全牺牲的地点，有一说是在江西寻邬，但因元桐年幼，无法查对）。

全赓靖同志英勇就义后，当地群众怀念她，将她过去居住过的房间保存完好；当地政府为纪念她，将司前小学命名为赓靖小学。

华　英

丘　平（1926—1946）

1①

丘平，又名丘碧秀、陆平。1942年秋初师毕业后，便在家乡的古田小学任教。以教书作掩护，从事党的抗日救亡活动。

1944年秋，丘平参加我党领导的抗日游击队。1945年初，国民党派特务唐小武以服务员名义，潜入我党企图窃取电台密码。当时，丘平奉命负责看管、审讯和教育唐小武，揭露他通过信件向国民党提供情报，妄图围剿我驻在淡水山子下的东江纵队司令部的罪恶行为。1945年3—4月间，东江纵队司令部在罗浮山一带开辟抗日根据地。丘平也随政治部、保卫科来到罗浮山，继续开展对敌伪顽的斗争。

丘平同志经指挥部指示赴往象头山民主独立大队担任民运队队长，1946年3月18日，江北指挥部派3人护送丘平从何家田出发到柏塘鹅头寨，不料路经平安圩时与国民党大部队遭遇，因国民党军队封锁了去路，当晚决定住在交通站。岂料被当地伪保长黄祖如获悉，他便勾结国民党军刘楚和柏塘的乡长、保长，密谋“围剿”游击队。3月19日拂晓包围西溪。丘平决定突围！不料被敌人的机枪子弹击中大腿，动弹不得。丘平说：“不要管我，快跑，我不行了”。

丘平受伤后藏在荆棘丛中，等敌人步步逼近时，她拉开唯一一颗手榴弹导火线，朝敌人掷去。敌人受到致命的打击，立即朝丘平开枪射击，丘平同志英勇奋战，视死如归，牺牲时年仅20岁。

① 由广东省东莞市博罗东江纵队纪念馆于2022年7月整理提供给本书编委会。

2

赤子红心——丘平烈士传略[①]

丘平，又名碧秀、陆平，一九二六年农历五月十八日生于广东梅县城东谢田村，父母亲均在印尼去世，她有兄妹九人，多数侨居印尼，有的在泰国和香港。因姑妈未生有儿女，丘平出生不久便过继给姑妈做养女。她聪敏过人，姑妈虽然家境清贫，仍省食俭用供她上学。

一九三九年秋，丘平在梅县古田村五里亭小学毕业后，考入梅州女子师范学校，当时，我党领导的抗日救亡运动正蓬勃兴起，年仅十三岁的丘平在姐姐丘碧珍、丘碧英等地下党员的影响下，也激发起抗日救国的热情，与兄妹们一起投入抗日救亡运动。是年冬，国民党顽固派掀起反共高潮，我党的活动处于隐蔽状态。一九四二年秋，丘平初中毕业后，便在家乡的古田小学任教。

我南方党组织遭到破坏。梅县地区的许多地下党员转移到连平一带。丘平与姐姐丘碧珍，妹夫李仕贤等一批地下党员疏散到连平，以教书作掩护，从事党的活动。

一九四四年春，丘平在连平任教时，向学生灌输爱国思想，并动员一些教师，在附近村子里举办妇女识字班，还通过演戏，宣传抗日，得到当地群众的好评。

不久连平忠信的地下党员苏平、温再生等与东江党组织取得联系，丘平便跟随苏平等奔赴东江，参加了抗日游击队。她长得斯文秀气，性格开朗，干起工作来认真细致，同志们都称她“秀姑”。

入伍不久，丘平参加了东江纵队政治部在大鹏半岛举办的第三期青年干部训练班。学习期间，她刻苦认真，生活艰苦，被评为学习模范、优秀学员。

一九四四年十月，丘平又参加了东纵司令部举办的卫生干部训练班。

---

① 收录于广东妇运史编纂委员会、东江地区东纵编写小组编：《东纵女英烈》，广东五华印刷厂，1987年，第127－131页。

在训练班里，她以优异的成绩获得领导和同志们的嘉奖，并光荣地加入了中国共产党。

卫生训练班结业后，丘平被分配到政治部保卫科任保卫干事，担负反特、防特和情报工作。

一九四五年初，东江纵队为了配合盟军对日作战，与盟军建立了联络处。这时，美国第十四航空队已派欧乐义到东纵司令部，收集日军情报。但国民党顽固派为了破坏我军和盟军的合作，派遣特务唐小武以欧乐义服务员的名义，潜入我军进行侦察，企图窃取我电台密码。由于我军警惕，及时识破了国民党反动派的阴谋，在唐小武进行特务活动时被我扣押，并将他交给司令部保卫科处理。当时，丘平奉命负责看管、审讯和教育唐小武。开始，唐小武见丘平是个黄毛丫头，态度极其顽固。丘平就揭露唐小武通过信件向国民党提供我军情报，妄图“围剿”我驻在淡水山子下的东纵司令部的罪恶行为。唐在事实面前进行狡辩，但屡次都被丘平驳得哑口无言。经过反复较量，唐小武终于交代了参加特务活动的事实。丘平圆满地完成了这一任务，得到司令部、政治部及保卫科领导的称赞。

一九四五年三四月间，东纵司令部及其主力从江南开赴江北，在罗浮山一带开辟新区。丘平也随政治部保卫科来到罗浮山，继续开展对敌伪顽的斗争。

一九四五年夏，经组织批准，丘平与东纵政治部组织科干事曾光在罗浮山道姑田这个山旮旯里结婚。然而婚后仅三天，他俩便因任务紧迫而各自奔向战斗岗位，谁知这次别离却成了这对新婚夫妇的永诀。

一九四五年九月下旬，江北指挥部在罗浮山成立。丘平随指挥部转移到博罗横河何家田一带山区，曾光派往象头山民主独立大队任指导员。

丘平在何家田期间，担任民运队长，受博罗县委直接领导。因形势异常险恶，民运队的同志都分散住在老百姓家里，在群众的掩护下开展工作。丘平和何沛住在何家田关屋关桂安大伯家。为了便于工作，丘平和何沛都打扮成农家妇女，梳着髻，戴着耳环手镯，身穿大襟衫。丘平改名阿娇，何沛改名阿娣。她们在关桂安一家和当地群众掩护下搜集情报，搞粮食，送给养，从没有发生意外事。丘平还经常下地种田，上山烧炭，同群众打成一片。

在丘平等人的宣传发动下，何家田一带山区很快就成立了自卫队，积极协助部队做好防范工作。当时何家田周围国民党军密布，丘平把自卫队分成四组，守住各个路口，分别监视增城、龙门和博罗的柏塘、横河等地的敌人。

一次，敌人向何家田游击区“扫荡”，由于自卫队及时提供情报，江北指挥部人员便安全转移，使敌人扑空。敌人妄图消灭我江北部队，在何家田一带村村驻兵，对我严密封锁，断绝交通，反复搜索。当时，丘平孤身一人掩蔽在何家田附近的深山密林中，住在一个烧炭的窑洞里，敌人搜索频繁，环境极为恶劣。但是，困难吓不倒坚强的革命战士。开始时，关桂安大伯便想方设法送粮食和情报上山给丘平，大伯的媳妇林月嫦当时刚生了小孩，她冒着风险为丘平送食物。不久，敌人对我隐蔽在山中的游击队加强了封锁和搜索，群众也被监视起来，丘平的给养断绝了。在这生死危亡的关头，丘平咬紧牙关，摘野果充饥，用山泉水解渴，以顽强的革命斗志去战胜敌人的封锁，度［渡］过了难关。

一九四六年春，我江北指挥部为了加强象头山方面的力量，便决定调丘平到象头山民主独立大队，继续从事民运工作。为使丘平能安全抵达象头山，农历元月十七日，江北指挥部派出武装交通员叶芳等三人护送。这天下午，丘平随武装交通小组从何家田出发，翻山经西溪到柏塘鹅头寨，在吊门石交通站吃晚饭，待夜幕降临，便启程过象头山。不料，路经平安圩时，与国民党大部队遭遇，武装交通组只好掩护丘平退回吊门石交通站。因敌人封锁了去路，不能赶到象头山，便回情报站暂避。那知这情况，被原柏塘圩保长黄祖如获悉。黄勾结驻柏塘的顽军连长刘楚和柏塘的乡保长，密谋策划“围剿”我游击队。第二天拂晓，黄祖如指使其子黄观松、黄添福给国民党军队带路，包围西溪。当时，丘平和护送人员还住在林亚丁大伯家。当大伯发现敌情，通知他们撤离时，敌人已来到屋前二百米处，背后的小山丘上敌人已架起了机枪，情势十分危急。丘平当即决定突围，无论如何不能落在敌人手中！叶芳也主动承担掩护任务，准备拼他一死。当护送人员和丘平冲出林亚丁家时，敌人的机枪和步枪一齐扫射过来，叶芳等一边开枪还击，一边朝北面大山奔跑。由于敌人的火力甚猛，几个交通员只好分散突围，熟悉地形的叶芳带丘平沿着一条小溪上山，利用堤坝掩护，很快就冲出敌人的包围圈。为了加快速度，叶芳首先飞过一片三十米远的开阔地，等待丘平一起登山，岂料丘平在爬上堤坝准备飞越开阔地时，被敌人机枪击中大腿。叶芳揹［背］着枪弹回来，欲给她包扎，但丘平却说："不要管我，快跑，我不行了"。叶芳怎忍心丢下自己的同志，要揹［背］丘平上山。为了同志们安全，丘平推开叶芳的手，哀求叶芳快跑。叶芳只好把丘平揹［背］到溪沥一个荆棘丛生的地方藏起来，然后才往山上飞奔。

丘平受伤后，地上流下了鲜血。敌人赶来发现血迹，便追寻起来。丘平藏在棘蓬下，见敌人即将走近，便掏出唯一的一颗手榴弹，对着敌人大喝一声："站住，再上前来，送你们上西天！"敌人惊恐万状，不敢上前一步。仔细一看，原来是个年轻的姑娘，于是扬言要抓活的，对丘平说："放下武器吧！出来投降有你好处，我们决不会亏待你！"丘平是决不甘心被敌人俘虏的，她知道被俘迎来的不是屈辱就是受刑，国民党对女俘虏是从来不怀好意的。于是，在敌人步步迫近的时候，她咬牙关拉开手榴弹的导火线，朝敌人掷去。敌人受到致命的打击，立即朝丘平开枪射击，一阵密集的枪声，震荡着江北的山谷、丛林……。

丘平同志视死如归，英勇奋战，牺牲时年仅二十岁。她的英雄事迹，将永远为江北人民所传颂！

（李新添、李春水、李祝华、蔡杰民根据曾光、叶芳、韩景星、曾文、关明照、林伯良等提供的史料整理）

沈如琼（1920—1946）

1

文静的姑娘　忠贞的战士——沈如琼烈士传略[①]

沈如琼，又名沈群华，一九二〇年出生于广州市一个书香世家。自幼爱好读书、绘画、刺绣，性格端庄，秀静、温和，同学们亲切地称她为“琼姐”。一九四二年，她考入中山大学法学院经济系，就读于粤北坪石。在学校中，她品学兼优，热心参加党领导的学生运动。

一九四四年夏天，如琼读完了大学二年级。日寇进攻湘桂线，粤北告急，到处一片混乱。这时候，中山大学地下党组织一些进步同学参加东江纵队。沈如琼看清了国民党的腐败无能，不顾自己曾患肺病体质较弱的情况，坚决要求参军抗日。六月，在共产党员带领下，她和一批同学秘密离开学校，经韶关、始兴绕道江西折返东江，不远千里寻找东江纵队。在这次长途跋涉中，她和同学们连日步行，走崎岖的山路，有时大雨滂沱，衣衫尽湿，可是，她从不叫苦。当行到老隆时，由大家把衣物交公变卖所得的旅费已将用完，她又把家传的贴身佩戴的一条金项链交公，为大家凑足了旅费。他们越过了国民党和敌伪的封锁线，于八月初来到大鹏湾，参加了东江纵队。琼姐在中大读书的三个兄弟姐妹，也先后来到东纵。

如琼参加了东纵政治部举办的第一期青年干部训练班学习后，分配到政治部政治工作队做宣传工作。到部队后，性情文静，说话都脸红的琼姐，成了一个活跃的文艺战士，以艺术为武器进行战斗。她善于扮演温柔

---

① 收录于广东妇运史编纂委员会、东江地区东纵编写小组编：《东纵女英烈》，广东五华印刷厂，1987年，第124-126页。

敦厚而深明大义的大嫂子一类角色，演得惟妙惟肖。但是她演当地那些成天赤着脚的农村妇女还不够象，脱了鞋，走起路来软绵绵的。她决心锻炼自己，赤着脚去替老乡们挑水，坐到灶边帮嫂子们烧火。经过一段时间的磨炼，演出的时候，她光着脚往台上一站，淳朴浑厚，洗尽文弱气质，俨然是农家的大嫂子。同志们说："琼姐，你这位东江大嫂子只差不会讲客家话了。"琼姐微笑说："我学得会的。"

一九四五年夏天，政治部工作队正在广九路西东莞地区活动，队长夏洪调去第六支队任教导员，琼姐和他正在恋爱，她毫不犹豫地表示愿意同去。同志们问她："六支队在海陆丰、紫金一带山区，非常艰苦，你去行吗？"琼姐说："行！"同志们又问："海陆丰讲'学佬话'很难懂，你行吗？"琼姐又微笑着说："行！"她怀着对革命的忠诚，对爱人的深情，背起行装，就向东出发了。到了六支队，她担任文化教员，密切联系群众，以惊人的毅力，用三个月的时间，学会了人称"学到老"的海丰话。她抓紧行军和休息的时间，教战士们唱歌、学文化，替战士们缝补衣服。日本投降以后，国民党反动派对抗日游击队活动的地区进行"围剿"、封锁，部队处境更加艰苦，同志们的鞋破了，补充不上，琼姐也赤着脚行军。夏洪把鞋子脱给她，她不穿，一双鞋子，两个人让。部队有了病号和伤员，琼姐帮着卫生员去照顾护理。战士们很喜欢琼姐唱歌，只要有人提出，她毫不忸怩，立即就唱，即使是对着一两个战士，她也轻轻地唱。她最喜欢唱那首歌颂吕梁山解放区的歌："朝霞弥漫着山岗，大地在理晨妆……美丽的吕梁，是我们祖先开发的好地方！"这深情的歌声，激励了战士们对祖国山河更加热爱。就在这一年，如琼加入了中国共产党。

一九四六年三月，紫金县反动势力勾结国民党军队，以数倍兵力向在乌禽嶂一带活动的东江纵队"海陆惠紫五"指挥部的部队进攻。琼姐所在的独立营为了掩护指挥部转移，有意把敌人引向五华边境。连续几天行军作战，琼姐一面做宣传鼓动工作，一面照料伤病员。三月二十四日，部队到了白沙湖赤坎村，敌人包围上来，在突围时，如琼不幸被敌人的子弹击中，英勇牺牲，时年二十五岁。

如琼的一生虽然是短暂的，但她从一个文静的姑娘，成长为一个忠贞的战士。她的爽朗、正直的性格，勇于献身的精神，体现了中华民族优秀儿女的高尚品德。她那崇高的形象，象一座巍峨的丰碑，永远矗立在人们的心中！

陈海仪

2

沈如琼[①]

沈如琼，曾用名沈群华，1920年出生于广州市一个书香世家。中山大学法学院经济系学生，热心参加党领导的学生运动。

1944年夏天，中山大学地下党组织一些进步同学参加东江纵队。沈如琼不顾自己曾患肺病体质较弱的情况，坚决要求参军。六月，在共产党员带领下，绕道江西折返东江，连日步行，不远千里长途跋涉山路，有时大雨滂沱，衣衫尽湿，她从不叫苦。他们越过了国民党和敌伪的封锁线，于八月初来到了大鹏湾，参加了东江纵队。沈如琼在中大读书的三个兄弟姐妹，也先后来到东纵。

沈如琼参加东纵政治部举办的第一期青年干部训练班学习后，分配到政治部政治工作队。这个性情文静，说话都脸红的姑娘，成了一个活跃的文艺战士，以艺术为武器进行战斗。为了演好农村大嫂子一类角色，她赤着脚去替老乡挑水，坐到灶旁帮嫂子们烧火。

1945年秋天，政治部工作队正在广九路西东莞地区活动，队长夏洪调去第六支队任教导员，沈如琼和他正在恋爱，她毫不犹豫地表示愿意同去。同志们问她："六支队在海陆丰、紫金一带山区开辟工作，非常艰苦，

① 收录于中共广东省委党史研究室、广州地区老游击战士联谊会、广州地区老游击战士联谊会东江纵队分会、广州市东江纵队研究会编：《东江纵队英烈集》，2013年，第126−127页。

你去行吗？”沈如琼说：“行！”同志们又问：“海陆丰讲‘学佬话’很难懂，你行吗？”沈如琼又微笑着说“行！”。她怀着对革命的忠诚、对爱人的深情，背起行装，就向东出发了。到了六支队，她担任文化教员，密切联系群众，以惊人的毅力，用三个月的时间，学会了人称“学到老”的海丰话。她抓紧行军和休息的时间，教战士们唱歌、学文化，替战士们缝补衣服。日本投降以后，国民党反动派对抗日游击队活动的地区进行“围剿”、封锁，部队处境更加艰苦，同志们的鞋破了，补充不上，沈如琼也赤着脚行军。夏洪把鞋子脱给她，她不穿，一双鞋子，两个人让。部队有了病号和伤员，沈如琼帮着卫生员去照顾护理。战士们很喜欢沈如琼唱歌，只要有人提出，她立即就唱，即使是对着一两个战士，她也轻轻地唱。就在这个时候，沈如琼加入了中国共产党。

1946 年 3 月，紫金县反动势力勾结国民党军队，以数倍兵力向在乌禽嶂一带活动的东江纵队“海陆惠紫五”指挥部的部队进攻。沈如琼所在的独立营为了掩护指挥部转移，有意把敌人引向五华边境。连续几天行军作战，沈如琼一面做宣传鼓动工作，一面照料伤病员。3 月 24 日，部队到了白沙湖赤坎村，敌人包围上来。在突围时，沈如琼因照顾伤员，未能及时冲出。敌兵要逮捕她，沈如琼双手紧抱一棵松树，高喊“我死也不走，你们开枪吧！”枪声响了，一个文静的姑娘、忠诚的战士，永远和青松同在。

苏　丹（1926—1949）

江南部队女英雄——苏丹烈士传略①

苏丹，原姓陈，名丽娟，又名逸平。苏丹这个名字是她参加革命后，因为敬慕苏联卫国战争的英雄丹娘而改的。苏丹因为爽朗，泼辣、说话快捷，同志们还给她一个外号叫“机关枪”。

一九二六年五月，苏丹出生在广东揭阳县城镇北门吴厝，父亲叫陈国贞，母亲叫刘瑞珠，家境清贫，父亲给人做长工，母亲纺纱织布，以此维持家人生活。祖辈遗下的一间店，给财主许炳炎霸占去了。此时，苏丹虽然年纪小，但这件不合情理的事，却给她留下深刻的印象。

苏丹七八岁时，便进入小学读书，她天真活泼聪明伶俐，品学兼优；她很会说话，又善唱歌，简直象百灵鸟那样，得人喜爱。不久，日寇大举侵华，飞机经常在她的家乡狂轰滥炸。老师启发她，使她懂得了一些外敌为什么敢于侵华的道理，从小就有一颗爱国之心。

苏丹小时很聪明，深得父母亲戚的爱惜。父亲克勤克俭地让她念完高小，在姑母资助下，一九四〇年到韶关第二侨民中学读书，后又转到韶州师范就读。她积极参加青年抗日救国会，遭到国民党反动派的无理干涉。日本侵略军和国民党的所作所为，激起了苏丹胸中仇恨的怒火，于是，她积极投入爱国救亡运动。

二十岁那年，也就是一九四六年，苏丹在韶州师范毕业了。在共产党员梁丹的教育和帮助下，政治上进一步成熟，组织上吸收她加入了中国共产党。从此，苏丹踏上了革命征途，投身到火热的游击战争中去。她决心

---

① 收录于广东妇运史编纂委员会、东江地区东纵编写小组编：《东纵女英烈》，广东五华印刷厂，1987年，第154—163页。

以苏联的丹娘为榜样，把自己的一切献给可爱的祖国和人民。

一九四六年六月，东纵北撤，苏丹和梁丹转移到香港教书，在复杂的环境里，尽心尽力，对年轻一代灌输爱国主义思想，并努力学习马列主义理论，提高政治思想水平。

一九四七年暑假，正是东江各地恢复和发展武装斗争的时候，组织上批准苏丹离开香港，到惠东宝参加游击队。

苏丹到惠东宝游击队后，在护乡团第一大队任文化教员。她不但组织同志们开展文艺活动，还亲自演出《兄妹开荒》等节目，以鼓舞战士们的战斗情绪，丰富和活跃部队的文化生活。

一九四八年，解放战争的形势发展很快，人民解放军由防御转入进攻。由于工作需要，苏丹被调到铁虎队任政治服务员。不久，江南支队一团先后建立了青龙、白虎和黑豹三个独立连，苏丹先在白虎队，后又和连长魏贵一起调到第三独立连黑豹队，魏贵任连长，苏丹任政治指导员。

这个新建的连队，战士都是从惠东宝平原地区来的，从平原到山区，不少人情绪有些波动。要把这支队伍建设成有纪律，有战斗力的连队，作为一个连队的政治工作者，身上的担子是十分繁重的。连长魏贵等都担心这位年仅二十二岁的女指导员吃不消。可是不久，苏丹就以她那勇敢顽强的战斗意志，严肃认真的工作态度，热情开朗，平易近人的工作作风，消除了同志们的顾虑。

一次，魏贵接到报告，说他的连队有五个战士到司令部要求调动而感到恼火，派人把五个战士叫来，批评了一顿。过后，苏丹对五位战士做过细的思想工作，使五位战士安心下来。苏丹除了认真给战士们上好政治课、时事课外，还坚持和战士们一起参加军事训练，在练兵场上和干部战士一起摸爬滚打，练习射击，投弹等各种技术，使练兵胜利完成了任务。

连队的生活是艰苦和紧张的。每当行军到达目的地时，苏丹就进行查房，帮卫生员煮姜汤给战士喝，为战士挑血泡，从而使战士们消除疲劳，斗志旺盛。

苏丹不愧是一个优秀的政治工作者，在她的谆谆［循循］善诱和模范行为影响下，这个新编的连队，很快就成为一支有战斗力的队伍。

一九四八年七月中旬，司令部决定攻打沙鱼涌守敌，分配给黑豹队的任务是歼灭敌人铁丝网内的排哨。苏丹在连队进行战前动员，号召大家英勇杀敌，并对如何通过铁丝网的问题，请大家都来想办法。战士们纷纷提意见，有的主张用门板，有的主张用竹梯……。苏丹启发大家尽力用自己身边的东西来解决。大家想到了毛毯，把毛毯浸湿水压在铁丝网上，既容易通过，又可以防弹。于是，决定借助毛毯，越过敌人的铁丝网。

战斗号角晌［响］了，魏贵、苏丹带突击队迅速消灭了敌排哨。接着，配合主力向沙鱼涌守敌攻击，经过三个多小时激烈战斗，终于胜利地全歼了国民党一五四师二十三团一个营，俘敌一百八十五人，毙伤敌一百四十二人，枪弹、物资缴获甚多。黑豹队负责打扫战场，战士们看到从敌人那里缴获来乌溜溜的新枪，个个兴高彩［采］烈，要求魏连长换给新枪，连长同意了。上级发现后，把苏丹找去，要她对全连同志进行教育。经过苏丹耐心说服，连长和排长都想通了，把缴获来的枪枝全部交回司令部统一处理，受到支队领导的表扬。

七月二十二日，黑豹队又参加山子下伏击战，歼灭敌人一五四师二十二团第二营和肖天来大队，毙伤、俘敌三百余人，缴获轻机枪十四挺和一大批弹药。

形势在迅速发展，我军连续进攻敌人，打了许多胜仗。苏丹在战火纷飞的战场上受到更实际的锻炼，她处处以身作则，机智勇敢屡挫顽敌，人们称赞她：不愧是江南部队的一个巾帼英雄。

一九四八年八月，为了开辟新区，支队领导决定从连队调一批政治干部，组成政工队，开展新区工作。苏丹被调到政工队，与姚山等在合水坝、宝溪、富地坑、左坑、禾多等地进行活动。这一带地方群众基础比较差，情况比较复杂。苏丹在偏僻贫困的左坑工作，她扎根于最穷苦的赖招嫂家中，并通过进步青年张福合进行串连活动，扩大农村基本队伍，工作逐步打开局面，并对反动地主徐楚良进行批判斗争。

九月中旬，国民党保十三团两次进犯宝溪，环境恶化，张福合劝苏丹撤到深山里去，苏丹说：“我们不能光顾自己的生命，应该先为群众着想，为部队着想，我们要坚持下来，侦察敌人的动向，及时将情况向部队汇报。”于是，苏丹隐蔽在村边的树林里，观察敌情，张福合十分敬佩。

苏丹在群众中扎下根，如鱼得水。群众发动起来以后，便成立农会、妇女会，在新区中闯开了路子。

苏丹和她的政工队的足迹，踏遍了惠紫边一带山村。苏丹深深地爱上了这里的山山水水。一九四九年五月，她接到随军解放紫金的命令。当她离开禾多时，当地群众送她一程又一程，真是难舍难分。

五月二十二日，苏丹随边纵司令部进入紫金山城，她率领政工队，在紫金城里唱歌跳舞、写标语、画画，整个山城活跃起来了。“解放区的天是明朗的天，解放区的人民好喜欢……”的歌声响遍山城。老态龙钟的老人、天真活泼的少年儿童，都以好奇的眼光，围着边唱歌边书写标语的苏丹和政工队员们，赞赏共产党确有人才。

中共紫金县委、县人民政府成立后，苏丹被派到九和、热水一带发动群众建立乡、村政权，开展对敌斗争，七月一日，建党二十八周年纪念日，中共紫金县委在沙子坝飞机场召开了庆祝大会。苏丹从民兵手上拿过七九步枪，朝天连放三枪，作为礼炮。她那飒爽英姿，干群无比敬佩。

原国民党紫金县党部书记黄尚达，勾结国民党一九六师进攻紫金，企图颠覆人民政权，实现他当县长的迷梦。为保护人民群众，捍卫革命果实，中共紫金县委决定派苏丹担任龙窝区工委书记。七月六日晚上九时许，苏丹带着警卫员刘庚斗和徐仔，从黄花赶回县人民政府。县委领导介绍情况后，苏丹便出发去龙窝了。

龙窝有个黄尚明，是黄尚达的弟弟。在人民武装发展之时，他纠集二十多人枪凑成了“龙窝镇武工队”，亲自担任队长，部队派叶荣同志任该队指导员。六日晚上，黄尚明在宝洞小学拘捕了指导员叶荣，并在当晚把叶荣转移到嶂下矿沥。

苏丹接受任务，当晚带警卫员出发去龙窝。七日上午到达嶂下火烧店时，被黄尚明率众围捕，押至石堆下福基楼。苏丹一进门，发现指导员叶荣被捆绑在天井边廊子间的窗栏上。黄尚明一帮匪徒，从苏丹三人所带的文件上，发现许多文件都写有苏丹的名字，认为苏丹一定是很有地位的人，便摆开架势，对苏丹进行审问。苏丹立场坚定，义正词严，痛斥叛徒。黄尚明转向刘庚斗和徐仔，亦遭痛骂。黄尚明又企图通过折磨叶荣，给苏丹来个下马威。折磨叶荣后，对苏丹说："你们三人看见了吗？投降、悔过、自新，才有出路。顽固、调皮、反抗，只有死路一条。"苏丹只当疯犬狂吠，全然不理。

叶荣醒来后，大骂黄尚明："你这个贼叛徒，人民是饶不了你的！"黄尚明气急败坏，以杀害叶荣来威吓苏丹。当天下午，黄尚明押着苏丹等三人转移。晚上，苏丹教育刘庚斗、徐仔，要以叶荣为榜样，宁死不屈，苏丹还对刘、徐两人念了夏明翰的诗："砍头不要紧，只要主义真，杀了夏明翰，还有后来人。"

黄尚明对苏丹连续审讯，面对敌人的酷刑迫供，苏丹义正词严地说：黄尚明，你颈项有没有包铁皮？人民能放过你这条狗吗？黄尚明始终未能从苏丹身上获得任何东西。

七月十二日，国民党一九六师占领紫金，黄尚达当上了县长。翌日，黄尚明率领整个中队，将苏丹、刘庚斗、徐仔三人捆绑起来，准备押送县城。苏丹对刘庚斗说："小刘，这次到县，如果敌人对我下毒手，你要好好记住这叛贼的罪行，坚决报仇。"一路上，苏丹慷慨高歌，昂扬壮丽的歌声，在高山深谷中回荡。苏丹特意在衣襟上别一颗五角红星，在闪闪光辉的伴随下，艰难而又坚定地迈着步子。苏丹顽强乐观的神态，叫敌人暗暗惊奇。匪徒们窃窃私议，这个女游击队员真英勇，难怪游击队到处打胜仗。黄尚明夺去苏丹佩戴的红五星丢在路旁。苏丹的眼睛燃着怒火，一字一顿地说："叛徒听着，你能夺去我的五角红星，可不能夺去我永远向着共产党的红心。"

紫金县城驻满了蒋匪军一九六师，苏丹被关押在黄家祠。

十四日起，敌人天天提审苏丹，天天折磨苏丹，但是，饥饿、拷打、威胁、利诱都不能压服苏丹。黄尚达和他的帮凶钟秩建、叶某，在这个意志坚强的革命战士面前一筹莫展。但他们死不甘心，于十六日将苏丹等三人押解到紫金山一九六师师部。

一九六师师部军官黄镇南，在紫金中学一间课室设审讯台。当苏丹被押到审讯台前时，黄镇南好象猫哭老鼠一样假装慈悲，亲手给苏丹松绑，叫女勤杂倒热水给苏丹抹脸，叫伙伕为苏丹蒸鲜鱼、煮肉汤，热水被苏丹倒在地上，肉汤被苏丹倒在审讯台前。苏丹就象一尊英雄的铜像，屹立在审讯台前。黄镇南倒抽了几口凉气，假惺惺地给苏丹端过凳子，苏丹堂堂正正坐到凳上。

"苏丹"，黄镇南呼唤了一声，接着说："你年纪轻轻误入迷途，实在可惜，今如悔改，也不算迟。我提出四条路由你选择。"

"符合人民利益的我答应，否则，半句多余"。苏丹坚定地回答。

黄镇南考虑了许久，向苏丹说出四条：一、悔过自新；二、到惠州反省；三、嫁给一九六师师长葛先材做官太太；四、枪毙。

苏丹正气凛然地说："我们共产党人是为人民翻身而斗争的。没有什么'过'要'悔'。老实说，需要悔过的是你们。你们到处残害百姓，把中国搞得乌烟瘴气，人民饶不了你们。你们赶快向共产党向人民低头认罪，悔过自新，才是你们的生路。"

黄镇南看到劝说苏丹无效，就把苏丹带到孔圣庙，指着孔子像说："你懂得这是什么神吗？"

苏丹不慌不忙地说："这是孔子，是我国古代的教育家。"

黄镇南说："孔子是圣人，在圣人面前要讲真话。"

苏丹说："共产党人最讲实事求是，对人民从来不讲假话。"

"那好，四条条件，你到底选择那一条？"

"那条我都不选择！"

"唉呀！孔子最讲仁义道德，苏丹你……。"

"你们这班反人民反革命的死贼，最不讲仁义道德。"

黄镇南无计可施，脸容变色，吩咐喽罗［啰］们对苏丹进行电刑。电流通过全身，苏丹浑身的汗珠如黄豆般直往下淌。黄镇南以为这样可以使苏丹屈服，而苏丹神色坦然。接着，黄尚达也前来劝说，动之以名利、地位。然而，作为一个坚强的共产党员的苏丹，金钱不能动其情，官职不能撼其心。苏丹怒斥敌人："你们别做梦，我生为共产党的人，死为共产党的鬼，要杀就杀，不必多言。"

敌人一无所获，终于，象受了伤的野兽那样，绝望咆哮起来，再用酷刑摧残苏丹。在阴湿的监牢里，反动派把苏丹用绳子吊起来，身子靠着墙壁，只能用脚尖掂［踮］着地面，脖子用绳子勒着，别说睡觉，把头俯低一点也不可能。也许是最后一次审讯，敌人施用电刑、吊包袱、灌辣椒汤，仍然一无所获，就把她双腿结结实实地绑在老虎凳上，然后用砖头一个又一个地加在苏丹的大腿上，使她的双腿痛入骨髓。当加到第六个砖时，苏丹昏了过去，但她始终没喊一声痛。

苏丹被捕的消息传到惠紫边区，老根据地人民难过又激愤，许多群众武装集合起来，准备杀向紫金城，救出苏丹。

七月二十三日下午二时，紫金县敌保安营和一九六师在紫金城布满岗哨。紫金县国民党县府门前，摆着宣判台。不久，苏丹和谢剧、李文芳、许运相一起被押到台前。苏丹对着周围无比悲痛的群众，放开喉门大喊："乡亲们，莫难过、莫悲伤，眼下虽然黑暗，明天就见曙光。今天反动派杀了我们四个人，明天这班喽罗［啰］们就四百个，四千个、甚至更多地死在我们同志的枪尾下。反动派可要知道，紫金人民是不会铙［饶］恕你们的，我们虽没有看到祖国全部解放，但完全可以预料到一切反动派终将落得可耻的下场。"敌人暴跳如雷，不准苏丹说话。苏丹还是利用这一刹那的时间，放开喉咙高呼："中国共产党万岁！""毛主席万岁！""打倒国民党反动派！"其他三位同志亦跟着高呼。匪首对苏丹、谢剧、李文芳、许运相四位同志强加"乱国"罪名，宣判后将他们押赴刑场。苏丹沿途大声高呼："中国共产党万岁！""毛主席万岁！""打倒黄尚达！""打倒国民党反动派！"刽子手在苏丹每喊一句口号时，就举起枪托砸一下苏丹，到五湖头时，苏丹的口角被砸烂一大片，牙齿已脱落大部分。无比坚强的苏丹，虽然口边鲜血直流，喊不出声，但她的嘴唇还是象高呼口号那样在抖动着。东江人民的优秀女儿，江南部队的女英雄、党的坚强战士、年仅二十三岁的苏丹，为中国人民的解放事业献出了宝贵的生命。

一九四九年十月三日，紫金县城各界隆重集会，追悼苏丹等烈士，县长潘祖岳，副县长黎孟持、温敏尧敬献挽联，联曰："义士掷头颅，筑起工农政权的宝塔；先烈洒碧血，灌成民主自由的鲜花。"苏丹虽然牺牲了，但她那大无畏的革命精神，永远鼓舞着人民前进！

（紫金县党史办　钟　声）

谭本基（1916—1945）①

谭本基（1916—1945），出身在广东罗定县附城谭屋岗的一个医生家庭，祖父和父亲是当地有名的中医。她有 7 个兄弟姐妹，二哥谭任远是中共党员，参加过广州起义，二弟谭勇章也是共产党员，抗战时期在粤北牺牲。

1932 年夏，谭本基在罗定女子师范念完初中之后，考入省立女师高中，参加了“文总”属下社会科学家联盟广州分盟组织的读书会，并积极参与张贴抗日标语、散发革命传单等活动。“文总”的革命活动，遭到反动当局的镇压，1934 年 1 月，“文总”的骨干及进步人士温盛刚等 60 余人被反动政府逮捕，谭本基也于 1 月 29 日被抓进监狱，这时她才 17 岁。

1935 年夏，她由邱萃藻介绍参加了“中青”，组织为了保护她，一再叮嘱她不要多抛头露面，她就暗中进行串联活动和组织指挥。1935 年在北平发生了震惊中外的一二・九学生爱国运动。谭本基以“中青”身份发动和组织女师同学参加了三次示威游行。1936 年 7 月，谭本基经介绍，参加了中国共产党。

1936 年冬，担任中共广州市妇女支部组织委员。1938 年，任中共西南特委妇女部长。

1945 年 2 月 22 日，在战斗中她不幸中弹，壮烈牺牲。年仅 28 岁。

① 收录于中共广州市委党史研究室、共青团广州市委员会、广州青年运动史研究委员会、广州市中共党史学会编：《走向抗日——广州中国青年抗日同盟史录》，广州出版社，2015 年，第 347-348 页。

王　丽（1916—1942）

1①

王丽，祖籍广东省潮安县，一九一六年出生在泰国一个华侨贫苦工人家庭。她十岁进一家火柴厂当童工，受尽苦难。一九三八年十月，为了参加祖国人民的抗日斗争，与爱人钟若潮（共产党员，已牺牲）一起，从泰国到香港，经八路军驻港办事处介绍，回内地参加中共领导的“东江华侨回乡服务团”。她经常深入农村，宣传我党抗战主张，组织青抗会、读书会、办农民夜校，发展进步力量。一九三九年春加入中国共产党。一九四〇年冬，王丽来到抗日游击队第五大队当卫生员，日日夜夜看护伤病员，有时累得昏过去，等醒过来又继续干。一九四二年五月，隐蔽在宝安县铁岗村山沟里的大队卫生所遭到国民党顽军袭击，王丽为掩护伤病员，来不及突围而被捕。敌连长逼她供出游击队情况，还要她答应做他的小老婆。王丽愤怒斥责敌人无耻。那家伙恼羞成怒，拔出手枪放在桌子上，以枪毙相威胁。就在这一刹那，王丽一个箭步冲上去抢过手枪，对准敌连长猛扣扳机，可惜子弹没有上膛。一群敌兵扑过来，王丽拼命和他们扭打，最后手枪被敌兵夺走，她被打得遍体鳞伤，奄奄一息，仍不停口地痛骂敌人。敌人下了毒手，把王丽吊死在乌石岩村边一棵大榕树下。这个怀抱一腔热血回国参加抗日战争的旅泰华侨工人，把青春献给了祖国和人民。

（何小林　邓　英）

① 收录于中共广东省委党史研究委员会办公室、广东省中共党史人物研究会、广东省民政厅合编：《南粤英烈传》第三辑，广东人民出版社，1987年，第427–428页。

2

赤子红心　捐躯祖国——王丽传略①

抗战八年，有多少海外赤子，不忘自己是炎黄子孙，不忘生育自己的祖国，为抗击日寇的侵略，从马来亚、从泰国、从新加坡……回到正处于水深火热的祖国，同蹂躏祖国的魔鬼战斗。他们为祖国献出了一切，有的甚至献出了年青的生命。王丽就是这些海外赤子中的一个。

童　工

王丽，广东潮州人，父辈由于在故乡无法生活下去，只得跟着人家下南洋，历尽艰辛到了泰国，靠出卖血汗过着牛马不如的生活。王丽，一九一六年出生于这个华侨苦力家庭，由于家庭十分穷困，她从小就没有上学的机会，在她刚懂事的时候，就要去做杂工，帮助家庭解决吃饭问题，不到十岁就到火柴厂去当童工。童工的血泪，使王丽从小就饱尝人世间的不幸；童工的苦难，使王丽刚学会思维的头脑，就想到这个吃人社会太不合理，获得了一些朦胧的革命意识。

回　国

一九三六年，在泰国共产党的教育下，王丽进入夜校学习中文，她开始懂得了祖国，也开始渴望回到自己的祖国。后来她参加了“妇女会”这个泰共的外围组织，开展妇女解放的宣传活动。

一九三七年“七·七”芦沟桥事变爆发了，日本帝国主义的铁蹄蹂躏自己的祖国。王丽出于对祖国的热爱，参加了暹罗华侨妇女抗日救国会，进行抗日救国的革命活动。祖国的危难，祖国的沦陷，冲击了每个华侨的心啊！也激起了王丽强烈的爱国感情，她决心为祖国捐向躯，回国参加抗

---

① 收录于中共东莞县委党史研究办公室、中共东莞县党委资料征集办公室编：《东莞烽火》第二册，1983 年，第 146—151 页。

击日本帝国主义侵略的斗争。钟若潮是她的爱人，一九三六年就参加了暹罗共产党，负责理发业工会的领导工作。满腔的爱国热忱，使他早就有回到祖国直接参加反抗日本帝国主义侵略的决心。报国之心使他们紧紧联结在一起。他俩在一九三八年十月离开家庭，离开泰国，回到香港，找到了八路军驻香港办事处。办事处的领导人热情地接待了他们，对他们回国参加抗日的革命行动，极为赞尝［赏］。这时，日寇侵占华南，迫在眉睫。王丽和钟若潮决定参加香港惠阳青年会回乡救亡工作团，回惠阳坪山开辟抗日斗争的新天地。

“东　团”

一九三九年春季，在中共的推动和支持下成立了“东江华侨回乡服务团”，香港惠阳青年会回乡救亡工作团编入“东团”，王丽被分配到“东团”增龙队工作，就在这时她参加了中国共产党。

王丽和钟若潮带领华侨服务团福和工作组，来到增城县腊布地区的竹坑村。这个村，四面环山，北靠派潭，西接福和、鸭麻潭，南通中新等地，是个中心要道。要把派潭、福和地区连成一片，发展壮大革命力量，成为我们的游击根据地，必须掌握竹坑这个重要据点。王丽意识到任务的艰巨，来到竹坑村后，按照党的抗日统一战线政策，团结一切抗日的力量。她和工作组的同志一起，对当地的上层人士讲党的抗日政策和主张，讲抗日救国的道理。王丽经常早出晚归，磨破了嘴皮，终于说服了他们，使“东团”在这一带的活动得到他们的支持。同时，王丽把主要精力进行艰苦深入的群众工作。她艰苦奋斗，作风泼辣，常常赤着脚到群众家里串门，在灶间同妇女谈心。她很聪明，为适应群众工作的需要，学会了讲一口流利的客家话，也学会唱客家山歌。因此，不管她到那里，都很快地和群众搞得火热，接触过她的群众，都十分怀念她。在竹坑村，福和工作组办了农民夜校，王丽负责讲课，宣传抗日道理，以夜校为据点，发展进步力量，建立党的组织。他们还发展了党的外围组织，组织“读书会”“青抗会”，这样，夜校就成为我党传播革命火种的基地，而竹坑村则成了革命的中心。以这据点为基础，组织了宣传队，不断到周围的村庄教青年唱抗日歌曲，宣传党的抗日主张，开展抗日救亡活动，为地方党的发展壮大打下良好的基础。

一九三九年冬，钟若潮等同志坚决执行中共增龙县委“打到敌人后方去”的指示，组成开展沦陷区工作队，突破日寇封锁线，到敌占区去，王丽是工作队唯一的女同志，由于任务艰巨，环境复杂，大家都劝她暂留在竹坑，但她坚决地说：“共产党人是不怕死的，男同志能做的难道女同志就不能做吗？”她到了沦陷区，在福和、华山肚、佛子庄、旺村一带很快扎下根，当时群众生活很困难，她和农村姊妹们一起上山割草，给搭食户去卖来补助生活，王丽不怕苦和累，白天上山砍柴，晚上教姐妹们认字，办夜校、组织妇女会，还办训练班，培养妇女干部。

这时，国民党反动派掀起了第一次反共高潮，对“东团”进行疯狂的迫害，有的被强令解散，有的实行镇压，“东团”增龙队被迫转入地下。

被 俘

一九四〇年底，中共增（城）从（化）番（禺）沦陷区工委成立，增从番抗日游击队活跃在这一三角地带。一九四二年初，日寇纠集数百人包围我这个地区，进行疯狂的“扫荡”。增城黄琪山战斗中，王丽英勇参加战斗，不顾危险，抢救伤员从早上六时直战斗至傍晚六时多，大量毙伤敌人后，粉碎了他们的包围，我们也付出了很大的代价。王丽和林彬（林朗）两人担负起护理伤病员的全部工作，当时缺医无药，王丽看到八位伤员的伤口发炎化浓［脓］，心里非常难过；想尽办法，不怕危险，上山采草药，煮水替病人洗伤口。后来部队克服重重困难，找来一个草药医生，但她们并没有松一口气，一样坚持上山采药，捶药煎药，日夜守护伤员，直忙得晕过去，醒来稍歇息一下，又继续干下去。这时，日寇疯狂“扫荡”，环境十分恶劣，为了保护伤员，夜夜要转移；有时碰到情况紧急，一时找不到担架，王丽就一个一个地把伤员背到安全的石洞，或背到炭窑掩蔽，往往累得喘不上气。一直坚持了两个月，伤员基本痊愈，大家都被王丽、林彬感动得落了泪。

一九四二年四月，部队奉命向东宝转移，王丽和钟若潮来到惠东宝游击队，王丽被分配在部队医院工作。这时，革命处于低潮，困难重重，医院缺医少药。可是王丽和同志们一道，总是迎着困难上，严格要求自己，尽自己的力量把伤病员护理好。她经常勉励自己："不管在什么情况下，都要为共产主义奋斗终身。"

正当我们部队不断壮大发展，不断打击日寇的时候，敌伪顽联合一起，对我惠东宝人民游击队进行疯狂的进攻。一九四二年，敌人不断对我游击区和部队进行"围剿"，每到一处，便杀人放火，无恶不作。由于敌强我弱，在敌伪顽的进攻下，根据地逐步缩小，部队医院迁到宝安县西乡铁岗村后的山沟里隐蔽。一天，我游击队的主力转移到外线作战，顽军国民党一八七师闯进来，包围了医院。王丽为了掩护伤病员撤退，被国民党顽军捉去，落入敌手。

夺　枪

国民党顽军的几个家伙如狼似虎地把王丽带到一个村子里，用尽各种刑罚也没有从王丽口中得到半点东西。敌连长见抓来的是个女人，以为只要吓一下，就能从她口中得知我部队的去向和伤员掩蔽的地方。他洋洋自得，假装仁慈，摆了一张写字台，开始审问了。任凭敌人耍什么花招，王丽硬是一言不发。这时敌连长狂怒起来，凶相毕露，一下子拿出了驳壳枪，"啪"地一声放在桌子上，声嘶力歇［竭］地喊："你不说，我枪毙你。"当敌连长拿出香烟，正要点火的一刹那，王丽冲上前去，一手把驳壳枪夺过来，对准敌连长就打，吓得他滚在地下，大声呼救。由于王丽在急迫中没有打开保险掣，枪没有打响，外面的敌人扑了进来，王丽仍不松手又扑了过去，互相扭打了一阵。由于寡不敌众，驳壳枪被夺回，这位没有人性的敌连长，向着手无寸铁的王丽连开数枪，王丽在同顽军的搏斗中英勇牺牲。残忍的敌人，把王丽的尸体吊在村前的大树上示众，这更激起了人民的无比愤恨。

王丽赤胆忠心，为了保卫祖国，献出了年轻的生命，牺牲时才廿六岁。王丽同志英勇牺牲的英雄形象，永远活在人们的心坎里。

傅泽铭编写

王月娥（1920—1945）

1

热情豪放　坚贞不屈——王月娥烈士传略[①]

抗战时期，东江纵队的广大民运队员，不畏艰险，前赴后继，积极动员群众，组织群众，为扩大武装部队，支援对敌作战、夺取抗战的最后胜利作出了应有的贡献，涌现了大批可歌可泣的英雄，王月娥就是其中的一位优秀代表。

王月娥，一九二〇年出生于广东东莞县厚街乡菊塘坊。她十六岁那年，厚街的青年群众在共产党的领导下，组织了读书会，抗日救亡的宣传活动搞得热火朝天。热情豪放的王月娥，在地下党员王炽光的教育和帮助下，与王满堂、王月富等一起，参加了王锦枝领导的读书会，不久，又参加了王启光组织的世界语、拉丁化新文字学习班，努力学习进步书刊，积极下乡开展抗日救亡宣传活动。

一九三七年，“七·七”芦沟桥事变后，东莞各乡纷纷成立了抗敌后援会。王月娥满怀民族义愤，加入了厚街抗敌后援会的革命行列，组织歌咏团和宣传队，深入到圩镇、街道和乡村，利用演戏、唱歌、演讲等形式，广泛进行抗日救国的宣传。王月娥在抗日救亡活动中提高了觉悟，于一九三八年一月毅然告别双亲，离开故乡，参加了王启光领导的“抗日救亡呼声社国防前线工作队”，奔赴宝安，在南头陈屋、深圳等地帮助当地群众建立抗敌同志会，青年抗日同志会等群众团体。以后，又与王农[侬]、王章等在宝安赤屋村当小学教师，利用晚上时间，挨家逐户地做

① 收录于广东妇运史编纂委员会、东江地区东纵编写小组编：《东纵女英烈》，广东五华印刷厂，1987年，第56-60页。

宣传发动工作，为在宝安开展敌后游击战争打下良好的基础。就在这一年，王月娥在火热的抗日救亡活动中经受了锻炼，光荣地加入了中国共产党。

一九三八年十一月底，继日寇在大亚湾登陆后，东莞城又沦入敌手，形势日趋紧张。王月娥随同“抗日救亡呼声社国防前线工作队”，从宝安撤退到观栏［澜］，在章阁加入东莞县委领导的东宝惠边区人民抗日游击大队，与其他女同志一起开展民运工作，从此，她便踏上新的征程，开始了新的战斗。

一九三九年初，王作尧领导的东莞抗日模范壮丁队和各地的自卫团武装，在清溪苦草洞进行整编。王月娥和张慧文，“莫氏四姐妹”等女同志，在整编中没有被编入武装部队，心里既羡慕又不服气。她想：男同志可以编入武装班，女同志同样也可以编入武装班。于是，她一次又一次地向领导提出组织一个女战士武装班的请求，并主动提出要跟男战士开展竞赛。领导看见她那股热情和泼辣劲，终于同意她的意见，把七八个女战士编成一个中队直属的武装班，由她当班长。这使王月娥高兴极了。她与同班战士反复商量后，订出了“行军不落后，不掉队”，“事事要互相帮助”等竞赛条件，向男战友提出挑战，使整训开展得更加生动活泼。这期间，她除了积极完成行军和军事训练任务外，还到连队帮助战友们洗衣服，教战友们唱抗日救亡歌曲。凡是连队的宣传晚会、演戏唱歌和行军的宣传鼓动，她都一马当先，成了连队中数一数二的活跃分子。

整训结束后，部队开到黎村一带活动。王月娥不顾跋山涉水长途行军的疲劳，一到驻地，便立即带领同班的战友深入到群众家里，宣传我党我军的抗日宗旨，宣传军民的鱼水关系，还帮助群众打扫卫生，挑水做饭，以实际行动搞好军民关系。部队每到一个乡村，都与群众开联欢晚会，每班一个节目，王月娥除了演好本班的节目外，还到其他班里担任角色，并热情地教当地的青年群众唱歌、演戏。她为动员群众参加抗日救亡而忘我战斗的精神，博得了领导、战友和群众的好评。

一九三九年三四月间，王月娥随同王作尧领导的“二大”到宝安一带活动，任“二大”政工队副队长，单独在龙华弓村开展民运工作。她初到龙华，人生路不熟，困难很多。但她凭着多年的群众工作经验和满腔的抗日热情，紧密地依靠当地的地下党组织和进步青年，抓紧时机，深入群众，联系当地实际，反复宣传“反对内战”、“反对投降”、“团结抗战”的道理，耐心细致地讲清我游击队的宗旨和政策，提高了青年的觉悟，建立了民兵组织。从此，在龙华开展斗争的局面打开了。每逢我们的部队到那里，群众就让住地，供给养，组织劳军，反映敌情，军民鱼水相依的动人情景到处可见。这段时间，王月娥还先后与在龙华活动的黄布、陈前、林冲、阮海天、罗尧、莫洁波等利用圩日，多次为群众演出《放下你的鞭子》、《在松花江上》等节目，深入开展宣传活动，使抗日救亡的革命火种，燃遍龙华及其附近乡村的各个角落。

一九四〇年三月，国民党反动派第一次反共逆流冲入广东，曾生、王作尧部队突破敌人的包围东移海陆丰。在东移途中，既要与国民党反动军队的围追堵截斗，又要与饥饿疾病斗，环境十分艰险。部队的领导为了照顾女同志，曾动员王月娥和她的战友们暂时离开部队，撤到香港。但王月娥坚定地说：“我们女同志决心同部队同生共死，一定要坚持到最后胜利！”她和战友们一起，女扮男装，跟男同志一样爬高山、跨险涧、战顽敌。由于沿途多是荒山野岭，远离村舍，因此，部队的给养十分困难，伤病员又日渐增多，亟需做好群众工作，取得当地群众的支持。为此，每露宿一个山岗，只要附近有一村一舍，王月娥和战友们都如鱼得水，不管道路多么崎岖，不管行军多么疲劳，她总是抖擞精神，带领战友们摸进村里，挨家逐户地讲清来意，宣传抗日，动员群众借锅头，捐粮食，当向导，协助部队战胜了一道道艰难险阻。

同年九月，部队接到党中央电令，从海陆丰重返东宝敌后前线。王月娥在曾生领导的第三大队任民运组织委员，与陈达、李少华、叶波涛、林桂枝等在东莞大岭山的榕树界、大雁塘一带开展民运工作。她与民运队的战友们一起，在榕树界走家串户，帮助农民干活，耕种，深入做好宣传发动工作，扩大了堡垒户，健全了民兵组织，建立了交通情报站。她还认真做好统战工作，动员当地一些开明绅士借钱借粮，支持部队抗战。与此同时，王月娥积极协助地下党发展了一批进步青年入党，很快就在榕树界打开了民运工作的局面，为部队解决了给养、情报和兵源，有力地配合“三大”恢复了大岭山根据地。

一九四一年十二月，日寇占领香港后，王月娥从大岭山调到港九大队，先后任沙头角区民运队长和大队政治部民运干事。她经常率领民运队活动于沙头角、新界、大岭山一带，动员民众自动参军，增加生产，缴纳税款，捐款支前，并帮助当地组织民兵和地下武装小组，建立妇救会、青年抗日会等群众组织，充分发挥这些组织在支前、肃奸、火线救护运输、转送情报和站岗警戒等方面的作用，使港九地区的民运工作搞得扎扎实实，有力地配合了港九大队的武装斗争。

一九四四年七月初，王月娥跟随丈夫黄高阳（港九大队政委）和大队长鲁锋在大屿山、东涌一带活动。回大队部时，为了安全起见，他们三人约定相会时间，便分三路往返。王月娥从大屿山搭商人的木柴船经急水门返香港，因汉奸朱才向驻港九的日寇告密，至深水埗上船时，不幸被捕，关押在香港赤柱监狱。

入狱后，王月娥与敌人展开了不懈的斗争。为了不暴露自己的身份，她在狱卒面前，求神保佑，精神不振，装成一个乡下农妇。在身份暴露后，她严刑不屈，在刽子手面前傲然挺立，始终没有泄露部队和地下党的机密。敌人经过半年多的严刑审讯和残酷折磨，确认再也无法从这位坚贞不屈的女共产党员身上得到什么，便恼羞成怒，把王月娥杀害了，时年二十四岁。她短暂的一生，是光辉的一生，是永远值得后人缅怀的一生！

陈铣鹏

2

王月娥[①]

王月娥（1920[②]—1945)。东莞厚街人，生于农民家庭。

1937 年七七事变后，王月娥参加厚街抗敌后援会，组织歌咏团和宣传队开展抗日救国宣传活动。翌年 1 月，她参加救亡呼声社国防前线工作队，离开家乡到宝安县继续开展抗日宣传活动，并在这一年加入中国共产党。1938 年 12 月，她参加东宝惠边人民抗日游击大队，被分配开展民运工作。

1942 年调到广东人民抗日游击总队港九大队（后改为东江纵队港九独立大队），先后任沙头角区民运队长和大队政训室民运干事。她带领民运队经常活动于（香）港九（龙）游击区内的沙头角、大埔、西贡、大屿山等地，发动群众发展生产、缴纳捐税、捐款支前，动员青年参加抗日游击队，并帮助各地组织民兵和地方武装小组，建立妇救会、青抗会等群众抗日团体，有力地配合港九大队的抗日游击斗争。1944 年 7 月，她从大屿山返回大队部的途中，被日军逮捕。她在狱中受到严刑拷打，始终没有泄露部队和地下党组织的秘密。翌年初，惨遭日军杀害，年仅 24 岁。1998 年 10 月 28 日（重阳节），由时任香港特别行政区行政长官的董建华主持，香港特别行政区政府举行原东江纵队港九独立大队 115 名抗日烈士名册安放仪式。在这 115 名抗日烈士名册中，有王月娥和她妈妈的英名。

---

① 收录于傅泽铭主编：《永远的心碑——厚街革命斗争纪实》，广东人民出版社，2006 年，第 563—564 页。

② 原文为“1921”，根据查证，改为“1920”。——编者注

王　福（1925—1949）

1[①]

王福，广东省东莞县厚街乡人。一九四三年参加东江抗日游击队，在一支队当卫生员。一九四四年加入中国共产党。一九四六年东江纵队北撤，王福服从组织分配，去香港当工人，做工会工作，曾被选为香港橡胶总工会青年部主任。一九四八年初，又奉调回粤赣湘边区纵队东一支队三团，任卫生所所长，带领十多个卫生员，日夜为伤病员操劳。一九四九年五月初，国民党反动军队对我游击队发动进攻，三团卫生所转移到宝安县龙华圩附近的阿婆坎村边一个炭窑隐蔽。五月八日这一天，王福和一个女卫生员带几个轻伤员来村边做饭、晒太阳，被敌人发现。一群敌兵追了上来。王福指挥伤员迅速向密林方向撤走，她和女卫生员朝相反的方向奔跑，边跑边开枪还击，用火力吸引敌人。敌兵果然朝她们追来，并向她们猛烈射击。突然，王福大腿中弹倒在地上，卫生员要背走她，她大声喊道："不要管我，你快撤，护送伤员要紧。"边说边推走卫生员。眼看敌兵接近了，她砸烂打光子弹的手枪，准备同敌人作生死搏斗。就在这时，敌人一阵乱枪打来，王福再次倒在血泊之中。她舍弃自己的生命，换来了伤病员的安全。王福牺牲后，阿婆坎村一位大娘把为公爹备用的棺材献给烈士。夜里，全村老老少少手擎芒草扎的火把，洒泪为英雄女卫生战士送葬。

（何小林　邓　英）

---

① 收录于中共广东省委党史研究委员会办公室、广东省中共党史人物研究会、广东省民政厅合编：《南粤英烈传》第三辑，广东人民出版社，1987年，第435页。

2

王　福[①]

王福（1925—1949）原籍东莞厚街上凤村人，出生于香港。1941 年，她在放学回家的路上，看见日本飞机把她的家炸飞了，便举家回到厚街，白天干草织活，晚间上夜校，受抗日救国的教育。1944 年参加了东江纵队，当上卫生员，参加了中国共产党。1946 年 2 月，党派王福到香港医疗站，护理伤病员。东纵北撤后，她又奉调到华强树胶厂，与刘辉、王群等同志一起做工人工作，在厂里建立工会组织。

1947 年广东恢复武装斗争，她又奉命调回到惠东宝，分配到护乡团第三大队，开展医疗卫生工作。1948 年初，三团医院成立，条件极其简陋，也无固定地点。院长初为张淑文，后由王福接任。她既当院长又当卫生员，在极端艰苦的环境中，抢救护理伤病员，与战士们建立了深厚的感情，同志们都称她“福姐”。

1949 年 5 月，新中国即将诞生，福姐要把伤员转移到宝安龙华一座炭窑掩蔽治疗，不幸被国民党军发现，她立即指挥其他卫生员掩护伤员向村后山林撤退，自己向相反方向边走边开枪，以吸引敌人向自己追来，福姐终于在敌人的乱枪中倒下，为迎接新中国的诞生流尽最后一滴血。

3

王　福[②]

王福（1925—1949），东莞厚街上凤林村人（中共党员，革命烈士）。

王福，抗日战争时期曾当东江纵队卫生员，解放战争时期任粤赣湘边

---

① 收录于傅泽铭主编：《永远的心碑——厚街革命斗争纪实》，广东人民出版社，2006 年，第 571 页。

② 收录于东莞市妇女联合会编：《东莞市妇运志》，东莞市印刷厂，1995 年，第 126 页。

纵东江第一支队第三团医院院长。

1949年5月，我军百万雄师过大江后，广东国民党反动派垂死挣扎，妄图孤注一掷，对我惠东宝地区残酷“扫荡”。王福院长于三月从惠阳约场来到宝安，加强对宝安医站的领导。5月初的一个晚上她带领医站工作人员和三十多伤兵员转移到龙华阿婆坎村一座炭窑里隐蔽治疗。

5月8日午后，王福发现国民党大队“呵呵鸡”扫荡过来，当她知道敌人也已发现我伤病员和卫生员的时候，她临危不惧，立即和另一名卫生员向相反方向跑去，用火力吸引敌人。敌人闻声，即向枪响的王福方向密集射击。王福不幸大腿中弹，同行的卫生员要背她走，她眼看敌人已迫近，便命令卫生员：“不要管我，你快走，掩护伤员要紧。”说着，拼命地推开了卫生员。这时，大队“呵呵鸡”赶来，声嘶力竭地嚷着“要抓活的！”王福听了，怒火万丈，举起手枪，对着敌人就打。然而，敌人仗着人多，王福寡不敌众，又负了重伤，为了掩护伤病员，她终于不幸牺牲在敌人密集的射击中，时年24岁。

王福同志用自己的身躯吸引敌人的火力，牺牲了自己，保护伤员的高尚行为，深受同志们的崇敬。我们永远怀念她！

（摘自《东莞英烈》岑诒立文）

王月富（1917—1938）

王月富烈士传略[①]

王月富，东莞县厚街西元村人，一九一七年出生。一九三六年在厚街参加了党领导的地下读书会，“七·七”之后投身于救亡运动。一九三八年一月，随王启光同志组织的抗日救亡呼声社在国防前线工作队到宝安工作，后又转到我党掌握的统率委员会第二政工队。一九三八年十月参加东莞抗日模范壮丁队，集结到飞鹅山区之后，她和谢坚等同志在嶂阁一带开展民运工作。十月，日寇南侵，在大亚湾登陆，我们抗战的枪声正打响，她却不幸被恶性疟疾病夺去了生命。她是模范壮丁队第一个牺牲的女战士。

邓英整理

---

① 收录于广东妇运史编纂委员会、东江地区东纵编写小组编：《东纵女英烈》，广东五华印刷厂，1987年，第6页。

王彩琪（1919—1968）①

王彩琪（1919—1968），又名王琪，东莞厚街人。

1935年初，在广州教忠中学读书时王彩琪把喜欢阅读进步书刊的教忠中学同学王磊、王步尧、方学（房学箕）组织起来，成立秘密读书会，由她作指导。同年8月，经张定邦介绍，她加入“中青”广州特别分盟。后来，她介绍王磊、王步尧和方学参加了“中青”。1936年，经张定邦、温焯华介绍参加中国共产党。

1937年在广州勷勤大学就读期间，任学院自治会主席，组织学生开展抗日救亡运动。

中华人民共和国成立后，曾在广东省龙门县工作。

① 收录于中共广州市委党史研究室、共青团广州市委员会、广州青年运动史研究委员会、广州市中共党史学会编：《走向抗日——广州中国青年抗日同盟史录》，广州出版社，2015年，第362页。

王　河（1920—2015）

王　河[①]

王河，1920 年出生，原名王思荷，东莞厚街西元村西门巷人。1936 年 11 月加入中国共产党，曾任中共厚街支部组织委员。1937 年 9 月至 11 月在东莞中学读初一，后调到高埗开展党的活动，任中共高埗支部组织委员。1938 年至 1949 年历任中共东莞中心县委妇女部长、东宝惠边人民抗日游击大队政工队党支部书记、中共大朗区委书记、中共东宝联合县委妇女部长、中共东莞县委妇女部长、中共香港市委组织干事、东莞交通情报站站长、中山县凤凰山区政权筹备组副组长、珠江纵队第一支队组织干事、中共东莞县水乡区委书记等职。

中华人民共和国成立后，1950 年至 1976 年，历任中共东莞县委妇女委员会书记、东莞县妇联主任、东莞县大岭山（二区）区工委副书记、东莞糖厂党委副书记、东莞县计划委员会主任、中共东莞县委委员、惠阳地区农业区划办公室主任。1976 年离休。曾当选东莞市第三至第十届人大代表、东莞市第四至七届政协委员。

① 收录于傅泽铭主编：《永远的心碑——厚街革命斗争纪实》，广东人民出版社，2006 年，第 539 页。

王　依（1920—1946）

1

一片丹心为人民——王依烈士传略①

王依同志是广东省东莞县厚街人，原名王旺弟，一九二〇年出生在一个自由职业者家庭。少年时在广州求学，就读于四邑中学。一九三六年，广州的革命运动风起云涌，年仅十六岁的王依，在革命思想的熏陶下，加入了“中国青年抗日同盟”（简称中青），开始了把自己的一切献给革命的征途。一九四六年农历三月初八，被国民党反动派杀于海丰，时年二十六岁。她牺牲后，东江纵队的内部刊物，以《一个女游击队员》为题，刊登了她的英勇事迹。

一九三八年初，王依同志回到厚街，与王月娥等人一起，开展抗日救亡活动。后来，其兄王启光在宝安成立“救亡呼声社国防前线工作队”，虽然用的是国民党部的名义，但实际是我地下党领导的。王依和王月娥、王容、麦容等十几人，即奔赴宝安，找到王启光，参加了工作队，在县城开展抗日救亡的流动宣传。他们演抗日戏、唱救亡歌曲，群众很欢迎，甚至招呼他们吃饭。后又被派到宝安赤尾乡以小学校长的公开身份从事抗日救亡工作，她利用各种机会，接近劳苦大众，唤起民众的抗日斗志。

六月间，中共东莞中心县委书记姚永光到了宝安，和王启光接上了党的关系，由于王依热情抗日，积极工作，被介绍加入了中国共产党。

日寇在大亚湾登陆后，东宝面临遭受日寇铁蹄蹂躏的危险。当时宝安

① 收录于广东妇运史编纂委员会、东江地区东纵编写小组编:《东纵女英烈》，广东五华印刷厂，1987 年，第 119-123 页。

形势紧张，工作队便向东莞、宝安边境撤退，与在观澜、嶂阁和张广业的工作队汇合，在这一带发动群众抗日，东莞沦陷后，中共东江边区工委成立了“东宝惠边抗日游击大队”，王依和许多有着反抗侵略斗争传统的东莞青年一样，立即拿起武器，参加了抗日游击队，活动在东宝边界观澜、嶂阁一带，发动群众，组织抗日武装，打击日伪。

一九三九年二月，“东江华侨回乡服务团”东宝队成立，组织上把王依同志调到东宝队工作。这时，她和许多东宝队队员一样，活跃在广九铁路两侧的广大农村，发动群众参加抗日救亡工作，王依同志写得一手好蜡纸字，被分配在部队搞宣传工作。她刻写蜡纸又快又好，常常一手包干刻写、印发抗日传单和刊物，往往忙得没日没夜，废寝忘餐，总想着尽快把东西刻印出来，送到群众中去。

在农村的日子里，王依虽然是个城市学生，却都能同群众打成一片。每到一地，她总是不怕脏和累，挤［跻］身于群众之中，同群众一起干农活、做家务，一点也不象个城市知识分子。有个贫苦的农妇，叫潘爱友，每当王依到她那里工作，总是同她睡在一起，干活在一起，象一对亲姐妹一样，教她读书认字，给她讲革命道理，使她逐渐提高觉悟，成为一个好交通员。她的家成为我们的堡垒户，每逢部队到她家，她都热情地接待部队同志，又是做饭，又是送情报。

在“东宝队”里，王依同志一直战斗到一九四〇年六月，“东宝队”被国民党省府强行解散。

一九三八年十一月二十日，日寇占领东莞县城，处在东莞县城和广州之间的水乡，顿成为沦陷区了。日寇的魔爪伸进水乡，在各大乡村安下据点，修筑碉楼，对群众进行严酷的控制和无度的榨取。我党地下区委，坚持在水乡沦陷区领导群众奋力抗争。

一九四〇年三月，我部队“东移”，国民党顽固派明目张胆迫害抗日青年。秋天，王依同志被派到水乡来，任中共东莞水乡区委委员，担任区委妇女部长。她在区委领导下，被派到日伪的据点槎滘去建立抗日据点。王依通过黎子松的介绍，来到槎滘当教师掩护。

王依在槎滘学校，白天在课堂上用各种方式宣传抗日，为了团结更多的青年群众，她还办了夜校，吸收一些进步青年男女学习。在这个基础上发展党的组织，先后吸收黎康（已牺牲）、黎柱流等入党，进一步开辟了槎滘这个抗日据点，直到一九四一年七月，王依离开槎滘时，这个据点建立了党支部，有十多名党员，黎柱流也当了支部书记，这个日伪据点反成为我们的抗日据点。

一九四一年初秋，王依被调回部队。这时我大岭山抗日根据地，在连续打击日伪顽的进攻，取得不断的胜利，迅速发展壮大，引起敌伪顽的震动。他们勾结起来，调集兵力，大举向根据地发动新的进攻。我主力部队暂时转移，抗日根据地面临着严重的困难，为粉碎日伪的进攻和封锁，派了一批干部，加强宝太、莞太公路的敌占区的工作，王依同志被派到莞太线敌占区去工作。一九四二年十月，成立“敌后工委”，王依为敌后工委的干部，她住进日寇霸占的厚街，在“小坞园”靠西南的套间里秘密建立了油印室，她负责刻蜡板［版］，出小报，把电台中收到的整风文件和宣传品印发到部队战士手中。有一次一个伪军官太，来到“小坞园”与房主一起“打麻雀”，以往总是以麻雀声来掩盖电台的收发讯号声，可这一次，把王依等人整天困在密室里。她就是这样在“敌后工委”领导下，在艰险恶劣的环境下，坚持在虎口里有力地配合恢复东莞抗日根据地斗争。

一九四三年，王依与卢克敏同志结婚。一九四四年初，她生下儿子不久，因斗争需要，组织上调她到铁东大队任中队指导员。她二话没说把生下来仅三十天的儿子送回家里，给处境十分困难的家婆抚养，只身回到部队去。

当时，铁东大队担任了开辟路东东江河畔新区的任务。这一带地方，原来为蒋管区，日寇侵占后，土匪、特务、汉奸活动都很猖獗，遇到的困难危险是很多的。王依同志产后身体虚弱，首长劝她注意休息，她倔强地说“我愿以血荐轩辕”。王依虽然是个女同志，但不管行军打仗，还是宿营放哨，样样都抢着带头干，从不亚于男战友。她是连队的指导员，在抗战的艰苦岁月里，尽管生活已经很苦，物质条件已经很差，斗争多么残酷，她总是为战友吃苦，为战友分忧；战友碰到什么困难，她总是想方设法帮助，而自己则是什么也不考虑，拖着产后欠调理的弱身体，和男同志一起战斗，一起去做群众工作，她这种好品质好作风，在部队里，在广九铁路附近的乡村，在东江河畔的群众，至今还为人们所称颂。

八年抗战胜利了。但是，国民党反动派在美帝国主义的支持下，全面挑起内战，大肆向我东江抗日根据地进攻，妄图消灭中国共产党领导的武装力量。当时战火扩展到海陆丰地区，坚持战斗在这一带的东江纵队第六支队，遭到很大损失。组织上决定把王侬同志和卢克敏一起调去海丰。这时王侬刚刚生了个女儿，她又毫不犹豫地把女婴送回家乡，日夜兼程奔赴海丰，担任支队政治处组织干事。王侬同志在斗争的紧要关头，总是把个人和家庭利益抛在一边，无私无畏地把自己的一切服从战斗、献给战斗。

王侬到了海丰后，和干部群众一道，同国民党反动派进行殊死的斗争。一九四六年农历二月下旬，一个阴雨霏霏漆黑的夜晚。我支队同国民党一八六师发生了遭遇战，卢克敏、林冲、黄盛等同志受了重伤。组织上派王侬同志随同护理，离开部队，掩蔽在农村。在转移中，他们不幸被捕。敌人为了防备他们逃跑，残忍用铁丝穿过他们的手掌心，连在一起。直把他们穿得鲜血直流，不用说走路，就是稍为一动，也疼痛彻骨，但他们却没有向敌人屈服。

一九四六年农历三月初八的上午，敌人要向王侬等下毒手了。在被押赴刑场路经龙津桥头时，她见围观群众越来越多，便以大无畏的英雄气概，高呼："打倒国民党反动派！""中国共产党万岁！"等口号，并慷慨激昂地高唱《国际歌》。"起来！饥寒交迫的奴隶……"这铿锵有力的歌声，激发了大家的战斗热情，也使敌人惊恐万分，匪军头子用枪托狠狠地撞击她的头部，王侬被打得满脸是血，但歌声仍然震动大地。到了刑场，敌人强按王侬跪下，但她始终象一支擎天柱一样，昂首挺胸，对着敌人的枪口，痛斥国民党反动派的罪行，号召人们起来，为建立新中国而斗争。

王侬牺牲时的大义凛然，从容就义的光辉形象，永远铭刻在人们心中，她的英雄事迹永耀人间。

（东莞市委党史办傅泽铭根据王启光、王美、王章、卢志远等回忆整理）

2

王　依[①]

王依，广东东莞厚街人，1920年出生于自由职业家庭。1936年，王依16岁，参加了中国青年抗日同盟。

1938年初，王依回到厚街，与王月娥等开展抗日救亡活动，其兄王启光在宝安成立救亡呼声社国防前线工作队，虽然用的是国民党的名义，实际是我地下党领导的工作队。王依与王月娥等十多人奔赴宝安，参加了工作队，开展抗日救亡的流动宣传，演抗日戏、唱救亡歌曲，群众很欢迎，王依等又被派到赤尾乡，以小学校长的公开身份公开从事宣传组织工作。

这年6月间，王启光接上了东莞中心县委的关系，由于王依热情抗日，积极工作，被介绍加入了中国共产党。

日寇在大亚湾登陆后，东莞沦陷，中共东江边区工委成立了“东宝惠边抗日游击大队”，王依参加游击大队，拿起武器，抗击敌伪。

1939年2月，王依又被调回“东江华侨回乡服务团‘东宝队’”，在广九铁路两侧的农村，发动群众参加抗日救亡工作，王依分工负责搞宣传。她刻写腊［蜡］纸、油印的文件又快又好，废寝忘餐，争取尽快把文件送到部队和群众手中。

王依在农村，同群众一起干农活、做家务，给他们讲革命道理，提高他们的觉悟，替部队送情报，当交通员，还有不少家庭成了我们的堡垒户。

1940年春，我部队北上东移，国民党顽固派在水乡一带明目张胆迫害抗日力量，秋天，王依被调到水乡，任中共东莞水乡区委委员、妇女部长，并以当教师作为掩护，派到日伪据点嵯浴去建立抗日据点。她还办了

---

① 收录于中共广东省委党史研究室、广州地区老游击战士联谊会、广州地区老游击战士联谊会东江纵队分会、广州市东江纵队研究会编：《东江纵队英烈集》，2013年，第127—128页。

夜校，吸收了一些进步青年，发展了党的组织，成立了支部，这个日伪据点，反倒成为了我们的抗日据点。

1941 年秋，部队发展壮大，派出一批干部去加强宝太、莞太公路敌占区的工作。王侬调回部队，被派到莞太线。一年后成立了敌后工委，她住进了日寇霸占的厚街，租住一个小套间秘密建立了油印室，把电台中收到的整风文件和宣传单印发到部队，坚持在虎口里有力地配合抗日根据地斗争。

1943 年初，王侬与卢克敏结婚，翌年，生下了儿子，组织上调她到铁乐大队任中队指导员，她立即把仅三十天的婴儿送回婆家去。

路东大队接到开辟东江河畔新区的任务，此时正值王侬产后虚弱，首长劝她注意休息，但她不管行军打仗，还是宿营放哨，样样抢着带头干。

八年抗战胜利了，国民党反动派又全面挑起内战，战火扩展到海陆丰地区。坚持战斗在这一带的东江纵队第六支队，遭受很大损失。组织上决定调王侬和卢克敏去海陆丰，王侬刚刚又生下女儿，但她毫不犹豫地把女婴送回家乡，日夜兼程奔赴海丰，担任支队政治处组织干部。

1946 年农历 2 月下旬，一个阴雨霏霏的夜晚，六支队同国民党一八六师发生了遭遇战，卢克敏、林冲、黄盛等同志受了重伤，组织上派王侬随同护理，到村里隐蔽。在转移时，他们不幸被捕。敌人凶残地用铁丝穿过他们的手掌心，连在一起，不能走动。

1946 年农历 3 月初八的上午，敌人下毒手了。在被押往刑场时，他们高呼：“打倒国民党反动派！中国共产党万岁！”并慷慨激昂地高唱《国际歌》。雄壮有力的歌声，激发了大家的战斗热情，也使敌人惊恐万分。匪军头子用枪托狠狠地撞击王侬的头，打得她满脸是血，但歌声震动大地。到了刑场，敌人强按王侬跪下，但她挺立象一支擎天柱一样，昂首挺胸，大声痛斥国民党反动派的罪行，号召人民起来，为建立新中国而斗争！

3[①]

王依（1920—1946），东莞厚街人。

早年在广州四邑中学读书，1936 年，经王启光介绍加入“中青”。1938 年初，回到东莞参加抗日救亡工作，同年夏天，加入了中国共产党，不久参加了东宝惠边区抗日游击队。

1943 年，与卢克敏结婚。1945 年 5 月，任铁东大队中队指导员。后来与卢克敏一起调海陆丰东纵第六支队，任组织干事。

1946 年 4 月 9 日与卢克敏等同时牺牲。

① 收录于中共广州市委党史研究室、共青团广州市委员会、广州青年运动史研究委员会、广州市中共党史学会编：《走向抗日——广州中国青年抗日同盟史录》，广州出版社，2015 年，第 363 页。

王　章（1921—2004）①

王章（1921—2004），东莞厚街人。

1936 年 2 月参加革命。1936 年秋，经王启光介绍，加入“中青”。1937 年在厚街从事抗日工作。后在常平、大朗、水乡等区委任组织委员。1944 年后在广州、东莞一带从事中共地下工作。

1946 年跟随中共江南地委机关到香港从事机关工作和教学。后任中共东莞县委委员、组织部副部长兼东江青年公学副校长。

中华人民共和国成立后，曾任沙（头角）深（圳）宝（安）边界工作委员会组织部副部长兼总工会副书记，在新华社香港分社工作。

① 收录于中共广州市委党史研究室、共青团广州市委员会、广州青年运动史研究委员会、广州市中共党史学会编：《走向抗日——广州中国青年抗日同盟史录》，广州出版社，2015 年，第 373 页。

伍坤顺（？—？）①

伍坤顺（生卒年不详），后改名朱学浣。

1932 年就读于女师高中部，受谭国标、赵慕鸿老师的影响，阅读进步书籍，参加抗日救亡活动。1934 年秋被选为本校学生会主席，毕业后留在女师附小任教。1936 年秋，由邹剑卿介绍加入“中青”。随后，先后介绍了“广州市学生联合会”组织的秘密读书会的 9 位同学参加“中青”。

1937 年初，由邹剑卿介绍加入中国共产党。她参加了当时邓颖超在广州召集女共产党员的座谈会。

中华人民共和国成立后，曾任浙江美术学院党委书记。

---

① 收录于中共广州市委党史研究室、共青团广州市委员会、广州青年运动史研究委员会、广州市中共党史学会编：《走向抗日——广州中国青年抗日同盟史录》，广州出版社，2015 年，第 349 页。

吴　英（1926—2018）

吴　英（吴良妹）①

吴英（1926—2018），又名吴玉英、吴良妹，出生在秋溪乡（今秋长）双田村老屋小组高排屋的一个贫苦农民家庭。她是家中长女，从小就帮着父母做家务、干农活。

1938年10月12日，日军在大亚湾登陆，淡水沦陷。曾生领导的惠宝人民抗日游击总队在转战中，经常驻扎在双田，吴英的家中也是抗日游击队的驻地之一。在双田地下党支部的领导下，双田组织了读书会、妇女会、夜校、打猎队和自卫队。吴英和母亲胡娇一起参加了妇女会，开展抗日工作。

1944年10月，刚满18岁的吴英参加了东江纵队，在东江纵队司令部做勤务工作。1946年6月，东江纵队北撤，吴英根据组织安排，复员回到家乡双田继续坚持革命斗争。

1948年3月，吴英归队，任广东人民解放军江南支队第二团政治处主任王舒的勤务员。1949年1月，部队改编为中国人民解放军粤赣湘边纵队东江第一支队第二团，李群芳任团长、王舒任政治委员。

1949年6月，组织上为了培养吴英，把她从勤务员的岗位上调到第二团医院学习医疗卫生知识。同年9月，为了迎接解放，粤赣湘边纵队第二支队健康医院（军管）在坪山创建，吴英成为25名工作人员之一，院长是黎浪。

1949年10月13日，淡水解放。中共路东县委、县政府从坪山竹园搬到淡水，粤赣湘边纵队第二支队健康医院（军管）也一同迁到淡水，成

---

① 收录于《惠阳红色双田》编委会编：《惠阳红色双田》，2021年，第121—126页。

为惠阳人民医院的起源，吴英成为惠阳人民医院的创始人之一。12月15日，路东、惠东合并为中共惠阳县委和惠阳县人民政府，张华基任县委书记、王舒任副书记；王舒任县长，高固、李少霖、余明照、杨钧任副县长。

根据《惠阳区人民医院志》记载：1951年8月，健康医院转为地方医院，改称“惠阳县人民政府卫生院”，院长是王奎松，有工作人员29名。1952年9月至1953年1月，吴英参加了“广东省东江区中心卫生院第一届助护班”的学习。

1954年3月，她和医院工作的叶兆基结婚。1956年8月，惠阳县人民政府卫生院与淡水联合诊所合并为淡水人民医院，叶兆基任代院长。

吴英一直奋斗在惠阳医疗战线上，从事护理岗位33年。先后在镇隆皇后查田定产任医疗队员、镇隆公社卫生院任护士、淡水人民医院任护士。1982年在淡水人民医院离休，享受副科级政治生活待遇。

1986年，她获得了“中华人民共和国卫生部”颁发的从事护理工作三十年荣誉证书，里面有卫生部长崔月犁的题词：“辛勤的劳动，光荣的岗位”，证书上写有：“吴英同志从事护理工作三十年，特授予荣誉证书”。2015年，作为东江纵队的抗日老战士，她获得了“中国人民抗日战争胜利70周年纪念章”。

2018年8月，吴英在惠阳淡水去世。她的一生就像“护龄卅年”奖章上的烛光一样，燃烧了自己，照亮了别人。

吴仕媚（1924—　）

吴仕媚[①]

吴仕媚，1924 年出生在双田村新屋小组一个农民家庭。父亲叫吴生兴，有兄弟五人。老大吴魁兴是 1888 年出生，有两个儿子：吴仕强、吴仕仁；老二吴生兴是 1892 年出生，有女儿吴仕媚；老三吴茂兴是 1898 年出生，娶妻刘氏，没有生育，后来去了马来西亚，在马来西亚成家立业；老四吴贤兴是 1907 年出生，生有一子吴理和；老五吴霖兴是 1910 年出生，无婚育。

民国时期，军阀横行，民不聊生。吴魁兴、吴生兴、吴贤兴、吴霖兴都是英年早逝，留下吴仕强、吴仕仁、吴仕媚、吴理和等孩子，由老三吴茂兴的妻子刘氏收养。为了把这些孩子抚养成人，刘氏放弃了去马来西亚与丈夫吴茂兴团聚的机会。她没有自己的亲生儿女，一生守在双田，把兄弟留下的孤儿抚养长大，支持他们参加革命。

穷人的孩子早当家，吴仕媚从懂事起，就开始帮助婶婶浆洗缝补，与堂兄弟一起下到地里做农活。1941 年，上级党组织派邱林同志到双田做革命工作。他在双田通过办夜校组织大家学习文化，进行革命宣传，吴仕媚参加了夜校的学习，懂得了抗日救国的道理。1944 年 10 月，吴仕媚参加了东江纵队第二支队，支队长是叶锋、政委是张持平，她被组织安排做卫生员。

吴仕媚经历的第一场战斗是镇隆圩战斗。那是 1945 年 2 月 10 日，这天是镇隆春节前的圩日，群众特别多。支队长叶锋借此机会召集镇隆各界开明绅士和教育界人士座谈会，宣传中国共产党抗日民族统一战线的主张

---

① 收录于《惠阳红色双田》编委会编：《惠阳红色双田》，2021 年，第 127-130 页。

和政策。会议即将开始时，突然接到独立中队队长高勇的传令员报告，驻陈江、埔仔、凤凰岗、畔沥等地的日军 200 多人，分两路向镇隆进犯。叶锋立即与警卫员回到仰岱学校的支队司令部指挥战斗。日军发现大山下仰岱学校有游击队，立即开枪射击。政委张持平率领警卫排，抢占制高点予以还击。叶锋命令曾芳中队向进入镇隆圩的日军发起进攻，掩护群众撤退。高勇中队占领北面山坡，阻挡陈江进犯之敌。温汉光带领镇隆常备队，配合罗欧锋中队伏击敌人。此次战斗毙伤日军 20 多名，缴获武器弹药一批，打击了敌人的嚣张气焰。

1945 年 6 月，日军伏击了双田自卫队，抓走了吴桥维、吴仕仁等 12 名自卫队员。在战斗中，吴桥维、吴仕仁被日军打伤。经过两个多月的关押审讯，敌人一无所获，经过关系的疏通，这 12 位勇士终于被营救出来。吴仕媚把吴桥维、吴仕仁接到新圩约场部队医院，给他们治好了枪伤，并带了一些药给其他人治伤。

1946 年 6 月，东江纵队北撤。根据组织安排，吴仕媚被安排复员。当组织上问她，在香港有没有关系可以投靠？她说：堂兄吴仕强有个姑姑在香港油麻地，可以投靠她。组织上告诉她：“那你先疏散到香港去，到时候组织上会把你召唤归队。”

为躲避国民党反动派的迫害，吴仕媚和吴仕强一起去到香港。后来吴仕媚好不容易在深水埗找到一份做锁头的工作。虽然她在香港，但想念着部队。在香港做了两年的工后，吴仕媚于 1948 年底回到家乡双田，她等着组织上召唤她归队。新中国成立后，她还在等着组织上召唤她归队。到了 1955 年，已经是 30 岁的吴仕媚，在婶婶的强迫下，她才结婚，嫁到周田叶家，过着平常的生活。

现在，已经 97 岁高龄的吴仕媚居住周田村，已经四代同堂，惠阳区民政局向她发放了《抚恤定补优抚对象医疗证》。作为一名东江纵队老战士，当她讲起过去战争年代的故事，头脑还是清晰，她还在等候组织上召唤归队。

吴才娇（1932— ）

吴才娇[1]

吴才娇，1932年9月出生，双田村老屋小组人，父亲吴戊云（吴伦昌）是一个勤劳的农民，抗战时期担任双田村“白皮红心”的村长。由于双田村是东江纵队活动的范围，有很多年轻人参加了革命。吴才娇从小就受到革命的影响，一步步走上了革命道路。

1948年3月，16岁的吴才娇在堂姐吴英（吴良妹）的带领下，找到堂叔公吴洋，参加到革命队伍，被编在中国人民解放军江南支队第二团。团长是李群芳、政委是叶源、副团长是罗欧锋、政治处主任是王舒、副主任是潘崇。后来，吴才娇被调到支队司令部做勤务工作，跟着司令部转战。

1948年9月中旬，江南支队主力部队在惠东合水坝举行誓师大会，向海丰进军。9月18日，江南支队主力在海丰白水寨集结时，遭到海丰之敌300多人倾巢来袭，江南支队集中兵力反击敌人。国民党反动派又调集了保八团、保十三团等几路敌军，集合1000多兵力，紧紧尾随江南支队。10月10日，敌军向合水坝推进，准备包抄江南支队司令部。司令部接到情报后，立即在晚上从宝溪合水坝向三家村方向转移，11日凌晨1时左右到达三家村。凌晨4时左右，敌军1000多人由安敦到了三家村，包围了支队和粤赣湘边区党委两个司令部及后勤机关，并登上制高点用火炮、机枪向司令部发起攻击。肖强警卫中队立即抢占三家村北侧和东侧高地，以猛烈火力压制敌人，掩护首脑机关撤退。在三家村战斗中，江南支队第一团副团长肖伦、警卫分队指导员钟基、文化教员李清薇等14人英勇牺牲。

---

① 收录于《惠阳红色双田》编委会编：《惠阳红色双田》，2021年，第195–200页。

1949 年 1 月 17 日，粤赣湘边纵队下令将江南、江北、九连、滃江、五岭及珠江三角洲等地区所属部队统一改编。江南支队编为粤赣湘边纵队东江第一支队，蓝造为司令员、王鲁明为政委、祁烽为副政委、曾建为参谋长、刘宣为政治部主任。部队改编后，吴才娇被组织安排担任祁烽的勤务员。

宝安解放后，祁烽任沙深宝（沙头角、深圳、宝安）军管会主任，吴才娇跟随祁烽到宝安，参加军管工作。为了提高文化水平，组织上安排吴才娇到平潭革命学校学习，校址设在平潭糖厂。1952 年 6 月，吴才娇从革命学校毕业。她回到双田参加一段时间的农业生产后，到惠阳县人民政府卫生院工作，后来安排到惠阳纱布厂工作。

1954 年，吴才娇调到农业银行工作。先后在惠东白花营业所、平潭营业所、农业银行惠阳支行、农业银行惠东支行工作。1987 年，吴才娇在农业银行惠东支行离休，现在惠州市安享晚年生活。

1989 年，吴才娇荣获财政部颁发的荣誉证书，上面写道：“吴才娇同志从事财会工作满三十年，为社会主义建设事业作出了贡献，特发此证，以资表彰。”1993 年，在出纳岗位工作上三十四年的吴才娇，荣获中国人民银行颁发的《全国银行货币发行出纳人员荣誉证书》，上面写道：“吴才娇同志为银行货币发行、出纳事业辛勤工作三十四年，特发此证，以资表彰。”2019 年，荣获中共中央、国务院、中央军委颁发的“庆祝中华人民共和国成立 70 周年纪念章”。2021 年 6 月，吴才娇荣获中共中央颁发的“光荣在党 50 年”纪念章。

熊　芬（1922—1945）

1

气节凛然交通站长——熊芬[①]

祖籍广东梅县，1922 年 8 月出生于印度尼西亚。幼年时回国。

1939 年加入中国共产党，长期从事地下工作。1944 年参加东江纵队，任交通站长，历经艰险，多次冲破敌人的封锁线，出色完成交通情报护送任务。

1945 年 10 月 9 日，国民党军突然包围龙溪结窝交通站。熊芬镇定自若，指挥战友还击敌人。因寡不敌众，熊芬等人不幸被捕。熊芬被捕后受尽严刑拷打，被折磨得遍体鳞伤，奄奄一息，但依然坚贞不屈。当敌人将她押赴刑场时，她沿途高唱《国际歌》，不断高呼："中国共产党万岁！"最后，国民党军将熊芬和她的三位战友同时杀害。残暴的敌人，把她（他）们的遗体抛入东江河中。

熊芬牺牲后，东江纵队的《前进报》以《忠于人民　气节凛然》为题，报导了她忠贞不渝、壮烈牺牲的英雄事迹。

---

① 由广东省东莞市博罗东江纵队纪念馆于 2022 年 7 月整理提供给本书编委会。

2

坚贞不屈　血洒江边——记交通分站长熊芬[①]

丘福如

熊芬同志是东江纵队司令部派出任博罗县龙溪镇交通分站长，1945 年 9 月 6 日，在李潮伪军部队围剿时，她不幸被捕，后在东莞县桥头镇东江河边被杀害。就义时，她高呼：“共产党万岁！”表现了共产党人视死如归的英雄气概。

熊芬就义那年才 23 岁。她出生于梅县，1940 年参加中国共产党，入党后在梅县县委领导下进行秘密工作。在此期间与张英同志认识，在工作中建立感情，不久结了婚。南委机关被破坏后，熊芬因工作积极，身份暴露，受到敌人的追捕，在南委地下党被迫停止活动的情况下，她和张英夫妇俩在外地农村以教书为职业，隐蔽了两年之久。

1944 年 6 月，东纵部队开辟江北根据地，熊芬和张英得知后，冒着生命危险从梅县出走到博罗县找到部队。张英起初分配到独三大队工作，后调任独一大队政委，熊芬开始分配到江北地区交通站任文化教员。1945 年 3 月，东纵司令部挺进到江北后，江北交通站归东纵司令部直属交通总站领导。熊芬先后在增城、博罗等几个交通站工作，后从湖镇交通站分配到增城三江交通分站担任分站长。该站任务是沟通四支队和广州地下党的联系。

我在 1945 年 4 月间到广州郊区开辟交通线时，在三江附近认识了熊芬。当时她派了一名 12 岁的交通员带我夜渡增江河。她布置交通员的工作非常细致认真，连渡河细则和注意事项都讲得很清楚，特别讲到过河时脱的衣服要放在头顶上，过河后马上穿上衣服不要着凉，这些话给我的感

---

① 收录于中共宝安县委党史办公室编：《回顾东纵交通工作》，广东人民出版社，1987 年，第 249–253。

受很深。我到了广州郊区仙村，在龙眼洞地区安排好交通线后，又回到熊芬交通站住了两天。熊芬对我和其他交通员的生活极其关心，每个交通员深夜回来她都起床安排食宿，天冷她和小交通员睡在一起，同盖一张毡。她对工作的布置很细致，连如何伪装、信件保管、口供准备、认路辨方向、碰见陌生人处置、绕林子等等，都一一交待，极其清楚。特别是她对有三个"△"符号的紧急情报非常重视，不伪装好不放心，又用针线缝好，才让交通员送出。她对来往的民运人员、手枪队员、情报人员一样安排得很好，有时不够地方住她就安排到老百姓家住宿。哪家房子有多大，住多少人，叫什么名字她都了解。群众都叫她熊大姐，我也跟着大家叫她熊大姐，她的确也是一位名符其实的大姐。1945 年 6 月，龙溪交通站长卢当同志有别的任务调离，暂时代理的彭站长原是三支队小队长，因在一次战斗中右手被打断，不宜任交通站长，就由熊芬调任。

1945 年 8 月 15 日，从东纵《前进报》传来了日军无条件投降的消息，顿时，东纵司令部庆祝抗战胜利的欢呼声震动了整个东纵司令部所在地罗浮山冲虚观，震动了整个罗浮山谷，欢呼声掩盖了山上道士的神钟声，纵队的干部、战士非常高兴，庆祝这来之不易的八年抗战的胜利。翌日，拦石、龙溪、桥头沿线交通站所有交通人员和当地群众举行游行庆祝活动，炮竹震天，旗帜飞扬，跳跳唱唱高兴了一整天。有的交通员回到交通站后就高声地说："我们不用走夜路了，我们不用东藏西躲了。"龙溪交通站熊芬站长和 3 个交通员高兴得睡不着觉，就和房东及村里群众座谈，宣传我们胜利后的美好的日子，一直到深夜。

但是，不到一个星期，上级通知说，国民党要抢夺我们的胜利果实，配合伪军和地主等反动势力要向我解放区进攻，向我游击队进剿。果然，首先是国民党 186 师从北面从化的吕田、龙门的永溪、增城的东坑、福田向我进攻，分布在这些地区的交通站被迫分散转移。不久，在南面东江河两岸，国民党的 152 师、153 师从增城的三江、博罗城、博西及北面公庄桂山向我进攻。龙溪交通站是在我司令部主要交通干线上，南接桥头，北接拦石总站，比较重要。该站是在 1945 年 3 月建立的。第一任交通站长卢当，配合民运队同志在龙溪组成乡政府并成立常备队，队员有 20 多人，有 20 多条枪，乡长兼常备队长是由一位进步人士王文担任。常备队成立后肃清了一批汉奸，赶走了一批坏人。龙溪离苏村伪军据点仅有 15 华里，该村住有李潮伪军张林一个中队。张林又名“马流氓”，原来活动在龙溪称王称霸，后给常备队反击过两次就不敢来骚扰了。以后他不来进犯，常备队和我游击部队也不理他。但国民党军一来进攻。这股伪军就投靠国民党，勾结龙溪的地主土豪和封建势力。龙溪镇有一千多户人，封建势力很强，当我东纵二支队解放该镇时，许多地主武装集中在苏村。当国民党军向我龙溪进攻时，封建势力开始反扑，气焰特别嚣张。他们内外结合对我交通站的设立、人员来往的规律早有掌握。他们对我游击队怀着深仇大恨，视我交通站为游击队指挥部，熊芬站长就是指挥部的指挥员，因为游击队的人员来往都由她安排，交通站就成为他们攻击的主要目标。

熊芬接到上级通知后，为了安全，立即带领交通人员转移到离龙溪二华里地的结窝村。张林伪军在 9 月 5 日包围龙溪时，常备队长王文立即到结窝村告知熊芬，要她马上转移。由于伪军人多，常备队抵挡不住，退到结窝村进行抗击，住在交通站的几个情报武装人员也参加战斗，一边打一边退。熊芬率领 3 个交通员、一名姓李的女情报员及常备队等非武装人员和群众一起转移到北面的白石下村。村常备队和情报员即向山后撤退，伪军随即追到。

当时，熊芬出于工作责任感，不能远走，因她领导的交通站是在东纵的南北交通干线上，司令部尚未撤退，人员来往还很频繁。她以为跟抗战时期一样，日军来“围剿”时只要和群众一起躲避一下，“围剿”过后，照样回村坚持工作。她没有料到这次是常备队里的通敌分子，带领伪军到灌木丛中搜捕。结果熊芬和 3 个小交通员被捕了，后被带到龙溪进行严刑拷打。

熊芬和小交通员表现非常坚强，伪军张林要他们提供其他交通人员和交通线路情况，他们同声说不知道。张林骂他们是“土匪”。熊芬据理驳斥：“我们是抗日游击队，为民除害，你们才是汉奸、特务、土匪，抢劫、杀人、强奸、放火都是你们干的！”伪军看来硬的不行，就来软的，要他们自首，承认错误。熊芬和 3 名交通人员一致回答：“我们是抗日游击队，打日本鬼，打汉奸，没有错误。”驳得张林哑口无言，恼羞成怒。翌日，熊芬他们被押到李潮总部所在地东莞桥头镇进行游街，还把他们绑在木杆上示众半天，要群众看什么“土匪仔”、“土匪婆”。群众一看都明白，这些是抗日游击队的女同志和小鬼，因此非常痛恨这些汉奸的所作所为。伪军看到群众没有什么表示，起不到什么作用，就将熊芬和 3 位交通员拉到东江河南岸护堤的木棉树下杀害。凶残的敌人竟将烈士尸体抛入东江河中。熊芬牺牲后，东纵司令部《前进报》立即登载了熊芬就义的英勇事迹，并圈上了黑边，以示悼念；同时号召全体指战员向熊芬学习，为牺牲的烈士报仇，坚决粉碎国民党军队的进攻。

东江水长，罗浮山高，熊芬烈士，永垂不朽！

3

熊兰英[①]

熊兰英（1923—1947）[②]，又名熊芬，梅县梅江泮坑人，出生于印尼，兄妹中她排行第五。熊兰英出生后不久，因家庭生活贫苦，其父母便将她和她的三个姐姐一起带回故里梅江泮坑。回国后，因田少人多，生活困苦，父母只得将她和三个姐姐先后卖到外乡当童养媳。熊兰英 3 岁时，以 50 元大洋的身价卖给芹黄乡的一农民家当童养媳。

熊兰英 10 岁那年，其父病故，二年后其母又因贫病交加而离开人世，留下两个年幼的弟弟无人照管。她不堪忍受童养媳的痛苦生活回到泮坑，挑起抚养弟弟的重担，这时她才 12 岁。不久，印尼其哥哥又因生意不景气，中断侨汇，兰英姐弟生活无着，两个弟弟流落他乡，她被同村中的表

① 收录于梅州市妇联编：《梅州妇女志》，1990 年，第 126－127 页。

② 由于年代久远，很难考证其准确生卒年。——编者注

姐收为义女。

抗日战争爆发后，泮坑村在中国共产党地方组织的领导下办起夜校，熊兰英上夜校读书。学习期间，在党的教育下逐渐懂得革命道理，从此走上革命的道路，她积极发动妇女进夜校读书，参加抗日宣传活动。1940 年 4 月，经陈德惠介绍加入中国共产党。

1941 年下半年，熊兰英由附城白土乡党组织的负责人彭碧琴安排到小学任教。此后，她先后在潮塘小学、白宫立本小学、丙村镇小以及本村泮坑小学等校任教员。任教期间，她除了搞好教学外，经常外出搜集情报，开展革命活动。

1944 年春，她与共产党员张英结婚。此后，熊兰英夫妻由共产党员王诚介绍到英德县浛洸石牯中心小学任教。是年夏，东江纵队独立第三大队挺进博罗县境内的罗浮山，兰英夫妇奔赴博罗，参加东纵增、龙博、独立第三大队，任文化教员。随后兰英到福田、响水、横河、东铺一带的地下交通站工作，负责大队和东纵司令部、政治部之间以及兄弟部队之间的通讯联络工作。

1945 年夏，熊兰英调到龙溪结窝村任交通站长，她在龙溪积极发动群众，为党开辟工作联络点，活跃在江北通向江南的交通线上。是年 9 月，国民党军队一六三师、一五三师、新一军大举向博罗、增城等地进攻，抗日的东江纵队主力转移。熊兰英奉命留下坚持斗争，混进龙溪乡政权的少数反动分子，勾结驻东莞桥头的国民党军，围攻结窝交通站，熊兰英带领交通站人员在山头的灌木丛中与敌人展开战斗，终因寡不敌众而被俘。

熊兰英被俘后，被押送到东莞桥头镇。在狱中，她受尽酷刑。在敌人的淫威面前，她大义凛然，痛斥敌人的种种暴行，最后惨遭杀害，临刑时她高呼："共产党万岁！" 牺牲时年仅 25 岁。

熊兰英牺牲后，东江纵队主办的《前进报》以头版头条《熊兰英烈士永垂不朽》的通栏套黑标题，刊登了她在敌人面前威武不屈、壮烈牺牲的事迹，歌颂她为革命不怕粉身碎骨的献身精神。

谢绿霞（1917—1945）

1

红色女交通员——谢绿霞烈士传略[①]

谢绿霞是人们交口称颂的红色女交通员，坚贞不屈的巾帼英雄。

一九一七年，谢绿霞出生于广东博罗县附城石坑村。她六岁亡母，十岁丧父，因家境困难，七八岁时就被许配给邻近大片田村人做童养媳，十四岁正式结婚。因家无片田，丈夫便到博罗城跟人做裁缝工谋生，她自己就在村里给人家干农活度日。三年后，她跟随丈夫到博罗城钉钮［纽］扣兼料理家务。不久，日寇重陷博罗城，夫妇俩只好返回家园，一个做小贩，一个继续给地主做工，过着忍饥挨饿，身无完衣的苦难生活。

绿霞不仅受尽了地主的压迫和剥削，还饱尝了封建习俗的苦，她因婚后几年都没有生下孩子，便遭到封建意识十分严重的家婆的歧视和虐待，挨打受骂成了家常便饭。一九四三年，她被迫逃回娘家石坑村，躲在叔父家里。

逃出了婆家，但出路在那里？正当谢绿霞感到前路茫茫的时候，面前却展现了一条通向光明的道路。

一九四五年春，东江纵队主力奉命开到博罗地区，建立抗日革命根据地。东江纵队第三支队派出熊伟娴率领三四个交通员，在石坑村设立了沟通罗浮山、横河、响水、新作塘一带的交通站。绿霞看到熊站长带领交通员挨家串户访贫问苦，宣传革命道理，号召妇女起来革命，产生了羡慕和敬佩之情。她多么渴望能象熊同志她们那样出来参加革命啊！于是，她经常主动去接近熊伟娴，协助交通站做些工作。夜晚，她同熊站长住在一

---

① 收录于广东妇运史编纂委员会、东江地区东纵编写小组编：《东纵女英烈》，广东五华印刷厂，1987 年，第 81–83 页。

块，听她讲革命道理。要求参加革命思想更加强烈。不久，她被吸收为石坑村交通站的交通员。

绿霞担任交通员后，工作十分积极肯干，不论是递送情报，还是侦察敌情，她总是不避艰险，想方设法去完成任务。她经常扛着扁担，拿着绳索和柴刀，装作上山砍柴的样子，掩过敌人的耳目，到深山密林中去给部队送情报。一九四五年八月间，她还配合熊站长，化装成卖柴的穷人，到博罗城的敌伪巢穴中去侦察敌情，为解放博罗城提供了不少情报。八月二十日，我东纵三支队奉命执行博罗城日伪军的受降任务。由于日伪军负隅顽抗，部队便向敌人发起进攻。当时，绿霞和熊站长作向导，带着部队迫近博罗城与敌作战，表现十分机智、沉着、勇敢。

抗战胜利后，因国民党抢夺胜利果实，挑起了全面内战，反动军队从九月上旬，兵分几路对博罗地区进行疯狂的“扫荡”，妄图消灭我东江纵队。地主恶霸也纷纷组织起反动武装，镇压革命群众，围捕东纵人员，无恶不作。我部队撤退到横河、何家田一带，与敌人展开了艰苦的游击战。由于部队几个月连续作战，伤病员增多，药品、子弹和给养供应不上。三支队为了保存实力，决定除留下小部份同志隐蔽下来，保护伤员和坚持斗争外，其余人员全部撤退到惠阳县的镇隆去。

绿霞是奉命留下人员之一。部队过江南后，她从石坑到横河何家田等地去找留下的同志联系。岂料路经响水大坑大坪肚时，遭到响水的国民党自卫队黄华海，陈玉横一伙的袭击，不幸被捕。

谢绿霞被捕后，当天就被解到响水圩的新祠堂里。反动的自卫队中队长黄华海和中队副陈玉横，妄想她供出游击队留下人员的下落，对她进行了百般的威迫和利诱。但不管敌人问什么，她总是回答说：“不知道”，决不泄露半点机密。这两个家伙见软硬兼施都无法制服她，第二天便勾结响水麻竹坑的反动地主陈麻生，共同对付这位坚强的女交通员。

对游击队怀有刻骨仇恨的陈麻生，一见谢绿霞，便凶神恶杀［煞］地说：“你们游击队上几个月到我家去搞‘减租减息’害得我好苦啊！哼！现在该是我报仇的时候了！”说完，立即严刑拷打谢绿霞。绿霞面对奸险毒辣的陈麻生，进行了英勇的反抗，朝陈麻生脸上猛吐唾沫，猛掴巴掌。陈麻生恼羞成怒，竟采取最残忍的手段来对付谢绿霞。先是用灼热的瓦烟斗来烙乳房头，然后用铁线把乳部穿起来，牵去游行示众。把谢绿霞活活折磨至死。

谢绿霞同志牺牲时年仅二十八岁。她虽然还不是共产党员，但在敌人面前，却表现了无产阶级先锋战士的崇高品质！她不愧是东江纵队的红色女交通员，不愧是中国人民的优秀儿女！她坚贞不屈的革命精神，永远为后人所称颂！

（李新添、李祝华、李春水、蔡杰民根据林潭康、江刘明、郑家添、谢炳炎等提供的史料整理）

2

谢绿霞①

谢绿霞（1917—1945），女，是人们交口称颂的红色女交通员，坚贞不屈的巾帼英雄。

谢绿霞出生于广东博罗县附城石坑村。她6岁亡母，10岁丧父，因家境困难，七八岁时就许配给邻近大片田村人做童养媳，14岁正式结婚。

绿霞不仅受尽了地主的压迫和剥削，还饱尝了封建习俗的折磨，经常遭到婆婆的歧视和虐待，挨打受骂。1943年，她被迫逃回娘家石坑村，躲在叔父家里。

1945年春，东江纵队主力开到博罗地区，建立抗日革命根据地。东江纵队第三支队派出熊伟娴率领三四个交通员，在石坑村设立了沟通罗浮山、横河、响水、新作塘一带的交通站。绿霞看到熊站长挨家串户访贫问苦，宣传革命道理，号召妇女起来革命。绿霞又是敬佩又是羡慕。她经常

---

① 收录于中共广东省委党史研究室、广州地区老游击战士联谊会、广州地区老游击战士联谊会东江纵队分会、广州市东江纵队研究会编：《东江纵队英烈集》，2013年，第106页。

主动去接近熊伟娴，协助交通站做工作。不久，她被吸收为石坑村交通站的交通员。

绿霞担任交通员后，工作十分积极，送情报、侦查敌情，总是不避艰险，想方设法去完成任务。她经常扛着扁担，拿着绳索和柴刀，装作上山砍柴，掩过敌人耳目，到深山密林中去给部队送情报。1945 年 8 月间，她还配合熊站长，化装成卖柴的穷人，到博罗城的敌伪巢穴中去侦察敌情，为解放博罗城提供了不少情报。8 月 20 日，东纵三支队奉命执行博罗城日伪军的受降任务，日伪军负隅顽抗，部队便向敌人发起进攻。绿霞和熊站长当向导，带着部队逼近博罗城与敌作战，表现十分机智、沉着、勇敢。

抗战胜利后，9 月上旬，国民党抢夺胜利果实，挑起了全面内战，反动军队兵分几路对博罗地区进行疯狂的“扫荡”，妄图消灭东江纵队。地主恶霸也纷纷组织起反动武装，镇压革命群众，围捕东纵人员。部队撤退到横河、何家田一带，与敌人展开了艰苦的游击战。

绿霞奉命与部队联系，路经响水大坑大坪肚时，遭到响水的国民党自卫队黄华海、陈玉横一伙的袭击，不幸被捕。

谢绿霞当天就被解到响水圩的新祠堂里。反动的自卫队中队长黄华海和中队副陈玉横，妄想她供出游击队留下人员的下落，对她进行了百般的威逼利诱。但不管敌人问什么，她总是回答说：“不知道”，决不泄露半点机密。这两个家伙见无法制服她，便把响水麻竹坑的反动地主陈麻生找来，共同对付这位坚强的女交通员。

陈麻生一见到谢绿霞，便凶神恶煞地吼叫：“你们游击队前几个月到我家去搞‘减租减息’，哼！现在该是我报仇的时候了！”一面叫喊，一面拳打脚踢拷打谢绿霞。绿霞进行了英勇的反抗，朝陈麻生脸上猛吐唾沫，猛掴巴掌。陈麻生竟采取最残忍的手段来对付谢绿霞。先是用灼热的瓦烟斗来烙乳房头，然后用铁线把乳部穿起来，牵去游街示众。把谢绿霞活活折磨至死。

谢绿霞牺牲时年仅 28 岁。她虽未曾加入中国共产党，却已经具有无产阶级先锋战士的崇高品质！她不愧是东江纵队的红色女交通员。

余小敏（？—1945）

余小敏烈士传略[①]

余小敏，原名余敏，是个孤女，是中山大学文学院学生，一九四四年七月参加东江纵队第一支队，分配在政治部政工队（代号“拖拉机”）工作。她十分关心同志，大家推举她兼任队里卫生员。行军时老是背着个沉甸甸的药箱，她的表演唱《朱大嫂送鸡蛋》，很为战士、群众所欢迎。可惜在一九四五年随队北上粤北途中，她身患重病，在始兴奇心洞遭到敌人包围时被捕。她面对敌人的严刑拷打，丝毫没有泄露党和部队的机密，宁死不屈，同年九月牺牲在南雄敌人的监狱中。

（邓英整理）

① 收录于广东妇运史编纂委员会、东江地区东纵编写小组编：《东纵女英烈》，广东五华印刷厂，1987年，第77页。

余　慧（1920—2013）

1

余　慧[①]

余慧（1920—　）[②]，东莞东城余屋人，生于广州。1936年，参加广州民众歌咏团活动，投身抗日救亡工作。1937年5月加入中国共产党；同年冬任广东省立女子中学党支部书记，在该校开展抗日救亡工作。是年，参加中共广东省委党训班学习，后被分配到省委军委机关工作。1939年，任中共东江特委妇女工作组副组长。1941年，任中共东江前线特委妇委书记。1942年，到广东人民抗日游击总队广九大队政训室工作。1944年秋到1945年秋，三次到广州工作，任广东人民抗日游击队东江纵队广州特派员，主要任务是协助广州地区的抗日工作，以便将来内外夹攻，解放广州。

日本投降后，任东江纵队香港联络站站长。全国解放战争时期，任中共香港工作委员会妇女工作组组长，后在香港工委群众工会工作。1949年初，任中共中央华南分局青年妇女工作组负责人。

中华人民共和国成立后，历任广州市妇联副主任、主任，广东省妇联主任，广东省卫生厅副厅长兼党组副书记，中共广东省顾问委员会委员。曾当选全国第三届人大代表。1993年离休。

---

① 收录于中共广东省东莞市委党史研究室编：《东莞抗日实录》，中共党史出版社，2006年，第570页。

② 原文收录时尚在世。——编者注

2

亚洲妇女代表会华南三代表（节选）[①]

……

余慧这个名字，在港九的民主妇女中间，该不是一个陌生的名字吧！她原名余慧英，东莞人。早年在省四中读书时，就已经是一个很好的学生运动者。她事事埋头苦干，绝不居功，所以在同学中间，有了很好的印象。抗日战争发生，她回到东江去，在游击区，做过长期的妇女工作。经常来往于东莞宝安之间。这时因为生活的流动，工作非常艰苦。战后东纵北撤，她并未随部队北行，仍留在当地工作。有一个时期，曾到香港来，领导过香港的妇运。她是林平将军的妻子，这一双中华人民优秀的儿女，为了民族解放事业，曾经立下了不少功劳。她现在是全国民主妇联广州分会的副主任。

……

（《香港文汇报》1949.12.5）

① 收录于广东省妇女联合会、广东省档案馆编：《广东妇女运动历史资料》第六辑，广东省供销学校印刷厂，1991 年，第 439—440 页。

严　冰（1921—1941）

国仇家恨永难忘——严冰烈士传略[①]

严冰，乳名严美欢，又名严春兰、严慧玲，广东省三水县城内风岗街人，一九二一年十月出生于一个贫苦的工人家庭，父亲严世熊，母亲冯二妹。严家家境清贫，儿女众多，一家数口全靠父亲在药店做工人、母亲做手机织布赚的微薄工资收入维持生活，后来三个兄长分别外出做徒工，满师后分配在汕头市电灯厂、自来水公司当技工，从此担负起供养家庭的重担，家境才宽裕些，弟弟妹妹才有入学读书的机会。在一九四三年父亲无端被日寇毒打致死，母亲在一九四四年也惨死于美机（盟国）空袭驻三水城内的日敌投下的燃烧弹之下。这是严冰同志一家的一页国仇家恨的血泪史。

严冰同志性情温文，俭朴厚实，待人和气。一九三六年在汕头市工人子弟小学读书期间，得到该校语文老师陈凡（抗战时期任《大公报》记者，现在仍任香港《大公报》记者）的悉心教育，他帮助严冰阅读课外的进步书刊，为严冰后来参加革命打下思想基础。严冰在汕头小学高小毕业后，返回家乡三水县中学继续念书到初中毕业。

一九三八年秋广州、三水相继沦陷，严冰跟随嫂嫂逃难到了香港，在此时期，严冰受到抗战热潮的影响和教育，于一九三八年参加了东江华侨回乡服务团，跟同志们一起回到东江内地进行抗日救亡工作。后来该团被国民党反动派无理勒令解散，严冰转入东江纵队。一九四〇年参加中国共产党，曾任区委委员，博罗县委妇女部长，一九四一年被国民党反动派杀害。

（邓英根据严冰的七兄严兆龄提供的材料整理）

---

① 收录于广东妇运史编纂委员会、东江地区东纵编写小组编：《东纵女英烈》，广东五华印刷厂，1987年，第13–14页。

叶蔚英（1926—1945）

1

英气横贯　壮志长存——叶蔚英烈士传略[①]

叶蔚英，原名爱华，广东惠阳县秋长镇周田乡会水楼村人，一九二六年三月在广州市叶家祠出生。父亲秩平在广州测绘局绘图，全家靠他的微薄工薪维持生计。母亲范珍，克勤克俭料理家务。弟妹五人，蔚英是长女。

蔚英自幼聪慧，性格爽朗活泼。七岁进广州女子师范附小就读，勤奋好学，学业成绩名列榜首。尤其喜爱文艺，在学校里唱歌、演剧都少不了她，深受老师的赏识和同学们的喜爱。

一九三五年爆发了震撼全国的"一二·九"运动。蔚英在广州参加了学校举行的声援"一二·九"运动的爱国集会，她小小年纪也跟着同学们奔走街头巷尾，散发传单。

一九三八年五月间，日本飞机大轰炸。广州局势紧张，蔚英全家逃难回到惠阳秋长镇，蔚英入本村高小念书，一家数口靠租耕地主三亩田维持生活。由于繁重的地租和捐税，终年耕作，仍不得温饱。两个弟弟因病无钱求医而夭折，迫得母亲忍痛卖了两个妹妹。在黑暗的社会里，天灾人祸，饿殍遍野，民不聊生的惨状，使蔚英产生了对反动统治阶级的憎恨。

一九三八年十一月三十日，惠宝人民抗日游击总队在育英楼成立。这支共产党领导的人民抗日武装的诞生，使整个山村沸腾起来了。蔚英也走出学堂，奔向社会。

同年冬，中共惠阳县委派县妇委黄阳凤到周田开展妇女运动。组织

---

① 收录于广东妇运史编纂委员会、东江地区东纵编写小组编：《东纵女英烈》，广东五华印刷厂，1987年，第88-91页。

妇女会，开办妇女夜校。蔚英还担任夜校的“小先生”，教唱《大路歌》、《义勇军进行曲》等抗日歌曲。

一九四一年六月，蔚英参加了中国共产党，在区委叶锦珠、钟秀英的直接领导下，由叶芳和蔚英负责在周田租赁一间房屋，开办妇女合作社，公开挂“民生堂”舖［铺］号。蔚英发动五十多名妇女入股，以经商为掩护给部队收转情报，购买粮食，物资等。接着又以车衣手艺学习班为掩护，举办妇女干部培训班，参加学习的有二十余人。因时，驻扎在周田附近的国民党独九旅，十分注意“民生堂”的活动，并叫嚣“民生堂”有共产党的书籍，有共产党人，扬言要抓人、封店。在严酷的现实面前，蔚英坚定沉着，临危不惧，积极做好工作，每次接送任务，蔚英都和女同志一起安全地护送到鸡心石、茶园等地。她还亲身化装成挑夫，冒着生命危险，巧妙地通过敌人的盘查，护送游击队物资到达目的地。

一九四二年春，敌人退出淡水，区委指示结束合作社。由蔚英和叶芳搞结束工作。蔚英对结账非常认真，将五十多份股金分还给各入股本人，得到群众的好评。“民生堂”结束后，蔚英遵照党组织决定，转入淡水崇雅中学初中部就读，兼搞学运。

一九四四年春，国民党当局进一步迫害参加抗日救亡运动的师生，秘密进行监视、逮捕。前东特委为了应付这一局势的急变，决定停止一切党的组织活动。蔚英遵照党的决定，和黄闻、潘清、陈志期、黄固、叶迈、戴昌华、叶伟兰、叶芳等四十七名师生，于二月二十日前撤到东纵部队。走时，他们向社会发表了宣言——《被压迫的一群告民众书》，揭露国民党反动派不打日本打内战，迫害师生的罪恶行径。二月十九日，在撤退前的一天，蔚英回到家里，征得母亲的同意，把父亲收藏的、叔父叶挺从日军手中缴获的一支“白郎林”手枪带交部队使用。当天夜晚，她把女青年叶聪慧请到家里，向她宣传革命道理，动员她参加部队。次日，她们两人到东纵司令部驻地（坪山北岭廖仕云家里）参加了部队。蔚英在司令部担任机关文书，负责收发、保密工作，兼绘图员。由于她从小受父亲的影响，学会了复制、绘画地图，及时地为部队复制、绘画了一批五万分之一的军事作战地图。蔚英在对敌斗争中警惕性高，曾监视、侦破了敌一个女情报分子，受到党组织表扬。一九四五年春，蔚英调任东纵税务总站秘书。

同年八月十五日下午，蔚英参加东纵司令部召开的北上五岭，迎接两王（王震、王首道）部队三五九旅南下的誓师大会，她愉快地接受了随军北上，负责司令部文书兼绘图员的工作。

当天黄昏，蔚英随司令部的非战斗人员，文工团团员、东纵第五支队和东江军干校共一千多人，由罗浮山出博罗、跨龙门，沿着从化、新丰、翁源、始兴等山区进发。这时，广东国民党部队正从粤赣边界的“三南”（龙南、全南、岭南）地区下来，急于“劫收”城市，“抢摘桃子”，在主要交通线上布满了敌兵。我部队有意闪开，专走山路，巧穿公路，夜渡江河。九月中旬到达始兴的隘子、风度地区。当时部队时常断炊，生活异常艰苦。蔚英被饥饿和劳累折磨得面黄饥［肌］瘦，手脚浮肿。夜间行军，白天同志们休息了，她还要挤时间来绘制军事作战地图，蔚英这种顽强斗志和对工作极端负责的精神，使战友们十分感动。

部队翻越海拔二千多公尺高的天平架山时，山势十分险要，蔚英牵枝攀藤，走了两日两夜，爬上了荒草浓密，乱石磷［嶙］峋的天平架山顶峰。傍晚，部队到了瑶山，这里山峦重叠、森林茂密、人烟稀少，只有两户人家。蔚英和司令部女战友只好在山沟蹲着过夜，采摘野果充饥。

部队渡过浈江后，进入下北山地区的宝峰、蝗坪、奇心洞等地时，蔚英又患上疟疾，而且病情越来越重。这时，敌人穷追“扫荡”，指挥部决定蔚英和一批伤病员暂留宝峰附近的奇心洞掩蔽养病。

九月十二日，国民党驻始兴的一六〇师突然发起进攻，敌军迅速包围了奇心洞，疯狂地搜捕留下来的伤病员。蔚英同志就在这里惨遭敌军杀害，时年二十一岁。

（惠阳县委党史办邹金城执笔）

2

叶蔚英[1]

叶蔚英（1921—1945），女，原名爱华，广东省惠阳县秋长镇周田乡会水楼人，蔚英自幼聪慧，性格爽朗活泼。七岁进广州女子师范附小就读，勤奋好学，学业成绩名列榜首，深受老师的赏识和同学们的喜爱。

1935 年爆发了震撼全国的“一二·九”运动。蔚英广州参加了声援“一二·九”运动的爱国集会。1938 年 5 月间，日本飞机轰炸广州，蔚英全家逃难回到惠阳秋长镇。1938 年 11 月 30 日，惠宝人民抗日游击总队在育英楼成立。这支共产党领导的人民抗日武装的诞生，使整山村沸腾起来了。蔚英也走出学堂，奔向社会。其后蔚英担任夜校的“小先生”，教唱抗日歌曲。

1941 年 6 月，蔚英参加了中国共产党，在区委叶锦珠、钟秀英的直接领导下，由叶芳和蔚英负责在周田，开办妇女合作社，公开挂“民生堂”铺号。以经商为掩护给部队收转情报，购买粮食、物资等。接着又以车衣手艺学习班为掩护，举办妇女干部培训班。驻扎在周田附近的国民党独九旅，十分注意“民生堂”的活动，并叫嚣“民生堂”，有共产党的书籍，有共产党人，扬言要抓人、封店。在严酷的现实面前，蔚英坚定沉着，临危不惧，积极做好工作，冒着生命危险，巧妙地通过敌人的盘查，护送游击队物资到达目的地。

1944 年春，国民党当局进一步迫害参加抗日救亡运动的师生，前东特委为了应付这一局势的急变，决定停止一切党的组织活动。蔚英遵照党的决定，和黄闻、潘清、陈志期、黄固、叶迈、戴昌华、叶伟兰、叶芳等 47 名师生，于 2 月 20 日前撤到东纵部队驻地。她动员女青年叶聪慧一起到东纵司令部驻地参加了部队。蔚英在司令部担任机关文书，负责收发、

① 收录于中共广东省委党史研究室、广州地区老游击战士联谊会、广州地区老游击战士联谊会东江纵队分会、广州市东江纵队研究会编：《东江纵队英烈集》，2013 年，第 107 页。

保密工作，兼绘图员。蔚英在对敌斗争中警惕性高，曾监视、侦破了敌一个女情报分子，受到党组织表扬。1945 年春，蔚英调任东纵税务总站任秘书。

同年 8 月 15 日下午，蔚英参加东纵司令部召开的北上五岭，迎接两王（王震、王首道）部队三五九旅南下的誓师大会，她随军北上，负责指挥部文书兼绘图员的工作。

部队 9 月中旬到达始兴的隘子、风度地区。当时部队时常断炊，生活异常艰苦。蔚英被饥饿和劳累折磨得面黄饥［肌］瘦，手脚浮肿。夜间行军，白天同志们休息了，她还要挤时间来绘制军事作战地图，蔚英这种顽强斗志和对工作极端负责的精神，使战友们十分感动。

部队渡过浈江后，进入下北山地区的宝峰、蝗坪、奇心洞等地时，蔚英又患上疟疾，而且病情越来越重。这时，敌人穷追扫荡，指挥部决定蔚英和一批伤病员暂留宝峰附近的奇心洞掩蔽养病。

9 月 12 日，国民党驻始兴的一六〇师突然发起进攻，敌军迅速包围了奇心洞，疯狂地搜捕留下的伤病员。叶蔚英就在这里惨遭敌军杀害。

叶碧玉（1929—1949）

1

救死扶伤的白衣战士——叶碧玉烈士传略[①]

叶碧玉是惠阳淡水沙坑人，一九二九年出生，一九四五年参加了东江纵队，一九四八年八月光荣地加入中国共产党，一九四九年春在攻打海丰县城的一次战斗中牺牲了。

她参加部队后，一向在连队任卫生员，牺牲时在粤赣湘边纵队独立一营当卫生队长。一贯表现工作热情、积极、认真负责，努力学习，对伤病员关怀备致［至］，深受战士们爱戴。她作战勇敢，每次战斗都跟随战士一起冲在前头，冒着纷飞战火去抢救伤员。如一九四七年冬我部队攻打沙鱼涌的战斗中伤亡较大，叶碧玉不顾个人安危，连续几次冒着敌人猛烈的炮火冲向阵地去抢救伤员，把十多名伤员背下火线来。

叶碧玉牺牲时才二十岁，她为了中国人民的解放事业献出了宝贵的青春和年轻的生命，人民永远怀念她。

魏　英

① 收录于广东妇运史编纂委员会、东江地区东纵编写小组编：《东纵女英烈》，广东五华印刷厂，1987 年，第 173 页。

2

叶碧玉[①]

叶碧玉，惠阳淡水沙坑人，1929年出生，1945年参加东江纵队，1948加入中国共产党。

叶碧玉参加部队后，一直在连队担任卫生员，一贯工作表现热情积极，努力学习，认真负责，对伤病员关怀备至，深受战士们爱戴。

她坚强勇敢，每次战斗都跟随战士们冲在前头，冒着纷飞的战火去抢救伤员，例如1947年冬我部队攻打沙鱼涌的战斗中伤亡较大，叶碧玉不顾个人安危，连续几次冒着敌人猛烈炮火冲向阵地去抢救伤员，把十多名伤员背下火线来。

1948年冬，叶碧玉在粤赣湘边纵队独立一营当卫生队长，1949年春在攻打海丰县城的战斗中为救护伤员光荣牺牲。

① 收录于中共广东省委党史研究室、广州地区老游击战士联谊会、广州地区老游击战士联谊会东江纵队分会、广州市东江纵队研究会编：《东江纵队英烈集》，2013年，第181页。

叶　存（？—？）

东江战地人物素描——我们的叶司令①

丹　心

她一遇到有空，总是喜欢到各处走走，乡民的家和连队就是她到的地方，她是客家人，说得一口流利的客家话，和群众接近，有超人宁［灵］的手腕，群众对她现［印］象很好，当我们到一个地方，需要和乡民借东西时，是由她去负责的，遇到开会要派代表时，也是她去的，由于她的个性独特、刚强，除了在生理上带点女人的特征外，简直和男子无异，白天她常赤着脚，无论工作或走路，嘴里常常哼哼不绝唱着歌，待人接物很和蔼，尤其关心我们的学习，称我们为“部个［下］”，因此我们就给她一个“司令”的花名，从此这名字就流传起来了。

她本来的名字是叶存，一个国民党军官的女儿，幼时生活在雷州半岛，后来便跟着母亲回到乡村去居住，抗日战争时，她还是一个无知的女孩子，以后经过不断的锻炼和改造，得到很大的进步，东纵北撤后，她复员回到△△，进△△学校读了一个星期，这时，她的父亲是一个失业的潦倒军人了，家庭的顽固，不容许她在这里生活，使她只得辍学，离开家庭，由一些同学的帮助，又回到队里去，那时护乡团刚刚成立，在护乡团成立的两年间，她做到文书、文化教员，现在一些中小阶级的同志，经她教育过的不少，她对油印技术特别有研究，有过人的长处。她最喜欢唱歌、跳舞，但她身体太肥笨，不能和其他女同学跳得一样好。有一天，

① 收录于广东省妇女联合会、广东省档案馆编：《广东妇女运动历史资料》第六辑，广东省供销学校印刷厂，1991 年，第 371—372 页。

她从外面跳完秧歌舞回来，对我说："部下，点解我跳来跳去跳不好。"我看了她，笑着说："你都唔自量一下，你对脚成担多重。""吓，听你咁讲，真系边处唔使去咯，冇晒意见"她笑着道。但她仍旧不失信心，继续学习，每天早上，在我未起床之前，她一个人到附近的树林里去学习打音。

"司令又去学'泰山'咯"每一位同志醒来听见她从外面传来的声音时，总是这样说的，以她的精神和毅力，总有一天，她会成功的。

（《华商报》1948.12.25）

叶丽珍（1928—1945）

1

舍己救战友　碧血洒沙场——叶丽珍烈士传略[①]

叶丽珍，一九二八年出生，东莞县大朗区长塘村人。她生来个性沉静，是个纯良的姑娘。从小在本村小学读书毕业后，受到爱国思想的熏陶，于一九四三年参加革命，积极从事抗日活动。一九四四年冬，调到东江纵队第一支队三龙大队政工队当队员，这年她才十六岁，是全队唯一的留着一条短辫子的小姑娘，十足的农村姑娘的打扮。因为她具有高小文化程度，平日又勤学苦练，能写会说，工作积极，颇得领导和同志们的喜欢与信任，被派到群众中去宣传党的抗日主张和各项政策，组织农会、民兵、青抗会、妇救会、儿童团等抗日群众组织。

一九四五年四月，三龙大队会同猛豹大队在水乡低涌、高埗、洗沙、蕉利、望角等地活动，打击刘发如、李潮、李朗鸡等土匪和伪军，发展抗日根据地，叶丽珍就跟随政工队开展活动，发动群众配合部队，打击敌人。后来，日寇调动了刘发如、李潮、黎福庆三部匪军和驻莞城伪军四十五师，以及驻新塘、广九铁路沿线的日军，共两千多人，对我水乡部队进行“铁壁合围”，斗争十分艰苦和残酷。然而，叶丽珍的表现却十分坚定，经受了严峻的考验，变得更加勇敢和坚强。

随着形势的发展，连队扩大，需要增加卫生员，叶丽珍毫不考虑个人得失，服从工作需要，到了连队当卫生员。她开始样样不懂，但她虚心向

① 收录于广东妇运史编纂委员会、东江地区东纵编写小组编：《东纵女英烈》，广东五华印刷厂，1987年，第74-76页。

老一辈卫生人员学习，刻苦钻研业务，在实践中掌握了医护技术，忘我地为伤、病员服务。

一九四五年秋，日寇投降后，原长安锦厅联防大队长李庆，率队逃到市桥李朗鸡处，后又率队返回锦厅，向霄边发动进攻，目的抢夺人民财产。当时，我红狮大队九一八中队驻在与锦厦毗邻的岗边，与敌展开激烈的战斗，并把敌人赶回锦厦。卫生员叶丽珍随队到战地，进行了救护工作。九一八中队为乘胜歼敌，把李庆匪军团团围困，并发动几次强攻。可是，每次都受到守在村门匪军的阻击，使我战士王灿、陈德洪等五位同志遭到伤亡。此刻，叶丽珍十分焦急，为战友生命而不顾自己安危，背起药箱，冒着敌人的弹雨，往前冲，抢救战友。她凭着勇敢、机智和敏捷的动作，回避了匪军的射击，把五个战友都抢救出来了。可是，要抢救第六个战友的时候，叶丽珍的行动规律给敌人发现了，以密集的火力封锁道路。指导员何文见此情景，不让她去。然而叶丽珍一心抢救战友，心雄胆壮往前冲，指导员的关怀仿佛没有听见，已经一个箭步到了前沿，迅速地背起战友，径直奔回。就在这一刹那，她在敌人的弹雨中身负重伤，光荣牺牲，年仅十七岁。

丽珍牺牲，战友十分悲痛，对李庆匪军更加愤恨，决心歼敌，为战友报仇。这时，八一三中队回师支援，九一八中队军威大振，互相配合，一举攻下锦厦李庆匪部，惩罚了敌人，缴轻重机枪几挺、步枪几十支。

叶丽珍烈士短暂的一生，却闪烁着共产主义的光辉。正是：

赤胆忠心为革命，
舍己救人献青春。

黎柏芳

2

叶丽珍[①]

叶丽珍（1928—1945），女，广东省东莞县大朗区长塘村人。从小在本村小学读书，受到革命思想的熏陶，积极从事抗日活动。1944年冬，她16岁，参加东江纵队第一支队三龙大队当政工队队员，到群众中去宣传党的抗日主张和各项政策，组织农会、民兵、青抗会、妇救会、儿童团等抗日群众组织。

1945年4月，三龙大队会同猛豹大队在水乡低涌、高埗等地活动。日寇调动了刘发如、李潮、黎福庆三部匪军和驻莞城伪军四十五师，共2000多人，对水乡部队进行"铁壁合围"，斗争十分艰苦。

随着形势的发展，连队需要增加卫生员，叶丽珍服从工作需要，到连队当卫生员。她刻苦钻研业务，在实践中掌握了医护技术，忘我地为伤病员服务。

1945年秋，日寇投降后，原长安锦厦联防大队长李庆，率队逃跑，后又率队返回锦厦，向霄边发动进攻，抢夺人民财产。我红狮大队九一八中队驻在与锦厦毗邻的岗边，与敌展开激烈战斗，卫生员叶丽珍随队到战地，进行救护工作。九一八中队乘胜歼敌，把李庆匪军团团围困，发动几次强攻。战士王强、陈德洪等5位同志相继负伤。叶丽珍十分焦急，背起药箱，冒着敌人的弹雨往前冲，她凭着勇敢、机智和敏捷的动作，避开了敌军的射击，把5个战友都抢救出来了。正要抢救第六个战友的时候，敌人以密集的火力封锁道路。叶丽珍一心抢救战友，心雄胆壮往前冲，一个箭步到了前沿，迅速地背起战友，径直奔回。就在这一刹那，她在敌人的弹雨中身负重伤，光荣牺牲，年仅17岁。

丽珍牺牲，战友们十分悲痛，对匪军更加愤恨，决心歼敌，为战友报仇。这时，八一三中队回师支援，九一八中队军威大振，一举攻下锦厦李庆匪部，惩罚了敌人，缴获轻重机枪几挺、步枪几十支。

---

① 收录于中共广东省委党史研究室、广州地区老游击战士联谊会、广州地区老游击战士联谊会东江纵队分会、广州市东江纵队研究会编：《东江纵队英烈集》，2013年，第108页。

叶碧流（1924—1948）

叶碧流[①]

叶碧流，原名叶桂有（1924—1948），原籍东莞黄江长山口人。1924年秋她出生于马来亚，1932年随父母回家乡生活。

1942年夏，东江人民抗日游击队到黄江活动，协助长山口建立了民兵、农会、妇女会等革命组织。叶碧流带头参加了妇女会，积极宣传和动员妇女投身抗日，并主动挑起慰问部队、筹粮备柴等后勤工作。

1947年初，叶碧流由堂兄叶飘扬指引，参加了游击队——东莞队，开始，她跟卫生员黄葵学战伤救护技术，后来正式担任卫生员。

1948年夏，叶碧流调到钢铁队当卫生员，跟随连队转战东、宝、惠。

1948年夏天，叶碧流在连队党支部的培养下，光荣地加入了中国共产党。

1948年9月中旬，钢铁队转移到惠阳约场地区活动。在钢铁队与二团联合攻打镇隆和鸭仔铺的一次战斗中，叶碧流为了抢救伤员身中敌弹，英勇牺牲了。时年仅24岁。

（摘自市党史办叶庞撰写的《碧血桂花香》一文）

---

① 收录于东莞市妇女联合会编：《东莞市妇运志》，东莞市印刷厂，1995年，第125页。

叶敬有（？—1945）

1

支援革命　视死如归——叶敬有烈士小传[①]

叶敬有是广东省东莞大岭山新围村人，农家妇女出身。她既不是革命部队里的人。也不是共产党员，但她的抗日救国热情，对祖国对人民忠贞不屈的精神，却胜似革命战士，胜似共产党员，不愧为中华民族的好女儿。

一九三八年，我广东人民抗日游击队在叶敬有家乡活动，开展群众工作，宣传组织发动群众起来抗日救国保卫家乡，叶敬有夫妻俩积极支持协助我民运队同志开展群众工作，走家串户，联络群众，日夜奔忙，成为我们游击队的可靠群众。从一九三八年开始，她家一直是我们党和部队的交通联络站、接待站，同志们经常在她家里出入，都受到热情接待，关怀备至，亲如子女，虽然她家中经济条件并不富裕，但每逢同志们到来，她总是想方设法让同志们吃好一些，有什么好吃的东西都端出来，同志们对她很敬重，亲切地叫她做“阿娘”。

日寇投降后，国民党反动派变本加厉，向大岭山区发动大规模进攻，疯狂“扫荡”，到处搜捕“围剿”游击队，捕捉革命群众。叶敬有奋不顾身掩护部队，将游击队隐藏在自己家中。有一次顽军突然把村子包围起来，她掩护游击队退却，而自己来不及隐蔽，被敌人抓住。敌人如狼似虎，用绳索将她捆绑住吊起来，严刑拷打，迫她供出游击队的去向以及隐

① 收录于广东妇运史编纂委员会、东江地区东纵编写小组编：《东纵女英烈》，广东五华印刷厂，1987年，第195-196页。

蔽的地方，叶敬有咬紧牙关，忍住疼痛，一声不哼，怒目以对。敌人对她毫无办法，只有气急败坏，疯狂嚎叫，骂她是女土匪，并恐吓她如不讲出游击队情况就立即枪毙她。叶敬有从容镇定，大义凛然地愤怒痛斥敌人："你们这帮没有人性的畜牲［生］，到处杀人放火，强奸妇女，抢劫百姓财物，你们才是真正的土匪！游击队的情况我不知道，纵然知道也不告诉你！"敌人恼羞成怒，更加凶狠地毒打叶敬有，她被打得头破血流，遍体鳞伤，鲜血淋漓，昏迷过去，奄奄一息，但她始终坚贞不屈。敌人眼看在她身上捞不到什么情况，无奈将她扔下，夹着尾巴溜走了。而叶敬有由于伤势过重，流血过多，当日就壮烈牺牲了。

叶敬有烈士牺牲几十年了，但她的光辉事绩［迹］，永远留在革命人民心中。

（邓英根据赵学光回忆材料整理）

2

叶敬有①

叶敬有，广东省东莞大岭山新围村人，农家妇女出身。她既不是革命部队里的人，也不是共产党员，但她的抗日救国热情，却堪比优秀的革命战士，堪比坚贞的共产党员，不愧为中华民族的好女儿。

1938 年，广东人民抗日游击队在叶敬有家乡活动，叶敬有夫妻俩积极支持协作民运队开展群众工作。从 1938 年开始，她家一直是党和部队的交通联络站、接待站，同志们经常在她家里出入，都受到热情接待，关怀备至，亲如子女。虽然她家中经济条件并不富裕，但每逢同志们到来，她总是想方设法让同志们吃好一些，有什么好吃的东西都端出来，同志们对她很敬重，亲切地叫她做"阿娘"。

① 收录于中共广东省委党史研究室、广州地区老游击战士联谊会、广州地区老游击战士联谊会东江纵队分会、广州市东江纵队研究会编：《东江纵队英烈集》，2013 年，第 109—110 页。

日寇投降后，国民党反动派变本加厉，向大岭山区发动大规模进攻，疯狂“扫荡”，到处“搜剿”游击队，捕捉革命群众。叶敬有奋不顾身掩护部队，将游击队战士隐藏在自己家中。有一次顽军突然把村子包围起来，她掩护游击队战士撤退，而自己却来不及隐蔽，被敌人抓住。敌人如狼似虎，用绳索将她捆绑住吊起来，严刑拷打，迫她供出游击队的去向以及隐蔽的地方，叶敬有咬紧牙关，忍住疼痛，一声不哼，怒目以对。敌人对她毫无办法，只有气急败坏，疯狂嚎叫，骂她是女土匪，并恐吓她如不讲出游击队情况就立即枪毙她。叶敬有从容镇定，大义凛然地愤怒痛斥敌人：“你们这帮没有人性的畜牲［生］，到处杀人放火，强奸妇女，抢劫百姓财物，你们才是真正的土匪！游击队的情况我不知道，纵然知道也不告诉你！”敌人恼羞成怒，更加凶狠地毒打叶敬有，她被打得头破血流，遍体鳞伤，奄奄一息，但始终坚贞不屈。敌人眼看在她身上捞不到什么情况，无奈将她扔下，夹着尾巴溜走了。而叶敬有由于伤势过重，当日就壮烈牺牲了。

叶运莲（？—2011）

吴桥维　叶运莲[①]

吴桥维（1918—2004），双田村老屋小组人。他的父亲吴秀兴在下村路口经营一间日杂用品店，家中生活要比一般村民富裕。吴桥维十三岁时，父亲因病去世。作为长子的吴桥维，在小小年纪就担起了生活的重担，经营父亲留下的小店，为母亲分忧解难。由于小店位于双田通往永湖麻溪的路口，往来客人较多，加上村民们看到小小的吴桥维谋生不易，都愿意照顾他的生意。

随着年龄的增长，吴桥维在与来往客人的接触中，听到了许多山外的革命消息，也听说过共产党领导穷人打土豪、分田地的故事。这些革命的故事和消息，开拓了吴桥维的视野，朴素的革命思想萌芽在他的心里开始生长。

1938年10月，日军占领淡水、惠州。1939年，上级党组织派人到双田宣传抗日救亡的道理。村里的吴越、吴锦江先后加入共产党。在他们的带领下，吴桥维懂得了更多的革命道理，他积极参加抗日活动，于1942年加入了中国共产党。在吴越、吴锦江、吴新被组织调离双田，到外地参加抗日工作时，双田党支部由吴勇任书记、吴桥维协助工作。

1942年，在双田地下党支部的宣传发动下，双田抗日自卫队成立，吴桥维带头加入了抗日自卫队，拿起武器，保卫家乡人民生命和财产安全。1945年6月，日军调动日伪军两千多人，"围剿"秋溪乡。根据上级党组织通知，吴勇、吴桥维等20名自卫队员，连夜赶到鹧鸪岭伏击敌人。他们埋伏了一晚上，没有发现敌情，就一早撤离，返回双田。但是日伪军

---

① 收录于《惠阳红色双田》编委会编：《惠阳红色双田》，2021年，第79—82页。

在晚上来到双田设下埋伏，当自卫队员走到坭禾堂时，遭到埋伏在那里的日军机枪的扫射，吴仕珍等五人当场中弹牺牲。吴桥维、吴仕仁等12名自卫队员被捕后，押到惠州。他们被日军关进大牢，受尽了酷刑，但至死不暴露身份，不投降做叛徒。经过两个多月的关押审讯，敌人一无所获。在地下党的营救下，他们终于被敌人释放。

1947年2月，吴勇参加惠东宝人民护乡团。经党组织批准，由吴桥维接任双田村党支部书记。同年8月，吴桥维发动群众做好支前工作，那时根据游击队的要求，党支部组织人员到三栋购买了五千斤粮食和弹药送到游击队驻地。吴桥维担任双田党支部书记，领导双田人民同国民党反动派进行了坚决的斗争，迎来了解放。

吴桥维的妻子叶运莲是象岭牛郎楼人，她在烽火岁月中，在吴桥维的教育帮助下，走上了革命道路，成为一名坚强的女共产党员。1945年6月，当吴桥维被日军抓走后，叶运莲强忍悲痛，一家一户去做安慰工作，要家属们坚强起来，相信他们会救回来。在解放战争中，叶运莲当好党支部的助手，做好支前工作。

新中国成立后，吴桥维在秋溪乡政府工作，后又调到惠东稔山镇任党委委员。1954年10月1日，在惠阳召开的扩干会议上，吴桥维、吴安、吴方招、吴才娇、吴爱娣相聚一起，留下了珍贵的合影。人民公社成立后，吴桥维调到惠东铁涌公社任党委委员。二十世纪七十年代，任铁涌供销社主任；在供销社和食品站分离后，任铁涌食品站站长。1978年离休，1985年从惠东回到惠阳，安度晚年。2004年，吴桥维在秋长去世。2011年，叶运莲在秋长去世。

叶仕梅（1920—2014）

吴锦江　叶仕梅[①]

吴锦江（1920—1950），又名吴锦光，因为革命工作需要，改名为吴锦江，是双田村老屋小组人。父亲吴仕成（吴富兴）在淡水经商，生有两儿四女。大女儿吴妹、二女儿吴娟妹、三女儿吴爱妹（吴玉珍）、四儿子被日军杀害、五儿子吴锦江（吴锦光）、六女儿吴锦英（吴桥妹）。吴锦江少年时，就读于惠阳高级中学，是双田极少的读书人之一。

1939 年，吴锦江加入中国共产党，是双田第二位共产党员。在惠阳县党史办公室编写的《麻溪革命斗争史料》中记载：1939 年麻溪党支部成立，联系麻溪党支部的淡水区委领导人有叶文华、高健、王维（即钟原）、李秋彝、叶茵、吴锦光、吴越等人。

1941 年，吴锦江娶铁门扇的叶仕梅为妻。在吴锦江的教育下，叶仕梅的革命觉悟得到提高。她不仅支持丈夫的革命工作，而且参加了游击队。后来，由于怀孕，她不得不离开游击队，回到双田。在家乡，她参加了妇女队，积极参加抗日活动，成为双田村的一名抗日积极分子。

1943 年，上级党组织把吴锦江调到淡水洋纳乡旱塘坳村，以任教为名，开展宣传抗日发动工作。在旱塘坳村，吴锦江向村民宣讲抗日救亡道理，暗中组织抗日武装。这引起了伪保长曹亚狗的警觉，就想对吴锦江下毒手。古屋乡地下党组织负责人高固得知情况后，就带着游击队到旱塘坳，找到伪保长曹亚狗，向他警告声明，吴锦江是一名教师，如果敢动他一根毫毛，就杀掉你这个伪保长。受到警告的曹亚狗不敢轻举妄动，使吴锦江得以顺利开展抗日工作。

---

① 收录于《惠阳红色双田》编委会编：《惠阳红色双田》，2021 年，第 53—56 页。

1944年，日军再次打通广九路，占领惠州、淡水，驻军三栋。国民党闻风而逃，东纵部队来不及进驻永湖、三栋、麻溪，为了避免这个地方成为真空地带，上级党组织立即派区委吴锦江、吴越来到麻溪，组织冬防队，一下就组织了三四十人。陈绍棠任大队长、陈容金任副大队长、吴锦江任指导员。麻溪冬防队在陈绍棠、陈容金、吴锦江的率领下，前往永湖接收国民党的粮仓，并在永湖、三栋、麻溪、双田活动，维持社会治安，打击汉奸土匪。一次，他们在古山径埋伏，打死几个日军后，就安全撤出了战斗。

1945年2月，路东区行政委员会成立后，麻溪冬防队编入路东县第六区区中队。1945年8月，日本无条件投降。国民党调集大批武装，妄图剿灭东江纵队，地方政权、部队及地方党组织遭到严重破坏。同年12月，驻永湖的国民党反动军队“围剿”麻溪淡坑长湖洋，抓走了大批进步群众；接着又到园山子“围剿”乡府，乡府勤什李发被抓去杀害。

麻溪党支部得到情报，带敌人“围剿”麻溪的反动分子是黄春洪、黄乙来、黄维金和永湖湖尾村的何章、草皮堆的刘裕。1946年1月，刘裕被陈容金镇压。1946年阴历年三十晚，麻溪支部黄哲强支委发现反动分子黄春洪、黄乙来偷偷回到家里过年，就连夜赶到双田，报告区中队。区中队教导员赖仲元，亲自带队前往麻溪学堂前围捕。由于战斗部署失策，没有捉到敌人。黄春洪、黄乙来逃到永湖，年初二他们带着国民党反动军队，“围剿”区中队驻地双田。区中队得到消息后，及时转移，没有遭到损失，吴锦江也与队伍一起转移到山上。但在围攻学堂前时，吴锦江的身份暴露，黄春洪、黄乙来就带着国民党兵来到吴锦江的家中，拷打吴锦江的父亲吴仕成、妻子叶仕梅，追问游击队和吴锦江去哪里了？他们一口咬定不知道。于是国民党兵把吴锦江家中洗劫一空后，要把吴仕成抓往惠州。保长吴戊云上去向国民党军官说情，担保吴仕成就是在家务农的好人。在吴戊云的担保下，敌人在七树下河才放了吴仕成。

1946年6月，吴锦江根据组织上的安排，没有跟随东江纵队北撤，而是留在地方坚持斗争。在解放战争时期，他参加了中国人民解放军粤赣湘边纵队，一直战斗到惠阳解放。1950 年，吴锦江在部队牺牲。牺牲原因、在何处牺牲，当时都没有告知吴锦江的妻子叶仕梅。几十年来，亲人都无法知道吴锦江安葬在何处。刚刚三十岁的叶仕梅带着儿女坚强地生活，把烈士的后人抚养成长。

由于吴锦江去世原因不明，政府按照“病故军人家属”的标准，对吴锦江的妻子叶仕梅给以生活补助。由广东省民政厅核发的《优待金领取登记证》上写道:“叶仕梅同志系病故军人家属。根据国务院《军人抚恤优待条例》和省人民政府的优抚政策规定，可享受社会优待”。叶仕梅于 2014 年去世，时年 94 岁。

青山处处埋忠骨，虽然吴锦江烈士不知道安葬在何处，但是他英名镌刻在“双田革命烈士纪念碑”上，他的英魂永远留在生他、养他的双田大地上。

袁容娇（？—？）

一位受游击队员爱戴的义务女交通员[①]

袁容娇是西贡区桥嘴村的渔民，丈夫早已病故，她带着儿子石观福和女儿石桂好，一家三口以捞鱼虾为生。香港被侵占后，目睹日军暴行，激起对敌人的仇恨，武工队进入“新界”后不久，容娇就带着她的儿女，协助黄冠芳、江水等抢运武器物资，参加抢救文化界人士和爱国民主人士。从那时候开始，容娇的一家就成为游击队的水上交通员，她的小艇也成了游击队的交通艇。袁容娇和她的儿女经常驾着小艇，航行在西贡、坑口滘［滘］西洲、北潭涌一带为游击队送情报资料、送补给物资，送队员外出执行任务。游击队发展海上武装，她把儿子石观福送去参加海上队，自己带着女儿依然摇着小船，担任海上交通。西贡、坑口、龙船湾一带，有敌人的快艇、电扒巡逻，有时天阴雾大，能见度低，几十米内才能发现敌人，十分危险。袁容娇勇敢、机智、沉着，往往能够化险为夷。

1943 年初，江水短枪队在西贡圩活动，遇到敌人从水陆两面来包围。在这紧急关头，袁容娇母女冒着生命危险，用小艇偷偷地把他们送到桥嘴去掩蔽起来，避开敌人的扫荡。

同年七八月间，有天晚上，大队军需处的欧连（欧伟明）乘坐容娇母女的小船，从北潭涌出发到坑西去检查税收工作，一路未发现敌情。谁料船近滘［滘］西入口处突然发现后面约 60 米处，一艘敌船正在驶来，已经无法躲避了。容娇镇定地让欧连下到水里，掩蔽在船边。敌船开过来了，没有发现什么就开走了。

---

① 收录于广东妇女运动历史资料编纂委员会编印：《香港妇女运动资料汇编（1937 年—1949 年）》，1994 年，第 142–143 页。

又一次，江水和李兆华等几位同志乘容娇的小船从大队部回坑口工作，船到槟榔湾码头时，发现有小股敌人正在岸上“扫荡”、抓人，在进退两难的情况下，容娇让大家静坐仓内，她自己就象普通渔妇那样，若无其事地避开敌人的搜查。

又一次，日军在海面进行大扫荡，禁止渔船出海。海上队有一个班正在某处海岛上，大家钻入岩洞掩蔽起来。敌人老是不退，大家干粮都吃光了，只好以海草充饥。敌人一退，袁容娇母女的船就送粮食来了。这样的事例举不胜举，袁容娇一家受到游击队指战员们的爱戴。

（《港九独立大队史》第146—147页）

周　乱（1919—1946）

1

为革命奋斗终生——悼念周乱烈士[①]

周乱同志于一九一九年春出生于惠东县白花公社黄塘大队大碧村一个贫农家庭。父母仅一个女儿，在吃人的旧社会里，他们奔波劳累、生活困苦，上顿找不到下顿。父亲周纪在深山烧炭，挣点微薄收入养妻育儿。在周乱还不到一周岁时，为了糊口，急于取炭换米，无可奈何迫不及待地冒着生命危险，走进带火的窖里去取炭挣点钱以济燃眉之急。因窑中火焰过高，不幸葬身火海。她母亲李英当时年仅二十岁，寡妇幼女，生活更为困苦，母女相依为命、以砍柴、割草换米，挣扎度日。在旧社会封建势力压迫下，寡妇幼女要生存，确实不容易，但母亲顽强地战胜一切困难，决心生存下去抚育女儿。周乱在这艰难的环境生长，自小养成热爱劳动的习惯，十二三岁就跟着母亲上山打柴割草，挑去换米过日子，是母亲里里外外的得力助手。由于她热爱劳动，关心体贴母亲，村里人都称赞她懂事，母亲也感到莫大安慰。一九三七年与大山口三岭村青年李爱农结了婚，勤勤恳恳从事农业劳动。

“七七”卢沟桥事变，一九三八年的十月，日寇在广东沿海登陆，不愿当亡国奴的广大群众，义愤填膺，起来抗日。在寂静偏僻的惠阳、平山、黄塘一带村民，抗战的烽火也燃烧起来，当时“广东省社会教育工作团”以及“东江华侨青年回乡服务团”也先后来到了平［坪］山、大山口、三岭各地活动，发动群众起来抗战，举办各种夜校和妇女识字班。

① 收录于广东妇运史编纂委员会、东江地区东纵编写小组编：《东纵女英烈》，广东五华印刷厂，1987年，第136–139页。

周乱同志在抗日救国的浪潮推动下，受到党领导下的“服务团”的宣传启发教育，懂得中国共产党抗日救国的主张，便积极参加抗日救亡的各种活动，带头参加识字班，并串连本村的姊妹们也来学习。冲破封建思想的束缚，不少姊妹们都参加了抗日救亡的宣传活动。在党的教育下，周乱同志进步更快，一九三八年十二月十二日由彭荀同志介绍入了党。

如火如荼的革命形势，党组织迅猛发展，为了加强党对革命工作的领导，一九三九年中共惠阳县第四区委会成立，区委设在大山口三岭村。大山口也建立起党支部，周乱同志担任党支部妇女委员，从事农村妇女工作。不久，“东江华侨青年回乡服务团”也来到黄塘、三岭一带活动，周乱同志紧密地配合东团开展工作，发动群众，组织群众，办好妇女识字班。与此同时，为区委、为支部收集情报和转送情报，来往于白花、高围各村的党组织中。

大山口是比较隐蔽的乡村，周乱的家是区委机关所在地，也是我党特委、县委从坪山、淡水、到多祝、高潭、海陆丰等地的交通要点，接待来往同志的事较多，区委办党员干部训练班也在这里。她的爱人李爱农同志主要做党的工作、经常都要在外边办事情，周乱将一切家务、田里、地里的农活，都承担起来，还挤时间学文化，经过不断努力，已从文盲提高到初小文化水平。从一个普通农村青年妇女，成为有觉悟的共产主义战士。她在群众中威信很高，大家亲切的叫她“乱妹”。

在这段期间，“惠阳抗日游击新编大队”在坪山成立。凡有节日，周乱就秘密串连姊妹们，进行捐献钱物，慰劳子弟兵。记得在一九四〇年的三月八日国际劳动妇女节，部队决定在坪山圩举行大规模的庆祝活动，尽管大山口距离坪山有八十多华里，周乱同志不怕路途远、将群众募集得来的一批食品和物资，组织了二十多名妇女代表，于三月七日清早，整齐地挑着慰劳品前往部队驻地慰劳游击队指战员，并参加第二天的“三八”节庆祝大会。当时反共逆流开始，“平江”惨案后，反共逆流日趋严重，于三月八日乘着我部队集中在坪山庆祝“三八”节之际，从惠州、淡水等地调动国民党军队向坪山我军驻地进发，妄图一举消灭我武装力量。当晚敌情很紧急，大会刚开完，立即集中队伍，匆促向东转移。周乱同志带领的妇女慰劳队伍，也随之疏散到各村去隐蔽。部队连夜行军，于三月九日到大山口。区委立即派彭苟同志当响导，带领部队经上寨山区向高潭等地转移。国民党反动军队到大山口扑了个空就退回惠州去。周乱和二十多个姊妹于三月九日晚才返回大山口家乡。

部队东移高潭、海陆丰，“社教服务团”和“东江华侨青年回乡服务团”的同志早已先后离开了大山口，或隐蔽起来秘密活动，各种群众组织和夜校识字班也都停止了活动。一九四二年夏，“粤北”事件后，各地党组织停止活动，但大山口区委这个点，群众基础比较好，依然经常有党的联系、部队同志的来往，活动方式方法更为隐蔽了。周乱同志在这个时期，一方面在家种地，另［一］方面是接待过往的同志以及机关的掩蔽工作等等。

一九四三年十二月，“东江纵队”正式宣告成立，抗日形势又转向高潮，武装力量蓬勃发展，至一九四四年冬，淡水、白花等地相继建立了区、乡民主政权，周乱同志更积极地进行工作，配合民主政府行动，响应减租减息号召，发动妇女参加减退租息的斗争及输送公粮等工作，一直至日本投降。日本投降后，国民党反动派更得以集中兵力向我解放区进攻，当时的斗争更为艰苦。为了粉碎反动派发动大规模内战的阴谋，毛主席到重庆同国民党举行会议，签订了“双十协定”，决定我党领导的部队撤到长江以北，东江纵队北撤去山东烟台。一九四六年六月中旬，我部队从大山口向大鹏湾集中时，刚离村不久，反动军徐东来部便尾随而到，大肆奸淫掠夺，在特务的同谋下，将留下来坚持工作的周乱和她的婶母曹英老人抓走了（曹后花了数百元放了出来）。

周乱同志被捕后，押解到惠阳淡水监狱，国民党反动派用尽极刑，妄图从周乱同志口中获得大山口地下党的情况。当时她负责党支部的妇女委员，对党的情况当然是清楚的。但为了革命利益，她面对敌人的严刑拷打，毫不动摇，没有吐露半点秘密。敌人无法，只得将她转押解到惠州监狱。她深知转狱后要出来的希望更少了，从时间计算，爱人李爱农随部队集中大鹏湾后已北撤了，留在家中尚有刚满四周岁的幼儿毫仔无人照料，腹中还有将临产的婴儿。国事、家事对她来说都是举足轻重的，但她横下一条心，顾全革命大局要紧。在惠州监狱，国民党反动派对政治犯更为毒辣，在精神上、肉体上百般的摧残、折磨。转狱十多日中，敌人用灭绝人性的手段均捞不到半点东西，最后，残忍地一尸两命杀害了周乱同志，牺牲时年仅二十七岁。

周乱烈士离开我们已整整四十一年了，缅怀烈士，无限思念。烈士的革命精神、一生奋斗的事迹，永远是我们学习的榜样！

烈士坚贞不屈精神，将万古长存！

（李杰根据李爱农、饶震欧、陈洪、李洪、李远香、周戊友、李伟平等同志回忆整理。）

2

周　乱[①]

周乱，1919 年春出生于惠东县白花公社黄塘大队大碧村一个贫农家庭，是家中的独生女。

1938 年 10 月，日寇在广东沿海登陆。当时，受党领导的“东江华侨青年回乡服务团”先后到坪山、大口山、三岭等地活动，发动群众起来抗战。周乱积极参加抗日救亡的各种活动，带头参加识字班学习。在党的教育下，周乱进步更快，于 1938 年 12 月 12 日由彭荀同志介绍加入中国共产党。

1939 年中共惠阳县第四区委会成立，大山口建立了党支部，周乱担任党支部妇女委员，从事农村妇女工作，发动群众，组织群众、举办妇女识字班，并为区委收集情报和转送情报，与白花、高围等各村党组织保持联系。

周乱的家是区委机关所在地，也是我党特委、县委的交通联络点，频

---

① 收录于中共广东省委党史研究室、广州地区老游击战士联谊会、广州地区老游击战士联谊会东江纵队分会、广州市东江纵队研究会编：《东江纵队英烈集》，2013 年，第 133 页。

繁接待来往的同志，区委的党员干部培训班也在这里举办。她的爱人李爱农同志从事党的工作，经常都在外面跑，家里的家务和地里的农活都由周乱一人承担，但她仍挤时间学文化，并担负交通联络。她从一个普通农村妇女成长为有觉悟的共产主义战士。

“惠阳抗日游击新编大队”在坪山成立。周乱秘密串联姐妹们，捐款捐物慰劳子弟兵。1940 年 3 月 8 日国际劳动妇女节，部队在坪山圩举行大规模的庆祝活动。国民党乘我部队集中在坪山庆祝“三 · 八”节之机，从惠州、淡水扑向坪山我军驻地，妄图一举消灭我武装力量。当晚敌情紧急，开完大会，部队立即匆促向东转移。周乱带领妇女慰问队伍也随即疏散到各村隐蔽。国民党军队在大山口扑了个空就退回惠州去了。

1943 年 12 月，“东江纵队”正式宣告成立，抗日形势又转向高潮，党领导的武装力量蓬勃发展，至 1944 年冬，淡水、白花等地相继建立了区乡民主政权，周乱更积极地进行工作，配合民主政府行动，响应减租减息号召，发动妇女参加减租减息的斗争及运送公粮等工作。

日本投降后，国民党反动派集中兵力进犯我解放区。为了粉碎反动派发动大规模内战的阴谋，国共谈判，签订了“双十协议”，东江纵队奉命北撤山东。

1946 年 6 月中旬，部队从大山口向大鹏湾集结出发。部队前脚离村，反动军徐东来部后脚即来，把留下来坚持斗争的周乱抓走了。周乱被捕后，被解押到惠阳淡水监狱，国民党反动派用尽极刑，妄图从她口中获取大山口地下党的情况。面对敌人的严刑拷打，她毫不动摇，没有吐露半点秘密。敌人毫无办法，只得将她转押到惠州监狱。爱人李爱农已随部队北撤，留在家中尚有刚满 4 岁的幼儿毫仔无人照料，腹中还有待产的胎儿。无论国事、家事对她都举足轻重，但她横下一条心，以革命大局为重。国民党反动派对她用灭绝人性的手段在精神上、肉体上百般地摧残、折磨，却捞不到任何东西，最后残忍地杀害了她和她腹中的胎儿。周乱牺牲时年仅 27 岁。烈士的革命精神，永远是我们学习的榜样！烈士坚贞不屈精神，将万古长存！

朱金玉（1922—1942）

1

威武不屈，富贵不移——缅怀朱金玉烈士[①]

一九四二年七月，一个万籁俱寂的夜晚，我奉命到宝安县洪田做民运工作。洪田是一个约有五十余户人家的小山村，是我党新开辟的敌后据点。说是“敌后”，但实质上这里距日军占领的新桥镇仅有四公里。因此经常受到日、伪军的骚扰，国民党顽军也常来偷袭我游击队。

在夜幕的掩护下，交通员张仔把我带到预定的联络地点——陈景姑家。在那里我第一次，也是最后一次见到朱金玉同志。

朱金玉当时只有 20 岁。中等身材，俏丽而白净的瓜子脸上长着一双明亮的眼睛。虽然一身当地村姑的打扮，但还是掩饰不住她温文尔雅的读书人气质。共同的革命理想使得我们一见如故。我一进门，她就高兴地握着我的手说“欢迎你来洪田！从现在起，你就住在景姑家，她是抗日积极分子，为人忠厚诚实，你和她是‘姑嫂’关系。有人问起，你就说是从香港逃难来嫂嫂家的。咱们部队会常来的，没有命令谁也不能离开！”她用亲人般的目光看了我，关切地说：“你一路上辛苦了，一定很累吧，先早点休息，明天再谈工作。”她利索地安顿我的休息后，又再三叮嘱景姑，要她提高警惕，关心我的安全，直到我迷迷糊糊进入梦乡，她才离开。

第二天，天刚亮，我和景姑还未起床，突然听到外面有人大声喊“衰军（国民党军）来啦！衰军来啦！快跑！”紧接着，乒乒乓乓的敲门声、狗吠声、枪声、脚步声，响成一片。由于朱金玉不在身边，新来到，对当

① 收录于广东妇运史编纂委员会、东江地区东纵编写小组编：《东纵女英烈》，广东五华印刷厂，1987 年，第 15-21 页。

地情况不熟悉，我只好呆在家里等待事态的发展，准备随机应变，与敌人周旋。幸亏敌人并没有闯进景姑家。随着一声尖厉的哨声，外面的嘈杂声也逐渐消失了。景姑开门出去一打听，知道朱金玉同志被捕了。我和景姑又难过，又焦急，不知道敌人会把朱金玉怎样？我该怎么办？是马上离开洪田？还是继续留下？心里乱得象一团麻。这时，金玉同志亲切而坚定的话语又在耳边响起“没有命令，谁也不能离开！”

“我们的部队会常来的。”想到这些！我的心里踏实多了，决定暂时不离开景姑家。每天一早，我就跟景姑上山打柴，天黑才回来。有时还去日军驻地新桥，装着买东西，暗中打听朱金玉同志的消息。大约过了三四天，上级派人来把我接回了部队。回部队很久以后，才听到了朱金玉同志被捕和牺牲的经过。

那天清晨，金玉听到了敌军来村的叫喊声后，立即披衣起床，冲出家门，飞快地跑向陈景姑家。半路上遇到几个国民党士兵，狡猾的敌人见她白白净净，不象本地人，就用枪尖捅了一下她的发髻，发现她留的是短发，不容分说，把她抓了起来。

离洪田九公里的乌石岩驻有国民党的一个连队。敌人把朱金玉押送到乌石岩庙阶梯下的一个石洞囚禁。当天晚上就把她从石洞里带到太和学校（现改为石岩学校），由国民党大队长黄文先［光］和一位副官亲自审讯。黄文先［光］皮笑肉不笑地对朱金玉同志说：“你这么年轻漂亮，何必为‘土匪’卖命，我是国民党营长，你听我的，可以做官太太，有享不尽的荣华富贵。”朱金玉轻蔑地说：“要我跟你们同流合污，残害中国的老百姓，别做梦啦！”黄文光把眼睛一瞪，威胁地说：“你当‘女匪’知不知死活？快说，还有谁是游击队？不说出来，我枪毙你！”朱金玉冷笑一声，大声回答道：“你知耻不知耻！你身为中国人，国难当头，不打日本鬼子，却把枪口对准抗日的游击队，你们比土匪还要坏！”黄文光见软的不行，就凶相毕露，用皮鞭抽打她。朱金玉不顾一切抢过桌上放的一支枪，对准黄文光扣动扳机，可惜枪里没有子弹，她马上摔掉手里的枪，又抢过一根木棒，奋力朝黄文光打去。惊慌失措的敌人做梦也没有想到这样一个文弱女子居然有如此大的胆量。黄文光恼羞成怒，声嘶力竭地大叫："给我狠狠地打！"几个如狼似虎的国民党士兵，扑上来，按住朱金玉同志，皮鞭、棍棒象雨点一样落在她身上。又用一根根针钉入她的十个手指尖。敌人甚至还动用了电刑。她几次昏迷过去，但她始终不肯供出部队同志。敌人对朱金玉软硬兼施，酷刑拷打达一个星期，一无所获。最后，敌人把奄奄一息的朱金玉拖到石岩圩沙河坝（离石岩桥约 15 米）的勒竹头，当众枪杀了。

朱金玉同志就义那天，正好是当地圩日，很多群众目睹这一悲壮的场面。敌人妄图以此来恐吓抗日军民，但是他们的暴行，只能激起人民对烈士的敬仰和对敌人的仇恨。

敌人走后，当地的一个农妇就用一束禾草把朱金玉的遗体盖起来。人民群众怀着悲痛的心情，流着眼泪，自动捐钱把她埋葬在石岩以北一公里的石岩上排沙公砌牛湖窝这个地方。

朱金玉出生于越南西贡的一个华侨工人家庭。有二个妹妹。她读过两年中学，懂法语。她的祖籍是广东南海。一九三九年，十七岁的朱金玉和梁丽恒一起参加了华侨回乡服务团，并加入曾生新编的第三大队，从事政工工作。一九四〇年，部队转移到海陆丰。当时，生活极其艰苦。部队常常日行百余里，边行军，边打仗，边做民运工作，风餐露宿，有时住在炭窝里。在这样艰苦的环境中，朱金玉同志一直跟着部队，从不叫苦。艰苦的环境磨炼了她坚强意志，锤炼了她坚定的品格。一九四〇年，朱金玉光荣地加入了中国共产党。同年七月，根据上级党组织的指示，她被疏散到香港。在香港三八女子商店工作。年底回宝安第五大队（王作尧大队）搞民运工作，并同周伯鸣同志结婚。一九四一年春组织上派她到上水径村（敌占区）开展民运工作。她住在抗日积极分子邱为理家。后来，由于奸细告密，邱为理在水径近布吉途中被日本鬼子杀害。朱金玉毫不畏惧，继续住在邱为理家，并坚持教育动员邱的妻子参加姐妹会，办夜校，还请游击队民运组长李明给学生上课。

上水径的一些老人回忆说："朱金玉刚进村时，脸红红白白，穿着一身粗布蓝色长旗袍，象个教书先生。她总是面带笑容，对人和蔼可亲。”当地群众议论说：“这样白白净净的香港妹能打游击吗？”谁知过了几天，她就主动改换了服装，跟群众下田劳动。为了适应当地农村的生活，她穿起单鼻草鞋。起初穿草鞋连走路都不会走。她就反复练习学走路，很快就能象当地大嫂大娘一样穿草鞋走路了。刚到农村的朱金玉不会割禾，镰刀一挥，割破了手指，鲜血直流。群众很关心她，不用她割禾，叫她拉禾草，可她就是不肯，坚定地说：“我慢慢地学，总能学会的！”果然，不多久她就很快学会了割禾这门农活了。她还经常上山帮助群众割草，打柴。脸晒黑了，手上脚底磨起了硬茧。群众赞叹地说：“看不出朱仔（对朱金玉亲热的称呼）这么能干，下田上山一点也不比土生土长的大嫂大娘差！”

上水径村对面的山岗就有日军的炮台。日本鬼子经常出来抢劫财物、抓鸡、催交粮食。国民党军队也常来骚扰，群众总是想方设法掩护朱金玉同志。有时日本鬼子突然来，她也镇定自若，巧妙地应付过去。

朱金玉同志除了帮助群众劳动外，还抓紧时机宣传我党抗日救国方针。组织姐妹会学员学习文化，还组织起一个十多人的自卫队。她爱唱歌，并教青年群众唱新四军模范团的歌。教他们做小游艺、演小话剧，用此来激发他们的爱国热情。她还经常通过姐妹会的学生家访宣传，发动群众。在她的教育帮助下，自卫队的许多人参加了游击队，壮大了我军的力量。她还热情地帮助地方党员江才娇，耐心地教她如何收集、带送情报，使江嫂多次出色地完成了任务。江嫂常说：“朱仔对我教育很大，经常给我讲革命的故事，读文件，使我懂得了很多革命的道理，增强了我做好工作的信心和勇气。”

原《新百姓报》的总负责人李征回忆说：“在水径工作那段时间，朱金玉同志除了积极帮助发行《新百姓报》外，还兼任该报的通讯员，经常为报社提供新闻材料。”一九四一年“五一”国际劳动节，她积极动员组织群众参加大会，带领自卫队和群众参加五月破路活动（破坏铁路和布龙公路）。在朱仔和其他同志的努力下，上水径成为我游击队的秘密据点。

西村群众都始终坚决支持、拥护我军的。

在洪田村工作的日子里，她住在冼转娣家，多次随冼转娣以探亲为名，到沙井（当时沙井驻有伪军陈培、单眼红等反动军队），为我军收集情报。有时又化装成老百姓同冼转娣、傍姑、陈敬妹妹等群众一起，头戴竹帽，手提格萝仔去沙井探“娘家”，或挑着尿桶去沙井买尿，暗中摸查伪军的兵力和活动情况，并把收集到的情报及时送到我军手中，对我军打击沙井的敌人起了重要的作用。

朱金玉同志所到之处，与群众关系十分密切，真正体现了党和人民的鱼水之情。她牺牲后，群众对她怀念不已。事隔四十多年，一九八六年，我重访老区时，还能明显地体会到这一点。

石岩村的叶锦带（现约 70 多岁）在谈到朱金玉烈士时，流着眼泪说：“我婆婆见朱仔被杀害后，还惨遭衰军的污辱，心情沉重，五天吃不下饭。”

洪田村，一位八十多岁的冼大娘沉痛地说：“朱仔被抓去严刑拷打，至死也没有向敌人讲什么，多么坚强的人啊！村里的人都叹惜她太年青了，死得太可惜了！国民党军太可恨了！太衰了！”

上水径的老人们一提起朱金玉同志被杀害时，就眼泪汪汪，陷入极度悲痛之中。

朱金玉同志的一生，是革命的一生，是闪光的一生。她的英名将与山河同在，与日月同辉。

老区的许多干部和群众都建议在她的墓地立一块纪念碑，让子孙万代永远怀念她！

朱金玉同志离开我们已近半个世纪了，但她的音容笑貌至今仍留在我的记忆之中。每当我在工作中遇到困难，前进中受到挫折时就想起朱金玉同志。一想到她对革命，对同志无限忠诚，坚贞不屈，视死如归的高贵品德，浑身就有使不完的劲。革命烈士为了保护同志，抛头颅、洒热血都在所不惜。我们这些幸存者还有什么不能奉献呢！

陈胜华 1986.8.21

2①

朱金玉（1922—1942），女，广东人民抗日游击队民运工作队队员。广东省佛山市南海区人，出生于越南西贡。1939 年，参加华侨回乡服务团回国参加抗战，在曾生领导的新编大队从事政治工作。1940 年初，曾生、王作尧两部东移海陆丰时，随军做民运工作，并加入中国共产党。7 月，按照党组织的安排到香港三八女子商店工作。年底，在广东人民抗日游击队第五大队做民运工作。1941 年春，被派到龙华上水径村开展民运工作，向群众宣传党的抗日救国方针，组织村民自卫队。5 月，带领自卫队和群众开展破路活动，破坏附近的广九铁路和布吉到龙华的公路。因其出色工作，使上、下水径两个村成了游击队的秘密据点。同时做好游击队出版的《新百姓报》的发行工作，兼任该报通讯员，为报纸写稿和提供新闻素材。1942 年春，转到洪田村做民运工作。7 月，国民党顽军突袭洪田村时被捕，在石岩墟［圩］沙河坝牺牲。1955 年建成的龙华烈士纪念碑上刻有这位刘胡兰式女英雄的名字。

3

朱金玉②

朱金玉，女，祖籍广东南海，出生于越南西贡的一个华侨工人家庭。读过两年中学，懂法语。1939 年，17 岁的朱金玉参加了华侨回乡服务团，加入曾生的新编第三大队，后在王作尧大队从事宣传民运工作。1940 年，加入中国共产党。1941 年春，组织上派她到敌占区上水径村一带开展民运工作。

上水径村对面的山岗就有日军的炮台，日本鬼子经常出来抢劫财物、粮食。国民党军队也常来骚扰，群众总是想方设法掩护朱金玉。有时日本

① 收录于深圳市史志办公室编：《中国共产党深圳历史》第一卷（1924—1950），中共党史出版社，2012 年，第 322 页。

② 收录于中共广东省委党史研究室、广州地区老游击战士联谊会、广州地区老游击战士联谊会东江纵队分会、广州市东江纵队研究会编：《东江纵队英烈集》，2013 年，第 58—59 页。

鬼子突然来，她也镇定自若，巧妙地应付过去。

朱金玉学会了插秧、割禾、割草、打柴，和大嫂、大娘们一起下田上山干活，帮助群众劳动，她抓紧时机宣传我党抗日救国方针，组织姐妹和学员学习文化，还组织了一个十多人的自卫队。在她的教育帮助下，自卫队许多人参加了游击队，壮大了游击队的力量。

在水径工作那段时间，朱金玉除了积极帮助发行部队办的《新百姓报》外，还兼任该报的通讯员，经常为报社提供新闻材料。1941 年"五一"国际劳动节，她积极动员并带领自卫队和群众参加五一破路活动(破坏铁路和布龙公路)。在朱仔和其他同志的努力下，上水径成为了游击队的秘密据点。

1942 年春，朱金玉奉命转到宝安县洪田村做民运工作，洪田距日军驻地新桥 4 公里，距沙井伪军据点 15 华里，经常受日伪军骚扰。沙井是日伪的一个重要的敌据点，常驻有伪军一个团和陈培伪护沙大队。朱金玉有时和三五个妇女化装"探娘家"，暗中摸查伪军的兵力和活动情况，把情报及时送到游击队手中，对我军打击沙井的敌人起到了重要的作用。

1942 年 7 月一天清晨，金玉听到了敌军来村的叫喊声，立即冲出家门，遇到几个国民党士兵，敌人见她白白净净，不象本地人，就用枪尖捅她的发髻，发现她留的是短发，立即把她抓了起来。

国民党顽军大队长黄文光亲自审讯，先以荣华富贵利诱，遭到朱金玉痛骂。后逼问游击队的情况，朱金玉骂："国难当头，你们不打日本鬼子，却把枪口对准抗日的游击队，比土匪还要坏！"黄文光大怒，用皮鞭抽打她。朱金玉扑过去，抢了桌上的一支枪，对准黄文光扣动扳机，可惜枪里没有子弹。惊慌失措的敌人扑上来，皮鞭抽、棍棒打，用针钉入她的十个手指尖，还动用了电刑。她几次昏迷过去，但始终不肯供出部队的情况。敌人对朱金玉酷刑拷打达一个星期，一无所获。最后，他们把奄奄一息的朱金玉拖到石岩圩沙河坝的勒竹头，当众枪杀了。

朱金玉同志就义那天，正是当地圩日，很多群众目睹这一悲壮的场面，更加激起人民对烈士的敬仰和对敌人的仇恨。

朱　娣（？—？）

女联络员朱娣[1]

覃益敬　黄奕平

抗日战争时期，萝岗元贝村是个堡垒村，朱娣是这个村中的堡垒户，又是元贝村联络站的一员。

朱娣出生于萝岗黄登村一户贫苦农民家里，其家人靠父亲以挑卖柴炭养活。朱娣幼年时，她父亲因上山砍柴为毒蛇咬伤而丧命。十几岁的她，望着体弱多病的母亲和两个嗷嗷待哺的弟弟，勇敢地挑起一家人的生活重担。后来她与元贝村的钟振波结婚，本来指望婚后能过上比较安稳的日子，但贫穷还是给她带来不幸。先是她的女儿因病夭折，不久其丈夫又患病身亡，跟着其丈夫的大哥夫妇也相继染病去世。此时家中剩下年老体弱的翁姑、16 岁的小叔钟金涛及其弟钟新楠、六岁的小侄和五岁的侄女，情况多么悲惨。接二连三的打击，没有使朱娣低头，她自认命苦，但不怨天、不尤人，毅然负起了养老抚幼的责任。

后来，朱娣的小叔钟金涛参加了共产党领导的抗日游击队，担任了副中队长，于 1941 年奉命回元贝村，为游击队活动地区扩展到禺东一带做开路工作。经过钟金涛的宣传，朱娣和村里的农民兄弟开始认识到穷人不是注定命苦，而是受了“三座大山”的压迫剥削所致，中国共产党和她所领导的队伍是帮助穷人搬掉压在头上的“三座大山”的。朱娣心中明白了，她知道只要跟共产党走，穷人们齐心协力，就能挖掉穷根。因为朱娣

---

① 收录于中国人民政治协商会议广州市白云区委员会文史委员会编：《白云文史资料 · 抗日专辑》第十辑，广东省南海柯达彩印厂，1995 年，第 138—141 页。

人缘好，村中不少妇女又从她那里获得革命的道理，一些年轻人要求钟金涛带他们去参加游击队。积以时日，元贝村便成为游击队的堡垒村，而朱娣便成为堡垒村中的堡垒户了。

记得是1942年2月的一天半夜，钟金涛带着四名伤员及30多名游击队员来到元贝村，朱娣立即忙开了，知道战士们尚未吃饭，她马上将缸里的米全倒出来，不够用，就让钟金涛先去煮给伤员吃，自己则赶快拿出谷子用石磨脱壳变成糙米，对战士们说：半夜舂米怕影响邻里，请大家将就将就。跟着又忙着烧水给伤员清洗伤口，其中林彬是女的，朱娣让她到房里替她换下血衣，轻抹伤口周围，林彬失血过多，也实在太累，只能小声说："谢谢大嫂！"朱娣关切地说："你别动，一切让我来，我们是一家人，不要客气。"这样一直忙至天亮。

粮食是农民的命根子，30多人十多天吃了700多斤谷子，这已是朱娣一家半年的口粮了。但朱娣有一个信念：党领导的队伍是为穷人的，他们为了穷人流血牺牲，我还有什么舍不得的呢。

朱娣不但为游击队战士及伤员的生活尽心尽力，在工作上对敌斗争上还表现得十分机智勇敢，每一次都稳妥地保护了同志们的安全，出色地完成每一项工作任务。

1942年2月游击队到元贝村不久，日军100多人搜索到村上来，时间仓卒［促］，队员们抢先把伤员转移，钟金涛患脚疾难走，朱娣忙背起他一口气跑到后山隐蔽，又赶回家里将来不及转移的两挺机枪用原来挂在墙上的两张谷围捆住，照原样挂在墙上。干好这一切，认为没什么破绽了，便拿起鸡笼准备到门口观察日军进村的情况。到门口一看，日军已来到离她家门只有几步远的地方，而这时她一眼发现门槛下还有一颗手枪子弹，立即假装走路不小心拌［绊］倒，乘势将子弹捡起攥在手心，这时日兵已到门口，吆喝她到村头去集中。到了村头，村里的人都集中在那里，日军问她做什么，她举起鸡笼说去拢小鸡，日军让她走，她即走到鱼塘边的菜园，把子弹藏在菜脚下，心里的一块石头才放下。

同年3月初，卢伟良奉命把队伍带到东莞开展敌后游击战，留下刘志远、林彬、张和、张财、廖安、钟金涛等在元贝村成立联络站。朱娣心想：联络站需要长期坚持下去，首先要解决吃的问题，不如开个米店，既可应付吃饭，又能方便同志们公开活动。她向刘志远说出自己的想法，刚巧鲁锋从油麻山来到，大伙商量，都认为这个主意好。于是朱娣拿出最后剩下的800斤谷，全部用来开办米店。从此，朱娣、鲁锋、陈炼铁、张和等可以挑米到萝岗、南岗、长安等圩场去卖，既方便了联络站人员活动，又可维持生活费，一举两得。

朱娣乘着担米趁圩发卖之便，常常带着13岁的小叔钟新楠把联络站翻印的《前进报》(东江纵队刊物)和其他宣传品到各圩场秘密散发或张贴。有一次，她把宣传品放在米袋里，上面装上米，带着钟新楠去南岗，来到日军检查岗时，前面几个人正排队等待检查，朱娣越过前面的人将米担放在日兵面前，拉着钟新楠向日兵鞠躬，并主动打开米袋让日兵检查，日兵见她够礼貌，又主动接受检查，认为她是“良民”无疑，用皮鞋踢踢她的米袋说：“开路！”朱娣就这样顺利地通过了检查岗。

是年农历7月14日，刘志远把卖了两枝手枪所得的钱让朱娣带去增城水南村交给谢学筹(地下党员)，朱娣扮成小商贩的模样，来到南岗火车站时，她大大方方地给日兵检查，日兵看到这么多钱，朱娣用手势说明家里有几个小孩要吃饭，出外做点生意养孩子，日兵就让她通过了。又有一次，她带一笔款去水南村给联络员，事前已知道日军检查时，不管竹箩、布袋里装的是米、豆或花生之类，都用刺刀由上而下直插下去，检查是否藏有别的东西。朱娣将钞票藏在米糠袋的上半部，到检查站时，她主动把米糠袋放到日兵面前，将袋口斜侧到自己面前，装成好让日兵用刀去插，其实是用手势保护上部，日兵只在袋子中部和下部插了两次，钞票没有受到损害，安全地通过。还有一次，卢伟良让朱娣带两支手枪去和朗联络站，她把枪放在竹篮里，枪上铺着谷壳，谷壳上放满了鸡蛋，装着去趁圩卖蛋的样子。到检查岗时，趁着赶圩人多，朱娣急急趋前向日兵鞠躬，轻轻地把篮子放下，揭开篮盖，拿出几个鸡蛋，送给日兵，日兵不接鸡蛋，却叫她“走开”。

朱娣在做联络站工作的过程中，除了到各圩市散发宣传品、刺探敌情、传送情报及钱物之外，还经常接送干部过境，经她接送过境的人和次数她记不了那么多。解放后，有一次她到番禺县开会，陈江天夫妻俩走到她面前跟她握手问好，她才记起曾有一次在夜里送他俩抄小路去南岗，回首往事，大家不禁拊［抚］掌大笑。

朱娣今年已达八十高龄，体型硬朗，思维尚觉清晰，我衷心祝愿这位革命老人健康长寿！

钟　锤（1912—1943）

1

布衣草履　高尚气节——钟锤烈士小传[①]

一九四〇年，中国共产党领导下的广东人民抗日游击队，在惠东宝一带开展抗日活动。游击队深入农村，发动群众，宣传团结一致共同抗日，组织青年参加自卫队和妇女会。钟锤在党的教育下，走上了革命道路。

钟锤，原名钟安娇，我们叫她钟嫂，是广东宝安县布吉草埔下屋村人。一九一二年出生于贫农家庭。她婚后不久，生下第一个女儿，在怀孕第二个女儿时，她的丈夫得了病，为了替丈夫治病，只好将家中祖父遗下来的两亩地卖掉。但丈夫的病未能治好而逝世了。当时，钟嫂真是家空物净。家中一个女儿、一个姑姑、一个家婆，只靠她上山打柴卖，来维持一家四口的生活。到生下第二个女儿后，她经营小商贩，贩卖棉纱，每天要跑遍观澜、龙华、深圳等集市，靠微薄的收入来维持生活。那时，她由于跑的地方较多，接触到一些进步同志，对革命已有一定的认识。她参加革命后，常常利用贩卖棉纱做掩护，为部队送信（情报）及抗日传单等，为革命做了大量工作。

当时，国民党反动派消极抗日、积极反共，对抗日人民，进行残酷的镇压。一九四三年，有一天，钟嫂挑货担经过牛角龙到上八约、大岭围，再前往观澜圩送信，这时观澜圩驻有国民党反动军队黄文光部，对行人进出圩搜查非常严，钟嫂送的信（情报）被搜出来了，当即受到毒打，敌人还把圩里的人赶出来观看，以恐吓人民。敌人对她施行了灌水、拷打的酷

① 收录于广东妇运史编纂委员会、东江地区东纵编写小组编：《东纵女英烈》，广东五华印刷厂，1987 年，第 189−190 页。

刑。她多次晕过去，但仍毫不畏惧，始终没有供出一点游击队的情况。

钟锤坚定的革命斗志，保存了革命秘密，敌人得不到半点东西。一个星期后，国民党反动派把她杀害了，并把她的首级吊在观澜圩上。钟嫂在临终前大骂国民党反动派的日子不长久了。最后高呼“游击队万岁”的口号，从容就义。

钟锤牺牲时年仅三十一岁，遗下两个女儿，大的叫梁风英六岁，小的梁玉妹才三岁。由其姑梁永娇（即梁炳妹）抚养。

钟锤虽然是一个布衣草履的普通群众，但她为了民族的解放事业，英勇斗争，壮烈而死，她的高尚气节，为后人所敬仰，她的革命精神，永远值得我们学习。

陈胜华

2

钟　锤①

钟锤，女，原名钟安娇，宝安县布吉草铺下屋村人，1912 年出生于贫农家庭。她婚后不久，丈夫得了病，为了治病，只好将祖父遗下的两亩地卖掉，但丈夫的病未能治好就逝世了。这时，钟锤家真是家徒四壁，只靠她上山打柴去卖，来维持一家老少的生活。她生下第二个女儿后，经营小商贩，贩卖棉纱，每天要跑遍观澜、龙华、深圳等集市，靠微薄的收入来维持生活。那时候，她由于跑的地方多，接触到一些进步同志，对革命有了一定的认识，逐渐参加一些工作，常常利用贩卖棉纱做掩护，为部队送信（情报）及抗日传单等，为革命做了大量工作。

当时，国民党反动派消极抗日，积极反共，对抗日人民进行残酷的镇压，1943 年，有一天，钟锤挑货担经过牛角龙到上八约、大岭围再往观澜

① 收录于中共广东省委党史研究室、广州地区老游击战士联谊会、广州地区老游击战士联谊会东江纵队分会、广州市东江纵队研究会编：《东江纵队英烈集》，2013 年，第 68 页。

圩送信，这时观澜圩驻有国民党反动军队黄文光部，对行人进出圩搜查非常严，钟锤送的信（情报）被搜出来了，当即受到毒打，敌人还把圩里的人赶出来观看，以恐吓人民。敌人对钟锤施行了灌水、拷打的酷刑，她多次晕过去，但仍然毫不畏惧，始终没有供出一点游击队的情况。

钟锤坚定的革命斗志，保存了革命秘密，敌人得不到半点东西。一个星期后国民党反动派把她杀害了，并把她的首级吊在观澜圩上，钟锤在临终前大骂国民党反动派的日子不长久了，最后高呼“游击队万岁”的口号，从容就义。

钟　笑（1924—1945）

笑影长留宇宙间——悼念钟笑烈士[①]

钟笑，乳名锦笑，广东宝安县大鹏王母圩上新屋村人，一九二四年出生，一九四四年夏参加中国共产党，一九四五年十二月，在国民党反动派的一次大“扫荡”中牺牲于稔平半岛大坑埔村，生前任东江纵队第七支队民运工作队组长。

钟笑少年时代，父亲已去世，一个兄长在国外谋生，家中有母亲、嫂嫂、大姐、二姐和妹妹。除有自耕地数亩外，还有祖藏的收入，经济颇为宽裕，堪称小康之家。钟笑小学毕业后，按照家人的意思，是要她继续升学的，但那时正值“七·七”芦沟桥事变以后，抗日的烽火已燃遍大江南北，烈士的家乡一带已有香港惠属青年回乡救亡工作团在活动，“妇女会”、“读书会”、“识字班”等救亡组织如雨后春笋般建立起来，许多小伙伴们也丢下书包参加到抗日的行列中去了。风云激荡的时代，使锦笑的心也激动了。于是，她说服了母亲，放弃了升学的机会，毅然参加了救亡工作团组织的扫盲工作队和自卫队。从这时开始，到一九四四年夏天，她都在家乡附近从事民运工作。

一九四四年八月，为了巩固和发展稔平半岛抗日根据地，东江纵队惠宝护航大队党组织从大鹏地区抽调了陈煌亮、李世芳、黄文生、梁锦荣、吴水、李达开和李观佑等同志，组成民运工作队，到稔平半岛开展工作，钟笑亦奉命前往参加民运队工作。

钟笑生性活泼，为人正直、热情，凡是与她共处过的人，无不为她的

---

① 收录于广东妇运史编纂委员会、东江地区东纵编写小组编：《东纵女英烈》，广东五华印刷厂，1987 年，第 108-111 页。

真诚所感动。

当她还在家乡从事抗日救亡宣传活动的时候，一有空她就往同伴们的家里跑，挑水、做饭、喂猪、喂鸡，什么家务都帮着干，尤其是李世芳家，由于人手少，大半的杂活几乎给她包下来了。到稔平半岛工作时，钟笑是民运工作队的组长，虽然她年纪不大，但她时时处处都象大姐一样，无微不至地关心着同志们，谁的衣服脏了，她抢去洗，谁的被帐破了，她不声不响地帮着补好。一九四五年春，有一次在巽寮油甘埔战斗后，黄文生因不慎跌伤了腰，在山上隐蔽了三天三夜。钟笑不仅给他找药敷药，还把自己的毯子让给他作铺垫，而自己却随便找些干草当被盖。一九四五年冬，国民党又一次掀起了反共高潮，疯狂“围剿”我武装部队，有一次，部队在山上掩蔽了几天几夜，群众上不来，粮食接济不上，真是饥寒交迫，钟笑冒着危险下山去找了一些番薯来给同志们充饥，当同志们接过那些番薯时，一条条都还是热烘烘的。原来钟笑考虑到战友们在山上冻饿了一天，就想方设法把番薯煮熟后再找些禾草和烂布裹好才挑上山的。总之，在革命队伍中，钟笑就象一盆火，每时每刻都给予同志们温暖。在战友面前，她总是笑口常开，无论谁跟她在一起工作，心里都会感到无比舒畅。

钟笑作风泼辣，干起工作来有一股不达目的不罢休的犟劲，因此，与她共事过的同志都说她有男子汉的风度。

她小学毕业后，十五岁便参加扫盲工作队，经常要在晚上走十多里羊肠小道到下九乡等地去，同志们看她年纪小，劝她留在家里，但她小嘴一撅，早就跑到前头去了。一九四四年夏天，我护航队在坝岗坳与国民党军罗茂勋一个团激战，一连几天，钟笑组织青年们送茶送饭送药到前线去，眼睛都熬红了，战友们劝她休息，她却说：“等打完仗再睡他个三天三夜！”硬是不下火线。

一九四四年八月以后，钟笑在稔平半岛工作。此时，她已由一个热情高、冲劲足的少年成长为一个思想渐趋成熟，颇具组织才能的民运工作队的小组长了。初到稔平时，钟笑根据护航大队有关领导的安排，通过一个雇工的关系，住在他房东的家里，以亲戚为名作掩护，在铁涌落了脚。她白天帮村里的老百姓种田、割草，晚上到老百姓家里串联、开会，用浅显易懂的道理，宣传解释我党关于抗战的方针政策，或者在夜校里上课，以课堂为阵地，发动青年参军参战，组织农民起来开展减租减息的斗争。由于钟笑善于团结和组织群众，善于把党的政策和群众的利益结合起来，因此，很快就赢得群众的信任。一九四五年一月，铁涌乡抗日民主政府成立，钟笑当选为乡长。接着，她与民运队的其他同志相配合，以铁涌为据点，把活动范围扩大到巽寮的牛背印等地。从铁涌到牛背印这一带都是山区，山高路陡，再加上日伪顽互相勾结，经常窜扰，给工作增加了不少困难。但是，为了完成党交给的任务，为了早日打败日本侵略者，钟笑不管白天黑夜，坚持过乡串里，发动群众，布置工作，从不叫苦。

一九四五年八月，日寇宣布无条件投降，九月十日，稔平半岛全境解放。铁涌的老乡们在欢庆胜利的时刻，特别想到为赢得这个胜利而出生入死的钟笑同志，男女老少都争着拉她到自己家里作客。

一九四五年十二月，国民党反动派又一次掀起了反共高潮。农历冬至节前夕，钟笑、练文等民运队员接到敌情报告，即由东和乡转移到鹧鸪岭山，随武装部队驻营。翌晨，因排哨未回来，情况不明，大队长曾城同志即命钟笑为组长，带领练文、张强下山到大坑埔村了解情况。是日蒙雾添[弥]漫，当行至大坑埔村屋后竹林时，钟笑慎重地叫练文、张强留下隐蔽，她独身进村。就在她刚进村的时候，埋伏在村前河沟的地主武装欧阳驷部发现了她，并向她开枪射击。在这危及生命的关键时刻，钟笑既不往老乡家里躲，也没有往山上跑，而是返身往敌人发枪的方向跑去。于是，她饮弹倒下去了。

钟笑同志为了人民的解放、为了老乡和部队的安全，在这生死的关头，作了理智而高尚的选择——宁可牺牲自己，决不暴露部队和连累老乡！钟笑同志虽然牺牲了，但是她的英名和不朽的业绩为根据地的人民世代传颂，她永远活在人民的心中！

（惠东县委党史办赖天锡根据练文、黄文生、陈生、陈煌亮、李天明等提供的材料整理）

张招妹（1889—1945）

1

忠贞的情报交通员——张招妹烈士传略[①]

张招妹出生于一八八九年，原籍是广东博罗县汝湖岭下村（现属惠州市）。过去，东江下游经常崩堤缺口，泛滥成灾，她的父母便带着她姐弟俩逃荒到广州，住在河南宝岗街一间茅屋里，靠编织草席为生。因她是长女，是家中主要劳动力，二十五六岁才嫁给东莞县石龙镇一个四十开外的李林，为第三续弦。当时，李林与其弟在石龙共营一间新同益号猪肉店，生活勉强过得去。十年后，李林去世，遗下妻子和三个女儿，最小的才一岁。李林的弟弟不但不肯分担她们母女的生活困难，而且欺凌寡妇，迫她改嫁。不久便私自把肉店歇业，使张招妹母女生活无着，她们只好忍气吞声，咬紧牙关，白天挑青菜上街叫卖，晚上刨筷子、削蜡竹芯、缝麻包袋、剥榄仁衣……做这些散工零活维持生活。顺利时每餐还可以买些米，连同卖剩的菜叶做饭充饥，仅得半饱，饿肚子是常有的事。到了年底，房主迫租、债主迫债，甚至春节也没有米下锅。后来又得了胃溃疡病，贫病交加。但张招妹是在苦水里泡大的，虽然没有进学校受教育，但年轻时亲眼见过当年轰轰烈烈的广州起义，她的外甥周森也参加过广州起义，对她有很大的影响。广州起义失败后，周森受到蒋帮追捕，跑到石龙亦不能立足，张招妹连夜筹款供他去香港，才得以逃出虎口。后来，她常常用广州起义的革命故事教育女儿。她说："当时许多穷人佩着红领带跟共产党闹革命，而蒋介石则大打出手，屠杀共产党，屠杀革命群众。""共产党是为

---

① 收录于广东妇运史编纂委员会、东江地区东纵编写小组编：《东纵女英烈》，广东五华印刷厂，1987年，第66-69页。

穷人的，跟共产党走没有错”。由于她受过大革命思想的薰［熏］陶，早就有了革命的要求。她不但不为自己的窘境悲观丧气，反而积极投靠革命，反对封建势力。她宁愿日夜辛劳，经常挨饿，也想法让女儿半工半读，学点文化，并鼓励女儿奋发图强，投身革命。在她的教育和支持下，两个女儿在东江沦陷前夕就积极参加了抗日救亡运动。一九三八年十月，日寇在大亚湾登陆，大女儿李焕章参加了王作尧领导的“壮模队”到大岭山打游击。小女儿李嫦也于一九四〇年只身离开石龙，到大岭山跟随大姐参加游击队。一九四三年初秋，部队决定派李嫦返回石龙建立交通情报站。经领导考虑，如果派陌生人做交通员容易暴露，最适合的人选就是她们母女俩。张招妹早就想投身革命，听到这个消息，高兴极了，满口答应。她担任交通员以后，工作不怕危险、不怕艰苦，每次送情报都沉着、勇敢。挑着竹箩，以小贩身份作掩护，把情报藏在发髻里，翻山越岭，通过敌人一个个关卡，不管碰到什么困难都不畏缩，安全地把情报送到目的地。

是年十一月十八日，敌寇集结兵力万人，陆空配合“扫荡”抗日根据地，号称“万人大扫荡”，企图将我部队迫入大岭山聚歼。张招妹接受了送情报到大岭山的任务，当时情况紧急，联络点的同志已经转移，老百姓也逃到山上，她坚持白天赶路，晚上露宿田野，虽然遭遇了敌人几次盘查，她都能沉着而又巧妙地应付，强忍着胃溃疡的剧痛，终于把情报送到部队。一九四四年春，她初次送情报到良平乡，被地下党员钟统发现，以为她是敌探，带领民兵把她抓住，蒙着眼睛绑在祠堂里。后来被联络站户主袁碧的女儿钟才欢知道了，把真实情况告知钟统，才消除了这场误会。事后，她的女儿李嫦问她：“为什么不直说是送情报来的？”她答道：“因我是初次来这个站，不知这班人是忠是奸，所以宁愿被绑也不能直说，以保证情报的安全。”由于她的工作细致、沉着、机警，保密工作做得很出色，部队派往广州工作的黄志坚、柏森、沈辉、黎崇勋等同志经过石龙，都在她家作短暂逗留。她把这些同志称作外家来的侄儿侄女，以应付敌人，掩护自己同志。当时她的家实际上成了情报人员往来的接待站。

一九四五年，抗日形势越来越有利于我们。年初，我路西军民先后在宝太线、莞太线、莞樟线以及水乡全面出击，钳制敌人；顽军刘发如、李潮等部不断有人向我投诚。三四月间，我路东路西分别召开了国事座谈会，一致反对蒋介石消极抗日、积极反共的倒行逆施，成立了中国人民解放联合会，以促进联合政府的实现。五月，苏联红军攻击柏林，日本侵略者的命运也岌岌可危。但是，国民党反动派仍顽固执行蒋介石“要攘外，必安内”的反共反人民政策。当时，东莞的国民党顽军勾结匪首李潮，成立“抗红义勇军”，公开打起反共黑旗，与人民为敌到底。一天，由叛徒引路，突然袭击我石龙交通情报站，逮捕了我交通情报员张招妹、何忠铎，把他们囚在伪军的剿［巢］穴——上南村的祠堂里。敌人一开始就对张招妹施以酷刑，迫她供出游击队和交通情报站的情况，并要她交出在部队的两个女儿。但她针锋相对，宁死不屈，什么情况也不说。一次，何忠铎的母亲吴娇去探监，看见她被打得遍体鳞伤，躺在地下动弹不得，敌人仍然在迫她。她强忍着严刑的疼痛，斩钉截铁地说：“我不知道‘老模’的情况，也不知道两个女儿的去处。”敌人无法从她口中得到半点东西，就恼羞成怒：“你不说就枪毙你。”她毫不畏惧，视死如归，怒斥敌人：“要革命就不怕死，我死了还有两个女儿，还有‘老模’！”继而，她用尽全身的气力坐起来，指着敌人骂道：“日本鬼快完蛋啦，你们也活不了多少天！”伪军无可奈何，竟对这个年过半百的张招妹下毒手，连拉带拖地把她押到东江河边枪杀了。惨无人道的剑［刽］子手把尸体扔进河里，搁在石龙铁桥墩，不准收尸，真是残忍至极！

东江水，日夜流。

流不尽，人民的仇！

张招妹同志壮烈牺牲了，但她的女儿坚强地战斗着，千百万革命志士为了共产主义事业一直战斗着！

（东莞市委党史办赖日昌根据李婵、李焕章等回忆整理）

2

张招妹[①]

张招妹（1889—1945），女，原籍广东省博罗县汝湖岭下村（现属惠州市）。东江下游崩堤成灾，她全家逃荒到广州，靠编织草席为生。26 岁嫁给东莞石龙 40 多岁的李林，十年后，李林去世，她独自抚养三个幼女，靠做散工零活维持生活。

张招妹年轻时亲眼见过轰轰烈烈的广州起义，她的外甥周森参加起义，对她有很大的影响。起义失败后，周森被追捕，张招妹连夜筹款供他去香港，才使其得以逃出虎口。她常常用广州起义的革命故事教育女儿。她说："共产党是为穷人的，跟共产党走没有错"。在她的教育和支持下，1938 年 10 月，大女儿李焕章参加了王作尧领导的"模范壮丁队"到大岭山打游击，小女儿李嫦也于 1940 年，到大岭山参加游击队。

1943 年初秋，部队决定派李嫦返回石龙建立交通情报站。领导考虑，最适合的人选就是她们母女俩。张招妹早就想投身革命，听到这个消息，高兴极了，满口答应。她担任交通员以后，不惧危险、不怕艰苦，挑着菜担子，以小贩身份作掩护，把情报藏在发髻里，翻山越岭，通过敌人一个个关卡，碰到什么困难都不畏缩，安全地把情报送到目的地。

是年 11 月，敌寇陆空配合"扫荡"抗日根据地，号称"万人大扫荡"，企图将人民游击队迫入大岭山聚歼。张招妹接受了送情报到大岭山的任务。当时联络点的人员已经转移，老百姓也逃到山上，她坚持白天赶路，晚上露宿田野，遭遇了敌人几次盘查，她都能沉着而又巧妙地应付，强忍着胃溃疡的剧痛，终于把情报送到部队。1944 年春，她初次送情报到良平乡，被地下党员钟统发现，以为她是敌探，带领民兵把她抓住，蒙着眼睛绑在祠堂里。后来被联络站户主袁碧的女儿钟才欢知道了，把真实情

① 收录于中共广东省委党史研究室、广州地区老游击战士联谊会、广州地区老游击战士联谊会东江纵队分会、广州市东江纵队研究会编：《东江纵队英烈集》，2013 年，第 89–90 页。

况告诉钟统，才消除了这场误会。事后，她的女儿李嫦问她："为什么不直说是送情报来的？"她答道："我是初次来这个站，不知这班人是忠是奸，所以宁愿被绑也不能直说，保证情报的安全。"由于她的保密工作做得很出色，她的家成了情报人员往来的接待站。

1945 年，东莞的国民党顽军勾结匪首李潮，成立"抗红义勇军"。一天，由叛徒引路，突然袭击石龙交通情报站，逮捕交通情报员张招妹、何忠铎。顽军对张招妹施以酷刑，迫她供出游击队和交通情报站的情况，并要她交出在部队的两个女儿，她宁死不屈，什么情况也不说。一次，何忠铎的母亲吴娇去探监，看见张招妹被打得遍体鳞伤，躺在地下动弹不得，敌人仍然在迫她。她强忍着严刑的疼痛，斩钉截铁地说："我不知道'老模'的情况，也不知道两个女儿的去处。"敌人无法从她口中得到半点东西，恼羞成怒，喊："不说就枪毙你！"她凛然高呼："革命不怕死，我死了还有两个女儿，还有'老模'！"顽军无可奈何，竟对这个年过半百的张招妹下毒手，把她拖到东江河边枪杀了，还把尸体搁在石龙铁桥墩示众。张招妹虽是普通妇女，生得坚毅，死的壮烈。

3

张招妹[①]

张招妹（1889—1945），原籍博罗汝湖岭下树（现属惠州市）人。

1914 年张招妹与东莞石龙镇李林结婚。10 年后，李林去世遗下招妹和三个女儿，招妹只好靠做散工零活维持生计。

廿年代末，招妹受到参加过广州起义的外甥周森的影响，有强烈的革命正义感。广州起义失败后，周森受国民党当局追捕，张招妹连夜筹款给他去香港，得以逃出虎口。后来，她常用广州起义的革命故事教育女儿，鼓励女儿投身革命。1938 年 10 月，大女儿李焕章，参加了"抗日模范壮

---

① 收录于东莞市妇女联合会编：《东莞市妇运志》，东莞市印刷厂，1995 年，第 123-124 页。

丁队”，到大岭山打游击；小女儿李嫦，也于 1940 年跟随大姐参加游击队。1943 年秋，部队派李嫦返回石龙建立交通情报站，让张招妹担任交通员。1943 年 11 月 18 日，张招妹接受了送情报到大岭山的任务，虽遭到敌人几次盘查，她却能沉着巧妙地应付，终于把情报送到部队。

1945 年 4、5 月间，由于叛徒出出卖[①]，国民党反动派袭击我石龙交通情报站，张招妹、何忠铎被他们囚在伪军的巢穴——石碣上南村的祠堂里。敌人对她严刑逼供，要她供出游击队和交通情报站的情况，并交出部队的两个女儿。张招妹怒斥敌人，坚不吐实。惨无人道的国民党反动派竟对这个手无寸铁、年过半百的张招妹下毒手，忠贞不渝的女交通员张招妹在东江河边壮烈牺牲了。

（摘自《东莞英烈》赖日昌一文）

---

① 原文如此。——编者注

张贯一（1920—1944）

梧桐山上壮歌扬——缅怀张贯一烈士[①]

张贯一同志又名素友，一九二〇年出生于惠阳县淡水镇牛狮路张屋，从小勤奋好学，聪敏过人，稍长随父亲张贯煌律师在广州读书，平日在家帮助父亲抄写，练得一手好字，一九三八年暑假她回到淡水，经常到惠阳青年会回乡救亡工作团借阅《社会发展史》、《大众哲学》等书，劳动创造世界，社会主义必然代替资本主义的道理在她心灵中埋下了深深的印记。暑期结束，她回广州继续在广州女师念书，那年秋天，敌寇从大亚湾登陆，淡水沦陷，不几天广州又告陷落，学校纷纷向粤北搬迁，她却离开了学校，报名参加随军工作团，辗转到了粤东地区，开展抗日宣传活动。但到底还是在后方呵，她多么想回到自己被日寇占领的家乡和惠青工作团的同志们一起战斗呵！十二月六日敌人退出淡水后，她请假回来了，那时我正好在淡水成立东江华侨回乡服务团，她立即参加了“东团”的工作，一九三四年二月她参加了中国共产党“东团”，团部设在惠州城，她活跃在宣传战线上，办墙报、办夜校，演《放下你的鞭子》等街头剧，并负责东团团部的秘书工作，她总是这样热情奔放地工作着。

一九四〇年二月，国民党反动派在东江发动反共逆流，“东团”博罗队被捕了，被押解到惠州来，她代表团部到玄妙观去慰问，鼓励他们“华侨抗日无罪，团结斗争一定胜利”，给同志们留下深刻的印象，争取博罗队在惠州释放无望之后，国民党更采用种种手段迫害东团，为了减少损失，五月间党决定把东团团部撤离惠州。回到香港之后，张贯一同志被分

① 收录于广东妇运史编纂委员会、东江地区东纵编写小组编：《东纵女英烈》，1987年，第44–49页。

配到九龙妇女会工作，平日在家里则帮助翻阅南洋各地的华侨报纸为八路军办事处收集整理资料。

一九四一年冬，日寇发动太平洋战争，向香港、九龙进攻，大批人员要撤离香港，在组织的安排下，她把自己生下不满周岁的女儿送回家乡，自己随着同志们一起回到惠东宝敌后地区，参加部队工作。她到惠阳田心工作，头一天就碰到日军包围，在紧急关头，她要同志们往后山掩蔽，自己在后清理营地，把危险留给自己。日军从前门进，她从后门出，险些给敌人抓住。后来她和张松鹤同志在茜坑教书，常常帮助部队在梧桐山上活动，送情报、搞给养。张贯一同志和群众关系很好，一天国民党反动派武装包围了这个村庄，把她们逮捕了，村中父老全力担保，才把他［她］们释放出来。

一九四二年从香港被日寇赶回来的难民很多，沿路饿死了不少人，部队节食在葵缅［涌］、沙鱼缅［涌］设施粥站，救济难民。当地群众也同样闹饥荒，部队生活非常困难，一天只吃四两粮，还筹粮二两救济灾民。张贯一同志是坪龙区民运队长，同时也是这个民运队和地方党员成立的一个支部书记，她在困难面前发动群众生产渡［度］荒，民运队也和群众一起生产自救，她把结婚戒指拿出来作本钱和地方同志一起办了一个榨油厂、一个石灰窑。她生活在群众之中身穿围裙，头带凉帽，十足乡村妇女和群众共甘苦，时刻关心群众利益，发动群众生产自救，渐渐渡过了难关，充分体现一个共产党员的先锋模范作用。她在村中办的夜校，男女青年在一起上课，做父母的不放心让小媳妇去夜校，偷偷在课室外听她讲课，原来讲的是团结抗战、家庭和睦的内容，使家长不但放心让儿媳参加学习，连自己也前来上课，说听张同志讲课能明白事理，好听！

一九四三年司令部在坪山地区活动，林平和曾生同志带着一部电台和中央联系，每天都要抄收新华社的电讯，中央的指示和电讯需要复写，林平同志把张贯一和王作二人调在司令部负责这项工作，开始只能一次复写三份，要复写几次才够分发出去，为了改进，她一次就复写出六份，效率提高了一倍。但是她热爱群众工作，她又要求回民运队去，回到群众基础好的坪山去。一九四三年十二月二日，东江纵队宣告成立了，公开宣布接受中国共产党的领导，在坪山召开了一个有三千多群众参加的庆祝大会，当时龙岗、淡水均驻有国民党军队，随时有来进攻的可能，大会是在晚上举行的，部队在外围警戒，保证大会顺利的进行，张贯一同志她们动员了周围村庄的群众热烈参加庆贺，慰劳部队。会后几天国民党知道东纵司令部在坪山地区，又大举向坪山进攻了，张贯一同志领导民运队员英勇投入反“扫荡”的战斗，侦察、锄奸、发传单、坚壁等都由她的民运队发动群众来做，我们的情报站设在离坪山圩仅100米的村子，张贯一的住地正坑也不到二里地，尽管战斗非常频繁，部队又自由穿插在坪山周围，给养也照常得到供应，在反对敌人的进攻中，她的工作得到部队首长的赞扬。

一九四三年冬天部队在梧桐山和国民党打了一仗，战斗过后，我写了一首歌颂梧桐山的诗请她修改，她把诗改写成“梧桐山依然屹立着”，送回给我，谁知这竟是她留下最后的一篇诗稿！一九四四年春她得了脑脊椎炎病，一个星期之后就昏迷不醒了，当时，坪山圩还驻有国民党的军队，在村子里缺医少药，无法医治。由陈霜子同志化装护送她到淡水，也找不到对症的药。次日抬回家乡的途中就逝世了，终年只有二十四岁，同志们为了怀念她，石玲同志把她改写的那篇诗谱写成一首“梧桐山颂歌”在部队中流传，“祝寿你千古无恙，歌颂你战斗伟功”！

叶　锋

附张贯一同志一九四三年十二月写的诗稿。

梧桐山依然屹立着

张贯一

1943.12.

（一）

巍峨的梧桐山，
像巨人的铁拳，
粗壮地屹立在南粤的边缘，
依恋地毗连着港九的界线；
你矗然的峰尖，起伏的山峦。
是三角斗争的火线！
也为敌顽日夜垂涎！
你，雄伟的威风，使敌人望着你不敢擅动，
你，沉肃的脸容，曾震憾［撼］过反动派的进攻，
壮丽的梧桐，屹立的山峰，
千百万人们尊崇你赤诚、英勇。

（二）

大亚湾的怒涛澎湃着，
大小梅沙夜半海啸在汹涌，
歌颂你，战斗梧桐的伟功，
啊！威武的梧桐！
蛇长的广九蜒卧在你的侧面！
沙井头，竹头，向你拱手鞠躬！
你，伟大的战绩

照耀着你沉肃的脸容，
庆祝过你雄伟的威风。
无数祖国的同胞向你呼出自由解放的饥吼，
盟国人士更为你发出深重友谊的祝祷！

（三）

梧桐，斗士的母亲，
解放的意志，爱国的热情，
在你怀抱中壮大长成！
千百万热爱祖国的优秀儿女，
维护着你！
你慈祥的母亲，可不曾忘记：
去年的冬天
小梧桐，南山第一次迸发出粉碎反动派内战阴谋的血战；
曾秀同志，左手握紧榴弹，右手攀起快掣，
以一当百，抗击一排顽军三四次密集火力的冲锋！
王定同志，扣着机枪的扮［扳］机钩，
独个儿赶跑了意图占领高地的顽军，
挽救了火线上的危急，
你，慈祥的母亲，可不能忘记！
今年的夏天，
沙井头、丹竹头、沙头角的战斗，
神速的行动，灵活的战术，
击溃敌伪的△△（警察）大队，
缴获无数的武器，弹药，
解放了多少垂伏在敌人鞭鞑［挞］下的伪警。

（四）

无耻、谎谣、叛逆、反动，
自由的斗士，
曾经对他板过几多次面孔！
一次、二次、三次，
张开她殷红的血口，
梦想着吞噬掉多少民族英雄！
可是，一次，二次，三次，
都是受了惨重的创痛！
今天，他还负着血迹斑斑的伤痕，
要重来血祭，威武的梧桐！！

（五）

解放的旌旗灿烂辉煌，
自己的歌声嘹亮，雄壮，
你，巨人的铁拳，
可不是更高的举起了？！
你，雄伟的威风，使敌人望着不敢擅动！
你，沉肃的脸容，曾震憾［撼］过反动派的进攻！
壮丽的梧桐，屹立的山峰，
千百万人们尊崇你赤诚、英勇。

张　涛（1922—1945）

张涛烈士永生[1]

一九四五年十二月的一天，在惠阳平海镇（现属惠东县），我东江纵队一位女战士张涛同志，在国民党反动派的屠刀下壮烈牺牲了。这天反动派驱赶平海镇的老百姓去刑场围观，企图以此恐吓群众。可是，当反动派杀害张涛的枪声一响，在场的老百姓纷纷双膝跪下，放声痛哭。这哭声是对反动派暴行的强烈抗议，这哭声表达了老百姓对女英雄的痛悼之情。张涛烈士的鲜血洒在平海的土地上，她却在平海人民的心中永生。

张涛原名张玉桃，一九二二年出生于惠阳坪山圩旁的马岭村一个贫苦家庭，幼年丧父，靠母亲车衣渡［度］日。兄妹三人在抗日战争期间都参加了革命。抗战初期，坪山地区的抗日救亡运动风起云涌。坪山学校在地下党的领导下，培养、输送了一批批积极分子到革命队伍中去。张涛就读于这间学校。她在如火如荼的抗日救亡运动的影响下，一边读书，一边积极参加各种革命活动，夜间随坪山妇女合作社的同志到各村妇女夜校上课。在同志们的带动下，她受到实际教育和锻炼，很快成长为一个善于宣传鼓动的联系群众的宣传工作者。她的学业成绩很好，是一个优等生。一九三九年小校毕业前，光荣地参加了中国共产党。毕业后，参加了东江华侨回乡服务团，在龙岗地区活动。一九三九年下半年，国民党顽固派刮起反革命逆流，东江华侨回乡服务团被迫解散。当时坪龙区委所在地黄婆望有间一鸣小学，县委书记何武、区委宣传部长何清都以教员身份作掩护。两位同志经常外出活动，就要缺课。一九四〇年组织上安排

---

① 收录于广东省妇女运动历史资料编纂委员会东江组编：《南粤红棉——东纵女战士》，1983年，第176-181页。

张涛到该校，两个人的工资，三个人吃饭。两位同志外出时，张涛就代课，或者应付学校一些日常事务。她虽然没有明确的教员身份，但工作勤快，积极负责。这样，两位同志既可安心外出，学生可照常上课，外界也不会引起猜疑。一九四一年坪山第二次沦陷，该校停办。这时张涛和坪龙区委组织部长黄振同志结婚。婚后即随黄振到樟坑搞地下党的交通工作。到新的地区，接受新的任务，情况复杂，日本鬼子又经常来骚扰，困难很多。然而张涛一心扑在革命工作上。她性格开朗，做事泼辣，严守纪律，积极完成地下交通任务，从未出过问题。有一次出外送信，恰遇日本鬼子进村，她机警地爬上阁楼，抽掉梯子，躲过敌人，安全地把信送达目的地。一九四三年，张涛又调回黄婆塱工作，公开身份是小学教员。是年当地久旱，春种作物颗粒无收。大饥荒之年，粮价暴涨，各地饿死人的事情常有发生。为了减轻学生家长的负担，她课余就去挖野菜煮稀粥充饥。一九四四年下半年，东江纵队大发展，张涛奉命转到武装部队。当时黄振同志远在海丰高潭工作。虽然组织上也安排张涛去高潭，但在调动途中，因革命需要，留她在平海，她坚决服从，始终未到高潭。她和黄振长期分地工作，战争环境，消息沓［杳］然，她总以工作为重，毫无怨言。

一九四五年八月日本投降。抗战虽是胜利了，但国民党反动派到处抢夺胜利果实，妄图消灭我抗日游击队。战争仍艰苦地进行着。这一年十二月上旬，国民党反动军队大鸡六（陈禄）、赖耀庭等部进攻平海，对附近地区疯狂“扫荡”。我民运队接上级指示，分两部分进行活动：队长潘清带领一部分队员活动于大洲，不久奉命随部队撤出平海；另一组组长张强、副组长张涛，带领一部分队员活动于平海附近的牛麻园、牛背部、铁涌一带。部队撤退后，平［坪］山一带敌情十分严重。连非武装的民运队都要放哨，一夜间转移几处地方；有时刚放下背包，突然有情况又要马上走。惠东的鹧鸪背是个山区，上山没有路，要攀着小树向上爬。民运组白天隐蔽，夜里行军，每每行军至下半夜才到达目的地。民运组远离领导机关和部队，供应也很困难，有时只能吃几条红薯；遇有情况，不等煮熟，就带着半生半熟的红薯边啃边行军。张涛和队员们就在这样艰苦的环境中坚持工作。后来根据实际情况和斗争需要，民运组成员分散到老百姓家隐蔽，铁涌住两人，牛背部住两人，张涛单独住进牛麻园。互相间经常联系，继续做宣传群众、组织群众的工作。有一次正在开群众大会，老百姓来报告："'河呵鸡'来了，快走！"民运队员就和群众一起到树山隐蔽。

张涛、张强、钟英、钟友、陈育光等同志，坚持独立活动二十多天。十二月下旬，一个大风细雨的夜晚，住在牛背部村的钟英，正在向张强汇报打听到的情况，张涛来了，坐下不久，老百姓跑来告知敌人来了。张涛等三人即和老百姓一起跑出村外山沟，避过敌人。到了午夜，张涛看看手表，对钟英说："十二点了，我要回去。"钟英留她，她回答："不行，还有文件和一支钢笔放在老百姓家，未藏好，要是被敌人搜出，会连累了老百姓。我要回去把它藏好才行。"讲完，即独自摸黑回牛麻园村去了。第二天傍晚，老百姓高开哥来告诉钟英："听说有一条村的一个女同志被'河呵鸡'捉去。"后来知道是张涛被捕了。

张涛被捕后几天，稔（山）平（海）地区的民兵、贫农骨干几人，划着小船，冒着危险，赶到惠（阳）、海（丰）、陆（丰）、紫（金）、五（华）指挥部的驻地虾涌，向指挥员张持平、政委卢伟良汇报：张涛被捕，已牺牲了。但却没有讲详细情况。

张涛被捕后，张强、钟英、钟友、陈育光等同志继续在牛背部村一带坚持活动。老百姓为了保护他们，把他们送上山洞，并交给他们几颗手榴弹，以防万一。老百姓还不断来汇报张涛被捕的消息。

原来张涛那天晚上回村去，不知道敌人扫荡后就住在牛麻园村。她进村时习惯地跳过一条土沟，谁料敌兵就蹲在沟里放哨。张涛一下子被敌兵捉住了。当晚她被关进一间牛栏。敌人逼张涛讲出部队人数，撤退后留下什么人及番号等。张涛拒不回答，以凌厉的眼光盯着敌人，大声讲道："只我一个人。"隆冬腊月，天寒地冻，敌人把张涛身上的衣服剥剩一套贴身的内衣裤，推出门外毒打受冻。张涛坚贞不屈，什么也不讲。敌人束手无策，把张涛折磨了三天后，解往平海镇继续逼供、折磨。任凭敌人如狼似虎的咆哮，钢铁战士张涛一点也不屈服，反而破口大骂："你们是畜牲

[生]！”敌人恼羞成怒，竟凶残地把张涛的双乳割剩一点皮，血淋淋地吊挂在胸前，身上剥剩一条裤衩，用绳捆绑着双手，背上插一块木板，推着在平海镇游街示众，还敲锣强迫老百姓出来看。

张涛并没有被吓到。相反，她心中仇恨之火越烧越旺。一见到老百姓，犹如见到久别重逢的亲人，她放喉慷慨陈词，宣传共产党，宣传抗日游击队，又连珠炮般地痛斥敌人："我抗日救国有什么罪？日寇侵略我们中国，你们国民党不抗日，不管老百姓，只顾逃你们的狗命。共产党保护老百姓，你们反诬共产党是什么土匪。""共产党坚决抗日，你们国民党搞投降。""共产党和老百姓相依为命，解除老百姓的痛苦，你们国民党反而打共产党，是什么道理？！……"张涛话锋锐利，当着平海镇的老百姓，大骂国民党反动派，越骂越激昂，把平海镇的大街，变成审讯敌人罪行的法庭。敌人毫无办法阻止，便威胁张涛："你再口硬，就割掉你的舌头。"张涛英勇不屈，视死如归。到了广场，仍骂声不绝，并高声喊："杀我一个张涛，还有千千万万的张涛站起来！"临牺牲时，高呼"共产党万岁"！

老百姓被迫出门来看，起初不知被害者是谁。大家听到她义正词严地斥骂敌人，看到她昂首挺胸的英雄气概，都非常感动，随即认出她就是前几晚在群众大会上演讲的张涛，是日夜和老百姓一起坚持斗争的张涛。这时许多人眼泪汪汪，低声哭泣。敌人要杀害张涛了，老百姓痛心疾首，目不转睛地望着张涛。罪恶的枪声响了，张涛倒在血泊中，老百姓失声痛哭，向烈士的英魂告别。

张涛牺牲后，在阴风飕飕的白色恐怖笼罩下的平海，有两位不知姓名的老百姓，怀着对革命烈士崇敬的心情，冒着身家性命的危险，悄悄地把烈士的忠骨安葬了。张涛同志，党的好女儿，中华民族的巾帼英雄，永远活在人民群众的心中。

（潘清、邹清溶整理）

张漪芝（1924—1944）[1]

1

炮火中的白衣天使[2]

当日本侵略者的铁蹄肆意践踏中国的领土时，当中华民族处于生死存亡的紧要关头时，世界各地千千万万的华侨放弃了自己海外安定的生活，选择回到国内与祖国和人民一起并肩奋斗，赶走侵略者，他们为了民族生存和国家命运做出了重要贡献。尤其是港澳的妇女同胞们，她们迅速行动起来，展开各种形式的募捐活动，建立抗日救亡组织，为抗战奔走呼号，义演义卖，捐款捐物，组成一支浩浩荡荡的海外救亡图存的大军。香港女学生张漪芝是这支队伍中平凡的一员，作为前线的白衣天使，她的经历又是不平凡的。

一、香港回来的女学生

张漪芝，又名漪兰，广州番禺瑶头村（今海珠区新滘镇联星村）人。她的父母皆是当地的老师，从小重视张漪芝的知识教授与道德教育，小漪芝从小便聪明伶俐，招人喜欢。她喜欢让大人们给她讲历史故事，自己也时常翻出父母的书籍，到没人的地方安静地阅读。13 岁时，张漪芝便随着家人到香港读书，先后求学于香港崇兰学校和保罗女子中学。

即使身处异乡，离开祖国大陆，张漪芝和家人们也从未忘记关注祖国的动态和命运。1937 年抗日战争爆发后，家人们时常会带回相关的报纸杂

① 关于张漪芝的出生时间、出生地，各个文献不统一，由于年代久远，无法查证，仅供参考。——编者注

② 收录于吴东峰主编：《烽火巾帼——抗日战争中的女英雄》，广东教育出版社，2015 年，第 126−131 页。

志，并且讨论国情和战局。每当张漪芝听闻中国百姓在日本铁蹄践踏下忍受苦难的消息时，便满心悲愤，期待回国效力，赶走侵略者！很快，她将自己的理想付诸实践，在听说进步组织“同志会”的相关活动和事迹后，她毅然加入了“同志会”，在这里她认识了一大批志同道合的朋友，并且时常和他们一起筹划募捐，编撰抗日宣传材料。为了加强抗日宣传的效果，张漪芝和她的同伴们一起走上街头，拿着宣传材料向民众们介绍祖国沦亡的危险和当下的抗战形势，他们热情地发动侨胞，为前线战士们捐款捐物，号召青年们回国参战，积极从事抗日救亡活动。

1941 年 12 月，日军偷袭珍珠港，太平洋战争爆发。之后，日军又将侵略的魔爪伸到了香港，并在空军、海军的配合下，向香港发起了猛烈进攻，12 月 25 日，香港沦陷了。面对国破家亡的困境，张漪芝再也无法安心坐在教室里学习，她想要拿起枪杆子，她想要保卫自己的祖国和同胞们！下定决心后，张漪芝立即暂停学业，参加了党领导的港九游击队，并在这期间加入中国共产党，成为一名光荣的中国共产党党员。

1942 年春，张漪芝跟随组织转移回到故乡——广州，参加广东人民抗日游击总队，走上了抗日战争的最前线。在部队中，她服从上级组织的安排，主要负责医疗护理工作，随军照顾伤兵们。张漪芝曾先后在宝安大队、惠阳大队担任卫生员和卫生队队长，并于 1944 年初加入东江纵队独立第三大队。

二、医疗队的大队长

1944 年，张漪芝所在的东江纵队独立第三大队正在罗浮山一带活动。把伤员们安顿好后，张漪芝准备出去为战士们上山寻找药方和医药。由于南方地区天气湿热，加上部队时常与敌人周旋，战士们生活艰苦，疲劳不堪，身体抵抗力锐减，体质变差了很多，部队中多人身染疟疾，甚至有蔓延的趋势，这可急坏了张漪芝。在日军的封锁下，部队中本就医药物品急缺，大家的战斗力急剧下降。战士们难受的样子，张漪芝看在眼里，急在心里。随着部队的短暂驻扎，她立刻乔装成村妇的样子，来到附近的村庄，打算寻求治疗疟疾的土方、偏方，或者是找到一些药品来减少战士们的痛苦。

为了避免引起特务或汉奸的注意，张漪芝独自冒险前往。来到村里后，她来到一户农房前，轻轻地敲门问道：“有老乡在家吗？”过了许久，才有一个大娘小声地在门后问道：“是谁？”张漪芝一见有人，立即说道：“大娘，我是跟着我家那口子逃难经过这里的，但我家那口子这几天好像染上了疟疾，把我急坏了。大娘你有没有什么好办法救救他啊？”张漪芝一边说着，还一边抹眼泪。大娘听到这姑娘着急的声音，才放心地打开了门，告诉了张漪芝当地一些治疗疟疾的偏方，又热心地为她指了指村里郎中的家。张漪芝急忙赶往郎中家。等到张漪芝回到部队的时候，不仅带来了郎中和大娘关于治疗疟疾的土方法，还带着一些珍贵的草药。为了让战士们尽快恢复，张漪芝来不及休息，立即安排医疗队的队员们生火熬草药，并亲自将熬好的草药送到将士们的手中。在她和医护人员的精心照顾下，部队中疟疾基本消除了，战士们又精神抖擞地投入到与敌人的斗智斗勇中，部队的战斗力提高了。

在与敌人的抗争中，张漪芝和医疗队队员们经常跟着部队行军。由于部队缺少稳定的医疗后方，医护工作困难重重，常常是部队打到哪里，医务人员就带着伤病员跟到哪里。一到休息场所，张漪芝便安排医疗队员们打扫好能够休息的地方，安排伤员治疗或是休息。到了寒风凛冽的夜晚，张漪芝总是没法睡上好觉，半夜常常爬起来检查伤员们的病情，甚至将自己的衣服和被单让给伤员们。每当开饭时，她总是帮助后勤部队给士兵们发饭，给伤兵们喂饭、喂药，照顾完所有人后，自己再匆忙吃已经凉掉的饭。一旦粮食供应紧张，她便带着人不辞辛劳地去摘野果、采野菜，给伤员们充饥，并想方设法地改善伙食，跑到河里抓虾捕鱼，以增加伤员们的营养。她也常常体贴地采集草药煮成各种清凉饮料，让战友们消暑防病。为了减少伤员们的负担和痛苦，身材单薄的她总是抢着替伤病员扛枪支、背包袱，扶着他们跋山涉水。当伤病员生命处于危急时，张漪芝总是将个人的生死置之度外，带着医疗队冒着炮火将战友抢救回来，竭尽全力进行抢救，有时候甚至也要拿起刀枪，与战友们并肩杀敌。

作为卫生队的队长，张漪芝也相当重视卫生队的队伍建设，以更好配合作战队伍。她严格培训卫生队的队员们，尤其重视宣传预防疾病的注意事项，使队员们充分发挥作用。工作之余，能歌善舞的张漪芝还经常参加部队的文娱活动，为战友们表演轻松的节目，带领大家一起高唱抗日歌，鼓舞众人的士气，深受部队同志们的喜欢，也使得大家对这位从香港回来的女学生刮目相看。张漪芝非常注重群众工作，时常带着医疗队去村里给群众看病、治病，甚至帮他们一起烧菜喂猪，插秧砍柴，在这个过程中，她也给大家讲日本侵略者的斑斑劣迹，教群众唱革命歌曲，发动群众参与抗日斗争。张漪芝的工作能力和工作热情常常感染到大家，成为部队中一抹亮丽的色彩。

三、来不及举办的婚礼

在革命斗争中，张漪芝认识了同在东江纵队独立第三大队，并担任中队队长的陈建禹。两人在战火中逐渐由亲密的战友关系，发展成为甜蜜的爱人关系。两人志同道合，相爱多年，感情深厚，时常讨论革命斗争形势，分享读书心得。战友们非常看好这一对，经常劝他们早日成婚，但张漪芝坚定地说："抗日救亡，当务之急，日军不除，绝不成亲。"这对革命恋人，心里想的都是国家、民族的解放，人民大众的幸福生活，而把个人利益搁在一旁，一再推迟婚期。张漪芝和陈建禹总是互相鼓励，并肩战斗，并早早约定好，赶走侵略者的那天再办婚礼，和战友们一起庆祝抗日的胜利。

然而，这场婚礼终究没来得及举办。

1944年的秋天，天气微凉。在一个漆黑的夜晚，张漪芝所在的第三大队正在与敌人激烈交战。由于敌人占据有利地形，向我军发起猛烈攻击，战斗激烈，我军伤亡较大。张漪芝作为医疗队队长，带着整个连队的卫生员冲在火线上，冒着枪林弹雨抢救受伤的战友。

危急间，刚从前线回来的战士急匆匆地对张漪芝说："不好了！我们班长受伤了！"此时，刚从前方阵地带回伤员的张漪芝一听到这个消息，立马背起药箱，摸黑冲到前方阵地。当她终于找到此时已经不省人事的班长时，马上拿出绷带，冒着猛烈的炮火，进行了简单的包扎。在包扎的过程中，甚至有子弹从张漪芝的耳边呼啸而过，但她始终没有退缩，而是以崇高的医护精神，陪伴在班长旁边，并且成功地为班长止血。随后她焦急地叮嘱道，“班长！坚持下去！我带你回去！”张漪芝一边鼓励着班长，一边将体格远大于自己的班长背在背后，咬着牙一步步往前挪动着。当她趟水过河时，刚到河中心，不幸被敌人的子弹打中腹部，鲜血大量涌出。异常顽强的张漪芝，头上冒着冷汗，强忍着伤痛，坚持背着伤员过河。当她一到岸边，看到救援部队的到来时，终于放心了，随即昏迷倒地，手中还紧紧拿着之前为班长包扎时没用完的布。战友们立刻将她抬回后方，进行抢救。

战斗胜利了，但张漪芝终因伤势过重，腹内大量出血，抢救无效而牺牲。同志们怀着无限悲痛的心情，把她埋葬在南蛇洞村后的山冈上。得知此消息的陈建禹，忍着悲痛，决心为张漪芝报仇，为同胞们报仇，并在随后的战斗中牺牲了。

这对革命恋人怀着崇高的理想，双双为国捐躯。第三大队的战友们怀着沉痛的心情，将这两名勇敢的战士合葬在一起，弥补今生那场来不及举办的婚礼的遗憾。

张漪芝虽然牺牲了，但是部队中的伤员们永远不会忘记那个身材娇弱却与自己争着扛重物的女战士；医疗队的队员们永远不会忘记那个不断强调医疗队建设，亲自采集草药，探寻药方的队长；周边群众也不会忘记那个唱着甜美的歌，热情帮乡亲们看病熬药的好姑娘；部队的战友们也永远不会忘记那个总是不顾自身安危，冒着枪林弹雨抢救伤员，甚至敢拿起枪杆子与自己并肩杀敌的好同志。张漪芝是残酷炮火中的白衣天使，她从未忘记救死扶伤的崇高职责。

抗日战争中，数以千计的医疗队成员秉持着崇高的无私奉献精神，勇敢地奔赴抗日第一线，抛头颅，洒热血。他们冒着敌人的炮火，从前线阵地中救回自己的战友；他们克服后方保障的种种困难，尽心尽力地照顾伤员们，甚至为了保护伤员们而牺牲。医护人员们的光辉业绩誉满神州，永垂青史。

2[①]

张漪芝，一九二四年出生在广东省番禺县新滘镇瑶头村一个教师家庭，抗日战争爆发后，张漪芝激［基］于爱国热情，在香港参加了进步组织“同志会”，积极从事抗日救亡活动。一九四一年加入中国共产党。香港沦陷后，她于一九四二年春回内地参加东江抗日游击队。当过卫生员、大队救护队长，热忱照料伤病员，同大家亲如兄弟姐妹。经常在队前表演文娱节目，深受同志们喜爱。打起仗来，她更不顾个人安危，舍生忘死救护同志。一九四四年十一月某日黎明，张漪芝所在的独立第三大队，围攻博罗县福田圩窑下村一个反动地主武装据点。激战中，一位班长负了重伤。张漪芝跑上前去，背起伤员撤下火线。她身体虽孱弱，却无畏地背着比自己高大的伤员涉水过河。突然一颗子弹射来，她腹部受重伤，肠子外溢，血流如注。但她没有呻吟一声，强忍剧痛继续背着伤员，直到昏迷过去。战斗胜利了，张漪芝却流血过多而献出年轻的生命。

（何小林　邓　英）

3

救护战友　血洒沙场——张漪芝烈士传略[②]

张漪芝，原籍广州市。一九二六年五月出生于香港。少年时代，她先后在香港崇兰学校和保罗女子中学读书。

---

① 收录于中共广东省委党史研究委员会办公室、广东省中共党史人物研究会、广东省民政厅合编：《南粤英烈传》第三辑，广东人民出版社，1987 年，第 431—432 页。

② 收录于广东妇运史编纂委员会、东江地区东纵编写小组编：《东纵女英烈》，广东五华印刷厂，1987 年，第 63—65 页。

一九三八年十月，日军在惠阳澳头登陆，国民党守军不战而退，东江大片土地相继失陷。这时，在张漪芝心里的波澜久久不能平静，热血在沸腾，义愤满胸膛。她不忍祖国的山河破碎，在香港参加了“同志会”，从事抗日救亡活动。

一九四一年十二月，太平洋战争爆发。日寇占领香港后，她参加了我党领导的港九游击队，一九四四年初转入东江纵队。从此，奔赴了抗日战争的最前线。根据工作需要，她愉快地服从组织分配，在部队做医务工作，曾先后在宝安大队、惠阳大队、东江纵队独立第三大队担任过卫生员和卫生队长。她在任卫生员期间，参加了中国共产党。

张漪芝工作热忱，责任心强，当时部队疟疾流行，药物又很缺乏。但她总是想方设法为同志们治病。她细心料理伤病员，给他们煎药打针，喂粥喂饭，视如亲人。有时，她自己也患了疟疾，但仍然坚持工作。她虽然身体比较单薄，但很有毅力，经常揹［背］沉重的背包和药箱，随部队行军作战，从不落伍。而且还常常帮助病号揹［背］枪枝、弹药。工作之余，还经常参加部队的文化生活，能歌善舞，深受同志们的欢迎和喜爱。

张漪芝同志心里铭记着全心全意为民族的独立和人民的解放事业服务的宗旨，处处以革命利益为重，在革命斗争中，她与陈廷禹同志建立了感情，相爱多年。有些同志劝她结婚，但她表示：抗日救亡，当务之急；日寇不除，决不成亲。一九四四年夏天，她担任东江纵队独立第三大队卫生队长期间，部队在罗浮山一带活动，与日、伪军和国民党顽军斗争，经常行军、作战，生活艰苦，部队中疟疾流行，医疗卫生任务比较繁重。在大队领导下，她热心培养新的医务人员，认真做好医疗卫生工作。保障同志们的身体健康，从身体素质上提高部队的战斗力。

在平时，她对部队的卫生管理，防病治病，抓得很紧。在战时，她积极参加火线救护，沉着勇敢。一九四四年九月间，她在窑下战斗中表现得特别英勇。当时，地处博罗县福田圩以南的窑下村有个反动据点，住着一个中队的反动地主武装。他们经常到福田圩和附近地方抢劫民财，为非作歹，害民不浅。为了保护群众利益，扩大部队影响，部队决定拔除这个反动据点。在一个漆黑的夜晚，进行偷袭。当突击小组跨过水沟，越过稻田，接近炮楼时，犬声四起，敌人惊慌，敌我交火，战斗激烈。张漪芝冒着生命危险，奔赴前线抢救伤员。当她背着一位受伤的班长撤下之际，不幸被敌人的子弹击中，受了重伤，肠子从腹部伤口流了出来。但她异常顽强，强忍伤痛未发出一声响吟，同志们把她抬回后方，进行抢救，但终因伤势过重，腹内大量出血，抢救无效而牺牲。同志们怀着无限悲痛的心情，把她埋葬在南蛇洞村后的山岗上。

张漪芝和我们永别已经四十多年了，但她永远活在我们的心中，她的革命精神将激励着我们不息地战斗！

（李新添、李春永、李祝华、蔡杰民根据邱特、邓汀、江松喜、张瑞妍等提供史料整理）

张九妹（1926—1948）

白溪山上一红梅——张九妹烈士传略[①]

张九妹，是广东紫金县附城区白溪乡人，一九二六年十月出生于一个贫苦农民家庭。她排行第九故取名九妹。父辈靠租种土地和开小店谋生。一年辛辛苦苦还经常忍饥挨饿。由于家贫，她的父母不得不将五个女儿送给人家做童养媳。大儿子张火招因生活所迫，往南洋谋生，身亡异国。

一九三八年冬，九妹十三岁，父母以一百元身价将其许配给紫城镇赖恩洪为童养媳。恩洪靠外出补鞋谋生，九妹与家婆在街上摆卖糖果，第二年又回到娘家。九妹从小受尽艰苦的生活折磨，没有读过书，但社会的现实却给她上了生动的一课。

她十九岁那年（即一九四四年）在父母的劝导下，又回到县城赖家。丈夫因积郁成疾，患了精神病。不久，九妹又跑回了娘家。

那时，正是抗战走向胜利的一年。程健、张子山（她的叔父）的部队在康禾、白溪一带活动，九妹喜出望外，找其叔父张子山和程健要求参加游击队。程健鼓励九妹说："你在紫城住过一段时间，对紫城的情况比较熟悉，而且是一位女同志，比较不易引人注意，故决定派你到紫城做情报联络站和采买工作。希望你为革命事业作出贡献。"九妹愉快地接受任务。

一九四七年冬，"紫五人民抗征大队"在白溪小坡坑成立，温敬尧任大队长，下设青龙、白虎、关公、华容四个中队。九妹编入关公队，程健任中队长，张子山任副中队长。九妹看到自己的队伍一天天壮大，内心十分喜悦，经常起早摸黑，带着妹妹张十妹赴县城购买生活用品，并星夜把

---

① 收录于广东妇运史编纂委员会、东江地区东纵编写小组编：《东纵女英烈》，广东五华印刷厂，1987年，第142—145页。

采购的物品送往部队。有一次，部队由高栋山转战到虎竹嶂一带，九妹从县城回来已是晚上十点多钟，为了将重要情报及时送给部队首长，又步行了四十多华里，才找到部队将情报交给领导同志。首长接到情报后，立即率领部队到散滩、网子嶂一带，阻击国民党县警中队，使其进犯我白溪游击根据地的阴谋未能得逞。指战员们称九妹是部队的“千里眼”和“活报机”。

一九四八年一月，九妹奉命到县城运一批手枪皮合和手榴弹、土炸药包。由于任务繁重，她彻夜未眠，三更便起身做饭，然后装好两担山楂，叫醒十妹一同吃了早饭，天未亮两人就起程了。到县城把山楂卖完后，买了两斗谷，将要运回的东西用谷盖上，天将黑时姐妹俩才匆匆上路，到了上庄官坑黄泥溜，已经伸手不见五指。此时，九妹吹了一声口哨，游击队两位同志上前来了，问九妹任务完成如何？她说：“人在武器在。”十妹才恍然大悟，明白了姐姐起早摸黑的道理，内心暗暗地佩服九妹。

不久，“紫五人民抗征大队”进军紫金林田，攻打反动大地主惠丰行老板周尚岐。天黑后，部队包围了周尚岐住宅，九妹自告奋勇前去叫门，反动家伙不肯开门。于是，采取用炸药包强攻的办法，把门炸开，战士们蜂拥而上，活捉了周尚岐，并打开他的粮仓，将谷子分给周围群众，部队也收缴了一批物资，连夜押着周尚岐回到白溪栋山。

周尚岐被抓获后，部队要他交出五十张毡子、五十件棉衣、一百双鞋和一支驳壳枪，才可以放人。限期在散滩炉厂交换，周尚岐为了活命，满口答应，并写信叫他外甥张粤华照此办理。部队收到物资后，将周尚岐放回，但欠了八十多元伙食费没有付来部队，领导派九妹去要回这笔款。于是，九妹冒着风险连续三次赴县，机警地追回这笔欠款，买了一批物资，正待回归。这时，被国民党紫金县巡警李康佐发现，把九妹捕去。

九妹被捕入狱，敌人对她刑讯迫供，用花针刺九妹十指，用锡茶壶烫她，烫得九妹死去活来：“敌人见硬的不行便施软的，县长彭锐派其亲信罗昌平亲自审问，对九妹说，只要你承认是游击队员，可以让你悔过自新，放你回家，如愿意留下，也可以当官太太，有福可享。”敌人的花言巧语，遭到九妹的严词痛斥："随你们的便吧！人总有一死，但死要死得有价值。"

一九四八年冬，人民解放战争已进入大反攻阶段，国民党反动派妄图作垂死的挣扎。紫金县长彭锐，纠集各地反动武装，疯狂进犯革命乡村。我游击队为了保存实力，采取敌进我退、敌退我追、敌疲我打的战术，和消灭敌人有生力量为主的作战方针，与敌人周旋。

农历十二月，彭锐率县警大队到中坝敬梓南美扫荡我游击区，游击队女战士温丁妹不幸被捕，彭锐将温丁妹送进牢房，与张九妹一起监禁。在狱中，她们结成亲密的姐妹，誓为革命同生死。

一九四八年农历十二月二十八日，这是紫金城全年中最后一个圩日，街上人山人海。午时一刻，警察杀气腾腾地打开牢门，高叫着张九妹、温丁妹的名字，她们知道就义的时刻到来了，便镇定自若地理一理头发，拍一拍身上的灰尘，昂首阔步地走出牢房，高呼"中国共产党万岁！""打倒国民党反动派！"等口号，敌人的枪声响了，她俩壮烈地牺牲了。

为悼念张九妹烈士，后人作了一首赞歌，歌曰："白溪高山一红梅，傲雪经霜向阳开，洒尽碧血为革命，以身殉国迎春来。"

（紫金县委党史办贺步云根据张子山、张南、张十妹、杨亚堂等提供的材料整理）

张长莲（1931—1948）

1[①]

张长莲，广东省南雄县湖口乡人。一九三一年出生在一个乡村教师家庭。一九四七年与父亲张功尚一起，参加我粤赣湘边区纵队。父亲在部队当副官，张长莲在连队当卫生员。一九四八年二月，连队刚打了几个胜仗，来到南雄横江坑山上的龙凤庵宿营。由于伪保长告密，部队被国民党反动军队包围。突围战斗中，张长莲不幸被俘。敌连长审问她："你犯的什么罪？"张长莲理直气壮地回答："我为穷人翻身闹革命，光荣得很！"敌连长又诬蔑："你是个不怕死的土匪婆。"张长莲大声回答："我是个革命战士。我们要把你们这些反动派消灭光，要把人剥削人的旧制度打倒！"一个叛徒想诱骗张长莲写信给父亲拿钱赎她出狱，她斩钉截铁地说："要割要杀任由你们，要我投降，绝对办不到。"敌人凶相毕露，对张长莲施用灌辣椒水、坐老虎凳、夹手指头种种酷刑，她宁死不低头。敌人无计可施，便在一九四八年三月七日把张长莲和其他被俘的游击队员，枪杀于南雄城外的五里山下。牺牲前两天，张长莲满怀革命激情给父亲写了遗书，托给同监难友转交。书中写道："爸爸：我被反动派捉到坐监房，你不要难过，请吃饱茶饭，保重身体，做好工作。只要大家齐心合力，把蒋介石和一切反动派打倒了，我死也甘心。你的爱女长莲在监房。写于民国三十七年三月初五。"人民的好女儿张长莲，为人民献身时才十七岁。

（何小林　邓　英）

---

① 收录于中共广东省委党史研究委员会办公室、广东省中共党史人物研究会、广东省民政厅合编：《南粤英烈传》第三辑，广东人民出版社，1987 年，第 434—435 页。

2

张长莲[①]

张长莲于1931年6月6日生于广东南雄县湖口圩高街的一个贫农家庭。父亲张功尚是共产党员，在粤赣湘边区人民解放总队，任总队副官。

1947年秋，年刚16岁的张长莲以给父亲送寒衣为理由，只身跑到南雄帽子峰山区找到总队部，要求参加部队，获准后分配到卫生队培训，她当上了卫生员。张功尚知道女儿参加了部队，就告诉她："戴上缀有红星的军帽了，就要好好听党的话"。

1948年春节过后。张长莲跟随着自己的队伍在里东乡横江山顶龙凤庵附近的纸棚宿营，被敌军99旅隆昌部队突然袭击，这支仅有30多人的游击中队，寡不敌众，迅速突出重围，但张长莲和3位战友不幸落入敌人手里。

敌人要他们供出部队去向，他们谁也不吭一声。敌人用柴棍向张长莲和她的战友劈头盖脸地乱打，被打晕在地，遍体鳞伤，但他们仍是不吭一声。

在敌人的牢狱里，她和战友互相鼓励：要以刘胡兰为榜样，宁可牺牲，决不背叛革命。由于她们怀着"生的伟大，死的光荣"的崇高信念，无论反动派如何严刑逼供，都没吐露一点真情。当敌军侦悉张长莲的父亲是游击队副官时，要她写信给父亲回家自新，拿钱来赎她出狱。张长莲斩钉截铁地回答："要我写信叫父亲自新，除非太阳从西边出来！"

长莲知道敌人是不会放过自己的。1948年3月5日，她写了一封诀别信，设法委托难友转给父亲，信中写道："爸爸：我被反动派捉到坐监牢，你不要难过。请吃饱茶饭，保重身体，做好工作，只要大家齐心合力，把蒋介石和一切反动派打倒了，我死也甘心。你的爱女长莲在南雄监房写。"

---

① 收录于韶关市妇女联合会、清远市妇女联合会合编：《粤北妇女运动（1921—1949）》，1994年，第190–191页。

1948 年 4 月 15 日，细雨霏霏，张长莲同几名被俘的游击战士被押赴刑场。她镇定自若，昂首阔步勇往直前。一路上高喊“打倒蒋介石”！“打倒反动派”！在南雄城东郊五里山刑场，张长莲英勇就义，时年仅 17 岁。

（原载《北江革命人物》第一辑，作者唐克文。许明整理，本文有删节。）

张运娇（1922—　）

四、南山群众支援游击队的抗日斗争（节选）①

……

在红色村庄上白石村、大涌阮屋村，都有一批出色的交通员。上白石村有何伯琴、周向荣、陈芳、张运娇，大涌阮屋村有阮发才、卓安、吴添才等，其中吴添才才9岁。阮发才和卓安每次给游击队送情报时，都要想方设法躲过敌人的搜查。有时，他们把情报包裹好放在尿桶里面，装扮成担尿到山上浇蕃［番］茨的样子，以此通过日军的检查。就这样，多次把情报成功送到上沙河、白石洲或光前村的游击队手中。

张运娇是位出色的女交通员，她1922年出生于上白石村。共产党在上白石村的抗日救亡宣传深深打动她，1939年，她不顾家人反对，毅然参加党的外围组织青年救国会，并担任游击队的地下交通员。其时，与她单线接头的游击队员有张平、黄水安、"乌鬼仔"等。每当日军出动扫荡时，游击队战士张平就将情报交给张运娇，由张运娇将情报转送给她的下线"乌鬼仔"，再由"乌鬼仔"通知位于上白石村的游击队转移，并组织附近几个村的村民，把牛、猪、鸡、鸭等向塘朗山转移。由于表现突出，张运娇1942年加入了中国共产党。1944年8月，日军又一次"扫荡"上白石、龙井、上沙河一带。由于上线的情报通知不及时，致使游击队员刘刚、陈汉平转移较晚，加上汉奸告密，日军尾随刘刚、陈汉平转移方向，一直从上白石村追赶到珠光村的高树头。日军包围了高树头

---

① 收录于深圳市南山区区志编纂委员会办公室著：《中国共产党南山历史（1924—1950）》，中共党史出版社，2016年，第88−102页。

整个山头，强迫珠光新屋村的村民拿着镰刀在前面割草，日本兵紧跟在后寻找。陈汉平因无处藏身就躲在杂草丛中，日本兵很快发现并抓住陈汉平要他投降。陈汉平宁死不屈，大声回答日军说："我生的伟大，死的光荣，我决不投降！"日本兵凶神恶煞般举起刺刀向陈汉平胸口捅去，陈汉平倒下前还高呼："中国共产党万岁！"日本兵当着村民的面残忍地杀害了陈汉平，并将遗体碎成五块。在场的张运娇与村民们悲痛欲绝。日军撤走后，张运娇和村民一起，将陈汉平的遗体拼在一起，埋葬在高树头。经历陈汉平的牺牲，张运娇更加意识到情报工作关系游击队生死存亡，无论再难也要把情报及时送出。后来游击队决定，由张运娇向当时的珠光村恶霸大肚保借一支短枪，用当时亲戚串门时带的"罗格仔"[①]装着，躲过日军的岗哨，送到上白石村交给陈桂财、陈炳胜两名游击队员。不久，张平送来情报说骆忠每天早上都会在南头大新街的美源茶楼饮茶，张运娇迅速将情报转送给陈桂财，再由陈桂财送到宝安大队，终于处决这名罪大恶极的汉奸。[②]

……

① 指节日外出时装物品的某种竹制品。——编者注

② 以上史料参见南山区沙河街道关心下一代工作委员会编：《烽火岁月的上白石村》，内部印刷，2005年，第55-58页。——原书注

张桂英（？—？）

四、长岭皮减租减息与民治兵基干队（节选）[①]

……

张桂英：小时候因家贫被父母卖给人家，后几经流浪，从四川来到宝安长岭皮，嫁给村民吴水发。不久，丈夫病死，张桂英孤身一人，还背着一身丈夫治病的债。颠沛流离的生活，苦难不幸的遭遇，也练就她沉着、机智、坚定、勇敢的性格。1948 年四五月，江南支队工作队来到村里，开展减租减息与扩军宣传，她天天到场听宣传，认定共产党是为人民谋利益的党，游击队是老百姓自己的队伍。她积极报名，成了民治基干民兵队的第一名女民兵。其家也成了游击队战士之家，为游击队储存转运物资，接待进入根据地的地下党人员和税站收税人员。

一次，一名香港人手持进步报刊《华商报》的介绍信前来采访，接待的是三虎连的副连长刘桂才。两人刚谈几句话，刘桂才即接通信员通知去龙华开会，刘桂才就让张桂英帮他接待。张桂英连忙为香港人做饭，可那位香港人却在房间里东翻西看。张桂英的家是部队药品、物资的秘密存储站，连民治基干民兵队的人都不知道，这使张桂英心里起疑。她慌忙停下手中的活，以倒茶水名义，与香港人面对面地坐下聊起家常，想借谈话分散这名香港人的注意力。听说这名香港人是《华商报》记者，但她对报纸一无所知，就胡乱问是否认识报社某某人（这人是民基队一名民兵），而这名香港人说他们两人的写字台都连在一起。这使张桂英疑心更重，又半开玩笑问他是否认识张桂英，这名香港人竟然说张桂英是报社的副主编，

① 收录于深圳市南山区区志编纂委员会办公室著：《中国共产党南山历史（1924—1950）》，中共党史出版社，2016 年，第 121－132 页。

张桂英心里忍不住笑起来。初时，她只是觉得这个香港人太荒唐，后来一想，觉得问题十分严重。于是，她装出若无其事的样子，先把香港人稳住，暗地里派人立即向上级报告。很快，四名短枪队员进来，抓住这名香港人。经审讯，这名所谓的香港人交代，他是国民党保安八团的特务，他们扣押了真的《华商报》记者，再冒名顶替前来刺探三虎连和活虎连上调后三团的战斗力，企图借机向三团发起进攻。

有一天天刚亮，国民党保安队突然来长岭皮搜查，而张桂英家在头天晚上刚运进一批游击队的胶鞋和药品，既来不及转移隐藏，又不可能关门不让保安队进来。急中生智，她在药品、胶鞋堆上面再堆上乱七八糟的被褥衣服，造成保安队刚刚搜查过的假象。接着打开大门，一把鼻涕一把眼泪地伤心哭闹起来。进门搜查的士兵见状，以为已经搜查过而去了另外一家。张桂英家躲过搜查，保护了部队物资。

还有一次，国民党保安队突然包围了村子，吴运财、吴汉来等 6 名游击队员来不及撤退，只好躲到张桂英家里。张桂英不慌不忙，先把枪枝放进簸箕悬在梁上，然后把 6 人领到牛栏里用稻草盖好，接着就把牛粪、稻草搞得一头一脸装疯。一名保安兵狡猾地站在她面前，盯着她看了很长一段时间。躲在草堆里的吴运财亲眼看见，张桂英把一块牛粪掰碎放进嘴里，打消这名国民党保安兵的怀疑，保护了战友的安全。

在国民党保安军一次突袭中，税站的张发与三虎连副连长吴勤友来不及转移被抓。在路上，吴勤友趁保安兵不注意，把与部队有关的东西都毁掉了。结果关了几天，被保长出面保回来。而张发把税单毁了钱没毁，保安军问他哪来的这么多钱，张发招了供。保安军要张发带他们去捉其他税站的人，张发答应去劝降。

张发劝降的第一个人就是张桂英，他认为张嫂平时待他不薄，不至于翻脸叫他有去无回。张桂英知道张发被国民党保安军抓捕，见到张发时，连忙察看他有无受伤。张发却战战兢兢地说，自己眼饱肚饥的日子过够了，天天大把大把地收钱，可是摊到自己身上的只是每天 9 两米、2 钱油、3 分钱。即便如此，还得提着脑袋过日子。张桂英实在按捺不住，问张发是什么意思。张发壮着胆子要求张桂英：今后税站不管是来了什么人，还是干了什么事，都要向上面报告。张桂英压住满腔怒火，责问张发“上面”是东一支队还是三团团部，你今天的话要不要向上级报告。说着抽出驳壳枪，打开保险。张发浑身筛糠似的退到门口，然后转身撒腿就跑。就这样，张发劝降的第一个人也就成了他劝降的最后一个人。

一个月后，国民党保安队逼张发带路，偷袭黄帝田，东一支队接到情报后早就转移。扑了个空的保安队恼羞成怒，一把火把黄帝田的房屋、茅棚全部烧光。张发知道黄帝田在东一支队三团指战员心中的地位，这是游击队的根据地、“小延安”，自己犯下不可饶恕的罪孽。于是，趁着保安队撤退时的混乱逃跑而永远消失。

长岭皮解放前夕，传奇“嫂子”张桂英去了香港。宝安解放后，在长岭皮打过游击的副县长周吉、区长何赋儒，特地来到长岭皮，寻找这位为革命立下大功的传奇式女英雄。听说她去了香港后，嘱咐村里一定要派人去香港把她接回来。但是，张桂英始终没有消息，留给人们的是深深的遗憾与无限的崇敬。周吉去世前，将一张张桂英的照片交给了儿子周运琪，并说：“这是一个对革命有功的同志，可惜一直没有找到她。”① 吴勤发、张桂英这样的群众英雄，忠于革命、机智勇敢、献身革命而不求回报的高尚品质，正是长岭皮人，也是南山人革命精神的真实写照。

……

① 以上史料参见《深圳的小延安——长源纪事》编辑委员会编：《深圳的小延安——长源纪事》，香港东方文化出版社有限公司，2013 版，第 61-68 页，第 126-131 页。——原书注

张妙灵（1917—1942）①

1

张妙灵（1917—1942），原名海萍，广东东莞篁村胜利乡水围村人。

广州“文总”事件发生时，她积极参加慰问和营救被捕的老师、同学的活动。1936 年冬，加入“中青”。1937 年夏，加入中国共产党。

1938 年 9 月，党派她参加国民党举办的“广东省高中以上学生军事训练总队”集训，被任为女生中共支部组织委员。1939 年 6 月，通过党组织派遣，到国民党广东省妇女委员会担任妇干班教务股长，从事妇女运动工作。不久，到中共南方委员会任政治交通员（驻桂）。她和党组织的领导人苏曼、罗文坤都以逸仙中学教员身份作掩护，进行秘密活动。1942 年 7 月，由于叛徒郭潜出卖，他们 3 人一起被捕。为了保护党组织，他们于 12 日晚自我牺牲，把青春献给党和人民。张海萍在绝笔信中引用民族英雄文天祥的著名诗句——“人生自古谁无死，留取丹心照汗青。”表达自己为党的事业牺牲生命的革命气节。年仅 25 岁。

广西壮族自治区党委于 1982 年 1 月 14 日，追认为革命烈士，将他们的骨灰从桂林骝马山移入南宁革命烈士陵园。

---

① 收录于中共广州市委党史研究室、共青团广州市委员会、广州青年运动史研究委员会、广州市中共党史学会编：《走向抗日——广州中国青年抗日同盟史录》，广州出版社，2015 年，第 350 页。

2

张妙灵[①]

张妙灵，又名张海萍（1917—1942），东莞篁村胜和乡人。曾任广东高中以上军训总队女生党支部组织委员、广东省妇干班教务股长、中共南方委员会政治交通员。

张妙灵从小随父在广州，小学毕业后考入广州女子师范学校。

张妙灵受党的教育和影响较早，对马克思主义有浓厚的兴趣。她常常想方设法找寻一些进步书籍来看，时常阅读到深夜。当她第一次借到一本手抄本《共产党宣言》时，亲自动手抄下《共产党宣言》全文，如饥似渴地追求真理。

1935年冬张妙灵参加广州学生响应“一二·九”抗日运动的游行示威。1936年冬张妙灵加入中国青年同盟，在学校组织读书会，1937年夏，张妙灵加入了中国共产党。从此，她立下了为共产主义事业奋斗终生的誓言。抗日战争爆发后，她一边积极学习政治和军事，一边积极参加抗日宣传，并从事安置难民、防空救护、募捐献金等活动。

1938年9月，党组织派张妙灵与堂弟张江明等一起参加当时的广东高中以上学生军事训练总队，张妙灵被任命为女生党总支组织委员。

1939年春，学生军训结束，国民党广东省政府提出要改革地方行政，任用青年，开办地方行政干部训练所。中共广东党组织派张妙灵参加该所训练并仍任女生党支部组织委员。在此期间，张妙灵坚决执行党的抗日民族统一战线政策，对国民党顽固派和政治上反动的人敢于批评和揭露，而对同志则善于进行深入细微的思想工作，团结他们共同战斗，并亲自发展了一批党员和抗先队员，壮大了党的力量。

1939年6月间，党组织调张妙灵到国民党广东省妇女会担任妇干班

---

① 收录于东莞市妇女联合会编:《东莞妇运——部分女战士跨世纪的回忆》，2013年，第34-35页。

教务股长，从事妇运工作。

1940 年春，国民党顽固派发动反共高潮，日本侵略者又进犯粤北，广大城乡受到破坏。这时，张妙灵参加了救灾慰问工作，不久又被调到中共南方工作委员会任政治交通员（驻桂）。当时桂林是国民党广西省会，她只能秘密地与中国广西工委副书记苏曼、桂林市委书记、省委妇女部长罗文坤同志等以逸仙中学为据点，以教员身份作掩护，秘密开展工作。

1942 年 7 月 9 日，由于中共南委组织部长郭潜被捕叛变，粤北省委、南委、广西地下党组织均遭到破坏，张妙灵与苏曼、罗文坤等同志被捕，在牢房里，敌人强迫他们自首，供出组织的秘密，遭到他们一致的拒绝。后来，敌人又对他们施以重刑，但他们宁死不屈。国民党顽固派采用阴险的手段，假意释放她［他］们回逸仙中学，暗中监视，企图一网打尽。张妙灵、苏曼、罗文坤等自知不能逃脱魔掌，“不自由，毋宁死”，为保卫党，保存组织，遂于 12 日晚三人自尽，把青春献给党、献给人民。

张绮如（? —? ）[1]

张绮如（生卒年不详），曾参加邱萃藻组织的读书会，读一些进步书籍，如列宁的《国家与革命》、李达的《辩证唯物论》、艾思奇的《大众哲学》等，还学习了中国共产党的《八一宣言》，并加入“中青”。

1939 年 6 月，为中共惠阳县委委员。曾任中共高潭支部书记。

① 收录于中共广州市委党史研究室、共青团广州市委员会、广州青年运动史研究委员会、广州市中共党史学会编：《走向抗日——广州中国青年抗日同盟史录》，广州出版社，2015 年，第 350 页。

曾金兰（1928—？）

1

深庭难锁闺中秀　玉兰含笑满园香——曾金兰烈士传略[1]

一九二八年春，曾金兰在一户贫苦的农民家里诞生。她的出生并没有给双亲带来喜悦和欢乐，反之，还给父亲额上增多了几条痛苦的皱纹。不是因为重男轻女思想的缘故，而是给家中饥寒交迫的生活，增加了一份负担。

当金兰长到六岁时，父亲迫于无奈，忍痛将她卖给人家，并接了定身银，待女儿长大成人后，即行“归家”。

在旧社会，穷人度日如年。金兰双亲好不容易将她拉扯成人。到她十六七岁时（一九四四年——九四五年），金兰长得格外出众。那人家便三番四次催迫金兰“归家”，金兰坚决不从。那人家见软的不成，竟利用金钱串通本族的地主，企图施用暴力强迫金兰归家。金兰闻讯，大步奔出门外。恶霸地主曾灶林拿着绳索棍棒，见到金兰，举起就打，金兰闪开，据理争辩：

“这婚事我不同意，为何相迫？”

“呀呀，你这毛丫头，竟敢顶嘴，真不怕死了！……。”地主咬牙切齿，举起长棒向金兰脚下扫去。金兰飞起一脚把这个恶棍踢下水塘，回头拔腿就跑。

金兰把那恶霸一脚踢落水塘之后，就往屋后树林子里跑去，跑了一程见后面无人，于是放慢脚步，慢慢走着。她想起了刚才的举动，脸上不禁露出了愉快的笑容。忽然一阵晚风掠过树梢，树叶发出沙沙响声，抬眼四

① 收录于广东妇运史编纂委员会、东江地区东纵编写小组编：《东纵女英烈》，广东五华印刷厂，1987 年，第 164—166 页。

望，残阳如血，她不由感到一阵怅惘。

天快黑了，到那里去呢？回家吗？不能，绝对不能！她决定去找游击队。

她悄悄地来到一个游击队员的家里，终于找到了游击队员曾祥佳和曾保光。金兰便把迫婚的经过粗略说了一遍，然后道："我和你们一起进山打游击好吗？""那当然好。"

从此，金兰走向了新的道路，她在党的指引下，为了人民的解放事业，战斗不息。

金兰到了游击队，当了卫生员。在同志们的热情关怀和帮助下，逐渐成长。经过几个月的紧张学习，金兰很快熟练地掌握了卫生员的业务知识，后来分派到东江第二支队工作。

金兰不但是个优秀的卫生员，而且是个勇敢无畏的战士。有一次，天下着雨，金兰等四个女同志，在赶回总部的路上，突然于转弯处五百米外的地方，碰上了十几个全副武装的敌人，敌人穿着宽大的长雨衣，也在低头赶路，他们没有看到四个女队员。一个年纪最小的卫生员，心情有点紧张，忙问："兰姐，怎么办？"金兰果断地说："立即隐蔽，等其过后，来个出其不意，攻其无备。"她们分别埋伏在山路两侧的芒草丛中。

敌人越来越近，距离十多米时，金兰举起驳壳枪，"叭、叭、叭！"一下子栽倒了两个，四支手枪一齐开火，把敌人打得晕头转向，除一半逃脱之外，其余的非死即伤。她们从敌人尸体上缴下了五六支长枪，背着战利品，高高兴兴地来到总部，受到总部表扬。

金兰自到部队以后，大小经历数十次战斗，在连平城解放后，她又参加进兵陂头。国民党残敌在我军的迫［追］击下，集结在黄梅峯［峰］的炮楼上，准备作最后挣扎，我游击队迅速包围炮楼，并对炮楼发起强攻，但每次都被炮楼上密集的火力压了下来。为了解放陂头，争取最后胜利，我们的勇士抱起炸药包，冒着敌人的炮火，向敌楼猛冲。前面倒下了，后面冲上来，一步步将炸药包向前推进。卫生员曾金兰眼看战友们一个个倒下去了，心中怒火燃烧。她把受伤和牺牲的战友一个接一个地从火线上抢救下来。当她又一次冲到炮楼边正要把一个伤员背起来的时候，一颗子弹夺去了她年轻的生命。

这位年轻的女战士，虽然参加革命的时间不长，但她那奋不顾身，勇敢顽强的斗争精神和无私无畏的高尚品德却永远闪耀着灿烂的光华。

（中共连平县委党史办公室供稿，曾学忠写）

2

曾金兰[①]

曾金兰，1928 年春天在一户贫苦的农民家诞生。她的出生，给家里饥寒交迫的生活增加了一份负担。

金兰长到六岁，父亲迫于无奈，忍痛将她卖给人家，接了定金银，等待女儿长大成人，即行“归家”。

穷人度日如年，金兰双亲好不容易将女儿拉扯成人，1944 年—1945 年，金兰十六七岁时，长得格外出众，那人家便三番五次催迫金兰“归家”，金兰坚决不从，那人家见软的不成，竟利用金钱串通本族的地主，企图施用暴力强迫金兰归家，金兰听到消息，大步奔出门外，恶霸地主曾灶林拿着绳索棍棒，见到金兰，举起就打，金兰闪开，据理争辩：

“这婚事我不同意，为何强迫？”

“呀呀，你这毛丫头，竟敢顶嘴，真不怕死了！……”

地主咬牙切齿，举起长棒向金兰脚下扫去。金兰飞起一脚把这个恶棍踢下水塘去，回头拔腿就跑。金兰把那恶霸踢落水塘之后，就往屋后的林子跑去，见后面无人，就放慢脚步，她想起了刚才的举动，脸上不禁露出愉快的笑容。抬眼四望，残阳如血，她不由感到一阵怅惘。

天快黑了，到哪里去呢？回家吗？不能，绝不能！她决定了，去找游

---

① 收录于中共广东省委党史研究室、广州地区老游击战士联谊会、广州地区老游击战士联谊会东江纵队分会、广州市东江纵队研究会编：《东江纵队英烈集》，2013 年，第 114 页。

击队！

她来到一个游击队员的家里，找到了游击队员曾祥佳和曾保光，金兰把迫婚的事说了，然后道："我和你们一起进山打游击好吗？""那当然好。"

金兰从此走向了新的道路。她在党的指引下，为了人民的解放事业，战斗不息。经过了几个月的学习，金兰很快熟练地掌握了卫生员的业务知识，分配到东江第二支队工作。

金兰不但是一个优秀的卫生员，而且锻炼成一个勇敢无畏的战士。有一次，天下着雨，金兰等四个女同志在赶回总部的路上，突然发现在转弯处五百米外的地方，有十几个全副武装的敌人，穿着宽大的长雨衣，也在低头赶路，看来他们没有看到四个女队员，一个年纪最小的卫生员心情有点紧张，忙问："兰姐，怎么办？"金兰果断地说："立即隐蔽，等其过后，来个出其不意，攻其无备。"她们立即分别埋伏在山路侧的芒草丛中。

敌人越来越近，距离十多米时，金兰举起驳壳枪，"叭、叭、叭"，一下子栽倒了两个，四支手枪一齐开火，把敌人打得晕头转向，除了一半逃脱之外，其余的非死即伤。女兵们从敌人尸体上缴获了五六支长枪，背着战利品，高高兴兴地来到总部，受到总部的表扬。

金兰到部队以后，经历了大小数十次战斗，在连平城解放后，她又参加进兵陂头，国民党残敌在我军的追击下，集结在黄梅峰的炮楼上，准备做最后的挣扎，我游击队迅速包围炮楼，并对炮楼发起强攻，但每次都被炮楼上密集的火力压了下来。为了解放陂头，争取最后的胜利，我们的勇士抱起炸药包，冒着敌人的炮火，向敌楼猛冲，前面倒下了，后面冲上来，一步步将炸药包向前推进，卫生员曾金兰眼看着战友们一个个倒下去了，心中怒火燃烧，她把受伤和牺牲的战友一个接一个地从火线上抢救下来。当她又一次冲到炮楼边正要把一个伤员背下来的时候，一颗子弹夺去了她的生命。

这位年轻的女战士，虽然参加革命的时间不长，但她那奋不顾身勇敢顽强的斗争精神和无私无畏的高尚品德却永远闪耀着灿烂的光华。

曾 友（1908—1946）

舍身为党的民歌手——曾友烈士传略①

老老实实讲你知，
共产主义不共妻，
只要两人心甘愿，
唔使媒人都可以。

这是曾友当年针对国民党顽固派的诬蔑，自编自唱的许多民歌中的一首。

曾友的家乡——惠阳县镇隆四大半围，是东江大革命时期的红色根据地之一。一九三二年大革命处于低潮，中共潼湖区委领导农会暂时转入地下秘密活动。曾友是一位民歌手，她经常利用群众喜闻乐听的山歌，宣传党的主张，揭露帝国主义、封建主义、国民党顽固派的反共罪行，唤起民众起来与顽固派进行斗争。她还根据党的指示，经常化装探亲到镇隆圩和邻近的村庄，散发革命传单，张贴革命标语，在人民群众中播下革命火种，使农民运动又轰轰烈烈地开展起来。

抗日战争爆发后，曾友当了镇隆沙堆第一个妇抗会会长。一九四三年冬，为配合东江纵队赖仲元、何清部属的民运工作队开辟新区，发展武装力量，扩大根据地，曾友充分发挥妇抗会的作用，发动各村青年妇女上夜校，开展抗日救亡运动。办夜校没有经费、课本，她就带领妇女上山砍

① 收录于广东妇运史编纂委员会、东江地区东纵编写小组编：《东纵女英烈》，广东五华印刷厂，1987年，第70—73页。

柴、割草，自筹经费买课本。通过举办夜校，把受压迫最深的广大妇女动员起来，投入到斗争的洪流中去。群众称赞她是出色的妇抗会长。

太平洋战争爆发后，日寇兵力后移，国民党顽固派发动反共反人民的内战。以张光琼、邓琦昌为首的反动头子，先后动员了一八七师、独九旅、独十二旅、保安八团及梁桂平、徐东来等地方反动部队，向我进行轮番进攻。在四面受敌的恶劣环境中，曾友根据地下党的指示，建立了地下联络站，保护干部和过往人员，特别是掩护东江纵队游击队分散活动起了重要的作用。她配合赖仲元、何清部队的民运队，在沙堆，松山下，镇隆等地活动时，面对敌人的“铁壁合围”、“穿梭扫荡”的险恶局势，一些人动摇了，个别民族败类投敌叛变了，而她却更加坚强，机智地改变斗争方式，选好每个联络点，保证联络网不受破坏。当时，敌人严密封锁，到处盘查。游击队生活非常困难，但她只要存一升几合粮，都与游击队员同吃。为了保持上下级之间联系，她经常化装送情报和侦探敌情，英勇灵活地同敌人开展顽强的斗争，出色地完成任务。一九四五年三月间，曾友光荣地参加了中国共产党。不久，她被选送到镇隆区地下党员学习班学习。通过学习，她提高了认识，立场更坚定了。她说：“我是一个共产党员，永远跟党走，决不变节。”一次，她带领农抗会、妇抗会三十多人，到她的亲房、镇隆大地主、伪县参议员吴少龙家，进行减租退息斗争。地主进行反抗。她当众痛斥地主：“世界吃苦系工农，我们劳动得果实，还要供养寄生虫。”并和大家一起，开了地主的粮仓，退了粮，帮助饥饿农民度过了饥荒。

一九四五年十月，日寇投降后，国民党新一军等六个师重点向我东江以南地区进攻，首先占领惠樟公路以北地区，使镇隆、沙堆地区受到严重威胁。敌人采取所谓“填空格”，“多点出击”、“分进合击”等战术。实行村村严密封锁，步步为营。国民党徐东来支队先后分三路和五路进攻镇隆、沙堆等地，根据地变成了敌占区。顽军与反动地主武装互相勾结，到处抓人抄家。曾友在形势恶化、斗争残酷的环境里，为使革命力量不受损失，她冒着生命危险，和叶芳一起化装成农妇，上山巧送情报，不怕黑夜走崎岖的山路，经过三天两夜的艰苦跋涉，把情报送到目的地，使部队迅速向新圩、东莞安全转移，我部队转移后，敌人进行反扑包围。在沙堆村还有李勇和叶芳两位游击队员在她家里，同时还有许多文件、书籍，情况十分危急。曾友先把同志隐蔽起来，然后挺身而出，智斗敌人。一个匪连长盘问她："村中为什么要敲锣打鼓，游击队跑到那里去了？"曾友镇静自若地回答："村里死了一个老太婆，敲锣打鼓是打斋的嘛！"她就这样诱走了敌人，使李勇、叶芳获得脱险。几天后，敌人不甘心，又于十一月二十六日，分兵五路由君子营、茨粮湖等山路向沙堆村包抄过来。由徐东来部的一个连和地方自卫队数百人，封锁全村，围得水泄不通。曾友的家遭敌人翻箱倒柜，财物抢劫一空。她和农会长吴学恒、常备队副队长吴桂东、吴占奎、队员吴春发、吴锦洪、吴纯亮等七人被敌人抓去坐牢。敌审讯后，释放了四人，曾友和吴学恒、吴纯亮三人被押解到惠州国民党专员公署监狱。曾友在三十一天铁窗的斗争中，坚贞不屈，尽管反动派审讯、拷打、威胁、利诱，要她说出共产党游击队的去向，但她宁死不屈，一口咬定不知道，并斥责敌人捕错了人。一次，敌人给她灌水，并用铁索捆住她的手，把她吊起来。打得遍体鳞伤，腰骨折断，鲜血直流，但她还是守口如瓶。敌人软硬兼施，一无所获。后经地下党和根据地人民的营救，筹集八千斤谷子，赎释回家。回家后不久，因内伤吐血，于一九四六年一月十五日不幸逝世，终年三十八岁。曾友为革命献出了宝贵的生命，然而，她那坚贞不屈，临危不惧，舍生为党的事迹和崇高的精神，却永远铭刻在广大人民群众的心中。

曾友舍生为党，并非偶然的。

她一九〇八年出生在广东惠阳县三栋坝山口村的一个贫苦农民家里。幼年父母双亡，她和弟弟两人由婶母抚养成人。

她二十三岁嫁给鹿颈村一个贫苦农民，不久，丈夫逝世。二十四岁再与镇隆沙堆村理发工人吴官生结成伴侣，生了两男一女，幼子和幼女在贫病交迫中相继夭折，只剩下长子吴和带，后来丈夫又在饥饿线上丧命，她成了孤儿寡妇，过着悲惨的生活。

她租耕两斗多亩田，受尽地主官吏的压迫和剥削，一年两造收割后，既要交租，又要缴纳多如牛毛的捐税，挂起禾镰无米煮。为了生存只好砍柴和挑盐脚，换得一升几合米度日。她多么盼望共产党解救劳苦大众，过幸福的日子啊！

（惠阳县党史办邹金城根据叶芳提供材料撰写）

赵学光（1921—　）

赵学光①

赵学光（1921—　），东莞莞城人。1936 年进东莞县立中学读书，参加秘密读书会，担任妇女抗敌同志会常委。1938 年 4 月加入中国共产党，10 月参加东莞抗日模范壮丁队。1939 年 1 月任东宝惠边人民抗日游击大队政工队副队长，3 月任东江华侨回乡服务团东宝队第一分队副队长。1940 年任中共增（城）龙（门）博（罗）中心县委派潭区区委书记。1941 年任中共龙门县工委组织干事。1942 年任中共宝安县委组织干事、白石龙区委书记。1943 年在中共增城县特派员领导下，先后在白石、田心村、大石磨村开展妇女工作。1945 年任中共增城县委组织干事，兼任麻榨区区委书记；后任东江纵队第四支队增龙博边区独立大队组织员、东江纵队第四支队政治干事。

1946 年冬，任中共新加坡、马来亚华侨特别支部星州市支部副书记。1948 年 8 月，任粤北的南雄、始兴、曲江、乐昌、仁化、乳源和湖南的宜章七个县中共县工委书记兼组织部长。

中华人民共和国成立后，先后担任韶关区副区长、中共韶关市委组织部长兼市政府民政科长、中共北江地委秘书科长、广州通用机器厂党委组织部长兼办公室主任、中共武汉市委和市人民委员会视察室办公室副主任等职。1976 年在广州离休。

---

① 收录于中共广东省东莞市委党史研究室编：《东莞抗日实录》，中共党史出版社，2006 年，第 614 页。

赵　学（1917—1983）

1

怀念赵学同志[①]

赵学光

坚强的无产阶级战士，广东地区革命斗争的杰出的女干部，我亲爱的姐姐赵学同志，一九八三年四月三日与我们永别了。她的战友及东江老区人民深深怀念我们东纵这位出色的民运队长、团政治处主任，好妇女大队长，怀念她为无产阶级革命事业英勇奋战了半个世纪，对党忠诚，披肝沥胆，鞠躬尽瘁，关心群众，艰苦奋斗，谦虚好学的高尚品德和实干苦干的优良作风。

赴上海，寻找共产党

赵学同志出身于东莞县城一个破落的封建家族。父亲是个大学生，婚后虽然已有了两个孩子，但因不满意盲婚的妻子，闹离婚不成便出走美国，一去不返。赵学的爷爷偏袒儿子歧视媳妇，儿子走后他也赌气去了香港。族里人抱着世俗的偏见，认为赵学母女三人是被老人及丈夫遗弃的人，对她们百般歧视、冷漠甚至谩骂、欺侮。赵学母亲的妹妹对此愤恨不平，便动员赵学母亲一齐跑到城镇半工读学医。赵学姐妹从此受尽了族人及邻居小孩、大人的打骂和欺凌。这使赵学从小就对旧社会不满，也养成了倔强的性格。

---

① 收录于广东省妇女运动历史资料编纂委员会东江组编：《南粤红棉——东纵女战士》，1983年，第71–83页。

赵学的母亲毕业后在东坑镇当医生，和谢阳光的父亲邻村相处，友好来往密切。赵学和谢阳光自小青梅竹马，同在东坑小学读书。谢阳光兄弟对赵学姐妹十分同情，把她俩待如亲姐妹。

一九二八年，谢阳光的哥哥谢晓东，因参加广州起义失败后被国民党反动派杀害。赵学母亲十分悲痛，赵学也深受影响。当时她只有十一岁，虽然不懂得国民党为什么要杀害那么多好人，但她幼小的心灵已埋下了一颗仇恨的种子。

赵学在东坑小学读书时，受到进步教师何与成、陈沛隆的教育，开始有了民主爱国思想。一九三二年，赵学十五岁时，有一天，在谢阳光老家的书架里翻出了谢晓东烈士的遗物——一本《共产党宣言》和一本学习笔记。她和谢阳光翻来复［覆］去地读《宣言》，又把笔记看了好几遍。笔记批判了旧社会的剥削制度和政治上的腐败，并把他的家庭比作旧社会的缩影……。他们从笔记中得到了新的启发，决心继承烈士遗志，寻找革命的道路。翌年，赵学得悉广州“女师”有进步力量，便到广州考入“女师”。在谭国标、何干之进步教师和进步同学的影响下，她如饥似渴地读高尔基、丁玲的小说和社会科学方面的进步书籍，进一步懂得了：妇女要解放，苦难黑暗的中国要出现光明，必须打倒封建势力、打倒帝国主义、打倒新旧军阀和腐败反动的官僚制度。一九三三年，她参加了左翼作家联盟和社会科学同盟，并机警地跑到教堂门口和街头散发革命传单，积极发展盟员和开展其他革命活动。

国民党反动政府对学校的革命活动实行了残酷的镇压。一九三四年，白色恐怖越来越严重。谭国标老师被逮捕枪杀了，“女师”的一批批进步同学也被捕了。赵学抱着救国救民和寻找中国共产党组织的决心，跑到人地生疏社会复杂的上海。同年八月，她参加了共产主义青年团。在团的领导下，她住在团委领导机关，负责内部交通工作。还做过女工及海员的秘密工作，圆满地完成了团组织交给的任务。

办女学，反对老封建

一九三五年秋，由于革命形势发展的需要，赵学和谢阳光等被上海共青团组织派回广东开展革命活动。

赵学带着火样的热情回到家乡东莞东坑后，首先团结了谢坚、卢当等进步女青年，并以她们为骨干，迅速建立了“姐妹会”，开办了妇女义务学校，积极宣传我党抗日救国十大纲领和东北义勇军英勇抗日的事迹。这些活动，触犯了东坑的封建势力。他们扬言：“到赵学办的义务学校读书就是造反、叛逆。”“那家的子女到义校读书，就不准到祠堂分猪肉。”还进行诸多的破坏活动，威胁亲戚朋友不准送女儿、媳妇去读书。更可恶的是，他们怂恿一些封建思想较浓厚的男青年，打砸义校，在放学途中拦截打骂女学生；对赵学本人也进行恶毒的人身攻击，企图迫使赵学屈服。但赵学毫不动摇，决心团结广大姐妹，冲破封建牢笼，争取妇女的合法权利。她和积极分子一起，广泛联合其他学校的女教师、女学生，大搞庆祝“三八”妇女节的活动。这天参加庆祝大会的有几百人，加上前来观看的妇女群众有近千人，整个东坑盛况空前。会上她们大力宣传男女平等，反对夫权、族权，争取妇女独立和解放。这个会，显示了东坑妇女的团结，也给封建势力一次有力的回击。自此，封建势力的代表人物不敢那么嚣张了，参加读书和各种活动的妇女也越来越多了。

赵学主办的第四妇女义务学校，除争取了东莞上层人物、女权运动负责人李群兴的支持，拨给经费解决经济困难外，还组织学生一面读书，一面走上街头宣传抗日救国，并开展了其他的社会活动。

东坑妇女群众运动的蓬勃开展，重新点燃了大革命时期妇运工作的革命火焰，对东莞以后妇运工作的开展，起到了积极的推动作用。同时，赵学同志也锻炼了发动和组织群众的才干，积累了群众工作的经验。

开书店，传播新思想

一九三六年八月，赵学被批准由共青团员转为共产党员后，工作重点从农村转到了县城。为了有利于开展县城的抗日救亡运动，一九三七年一月，赵学和她爱人谢阳光（东莞临时工委书记）以开办“阳光书店”为名，用介绍及出售进步书刊的方法，广泛联系进步青年和知识分子，传播革命思想和新文化，扩大抗日救亡运动的影响和积累革命力量。

在东莞城，“阳光书店”象一盏明灯，吸引着在黑夜中摸索的人们，指引着他们前进的方向，增添了他们前进的力量。不久，它引起了东莞中学的反动军训教官邝达的注意。这家伙经常突然来到书店，乱翻书报，监视书店的来往人员。有一次，还故意找岔［碴］责问书店人员：“为什么没有蒋总裁的言论集？”党组织研究了这一情况，决定将谢坚同志调来加强书店的工作，并采取了一些掩护措施，如装模作样地摆几本国民党的书报，应付反动官员、特务的盘查。遇到我们了解的进步青年及知识分子，就把他们带到书店内间，出售或借阅延安来的杂志、报纸和革命书籍。为了扩大影响，赵学还布置刘荣同志把书刊挑到县城附近的乡村，让乡村的教师、学生也能及时买到进步书籍，使革命的理论、思想和文化得以广泛的传播。

这期间，赵学和谢阳光等还在东莞县城公开组织了“抗日救亡工作团”和“妇女工作团”，培养了一批骨干，吸收了一批党员。接着，又组织了“抗日救亡剧社”，经常在县城内外进行宣传演出，对唤醒民众起来参加抗日救亡运动发挥了很大的作用。

上延安，学习革命经验

一九三八年初，赵学、谢阳光等四位同志去延安学习。赵学进了“抗大”后，勤奋好学，刻苦认真，政治、军事两门课都取得了好成绩，在实弹射击中曾以三发子弹命中二十七环，受到奖励。“抗大”毕业后，赵学被分配到延安“妇女大队”当军事干事，后又担任中队长。同年冬，因广东武装斗争发展的需要，调回广东东江工作。他［她］先后在博罗中心县委举办的军政训练班担任政治教员，在东江抗日游击队阮海天中队负责政治工作。日本投降后，在东纵一支队代政治处主任，后又在东纵东进指挥部四团任政治处主任。在进行政治工作中，她以身作则，关心战士，爱护干部，并且努力把在延安学来的政治常识，深入浅出地向战士们进行教育，深受大家的欢迎。

发动群众，支持人民武装

一九四〇年至一九四五年日本投降，我们部队经受了严峻的考验和锻炼。在五年时间里，赵学同志先后担任了东莞县水乡区、宝安县布（吉）龙（华）区的区委书记。她和战友们一起，以革命的韧性和顽强的毅力，深入地开展了地下党的工作。

水乡是敌占区，环境复杂，不单离敌人据点很近，而且还驻有各霸一方的大小股土匪武装。党的力量和群众基础较为薄弱。赵学到水乡的主要任务是：深入发动群众，发展党的组织；配合部队秘密组织地方武装；建立秘密交通站；积蓄力量，等待时机打击敌人。她选择了小东向村为落脚点，以教书作掩护，住在贫苦的青年寡妇六嫂家里。经过“三同”和耐心的启发教育，六嫂的阶级觉悟迅速提高，不久就入了党。六嫂有两个女儿，在赵学的关怀指导下，不但努力学习文化，懂得了许多革命道理，而且积极要求参加革命工作。母女三人都成了我们的秘密交通员，六嫂的家也成了我们的秘密交通站。六嫂除积极完成交通任务外，还经常出外替人磨谷舂米，赚些米粮来热情招待路过交通站的同志。后来她的大女儿阿扁入了党，并参加了部队。

在赵学直接领导下的小东向村党支部，有六名党员。支部书记陈成来通过统战对象，掌握了村内的十几枝枪，又以党员为骨干，组成了一支小型的武装队伍。他们以灰色武装的面目出现，活动在增城新塘到东莞山区的重要交通地段，担负起暗中护送我部队来往人员及地下党的保卫工作。此外，赵学还根据水乡的特点和各村的不同情况，逐渐建立了各种不同形式的小型武装，为我党积蓄了一批武装力量。

一九四〇年九月，王作尧同志带领的部队从海陆丰返回宝安后，组成了第五大队。部队处于敌伪和顽军两面夹击之中，处境困难，斗争很复杂。为了加强这一地区的群众工作，党组织又派赵学到龙华区担任区委书记（后龙华区与布吉区合并，赵学任布龙区委书记）。

赵学以部队民运队长的公开身份来到布龙，与区委副书记杨德元等同志共同努力，把民运工作与党的秘密工作统一起来。在杨尾、赤岭头、白石龙等村子，他们一面深入访贫问苦，宣传教育群众，发动群众组织“姐妹会”、自卫队等；一面物色、培养积极分子作为建党对象，以后在各村发展了一批新党员，建立起党小组或党支部。赵学还与部队民运队员一起，动员了大批青年参加部队，扩大了我们的抗日武装。

一九四一年十二月初，日寇侵占了香港。部队坚决执行党中央的指示，奋力抢救被困在香港的几百名重要文化界人士和民主人士。赵学领导的白石龙村，既是部队领导机关的所在地，又是从香港九龙到宝安游击区的一个重要交通站，是接待和转送的中心点。赵学带领地下党员和民运队的同志，废寝忘餐地协助部队进行这项重要工作。他们在山岗盖起一座座草寮，供应新鲜蔬菜和鸡、鸭、鹅，让文化人吃好住好。为保障知名人士的安全，除加强情报工作外，还安排了自卫队员（民兵）昼夜站岗放哨。这批文化人来到游击区后，受到热情亲切的接待，对我们东江抗日游击队及根据地的人民留下了难忘的印象。

历尽艰险，坚持地方党工作

一九四二年夏，国民党顽固派调集了大批军队，向我游击区进行疯狂的“扫荡”。为了更好地打击敌人，部队轻装转移到敌占区附近活动。宝安地方党的任务就更艰巨了。他们一面做好稳定群众情绪的工作，一面帮助部队掩藏物资和重武器。在敌人反复扫荡的危急情况下，赵学同志冒着生命危险，到各村去和党员联系，了解情况，加强指导，继续坚持地方党的工作。

由于布吉乡长陈白玉被捕叛变，在敌人疯狂扫荡时，他给顽军带路，捕捉我地方党员和积极分子。部队掩藏在岗头仔的一窑物资，也被他带来顽军抢走了。抗日军民对这个叛徒无不切齿痛恨。赵学和杨德元同志坚决执行上级党的指示，把已暴露的党员和积极分子组成一支以陈德和为组长的游击小组，坚持原地区的活动（这个游击小组后来成了我宝安大队的短枪队）。并按照区委和部队的决定，经过周密侦察，抓准陈白玉春节回家的时机，摸进乡公所，结果了这个叛徒的生命。

一九四一年四五月间，驻在宝深线梅林村的日寇越过梅林坳经望天湖来扫荡龙华。部队早已把这消息通知赵学等同志，并指示龙华的民兵配合部队打伏击。

日寇来扫荡的那天，龙华乡乡长卓凤康带着弓村的民兵，由何贵生大队长统一率领，登上水斗村后的山林，面对着望天湖转入龙华的大路；赵学和赤岭头的党支部书记何伯琴、中队长何信恩，带领赤岭头的民兵中队，登上龙华墟和赤岭头右侧的山林，对准松村左侧的大路，准备拦腰斩断来扫荡的敌人；部队则在游松后面截断敌人的左路。

日军一百多人从望天湖的大路走向游松，进入我们的埋伏圈。卓乡长迎着敌人的先头部队打响了第一枪，赤岭头的民兵朝敌群中间射击。敌人的后头部队企图登山掩护，又被我部队的火力截住。敌人被夹在公路上，四面挨打，上窜［蹿］下跳，几个负了伤的日寇躺在公路上嗷嗷的叫。这时，一个骑马的指挥官正指挥队伍向布吉方向撤退。赵学立即调集了几个村拿双筒纸壳枪的民兵，命令他们向敌指挥官和马射击，那匹马中弹倒地死了，那指挥官摔下马来，惊惶失措地指挥队伍抬着十几名伤员和尸首，拼命地向布吉方面逃走了。打扫战场时，何信恩在公路旁拾到一把日本刀，就把那匹马削开，给每个民兵中队分了几十斤马肉。

抗旱救灾，同群众心连心

一九四三年，宝安遇到了特大的旱灾，早造无收，群众生活遇到了前所未有的困难。赵学和民运队员曾坚，在南岭村和群众一起，靠吃草根和“黄狗头”[①]度日。群众束手无策，终日愁眉苦脸。但是困难吓不倒全心全意为人民服务的共产党员！在党的领导下，赵学带领民运队员四处奔走，

---

① 指“金毛狗”，多年生草木，根状茎人药。——编者注

向群众调查水源，商议度荒办法；组织自卫队挖水沟灌溉田地；动员妇女上山采土茯苓、野百合、鸡屎藤等，为抗旱救灾倾注了全部心血。由于群众吃多了不易消化的野生植物，不少人病倒了，也有不少人饿死了。光是南岭村就病死、饿死了四十多人。而这时，灭绝人性的日本鬼子和顽军，还经常来“扫荡”、抢劫。天灾加上人祸，群众面临绝境。面对这深重的灾难，赵学等经过研究，决定向地主借粮。她多次上门找村里的四户小地主，经过耐心说服，晓以大义，终于借出一些粮食；加上拿出一部份公尝谷，共有五千多斤，全村一百六十多户，每户可分到二三十斤粮食，掺上野菜可熬到秋收，那时就会有番薯补充。就这样，赵学等同志带领群众共同度过了这场大灾荒年。群众十分感谢共产党，也感谢部队派来了热爱人民、关心群众疾苦的民运队同志。

由于赵学长期生活在群众中，真正做到了与群众同呼吸共命运，在群众中享有很高的威信，群众爱她、信赖她，在敌情紧张的情况下，甚至冒着生命危险来掩护她。有一次，她在白石龙和民治乡副乡长、党支部书记刘鸣周同志正在谈工作，突然顽军几路人马包围了村子，有一路顽军已进入村头。在万分危急的紧要关头，刘鸣周机智地把赵学交给他刚从香港回来的哥哥刘鸣西，要他设法保护赵学的安全。刘鸣西立即叫赵学爬上阁楼，隐藏在大柜里。赵学刚藏好身，顽军就闯了进来，枪口指着刘鸣西，狂叫要搜查房子抓共产党。刘鸣西在香港英军服务团当翻译。这次香港沦陷，他回到家乡，对我党我军有良好印象。他当时穿着一套西装，装出一副高人一等的架势，不慌不忙地边拿出证件边用英语和妻子说话，接着又向顽军大声喝道：“不准你们乱动，要动就请你们的长官来！”几个顽军傻了眼，你看我，我看你，谁也不敢动手。刘鸣西又故意装腔作势地吆喝他们：“抓人、搜屋，不先弄清情况，那有你们这样干的！”顽军无奈何，只好灰溜溜地走了。

赵学同志曾在水巡村、赤岭头等地多次遇险，都是全靠当地群众担风冒险极力掩护，才化险为夷。

机智勇敢，带兵完成任务

一九四五年十月，赵学奉东进指挥部卢伟良、张持平同志之命，带领营长袁康及四团的一个连，护送无线电台到后东特委去。这部电台是区党委专门拨给后东特委使用的。除收、发报机外，还配备了电台台长刘婉、译电员、报务员小徐等几位同志。指挥部为了护送的安全，避免途中遇到顽军。还特地请来一位老赤卫队员黄滔作响导。

赵学带领八十多人，从紫金的九河墟［圩］附近出发，向后东特委的所在地河源山区挺进。黄滔带着他们爬山涉水，不走大路专走小路。赵学派出一个尖兵班紧跟响导，大队人马随后急速前进。一路上，只见群山叠峦，山峰险要，密林深处，杂草齐胸，荆棘丛生。走了几十里，山下望不到缥缈炊烟，山上遇不到一位老乡，人烟断绝，荒芜一片。黄滔说这是当年红军走过的地方，部队走这条路虽然艰苦，却很安全。

队伍从早上一直走到黄昏，经过龙头窝、豹子墟，顺利地到了河源和紫金交界的白云嶂。赵学找到了在这个地区活动的手枪队钟慧同志及地方党的李先同志。当他们知道赵学等护送电台到后东特委后，高兴万分。当晚就在白云嶂的山顶架起电线，大家围坐在一起，全神贯注地静听红色电波传来的新华社新闻。翌日，钟慧派出一个排负责护送电台及赵学等。赵学到达后东特委所在地，把电台和工作人员交给了梁威林后，便胜利返回原地。

不久，国民党反动派撕毁停战协定，采用所谓“填空格”的战术，大举进攻我东江解放区。四团团部为了摆脱敌人的包围，决定主力在葵头嶂和紫金、五华边界活动；另由赵学和郭坚带营长袁康率两个连到陆丰活动，连夜出发。部队到达陆丰河口，准备和六支队取得联系，一起开展活动，但无法联系上。又准备到陆丰甲子搞点给养，以解决部队的困难，但没有地图，只好边走边打听。部队走到一个小镇，听说还要走几十里才能到达甲子。袁康提出他去六支联系，赵学同意。袁康走了几天没找到六支，又同赵学失去了联系。赵学、郭坚带着部队夜行军到建门坑村时，与敌保安团一个连遭遇。我前头部队失散了。赵学掌握了后头部队三十多人枪，天明与敌发生激战，后敌人撤退了。在险恶情况下，赵学镇定沉着，带着剩下的三十多人，经过几番周折，找到地方党交通站。在盘石村等了三天，收容了十多名伤员。又经过许多艰难险阻，终于把部队带回葵头嶂四团团部。

赵学同志为中国人民的解放事业和社会主义建设事业战斗了一生，立下了不可磨灭的功劳，我们永远怀念她！

2

赵　学[①]

赵学（1917—1983），东莞莞城人。1932年秋进广东省立女子师范学校读书，参加进步组织，开展革命活动。1934年8月在上海加入中国共产主义青年团。翌年秋与谢阳光、陈孔嘉3人组成一个团支部回到东莞。在家乡东坑开办平民妇女义务学校，并以此为阵地，开展妇女工作。

1936年转为共产党员。此后，与丈夫谢阳光在莞城以开设阳光书店为掩护，积极发展党员和开展抗日救亡运动。1937年底到延安抗日军政大学学习，兼任妇女中队中队长。1938年底派回广东，先在博罗县军政训练班任政治教员，讲授抗日游击战等课程；后到增城县第三区自卫团常备队，负责军事训练和政治教育工作。1939年7月调任中共东莞水乡区委书记。1940年11月调到宝安县，历任中共宝安县委妇女部长、龙华区区委书记、布吉区区委书记兼广东人民抗日游击总队第五大队民运队长、东江纵队东进指挥部第四团政治处主任等职。

1946年6月，随东江纵队北撤，任北撤部队妇女大队长。1947年12月任中国人民解放军两广纵队留守处协理员。1948年冬赴西柏坡，作为华南妇女代表参加中央妇女工作会议。随后又参加第一届全国妇女代表大

---

① 收录于中共广东省东莞市委党史研究室编：《东莞抗日实录》，中共党史出版社，2006年，第613页。

会。全国解放前夕，到中共中央马列学院学习。

中华人民共和国成立后，从事党的理论教育工作，历任中共中央华南分局党校教研室主任，中共中央第六中级党校校务委员会委员、党委常委，中共广东省委党校副教育长、副校长，广东省体委副主任，省政协常委等职。1983 年 4 月逝世。

3

赵　学[1]

赵学（1917—1983）东莞东坑井美人。

1932 年，赵学在井美小学念书，秋天到广州省立女子师范学校就读，参加班里读书会，1933 年，她参加了左翼作家联盟后，又参加了社会科学同盟。1934 年 6 月，赵学毅然离开广州，与谢阳光等跑到上海找寻党组织。

1935 年 8 月，赵学在上海参加共青团，积极做内部交通、把守机关、做女工和海员等秘密工作。

1935 年末，赵学回广东东莞，在家乡东坑建立姐妹会，开展妇女工作。她还重视做上层人物工作，争取了当时东莞女权运动负责人李群兴的支持，在东坑建立了第四女子义务学校，她利用这间学校为基地宣传我党提出的抗日救国十大纲领、东北义勇军抗日英雄事迹和宣传男女平等，反对夫权族权，争取妇女独立解放。

1936 年夏，赵学加入中国共产党。她先后发展卢仲夫、陈昶、陈文慧及李葵兴、陈怡入党。

1936 年冬，赵学和她的丈夫中共东莞县临时工委书记谢阳光在东莞县城开办“阳光书店”，出售进步书刊；并组织“抗日救亡工作团”和“抗日救亡剧社”，经常在莞城民众教育馆礼堂和附近乡村，演出《放下你

① 收录于东莞市妇女联合会编：《东莞市妇运志》，东莞市印刷厂，1995 年，第 129−130 页。

的鞭子》、《我们的乡村》、《凤阳花鼓》等，对唤醒民众起来参加抗日救亡运动发挥了很大作用。

赵学还对国民党一五三师的下层军官开展抗日统一战线工作，动员师政训室一个上尉军官登台演戏。1937 年冬，赵学和何与成争取了一五三师政训室帮助“抗日救亡工作团”搞军训，进行实弹射击，使参加军训的几十名进步青年男女学会一些军事基本知识，培养了一批军事人才。

1937 年底，赵学到延安“抗大”学习毕业后，被分配到延安“妇女大队”当军事干事，后担任中队长。

1938 年调回广东工作。

1939 年 4 月，赵学任博罗县县委军政训练班的政治教员。

1939 年冬，赵学调到东莞县水乡当区委书记，主要任务是配合组织秘密地方武装，发展党组织，为我党积蓄一批武装力量。

1940 年 11 月，赵学调到宝安县委当妇女部长，不久，任龙华区委书记。后来，龙华区和布吉区合并，赵学任布龙区委书记，一直到 1944 年，赵学都是在宝安地区做发动组织群众，配合地方武装，发展党组织等党的建设和民运工作。

1945 年 1 月，赵学在东纵东进指挥部第四团任政治处主任。

1946 年 6 月，东纵北撤，赵学任北撤部队的妇女大队长。1948 年她代表两广纵队出席中央召开的妇女工作会议。后又到马列学院学习。

全国解放后，从事党的理论教育工作。她先后担任广东省委党校副教育长和副校长，省体委副主任。1983 年 4 月 3 日，赵学由于心脏病突然病情恶化，抢救无效，不幸逝世，终年 66 岁。

（摘自《东莞烽火》第三册赵学光一文）

邹剑卿（1914—2005）[①]

邹剑卿（1914—2005），又名邹冰、陈美贤。广东中山人。

原就读于香港养中女子中学，1932 年秋季考入女师。1933 年，邹剑卿参加谭秀峰组织和主持的读书会。后分别参加了中国文化总同盟广州分盟的“社联”和“剧联”，秘密传播马克思主义。1934 年初，中国文化总同盟广州分盟被镇压。1934 年暑假期间，参加了由勷勤大学进步学生邱萃藻、林振华领导的读书会。经常聚集在女师学生张绮如家中，读一些进步书籍，如列宁的《国家与革命》、李达的《辩证唯物论》、艾思奇的《大众哲学》等，还学习了中国共产党的《八一宣言》。1935 年，读书会改名为“中国青年同盟”（简称“中青”）。她介绍伍坤顺加入“中青”。1936 年 8 月，经林振华介绍，她参加中国共产党。1936 年 10 月左右，中共广州市委成立妇女支部，她任宣传委员。

1947 年，回香港出任旺角劳工子弟学校校长。1967 年，邹剑卿出任港九各界同胞反对港英迫害斗争委员会委员。

1985 年回南宁定居。

① 收录于中共广州市委党史研究室、共青团广州市委员会、广州青年运动史研究委员会、广州市中共党史学会编：《走向抗日——广州中国青年抗日同盟史录》，广州出版社，2015 年，第 348 页。

文艺作品

诗　歌

罗浮山下的铁观音①②

郭　薇

(一)

罗浮山下，
五月的鲜花，
开遍山野，
胜过秀丽的风景画
山下的源头乡、还是茹屋村，
到处稻花、荔熟、知了鸣。
欢乐的乡亲们，
点头互视笑盈盈。

一群摘荔枝的姑娘，
倾心交谈，接连不断；
讲述抗日英雄的故事，
像满架的葡萄，一串又一串……

① 收录于中共惠州市委党史办公室编：《东江革命历史诗歌选集》(二)，惠州市人民政府印刷厂，1989 年，第 63—79 页。

② 一九四七年三月二十八日至三十日草成。同年五月二十七日定稿于翁源县南浦中学，此诗选自《野蔷薇诗录》。——原书注

（二）

抗日烽火到处燃，
东江两岸来了无数好汉。
脚腕刻着镣铐的伤疤，
大刀闪着复仇的火焰！
红旗猎猎迎风飘，
号角声声召唤爱国青年！

铁观音华年二十三，
大眼、笑脸，
讲话——直言、快语，
步伐——迅捷、矫健，
愿把闪光的青春献给党，
送郎抗日上了罗浮山！

雁队南飞，声声嘹唳，
催促铁观音缝寒衣。
深更半夜灯火明，
细针密线情意重，
送给亲人“父母军”。

亚巧姐三星顶头进草棚，
脸带愁容，说话吞吐。
最后终于鼓起勇气，
把噩耗透露；
“听从党的召唤，
陈志丹昨夜送粮上山；

鸾岗送来消息，
您丈夫为抢救战友，光荣牺牲！

啊！同志妹，您须抬头远看，
野草烧不尽，春来又绿遍！
罗浮山儿女英雄汉，
雄心壮志冲云天。
《国际歌》声传宇甸：
到明天，
共产主义世界就一定要实现！”

铁观音失去心上人，
像头顶响了一声轰雷！
强忍眼泪和哭声，
把家仇国恨深埋心底！

游击队的兄弟们，
越打越健壮。
锄汉奸，入虎穴，
割电线，烧桥梁；
声东击西，引蛇出洞，
奇袭据点斩豺狼。
打得“皇军”发了慌，
丢下子弹和军粮，
跪地求饶又缴枪。
凯歌声声暖人心，
父母军挺进敌后方，
胜利的红旗到处飘扬。

铁观音，喜洋洋，
骨碌一声滚下床。
地窖挖出五斗米，
悄手蹑脚进厨房。

扯下头巾擦擦汗，
雄鸡叫过已三遍。
轻捷地走出门，
脚下生风似闪电。
穿丛林，跨险涧，
连续越过三道封锁线！
罗浮山下的新女性！

为了祖国的自由和解放，
带着火样的雄心，
不怕虎，不怕狼，
迈大步，踏寒霜，
喜浴星辉送军粮！

山高、路隘，林暗莽苍苍，
情更急，跃上层峦叠嶂。
霎时间，
乒乒，乓乓，乱弹成火网，
多诈的魔怪，突袭搜山“扫荡”。
汉奸、顽军做“引鬼”，
“萝卜头”跟来帮打帮！

前有悬崖阻挡，
身后不远赶来狼。
情势万分危急，
急吞密信进肚肠。

昂头挺胸，目似电光，
见仇人，烈火烧，
家仇国恨一齐报。
“杀啊，前进！”如箭发，
小丑哪能挡住道。
迅舒铁臂扁担落，
日寇少佐扑地倒！

撕肉的皮鞭声呼呼响，
眼泪咽进肚，仇恨刻心上。
在那高大挺拔的荔枝树下，
不屈的铁观音，遍体鳞伤！

死鱼般惨白的鬼子们眼里，
已经无法把恐怖隐藏。
满头虚汗，哆嗦着问：
“为啥你要冒死送粮？……”

铁观音胸中燃烧着满腔怒火，
理直气壮痛斥敌人：
“呸！放你娘的屁！
我不吃饭不要紧，
父母军不吃可不行；

父母军吃饱好打仗，
彻底消灭日寇野心狼，
全中国、全人类都要解放。”
这优秀的女共产党员的最强音，
久久地在罗浮山下激荡，
像万把尖刀刺进敌人的心脏。

鬼子兵，黑心狼，
铁丝穿起女英雄的两个乳房。
她咬紧牙关，双眼喷火，
竖起一尊中国共产党员的雕像！！

哪怕枪口对胸膛，
怕死不当共产党！
铮铮铁骨顶天地，
怒火千丛迎晓光！

（三）

我仰望雄伟巍峨的罗浮山，
我默念这位英勇坚强的女闯将，
我肃立在染过鲜血的荔枝树下，
心在激动地震荡！

我歌唱呼啸奔驰的大风，
我赞美气贯长虹的女英雄；
心如日月千秋照，
血洒荔枝万年红！

到处欢迎女英雄[①②]

（竹板歌）

嘱倨[③]阿爸嘱倨娘，饭爱食饱心爱开，
救济穷人救祖国，打平天下会转来，
一声细问该唔[④]该？
人人喊倨铁姑娘，铁石心肝铁石肠。
铁石心肝来革命，参加红军上战场，
勇猛杀敌打胜仗。
剪发拿枪女学生，履行宗旨讲你听：
倨要人人有饭饱，又要个个有田耕，
高低上下一般平。
财尽人穷怨土豪，倒行归算十分枭。
加一六分先取息，十担谷子一千毫，
胸前磨利杀人刀。
土豪收谷冇[⑤]人情，又要十足又要精，
又要酒菜包送到，又喊调佃俾别人，
土豪唔杀冇冤伸。
联合工农杀土豪，杀了土豪杀官僚。
两样恶人一样杀，一下驳壳一下刀，
脱佢[⑥]头脚斩佢腰。

---

① 收录于中共惠州市委党史办公室编：《东江革命历史诗歌选集》（二），惠州市人民政府印刷厂，1989年，第86—87页。

② 这是“二战”时期，流行在“五、兴、龙”苏区的一组民歌。——原书注

③ 倨，指我。——编者注

④ 唔，指为。——编者注

⑤ 冇，指无、没有。——编者注

⑥ 佢，指他、她、它。——编者注

铁姑娘来真英雄，穿州过省去进攻。
阿妹虽然年纪小，心雄胆壮打先锋，
到处欢迎女英雄。

婚姻自由①

一②

老老实实讲你知，共产主义不共妻；
只要两人心甘愿，唔使媒人都可以。

二③

再劝妹子爱知理，婚姻唔好照旧时；
打破爷娘主婚制，两人相愿结夫妻。

红军妹子顶呱呱④

你莫笑俚红军嫲⑤，红军妹子顶呱呱，
又会拿枪打白狗，又会耕田驶犁耙。
你莫笑俚红军嫲，共产党做事系冇差，

---

① 收录于中共惠州市委党史办公室编：《东江革命历史诗歌选集》（二），惠州市人民政府印刷厂，1989年，第88页。

② 这是蓝亚梅针对国民党反动派对共产党的诬蔑，自编自唱的许多山歌中的一首。——原书注

③ 作者曾友，广东惠阳人。“二战”时期，这位女民歌手经常利用群众喜闻乐听的山歌，宣传党的主张。——原书注

④ 收录于中共惠州市委党史办公室编：《东江革命历史诗歌选集》（二），惠州市人民政府印刷厂，1989年，第96页。

⑤ 嫲，指中老年女性。——编者注

二五减租办农会，全力扶持耕田侪[①]。

阿哥阿妹当红军[②]

阿哥阿妹当红军，两人革命打那人？
郎拿驳壳打地主，妹拿左轮打豪绅。
大家同志心莫慌，你有驳壳偓有枪，
一同冲锋打过去，破佢营盘缴佢抢。

傻大姐[③④]

她的确傻，
鼎鼎有名的傻大姐！
三加四等七，
她说“等于八”。
她的确傻，
鼎鼎有名的傻大姐！
她说她九岁做妈妈。
她的确傻，
鼎鼎有名的傻大姐！
叫她放夜哨，

---

① 侪，指同辈，同类的人。——编者注

② 收录于中共惠州市委党史办公室编：《东江革命历史诗歌选集》（二），惠州市人民政府印刷厂，1989年，第96页。

③ 收录于中共惠州市委党史办公室编：《东江革命历史诗歌选集》（二），惠州市人民政府印刷厂，1989年，第111页。

④ 抗日战争前期，兴宁、梅县地区农村的妇女夜校，大多数学员都能唱《傻大姐》、《世界变了样》这两支著名的流行歌。——原书注

她说“怕鬼啦”。
哈，笑死啦！
同志们想一想，
岂有此理，那有此事，
讲鬼话！
她为什么傻？
皆因没有学文化，
有了文化就不会这样傻。

世界变了样①

老伯伯，你看，
世界变了样！世界变了样！
女人们不再是从前的，
只会养孩子，
会下厨房，
会做针线，
会洗脏衣裳。
女人变了样，
既会念书，
也会放哨站岗，
盘查汉奸还会唱，
时刻握紧枪，
保卫家乡，
东方亮的早上，

① 收录于中共惠州市委党史办公室编：《东江革命历史诗歌选集》（二），惠州市人民政府印刷厂，1989年，第112页。

儿子上操，孙子上学堂。
媳妇和女儿，一齐握紧枪，
保卫家乡。

文明妇女识字班①

唔识字来第一差，人人喊偃瞎眼嫲；
若使唔去读夜校，即系自家害自家。
蚂蚁上树唔怕高，有心学习唔怕老；
每日认识三个字，日积月累就不少。
米筛筛米壳在心，认真学习爱专心；
莫学米筛千只眼，爱学蜡烛一条心。
文明妇女识字班，识倒字来系清闲；
若有重要家信转，唔使求人咁艰难。

盲婚害②③

（儿　歌）

黄阿娣，卖篮溪，
两担酒，两担鸡，
麒麟花轿娶阿娣。
阿娣哭哀哀！

① 收录于中共惠州市委党史办公室编：《东江革命历史诗歌选集》（二），惠州市人民政府印刷厂，1989年，第113—114页。

② 收录于中共惠州市委党史办公室编：《东江革命历史诗歌选集》（二），惠州市人民政府印刷厂，1989年，第121页。

③ 一九四〇年流行于河源县黄村一带。“吗格”，意什么。——原书注

婶娘问佢哭吗格？
“坏、坏、坏，俚受害！
嫁倒老公跛脚搭驼背！！”

新婚姻①②

（儿　歌）

官老爷，来做媒，
汉奸妹，俚唔爱。
爸妈问俚爱那侪？
“俚爱抗先女秀才。”

若要想俚嫁给你③④

（客家方言歌）

二、五、八日黄村圩，
阿妹上山割鲁箕，
行到半山等情郎，
唔知衰鬼又来哩。
俚今老实话你知：

① 收录于中共惠州市委党史办公室编：《东江革命历史诗歌选集》（二），惠州市人民政府印刷厂，1989 年，第 122 页。

② 一九四〇年流行于河源县黄村一带。——原书注

③ 收录于中共惠州市委党史办公室编：《东江革命历史诗歌选集》（二），惠州市人民政府印刷厂，1989 年，第 128−129 页。

④ 解放战争时期，此歌流行于九连游击区。丘启文供稿。——原书注

"若要想倨嫁俾[1]你，
除非你拿起枪炮，
赶走白军，
倨占嫁俾你"。

浰水谣[2][3]

浰水长，浰水清，
河边草，青又青；
巍巍九连山，
雄雉"咯咯"鸣！
绿柳暗，鲜花明，
妹同郎，去参军。
牛仔低声问阿妹：
"你想那时来结婚？"
观音妹，笑盈盈：
"收净白狗才结婚！"

妇女翻身歌[4][5]

月儿弯弯照九州，富人欢乐穷人愁；

---

① 俾，指使（达到某种目的）。——编者注

② 收录于中共惠州市委党史办公室编：《东江革命历史诗歌选集》（二），惠州市人民政府印刷厂，1989 年，第 136 页。

③ 解放战争时期流行于九连山地区的歌谣。黄慎容搜集，郭薇整理。——原书注

④ 收录于中共惠州市委党史办公室编：《东江革命历史诗歌选集》（二），惠州市人民政府印刷厂，1989 年，第 137 页。

⑤ 解放战争时期，在新（丰）连（平）河（源）游击区广大妇女群众中都会唱这首民歌。黄慎容搜集。——原书注

做屋师傅冇房住，贪官污吏住高楼。
月亮弯，月亮圆，圆了又弯弯又圆，
男女同系娘养计，为何地位唔平等？
父母家产冇享受，当牛作马卖铜钱。
新丰江水湾又湾，到处都系滩连滩。
最危险滩七十二，同舟共济渡难关。
中国妇女走出路，好比船航七十二滩。
千年受苦千年恨，今天妇女翻身了！
打破封建制，实现新社会——个个喊顶好。

队　伍①

金　帆②

妈妈，快出来，
快到这大门外来，
来看前面路上的队伍，
那么长，那么多的人！
一个跟着一个，一队跟着一队，
由那边的山脚，走到这边的山脚，
由这条村走到那条村。
妈妈，放下你洗着的碗儿，
快到这禾坪上来呵！这禾坪上
你的宝宝和许多人在站着，
站着观望前面路上的队伍，

① 收录于中共惠州市委党史办公室：《东江革命历史诗歌选集》（三），惠州市人民政府印刷厂，1990年，第18−21页。

② 原东纵医生，见本书第470页注释③。——编者注

队伍中的人也好像在向我们望；
他们的眼睛像许多大星，
他们的嘴角笑得像花儿，
他们背上的枪，沿着大路
闪成一条长长的电光。

妈妈，快出来，快出来看！
你看，队伍中有许多小娃子；
他们还这样小呢，他们！
他们也会保家乡，打鬼子？
他们还像圩上的小学生呢，他们！
他们腰间挂着短枪，多神气！
他们还走在前面，走在前面呵！
你看，他们的脚像生着翅子。
还有，还有那些姑娘们姐妹们，
也走在队伍中，一群又一群，
都在卷起了裤管，不像女人，
露出嫩嫩的脚腿，穿着草鞋；
哦！一个姑娘在路上跌了一跤，
她哈哈地大笑，从地上爬起，
扑扑胸前的泥尘，端正了背上的包袱，
又飞起双脚向前面跑上去，
跑得头发像天上的一朵云，
他们要到那里去？——他们！
他们这样多的人走在路上——他们！

快出来，妈妈，快到这大门外来，
快来听他们的唱歌；

男的，女的，一齐在唱歌了呵！
唱着“当兵好”“游击队”的歌呵！
歌声这么响亮，像一把火呵！
妈妈，三叔公在你宝宝的身边
指手划［画］脚地向大家说，
他说，他们就是游击队呢，
是保护我们老百姓的游击队呢：
前次鬼子来村中抢东西，
把陈伯伯的房屋烧成两扇壁，
以后在山脚把鬼子打得
像鸭子一样大阵地逃走的，就是他们；
叫我们去退租退息，说耕田人
应该有饭吃的，就是他们；
就是他们，叫我们选自己的官，
说衙门内坐的应该是老百姓的仆人；
就是他们，就是这队伍，
这对老百姓像亲人一样的队伍，
连老百姓的一片菜叶也不敢摘的队伍。

你看，妈妈，你看！
你看陈大嫂担着两桶茶，跷着脚，
跷着脚，担到大路上去慰劳；
哦！那些小娃兵，那些姊姐兵，
由身上解下口盅，一边走一边喝茶，
喝得脸孔像朝霞一样红艳。

快出来，妈妈，快出来看前面的队伍，
快出来，妈妈快出来听他们在歌唱。

他们唱“我们的队伍多么长！”
他们唱“我们的队伍到处有！”

红　霞[①]

金　帆

每当我走出山谷树林，
望见山顶红霞徐徐东升，
便想起山里的传说，
传说飞遍城镇乡村。

那是血与火的年代，
游击队住在对面山顶，
有一天叫来一位姑娘，
到远方县城去送信。

手挽花篮，身穿蓝布衫，
爬过了九道河，十道岭，
任务完成回家转，
突然遇见白匪军。

白匪连长抓住她，
又是检查又审问，
最后枪口对着她背脊，

① 收录于中共惠州市委党史办公室：《东江革命历史诗歌选集》（三），惠州市人民政府印刷厂，1990年，第40—45页。

强迫她带路去打亲人。

山雾迷蒙风凄凄，
四面不见有乡村，
没有同志来救她，
没有人替她去报信。
姑娘咬紧牙根不开口，
假装害怕点点头，
她决心带领白匪军，
往那悬崖绝壁的小路走。

沿着小河走在前，
耳听身后白匪气在喘，
瞭望天空白云飞，
姑娘心似江水翻。

“你在天上展翅的雄鹰，
请飞过岩石，越过松林！
告诉山上的同志：
刺刀挖不走我的红心！”

“你在山谷徘徊的山风，
请穿过竹林，飞向高峰，
告诉亲人：
我要把白匪，带到悬崖绝壁中。”

脚踏碎石上高山，
带着白匪在小路转；

双手拨开乱草蓬［棚］，
来到一个悬崖畔。

前面的山峰云儿飘，
下面的梯田白雾罩，
姑娘昂首望松林，
心里的血液在燃烧；

“从今我不能去采松香，
不能到山上割青草，
不能再替同志们，
劈柴做饭把水挑！”

“白匪要我来带路，
偷袭亲人静悄悄；
我要引白匪来开枪，
向山上的亲人传信号！”

姑娘奔上悬崖边，
高唱山歌入云端，
左边是深谷枯树生，
右面是峭壁卷云烟。

吓得白匪连长脸色黄，
全身发抖手拔枪，
姑娘端起枯树枝，
突然向连长身上撞！

白匪连长还来不及
向姑娘举起枪，
哗啦一声就跟着枯树枝，
跌落悬崖深万丈。

后面的白匪齐卧倒，
乒乒乓乓枪声响，
姑娘张开双臂笑一笑，
象天上的雄鹰展翅膀。

向着深渊纵身跳，
森林挥手高山摇！
传说姑娘没有死，
一只飞鹰托她入云霄。

每当山顶升早霞，
雄鹰展翅飞天涯。
姑娘就站在云缝里，
身披红衣，头戴红绸纱。……

哥系英雄妹模范[1]

（五句板对唱）

佚　名

女：三月里来菜花香，

① 收录于中共东莞市委党史研究室编：《东江纵队历史诗歌选》，东莞市东仁纸品印刷有限公司，2013年，第158–160页。

田里水满好插秧，
前方后方要支援，
正该种田多打粮，
为何不见阿哥忙？

男：阿妹妹来亻厓[①]讲，
讲起种田心就伤，
有犁有耙无谷种，
家中又无隔夜粮，
有何法子种田忙！

女：阿哥哥来听亻厓讲，
不如抗日上战场，
帝国主义来压迫，
人民百姓受灾殃。
打倒日本正有行。

男：阿妹妹来听亻厓讲，
阿哥决定上前方，
亻厓系一个男子汉，
时时紧握手中枪，
英勇杀敌赴沙场。

女：阿哥哥来听亻厓讲，
妹愿随你上战场，
尽忠为国酬壮志，

① 亻厓，客家方言，即“我”的意思。——原书注

勇敢杀敌保家乡，
争得英名四海扬。

男：阿妹妹来好姑娘，
动员阿哥上前方，
将来抗战胜利日，
功劳记在妹身上，
双双携手探爷娘。

女：阿哥安心上战场，
妹在屋家种田忙，
争取丰收好年景，
努力支前送军粮，
屋家爷娘妹奉养。

合：哥上前线妹在乡，
哥杀敌人妹送粮，
哥系英雄妹模范，
好汉配上好姑娘，
都为国家作栋梁。

游击阿哥打胜仗①

佚 名

日头一出烈啾啾，

① 收录于中共东莞市委党史研究室编：《东江纵队历史诗歌选》，东莞市东仁纸品印刷有限公司，2013 年，第 166 页。

游击阿哥打倭奴，

俚地[①]今日割山草，
割到一揪“萝卜头”[②]。

隔远望妹笑嘻嘻，
问妹“笑哥乜[③]东西”？
“今日阿哥打胜仗，
缴到一挺好轻机”。

咏南粤红棉[④][⑤]

王作尧

山河破碎起硝烟，不作蔷薇作木棉。
独臂岂能遮毒日，红花辉映半边天[⑥]。
救死扶伤增战力，露宿风餐有炊烟。
南国长流红豆泪，碧血丰碑亿万年。

---

① 俚地，即我们。——编者注

② “萝卜头”，指日本侵略者。——原书注

③ 乜，即什么的意思。——原书注

④ 收录于中共广东省委党史研究室、中共东莞市委党史研究室《丹心赋》编委会编：《丹心赋——东江纵队诗词山歌选》，1993年，第6页。

⑤ 此诗是为《南粤红棉》一书的题词。——原书注

⑥ 《南粤红棉》是东纵女战士回忆战斗生活的专辑，故喻为半边天。——原书注

重回山厦旧战场[①]

王作尧

甲子之秋，重回山厦参加烈士纪念碑落成有感。

老大[②]重回旧战场，山花迎笑绢花香[③]。
农军起义功犹在，大涌桥畔损三强[④]。
瑶山陡峭浈江急，奇心洞里失振祥[⑤]。
血溅铁岗沈尔七，胜利牺牲黄锡良。
巾帼英雄莫福娣，临刑勇夺敌顽枪。
碧血碑前思战友，舍身报国美名扬。
昔日残垣皆已变，今朝华厦是君乡。
扭转乾坤今比昔，新人已比旧人强。

东纵通讯员[⑥]

叶秋香[⑦]

深夜军情急，奔驰万仞山。
双肩挑重任，革命贵心坚。

---

① 收录于中共广东省委党史研究室、中共东莞市委党史研究室《丹心赋》编委会编：《丹心赋——东江纵队诗词山歌选》，1993年，第6–7页。

② 老大：指宝安群众在革命年代对作者的称呼——王老大。——原书注

③ 山花：指老同志；绢花，是山厦的特产，这里特指新一代。——原书注

④ 三强：指山厦当年的支部书记等三人。——原书注

⑤ 振祥：人名，指邬振祥，山厦人。——原书注

⑥ 收录于中共广东省委党史研究室、中共东莞市委党史研究室《丹心赋》编委会编：《丹心赋——东江纵队诗词山歌选》，1993年，第21页。

⑦ 叶秋香，女，东纵战士，1992年逝世。——原书注

春耕忙[①]

叶秋香

一年之计在春光，春到江南种地忙。
为国为民多贡献，农时莫误多打粮。

梧桐山战斗[②]

叶秋香

1990年5月5日

梧桐战斗半山腰，日寇疯狂纵火烧。
无数英雄烧不尽，顽强斗志比山高。

忆东纵交通员[③]

叶秋香

飞鸿传讯彩云间，千里东江一日还。
两岸顽军围不住，穿云破雾越重关。

---

① 收录于中共广东省委党史研究室、中共东莞市委党史研究室《丹心赋》编委会编:《丹心赋——东江纵队诗词山歌选》，1993 年，第 21 页。

② 同上。

③ 同上。

抒　怀[1]

叶秋香

幢幢新楼荔树间，遥看蛇口大鹏湾。
龙腾虎跃齐飞舞，顿觉新容换旧颜。

题《东纵女英烈》[2]

邬　强[3]

英雄巾帼葬河山，史册留名代代传。
若问当年长剑事，南征北战显神通。

赞东纵女将[4]

陈一民

1983年

敢辞闺阁赴兵戎，辗转八年西复东。
祛病扶伤扁鹊手，举枪提笔木兰胸。

---

① 收录于中共广东省委党史研究室、中共东莞市委党史研究室《丹心赋》编委会编:《丹心赋——东江纵队诗词山歌选》，1993 年，第 22 页。

② 收录于中共广东省委党史研究室、中共东莞市委党史研究室《丹心赋》编委会编:《丹心赋——东江纵队诗词山歌选》，1993 年，第 48 页。

③ 邬强，原东江纵队北江支队支队长，两广纵队独立 24 师政委，广东省军区副司令。1992 年病逝。——原书注

④ 收录于中共广东省委党史研究室、中共东莞市委党史研究室《丹心赋》编委会编:《丹心赋——东江纵队诗词山歌选》，1993 年，第 52 页。

日行渴饮东江水，夜战饥餐南海风。
孰谓红颜多荏弱，丹心似火气如虹。

缅怀何与成①烈士②

陈文慧③

倭寇侵凌不戴天，收拾河山任重肩。
老模首播燎原火，榴花杀敌勇争先。

救国征途魔障重，萧墙起祸困蛟龙。
镣铐酷刑不移志，烈火真金气若虹。

皂幕横遮天地昏，西湖碧血荡乾坤。
从容就义英雄色，东江怒吼祭忠魂。

贞节丹心照春秋，长存浩气励吾俦，
南北驰骋澄玉宇，东西烽靖固金瓯。

岁月沧桑数十年，老模长恨失景贤。
堪慰西湖芳草绿，榴花璀璨更鲜妍。

---

① 何与成烈士原名何景贤。1938年秋加入东莞抗日模范壮丁队，当时敌军进攻莞城。何与成带领队伍在榴花塔下英勇抗击敌人。此役打响了东莞抗日第一枪。从此群众亲切地称我们为“老模”。1940年春，国民党顽固派妄图一举歼灭我抗日游击队，我军被迫突围东移海陆丰。途中何与成、卢仲夫等领导干部不幸被捕，被杀害于惠州西湖。——原书注

② 收录于中共广东省委党史研究室、中共东莞市委党史研究室《丹心赋》编委会编:《丹心赋——东江纵队诗词山歌选》，1993年，第59页。

③ 陈文慧，女，1938年参加东莞抗日模范壮丁队，是著名的榴花塔之战两位持枪杀敌的女同志之一（当年用原姓名陈福媛）。老红军，省教育厅离休干部。——原书注

悼念卢仲夫[1]烈士[2]

陈文慧

当年抗日志冲天，驰骋沙场把敌歼。
祸起萧墙遭陷害，坚贞不屈斗强权。
胸怀祖国泯生死，耳听西湖响杜鹃。
血写春秋盈浩气，丹心青史永留存。

壮烈牺牲数十年，悠悠生死两茫然。
青丝白发婴儿泪[3]，凝作同仇快马鞭。
倭寇驱除酬壮志，神州飞跃慰前贤。
幸存战友怀英烈，酒奠忠魂请领先。

赠东纵女同志[4]

陈志期[5]

脱下红妆［装］换武装，救亡抗战志昂扬。
南征北战功殊伟，巾帼英雄耀史芳。

---

① 卢仲夫烈士是广东东莞人，原名步云。1938年日寇入侵，他迅速带领一批进步青年和抗日自卫队上山，参加东莞抗日模范壮丁队，开展武装斗争。1940年春，我部突围东移，中队长卢仲夫同志不幸被捕，坚贞不屈，被国民党顽固派杀害于惠州西湖。——原书注

② 收录于中共广东省委党史研究室、中共东莞市委党史研究室《丹心赋》编委会编：《丹心赋——东江纵队诗词山歌选》，1993年，第59页。

③ 仲夫同志曾以精忠报国的岳飞为榜样，为初生的儿子命名为崇岳。他牺牲时，儿子尚在襁褓之中。——原书注

④ 收录于中共广东省委党史研究室、中共东莞市委党史研究室《丹心赋》编委会编：《丹心赋——东江纵队诗词山歌选》，1993年，第65页。

⑤ 陈志期，东纵大亚湾抗日总队政治处主任，惠东行政督导处副主任。广东省四、五届政协委员、副秘书长，已离休。——原书注

赠吴石娇[1][2]

杨　培

模范妇女吴石娇，十年革命如一朝。
“巾帼英雄”红旗展，人民乡长女英豪。

重访南澳高岭村[3]

何小士[4]

拿出当年志，攀登高岭峰。
溪深林又密，游击好藏龙。
海拔三百八，位在七娘东[5]。
今日访老区，振梅[6]忆兵戎。
刘培[7]率同志，拔除敌祖宗。
缴枪几十枝，电台被我封。
养伤在村里，群众保护中。
化装作村妇，叶青女交通。

---

① 吴石娇是农村妇女，1941年参加共产党，“巾帼英雄”这面丝线绣的红旗，是大岭山妇女赠给吴石娇的。吴曾当民主政府乡长。——原书注

② 收录于中共广东省委党史研究室、中共东莞市委党史研究室《丹心赋》编委会编:《丹心赋——东江纵队诗词山歌选》，1993年，第97页。

③ 收录于中共广东省委党史研究室、中共东莞市委党史研究室《丹心赋》编委会编:《丹心赋——东江纵队诗词山歌选》，1993年，第98页。

④ 何小士（女），东莞模范壮丁队老战士，解放后曾任广东省司法厅办公室副主任、惠阳地区文教局长。——原书注

⑤ 七娘山之东。——原书注

⑥ 振梅，高岭人，支援过游击队工作。——原书注

⑦ 刘培，当年护航大队长。——原书注

出没于深夜，行军如阵风。
高岭父老念，战士盼相逢。

香港沦陷回粤东途中感怀[①]

何香凝

水尽粮空渡海丰，敢将勇气抗时穷。
时穷见节吾侪责，即死还留后世风。

忆老伴王作尧[②]

何 瑛[③]

革命征尘心相爱，风雨同舟数十载。
失君顿失顶梁柱，七月旱雷动地哀[④]。
一步坎坷多遭折，神圣信念终不改。
今送忠骨归战地，同与先烈九霄恺[⑤]。

---

① 收录于中共广东省委党史研究室、中共东莞市委党史研究室《丹心赋》编委会编:《丹心赋——东江纵队诗词山歌选》，1993 年，第 102 页。

② 收录于中共广东省委党史研究室、中共东莞市委党史研究室《丹心赋》编委会编:《丹心赋——东江纵队诗词山歌选》，1993 年，第 106 页。

③ 何瑛：曾任东纵司令部机关政治指导员，湖北医学院党委宣传部长、人事处长，广州市园林局纪委书记，离休干部。王作尧同志夫人。——原书注

④ 作尧 1990 年 7 月 3 日逝世前，阳光灿烂，霎时响起旱雷，继而大雨，就在此时他离开人间。——原书注

⑤ 作尧一生最怀念革命烈士。每到一地必去看烈士墓。现在把他的骨灰洒［撒］在烈士墓旁，种上红棉树、长青柏，让他的忠魂永和烈士为伴。——原书注

到游击队去[①]

林 鹗[②]

艰民生活苦头多，无喝无吃无奈何？
幸得治之来联系[③]，喜上眉梢笑呵呵。
化装难民投亲戚，十八罗汉上征程。
夜行日睡树林见，提心吊胆过县城。
行军常常变花样，脚底生泡路难行。
唉声叹气不想走，轮流讲古笑连声。
老许一新会教唱[④]，我讲水浒最出名。

庆功会上才相见[⑤]

林 鹗

湛江送君赴香岛，环球动荡我独留。
战马频催声嘶急，烽火纷纷难回头。

---

① 收录于中共广东省委党史研究室、中共东莞市委党史研究室《丹心赋》编委会编：《丹心赋——东江纵队诗词山歌选》，1993 年，第 115–117 页。

② 林鹗，原名林之原，东纵东江干部学校教务长，在东江纵队四年多，写了许多诗词，如《虎胆英雄林平政委》描写当时在山洞开干部会接到紧急敌情，政委林平手拿着双枪掩护干部撤退的情境；《一高小老虎》描写小鬼班的几个小英雄活龙活虎的表现。另外还有《大榆山战役》、《罗浮山会议》等等诗词。在十年浩劫中林鹗同志被迫害致死，年仅 59 岁。珍贵的诗词也被烧毁，目前收集的是林鹗在东纵前后期间的一些零星诗词。——原书注

③ 即伍治之同志。——原书注

④ 即许一新同志。——原书注

⑤ 收录于中共广东省委党史研究室、中共东莞市委党史研究室《丹心赋》编委会编：《丹心赋——东江纵队诗词山歌选》，1993 年，第 115–117 页。

硝烟弥漫在东江，宝安东莞各一方[①]。
五岭庆功大会上，喜闻忠勇志气扬。

路过东江[②][③]

林　鹗

咆哮东江水，多少英雄血。
苦战十三年，解放非容易。

帐眉寄意[④]

林　鹗

1938年

夜深四壁噪寒虫，戎幕萧然鬼不穷。
清兴也随人事减，愁心偏与去年同。
枕戈时具刘琨志，投笔常怀定远风。
东北沦亡增涕泪，宁无一个是英雄。

---

① 当时林鹗在东莞，陈曙光在宝安，夫妻分两地，在五岭庆功会上重逢。——原书注

② 收录于中共广东省委党史研究室、中共东莞市委党史研究室《丹心赋》编委会编:《丹心赋——东江纵队诗词山歌选》，1993年，第115−117页。

③ 1963年4月路过东江，有感作此。——原书注

④ 收录于中共广东省委党史研究室、中共东莞市委党史研究室《丹心赋》编委会编:《丹心赋——东江纵队诗词山歌选》，1993年，第115−117页。

到东江前夕[①]

林　鹗

1940年

一家七口六处去，各在异地过中秋。
忧恨年年毋能免，忍将家仇换国仇。

为东纵北撤四十周年而作[②]

张　屏[③]

1986年写于深圳

抗战八年天地易，军民齐唱凯旋歌。
顽军阴谋夺战果，东江雾锁受折磨。
恶浪扑来民更惨，双十协定为平和。
东纵健儿离故里，履行协定不偏拖。

我军云集沙鱼涌，东纵遭难忧忡忡。
粉碎顽军施毒计，大鹏半岛满箭弓。
八方斥顽无信义，蠡毒难施计难从。
防卫威声阵阵响，旌旗摇撼蔽长空。

---

① 收录于中共广东省委党史研究室、中共东莞市委党史研究室《丹心赋》编委会编:《丹心赋——东江纵队诗词山歌选》，1993年，第115−117页。

② 收录于中共广东省委党史研究室、中共东莞市委党史研究室《丹心赋》编委会编《丹心赋——东江纵队诗词山歌选》，1993年，第123−126页。

③ 张屏，女，在东纵曾任文书，东流剧团团员。北撤后任团政治处技术书记。解放后任佛山、惠阳地区人民银行行长，深圳市财办副主任、税务局副局长等职。——原书注

四六那年六月尾，东纵健儿登上船。
乘风破浪烟台去，跃马扬鞭走中原。
抗顽战役显英勇，三年奋战南国旋。
赶走豺狼戍南海，废墟之上建家园。

沙鱼涌畔欢聚首，庆祝北撤四十秋。
互谈经历沧桑变，热泪涌来觉难收。

莫道年华飞逝去，愿将余热绘新猷。
请听诸君歌一曲，豪情壮志颂神州。

壬申三八节东纵女战士在广州联欢有感①

张 屏

柳绿花红喜闹春，“半边天”聚庆佳辰。
昔时赤胆同酬国，今日丹心尚为群。
齐唱老歌心意热，共谈新政友情深。
问君那得神如许，惟有人生主义真。

---

① 收录于中共广东省委党史研究室、中共东莞市委党史研究室《丹心赋》编委会编:《丹心赋——东江纵队诗词山歌选》，1993年，第123–126页。

纪念东流剧团四十周年团庆①

张　屏

昔人群雄汇“东流”，互爱互助情谊厚。
自从奔赴各一方，转瞬之间四十秋。
难得喜庆举欢聚，此举无疑梦寐求。
荷花盛开迎团庆，争相握手来叙旧，
峥嵘岁月从何议？缅怀先烈颂英豪。
几经沧桑丰功业，继往开来展鸿［宏］图。
心潮起伏连广宇，热泪涌来竟难收。
莫道如今鬓发白，尽遣余力壮志酬。
放声高歌情汹涌，鞠躬尽瘁献神州。

忆阳台山旧事②

张　屏

阳台山耸气如虹，烽火当年立战功。
足智多谋歼敌寇，密林深处可藏龙③。

---

① 收录于中共广东省委党史研究室、中共东莞市委党史研究室《丹心赋》编委会编：《丹心赋——东江纵队诗词山歌选》，1993 年，第 123－126 页。

② 收录于中共广东省委党史研究室、中共东莞市委党史研究室《丹心赋》编委会编：《丹心赋——东江纵队诗词山歌选》，1993 年，第 123－126 页。

③ 香港沦陷，我游击队从香港营救茅盾、邹韬奋等爱国文人，掩蔽在阳台山。——原书注

悼念张志宽诗人殉难五十周年[①]

张　屏

一

南国红棉映碧天，温涛诗句励群贤[②]。
一生坎坷无嗟怨，就义临刑颂斧镰。
野草逢冬埋地下，生机春暖始昂［盎］然。
蒙冤仙去终昭雪，含笑英灵慰九泉。

二

野火烧不尽，春风吹复燃。
温涛已仙去，诗作照后贤。

悼念王作尧同志[③]

张　屏

噩耗惊闻心欲碎，如潮百感泪沾巾。
当年救国从戎去，六十春秋壮志伸。
东江烽静南山戍，粤海波平巨舶巡。
沙场鏖战忘生死，爱我神州扫敌秦。

---

① 收录于中共广东省委党史研究室、中共东莞市委党史研究室《丹心赋》编委会编:《丹心赋——东江纵队诗词山歌选》，1993年，第125－126页。

② 温涛即张志宽笔名，生前写下不少剧本和小说，均在殉难后被搜查散失，只由我保留66首，于1991年1月出版。定名为《野草集》。——原书注

③ 收录于中共广东省委党史研究室、中共东莞市委党史研究室《丹心赋》编委会编:《丹心赋——东江纵队诗词山歌选》，1993年，第126页。

北撤离乡几十载，阅尽沧桑鬓白回。
惠州相逢聆教益，西湖游览述风雷。
熊熊烈火埋忠骨，血染鹅城留壮威。
今日神州呈瑞色，英灵含笑励玉雏。

为《东纵女战士》而作[①]

张德昌

魂梦萦回四十年，东江烽火半边天。
青春豪气三千丈，巾帼英姿八大员。
踏遍苍山循鸟道，迎来朝日照人寰。
罗浮淮海传佳话，总有红妆［装］荡寇篇。

菩萨蛮·纪念东江纵队成立五十周年[②]

郑　玛[③]　方　演[④]

当年饮马东江水，红旗飘荡英豪汇。

① 收录于中共广东省委党史研究室、中共东莞市委党史研究室《丹心赋》编委会编：《丹心赋——东江纵队诗词山歌选》，1993 年，第 131 页。

② 收录于中共广东省委党史研究室、中共东莞市委党史研究室《丹心赋》编委会编：《丹心赋——东江纵队诗词山歌选》，1993 年，第 133—135 页。

③ 郑玛，1938 年在恩平参党。东纵北撤前任恩平县县委书记。北撤后，任两广纵队卫生处协理员，后勤部副政委。南下后，任广州军区干部部副部长。——原书注

④ 方演，女，1945 年参加东纵，在司令部医院任医生。北撤后，任两广纵队野战医疗队办公室室长，野战收容所所长。南下后，任广东省卫生厅妇幼科副科长，省人民医院办公室副主任，广西壮族自治区卫生学校校长。——原书注

抗日震南疆，歼顽威北方。
时光流水逝，风范人心系。
华夏满园春，能忘将士勋！

淮海战役两广纵队女白衣战士①

郑　玛　方　演

白衣战士女红妆，不让须眉斗志昂。
百里飞行轻苦累②，三天废寝觉平常③。
中州到处留踪影，火海穿梭救死伤。
杜李邱黄全覆灭④，欢歌大捷又腾骧。

---

① 收录于中共广东省委党史研究室、中共东莞市委党史研究室《丹心赋》编委会编:《丹心赋——东江纵队诗词山歌选》，1993 年，第 133－134 页。

② 蒋介石眼看三路会师打通徐蚌计划破产，乃令杜事明放弃徐州，率邱清泉、李弥、孙元良三个兵团从永城南下，想解黄维兵团之围后一起南撤。华东野战军令十一个纵队分多路追击，结果将敌军合围起来。两广纵队参加这次追击战。女白衣战士同部队一样，每日行军一百多里。——原书注

③ 两广纵队同华野三纵等部队，参加徐州以南的西线阻击战，在芦村寨周围同蒋军孙元良兵团 14 军发生激战，伤亡重大。我医务人员抢救、收容伤员一千多人。为了完成任务，三天三夜未曾休息。——原书注

④ 淮海战役结束，蒋军黄伯［百］韬、黄维、孙元良、邱清泉、李弥等兵团全部被歼，徐州“剿总”副司令杜聿明被俘。——原书注

东江纵队北撤山东烟台①

郑　玛　方　演

大鹏白浪滚滔滔，心绪奔腾伴逝潮。
聚雾凝云天欲雨，联倭结伪鬼抽刀。
八年已验驱魔策，今日能无定国韬？
北撤中原同逐鹿，南旋百粤遍红旄。

三师八团一营蹲点②

郑　玛　方　演

夜宿山峦下，蟾华照寨营。
无心观月色，有意叙军情。
智勇招人喜，威严震敌惊。
边陲担重任，马列可功成。

长清战斗③

郑　玛　方　演

拱卫济南犄角成，丧魂守敌鸟弓惊。

---

① 收录于中共广东省委党史研究室、中共东莞市委党史研究室、《丹心赋》编委会编：《丹心赋——东江纵队诗词山歌选》，1993 年，第 133–135 页。

② 收录于中共广东省委党史研究室、中共东莞市委党史研究室《丹心赋》编委会编：《丹心赋——东江纵队诗词山歌选》，1993 年，第 133–135 页。

③ 收录于中共广东省委党史研究室、中共东莞市委党史研究室《丹心赋》编委会编：《丹心赋——东江纵队诗词山歌选》，1993 年，第 133–135 页。

铁骑八月驱鞭指，遍插红旗乌合清。

东纵成立五十周年纪念[1]

袁　靖[2]

罗浮山上一棵松，根扎悬崖峭壁中。
不畏风狂兼雨骤，巍然屹立耸苍空。

风雨兼程五十年，东纵业迹史无前。
战士丹心昭日月，伫看大地焕新颜。

改革繁花遍地开，全民浩气起风雷。
十年巨变今非昔，虎啸龙吟上高台。

咏　兰[3]

袁　靖

为东江纵队四十五周年而作

蕙兰植幽谷，风雨郁葱葱。
不与花争艳，清芬逸太空。

① 收录于中共广东省委党史研究室、中共东莞市委党史研究室《丹心赋》编委会编:《丹心赋——东江纵队诗词山歌选》，1993 年，第 172—173 页。

② 袁靖，女，曾任东纵、两纵政治指导员。建国后，任中央直属机关助理员。离休干部。——原书注

③ 收录于中共广东省委党史研究室、中共东莞市委党史研究室、《丹心赋》编委会编:《丹心赋——东江纵队诗词山歌选》，1993 年，第 172 页。

永遇乐·重游港口忆当年护伤员冲出重围感赋①

袁　靖

旧地重游，凭栏怅望，急登舟处。沧海滔滔，渔家星火，撩万端思绪。连天炮火，追兵紧迫，乘黑夜扬帆去。想当年，金戈铁马，“英姿轩轩霞举”。风高浪急，星光明灭，三叶扁舟疾驭。弹指流年，依稀犹记，倏忽前朝事。可堪回首，面临生死，冲破重围强渡。排恶浪，船儿抵岸，正天将曙。

满江红·战友　同窗②③

梁　牧④

1993年5月27日

烽火前进，乾坤转，刀枪铁笔。硝烟漫，滚滚东江，人民游击。密林纸弹传真理，石铃黄鹂刻英迹。谱新篇，丹心同一片，初相识。旭日升，风雷息，抗腐蚀，兴社稷。解甲归故里，童心复忆。民族宝藏诗书画，战友重聚携手觅。俏同窗，幸华发添彩，开茅塞。

---

① 收录于中共广东省委党史研究室、中共东莞市委党史研究室《丹心赋》编委会编：《丹心赋——东江纵队诗词山歌选》，1993 年，第 172 页。

② “前进”代表《前进报》与部队前进。“纸弹”，《前进报》及其宣传品，“石铃黄鹂”寓意石铃和黄玲、黄稻、黄玉飞等《前进报》的刻印能手，其中石铃、黄玲已逝世。深切怀念。——原书注

③ 收录于中共广东省委党史研究室、中共东莞市委党史研究室《丹心赋》编委会编：《丹心赋——东江纵队诗词山歌选》，1993 年，第 178 页。

④ 梁牧，女，东纵江北《前进报》记者。两纵政治部宣传科干部、一团宣传干部，新华社香港分社干部。已离休。——原书注

忆秦娥·怀念宋发同志[1]

梁雪英[2]

箫声咽，宋君梦断今朝月。今朝月，并肩抗日，西山情别[3]。继续革命奔前线，为民战斗顽军灭，顽军灭，痛惜君故[4]，宋家陵阙。

为《东江纵队女英烈》题词[5]

黄　业[6]

1987年10月5日

巍然高山挺秀松，烈士长留亮节风。
临危不屈巾帼志，顶天立地女英雄。
光辉业迹垂青史，缅怀战友忆音容。
碧血换来回春日，且看木棉花正红。

① 收录于中共广东省委党史研究室、中共东莞市委党史研究室《丹心赋》编委会编：《丹心赋——东江纵队诗词山歌选》，1993 年，第 179 页。

② 梁雪英，女，东纵老战士。——原书注

③ 西山在香港西贡游击区，我告别宋发北上参加解放战争。——原书注

④ 宋发逝世前曾在他家掘地下室掩蔽军需物资，那时军需供应突然停止，大家才知道他死去。——原书注

⑤ 收录于中共广东省委党史研究室、中共东莞市委党史研究室《丹心赋》编委会编：《丹心赋——东江纵队诗词山歌选》，1993 年，第 184-190 页。

⑥ 黄业，原东纵第四、第五支队政委，粤赣湘边纵北二支司令员，北江军分区司令员，广东省军区副司令员。现已离休。——原书注

悼念冯芝、张咏贤两女烈士[①]

黄施民[②]

双星璀璨耀红旗，慷慨同深杀敌情。
十八年华侦虎穴，六旬白发请长缨。
身囚一笑轻生死，国破唯知重节名。
遥望嘉山凝碧血，桃花千树草青青[③]。

老模女兵赞[④]

黄　稻[⑤]

东纵女战士都有其光荣的一页。女英烈尤具可歌可泣的事迹。在此我只能挂一漏万地写我认识的战友的一些片断。

① 收录于中共广东省委党史研究室、中共东莞市委党史研究室《丹心赋》编委会编：《丹心赋——东江纵队诗词山歌选》，1993 年，第 194－201 页。

② 黄施民，曾在东纵港九大队工作，解放后任广东省委宣传部副部长、深圳市委书记兼副市长、省政协常委，现在是全国韵文学会理事、中华诗词学会理事、广东中华诗词学会常务副会长。著名诗人。——原书注

③ 冯芝 61 岁，张咏贤 17 岁，被捕后坚贞不屈，同时就义于嘉［加］路连山。——原书注

④ 收录于中共广东省委党史研究室、中共东莞市委党史研究室《丹心赋》编委会编：《丹心赋——东江纵队诗词山歌选》，1993 年，第 202－209 页。

⑤ 黄稻，女，东纵前进报社工作人员，两广纵队政治部宣传科干事。解放后曾任广州市委宣传部宣传处副处长，广东省文化局政治部宣传处处长，广东省中山图书馆副馆长，已离休。——原书注

一、黄宝珍烈士

从容淡定女英雄，茹村战斗撼江东[①]。

慷慨悲歌韶关市[②]，碧血重阳染青峰。

二、双女杰陈福媛（文慧）、梁藏冰（燕云）[③]

老模抗日志如磐，首战榴花敌胆寒。

最是妩媚双女杰，举枪飞跃越难关。

三、抗日救亡文艺宣传的魅力——怀念梁霞冰（燕云）同志

至今人忆是梅娘，一曲《回春》撼山乡[④]。

晚岁画荷矜节气，清溪遗爱育苗秧[⑤]。

四、有她就饿不着——记事务长王雅宜[⑥]

本是兵民粮是钢，雅宜气魄不寻常。

重围突破惊风雨，犹带南瓜野菜香。

---

① 黄宝珍，16岁便参加东纵，历任民运员、情报员、交通站长、政治指导员，1943年6月在博罗茹屋村，指挥战士、民兵，抗击十倍于我的日、伪军，奋战三日夜，击毙日军指挥官一名及敌兵数十人。在敌飞机、大炮轰炸下，她突围泅渡请示上级，复又带领全村军民安全撤退。——原书注

② 1944年8月在国民党顽军的袭击中被俘。她不顾严刑拷打，质问审判官“抗日何罪？”坚贞不屈。是年重阳节，就义于韶关市郊，年仅22岁。——原书注

③ 陈福媛、梁霞冰1938年参加老模。在东莞峡口榴花塔之战中，坚持战斗，英勇无畏。——原书注

④ “老模”很重视抗日救亡的文艺宣传工作。梁霞冰在《回春之曲》中饰梅娘，扮相端丽，感情真切，轰动城乡，传颂多年。——原书注

⑤ 她在病逝前曾捐款清溪学校兴办教育。——原书注

⑥ 王雅宜，是“老模”最早的卫生员，又是东纵担任事务长时间最长的一个。她胆大心细，勇于克服困难，一心为兵服务，工作出色。——原书注

五、一切为了伤病员——记卫生员张惠民①

狼奔虎伺压山岗，背子突围救护忙。
战友安全儿逝去，奶汁和泪透衣裳。

东纵白衣战士赞②

游　扬③

白衣战士气如虹，救死扶伤弹雨中。
甘把青春献祖国，誓除顽敌显英雄。
青山绿野埋忠骨，碧血丹心映帜红。
伟绩丰功昭日月，英风飒爽薄苍穹。

赞东纵卫生员④

潘　清⑤

扶伤救病白衣娘，炮火纷飞上战场。
阶级友情深似海，送医送药美名扬。

---

① 张惠民是部队最早的卫生员之一，她勇敢泼辣，一往无前，在日寇进犯的紧急关头，她背起发烧的幼婴，负责组织疏散掩蔽伤病员，心里只想着战友的安危，当她完成任务，正要给孩子喂奶时，小生命已停止呼吸了。“为伤病员献出个人的一切”，这是东纵女卫生战士的崇高品德。——原书注

② 收录于中共广东省委党史研究室、中共东莞市委党史研究室《丹心赋》编委会编：《丹心赋——东江纵队诗词山歌选》，1993 年，第 210–214 页。

③ 游扬，原东纵港九大队、第三大队政治指导员，独立大队政委，两纵三团保卫股长、炮团政治处副主任。南下后任中山石岐公安局长。广东省委某部副部长。现已离休。——原书注

④ 收录于中共广东省委党史研究室、中共东莞市委党史研究室《丹心赋》编委会编：《丹心赋——东江纵队诗词山歌选》，1993 年，第 231 页。

⑤ 潘清，东纵七支政治处民运工作领导、北京矿业研究院办公室主任。现已离休。——原书注

赞东纵民运员[1]

潘　清

高举救亡爱国旗，走乡串户扎根基。
动员群众参军去，打倒东洋喜上眉。

赞部队炊事员、运输员[2]

潘　清

行军布阵挑重担，驻扎急筹柴米饭。
同志休息她更忙，美称杀敌加油站。

赞南粤红棉——东纵女战士[3]

尹林平[4]

1983年9月

东纵女战士
最可宝贵的品格，
是为革命刻苦耐劳，

---

① 收录于中共广东省委党史研究室、中共东莞市委党史研究室《丹心赋》编委会编：《丹心赋——东江纵队诗词山歌选》，1993 年，第 231 页。

② 收录于中共广东省委党史研究室、中共东莞市委党史研究室《丹心赋》编委会编：《丹心赋——东江纵队诗词山歌选》，1993 年，第 231 页。

③ 收录于中共广东省委党史研究室、中共东莞市委党史研究室《丹心赋》编委会编：《丹心赋——东江纵队诗词山歌选》，1993 年，第 233 页。

④ 尹林平，原东江纵队政治委员，建国后任中共广东省委书记，1988 年逝世。——原书注

英勇献身；
与人民群众
同甘共苦，
血肉相连。

她们犹如
南粤英雄花
——红棉花，
根子扎在
东江两岸的土地上，
秀丽挺拔，
经得起风吹雨打。

她们的形象
永远铭刻在人民心中。

还魂草[①]

——一个女卫生员的故事

韦　丘[②]

还魂草，还魂草，草会还魂？
是的，这草长在高高的岩顶。
断了根，离了土，叶枯枝萎，

---

① 收录于中共广东省委党史研究室、中共东莞市委党史研究室《丹心赋》编委会编：《丹心赋——东江纵队诗词山歌选》，1993 年，第 240−241 页。

② 韦丘，东纵宣传队队员，两广纵队文工团团员。中国作家协会理事，国际笔会广州中心会员。——原书注

用碗泉水一泡，它就会回青。

她就像还魂草。哨兵背回时，
已饿得牙关紧闭，昏迷不醒。
谁知撬开牙关灌下了几口水，
缓过气了，睁开美丽的眼睛。

为掩蔽负伤的战友她掉队了，
风萧萧，树森森，脚迹难寻。
这场突然遭遇的火的冰雹啊，
把刚冒芽的还魂草打断了根。

第一天，她竖起双眉向北找，
她记得夜夜行军面对北斗星。
第二晚，她圆睁两眼摸进寨，
只见墙摧灰扑脸，几点流萤……
第三天，两脚飘浮像喝醉酒，
啊，她三天只吃了几把薯藤。

第四夜，手抓茅草爬过了岭，
倚岩壁舐口青苔，默看长庚……

美丽的还魂草，她在想什么呢？
是未来的幻觉，还是短促一生？
眼皮瞌上了，露水亲她的睫毛，
双足团起了，星光吻她的眼睛……

醒过来了，这饿不死的精灵！

顺着陡坡垫着石，出溜下岭……
一路布条条，一步一身虚汗，
雪白的牙齿咬破苍白的嘴唇……

前面北斗星像磁铁吸引着她，
她像那墙头的壁虎贴地爬行；
后面，战友的爱像副螺旋桨，
推动她过涧越峡，向前划进……

七天七夜，七次日出月亮升，
还魂草，还魂草，终于还魂。
她又竖起双眉，圆瞪着两眼，
挎药箱，背米袋，联系亲人……

白杨树[①]

——给一位女教师塑像

韦　丘

端庄秀气的脸上戴副金丝眼镜，
——围住两湖秋水，两汪文静。
我不认识你，过去也未听说过你，
一看遗容，便窥见你水晶般的心灵。

我想象：你上课时必是柔声细语，

① 收录于中共广东省委党史研究室、中共东莞市委党史研究室《丹心赋》编委会编：《丹心赋——东江纵队诗词山歌选》，1993年，第242-243页。

我推测：你处理家务当然淡定娉婷。
据说你得知丈夫血洒青山的时候，
当着众人不动容，半夜却泪洗衾枕。

你被关在阴暗而污秽的囚牢中，
仍然把单薄的囚衣洗得干干净净。
你曾用刑伤累累的变了形的手指，
温柔地为难友揩拭每一处血痕……

你就义前，风在呼啸，电闪雷鸣，
北山人民把热泪和着雨水往肚里吞。
而你，没有挥动拳头，也没有呼喊，
散披一头秀发，傲视一天乱云……

如果允许我为你塑造一尊浮雕，
我将追求静的美来表现你的灵魂。
你的墓园种花种草我都觉得逊色，
只有高高的白杨树，才能映衬你的精神。

白云深处①

韦 丘

她，在一次战斗中牺牲了，
遗体埋葬在白云深处。

① 收录于中共广东省委党史研究室、中共东莞市委党史研究室《丹心赋》编委会编：《丹心赋——东江纵队诗词山歌选》，1993年，第243页。

没有人来给她扫墓，
只有杜鹃年年献上花束……

他，满身燃烧着火离去了，
转战于高山、平原、峡谷……
只有火炮替他发言的时候，
才能稍舒心中的痛苦。

他，终于带着一头白发回来了，
在白云深处找到她的坟墓。
梅花给他洒下一身香雪，
就像她轻柔地把他爱抚……

他有火炮成群，却没有妻子儿女，
身边只有年轻的司机，绿色的吉普。
此刻，他在心中击发所有的火炮，
用炽烈的爱情来温暖她的遗骨……

白云深处一棵松[①]

——献给帽子峰下的堡垒户林阿婆

韦　丘

白云深处，
那一棵被硝烟熏过的老松树，

① 收录于中共广东省委党史研究室、中共东莞市委党史研究室《丹心赋》编委会编：《丹心赋——东江纵队诗词山歌选》，1993 年，第 244—245 页。

我以为它早已变成枯木朽株了。

我曾经得到它枝叶的荫蔽，
也尝过它那解渴的露珠，
忘不了它用松针铺就的寝席，
还有它那泪滴似的松脂……

一路火红的山花，
一山苍翠的树，
一片绚丽
开在那白云深处。

青松不老，岿然挺立，
长一身新叶，撒漫岭松籽。
公路在它身边盘旋而上，
载一路欢歌，一溪笑语。

啊，它汲取人类
最巨大的痛苦，
因此它才能够
万古长青，永不凋蔽［敝］。

枯萎掉的是逝去了的苦难，
成长着的是未来的昭示。
它依然对我掉下泪水，
那是金黄的琥珀，闪光的珍珠。

革命母亲[1]

——纪念李淑恒［桓］烈士牺牲五十周年

（叙事诗）

卢伟明[2]

引 子

抗日战争时期，活跃在广东省惠（阳）东（莞）、宝（安）抗日前线的曾生、王作尧部队，传颂着革命母亲——李淑恒［桓］的动人事迹。为了抗击日本侵略者，她送七个子女先后奔赴抗战前线，自己也献出了宝贵的生命。

——摘自《东莞英烈》第二辑

一

那是一九三七年冬
天色阴沉，细雨濛濛［蒙蒙］；
在香港一间普通的书斋里，
淑恒［桓］母子二人在促膝谈心：
“儿呵，不必挂念妈，
国难当头，应以民族大义为重。”
就这样，淑恒［桓］第一次打点行装，
送长子踏上北上抗日的征程。
不久，两个儿子奔赴东江游击队，
母亲唯一的女儿云翔也成为
战火中一朵流动的红云。

---

① 收录于中共广东省委党史研究室、中共东莞市委党史研究室《丹心赋》编委会编：《丹心赋——东江纵队诗词山歌选》，1993 年，第 255—259 页。

② 卢伟明，东莞市报女记者。——原书注

颠沛的邮路，牵系的梦魂；
前方告捷的喜讯，
激励着后方的母亲；
大街、小巷、传单、演讲，
母亲似黑夜中闪光的流萤；
缝棉衣、纳鞋底、义卖、募捐，
母亲如冬末一股习习的春风。

二

抗日的硝烟滚滚，
战争的烈火熊熊。
一九三九年，香港加路连山
响起了一个伟大女性[①]的声音，
她号召全社会女子都行动起来，
为民族的存亡而英勇斗争。
母亲呵，心潮起伏难平静。
没有国哪有家？
膝下，两个羸弱的双胞子，
一对母亲将要放飞的雏鹰。

五月的阳雀叫得格外动听，
五月的杜鹏开得火样鲜红，
五月母亲来到前沿阵地，
带来了后方人民亲切的慰问，
也带来了两个与正在参战的儿女，

---

① 1939年“三八”妇女节何香凝在香港加路连山发表抗日演讲。——原书注

将要并肩作战的弟兄。

滔滔的东江水哟，
可记得母子豪迈的歌声；
莽莽的大岭山哟，
可记得母亲临别的叮咛：
对革命忠心耿耿，
便是对母亲千般孝顺。
母亲为孩子的成长而高兴，
母亲的脸上挂满幸福的笑容；
母亲跨上枣红马，得得得
踏出了一阵催战的鼓声。

三

又是一个秋与冬，
又是一度木棉红；
母亲的五儿呵，在一次
突围中献出了年轻的生命；
英雄的母亲呵，
强忍住心头巨大的悲痛；
为了掩护疏散的同志，
她的家成了革命同志的家，
为了聚集革命力量，
她的客厅成了地下党的聚会厅，

在血与火的洗礼中，
母亲悟出了革命的人生；
在抗战的紧要关头，母亲呵，

带着十一岁的幼子一同投入了战争。
云中的鹰呵火中的凤，
母亲成了一名红色好交通，
白天，她爬山涉水，
协助大部队转移、行动；
夜里，她踏着泥泞小路，
给地下党组织通风报信。

四

一九四一年八月的一个早晨
白雾濛濛［蒙蒙］，五米之外不见人影；
在大塘村担任联络的母亲
突然听到村前响起密集的枪声。
顽军向大岭山根据地，
发起了疯狂猛烈的进攻。
豺狼埋伏在村口，
母亲不幸落入魔掌中；
敌人骂她“游击婆”，
向她刑讯逼供。
母亲昂首挺立，威风凛凛：
“我只有一个心——抗日救国。”
敌人举起居刀，飞来鞭影，
“你们要杀就杀，
怕死我就不来革命。”

呵，滚滚的东江水，
发出悲壮的吼声；
巍巍的大岭山，

垂下肃穆的头颅；
我们年仅四十七岁的母亲呵，
在对敌斗争中壮烈牺牲。
一个母亲倒下去，
千万个儿女站起来；
母亲呵，当战士们冲锋陷阵
便响起了复仇的怒吼声；
当您的四儿被捕入狱，
他就像母亲一样英勇献身。

人说，有一个革命的母亲，
必有一个革命的家庭。
母亲呵，今天我们歌颂您，
也歌颂您革命的家庭。
是无数先烈用鲜血和生命
赢来了今天的幸福、和平和康宁。

《南粤红棉》献词[①]

杨康华

1983年9月18日

东江女儿，飒爽英姿。
她们来自农村，
来自城市，

---

① 收录于中共广东省委党史研究室、中共东莞市委党史研究室《丹心赋》编委会编：《丹心赋——东江纵队诗词山歌选》，1993年，第275－277页。

来自港澳，
来自海外侨居地。

有广大的农民和工人，
有许多学生和知识分子
虽有高龄的革命母亲，
而多数是那些
十来岁的女孩子。

为了抗日战争和人民解放，
勇敢欢快地走到一起。
不爱红妆爱武装，
艰难困苦志不移。

一心一意干革命，
从不计较个人私利。
当卫生员、炊事员，
民运工作员，
只要是革命需要就争着去。
当艺术宣传员，
抄写刻印员，
交通情报员，
电台机要员，
机关和部队中的指战员，
事事处处都有你。
为了革命的胜利，
艰苦奋战，履险如夷。
在战场上抛头颅，洒热血，

巾帼不让须眉。
就是不幸被俘，
在敌人的牢房里，法庭中，
刑场上，
都横眉冷对千夫指！
坚信革命必然成功，
慷慨陈词！
高呼共产党万岁，
从容就义！

我们“幸存者”，
永远怀念这许许多多的女英雄，
“生的伟大，死的光荣”的烈士！
努力学习你们，
刻苦磨炼自己，
坚决完成你们的遗志！
一息尚存，奋斗不息！

从三中全会到十二大，
我国已进入全面建设
社会主义现代化的新时期。
“半边天”在党的领导下，
有极其光荣的历史！
定会在实现四化建设中
发挥重大作用，
同各族人民团结奋斗，
振兴中华，
推进人类伟大事业——共产主义！

妈妈的情怀——北撤山东散记①

何　瑛

为了平息内战，为了广东的和平。
我们离别了故乡、孩子与爹娘，
翻越万水千山，渡过狂风巨浪，
奔赴战斗的前方。
没有眼泪，没有悲伤，
默默地告别父老乡亲。
道一声爹娘要珍重。
嘱一声孩子快成长，
再喝一口清甜的东江水，
再望一眼家乡稻田、战场。

敌人疯狂地反扑，
队伍不屈地挺进。
在严冬的夜晚，
青姐临产躺在床上，
用颤抖的声音对我说：
“瑛，孩子出生后你帮我送去……”
孩子呱呱落地，
妈妈含泪狠心地不看一眼，
连助产士都流着泪说：
“青姐，就看一眼吧”。
孩子哇哇哭啼似乎在说：

① 收录于中共广东省委党史研究室、中共东莞市委党史研究室《丹心赋》编委会编：《丹心赋——东江纵队诗词山歌选》，1993年，第278–279页。

妈妈为什么不要我呀？

刚出娘胎的孩子啊，
你哪知道母亲的心迹，
为了革命，为了人民的安宁，
母亲还要继续战斗，前进……
瑛冒着黑夜，顶着寒风，
把紧抱在怀里的初生婴儿……
送到山东老大娘家里……

女中队长李玉珍[①②]

金　帆[③]

“金同志，我认你
做哥哥，好么？
王政委和好几个同志
都认我做妹妹呢。”
——我说：“好，
全中国的好人
都是兄弟姐妹。
但是，你看，

---

① 收录于中共广东省委党史研究室、中共东莞市委党史研究室《丹心赋》编委会编：《丹心赋——东江纵队诗词山歌选》，1993 年，第 280–293 页。

② 李玉珍，1922 年生，云南省人。1938 年参加东江抗日游击队，不久加入中国共产党，当连队卫生员。1945 年春任东江纵队第三支队前进大队第二中队中队长，此后她带领 100 多名战士历经多次战斗，是东江纵队第一个女连长。——原书注

③ 金帆，原东纵医生。建国后在中央歌舞团任专业词作家，著名诗人。离休干部。——原书注

你的头发剪得这样短，
我还是认你做弟弟。”

“哦，是呵！那一年
我去香港，
我的头发也像现在一样；
有一天，我去女厕所，
吓得那里的女人一齐跳起：
‘怎么你这个男子！’”

“我，生长在北方，
没有了爸，也没有了娘；
抗战前我在昆明做女工，
那时我还是小娃子；
以后我参加到这东江纵队，
做着打杂的事情；
以后我又做卫生员，
常常跟着同志在前线，
背着包袱，背着救护箱，
爬山越岭我跑得一样快；
这样，我渐渐学会了打仗，
于是有一天，我向上级说：
‘把枪给我吧！我不干卫生员。’

“我的丈夫是个特务长，
他死时我也不知道。
他对我很好，但是，真讨厌，
我常常要跟他吵架。

他是给鬼子干掉的，
那时，我们不在一处工作；
我没有流很多眼泪——
流什么呢？应该记着的
是他的血。

“我想，我们女子
也与你们男人一样有能力；
那些要想把女子当作牛马的，
呸！我要向他脸上吐口水！
是的，我很穷，没进过学校，
参加到部队后才认识几个字；
我现在又要去干校读书，
希望以后变得更加有用；
革命要我做什么，我就做什么，
要我的命，好，拿去！

“金同志，你恨那些反动派么？
我恨他们好像恨鬼子一样！
因为我看见大多同志的血
流在他们的手上。
你问她——周同志，
她是东移时给反动派抓去的，
许多同志在狱中死了，
只有她几个人出来，
出来时样子真像鬼。
——为什么？自己中国人！

“记得有一次我受了伤，
就在这里，这大腿上，
我在河边的芦苇中藏了三天，
听着鬼子在路上一队一队地走过，
把皮鞋踏得嗒嗒地响；
没有人知道我，以为我死了，
直到第四天，一个同志才发现，
把我拾到农家，医了四个月。
——金同志，如果有一天我战死了，
我希望有一个人能替我
作一篇传记。”
——我说，“好”！
但现在你应该活！
革命需要你，人民需要你，
中国的女子需要你，
——大家会记着你的。”

圆 姐[1]

金 帆

一顶笠帽，
一身蓝布衫，
一双草鞋，
一根竹扁担。

① 收录于中共广东省委党史研究室、中共东莞市委党史研究室、《丹心赋》编委会编：《丹心赋——东江纵队诗词山歌选》，1993年，第280–293页。

大大的眼睛，
圆圆的脸，
挑药品，担粮食，
送枪支，运子弹，
小鬼亲昵地叫她圆姐，
伤员远远地喊她卫生员。

有一次打黄村，
天色近黄昏，
她和炊事员阿兰嫂，
前方送饭过竹林，
突然见小路上，
逃来一个伪团丁，
鬼头鬼脑把路寻。
她抡起长扁担，
大喝一声："站住！缴枪不杀！"
飞跑前去像箭穿云。
伪团丁像被响雷打——
不知来了多少人！
跪在地上身发抖，
四脚软得像草绳。
圆姐过去夺了枪。
枪口对着那黑心。
伪团丁偷偷侧头望，
自言自语："原来是个妇人家！"
她狠狠给了一巴掌：
"妇人家怎么样，
我的骨头比你硬！"

一顶笠帽，
一根竹扁担，
一双草鞋，
一身蓝布衫，
大大的眼睛，
圆圆的脸。
爬过多少荒山野岭，
穿过多少炮火硝烟。
过去是地主的婢女，
吞的是仇和冤；
如今挑的是人民的胜利，
红色的江山。

新　生[1]

张志宽[2]

我虽然非常勤劳，
享受却不如大哥小弟好，
吃亏、受气比人多，
常常被看作“赔钱货”。

女人同畜牲一样遭出卖。

---

① 收录于中共广东省委党史研究室、中共东莞市委党史研究室《丹心赋》编委会编：《丹心赋——东江纵队诗词山歌选》，1993年，第296–319页。

② 张志宽，1937年参党，1943年牺牲，是东莞模范壮丁队老战士。东纵前期诗人。他的诗作《野草集》已于1991年出版。——原书注

像囚徒一样被流放。
哪个女人不是吞气忍声活受罪?
哪个女人能冲出封建的铜墙铁壁?

我在羁厄下长大,
自然乖乖地让父母摆弄,
服从那不可知的命运。
小小年纪和一个地主儿子订婚,
从此像被丢进无底深渊!

虚荣的幻想毒蛇般把我缠咬,
青春漂亮的人生,
美满甜蜜的家庭,
恩宠威福的日子。
我偷偷地欢喜、祈祷。

然而,无情的现实和我玩笑,
那地主的产业被时代浪潮冲没了,
田地押卖个精光,
地主死去,未婚夫远出流浪,
只剩下他母亲一人。
消息传来,
我不思茶饭,
一提起便痛苦伤心:
失去终身依靠,
不如死去了好。

父母苦苦劝慰,

哥嫂不当我是什么，
我虽有说不完的苦楚，
却在失望中抱着希望：
也许有一天他会荣归？

十个年头还望不到归人，
谁能忍受这般熬煎？
人人奚落、嘲笑，
只有一个表弟对我好，
来家安慰我还把书教。

家人对他起疑心，
怕我跟他发生不轨。
虽然他没有什么坏行为，
讨厌的流言蜚语已风［疯］传，
从此他不再踏进我的家门。

没有了他我是多么寂寞，
只能将他的话常思索：
“用充实的生活填塞你的空虚，
拿出战斗精神排除苦闷忧虑。”
寂寞中燃起一点温情的火。

一天一天，一年一年，
终于传来未婚夫的消息，
他在外省荣任高官耀职，
亲戚们又来和我亲昵，
我还是幻想从云翳中冲出去。

不久婆娘病危，
要我去服侍和冲喜，
父母在眼泪里流出喜欢，
以为从此能把责任交付，
即使不幸也只怪女儿自己的命。

听说要出嫁，
心绪缭乱只想找表弟商量，
可是他去后踪迹渺茫。
我左思右想万分为难，
是服从，还是反抗？

我终被强送到他家，
像搬运货物一样，
从此得遵守“三从”“四德”。
女人只有这样乖乖过活，
才能搏［博］得人们的好称道。

到他家个把月，
整日将婆娘侍候，
熬过冷寂的夜，
吃尽生活的苦，
婆娘终于病死了。
孤零零，我在想
女人的命运多阴惨，
就像生活在沙滩和荒原。
要逃到表弟身边，

又不知他究竟在何方?

记得是在清明时节,
陌生的丈夫突然归来,
我就这样做了他的俘虏,
他多情地抚慰和温存我。
因为我还年轻漂亮。

他携我到繁荣的都市,
生活异常豪华奢侈。
我渐渐被酥软和陶醉,
学会了奉承和讨好,
全不顾敌机在头上嚎叫。

出入于富丽的宴会,
穿插在高贵的官太太丛中,
温柔的话语使我的心儿融化,
享乐欢愉令我销魂动魄,
谁还想过去的忧痛伤悲。

浪漫的时分
也常充溢疲倦的沉闷,
包裹着烦躁无聊的气氛。
一肚子莫名的郁闷,
在烟酒纵欲中发泄。

丈夫渐渐对我冷淡,
忧戚中复燃了我对表弟的思念。

怎能够这样三心两意啊，
女人应该只懂得服从，
破廉耻的念头是罪恶！

我知道他在做狡猾的欺骗，
对我的态度巧妙地改变。
常托辞公事忙碌，
在外边不回来
自然是花天酒地去买醉。

有一天寻到他的下落，
果然已经跟娼妇同居。
我气愤得发疯一般，
一边怒骂一边痛哭流涕。
我的冤屈竟遭一顿毒打。

他提出要与我离婚，
我像是被摄去了神魂。
在这陌生的异地，
谁能为我主持公道？
薄倖［幸］啊，可恶的人情！

思念遥远的故乡，
思念爱我的父母，
思念深情的表弟。
我被迫离婚，
从此踏进不幸的门槛。

“依靠别人生活是死路，
要生存还须自己流血汗。”
迷途中忆起表弟奋勉的话，
鼓起我很大的勇气，
投入到战时救护队去。

我已抱定坚决的意志，
脱掉荒淫无耻的外衣。
颓唐的日子教人堕落，
我从彷徨失望中醒觉，
要做一个真正的人！

受过几个月训练，
预备到各地去实践。
但市区遭到空前袭炸，
急需一批救护人员，
我们一群姐妹立刻行动起来。

楼房幢幢被炸塌，
砖瓦和着血肉飞溅，
救命声尖叫呼喊，
碗大的伤口喷着血，
到处是血肉模糊的死尸。

一听“警报”便四出救护
亡命地搬运受伤的市民，
全身都带着血腥，
谁也没有小姐似的娇气，

日夜奔跑，忘形穿插。

金色的太阳照耀行列，
我们挺胸高声歌唱：
“谁愿意做奴隶，
谁愿意做马牛。”
怀着热烈心情出发上前线。

枪声炮声震荡耳鼓，
烽烟滚滚把伤兵接送。
我将生命交给了祖国，
从腐败走向新生，
热血鼎沸奔腾！

一天从火线运来的伤兵中，
我忽然发现了表弟，
他重伤昏迷不醒，
无论怎样呼唤，
他都认不出我是谁。

我泪如泉涌，
惊慌无比，
肝胆俱裂，
呆呆伫立，
失魂落了魄。

一个昼夜后他渐渐苏醒，
我那迷乱的心放出光明。

对着他痴痴地微笑，
“明弟，你认识我吗？”
他愣愣地看着我迷言不语。

我几乎又要哭了，
“你真认不出你的表姊了吗？”
慢吞吞，他喉间发出了颤音：
“啊，芳姊，
你……怎么，来到这里……”

病室充满可怕的呻吟，
散发着浓烈的恶臭血腥。
我看他伤势太重，
怕他过于兴奋难过，
“好好休息吧，我要去工作……”

虽然我尽力抑遏自己，
还是忍不住跑到他面前，
默默地拉着他的手。
他脸上露出倔强的喜悦，
“芳姊，是不是从家里逃出？”

我详细叙述一切，
浑身的血液急速滚流。
他艰难地握紧我的手，
“啊，这才是中华儿女，
这才是妇女解放的出路！”

焦虑地期望着好转，
伤势却越来越重，
他气喘喘说不出话，
一天昏迷好几次，
我的心惊乱难定。

“老明太勇敢了，
次次都是打前锋……”
“他是‘老模’[①]英雄……”
伤兵同志告诉我许多情况。
我知道他伤势很难再有起色。

窗口射进微弱的阳光，
照在他骨突紫黄的脸上，
我麻木地坐在床沿，
外边吹来阵阵冷风，
他慢慢撑开眼缝又无神地垂下。

“芳姊，要在艰苦战斗中新生！
啊，我死后，死后……”
话没说完嘴角已经僵硬，
“啊，明弟，你……”
我抱着尸体狂吻。

前线的战事越来越吃紧，
难民像洪水向各地逃奔。

① 1938年10月15日成立的“东莞抗日模范壮丁队”，当时群众称之为“老模”。——原书注

仇恨在我胸中燃烧，
敌人杀死我的明弟，
杀死我千万同胞！

血的教训永记不泯，
我要为民族解放献身，
痛苦虽时时把我折磨，
我要争取妇女的光荣，
从此在战场上求永生！

贺东江纵队成立五十周年①

叶　伟②

1993年7月

山歌一唱闹洋洋，阿哥阿姐听分详，
日本侵略我中国，一直打到我惠阳。
日本鬼子像虎狼，到处奸淫烧杀抢，
飞机轰炸我淡水，同胞骨肉飞上墙。
无得食来无得着，饿死尸骨堆路旁，
人民百姓遭灾殃，我们磨［摩］拳又擦掌。
好得有了共产党，东纵成立有武装，
我们男女齐参战，军民合力抗东洋。
神枪手来刘黑仔，百发百中敌胸膛，

① 收录于中共广东省委党史研究室、中共东莞市委党史研究室《丹心赋》编委会编:《丹心赋——东江纵队诗词山歌选》，1993 年，第 345 页。

② 叶伟，女，原在东纵路西军需处工作。解放后曾任顺德、江门妇联主任，韶关地区农业局副局长，韶关地委农办副主任。——原书注

女连长来李玉珍，打响机枪比男强。
曾生司令命令下，战士英勇奔战场，
敢打敢拼唔怕死，东纵战绩四海扬。
胜利果实蒋家抢，打响内战第一枪，
东纵转战到北方，淮海战役史册扬。
内战打了三年长，阿哥阿姐南下转，
投身建设新中国，拼命工作一世忙。
转眼之间年近百，黑发变成白似霜，
好得今日还健在，大家欢庆在一堂。
祝贺大家命百岁，全家幸福乐洋洋。

一路透到罗浮山①

丘　英

一条大路曲弯弯，一直透到罗浮山，
东江人民齐暴动，要为穷人把身翻。
革命失败你莫愁，还有曾生在后头，
革命自有成功日，烂屋烧了盖洋楼。

① 收录于中共广东省委党史研究室、中共东莞市委党史研究室《丹心赋》编委会编：《丹心赋——东江纵队诗词山歌选》，1993年，第346页。

嫁郎爱嫁革命郎[①]

（口　述）

吴石娇[②]

嫁郎爱嫁革命郎，革命阿哥情意长；
左手拿紧宣传品，右手握着驳壳枪。

天公下雨河水浊，晴天朗朗河水清；
东洋鬼子来扫荡，妹送情郎去当兵。

哥哥去当兵，妹妹守家庭；
期望阿哥打胜仗，欢天喜地笑盈盈。

阿哥抗日保家乡，阿妹在家多种粮；
期望阿哥打胜仗，等妹送粮去前方。

番薯甜，番薯香，日伪烧杀苦难当；
快把敌人消灭尽，穷人才能得解放。

横坑二嫂送茶饭[③]，离开你时好唔惯；
部队北撤烟台去，留条手帕记心间。

① 收录于中共广东省委党史研究室、中共东莞市委党史研究室《丹心赋》编委会编：《丹心赋——东江纵队诗词山歌选》，1993年，第356页。

② 吴石娇，女，东江纵队战士，曾当民主政权乡长。——原书注

③ 二嫂是横坑村妇女队长。——原书注

三洲田①

（山　歌）

三洲田来三洲田，游击阿哥好靠山，
前面有山后有海，海山相隔心相连。
海山相隔心连心，郎像日头妹月光，
郎係日头朝朝出，妹係月光夜夜来。

纪念东纵成立五十周年②

高镰峰③

纪念东纵五十年，曾生係俚俚司令员。
祝您健康过百岁，桂花美酒俚来献。
出生入死干革命，南征北战意志坚。
东纵战士英雄汉，一声号令冲向前。
节节胜利打赢仗，捷报频传一篇篇。
为了解放全中国，勇士献身在前线。
英雄事迹青史载，留给后人掌好权。
俚俚年老病魔缠，逐渐一年少一年。
今日战友同欢乐，不见亲人在眼前。
五十周年同纪念，六十周年再团圆。

---

① 收录于中共广东省委党史研究室、中共东莞市委党史研究室《丹心赋》编委会编:《丹心赋——东江纵队诗词山歌选》，1993 年，第 358 页。

② 收录于中共广东省委党史研究室、中共东莞市委党史研究室《丹心赋》编委会编:《丹心赋——东江纵队诗词山歌选》，1993 年，第 366 页。

③ 高镰峰，女，原惠阳大队民运队员，粤桂边纵宣传队指导员，省外贸进出口公司秘书，阳江县委监委秘书。广东省经济管理干部学院离休干部。——原书注

纪念东江纵队成立五十周年[1]

廖观莲[2]

说东江来道东江，东江纵队不寻常，
38 年来了日本鬼，向我人民烧杀抢。
东洋鬼子好疯狂，飞机大炮成天轰，
田园土地无人种，同胞家破又人亡。
好在有了共产党，组织人民来抵抗，
游击武装真正强，天天出击打豺狼。
自卫队员炸桥梁，埋地雷也不慌张，
妇救会员不平常，送儿送女上前方。
那啃啃鸡国民党，统统跑到大后方，
吃喝玩乐压人民，勾结日本不抵抗。
曾生队长有主张，号召侨胞来救亡，
侨胞热爱国和党，大家回到我东江。
港澳同胞更积极，送医送药到战场，
问其功劳有多大，广九大队是榜样。
抗战八年得胜利，可是来了国民党，
东江人民盼解放，啃啃鸡又跑来抢。
借名要来剿土匪，实质来抓共产党，
东江人民热爱党，可惜人民更遭殃。
村村户户填空格，一心消灭共产党，
中央英明有主张，东江纵队调北上。

① 收录于中共广东省委党史研究室、中共东莞市委党史研究室《丹心赋》编委会编：《丹心赋——东江纵队诗词山歌选》，1993 年，第 373—374 页。

② 廖观连［莲］，女，原东纵第二支队交通员，东进指挥部运输班长。珠江军分区医院文化干事。西安市莲湖区第一饮食公司离休干部。——原书注

经过斗争签协定，离别战斗的家乡，
三条美舰来接运，五天六夜漂海洋。
烟台大家来相聚，党政军民喜洋洋，
大家唱歌又跳舞，锣鼓鞭炮连天响。
互相关心如骨肉，说长问短谈战况，
首长号召勤学习，学本领打回家乡。
同志们在暗思量，兄弟部队比我强。
我们都是游击队，没有经过大战场。
军政大学来学习，学武学文下苦功。
经过培养出成绩，学习模范李宇光。
四七年时国民党，向解放区大扫荡。
我们义奋［愤］又填膺，大家要求上战场。
上华东，去三野，孩子留在大后方。
经过参加淮海战，首先歼灭孙元良。
47 年的八月一日，东江纵队编两广。
邱李兵团来增援，两广纵队把它挡。
黄伯［百］滔［韬］的兵团慌，最后都被歼灭光。
淮海战役得胜利，是中央指挥有方。
各纵队配合得当，两广纵队把名扬。
势如破竹追穷寇，打回祖国的南方。
蒋匪跑到台湾岛，要美国狼来帮忙。
美国狼它好疯狂，白天黑夜搞海防。
解放战争出军饷，当了运输大队长。
朝鲜战场他失败，越南打仗他泡汤。
枪林弹雨我胜利，和平演变定要防。
烈士英名永传扬，子孙后代永不忘。

忆“榴花战役”[1]

陈文慧

当年日寇逞刁蛮，兽蹄践踏到华南。
我党英明定决策，武装民众抗凶顽。

东莞青年志气高，抗日救国多英豪。
挥戈上阵守峡口，榴花塔下战云飘。

石碣刘屋摆战场，渡口伏击弱战强。
奋不顾身齐救国，打退敌骑保家乡。

东江河水滚滚流，血溅榴花志未酬。
耿耿丹心十一颗，青史千载英名留。

榴花战斗响枪声，鼓舞人民齐请缨。
抗日队伍大发展，“老模”声威敌胆惊。

前赴后继出英雄，艰苦转战路西东。
大岭阳台根据地，屹立敌后势如虹。

幸存战士忆当年，缅怀英烈谱新篇。
虎跃龙腾今胜昔，榴花辉映换新天。

① 收录于东莞市妇女联合会编:《东莞市妇运志》，东莞市印刷厂，第142页。

浪淘沙[①]

——与老战友共勉

陈文慧

韶华迅如箭，
思绪万千。
当年抗日争先，巾帼须眉齐上阵，救国心坚。

日月换新天，继续向前。
历尽沧桑人尚健，愿将余热献四化，不减当年。

自由的翅[②]

我住敌占区，日本仔，伪军不时搜查抢掠，目睹一切，非常愤怒，也接近了一些进步青年，看到一些游击队员秘密的回到村中活动，我敬仰他们有志气，希望也做一个小游击队员，要求张志宽老师介绍我参加游击队，他说我年纪小，（当时我只十三—十四岁）并答应再过两年带我去，叫我先读好书，我很心急，写了这首诗——《自由的翅》

——张　屏

自由的翅

老是长不大的，我那自由底翅啊！
污浊的空气又如石头般沉重压抑着我。
使我窒息，发出了哑惨的叫声。

① 收录于东莞市妇女联合会编：《东莞市妇运志》，东莞市印刷厂，第 142 页。
② 收录于东莞市妇女联合会编：《东莞市妇运志》，东莞市印刷厂，第 146 页。

蚊虻、虱子……围绕了［着］我的身边，
刺酸疼了我底皮肤。
毒蛇、恶兽……伸张了锐利的爪，
扯伤了我的灵魂。
因是，我像患疟疾般全身颤抖。
唉，太难，党啊！躲伏在这阴暗潮湿的角落里。
我希冀，发狂地希冀能展开我的梦翼。
朝着蔚蓝的太空遨［翱］翔。
然而，老是长不大的，我那自由的翅啊！
我低着头，悲痛地啜泣。

（一九四一年写于深夜）

海　水①

张　屏

茫茫的海水啊！
当惊人的暴风翻卷着你，
你，疾鸣狂啸俨似怒吼的雄狮，
你，汹涌的浪潮仿如伸出反抗的巨手——
向残酷的暴风挣回你原有的安静和自由。

海水啊！
你那伟大紧张的声势，
使安居在你腹中的鱼虾忘形的穿插，
使岛上的鸟儿兴奋地飞翔，

① 收录于东莞市妇女联合会编：《东莞市妇运志》，东莞市印刷厂，第147页。

广漠的天空在为你饮泣，
撼山的雷响在为你歌颂，
显然，你像个斗士身临前敌的英勇，
你激昂的姿容正在惊震着四方。

茫茫的海水呵！
猛烈的斗争过去了，
你便甜［恬］静的躺着像一片无边的绿色原野，
在灿烂的阳光照耀下闪着柔和的金波。
在和平的空气抚抱之中
露出胜利的微笑
你沉毅的精神似乎又在向人宣示；
不怕明天的暴风雨再到来！

（写于 1943 年春）

我以暴风形容反动势力，海水的姿容象征民族解放斗争的伟大

中国将在斗争中新生①

张　屏

革命事业，不像诗境般美丽，
现实丑恶，赤裸裸地浮在人间，
到处充满着——
呻吟、痛苦、饥饿、死亡……
谁说人民愚昧，不会反抗，
这里正蕴藏着悲壮的巨变，

① 收录于东莞市妇女联合会编：《东莞市妇运志》，东莞市印刷厂，第 148 页。

是非与黑白决斗在今天。
受压迫的人们，尽情厮打吧！
——是火光拼［迸］裂的厮打
——是狂涛怒吼的厮打，
任魔鬼怎样狰狞，残酷，
我们都要打出人间的自由，
受压迫的人们，起来哟！
我们失的是枷锁，
得到的是人民自由。

暴风雨的到来，
又如大海狂潮的翻卷，
带来了无限的创伤，
带来了数不清的灾难，
暴风雨哟！
这正是你洗涤人间罪恶的时候，
谁是真正的土匪？
谁是万恶的叛徒？
终也逃不出正义的屠刀，
我们要在狂风暴雨中争自由，
我们要捏起奴隶铁样的拳头，
让那些渣滓，
让那些罪魁，
滚出人间！
中国将在斗争中新生！
我们这一代，
像骄阳般的光荣灿烂！

1943 年春，中国被日本鬼抢占了大半土地，民不聊生，在张志宽老师的几年教育后，认识到现实丑恶——国民党反动派不积极抗日，反而迫害抗日的革命者，我痛心疾首，革命豪情奔放。在这种情绪下写成这首诗。

我们一定要争取全国解放①

张　屏

亲爱的留粤复员同志，
你们都知道：
广东的和平协定，
我们已坚决的执行，
中央交给的任务胜利完成了，
就是在廿多天前，
二千四百名同志已安抵烟台。
然而你们留粤安全与否？
抵烟同志们时刻挂在心头。

今天从司令的报告听到
从报章里看到——悲愤的消息：
丧心病狂的反动派居然背信弃义，
要把你们推入集中营，
施行什么“思想训练”。

留粤的同志们，

① 收录于东莞市妇女联合会编：《东莞市妇运志》，东莞市印刷厂，第 149 页。

为什么你们没有北撤来烟；
你们并不愿意复员，
只因为协定里北撤名额规定。
这是中央为着广东的和平
为着人民生活的安全
才不得不要你们复员。
本来在协定里国民党曾答应，
复员同志的安全保障，
但言犹在耳，墨渍未干，
就在我们离粤登船的后两天，
那些反动魔王在民主的洪流中，
疯狂的抓起反民主的逆流，
狰狞的特务满布巷口街头，
禁绝一切民主书报，
封锁新思想门路，
日夜闹着暗杀，跟踪和逮捕……
弄得乌云密布，一踢［塌］糊涂，
居然要把手无寸铁的，
七百多个复员同志实行迫害，
困入地狱般的集中营“训练”。
这已明白地告诉全国人民，国际人士，
是谁？首先破坏协定。

虽然，我们今天安处烟台
受到成群结队，掌声如雷的欢迎，慰劳，
苹果、鸡蛋、堆积如山，
猪羊、甘酒满载车篮，
更受到老大哥——八路军的热情招待，

但想到反动屠刀正威胁你们，
真如万箭穿心地难过。

同志们，请勿因为现实的残酷，
而叹息、流泪、低头，
可知道，这是对凶暴者的无声让步，
全国人民支持你们对反动魔王就要不息地战斗。
最近华中、华北四面八方的消息传来，
蒋方军心动摇，不断溃退，
人民的力量像燎原野火势不可挡，
今天反动派的猖狂，
不过是灭亡前的回光。
历史告诉我们，胜利一定属于人民，
反对人民的暴君必然遭到灭亡。
留粤的同志们，在苦难中要反抗，
我们在烟也不敢辜负人民的期望，
更不敢丝毫耗费宝贵的时光，
一定努力学习，认真工作。
不久的将来，
回到广东与你们并肩战斗，聚首一堂，
共同争取全国人民早日解放！

张　屏
1946 年于烟台
1986 年修于深圳

注：在烟台听了曾司令传达报告，留粤同志受迫害，我义愤填膺，而写了这凌乱的诗篇，以抒发感情。

你活在人们心中①

——悼念张志宽老师

张　屏

我走在家乡一条小道上，
旁边灌木参天，繁花盛开，
是一个美丽阴凉的校园，
一群群儿童边唱歌边嬉戏，
那儿不就是张先生曾在此就读和任教
的篁溪小学？
环望四周依稀认出，
张先生的“红炉”不就在此坐落
果然一位乡亲告诉我“你没认错”，
他打开小屋的门，
烈士证下悬挂一位青年的肖像。

肖像是那样年青英俊，才华横溢，
正是当年有“小鲁迅”之称的张志宽同志，
别了我们四十多年了，在九泉之下会想到吗？
你的形象依然深印在我的眼帘，
日思夜想着你的“门生”今天就站在你的跟前。

凝望肖像沉思默想，
你那和蔼可亲的笑脸。

① 收录于东莞市妇女联合会编：《东莞市妇运志》，东莞市印刷厂，第150—152页。

诲人不倦的精神，
坐在台前默默地思索，
疾书小说和诗歌，
同乡兄弟姐妹探访你，
也是坐在台前高谈形势和人生真谛。
时代的逆流使你变得沉着冷静，
在丑恶现实面前你实在没有消沉，
沸腾的愤怒汇成咆哮的洪流，
从残酷的刺刀下争取正义和自由。

凝望肖像沉思默想，
在困难当头，
你不断警惕着沉睡的人们，
知否？正卧在骇浪惊涛的破舟，
梦境寻求的一切都是虚假的幻影，
睁开惺忪的眼睛看恶魔正张牙舞爪，
唤醒人们要为祖国解放而奋斗！

凝望肖像沉思默想，
你以“同舟共济”的衷情对难友，
不管途程有着多少艰辛和不幸，
表示共同将心绞成一条风雨难磨的巨缆，
你说不要怕恶劣环境无情，就是怕提不起劲，
就是要握起铁般的巨手驱逐日寇到鸭绿江口。

凝望肖像沉思默想，
旧社会的女性深受重重枷锁的压迫，
你呼吁年青的姑娘挺起腰杆，

勿卖身奢侈权门，
勿给人当做玩弄的牺牲品，
勿做任人宰割的羔羊，
勿听天由命饮泣嗟伤，
丢掉虚荣幻想，
摆脱旧礼教的牵挂，跳出温情的被窝，
洗掉脂粉，
解脱束缚的衣裙，
珍惜宝贵的青春，
把年青的热力贡献到事业上。
多少姐妹在你的启迪和教育下参加了革命。

凝望肖像沉思默想，
你曾被共过患难的同志误会，
那时你比喻自己是夹板缝中的虱子，
是一只孤零的小舟在茫茫大海漂流。
我曾对着你说？
像你这样如许英明的好同志好老师，
有谁误会？
不会的，不会的，我相信你，
而你对着我这天真无邪的孩子，
滴下了辛酸的眼泪。
我幼小的心灵多么难过啊！
我也眼圈儿湿了。
你说：“虽然击碎我底心弦，
然而也不能使我初衷改变”，
到底你还是咬紧牙关，
重整破碎心弦，

寻求知音战友。
是的，你没有因此而意志消沉，
毅然不顾生命安危到敌占区散发抗日传单，
搜集情报，肩负民族解放的任务。

凝望肖像沉思默想，
感觉幸福能看到：
毛主席送你“革命烈士”的称号，
也有无限悲愤与哀愁，
你为解放事业而殉难四十七年了，
好比一颗晶莹耀目的星星，
当凶恶的狼吞咽噬了你，茫茫的黑夜再见不到你星光，
然而，人们对光与黑，真与伪界线辨清了，
悠长的历史证实真金不怕红炉火，
全国解放后你的英魂得到党昭雪，
杀害你的民族败类已被人民处决。
你的白骨虽长埋香土，
英灵永远活在人们的心中。

安息吧！
你部分的不朽大作，
我为纪念你保存了整整四十七个年头，
今天能将你的作品诗歌出版，
你伟大的思想，高尚的情操远近传扬！
让你那晶莹耀目的星光，
永在人间大放光芒！

注：张屏同志写于战争年代的系列诗篇（这些诗是她数十年历尽劫难

千方百计珍藏的张志宽烈士遗诗，终于出版了《野草集》一书后，寄给编者的），很好地反映了一个时代的革命女战士的心态，值得我们珍视。①

献给同志们②

杨康华　词
石　铃　曲

我们是中华民族优秀的儿女，
在前线敌后奋战了四个年头，
今天我们已经控制着广九路咽喉，
我们已经掌握着珠江的出海口，
我们还要纵横于整个广东敌后，
虽然更艰苦的斗争要我们去迎接，
但是呵，伟大的胜利已在向我们招手，
努力地学习吧！
英勇地战斗吧！
我们要紧跟着人民解放的旗手，
团结、抗战，歼灭血腥的法西斯日寇。

1942 年，当国民党反动派纠集优势兵力向我进犯，妄图 3 个月消灭我军。中共中央南方局、周恩来同志对中共南方工作委员会、广东人民抗日游击队总部及时发来电示，指出：国民党对我是“势在必打，志在消灭”，对国民党不能存有任何幻想，必须依靠人民群众，坚持团结抗战，反对分裂投降，开展针锋相对的斗争。1943 年 1 月底，广东军政委员会

① 该内容摘录于《东莞市妇运志》137 页附录第二段。——编者注

② 收录于中共广东省委党史研究室、深圳市东江纵队老战士联谊会、《壮志歌》编委会编：《壮志歌——东江纵队、两广纵队创作歌曲选》，《广东党史资料丛刊》编辑部，1993 年，第 3—5 页。

在九龙新界乌蛟腾村召开了干部会议，传达学习了周恩来同志这一重要指示，会议还作出在全军加强政治思想教育、积极出击日伪军、反击顽军等十条决定。杨康华当时是总队政治部主任，他根据会议精神，创作了这首歌词。

曲作者石铃，原名陈维翰（1925—1984）童工出身，少年时代参加香港青年同乐社儿童团、合唱团、话剧组，积极投身抗日救亡文艺宣传活动，并自学作曲原理和声乐基本知识。1942 年 1 月参加东江纵队港九大队，后调《前进报》社任出版部主任。抗日战争期间，他谱写了歌曲十多首，并亲自套色刻印成册，是东纵较多产的业余作曲家。

保卫大东江[①]

谭　军　词曲

铁蹄踏进了广九线，
怒火烧遍了东江。
不愿做奴隶的同胞们，
快团结起来保卫大东江。
谁能够忍受残暴的压迫？
谁愿意低头作驯良的羔羊？
我们是东江的好儿女，继承了革命的传统，
我们有坚强和英勇的队伍，永远站在战斗最前方。
起来，同胞们！
起来，同胞们！
拿起你我的镰刀锄头，举起你我的土炮洋枪，

① 收录于中共广东省委党史研究室、深圳市东江纵队老战士联谊会、《壮志歌》编委会编：《壮志歌——东江纵队、两广纵队创作歌曲选》，《广东党史资料丛刊》编辑部，1993 年，第 8—9 页。

大家快快团结站在一起，武装起来保卫大东江！

1941 年冬，太平洋战争爆发前后，日军侵占了广九铁路沿线各据点，国民党驻军闻风逃遁，东宝广大地区沦于敌手，我游击队挺进广九铁路东、西侧敌后，发动群众，武装起来，开展对敌斗争，扩大游击区。

作者是香港文艺青年，1942 年参加东纵，曾任东江流动剧团团长、营教导员，东纵北撤后，任两广纵队文工团副团长。此曲 1942 年夏作于香港九龙。

东江战歌[①]

李筱峰　词

石　铃　曲

罗浮山做了西北的屏障，
大屿山在南海边上瞭望，
莲花山阳台山梧桐山都站在珠江岸上放哨。
我们来自南阳美洲，来自黑暗的工厂，来自饥饿的山庄。
千百颗赤诚爱国的心，千百条粗壮的臂膀，
我们不怕顽军的进攻，不怕敌人的“扫荡”，
因为我们是新生的力量。
努力吧，东江的儿女们，
我们要巩固这庄严美丽的故乡，还要深入敌人的后方，
渡过珠江去，做一个收复广州的先锋。

① 收录于中共广东省委党史研究室、深圳市东江纵队老战士联谊会、《壮志歌》编委会编：《壮志歌——东江纵队、两广纵队创作歌曲选》，《广东党史资料丛刊》编辑部，1993 年，第 9–11 页。

颂东纵女卫生员[①]

陈一民

云罩丘陵雨压江，
热肠女子气盈腔。
怒闻狼虎嗥原野，
敢换戎衣祭国殤［殇］。
足踏千山频挫寇，
身经百战力扶伤。
红颜素裹无脂粉，
惟有丹心一片香。

东纵白衣女战士赞[②]

游　扬

白衣战士气如虹，
救死扶伤珠海东。
甘把青春献祖国，
挥戈杀敌女英雄。
青山处处埋忠骨，
碧血沙场战帜红。
伟绩丰功昭日月，
英风飒飒薄苍穹。

---

① 收录于中共宝安县委党史办公室编:《回顾东纵卫生工作》，广东人民出版社，1987年，题词第5页。

② 收录于中共宝安县委党史办公室编:《回顾东纵卫生工作》，广东人民出版社，1987年，题词第6页。

咏南国红棉[①]

王作尧

1983年9月

山河破碎起硝烟，
不作蔷薇作木棉。
独臂岂能遮毒日，
红花辉映半边天。
救死扶伤增战力，
露宿风餐有炊烟。
南国长流红豆泪，
碧血丰碑亿万年。

赞南粤红棉——东纵女战士[②]

尹林平

1983年9月

东纵女战士最可宝贵的品格，是为革命刻苦耐劳，英勇献身；与人民群众同甘共苦，血肉相连。

她们犹如南粤英雄花——红棉花，根子扎在东江两岸的土地上，秀丽挺拔，经得起风吹雨打。

她们的形象永远铭刻在人们心中。

---

① 收录于广东省妇女运动历史资料编纂委员会东江组编：《南粤红棉——东纵女战士》，1983年，题词第1页。

② 收录于广东省妇女运动历史资料编纂委员会东江组编：《南粤红棉——东纵女战士》，1983年，题词第3页。

为出版《东纵女战士》题词[①]

曾　生

1983年元月

东江纵队女战士，为了抗日救国，冲破封建牢笼，奔赴战场，英勇奋战，不畏艰苦，不怕牺牲，迎来全国的解放。她们不愧为中华民族优秀的儿女。

赞东纵女将[②]

陈一民

东江纵队的女同志们在八年抗战中艰苦奋斗，英勇战斗，建树甚多。特赋诗颂之。

闺中巾帼勇从戎，
辗转八年西复东。[③]
祛病扶伤扁鹊手，
举枪提笔木兰胸。
日行渴饮东江水，
夜战饥餐南海风。
莫道红颜多弱女，
英姿焕发气如虹。

---

① 收录于广东省妇女运动历史资料编纂委员会东江组编：《南粤红棉——东纵女战士》，1983年，题词第4页。

② 收录于广东省妇女运动历史资料编纂委员会东江组编：《南粤红棉——东纵女战士》，1983年，第229页。

③ 指广九铁路的西面和东面，都是东江纵队的游击根据地和活动地区。——原书注

为《东纵女战士》而作[①]

张德昌

魂梦萦回四十年，
东江烽火半边天。
青春豪气三千丈，
巾帼英姿八大员。
踏遍苍山循鸟道，
迎来朝日照人寰。
罗浮淮海传佳话，
总有红妆［装］荡寇篇。

梧桐山颂[②]

张贯一　遗词[③]

石　铃　曲

巍峨的梧桐山，壮丽的梧桐山，
像巨人的铁拳，粗壮地屹立在南粤的边缘，依恋地毗连着港九的界线。
啊！梧桐！你矗立的峰尖，起伏的山峦，是三角斗争的火线；
你雄伟的威风，使敌人望着不敢擅动；

① 收录于广东省妇女运动历史资料编纂委员会东江组编：《南粤红棉——东纵女战士》，1983年，第230页。

② 收录于广东省妇女运动历史资料编纂委员会东江组编：《南粤红棉——东纵女战士》，1983年，第231—232页。

③ 一九四四年夏，东纵前进报社收到从部队寄来的一首诗：《梧桐山颂》。这是东江纵队张贯一同志（女）的遗作，她于一九四四年春在敌人一次袭击中光荣牺牲。一九四四年夏秋间，石铃同志为此诗谱了曲。这支歌当时在部队中广为流传。——原书注

你沉肃的脸容，曾震撼过反动派的几次进攻！
曾秀同志以一当百抵住一排顽军的冲锋；
沙头角丹竹头打垮了敌伪警察大队，记下光荣的战功！
啊！梧桐！战士的母亲！
解放的意志，爱国的热情，在你的怀抱里壮大成长。
千百万热爱着祖国的优秀儿女，维护着你！
啊！大鹏湾的怒涛澎湃，夜之海啸汹涌，
祝祷你千古无恙，歌颂你战斗伟功！
壮丽的梧桐，屹立在山峰，
千百万人们尊崇你赤诚英勇！

1944 年夏秋间作于大鹏半岛枫木浪村

战歌重唱忆当年（节选）①

……

在江南路西地区，《同心合力打豺狼》同样紧密地配合了反抢粮的斗争：

田里的谷粒黄又黄，
老百姓田里割禾忙，
日本鬼子打通广九路，
又到我们家乡来扫荡。
……
青年壮丁拿起枪去打游击，
姑娘妇女在家中多种粮，
军民合作齐努力，
同心合力打豺狼。

① 收录于中共广东省委党史研究室、深圳市东江纵队老战士联谊会、《壮志歌》编委会编：《壮志歌——东江纵队、两广纵队创作歌曲选》，《广东党史资料丛刊》编辑部，1993 年，第 1—25 页。

……

1948年6、7月间，两广纵队参加了豫东战役。这是我华东野战军在河南省东部地区同国民党进行的一次重要决战，一次大规模的运动战。65天中，两纵转移52次，程行1300余公里，足迹遍及平原、山东、江苏、河南、安徽五省。“纵队文工团的同志在南渡黄河以后，即分散下到连队，协助部队政治工作人员在行军途中做宣传鼓动工作，帮助战士扛枪、背行李，还经常到火线上去进行鼓动工作。文工团女同志很多，她们也和男同志一样，在行军和在火线上进行宣传工作。”① 在这次运动战中，分散到连队的文工团员，紧密配合战斗任务，创作了大批歌曲、快板和小演唱。遗憾的是这些创作，几乎全都散失了，只留下一首《打开封》：

前几天炮声响隆隆，
解放大军打开封，
城里有人跑反来说，
昨夜晚上解放军打进城。

打下开封敌人吓破胆，
蒋介石慌慌张张调兵又遣将，
这正好中了我们的妙计，
调动了敌人，好打个歼灭战。

……

济南战役的胜利，为南下进行淮海战役造成极为有利的条件。淮海战役是在以邓小平为书记的淮海战役总前线委员会统一指挥下，由华东野战军和中原野战军进行联合作战，在以徐州为中心，近八万平方公里的辽阔战场上，对国民党军的一次巨大规模的歼灭战。两广纵队参加了战役的全

① 引自《两广纵队史》53页。——原书注

过程：从西面威迫和从南面包围徐州的战斗、阻击孙元良兵团的战斗、追击围歼杜聿明集团的战斗。特别是大方山、芦村寨的阻击战，是两纵成立以来，担负任务最重，作战最激烈、最艰苦的一战。“两广纵队文工团的干部战士们，在这次阻击战中，他们除了参加战场的宣传鼓动工作外，还积极参加了战场的勤务保障工作，帮助抢救和后送伤员，前运弹药、给养，帮助掩埋牺牲烈士。有的男同志还在火线上接过负伤战士的枪，直接参加战斗。在芦村寨防御战打得最紧张、激烈的时候，文工团中凡能抽调出来的人员，都抽调到第一团的防御阵地参加战斗。在敌人进攻的空隙，他们搬门板、扛木头和战士们一起抢修工事，挖深战壕；在敌人进攻时，男同志冒着枪林弹雨，到前沿去抢救伤员，女同志在火线后的临时包扎所帮助包扎和运送伤员。他们的这些英勇的行动，既直接加强了战斗力，又大大鼓舞了士气。”①

……

六、《壮志歌》的集编，又怎能让我们不沉痛忆念起那些同歌共战的作者伙伴呢？在战争年代牺牲的，在建国后辞世的有：彭克、张贯一、崔憬夷、劳火、郑盾、杨康华、林鹗、马思聪、林悠如、夏洪、马鲁、芦灿、辛枚、石铃、钟寰、何林、韦虹、戴机。重唱《壮志歌》，让我们也为这批壮士默哀吧，赞颂他们曾为人民而歌，为革命而创作。

谭　军　戴　江　方　斯

王　冲　华　英

1993 年 8 月

---

① 引自《两广纵队史》89、90 页。——原书注

反抢粮[1]

（客家方言歌）

马　咏　词[2]

崔憬夷　曲

齐家来呵，反抢粮呀反抢粮。
长年辛苦正耕得到，样边做得俾人家来抢？
抢，佢唔係净抢去穷人介东西，抢，佢都爱抢有钱佬介米粮。
有枪出枪，有力出力，唔分男女同老嫩。
后生仔落力在前头呀，同埋部队打游击。
齐家来呵，反抢粮呀反抢粮！
打走抢粮嘅贼佬军，大家一起来享安康。

齐家来呵，反抢粮呀反抢粮。
长年辛苦正耕得到，样边做得俾人家来抢？
抢，佢唔係净抢去穷人介东西，抢，佢都爱抢有钱佬介米粮。
大家一齐反抢粮，同心合力保家乡。
姊娘老嫩在屋家呀，赶快做饭担到前方。
齐家来呵，反抢粮呀反抢粮！
打走抢粮嘅[3]贼佬军，大家一起来享安康。

1945年夏作于博罗县横河圩

---

① 收录于中共广东省委党史研究室、深圳市东江纵队老战士联谊会、《壮志歌》编委会编：《壮志歌——东江纵队、两广纵队创作歌曲选》，《广东党史资料丛刊》编辑部，1993年，第26–27页。

② 词作者马咏，原名马淑琼，原是粤北越秀中学学生，1944年参加东纵铁流政工队，后随军北上，参加鲁迅艺术宣传队。——原书注

③ 嘅，相当于“的”。——编者注

红色马[①]

卢　灿　词

马　鲁　曲

矫健的姑娘，谁给你披上这件红衣裳，壮丽又漂亮；
为了陪衬红衣裳，我愿赠你一匹红色马，
让你飞翔飞翔[②]在自由无垠的原野上，
像碧空的一颗红星荡漾！
碧空的一颗红星荡漾！

这首歌创作于蒋管区，流行于东江游击区江北地区。曲作者马鲁（马文钰），词作者卢积仁（卢灿）都是粤北越秀中学的学生。马鲁是中共地下党员，1944 年底参加东江纵队，先后任铁流政工队队长，中队政治指导员，1945 年底日本投降后，在反国民党内战中牺牲。

卢灿 1944 年底参加东江纵队，在解放战争时任大队政治委员，在与国民党顽固派作战中牺牲。

这首歌创作于 1943 年。1942 年，广东省委遭到国民党的破坏。为避免遭受更大损失，中共中央决定，粤北地下党组织暂时停止活动。在国民党反动高压下，学校抗日进步活动遭到越来越严重的压制，不少进步学生被迫离校，一时进步活动处在沉寂之中。但是，地下党员执行党中央关于“长期埋伏、隐蔽精干、积蓄力量、等待时机”的方针，在勤学、勤业、勤交友的“三勤”任务中，党员们一刻也没有停止工作和斗争。党员不仅没有受到损失，而且把活动从公开转入秘密，始终通过党的外围组织“读书会”把进步同学团结在一起。

① 收录于中共广东省委党史研究室、深圳市东江纵队老战士联谊会、《壮志歌》编委会编：《壮志歌——东江纵队、两广纵队创作歌曲选》，《广东党史资料丛刊》编辑部，1993 年，第 30–32 页。

② 原文如此。——编者注

《红色马》歌词中所写的“红色马”和“矫健姑娘”都是用象征、隐喻手法表达对共产党的无限向往和敬仰！由于这歌表达了党员的坚定信念和进步同学的心声，很快便秘密流传。直到50年后的今天，当年十多岁的同学都已白发苍苍了，但相聚在一起时，都情不自禁唱起这首歌，忆起那难以忘怀的岁月。

1945年这首歌在江北指挥部和下属连队中流传，至今，当年的干部战士还不时哼唱。

飞红巾[①]

任　克　词曲

飞红巾
年轻的神枪手
骑着那蒙古的大马儿
战斗在北方的原野

飞红巾
年轻的姑娘
不做爱情的俘虏
杀死了情人却报了仇恨
杀死了情人却报了仇恨

飞红巾
年轻的神枪手
骑着那蒙古的大马儿

① 收录于中共广东省委党史研究室、深圳市东江纵队老战士联谊会《壮志歌》编委会编：《壮志歌——东江纵队、两广纵队创作歌曲选》，《广东党史资料丛刊》编辑部，1993年，第40—41页。

战斗在北方的原野

飞红巾

迎接新战斗

“飞红巾”是碧野的小说《乌兰干浪之夜祭》中一个蒙古女战士的外号，她在押解俘虏过程中，与一俘虏产生了爱情，最后大义灭亲，杀死了情人。部队政工干部曾用讲故事的形式通过这小说教育激励部队，《飞红巾》也在部队中为指战员所喜爱和流行。

词曲作者任克，河北石家庄人。1944 年夏参加珠江纵队第二支队，任支队文书。1945 年 2 月，为了建立五岭根据地，随东纵主力部队挺进粤北；12 月，参加东纵粤北支队，在独立第三大队任政治服务员。北撤山东后，参加东江纵队文工团、两广纵队文工团。

几千年来人民的苦难重重①

歌剧《血泪仇》幕前曲

辛　枚　词

方　斯　曲

几千年来人民的苦难重重，
我们的爷爷奶奶哪一代不受苦受穷？
地主、官僚、军阀、汉奸和卖国贼，
他们剥削我们、压榨我们、奴役我们、残杀我们，
站在我们头上逞威风。
土地回了家，农民翻了身，

① 收录于中共广东省委党史研究室、深圳市东江纵队老战士联谊会《壮志歌》编委会编：《壮志歌——东江纵队、两广纵队创作歌曲选》，《广东党史资料丛刊》编辑部，1993 年，第 61–63 页。

天翻地动
我们有了自己的家乡解放区。
我们有了自己的领袖毛泽东。
敌人看着眼发红，
他们又来向我们进攻。
同志们，
快快坚决地、彻底地、干脆地消灭它，消灭它。
我们要为死去的复仇，
为活着的立功！

1947年10月13日，中央军委电令两广纵队由渤海地区南下，进入鲁西南地区，进行较大规模的作战锻炼和学习新区工作。11月6日，纵队于滨县龙王庙举行了反攻誓师大会，雷经天政治委员宣读了誓词，曾生司令员讲了话。纵队文工团演出了歌剧《血泪仇》，全体指战员精神振奋，斗志高昂。

曲作者方斯是东纵第六支队“云雀”政工队指导员，北撤后，任两纵文工团音乐指挥，后任新华社随军记者。

词作者辛枚（原名易新楣）1922年出生于浙江杭州。曾就读杭州女中。沪杭沦陷后，流返内地，在武汉曾参加短期战地救护工作，后就读湖南衡山高中，毕业后于1941年考入江西泰和中正大学文史系。1945年春经地下党介绍参加东纵，先后在政治部及《前进报》社工作。北撤后在两纵文工团工作，任演员和创作组员。

鸡叫一声天下明①

渤海民　歌
李昭填　词

鸡叫一声天下明，
翻身火把遍地红，
农民起来坐天下，
一切权力归农民。

1947 年 7 月，东纵文工团在山东渤海惠民地区李墨林庄，参加土改复查，创作了一批歌曲。这里选登的四首，都是在土改复查运动中创作的，在农村曾广为教唱。

词作者李昭，原是国民党第七战区十二集团军政工大队中共地下党领导的进步青年，1944 年底撤回东江纵队，曾参加东纵星火队、鲁迅艺术宣传队，随军北撤直至南下，都在东纵文工团、两纵文工团，历任演员、创作组员和少年队队长。她创作的儿童剧《毛主席在此》在北方很受欢迎。

孩子孩子好好睡②

佚　名　词
何　林　曲

孩子孩子好好睡，
妈妈今天去开会，

① 收录于中共广东省委党史研究室、深圳市东江纵队老战士联谊会《壮志歌》编委会编：《壮志歌——东江纵队、两广纵队创作歌曲选》，《广东党史资料丛刊》编辑部，1993 年，第 64–65 页。

② 收录于中共广东省委党史研究室、深圳市东江纵队老战士联谊会《壮志歌》编委会编：《壮志歌——东江纵队、两广纵队创作歌曲选》，《广东党史资料丛刊》编辑部，1993 年，第 65 页。

开会干什么?
斗争大恶霸!
讲讲理，出出气，
要回咱那房子地，
翻翻身，抬抬头，
给你爹爹报报仇。

1947年10月于渤海

《为谁当兵》选段①

(四幕歌剧)

韦　丘　戴　江　李　昭　汪　潮　辛　枚　编剧/作词

韦　虹　曲

……

四、翻了身别忘过往苦
(陈耀生母亲、弟弟水生等唱)

母亲：翻了身来可别忘了过往的苦，
好了那疮疤别忘了痛。
你是穷人生来穷人养，
参军杀敌是为咱穷人。
今天饭碗端在手，
就要保住饭碗根。
往日的苦处说不尽，
耀生被抓去当了害人兵，

① 收录于中共广东省委党史研究室、深圳市东江纵队老战士联谊会《壮志歌》编委会编：《壮志歌——东江纵队、两广纵队创作歌曲选》，《广东党史资料丛刊》编辑部，1993年，第73—87页。

不知是活来还是死，

（白）水生，你要替他报仇恨。

水生：（白）爹、大娘、乡亲们，大家话我记在心，

参军杀敌为穷人，

到了队伍上落力干，

保家保田保住饭碗根。

（白）娘！我一定要给耀生哥报仇恨。

（群众合唱）：咱村能过好日子，

全靠咱们解放军。

我儿童团抓个小老蒋，

咱后方生产来支援。

前方后方合力干，

打倒老蒋再过太平年。

再过太平年。

母亲：一人参军万人送，一人参军全家都光荣。

孩子，你在家是个庄稼汉，到前线上要当个英雄。

水生：我在家是个庄稼人，到前线也是保护咱穷人。

打垮老蒋土匪军，穷人就永远大翻身。

……

《缉私立功》选段[1]

（粤曲小调剧）

韦　丘　编剧/作词

……

二、我叫做阿二姐

（阿二姐唱）

我叫做阿二姐，为人好食懒做，

旧时响过澳门吖间斯豪，招呼客人揸水煲，

（我）好扮靓最怕老，大声兼夹嘈。

而家唔做吖一行，转行走私。

前山澳门，来往时时。

白洋布，打火机，烟仔一大批，

吖的洋毛衫拨兰地（我）尽地带返来。

……

《大岭山的故事》插曲[2]

（四场话剧）

辛　枚　编剧/作词

梁　澜　宗　达　王　冲　曲

……

① 收录于中共广东省委党史研究室、深圳市东江纵队老战士联谊会《壮志歌》编委会编：《壮志歌——东江纵队、两广纵队创作歌曲选》，《广东党史资料丛刊》编辑部，1993年，第107–109页。

② 收录于中共广东省委党史研究室、深圳市东江纵队老战士联谊会《壮志歌》编委会编：《壮志歌——东江纵队、两广纵队创作歌曲选》，《广东党史资料丛刊》编辑部，1993年，第115–122页。

三、歌颂大岭山英雄
记得那年大岭山上坚持敌后战
你女英雄的名字就传遍了
大岭山下
在人们的心上
你比那火还红
你比那火还红
英雄啊
你虽死犹生
哪一个战斗的伙伴不怀念你
哪一个解放了的人民不想念你
想念你啊
女英雄
我们光荣的旗帜
陈笑影
在那敌后坚持抗战
你无限英勇
你在敌人的严刑下表现得更沉着坚定
你是我们光辉的榜样
你团结了广大群众
你是大岭山的英雄
是中华儿女光辉的旗帜
你的名字活在人民心上
我们永远怀念着你英雄
……

《大岭山的故事》主要歌颂抗日战争时期的女共产党员陈笑影同志顽强战斗、壮烈牺牲的英雄事迹。

陈笑影是香港的女工，1937 年参加党的外围组织——晨钟社举办的工人夜校，是夜校的骨干。1938 年入党，1941 年参加广东人民抗日游击队，在宝安大队医务所任政治服务员。1942 年 5 月，在一次国民党反动军队向我游击区"扫荡"中，为了掩护医务所的伤员转移，陈笑影手持三八步枪，腰挂手榴弹，不断转移射击位置，迷惑敌人，与敌周旋，使伤员安全撤退。最后因寡不敌众被捕。被捕后，陈笑影在审讯中威武不屈，正气凛然，怒斥顽敌，在高呼"中国共产党万岁！""打倒国民党反动派！"的口号声中英勇就义，为解放祖国的神圣事业，献出了青春和热血。

新年小唱[①]

（广州方言歌）

华　英　词曲

锣鼓炮仗响连天，
家家户户贺新年。
三嫂话劏[②]只肥鸡乸[③]，
二叔话买鱼又买虾，
老王话解放全靠共产党，
买张毛主席挂享中堂。
东街牌楼起得高，
秧歌狮子随街舞，
三嫂话望佢一年比一年好，
二叔话要肃清蒋匪至做得到，

① 收录于中共广东省委党史研究室、深圳市东江纵队老战士联谊会《壮志歌》编委会编：《壮志歌——东江纵队、两广纵队创作歌曲选》，《广东党史资料丛刊》编辑部，1993 年，第 122–124 页。

② 劏，指宰杀。——编者注

③ 乸，指雌，母的。——编者注

老王话想要永远享太平，
要大家落力支援前线。
过新年，贺新年，
大家落力支援前线。
全国蒋匪都肃清，
我地就永远享太平。

广东战役于1949年冬胜利结束，1950年的新年，是广东人民解放后头一个欢天喜地的新年。

词曲作者华英，1945年参加始兴风度抗日大队，曾任我党控制的始兴“国民兵团独立自卫中队”文化教员；东纵北上后，任粤北司令部短枪队向导和交通联络员。北撤后，参加两广纵队文工团，南下后任文工团第二队指导员。

此歌作于1950年新年前夕，曾刊登于1950年春的《南方日报》。

向军属拜年①

（广州方言歌剧《光荣灯》选曲）

辛　枚　词

黎凤仪　曲

谂②起我旧阵时真系好惨，
穷人过新年好似上刀山，
身上冇衫着，镬头③冇米饭，

① 收录于中共广东省委党史研究室、深圳市东江纵队老战士联谊会《壮志歌》编委会编：《壮志歌——东江纵队、两广纵队创作歌曲选》，《广东党史资料丛刊》编辑部，1993年，第126–128页。

② 谂，指想、思考。——编者注

③ 镬头，指大铁锅。——编者注

财主嚟[①]逼债吹须又碌眼。
大人忧，细佬哥喊，你话惨唔惨？
自从解放咗，地覆又天翻，
哑佬都开声，盲公都开咗眼。
门前上等田，我分得三亩三。
我男人去参军，佢保国真勇敢，
我亦都唔落后，耕种唔偷懒。
养咗[②]两只猪，搭起个新猪栏，
养咗一群鸡，佢日日都生蛋。
咁嘅好世界，重有乜好弹？
噙日过新年，今日系初三，
趁住个天时好，我外家去行一行。
难得返外家，我好好嚟打扮，
着起对新鞋袜，换翻件新靓衫，
出门揾我个仔，我手上拈只篮。
篮仔装乜嘢[③]呢？桔仔同鸡蛋。
送俾我嘅侄仔，好食又好玩，
担头向前望，日头照花眼。

曲作者黎凤仪，1947年在山东参加两纵文工团，任演员、乐队成员；南下后，任音乐创作组员。

① 嚟，指来。——编者注
② 咗，动词词尾，表示动作完成，相当于“了”。——编者注
③ 乜嘢，指什么东西。——编者注

《张明诉苦》选段[①]

（广州方言歌剧）

戴 江 辛 枚 编剧/作词

黎凤仪 宗 达 曲

一、天旱无雨实在心烦

（张明唱）

天旱无雨实在心烦，
火红嘅日头晒死人，
石仔沙仔Nat（烫）[②]人脚，
脚踏沙地起烟尘，
禾苗晒干裂开口啊，
禾苗晒死谷米就唔生。
天时旱灾谷米贵，
就快饿死的耕田人。

二、十五年嘅小树变大树

（福嫂唱）

十五年嘅小树变大树，
十五年嘅细佬哥变大人，
十五年嘅日子唔易过，
福嫂捱尽几多艰难。
捱到阿明十六岁，
捱到黑头变白头，

① 收录于中共广东省委党史研究室、深圳市东江纵队老战士联谊会《壮志歌》编委会编：《壮志歌——东江纵队、两广纵队创作歌曲选》，《广东党史资料丛刊》编辑部，1993 年，第 134—139 页。

② 原文如此。——编者注

挜到腰弯脚又软，
挜到眼眉都打褶，
年年想望有出头，
点知年年都阴天，
唔知等到边个年头？

三、丈夫死去又一年
（福嫂唱）
丈夫死去又一年啊，
一年嘅日子我唔见天。
阴阴森森愁死人啊，
孤孤单单有边个可怜？
坐落嚟听见丈夫喊，
瞓低睇见丈夫面，
日想夜想就想唔见。
啊啊啊
白：明仔啊爹！
你死得真可怜，
今日坟头哭丈夫，
眼泪哭干肠哭断，
哭到天昏地又暗，
都冇人答应一句话言。
哭生哭死丈夫唔知，
抹干眼泪转返家园，
只望啊明仔你唔好喊啊，
妈要去斩柴卖啊。

四、阿妈唔使咁伤心

（张明唱）

阿妈唔使咁伤心，阿公唔使去求人，
你仔年纪虽系细，我要立志要做人。
而家我就去当兵，报唔到冤仇我唔返来。
有日捉到王昌盛，新仇旧恨一齐算清。

（罗强等忆记）

土改前夕，为创造土改的有利环境，确保人民解放军的枪杆子保卫土改运动顺利进行，珠江三角洲驻军全面展开了忆苦、诉苦的阶级教育。《张明诉苦》是以真实生活为基础而创作的多幕歌剧，其词曲通俗、易懂，娓娓动听，曾收到很好的演出效果，有些唱段在军民中广为流传。

响应政府借军粮[①]

（广州方言歌）

李　昭　词

王　冲　曲

十月新谷上禾塘，
响应政府借军粮，
人民军队歼灭残匪，
马要草时人要粮。

（1949年12月作于中山石岐，曾刊登于《珠江农民报》。）

1950年6月，朝鲜战争爆发。接着，美帝国主义直接出兵武装干涉，

① 收录于中共广东省委党史研究室、深圳市东江纵队老战士联谊会《壮志歌》编委会编：《壮志歌——东江纵队、两广纵队创作歌曲选》，《广东党史资料丛刊》编辑部，1993年，第141-142页。

还侵占我国领土台湾，并向中朝边境鸭绿江和图门江进犯。中共中央毅然作出“抗美援朝，保家卫国”的英明决策，组成中国人民志愿军，赴朝鲜作战。

两广纵队积极响应中共中央号召，两次接受抗美援朝任务，输送了三千多人，先后开赴朝鲜前线，参加中国人民志愿军。两纵文工团也有十位文艺战士随军赴朝。他们是：廖天华、郭德成、高晶、马行、何成炼、谭启申、苏援燊、李乃媛、王柏林、沙敏。

《支援朝鲜兄弟，保卫世界和平》、《破坏和平的野兽，必定在战争中灭亡！》、《抗美援朝，保家卫国》、《光荣的志愿兵》、《用我们的枪支援朝鲜兄弟》、《为幸福日子而战》、《平壤解放》等都是当时创作演出，至今还保留下来的部分歌曲。这些歌，颂扬了我党我军的爱国主义、国际主义精神。

我们这一群①

（东江纵队《前进报》社社歌）

《前进报》社集体创作

郑 盾 词

石 铃 曲

我们是一群热爱祖国的儿女，
我们是一队文化战线的青年。
三年来，走遍了惠东宝博前线，
活跃在敌人的心脏后方。
密林深山，是我们的工厂，

① 收录于中共广东省委党史研究室、深圳市东江纵队老战士联谊会《壮志歌》编委会编：《壮志歌——东江纵队、两广纵队创作歌曲选》，《广东党史资料丛刊》编辑部，1993年，第165-168页。

生产了万千精神的食粮。
我们的步伐一致，我们的目标一样；
争祖国的自由，求人类的解放。
谁说我们不会打仗？
钢板，铁笔是我们的炸弹和钢枪；
我们的油墨泼向法西斯强盗，
我们的笔尖刺破反动派的脸庞。
我们也曾记载下光辉的战绩引导群众朝着一个胜利的方向。
工作努力，学习紧张，教育民众，组织武装，
我们要做爱民生产的好榜样。
同志们紧［谨］记上：我们是民族的先锋，我们是社会的栋梁。
我们要站在自己的岗位，直战到敌人的灭亡！
我们是民族的先锋，我们是社会的栋梁，
我们要站在自己的岗位，直战到敌人的灭亡！

1944 年夏作于大鹏半岛南社村

《前进报》是东江纵队的机关报，是我党在华南敌后较有影响的报刊。她通过新闻电台取得新华社电讯，及时传播党中央的声音，还大量刊登广东党和东江纵队领导机关的文章，宣传党的政策，指导东江地区和广东地区的革命斗争。报纸发行到珠江、粤中、粤北、西江、韩江、南路等游击区和部队。最高发行量达七千份。报社全盛时期共有四五十人。

词作者郑盾，是《前进报》的编辑，部队挺进粤北后，任连队政治指导员，在战斗中牺牲。

东江流动歌剧团团歌①

林悠如　词

马思聪　曲

东海的浪号啕，
东海的风狂啸，
祖国如今遭了灾难，
家乡如今已在沦丧。
同胞手挽着手啊，
把我们破碎的河山再造。

东江华侨回乡服务团属下的“东江流动歌剧团”，成立于1938年，是驰骋在东江战地头一个专业文艺团体，团员17人，在一年零三个月的时间里，行程二千多里，坚持巡回演出于战火纷飞的东江游击区。当时，由该团团长程跃群、团员李雷到香港，请作曲家马思聪谱曲。这首歌，由惠阳党史办整理，中共广东党史研究室黄慰慈供稿。

词作者林悠如当时是香港中学教员，解放后，在江西任大学教授。

安南华侨青年国防话剧流动宣传队队歌②

彭　克　词曲

（合）前进，前进，向前进。
（女）哈哈哈哈哈

① 收录于中共广东省委党史研究室、深圳市东江纵队老战士联谊会《壮志歌》编委会编：《壮志歌——东江纵队、两广纵队创作歌曲选》，《广东党史资料丛刊》编辑部，1993年，第171页。

② 收录于中共广东省委党史研究室、深圳市东江纵队老战士联谊会《壮志歌》编委会编：《壮志歌——东江纵队、两广纵队创作歌曲选》，《广东党史资料丛刊》编辑部，1993年，第172–173页。

（男）哈哈哈哈哈
（合）我们是华侨青年宣传队，
（女）我们离开了家庭和爸妈，
（男）抛弃了舒适优越的生活，
（合）牺牲一切为中华民族解放而奋斗。
我们不怕困难，
决心跑遍全安南。
拼命学习，拼命干，
抗战建国未成功，
我们的工作誓不松。
冲冲冲冲，向前冲。
冲冲

（吴萍础、容克波忆记）

安南华侨青年国防话剧流动宣传队，是越南华侨抗日宣传的一支劲旅，归国后，成了曾生新编大队的政工队，也是东纵前身属部队建制的头一个专业文艺团体。他们经历过部队东移的残酷战斗，始终用文艺为兵服务，在东移中全队牺牲了三分之一。

作者彭克，又名叶奔程，1939 年参加华侨党组织，是宣传队政治上、艺术上的骨干。参军后，在东移的斧头山战斗中失散。重返越南，继续进行反帝斗争，1950 年因叛徒出卖被捕，病死狱中。

题　词

“白衣战士，赤胆英雄”题词[①]

① 收录于中共宝安县委党史办公室编：《回顾东纵卫生工作》，广东人民出版社，1987年，题词第1页。

“北战南征，救死扶伤，白衣战士，赤胆忠贞”题词[①]

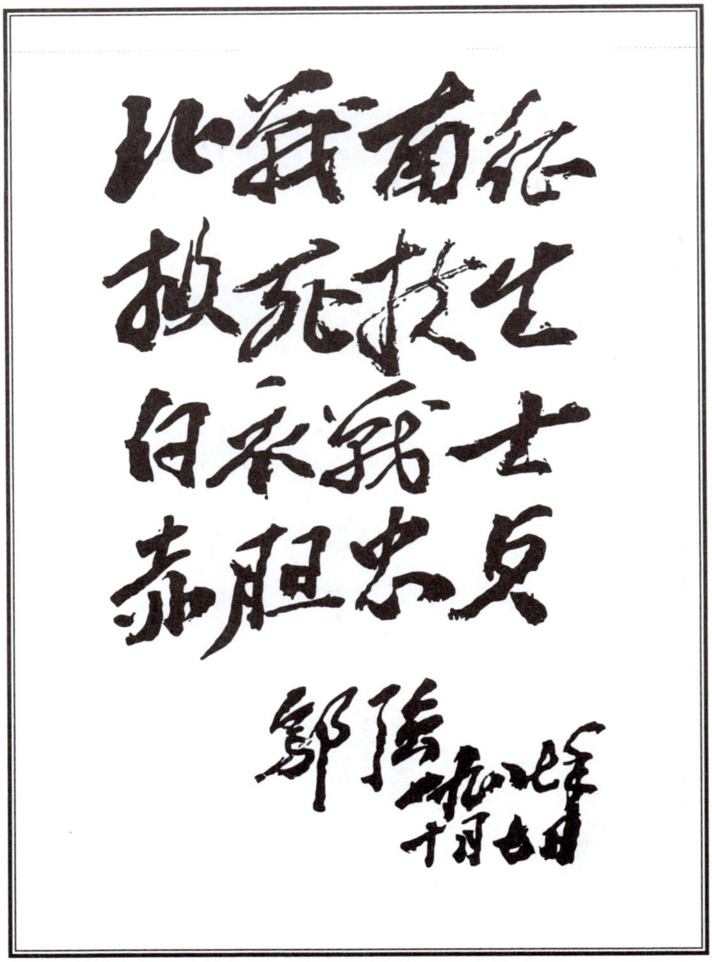

① 收录于中共宝安县委党史办公室编:《回顾东纵卫生工作》，广东人民出版社，1987年，题词第3页。

题词（一）①

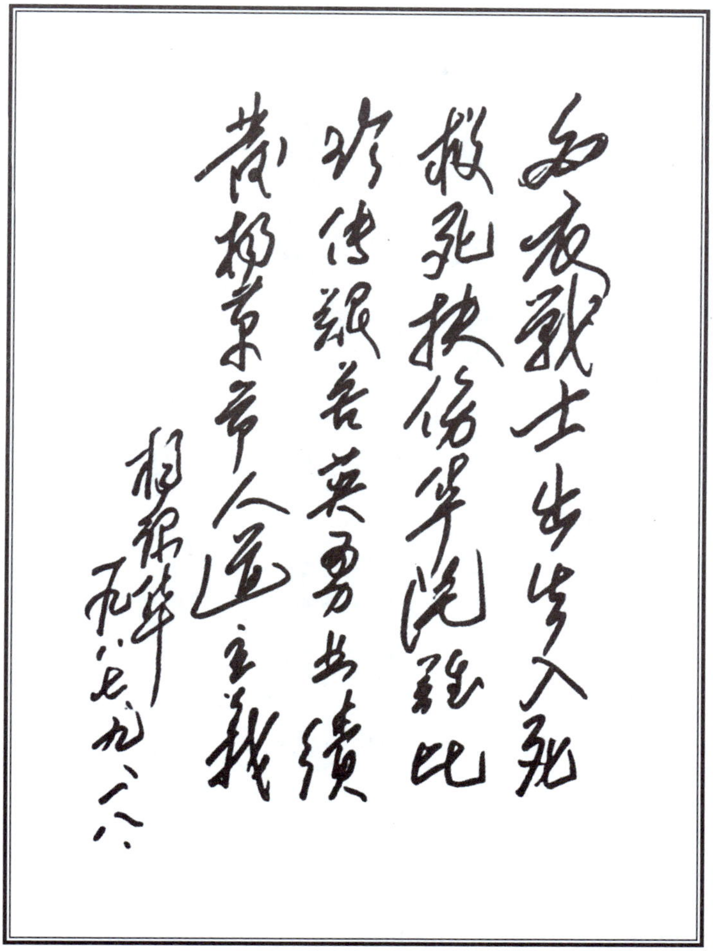

---

① 收录于中共宝安县委党史办公室编：《回顾东纵卫生工作》，广东人民出版社，1987 年，题词第 2 页。

题词（二）①

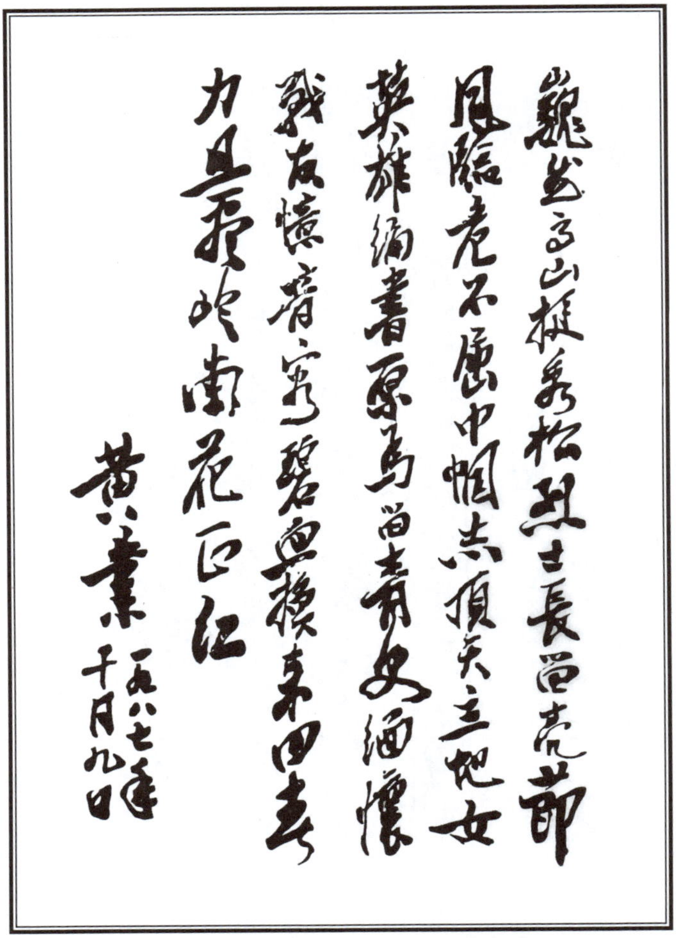

① 收录于中共宝安县委党史办公室编：《回顾东纵卫生工作》，广东人民出版社，1987年，题词第4页。

照　片

李淑桓①

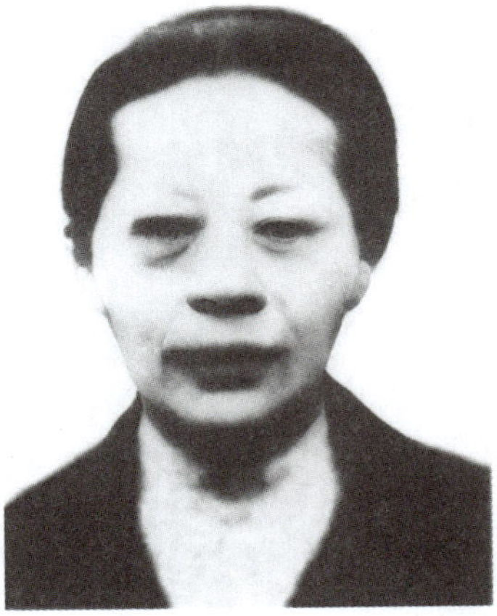

游击队的卫生员们②

① 收录于张黎明著：《记忆的刻度——东纵的抗战岁月》，群众出版社，2006 年，第 35 页。

② 收录于张黎明著：《记忆的刻度——东纵的抗战岁月》，群众出版社，2006 年，第 46 页。

文森队队员[1]

香港九龙区学生中心的支部书记何秀云[2]

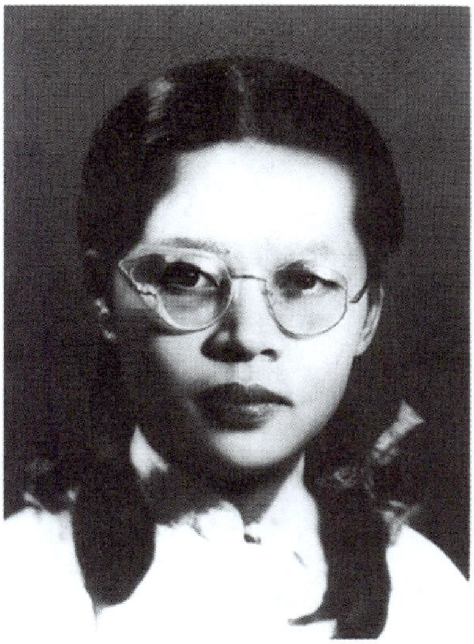

① 收录于张黎明著:《记忆的刻度——东纵的抗战岁月》,群众出版社,2006 年,第 64 页。

② 收录于张黎明著:《记忆的刻度——东纵的抗战岁月》,群众出版社,2006 年,第 196 页。

东纵交通员李甘妹[①]

港九大队市区中队队长方兰[②]

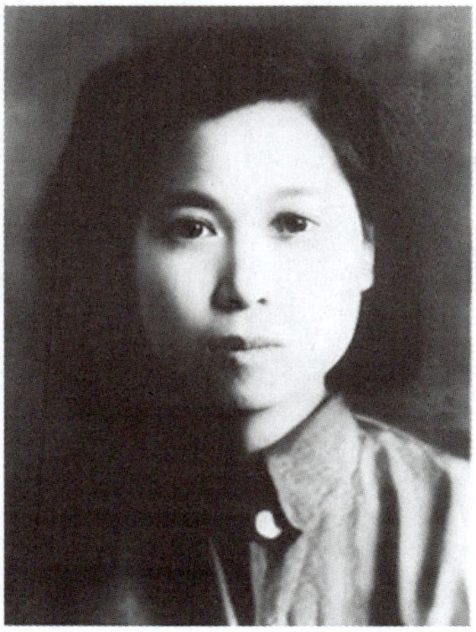

① 收录于张黎明著：《记忆的刻度——东纵的抗战岁月》，群众出版社，2006年，第275页。

② 收录于张黎明著：《记忆的刻度——东纵的抗战岁月》，群众出版社，2006年，第282页。

被日军枪杀的方兰母亲冯芝①

北撤的女战士②

① 收录于张黎明著:《记忆的刻度——东纵的抗战岁月》，群众出版社，2006 年，第 285 页。

② 收录于张黎明著:《记忆的刻度——东纵的抗战岁月》，群众出版社，2006 年，第 290 页。

女战士照片①

香港商务印书馆女工开展抗战募捐②

（深圳宝安区档案馆供图）

① 收录于深圳市史志办公室编：《定格红色——深圳地区革命历史图集》，中共党史出版社，2010年，第79页。

② 收录于深圳市史志办公室编：《定格红色——深圳地区革命历史图集》，中共党史出版社，2010年，第89页。

爱国华侨钟若潮、王丽夫妇①

钟若潮任独立中队政委，1944 年 5 月在与日军战斗中牺牲。王丽任卫生员，
1942 年 5 月在宝安铁岗村为掩护伤员而被俘牺牲。
（深明市东江纵队老战士联谊会供图）

卫生工作队员②

（广东革命历史博物馆供图）

① 收录于深圳市史志办公室编:《定格红色——深圳地区革命历史图集》，中共党史出版社，2010 年，第 103 页。

② 收录于深圳市史志办公室编:《定格红色——深圳地区革命历史图集》，中共党史出版社，2010 年，第 162 页。

女卫生队员们①

（欧坚供图）

学生时代的欧坚（朱韫贞）②

1942 年，打入日军机关搜集情报，化名朱木兰。（选自《永志难忘的一页》）

---

① 收录于深圳市史志办公室编：《定格红色——深圳地区革命历史图集》，中共党史出版社，2010 年，第 162 页。

② 收录于深圳市史志办公室编：《定格红色——深圳地区革命历史图集》，中共党史出版社，2010 年，第 186 页。

1943年时的游击队女战士欧坚（朱韫贞）[①]

（选自《永志难忘的一页》）

李甘妹、冯芝、熊芬[②]

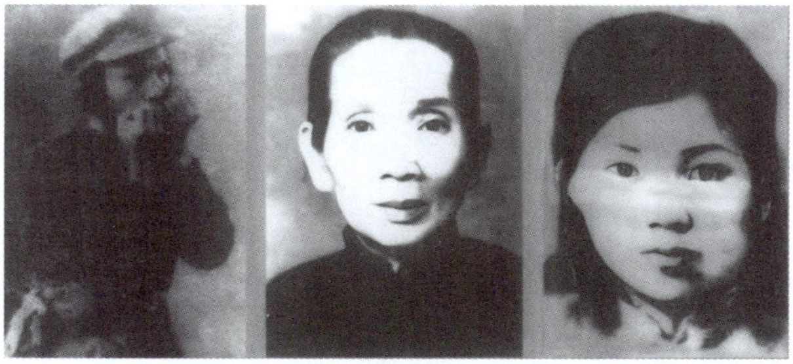

女交通员李甘妹（深圳市东江纵队老战士联谊会供图）左一

东江总队港九大队交通员冯芝（深圳市宝安区档案馆供图）中

交通站站长熊芬（深圳市宝安区档案馆供图）右一

① 收录于深圳市史志办公室编:《定格红色——深圳地区革命历史图集》，中共党史出版社，2010年，第186页。

② 收录于深圳市史志办公室编:《定格红色——深圳地区革命历史图集》，中共党史出版社，2010年，第187页。

张　涛①

张涛，1939 年加入中国共产党。1944 年任东江纵队民运工作组副组长，在稔平半岛做群众工作。1945 年 12 月在平海被国民党军队逮捕，英勇就义。
（深圳市宝安区档案馆供图）

游击队女战士②

（选自《从峥嵘岁月走向辉煌时代——近现代东江革命历史图集》）

---

① 收录于深圳市史志办公室编：《定格红色——深圳地区革命历史图集》，中共党史出版社，2010 年，第 208 页。

② 收录于深圳市史志办公室编：《定格红色——深圳地区革命历史图集》，中共党史出版社，2010 年，第 233 页。

游击队女战士黄玉、黄景云姐妹①

1948 年 8 月在宝安梅林活动的游击队女战士黄玉、黄景云姐妹。(黄玉供图)

粤赣湘边纵队东江第一支队政委王鲁明和苏丹②

(王晓波供图)

① 收录于深圳市史志办公室编:《定格红色——深圳地区革命历史图集》,中共党史出版社,2010 年,第 233 页。

② 收录于深圳市史志办公室编:《定格红色——深圳地区革命历史图集》,中共党史出版社,2010 年,第 257 页。

粤赣湘边纵队东江第一支第二团武工队队员何玉英[①]

（何玉英供图）

粤赣湘边纵队东江第一支队第二团民运队员合影[②]

（叶莲供图）

---

① 收录于深圳市史志办公室编：《定格红色——深圳地区革命历史图集》，中共党史出版社，2010年，第261页。

② 收录于深圳市史志办公室编：《定格红色——深圳地区革命历史图集》，中共党史出版社，2010年，第267页。

粤赣湘边纵队东江第一支队第三团卫生员在坪山水口为群众治病①

（广东革命历史博物馆供图）

妇女慰劳队向战士分发慰劳品②

（广东革命历史博物馆供图）

① 收录于深圳市史志办公室编：《定格红色——深圳地区革命历史图集》，中共党史出版社，2010年，第269页。

② 收录于深圳市史志办公室编：《定格红色——深圳地区革命历史图集》，中共党史出版社，2010年，第275页。

两广纵队部分女同志南归广东前合影[①]

（廖国华供图）

女战士在深圳镇向香港青年做宣传工作[②]

（刘成浩供图）

① 收录于深圳市史志办公室编：《定格红色——深圳地区革命历史图集》，中共党史出版社，2010年，第277页。

② 收录于深圳市史志办公室编：《定格红色——深圳地区革命历史图集》，中共党史出版社，2010年，第290页。

女战士与香港民主妇联慰问团在深圳镇人民政府门前合影①

（刘成浩供图）

① 收录于深圳市史志办公室编：《定格红色——深圳地区革命历史图集》，中共党史出版社，2010 年，第 291 页。

关汉芝烈士①

东一支三团税警连战士，于 1949 年秋在战斗中牺牲。

陈咏莲烈士②

东一支三团金虎队卫生员，于 1949 年 7 月在战斗中牺牲。

---

① 收录于肇庆市城区东江纵队粤赣湘边纵队老战士联谊会编：《峥嵘岁月》，2003 年，前言页第 12 页。

② 收录于肇庆市城区东江纵队粤赣湘边纵队老战士联谊会编：《峥嵘岁月》，2003 年，前言页第 12 页。

后　记

历时一年有余，《广东东江地区妇女解放运动史料汇编》（全六册）终于完成，这是广东省妇女联合会、中共广东省委党史研究室继联合出版发行《广东原中央苏区妇女解放运动史料汇编》后，持续推进广东省妇女运动历史文献资料的搜集、整理和出版工作的又一重要阶段性成果。

记述中国妇女解放和发展的历史进程，总结妇女运动发展的历史规律，具有重要的历史价值和现实意义。广东省妇女联合会本着对历史高度负责的态度发起了广东东江地区妇女解放运动史料汇编与整理工作，并负责本套书的设计、统筹、协调和统稿；中共广东省委党史研究室发挥专业和资源优势，对本套书的纲目结构、标题设置、编写体例、资料来源等方面进行审读指导；华南师范大学马克思主义学院负责相关史料的收集挖掘、整理勘校等具体工作。

感谢华南师范大学马克思主义学院胡国胜教授带领研究团队亲赴广东东江地区开展实地调研，深入该区域的各县（市、区）党史研究室、档案馆、图书馆、妇联等部门查相关珍贵档案，并摘录了大量翔实的史料！感谢广州市、深圳市、东莞市、惠州市及所属县（市、区）的各级妇联、党史研究室、档案馆、图书馆等相关单位的鼎力配合！感谢广东东江纵队纪念馆、深圳市坪山区东江纵队纪念馆、罗浮山东江纵队纪念馆等专题纪念馆的大力支持！感谢广州市东江纵队研究会、

深圳市东江纵队粤赣湘边纵队研究会、东莞市东江纵队历史研究会、惠州市东江文化两纵历史研究会的全力协助！此外，我们在本次的史料汇编过程中参考了学界同行们的大量成果，恕不能在此一一列明，特表谢意。

本套书集取了党史、军事史、组织史、文艺史和其他方面的研究，是集体合作的成果。由于编写时间仓促，我们的专业基础、研究视野、学术功底等尚存缺欠，加上史料选编难度较大，本套书在考证和编辑方面难免存在纰漏和错误，殷切希望学界同道、广大读者批评指正。

编委会

2024 年 2 月

广东东江地区妇女解放运动

史料汇编

GUANGDONG DONGJIANG DIQU
FUNÜ JIEFANG YUNDONG SHILIAO HUIBIAN

第三册

广东省妇女联合会
中共广东省委党史研究室 编

中国妇女出版社

图书在版编目（CIP）数据

广东东江地区妇女解放运动史料汇编. 第三册 / 广东省妇女联合会，中共广东省委党史研究室编. -- 北京 : 中国妇女出版社，2024.3
ISBN 978-7-5127-2371-9

Ⅰ.①广… Ⅱ.①广… ②中… Ⅲ.①妇女运动－史料－广东－1938－1949 Ⅳ.①D442.865

中国国家版本馆CIP数据核字（2024）第020301号

项目统筹：万立正
责任编辑：耿　剑
封面设计：李　甦
责任印制：李志国

出版发行：中国妇女出版社
地　　址：北京市东城区史家胡同甲24号　　邮政编码：100010
电　　话：（010）65133160（发行部）　　65133161（邮购）
网　　址：www.womenbooks.cn
邮　　箱：zgfncbs@womenbooks.cn
法律顾问：北京市道可特律师事务所
经　　销：各地新华书店
印　　刷：小森印刷（北京）有限公司

开　　本：170mm×240mm　1/16
印　　张：188.25
字　　数：2700千字
版　　次：2024年3月第1版　　2024年3月第1次印刷
定　　价：598.00元（全六册）

编委会

出版说明

为深入学习贯彻习近平总书记关于党史和文献工作的重要论述精神，切实加强新时代广东革命史料文献的抢救、保护和利用工作，充分展现广东妇女在中国革命历史进程中发挥的重要作用，广东省妇女联合会汇聚中共广东省委党史研究室、华南师范大学等各方力量，编辑出版《广东东江地区妇女解放运动史料汇编》（全六册），为中国妇女解放运动史尤其是广东地方妇女解放运动史的相关学术研究提供更加丰富和系统的史料支持，以推进马克思主义妇女解放理论的创新和发展。

广东东江是中国共产党在新民主主义革命时期开展革命武装斗争的重要地区。本套书所研究的广东东江地区，范围指东江纵队的游击战略区，主要包括惠阳（今属广东惠州）、东莞、宝安（今属广东深圳）、海丰（今属广东汕尾）、陆丰（今属广东汕尾）、博罗（今属广东惠州）、增城（今属广东广州）、龙门（今属广东惠州）等地，同时还包括当时行政区划中中国共产党所领导的香港九龙一带。抗日战争时期，东江纵队在党中央和广东党组织的领导下，进行了艰苦卓绝的敌后抗日游击战争，从无到有、由弱变强，逐步发展成为一支拥有1.1万余人的队伍，建立起总面积6万余平方里、人口450万以上的根据地和游击区，成为华南战场抗战的一面旗帜。抗战胜利后，东江纵队

主力奉命北撤山东，1947 年扩大组建为中国人民解放军两广纵队，参与华东战场的多个重大战役。未参加北撤留在广东的武装力量坚持斗争，逐步发展壮大为中国人民解放军粤赣湘边纵队等部队，为解放广东作出了重要贡献。东江纵队这支队伍的一大特点是女战士多，她们是联络站的负责人、是担任敌后游击作战大队中队长、是负责医疗卫生和后勤保障工作的战士，还积极参与了秘密营救香港文化界人士和爱国民主人士行动，她们的英雄身影遍布各条战线，撑起了华南革命战场的“半边天”。但遗憾的是，由于各种因素，目前广东东江地区妇女解放运动的相关史料分布较为零散无序，缺乏系统整理和科学梳理。

本套书收录了 1938 年至 1949 年期间有关广东东江地区妇女解放运动的政策文献、文史资料、口述回忆、文艺作品、人物传记、女英名录、历史照片等精选史料，共六册。第一册选编了 1938 年至 1949 年间的相关政策文献，依时间排序、按发文机构归类，共计约 36 万字。第二册和第三册选编了 1938 年至 1949 年间相关的文史资料，收录新中国成立以来当地对该段历史的记录和讲述的相关材料，共计约 43 万字。第四册和第五册选编了革命历史亲历者的口述回忆，共计约 70 万字。第六册选编了部分在革命斗争中牺牲的女英烈名录、部分具有代表性的革命妇女英雄人物传记、相关文艺作品（包括诗词、歌曲、题词）和珍贵的历史照片，共计约 29 万字。

为全面、真实、清晰地反映广东东江地区妇女解放运动的相关史实，本套书坚持以历史唯物主义和辩证唯物主义为根本指南，秉承着对历史负责的严谨态度，遵循“尊重历史，求实存真”的基本原则开展编撰工作。本套书在编辑的过程中，对不会产生歧义的字词均未作改动。收入本套书的政策文献、文史资料、口述回忆、人物传记的标题，一般为原标题，凡是原件无标题或标题有误的，均为编者所拟或修改。鉴于革命战争时期的紧张环境，个别政策文献及文史资料存在

着错别字、文理不通、表述与现在不一致、整理者水平不一等问题，为了尽量保持史料原貌，均未做改动，以“[　]”形式加以修订；对模糊不清、无法辨认、缺损的内容均以符号“△”代替；符号“〔　〕”内容为原书编者修订。

习近平总书记指出：“历史研究是一切社会科学的基础，承担着‘究天人之际，通古今之变’的使命。”出版这套书，只是我们开展广东东江地区妇女解放运动史研究、汲取历史经验过程中的“万里长征第一步”。我们希望这套书能起到抛砖引玉的作用，以期创作出更多体现广东东江地区妇女解放运动的历史地位的精品力作，充分记录展现更多妇女先锋、妇女英烈的历史事迹，发挥妇女运动史料的教育作用，筑牢巾帼信仰之基，彰显巾帼担当作为，从而进一步激励广大妇女知史爱党、知史爱国，以更为强烈的历史自觉、更加昂扬的精神面貌，在贯彻新发展理念、构建新发展格局、推动高质量发展等方面继续发挥自身优势和积极作用，为实现以中国式现代化全面推进强国建设、民族复兴伟业作出新的更大贡献！

广东省妇女联合会

中共广东省委党史研究室

2024年2月

目　录

东　莞

惠　州

香　港

东　莞

东莞妇女解放运动大事记

文献1

大事记（节选）[①]

1918—1949

一九三八年

二月，成立东莞妇女抗敌同志会，何佳（何巧图）任主席，梁霞冰、赵学光任常委。会员200多人，参加活动的妇女达一千多人。

二月，民众抗日自卫统率委员会组成两个政工队，由共产党员张广业、张高科等负责率队赴山区、水乡发动群众，宣传抗日，两队共有女队员10多人。

三·八国际妇女节，县妇抗会在中山纪念堂开大会，会后，主席团作先导，带领二百多妇女，冒雨上街游行，高呼妇女联合起来，打倒日本帝国主义等口号。

四月，中共东莞中心县委为加强妇女工作的领导，在东莞妇抗会内成立了第一个妇女党支部，支部书记梅爱芳。

八月，王河任中共东莞县委妇女部长。九月出席中共广东省委召开的妇女工作会议。回县后，向县委第二期党员干部训练班传达，动员全县妇女奋起抗日。

在纪念八·一三上海保卫战一周年时，东莞妇女在莞城掀起一个群众性献金救国热潮。

---

① 收录于东莞市妇女联合会编：《东莞市妇运志》，东莞市印刷厂，1995年，第9–11页。

十月二十一日，广州沦陷，二十三日虎门失守。中共东莞县委决定把抗日模范壮丁队和常备壮丁队以及各支部掌握的武装力量分别到大岭山、飞鹅和东宝边一带集结，整个队伍共150多人，其中有50多位女战士。

一九三九年

模范壮丁队及东莞各支部武装队伍一九三九年元旦在东莞县苦草洞进行整编，重新组成东宝惠边人民抗日游击大队，大队长王作尧，政训员何与成。大队下辖一个中队和一个政工队，有女同志五六十人。

三月，东江华侨回乡服务团东宝队在清溪成立。何佳任东宝队党支部组织委员。

秋，东莞第一次妇女工作会议在太公岭召开。会议由县委妇女部长王河传达抗战形势和党对妇女工作的指示。与会同志讨论了妇女工作在抗日战争中应起的作用和地位，会后配备了各区妇女干部。

一九四〇年

三月，曾生、王作尧领导的东江人民抗日部队被国民党顽军逼迫东移海陆丰，随队东移的东莞籍女战士有十多人。

三月，东莞妇女党支部成立。

七月，王河去大庾岭学习，赵学和潘清、李杰先后接任县妇女部长。

十一月，中共东莞县委建立莞城交通情报站，负责人王河。

一九四一年

一至七月，李杰任东莞县委妇女部长。

春，大岭山根据地建立一支流动宣传队，队长黄炜然，副队长李静（女），有女队员十多人。

七月，槎滘成立妇女党支部。水乡杜屋村姐妹会办手抄本刊物《村女》，载文反映沦陷区人民的苦难。

一九四二年

山区凤岗姐妹会输送三位女青年参军抗日。

一九四三年

日寇万人扫荡大岭山，战斗激烈，卫生员李玉珍负伤仍带领我游击队十多个伤员隐蔽大山中进行医护，并带伤员突围转移到安全地带。

杜娟、邓婉芳在杜屋开办妇女夜校。

李琼珍任林村支部书记，先后三次请组织派女共产党员到林村小学任教，并发展了十多个进步师生参加抗日游击队。

刘清（女）以洲涡为立足点，联系水乡各支部。

一九四四年

曾玲任水乡政工队副队长，带领女队员多人，在低涌建立妇女会、儿童团，培养妇女干部参军支前。

张素娥、叶惠芳在凤岗官井头一带任文工队长，发动群众参军支前。

冬，成立东宝地区妇女救国会，张剑莹兼任主席，各地相继成立妇女组织。

一九四五年

三月，各区乡妇女隆重集会纪念三·八国际妇女节。

夏秋之间，东莞抗日根据地广大妇女响应党中央的号召，努力增加生产，励行节约，支援前线，夺取抗日战争的最后胜利。各地妇女会在村中提倡婚事新办，举行集体婚礼，破除童养媳陋习。

八月十五，日寇无条件投降，全民欢庆胜利。不久，国民党派新一军对东江纵队抗日根据地进行填空格“扫荡”。东莞地方党党员和部队战士一部份撤往香港，女同志王章、曾玲、莫儿、袁蔚霞撤到香港搞地下工作；王河回莞任水乡二线区委书记，领导莞城地下支部；陈福媛在新四区任区政治委员。留在厚街坚持斗争的有王莲、王如珍等，留在清溪坚持斗争的有张秋云等。

一九四六年

六月，东江纵队北撤，随队北撤的东莞籍女战士有赵学、何佳、梁燕云等50多人，及在莞战斗多年的女战士潘清、李杰等10多人也随队伍北撤。

年底，东莞恢复武装斗争，曾玲、莫儿、袁蔚霞等先后回到东宝地区地下党和部队中工作。

张辉（张苾薇）在清塘地区负责联系六十多个党员，发动群众支援部队重建工作。

一九四七年

三月，东莞护乡团成立，邹洁云、袁志聪、黄葵先后调回武装部队做卫生员。

东莞中学地下女党员李顺、张淑等积极发动进步师生参加解放大同盟，参加共产党。

中国人民解放军粤赣湘边纵队东江第一支队三大队以女兵为主建立游击区医院，女党员张淑文、王福先后任院长，黄铭任护长[①]，她们承担收治伤病员任务，并培训卫生员输送出连队。

一九四八年

东莞人民武装三大队大队部共有二十五人，其中女同志八人。

东一支三大队改称为东一支三团，成立民运工作队，全队三十六人，其中女同志十五人，曾玲任民运工作队队长。

---

① 原文如此。——编者注

一九四九年

一月，新一区成立，区长曾玲、区委书记莫儿，新一区下设文工队，（下分三个组）负责人张虹。文工队女队员十五人。

三月，一区成立组织工作队，区委书记莫儿分工领导组织工作队，队长罗阳，队员约十七人，其中女队员七人，二区组织工作队有女同志二人，三区组织工作队有女队员三人。

下半年，东一支三团成立交通情报总站，全站七人，其中女同志四人。游击区内女交通站长有 10 多人。

三团团部工作的女同志，先后有二十多人，如民运股长袁蔚霞、组织干事湛芬等。

是年，三团先后有十个连队上调粤赣湘边纵各支队，跟随连队东上的女卫生员二十多人，女炊事员、勤务员、运输员等数十人。

五月，三团医院遇敌包围、女共产党员院长王福壮烈牺牲。后由麦霞接任院长。

三团医院为适应敌人频繁“扫荡”，分别成立两个医站和一个流动医站，在其中工作的除一位政治服务员为男同志外，余均是女同志。

是年，先后有七位正式护士助产学校毕业的女同志参加到三团医务行列，大大提高部队医护素质，培训多批卫生员，充实医院和连队战伤救护力量。女卫生战士发展到九十多人。

三团副官处有女同志五人，举办过多期会计训练班，为健全部队和地方财务制度培训人才。

东坑等地下党妇女支部和游击根据地内各区乡九十多个妇女会发动广大妇女支前，取得很大成绩。

八九月，江南青年公学（江南特委办的）东莞分校开学，有女学员二人。

十月十七日，东莞解放，东一支三团及东莞地下党接管莞城及东莞县属下各区乡，三团的女干部、女战士和地下党女党员参加入城工作队和县军管会，从事各条战线接管国民党遗下的烂摊子的工作的达200多人。还有100多女战士跟随武装连队剿匪及追歼残敌。

在军管期间王章任东莞县委组织部副部长，莫儿负责青妇工作（短期）后调任六区区委书记，曾玲任一区区长（袁蔚霞、张辉等调宝安军管会。）

东莞妇女政治资料

文献1

东莞党组织的恢复和重建（节选）[①]

……

二、东莞党组织的统一

1936 年，东莞特支成立后，着力发展组织。由于党组织刚恢复，人员又分散，特支成员只得各自活动，党的活动仍以“中青”为基础，也没有取消“中青”，只是不再发展了。王启光在厚街，把知识青年组织起来，成立读书会，又发展了王治光、王锦城等一批党员；王士钊不仅活动在莞城，也在太平简易师范吸收王瑷玉[②]入党；张广业在高埗也先后发展了陈前、王顺亨、邓德昌等人入党，特支还通过文化活动，宣传抗日，通过与莞中学生和莞中毕业离校在附近乡村活动的一些知识青年的联系、发展组织。1936 年西安事变后，发生了“东莞中学事件”。西安事变的消息传到东莞中学，学生陈富根、黎崇勋和卢希贤三人，连夜书写革命标语，贴在东莞中学礼堂周围，表示拥护张学良的革命行动，提出“西安事变是中国新生的日子”等口号，被莞中的军训教官邝达，从字迹上查出了并抓住进行审问追查，但邝达没有达到把后台追到王寿祺身上的目的。当时王士钊、王寿祺在黄庄平成立一个秘密组织——“众生研究社”，社里有个

---

① 收录于中共广州市委党史研究室等编：《走向抗日——广州中国青年抗日同盟史录》，广州出版社，2015 年，第 281–284 页。

② 据查证，与本书其他文献中所提“王爱玉”应为同一人。——编者注

女学生怕事，把读书会供了出来，王寿祺同志平时在同学中宣传抗日，已引起国民党县党部的注意和怀疑，他们便以这件事为借口，逮捕了王寿祺。[①]王被捕后，特支书记王启光通过一些社会关系，多次去监狱探望王寿祺，得知国民党并没有抓到什么证据，于是，发动学生和社会人士对国民党政府施加压力，结果，王寿祺被释放出来[②]，但被学校开除了学籍。同时，学校当局还以丁等操行为由，把与此事有关的学生运动中的活跃分子，如麦祖荫、王炎、何启明、邓崇楷、陈富根、黄庄平、詹惠康等11人赶出学校，由于“东莞中学事件”的影响，王士钊在莞中难以隐藏身份了，引起学校的怀疑，被学校解雇，后到了雁田教书，王寿祺先到了湛翠教书，后到望角教书，这样，东莞县特支在东莞城的领导骨干分散了，莞中的党员也离开了。

正在这时，谢阳光接外县工委的指示，从中山回到东莞，找到张广业，一起把东莞各地党员统一起来。1937年春，上级派了一个同志来到东莞望角，在王寿祺教书的学校里，开了一个会，成立“中共东莞工委”，由谢阳光任工委书记，张广业任副书记，委员有王寿祺、卢仲夫，在成立会议上还讨论了关于开展东莞地区党的工作纲要。这时，谢阳光和陈昶在中堂的锦涡，帮助解决了宗族械斗，并将两股武装组织起来护乡，陈昶因宗亲的关系而在群众中有很高的威望，使我党在这里有个比较安全的落脚点。同时，谢阳光为了便于联系工作，在莞城西门正街办了一间阳光书店，以书店为掩护，借买书为由，常到广州与上级联系，阳光书店还秘密介绍和出售进步书刊，组织青年学生学习进步书籍，团结了一批进步青年学生。为了使东莞工委在县城有个活动场所，何与成便在榜眼坊附近的何氏宗祠开办力行小学，由何与成当校长，很多党员如陈福媛、钟达之、黄庄平、卢仲夫等都先后在学校当教员或挂名教师，以掩护革命活动。后来，力行小学成为“工委”的机关。

……

---

① 据王鲁明、黎崇勋的回忆材料。——原书注

② 据王启光的回忆材料。——原书注

东莞工委成立后，谢阳光和赵学利用公开身份，先组织抗日团体“抗日救亡工作团”，后来又组织了“工人抗日工作团”、“妇女抗日工作团”，并成立“抗日救亡剧社”，抗日救亡运动有领导地开展起来了，群众的抗日情绪也逐步高涨。但东莞工委是由南委线与外县工委王均予线合起来的，互相仍不是很了解，也不能团结合作。当时还没有完全把全县党组织统一领导起来，如厚街支部仍直接同广州联系。

……

文献2

第四章　社会群众团体（节选）①

第三节　妇女组织

石龙妇女在封建社会中没有自己的组织。民国以后，受民主思潮影响，才参与社会活动并建立妇女组织。但在民国时期妇女组织活动很少；建国后，则活动频繁、作用显著。

石龙最早的妇女组织是石龙女子职业学校。该校曾在二十年代参加社会民主活动，但以学文化和女红技艺为主。

1935 年苏汉年在卖鸡地开办建宁女子初级小学。同年，钟焕莲也在卖鸡地开办结光女子小学。两校分别有学生 50 至 70 人。石龙沦陷时两校停办。1945 年后的女子学校均没有其它什么社会活动。

1948 年，石龙妇女会成立，罗宽容为会长。但在社会上影响不大。石龙解放时自动解散。

民国时期，石龙张招妹、李逸梅、曾玲、李焕章、徐适、徐来等一些妇女先后参加中国共产党领导下的革命活动，但没有在石龙组织过妇女活动。

---

① 收录于东莞石龙镇人民政府编：《东莞市石龙镇志》第一卷，岭南美术出版社，2004 年，第 100 页。

1949 年 10 月石龙解放，大批革命妇女参与接管和民主建政，开展妇女工作。使党和政府关于妇女的政策逐步得以落实，数十年来，石龙妇女在完成党在各个时期的中心任务中，作出巨大贡献。

……

文献3

第一章　妇女组织沿革（节选）[①]

东莞妇女争取女权运动萌芽于民国成立前后，至大革命时期，由于国共合作，妇女与工农、青妇运动蓬勃发展；国民党、中国共产党与共青团均成立了妇运工作机构和许多妇女团体。十年内战期间，东莞在国民党统治下，妇运转入低潮。至抗日战争时期，国共再度合作，妇女运动重新进入高潮，对争取男女平权和抗日战争的胜利，起过重要作用，并为解放战争时期妇运的发展奠下了基础。建国后，在中国共产党领导下，东莞成立了各级妇联组织，带领广大妇女争取彻底解放，参与历次运动和社会主义建设，起了半边天的作用。

第一节　建国前的妇女组织

……

（三）东莞县妇女工作团、妇女抗敌同志会

1937 年“七 · 七”芦沟桥事变后，国共第二次合作，共产党员赵学光受中共东莞工委的派遣，与国民党县党部协商，成立了东莞县妇女工作团，陈佐馨任团长，由共产党员何佳负责实际工作。

1938 年 2 月，东莞县妇女抗敌同志会成立，何佳任主席，梁霞冰、赵学光任常委。参加活动的妇女达 1000 多人。

（四）东莞地区妇女抗日救国会

① 收录于东莞市妇女联合会编：《东莞市妇运志》，东莞市印刷厂，1995 年，第 17–18 页。

1944 年冬中国共产党领导的东莞妇女抗日救国会成立，张剑莹兼任主席。

（五）中共东莞县委妇女部、妇女会

1938 年 8 月，中共东莞县委建妇女部，部长王河。

1940 年至 1942 年东莞县委妇女部长先后由赵学、潘清、李杰接任。

1944 年，新一、二、三区政权成立，区政权下建有妇女会，新一区妇女会长陈嫦；新二区妇女会长吴石娇；新三区妇女会长李琼珍、副会长韩霖（未选举前，民运队长张秋云兼任会长）。

1949 年，东宝地区建立政权，所属区乡均建立群团组织，其中建立妇女会的乡村达 100 多个。（详见第二章）

（六）新生活运动妇女委员会

1946 年 1 月 1 日，中国国民党妇女组织——东莞县新生活运动妇女委员会成立。委员杨朗珠、袁树超、张秀织、翟惠芳、翟福群、张艳芳。

1947 年 5 月 20 日，陈地丝出任国民党东莞县执行委员会妇女运动委员会主任委员。

1948 年 2 月 1 日，梁惠芳出任东莞县新生活运动妇女委员会主任委员。1949 年 3 月 17 日由卢韵宜接任。

……

文献4

第二章　建国前妇女运动（节选）①

第二节　城乡妇女群众运动（节选）

（一）反封建买卖婚姻

……

① 收录于东莞市妇女联合会编：《东莞市妇运志》，东莞市印刷厂，1995 年，第 50–54 页。

（二）庆三·八国际劳动妇女节活动

……

1938年三·八节，东莞妇女党支部，通过东莞妇女抗敌同志会组织纪念活动，在莞城中山纪念堂（公园博物馆侧面）召开大会，莞城、篁村以及附近村庄的妇女都出来参加，会后由主席团作先导，带领200多妇女冒雨上街游行，高呼妇女联合起来、打倒日本帝国主义等口号，并边走边唱三·八妇女节歌和《新的女性》《大刀进行曲》等歌曲。那天，厚街、东坑、高埗等妇女组织也分别举行了纪念活动。

1945年的三·八节，东莞各区乡举行隆重的纪念活动，新一区在大朗开庆祝会，新三区妇抗会主席袁蔚霞，杨西妇抗会主席吴石娇分别主持开纪念大会，妇女们表演文艺节目还举办集体婚礼，批判童养媳陋习。那时路西行政督导处已建立，出版《新大众报》特辟三·八节纪念专栏，发表专题社论《我们的责任更大了》，文中阐述只有民族的解放，我们妇女才能彻底解放的道理；号召广大妇女更紧密地团结在共产党的周围，开荒种地，搞好生产，多打粮食，支援前线，做好各方面的工作，夺取抗日战争的最后胜利。

1949年三·八节，东莞游击根据地召开纪念大会，有上百女干部、女战士、女同胞参加，新一区区长曾玲、区委书记莫儿、三团民运股长袁蔚霞等主持大会和作形势报告。三团团长麦定唐讲话，勉励女同志发扬艰苦奋斗，不怕流血牺牲的精神，要同男战士一起为夺取解放战争的胜利立新功。会后大唱革命歌曲，表演文艺节目，气氛异常热烈。

（三）抗日救亡献金支前活动

各界妇女掀起抗日救亡献金支前热潮。充分体现中华民族万众一心，同仇敌忾的威力。

1938年8月，在纪念“8·13”上海抗战一周年时，全省掀起献金抗日募捐运动，东莞妇抗会负责莞城地区的募捐工作。她们在大西路两隅小学、彭屋大街搭起三个献金台，动员群众捐献；并组织妇女小分队，深入商店、学校、街道、茶楼、酒馆宣传，不但动员了知识界妇女、手工业劳动妇女、商界妇女，连尼姑、斋姑、妓女都动员起来。她们纷纷捐献现款、首饰，不少妇女将陪嫁金饰都捐献出来。妇抗会还发动群众给前方将士写慰问信，捐赠寒衣。如尹柳眉献出一批棉花、布匹，并发动妇女义务缝制军衣；何欢、何群两姊妹也回家动员她们的母亲捐献寒衣。这时，各区乡的党组织领导群众起来组织自卫队、救护队，发动群众献金，捐赠寒衣、干粮，写慰问信等。广大城乡妇女积极参加这一系列活动，如在明生中学念书的何小士、施伟文等组织女同学去道滘募捐棉衣，在莞城卖花卖旗筹款交给东莞妇女后援会购棉花布匹义务缝制棉衣，既为伤兵、难民、前线将士提供物质精神的支援，也提高了广大妇女对抗日救亡道理的认识。

1938 年 10 月下旬，东莞人民抗日武装部队给养困难，号召战士捐献。女同志积极响应，如何佳，把手头带的 40 元大洋、一只金戒指、一条金项链捐出；王棠棣也将随身带的 30 元大洋、金手镯、金项链捐出，作为战士们的伙食费。

1940 年下半年，东江人民抗日武装曾生部队从海陆丰回师东江，三大队在大岭山瓮窑建立医务所。当时药物奇缺，王雅宜立即回厚街，把她姐姐开设的小药店中的药物，全部挑回大岭山，献给部队医院，有力地支援了前线。

1939 年 10 月至 1941 年在国民党统治搞地下工作的姐妹交通情报站，以开石马赠产所，石鼓爱群医社为掩护的李琼珍、周爱莲、罗慧纾、周爱青（周玲）冒着生命危险打入敌人内部获取可靠情报（详情见交通情报战线篇）。她们从来不要部队发给的给养，还将赚到的谷物，钱钞全部上交支援部队。

1942 年，女战士林文从武装部队调回家乡大朗办交通情报站。当时部队无钱发给养。林文拿出自家生产的谷米油糖鸡蛋等食品，供应过往同志的伙食，还尽力为战友添加营养。

是年，部队经济困难，地方党便以党员带头发动群众捐钱捐物。如厚街林杏南（林英）、王丽容（王倩）、王容等，林英拿家中米粮支援部队，王倩“偷”母亲准备给她陪嫁的一对真金手镯捐给部队，王金枝拿家里的金首饰卖掉，买了手枪参加游击小组。

何婶（区丝宝）在抗日战争年代，已是五十多岁的人了，她五个儿女都先后出来参加“老模”。当老大何鼎华在筹办《东莞新闻》经费不足的时候，她二话没说，回家变卖了家私，支援老大办报。老二何与成壮烈牺牲，她横下一条心，化悲愤为力量，带着最小的女儿何景珣一起离家出来当“老模”。

莞城葵衣街尹七嫂（梁旺良）、中堂小东向六嫂（黎厚贤）她们的家既曾是地方党的交通情报站，又是堡垒户。经她们招呼、掩蔽的同志川流不息、数不胜数，吃的、住的、用的全部包下来。初时，她们把自己出嫁时陪嫁的金戒指、金耳环变卖了，继而典当衣服，卖了家私，最后连房子都卖了。她们的子女在党的教育和影响下，都先后参加革命，六嫂有个女儿，七嫂有个儿子，都先后为革命献出宝贵的生命。

此外，还有送七个子女参军，前仆后继，最后她自己的生命也献给民族解放事业的香港女教师，典型的英雄母亲李淑恒［桓］①（她们的事迹将详细书写）。

东江人民抗日游击队建立初期，无固定军费和粮饷，除了依靠当地群众支援外，就依靠港澳同胞和海外华侨的资助。部队的被服、鞋袜，药品大部分靠华侨捐献。仅 1939 年华侨港澳同胞通过宋庆龄转给曾生部队的捐款就达二十万元港币。数年累计，捐款约达一千万元港币。华侨和港澳妇女，以开展募捐，巡回义演，卖花劝捐等方式，筹款支援祖国抗战。许多人把自己的积蓄、首饰，甚至订婚戒指捐献出来。她们唱着一首歌：“你一角，我一毫，涓涓滴滴积成江河，变成怒涛。只要你有多少捐多少……寄到前方去，买子弹、买枪炮，赶走强盗，到那时，扬眉吐气，誓把中国保。”

总之，在妇女各界捐款、献金、献物以至献出生命支援祖国抗战的动人事例数不胜数。

---

① 根据其他文献查证，人名应为“李淑桓”。——编者注

（四）参加工作队宣传落实党的政策

妇女们参加宣传队、工作队宣传抗日救亡，宣传和落实党的各项政策。根据地人民参军支前热潮长盛不衰。

七·七芦沟桥事变后，东莞人民抗日呼声强烈，女学生、女战士们也纷纷参加宣传队在城镇，下农村演街头剧、唱救亡歌曲，发动群众抗日救亡。东莞中学、明生中学、建东中学的男女学生在进步教师带领下，演《放下你的鞭子》等，明生中学的何小士、施伟文等到道滘，一边演剧、一边为前线将士募捐寒衣，赵学、尹叶枝等组织《抗日救亡剧社》在莞民众教育馆礼堂演舞台剧《回春曲》。梁霞冰在演出《回春曲》一剧中扮演梅娘。

模范壮丁队成立后不久，叶茵被调到群众工作队任队长，该队有王章、王侬、王月娥、王莲、方盛娣等20人左右，发动群众组织农会、妇女会发动群众抗日救国，揭露日本帝国主义侵华罪恶，激发群众支援战争。

1938年2月，国民党东莞县党部成立民众抗日自卫团统率委员会，中共东莞中心支部派张广业（张如）、王鲁明、黄庄平、张高科等加入该组织，他们领导第一、第二政工队分赴山乡和水乡宣传发动群众抗日。第一队的女队员有陈福媛（陈文慧）、叶沐凡（叶茵）、王河；第二队的女队员有何韶美、王月富、王雅宜、谢坚、谢亮欢、陈联英等。

1939年元旦，苦草洞整训，成立武装政治工作队，受县委领导，跟随部队一起活动，队员大部份是女同志。王河任支书，深入部队驻地做宣传组织工作，把军民关系搞得好像鱼水一样。无论部队转移到那里，那里就有许多青壮年要求参加部队，加入抗日救国、保卫家乡的战斗行列。

1939年3月，东江华侨回乡服务团（简称东团）东宝队在清溪成立。东宝队辖十余个分队，大部分是女同志。东莞籍的有王霞、王莲、谢坚、谢亮欢、王兰、王月娥、莫草红、莫荫荷、莫荫章、莫福娣、莫艮尚、莫就兴、何小士、刘青、王璋、方盛娣、李南、李美艮、李访艮、赵学光、曾玲、罗美凤等。何佳任东宝队党支部组织委员，赵学光、王章任第一分队副分队长。叶茵任第五分队副队长。此外还有港澳华侨姑娘欧巾雄、李兆华、李玉珍、刘玉珍及叶秀清、王丽等。东团被国民党解散后，她们参加我部队工作，也常到东宝一带活动。她们深入的做宣传发动工作，普遍受到群众的欢迎，她们走遍莞樟、莞惠公路沿线，访问数以千计的农户，演出过四十多场戏剧，举办战时小学、夜校，组织农会、姐妹会等抗日救亡群众团体，使共产党的抗日宗旨深入人心。东宝队活动最多的地区如谢岗黎村、清樟塘、大岭山等地，青年们竞相参军抗日，为部队提供了大量兵源，这些地区并成为游击战争的可靠根据地。

1941 年春，在大岭山根据地又成立了一支流动宣传队，队长廖安（男），廖安调走后，李静调来当队长，队员除了从香港回来的三个男同志外，其余十几位都是女同志。她们是：何小士、刁慧文、李嫦（李女）、李森、祁佳等。而欧巾雄、庄志文、李娥、梁励行、容克波、徐慧常、王月娥等分在大岭山做群众工作，由赵学、何佳两位在宝太莞太线活动的有群运经验的女同志联系指导。她们对大岭山根据地的巩固起重要作用。

在宝太线活动的有李嫦、梁瑞华，后有李森（李宝琴）、黄少真（黄河），石鼓有王雅宜、赤岭有陈明，莞樟线上活动的有陈淑姬等。

1944 年，东江纵队第三大队二千余人挺进沦陷区水乡。政工队队长傅冰（男），副队长曾玲，女队员有李芬，黄媛、钟惠兰、钟检、黄葵。大队政治干事郑英。政工队中秋前夕进驻低涌，开展宣传工作，很快取得群众信任。着手建立农会、妇女会、民兵、儿童团等组织。政工队发动群众参军支前，同时注意培养当地妇女干部：如低涌五嫂（吕健民）、大嫂（吕秀兴）亚洁、方二婆、福嫂等。她们不脱产，帮部队送情报、送物资。政工队还组建了消费合作社，帮助军民解决生活必需品的供应。

1944 年至 1945 年，张素娥、叶惠芳、张秋云在圹厦、凤岗、清溪一带任文工队队长，她们发动妇女群众支前很有成绩。受到《战斗报》著文表扬。

1946 年底至 1947 年东莞恢复武装斗争，为做到旗鼓在前，党从香港调曾玲回来筹组文工队（民运工作队）做宣传工作。1948 年曾玲任民运工作队队长，全队 36 人，其中女同志 15 人。曾玲还兼东莞大队部指导员，大队部有 25 人，其中女同志 8 人，她们是黄健华、谢英、朱玉英、黄葵等。同年夏成立组织工作队，莫儿任组工队长，队员 17 人，其中女队员 7 人，她们是王文、卢慧、罗梅、刘薇、陈茹、卢芳等。

工区组工队女队员有黄敏、苏常、傅剑等。三区组工队女队员有邹碧芳、房秋涛等；水乡组工队女队员有张婉坤、何楚林、徐楚衡等。

这年，在粉碎敌人“清剿”后，建立了梅、长、朗各乡民主政权，贫农团、民兵组织、妇女会等。

1949 年 1 月东莞新一区、新二区相继成立。新一区曾玲任区长，莫儿任区委书记。下设文工队、组工队。文工队分工张虹（女）负责；组工队罗阳负责。文工队女队员有姜惠（组长）、傅焱、朱赫、陈飘、樊英硕、郭英、杨静文、载初、梁敬娣（勤务员）、莫妹（通讯员）、曾娣、卢基民、卢葵卿、卢霞、叶虹、关芝等。文工队、组工队每到一村即访贫问苦，以当地群众受迫害的事实为题材，自编、自导、自演，以文艺形式教育群众，演出结束，队员们多数转移去其它围村住宿，就有许多农村青年男女，尾随着他（她）们，要求参加游击队。1949 年东一支三团扩军，先后组织了十个连队东上，队伍发展很快，文工队、组工队有一份血汗功劳。

1949 年，文三组队员关芝（原名关汉芝，粤剧名伶关德兴的女儿）在发生敌情撤退时，中弹负重伤牺牲。

1949 年二区组工队女队员黄敏、苏常 8、[①] 月间，莞太线武工队抓到 300 多国民党撤台军官及其眷属，交黄敏、苏常等押送去横岗，她俩给他们讲俘虏政策，愿留的送各连队去，想走的发路费遣返其家乡。

1949 年黄獠坑祝捷大会后成立军管会，组织入城工作队女队员有朱赫、傅焱、彭淑英、李照群、王燕伦、肖英等。

文工队、组工队同志入城时参加接管区乡政权。傅焱等接管新村后，禁烟禁赌，土匪疯狂报复，向她们驻地授［投］掷手榴弹，傅焱及两位男同志，两位女同志均受了伤，但她（他）毫不畏惧仍坚守岗位 6、7 个小

① 原文如此。——编者注

时，直到解放军来解围，才送太平医院抢救脱险（傅焱现持三级残废证）。

（五）参政议政

大革命时期成立的莞城、石龙女权运动大同盟和妇女解放协会东莞分会、虎门分会，以及抗战时成立的新生活运动妇委会，妇女干部人数寥寥可数，会员亦不过百、数十人，并未形成妇女参政的气氛。三十年代，东莞茶山妇女出了个陈逸云，（事迹见女名人传）。1945 年她被推选为国民党候补中央委员，她的大姐陈逸夫亦曾任赈济委员会专员。此外有位企石妇女邓惠芳，抗战时期曾任广东省国民党党部妇运主任委员、省党部执行委员。国民党统治时期，东莞参政妇女仅此而已。但在共产党领导下的东莞抗日根据地、游击区和解放区，情况就大不相同。不少进步女学生和农村妇女接受了党的教育，冒生命危险参加白区的地下斗争；参加抗日战争和解放战争的武装斗争，为推翻“三座大山”，缔造一个自由民主的新中国，同男子一道进行艰苦顽强的战斗，争得了参政议政的主动权。建国前在白区、解放区中共党支部中，有女支部书记 13 人；有女区长、女区委书记王河、赵学、陈福媛、曾玲、莫儿等；女区委委员 9 人，县委妇女部长：王河、赵学、潘清、李杰等 4 人；沙深宝军管会委员王章、宝安县县委委员袁蔚霞等；解放入城时有 200 多位女战士参加军管会各级政权、各条战线的接管工作，不少担任单位的领导职务，工作胜任，表现出色。

……

文献5

东莞妇女在抗日战争中的贡献[①]

岑诒立

东莞的妇女以积极的爱国热情，坚强的革命意志，加入艰苦的抗日斗

① 收录于中共广东省东莞市委党史研究室编：《东莞抗日实录》，中共党史出版社，2006 年，第 793—797 页。

争行列，为抗日斗争的胜利作出了不可磨灭的历史贡献。

组织起来　抗日救国

九一八事变后，东莞妇女对日本帝国主义的侵略无不义愤填膺，纷纷组织起来，参加到抗日救国的行列。1935年夏秋间，东莞县建立了党的外围组织中国共产主义大同盟，发展陈福媛、张瑞蓉、王河、李兰芳、张文和翟瑞莲等入盟。她们和广大青年妇女一道，走上街头，参加伟大的一二·九运动大游行。

同年秋天，赵学响应上海共青团“分散到各地去，以撒播革命种子”的号召，从上海回到东坑，串连发动谢坚、谢艳当和谢有琼等青年妇女，成立姊妹会。1936年春，办起妇女义务学校。她们不但在姊妹会和学校里进行古书新讲，宣传抗日救国和义勇军抗日的英雄事迹；还走出校门到街头巷尾讲演，把宣传抗日救国的墙报从东坑张贴至井美新市、卢屋、石狗前一带，唤醒广大妇女，参加各种抗日救亡活动。1936年秋天，东莞党恢复活动，赵学转党，成为抗日战争时期东莞县妇女中的第一个党员。从此，赵学更加积极地投入战斗，在东坑先后发展陈文慧、李葵兴和陈怡等入党。

10月，东莞县成立特支。11月王河入党后任乔森小学党支部宣传委员。此时正值西安事变，她透过学生会出版的黑板报、墙报，大力宣传党的抗日主张，并在学校师生中传阅《大众哲学》、《八月的乡村》、《生死场》、《表》等进步书籍。这年底，王爱玉在虎门寨东莞简易师范入党后，在学校里也团结一批进步青年，开展抗日救亡活动。

1937年初，东莞县成立了临工委，赵学来到莞城，开办“阳光书店”，并把谢坚调来掌柜面，秘密推销和传阅进步书籍。

七七卢沟桥事变后，党中央号召“全民族实行抗战”，赵学受临工委的派遣与国民党县党部商议，成立了“东莞县妇女工作团”，陈佐馨为挂名团长（陈的姐姐是国民党国大代表，便于通过合法的形式开展工作），实际工作主要由我党派去的何佳负责。不久，成立“抗日救亡剧社”，经常在各地演出抗日救亡节目。

9月，东莞县临工委改为中心支部。为了恢复东莞中学的工作，党组织派王河到莞中读书，秘密组织读书会。同时派赵学光等去做国民党第一五三师的工作，争取政治处主任和一部份中下级军官同情和支持抗日，协助我们举办了两期军事训练班，参加训练的有200多人，大都是进步青年，其中，有二三十名妇女。

1938年1月，成立“东莞县妇女抗敌同志会”（简称“妇抗会”），何佳任主席，梁霞冰、赵学任常委，参加的妇女达1000多人，大部份的区、乡都有人参加。

2月，国民党东莞县党部成立“民众抗日自卫团统率委员会”。中心支部先后派张广业、张高科打入该组织，组成两个政工队，分赴山乡和水乡发动群众，宣传抗日。参加第一队的妇女有陈福媛、叶沫凡、王河；参加第二队的有何韶美、王月富、王雅宜、谢坚、谢亮欢、陈联英和何小士。

三八国际妇女节，县妇抗会组织纪念活动，莞城、篁村以及附近村庄的妇女都参加了在莞城中山纪念堂召开的大会。会后，由主席团作先导，带领200多妇女，冒雨上街游行，高呼“妇女们联合起来，打倒日本帝国主义！”的口号。

4月，中心县委为加强县城妇女工作的领导，在莞城成立了东莞县第一个妇女党支部，梅爱芳为书记，成员有梁霞冰、何佳、赵学光等。先后发展王雅宜、何小士、罗惠贤、莫福娣、莫银尚、莫就兴、莫婉兰、王棠棣、李楠、尹柳眉和李晃莺入党。这些同志成为东莞妇女运动的骨干。

在纪念“八一三”抗战一周年的时候，全省抓起“献金”募捐运动。东莞县妇抗会在妇女支部的领导下，负责莞城地区的募捐工作，分别在大西路、两隅小学、彭屋大街搭了三个“献金台”，动员群众募捐。并组织妇女小分队，深入商店、学校、街道以及茶楼、酒馆，广泛发动捐献。还动员家庭妇女缝制寒衣。与此同时，还发动群众写慰问信，仅十多天时间，就动员群众写了大批慰问信，由妇抗会统一集中，寄给前方将士。妇抗会在莞城建东小学举办“救护班”，有几十名妇女参加学习，聘请有名的医生、护士讲授救护知识。在学习期间，万江渡头被日机轰炸，班部即发动学员奔赴现场进行实地救护。

八九月间，王河任东莞县委妇女部长，出席了中共广东省委召开的妇女工作会议。王河回到东莞，恰逢县委举办第二期党训班，王河在班上传达了省委妇女工作会议精神，为动员全县妇女起来抗日做好各方面的准备。

开赴前线　深入敌后

1938年10月11日，日军在大亚湾登陆，长驱直入，石龙沦陷。东莞县委成立抗日模范壮丁队，并在壮常队和壮模队中挑选了40多名战士，横渡东江河，打响了东莞人民抗日的枪声。当时，参加战斗的女同志有梁霞冰、陈福媛等。这次战斗，虽未能阻止日军的入侵，但有力地冲击了“恐日病”，对广大群众起了很好的鼓舞作用。22日虎门失守。中心县委决定把壮模队、壮常队和各乡支部所掌握的武装集结到大岭山飞鹅和东宝边区一带。各地随部队集结的女战士有何佳、陈怡、罗惠贤、曾玲、王河等30人。特别要提到的几位妇女：何婶（何鼎华的母亲）、陈淑（赵学的母亲）、喜嫂（陈根的母亲）和蓉妈，她们都已年近半百或年过半百，但与战士们一起爬山越岭，上山集结。上山后，又起早摸黑，把年青战土［士］当作自已亲生儿女，关怀备至，受到同志们的尊敬。

1939年3月，东江华侨回乡服务团东宝队成立，大部份都是女同志。何佳任东宝队党支部组织委员，赵学光、王章在分队里任副分队长。

8月，东莞县第一次妇女工作会议在当时县委的所在地大公岭召开。参加会议的有赵学光、黎颖瑜、曾玲、谢坚、何欢、黄宝珍、黎少球、刘碧珍、李楠等10多个妇女干部。会议传达了上级对妇女工作的指示，讨论了妇女工作在抗日战争中的重要地位。会上，县委还配备了各地的妇女干部，赵学光任三区区委妇女部长，陈福媛任水乡区委妇女部长，梁霞冰负责望牛墩，王农［侬］负责冼沙和槎滘，莫儿负责小东向，李楠负责江城洲，王章负责平湖，何欢、何群负责松木山，黎颖瑜负责屏山水口，曾玲负责犀牛陂新围，谢坚负责犀牛陂老围，黄宝珍负责大公岭。会后，各地的多数妇女干部都以教书为掩护，日校带夜校，举办训练班，以妇女会、七姐会、姊妹会等组织形式，发动妇女参加抗日救亡活动。

艰难岁月　坚持斗争

1940 年至 1943 年间，国民党顽固派向解放区连续发动了四次反共高潮，加上 1943 年的大天旱，我们的处境十分困难。1940 年初，党的活动转入地下，曾、王部队被迫东移。在艰难的岁月里，女同志表现很出色。王雅宜从 3 月份开始，一直随曾生部队东移海陆丰，担任事务长，和男同志一样，不怕艰难困苦，不畏敌人的截击。半年后，部队奉命回到宝安上下坪总结时，她成为 108 个好汉中的一个。曾生部队重返大岭山后，在瓮窑建立医务所，药物奇缺。王雅宜便立即回家把家里的药物，全部挑到部队医务所（她家在厚街开了一间小药店），有力地支援了部队。

在艰难的岁月里，莞城、石龙和太平成为沦陷区，学校被迫迁到农村，莞中迁到常平，简师迁到东坑丁屋。为了占领学校这个阵地，县委先后派李楠、王章、方盛娣等到莞中，派刘丽珍、谢坚、陈怡、卢扬焕、刘碧瑚等到简师去开展工作。刘丽珍、谢坚等在简师秘密建立党支部，刘丽珍任书记，发展刘秀琼和刘曼努入党。她们在学校中，团结了一批青年、妇女，与学校反动当局，在发展“三青团”中展开针锋相对的斗争。结果，在几十个学生中大多数人抵制填表参加“三青团”。

1940 年 2 月至 7 月，王河到大廋岭学习期间，县委妇女部长由潘清接任，1940 年 12 月，李好调东莞县委任妇女部长，她俩到东莞后，住在温塘，以教书作掩护，常把自己打扮成村妇或青年学生，出没在县委与区委、县委与特委之间，指导全县的妇女工作。

1941 年六七月间，梁霞冰调清溪任区委妇女部长。她一方面深入苦草洞、铁场，秘密成立了党的妇女支部；另一方面，又直接与石马和石鼓两个交通情报站的女党员以及打入敌人内部任警长的罗涛联系，从敌人的心脏中取得了大量情报，多次得到上级的表扬。

1940 年 7 月调到香港从事地下工作的王河，年底，又回到东莞，担任县交通情报站站长。她住在敌占区莞城，先后建立了和平路豉油街、振华路、城内彭屋大街、城外、博厦十佛庵等五个交通情报点。通过交通员，经常与各地交通情报站联系，培养了一批从事交通情报工作的妇女骨干。这些交通情报员，经常处于战备状态，不管白天黑夜，只要有任务，就立即行动。有时，一天要走 100 多华里，把情报送到目的地，被誉为“铁脚板、神仙肚”的英雄汉。她们代替了电台、电话和车辆，沟通了县区之间、地方党与部队之间的联系。

在水乡活动的陈福媛、尹柳眉、杜娟等以望牛墩、杜屋村为阵地，组织起姊妹会，并办了一份不定期的以手抄本为主的刊物《村女》，大力宣传抗日救国。女青年王若写的《饥饿》、王勤写的《八月十五》等文章，就是在日本鬼子铁蹄下水乡人民苦难生活的真实写照。在传阅中，使妇女们受到极大的教育。

1943 年 7 月，部队准备打篁村伪军，布置吴石娇侦察敌情。她把自己打扮成卖柴草的农民，趁敌人买柴草的机会，一直把柴草挑进敌驻地，摸清敌情，从而使部队出奇制胜，俘虏伪连长以下一连人，还缴获一大批武器弹药。

1943 年 11 月 18 日，日军集中近万人的兵力，向我大岭山地区进攻。我军被包围在纵横十多公里的大岭山区，战斗非常激烈。卫生员李玉珍在战斗中负伤，但仍带领 10 多个伤病员，隐蔽在山洞，坚持护理，终于胜利地完成伤病员的突围及转移任务。

妇女参政 迎接胜利

从 1944 年夏天开始，东莞县开展了民主建政工作。5 月，成立了新一区政府，6 月，成立了清溪区政府，7 月 1 日，成立路西东宝行政督导处，8 月，又成立了新二区政府，9 月，新五区联乡办事处宣布成立。在路西东宝行政督导处的领导下，1944 年冬天，又成立了“东宝地区妇女抗日救国会”，由路西东宝行政督导处的妇女干部张剑莹兼任该会的主席。

各区乡亦相继建立了妇女组织，积极进行生产互助合作和妇女参政活动。广大妇女在妇抗会的带领下，努力搞好生产和做好各方面的工作。这个时候到处出现“男儿上战场，妇女多打粮”的新气象。她们响应党中央“增加生产，厉行节约，支援前线”的号召，为前方战士缝军鞋、送鸡蛋、护理伤病员。妇女们还在村子里提倡喜事新办，举行集体婚礼，取消童养媳旧习。

1945 年三八国际妇女节，路西东宝行政督导处所属各区乡均举行隆重的纪念活动。新一区在大朗召开了“庆祝三八国际妇女节大会”。区长赵督生号召妇女们以实际行动，搞好生产，多打粮食，支援部队，夺取抗日战争的最后胜利！新三区和杨西乡等都分别由妇抗会负责人主持召开纪念会，会后还表演文艺节目。当时，在妇女中流传这样一首歌谣，叫《军民齐合作》：

你在前面打，
我在后面帮。
挖战壕、送子弹；
不怕流血汗。
抬担架、送饭菜；
大家齐心干。
军民齐合作，
定把鬼子消灭光！

路西东宝行政督导处出版的《新大众报》，特辟“三八专栏”，发表了《我们的责任更大了》的文章。专题文章说：“只有全民族解放，我们妇女才能彻底解放！”号召广大妇女更紧密地团结在党的周围，开荒扩种，搞好生产，多打粮食，支援部队，做好各方面工作，为抗日战争的最后胜利，为广大妇女的翻身解放而斗争！

（原载《东江党史资料汇编》第 1 辑）

文献6

麻涌革命前辈的红色记忆（节选）[①]

——丁农、陈一虹、田心在领袖身边成长的故事

革命圣地延安，从 1935 年到 1948 年，是中共中央的所在地，是中国人民抗日战争的根据地，是中国人民解放战争的总后方。十三年间，这里经历了抗日战争、解放战争和整风运动、大生产运动、中共七大等一系列影响和改革历史进程的重大事件。中共中央特别是毛泽东等老一辈革命家亲手培育的自力更生、艰苦奋斗、实事求是、全心全意为人民服务的延安精神，是中华民族精神宝库中的珍贵财富，已经成为全国人民团结一致进行社会主义现代化建设的重要精神支柱。

七十多年前，麻涌镇革命老前辈中有六人分二批奔赴延安投身革命，这六个人的名字是陈一虹、丁农、田心、莫伟堂、莫荫荷（女）、莫完玉（女）。由于革命工作的需要和组织的安排，他们大多学习、工作、生活、战斗在党中央周围，其中丁农、陈一虹、田心等人，曾有幸直接在毛泽东、周恩来、刘少奇、朱德、任弼时五大书记等中央领导人身边工作过，有的和领导人一起南征北战到中华人民共和国成立后。值此中国共产党成立九十周年之际，让我们和他们一起再次走进那些令人难以忘怀的红色记忆之中。

---

① 由广东省东莞市妇联于 2022 年 7 月整理提供给本书编委会。

文献7

探寻那曾经的星星之火（节选）[①]

——麻涌第一个党支部的成立与发展

1943 年，大步党支部成立，这是麻涌第一个党支部，祝锦龄为第一任支部书记。大步党支部的成立，燃起了麻涌革命事业的星星之火。从此以后，党的组织呈现燎原之势，麻涌革命事业得以蓬勃发展。麻涌人民在党的领导下，开展了多种形式、艰苦卓绝的革命斗争，最终取得了革命胜利，建立了新中国成立后的人民政权。

那么，麻涌的革命先辈是在怎么样的一种背景下建立的党组织，他们当初的使命是什么？他们的发展历程如何？他们进行了怎样艰苦卓绝的斗争？

地下党员的频繁活动。1937 年“七七”卢沟桥事变之后，广州市外县工委林锵云派麻涌籍地下党员莫逢湾，回到麻涌发动古梅、养正两所学校的青年学友，先后组织成立了“御侮救亡读书会”、“麻涌抗日救亡青年团”等，从事抗日宣传、募捐活动，点燃了麻涌地区的抗日烽火，播下了革命火种。后来，莫逢湾与萧泗材奉党组织命令，转移到珠江纵队第二支队吴勤部队（后郑少康接任司令员），武装抗日。1939 年初麻涌沦陷后，当地抗日民众组织转入秘密活动，莫雄等 10 多人先后参加东江抗日游击队。地下党员祝锦龄（大步村人）、莫炳光（新基村人）、莫福生（东浦村人）等人外出活动，秘密串联，重新组织革命力量，采用单线联系的形式开展工作，加紧开展地下活动。

第一个党支部的成立。1940 年，中共党员祝锦龄以教书作掩护，在大步开展革命活动。1941 年，祝锦龄在大步小学发展了祝厚良、肖焕兴等人入党，建立了一个地下党小组。1943 年，经过广泛进行党的教育，认真

---

① 由广东省东莞市妇联于 2022 年 7 月整理提供给本书编委会。

培养党的骨干，在条件成熟后，祝锦龄、祝应湖、祝耀棠、祝厚良、祝福亮、史家容、姚礼等7人成立大步党支部，这是麻涌地区第一个党支部组织，祝锦龄为第一任书记。到1944年，大步党支部先后发展的党员有祝如亮、祝焕枢、雷赞冰（女）、孔润添等，全村的党员已发展到14人。这个党支部成为麻涌地区地下斗争的领导核心与战斗堡垒，并迅速开展麻涌地区党的组织发展工作。1946年，麻涌成立地下党支部，萧大钧为支部书记，党员有谢燕娟、萧志扬、萧定乾、萧翰跻等人，并积极开展地下党组织的活动。

党组织的发展壮大。1946年7月，祝锦龄任中共东莞水乡区指导员，统一领导东莞水乡区党的工作。1947年夏至1948年，大步地下党支部为迎接解放的到来，不断扩大组织，大力发展党员。祝锦龄在他宅内秘密召开第一次党员大会，会上吸收湛潮泰、祝窝成、祝窝群、祝志球、祝国良、黄乞儿、祝应祥、祝裕辉、祝灼坚、祝木头入党。后来，又先后培养发展陶明禧、陶耀通、陶佑权、史冠生四人及萧焕兴、李旺容、洪美福、莫爱欢、莫巧维、莫顺茜、雷赞冰等七个女同志加入党组织。并相继在东仁坊、漳澎、麻涌地区建立了党支部，共有党员100多人。1949年，党组织不断向外围发展，派出湛潮泰到麻涌进行秘密串联活动，吸收雷振声、黄国华、袁德宏等人为地下党员，进一步扩大麻涌地下党组织和活动范围。1949年1月，祝锦龄、祝应湖上调东莞工作。大步党支部书记由祝如亮接任，湛潮泰、祝厚良分别任组织委员和宣传委员。不久祝如亮上调，由祝志球接任支部书记；祝裕辉是解放前夕最后一任书记。

……

地下党发动和领导迎接解放。1948年至1949年解放前夕，在地下党组织的发动和领导下，大步、麻涌、漳澎等乡村分别建立青年团或青年社等进步组织，并为中国革命的胜利，把一批又一批先进青年分别输送到游击区或江南公校去受训。大步地下党支部曾分派湛潮泰、雷振声、黄国华、袁德宏、萧志扬等人在麻涌开展活动，发展组织。他们曾通过合法手段，在袁氏当铺内公开组织一个“青年社”，开办免费的民众夜校，吸收百多名青年，分为甲、乙、丙三个班，向青年们宣传革命道理，以此动员青年参加革命。后因夜校停办，“青年社”转入各村，由学校组织开展学习时事和军训活动。同时，一些党员参加了不脱产的乡巡，维持治安，保护群众利益，以合法的身份掌握武装。有的党员还打入国民党基层政权内部，作掩护地下党活动和收取情报等工作。1949 年，大步党支部书记由祝裕辉继任，并兼任农会主席，领导农会夺取了国民党乡政权。1949 年 10 月 16 日，祝福亮奉命率领游击队摧毁麻涌国民党警察所，水乡区委随即成立漳步乡人民政府。10 月 18 日，在麻涌地下党组织的配合下，中共东莞县委书记卢焕光带领原属东江纵队的人民子弟兵（内有麻涌籍的党员骨干和麻涌、大步、漳澎、新基等乡村的青年）开进麻涌，清剿残敌，接管乡村政权，发动群众，帮助麻涌地区建立新的乡村政权。同年 11 月 9 日，麻涌解放。

党领导建立与巩固政权。新中国成立初期，麻涌地区各乡（村）划入东莞县第八所辖，区府设于道滘，党的各级组织也相应设置并积极开展工作。1951 年 2 月，麻涌开展“清匪反霸、减租退押”的八字运动。八区分派土改中队长王连玉、卢佳带领土改工作队，到麻涌、大步等地开展工作。减租退押运动，得到广大劳苦大众的支持；但也遇到土匪恶霸的反对和顽抗，麻涌党组织和人民政府动员和教育广大农民团结起来，当家作主，敢于同地主、恶霸作斗争；组织农民协会，并加强领导，接管伪乡村政权。对土匪给予悔过自新的机会，对有血债的土匪实行关、管、杀。1952 年 8 月，在麻涌党组织的领导下，麻涌乡土地改革正式开展。各乡建立农民协会。经过“八字运动”，从斗争中培养和锻炼一批农民干部（时称“土改根子”）。土改工作队到乡后，实行依靠贫雇农，团结中农，孤立富农，打倒地主阶级的方针政策。工作上通过诉苦挖根，划定阶级，开展向地主、恶霸的斗争，没收地主土地房屋财产，征收富农多余的土地房屋，追缴余粮，时称“土地还家，物归原主”。经过没收、征收恶霸的土地、房屋、财物，广大农民分得田地和余粮、果实，农民真正得到翻身解放，实现了千百年来“耕者有其田”的梦想。麻涌党组织领导下的斗争取得了胜利，党的各级组织不断地发展壮大，新生的人民政权也得到了巩固。

东莞妇女教育资料

文献1

第二章　建国前妇女运动（节选）[①]

在“五 · 四”运动和大革命反帝反封建的时代潮流影响下，东莞先进妇女相继投身革命，成为妇女群众团体的组织者和妇女解放运动的先驱。她们在中国共产党领导下，发动东莞广大妇女与全国人民一道，为推翻帝国主义、封建主义和官僚资产阶级的反动统治，挣脱束缚自身的枷锁，进行了不屈不挠的斗争。

第一节　参加新民主主义革命运动

（一）创办女子学校

……

（二）在中学校园妇女争自由，求解放的斗争

东莞几间中等学校，是进步力量培育革命幼芽的沃土，妇女争自由，求解放，首先从这些中学亮出曙光。

东莞中学

东莞中学始建于 1902 年 9 月 1 日。1921 年，受五 · 四运动思潮影响，该校开始招收女学生，实行男女同校。何巧图（何佳）五姐妹及另十一名女学生考入莞中读书，但最后能顶住封建势力，坚持学完旧制四年的毕业生，只有何巧图等 5 人。

1925 年，中共东莞特支成立，莞中教师共产党员黄华东出任国民党县

① 收录于东莞市妇女联合会编：《东莞市妇运志》，东莞市印刷厂，1995 年，第 44–50 页。

党部青妇委员；女学生容娴后任广东妇女解放协会东莞分会主任；品学兼优的女学生李勤媛于1925年参加共产党后当选学生会主席。1928年她在大操场上被国民党军警逮捕，无辜判刑三年，学生运动一时沉寂。1935年一二·九运动振奋了莞中师生，进步学生又重组织起来。1936年学生会主席王鲁明被捕，黄庄平等八位同学被开除出校。但还有一批进步师生在校坚持斗争，其中有女学生赵学光、黎颖瑜、张玉婵等。1937年9月，中共县工委为恢复莞中学生运动，派王河考入莞中，她组织起两个秘密读书会。参加的女同学有黎颖瑜、张玉婵、张岭梅、古素文，校外通讯员谢坚等。读书会主要学习《大众哲学》《大众生活》《读书生活》等进步书刊，使莞中抗日救亡工作顿时活跃起来；之后还派出数十人的男女学生工作队下乡发动群众抗日。11月王河调离莞中。1938年初，东莞中心县委组织部长袁鉴文亲抓莞中党的工作，发展了梁霞冰（梁燕云）等一批新党员，后来又发展了黎颖瑜、张岭梅、张玉婵等入党。她们同进步师生一道，参加反侵略大会，参加火炬游行，成了青年抗敌同志会、妇女抗敌同志会的骨干。

1938年10月25日日寇侵占莞城，莞中一度撤往香港，1939年初搬回常平。中共东莞县委为占领学校阵地，派党员考入莞中，建立中共莞中学生支部。支书李植光、组织委员王章（女）（不久王章被国民党通缉离校），女党员有李楠、方盛娣（即方萍）等。到了1942年莞中党组织有进一步的发展，为开展工作方便，分男女学生支部。女学生支部支书莫絮彩，党员有刘宝英、刘茜芬等。1944年惠州沦陷，莞中停办。莞中进步师生或参加山区抗日工作队，或去路西东宝行政督导处参加革命工作。

1946年初，水乡区委书记王河先后派中共女党员李顺、何汝、施伟菲入莞中恢复学运。她们组织读书会，发展党的外围组织，宣传共产党的方针政策，与从广州转学回来的几位男学生党员共同战斗。是年9月，莞中重建学生党支部，女党员多了个何淑娥（即何汝）。

1946年夏，国民党反动派撕毁了“双十协定”全面发动内战，在国统区内，恣意捕杀共产党员和进步人士，我党被迫转入地下。这期间原东宝人民抗日大同盟改名为东宝人民解放大同盟。从1946年至1948年底，在莞中先后参加这个革命组织的女同学有张淑、王冰川、何楚林、徐楚衡、卢佩玉、卢毅、黄户珊、黄户娴、张婉坤等。她们在党领导下，紧密联系同学，通过阅读进步书刊、传播进步思想和了解战争形势。

1948 年暑假后，一批男女党员毕业离校，校中只剩下女党员张淑。她奉命坚守莞中阵地，与上述盟员一起，了解敌情，在同学中散发传阅解放区出版的小册子，秘密发展组织；女同学卢毅、张婉坤、何楚林等先后入党。莞中再建党支部，张淑任支部书记。

1949 年 4、5 月间，莞中建立新民主主义青年团，（解放大同盟的盟员要转为团员）。女团员有黄户珊、黄户娴、王符、王冰川、卢佩玉、李桂兰、李冰文、张焰烽、张国璞、张婉华、徐楚衡、徐照薇等。同年五月，在县委组织部长王章主持下，成立莞城党总支，卢佳任总支书记（兼工人支部书记），张淑任总支副书记（兼学生支部书记），总支委员有冯华、卢毅等。在 6—9 月间，东莞中学先后输送了三批同学入游击区。其中有女同学张婉坤、徐楚衡、何楚林等。到莞城解放时，莞中学生党支部发展到十三人，团员二十多人，其中有一半是女同学。她们和男同学一道，不畏艰险敢于斗争，积极搜集敌情，调查敌产；团结广大同学，保护学校，做好迎接解放军入城的各项工作，并为解放后接管莞城准备了一批干部。她们为东莞人民解放事业作出的贡献，受到了县委的表扬。

石龙中学

石龙中学创办于 1930 年。抗战爆发后，曾迁香港参与东莞各中学合成的联合中学。后迁回常平、清溪、黎村等地。日本投降后迁回石龙时，有学生三百多人。

四十年代后期先后有七名共产党员转入龙中活动，其中三位是女党员。1946 年女教师中来了女共产党员郑平；1947 年夏，女教师何绍芬（共产党员）到龙中任教；同年，女共产党员徐来从粤北回来龙中读书。他（她）们均由黄永光同志单线联系。1947 年底至 1948 年初，共产党员老师们组织起学生剧社，排演过《家》、《潇湘夜雨》等进步话剧，活跃了学生思想。1947 年下半年，国民党查封进步书籍，他（她）们教育图书管理员，把进步书籍贴上其它标签仍借给同学们阅读。之后，校长改由国民党书记长袁体仁担任，党员教师们都转移到别地别校去了。徐来也毕业离校到石龙女子职业学校任教，她与石龙镇地下党员一起，搜集社会各方面情报，写成综合资料，利用星期天，盛装到莞城，亲自将情报送交地下交通情报站，转送上级党组织，为解放石龙做出贡献。

虎门中学

虎门中学创办于1946年9月，著名民主爱国将领蒋光鼐任校董会董事长，王若周等任校董。首任校长谭之良，他从自己的学生中挑选进步分子入虎中当教师，因此虎中从创办之初民主气氛便异常浓厚。学校图书馆购置了《静静的顿河》、《狂人日记》等进步文学书籍，音乐课教《黄河大合唱》，公民课讲解放战争形势……

1947年虎中共产党员鲍兆华、罗阳、曾以等成立虎中党支部，（其中有从石龙调来的女党员何绍芬）是年夏秋之间，全国爆发了大规模的反内战、反饥饿、反迫害的学生运动，虎中师生积极响应，召开全校大会、各班声讨会，揭露国民党挑动内战的罪行。地下党组织还布置虎中和莞师的男女师生，巧妙地将中国人民解放军宣言散发到太平镇各商店和住户，以扩大政治影响。1948年虎中党支部发展党的外围组织东宝人民解放大同盟，15位盟员中有女学生王礼嫦、王毓芬、罗淑华等。盟员们发动同学开展“敬师运动”，以对抗国民党准备逮捕地下党员教师和学生骨干的阴谋。中共莞太区委命令已暴露身份的革命师生从虎中撤退，其中参加粤赣湘边纵一支三团的虎中师生有十多人；转移到外地从事地下斗争的有五六人。留校坚持阵地的多为女同学，如王毓芬、罗淑华、王礼嫦、陈月娥等。1949年5月她们由盟员转为新民主主义青年团员。虎中团支部发展到三十多人。新参加的女团员有方芳、王斌（王惠婵）、邓月荷、方爱珍、万肖容、莫琦、尹慕媛（尹展）、王月明等。她（他）们活跃在莞太线一带，迎接中国人民解放军入城，并参与接管工作。

东莞师范及其它

1936年，东莞师范设在虎门，当时地下共产党员王爱玉在厚街地下党支部领导下，团结、发动了方盛娣（方萍）等参加革命。

1938 年，王棠棣（何淑）在莞师被选为学生会副主席，她与何丽文、方盛娣为一个党小组；利用暑假，组织抗日救亡宣传队，下乡演出《日出》、《雷雨》、《放下你的鞭子》等进步话剧，发动群众抗日救亡。

1940 年，莞师迁到东坑丁屋，后迁黎村。党组织派刘丽珍（刘茜芬）、谢坚、陈怡、卢霞、刘晓瑚等女同学入简师念书，开展学运。她们建立秘密党支部，由刘丽珍任支部书记（后谢坚继任），发展刘秀琼、刘曼努入党，团结了一批进步同学加入抗日救亡队伍。

直至解放战争时期，莞师仍有地下共产党员在校中起作用。如地下党员方秀英曾参加虎中散发张贴中国人民解放军宣言的活动，她和其弟方烈一起，把宣言贴到虎门要塞司令部门口，使国民党人十分惊恐。

此外，1943 年，党组织曾派杜娟到沦陷区莞城中学读书，掌握日寇控制下的校内情况，了解沦陷区中学生的抗日情绪，发展了李玲等抗日积极分子入党。

东宝中学

东宝中学是 1945 年初由东江纵队建立的抗日民主政权——东宝行政督导处创办的一所革命学校。该校建立即有明确的培养目标：培养革命知识分子，为抗日民主政权输送干部；为东宝地区各级学校培养师资。

东宝中学二十多位教职员工中，教导主任梁克寒，教师梁燕云（女）等是东莞人（共产党人）。全校三个班，学生总共一百二十多人，东莞籍学生占五十多人，其中女同学二十多人。如大朗、寮步的女学生叶雪英、周洁莹、袁帼卿、叶妙仙、陈慧娟等，宵［霄］边的女学生冼杏娟、麦丽湖、麦丽敬等。当时的学生年纪不过十三四岁，最大的不超过二十岁。他（她）们离开家乡和父母入学校寄宿，不畏环境艰险，为求国家民族和自身的解放，怀着一腔革命热情接受启蒙教育，师生关系亲密无间，课余组织“五·四”剧团，常下乡演出进步话剧，与根据地人民建立鱼水关系，被誉为“抗大式”学校。该校存在时间虽短，在师生中留下印象深刻、影响深远。该校创办伊始即建立党、团支部，东莞女学生陈月华是带党籍入学的。东莞女学生入团的有冼杏娟、袁帼卿、周洁莹、叶雪英等。1945年抗战胜利，国民党派兵向东宝抗日根据地进攻。上级指令东宝中学暂时停办，党、团员转入地下，大部分学生复员回家，一部份参加武装斗争，有的到外地继续升学，如冼杏娟撤到香港，边读书边做党的地下工作（现为中国科学院动力学研究院研究员）。

此外由省、港进步学校、文化团体，如广州省立女师、勷勤师范，广州市一、二中、执信、省高级护士助产学校、战时儿童教养院、宋庆龄儿童保育院、育幼院、香港的蜂蜂、虹虹歌咏团、达德学院、香岛中学、培侨中学、劳工子弟学校、东华三院、海员工会……以及东莞的明伦堂高级护士助产学校等等，培养出来的女学生、女青工在抗日战争、解放战争时期来莞参加革命的有六七十人。

海外华侨女学生、女工人回国抗战、在东莞活动过的有二三十人。她们同东莞的许许多多忠贞儿女一道，为真理而奉献青春；其中不少姊妹为了建立独立自由的新中国而不惜抛头颅，洒热血，舍生取义。

（三）几所红色小学，巾帼立志少年时

厚街乔森小学、鳌溪小学

1936年，因失学随母亲到香港做了几年童工的王河回到厚街。王启光等进步青年对她进行启蒙教育，并发展她和王章等加入中国青年同盟。王河是年秋考入乔森小学念六年级，当选为学生会主席。十一月王河由盟员转为党员，兼任厚街乡党支部组织委员，负责与鳌溪小学学生党员王锦屏、虎门简师学生党员王爱玉联系，通过她们团结大批进步师生，其中女的如王月娥、王月富、王莲、王衬蓉等，乔森有王章、王雅宜、王亦可、王兰等，简师有王棠棣（何淑）、方盛娣（方萍）、黎少娣等等，他（她）们都是不愿当亡国奴的爱国青少年。西安事变后，她们废寝忘食地组织抗日救亡宣传，如饥似渴地学习进步书刊，秘密传阅《大众哲学》、《八月的乡村》、《生死场》、《表》和《群众》、《生活》等书刊，在学校通过学生会出版墙报、黑板报，还利用学校纪念周，各种节日向群众宣传抗日救国道理。

高埗顺成小学

1937 年 11 月，王河调到高埗乡顺成小学当教师。她是去接替该校赴延安抗大学习的女共产党员张瑞蓉的。张瑞蓉原教有一个女生班，还团结了一批当地妇女。王河接手后，在“女间”同学生住在一起。当时党群关系十分密切，支部发动当地群众组织了拒耕会，保护广大佃农利益。每当晚饭后，村中男女老少自动齐集在广场大树下，学唱抗日歌曲，听故事、听时事。组织村与村、校与校联欢，巧妙地消除农村间的封建矛盾和封建械斗，促进群众抗日大团结。此时，王河还发展女教师罗慧贤（李本立烈士的爱人）、女学生莫艮尚、莫就兴等参加共产党。后罗慧贤吸收莫福娣参党。高埗党支部〔支书张广业（张如）〕就这样以一间小学为阵地，依靠全体党员的积极工作，实现男女一齐发动，输送了一批武装骨干和物资武器到前线，在抗日战争中英勇牺牲的有十多位烈士。高埗人民对抗日战争作出很大的贡献。

槎滘崇实小学

1937 年暑假，黎学松等在中堂槎滘发动群众，组织起青年抗日救亡工作团。崇实小学学生自治会主席黎明（黎瑞玲）任该团妇女部长。

东坑和贵小学

1938 年 1 月，东坑和贵小学党员教师何恩深，黄达明介绍卢淦、陈紫芝参加共产党。以后，卢淦又发展了卢霞（女）、卢当（女）入党。在东坑燃点起抗日星火。

东莞力行小学

1938 年，梅爱芳、陈福媛、梁霞冰在力行小学任教，掩护县委机关，教育少年学生爱国。

塘厦林村小学

1943 年，李琼珍任林村党支部书记，她先后三次通过其任林村小学校长的叔父，聘请女共产党员王玉莺、王楚玉、李菲玲到该校任教。支部通过这几位女党员做工作，发动了十几位进步师生参加抗日游击队。

厚街河阳小学

1944年，东江纵队政工人员动员当时在莞中读书回乡的中共党员方建西、王泽铭、方骏、方爱莲（女）、方结力、刘茜芬（女）等人，复办河阳小学。经过与村中各方面人士协商，终于将各村私塾合并复办了河阳小学，共有六个班的一间完全小学。他（她）们还利用小学为阵地，举办农民夜校。日校、夜校均宣传红军二万五千里长征事迹、苏联卫国战争战况。方爱莲教学生唱《在太行山上》、《冲过敌人封锁线》、《八路军军歌》等，同时还培养高年级学生演话剧，配合东江纵队的东流剧团、拖拉机剧团搞游艺晚会，演出过不少节目，使当地人民受到深刻的抗日爱国教育。该校是抗日期间在莞太线上坚持抗日宣传、爱国主义教育的一面旗帜。深受当时的抗日政权——新二区区府的赞扬。

（四）乡村教师中以职业为掩护的女共产党人

以乡村教师（塾师）职业为掩护的女地下共产党员们日以继夜的工作，既培养革命后代，又发动广大妇女群众起来抗日救亡和争取解放战争的胜利。

1939年，梁霞冰在沦陷区谷涌教私塾，教三字经，却讲杨家将、花木兰、梁红玉等爱国女将故事，发动妇女投身抗日救亡。

1939—1940年陈福媛在水乡当教师与何佳、尹柳眉、梁霞冰、刘暖、杜娟、张欢等党员盟员联系，恢复她们的组织关系（她们是从飞鹅和莞城撤回水乡的）开展党的地下工作。她教三十位学生，每月收的学费，交给党组织做活动经费。

1940年至1942年上半年，莫儿在小东向小学当教师，培养吸收了黎厚贤、黄琼、邓勤、陈旺琼、陈运好入党。1942年下半年，她到清溪杨梅岗教书，发展张凤入党。1942年底至1943年，莫儿先后到锦涡、石碣、东坑、马坑、丁屋、清溪磨泥圩、铁场、石鼓等地当教师，并做党员联系组织工作。发动妇女抗日救亡。如黎厚贤、邓勤等都是出色的交通情报人员。

1940年至1942年，东莞县委妇女部长潘清、李杰均在温塘小学以教书为掩护，课余，她们常常打扮成农村妇女或青年学生，来往于县委与区委，县委与特委之间，指导全县妇女工作。

1940 年，东宝队被迫解散后，何佳利用社会关系先后在清溪鹿鸣小学、塘厦小学当教师（营救王启光等三位同志脱险）。1941 年她打入水乡道滘土匪头子刘发如处当家庭教师，党组织派人与她单线联系，从中了解掌握土匪动态，后又派她去厚街、望溪、涌口等地当教师，从事党的秘密工作，办妇女夜校，发动妇女起来抗日。

叶茵和罗慧贤从清溪转到铁场教书，通过学生家访组织姊妹会，发展女党员黄三、韩炳姑、罗满、谢兰、韩日林、韩榴英等建立了支部。1940 年，梁霞冰（梁燕云）从清溪鹿鸣小学转去惠阳龙岗小学。1941 年她回东莞潢涌、塘厦、鹤田教书，发展杜娟入党。1941 年 6 月梁调清溪区委当妇女部长，在油甘埗［埔］以教书为职业掩护，一方面深入苦草洞、铁场，秘密成立党的妇女支部；另一方面领导石马、石鼓姐妹交通情报站的党小组，做思想政治工作。1945 年初，梁调霄边当中心小学校长，兼路西新五区教抗会主席、妇抗会主席。1945 年暑假调东宝中学当教师。是年 5 年 2 日[①]苏联红军攻克柏林，她组织宝太线妇女开大会庆祝，扩大影响。

1941 年至 1942 年在宝太线活动的妇女同志在霄边的张嫦、梁瑞华、黄少真（黄河）沙角尾的黄桂香、刘茜芬，燕窝王英、青竹笋罗慧贤、罗桂才等同志均以教师为职业做党的地下工作。

1943 年，杜娟介绍邓婉芳到杜屋开办妇女夜校。邓婉芳入党后，吸收当地有文化、有威信的杜月仙入盟，做好统线工作，使夜校获得合法地位。

1945 年夏季，袁蔚霞在楼村当信义小学校长，做地下工作，教育培养方秀英（方莹）参加中国共产党。

1945 年，组织派张婉琼到杜屋继续以夜校为阵地，发展抗日大同盟。当地匪首闻信后，密谋将她绑架，我党支部抢先派人用小艇将她转移到安

① 原文如此。——编者注

全地方。

1945 年，王河、王真由组织安排去高埗教书，并联系私塾女教师陈适、黎寿崇、黎章的母亲，开展女学生工作。

1947 年初，莫儿从香港回来，在赤尾当教师，开展恢复武装斗争的地下组织工作。

1949 年，勷勤师范女学生黄敏、苏常参队。当时厚街涌口有两个教师暴露了地下党员身份，要调走。组织便派这两位新同志到涌口当教师。她俩到校后，日间教书，夜里积极发动群众，组织农会、妇女会，办学校，配合地下党同志，把工作搞得很活跃。

……

文献2

第三章　建国后的东莞妇女（节选）①

第六节　托幼及儿童福利事业

建国前，东莞的家庭结构大都是“男主外、女主内”，男子外出从事农工商业各种工作，妻子则在家耕织，奉养翁姑、教育子女，很难摆脱父权和夫权的束缚。建国后，东莞和全国一样，普遍建立起托儿所、幼儿园，广大妇女才能走出家庭，参与各种社会工作，逐步取得与男子平等的地位，发挥半边天的作用。

（一）建国前的托幼状况

东莞幼儿教育，始于民国二十二年（1933 年），当时办起幼儿园 4 所，入园幼儿二百人左右，仅服务于少数官僚富豪人家。如榜眼坊有民办幼儿园一间，入园幼儿三四十人。1938 年 11 月，日寇侵占莞城，这间幼儿园便停办了。1947 年 9 月，东莞县新生活运动促进会妇女工作委员会

---

① 收录于东莞市妇女联合会编：《东莞市妇运志》，东莞市印刷厂，1995 年，第 89—94 页。

与国民党县党部妇女运动委员会合办了一所幼儿园，园址设莞城民众教育馆，配有教师 2 名，接收幼儿 50 多人。到了 1949 年 1 月，又在民教馆设一个幼儿班，配有保姆 2 名、女工 2 名，收幼儿 40 人。当时的托幼事业经费由明伦堂公尝支付。

农村的幼儿，大多由父母亲等长辈带到田间地里，一边劳动，一边看管，或放在家中，由祖父辈及稍长的兄姐看管。既无受教育机会，又常易发生事故。

……

东莞妇女文艺资料

文献1

东莞抗日救亡运动的高涨（节选）①

……

在全国上下一致要求抗日救亡的形势下，东莞各阶级的关系和各阶层的政治态度有了变化，在国民党东莞县的党政军官员中，有的同情和支持抗日；有的为表现一下自己，也表示支持抗日；有的虽是顽固派，但迫于形势，也不敢公开反对抗日，而采取敷衍应付的态度。中心县委正确估计国民党各种人对抗日的态度，首先通过何鼎华去做国民党县政府和县党部的统战工作，把国民党开办的东莞新闻社掌握到我党手里，使报社的工作人员逐步由我党选派去的党员和进步青年取代，何鼎华和黎协万分别担任社长和副社长，直接受中心县委宣传部领导。《东莞新闻》周刊的社论和重要评论，多是由县委根据当时抗战形势和工作重心撰写的；新闻报道，主要报道抗日救亡运动的情况，或刊登新华社和《解放日报》的新闻。报社还出版通俗小报：《老百姓》。《东莞新闻》后来成为中共东莞中心县委的机关报，声誉很高，发行量成倍增加，成为我党教育党员和广大群众的有力工具，在抗日救亡工作中，发挥了重要作用。

东莞中心县委还通过各种途径充分发动群众抗日，建立各种抗日群众团体。当时，国民党政府中同情和支持抗日的官员，为了争取群众，建立了两个抗日群众团体一个“青年抗日同志会”（青抗），另一个叫“妇女抗

---

① 收录于中共惠阳地委党史研究小组办公室、中共惠阳地委党史资料征集小组办公室编：《东江党史资料汇编》第一辑，惠东县印刷厂，1983 年，第 83—90 页。

日同志会”（妇抗）。为了把这两个抗日群众团体的实际领导权掌握过来，“青抗”由何与成领导，“妇抗”由何佳任主任。“青抗”和“妇抗”的会员，都是由党发动的青年学生、小学教员和进步青年男女，也有不少党员参加。他们组织歌唱队，到街头演唱，唤醒群众，鼓舞群众；他们又组织宣传队，向群众宣传抗日救亡的道理，使广大群众都支持抗日救国的行动；他们还组织演剧队，在街头、公共场所和车站码头，演出《放下你的鞭子》等抗日剧目。“妇抗”还设立献金台，动员群众献金，支持抗战，不少妇女捐献出自己多年的积蓄，也有不少贵妇人献出自己的首饰。

……

（东莞县委党史办傅泽铭编写，经王作尧、袁鉴文、张如修改）

文献2

附　录（节选）[①]

第四节　戏剧　舞蹈

东江流动剧团

东江流动剧团成立于1943年，是一个颇具规模的抗日文艺团体。剧团团员身穿蓝色列宁装，戴上五角星帽，到惠东宝各地演出，使敌后民气大振。当时剧团女同志较多，有赵学、何小士、何汝、叶芳、张瑞英、黄英、杨碧群、张萍、何植［值］、何祁、湛芬、夏冰、黄冰等。演出节目比较丰富，如《流寇队长》、《一家人》、《模范家庭》、《邹韬奋》、《腐蚀》等话剧。东江纵队成立一周年时（1944年2月2日）在金桔岭演出《路西一年》，开创了本团自编、自演多幕话剧的先例。该剧反映了东纵在广九铁路以西一年的战斗生活。同志们看了觉得特别亲切，纷纷给予好评。其中扮演剧中小女孩阿娥的何汝同志，给人留下特别深刻的印象。后因工作需要，这批文艺战士分散到各个战斗岗位上去了。

① 收录于东莞市妇女联合会编：《东莞市妇运志》，东莞市印刷厂，1995年，第157页。

东莞妇女军事资料

文献1

打响东莞抗日第一枪（节选）①

袁鉴文

1937年“七七”芦沟桥事变，日本帝国主义发动全面侵华战争，中华民族正处于生死存亡的关头。中共东莞县委遵照中共广东省委的指示，紧紧抓住国共合作的有利时机，积极开展抗日民族统一战线，广泛发动群众，组织抗日武装。其时东莞县由进步人士颜奇领导的国民党社会训练总队常备中队，是一支愿意抗日的地方武装，中共东莞县委认为应该加强与其合作，便派出李燮邦和陈昶带领一批青年党员到该队工作，以期掌握发展这支爱国抗日武装。

次年10月12日，日本侵略军在广东省惠阳县的大亚湾登陆，随即分路进占惠州等城镇。驻守东莞的国民党军闻风而逃，县政府的官员也纷纷四处躲避。在这危急关头，中共东莞县委便及时提出组织民众抗日武装的建议。莞城和附近村镇的党员、进步青年和学校师生，纷纷响应，报名参加的人达三百之众。随即，由县委武装部长王作尧通过社训总队副队长颜奇报请东莞县县长批准。这支以“东莞模范壮丁队”命名的抗日武装便正式成立了。

10月15日，全体队员兴高采烈地来到莞城立达小学集中，参加模范壮丁队成立大会，并进行编队。队长和政治指导员分别由王作尧和袁鉴文

① 收录于陈一民主编：《南北征战录》，广东经济出版社，1998年，第61-64页。

担任。当晚各队带着刚从县政府领到的二十支步枪来到莞城公园接受颜奇指导的军事训练。这些队员大都是知识青年，从未摸过枪支，更不用说军事训练，但他们有一颗爱国之心，所以不管训练中翻爬滚打有多么劳累也不叫过一声苦，从天黑直练到第二天天大亮才歇息。

为了进一步开展农村抗日救国运动，模范壮丁队除留下一个分队由祁铎、卢克敏带着留在莞城维持治安，其他的则由王作尧和袁鉴文带着前往大岭山区的飞鹅村，在那里开展群众工作，帮助该村成立兄弟会、姐妹会、自卫队等群众组织。当时，大批国民党军的逃兵也躲到飞鹅村一带，他们乘机到处抢掠农家财物，打狗杀鸡，群众恐惧万分。模范壮丁队见状挺身而出加紧巡逻，遇到来抢掠的逃兵就捉，并给予警告和治罪，从此，那些逃兵便再也不敢来为非作歹了。模范壮丁队的这一举动受到群众的普遍赞扬，称他们是“名副其实”的“模范队”。

……

文献2

第二章　孤悬敌后，在日、伪、顽军的夹击中英勇奋战（节选）①

……

四、重建抗日根据地，在困难中坚持斗争和发展

……

……当时人民群众的抗战热情很高。我们每次和日军作战后，都有爱国青年从四面八方前来参军；大岭山地方党一些党员坚决要求跟随部队战斗和工作；各乡村抗日自卫队更是源源不断地输送优秀队员到部队来；部队东移时留下的和途中受伤、失散的人员也千方百计地寻到大岭山来归

① 收录于蔡伟强编著：《抗日战争中的东江纵队》，广东人民出版社，2015 年，第 20−36 页。

队。东移时被顽军逮捕，没有暴露干部身份的陈一民等同志出狱后也回来了；回家去养好伤的政治指导员黄业也回来了，还带回来十多位新同志。负责采购的女同志王雅宜多次从东莞城和厚街带人回来参加部队，一共带来了三十二人。

……

建党建政。要建设一个巩固的抗日根据地，必须加强党组织的建设和政权建设。林平对此很重视，他要我多负责这方面的工作。我一向认为只有深深扎根于人民群众之中，革命才能开花结果。我们部队自创建以来，每到一处，必先向群众宣传、发动群众、组织群众，这是建设根据地各项工作的基础。东移前，我们在惠宝边的淡水、坪山地区作过的建设抗日根据地的尝试，就是部队、地方党组织和“惠青”工作团，在群众中进行了大量工作的基础上搞起来的。我吸取了这个经验，认识到今天要在大岭山区进行建党建政工作，首先必须要有一支坚强的民运工作队，深入到群众中去进行宣传、发动和组织工作。为此，我们大队成立了民运部。从地方党和“东团”调来一批干部，加强民运工作力量，部长就是原“东团”负责人叶锋。在民运部的领导下，一批具有独立工作能力、能掌握党的政策、作风艰苦朴素的男女干部，深入到大岭山区的各个乡村，进行细致的群众工作。他们和地方党密切配合，宣传抗日、宣传我党和我军的政策和主张，发动群众参加抗日活动，广泛建立各种抗日群众组织，建党建政。工作做得踏踏实实，卓有成效。

……

经过几个月艰苦的工作，在连平、大沙、大塘、同沙、治平、怀德、杨西和霄边八个乡建立起抗日兄弟会、姐妹会、夜校、识字班、农会等。通过这些组织，把绝大多数的群众都发动起来、团结起来了。这八个乡先后建立起民主政权，建立了政权机构——乡办事处。在这个基础上成立了全区性的政权机构——联乡办事处。按照党中央提出的“三三制”，民主政权的成员中共党员占三分之一。刘荫任联乡办事处主任。

……

文献3

第五章　广东人民抗日游击队东江纵队成立（节选）①

第一节　东江纵队成立，部队建设的加强

……

四、交通情报工作的建立和发展

抗日战争时期，在游击队缺乏现代交通和通讯工具的困难条件下，交通工作显得特别重要。及时向指挥机关传送情报，离不开严密而畅通的交通网络，而不少交通站，特别是设在敌占区和边缘地区的交通站，是监视敌人的眼睛，隐蔽在敌占区的交通站又经常和情报站设在同一地点，便于及时传送情报。

……

交通和情报，是两个紧密关连的系统，所有的情报站都是秘密的，情报站之间保持单线联系。情报站随时能找到交通站，交通则不了解情报站的位置（除个别环境许可或上级指定外）。

交通、情报工作人员，是无名英雄，他们为部队的生存和发展，为战斗的胜利，作出了不可磨灭的贡献，涌现出许多英雄模范人物，有不少交通、情报员献出了宝贵的生命。设在东莞县石马的情报站和石鼓的交通站，由四个年轻的女共产党员负责。石马情报站以慈善性质的赠产所作掩扩［护］，战斗在敌人心脏，收集情报，有情报就单线传给石鼓交通站。石鼓交通以爱群医社作掩扩［护］，主要负责东至青溪，南至布吉，西至大岭山，北至常平的交通线。人们称这两个站为“姐妹站”。第四支队交通员罗仔，善于化装、认路，通过敌人封锁线不畏惧，夜行深山野岭不心惊，遭遇敌人沉着镇定，应付自如，他的交通工作从未失误过，人们称他为“交通大王”。路西交通站的杨少珍，人们赞誉她为胆大心细、智能双

---

①　收录于《东江纵队史》编写组编：《东江纵队史》，广东人民出版社，1995年，第201—208页。

全的“女交通王”，从1942年到抗战胜利，在敌人严密封锁下，以她的智慧和勇敢，保证了广九铁路两侧的交通畅通无阻。港九大队水上小交通员何根和石十五，机智勇敢，刻苦耐劳，受到大队的赞扬。有一天，他俩驾驶我交通船停泊在南澳港内，一艘日军汽艇冲进来，用指挥刀和枪口对着这两位小交通员迫他们说游击队的船泊在那里，何根和石十五宁死不屈。日军用绳索把他们俩捆绑起来，用汽油将这俩［两］位小英雄活活烧死。博罗县龙溪交通站站长熊芬，在伪军李潮包围龙溪后，她为保持交通线的畅通，在龙溪坚持斗争，后被俘遭杀害。直属交通总站女交通苏芬和罗仔，在纵队领导机关向江南转移时，奉命留守。待军需处的物资撤完时，进攻的国民党顽军已进抵澜石，两人来不及撤出。苏芬和罗仔死不投降，牺牲在顽军枪弹之下。61岁的冯芝，她主动担任港九大队的义务交通员，1944年3月，为了掩护另一位女交通员通过日军的哨卡，不幸被捕。她坚贞不屈，英勇就义。情报员黎成，会讲英语和日语，香港沦陷后，组织安排他设法打进设在香港的日军宪兵总部特高课去搞情报工作。他在日军军曹的领导下，担负的任务正是侦察东江纵队在港九地区的活动情况。一天中午，值班军曹下令立即出发，分布到各交通要道、码头，缉捕港九大队市区中队的游击队员。黎成得到情报后，冒着生命危险直奔设在北角清风街的联络点报讯，市区中队及时作好防范措施，使敌人一无所获。

……

五、军需后勤工作

……

医疗卫生工作。东江纵队初创时期，从内地、香港和南洋来的周昆、招丽真、梁国［帼］莲、张惠文等10多个女同志，担任部队的医疗卫生工作，成为东江纵队卫生战线的骨干。东移回来时，医药和医疗器械奇缺，女卫生员王雅宜回家将她姐姐开的诊所的全部医药和医疗器械，送给第三大队医务所。香港沦陷后，党组织动员在香港广华医院当护士生的爱国青年冯慕贞、麦雅贞和朱依群携带一批医药和医疗器械回东江参加游击队。这批受过专业训练的医务人员，给部队卫生战线增添了新生力量。这时期，部队在宝安、东莞、惠阳等地设立了一批医务所或医院。

……

东江纵队的卫生战士，到抗战胜利前夕，增加到200多人。这些白衣战士，有的是历尽辛酸的女童工，有的是童养媳和婢女，有的是投笔从戎的青年学生，有的是回到祖国怀抱的华侨或港澳同胞，有的是抛弃富裕家庭生活的小姐。她们在党的教育培养下，抱着抗日救国的共同革命目标，战斗在东江两岸，广九沿线，粤北山区，经受着战争的严酷考验，大多数成长为坚强的共产主义战士，不少成为巾帼英雄。梁通、莫福娣、王丽、卢玉华、张漪芝、余丽云、陈笑影、叶丽珍、胡润清等等，她们用自己的青春和生命，为东江纵队卫生战线的历史写下了壮丽的篇章，人民永记她们的英名。

文献4

第三章　东莞抗日战争的中流砥柱（节选）①

一、中共东莞中心县委成立和抗日救亡运动的高涨

1937年7月7日夜，日本侵略军在北平西南的卢沟桥附近，突然向中国驻军进攻，中国官兵奋起抵抗。中华民族全面抗战从此开始。

……

卢沟桥事变后，在中国共产党的推动和抗日民族统一战线旗帜的感召下，东莞各界民众纷行动起来，建立各种抗日救亡团体，推动了抗日救亡运动的高涨。1937年8月中旬，广东民众御侮救亡会东莞分会（后改名为东莞县民众抗敌后援会）成立。12月，东莞县青年抗敌同志会、东莞县妇女抗敌同志会、东莞县工人抗敌同志会、东莞县农民抗敌同志会等全县

① 收录于中共东莞市委党史研究室著：《中国共产党东莞简史》，中共党史出版社，2013年，第29—37页。

性的群众抗日团体相继成立。这些抗日团体实际上由中共东莞组织掌握，成员有青年学生、小学教员、青年工人、青年农民和进步社会青年，不少人是共产党员。这个时期，东莞抗日救亡运动主要是宣传抗日、募捐慰劳抗日将士和成立抗日团体等。1938 年 2 月初，虎门守军英勇击退日本军舰。县抗敌后援会召开东莞各界反侵略大会，会后举行火炬游行。4 月初，东莞各级党组织发动抗日救亡团体数万人，在城乡集会游行，庆祝中国军队取得台儿庄战役胜利。8 月，广东省开展抗日救亡献金活动。在中共东莞中心县委妇女支部的领导下，县妇女抗敌同志会在莞城搭“献金台”募捐，还组织妇女救护队到抗日前线开展救护工作。同时，广州的一些抗日救亡团体也派工作队到东莞活动，推动了东莞抗日救亡运动的深入开展。

随着抗日救亡群众运动的高涨，中共东莞组织坚决执行党的抗日民族统一战线政策，利用公开合法的地位，发动群众、组织武装，认真做好抗日武装斗争的准备工作。

二、东莞抗日模范壮丁队成立和敌后抗日游击战争的兴起

全国抗日战争初期，中共东莞组织并没有公开直接领导武装队伍，而是通过抗日民族统一战线，团结抗日的国民党军政官员和社会爱国人士，争取合法地位，逐步掌握和建立抗日武装。

……

东莞是著名侨乡，海外华侨和港澳同胞也积极捐资支援家乡抗战，并组成回乡服务团回到家乡直接参加抗战。这是东莞抗战的一个显著特点。1939 年 3 月初，东宝联合县委在东莞清溪组建东江华侨回乡服务团东（莞）宝（安）队，王启光任队长，起初有队员 30 人，后来发展到 60 多人。队员大部分是华侨或归侨青年。同年 5 月初，澳门四界救灾会回国服务团第三队到达东莞天堂围，在东宝地区进行抗日活动。

东江华侨回乡服务团东宝队和澳门四界救灾会回国服务团第三队，在东宝联合县委的直接领导下，深入东莞、宝安农村，开办战时小学、夜校和识字班，组织姐妹会、妇救会、青抗会、农抗会、读书会、儿童团等抗

日救亡团体，以家庭访问、教唱歌曲、文艺晚会、大会演讲、出版壁报等形式，宣传抗日。这两支队伍在东莞积极开展救死扶伤和战地服务工作，开展对敌斗争，有时还直接参战，不少人献出了宝贵生命。1940 年春夏间，国民党顽固派加紧迫害和强行解散在东江地区开展抗日救国活动的华侨回乡服务团。6 月，东宝队被国民党东莞县政府取缔。这两支队伍的大部分人员继续留在东宝地区，坚持抗日斗争。

华侨、港澳同胞还积极送子女回内地参加共产党领导的抗日游击队。香港女同胞李淑恒［桓］先后送 7 个子女参加八路军和东江抗日游击队。她本人也于 1941 年春从香港来到东莞大岭山抗日根据地，参加广东人民抗日游击队。在抗日战争中，李淑桓及 3 名子女光荣牺牲，她本人及 1 个儿子就牺牲在东莞。

文献5

第二章　建国前妇女运动（节选）①

第三节　武装斗争中的女战士

（一）参加武装斗争南征北战

1937 年 7 月 7 日抗日战争全面爆发后，至东莞莞城沦陷前，国民党 153 师政训处在莞城内举办青壮年军事训练班，前后两期，每期三个月，受训的约四五百人。妇女抗敌同志会通过统线关系安排少数会员约 20 余人参加受训，记得名字的有何佳、梁燕云、陈福媛、张惠文、何韶美、何淑仪、何欢、施卫民、赵学光、王竹等，她们学了一些军事常识，懂得射击要领，为日后参加武装斗争，增强了信心。

1938 年 10 月 12 日，日寇进犯广东，在大亚湾登陆。13 日中共东莞县委号召成立东莞抗日壮丁模范队，以下简称“模范队”。并动员各支

① 收录于东莞市妇女联合会编：《东莞市妇运志》，东莞市印刷厂，1995 年，第 54—64 页。

部掌握的武装人员从莞太、东坑、石龙、篁村、高埗、清溪、凤岗、樟木头等地分别到飞鹅、章［嶂］阁集结，有150多人（其中女战士50多人）。15、16日，樟木头、石龙相继失守，壮模队即抽调一个小队40多人（其中女战士10多人）奔赴石龙对岸与壮丁常备队一起，在榴花塔一带沿江驻防。20日，派出40多人渡河出击日寇。其中女战士陈福媛（陈文慧）、梁霞冰等报名参与渡江作战，战士们在刘屋村前与日寇骑兵队浴血奋战，打响东江抗日第一枪。战斗中陈福媛英勇救护伤员。此次战役我方11位同志、刘屋12位民兵壮烈牺牲。21日广州沦陷，22日虎门失守。我们的队伍拉上山区打游击。在这支队伍里的女战士有梅爱芳、何佳、赵学、卢洪婉、黄宝珍、梁霞冰、刘清、张文（张怀好）、王爱玉、叶淑德（叶茵）、赵学光、李晃莺、李焕章、刘暖、黎颖瑜、李楠、何小士、施伟文、张惠文、张玉蝉、张国珍、张雪芳、陈怡、卢当、卢霞、陈福媛、林桂枝、罗慧贤、莫福娣、莫艮尚、莫就兴，莫婉兰、曾玲、何欢、何群、王棠棣、方盛娣、黎少棣、阮慧贞、王河、王月富、王农［侬］、王章、王月娥、王雅宜、谢坚、李兰（李兰芳）、李美艮、陈联英等，后来陈艳兰、黄琼、袁伟、袁蔚霞、张婉琼、王真、王亦可、刘燮芬、李顺等亦来参加，还有好几位上了年纪的革命母亲，她们是陈淑、陈伟宇、喜嫂、容妈等等。她们不辞劳苦艰险跟随年青的姑娘小伙翻山越岭，从各地到山区集结参加抗战队伍。她们说："国家兴亡，匹夫有责，妇女也该献出一份力量。"

1939年初，东莞抗日武装部队进行整编，组建东宝抗日游击大队。有些没被编入武装部队的女同志，一次又一次向领导提出组织一个女战士武装班的请求，获得批准。成立了十个女同志组成的直属武装班，她们是曾玲、林桂枝、李晃莺、方盛娣、莫艮尚、莫福娣、莫就兴、莫兰、李美艮，由王月娥当班长，张惠文负责卫生工作。她们与男战士开展各项竞赛，非常活跃。

1940年，顽军在清溪苦草洞设立军械库，苦草洞的地下女党员在区委领导下，积极弄清仓库情况，配合游击队袭击仓库，缴获了迫击炮、重机枪、手榴弹、步枪子弹一大批，还发动四五十个群众，协助部队把武器弹药运走。

1940 年至 1941 年，国民党连续掀起反共高潮，局势日益恶化，东莞抗日武装部队被迫东移海陆丰。随王作尧部东移的有张惠文、王月娥、梅爱芳、杨连友、叶妙有、林洁、林芬，随曾生部东移的有王雅宜、梁帼莲、容敬玉、容克波、古素文、刁慧文等。

1942 年，厚街抗日同盟盟员王金枝，组织动员她买了手枪参加游击小组。王金枝参队后，利用她与王沛雄（地头蛇）的亲属关系，晚上把他请到家中“作客”，趁机缴了他和随从的武器。然后王金枝与游击小组的同志再迫着王沛雄带路到护沙队的队部，收缴了 40 多名护沙队员的全部武器。

1944 年，东纵第三大队挺进水乡，开辟了水乡根据地。后土匪李潮率众来犯。我指战员英勇作战。曾玲、李芬、黄媛等好些女战士率妇女上前沿送子弹、送粥饭，同时对敌人开展攻心战术，军民同心协力，保卫了低涌。这期间，她们还捕捉了李女，罚黄金几斤，以解决部队给养。

1946 年 6 月，东江纵队奉命北撤山东，随队北撤的东莞籍女战士六七十人，她们是王开、王兰、王月仙、王雅宜、何佳、何祈、何淑、何小士、周田、周文、周洁冰、周嫦、周帆、李焕章、李南、李芬、李友伦、李琼、林文、林斌、关芳、卢当、张惠文、张瑞英、张屏、英艮尚、邓英、黄曼、黄媛、黄宝珠、黄泮卿、黄润梅、刘清、刘菲、刘晖、刘宛、张嫦、袁乔、袁惠、杨少珍、杨秀琼、杨碧群、叶萍、叶芬、罗慧贤、陈淑、陈英、梁娟、梁燕云（霞冰）、赵学、赖秀兰、蔡平英、邹容、房秀娇、江肖梅等及在东莞战斗多年的外籍女战士李玉珍、欧巾雄、李兆华、招丽珍、李杰、潘清、梁幅莲、叶锦珠、辜世珍、容敬玉、容克波、李森、周昆、曾坚、朱薇、黄稻、张霞、张玉莲、刁慧文、阮群英、阮群治、何为、梁励行、郭云翔、湛芬、何小冰、李静等等同志，她们跟随部队到达山东革命根据地，随着解放战争的进展，南征北战，历尽艰辛，她们中如周田、邓英……等不少同志参加两广纵队，经过多次战役，直至全国解放，谱写了东莞妇女志的外一章。

1948 年，第三大队有一支惠阳武工队，活跃在清溪、樟木头、圹厦一带，专打鬼头仔。这支武工队的队长是严志胜（女），射击很准。

1949 年初，在东莞境内，跟随主力连队作为战斗指挥中枢的东一支三团团部有女同志多人：她们是民运股长袁蔚霞、组织干事湛芬、文书吴国兴、文化教员陈素琼、事务长何葵、管理班何静文、油印室后有林超、方芳等，此外，黄竞、周琳、张平、陆明、朱薇、陈苏、林苏等都先后曾在团部工作过。团部卫生员先后有黄葵、朱玉英、余翠容、许坚灵、温珮、尹志明、刘雪清等等；三团副官处的女同志先后有李玉容、黄群、石素洁、叶茵、华南等。

战斗部队后勤人员有（后转入莞城机关幼儿园工作的）卢好、谢璋、张桂珍、黄群、李群、黄秀群、黄欢、卢映、李来娇、温和顺、陈锦有等等。

（二）女卫生战士

莞城沦陷前，国民党组织过救护训练班。妇女抗敌同志会以参加过军训的女同志为基础，增派了梁帼莲、张淑文（张仔）、何群、尹柳眉、黎笑、古素文、容敬玉、刘觉兰（刘青）等约十余人参加集训，学习内容包括止血、止痛、药物使用，抬担架救护扶伤员上担架等常识。1938 年 3 月 3 日，敌机轰炸东莞城，[在] 渡头落了几枚炸弹，炸伤十多人，救护班大部分学员抬担架、背药箱赶往现场抢救伤者，并即送东莞医院救治，院方称赞说：医院人手少幸得你们支援。群众称赞说：这群年轻女子不怕血、不怕脏，能背一百多斤的伤者上担架送医院真不简单。战伤救护学习，使武装部队初创就有了卫生员。早在 1927 年广州起义时，赵学同志的母亲陈淑和姨母陈伟宇就参加救护医疗工作。她们两姐妹在广州学医时就积极参加女权运动，（陈伟宇还参加新学生社，成为该组织开展妇女运动的骨干）大革命失败后，她们俩回到东莞东坑开办爱群医社（妇产科医院），对乡中贫苦产妇来分娩时，减收或免收产费，群众深受感动。1938 年冬，东莞中心县委组织东莞抗日模范壮丁队，她们俩又毅然携带药箱和药物，参加该队为医务人员。在抗日战争和解放战争时期党的武装部队都设有卫生员、医务站。女同志占了百分之九十以上。

1939 年，东莞抗日游击大队成立，设有救护组，卫生员有张惠文、杨连友、陈怡，后增加叶妙有、林杰等。1940 年随曾生、王作尧部队东移担任中队卫生员的有韦世珍、周昆、蔡如冰、容敬玉、叶萍、邝爱莲、招丽珍等。

1939 年到 1940 年初，以几个卫生员为骨干，带领与培养一批卫生员，使卫生工作从无到有，从小到大。在东宝两地设立医务所。1940 年初在雪竹泾村沙梨园内搭几个小竹棚作医务所，能容 20 余人，由张惠文、梁帼莲负责，不久，反动军队到这一带“扫荡”，卫生员带伤病员撤走，而竹棚被敌烧光。又在白石龙边深坑内的大树底下重新搭棚收容伤病同志 40 多人，这时，卫生员有莫艮尚、何景珣、黄雪珍（黄峰），还有从香港回来的徐绮云等数个医务工作者。

其后，梁帼莲任五大队第一医务所所长，张惠文任支部书记。

接着莫福娣、莫就兴及香港光华医学院学生冯慕贞、江培荃、麦雅贞、邝日元、陈元仁医师和他的家属（是位护士）也回来了。五大队医务所一度发展到 30 多人，曾准备建立“后方医院”。不料，1942 年 5 月敌伪大举进攻我游击区，医务所险遭破坏。在紧张的疏散掩蔽工作中，张惠文刚满月的孩子，得不到及时照顾竟夭折了，她忍疼坚持斗争。经她们帮助分散掩蔽在山坑石洞炭窑中的伤病员大部分脱险，仍有少数被俘或被杀害。从此，吸取教训，部队没有集中起来办医院，而是办成小型的分散的、灵活转移的一个个医务小组、医务站（所）。曾生部队第三大队 1940 年在大岭山瓮窑村和大岭山马山庙等地建立医务所，由韦世珍、周昆负责，卫生员有王福等。当时药物奇缺，幸得王雅宜及时捐药，渡过暂时困难。

1942 年形势险恶，第三大队一个医务所设在厚街王作尧的姑婆的祖屋里，王雅宜担任所长，王群、王兰任卫生员。她们收治不少伤员，其中，金桔岭战斗负伤的中队长胡东伤重不治死去，她们和几个战友集资买棺木像亲人般埋葬烈士。另一个医务所在虎门咸田，春节前夕，该所收治着几十位伤病员，敌人突然发现并包围了她们。所长周昆，向包围的伪军展开政治攻势，晓以民族大义，经过顽强耐心的斗争，伪军才答应让路给我伤病员撤出。

这一年4—5月间，为掩护伤员先后英勇献身的卫生员有莫福娣、陈笑影、王丽等，她们的事迹见於［于］烈士传略。

1943年12月2日，东江纵队成立，卫生员增加王月仙、莫艮尚、周文、周洁冰、梁帼莲、周田、邓英、王开、袁志聪、袁玉婵、周嫦、梁通、叶丽珍、王福、梁娟、袁乔、曾解、孔毓冰、张淑文（张仔）、陆桂艮、陈群英、李靖妹、欧凤兰、欧阳洁英、郑绮文、莫平等。（后她们中有多人牺牲，见烈士英名录）。

1943年第三大队大队部的叶彰继在自制炸药时，不慎被炸伤面部、胸部及四肢，高烧昏迷。大队卫生员韦世珍用煮沸的石灰水冷却后给他敷伤降温，减轻痛苦……在卫生员精心护理下，叶彰继终於伤愈归队。

1943年，日寇集中近万人的兵力，向我大岭山根据地进攻。我军被包围在纵横不过十多平方公里的山区，战斗非常激烈。卫生员李玉珍在战斗中负伤，领导命她带领十多个伤病员隐蔽到山涧中，她不畏艰辛，在无麻药的情况下，挖出自己足部的子弹，随后，她带领伤病同志突围，回到安全地带继续治伤。直至同志们都伤愈归队。

1944年3月，铁东大队医务所，所长周文，22岁，领着邓英等八九个16、17岁的姑娘，在铁罗坑附近的密林里，建立起一座以草屋为基地的“密林医院”，靠采草药为同志们治伤病，她们把仅有的纱布、绷带、反复洗涤，严格蒸煮消毒，为伤员包扎伤口。有些伤员无法送进“密林医院”，就分散隐蔽於［于］石排各村老百姓家里。周文夜里领着卫生员，背着药箱，分头摸黑，走了一村又一村，有时冒着雷鸣电闪，滂沱大雨，按时到达，为伤员换药、治疗。为了不暴露目标，黎明前又赶回密林驻地。周文不但当所长、当医生，又当教员、卫生员。许多女同志经她手把手地教，都初步掌握医护救伤知识，又经过一段实践，分配到战斗连队去，一个个都成了能干的卫生员。

1945 年 6 月，在东莞塘尾村的一次战斗中，女卫生员邓英和莫平，跟随连队转战到松木山。一天，部队被日寇包围。邓英带五位同志突围，两位同志中弹牺牲，一位同志负了重伤。邓英请两位轻伤员先走去找部队，她背着重伤员，一步一爬，跟在后面，重伤员因伤势过重，在路上牺牲了。第二天凌晨邓英才找到部队，见到同志们时，不禁失声大哭。

1945 年秋日寇投降后，为保卫人民胜利果实，我驻宵霄边大队 918 中队卫生员叶丽珍，为抢救六位战友而光荣牺牲（事迹详见烈士传略）。

1946 年底，东莞恢复武装斗争。1947 年初，邹洁云、袁志聪、黄葵等先后从香港调回第三大队当卫生员。原东纵卫生战士张淑文（张仔）被任命为第三大队医院院长。是年，余翠容、刘云清、黄进喜等同志参队，在医院受训后，当连队卫生员。所谓医院，仍是流动的，下设分站。1948 年张淑文、袁志聪等东上后，由从港学医护知识回来的王福接任院长。

1948 年 6 月，北岸岗医务站被敌人包围，卫生员黄进喜牺牲。是年，铁乌队卫生员陈卫在大洲战役中牺牲。卫生员黄葵战斗中负伤，进医站治疗。9 月，反“围剿”的镇隆战役中，钢铁队卫生员叶碧流壮烈牺牲（详烈士传略）。大队部卫生员麦霞夜行军摔伤手肘，送回医院，经王福等为她悉心治疗，痊愈后留医院工作。当时医院的护士长是黄铭，她 1947 年在广州红会医院护校行将毕业，因工作需要，地下党动员她提早参队。麦霞也是在香港受过医护知识训练才参队的。王福、黄铭、麦霞等成为三团医院医护骨干，她们紧密配合，团结一批老卫生员，培训一批新卫生员，分配到战斗连队去，计有钟惠卿、黄景云、罗洁玲、陈秀琼、卢婉霞、卢丽梅等。

1948 年冬，医院在药场，指挥员林淦在渡头仔战斗中负重伤入院，经王福等精心治疗，谢慧等昼夜特护一百多天，直至他伤愈归队。战士湛源，某次战斗中足部负伤，坏疽截肢后，亦由黄铭等给予特护直至痊愈。大圹战斗，战士吴汝同臀部中弹，王福同大队卫生员黄葵在严密消毒下，用刀片及半边剪子替他取出子弹。也是 1948 年 11 月，石坳战斗中，三虎队卫生员庄励，战场上抢救周祥后，又救活头部颅骨打穿，隔了一夜才从战场上找回来的重伤员蔡文侠。蔡醒过来后，神志不清。她们临时设立医站，将伤员藏入山洞中，一边药物治疗，一边精神治疗。庄励仿效部队指战员口吻，给他写了一封又一封慰问信，念给他听，鼓励他战胜死神。40多天后，蔡文侠奇迹般地完全清醒过来。他与周祥一起，被秘密送往香港治疗，彻底康复后双双回到游击队，重上战场杀敌。

1949年初，王福院长带领卫生员黎桂英、樊英（樊英贤）、陈玉珍等从药场医院过宝安曾瑞英医务站（时黄铭、谢慧离开医院跟随连队东上，麦霞去东莞建医务站），恰遇乌石岩战役送来大批伤员，她们全力投入医护工作中。这时，从明伦堂高级护士助产学校毕业出来的尹志明、尹志光及厚街女学生王护英、王护文参队来到医站。（尹志光东上改行）尹志明成为医院骨干，被大家尊称为尹老师。1949年3月，水濂战斗，卫生员黄月琼牺牲，刘汝璇负伤，钟惠卿救五个伤员，背五枝枪下火线，受到赞扬。

1949年初，三团扩军，十个连队先后上调。1月，黄景云、陈秀琼、潘丽琼、庄励、冼燕子随三虎队东上。4月，刘云清随铁乌队东上，途中与敌遭遇，在战斗中抢救伤员负伤。5月，卢婉霞、王护英、朱玉英随金龙队东上，卢婉霞在海丰战斗受伤，仍坚持随队冲上山顶，因流血过多晕倒，送边纵医院治疗，愈后归队。崔宽、罗明玲随平西队，刘汝璇随镇隆队东上；9月袁卫芳随雄豹队东上。

是年，香港女青年：许坚灵、李瑞萍、王慕坤、冯素玲、刘雪清、张婉群、彭淑英、陈泳［咏］莲（后牺牲）、梁焕华；广州女学生林竹、陈伟、钟齐好、李冬燕（后牺牲），根据地内女青年女学生肖钟和、叶虹、赵桂英、邹文英、朱婉琼、张群、张义带、叶榴英、叶才英、袁卫真、袁慧芳、卢肖容、谭真、谭媛、杜燕儿等同志参军，先后当上医站或连队卫生员。

1949年5月8日，三团流动医院、宝安医站在阿婆坎遭敌袭击，院长王福壮烈殉职。卫生员林竹等被俘。幸重伤员早已由樊英、王护英两人送东莞田心梅塘麦霞医务站，请陈培医生治疗。厚街双江也设临时医站，请陈培医生配合治疗，何棠等同志的战伤得以康复。

1949 年夏，广州高级护士助产学校毕业的张勤、梁昌、利贞、龙宛参队来到三团，分配到各医站。（利贞后出连队）香港东华三院护士温珮参队，分配到营部，又调往团部，后随连队东上。这些同志的到来，使部队的医护技术为量得到充实，培训卫生员的工作得到加强。

1949 年 7 月，三团医院驻梅塘田心山坑险遭惠州来敌袭击。幸山下村中我交通站，副官处，武工队把敌人胶住，发生战斗，我方牺牲六个同志，医院幸免於［于］难。当夜，上级指示医院转移到深山大石洞（“莫斯科”）将近半个月，后分为两个医务站，一个由院长麦霞带领回到长山口村后山密林中，搭几座草寮专收治重伤病员；一个流动医站由樊英（樊英贤）带队，在飞鹅山区、温圹一带，天天转移，化装成群众，收治轻伤病员。医站的同志常帮驻地群众免费看病、助产。张勤、梁昌、尹志明有助产技术，帮助产妇接生，使母子平安，密切了医站和群众的鱼水关系。

1949 年秋，三团医院各医站分别举办卫生员培训班，复训和初训卫生员，准备派到新扩的连队去配合大军南下解放广东。东莞医站办了两期，每期三十多人。教员是麦霞、张勤、梁昌、利贞等；新学员有香港劳工子弟学校学生郭润、蒋容、邓雅诗等，虎中学生陈月娥、陈玉怀等，茶山罗丽娟、罗慧贻等，（罗慧贻直接到麦霞医务站）广州的陆茹，莞城的张慧兰等。还有交通站情报站转来的袁定国、袁映兰等，宝安来的黄桂清、黄丽英等。三团卫生员队伍至此发展到九十多人。除政治服务员张哲外，全部是女战士。

十月，东莞各镇区相继解放，各连队卫生员随队入城或参加接管或随队伍追歼残敌，剿伐土匪。三团医院各医站的负责同志和技术骨干如张哲、麦霞、尹志明、张勤、梁昌、利贞等参加军管会入城工作队，率先入城接受莞城医院、普济医院、虎门医院等，樊英同十几个卫生员坚持在长山口医务站收治大军伤员和游击队伤员几十人，最后在根据地群众热情欢送下入城。我伤病同志得以入医疗设备较完善的各间大医院疗伤养病。樊英、刘雪清、罗慧贻随即被军管会派到石龙接管惠育医院。

（三）女后勤战士

身居前线的后勤人员担着文件箱、伙食箩……随队行军转移，承担着比一般战士更重的负担；她们常冒枪林弹雨，给作战部队送茶送饭；战后休整，为战士洗衣裳……

东一支三团连、营、团队列中都有不少女同志，女战士占队伍总人数7%—9%。根据一营教导员刘辉、连长龙若冰、指导员朱汉潭等提供的资料，举例如下，1949 年 6 月至 9 月第一营第一连，全连 130 多人，女战士占 10 人：排级女事务长韩英，卫生员卢丽梅、袁卫芳、勤务员叶兰英、炊事员谢红、阿带、阿娇、何齐友等。

1949 年 3 月至 6 月，一营二连 56 人，其中女战士 4 人；6 月后连队增至 102 人，其中女战士增至 10 人。她们是卫生员黎桂英、勤务员黎娣、炊事员伍嫂、月兴、罗娇、李娇、李笑娣、运输员陈妹、李源娣、邓群笑等。6 月，该连在浮竹山，战斗打响，卫生员黎桂英随队上第一线，突围负伤后牺牲；余下九位女同志，机智地躲在村长新建的炮楼，敌人胡乱喊话威吓，她们不上当；并以部队的声威，镇住村长老婆，使她不敢揭发。敌人退后，她们才挑起文件箱、伙食箩出来追上自己的部队，继续承担繁重的连队战勤工作。

当时各连队常是两天打三场仗，女同志们跟随队伍，不避艰险，在战场上，保证战士们有饭吃、有水喝、有人救护伤员。平时坚决执行连队卫生制度规定的 28 条。战士行军作战疲劳时，女同志们常常集体帮助战士们洗衣洗被，对待指战员如姐妹、如慈母。数年如一日。游击根据地的老百姓，只要一看到、一听到经过的队伍有女战士的身影，有女同志的声音，就知道是“老模”的队伍来了，欢天喜地打开门来迎接。军队和老百姓，亲亲热热如一家人，故形成一股战无不胜、攻无不克的力量。

（四）情报交通工作的女战士

情报交通工作中的女战士们，她们怀抱满腔的爱国热忱和反抗强暴的义愤，打入敌人内部，获取可靠情报；她们灵活、机智、果断，冒着生命的危险，不分昼夜，长途跋涉，沟通各方面的联系和信息。在这条无形战线上，充份发挥妇女不被敌人注意和本身刻苦耐劳的特点，起到了很大的作用。

1. 情报站、交通站的女站长

女共产党员们，以社会职业为掩护，深入敌营，取得军事情报，通过交通情报网，将信息送到抗日部队，使顽敌多次妄图进攻、偷袭我抗日根据地的阴谋，均遭惨败。

在日寇占领区，人心倾向祖国，我交通情报站就设在女堡垒户家中，设在革命同志的家中。她们脱离大部队，孤胆作战。尤其值得称颂。部队交通情报站，还兼运送军需物资的任务，女同志在这些岗位上，同男同志一样，勇挑重担。

交通站情报站的女站长们，以身作则，既带领好一群群搏击风雨的飞行的小鹰（交通仔、交通女）；又把交通情报站办成来来往往，戎马倥偬的同志们温暖的家。

1939年10月，国民党干训班把一批毕业生派到各地工作。派到塘厦、常平一带的有罗湘林等五位地下共产党员，其中冯鸿翩（女）任宝安电台报务员，驻在石马，以石马赠产所为地下党的联络点。罗湘林培养介绍该所医务人员周爱莲加入共产党。1941年该所罗慧舒和石鼓爱群医社的李琼珍、周爱青（周玲）相继入党。在组织的部署下，石马赠产所和石鼓爱群医社成为共产党战斗在国民党统治区的姐妹交通情报站。周爱莲等与被我争取过来的电台人员常与顽军头目及其家眷周旋，取得大量军事情报；罗慧舒、李琼珍则负责将收集到的情报整理好，交给女交通员一站，一站及时送交部队，使国民党顽军徐东来、黄文光、刘光等部多次妄图进攻、偷袭大岭山抗日根据地的阴谋，均遭惨败。

当时，组织并命李琼珍负责北至常平周屋厦，南至布吉、李朗，西至大岭山，东至清溪一带的交通情报工作。

1940年夏，东莞县委为使我方在对敌斗争中能知彼知己，保证立于不败之地。在没有任何现代通讯工具与交通工具传达信息的情况下，用忠诚的人来代替，着手建立抗日的触觉敏锐的坚韧不拔的交通情报网。这个网在沦陷区（日占领区）白色恐怖区（国统区）选点建站，如上述的石马、石鼓站，还有石龙、莞城站；中堂东向站、低涌站、厚街、双岗、涌口站、山区大王岭区委站、犬眠岭站、桥头站、霄边站、大朗站、东坑站、石碣站等等。这些交通情报站都活跃在敌人的心脏里，站的负责干部与交通员、情报员都经过县委、区委的选拔与培养，并在战斗中成长。他们大多数是女同志，如（名单以姓氏笔划［画］为序）丁芬、王河、王映兰、王群、王自耀、王倩、邓勤、卢当、区丝宝（何婶）、李长娘、李琼珍、李嫦、李葵兴、李兴带、李芬、李玲、李顺、李淑姿（三嫂）、刘宛华、刘燕、刘暖、朱媚、吕秀兴（大嫂）、五嫂（佚名）、吴石娇、邹玉兰、周福兴、何景珣、周玲、周建章（邓大嫂）、周爱莲、罗慧舒、林文、林九娣、林便兴、林美田、张招妹、袁慧、陈月华、陈葵宽、陈怡、陈艳兰、陈见宽、陈扁莲、陈紫芝、莫欢、黄琼、黄英姑、黄扁润、黄宝珍、肖焕兴、谢坚、黎厚贤（六嫂）等等。她们中的李长娘、张招妹、陈葵宽、黄宝珍等同志，为革命献出了宝贵的生命。她们的事迹见烈士传略。

1941 年，王河被组织任命为东莞交通情报站站长。站设莞城葵衣街 12 号尹七嫂家里。这个站除了与莞城和平路、豉油街、振华路、城内彭屋大街、城外博厦十佛庵五个交通情报点联系外，还通过县委的交通员与厚街、河田、涌口、双岗、虎门、长安、东坑、塘厦、常平、东坑、寮埗、石碣、中堂（东面）高埗古屋村、道滘等二十多个交通情报站联系、互通情报；依靠这个由县委书记、组织部长直接领导的交通情报网，搜集日、伪的军事情报；接送县委的来往人员和文化界人士、信件和物资；沟通县委与特委、县委与部队的联系。最后，县委又使我县的情报工作从东莞直接插向广州。

她们怎样了解日伪情况？通过派往当时伪县政府的情报员和党派遣打入伪 154 师和土匪刘发如、李潮处的情报员搜集情报外，莞城城内情报点的李顺，利用相熟的街坊秦氏一家多人在日军处做事，向她家当日军厨杂工的了解日寇什么时候出发下乡、到那里？向当侦缉的秦辉兄弟之母做工作，让她了解日寇最近有无捉到人、捉到什么人、关在那里、表现怎样等等，同时，还侦察日军每天进进出出的动向等。

同年，曾生部设交通情报站，林冰（女）任总站支部书记兼站长。总站下设两个分站，女站长有邓清、卢当。一次，林冰接受任务，要她搞一批药回部队，她当晚从石排过渡，悄悄潜回石龙，药搞到手后，分成两担，上面盖着猪糠、番茨，她自己扮成农妇，与一位雇来的农妇，冒险将药担过东江河，为避过敌人关卡，摸黑绕道博罗，铁场，爬山涉水走小路，走了整整一个黑夜，第二天拂晓，才回到石排，将药品送到部队医务所。

1942 年，林文从武装部队调回大朗家中办交通情报站。当时，部队困难，没钱发给养。林文拿家中农产品供应来往的同志伙食，并尽力拿出鸡蛋等给同志增加点营养。是年，黄宝珍也被东纵派回莞城安靖乡她家中建立交通情报站。她回到家中不但办好站，还动员弟妹参加抗日部队。（黄宝珍同志后牺牲，详烈士传略）

1943 年秋，部队派李嫦回家乡石龙建立交通情报站。她以自己母亲张招妹的家作站址。母女俩以小贩面目为掩护，与敌伪家属及日军翻译"交朋友"从中了解敌情，并经常注意日、伪军的人数、辎重、动态、去向。（后张招妹同志壮烈牺牲）

1943 年王自耀受组织之命，嫁到揽［榄］树下后，以"家庭妇女"面目，长期掩护县委机关建立活动基地，县委开会，她站岗放哨。揽［榄］树下学校是情报交通站，在该站工作的女情报交通工作者先后有刘暖、王倩等，也受到王自耀的暗中帮助。

也是 1943 年，自国民党党政机关和人员逃到惠阳大山里之后，李琼珍、周玲俩就从石鼓转移到塘厦林村，以开医务所为掩护，从事搜集情报工作。驻林村日寇通过"维持会"搜刮当地老百姓 400 担谷、12 条牛和一批物资。我部队接到她们的情报后，和当地民众自卫队夜袭日寇物资征集队，不但截回物资，还俘虏了几名日军。当时，转移到常平的罗慧舒，在墟口开间小店铺，从中观察日本军队营房给养采卖情况，随时报告部队，分析和掌握日寇动向，提供了战斗部署的可靠依据。

同年，邓勤任张英大队梨川交通站负责人，她与一位女事务长，晚上随武工队缉私，筹集粮食、副食、供应过往的地下党人和部队同志开伙。保证了战斗的胜利。

抗日战争时期的交通情报站的站长们，以身作则既带领好一群群搏击风雨飞行的小鹰；又把交通情报站办成来来往往戎马倥偬的同志们温暖的家。正如她们所说的：当年我们带着几个小交通员住在围村里，好比一个大姐姐带着几个小弟妹，日常为他们舂米、买菜、斩柴、做饭，既当事务长又当炊事员；晚上天凉还要起床，为他们查铺盖被，过着“家庭”生活。可精神是经常处于战备状态。情报、信件由别的站的小鬼送来了，不管白天黑夜，风雨雷霆，自己站的小鬼马上出发往下一站送。有时小鬼派光了，情报、信件又到，自己也立即出发，不敢稍有耽搁。敌人来了，人民群众认交通站作亲邻，认交通员做亲人，一次又一次避过敌人的盘查、搜捕。

1943 年，何焰（何炎）在东莞任交通情报站站长，第二年调惠阳大队工作。

1948 年下半年，东一支三团在东莞游击区建立、健全情报交通总站及分站，也任命了不少女同志当交通站站长。她们继承抗日战争时期交通情报站的优良传统，把交通站办成一个个战斗集体，一个个温暖的家。

屏山水口情报交通站支站长陈月华（她统管几个交通站），这个站有 15 人，其中女交通员 5 人。刘伟茵先后任大和岭、计岭、上下山门交通站站长，女交通员有张健、丁莲泮等；徐保和（男）交通站有女交通员李志雄等，清溪交通站全站 7 人，其中女同志 3 人：蔡笑儿、邓娣、罗梅等，后罗梅调任水口分站站长。罗梅调组工队后陈芸接任。官井头交通站长邹玉兰、竹头贝交通站女站长邹志忠，1948 年底长岭陂交通站站长叶良凤 1949 年[①]上半年马坑交通站长袁定国，1949 年 3 月唐明调到厚街揽[榄]树下，以教师身份做情报交通工作，直至解放。1949 年温塘交通情

---

① 原文为“1449 年”，根据上下文，改为“1949 年”。——编者注

报站站长袁映兰，女情报员刘雪，临近解放时，袁、刘两人被敌人拉去落电刑，逼供游击队主力去向；她们坚强不屈。后由温塘父老保出。情报总站会计周兰芬（原广州执信中学女学生）1949 年 7 月在梅塘开会，被敌人包围，突围时，不幸中弹牺牲。

2. 女交通员、情报员

女交通员、情报员们，迈开一双铁腿，走在硝烟弥漫、烽火连天的苍茫大地上，在没有现代化通信、交通工具的艰难条件下，她们是给人民传送希望的一颗颗灿烂明珠。

1940 年，莞太线我党秘密交通员李长娘壮烈牺牲。

1941 年，中堂鹤田婚不久的卢品娴，经杜娟发展她入党，组织命她做地下交通员工作，她借口出外打工，与丈夫一别多年，在东莞至广州交通线上多次遇险，毫不动摇，直至抗战胜利，才回家与丈夫家婆团聚。解放战争又继续当交通员。在中堂交通情报工作者还有洪守娣、洪桂、洪月好、萧大钧的妹妹等。

1942 年，敌后工委设在厚街。年已五十多岁的区丝宝（何婶）参加“老模”负责送信，送情报，将部队出版的《前进报》，用各种巧妙的办法，送到赤岭王雅宜处分发各部队及驻莞城县委机关，部队司令部各交通情报站，一直干到 1944 年。

篁村新基张妈，她儿子张英上山打游击，她把自己的命运和部队联在一起；一次，她扮成一个乞丐闯进莞城一个日寇营地。侦察到许多敌情，及时报告部队。

1942 年，何佳动员刘宛华参加抗日大同盟，后又吸收她入党，任莞太线交通员，往返篁村、涌口、桥头、河田、厚街、沙井等地。刘宛华年过花甲的家婆李淑姿（1941 年入党的地下党员）也当上交通员，她婆媳俩不避风雨、不怕饥寒苦累，总是按时把信件送到目的地。

1942 年，部队准备打篁村伪军，布置吴石娇和几个农民化装卖柴妇去侦察敌情，她挑着柴担，进入敌人驻地内摸清了敌情，使部队顺利地全歼一个伪中队，俘虏了伪中队长。

1942年，王雅宜教育王群参加姐妹会和共产党后，担任交通员，负责东莞至广州一线的交通情报工作。王群在搭广州—东莞轮渡往返途中，几次遭遇飞机轰炸和土匪洗劫，以及被日寇关卡盘查，她时而把信件藏在发髻内、时而藏在饼盒中，搜查得紧时，她把信件藏入苦力用的竹杠肚子内……机智勇敢地闯过重重鬼门关，胜利完成任务。她带情报、物资回来，何佳在厚街涌口，发动群众接应她。

1943年，六嫂黎厚贤的女儿交通员陈月华，发展陈日新（陈艳兰）当交通运输员，常运送药品；陈日新机智勇敢，她在担子上面盖满番茨、猪糠，挑着沉重的担子不分昼夜，走在熟悉和不熟悉的山路上，有时迷路就蹲在山头过夜，历尽艰辛，不断把军用物资送到部队驻地。

1943年第一线情报员王奇，常带着情报来往东莞广州之间。一次，她带部队首长王作尧的信去广州，单身直闯爱群大厦，找到厚街反动护沙队队长王柏林，迫他七天内将王作尧开列的药品、油墨、蜡板［版］、蜡纸买齐，并监督他们由两个大汉挑着两担大箩装满上述物品，送落东莞渡船，运回我游击区。

1944年，交通员杨少珍参加司令部学习班后，由路西转到路东官井头交通站工作。一次，她在带信途中，遇到日本鬼子迎面而来。她机警地坐在田垅上，将信件踩入泥中，在鬼子面前哭着诉说她家婆打她，她要回娘家去。敌人过后，她迂迴［回］走几里路，才回原处取出信件袋，送去路西指挥部。

莫儿在锦涡发展莫群、莫欢当交通员，一次，莫欢用小艇运送抗日宣传品时遇到敌人，她佯称去买草绠缚蕉，顺利地避过险关。

1943年，交通员陈葵宽在带信途中，碰到敌人要污辱她，她投出手榴弹，炸死炸伤十几个敌人。她被敌人抓回去施酷刑，同志们去抢救回来，中途，她牺牲在同志们的背脊上。

东坑陈怡，李葵兴常化装成走水客，以贩卖故［估］衣为掩护，在白区和游击区之间往返送情报，还常常散发抗日传单，贴宣传品，陈怡又发展了王敬轩当区委政治交通员。

1946 年，东纵北撤后，地下交通员六嫂，卢品娴险被国民党逮捕杀害，幸组织及时营救脱险。

1948 年，清溪塘厦地区小交通员邹带、邹元娇送信途中遇敌，壮烈牺牲。

1948 年初夏，三团团部 14 岁女交通员李旺单独带信日夜兼程走 90 公里，从樟木头起程到观兰［澜］豆腐成处取得一份机密情报，当夜又步行回樟木头，连续行军两日两夜，胜利完成任务。

1949 年，刘伟茵站交通员张健，化装成小女乞丐，深入白花洞敌营，农民伯伯协助她，借给她猪菜筐执猪菜，了解到准确情报，帮助部队打了胜仗。

（五）游击根据地内的妇女会、女堡垒户

战争年代，游击根据地内，妇女会从无到有，从少到多，到建国前夕，多如雨后春笋。妇女会广大会员、女堡垒户是革命战士的母亲。

1937 年，麻冲乡妇女在乡抗日救亡工作团领导下成立妇女会，团结广大妇女起来抗日，会长是莫草红。

1938 年 8 月，王河任东莞县委妇女部长，出席省妇女工作会议，回来传达，通过党员干部训练班，动员全县妇女组织起来抗日，做各方面战勤准备。

1939 年 8 月，东莞第一次妇女工作会议在太公岭召开，参加会议的有十多位妇女干部，会上王河传达上级指示布置任务，东莞中心县委配备了各区妇干：赵学光任三区组织部长兼妇女部长、陈福媛、梁霞冰负责水乡、王依负责冼沙和槎滘，莫儿负责小东向，王章负责平湖，何丽文（何欢）、何群负责松木山，黎颖瑜负责平山水口，曾润珠（曾玲）负责犀牛陂新围，谢坚负责犀牛陂老围，黄宝珍负责太公岭。会后，各地妇女组织起来工作异常活跃。

1942 年，山区凤岗也成立了妇抗会。

1944 年夏，开展民主建政工作，新一区（梅塘、大朗、东坑、安和、马坑、保安、塘厦、黄岗等）、新二区（连平、大沙、金桔、杨西、塘朗等）、新三区（寮埗、两头塘、良平、横坑、茶山、温塘、增埗等）、新四区（宝太沿线）、新五区（怀德、北栅、霄边、锦厦等）各区民主选举妇女会长，下属各乡村都建立了妇女会。

1944 年冬，东宝地区妇女抗日救国会宣布成立，张剑莹任主席。各区乡妇抗会也先后成立。1949 年初，东宝地区建立政权。组织工作队、文工队活动足迹所及区乡建立各种组织。其中建立和健全妇女会（姊妹会）约达一百个乡村，即铁场、杨梅坑、新围、旧围、油甘埔、河泊桥、竹树下、三中、吕屋围、磨坭圩、柏朗、刘屋、塘厦、青塘、凤吉岭、凤岗、官井头、黎村、谢岗、林村、石马、莆心湖、大坪、社贝、田美、下流洞、竹山下、长安圩、龙贝岭、上流洞、樟阁、北岸、鸡啼岗、龙见田、周屋厦、黄猄坑、田心、梅塘、马坑、莲塘头、大朗、保安圩、蔡边、东坑、井美、松柏朗、松木山、屏山、佛子凹、宝陂、西牛陂、上周塘、浮竹山、温塘、大塘、颜屋、旧飞鹅、桑园、上高田、下高田、梅林、太公岭、瓦窑、水朗、大王岭、百花洞、畔山、计岭、古塘垒、横岭、上山门、山门、下山门、大环、火炼树、鹤田、大雁塘、大迳、新围、雅窑、上江城、高埗、低涌、潢涌、环冈、白石坑、远丰、望角、马嘶塘、桥头、双岗、沙塘、东向、槎滘、麻冲、杜屋、洲涡、涌口、霄边等等。这些乡村的妇女会同农会、民兵组织一起，发动群众搞好生产，支援部队，热心地做战勤工作，团结互助，一致对敌。数不清的嫂子、大娘的家成了党的交通联络站、后勤供应站、卫生医疗站、伤病员疗养院、党训班营地、党的机关办公室、情报网络点……她们冒着毁家灭口的危险，自己也当起临时交通员、情报员、卫生员、警卫员来。

大岭山区（抗日战争与解放战争时称新二区）抗日战争时，大岭山区妇女会员有 2000 人至 3000 人（包括蒋管区），那时，连平乡有女党员 10 人、同沙乡 5 人、环治乡 3 人、揭西乡 6 人。其中连平乡有女副乡长刘元娇。在她们的带领下，每当部队经过某村庄宿营时，广大妇女会员为指战员们送茶水，送稻草铺地作卧铺，安置伤病同志如亲人，连夜椿［舂］米入米袋子，印炒米饼作干粮供指战员行军时食用。一旦发生战斗，她们更是不惧枪林弹雨，担饭菜、担糖水，翻山越岭到达前沿阵地给战士们吃喝，有些勇敢的妇女会员，不但观战，而且挥动手巾、凉帽、呐喊助威，鼓舞战士们冲锋陷阵。黄岗竹山下妇女会的妇干张秤凤、蔡石练、张冬友、邱玉梅、叶洪等带领妇女群众支前拥军热情不下于大岭山，也受过部队表扬。堡垒户张送娇、蔡冬娇等，待部队同志如亲人。

高埗低涌的五嫂、大嫂、阿清、福嫂为我三大队何清战斗部队做了许多工作，部队打李潮、捉李女（土匪头子），妇女们扒艇送子弹、送药物，送茶送饭，接送伤员，往往一夜忙到天明。平山、水口的五嫂、三嫂、大嫂，经常掩蔽部队同志，帮助交通情报站工作。

高排村妇女会长廖新，因支持我军工作1946年被国民党捉去坐牢2—3年。

横坑村二嫂也被国民党捉去，用电刑、电烙她双手的拇指，她仅是普通群众、妇女会长，坚强不屈。

青竹笋妇女会长共产党员卓△，她的亲人做坏事，被我游击队捉杀，她表示杀得好，还说：对人民有害的人，杀得早好过杀得迟。

广大妇女会员就是这样是非分明。

大雁塘吴石娇，在何欢培育下参加共产党。她的家成了堡垒户、联络站。凡是党和部队交给她任务，她不怕困难，千方百计去完成。革命低潮时，队伍要什么，她拿什么，连谷种、豆种、花生种也拿了出来支援部队。她的丈夫宋天生牺牲后，敌人要捕杀她，她掩蔽山中，毫不动摇，一直坚持革命至解放。

厚街小坞园王启光（王次华）的家和王作尧的母亲二嫂家，从一九三五年至解放前夕，成了地下党和东、边纵部队的堡垒户，宣传战斗报刊油印发行的地下室，医疗站、交通情报联络站。

太公岭应桃叔、叶有敬（亚娘）家里是我地下党堡垒户，房子被敌人烧光了，他们一点也不动摇。亚娘直坚持到解放战争被反动派威迫拷打伤残，仍坚贞不屈，最后牺牲。

官井头村黄亚娘（黄玉英）的家，成了民运队的联络点，人来人往，不管白天黑夜热情接待。并为部队送信带路，探听敌情，护理伤员。亚娘的女儿名叫连络，参党参队走了，她更把同志看成自己家里人。一次鬼子入村烧炮楼，声言要抓张秋云。她顶住门，敌人扬言要烧屋，张要出去。亚娘对全家人说：要死大家一齐死，绝不能让她出去。敌人吼叫一阵走了。后她的女儿在部队不幸病故，儿子被迫走港，家人离散。她却毫不动摇。恢复武装斗争后，帮部队打叛徒，直至解放。

吕屋围的李亚娘被土匪肥仔安捉去严刑拷打，迫她供出部队和党的秘密。她宁死不屈，始终不开口。后来部队责令吕屋围伪保长去担保，这伪保长要李亚娘卖了一斗半种田的钱交给土匪才被赎回来。杨梅岗的刘运娣，爱人杨良和小叔杨杨，都在战斗中牺牲了，全家老少都被捉去坐过牢。张凤也因工作积极面目暴露，敌人要捉她，被迫到外村和香港避了一段时间，吃尽苦头。但她们坚强勇敢，坚持到解放。

三区妇女先后参加部队有 100 多人，这些农民女儿在部队搞政工、组织、民运、交通情报、卫生、财务、运输、炊事等工作，绝大多数表现坚定勇敢，有些英勇牺牲了。

山区妇女在长期艰苦斗争中，能不屈不挠，坚持到胜利，主要是有党的坚强领导和有一批坚强的地方妇女党员，她们基本上是妇女会的骨干。如铁场的韩炳姑、韩日霖、罗满嫂、谢兰、高叔母、韩榴英、黄三；杨梅岗的张凤、江春来、刘运娣；磨坭圩的谢秀云；土桥的福成嫂；柏朗的蔡凤娇、黄观英、温伯友；吕屋围的李亚娘；三峰的李嫂；青塘的谭嫂；横沥上村的张辉；官井头的邹玉兰、邹求真；鹤湖凫的杨嫂；林村的李琼珍、李群、派哥嫂、复兴嫂；等等。党就是通过她们带动广大妇女群众，坚持长期艰苦斗争。东纵北撤前后，敌人向抗日根据地疯狂进攻，地方党的男同志绝大部分暴露都先后撤离当地，能掩蔽下来的大多数是女同志，由张辉（张苾薇）领导坚持斗争，她们克服无数困难，配合武装部队，取得解放胜利，组织起来的半边天起了重要的作用。

莞太线新基的勤妈（张英的母亲）；霄边张善芳女医生；莞城梨川二婆、莞城彭屋大街的李顺欢（李顺的姐姐），王屋街的尹冠玉；寮厦的梁凤、亚琼；太公岭围仔的三带；东坑的李葵兴；莞城的陈富根阿妈；冲口林桂枝母亲炳开（开嫂）；林冲的母亲梅四等等，都是待革命战士如亲人的女堡垒户，我们不要忘记她们的功勋，也不要低估她们对革命的贡献。

记得 1942 年冬，顽军国民党 187 师疯狂进犯宝安。我总部的青训队从宝安转移到东莞。“敌后工委”选择了莞太公路以西的双岗村一片咸草田作为青训队的课堂。方兰等同志通过地方党组织配合，发动群众掩护与支持，并组织了陈官妹一家和王映南，林娇、林群等进步女青年和炳嫂、林桂枝母亲、张惠文母亲等每天坚持为青训队送水送饭，使青训队（后改为军政训练班）能够在“青纱帐”里坚持学习和训练。王作尧亲到青训班讲课，每两个月一期，培养了一批又一批年青干部。

1946 年夏，东纵北撤后，大岭山地区陷入白色恐怖之中。大环村被烧房屋 32 间，全村 295 人，先后被捕 70 余人，其中被抓到广州坐牢的 16 人，只有 3 人生还。共产党员黄仁宽的父亲妻女亦被关进监狱，父亲和女儿在坐牢期间被折磨死去了。陈顺稳母亲被捉去用铁丝扭住手脚，敌人把她打得遍体鳞伤；大㘵村民主乡长翟锦荣的母亲被敌人捉去，在龙和圩门口田中杀害。南塘围村巫亚娘，在敌人严厉搜捕的残酷岁月里，主动地把她的家做部队的联络点，还将一个遇险的女交通员带回家中隐蔽。不管敌顽如何凶残，巫亚娘冒着生命危险替部队接收和转送情报，还亲自办情报站十几个同志的伙食。官井头的李嫂，房子被敌纵火烧剩 8 平方，仍收留医护我税站一位负重伤的同志达二十多天。

袁鉴文同志在香港的家（父亲袁藉惠、母亲刘婉、姨母周妙莲）在抗日战争和解放战争时期，是东莞县委、华南分局、广东省委、东南和东江特委及党的部队交通接待站。中央分局廖承志同志，广东省委书记、特委书记尹林平，梁广等都常到他家里接头。许多党的部队的同志都到过和住过。有重病的如张如、王鲁明同志，负伤的如麦容同志，住在他家治疗养伤病；失了组织关系的同志，刘婉（惠伯母）就代找到省或特委的领导反映，帮助接回组织关系。等待分配工作的同志，如王启光、黄木芬同志，北撤调回的何清、李绍宗等同志，都住了两三个月才得到分配工作。香港沦陷后，东江纵队营救香港文化人，她家是一个重要接待站，接待过许多重要文化人。广九大队的游击队员也经常利用她家出入掩护。香港沦陷后，袁鉴文的父母（惠伯、伯母）搬回东莞家乡桑园，继续是部队和东宝行政督导处的接待站。香港光复后，东宝行政督导处撤销，许多财物都是由刘婉、周妙莲帮运到香港后，全部交回何鼎华的。十多年来，长期繁杂的接待事务，都是她们两人不辞劳苦，负责走动，接待食、宿，供给钱款、衣服、药物。同志们每每谈起，都很感动。

文献6

抗战时期东莞的交通情报工作（节选）①

陈铣鹏

东莞位于东江下游，东接惠阳，南邻宝安，北连增城、博罗，西与番禺隔海相望。虎门要塞紧扼进出广州水道咽喉，广九铁路纵贯县境南北，战略地位十分重要。

在八年抗战中，东莞的交通情报工作人员，深入敌营，忘我战斗，及时、准确地给县委和部队提供了大量情报，为抗击日军侵略贡献了自己的力量。他们不愧为东莞人民的优秀儿女、抗战中的无名英雄。

交通情报网的建立

1939 年冬，国民党顽固派发动了第一次反共高潮，中共东莞县委机关从国民党统治区塘厦搬到了大岭山根据地。而东莞县国民党的县党部、县政府，国民党第七纵队邓琦昌司令部、徐东来支队部纷纷云集塘厦石马。不久，平湖沦陷，宝安的伪县府亦搬到石马。因此，石马便成了东宝国民党反动势力的集结点。

---

① 收录于中共广东省东莞市委党史研究室编：《东莞抗日实录》，中共党史出版社，2006 年，第 779—785 页。

为了掌握敌情，县委在撤离塘厦后，派清塘区委书记黄万顺，同早已打入国民党塘厦区署，任自卫总队中尉区队副、区署警长的共产党员罗涛建立单线联系。1939 年底，罗涛利用与伪县长张我东与自己的师生关系。把姐姐罗慧舒及周爱莲介绍到石马赠产所工作，以赠产所为掩护，进一步加强了塘厦的交通情报工作。

1939 年秋，国民党广东省政府把一批经过“广东地方行政干部训练所”训练的学员派到各地工作。派到东莞塘厦、常平一带的有罗湘林、卢炽辉（任东莞县政治协作员，驻塘厦、石马），古道、王泽棠（任常平区政治协作员，驻常平），冯鸿翩（女，任宝安电台报务员，驻石马）等 6 人。其中罗湘林、古道、王泽棠和卢炽辉是中共党员。他们到塘厦后，建立了国民党东莞县政府中的党小组，由罗湘林任组长。他们以石马赠产所为联络点，秘密从事地下情报工作。1940 年在罗湘林等的教育下，周爱莲加入了中国共产党。1941 年，罗慧舒和石鼓爱群医社的李琼珍、周玲三位同志，又分别由周爱莲、罗涛吸收入党。从此，石马赠产所和石鼓爱群医社就成为我党战斗在敌人心脏地区的“姐妹交通情报站”。负责北至常平、周屋厦；南至布吉、李朗；西至大岭山；东至清溪一带的交通情报工作。由李琼珍任党小组长。随着斗争的深入，1941 年下半年又先后建立了林村站、杨梅岗站、常平墟站、东坑站、磨泥站等几个交通情报站，沟通了清塘区委、东莞县委和部队的联系，由清塘区委直接领导。所收集的情报，一路直接送宝安木古王作尧部队，另一路送东坑再转给曾生部队。

与此同时，东莞县委还于 1940 年五六月间在莞城尹七嫂、高埗六嫂的家建立了情报联络点。7 月，陈铭炎到东莞任县委书记，进一步加强了全县交通情报网的建设。年底，派王河到莞城担任东莞交通情报站站长，派袁能、陈权、祁筹和古兴等担任县委交通员。在莞城地区组建了和平路豉油街、振华路、城内彭屋大街、城外、博厦十笏庵等五个交通情报点。接着，又先后建立了东坑、中堂、马坑、周屋厦、常平、石鼓、陈村、石碣等八个交通情报站。东莞交通情报站设在莞城葵衣街 12 号尹七嫂家，除与莞城几个点经常联系外，还通过县委的交通员与上述各站及厚街祁园、河田、涌口、双岗、白沙、寮步、横坑、角社、郭洲、东向、槎滘、潢涌、东滘湾、道滘等交通情报站互相联系，沟通情报。东莞交通情报站的主要任务：一是搜集日、伪的军事情报；二是接送县委的来往人员、信件和物资。这一情报网，沟通了县委与特委、县委与区委、县委与部队之间的联系，由东莞县委主要负责同志直接领导。

在此基础上，县委还于1943年初至1945年底，派王泽棠先后打入国民党广州市政府警务处和汪伪的“清乡工作团”工作，由祁烽单线联系。这一情报点的建立，使东莞与广州直接取得联系。

此外，在东莞大岭山一带活动的曾生部队，也于1941年初在犬眠岭设立了一个情报站，由叶彰计负责联系常平、东坑和山区的交通情报工作，黎明负责联系水乡的交通情报工作。1942年，第三大队也在虎门北栅乡成立情报总站，主要负责人是袁更，工作人员李嫦。到1943年秋，部队又在东莞石龙建立了一个交通情报站，由李嫦负责，工作人员有何忠铎和李嫦的母亲张招妹。情报工作的主要对象是日、伪军及汪伪政权。

1944年至1945年，地下党在桥头中和圩建立了交通情报站，卢当在该站工作，负责路西和路东之间的交通情报工作。当时的情报总站设在铁场，总站长李满，副站长邓青，主要任务是转送情报和护送人员通过敌人的封锁线。

地方与部队交通情报站的建立，形成了一个敏锐的、系统性和战斗性都较强的交通情报网。

在虎穴中忘我战斗

1939年底国民党顽固派加紧反共活动。为了弄清国民党东莞县党部“限制异党活动”的具体部署，建立在国民党东莞县政府中的罗湘林党小组，按中共东莞县委的指示，利用东莞县、区府政治协作员的合法身份，积极开展情报工作。每当国民党东莞县党部和伪县府有密件、急电送到常平区府时，古道、王泽棠便把信封拆开，把获得的有关防范我党活动和对我大岭山根据地“围剿”、进攻的情报，设法迅速送给石马罗湘林，再转送县委和部队。他们还通过与县府、区府的官员、工作人员的广泛接触，了解国民党顽固派所谓“限制异党活动”的动态、计划、部署和具体方案等。与此同时，罗涛又与塘厦区区长搞好关系，获取国民党内部的通知、战报及军事动向等。上述情报，对粉碎国民党反动派的种种阴谋，起到十分重要的作用。

1940年下半年，赠产所的周爱莲遵照党组织的指示，到国民党东、宝两县电台做通讯工作人员的争取工作。当时，在宝安电台任报务员的冯鸿翩，表示愿意为我们工作。但由于她只能收到敌人电报的讯号，不可能了解电报的内容。她便把邓琦昌司令部上尉译电员温巩章的情况介绍给周爱莲。经研究决定由冯鸿翩去做温巩章的工作，使温逐渐认识到国民党假抗日、真内战的面目，并开始给我们送了一些情报。1940年底，罗湘林、冯鸿翩等因工作需要离开东莞，古道、王泽棠也到万江古屋村和厚街去工作。塘厦、石马的交通情报工作，就由石马赠产所和石鼓爱群医社承担起来。对温巩章的教育、争取工作，也转由周爱莲负责。

经过不断的教育，温巩章逐渐成为我党石马情报站的一名坚强战士。凡经温手的邓琦昌司令部的来往密电，都能准确地、迅速地通过交通情报网转到县委和部队。国民党东江游击指挥所主任香翰屏进攻我们部队的军事部署、顽军徐东来等部何时出动？出动多少人？我们很快就知道了。从1941年到1943年，温巩章向我党提供了许多很有价值的情报，得到上级的好评，于1944年光荣地加入了中国共产党。

在抓好敌台情报工作的同时，石马、石鼓交通情报站的同志，还深入到国民党上层人物中活动。当时，驻在石马的“机关”很多，外来势力与地方势力经常发生纠纷，造成党政军之间矛盾重重。国民党反动派的头面人物，生活腐化，群魔乱舞。徐东来想周爱莲做姨太太，县党部书记长香棣芳又想娶周为儿媳妇。周爱莲就利用这些关系，巧妙地与他们周旋，搜集了大量重要情报。

当时，国民党县党部设在赠产所的屋后，周爱莲经常到县党部“谈天”，并取得香的默许，可以翻阅报告、材料，所以能及时掌握国民党区分部网、点的分布、发展人数、名单以及国民党地方部队的布防、兵力等情况。就是县党部的一些“机密会议”，我们也能及时了解。有一次，县党部召集各区分部负责人开会，周爱莲照例走进去。当她听到大朗区分部反映大朗地下党的一批名单和活动情况后，马上写好情报，星夜送给组织，使大朗地下党及时转移，避免了损失。她还抓紧一切机会与徐东来等头面人物及姨太太、小姐们来往，把点滴情报搜集起来。有一次，周爱莲在徐东来家里与姨太太们打麻将，姨太太们边打边说：“今晚不能打得太晚，支队长明天一早就要带人马去大岭山。”她连夜把这一情报送到部队。我军闻讯，先发制人，打得徐东来大败而回。在1941年夏秋间，徐东来、黄文光、刘光等部曾多次进攻和偷袭大岭山根据地，由于我们事先掌握了有关情报，所以敌人屡遭惨败。

温巩章、周爱莲在虎穴中搜集情报，其他几位女同志则密切配合。每当温、周把电文、情报带回赠产所时，罗慧舒立即进行紧张的复制、综合。然后由黄琼急送石鼓李琼珍、周玲，再速转宝安木古王作尧。至于一般情报，则写成“信件”，交塘厦的警察直接送给“警长”罗涛。后来，罗涛离开了塘厦，石马的情报便由石鼓转送。为了加快转送速度和保证情报的安全，李琼珍培养了一批交通员。在石鼓的有黄寿仁、黄英姑，在林村的有周福兴、陈见欢、李容，在山厦的有冼彝。每当石马的情报一到石鼓，便由这些同志立即送到东坑、常平，然后转木古、大岭山与铁场、磨泥圩等地。

送情报，往往要通过敌人的重重岗哨。尽管同志们想方设法，采取各种转送方式，有时还是被敌人发现了。1941年底，部队一个交通站不幸被敌人破坏。敌人把一批从石马转送上去的电文和情报，交到了邓琦昌司令部。幸好邓琦昌没细看，便把这批情报转给温巩章，并吩咐：“共产党掌握我们这么多情报，你认真看看，研究一下怎么办。”温巩章沉着果断，趁机把一切电文和重要的情报取出销毁，使敌人查不清情报的来源，从而化险为夷。县委吸取这一教训，决定设法从徐东来那里搞一张东莞至石马沿线公路的通行证，并把这个重要任务交给了周爱莲。

有一天，徐东来赴惠阳参加“剿共”会议，在半路跌伤了手。下午3时许，他回到石马，立即派人把周爱莲请到住处，替他敷药。敷药后，周爱莲以胞弟从东莞城为赠产所买药，屡遭沿途岗哨搜查为理由，要求她“关照关照”。经过一番巧妙周旋，终于把通行证弄到了手。有了这张通行证，在以后相当一段时间，情报和军用物资在石马至东莞城沿线公路上畅通无阻。

1943年9月的一个晚上，石鼓站李琼珍、周玲散发和张贴了部队的一大批传单，石鼓的保长拿了几张到塘厦给肖普环。肖对保长说：“爱群医社那两个女的是共产党，后门经常有大人物出入，你不能太平麻痹。”并把一支手枪交给保长，吩咐如果有人在后门出入时就一网打尽。这个保长平时与李、周的关系较好，根本不相信两个女医生就是共产党员。所以回石鼓后，无意透露说：“国民党疑神疑鬼，把两个女医生说成是‘老模’，还要一网打尽，我才不干呢，你有枪有人就自己来捉。”交通员黄寿仁在场听到这个消息，急报李琼珍，李随即向王文魁汇报。经县委再三研究，认为石鼓站虽然危险，但不能撤出。因为石鼓一撤，石马便会暴露。要不惜牺牲，千方百计把石马站保住。李琼珍、周玲两位同志坚决服从县委的决定，在随时都有可能被捕、牺牲的情况下，严守岗位，坚持做好交通情报工作。

战斗在莞城交通情报线上的同志，与石马、石鼓站的同志一样，为搜集和转送情报而忘我工作。城内交通情报站的李顺从1941年开始，便利用相熟的街坊秦氏一家在日军处做事这一情况，经常到秦家向当厨杂的了解日军什么时候下乡，到哪里。向当侦缉的秦辉、秦稳兄弟的母亲了解最近有无捉到人，捉到什么人，关在哪里、表现怎样，等等。同时，还利用日军每天进进出出她家门的方便条件，从门缝里逐一点清日军的武器装备和每天进出的人数。通过这些工作，日军的兵力、调防情况和一些比较重要的行动，都为我们所掌握，并及时转送给县委和部队。石龙情报站的张招妹、李嫦母女俩，以小贩为掩护，与敌伪家属及日军翻译“交朋友”，从中了解敌情，并经常注意日、伪军的人数、辎重、动态、去向。情报一到手，张招妹便把情报藏在发髻里，不管阴晴冷暖，也不顾胃溃疡病，依时送到部队。在日军万人大“扫荡”时，她找不到原来的联络点，便跑遍深山野岭，终于找到了部队。1945 年夏，张招妹不幸被捕，为党的交通情报工作献出宝贵的生命。

……

战斗到日本投降

战斗在国统区、沦陷区的交通情报站同志，在日、伪、顽疯狂反扑、“扫荡”的险恶环境中，进行着艰苦卓绝的斗争。

1943 年 11 月，日军打通广九线，国民党党政军机关全部从石马撤走，徐东来等三个支队也统统撤到惠阳的大山里去了。因此，石马、石鼓两个交通情报站也随之撤了出来。周爱莲调到水乡，李琼珍、周玲等撤到林村，罗慧舒、温巩章先后撤到常平。她们都以开医务所为掩护，继续从事交通情报工作。

林村是个封建堡垒，敌、伪、顽长期驻在那里。国民党部队撤走后留下一个别动队，驻在交通情报站的隔壁，对开展交通情报活动是个严重的威胁。李琼珍向区委书记黄坚汇报了别动队的情况。黄即与部队联系，利用敌人的矛盾，通过土桥一个汉奸带领日本鬼子把别动队捕杀了。障碍扫除了，林村交通站的活动很快地顺利开展起来。1944 年，土匪雷公明伪造一批东江纵队的信封信纸，到处发信勒索钱粮、枪枝，一度造成群众对我部队的误会。林村交通情报站的同志经过深入的侦察，及时向上级和部队汇报了有关情况，部队派人捕获了雷公明，召开群众大会公审后处决，使群众明白了真相，消除了对部队的误会。1944 年 2 月初，驻在林村的日军通过维持会，搜刮了当地老百姓 400 担谷、12 头牛和一批物资，准备用火车运走。交通情报站的同志及时把日本鬼子驻林村的人数、装备和林村火车站的地形图等情报，连夜送到部队，并组织当地的自卫队积极配合，于 2 月 3 日，夜袭林村日军物资收集队，把谷物、耕牛和一大批物资缴获，还俘虏了几名日军。林村交通情报站还在当地组织青抗会、农抗会、妇抗会，大力发展生产，支援部队。

1944 年 3 月，罗慧舒、温巩章到常平后，组织了一个交通情报站。交通员有东坑的李葵兴和林村的陈见欢、周福兴等。当时，县委王文魁与清塘区委书记黄坚都在常平，他们以“做生意”作掩护，把部队缉获的私货，运往惠州出卖，供给部队；同时指导常平交通情报站工作。交通情报站初时设在常平金龙旅店楼下，后来发现日、伪的密探也住在这个旅店。罗慧舒便到墟口租了一间小铺，把交通情报站搬到那里。小铺不远是日本鬼子的营房，市场亦在墟口附近。因此，交通情报站每天通过观察日本营房多买或少买柴草和蔬菜的情况，分析和掌握日军的动向。此外，温巩章通过与常平伪军联防大队长陈介池曾是“同事”的关系，经常到联防大队“聊天”，并抓紧晚上时间到赌馆，与在这里聚赌的日、伪军官和密探等“闲谈”，从中了解和掌握敌伪的一些军事动向。从 1944 年至 1945 年，罗慧舒和温巩章为部队搜集提供了许多日、伪的军事情报。大多数情报由装作做故［估］衣买卖的陈怡、李葵兴乘墟日到常平接取，再转送到博罗或马坑。平时有紧急情报，则由陈见欢、周福兴等从常平送到东坑给陈怡，再由陈怡和李葵兴转送给部队。

1943 年底，东纵派邱福如到东莞凤岗官井头建立了一个交通站。在当地群众的支持下，顺利地开展与路东、路西间的通讯联络。特别是在日军侵占广九铁路，对沿线进行严密封锁的情况下，交通站的同志们不避艰险、不怕牺牲，大智大勇，每次都出色地完成转送情报的任务。交通员杨少珍，原是香港纺织厂女工，香港沦陷后参加革命，当年才 17 岁，她常常化装上山割草的农妇，担着两把草，把信件、文件、报纸和重要情报藏在草里，通过重重封锁线，安全送到部队。有一次，她安全通过广九封锁线后，为了走路方便，把文件、信件从草里取出，用面粉袋装着。当路经金桔岭村前的田垅时，突然迎面来了一队日军，进退维谷。她急中生智，果断地坐在田基上，将面粉袋用脚踩到泥底下。当日军前来盘问，她哭着说：“家婆打我，追我出走。”鬼子信以为真。日军走后，她将文件取出晒干，及时送到了路西指挥部，受到了同志们的赞扬。当时，官井头交通站的交通员，大都是年青人，其中有四个还是当地人，才十二三岁。官井头的群众经常帮助交通站侦察敌情，提供通过敌人封锁线的办法，带着交通员爬高山、走小路，冒着生命危险去掩护交通站。在群众的支持掩护下，使官井头交通站从初时只经天堂围一个地段通过封锁线，发展到从布吉、平湖、李朗、东坑、常平六个地段通过封锁线；从初时单一的交通人员，发展到成群结队的运输队伍；从初时转送情报、信件，发展到转送大批的军需物资。不仅在黑夜通过，而且在白天也可以安全通过。日军在铁路上巡逻，他们就从铁路的涵洞通过；日军设卡封锁，他们就绕路通过；鬼子在南段封锁，他们就在北段通过。广大交通人员中，流传着这样的歌谣：月光弯弯照我面，北风呼呼吹电线，敌人装甲经常变，我走涵洞安全线，田基山路细又遥，急送“三角”（即火急情报）心一条。后来，交通情报延伸到黄田、孤洲，越过珠江口，进入中山县横门，到五桂山，沟通了与珠江纵队的联系，并一直坚持到日本无条件投降。

（原载《东江党史资料汇编》第1辑）

文献7

游击区的战斗堡垒（节选）①

方　烈　黎景培

厚街镇的河田，地处莞太公路中段东侧，属丘陵地带。东与大岭山、水帘山抗日根据地相邻，西临珠江口与双岗、涌口、官美厦接壤。抗日战争时期，由于莞城、太平驻有日军重兵，厚街驻守伪军一个团部，仙桥凤山驻有日军一个中队。河田处于敌占区与大岭山抗日根据地之间的一个游击区，是敌我必争之地。河田从1941年建立中共党组织以来，至1949年

---

① 收录于傅泽铭主编：《永远的心碑——厚街革命斗争纪实》，广东人民出版社，2006年，第459—467页。

东莞全县解放，党组织和人民一直没有停止过斗争活动，为革命事业作出了一定的贡献。

一、抗日救亡运动教育了人民武装了人民

……

1941年后，抗日游击队常在河田活动。部队的“东流剧团”、“拖拉机”文艺宣传队经常在乡中演出剧目，宣传抗日，并派出政工队深入群众，在河田党支部密切配合下，成立抗日民兵、农抗会、妇抗会组织。

1944年夏，原河田小学停办。由共产党员方结力牵头，发动村中一些私塾老师和知识青年、中共党员方建西、方骏、方爱莲、王泽铭、刘茜芬等同志复办河田小学。他们义务担任教员，在上好文化课的同时，又培养学生抗日意识。晚间，深入发动群众参加农抗会、青抗会、妇抗会。在学校经常演出抗日节目。河田人民受到深刻的爱国主义思想教育。

……

三、发动群众、组织群众，建立抗日民主政府和抗日群众组织

河田人民在地方党和部队政工人员组织发动下，纷纷建立“农民抗日自治会”、“妇抗会”、“青抗会”、“抗日自卫队”等组织，河田党支部动员青年参军，为部队筹款、筹粮。发动群众实行“二五”减租减息，减轻农民负担，增加收入，度过抗日最艰苦的时刻。随着形势发展，河田成立抗日民主政府。

1944年11月，河田乡抗日民主政府领导群众进行减租减息、肃特、维护乡村治安，搜集日伪军活动情报提供给部队，动员青年参军、筹粮、筹款，供应物资支援“东纵”部队。

四、解放战争时期，河田人民又出色地发挥了战斗堡垒作用

1946年至1947年，国民党对莞太线实行“清乡”、“围剿”、“联保联坐”、迫害“东纵”复员人员。这时，河田党支部已转入地下斗争。国民

党成立伪乡公所，组织联防队，推行保甲制度，制造白色恐怖，迫害“东纵”复员同志和人民群众。河田党支部根据上级党组织关于“积蓄力量，长期掩蔽，等待时机，继续斗争……”的指示，领导河田人民进行不懈的斗争。

……

（二）战斗中发挥民兵、农会、妇女的作用。

解放战争时期，河田已有 80% 以上自然村成立民兵、农会、妇女会等组织，团结广大农民，教育群众向国民党进行“反三征”（征兵、征粮、征税），积极筹粮、筹款，动员青年参军，捐出武器支援部队。农会和民兵破坏敌人交通线，为部队通讯，维持地方治安。妇女会调解村中民事纠纷，取代了村中保甲长作用。

妇女会在 1948 年初成立，由中共地下党员方秀英（河阳小学教师）组织发动青年妇女积极分子参加。最初以姐妹会名誉出现，后来正式成立妇女会，对支持党的各项活动发挥了积极作用。

……

（本文根据东莞市民政局对游击根据地评划资料和河田革命老同志所提供资料整理而成）

文献8

战斗在敌人心脏的姐妹交通情报站[①]

在抗日战争的艰苦岁月里，我东纵许多交通情报人员，在敌占区和游击区中出生入死，英勇战斗，出色地完成了党交给的艰巨任务，准确及时地传递了大批文件、指示和物资，为部队和地方党提供了大量情报，为夺取抗战胜利作出了不可磨灭的贡献。一九三九年至一九四三年，设在东莞县的石马赠产所和石鼓爱群医社，就是出色的姐妹交通情报站。负责这两

---

① 收录于广东省妇女运动历史资料编纂委员会东江组编：《南粤红棉——东纵女战士》，1983 年，第 114–122 页。

个站的，是周爱莲、罗慧舒、李琼珍、周玲四位年轻的女共产党员。

一九四〇年春，东江国民党顽固派配合日寇的猖狂进攻，掀起反共逆流。为了隐蔽和积蓄革命力量，王作尧同志领导的二大队，暂时撤离了宝安。反动势力一时甚嚣尘上，向我根据地不断进攻。为及时掌握敌人的动向，粉碎国民党顽固派的反共阴谋，情报工作成了一个突出的问题。东莞沦陷后，国民党东莞县党部、县政府和国民党第七纵队邓琦昌司令部、徐东来支队部，都龟缩在东莞山区塘厦和石马。不久，国民党宝安县政府也退缩到石马。小小一个山区小墟，一下成了国民党党政军首脑机关的集结地。这个地方，正是我们开展情报工作的理想目标。这时，驻扎在塘厦的国民党自卫总队区队副兼区警察署警长罗涛，是地下共产党员。他得知国民党为装出一付［副］“爱民”的面目，要在石马开办一间慈善性质的赠产所，便积极活动，通过县长张我东的关系，把自己的姐姐罗慧舒及周爱莲安排在赠产所工作，在敌人的心脏安进了一颗钉子。在这之前，周爱莲的妹妹周玲，与李琼珍在距石马不远的石鼓村，开了一间爱群医社。这四位姑娘，都是东莞医院助产学校的同学，读书时四人都住在周家，同睡一个铺，同吃一桌饭，亲密无间，情同手足。她们都有着强烈的爱国热情和正义感，在学校时还参加过进步的学潮。她们在当地立下脚跟后，党组织便指导她们逐步开展搜集情报和传递消息的工作，并以赠产所和爱群医社为基地，建立起石马和石鼓两个姐妹交通情报站。根据分工，石马站主要负责情报工作，情报消息单线传给石鼓站。石鼓站则利用乡村医生的职业为掩护，负责东至清溪、南至布吉、西至大岭山、北至常平一带的交通工作。凡重大情报，都由石鼓站派交通员直送宝安王作尧部队，或经东坑转送曾生部队。经过严峻的斗争考验，四位姑娘都先后加入了中国共产党，由李琼珍任党小组长。

战斗在敌人心脏，甚至比在战场上与敌人明枪明刀较量更为艰巨。她们一方面要与穷凶极恶的敌人笑脸相迎；一方面当看到敌人杀害我们的同志和群众时，内心虽然非常悲痛，表面上却要装出无动于衷的样子。而且，身在虎穴，稍有不慎，顷刻就会招来杀身之祸。这两个姐妹交通情报站的女同志，凭着对革命事业的赤胆忠心，经受住了一次又一次严峻的考验。她们机智灵活地深入到国民党上层人物中活动，不断地搜集敌人的各种情报。石马住着许多国民党党政军人员，当地年轻女子很少，那些头面人物在茶余饭后，经常心怀鬼胎，到赠产所“谈天说地”。周爱莲同志是个性格开朗、口齿伶俐的姑娘，她抱着“同流不合污”的原则，装出一付[副]天真单纯的样子，机智地与这些家伙周旋。在国民党头面人物眼里，周爱莲只是一个未通人世的小女孩，常找她开心，在她面前谈论公事也从不戒备。国民党东莞县党部书记长香棣芳，把她认作“契女”，还想娶她为儿媳。国民党支队长徐东来则暗地里想把她娶作姨太太。周爱莲巧妙地利用敌人的矛盾，取己所需，护己所短。她常应邀与香棣芳一齐散步，与国民党司令邓其[琦]昌上茶楼饮茶，靠着这些“保护伞”，抬高自己的身份。国民党一些下级职员，对周爱莲都另眼相看，不敢怠慢。因此，周爱莲可以随便出入县党部，可以在香棣芳的房间里，随意翻阅桌上的文件材料，甚至还可以“列席”参加县党部的一些机密会议。一次，县党部在前厅召开区分部负责人会议，周爱莲照例走进她“契爷”的后房去“看书”。会上，国民党大朗区分部头目讲出了我大朗地下党的活动情况和部分人员名单。周爱莲知道大朗党组织已暴露，立即写好情报，星夜送出，使大朗地下党及时转移，避免了损失。至于写在材料上的国民党区分部网点的分布和组织名单，以及国民党地方部队的兵力分布，我方更是了如指掌。石马当时有个娱乐性质的“联谊社”，每到晚上，百无聊赖的国民党大小官员，都云集到这里吃喝闲扯。周爱莲经常出现在这些官员之中，利用敌人之间的矛盾，套取点滴有用的情报。周爱莲与国民党头面人物的太太小姐们，也建立很密切的关系。一九四一年八月一个晚上，周爱莲到徐东来家看姨太太们打麻将，太太们一反常规，早早就收牌了。周爱莲猜到其中必有缘故，便问：“天还很早呢，怎么不打了。”徐太太随口答道：“徐支队长明天一早要带队去大岭山，要早点睡。”周爱莲从中得知徐东来部队要进攻我大岭山根据地，连夜把情报送到了部队。我部队接到情报，当即设下埋伏。凌晨，徐东来带部队摸进大岭山时，被我军打得丢盔弃甲，大败而逃。尽管国民党顽固派多次向我大岭山根据地偷袭和进攻，由于他们的行动部署为我及时掌握，所以屡遭惨败。

当时，国民党的党政机关在石马设有几部电台，若能了解到敌人来往电报的内容，将能为部队提供大量有价值的情报。根据党组织的指示，石马站的同志开始了对敌电台人员的教育争取工作。国民党宝安县政府电台报务员冯鸿翩，以前曾受过我地下党员的教育和帮助，思想比较开朗。经过周爱莲和罗慧舒两位同志的教育，冯鸿翩很快成了我党的同情者和支持者。但由于她是个报务员，不掌握密码，不能把收发的电文译出来。通过她的关系，石马站的同志了解到邓琦昌司令部的译电员温巩章，他是个受苦很深的孤儿，为人正直，对国民党的黑暗势力不满，便把温巩章作为重点争取对象。经过一段耐心细致的教育，温巩章终于成了我党一名出色的情报战士。凡经温巩章手的邓琦昌司令部的来往密电，他都复制一份，送到赠产所，由罗慧舒综合整理，再通过交通网迅速传送到部队和县委。在敌人电台中安上了耳目以后，石马站的情报来源更加可靠，更加准确了。如国民党四战区游击纵队指挥所主任香翰屏围攻我部队的军事部署，顽军邓其［琦］昌和徐东来部队的军事行动，只要敌人电台一开动，我们便马上知道。又如一九四二年“粤北事件”后，国民党反动派曾一度拟把我被俘的干部放到惠州来，我们从电台中获悉这一情报，马上采取了相应的营救措施。从一九四一年到一九四三年，温巩章同志在周爱莲、罗慧舒的配合下，向我党提供了一大批很有价值的情报，受到上级领导的赞扬。一九四四年，他光荣地加入了中国共产党，并与罗慧舒同志结了婚。

石马站的同志在虎穴搜集情报，石鼓站的同志则密切配合，为做好掩护工作和情报传递而忘我战斗。在当时农村缺医少药的情况下，李琼珍和周玲两位助产士，被人们当作全科医生看待，加上她们注重做好群众工作和统战工作，爱群医社在四乡各阶层中拥有很高威望，打下了很深的群众基础。为了加快情报传递，李琼珍和周玲同志在当地苦大仇深的农民中，培养了一批交通员，建立起一个快捷安全的交通网。这批交通员中大部分是妇女，她们时常冒着生命危险，身藏情报、文件，穿越敌、伪、顽的重重封锁线，出色地完成了各项任务。石马站的紧急情报，多数由赠产所的媬姆、共产党员黄琼直接送给李琼珍，或由石鼓站收养的一个哑女定期去石马取。由于对交通员不断进行认真细致的帮助，多年来，往返于两个站之间的文件、消息，从未出过差错。平常，李琼珍同志多以出诊为掩护，亲自外出用口头传送重要情报，或去和领导同志接头。周玲同志则在医社应付日常门诊，以看病和卖药为掩护，与各地来的交通员交换情报。县委、区委利用爱群医社来往病人多，便于隐蔽的条件，经常在这里接头和开会。县委领导同志以及过往干部，不少人都以“留医观察”或护理病人为名，在石鼓爱群医社隐蔽过。敌人做梦也没有想到，他们日夜追捕的共产党干部，就住在他们的眼皮底下。

交通情报站的同志们把生死置于度外，个人的物质利益更是全然不顾。由于爱群医社的同志群众关系好，医术又高明，附近的群众都找她们看病、接生。那时给一个孩子接生酬金是五十斤谷，“洗苏”酬金是四十斤谷，所以不几天爱群医社就收入一大围谷子了。外人都以为李琼珍她们很富有，家里也因为她们赚到钱不拿回家而时有微言。其实，她们的全部收入都献给部队了。每积存一批粮食，她们便通知部队派人来连夜运走。有时不够部队的需要，还动员一些同情革命的富家子女回家搞稻谷，拿来支援部队。李琼珍和周玲听说部队战斗频繁，衣服破损严重，就把自己刚买的一台缝纫机献了出去。而她们自己的生活却十分清贫，两个人才有三条裤子，只能轮流着换。石马赠产所是慈善机构，没有收入，国民党政府最初每个月还给她们几十元薪金，后来干脆分文不给了。石马站的同志就靠罗慧舒母亲留下的一点点遗产补贴着过活。在十分艰难的生活条件下，她们一直坚守在岗位上。

长期在敌人心脏中活动，情况瞬息万变，常遇险情。姐妹交通情报站的同志，靠着磨炼出来的机智勇敢和沉着冷静，一次又一次地巧渡难关，化险为夷，始终没有暴露自己。一九四二年冬，我宝安大队后方办事处主任张作铭叛变。罗涛同志发现这一情况，立即向上级党组织报告。因张作铭过去曾与罗涛到香港买过枪，知道罗涛是党员，党组织当即把罗涛撤离塘厦，调到水乡沦陷区工作。平时，一般性的情报，周爱莲都是用米水密写在一般家信的后面，通过国民党警署的“递报哨”，送交给警长罗涛同志，外人看上去还以为是他（她）们来往的“情书”。罗涛同志常常以看望姐姐罗慧舒的名义，到石马站指导她们如何搜集情报、如何绘制地图。现在罗涛突然失踪，敌人便对周爱莲和罗慧舒产生了怀疑，不断追问罗涛的去向。县党部书记长香棣芳多次盘问周爱莲，都被周爱莲机智地应付过去了。在危险面前，情报站的同志并没有退缩，反而更积极地活动，打消敌人对自己的怀疑。但狡猾的敌人并不放过，提出要周爱莲加入国民党，以此对她作进一步的考察。经县委研究决定，周爱莲加入了国民党。从此，她以更灰色的外衣掩护，继续在国民党上层人物中活动，不断搜集到有价值的情报。

石鼓站的李琼珍同志，由于长期在外活动，往返于各个交通站，也曾引起过敌人的注意，但都被她机智地掩饰过去了。一九四三年九月一个晚上，李琼珍和周玲把部队送来的一批传单散发出去，引起了敌人的慌乱。石鼓的保长拿了几张传单去塘厦找反动头目肖普环。在分析怀疑对象时，肖普环对保长说：“爱群医社那两个女的并非很纯，是两只老虎，后门经常有穿蓑衣的人出入，你不可大意。”并交给保长一支手枪，叫他埋伏在医社后门，有人出入就当场捉住，拒捕就开枪。由于平时李琼珍她们对保长做了许多工作，与他关系较好，保长根本就不相信她们是共产党的人。回到石鼓后，他在男青年集体住宿的“仔间”无意中透露说：“国民党疑神疑鬼，把那两个女医生都怀疑是‘老模’（当时东莞群众称共产党为‘老模’），还要我开枪捉人。我才不干呢，你有枪有人就自己去捉。”当时我们的交通员黄寿仁同志刚好在场，闻讯后连忙报告李琼珍。大家都十分紧张，经过分析，认为敌人已掌握了我们一部分情况，石鼓站可能已暴露。为了应付可能发生的情况，一方面马上把文件销毁、转移，药品也收藏起来以便转送给部队；一方面通知各交通员不要来接头，同时派人迅速向领导汇报。就在这时候，区委书记黄坚同志突然来到了爱群医社，大家又高兴又紧张。高兴的是上级领导来了，可以请示怎么办；紧张的是万一敌人来了，会造成损失。黄坚同志听了汇报后，同意做好撤离的准备，并要大家保持镇定，等候上级指示。可是，黄坚同志是马上转移到别处，还是留在石鼓好呢？经分析，如果连夜转移外地，要经过重重哨卡，危险更大。保长对医社毫无戒心，留下来并向他报户口，可以麻痹敌人。于是，由周玲去向保长申报户口。果然，保长说："行了行了，老黄又不是不熟，不用这么多事了。"看来敌人还不会马上行动，但为谨慎起见，李琼珍暂时转移到附近群众家中隐蔽，站里只留下周玲一人看家。县委接到消息后，马上通知石鼓站的同志准备撤离。后经再三考虑，认为石鼓站虽然危险，但还不能撤出，因为石鼓站一撤，石马站马上就要暴露。于是县委决定，要不惜牺牲，千方百计保住石马情报站。万一李琼珍、周玲同志被捕，组织会通过她们家里的社会关系设法营救。李琼珍、周玲两位同志坚决服从组织决定，在随时都有可能被捕、牺牲的情况下，一如既往，严守岗位。就在这时候，日寇进攻安宝平湖，逼近塘厦，国民党反动派乱作一团，怆惶［仓皇］之中，对爱群医社也就顾不上了。

在这样危险的情况下，交通情报站的同志们都没有放松自己的工作。周爱莲观察到，敌人可能很快就要逃离石马，他们惊惶失措之际，正是夺取敌人电台的大好时机。她马上绘制了石马的地形和敌军布防图，与部队取得了联系，准备夜袭石马，夺取电台。后来，由于国民党大小机关连夜逃往惠州，这个计划没有来得及实现。

国民党党政军机关撤离石马后，石鼓、石马两个交通情报站也随之撤销。根据组织决定，李琼珍、周玲两同志撤到了林村，罗慧舒、温巩章转移到常平，周爱莲则调到水乡。她们在不同的地点，都以开医务所为掩护，继续从事交通情报工作，直至迎来了新中国的黎明。

（根据有关同志提供的材料及东莞党史办公室的资料，由林西平整理）

惠　州

惠州妇女解放运动大事记

文献1

1938年　民国27年（节选）[①]

……

5月　中共博罗县支部组成，由刘融任书记。支部成立后，在博罗建立青年抗敌同志会、救亡剧社、妇女会等群众组织。

……

10月　日军毁惠州永福寺、元妙观的玉皇宝殿和三清宝殿，在平海、澳头沿海建筑碉堡炮楼多处。

☆日本侵略军在惠东港口新村枪杀65人，日机空袭炸死16人，烧毁住家船183艘、渔船56艘，致使500多人流离失所，198人逃往香港。

☆张励、韩影琪等10多位进步女青年加入博罗战时工作团，指导群众安全疏散，防止和躲避日机空袭，救护被日机炸伤的群众。李志春在博罗麻陂中心小学发展中共党员，组成博罗东部第一个党支部。

☆惠阳人黄闻在惠阳组织抗日自卫队。

☆香港惠阳青年会组成第三批回乡救亡工作团。

……

① 收录于惠州市地方志办公室编：《惠州历史大事记》，中华书局，2005年，第159—162页。

文献2

1939年　民国28年（节选）①

……

1月　谭家驹率领广东青年抗日先锋队东江区队（简称抗先队）进驻惠州成立广东青年抗日先锋队东江区队驻惠州办事处。

☆东宝惠边人民抗日游击队成立，以王作尧为大队长。

☆中共惠宝工委以东江华侨回乡服务团的名义把来东江参加抗日救亡工作的华侨（包括香港女同胞）以及东江内地投入抗日救亡的女青年，分派到各地，宣传、发动群众抗日救亡。

☆博罗县战时军政府成立，两个月后撤销，恢复博罗县国民政府。

☆东江华侨回乡服务团第三分团（博罗队）及吉隆坡队、马来亚队和新加坡队等青年抗日团体，至博罗开展抗日救亡活动。后与博罗县抗日先锋队、博罗战时工作团合并，在博罗县城下巷16号慎园成立联合工作部，统一开展博罗的抗日救亡工作。

☆博罗县卫生事务所在博罗城镇江东教堂成立。

……

2月　中共东江特委成立，由尹林平任书记，领导东江地区12县党组织和抗日斗争。

☆博罗县湖镇八围女同胞抗日救亡组织姐妹会成立。

☆博罗中学在桔子改办为战时中学，成立中共支部及桔子乡青年抗敌同志会、读书会。不久复名为博罗中学，9月迁至显村，1940年迁回博罗县城。

……

6月　中共东南特委决定撤销中共惠宝工委，成立中共惠阳县委，以黄宇为书记。

① 收录于惠州市地方志办公室编:《惠州历史大事记》，中华书局，2005年，第164—171页。

☆活动于博罗象头山的陈文博土匪武装，表示愿意接受中共领导，中共博罗县委派胡振光与陈谈判，将陈部收编为东江游击指挥部新编独立第二大队。

☆博罗妇女抗日联合会成立。县内部分地区又相应成立妇女会或后援会，围绕抗日支前开展各项活动。

☆博罗联和随军杀敌大队及福田、长宁、公庄、承福岗、澜石等地抗日自卫队先后成立。

……

文献3

民国29年（1940年）（节选）①

……

8月　在多祝镇中心小学成立了第一个妇女党支部，在区党委的直接领导下，开展妇运和救亡工作。并以多祝妇女会的名义出版《多祝妇女》半月刊，宣传党的方针政策及妇女解放、男女平等的进步思想。

……

文献4

1941年　民国30年（节选）②

……

2月　惠阳县多祝区妇女会出版发行《多祝妇女》半月刊。

……

秋　中共博罗县委派张瑞妍参加国民党举办的妇女工作训练班，回来

---

① 收录于惠东县地方志办公室编：《惠东大事记》，中国档案出版社，2004年，第30–31页。

② 收录于惠州市地方志办公室编：《惠州历史大事记》，中华书局，2005年，第171–173页。

后掌握博罗妇女新生活促进会的领导权。

文献5

1942年　民国31年（节选）①

……

1 月底　广东成立紧急救侨会，在惠阳分设有办事处、招待所、护送站。同时还向东江派出救侨队、医疗队及妇孺抢救队。

……

文献6

1944年　民国33年（节选）②

……

12 月　东江纵队派部队到惠州，抢救出被捕的中共粤北省委组织部长。

冬　日军再次在大亚湾登陆后，驻兵平海、赤沙、巽寮、稔山等地。

☆东江纵队挺进龙门江北地区，发动群众组织农会、民兵武装抗日，开展减租减息运动。

是年　惠阳崇雅中学师生 50 余人参加东江纵队，行前发表《告东江父老各界人士书》。

☆东江游击队在博罗观音阁开设同盟兴西药房，掩护中共地下党员开展活动。

☆驻博罗石湾源头的东江纵队独立第二大队，遭汪伪警察局伙同日伪军 800 多人袭击和飞机轰击，20 多人牺牲。

☆博罗县全县流行天花，病者众多，死亡多人。

---

① 收录于惠州市地方志办公室编：《惠州历史大事记》，中华书局，2005 年，第 173−174 页。

② 收录于惠州市地方志办公室编：《惠州历史大事记》，中华书局，2005 年，第 178−180 页。

☆博罗县妇女会在榕城（今罗阳镇）黄屋祠成立，创办妇女夜校，开展抗日救亡活动。

1945年　民国34年（节选）①

……

2 月 21 日　东江纵队政治部（代号“大岳山”）发出《关于发展本区妇女运动的指示》，明确指出开发解放区经济是当前妇女运动的中心工作。

2 月 22 日　东江纵队政治部发出《纪念今年“三八”妇女节的通知》，把 3 月 1—8 日定为纪念“三八”节的宣传周。

文献7

1949年　民国38年②

……

5 月　中共江南地委决定成立由女战士组成的东江第一支队“妇女先锋队”，由叶聪慧任队长，3 个月后队员近 80 人。

……

9 月初　中共江北地委建立青妇工作队，代号为“双河队”，队员 43 人。

……

9 月 18 日　中共江南地委发出《关于目前青妇工作的指示》，明确中心任务是做好迎军支前工作。

……

9—10 月　江北地区数万名妇女和男子一起参加抢修公路，修架桥梁，加入运输队、担架队和向导队，设立慰劳站、茶水站、医疗站和物资供应站，为南下大军集中数万担粮食、数千头生猪和其它急用物资一大批。

① 收录于惠州市地方志办公室编：《惠州历史大事记》，中华书局，2005 年，第 180—181 页。

② 收录于惠州市地方志办公室编：《惠州历史大事记》，中华书局，2005 年，第 194—198 页。

惠州妇女政治资料

文献1

第六章 党组织的发展和抗日救亡运动的兴起（节选）[①]

第一节 抗日救亡的兴起

……

三、群众抗日救亡运动的全面展开

卢沟桥事变后，富有爱国革命传统的惠阳青年，在中国共产党的领导和推动下，在香港惠阳青年会回乡救亡工作团的带动下，惠阳县城乡燃起了抗日救亡的烈火，抗日救亡运动全面展开，形成了抗日救亡运动高潮。

从 1937 年 8 月起，惠青救亡工作团利用公开合法的名义，发动群众建立各种救亡团体，先后建立了平山、多祝、淡水、坪山、龙岗、横岗等抗敌后援会、青年抗敌会、妇女抗敌会和淡水文化界救亡工作团。其中淡水青年抗敌会会员有 200 多人，[②] 惠阳妇女抗敌会 900 多人，举办抗日民众夜校 18 所，夜校学员 2000 余人。[③] 尤其是秋溪乡，在惠青救亡工作团的宣传发动下，人民群众深受教育和启发，抗日救亡活动广泛开展。1935 年冬被迫停办的象山学校重新复办。象山学校师生深入农村宣传演出，发动群众募捐，举办夜校识字班，成立民众自卫队，全乡有数以千计的

---

① 收录于中共惠阳区委党史研究室、中共惠东县委党史研究室、深圳市龙岗区史志办公室著：《中国共产党惠阳地方史》，中国社会出版社，2004 年，第 191－194 页。

② 《中共广东省委给中央青委的报告》（1939 年 11 月）。广东省档案馆藏。——原书注

③ 《广东八个月来的妇女工作报告》（1939 年 11 月）。广东省档案馆藏。——原书注

民众参加夜校识字班学习。1938 年初，以象山为中心成立了秋溪乡抗敌同志会，各村也普遍成立抗敌同志会，抗敌同志会会员达 1000 多人。每个乡村的夜校，识字班和抗敌同志会成为宣传、教育、团结群众抗日的阵地。

……

文献2

第八章　党组织的整顿与敌后游击战争的发展（节选）[①]

第一节　党组织的整顿与巩固

一、惠阳党组织的调整与巩固

从 1938 年 3 月开始，惠阳党组织贯彻中共中央关于大量发展党员的指示，党的组织有了较大的发展。至 1939 年 6 月，中共惠宝工委建立了淡水、坪山、平山三个中心区委和大鹏区委以及坑梓中心支部，共有支部 45 个。为了适应敌后抗日游击战争形势，有利于抗日根据地的开辟与巩固，根据中共东南特委的指示，撤销中共惠宝工委，成立中共惠阳县委员会，由黄宇[②]、谢鹤筹、陈铭炎、卢伟如、黄阳凤、邓秀芳组成，黄宇任书记（黄宇生病期间，由谢鹤筹代理书记），陈铭炎任组织部长（1939 年 10 月由谢鹤筹接任），卢伟良任宣传部长（1939 年 10 月由陈铭炎接任）。同时撤销淡水中心区委、坪山中心区委、平山中心区委。设立中共淡水区委，叶基任书记；中共惠州区委（驻地寨溪子），钟原任书记；中共坪山区委，苏伟民任书记；中共大鹏区委，黄国伟任书记。至 1939 年 11 月，中共惠阳县委下辖 4 个区委、4 个直属

---

① 收录于中共惠阳区委党史研究室、中共惠东县委党史研究室、深圳市龙岗区史志办公室著：《中国共产党惠阳地方史》，中国社会出版社，2004 年，第 245–251 页。

② 黄宇，原名吕良。广东鹤山人。1930 年在越南加入中国共产党。1937 年后，历任中共香港印刷业支部书记、职工部长，中共东南特委香港区委书记等职。——原书注

支部，党员 519 人，其中女党员 60 人。新编大队有党员 230 人。

……

二、中共前东特委成立和上下坪会议

……

1940 年 6 月，中共广东省委在南雄县召开执委会议。会议总结东江游击队东移事件的教训，确定了广东党组织工作的重点放在敌后和前线，开展独立自主的敌后游击战争，建立抗日根据地。同时决定撤销东江军事委员会，由中共东江特委统一领导东江人民抗日武装；中共广东省委分为粤北省委和粤南省委，东江特委也分为东江前线特委和东江后方特委。

7 月间，中共东江前线特别委员会（简称“前东特委”）正式成立，由尹林平、黄宇、陈祥、张持平、余慧等组成，尹林平任书记，黄宇任副书记，陈祥任宣传部长，张持平任青年部长，余慧任妇女部长。前东特委领导惠阳、东莞、宝安、海丰、陆丰、博罗、增城、龙门等县的党组织，特委机关设在惠阳淡水、坪山等地。前东特委成立后，撤销中共惠阳中心县委，恢复中共惠阳县委。中共惠阳县委由谢鹤筹、卢伟如、蓝造、王鲁明、邓秀芳、陈秀等组成，谢鹤筹任书记，卢伟如任组织部长兼武装部长（后由蓝造任组织部长），王鲁明任宣传部长（后由邓秀芳接任），陈秀任妇女部长。

……

文献3

第八章　党组织的整顿与敌后游击战争的发展（节选）[①]

第二节　广东人民抗日游击总队惠阳大队的成立与惠宝边抗日根据地的开辟

……

二、开辟、巩固惠宝边根据地的斗争

……

为了开辟惠宝敌后游击队根据地，除了扩建部队、积极开展军事行动、打击日伪军之外，广东人民抗日游击总队惠阳大队采取一系列的重要措施，推动边区根据地的建设。

一是加强部队政治思想建设，大队建立中共总支部，由叶锋任总支部书记，大队部、政训室、各中队、民运队设立党支部，各小队设立党小组，以加强党对部队的领导。为了加强宣传工作，在惠宝边区还组织了一支宣传队，由邝逸任队长，队员有钟二、张贤、吴光星、叶茂仔、叶苏琼、李鸿基、邓掌珠、杨洪、邓发烈、黄铁峰、刘影等20多人。宣传队经常进入敌占区，以唱歌、表演节目进行抗日宣传活动，使人民群众抗日热情日益高涨，为根据地的巩固奠定了群众基础。

二是组成强有力的民运工作队，深入乡村宣传，发动群众，组织青年参军参战。到1942年冬，在惠宝地区先后建立了坪山、坑梓、横岗、茜坑、田心、盐田、大鹏、龙岗、新墟、坪山等10个民运工作队，随后又逐步在清溪、约场、石马、镇隆、潼湖、麻溪、秋溪等地建立民运队。民运工作队遍布整个惠宝地区。先后参加民运队工作的黄伟华、张贯一、张仕娥、王柏、王作、黄慕英、陈通、罗曲、林月桂、叶梅、叶瑛、叶亮、叶芳、

---

① 收录于中共惠阳区委党史研究室、中共惠东县委党史研究室、深圳市龙岗区史志办公室著：《中国共产党惠阳地方史》，中国社会出版社，2004年，第259−263页。

叶宋辉、张奕、黄丽芳、叶波涛、叶松波、黄化青、骆安、陈送、曹洪、叶玉榴、邝逸、叶志强、陈慧莲、叶影池、徐育、叶冠石、方德、王佩英、叶香等人。

三是加强部队供给保障工作。部队的供给保障工作是随着部队的发展而发展的。抗战初期，部队的供给很大部分是由华侨、港澳同胞和人民群众援助的。但由于供给渠道有限，部队的经济保障相当困难，粮食供应不足，被服短缺，医疗设备和药品供应都相当困难。在相当一段时间里，伤病员的治疗难于［以］保障，药品短缺，只能用青草药为伤病员治疗。1942 年 8 月开始，惠阳大队逐步加强后勤保障工作，设立由叶文华负责的军需部门，由李培任副官。部队逐步建立了卫生队，被服厂和税站。由张德任税站站长，陈霜子任卫生队队长，初期的卫生员有叶萍、李玉珍、王月仙、易焕兰、赖友娣、黄务娣。此外，惠阳大队还建立以叶志强为队长的保卫队，开展锄奸保卫工作，对根据地的巩固发挥了很大的作用。

……

文献4

第九章　东江纵队成立和抗日根据地建设（节选）①

第二节　民主政权的建立和抗日根据地的建设

……

1945 年 4 月中旬，东江纵队第七支队在惠阳永湖大坑口召开国事座谈会，邀请惠东区的农民、工人、商业教育各界及进步民主知名人士魏珠伯、高特峰、陈友芳、陈南勋、陈仕锦、严荫荣、苏景云、苏崇德、梁文

---

① 收录于中共惠阳区委党史研究室、中共惠东县委党史研究室、深圳市龙岗区史志办公室著：《中国共产党惠阳地方史》，中国社会出版社，2004 年，第 290—298 页。

杰、陈福昌、黄震环、李逢春、邓佩伦、罗文芳、冯承烈、冯梦如、陈国荣、肖志宏、练永康、陈浩然、陶陶然、赖锡畴、邓耿庵、陈育祥、叶隐香、陈同苟、陈荣华、陈森和、李云庭、张月云、杨万成、饶荣、饶伟南等 300 多人参加座谈会。座谈会由东江纵队第七支队支队长高健主持，政治委员曾源作《关于当前抗日形势及我们的任务》的报告。报告提出在惠东抗日根据地建立人民民主政权——惠东区行政督导处，以结束无政府状态，行使民主政权的职能，施行各项抗日政策法令。与会代表一致赞同成立惠东区行政督导处，同时推举惠东区行政督导处主任，副主任人选。5 月，惠东区行政督导处在白花苏茅垅正式成立，练铁为主任，陈志期为副主任。下设：军事科，科长古梅修；文教科，科长陶陶然；民运科，科长杨彩萍；征粮处，主任罗晋琛；督导专员邓明。全区面积约 2000 平方公里，人口 30 多万。划分为 5 个行政区，23 个乡。新一区，区长陈志期（兼。后由陈可永继任），下辖永湖（今永湖淡水河以东）、长安（今沙田、十围、石桥等地）、澳万（澳头及万年乡）、淡环（淡水河以东的淡水镇环城乡村）、良井、马安、鹤山等乡；新二区，区长古梅、李爱农，下辖白花、高河、忠信、海安、凌坑等乡；新三区，区长陈华生（女），下辖河南、河北、永东、永西、多祝（镇）等乡镇；新四区，区长高雁亭、曾城（后），下辖铁涌、东和、西乡、吉隆、平海（镇）、暗街（镇）等乡镇；新五区，区长朱德明，下辖梁化乡。

……

1945 年 4 月，东江纵队政治部根据中共中央关于“抗日统一战线的施政方针，应以反对日本帝国主义，保护抗日人民，调节各抗日阶层的利益，改良工农的生活和镇压汉奸、反动派为基本出发点”[①] 的指示精神和“孙中山先生的三民主义，本党的抗日民族统一战线方针，抗日救国十

① 《抗日根据地的政权问题》，见《毛泽东选集》第二卷，第 743 页，人民出版社，1991 年 6 月第二版。——原书注

大纲领，及国民政府抗战建国纲领，与本区实际情况”[1]，提出了包括：坚持抗日民族统一战线、实行民主政治、人民权利、土地政策、改善劳资关系、发展生产、财政税收、战时教育、男女平等、优抚抗属、社会救济、没收日伪汉奸土地财产、肃清汉奸特务等主要内容的施政纲领。东江抗日民主政权施政纲领的颁布和实施，对于巩固和发展抗日民主政权，巩固和扩大抗日根据地起着重要作用。它标志着东江抗日民主政权和抗日根据地的建设发展到一个新的阶段。

……

路东行政委员会在农村普遍组织“献谷委员会”，动员群众给部队捐献粮食。蓝田乡是最先组织“献谷委员会”的，接着在惠阳县的横岗、坪山、龙岗、坑梓、田心、新墟、约场、镇隆等地也先后成立“献谷委员会”。各乡村分别召开乡民献谷大会，广大群众争先恐后地为部队捐献粮食。坪山乡的群众捐献粮食的行动最为踊跃，在乡长廖其谷、陈伟的带领下，在“献谷”的群众大会上，捐献粮食的群众争先恐后，当场就献谷1500担、代金10万元。1944年7月7日，在纪念抗战七周年的大会上，路东解放区民众一致通过《拥军公约》，黄田乡民众捐献棉衣100件。路东、惠东解放区各地妇抗会的会员，对部队有深厚的感情，当东江纵队部队要驻扎乡村时，妇抗会立即组织群众慰劳部队，主动为部队打扫住所，自动拿出床板、木板、稻草给战士铺垫床位。各地妇抗会还积极配合学生做纸花等手工艺品进行义卖，将义卖所得捐献给部队。同时组织群众捐送礼品慰劳部队。还组织群众帮助抗属耕种田地。

---

① 《东江纵队政治部对于建设惠、东、宝路东区的施政纲领》，见《惠阳党史》1995年第1期，第26页，中共惠阳市委党史研究室编。——原书注

文献5

第十章　党组织活动全面恢复和抗日战争的胜利（节选）[①]

第一节　党组织活动的全面恢复

……

敌后抗日游击战争，主要是广泛发动组织和武装广大农民群众，在中国共产党领导下实行抗战。东江人民抗日武装和各级党组织，遵照毛泽东的人民战争思想，注重发动群众和组织群众，先后派出大批民运工作队到乡村中开展工作，协助各级抗日民主政府，普遍建立与健全抗日自卫队、农抗会、青抗会、妇救会、儿童团、生产救助会等各种抗日救亡团体。

……

为了把广大妇女组织起来，东江纵队政治部发出《关于发展本区妇女运动的指示》，指出妇女运动中的主要工作是：动员与组织妇女参加生产，改善妇女生活，发展解放区经济；广泛组织妇女团体，提高妇女的社会地位，保障妇女切身利益，提高妇女的参战热潮；大力开展妇女识字运动，提高妇女觉悟，动员妇女帮助扩军工作；进行拥军优抗工作，帮助抗属生产，解决抗属生活的困难。1945 年 4 月，路东行政委员会和惠东行政督导处成立后，各区、乡都建立和健全了妇女会等组织，同时广泛动员妇女参加生产运动，组织生产互助合作，动员妇女鼓励丈夫儿子参军参战，动员大批青年参加抗日队伍。惠东行政督导处长安乡，一次就组织 50 余名青年参加部队，使解放区到处呈现出“男儿上战场，妇女多打粮”的新气象。路东、惠东各区乡的妇女群众，尤其是惠东多祝、惠阳淡水沙坑、周田等地妇女群众，在妇女党支部的领导下，响应中共中央“增加生产，厉行节约，支援前线”的号召，为部队指战员缝军衣、

① 收录于中共惠阳区委党史研究室、中共惠东县委党史研究室、深圳市龙岗区史志办公室著：《中国共产党惠阳地方史》，中国社会出版社，2004 年，第 308–319 页。

做军鞋，热情慰劳抗日游击战士。不少妇女走出家门，走向前线，参加战地救护工作，护理伤病员，积极拥军支前，为抗战的胜利做出积极贡献。

……

文献6

第十三章　惠阳党组织的发展与反“清剿”斗争（节选）①

第一节　党组织的发展与反击国民党的第一期“清剿”

一、反“清剿”斗争的部署与惠阳县委、惠紫边县委的建立

……

中共江南工委书记蓝造和王鲁明参加中共中央香港分局召开的会议回到江南地区后，于 2 月底在坪山召开江南地区干部会议。参加会议的有祁烽、曾建、刘宣及江南工委所属各县特派员和人民护乡团、人民自卫队的负责人。会议传达了香港分局会议精神，总结了江南地区 1947 年的工作，分析了宋子文主政广东后的形势，讨论了 1948 年的工作任务和战斗部署。为了加强江南地区党组织的领导，统一指挥全区的武装队伍，集结主力以反击国民党的“清剿”，根据中共中央香港分局的决定，正式成立中共江南地方委员会（简称“江南地委”）。江南地委由王鲁明、蓝造、祁烽、刘宣、黄华、刘志远、蓝训材组成，以王鲁明为书记，蓝造为副书记，祁烽主管地方党的工作。江南地委下辖中共东宝县委、中共海陆丰县委、中共惠阳县委和中共惠紫边县委。中共惠阳县委，叶源任书记，杨钧任组织部长，王舒任宣传部长，李群芳任武装部长。惠阳县委下辖中共秋（长）新（墟）约（场）区委，曾强任书记；中共河东区总支委（1949 年 5 月改为

① 收录于中共惠阳区委党史研究室、中共惠东县委党史研究室、深圳市龙岗区史志办公室著：《中国共产党惠阳地方史》，中国社会出版社，2004 年，第 376—379 页。

区委员会），罗枢任书记；中共坪（山）龙（岗）区委，黄彬任书记；中共大鹏区委，李光任书记；中共青（溪）塘（沥）凤（岗）区委，张生任书记。中共惠紫边县委，胡施任书记，李华任组织部长，黄振任宣传部长，高固任武装部长。惠紫边县委下辖：中共高潭区工委，彭明任书记；中共安墩区工委，曾发任书记；中共新庵区工委，负责人马林木；中共龙窝区工委，负责人苏丹（女）；中共蓝塘区工委，负责人张甲。

……

文献7

第十四章　配合解放江南全区（节选）①

第二节　解放区的建设与争取华侨港澳同胞的支持

一、解放区政权建设

政权建设是随着游击战争的发展和解放区的建立和巩固而逐步发展的。恢复武装斗争初期，游击基地初步建立起来后，政权建设便成为党组织的一项重要工作。在游击基地建立初期，一般以武工队结合民运工作队，开展群众工作，组织农会和民兵组织，由没有政权到建立政权。在人民武装完全控制的游击根据地，则建立一面政权，在人民武装活动而国民党政权仍然可能存在的地区，则建立两面政权。

……

……从 1948 年初开始，在惠宝边根据地和惠紫边区根据地，许多由人民武装控制的乡村都建立了政权。中共惠紫县委成立后，即于 3 月 11 日在安墩成立了惠紫区行政委员会，以赖扩为行政委员会主席，钟声为民政委员，温平为军事委员，黄敏夫为财粮委员，叶亮为妇女委员。这是江

① 收录于中共惠阳区委党史研究室、中共惠东县委党史研究室、深圳市龙岗区史志办公室著：《中国共产党惠阳地方史》，中国社会出版社，2004 年，第 420—426 页。

南地区最早建立的解放区人民政权。秋冬间，惠紫区行政委员会先后成立了以曾琛为主任的蓝塘办事处和以赖扩为主任、温少环为副主任的多祝办事处。

……

文献8

抗日时期惠阳党组织概况（节选）①

在反共逆流中坚持斗争

1940年3月—1943年12月

一九三九年一月，国民党召开了五届五中全会，决定了溶共、防共、限共的反动政策。同年十一月，国民党召开了五届六中全会，决定了由政治反共转为军事反共的方针。国民党广东当局经过一系列的策划，于十一月收缴了“广东青年抗日先锋队”的枪技，令曾、王部队到惠州“集训”。十二月，陈文博部队在惠州玄妙观“集训”被消灭。第一次反共逆流的乌云布满了东江上空。

省委根据当时的形势，对党的工作提出了如下几个转变：群众运动要从城市转到农村；由学生知识分子转到工农；从表面转到实际（设情报站、联络站）；由暂时的工作转到长期的工作。……总的精神是进行组织上的退却，政治上的进攻。

惠阳地方党贯彻省委的指示，采取了如下应变措施：

（1）地方党和部队的党组织分开，把公开活动暴露的党员撤到部队。一九三九年七月，由黄宇接曾生任惠阳县委书记，组织部长谢鹤筹，宣传

---

① 收录于中共惠阳地委党史研究小组办公室、中共惠阳地委党史资料征集小组办公室编：《东江党史资料汇编》第一辑，惠东县印刷厂，1983年，第74–82页。

部长陈铭炎，青年部长卢伟如，妇女委员黄阳凤。

（2）县委机关由坪山转移到淡水附近黄沙村魏珠家里。主要的领导人都以商人、教师等职业进行隐蔽活动。

（3）因部队东移，为了协助部队工作，县委于一九四〇年一至三月间，不断派人前往高潭、多祝等地加强领导：派往高潭成立特别支部的有李华、王柏（女）、黄畅（女），稍后又派黄秉、黄云鹏等前往；派往多祝的有蓝造、魏仕优、钟吉粪、黄一鸣、潘应宁等。

（4）减少群众组织的公开活动，一般都是以灰色面目出现，如妇女界搞“月光会”，党群集资合股经营书店等。

一九四〇年夏，党中央决定将广东省委分为粤南省委和粤北省委。七月，粤北省委决定成立东江前线特委（简称前东特委），惠东宝等县党组织移交前东特委领导，特委书记尹林平兼曾、王部队政委。

国民党顽固派掀起第二次反共高潮后，南方局书记周恩来同志根据中央指示的精神，提出在国民党统治区实行“隐蔽精干，长期埋伏，积蓄力量，以待时机”的方针；稍后，又向党员提出“勤业、勤学、勤交友”三项任务。由于一九四一年春，日寇再次在澳头登陆，东江再次沦为敌占区，曾、王部队“东移”回来后，积极开展了敌后游击战，惠阳地方党为掩护和配合部队的斗争，仍坚持活动。

（1）一九四〇年七月，黄宇调往前东特委，惠阳县委书记由谢鹤筹接任，组织部长卢伟如，宣传部长王鲁明，青年部长邓秀芳，妇委陈秀。党的组织生活逐渐健全，约一个星期过一次党的生活。

（2）发展党员，派遣党员到平山、永湖、惠州等地，建立和加强党在敌占区活动的据点。

（3）为部队搜情报、筹粮款、购物资，动员党员和青年参加部队。

（4）一九四一年下半年，我部队在茶园设立“惠阳抗日游击队后方办事处”，由廖荣铿负责。

（5）组织妇女合作社，染布、车衣、做军鞋。

（6）为完成护送文化人的任务，派卢伟如驻惠州。惠阳县委负责把接到的文化人从沙坑经永湖、三栋护送到惠州，再由卢伟如转送。

……

（惠阳县委党史办卢国秋整理）

文献9

第五章　广东人民抗日游击队东江纵队成立（节选）①

第三节　东江抗日根据地的建设

……

六、根据地的统一战线与民主建政

……

1944 年 3、4 月间，路东和路西分别召开国事座谈会。在路西的座谈会上，中共广东省临委的代表黄康作了政治报告，谭天度作了惠东宝形势和政府工作总结报告。路东区的国事座谈会，在惠阳县约场乡召开。出席的人数之多，情绪之高都是出乎意料。原拟邀请百余人参加的，但到会的却达 350 多人，其中包括各阶层、各党派及名流学者，有港九区的代表，也有渔民的代表，青年妇女代表。有的冒着危险，通过敌人的封锁线，前来参加座谈会。其中有爱国知名人士张兆昌、彭东海；爱国军人陈友芳；爱国名流张友仁；教育界名流肖荫青、邓怀汉；农工民主党李伯球等。座谈会由中共广东省临委书记、东江纵队政治委员林平和东江纵队司令员曾生亲自主持。林平作了国际国内形势报告，详尽地阐述了世界反法西斯战争胜利的形势，揭露了国民党蒋介石领导的正面战场丧师失地，军队大溃败的局势，以及广东国民党军事当局余汉谋部消极抗战的情况，介绍东江人民抗日武装在抗日斗争中发展壮大，解放区日益巩固

---

① 收录于《东江纵队史》编写组编：《东江纵队史》，广东人民出版社，1995 年，第 245–248 页。

扩大的大好形势。

……

文献10

抗战时期多祝区的妇女工作[①]

陈　允　刘　映　曾　明

1938年冬，惠阳、广州相继沦陷，多祝成了当时惠阳县国民党一部分政府机关及其家属暂时苟安之地。惠阳县棕山中学亦搬至多祝。为了开展抗日救亡的群众运动，党派遣“东江华侨回乡服务团”（下简称“东团”）惠阳分团多祝区工作队，到多祝区开展抗日救亡运动。接着，各种抗日救亡的群众组织也纷纷成立，多祝镇逐渐成为惠阳县东片抗日救亡运动的中心。

1939年，经过“东团”工作队女党员陈通、刘玉珍等的串联，张汝惠、郭凤楷、刘映、陈允、曾明等女知识分子和女学生陆续参加了抗日救亡工作。为了动员更多的妇女参加到抗日救亡的行列中来，党组织指示要成立一个取得合法地位的群众组织。为此，“东团”积极主动地争取团结各阶层的妇女，特别是上层人士的家属。在党的抗日民族统一战线指引下，争取了当时驻在多祝镇的国民党县党部书记长蔡壮泉的支持，并动员了多祝镇及四乡（东路乡、河南乡、河北乡、增光乡）的工农妇女、女教师、女学生和工商界的家属约二百余人，于1939年10月成立了“多祝区妇女会”，民主选举产生了理事会，张汝惠、郭凤楷、刘映、陈允被选为常务理事，曾明任干事，主任则由热心抗日的国民党员黄坤仪担任。

1940年，取得了多祝镇中心小学校董会和校长刘靖侯的支持，郭凤

---

① 收录于政协广东省惠东县委员会文史资料委员会编:《惠东文史》第四辑，惠东县印刷厂，1992年，第36—40页。

楷、刘映、陈允三人均被安排在多祝镇中心小学任教（当时该校已有党员男教师范伯敬、潘应宁、何洪中三人），因此，其时该校已成为我党联络各方进步人士，开展抗日救亡活动的场所。妇女会的活动也是以该校为阵地，牌子也挂在那里。

在党的培养教育下，张汝惠、郭凤楷、刘映、曾明、陈允五人，于1940年初先后参加了中国共产党，并于同年8月成立了一个妇女支部，支委由张、刘、曾三人组成。支委成立后，在区委书记蓝造和黄秉的直接领导下开展妇运和统战工作。

由于五个女党员的家庭均有一定的社会地位，同一些有权势的人士有一定的社会联系，因此，组织上又决定由她们对上层人士开展统战工作。1941年1月，国民党反动派发动了第二次反共高潮。各种抗日救亡组织均被强令解散，只有多祝妇女会，仍然以合法的地位为党做了一些力所能及的工作，并一直坚持到1942年7月，才被国民党顽固派当局指责为“受异党控制”而下令停止活动。

妇女会成立初期，同各抗日救亡团体一起，下乡演剧、出墙报，宣传抗日。同时向工商界进行募捐，发动妇女做棉衣和鞋，买慰劳品等。为了提高妇女的文化水平和对抗日的认识，妇女会在多祝镇和附近四乡举办妇女识字班夜校，向广大妇女宣传抗日救国的道理，使妇女懂得如何去争取民族解放和男女平等，求得自身的解放。在进步群众中，则大力宣传革命圣地延安，宣传列宁领导苏联人民建立的社会主义制度的美好前景。通过两三年的妇女工作和夜校的学习，培养了一批妇女会员，如赖新莲、吴学庭、曾淑丽等，她们在形势恶化之后，仍坚持参与贴墙报、送传单、送情报等工作。

为了满足广大群众尤其是青年求知的欲望，宣传党的抗日救国的方针政策，宣传马列主义，妇女会发动男女青年筹集资金，开办多祝书店，出售进步书刊，同时还出售中小学课本、纸张、笔墨等文化用品。还把进步书刊借给老师、同事、同学阅读，启发教育一批青年男女投身到抗日救亡行列中去。

根据形势的发展和变化，经党组织的同意，妇女会出版了三十二开的油印小册子——《多祝妇女》半月刊。从 1941 年 2 月至 1942 年 7 月停刊时止，共出版三十多期，每期印刷四十至五十份。

这个刊物的任务，是向妇女群众宣传抗日形势，动员妇女参加抗日活动，宣传妇女解放、男女平等；更主要是通过这个刊物宣传我党的方针、政策，明确指出我党的“坚持抗战，反对投降；坚持进步，反对倒退，坚持团结，反对分裂”的方针，揭露国民党顽固派打内战、破坏抗日的罪行，把各阶层进步人士争取团结到党的周围。

刊物的经费是由几个女党员自己筹集的，撰稿、刻钢板、油印、发行都由她们三四个人负责，重要的时事、评论，有时由区委负责同志撰写，有时由她们撰写，然后送区委审定。

《多祝妇女》送阅的对象，主要是妇女会成员中积极的知识分子、女学生、当地上层统战对象，如中学校董曾谦如，小学校长刘靖侯，教务主任黎明，区、镇、乡政府，后援会救护队长吴肇和，医生、县妇女会及统战对象的女眷等。

1941 年 1 月，“皖南事变”后，国民党顽固派发动的第二次反共逆流席卷全国，各种抗日活动受到限制，各种抗日救亡的群众团体被解散，有的人因受到国民党反共宣传的影响，对共产党的抗战主张产生怀疑，或因怕受牵连而不敢参加活动。到后来，连原来比较活跃的党员也消沉下来，回家躲避或到别的地方去了。而多祝妇女会，由于得到上层人士及社会贤达的支持而继续进行活动。她们利用这一有利条件，在各个节日中，照样去街上贴墙报、标语。《多祝妇女》专刊，也照常出版，不过，不能每半个月出一次了，缮写、油印、装钉［订］也只好在晚上秘密进行。在这种情况下，多祝妇女会和《多祝妇女》专刊，就成为中共多祝区委宣传党的方针、政策的唯一渠道了。“皖南事变”的真相和我党所持的态度等真实情况，都通过《多祝妇女》专刊传播出去，使群众能看到国民党当局的反动嘴脸；同时，使关心国家大事，同情我党抗日主张的群众了解多祝地区仍有坚持抗日力量在活动。

由于《多祝妇女》新登载的有关抗战消息，鲜明地宣传了党的观点，同国民党所控制的报刊截然不同，当局早就有所发觉，怀疑被共产党所利用。但妇女会是一个妇女的群众组织，妇女会成员中有他们的家属，有当地上层人士的家属。在他们看来，这个专刊充其量也只不过是几个热心抗日、又无政治头脑的女子，不知好歹，被共产党利用而已。他们虽然曾追查专刊的消息来源，而她们却推说是摘抄报纸、刊物的，这样他们只好不了了之。

1942 年的"三 · 八"妇女节，她们还到街上去出墙报、贴标语，只是活动的方式没有以前那么公开了。

由于局势的恶化，多祝妇女会于 1942 年 7 月被加上"受异党控制"的罪名，被勒令停止活动，《多祝妇女》半月刊也被迫停刊了。

在这段时间里，区委给多祝妇女会的另一个任务是搞情报工作。她们利用自己的家庭地位及与当地一些上层人士和同事、同学等社会关系，了解多祝国民党的党、政、军活动情况，供区委分析形势作参考。

做好徐山中学师生的工作，也是区委给多祝妇女会的任务之一。她们把学校作为宣传工作的阵地，团结进步师生参加抗日救亡工作。从 1940 年至 1942 年三年间，以几个女党员为骨干，曾明任学生会宣传股长，在学校墙报中宣传抗日形势和抗日救国的方针、政策，揭露国民党假抗日、真投降，制造分裂、破坏团结的反动嘴脸，努力把师生团结在党的周围。她们还组织了对禁止师生阅读进步书籍的杨千甫进行斗争，发动全校师生上街游行、罢课，提出学生要言论、集会、读书自由，反对杨千甫强迫学生集体参加三青团组织，使徐山中学在党员带动下，始终成为进行革命活动的阵地。

为了保存积蓄党的有生力量，多祝地区党组织在 1942 年 8 月接到通知停止活动。同年 10 月，陈允转移到游击区，曾明、刘映于 1943 年 7 月，张汝惠于 1944 年春，也先后转移到游击区去了。

文献11

1941年[1]

2月3日报道

王德华《为惠阳妇女界呼吁》：

“七七”的烽火燃遍了老大的中华，也唤醒起每个角落的儿女们！他们都是不愿做亡国奴的！为了自由幸福，此刻还继续着四年前的意志，没有半点转变，始终忠诚于抗战反帝的神圣工作。

惠阳，这不是个陌生的地方。它是广东东江下游的首邑——县治在惠州——我们由华南国际路线入内地，必要经过那里。现在它已成了港韶线交通的中心点，人客、货物每天往来如织。热闹，拥挤，可以说是今天惠阳的特点。

抗战展开后，惠阳便引起了每个人的注意。虽然，过去它是个比较落后的地方，在地理环境上，却占着相当重要的位置。尤其战事爆发以来，当政军教育机关及商业多选到那儿。这样，战时的惠阳便充实许多。广州失陷后，在军事上更有了控制广东东、西、北的军事价值；从交通方面来看，由于地位是来往港韶间的必经之路，在东江的下游，便无条件成了华南交通的重心。因为这种关系，在经济上把握着相当重要地位。所以今天的惠阳无论在抗战、交通、经济各方面，都说是一个很重要的地方。

我们很清楚惠阳是在战后才给客观条件充实的，它本身的贫困和落后却仍旧残存着没有彻底地剔除。这样，我们要想知道惠阳的妇女问题，必须首先明白她们的社会关系。

惠阳的经济基础在战前是建筑于农村的，自转变为国际交通线后，目前人民的生活完全是有资本的便经验商业[2]，没资本的便靠出卖劳动力。当

---

① 收录于陈训廷主编：《惠州抗日战争历史编年》，广东人民出版社，2015 年，第 273–274 页。

② 原文如此。——编者注

然，找寻这种生活是不分性别的。可是，由于惠阳还是个残余的封建社会，男权是压迫在女权之上，故他们还存在着女子的支配权天然落在男子身上的思想。

惠阳对于多妻制、童养媳和任意买卖妇女特别流行，那里一个男子可以娶几个妻子。不！可以用贱价买女子。一面供自己玩弄一面却强迫劳役，如奴隶社会战争的俘虏一样。不但要无条件地给压榨劳力，而且还替男子生育，是半点自由都没有的。其次，童养媳制更是惨无人道！刚离母体的女孩便配上一个丈夫，年龄则二十岁男子也可以要个呱呱坠地的女孩。至于性情，及是否双方同意，将来幸福等，更谈不到。女孩既一旦落在男子身上，一切都任由他们支配。

被买卖的妇女多是良善的贫困人家之妻女，或强迫寡妇，弄到妓院去迫其卖淫。总之，这种恶习只对男子有利，而妇女可就痛苦难宜［言］！披上枷锁，永远就没有翻身的希望！

此类恶毒多年来已根深蒂固于惠阳男子的脑海中，成为一种普遍的气习，妇女没有能力反抗，因而只有受人任意的宰割！她们所受的压迫，几百十代来，从生到死是一般的。女子在惠阳兼职［简直］① 一文不值，如牛马般的生活着，遭遇的一切都是惨绝人寰，没有幸福，怎谈得上自由？

本来，如果从经济观点看，在此地男女并没有什么悬殊，男子会做的女子也可以做。相反，惠阳有种俗习，丈夫多数是代替妻子做保姆，日间让妻子去找寻生活的（这种想象以农村最普遍）。但是，这种事实，竟一点也不能有利于她们的地位。

至于服务社会事业，惠阳妇女特别落后。受教育的女子甚少。至于机关、团体、学校在战前更少涉足。为了只限女子服务家庭操劳作，不能参加社会活动，她们便降低到最可怜的地位。今日虽是抗战发展至四年之久，而惠阳妇女参加抗战运动的亦只限于少数知识分子，但这些所谓知识分子的地位，也并没有怎样的改善呢。

---

① 原文为“兼职”，根据文意，改为“简直”。——编者注

今天的惠阳妇女虽然不是包头、缠足、三步不出闺门。但是，没有进一步的解放那是事实。主要原因是本身主观条件不够和没有客观的事实影响。因为她们的职业目前还只限于挑运、农作、主理家务的原始工作而已。

然而，为了中华民族的解放运动，我们必要肃清国内的一切障碍，集中全民族的人力、物力、财力，积极发动，半点也要利用，半点也要争取过来！妇女力量在抗战中的贡献当然和男子一样。今天的惠阳妇女力量尚未能整部分放在抗战中，这委实是个大损失！而且，封建恶毒的未尽剔除，的确是一个致命的打击。

为着争取中华民族解放战争得到最后的胜利起见，对于国内的社会问题必须尽量地配合着抗战的高潮，积极肃清以往的坏积习，妇女与男子应该同样享受到自由平等。时代的飞跃绝不容许我们犹豫和迟延，谁不跟着时代走，谁便是时代的落伍者，是阻碍社会前进的恶根儿。

最后，我希望惠阳妇女们积极自觉起来，争取自由平等的解放。同时，作者以最诚恳的态度恳请关心社会问题的人士切实注意这个问题。

（《大公报》）

（转载《东江党史资料汇编》第一辑。本刊略有删节）

惠州妇女经济资料

文献1

1938年（节选）[1]

……

5月7日

中央陆军新编第四军军长叶挺，以该军开赴前线参战以来，对药物及雨衣等，颇感缺乏。日前会派代表郑德氏携函到惠阳商会接洽，该会以叶军长开赴前线，杀敌有功，当即分头向各会友募捐，予以援助，合共二千三百四十八元。经于日前汇集，分别购置药物一批，值五百余元，其余之款，概制备雨衣，共七百八十八套。由中国赈衣缝工团免费代缝，又黎△亦慨捐雨衣廿套，连上共八百零八套，已于今日分箱配装妥当，送交香港妇女慰劳会点收，转寄前方该军收用。（《申报》香港版）

……

文献2

1940年（节选）[2]

……

12月7日报道

亦耐《妇女与挑夫》：

去年的秋天，我从上海动身到韶关去。当我路过香港九龙而到达广

① 收录于陈训廷主编：《惠州抗日战争历史编年》，广东人民出版社，2015年，第23页。

② 收录于陈训廷主编：《惠州抗日战争历史编年》，广东人民出版社，2015年，第263–264页。

东边缘的沙鱼涌时，我不禁对广东妇女发生一种很新奇而深刻的印象。因为在沙鱼涌与淡水之间的一条路上，沿途我看到了整千整万、排成行列的挑夫，挑着自香港运进的一大箱一大箱的火油、香烟、火柴等种种商品和由内地输出的纸、茶、香菇之类的土货。这些来来往往的挑夫之中，妇女却占了大半数。我再从淡水乘轿到惠阳，站在惠阳的江边候船到老隆的当儿，那拿着扁担，熙熙攘攘，争前恐后，像蚂蚁一样的往船上挤的苦力们也还是妇女占三分之二。其中有老至四五十岁的，有小至十五六岁的。一律光着大脚丫子，头上裹着方块布，皮肤黑中带黄，身腰长得那么挺直，扛了百斤重的箱箩行李，走起来比那些徒手的老爷、少爷们还快。而且在夕阳西下，她们高兴时，也许还会唱起山歌来。这时你在后面，望着那强壮康健的背影，听着那清脆嘹亮的歌声，在红云满天霞的山边水旁，展开在你眼前的是一幅美丽的画面，画面里的人也是美丽的。这时候，你呀，说不定会把留在你脑海里一位烫发、穿高跟鞋的爱人暂时忘得一干二净！

这些女挑夫有的靠挑担为生，有的只是把它当做副业，目的在赚些外快贴补家用。至于她们劳力的代价却非常的低廉。在战前的时候，一担行李从码头挑到旅馆，只要一毫子（不及国币一角）。自从战事发生后，一则因为物价高涨，二则因为到内地旅客的增加，她们的索价也就渐渐地提高了。每挑担需要国币一角至△角。长途挑担，按里计算，每里五角。据说，一个挑夫，平均每天可赚上一块半钱，因为她们每天可走上七八十里路，但这种生意不是天天有的。何况她们除了挑担工作，还要负着家里其他一切劳力工作和抚育子女呢！她们之中有的已死了男人，有的男人收入不多，有的男人已出外洋，所以她们的收入几乎全部拿回养家。在这米价高涨到七八十元的今天，生活的刻苦是可想而知了。

这些女挑夫不仅气力大，而且胆量也不小。前线的挑担工作也多由她们执行。在工作很紧张的当儿，她们的草笠的阔边上有时也会中上一两粒的子弹，可是，她们的态度却很镇静。子弹在她们看来就像小石子一样的不足重视。从她们的工作成绩和她们那大而灵活的眸子里，我们也可知道她们不仅力大胆壮，而且天分也不低，可惜的是没有受教育的机会，几乎十分之十都是目不识丁。所以她们终年就像牛马一般的劳动，牛马一般的生活着。

看了广东的女挑夫，不禁使我想到女子职业问题。在都市里，现在不是还有一些老爷、少爷们在反对女子职业吗？甚至去年邮政局还闹过一次不招考女职员的风波。他们所持的理由当然还是不外乎男治外、女治内的原理。可是，这些女挑夫却能自由自在地在乡村里以担挑为职业，没有人反对她们，这是什么原因呢？在这里只好留待老爷、少爷们自己来答复了。(《申报》)

惠州妇女教育资料

文献1

1940年（节选）①

……

9 月 30 日

吾零《略谈淡水妇女》：

在淡水，最先有人为那群猪犬不如的女人，兴办女学，使得稍有求学机会，续有妇女协会援助一切。于是淡水女人在雨一般，刀样利的诽谤、谣言、谩骂中抵抗着，像△崩堤岸的河水，向四面八方找出路、求上进。在奋勇直前中，艰辛地打开了她们胜利的第一页。

近八九年间，全城及附近大村乡，经济状况稍好的家庭，既没有女儿年届学龄而不入学的，或本地初中毕业后不升学做事的，更没有童养媳及不经自己同意的婚姻。

广州惨遭炸后，各家长因姑息女儿而召返者日众！是以中等程度以上之旅省同学，均集居乡。在防军训政部指导下，扯起了妇女后援工作团的旗帜。这其间包括了本地女教师、女学生及家庭妇女。

因为当时淡水城的汉奸出入（由此而往返惠阳县城者）犹如过江之鲫，妇团的最大动机与任务，就是检查女汉奸（男的另有防军检查）及一切走私者。每日分班轮流出动在四处城门的车站检查，如有发现，当即有防军协助缉拿。

其他还有救护队及各种宣传工作的队伍组织。另为救济失学者起见，

① 收录于陈训廷主编：《惠州抗日战争历史编年》，广东人民出版社，2015 年，第 256–257 页。

特开设妇女贫民夜校一所。但富有的家庭妇女因智识欲鼓励而要求入学者亦属不少。夜校以对低级妇女们尽量灌输救亡意义及战时常识为宗旨。除此尚有每晚分区的家庭座谈会，意在收拾有家务忙的团员，在开会缺席时不能献议的意见。另一方面，则欲借此审视各区妇女生活情况，推动广泛的妇女运动。

日本军阀的凶残手段燎起华南的烽火，而且第一炮就瞄准这地方轰！所有的人，在狂炸与抢掠及奸淫烧杀中流离失散了！各人按着深而且剧的创伤，流氓［亡］天涯，去学习报仇的伎俩！妇女工作团也在散乱走失中不能恢复昔日愿望。

原因是日人为扰乱道华军唯一的交通命脉，每一二日必来轰炸。居民在警报中过活，天一发白便向城外村落躲避！下午二三时才回得来，开始各种工作或买卖，城中一天有大半天是空的。尤其是妇女为照料家庭及小孩，更没有空顾及旁的。

现时淡水的女性，只好埋头在教育难胞中。教书先生本来就清苦，再加上在战时，男的大都丢开△笔转行。为了家庭负担，闻或有愿当轿夫脚役。留下来的空缺，便由那一群曾被吐唾的去接防，她们没有嫌弃。除了城中的一间难童教养所外，为了便利学者，她们都分布到四乡了。(《大公报》)

惠州妇女文艺资料

文献1

第九章　东江纵队成立和抗日根据地建设（节选）[①]

第二节　民主政权的建立和抗日根据地的建设

……

四、根据地的经济和文化建设

……

文化教育工作是抗日根据地建设的一个重要方面。路东区施政纲领明确规定：在抗日根据地要“实行战时教育，普及农村文化，加紧培养干部，提高人民文化水平和政治水平，保护与优待流亡学生与失业青年”。[②]在文化教育政策上，东江纵队政治部提出具体措施：“第一，积极推动开办学校、识字班、夜校，使所有儿童、青年、妇女都有读书识字的机会，实行普及教育；第二，实施成年补习教育，加强干部教育，推广通俗书报，奖励自由研究，提倡科学知识与文艺运动，欢迎科学艺术人员，保护流亡学生与失学青年，实行公务人员的两小时学习制；第三，在遵守政府法令的原则下，允许任何外国人在本区作宗教与文化的活动”。[③]

……

---

① 收录于中共惠阳区委党史研究室、中共惠东县委党史研究室、深圳市龙岗区史志办公室著：《中国共产党惠阳地方史》，中国社会出版社，2004 年，第 302—308 页。

② 《东江纵队政治部对建设惠、东、宝路东区的施政纲领》（1945 年 4 月）。广东省档案馆藏。——原书注

③ 《关于中国共产党在东江敌后前线地区实施各项政策问题的谈话》（1944 年 1 月 21 日）。广东省档案馆藏。——原书注

惠州妇女军事资料

文献1

1939年（节选）[①]

……

1 月 30 日报道

李柔芝《活跃的惠宝人民游击队（二）》：

游击队是人民的抗敌先锋，同时也是人民的抗敌学校。除了几个中队和一个特务队的士兵之外，还有一个政治工作队，是受总队的政治部领导指挥而工作的。政治工作队固然特别注意政治教育与学习，但也要受军事训练，必要时也可以持枪作战，士兵的政治教育是政治部人员负责的，政治工作队的工作就注重对人民的宣传与组织。在驻扎的地方，每逢墟期都有墟报出版，受到民众的热烈欢迎，然而民众工作并非专靠政治工作队负担，各中队的士兵也没有放弃这责任，每逢演戏歌咏的时候，政治工作队的队员固然参加，各中队的士兵也是参加的。过去他们已经演了几次戏，现在他们且已决定每逢墟期都要演出一次，剧本多由他们自己编，演出的成绩虽然未必怎样完美，但效果却很不小。记者到总队部的那天，恰是他们在墟中“七七”纪念台演戏的日子，可惜到迟了一点，不能看到他们演出的情形，深以为憾。听他们说，那天演出的有一幕《小英雄》，编导兼主演的就是队兵中一个地道的小英雄，很受人们赞美哩。

由于他们有深刻的正确的政治认识，对政治军事各方面的知识技术，都能够自觉地积极学习。他们的晚饭是热烈而紧张的，讨论检讨完了就唱

① 收录于陈训廷主编：《惠州抗日战争历史编年》，广东人民出版社，2015 年，第 124—125 页。

歌高呼口号，更提高了抗战的情绪。他们都是努力抗战的中华民族的优秀儿女，没有一个不知道尊重人民的利益，因之对于纪律的遵守，完全是自觉的，一点也不勉强的。每一个中队都有一个中山室，每隔几天出版一次墙报。互相教育着，劝勉着。因为士兵中有不少进步的知识分子，写稿与编辑是不成问题的，政治部的人员只加以指导而已。

他们对于体格的锻炼也很注意，每日晚饭前都有人打篮球，晚饭后做各种的游戏！多数是有趣味而且有意义的。他们的生活一点也不枯燥！

最有特色的是：他们中有十多个女战士，一部分是政治工作者和救护员，但也有几个能文能武的兵士！其中有一个在东莞时曾勇敢作战。听一个相识的兵士对我说，当练习打靶的时候，这位女兵连开三枪都打中红心，将来真不难成为如《第四十一》小说中所写的那位女神枪手！

在目前游击队的主要任务是：动员民众，肃清汉奸，防止土匪活动。帮助政府推行战时工作，巩固与扩大本身的组织，提高部队的战斗力。他们有光荣而伟大的前途，谁也不能怀疑。不过政府现时因为领土破碎，减少了税捐的收入，对于这支活跃的游击队，还不能供给其军火与粮食。过去的给养完全是靠海员和海外侨胞接济的。在记者到总队部以前，海员慰劳团和余闻乐社的战友们都去慰劳过了，送去不少物品，因此，棉衣药品等已相当够用。但是来日方长，他们不单要存在，而且还要发展——就是在目前，军毡、胶鞋、雨衣等也还缺乏——对于他们援助援济仍然是十分需要的。

现在抗战已转到第一阶段，敌后方的游击战争将成为主要的作战方式。关于这一点，似乎还有许多人不大认识了解。因为不大了解，表现出来的事实，当然是对游击队忽视。这是一种很不好的现象。记者当报道之余，敢请全东江父老兄弟以及海外各地侨胞，对这个民众武装的模范——惠宝人民抗敌游击队——加以最深切的注意！（《申报》香港版）

文献2

1939年（节选）[1]

……

3月

……

○朱白水《归自坪山游击区——惠宝人民游击队的剪影（一）》：

破晓踏上了仆仆的旅程。

在新符炮竹的元旦底翌晨，破晓的时候，我们坐上了广九列车。这时，灰黯［暗］的天空还△△地残星在闪烁砾［烁］。

同行的是大同工友的慰劳团，笔者为工作和△会的关系，和他们合伙起来，大家的目的地都是到坪山惠宝人民抗敌游击队去的。车抵大埔坳时始与开往沙鱼涌的“大△”轮年假停止，只得步行到大埔墟，早点后再乘车往深圳去，再由深圳乘长途公路汽车向龙岗进发。旅客拥挤非常。但只坐了五十分钟的汽车就要开始步行了，因以后的公路都被破坏了。不过沿途所见的只是焚毁了短小桥梁，敌人稍加修葺仍可通车，可见破坏得不够彻底。

经岗边、岗背而达龙岗是［时］已十二时半。龙岗为一大市镇，去年十月初旬被敌人蹂躏，焚烧甚惨，危楼残垣，令人悲愤，但居民已渐次归来，惜仍觉冷寂非常。

自龙岗至坪山仍需步行四小时，人本来很疲饿了，但仍奋勇前行，中有女工数人和一女教员亦很健步，颇为难得。

所经很多地方都曾给敌人侵占过的，劫后原［元］气未复，而再度进扰东江的谣言复炽，局面很紧张，因此除军事严加防范外，公路的破坏比前段做得好，相距间掘了许多陷阱，或方或长，如敌人铁甲车或马队进攻，将予打击。

---

① 收录于陈训廷主编：《惠州抗日战争历史编年》，广东人民出版社，2015年，第146—147页。

在黄昏晚风曳麦浪中，疲惫的步子开始踏进坪山游击区去，这是一个距淡水很近的颇大市镇，街道还清洁，居民都忙于度年，故仍冷静非常。最先引人注意的是贴得满壁的标语，都是惠宝人民游击队和坪山抗敌同志会等发的，叫人兴奋极了。

极度的疲饿给高度的高兴情绪赶跑啦！我们踏进了游击区。

他们是保卫东江的战斗员。

惠宝人民游击队预知我们的来临，因此列队相迎于门。

立正致敬，我首先△到纯朴而严肃的武装游击战士的英姿了，不觉地报以庄严的微△。我们先到的这地原是坪山学校，现为第二队部的△训所，敞庄雄伟，清幽得很。

惠宝人民游击队的产生到现在还不达三个月，可是这一支在东江享有盛誉的活跃的队伍，就是在这短短期间生存着、前冲着，而成为目前一个后秀的进步的游击队伍。

去年十月初旬，敌人开始进攻广东，向澳头、淡水、坪山等地方侵略，而广大民众在惠青工作团领导之下发动了单纯的武装抗战，经过一个不断斗争的时期，他们产生了惠宝人民抗敌游击队的雏形，但那时人数不过数十，而枪枝也不过从温淑海旅借到十余枝和夺获敌人的合起来而已。但更大的斗争增进着，直到现在只是三月左右，人数却飞突到数百人，枪枝数百条，并有重机关、轻机关和手机关了。

这种迅速的发展是明显的表现着惠宝人民游击队是在斗争中生长和发展的，也显示我们的抗战是在进步着。

由于他们的行动获得广大民众的信仰和拥护，进而得到友军的信任和合作，更经政府正式准予成立，于是他的发展更浩大了，而本身的组织也健全地长成着。

在目前的政治和军事形势而言，任何人都不否认敌人是会有再度扰占东江的可能，因此，保卫东江的行动应当是急迫的。怎样把民众真正的力量动员起来，在军民合作之下从事抗战，是急亟非常的。惠宝人民游击队在目前是向着这个目标进行的。同时，他们更是保卫东江的战斗员。

在编制上，他们仍是采用陆军的三三制，现分三队，每大队设三中队，每中队设三小队的。另设一特务大队，工作是负有机关枪连及政治干部等。为适应实际环境需要，最近又设立一女子队，二十余人左右。到目前为止，他们仍半独立式的，因此，军火及生活上的给养都靠南洋侨胞和海员不断接济。现在经常有各社团各工友组织慰劳团去慰劳他们的。(《申报》香港版)

文献3

第六章　党组织的发展和抗日救亡运动的兴起（节选）①

第二节　惠阳党组织的恢复发展和抗日民族统一战线工作的开展

……

三、抗日民族统一战线工作的开展

……

抗战爆发以来，中共东江地方组织和惠阳县地方组织执行党的广泛的统一战线政策，利用公开合法的斗争，组织发动群众，推动惠阳县抗日救亡运动的发展。

中共东江地方组织和惠阳县各级组织，首先在各界青年中开展统一战线工作。卢沟桥事变后，中共东江地方组织就引导和组织惠青救亡工作团、华侨回乡服务团和抗先队，在整个惠阳县乃至东江地区展开声势浩大的救亡宣传活动，深入农村圩镇，以时事座谈会、专题讲座、宣传演出、举办夜校、出版墙报等多种多样的形式，宣传抗日救亡道理，对各界青年进行民族革命和爱国主义教育，激发青年的爱国热情。在宣传发动的基础上，普遍组织以青年为主体的抗日救亡团体，几乎所有区乡都建立了

① 收录于中共惠阳区委党史研究室、中共惠东县委党史研究室、深圳市龙岗区史志办公室著：《中国共产党惠阳地方史》，中国社会出版社，2004年，第202—206页。

“青年抗敌会”、“妇女抗敌会”、“统率团”、“壮丁队”、“自卫队”，数以万计的青年男女投身于抗日救亡运动之中，形成了轰轰烈烈的全民抗战的局面。

……

文献4

第七章　敌后抗日游击战争的开展（节选）①

第二节　华侨、港澳同胞支援祖国抗战和沿海抗日游击区的开辟

一、东江华侨回乡服务团的成立和惠阳队的活动

……

由香港惠阳青年会和余闲乐社组织的回乡救亡工作团组成的第一团（后改为惠阳队，下称“惠阳队”），早在成立之前，就在惠阳沿海一带进行抗日救亡的各种活动。一是组织群众大会。惠阳队成立后，先后组织孙中山逝世纪念、“九一八”、“双十节”、“湘北大捷”、“东江前线胜利祝捷”等庆祝和纪念大会，每次大会到会群众数以千计，声势浩大，规模空前，影响广泛。二是利用墙报、标语、漫画等形式进行宣传。三是组织宣传队、剧团进行演讲、访问、谈话，深入农村进行宣传演出。惠阳队的宣传演出活动，几乎遍及全县每一个乡村，使抗日救亡道理家喻户晓，人人皆知。四是发动群众，组织各种救亡团体，惠阳县各乡村普遍组织建立了青年抗敌同志会、乡村自卫队、农民抗敌同志会、抗敌后援会、抗敌儿童团、妇女会等救亡团体，组织起来的群众有数万人之多。仅秋溪乡组织的抗敌同志会，会员就有1000人。② 堪称模范的新墟乡，“从七八十岁的伯

---

① 收录于中共惠阳区委党史研究室、中共惠东县委党史研究室、深圳市龙岗区史志办公室著：《中国共产党惠阳地方史》，中国社会出版社，2004年，第218-222页。

② 叶特香：《抗战烽火中的秋溪乡》，见《大亚湾风云》第279页，广东人民出版社，1992年4月第1版。——原书注

父至七八岁的儿童，从家庭妇女到农夫，他们都热情参加抗敌同志会。”[①] 五是通过宣传活动，配合惠宝工委发现和培养进步人士，扩大抗日力量，同时吸收优秀分子加入中国共产党，使惠阳县党组织得到迅速的恢复和发展。到1939年11月，惠阳县党组织建立了4个区委，45个支部，党员519人，其中女党员就有60人。

……

文献5

第十一章　抗日胜利后的时局和党组织斗争策略的转变（节选）[②]

第一节　争取和平民主与坚持自卫斗争

……

二、惠阳党组织的调整和反击国民党的军事进攻

为了适应抗战胜利后的新形势，迎接新的任务，1945年7月召开的罗浮山会议做出了在东江地区成立江南、江北和后东三个地委的决定。……

中共中央关于分散坚持的斗争方针和广东区党委的战略部署下达后，东江纵队各部队在国民党军尚未发动大规模进攻之前，进行整编，将一批干部充实到战斗部队，一批干部调到城市工作，并安置了老弱病残者，减少非战斗人员，使指挥机关相对精干。广东区党委和东江纵队领导机关于10月下旬由罗浮山转移到大鹏半岛，指挥东江党组织和部队的自卫斗争。

在稔平半岛，东进指挥部还来不及贯彻分散坚持的斗争方针，就遭到国民党军第一五四师的进攻。国民党军以1个团的兵力占领稔山，2个团开至白花、平山一带，形成了进攻稔平半岛和大鹏半岛的态势。

---

① 转引自卢国秋《东江华侨回乡服务团惠阳队简介》，见《大亚湾风云》第151页，广东人民出版社，1992年4月第1版。——原书注

② 收录于中共惠阳区委党史研究室、中共惠东县委党史研究室、深圳市龙岗区史志办公室著：《中国共产党惠阳地方史》，中国社会出版社，2004年，第339−347页。

为了还击国民党的军事进攻，削弱其进攻力量，阻滞其进攻步伐，保卫广东区党委领导机关，东江纵队决定在稔平半岛、大鹏半岛和大亚湾一带进行防御作战。……

稔平保卫战，从鹅埠到格木洞战斗，历时一个多月，给国民党军队以沉重打击，牵制国民党一个师的兵力，减轻了江南指挥部部队的压力，保卫了在大鹏半岛的广东区党委和东江纵队领导机关的安全。在保卫稔平半岛的战斗中，面对绝对优势的国民党军，东江纵队各部毫不畏惧，顽强战斗，表现了革命战士大无畏的英雄主义精神。第七支队女民运队员张涛在战斗中不幸被俘，被国民党军剥光衣服，割下双乳仅剩一层皮，鲜血淋淋，拉到平海镇游街。张涛坚强不屈，沿途怒斥国民党反动派，高呼“打倒国民党反动派！”、“东江纵队抗日有功，国民党打内战有罪！”、“中国共产党万岁！”等口号，最后英勇就义，围观群众无不为之动容。

……

文献6

第十一章　抗日胜利后的时局和党组织斗争策略的转变（节选）①

第二节　东江纵队北撤后的形势和江南地区的斗争

一、东江纵队北撤后江南地区的形势

1946年6月，广东的局势随着全国内战的全面爆发而发生了急剧的变化。由于东江纵队主力北撤，留下的武装力量大部分复员，党组织实行特派员制，党组织活动全面停止，相当一部分已经暴露身份的党员干部进行分散和隐蔽，使革命力量骤然缩小。无论在军事上、经济上，国民党都

---

① 收录于中共惠阳区委党史研究室、中共惠东县委党史研究室、深圳市龙岗区史志办公室著：《中国共产党惠阳地方史》，中国社会出版社，2004年，第353–356页。

占据了绝对的优势。中共惠阳县地方组织和人民武装队伍进入艰难的隐蔽时期。

……

至 1947 年初恢复武装斗争前，由于国民党的“清乡”，而被捕杀害、牺牲的东江纵队战士、复员人员、农会干部、妇女会员、民兵干部有数百人之多。其中，仅镇隆乡就有 13 人。

文献7

第十三章　惠阳党组织的发展与反“清剿”斗争（节选）①

第二节　粉碎国民党的第二期“清剿”

……

四、主力部队东进，夺取反“清剿”斗争的胜利

红花岭战斗后，为了摆脱被动，争取主动，调动进攻坪山之敌，江南支队决定除第二团一部留在坪山地区坚持斗争、第三团返回东莞地区，以积极行动牵制敌人，配合主力部队作战外，江南支队领导机关率领第一团及第二团独立中队向东转移，进入惠紫边区和海丰地区，在外线相机歼敌，扩大战果，以彻底粉碎国民党广东军事当局的第二期“清剿”。

……

然而，江南支队在反“清剿”作战后期，也曾一度陷于被动局面。9 月中旬，第一团和第二团、第四团主力部队，在惠阳东部合水坝举行誓师大会，尔后进军海丰，拟歼海丰之敌。9 月 18 日，当部队集结于海丰白水磜时，海丰之敌 300 余人倾巢出动，发动突然袭击，部队与敌激战竟日。

① 收录于中共惠阳区委党史研究室、中共惠东县委党史研究室、深圳市龙岗区史志办公室著：《中国共产党惠阳地方史》，中国社会出版社，2004 年，第 408–411 页。

江南支队主力虽有优势兵力但未能歼敌。战后，支队举棋不定，自动分兵。支队领导机关转移至惠东黄石。10 月 10 日，江南支队接到情报，国民党保安第十三团 1000 余人由安墩向合水坝推进。此时，支队司令部只有警卫连和 4 个连队。支队决定由参谋长曾建率 4 个连队在合水坝、黄石之间地区占领阵地，阻击敌人。天黑后，支队机关率警卫连向洋潭方向转移，拂晓前驻于三家村。而进犯之敌亦向三家村扑来，警卫连 17 名战士被困在村内，与敌展开了激战，顽强固守，将敌人一部分兵力拖住，掩护支队司令部安全撤退。尹林平率领部分人员冲出包围圈向高潭方向转移，蓝造、左洪涛[①]、刘宣等带领警卫连登上三家村北侧和东侧高地，以猛烈火力压制敌人。蓝塘人民自卫大队也登上乌禽嶂阻击敌人，掩护支队机关向乌禽嶂转移。第四团团长高固发现支队司令部被包围后，立即命令严中英营和饶利中队向三家村挺进，在侧后袭击敌人、牵制敌人。转移敌人攻击目标，掩护支队司令部撤退。并迫使敌人于第二天撤出三家村。此战，毙伤敌 40 余人。江南支队第一团副团长肖伦，警卫连指导员钟基，文化教员李清薇（女）及周旺、陈安生等 14 人英勇牺牲，数人被俘。

三家村战斗，是一场遭遇战。此战结束后，国民党广东保安第十三团奉命进驻河源蓝口，撤离了江南地区。此后，国民党广东军事当局停止了对江南地区的“清剿”，再也没有组织对江南地区的主动进攻。

……

---

① 左洪涛，湖南邵阳人。1926 年考入黄埔军校学习。1927 年加入中国共产党。抗战期间，受党的派遣，进入国民党第十八集团军、第四战区长官部，长期从事统一战线工作。1948 年进入粤赣湘边游击区，任中共粤赣湘边区委委员、粤赣湘边纵队政治部主任。——原书注

文献8

第十四章　配合解放江南全区（节选）①

第三节　惠阳全境的解放

……

三、迎军支前工作的开展与惠阳全境的解放

1949 年七八月间，人民解放军粉碎了国民党的所谓“华中局部反攻计划”之后，几路大军神速南下，直逼湘、赣。国民党妄图以广东为基地，以衡（阳）宝（庆）作为负隅顽抗的枢纽，依托湘水、资水和粤北五岭天险，设置两道防线，阻止野战军主力南下。而广东的余汉谋、欧震则将其所部约 20 万人的兵力，重点布防于粤汉铁路广州至曲江一线，企图在广东做最后的挣扎。

……

7 月 29 日，粤赣湘边区党委发出《做好准备工作迎接南下大军的指示》，向全区军民发出了迎军支前的总动员令，号召全体军民动员起来，组织起来，“每家每户，人人准备为慰劳大军的柴草、粮米、猪及各种常用品，使大军所到之处，均得人民热烈的慰问与拥护”。② 根据华南分局和粤赣湘边区党委的指示精神，江南地委对迎军支前工作很早就做出部署。8 月 10 日，江南地委发出“配合南下大军，紧急动员，发动热烈的大规模的支前运动”的指示③，要求“努力发动和组织广大劳动青年、妇女群众积极参加民工战勤、修桥筑路、送军粮、设立送水站、做交通向导、慰劳

---

① 收录于中共惠阳区委党史研究室、中共惠东县委党史研究室、深圳市龙岗区史志办公室著：《中国共产党惠阳地方史》，中国社会出版社，2004 年，第 440–446 页。

② 《做好准备工作迎接大军解放指示》，见《粤赣湘边区革命史料》第 516 页，广东人民出版社，1989 年 10 月第 1 版。——原书注

③ 《江南地委关于迎军支前工作的补充指示》（1949 年 9 月 10 日）。广东省档案馆藏。——原书注

过境大军。”[①]

为了确保迎军支前工作的顺利开展，各级党组织和人民政府都成立了支前领导机构。粤赣湘边区党委成立了以梁威林为司令员、刘宣为副司令员的东江支前司令部。东江第一行政督导处（江南）设立迎军支前工作委员会，以刘宣为主任。惠阳县成立了以王舒为主任的支前委员会，惠东县成立了以高固为主任的支前委员会。各区也设立支前委员会，乡设立支前指挥所，村设立支前指挥员。各地动员年龄 18 至 45 岁的男子和年龄 20 至 40 岁的妇女都要报名填表、编队，参加支前工作队；村设支前中队，乡设大队，县设总队。各级支前机构，均由党、政主要领导组成，实行一元化领导。

……

文献9

东江纵队的敌军工作（节选）[②]

林　展

……

罗浮山上三个日本反战组织诞生

一九四五年春，东纵司令部、政治部驻在罗浮山。

敌工科约在四月底五月初驻在罗浮山上的黄龙观。

政治部给敌工科调配充实了许多力量：调杨和同志（党员）任科长，（林展同志为副科长），调来新从日本回家乡参加东纵的陈正光同志（当时名陈世光）和曾在日军当勤杂的陆润龄同志，加强了懂日语人手；又调来

① 《江南地委关于目前青妇工作的指示》（1949 年 9 月 16 日）。广东省档案馆藏。——原书注

② 收录于广东省档案馆编：《东江纵队史料》，广东人民出版社，1984 年，第 496—505 页。

两亲人被日军惨杀了的杨素同志，还有林猛、李耐、张芬等同志。警卫由班扩为一个排，排长姓温，班长仍是黄锦同志，另有两名短枪队员，一名吕英才，总务长姓朱，警卫、后勤人员还有麦惠祺、舍仔等人。

……

胡军同志一直是协助科内抓党内外政治思想工作的，此时又着重抓后勤人员的思想政治工作。杨素同志教唱歌。

……

日共总书记冈野进来电祝贺，感谢东纵帮助，使日本人民反战同盟华南支部胜利成立。并请将该盟盟员名单告诉他。这事在反战同盟盟友知道后更加高兴，积极要求参加反战工作。

编制日文反战传单时，不但下款东纵的名义，而且用三个反战同盟组织的名义。这是对日军更起有效的宣传瓦解作用，有些盟员还无畏地写了自己的名字。

这时期他们的文娱活动比前更进一步有了政治内容，自编了一首反战歌，简短有力，歌词大意是：

停止不正义的战争！
反对不正义的战争！

另外，他们还根据回忆记下一首日共歌，歌词名称是《民众的旗》。大意是要守卫民众之旗——红旗。

这些就成了他们后来很喜爱的歌曲。

这两首歌是根据杨素同志请一位台湾人民解放同盟盟员关某抄在她的记事本的。她珍藏多年，这次会上，当年敌工科几位同志唱了，并录了音。

……

文献10

第五章　广东人民抗日游击队东江纵队成立（节选）[①]

第一节　东江纵队成立　部队建设的加强

……

五、军需后勤工作

……

医疗卫生工作。东江纵队初创时期，从内地、香港和南洋来的周昆、招丽真、梁国［帼］莲、张惠文等10多个女同志，担任部队的医疗卫生工作，成为东江纵队卫生战线的骨干。东移回来时，医药和医疗器械奇缺，女卫生员王雅宜回家将她姐姐开的诊所的全部医药和医疗器械，送给第三大队医务所。香港沦陷后，党组织动员在香港广华医院当护士生的爱国青年冯慕贞、麦雅贞和朱依群携带一批医药和医疗器械回东江参加游击队。这批受过专业训练的医务人员，给部队卫生战线增添了新生力量。这时期，部队在宝安、东莞、惠阳等地设立了一批医务所或医院。

东江纵队成立后，各支队都设有卫生队。1945年5月，在罗浮山创办了东江纵队第一所能接收100伤病员的医院，江枫任医院的主要负责人。北江支队挺进英德后，也建立了医院，有医务人员30余人。为了提高部队医务人员的业务水平，进一步扩大卫生员的队伍，纵队司令部在土洋、洋坑、王母等地举办了三期卫生员训练班，每期30多人。随后，又在罗浮山举办过一期。训练班的教学内容，主要是常见病，如疟疾、感冒、肠胃炎、夜盲等的预防和治疗，重点是战场救护、外伤处理和连队卫生管理等。学员是各支队送来的参军不久的女青年，教员大多是有专业知识的医生、护士。

东江纵队的卫生战士，到抗战胜利前夕，增加到200多人。这些白衣

---

① 收录于《东江纵队史》编写组编：《东江纵队史》，广东人民出版社，1995年，第205–208页。

战士，有的是历尽辛酸的女童工，有的是童养媳和婢女，有的是投笔从戎的青年学生，有的是回到祖国怀抱的华侨或港澳同胞，有的是抛弃富裕家庭生活的小姐。他们在党的教育培养下，抱着抗日救国的共同革命目标，战斗在东江两岸，广九沿线，粤北山区，经受着战争的严酷考验，大多数成长为坚强的共产主义战士，不少成为巾帼英雄。梁通、莫福娣、王丽、卢玉华、张漪芝、余丽云、陈笑影、叶丽珍、胡润清等等，他们用自己的青春和生命，为东江纵队卫生战线的历史写下了壮丽的篇章，人民永记他们的英名。

文献11

新编大队的女战士[①]

一九三七年“七七”事变后，全国掀起了抗日救亡的热潮。在中国共产党发出“抗日救国”的号召下，众多的海内外爱国青年，唱起“起来，不愿做亡国奴的人们！”的战歌，冲破重重困难，勇敢地参加到抗日行列。当时在香港，一批血气方刚的青年工人、学生、教师和其他职业的知识分子，眼看中华民族处于危难之中，悲愤填膺，纷纷参加“惠阳青年会”、“余闲乐社”、“洋务工会”、“印刷工会”、“晨钟社”、“学赈会”、“港九妇女教育服务团”、“基督教女青年会”、“香港妇女赈灾会”等进步群众团体，在党的带动下，开展了大规模的抗日救亡宣传活动。

一九三八年夏，日寇疯狂轰炸广州，广东危在旦夕。我香港党组织为了动员爱国青年回内地抗日，举办了党员训练班，宣讲全国抗日形势，学习《抗日游击战争的战略问题》《论持久战》等毛泽东著作，学习讨论抗日民运工作的八项原则。“惠阳青年会”、“基督教女青年会”举办了医护人员培训班，学习战地救护常识、包伤法和一般卫生知识。参加学习班的

① 收录于广东省妇女运动历史资料编纂委员会东江组编：《南粤红棉——东纵女战士》，1983 年，第 39–44 页。

青年男女，深感“国家兴亡，匹夫有责”，决心投身到祖国抗日的洪流。不多久，严奎荣、叶锋、刘宣同志等带领“香港惠阳青年会回乡救亡工作团”十八人（其中女青年数人）回到惠阳。七月，工作团党支部举办为期两个多月的惠阳沿海青年武装干部训练班，动员当地青年一百五十多人（其中女青年十多人）参加集训，请当地驻军派人指导军事训练。学员毕业后，回家乡组织抗日自卫队，开展抗日救亡工作。

一九三八年十月十一日，日寇在惠阳大亚湾登陆，国民党军队不战自溃，不到十天，惠州、广州相继沦陷。日寇所到之处，杀人放火，奸淫掳掠，无恶不为。东江下游广大人民群众处在水深火热之中。为了挽救民族危亡，广东党组织决定派曾生、周伯鸣、谢鹤筹带领王彦芝、彭沃等一批党员和积极分子，到惠阳坪山建立惠宝工委，组织人民抗日武装。尔后，香港党组织又在香港“惠阳青年会”、“余闲乐社”、“惠阳商会”、“惠州会馆”等进步团体，先后动员组织了七批抗日救亡工作团回惠阳工作，人数共约二百余人，其中女同志二三十人。这批同志一部分参加了惠宝人民抗日游击队，一部分以服务团名义，到东江各县开展抗日救亡工作。王彦芝、阮群英、李洁真（李杰）、黄阳风（黄小英）、刘玉珍、李玉珍、邝爱莲、郭云翔、苏梅初、谭淑贞、李丽珍、李惠屏、叶锦珠等就是这个时期回来的。这批人，是曾生同志组建人民抗日武装的基本队伍的一部份。

一九三八年十二月二日，在惠阳县淡水附近的周田村，正式成立“惠宝人民抗日游击总队”，曾生任总队长，周伯鸣任政治委员，郑天保任副总队长兼参谋长。部队一百余人，女同志八九人。以后东南特委又决定将何与成同志带领的东莞模范壮丁队七十余人编入惠宝人民抗日游击总队，王雅宜、古素文两位女同志是从这个队来的。

一九三九年初，日寇撤出惠州后，国民党军在惠州设立第四战区游击纵队指挥所。通过统战工作，我惠宝人民抗日游击总队改为“第四战区游击纵队指挥所第三游击纵队新编大队”（简称新编大队）。这期间，在我党领导下，南洋各地华侨团体组织的“东江华侨回乡服务团”（简称东团）在惠阳县淡水镇正式成立。东团成立后，“南洋惠州同侨救乡会”动员爱国华侨青年回东江地区参加抗战，其中女同志有王春红、欧巾雄、李兆华、容克波、梁励行、朱金玉、王丽等。来自东江各县的爱国女知识青年，如潘清、陈秀、叶芳、朱素英、杨文、杨绮、杨彩萍、叶绿茵、叶玉榴等也参加了革命工作。到一九四〇年三月部队被逼东移前，在新编大队的女同志约有五六十人，在东团的女同志约有七八十人。

这些女同志来到抗日队伍，第一个任务是集中训练。主要学习抗日游击战争知识，党的抗日民族统一战线政策和有关形势问题，还有军事训练，时间个把月。在集训中，每天早晨跑步八里，每顿饭限五分钟吃完，晚上睡在祠堂的禾草上。好多人吃不饱、睡不好，又苦又累，但凭着满腔的革命热情，都经受住了考验，一直坚持到学习结束。

经过训练，女战士们分配到各个战斗岗位上去。在我党的统一领导下，以东团名义到东江各县做救亡工作的，有从泰国回来的华侨女青年王丽，去淡水的沙坑、洋塘等地；从香港回来的刘玉珍、黄阳凤、李惠屏、苏梅初、叶锦珠等去周田乡；阮群英、李洁真（李杰）和当地青年钟秀英、钟月裳去龙岗、坪山；惠阳县妇委的张绮如和陈通、谭淑贞、廖婉容等去白芒花、多祝一带。

她们每到一个乡村，首先关心群众疾苦，和群众打成一片，和妇女们一起劳动，帮助她们做些家务，如烧火、挑水、煮饭、看孩子，辅导孩子学习。晚上，以妇女夜校为阵地，教妇女读书识字，唱抗日歌曲，有时还演戏，宣传抗日救国和妇女解放的道理，教育她们与日本帝国主义和封建势力作斗争。发动群众支援部队，动员青年参军，培养妇女干部。如到多祝地区开展工作的陈通、刘玉珍，在当地党组织的支持下，发动了张汝惠、郭凤楷、刘映、陈允、曾明等一批女学生、女教师参加抗日救亡工作。其他地方同样动员了不少男女青年参加救亡工作团和部队。潘清同志在坪山地区，通过组织姐妹会、妇女消费合作社，举办妇女夜校，团结教育了大批妇女群众，使她们关心国家大事，支持抗日部队。在新编大队粮食发生困难时，发动群众献谷。妇女们挑着谷子，排成队伍，浩浩荡荡前来参加献谷大会，对支援部队作出了贡献。

新编大队成立初期，曾组织过一支十多人的女子武装队。队长郭云翔，队员有朱素英、李玉珍、招丽珍、钟时、叶萍、许可、邓志积、林频等。她们和男同志一样站岗放哨，保卫大队部，并做群众工作。

许多女同志分配做医疗卫生工作。新编大队设有医务所，由郭云翔负责，卫生员有招丽珍、邝爱莲、陈瑜等，她们边学边干，勤勤恳恳为伤病员服务。以后部队日益扩大，医务所随着扩大为医院，搬到坪山竹园的一间小学校里，设有二十张床位，还有门诊。负责人陈嘉尤是管理员，刘希哲业务，徐慧常（男）是指导员，药房由陈瑜负责，卫生人员有周昆、邝爱连［莲］、韦世珍、叶萍、张淑文、容敬玉、招丽珍、梁帼莲、蔡冰如、江群好、李丽珍等女同志。有些女卫生员后来还分配到连队，如邝爱莲、叶萍、周昆、韦世珍，她们跟随连队生活，和战士们一起出操上课，行军打仗，露宿山头，在斗争中锻炼成长为东江纵队卫生战线的骨干。

还有些女同志分配做其他工作。在政工部门的有李凛冰、欧巾雄、李兆华、杨彩萍、刁慧文、王柏、谭淑贞、容克波、梁励行、朱金玉等；在服装厂的有易焕兰、李玉珍、林冰、袁巧婵等；在电台的是王彦芝、王春红、江群好；在部队当司务长的有叶少雅、王雅宜，做炊事员的有游招来、游东梅。也有当情报员、交通员、运输员的。她们都在各自的岗位上，努力学习，积极工作，出色地完成了任务。

一九四〇年初，国民党反动派掀起反共高潮，我曾生、王作尧部队被迫转移到海陆丰，“东团”也撤离原地转入地下活动。跟随部队东移的女同志，边行军边打仗，经受了严峻的考验和锻炼。打第一场仗是在三月十四日，部队走到稔山之西的斧头山附近的牛湖村，前面有国民党军李坤支队在吉隆拦阻，后面有罗坤部队追击。经过一场激战，部队边打边撤，深夜爬过斧头山，摆脱了敌人，继续向高潭方向前进。到达高潭后的第四天，国民党军队乘着暴风雨又向我新编大队驻地水口村突然袭击。部队遭到损失，有些同志牺牲了，有些同志被俘了，有些女同志被打散，与部队失去联系。周昆、韦世珍、邝爱连、谭淑贞同志就是在这两场仗中与部队失去联系被俘的。在地方上的“东团”也遭到扫荡，女团员刘玉珍、李森也被捕了。她们被捕后，面对国民党的利诱、酷刑和死亡的威胁，坚贞不屈，视死如归，坚决斗争，直至取得无罪释放的胜利。战斗中失散的女同志，隐蔽在丛林中、炭窑里，战胜了死亡与饥饿的威胁，克服了重重困难，千方百计地寻找部队，直到与部队取得联系，又继续坚持斗争。同年秋，当部队奉中央指示急速秘密返回惠东宝前线时，许多女同志需要暂时离开部队，分批化装疏散。她们都顾全大局，服从组织的安排。后来部队回到惠东宝前线，她们又主动返回部队，继续为民族解放事业而斗争。

为了祖国的独立，民族的解放，新编大队的女战士，如莫福娣、王丽、朱金玉、张涛、陈笑影、黄宝珍等，英勇地献出了年轻的生命。她们的热血洒遍了南粤大地，染红了祖国的河山，谱写出爱国主义光辉壮丽的诗篇。

（根据新编大队女同志提供的材料，由刁慧文、黄小英整理）

文献12

北撤进行曲（节选）①

随军记者曾平

这是一个历史上值得纪念的日子。

东江纵队集中大鹏半岛快要北撤了。为了广东的和平，为了全国能早日实现民主，广东的老百姓眼巴巴的望着他们在自己的土地上斗争了八年的子弟兵，从此要离开自己的战斗的家乡，北撤到山东去。许多父老开明绅耆听到了这个消息，心里都非常难过；东江纵队八年来在敌后艰苦抗战，与老百姓艰危共处，生死患难的血肉关系，谁也不能忘怀的。当路东的部队从山头集中到大鹏半岛的时候，一个老伯在放声大哭了；他说："部队驻在我们村上的时候，我们安居乐业，不用关门也可睡觉，部队走

① 收录于惠阳地区文化局编印：《惠阳地区革命历史资料集》（四），1979 年，第 17–19 页。

了以后，我们的牛只，村上的治安，老百姓的生活却怎样过啊！”战士们多是本乡的人，见着这样的情形，心里都是非常感动，但是指导员同志曾明确的告诉他，这是为了全国的和平民主，希望政府能够好好的做，把这话去安慰他，然后又匆匆的挥手道别了。

江南的队伍，当指挥部与第一支组的联络官于十号在澳头取得联络以后，马上就集中了起来，虽然他们经过的挫折很多。自从四月二日协议成立了以后，在路西（广九路西）和大鹏半岛不断受到国民党军队不顾信义的袭击，受到很大的损失，但是当第一支组政府代表罗绮浩少校，中共代表曾生少将，美国代表比利少尉于十一号抵达葵涌以后，江南所有的中共武装人员，在指挥员卢伟如上校指挥之下很迅速的集中到半岛，许多干部和战士，经过长期间的分散，好久没有机会聚集一次，这次大家碰见了，马上便送上这么一句：“嘿！你也来了，都好吧？”接着便是一阵亲热的握手，这样紧张的场面随处都可以见到，江北（东江河以北）的队伍，于江南的部队集中后的第五天，由遥远的罗浮山北部赶到半岛来。第二支组政府代表曾广燮中校，中共黄坚少校，美国代表 Jones 少尉，也于同时到达葵涌。江北的指挥员是周伯鸣上校，连同队员一共二百九十二人（十六个女的）；江北这次的集中并没有江南这样的顺利，他们活动的地区在增城、博罗、龙门、从化之间，地区相当辽阔，当第三支组于二十八号抵达横河以后，三十号即正式与部队取得联络。

……

（六、十九葵　涌）

（原载《香港正报》）

惠州妇女卫生资料

文献1

第十三章　惠阳党组织的发展与反“清剿”斗争（节选）[①]

第一节　党组织的发展与反击国民党的第一期“清剿”

……

四、财政经济建设和交通情报工作的加强

革命斗争的发展，革命根据地的建立与巩固，有赖于财政经济的支持。扩大人民武装，发展游击战争，需要可靠的经济保障与供给。在人民解放战争中，由于国民党当局不断发动军事进攻和经济封锁，对各游击根据地的财政经济造成很大的困难。各游击根据地在开展游击战争的同时，积极开展根据地的各项经济建设工作，以支持游击战争的开展。

……

医疗卫生工作是游击队后勤工作不可缺少的重要组成部分。部队能否长期保持充足的战斗人员和旺盛的士气，与医疗卫生工作息息相关。因此，部队组建之初就建立了医院，各连队都配备了卫生人员。随着部队的扩大，医务人员也逐步增加。初设医院时，由叶群负责，后由叶聪慧任院长。初期医院只有医生、护士、采购员、炊事员各一人。广东人民解放军江南支队成立后，第二团增加了一批医务人员，第四团的医疗机构也逐步建立和健全起来。因处于战争环境，特别是1948年夏秋间沙鱼涌、山子

---

① 收录于中共惠阳区委党史研究室、中共惠东县委党史研究室、深圳市龙岗区史志办公室著：《中国共产党惠阳地方史》，中国社会出版社，2004年，第385−392页。

下、红花岭战斗后，伤病员骤然增加，医院困难越来越大。医务人员明显不足，药物又相当缺乏，常常只有一点少量的阿斯匹林、硼酸水、红药水、黄胺膏等药品。为了解决缺医少药的困难，医务人员除了给伤病员治伤治病之外，每人还要为伤病员洗血衣、洗抹身体、护理大小便。在部队医院部门工作的绝大多数都是妇女。她们凭着对人民解放事业的忠诚，对革命战士的热爱，在缺医少药的情况下，战胜种种困难，肩负起战场救伤和日常医疗保健工作，使部队长期保持旺盛的战斗力。连队卫生员的工作更加艰苦。她们平时要做好连队的卫生防病工作，防止非战斗减员；行军时，为了减轻伤病员的负担，经常帮助伤病员背枪支、弹药和背包，搀扶伤病员爬山涉水；到了宿营地，战士们可以休息，而卫生员还要抓紧时间检查病号，帮助伤病号端水端饭、煎草药、洗涮伤口；战场上，卫生员和战士一样冲锋陷阵，并肩战斗，还要舍生忘死地救护伤员，甚至流血牺牲，献出自己的宝贵生命。

……

文献2

第三章　全民族抗日战争时期（节选）①

第四节　敌后抗日游击战争的新局面

……

五、东江纵队的部队建设和军事斗争

东江人民抗日武装从建立之日起，就在中国共产党领导下，以八路军、新四军为榜样，坚持正确的政治方向，加强政治思想工作，以无产阶级思想教育、武装广大指战员，为东江人民取得敌后抗日游击战争胜利提

① 收录于深圳市史志办公室著：《中国共产党深圳历史》第一卷（1924—1950），中共党史出版社，2012 年，第 159-167 页。

供了根本保证。东江纵队成立后，纵队政治部作出《关于目前党务工作的决定》，指出："现在我东江纵队大大扩大了，根据地也扩大了，但是党的发展还远远的落在后头，而且原有党的组织也不够健全和巩固"，"这些弱点如果不迅速克服，就不能使我队和根据地的发展得到真正的巩固和保证更大的发展，因此摆在全军的党面前的严重任务，就是健全党的组织生活，发挥领导核心的作用，加强党的领导和大量发展党员"。《决定》要求，必须"健全支部生活，发挥领导核心的作用"。要"大量的发展党员"，"连队中一般地要达到百分之二十五"的党员人数。[①] 东江纵队坚决贯彻《决定》，进一步加强了部队党组织建设，努力发展党员，保证部队的党员数量和比例，不但注重在工人、农民出身的指战员中发展党员，而且还非常注重在知识分子和华侨港澳青年中吸收先进分子加入党组织，从而提高了部队党员队伍的文化素质，增强了部队的战斗力。据统计，东江纵队中党员人数占总人数的29%，完全达到了中共中央对部队党组织的人数比例要求。

为了提高指战员的政治、军事素质，提高部队的战斗力，从政治上巩固部队，1944 年 3 月 25 日，东江纵队政治部发出《关于在全队进行整顿"三风"运动的指示》，要求认真学习《关于增强党性的决定》、《古田会议决议》等文件，发扬民主，开展批评与自我批评，克服主观主义、宗派主义、军阀主义残余和游击习气等非无产阶级思想，提高马克思主义水平，养成革命军队的正确观念，密切官兵关系和军民关系。7 月，东江抗日军政干部学校正式成立，由王作尧兼任校长，李东明任政委，林鹗任教育长，饶卫华任秘书长，校址设在大鹏东山寺。该校共训练学员两期约 700 人，主要是培养连排干部。为了加强对参加东江纵队的知识青年的训练和培养，从 8 月起，东江纵队政治部在大鹏城开办青年干部训练班，共举办了七期，每期一二百人，先后由黄文俞、张江明等负

---

① 《关于目前党务工作的决定》(1994 年 11 月 19 日),《东江纵队史料》，第 435–436 页。——原书注。

责训练班的组织和教学工作。学员们通过学习军事知识、游击战术、政权建设等课程后，被分派到部队各个连队或司、政、后机关各个部门工作。由于东江纵队始终重视对干部、战士的培养和训练，因而提高了广大指战员的指挥作战能力，加强了部队的建设，在敌后游击战争中发挥着重要作用。

东江纵队号召全军迅速开展杀敌立功竞赛和拥政爱民、扩军运动。1944 年 2 月 1 日，司令部和政治部颁布《“游击队之英雄”给予条例》，规定在战斗和实际工作中做出优异成绩的人员，分别授予“游击队之英雄”、“战斗英雄”、“扩军英雄”、“劳动英雄”和“民众英雄”的光荣称号。为了适应部队的发展，提高部队的军事素质，东江纵队开展了以射击、投弹、刺杀三大技术和班的战斗动作为主要内容的大练兵运动。运动以惠阳大队和第五大队作为练兵的重点，并从惠阳大队、护航大队、港九大队抽调部分部队，由刘培、何通、黄闻负责，在坪山附近的沙莹村集中训练。东江纵队政治部发出指示，指出在新形势下，为着完成扩军任务，必须形成广大群众拥军参军的热潮，必须用一切办法，展开广泛宣传，使广大人民群众对抗战必然胜利、新民主主义必然胜利充满信心，以提高群众参军的积极性。在东江纵队的号召下，各地区部队在地方党和抗日民主政府的支持下，广泛开展扩军竞赛，人民群众踊跃参军，部队得到迅速的发展壮大。

按照独立自主、自力更生解决部队给养的指示精神，东江纵队逐步建立和加强军需后勤工作机构。为了开辟经济来源，解决部队的供给问题，早在 1940 年 11 月，广东人民抗日游击队就在宝安梅林坳建立税站，以护路形式向来往香港客商征收货物过境税。接着，又在布吉的水径、乌石岩的白芒、沙头角地区的三家村及盐田坳等地先后建立了税站，逐步解决部队的经济供给。1941 年 12 月，香港沦陷后，华侨和港澳同胞的援助完全中断，部队的给养来源主要依靠税收。1942 年 1 月广东人民抗日游击总队成立后，“除主力大队不划定活动地区没有建立税站外，四个地方大队都在自己的活动范围建立税站”，[①] 共设立了宝安、沿海、东莞、大亚湾、港九等 5 个税收总站和下属 39 个分站，并派短枪队协助税站执行收税任务。1943 年 12 月东江纵队成立后，为了统一根据地税收，扩大部队经费来源，实行对敌经济封锁，纵队建立了对敌封锁站，并下设税务总站、中站和分站三级税务机构，制订了《东江解放区征收税率条例》。税务机构调整完善后，共有路西、路东、惠东、博罗、港九等 5 个税务总站，下设 13 个中站、107 个分站，配备 5 个税收武装排，1 艘税收武装船，6 个缉私队，并在珠江口设立海口税收队，税收人员有 930 多人，以保障税收工作的正常开展。税站建立后，消灭了土匪，保护了客商，因而受到广大群众和客商的拥护，群众和客商都积极向部队缴纳税款。据统计，宝安大队 1943 年税收已达 710 万元，港九大队 1943 年上半年的税收达 505.5 万元。东江纵队《关于征收税捐问题的指示》中提到：1943 年，部队的供给 100% 是靠税收而来的。由此可见，税收工作的发展，税收的增加，是东江纵队赖于［以］生存发展的经济支柱，税收起到了保证人民抗日武装供给的作用。

除了征收税收之外，东江纵队还颁布条例，在抗日根据地征收抗日公粮和田赋税。“抗日公粮与田赋征收总额为土地出产总收获量的百分之九。公粮占百分之四，由地主与佃农平均负担，田赋占百分之五，由地主负担”。[②] 抗日公粮和田赋税的征收，为部队的经济供给增添了新的来源。1944 年，东江抗日根据地群众缴纳抗日公粮 5 万担，1945 年增至 20 万担。此外，东江纵队还设立被服厂、机械修配厂、鞋革厂等军需工厂，自产自用，节约开支。部队还组织开荒生产运动，利用部队战斗间隙开荒种地，解决部队部分供给。

医疗卫生是部队后勤保障主要工作之一。东江人民抗日游击队建立之初，邝爱莲等 10 多人担任部队的医疗卫生工作，成为部队医疗卫生骨干

---

① 《东江抗日根据地税收的建立》，东江革命根据地税史编写组编：《东江革命根据地税收史料》，广东人民出版社 1993 年版，第 319 页。——原书注。

② 《征收抗日公粮与田赋暂行条例》（1944 年），《东江纵队史料》，第 526 页。——原书注。

力量。香港沦陷后，香港党组织动员在香港广华医院当护士的爱国青年冯慕贞、江培荃、麦雅贞等携带一批医药和医疗器械回到东江参加抗日游击队。这批受过专业训练的医务人员给部队医疗卫生工作增添了新生力量。东江纵队成立后，纵队设立卫生处，以江枫为主任，各大队设立医务所或医院。至 1944 年冬，部队发展到九个支队和六个独立大队，每个支队和大队都设有卫生机构，部队的医疗水平也有所提高，医疗机构逐步健全起来。1945 年 3 月，东江纵队司令部迁到罗浮山。5 月，创办了第一所能接收 100 多名伤病员的医院。纵队卫生处还先后在土洋、洋坑、王母、罗浮山等地办了四期卫生员训练班，培训了 130 多名卫生人员。到抗战胜利前夕，东江纵队有卫生人员 200 多人。他们在党的教育培养下，经过战争的锻炼和考验，成为坚定的共产主义战士。医护人员梁通、莫福娣、王丽、卢玉华、张漪芝、余丽云、陈笑影、叶丽珍、胡润清等，为了民族独立、人民的自由和幸福而献出了青春和生命。

在加强部队建设的同时，东江纵队各部队广泛开展敌后抗日游击战争，进行杀敌立功竞赛。1944 年 1 月 15 日，东江纵队全歼伪宝安县联防队麦源部。2 月 15 日，东江纵队独立第三中队袭击平湖凤凰山，全歼日军 1 个班，缴获机枪 1 挺，步枪 6 支。2 月 25 日，东江纵队在广九铁路中段全线展开破袭战，破坏铁路，阻止敌人通车。宝安大队袭击沙井伪军麦浩部，迫使其 1 个小队投诚。2 月 29 日，东江纵队独立第三中队歼灭广九路伪护路队及平湖区署，宝安大队夜袭乌石岩伪四十三师一部。3 月 13 日，部队在观澜白花洞迎击敌伪，毙伤伪三十师副团长以下数十人。6 月初，宝安大队在蛇口小南山袭击日军，全歼其 1 个班。7 月 22 日凌晨，东江纵队独立第三中队袭击广九路平湖车站，全歼伪军 1 个连后，归途中遭日军藤本大队 400 余人的攻击。在敌我力量悬殊的情况下，中队“小鬼班”在班长黄友率领下英勇阻击敌人，胜利完成掩护中队撤退任务，最后全部壮烈牺牲。纵队政治部在通报中授予黄友等 5 位烈士为“抗日英雄”称号，并决定将这个班正式命名为“黄友班”。中央也复电追认黄友为战斗英雄和模范共产党员。延安《解放日报》以《东江纵队五少年英雄以一当百光荣殉国》的标题，报道了黄友班的英雄事迹。[①]8 月 16 日，东江纵队港九大队海上中队在大鹏湾黄竹角海面夜袭日军海上挺进队，击沉敌船 3 艘，毙敌 25 名，俘敌 13 名，缴获机枪 2 挺，长短枪 30 余支。8 月 17 日，延安《解放日报》以《东江纵队威震港粤》为题，报道东江纵队 1944 年上半年的战绩：东江纵队半年来与敌伪作战 148 次，攻克敌伪据点 10 个，毙伤日军 440 人、伪军 560 余人，俘伪军 764 人，伪军反正 144 人。[②]

正当活动于东宝地区的人民抗日武装在广九线上不断打击日伪军的时候，国民党顽固派却不断调集军队配合伪军向惠宝地区发起进攻。1944 年 2 月 12 日，顽军独立第九旅一个团、徐东来支队和杂牌部队分两路向大鹏半岛推进，遭护航大队节节抗击。次日，顽军窜进王母墟、大鹏城和水头，大肆抢掠后，于 14 日撤走。因护航大队坚决抗击，顽军的第一次进攻被击退。

……

文献3

咱们是一家人[③]

为了全国的团结和平，我们背井离乡，远渡重洋北撤到烟台来。

我们住在孙家庄刘大娘的家里，刘大娘很热情很诚恳地招待着我们，我们不会“杆”面，不会做馒头，她亲自下手帮我们做，教我们怎样“杆”，怎样发面，怎样蒸……同时还推动了其他妇救会员一起来帮忙。

她随时都担心着我们的健康，看见病的同志一天天多了起来，她真急坏了，急忙跑去告诉村长，请了医生来，自己又亲自给同志们烹茶煎药，从来没有叫过疲劳。

---

① 《东江纵队五少年英雄以一当百光荣殉国》，《解放日报》1944 年 12 月 23 日。——原书注。

② 《东江纵队威震港粤》，《解放日报》1944 年 8 月 17 日。——原书注。

③ 收录于惠阳地区文化局编印：《惠阳地区革命历史资料集》（四），1979 年，第 77 页。

她看见王英同志喉头发炎，吃不下东西，说不出话，祇［只］会仰起微微浮肿的脸孔摇摇头。她就难过得簌簌地落泪，背地里对我们说：“同志，你们从老远的南方走到北方来，来了又害病，看不见爹妈，看不见姊妹，我心里真不好受，不好受！”说着她的眼圈又红了起来。我们说：“大娘，别难过！我们来到这里这里就是我们的家，你们那么关心照料我们，也就是我们的爹妈、我们的姊妹，咱是一家人啦！”她收住了泪，连忙说“是的是的，咱们是一家人！”

东纵妇女队　流萤

《烟台日报》

民国卅五年八月六日

香　港

香港妇女政治资料

文献1

展开女权运动，妇女一盛会通过第一步行动要求陪审员资格（节选）①

“三·八”妇女节过了十余天，但妇女运动在香港并不如去年同一时期那样，随了“三·八”过去就沉寂了。相反的，这十余天内，香港妇女争献身公共事业，及置身庄严的法庭中当陪审员。要争取与男子同一的权利，正热烈的展开。通过赫素理夫人的号召，昨天下午五时卅分，女青年会又集会了六十余名为了妇女的权利而来提供己见的妇女。

据主席赫素理夫人说，她们是代表了本港各阶层妇女的，而六十余名妇女中，西籍占五分之四，华人妇女仅占五分之一。若用本港中外籍人口比率计算一下，出席外人妇女未免太少了。

会是女人的集会，除去三位好管闲事的记者混进去外，恐怕被邀莅临解释“陪审员法”的赫素理先生，算是“万红丛中一点绿”。

回溯港督扬慕琦爵士去年的广播，市政局组织，并无规定性别参加。赫素理夫人就是凭这提出向妇女界鼓励，要把握时机发展女权运动，争取社会服务平等，更以争取得陪审员资格做开端。当她在结束那段富于煽动性的演词前，她有力地向六十余位妇女代表提出询问：“我们要取得陪审员资格吗？”会场四周立刻起了响声——yes！有一位显然太兴奋了，连续的两声“yes”中，还握着纤小的拳头在头上挥舞。而这使得赫素理夫

① 收录于广东省妇女联合会、广东省档案馆编：《广东妇女运动历史资料》第六辑，广东省供销学校印刷厂，1991 年，第 347−348 页。

人更具信心，她在散会前就坚决地说："我更有勇气，并望各位妇女再做有力的支持，相信妇女界必然能获得成功。"

赫素理夫人介绍自己的先生出来讲话前，特别说明："不是把他带到这里闲话家常"曾弄到哄堂大笑。但是，刚才紧张的空气也因此转得轻松，而赫素理先生便有系统地报告了英国和香港法庭设置陪审员的经过及其工作。他并没有因置身于异性的包围中而现出忸怩，相反的，态度安详地每一要点作透彻阐明。

讨论开始了，每一排座位上的人都有意无意地成立小组，会场混合着纷杂的声音，最后，主席就总结出一个建议："以全港妇女名义，致函辅政司转达港督，要求批准妇女的陪审员资格。"近七十名出席都写下了同意的签名式。作为陪审员资格之一的年龄问题，也起过纷纭聚议，赫夫人主张和男子一样，从二十一至六十；但二十五至六十或者二十一至六十五，都被提出过。然而，做主席终于把这一建议保留下来，待前一建议得到效果后，再定期讨论。

四十五分钟的时间过去了，这个妇女的集会以热烈的情愫结束了。

（《华商报》1947.3.20）

文献2

迎接一周年[①]

妇联是诞生在胜利的欢呼中，但是她是在极度困难的情况下艰苦的度过一年，今天是她满周岁的日子，同时也是妇联海燕歌詠［咏］团满周年的一年，我们以崇高的博爱和热烈的心情来为她们庆幸和祝福！

在过去的一年中，虽说她没有多大的成绩表现，但由于会员姐妹们的辛勤努力及社会人士的赞助和鼓励，奠定了坚固的基础，这是值得我们在

---

① 收录于广东省妇女联合会、广东省档案馆编：《广东妇女运动历史资料》第六辑，广东省供销学校印刷厂，1991 年，第 349－350 页。

热烈庆祝她的周年的今天感到快慰的一件事。当然我们不能以此为满足，这只是工作的开始，我们希望在一点一滴的工作在不断的努力中积累成巨大的力量，在这个掀天波浪的时代里让我们站得住，让我们再艰苦的战斗下去！

在纪念成立周年的今天，我们切望着爱识妇联的友人与姐妹们检讨过去，策励将来，最重要的是如你帮助我们执掌今天，让我们更整我们的阵营，充实我们的力量，担负起更艰巨的责任。

世界的反动力量正在设法地联合起来，阻档［挡］进步的力量的成长，我们祖国的反动派更是变本加厉，一面在扩大不顾人民死活的内战，一面玩着挂羊皮卖狗肉的把戏，举行了“改组政府”的一幕，来欺骗人民做自己的勾当，但是无论怎样的伪装是遮掩不住人民的眼睛的，独裁的统治不会因“改组政府”而停止，国内的经济危机不会因政府的“改组”而减轻，反而益越严重了，和平民主不实现，我们姐妹所遭受的痛苦只有一天天在加深，在我们庆祝妇联成立周年纪念日的今天，面对着更艰苦、更黑暗的处境，不仅我们会员的姐妹们更紧密的团结，还需要团结港九的姐妹们为争取我们的自由解放共同努力，港九姐妹们的前途是和祖国姐妹们的前途分不开的，妇联的姐妹们应当健全自己、壮大自己，配合着祖国的民主运动完成历史上赋于［予］我们的任务。

港九妇联的行程正如同其他姐妹们的行程一样，尽管前面还有一段更艰苦的路程，可是胜利是属于我们的，我们团结，我们努力，我们有着坚强的信心，我们的前途是远大光明的！

（《华商报》1947.4.27）

文献3

基本方向①

港九妇联成立一周年了，平时我们虽然很少从报上看到她们的活动情

---

① 收录于广东省妇女联合会、广东省档案馆编：《广东妇女运动历史资料》第六辑，广东省供销学校印刷厂，1991年，第350-351页。

形，但这点并不能说明她们没有工作。过去有些地方，报上的消息是越多越热闹的，但事实上的热闹，无非是几个上层份子在那里会来会去的会会吧［罢］了。上层份子经常会会谈谈自然必要，但我们的工作仅仅是做到这点，那是万分不够的，而且是没有前途的，外九妇联，据个人所知，她们并没有这种浮泛的风气，她们不愿向港表现，正努力向广大群众，特别是工人妇女展开生根壅根的实际工作，通过妇联小组和夜校这些具体形式，经常教育帮助和组织群众，单看“三八”晚会的热烈表现，一次动员就有二三千以劳动妇女占多数的群众大会，这种光辉的成绩决不是偶然的。

妇女工作大家认为是困难最多的工作，第一缺乏干部，第二不易持人，第三领导人往往意见分歧不易团结，因此直接或间接影响到工作不能开展，终于灰心失望，搁浅停顿，推究这些根源，一切都是个群众路线问题，我们没有群众，不从发展群众的基础去做，试问那来这许多干部，过去向来的缺点，解决干部荒之办法，每每临时拉凑，只要是妇女，不问她有没有工作，不管她能不能胜任，拉来拉去，总是这几个。人在还可勉强凑数，人一跑，什么都没有了，且不问这种干部对群众有多少帮助？群众是不是欢迎这样的干部？最显而易见的，起码是影响工作的持久，大家忙得一天星斗，白费精力，结果是等于取消工作。同样领导份子，为什么意见分歧，不易团结，也是由于领导人的工作方向和方式问题，但求表面，不求深入，高高在上，包而不办，轻易的做做，繁重的丢开，名誉要多，工作最好没有，见面时拉拢拉拢，背地里论长道短。于是久而久之，意见（其实是意气）分歧，病态百出，甚至散伙拉倒……，这样是脱离群众的一般表现，因此我们鉴于过去一般妇女工作的缺乏和表现，我们特别觉得今天港九妇联的作风可贵，那种切实朴素生根和△根的做法，事实上不仅是妇女的工作，应该是任何工作的基本方向吧！

（《华商报》1947.4.27）

文献4

妇联一年来的总结①

去年三月初正是春暖花开的时候，我们一群妇女朋友在一次闲谈中，偶然提起妇女本身的问题，当时不约而同地，大家都有同样的感觉，一致认为港九的妇女们有团结起来，组织起来，在一个集体下共同学习，互相爱识，互相鼓励的必要，这样越谈越热烈起来，于是便有人主张立即着手推行，当时与会的人就一致做了妇联的发始人。

第二次座谈会又举行了，而且距离“三八”节也不远，当时大家决定纪念“三八”节及筹备妇联工作同时进行，在“三八”节那天，有二百多个妇女姊妹热烈参加那天的晚会，一致赞成成立妇联来纪念“三八”，即席把妇联的筹备会扩大，即席要求参加者也甚踊跃，到了这时妇联的成立差不多已有足够的条件了，但还有困难，一个是经费，一个是会址问题。

在多数人努力下终于在三月底找到了社址，又在华民政务司备了案。

去年四月二十一日是本会成立的日子，那天有六十多位穿着朴素的姊妹们一齐带着愉快的面孔与兴奋的心情，和无穷的希望坐在一个宽阔的礼堂上，来举行成立典礼。那天政务司也派了两位先生临会指导，在全场热烈兴奋的空气下，通过了会章，议定了会的宗旨。

大会成立之后，各部跟着拟订了工作计划，再根据计划去展开工作，不过一方面我们的经验能力既不丰富高强，经费尤其缺乏，以至陷于心有余而力不足的状态，许多理解都无法实现，这是十分遗憾的，而且会员之中大多数也为了生活奔波，只能在百忙中的职务中抽出一点时间来服务，所以预期的成绩就不容易达到，只能一点一点艰苦地缓慢地干着吧[罢]了。

现在，我们的工作分别来检讨一下吧：

---

① 收录于广东省妇女联合会、广东省档案馆编：《广东妇女运动历史资料》第六辑，广东省供销学校印刷厂，1991年，第351—354页。

第一，我们的研究部在去年四月至六月间举办过一期国语班、薄［簿］记班读书会和出版过的妇女专页（旬刊），其次组织了一个歌咏团——海燕（有男女参加），她（他）们在组织上是独立性的，她（他）们经常过集体生活，有定期举行联欢晚会和郊外旅行，有步骤地作声乐研究。（她）他们六十多个团员都是热情的青年，互相关怀，互相介绍过一些职业，这都是好的作风，值得发扬的，当然我们本不是说海燕歌咏团已经是尽善尽美，无须再求进步，相反决不应该以此自满，而要继续的加紧努力，没有这样的精神是没有成就的，而是会退步的。

第二，在去年九月至十一月间，又举办了一个自学讲，敦请文化界名流每周讲授青年修养问题两次，第一次结束，因地址搬迁，一时无法立即解决，于是三十多个热情学习姐妹，不得不暂时停止下来。

第三，福利部为了扫除文盲，特举办识字班，在铜锣湾、筲箕湾、湾仔几个地方各设一班，每班以三个月为一期，参加这些识字班的，大概都是白天工作最劳苦的，她们学习的情绪并不因工作的劳苦而稍在影响，相反她们那种积极的精神是非常难得的，湾仔和筲箕两班，办了一期之后，又因校址问题而告停顿了，筲箕湾的一间正进行恢复中。

第四，为了补救会员无力买书这一缺陷，及提高她们的阅书兴趣起见，我们会辛苦地向各方面募集了一些书籍，设立了一个小型的流动图书馆，欢迎会内会外的友人借阅，但为了维持并逐渐扩充书籍的起见，借阅书籍要酌量缴费的，因为地址关系和号召工作，做得不够，阅读的人还不多。

第五，福利会希望为会建立一点小小的经济基础，曾开设过一个小规模的饭店于筲箕湾，预定收入所得作为会的工作费，可是由于资金太少和没有会做生意的技术与经验，结果却亏了本，只增加了一番失败的经验。

以上就是我们妇联一年来所做的工作中较为大件的。

时间去得快，转眼已经一年，回顾起来工作的成绩离我们的理想太远了，无可讳言是件憾事，无论什么伟大的事业，都是从艰苦奋斗中一点点积累起而成的，但我们并不能说我们的工作全无成绩，我们的任务已经部分达到了，不过在工作过程中，我们应该吸取所有的经验教训，作为我们今后工作方式与参考，必须更积极更深入来把每一件工作百分之百的园［圆］满执行，并如如实实坦白检讨中求得进步和接受经验教训，我认为有几点经验值得指出：

一、工作不应求形式上的好看，数量上的多，而要求实际确有收获；

二、每件工作的提出，必须依据大家的利益和要求，而且要使这工作的意义为大家所了解与接受，然后才能顺利推行。

三、要求有虚心坦白的反省精神，才能在工作中发现优点、弱点及其原因，并且找出发挥优点克服弱点的办法，才能在工作的实践过程中，逐渐获得进步。

四、决定一项工作之前，必须把客观环境和主观力量，估计得正确，才不会多碰钉子和易于灰心。

这些不过举几件显著的而已，今后我们更应以百折不挠的精神，本着我们会的宗旨——提高自己的知识能力，增进人群大众的福利而努力，又为这宗旨而学习，“努力、努力、再努力。”“学习、学习、再学习。”

此外我们还需请会外各界人士，对我们伸出热情的手积极支持我们，在物质上给予我们经济的帮助，在精神上给我们多督促、多鼓励，更多给我们宝贵的意见，使我们能更有力地为妇女大众、为社会服务。

最后我们也伸出热情的手，希望各界姊妹们踊跃参加到我们这个会来，加强我们的阵容和力量，我们越能团结得广泛，越能团结得牢固，我们的成功将越大越速，前途将越光明。

（《华商报》1947.4.27）

文献5

妇女联谊会热烈庆周年①

专讯：港九妇女联谊会于昨晚七时半，假座孔圣堂举行该会周年纪念联欢晚会，到有该会会员 4 人，主席指出：港九妇女的前途是与祖国姊妹的前途分不开的，呼吁姊妹们更加努力。接是工作报告，妇联一年来虽然没有做出什么大的事情，但还切实的为姊妹们做过点工作。如办国语班、英文班、歌咏团、自学讲座、识字班……等。在演讲节目中，除几位姊妹讲话外，张文先生被邀讲话他指出：数千年来，中国的男人处于“重男轻女”的地位，这其实是男人的一种罪过，男、女应该是平等的，站在男人的立场，男人们应该“矫枉过正”的把不正矫正过来。女人们更应该加倍努力，共同争取人权。昨晚游艺节目，非常丰富，有海燕、虹虹歌咏团的歌咏及什么：“神经过敏”独幕剧，明天的太阳：“月儿弯弯”……等，一致获得观众好评。

（《华商报》1947.4.28）

文献6

本港一部妇女领袖发起组妇女联会，将使附属于国际妇联会②

专讯：本港一部妇女界领袖，近拟发起组织一坚强而健全之香港妇女联合会，使凡居留香港之妇女或现存之妇女团体等，不论国籍，均得参加，合力以从事干各种所能贡献于地方之福利事业，如能推进成立，则准备使之附属于目前国际妇女联合大会。日前会在本港女青年会开筹备会，

---

① 收录于广东省妇女联合会、广东省档案馆编：《广东妇女运动历史资料》第六辑，广东省供销学校印刷厂，1991 年，第 354 页。

② 收录于广东省妇女联合会、广东省档案馆编：《广东妇女运动历史资料》第六辑，广东省供销学校印刷厂，1991 年，第 355–356 页。

由发起布朗夫人、哈根斯夫人、加尔卡拿特夫人、施各脱女士、山杜夫人、基里女士、华路登夫人、郭林［琳］[①]弼夫人、李树培夫人、蒋法贤夫人、单德馨女士等召集，席间有前英全国妇女华尔顿地方分会名誉秘书加尔卡拿特夫人，解释国际妇女联合大会之任务与使命，据称该会主要工作为谋增进妇女及儿童之幸福，提高妇女知识与技能，使无论在法律上、经济上、社会事业上，均能发挥其优美与独立自尊之能力，该会绝无界域之分，不含政治意味，所有各组委员均由各国妇女代表充任，每年开会一次，讨论有关问题，凡女性之年龄在十八岁以上者，均能参加，所有妇女团体，均得由请附属隶人，选派代表参加各委员会新开之会议。

又该日开会结束，议决于八月七日（星期四）下午五时十五分在都△利街女青年会开成立大会，届时欢迎全港妇女及妇女团体代表临会参加，如有提名作委员大会候选人，则于七月三十一日以前把名单交梅道杜立根韬大厦七号加尔长拿特夫人或都△利街女青年会郭琳弼夫人收。

（《华商报》1947.7.30）

文献7

妇联开新年晚会[②]

专讯：昨日下午八时，港九妇女联谊会在六国饭店举行新年联欢晚会，及欢迎新近被迫南来的刘王立明、李健生。李文宜等女士，柳亚子先生夫人，矛［茅］盾先生夫人，邓初民先生，张曼均女士也被邀请参加和讲话，刘王立明女士报告了中国妇女联谊会一九四〇年在重庆筹办和目前在国内正遭受到迫害的情形后，认为中国的妇女应发挥母的立场。要求：（一）恢复人性；（二）保障人权；（三）活的下去的权利。矛［茅］盾夫人

① 据查证，人名应为“郭琳弼”。——编者注

② 收录于广东省妇女联合会、广东省档案馆编：《广东妇女运动历史资料》第六辑，广东省供销学校印刷厂，1991年，第356-357页。

孔德祉［沚］女士报告苏联妇女在教育、工作上的平等后，矛［茅］盾先生客气地说，他以“附属品”的资格补充：苏联妇女所以获得解放，由政府帮助减少了妇女管理家务的时间和精力，并设立补习班加强知识和妇女会工作劳力的效果，并鼓励大家“把顽固的丈夫说服，顽固的妇女从家庭拉出来”。柳亚子和邓初民先生也先后发言，他们认为一个国家的文明与野蛮，可从它尊重女性的程度看得出来，除鼓励妇女们努力学习加强自己力量才是“新”的开始外，并警惕着说要想得到真正解放，只有和独裁者斗争，以至把它打死才能达到。李健生女士报告了在南京所见独裁政府的“非法”事实。李文宜女士说：“新的开始已经有了很好的基础，在解放区的妇女已经参加平分土地，反对封建的斗争。”她们一致鼓励姐妹加强巩固民主力量。张曼均和沈谱女士并祝福明年新民主义胜利，大家可回到祖国去，最后并有游艺助庆。尽欢而散。

（《华商报》1948.1.5）

文献8

港九妇女联谊会声援沪舞女、学生、工友抗暴运动[①]

专讯：上海舞女、工人、学生，连接独裁政府枪尖下演出大流血惨案，闻者莫不愤慨。港九妇女联谊会昨就此发表声明，声援上海舞女、学生、工人的抗暴运动，原文如下：

上海接连发生几次空前的血案，首先是“一·二九”上海同济大学学生，因争取学自会的自由选举和要求恢复被无理开除的同学学籍，在首途赴京请愿之际，竟被国民党独裁统治者，指挥军警，大肆围捕，任意殴打。其次是上海各舞厅职工舞女，为了生存权利的被剥夺，而奋起斗争，也横遭逮捕与殴击，再跟着前二月二日申新纱厂第九厂七千工人要求年

① 收录于广东省妇女联合会、广东省档案馆编：《广东妇女运动历史资料》第六辑，广东省供销学校印刷厂，1991年，第357—359页。

赏，举行静坐罢工，警察竟亦开枪射击，催泪弹，死伤狼藉，惨不忍闻，这些接连二三的血案的发生，决不是偶然的事件，而是独裁统治者残民以这均最真实的写实。

我们要特别指出，国民党的独裁统治者，一向以教育作为奴化的工具，教部颁的新订学生自治会规则，正暴露了它彻底奴化教育的真面目，所以上海同济大学学自会的被校方宣布解散，自治会理事派横遭开除，停学或记过的处分，说明了教部的剥夺学生的自由和权利，实现其奴化政策的野心。然而，中国的优秀学生已有三十多年的斗争的传统精神，和经验早已洞悉独裁者的欺骗手段与无耻阴谋，虽在残毒的屠杀下，也不甘屈服，他们这次的英勇抗暴纯粹是争自由民主的合法行为，但独裁的统治者竟如临大敌，必数捕杀之而后快。更悲惨的是：舞业姐妹们的被屠杀事件，她们一向被目为羔羊的，但她们也起来斗争了，试听舞女雪莉沉痛的演词吧："我父母失业，一家人八口教靠我养活，今天楚舞我明天就要当娼去。"……虽然伴舞生活不是一个健康的社会的生活常态，但独裁的统治者为了献媚他的主子，不惜鼓励设立舞场，现在却又一纸禁令，不准舞场的存在了，既不积极另谋别业反而准许舞场改为妓院，这无异驱迫舞女跳上火坑。因此，五千多名舞业姐妹们就迫得起来抗争，起来咆哮了。至于女工们，一向被人认为可欺负的妇女，然而，她们被迫于生活，也勇敢起来斗争了，这些事件，正反映了国民党独裁统治的民死政策的破产。人民活不下去了，饥饿就是力量，为了生存，他们不能不反抗。然而反动的统治者为了救挽他垂死的统治，对这些手无寸铁的羔羊更不惜采取最不人道的血腥政策，这又是一次暴露了反动派政府面目的狰狞了！我们对于这一群英勇抗暴的弟兄姐妹，表示无限的同情和敬意，而对于国民党独裁统治者的暴行，却感到万分的愤恨和敌忾！

虽然反动派想轻轻用"奸匪"两字，来洗清他们的血手，然而人民的眼睛早已雪亮了，这些卑鄙阴险的栽诬，只暴露了独裁反动者的公劳日拙了，这一连串暴行的发生，恰巧就用国民党反动派所宣传的"行宪"时期，无异说明了宪法的虚伪，虽然独裁者的疯狂统治将日益加剧，可是人民的反抗当更日益增加，学生、舞女和工人的斗争是新的起点，国民党反动派不结束一日的独裁统治，人民的斗争一定不会停止。本会号召全体人民一致起来，支援上海英勇的舞女、学生、工人的求生斗争，以达到中国民主政治的早日实现。

(《华商报》1948.2.9)

文献9

更团结，更努力①

——妇联二周年纪念

陈 菌

我们妇女自己的团体——妇联，成立已经二周年了，在这两年中间，我们大家辛辛苦苦，总算安下了一个基础，在这两周年纪念的时候，我想没有那一个人不感到无限的兴奋。然而，这愉快，还是由于我们自己的团结，自己的努力，所得到的效果。古人说：种瓜得瓜，种豆得豆。有了辛勤的耕耘，自然就会有丰盛的收获！可是我们还不当自满，不当自足，而需要更加团结，更加努力。

有人说：“女人——是弱者的名字”。也有人把这句话反过来说：“女人——是强者的名字。”据我想，强弱都是没有标准的，这两种说法，都是只看到问题的表面，我们应该进一步追问下去。所谓强弱的关键在哪里？强与弱都是力量的表现，能表现自己的力量，就显得强些，相反就弱些，怎样去表现力量呢？还就要靠妇女本身的团结，靠自己的努力。

我们不否认全［妇］女本身有许多弱点，足以影响团结，足以阻碍努力，比如说家庭锁［琐］事的牵制，本身教育的限制，抚儿育女种种的麻

① 收录于广东省妇女联合会、广东省档案馆编：《广东妇女运动历史资料》第六辑，广东省供销学校印刷厂，1991年，第360—361页。

烦，常常都象练锁一样，任你怎样的坚强，也常常因此而变作绕指柔了。我们虽然不希望丢开家庭，都认为学力足以应付环境，但过去几千年的习惯，把整个妇女成为家庭的俘虏，成为自暴自弃而自卑的心理上的缺点，这都是事实，如果你从家庭中分出几分之几，能做什么事就做什么事，大家团结起来，共同的努力，所谓有一分热发一分光，许多人的光芒便可以照耀大地，所以说我们还要更团结、更努力。

团结为了什么，努力做些什么，我不想在此多说过去二年来的工作，已经有一个轨道可寻［循］了，只要更团结、更加努力，在妇联的整个组织之下，我们将要得到更大的收获的，因此，我在这二周年提出这六个字，自己鼓励自己，同时也与一切姊妹共勉呵！

（《华商报》1948.4.28）

文献10

舞女会议①

广州禁舞日期迫近，舞女等共四百余人，前日在新华酒店美华舞厅秘密举行会议，商讨对付当局禁舞政策及行动，席间不少舞女，甚至泣下，结果决定五个步骤：（一）电京妇女领袖呼吁；（二）即派代表赴京请愿；（三）举行大规模请愿，请市政府依照上海办法展期至本年九月底止；（四）请求缓禁之一切费用继续义舞筹足之；（五）决定组织舞业从业员失业救济善后筹募会，筹募请求缓禁之一切费用，及万一将来当局决定执行法令依期禁舞之善后。

（《华商报》1948.5.11）

---

① 收录于广东省妇女联合会、广东省档案馆编：《广东妇女运动历史资料》第六辑，广东省供销学校印刷厂，1991年，第361页。

文献11

女职工会纪念周年一片反扶日呼声①

本报特讯：港九妇女职工总会前日下午七时假深水埔北同大茶楼举行成立周年纪念会，及第二届职员就职典礼，到有工会主席张车荃及各公团代表数十人，及劳工顾问、妇职会主席周颖暨劳协代表及该会会员八百余人，由区鹿华主席致词后，即举行宣誓，由张车荃训词，并勉本届职员努力工作外，必须起来反对美帝扶植日本，要求大家不要忘记三年〇六个月和八年抗战的痛苦，及今年所受到的威胁，妇职应该扛起反扶日的大旗领导工友行动。

（《华商报》1948.6.23）

文献12

三八节讨论提纲②

今年三八节是中国妇女运动的新的起点，全国妇女大会的召开，象征着中国妇女的大团结、大翻身，华南一群年青的姐妹们，为了迎接这个伟大的节日，并以改进以后的工作，展开讨论这一问题，供参考。

一、纪念三八节的两个基本问题。

二、发展巩固华南民主爱国妇女统一战线。

三、改造自己，改造女知识分子，改造工作。

四、培养干部、支持解放战争，服务人民。

（《华商报》1949.2.27）

---

① 收录于广东省妇女联合会、广东省档案馆编：《广东妇女运动历史资料》第六辑，广东省供销学校印刷厂，1991年，第365页。

② 收录于广东省妇女联合会、广东省档案馆编：《广东妇女运动历史资料》第六辑，广东省供销学校印刷厂，1991年，第372—373页。

文献13

港九各界妇女宣言①

——响应世界保卫和平大会

国际知识分子合作委员会与国际民主妇女联盟所发出的保卫世界和平的号召，在短短时间内便得到人们的响应，我们港九妇女以万二分的热诚拥护大会的召开并祝大会的成功。

以美帝为首的帝国主义侵略集团，企图发动侵略战争，破坏世界的和平秩序，来缓和他们内部的危机，维持他们的统治，最近竟公然签订危害和平的大西洋公约，准备将世界投入战争的火海。这不能不引起全世界爱好和平的人民反对。

中国妇女在八年的日本侵略和两年多的美帝国主义制造的反人民战争中，曾饱和［受］战争之苦，是谁烧毁我们的田庄屋舍，逼得使我们离乡背井，流离失所。是谁杀害了我们的父亲丈夫儿子而使我们的生活贫困无靠？是谁屠杀了我们的孩子，并使千百万儿童失去父亲母亲的爱抚教养成为难童，这一切都是侵略战争所加于我们的，这种血海深仇，我们将永远记在心头，为了我们自己，更为了我们的孩子，我们要坚决反对侵略战争，我们誓愿站在保卫世界和平的，最前线！

在八年抗战和二年的反美侵略的战争中，已教育了我们一个真理，任何强大的帝国主义都是可以战胜的，在真正强大的人民力量面前，帝国主义是一只纸老虎，日帝是这样在中国人民面前倒下了，美帝也快要倒了，只要全世界爱好和平的力量加强团结，奋斗到底，美帝和它所制造的战争阴谋是可以被战胜，被粉碎的！

中国人民解放战争是世界争取和平中心重要的一部分，响应保卫世界和平活动，我们要首先拥护毛泽东先生的八项条件，将革命进行到底，争

---

① 收录于广东省妇女联合会、广东省档案馆编：《广东妇女运动历史资料》第六辑，广东省供销学校印刷厂，1991 年，第 373—374 页。

取全国的真正和平，以强大的新民主主义的中国来保证世界和平的实现，今天以美帝为首世界反动集团，正在策动新的战争的时候，以蒋介石、李宗仁为首的中国反动派及西南反动集团，则日夜盼望爆发第三次世界大战，想借世界战争来挽救其覆灭危机，并加紧出卖西南及华南主权来勾引帝国主义集团，企图将华南变成反革命基地，对于敌人这种制造战争，使千百万母亲失去儿子，夫妇离散，危害中国，远东和平的阴谋，我们华南妇女及全体同胞，必须充分认识处境及所负责任的巨重，加强团结，提高誓［警］惕，迎接大军南下争取华南的彻底解放。

在新的局势面前，我们港九的妇女同胞们，华南的妇女同胞们，华南的妇女同胞们，迅速地组织起来，与全国人民一道，粉碎敌人的阴谋，坚决为保卫世界和平而奋斗。

（《华商报》1949.4.16）

文献14

女工工作委员会展开调查工作[1]

（本报特讯）港九工会联合会鉴于香港女工运动已广泛展开，需有女工联合机构为其指导，且经“三八”妇女节纪念会，全体女工要求，乃于4月19日由工联通知属下女工之工会，各选出代表二人，组织女工工作委员会，再由委员会选出树胶、妇织、五金、大英、印务、火柴、政军医、洋务等九单位工会组成干事会，推树胶工会为主任，妇织、五会［金］两工会为付［副］主任，干事会经常工作有：

1. 推动女工之工作团结。2. 推动女工之福利工作。3. 推动女工之文教工作。4. 调查女工生活状况。5. 指导各工会之女工工作。又该干事会于四月廿五日举行第一次会议，决定重要工作两项。1. 由各干事分别负责

---

① 收录于广东省妇女联合会、广东省档案馆编：《广东妇女运动历史资料》第六辑，广东省供销学校印刷厂，1991年，第376—377页。

调查各工会女工状况。2. 发起于旧历七月七日由各工会女工联合举行“七夕联欢会”女工工作委员成立大会，并为便利工作进行，推定该会主任盧［卢］政之经常驻会工作。

（《华商报》1949.5.5）

文献15

工联女工委会鼓励大家加紧学习，提高认识，搞好技术①

本报特讯：港九工联会女工工作委员会为了接受女工们的要求，昨日集合树胶、妇织、大英等工会的女工到基湾旅行，在旅行中该委员负责人向各女工提出并阐明人民政协开幕意义，鼓励女工友们在准备迎接新中国政府诞生的前夕，应加紧学习，提高政治认识及业务技术，立志做新中国模范女工人。联络各阶层妇：为参加新中国建设而奋斗，女工们对这问题的提出都热烈的讨论，综合她们的意见，都认为人民政府的开幕就是人民翻身人民做主人的标志，从此我们妇女才能真正摆脱几千年来的封建压迫，才能真正在世界上做一个自由自主的中国人，大家认为要要求自己的工会召开庆祝人民政协开幕的庆祝会，以便吐尽封建主义帝国主义和官僚资本主义所重重压迫下来的苦水，准备揩干眼泪，投向光明灿烂的祖国。

（《华商报》1949.9.26）

① 收录于广东省妇女联合会、广东省档案馆编：《广东妇女运动历史资料》第六辑，广东省供销学校印刷厂，1991 年，第 381—382 页。

文献16

港九妇女踊跃参加庆祝开国大典[①]

本报特讯：港九妇女联谊会所发起的港九各界妇女庆祝中华人民共和国成立大会，定于明日下午一时在金陵酒家举行，据悉，该庆祝大会，除家庭文化界妇女，学生踊跃参加外，工联会属下女工工作委员会亦动员了树胶、妇织、政军医、牛奶、电话、五金、船坞、饼业等数十工会单位的女工参加。

（《华商报》1949.10.8）

文献17

昨成立妇女部（糖饼果业工会）[②]

本报特讯：港九糖果饼业职工会，在这次工人们自觉起来要求改善待遇而斗争以前，只有一位女工人参加工会，经斗争之后，参加工会的女工已增加一百二十多人，在百多女工的要求下，该工会已加紧筹备组织妇女部。昨时下午八时半工会属下各面包公司女工六十余人开会讨论成立妇女部事宜，工联女工作委员会派卢政之、刘惠娟出席协遵，主席陈丽云在会上致词说："我们这班姐妹们在没有组织起来以前，大家之间甚至未见面的都有，现在我们在斗争中团结生长了，今后除加强我们的学习，提高本身文化水准外，我们应把团结的范围扩大。"卢政之在会上致词，强调女工们应加紧学习文化，认识全国的解放对妇女解放的意义，卢又号召她们好好总结团结，提高自己，会议在热烈的讨论中进行，至深夜才散。

（《华商报》1949.11.13）

---

① 收录于广东省妇女联合会、广东省档案馆编：《广东妇女运动历史资料》第六辑，广东省供销学校印刷厂，1991年，第382页。

② 同上。

文献18

一周年回顾[①]

一、重要的集会

妇女名流招待会。

妇女联谊会。

欢迎复员女青年军大会。

筹募事业费招待会。

三八节纪念大会。

欢送国大女代表。

委员会议。

妇女工作展览会。

招待出席行政会议人员大会。

记者招待会。

徭［瑶］胞招待所。

每月工作会报。

各组联席会议。

二、服务工作

办理贫妇产育院。

婴儿保育院。

妇女福利社。

儿童营养站与面饱［包］站。

协助救济工作。

---

① 收录于广东省妇女联合会、广东省档案馆编：《广东妇女运动历史资料》第六辑，广东省供销学校印刷厂，1991年，第385—386页。

春节慰劳抗属。

三、文化工作

出版书刊。

办理阅览室。

参加文化活动。

座谈会与演讲会。

组织文艺研究会。

女青年补习班。

识字班。

四、生产事业

妇女工艺社。

员工合作社。

五、训练工作

恢复调整各县会。

妇女干部训练班。

女职工训练班。

视察各县会。

视察琼崖妇女工作情形。

六、联络协助工作

协助省妇女会工作。

妇女团体座谈会。

办理妇女儿童福利会工作。

七、最近重要工作

为表示对主席崇高之敬意，特发动各界妇女，筹建中正托儿所祝寿，商请市府拨用汉民公园内左角之场地为所址，该所之建筑图样，业经由专家设计总就，规模相当宏大，为一理想之托儿所，现已积极发动本市及各县妇女，努力捐募，以达成此理想伟大之事业。

（《时代妇女》第四期，1946 年 10 月）

文献19

港九妇女组联谊会三八节后扩大组织[①]

（本报讯）由各阶层职业妇女组成的港九妇女联谊会，在纪念“三八”节夜开会扩大自己的组织，这是一个长达四小时，严肃和紧凑的集会，主席叶维堤在总结了占三分之二自由发言者的意见后，指出纪念“三八”节要将妇女自己的解放运动结合到争取民主运动的主流里去。二百几个与会者，大家都衷情的倾吐自己处境和希望一个真正自由的生活。

（《人民报》1946.3.9）

文献20

不是糊涂就是眼盲还说妇女要回家庭去[②]

（本报讯）昨天是三八妇女节，是妇女界打破家庭枷锁和种种束缚，解放出来和男人平等参加一些社会活动的国际节日。国民党港澳总支部代表，昨天在此间千余人的妇女集会上演讲，他所提出三点希望中的第一

---

① 收录于广东省妇女联合会、广东省档案馆编：《广东妇女运动历史资料》第六辑，广东省供销学校印刷厂，1991 年，第 387 页。

② 同上。

点：暗示妇女今天应回到家庭去，他说中华民族今天需要的是一个民族的母亲，而不是其他，并引用一位前日本法西斯阁揆，对其国内高级女职工学校毕业生一句训话："结婚就是你们的职业"。他承认这句话合理。

（《人民报》1946.3.9）

文献21

中华妇女会开周年大会[①]

（本报专讯）香港中华妇女会自去年三八节日正式成立后，迄今已逾一年，现该会定于今日下午二时半，在广东银行三楼该会内举行成立周年纪念会。由该会常务委员胡木兰亲自主持，届时，并敦请何香凝女士，暨何艾龄博士到会演讲云。

（《星岛日报》1947.3.8）

文献22

港九妇女大联合积极组妇女协会[②]

——妇女界动态

（本报专讯）港九妇女团体为联合起来，以互助合作之精神，共保妇女之福利，曾于月前发起组织〔港九妇女协会〕，经邀请各界妇女举行筹备会议，共△进行，△△：草拟章程之小组委员，△已将港九妇女协进会章程草案拟就，候日间召开筹备会议提出通过后，即可开始征求会员工作查章程案规定，该会之任务有四：①沟通及联络国内外妇女运动；②促进妇女福利事业，③研究及指导妇女问题；④妇女学生之修养，生产技术训

① 收录于广东省妇女联合会、广东省档案馆编：《广东妇女运动历史资料》第六辑，广东省供销学校印刷厂，1991年，第395页。

② 同上。

练及职业辅导等。此外还包括会员来源，会费，捐款，资金等。

（《星岛日报》1947.3.15）

文献23

妇女会赶速成立[①]

港九妇女会昨午四时，举行征求会员队长第一次会议，主席者有莫荣真、何桂侣、杨苑卿、林翘楚、陈意棣、关嬡娴、冯聘述、黄玉清、黄玉清[②]、黄佩纯、苏成、黄理尼、陆惠英等，由莫荣真主席并致词称：本会自去月二十四日发动征求会员，迄今已将一个月，今后本会工作，除筹备成立外，仍继续进行征求会员，希各队长将所得成绩报告，以便核计。计即席报告成绩者，共获得名誉会员赵国泰夫人一名，永远会员有何桂侣、莫荣真、罗斯士、罗莉莉、张竹君、李佩光、杨苑卿等七名。此外，普通会员约五十名，其他未出席队长之成绩未计。又该会当欲早日成立，一俟批准，即召开会员大会，选举职员，正式举行成立礼。

（《星岛日报》1947.5.23）

文献24

妇女织工会今行开幕礼[③]

本报专讯：港九妇女织工总会，定今日下午七时，假九龙龙珠酒家，举行开幕典礼，昨午三时，该会招待记者，由区丽华主席，报告组织经过。据称：该会纯属一织造业女工团体，已登记入会会员已有四百余元

① 收录于广东省妇女联合会、广东省档案馆编:《广东妇女运动历史资料》第六辑，广东省供销学校印刷厂，1991年，第400页。

② 原文重复。——编者注

③ 收录于广东省妇女联合会、广东省档案馆编:《广东妇女运动历史资料》第六辑，广东省供销学校印刷厂，1991年，第401页。

［员］，现尚在征求中，该会今后工作，当注意于会办福利，将举办托儿所、识字班，及介绍工作等，并没［设］法改善各女工生活，查该会人选业经推定如下：主席区丽华、副主席陈芬、总务梁少明，组织林帼红，理事李绮文、李逸梅、廖素琼、张月、钟连英、李肖容、何妹，监事△礼琼、古秀红、黄玉屏、梅苏、蔡洁。

（《星岛日报》1947.6.21）

文献25

港九妇女会月中可成立①

本报专讯：港九妇女会自月前筹备成立以来，即发动征求会员工作，迄去年底止，该项征求会员工作暂告结束，计共征得新会员百余名，现该会定于本月四日下午二时，假华商总会四楼举行会员大会，选举理监事等各部职员，并拟定于本月中旬，即正式举行成立典礼。查港澳妇运港澳委员会莫荣真女士，亦为该会发起人之一，莫氏对于妇运工作，素具热心。是次港九妇女会于筹备期中，亦得力于莫氏不少，故将来该会选举时，莫氏之被当选为要职乃为意中事。惟日作记者遇莫女子于外交部办事处，以为办理出国手续，曾询以是否出国及目的与行期，莫女士笑不作答。据另一方面消息，莫女士近拟乘暑夏期间出国漫游，故或暂不作社会活动云。

（《星岛日报》1947.7.1）

---

① 收录于广东省妇女联合会、广东省档案馆编：《广东妇女运动历史资料》第六辑，广东省供销学校印刷厂，1991年，第401页。

文献26

妇女会昨成立[①]

——选出理监事二十四名梁少芝女士等当选

本报专讯：港九妇女会昨日假华商总会四楼，举行全体会议大会，选举理监事，出席会员约数十人，公推苏安平任临时主席，并邀请党部委员胡友椿，三民主义青年团书记长徐镇中莅会主持监选。首由胡安中致词，继请监选胡友椿致词，旋由黄镇中致词，各对妇女问题、社会问题、妇女争取政权之历史等，均有详尽之阐释，嗣由杨苑卿报告筹备经过，梁少芝报告征求会员经过，继即宣读章程草案，经修改后，全部通过。

查是日选出理事十五名，计有：梁少芝、杨苑卿、梁逸芬、冯聘逑、曾壁山、苏安平、林翘楚、何佳侣、莫荣真、罗宛、苏成、关嬝娴、简倩雯、吴敏墀、颜卓英。候补理事：冯秀贞、梁世英、罗斯士；监事五名：计有陈意棣、张云、苏若惠、蔡建琪、伍艳莊［庄］。候补监事杜若莲。该会理事会定今日下午五时，假国民行六楼三民主义青年团举行首次会议，推选理事长和常务理事。

（《星岛日报》1947.7.5）

① 收录于广东省妇女联合会、广东省档案馆编：《广东妇女运动历史资料》第六辑，广东省供销学校印刷厂，1991 年，第 402—403 页。

文献27

提倡女子参政[①]

（本报讯）绥西五原县，为提倡由下而上女子参政，特将全县所属各乡镇以保为单位，每保增设女副保长一人，并强调增设女副保长的理由。拟定实施办法，自四月起，由各保民众选出该保内干练妇女一人，于四月十五日至三十日调集县府受训，五月一日正式返乡服务。试办以来，收效颇佳，县府为加强此项工作，以期建立永久制度，并在一县府内专设女指导员一人，经常巡迴［回］各乡指导、考察、评定、奖惩，如协同清查户口，发动妇女锄地，倡导劳动节约，提倡卫生，转移风气等，均有显著成效，颇能引起社会重视。佥认此项设施确能协助政令，如普遍推行运用，亦不失为一健全行政基层组织之良好办法。其实施办法探誌［志］如下：

甲、人选：①全县所属各乡镇以保为单位，每保增设女副保长一人。②女副保长人选，乡县公所应会同各保长于各该保内慎选年在十八岁以上四十岁以下精明干练、热心公务，而粗通文字，体格健壮之优秀妇女充任之。

乙、职务：①协助保长推行工作。②搜集情报侦查奸细。③组训妇女，宣传政令。④转移学会不良风气。

丙、训练：①于选定后由县政府定期召集，施以短期训练。②训练课程应着重意识之纠正，工作之实际要领，并养成勤劳、简朴之习惯等。

丁、服务：①女副保长受该乡、镇长之监督指挥，襄助保长办理本保自治事项，及执行政府委办事项。②女副保长为义务职，任期三年，期满后由全保妇女依法改选之。③女副保长应就事实需要，执行下列各项职务：a. 宣传政令，推行妇女工作；b. 倡导妇女吃苦耐劳，勤俭节约，简朴，养成优良传统；c. 督导家庭环境清洁卫生；d. 查禁烟酒治游不良习

① 收录于广东省妇女联合会、广东省档案馆编：《广东妇女运动历史资料》第六辑，广东省供销学校印刷厂，1991年，第412–413页。

惯；e. 协助户籍，清查户口；f. 倡导破除迷信；g. 反应民间疾苦。h. 提倡男女互助，妇女纺纱、织布，帮助男人作事治家；⑤女副保长必须参加乡镇公所召集的重要会议；⑥女副保长工作应以家庭访问方式进行之；⑦女副保长如因工作遭遇困难时，可转报乡公所解决之；⑧女副保长工作情形，得由县派女指挥随时考察，评定奖罚。

（《星岛日报》1948.7.8）

文献28

港妇女福利会昨会员大会决展开征求运动①

中国妇女福利协会香港分会，昨日下午二时，假座梅芳中学举行第二届会员大会，到会有监事吴敏墀、谭唐襄、宋雁清，理事长沈慧芙，理事冯洁华、谢棠棣、何玉清、李玉卿、曾凤徵、胡筠鸿、庞际平、教员贺美云、郑少容、简志明，及会员学员来宾等多人。首由理事长宣布开会理由，经一年来工作经过，继由宋雁清致词，继由庞际平报告总务概况，李玉卿、胡筠鸿报告财政收支情形，谭唐襄致谢词及举行茶会，据沈理事长在席上公布该会决定展开征求新会员工作，分为四大队，关敏墀、宋雁清、谭唐襄、曾凤征等为大队长，其他各理监事分任队长，全体名单如次：何玉清、李玉卿、肖春玉、王孝英、李丽英、庞际丰、胡筠鸿、谢棠棣、叶少裳、冯洁华、李桂芳、尤顺鸿、梁玉琼、梁世英、伍艳庄、缪志芸、陈素珊、陈少颜、贺美云、郑少容、简志明。

又该会主办之妇女工训所，于昨日下午在第一届会员大会前举行颁奖礼云。

（《星岛日报》1948.8.8）

---

① 收录于广东省妇女联合会、广东省档案馆编：《广东妇女运动历史资料》第六辑，广东省供销学校印刷厂，1991 年，第 416 页。

文献29

我看见了新中国[①]

——港九妇联主席周颖寄港九姐妹们的一封信

我所怀念的港九姐妹们：

我已到了解放区，到了一个新的世界，这是人民以自己的力量，以自己的血汗，以自己的生命创造出来的国家，人民成了这国家的主人，这就是我们的新中国。在我们经过解放区许多后方乡村中，使我感到惊奇的几件事。第一，老百姓们穿着一个扣子也不的衣服，愉快地参加生产劳动。第二，伟大的人民力量。第三，人民与军队关系。第四，党政干部忠实为人民服务的工作精神。第五，这里的物质并不缺乏，实非我们所料，人民靠自己的劳动，解决了一切生活的需要。

解放区妇女联合会筹备会，号召全国妇女姐妹在一九四九年春季召开大会，成立全国民主妇女联合会。对于这个划时代的妇女大会，诸姐妹一定是有很多宝贵的意见提出大会能更加园［圆］满地完成它的任务。

在人民完成胜利前夕，中国优秀的儿女们，无论在南方、北方、国内、国外必须更加团结，更加努力，为建立真正和平民主的新中国共同奋斗到底。(一月二十四日)

(《星岛日报》1949.1.26)

---

① 收录于广东省妇女联合会、广东省档案馆编:《广东妇女运动历史资料》第六辑，广东省供销学校印刷厂，1991年，第423页。

文献30

女工怎样迎接新中国[①]

昨天晚上有某业女工在九龙一个私人的住处开了一个座谈会，她们谈话的中心是做它工的要怎样去迎接新中国，结论有四点：

①要加强团结，②要钻研技术，③要好好向工友学习，④要努力自我教育，最后有一位女工提出另外一个问题要大家发表意见，这个问题就是："一个男人娶了一个招待作妻子，男的多被人指责，女的亦被人看不起"，这种情形，应当怎样办呢？

（《香港文汇报》1949.3.8）

文献31

略谈青年妇女的问题[②]

韶荒澍

妇女园地的编者要我写一篇谈青年妇女问题的文章来纪念三八国际劳动妇女节，由于平常和青年妇女接触的机会比较少，不十分了解今天青年妇女们所遭遇到的一些实际问题，因此提起笔来际在有点觉得不知从何说起，这里所能谈的，只是一点不成熟的感想而已。

青年妇女所包含的范围很广，她们碰到的实际问题，也从然非常复杂，甚而至于完全不同，例如在一个工厂里做工的青年女工和一个在中学里读书的女学生，她们的问题很可能是完全不同的。因此，从问题的具体内容去看，也可以说所谓一般性的青年妇女问题是无从谈起的。但另一方

---

① 收录于广东省妇女联合会、广东省档案馆编：《广东妇女运动历史资料》第六辑，广东省供销学校印刷厂，1991 年，第 427 页。

② 收录于广东省妇女联合会、广东省档案馆编：《广东妇女运动历史资料》第六辑，广东省供销学校印刷厂，1991 年，第 427—429 页。

面，不管是女学生也好，女工甚至年青的家庭妇女在内，都有一个共同特点，就是她们都是封建的家庭出身，受着封建和半封建的压迫，而另一方面却又都在迎接着新民主新中国的来临，换言之，她们的工作岗位、性质虽然各有不同，但她们所处的社会环境及其时代任务却是共同的，我想在这个意义上，我们可以谈一谈一般的青年妇女问题。

据我个人的观察所及，不少青年妇女似乎有一种共同的苦恼，就是旧社会不好的，应该反抗，新时代是要到来了，应该去迎接，但新时代的到来是这样的迅速，而旧社会的根基又是这样深厚，我们应该怎样去迎接、配合和推动这个社会的生产呢？说起大道理好象每一个人都能说得头头是道，但把它应用到日常生活和工作上去，每一个人又感到茫然不知所措，似乎可以这样说，一种不知当何着手的茫然的感觉在苦恼着千千万万的青年妇女。

我们究竟应该怎样办才好呢？

我觉得首先应该是一个思想准备的问题，说到思想准备，它的含义就不仅阅读进步书报，关心时事学习△△，更重要的还是要把新民主主义的理论、政策方针和我们从前所碰到的实际问题、研究、了解和掌握，说起来这些好象是老生常谈，但是认真做起来却很费精力的，而且在妇女问题上，这一个吃力的思想准备工作要有其特殊的困难。由于中国革命发展不均衡，在不少比较落后的地区，支配着妇女解放运动的思想方针还是五四时代的单纯的打破旧礼教的思想。五四时代打破旧礼教的口号是革命的，是我们今后依然要肯定的一种思想。但另一方面，以新民主主义为内容的妇女解放运动却决不能以单纯的打破旧礼教的束缚为满足，它有更丰富的内容，我们习惯于打破旧礼教的支配思想，但我们却很少去想一想，我们究竟拿什么东西去打破旧礼教呢？假如这一问题不彻底弄清楚，我们便还没有做好迎接时代的思想准备工作，有了足够的思想准备，还必须考虑到每一个人的具体环境，以及革命的长远利益，才能够把这种思想准备适当地付诸于实际。不顾及特殊条件以及革命的全盘利益，一谈到迎接新时代，以为只有马上走到前线的想法，表面上看起来好象很对的，其实思想并没有完全搞通的，当然另一方面籍［借］口的处境的特殊和策略的应用，实际上却是贪恋城市生活的安逸，而不愿作必须［需］的工作和不能调动的人，则又是另外一种必须纠正的偏向。

具体地说，青年妇女今天面对着什么问题呢？

我以为第一个最普通和最基本的问题是职业问题，远自五四以来，大家就已经懂得了妇女假如不能获得经济上的独立就不能真正实现男女平等的。在这个意义上说所谓职业问题是根本不存在的，因为任何一种对于社会有益的工作都是职业，从事音乐绘画固然是职业，纺纱织布何尝不是职业，但是提出空洞经济独立依然是不能解决问题的，问题的根本假如在未来的新社会中，我们妇女不能够在社会规模上参加生产工作，使得生产事业不能成为男子专有乃至支配，男女平等还是一个空洞的口号，算不了真正解决了的。这样今天我们提出了职业问题，就有着崭新的意义，在这里我们应该指出，除了比较少数已经参加了生产的青年女工而外，在一般青年妇女当中，是不是还有意或无意的存在着轻视体力劳动，或生产工作的现象呢？我们以为这种现象是相当严重地和实际地存在着，这样为了迎接时代，为了迎接即将到来的新中国，我们就应该在选择职业的问题，尽可能地向参强实际生产工作的方向去发展。

其次这个大方向既然确定，青年妇女对于教育问题的态度基本上也就解决了，在过去，技术教育，自然科学实用教育一向是被忽视的，人们谈起教育问题往往问你是中学毕业，还是大学毕业，很少有人问到你是受过教育的，你学什么专长？这种态度，显然是不健康的，今天我觉得我们的态度应该是尽量取得对今天的革命和明天的建设有用的专门技能，强调这种专门技能的重要性，不是忽视政治教育和技术教育的有机结合，在这样适合的利用旧中国的学校及其他教育机构的这一侧面完全是不能和△△的，教育的精△在于搞通思想和取得知识和技术，单纯地以为思想一通万事大吉，实际上思想并未搞通。

最后，青年妇女所常常遭遇到的问题是恋爱问题……（抄件缺页——

编者）[1]

（《香港文汇报》1949.3.8）

文献32

港九妇女响应保卫世界和平[2]

（本报讯）昨有港九各界妇女六百三十六人为响应世界保卫和平大会，特签名发表宣言，略谓：我们港九妇女谨以万二分的热诚拥护大会的召开并祝大会的成功，为了我们自己，更为了我们的孩子，我们妇女坚决反对侵略战争，我们誓愿站在保卫世界和平的最前线，美帝和△所制造的战争阴谋是一定可以战胜，被粉碎。中国人民的解放战争是世界争取和平运动中重女的一部分，响应保卫世界和平的运动，我们首先要拥护毛泽东先生的八项条件，将革命进行到底，争取全国的真正和平，以强大的新民主的中国来保证世界和平的实现。

今天以美帝为首的世界反动集团，以蒋介石、李宗仁为首的中国反动派以及西南华南反动集团，则日益盼望爆发第三次世界大战，并加紧出卖西南及华南主权，来勾结帝国主义集团，企图将华南做成反革命基地，对于敌人这制造造战争[3]，使千百万母亲失去了儿子，夫妇离散，危害中国，危害远东和平的阴谋，我们华南妇女及全体同胞，必须充分认识本身处境及所负责任的巨重，加强团结，提高警惕，迎接大军南下，争取华南的彻底解放！

在新的局势面前，我们港九的妇女同胞们！华南的妇女同胞们！迅速地动员组织起来，与全国人民一道，粉碎敌人的阴谋，坚决为保卫世界和平而奋斗。

（《香港文汇报》1949.4.18）

---

① 原文如此。——编者注

② 收录于广东省妇女联合会、广东省档案馆编：《广东妇女运动历史资料》第六辑，广东省供销学校印刷厂，1991年，第430页。

③ 原文如此。——编者注

文献33

港九妇联二千多人庆祝新中国诞生[①]

——九日午在金陵酒家举行

（本报讯）本港港九妇女联谊会为庆祝中华人民共和国及中央人民政府成立，已决定在本月九日（星期日）下午一时正在石塘咀金陵酒家举行盛大的集会，今日可发出有柬，邀请港九各界妇女参加。目前向华民司办理申请手续，据悉，已得华民司的非正式允溢，正式许可即去发出。预料该日参加此一盛大祝会的各界妇女为数达二千人以上。

（《香港文汇报》1949.10.9）

文献34

妇运在香港[②]

廿七日下午，由郁风邀请本市几位妇运领袖，作一次聚会，地点是在惠爱东路半瓦茶室。

赴约的有郭顺清、区白霜、胡子婴等，胡先生系最近由香港来此。

席间，一边吃着茶点，一边由各人讲述各项救亡工作开展的情形，并互相交换意见，一时很明显的空气的热烈紧张。

当时，记者就和胡子婴先生谈起，知道她自从去年年底，就由沪至香港，努力开展中国妇女慰劳会香港分会的工作，现在她预备去汉口，再由汉口去安徽，她说她要去干乡村工作，她说："我以前老是嚷着往农村去，不意现在竟真正往农村去了。"胡先生有这样好的工作精神，是很足为妇

---

① 收录于广东省妇女联合会、广东省档案馆编：《广东妇女运动历史资料》第六辑，广东省供销学校印刷厂，1991 年，第 433 页。

② 收录于广东妇女运动历史资料编纂委员会编印：《香港妇女运动资料汇编（1937 年—1949 年）》，1994 年，第 70—71 页。

女界效法的。

记者问关于香港的妇救情形，她告诉了我的一个大概。

香港的妇女团体，本来有四个："中国妇女慰劳分会"，"中国妇女兵灾筹赈会"，"女青年会"，和"新生活运动妇女会"。最近又添了个"中国妇女策进会"。

"中国妇女慰劳会"是各地都有的分会，是由宋庆龄、何香凝等发起组织的；"中国妇女兵灾筹赈会"是由香港的绅士们的太太、小姐发起组织的；"女青年会"是由基督教会组织的；至于最近成立的"中国妇女策进会"是由中等学校校长及教员发起组织的。关于各会工作情形，中国妇女慰劳分会已经捐募的款廿九万多，并且有许多药品、汽车等前线需用的东西。在难民群里也做了相当的工作，教他们学字，给他们讲时事战争常识，又教他们做手工艺，已经做了几百打的蝇拍和纱罩等。女青年会办了四班民众识字班，同时妇慰分会也正在准备办一个民众识字班，已由女青年会总应主持。

妇女策进会则成立不久，工作还正在计划中。她们预定的工作是：教育妓女、工人、大众妇女等。倘若这工作能好好地开展，那妇女策进会将是妇救工作的生力军。

至于各妇女团体的联系是"联席会议"。联席会议每两星期举行一次，必要时的临时召集。而联席会议的工作是：联合东华医院合办了"难民工艺所"，教难民作一艺，象草帽、手巾、蝇拍、扇、手电等的制作，还有教难民识字、讲授科学、战时常识等等。"难民工艺所"本就是在五月初开幕，但是因为工作人员尚缺乏，大概五月中总可以开展工作。更由联席会议办了"干部人员训练班"，参加的有七十多人，该班已举行过一次旅行，使各人有一次认识，已经成立了戏剧、音乐、文艺，各组工作正在进行中。

由以上看来，妇运在香港的开展，已有相当的成绩了。在一般人的心目中，香港只是太太小姐们的寻乐地方，而决不会有太太小姐们去开展妇运的。所以，以上的成绩，确是一种喜悦。但希望妇运在香港继续不断地开展下去！但更迫切希望的是：香港的太太、小姐们，不仅是“发起”和“组织”，并且要参加实际的工作！

（1938 年 4 月 30 日《救亡日报》）

文献35

失陷前的香港妇女团体①

仙

在拥有一百五十万人口的香港，妇女团体不下十余个，但工作最紧张、会员最多，而且在各妇女团体中能发生领导作用的，只有五个，就是：

妇女慰劳会、妇女兵灾会、中国妇女会、妇女新运会、女青年会。

她们在工作上都经常可以合作，但她们的会员，也和香港人口的“五颜六色”一样，是很复杂而且是各有特征的。现在我们把它简略的分述如下：

（一）妇女慰劳会：简称慰劳会三个字，原名是：“中国妇女慰劳自卫抗战将士会香港分会”。它有组织最高是会长（孙科夫人）和主席（宋子文夫人），底下是由五个委员组织的总务、财务、运输、征募、工作各组，分工合作。工作组的主要工作是利用捐来的棉花纱布制成救伤包、防毒面罩等物。工作组的太太小姐们，是最勤的一群，每天都有人在会里工作。其他就只在有特别事情召集，或开例会的时候才到会。一切事情都由总务一的胡木兰小姐负起责任办理，她还兼了运输组的主任。慰劳会对慰劳前线将士最大的功绩，除了募捐了许多款物之外，便是这个运输组的成绩。当时，香港虽是运输要道，但由于车辆不够，慰劳品的运输并不十分

① 收录于广东妇女运动历史资料编纂委员会编印：《香港妇女运动资料汇编（1937 年—1949 年）》，1994 年，第 75—80 页。

容易，而慰劳会是唯一领有财政部运输慰劳品免征入口税的特许证的，故能省却许多麻烦。加以慰劳会工作很负责任，所以除了香港各妇女团体之外，其他许多团体的慰劳品，都托慰劳会运输，而慰劳会往往还替他们担负运输费。这，不能不说是对慰劳工作的一大贡献。不过慰劳会的主要工作，却不在运输而在征募：物品的征募和现款的征募。物品的征募，主要的是药品和医科仪器、手术用具、救护车辆，其中以金鸡纳霜和纱布棉花，收到最多，救济难民用的旧衣服也不少，来源多数是从外国；现款的来源则外国较少，多数是在香港筹募的。募捐的方法，除了用捐册之外，每年总组织几个大规模的募捐运动，如开跳舞会、游艺卖物会、音乐会、演剧及动员全港女学生的户外卖花。慰劳会的会员约二百余人，大部分是旅港或驻港中国官吏及当地的阔人太太和小姐，一到举行筹款盛会时，便全体总动员，大大的活跃分途销券或参加实际工作。有人说她们是要出风头，但她们为着争取美满的成绩，竟至眠食俱废的情形，并不是区区出风头这小的动机所能推动，实在是蕴藏在内心的爱国热血奔腾使然的。每一次的筹款都有数千以至数万港币的成绩。她们捐得的款物分配方法，除了由捐赠者指定了的之外，都由总务会议议定。

（二）妇女兵灾会：原名香港妇女兵灾筹赈会，简称兵灾会，主席是谭世藩夫人，这位夫人，是兵灾会的首脑。兵灾会与慰劳会差不多，底下有副主席亦有委员，一样的分组工作，但她在会内是有出令必行的权威，她不论风霜雨雪，每天必到会主持会务。兵灾会的筹款方法，也和慰劳会一样，但有一个特点，值得指出的，兵灾会的工作态度比较其他的团体要大众化些，所以小市民的小捐款，多数交到兵灾会去，其中最特色的要算义贩陈新了。陈新是一个贫苦工人，最初，他从血汗的工钱里面拿出港币五角，作为本钱，每天在工作完毕之后，到各工人区去卖橄榄。陈新将每天义卖所得，都交给他住所附近一个小商店店东为他核帐［账］，到月底便把他全部利润捐到兵灾会去，自抗战起，一共捐了港币千余元之多。他的唯一报酬是兵灾会及名人题给他的小扁［匾］额。有一次兵灾会在铜锣湾中华游乐会的草地开了一个大卖物会，会场内有两个特色：一个是何香凝先生的即席挥毫，另一个便是陈新的义卖了。兵灾会筹备这一次的卖物会曾费了许多心血，她们除了向各商店、制造厂、大公司及个人征求了许多物品之外，还动员了大部分会员，在会里制造了许多精致名贵的美术玩意，以广招徕。兵灾会为着要达到筹款的美满成绩，不惜费最多的时间，尽最大的努力。有一次她们召集一班名流闺秀，义演红楼梦、三国等舞台剧。这班名流闺秀平时或许对听戏有点兴趣，可是并不个个都会演戏。谭夫人每晚请她们到她娘家的大屋里，从戏班中聘请乐师、鼓手和导演来，教她们做戏。如是者两个多月，竟将这班名流和闺秀都训练到可以出演，演出来博得全港人士的惊叹赞美，筹款的成绩，亦超过前此举办的任何一次运动。兵灾会从国外及香港捐得款物的分配，较为平匀［均］，她们是有求必应，看当时的存款存物的多寡而定的。

（三）中国妇女会：简称妇女会。会员的大多数是香港的华人官太及阔佬小姐们。所谓“华人”，实际上是真正的香港人。妇女会的名誉会长和委员大半就是这些人的太太小姐。这个妇女会的性质与慰劳会、兵灾会等有点不同。妇女会的英文名字是叫“Hongkong Chinese Women Club”，含有俱乐部的意思。不过她们对于慰劳工作，在主席李树培夫人领导之下，亦做了不少，尤其是在敌人占领深圳之后，该地的难民都冲到粤边港界的锦田来，各团体都去振［赈］济难民，但以妇女会为最尽力。李树培夫人和大部分的职员会员，原来都是兵灾会的会员，后来因为大家意见分歧，她们便退出了兵灾会而另组织了妇女会。妇女会的筹款方法和上述两会一样，但款物的分配则有点不同，她们一部分给英国（欧战发生以后），一部分给中国，一部分用在本港。她们的会址是各妇女团体中最精致的一所。

（四）香港妇女新生活运动会：简称新运会，会员不如上述各会多，所以工作自然没有其他各会的紧张蓬勃。不过她们也一样的卖花演戏及作其他的筹款运动。新运会的主席是吴铁城夫人，但是夫人早就离开香港，一切事务多由苏安平女士代理。

（五）女青年会：它是基督教女青年会，所以会员全是教徒。她们的会长是何玉瑛女士，总干事是单德蓉女士。她们除了做会内原有的宗教事业外，慰劳工作亦很努力，一样的制造救伤包和作种种的筹款运动。女青年会在香港所做的教育劳工妇女的工作，也十分出色。

此外慰劳会、兵灾会、新运会及女青年会所组成的四妇女联会（简称四联会，此会不包含中国妇女会，因为四联会成立之时，妇女会的人尚未脱离兵灾会）曾经资送一批男女青年到内地服务，并曾办了好几个宣传训练班。这宣训班在开始的时候请了不少进步的名人学者演讲，到后来工作便逐渐的松驰下来，寂寂无闻了。和以上五大妇女团体合作的还有一个儿童保育会。这个儿童保育会名义上是隶属慰劳会的，但全部理事都由上面各妇女团体的高级职员分任，所以说是上述各妇女团体合作的结晶亦无不可。儿童保育院的院长是何艾龄女士，她为了两个保育院——大的儿童在香港，小的在九龙郊外的元朗，也是眠食俱废的奔驰。保育院里的儿童，大部分是武汉失陷前蒋夫人送下来的居多，在本港收容的居少数，幸而儿童保育会的理事们有先见之明，早在香港失陷前就将全部儿童（在本港收容的而有人领回的让家长领回）送回国内，否则港战发生如此仓卒［促］他们，就不堪设想了。

最后还有一小小的值得一提的团体，那是在香港仔鸭兰州的妇女会。香港仔是一百多年前英国尚未割得香港前原来的香港，鸭兰州是靠近香港仔的一个小岛，也是一个居民全靠渔业为生的渔村。鸭兰州妇女会就是这里渔民妇女的集团，她们的工作范围很小，但在这小的范围当中，有相当的成绩，“三·八”节还开了一个盛大的庆祝会，请香港的进步妇女去演讲。她们办的识字班对于渔村妇女的教育，有很大的帮助。

香港妇女团体大概的情形如上述。她们的工作热情，在充满了花红酒绿、醉生梦死的香港社会里面，是值得我们钦佩，值得我们赞美的。但她们的工作，仍有可能更开展些，可是她们都不惯和广大的人群接近，所以会员的选择都有限制，并不随便容纳生面的人们。同时，各会的工作，都是大同小异，大可以不必分门别户，各自工作，这样既可省却不少经费，又不致工作重复。慰劳品的分配，会有某处过多，某处过少，或竟未慰劳过的毛病。所以孙总理夫人曾在“三·八”妇女节提议，全港的妇女团体联合成为协会，共同合作。可惜后来并没有成为事实。

（载《妇女之路》，四川重庆出版社出版）

文献36

记港九妇女联谊会[①]

一、港九妇女联谊会的成立

抗日战争胜利后，中国共产党为了建设和平民主的新中国，实现全国人民迫切期望的和平，同国民党进行了和平谈判，但国民党反动派却破坏停战协定，破坏政协决议，悍然发动了内战，争夺人民的胜利果实，企图摧毁共产党和一切进步力量。中国共产党除了以坚决的自卫战争粉碎蒋介石反动军队的进攻外，还号召全党必须和人民群众亲密合作，争取一切可能争取的人，团结一切可以团结的力量，粉碎蒋介石重开内战的阴谋。

根据抗日战争结束后出现的新形势，中共广东区党委在香港也加强了对各阶层群众工作。特别是1947年春，党中央为了加强华南地区党的领导，在香港建立中共中央香港分局，在分局领导下，设立中共香港工作委员会。1946年底建立的港粤工委妇女组，开始由苏蕙同志领导工作。1947年底中共香港工作委员会为了方便领导群众运动，成立了群众运动委员会，妇女组隶属群委领导。

妇女组建立之初的成员有：余慧、吴全衡、陈新、何明、邹得心。后来陈新工作调动，增加了郑黎亚。从1946年底至1950年妇女组虽然成员有变动，但一直是领导香港妇女工作的党组织。当时，香港的基督教女青年会和港九妇女联谊会是妇女组开展工作的两大团体，由妇女组成员以普

---

① 收录于广东妇女运动历史资料编纂委员会编印：《香港妇女运动资料汇编（1937年—1949年）》，1994年，第150—163页。

通会员的身份，分工负责推动两团体的各项工作。

港九妇女联谊会成立于 1946 年 3 月 8 日国际妇女节那天。当时祖国大地上内战阴云密布，人民群众反迫害、反饥饿、反内战的斗争日渐走向高潮。在香港需要有一个民主、进步的妇女团体来开展工作，以团结港九各阶层妇女的力量，反对内战、反对国民党独裁。当时中共广东区党委决定要成立港九妇女联谊会，指派陈新、林乡二位同志负责组织筹备。经过她们的奔走，分头到各界知名妇女和知识妇女中串连发动，做了大量准备酝酿工作，用雷英、黄维新、刘伟三位名义向香港政府提出注册申请，并由当时在天一图书公司任秘书，熟习英语，有一定社会地位的雷英同志到香港华民政务司联系，港九妇女联谊会注册提出的宗旨是："团结妇女，加强联系，增进友谊，互相进步。"经过批准成为香港的合法团体。实质上也是在我党领导下的一个进步妇女群众组织。

二、港九妇女联谊会的组织领导

港九妇女联谊会从 1946 年 3 月成立至 1950 年 8 月停止工作整整四年半的时间里，根据国内革命斗争形势的发展，结合港九当地的情况，开展了许多有意义的工作，发挥了她应有的作用。从工作发展的进程来看，她的工作也是由少到多，由浅入深地逐步发展起来的。至 1950 年 8 月停止工作时为止，她已胜利地完成其肩负的历史任务——宣传、教育、组织妇女群众，认清形势，团结一致，为打倒蒋家王朝，解放全中国献出自己的一份力量。

港九妇联会会员大多数是文化、教育界的职业妇女，各民主党派、民主人士的中上层妇女和家庭妇女、女工、女学生。开始时均为个人会员，在最后阶段的反迫害斗争中培侨中学全体女生、橡胶工会全体女工以团体会员的资格参加了港九妇联。会员中除有少数共产党员、共青团员外，有相当数量的民主党派成员，尤以民主同盟的盟员为多，其他大多数是思想倾向于民主、进步的妇女群众。在一定程度上，妇联也是我党外围的一个统战性质的妇女团体。港九妇联采取民主协商、选举的办法产生了三届的执委会（执委从十三人发展到二十多人），从有利于工作出发，除第一届执委推选第一任主席是陈新同志之外，后来继任的均为党外民主人士如叶露茜（一届）、周颖（二届）、刘秀（三届）担任主席。而在妇联内部则有党的组织和负责人，她们任职的顺序是陈新、何明、郑黎亚、沈吾华。当时她们均以普通会员的身份参加妇联的各项具体工作。将妇女组讨论决定的工作任务通过在妇联会内的党、团支部及个别交谈、协商和各种会议、各种活动贯彻下去。

由于蒋介石对其统治区内民主力量的迫害加剧。从 1947 年开始内地许多有名的民主人士、学者、专家均被迫纷纷往港，其子女家属也偕同前来，这样就给港九妇联增加了很大的一份力量，对工作的发展、巩固、提高起了很好的加强作用。

根据追忆，港九妇联前后三届执委名单（不完全、不准确）如下：第一届：

陈新、叶露茜、雷英、程须文、盛此君、高炎、黄维新、刘伟、梁瑞华、廖玉珍、郭秀莹、简竹筠等。

第二届：

周颖、李文宜、胡耐秋、葛琴、吴全衡、盛此君、何明、沈碎缜、张曼君、刘秀、郭秀莹、高炎、陈真娴、郭茜菲、雷英、陈翰新、徐英、程颂文、王绍家、刘伟、疗玉珍、谢粉英等。

第三届：

刘秀、高炎、郭茜菲、陈真娴、程颂文、郭秀莹、徐英、廖玉珍、沈吾华、黎萍、谈蔚、欧丽华、卢政之。

执委会推举出主席一人主持日常工作，并设有宣传（研究组）、福利组、总务组、组织组等，由执委分工负责。

执委和全体会员均义务工作，她们积极负责、热情认真、团结协作、艰苦努力、不分昼夜、公而忘私，凭着对革命、对祖国的一片赤诚，克服种种困难去完成任务。没有这样一批觉悟高，热情高，干劲足的巾帼女儿，是难于完成当时的各项任务的。

三、港九妇女联谊会的工作情况

（一）紧紧抓住宣传教育这重要一环，有计划、有步骤地组织会员群众参加学习。学习党的方针、政策，学习政治理论，学习时事，分析形势。这一项工作，贯彻在妇联成立后各个时期，成为帮助群众提高政治觉悟，统一思想认识，调动积极因素，坚定地参加民主革命运动的主要工作。并根据当时的情况成立了许多读书小组。

读书小组按会员居住地点或工作单位，分区编成。如在香港居住的，便分中环、西环、坚道、湾仔、铜锣湾、筲箕湾等小组。在九龙居住的，便分旺角、尖沙咀、深水埗等小组。按工作单位编组的有培侨中学、健全小学等。各小组每周集中学习一次，在组长或某一个组员家里进行。学习内容、提纲、资料由妇联宣传研究组负责提供。当时除学习进步报刊上的文章外，还学习《中国革命和中国共产党》、《论人民民主专政》、《论联合政府》等，在自学的基础上进行讨论，有时还组织辅导报告以加深理解。

后来读书小组逐步扩大，发展到不仅有入会的会员加入小组学校，连会员联系的群众也参加学习，成立了二十多个读书小组。读书小组的骨干，通过有关人员的联系，还深入到街道妇女和女工中进行政治学习的辅导工作。

港九妇联的读书小组能做到组织落实，内容充实，要求认真，坚持不懈，效果显著。是港九妇联主要工作之一。读书小组的工作，使许多会员在四十年后的今天回忆起来仍萦记于怀，念念不忘。由于当时形势的发展，使许多有志之妇女迫切要求提高自己的政治思想和政治理论水平，认清祖国和国际革命发展形势，投身于人民革命的伟大事业。其次，是读书小组的活动经常化，工作严谨，它成了群众经常性的政治活动，从中涌现了一批学习和工作的积极分子，她们成为坚持小组学习的骨干力量。再次，在读书小组普遍建立的基础上，港九妇联的党组织进行了党、团组织的建设，发展了一批党员和团员，党、团组织的建立，又巩固和发展了读书小组。因此，读书小组在当时是港九妇联核心力量和骨干力量的集结点，使港九妇联的各项活动有扎实的基础力量，在当时较为复杂和困难的环境中，工作能开展得朝气勃勃。

在开展读书小组活动的同时，还有的放矢地组织专题讲座，请政治家、名人、学者前来讲授，曾请过郭沫若、胡绳、乔冠华（乔木）、龚澎、刘思慕、萨空了、饶彰风、张铁生、金仲华、孙起孟，以及茅盾夫妇……等，讲解国内外形势，特别侧重国内形势，国家的发展前途，加强对我党各项方针、政策的理解，加深对蒋介石反动本质的认识及对国际斗争形势的了解。这些讲座一是质量高，收获大，使会员受到很大的教育和鼓舞，增强信心。二是扩大教育面，不仅全体会员参加，包括其所联系的群众也可以前来参加。由于这种活动也是较经常而且是高水平的，所以前来参加的群众踊跃，常常是座无虚席。乔冠华、龚澎同志对这些活动非常赞扬，说这些活动很好，很有作用。

此外，编辑出版妇联刊物《港九妇女》，作为宣传教育的另一阵地。除了刊登或转载一些重要文章外，还报导［道］妇联活动的动态及各地的通讯。出版后内部发行到女工和街道妇女群众中，进一步扩大宣传。

（二）举办民校及妇女识字班

为了解决贫苦儿童入学难问题及为妇女扫盲、提高文化，从 1947 年初就创办学校。首先在西环太白台举办民校，由廖玉珍、林肖玲负责教学，学员多为烟草厂女工。1947 年夏，执委徐英同志隐居大埔圩，因见当地渔民子弟没有受教育的机会，以妇联名义发动当地渔民，筹办了一间渔民子弟学校，有学生 40 多人，从一年级到四年级，由徐英亲自任教。直到 1948 年，香港渔民司来视察，同意接办，并负责全部经费。1949 年 8 月，妇联会在九龙黄大仙竹园村再创办一校，日间招收当地贫苦失学儿童入学，晚间则办妇女识字班，派雷英同志任校长，刘顺娱、孙秀珍任教师，刘还负责学校的日常教务、事务工作。

民校，也是妇联的宣传教育基地。向学生讲述时事、讲革命故事、唱革命歌曲，同时，宣传解放战争的大好形势，对学生进行启蒙工作，对妇女识字班的学生进行妇女解放的思想教育，引导学生们走上革命道路。

学校的经费来源，靠学生的少量学费，有部分学生家庭十分困难的免收学费，因而经费很短缺，教师的待遇很低。在重重困难面前，教师们虽然备尝艰辛，但以苦为乐坚持教好学，工作十分负责。一直坚持到 1950 年 8 月妇联停止工作为止。

（三）为迎接全国解放，帮助妇女群众掌握一些技术技能，为日后祖国建设作贡献而举办各类训练班。

举办车缝班，吸收一部分家庭妇女参加学习，使她们学到一技之长，又借此扩大与家庭妇女的联系。

举办合作社学习班，学习如何办好集体合作商业、企业的常识。

举办簿记、会计学习班，掌握基本商业簿记、财务的知识和技能。聘请当时在银行工作的沈瑶英、黄佩英等同志讲课，参加人数约二十余人。

此外，还适应青年妇女的要求，举办秧歌舞、腰鼓舞的训练，准备迎接解放，庆祝解放的文艺节目。

（四）成立“海燕歌泳［咏］团”，扩大团结面。1946 年 4 月，在妇联成立后不久，便决定采取歌咏团形式，扩大团结面，使更多爱国青年参加到妇联这个进步行列中来。执委会派出执委刘伟同志负责组织一群爱好音乐、唱歌的女青年，组成“海燕歌咏团”，刘伟担任团长。该团属妇联宣传组的一个部分，由妇联直接领导。对外则作为独立团体。后来因为发展的需要，除基本上是女团员以外，还吸收了男青年，如太古船坞和香港义勇军中的男工人，歌咏团每周活动三个晚上，除进行唱歌、跳舞、演话剧等文艺活动外，也组织读书小组，学习政治。凡妇联发动的募捐、义卖、支援进行团体的反迫害斗争，歌咏团的团员都积极踊跃参加。1948 年，一批歌咏团团员回内地参加革命，先后有何伟、吕竹筠、唐颖等人到了游击区，另有 6 人参加到深圳办的青年干部训练班。

（五）运用各种形式，支援或声援国内人民解放斗争；支援港九进步工会的各项活动。

1946 年底，北平发生一宗轰动全国的美军强奸女大学生事件，引起全国人民的极大愤怒，纷纷起来抗议美军在华的暴行，要求国民党当局必须严办罪犯。妇联刚一成立，首先就以港九妇联名义登报发表声明响应国内各界人士反对驻华美军暴行的斗争，同时还发出通电，强烈谴责驻华美军蹂躏我妇女的兽行；谴责蒋介石反动派政府屈膝于美帝，不敢为妇女伸张正义；激发港九妇女群众更进一步团结起来，维护妇女自身的权益。

举办募捐筹款筹物活动，这是支援斗争的一种形式，而且是取得香港政府批准的合法活动，妇联从成立到结束，一共举行过三次募捐。第一次是为解决本会会址和支援劳工子弟学校，支援华商报（实质上是通过华商报将捐款送到游击区去）；第二次是支援港九电车工人罢工；第三次是慰劳解放军。妇联会会员及其所联系的群众都热情积极的参加募捐活动。募捐面很广，既有教育界、文艺界、工商界的知名人士，也有资本家或小店老板娘，有高级职员，亦有舞厅的舞女，凡是爱国的港九同胞都热烈支持，捐款捐物影响较大。

妇联还组织各类知识讲座，协助进步工会在女工中开展宣传教育，启发女工的政治觉悟。曾派出：高炎、程颂文、黎萍、陈平、何菲等同志分别去到洋务、机械、纺织、橡胶等工会为女工们上课，讲授社会科学、基本常识等等。

1950 年 1 月，电车工会在香港罗素街会址举行大会，为了支援电车工人的斗争，妇联同志由高炎领队出席了会议，竹园村小学高年级学生在教师孙秀珍率领下也前来参加大会，王丽霞同志还在大会上代表妇联发言，表示支持电车工人的斗争。当时港英当局曾派出大批军警包围了会场，用催泪弹驱散群众，但参加大会的每一个人都没有退缩，反而更加团结，一致愤怒地向警方提出强烈的抗议，并阻止英警冲入会场。经过一番斗争，终于迫使港英当局让步，撤走包围，保证与会人员的人身安全，大会才结束。此时，已是深夜十二时了。这场斗争就是有名的“罗素街事件”，参加大会的妇联同志及竹园村师生都经受了一次阶级斗争的锻炼。

（六）结合节日或是重大事件，举行妇女大会，开展大规模的活动。

如：纪念“三八”妇女节、就驻华美军暴行事件发表抗议声明、为何香凝老太太祝寿、庆祝中华人民共和国的诞生等等，都举行群众性大会，这些大会，不仅会员参加，而且都扩大到各阶层的妇女群众。还根据大会的内容、目的，除演讲外，也插进文艺节目，或放映苏联电影（当时香港禁止电影院公开放映苏联片）。特别是1949年10月，在金陵酒家举行庆祝中华人民共和国成立大会，到会达三千余人，坐满三层楼。还有不少妇女在酒家门外排长龙，要求进场参加庆祝。充分显示出广大妇女群众的爱国热情。每次大会后，都有一部分人要求参加妇联，壮大了妇联的队伍。

又如成立港九各界妇女慰劳人民解放军筹备委员会，在会员中开展募捐和募集慰劳物品，制作棉衣等活动。通过以上活动，宣传人民解放军伟大的功绩。会员群众捐献的热情很高。不但自己捐献，还带着募捐册，回去向亲戚朋友募捐。制做棉衣则形成了大规模的群众运动，妇联会址成了制作棉衣、棉背心的加工场。姐妹们边做棉衣边交谈，欢声笑语，大家都沉浸在欢庆祖国解放的豪情中。由于群众的积极响应，几百件棉衣，按时完成，棉衣和募到的现金、慰劳品一起送到国内慰问人民解放军。

在全国解放后，妇联参加港九各界回穗观光团、劳军团。

广州在10月14日解放，广九铁路于11月1日全线通车。港九劳工界、教育界、妇女界、文化艺术界、工商界等发起组织回穗观光团，团长张振南、副团长卢动。妇联会由刘秀、高炎、李琼仪、黄丽霞等参加，观光团于11月6日乘火车前往广州。当踏上新中国的土地后，一路上都受到各界代表的热烈欢迎。中共广东省委统战部长饶彰风致欢迎词。在穗观光三天时间，通过参观访问，使团员们耳目一新，受到很大的教育和鼓舞。团员们带着激动、愉快的心情回到港九，并以观光团的名义向社会上发表详细的书面报告，把解放后广州的真实情况告知香港同胞，粉碎了敌人的谣言，极大地鼓舞了人心。妇联的代表向女工报告了在新中国南大门的所见所闻，提高女工群众对新中国的认识。

此外，于1950年1月20日，妇联还参加港九各界同胞回穗劳军团(共308人)。带去五个独幕剧，两套电影《珠江泪》、《水上人家》；举行军民联欢大会，为解放军演出，听取解放军战斗英雄的报告；各界代表还分别到广州驻军的驻地、军医院去慰问。当时，由驻穗的十五兵团政治部主任肖向荣接待他们，省长叶剑英还为他们举行了宴会。通过这次劳军活动，使港九各界对祖国的人民子弟兵有了深刻的印象。

四、港九妇联结束前的反迫害斗争

（一）在全国解放前夕，港九各进步群众团体的活动比以前更活跃，更多的爱国青年学生、妇女、工人觉醒起来，对新中国的诞生满怀信心。进步团体队伍不断壮大。这就引起了港英当局的害怕，也引起了在港九的国民党反动派的恐惧和仇视。他们勾结起来，加紧监视和限制进步团体的活动。他们采取特务盯梢，监视大、小会的活动，或传讯团体负责人，进行威胁、恫吓。

港九妇女联谊会同样受到港英政府的监视、刁难，妇联的负责人被多次传讯。为了办学校和学校聘用师资问题就传讯雷英，当他们的恐吓伎俩不得逞时，竟使出卑劣的手段威胁培道女中，迫使雷英自动离职，使她的生活陷于困境。又如：竹园村的教师家访时，经常有人盯梢。妇联每次召开的群众大会，特务必到场巡视。如在庆祝中华人民共和国成立大会那天，便衣跑来鬼鬼祟祟地东张西望，在人群中钻来钻去，负责警戒的同志发现后，立即通知主持人，作出防范，终因找不到任何岔子，他们才离去。虽然在恶劣的环境中，但姐妹们没有畏缩情绪，更斗志昂扬地开展工作。

（二）港英政府为了进一步迫害与削弱港九进步力量的壮大，终于在新中国成立，广州解放后不久，采取了断然的迫害措施。于 1949 年 12 月 24 日，华民政务司通知在港的三十八个有合法地位的进步团体立即停止一切活动，要进行重新登记，并要送去全体会员名单。当时妇联的主要负责人刘秀、高炎已参加回穗劳军团，得知此消息后，回穗劳军团决定妇联和其他三十七个团体的负责人，先行返回香港，召集会议，共同研究对策。

当时三十八个团体中有各地的同乡会，有各种文艺团体。妇女团体则只有港九妇女联谊会。党组织通过联系人，多次给妇联以鼓励和力量，鼓励大家坚定、团结，进行斗争，有伟大的祖国做后盾。当时成立反迫害临时党支部，三十八个团体联合起来开展反迫害的斗争。

当三十八个团体联合发表反迫害声明后，各个团体的负责人集体到港英华民政务司提出抗议，质问他们：合法的团体为什么要停止活动？我们热爱祖国难道有罪？你们标榜民主、文明，为什么停止我们的爱国活动？华民政务司内英警荷枪实弹，如临大敌，但各团体负责人均坚定地根据本团体的特点，向华民政务司提出有力的质问。

刘秀同志代表妇联和华民政务司对话。她把他们那些强词夺理的问话一一加以驳斥，弄得他们无言以对。

后来，华民政务司再次把三十八个团体负责人找去，态度强硬，施行恫吓，扬言各团体再不停止活动就要抓人了。

但是妇联的姐妹们和其他进步团体的成员一样，没有被吓倒，他们仍然沉着地继续开展工作，仍然在为支援解放军赶制棉衣。这时社会上对三十八个团体的反迫害斗争予同情与支持。为了支援妇联的反迫害斗争，香港劳工子弟学校师生毅然参加妇联发起的志花募捐活动（支援解放军），培侨中学全体女生和橡胶工会全体女工申请集体参加妇联为团体会员，增强妇联的阵容，坚定地和妇联的姐妹们站在一条战线上。

港九妇联的姐妹们用她们的胆识、智慧和毅力，在反迫害斗争临时党支部的领导下，坚定地战斗。1950 年的"三八"国际劳动妇女节，由高炎同志出面，巧妙地取得华民政务司的同意，召开了庆祝大会，会后还放映了苏联电影"女政府委员"。

后来，港英政府竟抓了三十八个团体中的一些人，施以灌水毒刑；有的人则被列入黑名单，准备逮捕。高炎就被列入黑名单，先强迫她任教的学校把她辞退，然后抓她，幸亏她及时转移才免遭毒手。妇联主席刘秀则被传去单独问话，从早上八时一直折磨到下午四时，从她个人出身经历到妇联成立经过，一一盘问，企图用疲劳轰炸的办法，从她的答话中找出岔子。但刘秀坚持一个原则，就是港九妇联的姊妹们热爱祖国，她个人也热爱祖国，妇联所做的一切都是合法正当的爱国工作，不论他们怎样提问，她一概用此原则对付之。由于整天的查问，确实使她过于疲乏，所以一踏进家门，她便昏倒在地了。

经过半年多的反迫害斗争，取得了一定的胜利，三十八个团体始终没有停止过一天的活动，港英当局亦无可奈何。1950 年 6 月，党组织根据当时国内外斗争形势发展的需要，决定三十八个团体结束活动，自行宣布解散，其成员则根据各人的情况和工作需要，有计划、有步骤地送回国内参加新中国的建设工作，有少部分人则继续留在香港。

至此，港九妇女联谊会已胜利完成了她的历史任务，在妥善办理一切收尾工作后，于 1950 年 8 月正式结束工作。

（何　明）

（原载 1992 年 8 月出版的《广东妇女运动历史资料汇编》）

文献37

香江女声[①]

——香港女青年会女职工运动简况

王　勉

香港女青年会是基督教会领导下的妇女群众团体。（全名香港基督教女青年会，以下简称香港“女青”），她是国际性的妇女团体。当时国内主要城市上海、广州等地都有女青年会团体。由于“女青”比较注意做妇女、儿童福利工作，因而得到社会上开明人士、进步人士、热心妇女工作人士的支持。

抗日战争胜利后，人民都希望和平，要求恢复各项工作，本地和外地到港的热心于妇女运动的工作者，积极想方设法帮助广大妇女解决在生活、职业、学习，居住、托儿等方面的困难问题，因而在 1946—1949 年这时期，香港“女青”各部门的妇女工作比较活跃。现就其中职业妇女

---

① 收录于广东妇女运动历史资料编纂委员会编印：《香港妇女运动资料汇编（1937 年—1949 年）》，1994 年，第 164–170 页。

部、劳工妇女部恢复发展女职工运动简介如下。

一、职业妇女部

香港“女青”各部门属下设妇女群众活动的群众组织，如职业妇女部的妇女群众组成“职光团”。并按职业类别分为三个分团：公务团，是机关、银行、商店职员和新闻记者；教务团，以中小学教师为主的教育工作者；医务团，包括医生、护士、助产士，其中青年护士居多。考虑到一些既不是在职妇女，又不是在校学生的失业失学女青年，对她们极需进行团结、教育、帮助。1948 年，在职光团内又增设第四分团“智修团”由失业失学女青年组成。

职光团在不断发展，至 1949 年底，全团共有团员 400 多人，比 1946 年香港“女青”恢复时的 100 多人增加了三倍。同时，职光团通过多种形式充实了团的工作内容。

（一）帮助妇女找职业

职业妇女部干事，为了帮助失学失业的女青年找工作，不断号召各分团团长、团员，发挥团结友爱精神，帮助失业的妇女找职业。经各分团的努力取得较好的结果。有的介绍到教会学校或夜校任教；有的到家庭任家庭教师；有的任职员、护士或工友等。职光团按智修团团员的兴趣分别组成出版组、编织组、歌舞组进行学习。并办了保育人员培训班，救护班和会计班。加强培养失学失业女青年，使她们有一技之长，有利于她们今后找工作。

（二）建立职业妇女第二宿舍

香港是寸金尺土，房租异常昂贵。职业妇女要找到宿舍非常困难。香港“女青”原有第一间职业妇女宿舍，已是人满为患，而且收费较高，一般收入的职业妇女负担较重，租不起。为了解决她们的住宿困难，职业妇女部于 1946 年迅速在香港英皇道筹建了香港“女青”职业的妇女第二宿舍，有床位 24 张，租金较便宜，经常住满，很受一般工资收入的职业妇女的欢迎。

（三）通过各种形式的文娱活动、学习，提高职业妇女的知识水平

第一、职光团经常进行歌咏、舞蹈、编织、烹调等活动。

第二、组织知名人士演讲会。为了使职光团团员知识广泛，曾请了基督教知名人士叶启芳讲“耶苏基督精神”，请了报社刘思慕、梁若尘和民主人士曾伟分别主讲国内外形势。全国解放初期也曾邀请香港培侨中学副校长徐舜英报导［道］关于参加回穗观光团到广州参观的感想，使团员进一步认识祖国、热爱祖国。

第三、通过旅行参观进行学习，“女青”经常组织会员旅行参观。既有教育意义，又有正当的文娱活动。如职业妇女部组织教务团团员通过旅游到浅水湾举办教务团的进修班，学习内容丰富，如请知名人士报告、交流教学心得、游泳、文艺晚会、聚餐等。职业妇女部还组织其他分团参观工厂和名胜古迹。如组织智修团出版组团员参观香港一些报社和印刷厂，使她们懂得一些编辑和采访知识，了解排字工人的工作和生活，帮助她们学习写稿和出版壁报，增长才干。

第四、寓教育于演剧中，为救灾募捐。为了提高当时妇女群众对恋爱、婚姻问题的思想认识。职业妇女部组织在“女青”会内演出了《未婚夫妻》、《梦的幻灭》等短剧以进行教育。为了更好结合实际思想，职业妇女部自编自导，这既对该团团员进行自我教育，又提高群众对社会的认识。

当惠、东、宝地区发生水灾时，职业妇女部发动医务团和教务团的团员积极为水灾群众演剧募捐。她们请了进步的专业剧社演出了四幕话剧《走出愁诚》在香港“女青”，象这样大规模的演出还是第一次，反映较好。

（四）为开展托幼事业创办托儿所和保育人员培训班

在抗战胜利后的香港，还未有设托儿所。为了解决当时香港的劳工、职业妇女后顾之忧，职业妇女部在 1948 年倡议创办托儿所。得到“女青”全会人员的赞同和获得总干事及董事会的批准。但是要创办托儿所首先要解决经费问题，因为当时香港“女青”的全年预算没有筹办托儿所的经费。职业妇女部干事经反复调查研究，认为这项儿童福利事业，只要争取社会上广泛的支持是可以办成的。因此，向港英当局申请，于 1948 年 5 月

8日在香港市面上卖花筹款，经港英当局批准后进行。当时，各方也积极支援。除了香港“女青”各部门支援外，一些社会团体和学校有的借地方，有的派人主动参加工作，众擎易举；结果为创办托儿所卖花筹款一天的成绩竟筹得港币四万三千七百多元。经过两个多月的紧张筹办工作，终于在1948年7月19日，香港“女青”主办的托儿所隆重开幕了。它设在九龙深水埗元洲街158号至162号一连三间的二楼上。当天由港督夫人主持开幕典礼。

托儿所原计划受托儿童全托、日托共50名，但是经许多儿童家乡的迫切要求，托儿所想方设法，增收到80余名。受托的儿童，有一半以上是苦劳工的子女，其余的大多是中小学教员、公务员的子女。为了办好托儿所，职业妇女部设法聘请了既热心托儿事业又有专业知识的人员为托儿所正、副所长。她们不但负责筹办和管理好托儿所，还帮助培训保育人员。

为了发展托幼事业，职业妇女部于1949年3月进一步举办保育人员培训班。受训人员40余人，学习课程内容丰富，包括儿童教育学、儿童生理学、儿童心理学、儿童营养学、儿童文学、儿童美术、图画、音乐、舞蹈、幼儿保健护理和家长教育等课程；并以“女青”的托儿所为实习基地。因此，学习效果比较好。学员结业后，除一部分留在香港继续进行托儿教育工作外，大部分回国，为解放初期的广东各地以及广州市的托幼事业培养了大批托幼人才。

二、劳工妇女部

劳工妇女部这时期的主要工作如下：

（一）积极开办七所劳工妇女夜校

劳工妇女部经历了三年多的努力，在香港深水埗、旺角、中环、湾仔、铜锣湾等工厂比较集中的地区，先后开办了七所劳工妇女夜校。至1949年底在校学生总数最高达1300多人（如果包括已毕业的女工学生人数更多）。在夜校读书的以十多岁的女工为主，还有一些小贩和失业失学的女青年。夜校的开支，占香港“女青”全年经费预算开支的第一位。夜校学制三年毕业后相当于小学毕业水平。

热心女工工作的教师，她们结合实际，亲自编写好一套符合女工需要的语文、常识、算术等课本，提高学习质量，使女工深感学习文化的迫切、重要。夜校许多女工下班后，因赶不上吃晚饭，经常饿着肚子来上课；有一个女工被机器轧伤了手指，还忍着痛来上课。女工刻苦学习的精神，使教师们十分感动，更苦心进行教育培养，使凡是能坚持上课的女工没有一个掉队。为了增加女工学生的健康常识，劳工妇女部还请了职光医务团团员义务地向女工学生讲授卫生常识。

女工夜校教师既积极读书又热心育人。她们教育女工要男女平等，首先要提高自身的素质，学好文化知识提高文化技术水平和工作能力；认识劳动创造世界，工人要当家做主，女工要自强不息，团结友爱，互敬互助，才能更好地参加妇女解放运动的道理。当时正值解放战争节节胜利，女工们都很关心国内时事，教师们则利用课前课后读报，使女工了解国内大好形势，进一步认识祖国、热爱祖国。

（二）建立劳工妇女宿舍

为了帮助解决外来妇女入港做工但无地住宿的问题，劳工妇女部于1946年在九龙深水埗大埔道创办了劳工妇女宿舍，有帆布床位18张，收费很便宜，因而宿员常满，劳工妇女部在宿舍内主要做好几件实事：

第一、搞好集体生活管理，使宿员感到大家庭的温暖。

宿舍的管理人员注意搞好生活，首先搞好每天两顿饭，物美价廉，清洁卫生。逢年过节都搞活动，如端午节裹粽子，中秋节买月饼，春节逛花市、食团年饭，充满节日气氛，使这些无家可归的宿员感到节日愉快和大家庭的温暖。

第二、想方设法帮助宿员解决生活困难。

劳工妇女宿舍对一些失业时间较长或淡季没有工作做的宿员，则由宿舍暂时帮助她们垫支伙食费，并发动其他宿员帮助找工作，以互帮互助的精神克服困难。对个别重病号则特别照顾直至病逝。

第三、帮助宿员学习，提高文化水平。

宿舍管理人员动员宿员到劳工妇女夜校学文化，要求住宿者未有高小毕业的都要到女工夜校读书；同时，在宿舍订了几份报纸，使宿员有机会看报和关心国家大事。

由于劳工妇女部对宿员这样关怀，宿员相互关系融洽，使大家一致认为，这宿舍管理人员和宿员虽不是亲人胜亲人，她们从未发生过口角或偷窃财物等事件。

（三）活跃友光团的文娱活动，发挥团的教育作用

劳工妇女部下属劳工妇女群众活动组织名为“友光团”（工友之光之意）为了方便友光团的活动，劳工妇女部把友光团按七间劳工妇女夜校地点分别组成七个分团，即智勇团、忠勇团、英勇团、毅勇团、刚勇团、励勇团、坚勇团。

友光团的活动主要有：

聘请知名人士到友光团讲课。组织团员听有教育意义的故事和看电影。每年的三·八节、五·一节、圣诞节等重大节日组织大规模的庆祝活动，让女工们自己担任主席，主持女工大会。当女工们讲苦难的家史，特别是控诉日本帝国主义侵略时受压迫和被剥削的惨状时，不少人悲痛流泪，使大家受到教育。更深刻认识到必须热爱自己的祖国，祖国的盛衰是和个人息息相关的。

友光团还办了女工刊物《友光刊》，由劳工妇女夜校教师帮助编辑，每季出版一次，每期二千多份。《友光刊》由女工学生自己撰稿，自己发行。《友光刊》反映女工的学习、生活、工作情况。友光团的动态、介绍文化科学知识以及解答疑难问题等，深受女工欢迎。

友光团还组织团员在社会进行一些活动、办好事。如动员组织团员为香港“女青”筹办托儿所参加卖花筹款等。通过以上各项活动，不断提高了友光团团员的思想认识水平。

1949 年 10 月，广东省各地陆续解放，香港“女青”职业妇女部、劳工妇女部许多妇女群众，热爱自己的祖国，不少人回国积极参加祖国的社会主义建设事业。

（原载 1992 年 8 月出版的《广东妇女运动历史资料汇编》）

文献38

港九妇女联谊会声援沪舞女、学生、工友抗暴运动[①]

专讯：上海舞女、工人、学生，连接独裁政府枪尖下演出大流血惨案，闻者莫不愤慨。港九妇女联谊会昨就此发表声明，声援上海舞女、学生、工人的抗暴运动，原文如下：

上海接连发生几次空前的血案，首先是“一·二九”上海同济大学学生，因争取学自会的自由选举和要求恢复被无理开除的同学学籍，在首途赴京请愿之际，竟被国民党独裁统治者，指挥军警，大肆围捕，任意欧[殴]打。其次是上海各舞厅职工舞女，为了生存权利的被剥夺，而奋起斗争，也横遭逮捕与殴击，再跟着前二月二日申新纱厂第九厂七千工人要求年赏，举行静坐罢工，警察竟亦开枪射击，催泪弹，死伤狼藉，惨不忍闻，这些接连二三的血案的发生，决不是偶然的事件，而是独裁统治者残民以这均最真实的写实。

我们要特别指出，国民党的独裁统治者，一向以教育作为奴化的工具，教部颁的新订学生自治会规则，正暴露了它彻底奴化教育的真面目，所以上海同济大学学自会的被校方宣布解散，自治会理事派横遭开除，停学或记过的处分，说明了教部的剥夺学生的自由和权利，实现其奴化政策的野心。然而，中国的优秀学生已有三十多年的斗争的传统精神，和经验早已洞悉独裁者的欺骗手段与无耻阴谋，虽在残毒的屠杀下，也不甘屈服，他们这次的英勇抗暴纯粹是争自由民主的合法行为，但独裁的统治者竟如临大敌，必数捕杀之而后快。更悲惨的是：舞业姐妹们的被屠杀事件，他们一向被目为羔羊的，但她们也起来斗争了，试听舞女雪莉沉痛的演词吧：“我父母失业，一家人八口教靠我养活，今天楚[禁]舞我明天就要当娼去。……”虽然伴舞生活不是一个健康的社会的生活常态，但独

---

① 收录于广东妇女运动历史资料编纂委员会编印：《香港妇女运动资料汇编（1937年—1949年）》，1994年，第233-235页。

裁的统治者为了献媚他的主子，不惜鼓励设立舞场，现在却又一纸禁令，不准舞场的存在了，既不积极另谋别业反而准许舞场改为妓院，这无异驱迫舞女跳上火坑。因此，五千多名舞业姐妹们就迫得起来抗争，起来咆哮了。至于女工们，一向被人认为可欺负的妇女，然而，她们被迫于生活，也勇敢起来斗争了，这些事件，正反映了国民党独裁统治的民死政策的破产。人民活不下去了，饥饿就是力量，为了生存，他们不能不反抗。然而反动的统治者为了挽救他垂死的统治，对这些手无寸铁的羔羊更不惜采取最不人道的血腥政策，这又是一次暴露了反动派政府面目的狰狞了！我们对于这一群英勇抗暴的弟兄姐妹，表示无限的同情和敬意，而对于国民党独裁统治者的暴行，却感到万分的愤恨和敌忾！

虽然反动派想轻轻用“奸匪”两字，来洗清他们的血手，然而人民的眼睛早已雪亮了，这些卑鄙阴险的裁［栽］诬，只暴露了独裁反动者的公劳日拙了，这一串暴行的发生，恰巧就用国民党反动派所宣传的“行宪”时期，无异说明了宪法的虚伪，虽然独裁者的疯狂统治将日益加剧，可是人民的反抗当更日益增加，学生、舞女和工人的斗争是新的起点，国民党反动派不结束一日的独裁统治，人民的斗争一定不会停止。本会号召全体人民一致起来，支援上海英勇的舞女、学生、工人的求生斗争，以达到中国民主政治的早日实现。

（1948 年 2 月 9《华商报》）

文献39

女青年会开会检讨一年会务[①]

本港女青年会为促进全体女工人员对该会事工检讨及研究，特于十七日上午十一时至下午五时，举行每年一度之隆重全体董干事委员大会，虽

① 收录于广东妇女运动历史资料编纂委员会编印:《香港妇女运动资料汇编（1937 年—1949 年）》，1994 年，第 243—244 页。

时在雨天，然附［赴］会者极为踊跃，到有曹思晃夫人、谭纫就会长、黎耀就夫人、单季生夫人、林植宜夫人、潘赐贵夫人、李树培夫人、郭林［琳］弼夫人、郭凤△夫人、单德馨、黄玉梅等暨各部负责人，同时更蒙全国协会蔡葵总干事、黄秀卿干事由沪南来参加此会。

灵修崇拜之程序举行后，即由该会曾任五届之旧会长曹何玉瑛致词训勉，查何女士[①]在女青年会服务经有二十年，对妇女福利及宗教事业极为热心，和平后，因身体孱弱，昨为首次重履会所，故举座欣然，彼沉痛描述国人在自陷国内战云烽起，及美苏关系日益恶化，仿若非再经第三次大战时，则无法奠定世界和平，天下一家之基者，处此人类傍［彷］徨无生，国家位于危急之沉闷中，背后阳光，只有上帝予人类奇妙之拯救，故不论思想家、政治家、社团、党派，国家在此转变的大时代中，当注意检讨以往得失，决定将来路线，而循此下苦功——则前途荡［大］有希望，今女青年会为最悠久之福利妇女团体，在对国家立场，则当尽社团一份子之责，深愿本“始于基督、终于基督”原则努力。

旋由谭会长主持认识本会之常识测验，以各部门之工作为主题，由（一）女青年会运动，（二）董事会，（三）妇光团，（四）职光团，（五）友光团，（六）华光团，（七）世光团，（八）财务部，（九）宿舍部等，问题极为趣味化，测验完毕，由蔡葵演讲女青年历史及哲学。

（1947 年 5 月 19 日《星岛日报》）

文献40

女青年会昨天开会欢迎参加全会代表[②]

本讯专讯：全世界女青年会，今年在杭州召开世界女青年会理监事大

---

① 原文如此。——编者注

② 收录于广东妇女运动历史资料编纂委员会编印：《香港妇女运动资料汇编（1937 年—1949 年）》，1994 年，第 244 页。

会，最近各国代表纷纷过港，本港女青年会，成为近东线第一大站，该会于昨日下午举行盛大欢迎会，除到有协会会长范恩思，总干事吴德恩外，港会名誉会长港督葛量洪夫人，亦莅会参加，其他到会者有英美印马来等各界来宾及该董事会员等几百余人。首由该会会长谭纫就女士致欢迎词，郭琳弼夫人作介绍来宾后，继由各代表致词，盛赞本港女青年会各部工作开展迅速，建设完备。

（1947年9月14日《星岛日报》）

文献41

香港妇女联合会今举行成立大会①

由布朗夫人、加尔卡拿特夫人、郭琳弼夫人等发起组织之香港妇女联合会，于（八月）七日下午在都爹利街女青年会开成立大会，欢迎全港妇女及妇女团体代表莅会参加，查该会系属国际性者，凡居留香港之妇女或现存之妇女团体等，无论国籍，均得参加，目的在合力从事于各种有关地方之福利事业，将来并拟将该会附属于目前之国际妇女会去，港督夫人任名誉会长。

（1947年8月1日《星岛日报》）

---

① 收录于广东妇女运动历史资料编纂委员会编印：《香港妇女运动资料汇编（1937年—1949年）》，1994年，第258页。

文献42

华南妇女节制会昨开会员大会[1]

——刘王立明讲妇女与和平

华南妇女节制分会，于昨日下午三时，在香港酒店三楼与行会员大会，参加者计有刘王立明（会长）、陈乡［卿］云夫人（总干事）、林子丰夫人（财务）等二十余人，首由主席陈乡云夫人报告该会之任务称：本会在消极方面应做到节制跳舞、打牌、吸烟、饮酒等，至积极方面应做到充实自己，服务家庭、社会、国家。继由刘王立明致词，要点为：（一）吾道不孤——全中国、全世界的妇女和我们一样改造世界。（二）全世界妇女均在要求和平，我们应从经济、文化等各方面，将此残暴世界加以改造，以我们摇篮之手改造天下。（三）团结就是力量，我们应联起来努力工作。此外，还讲了夜校办理之动机等方面情况。

华南妇女节制分会成立于战前，工作颇有成绩，此次为光复后之第一次会员大会，参加之新会员有五十四人，连同旧会员共六十余人，会员计分永久、赞助、维持、普通四种。

（1948 年 6 月 1 日《华商报》）

文献43

华南妇女节制会昨开会员大会[2]

本报特讯：华南妇女节制分会，于昨日下午三时，在香港酒店二楼举行会员大会，参加者计有刘王立明（会长）、陈卿云夫人（总干事）、林

① 收录于广东妇女运动历史资料编纂委员会编印：《香港妇女运动资料汇编（1937 年—1949 年）》，1994 年，第 259 页。

② 收录于广东妇女运动历史资料编纂委员会编印：《香港妇女运动资料汇编（1937 年—1949 年）》，1994 年，第 260−261 页。

子平［丰］夫人（财务）、陈鸿绪夫人（书记）等二十余人，首由主席陈卿云夫人报告该会之任务称：本会在消极方面应做到节制跳舞、打牌、吸烟、饮酒等，至积极方面应做到充实自己，服务家庭、社会、国家。继由刘王立明致词，要点为：（一）吾道不孤——全中国、全世界之妇女均和我们一样希望改造世界。（二）全世界妇女均要求和平，我们应从经济、文化等方面将此残暴之世界加以改造，以我们摇摇篮之手改造天下。（三）团结就是力量，我们应联合起来努力工作。刘致词毕，逐由该会会员报告，此次征求新会员成绩，夜校办理之动机，经过工作成绩及该会财务状况，再请最近由欧美返国之创办人之一胡素贞演讲。演讲毕，开始讨论及选举，当选主理监事为：左学礼、唐翁会巧、徐委旋、李健生、陈林锡祥五人，理事为：彭德夫人、陈卿云夫人、陈鸿绪夫人、杨默霞、李曹秀英、郭乔然、胡素贞、徐景新夫人、林子丰夫人、杨美贞、李正融、柯淑桢、梁宾联、麦杨丽明等十五人。

华南妇女节制会成立于在战前，工作颇有成绩，此次为光复后之第一次会员大会，参加之新会员有五十四人，连同旧会员共六十余人，会员计分永久、赞助、维持、普通四种。

（1948 年 10 月 1 日《华商报》）

文献44

香港中国妇女会成立十周年纪念①

香港中国妇女会于昨日下午四时半，假座香港大酒店二楼举行茶会，庆祝十周年纪念。首由该会会长罗文锦夫人致词，继该会顾问周寿臣爵绅得社会局局长麦道轲致训，最后由该会主席郭琳弼夫人致谢词，在欢乐气氛中，举行茶会、摄影，后散会。

---

① 收录于广东妇女运动历史资料编纂委员会编印：《香港妇女运动资料汇编（1937 年—1949 年）》，1994 年，第 262—263 页。

查是日到会来宾有新任正按察可捷臣夫妇，华民政务伊可杜德夫妇，劳工处长鹤健士，社会局麦道轲，港澳总支部主任委员李大超、周寿臣爵新夫妇、李子芒夫妇、李树芬夫妇、胡惠德夫人、高卓雄、李俊农，港澳妇运会杨苑卿，港九妇女会陈意棣，中国妇女福利会沈慧芙、女青年会单德馨等。五时一刻由郭琳弼夫人宣布开会，座中尤以周寿臣爵绅演讲前所说“二惶”一怕老婆、二怕演说，惹得欢笑声盈座。

（1948 年 10 月 9 日《星岛日报》）

文献45

组织九龙支会成立[①]

港九职工妇女工会九龙第一支会于十三日成立，在九龙城城南道该会内举行成立大会，暨第一届职员就职典礼。到有会员数百，及工联总会属下各工会代表五十余单位，首届主席付琪报告筹备经过，谓该会会址乃由工友自由募捐共得四千元顶祖者。继由总会理事长欧丽华演说本会成立于三十六年六月，宗旨为保障女工利益与推进福利工作，成立以来，曾联合港九女职工一致起来反对减薪，向织布业商会订立劳资条约，至去年十月，要求恢复原薪也获胜利，今年正月南洋纱厂事件，本会也尽力支持，继请各工作代表演讲毕，开始游艺节目……十一时散会。又据总会理事长欧丽华称：该总会包括第一支会共有会员一千左右，会员缴纳月费一元，基金二元。该会现举办有饭堂、学习小组，小组下设有歌泳［咏］团三个，补习夜校两间，及国语班、识字组、时事座谈会、算术班等，夜校学生约二百，教师学生都是工友，以互相学习为原则。工友多是纱厂布厂和职造厂女工。

（1949 年 8 月 15 日《星岛日报》）

---

① 收录于广东妇女运动历史资料编纂委员会编印：《香港妇女运动资料汇编（1937 年—1949 年）》，1994 年，第 268 页。

文献46

中国妇联留港同人拥护世界保卫和平大会[①]

中国妇联留港同人发表宣言，拥护世界保卫和平大会，宣言说：全世界的妇女力量，在拥护世界和平庄严伟大斗争中，是处在一个如何重大的地位。这是关系着全世界、全人类和幸福的一件重大事情。我们每个中国姐妹，义不容辞要负担起这个责任，尽我们最大的努力，争取全国以至全世界的姐妹们紧紧团结起来，加强巩固世界和平阵线，为保卫世界和平而奋斗到底！

（1949 年 4 月 6 日《华商报》）

文献47

华南妇女节制分会已在九龙正式成立[②]

（新亚社）华南妇女节制分会，日前在九龙白加士街正式成立，闻该会是由美国务支而来，其宗旨是以促使一般妇女戒除烟酒等不良嗜好，从事青年教育及妇孺福利事业，提倡世界和平为原则。目前正开始征求会员中，据其章节所载，凡中华民国妇女，身家清白，无不良嗜好，赞成该会之宗旨，由会员一人之介绍者，即可签名入学为会员，惟须缴交会费每年十七元，或一次过缴交一百元。入会后，即可享受会方举办一切事业之优待权利。闻该会之会务，分为生活讨论、工业生产、青年教育、儿童福利等数项。

（1948 年 7 月 19 日《香港大公报》）

---

① 收录于广东妇女运动历史资料编纂委员会编印：《香港妇女运动资料汇编（1937 年—1949 年）》，1994 年，第 277 页。

② 收录于广东妇女运动历史资料编纂委员会编印：《香港妇女运动资料汇编（1937 年—1949 年）》，1994 年，第 279 页。

文献48

中国妇女联谊会（节选）[1]

陆慧年 等

……

各地联谊会的建立和发展

……

港九妇女联谊会是在抗战期间迁回祖国参加过抗战工作，抗战胜利后回到香港、九龙的一些进步妇女发起组织，于 1946 年 4 月 1 日成立的，负责人有高梅昭、周颖、郭茜菲、程颂文等，并曾向港英政府登记，取得了合法地位。会员中职业妇女最多，也有少数家庭妇女，共有 300 多人，分成 18 个学习小组，她们的宗旨也是反对内战，为祖国的和平民主而奋斗。

……

文献49

八路军驻香港办事处[2]

中共广东省委八办党史处

1937 年“七七”芦沟桥事变后，中国沿海口岸相继被日军所占领，香港成了我国对外联系的主要渠道。中共中央在取得港英当局的同意后，

① 收录于南方局党史资料征集小组编：《南方局党史资料 · 群众工作》，重庆出版社，1990 年，第 385—400 页。

② 收录于南方局党史资料征集小组编：《南方局党史资料 · 军事工作》，重庆出版社，1990 年，第 465—472 页。

于 1938 年 1 月在香港设立八路军驻香港办事处（以下简称“办事处”），派廖承志、潘汉年同志为八路军代表（廖承志当时任中共中央南方局委员）。先后派往办事处工作的还有连贯、梁上苑、潘柱、罗雁子（罗理实）、张淑芳、冯劲持、杜埃、余明（女）、李默农（少石）、张唯一、杨琳、熊志华、谭乐华（女）、钟路（女）、高直（女、李玉明）、阿新（陈永生）等。办事处于 1941 年 12 月香港被日军占领时撤退，历时四年。四年中，办事处在中共中央和南方局的领导下，在周恩来同志的直接指导下，充分利用香港特殊的政治和地理环境，广泛开展抗日民族统一战线工作，争取香港同胞、海外侨胞和国际友人的同情和支持，为争取中国抗日战争的最后胜利，作出了重大贡献。

……

文献50

香港学生赈济会女学团[①]

中国抗日战争时期香港女学生抗日团体。1939 年 6 月由香港学生赈济会在香港成立。女学团以学赈会女学生骨干为基础，吸收了各女子中学数百名爱国女学生参加，梁欢笑任团长。女团员们作了大量的抗日宣传、募集捐款的工作；她们深入工厂、办识字班和女工夜校，帮助女工建立互助社、姐妹会；发动女学生参加回乡服务团和慰劳团；一些女学生回国参加了东江抗日新编大队。1940 年学赈会工作结束，女学生的活动则转入校内。但仍有女学生骨干深入到工厂，组织各种小型抗日团体。许多女学生冒着危险越过日寇封锁线，参加在深圳的抗日游击队。

（石彤）

---

① 收录于卢乐山编：《中国女性百科全书》文化教育卷，东北大学出版社，1995 年，第 543 页。

文献51

第六章　奋起抗日　妇运展现新风采（节选）[①]

1937年7月—1945年9月

第二节　妇女抗日统一战线形成

……

二、女界抗日统一战线的形成及其组织形式

……

在香港，召开了万人纪念大会，宋庆龄、何香凝发表了激动人心的演说；在昆明，龙云夫人亲自主持纪念大会；在桂林，李宗仁夫人郭德洁女士慷慨致词；在广东的临时省会韶关，李汉魂的夫人吴菊芳登台演讲。时时受着空袭威胁的南昌、贵阳，妇女群众从容地举行抗战义卖来纪念自己的斗争节日。在敌机狂轰滥炸的宜昌等地，妇女们在防空洞里进行“三八”宣传活动；夜晚，她们满怀悲愤在受难同胞的尸体堆旁进行火炬游行，声讨侵略者的滔天罪行。

……

① 收录于青长蓉、马士慧、黄莜娜、刘宗尧编著：《中国妇女运动史》，四川大学出版社，1989年，第129−137页。

文献52

第一章 抗日战争爆发。东江人民抗日武装的创建（节选）①

第三节 华侨和港澳同胞积极支持和参加东江人民抗日斗争

……

二、东江华侨回乡服务团的成立

……

1938年11月21日，由黄适安带领的南洋惠侨救乡会代表回到香港。代表团抵港后，即与八路军驻香港办事处取得联系。黄适安等先与廖承志、连贯和正在香港的叶挺将军商议救乡计划，并得到他们的鼓励和支持。在八路军驻香港办事处的支持和推动下，南洋的抗日救亡运动很快就和香港两地的抗日救亡运动汇集在一起，把两地惠州侨胞的抗日救亡运动推向新的发展阶段。12月中旬，召开了有南侨惠侨救乡会和香港惠阳青年会、余闲乐社和海陆丰同乡会三个在香港比较有影响的惠属爱国团体的代表参加的会议，商议救乡计划。会议决定为了更好地发动、组织和统一指挥南洋和香港的爱国青年回乡参加抗日救亡工作，成立“东江华侨回乡服务团”（简称“东团”）。会议确定“动员东江群众协助军队及人民武装抗战，并拯救伤兵难民及辅导民众组织各种救亡团体”为“东团”的宗旨。②12月下旬，在香港成立“东团”总团部办事处，负责与南洋惠侨救乡会联系，动员和组织爱国青年回乡参加抗战，保证团员的物资供应。办事处主任刘仁铨（刘锦汉），副主任曾寿隆、孙石（女）。

……

随着南洋各地抗日救亡运动的深入，华侨爱国热情高涨，爱国青年纷纷要求回乡参加抗日救国的斗争。于是出现了一个父母送儿女，妻子送丈

---

① 收录于《东江纵队史》编写组编：《东江纵队史》，广东人民出版社，1995年，第35–39页。

② 《东江华侨回乡服务团章程》。——原书注

夫，甚至夫妻一起回乡抗日救国的热潮。吉隆坡侨领方寿带儿子方隆、侄儿方志良到南洋惠侨救乡会，要求介绍其儿侄回国参加抗战，并勉励儿侄要抱定牺牲的决心，勇往直前，才对得住国家民族。[①]店员工人陈志奋，全家父子两人相依为命，他耐心说服了父亲，毅然参加了“东团”，回国抗日。贺玉兰夫妇结婚后不久便双双回国服务，丈夫参加了陈嘉庚组织的回国服务团，她本人则参加“东团”，回东江前线参加抗日斗争。不少华侨爱国青年下定救国救民、决不回头的决心，回国时不留后路，不去英、荷当局领取重返南洋的入境证。在这高度的爱国主义精神的鼓舞下，1939年3月开始，爱国侨领黄伯才、张郁才出资，将马来亚爱国青年黄志强等人组成的“马华蜜蜂剧团”改组成立了以黄志强为队长，由11人组成“东江华侨回乡服务团文森队”（简称“文森队”）；马来亚雪兰莪州侨领张郁才、陈永、黄重吉，黄伯才等发起组成，以黄义芳（黄炜然）为队长，由73人组成的“东江华侨回乡服务团吉隆坡队”（简称“吉隆坡队”），以及加影队、星柔队、双莪月队、北马华侨回国服务团……等华侨子弟队伍，相继回国参加抗日救国的伟大斗争。他们回国后，大部分参加了曾生等领导的抗日游击队，小部分以东团名义，在东江各地开展抗日救亡工作。与此同时，安南、暹罗等地的爱国华侨青年，亦纷纷回东江参加抗日救国的伟大斗争，其中一部分亦参加了“东团”。以凌勇为队长，由23人组成的安南华侨青年国防话剧活动宣传队，回东江后参加了曾生游击队，被正式命名为新编大队政工队，在惠宝地区做抗日军民的宣传工作。甚至美洲纽约惠州工商联合会的会员邱谭君等爱国青年，亦不远万里回到东江参加抗日斗争。[②]

……

① 《星洲日报》1939年3月1日。——原书注

② 《美洲纽约惠州工商联合会致电国民政府主席及军事委员长》，载《广东华侨港澳华侨回乡服务团史料》第199页。1985年5月出版。——原书注

香港妇女经济资料

文献1

妇联捐款慰问学生[①]

本报讯：港九妇女联谊会座谈会，△捐款三十六万元八角交本报转国内学生表示慰问。又有会外人员捐款十元，亦交本报代转。

（《华商报》1947.6.18）

文献2

职业妇女，倾囊捐款[②]

编辑先生：周末我们经常有几位职业妇女聚在一起谈心，从个人的小事谈到国家的大事，我们常能互相帮助解答当前的许多问题，大家都觉得有趣，当我们弄清是非曲直的时候。昨晚，我们又聚在一起，此次谈的是如何响应救灾运动，经过一位提头说出，大家都立刻表示同情，除了答应个别进行征求朋友加入运动外，我们尽身上所带的钱，捐出港币十二元请先生收转陕北灾民，以后我们希望有更多的款子由各朋友直接函送。

（《华商报》1948.5.12）

---

① 收录于广东省妇女联合会、广东省档案馆编：《广东妇女运动历史资料》第六辑，广东省供销学校印刷厂，1991年，第355页。

② 收录于广东省妇女联合会、广东省档案馆编：《广东妇女运动历史资料》第六辑，广东省供销学校印刷厂，1991年，第362页。

文献3

女青年会募捐小结①

本港女青年会捐募大会，昨日下午三时开会作第一次小结，此次募捐将共小结三次了，按原来的规定，在全部募捐款期间（一个月）每个人目标为三百元，每小队目标为四千二百元，而昨日成绩表所登记，第一次小结，已有不少超过目标。

三时半，结算完毕，到会者起立唱“赶快工作歌”并由林护夫人领导作祈祷，祈祷后由主席潘锡贵夫人致词，周俊年致勉词，总干事单德声报告募捐成绩，不时弄错，据她自已说：实固“欢喜得滞”。

捐募成绩如下：大队冠军为社团队 01.571 元②，小队冠军为陈卿云夫人队 135 元，个人冠军为卢世振夫人 100 元，总共募得 509.28 元。

成绩报告后，即颁发奖品，大队冠军社团队得郭佩璋夫人所赠风扇一台，其他冠亚军等亦均各得奖品，奖品颁发完毕，茶话开始，茶话中大家抽取幸运奖，至五时余尽欢而散。

（《华商报》1948.10.16）

文献4

织布工潮再起波澜③

一部女工罢工

目前发生之职布工潮，业经解决多日，劳资两方已在劳工司获得协

---

① 收录于广东省妇女联合会、广东省档案馆编：《广东妇女运动历史资料》第六辑，广东省供销学校印刷厂，1991 年，第 368—369 页。

② 原文如此。——编者注

③ 收录于广东省妇女联合会、广东省档案馆编：《广东妇女运动历史资料》第六辑，广东省供销学校印刷厂，1991 年，第 396 页。

议，讵最近有两家布厂，因工资问题，又重生纠纷，再起罢工，查有青山道绵兴及大光两布厂女工，因厂方不遵守劳资协约，将原订每匹三元半发给，是以该两布厂女工百余人，已于昨日一同罢工，现工会方面以厂方违反协议，决向劳工司投诉，请求主持公道。

（《星岛日报》1947.4.2）

文献5

妇委会四义捐儿童节大联欢①

明日为儿童节，港澳妇女运动委员会定于是日下午二时，在所内举行庆祝会，并邀请该会所办三四间义学学生到所联欢，除内该会主任委员梁少芝女士捐出港币一百元，及各委员理事等捐出百余元，作了庆祝会开销外，并内该会函请各大公司捐赠儿童玩具，届时分赠各儿童。又最近来港之英国儿童福利会之劳夫人及其同伴等，因关怀本港之儿童福利事业，定于今日上午十时，前往参观托儿所。

（《星岛日报》1947.4.3）

文献6

百乐门舞女罢工②

——具五项理由谒劳司请求仲裁

昨天晚上，红梅餐厅里，举行了一个破天荒的舞女罢工的紧急会议，这个会议既没有形式，也没有主席，六七十个装束时髦的舞娘，娇声日历

---

① 收录于广东省妇女联合会、广东省档案馆编：《广东妇女运动历史资料》第六辑，广东省供销学校印刷厂，1991 年，第 396 页。

② 收录于广东省妇女联合会、广东省档案馆编：《广东妇女运动历史资料》第六辑，广东省供销学校印刷厂，1991 年，第 396—398 页。

[呖呖] ……，有说上海话的，有说广东话的，你一言，我一语，嘈杂的声音，把整个餐厅变了临时圩场。

这群酝酿着罢工的舞女，都是隶属于香港第一流舞厅“百乐门”旗帜下的，她们罢工的理由不是为生活待遇问题，而是为舞票增税后，均分不匀的纠纷，谁又想到在这群观△的行列里，也会有所谓劳资纠纷的呻吟？

会议足足经过了三个钟头，由六时起至十时止，结果只决定推出代表汪洋、江小妹、陈蝶影和夏莉四名，定今天上午去谒劳工劳苏云，把她们的要求交劳工司代为调解。假如失败的话，她们决定联合其他七家舞场的舞女，一致实行罢舞。

事情经过是这样的；自从本港各舞厅率命征纳舞税后舞场坐枱的舞票规定了加价每小时由十元增至十五元，问题就来了，舞女不愿老阔占便宜，政府征纳舞税，结果做成了老板增加了一笔意外的收入。从前每小时坐枱票每小时十块钱，舞女和老阔是四六开拆的，舞女占六，老阔占四。征税以后，在十五元舞票，舞客除了替舞场纳了舞税外，舞女和老板的收入都增加了，可是舞场老阔认为不合化算，于是规定在百分之十的舞税内，要舞女负担三分之二，于是舞女认为不公开［平］，这是她们以罢舞为要胁［挟］的理由之一。

虽然舞票规定每小时十五元，可是据闻舞场却没有十五元的舞票，只有二十元的一款，换句话说，每小时最低限度要舞客付出二十元，把舞女可能得到的五块钱“贴士”都付在舞票内，和老阔照四六分拆，这是舞女要反对的理由之二。

舞女工作时间由晚上八时半至半夜一时，如舞女延时到舞场，所欠的时间由舞女付出舞票，而舞女方面要求以到舞场的时间起计算，不到舞场，不应由舞女代舞客付出，这是反对的理由之三。

舞场里茶水账单，舞场也把它列入舞票账单里，要舞女负担缴税，这是反对的理由之四。

舞场规定舞女每晚清缴舞票，但有些红的舞女对舞客不能即晚收到舞票，那末便要舞女代舞客付出，现在他们要求每星期清缴一次，这是她们提出反对之理由之五。

（《星岛日报》1947.4.9）

文献7

弹情女儿闹罢工，妇女会主任调解[①]

——伴舞生涯苦那堪无理剥削，复工后谈判且看结果如何

百乐门舞厅舞女罢舞的风潮，可算本港各行罢工风潮中最惹人注意的一件，这并不是因为它影响的严重，而是谁都不曾相信这些丰衣足食，物质享受看来很高的舞女，也会闹罢工，难道她们的生活有过不去的地方？抑或其中有令人难以了解的“苦衷”存在？

她们罢工的理由，昨日本报已经详载无遗了，她们因为没有得到资方的答复，六七十个参加罢工的舞女，昨天经过港澳妇女运动委员会当事人出任调停，结果把她们说服了，劝她们先行复工。定今日下午再举行正式谈判，资方昨天也曾派过代表三人到妇女会，当面答允接纳调停的协议，只要舞女方面肯先行恢复工作，昨晚全体参加罢工的舞女都已回到舞场工作，静候谈判的结果。

（《星岛日报》1947.4.10）

① 收录于广东省妇女联合会、广东省档案馆编:《广东妇女运动历史资料》第六辑，广东省供销学校印刷厂，1991年，第398页。

文献8

妇女界发动十万慈善捐协助广州华英医院[①]

本港热心妇女界，以广州华英医院自成立以来，造福广州贫苦民众不少，兹为增加该院病床及购置设备与仪器起见，特由何明华会督主持。成立一募捐委员会，与郭琳弼夫人李芙蓉女士任主席，定于今日下午五时，假座女青年会，举行募捐出发仪式，欢迎各界热心人士参加，届时由△利华会督，代表何会督演讲，并阐述该院今后之任务，同时招待记者，查该院里南万国医院药救济会创办。而该会则为抗战期间热心医师及护士所组成。此次本港发动代为募捐港币十万元云。兹将各队队委队员列后：主席郭琳弼夫人，委员单德声，陈永安夫人，王雯夫人，陈乙明夫人，张继锡夫人，熊茂昭小姐，陈蕉琴小姐。队长黄锡滔夫人，陈乙明夫人，沈瑶英小姐，王雯医生，容玉技医生，何艾龄小姐，张继锡夫人，熊茂昭小姐。郭凤轩小姐，卡雅德医生，廖恩德、梁定蓟，文若珍，郑铁如，黄国权，尹耀声，林照星，钟中，陈蕉琴小姐，队员果醴源夫人，王贵勤小姐，王小姐，艾喜黎夫人，郑现成。罗△翘，郭圻厚医生，方乃祺、卢福星、陈淑莲、蔡懿水、吕丽英、张祺、容玉仪、莫绮莲、许刚良夫人、霍祖怡夫人、利名泽、简竹坚、李崧夫人、李祖佑夫人、何拍常、洪奇琮、关德勤、许乃波夫人、叶延英、陆霭云夫人、苏丽媛、辛慕蕴、梁有德。萧家禧夫人、翟大光、叶易技、扬季、黄真懿、唐王、叶慧珍、李浩田医生、李学良夫人、郭佐治夫人、尹淑贞、黎秀芳、罗德贞，尚有其他外同人士十余人，分成十一队云。

（《星岛日报》1947.4.23）

---

① 收录于广东省妇女联合会、广东省档案馆编：《广东妇女运动历史资料》第六辑，广东省供销学校印刷厂，1991年，第398—399页。

文献9

青女招待哭泣请愿①

美联社青岛二十二日电：青岛市政当局为举行朴实运动，勒令各酒楼茶室女招待停止，顿使四面各妇女宣告失业，被勒令停业之女招待，顿召开会议，决定向当局提出“哭呈”（真是闻所未闻）请求其撤回禁令，其计划为全体前赴求见当局官员，向之哭泣求怜。

（《星岛日报》1947.8.23）

文献10

慈善游艺大会在钟声举行②

（本报专讯）港九妇女会举办慈善水陆游艺大会，昨日正午假西环钟声游泳场举行。是日门券分名誉券十元，普通入场券二元及学生一元三种。昨日至场之来宾颇众，收入估计约二千余元之谱。场内设有各种各式之游戏，如掷环飞标、子弹器等，并设有幸运奖券兜售，每张一元，设有名贵奖品二十种，由各学校社团之服务员到处兜售，日间之游艺由光华社担任中乐节目，并得名唱家陈绵红、辛赐卿等演唱名曲，晚间则由永安人寿公司园艺团担任国技表演，水艺由全运男女代表表演，美人鱼黄氏姊妹花为全场最注［瞩］目之一双英雄，昨晚大会完毕后，由肖锡明亲自颁发所赠送大会之全场奖品余款全捐献给慈善机构。

（《星岛日报》1948.7.18）

---

① 收录于广东省妇女联合会、广东省档案馆编：《广东妇女运动历史资料》第六辑，广东省供销学校印刷厂，1991年，第404页。

② 收录于广东省妇女联合会、广东省档案馆编：《广东妇女运动历史资料》第六辑，广东省供销学校印刷厂，1991年，第414页。

文献11

妇女福利会工艺训练班承接制服装[①]

（本报专讯）中国妇女福利协会香港分会所设之工艺训练所，自开办以来，颇具成绩，现该所为扩大工作范围，特加设工艺生产班，承接原料回所代制男女服装及儿童服装，廉价收费。又该会所发出第一届会员行将期满，现定由即日起，至八月十五日止，为换发第二届会员证期间。

（《星岛日报》1948.7.21）

文献12

中国妇女福利协会香港分会为学习妇女创造谋生的良机[②]

中国妇女福利协会香港分会，附设工艺训举办车缝编织及纸花等工艺，出品优良，诚为妇女界学习之良机，并设工艺生产班，使学习妇女得以谋生。现第二届行将结业，第三届已开始招生云。

（《星岛日报》1948.7.22）

文献13

女青年会是值得热心人士掏腰包的吗？[③]

——为募捐大会进一言

女青年会，从不贴标语，不高呼口号，也没有举行什么招待会，她一

---

① 收录于广东省妇女联合会、广东省档案馆编：《广东妇女运动历史资料》第六辑，广东省供销学校印刷厂，1991年，第415页。

② 同上。

③ 收录于广东省妇女联合会、广东省档案馆编：《广东妇女运动历史资料》第六辑，广东省供销学校印刷厂，1991年，第416—418页。

贯的作风，是严肃沉着的干、积极的干、紧张的干、努力的干。

这是一个最健全而最富毅力的热诚服务团体，一个不懈地解决家庭问题，改善家庭生活，集合了许多贤明能干的主妇，更造成了许多贤明能干的主妇，注重青年问题，培养一群群四育并进的青年少女，改良教育，力在教育的普及，使不少缺乏时间入学的劳工妇女或无钱交学费的失学儿童的受教育。总而言之，女青年会不遗余力，从各方面的实际需要上去改良社会，目的是要促进一个人间天国的实现。

只要跑到去市区会所看她们怎样工作，啊，你就会把她们的工作，认识得一清二楚，或更会因她们的工作热诚而感到惊异了，她们多是一部部、一组组的围起来讨论、设计、费心事，伤脑筋。每每一坐几个钟头，未有解决如何着手，如何进行之前，虽然饥腹雷鸣，也不肯中辍的。而一经议决以后，使分头负责去推动，去苦干，会中一切事业，经常负责的是常配会所的一班干事与每年参加务工作的一百数十名的议工人员。干事中有下大决心，抛弃一切毕生献身于社会服务的；议工人员中很多是繁忙的教师、校长，各医院和各机关的职员，更不少一身琐事的主妇。在工作中，每每不免遇到阻碍，任劳任怨。然而，她们总是面带欢笑，并充满青春活泼的朝气。这一股热诚蓬勃的劲气是怎么来的？还是她们知道服务牺牲是一个人对社会，对同群应尽的义务吧！是要发挥耶稣基督的真精神！并于行为上表现出来。

许多热心人士，把女青年会的工作和精神认识得很清楚，所以提到女青年会的事业，便竭诚赞助。他们说：“很好！你们出力，我们出钱。”他们中有不少人，因为知道女青年会需要很巨的经费，而女青年会所办的事业不是牟利的，必靠社会热心人士的赞助，所以每年必在她们的支出项下，先把捐款列入去，然后储款以待。复员以来，经过二度大募捐，而二度都不特达数目并且超过预期的数字。人家说：“女青年会的太太小姐们口马交关好，说服这许多人掏出腰包来！”

不过这不能说全是“三寸不烂之舌”的功劳，要是没有切实的工作拿给人家看，你便是欺哄；若是靠了欺欺哄哄，就断不会得到热心人们年年掏腰包的。

可是，话又说来了，也许你虽切切实实地去干，但抱着腰包不掏，你就一点也奈不得啦。所以我们的工作，不单是得到许多先生太太们的认识，同情，爱护，更慷慨地是以金钱的赞助，对于这点，我们实在不能从衷心深处献上我们的感谢。

（《星岛日报》1948.10.4）

文献14

募捐大会宣言①

人无不渴望其所处的家庭、社会、国家及世界获得康乐、健全、富强与和平。占人口半数的妇女们应负起的责任是十分重大的。

本会工作，对于各阶段妇女的培养和训练，已肩负了最大的任务，在工厂、在商场、在公务机关、在个别的家庭与学校，都有我们的女工友、女职员、主妇、教师或学生，中国的或外国的姐妹们在贡献力量。而女青年会就是锻炼妇女干部才干的营场，使妇女们发挥其才干和创造性，获的建设家庭、社会、国家、世界的修养与准备，女青年会的工作，就是向着这个目标。在实事求是中进步。

二十八年来，本会同人，本着耶稣基督的精神，依靠着同业姐妹的合作，与社会人士的广大同情与支助，以获得一切成就。

复员三年，本会均已完全恢复了战前的规模，新的事业、新的设施，日渐开展，社会的需要也日渐繁增，新时代的诞生，女青年会的新工作，也就是社会人士的新责任。过去几年，我们曾获得了各界人士的信任与支持，现在我们更深信“容我们一同建造”的信念，必在广大的同情下，获得胜利。

---

① 收录于广东省妇女联合会、广东省档案馆编：《广东妇女运动历史资料》第六辑，广东省供销学校印刷厂，1991 年，第 421—422 页。

在募捐运动出发前夕，同人等谨以至诚，接受爱护本会之各界人士鼓励与督促！

（《星岛日报》1948）

文献15

全港九的主妇们向吴清女士看齐！①

她平日省吃俭用而积下的一百元，全部拿出来感［慰］劳解加军。

编辑先生：

我是一个家庭妇女，上海解放了，最近广州也解放了，我内心有说不出的喜悦，我不会写稿，更不喜于讲话，我只晓得我是敬爱着为人民自由而奋斗的解放军，我要做一个中华人民共和国的妇女，我也得尽我的棉［绵］力，以我平日省吃俭用储蓄的一百元来劳军，以表我的诚意，虽然我要凑起此数，也不是一件容易的事，不过我高兴这样。我晓得有不少妇女是比我更有钱，我希望我们妇女会大家△△△起来！一起劳军！我更相信不久的将来，可以解放我们全中国！

（《香港文汇报》1949.10.24）

文献16

可敬的家庭主妇把缝衣工资捐出来②

在她的来信中，到处都洋溢着新中国人民的光荣与傲骄，洋溢着中国人民对自己领袖和军队的热爱。

---

① 收录于广东省妇女联合会、广东省档案馆编：《广东妇女运动历史资料》第六辑，广东省供销学校印刷厂，1991年，第434页。

② 收录于广东省妇女联合会、广东省档案馆编：《广东妇女运动历史资料》第六辑，广东省供销学校印刷厂，1991年，第435页。

编辑先生：

我是一个家庭主妇，对于祖国，时极关怀，奈有心无力，渐［惭］愧得很，现在广州解放了，非常愉快，因我系广东人，更加欢喜若狂。今日没有英勇的人民解放军，便不能见天日，永近［远］埋在黑暗里。幸得毛主席英明领导，使我们走上光明之路。真是感激无涯！无以为报，聊尽棉［绵］力，谨献上利△卫生药皂十件，港币十元，△小微物，颇党［觉］汗颜，烦转广州英勇解放军，以作劳军之用，此区区之物款，是缝衣得来者，盟表敬意而已。

并请

撰安！

读者黄十一敬上

十月二十八

此十元港币是黄十一 四元　曾师奶 三元　张仙 二元　何少媪 一元。共十元。

（《香港文汇报》1949.11.3）

文献17

港九妇女团结起来推广劳军工作[①]

港九妇联主席刘秀

十一月是劳军月，我谨以至诚，向港九姊妹号召：

踊跃劳军

这半个月来，全港九的人，不分男女、老少、贫富，包括各阶层的热心人士，都捲［卷］入劳军的热潮里，把他们所能拿得出来的钱，拿得出

---

① 收录于广东省妇女联合会、广东省档案馆编：《广东妇女运动历史资料》第六辑，广东省供销学校印刷厂，1991年，第435—438页。

来的物品，尽量的捐出，要把他们爱国的热情[①]，要把他们爱国的热情，和解放战士的英勇行为连在一起。然而，不可抹煞，这个劳军运动，仍是不够普遍，以港九二百万人口的一个大城市，经过半个多月的努力的成绩，也不过是几十万元。尤其是港九妇女占人口半数的港九一百万妇女，结果我们计算一下，劳军捐款只是寥寥的几万元。以港九的妇女人数计算起来，每个人平均捐了多少？因此我们觉得，这一运动是应更进一步推广，使之深入和普遍。如果这一运运［动］能深入而且普遍，那么，纵使每一个人一元钱，全港九的姊妹们，也应可以达到一百万元的成绩。每人一元钱这个数目，并不十分困难，然而这一点我们未曾做到，也就证明这一运动是不够普遍。往往我碰见许多姊妹们，因为捐款而碰了钉子，受了人家的气，致使摇头叹气。有时我们问人家捐款，人家说："这已是第几遍了。"这证明，我们活动范围太窄，而且证明我们不能够耐心去说服人家。

广州的解放，对香港人士感觉是很亲切的。北京、上海、南京，以及其他大都市的解放，香港一般人士不曾感到太兴奋，然而这次广州的解放了，广州和香港，只隔几个钟头的车和船，一切对解放战士的侮蔑，对人民政府的毁谤，都不会生效。看见这几天在深圳过夜，侯［候］车上广州的人们，足见人民对新生祖国的热忱，对新生祖国的期望。她们是怀着一团高兴回去的。她们要回到新生祖国参加工作去了，这是人们对几十年来，妇女过着无声无嗅［息］的日子。今天，由于人民解放军战争的胜利，妇女们站起来了，人民政府的七个正副主席，也有女主席，中央各部门里有女部长，这就是说，如果我们肯努力，是可以得到很高的地位的。今天，劳军运动，是我们，是我们目前的急务，广州虽然解放，但是反动派仍盘踞西南及台湾，解放战争仍将继续，妇女们应该坚决负起这一光荣的任务。

于此，我愿意介绍一些妇女的一些劳军工作：

到目前为止，妇女的捐款已有一万四千多，除了一千件棉衣以外，还

---

① 原文如此。——编者注

可以有一万元的现款，数目虽是不多，然而姊妹们都尽了相当的努力。比如捐款吧，有些姊妹碰到钉子叹气了，但大部分都说服了人家，借捐款的机会，还宣传了新民主主义的各种政策。

住在会所宿舍里的姊妹们，因为大家很穷，又没有富有的亲友，怎么办呢？“节省吧”于是大家决定，晚餐只吃清汤面，限二毛钱，每天省四毛钱劳军。在捐款只达到八千元的时候，（我们的目标是一万元）姊妹们是焦急了，怎么办呢？我听见两位姊妹在暗地商量，“向老爷（丈夫）想办法吧”，“已经捐得差不多了”！“那么，明天的请客席上，向大家募捐吧。”这样，第三天的早上，她们俩送来两千元。她们是在暗地里商量好办法的，是在利用切可以利用的机会。

又如我们做棉衣，因为大家没经验，做得慢，怎么办呢？“有个师傅回来帮忙吧”！有人提议：“胡说，我们捐款不容啊！为什么还要给人家工钱！”大家迅速的学，一个教一个，很快的，大家都学会了，姊妹们有些有职业的，一下班就来，一直到深夜，有里［的］[①] 早上送孩子上了学，就到会所缝棉衣，直到深夜十一二时才回去。孩子哭觉说：“妈妈、今天你不要去了”，然而她们咬咬嘴唇，下了决心，抛下孩子走了……这些场面是感动人的。还有一些会外人士，一听见这个消息，到处访问会址，要参加缝衣，这是见港九妇女的热忱。

妇女们是爱国的，她们懂得是和解，她们知道只有在共产党的领导下，妇女才能翻身。因此她们愿意抛了家里的事务，到会所缝制棉衣。我还看见一个会外姊妹，一面抱着孩子，一面在踩着衣车帮做棉衣，我真感动得流泪了！是谁使妇女们觉醒，是谁为全民族解放而流血流汗，妇女们是知道得一清二楚的！

因此，在这劳军的热潮里，我们应该发动广大的妇女群众，更深一步的推广劳军工作。

团结起来，团结在港九妇联的周围，加紧学习，使大家成为建国的

---

① 原文为“里”，根据文意，改为“的”。——编者注

一支生力军，姊妹们！让我们团结起来，推广劳军运动，彻底消灭反动力量，努力建设新中国。

（《香港文汇报》1949.11.7）

文献18

香港南洋兄弟烟草公司女工互助社的成长历程①

董惠珍执笔

1937年“七七”芦沟桥的炮声，震撼了全中国。香港同胞在民族危亡的关头，掀起了抗战救亡的怒潮。反对日寇侵略中国，反对国民党卖国求荣已成为人民群众一致的呼声。香港南洋兄弟烟草公司的女工们，意识到国破家亡的痛苦，走出工厂，参加社会活动，到斗争的行列中去。经过几次起落，她们在党的领导下，于1939年冬成立了香港南洋兄弟烟草公司女工互助社（以下简称女工互助社）。女工互助社是一个抗日救亡组织，团结广大工人群众，开展抗日救亡工作。直到1941年底日寇侵占香港时，工厂关闭、工人被遣散，女工互助社才停止活动，工人党员则转入地下斗争。

1939年初，南洋兄弟烟草公司的女工们，怀着不当亡国奴的心情，自发参加了一些社会救亡活动。当时铜锣湾塘街有个博爱社，原来是回教徒活动的场所，该社有些喜欢拉、弹、演、唱的青年，经常演些文艺节目。南洋兄弟烟草公司的女工中的回教女青年，脱玉梅两姐妹就是该社的积极分子，她们二人利用工作关系，串连南洋兄弟烟草公司的女工参加该社的活动，观看他们的演出。如麦葵卿、张志云、刘慕珍、宋群芳、李绮文、欧淑芳、张自珍等女工，就是博爱的常客。但是麦葵卿等人虽然热情很高，却只限于来博爱社观看演出，而没有加入博爱社。脱玉梅姐妹怕时

① 收录于广东妇女运动历史资料编纂委员会编印：《香港妇女运动资料汇编（1937年—1949年）》，1994年，第52–57页。

间一长工友们就不愿再去活动，便动员麦葵卿、张志云等几个工友，组织了南洋女工歌咏班。歌咏班成立后，还得依赖博爱社的帮助。如教唱歌的人，就是由刘慕珍（回教）去找脱维善（回教，现是香港咨询委员会的代表之一）、脱维良来，义务帮助教唱，每周两晚只限于唱歌，没有什么制度，只是喜欢唱歌时就去参加。因此，每次来唱歌的人员不很固定，但每次都来了 20 ～ 30 人。这时脱玉梅姐妹利用工人们的爱国热情，开始谋取私利，私印了一些有奖券票，向工友们兜售，说是支持博爱社搞救亡工作的，要麦葵卿等拿回工厂为她们推销。麦等认为这是“保家卫国”的行动，便积极推销（每券 2 角，每本券票约 10 张），推销了几本，把钱都交给脱玉梅姐妹。以后不见脱玉梅等说过这些钱起什么作用，也不见开奖，从而引起大家的怀疑。后来大家才知道受了骗，都很气愤，从此工友们到班里来的热情受了影响，人来得越来越少。有些工友还提出另行组织歌咏班。正当歌咏班办不下去的时候，1939 年“三八”妇女节到来了，学赈会组织各学校学生到工厂去宣传抗日救国。而到南洋兄弟烟草公司去的是香港丽泽女中学校的同学，她们除了向工人宣传抗战主张之外，还帮助工人们出谋献策，向资本家争得了加工资的胜利。由此工人们认识到学文化的重要，觉得没有文化，有理说不清，给资本家牵着鼻子剥削也没有办法。于是在丽洋女中的同学的帮助下，女工们脱离了那已失人心的歌咏班，独立自主地组织了识字班，由丽泽女中的同学陈碧婷（现名陈绍明，党员）、黄惠琼（后脱党）两人负责，教文化课，教唱抗战歌曲，讲抗日救国的道理。识字班在党的领导下进行活动，比过去的歌咏班办得更加完善了。识字班发展到 40 ～ 50 人。识字班每周活动两个晚上，开班时书声朗朗［琅琅］、歌声袅袅，一派兴旺景象。正当识字班蓬勃发展的时候，陈绍明调走了，只剩下黄惠琼一人负责这个班。过了一段时间，黄惠琼思想起了变化，对班的工作不大管，最后甚至不到班上来，识字班便陷入无人领导状态。这时脱玉梅姐妹乘虚而入，和她们的哥哥一起控制了识字班。

脱玉梅姐妹独揽识字班的大权后，一再要麦葵卿等工友去发动工人们来识字班。而脱某等只管收费（每人每月交费一角），不理班里的工作。

很多时候没人教课，而由脱的哥哥胡说一通，宣传封建迷信的东西。这样，识字班越办越差，谁有意见就打击谁，一些工友便不来了。最后班里只剩下 20 来人，面临散伙的危险。在此情况下，党派董惠珍（党员）到识字班工作，对识字班进行整顿。识字班才又发展起来，为后来建立女工互助社打下基础。

南洋兄弟烟草公司女工互助社，是在斗争中成长、发展、壮大起来的。

第一次斗争是加五斗争。南洋兄弟烟草公司的老板，为了赚钱，要工人加班工作。还派出工头经常在车间监工，察看工人的工作情况，发现烟包里包的锡纸即使只有一点点皱纹，也要把工人已经包装了的香烟拆开撕烂，要工人重新返工。包大的 20 包算一斗，小的 50 包算一斗，包一斗只得 2 分钱。工人工作一天下来，做不够定额，他们就要扣罚工资。工人们只得加班加点，工作极度紧张，工人们付出了代价，得到的只是极端的疲劳和辛苦。为了改变这种不合理状况，工人们要求加五工资（即一个月增加五元），而工厂不予理睬。去工厂宣传的同学知道这种情况后，一面为工人出谋献策，教她们如何向厂方据理力争，一面鼓励工人要有信心，一定要坚持下来，以争取胜利。经过不断谈判斗争，资方最后答应增加三元。斗争的胜利，使工人们看到团结的力量。经过斗争，又成立了识字班，使女工们真正组织起来。我们因势利导成立南洋兄弟烟草公司女工互助社，使识字班从一般的文化教育夜校提高成为在党领导下的抗日救亡群众团体。女工互助社成立后即制订章程，以“抗日救亡，团结互助，争取民族解放和妇女解放”为宗旨，凡是加入该社的工人都要服从和执行社的宗旨。为了更广泛的团结工人群众，互助社又发展了有 100 多人的姐妹团、七姐会等形式，以适应对各种类型、各种年龄工友的团结教育。为了搞好抗日宣传活动，还组织了歌咏组、戏剧组、宣传组，演抗战戏剧，唱救亡歌曲。演出街头剧《放下你的鞭子》、《打鬼子去》、《我们的识字班》等，号召群众有钱出钱，有力出力支援抗日。召开声讨卖国贼汪精卫大会，唱打倒汉奸卖国贼的歌曲，激发群众的爱国热情。为支援前线，组织募捐筹款、缝制棉衣。

在发动工友参加抗日救亡运动时，社里的党员和干部注意关心群众，及时帮助群众排忧解难。有段时间，经济不景气，工厂生产不饱满，工人处于半窝工状态，领不到工资，生活甚为困难。工友刘慕珍和老母亲相依为命，由于开工不足，她的收入养活不了两个人，麦葵卿就请刘到自己家去吃饭，让刘把自己领到的微薄工资留给母亲生活。刘慕珍在麦家吃了一个多月的饭，才渡过了难关。工友或其家里人有病了，我们都抽时间自掏荷包买礼物上门慰问。党员刘惠娟经常不吃早餐，把早餐的钱节约下来送给工友做医药费。遇到工友家里婆媳不和，夫妻吵架，也上门加以劝导．使他们和睦相处。甚至对工作上发生差错的工友，也是给予指导、支持和鼓励，使她吸取教训，大胆工作，而不是抱着不信任的态度。一位工友被分工管财务，由于文化低和经验不足，记账中经常出现错帐［账］漏帐［账］，急得她团团转。刘惠娟知道后，为她填上亏款，并指导她具体工作方法。1940 年 6 月董惠珍调走，互助社工作交由刘惠娟领导。直到日寇占领香港，互助社才停止活动。

另一次斗争是在 1941 年日本占领香港前夕，日军每天从九龙对香港进行炮轰，炮弹乱飞，人心惶惶，工厂宣布停工解散。工人们要求发还所欠的工资尾数，工厂则推搪说："银行已关门，钱取不出来。待打完仗后复工时才发尾欠。"实际上想赖帐［账］。工人便和厂方争辩，认为厂方的答复是无理的，质问厂方："什么时候打完仗？什么时候复工？老板能答复吗？不能复工那不是说可以不给工人应得的工资啦，是这样吗？"老板见工人们不走，便由 A 部（替资本家做事的人）出面威吓工人说："你们不走则叫来冲锋车，把你们都拘捕到警察局去。"企图把工人吓跑。但是工人经过几次的斗争，有了经验，不怕威吓，不达目的誓不罢休。厂方无奈只得要工人派出代表来谈判。互助社、姐妹团的成员是斗争的主力，大家选张志云当代表，互助社的领导人、党支部书记刘惠娟在幕后指挥。张志云只有十多岁，年纪较轻，天不怕，地不怕，登台讲话时激动地大骂资本家："你不发工资尾欠给我们，我们吃什么？我们饿死，你们也得死。我不怕你梁启（经理）、麦弼（部长），反正要饿死，我死你们也得死……”并在推挤中把梁启的眼镜打脱。当时厂门口聚集大群工人，是敌机最好的空袭目标。既有敌机空袭的威胁，又有炮击的危险，资本家感到对自己不利，不得不接受工人的条件，答应每个工人一律发给 5 元，好使工人赶快散开。斗争结束后，工人们四散自寻出路。留在香港的姐妹们团结互助，克服重重困难，坚持到香港光复。

（董惠珍、张志云、刘惠娟、莫芸、陈绍明共同回忆。董惠珍整理。）

文献19

解放战争时期香港洋务工人的工会组织和女工工作①

郑　桥　翁志中　黄静仪　等

香港洋务工会是具有悠久历史和较多会员的工会组织。它属下有大集体劳动和一大批小集体劳动的基层组织，还有很多会员是分散在洋人家庭中服务的洋务工人。

1945 年年底，香港洋务工会开始筹备复会。1946 年 1 月进行复员登记，同年 6 月 2 日洋务工会召开大会，举行复会典礼，宣布正式复会。会址设在香港大道中何东街五楼。

根据洋务工人中女工多的特点，洋务工会于 1948 年 2 月在九龙庙街 37 号 4 楼设洋务工会妇女部，以加强妇女工作。翁志中、黄静仪两同志从游击区转移回香港后到洋务工会工作。翁志中不脱产边做工边兼任工会妇女部副部长，黄静仪为脱产干部，还有陈丽萍、叶杰两位女干部，陈丽萍任英文秘书，叶杰在妇女识字班工作。他们同心协力，不管白天黑夜，深入到各区住家行与女工交朋友，宣传国内外形势，讲解工会章程，还动

---

① 收录于广东妇女运动历史资料编纂委员会编印：《香港妇女运动资料汇编（1937 年—1949 年）》，1994 年，第 187-191 页。

员一些女会员到附近或邻居家里做女工串连发动工作，发展会员。

战后洋务工人的职业凋零，生活待遇微薄而不合理，广大洋务工人急切要求改善待遇，这也是洋务工会复会后首先要办好的大事。1946年9月，工会成立改善待遇筹委会，经过深入调查研究，提出关于薪津、工时、休假、年尾双粮、疾病死亡、开除解雇及其他等8项合理要求，开展改善待遇运动，领导属下11个集体单位（香港、半岛、浅水湾三大酒店、牛奶公司冰室及九龙支店、威士文餐室、中华、大华、百乐门三大舞厅和海景酒店、新公司等）的洋务工人开展改善生活斗争。在工会的正确领导和工友的团结努力下，终于获得全部或大部分解决，并分别与11个单位的资方签订协议，争得加薪和复员津贴；每日工作9小时，过时补水，工人自由不做过时工作；每星期有一天假期，另每年18天大假，薪津照发；年尾双粮；因工受伤及死亡抚恤；退休金；开除解雇工人要提前一个月通知；取消赔偿破烂苛例和设立工人宿舍等。

住家行的洋务工人也进行了改善待遇的斗争，1946年12月由洋务工会分别致函各住家行雇主，提出工资、工时、休假、工伤疾病及女工分娩、年尾双粮、制服、开除及解雇提前一个月通知等7项要求。工会通过报章向社会人士陈述住家行工人苦况，造成舆论压力，使住家行洋务工人待遇取得部分改善，特别是普遍取消了带侮辱性的白长衫扎裤脚的制服，很受洋务工人欢迎。

1947年10月，洋务工会属下工作于香港、半岛、浅水湾及丽都四大酒店，告罗士打酒店、海景、雅兰亭两酒店，牛奶公司皇室行茶厅、告罗士打茶厅、九龙支店三大集体，威士文餐室等11酒店集体单位工人2000余人，于10月15日分别向资方提出加薪及改善生活待遇要求。10月26日，洋务工会成立“属下11单位要求改善待遇联合后援会”。至年底，在30多个港九工会团体的支持下，斗争取得胜利。11月中旬，洋务工会属下占美、巴黎两餐厅工友向资方提出加薪改善待遇要求，亦取得胜利。这两次斗争合称为“13单位斗争。”

1948年2至3月，香港、半岛、浅水湾、丽都四大酒店资方，不守信义，单方面撕毁劳资协议，要废除第二条过时补水及第四条年尾双粮，引起工人不满，迅即成立护约运动委员会，并选出代表在工会领导下与资方多次谈判，但无结果。3月18日，劳方向资方发出最后通谍［牒］，又发出《告社会人士书》，将资方毁约的情况公之于众。19日通谍［牒］时限届满，资方仍拒答复，四大酒店工人于是采取罢工行动，参加罢工人数达1296人。罢工后，工会属下工友积极从物质和精神方面给予支持，港九30多个工会团体亦纷纷慰劳罢工工人。罢工坚持了5天，劳资双方达成协议，工人除维护了原来的劳资协议，还获得加薪的胜利，遂于3月23日全体复工。

经过上述几次改善经济生活斗争，提高了洋务工会在工人群众中的威信，工会的基础树立得更加稳固。

工会还根据洋务工人特点，采取灵活多样的活动形式，在香港域多利街、何东街、山顶区、湾仔坳区等工地，办起了工人识字班、救伤班、戏剧班、歌咏组、英语班等，通过这些活动，为工人就业创造条件。

洋务工会在日常的工作中关怀会员疾苦，妇女部有专人接待失业后没地方住的女工。因香港政府劳工司与洋务工会有对话惯例，外国雇主雇用工人多数愿意通过劳工司找洋务工会谈判条件。洋务工会为此专设“失业工人登记本”，由秘书陈丽萍负责办理，为失业者登记、介绍就业。当时，洋务工会的会员们视工会为靠山和娘家，发自内心的爱护支持自己的工会，在“扩会建校”运动中，她们每人都自愿捐献钱物。

洋务工会妇女部还为职工安排了丰富多彩的活动，白天在劳工子弟识字班学习，晚上是歌剧团活动。每周还有时事讨论会，对各种专题讨论会，大家都积极参加。妇女部长李秀生和副部长翁志中还主持农历七月初七“拜月会”，发动各年龄层次的女工踊跃参加。妇女部还办过两期“救伤班”，梁德兰任班主任兼老师，不少女工参加了该班的学习。洋务工会一批积极分子，活动时间基本在晚上，演出的剧目都是进步的、健康的、有意义的、寓教育于娱乐之中。洋务工会利用歌剧团、歌咏队这两支队伍，有效地团结教育了广大工人。直到1949年4、5月间，因大批女工回国参加革命队伍，剧团才停止了活动。

由于洋务工人工作分散，工时长，集中参加活动很不容易。1948 年秋到 1949 年夏，洋务工会决定成立区干事会，委派苏其德、黄静仪、林洽、岑洁英等分别到山顶区、湾仔坳区、半山区、尖沙咀区、九龙塘区、深水埗区、赤柱区，组织设立区干事会。妇女干部积极参与了这项工作，翁志中和崔秀芳在湾仔坳区，白天工作，晚上挨家挨户动员工友入会，通过这项工作，吸收了大批新会员，扩大了洋务工会组织。

各区干事会成立后，便组织会员读书会，学习《华商报》、《群众》杂志等刊物，使大家受到深刻的教育，懂得了人生的价值，懂得了革命的道理。区办事处还开设了英语班、歌剧组。洋务工会和各区办事处在活动中，还注意发现和培养妇女积极分子，使她们和男同胞一样投入火热的斗争中去，有的还参加了粤赣湘边纵队教导营和东江教导营。当时洋务工会女会员回内地参加革命队伍的有：关美英、陈丽萍、黄静仪、陈惠婵、沈振宜、崔月梅、唐彩、黄玉基、庞永带、翁志中、梁林、黄爱芳、区润开、崔秀芳等。

（以上内容是根据郑桥、翁志中、黄静仪、沈振宜、林洽、林源、陈淅、龚城、伍洪及任锦骥等同志提供的材料整理）

文献20

解放战争时期港九树胶行业中的工会组织及工作[①]

戴玉琼　邓　俭　王　群　等

1946 年，香港的树胶、塑料行业有 63 间工厂、工人 800 多人，其中大多数是女工，尤其是做鞋部全都是女工。63 间树胶、塑料厂中，较大

---

① 收录于广东妇女运动历史资料编纂委员会编印：《香港妇女运动资料汇编（1937 年—1949 年）》，1994 年，第 192—197 页。

的有冯强、华强、香港、大行、大陆、广东、建国、中南等，生产各种胶鞋。其中球鞋等供出口。由于工厂设备差，工人劳动强度大，树胶粉尘多，工人容易染上肺病。他们每天做工 16—17 小时，十分辛苦。特别是有了孩子、有了家庭负担的女工，在早上 7 时，一听到厂里汽笛的呜呜声，便不顾孩子怎样啼哭就慌忙跑到工厂去上班；孩子要吃奶也只能等到中午放工的时候，有时为了要替厂方赶货，连中午都不能放工，直到晚上 8、9 点，甚至做到通宵。厂里整天有强烈的有毒气体刺激着工人的神经，女工不但工钱特别少，而且一怀孕就要被辞退。男女工人同工不同酬，女工们上下班在厂门口还要被老板搜身侮辱。

为了在工人群众中开展宣传、组织、发动工作，我们选择了华强胶厂。因为该厂的进步力量较集中，刘辉、王华、陈兴、王福、戴玉琼等骨干都在该厂做工，群众基础比较好。华强胶厂有工人 500 多人，其中女工占 70%，该厂的老板对工人十分苛刻，为了使工人能服服贴贴［帖帖］地为他卖命，利用亲戚、同姓、同乡等关系，把亲信安插在工厂的各个部门，监视进步力量的活动。我们在发动群众工作初期，女工中普遍存在几种思想：一、不愿接受革命道理，但求有工做能保住饭碗就行；二、安分守己不参加其他活动，怕“惹祸”；三、采取怀疑观望态度。资本家对工厂的严密控制和群众中存在着的种种顾虑，使我们在发动工人参加工会时，只能在秘密地进行活动，选择工人中有威信、技术高、号召力强的男女工人师傅开展工作，在政治上热情帮助、生活上多加关心，得到了他们的信任和支持，使工作较顺利地开展。当时我们的口号是：团结起来，反对资本家剥削工人、随意开除工人，保护工人的权益。我们的做法是：成熟一个、发展一个、串联一个，经过两三个月的发动，使相当一部分工人很快觉悟起来。我们还积极教育争取一切可以团结的力量，团结教育和争取了一些工头、老板的同乡和亲信，把他们团结在我们的周围，这样做有利于我们工作的开展。

为了加强中下层工人的团结，我们组织工人参加互助储金会，引导工人们互相帮助，解决生活临时出现的困难问题。我们还组织女工参加七姐会，使女工们联络感情，加深相互了解。

我们在华强树胶厂工人群众中开展工作时间不长，但成绩显著，500多工人被我们发动起来的就有400多人。

1946年10月，我们在此基础上成立了港九树胶业总工会筹委会，经过几个月的努力，准备工作已基本就绪，港九树胶业总工会于1947年2月正式成立，会址设在九龙深水埗大角咀广东道，经过酝酿选出委员31人，从中产生常委9人，总工会主席卢政芝［之］，副主席张昌，组织委员王华，财务委员陈兴，宣传委员刘辉，福利委员梁贯、黄玩，女工委员王福，文体委员文桂莲、梁财，交际委员苏广。后又增选戴玉琼为交际委员。书记先后为梁思潮、李伟邦、黄光华、张华。港九树胶业总工会还建立了常委执委会制度、财务制度，同时选出财务监审委员冯石，委员既分工又合作。各部门还建立工作会议制度，有检查、有督促、有汇报。总工会根据各个时期形势的发展，制定工作方针和任务。当时入会规定，每人交基金费5元，以后每人每月交纳会费0.5元。同时还规定，凡参加工会者，如有死亡发给殡葬费一次过300元。

树胶业总工会成立后，举办了工人饭堂，开办职工子弟学校，教师有黄强、廖克明、伍丽贞、林克平等，有几十个工人子弟到工会职工子弟学校读书，每个学生每月只收3元学费。同时还开办了工人识字班，每晚有几十个工人参加学习。

1949年下半年，总工会根据形势发展需要，进行了改选，选出总工会第二届委员35人，从委员中产生常委9人，选出总工会主席戴玉琼，副主席黄源，财务委员陈兴，组织委员伍丽英，福利委员陈海、梁贯，文体委员梁财，宣传委员刘日林，交际委员严康维，财务监审委员冯石，书记陈安。至1950年工人会员已发展到约5000人，树胶工会在斗争中不断发展壮大。

总工会成立不久，港英政府经常派警察到工会进行干扰恐吓。资本家也肆意挑起事端。1948年5、6月间，香港、广东、建国、大陆、大行等五间胶厂的资方借口生意淡，要削减工人的薪金，工人们联合起来罢工，这是树胶行业规模较大的一场劳资纠纷，各行业工会密切注意、积极支持。面对这场斗争，工会一面派出代表与资方进行谈判，一面做好安定工人情绪、鼓舞工人斗志。在谈判中，五间厂的资方联合起来对付工会，不肯接受工会要求，斗争僵持了几天，给我们的工作带来一定的困难。总工会根据这一情况，一面发出告各兄弟工会书，揭露资方无理迫害工人、破坏工会的阴谋，一面上诉港英政府劳工处要求解决。经过几番较量，我们揭露了资方的阴谋，使其在事实面前无法狡辩，劳工处也不便公开为资方辩护，还要资方接受工会的合理要求，罢工斗争取得了胜利。

1948 年 8、9 月，我们发动召开悼念革命烈士王福同志追悼会，有 100 多名积极分子参加。王福同志原是华强胶厂的女杂工，在厂内积极肯干，团结工人；后被资方开除。1947 年下半年，她响应党的号召返回游击区，1948 年在宝安县任一间卫生所所长，工作出色。在一次战斗中为了掩护伤病员撤退，英勇牺牲。这一消息传到港九树胶业各工厂，影响较大。在追悼会上，总工会主席卢政芝［之］首先介绍了王福烈士的事迹，工会委员戴玉琼带领大家宣誓，决心化悲痛为力量，以实际行动纪念王福、学习王福。

1948 年 3 月，工会决定在香港筲箕湾冯强胶厂开展工作。冯强胶厂是树胶行业最大的一间胶厂，有工人 1000 多人。该厂离总工会会址较远，工人来参加会活动不方便，在这间胶厂中建立树胶工人的组织，使之跟上全港工人前进步伐，是很有必要的。于是我们决定派徐凤到该厂做工，在工人中间开展工作。徐凤在工作中了解到，该厂反动势力较大，资方压榨工人、监视工人活动的手段很狡猾，女工在厂里做工总是提心吊胆，耽［担］心被炒鱿鱼，只能忍气吞声埋头干活。徐凤先是发动了受压迫较深、思想较进步的女工何四妹、陈丽英，通过她们再发动其他女工。后来工会又派黄光华、姚玲等人到树胶支会配合徐凤工作。经过一段时间努力，工作有了一定基础，但由于经验不足，少数别有用心的人趁我不备，抢先下手，掌握了支会筹备工作的实权，与树胶业总工会分庭抗争，给我们的工作带来一定的困难，后来我们召开会议，和他们进行面对面的斗争，在支会正式成立之前，把这些人清除出我们的队伍。

树胶业支会于 1948 年 5 月正式成立，会址设在香港筲箕湾西河大街，支会成立的初期只有会员 200 至 300 人。经过酝酿选出支会委员 25 人，在委员中产生常委 7 人，支会主席陈丽英，副主席何四妹，组织委员徐凤，宣传委员郑凤莲，文体委员梁财、伍丽颜，财务委员姚玲。支会书记先后由梁思潮、伍振声、黄光华、曾尉德（即曾宪仪）担任。支会建立了会议制度、财务制度，规定工人入会交入会基金 5 元，以后每人每月缴纳会费 0.5 元。支会还举办了职工子弟学校，入学的工人子弟每人每月交学费 3 元；组织工人互助储金会，为工人解决实际困难；成立歌咏班，组织工人学唱进步歌曲。

资方眼看工人们团结起来了，而他们安插在支会中的一伙人又被开除，从而对支会更恨之入骨了。资方不甘心失败，又精心策划另搞一个由国民党工总领导下的鞋业支会，目的是想制造工人队伍分裂，进而搞垮树胶业支会。面对这场挑战，新成立的树胶业支会召开记者招待会，揭露资方企图破坏树胶业支会的阴谋，通过新闻媒介向社会大造舆论。在港九工联会的支持下，我们还要求港英政府劳工处出面解决这个问题，派出戴玉琼、陈丽英、何四妹为代表，与资方人员在劳工处展开辩论，我们指出：“香港政府劳工处条例规定，一个行业只能有一个组织，而树胶支会早已成立并经劳工处备案，是合法组织，为何现在又成立一个鞋业工会？劳工处条例是否有效？请劳工处严格执行条例的规定，妥善处理这一事件，得出正确的结论。”在事实面前，劳工处不得不承认树胶支会是合法的。经过一个多月的斗争，我们终于击败了资方和鞋业工会的挑战，取得了斗争的胜利。

（以上内容是根据戴玉琼、邓俭、王群、陈海等同志提供的材料整理）

文献21

女青年会卖花筹款举办托儿所①

（港讯）女青年会最近以劳工职业妇女之多方要求倡办托儿所事业，该会已计划于香港九龙两地分别设立第一间所址已租定深水埗元州街一百五十八号至一百六十二号一连三层二楼，该地就近工业区，对劳工妇女极为方便，香港方面亦拟继第二所之后，继续举办，至开办经费，近经得港政府之赞助。核准于五月八日举行户外卖花筹款，日来筹备工作甚热烈，各界社会名流以对该会向来对社会服务工作颇有积极，故此大志同情纷纷领销名誉花以玉成其事。

（1948 年 4 月 28 日《华商报》）

文献22

妇委会四义捐儿童节大联欢②

明日为儿童节，港澳妇女运动委员会定于是日下午二时，在所内举行庆祝会，并邀请该会所办三四间义学学生到所联欢，除内该会主任委员梁少芝女士捐出港币一百元，及各委员理事等捐出百余元，作了庆祝会开销外，并内该会函请各大公司捐赠儿童玩具，届时分赠各儿童。又最近来港之英国儿童福利会之劳夫人及其同伴等，因关怀本港之儿童福利事业，定于今日上午十时，前往参观托儿所。

（1947 年 4 月 3 日《星岛日报》）

---

① 收录于广东妇女运动历史资料编纂委员会编印：《香港妇女运动资料汇编（1937 年—1949 年）》，1994 年，第 242 页。

② 收录于广东妇女运动历史资料编纂委员会编印：《香港妇女运动资料汇编（1937 年—1949 年）》，1994 年，第 255—256 页。

文献23

本港妇运组织介绍（一）[①]

——中国妇女福利协会香港分会

中国妇女福利协会原属全国性的，各方都市均有分会，总会自和平后已迁至南京，由理事长沈慧莲女士负责，香港分会是由沈慧莲女士之八妹慧芳女士在港筹备，得港政府华民政务司批准后，于本月（八月）二十三日正式成立。

（1947 年 9 月 26 日《星岛日报》）

文献24

保护儿童会妇女部演戏筹款救济儿童[②]

（本报专讯）香港保护儿童会妇女部，为筹募救济儿童经费定于十六、十七、十八一连三晚，在高陆戏院，举办义演筹款，由名伶薛觉先、马师曾、红线女、上海妹、半日安等登台演剧。门券昨已开始在中华百货公司发售。查到该处订购门券者，甚为踊跃，售出门券已达半数。闻至昨日止，约已售得门券二万左右。预料此次义演所得收入，成绩颇为可观，届时，并敦请总督夫妇暨各机关首长莅临观剧云。

（1948 年 7 月 14 日《星岛日报》）

---

① 收录于广东妇女运动历史资料编纂委员会编印：《香港妇女运动资料汇编（1937 年—1949 年）》，1994 年，第 256 页。

② 收录于广东妇女运动历史资料编纂委员会编印：《香港妇女运动资料汇编（1937 年—1949 年）》，1994 年，第 262 页。

香港妇女教育资料

文献1

妇女会举办免费义学[①]

港讯：香港中国妇女会主办免费夜学第一校，定于二月十六日开始招生，堂费、学费均免收，失学儿童有意学者，可到九龙深水埔［埗］大埔道香江中学或德付道中天行五楼该会报名。

（《华商报》1948.2.15）

文献2

“女青”开办托儿所筹款得四万余元[②]

本报特讯：本港女青年会将开办托儿所，曾于本月八日举行卖花筹款，卖花成绩，昨日已计算清楚，计当日户外卖花的款二万四千二百一十二元八角五分，名誉花共计得款一万八千三十六元，合共总收入四万三千零四十八元八毫五仙。香岛、培侨、兴华等校成绩优良。

（《华商报》1948.5.30）

---

① 收录于广东省妇女联合会、广东省档案馆编：《广东妇女运动历史资料》第六辑，广东省供销学校印刷厂，1991年，第359页。

② 收录于广东省妇女联合会、广东省档案馆编：《广东妇女运动历史资料》第六辑，广东省供销学校印刷厂，1991年，第363页。

文献3

妇女会增设九龙习艺所[①]

（本报专讯）港九妇女会，于昨天下午三时，举行理事会议，查该会近欲增设九龙习艺所，昨日会议决定筹募集开办基金。筹款方式刻在进行向各方接洽中。又该会在本港开设之习艺所，其缝制之男女儿童服装，成绩甚好。现该习艺所为扩大业务起见，决缝制各种男女童装，代各大公司承制。凡各界人士，如欲缝制童服者，欢迎到莊［庄］士顿道二十八号三楼，与该所接洽。又该所系以训练妇女谋生技术，及服务社会为目的，故缝制服装价钱，比较一般相宜云。

（《星岛日报》1948.4.11）

文献4

妇女会办平民义学举行游艺大会筹款[②]

（本报专讯）港九妇女会为筹募平民义学及习艺所经费，业已决定于本月十七日正午十二时至晚上十一时，在西环钟声游泳场，举办水陆游艺大会。门券分十元、二元、一元三种。定今日起，分向各界劝销，又该会为募集游艺项目之各色奖品，经致函各界热心人士及各百货公司等请捐奖品，多少不论，鼎力协助办义学云。

（《星岛日报》1948.7.5）

---

① 收录于广东省妇女联合会、广东省档案馆编:《广东妇女运动历史资料》第六辑，广东省供销学校印刷厂，1991年，第411页。

② 收录于广东省妇女联合会、广东省档案馆编:《广东妇女运动历史资料》第六辑，广东省供销学校印刷厂，1991年，第412页。

文献5

女青年会定期演讲青年出路[①]

女青年会职业妇女部，新近为失学女青年筹组进修团。该筹委员曾于上星期六日（二十七）举行第一次叙会，议定本周与女声编委会在都爹利街十一号律敦行五楼联合举行演讲会，敦请青年导师演讲失学失业青年出路问题，及青年共学自学的作用，演讲终结再进行讨论。

（《星岛日报》1948.12.4）

文献6

1939（节选）[②]

……

6月　在香港、澳门，宋庆龄、何香凝等妇女领袖，积极领导和促进各界妇女团结起来，抗日救亡。香港当时150万人口，妇女团体不下10多个，有中国妇女慰劳自卫抗战将士总会香港分会、香港妇女兵灾筹赈会、中国妇女会、香港新运妇指会以及中国战时儿童保育会香港分会，还有以渔妇为主的组织——香港仔鸭兰州妇女会。当年6月，香港女学生组建了香港学赈会女学团，她们不仅参加回大陆慰问团，其中不少人正式加入了东江抗日新编大队和东宝游击队，成为光荣的抗日女战士。

……

---

① 收录于广东省妇女联合会、广东省档案馆编：《广东妇女运动历史资料》第六辑，广东省供销学校印刷厂，1991年，第421页。

② 收录于中华全国妇女联合会编：《中国妇女运动百年大事记（1901—2000）》，中国妇女出版社，第100–101页。

文献7

抗日战争时期香港女工的组织及救亡活动[①]

1937年—1941年

陈小明

翻开中国近代工业史，不难发现女工的足迹。近代中国工业的兴起与发展造就了一代女工，大批的农村妇女弃田离家，加入了纺织行业。中国的近现代工业史说明，女工是一支最有战斗力、最无私的生力军，她们革命最彻底，一旦她们觉醒就会产生巨大的爆发力。从大革命时期的省港大罢工，到土地革命战争时期的沙面女工罢工，以至抗日战争时期的女工抗日救亡运动，都可以看出：女工是妇女解放运动最有战斗力的先锋。本文主要记述抗日战争时期香港女工的一些活动情况。

一、抗战爆发前后香港工业的形势

香港是一座商业城市，工业在香港并不发达。三十年代的香港工业有三方面的来源：一是香港原有的；二是新开办，但规模较小；三是从广州、上海等地搬迁去港的。香港工业有重工业和轻工业，重工业主要是官办、商办的，而轻工业则多数是私人办的。重工业有船坞制造，海军船坞、太古船坞、黄埔船坞。其次有汽车制造业，铁路等。轻工业有中华书局、商务印刷馆、香港树胶厂、大行树胶厂、冯强树胶厂、棉纱制造厂、康元制罐厂、香港厦门淘化大同罐头厂、保安实业公司、纺织厂、美画丝织厂、南洋烟草公司、南针电筒厂。在轻工业中，女工占了百分之八十。轻工业中国人开办的较多，和汇丰银行的关系不密切，受其控制的程度不大，而重工业商办的老板，英人都有英国金融资本的支持，较轻工业强。

---

① 收录于广东妇女运动历史资料编纂委员会编印：《香港妇女运动资料汇编（1937年—1949年）》，1994年，第2–16页。

工厂当中，500 人以上的工厂不多，100—200 工人的工厂最普遍，也有工人 10—30 人的小厂。

抗战前，香港有 93 万人口，抗战后，增加至 180 万，由于上海、广州及内地的许多工厂迁移香港，以及内地的工人逃难到香港，使香港工人由约 35 万增至 55 万人，由于工人人数的增长，工人的工资普遍减少了，但工作时间却延长了，如烟草厂抗战前每月都上足工，而抗战以后，每星期只上 3 天工，因此，每月的收入就由战前的 18 元变为战后的每月 8 元，缩减了 60%。抗战以后，香港的物价指数成倍增长，而工人的工资却以 20%、30%，以至 60%、70% 的比率往下降，工人在生死线上挣扎着。

二、女工基本情况

（一）女工就业的情况

抗战初期，香港妇女总数约为 80 万人，直接参加生产劳动的妇女约为 28 万人，占全部妇女总数的 33%，产业女工约 8 万人，占全部产业工人总数的 31%，非产业（指店员、洋务、家庭手工业、佣工、苦力等职业）女工约 10 万人，占全部非产业工人数的 33%。在全港工人总数中女工约占 1/3。

香港妇女直接参加生产劳动较为普遍，有二钟［种］主要的原因：1. 香港的生活消费水平较高，而工资却十分低下，单靠男人的劳动已不能维持家庭费用。如一个熟练的粤籍印刷工人每月的工资一般为 6 至 10 元，沪籍的印刷工人最低的工资一般为 25 元，这样的收入是住不起房子、养不起妻子的。所以，妇女要出来参加生产劳动。2. 广东女子一般都有参加生产劳动的习惯。广东的许多地方，都是依靠妇女从事农业生产，而顺德、南海等地的妇女，很早就成为丝厂的女工。在女工中是极少找到缠足的。

香港妇女不但参加轻体力劳动，就连苦力、包括脚夫、人力运货车，以至在建筑工程中的小工、挑泥、打石、打桩等行业中都有妇女参加。

（二）女工的经济生活状况

香港女工的工资收入，是在当时的生活水准以下的，战前女工收入最高的每月 18 元，而战后只有 8 元，还要自备食宿。女工和男工同工不同酬，女工月收入为 8 元. 而男工是 12 元，为了能得到更多的利润，资本家大量地雇用女工和童工。女工们的生活是非常悲惨的，每天工作在 12 小时以上，在香港没有做 8 小时的女工（男工中有）。在全部女工中，以 12—14 小时最为普遍，约占女工总数的 2/3。有时，女工的工作时间是无规律延长的，如遇旺季，厂方要赶着交货的时候，就得连续做 18 个小时以上，甚至日夜开足 24 小时的工。正如女工中流行的一首歌唱到："汽笛吹起，霜天未晓，风吹单衣受不了，带饭出门急忙就跑，忘了青春，转眼就老。"这是当时女工悲惨生活的真实写照。尽管女工的工作时间是延长的，还要时常被借故扣罚工钱，挨工头打骂，有的甚至被强奸。女工怀孕生产不但没有医疗费，还要扣除工钱，有小孩的女工不准在工作时间喂奶，纱厂女工没有停车吃饭的时间，连大、小便也要受到时间和次数的限制。纺织厂、缫丝厂、烟草厂的空气很差，工人得肺病在 70% 以上，女工的健康没有保证，她们挣扎在生活线上。每月的工钱，要吃饭就没房子住，要住房就没有饭吃，为了吃饭，有不少女工连租一张床位的钱都付不起，而露宿于街头。正是这种严酷的阶级压迫，使女工们有一种强烈的反抗精神，她们不满资本家、封建工头的欺压，在反抗斗争中，她们表现得特别坚定，女工队伍的形成，为劳动妇女运动提供了坚实的阶级基础。

三、香港女工的组织状况

1937 年 9 月，中共中央组织部发布《妇女工作大纲》，指出了"以动员妇女力量参加抗战、争取抗战胜利"为妇女工作的基本任务，"团结各阶层广大妇女群众在党的周围，并特别注意发动与组织劳动妇女，为我党妇女工作的路线"。大纲还分析了资产阶级、小资产阶级妇女、女工、农村妇女和城市贫民妇女的不同要求，规定了妇女工作的策略和方法以及妇女群众的组织问题、宣传教育问题、领导问题等等，为抗战初期的妇女运动制定了明确的路线、方针和政策，成为动员广大妇女投入全民抗战的有力武器。

1938 年 4 月，中共香港市委员会成立，妇女部长为曾莉芳（曾珍）。根据《妇女工作大纲》精神，市委对妇女工作明确指示：城市的妇女工作必须依靠女工，团结、教育女工是城市妇女工作的重点，必须利用女工团体这块有利的阵地来团结教育女工，提高她们的觉悟。曾莉芳、王彦之、朱兆真等妇委的同志，根据市委指示，直接深入到女工中去，曾莉芳同志在女工上、下班的路上主动接近女工，和女工谈家常交朋友，了解她们的疾苦，解决她们的一些困难，曾莉芳很快地就得到女工的信任和支持。在此基础上，发动女工骨干建立起进步的女工团体。从 1938 年至 1939 年期间，先后建立了十多个女工团体。

（一）党直接领导下的女工团体

1. 港九妇女教育服务团。这个组织是 1938 年春，在中共香港市委领导下建立的，是以女工为主要基础的妇女青年救亡团体。主要负责人是邓俭，组织的性质是教育团体。

2. 晨钟体育社妇女部。这个组织是 1938 年在中共香港市委领导下建立的，以深水纺织女工为基础的妇女青年爱国团体，负责人为冯女修，骨干有陈笑影等女工。该组织初建立时为 140 人，后继续发展，以读书会的性质开展活动。

3. 南洋兄弟烟草公司女工互助社。1939 年春，香港学赈会组织香港丽泽女中的学生陈碧婷（陈绍明）、黄惠琼到烟草公司组织女工识字班，其后党组织派董惠珍去识字班工作，在识字班的基础上组建女工互助社。该组织以烟草公司女工为基础，开展各种抗日救亡活动，发展女工党员，直至 1941 年太平洋战争爆发，工厂关闭，该组织解散。

4. 七姐会（也称姐妹团）。1937 年在党的领导下建立，以各种未嫁的青年女工为基础，负责人为陈达英、李洁真等。组建初期约有 800 人，有 20 多名女工党员在组织内活动。该组织设有储金会，女工们在经济上互相帮助。

5. 余闲乐社妇女部。1938 年在党的领导下建立的，以洋务女工为基本队伍、组建初期约 100 人，以俱乐部性质开展各种爱国活动。负责人为黄阳凤。

6. 洋务工会妇女部。1938 年建立，以洋务女工为基本队伍，组建初期约有 800 人，以工会性质开展活动，该组织的妇女部长和书记均为女工党员。

7. 印刷工会妇女部。1938 年建立，以印刷工会女工为基础，以工会性质开展活动。

8. 惠阳青年会妇女部。1938 年在党的领导下建立，以惠阳青妇以及部分女工组成，组织性质为同乡会。主要是宣传和发动组织抗日救亡工作，动员爱国女青年回家乡开展抗日工作，动员女工参加夜校、读书会活动，宣传抗日义卖募捐等。

9. 香港树胶厂工人互助社。1938 年建立，以树胶厂女工为基础，以工会互助社的性质开展活动。组建初期有 600 多女工，另有 10 多名男工。

除此之外，还有大同读书会、女工夜校、青年同乐社妇女部等女工组织。

（二）非党的女工团体。非党的女工团体主要是基督教性质以及女工自发组织的团体。其中作用比较大的主要有女工夜校，该组织是香港基督教女青年会主办的，学员主要是各行业的女工，共 500 余人。基督教女青年会从基督教义出发，注意提高女工素质，她们充分利用国民党不便直接干预宗教组织的条件，在社会进步人士的支持下，开展了许多进步的有益的活动。

抗战初期，香港市委妇女部将妇女工作的重点放在女工教育上，通过办各种形式的女工夜校．提高了女工的文化素质，培养了她们参加社会活动以及维护自身利益的能力。正如陶行知在女青年会第三次全国大会上所说："女工夜校就是给女工一把钥匙，让她们自己去开门。"女工夜校培养出一批工人运动的积极分子，使女工夜校成为抗日救亡运动的合法阵地。

四、香港女工的抗日爱国活动

抗日战争爆发以后，全国的救亡运动风起云涌，日本强盗的烧杀淫掠，使得大批的妇女失去了丈夫、儿女，被迫流落他乡，日寇的侵略，激起了妇女的极大义愤。香港女工在香港党组织的领导下开展抗日救亡运动，她们有的进行抗日宣传，唤起民众；有的募捐赈济，支援前线将士；有的奔赴前线，服务战地。她们以前所未有的规模，奋然而起，投入到伟大的全民族的抗日战争中去。

（一）组织发动过程。抗战一开始，动员一切可以动员的力量投入到抗战，是党的中心任务，中共香港市委妇女部也把宣传抗日，唤起妇女觉醒，作为第一任务。曾珍同志深入到女工中去，向女工宣传抗日救国的道理，提高她们的觉悟，激发她们的爱国热忱，通过各种形式向女工宣传抗战到底和抗战必胜的信念，在女工各进步团体中，普遍都开办夜校、识字班、歌咏班、座谈会等形式的活动。中共香港市委妇女部还注意培养和发展女工党员，据从1937年底至1938年的不完全统计，有黄阳凤、冯美坤、陈曙辉、李洁真、邓俭、冯女修、陈达英、卢莹、邝爱莲、刘玉珍、陈笑影、李洁婵、徐绮云、张月、黄丽珍等女工骨干先后入党，这批女工党员骨干在女工中发挥了积极的作用，她们向女工宣传抗日，积极向社会筹捐，带领女工向资本家作斗争，举行罢工、示威游行等都起到了积极的作用，在抗战后期，她们大都奔赴各游击区，直接战斗在抗战的最前线。

（二）配合抗战宣传，组织各种活动，随着抗战动员的深入，女工中普遍都开展了几种形式的组织活动。

1. 识字班。根据女工绝大多数人是文盲这一特点，香港地下党组织了女工识字班。女工们不论在生活上或在政治上都有识字的迫切要求，因此，要求参加识字班的女工特别多。办的较为出色的识字班有南洋兄弟烟草公司女工识字班。这个识字班是抗战初期成立的，因受坏人的挑拨，女工之间互不团结，闹矛盾有意见，女工们对识字班一度失去信心。1939年夏，党组织派董惠珍到识字班工作，要求将识字班办成向工人宣传抗战、争取和团结女工的阵地。董惠珍到识字班后，首先对女工进行家访，教育她们，增强她们对办班的信心，并揭露识字班的某些领导人侵吞办班经费的事实，带领女工们向破坏学习班的坏人进行斗争，终于赢得了工人的信任，女工们互相串联发动，使来识字班学习的女工一下子就增加了80多人。在识字班的基础上，组织了女工互助社，并选举了由女工参加的互助社主席、委员等。使识字班越办越好，女工们不仅学文化，还组织歌咏队、演话剧唱革命歌曲，看进步书籍，如《子夜》、《西行漫记》、《论持久战》、《论抗日民族统一战线》等，还卖花筹款，缝制棉衣送给前方抗日将士。

2. 女工夜校。这个夜校主要是大行胶鞋厂、棉艺厂、嘉伦织造厂、天华织袜厂、南针电筒厂等行业的女工参加学习的。夜校既学文化，学唱歌，讲时事，每晚都有70—80人参加，由有文化的女工担任教师，如李洁真担任语文识字课教员，还请香港知名人士、文化人士作形势报告。夜校除讲文化课外，还结合讲抗战打日本，介绍社会主义苏联没有阶级压迫剥削，工人当家作主人，苏联的今天就是我们的明天等道理。冯美坤还教唱抗日救亡歌曲，教唱《祖国进行曲》、《我们骄傲的称呼同志》等歌曲。女工们在夜校感到非常新鲜、亲切。学习情绪极为高涨。

3. 歌咏班。在抗战初期，大唱革命歌曲是最能激发人们的斗志的，女工们组织起来，纷纷参加歌咏班。她们唱抗日歌曲，演抗日戏剧，做抗日演讲，几乎成了女工们的基本功。她们唱《义勇军进行曲》、《救亡进行曲》、《大刀进行曲》、《救国军歌》、《毕业歌》、《到敌人后方去》、《打回老家去》、《三八国际妇女节歌》、《新的女性》等抗日歌曲，这些歌曲成为鼓舞广大香港女工抗日斗志的有力武器。她们还一边唱，一边解释歌词大意，这种方法比一般的演说更有效，更易被女工们所接受。有条件的女工团体还自编自演《保卫东三省》话剧和其它戏剧，其中《放下你的鞭子》是最受欢迎的剧目。

4. 各种座谈会。座谈会是由各女工团体组织的，由在港的文化名人指导，经常有时事讲座、形势报告、读书研讨会、辩论会、哲学讲座，讲述艾思奇的《大众哲学》，也讲述八路军、新四军英勇抗战的情况，也有介绍苏联的社会主义以及组织女工听廖承志关于抗日民族统一战线的报告等等。女工们在这里学习，她们觉得耳目一新，眼界开拓，激发求知欲，如饥似渴地学习，受到极大的教育。

（三）在女工中开展募捐赈济。随着日寇的铁蹄入侵日益深入，战争的危机日益严重。1938 年夏，日本侵略者不断派遣飞机轰炸广州及珠江三角洲各地，形势日趋严重，广东沦陷在即。当时在香港有一句口号："有钱出钱，有力出力。"这是神圣的民族解放战争对每一个爱国的中国人发出的号召。香港女工积极履行这项民族义务。他们开展了征募捐献、制作军衣、救济难民等多项战时工作。

女工们先是走上街头、卖花、卖旗、捐衣物，发动工人家属赶制棉衣，以实际行动支援前方抗日将士。纺织厂大角咀棉艺厂女工冯美坤、陈曙辉在深水埗设献金台，进行大规模的募捐献金。1938 年"八 · 一三"的义卖献金活动中，六国饭店的两个女工自动捐献历年积蓄每人 500 元，而当时她们每月的工资仅 10 元左右，为了抗战，她们舍得出钱出力，以自己的实际行动来支援抗战。深水埗的女工还举行了大规模的义卖活动，义卖结束时，以送款的名义，组织了 1 万多人游行，激发大家的民族感情，推动救亡运动深入发展。1939 年双十节那天，深水埗区的爱国群众再一次游行，沿途进行大规模的宣传活动。大行胶鞋厂女工陈达英和棉艺厂女工冯美坤两人高举大旗，走在队伍的最前面，各厂不少女工参加游行，如大行、棉艺、嘉伦、天华、南针等厂的女工都参加，女工们非常有秩序的手持小旗，队伍从旺角太子道出发，沿荔枝角道至深水埗警察局门口，队伍沿途高呼抗战口号，围绕深水埗区绕了一周，行至北河戏院，女工们举行了义演抗日救亡话剧，演唱救亡歌曲，卖花捐款等，女工们将募捐所得的款项及棉衣交八路军驻港办事处转交前方将士。

五、争取女工合法权益，与资本家开展有理有利有节的斗争

抗日战争全面爆发后，国内阶级矛盾发生了变化，中日民族矛盾上升为主要矛盾，国内矛盾变为次要矛盾。随着国内革命战争转变为民族解放战争，妇女运动的斗争目标和主要内容也发生了根本的变化，香港也不例外，香港女工为争取自身的合法权益，与资本家的斗争方式也发生了变化，斗争的方法不是直接的面对面的，而是根据香港党的指示精神，开展有理有利有节的斗争，女工们在要求增加工资、改善生活待遇、保护女工

切身利益等方面与资本家展开了巧妙的斗争。

抗战初期，大批从广州、上海逃往香港的工人急剧增加，使香港的工厂人满为患，致使大批的工人失业，资本家不顾工人的死活，更加残忍地加重对女工的掠夺与欺凌，而女工们为了生存，为了不失去饭碗，对资本家变本加厉的剥夺不敢轻易反抗，而资本家为了赚钱，大批雇佣女工和童工，拼命压低工人工资，加上物价上涨，失业的威胁，劳动条件的恶化，生活待遇恶劣，劳动时间延长，各种厂规严酷，使女工生活更加窘迫。为了发动女工起来与资本家开展有理有利有节的斗争，中共香港党组织利用女工夜校、识字班等阵地给女工们上课，使女工们认识到，她们每日辛勤劳动，所得的报酬却大大低于她们所创造的价值，是工人养活了资本家，而不是资本家养活了工人，过去资本家、工头骑在女工头上作威作福，女工们敢怒不敢言，自从办起女工夜校以后，女工们懂得了革命道理，不再相信命运，决心依靠自己的力量，改变自己的处境，她们团结起来，加入工会，与资本家展开斗争。

淘化大同罐头厂每年最后一个月发给该厂男工多一个月的双薪，但女工没有。1939 年春节前，女工代表邓俭和黄丽珍发动全厂 250 多个女工反对资方这个不平等的待遇，要求发给 3 天的双薪，限于 3 天内答复，否则就罢工，这次斗争取得胜利。第二次是 1940 年，要求资方春节期间发一个星期（7 天）的双薪，也获得胜利。这一次的斗争，由于女工们的团结，加上香港地下党的支持，使这次斗争取得胜利。第三天的上午，资方不得不同意工人的要求，发放年终双薪，女工们还向资本家争取建立起女工饭堂，以及学习和开会活动的地方。1939 年秋，邻厂保安公司防毒面具工厂罢工，淘化大同罐头厂还派出女工代表到该厂支持他们的罢工斗争。

1939 年 6 月，香港树胶厂爆发了全厂的女工静坐罢工。罢工的原因是因为资方迁厂，由香港西环迁至九龙城，不供给工人的宿舍，迁厂期间停了一个多月不发给工人补助金，当时香港的房租非常昂贵，不容易租到房子，如果资方不负责解放住宿的话，全部工人实际被开除。因此，工人要求发回补助费并不能因此开除工人。斗争起初是采取互相交涉的方法进行，由工人派出代表与厂方交涉。当时与厂方交涉有一个很有利的条件，就是厂方接了一批货，要在3—4天内交货，这个条件在斗争中有着决定的意义。结果，罢工坚持半天，厂方不得不屈服了，经过香港华民政务司的调解而取得了完全的胜利。这些斗争完全是由该厂女工自己独立进行的。

在抗日战争时期，女工们为了改善生活待遇，增加工资，维护自身的合法权益，与资本家展开了斗争，在这些斗争中，她们得到了锻炼，增强了民族意识和爱国责任感，使这一时期的女工运动超出了以往单纯经济斗争的范围，明显地带有抗日爱国的政治斗争性质，并与全国的抗日救亡运动融为一体，大大地加强了抗日爱国力量。

六、部分女工回国服务，战斗在抗日斗争的最前线

1938年10月12日，日军在大亚港登陆。广州失陷，中共广东省委为了加强对广州及香港两地区工作的领导，于10月24日成立了东南特委，领导香港、澳门和惠阳、东莞、宝安等地党的组织。并派曾生、周伯鸣、谢鹤筹带领一批党员和积极分子到惠阳坪山，建立惠宝工作委员会，发动群众，建立人民抗日武装。

在香港，动员和组织群众支援内地抗战成为香港党组织工作的主要内容。各个妇女团体，特别是一些已经暴露身份的女工党员和女工骨干，积极响应党的号召，说服家庭，克服困难，毅然决然地奔赴抗日前线。在出发前，她们参加了各种座谈会、报告会。学习《论持久战》，还在九龙何文田基督教女青年会学习战时救护包扎等知识。大多数女工参加九龙惠阳青年会组织的第三批回乡服务团，返回惠阳参加武装斗争，服务团第三批的女同志当中有的是女工和女知识分子、女学生，如：阮群英、王彦之、黄阳凤、李洁真、刘玉珍、邝爱莲、张倚如、李玉珍、郭玉翔、苏梅初、李惠屏、邓志积、陈瑜等。部分的女工是由香港党组织派到南路去的，如邓俭、莫云、董惠珍等，也有到粤中西江去的，如陈达英、冯美坤、陈曙辉、卢莹等。回国参加抗日斗争的香港妇女，到东江纵队的比较多。她们在部队中是后勤工作的主力军，担任卫生员、炊事员、运输员、交通员、

民运员、宣传员。在党的教育下，经过艰苦的部队生活磨炼，她们中有不少人锻炼成为部队的骨干力量，相当一部分女工担任了部队的指导员、支部书记、文工团长、情报站长、民运队长和中队长以上的重要职务，成为部队的骨干。

在香港女工中，涌现了不少出色的女战士。李玉珍从香港回来后，参加了东江游击队新编大队女子武装队，与男战士一样站岗放哨，保卫大队部，并做群众工作，后又被分配做卫生工作。1943 年 11 月，在一次反击敌人扫荡战中，李玉珍腿部中了两弹，但全不顾自己的伤疼，坚持抢救战友。部队转移时，她和其他三个重伤员一起掩蔽在一个山坑里，没吃没喝，又缺少药品，在这恶劣的环境中，李玉珍照看三个重伤员，并坚持了三天三夜后，在地方党的救助下才脱离险境。1944 年在一次伏击战中，当敌人进入包围圈，部队马上就要发起冲锋时，不料班长疟疾发作，浑身颤抖发软，在这紧急时刻，李玉珍挺身而出，对班长说："病号留下，枪交给我！"她拿起枪，转身喊着："同志们跟我来！"战士们被她的喊声所鼓舞，跃起冲击，在激战中，机枪手受伤倒下，李玉珍又迅速拿起机枪向敌人猛烈射击，这一仗李玉珍打得很英勇。在连续的几次战斗中，李玉珍都机智勇敢，受到部队的嘉奖。这位香港电灯泡厂女工，在部队的磨炼中，很快就被提升为中队副，不久又提升为闻名东江的女连长。

共产党员陈笑影，参加东江抗日武装之前，是香港九龙深水埗长沙湾道嘉伦织造厂的女工。回到东江后，组织上调她到宝安大队医务所当政治服务员，她以火一般的热情，温暖着每一个伤病员的心。1942 年 5 月，陈笑影随医务所转移，不幸遇上国民党顽军的袭击，在这紧急关头，陈笑影主动留下掩护伤病员转移，因寡不敌众，她落到顽军手里。当顽军营长审讯她叫什么名字时，她挺胸回答："游击战士！"顽军用毒刑折磨她，但她坚贞不屈，毫无畏惧，最后壮烈牺牲。临刑前，陈笑影威武不屈，高呼"中国共产党万岁！""打倒国民党反动派！"牺牲时年仅 22 岁。

（本文根据有关历史资料及李杰、邓俭、董惠珍等老同志提供的情况撰写而成。1994 年 5 月）

文献8

香港女学生与学赈会女学团[①]

梁柯平

抗战前夕，香港大、中、小学约1200间，学生11万人。30年代前期，港英政府已推行了近一百年的殖民地封建教育。中学分设男、女校，女子中学的学生六七千人。无论是官立的、私立的或教会办的女子中学，学生自动接受“大英帝国是日不落帝国”观念的熏陶，中文学校都教四书五经，教文言文；英文学校的史、地课只教英国历史、地理。中学生，特别是女学生，一般都只识书本，不懂政治。受进步思想影响的女学生有的读课外书，有的跑回国内求学，但人数极少。女学生毕业后的出路，大多数是结婚当家庭妇女，走上职业岗位的是很少数。

一点星火

“九一八”、“一·二八”事变后，国内人民群众的抗日救亡运动渐起，由北平、上海而武汉、广州，影响及于香港。1936年至“七七”全国抗战之初，青年学生救亡运动有了进一步的发展。英皇书院、香港大学、汉文中学、华德商学院、南方书院、圣保罗书院、英华书院、圣保禄书院、陶秀女中、华侨中学、华南中学，以及梅芳、西南、丽泽、正风、信修、进修等女子中学相继涌现了一批积极活跃的爱国青年学生，主要有钟子（猝钟明）、李政耀、黎民悦、雷福棠（晓天）、石百恒、林家曜、杨升礼（德元）、王式好（女）、关若兰（女）、黄雯茵（女）、何秀云（小冰，女）、雷超志、陈一民、袁耀鸿（少屏）、叶子良、李锦辉、李锦光、陈家贤（女）、袁惠慈（女）、梁欢笑（柯平，女）、蔡锦屏（蔡莹，女）、李惠

---

① 收录于广东妇女运动历史资料编纂委员会编印：《香港妇女运动资料汇编（1937年—1949年）》，1994年，第21—32页。

文（女）……等。他（她）们在参加爱国宣传和募捐等工作中不断增长才干。这两年间，基督教男女青年会组织了歌咏班、救护班、团结不少男女青年；课余社（由晨钟体育社扩展而成）、少年之友社等进步青年团体也纷纷开展救亡活动。

有两间学校特别值得一提，即深爱女校和正风女中。深爱女校是深水埗工业区的一所小学，学生多是工人子弟。创办人兼校长是张坚志，她的丈夫袁英侠协助校务并任教。袁英侠是深爱堂牧师。他爱国，崇拜鲁迅，购置了《小学生文库》、《少年文库》给学生阅读，上音乐课教唱救亡歌曲。张坚志上地理课时在黑板画上形似海棠叶的中国地图，讲祖国的领土怎样被帝国主义蚕食。国文教师讲“九一八”事变经过，美术教师教学生画马占山像。因此深爱的学生很爱国，高年级学生都宣传抵制日货，读课外书。学生李洁真（李洁）等把《小学生文库》和《少年文库》几乎读遍。李洁真的作文《长夜漫漫何时旦》被送到报上发表。学生毕业后有的升学，有的入厂做工。读完四年级就辍学当女工的曾莉芳（曾珍）较早参加救亡运动，是半公开的妇女救国会的负责人。她于 1936 年加入中国共产党。在她的影响下，第一届（1934）毕业生中升学的陈家贤、袁惠慈参加了学生运动，做工的李洁真、黄阳凤（小英）、冯洁明（女修）、冯美坤（冯坤）等参加了工人运动，都是抗战初期学运和工运的骨干。

正风女中校长莫曼薇思想进步，在教学中灌输爱国思想，培养了蔡锦屏（蔡莹）等几名率先投身救亡活动的女生。1937 年和 1938 年两届正风初中毕业生中，曹丽芳等两人去了延安，一名去新四军，蔡锦屏、刘德容去广州参加抗日工作，在校学生积极参加学赈会工作的有莫婉珍（莫芸）、董琼玉（惠珍）等十人左右。

大革命失败后遭到破坏的中共香港党组织于 1936 年恢复了组织活动。1937 年重建的第一个学生党支部三人中，有一名女学生党员林鹜琼。日益高涨的全国救亡运动促使香港学生救亡运动勃兴，香港学生救亡运动的勃兴又促使男中和女中的学生在抗日救国的大旗下，在中国共产党的指引下一齐起步，一起前进。

大批女学生的奋起

如果说抗战前夕和抗战之初觉醒的女学生只是点点星火，那么“七七”、“八一三”燃起的全民抗战则唤起了成百上千的香港女学生了。

香港学生赈济会（简称学赈会）的成立，对女学生的广泛觉醒起了关健［键］作用。学赈会成立于1937年9月，圣保罗女书院代表王式好当选为学赈会第一届副主席。学赈会实行学校代表制，凡当选为执委、常委的学校，由其学生代表出任工作。第一届学赈会执、常委中的女生代表中，记得的有王式好、黄雯茵、关若兰、郑惠芳、傅惠芳、梁欢笑（柯平）……等。学赈会成立前后，派探访队到各校探访校长，向同学宣传，得到很多学校的支持。一批批女学生，或作为代表，或作为积极分子，走出校门参加宣传、募捐等救国活动。1937年底，学赈会在各段（小区）建立段委会，很多女同学参加歌咏班和各段段委会工作。同时，学赈会儿童团成立，吸引了更多女学生和部分小学女教师做儿童团工作，小学生也广泛地组织起来了。不到半年，学赈会已发展成为代表全港大中小学十万以上学生的有广泛群众基础的救亡团体。

当时香港的女子中学有几十间，大多数支持学生救亡运动。正风已如上述。又如我的母校丽泽女中，梁逸芬、叶若昭两位校长在学赈会成立时就派我作学生代表参加工作，还派大批女生参加卖花、卖旗。有的同学因工作忙而误课误考，叶若昭副校长为我们补课补考。陶秀女中副校长苏若蕙支持学生在校内校外的救国活动，派何秀云为出席学赈会的代表，并帮助学生会在校内举办卖物捐款和演剧宣传。进修女中校长胡侨卿除派学生代表李惠文到学赈会外，还支持学生缝制棉衣支援前线。信修女中校长潘静修先后派学生代表吴秀中、麦惠珍（李夏湘）参加学赈会工作，还邀请进步文化人金仲华等到校演讲。梅芳校长吴敏墀、汉文女师校长陈逸馨对学生的救亡活动也取支持态度。

轰轰烈烈的1938年

男女学生一起参加学赈会组织的救亡运动，使香港女学生大大开阔眼界，提高觉悟，破除封建思想。

我们这些女学生们，当时多数是刚毕业或将毕业的初中生，少数在高中，可以说都属十六岁花季的青春少年，只是不象今天的少年这样幸福，这样充满美好的憧憬，那时国难当头，我们想的、说的多是国家兴亡匹夫有责的事。家境贫寒的，还时时担心家庭糊口和个人出路问题。何秀云和我都是靠每年考第一名免费升级的穷学生。我毕业后由于校长的热心资助才读上高中。学赈会湾仔段开展工作时，崇德女中的校长一时找不出适当人选，派了该校附属幼雅［稚］园教师孔秀芳（方兰）作为学生代表，孔秀芳从此参加工作，成了湾仔段的骨干；学赈会儿童团成立后她负责湾仔段儿童团的工作，1938年底杨升礼参加东江游击队，孔秀芳继任学赈会儿童团团长。

1938年，女学生们在学赈会的宣传、募捐工作中得到很大的锻炼。在集会上，我们凭着满腔热情，参考报纸的新闻社论就振臂高呼，滔滔不绝地演讲起来了。歌咏运动的兴起更是激动人心，到处都可以听到嘹亮的救亡歌声。我就是在歌咏运动中学会读简谱的，还帮过儿童团练歌。

女同学心灵手巧热情高，在募捐中干得更出色。卖花那天，成百上千女学生从学校出发，一个个身前挎着一只藤（或竹）制的托盘形花篮，周边贴上标语，花篮里放上大量小纸花和一只钱罐。我们走上街头闹市、公共场所，逢人就献上小花："先生（太太），请买一朵花。"对方接过小花，自动把钱投入罐内。我们报以一声"多谢！"有些女同学本来怕羞，见生人就脸红，这一天却大方起来，不论男女老幼，不论中国人、外国人，见人就上前递花。卖完花，钱罐满满的，我们都高兴极了。

学赈会举办的第一次卖物游艺会是在圣保罗书院举行的，效果很好。大小规模的卖物会接连举行。有各校办的、各段办的和学赈会的总部办的卖物会。卖物和游艺的收入都作捐款送往前方。陶秀女中学生会代表把卖物会捐款送交保卫中国同盟。当同学们看到由孙夫人宋庆龄签署的收据和感谢信时，全校为之轰动。参加卖物会工作的男女同学，从筹备到送出捐款，要忙碌好多天，课余干、假日干，有时还开夜车通宵地干，大家全尽义务，不拿任何补贴。女同学们用自己的行动表明，女学生是香港学生救亡运动的一支生力军。

我们还参加学赈会的或校内的读书会、座谈会，听进步人士的演讲，并读了不少平时在学校里读不到的书。《论持久战》、《大众哲学》、《中国青年运动的方向》、《中国近代革命史》等书，大大开阔了我们的眼界，提高了我们的觉悟。我们考虑的不再只是个人的出路，而是国家民族的前途和社会制度的改革；认识到中国共产党是代表人民大众的政党，是抗战的中坚。1938 年这一年，中共香港党组织在学生骨干中吸收了一批党员。在发展了党员的中学里，女中占了大约一半。这一年的锻炼，为学赈会女学团的成立奠定了基础。

这一年，学赈会各段和儿童团、歌咏班的工作都有迅速、广泛的开展，各校女同学参加工作的越来越多。活跃在香港各段的还有何淑英、张兰馨、邝瑞玉（邝云）、袁惠慈、何雪云、孔秀娥（孔海云）；活跃在九龙各段的还有张汝琼（张瑜）、何琼瑶（何琼）、周景超（何斌）等；还有香港汉文女师的陈佩雯（陈敏）、邓瑜璧、知用中学的何淑庄（何琼）、华英中学的司徒燕屏（司徒坚）、陈秋如（黄稻）、钟瑞鸣（钟金凤）、谈凤鸣、关爱仙……等，她们在进步教师、同学或兄长的影响带动下，先后投入轰轰烈烈的救亡运动，或在校内组织学生会、读书会、出壁报，或参加校外团体的活动，如基督教青年会、女青年会、中华圣教总会歌咏班、虹虹歌咏团、惠阳青年会、红十字会等。

女学团成立水到渠成

1939 年 2 月，香港成立了各界妇女纪念“三·八”妇女节筹委会。丽泽副校长叶若昭是筹备委员兼宣传部负责人。叶校长很忙，委托我作为她的代表参加筹备工作。我因此结识了宣传部的另一负责人、香港妇女慰劳会代表廖梦醒，同她一起工作。同时认识了担任筹备委员的上层人物如何艾龄、王孝英、胡木兰等以及一些中学女校长。这一年的“三·八”节宣传工作主要做了两件事。第一件是组织女学生到工厂向女工宣传。我们通过学赈会发动了大批女同学组成若干宣传队，到南洋烟草公司、英美烟草公司、商务印书馆、中华书局、冯强橡胶厂、康元制罐厂、陶［淘］化大同罐头厂、保安公司防毒面具厂……等许多工厂进行宣传。我们向女工们讲解“三·八”节的由来，讲抗战形势，讲只有实现民族解放才能取得妇女解放的道理。宣传中不少女同学和女工交谈并交上朋友。

第二件事是出一本“三·八”特刊。我们征集稿件，写稿，编稿。这时，女作家萧红正好到了香港，她的小说《生死场》受到鲁迅的赞扬，因此很出名。怀着年轻人对文学家的钦佩之情，我和汉文女师同学袁玉莲一起到萧红的寓所访问她。萧红与我们见面时身穿浅驼色呢子大衣，她热情地为我们题写了“三·八”特刊的刊头。正风的董琼玉（惠珍）和真光的黄淑暖去请画家叶浅予作封面画。叶浅予为我们画了一幅妇女群像，其中那个女学生的形像酷似黄淑暖，这使我们很兴奋。在一群女学生的热情努力下，“三·八”特刊诞生了。

与此同时，学赈会出版的《学生呼声》上刊登了陈家贤的文章《今年“三·八”节我们应有的任务》，文中说：“训练自己，加强自己，动员各阶层妇女参加抗战工作，形成香港妇女的大团结，应该是开展香港妇运最重要的条件。”

“三·八”节纪念大会盛况空前，体现了香港各阶层妇女的大团结。设在利舞台的主会场座无虚席，各区、段还设分会场。到会的主要是女工、女教职员和女学生。各界妇女代表人物坐在主席台上。女工代表邓俭和知名女士、中学校长坐在一起，十分自豪。革命老人何香凝在大会上讲话，号召妇女们坚持团结抗战，反对投降分裂；她怒斥汉奸卖国贼汪精卫时激昂愤慨地用手杖柱击主席台的“笃笃”声，至今还清晰地留在我的记忆中。

1939 年的“三·八”节纪念活动影响深远。许多女同学同女工交了朋友，帮助女工们办起识字班、歌咏班、姊妹会和读书会。同年7月，邓颖超在延安中国女子大学成立典礼上发表演说时，讲到“香港有几万人的妇女大会”。她讲的“几万人的妇女大会”，指的就是全港各界妇女纪念“三·八”节的盛会。

香港女学生工作有了一定的基础，但还不够广泛深入。有些女同学想出来参加工作，但家长有封建思想，怕“男女混杂”而不让出来。这样，组织女学生的独立团体，使之成为进一步团结教育女学生的组织，就很有必要也有可能了。我们以学赈会原有的女学生骨干为基础，经过一番筹备，组成了学赈会女学团。女学团成立大会在1939年6月18日假香港基督教青年会礼堂举行。大会前夕，在报纸上发表《告全港女同学书》，指出：“占了全国人口半数的妇女，只有站起来和男子同样英勇地、同样坚决地参加到民族解放斗争去，才能够争取中国妇女的彻底解放。”在成立大会上表彰了女学生工作成绩优异的陶秀等女子中学，还颁发了奖状。大会上我被选为女学团团长，林玉屏当选副团长；黎秀琼、莫婉珍、李凛冰、陈碧婷、何秀云、黎燕华、麦惠珍、李惠文、黄惠琼当选总团部干事。第二天，香港各报报道了女学团成立的消息，《大众日报》等还出了特刊，学赈会女学团的成立，对于破除重男轻女封建思想、加强学生运动同妇女运动的结合方面是一次大进军，在社会上引起了强烈的反响。女学团成立后，团员有三百人左右，参加女学团各种活动的女学生约八百人。根据党组织决定，女学团内设党团成员有：何秀云、莫婉珍、李凛冰和我。党团的任务是：贯彻党的抗战政策，团结女同学做好工作。

走上与工农相结合的道路

女学团是学赈会的一个组织，主要是发动女同学参加学赈会的统一行动，同时结合女学生的特点开展独立的活动，如歌咏班、乒乓队、海浴会、夕阳会……等。女学团的活动在1939年暑假搞得最红火。当时还组织了暑期女学生慰问队，由李凛冰率领，前往惠阳县的淡水、坪山慰问由曾生指挥的东江抗日新编大队（东江纵队的前身之一）。她们参加部队的宣传和演出，表现很好。慰问结束后，部分队员返港上课，李凛冰、唐丽华（唐华）、吴玉珍、黄惠琼等四人留下参加部队，成为光荣的抗日武装女战士。

自1938年底开始，学赈会先后组织了四个回国服务团。其他救亡团体如惠阳青年会等也组织了回乡服务团或华侨回国服务团。不少有志的男、女青年踊跃回国服务。仅据学赈会回国服务团一、三、四团的不完全统计，女团员有三十五人，占团员总数的百分之十五，她们中有：郑海燕（惠明）、袁惠慈、麦惠珍、黄超、杨洋……等。这批女同学随各团分赴南路、粤北、粤西、粤中、粤东等地区。她们舍弃温暖的家庭，告别父母兄弟，走上新的征程，决心是很大的。张兰馨家境富裕，父母不同意她回国，她毅然瞒着家长化名张伟雄出走了。陈碧婷自幼丧父，也忍痛瞒着相依为命的母亲，剃了男装，化名陈绍明秘密出发。女同学们到了内地，和男同学们一样战斗，一样劳动。她们学行军、打枪、救护，学做各种战地工作；她们学习插秧、割禾、舂米、编织鱼网，与农民同劳动同生活；她们在群众中演剧唱歌，宣传抗日救国；教妇女儿童识字，为农民施医送药。这些香港有史以来第一批有组织地到农村参加游击战争或地方工作的女学生，出发时都是不到二十岁的小姑娘。她们从此走上了献身祖国、献身人民的革命道路。这是值得香港青年引以自豪的。

另一部分女学生转到女工中去开展工作。例如信修女中的何雪云到商务印书馆当工人，后任中共女工支部书记。何琼瑶、黎秀琼任港九妇女教育服务团正、副团长，在女工群众中做教育、服务工作。女学团结束后，团员大多数转回校内开展工作；一些回国参加抗战，或参加女工工作。邝瑞玉等组织台山青年会，通过联络乡谊团结了大批男女青年。还有一些到女青年会办的劳工夜校教书；再一部分在九龙当女工夜校的义务教员，建立女青社，在女青年中开展各种爱国活动。以上活动大都坚持到1941年底。日寇占领香港后，这批女学生中的骨干大部分投入东江纵队或其它战区坚持抗战；一部分如陈佩雯、黄炜英（苏平）、黄琦珊（静宜）等留港坚持城市游击战，巧妙地袭击敌人；还有一部分回内地求学或工作，日本投降后返港工作和定居。

喜重逢 忆往昔

香港女学生救亡活动是学生救亡运动的一个组成部分。她们和男学生一起前进，同时与当地的妇女运动结合起来，其中骨干并走向工农、投身革命。香港学赈会女学团的成立及其工作，为时很短，不过是半世纪多革命历程的一段小插曲，历史的一瞬。它之所以值得记述，因为它留下了香港女学生某一时期、某一方面的足迹，是当年香港青年运动和妇女运动相结合的产物。

当年参加过抗日救亡运动的香港女学生，多数仍留居香港。其中先后进入内地的一部分女学生，在战争年代锻炼成长。建国后，她们或驰骋广东各地，为南粤人民服务；或走南闯北，四海为家；或转回内地从事各种事业。留港或移居海外的，也在为香港的繁荣稳定和祖国的和平统一而努力。到90年代初，我们相互间有直接、间接联系的还有一百余人。

回首过去，我深切体会到，几十年来，一种强烈的爱国主义精神和中国女性特有的自强不息的奋斗精神时刻在鼓舞着我们。正是这种精神，使我们这群已经鬓发斑白的当年女学生，不论环境如何、遭遇怎样，是相聚还是分离，心都是相通，都是向着祖国、向着人民的。

附记：80年代以来，由于共青团广东省委和广东省妇联的热心推动，以及省青运史研究室、省妇运史研究室的大量工作，使我们这群青春携手又隔别多年的女友们得以多次重聚。我们几十人喜重逢，忆往昔，为编写广东青运史和妇运史的这小小一页而共同出力。这里必须说明的是，本文所写的仅仅是抗战时期我们所知的和一起工作过的同志们、朋友们的部分事迹；遗憾的是，还有许多当年香港女学生在各自的学校、团体和组织中做了为国家民族、为人民大众有益的事，未能尽加记述。不论如何，我竭诚感谢同志们、朋友们在多次座谈和书写回忆中提供了很多资料，使这篇文章得以完成。

（《香港学运的光辉》，广东人民出版社 1992 年 4 月第 1 版）

文献9

香港学赈会儿童团①

方　兰

香港学赈会成立时主要对象是大、中学校学生，学赈会下分十个段，各段段委会成立后很多小学生也参加学赈会了。为了团结教育小学生，同时又让已参加工作的中学生能够从实际工作中得到锻炼，学赈会执委会决定成立儿童团，由组织部干事会领导。

儿童团是 1937 年底成立的。设总团部，设团长一人。总团部团长是杨升礼（杨德元），1938 年底他回国后由孔秀芳（方兰）继任。各段成立儿童团分团部，也是设团长一人负责，其组织形式则以学校为单位成立分队。

小学校的规模有两种：一种较正规的，附设于中学之内，每班有课室，各科有专业老师，也设有图工音体课程，这些学校一般不让我们在校内设分队。另一种学校设备简陋，只有一所大房子，几个班都挤在一个大房子里学习，只有一二个老师负责给他们上课，这些老师一般不教唱歌、体操，所以当我们段委会派人去发动这些小学每周拨出一个时间让我们去教学生唱救亡歌曲，做一些游戏体操时，得到允许，也就是说这间学校也是我们儿童团的分队了。很多小学校长经过我们宣传后即表示欢迎我们，

① 收录于广东妇女运动历史资料编纂委员会编印：《香港妇女运动资料汇编（1937 年—1949 年）》，1994 年，第 33—39 页。

有的甚至参与我们的工作。小学校较多的是湾仔段、旺角段，这些地方骨干也较多，因而工作较活跃。

总团部为培养各段骨干，办过训练班。参加训练班的骨干实则还是十多岁的青少年。他们中有的在家里还是调皮捣蛋的男孩子，有的是讲话就脸红的羞羞答答的女孩。通过培训后，他们分赴各校当小先生，教几十个小学生。如果教得不当，学生没兴趣听的话，那么以后就难以再活动下去，所以，训练班就要解决怎样当好小先生的问题。训练班学习内容有：政治理论、时事，使大家懂得抗日救亡道理，树立必胜信心，认识到从事儿童团工作也就是参与抗日救亡活动。大家互教互学练习唱歌，看简谱；看一些有儿童特点的书，也指出儿童的模仿性很大，要求大家要以身作则。

总团部每周开会一次，会议内容一般有：团长传达大会执委的工作情况和分派新的任务。会议上，对工作的讨论，同意的就执行，有意见就提出，大家都是血气方刚的人，三言两语就解决了问题。各段有新情况的就作汇报。然后，如果时间较充足的话，谁懂新歌的就当场教唱，大家学习了以后回段又教别人唱。

总团部还要求大家参加大会的各种活动，大会组织的读书会、讨论会，儿童团的骨干都踊跃参加。读书会要读的书有《大众哲学》、《论持久战》及《钢铁是怎样炼成的》等，讨论会曾组织讨论“抗日与吃饭哪个重要”、“抗日与恋爱哪个重要”等问题，大家争论得面红耳赤，但得益不浅，通过讨论，进一步提高认识，统一思想。儿童团的骨干在总团部的领导下和在工作的实践中得到了锻炼、提高。

儿童团的活动

1. 唱歌。抗日救亡歌曲是主要的内容。凡儿童团集会一定有学唱歌这一项目，所学的每首歌词都贯穿抗日救亡的内容。每学一首歌之前，先讲解歌词，结合抗战形势、国际形势，使儿童更坚定抗战决心。学过的歌有《义勇军进行曲》、《歌八百壮士》、《芦沟桥》等，每教唱一次歌也就是对少年儿童们进行一次爱国主义教育，增强他们的民族意识。

2. 游戏。针对儿童爱动的特点，在唱歌前后做一二个游戏，室内游戏就只能动手动口，如做相反动作，叫你摸右耳的话你就要摸左耳。这个活动分两组传话，比赛哪一组快和准确。另一个游戏叫做打密电，也分组比赛，比快慢、比准确或不准确。这些游戏也是大家互教互学，内容多样。室外活动就更多样了，有跑步、捉迷藏等等。

3. 讲时事。用最简洁语言讲国内战争情况及世界大事，有时候把报纸新闻念给大家所［听］，使大家认识抗日形势。

4. 讲故事。有时让儿童团员自己讲，有时由小先生来讲，内容丰富多采［彩］，包括宣传抗日的故事、寓言、神话等。

5. 假日旅行。总团部组织假日旅行，如到荃湾、钻石山、宋皇台；各段也自己组织旅行活动，一般在附近地方，如湾仔段儿童团多去香港仔旅行。参加旅行的团员自备干粮、开水，早上出发，下午回来。沿途大家又唱又跳，摘草做书签，大家来自不同学校，但毫不拘束，相互友爱、相互关怀。旅行时遇上大雨的话，大家满身湿透；烈日当空时，大家晒得黑黑红红的，有的人给同伴起名叫黑炭头。由于经常组织旅行，大家身体得到锻炼，极少感冒生病，即使有时感冒，出一身汗就好了。儿童团的骨干得到锻炼，也为日后在艰苦的环境中生活打下基础。

6. 野营。总团部组织大家野营。参加者主要是儿童团的骨干分子，大家带上吃的睡的用品，露宿的野外，晚上进行偷袭活动锻炼。

团礼的团歌

1. 团礼。总团部研究工作时，湾仔段黄初俊建议应有团歌和团礼，得到大家赞同。团礼是湾仔段儿童团提出，即把右手的大拇指、中指、无名指合起来，食指和尾指伸直，成为一个狼头样，集会时大家即用这个手势来表示敬礼。这个方案经总团部通过后被采纳使用。

2. 团歌。歌词曲黄初俊作，曲由另一位同学（名字忘记了）谱，儿童团团歌是：

“挺起了小心胸，
不怕雨在飘，
风在吼，
只有站在最前锋！
我们是抗日的小英雄，
未来的主人翁，
新中国让我们逞英雄！”

各段儿童团分队集会时都用手势相互敬礼，并唱团歌，使这种集会变得既严肃又活泼了。

湾仔段儿童团分部几个负责人还自己设计了制服，集会时统一穿上，女的上穿棕色上衣，下穿黑白格仔裙；男的上穿棕色上衣，下穿蓝短裤，大家看上去精神奕奕。

团的活动场所

总团部都在学赈会大会会址开会。学赈会会所面积不到一百平方米，砖木结构，木楼梯，上下楼梯时格格［咯咯］作响。屋内设有隔间，有一个大阳台，约十平方米。屋内有两张乒乓球桌、两张书台。这个地方可分三个会场开会，总团部开会时都有其他组织在开会，所以发言时必须站起来张大喉咙才能让人听到。

各段分团部找集会地点时常常会遇到困难。集会时间在星期天或晚上、假日。我们借用学校课室开会时，要学校开门关门，晚上又要费电，因此那些曾借场地给我们用的学校在一段时间后就感到麻烦，我们只得另借一间学校。九龙方面，儿童团分部较多在华南中学活动，那里有个操场，儿童团集会较方便。湾仔段的团员在 1939 年多在培英中学活动，校长对学赈工作很是支持，操场、课室都借给我们使用。因此，湾仔段儿童团工作能够较顺利开展。

团员参加救亡活动

1. 募捐。发动各小学学生捐款。捐款用途既用于救济难民，又支援国内抗日军队。当时各小学所捐款项有的直接送到指定的机构，或送到大会统一处理。直接送的有的送到香港八路军办事处。募捐对象除了小学，也向社会普遍发动。许多小学校长、老师对抗战是支持的，也帮助发动学生捐款，真是万众同心，同仇敌忾。

2. 卖花筹款。学赈会历次卖花筹款，儿童团是主要力量之一。捐款箱由大会统一发，是康元制罐厂出的那种五寸高的罐子，用盖了章的封条封好口。各段自己做小花（大家凑钱买纸），分组分几条街包干，重点放在车站、码头、交通要道口等，二三人一组，定收队时间，把钱箱集中，大家看着开箱。开箱地点有的在积极分子的家中，如湾仔段开箱地点是在孔秀芳家的骑楼（阳台）。因为收到的捐款多是硬币，一分、五分、一角，一大堆，很难送去大会，怕丢又怕抢，于是由孔秀芒［芳］的妈妈冯芝老人陪着去钱庄，把硬币换成纸币（向钱庄的人讲明是捐款，一般不收手续费），然后才由湾仔走到中环，把钱交到儿童团总部。

3. 参加卖物会。第一次卖物会在圣保罗书院举行，把发动各界捐赠的物品义卖筹款。第二次卖物会，把会场分为二十多个摊位，每个摊位选定一个学校或段委会负责，由各单位自选一种游艺。儿童团的游戏台设几部小坦克车，挖几个陷阱，如果车掉入陷阱算赢，有奖品。

4. 献铁运动。大会发动每个学生献废铁，送回内地制枪械。几天之内，每个段的集中点堆满了废铁。这些活动开展了一次又一次，反复对广大小学生及其家长进行爱国主义教育。

5. 参加宣传活动。大会在一些有意义的节日里，用各种形式进行抗日宣传，儿童团都积极参加，演街头剧等。如厦门儿童救亡剧团来香港演出，主要由总部负责接待，他们的演出很精采［彩］。演出中，他们唱的一首中国儿童保育院院歌的歌词是这样的：“我们离开了爸爸，我们离开了妈妈，我们失掉了土地，我们失掉了老家，我们的大敌人，就是日本帝国主义和它的军阀，我们要打倒它……”这首歌激起了儿童们对敌人更大仇恨。

6. 参加歌咏比赛。以总团部名义参加全港歌咏比赛，委托湾仔的儿童团绣一面旗，几个女团员连夜动手，两个晚上就绣成一支用团礼动作作标记的旗了，这面旗用黄布做底，大概宽一米，长一米七八左右，右角上有个狼头。歌咏比赛在加路连山孔圣堂举行。儿童团歌咏队的队伍约一百多人。在湾仔集中出发。沿途唱歌到比赛地点。比赛结果，学赈会儿童团获团体亚军，湾仔段儿童团团员李国华获个人冠军，他唱的歌名是《保卫中华》。

1938 年儿童团工作是蓬勃发展时期，全港有八十多个分队，团员约三千多人，干部有二百多人。

1939 年工作比前艰苦一些。许多人以为抗战会很快结束，开始时对工作很热情，但广州沦陷后，顽固派在香港宣传反动言论，一些人开始受影响，加以第二次世界大战的爆发，一些人情绪更紧张。原来的学生代表多为高年级学生，他们相继毕业或将近毕业，积极分子一走，学校工作就较难开展了。面对这种情况，我们仍努力发现、培养新的积极分子，工作仍继续坚持下去。

1939 年“平江事件”之后，学赈会工作转入艰苦时期。年底，女学团、读书会、儿童团联名登报退出学赈会。后来成立的香港儿童救灾会，坚持约一年时间。随后许多骨干回国服务，工作也告结束。

（《香港学运的光辉》，广东人民出版社 1992 年 4 月第 1 版。）

文献10

妇女会举行水陆游艺大会，筹款建义学①

（本报专讯）港九妇女会，为筹募义学开办费及扩充习艺所经费，今日午间十二时假座西环钟声游泳场，举行水陆游艺大会。秩序丰富，计有

---

① 收录于广东妇女运动历史资料编纂委员会编印:《香港妇女运动资料汇编（1937 年—1949 年）》，1994 年，第 252 页。

各种游泳表演，国技，及各种游艺节目等。直至晚上十一时始结束，场内并设有各种小玩意，如崇蓝女校开设飞标幸运档，陶淑女校投环档，信修女校设小游艺档，该会习艺所设球档，志贤、领岛两校负责招待。门券方面，分十元、二元及一元三种，除十元券于日前分送社会名流认销外，其余二元及一元券，均于今日在会场门口发售，入场者，在游泳表演节目外时间，可以自由游泳，场内不设劝募云。

（1948 年 7 月 17 日《星岛日报》）

文献11

本港妇运织介绍（二）[①]

——港澳妇女会

港澳妇女运动委员会，为香港战后复兴最先成立之妇女团体，该会战前原为新生活运动妇女委员会，主持者为吴马凤岐女士等。战时领导在港女侨胞，建立伟大工作，香港失陷，各主干人员撤退内地，继续服务，胜利归来，三十五年春首先复员，始定今名，以梁少芝为主任委员，苏安平、张云等为常务委员。

复兴伊始，着重于救济事业，于委员会之下，设救济工作理事会，聘请妇女界名流为理事，分股工作。

该会工作之最显著者，第一期设立免费夜校二间后，继办二间，本期复增设二间救济失学儿童共五六百名。

第一校：△仔庄士敦道知行中学内。

第二校：油麻地兴东兴街丽泽中学内。

第三校：深水埗大南街萃文学校内。

第四校：西环卑路乍街贞敏学校内。

---

① 收录于广东妇女运动历史资料编纂委员会编印：《香港妇女运动资料汇编（1937 年—1949 年）》，1994 年，第 257−258 页。

第五校：筲箕△。

第六校：校址未定。

又该会鉴于一般学校学费昂贵，贫苦学生无力负担，以致失学情形日趋严重，乃于去年秋季，发动半费学额补助失学学生运动，由热心人士慷慨捐款，各学校援助，救济贫苦学生三百人，本年春季仍继续办理。

香港之有托儿所，实自该会始创，三十五年七月开校，所址△仔乍菲道，其情形大概如下：1. 组织：所长由梁少芝兼任，主任为何佳侣女士，下设总务一员，设士保姆员若干名，工役数名，聘请中西名医分任义务医师，东华医院供应医药。

2. 经费：(略)

(1947 年 10 月 10 日《星岛日报》)

文献12

华南妇女节制会拟办公益多种①

（港讯）华南妇女节制分会复员委员会昨日下午三时假九龙白加士街三十二号二楼该会所举行茶会，到女界领袖谭唐襄夫人、丘李正荣女士等数十人。首由该会复员委员会主席陈卿云夫人致开会词，略述该会复员战前成立及创办华南女子自助工业等社之经过与该会复员事之迫切待举等，主席词毕，由各委员发言，并公决如下：

（1）即日起发动征求会员。

（2）创办义务学校，收揽擦鞋童和卖报童。

（3）举办青年学生演讲竞赛。

（4）发动节制签名运动。

(1948 年 6 月 12 日《华商报》)

① 收录于广东妇女运动历史资料编纂委员会编印：《香港妇女运动资料汇编（1937 年—1949 年）》，1994 年，第 260 页。

文献13

第四章　华南抗战的中流砥柱（节选）[①]

第四节　在华侨、港澳同胞中的工作

……

二、港澳回乡服务团的活动

……

这一期间，香港各界相继成立的抗日救亡团体还有：在文化界，成立了中华艺术协进会、九龙各社团赈灾联合会、文化界座谈会等。在妇女界，组织了基督教女青年会、妇女兵灾筹赈会、妇女新生活运动会、妇女慰劳会，在此基础上，成立了全港妇女工作最高领导机关四妇女团体联席会。在工人方面，组织了有30多个工会参加的香港工人筹赈联合会等。

港澳抗日救亡团体的主要活动是：(1）抗日宣传。组织歌咏队、戏剧社，演唱抗战歌曲，演出以抗日救亡为主题的戏剧；组织读书会、演讲会、座谈会，创办刊物、壁报，成立宣传队等。香港学赈会创办了《学生呼声》（半月刊），发行至广州、武汉和南洋各地。后又在《大众日报》上开辟《学生堡垒》和《火炬》副刊，在《珠江日报》开辟《青年呼声》副刊。澳门四界救灾会在澳门《朝阳日报》、《新声日报》开辟《救灾特刊》，后又在《大众报》开辟宣传抗日的特刊或专刊。澳门四界救灾会派出宣传队、农村服务团，到中山各地开展抗日宣传。香港学赈会先后组织40个探访队（共200多人），到各校宣传；并组织宣传队，利用寒假和暑假，到中山、台山、江门、顺德等地，向农民宣传。香港学赈会还组织“七七剧团”，前往四会、肇庆、三水、高要、新兴、德庆

① 收录于曾庆榴主编、中共广东省委党史研究室著：《中国共产党广东地方史》第一卷，广东人民出版社，1999年，第443—459页。

等地演出和开展战地服务工作。香港惠阳青年会组织惠青剧团，到惠阳、宝安各地，演出话剧，演唱救亡歌曲。香港学赈会女学团组织慰问队，前往淡水、坪山等地，慰问东江人民抗日武装，有的女生还参加了抗日武装。

香港妇女文艺资料

文献1

港九女工热烈庆七夕①

本报专讯：

一年一度的乞丐节昨日来临，港九各女工团体分别开会庆祝，她们都以新的内容来纪念这个旧的节日，动员有组织的女工群众近二千人，与往年开“七妹会”的形式相比，已焕然一新，各女工团体集会经过的情形如下：

树胶总工会

树胶总工会的女工今年阵容强大，人数超过八百人，昨日下午五时先凑了一笔钱，在工会举行卖餐，各厂的女工借此机会互相介绍，找新的认识的人谈心。本来是男女各分开的忽然“织女桌”嚷了起来，要求“牛郎桌”的“牛郎”过去与“织女”联欢，于见牛郎、织女便在一片欢呼声中相会，有些活泼的织女便扭起秧歌来。

正式七妹大会开始，八百多对眼睛集中着“东方△”卢改［政］之说七妹会是我们中国许多年来的习俗，我们现在要求翻身解放的情绪去迎接这节日……。真的她（他）们的情绪比往年不同了，她们用雄壮的歌声唱出了“我们的队伍来了”“拉起手来”的严肃歌词，代替了过去那种怨女旷尖式的意感，从不断“妈妈野”的欢呼声中，充分显示八百多颗心已紧

---

① 收录于广东省妇女联合会、广东省档案馆编：《广东妇女运动历史资料》第六辑，广东省供销学校印刷厂，1991 年，第 379—380 页。

密地团结起来了，其他的妇织员工会，五金总工会，三△各工会女工部的女工们也同样热烈地庆祝这个节日。

（《华商报》1949.8.1）

文献2

海燕歌咏团今日成立①

港九妇女联谊会主办之海燕歌咏团，已筹备就绪，今日全体往郊外旅行并举行成立典礼，现该团已有团员女五十人，该团将于下月十二日“黄自先生遗作纪念演唱会”上与听众首次见面。

（1946 年 4 月 28 日《华商报》）

① 收录于广东妇女运动历史资料编纂委员会编印：《香港妇女运动资料汇编（1937 年—1949 年）》，1994 年，第 231 页。

香港妇女军事资料

文献1

第一章　烽火南天，在民族危难的历史关头挺身而出（节选）①

……

三、华侨和港澳同胞的鼎力支持

中国共产党领导的东江抗日武装得以在惠东宝边建立，开展抗日游击战争，是与海外侨胞和港澳同胞的大力支援分不开的。

（一）港澳同胞回乡参加抗战

香港、澳门与东江地区有着紧密的地缘和人缘关系。从“九一八”事变起，香港、澳门同胞捐助、支援十九路军抗战，声援北平“一二·九”爱国学生运动，群众性的爱国抗日救亡运动接连不断。

“卢沟桥事变”后，中共南临委、香港市工委、香港市委、香港海员工委和中共东南特委响应中共中央的号召，在港澳地区积极开展抗日救亡运动。八路军驻香港办事处和宋庆龄组织的保卫中国同盟，更加致力于动员和推动华侨和港澳同胞支持、参加祖国抗战。在中共香港地区组织的宣传发动下，许多商会、同乡会、文化社团、青年社团和工厂纷纷组织起来，相继成立香港学生赈济会、澳门四界救灾会等抗日救亡团体。从一九三七年八月开始，惠阳青年会、海陆丰同乡会先后组织回乡救亡服务团回到东江参加抗日救亡运动。香港市工委和香港海员工委从一九三七年八月至一九三八年十月，以香港“惠青回乡救亡工作团”的名义，先后组

① 收录于蔡伟强编著：《抗日战争中的东江纵队》，广东人民出版社，2015 年，第 14—19 页。

织了一百多名共产党员和爱国青年，由严尚民、叶锋、刘宣率领，分三批回到惠、宝边界沿海地区参加抗日救亡活动。一九三八年三月，以香港海陆丰同乡会的名义，组织“海陆丰旅港回乡服务团”共二十多人，由吴禄、朱荣带领，回到海陆丰参加抗日活动。此外，一九三八年十月，以澳门四界救灾会回国服务的名义，发动共产党员和爱国青年一百六十多人，组成了十一个工作队，由廖锦涛、沈文略（沈章平）率领，回到内地参加救亡工作，其中部分队员到东江地区参加抗战。一九三八年底，香港市委还组织东江流动剧团，由陈一民、程跃群率领回到惠阳、宝安和海丰等地开展抗日救亡宣传活动。一九三九年秋，又组织香港惠阳青年会剧团十多人，由黄华、邓培基率领回到惠阳、宝安开展救亡宣传工作。一九三八年十月间，东南特委成立后，香港党组织在香港、澳门组织了十七个工作队共五百多人回东江及其他地区参加抗战。

一九三八年十月，当战火在东江地区燃烧起来的时候，许多港澳爱国青年纷纷回家乡直接参军参战，出现了父母送儿女、妻子送丈夫、家长带领全家一起回乡参战的热潮。如独生女李杰、黄小英说服年老双亲，抛弃安逸的家庭生活，毅然走上抗日救国的革命道路。最令人感动的是带领全家走上抗日救国战场的香港女教师李淑桓（人称郭太太）。这位富有强烈爱国主义精神的知识分子，丈夫是一个店员，生有六男一女。抗战爆发后，长子郭显承（郭宽成）北上延安，参加抗战；女儿郭云翔（郭锦霞）参加了惠阳青年回乡工作团；仅隔两个月，又将年仅十四岁的郭显怡（郭际）送到惠宝人民抗日游击总队。

一九三九年五月，她随同慰问团来到东江游击区，看望儿女后，深为东江人民抗日救亡的爱国主义精神所感动。回到香港后，又动员她的一对孪生子郭显和、郭显乐参加游击队。一九四〇年三月，郭显和、郭显乐在战斗中英勇献身。李淑桓虽然无比悲痛，但又毫不犹豫地把三儿子郭村送上战场。一九四一年初，丈夫去世后，李淑桓化悲痛为力量，带着年仅十一岁的小儿子郭显隆（郭厚智）投奔东江抗日游击队。郭显隆参军后，当了东莞敌后交通站的通讯员。李淑桓来到东莞大岭山大塘村，以教师为掩护，从事抗日救亡工作。一九四一年十月六日，国民党顽军进攻大岭山，李淑桓不幸被捕，壮烈牺牲，年仅四十七岁。革命母亲李淑桓带领全家投身抗日战场的动人事迹，是港澳同胞爱国爱乡、保家卫国的伟大爱国主义精神的生动体现。许多港澳爱国青年回乡参加抗日游击队后，浴血沙场、英勇杀敌，成为人民抗日游击队的领导骨干，为民族解放事业作出重大贡献。

……

文献2

第二章　孤悬敌后，在日、伪、顽军的夹击中英雄奋战（节选）①

……

五、挺进港九敌后，开展城市和海上游击战

……

（二）开展港九城市和近郊游击战

港九大队根据港九地区的特点，分别组成了短枪队、长枪队和海上队。长枪队在沙头角地区活动，主要任务是消灭土匪，保卫领导机关；海上队活动于西贡半岛沿海，主要任务是消灭海匪，运送物资、武器和护商、护渔；短枪队分别成立西贡区、沙头角区、坑口区和元朗区四支短枪队。短枪队初期主要是护送从香港脱险回内地的文化界人士和爱国民主人士，其基本任务是发展人民抗日武装力量，打击日伪军。

港九大队成立后，派出大批民运队员广泛开展群众工作。队员深入到九龙、新界的六百五十多个村庄，向群众宣传共产党的抗日主张，办文化夜校，组织抗日联防会、妇女会、兄弟会、儿童团等群众组织。群众觉悟提高了，纷纷要求参加港九大队，参加抗日自卫队，参加抗日救亡工作。

① 收录于蔡伟强编著：《抗日战争中的东江纵队》，广东人民出版社，2015 年，第 42–49 页。

同时，广泛开展抗日民族统一战线工作，团结、争取一切赞成抗日的力量，在一些村子建立了“白皮红心”政权，村长表面上是敌伪的人，实际上为游击队做事。民运队员艰苦努力的工作，为港九大队在港九地区建立抗日游击基地打下坚实的群众基础。

港九地区地域狭小，又多是日伪军警林立的城区和圩镇，活动回旋余地不大。据此，港九大队充分发挥短枪队高度灵活的优势，采取机动灵活的战术，以打小仗、打巧仗为主。短枪队时聚时散，来去无踪，声东击西，掌握各种时机进行破袭战、奇袭战、伏击战、捕捉战，有力地打击敌人。沙田短枪队在队长黄冠芳、副队长刘锦进（刘黑仔）带领下，在沙田地区和九龙市区展开活动。一九四二年秋冬，在狮子山下，短枪队与日军遭遇，队员们以勇猛动作突然开火，全歼日军一个班。在茶果岭小冷室，短枪队员眼明手快，击毙前来侦查游击队活动的两名日军侦探。在西贡北围拦截日军，击毙日军翻译林老虎和两名宪查。短枪队队员化装成客家妇女和小商贩接近日军牛池湾哨所，全歼包括日军伍长在内的宪查十六人。短枪队在铁矿通往九龙市区的公路旁设伏，活捉了日本高级特务东田正之。接着，几名队员一身“捞家”（土匪、恶霸的别称）打扮，开着刚缴获的小汽车，直闯九龙市区著名的金龙酒家，击毙作恶多端的汉奸特务肖九如。三名短枪队队员驾一只小船闯进九龙太古船坞海面跳上敌船，活捉了两名日本密探。短枪队在观音山脚下的窝塘村，在抗日自卫队的配合下，夜袭日军兵营，全歼日军一个工兵班，缴获一挺轻机枪和十一支长短枪。沙田短枪队神奇地袭击日军和汉奸密探，经历了数十次战斗，屡获战果，令敌伪闻风丧胆。刘锦进（刘黑仔）成了名扬广九的传奇式英雄人物。

一九四三年春夏以后，各个短枪队和民运队紧密配合，进一步发动和组织群众，巩固抗日游击基地，发展新区。广大农民、渔民和城市青年踊跃参加部队。港九大队以各地区短枪队为基础，先后建立了沙头角中队、海上中队、西贡中队、元朗中队、大屿山中队和市区中队。至此，港九大队发展为拥有五个地区中队、一个海上中队、两个长枪中队和一个直属中队约八百人的抗日武装队伍。

港九大队的迅速发展，频频出击，使日军为之震惊。日军为了确保香港这个“中转站”、“补给站”的安全，继续推行其“强化治安运动”。从一九四三年春开始，先后对西贡、沙田、沙头角、上水、大埔、元朗等地区进行“清剿”、“扫荡”。进入一九四四年，日军各种规模的“扫荡”月月都有，仅五月就达八次之多；上半年进行了两次出动兵力一千人以上的“大扫荡”。港九大队与敌人针锋相对，展开了一场艰苦卓绝的反“扫荡”斗争。

二月十一日，日军出动一千多人，陆海空配合，采取“分区拉网”、“远道奔袭”、“拉锯清剿”等战术，对沙田、西贡地区进行所谓“梳篦扫荡”，妄图将港九大队主力一网打尽。港九大队以西贡中队在内线坚持山地麻雀战，巧妙地与敌周旋；短枪队则挺进九龙市区，神出鬼没地袭击敌人，展开外线作战。二月十三日，刘锦进带三名队员化装成日军军官和士兵，直奔九龙塘，处决了日军九龙宪兵司令部的翻译汉奸陆通译。日军甚为震动，在九龙市区实行宵禁。接着，黄冠芳和刘黑仔带突击组乘夜间进入启德机场，用定时炸弹炸毁日军一座油库和一架飞机。同时，港九大队市区中队炸毁了亚皆老街的四号火车桥，并在市区散发传单，加强政治攻势，扬言游击队要攻打日军南支派遣军司令部。日军惊慌起来，不得不将进山“扫荡”的部队撤回市区加强守备。港九大队就这样粉碎了日军的一次“扫荡”。

四月间，日军出动两千多人纠合伪军六百多人，并出动舰艇数十艘、飞机四架，对港九大队大屿山抗日基地进行历时二十一天的“大扫荡”。大屿山中队采取避敌锋芒、分散活动、隐蔽待机的办法，与强敌周旋。在此期间，港九大队组织其他地区的部队主动出击，以牵制日军的行动。短枪队于四月十二日袭击了靠近九龙市区的牛池湾日军哨所，歼敌六人，缴长短枪六支；西贡中队于四月十七日袭击了官坑庙日军驻地，歼敌二十人，缴长短枪二十支；沙头角中队于四月二十六日袭击元朗日军宪兵哨所，歼敌五人，缴长短枪五支。进入五月，日军“扫荡”部队终于撤出大屿山。大屿山中队从深山密林的隐蔽地走出来，接连镇压了一批勾结日军的汉奸特务，袭击了塘福村和石壁村的伪军，迫使伪军撤出这两个据点，又袭击了大澳镇伪警局、马湾涌伪警察所、梅窝日军小分队，共歼敌五十多人，缴长短枪五十多支。沙头角中队中队长曾春在战斗中牺牲。

港九大队在具有爱国光荣传统的人民群众支援下，不断取得反“扫荡”和出击敌人的胜利，同时也付出不小的代价。一九四三年三月三日，大队政训室在沙头角七木桥村的山沟里隐蔽，遭到日军一百人的突然袭击。政训室干部和战士英勇奋战。事务长曾福拿起冲锋枪占领制高点，用火力掩护大伙突围，不幸中弹牺牲。炊事员也拿起步枪投入战斗。小交通员同敌人进行肉搏，受了重伤。由于敌我力量悬殊，经激烈战斗，政训室除少数人冲出敌人包围圈外，干部丘国章、彭泰隆、符志光、曾福等在战斗中牺牲，三人受伤被俘后惨遭杀害。宣传干事陈冠时、民运干事王月娥因汉奸告密被捕，坚贞不屈，壮烈牺牲。同年五月间，大屿山中队中队长刘春祥带领包括班、排干部在内的十一人小分队，从东涌乘小船出发去龙鼓滩岛，在沙洲海面遭到两艘日军炮艇截击，小船被击沉，刘春祥等十一名同志全部牺牲。

……

文献3

第一章 抗日战争爆发。东江人民抗日武装的创建（节选）①

第三节 华侨和港澳同胞积极支持和参加东江人民抗日斗争

……

三、华侨和港澳同胞对东江人民抗日战争的贡献

……

会后，南洋各地的惠属侨胞热烈响应号召，掀起了抗日救国的捐献

① 收录于《东江纵队史》编写组编：《东江纵队史》，广东人民出版社，1995年，第39—44页。

热潮。富有的一次捐献几百元至上万元，一般的工人、店员、职员亦节衣缩食，献出每月工资收入的 5% 至 10%；有的妇女把自己的积蓄、首饰甚至订婚戒指都献出来。1939 年初，海外华侨寄给宋庆龄转交曾生部队的捐款，一次就达港币 20 万元。以后还多次送回捐款和被服、军鞋、药物等大量物资。仅有 300 人的纽约惠州籍华侨，在 1939 年下半年汇回支持曾生部队和东团的款项，就达国币 5000 余元，港币 6800 元。东团的两才队、文森队和吉隆坡队回国时，都带回大量重要物资。文森队回国时，带回药品 7 大木箱和一批布匹、衣物。[①] 吉隆坡队回国时，带回供开展宣传用的照相机、油印机和供交通联络用的自行车 10 余部，以及药品 11 余担。[②]1940 年以前，曾生部队的被服、军鞋、药品、主要是靠华侨和港澳同胞捐献的。

……

文献4

第三章　特殊使命（节选）[③]

1941 年 12 月，太平洋战争爆发，日军随即侵入香港，原从内地转移到香港的一批文化名人和民主进步人士来不及转移，眼看就要落入日军的魔掌。根据中共中央指示，远在重庆的中共中央南方局书记周恩来在日军进攻香港的当日便指示八路军香港办事处和广东党组织想尽一切办法，将这批文化名人和民主进步人士抢救出来，而这一极为艰险的任务落在了东江抗日游击队的肩上。何香凝、柳亚子、邹韬奋、茅盾等数百名被日军搜捕的文化名人和民主进步人士，突然从日军的层层封锁下神秘地失踪了。几个月后，他们却安然地出现在抗日大后方和根据地。这是一场秘密大营

① 李兆华：《回忆东江华侨回乡服务团文森队》。——原书注

② 黄炜然：《回忆东江华侨回乡服务团吉隆坡队》。——原书注

③ 收录于陈启文著：《东江纵队》，花城出版社，2016 年，第 94–121 页。

救，也是一场与日军斗智斗勇的特殊使命，历时两百多天，行程万里，转移路线遍及十余省市，被茅盾先生称之为“抗战以来（简直可以说是有史以来）最伟大的抢救工作”。

——采访札记

……

四、从香江到东江

香港原本是一个天然港湾，岛上有一条甘香可口的溪水流入港湾，在香港开埠之前，海上往来的水手经常到这小溪流来汲取淡水，久而久之，这甘香的溪水就被称之为香江，香江也自然而然成了香港的别名和象征。

……

但香港也有一个先天不足之处，就是淡水资源奇缺。香港地域狭小，虽说雨量充沛，但由于缺乏大江大河，地表水无法保留，一条小溪流是养活不了数百万香港居民的，为此，港英当局早在1860年就在西高山和奇力山之间的山谷里修建了薄扶林水塘，这是香港首个水库。日军发动港九战争时，酒井隆深知控制水源的战略意义，在攻占香港总督府之前，就下令先集中火力拿下薄扶林水塘等水库，只要控制了香港的主要水源，香港市区的储水量连两天都无法支撑，可以让顽强抵抗的港英当局不战而降。事实上，这也是逼迫港英当局放弃抵抗，无条件投降的重要原因之一。日军占领薄扶林水塘等水库，关闭了水库的总闸，香港很快就水尽粮绝，就是有粮，没水生米也煮不成熟饭。这也是日军最阴损的绝招，控制了水，就主宰了人类的生死。

这也将被困香港的爱国文化人士推入了极大的困境。廖承志的母亲何香凝，那时候已是一个六十三岁的老太太了，被困在一个难民窟里，由于水源断绝，滴水难求。何香凝口干舌焦，只得去隔壁一家人那讨点水喝：那家里有一口小水井，水量很小，还是那种苦涩的、难以下咽的水。而在那极度焦渴的绝境中，只要能喝，就是救命水。那家人也把这井水视作命根子，看老太太那么大年岁了，才给了她舀了一点水。何香凝讨了一回水，也不好开口去讨第二回了。幸好，当天夜里下了一场雨，那些被日军炮火炸出的弹坑，变成了一个个浑浊的小水洼。很多干得嗓子冒烟的人，半夜里拿着锅碗瓢盆去弹坑里舀水。有的人就拿着平时喝汤的勺子一小勺一小勺地舀着喝、一口水，半口泥，像喝汤一样。何香凝也挤在人堆里，去弹坑里舀水喝。这生于豪门的大家闺秀，丈夫是国民党元老和建立民国的大功臣廖仲恺，她本人则是中国女权运动的先驱和享誉中外的岭南派画家，一个身份和人格如此高贵、活得如此有尊严的女界领袖、巾帼英雄，如今却不得不弯下腰、低下头，在侵略者制造的弹坑里喝着泥水。而在难民的争抢下，那溅起的泥水弄得她头发凌乱、一身狼狈，情何以堪！

……

当时，游击队的条件非常艰苦，但也竭尽所能让那些转移人员吃好、喝好、睡好，甚至还能打打牙祭，招待他们吃上一顿焖狗肉，喝上东江水酿造的粮食酒。早春季节，阴云不开，冷雨夹风，但那些文人雅士一个个热情高涨，在酒酣耳热之际即兴赋诗，留下了一首首脍炙人口的佳作，至今犹在东江一带流传。何香凝写下了一首《回粤途中感怀》："水尽粮空渡海丰，敢将勇气抗时穷。时穷见节吾侪责，即死还留后世风。"柳亚子也吟出了一首《十二月九日日寇突袭香港，晨从九龙渡海有作》："芦中亡士气犹哗，一叶扁舟逐浪花。匝岁羁魂宋台石，连宵乡梦洞庭茶。轰轰炮火惩倭寇，落落乾坤复汉家。挈妇将雏宁失计，红妆季布更清华。"这些诗都堪称是再现当年真实经历的史诗，可以直接作为历史来解读，而那也是东江征战史上最抒情、最酣畅的一段历史，而文化从来就是一种经久不灭的力量。邹韬奋在离开白石龙时，与游击队指战员殷殷惜别，难舍难分，还为曾生题词留念："保卫祖国，为民先锋。"又在边款上特意加注，"曾生大队长，以文士奋起，领导爱国青年组成游击队，保卫祖国，驻军东江。韬从文化游击队自港转移阵地，承蒙卫护，不胜感奋，敬书此奉赠，藉表谢忱。韬奋，一九四二年一月廿日。"

……

文献5

第七章 消失与重生（节选）①

……

二、上帝的旨意

……

就在一位美军飞行员和一位香港少年相互打量之际，日军已经开始搜山了，密密麻麻的山林间，涌动着日军密密麻麻的身影。李石赶紧打了个手势，示意克尔跟他走。他带着克尔穿梭于他熟悉的山间小路上，走了将近二十分钟，来到密林深处的一个山坳里。走到这里，克尔已经寸步难行了，那被烧伤的地方已经开始起泡，尖锐的灼疼一阵阵袭来。李石发现了一个两米多深的土坑，让克尔钻进土坑里，并用树枝和干草将土坑口掩盖好，直到看不出一点痕迹了，他才下山，找到观音山下吊脚岩村负责民运工作的东纵队员李兆华。李兆华是一位刚刚二十岁的姑娘，她在山下突然见到日军重兵把观音山团团包围，一开始还不知道出了什么事，以为是日军要"围剿"游击队，接到李石的报告后，她才知道日军是冲着一名美国飞行员来的。日军很快就在进山的各道路口设置了检查区和戒严区，连菜农们推的板车也不肯放过。这么严密的封锁和检查，让李兆华暗暗叫苦，且不说如何将一个美军飞行员安全转移出观音山，就是给他送饭也难上加难啊。

李兆华寻思片刻，先让李石赶紧将美军飞行员降落在观音山的消息送到港九独立大队据地，她则趁着夜色去给那美军飞行员送饭送药。她知道克尔藏身的土坑在哪里，这是她和民运工作人员一起挖的隐蔽洞。入夜，由于地形不熟，日军不敢深入山中搜查，怕中了游击队的埋伏。但他们的功夫没有白费，已经搜索到了美军飞行员丢弃的降落伞，那伞带上残留着

① 收录于陈启文著：《东江纵队》，花城出版社，2016 年，第 215–223 页。

斑斑血迹，这为他们提供了搜捕美军飞行员的方向，只要能把观音山团团围住，别说一个大活人，一只鸟也休想从观音山飞走。而日军一旦暂停搜山，就给了李兆华一个见缝插针的机会，对于这座山，这条进山的小路，她是再熟悉不过了。她借着月光，小心翼翼绕开日军的包围圈，悄悄接近了克尔藏身的土坑。

克尔在土坑里躲了一天，真是如同地狱般的煎熬。白天，他能听到日军搜山的脚步声、喊叫声和枪声，好几次日军的军靴几乎都踩在他的头顶上了，他只能祷告，My God！ My God！ My God……在那暗无天日的土坑里，他都不知道夜幕是何时降临的，当整个山野陷入一片死寂时，他感到饥肠辘辘，嗓子干得冒烟，他身上被烧伤的地方火辣辣地疼，让整个人都处于极度焦渴的缺水状态，几次想爬出土坑去找口水喝。就在这时，上帝又给他带来了奇迹，一个姑娘的到来，对于克尔，此时宛若一个天使。李兆华给克尔带来了一壶凉茶，克尔一口气喝了半壶。克尔喝了凉茶，吃了饭，伤口也敷上了药，又重新打起了精神。

李兆华看着眼前这个高大的美军飞行员，一直在寻思，该把克尔隐藏到哪里去呢？眼下，日军不但把观音山围得水泄不通，对观音山下的村庄也在挨家挨户地搜查，连茅厕都没有放过。但把克尔继续藏在这个土坑里，也是高度危险的，过了今晚，日军肯定会更大规模、更仔细地搜山，而日军的军犬鼻子也尖得很。李兆华忽然冒出一个大胆的想法：最安全的地方，也许就在日军的眼皮底下。她决定把克尔带到沙田围村，那村里有一个日兵据点，此前日军已把整个村子翻来覆去搜查了几遍，日军也许会放松一些警惕。把一个美军飞行员藏在那里不能说没有危险，但反复比较之后，只有沙田围村是一个相对安全的地方。

一个二十岁的姑娘，还真是对日军接下来的搜捕料事如神。第二天拂晓，日军便牵着一条条军犬，对观音山上上下下开始拉网式的搜索，果然找到了克尔藏身的那个土坑，但土坑里除了几滴血迹，却连那美军飞行员的一根毫毛都没有找到。真是活见鬼了，一座山被日军里三层外三层地包围了一整夜，难道那美军飞行员真是长了翅膀飞走了？

如果这不是一段真实的历史，我这个历史追溯者也难以想象，一个二十岁的姑娘，又是怎样把一个特别高大惹眼的美军飞行员转移出去的？然而，一切的真实就是如此，李兆华将克尔转移到了沙田围村和西贡交界的马鞍山中，在一个石洞里隐蔽下来，还给他送来了食物和棉被，伤口上了药，也包扎好了。而李石的情报也送到了港九大队指挥部。但形势依然非常严峻，日寇对失踪的美军飞行员依然穷追不舍，躲藏在山洞里的克尔也能听到不远的山冈和村庄传来日军搜捕和逼问老百姓的号叫声。由于一时难以将美军飞行员及时转移出去，港九大队为预防万一，白天在通往石洞的必经之路上埋上土制地雷，到夜里再把地雷拆除。在接下来的数日里，李兆华和李石每天都会按时来到克尔的藏身处，给他送吃的、喝的和换药。李石还是个天真的少年，他用身上仅有的五毛钱军票买了一块糖送给克尔。而克尔也知道了，这个香港姑娘和山中少年都是东江纵队的战士，李兆华和李石也知道了美军飞行教官敦纳尔？克尔中尉的大名，他们甚至能用简单的英文和粤语交流了，而他们结下的友谊则比任何语言都要深厚。克尔归队后，将李石送给他的那块糖一直带在身边，除了向上帝祷告，他也时常下意识地朝着香港观音山的方向喃喃自语：“为了抢救我，你们一定动员了许多我所看不见的力量，我要和你们做永远的朋友，永远永远。”

三、比上帝还神奇的人

……

此时，离克尔跳伞已经一个多星期了，对于他，那真是一日长于百年，他唯一能看到的两个人就是李兆华和李石。而从李兆华每天的穿着打扮上，他能看得出来日军的盘查很严。她有时打扮成一个村姑，有时又打扮成一个杂货店的女工，有时候还打扮成一个尘垢满面的逃难女子。但无论外边的形势有多危险，克尔在这土洞里都实在呆不下去了，他身上的伤口虽然一直在敷药，但像这种严重的烧伤不是消炎药能对付的，由于得不到有效控制，已经开始溃烂，又加之长时间没有活动，脓血瘀积，双脚已经开始发肿。克尔担心自己会死于破伤风，他只能向上帝祷告，赶紧离开这个地方，回到部队里去医治。每次见面，他都迫不及待地问李兆华，他什么时候可以走?

李兆华也不知道他什么时候才能转移出去，但她请克尔放心，为了营救他，很多人都在想办法，一定会把他营救出去的。为了打发这漫长而又惊恐的时间，克尔每天都在日记本上书写他每天的经历和心情，这就是他后来的《脱险日记》，还画了不少漫画。

……

文献6

尾　声（节选）①

……

三

……

但他们也有一个得天独厚的优势，东江纵队的活动区域处于广州和香港之间，因此史家认为，这让东江纵队在“坚持独立自主的游击战争”时，“创造性地把抗日游击战争从农村推进到敌占区的香港及沿海城市，成功地创造了大城市和沿海抗日游击战争的典型范例”。而东江纵队还有一个优势，广东，尤其是毗邻香港的东江地区，在近代史上就有跑香港、下南洋的风俗，自清中晚期以来，这里就是历史悠久的侨乡。抗战爆发后，中国共产党及其领导的人民抗日武装，抗战物资极为紧缺。廖承志肩负着党中央的重托，于 1938 年初从大西北的延安辗转抵达香港，秘密设立了八路军香港办事处（对外不公开），与香港地下党组织一起，利用香港的特殊条件，围绕三项主要任务开展工作 ：“一是向海外宣传中国共产党和八路军、新四军主张和政策；二是把海外华侨的和各国朋友提供的支

---

① 收录于陈启文著：《东江纵队》，花城出版社，2016 年，第 282—286 页。

援物资送到各抗日根据地；三是搜集国际最新动态情况供中共中央领导人参考。”八路军、新四军的抗日主张和政策在香港得以广泛传播，又迅速波及到南洋诸国的侨界。在散发的传单上，很多抗日将士的军衣浑身上下都打满了补丁，甚至连中共领袖毛泽东和朱德总司令的衣服上也缀满了补丁，这让香港同胞看了唏嘘不已，对中国共产党及其领导的人民抗日武装打心眼里充满了崇敬，充满了同情。那些远离故乡的游子心系祖国和故乡，一时间涌现出了许多共赴国难的港澳同胞和海外侨胞，纷纷通过募捐、义演、义卖、献金等方式支援人民抗日武装，还有很多人送自己的子弟回国还乡，直接投身于人民抗日战争。据不完全统计，约有一千五百多名港澳青年和华侨子弟先后回境投身抗战，其中有不少人后来都成为东江纵队的战斗骨干和指挥员。如在横扫莞太线的战斗中英勇牺牲的猛豹大队大队长沈标，原为香港工人，还有 1944 年 5 月在马山战斗中牺牲的第五大队政委钟若潮烈士（牺牲时新婚才三天），为泰国华侨。而东江华侨回国服务团文森队、吉隆坡队等，都是海外华侨共赴国难的典型代表。更有一位可歌可泣的香港女教师李淑桓，先后送七个子女参加了八路军和东江游击队，她本人也参加了广东人民抗日游击队，被誉为“东江游击队之母”，一家有四人在抗战中先后牺牲，连她本人也牺牲在东莞的土地上。

……

而这支特殊的部队，也利用香港的特殊条件，承担着一项项特殊的使命。他们遵照中共中央指示，积极开展世界反法西斯统一战线工作。如我在前文所叙述的，东江游击队在港九秘密大营救中对英军俘虏和国际人士的营救，而此后，东江纵队又开辟了著名的“飞行员安全通道”，先后救护了克尔等八名美军飞行员。而在太平洋战争爆发后，东江纵队在与盟军的情报合作上更是大显身手。1944 年 10 月，美军陆空作战技术研究处欧戴义少校手持陈纳德将军及克尔上尉的感谢信，经美国第十四航空队韶关办事处主任林露弼介绍，前往东江纵队。不过这次他们不只是专程来致谢，还有一项特殊使命。欧戴义少校是美军情报人员，他正式提出要与东纵合作建立联络站和电台，交换情报。经中共中央批准后，东江纵队在香港秘密设立了联络处，任命袁庚为处长。这个联络处实为东纵特别情报部门，主管广东东部沿海及珠江三角洲敌占区的情报工作，同时负责与美英等盟军合作。是年底，盟军在太平洋战场上发起了反攻，决定加速摧毁日军在香港和广东沿海的军事设施，请求东纵情报机构提供日军在这一带的机场、港口、兵营等设施的准确情报。袁庚立即派情报人员打入敌人机要部门。“小鬼善战”，是东纵征战史上的非凡一笔，在东纵的情报战上也有不少这样的小鬼。如在此次窃取日军情报中，十五岁的少年情报员黄文，以杂役的身份，打进了九龙日军宪兵分部的文印室，窃取了很多重要情报。还有一位叫文淑筠的女情报员，在港岛半山区一栋面海楼房中，用望远镜连续多日监视维多利亚港，将日军舰艇的一举一动和活动规律都及时报告联络处。东纵情报机构先后向美军提供了日军在港的机场、机关、油仓、船坞等大幅详细地图，还有日军在香港、广州的防卫力量及意图的详细报告，虎门一带日军船只的详细报告，并破译了日军华南舰队密码、日本陆军符号及命令等大量情报。这一份份情报每天通过秘密交通站传递到欧戴义少校手中，再转到美军太平洋舰队司令部和“飞虎队”。东江纵队的情报战，足以写成一本悬念迭起、惊心动魄的长篇纪实。那么，这些情报的效果又怎样呢？这里仅举一例，1944 年 12 月的一天，美军出动大批轰炸机飞临香港。以前美军飞机轰炸香港大多数“天女散花”，而这次美军发动了两轮轰炸，炸毁了启德机场的两架飞机、中环海面的五艘舰艇和青山道的日本军火库。这让日军极为震惊。连当地居民也暗自惊讶，真是神啦，几乎是指哪炸哪，那炸弹跟长了眼睛似的，美军轰炸机怎么就炸得这么准呢？

……

文献7

特殊环境下的特殊斗争[1]

——东江纵队港九大队市区中队女队员对抗日战争的贡献

江敏锐

抗日战争时期东江纵队港九大队市区中队近百名女战士，在日本帝国主义统治下的香港、九龙，同男队员一起，出生入死，以特殊的方式展开各种斗争，配合兄弟部队，狠狠打击敌人，为夺取抗日战争的胜利以及配合盟军的反攻作出了贡献。

一

一九四一年十二月太平洋战争爆发后，日本帝国主义很快就占领了香港，并侵犯东南亚地区。它把香港作为“南进”的重要中转站和补给基地。日寇深知，香港同胞是不会屈服的，为了控制这个重要的战略据点，它除了驻扎海、陆、空军外，还有庞大的宪兵队直接对我香港同胞进行残暴的法西斯统治。日寇的宪兵队下有派遣队、分驻所，并配有印籍宪查、伪宪查以及大批便衣特务，遍布全市各区以至重要的工厂企业，使香港成为日寇军警宪林立、特务如麻的黑暗世界。

在日寇进攻香港的时候，我东江游击队就派出武工队，深入敌后，开展工作。次年二月正式成立港九大队。这支敌后游击队，除了在新界一带广阔的农村展开活动外，有时还派出武工队深入到香港市区，伺机袭击敌人。

一九四三年，日本帝国主义在南太平洋已经受挫。九月，中、英、美三国军队在缅甸开始反攻。这时，我东江游击队不断壮大发展，十二月二

---

① 收录于广东妇女运动历史资料编纂委员会编：《抗日战争时期的广东妇女运动》，广东人民出版社，1985 年，第 120—130 页。

日，东江纵队宣告正式成立。为了更有力地打击敌人，决定成立港九大队市区中队，使游击队的力量伸展到香港市中心，以构成对敌人更大的威胁。

根据东江纵队司令部和港九大队的要求，市区中队活动的范围包括香港市区和整个九龙半岛。它要象一把尖刀，插向敌人的心脏，使敌人朝夕不得安宁，从而把侵略者牵制在市区内。这就是贯彻毛泽东阐述的战略思想，“内线中的外线，包围与反包围。”最后在我军反攻时起里应外合的作用。

在世界反法西斯斗争中，各个战场是互相关联的。港九大队包括市区中队的斗争，不仅有力地支援了我东江游击队，而且也可以扰乱日本帝国主义把香港作为支持太平洋战争后勤基地的战略部署，支援盟军以及南洋各地人民的对日作战。

根据上级的要求和本身所处的特殊环境，市区中队确定自己的战斗任务是：在政治上对敌人展开强大的政治攻势，揭露敌人的暴行和进行垂死挣扎的事实，宣传国内抗日战争的大好形势，世界反法西斯战争的成果，阐明我党我军在抗日战争中的作用，使在敌人铁蹄下生活的香港同胞看到光明，鼓舞斗志。与此同时，也分化瓦解伪职人员，促使他们弃暗投明。在经济上，深入发动群众，采取多种形式破坏生产，以削弱日寇把香港作为补给基地的作用。在军事上，要成为一支尖兵，收集情报供领导参考，在必要时采取适当的方式狠狠打击敌人。此外，还要教育动员青年参军，为东江纵队输送新战士。

要完成上述战斗任务，市区中队必须讲究斗争艺术，采取灵活多样的斗争方式。它既不同于武工队，可以在完成一个战斗任务后，立即转移撤退；也不同于长期潜伏的地下工作者，不动声息地进行工作。市区中队要隐蔽在敌人心脏里，战斗在敌人心脏里。它既需要不动声息地工作，但有时又需要在敌人面前亮亮“相”，以显示自己的存在，使敌人不得安宁。它可以看准时机“咬”敌人“一口”，但是又必须象“捉迷藏”一样，立即隐蔽下来。这就是在特殊的环境下，以特殊的斗争方式去完成特殊的战斗任务。

二

港九大队委派女共产党员方兰任中队长兼指导员，挑起组建和领导市区中队的重任。这支队伍成立初期只有十来人，包括几位共产党员，几位从大队到香港来就医的游击队员和几位香港沦陷前抗日团体中的积极分子。他们按照在当地发展、当地生根的原则，从小到大地发展起来。经过一年多的努力，到一九四五年春，这支队伍已经发展到三百多人，其中女队员七十多人，加上队员的家属和同情者，参加实际斗争的妇女约有一百人，是一支不可忽视的力量。

从外表看，这些妇女不过是些文弱的少女、年迈的婆婆、阔气的小姐太太、平庸的家庭主妇和愚昧的村姑。透过外表看本质，她们都具有强烈的爱国思想和坚强的性格，而且善于利用不易为敌人注意的表象，在秘密的战场上，出生入死，展开斗争。她们敢于带着情报资料和宣传品闯过敌人的岗哨；敢于在戒备森严的市区散发和张贴传单；敢于冒着有被狼狗撕破肺腑的危险，深夜外出执行任务。在她们当中，还出现了大义凛然、慷慨就义的冯芝老妈妈以及坚贞不屈的女工张泳贤这样可歌可泣的英雄人物。

市区中队女队员具体的任务有如下几个方面：

（一）编写、油印、散发宣传品，以发动强大的政治攻势。

市区中队成立的初期，一切宣传品如《东江纵队成立宣言》、《前进报》等，都从大队发下来。由于斗争的需要，活动范围扩大，宣传品的需要数量大增。他们决定在香港和九龙各建立油印室一个，由女青年负责。她们利用旧唱针做钢笔，屐皮代替“滚筒”，在困难的条件下，刻印宣传品。

市区中队通过散发宣传品来展开政治攻势，他们称之为“纸弹战”。哪些宣传品有时张贴在公开场合，表明游击队正在市内活动，以威胁敌人，教育群众；有时则有计划地在进步群众中秘密传递，从中物色对象，加以教育，扩大自己的队伍。有时还有针对性地送到伪职人员家里，以起分化瓦解的作用。

散发传单是每个队员的任务，许多女队员积极参加这项工作。有次在中环街市一块布告牌上出现印有红色火把的《地下火》，它就是一位女队员勇敢、机智地贴上去的。事后她还站在一旁倾听群众的议论。有的女队员用信封或红包将传单封起来，挨家挨户地送。有位女队员在中华书局工作。她把传单夹在“中储券”内散发出去。

散发传单对队员们是一种锻炼，不管出现任何情况都要从容镇定。有一次，中队骨干陈佩雯把《东江纵队成立宣言》从香港送到九龙。她穿上漂亮的红格大衣，带着漂亮的手提袋，把《宣言》藏在手提袋里，上面盖着毛线，态度大方地从敌人的岗哨前走过。在一般情况下是不会检查的。谁料那天却要她打开手袋检查，当伪宪查从袋中翻出宣言，看到上面一行红字，吓得立即塞回去。陈佩雯过了海后怕有人跟踪，转乘了四次“单车尾”，去到亲戚家里换了衣服后，才把“宣言”送到交通站。

（二）收集情报给领导机关和盟军参考。

活跃在敌人心脏地带的市区中队，注视敌人的活动。收集各种情报，及时向上级反映。特别是一九四四年到一九四五年间，国际反法西斯战争取得节节胜利，英美盟军对日寇占领下的香港频频轰炸，我抗日游击队扩大发展，并积极配合盟军打击日本侵略者。当时，东江纵队司令部设立了盟军的联络处，这一来，市区中队收集情报的任务越来越重。他们天天收集，及时往上送。重要的情报打上加急符号。

香港是重要的港口城市，敌人舰艇的活动是一项重要的军事情报。市区中队指定专人系统地收集。有两位女队员居住的条件好，一个在坚道半山上，一个在儒林台。她们在家里，只要推开窗户，港口舰艇的进出就一览无遗。如果用望远镜看，舰艇上的编号也清晰可见。这两位女队员首先学会识别舰艇的型号，编了号码，把港口的方位绘成图。然后每天把舰艇活动的方位记录下来，用极薄的纸，写上火柴头般的小字，天天上报，供领导机关分析研究，以便掌握敌舰活动的规律。

日寇是阴险狡猾的，在盟军飞机空袭香港时，把集中生产的军事工业分散到居民区去，有些就设在居民住宅内。为了摸清情况，队员们冒险到每条街去调查，逐一登记，并绘成草图，送给大队部。女队员大罗、小罗等参加了这项工作。

此外，参加印刷军用票和“中储券”的女队员，把印刷数字向上汇报，供领导机关在分析敌人的经济状况时参考。

（三）在秘密交通线上担负繁重的任务。

市区中队必须与港九大队、东江纵队司令部取得密切联系。因为情报资料要往上送，上级的指示、文件以及宣传资料如《前进报》等要取回来。还要帮助港九大队购买药物，掩护人员来往，帮助暴露了的地下工作人员转移等。

随着形势的发展，市区中队逐步建立了一条由交通总站、交通站和交通员组成的秘密交通线。许多女队员担任交通员，或者设立交通站以掩护人员来往。特别是市区内的交通工作，多数由女队员负责。她们装扮成家庭妇女或小商贩往来传送秘密材料。

香港四面环水，给交通工作带来很大困难。香港与九龙之间，凡有轮船过海的码头，敌人都设有岗哨。从九龙通往郊区的要道也有岗哨。每个岗哨都有日军、印警和伪警组成的班排把守，四周还有便衣特务。海面上有敌人的“铁拖”、“小电扒”来往搜查，公路上也有敌人巡逻，不时搞突击检查。交通员天天冒着极大的危险，在敌人虎视眈眈之下传送情报资料。她们常常依靠群众的掩护和以各种伪装躲过敌人的检查。比如，从郊外到市区有一段路程，女交通员经常是混在卖柴草的妇女中间传送秘密材料的。当时农村生活困难，很多妇女把柴草挑到靠近市区的地方去卖，市区又有些小贩前来购买，再运回去转卖。交通员就混在妇女群中以转卖柴草的方式与市区来的交通员交换材料。她们送去的秘密材料经常就夹在柴草里，或者藏在担竿、竹帽内，有时又放在青菜、木瓜、芋头等农产品里。为了同农村妇女结伴而行以得到掩护，每天黎明，女交通员就挑起百多斤重的柴草，走四十多华里路程，以便准时抵达预定地点，交换材料，然后又跟着那些妇女回去。她们天天往返奔走，异常艰苦。

在秘密交通线上经常会出现惊心动魄的事情，特别是香港与九龙之间的水路，遇到突击检查就十分危险。一九四四年三月十七日，新交通员小袁从坑口总站带来一批传单到湾仔，由冯芝转送到下一个交通站并取回一大堆材料交小袁带走。冯芝是中队长方兰的母亲，六十一岁了，因为人手少，义务担任交通员已经有两个多月。她看到要送走的东西太多，怕小袁没有经验，主动提出同小袁一起走。冯芝把材料缝在衣服里，有的提着，有的穿在身上。她们乘船过海时正遇上突击大检查。一个伪宪查从冯芝身上搜出些东西顺手就丢到海里，看来还有点民族天良。跟着来了个印籍宪查，把冯芝缝在衣服里的材料搜出，她们两人被捕了。在狱中，冯芝知道自己问题严重，很难逃脱，而小袁身上没有搜出东西，于是她决定自己承担全部责任。后来小袁被释放了，冯芝老妈妈却遭受电刑和毒打，最后英勇就义。

市区中队的交通员除了传递文件和物资以外，也负责掩护游击队员来往，东江纵队支队长卢伟良患急病来港就医，游击队员吕梅的母亲认作亲戚，送他到法国医院治疗，病愈后又接到家中调养，使卢伟良很快就恢复健康，重返前线。

（四）积极参加其他战斗任务。主要有：

破坏敌人的生产。例如在胶鞋厂、电池厂做工的女队员设法制造废品，如把胶鞋的尺码放大或缩小，粘胶的地方不粘紧等等。

动员青年参加游击队。女队员陈佩文动员了七个人入伍，包括自己两个姊妹。女队员罗可清也动员了自己的姐姐和弟弟参加游击队。

组织爆破行动似乎是男队员的任务，实际上女队员也不后人。一九四四年二月，当我游击队救出美国飞行员克尔中尉后，日寇对西贡、沙田以至宝安一带的游击队根据地多次进行疯狂的报复性“扫荡”。为了减轻敌人对大队的压力，市区中队经过充分准备，决定举行“四月大行动”，以牵制敌人。这次行动包括用定时炸弹爆炸第四号火车桥，在各区同时散发传单。爆炸任务指定由梁大哥等男队员组成三人行动小组负责，女队员除了散发传单外，积极参加运送炸药、保管爆炸器材。家属梁大嫂虽然不是正式队员，也主动掩护梁大哥执行任务。大行动日效果很好，爆炸事件发生后的第二天，港九全市戒严，已经开到郊区和宝安去的日军也撤回来了，在大行动日中，不少女队员表现出勇敢、机智、不怕牺牲的革命热情。

三

市区中队从一九四三年十二月建队至一九四五年十月结束，在二十二个月中，许多女队员勇敢顽强地战斗在敌人的心脏地区，做出很好的成绩，原因如下：

（一）我党领导下蓬勃开展的抗日救亡运动，为市区中队的建立打下思想基础。

由于长期在帝国主义统治下，饱受种族岐［歧］视和种族压迫，香港同胞向来就具有强烈的民族主义思想。在历史上曾发生过多次群众性的反帝运动，其中包括震撼世界的省港大罢工。从“九一八”到“一·二八”，日本帝国主义侵略我国的种种罪行，在香港同胞中激起极大的义愤。“七七”芦沟桥事变，日本帝国主义大举进攻我国，中华民族面临生死存亡的紧急关头，香港同胞关心国家民族命运。这时，在我党领导下，一批文化战士在香港开展大规模的宣传工作，抗日救亡运动深入人心。许多香港同胞，包括女学生、女工人、女职员等踊跃参加抗日救亡运动，她们有钱出钱，有力出力，支援抗战，为后来参加市区中队打下思想基础。

（二）在敌人铁蹄下的痛苦生活，激发起香港女同胞强烈的反抗情绪。

从香港沦陷到市区中队的建立，整整两年，日寇烧杀掳掠，奸淫妇女，引起群众极大的义愤。在敌人的掠夺政策下，香港的经济生活极度困难，比如粮食供应就非常困难，居民清早到粮店排队，每人只能买米六两四钱，有些居民回到家里不够煮粥，有人排着队就饿倒在地上。在工厂劳动一天，配给六两四钱米，后来还减到三两二钱。饥寒交迫使得有些人冒险在厂里偷些物资去换粮食，一旦被发现“吊飞机”“灌水”“拷打”，折腾到半死然后开除，群众看了，怒火中烧。在市区内，昔日繁华的街道，此时经常有饿得骨瘦如柴的尸体，有的还被饿狗咬去皮肉，其惨状令人不忍目睹。加上疫病流行，弄到民不聊生。女队员梁瑞华一家十几口，饥饿疾病夺去了一个个亲人的生命，后来只剩下姐弟三人。铁蹄下的悲惨生活激起强烈的反抗情绪，所以很多姐妹立誓要成为一名游击战士。正因为民族灾难影响到每一个家庭，所以连那些往常只管煮饭带孩子的家庭妇女，也支持自己的儿女、亲人参加游击队，自己也以能为游击队送情报、发传单而感到自豪。

（三）加强了对队员的政治思想教育，以适应尖锐复杂的斗争环境。

对敌人的刻骨仇恨和对国家民族命运的关怀，是普通的工人、农民和知识分子参加游击队的思想基础。然而只有在党的领导下，加强政治思想工作和组织工作，才能使他们或她们提高认识，增强斗志，成为一个经得起考验的游击队员。

市区中队首先加强党对游击队的领导。对几位党员骨干从严要求，然后再扩大党的队伍。在那些抗战初期已经接受过党的教育，思想基础较好的队员中，发展了十多名党员，以加强党对游击队的领导。在队员中间又着重抓好如下几方面的教育。

1. 加强爱国主义教育，揭露日寇在我国犯下的滔天罪行，结合个人身受其害的事实，说明做亡国奴的痛苦、屈辱，只有斗争才是出路，激发大家的爱国热情，增强斗志。

2. 加强革命气节教育。强调每个队员从入队时起，就要有为祖国牺牲的决心，指出在敌人的统治下的市区工作，随时会有被发现、逮捕的危险，要经得起严峻的考验，要学习方志敏等革命烈士宁死不屈的革命气节。还指出，任何叛变行为只会落得可耻下场。

3. 加强组织纪律教育。帮助队员充分认识，市区中队处在特殊的环境下，往往是“牵一发动全身”，必须严格遵守中队所订［定］的纪律。

4. 加强形势教育。讲解国内抗日战争的形势和世界反法西斯战争形势，教育队员树立起必胜的信心。

因为斗争环境险恶，市区中队在进行政治思想工作中，特别强调要从接收每一个新队员做起。凡吸收新队员，事前经过考察，入队时进行宣誓，以后结合斗争实际帮助总结提高。此外，市区中队也注意关心队员的生活。

（四）广大群众的支持，使女队员增加了战斗的勇气和力量。

在秘密战场上，每一个女队员往往需要独立思考，独立作战，但是她们知道自己不是“孤军”。敌人虽然有强大的武装，又非常凶残，而他们却是孤立的，除汉奸外，群众对它只有仇恨，游击队的活动却得到广大群众的支持。比如，交通员可以依靠群众的掩护通过敌人的检查哨。市区中队设在坑口的交通总站，因为群众基础好，一年多没有出过事。交通员平时同村里的姑娘一样装束，使敌人不易发现。遇到日寇前来“扫荡”，依靠群众的掩护，白天躲进渔船，晚上住在海边的“掩体”，正是因为有群众的支持，使她们增加了斗争的勇气和力量。

（五）市区中队的领导者贯彻了东江纵队司令部和港九大队的指示方针，下定决心，战胜困难，在敌人的心脏地区，组织起这支队伍。在实际工作中，不断总结经验教训，带领群众展开对敌斗争。

市区中队的领导核心是年轻的。中队长兼指导员方兰当年才二十三岁，其他几位骨干更年轻，大家都缺乏在日寇军警宪林立的市区内开展斗争的经验。不过他们坚信，经验是从斗争实践中得来的。领导者注意用“从群众中来，到群众中去”的工作方法，把群众在斗争中创造出来的经验加以总结推广。

在严酷的斗争中，使中队的领导者清醒地认识到，既要敢作敢为，又要小心谨慎。任何微小的疏忽都可能导致不可弥补的损失。比如散发传单必须遵守时间，同时进行，使敌人难以追查；交通员要按时出发，准时回来，许多女队员都能遵守纪律，谨慎行事。有次某交通员在路上遇到大雨，第二天才回队，中队领导立即进行紧急部署，转移文件、材料，疏散人员，以防发生意外。义务交通员冯芝的牺牲是个重大事件，对队长方兰来说更是严峻的考验，她为自己的母亲被杀害而悲痛，也为自己有这样伟大的母亲而感到自豪。但是作为中队的领导者，她懂得最重要的是，要从冯芝妈妈牺牲这事件中，认真检查交通工作上的漏洞，教育大家不能靠冒险去工作，不能有侥幸心理。她同大家一起，下苦功夫去研究改善交通工作，此后一年多来，交通线上畅通无阻。

市区中队的领导者贯彻了上级的意图，同群众一起，不断从斗争实践中，摸索出一套在敌人占领下的城市内展开斗争的工作经验，从而出色地完成各项任务。许多女队员也在斗争中锻炼成长，为夺取抗日战争的胜利作出贡献。

（本文参考：方兰《东江纵队港九大队市区中队概况》和革命回忆录《东江星火》）

文献8

港九大队女战士的作用①

蔡松英

“七七事变”以后，香港一大批富有民族正义感的爱国者们，在香港地下党的领导下，团结各阶层人士，开展了轰轰烈烈的抗日救亡活动。香港的许多女同胞也积极投身这一活动中去，她们组织各种形式的读书会、姐妹会，开展街头宣传，唱救亡歌曲，演抗日戏剧，为抗日武装部队进行义卖捐款、捐衣、赠药，深得各界人士的好评。

1941年底，日寇铁蹄进逼香港，香港沦陷。已经在东（莞）宝（安）惠（阳）一带活动并不断壮大的广东人民抗日游击队，派出英勇善战的战士组成港九大队，奔赴港九地区开展工作。其中有30多名女战士，她们有的是从东南亚海外回国参加抗日的华侨，有的是从香港回来的工人、学

① 收录于广东妇女运动历史资料编纂委员会编印：《香港妇女运动资料汇编（1937年—1949年）》，1994年，第112—117页。

生、知识分子，也有内地（东、宝、惠）来的学生、农民等等。她们和男同志一道来到新界后，活跃在新界西贡、大埔、沙头角、上水、粉岭、荃湾、大屿山等的山村、渔村。当地村民、渔民，初时看到这支队伍，还以为是“土匪”，不敢接近她们，心底想为什么这些“土匪”里有这么多“贼婆”呢？但经过一段时间，部队的工作逐步开展，群众看到这支武装部队不是打家劫舍，而且保护群众利益，与日寇、汉奸、土匪作斗争的，还护送大批文化人，营救国际友人等等。特别是部队的民运人员（大多数是女同志）深入群众，在和群众打成一片，同甘共苦，忧戚相关的过程中，宣传共产党的抗日救国主张，把群众组织起来。群众慢慢明白了，这些不是“土匪”，不是“贼婆”，而是共产党组织领导的抗日游击队。渐渐地不但不害怕她们，有些还和她们相认亲戚、结为好友，而且鼓励亲人（丈夫、儿子、兄弟）参队，甚至自己也参加到这个队伍来。所以，部队后来吸收了一批当地的妇女，这样，女战士的人数就更多了。

在港九大队新界地区活动的女战士，直接搞武装斗争的较少，主要活跃在民运、交通、情报、卫生、电台、军需等部门。

民运工作，当时部队是很重视的。因为新界地区，公路四通八达，有些村庄离墟［圩］镇路程不远，加上敌人岗哨林立，还经常进村抢劫、“扫荡”。在这样的环境下，一方面要抓好武装，没有武装，就没有与日寇斗、与汉奸斗、与土匪斗的力量；另一方面，要广泛发动群众，没有广大群众的支持、掩护，做部队的耳目，部队就无法立足、无法生存、无法坚持斗争。所以，不但民运工作人员要进行民运工作，就是搞情报、交通、医院等工作的同志，凡能接触群众的游击队员（特别是女战士）都要做民运工作。

民运的任务，是宣传我党的抗战政策，了解动态，发动群众，支援部队。要完成上述任务，首先遇到的问题是语言关。新界大部分地方讲客家话、这对海外回来的、香港市区来的战士是个大难题。但这些女战士们为了接近群众，深入群众，和群众打成一片。她们不苦功，在短短的时间里（到新界后不到半个月）就学会客家话，还穿起客家妇女的服装，客家化了。为了深入群众做细致的宣传发动工作，她们要闯过劳动关，她们和当地妇女一起赤脚上山割草、下海打“蚝仔”（牡蛎）、下田种地。这对来自城市的学生、工人、知识分子是很不容易做到的。但这批女战士，任何困难也难不倒她们。她们还要闯过单身一人在荒郊野岭走夜路和露宿山头的难关。每个民运工作人员，一般负责五至十个村的工作，为了避免暴露，她们经常利用晚上时间，从这村到那村，翻过荒山野岭，穿走在密林之间。为了提防敌人晚上来“扫荡”，为了不牵累群众，她们常年不住在村里，而在山上的草篷［棚］露宿。她们就是这样不断地在工作中磨炼自己，增强勇气，战胜困难。

女战士们深入群众，了解群众的思想，关心群众的疾苦。开始群众对我们部队到村里来活动，一方面是既欢迎又害怕，主要是怕日寇扫荡和汉奸出卖，怕亲人受连累遭殃。当时民运人员就广泛向群众宣传中国共产党的抗日主张，唯有抗战才能救中国；宣传团结才有力量，才能对付日寇和汉奸；宣传要有民族气节，不屈、不降，宁死不出卖部队和别人。还把群众组织起来，建立民兵、自卫队、联防队等组织形式，把群众武装起来，既保护群众的利益，也保护了部队。同时，为提高群众觉悟，提高文化水平，活跃游击区的文娱生活，又组织起游击小组、游击之友、儿童团、妇女会、姐妹会、文化夜校等等，加上我们部队打击日寇、锄奸活动取得节节胜利，大大地鼓舞了群众的斗志，新界地区成为一个抗日活动十分活跃的地区。群众发动起来了，部队的情报工作更灵敏了，敌人如要进村“扫荡”，只要他们一出动，群众就会一站一站、一村一村地通过各种暗号，迅速地把消息传给我游击队和指挥部门。假如有外来人进村，群众也会把他（她）们的活动情况，告诉我们的部队。部队经常在日寇的眼皮底下开展各种活动，离墟［圩］镇不到几公里的村庄，更是我们游击队经常出入了解情报的地方。是山顶有日寇的碉堡工事，山脚下我们游击队正与群众召开会。女战士们把群众的疾苦挂在心上，在缺医少药的情况下，卫生员经常给群众治病；民运人员给群众缝补衣裳，办夜校，没有课本自己编、自己印，没有油灯，发动群众斩山竹照明。群众十分爱护游击队，很乐意为游击队送情报、带信、放哨、主动掩护我们的游击队员。

女战士们出色的民运工作，使部队与群众的关系如鱼与水，群众成为部队强大可靠的靠山，我们的部队迅速地在新界各村立足、活动壮大、发展。港九大队的女战士们在民运工作中，用她们的机智和勇敢、血汗和生命谱写了许多可歌可泣的动人故事：一位民运女同志协助我部队，在新界西贡地区，历尽艰辛，营救被日寇击落的美国飞机师克尔中尉脱离虎口，转移到安全地区，最后得以回到美国；有一位女战士帮助四名印度籍港方警察，从新界上水、沙头角地区，逃出日寇虎口，又护送他们到安全地点。1943 年 3 月 3 日，日寇化装进入沙头角鹿颈村，搜捉我游击队员，有一位民运女同志，在群众掩护下，安全脱险；还有我在西贡工作的一位民运女同志，听群众反映，日伪想实行抽人头税，当时担任九龙区长伪区长的是西贡坑口人，这位女同志，就想方设法约这个伪区长回坑口（坑口当时是我游击队的地方）谈话，说理、教育、警告，终使这个区没敢实行抽人头税的做法。此外，我们的女战士在完成绘画日军在启德机场的军事部署图；为部队补充药物医疗用具，千方百计完成购买、运输药品回部队的任务；女医务人员医治和护送伤病员到安全地区治病、养伤；女交通员把重要情报、信件、传单甚至驳壳枪的“板制”零件藏在衣襟、头发、茶果篮、柴草里。顺利地巧妙地通过日寇的岗哨，完成任务。个别女同志如王月娥被日寇抓到后，大义凛然，最后壮烈牺牲。三年多的战斗历程里，女战士们的英勇斗争事例真是数不胜数，她们为港九地区的抗日救亡运动作出了积极贡献。

港九大队的女战士们为什么能在这么艰苦的环境下努力工作，发挥这么大的作用呢？

首先，她们有强烈的民族感，在国家民族生死存亡的危急关头，不愿做亡国奴，要为民族的自由、为人民的解放而奋斗。当时的《论持久战》、《新民主主义论》等文献，深深地教育了她们。

第二，她们有明确的是非观。对国民党的对外卖国偷生、对内独裁镇压，痛心疾首，对共产党的抗日救国、为国为民的主张衷心拥护。所以，坚信共产党才能救中国，只有跟共产党走，走抗日救亡道路才能救中国。

第三，她们有远大的理想。希望打走日本帝国主义，建立新中国，建设一个自由、平等，人人有工做，个个有饭吃，团结友爱，国家强盛、振兴的新中国。

第四，她们有争取妇女解放的强烈愿望。她们懂得妇女要解放，中国必须从半封建半殖民地的旧社会下解放出来。认识到妇女的命运是和国家命运一致的。因此，她们努力工作，在争取人民解放的同时解放自己。所以她们从事抗日革命的自觉性都较高。

（本文经林苑明、张惠文、欧坚、吴惠琼、袁卓峰、梁雪英、伍淑仪、张子燮等同志座谈讨论）

原载1987年5月出版的《回顾港九大队》（上集）

文献9

妇女会是游击队的好帮手①

妇女会是游击队的好帮手，每逢部队进村，妇女会就组织会员为部队安排好住宿场地，打扫卫生，铺上稻草或山草，让指战员们好好休息；还主动帮助战士缝补衣服，照顾伤病员；把自己家里的柴草，地里的蔬菜送给部队。遇有敌情，部队要转移上山时，妇女们也总是把干草挑到山上铺好，以防洞穴潮湿。

西贡地区较长时间是大队的所在地。许多军用物资和生活用品需要运输，而储存物资的地方全都是偏僻的山村岩洞，运输的任务往往由妇女承担。她们挑起重担，爬山涉水，不畏困难，也不要报酬。部队的粮船一般都是乘黑夜靠岸，以防敌人搜查。每逢粮船开到，赤径村妇女会长李有娣便动员全村妇女帮助部队挑米，并且亲自分配到各家各户去分散掩藏。

---

① 收录于广东妇女运动历史资料编纂委员会编印：《香港妇女运动资料汇编（1937年—1949年）》，1994年，第139－140页。

在游击队的活动地区，有不少妇女待游击队员如亲人。西贡区昂窝村的妇女凌娘在民运干部梁雪英的发动下，积极支持游击队。她有两个儿子，大儿子在大队当税收员，小儿子常常帮助游击队了解敌情，大儿媳是妇女会长，凌娘自己则是“游击之友”。凌娘的家在村里的制高点上，大队都和军需处都曾经驻在她家里。凌娘经常替游击队烧水、做饭、采药、照顾伤病员，发现敌情就全家出动，帮助游击队掩蔽物资，被称为游击队的母亲。

有些农村妇女还帮助游击队送情报。本来，农村妇女除了过年过节或者探亲就很少外出，平时上山打柴也是三五成群，结伴而行，但是遇到要送情报，三更半夜也鼓起勇气出发，并且能够很好地完成任务。她们认识到这是打日本的大事，自己能够做很光荣。

大浪村的妇女黑夜中挑着担子，在崎岖曲折的山路上摸索行走，给游击队送去粮食。1944 年敌人对大屿山的包围长达 21 天，敌人扬言不打死也要饿死游击队。山下的群众勇敢机智地给游击队送粮。民运工作者陈绍明和交通员莫兴友在南峰村后的岩洞里隐蔽了 10 多天，石榴埔村的牛嫂和南峰村一位妇女，冒着生命的危险，先是送饭，后送炒米，让他们喝山水，吃炒米充饥。还给他们报告敌人活动的情况，敌军撤退后，这两位游击队员安全归队。

（《港九独立大队史》第 26—28 页）

文献10

挑起救死扶伤重担的女游击战士[①]

在作战中难免会有伤亡，港九大队自力更生建立起医疗卫生机构，担负起救死扶伤的重任。大队部设有医疗所，由麦雅贞和欧坚负责。各中队

---

① 收录于广东妇女运动历史资料编纂委员会编印：《香港妇女运动资料汇编（1937 年—1949 年）》，1994 年，第 146−148 页。

有随军的卫生员，一般的疾病由中队解决，较重的送大队医疗所治疗。

在那战火纷飞的年代，开展医疗卫生工作是很困难的，首先一条就是缺乏人材。当时参加过医疗卫生工作的有蔡冰如、陈瑞、林英、余绿波、吴影子（男）、刘可仪、梁若莲、罗月英、陈光（男）、李牛（男）、高年欢、邝如菊、崔莞、黄彪、崔玉明、卢政之、何兰等。他们多是十六七岁的青年战士，有的来自香港，有的来自内地农村。所有医务人员中，只有麦雅贞一人受过护士专业训练，其他同志都是凭着一股热情参军，服从工作需要，背上药箱就当随军卫生员，担负起救死扶伤的重任。他们不会打针就用箩［萝］卜来学插针，互相用自己的肌体来学注射，学包扎伤口。有一次英军服务才派了一名外籍医生来讲课，由黄作梅当翻译，全体卫生员都热情参加学习。

1943 年，游击队镇压了沙头角区役所的区长温△以后，争取到区役所的朱依群医生到设在水头沙的大队医院工作，她是一位很好的医生，后来转到司令部并随军北上。

1944 年医院迁到大鹏半岛时，又争取到香港玛丽医院的外科医生孙育民参加工作。孙医生把妻子和两个女儿都带到游击区来，在医院里，天天忘我地为病人诊病，还亲自为病人洗擦伤口。有一次，一位战士腿负重伤，必须动手术，医院设备简陋，敌人封锁甚严，又无法将病人送出去，最后孙医生用一把普通的木工锯经消毒后，给伤员作了截肢手术，取出子弹，使伤员转危为安。孙医生在百忙中还为医护人员讲课，帮助大家提高业务水平。她［他］的妻子也在医院里做一些力所能及的工作。

由于敌人的封锁，无论医务所或是医院的物质条件都十分困难，药物奇缺，设备简陋，有时通过敌人的重重封锁才买进一点药品，除了大队本身使用外，还要省下一些支援内地医院。许多时候没有西药就用中草药代替；没有药棉，请老乡支援一些破旧棉絮，一丝丝地拆开，洗涤、消毒后作药棉使用；没有消毒药水洗伤口，用盐水代替。居住的条件也十分简陋，有时住祠堂庙宇，有时住山上的草棚，有些地方可以找到门板给伤病员作床板，如果找不到只能铺些干草睡在地上。

卫生员的工作是十分繁重艰苦的。他们既是卫生员又是护士，还要烧水做饭，给伤员洗血衣、绷带。遇到不能起床的重伤员要一口一口地喂食，还要照顾更衣、大小便。发现敌情转移时，卫生员除了背自己的包袱、药箱和水壶外，还要背病人的行李、枪枝，保证病号不掉队。行军途中大家休息了，卫生员又忙于给伤病员送水送药，没有片刻的休息。

大队医务所的卫生员除了护理各中队送来的伤病员外，还要照顾领导同志的健康，如蔡国梁伤后的护理、鲁风肺病手术后的治疗等等。1943年1月惠阳地区在梧桐山战斗中一批同志负了伤，当时惠阳地方情况恶劣，伤员送到沙头角地区一个靠近海边的山上搭茅棚安置。由于当地缺乏淡水，伤病员的饭菜、药物、开水都要由炊事员在三椏村做好后，每天用船送到驻地来。

医院的条件虽然简陋，医护人员也千方百计抢救过一些较重的伤病员，如被地雷爆炸弄到双目失明的蓝天洪和曾九。护航大队长刘培在海战中负伤，被送到西涌医院打针止血，然后由麦雅贞化装并得到乡绅刘金的支持，送到香港进行手术治疗。这年冬天，海上中队在海战中缴获日本两艘电船，打伤日兵8名，医务人员本着革命人道主义精神，为俘虏包扎伤口。

在游击区里，事事都要靠群众帮助，所以无论谁都必须做好群众工作，卫生员也不例外。他们给群众送医送药，办识字班，教群众读书。群众工作做好了，有群众的支持各项工作才能顺利进行。

（《港九独立大队史》第168—170页）

后　记

历时一年有余，《广东东江地区妇女解放运动史料汇编》（全六册）终于完成，这是广东省妇女联合会、中共广东省委党史研究室继联合出版发行《广东原中央苏区妇女解放运动史料汇编》后，持续推进广东省妇女运动历史文献资料的搜集、整理和出版工作的又一重要阶段性成果。

记述中国妇女解放和发展的历史进程，总结妇女运动发展的历史规律，具有重要的历史价值和现实意义。广东省妇女联合会本着对历史高度负责的态度发起了广东东江地区妇女解放运动史料汇编与整理工作，并负责本套书的设计、统筹、协调和统稿；中共广东省委党史研究室发挥专业和资源优势，对本套书的纲目结构、标题设置、编写体例、资料来源等方面进行审读指导；华南师范大学马克思主义学院负责相关史料的收集挖掘、整理勘校等具体工作。

感谢华南师范大学马克思主义学院胡国胜教授带领研究团队亲赴广东东江地区开展实地调研，深入该区域的各县（市、区）党史研究室、档案馆、图书馆、妇联等部门查相关珍贵档案，并摘录了大量翔实的史料！感谢广州市、深圳市、东莞市、惠州市及所属县（市、区）的各级妇联、党史研究室、档案馆、图书馆等相关单位的鼎力配合！感谢广东东江纵队纪念馆、深圳市坪山区东江纵队纪念馆、罗浮山东江纵队纪念馆等专题纪念馆的大力支持！感谢广州市东江纵队研究会、

深圳市东江纵队粤赣湘边纵队研究会、东莞市东江纵队历史研究会、惠州市东江文化两纵历史研究会的全力协助！此外，我们在本次的史料汇编过程中参考了学界同行们的大量成果，恕不能在此一一列明，特表谢意。

本套书集取了党史、军事史、组织史、文艺史和其他方面的研究，是集体合作的成果。由于编写时间仓促，我们的专业基础、研究视野、学术功底等尚存缺欠，加上史料选编难度较大，本套书在考证和编辑方面难免存在纰漏和错误，殷切希望学界同道、广大读者批评指正。

编委会

2024 年 2 月

广东东江地区妇女解放运动

史 料 汇 编

GUANGDONG DONGJIANG DIQU
FUNÜ JIEFANG YUNDONG SHILIAO HUIBIAN

第四册

广东省妇女联合会
中共广东省委党史研究室 编

中国妇女出版社

图书在版编目（CIP）数据

广东东江地区妇女解放运动史料汇编. 第四册 / 广东省妇女联合会，中共广东省委党史研究室编. -- 北京 ：中国妇女出版社，2024.3
ISBN 978-7-5127-2371-9

Ⅰ.①广… Ⅱ.①广… ②中… Ⅲ.①妇女运动－史料－广东－1938－1949 Ⅳ.①D442.865

中国国家版本馆CIP数据核字（2024）第020299号

项目统筹：万立正
责任编辑：万立正
封面设计：李 甦
责任印制：李志国

出版发行：中国妇女出版社
地　　址：北京市东城区史家胡同甲24号　　邮政编码：100010
电　　话：（010）65133160（发行部）　　65133161（邮购）
网　　址：www.womenbooks.cn
邮　　箱：zgfncbs@womenbooks.cn
法律顾问：北京市道可特律师事务所
经　　销：各地新华书店
印　　刷：小森印刷（北京）有限公司

开　　本：170mm×240mm　1/16
印　　张：188.25
字　　数：2700千字
版　　次：2024年3月第1版　　2024年3月第1次印刷
定　　价：598.00元（全六册）

如有印装错误，请与发行部联系

编委会

出版说明

为深入学习贯彻习近平总书记关于党史和文献工作的重要论述精神，切实加强新时代广东革命史料文献的抢救、保护和利用工作，充分展现广东妇女在中国革命历史进程中发挥的重要作用，广东省妇女联合会汇聚中共广东省委党史研究室、华南师范大学等各方力量，编辑出版《广东东江地区妇女解放运动史料汇编》（全六册），为中国妇女解放运动史尤其是广东地方妇女解放运动史的相关学术研究提供更加丰富和系统的史料支持，以推进马克思主义妇女解放理论的创新和发展。

广东东江是中国共产党在新民主主义革命时期开展革命武装斗争的重要地区。本套书所研究的广东东江地区，范围指东江纵队的游击战略区，主要包括惠阳（今属广东惠州）、东莞、宝安（今属广东深圳）、海丰（今属广东汕尾）、陆丰（今属广东汕尾）、博罗（今属广东惠州）、增城（今属广东广州）、龙门（今属广东惠州）等地，同时还包括当时行政区划中中国共产党所领导的香港九龙一带。抗日战争时期，东江纵队在党中央和广东党组织的领导下，进行了艰苦卓绝的敌后抗日游击战争，从无到有、由弱变强，逐步发展成为一支拥有1.1万余人的队伍，建立起总面积6万余平方里、人口450万以上的根据地和游击区，成为华南战场抗战的一面旗帜。抗战胜利后，东江纵队

主力奉命北撤山东，1947年扩大组建为中国人民解放军两广纵队，参与华东战场的多个重大战役。未参加北撤留在广东的武装力量坚持斗争，逐步发展壮大为中国人民解放军粤赣湘边纵队等部队，为解放广东作出了重要贡献。东江纵队这支队伍的一大特点是女战士多，她们是联络站的负责人、是担任敌后游击作战大队中队长、是负责医疗卫生和后勤保障工作的战士，还积极参与了秘密营救香港文化界人士和爱国民主人士行动，她们的英雄身影遍布各条战线，撑起了华南革命战场的“半边天”。但遗憾的是，由于各种因素，目前广东东江地区妇女解放运动的相关史料分布较为零散无序，缺乏系统整理和科学梳理。

本套书收录了1938年至1949年期间有关广东东江地区妇女解放运动的政策文献、文史资料、口述回忆、文艺作品、人物传记、女英名录、历史照片等精选史料，共六册。第一册选编了1938年至1949年间的相关政策文献，依时间排序、按发文机构归类，共计约36万字。第二册和第三册选编了1938年至1949年间相关的文史资料，收录新中国成立以来当地对该段历史的记录和讲述的相关材料，共计约43万字。第四册和第五册选编了革命历史亲历者的口述回忆，共计约70万字。第六册选编了部分在革命斗争中牺牲的女英烈名录、部分具有代表性的革命妇女英雄人物传记、相关文艺作品（包括诗词、歌曲、题词）和珍贵的历史照片，共计约29万字。

为全面、真实、清晰地反映广东东江地区妇女解放运动的相关史实，本套书坚持以历史唯物主义和辩证唯物主义为根本指南，秉承着对历史负责的严谨态度，遵循“尊重历史，求实存真”的基本原则开展编撰工作。本套书在编辑的过程中，对不会产生歧义的字词均未作改动。收入本套书的政策文献、文史资料、口述回忆、人物传记的标题，一般为原标题，凡是原件无标题或标题有误的，均为编者所拟或修改。鉴于革命战争时期的紧张环境，个别政策文献及文史资料存在

着错别字、文理不通、表述与现在不一致、整理者水平不一等问题，为了尽量保持史料原貌，均未做改动，以“[ ]”形式加以修订；对模糊不清、无法辨认、缺损的内容均以符号“△”代替；符号“〔 〕”内容为原书编者修订。

习近平总书记指出：“历史研究是一切社会科学的基础，承担着‘究天人之际，通古今之变’的使命。”出版这套书，只是我们开展广东东江地区妇女解放运动史研究、汲取历史经验过程中的“万里长征第一步”。我们希望这套书能起到抛砖引玉的作用，以期创作出更多体现广东东江地区妇女解放运动的历史地位的精品力作，充分记录展现更多妇女先锋、妇女英烈的历史事迹，发挥妇女运动史料的教育作用，筑牢巾帼信仰之基，彰显巾帼担当作为，从而进一步激励广大妇女知史爱党、知史爱国，以更为强烈的历史自觉、更加昂扬的精神面貌，在贯彻新发展理念、构建新发展格局、推动高质量发展等方面继续发挥自身优势和积极作用，为实现以中国式现代化全面推进强国建设、民族复兴伟业作出新的更大贡献！

广东省妇女联合会

中共广东省委党史研究室

2024年2月

目　录

口述回忆（上）

口述回忆（上）

大鹏湾的海燕①

——记海上交通员袁容娇

陈志贤

港九大队海上中队成立时，我任中队长。1943 年夏季，港九日军出动两千多兵力，对我港九抗日游击区和港九海面，进行“梳篦式”的大扫荡。日军十几艘舰艇在海上搜索、封锁，不准渔船出海作业，不准渔船在西海和大鹏湾来往，见船就迫令停航检查。我海上中队驻在南澳“军港”，同大队部断绝通讯联络已一个多月了，我们不知道港九、新界部队的情况，真叫人着急。

正当我们望眼欲穿的时候，一天晚上有条渔船进了南澳港。原来是大队部西贡的海上交通员袁容娇母女，乘渔船穿过敌人的海上封锁线，把大队部的信件送过来了。我们都非常高兴，热情地接待英勇的海上交通员袁容娇。

我急切地拆开比香烟还小的纸卷。这是大队部关于日军在港九“大扫荡”的通报：“日酋矶谷廉介扬言：‘一定要净化港九地区，镇压支那刁民的捣乱。’他策划了所谓‘投石惊林’、‘远道奔袭’、‘分区拉网’、‘拉锯清剿’等战术行动，妄图一举消灭我港九大队，或把我队挤出九龙半岛。”通报简要报道了我港九大队“反扫荡”的胜利情况：“我大队一面坚持山地作战，一面派刘黑仔手枪队直插敌市区，袭击日军巡逻队，烧毁敌人仓库，击毙汉奸特务头子，奇袭启德机场，威胁日军司令部，迫使日军撤回市区。……我港九大队转战山区、市区和海上，与敌周旋 3 个多月，变被

① 收录于中共宝安县委党史办公室编：《回顾东纵交通工作》，广东人民出版社，1987 年，第 234–236 页。

动为主动。日军的‘梳篦式’新战术就这样破产了。”

袁容娇冒风险把港九的捷报送来，大家都欢欣鼓舞，特别感激她母女俩。袁容娇是西贡海口的贫苦渔民，30多岁，丈夫姓石，得水肿病死了，遗下一儿一女，由她历尽艰辛拉扯大了。港九失陷时，她儿子石观福才13岁，女儿石桂好才10岁。江水和方觉魂同志的部队一到西贡活动，袁容娇就带着儿女摇船，帮助部队运送人员物资，送信送情报，坚决支持部队打鬼子。不久，她送儿子参军，要儿子象岳飞那样“尽（精）忠报国”。她自己带着女儿做海上交通，专跑北潭涌、龙船湾、滘西和西贡圩，只要有信件、人员，不论刮风下雨，她母女都送。我队移驻南澳后，袁容娇的交通线又延长了。为了新的任务，她急着要返航西贡。我们叮嘱她一路小心。临行，她也说：“鬼子的电扒、舰艇还在大鹏湾巡逻，撞来撞去。”

是啊，在撞来撞去的日军巡逻艇中间穿插而过，执行任务，这有多危险！可是袁容娇母女早已把危险置之度外，只要有任务，不论白天黑夜，刮风下雨，毫不犹豫地摇着小船就出发。日军的快艇经常在海上活动，小船很容易被发现，特别是遇上阴天或是大雾弥漫的时候，往往几十米内才发现敌船，在进退两难的紧急情况下，袁容娇总是机智勇敢地完成任务。我所在的海上中队，就流传着不少有关袁容娇机智地战胜敌人的事迹。

1943年，一天，袁容娇母女的交通船载着大队部军需处的欧伟明到坑口检查税收工作。那天正遇上大雾，船行中发现敌情时，小船与几艘敌船的距离已经近在30米以内，在这种情况下已经无法逃脱。怎么办？只有就地掩蔽。袁容娇镇定地让欧伟明迅速下到水里，攀住小船边，日军登船检查，没有发现什么就走了。欧伟明在袁容娇的掩护下安全脱险，继续前往坑口执行任务。袁容娇的交通船还把部队的一袋袋税收款，运回到大队军需处，为部队提供给养，又将一批批来往的同志接送到目的地。一次，江水、李兆华等同志从大队部接受任务回坑口，乘坐袁容娇的交通船，当船靠近槟榔湾码头时，才发现小股日军正在抓人。突然出现这种情况，进退不得，怎么办？袁容娇临危不惧，叫大家安坐船内，她以一个普通渔妇的身份，若无其事地继续驾船，避过了敌人的检查。袁容娇不仅有临危不惧的应变能力，而且机警灵活。一次，江水短枪队在西贡区活动时，遭到日军从海上、陆地的包围“扫荡”。袁容娇母女俩冒着生命危险，用小船把江水他们偷偷转送到桥嘴掩蔽，使日军扑了个空。这样的事例不胜枚举。

大鹏湾的海燕在暴风雨中穿梭飞行，不怕狂风巨浪，不避千难万险，为人们所赞扬。我们的袁容娇母女俩就象大鹏湾的海燕，日夜驾着小船，送情报、送物资、送人员，不避艰险，不怕牺牲，穿行在敌人的封锁线上，为抗战的胜利作出了贡献，亦永远为人们所赞扬。

我在厚街抗日工作的回忆①

陈文慧

1942年春，党组织安排我到厚街工作，任务是：掩护大岭山区委地下党活动，宣传教育组织群众，发展党组织，配合部队，搜集输送情报，募集财物，扩大巩固交通站。我在一间民办小学当教师掩护，首先我要办好学校，教好学生。一方面，在学生中培养一批核心骨干。教他们做“小先生”，教低年级的同学背书默书、背珠算口诀。此外，对她［他］们除文化教育外，还加强爱国思想教育，学生进步较快，学生家长也满意。另方面，通过家访，与学生家长密切感情，拉家常，谈日本鬼暴行，讲抗日救国道理。做宣传群众、教育群众的工作。用旧形式、新内容活动，千方百计提高学校威信。组织“七姐会”，拜七姐。当时学生和家长对拜七姐都感兴趣，便教大的女生做各种手工艺：王如珍精心制造通花腊［蜡］烛，烛身通花的，上面可以点火的。线织钱香。其它的女生红绸缝绣“恭迎圣驾”四个字的横眉，以及绣花长幡，南杏用彩珠穿［串］成一座鹊桥，上面有牛郎织女相会（公仔）还有各式各样绣花、编织，俱显巧手工艺。在另一个教室作学生成绩陈列室。作文、习字、贴堂、手工、成绩表……等陈列。旧历七月初六日已经摆好，十几张八仙台拼成一排的七姐台。第一张台摆着一只大红烧猪、挂起恭迎圣驾的横眉长幡，点亮通花大腊［蜡］烛，接着摆出“厅堂”，有小巧的酸枝台椅、“房装”、有大床、珠罗蚊帐、大柜五桶柜、圆台椅一套。有“花园”洋楼（内着电灯）假山、草坪、花木、亭台楼榭俱全。牛郎织女在此鹊桥会。接着是鲜花鲜

① 收录于傅泽铭主编：《永远的心碑——厚街革命斗争纪实》，广东人民出版社，2006年，第310–314页。

果、假花假果（手工艺）。当晚，十几盏大光灯照得通明，来参观的人络绎不绝。附近河田珊美等村，也有人打着手电筒来参观。亚巧的八婶八叔还叫几个护沙队员来帮助保卫工作。学生们高兴极了，唱歌表演、讲故事、穿乞巧针……吃鸭粥宵夜……拜了七姐，提高了学校威信，增加了学生，提高了学生的学习积极性，更好的掩护我们开展党的地下工作。

1942 年 10 月，部队成立了莞太敌后工作委员会，王作尧任书记，敌后工委的任务是在敌占区宣传群众、组织群众、打击敌人、肃清汉奸，加强在东莞地区，特别是莞太公路两侧的敌后工作，配合部队恢复发展东莞抗日根据地。王作尧要把“敌后工委”住［驻］地设在敌后的厚街。我们接到这个任务后，和南杏及亚巧的母亲等人，在下菊塘找到一间闲屋，作敌后工委的驻地，租下来给何瑛住，以家庭主妇方式掩护。王作尧住此。经常早出夜归，忙于领导工作，为保卫领导的安全，我们组织了学生中的先进骨干如亚巧、合欢、南杏、兴娘（合欢的母亲）、严巧的母亲……等人秘密巡逻放哨，隔一个坊上菊塘就驻有伪军和汉奸王柏林的护沙队。不过，亚巧的八叔、合欢的哥哥都是护沙队的人，他们是我的学生家长，我也常到他们家串门，在那得到情报便立即告诉何瑛。有了我们秘密的保卫工作，也很安全。

1942、1943 年部队经费困难，我们发动募捐，宣传为了打走日本鬼救中国，许多家长和接近我们的群众，都积极捐献。南杏家境不富，经常拿出谷米送给部队，还把一张新毛毯捐出来，丽容把母亲准备给她做嫁装［妆］的真金手镯拿出来捐给部队，她们献出了无私奉献的爱国精神；学生骨干中多为建党的对象，如南杏、丽容、合欢、南乳、亚巧、如珍、丽娥、杞持……等，经过培养教育，南杏、丽容先被发展入党，王玉从部队的中山书院回到厚街工作，也于 1944 年春被发展入党。王自耀的党组织关系由我单线领导。当时，区委同志曾派我与桥头陈紫芝、涌口何佳联系过党的关系和工作。在桥头设立了交通站。因工作需要，派出南杏到陈屋以教书掩护工作，设立交通站，派出丽容到企山头教书开展工作，她两人的工作是“现买现卖”，在厚街学到什么，便回去教什么。由于她们积极努力，进步很快，工作开展很快。一次，王自耀来过组织生活，哭诉她父母把她许婚给榄树夏村一户人家做媳妇，她不愿盲婚，要离开家庭入部队。我说入部队的事，要向上级请示，才能作决定。安慰她要做好目前工作。情况反映后，组织上认为部队目前不需人，但希望在榄树夏设交通站，便于进退联系。后来她嫁入［人］去后积极工作。建立了交通站，组织上安排了陈昶夫妇在那里负责。

敌后涌口婆媳交通站，是在党的领导下由李淑姿、刘燕华婆媳负责，她们家境清贫，但革命热情高，党性强，不怕牺牲，勇敢机智，屡屡出色的完成组织交给的任务，如送情报传单，传送武器物资给部队，护送部队来往人员，掩护地下党的领导同志（如方定）。有一次部队的沈雄光中队长在战斗中负重伤，要送德国人办的东莞红楼医院留医，医院要有亲人陪住才收留，组织安排李淑姿陪住，一天，敌人突然检查，拷问伤员是你什么人？为什么受伤？智勇的李淑姿临危不惧，一心考虑掩护同志，便巧妙的把敌人引出病房，然后说，“我是乞食婆（这是她当时的伪装），有人叫我陪他，给我饭食，说他是被土匪打伤的”。在与敌人周旋之际，我部队迅速将沈同志转移出医院，用小艇送到水乡，后伤愈，回队继续战斗。李淑姿乘敌人不备，躲进厕所，直到深夜，才脱险回家。她勇敢机智的完成了掩护伤员的任务。1945 年上半年，东纵一支东莞大队周康中队奉命挺进水乡，连战皆捷，后被数倍的敌人反扑，中队被困，弹尽粮缺，牺牲过半，周康受重伤，与战友一起被俘，送入敌伪广州看守所。组织派刘燕华负责到广州营救，她利用各方面的社会关系活动，不辞劳苦送医药食品探视亲人，后组织用一大笔金钱赎他们出狱。婆媳工作表现很出色，受到同志们的颂扬，说：“交通站好！婆媳好，是中国共产党的好党员。”

1945 年 8 月中旬，日本帝国主义无条件投降，八年艰苦的抗日战争胜利了！厚街人民与全国人民一样欢欣鼓舞，部队由史明带一部份队伍进驻厚街乡，筹建新政府、妇女会……等，决定开庆祝大会，各乡民兵妇女群众游行的队伍高举红旗，浩浩荡荡来厚街参加庆祝大会，晚上开晚会，唱歌跳舞，演话剧，十分热闹。就在这欢庆的时刻，思想麻痹，放松对敌人的警惕，次日拂晓，汉奸伪军从鳌台方面攻入来，把我们包围住，部队突围撤击［出］。厚街顿成白色恐怖世界。我因已暴露政治面目，不能继续工作，便撤离厚街入部队。其他党员，有些转入部队如南杏等，有些掩蔽起来，保存力量，继续工作。

从 1942 年春至 1945 年秋，我在厚街抗日的种种斗争，给我增加了对厚街人民群众的深厚感情，直到今天我还是忘却不了。

大屿山岛妇女二三事[①]

陈绍明

香港岛的西侧有个大屿山岛，面积比香港岛大一倍。在日本侵略军占领香港初期，敌伪的兵力只能控制该岛东面的梅窝（银矿湾）和西面的大澳，而土匪的活动却十分猖獗，到处打家劫舍、奸淫掳掠，连“出家人”——山上的尼姑也遭轮奸，海上渔民就更遭殃了。1942 年 4 月，港九大队派出一个中队进驻大屿山岛，消灭土匪，保护人民的生命财产，发动群众，开展抗日救亡活动。

提高群众的政治文化水平

经过几个月的剿匪，群众生活基本安定下来。我们清醒地懂得，一个革命队伍，如果没有群众的支持，是很难生存的，军民团结一致，是开展抗日救亡活动的基础。为了提高群众的思想觉悟，我们从文化教育入手。没有书本，就派人冒险去香港购买。大屿山是封锁区，出去香港不容易，部队派队员邱宽与女乡民冯有妹秘密潜去香港买书。回程途经大澳时，冯有妹被扣留（邱宽因事未回）了一段时间，后由她的亲属担保放了出来。有了课本就开始办识字班，人手不够，就采取培养“小先生”来解决，课程有政治课、文化程[②]课，识字班的男女青年，文化程度参差不齐，参加的妇女有冯有妹（冯玉珍）、冯有莲、蛋［疍］家（刘彩玲）、甲福嫂（陈清娣）、牛嫂（邓发娣）等都是文化很低或是没有文化的，我们就把冯有

① 收录于广东妇女运动历史资料编纂委员会编印:《香港妇女运动资料汇编（1937 年—1949 年）》，1994 年，第 127–129 页。

② “程”疑为多字。——编者注

妹、蛋［疍］家先培养为“小先生”，再由她们去教其他妇女们识字。妇女们都很热情，在冯有妹等人的带动下，各村的妇女参加学习的热情可高哩，不论刮风下雨，一到晚上，各村的人都手持火竹支（当时大屿山村民们的照明用品）去上学了。

有了这个识字班，开展抗日救亡活动可起作用了，部队需要人力、物力时大家都积极支持，记得有一次，部队截获日伪“电扒”一艘，内装有许多物资，就是靠这一批青年男女去完成卸运任务的。

悉心爱护部队战士

我在大屿山战斗的时期里，曾有一段住在石榴浦村牛嫂家。牛嫂虽然没有文化，但她对部队的同志却非常关心爱护，路过的同志，必定招呼请进家来，喝口清茶或以番薯款待，对我则亲如姊妹。有一次，我患上严重的感冒，发烧不退，由于部队缺医少药，我的病情天天加重，感到非常难受。部队派专人暗中送我到大澳通过地下工作同志为我医治，也未能治愈。部队领导考虑到在大澳时间拖长了会暴露身份，于是又把我接回牛嫂家。牛嫂担心极了，她经常为我的病而暗中［流］[①] 下泪。她顾虑的是如果敌人来“扫荡”，我会遭殃，就想方设法用土办法为我治病。她上山寻来生草药熬药给我服，烧水给我洗澡，经过牛嫂的悉心治疗和照料，几天后我果然退烧了，牛嫂欢喜若狂。我烧了一个多月，病虽然好了，身体仍很虚弱，又不能走路，胃口也不佳，不思茶饭。牛嫂为了我能早日恢复健康，杀了家里的鸡炖给我吃[②]，还掏钱去买鲜鱼给我下饭。我吃不下时，她就耐心地劝我吃吃：“还扶我出外散步行走，一边走还一边恳切地劝我；听说日本鬼子会来扫荡，如身体不好，不能走路，敌人来了就吃亏了。”牛嫂的热情使我非常感动，在牛嫂无微不至的照顾下，我很快地恢复了健康，重新投入紧张的战斗生活。1944 年 4 月间，敌军向大屿山大举“扫

① 原文无，根据文意补充。——编者注

② 原文如此。——编者注

荡”，我和小通讯员莫兴友同志坚持地方工作，被困隐蔽在南峰村背后岩洞的十多天时间里，多亏牛嫂和南峰村的妇女冒险送来茶饭、炒米和敌情消息，我们一直坚持到回部队工作。真是感谢牛嫂啊！这虽然是四十多年前的事情了，但我却永世难忘。军民鱼水情，没有党的领导，没有人民群众的支持，就没有抗战的胜利，更没有我的今天。

原载1987年5月出版的《回顾港九大队》（下集）

护送抗日文化人脱险（节选）①

陈达明

……

狡猾的日本人晚了一步

西路交通线从一月初起，一批接一批护送文化人回大陆。到春节前后，日军谍报机关已经嗅到动向，加强了对九龙去西贡交通线的检查和武装巡逻，风声紧了。港九游击队在牛池湾地区的联络点，也遭到了日军破坏，一些掩护游击队的当地人，被日军抓去毒打迫供。在日本特务队任职的邱金仔，也被日军发现向游击队送情报，遭到杀害。日军常常在半夜里派出部队埋伏在西贡坳和沙田坳，企图歼灭短枪队。护送任务的危险性加大了，不过，到了春节前后，护送工作已经基本完成，接近尾声了。

西路交通线有一个重要的联络站是西贡墟内的一间咖啡店。那里面有一位女游击队员张婉华在工作。因为这间小咖啡店日日夜夜接待来往客商，紧张地执行护送文化人任务，大家习惯地叫它“不夜天”。到春节前夕，短枪队长黄冠芳和江水、叶凤生、刘黑仔在“不夜天”阁楼里总结前一段的护送任务，并针对日益紧张的局势，决定武装队伍从九龙城市区撤退。张婉华为他们烧了好饭菜表示慰劳，吃完这一顿“抗日团圆饭”，游击队的便衣武装便安全地撤出了九龙市区。

三百多名留港文化人神秘地消失了。等到日本人大规模搜查时，已经一无所获。狡猾的日本人晚了一步！

选自陈达明《香港抗日游击》，环球（国际）出版有限公司，2000年10月出版。

① 收录于刘中国、余俊杰等编：《白石龙大营救文献》，花城出版社，2015年，第158–163页。

粤北山区民运工作回忆①

陈瑞明

1946年6月，东江纵队奉命北撤山东烟台。部队同时留下了部分武装骨干，分散掩蔽，坚持斗争，保护群众利益。在粤北，第五支队、南三大队和风度大队、南雄十二中队共留下200余人，由黄业、刘建华、陈中夫率领组成工委、以南雄、始兴为中心，在五岭坚持武装斗争，留下的200余人中，有女同志16人，她们分别在司令部和连队做卫生、电台、油印、民运、后勤等工作，这些女同志在党和部队领导下，和男同志一起并肩战斗，在艰苦卓绝的战斗中，历尽千辛万苦，坚持战斗到胜利。

现就我所了解的粤北山区民运工作情况回忆如下。

民运工作是中国共产党和军队政治工作的重要组成部分，民运队伍有两部分，主要部分是部队的全体指战员，他们既打仗，又做民运工作，为以后深入开展群众运动打下了良好的基础。另一部分是部队指派专职做民运工作的同志，绝大多数都是女的。她们有时随部队开展活动，每到一个宿营地，就和群众一起开大会，讲革命道理、唱革命歌曲、演活报戏，宣传党的方针政策。而更多的时间，是从部队派出一两个人分散在各村庄和群众同吃同住同劳动，把党的方针政策贯彻下去。

1946年秋，部队从掩蔽开始出来活动，我们留下坚持斗争的几位民运队员陈瑞明、伍华、郭紫云、邱素贞和几位男同志一起被派出在粤北山区开展民运工作。包括1947年部队大发展以后又派来的30名女政工干部都曾参加粤北的民运工作。当时的主要任务是：

---

① 收录于韶关市妇女联合会、清远市妇女联合会合编：《粤北妇女运动（1921—1949）》，1994年，第121–126页。

一、配合当时的形势和任务，对群众开展宣传、发动和组织工作

国民党反动派发动全面内战，在粤北分区进行“扫荡”和“清乡”。我们留下坚持武装斗争的部队，以群众斗争面目出现，用人民“反征义勇队”、“反征救国团”等名义开展“反清乡”斗争活动。民运工作同志深入群众，揭露国民党反动派发动内战、镇压共产党和爱国志士、残酷压榨人民、推行苛捐杂税等反动政策、号召人民群众团结起来，反内战、反“三征”，争取和平民主，求得自身解放。

1947年夏，在发动群众起来进行反“三征”的基础上，根据五岭地委指示，我们在上北山的凌溪、高坪、曾洞、禾廉洞、学堂坳油洞、朱安堂和江西大余的长芦、长岭、小岭背、黄金寮一带山区，发动群众进行减租减息，同时在各自然村组织农会、民兵常备队、自卫队，这些村庄青年男女绝大部份都参加了以上各种组织，对反抗和破坏“双减”的地主恶霸进行了斗争和惩处。群众斗争情绪很高。

7月间，地委决定在南雄、始兴游击根据地建立几个民主区政权。我当时被任命为南雄解放区第七区区长（我们活动的地方在南雄的白云、百顺、仁化的长江、大余的河洞内良交界一带山区，也叫上北山区），与部队派出的政工干部和民运工作同志一道，继续在这一带山区发动群众进行减租减息和反“三征”等斗争。凌溪、高坪、曾洞、禾廉洞、朱安堂、长芦、长岭、黄金寮、小岭背等地群众，革命热情越来越高，从各方面支援和帮助部队。出现了许多送郎、送子参军的动人场面。部队攻打附近圩镇的敌人据点时，我们就组织农会会员和民兵常备队参加运输队、担架队，跟随部队到前线服务。一次部队攻入白云乡的敌人据点时，他们就参加破仓分粮，从而更加激发了群众的革命积极性。不少常备队员还参加了我们的主力部队，壮大了我们的力量。

1947年秋，地委从电台获悉，华北、华中解放区进行土地改革的决定后，决定在群众基础较好的横水、白云、珠玑等区发动群众进行土改。我们民运工作同志深入各家各户，调查了解情况，然后召开群众大会，宣

传土地还家的意义和政策，发动群众起来打土豪、分田地，同时对各乡村的农会、民兵常备队进行整顿和加强。提出一手拿枪，一手分田，保卫胜利果实，妇女分得了一份土地，兴高采烈，纷纷表示要跟共产党。

二、为部队搞粮食、给养和情报

五岭山区很穷，老百姓大多数缺衣少食。没钱买油，就用辣椒代替。没钱买煤油点灯，就用竹片加工后，用水浸透晒干代替油灯照明。每到天黑家家户户点上一支竹片，插在房门口作灯光使用，薰［熏］得满屋子黑黑的。当地有句顺口溜“腊竹△△△，辣椒当油炒，荒月冇粮野菜饱”。形象地反映了当地群众贫穷的生活状况。为保证部队来到这些地区后，能够买到油盐柴米等基本生活用品，我们做了大量的工作。首先，对国民党的保甲长及其家属，交代他们要随时做好准备，一旦部队来到，要保证卖给我们粮油柴草。其次，对个别余粮户，我们要他们设法筹粮，部队需要时，能够随时卖给我们粮食。经过做工作，部队所到之处，一般都能买到粮食，遇上荒月，群众也能够帮助我们到附近集市上买米供应我们。

国民党反动派企图消灭我们，他们时刻也没有放过对我们的进攻。我们一方面教育群众要提高警惕，同时要他们随时注意敌人的动态，一有情况就设法通知我们。另方面，对国民党保甲长及其家属，要他们认清形势，不能与我们作对，一旦国民党军队或地方反动势力，有什么动向，要马上通知我们的同志。一般在群众基础较好的游击根据地内，一有敌情群众都会设法通知我们，敌人进村时，老百姓都随我们一起上山，使得敌人无法在村子里驻扎下去。

三、争取和分化国民党的地方人士及其家属，团结各方面力量，开展统一战线工作

国民党反动派搞白色恐怖，在粤北山区实行“三家联保”、“五家联防”，不准老百姓跟共产党游击队发生任何联系，企图孤立和消灭我们。对此，群众虽然同情我们，拥护我们的方针路线和政策，但又怕敌人的残

酷镇压。国民党的地方人士、乡保甲长及其家属，除顽固反动的跑掉外，留在家里的人，也很害怕，他们既怕国民党反动派对他们施加的压力和迫害，又怕与共产党游击队作对没有好下场，左右摇摆。针对这些情况，我们大力宣传党的方针路线和政策，宣传我党我军的性质、任务，宣传共产党为劳苦大众打天下。国民党反共反人民、贪污腐败，迟早会被共产党和广大人民群众所推翻。同时，我们又从形势教育着手，宣传八路军、新四军在全国战场上取得一个又一个胜利……。并做好深入细致的思想教育工作，解除群众的思想顾虑。对国民党地方人士及其家属，我们通过大会、小会、个别谈心会等各种形式，要他们认清形势，绝对不能跟共产党游击队和人民群众作对，并劝告他们要为自己和家人前途着想、老老实实不做坏事，才会受到宽待。为此他们一般都表示要听我们的话。特别是我们部队在南雄、始兴一带不断袭击敌人的据点，北山队又在大余的沙村，镇压了个欺压和剥削百姓的“周剥皮”，这对周围地区的国民党人士震动很大。他们都怕落得像“周剥皮”的下场，不敢再做坏事了，有时交代他们替我们买生活用品、探听敌人动态，掩护我们的交通、民运或伤病员等，一般都能办到，甚至敌人进村袭击我们部队时，还帮助和掩护我们同志化险为夷。如百顺罗坑朱甲长，我被部队派到这条村子开展工作。他从不愿我进村，到掩护我在村中开展工作20多天。这期间，敌人曾两次派兵包围村子，在他和群众帮助下，我冲出了包围圈，安全脱险。敌人进村抓不到我，便抓了10名村民作抵押，要村里交出“土匪婆”，否则就通通枪毙！当晚我回到村里，找甲长和几位老人，共同分析情况，肯定不是本村人泄露的消息，便叫保长带着几个老人一起到百顺村去将被抓的村民保释回来，免除了村民的灾难。又如曾洞温甲长，他在叶昌部队的教育下，是最早觉悟的一个，加上民运工作同志深入细致的思想发动的工作，他不但自己经常为部队办事，还带领全家为部队，为群众服务。他的母亲和夫人，只要我们部队女同志到村上工作，她们都积极热情的招呼我们在她家食宿，烧水洗澡，给予无微不至的关怀。他弟弟温日香当农会委员，积极为村民办事。他妹妹温和英经常为我们采购、送情报，一次她了解到长江的反动自卫队为纸行老板押送钞票，便立即通知我们部队，部队随即派兵伏击，结果打死打伤自卫队3人，缴获步枪3支，钞票4000多元和一批物资，为部队解决了不少困难。

四、帮助群众解决疾苦，调解家庭纠纷

山区缺医少药，患了病就靠捱，遇到这样的情况，我们就给他“刮沙[痧]”，采草药熬给他喝。拉肚子就找马齿苋、铁照篓、红光豆煮给他们喝。老乡很少吃药只要煎上一两次草药汤，这些小毛病就很快见效，所以群众对我们特别亲切。

当时，由于封建婚姻制度，造成婆媳关系不和、夫妻打架，常常都找我们去调解。在上北山，我们曾帮助解决了一个地主丫头和贫苦农民青年的婚姻问题，成亲后，她夫妻双双参加了我们的部队。在小岭背，有一个“等郎妹”十七八岁，小丈夫才七八岁。便要他们拜堂结婚。女的十分痛苦，但又无法摆脱这个处境。后来我们劝说他们的父母等他们长大成人再说。等了两年多，解放了，这个女青年另找了丈夫，成为农村工作的积极分子。还有小鬼妹游新娇也是童养媳，经过劝说，她脱离家庭，参加了革命部队。

山区群众生活艰苦，我们民运工作同志住在村子里，严格遵守党的三大纪律八项注意，尊重群众的风俗习惯。关心和解决群众疾苦，经常同老乡上山砍柴、采药，挖蕨篼头（可充饥），采摘野菜等，还组织群众随部队去破仓分粮，解决群众缺粮的困难。同时，做好深入细致的思想政治工作，不少民运队员成了群众的知心朋友，同群众建立了深厚的渔［鱼］水情谊。

注：作者现名陈明

回忆一九四二年惠州工作的情况①

陈　永

一九四二年一月，我在惠阳县梁化区任区委书记。当时，上级派我跟随县委组织部长卢伟如到惠州建立交通站。我的公开身份是香港大商行的少东家，具体任务是：(1) 建立交通站，我为站长；(2) 接运香港文化人，转送到老隆；(3) 协助卢伟如处理从香港抢运出来的货物。

一年前县委曾派我到惠州工作一个月。党组织把在国民党机关任职的黄鑫和另一个女秘书的关系介绍给我，两人都是党员。那时，我没有公开露面。这次跟卢伟如来惠州就大不相同，住进全市最高级的东湖旅店，并且包了一层楼作为接送点。廖安祥的源吉行为文化人的住宿点；水东街东和行（第三党人开设的）为联络点。我们以香港大商行少东的名义，先到惠州联络，以接应从香港逃难出来的老股东。

我们到惠州后不久，日寇进攻惠州。由于我们事先得到消息，连夜向良井方向撤走，第二天回到沙坑，直到惠州战事结束。

日军撤出惠州后，我跟随卢伟如回到惠州东湖旅店，并把他的妻子叶锦珠和我的妻子叶惠英调来惠州建立交通站，掩护我们的工作，但不公开露面。卢家住在东湖旅店东面，我家是交通站，在靠浮桥头这边。几天后，源吉行的伙计告诉我，有一个二十岁左右的女人带着一个二三岁的孩子到店里找廖安祥，只说是逃难来的。我告诉这位女人，廖安祥去香港未回，有什么话可对我说。问了半天，才得知她是连贯的妻子。我知道连贯已和廖承志去老隆转韶关，就把她留下，准备安排她和文化人一同前往老隆。我将此事告诉卢伟如，他也同意我的安排。

---

① 收录于中共惠阳地委党史办公室编：《东江党史资料汇编》第三辑，1984年，第119—121页。

一九四二年春节前，我们的准备工作已经就绪了，便通知淡水、沙坑、茶园交通站可以接待文化人。我们怕路上出事，又向在三栋驻防的国民党部队打招呼，说香港有父执辈大商人来惠州，要他们派人护送，并给予酬谢，他们应允了。

一九四二年二月初，沙坑、茶园交通站按计划送来一批文化人。上级指定这批人由张友渔负责带领，大约二十多人，其中有茅盾夫妇、张友渔夫妇、胡风、许幸之、廖沫沙、周钢鸣等。卢伟如和我在东湖旅店接待他们，沙坑、茶园交通站长蓝造专程护送他们，全程八十多里。当他们到达三栋村时，天快黑了，茅盾提议留宿一晚，经蓝造说服，又叫三栋的国民党部队派一个班护送，连夜赶到惠州。是夜，他们就在东湖旅店住下。过了二三天，卢伟如指示，把他们搬到浮桥头的源吉行去，食宿都在店里，不要出街，等待雇船前往老隆。还要我负责照顾他们，于是我每天都到源吉行去。

这时，源吉行只留一个青年伙计看店，每天买菜做饭给文化人吃。由于战事影响，物质缺乏，大家睡楼板，也不介意。一天，张友渔对我说，天气怪冷的，最好给些炉炭取暖，我就给他们买了。春节来临了，茅盾说他家乡风味的鸡很出名，他夫人会做，需要两只鸡及一点醋、羌［姜］，做个菜，好让大家过个年。我把鸡买来了，他夫人亲自动手，还叫我也一起吃。

春节过后，茅盾提出上街走走，看看市面。我征得卢伟如的同意，带他们夫妇到一些街道转了转便回来。

这批文化人离开惠州前，我们发给他们每人一千元，作为旅费，茅盾一千五百元，他们都很满意。年初八，我们雇了一条大船，当天就开船往老隆。

不久，交通员将张铁生送来惠州，安排在我家住下，等待与合适的人结伴前往老隆。等了将近一个月，张铁生还未离开。三月下旬，交通员又把邹韬奋送来。上级指示把他送往新四军那里，只好安排他和张铁生住在一起。一个星期后，我们和交通员一起送韬奋、张铁生去老隆。他们是我们护送的最后两个文化人。

（惠州市委党史办／供稿）

东江的妇女①

——她们有刻苦勤俭服从的美德，但精神生活需要合理的改善

陈　朴

抗战八年来的东西流难，南北奔逃，使我涉猎了各地不同的民情风俗。东江客家一带妇女劳动魄力的伟大纠正了，我过去对于妇女是柔弱，依赖男子的错误观念。她们在环境的压力及生活的鞭策下，锻炼成艰苦博［搏］斗的力量，不论是冬天的晨曦，或炎夏的正午，她们都坚忍地操作于原野中，她们辛勤地用努力换取日常的生活所需，不管是一粒粟、一条线、一根草，她们的收获都是自己的劳力的代价。

土地贫瘠、男人经商他方、交通不便等的地理环境与人为条件的限制，使东江妇女成为家庭经济及劳动的中心分子，她们不但掌握着教育儿女的责任与缝织饲养家畜的任务，且兼顾到田园农作的劳动工作，她们终日在忙中过活。而她们的装束简单而朴素，不论春夏秋冬，她们都穿着自家织成的青布衣裤，这衣服的质地粗糙而耐用，当衣料的颜色褪旧了时，她们又用自制的青色衣料染过，因此，褪了色的旧衣，不久又变成簇新的青衣了。她们不但［是］② 实际操作的农妇，而且是儿童的教育家、家庭中实用的小工业家。

几年来，在艰苦的抗战时期中，物质的缺乏并没有威胁到东江的妇女们，因为她们生活的任何必需品，多数是自给自足，很少仰给［赖］于外来。又因为她们都是自食其力的生产分子，明了到一粟一饭之来处不易，

① 收录于广东省妇女联合会、广东省档案馆编：《广东妇女运动历史资料》第六辑，广东省供销学校印刷厂，1991年，第383–384页。

② 原文无，根据文意补充。——编者注

所以她们便安于刻苦省俭的艰苦生活中。

可是，这批艰苦劳动自食其力的妇女们，却大部分在精神生活上盈掬着一腔苦泪，几千年来重男轻女的封建思想，给她们加上了无形的脚镣手铐，她们很多是由童养媳出身，多年的责苛与奴役，养成了她们不可移的服从性，更由于教育机会的缺乏，使她们同文夫间彼此隔了一道鸿沟，而一般奔走在外的男人，对于家庭中的妻子，除了以父母的媳妇家庭中奴婢视之外，很少能寄予慰安与爱护的感情。她们在丈夫面前，只能是低头服从，不但承受了家庭中艰辛操作的担子，还承受了男人叱责白眼等刻薄的待遇，结果除了埋怨命运，怨天尤人之外，永没有挣扎反抗的勇气与念头。

时代是一幅［副］弃旧迎新的巨轮，现在的妇女不但要有生活操作的劳力，同时要有灵活的脑筋，丰富的知识，深远的眼光。我们不但要操理家务，更要参加正常的社会活动，争取做人的平等地位。我觉得，东江的妇女应该争取到教育的平等，在百忙之中应该得到读书的机会，在精神上应该抬起头来，反抗不合理婚姻制度的存在，使到婚姻能够合理的解决。现在政府已下令禁止童养媳的婚姻制度，我们应该解除封建余孽赋予的锁链吧！

（《时代妇女》第一期，1946 年 3 月）

在东莞抗日的回忆（节选）[①]

陈　鸣[②]

我 13 岁从南洋回国，当时名叫陈庆南。我回国后先在广州读小学，后考入市一中读书。在市一中我参加了广州"民先"属下的少年先锋队，在总队部工作，办《少年先锋报》和地下刊物《现代少年》。

1938 年日军轰炸广州，我正准备和几个同学奔赴抗日前线参加新四军。这时，东莞县的共产党员古道动员我回东莞工作，说东莞也有共产党领导，也有很多工作要干，不一定要去新四军。我同意了，便转去东莞中学读书，在古道等同志领导下，在莞中组织了宣传队下乡宣传抗日。1938 年夏，古道介绍我加入了中国共产党。

1938 年 7 月，国民党一五三师有一个团驻防在虎门怀德。县委决定组织一个随军工作队去做这个团的下层士兵、干部的工作。工作队在 7 月 3 日成立，由县委直接领导。支部书记和副队长由我兼任，队长是邓白。队员有陈福媛（即陈文慧，支部组织委员）、张联（支部宣传委员）、林淦光、王永、黎崇勋、王棠棣、黎少棣等约 20 人，全部是共产党员。工作队组成后，随一五三师驻在怀德，目的主要做这个团的兵运工作，想把他们的士兵拉过来。工作中，我们通过宣传、演戏等方式多接触他们，发现有几个官兵的思想比较进步，我们就向他们多做工作。经过教育和动员，后来有一个营的政训员参加了革命，江水等几个有爱国思想的士兵也开了小差，后来到处找我们，准备投身革命队伍。由于找不到我，就走出香

---

① 收录于傅泽铭主编：《永远的心碑——厚街革命斗争纪实》，广东人民出版社，2006 年，第 217–227 页。

② 陈鸣又写作陈明。——原书注

港，在1942年后参加了游击队，并加入了中国共产党。

随军工作队开展工作仅一个月左右，县委派张如组织工作队到宝安南头开展工作，随军工作队就解散了。当时，东莞县委是中心县委，领导东莞、宝安、增城三个县。宝安还没有县委组织，南头工作队的任务是筹建县委的雏形宝安工委。张如带着黄庄平、陈坤、王河和我，于1938年9月到了宝安南头，与很早以前就在这里开展工作的王启光（王次华）等同志一起，筹建宝安工委。为了取得合法身份，当时我冒充杭州美专毕业去宝安中学当美术教员，并通过王启光的关系由国民党党部的人介绍我到国民党宝安县党部做文科教员，这两个职务都有工资，王启光是宝安中学的语文教员，也有工资，加上张如、陈坤从家里拿些钱来，便维持了一班人的生活费用并开展工作。王启光和我负责南头城镇的工作，在那里组织了“青年抗敌后援会”，并做国民党县党部的统战工作。

……

约半个月，九一三团接到张瑞贵发来的命令，要他们北上归队。于是各营开回到白［百］花洞集中，并要求我们一起跟他们北上。我们同他们谈判，提出大部分人继续留下来打游击，小部分人跟他们去，要求他们给一部分枪支、弹药，一部分钱；给一个正式游击队的名誉给我们（因为张瑞贵当时是东江守备区总指挥）。三条他们都答应了，给了几百元大洋和部分枪支、弹药，另外写了个手令给我们去收集失散在民间的枪支。给的名誉［字］叫做“惠东宝人民游击队”，分一、二、三大队。由黄木芬任第一大队长，蔡子培任第二大队长。第二、三大队只是挂个名在清溪那边，实际上是没有武装的。我们的几十个同志编在黄木芬第一大队，当时，从东莞撤出来的王作尧的模范壮丁队还未和我们汇［会］合。我们集中了一班政工人员，成立了第一大队第一中队，罗尧当中队长，我当指导员兼支部书记，赵督生作副指导员。我们这个中队一半是女将，有谢坚、何小士、刘青、曾玲、王章、王妙、王月娥、黄宝珍等，还有十多个高埗的农民，共30多人，20条枪左右，其余的都是大刀、红缨枪，驻在朗口村整训。

这段期间，组织上曾派我带着张瑞贵的手令同曾鸿文一起，一边回宝安收集枪枝，一边教育曾鸿文。曾是宝安一带的“地头蛇”，威望很高，影响很大。他在大革命时已倾向革命，听共产党的话，对我很尊重。我和他跑了十多天，由于有了曾鸿文的威望和张瑞贵的手令，老百姓纷纷把散落的枪枝、弹药交给我们，一共收集了五六十支枪（其中一挺重机枪）和很多弹药。

“惠东宝人民游击队”成立了一个月左右，与王作尧带领的模范壮丁队汇［会］合，于1939年初拉到苦草洞重新整编。当时，国民党东江第四纵队司令员王若舟与王作尧的父亲有乡亲交情，同意把我们的队伍编为其属下的独立第二大队，任命王作尧为大队长，何与成为大队政训员，黄木芬则转任司令部政工大队长。独立第二大队下编两个中队和一个政工队，卢仲夫、罗尧分任第一、二中队长，我当政工队长，王河和赵学光当支部书记。后来增城阮海天亦加入了第二大队。所以独立第二大队实际上由原惠东宝人民游击队、东莞模范壮丁队和增城阮海天带来的队伍三部分组成。不久，我任常平、大朗、寮步、水口、松木山一带地区的党支部书记。组织了东莞民众救亡团，声势很大。这时，国民党部的书记长香棣芳想利用这一群众组织，要拉我这个救亡团团长到县党部工作，经请示县委同意，我打入了国民党县党部工作。当时，县党部设在塘厦石马，香棣芳给我的职务是民运科长。那时我只十八九岁，香对我说：“你们年轻人，很有造就，将来我派你去韶关学习、训练。”并天天找我谈话，宣扬张东荪之流的托派“马列主义”理论，妄图从理论上、思想上同化我、拉拢我。不久，他给表［让］① 我填，要我加入国民党。我请示县委怎么办？县委指示要我拿表不要填交，拖住他，当时党中央曾有决定，我们共产党可以参加国民党做他们的工作，我挂着国民党党部民运科长的合法名誉，到大朗等处搞民运，先后组织了抗日救亡团、救护团，由我当团长。活动地区包括东坑、寮步、常平、大朗、松木山、黄草朗、松柏朗、屏山、

① 原文无，根据文意补充。——编者注

水口、犀牛陂、温塘、横沥等一大片地方，并成立党支部，我兼支部书记，卢淦、卢克华当支部委员。当时，何欢、何群在松木山那个点，黎颖瑜在水屏那个点，谢亮欢在大朗大井头，都以当教师为掩护。“抗日救亡团”、“抗日救护团”主要由我们控制，这些组织发展都很快，抗日救亡团有1000多人，救护团有100多人，一大片村庄到处都有我们的团员，大本营设在大井头一个姓叶的比较开明的地主（叶婉仪的父亲）家里。我挂着东莞县救亡团和救护团团长和国民党县党郁［部］民运科长的职务和名誉，到处活动，十分方便。这期间，我们曾参加过一些战斗救护工作和温塘械斗的调解工作，搞了一个月，国民党县党部怕起来，认为共产党利用他们的名誉到处发展共产党的力量，不得了！于是在1939年6月秘密下达通缉令抓我。这个通缉令落到大朗巡官那里，巡官中有两个人是我们打进去的党员，其中叶兴见了通缉令后，立即通知我，叫我撤走，县委也指示我撤到大雁塘。我连夜召开支部会、救亡团委员会安排一些人继续留下坚持工作，并布置一些人转入地下活动，然后从后门走出，经松柏朗撤到了大雁塘。在那里，我继续开展工作（以前是没有工作基础的），组织了几十个民兵，并动员吴石娇等人参加了妇女识字班。

……

1943年春夏间，部队为了进一步开展莞太沿线工作，成立了敌后工作委员会，卢克敏任书记，方兰任组织委员，我任宣传委员，下面有王步尧、林桂枝等同志。

1943年秋，我跟刘田夫过了中山那边，参加了中山人民义勇大队，在中山五桂山区活动，后来成立珠江纵队，以后，又跟随谢斌到了广宁、清远一带。日军投降后，成立粤桂湘边西江司令部，谢斌任司令，梁喜任政委，刘向东任政治部主任，我负责主任参谋工作。从此，我便离开了东莞。

两次回乡（节选）①

——回忆建立桥头党支部的日子

陈　文

……

二、重返家乡　开辟敌占区工作

1940年春节前，我第二次奉命回乡，全面开展敌占区革命工作，着手创建中共桥头乡党支部。当时厚街桥头一带敌占区仍属中共大岭山区委管辖。区委的任务，就是根据中共中央指示，配合部队，开展游击战争，建立抗日根据地。

当时敌后形势是非常严峻的，敌伪顽加紧对我包围，压缩在莞太线与宝太线的弧形三角地区。顽军一直打到大雁塘，抓了我们的支部书记和部队的工作人员。驻桥头乡日军也趁我们还未完全站稳脚跟的时候，在汉奸陈冠和伪联防队的指引下，偷袭我们在黄潭村的部队，桥头乡成为日军（驻一个排）进攻大岭山的一个触角和桥头堡。

在这样严峻的情况下，我们桥头乡党支部的责任是很重的，党员必须团结一致尽心尽力搞好工作：

……

（五）组织多种形式的群众团体

1940年初，我回到桥头乡后，先从发展灰色的群众组织入手，在新屋村组织一个兄弟会，实行患难相助，团结抗御欺凌，得到群众好评，在

---

① 收录于傅泽铭主编：《永远的心碑——厚街革命斗争纪实》，广东人民出版社，2006年，第105–111页。

邻近村庄影响很好，也相继成立了一些兄弟会。我们以兄弟会为阵地，积极开展工作，发展党员和抗日大同盟盟员。

当时桥溪小学的毕业同学，有许多失业在家，我们打着校友名义组织了不少活动，比如合伙开米铺、办鸡场、开矿，或者当小商小贩，以此联络全乡同学宣传抗日主张。以后我们还组织了姊妹会、七姐会等其他的群众组织，对团结妇女、宣传妇女工作，也起了很好的作用。

……

抗战初期的地下交通①

陈　文

我是1938年3月参队的，开始是在张高科那个队，六月，由张高科介绍我参党。八月作县委交通员，负责走东宝边区工委（书记张如）和东莞中心县委（书记姚永光）之间的交通线路（即大坪、嶂阁、梅塘一带）。日本仔在大亚湾登陆后，东莞抗日武装队伍集结在苦草洞整训时，我当交通班班长，后当侦察员（班长是卢克敏）。

1938年12月，中心县委调整了领导成员，张如任书记，袁鉴文当组织部长，我当县委交通员，沟通县委与各区的联系。当时，同我联系的有：梅塘陈庆南，大朗祁瑞和，大岭山黄佳、张英，莞太线王锦枝，水乡刘妈及博下张申，部队方面的有何与成。

1939年我负责白沙、厚街、桥头这几个交通情报点，时约两三个月左右。这年四月至七月，我在厚街、桥头一带发展了一批抗日大同盟的盟员，并在这一基础上建立交通情报站，计有：双岗（△△△）、涌口（黄天锡）、白沙（谢梅史）、沙塘（叶德世、叶居）、桥头（陈筹、陈锡其）、厚街（王次光），赤岭（一个教师△△△），都是先哪［吸］收他们参加抗日大同盟，后布置他们搞情报工作的。

……

1942年下半年（约七八月间），东莞分两线组织，陈铭炎是二线组织的县委书记。我当时是水乡区的特派员（驻在石碣袁屋基，以教书为掩护），与温塘支部（袁仲、袁蔚霞）、潢涌支部（△△△）、道滘（卢华）、

① 收录于傅泽铭主编：《永远的心碑——厚街革命斗争纪实》，广东人民出版社，2006年，第232–234页。

大埗（祝耀棠）、小亭（林牛尾）、道滘（凤凰九的侄哥）、东莞（邮电局地下党员陈贵深）等人联系。二线组织均适应当时群众的思想和习惯，以灰色的面目出现，通过兄弟会、姊妹会、长生会、夜校等阵地来联系群众，宣传党的政策。在党员和盟员中，是单线联系。有布置学习，先是学习《大家团结报》，后是学习《前进报》，还组织学习过“分散隐蔽，精蓄力量，等待时机”和《论持久战》、《抗日民主新阶段》等有关文章。

陈铭炎当时住在温塘，我们两个月才联系一次。一直至1943年春夏间，日本仔打通粤汉线后，一、二线才重新合并。

（李泽霖、岑诒立访问于中山，岑诒立记录整理）

解放战争时期香港五金行业的女工组织和斗争回顾①

陈　英　冯树棠　刘光荣　等

1949年以前港九五金行业多数是小型厂，小业主雇请十几名工人，自己当老板又当师傅。三四百人的中型厂有中南表带厂、大中钉厂、康元制罐厂、美国永备公司。千人以上的大厂有南针电筒厂、光宇气灯厂。这些厂中女工占大多数。工人的劳动强度大，每天工作长达十多小时，每天工资只有1元至1元3角左右。设备陈旧，有些冲床因长年使用已破旧，时常出现冲床掣动不灵，造成事故。

1947年夏我们先筹建成立港九五金姐妹会。它的宗旨是：改善工人生活，要求增加工资，反对无理解雇工人，为受伤职工争取合理解决伤后待遇，保障人身安全，团结广大女工。

永备厂刘洁云、黄丽娟、伍淑仪三人首先组织了港九五金姐妹会，后来李小英参加该会。她们在厂里会同原东江纵队队员吕少梅等发动一些参加了进步歌咏团的女工，并通过夜校联系了南针电筒厂等九间厂的女工。1947年旧历7月初7女工拜七姐会的时候，她们在永备厂女工冼群家里聚会，讨论组织一个更大的姐妹会，将大家团结起来，共同反对压在女工头上的各种枷锁，保障女工基本权益。当晚就选出刘洁云、李少英、陈绮薇、钟福娣、黄丽娟、霍运莲等人为筹委。该会筹备不久，为了加强力量，聘请了陈瑛为书记（文书）。

为了让更多厂的职工参加五金姐妹会，筹委会在中秋节，借用树胶工

① 收录于广东妇女运动历史资料编纂委员会编印：《香港妇女运动资料汇编（1937年—1949年）》，1994年，第182–186页。

会天台召开月光会，邀请很多群众参加，用浅而易懂的语言讲解团结就是力量的道理，激发大家的入会热情。通过拜七姐和月光会等活动，使入会的人数不断增加。我们发展会员时，注意首先发展老工人，再带动其他人入会。远东铅笔厂先发展该厂表现好的老工人入会，然后在她的影响下，青年工人也踊跃入会。我们还利用业余时间到一些无会员的工厂去，走访那里的职工家庭，动员她们入会。

开始由于没有经费，我们就在青山道一个居民家中租用一个厅，因陋就简摆张写字台办公，以这里作为会址，向港英政府劳工处注册，将五金姐妹会的招牌挂起来。不久，我们参加港九工会联合会，从此，我们得到工联［合］[①]会及海员工会、妇织工会、树胶工会的关心和支持。

港九五金姐妹会在1947年旧历7月初7开始筹建，同年11月正式成立，主席李少英，1948年3、4月间李离港后由刘洁云接任，副主席钟福娣。姐妹会召开成立大会时，特意邀请了香港政府劳工处副处长苏云（英国人）参加并讲话。我们这样做是为了让职工知道五金姐妹会是合法机构，增强职工的信心，为今后解决劳资纠纷创造条件。

为了适应形势发展的需要，我们还根据香港区的五金行业大都设在筲箕湾、铜锣湾、湾仔等地的情况，将工人人数比较多的大中钉厂、大中针厂、中南电筒厂、中南表带厂、如英白铁五金厂、康无制罐厂、光华电珠厂分成几个片，分别由苏佩贤、欧洁贞、谭驹、黄仁、叶惠美等分头联络，发展会员。经过半年多的时间，会员迅速发展到500多人。1949年8月，借树胶工会的天台，举行香港区五金会员大会，选举黄瑞仪、傅慧明、钟福娣、林美娱、黄仁、苏佩贤为筹委委员，黄瑞仪为筹委主任。

为了团结港九五金行业广大职工并从华人机器工会争取工人群众，改变只局限女工参加的姐妹会，我们又着手推动成立港九五金工业总工会。这项工作并不是一帆风顺的，当时灯泡工会正处于瘫痪状态，有些人要求并入玻璃工会（国民党工会）。我们通过有关方面和该会书记（文书）黎

---

① 原文无，根据文意补充。——编者注

朗声一起，与灯泡行业的积极分子做工作。经过多次的争取，于1948年11月两会合并成立港九五金工业总工会，选出主席刘洁云，副主席陈绮薇、朱宗，委员13人，其中女委员10人。港九五金行业总工会成立大会借树胶工会会址召开，有100多间厂的几百名会员参加。总工会成立后，陈瑛因事辞去书记一职，由张自珍、赖北河二人先后接替该职。总工会成立后，我们发动了一场建会活动，采用一元钱抽奖活动的方式，筹集资金，租用北河街34号三楼作为工会会址，通过这一活动我们又吸收了一批新会员。

港九五金姐妹会及港九五金总工会在两年的时间里所做的工作，主要有以下几个方面：

一、维护工人的基本利益。由于五金行业的小厂较多，设备陈旧，常发生轧断职工手指等工伤事故。1948年安亚电筒厂的一位女工，因冲床掣动失灵，不幸轧断手指，即被资方开除。五金姐妹会派出刘洁云同志与资方交涉，经过斗争，资方见我们态度坚决，慑于工会组织的力量，被迫接受要求，不开除那位女工，其工伤期间工资照发，全部医药费由资方负责。这些典型事例，启发教育了工人，使其懂得要争取自身的合法利益，就要团结起来参加工会。光宇汽灯厂是个拥有上千职工的大厂，1948年淡季资方开除90名女工，五金姐妹会经研究派出刘洁云及该厂两名代表与资方进行交涉，资方态度较强硬。因为这是间大厂，这次反解雇斗争的成败，关系到能够团结争取其他厂职工入会问题。经过一个多月的斗争和反复交涉，最后迫使资方采用轮休的方式，使几十名女工免遭被解雇之厄运。斗争的胜利，使工人们真正认识到姐妹会是帮工人讲话的，于是她们纷纷要求入会，有问题都喜欢找工会解决，从而使我们的队伍不断发展壮大。

二、领导工人为增加工资改善福利待遇而斗争。当时，五金行业女工收入很低，每天工作十三四小时，工资只有一元钱，最高也不过1元3角。1948年我们发动了一些厂的工人起来要求增加工资。邓芬记五金厂、远东铅笔厂、永备厂、灯泡行业、中南表带厂等，这些工厂经工会派人及选出代表与资方进行谈判，全都取得胜利。如邓芬记五金厂女工从早上七时干到晚上七时，每天只有一元工资。1948 年春，我们准备发动该厂十几人站出来要求增加工资，但老板的态度很强硬，有些女工怕被开除，对要求增加工资缺乏信心，后来我们选一位老工人为代表，通过她来发动工人群众齐心协力与老板进行斗争。经过多次谈判，老板见工人齐心团结，态度坚决，被迫每人每天增加 3 角钱。这次斗争的胜利，对五金行业其他厂的工人影响很大，工人们更加信任工会。

三、从政治上、经济上支持“摩总”及“劳校”的斗争。1948 年底，港九摩托总工会属下的各行业要求加薪而开展罢工斗争，我们闻讯后迅速召集五金行业各厂代表开会动员，使大家明确支援兄弟行业罢工斗争的重要意义。五金工人虽然工资较低，但听说支援兄弟行业的罢工斗争，便节衣缩食纷纷捐献。

我们在劳工子弟促进会的领导下，还开办了十多间劳工子弟学校，会员收学费 5 元，非会员收学费 15 元，每年劳校以卖花募集经费，我们则派积极分子参加义卖活动。当时远东铅笔厂陈丽娟等七八名工人专门请事假，手拿鲜花上街劝卖支持劳校。1948 年香港政府用各种藉［借］口想要取缔劳校，我们港九五金工业总工会主席与港九工联会属下的其他工会一起向港督请愿，经交涉取得了胜利。

四、为内地的解放战争培养和输送人才。我们开展各种宣传活动，采取多种形式寓教育于娱乐之中，如职工读书班、歌咏班、时事讲座等，进行爱国主义教育。当时有不少女工非常关心国内的解放战争形势，我们抓住这一时机，进行宣传教育，培养骨干。广州解放前夕，我们港九五金行业共有 52 人被输送回东江教导营，她们告别了亲人离开家，为迎接新中国的诞生，踏上了新的征程。

（以上内容是根据陈瑛、冯树棠、刘克荣[①]等同志提供的材料整理）

---

① 原文如此，无法查证准确人名。——编者注

血染梧桐山（节选）①

蔡伟强

……

这场血战，独立小队牺牲了二十多名战士，日本鬼子也付出了伤亡三十多人的代价。在战场上，他们只抓到五名赤手空拳的卫生员、炊事员、通讯员和弹药手。敌人恼羞成怒，将这五名队员押回深圳，严刑拷打，一周后，这五位同志在一个风雨的夜晚，撬开牢门，逃回了盐田，向大队领导汇报了战斗经过。当时只有十八岁的女卫生员王月仙（东莞厚街人，现离休）后来回忆说，她是第四个逃出牢房的，当时，大家都跑散了，因天色已亮，她只好躲到一家老百姓的柴房里，用稻草遮挡，直到晚上才出来，向着梧桐山方向走去，半路遭到伪联防队的盘查，差点又落入魔掌，幸得一位老大娘在旁相救，对伪联防队员说："大家都是中国人，放了她吧！"脱身后，王月仙在老百姓的帮助下回到盐田，重归队伍。

……

① 收录于蔡伟强编著：《抗日战争中的东江纵队》，广东人民出版社，2015 年，第 244—251 页。

港九大队交通工作概况（节选）①

蔡仲敏　李　坤

……

活跃在敌人心脏的交通员

由于港九地位的重要，日军对它的控制和封锁就非常严密，除了在各区设立区役所，派驻日军和军犬，设立特务队外，还在市区和各重要区镇、乡村密布哨卡，近海地区派出巡逻艇，分割封锁。因此，港九地区的交通工作和内地又有不同的特点。港九大队成立后，为了冲破日军的封锁，也根据这些不同的特点，在各区、乡、村设立交通点、站，建立严密的交通网线。港九交通员肩负的任务也因此更加艰辛和危险。他们的年龄虽小，大多数是十三四岁的男女青少年，但都怀着坚定的信心，靠两条腿走路，带着文件、药品、物资等，化装成各种人物，活跃在敌人心脏，穿插于敌人封锁线，勇敢地完成各项任务。

……

交通工作十分艰苦，还有严格的纪律。交通员对文件、情报的各种符号及送达单位的代号、地址必须牢牢记住，经常还要单独行动。因为交通员不仅是游击队尖兵，而且又是情报侦察员。所以，敌人最恨交通员，当捉到我们交通员时，总是施以各种酷刑，企图得到有关游击队情况，这样，就有一些交通员被捕后宁死不屈而牺牲。1943 年的“三·三”事件中，小交通员铁沙梨只身和敌人拼搏，以致身负重伤。1944 年 2 月，敌人

---

① 收录于中共宝安县委党史办公室编：《回顾东纵交通工作》，广东人民出版社，1987 年，第 67–74 页。

“扫荡”元朗区，小交通员张金福牺牲，汤仔被捕后遭受严刑致残。水上队交通员何根和石十五负责一条交通船，一次执行任务时，在南澳港内被突然而来的敌人汽艇拦截，他俩被绑在交通船舱底下放火烧死。市区中队交通站亚四和义务交通员冯芝在一次送传单回中队时被捕，敌人使用了电刑逼供。冯芝虽已年高达61岁，仍然坚贞不屈，最后惨遭杀害。小交通员沈扬在一次由大埔区带送一位民运队员到“扫荡区”，途经林村至十八乡山坳碰上日军“扫荡”，不幸被捕，受尽酷刑，但他始终没有暴露自己的身份和部队的情况，日军因找不到证据，后经当地“白皮红心”的村长担保，才将他释放。

为了安全地完成任务，交通员携带文件和情报，有许多方法是创造性的，就是各施其法，藏得越密越好，有的将情报卷得比一支香烟还小，必要时用树叶包着，遇到敌人时丢在地上也看不见，有时还可将情报吞进肚子里。出入敌占区市内的交通员每次都要通过几道岗哨，不仅带信件，有时带物资药品，经常要改头换面，以不同身份的人物出现，避过敌人搜查。一次，市区中队的交通员伍娇挑着一担青菜，乘菜艇由茶里岭到湾仔。小艇刚要靠岸时，只见日军、印警、宪查站在岸上。这时她的菜担里藏着一大捆《前进报》，但她不慌不忙，让别人先走。人们上岸后排成队，伍娇故意放慢脚步走在后面。那些伪宪查用铁枝插进每担菜里，一连插了七八担而一无所获，怕麻烦了，便不再查看。伍娇一直是镇定自若，毫无惧色，终于顺利地通过了检查。

……

交通员在执行任务中，得到了港九新界人民的大力支持。许多群众成为我们的耳目，发现敌情立即来报告。我们的交通站能够在敌强我弱的形势下与敌周旋，并生存、壮大起来，离不开群众的帮助和支援。1944年，在敌人的大包围中，各地群众组织了儿童团、姐妹团，参加送信、送物资活动。当时，大队部设在大浪湾的海边山洞里，对面可见海上日军炮艇巡逻，赤径姐妹团每天晚上走着崎岖的山路，到大队部送信、送粮食，毫不害怕。牛头角淘化大同罐头厂工友也经常协助送药品、物资到坑口。沙头角乌蛟藤的乡长，在敌人的严刑中不暴露部队住址，而被敌人活活打死。

港九大队的交通站，一直坚持到日军宣布投降，才随同部队一起撤离港九地区，完成了历史使命。

女卫生员梁通浴血沙场①

邓　英

梁通，原名曾风通，广东省东莞县石排区曾屋村人。小时候由于家庭贫穷，姐妹众多，父母将她卖给茶山区梁屋村一户梁姓人家做养女，改名梁通。她于一九四四年一月参加革命，同年六七月在东莞县马嘶圩一次战斗中英勇牺牲。

梁通十多岁时，我东江纵队游击队经常在她家乡活动，宣传抗日救国的革命道理。梁通受到了教育，认识到民族要解放、妇女要翻身，就要参加革命队伍，拿起武器，同敌人战斗。一九四四年一月，她不顾家庭的阻挠，不怕社会言论的压力，不怕掉脑袋的危险，参加了东江纵队铁东大队，在卢照、张包为队长的江虎队当卫生员。她入伍不久就多次参加战斗，在战场上出生入死地抢救伤员，不怕苦、不怕死，受到战友们的称赞。

一九四四年六七月间的一个晚上，梁通跟随部队出击，同占据东莞县马嘶圩的日伪军展开激烈的战斗。敌人受到我游击队的突然袭击，伤亡惨重，其残余部队退缩到圩里头一座当铺楼阁，倚仗着坚固的建筑、作垂死的挣扎。敌人居高临下不断地用猛烈的机关枪火力，封锁我游击队的进攻通道。为了彻底消灭这股顽敌，谢阳光大队长命令我江虎队派出班长游成，带领小分队从小路冲杀进去。当时，梁通紧跟着冲锋队伍抢救伤员。在快要接近当铺楼阁的地方，游成等数人中弹负伤，倒在血泊之中。梁通眼看着战友一个个倒下，心中怒火燃烧，她正要冲上前去抢救，几个

① 收录于中共东莞县委党史研究小组办公室、中共东莞县委党史资料征集小组办公室编：《东莞烽火》第七册，广东省东莞县印刷厂，1985年，第178—179页。

同志拉住她说：“敌人火力太猛，冲过去太危险！”梁通同志两眼含着泪水、激动地回答：“同志们流血牺牲，我是个卫生员，怎能不去抢救伤员呢？敌人杀我战友之仇，怎能不报呢？”她挣脱战友的手，跃进到游成身旁，立即背起他就走。就在这时候，敌人打来一阵机关枪，梁通脚部中弹负伤站立不住，同伤员一起摔倒在地上。敌人的机枪继续向着她（他）们扫射。梁通身上多处中弹，鲜血染红了衣裳。为了战斗的胜利，她咬紧牙关，忍着疼痛，使出最后的气力，撑起上身拾起游成身边一支手提机关枪，对着敌人楼阁的枪眼，哒！哒！哒！喷射出一排复仇的子弹，当场把敌人的机枪打成哑巴。就在这一杀［刹］那，队伍立即发起冲锋，杀进了村子，打垮了敌人。英雄的卫生员梁通和游成等同志却牺牲在马嘶圩的土地上了。

梁通同志在战斗最激烈的时刻挺身而出抢救战友，直到生命的最后一刻，还举着枪向敌人射击，为战斗的胜利作出了贡献。她的英雄行为激励着我继续战斗，人们永远怀念着巾帼英雄梁通同志。

一九八三年十月十三日

写于广州儿童医院

我们的医务所长周文①

邓　英

一九四四年三月初，我参加东江纵队不几天，组织上把我分配到第二支队铁东大队医务所工作。当时医务所有八九个同志，都是刚参加革命的十六七岁的农村姑娘，唯有所长周文年纪稍大，约莫二十二三岁，革命经历稍长，革命道理比我们懂得多；她有医疗技术知识，又有文化知识；对同志和蔼可亲，热情诚恳，我们很敬重她，称她为“大家姐”。

医务所没有政治工作人员，也没有事务长，全所的医疗工作、政治工作和生活管理都由周文一人挑起来。她不知疲倦地忘我劳动，带领大家克服了缺医、缺药又缺粮的一道道难关，治愈了一批又一批伤病员，还手把手地培养了好几个卫生人员，把她们输送到战斗连队去。

一九四四年春夏之交，盘踞在东莞城、石龙镇和企石圩的日本鬼子和伪军倾巢而出，对我东莞游击区进行疯狂的大“扫荡”。我铁东大队在反“扫荡”斗争中，战斗非常残酷，生活十分艰苦，伤病员迅速增加。医务所跟随部队行动，越来越困难。大队领导同志根据这一情况，指示周文把医务所隐蔽在铁罗坑附近的一个密林里，为伤病员进行治疗。密林背靠大山，树木蔽天，落叶铺地，终日雾气弥漫。密林深处，有几间泥墙的房子，原来是农民存放柴草的地方，现在已经破烂不堪。我们来到破房子跟前，周文对大家说：“不要嫌这房子破烂。我们收拾收拾，它就是很好的病房。”于是，大家一齐动手，把房子里里外外打扫干净，燃起杂草，熏了一阵烟，又在泥地上洒上“拉苏水”消毒，再垫上一层稻草和茅草作床

① 收录于中共东莞县委党史研究小组办公室、中共东莞县委党史资料征集小组办公室编：《东莞烽火》第三册，1983年，第209–211页。

铺。就这样，一所“密林医院”建立起来了，也就是从这一天开始，周文带领全所同志度过了一段艰难的日子。

首先碰到的就是缺乏药物。敌人在周围村子里布下了封锁网，别说我们手上没有钱，即使有钱也无法到圩镇去买药。面对困难，周文没有发愁，也不气绥［馁］，她带头上山采草药，代替西药治病治伤。对大热症病人，我们采集地胆头、崩大碗熬成汤药，服用效果也好；治伤没有夹板，周文教我们用竹片代用；伤员用过的棉花、纱布、绷带，周文不嫌腥臭，洗刷干净，用铁锅蒸煮，消毒后重新利用。

在艰难困苦的日子里，周文对每个伤病员都怀着革命战友的深情，日夜细心护理。有个姓黄的战士患肺炎，发烧达四十度，神智昏迷，病情严重，周文就同我俩人搬进小病房，夜里睡在病人旁边，随时观察病情，给病人做冷敷，喂水喂药，倒屎倒尿。部队在战斗中，有些伤员无法送到我们的“密林医院”来，只得分散隐蔽在老百姓家里，由医务所派人去给他们治伤。我们的周所长夜间背起药箱，踏着朦胧的月色，有时冒着雷鸣闪电、滂沱大雨，走过一村又一村，跑几十里路，为住在群众家里的伤员换药、治疗。为了不暴露目标，黎明前又得赶回密林驻地。

使我特别难忘的是，中队长张苞负伤后，隐蔽在石排曾屋村老百姓家里。我跟随周所长在夜间从医务所出发，走过尸骨遍地的荒山野岭，使刚到游击队的我吓得心惊胆颤，手脚发抖，紧紧地拉住周文，不敢回头一望。周文却那样镇静、不慌不忙对我说：“世界上没有什么鬼，不要怕。说不定那白骨都是穷苦人病死、饿死，或者是被杀害，没有人埋葬，才尸骨满地的。”她的话使我安定下来。后来几次走过这个地方，我的胆子就大了。

俗语说：“山边雨，水边风。”密林里空气冷，尤其是深夜时分，冷气袭人，难于入睡。我们只好缩成一团，在那儿打哆嗦。有什么办法呢！我们都没有御寒的冬衣，更没有棉被，只有从自己家里带来的两件单衣，一条部队发给的是缴获日本鬼子的毡子。周文很会出主意，她教我们两三人合成一组，把毡子重叠起来盖，大家挤着互相取暖。就这样，我们不知熬过了多少个寒夜。

我们的医务所，又是培训卫生员的课堂。周文既当医生，又当教员。她耐心地、严格地教我们学战伤救护技术，学部队的卫生知识，学一般的护理常识。如采取学习与实践相结合的方法，让我们去给伤病员打针、换药、包扎伤口，做各种各样的治疗。我们那一样做得不好，她就把着手一遍两遍地教。由于她的教育和帮助，我们在短短的两三个月里，初步掌握了护理工作和抢救伤员的知识，成为她工作上的有力助手。后来我们被分配到战斗连队，一个个都是能干的卫生员。

火线上的白衣战士[①]

邓　英

红磨岭上的血与火

1944年秋，我刚从东江纵队第二支队河东大队医务所调到驻扎在东莞企石圩附近一个村庄的张苞中队当卫生员。一天下午，我正在民房里向战士们学机关枪瞄准，被中队长张苞发现了，他走来批评我：“你是个卫生员，用不着你拿枪打仗，你学瞄准干什么？”我觉得中队长的批评不客观，愤愤地说：“当卫生员也要上战场，学会使用武器，不但可以自卫，说不定那一天也需要我卫生员拿枪同敌人拼呢。”正同中队长争辩之间，忽见大队通讯员跑来，传达大队长黄锡良的紧急命令：发现国民党顽军徐东来部二三百人，沿东江河企石圩方向逼来，但敌人的具体去向和企图还没有弄清，中队当即做好战斗准备。

中队长立即布置战斗任务，霎时整个中队气氛紧张起来，同志们马上收拾背包，擦拭武器，检查弹药，个个精神振奋。中队长命令一、二排迅速登上村后山头，占领阵地，三排留在村庄左侧的树林里，准备伏击敌人。过了一会，敌人果然大摇大摆向村子走来。待靠近我伏击圈时，张苞中队长左右手的快制驳壳枪双枪齐发，打响了战斗的第一枪。“同志们，打呀！”一声令下，机关枪、步枪猛烈射击。敌人当场死的死，伤的伤，乱作一团，四散奔逃。一股敌人很快抢占了村庄对面的红磨岭，以山头作掩护，架起机枪，封锁道路，同我中队一、二排对打起来。战斗持续到天黑，敌人死死守住红磨岭，不敢下来，只在山上瞎打枪。我们中队抓紧时

---

① 收录于陈一民主编：《南北征战录》，广东经济出版社，1998年，第290—296页。

间休息、做饭吃。我和一位战士用床板把一位牺牲的同志抬到后山掩埋了。又护送三名伤员往大队医务所，见到周文所长。她对我格外亲切，问长问短，嘱咐我："打仗要沉着，救护伤员要细心。"还给我补充一些救伤药物。我受到鼓励，激动地对周所长说："我保证不丢下一个伤员，请所长放心。"

晚上十时左右，大队长黄锡良亲自来到我们中队布置战斗任务，他要中队组织一个小分队，袭击红磨岭敌人。中队长张苞马上要一排长陈联带领三十余人出发。村里民兵也搬来两门古老的火药炮助战。这时我想到，战斗中总会有流血牺牲，需要卫生员去救护，便主动向中队长提出，跟随小分队出发。中队长不相信我这个又矮又小的黄毛丫头，竟说："你别去拖累人家了。"我感到委屈说："卫生员不上前线救护伤员，干什么！你们瞧不起我，把我调走好了。"中队指导员听我这么说，微笑着走过来说："难怪有人说你像个小伙子，真有点孩子气呀。别生气了，我同意你跟小分队去打仗。"我立即背起药箱、夹板，快步跟上小分队。天很黑，小分队沿着崎岖小路，悄悄地摸到红磨岭半山腰。排长陈联下令暂停前进，队伍隐蔽在树林里，不许说话、不许抽烟，提防被敌人发现。他派出一个小组，上山侦察敌情。深夜，整座山头一片寂静，我们以为敌人夜里偷偷溜掉了。一会儿，发现敌阵地上有哨兵游动，证明敌人还在。

掌握情况后，陈排长指挥大家开始行动，叫我留在原地，等候接受伤员，不要跟大家上火线。我明知这是陈排长看我是女同志，照顾我，但我心里感到憋气，便冲着排长说："我怕死就不来参加革命了，用不着人家照顾。"

陈排长一时火起，生气地说："打仗要死人的，这里不是开玩笑的地方。"

有什么办法呢？我只好站在原地，眼睁睁看着同志们冲上敌人阵地。突然，山上响起一阵枪声。我正想偷偷爬上去看个究竟，这时枪声更加猛烈，手榴弹爆炸声轰轰作响，火光冲起，敌人的阵地闹腾起来了。我更加心急如焚，觉得再不能在此地等待了，于是背起药箱，冲上山去。半路上见到姓张的小鬼，原来他手部负伤，鲜血直流，我赶忙拉他到一个小山丘旁，替他包扎止血，又让他坐到树林里休息。我叫他把步枪借给我，怎么动员他也不肯。他说："等一会伤口不流血，我还要上去参加战斗。"正说着，又有七八个负伤的同志来到我的身旁。轻伤员自己走来，重伤员被战友背下来，有的来不及包扎，就闭上眼睛牺牲了。一时看到这么多伤员和牺牲的战友，我心情紧张起来，手脚有点忙乱。好在这时山上枪声渐渐渐疏了，战斗暂时停顿下来。忽然有人惊叫："卫生员！卫生员！排长受伤了，快来呀！"

我马上背起药箱跑去，见到陈排长躺在地上，头部、胸部多处中弹，血流如注，伤势十分严重，已经昏厥过去。我进行紧急抢救，给他包止血带，注射止血针和强心针。忙乱之间，突然一颗手榴弹滚到我们身旁，幸亏战士小曾发现，一个箭步上去，把手榴弹踢出十多米远，轰隆一声爆炸了。大家不约而同地称赞小曾机智勇敢。可是陈排长仍然紧闭眼睛不说话，我使劲地摇晃他，连声喊："排长！排长！"陈排长没有睁开眼，他已经牺牲了。我眼泪涟涟，喃喃地说："刚才我们还吵架呢，你现在为什么不说话啊！"同志们也在一旁哭泣，痛悼这位未满二十岁的热情可亲的排长。过一会，有个班长说："光悲伤有什么用，赶快将排长背回中队部吧。"送走陈排长的遗体，我们十多人仍然握紧手中枪，准备再同敌人较量。

冷风阵阵吹来，阵地上鸦雀无声，寂静得有点恐怖。不久，中队通讯员来传达中队长的命令：天亮前，全体同志撤出红磨岭。我打发能行走的伤员先行撤下山去，不能行走的由两位体力好的战友轮流背着走。一路上，我又困又累，疲惫不堪，深一脚浅一脚走着，突然身子一歪，摔到一条水沟里去，挣扎半天才爬起来，全身湿漉漉，几乎站不稳了。有的同志来拉我，有的见我这副狼狈模样，打趣地说："卫生员变成落汤鸡了。"

回到中队部，天蒙蒙亮，只见中队长张苞［包］裹着几张毯子，蹲在一角，全身发抖，牙齿咯咯响，话都说不出来。看来，他的疟疾又发作了。我心想，一排长牺牲，三排长负伤，中队长又病得这么严重，中队怎能坚持战斗呢？真叫人发愁。这时中队已接到上级通知，叫部队不要同敌人硬拼，黎明前撤出战斗，出发到大刁村，向江南指挥部靠拢。

攻打伪军巢穴

1945 年春，张苞中队整编，我调到另一个连队当卫生员。调动的当天黄昏，我还来不及弄清连长、指导员的姓名，连队就接受包围东莞塘尾村伪军的任务。我跟着一个轻机枪班，去封锁敌人的炮楼。在班长带领下，我们悄悄地摸到敌人据点附近的竹林地，选好地形，架起机枪。一切布置好，已是深夜了。四周黑沉沉，同志们困极了，坐下就打瞌睡。不久，部队发起攻击，四面枪声大作。我们的机枪也喷出一串火舌，射向敌炮楼的枪眼。部队很快突破敌阵地，但敌人退缩到炮楼里，倚托坚固的墙壁，负隅顽抗。敌人的机枪、冲锋枪居高临下，不断向我们射来。

我们攻不下敌炮楼，战斗呈现胶着状态。天刚刚放亮，敌人发现了我们的机枪位置，集中火力打了过来。子弹在我们头顶飕飕［嗖嗖］地飞过，周围竹林哗啦啦乱响，我们简直抬不起头来。机枪班几个同志先后中弹负伤，两人当场牺牲，只剩下一个副射手，紧紧握住机枪扳机。我伏在他身旁，帮他传递子弹。正在这时，敌炮楼射来一颗子弹，不偏不倚击中他的头部，把颅顶骨打掉一块，露出脑膜来。他当场昏倒，血流不止。我立即给他敷止血药，包扎好，想把他搬到一个隐蔽地方。可是他身材高大，我出尽气力也搬不动，只好让他躺在我身旁。过了十多分钟，突然有三个敌人冲到阵地前面，大喊大叫："捉老模呀！""捉老模呀！"（当地人称我们游击队叫"老模"）眼看敌人冲到跟前了，我把心一横，使劲握住轻机枪把，也不知怎样瞄准，只枪口对着敌人，一扣扳机，嗒嗒嗒！一串子弹射了出去。一个敌人竟被我打中，当场倒在地上打滚，其余两个敌人吓破了胆，夹着尾巴逃了回去。直到太阳渐渐升高，连部派人来通知，我和负伤的同志才一起撤到另一个阵地。

这场战斗打到下午三点多钟，我们摧毁了塘尾村伪军的据点，把伪军头目家中的粮食、被服分给老百姓，宰了他家的猪、牛、鸡、鹅，同志们痛痛快快吃了一顿饱饭。这时，盘踞石龙镇的日军前来增援伪军，我们又同日军打了一仗。

松木山突围

塘尾战斗之后，我们连队从路东转移到路西，合并到第二支队银星大队祁兴连。我和莫平同志是该连卫生员。

1945 年初夏，我们连队奉命深入到东莞水乡和宝安一带，组织小分队开展活动。一天，连队接到上级紧急指示，去执行一项战斗任务。队伍黄昏出发，爬山涉水，到深夜二时许，到达松木山脚下一个小村庄，只见村里所有人家都被日军和汉奸、伪军洗劫一空。为了不惊动老百姓，连队就在村前晒谷坪露宿。哨兵派出去后，炊事员忙着做饭。我和莫平分头到各班检查病员，给战士们挑脚泡。我做完这些工作，刚刚躺下闭上眼睛，蒙胧［眬］欲睡时，突然从村庄后边山上射来一串串枪弹，原来日军已经偷偷摸摸地把我们连包围了。

战士们从梦中惊醒，慌乱中无法集合起队伍，各人朝村前一片树林冲杀出去。顿时，机枪声、步枪声夹杂着日军哇啦哇啦的喊叫声响成一片，子弹铺天盖地扫射过来。我和五六个同志从村子左侧的一条小路突围，一边还击一边奔跑。路上，两个同志中弹牺牲，三个同志受了伤。我和伤员仍不顾一切往前跑，想逃脱敌人的火力网。跑过一段路，忽见前面一条小河挡住去路。蹚水过去吗？不知水有多深，只好沿着河边寻找道路。河边尽是烂泥杂草，我们深一脚浅一脚地走了许久，感到精疲力竭，就在一个小土堆坐下来。我立刻给伤员包扎伤口，有两个伤势较轻的伤员，包扎好后我叫他俩赶快冲出去找队伍；还有个战士伤势很重，股骨、股动脉都被打断了，由于出血太多，已神志昏迷，行动不得。这时天色微明，枪声渐渐停止了，我估计我们连队已经冲出敌人的包围圈。这里只有我和一个重伤员，前面看不见自己的队伍，后面怕敌人追上来。我想背起伤员走，可他个头不小，而且要蹚水过河，怎么行动呢？我多么盼望有同志来找我们，帮我把伤员背过河去。但是时间不等人，天快要亮了，我担心被敌人发觉，便使出全身气力，两次背起伤员，可两次都摔倒在地。我万分焦急，几乎哭出声来。伤员同志有了知觉了，他看我这个样子，断断续续地说："卫生员，你赶快走吧，我不行了，不要管我，你不走，两个人都没命了……"

听了伤员的话，我心里更加难过，热泪涌了出来。我想自己是卫生员，在这生死关头，绝不能把战友丢下。我鼓起勇气，把身上背的挂的所有东西，连同心爱的药箱，通通丢掉，用力背起伤员，一步一步朝河边走去，想找个水浅的地方过河。烂泥陷脚，杂草又绊脚，我不知摔倒了多少次，直到确实背不动了，我就扶着伤员，用膝盖跪地，慢慢爬行。大约爬了五十米远，我的膝盖皮磨破了，疼痛难忍，想稍为停一下，忽然发现伤员双手低垂，停止了呼吸。我赶紧将他放下，紧张地呼唤他，他已不会回答我的呼叫，闭上眼睛牺牲了。我只好含着眼泪，将烈士尸体隐蔽在草丛中，准备找到队伍后再来安葬。随后，我拼命蹚过河去。

这时，太阳升起来了。我拖着蹒跚的脚步，走近一个村子，看到连队的几个同志，一时我激动得说不出话，竟在他们面前放声大哭起来。

在淮海战场的日日夜夜①

邓 英

一九四八年十一月六日，党中央和毛主席作出伟大的战略决策，发动了威震中外的淮海战役，历时六十多天，全歼国民党军队主力五十多万人。战役进行中，我跟随两广纵队一团一营打了一仗又一仗，经历了许多难忘的日日夜夜。

淮海战役刚开始，我华东野战军主力在徐州以东的碾庄地区包围了国民党黄伯［百］韬兵团。我两广纵队配合兄弟部队，从徐州以西越过陇海路，到达萧县地区布置防线，准备阻击从徐州突围之敌。我们一团一营抢占津浦路堡三车站附近的白虎山一带之后，立即挖战壕、筑掩体、修碉堡，准备在这里同敌人打一场恶仗，不让敌人从我们阵地上溜走一兵一卒。我当时是营部的医助，要和连队卫生员并肩战斗，完成全营的战场救护任务。每一次部队打仗前夕，上级卫生部门都再三交代，要从困难着想，做好战场救护的一切准备。这次淮海战役打响之前，纵队卫生处、团卫生队更是反复强调，我们的战场救护工作一定要从打大仗、打恶仗和连续作战去做好准备。眼下一场恶仗就要来临了，我总觉得自己肩上责任重大，心情久久不能平静，便跨出战壕，到附近的连队找卫生员，了解一下战场救护准备工作的落实情况。我走过一个一个山头，只见连队同志挥动着铁锹、镐头，紧张地修筑工事。纵队司令部的干部和文工团的女同志也来帮着挖战壕、扛木头。人人脸上呈现着坚定、沉着的神色。我走到一连一排阵地前沿，有个战士大声喊道：“卫生员，给我们唱个歌吧！一、二，

① 收录于广东省妇女运动历史资料编纂委员会东江组编：《南粤红棉——东纵女战士》，1983年，第187—197页。

唱！”连队同志见到我们女同志，都爱这样逗乐的。我说：“我不会唱歌，今天我是来看你们工事修得怎么样，救急包带在身上了吗，战场自救常识学会没有？”战士们七嘴八舌地回答：“嘿，我们的工事修得可坚固了，五百磅炸弹也炸不垮。我们是铁打的身子，子弹打不死的。”接着是一阵欢快的笑声。为了战斗的胜利，我们的战士付出多大的劳动，他们又是多么乐观啊！

这天下午，不远处响起一阵激烈的枪炮声。傍晚传来消息说，敌人已经突破兄弟团队的阵地，正向我们一团防区背后迂回过来。我们团奉命立即转移到纱帽山阻击敌人。夜里敌人不敢出动，只是盲目地打冷炮。第二天，天刚蒙蒙亮，敌人开始了猛烈的进攻。霎时间，炮弹一连串在我们阵地四围爆炸，一阵阵巨响震耳欲聋。接着，好几架敌机轮番俯冲扫射、投弹，硝烟弥漫了天空，连山头都颤动起来。然后，敌人步兵在密集机枪火力掩护下，密密麻麻地压了过来。战斗激烈地展开了。我立即背起药箱，钻出掩体，沿交通壕走到前沿阵地。眼前，战士们个个满身尘土，双手紧握步枪、冲锋枪、机关枪，眼睛瞪着前方，等待指挥员下达命令。敌人靠近了，一百米、五十米、四十米、三十米……，“打”！随着一声大喊，我们的火力象旋风般扫过去，手榴弹在敌群里开花，顿时敌人死的死、伤的伤，乱喊乱叫，掉转头往山下跑。就这样连续打垮敌人三四次冲锋。离我们阵地不远，躺着几十具敌人的尸体。各连有十多名战士受伤，我和连队卫生员迅速为伤员包扎好就送走了。大约十点钟时，敌人又发起一轮冲锋。我看到敌群中有几个当官模样的，拿着手枪督战，逼当兵的象疯狗般冲来。战斗越来越激烈了。敌炮火铺天盖地落在我们阵地上，各连伤亡不断增多。战斗到十一时左右，团长彭沃同志命令我营撤下山来。营长张新同志布置一连连长赖小武同志带少数兵力留在山上掩护。就在这时，敌人冲上我们的阵地，一连同志与敌人展开肉搏战。连长赖小武胸部中弹，负重伤倒在地上，血流如涌［注］。我和高来同志马上把他抢下火线，用绷带裹紧伤口，叫担架员抬着下山。走到山腰，我回头张望，看见一群敌兵嚎［号］叫着爬上山顶，我们好几个同志倒下牺牲了。我心中怒火燃烧，正想返身上山顶去抢救，忽然我看到有个同志举起冒烟的手榴弹冲入敌群，一刹那，火光迸裂，爆炸声和敌兵惨叫声混成一片。少倾［顷］黑烟散开了，可是我再也看不见这个战友的影子了。我忍不住泪水淋淋，飞快地奔下山，赶上队伍。后来听营长说，这个在紧要关头拉响手榴弹与敌人同归于尽的同志，是东江纵队北撤的老战士曾发仔，他牺牲时不满十七岁。我们的英雄战士曾发仔，童音未改就当了东江抗日游击队的“小鬼”，在极端艰苦的环境中出生入死，锻炼成为一名共产党员。今天，他为了解放战争的胜利，不惜粉身碎骨，他牺牲得多么壮烈！他的形象多么高大！我暗暗下定决心，一定要学习曾发仔的榜样，为救死扶伤不惜献出自己的一切。

当天晚上，我们一团转移到芦村寨。我们走进村子一看，家家户户房门洞开，屋舍空空的，老百姓躲避战火早已跑光了，满目荒凉。芦村寨村前村后全是平地，右侧山峦起伏。二团据守在山上，我们一团扼守村子前沿。部队进入阵地后，战士们不顾白天战斗的疲劳，借着星光，刨开冻得硬梆梆［邦邦］的土层，修筑交通壕和掩体。我和担架班的同志也挖了几个防炮洞，准备作为火线包扎所。时至午夜，原野上一片死寂，寒气袭人。敌占村庄偶尔升起一两颗照明弹，天空闪亮一下又被黑暗吞没了。我和同志们都知道，战场上的这种寂静，往往是一场恶仗的先兆。果然，当黎明的曙光刚刚露头，敌人就发动了非常猛烈的炮击。一排排炮弹倾泻在我们阵地上，象阵阵巨雷，大地在抖动，黑烟在翻滚。敌机也一早就钻出云端，把一串串炸弹投下来，炸弹爆炸过后，平地出现了一个个象房屋那么大的弹坑。整个芦村寨在燃烧、在崩塌，整个阵地被烈焰和浓烟所笼罩。很显然，敌人企图用大量的钢铁摧毁我们的防御，迅速从这里冲破一道缺口，夺路南逃。但是敌人没有料到，横在他们面前的却是一堵坚不可摧的钢铁城墙。我们一团全体指战员坚决执行纵队首长的命令，老早就抱定与阵地共存亡的决心，准备钉在这里同敌人决一死战。过一会，敌坦克喷射着火焰轰轰隆隆开过来了，敌步兵裹着密集火力气势汹汹冲过来了。我刚走出防炮洞，就听到有个指挥员洪亮的喊声：“同志们，大家沉着，等敌人靠近了再打。人在阵地在！来吧！”随着一声令下，我们的步枪、机枪、手榴弹如暴风骤雨般卷了过去，打倒敌人一大片。然而敌人拼死挣扎，一次冲锋被打退，二次冲锋接踵而来。我们的前沿阵地得而复失、失而复得好多次。在火与血的拼杀中，战士们表现了大无畏的革命英雄主义气魄。有的战士同敌人拼刺刀，刺刀戳弯了，就用枪托、手榴弹砸敌人的脑袋，最后同敌人扭打而壮烈牺牲；有的战士双目失明，耳朵震聋，腰椎折断，仍然趴在战壕里装子弹、呼口号，不肯离开阵地。有的班和排，几乎人人头上、手臂都缠着绷带，个个脸上都沾满泥和血，但没有一个人后退一步。只有我们党教育出来的革命军人，才有这种打不垮、摧不毁的精神呀！我们营机炮连一个六零炮班被敌炮弹击中，当场二人牺牲、二人重伤。炮排长是一个台湾籍同志，当过战斗模范，他双手双脚被炸断，血肉模糊。我跑过去扶起他，给他上了止血带和夹板，因为伤势太重，没等到放上担架他就牺牲了。这位年轻的排长临死前面容坚毅，神志清醒，他象喊口号似地说：“革命快胜利了，要记得为阶级兄弟报仇！打倒国民党，解放全中国！”在这样连死都不怕的战士面前，我没有流泪，没有悲伤，心中只激起对他无比的惋惜和崇高的敬意。有个战士双目被炮弹炸瞎，满脸鲜血，他坐在战壕里，还在替战友揭手榴弹盖。我把他背起来，沿着交通壕走了十多步，他挣扎着说：“卫生员，你不要背我，我‘革命到底’①了，你去救护别的同志吧。”这声音多么熟悉啊！它使我想起一九四五年在广东东莞松木山的一次战斗。那时我们连队遭到日本鬼子袭击，突围战斗中，我和一个伤员被冲散了。夜里，我背着伤员跌跌撞撞地走着，他也是用微弱的声音对我说：“卫生员，我不行了，你放下我，自己去找部队吧。”不多久他就牺牲在我的背上了。一南一北，两个革命战士在生命的最后时刻，说的是同样一句话：“不要管我！”这声音感人肺腑，催人泪下，更激励着人们去为革命赴汤蹈火。

坚守芦村寨的战斗日以继夜地进行着。敌人连续对我们阵地猛烈炮

---

① 当时同志们常把个人牺牲说成“革命到底”。——原书注

击，然后又是步兵轮番冲锋。每次进攻都被我们打下去。战斗越激烈、越残酷，同志们打得越英勇、越顽强。可是，部队伤亡越来越多了。我深感我们白衣战士救死扶伤的责任越来越重。我忘却一切。那里战斗最激烈，我就奋不顾身地往那里跑。战斗一间隙，伤员不断送到我的防炮洞来。我不分是哪个单位的，见到伤员就包扎。我全身沾满了伤员的血。战斗开始时同我一起工作的两个卫生员负伤下火线了，最后只剩下我一个人救护伤员。战斗到第三天，我的救伤药物全用光了。没有绷带，我用裹腿布代替；没有夹板，我到附近捡些棍棒、树枝代用；没有急救包，我爬到敌尸身上去捡回来。我只要有一口气，就得千方百计给伤员包扎好伤口。我们担架班的同志已经伤亡一大半，剩下老张和老农两人，最后抬伤员下火线被敌机炸中，连同伤员一起牺牲了。我们的炊事员送饭来阵地时，也被敌人机枪、炮弹打死，最后一天没有人给我们送饭送水了。苦战竟日的战士嘴唇干裂了，肚子饿扁了，没有谁叫一声苦。伤员们流了血滴水不进，更是痛苦万分，也没有谁说一句怨言。同志们坚韧不拔的精神鼓励着我、鞭策着我。三天三夜，我几乎没有合上一眼，没有坐下来休息一会，不是抢救伤员，就是和高来同志一起把牺牲同志的遗体抬去掩埋。整天没有饭吃，没有水喝，我全忘记了。我心里只有对敌人满腔的怒火，要替牺牲的同志报仇。

芦村寨战斗的最后一天，我们营部通讯员负伤的负伤，牺牲的牺牲，只剩符昆同志一人，实在应付不了频繁的通讯任务。一回，营长张新同志和教导员曹洪同志正在聚精会神地看地图，营长突然想起什么，喊道：“通讯员！通讯员！”可是，通讯员一个也不在。我立即走上前说：“通讯员执行任务去了。营长有什么任务，交给我吧。”营长抬头看我一眼，微微一笑，犹豫起来。我随着补充说：“请相信我会完成任务的。”营长马上答应，叫我找到团指挥部，向团首长报告，我们营的弹药快完了，要求立即补充。我放下药箱，紧束腰带，背起冲锋枪，跨出战壕，快步跑过敌火封锁的开阔地，再穿过成了一片废墟的芦村寨。敌人炮弹打来，我一听到头顶上“飕飕飕［嗖嗖嗖］”的尖叫声，就立刻卧倒，炮弹一爆炸，又马上跃起奔跑。跑到芦村寨村后，很快找到团部，一问，团长彭沃同志、政委郑少康同志正在掩蔽部里。我喜出望外，走进指挥部喊一声："团长、政委，张营长叫我来报告我们营的战斗情况，要求补充弹药。"团长和政委顿时用惊讶的目光看着我，同声问道："你们营的通讯员呢？"我嘴唇颤动了一下，说不出话来，眼泪差点夺眶而出。彭团长立即安慰我："哦！知道了，你们打得很苦，打得很英勇，要坚持下去。"临走时，郑政委拍拍我的肩膀，关切地说："敌人炮火打得厉害，你是女同志，通过开阔地要小心呀！"我带着团首长的嘱咐，冒着炮火跑回营部向营长传达。以后还来回跑了三四趟，给我们营长当战地通讯员。

就在芦村寨战斗最后一天的夜里，我们营几个连队弹药打光了，机关枪、六零炮打坏了，工事大多被打平了，人员伤亡一大半，情况十分危急。我最后一次奉营长的命令，跑到团指挥部向团首长报告这一情况。彭团长叫我转告张营长：无论多大牺牲，战斗到最后一个人，也要守住阵地！这时候，我们营部连营长、教导员、一个文书、一个通讯员和我，一共剩下五个人。营长命令每人留下一个手榴弹，准备拂晓敌人进攻时，最后与敌人同归于尽，其余的武器全部送给连队使用。我身上背的一支美式冲锋枪，是伤员同志留给我用的，也被拿走了。我心想，这该是我"革命到底"的时刻了，也是我经受战火的最后一次考验了。我心里不断重复着表达所有同志共同心声的一句口号"流尽最后一滴血，与阵地共存亡！"此刻正是黎明前的黑暗，天空飘起了阵阵雪花，肃杀的北风刺人皮肤。但我全身热血涌上心头，情绪亢奋，面颊发烧，丝毫没有寒意。恰在这时，我看到一个团部通讯员带着两位同志穿过交通壕，走进我们营部的掩体。几分钟后，营长告诉我们，我华东野战军主力已经在碾庄全部歼灭了国民党黄伯［百］韬兵团，马上回师赶来增援我们。刚才两位兄弟部队的作战参谋，是来同我们研究反击敌人的作战计划的。啊，我们眼巴巴盼望着的华野主力来到了！消息传开，阵地上立刻欢腾起来。我高兴得眼泪止不住漱漱［簌簌］往下掉。芦村寨呀芦村寨！我们在这里浴血奋战了三天三夜，始终没有后退一步，没有放过一个敌人，现在我们终于胜利地完成上级交给的任务了，怎能不叫人热泪盈眶呢！眼看就要进行反击，替牺牲的战友们报仇，突然敌人又发起进攻，炮火一阵阵轰击我们的阵地和增援的兄弟部队。我们心里明白，这是敌人覆灭前的一次挣扎罢了。为了配合增援部队进入阵地，我们营在撤离阵地之前，组织兵力向敌人反击。战士们把憋了几天的怒火迸发出来，个个象猛虎下山一般向敌人扑去。教导员曹洪跃出工事，振臂高喊："同志们冲啊，向敌人讨还血债，替牺牲的同志报仇啊！"高亢的口号声，鼓动着大家奋勇冲杀。我背起药箱跟着往前冲。霎时，教导员右手中弹负伤，一个班长中弹倒地。我立即跑去为他们包扎止血。教导员负伤不下火线，继续指挥战斗。我们的同志在一片机枪射击声、手榴弹爆炸声和呐喊声中，硬是把进攻的敌人反击下去了。

当太阳从地平线升起之后，我们一营奉命撤出芦村寨阵地，来到山边休息。可是，我还来不及仔细查看一下伤员，部队马上又投入了追歼敌人的战斗。这一天，从徐州出来的三十多万敌人突围不成，全线溃败，向西南方向逃走。我各路大军紧紧追赶。大路旁、田野上，到处是敌人扔下的汽车、大炮、枪支和一箱箱的物资，到处是七歪八斜躺倒的敌尸，到处是垂头丧气坐在路旁等待收容的俘虏，还有不少身披皮袄、脚穿高跟鞋的国民党官太太，披头散发坐在地上啼啼哭哭。我和同志们对她们投以鄙夷的目光，便急速地朝着前方响起枪炮声的村庄走去。午后，太阳格外火红，空气变得暖和和的。我心中充满胜利的喜悦，几天几夜苦战的疲劳好象一扫而光了。"同志们，快追呀！多抓俘虏多缴枪！"政工人员的鼓动口号，更催人加快脚步。黄昏，我们进入一个村庄。我和一个炊事员走到一间屋子，发现敌人留下好几包面粉，锅里还煮着热水，火苗还没有熄灭。看来敌人来不及吃饭，就闻风逃跑了。我正想和炊事员一起做饭给同志们吃，忽听得门外有人喊："这屋里有敌人，快来抓呀！"我立刻持枪奔出，炊事员同志急忙拿起扁担尾随而来。原来有几个敌人残兵缩进一间屋子，房门紧闭。我把枪口对准房门，厉声喊道："你们跑不了啦，快出来投降吧！我们解放军优待俘虏。"喊了几声，门嘎嘎地开了，四个敌兵把枪放在地上，举着手走了出来。我一时高兴，用广东白话对炊事员说："把他们带去，给他们点饭吃。”两个俘虏听到我的话音，面带笑容给我敬个礼，操着白话口音说：“长官，我们也是广东人，是被他们拉壮丁来当兵的。现在我们解放了，多蒙长官照顾照顾。”我点点头。是啊，我们要解放所有的劳苦大众，我们要打回广东老家去，我们要解放全中国，这个日子快要到来了！

经过几天几夜的追击，我各路大军最后在安徽永城东北的陈官庄附近，将国民党三个兵团三十多万人团团围住。我们一营在河南商丘费楼村度过一九四八年的除夕。深夜，我和营部几个同志兴奋得睡不着觉，大家走出掩蔽部，极目眺望，原野上一派银装素裹，天空中照明弹、信号弹、曳光弹此起彼落，红色、蓝色、白色的闪光辉映着漫天飞舞的雪花，分外壮观。就在这包围敌人的阵地上，我们迎来了一九四九年元旦，迎来了淮海战役的伟大胜利。

回忆港九妇女教育服务团①

邓　俭　等

港九妇女教育服务团，是抗战期间从1937年至1941年12月，中共领导下一个以女工为主要基础的香港妇女青年救亡团体。

港九妇女教育服务团是在1938年春成立的，租用了九龙城启新学校作为活动场地，邓俭是主要负责人。由于形势的发展，妇教团的活动也象其它青年救亡团体一样，为了更好地开展女工工作，组织了一个以学文化为主的女工组织“姐妹团”。这个团的活动一直到太平洋战争爆发。他们坚持以识字班为主要活动形式，进行女工教育。有时也采取一些民间节日活动，如七姐会等，去团结广大女工群众。姐妹团主要负责人是邓清，还有妇教团骨干协助工作。

1938年“三八”节，香港各界举行纪念大会，港九妇女教育团参加大会的筹备会。纪念大会在香港利舞台召开时，邓俭代表女工参加大会主席团。

1939年夏季，党组织要求妇教团发展到200人，并由香港学生赈济会和女学团调来何琼、卢莹、黎秀琼到妇教团工作，以加强力量。妇教团的领导机构更健全了，设正副团长。正团长由党支书何琼担任，副团长由组织委员黎秀琼担任。下设几个部门，教育部由宣传委员卢莹担任，研究部由中华书局女工骨干何家仪担任，文娱部由中华书局女工邱惠兰担任。当时办有国语班、歌咏班、戏剧班，经常举行座谈会、故事会等活动，宣传党的抗战方针政策。如节日和纪念日联合九龙城兄弟团体到附近农村宣

---

① 收录于广东妇女运动历史资料编纂委员会编印：《香港妇女运动资料汇编（1937年—1949年）》，1994年，第48—51页。

传和募捐演出，为革命武装募集捐款。

1939 年春节，妇教团发动淘化大同厂女工签名，要求资方发放年终双薪。该厂男工每年都有一个月的双薪，但女工都没有。为了教育工人，争取男女同工同酬，淘化大同厂女工集体向资方提出要求，限三天内答复，否则停止工作。慑于工人的团结力量，到了第三天上午，资方同意工人的要求，发放了三天年终双薪。到了 1940 年，工人再一次向资方提出今年的年终双薪要发一个星期（七天）。工人的合理要求和所显示的团结力量，资本家最后也不能不接受。

1939 年秋，保安实业公司一位男工伤砸断了手指，竟被资方以不能工作为由开除出厂。工人群众自发起来罢工斗争，反对资方无理开除工人，最后发展到采取绝食行动。当时妇教团知道后，立即进行支援。用慰问形式筹集了财物，派卢莹同志以妇教团的名义去慰问，表示支持。并发动邻近工厂的工人支援慰问，提高他们的信心和勇气。由于后来形势发生不利变化，该厂资方狡猾地利用工人中的地域观念，并施加经济压力，分化工人队伍，港英当局又出动警察干预，把女工赶出厂，加上没有党的直接领导，使斗争未取得成功。但在支援斗争过程中，教育了工人，也启发了妇教团成员的认识。

1939 年 8 月，中华书局资方意图解雇一批工人，该厂工会立即采取行动，针对工人工资很低，难以维持一家生活，发动工人向资方提出，要求加薪，保障生活。中华书局工会组织较强，有党组织的直接领导。斗争展开后，斗争也很艰苦。妇教团也像其它兄弟团体一样，以精神和物质支援。因为同在九龙城地区，该厂很多女工也参加妇教团活动，因此党支部决定把罢工期间女工和工人家属部份工作分担起来。妇教团为中华书局工会传播信息，动员社会力量支援，协助工会组成中华书局歌咏团，动员兄弟团体参加，和女工一起活动。同时也组织女工到妇教团活动，为工会进行鼓动教育。党支部也从中华书局女工中培养积极分子，扩大党的力量。

妇教团在宣传党的方针政策中，教育工人，培养骨干，并向革命武装输送干部。在太平洋战争前，于 1938 年送邓英华（邓织）、易焕兰同志到东江游击队，1939 年又送蔡冰如同志参加部队。1940 年邓俭、何琼也分别调到广东南路工作。1940 年底，妇教团集股组织消费合作社，开设姐妹商店，由卢莹同志负责，1941 年 3 月该店交由黎秀琼同志负责，并将它改为交通站。

1941 年以后，由于国内外的政治形势发生很大变化，我党在香港地区的工作形式和内容也有所转变。各救亡团体改变了过去大张旗鼓的方式，加强团体内部和彼此间的团结，更隐蔽更深入地去教育和组织工人群众，积蓄力量。妇教团当时工作主要由张婉华同志负责，把力量集中在姐妹团，以文化教育的识字班去组织教育群众，直到太平洋战争爆发。港九沦陷后，张婉华等骨干分子坚持留守到最后，部分妇教团团员调到内地参加武装斗争、开展群众工作，如张婉华、邓清、黎秀琼等。

（参加回忆的同志还有张婉华、官平、卢莹、邓清、何琼、透秀琼）

香港厦门淘化大同有限公司罐头厂女工工作的回忆①

1987 年 7 月 20 日

邓　俭　等

抗日战争爆发后，港九人民群众特别是学生和工人，抗日救国热情高涨。中共香港市委派了干部深入劳动群众中开展工作。当时曾珍（曾莉芳）、王彦芝两位女同志深入到厦门淘化大同罐头厂做女工工作，周伯明同志到该厂做男工工作。该厂男工 100 多人，女工以临时计件工为主，在生产旺季达 1000 人，女工占全厂职工中的多数。在该厂工人中吸收的第一个中共党员黄丽珍也是女工。1938 年 9 月底建立了党支部，委员 3 人中，女的就占 2 人。当时，9 个中共党员，女党员有 6 人。

淘化大同罐头厂在香港九龙城牛头角（即启德飞机场附近），到该厂开展工作的中共地下党员曾珍、王彦芝都很年轻，约 20 岁左右。她俩不怕路途远，注意到工厂上下班的时间，设法接近下班的女工队伍。因为上下班路远，工人们中午在工厂吃饭，下午 5 时下班才回家。她俩就随着女工下班的人群，在步行回家路上 40 至 50 分钟时间里谈家常，问女工们的工作和生活情况，接触多次，彼此熟悉了，有时就跟着工人回家。邓俭住在九龙城衙前围道，她俩就跟到她家里，真象老朋友一样。她们进一步启发工人们读书识字，在星期天组织工人们旅行。为了同工人打成一片，还向女工借衣服穿，同她们一齐去旅行。有时还约男工到钻石山，玩打仗，用布包白粉为子弹，投到哪个人身上，哪个人就算被打倒了。在山上还搞野餐等活动。促进了不同车间的工人和男女工人之间的团结和交往。过去

① 收录于广东妇女运动历史资料编纂委员会编印：《香港妇女运动资料汇编（1937 年—1949 年）》，1994 年，第 58-61 页。

汕头地区来的女工和香港地区的女工之间经常吵架打架，经过参加活动做工作，彼此增强了团结。当时，参加活动的男女工友年岁小的不到20岁，大的超过30岁。经过多次接触，她们同工人建立了感情，谈话的语言就容易接近了。她们就进一步启发工人们读书识字，逐步引导女工关心政治，介绍她们看《子夜》、《西行漫记》等文艺作品，讲在苏联工人怎样当主人，不受剥削，组织革命节日集合活动，讲节日的来源和意义，如“三八”妇女节、“五一”劳动节、“五四”青年节和孙中山先生诞辰的纪念活动等，使女工们认识到人的贫与富的根源不是生出来的命运决定，而是受资产阶级剥削所造成的。在此基础上，她们在工厂女工中组织起读书小组，争取中午饭后用15分钟组织读报或讲故事。

通过上述活动，启发了女工们为改善自己的地位和权益而斗争的觉悟。过去女工在厂里连吃饭、休息的地方也没有，中午饭是自己早上从家里带回厂，到中午吃饭时已冻了，而且蹲在地上端着吃，连凳子和桌子都没有。每次读报以后，女工常在一起交谈，大家你一言，我一语，提出要厂方解决用蒸汽为女工中午蒸饭和建女工饭堂（男工早已有饭堂用餐，在写字楼休息）。女工所受得对待太不合理了，女工被剥削得太凄惨了。1938年第三季度，女工们推选了代表——其中有党员黄丽珍——向厂方总工头提出要求，很快得到了解决。每天上午10时，厂方就开蒸汽，专门为工人按时蒸饭菜。饭堂问题也在同年9月间解决了，饭堂光线好，又通风，内设长桌子和长凳子。女工们中午可以在饭堂吃饭、开会、唱歌、休息。从此党员在群众中威信更高了，她们讲话都得到女工的支持。港九妇女教育服务团参加1939年“三八”妇女节在香港利舞台举行的纪念大会，大会主席团设港九女工代表一名，由淘化大同罐头厂女工邓俭担任。

1939年第一季度，又进一步宣传争取男女同工同酬。工厂里男工历年都有年终一个月双薪，而女工一分钱也没有。在农历春节前，为了维护广大女工的利益，向女工宣传要求厂方给女工发年终双薪。考虑到要争取胜利，又不损害男工的利益，取得男工的支持，并使厂方容易接受，各车间女工一致同意发三天年终双薪的要求，多数女工签上自己的名字在申请书后面，要求厂方第三天的中午前答复，否则全厂女工停工。就在限期最后那天上午 11 时左右，厂方同意了工人们的要求。消息传来，不仅女工高兴，男工也为女工的胜利而高兴。1940 年春节前，又照样提出提高到发一个星期的年终双薪。厂方看到了工人的力量，也知道她们同东江游击队有来往，所以第二次要求也获得厂方答应，工人取得了第二次要求年终双薪的胜利。过去每到星期六发工资，就有一部份女工担心会被开除，工人们组织起来后，女工的工作比较稳定，厂方不敢随便开除工人，女工们生活条件得到改善，大家开始相信中国共产党而不信命运。

在这两年的时间里，我们的工作主要是宣传抗日战争的形势，有时晚上还组织少数男女工往香港听廖承志同志讲抗日民族统一战线，向女工宣传抗日持久战和论新阶段等抗日书藉［籍］。还进行了保卫大广东的演出，宣传日本帝国主义侵占了东三省的暴行，当时邓织（即邓英华）参加演出，演出前曾珍同志也到场，她还教邓俭演出前讲的话。接着，党组织动员了工友参加东江游击队。1938 年 10 月第一批参加东江游击队的，有党支部书记蔡顺法（即蔡国梁）和陈志贤等男同志，还有女工邓织、易焕兰，1939 年还有蔡冰如等参加东江游击队。到香港被日本帝国主义侵占时，该厂女工参加东江游击队的有黄丽珍、邓清两同志，邓清还把妹妹邓志坚和弟弟邓仲勤教发动了参加东江纵队港九大队去了。邓俭于 1940 年 6 月也调广东南路工作。日本投降后两广纵队北撤，淘化大同罐头厂蔡国梁、陈志贤、易焕兰、邓俭等 4 人参加北撤，其中女同志有 2 名。

在厂里不仅动员参军工作，还在 1939 年到 1940 年两次春节，组织工人往坪山慰问东江游击队。有的同志还积极参加港九妇女教育服务团的组建工作，温瑞清和黄丽珍、邓俭 3 位女工晚上还承担识字班工作，讲战时课本。1940 年底，邓武和黄丽珍为了适应当时的形势，又承担组建九龙城姐妹团工作，以后当了姐妹团的领导。她们支持中华书局工人罢工斗争，还去慰问邻厂保安防毒面具厂工人的罢工斗争。

香港厦门淘化大同罐头厂女工工作开展得比较好，其原因是有我党的领导。

我在东江纵队电台工作的经历（节选）①

戴 机

1938 年惠宝人民抗日游击总队（东江纵队的前身）在惠阳坪山驻守。当时由党中央从延安派人来南方建立的电台有八路军桂林办事处电台、粤北广东省委秘密电台、江西省委秘密电台、南委（闽西南特委）秘密电台、香港八路军办事处即廖办秘密电台和海南岛冯白驹独立队电台，共 6 个电台。也许是由于惠宝抗日游击总队地理上接近香港，传达信息比较容易，或者是战略地位没有上述单位重要，延安没有派人来惠宝游击总队，只是给了联络的波长、呼号、时间和密码，所以惠宝游击总队的电台要靠自己的力量去建立。

一、初次建立电台

三十年代的短波无线电通信是一种新兴事业，学这种专业的人并不多，这种人工资待遇很高，比一般工人高三倍到十倍，若不是共产党党员，一般人不会到游击队工作。

1939 年 5 月，惠宝人民抗日游击总队改为第四战区第三游击纵队新编大队，名义上用的是国民党军队的番号，实际上是中国共产党领导的部队。这年秋天，新编大队开始在坪山谷仓下村的一个榨油房建立电台。直接领导这项工作的是梁鸿钧，他是延安派来的红军干部，负责东江的军事工作。电台的支部书记是王彦芝，她一方面学习，一方面负责管理电台人员和一个侦通班。电台的人员除了我以外还有刘先生、吴镜波和两位来学

① 收录于中共宝安县委党史办公室编：《回顾东纵电台工作》，广东人民出版社，1989 年，第 20–31 页。

习的女同志王春红、谭淑贞。刘先生是天津人，他的名字没有人知道，其实此人当时只有 19 岁，是搞业余无线电的，不是党员也不是部队的成员，好象是请来的一位客人。吴镜波是从泰国回来的青年党员，又是业余无线电的爱好者。我参加革命前学过无线电专业，但没有实践经验。侦通班有钟金涛、陈玉麒、王天锡、王铁良、谢发等人，管理伙食的是王雅宜，保管密码的是阮群英。

……

1940 年 3 月，国民党军企图围攻新编大队，新编大队向东突围，在平政打了一场遭遇战，笨重的机器不能再带，由钟金涛和谢发把一部电台掩蔽在平政后面的大山里。我们背着一部小电台随军行动。后来在高潭水口又打了一仗，部队处境更为艰难，把小电台也掩蔽了。我和吴镜波编在连队当兵，刘先生被送去香港，王彦芝和那几位女同志掩蔽在山里，后来也转移去香港。到 1940 年秋天，新编大队和第二大队合并，从东向西转移准备到敌后，当时共有 107 人，我随部队行军到小三洲时奉命调去香港工作。至此，新编大队的电台工作就告一段落。

二、再次建立电台

1941 年 12 月，日军攻占了香港。原在香港廖办的几个电台的工作人员和机要人员撤退回重庆，其中一部分同志经过东江游击区，这些同志有搞机要工作的康一民夫妇和搞电台工作的刘澄清夫妇。而我则是由申光同志指派回游击队工作的，同行的还有原游击队的江群好和香港的地下党员伦永谦。我们 3 人原是同在廖办的一个电台工作，回到东江游击队时，刘澄清等同志已先到一步，正在动手安装机器。当时的器材主要是原在香港电台工作的同志把机器拆成零件运回来的。另一部分是部队热心的同志从四面八方收集来的，比较复杂，凡是和电有关的零件都送来，如医疗电器、仪器、家用电器，甚至一根导线，都认真地、郑重其事地送缴司令部。虽然这些东西多数并不合用，但体现出同志们对电台工作的热情支持和希望。

当时部队的名称叫广东人民抗日游击总队，总队司令是梁鸿钧，政委是林平。省委书记张文彬适从香港撤退，经过游击区布置工作，电台直接由他管辖。在比较困难的环境下，我们大家动手把机器安装起来，用原香港电台的呼号、波长呼叫，并抄收新华社和中央社的新闻及路透社、合众社的英文电讯。经过一段时间的努力，1942 年 1 月下旬的一个晚上，在宝安县甘坑的一个山沟里，由刘澄清用他工作过的呼号接通了同延安的联络。原来游击队并无电台，在当时也没有听说要建立电台的安排，没有本身的波长、呼号，只因事起仓促，日军突然攻占香港，在特定的机遇之下，把原在香港工作的电台关系“转移”过来了。和延安联络上之后，跟着和粤北省委电台、南委（闽西南）电台也沟通了联络。海南岛的电台因在 1941 年 6 月已丢失了，所以无法联络。至此，原来廖办电台的联络关系又全部恢复，当然游击队不能代替廖办，只是在这个基础上建立自己的电台罢了。不久，康一民夫妇和刘澄清的妻子带着女儿继续撤去重庆。

1942 年 2 月 1 日，张文彬、林平、梁鸿钧、刘澄清和我等几个人开会，由张文彬宣布成立电台，刘澄清为机要科长，负责译电和兼做电台工作，我为台长。因为当时能上机工作的只有刘和我，江群好正在见习，伦永谦和新调来的潘雪琼正在学习，而译电的只有刘澄清一人，刘又要上机又要翻译密码，工作相当辛苦；对游击队电台的建立，刘的贡献甚大。

1942 年 3 月，国民党军两个师进入宝安，企图消灭我们游击队，游击队作大运动转移，张文彬因要去粤北省委，当即把电台交林平直接管理。在战斗频繁、敌强我弱的环境下，电台跟着部队是无法工作的，于是把笨重的多余的器材分散掩蔽，其中一部分器材掩蔽在光头仔村，后因该村保长陈白玉投敌而丢失。我和江群好携带电台的机器跟着邱伯寿去水径村他的婶母家里掩蔽，并在她家的闲房里挖个坑把机器埋藏好；这些都由邱伯寿一手操办。刘澄清则去香港新界勘探能安放电台的地方。新界是我们港九大队的活动地区，香港日军顾不上，国民党顽军又不敢去，如果保密工作做得好，就可以有个安定的工作环境。

……

1943 年广东大旱，老百姓连粥都吃不上。因为没有饭吃，国民党顽军和伪军都没有大的军事行动。日军的主要兵力分布在南洋，在坪山一带局面相对平静。游击队每人每日发四两米，只能吃粥。电台人员因要值夜班，每人加一斤番薯，算是最大的优待。这一优待连省委领导同志都没有。

大约在 4 月初，省委开会的同志都陆续离开，我们派了陈英、何太、潘雪琼 3 人带一部收报机随杨康华、王作尧去东莞，专门抄收新闻，作为建立新闻台的尝试。

三、电台进入发展时期

1943 年夏天，省委领导同志连贯、饶彰风、谭天度等以及我们电台迁去比较安全的后方大鹏半岛。在换了几处地方之后，最后选定在鹅公角山上的只有三家人的小村大山田落脚。自从省委会议以后，东江游击队有了较大的发展，除了各县的地方大队之外，还建立了主力部队和海上大队。珠江、南路、粤中的武装也有相应的发展。因此电台的发展工作亦提到议事日程。电台除了联络之外，另设一部收报机专门抄收新闻。《前进报》亦在靠近我们的地方出版。上级又从宝安大队调梁葆葆到电台学习。当时学员都是用带徒弟的办法单个教的，先后有潘雪琼、何太、韩继元、梁葆葆、陈△△、邹顺平等 6 人调来学习。1943 年 12 月 2 日，东江纵队宣告成立。原在南委电台工作的王强同志亦辗转到东纵电台工作。1944 年春节过后，又从惠阳大队调来丘海生，港九大队调来张婉玲、余绿波，中山（珠纵）调来吴文辉和李子芬总共 5 个人，正式开办第一期报务训练班。跟着电台又和省委一起搬到山下西涌的西贡村，由原任粤北省委秘书长的陈志华担任电台政委，杜襟南任机要科长。陈志华是二十年代入党的老同志，经验丰富，作风正派，受到电台同志的爱戴！

1944 年夏天，东江纵队日益发展壮大，省委从大鹏半岛搬到土洋，我们电台亦随行。后因土洋联络情况不甚理想，电台单独搬回大鹏半岛的油草棚。电台这时又增加了来自香港的张础、文星辉，来自粤北省委电台的赖仰高和来自国民党后方的何子良。张、文两人是机务人员，有丰富的实践经验；赖、何两人任过电台台长，报务工作娴熟。这些同志的到来，加强了东纵电台的力量，为后来东纵无线电通信工作的发展打下了可靠的基础。就在这个时候，我们又开办了第二期报务训练班，参加学习的有卢侃、戴昌华、卢毅、黄作材、李文、伍惠珍、黄楚珊、文键、刘宛、杨碧群、陈伦、梁冰玲等 12 人，训练班主任张础，文星辉、赖仰高、何子良、王强等负责教学工作。

电台增加到六七十人，除原有的人员外，丘特所带的原省委的警卫队跟我们在一起；还有一位副官欧香，原是从美国回来的华侨飞行员，因游击队没有飞机，就派他去收税，后来调来电台管给养。部队北撤后，他留在香港，后来病逝了。

电台处于发展时期，除了举办两期训练班外，还派出伦永谦、吴文辉、余绿波、李子芬去珠江纵队建立电台，派出何子良去南路解放军建立电台。

……

四、协助美军建立电台

1944 年夏天，一位叫欧戴义的美国人领着一位姓唐的中国报务员，携带一部电台、一挺轻机枪、一支卡宾枪、一支手枪来到沙鱼涌，自称是十四航空队的联络员，要找东江纵队联系，商讨合作抗日。当时司令部住土洋村，沙鱼涌有我们的公开税站，司令部马上通过电台请示中央，中央批复可以和美方来人联系。欧戴义约四五十岁，曾在湛江当过传教士，他来的目的是想和我们合作，收集日军在香港和广州的情报，以供美军飞机轰炸之用。我们和他合作的条件和方法都是报经中央批准的。东纵为此成立了包括欧戴义和姓唐的报务员在内的一个小组，由黄作梅负责，配备了几个翻译人员，其中吴华有负责替美方电台来往兴宁联系，领取器材和给养。整个小组约有 10 多个人，跟随司令部行动，除了欧戴义和姓唐的报务员外，其他人都是我们派出的。欧戴义负责翻译电报，姓唐的报务员负责拍发。后来我们发现姓唐的报务员替国民党做事，即通知欧戴义将他解雇，由我们负责逮捕。欧戴义请我们支援他，我们派出江群好接替姓唐的报务员的工作，这样，我们就更加放心和美方电台进行合作。后来东纵司令部又成立一个有几十人参加的联络处，由袁庚负责，专门负责供给十四航空队有关日军的情报。这一合作直到日军投降以后，美国人才撤走。在合作期间双方关系是好的，美国方面多次表示，我们提供的情报很准确，加上东纵部队在这期间救过几批美国飞行员，都是经过欧转送回后方，美国人为此给了我们几部电台。

……

难忘的湛江“七·五”事件①

戴　敏

一九四五年七月五日，国民党反动武装在清远县江上四九中心小学，横蛮逮捕我地下党员及进步教师，那时，乌云盖日，腥风血雨的情景，还历历在目，记忆犹新。

一、滙江地下党的斗争

早在抗日战争初期，广州沦陷前后，党组织已派出王磊、梁庄儿、谢永宽等同志，到滙江进行抗日教［救］亡宣传活动，建立党组织和工作点，与当地反动势力展开了长期针锋相对的斗争。皖南事变后，白色恐怖统治下，一九四二年广东省委受到破坏，党组织为了保存实力，决定暂时停止组织活动，指示党员掩蔽下来，等待时机，再开展工作，于是一些党员和进步青年，从城市回到农村，占领教育阵地培育青少年。一九四三年我曾在滙江上四九中心小学任教，一九四四年冬，组织调我到“东纵”干训班学习，还［后］来结业，政治部主任杨康华为了加强从滙县委的力量，在班中抽调曾在滙江工作过的同志回从滙工作。一九四五年春，我又回到滙江上四九中心小学任教，公开身份是群众教师，秘密的职务是从滙县委妇女部长，兼上四九中心支部书记，负责审查和恢复原有党员的组织活动和发展新党员。以后，上四九中心小学，成为地下党的活动中心，附近的各保小学，均有我党员同志任教。

一九四四年，从滙县委利用当时当地有利条件与时机，以“抗日亡，

---

① 收录于肇庆市城区东江纵队粤赣湘边纵队老战士联谊会编：《峥嵘岁月》，2003年，第45—52页。

保家卫国”为号召，通过公开合法的形式，成立了“联胜、联卫、汤塘三乡自卫委员会”，请当地开明人士黄开山担任委员会主任，与当时极端反动的伪滘江抗日指挥所相抗衡。一九四五年初，日寇回撤广州，清远伪县府指使伪滘江区署，解散我地下党领导的“三乡自卫委员会”及其属下的“三乡自卫总队”。当地反动头子朱琼书、黄康平和植镜棠等策划，成立了“滘江军警联合督察处”，公开对付我党的地下活动。

当“东纵”北支、西北支部队北上，路经滘江时，群众沿途设茶水站，夹道欢迎，当晚还在西九圩开晚会，宣传我军是人民子弟兵，是真正的抗日武装队伍，群众异口同声称赞拥护，从此游击队在滘江人民心目中建立了威信，革命声势正如滚滚风雷，反动派非常震惊和惶恐。

上四九中心小学校长黄信明，秘密职务是从滘江[①]县委宣传部长，通过开明人士黄开山的关系任清远伪县府参事，利用这伪职开展工作，教师在他领导下，教学有方，学生思想觉悟提高，在全区学术竞赛中，夺得了各个项目的优秀名次，学校一时名声大振，取得当地群众的好评和信任。反动派怀疑黄信明与地下共产党活动有关，想枪打出头鸟，企图逮捕他，从而破获地下党的组织，扑灭滘江燃起的革命焰火，于是由别动队、挺二陈石大队、伪联防队、伪县府、伪区府等五个单位组织三百多名武装，联合采取行动，从龙山市直奔滘江地下党活动中心上四九中心小学，恶意制造了“七·五”事件。

二、“七·五”事件的经过

一九四五年七月五日中午一时许，全校师生都正在午睡，天气闷热，我午睡难成，便到校舍后座的卫生间沐浴，当我走出卫生间时，见校长黄信明快步如飞奔向后门，我急问他出了什么事，他来不及答我，便跑出去了，我便回教务处去看个究竟。校内到处站满了匪兵，全校学生和教师都校［站］在毗邻的礼堂和教务处，匪兵用枪指着不准走动，校正门还站满

---

① “江”疑为多字。——编者注

了匪兵，我才知道我们已被敌人包围了，想到我的宿舍里有个小藤篋装着油印的《论联合政府》、《论持久战》的小册子，便着校长爱人游少聪借口孩子要上楼替我掩藏，她去了不久，回来告诉我，敌人已捷足先登，不准她上楼。一会儿，一个匪兵拿着小藤篋走来，我想不能让敌人拿小册子作抓人证据，要夺回藤篋擢到尿坑里去。我一个箭步扑上去，把小藤篋夺回，说时迟那时快，八个彪形匪兵围上来与我争夺，我奋勇招架，拳脚交加，那些匪兵见我武术不凡，一时目瞪口呆，接着又扑来与我打斗，还是无法使我就范。他们怎知我早年懂得武术，而且身体健壮。此时，我毫不气馁与敌人拼搰［搏］，大不了是壮烈牺牲。门外闻声进来的匪兵有叫开枪的，有叫不准开枪的，气氛极其紧张，校长的爱人游少聪趁着我和敌人打斗混乱间，机智地避开敌人视线，闪向后门通道撤出去了，我终因寡不敌众，被匪兵推倒在地，小藤篋被敌人夺回，随后把我绑在教务处前面的石柱上，匪兵到处搜索，发现这次长途奔袭逮捕的主要对象黄信明，连同他的妻子游少聪逃脱了，大失所望，互相抱怨。突然一个匪兵吼叫：“体［踢］死黄信明的孩子！”但他们避［遍］寻孩子不获。原来游少聪来不及带走的两岁男孩，学生们把他掩藏保护起来，才免于不幸。跟着匪兵把全校的财物抢劫一空，还强迫全体教师签名，证明他们没有掠夺财物，因免招来更多的麻烦，赶快送走这班瘟神，经济损失是小事，全体教师就办了这个手续。

最后敌人逮捕了郭若芝、冯炳森和我三人，说是带回去审查。当我们走出校门时，才发现对面山坡高地都布满了反动武装，显见敌人是作了战斗部署的。当匪兵押着我们三人走过熟悉的上四九圩场时，群众投以同情的目光。黄、游两同志逃离了魔掌，脱了险。而我们被捕的三个，命运又如何呢？我早有足够的思想准备，为革命斗争流血牺牲是不可避免的。

这次反动派极端野蛮的暴力行动，使当地群众进一步认识其“消极抗日，积极反共”的真面目，激发了群众起来反对“三征”的暴政，并坚信必须武装自己，解放自己的道理。根据上级党的指示，地方党立即组织起“湛江人民抗日义勇大队”，把湛江革命斗争推向一个新的阶段，为解放战争奠定基础。

三、狱中斗争

被捕当晚，敌人把郭若芝、冯炳森和我三人，押到龙山中学，关在一间空置的教室。我一夜未眠，思考着如何对付敌人的审讯。第二天敌人进行审讯，毫无结果，第三天早上，敌人把郭若芝和我，押到龙山审对面河[①]一间独立屋行刑审讯，一看这间布满刑具的小屋，我明白了，敌人不敢在众目睽睽之下迫害革命者，暗设这阴森可怖的刑房来施行见不得人的勾当。原先我为主犯，但行刑审讯首先是郭若芝，看来敌人查对过他在学校里讲义油印的笔迹，认定他是主要犯人，故先下刑审问。约二个钟头左右，郭被拖出来，眼看他避［遍］体鳞伤，我深知他是受重刑折磨了，郭是个进步的群众教师，能经得起这样的考验，是不容易的。接着把我押进去，我想我是个共产党员，更应忍受一切痛苦，铁骨铮铮维护党的秘密，想到我平日活动谨慎，秘密身份没有暴露，敌人抓我，只因为我出手抢夺小藤箧，我已准备好，要与敌人斗个输赢。当我进入满布刑具的“鬼屋”时，只见几个匪兵站着守卫，一个头目坐在桌子中央审我：“你和黄信明是什么关系？他是不是共产党？”我平静地回答：“我与黄信明是一般朋友，上下级关系，他是不是共产党，我不得而知。”头目见我口硬，不禁大怒道：“你这个恶婆，八个男子汉都敢对打，今天给点厉害你尝尝！”一声令下，几个匪兵将我绑在一把木梯上倒竖，向我鼻孔直灌辣椒水，此水冲入气管，喉咙呛刺，呼吸艰难，喘不过气来，头部剧疼，人被倒竖，已难抵受，何况还受灌刑，此时，我体会到郭所受的痛苦。匪兵松了手，头目又问：“你为什么抢夺藤箧？里面是共产党的书，你说你不是共产党？”我理直气壮地回答：“藤箧是校长托我保管的，外面锁着，里面装的是什么我不知道，我以为是贵重物品，校长对我有知遇之恩，因此，我要夺回属于他的财物。”这原是我想好应付的口供，黄信明同志已脱险，

---

① 原文如此。——编者注

我只有这样推托［脱］才能解脱我自己。头目又大怒，下令再行刑，灌辣椒水，这会儿我找到抵抗的窍门，当他们灌辣椒水时，我憋住气，不让辣椒水进入气管，等他们停止灌水时，我就把辣椒水吐出，这样我挺住了。头目一再审问，反反复复，企朋［图］从我口中挤出党的秘密，任凭恶魔施尽伎俩，我都嗤之以鼻，严守机密。我看定了，反动派是输家，我绝对是赢家！我被折磨了两个小时，敌人拿不到把柄，只好松绑放我。如此几天，我和郭若芝轮流受审受刑。据说敌人翻阅冯炳森的一本日记簿，内记有怀疑共产党的字句，敌人认为他不是共产党便释放了。

我和郭若芝囚在龙山市自卫队队部，不拉去审问时，便用木枷锁着双脚。这种木枷原是反动派乡、村政府设的刑具，把粗长的木材制孔，套着人的双脚踝，只能仰卧，不能站坐，我们就整天躺在泥水地上，双脚麻痹，本虱叮咬，痛痒难当。晚上还给我们锁上颈镣。那些交接班看守的匪兵，互相叮嘱：“提防游击队劫狱！看紧那会武术的，她浑身是胆，不要闹出事！”敌人胆怯如鼠，我不禁暗笑。

一九四五年八月，日寇投降的消息传来，敌人对我们审不出任何证据，主管我们案件的别动队，急于下广州去发“洋财”，便把我们交回乡、区、县政府监狱，伪政权没有权处理政治犯，于一九四六年春，又把我们押下广州警备司令部，先在广州西湖路监狱，后又押到长堤地牢监狱，一直没有提堂审讯。在辗转各个监牢的日日夜夜的种种苦况，是言之不尽的。但乐观主义精神支配着我，要奋斗，要生存！我被囚在弹丸之地，心中总是海阔天空，我始终相信我们党会胜利，我们终会获得自由！

抗战胜利后，全国人民反对内战，国民党反动派被迫进行第二次国共合作，毛主席到重庆谈判，签定［订］“双十协定”内有四项诺言，其中一条释放政治犯，在国内外人士要求释放政治犯的高压形势下，广州伪警备司令部被迫于一九四六年六月将我们押到法院，由法院审判我们无罪释放。

难忘的回忆①

戴　敏

1948年，人民解放军过黄河、渡长江，国民党反动势力大势已去。地方的反动派目睹形势的发展，深知自己的末日快将来临，纷纷为自己的将来寻找出路，主动向游击队靠拢，中共地下党组织和武装力量也因势利导，积极进行策反工作。

佛冈县被敌人视为广州的屏障，顽固的国民党反动派，意欲垂死挣扎，企图守住佛冈，以保广州反动派的安全。1948年5月27日，地下侦察人员，获得可靠情报，国民党272团一个营，要路经挂牌径向青竹根据地“扫荡”。北一支领导，为了狠狠地打击反动武装的气焰，经过3日3夜的伏击，终于于5月30日全歼这股敌人。

挂牌径大捷，佛冈二区全面解放，成立了军事管制委员会，建立了武装力量——北一支队独五大队，当时我任大队教导员。

水头区的地下党组织和武工队，为了乘胜追击，逼使水头的反动武装头子黄如九向我就范，他提出要与游击队领导见面，水头区特派员廖诗淦，为使策反工作顺利进行，要求二区派武装力量到水头配合，我奉命带领黄俊才中队进驻水头扎在独王山脚，一来保卫地下党的据点，二来方便发动鸭仔坎村（解放后改名红星村）的群众，那时我经常单人匹马，随时随地进村工作。一天清晨，我进村与特派员及武工队商讨与黄如九见面的策略和战术，八时许，放哨的同志来报告，国民党反动武装的一个班的人数，正向鸭仔坝方向而来，群众得知情况后，胆战心惊，有人说把老戴藏

① 收录于韶关市妇女联合会、清远市妇女联合会合编：《粤北妇女运动（1921—1949）》，1994年，第154-155页。

起来。有人说不成，万一搜出来，不但老戴遭害，整条村都会被毁灭，一时议论纷纷，群众情绪，有义愤填膺的、有切齿痛恨的、有惊恐万状的。当时群众的心理，我是理解的，为了保存地下党的据点，为了保卫群众的利益，我决定冒险化妆［装］离开鸭仔坝，得到群众支持，妇女同胞们立即拿来梳头用的髻和村妇的衣服，把我打扮成一个农村妇女回娘家的样子，由特派员的爱人，挑着一担粪水，走在我的前头打掩护，当我们走到鸭仔坝学校操场时，迎面来了 10 来个敌人，距离我们仅有约 50 米，情况严重，怎么办？那时学生正下课，操场上人来人往，我急生一智，一个箭步，从操场向学校飞腿而入，直奔神台肚躲藏，我这闪电行动，敌人没有察觉到，学生们也不知道我进了学校，唯有廖占元校长看到，我进入学校不到 3 分钟，敌人已进入学校，高声呼喊，有没有游击队进校，廖校长急上前迎接，端茶提椅，伪装热情接待。由于有廖校长的周旋，敌人没有搜查，只随便看了一看，便离开了学校。当敌人到处观看时，我已做好了第二次被捕的思想准备（第一次被捕是 1945 年 7 月 5 在遂江上四九中心学校）。我深知在这种情况下抓到，是无法辩护的，当我听到廖校长送“瘟神”时，我才捏了一把汗，敌人走远了，我从神台肚走出来，吐了一口气，非常感激廖校长。我想如果没有鸭仔坝的群众我就没有今天，这是我终身难忘的一件事，当年的情景，至今历历在目，记忆犹新，我永远怀念和感激鸭仔坝的群众及廖占元校长对我的救命之恩。

东江战地人物素描[①]

——我们的叶司令

丹　心

她一遇到有空，总是喜欢到各处走走，乡民的家和连队就是她到的地方，她是客家人，说得一口流利的客家话，和群众接近，有超人宁活的手腕，群众对她现象[②]很好，当我们到一个地方，需要和乡民借东西时，是由她去负责的，遇到开会要派代表时，也是她去的，由于她的个性独特、刚强，除了在生理上带点女人的特征外，简直和男子无异，白天她常赤着脚，无论工作或走路，嘴里常常哼哼不绝唱着歌，待人接物很和蔼，尤其关心我们的学习，称我们为“部个［下］”，因此我们就给她一个“司令”的花名，从此这名字就流传起来了。

她本来的名字是叶存，一个国民党军官的女儿，幼时生活在雷州半岛，后来便跟着母亲回到乡村去居住。抗日战争时，她还是一个无知的女孩子，以后经过不断的锻炼和改造，得到很大的进步。东纵北撤后，她复员回到△△，进△△学校读了一个星期，这时，她的父亲是一个失业的潦倒军人了，家庭的顽固，不容许她在这里生活，便只得辍学，离开家庭，由一些同学的帮助，又回到队里去，那时护乡团刚刚成立，在护乡团成立的两年间，她做到文书、文化教员，现在一些中小阶级的同志，经她教育过的不少，她对油印技术特别有研究，有过人的长处。她最喜欢唱歌、跳舞，但她身体太肥笨，不能和其他女同学跳得一样好。有一天，她从外面

---

① 收录于广东省妇女联合会、广东省档案馆编:《广东妇女运动历史资料》第六辑，广东省供销学校印刷厂，1991 年，第 371—372 页。

② 原文如此。——编者注

跳完秧歌舞回来，对我说：“部下，点解我跳来跳去跳不好。”我看了她，笑着说：“你都唔自量一下，你对脚成担多重。”“吓，听你咁讲，真系边处唔使去咯，冇晒意见。”她笑着道。但她仍旧不失信心，继续学习，每天早上，在我未起床之前，她一个人到附近的树林里去学习打音。

“司令又去学‘泰山’咯”，每一位同志醒来听见她从外面传来的声音时，总是这样说的，以她的精神和毅力，总有一天，她会成功的。

(1948.12.25)

在水乡坚持地下斗争①

杜　娟

1938 年 8 月，我回到故乡望牛墩杜屋村后，与小享村林炳伟、林牛尾、唐启文等同志参加水乡的抗日救亡工作。在叶史润同志领导下，活动在小享、望牛墩、道滘等地。当时曾用组织宣传队宣传中共的抗日主张、政策，宣传八路军的抗日英勇事迹，揭露日寇的暴行，传播进步书刊等形式，进行宣传、教育、发动群众，提高群众的觉悟。

日寇疯狂地轰炸斗朗、槎滘糖厂、小享等地，我们发动群众进行捐钱、捐物等，组织慰问当地的受难同胞，团结互助，同舟共济，共赴国难，受到群众拥护和称赞。

后来莞城沦陷，形势日趋严峻，日寇的魔爪伸到水乡，在各大村乡建立了日伪傀儡政权，而地主武装又勾结土匪，各据一方称王称霸，千方百计敲诈、勒索乡民。

侵华日军驻守莞城外，还派兵驻守中堂、槎滘糖厂，建立日军据点，控制水乡交通要道。日军所到之处，以“围剿”游击队为名，四出抢掠，奸淫妇女，实行杀人、放火、烧村的“三光”政策，人民陷于水深火热中。在这险恶的形势下，党组织领导我们进行秘密斗争，采用个别联系的方式和公开合法的形式坚持地下斗争。

在杜屋村进行艰苦的地下斗争

杜屋村位于东莞城西面的水乡地带，东与望牛墩，西与东涌隔河相

---

① 收录于中共广东省东莞市委党史研究室编：《东莞抗日实录》，中共党史出版社，2006 年，第 265—270 页。

望，南接洲涡，北邻马沥。历年来是东莞鱼米之乡，同时又是一个土匪窝。现又成为沦陷区了，日寇常来村骚扰，鸡犬不宁。残酷的现实，激起了人民的强烈反抗，为抗日埋下了革命火种，因而在抗战时期，杜屋村成为东莞水乡地区地下党活动地区之一。

当时地下党员尹柳眉（人们称眉姐）来到村中与我联系，研究如何开展抗日救亡工作。但我母亲因生了七个女儿，只养活我一人，在兵慌［荒］马乱中怕我出事，不愿让我出来进行抗日救亡工作。后经过尹柳眉耐心的教育和细心的工作，当了解到我母亲生病吃不下饭时，她亲自买了一些对症药品和我母亲最喜欢吃的咸鱼来慰问，使她十分感动，认为我有了这个良师益友，她就放心让我四出活动了。

1939年初，中共水乡区委书记陈福媛（现名陈文慧）到我家联系开展抗日工作，我们以办女校为基地进行抗日宣传教育，提高群众觉悟，揭露日军各种暴行。在妇女经过学习后有要求解放的基础上，进而组织妇女会、姐妹会（党的外围群众组织），发展了杜赛英、杜笑香、何爱东、何爱莲、陈笑铨等10余人入会，选我当组长。姐妹会宣传党的抗日主张、组织学习进步书刊《论持久战》、《抗战中的女战士》等。组织大家学手艺，团结互助，还油印出版不定期内部刊物《村女》，谈学习心得，交流经验，大家积极参加，对抗日主张的认识，提高了妇女的地位等起到积极作用。

1940年，水乡区委又在杜屋村积极发展抗日大同盟组织（党的外围秘密组织），进一步发展进步力量，为党的发展创造条件。这时水乡区委派地下党员梁霞冰（梁燕云）来杜屋村与我联系，我与她深入到“娘仔间”（青少年妇女居住地方）接近她们，从而开展群众工作。又深入接近男青年经常聚集的“凉棚”，宣传“国家兴亡，匹夫有责”的抗日救国道理，宣传党的抗日主张，要参加抗日游击队打日本兵的道理，提高青年的思想觉悟，启发他们对抗日形势发展的认识，使他们接受党的教育，让他们慢慢接近我们。通过宗亲关系、劳动、文娱等方式密切地与男青年接触，引导他们参加抗日工作。

1941 年 1 月，经过党长期的教育、考验和锻炼后，由梁霞冰介绍我加入中国共产党。这是我一生梦寐以求的理想。但我不能自满，还要加深对党的认识，因此参加水乡区委在望牛墩举办的党员训练班。由水乡区委书记黄庄平、区委委员祁烽、王夫先后为我们作抗日战争形势报告、讲抗日战争中华民族统一战线工作、怎样做一个共产党员等课程。他们运用生动具体事例深深感动了我，如讲述革命烈士瞿秋白、彭湃、夏明翰英勇牺牲的事迹和他们的崇高理想以及大无畏的革命精神，使我确立一个共产党员要终生为共产主义而奋斗，初步有了明确的人生观、世界观和价值观，明确一生的奋斗目标。入党后，我遵照党的指示，努力学习，在村中积极开展抗日工作，团结一切力量进行抗日，特别在青年中发现和培养有革命觉悟的先进分子。经过半年的努力，团结了一批进步青年，发动青年参加夜校学习，以夜校为阵地团结、教育青年，提高他们的觉悟。积极分子杜两进服从组织的决定，努力工作，在 1941 年 7 月被吸收入党，并培养了杜周成、杜运通、杜灿容等积极分子，初步奠定了地下斗争的群众基础。

杜两进入党后，坚决贯彻党的政策，积极完成任务。他热情接待区委古道、钟育民、邱林等在杜屋村的活动。村中有了党的核心力量。我们进一步开展工作，以组织“乡勇”维持村中治安、保护农作物的名义，掌握了村中祖尝买下的枪支以武装“乡勇”，使村中地主武装成为我党地下武装，以便为今后开展对敌斗争打下基础。

在妇女工作中进行宣传教育工作，培养建党对象，发展党的组织。邓瑞红是一个出身贫苦的妇女，渔民的女儿，约六岁时，因父兄被土匪劫走，家中贫困，被迫卖身为奴赎父兄出来。18 岁出嫁做妾侍，生下一女四岁、一男三个月，丈夫因病去世，成为寡妇孤儿。1938 年，日寇南侵，莞城沦陷，家破人亡，她只好带着小孩逃难回故乡杜屋村，务农为生。莞城沦陷前，邓瑞红当时住家宽敞，周围环境安静，家中有前、后门，交通方便，有利地下党活动。1936 年，黄树楷（又名黄佳）就长住邓瑞红家，作为地下党的交通联络据点之一。邓瑞红受到黄佳的教育，使她提高觉悟，要求进步。1938 年秋，莞城沦陷前，她返回故乡杜屋村。当时地下党要在此开展抗日救亡工作，又以邓瑞红家为活动据点。尹柳眉、陈福媛、梁霞冰等来杜屋村工作时，都是在她家食住，邓瑞红虽家境清贫，但都热情接待她们。经过培养教育和工作考察，于1941年8月吸收她加入中国共产党。

邓瑞红入党后，分配她的主要任务是以她家作为水乡区委交通联络据点之一，邓瑞红主要负责区委交通员，使情报畅通，方便接送来往人员，接待和掩护好一些伤病员。她在工作中表现立场坚定、机智勇敢、积极肯干、坚决执行任务，服从组织决定、热爱党、关心同志、任劳任怨，为革命牺牲个人利益。

为了进一步开展工作，通过宗亲关系，开展统战工作，做好村中有影响的人士工作，掌握村中的学校，先后由党组织派黎子仁、张婉琼、邱林、邓婉芳、王勤等来到杜屋村，分别在男校、女校任教。他（她）们一面教学，一面深入群众开展抗日工作，发展党组织，使村中群众团结在党的周围，发展了杜创、杜椿棋、杜梁金、杜梅、杜黎新等一批青年走上革命道路，为革命增添力量作出贡献。

以教师身份开展抗日活动

新鹤田村位于东莞西北部，处于广深公路旁，东江河畔，毗邻潢涌、蕉利、袁家涌、湛翠等村，离中堂镇仅几里，是一交通枢纽。日寇在水乡实行“三光”政策，加之土匪、伪军刘发如、黎浩等反动地方武装互相勾结，残酷镇压革命力量，剥削欺压劳苦大众，并在各村组织联防队驻守。农民除了交地主的租外，还要交军粮，每亩要交100多升。日、伪军胡作非为，横行霸道，人民生活陷于水深火热之中。日寇重兵驻守中堂，常来新鹤田“扫荡”、骚扰，人民深受其害。村民的血泪，使新鹤田村埋下革命的火种，成为水乡抗战时期地下党活动的重要地区之一。

在1938年间，党派来苏同志在此训练壮丁，组织群众，宣传、教育群众进行抗日救亡活动，开展武装工作。在1940年又派梁霞冰到新鹤田开展抗日救亡工作。从此，新鹤田村的群众开始受到共产主义教育，向往进步。

1941 年间，党派我以教师名义来新鹤田村开展地下工作，主要任务是在群众中开展抗日救亡工作，发展地下党组织，动员群众参加部队，了解敌情，建立交通联络站，配合部队掩护伤病员，为对敌斗争创造条件。

我当时是在女校任教，约有 30 多学生，教“四书”、“五经”等。但这些书，我从来未读过。不仅要认真备课，还要做好学生工作、家长工作和群众工作。我根据上级指示，认真备课，深入家访，倾听村民意见和要求。经过接触，了解到学生卢品娴是越南归侨，出身贫苦，从小当奴牌［婢］，生活在半殖民地社会中，受尽帝国主义的凌辱，对现实产生不满情绪。经过教育培养，她努力学习，在生活上关心同学，向往共产党。于 1941 年夏第一个介绍卢品娴加入了中国共产党。她入党后，主要负责交通联络工作，经常送情报到区委（在中堂小东向村）。卢品娴立场坚定，党性强，工作积极，任劳任怨，服从组织分配，坚决执行任务，能起带头模范作用。

学生洪桂（是侨眷）在学生中颇有影响，她的祖父被日寇杀害。她识字甚多，我们培养她当助教，发挥她的积极性，并启发她“为什么男女不平等？中国地大物博为什么被日本侵略？什么是帝国主义？法西斯主义？”向她揭露日本帝国主义侵略中国的罪行，向她宣传中共的抗日主张，激发她的国仇家恨。经过教育，她觉悟提高了，认识到“国家兴亡，匹夫有责”、读书救国等道理，认为国难当头要同心协力抗日，向往中国共产党。经过培养和考验，于 1941 年冬介绍洪桂参加中国共产党。经区委批准，建立党支部。我任支部书记，卢品娴任宣传委员，洪桂任组织委员。党支部发挥战斗堡垒作用，宣传教育群众，团结组织群众，发展党的外围组织，吸收先进分子壮大党的组织。支部关心群众疾苦，结合群众的切身利益以公开合法的形式组织群众。根据群众的要求组织互助会，有钱出钱，有力出力，互相帮助。如有的家中有病人缺人照顾，有的农忙时，缺乏劳力、耕牛等，互助会即为他们排忧解难，帮助解决。因而会员日渐增多，选洪桂为会长。通过互助会的活动，广泛团结群众，在工作中发现积极分子，经过培养教育和工作考察，先后发展洪首明、洪扁女、洪葵欢、洪朱女等入党，同时又开办夜校。

党支部能关心群众疾苦，广泛团结群众，并在群众中发展党的外围秘密组织抗日大同盟，吸收积极分子入盟，经过教育培养和考察后，再慎重吸收入党，发展抗日大同盟。

由于形势的发展和工作需要，遵照区委指示开辟新区，为建立抗日根据地作准备。党支部发动党员，广泛通过宗亲、同学、朋友等社会关系宣传党的方针政策和抗日主张，揭露日寇的暴行，宣传有知识才能救国的道理。在提高群众觉悟的基础上，区委派人去任教，在旧鹤田等地，以教师身份作掩护，开展地下工作。

由于工作需要，区委指示要支援部队，掩护伤病员。支部发动同志，大家愉快接受任务，热情接待和掩护来往的同志，胜似亲人。李兰（黄树楷同志夫人）因生小孩后，身体虚弱，需要休养。支部派卢品娴对她精心料理，给她补养身体，在精神上和物质上都体贴入微。李兰深受感动，身体很快就康复，投入战斗。梁励行患伤寒症，发高烧、水肿、面黄瘦弱，由洪首明负责护理她，给她煮药，送茶送饭，炖鸡汤、鸡蛋等补养身体。她很快就康复，组织派她去旧鹤田任教开展地下工作。林桂枝在部队生病，走动困难，身体非常虚弱。组织洪朱女、洪扁女、洪葵欢等细心护理她，对她关怀备至，充分体现阶级友爱，使林桂枝康复后去蕉利村开展地下工作。

秘密做好交通情报工作

1943年，我因工作需要调离新鹤田村。支部由洪桂担任书记，洪首明任组织委员，卢品娴任宣传委员，继续深入开展地下工作。支部通过党员的亲友关系介绍卢焕光在三涌，曾玲在湛翠，梁锦波（梁锦霞）在潢涌等地以教师作掩护，开展地下党工作。

形势发展很快，党的威信在人民群众中迅速提高，党的政策主张深得人心，不少群众接近我们，支持党的工作，信仰共产主义，坚信只有共产党领导才能打走日本侵略者。随着工作的发展和需要，组织农抗会、妇女会等组织，在群众中能起到领导核心作用，贯彻党的方针、指示。在1943 年冬，新鹤田支部建立地下工作情报交通站，洪桂任站长。日寇常来搜索骚扰，为了做好保密工作，洪桂深夜到坟墓地把文件、信件、情报等掩藏在装死人骨头的金塔中，若有人问起，就谎说劳动时掉了衣物，故来寻找。

由卢品娴负责交通员。她出生入死，冒着生命危险，战斗在敌人的眼皮底下，把情报信件送到敌人戒备森严的广州、东莞等领导机关。她巧妙地以做小贩作掩护，把文件、情报装在咸鱼的肚里或自己的发髻、辫子中，镇定地通过岗哨林立的敌人封锁线。有一次卢品娴送信路经官桥滘，当时日寇在此施行"三光"政策，无辜百姓被杀害，尸横遍地，在过河时，碰到碎尸、断手、断脚、头颅等，惨不忍睹。卢品娴不畏难［艰］险，一心向党，克服重重困难，把信件送到党的领导机关，顺利完成任务。

1944 年有一次送信，被日军扣住审问，并用剑放在卢品娴的颈上威胁，卢品娴镇定从容说，因家贫做小贩赚钱养家。后日军调防，由伪军看守。卢品娴身上只有 100 多元全送了给他，便放走，从而化险为夷。

1944 年至 1945 年，东江纵队来水乡活动，开始在低涌、潢涌、凌屋等地。支部发动群众配合部队打击敌伪，积极支援部队。洪桂、洪首明、洪美福、洪葵欢等同志带头募捐衣服，并将家中养的猪、鸡、鸭等以组织的名义支援部队。他们还发动群众给部队送去瓜、菜、水果等慰问品，不仅解决了部队的一些经费，而且密切部队与群众的鱼水之情，影响很深。

同年秋天，刘发如、黎浩两股土罪［匪］勾结日伪对新鹤田、吴家涌一带地区进行疯狂"扫荡"，妄图消灭水乡部队。党支部配合东纵部队进行反"扫荡"，歼灭日伪军，派了部分党员、盟员，由洪氏锦、洪瓜棉负责。洪美福任妇女会长，组织群众武装，在吴家涌、袁家涌、湛翠、三涌、潢涌、新湾、泊洋等乡村打击敌伪军。为消灭潢涌、新鹤田的敌人，我情报站接受任务，由洪桂去侦察敌情，因她的姐姐出嫁在该地，姐夫是当地人，对地形情况很熟悉。洪桂利用探亲的关系，在进步群众洪琦女的帮助下，认识了敌伪的班长，得知了日伪军联防队的人数、枪支、士气、地形特点及敌人白天、晚上的活动规律等情况。洪桂将情报及时交卢品娴上报，使东纵部队顺利地全歼日军10多人，伪军30多人。这一胜利影响很大，鼓舞了群众斗志。

（原载《东莞日报》2005年9月3日）

执行抗日民族统一战线政策建立东莞人民抗日武装（节选）①

傅泽铭

中共东莞中心支部和中共东莞中心县委，坚决执行抗日民族统一战线政策，争取众多群众参加抗日救亡运动，建立了华南沦陷后党领导下的第一支抗日武装；在穗、港的军事和经济走廊中，开展抗日的武装斗争；创建了广东最早的抗日民主根据地——以大岭山为中心的东宝抗日民主根据地。无疑地，这是华南抗日战争史上的重要一页，也是我党抗日统战工作的重大胜利。

一、团结争取爱国民主人士，积极开展抗日救亡运动

……

中共东莞中心支部充分利用国共两党合作、共同抗日的条件，通过我党在上层工作的党员，开展对国民党上层人物的统战工作。1938 年一二月间，县成立“民众抗日自卫团统率委员会”，中心支部通过其上层人士蒋光鼐、徐景唐、莫纪明，让党员陈修业、张高科和支部委员张广业（张如）参加了这个团体；并以这个组织的名义，组成了两个政治工作队，一队由张广业任队长，到莞樟公路线、广九铁路清塘凤一带，以及东莞边界的嶂阁、山厦等地，开展抗日救亡宣传活动；二队由张高科当队长，到东莞的水乡、莞太公路沿线的农村，向群众宣传抗日，都起到组织群众抗日的效果。同时，通过共产党员何与成、何佳等同志的努力，得到国民党上

① 收录于中共广东省东莞市委党史研究室编：《东莞抗日实录》，中共党史出版社，2006 年，第 708－712 页。

层爱国人士的支持，公开组织了“青年抗日同志会”（青抗）和“妇女抗日同志会”（妇抗），他（她）们分别担任了会长，“青抗”和“妇抗”的会员，都是由党发动的青年学生、小学教员、进步青年男女；他们组织起歌唱队，到街头演唱抗日歌曲；他们成立演剧队，演出《放下你的鞭子》等抗日剧目，通过抗日歌声唤醒群众，鼓舞群众的抗日斗志；他们又组织宣传队，到码头车站、下农村，以慷慨激昂的演讲，向群众宣传抗日救亡的道理，使大家都来支持抗日救国的行动。“青抗”、“妇抗”的活动，把谌少岑组织的“救亡呼声社”团结过来，大家一起投身抗日救亡运动。“妇抗”响应献金运动，设立献金台，动员群众献金，支持抗战，不少妇女捐献出自己多年的积蓄，也使不少贵妇人解下自己珍爱的旧首饰；甚至连家庭妇女、尼姑、妓女都发动起来捐献。

……

二、积极争取各方力量，培养训练军事骨干

中共东莞中心支部在1937年底已经开始进行武装工作，当时上级党委强调党员学习军事。中心支部便积极做好抗日统战工作，争取国民党驻军等的力量，训练我们的军事骨干。年底，动员当地驻军第一五三师的爱国人士与我们合作，在莞城资福寺和大朗举办了两期“抗日青年军事训练班”，第一五三师政训处派人来当班主任，派军官讲军事课，进行军事训练。中心支部动员了党员和进步青年学生200多人参加训练，他们经过一个多月的训练，有的分派到各乡去训练壮丁；有的到乡下当训练中队长。参加军训的女同志，除学习军事外，还学习救伤知识。后来，这批经过军训的同志，大部分成为我党领导下的东莞人民抗日武装的骨干。

……

三、积极争取地方实力派，掌握人民抗日武装

……

四、争取合法的地位，建立党领导下的抗日武装队伍

在建立抗日武装的初期，党还没有公开直接领导武装队伍，只是利用有利的抗日形势，做好抗日民族统一战线工作，团结抗日的国民党军政官员，争取合法的地位，逐步掌握和建立抗日武装。

……

由于蒋介石推行的片面抗战路线，国内形势发生了急剧变化，日军得以长驱直入，直逼武汉和广州。省委要求各县建立和掌握人民抗日武装，中共东莞中心县委经过努力做好统战工作，在舆论上和干部准备上都为建立抗日武装准备了条件。

1938 年 10 月 5 日，日军舰炮轰虎门，国民党县政府的官员在准备后路，我们的共产党员找县委要求武装起来抗日；有的进步青年和“青抗”、“妇抗”的群众，要求何与成带领他们上山打游击。正在这时，中共东莞中心县委召开了紧急会议，研究省委的指示，他们听了何与成的汇报，决定立即成立一支在党领导下的抗日武装队伍，并决定以合法的地位，争取国民党当局的默许。会后，中心县委武装部长王作尧和何与成一起，找到社训总队副总队长颜奇，晓以民族大义，争取了颜奇的同意和支持，用国民党社训总队的名义，以青年学生要求武装起来抗日的理由，成立一支抗日队伍。颜奇还同意为了区别于常备壮丁队，用“东莞抗日模范壮丁队”的名称，部队的领导由王作尧当队长，中心县委还决定袁鉴文当政治指导员；部队的人员由中心县委，动员选派，部队的武器是以社训总队的名义向县政府领取。

……

东莞人民抗日武装队伍是一支党领导下的抗日武装队伍，她是中共东莞中心县委正确执行党中央的抗日民族统一战线政策和省委的指示，成功地团结争取各方面的抗日力量，很好地利用了各种有利抗日的因素的结果。她大大地鼓舞了东宝人民抗日的志气，打击了日本侵略者的气焰，为开辟和建立华南敌后东宝抗日游击根据地作了准备，为东江纵队的成立奠定了基础。

（原载《东江党史资料汇编》第 12 辑）

水乡人民的抗日斗争（节选）①

傅泽铭

东江像匹不羁的骏马，自东北而西南，越过大小群山，穿过狮子石、马头岭后，脱缰而出，直泻西面一片平川，冲向狮子洋。滔滔江水，流至东莞县石龙镇，分南北而行，北流为东江干流，南流为东江支流，在干流和支流所夹成的一片冲积平原，为大小河涌编织成约五十多个洲的一片水网地带，面积约有四百多平方公里。这里河涌纵横，有一望无际的稻田、蕉基、蕉林。她北面隔东江干流，与增城、广州郊区相望，西面频［濒］临狮子洋，与番禺县相对。东南则有莞龙（县城至石龙）和莞太（县城至太平）两公路，傍依着东江支流。这里土地肥沃，盛产水稻、甘蔗、香蕉和肥美的鱼虾，素以鱼米之乡著称，是嵌在广州和香港两城市之间的一块狭长的碧玉，向为官吏所垂涎。封建地主豪绅武装割据，土匪互相争夺，长期干戈不息。这水乡地带西南，有虎门要塞扼住从珠江口进入广州的咽喉，东有铁路重站石龙，是广州和香港交通的枢纽，向为兵家必争之地。

1938 年 11 月底，东莞县城沦陷后，这个水网地带，即成为沦陷区。日军、伪军和土匪敲诈勒索，横行霸道，无所不为，人民处在水深火热之中。在水乡能否开展抗日武装斗争？水乡人民在党的领导下，很好地回答了这个问题，他们奋起农奴战，抗击着日寇、伪军和土匪，创造了照常理来说是不可能的战斗奇迹。

① 收录于傅泽铭著：《抗战纪事——东莞人民抗日战歌》，广东人民出版社，1998 年，第 289–315 页。

抗日的星火

1931年"九一八"事迹［变］后，全国人民在党的领导下，掀起了风起云涌的抗日怒潮。东莞人民在大革命失败以后的年代里，弥漫着一片苦闷的情绪。现又眼见祖国山河破碎，外敌入侵，在此国难关头，感觉敏锐的青年学生，组织下乡宣传队，也到水乡一带，向广大农民宣传抗日，点燃了抗日星火。

1935年底，张广业（张如）到了高埗发展"中青"[①]。高埗距东莞城约八九华里，在南浦水和稍潭水会合的端处。当时，高埗乡长莫月妹比较开明，有抗日思想，易接受抗日潮流。张广业通过莫月妹在高埗祠堂办起了胜成小学，招聘了邓德昌、陈丽、王河等为教师。他们一起，以学校为阵地，向青年学生、男女老少宣讲"九一八"事迹［变］，宣讲抗日形势，宣传东北人民的抗战事迹，大家每次都听得入了神。很多青年和群众，都围绕在"张校长"的周围。他发动群众组织"拒耕会"、保耕队，稳定地租，不准转佃，保护佃户的切身利益；他又以防范土匪为由，发动群众买枪，通过这些关系，搞到二十多支"七九"步枪。连乡长莫月妹也称赞"广业使得，肯为我们乡村服务"。这样，张广业同志在高埗站稳了脚。1937年在高埗开始了发展党组织，建立了党的支部。每当夕阳西下，村中男女老少都自动齐集在学校旁边的大榕树下，学唱抗日歌曲，听讲抗日形势和八路军的战绩，张广业同志画了幅地图，上插旗帜，边讲边移动旗子；陈前同志善于讲故事，讲得生动逼真，群众在通俗的讲解中，接受了抗日思想。王信亨（高埗党支部的成员）也在拔蛟窝开展抗日宣传活动。当时，高埗与上下江城有封建矛盾，他们便组织学生和村中青年开展宣传活动，讲抗日道理、演抗日戏教育大家有钱出钱、有力出力，团结抗日。并组织各村的青年学生联欢，消除了农村间的封建矛盾，制止了封建械斗，让买回来的枪，大多数都掌握在我们手里，秘密地成立了武装小组。在水网地带的高埗，这时虽然还没有燃烧起燎原的抗日烈火，但正在悄悄

---

① 中国青年同盟，简称"中青"。——编者注

地积聚着抗日的力量。这点抗日星火，在茫茫的东莞西北土地上，像导航的灯塔，引导着不少青年走进抗日的洪流。

在稍潭水的南面，望牛墩的上端，有条望角村。1935年，陈福媛（陈文慧）在东莞县城由张广业介绍，参加了“中国青年同盟”后，回到她的家乡——望角，组织了姊妹会、识字班，宣传抗日救国。这年年底，“中青”东莞分盟发动了声援“一二·九”运动的“一二、一六”运动，组织火炬游行。陈福媛在望角动员了姊妹会、识字班等几十名妇女，到莞城参加火炬游行。她们长了见识，受到教育与磨炼。1936年，谢阳光又来到陈沛隆的家乡——望角，在这里组织读书会，发展党组织，吸收陈昶等同志入党，他们常在陈福媛家里开支部会议，往往是由陈福媛在门口放哨。“东莞中学事件”后，王寿祺（王鲁明）来到望角学校教书。望角小学成了党开展抗日活动的一个据点。1937年初，谢阳光、张广业、王鲁明、卢仲夫等在望角成立中共东莞县临时工作委员会。望角北面就是中堂，外县工作委员会派来参加临工委会议的同志，是由王鲁明到中堂接到这里来的。以后东莞临工委开过两次会议，都是在望角小学召开的。望角这个水乡小村子，成了1937年我党东莞临工委的活动中心，她成了水网茫茫的水乡又一颗抗日的明珠。

广虎公路从东莞县城向西北方向，横跨水乡，经过两个渡口，过稍潭水，越东江干流，进入增城县境，直指广州。在稍潭水和东江干流中间的一片绿洲，有中堂圩镇和斗朗渡头，位置十分重要，是扼紧广虎公路咽喉的要地，就在中堂圩西面不过两三华里，有一条叫小东向的村子，“一二·八”后，进步学生钟达之来到这里教了一年书。这期间，他与志向相投的陈昶、陈沛隆、卢仲夫、何鼎华等几位同学，经常在这里宣传抗日，团结了一批青年群众。1936年，钟达之又来到了小东向，继续开展抗日救亡运动。并于1937年的春天，发展了第一个共产党员陈成来。“七七”事变后，又派肖强来这里训练壮丁，地下党号召青年参加训练，通过壮丁训练，把公偿的枪掌握起来。他们又把群众组织起来，成立抗日救亡宣传队。陈成来带领十多个青年，有男有女，到处教唱《在松花江上》等歌曲，开展捐献支援抗日将士，把抗日救亡活动搞得热火朝天。钟达之离开小东向后，由陈成来负责，成立了党支部，陈担任支部书记。小东向党支部建立后，筹办“童子馆”，组织“七姐会”，进一步发动群众抗日救亡。钟达之离开时，还交下了三个手榴弹给陈成来，要他在乡间组织游击小组。陈成来团结了一班青年，组织青年互助会，帮人耕田，挣钱买了五六支枪，成立了一个游击小组。当然，有个恶霸陈△△，发现他们的行动，游击小组抢先下手，镇压了这个恶霸。这样，小东向就像一把钳子，钳制住广虎公路，是这个水乡地带一颗炽烈的抗日星火。

……

铁蹄下的抗争

日寇于1938年10月21日占领广州后，为了巩固广州外围，于11月20日占领东莞县城，处在东莞县城与广州之间的水乡，顿［沦］为沦陷区了。

日寇的魔爪伸进水乡后，在各大乡村（如中堂、道滘、槎滘、潢涌、望牛墩）安下据点，并在各村庄着手建立汉奸傀儡政权。这时，水乡一带土匪如毛，各村地主也趁机收买一些小股土匪，使地主武装与土匪结合起来，如道滘的刘发如、望牛墩的陈雨顺、洪屋涡的莫炎、槎滘的黎庆、潢涌的黎林、冼沙的李潮、漳澎的刘定加、樟村的卢连，都拥有百人以上的武装土匪。他们互相倾轧，“大天二”侵吞“小天二”[①]的地盘。在吞并中，形成了刘发如、黎庆、李潮三股较大的地方土匪武装，各据一方，无恶不作，称王称霸，勒索禾花谷、护仓谷、收咸水、绑肉票。当日军来后，他们便纷纷投敌，打着太阳旗欢迎“皇军”。日军为强化这一带地区的统治，以夺取粮食，也要依靠这批土匪武装，于是给他们当上维持会长、伪乡长，把土匪编成伪军，给他们当上什么“长”。水乡一带便形成了日军占领下的地主土匪武装分立割据的局面。日伪土匪合流，在一些重要的据

① “大天二”“小天二”指土匪。——编者注

点，修筑碉楼，驻上日伪军，进行严格的控制和无度的榨取。富饶的水乡，成了人间地狱。

然而，具有革命光荣传统的水乡人民，他们虽在敌人的铁蹄下，但奋力抗争。

（一）水乡区委坚持在水乡

水乡沦陷时，大部分地下党员，带领掌握在手中的武装，纷纷到飞鹅，到嶂阁，到苦草洞，上山打游击。留在水乡的江城洲有廖安、小东向有陈成来、高埗有黄桃、潢涌有黎奴、拔蛟窝有王信亨、冼沙有叶刚明等少数党员，由区委武装部长黎崇勋联系。黎崇勋到苦草洞后，重新组织水乡区委，区委书记刘妈、委员廖安等，他们利用各种条件，以灵活的策略，同日伪匪进行巧妙的斗争。

中心县委为了更好地发展水乡沦陷区的斗争，不断派党员到水乡去开展工作，建立区委。因此，水乡地下区委一直坚持在沦陷区，这是水乡抗日斗争的一个特点。

1938年11月水乡沦陷。年底，县委派陈福媛和叶史润回水乡和梁霞冰、尹柳眉等同志建立了支部，陈福媛当支部书记，叶史润为委员，负责组织抗日武装。他们在望角、蚬涌、谷涌、小享、杜屋村、望牛墩和道滘，组织水乡政工队宣传抗日。后因太暴露了，便化整为零，改以读书会、姊妹会等形式分散活动。1939年7、8月，李植光回到江城洲当党支部书记，组织了七八个党员和坚持在江城洲的廖安同志，掌握一些武装，连在县城旁的棠梨川也建立党小组。1939年10月，县委又派赵学到水乡当区委书记，刘妈（王夫）当副书记，区委有陈福媛、廖安。这时，黄克、祁兴、黎明也被派到水乡活动。1940年2月，又派黄庄平到水乡参加区委。这时，县委武装部长谢阳光也到水乡，在高埗胜成小学任教，暗中组织抗日武装。部队东移后，县委书记张广业和县委机关以及黄木芬等同志也转移到水乡，领导抗日斗争。这时，水乡有高埗、江城洲、小东向、潢涌、拔蛟窝、锦涡等党支部和武装小组。同年秋天，赵学调走，祁烽来接任区委书记，区委有黄庄平、陈成来、王依。1941年初，大岭山的地方工作移交给东莞县委，祁烽调大岭山区任区委书记，水乡由黄庄平担任区委书记，区委有钟育民、陈成来、王农［侬］等；1941 年 2 月，又派钟育民来水乡，担任区委组织委员。6、7 月间，黄庄平与祁烽对调，区委有古道、钟育民。1942 年初，水乡区委书记由钟育民担任，区委有陈成来，后又调邱林当组织委员。直至 1943 年 3、4 月间，钟育民同志调到博罗后，由邱林代理书记，后陈荣业当区委书记，后改为特派员制，由陈文当特派员。1944 年改为陈文当区委书记。水乡在沦陷期间，区委非常健全，一直坚持在水乡，各主要乡村都有我们的党员，组织群众进行抗日斗争，发展党的组织，为水乡的抗日武装斗争打下坚实的群众基础。

（二）抗日据点遍布水乡

水乡区委建立了遍布水乡的抗日据点，把抗日武装斗争深扎在群众之中，这是水乡沦陷区抗日斗争又一个特点。赵学到了水乡，在望角陈福媛家中建立区委，把陈福媛、廖安派去江城洲，她和王文生到了小东向，以教师为掩护，教着三四十个学生。当时党没有活动经费，她把每个学生每月交的一升米和一元的学费，都作为党的活动经费。在小东向，她建立了六嫂（黎厚贤）这个交通站，她住在六嫂家里，培养六嫂入了党，六嫂的女儿也当了交通员，后来参加了部队。坚持在小东向的陈成来同志，打入村中公偿管理机构，掌握了公偿，还掌握了五六支短枪，团结了一班青年，在村前水寮上活动。1941 年冬，水乡区委还秘密地在小东向办了一个支委学习班，参加的有党员骨干 20 多人，古道、祁烽负责讲课。他们在一间泥屋里上课，放哨、吃饭均由六嫂负责。学习了党的历史、党的建设和民主集中制。小东向虽然离中堂三几华里，但我们党的活动是很有基础的，是扎在敌人心中的匕首，是水乡沦陷区的重要据点，是东莞和增城联系的一个中间站，对水乡开展抗日斗争确有十分重要的作用。

1940 年 2 月，黄庄平调来水乡当区委，他到了锦涡，锦涡发生械斗（第二次“崩围”），洪屋涡莫炎支持一帮，漳澎又支持一帮，两派正在打得不可开交，还有一派二三百人叫中间派。陈昶同志早在三八［1938］年底回到水乡在望角一带领导抗日斗争，他已到锦涡去收拾局面。黄庄平到了锦润和陈昶一起，又到洪屋涡和漳澎做双方的工作，两派慢慢就和好起来。当时村中因械斗，群众无法进行生产，生活很困难，陈昶想法到篁村购买蕃［番］薯回来救济乡民。群众安心生产，他们也取得了群众的信任，站稳了脚跟，开始发展了一批党员。这里四周都是水，河涌环绕其间，没有陆路入村，易于控制，很利我们的掩护，为水乡抗日斗争的一个据点。

1940 年秋天，王农［侬］同志被派到槎滘，她是水乡区委妇女部长，通过黎子松介绍到这里当教师掩护的。她在学校不仅白天上课，还办了夜校，团结了一批青年群众，先后吸收黎康（已牺牲）、黎柱流等人入党，进一步开辟了槎滘这个抗日据点。1941 年 7 月，王农［侬］调走，王羡来到槎滘后，成立了党支部，有十多名党员，由黎柱流当支部书记。支部开了车衣店、小百货店，以掩蔽我们党的活动；他们又组织生产合作社，集股做腊肠，借推销腊肠机会，传递情报，加强同新塘的联系。一次，有个重要情报要送到小东向，王羡她们就是利用了运送腊肠送出去的。1942 年初，槎滘分别成立男支部和女支部，由刘清负责领导，区委钟育民经常参加他们的学习，后来环境恶劣，槎滘仍在坚持，一些领导同志和暴露了的同志也曾在这里掩蔽。

1939 年秋，水乡区委陈福媛在杜屋村，组织了姊妹会，还办了一个用京文纸手抄的刊物《村女》，刊载过《饥饿》、《父与子》、《八月十五》等文章，揭露了日军在沦陷区的罪行，有力地激发了群众的抗日热情。1940 年组织和发展了“抗日大同盟”，1942 年区委又派黎子仁去杜屋村，发展党组织，吸收了杜周成等入党。1943 年，卢平（邱林）接替黎的工作，他们办夜校，发展“抗日大同盟”，以维持治安为由，组织巡乡队，掌握了一些枪支。这支武装后逐渐发展成为公开的抗日武装队伍。1943 年初，刘清也到了洲涡，在这里教夜校，联系了 20 多个妇女，以此为立脚点，联系各地支部。

1941 年 2 月，杜娟到了鹤田，组织互助会，互相帮工，发展抗日大同盟，到了冬天发展了党组织，有洪明、洪桂、卢品娴、洪银柱等加入了党。建立了党支部，杜娟当支部书记、洪明当组织委员、卢品娴任宣传委员负责情报交通工作，与区委、莞城尹七嫂联系。这时，鹤田成了很好的掩蔽点和交通点。谢丽霞、李兰芳、杨德元都在这里掩蔽过。他们又从鹤田发展到蕉利、马沥。甚至在日军据点的中堂对河的郭州也建立交通情报站由罗金润负责。

1942年春，陈荣业以做生意为掩护，常到泗涌，在泗涌建立了党支部，由李焕章负责。这时期，尹平也在东涌活动，他们在泗涌—东涌动员了一批青年到部队，还购买了枪枝，组织短枪队，群众抗日情绪很高，郭奖贤等青年用挠艇放传单，并把传单贴到中堂日军的碉堡。

在水乡各村都有我们的党员在坚持斗争，尹平在石碣、黎明在潢涌、卢淦明在洗沙、何佳在望牛墩……。这点点的抗日星火，不仅没有被日军铁蹄践踏而熄灭，反而在区委的领导下，遍布抗日据点，更加发展燎燃了。

（三）战斗在敌人内部

……

建立抗日根据地

东莞的水乡，虽然在地下党艰苦奋斗的开辟下，创造了很好的群众基础。但是，要建立水乡抗日根据地，还是有很大的困难。日伪要拼死控制水乡这个粮仓，为华南的侵略军提供军粮；还要保证广州外围的巩固，他们不会轻易地丢下广州外围这个水网地带。所以，在这地区据点林立。莞城驻有日军一个大队，石龙驻有日军一个中队，洗沙、石碣、中堂、麻涌、槎滘、潢涌、漳澎、望牛墩、洪屋涡、高埗、大汾等地都驻有伪军。水乡的土匪、地主武装势力较大，又较为集中、较为大股。但由于我党在水乡有较好的群众基础和星罗棋布的抗日据点；加上党地下工作的结果，敌中有我，敌人营垒中也矛盾重重。1941年5月间，“三大”的第八中队，由陈昶队长带领，尝试挺进水乡，到了凌屋村，后撤了出来。随着第二次世界大战欧洲战场，苏军全面转入反攻，美英军在太平洋战场的攻势亦逐步开展，形势于我们逐渐有利，敌营中的动摇和矛盾，有被我们利用的可能。1943年底，日寇驻广州的南支派遣军，为了打通广九铁路，调集近万人的兵力，对东宝地区进行大“扫荡”。我们粉碎日军万人“扫荡”后，打开了东宝地区抗日战争的局面，出现了以我为主的抗击日寇的新形势，也出现了我军大发展的黄金时代。鉴于东莞水乡地区的地理位置，易于与江北、江西的博罗、珠纵连成一片，东江纵队领导认为武装挺进水乡，开展水乡游击战，建立水乡抗日根据地的条件已经具备了。

（一）东纵武装挺进水乡

……

（二）水乡红了半边天

“三大”挺进了低涌的第二天，就打好了第一仗，为建立低涌抗日根据地打响了头炮。农历八月十五日下午3时左右，刘发如部由刘棠带领300多人赶到高埗，下午四时左右，分乘几只船，渡过南浦水，向低涌杀来。这是预料中的事，我们早有准备。低涌的群众一发现敌人过河，熊金枝、黄女便立即敲响大铜锣，集合了六七十支枪，跑到大队部，找到谢阳光说：“大队长，我们低涌佬和‘老模’去打刘发如。”

低涌当时虽然还没有地下党组织，但由于经常与高埗往来，受到党的影响。所以，刘发如一来，群众便主动与部队一起投入战斗。我们部队顿时增加了很多力量，连不拿枪的群众也纷纷参战。谢阳光同志非常高兴，派人把这一喜讯传给部队的同志，叫大家坚决打击敌人，报答低涌群众。部队同志受到极大鼓舞，信心更足，军民并肩作战，勇气倍增，杀敌情绪更高。敌人来势虽凶，在我们猛烈的还击下，不到一个钟头，便向高埗败退了。我们抓住时机反击，把他们打得落花流水，来不及过河的敌人，纷纷泅水逃命。挺进低涌第一仗，共毙伤敌人20多，缴步枪7支。战果虽然不大，可政治影响很大。这一仗初步树立了抗日游击队的威信，使敌人尝到了游击队的厉害，不敢轻举妄动，我们赢得了时间，迅速发动群众，组织群众，成立了低涌民兵大队。低涌、凌屋村和附近村庄的农会、妇女会、儿童团相继组织起来，各地青年也纷纷前来参军，部队不断发展壮大。为配合水乡武装斗争，水乡区委在尹平同志家里调整了领导成员，由陈文当区委书记，刘清搞组织，刘云搞宣传。并派刘清同志到低涌，向部队详细介绍了当前水乡的各种情况，对水乡抗日根据地的建设起到很好的作用。

……

李潮是日寇对付我抗日根据地的急先锋，是敌伪顽三位一体的混合种，作恶多端、血债累累，李一之和叶碧华被他打死，并抛尸于冼沙村前的河涌里。李潮派他的胞兄李女带了 200 多人盘据［踞］冼沙，离低涌仅六华里，对我威胁甚大。如果攻克冼沙，将解放水乡东北面一大片，游击区可以扩展到东江河边，伸至石龙，大大减少我们的后顾之忧。于是决定攻克冼沙。

1944 年 11 月 20 日晚，支队政委陈达明派主力大队长沈标带领黎汉威中队 120 余人前来参战，部队从低涌出发，次日凌晨一点到冼沙，对敌人各驻地进行分割包围。战斗打响后，突击队冲进李女卧室，俘虏了伪团长李女夫妇，拂晓前全部攻下各驻地，全歼守敌。这一仗毙伤敌人 60 多人，俘伪团长李女以下 150 余人，缴获轻机 8 挺，长短枪 180 枝。在战斗中，低涌民兵正副队长熊金枝、黄女率民兵大队积极配合部队警戒、押送俘虏，立了战功；群众也出了大力，男的上了前线，妇女搞后勤。低涌的五嫂占伟民、大嫂吕寿兴、福嫂刘奎、五嫂黎清和凌屋村的二婆，带领一批妇女，划了许多小艇，来回于低涌、冼沙之间，运送部队和伤员，送茶送水，搬运物资，慰劳部队。冼沙是水乡敌伪的大据点，攻克冼沙，震动了敌人营垒。黎林解除了威胁，十分高兴，硬要何清和谢阳光喝胜利酒；卢连也暗中派人来道贺。这一仗显示了游击队的威力，我军在人民群众中威望更大。这时，水乡地下区委给予部队大力支持，区委书记陈文、区委刘清经常来向部队汇报情况，廖安在江城洲动员了一批青年来参军，部队有了很大的发展。

……

水乡人民，在抗日战争中作出了重要的贡献，也付出了很大的牺牲。这些光荣的史迹［绩］和英烈，是我们要永远怀念的。

在战斗中的卫生员[①]

樊　英

我不喜欢回想，但在战斗的年代里，卫生员斗争的事迹，使我难以忘却。

一、约场医院

一九四九年一月二十日，我和二妹由广州女师地下党组织介绍到游击区。农历除夕，我们在九龙地下交通站的带领下到了元朗，越过封锁线进入宝安县，在白石龙村欢度年初一后，交通站一程一程地把我们送去团部。

正月十五日深夜到了浮竹山，团部管组织的湛芬同志热情地接待了我们。第二天分配工作时，她同意我要当卫生员的要求。下午，她派团部的小交通员送我去医院。我跟着小交通员尽往深山里钻，走了约七八天，到达惠阳县的约场。这里山明谷秀，医院驻在半山腰村落中一户很结实的瓦房里，小交通员把我连介绍信一起交给院长王福。王福约二十六七岁，身材高大结实，肤色黑里透红，有一对闪烁着热情光芒的大眼睛，梳着一条可以盘髻的大辫子，穿一套黑布唐装衫裤，系一条客家围裙，头戴一个有镰刀斧头的红五角星。她看完介绍信后满高兴地笑着，立即把我带进里屋，介绍给跟她一样打扮的王铭、谢慧、黎桂英、陈玉珍等几位同志相识，她边介绍边说："来了一个学生妹，真宝贵。"把我脸都说红了。她说："王铭是孤儿院的，我和谢慧是工人，黎、陈是放牛女，三团的医院

① 收录于中共东莞县委党史研究办公室、中共东莞县委党史资料征集办公室编：《东莞烽火》第二册，1983年，第90—103页。

就是这个样儿，没有专业人员，你这个师范生自愿当卫生员就很好嘛。”说得我也不好意思了。我环顾这间堂屋，只见厅堂上搭了好几张禾草垫子铺得厚厚的统［通］铺，睡着伤病员同志，厅底八仙桌上，摆着几个装得满满的红十字药袋，东西干净利落，一背起就能转移。“来，新同志先休息一下，我们住阁楼上。”黎桂英说罢领我爬上侧房的大木阁，热情地帮我解下身上的背包和毛毡，不由得我心中涌起一股暖流，遍及全身。在这个革命家庭里，王福、王铭专门为我上战伤救护课，手把手教我替伤员同志洗伤换药，几个伤员同志待我很好，不嫌我新手，反过来鼓励我大胆工作。

医院每到傍晚就更热闹了，谢慧教唱歌，院长叫我上文化课，课本是《论联合政府》《新民主主义论》等。

伤员的伤势日见好转，为了他们能早日重返前线，院长和武工队长领战友们上山装兽剪猎黄猄、野兔，给伤员增加营养，老百姓也常送鸡蛋来，身体有滋补，康复得更快了。

一天傍晚，伤员已伤愈要归队了，院长又接到命令，调王铭、谢慧两同志到连队，我们也要回路西去。于是，大家马上收拾行装，打扫营房，大家高兴的唱起出发之歌：“太阳做我们的响导，大风吹起出发的前奏，我们又到了再出发的时候……，同志，我们在工作中相识，应该跟工作走……”在歌声中我们一行人下了山，依依惜别中分道扬镖［镳］。

二、宝安医院

离开约场，我们连续几天夜行军，过了路西，院长才告诉我，此行是去支援宝安医站。我们在宝安阿婆坎村对面的炭窑里找到医站，这炭窑还散发出一股暖气，在地上铺一层厚厚的稻草，同志们绕圈子睡在这个太平铺上，三个壁龛里点放着煤油灯，窑内充满神秘的色彩。当晚深夜就来了一大批伤员，我们就忙起来了。医站里有一位身材纤细、乐观爱笑的同志指挥我们洗伤口、扩伤缝合、打针用药，技术很熟练，医道也精通，大家都很佩服。伤员安顿好后，大家一起研究治疗方案。这时，宝安医站站长曾瑞英才介绍她叫尹志明，是护校、助产学校毕业的医务人员，游击队有这样科班出身的人材，真是凤毛麟角啊！我建议她当老师，“尹老师”就这样叫开了。我们有了正式的医务人员，伤员治伤也有了信心。王护英、王护文两同志原想当文工队员，现在有尹老师教技术，伤病员也不断鼓励他们，后来都成了出色的卫生员，还跟连队东上了。

“三·八”国际妇女节那天，团部召开纪念大会，由袁卫霞、莫儿主持，团长麦定唐还讲了话，他祝贺一番之后，毫不客气地说：“你们妇女同志，整天喊男女平等，我看呀，你们倘若能成立一个女连队，抓枪打几个胜仗，男同志们才会真正佩服你们，否则，不敢恭维了。”说完，他偷偷地笑着，走下讲台。团长虽是带几分开玩笑的。但却激发了我们的热忱。大家回到医站，站在炭窑前面，认真地思索着，有的向院长和尹老师提出设法找一种药，让女同志吃了，月经一下子排净，不要罗［啰］唆几天，这样，我们就可以成立连队了。院长笑着搂住我和王护文的肩说：“傻丫头，团长耍的是‘激将法’。他难道不知道，我们三团的卫生员和炊事员同志在连队里全是女的。她们比一般战士都辛苦，行军时，她们要背药袋、担伙食萝［箩］，每天转移到驻地，炊事员马上要烧开水，做饭、做菜；卫生员马上要检查战士行军情况，脚打泡的，要帮助他们用头发丝串泡；大家都睡觉了，卫生员还要查铺，替战士盖毡盖被；打仗时，卫生员跟着突击排战士一起冲锋陷阵；战场上同志挂花，卫生员要把他们背下来抢救、止血。如果形势需要我们马上可以把女连队成立起来的。”王福同志说话很富英雄气概，铿锵有力，我们都在心里暗下劲儿，学好战伤救护技术，争取出连队，争取东上。当时学技术，得到团首长大力支持，他们常到医站来，找新卫生员打针，说是敢打第一次，以后就不怕了。我打第一枝静脉针，是县长曾劲夫，叫我拿他手臂上的静脉做“试验”的。

三、福姐牺牲

四月中旬，宝安医站转移到龙华附近一个小山村里，团部又调来了陈伟和林竹两位襄师女学生。她们都能歌善舞，使我们的生活增添了不少色彩。为迎接“五一”国际劳动节，陈伟教大家跳新疆情舞，林竹打拍子唱歌。夕阳斜照里，草坪上一片欢乐，轻伤员也参加排练，当时只有伤了大腿骨的叶洪友和另一个小鬼躺在屋里床铺上，我和王护英陪着他俩。为了把他俩骨伤治好，不使残废，站派我们护送他们去梅塘田心时，找陈培医生治疗。弄清了当天的口令，我们和两付［副］担架离开驻地，福姐把我们送到山坳，她叮嘱我们说：“大军渡过长江，宋子文垂死挣扎对华南游击区加紧‘扫荡’，情况很紧，你们一路上提高警惕，小心谨慎，白天注意隐蔽。”我们点头答应。又谁知此一去，她与我们竟成永别！我们一行在百花洞与从东莞“扫荡”过来的“呵呵鸡”险些遭遇。幸得群众掩护，帮助我们迅速向后山转移，在竹林里隐蔽了一天一夜，也饿了一天一夜。第二天，敌人走了，好些群众来送茶送饭，我们继续由交通站送我们到田心村。

宝安医站在“五·一”、“五·四”汇［会］演后，转移回阿婆坎村炭窑。大约是五月七日那天，她们出村做饭、晒太阳，不慎被敌人发觉，敌人的队伍行入阿婆坎村与医站（炭窑）间那一垄田畴上，王福、张哲两同志带领一群卫生员和轻伤员朝村后岭岗撤退，敌人拚［拼］命追赶，这时福姐不幸腿部中弹倒地，有一卫生员回头要把她背走，但她拒绝了，叫大家快撤，她在后阻击敌人。可是，国民党反动军队冲到她的面前，向着她的腹部连击数枪。我们敬爱的院长王福同志就这样光荣地牺牲了。月底，麦霞带来这不幸的消息，也带来组织批准我加入中国共产党的通知，五月廿八日，我在田心村的山谷里，面对《论联合政府》书面的毛主席像举行宣誓，麦霞当监誓人。我决心继承先烈遗志，为共产主义事业奋斗终身。同志牺牲的消息，使我思想陡然成熟了不少。我的同班同学李冬燕，她与钟齐好在随交通站进入游击区还未赶上团部报到的途中，遇敌“扫荡”，不幸中弹牺牲了。陈泳莲，一个高高的漂亮的姑娘，在连队同敌人战斗中，为抢救一个小鬼，牺牲了；黎桂英在浮竹山战斗中腹部中弹，肠子流了出来，几经辗转送到我们医站不治而死去，在埋葬她的时候，我将发给我的那块毛毡剪下一半，覆盖在她的身上。对我这位纯［淳］朴沉静好学的战友，我心中只觉她还未享受人间的温暖，半幅毛毡赠战友，是我们卫生员对牺牲的战友的悼念。我们几个幸存者晚上紧靠而眠，凉风吹来也不觉得冷。人民群众对牺牲的同志的无限深情，更使我们感动，使我们永志难忘。福姐牺牲后，阿婆坎村的妇女会主任，将她家里为老人储备的油漆棺木捐赠出来；村中百姓帮助医站装殓埋葬好王福同志，使她安然入土，使同志们安心转移。虽事隔三十多年，我们三团卫生员每谈起此事，均不禁遥向宝安阿婆坎村的人民群众深深致谢！

四、转移“莫斯科”

麦霞领着我们在田心村与屏山水口交界的山峡里建立了东莞医务站（现黄江烈士水库），区乡政权动员群众为医院在水瀑溪江搭好三座坚实的草寮。寮下边铺了床板，好象一个木阁，伤员们睡得很舒适。这时，团部又派来了张勤、梁昌、利贞三位医护学校毕业的同志，她们都是城市姑娘，性格开朗，多才多艺。她们四位与尹老师成了当时三团两医站的医疗骨干。这时，站里重伤员仍是叶洪友和小鬼两人，我的任务是每晚入黑后，从山峡走三十分钟落田心村陈培医生家里取两帖草药回寮替他俩换药。常常遇上风雨、蛇蝎挡道也不觉得害怕，因为总觉得山谷深处有自己的同志住着，山下乡村里也有我们武工队、组工队和税站、交通站、情报站的同志。“周围有自己的同志”，使我们卫生员天不怕、地不怕，神不怕、鬼不怕。我们的药库在漫山遍野的“金塔”里，我们把药领回来就藏进去，三更半夜去取也不怕、不犯难，常常误拿人的骨殖，拿错了再放进去就是了。

一九四九年六七月间，梅塘田心村被袭击。前十数天，我们医站三十多个同志住在草寮中，一天早晨，放哨的同志发现山顶稜线上有人影闪动，山顶丛林里野鸟冲天飞叫，我们闻报心知有异。立即宣布停止一切烟火（伤病员一天只给几颗冰糖充饥），禁绝大家出寮走动。（寮顶是用藤蔓杂树掩蔽着的），医站幸而没有被敌人发觉。整个上午枪声四起，战斗很激烈。下午枪声沉寂，麦霞派我下山侦察，我戴上凉帽，手执一根扁担下山去，远远发现一群“呵呵鸡”在峡谷对面的山包上，架起机关枪，我赶紧退回。直到夜幕降临时，我又与黄发、温齐兴两位轻伤病员从山这边翻越过去，沿山路摸到屏山水口，找上级联系，幸喜曾玲区长在水口交通站正与几个同志研究局势。一见我们来，知医站安全无姜［恙］，她十分高兴，马上斩钉截铁地说：“敌人今晚是撤退了，我们遭受损失，牺牲了几个同志，明晨‘呵呵鸡’可能再来，医站必须趁夜转移去‘莫斯科’”。我们立即赶回梅塘，到长山口请乡府派担架，然后回到草寮向麦霞报告。于是全站卫生员立即行动，与担架队一起帮助伤病员转移到距梅塘几十里的“莫斯科”。长山口和上下流洞的人民群众，一方面派出十多付［副］担架；另方面，派了一队人运给养去“莫斯科”山洞，把洞内的大石板床，铺上厚厚的稻草（据悉这石床曾睡过一个连队）。石床东边有一个石厨房，有一道山泉象不竭的泉水，厨房里石台石柜上放满柴、米、油、盐、鸡蛋、糖、麦片和锅碗、瓢勺，一应俱全。当医站转移到洞口，已是凌晨三四点钟。洞口是垂直下降两三米深的石壁缝隙，担架队员们逐付［副］担架利用山藤、麻绳吊下去，健康人则猿猴盈秋千般吊下去，下了缝隙处，洞口便豁然开朗了。他们替我们安顿好后才翻越山顶回去，乡长拉着我在后面将队伍踏过的草扶起，遇泥泞脚迹处，用草担子把尾部扫平，去掉痕迹，鬼头仔再猖獗、再狡猾也敌不过保护我们的人民群众。医站隐藏在这里，白天当黑夜睡觉，晚上当白天煮吃两餐，给伤病员炖蛋糊、煮麦片；消毒敷料、注射器，打针用药，换洗伤口。这样，在这上下两层的大石洞里，住了一个星期，药快用完了，我和麦霞去找付［副］官处要药。于是我俩穿上红茨莨衫裤，头上梳发髻、戴本地凉帽，肩挑一担谷萝［箩］，跟送给养来的大嫂，翻山越岭找到交通站寻找副官处。

五、依靠山林　依靠群众

我们找到副官处，碰上团直属几个连队发军服，他们穿上粤赣湘边队的墨绿色军服，打了绑腿，头戴园［圆］顶军帽，帽上红星闪闪放光芒，个个威风凛凛，人人喜气洋洋。我和麦霞看着眼红，于是缠住蓝英、洪涛两位副官，硬要替医站卫生员领军服。他们笑着推搪着，当我们正在领药，一群穿了军服的连卫生员来到我俩身傍［旁］，戏谑着向我行军礼，麦霞一手抢过她们的军帽戴在自己头上，大家正拥在一团，团部卫生员黄葵来了！她是我心目中的一个英雄人物。她能打善跑，有一双大大的眼睛和嘲弄敌人的咀［嘴］角。她说："杨培政委请你两位去谈谈。"我们到了村内一间民房的阁楼上，杨政委亲切地跟我们握手。详细地询问我们前段关于一个小鬼同志受伤后住院治伤，伤已快好，下河洗澡，感染破伤风不治而死的情况。他叹息说："医站没有破伤风免疫血清是不成的。"即叫交通站长，要不惜任何代价，派人去太平镇购买一批破伤风血清回来给医站用。后又询问我们医站里同志们的情绪，我们在平易近人的政委面前，诉说远离战斗部队的苦恼来，左转右转地归到要求发枪、发军服。杨政委大声地笑了，说："不是有过历史经验教训吗？医院里都是女同志、伤病员，战斗力弱，过去发过枪，遭遇敌人打起来，吃亏还是我们自己，又不宜派武装部队保护你们，因为这是游击区，有巩固的后方。我们团党委考虑医站是不是执行这样一条方针：'依靠山林、依靠群众。'现在你们住在'莫斯科'岩洞里绝对隐蔽，不是不好，但不灵活，一旦被敌人发现就不好办。我的意见，将你们一个站分成两个站，麦霞带重伤员，在山坑密林间转移，樊仔带轻伤员，化装掩蔽在老百姓之中，两个站都可辗转在我群众基础较好的山区里。你们两个以为如何？"政委百忙中这样认真地和我们研究问题，布置工作，我们还有什么话好说呢，军服更不必提了，还有什么别扭呢？明月西沉，村庄沉静下来了。我和麦霞挑起八十多斤重的药物担子，起程回"莫斯科"去。预计我俩走走停停，在晨曦前可赶回驻地。我俩对主力营地，不由自主地发出无限依恋之情，真个是一步一回头。但觉晴朗的月色，一阵阵的朦胧起来。战士有泪不轻弹，这一夜，我俩是尽情的倾泻了。

六、流动医站

软弱和刚强，在我惆怅的心头交战，我要离开大姐般关心人的麦霞同志，单独工作了，我们忍痛分了家。

我、梁昌、刘雪清、张婉群和后来的袁惠芳、袁卫珍、许坚灵等几个同志，带着十个、八个轻伤病员在飞鹅山区转游起来。我们依据每天晚上接获的情报，跟敌人“捉迷藏”。我们包里有两套服装，一套是客家妹的，一套是本地妹的，穿戴入乡随俗，有绣得很漂亮的围裙，花手巾和凉帽随身，伤病员也穿农家服装。我们所到之处，还要借用一些锄头、粪筐、谷萝［箩］、米筛之类，有空时帮烈军属干点活，红色山区群众对我们这些“特殊居民”异常关注，有一次，大队敌人包围了我们住的村子，几个老大爷、老大娘到我们住处，分头领我们走出田野，避过了敌人的围捕。

我们每天晚饭后，打扫营房，打点行装，转移到另一个村落去。每到一村，常是掌灯时分，我把抄写好了的大幅歌纸，上下用竹枝表［裱］糊好，张开挂在祠堂或书舍的墙壁上，梁昌手拿教鞭，教大家唱歌，村上男女老少也陆续地高高兴兴地围拢前来学唱。有时，我们也教识字、讲故事。不少村民误认我们是文工队，找我们判断纠纷，当我们帮过几次产妇接生，替病人打针、用药，才悟到我们是医站。这样，我们站稳了脚跟。

轻伤病员中有三个小鬼给我的印象很深，黑仔陈信是小鬼班送来的，他是个钢条样的少年，当时不满十四岁，打仗勇敢，他的病是他为了引诱敌人进入伏击圈，一口气跑了十几个山头，累出胸疼这个病来，他的胸疼每天定时发作。发作时要替他按摩，吃三溴片。日见好转，便天天缠住我，要求归队，一天到晚嚷着“还我的七斤半，还我的七斤半！”我只好跟他讲起《青年近卫军》的故事来，只有在听故事时，他才安静下来。记得当时我在一篇日记中写道：“使黑仔知道克拉斯诺顿的英雄们，这就是对他的教育。”还有黄大有和姓丁的小姑娘，当时都不过十岁、八岁，他们跟村里的娃娃学唱歌、学文化，跟黑仔一块听故事，病好转很快。我们还将每月一元钱的津贴，买牙膏牙刷要他们刷牙。跟医站十几天，黑仔恢复了满口雪白的牙齿，十分可爱，被农民笑他替黑人牙膏卖广告。

伤病员从我们医站一小批一小批的出去，又一小批一小批的进来，八月十五那晚，突然送来十几个轻重不等的伤员，原来三团又打了一场大仗，我们应急处理后，将伤员护送到麦霞的医站去治疗、护理。我们医站又聚合了，冯素灵、张群、钟和等同志也在这时相会、相识了。

七、为一百个民兵连培训卫生员

边纵为迎接大军南下，开展“十万党员十万兵”运动。新建制的正规连队源源东上，一派热火朝天的喜人景象。一天，领导同志指示：惠东宝游击区要建一百个民兵连，各部门要做好支前准备工作，迎接大军南下。每个民兵连要配一个卫生员，正动员姑娘们参军。指定我、张勤、梁昌、利贞负责组织培训这批卫生员。我们班的驻地常紧靠着三团团党委举办的入城训练班。

卫生员训练班的教学内容，由张勤等自编、自印、自讲。我负责生活管理。

我们每天黎明就起床，全体师生、全付［副］装备（一个满载的药袋，一条米带，包袱、毛毡、雨布，束缚整齐），跑步约半小时，然后洗澡，吃一盅盐开水，我们每天吃两顿，朝八晚四，九两米、二钱油，每周四两肉，每月一元零花钱，女同志另加三角。从政委到士兵，一视同仁。

卫生员训练班近一百人。她们中比较活跃的有陈玉怀、张慧兰、郭润、罗丽娟等，都是十五六岁，有些十七八岁，天真活泼，满腔热情，机智灵巧。学技术很快就上手，肌肉、皮下，静脉注射都是互相练习学会的。在班严格执行一不喝生水，早晨吃盐水；二不淘饭；三不吃锅巴；四蹲下装饭，装饭时不言笑，饭壳插在饭中央；五餐具每周消毒一次；六每周喝一次凉茶等卫生制度，由于严格执行这样的制度，同志们绝少患肠胃病。

训练班里，同志们绝大多数是瞒着父母参队的。有时碰到母亲来寻女儿，有的要拉回去，有的求见一面。这时姑娘们自会应付自如，她们把女伴藏得严严实实，把家长接待得好好的，跟家长宣传为共产主义奋斗的大道理讲得头头是道、入情入理。使家长们受感动，叹息着回家去了。

后来，形势发展很快，解放大军进入华南，敌人逃遁，华南很快就解放了。一百个民兵连还没有组织起来，迎接南下大军的鞭炮，已在游击区处处村落放起来了。

八、人民依依不舍

我从训练班回医务站。在长山口村前，红旗满天招展，我们和村中父老兄弟姐妹一起欢迎大军。他们个个征尘仆仆，象一条不见首尾的巨龙在前进着，由于多日急行军，已极度疲倦和饥渴，可纪律极之严明。当他们知道在这里有一个游击队医务站，马上交给我们十多个伤病员，叮嘱我们代为治理，一位教导员留下他们部队的番号以待伤员伤愈归队。就这样，三言两语，他们继续追歼逃敌。

留下来的伤员，多数是湖南藉［籍］的同志，都很年轻，纵然有伤病痛苦缠身，他们对我们卫生员总是非常尊重和气，满脸堆着笑容。有个年纪最小的同志，天天捧住饭碗发呆，我们想尽办法规劝，他也吃不下饭。后来听说湖南人爱吃辣的。我便到村前岭下，采摘了一把野生指天椒，回来送给他，这小鬼见到指天椒眉开眼笑，炊事员同志替他用酱油泡泡，从此，他吃起饭来津津有味，健康恢复很快。

医务站再不愁敌人来“扫荡”，再不用三天两头转移了。我们都心情坦荡荡，喜洋洋的。不觉间过了十多天，上级还不派人来接我们，也未接指示，我们急了。大家伙催我进城请示。第二天，我起得很早，天上晨星闪烁，我就动身去莞城，独个儿从长山口下梅塘，出黄江，中午才到达常平区府。在区府见到区长曾玲同志，她叫我找到军管会卫生科请示再定医站行止。吃过饭，我又独个儿从常平步行到莞城，找到东莞医院，见到张哲、麦霞两同志时天已黑齐，他们高兴地告诉我医院已接收好了，叫我回去领医站全体同志入城。我在现人民医院门诊部旧楼三楼的同志宿舍住了一宵。第二天一早，我穿上军服（新发的）循公路步行整天，入黑回到长山口医站，传播喜讯：准备入城。

长江乡乡干部江顺等同志高高兴兴地为医站进城，打点一切。

我们医务站，大概是三团最后入城的队伍了。二十多付［副］担架，约十个卫生员和炊事员仍背着十字药袋的，担着伙食萝［箩］的，大白天行进着。我一天走完的这段路，队伍要分五站走。每到一站，人民群众热烈地迎送我们。宿营时，老大爷、老大娘亲切地请我们到他们家里作客，煮番茨、芋仔、鸡蛋款待我们。伤病员不再睡祠堂地上的禾草垫，而是将小学的课室扫干净、把课桌并成一张张床铺，再叫伤病员同志们住好。每从一地起程时，老人家们、姑娘们挽住卫生员的手，依依不舍，青壮年男子争着抬担架。他们都异口同声地说："你们入城了，可不要忘记我们！""不要忘记我们！"每听到人民这样深挚的语句，热泪就涌上我们的眼眶……

一晃，三十多年过去了。当时情景仍历历在目。红色根据地的乡亲，曾经怎样深挚地与共产党人血肉相连，相依为命；怎样寄无穷希望于中国共产党，过去是这样，现在还是这样。我们每个共产党人不得不在回忆与现实中严峻地审视我们自己，我们的一举一动，一言一行是否忘记了人民？是否辜负了人民的期望？我们每个共产党人是否能在严峻的历史与现实面前，从新的起点上，着手为人民谋福利。这才是我们每一段斗争生活的归宿，也才是我们需要回忆我们斗争生活的目的所在吧！

缅怀卫生战线上的英烈们①

樊　英

三团的卫生战士，是在战火中锻炼出来的。她们英勇坚强、关怀和爱护战友，在战斗中常冒枪林弹雨抢救伤员。其中光荣牺牲的有王福、叶碧流、黎桂英、陈卫、黄进喜、黄月琼、李冬燕、陈泳莲等同志，她们的献身精神，给指战员以很大鼓舞。

三团从 1948 年春建立医院以来，战斗在卫生战线的从七八个人逐渐增加到八九十人，除张哲同志外，都是年轻的女同志。这八九十位热血女青年来自五湖四海，先后参加到粤赣湘边纵队一支三团这支革命部队，服从革命工作需要，被分配在团直属医院、医站，分配到连队及营、团等战斗单位当上一名卫生员，在战争环境中，为人民解放事业，作出过贡献。

我们永远难忘为人民解放事业早早就奉献出年轻生命的 8 位卫生员战女，她们用碧血写成了一首首悲壮的诗篇，汇入东莞英烈的丰碑中、史册里。她们亲切的面容、崇高的心灵和思想，首先永远铭刻在我们这群幸存者的心目中，并为后人所景仰而永世长存。

多数卫生员都认识和跟随过三团医院院长、共产党员王福同志，她平易近人、和蔼可亲，工作上热情能干，胆大心细，卫生员们总是亲切地叫她“福姐”。

1949 年 5 月，垂死的敌人趁我主力连队源源东上，四出反扑。8 日，医院流动驻在宝安阿婆坎村对面的炭窑里。福姐是在敌人发觉了医院伤病员踪迹的关键时刻，毅然以自己为目标，向相反方向走，鸣枪引开敌人的

---

① 收录于中共东莞市委党史办公室编:《东莞烽火》第十册，广东省东莞市印刷厂，1987 年，第 55—58 页。

注意力而献身的。她离开我们了，而我们的脑海里常常浮起她诚挚的笑容。她关心热爱伤病员，为伤病员的康复和安全绞尽心血，精心培育新同志的无私品质，成为我们学习榜样。

早在1948年9月中旬，粉碎宋子文第二期“清剿”的战斗中，我二团、三团发起镇隆战斗，钢铁队负责在井龙路上伏击来援之敌，敌退入井龙炮楼顽抗，一位英雄战士与敌激战中中弹跌倒了，一贯随队作战担任救护的连队卫生员叶碧流同志，冒着弹雨，背着药袋冲上前去，蹲下为战友包扎止血，敌人在炮楼里扫来一梭罪恶的子弹，夺去她年青的生命，她的牺牲激起同志们无比的悲痛……叶碧流，她勇敢无畏的英姿，天生俊丽的女儿神韵，她的名字和人品，好象桂花一样芳香，永远留在战友们的心间。

1949年4月，17岁的黎桂英从团直属医院调到战斗队当卫生员，这环境更发挥了她的活泼敏捷，处处关心别人的性格特点，她和老战士新同志相处得十分融洽，她有一股不知疲倦的工作精神，连队有了她更加生气勃勃。6月21日，敌人纠集六百多兵力包围我驻浮竹山的三团一营二连。浮竹山突围战打响了，黎桂英坚决留下跟第一排战士一起阻击敌人。连长再三叫她先撤，她还是站到战斗的最前列，在战场上参与对敌鏖战突围，冲锋陷阵，身负重伤仍坚持战斗……敌人密密麻麻蜂涌［拥］而来，包围圈越缩越小，对我展开了激烈的枪战。突然，有位冲锋枪手中弹牺牲，敌人乘隙突入一排阵地，双方展开了肉搏战。黎桂英眼明手快，双手举起沉重的药袋向冲在最前头的一个敌兵砸去，接着一个箭步冲到倒下的同志身边，抓起冲锋枪立即向敌人扫射。敌人被打退了。同志们迅速在山腰小屋集中清点了人数，只有几个同志受了轻伤……这时，敌兵一个班偷偷爬进小屋，通讯员李祥……牺牲了，黎桂英怒火中烧，端起冲锋枪就要往前冲，连长一把将她拉住，紧接着一排机枪子弹擦过黎桂英头顶，连长拿过她手中的枪，向敌人射击，把偷袭的敌人打退了。接着，黎桂英同志等从敌尸堆中捡来八颗手榴弹分给同志，又用冲锋枪猛射敌人，几个跑得快的敌人也被她打倒。突然，一发机枪子弹从她左腰射入，从小腹穿出，伤口很大，鲜血直流，肠子也露了出来。黎桂英忍住剧痛，用衣服紧紧束住伤口，继续向敌人冲过去。

……连长见她腰部一大渍血，要她赶快撤过打石岭。这时，敌人的火力疯狂的压了过来，连长发现黎桂英还站在那里和敌人对射。

……连长用冲锋枪击退了敌人，黎桂英和同志们撤到打石岭上。黎桂英伤势很重，……关心的仍是患难与共的战友。当天下午部队赶到黄婆岭，把黎桂英送到团卫生队。一到她就催护送的卫生员带药品赶回连队，还向同志们讲述浮竹山战斗的经过。可是，黎桂英的伤势恶化了，抢救已来不及。23 日晚上，在梅塘田心村后的山峡草寮里，这位英勇的卫生员停止了呼吸。在全国解放的晨曦已露的时候，黎桂英同志献出了自己宝贵的生命。（摘自《南粤红棉》165 页）

1948 年 6 月，铁鸟队卫生员陈卫等同志牺牲；1949 年 3 月 7 日，由香港经石龙回来参队的卫生员黄月琼同志牺牲；1948 年 6 月驻北岸岗医站被包围，同敌人战斗，卫生员黄进喜同志突围时牺牲。

1949 年 7 月 19 日，在龙华战斗中，金虎连卫生员陈泳莲同志和小战士麦泰一起撤退在高峰山下的峪谷中，麦泰射击搜索之敌，暴露了目标，被敌人密集的子弹击伤，陈泳莲冒着弹雨抢救他，为他包扎伤口，敌人又一阵疯狂的扫射，他俩中弹相继壮烈牺牲。他们为祖国、为人民的自由解放，献出宝贵生命时麦泰只有十八岁，陈泳莲二十岁。陈泳莲是从香港回来参加三团的。据说她有一个富裕温暖的家庭，受过多年教育，文化水平较高，懂英语。她是位肤色浅黑、清秀苗条、热忱文静的姑娘，对她的牺牲，同志们异常痛惜。

1949 年一二月间，广州女师有四个学生，经地下党老师介绍，分两批回惠、东、宝游击区，第二批回到三团的是李冬燕、钟齐好，她俩是战时儿童教养院的孤女，抗战胜利后从粤北返穗考入女师简师部念书，靠微薄的助学金食单条饭的情况下维持学业，接受了地下党老师的教育，觉悟到一切苦难、罪恶的根源是三座大山统治中国造成的，只有推翻三座大山，劳动人民才能翻身得解放。因此，于第五个学期寒假，她俩回到三团，分配在一个连队里当卫生员，她们满腔热情，但缺乏战伤救护知识，组织上安排她们到医院培训，跟交通员去医院的路上，遭到敌人的袭击，李冬燕不幸中弹牺牲，年仅18岁。

英烈们为祖国为人民、为共产主义理想的献身精神，永远值得我们缅怀与学习。

本文根据龙若冰、叶录茵、黄慕坤、钟齐好等同志的文章及有关资料整理。

战斗在三团的女兵[①]

樊　英

1945 年 8 月，日寇投降，东宝军民与全国人民一道欢庆抗战的胜利，并准备着手建设洒满抗日烈士鲜血的家园。不料，刚刚晴朗的天空，突然又乌云密布。国民党反动派加速调集军队，向我东江解放区发动全面进攻，妄图一举歼灭我东江纵队，独吞抗战的胜利果实。东纵遵照党中央的指示，执行“双十协定”北撤山东烟台，留下的人员分散掩蔽，等待时机，坚持斗争。北撤前，女同志袁蔚霞就调出香港港九临时支部，负责联系接收从内地撤出去的党员盟员的组织关系，当时有李琼珍、莫宜、曾玲、陈怡、李焕章等一批女同志撤到香港，祁烽布置她们自谋职业，站稳脚跟。因此，莫宜领几个女党员到平洲火柴厂做工人，成立妇女党支部，莫宜任支部书记；曾玲在学校当教师，也组织青年演剧；王章在香港党的机关成立教师支部，并任支部书记；邹玉兰、邹敬云、邹洁云、张必薇（张辉）等到荃湾三栋屋织布。

留在东莞坚持斗争的同志分成三线隐蔽。留在清塘地区的张秋云在杨梅岗遇敌搜索，后由群众掩蔽才脱险，其余党员都分散在农村掩蔽，坚持下来的多是女同志；留在厚街的有王莲、王霞、王倩、王如珍等。王如珍被敌人捉住，审问她年纪小小为什么犯罪？她大义凛然地说：“我抗日救国有何罪？”随后敌人又将捉到的其他同志带来叫她认，她均说不认识。敌人软硬兼施审问几天，一无所获。最后由白皮红心的保长把她保了出来，再安排她到有钱人家去做工，从中了解敌特行踪，并把情报转送

① 收录于中共东莞市委党史办公室编：《东莞烽火》第十二册，广东省东莞市印刷厂，1988 年，第 47—52 页。

部队。

1946 年 8 月，县副指导员杨培将清塘地区 60 多位共产党员名单交给抗日后期在上村当妇女会长的张辉，叫她与这些同志保持联系，她时而以小贩面貌出现，时而以教师身份出现，时而是以去相亲为掩护，时而又自称是回娘家的媳妇。就这样，她的足迹踏遍清塘地区，巧妙地躲过敌特的追捕；同时，在部队重建之初，给养很困难，她动员家庭带头，并发动侨眷借钱借谷支援部队。

1946 年底，东莞开始恢复武装斗争，原东纵女战士纷纷归队，曾玲由港派回内地做宣传发动工作。不久，莫宜又被调回宝深线做地下工作，先后在赤尾、皇岗小学教书，并与张峰（张哲）、莫靖远（莫杨骏）三人成立党支部，莫宜任支书。另外，又负责联系南头、西乡固戍等几个点的党员，恢复老党员的组织关系，发展积极分子入盟入党，打下了很好的群众基础。袁蔚霞这时也由香港调回三团政治处工作，王章则归队到边纵一支在二团活动，后由王章、叶茵、朱薇等同志组成江南妇委，从事妇女工作。

原东纵卫生员邹洁云、袁志聪、黄葵归队后，在“三大”任卫生员。不久邹洁云上调边纵司令部，张淑文归队后被任命为“三大”医院院长，后与袁志聪一起随钢铁队东上。原东纵卫生员王福在港搞工运，奉组织之命到柯麟医生处学战伤救护，返回东宝前线后接替张淑文当“三大”医院院长，后来在宝安医务站为掩护伤病员英勇牺牲。黄铭参队前是在广州红十字会医院护校学习的，那时她已千方百计搞药物和器械交地下党转送游击队。1947 年冬，组织动员她提前参队，于是她中断了学业来到“三大”，与王福合作，挑起护长①的担子。与此同时，庄励、余翠容、刘云清、肖佩芳、王进喜、巫香莲、冼燕子等参加了“三大”武装部队，做卫生战勤工作。麦霞、曹尉参队后，受命往港陈园仁医师处学习战伤救护，归队后曹尉东上，麦霞留大队部当卫生员，后负责建立东莞医务站。

---

① 原文如此。——编者注

三团里有一位女武工队长严志胜，能使用双枪，枪法很准，她带领的武工队活动在塘厦、天堂围、樟木头一带，专打鬼头仔，并建立情报点，搜集敌情，很使敌人畏惧。

原东纵交通员陈月华归队后，在平山水口任交通站长，全站 15 人，其中女同志 5 人。邹玉兰、邹志忠归队后分别任官井头、竹头贝交通站长；叶银凤任长岭皮交通站长；1949 年刘伟菌任上下山门、计岭交通站长；洪桂任水乡鹤田交通站长。

三团东莞队队部共 25 人，其中女同志有黄建华、谢英、朱玉英、黄葵等 8 人，曾玲负责民运队，民运队 36 人中，女同志有张虹等 15 人。

1948 年因战事频繁，三团医院伤病员增多，王福、黄铭、麦霞等同志团结新老卫生员，担负起沉重的医护任务。那时的医院实际上是战地救护所，没有一定的地点，缺医少药，又要经常转移，以防敌偷袭，伤病员就是靠卫生员的高度热情和认真负责的工作责任心救护治愈的。部队林淦负重伤，谢慧等同志日夜负责特护，为他按摩止痛，伤员伤势好转了，卫生员却瘦多了。

1949 年初，王福带领黎桂英、樊英贤等从惠阳回宝安，加强宝安医务站的建设。这时来了普济医院护士助产学校毕业已一年多的尹志明，接着先后来的有王护英、王护民、钟齐好、许坚灵、陈伟、林竹、张群、张义带、张房娇等 10 多位女同志，曾瑞英是医务站的站长，宝安医务站一时“兴旺”起来，成为收治伤员的中心和培训卫生员的中心。大家一致尊尹志明为老师，边学边干。

那时，团的领导也作了新的调整，女同志袁蔚霞任民政股长，曾玲任新一区区长（公开），莫宜为区委书记，全区干部 100 人左右，其中女同志 30 人。团部的女同志还有组织干事湛芬，文书收发吴国兴，文化教员陈素琼、事务长何葵，管理班何添喜（何静文）及黄竞、周琳、张平、陆明、朱薇、尹志光等；团卫生员先后有朱玉英、黄葵、余翠容、许坚灵、温佩、刘雪清、尹志明等；油印室有林超、方芳、陈苏等，她们既搞文字宣传，又搞文艺宣传，很受群众欢迎。

副官处的女同志有李玉容、王群、石素洁、叶茵、华南等，她们熟悉自己的业务，又办过会计班。

1949 年 3 月，连队卫生员李冬燕赴医院进修途中遇敌牺牲；水濂战斗卫生员黄月琼牺牲，刘汝璇负伤；双虎队卫生员随队东上在陆丰战斗牺牲，陈惠琼负伤。

王福牺牲后，麦霞替任院长，长驻东莞医务站。这时，广州高级护士助产学校毕业生张勤、梁昌、利贞、龙苑提前毕业，于 5 月参队，这些专业技术人员的到来，有效地提高了三团的医护技术，治疗好一批重伤员。6 月，连队卫生员黎桂英在浮竹山之役突围时腹部中弹负重伤，送到医院，但由于当时医院条件差，无法开展手术，不治牺牲。7 月，龙华战斗，金虎队卫生员陈咏［泳］莲救护伤员麦泰而壮烈牺牲；与此同时，敌人包围梅塘田心，我牺牲 6 个同志，其中有情报总站会计兼文化教员周兰芬。事件后，部队抓住田心村给敌送情报的鬼头仔肥婆莲枪枪毙了。温塘地下情报交通站站长袁映兰、女情报员刘雪被敌人抓去施以电刑，迫她们说出部队行踪，她们坚强不屈，后为乡中父老保出。

8 日，袁蔚霞带领一个工作队赴宝安，宣传党的入城政策，队员 10 多人，其中女队员有麦梅、陈梅英等几位同志。后这支队伍在西乡征粮，被海上来的土匪袭击，年轻的陈梅英与另一位女队员光荣殉职。

此外，还有许许多多年轻的女兵战斗在三团各个不同的岗位上，她们为东宝的解放事业作出了应有的贡献。

黄猄坑祝捷大会后成立军管会，组织入城工作队，接管卫生战线的女兵有麦霞、张勤、梁昌、黄葵、尹志明、樊英、刘雪清、罗慧贻、利贞等。

10 月东宝解放，王章任东莞县委组织部长，张辉任宝安县委组织部长兼妇委书记，袁蔚霞任宝安县委宣传部长兼青委书记，她们承担繁重的支前任务，同时开办东江青年公学及各种训练班，培训青年干部，以适应建国后形势迅猛发展的需要。

刺向敌人的一把尖刀①

——回忆港九大队市区中队的抗日斗争

方　兰

1943年底，港九大队根据东江纵队司令部指示，决定成立市区中队，在敌人的统治中心，在人烟稠密的香港和九龙市区开展抗日斗争。那时，我刚从东莞路西敌后工委调回港九大队工作。大队部考虑到我在香港土生土长，熟悉这里的地理环境，抗日战争爆发后担任过香港学赈会儿童团团长，并做过党内工作，日军占领香港后又到过内地参加曾生、王作尧领导下的东江抗日游击队，于是任命我为中队长兼指导员，并派陈佩雯、黄杨声、宋洛川等党员作为中队骨干。这些人也生长在香港，是抗战初期香港一些进步团体的领导成员或积极分子。另外，还给我们调派了东江抗日游击队原安排在港治病的游击队员，合起来全队才有10多人。我们为了扩大力量，除通过各自关系发展队员外，还决定把发展游击队员的重点放在敌人的要害部门，如敌军工厂和军政机关等。经过一段时间的努力，香港的几个大船坞、启德机场、敌人宪兵部、宪兵派谴［遣］队都有了我们的耳目；同时，我们在中华书局、商务印书馆、市政工人、商店、学校中也发展了一批批游击队员。1944年市区中队有100多人，1945年日本投降前夕，市区中队发展到300多人。其中女游击队员占100多人。我们中队的游击队员除少数骨干配备手枪和手榴弹外，大多数人都不配武器，可以说我们是一支不穿军装、不带武器，战斗在敌人眼皮底下的特殊部队。

太平洋战争爆发后，香港是日军从本土到东北亚、东南亚各占领区

---

① 收录于广东妇女运动历史资料编纂委员会编印:《香港妇女运动资料汇编（1937年—1949年）》，1994年，第83–93页。

调遣兵力和物资运输的重要中转站和补给地。日军为了保护和巩固这个战略要地，在这里除了有海、陆、空军驻扎外，还有宪兵派遣队，各派出所内还有印度、中国籍的宪查，以及一大批便衣特务，各工厂实行军管，那时的香港可以说是日本军警林立、特务如麻的地方。为了在这种险恶的环境里坚持抗日斗争，我们指定党员骨干为各大厂和各片的负责人，并建立了严密的组织，采取了特殊的领导方法。在发展和吸收游击队员方面，要求经过一段时间的严格考验，条件不合格，绝不勉强。因为是在敌人的统治中心活动，市区中队在组织形式与领导方法上特别强调隐蔽和保密。开始我们沿用中队下的小队体制，后改为分区分线领导。中队领导骨干最初在槟榔湾和吊草岩一带活动，后来我们觉得，游击队员常来中队部联系容易暴露，而且会发生不必要的横线关系，增加暴露的可能性。于是决定中队领导骨干只有开会或学习时才到中队部。中队领导骨干每人都有几个住地，以便出现情况可以随时转移。中队每个领导成员都有自己的代号，我的代号为460，陈佩雯为461，黄扬声为462，宋洛川为463。市区中队的代号为“新华队”。我们每个人的住地都设有安全和不安全的标志。我们还建立起严密的纪律和各种保密制度。如：原来认识的游击队员，现在没有关系，就不要来往，见面也不打招呼，甚至对爱人也如此；约定见面碰头时间，一定要准时，不能过早或过迟，时时提高警惕，防止敌人跟踪；文件材料不需要时，立即烧毁；听到看到什么情况立即如实反映；一切生活行动要按规定去做，小心谨慎，不能暴露自己身分。同时，还要求交通员要群众化，传递文件、运输物资和护送人员时要做好伪装，严格遵守纪律、保守机密、严格执行规定时间。为了提高游击队员的战斗意志，增强战斗能力，更能适应险要的斗争环境，我们市区中队的党组织还十分注意做好队员的政治思想工作，在队内坚持开展爱国主义教育、革命气节教育、国内外反法西斯斗争形势教育，以及组织纪律教育。

市区中队从成立至1945年日本投降的1年10个月里，在港九大队的领导下，我们在特殊的环境里，采用特殊的方法方式开展斗争，象一把尖刀插进敌人的心脏，有力地打击了日本法西斯侵略者。现把我市区中队开展抗日斗争的情况作如下忆述。

一、做好宣传工作，对敌开展政治攻势

所谓政治攻势，就是通过宣传，在政治上对敌人发动心理战，分化瓦解敌人，并鼓舞人民战胜日本法西斯的信心。

我们中队成立初期，一切宣传品都是由大队发下来的，如《东江纵队成立宣言》(1943 年 12 月 2 日东纵成立)，司令部出版的《前进报》和各种传单。为了斗争需要，中队要在中队部（在郊区西贡）翻印并自编一些材料。每次交通员都要经过敌岗哨把从市区购买的腊［蜡］纸、油墨、纸张运回中队部，印好后又要交通员运到市内，这样危险性较大，宣传品需要的数量不断增加。后来我们研究，决定在市区内设立自己的油印室。我们的油印工具十分简单，没有油印机，用一块屐皮代替“滚筒”，没有刻钢板的钢笔，用留声机的唱针代替。开始时没有专职人员，需要时大家动手，又编又写，后来有了专人，九龙方面由黄静仪同志负责，香港方而由梁佩云同志负责。

有了油印室，宣传品就更多了，印发宣传的内容，以摘录《前进报》、《尖兵报》有关东江纵队和港九大队的战斗消息为主，也有报道本市区斗争情况，还经常编印战斗口号。当时印发的口号，记得有：

“欢迎曾生司令员到香港、九龙！”

“同胞们，盟军就要反攻了，希望你们协助！”

“工友们，你们三五成群进行怠工吧！破坏敌人生产！”

“商人们，你们不要投机倒把，影响同胞生活！”

“警察们，只眼开只眼闭吧！不要敲诈勒索自己的同胞！反攻时协助我们作战！”

为了适应向敌人开展政治攻势的需要，中队出版了《地下火》小报。内容主要是根据抗战形势的发展，宣传党的方针政策，报道我军抗日战绩，发表教育群众的文章，动员人民起来抗日救国。由中队几位同志撰稿，曾发表过《牛地湾战斗》、《刘黑仔打特务》、《市区中队炸火车桥》和

港九大队战绩等。还曾筹办“七一”专刊，摘录发表毛泽东同志《论联合政府》中关于国际形势和国内形势部分。

我们散发宣传品的方法：

一是公开张贴。在热闹市区或当众显眼的街道、日敌机关的布告栏、卫生间以及工厂的材料堆和工具箱，都是我们贴宣传品的地方。

二是向群众有计划地递送和组织轮流阅读。对一些有民族气节的人，我们将宣传品送到他家去，或装作路上捡来的送给他阅读，并留意听他的反应。对反应一般的，继续向他作宣传教育；反应强烈的，进一步启发他；对有些经过帮助教育之后，表示要为民族利益而斗争的，我们就吸收他参加游击队。

三是对一些伪职人员，我们有针对性地把一些宣传品投递到他家或工作单位，主要是警告他们，叫他们不要再干坏事，分化瓦解他们，也收到一定效果，如筲箕湾伪区长曾某，接到我们给他的宣传品之后，与家人和一些亲属公开阅读，并说他是不得已才做这差事的，还揭露了日本鬼子的暴行。后来他只身逃回老家去了。

张贴标语和散发宣传品，都是夜间进行，快贴快送快撤退。因为人地熟悉，经常变换地方。为了防止意外，遇到便衣特务时，每个游击组员都有两手准备：一是晓以大义；二是必要时准备牺牲。曾发生过这样一件事情：1944 年 2 月的一天早晨，陈佩雯同志把一卷《东江纵队成立宣言》放在一只漂亮的手提袋里，上面盖上毛线。自己穿上一件很时髦的红格大衣，大大方方地经过岗哨。两个伪宪查（一男一女）叫她打开手提包，陈佩雯镇定地打开，那伪宪查从手提包里掏出这卷宣言问：“这是什么东西？”陈佩雯说：“你自己看吧！”宪查看见一行醒目的红字《东江纵队成立宣言》，立刻被吓得脸发青了，赶快又把宣言塞进手提袋里。陈佩雯也捏了一把汗，赶快过海来，到亲戚家换了衣服，才把宣传品送到交通站。后来有人打听到那个宪查是一个游击组员的哥哥。

除了几百名游击组员张贴标语、散发传单外，还有不少游击之友和他们的亲属也参加战斗。他们之中有年逾花甲的老太婆，也有十岁八岁的小孩子。他们以能散发几张传单、为游击队做些事情而感到光荣。有些人甚至牺牲了自己的生命，我的母亲冯芝就是一例。1944 年 3 月 17 日，她主动协助中队送情报，经筲箕湾敌人岗哨时，不幸被查出。被捕后，尽管敌人对她残酷施加电刑，又放狼狗威胁，要她提供口供，但她临危不惧，宁死不屈，最后英勇主义。牺牲时年仅 61 岁。

二、搜集情报、打击日敌，配合我军和盟军作战

日军占领香港后，使日本本土经冲绳、台湾①、菲律宾、新加坡以及印度尼西亚的海上运输连成一线，香港成了这些地区间日军调遣和物资运输的重要中转和补给地。敌人的要害部门如军政机关都设在市内，香港市区为日敌军事、政治、经济中心。搜集敌人情报成为我们市区中队一项重要任务。1943 年底同盟军开始反攻后，搜集情报的工作更为重要。盟军在东纵司令部设有电台，大队要求我们把收集的日军情报，迅速送交大队和司令部。为了收集敌船艇往来情况，我们弄来了日本海军各种舰只的型号识别图（这个图怎样弄来我也忘记了），对照着图就可以识别航空母舰、巡洋舰、驱逐舰、登陆艇、运输舰等等。我们把港口方位绘了位置图，编了号如 A1、A2、B1、B2……。有个游击队员家住坚道半山上，推开屋的北窗，港口可一览无遗。用望远镜仔细看，连舰上的编号也可看到。这样，她每天负责观察。什么舰船在那个方位，她把它们一一记下来，又用极簿［薄］的飞机纸写上象火柴头大小的字，交给交通员，转送大队部，天天如此。经过一段时间观察分析，我们大致摸到了敌舰的活动规律。那时盟军飞机常来炸日敌舰艇，我们多次见到 500 磅炸弹在日本军舰上爆炸起火，日军跳水逃生。看来我们的情报还是起作用的。

对日敌舰艇的修理、制造等情况，也是我们收集的情报内容。这些舰艇到船厂维修，不少是伤痕斑斑，我们就打听这些舰从那里来，修好后又往那里去，同时把这些舰艇的性能、用途、数量，以至一些图纸，收集归

---

① 指中国台湾。——编者注

类后送交上级。

游击队员们冒着极大危险收集这些情报。红础［磡］船坞有一位游击战士名叫单柱贞，为了取得日本军舰的情报，献出了宝贵的生命。他在制船舰的图纸机密车间工作。他经常设法窃取那些机密图纸送给部队。1944年初，盟军飞机来进行地毯式轰炸，厂内工人、日本人都拼命逃跑躲避轰炸。他本来是一个长跑好手，完全可以比别人更快地躲进防空洞去。可他不走，这混乱场面正是取得机密图纸的好机会，于是他不顾个人安危，毅然留下。可惜这车间正挨了一枚炸弹，他还没来得及拿走图纸，就被炸死于战斗岗位上。当时他才20岁。另一位女战士张泳贤，她为了得到“敬记”造船厂情报，不幸被捕而英勇牺牲。她更年轻，仅有17岁。他们都是无名英雄，如今他们在香港的坟墓已是杂草丛生，不过他们将永远活在香港同胞的心中。

对于日军的军事行动、敌军的士气，我们也从各方收集。虽然不是很有系统，但收集到各方面零散材料后也可判断出大概情况。

军事方面的其他情报。如日寇占领的启德飞机场（原是民用机场，后改为军用），我们有一个游击组员的弟弟在机场工作，经过教育，参加了游击小组。他机警地把启德机场的平面图偷了出来，我们立即送交了司令部。又如日敌军火生产情报，因为他们怕空袭，把集中的军工生产分散转移到居民点去。他们把军工生产设备除部分转移到防空洞外［内］，多数都设在居民住宅内，象生产子弹、手榴弹各工序都分开，仓库也分散，全部化整为零。大队要求我们把这些情况全部掌握，我们便每条街作了调查、逐一登记，并绘了简单的图纸，集中起来，送给大队部。我们还打进了日敌的一些机构中去，如日敌宪兵部、一些派出所，伪区公所等，这样我们也掌握了不少情况。

经济方面的情报我们也很重视。对日敌生产东西的数量、质量、用途我们也一一了解，因为这些可以帮助我们分析形势，如掌握他们大量印刷军用票、中储券的数量，就判断日敌崩溃将至。

收集情报任务艰巨，层层转送也十分艰巨。一般的东西不能原件照送，经过该区负责人阅后，有时需要整理，有时要重新密写，因为自己编的密码，即使一旦被日敌搜到，他们一时也看不清楚。这些情报要尽量写得精细，使之篇幅不大，便于携带。有时还要伪装，通过层层封锁线，这个重任就落在交通员的肩上了。

另外，我们为了配合我军作战，还在军事上直接打击日敌。1944 年 2 月 11 日，美国飞行员克尔中尉在轰炸香港时，被日军击落，他跳伞落在郊区沙田山地，我游击队小交通员李石把他隐蔽在附近草丛里，日军眼看飞行员落在沙田山地，出动上千人包围搜索，结果毫无所获。他们恼羞成怒，疯狂地向我港九大队反复“扫荡”。为把日寇兵力牵制在市内，我们决定把窝打老道的四号铁桥墩作为爆破目标。

这条铁桥位于市中心，是横跨大街的天桥。为了不杀伤人，也不准备炸毁大桥，目的是要起扰乱敌人的作用，所以爆破时间选择在 4 月 22 日深夜 12 时。方法是定时引爆炸弹。执行这一任务是老梁和他领导的几个游击组员。头一天，一切准备工作都做好了，老梁他们忽然发现钨丝与导火药（用七九子弹药粉）燃不着，又怕 30 多斤黄色炸药和两个雷管响声不大。他们要求中队赶快多送几个雷管和七九子弹粉。中队接此要求，十分焦急，因为从中队部到市内的交通要道，都有敌人重兵把守，他们在原来的岗哨之外增加岗哨。紧急关头，我们急中生智，安排一个 11 岁的小鬼亚庆仔牵着一头牛，将雷管和子弹粉装在牛竹内，亚庆仔镇定自若地拿着牛竹，赶牛过岗哨，及时地接应了梁大哥。入夜，老梁几个人，迅速地把定时炸弹放好，又把指针拨正 12 时，便迅速撤离桥墩。时钟刚敲响 12 时，一声巨响，我们的行动成功了！

这声巨响连一海之隔的香港东西区都听见了，当然近处就更厉害。当时香港九龙的居民不知道这响声是怎么回事，猜想如果是飞机轰炸，又听不到飞机声。可是日敌当晚就紧张起来，一切敌伪人员马上投入作战准备。次日早晨港九全市戒严。全部敌伪人员出动进行大搜捕。跟着开到郊区和宝安去“扫荡”我大队的日军被迫拉回市区内。而这正中了我们的圈套。

这就是威震港九的4月大行动。这次行动既锻炼了全体游击组员，又粉碎了敌人“扫荡”我大队的阴谋。我们市区中队受到大队的表扬。1944年7月25日，由周恩来同志拟稿以中央名义下发的电报说：“港九市上的武装斗争有成绩，但不宜常做，免致引起敌人过多的报复和进攻。”

三、打入敌人工厂，破坏军工设备和生产

破坏日敌军工设备和生产，是我们对敌斗争的又一重要内容。每个游击队员都设法在这方面开展工作。

一是发动工人怠工，破坏军工生产。在日寇的铁蹄下，香港工人过着牛马不如的生活，瘦得只剩下一把骨头，每天都有人饿死在街头。日本鬼子动不动就打骂工人和扣工人工资，工人们心头已有一团怒火。我们因势利导，用各种办法组织工人怠工，使1天的工作量3天也没完成。为了防备敌人发现，各个车间、工场互相联系，派人“睇水”。1944年夏天的一个中午，美机空袭太古船坞，当场炸死300多人。我们即利用工人（包括日本人）的害怕心理，鼓动工人不要为敌人卖命；并经常制造一些假空袭警报，人们（包括日本人）听到就拼命往防空洞跑，使工厂停产。

二是偷走日敌物资。1943年广东各地大旱，民不聊生。日敌配给香港市民粮食由6两4减为3两2，而且多是杂粮。当时香港工人生活十分困苦，三两二米养不了自己，更谈不上养活妻儿。为了生存，他们不得不偷走工厂的物资出卖，但被日敌搜出时，即遭受毒打、吊飞机、脱光衣服用漆涂身在烈日下曝［暴］晒，等等。工人偷走日敌物资，既可解决一些生活困难，又可破坏日敌生产。于是我们要求游击队员领导群众进行斗争，使群众认识偷走日敌物资是爱国行动，并组织工人们有计划地进行。这样，组织工人偷走日敌物资成为每个队员的斗争任务。凡是部队可用的物资送交大队部。

三是破坏日军械生产。我们破坏敌人的生产设备和物资的行动，多是发动工人群众一起进行。我们把工人发动起来了，他们又帮助我们出主意，破坏敌人的生产。如太古船坞机械车间的工人们，在加工切削地雷壳

及迫击炮弹壳时，将接口螺丝加工得过松或过紧，使接口不牢靠，或是旋不进盖子，使产品不配套，让它报废。后来敌人有所发现，规定每台车床生产的产品，要登记操作者的姓名。针对这些情况，我们又对验收的中国人工长进行教育，使他们在验收过程中马虎了事，不让日敌找出次品是那个工人生产出来的。红石堪［磡］船厂主要生产登陆舰和维修舰艇。这个厂因受美机的连续轰炸，生产受到一定损失。

这种破坏敌人生产的行动，不只限于各船厂，中华书局印刷厂也进行得很巧妙。工人们在油墨中放上钉子等异物，电版在印刷中便被异物弄坏了，不得不再另制电版，既花钱，又花时间，影响了生产进度；度量车间把纸张量得不合规格；机修车间不是弄坏机器，就是倒洒油墨，弄脏白布（印刷时要用白布）或纸张。日本人常常大发雷霆，责问日籍工段长和中国人班长，但因抓不到证据，也只得不了了之。

（罗修湖、张建军根据方兰同志提供的有关资料和口述整理）

东纵早期的干部训练班“华南队”①

方 兰 张 英 李 征

训练干部是我党建军、发展壮大革命队伍的一个重要措施。我们东江纵队建军早期的“坪山时代”，就办过各种干部训练班。“曾、王部队”从海陆丰开回东宝惠敌后前线后，也办过训练班。香港沦陷后办过规模较大的青年干部训练班。规模大、时间长，较正规的军政干部训练班，要算“华南队”。这个队在东纵建军史上起过重要的作用。

1942年春，广东人民抗日游击队成立了总队部和政治部，对各队实行统一领导和指挥。为了加强干部的训练工作，决定办一个军政干部训练班——“华南队”。班主任是曾生同志兼任。班上设教育长一人（成庆生同志），队长兼教官一人（陈炎同志），政治课教员和文化教员各一人，司务长一名、炊事员两名。

这一期抽调了60多名干部（大部份是班、排长，少数连级干部）来学习。训练任务主要是训练连排级军政干部。班上学员成立了党支部，书记方兰（女）、副书记黄密、组委李中（钟若潮）、宣委张英。学员编成3个小队，每个小队两个班，其中有个女子班（5人），班长是郭云翔。学习时间预定半年，开设课程有：军事课学科、术科，政治理论课，政治工作课和文化课。领导干部、教官和教员讲课、操练，还有从香港脱险归来的著名文化人作专题报告。

1942年3月底，总队部和政治部驻在宝安龙华、石坳村，“华南队”学员到总部报到后，随总部行动。4月1日，在石坳祠堂开学。张文彬、林平、梁鸿钧、曾生、杨康华、李东明等领导人，和邹韬奋、胡绳等著名

---

① 收录于李征：《东纵回忆录》，1996年，第137—147页。

人士，都参加了开学式。曾生同志等首长们在会上讲了话，着重讲了办班的任务和学习动员。明确提出：开办“华南队”训练班，是要为东江和华南各地部队训练各级军事、政治干部，要为创建华南大军而奋斗，要一期期办下去。学员们的学习任务就是重要的革命任务。在座学员和总部机关干部，听了首长们的动员，都很兴奋，得到很大的鼓舞。教育长宣布了教学计划，队长宣布了学员班、排的组成。最后是学员代表致答词。

开学后，专题报告一个接一个。4月△日上午，中共南方工作委员会副书记张文彬同志，在石坳祠堂，向“华南队”的学员和总部机关干部作了《当前形势与任务》的报告。他分析了日寇发动太平洋战争后的形势，讲了我们进行反法西斯统一战线的任务。他讲了坚持敌后抗日战争战略战术，方针、政策和策略原则。他着重讲了坚持东江和珠江敌后抗日游击战争的重要性，特别指出惠东宝抗日游击根据地，处于广州和港九两大城市之间。广九铁路两侧，具有十分重要的战略意义。不论对直接参加国际反法西斯战争、配合美英盟军作战，还是准备反攻阶段、收复广州和港九，解放华南都很重要。张文彬同志强调了坚持东江敌后抗日游击战争的胜利的条件。他说，我党我军最困难的时期，是主力红军长征后的赣南。那里的红军在白军长期“围剿”极端困难的条件下，坚持三年游［击］①战争，终于迎来了抗日战争的新局面。他说，只要我们坚决执行党中央和毛主席的战略战术、方针政策，依靠群众，就能克服困难，取得最后胜利。他介绍了“赣南三年游击战争的经验”：总括起来就是“三能”，即“能打、能走、能躲”。打得赢就打，打不赢就走；到了走不了的时候，就要能躲；万一躲不了时就打。“躲”和“走”都是为了寻找有利时机来“打”。实行“三能”的根本条件：首先是要做好群众工作，依靠群众的支持和掩护；再是要有正确的指挥和不断的锻炼、提高干部“三能”的战斗力。他还举了一个战例：赣南某一支红军游击队，只有十来人，斗争非常困难，只能在深山掩蔽。为了打开困境，他们在地方党和群众支持下，派人到某地

① 原文无，根据文意补充。——编者注。

侦察民团头子驻地。弄清情况后，远道奔袭，部队一夜工夫走了80多里，打死民团头子，然后又兜圈子回到山上“躲”起来。惩办了坏蛋，群众高兴，支援了部队。部队终于站稳了脚跟，得以生存发展。（大意）我们学员和机关干部听了张文彬同志的报告，斗争信心倍增，深受鼓舞。

过了几天，总队长梁鸿钧同志也做了半天报告。讲部队的各项制度和纪律问题，重点讲解“三大纪律，八项注意”和保守秘密问题，举了一些泄密的事例。他说某红军游击队在深山掩蔽，搭山寮住，白军找不到他们。可是有一次出发，夜里行军有人在山路旁大便，把大便纸掉在路旁。一天，白军探子发现那张大便纸，断定附近住有红军，因为当地老百姓是不用纸揩大便的。探子继续侦察，发现了红军的山寮，立刻回去报信，带了白军来包围偷袭红军，使那支红军游击队受到很大的损失。梁鸿钧同志再三强调，要“胆大心细”，不要马马虎虎，不要忽视一切可能造成泄密的小事情。就是在秘密行军的路上，休息时抽烟。夜里除了要注意要遮住烟火外，也不要乱丢烟头，要消灭烟头，避免白天被敌探发现，跟踪追寻。他讲得很实在，条条原则、纪律都举了实例，易学易记。

开学不久，沙梨园的梨花开了。满园雪白，景色清丽。“华南队”学员在沙梨园上课、学习，倍感精神，学习劲头很大，总是想学点打仗、杀敌、干革命的本领。著名的“救国会”七君子之一邹韬奋先生，到班上作了《抗战与民主政治》为题的报告。他在报告时，极愤慨地痛斥国民党蒋介石集团实行法西斯独裁专制的暴行，揭露特务横行，扼杀民主，摧残文化，封闭“生活书店”，迫害共产党员、进步作家和民主人士的倒行逆施。反动派反人民、反民主的罪行累累，罄竹难书。他强调必须反对国民党一党独裁专政，坚决实行民主政治，让人民有言论、出版、集会、结社和抗日的自由，各抗日党派团结一致，才能充分发动员全国人民坚持持久抗战，争取最后胜利。（大意）胡绳同志讲了《辩证唯物主义哲学》，对学员和机关干部提高理论水平很有帮助。

3、4月间，国民党反共顽固派在“反攻香港”的烟幕下，调了187师到惠东宝。大军压境，战争一触即发。我们总部送走了文化人；还送走了不少青年文化工作者。龙华地区作了紧急疏散。总部连夜转移，回到布吉区雪竹径畚箕窝山寮。“华南队”则转移到鸡公头山上（444.8 米高），东距布吉铁路车站约 7 里，东南距深圳约二十里。即山的东面、南面是敌建区，日寇驻有重兵；山的西面、北面是我游击区。

鸡公头山的西南边，有一条几里长的山沟，流水潺潺，曲径迂回。沟底山窝有些杂树丛林，山腰以上则是光山。“华南队”刚来到鸡公头的头几天，只能露宿。选定沟顶山窝作为营地后，派出了警戒，再全体动员到沟底砍树、斩竹、割芒草、山藤、剥树皮，搬回来搭了 5 座山寮：队部一间小寮，男学员 3 间大寮，女同学一间小寮。刨灶，野炊，一日两餐。

4 月 14 日起，国民党顽军发动反共内战，向我阳台山区疯狂进攻，占了龙华、乌石岩、望天湖、岗头村等地，我老区都被顽军占了，我队被挤到接近敌区的边缘山脉一带。“华南队”也同全区军民一样，转入极为艰苦的战时生活，掩蔽在鸡公头山上，坚持学习和训练。粮食给养困难，西南山脚下的雷公径、蓝坑，西北山下的岗瓦园，马鞍堂、扬美等都是小村，采购不了多少粮食。东面山腰上下坪村，群众基础好，司务长经常托这村的曾村长和群众，设法从布吉、深圳等敌占区采购粮食、油盐、咸菜、火水、烟丝等。然后派学员去上下坪等村挑运回山寮。由于我处日、顽两面夹击地位，经常要派出两个学员放哨：一个在山顶了［瞭］望，一个警戒山沟来路。

有个时期顽军进攻频繁，敌情紧张，总队部和政治部几十人，由雪竹径转移到鸡公头山上来，驻扎在“华南队”上面的顶峰，露宿在岩石板上。一连几天，阴雨连绵，又冷又湿又饿（给养困难）。总队政委林平同志有病，但他在雨中屹立在岩石上，率领全体机关人员坚持艰危的斗争。他目光炯炯，平易近人，说一口兴国客家话，铿锵有力。他坚毅、沉着、敏锐、朴实的精神和风格，深深地感染了我们学员。为了捍卫总部领导机关的安全，“华南队”还配合总部警卫排加强警戒。顽军处处扑空后，缩回青湖、浪口。我总队部和政治部又转回雪竹径山寮，指挥全局斗争。

在战争环境中，“华南队”在总队和政治部的领导下，党支部、学员和教学人员互相配合和支持，克服种种困难，基本上实现了教学计划。成庆生教育长是较老的同志，但他党的关系没有转来，他有教学经验，他带病坚持工作，讲了些课。政治课教员邹谓泽同志讲了“五四”运动以来的中国革命史。队长兼教官陈炎同志是广东人，27、8岁，曾在英国伦敦皇家坦克学校学过两年，有军事知识。军事课基本上是陈教官上的，他指导学员学了毛主席、朱总司令关于抗日游击战争的战略战术原则和方法，教了《步兵操典》的部份内容，后期还派来教官黎明协助陈炎，他们进行了行军、斥候、宿营、警戒、作战中的攻防及连排动作及有关枪支武器的性能、构造和使用；教学员拆装过捷克式轻机枪；学过射击、投弹、刺杀、利用地形地物和匍匐前进等等。总部参谋处长邬强同志讲过学科。

如前所述，队部的几个主要干部，党的关系没转来，党支部的担子就更重了。幸而党支部领导核心很团结，支委黄密、李中等同志都能严格要求自己，以身作则，起模范带头作用。黄密是梅县人，28、9岁，华侨店员，“马共”党员，1940年秋被英帝驱逐出境回来的，一直在连队做政治工作。李中（钟若潮）也是梅县人，约30岁，暹逻［罗］华侨工人，早年参加华侨回国服务团，在增城打过游击。他们都有一定的军政工作经验。党支部充分发挥了战斗堡垒作用，除了保证监督教学训练任务外，还起了相当的领导作用，凡是教育长和教官不能办的事，支部都要主动承担起来，发动，组织党员和学员去干。

由于长期的战争环境，训练班的给养很差；学习、操练、放哨警戒、公差勤务又很繁重；加上夜行军（有个时期很流动，差不多夜夜行军），睡眠不足，营养缺乏，学员疾病多，发疟疾、发“鸡盲”、生疥疮、患胃病的人多。正值雨季，长期在潮湿的地铺草上，也有些同志得了风湿病、腰腿痛。卫生员是陈笑影、刁慧民等女学员兼任，但药物缺乏，困难很多。大家都凭着高度的阶级觉悟，坚强的革命意志和充沛的革命热情，苦学、苦练、苦干，一心一意为了抗战的胜利，为了人民革命和共产主义的胜利而奋斗。但也有少数学员经不起困难的磨砺，过不惯长期掩蔽山头的生活（在山上四野无人烟，差不多“与世隔绝”，生活十分单调），因而说些怪话，情绪低落。我们支委经常找些学员个别谈话，耐心细致地做说服工作。有些学员听到部队打仗的消息，就坐不住了，要求出去参加战斗。总之，当时班上思想问题不少，党支部的任务重。在学习过程中。结合当时的斗争实际，组织党员学过党中央《关于增强党性的决定》，刘少奇同志的《论党员修养》部分章节；在全体学员中进行过阶级斗争教育，提高无产阶级的政治觉悟，加强阶级斗争观念和斗志；介绍革命先烈的英雄事迹，进行革命气节的教育。发挥共产党员的模范带头作用也很重要，大多数党员都能够团结本班本组的群众，帮助群众，从而保证教学训练任务的完成。

大约6月中旬，日寇调动频繁。某日上午，从深圳、布吉来了几百日军，携带了许多马匹和辎重，沿布（吉）龙（华）公路（许多路段挖了长方形大坑，破坏了，不能行车）西进。当时，总队部和政治部仍住在公路北面雪竹径的山沟里。警卫排力量不够，总部令“宝大”派兵参战，“华南队”闻讯也抽了一班人前来助战。部队选择雪竹径和坂田之间的分水坳公路埋伏。大约10时许，日军的大队人马已过去，待后头的辎重队进入伏击圈时，我队机枪一响，步枪排火齐放，打得日军狼狈奔逃。打死几名日军、打死一匹马，缴了三匹大洋马和一批日本大米、罐头和日本烟等。部队把战利品上缴总部，分了许多马肉给“华南队”加菜祝捷。班上也表扬了参战的学员。打了胜仗，学员情绪高，喜气洋洋，更认真学习了。还以这次战例，再学习了伏击战的经验。

由于顽军的进攻，战斗频繁，部队连队干部伤亡大，需要及时补充。总部从“华南队”陆续抽调了黄密等20多名学员出去，到6月中，“华南队”只剩下40人左右。由于战争环境恶劣，总部决定提前结束这期训练班。6月下旬，政治部副主任兼组织科长李东明同志，派李征到“华南队”去做学员结业鉴定工作。李征当时是政治部组织科的干部干事，掌管、了解全军排以上干部的情况。临行，东明同志交代了怎样作鉴定的问题。

李征到了鸡公头“华南队”，住在队部，着手了解学员的情况。这时成庆生教育长讲完了他担任的课，因病，总部批准他到“国统区”大后方去。东明同志又指示，要李征协助陈炎和党支部做好结业前的工作。政治课教员邹谓泽的课程也讲完了，也因有病，政治部批准他到桂林大后方去。文化教员、“歌王”余桂柱同志，唱起革命歌曲，总是激情满怀，振奋人心。但他长期患疟病［疾］，病得面黄肌瘦，没得到及时治疗，拖到学员结业后，他病逝了。至今想来，我们心里还很难过。

当时给学员做鉴定的方法，主要是征求党支部、队领导人、学员本人和与他同组人四个方面的意见，然后由干部干事填写鉴定表。填写的主要内容是记干部本人的简历、文化水平、特长优点、缺点及初步分配意见。党支部对每个学员很了解，对鉴定工作很重视，给予大力支持，工作进行得还顺利。给训练班学员做结业鉴定，在东江纵队早期是个新鲜事，缺乏经验。当时一个最大的缺点就是没开会讨论，鉴定未给本人看过，没能直接起到促进干部发扬优点、克服缺点的作用。

7月初，驻布吉的日军出动，经上下坪爬上鸡公头山的顶峰，准备“扫荡”我游击区。我们事先得到情报，转移到山沟底掩蔽。大约“7·7”那天，我们拂晓前就转移到白石龙附近沙梨园掩蔽，防备日军搜索鸡公头山。8时许，炮声响了。原来日军在鸡公头顶峰设了观测所，拉了电话线，指挥布吉的炮兵，向我岗瓦园等村打了几十炮，炸毁了老百姓几十间房屋。

8月8日上午，我们“华南队”在白石龙村东面沙梨园掩蔽。该村群众来报信：连坳哨所日军，下来5个，进村抢劫，劏①鸡喝酒。学员要求打，陈炎和李征交换意见，同意打。陈炎带了十几名学员到小洋楼沙梨园山上埋伏。机枪组摆在山上，突击组埋伏在白石龙上连坳的路旁草丛中。下午两点多钟，日寇醉熏熏［醺醺］地往回走。我队机关枪一响，步枪齐放，当场打死两个，打伤一个，其余跑回连坳了。那名受伤的日军是组长，跑到西边丛林里躲着，死不投降，陈飞龙、梁国伦等同志搜索前进。日寇开枪抗拒，被我突击队员击毙。共缴获三支“三八式”步枪和一把

① 方言，指宰杀。——编者注

剑仔。

我们凯旋而归，回到鸡公头西南山沟底下的丛林中掩蔽驻宿。因鸡公头顶峰有日军，西南面连坳山顶也有日军哨所，所以，我们做饭时为了掩蔽，要用竹笠搧［扇］散炊烟，不让炊烟笼罩在山谷上空，以免暴露。

次日，深圳、南头的日军出动，由连坳和上面岗两路来包围白石龙村，实行报复，运回尸体。事后，陈炎和李征兴冲冲地向总队长梁鸿钧同志报捷。梁批评了一顿，说："不到万不得已，不要轻易拿教导队去打仗。这是一条历史教训，红军时代，有人拿教导队去打仗，牺牲了许多干部……"一盆冷水淋下来，使我们清醒了，深受教育。

不久，梁鸿钧同志来命令，调陈炎同志到西江去搞武装斗争。政治部副主任李东明来到班上，住了十来天，讲了十来天罗瑞卿同志的著作：《论抗日军队中的政治工作》。每天他上午讲课，翻开这本书来讲，下午学员讨论。他从头到尾基本讲完了这本书。如扩军、备战、练兵、行军、打仗、打胜仗、打败仗、顺利时、困难时、年节、战前、战中、战后及动员群众等各种情况下的政治工作都讲到了。这本书总结了红军以来的政治工作经验。学了能懂、能用。学员们觉得学了这门课收获很大，连军事干部都觉得有信心做政治工作了。政治干部学军事知识，军事干部学些政治工作经验，是一条训练军政干部的好经验。

8 月上旬，学完政治工作课，"华南队"这期训练任务是基本完成了。李东明同志回政治部后，派通讯员来通知李征，于某夜到水径村开会，讨论"华南队"学员的工作分配问题。学员邱伯寿（水径村人）背着驳枪，在会议室门口警卫。到会的有梁鸿钧、王作尧、杨康华和李东明等总部的领导同志。他们对较老的班、排级干部都很熟悉，不等李征提出分配方案就分配好了。李征记下首长们的意见，回到班上，以大队为单位开好分配名单，指定带队的人，让他们到政治部组织科找组织干事李国玺同志开介绍信。然后分批由交通站派交通员带去各大队。

"华南队"这期学了 4 个月，于 8 月中结业了。由于顽军的疯狂进攻，我地区日蹙，部队困难很大，不适宜办这么大规模的训练班，未能按原先设想逐期办下去。但它留下了若干经验和教训，为尔后东莞“咸草田训练班”和“东江干校”提供了有益的借鉴。

“华南队”这5、60名学员，分配到各大队，绝大多数都成了骨干，对东纵建军是起了重要作用的。

“华南队”这批学员多数都壮烈牺牲了。至今幸存者寥寥可数。勇猛的战将、共产党员陈飞龙同志，在“宝大”担任独立小队长，于1942年冬，率部歼灭布吉唐径日寇一个班，他负伤流血过多，英勇牺牲了。黄密同志在“宝大”主力中队当指导员（党支部书记），于同年12月率队牵制顽军，捍卫总部和掩护非武装人员，而在黄田战斗中壮烈牺牲了。李中（钟若潮）同志、在第三大队独立中队作政委，于1944年5月，为捍卫部队和大队领导同志，率队在梅塘马山与日寇激战而牺牲了。陈笑影（女），共产党员、在总部医务所任政治服务员，于1942年秋，在顽军袭击铁岗（宝安）时，为掩护伤病员突围而牺牲了。“华南队”的队长兼教官陈炎同志，在一次战斗中英勇捐躯了。主力中队长刁亮同志，也是东纵早期的一员战将，在一次战斗负伤后因感染而牺牲。戴顶同志于1942年底，在深圳近郊与日寇的血战中殉国。独立大队中队长陈廷禹同志于1945年春在鸾江战斗中牺牲。两广纵队作战科长祁和同志，是在解放太原的战斗牺牲了。战斗英雄、海上独立大队队长林文虎，是以木船打国民党军军舰，解放万山群岛的战斗中英勇牺牲的。尚有一批英烈未查清姓名。“华南队”的英烈们，为了党、为了中华民族的独立解放献出了宝贵的生命，谱写出一曲曲英雄的凯歌！

“华南队”的英烈们，在东纵的军史上，写下了光辉的篇章，永垂不朽，光照千秋！

地下斗争的回顾（节选）①

方　东

……

担任交通联络员

太平洋战争爆发后，日军忙于应付太平洋战争。当时，我们部队有很大发展，国民党反动派即趁日寇主力转移之机，企图在我部队发展尚未巩固而消灭我们。因而四二、四三年东宝地区反敌、伪、顽的斗争十分激烈。党为了加强农村工作，配合部队发展，从学校抽调一批党员到广九路两侧的农村开展工作。四二年夏，我刚读完高一，组织调我到东坑广英小学当教师。广英小学是地方党区委领导的所在地，当时安排我当政治交通，负责与农村各支部联系。该区领导人莫福生、王纪平调走后，由王文魁、刘妈（王夫）负责。分布在广九路常平两侧的党支部及在路西的负责人有：周屋厦：周杨祐（农民）；东坑：卢权（农民）；马坑：丁仲田（侨属，四八年牺牲）；大朗：黄永光（小学校长）；温塘：袁仲（教师）；路东的有桥头：邓景墀（教师）；田溪：罗△△（女教师）；大州石水口：袁成（教师，四三年牺牲）；沙堂尾：△△△（教师）。路东由于是新开辟的点，所以外地去的党员教师较多，农民党员较少，而路西的支部有基础，农民党员较多，有的支部四五人，有些八九人，农村党的力量较强。有的党支部通过投标“巡丁”的办法（是农村一种保护庄稼的武装组织）掌握了武装，经常配合部队活动。当时江南特委的领导人仍在地方，未到

① 收录于中共东莞县委党史研究小组办公室、中共东莞县委党史资料征集小组办公室编：《东莞烽火》第五册，1984 年，第 36−49 页。

部队。黄宇、陈铭炎两领导经常住在温塘（他们是四四年春才到部队的），他们与部队的联系亦由我当通讯员。还经常到大岭山瓮窑“阳台山”联系。“阳台山”是县委领导机关一个联络站的代号，不公开，设在瓮窑林水娇同志（支部书记）家中，“阳台山”是由黄佳负责。

……为了进一步巩固解放区，部队在东宝地区进行建政工作，建立抗日民主政府“东宝行政督导处”，主任由谭天度担任。大朗地区由于常平、横沥敌伪据点被拔除，东坑、马坑、大朗、黄岗连成一大片的解放区，部队首先在大朗地区建立“新一区抗日民主政府”，由赵督生当区长。在建政工作上地方党积极配合，发动民主人士参加和选派党员参加政权工作。区政府建立的同时，各乡也建立抗日民主乡政府，东坑、马坑民主乡政府建立较早，东坑乡长是卢敬如先生，马坑丁志成。除建政工作外，我们还发动群众组织农协会、妇女会等群众组织，并开展减租减息，实行“二五”减租和支援前线活动，随着形势发展，整个解放区出现一片欣欣向荣的新景象。

……

一九八二年七月

涌口革命斗争的回忆（节选）①

方　东

涌口由于它的地理环境处于莞太路的中间，西面临珠江口，水陆交通方便，又有一大片草田，被誉为“青纱帐”。解放前虽然桥头、厚街都有驻军，而涌口偏于一角，所以不论在抗日时期，或是解放战争时期都是我部队和地方党活动和掩蔽的好地方，抗日战争时期东江纵队一些领导同志常在此掩蔽。解放战争时期，边纵一支三团中受伤的领导和战士大都在此养伤。这是与涌口有好的群众基础和坚强的党支部以及较好的地理环境分不开的。

日军投降后，国民党军队新一军采用“填空格”战术进攻大岭山解放区。形势发生新变化，原在莞太区较红的同志都撤走，未暴露的同志和农村大部分的党员都在坚持地下斗争。当时涌口留下的党员有四嫂（刘燕华）、三嫂（李淑姿是四嫂的婆婆）和陈红近三人。1946 年 6 月“东纵”北撤后，我们地方党贯彻“长期掩蔽，积蓄力量，等待时机”的方针，涌口的党员采取单线联系。加强学习，坚定信心，深入发动群众；团结广大纺草、织席女工，积极开展工作。四嫂有个特殊任务是由组织指定与复员在乡掩蔽的林淦保持联系，本来当时地方党与从部队回来的党员不发生关系的，但林淦在乡掩蔽时多次遭到国民党围捕，为了保护林淦不受迫害，故四嫂专与他联系，经常送情报和书报给他。在当时恶劣的环境中，避免敌人的注目，安排四嫂和三嫂负责当时莞太区交通员工作，她们经常出入虎门、莞城一带，出色地完成任务。

---

① 收录于傅泽铭主编：《永远的心碑——厚街革命斗争纪实》，广东人民出版社，2006 年，第 477—480 页。

1947年冬，解放战争的形势有很大发展，中国人民解放军发表宣言，提出“打倒蒋介石，解放全中国”，全国解放战争已进入反攻阶段。这给全国人民以极大鼓舞。1948年春，中共中央香港分局要求各地迅速抓住有利时机，大胆放手发动群众，大搞武装斗争。为适应形势要求，莞太区领导从太平镇转到农村，更密切地配合部队开展武装斗争，经常出没在河田、涌口一带。特别是莫润枝从香港回来接上党的组织关系后，使涌口支部新添力量，她们深入发动群众，组织“姐妹会”、“读书会”、办夜校学文化，由共产党员去上课，讲时事，提高妇女对形势认识，并从中把积极分子吸收到党的外围组织——东宝人民解放大同盟中来，为以后发展党员打下组织基础。为适应形势要求，扩大对群众的宣传影响，在莫润枝家中办起油印室来。莫润枝学会刻腊［蜡］纸，王润多、王志英学会油印，她们合作得很好，印发了大量革命传单把全国的、东莞的战斗胜利捷报、学习资料，散发到莞太区各地，增强人民革命斗争的信心，影响甚大。

……

1949年元旦，新华社发表了毛主席的元旦献词《将革命进行到底》，号召解放全中国，全国解放战争势如破竹，直迫江南，向华南发展。……当时涌口的党员、盟员（后转为新民主主义青年团）十分积极，“姐妹会”筹备建立妇女会，组织民兵和控制伪乡政权等工作，都全面开展。陈筹武工队上调一支三团，成为正规连队后，地方党继续组织由王应负责的武工队。后来在1949年7月改建为地方连队——猛虎队，人数有七八十人。

为迎接解放，支援大军南下，需加速基层组织建设和建政工作。县委领导于1949年六七月间在横岗（后转到桥头）办了一期建政学习班，涌口莫润枝、王创、林桃南等同志参加了。学习后正式成立组工队，队长陈光，分三个组开展工作。第一组负责桥头、沙塘一带，组长陈光（兼）人、副组长邓牖民；第二组负责河田一带，组长郑淦杰（又名郑和）；第三组负责双岗、涌口，组长方焕文，王创、林桃南等参加。他们带着武装，深入依靠群众，进行组织建立妇女会、农会、民兵基层组织以及民主乡政府等工作，同时协助党支部加强党团建设工作。没有党、团员的地方，则注意发现积极分子，培养吸收入党、入团，建立党、团支部。涌口党支部工作开展得很好，吸收发展了一批党、团员，充实了党、团支部。妇女会、民兵等基层组织以及民主乡政府也在八九月间先后建立起来。为迎接大军南下筹粮筹款、支援前线做了大量工作，为东莞的解放事业作出应有的贡献。

在西北支队任机要员①

方　文

我于1941年初调到南委机要科工作。次年6月，由于叛徒告密，国民党政府派兵来破坏。我们机要科分散转移，后来王强同志冒着生命危险，带着我们撤退到惠来县隐蔽。

1944年10月，我从地方调到东江纵队后，不久又调到纵队机要科工作。当时机要科驻在大鹏半岛，和电台住得很近。我们的工作虽然比较紧张、艰苦，但同志之间团结友爱，互相关心和帮助，好象兄弟姊妹一样。每天晚饭后，我们就纷纷跑到海边的沙滩上，有的放声歌唱《五月的鲜花》、《解放区的天是晴朗的天》，有的在亲密地谈心。电台和机要科每月还联合召开一二次晚会，表演自编的短剧等节目，生活过得很是愉快和活泼。

1945年初，日军对蒋介石诱降未成，进一步迫蒋投降，大举向国民党统治区进攻。国民党军队一触即溃，丢弃了大片国土。为了坚持抗战，扩大解放区，壮大人民武装力量，东江纵队决定派王作尧、杨康华率领先遣部队挺进江北。先遣部队司令部电台由王强负责，报务员有戴昌华，机要员是我和陈英。

我们挺进江北后，经过艰苦卓绝的斗争，开辟了以罗浮山为中心的江北抗日根据地。

8月，为了执行中央军委关于创建湘粤赣边根据地的指示精神，广东区党委决定派林锵云、王作尧、杨康华率领第五支队、军政干校、鲁迅艺

---

① 收录于中共宝安县委党史办公室编：《回顾东纵电台工作》，广东人民出版社，1989年，第156–159页。

术宣传队、政工队以及一个警卫连、珠江纵队一个加强连，共一千一百多人，组成粤北指挥部，挺进粤北山区。我当时在西北支队，支队电台由邱海生负责，机要员只有我一人。电台主要任务是与奥北指挥部电台联系，同时也与东纵司令部总台联系。

粤北是个新区，到处是高山峻岭，群众基础差。为了避开国民党军队的阻击，我军多选择在夜晚沿山间小路行军，白天就隐蔽在山村。每当部队到达山村休息时，我们电台和机要工作人员就要轮流值班。因休息时间少，我们都觉得非常疲倦，常常是行军中间休息时往地上一躺就睡着了，但又怕掉队，只好几个人靠在一起，听到继续前进的命令好互相招呼。遇到雨天就更艰苦了，我们的衣服全被浇湿，山风吹来又冷又睏［困］，到达目的地后又要开始工作，往往顾不上烤干身上的湿衣服。因部队几乎天天流动，工作条件非常差，电台有时只能在屋旁树［竖］起大竹竿，临时架起天线，因架得太低，收到的讯号很微弱，收听时非常困难，但为了保证部队能与指挥部取得联系，及时得到上级的指示，我们还是千方百计地克服一切困难，尽量地把报抄好译好。

由于粤北指挥部队伍较庞大，所以在行军中易被敌人发现，当指挥部过去后，殿后的西北支队就常碰到敌人。有一次，我们西北支队刚到达一个村庄，炊事员忙着烧饭，我们亦忙着准备工作，这时，突然听到不远的地方传来了枪声。我们立即背着机器和密件迅速向山上跑去，谁也顾不得山上的荆棘刺破了脸、划破了衣服，都想尽快离开敌人包围圈，保证机器安全。我们走了一个多小时，才摆脱了敌人。同志们又累又饿，只好在山上休息一下，找点山水喝喝。有的同志因走得太急，丢了挂包，没有衣服穿，就穿其他同志送来的衣服。

我们随粤北指挥部进入粤北的瑶山地区后，只见山峦重叠，山峰伸向云端，两个山头相隔不到两里，但走起来却要化［花］费几个小时。一天傍晚，我们离目的地只有几里路了，在这个山头可以看到对面的山头，心想一二个小时就可以到达了。可是下山就象下深谷一样，上山又似攀高峰，我们走到半夜一点多钟才到达。当爬上山腰一块小平地时，见到几家瑶民的空房屋，人都逃光了，我们部队只好在山头露宿。没有米吃，只好吃苞米和南瓜汤。电台的同志和我在山沟里把树枝扒开，下面铺上一条旧毯子睡觉。

第 2 天清早，我们部队沿着崎岖的山路又出发了。到中午，国民党的追击部队又赶上来，用机枪封锁了对面的几个山头，企图封锁我们前进的道路。下午三四点钟，我们一直沿着山腰走到浈水河边，粤北指挥部率先头部队刚过了河，国民党的追击部队又赶到封锁了渡口。我们西北支队被堵在河边过不去，只好走小路又进入瑶山。从此，我们在瑶山被敌人围困了 20 多天，每天在山上转移掩蔽，跟敌人“捉迷藏”。

一天下午，我们转移到一个有 10 几户人家的小山村。首长一面布置警卫，一面帮助电台架设天线；我们忙着安放好机器，报务员开始收听新闻。突然报务员高声呼喊起来：“特大的好消息，日本宣布无条件投降了，我们最后胜利了！”大家互相转告，高兴地跳着，这是多么振奋人心的好消息啊！我们忘记了饥饿和疲劳，继续抄收每一条新闻，我也迅速翻译，尽快地将收到的好消息告诉全体指战员，使大家共同欢享这胜利的喜悦。

西北支队首长邓楚白、蔡国良立即召开干部会议，研究日军投降后新的形势下如何开展工作，决定派人与地下党取得联系，了解粤北指挥部北上情况和“两王”南下部队的情况。两天后派出的同志回来了，并带来地下党的一位交通员。根据当时情况，支队决定立即离开瑶山到南雄与粤北指挥部会师。晚上由交通员带领，我们通过茂密的森林，离开瑶山，偷越国民党统治区和铁路线，天亮时已开始向南雄山区进发。第 2 天下午，我们平安地到达粤北指挥部驻地。当我们和指挥部的首长及电台的同志会师时，激动得流下了眼泪。离别一个多月，经过千辛万苦后，重新见面了，我们是多么高兴！

当王震的先头部队到达南雄的百顺时，粤北部队离百顺也只有两天多的路程，会师的时刻会很快到来，会师的歌声充满了整个部队：“你往南行我北上，十万大军真威风，打仗打得真不错，创立五岭根据地，我们真快乐，我们真快乐……”过后不久，突然转来中央电报：由于形势的变化，南下部队奉命迅速北返。中央勉励我们，依靠群众，独立作战，创建五岭根据地。

这时部队已相对稳定了，生活条件也有些改善，粤北指挥部电台与党中央取得了联系，及时得到指示。由于了解党中央对当前斗争的方针、政策和任务，部队行动的目的性更明确了。

我们部队到达南雄后，和地下党取得联系，转移到粤赣边的油山一带。油山、帽子峰、小梅岭曾是项英、陈毅活动过的地区，群众基础较好。粤北指挥部和几个支队都相应集中在此，发动群众，打击恶霸地主武装势力，终于在粤赣边开辟了一大块游击区，并坚持到北撤。

廖似光印象记①

芳　洁

在市总工会欢宴港九侨胞回国观光团的宴会上，我们第一次见到了市总工会主任廖似光同志。假如不留意的话，你几乎看不出她是一个女人，她和一般的男干部一样，穿着绿色的军服，戴着军帽，头发是剪得短短的。她有着健硬的身材，满脸埋着笑容，她是那样的和蔼可亲，即使你跟第一次见面，也不会有陌生的感觉。从表面上看，她似乎是沉着寡言的，但是和她谈起话来，你会觉得她是多么的热情豪爽，坦白诚意。对于每一个问题的回答，是如何的明彻。

看来她不过是四十岁左右，但她已有了二十几年的革命经验，是的，她不但是一个优秀的革命者，还是一个工人领袖，她是广东梅县人，工人出身，早年参加了革命工作，曾参加了二万五千里长征，这次一路参加接管工作，在天津汉口都做着工会工作，她有丰富的斗争经验，大军南下时，她随着大军一路南下，解放了广东、解放了广州。现在，她是市总工会的主任，因为她的和气亲切，她的工作经验丰富，所以劳工界对她非常热爱，从这次的宴会上，几百个人把她高高的抬起，工会场上高呼“廖同志万岁！”的热烈欢呼中，可以看出廖同志是如何的受人的敬爱。

在欢迎词中，廖同志谈到了对于港九侨胞在庆祝中华人民政府诞生与最近展开的热烈劳军运动所表现的辉煌成绩，以前海外侨胞始终坚持祖国革命运动，给国内同胞很大的鼓舞，如号召着海外同胞回到祖国投资于工商业的建设，号召教育文化界回到祖国参加文化建设，妇女界回来参加儿

① 收录于广东省妇女联合会、广东省档案馆编：《广东妇女运动历史资料》第六辑，广东省供销学校印刷厂，1991 年，第 438—439 页。

童保育工作，生产建设工作。

在艰难的斗争中磨炼出来的伟大的革命者——廖同志，她的革命经验是如何的丰富、她的性格态度是如何的和蔼亲切。姐妹们，我们应标［该］向廖同志看齐，学习她的革命精神、响应她的号召，让港穗的姐妹们在五星红旗下挈［携］手前进吧！

（《香港文汇报》1949.11.14）

曲江县妇委会工作回忆①

冯娱修

抗战时期的妇委会，全称是：新生活运动促进会妇女工作委员会。规定由各级行政长官的夫人任主任委员，办公用房和经费也由官方协助解决。主要任务是向广大妇女宣传抗日救国，组织妇女参加识字班、生产技术训练班等活动。它不同于设在国民党部内的妇女会。由于主任委员多数是挂名的，实际工作由总干事负责，只要共产党员和进步人士担任总干事，这个组织实际上就是由中共地下党所掌握。

一、广东省妇委会

在广东省妇委会的成立和发展过程中，有不少党员和进步青年参加，对妇委会的工作影响很大。广州沦陷前，有一次广东省主席李汉魂的夫人吴菊芳遇见区白霜，请她去协助搞妇委会的工作。区请示中共省委书记张文彬同意后，便到省妇委会负责总务工作，很受吴的信任和尊重。区大姐一方面作吴的工作，介绍进步书报给吴看；一方面在妇委会内发展党的组织。当时妇委会的工作人员主要来自以下几个方面：

一是广东高中以上学生集训总队女生团。其中大学中队的杨衡芬、关景霞，到省妇委会后很快由区白霜介绍入党，关景霞曾担任妇女战时工作总队队长，杨衡芬是省妇委会妇干班的主要负责人之一。这两个同志，特别是杨衡芬后来都起了重要作用。

二是广东行政干部训练所。这是由国民党的行政官员主办的，李汉魂

① 收录于韶关市妇女联合会、清远市妇女联合会合编：《粤北妇女运动（1921—1949）》，1994年，第90–96页。

还兼干训所所长。表面上大家都集体参加国民党，抗先队却公开在这个组织中活动。里面设有共产党的总支和支部，并积极发展党员。干训所行政系 22 名女学员中，就有陈柏如（夏冰）、张妙灵（张海萍，1942 年桂林“七·九”事件三烈士之一）、陈永朝、郑鲁秀（郑平）、张慧英（张英）、吴丽珍、陈爱红、冯娱修、王克培、叶婉香、陈长琼、李曼君（李平）、蔡△△等是党员，超过了半数。陈柏如是女生支部书记，因此后来被派到妇委会去工作的，许多是共产党员。1939 年 6 月底一个晚上，吴菊芳来干训所开了个座谈会，征求我们到省妇委会工作的意见。会后全体女生坐车到韶关，大部份留在省妇委会工作。

三是从各县参加妇干班的学员中调来的，有一百几十人，其中也有共产党员，仅我知道的就有林毅（林国英）、黄惠芳、骆灼桃等。

四是从香港回来的抗日青年。

妇委会中党的工作，是由广东省委和北江特委直接领导的。我们进入妇委会工作是党组织同意的。妇委会中有中共党的组织。1940 年春节后，战工队从四会回到韶关，省委便派罗敏坤来找我与叶婉香、程佩贞 3 个，成立一个党小组，大家选我为小组长。1940 年 6 月曲江妇委会成立不久，北江特委派姓岑的同志来[①]，指示要成立特委直属妇女总支，杨衡芬任书记兼统战委员、关景霞任宣传委员兼妇女生产工作团党支部书记，冯娱修任组织委员兼曲江妇委会党支部书记。特委每周都来听取汇报并作指示，还派黄焕秋给我们作形势报告。我们的上级领导人，开始是岑先生，继后有小周、朱瑞瑶、五叔（即李守纯）等同志。我们妇委会的同志，大都是在家乡沦陷、民族危亡的关头走到一起来的。省委和特委指示我们：要团结一切可以团结的力量，动员和组织广大妇女投入抗日救亡运动，与国民党顽固分子作斗争。

---

① 应是岑振雄，曲江中心县委书记。——原书注

二、妇女工作实验区

1940年4月上旬，省妇委会为给在各县成立妇委会摸索经验，将妇干班的学员与战工队的队员共一百几十人，集中在曲江搞试点。总负责人是杨衡芬，其他人员分配到太平镇、武城镇、东厢乡、西厢乡、犁市、马坝、乌石、枫湾、周田、仁和、大桥、青白、龙归、樟树潭、桂头等地，记得有19个点。我开始是到东厢乡工作，后来特委调我回武城镇。因为杨衡芬不适宜多与上级党委接触，便由我负责向杨转达特委的指示和杨向特委的请示汇报。所以实验区的工作，实际上是在中共党的领导下进行的。当时特委强调大量吸收妇女参加识字班，我们坚决执行了。记得我们在东厢乡开始招生时，群众以为我们是国民党来抽女壮丁的，见到我们都关门闭户。我们只好搬到一位70多岁、穷苦孤寡的老太婆家去住，食住和大小便都在一间黑房间里，我们不怕脏、不怕臭，群众才相信我们，同我们接触，纷纷来报名上学。特委肯定和推广了我们的经验。其次是办生产技术训练班，我们说要男女平等，首先妇女要经济独立，也深受妇女群众的欢迎。粉笔、墨水、布鞋车缝等训练班普遍办起来了。再就是出墙报，教唱抗日歌曲。

实验区大约办了3个多月，结束后便将全体干部分配到各县协助成立县妇委会。北江特委考虑到党员人数不多，力量不能分散，决定把党的力量集中在曲江和连县，以曲江妇委会为重点，连县妇委会为附点。曲江妇委会中的党员有杨衡芬、冯娱修、程佩贞、梁洁纯、林毅、黄惠英、骆灼桃，加上非党人员共18人。连县妇委会有党员叶婉香、麦曼英、刘德容和陈妙慈等。

三、曲江妇委会的工作

曲江妇委会于1940年6月成立。在东河坝借用一座茅棚为会址，受省妇委会直接领导。主任委员由曲江县长薛汉光的夫人丁瑾担任，总干事是杨衡芬，组训组长是冯娱修，总务组长是一位姓李的（记不起名字）。

各组有干事，各乡均派有人去开展工作。现能记起来的，城镇有杨佩云，乌石有黄惠芳、骆灼桃，周田有林毅，龙归有李婉容。曲江妇委会大约有十八九人，后来将县妇女会的进步女干部杨佩云、凌励也争取来妇委会工作，又有积极分子的协助和妇女群众的支持，这使我们开展抗日宣传、组织训练广大妇女等工作，都能顺利开展。

曲江妇委会的工作主要由总干事杨衡芬负责，县长夫人很少过问。重要的工作向县长夫人汇报请示，她一般都不会反对。曲江妇委会成立不久，就成立了中共北江特委直属妇女总支。记得当时杨衡芬代省妇委会起草了一份工作计划，经总支讨论后，报特委批准，然后发给各县执行。

曲江妇委会的工作人员，都是大、中学生，都能讲能写，有的还能歌善舞。这里有党的领导，有一批热情进步的青年，大家都有一颗抗日救亡的热心，工作起来真是生龙活虎，进行得很顺利。我们没有假期，没有星期天，有时不分昼夜地工作，但没有人叫苦。有些已是 20 多岁的大姑娘了，但谁也没有去考虑个人的婚事。后来有的同志在战斗中英勇献出了自己的生命。那时党交给我们的主要任务是发展党的组织。通过培养教育，在一年多时间里，我们发展了黄△△、杨佩云、李△△等参加共产党。

曲江妇委会作了以下一些工作：

在各乡、镇办了 25 个妇女识字班。既提高妇女的文化，又宣传了抗日救国的道理，很受群众欢迎。课本是我们自编自印的，里面也包含有社会主义、共产主义的思想。如讲各种社会制度的妇女地位，指出只有共产主义社会，男女才能真正平等。由杨佩云负责的城镇班，经常保持 100 多人，其他乡一般有 20 多人。

办生产技术训练班也特别受劳动妇女的欢迎。我们在各乡、镇建立 17 个妇女技术训练班，在 13 个乡办了生产合作社，有车缝、竹器、布鞋、牙刷、抽纱、制豆腐、织布、织布带、草鞋等生产事业。在技术训练和识字班里，共训练妇女 632 人。

捐款、捐物、义卖、义演也是我们经常做的工作。通过这些工作对群众进行抗日爱国教育，也鼓舞了抗日战士的士气。有一次发动韶关各阶层劳军捐献，捐得很多东西。我们用了一昼夜时间在韶关公园义卖，连凉茶也设挡摆卖。不但妇委会的同志全部出动，很多识字班、生产技术训练班的学员也来协助。支持义卖的顾客很踊跃，在政治上、经济上的收获都很大。全部工作结束时已是深夜了。同志们热情很高，忘记了疲劳，高唱抗日歌曲而归。

慰问被捕抗日青年。1940 年，东江华侨国乡服务团的青年，被国民党顽固派逮捕，关押在韶关芙蓉山监狱。我们知道后，即发动捐献衣物，组织慰问队到芙蓉山监狱去慰问他们。

创办《妇女报》。有一天。县妇女会的朱碧芳来妇委会提出合办《妇女报》。我们知道她丈夫是地下党员，但他们久未见面，摸不清她的意图。经请示特委，同意合作。由朱瑞瑶用“渺娇”的笔名写了一篇文章，发表在第一期上。但只办一期就停刊了。

巧拒三青团的渗入。1941 年秋，白色恐怖越来越严重。很多同志撤退了，杨衡芬、关景霞都回大学复学搞学运。我接任总干事，还要兼主任委员（县长李英未有夫人），肩上的担子很重。当时国民党反动派到处捉人，连看生活书店出版的书也要被抓。在这逆境中，曲江三青团派人来要在妇委会发展团员。后北江特委决定，让冯娱修、黄△△、黄惠芳等 4 名党员加入三青团，由冯担任分队长。他们迫我们发展团员，我们就以妇女害怕参加党团的政治活动为理由来推脱。

在国民党反动派抓［掀］起反共高潮时，我们不但工作难以开展，生活上也要十分谨慎小心。他们在集训保甲长时说：发现深夜有灯光，可能是共产党偷看进步书刊。写信横写的，用“救亡”、“工作岗位”等词的，用单名的，女青年穿工人裤的等等，都有共产党嫌疑。因此，我们就改穿裙子，除与组织接头外，上街要找一二人同行。我们通过各种关系；掩护黄△△撤退，营救进步青年陈哲出狱。我们把盖了印章的妇委会空白信笺送给省委、特委，准备在女同志转移、疏散时用。

过好生活关对我们也是场考验。抗战时期，日寇封锁交通线，国民党官员公开走私，奸商囤积居奇，以致物价飞腾，民不聊生。我们每月 20

多元的生活费，开始还可以维持一天两餐，最后吃白饭也不够，改为吃稀饭。为了贪价钱便宜，专买军米吃，所谓“军米”，就是专供军队吃的米。这种米是洒过水，发霉发酸，砂谷又多，吃了令人恶心反胃。但要工作，要活下去就得硬着头皮吃下去。当时把吃饭也作为一个政治任务了。

我们住的茅棚已经够破烂的了，又两次被烧。一次是门口的小食店起火波及，一次被敌人的燃烧弹烧光了。我们仅有的几套衣服也全烧了，但同志们仍很乐观。记得第一次茅棚被烧，会址即借用设在曲江县府内丁瑾的办公室。丁是妇委会的主任委员，但从不来妇委会，只在县府内设个办公室，她也不去办公。我们搬去后，衡芬就用丁瑾的办公桌。我们有时借分乡汇报工作的机会，关起门来开党小组会，最为安全。

1942 年，特委安排我从妇委会撤退。在我离开妇委会前，特委将党员苏少芝、张依帆、霍凌介绍到妇委会工作。当时韶关筹备成立市，曲江妇委会多挂了一个韶关妇委会的牌子，其实人员照旧，只多了任韶关妇委会主任委员的市长夫人一人。我按特委指示，把韶关市的工作人员交给张依帆，把曲江的工作人员交给霍凌，就依依不舍地离开了。

（原载 1985 年《粤北抗战资料选编》纪念抗日战争胜利四十周年专集）

回　忆（节选）[①]

范济群[②]

……

经党组织的安排，中大地下党及地下学联的同志大部分又集中到独立教导营来了。教导营还集中了一大批原在广州和香港的地下工作同志，还包括文、理、法、商学院等高等院校和一些年龄较大的中学生。教导营由陈平同志（即陈景文）任营长，古念良同志任教导员。文、法学院的同志全部编在第一连，何礼荣任连指导员，李桌儒任连长。第一连第一排排长刘富源、第二排排长是我、第三排排长宋野平、第四排排长杭雄文。第二排的班长有苏上杰、林邦礼、林庭远、廖远耿等。李少英、陈询烈任第三、四连的领导，还有在香港接待并组织我们进解放区的杨宝莲、钱涤生也任连的领导。教导营里集中了各方面的人才，有中高层干部、文化人、办报人，有青、工、妇的干部。……

① 收录于李建国编著：《从东江纵队到粤赣湘边纵队》，广东人民出版社，2015 年，第 254–261 页。

② 时任中山大学学生领袖。——原书注

在东江游击队难忘的日子里①

戈宝权

在日军进攻期间，我从九龙逃到香港，和茅盾夫妇，还有叶以群、宋之的夫妇等人都躲在香港轩尼诗的一家停业的舞厅的三层楼上。最后，我就在皇后大道东附近的贫民窟里，同大家保持互相联系，研究如何早日逃离香港的办法。一月九日，我上午到西环去通知茅盾夫妇和叶以群，把他们接到我借住的贫民窟，换上一般市民穿的“唐装”，每人带了简单的小包袱。下午，跟着向导沿皇后大道向铜锣湾出发，我们分别乘小船，绕过密密层层的大小船只，来到一条有如画舫的大船旁边。

我们在船上过了一夜，第二天黎明以前，就爬进三只小船，当铜锣湾出口处巡逻的日本哨兵换岗时，我们的小船飞快地冲出去，进入深阔的海峡。

到了九龙红磡，我们按照事先的布置，由邹韬奋提着一个小米袋跟着向导走在前面，我就跟在他的后面照顾他，在我后面的是茅盾夫妇、叶以群、高汾、胡绳夫妇和于伶夫妇等人。我们在窝打老道的一座楼房前等待新的带路人。

十一日清晨，向青山道进发，十点到荃湾，下午离开大路，进入大雾山。

在“三不管”地区，“江大哥”是我们的开路人。一路上，他还缴了两个拦路抢劫的“烂仔”的枪。黄昏到达元朗镇外一所高大的房子，我们休息了一夜，十二日清晨，等待来人领路，当时有人交代我们，如有人询问就说是要回东莞石龙去的难民。我们在赤尾过了河，沿着公路向宝安方

① 收录于中共惠阳地委党史办公室编：《东江党史资料汇编》第三辑，1984 年，第 133—135 页。

向前进。沿途碰到好几辆日本军用卡车，他们停下来，说可以带我们走，但我们谢绝了。傍晚在一间破旧的民房里过夜。第二天早晨，由一个维持会长带了四个日本兵来，点好人数，走了七里多路，过了一个瞭望哨，才放我们往前走，上了梅林坳，进入东江游击区，我们在这里受到曾生、王作尧、尹林平、杨康华的接待。

游击队的领导决定把我们送到在龙华附近更为偏僻的阳台山上去，同去的有邹韬奋、胡绳夫妇、于伶夫妇、沈志远夫妇、叶籁士、殷国秀、高汾等一行多人，后来邹韬奋的夫人和子女也来了。这里修建了两座较大的草房，每间可容二三十人。我们在这里迎来了春节，前后住了两三个月。

我当时参加游击队政治部一些宣传和教育工作，还为战士们和妇女工作队的同志们上文化课。

这年四月上旬，我接到周恩来的通知，要返回重庆。我一路经惠阳、老隆、曲江、衡阳、桂林、贵阳，最后，又回到了阔别一年多的重庆。记得回到《新华日报》馆之后，周恩来要我到红岩村的八路军驻渝办事处向同志们介绍我们从香港撤退和在东江游击区的情况。

（深圳市委党史办／供稿）

地下交通站工作回忆片断[①]

关婉明

我和爱人钟达明原在连县工作，钟达明同志是连县特派员。我在连县以小学教师为掩护，搞地下工作。一九四三年十月，粤北省委青年部副部长张江明同志通知我们撤离连县，他说我们在连县一带太红，必须马上就走，并指示我们先到东莞，等候“东纵”派人来联系。我们当即按指示回东莞钟达明同志的家乡横坑乡。听说我们走后第二天，特务便来抓我们，幸好我们先走了一步。

我们和两个孩子，一家四口在东莞横坑乡住了一段时间后，约于一九四四年三月，按东纵政治部主任杨康华同志布置，到广州沦陷区开展地下工作。钟先单身一人到广州，住在海珠北路芽苗巷三号地下党员张思乔同志家里。我随后也到了广州。

我到广州后，钟达明同志便安排我搞交通站工作。这个交通站，开始只是我一个人，主要任务是从广州带领我党同志及进步青年到东莞横坑乡，然后转交给横坑乡对面凉平乡东纵交通站。有时也直接带到东纵司令部，横坑、凉平都是东纵控制的范围。我第一次接受任务时，心情十分紧张。因为日伪对广州至东纵游击区之间交通要道的控制非常严密，不论水路还是陆路，都是关卡重重。一切过往者都要严格搜查，动辄逮捕、枪杀。我带的同志，大都是从粤北到东纵参加抗日斗争的党员和进步青年。他们战胜艰难险阻，从粤北来到广州。他们能否顺利到达东纵，这就决定于我的工作。我反复认真考虑，把行走路线、衣着以及碰到敌人盘问搜查

---

① 收录于中共广州市委党史资料征集研究委员会办公室编：《沦陷时期广州人民的抗日斗争·党史资料选编》，1985 年，第 71—73 页。

时如何对付等等，都进行周密的思考，并把这些情况、想法告诉同志们，提醒大家一举一动都要注意不要引起人家的怀疑。路上，我在前面先行，他们尾随在后，保持一定距离，显出不是一伙人的样子。幸好，这一次很顺利，同志们都安全地到达了目的地。

第一个任务的顺利完成，使我充满了信心。从广州到东莞这条路线，我很熟悉。对于沿途的关卡，对于如何绕道穿插，如何利用各种车、船，用各种身份作掩护等，我都有一定经验，因此，我工作越来越大胆。那时，要我带的同志很多。我前后跑了几十个来回，每次带的人数大多是三五人，也有多至六七人的，总共有一百人左右。

我第二个任务是从东纵把文件及有关指示带到广州，把有关广州的工作情况和社会动态的材料带到东纵。带这些东西比带人还困难，因为人是活的，文件不容易藏得好，一旦被查获，将有生命危险。我对敌人平时搜身、检查的各种手法进行一一的分析研究，制订出应付搜查的办法。我还有意结识一些关卡上专任搜查的警察，并把他们轮值情况记在心中，以便找机会安全通过。在装束上我想方设法，尽量避免敌人怀疑。有时打扮成官太太模样，有时则扮成走水客，背着孩子，以买卖故衣为掩护。其次，是收藏文件。敌人各个关卡检查严密，每件行李都要检查。采取各种不同密藏方法，有时把文件卷成半支烟大小，缝在内裤的拉带里。有时则把文件用胶纸封好，装在大肚面酱缸的内壁上，然后装满面酱。敌人检查时用棒上下捅，但文件贴在缸壁，是不容易发现的。有时将文件卷包在月经纸内，但是遇上女警察，连月经纸也要检查，那时只好将文件转移到小孩身上。

由于我认真做好准备，过关时胆大心细、随机应变，所以，我每次都安全完成任务。有一次我带的文件较多，装在手提箱里，上面放有衣服、食物。本来摸好底子，见相识的伪警察当班，才准备过关的。谁知刚到关卡，迎面来了巡逻队，我无法躲避，急中生智，便打开手提箱，取出食物，跟当班女警察边吃边闲谈。终于安全渡过这一险关。

在广州，除了做交通工作外，我还参加过散发抗日传单的活动。当时，洪门小学教导主任何杰是我们的党员，他在洪门小学印刷大量传单。我装成官太，另一地下党员关谓梅同志穿警服（关谓梅同志当时打进敌伪南海警察局当警察），几次到洪门小学向何杰取出大皮箱传单。一个官太在前面走，一个警察手提大皮箱在后面跟，这副模样，谁也不会怀疑。我把传单放在海珠北路芽苗巷三号，然后发给各个地下工作者。散发传单的时间一般是在晚上的灯火管制前后。记得有一次我与一个地下党员同志配合，她在前面边吃香蕉边走，到预定地点，她把香蕉往墙上一涂就离开了，我准备好传单跟在后面，看周围无人便迅速往上贴。

一九四五年日本投降后，我和钟达明同志迁到东川路居住。按组织上指示，继续留广州搞地下工作。

（钟钦正／整理）

回　忆①

何带娇②

天黑了，而且慢慢的，越来越黑。

我的家乡是个只有几十户人家的小村，坐落于梧桐山东麓，三面群山环抱，南面一道山口通往盐田的海边，有两条清澈的小河从小村的两侧缓缓地淌过。

此时，虽然还是春寒料峭，但漫山遍野已经开始吐出许多新绿，尽管吹过来的风还有些刺骨，但空气中已处处弥漫着春天的气息。我的心也像这季节一般，虽然还感到有些迷惘，却也充满了希望，因为从明天开始，我就要变成另外一个我了。

一九三三年二月二十二日，我出生在广东宝安盐田的沙排村，父亲早年漂洋过海到国外谋生，晚年积蓄了一点钱，回乡买地盖房娶妻生子，一生勤俭，最终令家境渐渐殷实，虽然没有大富大贵，却也是温饱无忧。

在那个重男轻女的年代，父亲还是让我在一九四四年七月开始到盐田乐群小学念书。到了一九四八年七月，我刚读到小学四年级，本来还想再读下去，但家里人都说："圣人曰，女子无才便是德，女孩子上几年学，会写自己的名字，知道加减算数就好了，读那么多的书干什么？"

读那么多的书干什么呢？我也说不上来，但是我确实还想再读几年书，因为那些男孩子都可以读很多年的书，女孩子为什么就不行呢？我呆坐在自家阁楼上的小窗前，那小窗不过两个巴掌大小，中间还竖了两根手腕粗细的铁条。这世道不太平，什么样的房子也要做足防盗贼的功夫。

---

① 收录于李建国编著：《从东江纵队到粤赣湘边纵队》，广东人民出版社，2015年，第289–292页。

② 时为农村少女。——原书注

这时，窗外已经完全黑了下来，山区不像平原，在山峦的遮挡下，天色更加昏暗。小村里闪出的点点灯光，映衬得四周更加黑暗。我辍学没有书读了，但生活还得继续下去，这一年我才不过十五岁，可以干什么呢？在继母的建议下，我们卖掉了家里的几担稻谷，换回了一些银洋，让我带到了香港，交了一百块银洋给设在九龙的大行橡胶厂作为押金，进厂当了学徒工。按照继母的想法，在厂里工作一段时间，学习一些城里的规矩，然后嫁给一个有钱人。那时的我虽然什么都不懂，但是我并不喜欢这样的安排。进了工厂，许多人要挤在一起，工作的时间很长，干的活儿既单调又累人，刺鼻的橡胶气味更是让人难受。远没有在家乡那样愉快和舒心，即使不能上学，至少还可以上山放牛，至少还有美丽的风景、新鲜的空气。那时的我虽然什么都不懂，但是我并不喜欢这样的安排。特别是还要嫁给什么有钱人，先不说人家能不能看上工厂里的女工，一想到要和一个陌生的老头子（通常有钱的都是）睡在一起，身上的汗毛就一乍一乍地竖起来……结果在厂里只待了很短的时间，我就跑回家乡，令一家人辛苦攒下的一百块银元打了水漂。为此，父母对我非常生气，十分严厉地责骂了我好几次，反过来弄得我也对他们很生气，觉得家里再没有温暖。

时间一点一点地流逝，窗外的山风似乎更大了，远处近处的林梢草丛发出“嘘嘘”的声响，让人觉得这山野更加寂静。我的村中姐妹何玉英怎么还没有出现？她比我大一岁，家里很穷，身上却很有股山妹子的泼辣劲，从小我们的感情就很好，经常跟她一起上山放牛。这次从香港回来，也是她给了我最多的安慰和支持。我俩约好了，谁也不告诉，悄悄地离开家乡，去过一种新生活。

这次从香港回来，我的家乡虽然青山依旧，乡亲都在，但暗里已经有了许多的不同。共产党的武工队开始在这一带活动，宣传革命的道理，发动群众起来和反动黑暗统治做斗争。我也去听了几次他们的讲话，心里挺激动，那些道理确实很新鲜，和我以前上学时学的那些很不一样。尤其那位黄彪同志，描述的新中国生活更是令我无限向往。我和玉英商量再三，觉得我们就应该过那样的生活。于是，我们向黄彪同志提出要参加游击队。

最初，黄彪同志认为我们年纪还小，再读几年书才比较合适，但我和玉英的态度都十分坚决，尤其玉英，说我们都早已没书读了，我也说了自己的遭遇，最后他同意了，介绍我们到位于梧桐山北麓（今罗湖梧桐山社区横排岭村附近）的田螺坑游击区去找武工队。

这时，东边的山巅上露出了微微的亮光，先前罩在上面的云雾渐渐地散去，光明正在慢慢地显露出来。这时，窗外隐隐地传来两声熟悉的啰哨声，这是玉英给我发来的信号。我抓起早已准备好的一点干粮衣物，轻手轻脚地走下阁楼，悄悄开了大门溜了出去。

已经是晚上九点多了，先前那些星星点点的微弱灯火大多已经熄灭了，村里的人基本上都睡了，我看见玉英正笑嘻嘻地望着我，连忙拉起她一起朝村外走去。当时我们觉得神不知鬼不觉，其实还是有人看见了我们。后来听说第二天家里人发现我们不见了，还以为我想不开，跳河自尽了，还到处寻找。就是那位看见我和玉英出走的阿婶告诉他们我俩是往山里去了。

在那样一个深夜里，我和玉英这两个十多岁的女孩子，跟着武工队的同志，借助淡淡的天光，一路上跌跌撞撞，战胜了无数恐惧和困难，翻越了黑黢歌的梧桐大山。到达山的另一侧田螺坑游击区时，已是下半夜两点多了。我们是从一九四九年二月二十八日夜晚出发，走到了一九四九年三月一日的凌晨，我们在这一夜参加了革命。

参加革命后第四天，我们所在的清河武工队就遭到国民党围困，武工队指导员黄昌荣同志牺牲了，当时我们还有六七个同志因隐藏到各自然村居住，才躲过了劫难。

一九四九年五月我调到粤赣湘边纵队二团坪山民运工作队，团长是李群芳，副团长是李和，我同时还参加了二团妇女工作队。当时妇女工作队队长是叶聪慧，指导员是刘宝英。一九四九年七月和九月又到坪山大万世家围参加妇工会议两次，我们活动地点在坪山、田头、田心、淡水郊区等地。主要是宣传当时党的各项政策，成立农会、妇女会、青年团等。

难忘的一次战斗①

何伟林

日本投降前夕，中央决定派王震、王首道率领八路军三五九旅南下广东，同东江纵队汇合，巩固、扩大华南抗日根据地，同时电令东纵派强有力的队伍北上迎接。东纵派王作尧率领第五支队（当时是东纵的主力部队之一）等日夜兼程北上。一九四五年秋，五支队已到达湘粤边境，适值日本宣布无条件投降，三五九旅奉命往回撤，五支队则留在粤北一带活动。

粤北五岭地区，即北山（分上北山、下北山）一带，从始兴、南雄以至江西的龙南、定南，当年陈毅部队曾在这里活动，群众对我军有一定认识，我们到达这些地方，经过宣传和各种形式活动，群众觉悟有很大提高，尤其是祈［奇］心洞、陈坪等，是我们部队的堡垒村。这些村的群众经常给部队送情报，我们也经常访贫问苦，帮助群众解决种种困难，军民情同鱼水。有一次，我因病住在何万芳家半个多月，他经常上山采药为我治病，他家有什么好的东西吃都留给我，直到我病好返回部队。

深秋里的一天，我们中队和一个大队部在大队长和中队长的带领下，日夜兼程来到始兴县的陈坪村，由于日夜行军大家都很疲劳，吃过早饭便都休息。我上厕所，不久便见大路上有几个赶集的妇女拼命往回跑，边跑边大声叫喊："同志哥，（当时群众对我们的称呼），中央军来了，快走呀！"我听到这个情况，立即跑回营地叫醒大家，并将情况告知他们。队长立即命令二班长带领全班到村边大路接口处掩护部队撤退。二班赶到村边，才站住脚，敌人已像潮水般涌来，机枪、炮弹在我们面前炸起一团团

① 收录于肇庆市城区东江纵队粤赣湘边纵队老战士联谊会编：《峥嵘岁月》，2003年，第30—32页。

尘土，我们迅速找定位置，待敌人进入二三十米射程内，突然给他们猛烈还击，杀伤了一些敌人。敌人感到意外，以为中了埋伏，便停了下来。这时，我们已经发现左右山头和两条大路都给敌人占领了，敌人对全村形成了包围。密集的火力封锁各个路口。据了解敌人有两个团的兵力，而我们只有一个中队七八十人和一个大队部（非战斗员）。在此敌我力量悬殊的形势下，坚守固然十分不利，突围亦有困难，而且时间正在上午八九点钟，在敌人眼皮底下突围，我们每行一步敌人都会看得十分清楚。正在万分危急的情况下，我们的堡垒户何万芳到来，他说："我经常上山打柴、采药，我熟悉一条非常隐蔽的路，可以安全撤到后山。"队长立即接纳了他的意见，另外却又派人到各处摆出要坚守阵地的样子，这里放一轮机枪，那里扔几个手榴弹以迷惑敌人。敌人由于有内奸的指引，已占据了所有据点，封锁了所有出口，他们认为我们绝不可能撤出这个小村庄了，正在集中力量巩固包围，然后向村子发起"总攻"，烧杀抢掠，大发横财。可是，就在敌人洋洋得意的时候，我们的队伍已经在他们的眼皮底下，不损一兵一卒（只有一个同志负伤）安全地撤出了他们的包围圈。后来据群众反映，敌人方面却被我们打死打伤了好几个人。

这次突围的胜利，事前完全由于群众的报信，得到群众的冒险帮助，如我们迟半小时才得到情报，敌人已进入村内，会出现什么局面？如果不从隐蔽路径撤退，而是白天强行突围，又是什么结果？这次能创造如此奇迹，真是伟大的军民鱼水情啊！

民运工作二三事①

何玉屏

我原是香港纺织女工，日本侵略军占领香港后，我随丈夫老张参加了东江纵队港九大队。在新界赤径参加了一个月的集训班，学习的内容有军事和政治，特别强调了在敌占区搞好民运工作的重要性。我是一名新战士，事事都感到新鲜，很想多学一些革命工作的本领；我看到日寇的野蛮侵略行径，自己作为一个中国人，有强烈的爱国心，为了抗日可以献出自己的一切。部队领导派我去负责几条村的民运工作，我的任务是在乡村里组织儿童团、妇女会，教育和组织群众起来抗日，搞好生产，支援前线，积极参加抗日游击队等活动。民运工作是十分艰巨和危险的，日寇经常进村“扫荡”，我们经常是住无定点、食无定时，紧紧依靠群众，随机应变，遇到敌情就立即撤到山上或上艇摇到海中心去过夜，千方百计地克服困难，坚持开展工作，为团结广大群众开展抗日救亡活动贡献了自己的力量。

“红小鬼”显神通

儿童团的“红小鬼”都叫我亚姑，“小鬼”们送信、放哨最机灵。有一天，十多个日本鬼子乔装打扮，身穿黑胶绸衣服，头戴竹笠，好象是农民的样子，放哨的“小鬼”远远看见，知道是“罗白头”来了。立即派人入村报讯：“亚姑，‘罗白头’来了，快走。”我身边的阿婆立即解下身后的小孙给我背上，戴上一顶客家婆的帽子，拿起竹篮到菜地去了。日

① 收录于广东妇女运动历史资料编纂委员会编印：《香港妇女运动资料汇编（1937 年—1949 年）》，1994 年，第 130—133 页。

本鬼子抓了“小鬼”和几个农民来拷问，要他们交出游击队共产党，他们守口如瓶，始终没有泄露半点消息。我就是这样在群众的保护下开展工作的。

抢运粮食弹药

我们的粮食、弹药从东江运至沙田才转运往游击区，因为要躲过敌人耳目，总是在半夜卸运的，遇上退潮，海边水浅，船重靠不了岸，我就组织妇女们半夜起床，到过腰深的水中去卸船，将粮食、弹药挑到山上指定的地点存放。她们为了支援抗日，不怕敌人“扫荡”，不怕深更半夜地劳累，不顾家中孩子啼哭，勇挑重担，翻山越岭去抢运物资，这种动人的情景至今还历历在目。姐妹们还利用晚上去开荒，种杂粮、瓜菜，不仅改善了生活，也支援了抗日游击队。

我们的游击小组长陈亚娇，她是个寡妇，丈夫是在一次日寇入村“扫荡”时被打死的。有一天晚上，我约了游击小组的成员在她家开会，可能是走漏了风声，敌人摸黑入村，直闯亚娇家搜索，幸而我们及早发现，大家立即分头疏散，我烧掉身上的文件，从后门由芋田旁边弯着腰走到别的村去了。敌人抓住亚娇拷打迫供，并指着她床上的两个枕头，问是谁来过，亚娇义正词严地说：“我老公被你们打死，我纪念他，放两个枕头都不行？”敌人扑了个空，查无实据，灰溜溜地走了。亚娇就是这样勇敢地对付敌人，掩护同志。

打击敌伪政权

农村的妇女广泛地组织起妇女会，开展抗日宣传工作。我和姐妹们一起上山打柴，下海边摸虾仔，边劳动边谈心，提高姐妹们的觉悟。在黄毛应村有个余嫂，她是广州花地人，逃难到那里嫁给了伪乡长，无亲无故、无儿无女，受尽伪乡长的虐待，经常挨打受骂。有一天伪乡长去赶墟，竟将家中的大床拆了，炉灶也用水泼湿，火柴也收起来，把大门倒锁了。余嫂一时想不通上吊自杀了。我闻讯后立即组织群众把伪乡长绑起来，送到游击队大队部处理，通过这一事例揭发伪政权的丑恶面目，提高了党和游击队在群众中的威信。

保护文件

1944 年 5、6 月间，我仍在黄毛应村工作，但经常要到北潭涌村开大会，为了安全，领导布置我和邓志坚同志两人把一箱文件抬上北潭涌的山坑内去掩藏。过了一段时间，有一天乌云密布，天气骤变，暴雨将至。我想文件箱在山坑内，下暴雨会被山洪冲走，急忙跑去北潭涌抢救文件。三同户宋嫂不让我去，认为有危险，我不顾一切跑到通往北潭涌的河边。平时河很浅，小鸡都可以走过，谁料坑水雨水一齐倾注，水涨过腰深，我一下水就失去重心，被水冲走，东撞西碰，被冲到坑边上，头被撞破了，血流满面。我抓了一把岸边的青草，咬烂敷住伤口，忍着伤痛，爬到岸上，跌跌碰碰总算能坚持跑到一个名叫“玫瑰”的基本群众家去。面发青，一身湿透，吐了很多水，又无药，只有用生姜敷住伤口，止了血，又爬到山坑上，看到文件箱还在，心才放下。自那时起，我经常头痛，至今仍留有脑震荡后遗症。

抢救难民同胞

香港沦陷以后，香港成了一个死港。同胞们在日寇的残酷统治下，民不聊生，走投无路。日寇企图疏散人口，到处拐骗港九同胞，以招收开山生产为名，一批一批地将难民驱上大轮船，驶向新界一带，放逐上岸。难民们在荒山野岭之中，无屋住、无饭吃，有些还有病在身，无医无药，十分可怜。当时我正在烂泥湾（村名），目睹此情此景，立即向游击队领导汇报。当时部队的给养也很困难，但面对受难受骗的同胞，一定要尽力援救。部队拨出粮食，安排由伪乡政府（两面政权）出面，煮粥救济受难同胞，并组织当地农民做向导，带领受难同胞绕道返回香港。

经过几年在民运工作中的锻炼，使我认识了一条真理，群众是真正的英雄，革命离开了群众就一事无成，依靠群众，什么困难都可以解决。在政治上我更加成熟，思想上对共产党有了进一步的认识，我迫切要求参加中国共产党，1945 年 3 月在港九大队经李兆华、何培两位同志介绍，在赤径村举行了宣誓仪式，我成为一名光荣的中国共产党党员。

原载 1987 年 5 月出版的《回顾港九大队》（下集）

（姚坚／整理）

忆东江纵队政治部敌工科（节选）①

何　文

东江纵队政治部敌工科，于 1944 年 9 月间建立。当时，我国抗日战争已转上战略反攻阶段。随着抗日战争的胜利发展，我东江纵队俘获日军官兵逐渐增多，日军中厌战、反战人员投奔我东江纵队的，也开始出现。敌工科就是在这个形势下建立的。

敌工科建立后，负责收容从各个战斗部队送来的日军战俘，并对他们进行管理教育，随后还担负对日军开展政治瓦解工作的任务。日本帝国主义宣告投降后，敌工科在纵队司令部、政治部的领导下，对日军进行劝降和安排、遣返已降的日军，同时安全送走同我们并肩战斗过的台湾同胞和朝鲜、日本反战友人。尽管从敌工科建立到完成它的历史使命，只有一年多的时间，但它在我东江纵队对敌斗争史上，写下了光辉的篇章。

我是第一个被调到敌工科任代科长的。比我稍后调来敌工科的有林展、林五宁、陈德健（陈迅之）、陈清敏（胡军）、林圻等同志；还有一个武装警卫班，班长是黄锦同志。林展原在香港一间英文书院念过书，1941 年 12 月太平洋战争爆发，香港被日军占领后，她曾在我党领导下，参加过营救英、美盟军及国际友人的工作小组。她既懂英语，又懂日语。她到敌工科后，即主管日军俘虏的管教工作。林五宁在香港沦陷后，曾在一日军船坞当过杂工，也懂日语，他是科里的日语翻译。陈德健负责综合整理从日伪报刊及其他书面材料中得来的情报资料，交纵队领导同志参阅；同时给警卫班上政治文化课。陈清敏负责科里行政事务，并任警卫班思想和

① 收录于中共宝安县委党史办公室编：《回顾东纵统战工作》，广东人民出版社，1989 年，第 142—146 页。

文娱活动的指导。林圻年纪最小，当时只有 14 岁，是科里的勤务员。我在敌工科工作了 3 个多月，1945 年 1 月初调往政治部宣传科，后又调到第五支队任第一大队政委。我走后，敌工科的工作，便由林展同志主持。

……

我当地下交通员的回忆①

何　琼

我原在香港从事地下党的工作。一九四二年六七月间，粤南省委书记梁广同志调我到省委机关担任政治交通员，负责香港、澳门、广州、湛江等城市的政治交通联络工作（后因事湛江没有去）。当时，正是粤北省委刚刚被敌人破坏不久，敌、伪、顽夹击我地下党，白色恐怖十分严重。我牢记党的教导，紧紧依靠人民群众，克服各种困难，出色地完成各项任务。

秘密信使

政治交通员的主要任务是把党的指示、文件及有关报刊等送到各地区的地下党组织和有关同志的手里，并把各地区的情况及时向上级党组织汇报。要做好政治交通联络工作，需要胆大心细。我第一次执行任务是到澳门找余美庆同志，向他传达三点指示：1. 第三共产国际解散的有关问题；2. 组织上调他到广州工作的决定；3. 要他想办法通知曾珍同志回广州工作。由于当时处在白色恐怖中，传达的内容不准文字记录，只能靠默记。我把内容背熟后，按组织交代的地址和联络暗号，在澳门一条小巷的泡水馆楼上找到了余美庆同志，顺利完成了组织交给我的第一个任务。

一九四二年八月，我接到新的任务，前往广州。此行有三项使命：一是到基督教教会学校——万善中学，找当时分别担任校长和训育主任的郑善文（即郑鼎诺）同志和何婉莹同志，向他们传达上级的有关指示，了解

① 收录于广州市妇女联合会、广州市妇运史征集研究委员会编印：《五羊巾帼》（二），1986 年，第 171—176 页。

敌伪动态和他们所认识的党员的情况及群众情绪等。二是到东亚酒店找莫剑夫同志，向他传达上级指示。三是了解我在广州的一些亲戚朋友的情况，尤其是了解他们的职业和政治态度，看有无机会在广州找到社会职业，掩护地下工作。我在广州逗留了一个月左右，掌握了一定情况后，便回香港向上级作了汇报。

一九四二年十月，党组织正式派我到广州工作。为了站稳脚跟，我通过我堂嫂的哥哥罗庚崇当市伪法院院长的关系，在市伪法院（仓边路口），找到了刑事庭录事的职位。同年底，粤南省委撤销，成立广东省临时工作委员会，省临委会领导由尹林平、梁广和连贯三同志组成，梁广同志负责领导沦陷区（主要是广州和香港）的工作。翌年初，地下党领导机关从香港迁来广州，梁广等同志也在十三行开设一间中药批发店作掩护。我当时负责给地下党各领导人做联络工作，并利用我在广州的亲属和其他社交关系，为地下党同志找职业。记得我通过罗庚崇的关系，介绍曾珍同志到市伪法院当民事庭录事，还筹了一笔钱，由余美庆等同志在教育路开设一间文具店，一方面作职业掩护，另一方面作为我党的地下印刷所。

切不断的交通线

一九四四年上半年，我到东江纵队政治部举办的第三期青年干部训练班学习三个月后，组织上又分配我到东纵司令部当政治交通员，负责司令部和广州地下党领导机关的联络工作。此后，我经常来往于广州和东纵之间，秘密传送党的指示和有关文件。

那时，日伪封锁广九铁路，在沿线布设岗哨，巡逻队日夜来回巡逻。要通过封锁线，是很不容易的。而从广州到东纵司令部所在地坪山、惠阳一带，这条路线又是必经之地。为了保证安全，当时的重要文件一般都不准记录，有些确实要记录的，就用很薄的纸张，抄成很小的字，想办法藏在衣服的角落或雨伞、提包角等不易被敌人发觉的地方。录［最］难携带的是东纵政治部出版的《前进报》。这些报纸面积大，份量重，为了扩大部队的政治影响，多给地方党［党］提供宣传资料，我必须把它安全地送到广州。为此，我采取了这样的办法：找一位熟悉的农村妇女协助，由她用箩挑一担东西，下边藏《前进报》，上边盖些杂物，我先行几步，如果发现前面有日军岗哨，我们就绕道通过或退回去再想办法，如果是只有伪警的岗哨，我们就装做没事一样混过去。伪警要是阻拦，我便向他们宣传爱国的道理，或者塞些钱物买通他们。记得有一次经过东莞站时，有个伪警拦住我们搜查，我手心里捏了一把汗。结采［果］，他在箩底翻出了《前进报》，瞪着眼睛看我们。我急忙把一个金戒指塞给他。他见没人注意，收下金戒指后把报纸盖好，挥手让我们过去了。类似这种情况我还碰到过一二次。

除了传送党的指示和文件，我还经常护送领导同志来往于广州、东纵之间。一九四五年一月，东江纵队政委尹林平同志要我从司令部所在地坪山带一位领导（陈翔南同志）到广州工作。要走的路程较长，沿途既要经过游击区，也要经过敌占区，还要穿过敌人的广九铁路封锁线。如何把他安全送到广州呢？经过考虑，我化装成一个农村妇女，和他约定好我们是叔侄关系，并准备好敌人盘问时的对答口供，做好必要的准备。我身上除带一些钱之外，文件、书报一律不带，沿途也不在敌占区逗留，尽量在傍晚前赶到游击区的交通站住宿。当接近广九封锁线时，我们先埋伏在铁路附近的树林里，等敌军巡逻队走后，才选择光线较暗的地方急穿过去，终于安全到达广州。后又以姑嫂关系护送余慧同志赴穗。记得还有一次，大约是一九四五年六七月间，尹林平同志要我护送陈能兴同志到广州筹备成立广州市的地下市委，途中须经一道东江小河。这条河平时连河底石都看得见，可以涉水过去。但那天暴雨刚过，河水暴涨。我们一行三人（另一位是警卫员）手挽着手，在水流湍急的河上慢慢摸索着前进。行至河中时，水较深，我们不慎在石头上滑了一下，三人两脚朝天浮在水面上。我不会游泳，幸面［而］三人互相紧扣着手，我夹在中间，才没有被水冲跑。但因水流太急，我们还是不能趟［蹚］到对岸，只好随水漂流。后来一股小浪涛把我们冲近河岸，刚好岸边有条粗粗的树根，陈能兴同志便马上一手紧拉着它先上了岸，随后再把我们二人也拉上去，这才算脱了险。

最后，我们终于安全地到达目的地。

夜送传单

一九四五年，广州地下党根据上级指示，决定组织一次全市性的大规模散发传单的行动，宣传苏联红军反击德寇取得了决定性胜利，增强人民群众的胜利信心。我把传单底稿从东纵带到广州后，地下党当即大量翻印，并分几条线组织嫂[1][散]发。行动那天，组织上给我的任务是把一叠[沓]传单送给郑鼎诺同志。当天下午三时左右，我和郑鼎诺同志在余美庆同志家里对好了手表，约好晚上七时半在上下九路一带见面。分手后我去拿到传单，就把它扎成伪钞那样大小，用绳捆扎成好象钞票一样。可是到了约定时间却不见他来。那时很多商店都准备关门了，全市也快要停电(日伪时期每晚约九时便全市停电)，已是各线散发传单的时候了，而那叠[沓]传单却仍在我手里。我想是否今晚因情况有变化面[而]临时改变了行动计划呢？不然为什么见不到老郑？这些传单该如何处理？组织上没给我散发任务，如果我自行散发，有可能影响党组织的统一行动；如果把传单拿回家去，则沿途要经过两个岗哨；碰上搜查就危险了。为了顾全大局，我最后还是认为不该考虑个人安危，而决定把传单拿回家去。

我叫了一辆黄包车，回我的住家维新路去。刚过了德星路口，果然遇到岗哨在检查车辆，轮到我那辆车时，伪警指着传单问：“那是什么东西？”我急中生智回答：“是钞票。”他又说：“拆开看看”。我只得慢慢去解绳子，故意拖延时间。塞在后面的几辆车急着走，一个劲地催，伪警不耐烦了，他说：“你究竟要到什么地方去？”我立即回答：“我有急事要把钞票送到法院。”我拿出我当法院录事的身份证，他看后没检查就让我走了。此时，全市已停电，我坐在车上心想：总算过了第一关，可如何应付第二关呢？车过大南路时，我发现黄包车坐[座]位下有个抽屉，便立即轻轻地把传单放进去，这比拿在手上虽然安全些，但万一被搜出来同样很

① 原文为“嫂”，根据文意，改为“散”。——编者注

危险，或许还会使车夫受到牵连。幸好前面的岗哨当晚没人站岗，我才安全到家。

第二天一早，我赶到地下党机关所在地，向余美庆同志汇报情况，才知昨晚已按计划散发了传单。老郑因为手表慢而迟到了。但组织上已及时想办法，把另一部分传单送到老郑负责的地段散发了。

日本投降前夕，我就是这样想方设法完成组织交给的各项战斗任务，与同志们一道迎来抗日战争的胜利。

我随王作尧在厚街抗日[1]

何 瑛

一、我和王作尧第一次相见

1941年12月25日是圣诞节，日军攻陷香港，港督宣布投降。香港地下党根据战争情况，早就作了一系列部署与安排。本来决定我留在香港工作，后又突然通知我撤退回东江游击区。我瞒着父母，简单收拾了两件衣服、一张薄毡，立即到指定地点九龙深水涉［埗］秘密交通站集中，第二天早晨便与方兰扮成难民，佯称表姐妹，拥簇在难民流中，和被抢救的文化人士、作家……等一齐由交通员带着，经荃湾、元朗……等地，走了两天一夜到达宝安游击区的白石龙。第二天一早，第一个和我接触的就是王作尧，那时他一身麻色的条布衣服，戴一顶啡色帽，只见他大大的眼睛，炯炯有神，高高的鼻梁，较瘦削，手里拿着一个烟斗，一见我就像很熟落［络］地对我说："我接你回队部。"他又打趣说："你就是香港救亡团体学生赈济会女学团'四大金刚'[2]之一吗？这么瘦又戴眼镜，哪像个'金刚'呀！"当时我还不知道他就是王作尧，只是不明白他为什么这么了解我的情况，我很不好意思，但也回敬他一句："'金刚'也不一定是神［身］高马大的嘛。"他哈哈大笑说："对，对。"后来王作尧告诉我，杨康华早就对他说过："香港调回东江一批男女学生及工人，其中有一个

---

① 收录于傅泽铭主编：《永远的心碑——厚街革命斗争纪实》，广东人民出版社，2006年，第209–216页。

② "香港学生赈济会"是香港党组织掌握的教亡团体，属下有"女学团"、"儿童团"等，当时有四个女学生梁欢笑（梁柯平）、莫婉珍（莫云）、孔秀方（方兰）和我工作稍为突出，女学生们称我们为"四大金刚"。——原书注

叫何秀云的女学生（那是我读书时的名字），你多注意点。”从此，王作尧就经常关注我。王作尧肩负着接待从香港抢救回来的文化人的重任，工作很忙，和我接上了头，见了一面就将我送走了。当时很多女学生都分配到青干班学习，我先到队部当文书，后由王作尧从队部送到第五大队他领导的民运部当民运员。我被分配到宝安乌石岩村，化了装住在老百姓家，身穿客家妹仔的衣服，头戴毛巾头帕，脚穿“千里马”胶草鞋。有一次王作尧路经乌石岩，他特意来看我，一见面又打趣说：“打扮得倒有点像客家妹仔，但戴着眼镜又像个小知识份子，很不相称。”我觉得他对我很挑剔，但说得也在理，我还是回敬了他一句：“不戴眼镜我看不清东西，怎么帮老百姓干活呀！”他又认真地说：“你要记住，遇到日本仔、‘呵呵鸡’、汉奸，你一定要除下眼镜。”我有 500 多度近视，往后我试着不戴眼镜，但总是两眼朦胧［蒙眬］，看不清事物，还闹过不少笑话，遇见男村民我竟称呼他“阿娘”。

到了部队，战斗频繁，生活艰苦，但我坚持下来了。王作尧也经常找机会来看望我，说上几句话，叮嘱我要注意安全。可我对他并没有更多的特殊感觉。

二、康华同志为我做媒

1942 年夏，杨康华同志把我叫到他的住地山寮，他既认真又高兴地对我说：“何英，你有对象吗？”我当时虽有一个心照不宣的好友，但他突如其来的问话，使我不好意思，只红着脸不敢回答。他继续说：“既没有对象，我就给你做媒人啦。”于是他就明确介绍王作尧给我。当时，我没有表态就走了。

后来民运队长赵学带我到雪竹径村，王作尧等领导同志也住在这里。开饭的时候，我站着没动，因为我没有带口盅筷子。王作尧见状就叫警卫员把他那个扁园［圆］的绿色口盅及一双九里香筷子给我用。饭后，王作尧抓紧机会领我到山寮后面的石堆谈话，他谨慎地问我：“康华已经给你谈过话，希望你考虑能否答应嫁给我。”我当时没有思想准备，没有答应他的要求，但坦率地提出三条理由："一、听说你曾经有女朋友，我不喜欢嫁给有过女朋友的人；二、你比我大得多不合衬（王作尧当时29岁，我才18岁，学生女[①]是很讲究这个条件的）；三、你当大领导，我是个小兵，很不习惯。"当时王作尧满以为我会答应他的，我的表态，出乎他的意外，他默然不语了很长时间，叹了口气，只向我解释一个问题，他说："我与亚梅是有过一段感情，但毕竟失败了。她自从1940年在东移途中回香港后，我曾多次托人和写信动员她回游击区来，但至今沓［杳］无音信，是她甩掉我，不是我丢掉她，这点你可相信和谅解我。"边说边猛吸着烟斗。其实三条理由都是我的真心话，但更重要一条我没对他说，那就是我在香港抗日儿童团时代，就有一个好友……，可是当时大家年纪尚小，以后又不在一起工作，互相有意而心照不宣。当时我为什么敢于向王作尧直言相告呢？我外表虽然斯文柔弱，但个性是有些倔强和傲气的。自持14岁就入党，16岁就当九龙区学生中心支部书记，自认为很了不起，我一个小小的学生中心支部书记，竟敢不知天高地厚地和王作尧这个大队长对峙，现在想起来实在幼稚可笑。但王作尧很宽容，他也感到我傲气十足，但他喜欢我，也就不以为然了。我发现他经常急燥［躁］起来对一些男同志就脱口而出"杀你个头！"结婚后我问他为什么不"杀我个头"？他说："你那时咁硬颈，我'杀你个头'我还有老婆吗？"王作尧是个军人，是个有文化、有知识的军人，不是一个粗野的军人，我和他相随度过几十年，没有听他说过一句"粗话"，偶然听见儿子说句"粗话"，他也会批评教育。

三、林平一句话我决定嫁给王作尧

我和王作尧的关系一直拖而不决，直到1942年秋王作尧负责领导党训班，杨康华才有意让我参加这个班，和其他战友方兰、张瑜、曾文、史明……等十多二十人，跟随王作尧到东莞。学习班设在双岗，男男女女都

① 原文如此。——编者注

睡在同一间屋的稻草地铺上。李东明主讲“整顿三风”，王作尧讲军事问题。每回见到王作尧我都很感拘束，但他对我却很友善和关心，有一次轮到我夜间站岗放哨，忽而听见狗吠得很利［厉］害，我很害怕，以为敌人来袭击，赶快向王作尧报告说有情况，他迅速起床到外面察看，过了一阵，狗不吠了，夜色还是静悄悄的。他没有发脾气，只用有点怜惜的语气说：“你这个女学生……如果你多几次报告‘有情况’，我就一夜不用睡啦，这样吧！你下岗，我另找人顶你放哨。”这一夜我没有睡好，觉得自己好像犯了大错误，又感到王作尧好像有点生气，可他又没有发泄出来……

党训班结束，各人都分配工作或回到各自部队，唯独我一个人仍跟着王作尧，住在涌口王志的家，和王志的母亲作掩护买菜煮饭。当时住在另一间大屋有李东明、陈明、陈英、李征……等，我和王作尧同住大屋中一间套屋，王作尧住在内房，我睡在厅堂。王作尧为了工作，经常出出入入到部队去，有时回来与王志家一齐吃饭，他总是望着我，好像心里有话要说，但又无从抒发，我觉得很尴尬，但我仍是坚持不答应嫁给他。当时虽同住一屋，他又很想得到我，但他非常理智，从不越轨，令我佩服他的品格。我与王作尧相伴几十年，他在生活作风上，从没出过任何问题，对我“从一而终”，直到现在我还眷恋着和他那段热切的情缘（在婚姻问题上我是相信缘份的）。王作尧也真有耐性，他一心扑在工作上，整日很忙很忙，但他仍在耐心等待我。那时我对他也日久生情，开始对他有些好感。

1942 年 10 月那个难忘的日子，我和王作尧同时接到林平政委的来信，但大家都心照不宣。林平给我的信说：“何瑛，你嫁给王作尧，对他个人对革命都有好处的……”林平给王作尧的信说：“王老大，如果何瑛不愿嫁给你，你不要勉强她……”接到林平的信后，我心里很矛盾，思想在斗争，想到远在宝安的学生时代的好友不知他态度如何？至今全无音信，近在身边的王作尧又如此痴情等待，那时我很纯真，认为林平是代表党的领导，他既然说对党有利，这样我就下决心嫁给王作尧（战争年代在革命队伍中，由组织缀合约［的］婚姻，是并不罕见的）。当王作尧从外面回来时，我就鼓足勇气大胆告诉他：“决定嫁给你啦！”只一句话，王作尧自然满心欢喜，但又半真半假地说："你不是嫌我年纪大吗？你不会后悔？"我也天真地说："林平政委说对革命有利，我不后悔。"第二天我们宣布结婚，大家都很高兴，买了一条鱼炆咸酸菜、豆腐，请李东明、李征等同志吃了一餐"游击喜宴"。婚后几十年，我们在革命征途中，患难与共，相伴到老。

四、嫁鸡随鸡的故事

我和作尧婚后不久，我偷偷地回厚街看望他的母亲，当时不敢从正门入，而是从后墙架着竹梯跨入小坞园的。作尧母亲很慈祥，她爱儿子，也很爱我，我帮手做些家务，她也不让我插手，入夜还偷偷地带我到八角亭对直［面］那条石板街吃烧鹅濑粉，那时家境虽然困难，老人家还是尽量做些好菜给我吃。母亲久经风霜，为部队做了很多有益的工作。但老人还有一点旧习俗，她不好意思地对我说："亚伯是大仔（作尧原名叫伯尧），他与你结婚本应两个人正式拜堂，但现在亚伯不能回家，只好难为你一个人拜祖先，我想买只公鸡代亚伯和你一齐拜祖先，你同意吗？"开始我觉得很"那个"，后来想到反正是一种象征性的仪式，就答应了。拜祖先那天，作尧的黎姑婆抱着一只大公鸡和我一齐跪拜祖先，我心里觉得好笑，但又忍着不敢笑出声，那时我才 18 岁，也不懂得做人媳妇有什么规矩。据说这只大公鸡后来养了好久也舍不得劏。我在厚街只住了三天，回到涌口我对王作尧说了和公鸡拜堂的事："你昨天变成羽毛漂亮肥壮的大公鸡。"王作尧哈哈大笑说："今后你就要嫁鸡随鸡啰。不得变心哟！"

五、在厚街"敌后工委"

1942 年冬，根据对敌斗争形势的发展，部队成立了莞太敌后工作委员会，简称"敌后工委"。王作尧任书记，卢克敏任副书记，委员有陈明、方兰、林淦等。"敌后工委"的任务是：在敌占区宣传群众，组织群众，武装群众，打击敌人，肃清汉奸，加强在东莞地区，特别是莞太公路两侧的敌后工作，配合部队恢复发展东莞抗日根据地。

那时我和王作尧结婚不久。王作尧把敌后工委设在敌占区厚街。厚街是王作尧的家乡，他以大无畏的胆量把敌后工委的领导中心设在敌人的眼皮下，住在下菊塘一间租屋，隔巷就驻有伪军。为掩护工作方便，组织了一个小家庭。我当主妇，何通的母亲何伯母扮王作尧的妈妈，还有一个通讯员。我和何伯母主要是做掩护工作。敌后工委成员分散住在各地，我和何伯母经常为作尧送信或带口信进行联络。特别后来部队电台设在王作尧母亲的住房内，医院、《前进报》社都设在厚街周围。这一来，厚街成了插入敌后的重要据点，我们的工作任务就更重了。

王作尧早出晚归，扮成商人的样子，以掩人耳目，东奔西跑。他经常要回部队，忙于策划战斗对付敌人。有一次隔屋亚婶问："为什么总不见王先生回家？"何伯母很机智地答道："我个仔做生意哪能不到处去……"其实那时王作尧身负着重任，单刀赴会去找他小学年代的同学、厚街伪乡长"豆皮松"会面，向他宣传我军的抗日宗旨和政策，晓以民族大义，要他不为敌人效劳。成功地争取到"豆皮松"答应保证我们工作人员安全。继而王作尧又布置其弟王步尧去清溪做土匪头"青云球"的说服争取工作，结果"青云球"答应不和我军作对。这就为我们坚持敌后斗争创造了有利条件。

接着，王作尧又动员厚街一个叫南长的医生，热心帮助部队，将部队后方医院秘密设在他僻静的家里。

当时我们住在下菊塘一条巷，虽然隔巷就有伪军驻扎，但很安全。因为地下党员教师陈文慧组织了一帮住在我们租屋周围的学生，如亚巧、合欢、王倩等，形成一个安全保卫网。亚巧的八叔、合欢的大佬[①]都是参加伪军王柏林的护沙队的。陈文慧她们除了经常在巷头巷尾巡逻外，还向参加伪军的亲属打听敌情，给王作尧提供情报。

在敌后工委期间，虽然住在厚街，离作尧家小坞园很近，但作尧全心投入工作，又忙于指挥部队作战，我们都没有回过小坞园的家。

---

① 原文如此。——编者注

两进涌口①

何　佳

我是莞城人，原来在莞城几间小学做过教员，抗日战争初期，我还在东莞第一小学教书，直到抗日战争蓬蓬勃勃地开展的时侯［候］，我终于按捺不住内心的抗日救国激情，参加了东莞抗日救亡工作团。1938 年 1 月成立东莞妇女抗敌同志会，大家推举我当主席。由于我的工作表现较好，同年 4 月，我加入了中国共产党。10 月 12 日，日军在惠阳大亚湾登陆，华南告急之后，我就参加东莞抗日模范壮丁队。1939 年初，我调到东江华侨回乡服务团东宝队工作，在东宝队党支部里当组织委员，也是部队的组织委员。1940 年初，由于国民党知道东宝队这个团体是共产党领导的，为了保存抗日力量，东宝队就决定解散，党组织决定我转入地下工作。从此，我就利用我当教员的社会身份，从事多年的地下工作。其间，我两次到涌口秘密开展活动。

一进涌口

自从转入地下工作后，我就在道滘土匪头子刘发如处当家庭教师，借机打听刘发如部的动向，发现情况及时向组织报告。1941 年 7 月，日本鬼子入侵道滘，残害百姓，制造“六一一”惨案。形势对我不利，上级决定把我撤出道滘。刚好这时，涌口小学有个教员叫刘觉兰，十八岁，在群众中活动十分活跃，因为被敌人发现她是“老模”，所以就不能再在涌口教书，组织上把她调走。我当时三十多岁，而且社会上的人一直都认为我是

① 收录于傅泽铭主编：《永远的心碑——厚街革命斗争纪实》，广东人民出版社，2006 年，第 258–263 页。

以教书为职业的，因此，当时的大岭山区委委员、分管厚街片工作的王永祥觉得我在涌口搞地下工作很适合，就于 1941 年下半年学期开学时介绍我到涌口小学当教员。党组织给我的任务是：秘密工作。

当时涌口小学的校长是王达（共产党员），直接领导我的工作，我与他保持单线联系。我在涌口的秘密工作是：教育群众，发展党员。我白天给学生上课，晚上组织涌口的妇女办夜校。因为我是女教员，做妇女方面的群众工作比较适合。我利用夜校的形式，教妇女们学文化知识，给她们讲当前的抗日形势。通过讲英雄人物的故事，给她们灌输爱国的思想。后来，我觉得单纯我讲她们听的这种夜校形式比较单调，为了吸引她们，我组织了妇女会，用旧社会的形式搞七姐会、拜七姐，还动员妇女们一起学打毛衣、绣花等。通过这些活动，团结和教育她们。

我在涌口第一个接触的妇女是刘燕华，她在刘觉兰当教员时已被教育得差不多成熟，刘觉兰走时就介绍给我，刘燕华家里很穷，丈夫在外地多年未归，也没有寄过钱回家，但她思想觉悟很高。我经常与她在一起，有时在她家里过夜，晓之以抗日救国才有家的大义。很快，我就介绍她入党。这是我在涌口发展的第一个党员。当时是 1941 年冬，与我比较接近的有王影南、陈洪近、王曼华、王志英。还有一个家庭妇女叫泉嫂，丈夫在外地谋生，她有一儿一女在我处读书，因此也和我比较接近。在和我接近的这些妇女中，有青年妇女，也有家庭妇女，有些是抗日大同盟的盟员，有些是我暗中教育、发展党员的对象。

1942 年初，王达校长要调走，但党的工作需要我继续留下来，我怎样开展工作呢？王达临走时吩咐我说，他帮助我建立一个私塾，找一个班的学生让我白天上课，晚上做教育妇女、发展党员的工作。这样，我原来的直接领导王达一走，我就由当时分管厚街片领导工作的王永祥直接领导，继续保持单线联系。在这期间，有两个人和我联系过，一个是何欢（在刚参加“老模”时我就认识她），是党组织派来向我传达形势报告的；另外一位姓刘的男同志，白天来与我联系，在刘燕华家里向我传达上级指示，并询问我开展工作的情况。

1943年初，学校刚放完寒假，王永祥叫我转到望牛墩当教员，在那里继续从事地下工作。于是我就离开了涌口。

1944年放暑假的时候，当时部队要扩大组织，需要我回去工作，于是我又回到部队。我原来在望牛墩当教员的那份工作，部队安排何欢来接替。

再进涌口

在部队工作几个月之后，即1944年11月，由于革命工作的需要，部队又派我第二次回到涌口。

这时部队已经扩大了，莞太线已经驻有我们的武装，王步尧带领一个工作队已在这里开展活动。这次，我来涌口是接王步尧工作的，因为他要调出。我来的时候是黄业带着我，先到红花林村，第二天就找到王步尧。他把这里的情况向我详细讲一番，并交带［代］我在这里的具体工作。这次我的工作范围不只是在涌口。而是在涌口、河田、桥头、厚街、赤岭一带。当时我们的工作队叫民运队，也叫政工队。总之，这个工作队是在莞太线上宣传和教育群众抗日救国。我来涌口前，东江纵队第一支队政治处主任李征以及政治处负责组织工作的赵学这两位同志找我谈过工作，明确当前的任务。我当时的主要工作是收公粮。还有，当时这一带有几个大汉奸，要制服他们。王步尧走后，我就做这些工作。那时我布置工作队的同志到各村去收公粮，收到的钱约定时间带到政治处主任李征处，再立即通知在路东的司令部派管理财政的叶文华来收钱。接着，我做的第二件工作是惩办汉奸。当时有几个大汉奸，横行乡里，人人共愤。我们组织各村的群众，把他们抓起来，开斗争会，要他们的家属拿钱来赎人，并要他们认错才放人。我们罚得汉奸的金钱也不少，有金砖、有金条，在当时我是从来没有见过那么多黄金的。我又把这些钱和黄金带到政治处，同样是由政治处通知司令部的叶文华接收。我收这些钱时，有时在桥头，有时在河田。

在涌口，我还有一个任务是负责部队直接领导的一条交通线，部队交给我一个交通员叫王群，是厚街人。王群的任务是到广州为部队购买一些胶鞋、毛毡等军需用品，我就负责组织群众把她买回来的东西运到部队。当时有一艘专跑东莞至广州的“省渡”，是行夜船的，途经涌口双岗间的一个站，每次从广州回东莞经涌口、双岗站时刚好是深夜。王群就乘这艘“省渡”到广州买东西。她每次去广州购物前都通知我，要我做好接货的准备工作。这样，我就组织涌口、双岗的群众，大多是妇女，尤其是双岗的妇女革命热情很高，我带领她们挑着箩筐深夜去接渡。每次“省渡”一到站（船是停在河中心的），我们立即划小艇去接货，上到岸，马上装在妇女们带来的萝［箩］筐里，再在游击队的带领下，避过敌人的视线，把这些军需品即时连夜送到部队（部队驻在大岭山一带）。每次把东西送到与部队交界的地方时，刚好就差不多在天亮。

此外还有一个任务：当时部队逐渐扩大，大量需要人，在粤北那边有很多学生要来这里参加游击队。他们经过广州，然后再到涌口，我就负责接待他们，安排他们住宿一晚，第二天就由游击队把他们送到部队。我接待过几批这样的学生。另外，我还接待个别需要转移到政治处的同志。

1944 年 12 月，第一支队在莞太线设了一个特派室，军事特派员陈德和，政治特派员史明。这时，我接手王步尧那个工作队的工作也基本完成，组织上要我把这个工作队交回政治处。于是我也被调到莞太线特派室下面当一名政治干事，我的直接领导是史明（之前我的直接领导是政治处）。

在涌口地下工作期间，我一直与涌口的白皮红心乡长刘热强以及河田的民主乡长方齐有密切联系。刘热强思想觉悟高，并有一子一女参加革命工作，所以我与他联系很方便。他们一知道国民党方面有什么事情就和我们商量，有什么紧急情报就马上通知我们。我调到莞太线特派室当政治干事后才知道，刘热强的女儿刘与旋在莞太线特派室下面一个中队当卫生员，在史明领导下工作。

我调到特派室后，工作范围还是在涌口一带，当时有一件事我还记得很清楚。莞太线特派室领导的一个大队叫雄狮队，大队下面有一个中队，中队长周康。当时是 1945 年 3 月。特派室接上级指示，要攻打刘发如部下的一个据点。特派室就派周康那个中队去攻打，结果吃了败仗，差不多全部被俘，周康受伤，刘热强的女儿刘与旋也被俘。刘发如很快就把这批俘虏押到广州。我方马上想办法营救，在无法营救之前，部队决定先派人去广州接济被俘的同志，因为他们当中有人受伤。当时，厚街地方党区的负责人王纪平打听到涌口的刘燕华在广州有个亲戚，在社会上有一定关系，决定派她去做接济工作。王纪平把刘燕华这种关系告诉史明，史明又把这件事的具体工作交给我去办。我马上到涌口找到刘燕华，想办法接济周康那班人。刘燕华说她与刘与旋是亲戚，到狱中探望刘与旋比较方便。于是刘燕华就住在广州的亲戚处，借探望刘与旋的机会送药、送食物给狱中的同志，遇到什么问题或有什么情况就回来和我商量。在此期间，刘燕华多年未见的丈夫突然回来。因为不清楚丈夫当时的身份，所以十分谨慎，立即找我商量是否可以接待她丈夫，我又找史明商量，最后同意她接待，但不能暴露自己党员的身份，以后看情况而定。

很快情况又有变化，上级有命令，我又回政治处另分配工作。

（梁锐华／整理）

何佳同志回忆抗战时期在东莞的革命活动①

何　佳

“七·七”芦沟桥事变后，东莞很快组织了救亡团体。约在十一、十二月间，成立了救亡工作团，救亡工作团分为青年的和妇女的。一九三八年一月，一五三师驻在东莞，政训处组织我们参加军事训练。当时，我还未入党，但知道是共产党组织青年学习军事知识的，队长是何与成。参加训练的抗日救亡青年有李夔帮、卢仲夫、罗尧等，女同志有赵学光、梁霞冰（梁燕云）、何淑仪、何韶美。还有国民党员陈助卿，也参加军事训练，我们称他为“油榨马骝”，经常同他斗争，所以训练队伍分成了两派，但陈助卿的人很少，只有三几个人。每天早晨五时多，学生和教员（我是教员）便集中在东莞公园的操场上训练，到六七点钟结束，然后穿好长衫去上课。军事训练共进行了六个星期。

一九三八年“三·八”妇女节前，国民党员丁力仁（外号肥佬丁）要我们成立一个“妇女抗敌同志会”。那时，“青年抗敌同志会”已成立。丁力仁知道我参加过军训，年纪较大，周围又有一班男女青年，叫我做发起人。我同意了，找到救亡工作团时的赵学光、梁霞冰等一批女同志，成立了“妇女抗敌同志会”，大家推我为主任。后来，发展到一百多人。

“妇女抗敌同志会”成立后，首先组织了“三·八”妇女节的纪念活动，动员了莞城、篁村以及莞城附近村庄的妇女参加，在中山纪念堂开会，搞得轰轰烈烈、热气腾腾。不久，共产党员梁霞冰找我们谈话，说搞救亡工作不容易。我们也认为肥佬丁领导不行，并十分讨厌他。梁说：

---

① 收录于中共东莞县委党史研究办公室、中共东莞县委党史资料征集办公室编：《东莞烽火》第二册，1983年，第26–30页。

“共产党好！”在梁霞冰同志的帮助下，我在三八年三八节后加入了中国共产党。参党后，由县委袁鉴文同志直接领导并经常派王河同志来传达工作。王河负责抓全县的妇女工作，很能干，曾给我们的党小组传达过报告，开过一两次会。

妇女工作较突出的是开展“献金”运动。当时，我们在莞城设了三四个“妇女献金台”，记得西隅小学那边一个台，彭屋大街一个台，大西路附近一个台。茶楼、理发店和各阶层的妇女，甚至连尼姑、妓女都发动起来了，献了不少钱，很多妇女连金戒指、金颈［项］练［链］也献了出来。由于当时是国共合作的，所以我们把钱送到国民党县党部去。国民党县党部有个特派员，叫何自芳，兼一小校长。此人很狠毒，人称“蛇蜊”。当时我在一小当教师，曾把捐献的金银首饰和几百元交给他。后来，我们把献金得到的钱拿部分做了几批棉衣、棉背心。东莞模范壮丁队成立后，我们把这些棉衣送到了游击区。

“妇女抗敌同志会”的另一件工作是开办“救护班”。我们在医院里动员了一些医生、护士为救护班上课，大家都是业余的，很齐心，都自觉、准时参加学习。有一次，日寇的飞机在万江渡头丢了几个炸弹。我们一听到爆炸声，便立即下课，奔向渡头。到了渡头，伤员已送进了医院，我们又跑到东莞医院，实地学习救护工作。后来，日军又炸了建东中学（在彭屋大街）。自此，我们停课了，很快转到了游击队。这是东莞妇女抗敌同志会的一些主要工作。

一九三八年十月十日前后，东莞抗日模范壮丁队在东莞公园成立。那天晚上临睡时，共产党员赵学光对我说：“今晚不要睡觉，快把东西收拾好。你通知妇女会中你认为可以参加游击队的人都到公园集合。”我连夜沿着西门、北门一带通知了有关同志。到东莞公园集中后，王作尧同志讲话，宣布正式成立“东莞抗日模范壮丁队”。参加游击队后，我在王作尧部做管理生活、学习、伙食等工作。一九三九年初，东江华侨回乡服务团东宝队成立，组成一个党支部，我当组织干事。

一九四〇年六月，东宝队被伪省府和伪县府强迫解散。我们的任务转入掩蔽，积蓄力量。当时，我的大哥何家瑞在国民党军队当参谋长，组织上布置我通过他找工作。我找到大哥，他介绍我到湴田当教员。当时，他们的司令部在平湖，离湴田很近。因此，每个星期六我都去平湖，参加他们在司令部开的晚会，司令部的太太们大都参加。我不会唱、不会跳，但也得装个样子。否则，国民党参谋长的妹妹，又年轻，不活动一下，人家会怀疑的。所以星期天我都参加一下活动，晚饭后再回湴田村当教员。

有一次，我在星期天照例到大哥处，他对我说："前几天我们部下抓了王作尧部队几个人，其中有一个是陈先生。"我大哥说的陈先生，原来是东宝队的分队长陈杰文。我到湴田村当教师的前一学期，即三九年下半年，东宝队派我同陈杰文、刘觉兰（现名刘青，我姐姐的女儿）、何小士（我的妹妹）等几个同志到田介头当教员，建立党组织的活动点。这时，日军对东莞进行大"扫荡"，我嫂嫂带着小女儿和一个婢女，逃难走到了田介头。因为我大哥有一个老部下（营长）解甲归田，在那里当绅士，还是我们学校的校董。当时大家见了面，都很高兴。我大哥的女儿就在学校读三年级。在这期间，我大哥曾到田介头学校，请我们几个人吃过一餐饭，所以记得陈杰文。于是，他把几个人都放了。后来我见到我们的同志，才知道那几个人中有一个是东宝队队长王启光。

我到湴田小学工作不久，我大哥突然写了一封信，专门派人到东宝队找王启光，叫何小士、刘觉兰回来上班。她们背着包袱到学校找我，并拿了组织介绍信给我。我记得介绍信上有个"敏"字（卢克敏，也是组织上的联系符号），信中说："刘觉兰、何小士的组织关系以后同何佳联系。"她们问我："怎么办？大哥叫我们回来，做什么呢？"我说："今晚住在这里，明早再去找大哥。"第二天早上，我们去司令部找大哥，他与参谋们正在谈话，见到我们，赞许地说："看，这些青年人，一条毡便过了一个冬！"并说："安排她们在政训室，宣传打日本，统一战线嘛！"

在大哥介绍下，我曾先后在清溪小学、塘厦小学当教员。一九四一年上半年，又转到水乡刘发如处当家庭教师。当时，刘发如被国民党收编当大队长，他的大队副叶克明，一九三一年曾与我在道滘一起当教员。刘发如有几个女、几个侄，想请家庭教师，叶克明想起了我，并知道我大哥的情况，便通过我大哥叫我到刘处当教员。我即与黄万顺同志（区委书记，与我单线联系）联系，问他怎么办？黄说现正在开展水乡工作，可以去。我到刘发如那里几个月后，日本鬼子打道滘，我便走了出来，到望牛墩我的三姐家里暂住。

一九四一年下半年，我由党组织介绍到涌口当教员。当时，王达同志当校长，是党组织的领导人。王锦枝同志经常到这里联系工作。一九四二年初，学校由于乡政府无钱拨给而关门，王达叫我教私塾，白天教小孩，晚上教夜校，找大的女学生及乡中的妇女来读书，以开展妇女工作。这时，组织关系与王锦枝联系，有时王派他的爱人陈福媛来。到一九四二年底，王锦枝布置我回望牛墩教私塾，利用我姐夫的亲戚关系在那里开展工作，一直到一九四四年上半年。在这期间，党组织的联系人是刘觉兰同志。

一九四四年暑假，刘觉兰通知我，东江纵队发展壮大了，需要人，党组织决定你回部队工作，这里的工作仍需留人，由何欢（何丽文）同志负责。

一九四四年八月间，我离开望牛墩返部队。为不使大哥怀疑我，放暑假时，我专门到大哥家一趟，他当时已不在国民党军队中工作，带着一个女和老婆住在家乡大朗乌石岭。大哥问我：“你是否共产党员？”我说：“共产党员是不容易做的。”在乌石岭稍逗留后，由赵学光同志带我到了游击区。何家瑞的女儿和我的第二个女儿也跟着我参加了游击队。

回部队后，我曾在厚街沿线做过工作队，收公粮，发动群众，搞交通情报等工作。当时，王群同志到广州买军用品，是我领导的，并发动涌口、双岗的群众接应她。另外，我曾在雄狮大队当政治干事，在史明政委的领导下，在涌口、河田、桥头等地做群众工作。那时，地方党王纪平同志曾交一部分党员给我们，协助开展工作。直到我们调离厚街、冲口，才把这部分同志交回给王纪平同志。一九四五年，我调到政工队当队长，一直到日本投降。

（陈铣鹏／整理）

东流哺育我成长①

何　汝

我于 1944 年 9 月 11 日参加东纵第一支队，即被分配到东江流动剧团工作。

我当时只有 14 岁，由于兄姊和其他亲人先后参加了革命，我又住在东江纵队控制的游击区，故我从六七岁开始就认识到共产党是好的，是为人民服务的，对革命有一定的认识。但我的思想又很幼稚，觉悟低，还有私心杂念。记得有一次，当我听到误传我父亲因生活所迫，想去国民党军队任职时，心里很难受，决定写信回家劝说父亲，要他千万不要去，但又想："写信要不要给领导审查呢？送给领导看，领导就知道我的父亲是个国民党军官！从此会不会就不信任我呢？"我把这个顾虑告诉我的姑姑何佳同志，她教育我要对党忠诚老实，信应该给领导看。于是我把写好的信送给团长，他看后不仅没有因此而小看我、不信任我，相反还在全团会议上表扬了我。这事给我的教育是十分深刻的，是毕生难忘的，使我从此懂得了对党要忠诚老实，任何隐瞒都是错误的，此后在行动上也这样做了。

领导非常重视对我们的政治思想教育，往往还举出一些生动的实例来说明问题。给我印象最深刻的是团长经常用当时已调离剧团的杨碧群同志积极工作、刻苦学习、关心同志、全心全意为人民服务的事迹来教育我们。使我懂得了干革命不能半心半意、三心两意，要克服私心。我决心要向杨碧群同志学习，积极工作，努力学习，领导分配什么工作我就干什么工作，不讲价钱。我参队后很快就参加了唱歌和演戏，扮演《有枪出枪》的小姑娘、《路西一年》的阿娥、《圣诞节之夜》的女学生等，我都愉快地

---

① 收录于东莞市妇女联合会编：《东莞市妇运志》，东莞市印刷厂，1995 年，第 160-161 页。

接受了任务。最为难的一次是，要我扮演《大地回春》中一个由恋爱到结婚的农村女青年的角色。该剧的内容是：农民发动起来向地主实行减租减息斗争的同时，还从封建思想束缚下解放出来。我的角色有自由恋爱和结婚的场面。我当时很害羞，觉得要与另一个扮演恋爱对象的男同志表演亲热很难为情，内心非常害怕，思想斗争激烈。但想到这是革命宣传工作的需要，不能讲价钱，就硬着头皮接受任务。

我们每到一地，一放下包袱、米袋，就由巫军同志和我分别教当地儿童团和连队战士唱革命歌曲。对此，我觉得胜任愉快。但当分配我去做大人的群众工作时，就很害怕。我不懂如何与农民群众谈话，到了群众家里，我只会埋头帮群众扫地、挑水、烧火、劈柴、剁猪菜、抱孩子，就是不晓得要说些什么。往往倒是群众先向我开口，关心我年纪这么小就出来干革命，爸爸妈妈怎么舍得，自己想不想家？衣服这么少，军毯这么薄，夜里冷不冷？有时还从灶前草堆里扒出两个烤得香喷喷的红薯塞给我吃。大嫂、大娘像亲人那样，对我问长问短，体贴入微，使我感到非常亲切温暖。从此，我就不怕同大人说话了，也逐步学会了从谈生活讲家常、关心群众的家庭入手去做宣传工作了。

我们工作很忙，没有多少时间学习，因此我很愿意在营地里放灯前哨，利用这个时间学习文件、写日记。我很怕到村边放哨，因我从小就怕鬼，一个人夜晚站在村边路上，十分害怕。但是，想到唯物主义者是不相信鬼的，也就壮起胆来，胆子也就逐步大起来了。

1944 年 12 月，在东流剧团开展评选模范团员的活动，湛芬同志和我被选为模范团员。我想湛芬同志当然合乎模范团员条件，可我还有不少缺点，还经常要小姐脾气，不配做模范团员。但想到这是同志们对自己的鞭策和鼓励。我暗下决心要更积极工作，克服缺点。

1945 年春，第一支队政治处举办学习班，参加学习的成员是建党对象和积极分子。我也参加了这个学习班的学习。学习班由政治处组织股长赵学同志和其他领导同志上党课，讲社会发展史、党的性质和任务、如何做一个共产党员等。我专心听讲，认真做笔记，讨论时也积极发言，因而受到学习班表扬。此后，领导多次找我个别谈话，作为参党对象培养我，使我又一次受到教育。我虽然感到自己还不够参党条件，但也希望参党后能在党的更直接的教育下取得更大的进步，因而积极要求参党。经上级党组织批准后，于 1945 年 3 月 12 日在东莞大王岭村的树林里举行入党宣誓仪式。我谨记这个最幸福的日子，虽然我只有 15 岁。但从这一天起，我已成为一个光荣的共产党员，这是我政治生命一个新的开始。我时刻牢记党的教导：政治生命比肉体的生命更重要。我下定决心，即使牺牲自己，也不能玷污共产党员的称号。

肚子饿了怎么办[①]

何　值

1944年，我在从广州迁到粤北坪石的中山大学附中读书。6、7月就听到日寇准备进犯坪石的传闻。当时大批进步爱国青年都纷纷南下参加东江纵队。9月，我也离校回到家乡东莞参加了游击队。一到队，组织上便安排我到第二期青年干部训练班学习，并在青干班参加了党组织。结业后，一支队政治处组织股长赵学同志与我谈话，分配我到东流剧团当政治服务员，负责团的政治思想工作，还说："剧团的党员都陆续调出了，只有团长、副团长是党员，你们3个人就建立一个支部吧！要努力发现积极分子，加紧培养，积极发展组织。"我入党才几个月，那里懂得做政治思想工作？我只做了一件事：团里同志有什么思想情况、有什么意见和要求，我都及时向团领导反映，因此，团里同志都愿意和我接近谈心。

那时生活比较困难，每人每天只有9两米两钱油，有时连菜也没有，用油盐水下饭。我们经常黄昏前便吃完晚饭，急行军一二十里，天黑前赶到演出的村寨。戏演完了，卸好舞台、还清服装道具、打扫好前台后台，往往已经夜深，同志们还要再跑一二十里才能赶回宿营地休息。这时大家都很饿了，在老区演出就好，群众常常煮一锅蕃［番］薯给我们做夜餐。在新区演出，群众对游击队很陌生，还未建立起感情，大家只好饿着肚子，坚持走完回驻地的路。在归途中，我常常听到同志们喊饿，行起军来，也没情绪，没有劲儿。同志们很想演完戏有点东西塞肚，这要求是完全合理的。我便将这个意见向团长反映，这可把团长难住了。他沉吟了好一会，说："同志们的要求一点也不过份，我也饿了，当然知道他们饿。

---

① 收录于东莞市妇女联合会编：《东莞市妇运志》，东莞市印刷厂，1995年，第162—163页。

都说我们游击队是飞毛腿、千里眼、神仙肚，饿着肚子干革命，但长期这样下去，怎能不影响士气和军心？你困不困？”

我实在困极了，也硬着头皮说：“不困！”“我们先来算算伙食账。”

大家都饿着肚子入睡，祠堂里静悄悄的，不时响起了同志们的梦呓声、鼻鼾声，远处还传来阵阵蛙鸣。在祠堂的天井里，面对光点如豆的油灯，团长和我翻开了伙食账。他拨着算盘珠子，我用笔算，一笔一笔细算这个月的伙食开支，我们连续算了两遍，结论还是：“没有盈余，还略有超支。”

“那怎么办？”我有点泄气了。

团长沉默了半天，说：“明天我们把伙食账公布一下，把实际困难向大家讲清楚。我们团的同志文化水平虽然低，可觉悟水平高，一点就明白的。”睡觉前他问我：“这样做行不行？”“试试看吧。”我信心还不很足。

团长一边铺禾草、解军毯，一边开玩笑地批评我：“你这个政治服务员呀，可不能做群众的尾巴，也跟着吵啊！天快亮了，睡两个钟头吧！”

第二天我们按计划行事，果然群众了解团经济上的困难之后，肚子虽然还饿，也没有人叫唤了。事后，我把情况向政治处反映，经司令部同意，以后每次演出我们都可以开支夜餐费了。通过这件事，我才开始懂得做政治思想工作的一点门道。

1945 年初，我们团在东莞大朗大井头村参加了路西减租减息运动的试点工作。我们首先组织大家学习路西东宝行政督导处印发的减租减息条例和有关文件，开展宣传活动。林榆同志用石灰和点红泥，在祠堂围墙上刷了几条粉红色的、醒目的大标语，他和同志们还用竹箩和军毯改装打扮成狮子，敲锣打鼓满村跑，又演讲，又喊口号，发动群众投入“双减”运动。

到了晚上，我们全团出动，挨家挨户访贫问苦，调查地主的剥削账，讲解政府的双减政策，发现、培养贫雇农的积极分子，发动他们在村里开展串连和组织农民协会的活动。

我至今还清楚地记得，在大朗圩场边大榕树下，农会敲响了锣鼓，点起了大光灯，理直气壮同地主算剥削账，同地主说理辩论的动人情景。有人声泪俱下地控诉地主的沉重剥削，迫得他家散人亡；有人将卖屋契、卖儿卖女的卖身契推到地主的眼前；有一个老大娘，手揽着一个补了又补的破米袋，颤颤巍巍地走到地主面前，哭着说："你家里猪满栏、粮满仓，可我只剩下这几升米了，还得熬到6月割禾，真是饱汉不知饿汉饥，你还有脸说你没有剥削？"

在群众愤怒控诉和有力的说理面前，地主不得不低头认错、认罪，接受了"二五减租"的要求。

通过这场斗争，我才真正懂得发动起来的群众的无比威力，从而开始逐步建立起自己的群众观点。

我在东流工作时间并不长，但在共同斗争中，我和团里的同志建立了深厚的战斗情谊。当我依依不舍地离开剧团奔赴新的岗位时，深感自己在这里学到很多，遗憾的是我还没有把本职工作做好。值得欣慰的是这时剧团党支部已经有了5个成员了。

主动出击，配合友军夺取胜利（节选）①

——华东野战军首长通令嘉奖两广纵队第三团

何　通

……

……阎阁战斗那天晚上，陶勇立即来电向曾生致谢，并报请华野对我团通令嘉奖。陶勇叫卫生部全力抢救我。但由于我负伤已超过了三十六个小时，伤势恶化，生命垂危。大多数人认为已无法做手术了，只能用保守疗法。但是，手术队女队长樊迪虹自告奋勇，不怕风险，坚持说只有动手术才有一线希望。当时条件极其简陋，在农舍中的煤油汽灯的光照下，樊迪虹和其他军医想尽一切办法，精心给我做手术。她先用原始的麻药进行全麻，然后把外露的肠子放到脸盆里洗干净，剪掉坏死的组织和大网膜，再把被打断的肠子接好。做完手术，便给我注射刚缴获的、当时极为珍贵的美造盘尼西林（青霉素）。在她们精心护理下，终于把我从死亡边缘抢救过来（我住院时，陶勇和曾生都曾派专人到医院慰问，关怀备至）。手术后几天，当我清醒过来后，便向樊迪虹表示衷心的致谢。这时她拿了一张登载着华东野战军首长嘉奖两广纵队第三团的嘉奖令的报纸给我看，并且说："不论前后方，不论哪个部队，都是为了全国解放，生死同心协同作战啊！"她的这番话，正道出了华野全体指战员的共同心声。

（选自陈一民主编《南北征战录》，广州：广州广东经济出版社，一九九八年）

① 收录于陈小澄编著：《从东江纵队到两广纵队》，广东人民出版社，2015年，第178-181页。

东江纵队新闻台追忆（节选）①

何　太

抗日战争时期，在东江敌后抗日根据地和游击区，新闻信息的获得和传播是很困难的。沦陷区敌伪出版的报纸，以满纸谎言来宣传什么“大东亚共荣圈”、“王道乐土”。国民党统治区的报纸，也是充满反共谎言和粉饰太平的假话。要及时得到真实的新闻，唯一的办法是抄收党中央设在延安的新华通讯社的无线电讯。

新华社每天用中文明码电报的方式广播新闻电讯，这些电讯报导[道]了国内外形势，宣传了党中央的路线、方针和政策，对各地区各部队的工作有重大指导意义。当时东江纵队孤悬南方敌后，与延安相隔数千里，设法抄收新华社电讯就成为东纵电台的一项重要任务。

东纵新闻台的由来

东江纵队新闻台在建立之前，部队属初创时期，在新编大队进行过建立电台的尝试。事未成而部队被迫东移，途中将机器掩蔽起来了。1941年春天，部队在东莞大王岭创办了《大家团结》报，由杜襟南同志主持。当时为重建电台而取回的机器放在大王岭，杜过去学过报务，他从中取出一部四灯不调整高放收报机试收新闻，没找到新华社而只能抄收国民党中央社的新闻，由于各种技术原因，所抄新闻残缺较多，但亦为《大家团结》提供一部分新闻来源。几个月后，因“东莞事变”，环境恶化而停止了工作。我当时在报社，做过编辑、记者、印刷等工作，同时也兼译新闻电

① 收录于中共宝安县委党史办公室编：《回顾东纵电台工作》，广东人民出版社，1989年，第32—47页。

讯。这也许是后来我转入电台工作的一个契机吧！

1942 年 1 月，经过许多同志的努力，克服许多困难，广东人民抗日游击总队（东纵前身）电台终于建立起来，并和延安中央军委总台沟通了联络，开始了东纵电台工作的纪元。这个电台是其后东江纵队和其他游击纵队电台的母体，也是新闻台的母体。早期建立的电台在不联络的时间内，就抄收新华社电讯。1942 年 6 月当我调到电台工作时，在电台的戴机、刘澄清、江群好 3 位同志就是这样做的。当时电台只有一部收报机、一部发报机和一台手摇发电机，电台的主要任务是跟延安党中央和其他上级机关联络，抄收新华社电讯只能是第二位的。预定的联络时间一到，就得停止抄新闻，到联络结束再抄，这段时间的电讯就漏掉了。

总队电台位于九龙新界乌蛟藤附近、山上只有一户人家的石水涧，除了有敌情时作小转移外，还算安定。随后电台人员逐渐增加，陈英、伦觉、潘雪琼先后从原掩蔽地返回，伦、潘二人继续学习报务；后又调来韩继元、梁葆葆（静君）学报务。我在电台的工作，一是译新闻电讯，二是把译出的电讯复写多份分送各领导机关，三是给摇机员们上政治课、文化课。1943 年 3 月，日军大“扫荡”后不久，电台主要人员由戴机率领渡海到惠宝沿海随领导机关一同行动，其他人员掩蔽一段时间后亦归还建制。

1943 年 5 月间，我们终于装好了第二部收报机。当时杨康华同志率领政治部部分同志在东莞厚街一带，领导上决定派出一个由负责人陈英、报务员潘雪琼和我（负责译电）组成的新闻台跟着去，到 7 月间完成任务才回到联络总台。不久，电台转移到大鹏半岛南端的鹅公、大山田等地，把抄新闻的收报机安排在离联络台发报机一定距离之外，避免电波干扰。联络台主要还是由戴机、江群好两人负责，其他人员如伦觉、韩维元、潘雪琼、梁静君等在联络台见习并同时抄写新闻。当年冬天在大山田，我开始学习报务。

1944 年春天，电台随东纵司令部一起从大山田移［往］住山下西涌。联络台和新闻台分别设在村内最后的一座楼房和最前面的一所庙旁。从这时起，两个台的业务就比较明显地分开来，人员也相对固定了。新闻台有伦觉、潘雪琼、韩继元（后调离电台系统）、梁静君（后调机要科）和我。不久，王强也加入新闻台。“新闻台”的名称此时逐渐叫开了，但它仍是总台的一部分。当时总台长是戴机，政治委员陈志华。我们在西涌除了新华社晚间通播可以全部抄收外，余下时间还可以抄收 CAP（国民党中央社）电讯供领导参考。有时早晨还可抄到新华社电讯，但由于电离层变化，讯号迅速衰落，过一会就收不到，只好改收发报台功率大的中央社电讯。在此期间，总台开始有计划地培养报务员，第一期训练班开始上课，新闻台全体同志也参加了其中的机务学习。从 1943 年冬直到 1945 年初北移罗浮山为止，这一年多的时间内，电台基本上是在大鹏半岛活动。

1944 年 7 月，根据工作发展的需要，上级决定正式成立新闻文件台，由我负责。新闻文件台的任务，除了继续抄收新华社电讯外，还负责抄收总社向各根据地各分社通播的使用普通密码的内部文件，并和新华社电台沟通了联络，向总社发出本地区的新闻、战报等，实际上起了一个分社电台的作用。这个格局，一直延续到 1946 年 1 月，新闻文件台奉命转移到香港，承担新的任务为止。新闻文件台和当时几个联络台都归总台（后期是通信科）领导，领导人一直是陈志华和戴机。新闻文件台的报务人员变动较为频繁，各期训练班毕业学员，有不少曾在新闻台工作或见习过，时间比较长些的有潘雪琼、高波、卢毅、邹顺平、李文、杨碧群、刘婉、梁冰玲、伍惠珍、关旭华、潘淑均、施斌、黄梅、肖水声等同志，在罗浮山时期，还有专职译电员杜赛伦（黄仲宜）同志。

……

在新闻台的革命集体中

……

在新闻台工作的报务员都是 10 多岁或 20 岁出头的青年人，都是受了党的教育，有了进步而志愿投身抗日战争到部队来的，一般具有中学文化水平，虽然免不了有点幼稚和有些缺点，但政治素质好、工作热情高，自觉性强，肯学习、求进步、能吃苦，不知名利为何物，一心只想做好工作。电台分配任务，编排当班次序，从没发生过纠纷。轮到当班者，戴上耳机，就把一切置诸脑后，而把生理上的、技术上的全部能量集中到一点：捕捉住每一个电码。不当班的时候，除了必要的休息或有别的任务，都能自觉去译报，或者在振荡器上练习发报手法。有时因为人少或通播时间延长，有的同志一个晚上要当两次班，都能高兴地去完成。别的同志也都注意保持安静，使这些同志能在两班之间休息好。工作空闲时大家也会一起玩，而且玩得很痛快。有时也会凑在一起煲一次糖水或吃一顿狗肉，“享受”一下。新闻台里还有摇机员、交通员、炊事员。他们也都是从部队中选拔来的好同志，所做的工作是整个电台不可缺少的一部分。摇机员行军的时候要挑着几十斤重的机器担子。一到宿营地，就要去借或买竹、木竿［杆］，然后一同把竿子竖起，把天线架上去。接着就要当班摇机。当敌情较紧张或流动性大时，每次工作结束，就得把天线拆下，收拾好机器担子，只要一声令下，马上可以挑起就走。交通员则不论日晒雨淋，白天黑夜，每日奔走传送电讯稿和其他文件，并把他们所见所闻的信息带回来，增添大家不少乐趣。事务长和炊事员大多是女同志，除了每天要为大家做好两顿饭外，隔几天就要走 10 里 20 里去趁圩，采购各种食物和用品；行军时，还要挑着伙食担。总的来说，新闻台和其他电台一样，是个朝气蓬勃、团结战斗的革命集体。

……

我们与美国的合作（节选）①

——关于广东人民抗日游击队东江纵队与盟邦美国在打击共同敌人战争中合作的报告

1946 年 3 月 28 日香港《华商报》

黄作梅

我曾写了一篇东江纵队与英军服务团合作的报告，在2月19日的《华商报》发表，依靠手头的材料及自己亲身的经历，再写这一篇与美国盟邦的合作，想许多读者都很喜欢知道这些事情。

（一）拯救美国飞行员的工作

中美联合空军第三十二战斗机大队第三中队的克尔中尉（Lt.Donald w.kerr）在1944年2月10日被救。当日，在袭击启德机场的时候，他的飞机着了火，他被迫跳伞逃出。克尔中尉降落后，一个东江纵队的小鬼带他到九龙后面山中的一个山洞里。那天晚上，这小鬼和一个女同志回来，带着食品和医药来包扎这美国人的伤口，在山洞里，克尔中尉看着日本人在村子里搜捕他。两个孩子照顾着他。过了几天，直到他安全地被带着走了些山路而到达一个安全的地方。克尔中尉和游击队住在一起，直到他的创伤被医治好了才回到他在桂林的部队去。在他要离去的时候，当地民众开了一次群众大会来为他送行，并且也是欢迎这一位盟国的“空中英雄”。在他走以前，他写了一封信给帮助他实在太多了的游击队。该信是这样的：

① 收录于刘中国、余俊杰等编：《白石龙大营救文献》，花城出版社，2015 年，第 276–286 页。

给广东人民抗日游击队东江纵队和一切在东江、港九的中国游击队的致谢信：

我是美国飞行员克尔中尉，我从2月11日到3月9日给你们勇敢的人安全地和舒适地从敌人中藏匿起来，然后又给用船送到敌人管辖以外的地方去。在你们战斗员面对着强大武装日军的非常严密的搜索拯救了我的结果，我不久便能够回桂林去，继续我在中国的微小的工作。

在我的飞机给敌人击中着火，而我跳伞降落地上以后的几天，我感觉到我的情况是几乎绝望的，但是自从在你们的照料之下，而时间安全地过去，我逐渐感觉到极安全了，我带着日益增长的奇异来看你们这庞大组织的力量，机巧、认真、精明和勇敢。当然，每个美国人都知道你们和你们的工作，但因为这些的大部分必须保守秘密，所以我们不了解它的伟大的规模和能力。

我曾和你们一些人见过面，也曾表示我的尊敬和钦羡，但是我知道还有许许多多我未见过面的你们，在非常的危险和困难中为保证我的安全而工作。因为我不能和你们每一个人都见面，我必须用这方法来感谢你们拯救了我的生命并使我能继续我的工作。我希望你们每一个男的、女的、青年的，都把这看作我个人对你们的“心心相印”的音信。

中国的抗战已赢得全世界的景仰，而我们美国人也以能与你们如兄弟般一同作战而自傲，在战争里以及在和平的时候，我们永远是你们的同志。

克尔空军中尉（现任中美联合军官指挥兼教官）

1944.3.8

……

华侨和港澳同胞对东江抗日战争的贡献（节选）①

黄慰慈

……

三、华侨和港澳同胞对东江人民抗日战争的支援

……

一九三九年春，东南亚各地的华侨和港澳地区的爱国青年纷纷回乡参加抗战。在东亚各地，出现一个父母送儿女，妻子送丈夫，夫妇甚至全家一起回国参加抗战的热潮。马来亚店员工人陈志奋，年老体弱的父亲全靠他赡养，父子相依为命。他以“国家兴亡，匹夫有责”的道理说服了父亲，毅然报名参加“东团”。他回国后，父亲的生活由爱国团体捐献供养。叶秀清与新婚丈夫一起回国参加抗战。他本人参加东团的“文森队”。由于广大华侨爱国青年踊跃报名回国参加抗战，“南洋惠侨救乡会”接应不暇，一时经费也不易解决。只好采取公开报名，经考试挑选录取的办法解决。……

……

……在长期民族解放斗争中，许多华侨爱国青年的热血洒遍南粤大地，染红了祖国山河。独立中队政委李中（钟若潮）、中队指导员王密，“东江华侨回乡服务团两才队”队长、敌后武工队长黄志强，“东江华侨回乡服务团吉隆坡队”副队长、民运组长陈现（陈特）、短枪队队长叶凤生、民运组长陈剑雄、小队长杨仰仁、政治服务员颜金榜、交通员陈志奋、卫生员王丽和民运队员陈显等华侨爱国青年，有的在作战中英勇牺牲，有的

① 收录于中共深圳市委党史研究委员会办公室编：《广九烈焰》，1983 年，第 222—230 页。

被俘时坚贞不屈，视死如归，为了祖国的独立，民族的解放事业献出了宝贵的生命。他们以自己的热血，谱写了海外华侨伟大的爱国主义的光辉诗篇。

……

坚持就是胜利①

——东进指挥部电台战斗生活片段

黄蓝峰

日本宣布无条件投降后，中共中央根据新的形势，指示东江纵队的斗争方针是：坚持斗争，保存力量，坚决自卫；斗争方式采取分散活动，化整为零，消灭敌人。

为了保存兵力，分散敌人目标，中共广东区党委和东江纵队司令部决定成立海（丰）陆（丰）惠（阳）紫（金）五（华）特委和指挥部，对外公布叫东进指挥部，由江南向东挺进，进入新区开展斗争。

纵队电台首长戴机等同志对东进指挥部电台的配备非常重视，派出刚从海上机侦台回来不久的邹顺平负责指挥部电台台长，我那时刚从第三期报务训练班结业不久，亦派来担任见习报务员，纵队机要科派出杨智明、邓超（后为李力）、张萃来指挥部担任机要员。所配的电台收发报机和供电设备，都是司令部电台机务人员用零配件装配的。

1945年9月18日，我们带着这些简陋的设备匆匆来到东进指挥部所在地惠阳县周田村，向指挥员卢伟良、政委张持平报到。指挥部派出了两位身强力壮的男战士来电台任摇机员，还派戴义芳来任运输员，负责挑运电台杂物。后来，我们又培养张济为见习报务员。我们这个新电台的组成人员，团结得象亲兄妹一样，担负了东进指挥部和纵队司令部的无线电通讯联络任务。

东进部队由江南出发，向东行军，进入海丰、陆丰、惠阳、紫金、五

① 收录于中共宝安县委党史办公室编：《回顾东纵电台工作》，广东人民出版社，1989年，第107–110页。

华等县山区。我们电台跟随指挥部一起，白天行军，晚上露营。

其后不久，司令部又派出一个电台，由刘宛带着见习报务员邓庄前往后东，向东江人民抗日武装自卫总队政委梁威林报到，路经我们地区，曾和我们共同战斗和工作了一个短时期。当时，司令部总台每日 24 小时守听我们的呼叫。我们流动性大，每次行军到一个地方，马上就架天线同总台联络，一般很顺利就沟通。总台发来的电报较多，而我们发出的较少，收发电报也比较顺畅。依靠我们电台，东进部队的情况能及时向纵队报告，纵队指示亦能及时收到。在不联络的时候，就抄收新华社电讯，及时传递了国内外重要消息。

由于我们行军的地区是新区，我们对当地情况不熟悉。一天晚上，我们到达一个小村庄宿营。不料土匪向国民党军队告密，没等第 2 天天亮，我们就被国民党军队包围了。我们电台的 7 个同志，经过白天行军，晚上又进行联络工作，又饿又累，疲劳极了，工作完后马上进入梦乡。突然枪声把我们惊醒。我听见传来“被敌人包围了”的叫喊声和周围急匆匆的脚步、奔跑声，马上爬起床。我是个“城市小姐”、“学生女”，初来游击队不久，哪经过这样的场面，心里不禁通通直跳。

我找鞋准备穿上，脚还没有穿进去，就听到台长邹顺平的命令声：“不准穿鞋，大家赶紧收拾好机器，背好跟我跑！”

这一声严厉的命令，如同电流击中我身上的神经，头脑马上产生了反应：“机器就是我军的生命，就是我们胜利的保证！”我忘记了害怕，两只手以平常练习的最快速度收拾好机器，背在身上，来不及穿鞋就跟着大家往山上跑。

天空黑乎乎的，枪声四起。在慌乱中，我只顾跑，也不知道了什么地方。天亮后，枪声停止了，我才发现自已躲在草丛中，只有机要员张萃和我在一起。两人都不敢动。

四周寂静，偶尔传来风吹草丛的沙沙声。我觉得离开了部队就象离开了娘一样，心中又难受又有点害怕。张萃比我大一两岁；我见她那深沉的脸，好象在想着什么办法。突然我听见远远传来说话声，赶紧往四周张望，发现对面山上有人影往我们这边山头走来，这更增加了我的紧张。“如果是敌人，怎么办？”我正不知如何是好，却见张萃表现果断、坚定、沉着。她轻轻地对我说：“蓝峰，别大声。我有火柴，如果是敌人往我们这边来，等他们靠近点，就往他们那里丢个手榴弹。我们能跑掉就跑，跑不掉就把机要文件烧掉，机器砸坏，拉开手榴弹，和敌人同归于尽。我们死两个，他们死几个，也够本，绝不当俘虏！”我点头说：“好，听你的！”

待对面山头的人走近。我们发现原来是自己的部队打了胜仗回来，才松了一口气。后来台长邹顺平等也一齐来汇合了。

由于部队转战在山区、新区，广大人民群众长期受国民党的统治压迫，生活非常贫困。我们部队又必须严守纪律，因此伙食很难保证，往往吃了这顿还不知下顿在哪里，只好喝些菜汤，或吃几个番薯填填肚子就够满足了。我们在夜间工作太饿了，只好在白天把一个番薯分成两半，留着夜间充饥。在这艰苦困难的斗争环境里，我的身体衰弱下来，往往深夜工作完毕，脱下耳机，什么也不知道，人就晕过去。后来我终于病重发高烧，不但不能工作，就是行路也东歪西倒。为了不影响部队行军转移，组织上想让我掩蔽在老百姓家，但我坚决不同意，决心死也要跟着部队走。指挥员卢伟良对我非常关怀，把部队仅有的一支针药给我打上。邹顺平当过看牛仔，在部队当机要交通时常爬山过水，经过锻炼，在这困难时期不仅他身体顶住了，行军路上还常照顾我。遇到战斗没饭吃，他就设法从别的连队找来饭给我吃，并不断鼓励我。在一次行军爬一座高山时，我想起在报务训练班时电台政委陈志华、老报务员潘雪琼、方文、江群好等同志对我的教导和鼓励，使我增加了战胜病魔和困难的信心。我每走一步心里都想着：“坚持就是胜利，胜利就在眼前！”终于，我坚持着爬上了一生中从没见过的那么高的飘着白云的高山。“我胜利了！”我高兴得仿佛自己就象上了天的神仙。可能由于过于兴奋，又加上行军大量出汗，后来我的病情慢慢好转，继续担负起电台通讯工作。

我们东进指挥部电台跟着部队，工作和战斗在粤东的海陆惠紫五山区，克服了许多无法想象的困难，经过半年多的时间，胜利完成了电台通讯任务。1946 年 5 月，我们随东进部队回到宝安县沙鱼涌，参加了北撤。

抗战时期坪山区委秘密机关一鸣学校（节选）①

黄廷生

一鸣学校位于龙岗阳和朗村，周围有长湖围、企岭下、水围田、老大坑、丁甲岭、榕树下、金钱坳、新布等自然村，共有三千多人口。一鸣学校既是当地文化教育的中心，又是中共惠阳县坪山区委领导机关的所在地；既是培育革命青年的摇篮，又是宣传抗日、坚持革命斗争的阵地。

一

1938年10月，日本侵略军在大亚湾登陆后，惠州、东莞、博罗、增城、广州等地相继沦陷，国民党军队，一触即溃。这时，惠阳淡水、坑梓、坝岗、常柏田、新圩和东莞、宝安等地，在党的领导下，纷纷建立抗日武装，奋起抗击日军。1939年初，“东江华侨回乡服务团”成员，共产党员何清（何瑞清）、苏伟民、钟秀英、钟月嫦、张玉桃等，来到阳和朗村一鸣学校。“东团”的同志们，以黄廷康（即黄光的父亲）的家为据点，团结“一鸣”的师生和当地中上层人士，如校长黄德成，教员叶英文；阳和朗村的黄北和、黄亚鹤；长湖围村的叶胜常、叶扬水、叶观福（保长）、刘观粦（商人）等。他们都是一些较有威望的开明士绅和倾向进步、可以争取的人。由于民族矛盾上升，国家处于危难之中，经过何清等的宣传教育，他们拥护抗日救亡运动，积极支持“东团”的工作。团结了这批人，在一鸣学校周围就初步形成了抗日民族统一战线。“东团”同志在宣传抗日救亡中，不但关心一鸣学校的工作，还倡导兴办夜校，扫除文盲，也得

① 收录于中共惠阳县委党史办公室、东纵边纵惠阳县老战士联谊会编：《东纵战斗在惠阳》，广东人民出版社，1993年，第125–132页。

到中上层人士的支持。因此，很快在阳和朗、长湖围、丁甲岭、老大坑办起了四间夜校。每间夜校均有五十个青壮年参加学习。夜校的教员有“东团”的张玉桃等共十四人。教材自编自印，通俗易懂，适合农村情况和抗战形势。夜校既学习文化，又讲解抗战时事，宣传反帝、反封建、反对汉奸卖国贼的道理。这时，村村书声琅琅，处处高唱抗日歌曲，群情激奋，热气腾腾，显现出一片抗日救亡的景象。夜校办起来后，抗日救亡运动有了新的阵地，工作局面进一步打开。从青壮年中挑选出积极分子为建党对象，有黄廷康、黄观娇、黄廷钦、叶戊友、叶源等；并组织成立“抗敌同志会”，以叶源为抗敌同志会第七分会会长，黄廷康、林生为副会长。在抗敌同志会和积极分子的带领下，组织夜校学生，同群众一起，修整了几宗水利和几条乡村道路、桥梁。不但直接支持了群众的生产，同时，初步消除了村与村之间的一些隔阂，促进了民众的团结。“东团”同志这一系列的行动，得到了中上层人士的赞赏，尤其得到当地广大群众的热烈拥护和支持。“抗敌同志会”，在“东团”同志的指导下，组织夜校学生，秘密散发传单、张贴标语，破坏敌人的公路交通和通讯设施。白天，日军强迫乡民修公路；晚上抗敌同志会组织夜校学生破坏公路。并且，发动“一鸣”的学生中有觉悟的青年，有邱福如、叶甲煌、黄廷新、余凤英等参加抗日游击队，奔赴抗日前线。此外，还动员青年妇女开展剪辫运动。

……

二

区委的几位同志应聘到一鸣学校任教，中上层人士高兴，群众拥护，革命青年更是喜出望外。区委虽有公开的职业作掩护，然而，他们所担负的任务和一年前不一样了，他们既担负坪山区委领导的重任，而他们作为教师，又必须办好一鸣学校，发展当地的文化教育，更重要的是如何把学校办成区委指导革命斗争的阵地。为此，采取了相应的措施，“抗敌同志会”和民兵等各种组织和活动采取秘密的方式；同时，在学校周围发展党员，建立党的组织。1940 年 3、4 月间，区委在阳和朗村发展党员，第一个党员是黄廷钦，接着在5月又发展了叶源、叶戊友、黄观娇入党，可惜的是，“东团”的忠实支持者黄廷康，因患重病，来不及办理入党手续，就与世长辞了。区委陆续在学校周围的村子发展组织。后来相继入党的有：黄甲胜（黄光）、刘林娇、黄长娇、林谷友、邱秀娣，邱素珍、叶观生、余安、邱九、张娣等。并于同年9月，成立阳和朗党支部，叶源任支部书记。

1940年秋末，日军为巩固其占领区，组织伪军与建立伪政权，实行“以战养战”。因此，局面相对稳定下来。10月间，周伯明带领东移回来的部分队伍，从东莞开进坪山地区，一鸣学校便成为地方党与部队联络的一个点。龙、坪、横等地下党组织，发现敌人的新情况，就报告区委，区委即转告部队，而部队发现敌人新的动向或有什么行动需要地下党配合的，就派人通知区委，区委根据情况立即组织行动。

……

1943年春，一鸣学校改名为“励志学校”，迁到金钱坳附近公路边的“万泉屋”。校长黄振雄（黄振），教员张玉桃（张涛）。这一年出现了百年罕见的大旱灾、大饥荒。同时，日军到金钱坳等地驻防。同年冬，学校被迫停办。

地下党坪山区委设在一鸣学校的时期，得到了孙嫂的全力帮助和支持，她无代价地以几百平方米的房子给学校作校舍，为区委领导和往来同志提供食宿，她把长期住在学校的何武、何清、叶茵等人当弟妹看待。同志们在她家吃饭，虽然给了基本伙食费，但孙嫂做的饭菜，大大超过了同志们所付的伙食钱。她明知同志们是共产党员，是以教师身份从事党的地下工作的，但她不怕担风险，以高度的责任感为区委及来往人员的安全操劳。如果没有孙嫂全心全意的支持，区委要在那里立足，是有很多困难的。

1944年至1946年，一鸣学校虽然暂时停办了，坪山区委也撤销了。但是，斗争仍在继续，革命的烈火仍在“一鸣”周围这片河山燃烧着。因为，有坚强的党支部作堡垒，有区特派员叶源的领导，后来，又有路东新二区区委的领导。特别是东江纵队已宣告成立，更加鼓舞人们的斗志。这个时期，武装民兵组织，以自卫队的名称一直坚持下来，妇女会组织也没有散过。同时，还在“一鸣”原来的学生中，挑选表现较好的十四至十六岁的黄廷生、黄谷来、叶源发、叶锦添、黄平、叶谷带等十一人，编成“小鬼班”加入民兵组织，由刘木娇任班长，黄谷来任副班长。“小鬼班”和成年民兵一样，夜间轮流站岗放哨，防备日、伪、顽来犯。由于他们年纪小，较不为人们所注意，因此，经常派他们送信、送情报，使他们得到锻炼。这个时期，武装民兵和妇女会组织，仍然在特派员和地下党支部领导下，经常配合部队打击敌人。如部队攻打驻扎在龙岗的顽军肖天来部，武装民兵直接参加战斗，妇女会和非武装民兵，参加战勤工作。又如，部队要民兵、妇女组织破坏坪山至龙岗之间的电话线，使其短期内无法通话。于是，民兵、妇女会一起上阵，一夜之间，便剪掉了六七公里的电话线，拔掉和抬走了绝大部分的电线杆。杉木电线杆被拔掉后，敌人想尽快修复线路，用梨木棒作电线杆，待其架设好电话线后，民兵又组织第二次行动，将其电线全部剪掉，把电线杆拔掉运走。使敌人在一段时间里无法通话，有力地支援了部队打击日、伪、顽的行动。

……

大岭山抗日根据地的创建和坚持（节选）①

黄庄平

我是在1941年6月初调任中共东莞大岭山区委书记的。

大岭山区位于东莞的西南部，东面是莞（城）樟（木头）公路，西面是莞（城）太（平）公路，南面是宝（安）太（平）公路。1938年10月，日本侵略军在大亚湾登陆后，先后占领了石龙和莞城，并在莞太、宝太公路沿线建立据点，还经常派兵到大岭山周围的乡村抢掠。这时，大岭山就成了抗日斗争的前线。

1938年，中共东莞中心县委曾派出一些党员到大岭山附近村庄开展工作，先后在大沙、太公岭、大雁塘等村庄发展党员，建立支部。日军侵占石龙、莞城后，中共东莞中心县委领导组织的武装抗日模范壮丁队曾在这一带活动，开展抗日宣传，抗击日军的掠夺。“老模”（群众对模范壮丁队的称呼）在群众中有很高的威信，党在这一地区也有一定的群众基础。

……

根据林平同志的介绍，第三大队挺进大岭山区后，经过黄潭战斗，打击了日军的嚣张气焰，接着又打退了伪军刘发如部和顽军黄文光部的进犯，保护了群众利益，威信大大提高，得到群众的拥护和支持。部队发展到300余人，政权也建立起来，各乡的抗日联防自卫队在几次配合部队战斗中发挥了重要作用，地方党组织也有很大的发展，党领导的抗日武装在大岭山区已打开了局面。在这种情况下，把部队发展的地方党员交地方统

① 收录于中共广东省东莞市委党史研究室编：《东莞抗日实录》，中共党史出版社，2006年，第284—290页。

一领导，成立大岭山区委有利于配合部队发展前线敌后的游击战争，有利于抗日根据地的建设。区委在东莞县委直接领导的同时，还必须与部队的领导保持密切联系，为此，特从部队调黄业、李守仁参加区委。林平同对工作指示的主要内容：一、立即接收部队发展的地方党员的组织关系。加强对这批新党员进行怎样做一个共产党员的教育，提高他们的思想觉悟。二、放手发动群众，准备在夏收后实行“二五”减租，以减轻群众负担，实施办法：由连平联乡办事处出布告，责成地主接受群众合理要求，规定农民在按政策减租后保证交租；由地方党员发动群众开展减租运动，使群众得到实际利益，激发群众的斗争热情。通过减租深入发动群众后，把部队回来时为适应群众觉悟水平而组建的兄弟会、姐妹会等，改组为村和乡的农抗会、青抗会、妇抗会，旗帜鲜明地以抗日救亡为号召组织群众。三、各乡的抗日自卫队已建立起来，在配合部队作战中表现很好。现在要求进一步巩固提高，以乡为单位组织抗日自卫常备队，集中训练，进行政治、军事教育，提高政治素质和军事水平。平时可站岗放哨，维护社会治安，打起仗来，可配合部队作战。四、动员青年参军，保证部队得以较快地发展。半年来不少地方党员带头参军，有很好的影响，今后仍由地方党组织承担动员参军的任务。

翌日，根据林平同志的指示，我到达百花洞，找到了部队民运部组织部长范毅同志，范毅同志介绍了大岭山周围党组织的情况，并将20多个支部和150余名党员的组织关系交我接收。这样，连同原来地方领导的党员70多人，全区共有党员220余人。

新建的大岭山区委由黄业、李守仁、李植光、王锦枝、黄华和我6人组成，何欢任区委妇女委员，不参加区委。区委成立的第一次会议在牛牯岭召开，会议传达了林平的指示精神，对工作进行了布置。

区委刚成立，1941年6月10日，桥头地方党组织送来情报，驻桥头日军有向大岭山进犯的动向。11日拂晓，驻桥头日军果然经大迳、大环向百花洞进发，驻莞城日军也经上下山门扑来。来犯之敌是日军长濑大队400余人及伪军200余人，他们奔袭大岭山中心地区百花洞的目的，是妄图一举消灭我军主力，摧毁大岭山抗日根据地。由于我军事先接到情报，有了准备，所以日军刚进入百花洞，就被我主力部队及各乡抗日自卫队包围。日军遭到密集火力射击，被打乱了阵脚，数次冲锋，均被我击退。下午3时许两次施放烟幕弹，企图突围，亦未能得逞。后放出军鸽向石龙日军求援，又被我大沙自卫队击落，其求援报告及地图被我缴获。敌人在突围不得、求援不来的情况下，龟缩在连平、百花洞、大环之间的山岗上。12日，敌派飞机空投粮食弹药，部分又为我缴获。直至日军从广州、石龙出动步兵骑兵共1000余人前来救援，被困敌军始得逃脱。这次战斗持续两天，毙伤敌五六十人，敌军大队长长濑在突围时被击毙，这一仗给日军以沉重打击，日军也自叹“这是进军华南以来最丢脸的一仗”。

百花洞战斗的重大胜利，使我军士气高昂，军威大振，群众情绪高涨，信心倍增，在祝捷大会上纷纷报名参军。会后，我们抓住有利时机，深入发动群众，开展“二五”减租。先在大王岭、牛牯岭、太公岭、瓮窑等村进行试点，这几条村很少大地主，多是中小地主。这些中小地主在我抗日宣传教育下，拥护抗日，支持抗日游击队，对减租抵触情绪不大，运动进展较顺利。在运动中，这些村都建立起农抗会、青抗会、妇抗会，有的还组织了儿童团。除连平联乡办事处原已组建了以吴更稳为中队长的常备民兵中队外，百花洞大捷后，各乡自卫队都成立起常备队。我们的抗日人民武装就形成了一支抗日自卫队、民兵常备队、抗日游击队这样的梯形队伍，使游击队真正扎根在群众之中，打起仗来就有了坚强的后盾。这时，党和部队在群众中有很高的威信，军民团结起来打日本鬼子的气氛很浓。党号召干什么，群众都积极响应，形势一片大好。

……

当部队决定转向外线作战时，部队领导机关和地方党领导机关，都撤退到黄潭进行具体部署。这时，地方工作人员大部分向莞太路和宝太路沿线转移，逐步深入敌后坚持斗争。10月上旬，我和陈铭炎、谭家驹等撤到大迳后面的山地，研究转移的去向问题，连平联乡办事处主任刘荫提出治平乡绒旗墩是新开辟的一个点，有些上层人物表现不错，决定刘荫、谭家驹、黄坚等 7 人及医疗站医务人员和伤病员 10 余人转移到那里去；怀德新村有我地下党万明以教师作掩护在那里活动，陈铭炎和我就转移到那里去；杜襟南等则带领一批人撤到怀德独树村。

这时，形势十分严峻，斗争非常残酷，国民党反动军队进山后，到处烧杀抢掠，地方反动势力也乘机反攻报复。我地方党员、干部、民兵和积极分子先后被杀害的共有 60 余人。刘荫、谭家驹等 7 位同志被绒旗墩反动分子活埋于红山的深洞中，掩蔽在那里的医疗站 10 多位同志虽经英勇搏斗，最后亦惨遭活埋，不少党员在牺牲时非常英勇，表现了无产阶级的坚强意志。牛牯岭党员李长娘是一个代表。李长娘是个寡妇，入党后就把党当作亲娘，党叫干什么就干什么。她当区委的地下交通员，经常进出敌伪封锁线而毫无畏惧。在顽军进驻大岭山前，她经常给掩蔽在山洞里的同志送饭。有一次她送饭回来，有几个顽军拦住她，李长娘躲避不及，她镇定地质问敌人："你们干什么？""我们要抓共产党，你不是共产党吗？""我不知什么是共产党，我是一个寡妇。""你就是共产党的地下交通员。""我不知道什么交通员，我日夜守着我的独生女儿，你们放着日本鬼子不打，都同我们老百姓作对。""你们的曾生、林平在哪里？游击队在哪里？交通站在哪里？""交通站、游击队我不知道在哪里，曾生、林平你们不是在找他们吗？还问我干什么？告诉你们这些没良心的东西，曾生、林平是中国人，是抗日游击队的领导，是打日本鬼子的，你们为什么不去打日本鬼子，专去打他们？"

"你的嘴那么硬，不怕死吗？""我没有做对不起人民的事，怕什么？""那就走！"当敌人要逮捕李长娘时，李长娘就理直气壮地说："我李长娘生是共产党的人，死是共产党的鬼，要死就死在我的家门口。"李长娘这种大义凛然的气概，把敌人镇住了。她最后终于被敌人杀害。她视死如归，慷慨就义，表现了一个共产党员的革命英雄气概。

……

大岭山根据地从开创到坚持斗争，最后得到恢复巩固扩大，几经反复，说明抗日斗争是持久的，创建抗日根据地的斗争也是持久的。没有抗日根据地，就不能坚持持久抗战：抗日根据地不坚持持久斗争，就不能巩固扩大，抗战也就不能取得最后的胜利。

（原载《东莞党史》2000年第2期）

一个女交通员的回忆①

黄伴馨

我出生在东莞县清溪土桥村一个贫农家庭。自从日本侵略军侵占清溪圩后，土桥村就没有安宁过。我 14 岁那年母亲病死，依靠父亲和两个哥哥租种地主田地维持一家生活。后来大哥到香港做工，因找不到工做饿死街头。我家也由于田地被地主收回，无法维持生活，二哥只好去盐田担盐卖，结果被日军飞机炸死了。我失去了两位哥哥，全家过着饥寒交迫的生活，父亲怕我饿死，要将我卖给一个南洋客做妹仔，我知道后哭了几天。这件事被三姐知道，她看我这样伤心，便提出由她代替我去。后来父亲租了田耕种，我便在家干农活，插秧、割稻、割草样样都干。总之，大人能干的活我也能干。

但是，土桥村离清溪日军驻地很近，不到 10 华里，日军经常到我家乡来抢粮、捉鸡、捉人、强奸妇女。开始人们向山里逃避，后来日军一天来抢几次，再逃下去不但荒废了农田，也会饿死。于是日军进村时，青年妇女就躲藏起来，或者事先知道的，就到山里割草或干农活避开。而老年人和保甲人员就送日军几只鸡或者若干鸡蛋，应付他们。由于日军的“扫荡”、抢劫，我村很多青年男女都逃到外地，有的去投亲，有的参加游击队，致使村中田地荒凉，民不聊生。大家都希望游击队能来赶走日本侵略军。不久，我们村的学校来了几位教员，经常向村民宣传抗日的道理，讲述游击队打击日军的情况，每当听到游击队打胜仗的消息，村中男女老少都很高兴，议论纷纷。这一切对我教育影响很深。我很想参加游击队，但

---

① 收录于中共宝安县委党史办公室编：《回顾东纵交通工作》，广东人民出版社，1987 年，第 121—131 页。

是想到自己年龄小，又是女的，不敢说出来。

1943年，碰上了大旱灾，到了小满季节，天老爷仍然滴雨不下，甘蔗枯黄，花生枯死，农田干裂得不能插秧。加上日军经常骚扰，土匪横行，许多人饿死。我和父亲饿得面黄体弱，骨瘦如柴。开始吃的是豆、瓜菜，后来连这些都没有了，就挖树根吃。就这样捱［挨］过了一个旱灾。秋收后的粮食还不够交租，日子仍然不好过。这年我才16岁，再这样下去，一定会饿死的。但哪里有活路？去参加游击队吧，又怕游击队不要？正当我在苦恼之时，听说村中一位姓李的女教员要去参加游击队。我赶紧去问她，她说："游击队是很辛苦的，你怕不怕？"我说："不怕！"她说："你想去，又不怕苦，明天跟我走吧。"就这样，我约了村中另三个女青年，由李老师带我们到了路西龙华圩交通总站。总站长符铁民，海南人。他问我们："做交通员，要走夜路，一个人走，你怕不怕？"我说："不怕！我跑得快，我不怕鬼，什么都不怕！"符站长看我回答得那么干脆，就把我留下来当交通员，其他三个女青年就分配到军需处去做军衣。

不久，我调到靠近广九铁路很近的一个交通分站担任交通员，该站设在大朗圩附近的大坪，分站长邓清，年龄比我大，我叫她"姐姐"，还有邬仔等两个男女交通员，才十三四岁，他们叫我"姐姐"。站里很象一个家庭，有大有小，老乡们有些叫我们小鬼，有些叫我们"小模"①，对我们很好，过年过节都给我们送糖、送饼、送鱼送肉，外人怎么也看不出我们是游击队。没有任务时，我们4个人就在一起，学文化、学唱歌、讲时事，主要是邓清大姐教我们，还给我们讲打日本鬼的故事。她讲得很生动，我们很爱听。她讲到将来打败日本鬼后，有田分、有书读，过上好日子，我们越听越高兴。有时晚上讲到十一二点。邓清给我们讲那么多革命理论，唱那么多革命歌曲，原来她是香港的地下党员，一间工厂的工人，还是工会会员，日军占领香港后，她就参加游击队。

---

① 游击队初期在东莞成立过"壮丁模范队"，后来路西群众称我党领导的部队为老模，由于我们年纪小，故群众又称我们为"小模"。——原书注

我第一次送信到路东，是邬仔带我去的，他才 14 岁。一出门我俩走的大路，不久转向山基路。邬仔对我说："注意后边有棵树，到此往左拐。"走了一段路，他又说："过了桥往右拐，直走要到村庄，这条路有联防队抓我们的，一定要记住。"他一边说，我一边死记。走了一个多小时，到了铁路边，他轻声对我说："不要怕，跟着我，往前看，脚步放轻一点，发现有人影，我们就避开。"一踏上铁路，我就听到呼呼叫的声音，心里有点慌，加上是夜间，又看不清是什么东西响。邬仔说："不要怕，这是风吹电线。"我们很快过了铁路来到山边松林，这里比较安全，没有村庄，全是山路。由于天很黑，路又小又滑，邬仔怕我辨不清方向，他说："记住，要掌握前后那边山口，就不会走错。"一路上，凡是走到大路转小路，小路转大路，山边路转田基路再转山边路的地方，邬仔都一一告诉我，叫我记着。我们不知不觉走了 5 个小时，到达了目的地。

第二天晚上，我俩一块回来，同样在路上每到一个岔路口，邬仔要我一一记住。这样来回走了两次后，我就开始一个人送信了。出发时，邓站长问我记住了没有。我说："可以走了。"其实我心里有点慌。一个人走夜路我还是第一次，能否认得路，我也没有把握，我是不怕鬼的，但如果遇上日伪军，或是土匪怎么办？我心里真有点害怕，后我又转而一想，我一个人就是死了，也是为革命，为革命而死是光荣的。我就带着这种心情，来回走了一两次后心才定下来。以后不管是刮风下雨，天寒地冻，还是伸手不见五指的夜晚，一有任务就出发，爬山越岭，走田基路，带紧急信件、情报，通过敌人封锁线，一直在这条交通线走了 8 个月。

日军为了使广九铁路运输畅通，保证转送军需、伤员，同时为了防止我游击队经常袭击，因此在铁路沿线建有不少炮楼、据点，驻有日军、伪军。设了很多瞭望哨，对铁路线的封锁比较严密。我们从东莞到宝安这条交通线要穿过铁路是最危险的，而且沿途较大的村庄有地主武装，有联防队、有土匪、有汉奸特务。日军顾不到的地方，又有国民党保八团。我们交通员出发，经常会遇到日伪军或顽军"扫荡"包围，随时都有被抓的可能。我每天晚上一个人出发，需走五六十华里路，半夜 12 点到达路东站，有时碰上有紧急情报，当夜一二点钟又需立即回来，拂晓时回到路西站。

我这个16岁的女孩，当时能有那种勇气，克服那么多的困难，主要是对日军有刻骨的仇恨，并且深知身上的紧急任务——所送的情报、信件，关系到部队的安全，能否及时地消灭敌人，关系到上级首长的指挥部署，责任所在，刻不容缓，拼命也要去完成。当然，在大风大雨或是天寒地冻时走夜路，特别是在过年过节的时候去送信，思想也有过激烈的斗争，但正是在这样的环境中把我的革命意志锻炼得更加坚强。

一天晚上，站长要我从路西带一百多位同志到路东去。带这么多人，目标很大，当晚又是大风大雨，天很黑，伸手不见五指，加上我们开始使用的新路线我只走过一次，况且当时我患疟疾病刚好，身体很虚弱，感到一阵热一阵冷。但责任在身，虽然有困难，我也二话不说，带着蓑衣赤着脚，还是去执行任务。

当集中队伍出发时，我见到是黄布大队长领队，其他都是些干部和政工人员，我真是又喜又怕，喜的是领导信任我带这么多人通过敌人的封锁线，怕的是如走错路，通过封锁线时遇上敌人。当黄大队长问起我，才知道我和他不但是同乡，而且他还是我的堂兄。黄布同志问我什么时候参队，参队前村里的情况，随后他讲了这次的紧急任务，问我能不能认得路？我说："可以！""安全吗？""安全！"接着黄大队长向全体人员说："今晚要通过敌人封锁线，有交通员给我们带路，希望大家听从交通员指挥，如果碰见敌人巡逻队，大家冷静，就地卧下。"我听了心里一阵害怕，不知自己今晚能否保证他们安全通过，感到没有把握。

出发后，走小路，过田基，爬山岭，为防狗吠尽量绕过村庄走。同志们一个跟一个，幸好没走错路，走的很顺利。黄大队长跟在我的后面，我心里有点紧张，快到铁路时，我小声传话，一个传一个："前面就是铁路。"话刚停，我就发现敌人一队巡逻兵，沿铁路从南到北巡逻过来，我说了一声："有敌情！"后面的同志紧跟着卧下。我集中精神注意敌人的动静，待敌人过后，我告诉黄大队长，刚才是敌人的巡逻队。黄大队长即派了几个手枪队的同志两头警戒，我带着大家起程，安全通过铁路，将近

5 点钟的时候，我们才安全到达目的地。大家身上的衣服都湿透，脱下衣服烤干后，一坐下，黄大队长对我说：“你带的路不错，人小胆大，勇敢果断，真是一个出色的交通小鬼，你这个小鬼，比日本鬼子还厉害。”

1944 年 7 月，我从路西交通站调到纵队司令部交通站。总站设在路东惠阳县坪山圩，不久，交通总站随司令部转移到了博罗县罗浮山，我被分配到东莞桥头交通分站，担任交通联络。这个交通站是惠阳、增城、东莞、宝安、博罗等县联络的中心枢纽站，有三条交通干线，每条线都要通过两三个关卡，一条线往北，通过东江河的铁岗关卡；一条线要通过广九铁路的常平关卡，到路西督导处，该处领导着东莞、宝安二县的政权；一条线往南，要通过惠樟公路的赤山关卡，到惠阳江南指挥部所属的两个支队的交通联络站。

当时我负责往北的交通线，跨过东江河同司令部交通总站联络，是在铁岗乘船渡东江河，河上两只船的船工，是铁岗的群众，很拥护游击队，对我们交通员过渡，很协作，什么时候找到他们，都给我们开船。过渡的时候，能否安全，船工都能掌握。如果有陌生人到来，他们都清楚。东江河是日军由惠州至广州的水上运输线，经常有日军电船来往。铁岗附近的东江河两岸的苏村和下博，驻有李潮伪军各一个中队，负责铁岗河段的巡逻，保障日军的运输安全。我们渡河时，就要注意不要碰上日军巡逻船和运输船。这些船都是电船，从远处开来我们都能听到声音，很容易躲开。便衣汉奸、特务一般在白天活动，因此，我们采取夜晚通过就比较安全。加上是敌占区，日军很少出来“扫荡”，李潮伪军不太敢出来活动。我来往此地和司令部联络比较顺利，过了铁岗不远的银溪村还设有我们的一个交通站，该站负责当地情报站和政工人员的联络。我到此站后，除休息和顺便带出他们的情报、信件外，有时我将带的信件或人员由他们转送到司令部。

一天，我送信到交通总站，一些交通人员同我说，总站准备向北转移，要到粤北去，王作尧副司令员、杨康华主任要带五支队去。接着钟来和赖志强两个交通员还对我说：“明天出发，到从化吕田去建立交通站。”

又说：“待交通畅通了，你们也可以到粤北去，迎接八路军老大哥。”他们越说越高兴，我也越听越高兴。后来碰到总站交通参谋邱福如同志，问他是否要到从化去，他说：“明天走。”我说：“很想跟你们去。”他说：“大家都可以去，下次回来就带你们去。”我在回来路上越想越高兴，一路走一路跳。当晚回到了桥头交通站，见站上的交通员还未睡觉，我将好消息告诉他们，他们听了同我一样高兴。

过了不久，日军投降了，第二天刚好是桥头圩日，许多趁圩的群众都沸腾起来。我们交通员也一样地兴奋，邬仔等两个小鬼又是跳，又是闹，又是唱，一个说，我们要到广州去；一个说，我们要到香港去。我心里也轻轻地出了一口气说：“今后我们不用摸黑走路了，白天也可以去送信！”

但是，日军投降不到半个月，国民党又向我们“围剿”了。首先是从广州来了一个师，从增城到博罗向罗浮山进。接着博东、博西的地主武装勾结汉奸、特务，紧密配合，到处抓人杀人。拦石圩果园村我们部队情报站的三位同志被国民党抓走了，站里做伙房的老大娘被打死，设在龙溪的交通站的4位交通员被地主武装杀害，整个博罗地区转入了白色恐怖。这时，东纵司令部被迫从罗浮山转移到早期建立的根据地惠东宝地区的坪山一带，留下江北指挥部，坚持增、龙、博三县的斗争。不久，我又调到杨梅坑交通站。

杨梅坑村属东莞县，有15户人，我们住在杨九家。杨九的母亲姓邱，我们叫她“邱姑婆”，是该站原来的交通员邱记清相认的，因为他们同姓，我们到后也跟着这样称呼。还从其他交通员口里知道全村群众对交通员很好。有一次，邱记清病了半个月，全是“邱姑婆”找中草药给他治好的。有一年的端午节，杨梅坑村15户人，每户村民给交通站送一个粽。交通站也买来一些小鸡、小鸭给村民养，养大后，交通站有同志来往便拿出来杀了招待大家。交通站曾被日军三次进村包围，都是杨九预先报告交通站并掩护交通员向后山安全撤退的。我到这个交通站后，村里的群众也很爱护我，经常问寒问暖。

我的交通任务是负责沟通江北指挥部和江南纵队司令部的联系，往北走到江北指挥部要爬善鸡头大山，该山全是茅草，山上的一条荒草路，是1944年初，由两位交通员用镰刀开辟出来的，这两年有人走路也变宽了，不仅白天，就是晚上也可以行人。过了善鸡头，跨过惠樟公路到桥头交通站，再跨过东江河就到了江北指挥部交通站。往南走到纵队司令部是先经过官井头交通站，再转到坪山永贞司令部交通总站。这条交通线过去是对付日军的，现在就用来对付国民党了。

杨梅坑村西面十华里远的地方有一条大村叫何伯桥村，该村有五百户人家，封建宗族势力很大，村里的地主、恶霸在日军侵略时期还老实些，现在看到国民党来了，他们又蠢蠢欲动，勾结国民党特务，组织地主武装，经常出来捕捉我政工人员和交通员，尤其是在夜里常埋伏路上守候。

有一次，我晚上回杨梅坑，在何伯桥村东面偷偷走到了村南面，突然碰到一群国民党军从旁边大声喝问："边个（哪个）？"我知道不妙了，拼命往前走。敌人大叫："不要走，你走，我就开枪！"我情愿被打死，也不愿被抓去，敌人说要开枪我跑得更快了。当时正是秋季，田里的稻子有半人高，又没有田水，我往稻田里钻，加上天黑，不久便避开了敌人。但我怕敌人追上来，就一直往前走，来到一条小河边，小河又拦住了去路。我不知哪里来的一股劲，不管水有多深，就往下跳，也不知是怎样爬上岸的。我一直走，走到安全的地方，才在一棵大树下坐下来喘气。

这时，我发现自己迷了路。怎么办？想着想着，我的眼泪不由地流了下来。后来我发现前面有一个小村庄，夜深人静，我只好走到村里敲一家老乡的门，一位大娘出来开门，看我全身湿透了，又是陌生人，就叫我走。我求她说："我是到塘坜捺稻迷了路。不知怎么走，刚才摔了一跤，掉在河里。"大娘还是叫我走。后来出来一个13岁左右的小女孩，叫了一声："妈妈，她是游击队，是好人。"大娘这才同意我进屋。坐下来，我见小孩已经认出我是游击队，就将刚才碰到敌人的经过说给她听，她很同情，要我脱下湿衣服，用火烘干。大娘还说："往南走，爬两个山边后往东是青塘，往南是三峰。"我考虑到这一带地主多，不宜久留，便穿好衣服，说了声："麻烦大娘了。"我告辞出来，按大娘的指点，爬过两个山坳后，天已发亮，我终于认出了前面的道路，回到了交通站。

一天，情报站送来紧急情报，要我带去坪山司令部。我连夜出发来到坪山黄竹坑，将情报送给曾生司令员。

在场的林平政委问我："你是交通员吗？"

我说："是"。

"你今天从哪里来，这么快？"

"我一直走山路，从清溪来。"

"现在国民党'扫荡'很紧吗？"

"是。"我将近来出发碰到的一些情况简单地汇报了一下。

林平说："你们交通员要小心，现在国民党对我们进行大"围剿"。国民党撕毁双十协定，大批军队要从峨嵋山下来，抢夺我们抗战的胜利果实。"

我在纵队交通总站见到了总站长李群芳，他对我说："你不要回清溪了，国民党又在这一带进行'填空格'的'扫荡'。"当天晚上我跟随着总站向大山转移，来到马拦头。

一天晚上，我从大梅沙送情报到沙头角，走海边山路，又碰到国民党军队一连人去包围马拦头。夜深人静，我先发现了敌人，便躲藏在路旁小树林里。待我完成任务回来后到马拦头，看见总站的人员已经转移了。我来到南溪和两个交通员联系，当天我就乘交通船到坪洲岛。第二天，我发现岛周围海上都是军舰，有国民党军的，也有美军的，他们联合起来"围剿"我们游击队，见船就抓。晚上，海上大队长陈志贤从三门岛坐一条小船来到坪洲岛，要找司令部。我们对他说："你好危险，敌人今天都在海上扣船搜查。"他了解情况后也不敢再开船。我们观察了两天，看到敌方军舰白天出来晚上回去。第三天晚上，我利用敌人这一规律，坐交通船摸黑送陈到新界赤径。

在赤径，除了要应付英军的查问外，国民党是不敢来的，因此比较安全，纵队司令部和交通总站都在这里。但是交通总站人员很少，年纪较大的交通员如巫运兴、肖强等同志都编成武工队，由李群芳总站长任队长，留在龙岗、坪山一带地方坚持斗争；有 20 多个小交通员由邓清同志带到香港华商报社当报童；还有些交通员和运输员复员回家，只剩下我们少数几个交通员留在赤径。

在赤径的生活很艰苦，纵队军需处没有钱发伙食费，我们就去摸坑螺吃。晚上有任务，我们就乘交通船到南澳或大梅沙，船先停在海边，闪三下火光同岸上联系后才上岸，和江南指挥部保持联系，使纵队司令部随时了解我军反“围剿”情况。

我们在赤径住了大约半年时间，后乘船从葵涌参加北撤到山东。

黄荔容：夜渡琼州海峡送电台[①]

陈国汉

【人物简介】 黄荔容（1914—2009年），原名黄润容，广东东莞人。1935年参加中国青年同盟，1937年在日本参加中共东京支部组织的革命活动，七七事变后回国参加抗日工作。抗日战争时期，曾在东莞参加抗日模范队，先后在八路军驻韶关办事处、琼崖纵队《抗日新闻》社工作，在湛江参加我党地下工作。1977年在中共广东省委党校离休（老红军）。

接头

1940年时的香港仍未被日军占领，是一个战争的“避风港”。不论是国民党还是共产党，都在香港设立公开或秘密的抗战组织。

在香港热闹的旺角油麻地新填地街上，有一家“东兴海味”店，一直是黄荔容家族经营。黄荔容从12岁开始就经常在店里“帮手”。

6月下旬的一天，黄荔容有些坐立不安。她接到通知，今天有同志来店里“接头”。

街上人来人往，来小店办货的人也多起来了，黄荔容没有心情照顾客人。她开始焦急起来了，爬上了存货的二楼向街上张望。

就在这时楼下小伙计喊道：“容姐，有人找。”她赶紧下楼，一见来人，就迎上前去轻声地招呼道：“老廖，请上二楼。”尽管来接头的早已认识，但黄荔容还是感到意外：来人是廖承志。

① 收录于广东省档案馆编：《父辈的抗战往事》，花城出版社，2015年，第262—267页。

廖承志时任八路军香港办事处主任，他和他的同事常会路过东兴海味店，碰到街面上有“情况”时，则会从前门进来喝口茶，再从后门溜出去。当时八路军香港办事处人员的活动是半公开的，店里的伙计都知道他们是“解放区的人”。东兴店的东家曾多次通过“八办”给八路军捐款。因此，东兴店就成了“八办”编外的一个“联络点”了。

黄荔容跟在廖承志身后上了二楼，她注意到他手上提着一个不小的皮箱。上到二楼后，他放下皮箱，摘下那压得很低的礼帽，环顾了一下楼上楼下。这次，他是来布置一项重要任务的。

1939 年 2 月，海口沦陷，形势突变。由于日本海军的封锁，琼崖与海外、香港的交通断绝。为了及时领导琼崖的抗日斗争等工作进行领导、了解海南岛的情况，党中央曾多次指示广东省委和八路军香港办事处帮助琼崖解决电台问题。1940 年 1 月 26 日，党中央指出：“琼崖要有三部电台，并以一部与中央联络。”为此，八路军香港办事处购置一部 75 瓦电台和 15 瓦收发报机，现急于送往海南岛。为安全起见，“兵分两路”，两部电台分两路送，在这个手提皮箱里的小型电台（15 瓦的），就由黄荔容负责送。

廖承志郑重地向黄荔容交代了任务。几十年以后，每每讲起这段故事，黄荔容仍记住了一句话：“小黄，这个任务就交给你了。”同时，她还记住了广州湾（湛江）的联络地点，时间定为 7 月初。

广州湾是进出海南岛的必经之路，人员和物资都顺［须］在此地中转。八路军香港办事处、南路特委、琼崖特委都十分重视广州湾秘密交通线的建立。1939 年秋，接廖承志指示，琼崖特委在湛江霞山的菉塘村成立菉塘交通联络站，由张刚、林其材负责，交通员先后有唐南、林裕等 10 多人。并设立交通线：湛江至琼崖（东线至湛江霞山—硇洲岛—琼山演丰山尾；西线走湛江市霞山—海康—徐闻—临高）。

黄荔容接到任务后，稍作安排。7 月初，她独自一人带着皮箱就上路了，她混在来往的商人和小贩中，乘船从香港去广州湾，一路平静，但她还是寸步不离那个比性命还要重要的皮箱。

到达后，不知是因为随身行李不起眼还是敌人的疏忽，她顺利地混出了码头，叫了一辆脚踏三轮车，抱着皮箱坐车直奔琼崖办事处在霞山市区设立的“信而行”。事先“八办”已有联系和安排，大家见面时，都彼此心照不宣。由交通员张瑞民同志带着，先安排在西营市区的一间小屋暂住了两天后，乘交通船到了硇洲岛，不久，再乘船到了徐闻北腊港上岸，还要步行三四十里路才到达徐闻县龙塘镇。

龙塘镇是雷州半岛最南端的一个小港口，是琼崖特委设立的，连接琼州海峡两岸的主要交通枢纽之所在。但 1939 年 2 月日寇侵占海南岛后，对琼州海峡实行严密的封锁，在海南那边绝对禁止船只出海，每天都有敌人的巡逻艇、炮艇在海面来回巡逻，要从这里渡海入岛完成任务，就要用命“搏一搏”。

集结准备

黄荔容在交通员张瑞民的带领下，来到了镇上的“良友茶店”，这个茶店也是琼崖特委驻广州湾（湛江）办事处设立的联络站。她在这个茶店住了两个晚上，便转移到锦山村。在这里，她见到一对夫妻，交通员介绍说，男同志叫“老陈”。他们这一行人分别住在村里的祠堂和小学里，等候同行的其他同志，同时还等待从香港运来的专门为琼崖特委购买的一部 75 瓦大功率电台。

黄荔容这才知道，原来是要送一大一小两部电台到海南岛，自己皮箱里的“那个”，是“神不知鬼不觉”的“小家伙”。她不由佩服廖承志主任的精心安排。按地下工作原则“不该说的不说”，没人知道更好，皮箱里的电台不能告诉任何人。

这一行人先后在锦山村里住了七八天，总算把人和“货物”都等齐了。事后才真正知道，“老陈”的真实身份是时任广东东江纵队军委参谋长李振亚，中央派他偕妻调琼崖抗日独立总队工作，以加强琼崖部队的军事领导。同行的还有他的爱人黄超，另外有从南路特委调往琼崖特委工作的干部罗文洪、交通员张瑞民和另一位交通员，加上黄荔容共六位同志货物是 75 瓦、15 瓦两部电台及药品、电池、硝磺、油漆、蜡纸、新闻纸、印刷用品，还有雨衣等。

偷渡琼州海峡

住了几天后，一切准备妥当，交通站的同志就安排一行人乘船转移到打银村的联络点（商人家里）。登船的码头是在打银转运站，找了一个阴天多云的晚上，能见度很低，几个船员将乘客的行李及各种货物都搬上一艘大帆船，黄荔容还是坚持自己提着皮箱上船，除了五位同志外，还有一批拼着性命想发财的商人，也一同上了船。大家随便找个位置坐了下来，大船升帆起航，顺风航行，大家紧张的情绪缓和了许多。黄荔容靠着皮箱坐着，她在仔细回忆执行任务的过程，她也想到了亲人，特别是孩子。她真希望就这样顺风顺水到达海南岛。

然而，老天总是不遂人愿。风开始转向，而且风向不定，船的速度在减慢，船被海浪推来推去，时高时低，有人开始呕吐了。就在这时，隐约听到有马达声，忽远忽近，随即，又看到忽闪忽闪的探照灯光。“鬼子的巡逻艇！”有人惊叫道。黄荔容伸手握紧了皮箱的把手，她想把皮箱扔到海里去，但又十分舍不得，她知道中央和琼崖特委都等着电台……她决心等到最后。就在这危急时刻，船长命令：返航！舵工们赶紧把船帆降了下来。返航顺流，不久，大船回到了起点。

第一次偷渡失败了。但大家抱着一线希望：“不会每次运气都那么差吧。”于是，没过几天就进行第二次偷渡。

还是在一个多云的夜晚登船。起航后，大船向着漆黑的大海前进。航行了一段时间后，听到有枪炮声，再往前行就见到火光，漆黑的夜里火光特别刺眼。不知是谁的船这么倒霉，被鬼子追捕上了。船长不敢再往前开了，于是，下令返航。第二次偷渡又失败了，大家沮丧地回到住处。

看来，盲目地碰运气是不行的。这时，李振亚显示了军事指挥者的智慧。此后几天，他天天都注意观察敌人在海上的行动，逐步了解敌人海上活动的一些规律。他向渔民或船工了解气候、海潮与行船的关系以及航程、登陆地点等情况。他认为，最好能找一小船，后半夜起航，这个时间敌人比较松懈；登陆点为临高的昌拱港，这是最近地点。

据党史资料记载，时任临高昌拱海运站站长的王锡珠后来回忆说，“那是7月间，我派一艘10吨的木船去接应李振亚夫妻。船到徐闻县打银村，中转站安排了几位要渡海的地下工作人员与李振亚夫妻同船。”

换了小船，大家将货物都搬上去，三两个船员，加上一行五人就满员了。这次黄荔容想了一个保护电台的办法：她找来几块油布，把皮箱包了个严严实实，再用绳索牢牢地绑在船边，如到“最后时刻”就让它沉入海底，决不能落到敌人手中。同时，黄荔容牢记党组织的决定：“万一遭遇敌人，电台暴露，为避免更大的牺牲，必须由你——黄荔容同志，出面承担。”其实，她心里都很明白，从参加革命那天起就时刻准备着！“为革命，掩护同志们，大不了就是一死。”

一切都准备好了，第三次偷渡行动就定在今天。

晚饭后，来到海边，准备开船了，老船工说风向不太好，要大家等一会。于是大家就在村小学休息。突然来了两个地方民团兵盘问，并提出要上船检查货物。李振亚立刻示意让大家都跟上，便一齐向海边的小船走去。这时，黄荔容心里既紧张又坦然：既要准备配合大家行动，又要准备电台暴露后，自己出面承担。当走近小船旁，民团兵看到了放在船上的大小木箱和大家的行李，还不怀好意地看了看商人打扮的“乘客”们，就出乎意料地、头也不回地走了。当大家还没有反应过来的时候，李振亚说：“这两个匪兵看到船舱有东西就想抢，只不过怕我们人多，这是去搬兵了。我们要马上离开！”大家都恍然大悟，便七手八脚地帮船工起锚、升帆、开船。就在小船刚离开海岸不久，远远望着有一群兵就赶到了海边，看到船已扬帆离去，只好指指点点，望洋兴叹。

逃过一劫的“乘客”们乘着张满风帆的小船，驶向茫茫大海，就像紧贴海面的一叶，很快就消失在黑夜之中。

小船横渡琼州海峡，航程过半了，风浪也越来越大，小船被抛起，又落下……突然船工发现海面上有亮光，很快亮光变成了探照灯的光柱，随之而来的是“突突”的马达声。遇到日本鬼子巡逻的军舰了，风浪使小帆船失去控制，船老大只得将船帆降下。一个浪打过来，把小船推到敌舰旁，幸亏船小，几乎贴到敌人的大船下，小船上的人能看到在甲板上活动的鬼子了。黄荔容坐在小船边紧紧拉着捆住皮箱的绳索，把皮箱吊在海水里，静静地等待着“最后时刻”……

又一个浪打来，把小船抛出很远，离开了敌舰。就这样好几个来回，让大家着实紧张了好一阵子。慢慢地马达声远去，船工告诉大家已经穿过敌人的封锁线了。黄荔容赶紧把皮箱从海水里拉上来，放在甲板上，她感觉到累了。

天海一线的远处开始发白了，逐渐看到远处的陆地，这就是计划中的登陆地点：海南岛临高县的昌拱港。

小船终于靠在码头上，有几个当地人与交通员张瑞民打招呼，并抬起船上的“货物”就走，交通员示意大家跟上，很快离开了码头。黄荔容还是坚持自己提着皮箱走。不一会就进了一个村子，交通员告诉大家，这是洋甘村，有琼崖纵队的联络站。联络站的同志很热情地接待大家，有吃，有喝，还美美地睡了一大觉，直到晚饭后，在武装小队的护送下，一行人往美合根据地进发。天大亮时，来到琼崖纵队的总部。这时，张瑞民带着一个同志过来，向黄荔容介绍说：“这位是纵队电台的黄同志，你的皮箱交给他，你的任务完成了。”黄同志给她敬了个军礼，提起皮箱走了。

黄荔容才意识到：任务已经完成了！

（作者系黄荔容之子）

回忆东江华侨回乡服务团吉隆坡队（节选）[①]

黄炜然[②]

东江华侨回乡服务团吉隆坡队，是1939年5月在吉隆坡成立的。当时，祖国的大好河山遭到日寇铁蹄的蹂躏。

……

严竣［峻］的考验

6月2日，吉隆坡队21人，以我为队长，陈现为副队长，在惠侨救乡会代表钟醇生、东团驻港办事处副主任孙石的领导下，带着部分药品、物资，举着队旗，向惠州出发。

途中在淡水圩向驻军罗坤支队表示慰问并送了些药品。

……

不久，东团各县的组织由“团”改为“队”了。约在7月，我们全队奉命参加博罗县党部开办的训练班。参加受训的还有博罗队、两才队队员。训练内容是学习一般的军事常识和防空知识，政治学习主要宣传三民主义。训练班公开号召加入国民党，甚至采取暗地里个别拉拢的手段。面对这种情况，我们决定分别通知队员不要参加。借口是：回国是为了参加抗日救亡工作的，没想过要加入党派，如果要我们参加，还得写信问问南洋的父母亲。

一个月后，训练班结束，我们开赴博罗县的乡村、圩镇做宣传工作。

---

① 收录于惠州市档案局（馆）编著：《惠州革命历史记忆丛书·抗日战争卷》，光明日报出版社，2015年，第70—77页。

② 黄炜然，广东揭西人，马来亚华侨。曾任东江华侨回乡服务团吉隆坡队队长、东江纵队第一支队宝太线特派室政治特派员。——原书注

在响水、柏塘、显村等地访问、唱歌、演街头剧。还帮助群众医治小疾病，很受群众欢迎。

夏去秋来，我队奉命返回惠州团部，整顿队伍。调出一些同志，陈剑雄去两才队，叶福生去博罗队，叶子汉去惠阳队，曹文武留在团部。也调进了几个人，冯尧南和海丰的两位女同志、一位男同志，新组成海陆丰队，冯尧南为队长，我为副队长。

在海丰，国民党当局对我们态度冷淡，加上我们绝大部分队员不懂当地话，给工作带来很大困难。我们只能采取写标语、画漫画等方式进行宣传活动，扩大影响。不久，我们又到陆丰。国民党县党部书记长叶子弼是个典型的顽固分子，不允许我们在陆丰县开展工作，无奈，只好撤回海丰。后来接到团部通知，除留下海丰两位女同志，全部撤回惠州团部待命。

……

在敌人在后方

在香港，叶锋告诉我们，曾生部队已由海丰返回东莞、宝安一带敌后打游击了，要我到九龙钻石山动员在海丰失散的同志归队。我去钻石山后，于 10 月 10 日和几位同志离开九龙回淡水惠阳队队部，此时吉隆坡队的队员集合在这里。我传达了叶锋的意见，带吉隆坡队到敌后去。

……

由于国民党政府采取安内攘外不抵抗政策，日伪、顽互相勾结，经常到这些地方烧、杀、抢和抓人，到处笼罩着恐怖的气氛。因此，初期工作阻力很大，武器装备得不到补充，药品、物资来源困难，生活艰苦，经常饿着肚子夜行日宿。

我党高举抗日大旗，坚决贯彻执行抗日民族统一战线政策，局面逐渐打开，工作得到逐步开展。我们被派到连平各乡村活动。利用邬强与其结拜兄弟李锦才的关系，我进入国民党李炽昌控制的反动势力较强的飞鹅村工作。而陈现等三同志到上、下山门工作，则是利用了开明父老的关系。

随着形势的发展，地方武装不断扩大。1941 年 3 月间，上级调我和 3 位从香港回来的男同志及七八个女同志组成流动宣传队，我被任命为队长，到各乡村、圩镇做流动宣传工作。我们演讲、唱歌、演小话剧、写标语、画漫画、出墙报、到农家座谈，有时在武装部队的保护下突入边缘村庄或日伪、顽势力范围内的村庄宣传。群众都说我们是学生军、模范团、模范队，是真正的抗日队伍。

（本文节选于惠阳地委党史办公室编:《东江党史资料汇编》第九辑，第 117—135 页）

第三期报务训练班纪实（节选）①

黄　梅

……

第三期学员的人数比前两期多，有我和杨钊、施斌、黄蓝峰、杨白云、温健、陈大征、王国华、高安、李健、潘淑均、关旭华、王春、方新、梁林、陈真、肖映、郑敏之、韦克等共19人，有的来自粤北大后方，有的从香港回来，有的从青训班学习结束后分配来或是从珠江纵队选送来，也有从广州等地调来学习的。学员中大都是知识分子，有大学生、高中生，也有初中生和个别是小学毕业的，而以初中以上文化水平较多，有的还有英文基础。我们这批学员都比较年轻，10多岁的小姑娘占多数，政治素质比较好，其中有的是共产党员，其他同志也都有兄弟姐妹或是亲属参加革命，从小就受到革命思想的熏陶，比较单纯。我们这批青年人聚集在一起，形成一个生动活泼的集体，象是一群小鸟，不知苦和愁，只知道一心一意地去完成党交给的学习任务。

……

① 收录于中共宝安县委党史办公室编：《回顾东纵电台工作》，广东人民出版社，1989年，第62—65页。

记东纵电台（机要）的女战士[①]

黄　梅

抗日战争时期，在党的关怀下，东江游击队电台经过艰苦努力，终于沟通了与延安党中央的无线电联络。从此，广东抗日武装斗争一直沿着党中央的路线顺利开展，为配合全国抗日战争取得伟大胜利起了重要作用。当时，一批批女同志被选调到电台、机要部门工作，几乎占了电台、机要人员总数的一半。

电台和机要工作是党的要害部门，都是带秘密性质的。被挑选来这里学习的女同志，从小就受到革命思想的熏陶。她们有的是中共党员或地下工作者，有的是部队干部，也有的是经过青训班结业分配来的。她们来自各个不同的岗位，出身于不同的阶层，但都能服从革命工作的需要，为部队的通讯事业埋头工作，做一个默默无闻的无名英雄。

有些女同志性格比较活泼好动，喜欢唱歌和演戏，来到电台后要抛弃个人爱好，一下坐下来，在那里抄电报、译电报，整天围着十个码子来回转，且往往是黑夜当白天，白天当黑夜工作，十分枯燥。她们很自然地不安心现职，想调动工作，思想产生波动。加上我们女同志大都是十几岁的姑娘。年纪还轻，经历不多，过去生活中缺少艰苦的锻炼，来到部队后，环境条件完全变化了，在行军时就出现过不少“笑话”。下雨天泥泞路滑，一下子坐在泥土里，满裤子都是泥浆；过独木桥，不小心掉到水里，变成“落汤鸡”，爬起来还得继续行军。所有这些，对我们都是严峻的考验。

电台政委陈志华是位老红军，他很理解我们女同志的思想，常给我们

---

① 收录于中共宝安县委党史办公室编：《回顾东纵电台工作》，广东人民出版社，1989年，第184—188页。

讲他自己的革命经历和体会，并通过各种方式讲革命道理，结合时事形势教育，增强了我们对电台机要工作重要性的认识，使我们都△△下心来。

电台和机要人员需要经过技术培训，要有一定的文化水平。我们女同志大都上过学，多数念过初中，少数念过高中，但电台通讯时还需要学会英语，在翻译电报中更需要有语文知识和数学知识。为了做好通讯工作，我们付出了辛勤劳动，不断攻克技术难关。在学习通讯报务时，要记熟十个码字的符号，要掌握通报用的英文缩语和问答用语。有的女同志从未接触过英文，开始时硬是用功去写、去背。将码字符号写成纸条，随身带着去背，经过顽强拼搏，终于能熟练地记住英语字母，并能背熟通报时的用语和通讯缩语。机要女同志要反复背熟明码，熟到不查找就能记住，而且要懂得数字变化规律，利于使用和编制密码。

我们女同志不仅在工作上、技术上要经过不断学习提高，而且生活上也有许多与男同志不同的困难。女同志来了月经，行军中，或遇上细雨连绵的天气，条件很差，连草纸也没有，只得用破布代替。没有太阳晒干布，就用扇子把它煽［扇］干；个别女同志怀孕了也照样跟着急行军、过河沟。条件不管如何困苦，我们照样坚持，不叫一声苦，从不掉队，就是身体受到损害，也咬着牙关闯过去，跟着部队到达宿营地。

每个同志的个人利益，在当时环境与工作要求下，需要服从革命利益。电台、机要人员中这点更为明显。我们女同志刚进入电台和机要部门，首长就对我们说：这是保密单位，你们不能与家属亲人联系。我们虽然心里为难，但是在当时条件之下，也只能下决心坚决服从，不但与家属不发生联系，而且有的女同志还与恋爱着的对象切断联系。电台、机要的女同志结婚比较晚，大多数是在解放后才结婚的。个别年纪大的同志已结了婚，为了不影响工作，千方百计不让自己怀孕；怀孕了，就用各种办法去流产；不得已生了孩子，就送给老百姓抚养。减少部队的拖累。没有母亲不心疼自己的骨肉，但我们知道，大敌当头，不能为自己的亲骨肉而放弃革命利益，只有殊死战斗，才能争取到民族解放的胜利。我们电台和机要女同志，和东纵所有的女同志一样，就是这样对待生理上的特殊困难和母子之情的。在东纵通讯事业中，女同志作了可贵的贡献。

江群好是参加电台工作较早的一位女同志。她出生于南洋大富商家，为了抗日而放弃家庭优裕生活，回国到坪山参加曾生部队，当过卫生员。当时她连汉语也不熟，经过刻苦磨练［炼］，才过了语言关。以后学习电台通讯技术，于1942年春调到电台。她报务技术熟练，工作认真负责，是电台报务骨干。她担任了历届电讯训练班的教员，晚上在电台值班，白天为学员上课。由于她精心教学，使学员很快掌握了技术。在她努力下，先后培养了一批批电台人员。当时中央批准美军十四航空队来人在我东江游击队设立电台，搜集日军情报，我们发现他们带来的电台报务员是个特务，被我们驱走后，就派江群好去负责报务工作。她圆满地完成了任务。我们永远忘不了西北支队电台的陈萍同志。她原名陈志良，1938年入党，先后在广东韶州师范学校地下党做学生工作，后在北江特委当秘书。她曾在韶关市理亭救济总署电台当译报员，进过“电报技术夜校”学习，熟练地掌握了收发报技术。后因省委交通员叛变，她被捕入狱，经保释出狱后回到了家乡东莞。她由于受到摧残，身体已很瘦弱，但她仍说服家人，来到抗日部队工作，被派到西北支队电台。西北支队北上迎接“两王”部队南下，陈萍随军行动。由于生活十分艰苦，她又患了痢疾病，在饥饿病痛缠绕下，她以百倍的毅力坚持通宵达旦地工作。日本投降后，国民党为抢夺胜利果实，加紧包围进攻东江纵队，形势紧迫，陈萍有病难以坚持行军，暂时隐蔽在瑶山。不久国民党进行搜索，陈萍不幸被捕。国民党把她抬到半山中杀害了。牺牲时她才24岁。

电台工作要求译电员及时准确把收到的电报翻译出来。我们女译电员在煤油灯下，不知流了多少汗水，费了多少心血。有时遇到密码不清，反复校对多次，直到电文译准为止。由于电报来往频繁，往往是白天行军，夜里工作到天亮。除了译报外，还要完成编密任务，这是技术工作，要求很高。

女译电员因接触电报内容，对保密要求特别严格。业务工作不能向任何人讲，就连自己最亲爱的人，也不能泄露。敌人“扫荡”频繁，或者部队遇到意外时，必须做到人在密码在。密码是生命，无论是在什么条件下，必须保护它，就是在吃饭时，也要背着它。带着密码途经封锁线时，要时刻准备与密码共存亡，绝不让密码落在敌人手里。跟着部队突围时，还要把火柴带在身边，如果突围不出去，就马上把密码烧毁。我们都自觉遵守保密纪律，一直没有出过重大问题。

在通讯联络工作中，女摇机员挑着沉重的机器，光着脚板，走在崎岖不平的山路上，一到达宿营地，马上就要帮着架设天线，摇动发电机，直到工作完成才能休息。

东纵北撤后，电台的部分女同志留在南方，继承和发扬了东纵时期的优良传统，为解放战争的胜利作出了贡献。东纵电台女战士的业绩，和那些浴血战场的战士们一样，将永远记载在我军光荣的史册上。

开辟“三老家”的回忆片断①

黄　凤

我是意溪镇郊人，在抗日战争时期参加中国共产党。1945年日本投降后不久，潮澄饶党组织领导人吴健民同志安排我到饶平浮山竹叶岭村，隐蔽于党员张文声、林泽娟夫妇家（党的联络站），公开身份是“佣人”。翌年清明节前后，陈锐志到竹叶岭村对林泽娟说，要调我到另一个地方与一个党员结婚，以便在他家建立党的联络站。7月，张文声通知我准备出发。出发前夕，陈锐志问我：“你是不是中共党员？”我回答“是。”陈又问：“你记得当时入党时怎样说的？”我说：“记得，保守党的秘密，无条件服从党的需要。”陈说：“因革命工作需要，组织决定你到一个村庄与一位党员结婚。”我说：“听从党的安排。”第二天拂晓，我便与陈锐志一起上路。当时党的活动经费很困难，陈带的路费不多，我们只好半饥半饱地赶路，越走山越高、路越陡。当天傍晚，我们终于走完了九十华里路程，到达盐坪村。

陈锐志向张步防和我交代了任务，第二天就离开了。我面对偏僻的山村和陌生的人，心里有点难过。村里的人对我十分热情，但怕我不愿意留下。我想：党组织要我在这里建立联络站，把群众发动、组织起来，使这片山村成为武装队伍的活动基地，将来队伍的许多生活必需品，如粮食、柴、草、杂咸等都要靠这里的群众协助解决，我一定要在此扎根。于是，我下定决心，要以实际行动在群众中树起威信。

盐坪村约有二百多人，原有张步防、张剑平两个党员。我去后，3人

① 收录于中共潮州市委党史研究室、凤凰山革命纪念公园筹委会编：《凤凰山革命根据地史料汇编》下，2003年，第66–68页。

成立了一个党小组，开展群众工作，进行革命宣传。该村群众的生活十分艰苦，三餐的粥稀得几乎看不见饭粒，他们日夜盼望过上好日子，因此，对革命道理容易接受。

为尽快建立开辟凤凰山革命根据地的后方基地，1947 年中秋节前后，党组织陆续派陈维扬、余丛文、杨君勉等一批同志来盐坪村活动。不久，在这里成立了第二政治武装工作队（简称“二武”），女同志有蔡初旭、高梧清、许崇英、黄若文、李洁等，张步防和我也参加“二武”，一起开辟“三老家”。

几位女同志在盐坪、蛟尤砾等村开办识字班，广泛开展宣传，把贫苦妇女发动、组织起来。12 月，大钱、盐坪两村联合成立妇女互助社，社长由我担任，副社长邱淑珍。这是解放战争时期凤凰山第一个妇女组织。妇女互助社的任务主要是发动妇女开荒，生产自救，支援武装部队。

1947 年底的一天，张步防（当时任民兵队长）叫我舂糯米粉做粿，说队伍要来，这是武装队伍第一次来盐坪村。不久，在我家对面山（猪母髻）召开武装工作会议，成立“独中”。接着，队伍又在丝丝坑训练，时间十多天，张步防负责到外地筹粮，我负责发动群众筹柴草、舂米、煮饭，忙个不停。

“三老家”的发展，引起敌人的注意。敌人对“三老家”加紧军事“围剿”和经济封锁，部队和群众的生活十分困难，当时六连住在盐坪的石岩仔，后又有八连住丝丝坑，约有三四十人。时值青黄不接，我与张步防四出找粮食，并把家里仅存的一担地瓜送给同志们。后来连地瓜也完了，只好将家里的一条小牛，一头猪卖掉，换来二三百斤谷，给同志们吃。

1948 年 3、4 月间，黄秋兰、赵维芳到盐坪村，准备产育，由我和黄碧珍、董曼负责护理。她们住在山窝的一个山寮里，缝子弹袋、干粮袋等，我负责送饭、菜。黄秋兰、赵维芳产后仅数天，敌人便来“围剿”，当时队伍外出执行任务，我们只好把两个产妇转移至官头輋村，张步防找来四个民兵，用大畚箕抬产妇，黄碧珍和董曼抱着婴儿，我挑杂物。走到坑底，天昏地暗，雷鸣电闪，下起暴雨，我们被淋得全身湿透。好不容易才走到一个破窖内避雨，窖小，只能容两个产妇，其余的人都在外面淋雨。因雨后路滑，走至伯公垭岭时，一个民兵跌倒，黄秋兰也从岭顶滚至半山，幸而都没受伤。畚箕摔破了，我们只好挽着产妇，在又陡又滑的山路上艰难地走着。一直把产妇护送到官头輋，我才回到盐坪村。

我回盐坪村后，继续做好交通联络站的工作。当时张步防随“二武”到外线活动筹粮，我留在盐坪，负责把“二武”送来的粮食或信件送官头輋村军需处，或送至凤凰后河村等地。1949 年 7 月，“边纵”要攻打隮隍市，吴健民同志带铁坚副司令员到盐坪村找我，交给我的任务：一是发动群众修路；二是发动民兵组织担架队；三是安排二千人的食宿。我连夜召集妇女骨干、民兵骨干开会，传达了上述三项任务。会后，民兵挨家挨户发动群众。群众听说大队伍要来，情绪很高，家家户户都全家出动，有的荷锄开路，有的腾房、凑粮、杀猪、备菜、筹柴，凡家中有好吃的东西都献出来。两千人在盐坪村住了二日二夜。当时雨下个不停，交通受阻，到外面买的米接济不上，我发动妇女把刚割下的谷子焙干，舂成米，干个通宵，使同志们不致挨饿。为使同志们休息好，我与几个妇女骨干把房间让出，自己没有地方可睡，便撑着雨伞在门角蹲到天亮。

1949 年中秋节前后，我随“二武”到外地活动，隮隍解放后，我留在隮隍区当妇干。

（1988 年回忆，1991 年 4 月重新校核）

在医站的日子里①

黄　锦

一九四六年六月底，东江纵队北撤以后，留下来坚持斗争的马达、丘松学等同志，很快就在从化、龙门的北部地区恢复了武装斗争。他们树［竖］起“龙从人民保乡队”的大旗，动员群众、武装群众，打击地方反动势力，破仓分粮，组织群众反“三征”，部队逐渐扩大了，建立了以塘基背为中心的、方圆几十里的根据地。为了斗争的需要，部队在黄沙坑附近的深山密林里建立一个医站，负责治疗伤病员。在人迹稀到［少］的密林深处，选择一些靠近山溪的林中空地，用树枝、竹竿、杉皮、茅草等盖起一间间茅棚，里面垫以竹枝、稻草作为床铺，工作人员和伤病员都住在一起，只是男女分开罢了！环境稳定时，一个地方住的时间长些，遇到敌人“扫荡”时，医站还得从这个山头，转移到另一个山头，且常在夜间行动，工作人员既要搬东西，还要抬担架，保证伤员的安全，工作是十分艰苦的。

一九四七年夏，组织上把我从香港调回来负责这个医站。万事起头难，缺医少药不在话下，严重的是米、油、盐等生活必需品也常常朝不保夕。随着部队的扩大，医站陆续发展到十多人，建立了一个党支部。我们这些人中只有事务长一人是男同志，其余大都是参加革命不久的农村妇女，人多了，工作上也作了一些分工，一部分同志负责医疗护理，一部分同志负责后勤事务，由于大家共同努力，使工作逐步走上轨道。可是我们这些卫生人员中没有一个是医生，只有几个学过一些包扎、打针、止血等

---

① 收录于中共惠阳地委党史办公室、中共广州市委党史办公室编：《东江党史资料汇编》第七辑，惠阳地区行署印刷厂，1986 年，第 352—355 页。

救护知识的卫生员。我自己也是在东江纵队学过一点救护知识的，什么内科、外科、骨科等等医学基础知识都不大懂。大家都是凭着一股革命热情来干工作的，不懂就学，互教互学，边学边干，从实践中提高。如为了学会打针，我们就用肥猪肉代替人体，由老同志教新同志练打针；学包扎就用手巾代替绷带互相包扎。对一般的伤风感冒、头痛、发热、肚痛腹泻等常见病，除用阿斯匹林、万金油等治疗外，更多的是使用青草药（如地胆头、铁线草、簕苋菜、蒜头等）。为了学习治疗枪伤、驳骨等技术，我们还常常派人到附近的农村，向土医生求教，这些土医生都是基本群众，对我们支持很大，教给我们药方，教我们辨认草药，有时还直接来医站帮助我们治疗伤员。土医生告诉我们：蓖麻叶、铁线草、救必应等可以治枪伤；岗稔叶、番石榴叶可以止血等等。这些青草药在山区是随时随地都可以采摘的。我们就按土医生教的药方采集青草药来治疗伤员。这些药虽然“土”，但疗效是显著的。如宋靖东足踝受伤，踝骨被打碎，如不及时处理，就可能坏死。在当时的条件下，我们迅速把器械消毒，然后用剪刀剪去烂肉，用钳子把碎骨一块块地夹出来，再敷上止血止痛的青草药。那时根本就没有麻药，开刀动手术，全靠伤员的意志，咬紧牙关来配合。经过一段时间的治疗，终于使宋靖东恢复了健康。很多伤病员，都是用草药治愈的。

医站的医疗器械和药品是十分缺乏的，常备的器械只有几支针筒和几把钳子、剪刀，药品也只有红汞、碘酒、铁血酒、雷佛奴尔等外用药及阿斯匹林、奎宁等内服药。这些器械药品是来之不易的，常常是通过关系从敌人统治的圩镇分散地、一包一瓶地购买回来，有时也通过税站的同志委托商人帮助买一些药品，总之是千方百计地把药弄到手。但使用时总是省使俭用，绷带、棉花都是用了又洗，洗了再用，一点一滴都不浪费。一个伤员节省一片药，积少成多，就可以治疗更多的伤员。环境迫使我们不得不这样做。

伤病员同志来到医站，都希望能早日治好出去工作、战斗，因而有时难免心情急躁，发脾气骂人，我们理解他们的心情，经常教育卫生人员细心护理，耐心做思想教育工作，注意消除对立情绪。有一名战士腿部受伤，弹头嵌在肌肉里，坐卧都感到痛苦，骂我们卫生人员没有用，我们一方面耐心教育他，另一方面积极想办法帮他把弹头取出来，以消除他的痛苦。于是我们用学生做手工用的木刻刀磨快消毒后，几个人按住他的腿，虽然流了些血，但他非常高兴。对待一些较重的伤员，我们本着“救死扶伤，实行革命的人道主义”的精神细心护理，使他们早日得到康复。邓宏和戚成安都是腹部受伤，肠子流出来了的重伤员，在那设备简陋的条件下，我们以高度负责的精神，细心地进行医疗护理，终于使他们恢复健康。在治疗伤员的过程中，由于我们注意严格消毒、防感染，因而从未发生过医疗事故，为了使伤病员得到适当的营养，事务长黄克泉常常夜间下山到附近农村采购一些鸡蛋、蔬菜回来，做成可口的饭菜给伤病员吃，这对保证他们早日恢复健康也起了很大的作用。经过我们医站治疗，重返战斗岗位的有近百人，他们赞扬我们医站为革命做出了贡献。

在医站工作的卫生员，除坚持医站的工作外，有时还轮流到连队去参加战斗，他们把药品、器械装在挂包里，象武器一样随身携带。指战员打到那里，卫生员就跟到那里，表现非常勇敢。如在杨梅潭战斗中，卫生员朱慧娟跟战士们一起冲锋，当她发现班长谭伙中弹倒地后，立即挥枪向敌还击，把敌击毙，立了一等功。我们卫生人员随部队一起行动、战斗，为部队添了一份力量。平时她们关心部队指战员的健康状况，暑天为大家煮凉茶解暑，行军时告诫战士们不要喝生水以防疾病等等。战士们对卫生人员的工作都很支持，感到有卫生员在一起生活、战斗，心里比较踏实，增添了信心和勇气。

信　念①

——记“独立大队”第一线的王奇

黄　稻

她是文静瘦弱的，没有通常所说的那种飒爽英姿。模样儿虽然是白皙清秀的，还有一双庄重而沉着的大眼睛。但她的眼神常带着劳累，锋芒不露，就容易被人们所忽视了。总之，她是平淡无奇的，可偏偏叫做王奇。

她经常来往广州敌占区和东莞部队之间，部队的领导总是笼统地叫她做“独立大队”。那时，陈允大姐和我都在东莞部队工作，早就知道了“不该知的就不要问”的原则。只是从她的行藏和部队领导的叮嘱，意识到她是负有特殊使命的。

她每次到部队来，几乎都是在黑夜，有时下着瓢泼的大雨，分不清沟、洼、坡、田，她照样一身泥一身水走来了。有时部队转移了，敌情复杂，要摸索问路，要摸黑越野，她也没有耽误过。当然，不管怎么样的鬼天气，对于我们的交通员、运输员，对于游击队战士来说，都很平常。可她分明是个病号，经常发冷发烧，咬着牙颤抖着。看样子，一阵大风就会把她刮走的啊。而第二天，她又打点精神上路了。

她是不多言语，感情内在的人。每次见到面，她最常对我说：“妹妹，我又到家了。”凝炼［练］的语言，反映出她对革命大家庭的深情。

我和陈允同志本来早就认识她，可是并不了解。相反，她一成了“独立大队”，本来更不好去了解了，却又从自己的工作本身，自然而然地进一步认识她。

① 收录于广东省妇女运动历史资料编纂委员会东江组编：《南粤红棉——东纵女战士》，1983年，第198–208页。

王奇一来，往往和情报站的李嫦来那样，我就得摘抄情报，复写上级的指令，把字儿写得好比一粒芝麻掰开两半那么小，再把这个小纸片儿叠得小巧结实，上面写上番号，打上两三个“十”号，表示加急和重要。然后，迅速交给通讯员送出去。有时我们开完“夜车”刚刚入睡，忽听见杨康华同志的讲话声，跟着一转身，准发现王奇就躺在身旁。不少领导同志象连贯、梁鸿钧、黄宇、林鹗等都是由她直接带到部队的。有时就出现一串连锁反应：部队领导根据敌伪动态的综合分析，作出决策和战斗部署。这时政训室主任黄业同志就十万火急地吩咐陈允同志和我全力以赴，完成任务——不管夜行军刚到达目的地，不管编排、刻写、插图、校对、切纸、套色、油印多少工序，破晓前就要分封好，把传单和告民众书发出去。接着，就听到部队的战斗捷报了。有几次，卢伟如政委还叫我帮军需梁志明登记战利品哩。如伏击伪广东省长、大汗［汉］奸陈璧君那一次，“独立大队”给部队提供的情报是比较准确的。东莞情报站也提供了具体的情况。东莞部队知道陈璧君到东莞沿线巡视，慰问驻莞的日军和伪三十师，还要经赤岭到虎门之后，就在赤岭公路两旁的小山丘［甘］① 蔗地里埋伏。一个中队的日本鬼子排成四路纵队向前开路走过去了。不久就出现两部小汽车。第一部车被我们打穿了好几个洞窜到路边，第二部车疯狂地抢路奔逃。事后，我们才知道陈璧君坐在第二部车上，她受了轻伤，我们打中的只是她的替死鬼。但，这次伏击，不仅使大汉奸陈璧君惶惶然如丧家之狗，顾不得什么慰劳“皇军”，就匆忙逃回广州；而且使远近的伪军都闻风丧胆。又如攻打伪军麦浩部队，由于情况明瞭［了］，部署周密，战斗干净利落。战士们凯旋归来②，我们分享了胜利的喜悦。这些战斗，无形战线上的战士们是在默默无闻中作出了贡献的。

就这样，我逐渐明白了：“独立大队”是隐蔽、精干、忠诚、勇敢的一组同志，王奇是第一线的战士。

---

① 原文无，根据文意补充。——编者注

② 原文如此。——编者注

事实上，也确是如此。

一九四三年冬，在东莞新基村搞据点工作的王奇同志，到政治部接受新任务。杨康华主任找她谈话，了解她家里的情况，决定派她回广州工作。同时派出的有“坤哥”（陈坤）、“六哥”（老杨）和高华等。陈坤同志是富有斗争经验的同志，他负责这个组的领导工作。这就是东江纵队“独立大队”的基本人马了。

在开往广州的轮船上，王奇的心情很不平静，她反复想着杨主任的嘱咐：“干这个工作要勇敢、机智。如果遇到敌人，要想办法应付过去。万一被捕了，只能牺牲个人，不能牵连任何人，不能暴露组织，不能给组织和部队带来损失。”她知道党所委托的任务，是光荣而艰巨的。

而在部队生活的日日夜夜，又是多么令人难以忘怀啊。

她想到：一九四二年夏，她从增城地方工作调回部队时，她正患恶性疟疾，又突遇张光琼顽军的进攻。领导下令非武装人员从后山撤退。她发高烧，唇干如裂，站也站不稳。此时，骄阳如火，枪声紧逼。她叫同志们赶快撤，不要管她。何清、张持平、钟淼等同志硬是把她背上后山，一直背到安全地带。这种同生死共患难的同志情谊是多么纯洁、真挚、深厚、崇高啊！

她想起，用烈士的血写成的极其悲壮的一页：一九四二年秋，她因患严重的痢疾，领导把她送往部队医院——铁岗村沙梨园露天医院。二十几个伤病员的病床，就是落叶层上加禾草。沙梨园村子前穿过几幢房屋就是坑坑洼洼的番薯地，再往前走是荔枝园，园子后面的山顶上有伪军的哨位。山右拐过去便是日本军车来往奔驰的公路了。医院就在敌人的身旁隐蔽。这里没有武装人员，只有几个工作同志。比较老练的黄指导员，文雅秀丽的王丽和泼辣壮实的阿莫是卫生人员，还有几个从农村来部队不久的女炊事员和一个“小鬼”。一天，张光琼这伙国民党顽军又来扫荡。黎明前，敌人包围了沙梨园。起来到井边打水准备做饭的炊事员发觉了，情况已十分紧急。黄指导员迅速指挥大家立即分散冲出去。王奇跟着指导员、阿莫和小鬼，从园子右侧后面绕出去，爬过了开阔地，冲进了荔枝园。不久，天亮了。敌人用机枪扫射，火力更加猛烈了。他们象嗜血的野兽，进逼沙梨园，吼叫着要我们的同志出来投降。我们的同志宁死不屈，一个也没有走出来。敌人最后采取了毒辣的手段，放火烧。在荔枝园里，眼看着沙梨园后山树林大火冲天，大家都心痛如割，眼泪直流。敌人走后，赶紧到现场去。只见有的同志被枪弹打死了，有的同志互相抱着、护着，已烧成炭。国民党反动派见到日寇，望风而逃；对于抗日有功的战士，对于手无寸铁的伤病人员，对于献身革命的共产党人，就是如此灭绝人性，如此凶残！

两三天后，又听到群众反映：王丽同志不幸被俘，她坚定顽强，还勇敢地夺过顽军连长的手枪，同敌人搏斗。最后受尽酷刑，壮烈牺牲。这是中华民族优秀儿女义薄云霄的正气之歌。

“永不忘记！”同志们默誓着。

江流不息，任重道远。望着滚滚的江水，她的心又翻腾着“永不忘记！”的回响。

她在广州工作将近一年。在东纵领导同志的统筹部署下，在“坤哥”的领导下，协助和配合“六哥”，做了几件工作，主要是：

一、了解日伪军的军事动态，在日伪军政人员中开展工作

这方面许多关键性的工作，是六哥（老杨）和不必知名的同志分别去做的。

有一次，王奇从部队带来上级的信交给陈坤同志。次日一早，“六哥”就来交代任务，要王奇到哥仑布餐厅去同一个伪军的白副团长接头。她按照规定的时间、楼层座次和对话的暗号同这个白副团长见了面，随便叫了一点东西吃，就上街边走边说。白副团长告诉她：“情况有些变化，我们准备提前起义。”同时要她在下午二时到小北那边，找一个伪军某部的刘连长，通知他马上离开广州。他说：“如找到他，明早八时在中央公园门口再见面；如找不到，就不用去了。”

当天下午，王奇穿着拖鞋，提着菜篮，象一般市民跑市场买菜那样，

按地址前往。到达街口，就发现里面站着好几个伪军。是不是出了问题？王奇眼快，一下子看到街口墙上贴满了许多“有房出租”的纸条，墙脚下有一个梳头婆，正给妇女拔面毛。她就装着是找出租房子的，问梳头婆：“街里面是不是有房出租啊？有几个当兵的站在那里，不知能不能让人进去看看？他们是不是天天都站着的啊？”梳头婆不耐烦地说：“谁知这许多。”她骂伪军：“这些死人神主牌（灵牌），他们中意来就来，中意站就站，我们管得着吗？”王奇一边走一边自言自语地说：“我看这儿的房子真不错，还是进去看一看。”便若无其事地走到原定要去的地址门口，问：“楼上是不是有房出租呀？”立即被伪军粗暴地推开了。看来是出了事，但一定要知道究竟是怎么回事。出到街口，她干脆坐在梳头婆待客的小凳上，也轮着等她拔面毛，还故意唠唠叨叨地说：“那层楼的房子很好，想问问多少租钱，又不让人上去。这些兵真够恶。”于是妇女们你一句我一句地讲开了：“这些家伙还有什么好事干，在这里站了两个多钟头了，午饭也没吃呢。”“巴不得饿到他们一个个发黄瘟、‘拉柴’（死去）才好。”说话间，知道这个梳头婆的丈夫已被拉伕抓去好几年了，生死不知。家境困难，才摆这个小挡［档］口搵两餐饭……。“什么世道啊！”她们叹息着。当轮到王奇拔面毛时，已经近三点钟了。那班伪军才叫骂着走出来，他们没有抓到什么人。估计姓刘的已事先发现问题走脱了。事后知道这个刘连长平安无事，已离开广州了。那个白副团长后来参加了革命，还入了党。有关大汉奸陈壁［璧］君去东莞的情报，就是他给我们提供，由王奇带回部队的。

二、做争取女翻译员的工作

在敌人的大扫荡中，部队有几个同志不幸被俘，押解到广州。其中有两个女的被禁闭在河南同福路兵营。上级交代王奇设法去接近兵营中的一个女翻译，以便打听被捕人员的情况，再考虑下一步的行动。可是，没有人名，没有地址，怎么办？王奇想办法去调查，首先是认人，再跟着她走，看她家住在什么地方。终于打听到她家只有一个老祖母，又是病弱的人。王奇就上门，自称是她孙女的同学，有时买点吃的东西去看望她老人家。这样，很快就弄清了女翻译员的家庭情况。本来，王奇对这些女翻译是很厌恶的，认为这些人大大小小都是汉奸走狗，特别是女的，不会是好东西。但经过调查了解之后，就改变了这种简单的看法，知道凡事要具体分析，区别对待。原来这个女翻译的父母和弟弟，都在广州沦陷时失散了，一直没有消息，剩下她和祖母相依为命。因祖母年老有病，无钱医治，为生活所逼，才到日本人办的日语学校学习，出来做翻译。微薄的工资，受气、受辱的处境，已经使她难以忍受了。经过好几次同她的祖母攀谈之后，王奇就直接同这个女翻译见面，说明兵营里在押的两个年青女人，是自己的亲戚，要她帮忙送钱、送衣物去。但因为兵营内戒备森严，她不能单独同被俘人员接近，只能间接知道一些情况。经过多次接触，王奇觉得这个女翻译员的人品较老实，内心还是爱国的，有正义感的，就鼓励她多想办法为我们多做些工作。后来她的祖母病重去世了，她也随之离开日本兵营，参加了我们的工作。

三、赤手空身去见王柏林

东莞县的厚街，是东江纵队在敌后活动的据点之一。这儿房屋鳞次栉比，人烟稠密，物产丰富，地处莞太线的交通要道，群众基础比较好，出了不少共产党员和优秀革命干部。东江纵队的副司令员王作尧同志就是厚街人，这是众所周知的了。厚街又是敌人势在必争的地方。这里有一个反动的伪护沙大队大队长王柏林，他手下有好几十名伪军，好几条机枪，盘据［踞］着厚街的炮楼，配合日本鬼子对我箝［钳］制、骚扰。东莞部队奉命一定要打服他，曾接二连三地派出部队攻打他的炮楼。听打仗回来的同志们说，第三次打进他的老窝时，他正和他的小老婆等打麻将，吓得他举手求饶，狼狈不堪。部队当时认为王柏林的身家财产都在厚街，把他打服、制服，比之杀了他，对我抗日军民较为有利。否则，敌伪方面再派别的坏家伙顶替他，可能更加麻烦。因此，部队有意识地对他网开一面，给他赎罪的机会。他吓得连夜跑到广州，住在爱群大厦。

当时部队很缺药物、油墨、腊［蜡］纸等，而这些物品，都是敌人封锁、控制的，不容易在市面上购买到。部队领导要王奇出面去找王柏林，要他派人代买我们所急需的物品。如果他照办了，说明他确是被我们打怕了，那怕只是暂时的，也有好处；如他不肯干，就有些麻烦了。上级再三叮嘱王奇要小心，要见机行事。

当晚王奇就对嫂嫂说，明早要到爱群大厦找人。她嫂嫂是一个爱国善良的妇女，又很会动脑子。有一次，王奇帮东莞部队买了好多毯子，正要捆扎带走。她嫂嫂就提醒她，带这样多的毯子到游击队活动的东莞地区，是会叫人疑心的。接着，她连夜动手把一张毯子剪裁好，车缝成一件很大方实用的“中褛”，还有一顶风帽。她嫂嫂教她把这件“中褛”作为样品和毯子一起带走，万一遇到有什么人查问，就可以说这些毯子是用来车“中褛”卖钱谋生的。这一次，她嫂嫂又提醒她：“爱群是有钱佬、姨太太、交际花进进出出的地方，你一个廿一二岁的姑娘家，怎好一个人去？我陪你走一趟吧。”王奇想了一想，就决定带着六七岁的姪［侄］女一同去。

到了爱群，找到王柏林的房号，王奇就用东莞话叫门，随即出来一个三十岁左右的便衣，腰上插着驳壳枪，七查八问，凶神恶煞。王奇镇定自如地自称是王柏林家乡的人，有事要见王柏林本人。这时一个当官模样的中年人，在里房伸出头来朝厅里张望。王奇心想，要防止夜长梦多，看看旁边没什么人，就大步向前，理直气壮的说：“我是东莞‘老模’派来的！你好好看信。”接着就将部队首长写给王柏林的信和购物清单一起交给他。王柏林接过信，就进了房间。隐隐约约可听到有几个人在里面“密斟”。等了约十分钟，还不见他出来。王奇心想：“狡猾的家伙，想搞什么鬼？把我抓起来？估计他还不敢。一个共产党派来的人，直达他住的地方，张扬出去，他就‘一身蚁’讲不清！他对东江纵队总得顾忌几分。把我赶走？有可能。不行，一定要完成任务。”于是，她对着房门大声地说：“喂，到底怎样呀？！”跟着，开头的那个便衣便走出来，比较客气地说：“……同意按照信上的吩咐去办。至于那些物品，买齐后怎样交接？”王奇马上“神气”起来，限他们在七天内将东西买齐，用竹箩装好，上面写王大队长收。她斩钉截铁地说：“定于某日送到开往东莞的船上，不得有误。”

在约定交货的那天，王奇到码头混在旅客当中，眼观四方，一直等到距离开船的时间只有半个小时，还毫无踪影，时间一分一秒地过去了，越等越心焦。还有五分钟就开船了，哨子已吹过了，就在这时候，只见两个大汉挑着竹箩快步走来，后面还有两个伪军防护着，走上了船。

“王大队长收”，妙啊。别人还以为是王柏林的手下人给王柏林买的东西，谁知就是这个王柏林，在我们武攻智取之下，当了我们部队的运输队长呢。

四十年后，王奇同我讲起往事，讲到这里，都不禁拍手称快。

“四二、四三年，敌伪顽夹攻我们，几乎天天是“扫荡”、反“扫荡”，真是够艰苦的。可是，同志之间生死与共，亲密无间，危险都不怕，抱着必胜的信心，心情很快乐。”——我们交谈、共鸣，又沉思着。

“‘独立大队’的工作难题不少，又要保密，又要调查研究，敌占区同老区不同，你最深刻的工作体会是什么？”

“只有更加依靠群众。”她边回顾边说：“有一次，我从东莞带来一卷《前进报》和几份油印文件，将到广州时，突然发现情况异常，估计敌人会上船搜查旅客，后来是船上的青年工人帮助我渡过难关的。报纸和文件，一份也没丢失。”她说了这件事的具体经过，她说：“这种事例多着哩。到那儿，我都要先了解周围的人，那些人是比较可靠的，那些人是可以争取的，都要有个谱，这已成为我的习惯了。”

“你对王柏林这号人，真有‘老模’的气概，理直气壮，先声夺人，临事不乱。你当时最重要的动力是什么？”

“最重要的动力是信念。”她说。

是啊，当年鏖战急。我们一往无前，无所畏惧，凭的就是对革命事业的丹心热血——信念。

共产党带领我们走上抗日道路①

黄　嘉

我的家乡高埗村离莞城只有五里路，在莞城北对岸，被东江支流珊洲河与莞城分隔，环村绕水，河冲交错，陆路交通不便，村中没有富裕地主豪强之家，二百多户农民靠租耕外村地主田地、捕捉鱼虾为生，生活贫苦，经济、文化落后，但民风纯［淳］朴，邻里和睦，守望相助。

一九三六年，中共广东党组织恢复重建，并为抗日救亡建立人民抗日武装作准备，东莞党组织看中高埗村的地理环境和民情，有利于革命活动，决定在这里播下党的种子，点燃群众革命火炬。一九三六年至一九三七年间，先后派了张如、王文生、邓德昌、王河（女）、罗慧贤（女）几个共产党员到村里顺成小学任教，以教师身份作掩护开展革命工作。他们肩挑重任，白天给学生上课，晚上办农民夜校，集合一群热血青年，向他们讲述日寇侵华暴行；揭露国民党的腐败无能，对外屈服于日本帝国主义，对内镇压爱国民主运动；宣传共产党改善人民生活，团结一致抗日救亡的主张，提高了他们的政治思想觉悟，激起他们对日本侵略者和国民党反动派的愤恨，使他们认识到人民只有在共产党领导下，团结起来斗争才有出路。几位教师还访贫问苦，发动群众，建立一定群众基础。

一九三七年七月七日，日军进攻卢沟桥，标志着日本全面侵华战争的爆发，中国抗日民族解放战争从此开始。高埗党组织根据上级党委指示：放手发动群众，组织抗日武装队伍，发展壮大党组织。为保护乡土安全，防止土匪侵扰破坏，组织青年成立生产护耕队，并按每一条耕牛购买

---

① 收录于肇庆市城区东江纵队粤赣湘边纵队老战士联谊会编：《峥嵘岁月》，2003年，第138—141页。

一支粤造七九步枪。这个保障群众利益的措施，得到群众的积极支持，并筹款购买了二十多支步枪，初步建立了群众的武装组织。一九三八年初，经过学校党员教师的教育培育，一批青年农民加入了共产党，成立了党支部。男女青年有十六人参党，我，还有莫浩波、莫权、莫扬分、莫开等男青年，女青年有莫银嫦、莫福娣、莫就兴和莫兰，她们被称为“莫家四姐妹”。护耕队的骨干都是共产党员，党支部实际掌握了护耕队的武装，为组织抗日武装队伍作好准备。

一九三八年十月中旬，东莞党委组建抗日模范壮丁队，号召党员参加，我们十六个党员全部响应党的号召，并携带驳壳枪两支、猪笼手提机枪两支、步枪十二支入伍。我们十六人在党员教师张如和邓德昌带领下，告别高埗，走上武装抗日前线。我们这些人中，年龄最大的不过二十二岁，最小的只有十七岁，“莫氏四姐妹”都是年龄较小的女孩子。我们都是瞒着家人，在一个黑夜离开可爱的家乡，怀着满腔热忱，献身到抗日救亡队伍去。经过三天的行程，我们到达东莞与惠阳交界的清溪苦草洞，那里是山高林密，只有三十多户人家的小村，很适宜我们集训。张如是东莞县党委领导成员，他和其他党委成员一道领导集训，主要是形势、政治教育和军事训练。

一九三九年元旦，根据上级党委的“要独立自主地开展游击战争，以苦草洞为抗日武装中心，把东宝两县的武装集中整训”的指示，水乡、长岭山、温塘各地抗日武装队伍共有二百多人集中到苦草洞，组成“东（莞）宝（安）惠（阳）边人民抗日游击大队”，王作尧任大队长，何与成任政训员，卢仲夫任中队长。再从中挑选一百一十人成立一支战斗队，由上述三位领导人直接领导指挥。经过初步的军事训练以后，部队战斗力提高了。这支部队在抗日战争中不断发展壮大，后来与其他抗日部队组成东江纵队。

我们从高埗出来参队的十六人又经过这次集训，进一步提高了政治思想觉悟，更好地掌握军事技能，已成为真正抗日战士了。以后，十六人中有些同志跟随部队南征北战，奋勇打击入侵的日寇；有些同志回去做地方工作，保卫家乡，继续发展壮大党组织和抗日队伍。“莫氏四姐妹”参加了部队的民运、卫生员工作。我们在革命斗争中不断成长进步。在八年抗日战争和三年解放战争征途中，紧跟共产党，忠贞不渝，对革命作出一定的贡献。在解放战争中，我随蛟龙武工队转战东宝地区，而“莫氏四姐妹”中当卫生员的莫福娣，在龙华一次战斗中不幸落入敌人手中，她在临刑时痛斥敌人，表现出共产党人大无畏的革命精神，她的英名镌刻在龙华烈士碑上，青史长留！六十五年前，我们这十六个东莞模范壮丁队队员，现在只剩下莫浩波、莫银嫦和我三人了。

回忆共产党指引我们十六人走上抗日队伍的日子，我永远忘不了党和领导同志对我们的培养，永远缅怀当年并肩作战的十五位同志，也永远不会忘记哺育我们成长的革命摇篮高埗村。当年这个贫穷落后的小农村，今天，已建成有城市规模的高埗镇，和东莞其他兄弟镇一样，向实现全面小康社会大步前进，使我感到无比欢欣和自豪！

回　忆（节选）①②

黄　翔③

一九二〇年十二月二十四日，我出生于香港新界沙头角山咀村，我的父亲黄琼球是中英混血儿，幼时在外国生活，成年之后才回到中国，他的英语水平很高，但几乎不会说中国话。

父亲很早就进入中华电力公司供职，好像一辈子都在这家公司工作，从初级职员做起，由于他做事认真负责，为人忠厚老实，资历又老，身份也较为特别，所以后来能够成为高级职员。当时，我们家庭生活虽然说不上如何富贵，但还是比较宽裕。

我的母亲陈昭是横岗蚌湖人，在父亲的第一位妻子病逝后，嫁入黄家的，大妈育有两个女儿，连同我们，一共有兄弟姐妹八人，我排行第三。

由于我的父亲中年之后才有了我们，对我们相当疼爱，总是希望在生活上让我们过得好些，加上他的西方人生活观念，基本上没有积蓄，因此，当他突然去世的时候，我们都还没有长大，生活一下子陷入了困境。

我们家从小康家庭立即变成了穷人，并且显得比那些历来就是穷人的人们处境更凄凉。

正如世间绝大多数事情都有两面性，苦难的骤然降临虽然令我们几乎措手不及，给了我们沉重的打击，但是也令我们迅速地长成大人。明白了世态的炎凉，人生的真谛，磨炼了我们的意志，早早地承受起生活的重担。

---

① 收录于李建国编著：《从东江纵队到粤赣湘边纵队》，广东人民出版社，2015年，第149–151页。

② 标题为编者所加。——编者注

③ 东纵复员人员。——原书注

我们跟随着母亲，回到家乡山咀村生活，过着最底层的农村生活。我们虽然很穷了，但母亲却仍然竭尽全力地供我们读书受教育，她身上继承了客家妇女最优秀的品质，勤劳、善良、坚强、俭朴、严于律己、宽以待人……在母亲的身上，我们学会了应该做一个怎样的人。

日本鬼子打来了，他们侵略的铁蹄踏破了港英当局最初希望偏安一隅的幻想，香港人民也和全国的同胞一样，陷入了水深火热之中，生活变得更艰难了。

我和弟弟们那时都是只有十多岁的少年，但是我们也不愿做亡国奴，积极投入抗日活动，加入了东江纵队港九大队的地下组织，侦察敌情，运送情报，掩护同志……成为东江纵队一名抗日的小鬼。

经过艰苦的八年抗战，我们和全世界的人民一道，打败了日本法西斯军国主义的鬼子们，迎来了伟大的胜利。

抗战胜利之后，根据国共两党的“双十协定”，坚持在华南敌后抗战的东江纵队除少数骨干北撤山东，让地盘与国民党政府，其余近万名将士全部复员、遣散，自谋生路。

在这样的情况下，我也只好和其他大多数同志一样，复员回到家乡沙头角。做什么好呢？说实话，在最初的日子里，我也和当时大多数东纵复员的同志一样，心里十分彷徨。

多年的战争，令当时中国的经济已经陷于崩溃，百业凋敝，百废待兴，社会贫困，人民谋生都十分困难，更何况我们这些多年浴血沙场的抗日战士。因为我们的经历令我们更缺乏养家糊口的技能和资本，况且当时的形势已是“山雨欲来风满楼”，国民党政府背信弃义地不按“双十协定”的承诺履约，已经对我们的同志举起屠刀，开始清算了，我们该怎么办呢？在亲戚的帮助下，我在沙头角镇内的一家米站当上了一名伙计，过起打工的生涯。

就在这时，党组织安排了我，让我通过在米站工作，一方面谋生糊口，为沙头角及周边的民众服务，一方面在暗中搜集情报，帮助我们的同志和敌人作斗争。由于当时的局势很差，米站的老板无心经营，服务很差，激起了广大群众的不满。

经过党组织的协调，大伙集资将这个米站盘下来，取名为“大众米站”，也就是为大众服务的，大伙都有份的粮店。并且，将这个米站建成共产党的地下情报交通联络站，并让我继续在粮站里工作。这真是暗夜燃灯火，雪中送薪炭，令我心中暖洋洋地浑身充满力量。

抗战胜利后，国民党的新一军等大批军队蜂拥南下广东，接收抢占日军撤走后留下的地盘，全力镇压我们共产党的抗日部队和广大人民群众，加上那些接收大员的疯狂搜刮，令本来就已千疮百孔的社会经济更加不堪重负，一时间，百物腾贵，价钱飞涨，黎民百姓更是难以谋生糊口。

我们的米站在这样的情况下开始营业了。粮食基本上是由香港政府通过港岛米行批发售卖给我们，然后运回沙头角，为百姓群众解决糊口的需求。

当时，不少奸商趁着局势混乱，故意囤积粮食，哄抬物价，但我们则坚持在能维持运作成本的前提下，以尽可能低的价格卖给群众。而且我们还采取了许多灵活的方法，最大限度地方便买粮的群众，保障沙头角地区的粮食供给。

由于我们信誉好，生意公道，在沙头角的群众中影响很好，香港政府的米行愿意卖粮给我们，群众也喜欢到我们这里买粮，因此“大众米站”的生意十分红火。

同时，通过米站的生意过程，我们也搜集到大量的情报，可以方便及时地传递到地下党组织的手中。并且经常有许多我们的同志从这里过往中转，落脚留宿，俨然成为中共地下党在沙头角地区的堡垒和中心。

我们的“大众米站”，开在沙头角圩内一个比较中心的地方，罗乙昭同志也在米站工作，她是位大方贤惠、敢作敢为的姑娘，举手投足之间都有着拿得起放得下的“大家姐”风范，给我留下了很好的印象。

当时，虽然身份互相没有公开，但我明白她应该是我们的同志，而且知道她的弟弟罗汝澄、罗欧锋、罗汝中都是我们参加抗日活动时的同志。因此，感到格外亲切。

她呢，好像对我的印象也不错，就这样，我们彼此的往来日渐增多，感情也越来越深，一九四六年底，经过组织的牵线，我们水到渠成地结为夫妇，这时我才清楚，她就是我多年来一直非常钦佩的“月姐”！

回　忆（节选）①

黄　翔②

……

苏丹原本是香港的青年女教师，共产党员。她年轻、漂亮、聪明、热情，本名叫陈逸平，祖籍是海丰。她的弟弟陈忠也在我们部队工作。在恢复武装斗争初期，她从香港回来参加部队。最初在连队里担任文化教员，在战斗的过程中，党组织感到她是一位经得起考验的战士，于是，就把她调到一个战斗连队担任政治指导员。

在开辟根据地和粉碎国民党“进剿”期间，她和战士们一起奔驰在广阔的江南战场，沙鱼涌战斗、山子下战斗、红花岭战斗以及其他一些战斗，她都参加过，她不愧是英勇的战士、优秀的政治指导员。

从我到部队工作，至她调离我们部队到其他单位，虽然只是短短的几个月时间，但是我永远也不会忘记我们在一起搞宣传、唱歌跳舞、演话剧的情景。当时经常参加演出的大多是干部和香港回来的青年，我扮演陈诚，张斌演蒋介石，苏丹演宋美龄。她真是多才多艺呵！

一九四九年间，为了开辟紫金地区的工作，苏丹被调去紫金一个民运工作队里工作。她愉快地接受了任务，扎实地深入群众，向群众宣传党的政策，发动群众，开展减租减息运动，组织民兵、农会、妇女会，动员群众参军。她不愧是一位出色的群众工作者。可惜，广东解放前夕，在一次国民党的“扫荡”中，由于叛徒的出卖，她不幸被俘。

苏丹被俘后，敌人先是威逼利诱，失败后又惨无人道地残酷迫害，使

① 收录于李建国编著：《从东江纵队到粤赣湘边纵队》，广东人民出版社，2015 年，第 329—330 页。

② 时为边纵江南支队第一团副官。——原书注

用了各种令人发指的手段。但苏丹始终坚贞不屈，与敌人进行顽强斗争。最后，她在紫金被国民党杀害。临刑前，她昂首挺胸，高呼“共产党万岁！打倒国民党反动派！……”她为革命事业献出了年轻的生命。我们在一起工作时，曾问过她为什么取“苏丹”这个名字，她告诉我们，就是为了学习苏联著名的反法西斯英雄丹娘。想不到，她真的像丹娘那样被敌人抓住了，像丹娘那样实现了自己的诺言。

……

卖柴侦察夜袭篁村①

黄　布

一九四三年元旦刚过，广东人民抗日游击队总队部，号召全军以战斗姿态迎接新的一年，积极主动打击敌伪；对国民党顽军的进攻仍取自卫斗争原则，给予还击。

主力队“珠江队”从元月起就积极开展抗日反顽斗争，五月初，夜袭福永伪警吴东权部，用炸药爆破，攻坚，全歼驻敌，大获全胜。福永战斗，开创了我军“夜袭、攻坚、歼灭战”的范例，扭转了过去常打消耗战的状况。消息传来，我们东莞部队指战员们均欢欣鼓舞，跃跃欲试！

新年以后，我们东莞部队（第三大队），也打了不少仗。如二月二十日，在莞太线抗击日军的进攻，毙伤敌三十七人。但是缴获不大。为了转变战斗作风，我们决意学习主力“珠江队”的经验，打个“夜袭、歼灭战”，以取得新的战斗经验。为此，我们选定篁村伪军来开刀。

篁村，北距东莞城三公里，是莞太线北段的大乡村，是日寇守护莞城的重要据点，经常派重兵把守，这年驻的是伪军。

为了摸清篁村伪军的驻防情况，六月某日，我化装成杨西本地农民，由在莞太线做民运工作的马朴同志带路。他走在前面，我们佯装不认识。走了几圈，把伪军的分布情况初步摸清：篁村驻的是伪军三十师八十九团的一个营，分驻在两个地方：伪营部带两个连驻在篁村公路桥的北面“保太祖”大祠堂里；另一个连则驻在桥南边的一间庙里。两处相距一里，中间有一道公路桥。如我控制该桥，伪营的援兵就过不来。这是伪军布防的

① 收录于中共东莞县委党史研究小组办公室、中共东莞县委党史资料征集小组办公室编：《东莞烽火》第五册，广东省东莞县印刷厂，1984 年，第 103—109 页。

一个弱点，驻庙里的那个连派出一个班，守庙东南的赤瓦屋炮楼，距庙约二百公尺。两处互为犄角，互相掩护；但夜间战斗，威胁不大。“保太祖”祠堂伪军营部门前，有两个放哨的碉堡，还有两道鹿砦。驻在庙里的伪军，在一截矮围墙外，筑了一个碉堡，放了两个哨兵。但对伪军庙内的情况还不清楚。必须弄清才好下决心。

篁村侦察回来，我到大队部向邬强大队长、罗衡（卢伟如）政委汇报了侦察情况。我说，根据侦察的情况，我们有把握消灭驻庙的伪军连。他们同意我的意见，并指示，要我进一步弄清庙里的情况，力求必胜。办法是夜间奇袭，尽量发挥突然性的作用。打击目标定下来了，下一步就是设法弄清庙内情况问题。

一定要想办法进庙里去侦察，弄清其内部情况，才有把握发挥“突然性”。我反复考虑侦察大庙内情的办法。后来想到：“有困难还是得依靠群众”。于是，我和指导员找排长来商量。我提出问题后，大家七嘴八舌，积极献计献策，有说化装去卖烟，有说去算卦，有说去求神等等。众说纷纷［纭］，未得其法。“卖东西”、“求神”之说引起了我的新想法：我想卖柴是个好办法。我侦察时见到杨西乡的客家妇女，在篁村圩日担柴草去卖给伪军。现在就是要找个可靠的女同志来做“孙悟空”，钻进“铁扇公主”肚里去。

想到这里，我决定到大雁塘找吴石娇同志。某日，我和通讯员余文秋来到大雁塘宋天生同志家。宋是地方党员，他的妻子吴石娇同志也是党员，都是拥军积极分子，对革命忠心耿耿。我们都是很好的朋友，她很热情地招呼我们喝茶。我把侦察篁村桥南大庙伪军问题提出后说：“能不能找个可靠的妇女去卖柴侦察？”吴石娇同志决断地说：“唔使叫别人去！这个事我吴石娇包了。冲锋打仗，我不如部队同志，割担柴草去卖，比你们熟行”。我说：“你去，那就更好了。最好多一两个人同行，任务不告诉她们，伪军就不会怀疑。最要紧的是设法子进庙里去，看清里头情形，有无哨位、有无防御工事、营房铺位、有几架机关枪、摆在什么地方，尽量看清楚”。石娇姐满面笑容自信地说：“要进庙去还不容易，只要伪军伙头肯买我的柴草，我就能进去。我话声‘长官，我帮你担进厨房去吧。’他们一定巴不得由我担进去。唔！我还得绑担又大捆又靓的柴草来，使伪军看了要买才好。”

吴石娇是客家山妇女，从小就在山上、田里劳动惯了。年约二十六、七岁，中等身个，练就一身矫健径［劲］儿。清早起来，她穿上“千里马”，着一身半旧的土纺篮夏布衫、黑布裤，带［戴］上白头帕，套上客家妇女的凉帽，拿出一条两头尖的担杆，到门坪柴草堆里串了两大捆柴草，带个竹筒水壶；带领陈娇等二人，各人挑着一担柴草到篁村“赶圩”。

大雁塘村在水濂山的北面，向西出莞太公路到篁村桥头，约二十多里。虽是山路和田坎路，但多是下坡路。石娇姐挑着八十多斤的柴草担，走得风快，陈娇等紧跟上。为了抢个“早市”，连脚都不歇，她们一气挑到篁村桥南公路旁，正对着那间大庙，放下柴草担子，坐在路旁，用头帕抹汗，用凉帽扇风，喝了几大口竹筒里的凉茶，润了润喉，便冲着庙门前伪军两个哨兵大声叫卖：“卖柴草哟……，卖柴草哟……”伪军哨兵瞅了一下，没理睬。石娇姐稍停一会又喊：“卖柴草哟……，要买柴草就来哟……。”

大约等了十多分钟，有个伪军伙头，后面跟着个伙夫挑着一担箩筐，走出庙门，横过公路直走过来，冲着石娇姐喊：“喂，几多钱一担？”石娇姐用客家话说：“唔贵，唔贵，△元钱一担。老总，如果三担一齐买，还可以少算点。”

伪军伙头点了支烟，叼在嘴角上，还了个价，交易做成了。石娇姐不急不慢又叮上句：“老总！自家担柴？”伪军伙头大声说：“唔，给我担进去！跟我来。”这句话正中下怀，欢喜得石娇姐心里卜卜［扑扑］跳，差点笑出声来。她赶紧低下头，领着陈娇等，挑起柴草担，跟着“伙［火］头军”走进庙去。

在进庙门时，她利用过门槛，落天井，进厅堂傍门，转角等走得慢些，尽情看清楚：下厅正门无工事，厅两旁和正殿两边住了“衰［哀］兵”；正殿一边一条轻机关枪；都是地上铺禾秆草，打地铺。连长住小房间。厨房搭在左边小屋，从正殿横门入去。石娇姐等把柴草送到厨房灶旁卸下。为了停留久点，好多看几眼，石娇姐向伙夫说："老总，给口水解喝［渴］。"那伙夫用嘴一翘，叫石娇姐她们自己到茶桶去装水。这样她们对庙里情形看得清清楚楚，只有房间里看不清。

石娇姐她们荷着担竿，出了庙门，不觉松了一口气，赶路回到大雁塘。大热天，正是吃荔枝的时节。她们走得汗水淋漓，满面通红，肩背衣衫都湿透了。她连家门还没进，就找到我，一边用凉帽扇风，一边高声喊我。我急忙上前招呼："石娇姐，你咁早返来。先坐下歇歇，喝碗茶。"石娇姐笑呵呵地说："唔快唔做得。我怕那'衰军'先买了别人的柴草，唔买我的，完唔成任务哟。所以，赶紧去。卖了柴草，探清了情况，又赶紧返来。"

我说："你赶去赶来，辛苦了，先歇歇，慢慢讲。"我叫李中指导员、韦伟副中队长和几个小队长到中队部来。大家聚精会神地听吴石娇同志讲"侦察记"。

根据侦察的情况，我们完全有把握消灭这个伪军连。经过仔细的研究，我们确定了夜袭作战计划。只要坚决果敢，不怕牺牲，发挥突然性，打它个措手不及，一定能取胜。随即区分我们中队兵力：以陆仲亨小队为基础组织突击队；陈哲小队为打援队；三小队除抽几个同志参加突击队外，其余做预备队。

这时，我们中队几个干部，由谁带突击队，就发生了"矛盾"。我说："由我带突击队。"但李中、韦伟都争着要带突击队。经过一番争论，我说："这样吧，突击队由指导员负责；韦伟指挥陈哲小队打援；预备队由我负责，兼顾全队。"这样，大家同意了。

战斗布［部］署决定之后，我们又选择了模拟伪军驻地大庙的建筑地形，作了几次演习。使突击队、打援队和预备队的动作协调一致。使中队全体指战员进一步树立起胜利的信心，为打好这一仗作了充分的准备。

七月五日夜八点钟，我和指导员李中（钟若潮），率全中队由大雁塘出发。天正黑，是夜袭"摸营"的好时机。由于大家战斗情绪高，信心足，部队运动很迅速。夜十点钟，到达距篁村数里之莞太线北侧，憩息了一会，再检查了一下准备工作，区分好兵力，按突击队、打援队、预备队的次序，继续接敌运动。

夜十一点钟，突击队派出几个持快掣驳壳的队员先猫腰前进，乘黑摸到伪军哨兵跟前，一跃而起，扑向伪军哨兵。两个伪军哨兵，给突如其来的“神兵天将”吓呆了，把枪丢在地上，龟缩在碉堡内，不敢动弹。突击队长陆仲亨率其余突击队员冲进庙门，机枪班随即冲进庙里。战士们朝着各自选定的目标，持枪大喝：“不许动，缴枪不杀！”当时有一个伪军军官还想摸枪抵抗，被我手枪组长黄金水一枪撩［撂］倒。黄金水随即冲进小房里，把伪连长揪了出来。其他的伪兵还没起身，便被缴了枪，乖乖地作了俘虏。这次战斗，俘伪连长以下五十余人，缴获轻机枪两挺，步枪几十支。

我打援小队在韦伟副中队长带领下，迅速抢占了大庙与“保太祖”祠堂之间的公路桥。驻“保太祖”祠堂的伪军营部，听到枪声，即派出一个排，沿公路向大庙而来，想增援解救。我打援队等它接近到几十米时，开枪猛打，就把这股援兵打了回去。伪军驻在赤瓦屋的一个班，开头还打了几枪，后来连枪也不敢打了。

战斗结束，我们押着几十名伪军俘虏和缴获的武器，安全撤了出来。这次夜袭，前后不足三十分钟，干净利索地全开伪军一个连，打了一个漂亮仗！

我们凯旋而归[①]，天亮时，整队回到山村。战士们把缴获的枪摆在禾坪里，全村群众围观战利品，热烈赞扬突击队员和战士们“打得好”。全队指战员感到这回吃了“全鸭”，打得很痛快。我中队受到大队部的表扬。杀猪加菜，热烈祝捷。邬大队长和罗政委叫我们：“好好总结这次夜袭打歼灭战的经验”。

我们作了战斗总结，并建议大队部表彰大雁塘吴石娇同志侦察的

① 原文如此。——编者注

功劳。

不久，《前进报》刊登了这次夜袭篁村胜利的消息。

经过这次战斗，我队战斗水平提高了一大步。后来，我们又学会使用爆破技术。虽然，敌伪军也吸取了教训，驻地都加强鹿砦、铁丝网，甚至挖了壕沟等防御工事，我们也能攻破。往后接连还打了几次胜仗。如八月中旬，歼灭北栅驻守坚固炮楼的伪护沙队麦浩部，就是用夜袭、爆破攻坚取胜的。

（李征／整理）

东进稔平半岛（节选）①

黄　布　李　征

……

9 月下旬的一天上午，新成立的东进指挥部（代号“山东”），即率我们四团出发，向惠东方向前进，行军数里，来到淡水河边。没舟没桥，队伍徒涉而过。从路西来的“水乡兵”，见水即喜，活泼得很。登岸后是一片翠绿的田畴，秋禾正旺。迎面而来的是桔子朗的巍峨高山。我们的队伍朝大山方向前进。越行山越高大。人们以为要翻山越岭了，可是来到山脚附近的村庄萧屋楼时，卢指挥员下令：“部队在禾坪休息，副官去号房子，今晚就在这里宿营。”萧屋楼群众基础好、军属多，群众拥军热情高，军民关系非常融洽。

次日午后，指挥部率四团出发，沿着丘陵地带的山径，向东北前进。一路秋色秀丽，惠风和畅，部队继续行军。近三时，到达苏茅垄村，有人跑来报告紧急情况：“何呵鸡（国民党顽军）打白芒花来了！”

……

上午，张持平政委带领电台工作人员赶到指挥所。他同卢指挥员一起慰问了伤员，观看了摆在禾坪上的胜利品。然后，他命电台人员架线发报，向司令部报告国民党顽军发动内战，进攻我白芒花，及我进行自卫反击战的情况。

午前，李征到一营前线指挥所，看望了前线部队和战场遗迹，同黄布交换了下一步作战的意见。然后，又到三营阵地，同麦定唐、张英交换了情况和意见，决定使用“一米七”平射机（美国飞机上的机枪，子弹有

① 收录于李征：《东纵回忆录》，1996 年，第 187−196 页。

穿甲、爆炸、燃烧三种，是从海里打捞出来的），射击正对面守着围墙顽抗的敌军，配合一营夹击敌人。几轮火力扫射后，给敌以极大的威胁。下午，顽军甚为忙乱。“敌人动摇了，要防敌突围。”李征写这条子，叫警卫员张琴仔：“快送给团长！”张琴仔14岁，动作敏捷，接过条子就跑进圩了。李征又回指挥所向卢指挥员和张政委报告了敌情。顽军想跑了，指挥员调的兵还没来，真急人。

敌人可能在黄昏突围，黄布指挥一营紧缩了弧形的包围圈，准备出击。可是西边是个缺口，没包严密。李征即到三营阵地，了解西山头的情况。麦营长说：“西边山咀上放了一个班，隐蔽在草蓬［棚］里。”李说：“多抽一些人，加强那里。”正在抽调兵力，顽军即乘暮色的降临，从西边的山丘、田野拼命突围逃窜了。袁康、张斌率一营向西追击。三营副营长韦伟也带了两个排向西追击。可是都没有追上。顽军走散了。

援军未到，敌已突围逃窜，歼灭战没有打成。可也练了点巷战的本领，打死打伤敌2、30人，取得初战的胜利。这次战斗打得顽军丧魂落魄，3个多月也不敢窥视稔平半岛。群众热烈称赞“四团打得猛，过得硬”。

夜里，我们率队转移至东北方的山村，在村前的禾坪上宿营。月明如昼，银光泻地，清风飘拂，凉爽宜人，颇能解我们战后的疲劳。

白天，总结战斗，杀猪祝捷。民主乡女乡长杨彩萍同志，动员群众拥军，帮助部队。她原是我们路西支队的老战友，去秋才调回惠东工作，此时战地相见，分外高兴。

次晚，月下行军，沿着一条山间小路向东前进。半夜抵达大山口，这里是民主区政府的所在地。区长古梅修和李爱农、吴海、刘冠元等同志，动员群众热情帮助四团，供应粮菜，安排住宿、十分便当。

……

（载《惠阳地区党史资料通讯》34期）

保卫稔平之战（节选）①

黄　布　叶　基

稔（山）平（海）半岛，位于惠东县之东南角，濒临大亚湾，与西边大鹏半岛遥遥相对，海岸相连。半岛面积约四百多平方公里，人口八九万，盛产鱼盐。大亚湾是我国东南沿海不可多得的深水港。1938年10月12日，日军由大亚湾之平海、霞涌、澳头三处登陆，入侵华南，占领广州。1945年，太平洋战争反攻时，美英盟军打算由此登陆，以击灭日本“南支派遣军”。可见稔平半岛战略地位之重要。此处又是海外通往大陆内地的交通要道，即使在战时，海外华侨、港澳客商、进出口货物亦络绎不绝，经济地位亦甚重要，因此，日伪顽军长期盘踞在此，蹂躏掠夺，半岛人民倍受其苦。

自1943年春起，我党领导大亚湾人民及其子弟兵，经过两年多的浴血奋战，终于驱逐了日本侵略者，歼灭了伪、顽，扫除了丑类，于1945年9、10月间解放稔平半岛全境。可是，半岛人民还未及医治战争的创伤，国民党反动派即卷土重来，重新点燃内战的野火，自9月起，即向我东江南北两岸抗日根据地发动进攻，魔爪也伸到了惠东。

……

保卫稔平之战，从王爷径战斗至格木洞战斗，为时半月余，我部牵制、推迟了反动派侵占稔平的时间表。在军事上，除直接给敌军大量杀伤，沉重打击外，更重要的是整整牵制敌一个多师，减轻江南兄弟部队一些压力，并从东侧捍卫了了东纵司令部在大鹏的安全。在经济上增进税

---

① 收录于中共惠阳县委党史办公室、东纵边纵惠阳县老战士联谊会编：《东纵战斗在惠阳》，广东人民出版社，1993年，第331－338页。

收，保障了供给，累计上缴司令部关金券三千万元。

保卫稔平的英雄烈士们的血是不会白流的，人民将永远记住他们。曾志强、陈象、刘国等数十名英烈为人民解放事业献出了生命。铁涌乡的女乡长钟笑为支援部队英勇牺牲了。大陈村的女民运干部张涛（玉桃）为坚持工作，不幸被反动派抓去，被暴虐地剥光上衣，押到平海镇游街。张涛愤怒抗争，沿途高呼："打倒国民党反动派！""中国共产党万岁！""东江纵队抗日有功，国民党打内战有罪！"沿途群众闻之落泪，反动派慌忙枪杀了她。女英雄坚贞不屈，壮烈牺牲。人民至今还传颂着她们的英雄事迹。

为保卫稔平而牺牲的英烈们永垂不朽！

（李征／整理）

香港女青年会保育训练班情况回忆①

黄茵等部分保育训练班人员

1948年中共香港工委群众工作委员会对在香港女青年会的支部指示，应利用这个阵地开办托儿所，并将这个任务交给在女青年会工作的黄蕊秋。黄蕊秋以女青年会名义向社会发起卖花筹款，群委又发动香岛、汉华等校学生参加服务，很快就在九龙深水埗元洲街开办了女青年会托儿所。除了收托我们工作同志的子女，还对当时一些职业妇女及女工的子女，经过家访调查，确有困难的，也给予入托。接着，在大军南下前，群委又要求借用女青年会阵地，举办保育训练班，现将保训班情况回忆如下：

一、组织领导和学员情况

（一）组织领导

保训班是女青年会地下中共组织举办各类型的培训班之一，群委曾派郑黎亚同志动员和组织党团员参加学习。后来为了便于领导，转由当时在女青年会中共党支部成员直接主持班务的黄蕊秋同志直接负责领导党团支部工作。

保训班内成立学员党支部，书记郭巾英，副书记黄茵（即黄镁茵，黄远兼团支部书记），党员有李平、黄剑雄。支部成立时，郑黎亚同志参加会议，宣布支部成立和领导成员的分工，明确训练班任务，是通过接受短期培训，掌握保育工作的基本理论知识和一定的业务知识，为东江纵队后方九连山举办保育院，并为广州解放后接管广州保育机构时，作好干部准

① 收录于广东妇女运动历史资料编纂委员会编印：《香港妇女运动资料汇编（1937年—1949年）》，1994年，第218−222页。

备。党团员必须保证学习任务完成，并团结好班内同学。团支部由党支部统一领导，共青团成立小组，由黄洁、叶晖、桂侣三同志组成。训练班后期，党支部发展了杨明同志为党员。

（二）学员情况

全班共有学员三十多人，在社会上用女青年会名义公开招生，实际上通过在香港的进步学校、团体，输送了一批学生和干部，作为班的骨干。当时入学的党员有郭巾英、黄茵、李平、黄剑雄等，团员有黄洁（黄莹卓）、叶晖（叶素湘）、桂侣（桂瑞侣）。她们当时正在香岛中学读高三第二学期，快要毕业，经党组织动员，都积极报名，形式上经过招生和考试取录就读，其他学员都是经过同志介绍的进步人士报考，经由黄蕊秋同志审查取录，出榜公布。

二、教师聘请和课程设置

教师的聘请由黄蕊秋同志直接主持，经亲自登门拜访、物色选定后，通过女青年会聘请，到训练班任教。教师们都具备专业知识，不是留学生就是名牌大学毕业的。由于教师质量高，使学员对保育工作的认识有了提高，掌握了一定的理论和业务知识，保证了学习任务完成。

担任主课的教师有：

邝瑞芳——燕京大学家政系毕业，留美功［攻］读幼儿教育专科毕业。在保训班侧重讲授理论课。

王友竹——华西大学社会学系儿童福利专业毕业，讲授行政管理。

黄庆云——著名儿童文学作家，讲授儿童文学。

黄宝珍——讲授儿童营养。

课时：整个训练班时间为半年，从1949年初到7月，包括动员筹办，上课和到女青年会托儿所实习一个月。

课程设置：

儿童生理与发育——邝瑞芳主讲

儿童心理和教育——邝瑞芳主讲

儿童营养——黄宝珍主讲

儿童饮食卫生——黄宝珍主讲

儿童文学——黄庆云主讲

托儿所行政管理——王友竹主讲

美术、图画、音乐、游戏活动、妇幼卫生等各门课程，另请各课程教师主讲。

最后 1 个月到深水埗、元洲街女青年会托儿所实习，由所长王友竹带领进行。

三、训练班成员参加广州解放后的接管工作情况

1949 年 7 月至 10 月，训练班的学员在李平、黄蕊秋、郭巾英和黄茵等同志带领下，分三批进入广州。

第一批：1949 年 7 月初，由香港起程，李平任组长，有司徒美、黄洁、桂侣、杨明、邓贞等。大家先到大鹏，由于形势发展很快，改到河田在青妇组做支前反霸工作，后又参加东江公学青训班，李平任指导员，黄洁在该校任校团妇委，负责团支部工作。青训班结束后，黄洁又在河婆公学青训班任副队长，后随大军南下回广州。

第二批：1949 年 7 月底，从香港起程，由黄蕊秋同志亲自带队，有黄剑雄、叶晖、梁燕玲等。这批出发人员中除了保训班学员外，还有部分医护人员，他们带了一些药品。行程原定要到江西，但形势已急转直下，广州解放在即，所以留在江南一支队独立教导营，黄蕊秋同志任学委会委员，并临时任东江公学城运班主任，黄剑雄仍在教导营任妇女班班长。

第一、二批均于广州解放前夕，随大军入城。

第三批郭巾英、黄茵在广州解放后直接由香港回广州。

一九四九年十月十五日，保训班同志随大军入城后，参加了军管工作，接管各保育机构。

妇幼接管工作组以军管会名义分别接管了广州市以下保育、妇幼机构。

1. 广东省职业教育协进社及所属托儿所和一些有关机构。

第一托儿所：由司徒美、梁燕玲负责接管。

第二托儿所：由黄剑雄、叶晖接管。

第三托儿所：由黄洁、邓贞接管。

第四托儿所：由桂侣、叶剑熙（福利部派出）负责接管。

2. 省产育院（正分院在光塔街）由李平负责接管。

3. 省妇女习艺院（后改妇女工艺院）由省妇联派人接管，并派扬[杨]明任院长。

4. 天主教育婴院（淘金坑）由福利部派何淑英负责接管。

5. 省新运会托儿所福利社，接管后停办。

上述接管工作，从1949年10月，广州解放后即开始，一般采取加强领导和改进工作的原则去接管，各单位原有工作人员基本保留。参加接管的同志，后来绝大部分都留下当领导，以加强领导改进工作。特别是天主教育婴院，接管后发现一个专门设置埋死婴的坑，使人惨不忍睹。1951年，配合抗美援朝，揭露和控诉美帝虐杀中国婴儿罪行。

经过了接管整顿，使广州市原有的保育妇幼机构面貌一新。

（根据保育训练班部分同志回忆整理）

战斗在粤赣边的白衣战士①

江培荃

跟随东纵三支队转战九连山

抗战结束后，我党为了建立新的根据地以对付国民党发动内战，东江纵队第三支队奉命挺进九连山。

一九四五年十月三日，部队由惠阳镇隆出发，向九连山挺进，我们卫生队也随部队于十月四日到达博罗县境内。十一日，我部袭击了横河圩，李靖光、张木林、张有等九位同志负伤。支队决定将伤员留在博罗，留下卫生员赖润兰负责治疗护理和安置工作。十月二十一日部队离开横河后，赖润兰带着九个伤员，由地方党同志引领离开了横河何家田村，转移到镇隆。伤员痊愈后赖润兰带着他们回部队，途经博罗柏塘时，与敌遭遇，十人不幸被捕。敌对赖润兰等严刑拷打，企图逼他们供出我主力部队去向情况，赖润兰宁死不屈，与敌人展开了针锋相对的斗争，最后被枪杀。

东纵三支队离开博罗后，经河源回龙、南湖、灯塔，十月三十日到达九连境内。我们进入九连山后，国民党反动派企图消灭我们，调集部队分几路向九连山进攻，相继占领青州、热水、浰头等地。由于敌我力量悬殊，为了保存力量，采取游击战术，依靠高山大岭的复杂地势，与敌周旋。卫生队也跟随着部队爬山越岭，日日夜夜在深山里转来转去。一九四五年冬末一个清晨，国民党反动军队出动一个整团的兵力，从和平城向青州、热水进犯，一直向茶园窜来，企图包围我部队。彭沃即令翟信带队登山应战，同时命令我带通讯员前往医院安置伤病员掩蔽转移。当时

① 收录于中共惠阳地委党史办公室编：《东江党史资料汇编》第四辑，1984 年，第 120—133 页。

医院有伤病员三十多人，共有二十多支步枪。听到枪声后，大家来不及吃饭便先将背包打好等待命令。这时，枪声阵阵，敌人向医院进攻了。经与有关人员研究，决定把伤员分为三部分，行动有困难不能跟上战斗队伍的由曾顺娣负责转移掩藏，能够行动的则分成两个班，由张新带一个班抢占左侧山头，我带一个班占领左侧的火烧山头。剩下的粮食大部分留给行动困难的伤病员，两个战斗班也各带一小部分。上午八时许，我们各自进入阵地；采取麻雀战术牵制敌人，掩护伤病员的安全。战斗直至下午四时左右，由于山高林密，敌人始终无法消灭我们。为摸清敌情，我派罗克强下山侦察，罗克强在下山途中又与敌人相遇，被敌抓住审讯，要他说出部队的行动去向，他不慌不忙地与敌磨牙半小时后，凭借高山草木丛生，乘敌不备，钻进树林，安全回到了我山头阵地。战斗直至黄昏时刻，敌方撤退回城。我们虽不能大量杀伤敌人，但二十多个伤病员却牵制了敌人一个团的兵力，保证了重伤病员的安全。敌人撤退了，但我们与支队部失去了联系，因大部分伤病员行动不便，所以不敢轻易行动，只好在密林中掩蔽。由于缺少西药，又不能出外采集草药，伤病员硬是以顽强的精神战胜疾病的折磨。伤员换药、洗伤口，要用开盐水消毒，不能用大锅煮水，只好用口盅来煮，并用毛毡遮住，以免暴露目标。我们三十多人，只有三十六斤粮食，仅够吃二三餐。我们决定将米留给伤病员吃，工作人员以薯片、野菜充饥。白天不能生火煮饭，只好在夜间或天亮前做“饭”吃。因缺医、缺药又没有粮食，长时间呆在山沟是不行的。经讨论，决定白天隐蔽，夜间转移，不能行走的重伤员背着、抬着走，并派通讯员出去侦察联络。到了热水新洞交通情报站，但交通站的人都撤走了。这时一粒米也没有了，只好向山背的老乡借粮，但群众也困难得很，只借来了很少的薯片给伤病员吃，工作人员继续以野菜充饥。伤病员知道我们几天没有吃上饭之后，个个都感动得流下了热泪。在那断炊绝粮、缺医缺药、环境恶劣的艰难日子里，同志们更加亲密无间，互相帮助，互相鼓励，争背枪支、背包，抢着抬重伤员。经过七天七夜的奋斗，我们终于找到了支队部。

自进入九连山后，虽有九连山作为天然屏障，敌人不敢轻举妄动，但战斗仍然常常发生，伤员也不少。在一九四五年冬的一次战斗中，参谋陈欣辉负伤，由前线送回支队部时，伤口仍出血不止，脸色苍白、头晕，有生命危险，经我复查，发现颈动脉打断，立即为他结扎了颈动脉，才停止出血。

一九四六年六月，东纵三支队奉命北撤山东，并留下五十八位指战员坚持斗争。其中留下的有八位女同志：江培荃、莫秀英、王彩娥、王彩莲，勤务员韩华英，运输员韩元芳，炊事员张来喜和钟云。后来，韩华英、韩元芳、张来喜、钟云调当卫生员。根据斗争的需要，留下的武装队伍分为三个小分队活动，卫生人员也分配到小分队去。我和韩华英、韩元芳、张来喜等跟随留在九连山隐蔽的小分队。

留在九连山坚持隐蔽斗争的小分队，因敌人驻剿、封锁、围捕，处境困难，生活艰苦。白天敌人在山山坑坑实行火力搜索，村村寨寨狼嗥四起。遇上敌人包围搜剿，部队则化整为零，分散隐蔽在各处的高山深谷中。由于敌人围剿，部队没有安稳住过一夜，只好在深山密林里住茅棚、钻山洞。隐蔽初期，用北撤时留下来的钱，向山里老百姓买点粗米、番薯片维持生活。后来，钱用光了，战士们只好靠采山果、挖野菜充饥。我们所驻过的山头野菜也采光了，听江西定南古坑的堡垒户赖日扬说，豆角叶也可以充饥。一天黄昏后，我带着韩华英、张来喜、钟云化装下山摘豆角叶，下到山脚，天正黑了，黄豆、豆角叶都分辨不清了，每人随手摘了一大袋回来。钟云煮好“豆角叶”后，同志们大口大口地吃。一位战士发现这些苦涩且有毛的不是豆角叶，而是黄豆叶。大家说：“别管它豆角叶，还是黄豆叶，营养价值总比野菜强。”同志们确实太饿了，尽管它是黄豆叶，还是吃得津津有味。在隐蔽斗争的日子里，我们完全靠摘山果、采野菜、挖竹笋、捉石蛤来充饥。虽然生活艰难困苦，但我们仍然坚守群众纪律，从不到老百姓的地里去挖番薯、摘瓜菜，决不损害群众的利益。部队多次派我和副官陈桂友下山，去和地方党、堡垒户联系搞粮食，得到了赖日扬、黄新及地下党的有力支持。

由于部队长期风餐露宿，吃山果、野菜，因而患水肿、痢疾、疟疾、夜盲等病号也多了起来，个个面黄肌瘦，无精打采，战士们经受着疾病的严重威胁。北撤时留下仅有的四条药袋是战斗时才能用的，敌人四面严加封锁，出去补充新的药物是根本不可能的，眼看着战士们疾病的痛苦，使我们做卫生员的心里更加难受，我和韩华英、韩元芳、张来喜等几个卫生员不顾自己重病在身，想尽千方百计，成天攀悬崖、爬峭壁，采集青草药，并将药煎好给病员吃。有些疾病经诊断青草药无法治疗的，才用西药治疗。在如此恶劣的环境中，我们卫生工作人员，群策群力，用土药战胜了疾病的威胁和折磨，使战士们得以康复。到恢复武装斗争时没有一个人因疾病而死亡。战士杨三泰、袁创等因营养不良患了“黄肿”病，为了解决“营养”，同志们分成几个小组，上山打野兔，下河摸鱼虾、石螺，挖洞捉蛇，以改善生活，增加营养，使“黄肿”病大大减少。

一九四六年九月底，我们从国民党的报纸中获悉东纵北撤部队已胜利到达山东烟台，留下九连山坚持斗争的同志，于十月初公开打出“粤赣边人民义勇总队”的旗帜，重新开展革命武装斗争。不久，很多复员回乡的战士纷纷返回部队，我们的队伍又逐渐壮大起来了。后来，以在九连山隐蔽的队伍为基础整编为一个中队，由王彪同志宣布任命曾观和为中队长，江培荃为代理指导员。当时我一方面负责部队的医务卫生工作，另一方面积极做好中队的政治思想工作，与曾观和一起指挥中队的战斗。一九四七年春，由陈君明接任指导员，我只任卫生队长的职务。

与人民群众血肉相连

一九四七年初，成立中共九连地区工作委员会后，以反抗“三征”、破仓分粮、打击国民党反动区乡政权为中心的斗争波澜壮阔，取得了一个又一个的胜利。这时，部队俘虏了九个国民党反动分子，工委决定由我带领黎金苏、杨三泰看守犯人，为不泄露秘密，犯人看守所设在热水与古地之间的一条大山坑的草棚里。

不久，犯人转移到古地的大坑里，我因临近分娩，不能在山里再呆下去，只好住进“监狱”附近的一个小村村长家里，装扮成当地农村妇女，担任外围放哨，了解敌情，并指派当地可靠群众刘成发单独与黎金苏接头联系。一九四八年二月十三日（农历正月初四）清早，突然发现敌人分两路向古地扑来，并向小山村打枪，我即派刘成发去通知黎金苏，叫他把犯人掩蔽好不能暴露。一个七十多岁的老大爷将我的衣服藏好，并带我到一个偏僻的山坑里隐蔽。敌人到村里狂呼乱叫，向深山放冷枪。中午时分，天空乌云翻滚，顿时倾盆大雨，我没有任何防雨工具，只好脱下棉衣遮住头，任凭大雨淋洒。时正初春，天气还很寒冷，我全身湿透，直打哆嗦。黄昏时刻，雨越下越大，山洪爆［暴］发，山坑再也呆不下去了。这时，村子里鸡鸣狗吠，枪声阵阵，我只好摸黑转移。直至晚上九时左右，才听见有人叫"先生娘"（对女医生的尊称）。开始，怀疑敌人威胁老乡带路抓我，观察了一会，听见有人叫"亚江"，原来是刘成发带着七八个老乡来找我。他们找到我后，告诉我说，敌人在村子里折腾一整天，要乡亲们交出我这个"土匪婆"，把整个村子搞得一塌糊涂，搜劫了一大批财物后，天快黑时才离开山村。敌人一走，老乡们便打着火把四处找我，连七十多岁的老大爷也摸黑爬山越岭来找，老乡们为了保护我，蒙受了极大的损失，我激动得热泪盈眶。虽然全身湿透，又冷又饿，但看见乡亲们如此爱护，心中无比温暖。回到村里，老大娘曾玉林见我浑身水淋淋的，抚摸着我冰冷的双手，叫我快把衣服脱下，穿上她的衣服，端来一盆炭火，一边叫我烤火，一边给我烘衣服。不久，端来热乎乎的饭，叫我快吃。晚上，让我与她睡在一起。对我比亲生儿女还要亲，我不禁热泪夺眶而出。人民群众冒着生命危险保护部队，想尽千方百计支持我们，使我更加增强了革命必胜的信心，更加热心地为乡亲们治病。

因古地"监狱"已暴露，我立即按总队指示，将犯人蒙住眼睛押回和平热水，完成监护任务。

回到热水后，我虽产期临近，仍带着卫生员丘芬护理五个伤员，其中杨三泰同志属重伤。一天夜晚，由罗革同志引领我们到热水崩岗下堡垒户黄石伟家的草屋掩蔽。这里距热水圩只有两里路，国民党军队仍然驻扎于此，周围情况复杂，领导要我们绝对掩蔽，夜晚灯火不得外露，没有地方党交通员的通知绝对不准出外，一切粮食、用品由黄石伟兄妹负责送来，不能与其他任何人联系。根据党的吩咐，我们在天亮前或天黑后才做饭，白天只好一声不响地呆在草屋里，什么地方也不敢去。这间草屋倒是挺安全的，平常根本无人来往，但用水却非常困难，黄石伟特地从家里拿来一只水桶给我们用。不几天，我分娩了，因是初生第一胎，痛苦极了。卫生员丘芬是一个十五六岁的姑娘，没有护理接生知识，我只好自己为自己接生。什么接生用具药物也没有，只有碘酒、酒精，黄石伟从家里拿来了生锈的裁缝剪刀和结扎脐带用的黄麻线。我腰腹阵阵剧痛，躺在破旧古老的大床上，翻来覆去生不下来。黄石伟还是个没有当过父亲的青年人，见我这样痛苦，想了个土办法，在门角用十多块砖砌成一张椅子，把我扶下坐在“泥砖椅”上，背靠门角，用这种方法助产。婴儿终于出来了，但我大量流血，精神恍惚，痛楚万分。婴儿出生后一个多小时，胎盘还未出来，丘芬这小姑娘听老人说过，咬住头发作呕可催胎盘娩出，此土办法果然生效，胎盘终于出来了。婴儿没有衣服，我只好用旧蚊帐包裹着。虽是坐月，但伤病员仍要我护理，要为重伤员杨三泰洗伤换药。产后第十天，交通情报站发现敌情，即派王水泉带着我们转移。漆黑的夜晚春雨绵绵，寒风阵阵，我们爬峭壁、涉深谷。过河时，水齐腰深，同志们不准我过河浸水，争着背我。我不便麻烦同志，坚持自己抱着婴女与同志们一起涉水过河，走了十多里山路转移到新的地点。

环境这样艰苦，部队供给相当困难，产后缺乏补养。堡垒户黄石伟想尽千方百计送了一瓮糯米酒、二三十个鸡蛋、一只活鸡及一些生姜。老百姓这样爱护我，使我感动得说不出话来。产后四十天，我要返部队参加战斗，婴女托黄石伟抚养，石伟的母亲每天用米糊、粥汤喂养。虽没奶吃，但在老人家的精心喂养下，一个多月后婴儿长得很可爱。一九四八年春末，我随部队转战江西“三南”。国民党反动派包围了热水崩岗下，声称要绝杀曾志云（我的爱人）的后代，逼群众交出我的女孩，黄石伟抱着我的女孩冒着生命危险钻进深山老林避难。粤北的春末，阴雨不断，乍暖还寒。黄石伟带着我的女儿在山里呆了一天一夜，没吃没喝，孩子经风吹雨淋受凉感冒，发高热抽筋，但不敢进村求医取药，结果被国民党反动派活活困死在深山里。

一九四八年夏秋间，我怀第二胎时，因战斗频繁，四处奔波，七个月便早产，产后三十五天，敌人重兵压境，大举向九连山的大湖、青州、热水进攻。一天夜上，钟俊贤同志来看望我，看到我的小男孩心里有说不出的高兴。他接着沉重地说："敌人分几路向青州进攻，部队今晚要转移，你是卫生队队长，战斗很需要你，小宝贝不能跟着部队了，你把他寄养在青州队事务长赖石贵家里吧。他的爱人生下孩子三个月了，麻烦她一起喂养。"我毫不犹豫地服从领导的决定，马上将小孩送往赖石贵家。她的爱人丘翠兰，为了掩护我的小孩的安全，将自己亲生的女儿送去亲戚家抚养，专心喂养我的小孩。我感动得说不出话来，善良的丘翠兰大嫂，望着我泪水汪汪的双眼，安抚我说："先生娘，放心去吧！"我含着泪花，离别了亲生骨肉，跟随着部队转移到河西。

敌人占领青州后，实行烧、杀、抢掠，包围了赖石贵的家，逼他要把曾志云的儿子交出来，否则烧毁房屋，全家斩尽杀绝。丘大嫂不管敌人如何威胁恐吓，坚持白天抱着我儿子上山掩蔽，晚上偷偷回村，在这残酷的斗争岁月里，敌人又夺去了我的第二个孩子的生命。

在战斗中不断成长

恢复武装斗争之后，形势发展很快。到一九四七年秋，九连地区武装队伍发展到二千多人。为了适应形势发展的需要，九连工委决定各区分别举办卫生员训练班，培养医疗卫生人员，扩大卫生队伍。为了加强医疗卫生骨干队伍，地方党进行了大量工作，先后吸收了妇产科医生叶群、中医丘启文等人，河东区卫生队伍的培训工作由王彩娥负责，很快培训了八名卫生人员分配到各战斗中队去，直接参加战地的救护工作。

在青州山塘举办的卫生员训练班，参加学习的人数最多，共二十九人，她们是：叶淑贞、何珍华、钟淑群、吴翠英、何芳颜、曾坤宋、许秀芳、吴旺瑞、吴瑞浓、吴紫容、曾金兰、黄青云、曾红运、曾彩凤、张来喜、钟云、欧阳眉、彭伦、丘芬、林娇、伍辉珍、林金彩、吴彩群、韩华英、韩元芳、凌玉秀、陈连英、黄玉兰、萧南英等。训练班里边学习医疗卫生理论知识，边进行临床实践。针对部队中的常见病及枪伤的各种不同的情况，讲述传授疾病的防治和枪伤的抢救、处理方法。由于环境恶劣，条件很差，设备简陋，采取因陋就简，土洋结合的办法。

就在我们举办训练班的时候，青州农会主席赖树德送来了一个体残身弱的病号，要求我们给予治疗。这样的病号对一个设备极其简陋的卫生员训练班来说，确实是个大难题，但我们还是努力给他治疗。我们经反复观察会诊，确诊为“多年肾结石”，并将此病例对训练班的学员作了分析，把病例提出交给学员们共同讨论、思考，让同志们在缺少药物、设备的情况下，想出有效可行的办法。经反复讨论，学员提出：车前草加绿豆可利尿。我对学员提出反问：车前草加绿豆虽可利尿，促使结石从尿中排出，但病者年已六旬，且体弱身残，可否加上红枣、老陈皮以固其元气呢？同志们认为甚有道理。结果学员们七手八脚，三人一组、五人一帮，采车前草、找老陈皮、上青州买红枣。那老大爷服药一天后，通过检查，结石已冲动［到］膀胱腔壁。再服上述药物二天，结石冲出尿道管，但结石过大，无法破碎排出体外。经引导学员讨论，一致认为必须进行外科手术排除结石。在手术前，向学员们具体详细地讲述了手术前必须严格做好的一切准备工作，手术中必须认真注意的问题及手术后处理方法。经一个小时的手术，从尿导管深处取出结石二十多粒，成功地为一位六十多岁的体弱老人进行了手术，不几天老人便能步行出院了。通过训练班短期学习，学员很快掌握了战地救伤及常见病症的处理方法。那位经手术病愈的老大爷，几天后，带着礼物来部队表示谢意。训练班结束后，有的同志留在医院工作，大部分分配到连队当卫生员，直接参加战地救护工作，舍生忘死地抢救伤病员，表现出革命卫生战士的崇高精神和可贵品德，韩华英同志就是其中的一个。

韩华英只读了两年书，一九四四年底参加东纵时年仅十五岁，在部队当勤务兵。东纵北撤后留在九连山坚持斗争，后来当卫生员。在训练班学习非常刻苦认真，比较全面地掌握了常见病治疗和战地救护的知识。战地救护沉着勇敢，奋不顾身，深受指战员的尊敬。凡每次战斗，指战员看见韩华英在场参战，就象吃了定心丸似的高兴地说：“有华英在场，放心吧！同志们勇敢地冲吧！”一九四八年初，和平浰头战斗，不少同志负伤，救护工作非常紧张，韩华英在阵地上来回穿梭，当抢救一个腿部受伤的战士时，敌机枪猛然扫射过来，连伤四人，韩华英右肩下贯通伤，肩关节脱落，右手积血肿痛，完全失去活动力。但她负伤后，忍着剧烈的疼痛，坚持不下火线，继续抢救伤员。负伤期间住在青州养伤，又恰好出麻疹发高烧，从不叫苦，以顽强的意志战胜伤痛和疾病。养伤期间从不间断协助医院工作，使同院养伤的同志和医务人员深受感动。伤愈后，体质较差，不能再跟随战斗部队了，分配她负责玛丽医院工作，担负起伤病员的治疗护理任务及医院的管理工作。当时玛丽医院只有卫生员曾坤宋、何珍华，勤务员曾美琴，事务长杨文兴。在人少药缺的情况下，韩华英既抓医院管理工作，又为伤员治理伤病，还亲自带领卫生员上山采集中草药，研制丹、膏、丸、散。当时医院的药物确实是奇缺，常连药棉也没有，只好将棉被撕成一块块，经洗净严格消毒当作药棉使用。有时甚至将用过的带有血的棉花重新洗干净经高温开水消毒继续使用。就是在这样困难的条件下，也从未出现过伤口感染化脓的现象。有个肺部贯通伤的战士，伤势虽然很重，但只经过二十天的治疗便痊愈出院，返回战斗岗位。青州队的卢日红在一次战斗中面部左右贯通伤，下颌关节脱落，牙齿也打脱，伤势很重，饮吃起居都有困难。华英同志全力治理，想尽一切办法给伤员增加营养，亲自动手将买来的东西煮成浓汁，一口一口地喂给卢日红吃，以使卢增强抵抗力和再生能力。只有一个多月卢日红伤愈出院。一般重伤员卧床时间长了，稍不注意，很容易造成褥疮，但由于注意卫生，做好了护理工作，整个部队伤员未出现过因护理不善而生褥疮的现象。九连山本来粮食就很困难，常常是顾得了早餐缺晚餐。在敌人重兵扫荡时期，粮食更加困难。医院只好依靠地方党的同志想尽千方百计搞来粮食，让伤病员吃饱。而医务人员则常常吃野菜、番薯片粥，有时一连好几天吃不上米，使伤员深受感动。

玛丽医院是流动的，先后驻过和平的青州、九连的担杆滩、河西的漳溪、骆湖、上莞仙水塘等地，医院没有配备专门的保卫人员，韩华英同志为使医院不受敌人突袭包围，除做好隐蔽和保密工作外，还组织轻伤人员编班放哨，确保医院的安全，因这一工作做得好，医院从未受敌人袭击。一九四九年六月之后，玛丽医院移交给边纵司令部的白云医院，决定韩华英调回三团任卫生队负责人。七月，边纵决定攻打龙母，华英战尘未除，立即参加突击队，在敌人的碉楼下英勇地救护伤员，她的英勇行为，指战员深为敬佩。

卫生人员在战斗部队里，从来都是紧跟在指战员的后面，战斗紧张时，不少卫生员和战士们并肩战斗。在火线上，只要有人喊一声，卫生员便立即猛冲上前，忘我地抢救伤员，从未临阵退缩。一九四九年一月十一日东江边的大人山战斗，共配备了十五个卫生员参加战地救护工作，张来喜同志还直接参加突击队，和敢死队、火线入党班、肉搏团的勇士们一起向敌人发起冲锋，进行了刺刀见红的白刃战。当九江队队长叶日平负伤后，当即有几个卫生员同志同时冲上去迅速抢救。叶日平被敌人机枪打中，子弹从膀胱侧贯通骨盆，骨折粉碎，伤口如掌大，流血不止，张来喜同志迅速用药棉塞住伤口止血，几个卫生员立即将叶日平抬下火线，组织抢救。紧接着排长杨三泰腹部负伤，肠泄于体外，四团卫生队负责人王彩娥即奋勇向前抢救，急速用棉花把肠塞回去。但肠不断复出，经全力抢救无效，英勇牺牲在阵地上。叶日平负伤后，因伤势严重，腹部浮肿，小便闭塞，痛苦异常，若不设法导尿，就会造成尿酸中毒。但在前线，没有导尿管，张来喜不顾个人的一切，千方百计使叶日平转危为安，张来喜的模范行为和崇高品德，使广大指战员肃然起敬。

在九连地区，卫生员的英勇行为屡见不鲜，不少卫生人员在战场上流血牺牲，献出了宝贵的生命。如一九四九年九月，追歼残敌在陂头黄梅峯[峰]战斗中，为抢救曾娘先，卫生员曾金兰冲上去抢救包扎，不幸中弹。后来卫生员周丽颜赶来抢救，也被敌人击中，两个卫生员都不幸牺牲。

（何焕昌／整理）

护送何香凝、廖承志母子的经过①

江　水

一九四一年十二月八日，日本发动突然袭击，侵占了香港。我党的地下工作者和一大批进步文化人来不及撤离，情况万分危急。广东人民抗日游击总队司令员曾生，在传达党中央的指示时说，这些人是我们中华民族的精华，国家的瑰宝，一定要千方百计，不惜代价抢救之。游击总队挑选了有经验的战斗骨干，组成一支支精悍的小分队，沿途连成了一条护送文化人的通道。当时，我是游击总队港九独立大队短枪队的中队长，护送过何香凝、廖承志母子和茅盾、邹韬奋等一大批文化人。

一九四二年一月四日，港九大队海上中队的黄友，在西贡向我和黄冠芳（短枪队的另一个中队长）传达了总队的命令，并要我第二天到九龙牛池湾接送第一批人。五日早上，我带着队员曾连、肖华奎、江松、陈颂、廖添胜、叶凤生、赖章等七人，化装成商人的模样，我还带了一把弯头的黑色布伞，作为接头记号。当来到九龙坳的时候，突然遇上三个土匪，我见他们人不多，便向队员使了个眼色，缴了土匪的枪，这件事虽小，却使大家都警觉起来。当时，考虑到九龙坳地形比较复杂，便留下四个队员在这里警戒和接应，我带着三个队员到牛池湾去。

大约上午十时，黄冠芳手里拿着一把黑布雨伞，夹在逃难的群众中间。我从隐蔽处出来迎接。黄冠芳向我介绍了廖承志和连贯。廖承志穿着一件黑上衣，头戴鸭舌帽，胖胖的身子象铁塔一样壮实。从他坚毅的脸庞上，我看出了他对抗战抱有一颗必胜的信心；从他和我有力的握手，我体会到他对我们游击总队战士的无限信任。连贯穿着一件大棉袄，使得他本

① 收录于中共惠阳地委党史办公室编:《东江党史资料汇编》第三辑，1984 年，第 87–90 页。

来就不高的身材显得更矮了，一眼就看出是个老成持重的人。还有一个瘦高个乔冠华、一个手提褐色包袱的中年人和一个女同志，共五人。

我领着廖承志等五人离开牛池湾来到九龙坳。这里离敌人很近，有通沙田、西贡、坑口的公路，随时都可能遇见敌人，不便久留。我们的四个队员殿后，我和廖承志等继续赶路。从九龙坳到西贡，我们不走公路，经南围走小路。英国人为了防备日本偷袭，到处埋有地雷，南围的老百姓熟悉情况，我们就请了两位姓丘的中年人带路。路不好走，有些人脚上又打了泡，走得就更慢了。来到三寮村，已经是下午三点多钟。大约三十华里路程，足足走了五个小时。

在三寮，港九大队经常在这一带活动，宣传抗日，打击土匪，给老百姓做好事，因此在群众中有很高的威信。村长黄阿年杀鸡招待我们吃午饭。此时，我已先派人通知海上中队的中队长陈志贤到企岭下等候。这样，我们必须在天黑前赶到，所以不敢多休息，饭后即继续赶路。那位女同志实在走不动了，我们只好找一张椅子，绑上两条竹竿，雇请两个人抬着她走。大约下午五点钟，便到了企岭下。我把廖承志等交给了陈志贤和黄友，然后再由陈志贤等从海上把他们护送回内地。

在送走廖承志等的当天晚上，黄冠芳又派短枪队员彭阿景到西贡找到我，要我选派两个能干的队员于第二天去坑口接何香凝。坑口的情况比较复杂，有通向敌人据点的公路，来往的人又多，而这一带的山岗都是光秃秃的，不利隐蔽。于是我决定自己和曾连去。

一月六日上午，我找了一个名叫容娇的可靠渔民，她是抗日积极分子，经常帮我们送情报、运输物资。她的儿子石观福也参加了港九大队。她划小艇载我和曾连先到坑口。刚好何老太太和另一个穿着花旗袍、约莫二十多岁的女青年已到达。彭阿景说，何老太太是从筲箕湾坐船到牛头角，然后爬山过茅湖仔，再从茅湖仔坐船到坑口。

此时，彭阿景便回去，我则领着何老太太坐容娇的小艇到滘西洲，在渔民马洪生的船上吃午饭。这一天风浪比较大，为了何老太太的安全，便请了一艘钓艇。这艘钓艇比较大，有三支桅杆，平时可以出大海钓鱼。可是我们坐的钓艇开往西贡的时候，海上却风平浪静。何老太太心情很愉快，问长问短。那时我不会讲普通话，何老太太见我是客家人，就用一口流利的客家话跟我交谈。她问："听说日本鬼子在海边放步哨，海上还有巡逻艇巡逻。"我答："日本鬼子立足未稳，还顾不了那么多，我们走这条路不会碰上日军。"她又问："听说这里有很多自称的绿林好汉，遇到他们怎么办？"我答："他们一般都知道我们是'曾大哥'（指曾司令）的人，不敢阻拦；一些过路的小股土匪我们是容易对付的。"何老太太高兴地说："坐船好，坐船好！到了汕尾就更安全了。"

船到了西贡，我们上了岸。那时候西贡乱得很，不但垃圾堆积如山，还随时可以看到饿殍。那时西贡虽然没有驻日本兵，我们还是请何老太太快点离开西贡。下午，船到了粮船湾，陈志贤已经在那里等候。何老太太向我握手告别："你辛苦了！"我赶紧说："不要紧，不要紧！祝你一路顺风！"

此后，我还护送过茅盾、邹韬奋等一大批文化人，并护送过从虎口救出来的四位英军。

（肇庆军分区党史办李招培整理）

我参加革命的回忆①

林桂枝

1937年“七·七”芦沟桥事变后，厚街掀起了抗日救亡的热潮。那时，我因少年丧父，姐弟都靠母亲卖苦力来维持生活。我白天要帮母亲干活，只能在夜校上课学点文化。而那时我村已有地下党活动，在夜校都是听抗日救亡的宣传，唱抗日歌曲，思想受到教育，也暗下决心，随时准备参加抗日行列。

1938年10月，日本在大亚湾登陆。东莞模范壮丁队成立后一部分拉去飞鹅村集结。组建游击基地。双岗的地下党动员村中的进步青年参军，我就与一个女同乡一起，在黑夜中向飞鹅村进发，连母亲也不知道。初上征途，心里有点害怕，尤其那位女同乡，见到禾草都怕得要命。天将亮，我们终于到达飞鹅，与王作尧等同志接上头。那时在飞鹅有很多厚街人，我们的到达，大家都很高兴，我们也受到热情接待，后来我被分配到大队部，跟随大队部活动，当民运，搞宣传，也当交通，做后勤，由于我在村中已是进步青年，到部队不久便入了党。在飞鹅活动了一个多月，就是下乡宣传群众支援抗日。后来日军向南“扫荡”，我们被迫向大朗屏山水口转移。虽然屏山水口在大革命时期已开展农运活动，群众基础较好，但经济条件较差，缺粮，而我们去的人员又有好多伤病员，部队又拉回大岭山，最后才到观澜的嶂阁，与张广业他们会合。1939年底，部队到清溪的苦草洞整训。整训结束后，部队翻过清溪的大山，到谢岗黎村一带活动，宣传抗日。

① 收录于傅泽铭主编：《永远的心碑——厚街革命斗争纪实》，广东人民出版社，2006年，第315–317页。

1940 年 3 月，国民党顽军采取步步为营包围我们，曾生部队被逼向海陆丰转移（史称“东移”）。在东移海陆丰的日子最艰苦，日伪顽军日夜追着我们打。那时我在后勤，每天背着炊具行军，爬山涉水，每到一个地方又要做群众工作，借粮煮饭，后面又有追兵。因为国民党军、日军每到一地都实行三光政策，群众见到都害怕，不敢开门。我们得花很大力气，每家每户做宣传工作，说明我们是抗日游击队，为国家民众而来，这样群众才开门借粮借物。东移到海陆丰的总共才 8 个女同志，组成一个小队。不过那时年青，才十多二十岁，吃得苦。

抗战期间，说是国共合作，实际上国民党时时想消灭我们。有次还使阴谋诡计，借“谈判”诱捕我们一个中队，杀害了我们 6 位领导干部。

东移回来之后，1941 年 1 月，我回家探亲，见到母亲还是满腔热情为部队送情报做交通，而弟弟林耀非要跟我一起去参军，我只住了几天就把弟弟带到宝安，参加了王作尧的第五大队，后来又调到“三大”，活动在大岭山、莞太线一带。由于他作战勇敢，刻苦学习，组织领导能力强，才 19 岁就被提拔为中队长。可惜，1944 年在一次与日军作战时，不幸胸部中弹，英勇牺牲。

抗战胜利后，东纵北撤，由于步尧患病，全身发冷（疟疾）我们被留下来没有北撤，组织安排我们到东三支增龙博地区，找到马达、曾光，归他们领导。那时也是住山头，过游击生活。经常打仗，直到解放。那时我参加解放龙门县的斗争，并在龙门参加土改工作队，组织一直给我佩戴左轮手枪，直到土改结束，在广州集中学习之后分配到中山县（当时是珠海县、中山县合并）之后，才把枪上交，我也在中山县工作至离休。

在东纵敌工科的五百个日日夜夜（节选）①

林五宁

一、报到

1944年9月，在东纵二支政治处，我刚完成复描东江两岸几个县的五万分之一的军用地图，主任李征通知我到刚成立的东纵政治部敌工科报到。

我跟着年轻的交通小鬼，在一个漆黑的月夜，爬过了一个个山坡，到了敌工科驻地的前哨。月色中，我看见一个十七八岁的游击战士，操着一口客家话和交通员打招呼，肩上背着一支长枪，脸上带着几分雅［稚］气，警惕的注视着我。他就是警卫班班长黄锦。从这一夜开始，我就要和他们一起战斗了。

进入一间简陋的民房，老乡们都安睡了。在阁楼处，一位二十三四岁左右，戴着近视眼镜的女同志接待了我。在暗淡的煤油灯下，她看过介绍信后，操着香港口音，作了自我介绍。她就是后来的敌工科科长林展。她告诉我代科长林华到司令部开会去了，日内就可以回来。她欢迎我参加敌工科的工作，因为多了一个懂得日语的人，协助她开展工作，力量大得多。接着，她要我解下行装休息。

这时，我才发现，阁楼里还坐着一个四十岁左右，穿着麻黑色对襟唐装衫的日本人，正在和林展交谈。那个日本人说，他有一个同伴患了疟疾，亟需医疗。林展关怀地用流利的日语安慰他，说我们正在想方设法找

---

① 收录于中共宝安县委党史办公室编：《回顾东纵统战工作》，广东人民出版社，1989年，第163－182页。

些药物回来，给他的同伴服用，请他暂时忍耐一下等等。我简直看傻了眼。我来敌工科报到前，已听说这里关着一批战俘，难道出现在我面前的也算是战俘不成。这里既看不到警卫森严的样子，这个日本人穿的是我们一般游击战士的衣服，说话很有礼貌，一点也不象我过去所见过的趾高气扬、不可一世的日本军人。

次早跑步完后，林展介绍我认识新的战友，陈德健、陈清敏、总务长、炊事员、小鬼金仔、圻仔，还有警卫班长黄锦等战士，林华未回来，林展算是大姐了。大家年纪都很轻，最小的是林圻，才十二三岁，生性腼腆，是林展的弟弟。如果不是出现在驻地上，有谁相信，他是年轻的游击战士。

二、第一课

……

“我们的工作正在开始……”，我报到后的第二天，林展就跟我介绍了敌工科的工作情况，那天我们边走边谈。到了炮楼边，她告诉我，第一批战俘就住在里边。

战俘们见我们到来，都很有礼貌地站起来，那个卧病在床的战俘也想挣扎起来。林展马上劝止了他，并关切地询问了他的病情。他说刚吃完我们炊事员专门替他准备的一碗鸡蛋稀粥。

战俘一共有 6 个，他们身穿和我们战士一样的唐装衫裤，不知内情的人，谁也不知道他们就是战俘。

林展介绍我和他们认识，我用日语跟他们打招呼，他们都高兴地鞠躬还礼。

……

四、开展工作

……

首批送来的战俘，经过细致而耐心的教育，绝大部分对我们的部队、我们的政策有了切身的体会和了解，由疑惑到信任，由惧怕到敬畏，特别是对林展的态度更是如此。因为林展是女同志，又年轻，在战俘们的心目中本是被瞧不起的。现在，却由女同志负责管教他们，开始思想上难以接受。其时，林华忙于其他工作，很少留在科内，一切科内日常工作，都由林展主持，加上懂得日语的人不多，只有她和我以及两个投诚到我队的台湾人，实际工作都由林展负责。她处事沉着、果断，放手让其他同志负责有关事务、生活、警卫、通讯等各方面的工作，自己则集中力量做好战俘的转化工作，慢慢地在战俘中树立起威信来。

……

九、渔夫舞

1944年11月底，政治部要求我们敌工科派出一部分有觉悟的战俘，参加12月初在坪山召开的群众大会并参加演出，这是对我们敌工科工作的一个考验，也给战俘们一个极大的鼓舞。

当林展把这个消息通知战俘时，他们高兴极了。以山下、田中、中岛等为首的战俘都急不可待地投入排演。山下还负责准备一篇讲话，在演出前发言。

开会这天，敌工科的部分同志和部份战俘由林展带领前去坪山。纵队首长和部分连队指战员以及乡亲们共一千多人，共同庆祝东纵成立一周年。

……

十、黄龙观上的歌声

特工科在罗浮山期间，我们住在山腰的黄龙观，环境相对稳定。这时，日俘的觉悟已日益提高，日本共产党总书记冈野进的名字，已为他们所熟悉，政治部传来日本反战同盟在延安成立的消息后，战俘们的反应强烈，日本反战同盟华南支部的成立已成为可能。不久，台湾人民解放同盟、日本反战同盟、朝鲜人民独立同盟等三个华南支部都相继成立。

敌工科的工作经过近一年来的努力，已经结出了丰硕的成果，为做好反法西斯统一战线的工作迈出了可喜的一步。

在庆祝三个同盟成立的联欢晚会上，大家都把自己最好的节目拿出来表演。黄龙观侧殿旁有一大片空地，晚会就在那里举行。

月色皎洁。林展首先代表东纵政治部向三个同盟致贺，并宣读了从延安总盟发来的贺电和批准成立华南支部的电文。接着，三个同盟的代表都讲了话。

……

十一、受降令下

……

我们全体战士听到日本投降的消息后都非常高兴。日本战俘的情绪也分外激动，不正义的战争终于结束，他们可以回到日本本土，与家人团聚，重新过着和平的生活了。

接着，朱总司令要日军就地向我投降的命令，东纵司令部要日伪军就地向我本部投降的命令，都颁发下来了。

林展同志马上组织力量，把这两个命令译成日文，尽快用各种办法，送到各日军驻地去。

陈世光受命带领五六个日本反战同盟的盟员到路西支队去，协助那里的受降工作。

我跟随大队进驻惠阳、宝安一带，我们的队伍已经可以公开走在公路上，不过，仍然保持着应有的警惕。

到江南驻地后的初期，为了配合连队和地方民主政权开展对日军的受降工作，我经常被派到各地去，有时和林圻或陆润玲同行，而更多的时候是和日本反战同盟的盟员一起，在日军驻地的对面，向他们喊话，敦促他们放下武器，就地向我军投降。但是，始终未能和他们进行正面的接触。受降工作一开始就受到国民党军队的破坏，他们依仗着美国军队的帮助，直接命令日本军队要向他们指定的地点集中，武器要造册上报，这增加我们受降工作的困难。

敌工科里，要接收持械来降的日本士兵以及来自香港九龙的宪兵，工作日益繁重。9月中，连同原有的战俘，日本人的人数已近二百人，物资供应、生活管理、驻地安排等等事务性的工作，林展应接不暇。

十二、“你们胜利了，我们战败了！”

……

日本宣布投降已近一个月，日军作为侵略者的气焰已丧失迨［殆］尽，宪兵部宪兵也不例外，都想快些集中回国。他们当着我的面，把关在淡水的五十来人全部释放了，并希望我军委派代表，到淡水的日军部队去进行正式谈判。

我离开淡水，当夜就在附近找到林展，向她汇报了这次与日军正面接触的情况。翌日，林展派我到司令部向曾生司令汇报。曾生司令非常重视，送给我一支左轮手枪作自卫用，并将委任我为东江纵队敌工科代表的信函交给我，要我再进淡水，正式和驻淡水的日军谈判。

林展派陆润玲和我同行。二进淡水后，当即与淡水我地方政权组织取得联系，请他们协同到日军指挥部去谈判。这次跟我谈判的日军部队长官，军阶比上次谈话的佐级军官要高，但他仍强调不能向我队投降的原因。不过，谈判的结果，他仍把一批轻重机枪、掷弹筒、子弹等武器交给我们，并从仓库中取出毛毯、军用水壶、药品、防毒面具、橡胶雨衣等一些军用物品，交由淡水人民政府的民兵运到东纵来。

特工科根据司令部的命令，还要继续与日军进行谈判。争取接收他们更多的武器和物资。我和林展第三次进淡水时，带着警卫班，直接到淡水公路日军驻地，继续与陆续集结到来的日军谈判。谈判的结果是运回了一批又一批的军用物资。

可惜，要日军整个建制向我们就地缴械投降的工作，已经被仗着美国军队帮助的国民党军队破坏。

十三、完成遣返工作

……

执行遣俘任务的前期，林展带领科内的全体工作人员给日本反战同盟和携械来降的日本士兵做了大量的思想工作和物质准备工作。由于操劳过度，不久林展病倒了，必须到香港治疗。临行前，她万不得已地把科内的领导工作暂时委派给我。

……

回　忆[①]（节选）[②]

林谭煌[③]

……

革命妈妈梁世珍等人被敌人押到惠州后，受尽严刑拷打，要她交出儿子李群芳，而梁妈妈说："人各有志，他去搞革命为人民，子大不到爷做事。我儿子打日本、保家乡有什么不好。"搞得敌人哑口无言。

两个月后，国民党还未放出梁妈妈，我武工队就放出了风声：连游击队的家属你们都要抓，试问你们国民党还有多少家属？并声称要活捉保安团第八团团长徐东来，踏平国民党某师师长黄志鸿的家。国民党害怕了，只好把梁世珍及阿六姐释放。但他们还没有死心，还写了一封信叫梁妈妈带给李群芳，要李去国民党那儿当官，梁妈妈知道信的内容后当即撕掉了。

---

① 标题为编者所加。——编者注

② 收录于李建国编著：《从东江纵队到粤赣湘边纵队》，广东人民出版社，2015年，第232–234页。

③ 时为边纵东一支第二团交通总站属下交通员。——原书注

容娇和申娇[①]

林苑明

容娇参加游击队前是西贡区桥嘴的渔民，丈夫早年病故，儿子石来福，女儿石桂好，一家三口靠捕捉鱼虾为生，终日不得温饱。港九沦陷后，在日寇“三光政策”统治下，敌人的残暴野蛮行径，激发了她对日本鬼子的仇恨。她带着儿女冒着生命危险帮助江水、黄冠芳等武装部队护送何香凝和一批文化人士回内地，抢运物资，传递书信、情报等工作，从不辞劳苦，出色地完成任务。当时日军快艇、“电扒”在西贡区坑口至龙船湾、塔门等海面活动频繁，容娇母女小小交通艇常常会遇见敌人，特别是天阴下雨雾大的时候，茫茫的海面上 50 米内都看不清东西，如 1943 年，大队部军需欧伟明同志要到坑口检查税收工作，容娇母女用小船由西贡送他到坑口，途经西洲，由于雾大未发现敌情，当她们发现有情况时，敌人的船已离他们只有 30 米了，容娇母女镇定地让欧伟明下水掩蔽在渔船另一边，敌船开过来一时没发现什么，马上就开走了。容娇的机智勇敢，掩护了许多同志安全脱险。由于抗日队伍的不断扩大，容娇送儿子来福参加了海上中队，从此她母女两人的工作更忙了。常常是不分昼夜、风雨无阻地把一捆捆钞票（税款）运接送回大队军需处，把一批批的同志来回送到目的地。1943 年间，江水、李兆华等同志从大部队接受任务后要回坑口，船临将要靠近槟榔湾码头时，才发现小股日军正在到处抓人，突变的敌情使船上的人进退两难。容娇叫大家不要慌，都坐到船舱里去，她装着若无其事地象普通渔妇那样慢慢地把船摇走，避过了敌人的搜索。容娇不仅有

① 收录于广东妇女运动历史资料编纂委员会编印：《香港妇女运动资料汇编（1937 年—1949 年）》，1994 年，第 137–138 页。

临危不惧的应变能力，而且机智灵活。1943年初，江水短枪队在西贡墟活动时，有一次敌人从第［海］上[①]、陆地包围进行“扫荡”，容娇母女妇［俩］冒着生命危险用小艇把短枪队的同志偷偷地送到桥嘴掩蔽起来，使敌人扑了个空，容娇母女以她们的双手，不停地摇着小船为抗日游击队的安全、战士们的给养、同志们的安全作出了很大的贡献，深得战士们的爱戴。她的事迹永远铭刻在我们的心上。

“不是亲人胜似亲人”。西贡北潭涌，只有三户人家。有一家叫李申娇，丈夫是海员，太平洋战争爆发后失了联系，申娇带着独生子黄送靠种几分田糊口，生活很困难，但她对我们游击队战士就象对亲人一样。港九沦陷后又逢大旱灾，粮食失收，日寇只配给六两四的口粮，群众生活十分困难，游击队的给养就更难了。申娇经常把节省下来的粮食、番薯、青菜送给我们部队。特别是遇到个别同志生病了，她就象亲人一样问寒问暖，放下自己的农活上山找草药为同志们治病，她宁愿自己吃番薯也要把米熬成粥喂给病人吃。当时有一位女同志快要分娩了，申娇暗地里把自己节省下来的几升糯米和母鸡下的几十只蛋（连自己的独生子都没舍得给吃）做了一坛黄酒为产妇补养身体。在申娇的精心护理和爱护下，一个又一个的战士康复重返岗位。

原载1987年5月出版的《回顾港九大队》（下集）

① 原文如此。——编者注

在路西交通总站的岁月里 ①

林 冰

担任总站长

1945年秋的一天，东纵第一支队政治处主任赵督生同志对我说："李青（我原名李青）同志，交通站的符铁民已调往海南工作，现在派你到总站任总站长兼党支部书记，相信你一定能很好地开展工作。"接着，他还告诉我加强路西交通工作的重要意义。听了首长们的话，我意识到自己肩负的责任，暗下决心，一定不辜负党的信任和期望。

当晚，风雨交加，雷鸣电闪。我头带［戴］竹笠，身披蓑衣，完全是一个农村姑娘的模样，借着电光，摸黑赶到接头地点。给我开门的是一位中年妇女，对过暗号后，她关好门，把我带进屋内。这时，大家相见都很高兴。我传达了领导对交通站工作的指示，介绍了部队的情况，大家一直谈到天亮。

我到交通总站后的第一项任务是整顿、健全组织，严格交通纪律。总站设有总站长、政治服务员、收发员、炊事员、运输员、财务员和交通员。除了总站长配备武器外，其他同志都不配备武器。站里的党组织是不公开的，除总站外，下设三个分站。由于交通站有的设在解放区，有的设在游击区，还有的设在敌占区，因此，经常受到日伪军、土匪、地主武装和国民党顽军的封锁、阻隔、袭击和破坏。为了安全，交通站有时不得不转移，但也有相对固定的地点。具体的交通路线有五条：一是从梅塘经

① 收录于中共宝安县委党史办公室编：《回顾东纵交通工作》，广东人民出版社，1987年，第158－174页。

羌下、圳尾、楼村至公明圩；二是从白果洞经田尾、黄泥坳至观兰［澜］塘；三是从大朗经鹧鸪坑、寮步、付竹山、良蓝圩、温塘至东莞；四是从走马渡、山坳岭，斜下至古塘坳；五是从惠卅经石马、百角坟、罗群布、长山、庙岭至清溪。就在这惠、东、宝的山山水水中，遍布了我们交通员的足迹。

当时宝太、莞太、莞龙、广九等公路、铁路沿线敌人据点密布。在敌伪顽据点的周围坚持斗争，条件是非常恶劣的。我们总站曾设在百花洞，利用大岭山、牛鼓岭一带的有利地形，在群众的积极配合下，多次与敌周旋，粉碎了敌人的阴谋。

我们交通员虽很年轻，但革命意志坚强，机智勇敢地承担着艰巨而又危险的工作。除了及时传送上级指示、文件、材料、部队刊物和宣传材料外，还经常深入敌区散发传单、张贴标语。

交通员年龄小、文化低，甚至有的是文盲。为了把工作做好，我们将编写好的各类文件的代号和等级以及各个地区、机关单位和首长的代号，要求大家熟记。凡文件上划有三个△号的特急件，交通员不管有多大困难，都必须以最快的速度在指定的时间内送到。有一次，交通员陈仔赶送一份急件，由于交通沿线情况突变，敌军把守很严，无法通过关卡，为了不耽误时间，陈仔就从地势险要的铜锣径绕道而过。这条险道平日根本无人行走，但为了完成任务，陈仔不怕毒蛇猛兽，不怕千难万险，终于及时把信送到。

机智勇敢的交通员

在对敌斗争的艰苦岁月里，路西交通站的每个交通员都有自己的突出事例。交通员梁伟泉个子很小，身体瘦弱，平日不爱说话，但执行任务非常认真。他经常担负送情报到司令部的任务，常常是一个人翻山越岭，露宿山头，机智勇敢地通过敌人的关卡。一次，我将一份特急件交给他，因情况紧急，他连干粮都没带便出发了。刚出小路，他就看到便衣特务拦路搜查行人。见势不好，他立即向附近的树林里跑去，因不小心弄响了树枝，引起敌人的注意。于是，一群便衣特务紧追上来。梁仔拼尽全力奔跑，一口气跑了四五里路，把敌人甩开一段距离。穿过树林后，梁仔来到东江河边，一看水深流急，江面上无一船影，又不能游水过去。眼看敌人就要追上来了，他急中生智，迅速地拔了两根芦苇，把情报塞到其中一根内，两头用泥封好，又把另一根含在嘴里，咕噜一声沉到江中，在水草中隐藏起来。敌人赶到江边，只见一江河水，没半个人影，气得乱放了几枪，边叫边骂地走了。等敌人走远，梁仔从水中出来，浑身发抖，又饿又累，头昏眼花。但想到任务还没有完成，他又顽强地继续赶路，按时把情报送到部队。

女交通员方瑞意是个从没有出过家门的农村姑娘，胆子比较小。她参军后，在同志们的帮助下，进步很大。一次，她接受了任务，连夜送信到杨梅岭。出发时正下着瓢泼大雨，路上遇到山洪爆［暴］发，洪水夹着泥石滚滚而下，平静的小山溪刹［霎］时变成一条汹涌的洪流，挡住了去路。方仔心急如焚，她想：若往回走就会耽误大事，给部队带来损失；如果往前走，很可能会被洪水吞没，同样完不成任务，怎么办？她边想边沿着河边走，忽然发现路边一棵树上有根山藤，被风吹得摇摇晃晃。她顿时有了主意，决心攀藤荡过对岸去。当她攀紧山藤往下看时，只见激流翻滚，一不小心掉下去，就人信俱毁。但她想起了模范交通员杨少珍、田仔等同志的英勇事迹，他们多少次临危不惧，机智勇敢地完成上级交给的任务，自己现在重任在身，在关键时刻绝不能有一丝一毫的犹豫，冲过对岸就是胜利。想到这里，她咬咬牙，两脚一缩，用尽全力使劲一蹬，借着冲力飞腾而起，终于荡落在对岸的灌木丛林里。她爬起来又拼命奔跑，胜利地完成了任务。

小交通员田仔是个孤儿，参军时才 13 岁，先是给古道政委当勤务员。在首长教育下，他的阶级觉悟不断提高，到交通站后，很快成为一名出名的交通员。田仔根据自己年纪小，农家出身的特点，经常装扮成放牛娃，赶着牛送信件和书报。一次，他送信到敌占区的城镇，扮成一个要饭的乞丐，穿得破破烂烂，提个破篮子，篮里放着一些又脏又臭的残羹剩饭，把信件卷好藏在剩饭里。经过日军把守的城门时，他把又酸又臭的剩饭端到日伪军面前。日伪军闻到难闻的馊饭味，厌烦地把手一挥，赶田仔快走开。就这样，田仔机智地进了城镇，完成了任务。

有一段时期，日伪军的关卡防守很严，我们不少交通员在送情报时被捕和牺牲，交通工作面临很大困难。一天，站里收到一份划着三个△号的急件，我正考虑如何把它送出去时，田仔又主动请求去完成这一任务。

我说："田仔，你最近已多次通过敌人关卡，恐怕会被认出来。"

田仔嘿嘿笑着说："总站长，你放心好了，我自有办法，信件一定按时送到。"

我问他还有什么好办法？他从口袋里拿出一块平时已准备好的香烟锡纸和一扎缝衣线，把信件卷得很小，用锡纸包好，用线扎上，然后说："我把它塞到肛门里，活着就可以安全送到，牺牲了敌人也无法找到它。"

就这样，田仔做好充分准备就上路了；一路上，遇到敌人盘问时，他说是从香港逃难回来的小孩，路上遇到土匪，东西给抢光了，只剩几件烂衣服。敌人信以为真，他一路顺利通过，但到了敌人据点时，检查很严。敌人一把揪住田仔的衣服，用刺刀对着他的胸膛，喝问他是不是游击队派来的。田仔镇定地回答说："不是，我是到镇上找外婆的。"敌人将田仔的衣服剥光，里里外外检查了一番，直到没有发现任何东西时，才放他过去。

在革命的大家庭里

交通员们可歌可泣的英勇事迹，每天都不断地涌现出来。每当看到这些交通小鬼完成任务拖着疲乏的脚步回到站里时，我心里就感到既欣慰又难受，欣慰的是他们都安全地回来了，难受的是看到这些到了应该入学读书年纪的小鬼仔，为了打败日本侵略者，跑出来当交通，每天出生入死，受苦受累，得不到父母亲人的照顾。他们刚来交通站时，也常想父母、想家，遇到困难和危险时，也曾有过思想波动，个别的还看不起交通站的工作，要求到作战部队去。部队的首长和交通站的老大姐、老大哥时常关心他们，经常给他们上政治、军事、文化等课程，提高他们的文化知识和政治觉悟。当时大家学习的文化课本中，有一篇叫《我是一个交通员》的课文，内容是：

小交通，小交通，送情报，又护送；
任务一来抢着干，困难再大也敢闯。
小交通，小交通，聪明机智又有勇；
闯过千重岗哨万重卡，为党为民立大功。
小交通，小交通，长着两条飞毛腿，
敢爬高山过险川，东江河畔逞英雄。
小交通，小交通，
八路军、新四军的小兄弟，向着胜利往前冲。

我们的小交通员在困难的环境里，心里不但想着打鬼子，还想着建设新中国。每天晚上，只要有空，大家都能自觉地学习文化。我也经常把自己在农村夜校学到的一点文化教给大家。有一天深夜，我看见陈永、杨少珍、田仔、方瑞意等交通员仍在看《前进报》和学文化。因明天要执行任务，我劝他们早点休息。田仔说："总站长，让我再多认几个字吧，你不用担心，明天我保证完成任务。"

他们那种对未来充满胜利的信心和在艰苦的环境下仍认真坚持学习的精神，深深地感动了我。我深情地看着他们那天真纯朴的面庞，心里不禁暗暗称赞：多么可爱的小战士！

平日里，交通总站的交通员团结友爱，亲如手足。我们做大姐姐的更是在生活上关怀小交通员；夏天，给他们煲凉茶，煮大芥菜番薯汤；冬天，给他们盖被子、挂蚊帐；有的病了，就上山给他们挖地胆头等中草药熬汤喝。总之，我们就象对待自己的亲弟妹一样照顾他们，整个交通站就象一个大家庭，交通员在这个革命的大家庭里茁壮成长。

我们的交通员扎根在群众中，和群众建立了深厚的感情。我们经常和群众吃住在一起，有空就帮群众挑水、打柴、干农活。群众也把我们当作亲人看待。我们有困难，群众来支援，甚至冒着生命危险来帮助。在广九铁路东边的大刁村新围仔，我们设了一个交通分站，由分站长卢当负责，主要任务是联系路东、路西、罗浮山等地部队。一次，敌人的一个密探装扮成收买破烂的样子，来到大刁村侦察。第二天清晨，日军围了村子，情况非常危急。有一位大娘冒着生命危险，将卢当等同志打扮成本地妇女，让她们手拿锄头、竹笠，牵着几头牛向村后跑去，绕过敌人耳目，跑出了大刁村。敌人扑了空不死心，当晚又来袭击，将妇女统统赶出家门，逐个检查，妄图找出我们的交通员。尽管敌人进行百般恐吓、摧残，乡亲们始终没有说出我们交通员的下落。

偷运药品

由于我军反“扫荡”斗争的不断深入，战斗越来越频繁，伤员不断增多。敌人为使我方伤员得不到及时治疗，千方百地［计］封锁各条交通要道，不准一切医疗物资外流。在这种情况下，交通站的任务就更加繁重了。一天，曾生同志派人叫我去他那里。我去到后，他对我说：“你是石龙人，情况熟悉，现在派你回石龙找马炽昌同志，搞一批药品回部队，伤病员正急着用。”

石龙是铁路、公路、水路交通十分方便的重镇，也是日军重兵把守的据点。我接受任务后，当晚从石排过渡，悄悄地回到了石龙。白天躲在家里，晚上出来活动，几经周折，才在石湾找到马炽昌同志。我把部队急需药品的情况告诉他，他听了很着急，表示一定想办法搞到药品。但他却担心运不出去，因为敌人最近象疯子一样到处抓人。我对他说：“请放心，只要药品搞到了，我会想办法运出去。”

第三天晚上，老马来通知我说：“药品搞到，必须赶快运走。”

我把药取回来后，第二天白天不敢动，准备请一个人来帮忙，晚上就走。谁料黄昏时候，我从外面请人回来时，敌人的便衣便跟上我了。我加快步子走进小巷，他在后面紧跟不放；我放慢脚步装着没事一样，边走边想如何脱身。那便衣却赶到我前面来，逼着要我拿出“良民证”。我低着头不吱声，他把墨镜一摘，恶狠狠地看我说：“你跑什么，是共产婆吧！快跟我去缉查站！”

我想：一到缉查站，就会有人认出我，要想办法甩掉他！我说：“走就走！”边说边装着蹲下提鞋，从地下抓起一把沙子，突然朝敌便衣脸上撒去。趁他双眼不能睁开的时机，我凭着对大街小巷的熟悉，一阵风似地溜走了。

到家后，我立即将药品分成两担，上面盖着猪糠番薯，又赶忙化装成农妇。我请来的那位穷苦妇女也恰巧赶到了。我们便迅速挑起担子赶到江边，趁敌人还没有封江，赶紧过了东江河。船刚靠岸，江对岸就传来了敌人一片叫喊声，是封江还是发现我们走了，没弄清楚。船上的老百姓以为伪军又要来敲诈勒索了，于是“哗”的一声，一个接一个地跳上岸，没命地奔跑。我们趁混乱之际，将药品迅速挑走，一口气跑了几里路，到了博罗铁场我姨妈家。

我姨妈是位烈属，为人正直。她见我们慌慌张张地挑着两担东西走过来，心里明白了三分。她说：“江那边搜查很紧，抓了不少人，说不定马上会搜到这边来，你们吃点东西快些走。”

话没说完，只见一个贼眉鼠眼的人走了过来，他将我俩从头打量到脚，对我姨妈说：“阿婆，这两个是你什么人，现在上面到处搜查游击队，窝藏者要满门抄斩的呀！”

我姨妈赶紧说：“保长，你不要乱猜疑，这两个是我外甥女，过路的。”说着从鸡窝里抱出一只生蛋鸡来，塞到保长手里，说：“小意思，孝敬你老人家，他们马上就走！”

保长抱着鸡，笑容满脸地走了。看这情况，我们饭也不吃了，挑起担子匆匆离开了铁场。

为了安全，我们爬山涉水抄小路，一路上摔了不少跌，衣服给树枝钩破了，手脚和脸也被荆棘划破了。但这一切我们都顾不上了。走了不知多久，到了一个村子。这时，我们又饿又渴，把担子放下来，正想找点水喝，突然见乡丁在村内大声吆喝：“上头有令，今天溜走了两个共产婆，抓住有赏，放走的当共产党论处。”

我们大吃一惊，我挑起担子准备马上离开这里，但那位妇女却不走了。她说：“阿女，我家还有丈夫孩子，万一有个三长两短不好办呀！我少要几个钱，就挑到这里算了。”

她表示害怕不是没有来由的，这却把我急坏了。如果她一走，我有再大的力气，也无法将这两担药品挑回部队去啊。一到天亮，被敌人发现那就糟了。个人牺牲是小事，这些药品关系到部队多少伤病员的生命呀！我一边安慰她，一边把姨妈给我的几只鸡蛋送给她吃，并耐心向她讲解了穷人只有一条心，打败了日本侵略军才有好日子过的道理。

她终于被说服了，咬咬牙挑起担子说：“好！我帮你挑到目的地吧！”

天刚破晓，我们终于到了东莞石排，把药品送到了部队驻地。这时我才发现我的两只脚肿得把鞋子也撑坏了，划破的伤口和衣服粘在一起，撕开衣服血又流了出来。但我丝毫没有痛苦的感觉，因为完成了一项艰巨的任务，浑身充满了胜利的喜悦。

梅塘被捕

日本投降后，12 月 19 月，第二支队获悉敌人要向解放区进行大规模“扫荡”，机关和部队准备一次大的转移，命令交通站坚持工作。当时支队长何鼎华，副支队长鲁风对我们的工作作了指示，给我们留下了一支三号左轮手枪和几粒翻抄子弹，负责军需的邹远山同志给我们留下一点钱，命令我们在国民党没有占领梅塘之前，交通站不能离开镇尾，要坚持交通联络，经常与王林中队取得联系。

队伍转移后的一天，天还没亮，全站同志吃过饭，掩藏好文件、衣物等，正准备出发。侦察员报告，国民党徐东来部队到了梅塘，到处抓人、捉鸡、牵牛、杀猪，无恶不作，并且有一个连的敌人向我方前来，离我驻地仅几里路了。我立即通知同志们迅速撤到镇尾后山掩蔽起来。这时，考虑到敌众我寡，力量对比悬殊，交通站又不是一支武装队伍，我决定把大家带到大山，寻找王林同志的队伍。到了大山后，我先后派了两个小鬼去联系，但都没有联系上。这时，进驻梅塘的敌军已向我们靠近。我迅速拿着装有数粒子弹的小手枪，跑到前面去观察。敌人很狡猾，接受了以往扑空的教训，在队伍前面走着一群伪装成老百姓的士兵，后面跟着二三百士兵。我意识到情况危急，命令大家向后面疏散。

“叭！叭！”敌人发现我们疏散，开着枪潮水般涌来。当时，我用唯一的手枪回击，一面把机密文件和联络信号嚼烂吞到肚子里，一面组织大家撤退。同志们没有跑出多远，突然敌人的机枪向我们方向扫射过来，随着“哎哟”几声叫唤，我看到交通员田仔、莫秀珍紧闭双眼，倒在血泊中。看到战友牺牲，我很难过，伏在田基边，接连打倒了前面3个敌人，然后转身就跑。敌人见我有枪，大叫：“快抓住她，是当官的！”我想，已经无法避免牺牲或被捕了，为了使同志们能冲出去，减少损失，我朝另一个方向奔跑。敌人紧追不放，我一边跑，一边丢钱。匪兵一边拾钱，一边叫：“捉住红军婆！”我趁敌人拾钱，连忙把其他文件扔到水田里，用脚把它踩进水中。由于一天没吃饭，加上激战，我感到体力不支，敌人离我很近了，我再次射击，可是不响，原来翻抄子弹失效了。我意识到自己要被捕了，于是急忙把手枪往田里扔，用脚使劲往下踩，然后拼尽力气向前跑了好一大段路，突然被土埂拌［绊］倒了，爬不起来，就这样，我被捕了。同时被捕的还有政治服务员叶伟兰同志、交通员洪宪仔等人。

这段时期，交通站受到了破坏，一批交通员迅速地分散、掩蔽，坚持斗争。在我被捕的第二天下午4时左右，叛徒韩卓带敌人到白［百］花洞炭窑，致使交通员梁伟泉、林启发、王柏、王厚、周浩、李永、李桂连、周康等同志被捕，有些同志当场与敌人展开博［搏］斗，英勇牺牲。

坚强不屈

被捕后，敌人把我们押到田心围的团部，满以为随便可以征服我们几个年青人。敌连长瞪着三角眼，裂［咧］开一嘴烟屎牙说：“你们几个认识不认识呀？”我们说：“不认识。”敌人顿时大怒，大喊一声：“给我打！”话声刚落，几个敌兵冲上来把我们推倒在地，棍子直往我们身上打，尽管我们被打得皮开肉裂，然而，敌人没能从我们同志的口中得到半句有用的话。

第二天，敌人派了一个排的士兵把我们押到东莞塘夏［厦］区署，到东站时，我又看到被捕的还有10多个交通员和一批老百姓。他们衣服破烂，满身血迹和泥，大家患难中相见，心情万分激动，有一肚话要相互诉说。但在敌人面前，我们都装着不认识。这时，敌人纠集了一大帮地主、流氓、民团分子耻笑我们，还有个自称记者的要我们谈感受，同志们回答的只是怒目相视。敌人火了，用枪托打交通员梁伟泉，小梁挥手大声对围观的群众说：“我们打日本救中国有什么罪？”敌人哑口无言。围观的老百姓纷纷交头接耳，同情我们，搞得敌人下不了台。

晚上，敌人将我们10多人关在一间小牢房里，外面放了3个岗哨。为了安定大家的情绪，坚持对敌斗争，我给大家讲：“我们是抗日的队伍，救中国、救人民，革命是无罪的。真正有罪的是不抗日、打内战的国民党、蒋介石。”我还给大家讲方志敏同志的故事，讲叶挺同志那种“三军可夺帅，匹夫不可夺志”的崇高革命气节。大家纷纷表示要向革命烈士学习，头可断、血可流，保持革命气节。大家还各自编好口供，准备与敌人开展斗争，决不暴露身份。

过了几天，在惠、东、宝一带被捕的交通员都集中在东莞石龙敌师部的监牢里。敌人为了分清那些是主要的政治犯，进行了残酷的审讯，大家又面临着严峻的考验。

那天提审我，敌人问我姓名，在部队干什么？我回答：“我叫袁丽，东莞人，在部队煮饭，因为有病不能跟随部队，只好留下来。”敌人问我为什么参加游击队？我说：“家人给日本鬼子杀死了，为了报仇，我参加了游击队。”敌人一听气坏了，拍着桌子大声说：“你的小鬼都说你叫李青，是交通站总站长，你还不认，想死吗！”又说：“你们交通站有多少人，任务是什么，快快招来。”我照样把刚才的话说了一遍，于是，匪军叫人用绳子把我“吊飞机”，一边打一边问，我不理睬，他们又用草纸浸油贴在我脸上，然后用火烧。一股烧焦的气味直冲我的鼻孔，我晕过去了。

不知过了多久，我醒来了，浑身是水，湿漉漉的。敌人见我醒来，又提着皮鞭问我："你在部队究竟干什么？听说过什么？"我说："是煮饭的。我在部队听说你们高树勋将军起义了，……"我还未说完，敌军官听了顿时火冒三丈，命令士兵用火烧我的嘴。烧焦的嘴痛得钻心，好几天吃不下饭。敌人没有办法，只好把我关在牢房里。

敌人从我嘴里得不到东西，又接二连三地拷问其他同志。那天，提审交通员叶伟兰："你是交通站服务员，交通图我们都拾到了，你承认吗？"小叶一声不哼。敌用皮鞭边打边诈："已经有人证明你了。"小叶大声说："把人叫来和我对证好了！"敌人看小叶态度强硬，便叫士兵把她吊起来，一直打到晕死过去。然后又用冷水把她浇醒，继续审问："你在游击队干什么？交通站到底有多少人？"小叶说："我是煮饭的，什么都不知道。"敌人又举起皮鞭，向小叶的头打去，把她打得鲜血直流，晕了过去。

敌人是不甘心失败的。一天，监牢外的小院子，烧了三堆大火，敌人把大家赶到院子周围，把我叫到中央，让我坐"老虎凳"。几块砖头垫在我脚下，上面用一条木杠使劲往下压，顿时痛得我眼冒金星，两条腿筋抽缩［搐］起来，一直从腿、背、颈痛到头。敌人大喊着要我招供。我愤怒地看着他们，一口咬定自己是个做饭的。敌人又对我施用了电刑，我支持不住，晕过去了。

我醒来后，发现自己躺在牢房里，四周围满了同志。不少小鬼以为我要死去，哭得眼都肿了。我安慰大家："革命战士的骨头是最硬的。个人牺牲是小事，但一定得保存组织，严守党的秘密。"

狱中斗争

敌人把我们关押了3个月，无计可施，加上我们部队开始反攻，于是，敌人把我和叶伟兰、梁伟泉、杨细柳等同志定为政治犯，押往广州国民党高等法院。

到了那里，敌人对我的第一次审讯开始了。

敌人一把拉住我的头发，用一盏一百瓦的电灯直照我的眼睛，照久了，我觉得天旋地转，脑子嗡嗡叫，喉咙冒烟。就在我昏昏沉沉的时候，敌人问话了："李青，只要你老实交待［代］，我们就放了你。"我说："我不是红军，打死了也没有什么说的。"我一口咬定后就什么也不说了。敌人折磨了半天，不给水喝，见我昏迷了，只好押回牢房。

过了一段时间，一天，敌人打开牢门说："李青，出庭。"我思想上早有准备，从容地整理了一下衣服和头发，跟着敌人到了一间大厅。厅子的一头坐着几个穿法衣的官员，其中一个满脸横肉的家伙说："年青人，何苦自找苦吃呢？条条道路任你走，是要享受荣华富贵，还是吃苦终身，全在你自已决定啦。"接着，一个伪法官又讲："识时务者为的俊杰，你年纪轻轻，好日子还在后头呢，你看△△△、△△△原来不也是和你们那样瞎胡闹的，可现在人家聪明了，当了太太，好自在呀！你应向他们效仿。"

我没有出声。这时，一个戴金丝眼镜、象个鸦片烟鬼似的法官以为我心动了，他走过来对我说："妹仔，好好的皮肉被打成这样，叫人心痛呀！浪子回头金不换嘛，来来来！在这上头签个字，你就自由了，你总站长，带个头，其他人也会跟着学的。"

这时，我心里全明白了，他们是想用金钱、富贵来收买我。要我自首，出卖革命、出卖良心，万万做不到！我大声对他们说："你们是屈打成招的？我在公明圩卖咸鱼，钱给徐东来的士兵抢了还加罪我是红军，我是有口难言。你们硬说我偷了火车头，我也没有办法呀！"

敌人的这次审讯又告失败，只好带我回牢房。

监狱的生活是很艰苦的。牢房是个地下室，门口仅有一个饭碗大的窗口透气，终日不见阳光，又臭又脏。每人只有一碗水，约三两发了霉的饭，五分钟的放风时间。屎桶放在牢房里，没有盖，苍蝇、蚊子、老鼠到处乱飞乱窜。难友们被严刑拷打后，伤口得不到治疗，以至腐烂。但牢房锁不住同志们的革命豪情，大家在狱中和敌人坚持不屈不挠的斗争。

一次，敌人把每个犯人每天规定的霉饭减到只发二两，这点霉饭甚至还有病员呕吐出来的脏东西、猪狗食、人血和痰、木屑、钉子、玻璃碎等。大家满腔怒火。我串联了牢房里的同志，决定在狱中开展绝食斗争，抗议敌人的非人待遇。于是，全监狱的同志联合起来，开始了顽强的绝食斗争。一天过去了，二天过去了，到了第三天，敌人沉不住气了，开饭时拿出大米饭和鱼、肉等菜引诱我们。但是，大家谁也不看一眼，有的同志身体不支，昏过去，但始终没向敌人屈服。第四天，敌人慌了，只好答应了我们的条件，保证每人每天半斤饭。斗争胜利了，说明了共产党员、革命战士是不可征服的。

狱中的生活使我们学会了在另一个战场上与敌人战斗的本领。国民党高等法院关押的政治犯中，有一批是无辜的群众，他们是国民党反动派实行的“宁可错杀一千，决不放过一个”政策的受害者。我们决定对这部份同志进行教育，经常和他们讲游击队的故事，讲解放区人民翻身作主人的好日子，宣传党的政策，还教他们唱革命歌曲。

有一次，大家一起放大嗓门高声唱起来。敌人看守听到歌声，吓得慌了手脚，荷着枪大叫：“不准唱，不准唱！”然而整个监牢都充满歌声，歌声象利剑刺向敌人。看守无法控制，气得直蹬脚。敌人为了出气，更加残酷地迫害我们同志。

交通员小黄发高烧，满脸通红，嘴唇都裂了，我们把每天仅有的一点水全留给了他。但是这些水对发了几天高烧的黄仔起不了作用。晚上，小黄开始抽筋了，讲起胡话，大家急得直敲牢门，拼命叫来看守，要求请医生治疗。看守却说：“你们共产党不是硬骨头吗？还要看病？！”这一夜，小黄因得不到治疗，在牢房里死去了。临死前，他紧握拳头，对我说：“大姐，我能坚持，我是无罪的，以后要跟他们算总帐［账］……。”

第二天早上，看守发现小黄死了，他们戴上口罩，拿一条绳子，套着小黄的脖子拖出去。同志们怒火填胸，再也忍耐不住了，一起冲到门口，夺过敌人的绳子，拼按住一个看守，对其他看守说：“你们再敢用绳子拉小黄，我们先把他打死！”看守见势不妙，乖乖走了，经过谈判，看守只好拿来一块板，我们将小黄的遗体放在板上，给他整理了破不掩体的衣服，抬出牢房。临行，同志们向烈士遗体三鞠躬，沉痛地唱起了《国际歌》。这一天，全体难友绝食一天，向死难烈士致哀。

随着敌人的日益接近灭亡，对政治犯的迫害加剧了。但同志们对未来充满信心，虽然环境差，但为了早日冲出牢房，重返战斗岗位，大家在仅有几平方米的牢房里做操、跑步、打拳，我们把这种锻炼风趣地叫为“铁窗运动”。我们深信，胜利的日子不远了。

日军宣布投降后，1945 年 10 月，国共两党在重庆举行谈判，签署了双十协定，国民党政府同意无条件释放政治犯。1946 年 3 月 2 日，我和叶伟兰、梁伟泉、杨细柳等同志先后获释。出狱后，我们几经艰辛，终于到香港找到何鼎华同志，回到了党的怀抱。6 月 30 日，我跟随东纵部队北撤山东烟台，开始了新的战斗。

战斗在路西交通站的女兵[①]

林　冰

一九四一年，抗日战争进入第四个年头，日本侵略者到处挨打，抗战转入相持阶段。广东人民抗日游击队，成为广东强大的抗日武装力量。日寇为了挽救他们行将灭亡的命运，在占领区加强驻兵，妄图扑灭东江的抗日烈火。

那时，我十八岁，在总部（东纵司令部的前身）任司务长。一天，警卫员陈石甫匆匆走来对我说："曾同志请你马上去。"曾生同志叫我去，一定有重要的任务。我加快脚步来到总部，曾生和阮群英等同志热情地招呼我坐下。赵督生、古道等同志对我说："李青同志，组织上决定把交通站的侯惠民调回部队，符铁民调往海南工作，现在派你到总站任党支部书记兼总站长，相信你一定能很好地开展工作。"他们还告诉我加强交通站工作的重要意义：广九线是日军的动脉。敌人占领香港后，做梦都想着恢复广九路，打通粤汉线，这对他们是有战略意义的。而我们对广九铁路也绝不放松，它成为我们的破坏目标。日寇在铁路线上的兵力很强，工事坚固，碉堡林立，还派出武装来回巡逻，并有伪军的配合。我们目前的力量还无法将它彻底破坏，只能不断地袭击，小规模地破坏，使铁路不能畅通，以达到牵制的目的。这条铁路刚好把东莞和宝安划成两半，我们在广九铁路东西两侧的交通来往、调动兵力和运送人员物资等是很频繁的，敌人的严密布防给我们造成极大的困难，所以我们要加强交通站的工作，来克服这个困难。最后，大家一起鼓励我说："你参加革命工作多年，

---

① 收录于广东省妇女运动历史资料编纂委员会东江组编：《南粤红棉——东纵女战士》，1983 年，第 54—63 页。

算得上是个老同志，又是本地人，人情地理均熟悉，相信你一定能完成任务……”。听了他们的话，我意识到自己肩负的重责，暗下决心：一定不辜负党的信任和期望。

当晚，风雨交加，雷鸣闪电。借着电光，摸黑赶到接头地点，按规定的暗号敲门。开门的是一位中年妇女，对过暗号后，她关好门，把我带进屋内。这时，侯惠民、符铁民等同志也从房间走出来了，大家高兴得合不上嘴。我传达了领导对交通站工作的指示，介绍了部队的情况，大家一直谈到天亮。

我到交通站后的第一项任务是整顿、健全组织，严格交通纪律。总站人员有总站长、支部书记、政治服务员、收发员、炊事员、运输员和财务员。总站下设三个分站，其中，女分站长有邓清、卢当；女交通员有方瑞意、李桂莲、王绊卿、莫秀珍、杨少珍、叶伟兰、李群等。由于有的交通站设在解放区，有的设在游击区，还有的设在敌占区，因此，经常受到日伪军、土匪、地主武装和国民党军队的封锁、阻隔、袭击和破坏。为了保存组织，更好地开展工作，各个交通站流动地设在广九铁路沿线上，担负起东莞、惠阳、宝安、增城、博罗、龙门等地的交通工作。

当时宝（安）太（平）、（东）莞太（平）、（东）莞（石）龙、广九沿线敌人据点密布。在敌、伪、顽据点的周围坚持斗争，条件是非常恶劣的。我们总站曾设在百花洞，国民党军队经常从金桔岭向我们进攻。我们利用大岭山、牛鼓岭一带的有利地形，在群众的积极配合下，多次与敌周旋，粉碎了敌人的阴谋。

我们的交通员都很年轻，多数十五六岁，个别的二十岁左右，还有几个十二三岁。她（他）们革命意志坚强，机智勇敢地承担着艰巨而又危险的工作。除了及时传递上级指示、文件、材料、部队刊物和宣传材料外，还经常深入敌区散发传单、张贴标语，侦察日伪的活动情况。

宝安县黄田、固戍两个地方是伪军的大本营。我们选择了一个墟日，让交通员打扮成卖柴、卖蕃［番］薯藤的，把传单、标语藏在柴草和蕃［番］薯藤中；有的装成卖咸鱼的，把机密文件藏在鱼肚子里，混过了日伪的关卡，进入了宝安城。我们把机密文件交到接头点后，晚上两点刚过，便三人一组、两人一双地摸到街上，在墙上贴标语，把传单塞进店铺的门缝里。年纪小的翻墙跳进敌人军营，把传单、标语贴到敌营里。天亮后，伪军看到营房、街道、店铺都有标语、传单，顿时乱了手脚，以为游击队进城了。老百姓却暗暗叫好，私下里议论纷纷“游击队又要打回来了”。

交通员年纪小、文化低，甚至有的是文盲。为了把工作做好，我们将上级编写好的各类文件的代号和等级，要求大家熟记。如“擎天”、“天府”、“北冰洋”、“大山”、“神风”等暗示不同内容的文件。文件上划一个“△”号，表示一两天内送到；划“△△”号的表示当天送到；划“△△△”号的表示特急件。对特急件，不管有多大困难，交通员都必须以最快的速度在指定的时间内送到。除此之外，交通员要经常把上级的指示、文件和宣传品送到敌占区去。完成这些任务，往往要冒很大的风险。因为日伪封锁很严，随时都有牺牲和被捕的可能，而且每个大村庄都有敌人的便衣活动。但我们路西交通站的交通员都是勇敢机智的战斗员。我们交通站有一位人人赞赏、被称之为“小兔子”的“女交通王”杨少珍同志，人们都叫她“杨嫲”。在平湖车站到布吉车站之间，是我们横过广九铁路最安全的地段。这并不是由于敌人防范不严，而是因为这一地段有她负责。她在地方党的同志和情报工作人员的配合下，工作做得很出色。无论是个别人员或是部队，只要听从她的引导，一定能安全通过敌人这一段封锁线。从一九四二年直至抗战胜利，她所负责的交通地段，连同她领导的几个女小交通员，从来没有出过事故。

杨嫲是贵州人，出身贫苦，十三岁就给人做童养媳，以后又被拐骗卖给资本家当丫头。一九四一年底她十七岁，参加了东江抗日游击队。她个子不高，聪明伶俐，到部队当交通员后，很快就学会讲一口流利的广州话和客家话，初步懂得了抗日和革命的道理。她带着满腔的激情，不知疲倦地去熟悉道路，了解敌情、地形，摸清敌人巡逻队的活动规律。什么人该走什么路、人多人少、在什么时间内通过铁路合适，她心中都有数，每次都能出色地完成任务。

一天，总站要送一份非常紧急的文件，途中要通过敌人的三道关卡。我考虑杨嫲等交通员年纪小，危险性大，准备亲自去完成任务，但杨嫲坚决要去。接受任务后，她把文件卷成鞭炮模样，藏在头发里就出发了。她机灵镇定，顺利地通过了敌人的第一个关卡。接着，她又秘密地把文件塞到一个牙膏管里，通过了第二道关卡。最后，她把文件改放在竹帽的夹层里，穿上破烂的衣服，装成哑巴，再次混过了敌人的第三道关卡，胜利地到达了目的地。又有一次，杨嫲送一份紧急文件，刚好碰上敌人“扫荡”，眼看敌人逼近了，她临危不乱，机智地翻到路旁的农田，迅速将文件埋在禾田里，然后装着又哭又叫的样子爬回路上。敌人对她进行了搜查，并喝问她是干什么的。杨嫲说自已是个童养媳，被婆婆赶出来无家可归。敌人不相信，将她带到横岗拘留了一晚，但找不到可疑之处，只好把她放了。杨嫲把文件从田里挖上来，安全地送到了部队。同志们都称赞她是个胆大心细、智勇双全的模范交通员。

交通员方瑞意，参加革命前是个从没有出过家门的农村姑娘，胆子比较小。参加革命后，在组织和同志们的帮助下，进步很大。有一次，她接受了任务，连夜送信到杨梅岭。当时正下着瓢泼大雨，路上遇到山洪暴发，洪水夹着泥石滚滚而下，平静的山溪刹［霎］时变成了一条汹涌的洪流，挡住了去路。小方心急如焚，她想：若往回走就会耽误大事，给部队带来损失；如果往前走，很可能会被洪水吞没。怎么办？她边想边顺着河边走，忽然发现河边一棵树上有根山藤，被风吹得摇摇摆摆。她顿时有了主意，决心攀藤盪［荡］过对岸去。她双手攀紧山藤，两脚一缩，乘着冲力飞腾而起。当她往下一看，只见激流翻滚，一不小心掉下去，就人信俱毁。这时她忽然想起了模范交通员杨嫲、田仔等同志的英勇事迹，她们多少次临危不惧，机智勇敢地完成党交给的任务。自己现在重任在身，在关键时刻绝不能有一丝一毫的犹疑。冲过对岸就是胜利！她咬咬牙，用尽全身气力使劲一冲，终于盪［荡］落在对岸的灌木丛林里，爬起来又拼命奔跑，胜利地完成了任务。

我们的女交通员，是在党的关怀和战斗的磨炼中不断成长的。她们刚来交通站时，也常想父母、想家，遇到困难和危险时，也曾有过思想波动，个别的还看不起交通站的工作，要求到作战部队去。在首长及交通总站的老大哥、老大姐的亲切关怀下，经过上政治、军事、文化课，她们不单增长了文化知识，政治觉悟也不断提高，立志要做一个有革命理想、有为人民服务本领的革命者。当时她们学习的文化课本中，有一篇叫做《我是一个交通员》的课文，内容是："小交通，小交通，送情报，又护送，任务一来抢着干，困难再大也敢闯。小交通，小交通，聪明机智又有勇，闯过千重岗哨万重卡，为党为民立大功。小交通，小交通，长着两条飞毛腿，爬高山过险川，东江河畔逞英雄。"她们对交通工作，充满了光荣感和自豪感，在峥嵘岁月中充满了革命的乐观主义。只要有空，她们都能自觉地进行学习。有一天深夜，我看见罗文旭、杨嫲、陈永、田仔、方瑞意在埋头看《前进报》和学文化。因明天要执行任务，我劝她们早点休息，但她们说："我们这些穷孩子没读过书，如果没有文化，将来全国胜利了，怎么建设新中国呀！"她们那种对未来充满胜利的信心，和在艰苦的环境下仍认真坚持学习的精神，深深地感动了我。我深情地看着她们那天真纯朴的面庞，心里不禁暗暗称赞：多可爱的小战士！

平日里，她们团结友爱，亲如手足。我们做大姐姐的更是在生活上关怀她们：夏天，给她们煲凉茶，煮大芥菜番薯汤；冬天，给她们盖被子、掖蚊帐；病了，上山采中草药，熬药煮汤，像对待自己的亲弟妹一样。交通站就像一所学校，交通员在这个革命的大家庭里茁壮成长。

我们的交通员扎根在群众中，和群众建立了深厚的阶级感情。一有空，我们就帮群众挑水、打柴、干农活。群众也把我们当作亲人看待。我们有困难，他们来支援，甚至冒着生命危险来帮助。在广九铁路东边的大刁村新围仔，我们设了一个交通分站，由女分站长卢当同志负责。主要任务是联系路东、路西、罗浮山等各地的部队。当时，日本鬼子就住在马嘶。有一次，敌人的一个密探装扮成收买破烂的人，来到这个分站的所在地侦察。第二天清晨，日本鬼子就包围了这个村子，情况非常危急。有一位大娘，冒着生命的危险，将卢当等同志打扮成本地妇女，手拿锄头、竹笠，牵着几头牛向后一左拐，绕过敌人耳目，跑出了大刁村。敌人朴［扑］了空不死心，当晚又来袭击，将妇女统统赶出家门，逐个检查，妄图找出我们的交通员来。尽管敌人百般进行恐吓、摧残，乡亲们始终没有说出我们交通员的下落。

由于“扫荡”和反“扫荡”斗争的不断深入，战斗越来越频繁，我方伤员不断增多。敌人为使我方伤员得不到及时治疗，千方百计地封锁各条交通要道，不准一切医疗物资外流。在这种情况下，我们交通站的任务就更加繁重了。一天，曾生同志派人来叫我，对我说：“你是石龙人，情况熟悉，现在派你回石龙找马炽昌同志，搞一批药品回部队，伤病员正急着用。”石龙是铁路、公路、水路交通十分方便的重镇，也是敌人重兵把守的据点。我接受任务后，当晚从石排过渡，悄悄地溜回了石龙。白天躲在家里，晚上出来活动，几经周折，才在石湾找到马炽昌同志。我把部队急需药品的情况告诉了他，他听了也很着急，表示一定想办法搞到药品，但却耽［担］心运不出去，因为敌人最近像疯了一样到处抓人。我叫他放心，说：“只要药品到了我手里，我会想办法运出去。”第三天晚上，老马来通知我说：“药已搞到，必须赶快运走。”我把药取回来后，第二天白天不敢动，准备请一个人来帮忙，晚上就走。谁料黄昏，我从外面请人回来时，敌人的便衣便跟上我了。我加快步子走进小巷，他在后面紧跟不放；我放慢脚步装着没事一样，边走边想如何脱身。那便衣却赶到我前面来，逼着要我拿出“良民证”。我低着头不吱声，他把墨镜一摘，恶狠狠地盯着我说：“你跑什么，是共产婆吧！快跟我去缉查站！”我想：一到缉查站，就会有人认出我，要想办法甩掉他！我说：“走就走！”边说边装着蹲下提鞋，从地下抓起一把沙子，突然朝敌便衣脸上撒去。趁他双眼不能睁开的时机，我凭着对小街小巷的熟悉，一阵风似地溜走了。到家后，我立即将药品分成两担，上面盖着猪糠蕃［番］薯，又赶忙化装成农妇。我请来的那位穷苦妇女也恰巧赶到了。我们便迅速挑起担子赶到江边，趁敌人还没有封江，赶紧过了东江河。船刚靠岸，江对岸就传来了敌人一片叫喊声，是“封江”还是发现我走了？船上的老百姓以为伪军又要来敲诈勒索了，于是“哗”的一声，一个接一个地跳上岸，没命地奔跑。我们趁混乱之际，将药品迅速挑走，一口气跑了几里路，到了博罗铁场我姨妈家。

我姨妈是位烈属，为人正直。她见我们慌慌张张地挑着两担东西走过来，心里明白了三分。她说：“江那边搜查很紧，抓了不少人，说不定马上会搜到这边来，你们吃点东西快些走。”话没说完，只见一个贼眉鼠眼的人走了过来，他把我俩从头打量到脚，对姨妈说：“阿婆，这两个是你什么人，现在上面到处搜查游击队，窝藏者要满门抄斩的呀！”姨妈说：“保长，你不要乱猜疑，这两个是我外甥女，过路的。”说着在鸡窝里抱出一只生蛋鸡来，塞到保长手里，说：“小意思，孝敬你老人家，他们马上就走！”保长抱着鸡，满脸堆笑地走了。看这情况，我们饭也不吃了，挑起担子匆匆离开了铁场。

为了安全，我们爬山涉水抄小路，一路上摔了不少跤。那时，虽是寒冬腊月，汗水却渗湿了衣裳。衣服给树枝钩破了，手脚和脸也被荆棘划破了。但这一切我们都顾不上了。走了不知多久，到了一个村子。这时，我们又饿又渴，把担子放下来，正想找点水喝，突然听见乡丁在村内大声吆喝：“上头有令，今天溜走了两个共产婆，抓住有赏，放走的当共产党论处。”我们大吃一惊。我挑起担子准备马上离开这里，那位妇女却不走了，她说：“阿女，我家还有丈夫孩子，万一有个三长两短不好办呀，我少要几个钱，就挑到这里算了。”她害怕了，我却急坏了。如果她一走，我有再大的力气，也无法将这两担药品挑回部队去啊。一到天亮，被敌人发现了那就糟了！个人牺牲是小事，这些药品关系到部队多少伤病员的生命呀！我一边安慰她，一边把姨妈给我的几只鸡蛋送给她吃，并耐心向她讲解了穷人只有一条心，打败了日本鬼子才有好日子过的道理。她终于被说服了，咬咬牙挑起担子说：“好！我帮你挑到目的地罢！”天刚拂晓，我们终于到了东莞石排，把药品送到了部队驻地。这时我才发现我的两只脚肿得把鞋子也撑坏了，划破的伤口和衣服粘在一起，撕开衣服血又流了出来。但我丝毫没有痛苦的感觉，因为完成了一项艰巨的任务，浑身充满了胜利的喜悦。

日寇投降后，我们又同国民党反动派苦斗了半年多，直到一九四六年夏，我们部队才奉党中央、毛主席的命令，北撤山东烟台。离开这战斗、生活了多年的地方，我的脚好象有千斤重。这一带，多少山丘刻下了我们的脚印，多少河涌溶［融］入了我们的汗水！我们的交通员莫秀珍、黄仔等同志还献出了年轻的生命。我忍不住在心里喊道：烈士的血不会白流！要不了多久，我们会举着红旗高唱凯歌回来的！

难忘的岁月（节选）①

林　冰

我们这些跟随党战斗了大半辈子的同志，都有着自己永远不能忘怀的战斗经历。这里所回忆的是抗日战争中（一九四一年至一九四五年）广九路西交通总站工作的一些情况。

接受任务

一九四一年，抗日战争进入了第四个年头。广东的抗日形势和全国一样，发展很快，日本侵略者到处挨打，抗战进入相持阶段。广东人民抗日游击队（一九四三年后称东江纵队）成了广东强大的抗日力量，解放区迅速发展。日寇为了挽救他们行将灭亡的命运，在占领区加强驻兵，采取碉堡封锁，且对我解放区进行疯狂进攻，妄图消灭东纵，扑灭东江抗日烈火。在这种形势下，我们遵照党中央的指示，在部队党委领导下，开展了“反扫荡”、“反蚕食”的斗争，打到敌人后方去，开辟解放区，取得一个又一个胜利，抗日武装不仅没被消灭，而且进一步壮大了。

那时候，我十八岁，在总部任司务长（总部是司令部的前身）。一九四一年十一月，警卫员陈石甫匆忙对我说：“曾大哥有事对你说，请马上去。”看来曾生司令一定有重要的工作分配。到了总部，曾生和阮群英、林务农等同志都在场。赵督生同志说：“李青同志，组织上决定侯惠民同志调回部队去，胡铁民同志将调往海南岛工作。但交通站的工作很重要，它是对敌斗争的耳目，是保障部队来往人员和急需物资的输送，加强抗日宣传，进一步激发人民的革命热忱，发展抗日大好形势的重要工作。

① 收录于中共深圳市委党史研究委员会办公室编：《广九烈焰》，1983 年，第 412—431 页。

你参加革命工作几年了，又是本地人，人情地理均熟悉，党委决定派你到路西交通站任党支部书记兼总站长。”临行时，曾生、尹林平同志都亲自作了指示。我铭记着首长的话，充满信心地去迎接新的战斗。

顽强战斗

接受任务的当天夜晚，风雨交加，黑乎乎［呼呼］的，伸手不见五指。远处不时传来狗叫声和敌人用来壮胆的机枪声。我头戴竹帽，身披竹叶蓑衣，一个农村姑娘的模样，摸黑赶到接头地点。这是一间极普通的农舍，我按规定的暗号敲门，开门的是一位头上盘髻的妇女。暗号对过后，这妇女关好门，把我带进房子，激动地握着我的手说：“可把你盼来了”。这时，侯惠民、胡铁民等同志从房间出来，互相倾说着工作情况，我把领导对交通站的指示以及部队的情况给大家传达了。

……

智送情报

……

杨秀珍是我们交通站的女交通员，个子不高，长着两只水灵灵的大眼睛，聪明伶俐，人称“小兔子”。小杨参加革命前在香港给资本家当婢女，因忍受不了牛马不如的生活，逃了出来，参加革命工作，当了小交通员，别看她是个女同志，却经常一个人光着脚爬大山，过江河，出色地完成任务。一天晚上，路西交通站要送一份非常紧急的文件，我正准备自己去完成，小杨便对我说：“总站长，你留下来组织站里的工作，让我去完成这个任务吧。”我想，天黑得伸手不见五指，一个小姑娘要通过敌人的三道关卡是非常危险的，但小杨坚决要求，我只好把任务交给了她。她把文件卷成鞭炮模样，藏在头发里就出发了，临走时还坚定地对我说：“站长，你放心好了。”小杨就这样把文件藏在头发里，通过了敌人的第一个关卡。接着，她又把牙膏挤出来，将文件塞到牙膏管里，然后又把牙膏装回去，于是又通过了第二道关卡。最后，她把文件放在竹帽的夹层里，穿上破烂的衣服，装成哑巴再次混过了敌人的第三道关卡，胜利地完成了任务。

又有一次，小杨送《前进报》时，刚好碰上敌人扫荡，眼看敌人来了，小杨镇定自如地抱着文件从路上翻到旁边的农田里，迅速将《前进报》埋进刚犁过的泥土里，然后装着又哭又叫的模样爬到路上。敌人对她进行了搜查，问她干什么的，小杨说自己是个童养媳，被婆婆赶出来的，无家可归。敌人找不到可疑的地方，便离去了。待敌人走远了，小杨马上把《前进报》从泥土里挖出来，安全地送到部队。还有一次，路西部队押送七八个刚刚捉到的日军俘虏，要小杨带路通过封锁线，送到铁路东司令部去。当时，她满腔怒火，提议把俘虏枪毙。经过押送的同志解释，小杨才明白过来，同意带路。到了铁路边，小杨要求把俘虏反绑手腕，将眼睛蒙上，押送的同志照着做了。果然一踏上铁轨，一个日军俘虏就躺倒下来，赖着不走，押送的同志立即拉下一条毛巾塞住他的咀［嘴］，象猪一样拉过去了。如果不依照小杨的意见，让俘虏在铁路上挣脱，沿着铁路不管往南往北，走两三里路就是敌人的据点。夜里，子弹又不容易打中敌人，那时候，押送任务就难以完成。同志们都称赞她是个胆大心细、智勇双全的小交通员。部队还表扬她为“模范交通员”。

……

有一回，卢当同志负责的交通分站设在广九铁路沿线东边的大刁村新围仔。当时一个密探装扮成收买破烂的来到了我们交通分站的所在地，第二天清晨，日本鬼子包围了村子。情况非常紧急，一位大娘自告奋勇带我们突围，她把卢当同志打扮成本地妇女的模样，手拿锄头、竹笠，牵着一头牛，向后一拐，带着我们绕过敌人的耳目逃出了大刁村，当天晚上，鬼子不死心，又来袭击大刁村，将妇女们赶出家门，逐个检查，想逮捕我们的交通员，尽管敌人对老百姓百般欺压、摧残，但始终没有一个人出卖我们的同志，在越是艰苦困难的时候我们越加感觉到“人民群众是我们的贴心人”，交通站能坚持下来，发挥战斗作用，是与人民群众给我们的支持、帮助分不开的。

护送亲人

交通站的同志除了送情报外，还要担负起护送伤员及收容失散人员的任务。

在黄田战斗中，黄适良同志负了重伤，流血很多，生命危在旦夕，组织上决定立即送到香港抢救。当时，日本人在九龙一带布下了严密的封锁线，我们几个交通员打扮成渔民出海打鱼，避过了鬼子的巡逻艇，将黄适良同志安全送到香港。

以后，我们都经常把伤员送到解放区的大王岭瓮瑶医院治疗，伤员伤愈后，交通员又把他们护送回部队参加战斗。

……

由于游击区很大，部队也很分散，我们交通员还经常护送首长来往。有一次，纵队政委尹林平和政治部主任杨康华等往香港有任务，正准备出发，突然接到情报，说敌人封锁很严，凡是与香港交界的各条路口均设关卡。为了保证首长的安全，我派了几个交通员分头设法了解日伪设卡和巡逻的情况。侦察结果是，敌人检查很严，而且抓了本地的一些保长和叛徒来认人。我想情况十分严重，只有走海边，从山上爬过去。我们从大梅沙、梧桐山等山脉，沿着海边，爬过大山，终于冲过了敌人的封锁，把首长送到了九龙。

激战梅塘

……

队伍转移后的一天，天还没亮，全站同志吃过饭，掩藏好文件、衣物等，正准备出发。侦察员报告，国民党徐东来部队到了梅塘，到处抓人，捉鸡、牵牛、杀猪，无恶不作，并且有一个连的敌人向我方前来，离我驻地仅几里路了。我立即通知同志们迅速撤到镇尾后山掩蔽起来。考虑到敌众我寡，力量对比悬殊，而且交通员们又不是一支武装队伍，我决定把大家带到大山，寻找王林同志的队伍。到了大山后，我先后派了两个小鬼去联系，但都没有联系上。这时，已进驻梅塘的敌军已向我们靠近。我迅速拿着装有数粒子弹的小手枪，跑到前面去观察。敌人很狡猾，接受了以往扑空的教训，在队伍前面走着一群伪装成老百姓的士兵，后面跟着有二三百人。我意识到情况危急，命令大家向后面疏散。

"叭、叭"，敌人发现我们疏散，开着枪潮水般涌来。当时，我用唯一的手枪回击，一面把机密文件和联络信号嚼烂吞到肚子里，一面组织大家撤退。同志们没有跑出多远，突然敌人的机枪向我们方向扫过来，随着"哎"的几声叫声，我看到交通员田仔、莫秀珍紧闭双眼，倒在血泊中。看到战友牺牲，我很难过，伏在田基边，接连打倒了前面三个敌人，然后转身就跑。敌人见我有枪，大叫："快抓住她，是个当官的。"我想，已经无法避免牺牲或被捕了，为了使同志们能冲出去，减少损失，我朝另一个方向奔跑，敌人紧追不放，我一边走，一边丢钱。匪兵一边拾钱，一边叫"捉住红军婆"。我趁敌人拾钱，连忙把其他文件扔在水田里，用脚把它们踩进水中。由于一天没吃饭，加上激战，我感到体力不支，敌人离我很近了，我再次射击，可是不响，原来翻抄子弹失效了。我意识到自己要被捕了，于是急忙把手枪往田里扔，用脚使劲往下踩，然后拼尽力气向前跑了好一大段路，没想到被土埂拌［绊］倒了，爬不起来，就这样，我被捕了。同时被捕的还有政治服务员叶伟兰同志、交通员洪宪仔等人。

……

英勇不屈

被捕后，敌人把我们押到了田心围的伪团部，满以为随便可以征服我们几个年青人。匪连长瞪着三角眼，裂开一咀［嘴］烟屎牙说："你们几个认识不认识呀？"我们都说："不认识"。敌人顿时大怒，大喊一声"给我打"。话声刚落，几个匪兵冲上来把我们推倒在地，棍子直往我们身上打。尽管敌人把我们打得皮开肉裂，然而，他们没能从我们同志的口中得到半句有用的话。

……

晚上，敌人将我们十多人关在一间小牢房里，外面放了三个岗哨。为了安定大家的情绪，坚持对敌斗争，我给大家讲：“我们是抗日的队伍，救中国、救人民，革命是无罪的。真正有罪的是不抗日、打内战的国民党、蒋介石。”我还给大家讲方志敏同志的故事，讲叶挺同志那种“三军可夺帅，匹夫不可夺志”的崇高革命气节。大家纷纷表示要向革命烈士学习，头可断、血可流，保持革命气节，并各自编口供，准备与敌人开展斗争，决不暴露身份。

过了几天，在惠、东、宝一带被捕的交通员都集中在东莞石龙伪师部的监牢里。敌人为了分清那些是主要的政治犯，进行了残酷的审讯，大家又面临着严峻的考验。

那天提审我，敌人问我姓名，在部队干什么？我回答：“我叫袁丽，东莞人，在部队煮饭，因为有病不能跟随部队，只好留下来。”敌人问我为什么参加游击队？我说：“大哥给日本鬼子杀死了，为了报仇，我参加了游击队。”敌人一听气坏了，拍着桌子大声说：“你的小鬼都说你叫李青，是交通站总站长，你还不认，想死吗！”又说：“你们交通站有多少人，任务是什么，快快招来。”我照样把刚才的话说了一遍，于是，匪军官叫人用绳子把我“吊飞机”，一边打一边问，我不理睬，他们又用草纸浸油贴在我脸上，然后用火烧。一股烧焦的气味直冲我的鼻孔，我晕过去了。

不知过了多久，我醒来了，浑身是水，温［湿］漉漉的。敌人见我醒来，又提着皮鞭问我：“你在部队究竟干什么？听说过什么？”我说：“是煮饭的。我在部队听说你们高树勋将军起义了，……”敌人听了，顿时火冒三丈。命令士兵用火烧我的嘴。烧焦的嘴痛得钻心，好几天吃不下饭。敌人没有办法，只好把我关在牢房里。

敌人从我嘴里得不到东西，又接二连三地拷问其他同志。那天，提审交通员叶伟兰：“你是交通站服务员。交通图我们都拾到了，你承认吗？”小叶一声不哼。敌人用皮鞭边打边诈：“已经有人证明你了。”小叶大声说：“把人叫来和我对证好了！”敌人看小叶态度强硬，便叫士兵把她吊起来，一直打到晕死过去。然后又用冷水把她浇醒，继续审问：“你在游击队干什么？到底交通站有多少人？”小叶说：“我是煮饭的，什么都不知道。”敌人又举起皮鞭，向小叶的头打去，顿时鲜血直流，又晕了过去。

敌人是不甘心他们的失败的。一天，监牢外的小院子，烧了三大堆火，敌人把大家赶到院子周围，把我叫到中央，让我坐“老虎凳”，几块砖头垫在脚下，上面用一条木杠使劲往下压，顿时痛得我眼冒金星，两条腿筋抽缩［搐］起来，一直从腿、背、颈痛到头。敌人大喊着要我招供。我愤怒地看着他们，一口咬定自己是个做饭的，敌人又对我施用了电刑。我支持不住，晕过去了。

我醒来了，发现自己躺在牢房里，四周围满了同志。不少小鬼以为我要死去，哭得眼都肿了。我安慰大家：“革命战士的骨头是最硬的。个人牺牲是小事，但一定要保存组织，严守党的机密。”

狱中战斗

敌人把我们关押了三个月，无计可施，加上我们部队开始反攻，于是，敌人把我、叶伟兰、梁伟泉、杨细柳等同志定为政治犯，押往广州伪高等法院。

到了那里，敌人对我的第一次审讯开始了。

敌人一把拉住我的头发，用一盏一百瓦的电灯直照我的眼睛，照久了，我觉得天旋地转，脑子嗡嗡叫、喉咙冒烟。就在我昏昏沉沉的时候，敌人问话了：“李青，只要你老实交待［代］，我们就放了你。”我说：“我不是红军，打死了也没什么可说的。”我一口咬定后就什么不说了。敌人折磨了我半天，没给半口水喝。见我昏迷了，只好押回牢房。

过了一段时间，一天，敌人打开牢门说：“李青，出庭。”我思想上早有准备，从容地整理了一下衣服和头发，跟着敌人到了一间大厅。厅子的一头坐着几个穿法衣的官员，其中一个满脸横肉的家伙说：“年青人，何苦自找苦吃呢？条条道路任你走，是要享受荣华富贵，还是吃苦终身，全在你自己决定啦。”接着，一个伪法官又讲：“识时务者为俊杰，你年纪轻轻，好日子还在后头呢，你看△△△、△△△原来不也是和你们那样瞎胡闹的，可现在人家聪明了，当了太太，好自在呀你应向她们效仿……”

我没有出声。这时，一个戴金丝眼镜，象个鸦片烟鬼似的法官以为我心动了，他走过来对我说：“妹仔，好好的皮肉被打成这样，叫人心痛呀！浪子回头金不换嘛，来来来！在这上头签个字，你就自由了，你总站长，带个头，其他人也会跟着学的。”

这时，我心里全明白了，他们是想用金钱、富贵来收买我，要我自首，出卖革命、出卖良心，万万做不到！我大声对他们说：“你们是屈打成招的？我在公明圩卖咸鱼，钱给徐东来的士兵抢了还加罪我是红军，我是有口难言。你们硬说我偷了火车头，我也没有办法呀。”

敌人的这次审讯又告失败，只好将我带回牢房。

监狱的生活是很艰苦的。牢房是个地下室，门口仅有一个饭碗大的窗口透气，终日不见阳光，又臭又脏。每人每天只有一碗水，约三两发了霉的饭，五分钟的放风时间。屎桶放在牢房里，没有盖，苍蝇、蚊子、老鼠到处乱飞乱窜。难友们被敌人严刑拷打后，伤口得不到治疗，以至腐烂。但牢房锁不住同志们的革命豪情，大家在狱中和敌人坚持不屈不挠的斗争。

一回，敌人把每个犯人每天规定的霉饭减到只发二两，这点霉饭甚至还有病员呕吐出来的脏东西、猪狗食、人血和痰、木屑、钉子、玻璃碎等。大家满腔怒火。我串联了牢房里的同志，决定在狱中开展绝食斗争，抗议敌人的非人待遇。于是，全监狱的同志联合起来，开始了顽强的绝食斗争。一天过去了，两天过去了，到第三天，敌人沉不住气了，开饭时拿出大米饭和鱼、肉等菜引诱我们。但是，大家谁也不看一眼，有的同志身体不支，昏过去，但始终没向敌人屈服。第四天，敌人慌了，只好答应了我们的条件，保证每人每天半斤饭。斗争胜利了，说明了共产党员、革命战士是不可征服的。

狱中的生活使我们学会了在另一个战场上与敌人战斗的本领。当时的伪高等法院关押的政治犯中，有一批是无辜的群众，他们是国民党反动派实行的“宁可错杀一千，决不放过一个”策略的受害者。我们决定对这部份同志进行教育，经常和他们讲游击队的故事，讲解放区人民翻身作主人的好日子，宣传党的政策，还教他们唱革命歌曲。

有一次，大家一起放大嗓门高声唱起来。敌人看守听到歌声，吓得慌了手脚，荷着枪大叫“不准唱，不准唱！”然而整个监牢都充满歌声，歌声象利剑刺向敌人。看守无法控制，气得直蹬脚。敌人为了出气，更加残酷地迫害我们的同志。

……

红心永向党

一九四五年十月，毛泽东、周恩来等同志代表中国共产党到四川重庆与国民党举行谈判，迫使国民党反动派签署了会谈纪要（双十协定），同意无条件释放政治犯，当我们得知这个消息时，高兴得跳起来，激动的泪水直往下流。大家说：“毛主席、周恩来同志冒着生命危险为国家、为革命、为民族、为挽救我们前去重庆谈判。共产党、毛主席真是我们的大救星。”然而，国民党反动派对和谈是没有诚意的，虽然在协议上签了字，但还是拖延了无条件释放政治犯的时间，直至一九四六年三月二日，我和叶伟兰、梁伟全［泉］、杨佃［细］柳等同志才先后被释放。

出狱那天，当我走出监狱大门，深深地吸了一口新鲜空气，望着蓝蓝的天空，一切病痛都消失了似的，浑身充满使不完的劲。我当时只有一个信念，那就是找部队、找党。

一天，我们在香港的街上，碰到了纵队司令部一位同志的妻子高兴极了，连忙前去，将我们的情况对她说了。她见我们态度坚决，便把我们带到了当时部队的一个联络站，这个联络站当时由邹远山同志负责。当天晚上，支队长何鼎华同志代表组织接见了我们。历尽艰辛，终于找到了母亲——敬爱的党，我们的内心充满了幸福、骄傲。

一九四六年夏，我们所在部队奉党中央、毛主席的命令北撤山东，又开始了新的战斗。

一九八二年六月

（叶林／整理）

大智大勇的“交通王”①

——记东江纵队女交通员杨少珍

林　冰　邱福如

一九四四年，东江纵队《前进报》多次赞扬和介绍了路东交通站女交通员杨少珍同志的事迹，号召干部战士向她学习，发扬英勇无畏、坚贞不屈、勇往直前的革命精神，夺取抗日战争的最后胜利。四十年后的今天，作为少珍同志的战友，再次回忆杨少珍同志的事迹和革命精神，无疑是对鼓足干劲、努力实现四化的一种极好的鞭策。

杨少珍，中等个子，小小的脸盘上有一双机灵的大眼睛，见过她的人都会感到在她身上有股永远使不完的劲。少珍同志原籍贵州人，但却在广州参加了抗日战争。说起来，这里有一段不平凡的经历。那时候，少珍家里很穷，母亲生下了她，却无力把她抚养大，只好忍痛把她送给舅舅。她舅舅也是一个贫穷人家，吃了上顿没下顿，现在又添了一张嘴，日子就更艰苦了。有一年，少珍家乡遭了天灾，漫山的竹子都开了花，村里不少人离乡别井，流落他乡，少珍舅舅一家人实在过不下去了，为了不使自己的外甥女活活饿死，忍痛把她卖给一户农民当童养媳。说是童养媳，实际上是小帮工。俗话说，童养媳做人难，装瓦泥、挑水、劈柴样样都得干，稍不顺婆婆的意，就要挨打挨骂。有一天，因为少珍挑水慢了，她婆婆把她打得死去活来，倔强的少珍忍受不了，偷偷跑了出来。当时，一个小女孩跑出来有什么出路呢？杨少珍只好一个人蹲在鱼塘边哭了起来，真是上天无路，入地无门。这时，少珍碰到了一个男人，这男人好象很关心她，少

① 收录于中共东莞县委党史研究小组办公室、中共东莞县委党史资料征集小组办公室编：《东莞烽火》第八册，广东省东莞县印刷厂，1985年，第235—240页。

珍就把自己的遭遇告诉了他。这人就说："你不要哭，跟我走吧！我帮你找父母去。"少珍信以为真，就跟他去了。没想到这个人竟是个人贩子，他把少珍卖给了云南一个姓陈的军阀，说是做女儿，其实是当丫头，服侍少奶奶。这个少奶奶更厉害，一不顺心就拿住少珍的头往墙上撞。没几天，少珍头上留下了好几个伤疤。这真是刚逃出了虎口又进了狼窝。那一年，少珍已经十二岁了，拼死反抗，不甘心受压迫的怒火已经再也压抑不住了，她准备再一次逃跑。就在这时，这家的小姐出嫁上海，将少珍当嫁妆带去了。到上海后，人地生疏，少珍只好暂时放弃逃跑的念头。那时，少珍在上海租界住了近一年，在日本鬼子攻打上海时，她又被迫跟着主人逃到了香港，住在六国饭店。由于日本鬼子的侵略，在少珍的心头上，又增加了一份仇恨。当时在香港，有不少革命力量在活动，少珍跟一些进步工人接触多了，眼光也渐渐亮堂了。她参加了香港洋务工会，每天晚上都到工会读书、学文化、唱歌、讲时事、讲日寇怎样侵略中国，宣传中国人不愿意当亡国奴的革命道理。这使少珍耳目一新，就象进入了一个新的天地。一九四一年十二月十二日早上，日本飞机袭炸启德机场，香港一片混乱，街上躺着好几具尸体。几天后，日本鬼子占领了九龙，街上家家关门闭户，不少人家都没米下锅，杨少珍饱尝了民族阶级仇恨，她要找出路，要寻求救星。那天晚上，街上静悄悄的，鬼子巡逻队的脚步声不时从远处传来。少珍避开日本鬼子的巡逻队，摸黑找到了当时洋务工会书记黄堂娣。黄说："少珍，我们在这里活不下去了，如果你愿意跟我走，明天上午八点到花圩集合，一块回内地参加游击队，打鬼子去。"少珍一听，高兴得跳了起来，回去后连夜串联了几十个工友。第二天，他们化装成难民，悄悄渡过了深圳河，到了杨美村，参加了抗日武装部队。这七十多人一到部队，马上就分配工作，有的搞宣传，有的到制衣厂，少珍被编入妇女队。当时妇女队的主要任务是学习和训练。训练是很紧张的，早上要跑步，上下午都上课。尽管生活很艰苦紧张，但大家亲如姐妹，感到很温暖，再苦心里也甜。杨少珍在妇女队学习认真，工作积极，进步很快，不久就加入中国共产党。一个月后，国民党反动派配合日本鬼子对游击队进行了围剿“扫荡”，部队被迫开到山区，当时少珍正发高烧，不能随部队出发，一个人到树林里隐藏起来，当时既没吃的又没喝的，她在树林里昏过去了。第三天敌人“扫荡”过去了，杨少珍身体很虚弱，但她咬着牙关，下定决定，只要还有一口气，就要找到部队，她连夜到望天湖找部队，走呀走呀，渴了饮口泉水，饿了采摘野果充饥，就在身体快要支持不住的时候，碰到了搞民运的同志，大家七手八脚把她抬到卫生队抢救。病愈后，少珍被分配到制衣厂车衣服，后来政治部主任杨康华同志将她调到政治部伙房工作。杨少珍不管在伙房还是在制衣厂，工作都十分出色，是一名出色的女战士。

随着抗日战争形势的发展，部队需要建立和加强多个交通站，以适应斗争的需要，不少优秀的同志被调到交通站工作。那时，杨少珍工作积极，对革命事业忠诚、作战勇敢，自然是被挑选的对象。一九四二年四月，她被调到雪竹径交通站当交通员。当时的站长是李青同志，站里还有两个十二、十三岁的小鬼，四个人住在一间草房里，就象四姐弟一样。每天到群众中干活，晚上出去送信，为了斗争需要，每人都有干爹干妈。敌人“扫荡”，就和当地群众混在一起，敌人怎能知道这里还有游击队的交通员！那时，杨少珍专门负责到深圳购买西药，尤其是买奎宁，因为当时部队发冷的人很多，每逢一、四、七日，她就和当地群众一起去买药，为了避免怀疑，就让一些妇女帮买一点，然后放在包菜里带出来。有一次，她们买了药往回走到布吉时，正好是伪军当班检查，一个伙夫样的伪军走过来，顺手拿了杨少珍的几棵包菜，正准备往哨卡里走。当时，这几棵包菜里就藏着药，她感到不妙，心里象十五个吊桶打水，七上八落。她想，如果现在不采取果断行动，就可能暴露了，于是一个箭步走上去，把包菜抢回来。伪军见捞不到油水，就不让少珍过关，就在这关键时刻，一位知底细的妇女从箩里拿出自己的几棵包菜，对伪军说：“老总，她家里穷，你要了这几棵菜叫她回去如何交待［代］？我把这几棵送给你，放她过去吧！”伪军见有人为她说话，又给自己送菜，也就把少珍放了。事过之后，大家议论起来，都感到那次买药险过剃头刀。

一九四三年，部队有了新发展，根据地扩大了，东莞、宝安都有了自己的政权，部队人员、信件、情报、军需、报纸来往频繁，交通站的工作也逐渐多起来。那时，杨少珍负责由路西到路东的联络工作。路东宝安交通站设在宝安横南，有任务时杨少珍总是一个人黄昏后从雪竹径出发，走田埂、爬大山、绕林子，穿李朗铁路涵洞，经白泥坑到横岗头。当时横岗头是东纵司令部总站派出的一个联络点，杨少珍每次都是在李朗涵洞通过敌人封锁线的。有一次，少珍刚好走到李朗涵洞边，就碰上了敌人巡逻队，她机灵一动，钻进了灌木丛里，当时天黑，敌人没有发现她，但敌人一直在涵洞上扯谈不走，少珍连大气也不敢喘一口，敌人的烟头掉到她的背上烫起泡，少珍动也没动，一直到敌人走了才钻出来穿过涵洞。就这样，由于少珍机智、勇敢，在她执行任务将近一年里从未发生过任何事故。

一九四四年七月，杨少珍参加东纵司令部交训班学习后，由路西转到路东官井头交通站工作，负责由东莞官井头到宝安老大坑的交通联络。有一天晚正八点钟左右，杨少珍由老大坑交通站带着一大包重要情报和信件，还有好几捆《前进报》要往西路送，刚出葫芦围，就在石南圩附近，遇到国民党保八团九龙大队巡逻兵。敌人发现了杨少珍，杨少珍也发现了敌人，正在这进退两难的危急时刻，少珍灵机一动，立即将信件、报纸、刊物踩到秧田底下，坐在公路边哭了起来。巡逻队走过来说她是游击队，问她是哪里人，她用手指着葫芦围，边哭边说：“我被家婆打了，要回黄京坑娘家去。”敌人不信，就在公路边上打她，当时少珍知道报刊文件都在田底下，敌人没有发现，就一口咬定是回娘家。敌人没法子，就把她拉到石岗圩队部搜查，搜不出什么，就抓住她的头发往墙上碰，还用棍子捅肚子，少珍被打得死去活来，并且扬言要打死她。但少珍坚贞不屈，宁死不招。最后，敌人没有办法，只好用绳子捆了一夜，第二天才放了她。少珍出来后，生怕敌人“放长线钓大鱼”——派密探跟踪，她就一直向黄猄坑方向走，到了将近黄昏时才又转回来，将文件报刊取出来，洗干净凉［晾］干后往路西送去。到达目的地之后，部队首长都表扬她勇敢、机智，

《前进报》称她为“女交通王”。

残酷的斗争，使少珍更加成熟，更加勇敢。一九四四年九月底，东纵为了加强和珠江纵队的联系，由纵队司令部交通总站直接派出一个交通分站设立在宝安黄田，当时杨少珍在这个站当交通员。这个站有两条交通船，叫“大索”、“小索”。杨少珍与船员都是以兄妹、姐妹相称，他们避开日本军舰和巡逻队，利用晚上渡过珠江口，到五桂山的崖口或南朗，与珠江纵队交通站联系。随着任务的变化，少珍更动脑子了，她为了更好地完成任务，注意掌握日本军舰和巡逻队的活动规律，四个多月来，她负责护送包括周伯明等三十多位领导干部过江，以及传送情报、文件都没有出过差错。有一次，杨少珍从中山南朗交通站回来，护送珠纵的十多位干部到东纵政治部学习，当时坐的是“大索”，黄昏时出发，但由于不顺风，船往伶仃岛方向拐去了，正想转向，不巧碰上了一条海盗船，他们鸣枪，强令停航。三个海匪上船后企图抢劫，杨少珍机灵地咬定是去香港找工做的，加上海匪在轮前舱后搜遍了也没有发现什么值钱的东西，也就放他们走了。事过之后，珠纵的同志们都赞杨［扬］少珍的机警，不然就会出事了。

一九四五年，由于杨少珍同志工作积极、办法多，被提拔为平洲分站站长，她工作更起劲了。当年，东纵政治部的《前进报》又一次宣扬了杨少珍同志的英雄事迹。

港九大队国际工作小组 ①

林　展

1941 年底日军占领香港后，很多进步爱国文化界人士、民主人士被困香港。港九大队按照党中央和广东人民抗日游击总队的指示，全力抢救这批人民的无价之宝脱离险境。这期间，也同时营救出不少盟国的文武官员（英、印籍人为主）。这些人脱险后，对我游击队既感谢又敬佩。盟国友人留下许多热情洋溢的信，并配合我营救工作，写信给仍滞留在香港的亲友，书报平安，同时介绍持信人所代表的力量（当时为安全起见，不写游击队，更不写中共力量）可以信赖，可以援助脱险。

为了更好地开展营救工作，扩大我国际声誉，港九大队成立伊始即设立了国际工作小组，任务是发现及联络可营救、离港的盟国友人。小组人选一般要能熟识英语，与英国或盟国人士有一定社会关系的人。

1942 年 2 月初，港九大队政委陈达明同志到香港，接了我的党组织关系，告知我以后就属部队系统，并分配到刚建立的国际工作小组。小组负责人是黄作梅同志。陈达明将黄的政治社会情况向我简略介绍。不久黄作梅由港九大队政训室到香港接我的关系，并叫我以后到他暂住的地址联系。

国际工作小组成立初期，小组成员有黄作梅、林展（中共正式党员）、谭干（似是候补党员）、卢陵（女，非党员）。卢陵不久便离开香港。工作小组接头的第一个地方就在卢陵的家，在九龙弥敦道八百多号的三楼或四楼内。这是卢母的房子，当时卢母已离港，该处便成为港九大队、国际工

---

① 收录于中共宝安县委党史办公室编：《回顾东纵统战工作》，广东人民出版社，1989 年，第 206−211 页。

作小组接头联络的地点。黄、谭初期均住在此处。我则仍住母亲家里。

大约在1942年3、4月间，国际工作小组另辟一地点，即在深水步［埗］界限街某号二楼。这时工作小组在此碰头的成员为黄作梅、林展、谭干。一般接头是我到该处找黄作梅汇报请示，偶然他也叫谭干一起参加。有一两次我在此处见到过陈达明、何启明等同志，但不是直接联系。黄作梅同志的父母弟妹亦住此处作掩护。

国际工作小组的工作内容大体可分作三个阶段。

第一阶段，尽快通过各种渠道，趁日军占领后立脚未稳之机，寻找营救国际友人的线索。当时有三种渠道：一是通过已脱险的国际友人给仍滞留在香港的亲友写信，内容是告诉本人已脱险，并介绍持信人可信赖，可跟随营救脱险。二是通过各人原有的社会关系，去发现有无被日军囚禁或囚禁后又逃脱出狱的英、美、印等盟国人士的线索。三是发展一些新关系，发现一些间接线索，再进一步工作。

初期，侧重用第一种渠道。黄作梅亲自送这种书报平安或介绍营救信较多，谭干次之，我最少。原因可能是受信人大部分是男性。记得我曾送过一封已脱险的人的信去找一个印华混血妇女。她接信后，并不热心要求脱险，却反复要我说出脱险路线、属那方面的力量等等。可能是不够信任，也可能是另有企图。这样见过两三次面，我认为无大作用，而且可能带来危险，经与黄作梅研究后，便放弃联系。

黄、谭所送的信、联系的人较多，他们在小组碰头会上也不时提及。有些可能经他们联系好，由港九大队另派同志护送出境。

那时由脱险者写回香港的信，都是用很小的纸条书写，卷成牙签或香烟的样子，以便秘密携带通过敌人岗哨。

第二种渠道也用得不少。黄作梅战前在香港海军船坞工作，曾参加香港政府文员协会，社会关系多，由此发现未被囚禁的原英籍文职官员营救对象也较多。他曾联系过原香港的英政府医务总监司徒永觉，动员他出走。后因日军防范访司徒的人渐严，便改由我去找司徒的门生赖宝珠女医生。赖当时在香港跑马地一所法国天主教教会开办的医院当医生，我则曾是赖的妹妹赖宝勤在庇理罗士女书院教书时的学生，容易和她谈得拢。赖对我们还是尊重与相信的，我直接和她谈明来意，请她趁业务联系之便动员司徒永觉出走。她表示可试试，但认为司徒不太会冒这个险。之后，我还去找过她，果不出她所料，司徒不愿走。此事便作罢。

第三种渠道是发展新关系。这主要是为了刺探或套取敌人搜捕国际友人，以及把不同的外籍人囚禁在不同的集中营的地点，集中营的管理、探视（对囚禁文职人员或一般居民的赤柱集中营允许中籍亲人定期探视）等等情况。新关系中包括有中国人、印籍警察（日军称为宪查）等。通过收集这些情况，再研究作进一步的营救办法。

第二阶段，兼收集日军情报。如收集日军统治香港九龙采用了什么措施、手法，社会舆论、群情反映等等。收集到后一般口头向黄作梅汇报，他再集中向上级陈达明汇报。

这时期我曾收集过日军在香港九龙推行的户口管理办法：日军先宣传一番，再行登记，然后每家门口悬着该户人数、姓名、性别、年龄等等，以加强控制。特别是把户口与配给粮食挂起勾［钩］来，每人每天只得六两四米（司马秤），而且常常供应不足，居民普遍处于半饥饿状态，群情怨恨。我把这些情况详细写了一个报告。后据黄作梅说，上面还表扬了我们。

这期间我也曾通过一个同学的父亲的介绍，并经黄作梅同意，到一个日伪机关去当缮写员。这日伪机关的头子名杜石山，潮汕人。他有在东京的日本人作后台，妄想建立个东南五省的伪政府。我在那里干了一两个月，得知他的日本人后台在香港没有什么力量，他自己的力量主要是在香港的潮汕籍人，其中不少属地痞流氓，常犯案被日军当局拘禁，经济来源不充裕，看来作用不大，与我国际工作小组工作内容关系不大。请示黄作梅后，我辞职，另推荐一位地下党的同志去接任。

在这阶段，我曾抽空到日语速成班学习基础日语，以利当时搞敌情报工作。

第三阶段，配合英军服务团，以情报工作为主。1942 年 7 月，英军服务团在桂林组成，由赖特上校（曾被我港九大队营救脱险）当指挥官。其前进总部设在惠州，由祁德尊少校（亦曾被港九大队营救脱险）负责。他们要求我游击队与之合作，还要求在香港市区与之联系。为此，我们决定开设一间杂货铺，作为我们国际工作小组与英军服务团在港九市区的地下联络站。我们双方曾经协议：(1) 杂货铺的开办经费由英方负担；(2) 杂货铺的用人和经营管理由我方负责；(3) 英方指定一人到杂货铺联系，其他人不能到杂货铺，更不能让其他人知道有此联络站。

双方按此协议执行。杂货铺设在九龙深水步［埗］砵兰街，号称广恒杂货铺。杂货铺内有4名工作人员：黄作梅的父亲、黄楚翘（黄作梅的大妹）、叶颂齐、文坚。杂货铺由黄作梅化名去登记注册，他以杂货铺老板的合法身份作为掩护。

英军服务团方面指定由陈养（中国人）到杂货铺联系。他们有什么情报或其他物品要送去英军服务团总部（设在惠州），便由陈养带来杂货铺，交给叶颂齐，由我们代为送去。英军服务团总部给他们在香港市区的工作人员的经费、指令、文件等，我们也送到杂货铺，待陈养来取。此外，黄作梅与陈养常在杂货铺的阁楼上接头，协商工作。由于黄作梅本身是港九大队政训室的国际干事，他不时还要回大队部处理有关工作。1943年6月，他离开市区时，国际工作小组的一些工作，如与陈养的联系、与我及谭干的联系，则由叶子修同志代理。叶是1942年秋从香港地方党组织调国际工作小组的。1943年夏某天，英军服务团驻港人员陈养失事，被日军抓去。日军派几名便衣于清晨来杂货铺搜查。那时杂货铺还未开门营业，铺内只有黄作梅的父亲和15岁的小伙计文坚。敌人什么也搜查不到，抓走了黄作梅的父亲，文坚则未被抓走。对此，组织上即通知叶子修及谭干撤离市区，回新界北潭涌暂住。后因日军当天下午便释放黄作梅的父亲，未对杂货铺其他人员采取什么行动，约过一个多月，叶子修、谭干等又返回港九。谭干由叶子修同意去海员讲习所学习。这时上级派何启明与叶子修联系。

国际工作小组与英军服务团在香港市区的联系，自杂货铺被搜查后即中断。

大约在 1943 年夏天，我曾一度联系过黄微同志，她在部队一个时期，后又返回香港市区，在商务印书馆工厂当女工。我们给她的任务是：了解敌情，了解工厂生产情况，团结工人，必要时搞些破坏。她没有参与国际工作小组的工作，我与她联系的时间也不长。

黄作梅在 1943 年 3 月 8 日的妇女节前后，还曾单线联系陈敏（女）同志一段时间。陈原在东纵司令部政治部当文书，因患伤寒较重，回港治病养病，故交黄作梅同志联系。不过她没参与搞国际工作小组的工作。

在第三阶段，以搞情报为主时，我曾当过香港市区的小店店员，也在承包启德飞机场扩建工程的承包商那里当抄写员，以便取得合法的职业掩护，收集敌情上报。

国际工作小组在香港市区的工作到 1943 年 9 月便告结束。黄作梅已于当年 6 月返回大队部，并于 1944 年 8 月调往东纵司令部。

我约于 1943 年 10 月调回港九大队政训室（在赤径）。没过几天，陈达明通知我，调往东纵司令部，由林平同志接谈并分配在司令部工作。

东莞武装斗争的回忆（节选）①

林　淦

我是在1938年5月由篁村小学教师张志宽介绍加入共产党的。那时，民众的抗日运动已形成高潮，东莞的抗日后援会纷纷成立。我入党后，从学校毕业出来，于七月参加了县委组织的随军工作队，到国民党驻防在虎门的军队去进行宣传工作。我们队的负责人是陈庆南（即陈明，是党支部书记）和邓白（队长），同队有王添石、王泽民（王永）、张欢（女）等，都是共产党员，搞了一个月便回来了。

八九月间，党决定我与王添石一起去参加党员训练班。训练班地址在原国民党县政府后面的陈家祠，即陈富根家里。同班的约有四五十个同志。为了保守秘密，每个同志都化名入班学习。现记忆到的同学有黎协万、林锦华、王天锡、蔡焯、张英（张杰雄）、陈福媛、张联、张欢、张静之等同志。学习了一个多月，由县委组织部长袁鉴文讲马列主义基础问题，县委宣传部长王作尧讲抗日战争的游击战略战术问题，祁和（祁瑞和，已牺牲）讲党的基本知识。上完这些课后，班未结束，我和蔡焯接受党的分配，到增城瓦窑小学任教。日本鬼子入侵东莞后，党组织又通知我们从增城撤回来，我回厚街，蔡焯回火炼树。

……

打了金桔岭后，敌人知道我们部队的主力已转移到东莞，于是国民党的主力又立即转了过来。我们的主力便又从东莞撤出，只留下一支小队伍坚持在东莞活动。

---

① 收录于傅泽铭主编：《永远的心碑——厚街革命斗争纪实》，广东人民出版社，2006年，第266–275页。

1942 年 10 月，我接到王作尧的通知，说有新的任务，叫我跟他带一些人回厚街。那时，厚街驻有日、伪军。我们回厚街先到王作尧家里，王作尧指示说："这次把你调出来，主要搞敌后工作。东江特委决定在这里成立一个敌后工作委员会，你来搞武装。"并叫我在厚街住一二天再回老家双岗去。第二天，卢克敏、方兰、陈明、王步尧、我等几人组成了一个敌后工作委员会，一属部队党领导，二在敌后活动，不同地方党发生关系。王作尧兼书记，卢克敏当副书记，方兰当组织委员，陈明当宣传委员，王步尧当民运委员，我当武装委员。从莞太线至宝太线这个敌后三角区，均由我们这个委员会去管，任务主要是宣传群众、发动武装，开展锄奸活动，配合部队主力恢复和发展东莞的抗日根据地。我们所活动的地区，是受土匪抢掠，欺压最严重的地方，所以我们动员那些经常被抢的弱小乡村武装起来保卫家乡。

……

（陈铣鹏／整理）

活跃在敌后的东流剧团①

林 榆

东江流动剧团是东江纵队的一支文艺队伍（简称东流剧团）。1943 年剧团成立时，只有八个人，在团长谭军的率领下剧团不断扩大，后来发展到三十多人。成员多半是连队的文娱活跃分子，有的是沦陷区的男女青年，游击区妇女会儿童团的文艺骨干，还有来自港澳和国统区的文艺青年。他们很少受过专业的文艺训练，甚至从来没有做过文艺工作，但是都有一颗火热的心，为了抗日、为了挽救民族的垂亡，参加了游击队；听从党的安排，服从战争的需要，大胆实践努力学习，把自己磨炼成为一个游击队员、一个政治工作者、一个文艺战士。

当时，东江的游击战争异常艰苦激烈。剧团常常与武装队伍一齐活动，全心全意为兵服务、为战争服务。行军时搞宣传鼓动，战斗打响做战勤工作，送饭、送水、抢救伤员。战斗的间隙教战士唱歌，组织军民联欢晚会，协助连队指导员、文化教员上文化课、时事课，还帮战士洗军毯、缝衣服、写家信、谈思想。剧团的同志是连队的亲密战友，深受指战员的欢迎。

剧团经常运用戏剧形式配合连队的政治工作，对战士进行生动的宣传鼓动。有一次，当武工队深夜潜入敌伪宝安县城南头，经过巧妙而又激烈的战斗，歼灭了作恶多端、民愤极大的汉奸、叛徒骆忠之后，于黎明凯旋回到根据地来。东流剧团的同志立即进行慰问、采访，编写活报剧《打骆忠》，并请参战的同志现身说法，指导排练，参加演出，当晚就在军民祝捷大会上演，及时宣传了战斗的胜利，歌颂、赞扬了英勇杀敌的英雄事

① 收录于刘中国、余俊杰等编：《白石龙文钞》，花城出版社，2015 年，第 285–288 页。

迹。又如一次战斗之后，发觉有人对缴获的战利品“打埋伏”，剧团立即进行采访，编演了《缴获归公》一剧，表扬先进，帮助后进，收到了很好的效果。

宝安县毗邻港澳，农民中不少人信奉基督教。当剧团开进宝安龙华朗口这个基督教徒较多的村庄时，根据调查访问所得，创作了短剧《圣诞节之夜》，揭露日军残暴杀害基督教徒的罪行，歌颂我游击队为国为民的赤胆忠心，激发宗教界人士投身抗日民族统一战线，与我合作共同抗日的斗志。

邹韬奋同志是东江纵队从沦陷后的香港抢救出来的数个文化人中的一个。党组织为了他的安全，曾安排他在游击区作短期的隐蔽，部队一些指战员都熟悉他。后来，他去了上海转到苏北解放区。当剧团从新华社电讯得悉他不幸病逝，并立下遗嘱要求党中央追认他为中国共产党党员时，当夜便创作演出了短剧《邹韬奋之死》，歌颂一个革命知识分子毕生的崇高夙愿，对部队进行共产主义理想的教育。

东流剧团还创作和演出了一批深受群众欢迎的剧目：《新的区长》《谷的风波》《打倒日本仔》《若总统在天有灵》《老模李标》《生面人》等，还演出了《流寇队长》《盲哑恨》等剧目。

在游击区不断扩大，根据地比较稳固的情况下，就有可能创作和演出规模较大和较完整的剧目。1944 年，东江纵队举行成立周年纪念大会，东流剧团在东莞柑橘岭向两万多观众演出了大型话剧《路西一年》（孙冰编剧），受到热烈的欢迎。这一次空前规模的舞台演出，标志着剧团艺术水平的提高，扩大了话剧在人民群众中的影响，从而使东流剧团的发展进入一个新的阶段。

《路西一年》反映了东江纵队在广九铁路以西地区的斗争历程。真实的戏剧情节，生动的人物形象，使观众感到异常亲切。不少戏剧事件是观众亲自经历过的事件，剧中人的欢乐和苦痛也就是他们亲身感受过的欢乐和痛苦，甚至剧中人说的话，也是自已曾经说过的。这个戏在宝安观澜演出时，有一个叫叶常的老人，从五六十里外赶来看戏，从开场到闭幕，他精神集中，情绪兴奋。因为他看到戏中不但有像他自己一样坚持抗战，建设民主乡政的父老和生死与共的人民子弟兵，而且连自己曾经讲过的话："我走了几十年黑路，共产党来了，才见到光明。"也搬上舞台了，这叫他怎不感动呢！《路西一年》由东流剧团首演后，还由"拖拉机队"、"铁流队"和"北江支队铁流队"等在东江南北、北江、韩江一带多次演出。由于剧本反映的完全是游击区军民的切身经历和耳闻目睹的人与事，观众感到熟悉、亲切，产生了强烈的共鸣。1946 年东江纵队北撤山东，纵队政治部为了答谢山东党政军民对纵队的欢迎与关怀，由纵队政治部政工队（前进剧团）在烟台市演出《路西一年》，通过舞台形象向解放区军民介绍了东江纵队坚持华南敌后游击战争的情况。

东流剧团的创作，来自火热的斗争生活，直接反映了人民的意愿和要求，演出常常引起意想不到的效果。1945 年东江解放区开展减租减息运动，东流剧团在东莞大朗乡参加了减租减息的试点工作。为配合这一斗争，他们根据减租减息试点工作的切身感受和从双减运动得来的生活素材，创作了多幕剧《大地回春》（林榆等编剧）。这个戏到开展运动的乡村演出时，起到了强有力的宣传、组织作用。有个姓陈的民运队女同志，一面看戏一面流泪。她看到剧中有一个贫穷的女孩子，因母亲无法养活她，把她卖给地主，在地主家中备受凌辱、折磨的苦况时，感怀身世，想起自己卖去女儿的厄运，与剧情引起了强烈的共鸣。她是那个村减租减息的组织者，戏散以后，当夜她带着哭肿了的眼睛与农民一起回忆诉苦，很快就把当地的减租减息运动推动起来。

剧团还演唱了大量的歌曲，如《延安颂》《延水谣》《八路军军歌》《新四军军歌》《东江纵队之歌》《太行山上》《游击队歌》以及本地区创作的几十首反映东江游击区战斗生活的歌曲。为了使歌曲更为群众喜闻乐听，东流剧团用广州方言与客家方言演出，运用群众熟悉喜爱的客家山歌、粤曲龙舟等民间形式演唱的同时，还用方言进行歌曲创作。林榆词、谭军曲的广州方言歌《人民军队来啦！》《光荣输出》等曾深受战士和群众的喜爱。

歌咏活动在游击区是很活跃的，剧团到哪里，哪里就响起了革命的歌声。剧团转移了，儿童团、青救会、妇女会的歌声依然在乡村中飘荡。

剧团不仅为连队和游击区的群众演出，而且深入到沦陷区。送戏到生活在敌人铁蹄下的群众中去，给他们慰问，给他们带去党的关怀和胜利的信息。当然这样做是艰苦的，甚至是危险的。同志们常常从黄昏出发急行军三四十里，出其不意地开进距离日军据点深圳布吉、常平五六里的沦陷区演出。演出结束时已经夜深了，当翻过沉睡的山冈和崎岖的山径回到宿营地时，艳丽的朝霞已经铺满天际了。当然，不是每一次都是那么顺利的。有一次在常平附近演出，日军前来进袭，情报刚到，剧团马上拆幕撤退，但已经来不及了，敌人已把村子包围，同志们只好突围。这一次虽然损失了一些道具、物资，幸好没有同志牺牲。

在艰苦的战争岁月里，东流剧团的文艺兵和哺育他们成长的东莞、宝安地区的人民和部队的战士同呼吸、共命运，生死与共，血肉相连，使这支大多数出身于小资产阶级知识分子的文艺队伍深入熟悉和理解群众和士兵，不但促进了立场的端正和思想感情、艺术趣味、生活作风的转变，缩短了与群众的距离，还在同农民、士兵紧密结合，为群众服务的过程中把东流剧团锻炼成一个坚强的集体，一支能肩负重任的文艺队伍。

东流剧团直到日寇投降前后，因为新的任务的需要，才停止活动，人员也分散到各个地区去了。但东流剧团的革命精神和艰苦奋斗的作风以及她所演出创作的剧目、歌曲，却被带到各个新的地区去发扬光大。

关于中国共产党在东江敌后前线地区实施各项政策问题的谈话（节选）[1]

1944 年 1 月 21 日

林　平

前　记

敌人打通了广九路，东江时局起了重大变化之后，广东人民抗日游击队东江纵队宣告成立，并竭诚接受中国共产党的领导，东江前线敌后军民兴奋异常，纷纷上函我曾、王司令表示敬意，而对中国共产党在东江前线敌后实施统一战线民主政治制度以及各项政策问题，尤为各界人士所关怀。《前进报》记者为此特走访东江纵队共产党代表政治委员林平同志，列举各种问题提出询问，经林政治委员一一详为解释答复，分期发表于《前进报》，为使各界人士普遍了解起见，本社特将各项政策问题谈话汇成专集出版。

编者于黄花岗纪念日即 1944 年 4 月 27 日

农历三月二十九日

……

关于政治制度社会经济政策诸问题

问：中央在陕甘宁边区，在华北、华中敌后根据地实施民主政治，建设新民主主义的社会，在东江敌后前线抗日地域是否亦实行这种政策呢？对于各项具体政策的实施是如何的呢？

① 收录于刘中国、余俊杰等编：《白石龙文钞》，花城出版社，2015 年，第 24-32 页。

答：中华民国，在他的意义上说来，就是属于人民的国家，而不应当是“一党专政”的国家。孙中山先生的民权主义，就是反对封建军阀势力的垄断的权限民权的。正因为中国政治、经济等方面太落后，帝国主义与封建势力重重压迫、人民一切自由权利都被剥夺了。目前的任务，就要使中国人民获得民权，改善民生、使中国成为一个独立自由的强国；而中共向来就主张实现民主政治，建立中华民主共和国，并没有主张中国在今天就实行社会主义，实行共产。

中共在边区、在敌后各根据地就是这样做的。在民主政治的建设上，确表现出伟大的成绩，一万万以上的人民在敌寇铁蹄下、在几千年的专制枷锁下解脱出来，正在埋头建设新民主主义的社会。由于人民政治觉悟性提高了，大家都能站在主人翁的地位，自动地、积极地参加抗日战争。这种新民主主义的政治不限于边区和敌后根据地，这种政治正是全国人民的需要，在全国各地都可以普遍实行的。

我东江敌后抗日地区，三年多来，我队曾经作极大的努力，争取人民的一切自由，也曾经在东宝地区恢复过十余个乡政，建立了初步的民主政权，不过在敌方军政摧残下，遭受了极大的破坏；自敌寇打通广九路之后，广大区域的民主乡政又逐渐恢复起来。在过渡期间，由本队暂委曾鸿文同志为宝安第四区区长，推动建立各级民主政权及民意机关，并宣布了施政方针。显而易见，这些施政方针，就是根据新民主主义的原则精神订出来的。经验与事实告诉我们，民主政治在我抗日地区是完全可以实现的，必然实现的，而且目前就正在努力使其实现。实施的办法当然与边区有程度上的不同，因为具体环境具体条件不同，但原则精神则是一致的。

……

在改善人民生活方面，第一，保证地主的土地所有权及地主的债权，唯须减低佃农租额及债务利息，佃农则向地主缴纳一定的租额，债务人向债主缴纳一定的租息，政府对东佃关系及债务关系均加合理的调整，地租一般地以实行二五减租为原则。第二，发展农业生产，积极开荒，扩大耕地，兴修水利，改良农作物，并发展农副业。第三，发展小规模的工业生产与商业流通、实行自由贸易，反对垄断统制，发展人民的合作事业，并扶助手工业的发展。第四，实行合理的税收制度，废除苛捐杂税，按照财产资本等多寡实施程度不同的累进税制，极贫苦者应予免税。在进出口税方面，本区人民及抗属均能取得各种优待，使大多数人民均能在合理范围内负担经费。第五，加强优待抗属工作，彻底实施优抗条例，务使本队及一切友军的家属都能得到物质上的保障。第六，在文化教育政策上：①积极推动开办学校、识字班、夜校，使所有儿童、青农、妇女都有读书识字的机会，实行普及教育。②实施成年补习教育，加强干部教育，推广通俗书报，奖励自由研究，提倡科学知识与文艺运动，欢迎科学艺术人员，保护流亡学生与失学青年，实施公务人员的两小时学习制。③在遵守政府法令的原则下，允许任何外国人在本区作宗教与文化的活动。

在妇女问题上，依据男女平等的原则，从政治、经济、文化上逐渐提高妇女在社会上的地位，发扬妇女在经济上的积极性，发展家务，保护产妇、儿童，坚持自愿的一夫一妻制。

……

屯洋村妇抗会拥军记[①]

李惠群

宝安县葵涌公社屯洋村（又名土洋村），全村有一百多户人家，五百多人。该村在“九一八”事件后，就以崇德学校师生为主开展各种形式的抗日救亡宣传活动。抗日战争爆发后，全村即开展了抗日救亡运动，出现许多抗敌拥军的动人事迹。一九三九年春节后，成立了屯洋村党支部。为了更好地开展工作，在党支部的领导下，进一步开展了抗日救亡宣传活动，组织了不脱产的地方武装，举办了民众夜校，同时组织了一个抗敌后援会。

一九四二年因革命形势发展的需要，党支部根据上级党委指示精神，发动全村群众由单一的抗敌后援会发展、改组为各种类型的抗日群众团体，如农民抗敌同志会，妇女抗敌同志会，青年抗敌同志会。一九四四年五月成立沙溪乡人民政府时，党支部和乡府就以屯洋村的几个抗日群众团体为基础，扩大发展为全乡性的抗敌群众团体。这些群众团体在抗日战争的过程中，为抗日救亡、为党、为部队、为人民做了大量工作，作出了一定的贡献。这里专讲妇女抗敌同志会在抗日战争时期，在党支部的领导下，发挥其半边天的作用，积极拥军优抗的动人事迹。

当时妇女中的积极分子潘秀金、陈云、张进娣、黄禾、张灶、麦有娣、罗娣、林有妹、叶英、黄英、赖运、张有娣、余水、何进、陈婆、林子妹、李九妹等积极响应党支部的号召，深入发动，很快就把妇女抗敌同志会（后称妇抗会）组织起来，并选出潘秀金为妇抗会会长。

她们在抗日战争期间积极拥军优抗，帮助部队了解和掌握敌情，带

---

① 收录于中共深圳市委党史研究委员会办公室编：《广九烈焰》，1983 年，第 368—375 页。

信送情报，挑运军用物资，抢救伤员，帮助伤病员养伤治病，冒险掩护部队同志等方面，做了大量工作，作出了一定的贡献，真正起到半边天的作用。

一、阶级情谊深似海，战士生活记心怀

由于妇抗会的会员对部队有深厚的阶级感情，因此，她们一听到部队要到本村驻扎，就自动自觉发动会员及早打扫好所有的公房，如天主教堂、阿姑堂等，给部队住宿。部队到来后就自愿借出多余的床板、木板等给部队同志铺床，并献出稻草给部队同志作垫，使战士们睡得更好。此外，她们还发动群众献出柴草给部队做饭，战士们都说屯洋村群众真好！黄禾是妇抗会的成员，积极分子，她的家经常供部队做伙房，她不但热情接待，而且经常帮助部队解决力所能及的困难，如同志们煮饭所需要的柴草、炊事用具等都事先准备好。并经常询问部队战士的寒暖，帮助战士做这做那。部队的同志们感到住在黄禾家好似到了自己家一样的亲热温暖，战士们都称黄禾是好妈妈。

二、让出住房事虽小，丹心一片情意厚

一九四一年至一九四六年东江纵队北撤前，部队司令部和临时省委机关经常驻在屯洋村，需要不少民房供机关办公和同志们住。妇抗会积极发动会员让出房子给省委和部队机关用，麦有娣让出房子给东纵司令部交通分站办公及同志们住宿、冯维让出房子给东纵司令部参谋部的同志办公及住宿、廖来娣让出房子给东纵司令部政治部的同志办公和住宿、陈云让出房子给东纵司令部交通总站的同志们住、张进娣让出房子给临时省委交通站的负责同志住、叶英让出房子给东纵司令部后勤部存放粮食。会员们不但把房子让出来了，而且还自觉为同志们暗中放哨，把保卫同志们的安全看作是自己光荣的职责。

三、披星戴月勤劳作，拥军优属表真情

抗日战争初期，屯洋村的青年妇女，在党支部的领导下，积极配合崇德学校的学生，经常做纸花到沙鱼涌圩义务出卖，将义卖所得的款项，捐献给曾生同志领导的抗日游击队。

妇抗会的会员们为了支援部队，积极抗日，多打胜仗，还积极做好拥军优抗（抗属）工作。她们每逢部队打仗回来，或逢节日，就发动妇女们捐献物资，如米糕、米饼、茶果、花生、三鸟和其他农副产品等慰劳品，亲到部队营房慰问祝贺。

妇抗会发动全体会员把黄鸡妹（地名）和溜马石村前共约二十多亩荒地，开垦种植花生、番薯等农作物，每年把收获的花生、番薯等农产品，支援部队，解决了部队的部分给养，表达了对部队同志的深情厚意［谊］。

妇抗会还积极开展优待抗属活动，帮助抗属种田。她们为了使参军的同志解除后顾之忧，安心在部队积极工作，一心抗日，勇敢杀敌，妇抗会组织了一个二十多人的帮耕队，一年三造帮助抗属劳动，使生产不违农时做到及时播种、及时耕耘、及时收获。此外妇抗会还关心抗属生活，使有病痛的能及时得到治疗，有困难的能及时得到解决。因此，抗属非常满意，参军的同志听到后也非常感动，表示决心在部队干好工作。

四、赤足踏遍羊肠道，智送情报意志坚

妇抗会的会员均是农村妇女，敌人对她们不那么注意，而她们对这一带的地形道路都很熟悉，因此，部队就充分利用她们中的一些骨干分子，代部队送信带情报。她们不但很乐意接受任务，而且责任心很强，不怕艰难危险，不分昼夜，风雨不改，坚决依时完成任务。有一次，黄禾帮助部队带情报到下洞炭窑给部队的联络员，但她把情报带到约定的炭窑时找不到联络的人，于是她走遍了下洞所有的炭窑，结果在坑尾顶炭窑才见有人来联络，黄禾与对方对过暗号之后才把情报交给联络员。她完成任务后，向有关负责同志汇报了传递情报的整个过程，部队同志很满意，并给以

表扬。

妇抗会罗娣，帮助部队带两封情报到大鹏水头沙。当时沙鱼涌、叠福、王母圩均驻有国民党反动军队。而到水头沙必须通过沙鱼涌、叠福、王母圩三处敌人的岗哨。为了预防敌人盘查，罗娣把一份情报夹在自己头上的发髻内，一封用针线缝进自己的衣角里，然后扮成去探亲的样子，提着一个盒篮，里面放着探亲的物件，沉着镇定地向水头沙走去。当经过沙鱼涌国民党反动军队的岗哨时，哨兵喝道："你去那里？"罗娣说"我到上叠福探亲。"哨兵又问："你姓什么？"罗娣答道："我姓陈。"这样就通过了一道敌岗哨。她刚走到王母圩，国民党反动军队的哨兵便大声喝道："你去那里？"罗娣说："我到南澳探亲。"哨兵又问"你南澳有什么亲人？"罗娣说："我娘家在南澳。"哨兵走前来检查她手提盒篮，见到全是探亲用的食物，又放她过去了。罗娣走到水头沙将入村的路口，就按部队同志的交代，连叫了三声"同志"那个接情报的同志便从小丛林中走出来，他见到罗娣就问："你是从屯洋村来的吗？"罗娣说："是"。罗娣听到暗号，就把情报交给那个同志。就这样，罗娣非常巧妙地回答了敌人的种种盘问，通过了敌人的道道关卡，胜利地完成了递送情报的任务。

五、想方设法探敌情

赖运、何进、叶连娣等一部分妇抗会员，经常利用来往沙鱼涌、淡水、龙岗、坪山等地的机会，注意探听敌情，及时向党支部和部队汇报。黄禾大娘是抗属，她拥军的事迹远近闻名。她经常利用外出劳动之机，了解驻在葵涌、沙鱼涌日本鬼子的设防、哨位、人数、障碍物设置、白天行动规律、晚上巡逻等情况，然后就向部队和地方党组织汇报。有一次，黄禾了解到日军在屯洋村心陂河里洗澡，及时通知我武工队去伏击，打死日本鬼子一个，打伤两个，缴获三八步枪一支及一些子弹。

一九四三年，彭沃同志领导的游击队攻打驻在葵涌圩的国民党反动派杂牌军。战斗前，妇抗会曾派出精干的妇女干部到葵涌圩侦察敌情，把敌人驻地周围情况如设有多少哨位、哨兵放哨情况等，一一了解清楚，向部队汇报，使彭沃同志领导的部队在这次战斗中取得很大胜利。

六、军民一家鱼水情深

凡有我部队在屯洋附近作战，妇抗会就主动组织会员支前，扛着担架，冒着枪林弹雨抢救伤员。她们的顽强精神，大大地鼓舞了战士的斗志。

有一次，我部队与日军战斗中有一个干部被打伤，部队同志把他抬到屯洋村再由妇抗会派出赖运、麦有娣、林子妹、黄石等四人，连夜抬到坪山抢救。当时由于沙鱼涌和葵涌均驻有日本鬼子，她们为了避免出危险，绕道避开沙鱼涌和葵涌圩敌人岗哨，整整走了一夜，到第二天天将亮时才到达坪山，把伤员安全护送到目的地。

妇抗会员经常关心爱护部队同志，向部队同志问寒问暖，同志有病，就到田间和山上采摘育草药给病号治病。有一次，有个同志外出执行任务给雨水淋湿了衣服而感冒，当地群众称之为“水感病”，发热头痛周身不适。黄禾知道后就到田野和山上采摘树叶、青草煮水给同志洗澡，连续洗了几天，结果该同志的病就逐步好转。还有一些同志因患肠胃炎，肚痛且疴，妇抗会员便用青草药煲水给患者饮服而治愈。有些同志因作战而扭伤手脚，也由妇抗会员帮他们采摘青草药捣烂敷患处而痊愈。这样的事例不胜枚举。一九四三年彭沃同志领导的部队在葵涌与国民党反动派的杂牌军作战，妇抗会就派出一部分会员去上洞村挑运弹药到葵涌支援部队战斗。战时是如此，平时也不例外，部队有些军用物资需要妇抗会帮助挑运的，就随叫随去。无论在什么情况下，不分昼夜，不怕艰险，风雨不改，坚决依时完成任务。有一次，黄禾帮助部队挑运四个手榴弹和两支驳壳枪到矮岭村，由于要经过敌人两道封锁线，他就用一担竹箩把驳壳枪和手榴弹放在箩底，然后加上满满的稻谷，扮作挑谷到亲戚家的样子。当敌人哨兵查问：“你去那里？”黄禾说“我去我娘家。”敌人又问：“你娘家在那里？”黄禾说：“我娘家在大岚坑。”敌人又问：“你挑的是什么东西？”黄禾镇定地答：“我挑的是稻谷，挑给我娘家人吃”。敌人进一步问道：“里面还有什么东西吗？”黄禾从容答道：“没有什么东西，全是稻谷。”这时敌人用手随便挖了一下稻谷，没有发现什么东西，便叫黄禾走。她回来后向部队同志汇报了挑运武器的经过，部队同志十分满意并说：“谢谢黄禾大娘！”

一九四五年十一月间，国民党反动派驻宝安县布吉的一个加强营，偷袭驻在屯洋村的我江南税务处（代号叫成都税站）。敌军很狡猾，利用晚间先潜伏在葵涌犁壁山，次日一早突由犁壁山来包围屯洋村。当时刚好黄英（又名黄婆）去黄杭坑探亲，发现来犯的国民党反动派，她便转身拼命跑回来向江南税务处的同志报告。税务处同志闻讯立即组织撤退。但由于国民党反动派来得十分突然，不少同志来不及撤退，只好由群众掩护。有六个同志来到潘秀金家，潘秀金见情况十分危急，便把同志们化装成农民出田劳动，同时把同志们的武器、行李埋藏在附近的草木灰堆里，使同志们安全脱险。另一个女同志来到林友妹家，国民党反动派搜查时，友妹认她是从香港回来探亲的亲戚，使这位女同志也安全过了关。另外还有三个同志（二男一女）由黄禾的家门口过，黄禾主动把他们拉进家里来。她把其中的两个男同志化装成农民出田劳动掩护起来，把女同志化装成农村姑娘，当作她的女儿留在家里做家务，从而避过了敌人的搜捕，化险为夷。

一九四六年六月，广东人民抗日游击队东江纵队由沙鱼涌北撤山东烟台。参加北撤的女同志中，有些是有小孩的，为了轻装上阵，她们把孩子托［付］群众代为抚养。其中有个叫杨桂琼的女同志，交下一个还不够一个月的男孩，托一个乡村教师的爱人邱就抚养；一个叫吕英的女同志交下一个五岁的男孩，托麦有娣抚养。从而为部队同志解决了后顾之忧。

总之在抗日战争时期，屯洋村妇抗会的广大妇女群众，为党、为部队、为人民做了大量工作，作出一定的贡献。她们无私无畏的思想品德，勇敢的精神，坚强的意志，值得我们学习。

临时省委沙鱼涌交通站（节选）[①]

李惠群

……

沙鱼涌省委交通站，在省委的正确领导和当地（屯洋村和沙鱼涌）党支部及广大群众的大力支持帮助下，做了许多工作。特别是妇女抗敌同志会的一部分积极分子，帮助我们交通站传递文件情报及经常向我们汇报敌情。她们利用挑运货物到淡水等地之机探听敌情，一有情况就向我们汇报。屯洋村党支部和交通站配合得很好，共产党员李乃胜同志发现英军服务团调查我们活动的情况，他就立即向张持平、李惠群同志汇报，及时引起交通站的注意。因此，交通站的工作开展得很顺利，胜利完成了它的历史使命。一九四五年三月胜利结束，王鲁确同志调到东纵司令部工作，其余的同志转到地方搞人民政府工作。

① 收录于中共深圳市委党史研究委员会办公室编：《广九烈焰》，1983 年，第 396—399 页。

东江纵队的交通工作（节选）[①]

李群芳

我于1940年秋参加抗日游击大队，开始在李盘同志领导的统战部门当交通员，活动于龙岗、坪山地区。约一年后，我调到惠阳大队任交通站长。从此，我一直担任交通工作，后来任惠阳大队交通总站长、司令部交通科长。现将我个人所知回忆东江纵队交通工作如下。

一、交通站的形成和发展

……

1942年冬，我奉命和李恩同志借李姓的宗族关系，打入驻横岗的顽杂军李启东中队，我任副中队长。经过开展统战工作，争取了70多人枪参加游击队。我离开交通站期间，由黄彬负责交通站工作。1943年5月，我改编李启东中队回来后，到坪山竹园接替黄彬负责交通总站工作。黄彬离开时，交通总站很不健全，除了七八个交通员外，其他人员都没有。我到碧岭找到高健大队长，汇报了个人思想和意见。他给我作了几条指示："第一，要安心交通总站长工作，这是曾生同志指定要你担任的；第二，要将交通总站组织健全起来，人员不足提出来，可以满足你的要求；第三，要保证同路西总队部的交通畅通；第四，龙岗、淡水的敌人情报要每天按时送来，不得延误。"

于是，我回来后将交通总站从竹园转移到坪山永贞，根据高健大队长的指示，首先加强总站的领导。不久，黄帼同志从民运队调来总站，负责

---

① 收录于中共宝安县委党史办公室编：《回顾东纵交通工作》，广东人民出版社，1987年，第11—24页。

管理经济，兼管收发和交通员的生活、思想工作；接着，又调来彭娇同志任女运输员，兼管伙房和照顾年小的交通员。

1943 年是大旱之年，群众生活很困难。但大队部叶良同志对交通站的供给很照顾，满足了要求。随后由部队抽调和地下党送来了一部分人员，共有 20 人左右。我着手调整和加强下属分站的组织，先后派出陈永生担任横岗水浸围交通分站长，保障与路西总队部的交通联系；接着派出赖裕娣到沙鱼涌土洋担任交通分站长，保持与港九大队的联系。同时为了掌握淡水、新圩、龙岗、横岗的敌情变化，保障这些地区情报站的情报及时准确的上送，派出梁志坚、钟来在老大坑设立交通分站，负责与龙岗大井黄东、田寮张启秀情报站的联系，派出张志明在坪山马靓设立分站，负责与曾容情报站、坑梓曾少芳情报站的联系；派出叶煌新、叶甲煌在新圩建立分站，负责与新圩巫生情报站的联系，特别是惠州来的情报要及时转送。横岗陈松、李恩情报站的情报均由水浸围陈永生交通分站转送。罗顺生交通分站设在良井，负责转送黄恩情报站的情报。

……

曾生语重心长地对我说：“你要安心交通工作，关心体贴这些十二三岁的交通人员，不要看他们年龄小，其起的作用比一个战斗员的作用大的多。告诉各级交通站不能随意打骂交通人员，交通员为我部队走遍了天下，没有交通人员的日夜奔走，我领导机关耳朵、鼻子不灵，眼睛不精，如果各级交通站有打骂交通员的现象请告诉我。”

曾生接着又说：“交通总站直接为司令部领导，具体的工作由黎崇勋同志布置进行，将人数报给军需处，伙食供给、服装分配由军需处直接解决，人数不够可以增加扩大。你们总站设在坪山永贞很好，也是司令部的前哨，成为我们的耳目。坪山有敌人，相隔二里也要坚持下去，这才算是真正坚持敌后斗争。只有依靠群众，什么封锁线，什么‘围剿’，你们都能打破，一定要使交通总站真正成为司令部领导机关的通讯中心枢纽，我们在土洋做到眼精鼻灵全靠你们。目前你们总站要很好完成四个任务：1. 要畅通路西交通线，保持和王作尧、杨康华部队的联系，对于广九铁路日军封锁线，我看封锁不了你们，日军在路面封锁，你们交通小鬼可以从地底下钻过去（指从铁路涵洞底下穿过去）。2. 每天将龙岗、横岗、淡水、惠州的情报及时传送过来，我每次收到的情报都是交通小鬼午夜一二点钟送到，他们每次这样走夜路是很艰苦的，要关心他们休息。还要与港九大队加强联系，你们赖裕娣是个女同志，很负责任，她向我说交通船不够，要想办法筹备多几只交通船，没有船过不了海。”说到这里，曾生问我：“还有一个小鬼，恐怕是全军最小的一个，叫什么姓名？”我答：“叫赖仔，赖志强，今年十二岁。”曾生说：“很好，他个小精干、机警灵活。4[①]. 护送人员、物资要注意安全，机关要扩大，人员要增加，将来人员、物资来往会更多，要适当增加一些女运输员，特别是我们家乡那些妇女比男人强，能担东西，走路也不会比男人差。”曾生的这些指示明确了交通工作的方向，成为做好交通工作的推动力量。回来后我向全体交通骨干作了传达，鼓舞了全体交通人员。

……

二、向北组建交通点线

……

纵队司令部直属交通总站和部队一样根据形势大力发展，从小到大，从不到 20 人，增加发展到将近 70 人，大后方来的廖枕戈、刘英都是大学生，崇雅中学的戴志华，龙岗平岗中学的李容生、叶思齐分别担任交通站的指导员、服务员，加强交通总站的政治思想工作。坪山、龙岗的一批农民子女踊跃参加交通工作，增加新的力量，计有巫运光，唐锦芳、谢仔、曾记林、曾慎言、曾石、龚培、罗明、戴志明、邹洪兴、廖强、邹天生、邱纪清、余素珍、曾明月、邱桂英、黄如馨、黄炎、林谷安、郑仔等。还有张玉莲、陈娣、邱平、张素贵、黄月瑞、邱月如、曾盘娣、曹秀香、黄英娣、叶伟英等近 20 名女青年任运输员。

---

① 原文如此。——编者注

交通总站人员增加后，整个交通工作机构进行调整，我任总站长，指导员刘英，服务员戴志华、廖沈戈、叶思齐、李容生，事务长曾明月，卫生员陈连清（后调卫生处学习），伙房彭娇；赖裕娣、梁志坚、陈永生、罗顺生、叶煌新、叶甲煌、邱福如、张志明、钟来、利惠民分别担任葵涌、龙岗、横岗、新圩、镇隆、梁井、官井头、三峰、清溪、黄田等十个交通分站分站长，其中赖裕娣葵涌分站人数最多，设有事务长、收发员以及二名女运输员，五名交通员，还有二条交通船。

……

东纵交通工作杂忆（节选）①

李群芳

……

再生父母情——忆群众的掩护

日伪军和国民党顽军知道我游击队厉害，更知道游击队是靠交通人员传送情报信件才保证消息灵通、指挥灵活、上下级之间保持紧密的联系，因此，千方百计想切断我交通线路，捕杀我交通人员。

1940 年 7 月中旬，林平、李少霖同志住在龙岗我家里，由我担任交通员，送信件到老大坑交给陈福秀同志，再从他那里取回由香港等地送来的信件。几次送信都没有出过事，我产生了太平麻痹的思想，加上初做交通工作，缺乏经验，因此，几次送信我差不多穿同样一套衣衫，头戴同样一顶竹笠。羌池坳特务赖金和注意上我，产生了怀疑，即向敌人密告。

一天，驻龙岗的国民党保八团派出 4 个便衣特务，潜伏在我经常行走落脚的坪龙公路长湖围村附近路边小店茶寮仔，准备捕捉我。下午 2 时，天气晴朗，阳光普照大地，我到达老大坑陈福秀家里，接收几封捆扎得很细小的加急信件，藏在身上。陈福秀再三提醒我："这几封信件很重要，由香港送来，你要注意安全，尽快交给林平同志。"

回程时，我不以为意，依然按原路行走。将到茶寮仔，我摸了摸身上的信件，想起了陈福秀的提醒。于是我一反以前的行走规律，没上茶寮休息喝茶，而是从茶寮附近二百多米处走田基小路再越过公路。4 个潜伏的

---

① 收录于中共宝安县委党史办公室编：《回顾东纵交通工作》，广东人民出版社，1987 年，第 175—181 页。

特务望见我越过公路，从穿着特征上认出我来，便大声喊叫“抓活的！”向我追来。

我飞快地穿过甘蔗林，来到一条十多米宽的小河边，将信件含在嘴里，扑通一声跳进河里游水过去，上岸后拼命跑到阳和浪黄甲胜家门口。娇姐（即黄甲胜的姐姐）认识我，把我拉入她家，藏在放满柴草的楼上，叫我不要出声，她端个板凳坐在家门口。

不一会，4 个便衣特务相继追到来，凶神恶煞地向娇姐大声喝问：“游击队的交通员向这里跑来，你看见吗？”

娇姐镇定自若，不露声色地答道：“看见了，是个小孩。”说完用手指向池屋方向，“见他向那边跑去了。”

这下可把便衣特务吓住了，因池屋背后是我游击队经常出没的地方，他们再大的狗胆也不敢追过去。

“为什么不开枪把他打死？”“上头要我们捉活的！”“现在可好，眼白白［巴巴］就让他跑掉了！”4 个便衣特务互相埋怨着走远了。

娇姐回到屋里，取来梯子上楼叫我下来，给我换了湿衣服。

我绕道返回家里，向林平作了汇报。林平语重心长地说：“这次要不是娇姐冒险相救，镇定沉着应付敌人，你不仅会牺牲，而且重要信件落在敌人手里，就会误大事。你要记住这次被救脱险！群众爱护我们，就如同我们的再生父母一般！”

掩护克尔中尉脱险记[①]

李兆华

1944年2月11日，美国盟军十四航空队担任中美联合空军飞行员指挥兼教官的敦纳尔·克尔中尉，驾机和20架战斗从桂林起飞，护卫12架轰炸机袭击九龙日军的启德机场。在香港上空与日机激战，克尔中尉的飞机不幸中弹起火，他被迫弃机跳伞。这时，启德机场周围的日军象一群饿狼，盯着上空，张开血口，准备将他捕获。

忽然，一阵南风刮来，把克尔中尉吹到机场北面的新界观音山上空降落。日军急忙派出搜捕部队，向观音山一带进发。这里与九龙不过是一山之隔，敌人很快就会上山来捕捉克尔中尉，情况十分危急！

可幸的是，我东江纵队港九大队交通员李石送信正巧从这里过。这个只有14岁的小鬼，看到跳伞的是一个白种人，立即判断出这是我们的抗日盟军。他沉着机警地迎上前去，用手势招呼正惊慌失措、不知如何是好的克尔赶快跟自己走。日军的枪声愈来愈近了，克尔也顾不得多想，拔腿就跟他奔跑起来。他俩穿荆棘、钻丛林，好不容易来到观音山外的芙蓉别村附近的一个山坳里。李石把克尔藏在簕丛里，就到村子里去找人联络。

那天下午，我正在芙蓉别村。当时，我还是一个20岁的姑娘，在港九大队负责民运工作。听到李石的报告后，心里象火烧一样焦灼不安，只有一个念头：就是豁出命来，也不能让我们的盟军飞行员落入虎口！李石送信的任务还没完成，不能久留，他说清情况后就急忙上路了。

李石刚离开，我就听到不远处传来“砰、砰”的枪声。只见这个村

---

① 收录于中共宝安县委党史办公室编：《回顾东纵统战工作》，广东人民出版社，1989年，第212—215页。

在山上割草的邱大娘飞快地跑回来。她是一个哑巴，口里急促地向我发出“喔、喔”的声音，同时神情紧张地向山坡的方向一个劲地比划［画］着。我从她的手势中看出，日军在一边搜山，一边打枪，已经离这很近了！我当机立断，找本村一个叫邱葵的群众骨干，要他按李石告诉的地点，立即将克尔转移到比较偏僻的吊草岩山坳处隐蔽起来。

紧接着，我回到离这不远的住地黄竹山村，请钟炳（短枪队员）的母亲碾米舂粉，赶做三四斤糯米糍粑，准备给克尔送去。这时已是傍晚时分，出去打听情况的同志回来说，敌人已出动了一千多人在新界、西贡一带进行严密的封锁和搜捕，黄竹山村附近的蚝涌、北围、大围村都驻满了搜捕的日军。显然，敌人第二天也会到这个村以及克尔藏身的吊草岩搜捕。我暗自思忖：现在要突破敌人重围，把克尔带到游击队去已不可能了。他是外国人，肤色和我们不一样，把他装扮成当地的群众，也瞒不过敌人的眼睛。怎么办？把克尔藏在哪里最安全？……我苦思冥想，想着想着，忽然眼前一亮：把克尔转移到敌人据点附近的北围村山窝里！这里敌人今天已经搜捕过，而且处在敌人据点的眼皮底下，反而不容易引起注意。

主意拿定后，夜幕已经降临，我提着装糍粑的竹篮子，悄悄地来到吊草岩。按照预先约好的暗号拍了几下手掌，很快就与邱葵、克尔联系上了。为了行动方便，我让邱葵先回家去，然后领着克尔，在伸手不见五指的山丛中转移。

夜，静悄悄的，阵阵寒风不时传来敌人扎营地的嘈杂声。我一边摸黑走，一边屏着呼吸聆听动静，走走停停。克尔显得很紧张，半步都不敢落后。好在我平时搞民运工作走村串户，对这一带山头的地形都十分熟悉，只用了一个多小时就摸到了北围村背的山坳上。我警惕地向四周环视了一遍，没有发现什么情况，就把克尔隐藏在一片茂密的树丛里，并将糍粑递给他。他似乎很激动，接东西的双手有些发抖，想说什么，但没有说出来。

为了及时掌握敌人的动态，我连夜赶回黄竹山村。第二天，敌人果然把黄竹山村、吊草岩搜了个遍。日本兵在村里、山头上走来走去，呱呱地嚎叫，结果连个飞行员的影子也没有看到，只在村子里抢了些东西，杀鸡宰猪吃了一顿饭，便往西贡，沙角尾、大网仔一带搜捕去了。

第三天一早，东方刚泛起鱼肚白，我就赶紧起来化妆［装］：脑后梳一个发髻，耳朵戴一副耳环，身穿一件黑布大襟衫和一条大裆裤，手上戴着银手镯。准备妥当，我便扛起竹扁担，拿着镰刀，装扮成上山割草的村妇，怀揣着带给克尔的食物，沿着崎岖的山路，来到克尔隐藏的山坳。他远远地看到我，就高兴地向我不停地招手，似乎忘记了自己危险的处境。我急忙用手势向他示意：小心，“小胡子”（指日军）就在后山！当我来到他跟前时，他从口袋里掏出一个约64开大的本子，上边密密麻麻地印着好几种文字。他指着一行中文“游击队在哪里”，用询问的目光看着我，我摇了摇头，他又指着另一行：“游击队离这里有多远？”我还是摇摇头，他流露出失望的眼神。我接连打了几个手势，意思是告诉他：“不要轻举妄动，要耐心等待。”

敌人抓不到美国飞行员，更加疯狂了。连日来，出动飞机在新界南北进行侦察和搜索，地面也加强了兵力，反复搜查扫荡，并召集九龙、新界的老百姓“训话”，声言要知情者把美国飞行员的行踪举报出来，否则“格杀勿论”。

在这紧急的关头，港九大队手枪队根据李石的报告，采取了一系列“调虎离山”的行动，为美国飞行员解围。在队长刘黑仔亲自率领下，手枪队员大闹敌心脏，刷标语、散传单、剪电线、袭据点，用麻雀战骚扰敌人。这一着果然凑［奏］效，迫使敌人不得不将搜捕飞行员的部分兵力撤回老巢。

一个星期过去了，搜捕的敌人还没有全部撤走，但情况已经松懈了许多。我通过封锁线来到手枪队的驻地石垄仔村，向刘黑仔汇报了掩护克尔中尉的经过。为了使克尔早日脱离危险的境地，刘黑仔决定马上派人护送克尔去港九大队队部。

在一个漆黑的夜晚，我把克尔交给了手枪队队员陈勋和邓贤，由他们护送到港九大队所在地新界深涌村，后又由大队派廖梦等同志从海上乘船把他送到东江纵队司令部。不久，从那里转送回桂林十四航空队队部。

同年 3 月 8 日，克尔从桂林给东江纵队寄来了一封感谢信和五幅自己画的脱险经过的漫画。6 月 11 日，东江纵队《前进报》登载了这封信和漫画。克尔在信中写道：“我 2 月 11 日给你们勇敢的人安全地舒适地在敌人中间藏匿起来，然后又给送到敌人管辖以外的地方去。……我带着日益增长的奇异来看你们这庞大组织的力量，机巧、认真、精力和勇敢。……中国抗战已赢得全世界的敬仰，而我们美国人亦以能与你们如兄弟般一同作战而自豪，在战争里以及在和平的时候，我们永远是你们的同志。”

在艰难的岁月里（节选）①

——回忆护送茅盾等离香港

李筱峰

一

一九四一年一月十日，党组织派人到九龙太子道我的住地通知我，要我明天凌晨到达上海街的骑楼下，只要看见有一个穿灰白色唐装衣服的人领头，就跟着走。他还要我混在一队北方人中间，在路上多加照顾他们。路上碰着有什么盘问和阻挠时，由我用广州话出面去应付。我心里明白，这是一项重要的保卫任务。

港九沦陷后，有过一段时间，日本侵略军下了戒严令，天亮之前，人们是不敢随便走上马路去的。这几天，难民已经开始向外疏散，每天凌晨，通向青山道的一些街道就涌现了一批批冒风险的人群。十一日四点钟，我打扮成难民模样，走到原来很繁荣的上海街。通过朦胧的光线，看到有三三两两的人影，其中有一个戴破草帽、穿着一套灰白色唐装的青年人，在人们中间走来走去。过了一会，他默默地点了人数，脱下了草帽，往自己的胸前扇了几扇，迈步走上了马路，在骑楼边休息的人也就悄悄地跟着走了。在我的前头，大约有二、三十个人，我回顾一下背后，才离开市区，走上铺着沥青的平坦的青山道。这时，天已放亮，我才看清楚这支并不整齐，却又非常有秩序的难民队伍。我仔细观察着，看看当中有没有自己认识的人。啊！我从人群中发现了三个我所熟悉的面孔：一个戴

① 收录于中共惠阳地委党史办公室编：《东江党史资料汇编》第三辑，1984年，第70-78页。

着眼镜的邹韬奋；一个是下巴尖削，目光闪亮的茅盾；一个是身体比较瘦弱的张铁生老先生。在茅盾的背后，是一位身材高大的中年妇女，我猜想她就是茅盾夫人。在他们的后面，还有一个脚夫打扮的中年人，挑着一担包袱，这是党组织安排给他们挑行李的。我与邹韬奋和茅盾没有直接接触过，但他们是著名的新闻记者和作家，在不少的群众场合露过面，我也看过他们的照片，无论他们怎样化装，仍然可以认得出来；张铁生和我是有过几次交往的。这样，我就自然而然地插进他们中去，开始执行党组织交给我的保卫任务。

十点钟，到了荃湾，在一条通向掩映在绿树荫中的小林子的岔路上，那位领路的青年闪在一边，左手叉着腰，右手用草帽扇凉。这股人流，就从他身边走过，向着距离公路约摸［莫］有一里远的小庄园走去。

这是一座中西合璧的平房，屋外是一片碧绿的菜园，进了围墙，是一个宽敞的天井，一间雕梁画栋的客厅，摆着七八张崭新的方台和条凳，上面放着茶壶和饭碗。我们进去的时候，已经有一批人在那里喝茶了。那位领路的青年，首先把茅盾和他的夫人安顿在一张油亮的酸枝长椅上，我看到茅盾夫人的脸已经涨得红红的，冒着汗。但是，茅盾还没显出倦容，那坚毅的眼睛还闪耀着耿耿有神的光芒。邹韬奋则摘下眼镜，安祥［详］地擦着。

不一会，几个喜气洋洋的青年男女端出热腾腾、香喷喷的饭菜来。后来我才知道，这里是东江游击队在日军占领港九以后，挺进九龙地区建立的一个据点。这些接待过往客人的青年，都是满腔热情献身救亡事业的游击战士。从香港经九龙、元朗到东江游击区司令部所在地宝安的白石龙，是一条抢救文化人的陆上路线。八百多名文化界人士，除了茅盾、邹韬奋、张铁生之外，还有宋之的、胡绳、于伶、章泯、戈宝权、姜君辰、沈志远、刘清扬、沈兹九、袁水拍、许幸之、黎澍、凤子、郁风、特伟等，都是通过这一条路线，一站一站地护送到游击区的。

吃过饭，那位领路人招呼我们上路了。茅盾夫妇又背起轻便的包袱，夹在人群中。我的位置保持在十米的距离上，大家默默地走着。

出了荃湾，绕了一段山边小道，开始爬较高的大雾山，向元朗方向前进。在山坳上，我们碰到一组佩短枪的便衣队。他们都是结实的年青小伙子，其中有一个圆脸蛋、大眼睛、比较老成持重的人，大家叫他“江大哥”，领路人先跟他打招呼，边走边谈，接着又介绍邹韬奋等和他见面。这个“江大哥”，就是抗日战争中活动在港九地区的手枪队长江水。

爬过大雾山，下了坡，走进树木茂盛的一段深谷时，领队的人突然停下来。“江大哥”挥手叫大家就地休息，他带着两名手枪队员飞快地赶上前去。这时，前头响了枪声。大家都很紧张，以为碰上了日军。过了一会，前头没有枪声了，领路人招呼我们继续前进。我们看见“江大哥”的队伍绑着几个土匪，缴获了几支短枪和匕首。

行行复行行，暮色苍茫时，我们才到达元朗附近一个村庄，这是长途行军的第一天的终点站。领路人把我们带进一间祠堂式的旧式大厅。大厅内外，已经住上一百多人，又来一批人，就显得很拥挤。茅盾把夫人安顿好后，就在这个宿营点内内外外巡察着，好象在寻找什么人。

等了好久，还没有送饭来。大家都走累了，有的靠着墙闭目养神，有的干脆躺在铺着稻草的水泥地上。茅盾和邹韬奋等十多位朋友坐在右边的走廊上，絮絮细语。直到九点钟左右，晚饭才送来。大家马马虎虎吃了饭就睡了。

……

三

白石龙一带，是最深的敌占区，爬过南面的一座山头，就是深圳。但日本侵略军不敢随便越过山头，当时，被东江军民称为“呵呵鸡”（瘟鸡）的国民党军队，也不敢轻易到敌后前线来。但是，东江游击队抢救了上千的文化人和著名的爱国人士回到东江游击区之后，国民党军队就迫切地策划向游击队进攻了。在这条只有二十华里的紧靠着日军警戒线的狭长地带上，突然集中了上千的文化人和各界人士，游击队担子之重，是可以想象的。不几天，就传闻国民党正规军要配合驻在观澜（现深圳市郊区）的反动地主武装，向白石龙“扫荡”的消息。当时游击队的两个大队，分散驻在东莞、惠阳、宝安三个县。在白石龙一带的司令部实际掌握的只有两个连的战斗武装，要保护这一支庞大的文化界队伍，不能不说是一个艰巨的任务。司令部决定采取分散掩蔽文化人的办法。我又接受了护卫和照顾茅盾、韬奋等三十名著名文化人的任务。

我接受了任务，就拿着一份名单，来到杨美附近一个山窝里，首先见了茅盾和邹韬奋。茅盾和韬奋紧紧握着我的手说：“我们又走在一起了。”我一时高兴得答不上话来。这一批人中有宋之的、于伶、戈宝权、姜君辰、沈志远、胡绳和妇女界知名的大姐刘清扬、沈兹九。同留在杨美村山坑的一批人相比，属于年纪较大，名气也较大的一部分。因此，无论在生活照顾上和保卫工作上，担子都比较重。当天下午，我亲自勘察了行军路线，还到深坑宿营地观察了一番，作好铺位的安排，就赶回杨美村来。

夕阳已经隐没在山后，绿林开始阴暗下来。茅盾和大家都背上了包袱，象战士般在草坪上站了队。这时我是一个指挥员了，严肃地问大家道：“有顾虑吗？”

“没有”。

我把目光落在茅盾和夫人的脸上，他们俩都没有显出难色。我就松了一口气，喊口令道：“出发！”

夜幕降临了，队伍开始蜿蜒地在灌木林中前进。这时是南方的冬末春来季节，在南海之滨的东江原野，春风飘拂。这段路程一半是灌木丛生的丘陵地带，一半是海岸高山的峡谷。我有时站在路边让队伍鱼贯而过，有时大踏步赶上前头。这是一支肃穆而严整的队伍。他们从来也没有尝试过这样充满了抒情而神秘的夜行军生活，特别是沿着一条贴近日军警戒线的路线，队伍必须警惕而又不惊慌。当通过一条有伪组织的村边时，我让他们一组组地通过，做到有秩序，不紊乱。在艰难曲折的险要地段时，速度放慢。茅盾的小背包已经不小，但他为了减轻夫人的负担，又拿下了她的包袱。这样，他的速度就慢了。我去接过他的包袱，茅盾硬是不肯，说：“你得照顾整个队伍啊！我行！”茅盾夫人走路仍然十分艰难，速度很慢。

当走到每一个险要地段时，他让人们一个个通过后，才搀住她度过险关。在通过敌人封锁线时，我们停下来等了好一会。这是一个较大的村庄，村庄前面是一段稻田地带，稻田紧挨着一座高山，山顶上的敌哨兵每隔几分钟就向这段通道扫射探照灯，把稻田照得亮堂堂的。好不容易才安排队伍通过，进入了一段峡谷，我才让大家休息。因为路上我特别照顾茅盾夫人，茅盾把我拉过去坐在他们身边，低声地说："如果没有你，德沚怕会摔了几跤了。"

这次夜行军，二十多华里走了四个多钟头，事后大家都眉飞色舞地谈论这次有意味的夜行军。过了两天，白石龙、杨美村一带果然遭到国民党军队的袭击，烧了白石龙村背的一片山林。由于游击队司令部事先做了充分的准备，所有分散掩蔽的文化人都安然无恙。

四

深坑是阳台山和宝安龙华圩南面之间的一个山窝，一条溪水蜿蜒地从山坑边流过。一条小路逆溪而上，小路边有三几座破烂的瓦屋，就是深坑村。跨过小溪，沿着另一条山峡，穿过隐蔽在山荫里的小径，约摸［莫］五六百米，有一个畚箕形的山窝，就是我们宿营的地方。这个山窝，周围长满了松树，草棚是刚搭的，利用了五六棵大松树作为围墙的柱子，上面架了一条横杠，铺上了竹子，成了一张长达十五米的平铺床，床上铺着稻草。当时就只有这么一个营地。队伍中有三四位妇女，怎么办？就象游击战士的习惯一样，女的靠边，用毡子拉上一幅屏障。因为竹铺凹凸不平，茅盾说：这是卧薪尝胆，对付日本侵略者，应该有这种革命精神。

在这里，我们召开了一个民主生活会，大家畅谈了自己对游击生活的感受，韬奋提出，要把这支队伍变成一支文化游击队。茅盾说，这是作家与抗战实践相结合，创造革命文学最好的机会。他们决定参加设在这个山窝里的《东江民报》的出版活动，还请游击队战士们来给大家讲战斗故事。韬奋给《东江民报》写社论，茅盾则为《东江民报》副刊《民声》题了字，还给游击战士们讲创作的基本常识。我在跟随这批长辈的过程中，在新闻业务和文艺写作上也收益不少。当茅盾知道我曾搞过新闻工作，也从事过文艺创作活动时，十分高兴。在我提出文艺创作上一些问题时，他不厌其烦地给我指导。

在这山窝里，尽管各人的生活经历不一样，但对于追求革命理想、摸索前进道路，是一致的。有一天下午，我们请了一位名叫陆仲亨的游击队小队长来讲“东征”的故事。这是一位质地朴实、不太会讲话的同志，但大家都聚精会神地听，在讲到一九四〇年三月东江游击队在国民党顽固派的压力下，全军一千二百多名指战员撤出东江地区，向海陆丰老革命根据地转移，被突然包围，结果只剩下二百多人重新回到宝安敌后时，大家都屏息着呼吸。谈论到这次被突然袭击事件应该吸取什么教训，各抒己见。我记得茅盾紧锁着眉尖思索了好久，然后言简意赅地说：“恐怕还是对国民党顽固派抱有幻想吧？”

山窝里的物质生活很艰苦，对文化人的生活待遇，只能按比游击战士高一倍的标准。战士们一天伙食是生油五钱、菜金一角，文化人的一天生油一两、菜金二角，但大家都能自觉克服城市生活的习惯，茅盾和夫人照样乐呵呵的和大家一起吃着粗糙的饭菜。我们给他们改善生活的唯一办法，是到龙华圩去采购价廉味美的香肉，在保证掩蔽安全的条件下，我带他们当中一二个有野猎兴趣的去抓青蛙、掏鸟窝。此外，烤红薯和吃“巧克力”（红片糖）就是他们最好的糖果点心了。

在深坑住了十来天，就开始陆续分批把文化人往外护送。茅盾和夫人是最先离开深坑的一批四五个人中的两个。他们离开深坑的时候，确实有点依依不舍，茅盾叮嘱我好好锻炼，既拿枪又拿笔；茅盾夫人还感激地握着我的手，说希望以后能够见面。

可是，我以后再没有得到机会聆听茅盾的教诲。现在茅盾同志与世长辞了。对这位曾经一度共过患难的长辈，我只能虔诚地说：安息吧！茅盾同志。我们要踏着您的脚印，继续向前！

（原载一九八一年五月十八日《羊城晚报》）

忆烈士母亲何婶①

李　征

《广东妇运历史资料》打算出“东纵”女英雄、女烈士和女将的集子，这是好事，我想借此介绍一个老战士：何婶，她是一位可敬爱的烈士母亲。

那是四十一年前的事了，一九四一年春，我在《新百姓》报工作时认识何婶的。“五·一”节晚上，我和王培兴同志到杨尾（宝安布吉区）村侧沙坝，参加宝安军民纪念劳动节大会。我们在会场上遇到何通同志，他带妈妈和妹妹来参加大会，何通说“阿婶”和景荀刚从莞城来，大队长（王作尧）打算叫她们到报社。我们表示欢迎。

翌日上午，何通送妈妈和妹妹到新围仔报社来，并交来王作尧同志的信，信中说，阿婶是何鼎华同志（驻港办事处主任）的母亲，可帮你们做些力所能及的工作，并望关顾老人家的生活、健康和安全。我对何通说，你的“阿婶”，也就是我们的“阿婶”，我们会关顾老人家，请放心。

阿婶姓区，名丝宝，原籍南海人，当年约五十岁，她肤色赤黄，中等身材，头上梳个髻，穿一身黑布大襟衫，健康朴素，是个劳动人。阿婶很谦虚，说自己老了，不会做什么，只能帮你们做做饭。我们分配她负责炊事工作，她闲不住，除做两顿饭外，一有空就来帮助印刷报纸、传单，或装钉［订］小册子，有时还帮我们缝洗衣服，我们安排她母女住在群众家里，何景荀当时才十四岁，在报社工作一段后，到医务所当卫生员了。

当时，我们抗日游击队还很弱小，第五大队只有一个武装中队，加

① 收录于中共东莞县委党史研究办公室、中共东莞县委党史资料征集办公室编：《东莞烽火》第二册，1983年，第104-109页。

上手枪队、民运队等，总共不过二百人左右，山前是日寇，背后是“呵呵鸡”（顽军），我们夹在中间，生活是很艰苦的，阿婶和她女儿一老一小，在这峥嵘岁月来参加“老模”①，实在不简单，使我们深受感动。

相处了些日子，我们对阿婶的了解更加深一些，她的丈夫抗战前在重庆侨务委员会做事，关山阻隔，顾不了家，教养儿女的全付［副］担子都压在她身上；家境清贫，日子过得紧，老大何鼎华、老二何与成，抗战前后就从事抗日救亡运动，阿婶支持儿子的工作。“七·七”抗战后，党组织叫何鼎华主办《东莞新闻》②，经费不足，阿婶卖了家私，帮助老大办报，宣传抗日救国保家乡。老二何与成是东莞青年领袖，团结了莞城大批青年学生，党组织叫他抓枪杆子，搞军事训练，日夜忙着“壮模队”和“壮常队”的事，也是顾了国顾不了家的。儿子的战友，当时中共东莞县委宣传部长兼武装部长王作尧同志住在何家，阿婶给他们打掩护和帮助。老三何太，老四何通，年青青的，也参加“老模”，离家抗日打游击，阿婶也硬起慈母心肠，让儿子去当“老模”。她认为儿子们能当“老模”，抗日救国保家乡，最高尚，是有勇气，有出息；也是做母亲的骄傲和光荣，不应该拖后腿。

莞城沦陷后，儿子们都跟“老模”出去打游击了。阿婶带着小女留在莞城家里，生活更艰难了，为了维持生计，她每天从炮仗厂领活计回家做，取得一点微薄的收入，还让女儿念书。

蒋介石掀起的反共逆流，一九四〇年春也冲到了广东，东江国民党反共头目香翰屏指挥顽军，“围剿”我曾（生）王（作尧）部队。由于敌强我弱及敌施阴谋诡计，我队在斜嶂山战斗失利，何与成（大队政训员），

---

① “壮丁常备队”，是1938年中共东莞县委叫何与成同志通过与国民党的统战关系，以合法名义由我党掌握的武装。“模范壮丁队”是日寇在澳头登陆后，县委派王作尧等同志组建的武装。两者都是“王作尧大队”的前身，由于坚决抗战，取得东莞群众的拥护和信任。后来“老模”的名称，在东莞成了我党领导的军队的代称。——原书注

② 《东莞新闻》，原是国民党出钱办的县报，何鼎华同志在该报工作，中共东莞县委通过何的关系，掌握了该报，后来实际成了县委的机关报。——原书注

卢仲夫（中队长）、罗尧（副中队长）等同志被俘，反动派把他们押到惠州监狱，何与成等同志受尽严刑拷打，残酷折磨，始终坚贞不屈，临刑高呼“中国共产党万岁”、“打倒日本帝国主义”等口号，愤慨揭发、控诉国民党反动派反共、反人民的罪行。他们终于在一九四〇年八月十二日于惠州被国民党反动派杀害。

何与成等同志壮烈牺牲的噩耗传来，阿婶心如刀绞，悲恸欲绝，她看透了国民党反动派的凶残嘴脸，也就更加坚信中国共产党抗日救国救民主张的正确。她是非清楚、爱憎分明，坚信自己儿子同战友们所干的事业，是光明正大的事业。疼爱儿子的感情越深，对反动派就越恨。阿婶强压着满腔悲愤，横下一条心：带着最小的女儿（景荀）同自己一起当“老模”去。“老模是斩不尽，杀不绝的！”摸到阿婶参军、抗日打游击的底，我们也受到很大的激励和鼓舞，更加尊敬这位革命烈士的母亲，更加爱护这位年已半百的老战士。

阿婶参军不久，受到了炮火的洗礼。六月份，我们《新百姓》报社，移驻龙华、赤岭头村。不久，又搬到村南山上何富儒同志的沙梨园，阿婶和我们一起住山寮，天热蚊子多，又没有蚊帐，苦多了。月底，我病倒了，阿婶照料我，使我感受到童年就失去了母爱的温暖。

七月一日晨，南头、深圳等处的日寇“扫荡”龙华抗日游击根据地，我们住地的南面打响了。这天大雨滂沱，社长沙克同志指挥我们冒雨向北走，当时我闹急性肠胃炎和感冒，腹痛，又疴又呕，疲弱无力，阿婶和王培兴扶着我走；阿婶打伞遮护我，她自己却淋得全身湿透，经过两小时的跋涉，我们撤到龙华北面的大船坑，医务所的伤病员也撤到这里，沙克找中医给我看病，王培兴拾药，阿婶给我煲药和煲粥。战时，阿婶和同志们对我的照料，使我深深感到革命大家庭的温暖。

日本鬼子退走后，报社搬到早禾坑，这里距龙华圩只有六七十公尺。七月七日早餐后，忽然一阵尖厉的啸声从我们头上飞过，接着碰［砰］砰巨响，地皮震颤。原来是从南头来的日寇炮击龙华圩，沙克还是指挥我们向北撤退，日寇轰击半个多钟头，龙华圩落下几十颗炮弹，一座五层高的炮楼被炸崩了，店铺成了废圩［墟］，炮火连天近在咫尺，阿婶还很镇定，不慌不忙，收拾好东西，迈着大步，同大家一起转移。

伏天，暑气大，阿婶经常找些“树头草根”熬凉茶给大家喝，凉茶是够苦的，但对解暑、消渴、通便确是良药，这也是老人家对大家的关怀。王培兴是厚街人，是“壮模队时期”参军的老战士，在“东移”海陆丰时得的慢性肠炎，成了顽症，病得皮黄骨瘦，阿婶看了心疼，常给他拾药、煲药，细心的进行照顾。

八月，奉上级命令，报社要由长圳迁过东莞大塘。这段距离六十多里，因伪顽盘踞在公明圩，搬迁时要走夜路，阿婶虽然走不惯夜路，但她坚忍顽强，克服困难，迈步前进，于黎明时分走完这段旅程。

报社搬到东莞后，阿婶又见到三儿子何太（记者），母子重逢自然十分高兴。(是何太在四月间把阿婶和妹妹从莞城带来宝安的)。这时报社人员增加一倍多，炊事任务繁杂，增加一名炊事员阿陈（女），阿婶仍是不辞辛劳地干。

十月初，国民党顽军向我大岭山根据地进攻，某日清晨，我第三大队（曾生大队）谢阳光、陈明中队，在犀牛陂同顽军打响了，挡了顽军一阵，掩护报社从大塘撤退。枪声响后，阿婶帮助阿陈收拾、搬运油墨、报纸和炊事用品，安全撤到百花洞。在东莞的战斗中，阿婶经受了新的考验。

我队守山，顽军攻不上，对峙了一个星期。中秋节后的一晚，社长杜襟南同志和副社长沙克，带我们转移，跟随部队上大岭山，驻扎在阿妈庙。在山野刨灶做饭，增加不少困难，阿婶帮着阿陈照样完成任务，战时部队经常转移，阿婶一直随着部队行军。

领导上决定部队主力转移到外线去打仗，只留一个中队在内线牵制顽军，决定精简非武装人员，报社转移去宝安；王培兴同阿婶到厚街去，在那里做群众工作。

一九四二年冬，王作尧、卢克敏和方兰等同志组成的敌后工委秘密设在厚街镇，就在日寇鼻子底下开展对敌斗争活动。阿婶掩护他们，常为他们传递信件、书报等。一九四三年春，无线电台和《前进报》社，也秘密搬进厚街，坚持出版报刊工作，阿婶回到报社工作。除炊事外，有时冒着生命危险，把《前进报》秘密运送出去。有一回，她把《前进报》藏在盒篮底下，上面放着香纸、腊［蜡］烛、斋果等供品，装作去拜山的样子，骗过日寇，把一大批《前进报》送到赤岭王雅宜同志处，由王再转送部队，阿婶这段地下工作时间较长，一直到一九四四年春止，她胆大心细，总能妥善地完成任务。

何婶是老一代中国妇女的典型，她具有中国妇女勤劳、俭朴、坚忍、慈爱的传统美德。何婶做的工作是平凡的，思想情操是高尚的，故能在平凡中闪耀着革命的光辉。

一九六五年夏天，我从沈阳调来广州后，曾偕爱人、孩子们到何家看望何婶一次。她已年逾古稀，但还精神矍铄。可是，“十年动乱”之初，她却一病不起，与世长辞。……不能参加何婶的葬仪，何婶生前的音容笑貌和传统美德，一直留在我的心中，至今仍历历在目。

韬公在宝安①

李　征

1941 年秋末冬初，我们东江人民抗日游击队的《新百姓》报社，隐蔽地驻于宝安白石龙村西的松林里。还有医务所和修械厂也驻在此地。3 家都在树林里搭寮而居，这一带就暂时成了我队的“后方”，其实是抗日的最前线。

白石龙是我抗日游击队宝安阳台山区东南角的一个村子，有 27 户、130 多口人；村中有一座天主教堂；村南侧的沙梨园中有一座“小洋楼”（两开间、两层）。这个村子位于广九铁路中南段布吉车站和深圳镇的西侧。村东数里有鸡公头山，村西偏北 20 里有座阳台山，两山高达 4、500 米。村南横亘着梅林坳、连坳和唐朗山，高达 300 多米，连绵 40 余里，有如一道屏障。山北是我抗日游击根据地，山南是敌占区。宝（南头）深（圳）公路横贯其间，沙头角、深圳、皇岗、沙头、南头、西乡各村镇都驻有日本侵略军。铁路上从平湖以南到深圳各站也有日军据守。我们是逼敌而居，东距深圳 20 余里，西距南头约 40 里，南离宝深线 10 余里，翻过梅林坳和连坳即是敌占区。连坳山顶日军设有一个哨所，常驻一个班，监视我游击区。白石龙村就在连坳日军哨所鼻子底下。我们 3 个单位没有警卫班，全靠当地群众的掩护和严格隐蔽来保障安全。这个地方距离国民党顽军的据点观澜和塘厦约 4、50 里，顽军怕碰到日军，不敢深入到此，故一时成了我队的后方。

1941 年 12 月 8 日晨，宝深线上日军的炮兵向新界开炮了，整日炮声隆隆。我们隔山听，炮声似阵阵沉雷。“日本鬼子打香港了！”群众进山

---

① 收录于李征：《东纵回忆录》，1996 年，第 55—70 页。

相告。连坳和梅林坳这两个南来北往，出入九龙的口子不通了，山北的客商堵在望天湖一带，只好往回走。翌日炮声南移，渐渐远去，下午就沉寂了。“日军攻进九龙了！”

为了便于指挥部队的行动，12 月下旬，我东江人民抗日游击队的领导机关，移驻白石龙村沙梨园的“小洋楼”。洋楼的主人刘鸣岐中医是拥军积极分子，自动让出“洋楼”，自己一家回村里住。

1942 年元旦过后，连坳和梅林坳两条出入边境的山路，开始有广九的难民回来了。当时，日寇不能解决港九的粮食问题，决定放开几个口子，大量疏散难民回乡。因此，有关香港沦陷的消息也同时传了进来。

不久，我东江抗日游击队的政委尹林平同志回到白石龙。有一天，《新百姓》报社的负责人（党支部书记）金实铿（黄枕云）同志，带我们报社的几个共产党员到白石龙村开会。省委文委杜襟南同志在会上向我们传达了党中央和中共中央南方局书记周恩来同志关于抢救被困在香港的文化人和民主人士的指示。我们听了党中央的指示非常兴奋。任务艰巨而光荣，这是党中央对我们东江人民抗日游击队的信任和重视。自此，我们天天盼着港九文化名人的消息。

1 月 13 日下午 4 点多钟，我们听见医务所的人嚷嚷：“村里来了许多香港客。”我和报社的几个战友立刻下到村子里去，只见天主堂内挤满了香港回来的人，男女老少都有，熙熙攘攘。他们长途跋涉，3 天走了 100 多里路，该是疲劳了。但他们没有倦意，如回到老家般欢快，热烈交谈着这次虎口脱险的经过；赞扬游击队神通广大，谈笑风生。招待员对我们说：“这一批文化人有 40 多人，都是著名的，如邹韬奋、茅盾、胡风、宋之的、沈志远、戈宝权、胡仲持、胡绳等都回来了。”他指着一个光头的胖子说：“这是胡风。”。我看他象个老板，不象文艺家。他又指着一个肤色较黑，留着分头的胖子说：“那是宋之的。”我想他也不像文人，却有点象贩绸缎的行商。呵！原来他们都穿着各色唐装衫裤，化妆［装］成商人了。我问：“哪些青年是演员？”招待员说：“那 4、50 个青年，工人、学生、干部都有。”我们没有见到我们最敬仰的茅盾和邹韬奋先生，觉得有些遗憾。

抢救文化人脱险的事，几天来成了我们报社广泛议论的话题。文化人尊称邹韬奋先生为“韬公”，尊称茅盾为“茅公”。我们也跟着叫开了。这两位对我们3、40年代的青年是有很大的影响的，我在南洋读中学时，就读过他们的名著。可以说，我是在《生活周刊》、《大众》、《永生》等刊物的影响下，走上抗日救亡道路的。韬公是上海救国会七君子领袖之一，影响中外。听说韬公、茅公等10多个作家、学者一到白石龙就被部队首长接到“小洋楼”临时指挥部住了。我们进村迟了一步，没见到首长的“欢迎式”。

我们报社和医务所的山寮，位于阿髻山东面的山窝松林里。山窝外有一条浅浅的山涧。文化人到达的次日，太阳升起时，民治乡的副乡长刘鸣周（白石龙村的共产党员）带领10来名“自卫队”员（民兵），来到涧坎松林下帮助部队搭山寮。突击一天，搭起一大寮、一小寮。大寮有两排大统［通］铺，铺上稻草可住20人。小寮只有一排统［通］铺，可住10人左右。次日又搭了两三间小寮，共可住4、50人。

韬公、茅公等在“小洋楼”的临时指挥部住了一宿，次日黄昏便转移到大山寮来了。第3晚，住在教堂里的文化人也搬上山寮来了。因这山寮隐蔽，比较安全。王作尧同志还集中3、4个中队驻在樟坑村后山丘上，进行保卫和警戒。

文化人从港九混在难民群里回来，不便多带行李，御寒被服不足。部队军需处准备了一批棉衣、军毡，发给缺衣少被者用。韬公、茅公等各领了一件棉袄，晚上冷时披着，更显得“土气”了。早晨，许多文化人都学游击战士，带着面巾、牙刷到山涧旁漱洗；早餐后，在山涧石上洗衣服。太阳当空，天气温暖时，有的到山涧里洗冷水浴，（洗热水的晚上到老百姓家洗）。一日两餐大锅饭菜和开水，都是在村里做好担上山寮给他们吃。这里虽然不能敲锣打鼓，纵声歌唱，但游击战士和文化人，人人面带笑容。这是庆贺脱险归来的笑，是胜利者的笑。

东江人民抗日游击队领导人尹林平、曾生、王作尧、梁鸿钧等同志，在沙梨园的“小洋楼”，为韬公、茅公等40多位著名作家、学者、艺术家、戏剧家等从香港脱险归来举行欢迎宴会。部队首长们都讲了话，传达了党中央和周恩来同志关于抢救的指示；介绍了曾、王部队战斗成长的历程，安排他们充分休息。他们都很兴奋，畅谈了脱险经过和对这次“伟大行动”的感受。韬公说：我们这次脱险，全靠党、全靠东江人民游击队，我衷心感谢党和东江部队。我们这支文化游击队，是在东江人民抗日游击队的护卫下，由香港转移阵地来的。(没有人民的枪杆子，就没有人民的笔杆子)。打倒法西斯必须有人民的枪杆子，也必须有人民的笔杆子。一定要把枪杆子和笔杆子结合起来。(大意）茅公赞扬这次行动：“是抗战以来（简直可以说是有史以来）最伟大的‘抢救’工作；在东江游击队的保护下，我们文化人安然脱离了虎口。”他还说：“这次回来，感受很深，特别感到这是作家直接同抗战的实践结合，是创造革命文学最好的机会。”(大意)

大约是文化人住进山寮的第2天，“文委”老杜来报社通知：领导上决定邀请韬奋和茅盾等10多位著名作家、理论家来《新百姓》报社参观指导，你们布置一下。同时，派“文委”干部何泰住在报社，就近同文化人联系、照料，每天到文化人住的山寮了解情况，看他们有什么困难和要求，以便及时反映给上级解决。

我们“山寮报社”像迎接盛大节日似的动员起来了，报社负责人金实铿立即开会布置，决定在报社山寮对面的松林里搭一个茶寮式的山寮做展览室。我们立即平整场地，分工合作，突击搭寮，边干边哼《游击队之歌》，一天就搭好了展览接待寮，用竹木搭起一长条展台。翌日上午，我们把各期报纸和翻印的文告、宣言，如中共中央《七·七抗战四周年纪念宣言》、周恩来同志《关于苏德战争性质的报告》、我队纪念“五·一国际劳动节”、“七·七抗战”、“八·一三全民抗战”等纪念日的《告同胞书》、标语、漫画、对日军宣传的日文口号、标语；识字课本、政治课教材、宣传提纲、小册子等油印品，满满地摆了一张台。我们又到村里借了张教堂的条桌和7、8张条凳，摆在寮里。桌上摆着文房四宝，准备请作家学者题词指导。另外，还向老乡借了一个大肚茶壶、十几个杯子，沏上一包山茶叶，准备招待客人。

下午 3 时左右，“文委”的老杜和何泰引路，林平、曾生和王作尧诸领导人陪同韬奋、茅盾、胡风、宋之的、戈宝权、沈志远、胡绳、黎澍等 10 多位作家、学者，来我们“山寮报社”参观。金实铿同志率我们报社战士站立在寮前，热烈欢迎革命文化界的前辈们光临指导。为了便于隐蔽，作家们都还穿着唐装。韬奋已有 40 岁出头，中等身材，面孔白黄，戴着一副近视眼镜，穿着一身银灰色的唐装衫裤，步态稳健。茅盾稍矮些，较为瘦弱，留文装，精神奕奕。胡绳年青，瘦高个子，戴近视眼镜。我们给每个人敬茶。老金简要介绍了我们办油印报的概况。接着，“客人”们便到展览台旁阅览《新百姓》报和各种印刷品，他们一边翻阅，一边称赞我们仿宋体刻得清秀。展台另一端摆着胶皮钉的刷子、用白铁皮打的油墨盘、留声机的唱针和小竹枝扎成的钢笔，拆去了木框，锯成两截的钢板等全套土制印刷工具和从香港弄来的各色油墨、白报纸。他们观看后大赞我们印刷技术的精良。看了各版报纸的大样、标题，又称赞我队报纸具有鲜明的战斗性。韬公、茅公等知道我们在流动性很大的游击战争条件下坚持定期出版后，赞扬了我们艰苦奋斗的革命精神。韬公谦虚地说：“我们都是搞新闻出版的，同在一条战线哩！我要向你们学习。”他风趣地说：你们是游击队的文化战士，比我们先走一步。我们现在也开始组成一支文化游击队。今后我们并肩战斗（大意）。茅公也很兴奋地用浙江口音浓重的普通话说：“百闻不如一见，看了你们的‘山寮报社’，我对游击队怎样在敌后前线做抗日文化工作，就了解得更具体了。我坚信作家只有深入工农大众，才能更好地开展革命文化活动（大意）。”

林平等首长请韬公、茅公等提意见，指导我们的文化宣传工作，帮助我们提高文化理论水平。韬公提了些意见后说：“我有个冒昧的建议，如果将《新百姓》报，改名为《东江民报》，不是更富有地方特色么？同时还便于代表人民大众说话，批评国民党顽固派的错误政策。”首长们当即同意韬公的建议，并请韬公题字。韬公坐在条桌前，铺开纸，欣然命笔，挥笔写下“东江民报”四个刚劲有力的报头。茅公坐下来也说：“我给副刊起个名字。”他写下“民声”两字，劲秀隽永。

我们这群青年战士，亲聆老作家的教诲，得益甚多，深受鼓舞。老金执壶斟茶，我们端茶，请老作家们再喝些山茶。茶罢，日已偏西，开饭时间也到了，我们只好送作家们回山寮用饭，不能多谈了。

韬公和作家们，来到我们东江抗日游击队之后，都有个显著的特点：就是把游击区当成自己的家，把游击队当作自己的部队，力求把自己当作游击队的一员，不以“客人”自居，对游击队的一切活动都很感兴趣，对游击队干部和战士都很关心，总想接近他们、了解他们、熟悉他们。韬公来“山寮报社”时，“发现”报社前面有一间医务所，次日早餐后，他就到医务所“看病”，说从新界爬山回来时，脚扭伤了，还有点不自在，要治一治。医务所的所长梁帼莲和指导员张惠文迎上前去，招呼韬公坐在一张矮竹凳上，梁帼莲拿出一瓶跌打损伤的药酒，给韬公揉搓伤处，边揉边聊天。韬公好关心医务人员和伤病员的生活情况，无所不问。当他了解到医务所缺医少药，也是白手起家，艰苦奋斗时，他也赞佩不已。我队连队卫生员和医务人员多是农村姑娘或城市女工出身，文化程度小学，个别的初中，完全靠自己勤学苦练，略懂些医疗技术就要上前线救伤。当韬公了解这情况时，他翘［跷］起大拇指，不断地赞扬卫生员：“好！好！学了就干，干了再学，边干边学，不断提高文化和医学知识，不断提高救死扶伤本领，好！好！”他问到伤病员的伙食营养问题时，梁帼莲告诉他：“轻伤病员伙食标准同战士一样，5 钱盐、3 钱油、1 角钱菜金；重伤员菜金稍多一点，伙食标准是很低的，相当于中农的生活水平。因为营养差，伤病员好得慢。我们也很着急。”张惠文用浓重东莞口音的普通话补充说：“也逼出一个穷办法。我们有时派工作人员带一些轻伤病员，去山坑里捉鱼摸虾，捉田鸡、石蚧或上山采集木耳、蘑菇，掏鸟窝、打猎、捉田鼠、捕蛇，都会有些收获，可以增加伤病员的营养。”韬公听得出神，沉思片刻，大声赞叹说：“好，好，你们把伤病员的生活组织得很好，简直是丰富多彩，其乐无穷！”韬公以后还去过医务所几次，主要是访问一些伤病员战士和干部，询问他们怎样参军的？打过什么仗？等等。在韬公的启示下，其他作家也去访问过医务所的伤病员，请他们讲战斗故事。

为了活跃文化娱乐生活，招待所邀请文化人主持联欢晚会。某日下午4点多钟，文化人和部队3个单位晚餐后，便到附近松林中间的一块空地集中，围成一圈，席地而坐。时近黄昏，白石龙村庄和山谷已升起暮霭，连坳日军哨所看不见谷底的活动。晚会上部队指战员演出了一些节目，如唱《八路军进行曲》、《在太行山上》，粤曲、客家山歌等。主要节目还是戏剧家、音乐家和演员演出的，有的拉胡琴，有的吹笛子、吹口琴，有的清唱京调、昆曲。最精彩的一个节目，是在晚会高潮时，出现了一个洋鬼子：他中等个子，穿一身黑色西装、白衬衣，结一条黑领结，脚穿陈旧黑皮鞋，头戴一顶黑毡帽，鼻子下留着一撮短胡子，右手持一根“士的克”（手杖）横着八字脚一撇一撇地朝前迈，甚滑稽，时而摘下毡帽，摆动手杖，一头黑发向左边梳。“哈！查理·卓别林！”“哈！希特勒！”“像卓别林扮的大独裁者。”场上有人赞叹说；顿时爆发出一阵热烈的掌声，喝采［彩］声。此时，卓别林摘下帽子，摘掉夹在鼻孔里的黑短胡子，毕恭毕敬地深深一鞠躬，然后抬起头，戴上近视眼镜，连声说：“演得不好，聊助一笑！”人们定睛看时，卓别林变成了邹韬奋。“哈哈，韬公，韬公，形神毕肖……。”会场上又爆发一阵热烈掌声。韬公的节目，真正寓庄于谐啊，他痛恨希特勒，痛恨中国的大独裁者蒋介石。

数日后一个下午，凤子带了剧团的人到了白石龙。接连来了几批“港客”。从白石龙到杨美、水径、雪竹径、岗头村的山沟里，都住满了港九脱险归来的文化人和青年文艺工作者，一到傍晚，到处有歌声，洋溢着浓厚的革命气氛。

由宝安到惠阳的交通线安排好以后，茅盾夫妇、胡仲持等人在白石龙住了5、6天后，由林平、曾生等部队首长亲自布置，派人护送他们去惠阳。这是头一批离开宝安的。接着，胡风、宋之的等数人也出发了，前后数批约有4、50人离开宝安，前往惠阳。

这时，韬公也想继茅公之后到桂林去，以便早日投入新的战斗。林平、曾生同志考虑到韬公到“国统区”的安全问题，劝韬公留下，待请示周公（恩来同志）后再定行止，为了长住安全，领导上决定把韬公等10几位送去阳台山住。1月20日，临离白石龙之前，韬公挥笔写下：“保卫祖国为民先锋”八字赠给曾生同志，挺秀刚劲的题词，对东江人民抗日游击队作了高度评价。韬公在跋里写道：“曾生大队长以学士奋起，领导爱国青年，组织游击队，保卫祖国，驻军东江。韬乃文化游击队，自港转移阵地，承蒙卫护，不胜感奋，题书此奉赠，籍志谢忱。”韬公把题词交给工作人员后，即随队出发，离开白石龙山寮。

这批与韬公同行的有戈宝权、胡绳夫妇、于伶夫妇、沈志远夫妇、叶籁士、殷国秀、高汾等十多人。他们先到雪竹径住了一宿，第2天再走20里到龙华圩，然后再走20里到乌石岩，这一路都是根据地的腹地，可以白天走路。最后，要摸黑由乌石岩爬阳台山，来到山上的蕉窝村，村后山窝里搭了两间山寮。这里条件比白石龙差，由于时间匆促，没有搭床，只垫稻草打地铺睡。这山村在海拔400米左右，春天早晚经常云雾缭绕，是个很偏僻的地方，相对来说比较安全；南距离南头日军30多里，东距观澜顽军据点也30多里。山下有部队活动，游击警戒，日顽军一时不能突上山来。韬公夫人沈粹缜，带3个儿女来山寮住了一段时间，后来由地方党护送他们去了桂林。

蕉窝山村，只有十来户耕山田的人家。可说除了鸡鸣狗吠就没有什么声息了。下山5公里是乌石岩镇，5日一集，还算兴旺。但是为了隐蔽，他们不能下山赶集。山居日子长了是很寂寞的。好在广东这地方，有山就有水，蕉窝的山谷中有一条山涧，时而蜿延［蜒］曲折，时而急泻水帘，涧水清澈，可以洗濯，消磨一段时间。其余时间，也安排些活动。韬公每天都带大家做健身操，有时领着大家讨论政治时事，有时讲历史故事，说笑话。后来白石龙的医务所也搬来蕉窝，同韬公一行做了邻居，他们的日子就过得繁忙了。如访问伤病员，给工作人员、伤病员和警卫战士讲文化课、政治课，开晚会，出节目等等，韬公仍是个忙人，也是兴致最高的一个。他心情愉快，乐观大度。这是他完全信赖党，信赖我们部队所致。他没有精神负担，他把自己的命运完全托付给了党。他对我党我军和抗战胜利的光明前途充满了信心，斗志昂扬。他们住到 2 月下山时，用竹木茅草搭了一个凉亭，并用木板写了诗挂上，作为留念。

1 月下旬，一天下午 3 时左右，白石龙山寮有个文化人吸烟，不慎把烟头丢到草丛中了，倾［顷］刻间烧起一片大火。文化人群起救火，制止不了，我队 3 个单位和群众闻讯赶来，把山火扑灭了。幸好没有伤人，没有烧到浓密的山窝丛林，损失不大，主要的问题是暴露了住地。连坳的日军哨所可能望见。为了安全起见，上级决定把仍在白石龙住的 20 多位文化人，秘密转移到深坑（龙华圩南边约 20 里），搭山寮隐蔽居住。接着，上级决定把报社也搬去深坑；医务所搬出蕉窝，都和文化人招待所为邻。

2 月某旬（旧历年前），淡水、新圩的日军出扰惠州市，增城的日军袭博罗，国民党驻军闻风而逃，两城俱陷。又切断了惠州至老隆的交通线。茅公、张友渔等 4、50 人只好隐蔽在周田、茶园一带。这一来，在宝安阳台山区住的文化人一时也走不了。中共南委副书记张文彬同志来路西后召开白石龙会议，把第三第五两个大队，整编为“广东人民抗日游击总队”，成立了总队部和政治部，下面成立 1 个主力大队和 4 个地方大队。同时，对文化人的行止作了新的安排。多数文化人是在惠州收复，交通一通就分批护送过去的。少数人分配在政治部和干部训练班等单位暂时工作。如胡绳夫妇、戈宝权、黎澍、肖敏颁、成庆生、邹任洪等同志都担任了宣传、教育工作。杨美泥坑和阳台山蕉窝两处招待所收缩后，把两处剩下的文化人陆续迁去深坑招待所。这时深坑招待所已搭 4、5 个山寮，住了 4、50 名文化人，有韬公、刘清扬（女）、杨刚（女）、周钢鸣、于伶、章泯、许幸之、凤子（女）、丁聪、胡考、戴英浪等。加上报社及警卫班也有 7、80 人住在一条山窝里，无形中又成了“文化沟”。深坑村只 7、8 户人家，很穷，主要给养是到龙华圩采购。《新百姓》报社搬到深坑后，即改版为《东江民报》。负责人仍是金实铿，杨奇负责编辑，史明编副刊，刻蜡板［版］，我仍负责新闻通讯和发行，符路负责印刷。约在 2 月初出创刊号，请韬公写了一篇《发刊辞》。请女作家杨刚写第二次世界大战问题。她用章回体写了3回，以通俗流畅的文笔，把国际大事说得一清二楚。涂夫为此画了插图。还请丁聪画了漫画。《东江民报》文图并茂，通俗易懂，别开生面。诗人、作家为副刊《民声》写诗文，大大提高了报纸的水平。我们同文化人住在上下山寮，政论家、文艺家、国际问题专家、戏剧家、美术家、音乐家都成了我们报社的义务顾问。他们对报社大力支持，有求必应。韬公给我们讲过新闻工作问题，编辑工作问题。他勉励我们努力自修成材。他说："做一个人民的新闻工作者，除了有很高的政治水平外，还要有广博的知识和广泛的兴趣。"

日军进攻惠州、博罗，国民党军不战而逃，两城失陷，我写了篇新闻稿。老金和杨奇把韬公请到编辑部（其实就在山寮地铺上），给他看了新闻稿，请他为《东江民报》赶写一篇社论。他欣然答应，坐在地铺上，以膝当桌，垫上本子纸张，急就成篇，题为:《惠博失陷的教训》。他在社论中一再呼吁国民党军队应接受教训，立即停止消极抗战、积极内战的错误政策，同人民抗日游击队一道，坚决打击日本侵略者。

晚饭后，我们经常陪韬公在山沟里散步，请他"摆龙门阵"。他知识渊博，又非常健谈，热心教诲我们后辈。他常给我们讲古今中外的重大史事，讲世界新闻，讲"国统区"的腐败黑暗生活。实际是给我们青年新闻工作者传授知识，用现代科学知识武装我们的头脑。

我们东江人民抗日游击队和地方党，无一损失地完成了抢救文化人的伟大而艰巨的任务。受到党中央的表扬。这批著名文化界人士住在深坑山寮期间，中共南方工作委员会副书记张文彬同志，代表中共中央和南方局书记周恩来同志；东江人民抗日游击队政委林平代表我队指战员，令随行人员担了几对狮头鹅和酒，到深坑"文化沟"来慰问韬公等几十位文化界著名人士，转达中共中央和周公对他们的慰问。他们深深感到党对自己的关怀和爱护。这同国民党反动派对自己的残酷迫害恰成鲜明的对比。会后，炆鹅加菜会餐，开座谈会；各人都畅谈了到东江游击队的体会、感受。

在深坑的这段日子里，韬公仍是最活跃的一分子。他和蔼可亲，平易近人。他艰苦朴素，从不提生活上的要求，处处以身作则，体谅部队的困难。他对自己要求很严格，他努力锻炼自己。早起，到山涧里洗脸、洗衣服。好天躺在乌石板上晒太阳，他叫“日光浴”。做头、脸、眼等保健活动，努力锻炼健强的体魄，准备迎接新的跋涉和战斗。他还经常开座谈会、开晚会、出节目，活跃大家的文娱生活，邀老战士讲战斗经历。小队长陆仲亨等去讲过“东移海陆丰”，有的讲东莞黄潭战斗、百花洞战斗，有的讲宝安阳台山区反“扫荡”等等。

日军在旧历年除夕之前撤出惠州惠阳，地方党立即在惠州设立了交通接待站，打通了到曲江、桂林的交通线。春节后，留驻宝安的文化人一批批走了，只有韬公、胡绳、戈宝权、黎澍等少数作家、理论家还在宝安。

大约 3 月上旬，惠州国民党顽固派放出“派一个师来反攻香港”的烟幕。这时，总队部移住白石龙村。南委副书记张文彬、政委林平等同志，在白石龙村里，邀请民主人士开座谈会。参加者有韬公、邓文钊、陈汝棠（孙总理信徒、“三民主义同志会”负责人之一、陈济棠部少将军医）等 7、8 人。

这时，《东江民报》社已迁回白石龙山寮。金实铿对我说：“近来情况紧张，要提防顽军对我突然袭击。现在领导人和著名人士都集中在白石龙开会。为了防备万一，领导上决定调你到总队部去做韬奋的招待员，专门负责韬公的生活和安全，行军、打仗，任何情况下都不能失散、出事。”这是党交给我的重要任务，我马上交待［代］工作，背上简单行李，就离开山寮，到白石龙村总队部去了。

春阴，时有小雨。村里房子住得挤，去年日寇“扫荡”，烧了不少房屋，现在一时集中的人多，又不能睡露天，就更挤了。参谋处长带我去见韬公。他的住处是半间闲屋的小半个厅，比走廊稍大点，仅能搭张单人铺板。韬公行李简单：一张小床单，铺在床上，底下垫的是稻草。一个小包袱放在床头做枕头，一条卷好的毛毯，还有一件棉袄。我就在他的隔壁用稻草打地铺。墙上有个窗子，他有什么招呼、动静我都知道。交谈几句，他开会去了。

座谈会连着开了3天。除休息时间外，韬公都参加了。我只约略知道会议是讨论形势与任务问题，不知其详，张文彬书记和林平同志向民主人士讲了当前东江斗争形势，顽固派在调兵遣将，准备向我队进攻，要谋取对策，要加强抗日民族统一战线工作。争取中间势力，孤立顽固势力，以挫败其反共反人民的内战阴谋。具体步骤不知。韬公回来，严守秘密，韬公是自觉地遵守纪律的。

座谈会期间，我有幸同韬公朝夕相处，受益很大。他的马列主义水平很高。他是以无产阶级的立场观点看问题的。我当时认为："韬公是继鲁迅之后的又一个非党布尔什维克。"他对东江人民抗日游击队非常关心，极愿参加一份工作，竭力帮助这支党领导的华南人民武装战胜困难，得以发展壮大。对于我们游击队的每个成员关心、爱护，融洽无间，他成了"自己人"。

我们相处时，他对我关怀备至，总想了解我。询问我怎样参加革命，何时回国参加游击队，何时从事新闻出版工作等等。我完全信赖他，把经历告诉他。我说："我在南洋时，国文教师介绍我读了两本书：一本是您的《萍踪寄语》；一本是戈公振的《从中国到庶联》（即苏联），开始打开眼界。同时，我觉得做新闻工作有意思，想当个新闻记者。"韬公爽朗地笑道："我们志同道合啰！"我说："您是前辈，我是受了您的《萍踪》影响的。"韬公说："我从小学读书时起就想当个新闻记者，我已从事新闻出版工作20年，今后想再干它2、30年，我要用我这支秃笔更坚决地与敌人作斗争。"我乘机问他："韬公，怎样才能做好新闻工作？"他说："我体会较深的，还是真实勤奋和无畏六个字。"他解释说：写新闻一定要真实，真实是人民新闻事业的生命。新闻要披露、揭露事实真相，不能粉饰太平，要宣传真理。勤奋，除了努力学习广博的知识外，做记者就要：耳勤，腿勤，手勤加脑勤。为真理而奋斗就要有大无畏的牺牲精神。（大意）韬公这么一说，使我茅塞顿开，一下子豁朗了。后来在实践中，我感到韬公这段至理名言，不仅适用于新闻工作，同样也适用于部队的政治工作。

白石龙座谈会期间，韬公的生活很有规律，就寝和起床前，都要做一套按摩运动，从按捋头发、搓脸颊、按摩腹部、两手拍打小腿，到搓脚掌心共十几个动作，每个动作做几十次。他说：“这是床上运动，坚持做下去，对健康自有好处。”他示范，教我做。

白石龙座谈会的最后一天接到情报，敌人可能来打白石龙。梁鸿钧总队长决定当晚转移。入夜出发。但夜空乌云密布，伸手不见五指。为了保证行军不失联络、不掉队，每人左臂上束一条白毛巾；规定了联络信号，不准打手电，划火柴。安排一个女运输员帮助韬公担行李。我给韬公借了把黑布伞，削了根手杖。我专门负责帮助他夜行军。出发后，天越来越黑，夜浓如墨。“白石、黑泥、光是水”的辨夜路特征的规律全消失在黑暗中。只能瞅着前边人臂上一块模糊的白印，紧跟着走；距离一拉大就瞅不见那块白印，就要失去联络。夜雨淋漓，更增加韬公的行军困难。他右手执杖，左手擎伞，眼镜蒙上了雨雾。他索性摘了眼镜，用脚探路。为了使韬公走的稳些，我立即扶着他走，路平坦时则牵着走。从白石龙到龙华某村 20 多里，走了 5 个多钟头。大家衣服多半湿了，我和运输员弄了点柴火，帮韬公烤衣服：煮了碗姜糖水给他驱寒气。这几天敌情紧张，总队部流动性大，经常转移，困难大。但韬公都坚毅地战胜了困难。与韬公相处一个多星期，直到解除紧急敌情时，我才回报社。

3 月中旬，政治部调我到民运科当干事。这时总队部和政治部都驻在雪竹径畚箕窝山寮，一直住到 3 月底，才转移到龙华石坳村。4 月 1 日，“华南队”——军政干部训练班在石坳开学，南委副书记张文彬同志、总队首长和韬公、胡绳等作家、学者出席了开学式。《华南队》负责人邀请韬公做报告，韬公欣然慨诺。

4 月上旬某日上午，韬公在《华南队》作了《民主政治问题》的专题报告，对国民党当局反民主的法西斯暴行作了彻底的揭露批判。他根据亲身经历的事实，揭露了国民党政府的妥协投降政策，揭露国民党扼制革命言论，封闭进步书店、报馆、查禁书刊，摧残进步文化事业，迫害甚至暗杀进步文化界人士的暴行；抗议国民党特务横行，到处设立“集中营”，侵犯人民权利、残害青年的法西斯暴行；痛斥国民党特务贪污横行，官场败坏的黑暗统治。韬公大声疾呼，吁请各抗日党派和全国人民坚持团结抗战，制止国民党制造分裂、倒退、妥协、投降的危机。韬公强调力争实施民主政治，切实保障人民言论、出版、集会、结社自由。要求取缔特务机关，解散集中营，释放一切被监禁迫害的青年和进步人士；解除对抗战文化的压迫和封锁，启封无故被封的书店、报馆、通讯社等文化团体。韬公反复强调："民主和抗战不可分割的关系。"他认为："抗战时期更迫切需要民主政治的建立和发展。""这是国内根本的政治问题。""为了要争取抗战最后胜利，必须团结和动员全民族的力量。而要团结和动员全民族的力量，主要的条件是实现民主政治。"韬公强调实现民主政治的主要锋芒，是针对国民党法西斯独裁专制，他的目的就是要结束国民党的一党专政，成立各抗日党派联合的民主政府。韬公的报告深入浅出，生动形象，给"华南队"的学员很大的教育，留下了深刻的印象。

韬公不愧为最坚决最英勇的民主主义和共产主义斗士。国民党反动派早就要置他于死地。春节后，我队总队领导人就接到周恩来同志的电报：国民党反动派当局已下通缉韬奋的密令，指令特务机关发现时"就地惩办"。周公嘱咐韬公不能回重庆及其他城市，必须设法保证他的安全。为此，在未得到妥善安排前，韬公仍留在宝安。直到4月中，国民党顽军65军187师进攻我阳台山区时，韬公还在阳台山南的深坑山寮隐蔽。

4月17日，顽军进攻阳台山蕉窝——韬公等作家住过的山村。4月19日下午，顽军1000余人分3路进攻樟坑（白石龙北面2里），其中一路顽军两个连，由龙华经深坑到长岭陂埋伏。我队莫福娣等两名女卫生员在深坑被这路顽军捉去。樟坑战斗打响后，我队深坑山寮的警卫班（加强班）登上山头，作好战斗准备，掩护韬公等转过山背灌木丛中隐蔽；战斗结束后，仍回山寮住。当时，我和修械所等单位的非武装人员在隔一条山沟隐蔽。

樟坑战斗前夕，政治部民运科科长刘宣同志，由深坑到樟坑主力大队部，向王作尧同志汇报战时疏散人员的情况。王作尧同志（副总队长兼参谋长）令刘宣去长岭陂向一个富农家借300元法币，送给韬公做起程的路费。4 月 21 日上午，刘科长到深坑山寮把钱送给韬公。这时，韬公还安详地在山沟里观看我队枪师在修一挺重机关枪。修好后试枪，打响了。韬公鼓掌叫“好”，“好猛烈！”不久，总队部派了一个加强排，连夜护送韬公过铁路东，到惠阳地区，韬公从此又迈上新的旅程。

1985 年 3 月 27 日完稿

宝安大队政工纪事①

李　征

1943 年 7 月，我随政治部主任李东明同志，到惠阳大队检查了解政治工作情况，后回到“惠大”大队部和政训室，曾住过坑梓某围，后转移到北面一条小村——松子坑，在此见到林平同志和余慧同志；还认识了一位“新”来的同志，他为人活跃健谈。交谈之间我才知道他是才从地方党撤到部队来的老同志，名叫蒲特，现任秘书长，随林平同志行动的。我听他口音遂问：“你是大埔人？”他答：“是。”我又问：“大埔何处人？”他答：“蛤蟆湖。”我说：“蛤蟆湖姓饶，不姓蒲。我祖母是蛤蟆湖的。”蒲特笑了说：“我姓饶，名高平，蒲特是我化名。”我喜出望外地说：“啊，原来你就是饶高平，30 年代我在‘埔中’读书时就知道饶高平的名字和一些故事，‘埔中’生都知道他是青年领袖，提倡新文化，同溪南埔人合作在埔城开了一间新文化书店……。”他笑容可掬，证实了我的说法。当年我在埔城见过他，后来不知他的去向，直到今天才知道他的“下落”，所以格外高兴。

数日后，我和东明随大队部转移到北岭附近交通站那个村子。不日便冒雨翻山到北面的一条山坑——猪肠坑住。此时，林平、曾生、谭天度同志都住在大厅里。我和东明住在小房。由高健同志管日常工作。谭天度同志每天都在写东西。我问他写什么？他说写《告民众书》。他写完送给林平同志看。林阅后当面提了意见，叫他修改。我当时不在意。事后想来，林平同志此时已着手做公开我队是中国共产党领导的部队的准备工作。谭天度同志起草的《告民众书》，大概是后来经党中央修改的，改题为《告

① 收录于李征：《东纵回忆录》，1996 年，第 115-125 页。

百粤同胞书》。

我在此写了几天《政治工作检查总结报告》，写完向东明交了卷。他叫我准备出发到宝安去，杨康华主任调我过去。并告知他的工作也有变动，代替谭天度任惠阳大队政委，谭老板的工作也有变动。

8 月，我随交通员回到宝安杨美村，在宝安大队大队部见到何鼎华同志。何热情地握着我的手："欢迎你来宝大工作。"并介绍我同政训室的组织干事黄克、民运干事赵学、统战干事赵笃［督］生、保卫干事李卫邦等同志认识（其实我早已认识他们）。我问何政委："我抓什么工作好？"何交代说："杨主任叫你来当政训室副主任，协助坤哥（陈坤）工作。宣传干事邱翔 7 月牺牲了，至今没人抓宣传工作。顽军挺进第六纵队司令部的政工机构，搞谣言攻势，散发了不少诬蔑我党我队的传单。我们也可搞一个宣传攻势，揭穿它、驳斥它。"我翻阅了顽军发的传单，都是诬蔑我队"共产公妻"、"杀人放火"等陈词滥调。我拟了一批标语传单，揭穿国民党谣言公司制造的谣言，揭露顽军一年多来进攻我区杀人放火的累累暴行，及国民党官员在惠州、曲江刮削民脂民膏，过着荒淫无耻的腐化生活……等等。送给何政委审阅修改后，我便叫油印室的同志刻蜡纸，突击印刷出来，通过交通站发送到税站、民运队、连队、手枪队等各单位，广为散发。

9 月上旬，我和陈坤同志奉命从杨美出发，随交通员走了两天，来到黄田基围梁兴村长的寮里，向政治部主任杨康华同志报到。恰巧何维也到了。原来杨主任是要我们来谈工作调动问题。何维派去江北；陈坤调离宝大，另行分配；任命我为"宝大"政训室主任，勉励我做好"宝大"的团结、巩固工作。我说这付［副］担子重，不一定能胜任。杨主任交代遇事要和何老鼎商量，按照党的政策办事，边干边学吧。又说：邱翔牺牲了，"宝大"至今还缺宣传干事，我打算派孙冰到你处当宣传干事，你对他还是比较了解的。我说：来吧。

我回到杨美大队部，把杨主任的信交给了何鼎华同志。他给了我一支手枪、弹带，派他一个警卫员郑龙给我当警卫员。打了两年多游击，我还没打过一枪，这时我马上走到村头对准苦楝树椏［丫］试了两枪，树叶飘动了一下，子弹不知飞向何方？以后增加一事：练习瞄准和使用手枪。

政训室的同志我都认识，我逐一找他们谈话，向他们了解组织、民运、统战、保卫等工作情况和问题，进行一些调查研究。

9月中旬的一天，何鼎华同志接到林平同志的信和总队部的通知：中共中央已批准公开宣布“广东人民抗日游击总队”是中国共产党领导的部队。省军政委员会和总队部决定分两步走：即先在部队内部宣布党的领导，然后在适当时机再对外公布，还要做好公布的准备工作。我们立即召开总支部会，决定先向各支部传达，由支部传达到党员，比群众先走一步。在“9·18事变”12周年纪念日的下午，我们在杨美村村头大树下，召开了“宝大”军人大会，大队长曾鸿文同志主持大会。何鼎华政委宣布我们“广东人民抗日游击总队”是中国共产党领导的人民武装，肩负着华南抗日战争的光荣任务，号召全军向八路军、新四军老大哥学习！此时整个会场欢声雷动，老战士领喊口号：“中国共产党万岁！”“人民革命军队万岁！”我也讲了一段话：（一）动员全队加强政治学习，政治课要学习毛主席著作《中国革命与［和］中国共产党》，以提高对党和革命的认识。（二）加强纪律教育，坚决执行《三大纪律，八项注意》，做到纪律严明，秋毫无犯。（三）准备打一次胜仗，以战斗的实际行动来庆祝党对部队的领导，努力提高我队的战斗力。接着是连队政治指导员李少清和战士代表发言，高呼“坚决拥护中国共产党的领导！”“多打胜仗，杀敌立功！”，有的表态要“努力学习，争取做个共产党员”。全队士气高涨，人人振奋，充满着革命的光荣感。许多战士愉快地说：“我们再也不是没有娘的孩子了。”“共产党就是我们的亲娘！”“八路军、新四军是我们的老大哥！”“我们再也不是孤军奋斗了！”……部队充满了节日的气氛，晚餐杀猪加菜，按规定每人加三两猪肉。会后通过各个支部，布置发展党员工作，许多久经考验的老战士条件成熟的迅速发展一批；有计划地培养发展对象。

中秋节来临了。“每逢佳节倍思亲”，依照传统习惯，中秋节是令人特别思亲思乡的节日。做好节日的思想政治工作是巩固部队的一环。政训室发了个通知，布置各单位抓一下节日的政治工作。

中秋节这一天，大队部和一个连队移驻上水径邱伯寿小队长的家乡，做了过节的准备工作，晚餐加菜。月亮东升时，村前的禾坪上洒满了一片银辉。大队部的小鬼、勤杂人员和连队战士们集中到禾坪围成一圈坐下，举行中秋晚会。政治服务员尹林枫主持晚会，给每人分发了一堆芋头、花生、沙梨、柿子等本地土特产，边吃边玩，轻松活泼。政治指导员史明、李少清，文化教员张斌和许多战士都演出节目，拉弹吹唱，客家山歌、粤曲小调，双簧、演魔术、集体游戏击鼓传球、捉迷藏等，五花八门，甚为热闹，引起一阵阵的欢笑喧哗，情绪高涨，真是“乐以忘忧”！村里有一群小孩提着灯笼，摇摇晃晃地游出来，也让他们到禾坪中间游一番，更加增添节日的气氛。

这个节日因思想工作较深入，没有发生思家开小差的事。

9、10月间，大队部和政训室移驻上八约村后荔枝园，园后是高山。村前5、6里外是广九铁路和布吉车站，路东的山岗上有数座日军的碉堡，碉堡中夜里点着汽灯，似乎都有日军把守。我们的手枪队侦察员都摸透了，日军兵力不足，多数碉堡没有驻兵，亮着大汽灯是为壮胆和吓游击队。侦察队有时干脆放上哨，在碉堡里睡大觉，拂晓前撤出来。我们逼敌而居，在日军的鼻子底下进行种种活动。

一天，总队政委林平同志和秘书长蒲特同志来到“宝大”大队部，住在荔枝园的泥砖山寮里。林平同志给我们大队干部传阅了一份复写的广东顽固派的“绥靖计划”，国民党顽固派仍在坚持反共内战，妄想剿灭我队。

林平同志还传达了一个党中央的指示，自5月以来，重庆国民党正在为掀起第三次反共高潮而制造舆论，出版了蒋介石的《中国之命运》。我党中央准备开展宣传攻势，批判蒋党的反共谬论。

蒲特同志（饶彰风）则忙着写东西。晨起喝了一口盅盐开水，就坐在山寮前一个树墩上，掏出一本玉扣纸订的本子，垫在膝头上，执着一支铅笔头在本子上写；早餐后休息一会他又写；午睡起来又写，直写到下午四时晚餐前才收工。他一连写了三天，抄正，交给林平同志看。林仔细阅后，提了意见，蒲特又修改。我问蒲写什么？蒲说：“写一篇宣言。”往时写传单宣言一般都由政治部宣传科的“秀才”或“老夫子”执笔。这回却是林平同志亲自抓，由秘书长执笔，无疑是一篇很重要的宣言，估计是为对外公布我队是中国共产党领导的革命部队而作的准备工作。

蒲特起草好“宣言”，林平同志又带他走了。

10月初，为了粉碎顽军对我区的进攻，总队长梁鸿钧同志决定集中我队在宝安的兵力，采取远道奔袭去打塘厦顽军的指挥部。主力“珠江队”主攻，我“宝大”一个中队担任掩护。为此我特别抓了一下这个连队的战前政治动员工作，指战员们对参加这次战斗都充满信心。我也准备参加这次“打塘夏［厦］”的战斗，到前线去锻炼一下。10月7日左右，彭沃同志已把“珠江队”带到雪竹径来了。9日黄昏，“珠江队”和“宝大”连队准备出发前，何鼎华同志带着警卫员来了，他不让我去，叫我留守大队部，而由他和彭沃带队去袭击塘厦。这次战斗歼灭了顽军的通讯排，虽是小胜，但因是我队主动出击，士气很高。“珠江队”的政治战士（党员）叶观琪等二人在突击中负了伤，担架抬他俩回来了，他们情绪还很好。这是我队公开党领导后打的第一仗，士气高昂。“珠江队”马不停蹄，立即又奉命到东莞敌后打仗去了。

10月中旬，顽军反扑，为我队击退。日军调动频繁。何政委为了缩小目标，便于行动，安排政训室移驻上下坪村。此村在鸡公头山东面的半山之上，距日军据点布吉车站10余里，深圳20余里，地僻［瘠］民贫，日、顽军都少来，比较安全。

一天，民运干事赵学同志（女）回来政训室商谈工作。她说民运队有些干部，因种种原因情绪不高，有的因为挨了过重的批评或处分有怨气，需要做做思想工作。我建议集中起来到安全的地方办个整风学习班，从整风文件中选几篇来学习。如毛主席的《整顿三风的报告》、《改造我们的学习》、《反对党八股》，中共中央《关于增强党性的决定》，刘少奇同志的《论共产党员的修养》等。赵学同意我的意思。当即商定除民运队干部外，还可吸收一些其他单位送来的干部，共计 20 余人组成一个学习班，学习一个月，由赵学兼班主任。

开学后，赵作了学习动员，大家学习情绪高。学习办法采用延安干部整风的经验。第一步是各人阅读文件，遇有疑难问题由赵解答，以了解文件的精神实质。第二步是酝酿思想，各人联系文件，考虑自己有什么思想作风问题。第三步是暴露思想，在学习小组里坦率地亮出自己的思想问题。第四步是解决思想问题，和风细雨地开展批评和自我批评，分析和解决问题。学习效果很好，学习积极性日益提高，达到了“放下包袱，开动机器”之目的。

孙冰和陈明夫妇来到政训室工作，孙为宣传干事，陈为秘书。他们来之前，钟韶当过秘书。路东地方党撤出的党员张秋云暂时当文书。此外，有特务长、炊事员、运输员、警卫员各一人，小鬼勤务员两人，主任一人、组织干事一人，共十人左右。保卫、统战、民运各部不在机关，我们政训室很精干。

10 月至 11 月中，我们住在上下坪时期，总队部电台新闻台抄收到延安一批批判蒋党的文章。如《评蒋介石的〈中国之命运〉》、范文澜的《谁革命？革谁的命？》等，还有一篇博古的《团结在毛泽东的旗帜下》，这是反映延安整风成果的文章。此外还有国际国内重要新闻稿。

来稿只有一份，为了供干部阅读、学习，我们动员秘书、文书和有高小文化水平的小鬼来复写一式数份，发到大队部和各单位供中队级干部阅读，让他们掌握党中央批判蒋介石发动第三次反共高潮的精神武器，提高认识和理论水平，鼓舞斗志。后来，有些重要批判文章，我们叫油印室印成小册子，发到各单位作为干部学习材料。这就使长期在山沟里苦斗的指战员们能了解到国家和世界的大事，开阔眼界。这些小册子也送给地方党同志，统战干事还送给一些开明士绅阅览，使我区军民对蒋党独裁专制，将发动第三次反共高潮有思想准备。

11 月中旬，一天，大队部通讯员送来何政委的信卷（小如香烟卷）。拆阅始知日本侵略军已于本月 11 日出动一个师团，打通了广九铁路，并在各个火车站留兵驻守，还妄图修复通车。与此同时，观澜、塘厦、樟木头、天堂围等处的国民党顽军已逃之夭夭。路西斗争形势出现新局面。大队部转移到游松，要政训室也转移去。

大队部和政训室在游松集中后，在一个阁楼上开了干部会议。鼎华同志主持会议，讨论当前形势下的工作问题。议定：武装部队开进新区活动，在铁路沿线袭扰日军。民运队派到观澜、塘厦等新区工作，宣传群众、组织群众，留少数干部在老区工作，迅速恢复和健全龙华、布吉、民治、乌石岩的乡政权。何政委提出也要迅速开展路东工作，加紧扩军工作，动员青年参军。

会后，我们政训室立即忙起来了。我到龙华赤岭头整风学习班，帮助赵学同志结束学习班，分配学员的工作。赵学决定亲自带民动队进驻库坑，开展观澜工作，杨彩萍、曾坚、张仕娥等老民运队员都调过去了。另派李友伦带一个民运小组到梅（塘）、长（山口）、塘（厦），配合五大队开展群众工作。统战干事赵笃［督］生也到观澜、塘厦一带做统战工作，访问各乡村上层人士，做团结争取工作。保卫干事李卫邦带陈德和短枪队到新区开展锄奸工作。为了开展路东清溪、塘沥一带的工作，把组织干事黄克派出去了，他带了张秋云等干部，随何通独立小队到路东活动。宣传干事孙冰则忙着草拟传单和日文标语，给油印室印制，发送全队各单位应用。

随着民运干部进村，不久就在新区各村组织起农抗会、妇救会、儿童团，办起夜校，成立自卫队（民兵），选出村长。新区民众气象一新，村村有夜校，处处有歌声。11月下旬和12月上旬，部队粉碎日军的“扫荡”后，宝安军民抗日救国保家乡的情绪更加高涨，青年踊跃参军，部队迅速发展壮大。

11月底，鼎华同志通知我到雪竹径大队部去一趟。我带着警卫员和小鬼就出发了。黄昏前赶到雪竹径上村。我在大队部又见到林平同志。这次又有振奋人心的消息。老鼎（鼎华）很兴奋地告诉我：党中央批准我们将“总队”改为“纵队”。他交给我一份稿件说：“这是林平同志带来的《东江纵队成立宣言》稿，叫我们油印室印制，发给总队部、政治部和各大队。”我接过《宣言》稿展开一看，是蒲特同志的字。《宣言》末尾署名是：司令员曾生、政治委员林平、副司令员王作尧、政治部主任杨康华，《宣言》公开宣布：“广东人民抗日游击队东江纵队”接受中国共产党的领导。林平同志叮嘱我：“一定要印得好好的，不要有漏有错。”我兴奋地说：“我亲自去校对，保证不出错。”我就这样领受了印制《东江纵队成立宣言》的光荣任务。利用夜间休息，我在晕黄的“洋油灯”下阅读了两遍，深受感动，觉得浑身是劲，令人充满战斗豪情。

翌日（12月初）上午，我们回到龙华赤岭头村，我对孙冰说：“《东江纵队成立宣言》写出来了，林平同志要我们负责印发。”我把《宣言》交给孙冰阅读，全政训室的人听后无不欢欣鼓舞，喜笑颜开。特务长秀哥（刘秀）乘机加菜，让大家打牙祭。

晚上4时后，我们政训室全体出发，南行廿余里，到达乌石璧大冚村，我们“宝大”油印室就隐蔽在村东面山坑沙梨园的山寨里。大家卸下行李，打好铺，吸烟、喝水、憩息。我叫警卫员到油印室去把张弓（社长）和邓焜找来。

夜里，张弓和邓焜来到我们住房（也是办公的地方）。请他们坐定后，我说：“有任务，很重大的光荣任务。”孙冰从皮包里取出《东江纵队成立宣言》稿，展开给他们看。我说：“这是林平同志交办的任务，不准有错、漏。《宣言》上日期是1943年12月2日，这就是我们纵队成立的日期了。我们必须尽快突击印刷出来，先印几千份发出去。头一张蜡纸（第一版）由邓焜来刻，要刻写得端庄、校对准确、印制精细，付印前告诉我们。”孙冰也讲了一通，鼓励油印人员的干劲。他们接过《宣言》稿，领受任务回去了。

第三天上午（约12月5日），油印室的小鬼来告知：头一张蜡纸刻好了。我和孙冰立即出村，走过田垅，走进沙梨园山沟，来到泥砖瓦屋的山寮。寮中八仙桌上摆放着邓焜刻写好的蜡纸。张弓、梁伟、邓焜等四五人散坐着。打过招呼后，由我读《宣言》原稿，孙冰校对蜡纸：没有一字错漏，校对第二遍，由孙读原稿，由我校阅蜡纸。校完，我高兴地说：“很好，没有一字错漏，可以付印了。这回就要看梁伟（女）的功夫了，争取一张蜡纸印得又多又好。”全室人员松了一口气，由衷地笑了。

我和孙冰等他们印出头几张《宣言》，一看非常满意，要了几张，临走时，我交代张弓：“先发给总队部、政治部、《前进报》和各大队，让他们翻印散发。宝安地区的由我们印发。”对纵队的成立和《宣言》的印发，我很兴奋，挥笔写下一首《东纵颂歌》，后来还由“东流剧团”团长谭军谱曲，可惜歌词今已忘记了。

政训室转移回龙华窑下村，住在后巷的祠堂里。龙华群众阅读了《东江纵队成立宣言》，兴高采烈，奔走相告。我感到新形势的到来，解放地区的扩大，“东纵”的成立，我们的宣传任务重，迫切需要成立一支流动的宣传队到各乡村去宣传。我向孙冰提出这个意见，他很同意，并建议：“干脆成立一个剧团吧！”我说：“好，搞话剧是你的本行，你可多编几个独幕剧给剧团演出，有条件时还可演多幕话剧。加上唱歌，客家山歌、粤曲、跳舞等，节目丰富，老百姓一定爱看。”孙冰说：“就搞个流动剧团吧！”我说：“好，这个剧团首要的任务是宣传东江纵队的成立，宣传共产党对部队的领导。先在宝安宣传，再到东莞宣传，还要到铁路东、到惠阳宣传，它的任务是到东江各地宣传，就叫做‘东江流动剧团’吧”。

任务确定后，立即着手调集人员。谭军在整风班学习结束后，留在政训室搞宣传工作，他在香港搞过歌咏、演过话剧。我们即任命他当“东流剧团”的团长。还有一位从香港回来的中学教师肖英、九龙回来的青年陈全、从医务所出来的伤员老战士麦容等刚够一组人，先做筹备工作。

1944 年元旦来临。我们决定于元旦晚上，在龙华牛地埔的山坡草地上开军民大会，庆祝“东江纵队”的成立和反“扫荡”的胜利。入夜，到会群众 5、6000 人。原总队长，现任路西军事特派员梁鸿钧同志出席了大会。会场前面老百姓和民兵敲起了大锣鼓，大会气氛很热烈。接着是军民代表发表祝辞、讲话。“东流剧团”人数不够（未亮牌子），由政训室干部临时凑数，保卫干事李卫邦、尹林枫、秘书陈明（女）、钟冠贞（女）、钟韶（女）等都上台了，演唱了一支苏联歌曲《快乐的人们》，他们连唱带跳，在台上转了几圈，表达了人们心中的喜悦，博得全场热烈的掌声。大会结束后，梁鸿钧同志对我说："大会开得好，唱的歌子也行，只是演员中有人扮叫化［花］子不好。叫化［花］子不能代表穷人。"我接受了梁同志的意见，以后"东流"就注意了这个问题。

不久，"东流剧团"发展到 12、3 人，正式开台演出。开始借了一套锣鼓、乐器、汽灯，以后逐步配备了道具、布幕、服装、化妆品、锣鼓等。首先是在龙华演出，人数不足时政训室的指导员何小士和陈明、钟冠贞、钟韶等女同志都去参加演出。"东流剧团"的诞生，是庆祝东江纵队成立的产儿，深得路西人民的喜爱，可说是一个"宁馨儿"！

东纵宝安政治处政工纪事①

李　征

1943年11月11日，日本侵略军打通广九铁路，国民党顽军闻风而逃，东江下游全陷敌手，出现了我队与日、伪直接斗争的局面。为了加强对路西东宝地区的领导，东江纵队司令部和政治部决定成立路西（铁路西）、东（莞）宝（安）特派员室，梁鸿钧同志任军事特派员，李东明同志任政治特派员，代表司令部和政治部领导和指导路西宝安的部队。

1944年1月，纵队政治部主任杨康华同志来宝安检查布置工作。一天，他到龙华、赤岭头村向我传达司令部和政治部的决定，调整宝安大队（简称“宝大”）的领导：调何鼎华和曾鸿文去做政权工作；任命陈一民为“宝大”政委，梁德明为大队长，翟信为副大队长。“珠江队”改为第五大队，代号是“五虎”队，仍是纵队的主力大队。“宝大”政训室升格为“宝安政治处”，由李征任主任，下设组织、宣传、民运、保卫等股，各股设股长一人。“宝安政治处”管“宝大”和“五大”两个大队和宝安地区的政治工作，归纵队政治部和路西特派员室领导和指导。

宝安政治处的人员、机构：

组织股股长章萍；宣传股股长孙冰；民运股股长赵学（女）；保卫股股长李卫邦；宣传股有个“东江流动剧团”（简称“东流”），一个油印室。民运股有两个民运工作队；赵学兼观澜民运队长；西路民运队长郭坚。保卫股有个短枪队和执法队，代号：西沙。政治处政治指导员（兼支部书记）何小士，管本处勤杂人员和特派员室直属的交通、情报、后勤等单位的政治工作。司务长刘秀、警卫员符铁民（后陈智辉），及运输员、炊事

① 收录于李征：《东纵回忆录》，1996年，第126—136页。

员和勤务员等多人。

1944 年初，我们路西宝安军民，在反“扫荡”捷报声中，迎来了“开门红”。我们按照东纵队司令部、政治部的通知，在龙华、牛地埔山麓开了军民大会，热烈庆祝东江纵队成立，宣传我队是中国共产党领导的革命队伍，宣传中国共产党对中国革命的正确领导、宣传八路军新四军抗战的伟大战绩。在队内以东江纵队成立宣言为主，开展学习和教育，在群众中开展拥军、参军运动。以农历正月为拥政爱民月和拥军月。在“拥爱月”里，以谭军为团长的“东流剧团”在各地巡回演出。路西宝安军民从新年元月至农历正月，都沉浸在节日的欢乐中，革命情绪日益高涨。

政治处的民运队员在乡村里同民众一起开庆祝会，各乡村开展了拥政、拥军运动。我们油印室大量翻印《广东人民抗日游击队东江纵队曾、王司令就职通电》、《东江纵队司令部布告》、《告百粤同胞书》、《为敌人打通广九铁路告同胞书》等，发给路西宝安各队、各单位、各乡村张贴、宣传和学习。油印室负责人张弓、梁伟带领全室人员日夜突击干，及时把这批宣言、文告送到群众手中。宣教股长孙冰拟编了“拥爱”提纲和政治课教材，并为“东流剧团”安排演出节目。

1944 年 1 月份，“宝四区”区政府成立后，我们民运队在龙华、布吉、民治、乌石岩的工作全部移交给区政府。民运队员如张素娥、曾坚等骨干 10 余人都转到观澜、塘厦新区。白［百］花洞、章［嶂］阁、库坑、大埔港、君子埔、马坜、松元下、樟坑径，直至铁路西沿线都派了民运干部进驻村工作。访贫问苦，发运［动］群众，向广大群众宣传我队的宗旨、历史和战绩及各项政策。依靠贫雇农，团结中农，树立基本群众的优势，较快地组织了农抗会、妇女会、儿童团、自卫队（民兵），民主选举村长，动员贫雇农青年参军。对于开明士绅、富农、地主、商业资本家，作为统战对象，进行团结争取的工作。由于我队废除了国民党政府所定的各种苛捐杂税，减轻了人民的负担，采取合理的税收政策，观澜圩的商人对我队基本是拥护的，但观澜地区顽军统治时间长，国民党反动派的影响较深，少数顽固地主、富农对我队我党抱敌视的态度，多数人采取观望态度。白［百］花洞地主周连魁是乡绅、国民党员，原是统战对象，同我们合作，当他知道我队是共产党领导的部队后，他的态度立刻变了，先是疏远，继而敌视。鳌湖的地主是顽固堡垒，有个以陈镜波为首的“三青团”，不时放出反共谣言，威吓群众，后来我们狠狠打击了他们。

赵学同志是到过延安学习的女干部，当过龙华区委书记，转到部队后从事民运工作，这次她坐镇观澜领导民运队，经常深入各村检查和帮助工作，哪里有困难，她就出现在哪里，是很有魄力的女干部。每隔10天她就向机关汇报一次，她全力以赴抓东边，西边由我兼顾。

原先在宝太线南段活动的民运队是总队部管的，总队部撤销后转归宝安政治处。2月，原队长郭坚持政治特派员李东明的信来见我，向我汇报该队的工作情况：全队20多人，一部份仍在宝太线上之西乡、固戍、黄田、洪田等处，一部份转向西路。郭坚是陆丰县人，担任过区委领导。不久前从地方党撤到部队来的，年纪30多岁，社会经验丰富，有独立作战能力，他也是随队活动。

新春一开始，我们就收到政治部2月份发出的《对当前政治工作的指示信》。头一条就指出：“在新形势下，我军之中心任务是扩军”，各单位应把扩军放在第一位，其他工作围绕扩军工作进行。扩军任务一经传达，各连队、各单位都动起来了，迅速掀起扩军竞赛运动的热潮。

有一天，西路民运队长郭坚回来政治处（驻白［百］花洞），向我汇报西乡日军机场的事，他说：“主任同志，我们有一个扩军的好机会，最近日军在西乡修筑飞机场，从各地抓来民伕3000多人，每天在那里干活。我们在上村的民运队员开始同民伕有接触，他们提出只要部队帮助消灭监工的日本官兵，破坏机场的修筑，可以动员民伕参加我军。”

我认为这个建议很好，遂写信介绍郭坚到路西特派员那里报告请示。军事特派员梁鸿钧同志听了郭的汇报，认为那些被日本侵略军拉伕来的民伕成份复杂，不能大量吸收为扩军对象；可以破坏机场修筑，解放3000民伕，从中吸收少数青年参军。

梁鸿钧当即给“宝大”政委陈一民写信。后来陈一民派出一个小队去袭击西场机场的日本军队，民运队员在民伕中策划起事，平［击］毁了机场设施，从中吸收了1、20个青壮年参军，其余解放回乡。

随着部队日益发展壮大，党员比重下降了。但经过这两年艰苦斗争的扩军、锻炼，许多战士已具备了入党条件。因此，积极发展党员已成为重要的组织工作。随着部队的发展，各级干部，特别是班、排干部不足成了突出问题。我们办了一期政治战士的短训班，约20多人，由组织股主管，训练完派回连队，反映不错。组织股长章萍有时还到各大队了解情况，帮助健全组织工作，准备再办训练班。

4月份，从惠阳地方党派来一批干部。路西政治特派员李东明同志令政治处接管他们。计有：方向、张松鹤、陈广陆、古曼新（海生）、叶育集、叶育业、叶芬、叶一萍、黄玉玲等。我们决定给他们办一期学习班，由组织股和宣传股共管。这批干部多是党员，学习结束时，大部份分配到政权部门工作。方向、古曼新等分在梅、长、塘搞建政工作，张松鹤分配回路东任清（溪）、塘（厦）区区长。

4月，政治处驻在白［百］花洞村南边小炮楼上。一天上午，宝安地方党的负责人黄树才（黄佳）同志到炮楼同部队联系。我接待了他，交谈了半天，主要由“佳叔”介绍地方情况，中心议题是地方党如何配合部队工作问题。我说：观澜、塘厦是新区，建立各村群众组织和政权后，要建立乡政府。再是以公明圩为中心的西路一大片，过去是伪、顽统治区，除玉津、长圳外，部队没有什么基础，只是梅塘、长山口，这三处都是新区，我们派了民运队进村工作，极［急］需地方党配合发动群众，组织群众，建立乡村政权和组织民兵。“佳叔”答应回去布置，尽量配合。

再是谈了宗教问题，宝安地区宗教势力不少，教堂较多，如：浪口、光头仔、白石龙、乌石岩、麻山等村都有教堂，有一批教徒，有的有牧师或神甫，做礼拜活动。自从《东江纵队成立宣言》宣布部队是中共领导的武装后，政治面目鲜明了，有些神职人员和一些教徒，对我党我队的态度也有改变，有的变得客气，有的变得冷淡，有的流露出敌视的情绪。“佳叔”说：“一般说天主教的神甫反共成见较深，有些教徒爱其影响。”接着他详细地谈了麻山天主教堂神甫及一些教徒的情况。对策是：尽量争取群众，孤立分化上层分子。

最后谈了南头的叛徒骆忠为害问题。我说：“我们政治处保卫股准备派人到南头去锄奸，但需要一名熟悉南头情况的人，请‘佳叔’帮助解决。”“佳叔”答应回去物色一人给部队。

叛徒骆忠原是我队乌石岩税站的成员，1942年秋冬之间，南头日军袭击该站，骆忠被捕后即叛变投降日军。1943年初，骆忠带南头日军于夜里包围我队驻庵前的情报站，拂晓进村抓人，把总队部情报科长兼庵前站长陈力辉和因病在该村治疗的县委副书记余林等抓去杀害了。5月，骆又带日军扑击我沙河税站，站长史权同志殉职，宝安交通总站长黄日东和“宝大”宣传干事邱翔在突围时牺牲。此外，他还带日军到各村捕捉支援我队的积极分子，真是无恶不作，血债累累。

我们政治处保卫股早就决心诛锄叛徒骆忠。股长李卫邦向我提出深入南头歼击叛徒骆忠的方案。我完全同意，并向路西军、政特派员梁鸿钧和李东明请示报告，他俩批准了我们的锄奸方案。

李卫邦亲率保卫股的短枪队（代号为“西沙”）住到沙河，派队长陈德和等人到日军基地南头作周密的侦察。“佳叔”布置沙河地方党的同志配合“西沙”的行动；并派当地党员干部卓就参加“西沙”短枪队。卓就年富力强，熟悉南头大街小巷，枪法又准，李卫邦决定由卓就担任第一射手。侦察中摸清了叛徒骆忠每天上午9点左右必到“美源”茶楼饮茶，便决定在茶楼解决他。

5月某日晨，“西沙”队长陈德和率领队员潜入南头城，在要道上留下担任掩护退却的队员，在“美源”附近留下了警戒力量。卓就等突击队员登上“美源”茶楼饮茶。骆忠在茶楼上一出现，卓就选好角度，对准骆忠射击。骆负伤逃跑，跳到隔壁一家烟厂的屋顶上，又从天窗跳下地面。卓就迅速跟踪冲去，顺着天窗跃下，立即击毙叛徒骆忠。在茶楼上掩护的队员声高呼：“茶客不必惊慌，我们游击队只杀叛徒汉奸骆忠一人。”随手把传单一撒，陈德和率队撤出茶楼，到隔壁烟厂接应卓就安全撤出。他们沿街散发、张贴诛锄叛徒的传单。此举惊动了南头城，大快人心，日军汉奸为之颤抖。

李卫邦率“西沙”队凯旋归来①龙华休整时，卫邦回到石坳村炮楼上，向政治处报捷，我们高度评价了保卫股的战功。政治处立即出“号外”，内容有一篇南头锄奸的特写，我写了一篇短评：《英雄与叛徒》，用红油墨印出，在解放区广为散发。路西军政特派员对这次锄奸成功，给予了表扬，龙华、乌石岩、沙河、西乡的军民闻讯欢欣鼓舞。

5月，政治处驻在白［百］花洞一家祠堂。一天上午有个干部来通知我：“曾司令要你去汇报政治工作。”我即随来人走向村中一间民房，见到曾司令。警卫员陈石甫、秘书、勤务员罗仔及警卫班都住在一起。原来曾司令一行是昨夜才到的，来路西检查工作和开会，虽然我和曾司令相处时间很短，但他还是一见如故，热诚相待。我坐下来向他汇报了路西宝安的政治工作概况，如：庆祝东纵成立、拥军、民运、宣传、训练干部、保卫锄奸和连队政治工作等，扼要地作了汇报。曾司令作了几点指示，要我们抓紧根据地的建设和大力扩军。不久，曾司令一行去梅塘检查部队部署东莞部队的工作。

一天，路西民运队长郭坚回来对我说：“路西民运队许多队员还没见过主任，希望你到公明圩去看看大家，最好能在茶楼集会一次。”我答应了，并按时赴约。

我们到达指定的某茶楼的楼座里，见到了早已等在此的20多名民运队员。大家坐定，利用喝茶时开了“茶话会”。大家踊跃发言，各抒己见。最后，我站起来对大家说：“你们民运队前一段在宝太线南段各乡镇工作，已建立起乡村政权，为“宝一区”区政府的成立打下了基础。这就是你们最大的成绩。民运队干的是开荒奠基工作，现在你们向路西的腹地推进，进驻了公明圩、水贝、合水口、周家村、楼村、燕川、罗田等乡村，这就使路西东（莞）宝（安）抗日民主根据地联成一片，具有重大意义。这一

---

① 原文如此。——编者注

带（西路）是宝安的谷仓，‘一年熟，三年足’，有养兵的条件。乡村大、人口多，土地集中，贫雇农多与大地主的阶级矛盾较尖锐。希望你们抓两头、带中间，依靠贫雇农、带动中农，坚持抗日统一战线，做好上层的争取工作。组织农会、民兵，争取较快地把乡村民主政权建立起来。为建立‘二区’区政府打下基础。这是民运队当前的任务。这一带有地方党的乡村，地方党也会配合你们的工作。这点意见供你们参考，工作中要及时交流经验。”

夏初，何通知黄克带去路东的独立小队，已发展为独立中队，代号“飞鹰队”。他们打了许多胜仗。正当路东人民欢欣鼓舞拥护我党我军时，国民党东莞县党部加紧进行反共活动。“飞鹰队”在清溪某村捕获国民党县党部的骨干分子香照城，派短枪队押送到路西政治处来。我令保卫股收押他。香照城的父亲香棣芳，是当时国民党东莞县党部书记长，他们父子反共观念很深，时时在国民党员和乡绅中散布反共言论，破坏抗战，鼓吹蒋党独裁，同我队对着干。香照城30岁左右，白脸书生，但很顽固，拒绝交代问题，保卫股李卫邦解了他的绑，尊重他的人格，没有严刑逼供，着重教育开导，给他看《东江纵队成立宣言》和《评中国之命运》等反内战、反独裁的小册子。终于使他低头认罪，作了坦白交待［代］，把他所知的东莞各区国民党区分部的人员机构详细写了出来，而且写了“检讨书”。我们请示特派员同意后，由“西沙”派两名队员送他回清溪老家，由黄克派人联系。据说开头他还来联系、汇报，后来逃跑了。

自从公开宣布我队是中国共产党领导的部队后，原先用过的国民党军队的职称、机构都去掉了，改用八路军、新四军的机构、职称，将“政训员”改为政治委员，大队不设“政训室”，只设“教导室”。据此“五大”和“宝大”都设了“教导员”，管大队范围的政治工作，必要时增设一二名干事。

5月的一天，政治处在万坳村顶上的小书斋里召开政治工作会议。出席者除本室主任和各股股长外，有“五大”教导员江鸥鸣、“宝大”教导员张斌、路西政治特派员李东明，主要是研究部队的政治工作。两位教导员比较详细地汇报了本大队的政治工作。江鸥鸣讲了梅塘战斗前后“五大”的政治工作和长山口驻地的民兵工作，还有建政爱民工作，搞好驻地军民关系的情况。张斌讲了“宝大”邱伯寿中队，夜袭蛇口，缴日军一个班的枪，还讲了“宝大”配合区政府和地方党发动群众破袭广九铁路的战斗，把某段沿途电线剪了，铁轨搬走了，使日军无法通车。本室各股长提出了工作要求。我作了总结性发言，李东明作了几点指示，会议仅开了一整天。

6月，我带了几个干部到长山口“五虎队”（又称“五大”），了解主力大队政治工作情况。政委卢伟良、大队长彭沃、教导员江鸥鸣，向我们介绍了基本情况。这个队经扩军，已从原来“珠江队”的3个独立小队，发展到3个中队，有300多人。原来连队政治工作经验比较丰富，军事干部素质较好，以老新带新，很快把战士带起来了，战士们都知道“为谁而战”、“为何而战”的道理，自觉性较高、士气旺、战斗精神好。他们带着一个民运组进驻长山口，开辟新区，各连队也注意驻地群众工作。群众纪律好，深得长山口群众拥护，较快地把群众发动、组织起来，建立了民兵，选举了村长、乡长。民兵配合部队作过战斗。短期内“五虎队”参加了黄摩坑的战斗，配合“三龙”大队击退伪军一个团的进攻。至此，“五虎队”的新战士均经过战斗初步锻炼，从中涌现出一批新的积极分子。发展党员工作也比较经常。

9月份，政治部《关于在全队开展整顿三风的指示》发下来，对整风运动的意义、内容、学习文件、整风方法等都有具体规定。党中央规定的整风的22个文件也发下来了。

政治部发来的整风指示中规定：以《红四军古田决议案》、中共中央关于《生产、拥爱的指示》和《军队中的党》作为全队整风必读的中心文件。我们都学习了，收获最大的是学习《红四军古田决议案》，加深了对建党、建军、建政的认识。明确认识到我们革命军队是执行党的政治任务的武装集团，除了打仗，还要做群众工作，还要从事生产，必须克服单纯军事思想观点。《决议》中指出的各种非无产阶级思想意识的表现、危害、产生的根源，及克服的办法都很深刻、正确，对我队完全适用。我们政治处叫油印室把《红四军古田决议案》单独印成一本小册子，发给各连队各单位干部学习，以改进我们连队的政治工作。

为了解决部队发展所需的基层干部问题，我们政治处设立了军政干部训练班，训练排级军政干部。杨凡任班主任兼政治教导员，黄林任军事教官。杨凡于抗战初期到延安学习过，回粤后搞武装工作，任过政治指导员，因脚负过伤，行军不便，转为民运工作。他对中国革命运动史很熟悉，讲得很生动。他讲《中国共产党与中国革命》也讲得好，学员们爱听他讲课。黄林是“坪山时代”的老战士，打过不少仗，又受过军事训练。

4月上旬，在观澜嶂阁召开路西宝安党政军联席会议（此时未实行军党统一领导）。出席者：黄宇（中共前东特委的负责人），黄树楷（中共宝安县副特派员）、谭天度（路西东宝行政督导处主任）、何鼎华（路西东宝行政督导处副主任）、李东明（路西东宝政治特派员）、李征（路西宝安政治处主任）。

会上学习了东纵队司令部、政治部有关指示，学习了延安新华社的新闻，其中有华北某地征收抗日救国公粮和减租减息的报道。会议讨论了扩军建政问题。督导处（县抗日民主政权）建立后，亟需［须］加紧建立区乡政权，征收公粮和减租减息问题，一致同意先进行试点，待取得经验后再普遍推行。

7月，奉命将路东活动的“飞鹰队”移交司令部直辖，将该队党组织关系交政治部。

7月下旬，“五虎队”奉司令部命令，调到惠阳地区，准备成立东江纵队第三支队，仍是司令部的主力队。

7月下旬，李东明、卢伟良、李征率宝安大队（三个连）过莞大地区活动、打仗。“宝大”代号改为“猛豹”，成为第一支队主力，筹备第一支队成立。后来宝安政治处改为东纵第一支队政治处。

（原载《广东党史》1992年第4期）

关于史实的几封信（节选）①

李　征

……

第二封：关于宝安、路西我队战斗序列的情况

《东江纵队史稿》1943 年 12 月的战斗序列表，把陈坤列为政训室主任是不对的，因为陈坤于 43 年 8 月已调离宝安大队。陈调出后，组织上派李征接替他的职务。

在《东江纵队史稿》的战斗序列表中，缺了“1944 年 1 月至 1944 年 9 月”的，故缺了这段时间宝安部队的序列情况。这一时期，宝安部队变化是很大的，因为日寇于 1943 年 11 月打通广九路，11 月下旬和 12 月上旬连续“扫荡”宝安路西后，我部队迅速扩大新区、扩大军队，所以宝安部队的机构、干部的变化也很大。现在我回忆补充这段历史情况：

曾鸿文同志于 1944 年 1 月至 1944 年夏天任宝四区区长，其原任宝安大队长，从 1944 年 1 月起改由梁德明担任。原任大队政委何鼎华也于同年 1 月因病离职治疗，病愈后不久，因工作需要调去同谭天度同志一起筹组督导处，管政权工作。何鼎华离职后，从“珠江队”调陈一民同志来当宝大政委。同年 1 月，从惠阳调翟信同志任宝大副大队长。1944 年上半年，宝安大队设政训室及其主任，只设一名教导员（教导员是张斌同志）。

同一时期，原“珠江”主力队发展为主力大队，代号叫“五虎大队”，大队长彭沃，政委卢伟良，教导员江鸥鸣。这个大队在宝安活动，也没设

① 收录于李征：《东纵回忆录》，1996 年，第 181–185 页。

政训室。因东纵宣言已公开宣告我队是共产党领导的部队，所以不再采用“政训室”这类国民党军事机构的名称。“五虎大队”在 1944 年 7 月扩充成为第三支队（主力支队），这时它跨路东、路西两个地区活动。后到江北博罗及九连山活动。

1944 年 1 月至 7 月，在“宝大”和“五虎”两个大队之上有个东纵司令部派出机构：宝安地区特派室。军事特派员是梁鸿均［钧］（任至夏天调走），政治特派员李东明。他们领导两个大队及指导路西行政督导处的筹建工作，同时也负责指导宝安地区政治处工作。当时宝安地区的政治处主任是李征。政治处辖“宝大”和“五虎”两个大队的政治工作。政治处是团级机构，下设组织股（股长章萍）、宣传股（股长孙冰，现名孙孺）、民运股（股长赵学，女）、民运队（队长郭坚）、保卫股（股长李卫邦）、敌工股（负责人林展，女）都是大队级干部。

1944 年 7 月下旬成立东江纵队第一支队，支队长卢伟良，政委陈达明未到任，由李东明代理。宝安地区政治处成为第一支队政治处，主任仍是李征。

这个时期，原宝安大队的两个中队发展为 3 个中队，均调出为支队的主力大队，代号是“猛豹”大队，在东莞水乡一带活动，1945 年 4 月底至 9 月“猛豹”大队主要在东宝地区活动。这时的大队政委是李少清，大队长是沈标（沈剑光）。

1944 年 9 月起，设宝安特派室，军事特派员邱伯寿，政治特派员郭坚（44 年 10 月调往海陆丰）。到 1945 年 1 月，特派室又恢复为宝安大队，大队长邱伯寿，政委刘宣。在乌石岩、西路、宝太线南段（新桥、沙井、固戍等）一带活动。另外还有一个宝（即南头）深（圳）线特派室（1944 年 9 月至 1945 年），军事特派员郑珠明，政治特派员张斌（后任潘禄）。宝深线特派室管辖宝深线和广九线的平湖至深圳地区。

东江纵队第一支队有 1500 百余人，分为 4 个大队和 4 个大队一级的特派室。除宝安的特派室外，尚有宝太线特派室，军事特派员是陈德和，政治特派员史明（1945 年春至夏）；莞樟线特派室军事特派员黄介，政治特派员章萍；莞太线特派室，军事特派员陈德和（1945 年夏至秋），政治特派员史明，（1945 年夏至秋），后任军事特派员李云飞，后任政治特派员黄义芳。

……

北撤山东散记（节选）①

李　征

……

时刻准备突围

1946年6月上旬，一天上午，司令部的通信员来到我们住地，通知我和黄布同志9点钟到司令部开会。我和黄布带着警卫员廖华仔和张琴仔，向东边山脚的三溪王屋村走去，到司令部驻扎的那幢楼参加会议。

这是曾司令召集的团级以上的干部会。曾生同志主持会议。他传达了中共广东区党委的电报指示：为加强统一领导，成立东纵北撤部队的党委会，由曾生同志任书记，王作尧、杨康华、林锵云、罗范群、刘田夫、谢立全、谢斌同志为党委委员。这时我们才知道林平同志不参加北撤，留在华南。曾生同志讲了当前的形势：当地的国民党军一个多师，师部和一个团驻淡水、澳头，一个团驻龙岗、新圩，一个团驻横岗、平湖一带，平[坪]山有“保七团”，还有土顽武装，包围监视着我队。他号召我们要保持高度的警惕，加强情报工作。他指令把已到达的“江南”、“东进”、“护航”等武装部队，迅速整编为战斗的主力队，做好思想政治工作，加强领导；要搭起“干部队”和“家属队”（即“妇女队”）的机构，由香港和全省各地来的干部和女同志，随时编进有关机构，妥善安置，进行学习。曾生同志还要求加强后勤工作，保障供给，因部队一下集中这么多人，吃、穿、用、医疗都是大事，至于我队北撤的经费，是由党中央给的，采取先向国民党银行借款，然后由党中央还给它的办法。但在借款、借粮中仍有

① 收录于李征：《东纵回忆录》，1996年，第299—323页。

斗争，要加强后勤机构的工作。

正在会议进行中间，司令部的干部忽然带了一个“国民党军官”进会议室来。举座惊讶，不约而同地注视他。只见他头戴美式国民党军官的大盖帽，穿着少校军衔的黄白色军服，身材魁梧，仪表堂堂，40上下年纪，操一口“老表”口音（江西）的普通话：“我来找曾生同志！”我们更加惊讶，一时脑筋没转过弯来。曾司令站起身，迎上前去同他握手，问他：“贵姓名？”他答：“谢立全！”两人紧握双手。他补充说：“林平同志叫我完成任务后，就来报到。”曾司令爽朗热情地说：“林平同志通知我了，你来得正好！我们正开会，请坐，你就参加吧！”

我们团级干部都知道谢立全同志是延安派来的老红军。他原是“珠江纵队”参谋长，现任“粤中人民抗日解放军”的副司令，怎么穿着这身“老虎皮”来葵涌报到？大家都有点纳罕。谢立全同志坐下对大家说了一下：“我接到广东区党委的指示，要我到香港，参加北撤。我到香港后，林平同志叫我参加‘执行小组’的工作。这个‘执行小组’（‘三人小组’）的主要任务是：督促和监视国民党军队根据协定，撤到淡水、坪山、龙岗、横岗一线公路以北，使我北撤部队能在葵涌一带集结。再是，测定沙鱼涌海面登陆艇的登陆场所。美、蒋代表总想玩弄花招，拖延时间，强调‘要半个月才能完成测量’登陆地点。谢立全同志据理力争，最后议定：测量工作以一星期为限，并立即出发葵涌、澳头、坪山、龙岗、横岗等地，视察国民党军队有无执行协定。事实上，葵涌的国民党军队，在‘执行小组’到达坪山时，还没有走，经过一番斗争，才迫使国民党军队撤到淡水、龙岗一线以北，使我队能及时在葵涌一带集结。”我们听后才恍然大悟。后来知道，我方参加“第八执行小组”的江南、江北、粤北各个支组的同志，为便于在国民党区工作，都穿上了带军衔的“老虎皮”。

6月16日，周伯明和陈达明同志率领“江北”部队来到葵涌。“江北”部队和“东进”部队等合编成一支战斗队伍，由周伯明、张持平和叶基同志负责。集中已半个多月，只剩粤北部队未到。大家都焦急地等待粤北部队南下的消息，为他们的安危担心。

6月中旬的一天上午，曾司令又派通信员来把黄布和我召去，对我们讲了近来的形势，他说：“我们江南、江北和‘东进’部队都集中了，粤北部队还没有到。国民党军队在惠（州）淡（水）地区除原有一个师外，近日又增加一个师，加紧对我包围、压迫。我们必须提高警惕，要紧[谨]记‘皖南事变’的教训，提防反动派对我发动突然袭击，防备反动派聚歼我纵队的阴谋，切实做好战斗的准备。”接着他说了最近党委会议的决定和加强应变的部署。他说：“‘东进’、‘七支’和‘江北’部队及护航队组成的主力队，由周伯明指挥；国民党军队一旦向我进攻时，主力队就向海、陆、惠、紫、五边突围。海上准备了几百条船，打起来，干部队和家属队就上船，从海上撤退。现时，由‘江南’部队担负警戒任务，要加强对淡水和坪（山）龙（岗）两个方向的警戒。高健率部负责田心方向的警戒。另外决定：派你俩去领导江南主力营加强对坪（山）龙（岗）方向的警戒。由黄布任军事特派员，李征任政治特派员。你们警戒部队的任务：国民党军进攻时，你们要坚守，坚决掩护主力部队突围和干部队、家属队撤退。完成这三项任务后，你们就地坚持惠、东、宝的武装斗争。叶文华军需会给你们初期的活动经费……”

我和黄布表示坚决拥护纵队党委和曾司令的决定。我们知道这是光荣而艰苦的任务。我俩激动地表示：“我们誓死掩护主力突围。干部队、家属队不撤完，我们决不转移，我们人在阵地在！打剩多少人，我们也坚持斗争，在惠、东、宝打游击，拖住蒋匪军。”

我俩接受新任务后，只从原四团的干部中要了袁康（武的）、谭军（文的）和韦世珍（救护队长）三名干部，和廖华、张琴两名警卫员、一名运输员，组成“特派室”。翌日我们即到伯公坳江南主力营，当即向营长邱伯寿、政委邓汀和祁兴、曾福等营、连骨干传达了纵队党委的决定和曾司令的命令。这营有四个连，300余人，装备较整齐。各连党支部对新任务作了深入的政治动员，保证战斗打响后，坚决完成掩护主力突围和非武装人员撤退的任务。伯公坳南距葵涌20里，北距坪山10里。我们同营、连干部看过地形。黄布提出了布防的意见，除加强坳上的警戒外，在各个阵地加固简易工事和机枪阵地。

我们守在坳上，暂无战事，但心境是不平静的。我们注视着全国的斗争形势，思虑北撤的全局。6 月 24 日，粤北部队克服种种困难，到达葵涌集中，并编成另一支主力队（其突围方向是横岗、江北，由王作尧同志指挥），大家放心一些。原计划于 6 月 24 日登轮北上，因有台风的影响而逾期三天，后又说美国船还没有来，要延期北撤。夜长梦多，这是我们最担心的事。此时，国民党军在东北已经大打。6 月 26 日国民党军围攻我中原军区宣化店，事实上已发动了全国规模的内战。我们北撤部队 2、3 千人集中在大鹏半岛葵涌一隅，处境是很险恶的，我们警戒部队日夜提心吊胆，加倍警惕，防备国民党军的突然袭击。

幸赖党中央对全局斗争的掌握和领导，对国民党当局进行针锋相对的斗争。中共广东区党委书记林平同志在香港通过《华商报》、《正报》等进步报刊，有力地开展舆论工作，及时揭露国民党军妄图背信弃义围攻我队的阴谋，终于推进了我队北撤工作的进展。6 月 28 日夜，我们才奉司令部的命令，收邱、邓营撤来葵涌犁壁山村警戒。这就是说，我们在登轮前夜，收缩部队，圈子已缩得很小了。

6 月 29 日上午，我处理邱、邓营的复员工作，心情难过。我给一名副指导员和几名战士发了复员证，发了复员回乡的路费。有一名战士没有便衣，只好把我的一套便衣给了他，我的警卫员张琴仔随我从路西到稔平、乌禽嶂、河源白云嶂、五华葵头嶂，直到韩江八乡山，又回到东江，一年多来生死与共，患难相扶，结下了真挚的友情，虽有他的北撤名额，我也很希望他参加北撤，他原先也很想参加北撤，但在最后一天，他阿婆来了，哭求他复员回家，他心软下来，放弃了北撤，领了复员证。我心酸楚难言，我们只好挥泪惜别。后来，听说张琴仔复员不久又重新拿起武器，参加了粤赣湘边纵东江第一支队第三团，担任了排长，在花红岭的一次战斗中壮烈牺牲了。

从广东到山东

6月29日中午，我们整队开到沙鱼涌的沙滩上候轮北撤，全队成列坐在沙滩上。等到下午4点钟，一艘美国小炮舰导航，三艘登陆艇尾随而来，泊在沙鱼涌的浅滩上。中共代表方方少将站在沙滩稍高处向我纵北撤人员讲话。他代表延安总部高度评价了我们东江纵队的功绩。他说："……你们打了八年日本鬼子，解放了大片国土，挽救了千百万同胞的厄运！然而日本鬼子投降了，你们却不能不离开家乡……"方方同志说出了我们的心声，说出了我们对国民党反动派的愤慨。接着他又勉励我们要坚决完成北撤任务："你们为了和平……，不怕牺牲、不怕艰苦，义无反顾地集中北撤。……去为和平、民主而努力，去为创造新中国而努力！"我队女翻译林展用流利的英语，把方方少将的致辞翻译给美军代表听。曾司令讲了话。向乡亲们和复员战士告别。国民党军队代表，照着我队编的北撤人员花名册逐个点名，其目的在于重点查对我队已出名的军政领导干部是否参加了北撤，否则国民党当局"不放心"。

点完名，仪式结束。4时许登轮。三艘美国登陆艇，打开艇头，斜放下宽大的钢踏板。我各队指战员按预定步骤武装涉水登轮，水深及腰，队形逐渐变乱，国民党军官无法逐个复查。此时，有100多名不愿复员，又没有北撤名额（国民党限我北撤名额2400人）的小鬼、战士、运输员等，便在各船战友的引导下，"混"上了船。所以北撤的真实人数是2500多人，其中女同志400多人。各地，特别是惠、东、宝和港九的军属亲人们，闻讯来葵涌送行。我们集中沙滩登轮时，军属亲人们纷纷站到沙鱼涌的山排上挥手送别。

第一船载的是"东进"、"江北"、"七支"和"护航"等部队800多人（"护航"队中编有干部队）。曾司令和刘田夫同志在这船负责总的指挥，曾司令通过电台直接向延安总部汇报每天的航程和请示，并和另两船联系。这船团以上干部有卢伟良、周伯明、张持平、陈达明同志等。第二船载的是"江南"部队和家属800多人，负责人有罗范群、谢立全、谢斌和卢伟如等同志，黄宇、叶锋、黄布、高健等同志也在这船。第三船载粤北部队 800 多人，由王作尧、林锵云、杨康华同志指挥、邬强，李东明，彭沃、郑少康等同志在这船。登船后，美军船长要求我们部队按其规定：除少数指挥员外，所有枪支武器弹药都要入库、加锁。经斗争，美方船员的枪也入库，钥匙由我方掌管。即使如此，我们还是不放心，为防备国民党背信弃义，阴谋陷害，我们各船都作了应变的准备。据叶基同志说，第一船挑选了 10 人，暗藏下 10 支短枪；物色了若干名当过海员、熟悉航海业务的同志，准备必要时代替美方的大副、轮机人员。第二船则选了十几名勇壮之士，日夜监视着收藏我队枪支的船舱，准备必要时迅速夺回枝支弹药，武装起来对付敌人。据说，第三船挑选了李昌同志等近 20 名连排级干部，包袱里暗藏下近 20 支驳壳枪，在甲板上活动，由黄秀同志指挥应变。据谢立全同志说，我各船的负责人，日夜在航海室轮流值班，检查航行路线，以防万一。

我们登轮后，当晚没有启航，仍在沙鱼涌海面过夜。翌晨（6 月 30 日），在美军小炮舰导航下，三艘登陆艇相继启航。除甲板上活动的同志和哨兵外，绝大多数指战员们都在大舱里挤“沙丁鱼”，只能轮流从舷窗里向大鹏半岛的山峦告别。航行 5 昼夜，只在过台湾海峡时有风浪外，基本上风平浪静。

7 月 1 日，为纪念中国共产党诞生 25 周年，我们第二船在甲板上开了干部会议。会上传达了曾生同志的电报：纪念党的生日，要发扬光荣的革命传统，紧密团结，时刻警惕，随时准备战斗，保证胜利完成北撤任务（大意）。传达下去后，各连都开会，进行动员活动。

我们乘坐的这些美军运输登陆艇，原先是替国民党反动派从九龙运兵到秦皇岛或青岛的。反动军队带有军妓，供他们军官和美军水手淫猥狎邪。这次是运“共军”，他们以为“共军”也同“国军”“差不多”，所以有些美军水手见到我队一些女同志便表现粗野无礼，甚至撞进女浴室要流氓。我队负责人提出强烈抗议，义正辞［词］严地说明我们是人民的军队，同国民党反人民的军队有本质的区别；我队的妇女是人格高尚的女战士和军人家属，人的尊严和人身自由不许侵犯、不许无礼。负责人还向美军船长做了团结工作，由其船长训诫其水手，以后就没有再发生对女同志不文明礼貌的事情；夜里还在甲板上挂起“银幕”，放映美国影片给我们看，其中有的是第二次世界大战的纪录片：讲盟军对日、德、意法西斯作战的友谊。这就有了些共同的语言，改善关系，相安无事。

航行5昼夜。7月5日清晨，导航舰和三艘登陆艇，相继抵达山东烟台港。我队全体整饰军容，一律穿上草绿色的列宁式军装，打开舱库，各人领回自己的枪支弹药，列队登上甲板排成方阵。纵目浏览，美丽的烟台市和港湾尽入眼底，心胸为之开阔，倍感解放区城市的可爱。我们列队登陆，在烟台挡浪坝码头集合参加烟台市党政军民各界联合召开的欢迎大会，热烈庆祝东江纵队北撤的胜利，胶东行署主任曹漫之、军区副司令王康、六师师长刘勇、政委仲曦东、副市长徐中夫等同志，及各界人民团体代表热情讲了话，给我们很大的鼓舞。曾司令致答词，热烈感激胶东和烟台市党政军民的盛大欢迎和慰问。大会结束，我们北撤部队在老大哥引导下离开码头，成二路纵队进入市区。华东军区司令员陈毅同志对东纵的北撤非常重视，据说他亲自发电报指示胶东军区和烟台市委，要动员十万群众夹道欢迎，宣传“东纵”是为了国内和平而北撤的。我们所经过的街道，两旁密密层层地站满了干部、民兵、工人、农民、店员、职员、学生、妇女、少年儿童，他们打着彩旗、横幅，敲锣打鼓，吹奏唢呐，扭秧歌。歌声、欢呼声、口号声响彻云霄，振荡市区；“热烈欢迎抗日有功的东江纵队！”“坚决保卫和平！”“坚决保卫解放区！”“反对国民党反动派打内战！”许多老大妈挽着筐筐，把鸡蛋、馒头塞到我们怀里；小姑娘把桃、杏、苹果塞进战士们的挎包。老大妈见我们许多人黄黑消瘦，握着我们双手，掉下了热泪，频频安慰：“好好休息，到了山东就是到了家乡！”我们感动得热泪盈眶，高呼：“向烟台人民学习！向山东人民学习！”“向八路军、新四军老大哥学习！”“誓死保卫解放区！”欢迎大会和夹道欢迎的壮举，实际上成了保卫和平、反对国民党反动派发动内战的总动员。

7月7日，胶东和烟台市党政军民联合举行纪念“七七”抗战9周年和庆祝东江纵队北撤胜利的大会。晚上党政军负责人在行署礼堂举行宴会，招待“东纵”北撤的团级以上干部。行署曹主任、军区王副司令员、六师政委仲曦东同志都讲了话，给予“东纵”北撤胜利很高的评价，再次给我们很大的教育和鼓舞。宴会后，举行了联欢晚会，六师文工团演出许多精彩节目，体现出文艺为工农兵服务的方向，也给我们很大的启发和教育。

连日来，各行各业的慰劳队，不断地到我队各营房来慰劳。首先是烟台市医院来收治我队的伤病员和产妇，病情较重的立即住院治疗。澡堂子向我们开放。理发师傅挑着剃头担子到营房为战士理发。水果店慰劳水果。茶叶铺送茶叶和盖碗茶。烟厂赠送自制的香烟。胶东军区后勤部专门拨大米供应我队，又派100多名炊事员来教我队炊事员做馒头、花卷、包子、饺子等面食。伙食标准高，每餐有肉菜。军区对我们生活上的关怀照顾，无微不致［至］。

烟台“张裕酿酒公司”是广东大埔县人张弼士先生（清末爱国华侨民族资本家）创业的，此时由其孙和曾孙辈经营。“东纵”干部张旭同志（大埔西河人）到“张裕酿酒公司”访问，宣传“东纵”一贯执行抗日民族统一战线政策，团结港澳同胞和海外侨胞，护商护侨及八年抗战战绩。“张裕”的经理立即认同乡，热忱邀请“东纵”指战员到“张裕”参观。我们临时组成参观团到“张裕公司”参观。张经理带我们去看了地下室的几个大酒窖，看了现代化设备的化验室，介绍了整个生产过程和营业情况，（在巴拿马国际博览会上，获得“金奖”的白兰地酒就是此厂的产品，为祖国赢得了金牌、赢得了荣誉。）“张裕”的儿孙们和职工们一直为此荣誉而自豪，自强不息。参观完毕，张经理请每人喝鲜甜的葡萄汁。另一天，设宴盛情款待“东纵”代表数十人，品尝了名牌产品葡萄酒和“金奖白兰地酒”。后来“东纵”文工团还到该公司为职工们演出了文艺节目。

数天后，我队移驻烟台市郊福山县几个村庄。司令部和政治部驻芝水村。县、区、乡政府又开展一次慰劳活动，发动各村群众来营地慰问。

我队开展了拥政爱民活动，反复深入进行群众观点和“三大纪律、八项注意”的教育。某日，烟台市“文联”又邀请东纵文艺界代表到市里开座谈会。此时，“东纵”文工团正在搭架子。政治部主任杨康华同志指定我（宣传科长）和杨凡（股长）权充代表，陪同画家涂夫、文工团副团长谭军、随军记者钟紫等6、7人到市“文联”参加了会议。烟台市“文联”主席虞棘同志主持会议，还有文艺工作者和新闻工作者十余人参加。主席致词热情洋溢，充满战斗情谊，到照像［相］馆照像［相］留念，又到酒楼设盛宴招待。最后，虞棘同志等热情要求“东纵”文工团演出“广东节目”给烟台军民观看。我们硬着头皮答应了，回来向杨主任报告请示后，决定演出多幕话剧《路西一年》（“东纵”一支队政治处“东江流动剧团”集体创作、孙冰执笔和导演）等富有广东地方特色的节目。原剧本没带去烟台，就是靠谭军、陈全、巫军等“东流”的团员把剧本台词背诵录出，印发给文工团突击排演。在“东纵文工团”团长蔡史野、副团长谭军，指导员夏洪、欧巾雄（女）及戏剧股游波、乔毅（女），文艺股的韦丘、音乐股的方斯等同志和全团人员的齐心协力下，只几天突击准备，就到烟台剧院公演，用普通话演出，场场满座，博得好评。

劳军活动为时一个多月，以华东局和华东军区代表团的慰问为高峰。华东代表团的团长是梁国斌同志，他是闽西的老红军、华东局保卫部部长，还有华东军区政治部宣传科的白彦（广东大埔人）等5、6位同志，从临沂出发，路远迢迢，来到烟台芝水等村慰问我队全体指战员，梁国斌同志的讲话介绍了许多宝贵的经验，给我们的教育启发很大。总之，整个劳军活动过程，就是对我们深入进行生动活泼的教育过程，极大地鼓舞了我纵指战员们的斗志和士气。

8、9月间，延安总部政治部宣传部长肖向荣同志，带了联政宣传队，途经烟台，要渡海到东北去。肖部长邀请杨康华同志和卢伟良同志去座谈。某日，杨主任要我和杨凡同他一起去烟台六师师部拜访肖部长。仲曦东同志又接待我们。肖部长是梅县人，大革命时期是中共梅县县委领导人，同卢伟良同志是老熟人了。他很关心广东的斗争，关心“东纵”的北撤，更关心“东纵”北撤干部的成长。他扼要地同我们讲了延安整风运动，实际是总结过去党内两条路线斗争的经验教训，较集中地批判了以王明为代表的“左”倾机会主义路线，较系统地进行了以毛泽东同志为代表的正确路线的教育。经肖部长的点拨，我才茅塞顿开，才真正开始理解整风运动的实质和伟大意义。肖部长还谈了宣传工作问题，官教兵、兵教官、兵兵互教等问题，特别是深刻地讲了军队的文艺工作为兵服务的方向问题。他说延安联政宣传队近年有些创造性的经验，其中一个成功的经验是“广场歌舞剧”，不要剧院、不要舞台，也不要布幕，随时可在广场上向群众演出，效果很好。肖部长简短的谈话，给我们很大的启发、教育，留下深刻的印象。不数日，他即派了从延安带来的“联政宣传队”到芝水村对“东纵”北撤部队进行慰问演出。全团只有12人，多是多面手。节目短小精干，富有民族风格、陕北地方特色。最精彩的节目是《兄妹开荒》，只有一男一女两个演员，几件乐器伴奏，以秧歌舞的形式演出，十分动人。看了这台戏就明白什么是“广场歌舞剧”。这次演出给“东纵”北撤人员留下深刻的印象，对“东纵文工团”也起了重要的启发、促进作用。

到了烟台，我们听到了中原军区部队突围胜利的消息，又听到新四军在苏北七战七捷，歼灭蒋军几万的捷报。还有胶济前线的捷讯。这期间还听到一件振奋人心的事：即“东江纵队”北撤为什么能够胜利？我北撤部队在葵涌这弹丸之地集结时，国民党反动军队为何不敢聚歼之？据说，中共广东区党委获悉国民党当局策划聚歼我北撤部队的阴谋，立即电报党中央，党中央令周恩来同志和叶剑英总长严正警告国民党当局和广东魁首张发奎：如果你们敢在南方歼灭我“东纵”北撤部队2400人，那么我们就在北方加倍歼灭你们的先遣部队，围攻济南、徐州。当时，国民党军正在围攻我中原军区，无暇他顾，遂在广东敛手。

（1986年6月3日晚写完）

（原载《深圳党史通讯》10.19.50.56期）

东纵早期的报纸（节选）①

——《新百姓》报（回忆录）

李　征

一九四一年三月，我在布吉乡岗瓦园村做民运工作。大约三月十五日，广东人民抗日游击队第五大队民运队长卢克敏同志，叫我回大队部接受新的工作。

我当即辞别几个乡亲，来到杨美村。大队部驻在村口山边一座五层的炮楼里。上到三楼，看见大队长王作尧同志，正在耐心地用针尖琢油印机纱布上的旧油墨。

……

我们到新围仔邹义家。他把报社安排在一间堆放杂物的较为僻静、荫[隐]蔽的闲屋。邹义年约廿七八，原是印尼侨生，回乡后种田为生，他有一颗爱国心，拥护和支持我们抗日游击队，是个抗日积极分子。他的妻子是布吉圩人，姓梁，我们叫她梁嫂，她是妇女积极分子。还有个老母和一个孩子。全家都热情接待我们。这村只有两家人。我们在这村和村旁的山寮住了两个多月，他们都能封锁消息，使我们安全出报。

……

我即把采访来的消息写成新闻稿，拟标题，排样板。刚好一周又出一期。这一次发行报纸时，王培兴带我走一条新路线；送报纸到望天湖税站，曾文和刘玉珍在这做民运工作，曾坚（女）在樟坑工作，我们都发给他们报纸，在乡村征求订户，并约他们做通讯员。曾文很会唱客家山歌，

① 收录于中共深圳市委党史研究委员会办公室编：《广九烈焰》，1983 年，第 376—388 页。

可以边编边唱，我们约他为副刊写了山歌。然后经元汾、龙胜堂、赤岭头到龙华圩。又一个星期，我们走的路线是从雪竹径到布吉民主乡政府所在地岗头村，乡长陈白玉（共产党员、一九四二年四月叛变）表示愿当发行员，能向樟坑径、松元下、观澜发行报纸。又一次，到杨美和水径请民运队员杨彩萍、朱金玉同志做通讯员，托她们设法向布吉及铁路线发行报纸。这样本区的发行网、通讯网便建立起来了，使《新百姓》报送到根据地各阶层人士和农民群众手中。同时，通过税站及边缘区工作的同志，尽量把报纸发行到沦陷区和国民党后方去，以打破新闻封锁，扩大宣传。

……

这时，报社人员调整，周某要求走了，大队部派王铁锋、陈明来，杨奇、史明由港九调来部队，大队部派他们来报社工作。五月份又派沙克来当社长；派钟慧（女）来报社写评论文章，派何婶（何鼎华同志的母亲）来管生活。廖荣调离报社。杨奇在香港《天文台》（小报）工作过，对办报有些经验，要他做编辑兼缮写员，负责四版的版面编排工作。史明在九龙某进步书店工作过，字写得较好，分配他做副刊编辑兼缮写员。……

……

七月中旬以后，《新百姓》报社搬到宝安西路长圳。陈东（赵笃［督］生）同志在此村已打好群众基础，介绍沙克同一些开明人士认识，并布置群众积极分子帮助和掩护报社。东莞《大家团结》报的人员也转了过来。杜襟南、沙克召开会议，两报正式合并，报名仍是《新百姓》。杜、沙分任正副社长，金实铿为党小组长，李征为报社驻宝安特派员，驻在龙华。何太负责东莞的新闻通讯工作。编辑兼缮写杨奇和史明，印刷金实铿，缮写小吴、陈瑛（女）、巫某，总务雷公（贪污逃跑了），炊事何婶和阿陈（女、兼运输员），交通员周仔和梁仔，共十五人。报纸仍是四开四版，印刷发行份数增加不少。八月份，《新百姓》报社搬到东莞大塘村。

……

在东莞我还是做“外勤”采访工作，经常同何太一起出去活动，到过大王岭、瓮窑和连平圩等处。大塘村群众工作活跃，九月的一夜，在一间饲［祠］堂院里点燃了汽灯，开群众大会。有一个瘦小的女青年，用东莞话演说，滔滔不绝，群众留神静听。我听懂一些，她是在做抗日反顽的宣传动员工作。我问何太：“她是谁？”何说：“刘觉兰（现名刘清），做地方工作的。”我们把群众大会情况写了新闻。我体会到做新闻记者，要活跃，要喜欣点热闹，凡有群众聚会等活动之处，都尽可能去走走，“新闻眼”、“新闻耳”才能起作用；一个性情孤僻，离群索居的人是做不好新闻记者的。

……

一九八三年八月廿一日于广州

自　述①②

李　玲③

我是一九四一年十月参加惠东宝人民抗日游击队（东纵前身）工作。日本侵略香港同时，部队成立一个接待站，作为一个中转站，接待从香港抢救回来的文化人转到内地去。当时我在接待站工作，接待过邹韬奋、胡绳夫妇、沈志远夫妇、风子等以及电影界人员。接待任务完成后，我调到医疗室做医务工作。

一九四三年，组织安排我到东莞中学师范班读书搞学运。同年，杜娟同志介绍我参加中国共产党，在党的领导下做学运工作。

一九四五年秋，我从学校调回东江纵队第一支队工作，后又调到司令部电台学习班学习。同年八月日本无条件投降，东江纵队准备北撤，电台学习班解散，我和施卫同志一起回到第一支队。后复员回家，党组织关系转到东莞地下党。一九四六年春，经组织批准到篁村小学教书。

---

① 收录于李建国编著：《从东江纵队到粤赣湘边纵队》，广东人民出版社，2015 年，第 144 页。

② 标题为编者所拟。——编者注

③ 东纵复员人员。——原书注

回忆[1]

李玲[2]

一九四八年春，我和尹其、罗英一起跟着王之同志到粤赣湘边纵队第三支队（简称东三支）工作，到达增城县小迳村（东三支二团驻地）。第二天一早，战斗就打响了，国民党军队来“扫荡”。

听到枪声后，武装人员爬上制高点，保护我们这些非武装人员撤退。我们爬上山隐蔽，在一块大石头后面，看到山脚下的敌人像蚂黄一样爬来爬去，子弹扑哧扑哧地在我们周围响着，敌人子弹打得离我们很近。

战斗持续了一天，天黑时，上级决定突围转移地方。没有路，直接冲破荆棘，冲出一条路来，再从高坡滑下去，终于突破了敌人的包围圈，到了安全的地方。

我和尹其被分配到东三支司令部绘图室工作，主要任务是用从日军手中缴来的军用地图，按原样复制出来，供指挥战斗时使用。地图上有村庄、桥梁、公路、小路，山有多高，水有多深，图上都有很清楚详细的记载。

我在绘图室工作一段时间后，东三支第二团政委钟育民（杜娟同志的丈夫）来司令部开会。会议结束后，通知调我去第二团工作。我虽然和杜娟认识有五年多的时间，但与钟育民还是第一次见面。

我在第二团做文书工作，整理并保管来往文件、学习资料，同时兼任团部警卫班文化教员。警卫班战士个个年纪比我大、个子比我高，都是来自农村，文化水平低，一直受几千年封建思想影响，看不起女同志，特

① 收录于李建国编著：《从东江纵队到粤赣湘边纵队》，广东人民出版社，2015 年，第 316–318 页。

② 时任龙门县永汉区宣传干事。——原书注

别对我这个又矮又瘦的小女孩很有看法，加上我和他们语言不通，笨嘴笨舌，担任他们的文化教员还挺吃力的。为此我很苦恼，上课情绪受到影响。

钟育民同志开导我："工作碰到困难，要想办法，没有解决不了的困难。战士们冒着生命危险参加革命，有一定思想认识，本质是好的。在提高战士文化水平的同时，要提高战士的政治思想觉悟，工作是艰巨的。你可以利用现有的资料编成教材，用革命歌曲团结教育战士，用多种形式提高战士们的学习兴趣。"

之后，钟政委还让刘祖发同志具体帮助我工作。我自己也想出了在警卫班中抓两头带中间促进学习的方法：表现好的、文化水平较高的，给任务，经常表扬鼓励他们，激发他们的学习热情；调皮的、文化低的，经常注意其举动，及时指出不对的地方。

经过自己的努力，克服了困难，在工作上取得了成效，使战士们改变了对我的看法，体谅我的工作。上课也用心多了，对我很好，使我受到了很大的鼓舞和安慰。

钟育民同志给我的印象很好，平易近人，和蔼可亲，有民主作风，什么事情都和大家商量，听取群众意见。因我崇拜杜娟同志，所以我也很尊敬钟育民同志，我有什么思想都向钟育民同志汇报，争取他对我的帮助。

后来钟育民同志调离二团，去开辟新游击区，我也调回司令部绘图室工作。那时绘图室和电台报社在一起行军，休息时曹直同志组织我们表演《新年大合唱》、《朱大嫂送鸡蛋》、《青春舞曲》等歌舞，既活跃文娱生活、恢复精神，又做了群众宣传工作。

有一次，接到情报，国民党军队又要来"扫荡"，我们要转移到新丰县去。领导派一个班的武装同志接我们走。

那天晚上下着毛毛细雨，所有人淋得浑身湿透了，天蒙蒙亮刚坐下来要休息，忽然就听到枪声。知道有情况，武装人员立即爬上山顶，非武装人员分散隐蔽。我和尹其还有炊事员往回跑。在过河时虽然水很浅，但跑不快，越想跑快越容易跌到水里。我们跌倒了又爬起来，跌跌撞撞地向前跑，石头和砍了竹子的竹头把脚都刺破了，鞋也烂了，好不容易跑到密林里。

不久敌人追上来了，山顶枪声四起，敌人跑来跑去，脚步声和嘶吼声混为一片，声言要搜密林，放火烧林。下午五点多了，敌人怕天黑，吹哨子收兵。这时我们才发现每个人都遍体鳞伤，一天没吃东西，又饿又累。

炊事班的同志带我们到老乡家里煮饭吃，饭后还是上山隐蔽。第二天，同志们从各处汇集一起，诉说昨天各人的遭遇。有一个男同志讲他昨天的经过，他听到枪声就往山坑方向走，一转弯就碰到敌人，敌人拉住他的袖子，他用平生之力一拉，袖子断了，他一个箭步跳下山坑去，敌人连开数枪，没有击中他，他险中逃生了。

我们也有打胜仗的时候。一九四八年十二月初，游击队在从化县杨梅潭打伏击，活捉了国民党政权派往新丰县上任的县长和随从。我们看到那些垂头丧气坐在地上的俘虏，大快人心。我们胜利了，鼓舞了士气，部队军威大振。

在胜利的同时，想起了为人民解放事业贡献出宝贵生命的同志，我心里是百感交集。如曾和我们一起在第二团工作的刘祖发，他曾在香港达德大学读书，响应号召，参加东三支第二团，搞群运工作，和农会主席一起住在农村。敌人来“扫荡”，他上山隐蔽，孤身一人，敌人搜山时抓住了他，残忍地把他杀害了。过了许久，他的亲人还不知道他已经为革命牺牲了。

一九四九年一月，我和尹其在司令部绘图室工作。上级决定将尹其调到雷鸣的连队工作，正准备要走的时候，见到她妹妹王若到了东三支司令部工作。姐妹情深，她想和妹妹在一起，不愿离开司令部了。我为了成全她们，主动向领导申请替尹其调走。领导同意后，我和王萍一起调到连队当文化教员。后来离开连队调到龙门县永汉区王达尊区长那里当宣传干事。

在第二期报务训练班的日子里（节选）[①]

李　文

1944 年，东江纵队不断发展扩大，抗日战争的形势日益好转，东江纵队林平政委和曾生司令员十分重视电台的建设，从连队和地方党挑选了 12 位政治思想纯洁、革命立场坚定，且具有初中、高中文化程度的男女青年，集中在大鹏半岛油草棚村，用速成训练的方法，举办第二期报务训练班，培训电台报务员。12 位学员是戴昌华、卢毅、邹顺平、陈伦、卢侃、黄作才、黄楚珊、杨碧群、刘婉、文键、伍惠珍和我，其中 7 位男学员、5 位女学员。这期训练班有专职教员张础、杨兆麟、江群好、赖仰高，还有戴机、何太、王强、丘海生、潘雪琼等同志也兼在训练班任教。

……

我们 12 位学员中，我和杨碧群、刘婉是共产党员，其余 9 位青年还未参党，但都有强烈要求入党的愿望。如何使他们的愿望实现，这不仅是他们个人的组织问题，也是当时抗日战争形势和电台建设发展上的需要。我和杨碧群、刘婉作了分工，利用学习的空余时间对党外青年进行培养，着重提高他们对党的认识，教育他们懂得参加抗日战争、打败日本侵略者不是最终目的，只有实现共产主义事业，解放全人类才是最终目标；同时，还要懂得做一个共产党员，必须全心全意为党为人民的利益服务，为了党和人民的利益敢于牺牲个人利益甚至生命，要严格执行党的纪律和保守党的机密。陈志华政委还给大家作形势报告，讲共产党员修养，使未入党的青年学员逐渐树立起革命理想。他经常找这批年青学员促膝谈心，用

---

① 收录于中共宝安县委党史办公室编：《回顾东纵电台工作》，广东人民出版社，1989 年，第 59—61 页。

他在红军长征北上抗日时，如何历尽千辛万苦找党的一段经历，来教育青年学员树立为党的事业鞠躬尽瘁的革命人生观。这几位要求入党的青年学员，在党组织和陈志华的培育下，在训练班毕业前后均光荣地参加了中国共产党。

……

学习南路女英雄董女烈士的精神①

李 珍

我们都知道南路的人民武装在一天天壮大，这不是偶然的，而是由于无数英雄的战士在那里同农民一道，同国民党反动派进行长期斗争的结果，在无数的斗士之中，董女便是最卓绝的一个。她不仅是一个英勇坚强的战士，而且是华南女青年与劳动人民结合的一范个例。

董女是廉江人，曾在廉江师范毕业，大家都叫她“董女”，真的姓名倒被大家渐渐遗忘了，一九四七年南路人民在党市领导下，发展武装斗争，当董女在廉江师［范］②读书，在学校积极参加民主工作，并加入党，廉师毕业后，做农妇工作，她做事踏实，工作做得很深入。这从她所在的地区，在武装斗争遭受挫折以后，许多乡村的工作都被反动派打垮，而她负责工作的几个乡村却能始终坚持工作，就可以证明。

受审时，她大骂乡长，历数他的贪污腐化，深深的感动全村的民众，乡长奈她不得，把她解回廉江县政府，在赴县城的路上，她沿途宣传国民党反动派如何贪污腐化、压榨人民，以及他们所以必然招致败亡，和解放军必定胜利的原因，沿途听到她的宣传的人，都受到感动，尊敬她的勇敢和坚强。

当乡丁带她到县政府门口，县丁入内报告时，她乘机又向围集在县政府门口的群众演讲，后来又大声宣传，骂国民党挑起内战、鱼肉人民，宣传共产党怎样热爱人民、争取真正和平，以及国民党必败、解放军必胜的

① 收录于广东省妇女联合会、广东省档案馆编：《广东妇女运动历史资料》第六辑，广东省供销学校印刷厂，1991 年，第 374—376 页。

② 原文无，根据文意补充。——编者注

种种理由，并骂陈振昆为虎作张［怅］，残害人民，陈振昆被骂得面红耳赤，把她关入大牢。董女入狱后，国民党的许多官员见她这样能干，争着要讨她为小老婆，叫她“自新”并［严］[1]刑拷打，董女就大骂她们无耻，并反驳他们：“我光明磊落参加革命事业，有何错误，要我自新，应该自新的不是我，而是你们这批反动派是狗。”董女在狱中不断地向看守士兵宣传我党的政策，而影响部分士兵觉悟逃跑了。伪县长奈她不得，便判她死刑，这是去年九月间的事。

当她被带上刑场时，镇定自如，沿途宣传，唱《国际歌》，高呼共产党万岁，坚强不屈，直至她咽着最后一息。她从容就义的精神，深深感动廉江一带的老百姓，她的死，在廉江各地，成为一个血的号召，特别在负责工作的地区，数千万青年的男女都卷进斗争的洪流，结成复仇的队伍。

国民党反动派在廉江“大扫荡”后，她被疏散回家，她的父母强迫她同一个中农人家结婚，她很不满意，照一定的情形说，她一定不安于这样的婚姻、这样的家庭。可是，董女却能以革命的观点出发，决心改造家庭，希望家庭能同情自己所从事的事业。于是，她参加农作下田做工、种菜，从事生产，家庭细务，十分勤快，一点知识分子的架子都没有，这就使得亲戚邻里大家都赞叹她、尊敬她，深深地获得丈夫和翁姑的同情，她耐心教育自己的丈夫，并向家人亲友解释党的主张政策，及发动帮助当地游击队。

后来，她又奉命出外参加乡村工作，她的工作地点是一个接近敌人的地区，有一次，敌人来“扫荡”，她化装成一个农妇出外工作，不幸被敌人发觉被捕，敌人说她是土匪婆，她反驳敌人的侮辱，承认自己是一个共产党员，敌人解她回自己的乡村去审问，她沿途向敌兵宣传，责备敌兵不该为国民党反动派出力，解回她自己的乡村，大大小小都来探问她，设法营救她，她平时深知乡长剥削老百姓的罪行。

董女的死及其所影响的深刻，引起当地组织的极端重视。最近，着手

① 原文无，根据文意补充。——编者注

认真深入地总结她在当地工作的经验教训，初步已发现了她是真诚贯彻党的政策方针的。她的工作，是先从与贫苦农妇生活一起，从实际帮助农民解决家庭中的纠纷及生活困难入手，并耐心从群众地从群众现有经验中不断教育和提高的。当地人民对她的怀念，说明她的死，是华南优秀青年中一个重大损失，并从当地男女正学习她的作风，努力工作，说明了，她虽死了，但是她教育了成千上万的董女成长起来。

（《华商报》1949.5.4）

回忆香港深爱女校[①]

李　杰　袁惠慈

深爱女校是本世纪二十年代后期，在香港由基督教人士主办的一间私立学校。她在对学生进行文化知识教育的同时，注重启发学生的爱国主义思想，该校培养出来的学生，在香港爱国救亡运动和支持祖国抗战中发挥了很大作用。

一、深爱女校概况

深爱女校校址在香港九龙深水埗区，是借基督教深爱堂名义，由私人立案办的女子小学。该校处在工厂区，居民多为工人、小手工业者及一些中下层职员、教工等，学生来源这些家庭，贫困者居多。深爱女校1928年创办时，校址在大南街9号，只有一层楼，办了初小，学生才40余人，男女兼收；1931年迁往汝州街，扩大到二层楼；1932年又迁到长沙环道，扩大到三层楼，学校办了高小，成为一所完整小学，学生近200人，是当时深水埗区内规模较大的学校。

校长张坚志女士，原是九龙城维多利亚孤儿院（后来扩建为协恩女校）的孤儿，她热爱祖国，并专长“家政”、“女红”等技能，其丈夫袁英侠，毕业于广州协和神学院，任香港深爱堂宣教师。他受过五四爱国运动和北伐战争的影响，是一位爱国宗教工作者、教育家。他崇拜鲁迅，积极支持抗日救亡，积极支持革命工作。他在深爱女校担任英语、音乐、珠算等课，兼负责校务，设备等工作。该校还聘请了一些教师，其中有一位教

① 收录于广东妇女运动历史资料编纂委员会编印：《香港妇女运动资料汇编（1937年—1949年）》，1994年，第62–69页。

语文、数学的女教师梁惠丰，她思想进步，学识较深，善于启发开导学生，深受学生的爱戴（不幸于 1937 年过早去世）。

深爱女校虽是基督教人士主办，但从不向学生宣教、读圣经，而是不断地着重提高学生的文化水平和启发学生的爱国思想。该校根据学生特点，教授学生文史地理等知识，又教女红、家政等技能。因此，学生的学业成绩每年都受到香港督学处的表扬。学校严肃校风，学生穿着整齐大方，均按校方规定的国产土布，夏天白土布上衣、蓝布裙，冬衣则灰色上衣、黑布裙。该校每年举办学生成绩展览会和游艺会等，由于校风声誉好，深受社会各界赞扬。

二、灌输爱国思想，培养进步学生

作为在殖民主义统治下的由宗教人士主办的香港学校，深爱女校不象有的同类学校那样，把贯彻殖民地奴化教育作为办学方向，而是以培养爱国思想，让学生打好学识基础为目的。张坚志校长在给初入学的学生讲解香港地图时，往往从鸦片战争讲起，给学生讲述香港如何划归英国管辖的历史，然后才对学生讲各区、各街道的情况。语文课是学校教育的重点课程，为了使学生熟悉中华民族传统文化，学校在课本中选了不少优秀作品，如《爱莲说》、《五柳先生传》、《前出师表》、《后出师表》、《正气歌》等，作文课将文言文写作改为白话文写作，并增设学国语的课程。语文教员梁慧丰老师在讲课时，强调反对不平等条约，要团结一致抗日，妇女要独立解放。她还把同学中的好作文张贴出来，让大家互相观摩欣赏。美术教员王谐仙教学生画莲花时，强调要显示出莲花出于污泥而不染的气质。这位出身于世家的先生还给学生画马占山等抗日将领肖像。袁英侠先生虽然是位守教人士，但他在公民课的时间里也对学生民族英雄、抗日英雄的故事，教学生唱抗战歌曲、唱黎锦辉创作的进步歌剧。

1931 年九·一八事变后，香港掀起抵制日本货，买“爱国花”的运动，深爱女校的同学踊跃参加。陈惠连（陈暖棣）向妈妈要钱买“爱国花”，黄小英把戴在耳上的金耳圈也取下来捐献。有的学生还参加街头游行示威，发动亲人抵制日本货。住在福华街的不少同学，从家里找出日用品中的日本货抛到街头。

深爱女校还注意引导学生关心社会进步，做一个对社会有用的人。当时学校虽然经费紧张，但仍为学校图书室购置全套的《少年文库》、《小学生文库》等书籍。这些内容进步、健康的图书一买回来，同学们都踊［跃］① 去借阅，如饥似渴地阅读，有的同学读这些书有时连饭也忘记吃，往往下课后很晚才回家。课余时我们经常讨论的话题是人生、理想以及妇女的出路。通过读进步书籍和讨论活动，我们树立了妇女要自己努力奋斗、谋自身的独立自主的信念。那时，我们憧憬着将来要合办一家女子书店。

袁英侠老师还在深爱堂办少年部活动，除了唱歌外，还举行猜谜、智力测验等游戏，组织有关抗日救亡的辩论会，请进步人士作国内外形势报告。记得有一位从上海来港的文化人温某（笔名为艾迪夫）曾来少年部协助袁老师编印《晨声》小报。陈家贤写过的一篇反映女工苦难生活的散文，袁惠慈用书信形式谈读书不忘救国和支持国内学生运动的文章，都受到艾迪夫的赞赏并修改发表。

语文老师梁慧丰的丈夫王青子是报社编辑，梁老师经常选送学生的习作去报社。李洁真有感于当时社会国家贫困、人民受压迫、青年人前途茫茫，写了一篇寻找国家和个人出路的文章，名为《长夜漫漫何时旦》，就曾被梁老师推荐而登在报纸上。

1934 年深爱女校第一届高小毕业礼，举办游艺会，毕业班同学演出话剧，剧本是艾迪夫编写的，剧名为《新女性》，主题是反映从封建家庭出走，投向自由，做新时代的女性。

学校还通过开设家政和女红等课程，培育学生在社会上的自立能力。张坚志校长的女红是很出色的，刺绣、编织、车缝等什么都干。她从一年级开始，就教学生们不但能做家务，而且还能织毛衣、绣花等。当时，每

---

① 原文无，根据文意补充。——编者注

学期都有政府的督学司来检查，检查结果对这方面总是比较满意。

由于幼雅［稚］，当时我们也有过一些偏激的做法，如 1934 年高小毕业班曾闹过一场罢课。因为英语课任教老师是英国姑娘，而我们罢上英语课就以为是反对英帝国主义。后来，经过校方劝说，说明英语也是求取知识的语言工具，大家明白道理后，很快就复课了。

由于在深爱女校学习受到爱国和进步思想教育的影响，很多学生长大后都能关心国家、关心社会，跟上时代的发展，走上革命和抗日救亡的道路。曾莉芳（曾珍）在女校读到初小毕业后，因家贫辍学到李善记陈皮梅厂当包装工人，后到大中学校工读，于 1935 年接近进步人士后，参加妇女救国会（后称妇协）。1936 年曾珍加入中国共产党，就到工人中去，深入到家庭和工厂逐个访问，进行宣传发动，把先进思想传给已当工人的深爱女校校友李杰、黄小英、冯洁明，她们三人于 1938 年初分别加入中国共产党。她们入党后，在晨钟社、余闲乐社、惠阳青年会等工人社团开展工作，并发展了陈达英、陈雪影、李洁婵、毕惠芳等人参加中国共产党。曾珍还发展在学校读书的陈家贤、袁惠慈加入中国共产党，她们入党后在香港学生赈济会开展工作。这期间加入中国共产党的还有潘雪颜（潘萍）、潘雪琼、陆伊明（陆素）、袁惠芳等，她们都是在深爱女校和夜校读书或当教员的。

三、为妇女救亡工作提供帮助

从 1937 年起，由深爱女校校友曾珍出面、中共香港妇委一直借用深爱女校的场地办读书会、女工夜校，以及建立女青社。深爱女校校长张坚志和她的丈夫袁英侠，虽是基督教人士，但政治上主张抗日救国，因此对妇女救亡工作是大力支持的。

（一）开办女工夜校

1937 年，曾珍以校友身份向张坚志校长提出，借用深爱女校教室办女工夜校，张校长不仅同意借出校舍，还同意女儿袁惠慈担任夜校义务教员。当时担任义务教员的还有该校学生陈家贤、李杰、李洁婵、黄小英，后来潘雪颜、陆伊明、潘雪琼、陈家善、袁惠芬和李茵等也先后担任夜校的教员。该校中间曾一度停办，后又复办，女工夜校一直到香港沦陷才停办。

深爱女校所在的九龙深水埗区是工厂区。当时有大行、冯强胶鞋厂、嘉伦棉艺纺织厂、南针电筒厂等。这些厂女工居多，也有童工。工厂每天工作在10小时以上，工资低微。还有些人只能领些材料在家里车缝（鞋面、成衣等），是计件工资，收入更少。女工大都是穷苦家庭，文化一般很低。经过家访、串连，发动一些女工陆续参加了夜校，首先是参加识字班学文化，用的课本是义务教员从小学课本及报刊文章中选编的。教材由浅入深，逐步增加一些时事、政治知识，夜校还教唱抗战歌曲，排练话剧，宣传抗日，启发女工的爱国思想。参加夜校的女工最多时达100多人。女工中另设有党小组活动，对一些进步女工进行个别教育和联系，条件成熟时发展入党。

1939年、1940年，国内反共逆流影响到香港，政治环境恶劣，香港学赈会经过一场斗争后宣告结束，该会组织到广东南路抗日军队工作的服务团也随之解散，但党领导的斗争仍深入开展。

为了贯彻香港市委有关组织群众活动要采取分散和多种多样的方针，妇委认为有必要再度借用深爱女校，把一度停办了的女工夜校恢复起来。曾珍通过组织把参加广东南路服务团的袁惠慈调回香港，成立以曾珍为领导包括陈家贤、袁惠慈的党小组，着手复办深爱女校女工夜校。陈家贤、袁惠慈动员了一些女教师和女中学生担任夜校义务教员，女工学生则由妇委曾珍发动，并在女工中另成立党的小组。

活动形式采取“旧瓶装新酒”的方法，即利用一些旧的形式，逐渐增加一些新的教育内容。在女工中组织了“姐妹会”、“七姐会”（旧历七月初七“拜七姐”活动），以及在经济上互相帮助、以应急需的“埋会”等。举行了家餐、歌唱、演短剧等活动，吸收了近百名的女工参加了夜校活动。

（二）建立女青社

随着女工夜校对女工工作的开展，香港妇委为了开展对女知识青年的工作，在深爱女校教师的读书小组基础上，于 1940 年成立女青社。

女青社采取了郊游、野餐、游泳、歌唱、排剧等各种灵活的活动方式，团结了几十名在旺角、深水埗一带的女青年，其中有深爱女校、南方书院、知用中学、香岛中学、英文书院的教师和学生。有的成员在参加女青社活动的同时，还参加了虹虹歌咏团、台山青年社等社团的活动。女青社顺应大家求知识、追求进步的愿望，增加了读报刊、开座谈会的活动。1941 年皖南事变后，大批进步文化人从内地转移到香港，《华商报》、《大众生活》、《笔谈》、《青年知识》等许多进步报刊也随着先后出版发行。八路军香港办事处负责人廖承志在约见曾珍时，谈到可以组织邀请来港的进步文化人作报告、演讲、座谈，宣传抗日和进行理论教育工作。曾珍向女青社布置了这个任务，由当时在《青年知识》当校对的袁惠慈，通过张铁生邀请文化人来讲课。地点有时在深爱女校，有时利用基督教深爱堂。当时，除了请张铁生讲国际形势，还邀请了胡绳讲哲学，沈志远讲政治经济学，韩幽桐讲妇女问题，戈宝权讲苏联妇女婚姻、恋爱问题等。当时不知是谁听说戈宝权是戈公振先生的侄女，于是大家准备提出一些有关苏联妇女恋爱问题问她，不料那天敲门进来的却是一位男的，自我介绍是戈宝权，差点闹笑话。但这一意外并不影响会场更为活跃，提问也更为热烈。事后戈宝权对人说，他那天受到一群香港女青年的包围。

四、掩护、接待、护送革命同志

香港沦陷后，深爱女校被迫停课，校舍一度成为在港的进步爱国人士转移内地集中隐蔽的地方之一。当时通过《青年知识》社的介绍，一些进步文化人从香港坐艇到九龙，先在深爱女校落脚，然后伺机转移回内地。

后来深爱女校校长张坚志、袁英侠一家人转移到新界元朗福音堂居住，党组织让袁惠慈在元朗圩上摆小摊，作联络点（联系人岑钊）。当时香港八路军办事处人员黄秋耘也在深爱女校和元朗福音堂隐蔽过，他曾通过运送洋杂货日用品，夹运过枪枝弹药支援东江游击区。

日寇占领香港后，因粮食奇缺，1942年袁英侠一家决定返回广东家乡清远。当时黄秋耘接受了护送高士其同志返回内地的任务，由于高士其患病走动有困难，黄秋耘提出让高随同袁英侠一家撤走，袁英侠立即答应。因高不懂广州话，便装为哑吧［巴］舅舅回广州治病。这样，高士其、黄秋耘和袁英侠一家人化装为一家老小，取得回乡证明，经广州、三水穿过封锁线，沿路由黄秋耘和同行的青年学生轮流背着高士其，随袁英侠、张坚志一家人离开沦陷区后才分手。袁英侠夫妇一家返回清远，高士其由黄秋耘、袁惠慈陪同坐船到韶关。张坚志校长回乡后，因长期患肺病久治不愈，于1943年病逝。袁英侠老师在日寇投降后返回香港，仍担任牧师职务，直至1972年在港病逝。

我和妈妈从事情报工作①

李　嫦

抗日战争时期，广东妇女在党的领导下，在情报战线上，同样起了重大的作用。这些同志当中，有年近花甲的老婆婆，有十五六岁的女孩子（我开始从事情报工作时，刚过十六岁）；有人深入沦陷区，披荆斩棘；有人打进敌伪心脏，搜集情报；有人巧妙化装，通过敌人封锁线，把情报送到部队，有人冒着敌人的枪林弹雨，掩护我情报战士冲出敌人的包围圈；更有在敌人的屠刀底下，坚贞不屈，而壮烈牺牲的巾帼英雄！

东江纵队成立之前，部队已经开展情报工作。当时我所在的部队是“广东人民抗日游击队第三大队”（东纵前身的一部分），主要在东莞一带活动。1942 年大队成立情报站，负责人是袁更、吴更同志。当时我负责综合，抄写情报以及买菜、煮饭、勤什等工作。由于情报工作性质所决定，要先部队而进，后部队而退，才能弄清敌情，提供部队在进、退前作参考。所以情报机构不适宜经常跟随部队公开活动。需要精简、秘密，“微服私行”。大队情报站最初设在离太平镇八华里的北栅乡，最多时才集中四个人，以家庭面目出现，寓于群众之中。由于我是这个“家庭”的“主妇”，邻居都称呼我为“阿嫂”。袁更同志经常外出活动，做那些豪绅、巨贾，以及伪军头目、国民党军情报员的统战工作。

情报站驻北栅期间，有一次日军、国民党对我们前后夹击。一天，接太平镇方面情报，说日寇明早要来“扫荡”。按习惯，日寇来，我们非武装人员就向国民党地区掩蔽，K 军来，就靠沦陷区掩蔽。于是我们当晚就

① 收录于中共东莞县委党史研究办公室、中共东莞县委党史资料征集办公室编：《东莞烽火》第二册，1983 年，第 83-86 页。

撤到离太平镇较远的一个山脚下露宿。翌晨天未明，发现山顶有敌人。便往回北栅方向撤退，跑到半路田野，又发现北栅方向也有敌人，形成腹背受敌。只好就地钻进草丛中掩蔽。这次事件，包围圈大、搜索时间长，都是非武装人员，所以损失比较大。据我所知，被捕的有张嫦（情报站）、梁仔（大队部）、黄福（交通站）三位同志，黎良同志（做地方工作）当场牺牲。后称为“北栅事件”。

情报站曾在北栅到怀德乡之间的一条村驻过。（忘记村名）K 军一次黎明前来袭击我们。进村之前，先扫射轻机枪。随着进村搜索。当时只得我们三个人，目标小、撤退及时，故没有损失。

被蒋介石把持的国民党，一直坚持“攘外必先安内”的反动政策。与日寇又勾结，又矛盾。双方的共同目的，都是要消灭我抗日军民。所以经常勾结前后夹击“扫荡”我游击区。矛盾者就是国民党不肯公开投降日寇，打着抗日招牌，继续欺骗人民。接着香港沦陷，国民党为了保持实力，怕日寇袭击，把部队撤到后方。这样一来，剿共就没有以前那样方便了，于是就在东（莞）、增（城）、博（罗）一带，我抗日游击队活动的地方，搞起“曲线救国”。勾结当地土匪李潮这股势力，公开投降日寇，成立“抗红义勇军”。由李潮（化名李剑琴）任司令。国民党的参谋长杨参化赤膊上阵，连姓名也不改，摇身一变，变为这支伪军的参谋长。顾名思义，这支伪军成立的目的，主要是对付抗日军民的。坚决执行蒋介石“宁可杀错一千，也不放走半个”的反动政策！这支伪军的主要巢穴，设在接近博罗县的上南村。

显然，这带敌情比较严重，而情报工作却是空白点。1943 年初秋，大队部的领导黄明（黄业）同志找我谈，授命我回原藉［籍］东莞县石龙镇开展情报工作。对于一个乳毛未退的黄毛丫头的我，要承担这个既生疏，又艰巨复杂的任务，内心忐忑不安。但本着“生要为人杰，死要为鬼雄”的勇气，我毅然地承担了这一使命！

只身回到石龙，找到了近三年没通音讯的母亲——张招妹。开头我建议部队派一小鬼做情报交通。后来，组织认为由我母亲担任容易掩蔽。于是我母亲仍旧用做小贩的面目出现，挑着竹箩，把情报藏在发髻里，不管阴晴冷暖、溃疡胃痛，每次都依时把情报送到部队。记得日寇万人“扫荡”大岭山那次，原来的联络点找不到人，她一鼓作气，跑遍深山田野，应付过多次日寇的盘查，坚持找到部队，送出了情报。

搜集情报的主要对象是日、伪军及汪伪政权。石龙地势险要，三面环水，只得一面陆路可通，而且设有日军关哨。于是先把地形图绘准，以及把敌、伪军分布据点、人数弄清，送回部队。以后经常注意敌军动态，属正常换防，来龙去脉，还是出击？其人数、辎重、方向等及时报告部队。要达到这样的要求，就必需［须］从各方面开展活动。如通过与政伪家属交“朋友”入手，认识伪军通译（翻译），从而了解敌军变化。石龙这块小地方，素有妇女三步不出闺门的封建旧俗。加上我的经济地位和活动极不相称。初时有人怀疑我是暗娼，后来引起敌人的注意。

因工作需要，我于 1944 年春调离石龙，回到较灰色（部队没有公开活动）的地区任联络站长。石龙工作由地下党介绍洪逸文、姚光两位同志接替。以后又发展了何忠铎同志。由于工作不断发展，后来我家里实际上已起了招待所的作用。派出广州等地工作的同志，都路过这里停留住宿。如黄志坚、杨元友、沈辉、柏森、黎崇勋等同志都在这里住过，我到广州联系工作的时候，也是必需［须］经过石龙。

1945 年夏天，组织派我开展东莞水乡情报工作。对那里人地生疏，从没到过。计划先回石龙，找寻门路，前赴水乡。到达石龙的当天，已是黄昏时分。从罗浮山出发，途中淋了几场大雨，虐［疟］疾复发，故早晨没有起床。母亲外出为我买药，不久住在同街的何忠铎的母亲——吴娇伯母拍门告诉我，说我母亲和何忠铎同志被李潮部队抓去！我匆忙起床，生怕敌人回头再来，空手从屋后坍塌了的地方，行小路绕道回到游击区。

直到 1950 年初，才重返石龙，回到原来住过的地方，已是人面全非。找到吴娇伯母。她说，当年我母亲和何忠铎同志被囚在上南村。她曾去探望过，我母亲对她说：“我不知道老模在那里！”吴娇伯母第二次去探望时，已是人去楼空！凄然而返。当年张招妹同志五十七岁。何忠铎同志还不到二十岁!

在石龙人民政府的帮助下，我到上南向当地群众进行调查。据称，当时凡被抓到的抗日军民，皆被李潮杀害。尸体推下东江河里，无一幸免! 听闻噩耗，悲愤交加，我连母亲的遗骨都找不到，更是对着东江河水发楞[愣]! 东江河水，淹没了多少烈士们的遗体! 东江河水，流尽了多少烈士们的鲜血! 倾尽东江河水，也洗不掉我对敌人的血海深仇。血债要用血偿还，我一定牢记血泪仇，将革命进行到底!

在莞城敌人眼皮底下斗争①

李　顺

我是东莞县莞城镇人，抗战期间家住市桥街三十三号，父亲曾在麦英家里当店员，后来自己开了一间摆卖故［估］衣、针线的小商店。地下党组织根据我家庭的情况和职业上的便利条件，把我家作为一个落脚点。一些同志去游击区，通过莞城时，很常在我家里住，记得有梁霞冰等同志。

一九四一年，麦英同志从大岭山回莞城活动，住在我家。在他的培养、教育下，我逐步懂得了一些革命道理，于同年十一月由麦英介绍加入了中国共产党。入党宣誓是在市桥街七号麦祖荫家里进行的，王章当我的入党监誓人。入党后，党组织交给我的任务是：负责交通联络，传递党的文件，了解和掌握敌情，散发宣传品，宣传群众等。当时我与麦英联系，后来麦身体不好，组织上叫我把她送到了香港。其后我一直与王河、王章联系，并先后与王东、袁少安、祁稠等同志单线联系过。

当时，地下党在葵衣街七嫂家里设了一个交通情报站，王河当站长。我利用相熟的街坊秦氏一家两个仔、两个女、一个媳妇均在日本鬼处做侦辑［缉］、厨杂的有利条件，经常到秦家那里了解敌人的情报、动向。如向当厨杂的了解敌人什么时候下乡，去那里？向当侦辑［缉］的秦辉、秦稳兄弟的母亲了解“最近有无捉到人，捉到的是什么人，关在那里，表现怎样”等。此外，还利用我家住在街面，日本鬼子每天进进出出必经我家门口（当时日寇的大本营在榜眼坊）的有利条件，从门缝里逐个点清日寇每天进出的人数。通过这两方面的工作，日寇的兵源情况、调防和一些比

① 收录于中共东莞县委党史研究小组办公室、中共东莞县委党史资料征集小组办公室编：《东莞烽火》第五册，广东省东莞县印刷厂，1984 年，第 67—69 页。

较重要的行动，都为我们所掌握，并及时把情报提供给党组织。除了搜集情报外，我还搞搞散发传单的工作。每当我们在城外把传单带回家时，我都小心翼翼地把传单藏在家里“尿缸”下面一个密窟里，到深夜四时敌人换防时，即把传单取出，由我的姐姐、妹妹掩护，迅速而又秘密地把传单张贴、散发到大街小巷。从一九四一年至一九四五年，我一直搞地下情报工作。有几次，日本鬼子到我家里搜查，由于文件、传单藏得好，没搜到什么，我们每次一听到风声，就先从后门跑了出去，使敌人每次搜捕都一无所获。

抗战胜利后，国民党反动派发动内战；大举进攻东莞游击区。我曾多次向组织提出去游击区工作的申请，但党组织根据当时的情况和工作需要，没批准我去游击区，由王河同志（当时联系我的领导）指派我打入东莞中学，以读书为掩护，在莞中开展学运。于是，我于一九四六年上半年初一下学期，拿了我姐姐的停学证书到莞中读初一。所以我在莞中读书的名字不叫李顺，而叫李顺欢。

当时，党组织给自己的主要任务是：在学校组织进步读书会，教育争取进步学生参加党的外围组织，秘密宣传党在这个时期的方针、政策，团结进步同学，打好革命基础。所以我到莞中后，便立即组织了一个党的外围组织——民主大同盟，把一些进步的同学组织起来。最初参加的有张国朴、王富珊等，后来发展了王富娴、王胡、朱润光等。“民主大同盟”通过报纸、小册子，学习、宣传游击区的有关情况及方针、政策，并出版《文艺轻骑》等进步刊物，在内部传阅从香港运回来的《文汇报》、《大公报》及党内一些刊物。在这期间，莞中的三青团活动很厉害，国民党的特务分子通过学生会主席去掌握学生的思想动态，写进步学生的黑名单，并大力发展三青团，斗争十分尖锐复杂。我们便通过上述一系列活动，教育同学们靠拢进步组织，不要参加三青团，与国民党特务分子在学校的阴谋活动展开了针锋相对的斗争。

一九四八年上半年，我们组织了部分同学配合反饥饿的斗争，积极搜集国民党反动派的活动情况，揭露他们的罪恶和阴谋，甚至与国民党的军训教官、特务分子进行公开的斗争。因此，我们被学校开除了一些同学。当时，学校教务主任张士怡表现不错。当他知道国民党反动派准备捉张仕辉等同学时，便及时通知张仕辉离校，避免了一些不应有的损失。暑假，我初中毕业，由于毕业前已“红”了起来，因此没能考上莞中高中，由党组织（通过与我单线联系的麦顺娴同志）介绍我到广州市荔湾区莞旅中学（明伦堂开办，不收学费）读高一。这期间我主要与张淑文同志联系。

一九四九年寒假后，我又通过麦顺娴同志从莞旅中学转回东莞明生中学读书。党组织交给自己的主要任务是：调查敌产、组织护校和迎接解放大军南下。当时，明生中学的校长翟宗汉（国民党党棍）已逃出香港，翟的女儿与伪大队长豆皮南（亦已逃出香港）的女儿和我刚巧是同班同学。因此，我利用同班同学的关系经常到翟宗汉和豆皮南家里了解国民党反动派的活动动向，调查、登记敌产，为没收敌产提供依据，作好准备。这期间，我虽在明中读书和了解、掌握动向，但活动基点仍在莞中。到解放初，一直保持与张国朴、王富珊的联系。

（陈铣鹏／整理）

从粤北到香港（节选）①

李　门

我是很迟才告别部队前往香港的。有一天，杨康华主任召见我和干部学校的林挺，说文化界人士大都要回到省港去搞地下工作，要我们明天离开，并布置了南雄县谢地一个农民党员安顿我们在家里休息，待组织上弄到国民党乡公所证件给我们后即可进入南雄城转赴省港。康华同志说你们熟人多，到了那边自会找到原东纵的负责同志。康华同志是心里有数的，我们二人当即奉命而行。当我回到山上那间破烂纸厂睡下后，三妹李昭突然来到纸厂找我。原来她早被派出在珠玑中学任教，后来地下党负责人李金同志通知她，说她已受到国民党的注意，要立即返回部队。她回到司令部后即来找我。兄妹两人在夜凉如水的月色底下细说别后情况，我明天就要离开了，这次相逢真是凑巧得很。三妹穿着整洁的衣服和布鞋，因为她是当教员的呀；而自己却把那件列宁装跟农民换了一套大成蓝旧唐装准备下山进城，一样的离别衷情，两种不同的处境，心中难免无限感慨。

……

练芳是原锋社的好大姐，鲁迅队队员，对同队同志在生活上照顾周到。我在挺进粤北时行军不久，即感头晕身热，走路艰难。练芳给我一盒万金油搽用，我乃能继续上路，以后没患大病。倒是练芳撤回国统区时身体不好，进入韶关后举目无亲，生活无着，竟致在中山公园前行乞。有一天，锋社战友胡荣遇见她，大吃一惊，就招呼她回他母亲家里食宿。胡荣，张志晖（在63军政工队时参加了锋社行列）帮助练芳卷些香烟出售，

① 收录于中共广东省委党史研究室、广州地区老游击战士联谊会《硝烟曲》编委会编：《硝烟曲——东江纵队文艺工作掠影》，《广东党史资料丛刊》编辑部，1993年，第57-61页。

借以维持生活。后来，一个国民党军官询问张志晖，练芳是从哪里来到韶关的？张想法应付了他，即告知练芳。练芳要走，张、胡乃和她一道去广州。知道我已经在香港，三人即去香港找我。以后，三人都经过组织安排了工作，练芳先在中原剧艺社，后因工作需要，调去女青年会管理宿舍，表现一直很好。

陈学贤在东纵被分配到中学任教，工作一年多。1946 年 3 月，很多同志都已撤退，只有大鹏湾区的民政科长和她联系。后来他告知她要撤退，可以投亲靠友，那时她是最后一人了，她知道徐舜英同志在香港英华女书院工作，便要求去香港。联系人便派人带她乘船去港，大约一个小时左右便到。到港后找到徐舜英，又探知何秋明已到港，便去找她，见到饶彰风同志。他安排她住在西环一个房子。不久，彰风同志告诉她，随何秋明到女青年会工作。

香港中原剧艺社包括了从游击区和国统区来的同志，由我、梁克寒、马孟平组成了党的支委会，工作开展得很好，其中马孟平是从珠江纵队来的。

从东纵到香港的文艺战士中，练芳、王辛、何秋明、梁克寒、罗中同志先后去世，在此谨向他们表示衷心的悼念！

解放战争时期香港英美烟草公司的工会组织和妇女工作①

刘惠娟　董惠珍　邓　俭　等

香港英美烟草公司是英国大资本家长期在香港经营的老牌卷烟厂。解放战争时期全厂共有工人700多人，女工占80%。早于1945年前我党在工人中已开展了工作，抗战胜利后，该厂的工人运动有了更进一步发展。

组织学习小组，开展工人群众工作。

1945年日本投降后，英美烟草公司有刘惠娟、何文淑、黄玉英、欧少芝等女工，她们发起组织了学习组，并串联了尹桂云、马丽珍、黄玉婵、梁凤珍、谢桂珍、周连珍等人参加。当时学习组是秘密的，参加者都是经过挑选的培养对象。上级派梁德英同志负责该组活动，学习组除学习文化课外，主要是学习政治文化理论，进行形势教育，提高思想觉悟。党组织通过该学习组了解工厂各方面的情况，并在工人群众中开展工作，团结教育了一批进步工人，其中多数是女工。她们成为厂里工人运动的骨干，其中不少人先后参加了中国共产党和中国共产主义青年团。

掌握声韵社领导权，成立党领导的工会。

当时英美烟草公司最大的工人群众组织是声韵社。它是属于工人俱乐部性质的群众组织。该社主要负责人是国民党员，其政治倾向落后。1946年夏，我党组织决定派黄玉婵、尹桂云、陈婵和思想进步的工人参加声韵社，明确要求他们：入社后要站稳立场，了解情况，发动群众，组织和健全队伍，为以后夺取工人运动领导权打下基础。1947年2月间，由于工

---

① 收录于广东妇女运动历史资料编纂委员会编印：《香港妇女运动资料汇编（1937年—1949年）》，1994年，第201—205页。

资低、工人生活困难，要求增加工资，声韵社主持人便发动了一次全厂性大罢工。他们不顾生产正处在淡季的不利条件，向资方要求提高工资的 30%、提高福利金 10%。他们的打算是：如果罢工取得胜利便在这里成立一个国民党支部；如果失败，则带着参加秘密会议的一部分人到广州去做官。罢工坚持了 20 多天，资方非但不肯让步，而且还要开除一些工人代表。声韵社负责人不研究对策，个别人甚至挟带公款逃跑。在这关键时刻，我们的工人党员挺身而出，带领工人群众开展了夺权斗争。当时声韵社负责人对罢工后果采取不负责任的态度，罢工工人强烈要求改组罢工委员会，"声韵社"负责人表示同意。但他们为了排斥进步力量，在开会研究时，竟然不让女工代表参加（因为女工代表多数是我党党员和积极分子）。我们揭露了他们的阴谋，这样有些男工代表拒绝参加会议。后来他们迫于工人群众的强烈要求，又不得不召开大会。他们在会上发表演说，企图压制工人同意不改组罢工委员会，但失败了。在我党工会负责人朱敬文同志的领导下，当晚改组了罢工委员会，掌握了罢工委员会的领导权。我们重新同资方进行谈判，开始他们提出了开除工人的名单，我们坚决不同意。后来资方收回了原来的名单，改为开除国民党方面的几个人，这次罢工虽然失败了，但广大工人群众却提高了思想觉悟，知道是哪些人真正代表工人群众的利益，全心全意为工人办事，哪些人违背了工人群众的利益，在困难面前抛弃了工人群众。复工后，我党在这间工厂继续开展工作，逐步团结广大工人群众，特别是团结广大中间群众。经过一段时间的努力，我们于 1947 年 5 月间，成立了工人自己的组织——工会。

保障工人权利，争取提高福利待遇。

战后，香港处于经济恢复时期，广大工人生活十分困难。工会成立后的首要任务是：保障工人基本权利，努力争取提高工人福利待遇。工会成立不久发生了资方无理开除工人的事件。被开除的是一名扫地工，因为部长（资方管理人员）要他去顶替别人（部长的朋友）开机器，而被机器轧伤手，包扎后又不给假单休息，因伤口疼痛难忍便躲进厕所休息，后被检查人员发现，认为他旷工而要开除他。工会弄清事实真相后便与资方交涉，摆事实、讲道理，说明这名工人非但不能开除，而且要给假单休息，医药费由资方负责。开始，资方代表推说要等研究后才决定，工会不同意并据理力争，要求马上解决，结果取得了胜利。通过此事，广大工人更加认识到组织起来的重要性，便纷纷要求参加工会，从此，工人运动又从低潮逐步转向高潮。在保障工人基本权利的同时，工会还努力争取资方逐步提高工人福利待遇，其中最主要的是建立底薪制。夏秋每季为工厂的淡季，经常一星期只开两三天工。由于大多数工人是计件和计时工，停工即停薪，生活非常艰难。根据这一情况，工会要求资方改革工资制度，建立底薪制，即在停工期间时计件工和计时工发给底薪，以保障工人的基本生活。结果资方答应在停工期间每天每人发给2.4元底薪，以保障工人在停工期间维持基本的生活。旺季加班加点，资方除发给工人加班工资外，还发给夜班费。此外，工会还兴办了各项福利事业，如：工人工资低无钱送子女进学校读书，工会便开办工人子弟识字班，解决了近百名工人子弟的入学问题。女工文化低，有的甚至是文盲，工会便组织她们到女青年会办的工人夜校读书。单身工人吃饭难，工会开办食堂，给她们提供经济实惠的饭菜。老工人担心自己的后事，工会规定，工人死亡发给帛金100元，并帮助办理丧事，抚恤家庭子女。

开展多种形式活动，团结组织教育群众。

工会成立后，一方面以工会为阵地广泛地吸收工人入会，在较短的时间内使全厂工人基本上都参加工会组织；另一方面根据群众的需要和兴趣，开展各种形式的文娱体育活动。青年工人喜爱文娱体育活动。工会便组织他们唱歌、演戏、旅行、野餐、游泳等。当时在香港的进步文艺工作者：冯夫、谭林、邝强、胡均、李实中、容思、洪水、张志辉、李门等都曾先后来歌咏队、演剧队进行义务指导。同时对七姐会、中秋节、春节等一些传统的活动形式，也充分地利用起来，采用旧瓶装新酒的方法，开展各种有益的，进步的文娱活动，包括唱革命歌曲、演革命话剧等等。这样，一方面可以更广泛地联系团结全厂的工人群众，另一方面也有利于掩人耳目，因为当时港英当局不准我们在天台召开大会、不准演某些进步的话剧，还经常派人到工会检查监督，但对于一些传统节日活动：拜七姐会、追月会、春节团拜等却不加注意和干涉。工会还经常组织工人参加社会上的各种进步活动。每次港九工联会发动的义卖筹款、捐献（筹建劳工子弟学校、建工联会、支援解放战争等）我们都积极响应和参加，并超额完成任务。淮海战役后，中国人民解放军大举南下，广州临近解放时，我们发动工人群众做了大量宣传工作，如：邮寄进步刊物，宣传解放战争的形势，宣传我党我军的方针政策，安定民心，驳斥国民党反动派散播的种种谣言。最可贵的是在广州解放前夕，我们抽出了一批骨干共 14 名，其中女性 9 名，直接参加解放广州的工作。

（以上内容是根据刘惠娟、董惠珍、邓俭和刘筠秀等同志提供的材料整理）

回忆香港妇女的文化活动[①]

刘清扬

编者按：太平洋战争爆发已经一周年了，在这时候我们很自然的回忆起在一年前被敌人铁蹄摧残了的海外文化工作。刘清扬先生当时在香港主持一部分妇女工作，我们特请她写了这篇文章当做纪念。[②]

抗战后，香港妇女也和国内的妇女一样，随着时代潮流前进，一些热心协助祖国抗战工作的妇女团体，已早在本刊介绍过，所以不再重述。我现在来谈一谈关于香港知识妇女沉着的动态。

香港的知识妇女中就笔者所认识的，约有三四十位从事文化工作，如新闻界的编者和记者、艺术界的画家和诗人、妇女作家和通讯社社员，妇女团体的领导者，以及职业界和生产事业工作者，她们几乎成了香港妇女智慧的源泉。

这些从事文化工作的妇女，为感情的联络、知识的交换、工作的协助集合了一个座谈会，每三星期或一月召开一次，以茶会或聚餐方式举行。笔者初到香港，恰遇她们的聚餐，并不用什么介绍或通过手续，有人把我也带去，其中虽有几位平、沪、渝、桂的熟友，但多数都是初次认识，她们同样和我天真亲爱、融洽无间。在她们彼此之间，也是襟怀坦白，看不出有什么派的分别，显然是妇女界团结的模范。

在五个月内，我曾参加六次聚谈：第一次的聚餐后，有国际问题报

① 收录于广东妇女运动历史资料编纂委员会编印：《香港妇女运动资料汇编（1937年—1949年）》，1994年，第45—47页。

② 为原编者按。——原书注

告，然后有人补充或提问题，共同讨论。第二次，承她们的盛意，是特为笔者接风的公宴，作了随意的畅谈。第三次，是为苏德开战后，对苏联妇女的英勇战斗，大家公议去信表示致敬。第四次，决议妇女问题纲领，准备逐渐讨论。第五次，是检讨历届参政会所通过的有关妇女的议案，究竟有无见诸实行。第六次，因从苏北游击区来了一位记者，大家关怀那里的一切情形，特邀请来作一次关于敌后的政治、经济、民运、妇女等工作的报告。讲毕大家充满兴奋与欢慰的情绪，结束了最后一次座谈会。

另外还有一个青年妇女的学习会，是由当地一部分小学教员和中学女生组合的，她们怀着浓厚的求知欲，追求学习。每两星期举行一次讲演，补充她们的教育。她们是沉着冷静的埋头努力学习，没有接触过的，很少有人知道她们那种可爱精神。

家庭小组谈话会，是由在港文化工作者的太太们联合组织起来的。她们原是知识妇女，而且对国家社会都曾有过贡献，这时为了家累与时地不宜，便暂离工作岗位，但又不甘心就此落伍，可以特请她们各人的丈夫，每隔两礼拜，轮流分配讲演一些教育、文艺、合作事业等问题，以加深自己的修养和学习，使她们依然追随时代向前进。

“昙花一现”的立华女中，并附高小五六年级，是经过一个半月的筹备，两个半月的教学，便被敌人炮火所毁的理想教育的幼苗。这是笔者在港时所创办的。我们教育的目的：是加强青年的民族意识；鼓励自动好学；培养仁爱道德，养成互助精神；锻炼健康身体，使能勤劳耐苦；勉以负责任、守纪律、服从多数的自治修养与习惯，而训练民主的作风，我们的校风是亲爱团结，整洁严肃，活泼自重，言行有节。以如此办学的方法，我们所获得的成果不但是全体教职员精诚合作，而且师生之间的感情亲切如家人，年长的先生视学生如子女，年轻先生待学生如弟妹；学生对于师长都亲切爱悦，毫不畏惧，且有礼貌。可惜的是一片心血的结晶，没有支撑多久，便给敌人的铁蹄践踏坏了。这是笔者非常痛心的事情。

海港的妇女文化园地，正在开始耕耘，我们正期待它们的壮大肥美的滋长，竟这样不幸被暴风雨所摧折；但我们相信，香港虽然失陷，香港的姐妹们虽然或分散各地，或仍在敌人的统治下过生活，而我们所撒的种子是不会就此消失的。

（载《妇女之路》重庆出版社出版）

在连县妇委会坚持十年的斗争历程[①]

刘　思

1940 年，广东省新生活运动促进会妇女工作委员会在粤北 7 个县建立县一级的妇委会。其中有国民党广东省政府所在地曲江县和省政府大后方连县，当时中共北江特委直属妇女总支根据北特领导的指示，要掌握这两个县的妇委会的领导权，作为中共党工作的据点。妇女总支书记杨衡芬，当时在省妇委会工作，通过各种关系把原在省妇委会战工队的地下党员（战工队工作已结束）集中分配到曲江、连县担任总干事和组长等重要职务。当时分配到连县妇委会的有 4 个共产党员，有叶婉香、刘德容、陈妙慈、麦曼英。

连县妇委会于 1940 年夏天建立，主任委员由在任县长的太太兼任并邀请一批知名人士的太太为委员，都是名誉职务，实际负责人是总干事，下设组织、生产、总务三个组。连县妇委会第一任总干事是叶婉香，第二任刘德容，第三任陈妙慈，陈离开后，由麦韦代，第四任钟蕙清，第五任黄惠卿，从 1940 年建会开始直至全国解放，整整 10 年，历任总干事都掌握在中共地下党手中，连县妇委会实际上成为中共地下党开展妇女群众工作的一个阵地。

1940 年，我们 4 个中共党员，带领了八九个非党同志到达连县，首先与地方党取得联系并建立了支部，支书是叶婉香，组织委员陈妙慈，宣传委员刘德容。

中共连阳工委要求我们利用这个公开合法的组织，根据中共党在蒋

① 收录于韶关市妇女联合会、清远市妇女联合会合编：《粤北妇女运动（1921—1949）》，1994 年，第 77–83 页。

管区的工作方针即“隐蔽精干，长期埋伏，积蓄力量，以待时机，反对急性和暴露，利用国民党一切可以利用的法律、命令和社会习惯所许可的范围，稳扎稳打地进行斗争”开展工作。支部研究认为，广州沦陷后很多机关学校，曾迁来连县做了不少的抗日救亡的宣传。对连县人民有一定的影响。群众的抗日热潮也掀起来了。我们应进一步动员各阶层妇女团结起来，积极参加抗日救亡工作。但要站稳脚根，首先必须做好统战工作，争取县长和他的太太的支持，当时县长是王仁宇，比较开明，也乐意帮助我们了，于是县长太太亲自出马，邀请连县的知名人士的太太们出任妇委会委员，分头帮助我们找办公的会址和宿舍。还担任我们工艺班的车缝裁剪的指导。我们利用这些关系，使我们的身份更合法化。

开始，我们以初到“贵境”，拜访各机关团体联络为名，对县政府的各科室，国民党县党部，三青团、国民兵团、干训所、商会……等单位，普遍进行拜访了解情况，搜集他们单位的人事情况、组织情况、负责人情况、任务等。并从谈话中，观察他们的政治态度，从而把情况汇集向党组织汇报。

其次，我们主动参加县政府、国民党县党部召开的各种集会，1943年陈妙慈任总干事，以妇女界负责人身份参加选举，当选为县参议员，从一般的纪念活动（如孙中山先生的诞辰和逝世日子、双十国庆等）到比较秘密的冬防、戡乱等会议都争取参加，从中了解他们的动态和他们上级的部署，及时向党组织反映。同时我们还利用自己的合法身份，以到县长、专员的办公室谈工作为名，从中探听党所需要了解的情况，如1942年冬防，县政府抓了两个名为土匪的人，把人头杀了挂在城楼上，以“杀一儆百”。当时我们不了解是什么人，就跑到县长办公室，从中了解被杀的人的身份。又有一次，组织想了解连县恶霸关以宗及家乡情况，我们就以公开身份跑到他家乡附近，从旁了解到他家的情况，为党提供所需要的资料。

在公开工作方面，我们大张旗鼓的进行抗日救亡的宣传工作，出墙报、画报，贴标语，还利用一些纪念日（如“七·七”、“九·一八”等）串联县地方行政干部训练所和社教队的青年朋友，联合演出抗日救亡的话剧，宣传团结抗战，揭露日寇阴谋和暴行，唤起群众坚持抗战。

经常工作，就是开办各种工艺班（如车缝、织布、织毛巾、纺纱），妇女识字班，提高妇女文化，学本领、求独立。通过办这些班，接近和教育工农妇女，在城镇，借学校的课室办妇女夜校，夜校分高、低程度两班吸收女工、市民妇女参加，如在联德镇、升德镇、三江镇 3 所小学，连续办了二三期，每期三四个月。也深入到农村，沿县城至三江镇公路两旁的乡村，如何村、邵村、龙口，星子区的郊区办农村妇女识字班，据不完全统计，从 1940 年至 1945 年的 5 年间，约有七八百人参加，我们通过办识字班，从中发现先进分子，加深教育和培养，从讲国家大事到八路军、新四军的英雄战绩，进行引导，使她们认识真正领导抗日的是谁？也讲苏联社会情况和那里妇女的幸福生活，从而谈到妇女解放与民族解放的关系等理论问题。在工艺班学习结束后，我们还专门办了一个织造所，解决一些贫苦妇女生活和出路，对织造所的工人。我们加深教育，使她们对抗日救亡工作有较深的了解，并帮助我们做一些秘密收藏进步书刊等事情。

1941 年初，省妇委会要扩大第二批县妇委会，从连县妇委会抽去几个人。我们把一些非党同志调走，连县妇委会只留下 5 人，除了一个是建党对象几乎就是清一色了。我们就利用妇委会的有利地形，把妇委会变为中共党的秘密活动据点，收藏文件、书籍和掩护同志。1942 年粤北省委被破坏，国民党到处追捕省委领导同志，1944 年初，省委青年部副部长张江明从东江纵队回来，在坪石被捕后逃脱，为了甩开特务追捕，他转移到连县，就避到妇委会来，支部书记陈妙慈巧妙地把他收藏在阁楼上，一直好几天没有人知道，保护领导同志脱了险。同时，地下党的领导同志联系连阳各县，进进出出，住旅店很不安全，经常受到宪警查询，有些时候就躲到妇委会来住宿，妇委会会址是一个大祠堂，很大，楼阁多，躲到阁楼上，白天也不容易被人察觉，所以我们这个据点，经常成了过境的地下党领导同志临时隐蔽的地方。

1942 年底，县长王仁宇调走，李仲仁来当县长，他的太太蔡宝莲是一个文盲，连盖章也不懂得，一切由县长代理，李仲仁无形中成了我们的主任委员，什么事都过问，想干预，我们看到苗头不对，要堵住，不然党的秘密活动会受影响，于是总干事刘德容就假作去韶关向省妇委会吴菊芳汇报工作（实际是与杨衡芬联系），这一下，把他吓住了。为了讨好吴菊芳，他专门弄了一大萝［箩］土特产托总干事到省汇报时送给吴菊芳。刘回来后，大肆吹嘘一番，以后他就客气多了，不敢随便干预。

1943年，韩建勋来当县长，他的太太也想把妇委会掌握在自己手中，派了一位她信赖的人王惠如来妇委会工作，监视我们活动和工作。我们工作都是到农村办识字班，王本身也是一位太太，她哪里受得了艰苦生活，只好溜走了。总之妇委会建立以来，既保持会内纯洁安全，方便党的秘密活动，也利用这个合法机构真正为妇女求解放开展工作。

1944年下半年，东江纵队要大发展，动员粤北党员和群众到东江参加武装斗争，当时连县妇委会外地来的党员，刘德容（从曲江来）、陈妙慈、麦曼瑛［英］、王健、蔡莹都到东江纵队去，留下麦韦代总干事，和黄惠卿坚持下去。

1945年夏天，中共省委为了发展粤北的武装斗争，审查恢复和发展连阳中共党的组织，建立中共连阳中心县委，县委并设妇女部，部长是张慧明，她继续抓紧妇委会这个据点的工作，吸收黄惠卿为中共党员并把从小学教师中发展的钟蕙清，通过一定手续调到妇委会任总干事。妇委会工作，又在党的直接领导下更有计划开展起来。

抗日战争时期，全国人民共同敌人是日本帝国主义，我们高举抗日的旗帜开展妇女工作，国民党对我们也无可非议，所以，在抗日战争时期，我们的工作能顺利进行，但到了解放战争时期，妇委会的工作就走上了一条坎坷不平的道路。

1946年国共两党和谈破裂，转入全面内战，当时连县地下党为了更好的隐蔽，要求党员全部职业化，坚持单线联系，严禁发生横的关系，党内坚持口头传达，不留片文只字。抗战胜利后，妇委会这个机构，由于它是全省性的妇女组织，所以仍保留下来，但工作人员就缩小到三四人。原在妇委会任总干事的地下党员钟蕙清（任总务）、黄惠卿两同志坚持下来。

地下党组织要求她们一定坚守这个阵地，工作搞得灰色一点。

当时黄惠卿爱人邓如淼（邓是连县知名人士，也是中共清远县县委书记）病逝，因子女多，生活有一定困难，组织决定把她的妈妈和孩子都搬到妇委会来住，把机关搞成家庭化，使外人看到妇委会的人就是婆婆妈妈、无所作为。在工作上，只办识字班，在联德镇小学期一期接一期的办妇女夜校，每期半年，请学校老师任课，结业时还发毕业证书，装成纯碎[粹]是搞妇女扫盲识字运动，还请上层太太捐款赞助，既解决夜校照明灯光，也增加一些灰色的色彩。但实际上，我们从中发现一些可靠对象，加紧联系和教育，培养了一批积极分子，解放后，在人民政府和企业部门当国家干部、当骨干的就有当年识字班的学生，如现还在县人民政府办公室的余秀忠就是其中一个。

当时，连阳中心县委妇女部长张慧明，通过妇委会的党员同志，用各种办法向群众宣传当前形势和党的号召，如 1946 年的“三八”节，正是全国政治协商会议后，全国人民要求和平与民主，妇委会出版“三·八专刊”就巧妙地反映群众要求和平民主的呼声。

1947 年，连阳中心县委奉上级的指示开展武装斗争，第一次武装起义失败后，连县的农村的党组织基本暴露，当时在连州坚持下来的，只有几个同志，妇委会就是黄惠卿一人（钟蕙清已离开）。当时组织要求一定要把妇委会保持下来，作为党的活动据点。武装起义失败后连县中心县委书记张彬要避开，就在妇委会这个据点躲了 10 多天，直到有人来接头才安全离去。在小学教书的招丽暴露了，也跑到妇委会来隐蔽，妇委会成了同志们的隐蔽点，先后有十几人来这里隐蔽。同时，县委领导同志开会看文件也在妇委会的阁楼上，黄惠卿则在楼下放哨，遇到可疑的情况，她在下面就大声喊儿子、骂儿子，给楼上的同志报信。

连县第一次武装起义，虽然失败了，但大大震惊了连县的统治阶层，黄惠卿是邓如淼的妻子，他们不能不提高警惕。有一次，县长太太专门叫妇委会的干事刘佩巩到他家（刘是三江官僚地主黄渊的外甥，是县长太太认为信得过的人），布置她去探听邓如淼是否回来（邓在清远病逝，他们不知道），还教她买些糖果给黄的儿子吃，哄他说出爸爸有没有回来，要她监视黄的行动，了解她是否共产党员？刘佩巩是中共党的培养对象，是青盟同志。她把县长太太布置告诉黄知道，并向县长太太汇报，说黄子女多、文化低，埋头家务，不会是共产党员，又说她去探听黄的小孩，小孩说妈妈不要爸爸了，他不会回来，使县长太太摸不到底。

1948 年冬至那天晚上，县长太太怀疑黄惠卿的丈夫会回来。布置人搞了一个突击检查，当时已经是深夜了，又下着大雨，突然有人大力敲门，黄惠卿妈妈以为出事了，就说现在可能是永别了。黄惠卿说，如果出事，你帮我把孩子拉扯大，为父母报仇。赶忙找一双布鞋穿起来便去开门，原来伪保长带了几个便衣，说是来查户口，东翻翻、西看看，连蚊帐也拉开看睡的是什么人，用电筒往床底照来照去，他们查不出破绽只得走了，这次假查户口的把戏又失败了。

国民党反动派对黄惠卿虽然诸多怀疑，但抓不到破绽，妇委会的一切活动也都是公开合法的，他们也无法下手。从 1947 年下半年开始，妇委会就剩下黄惠卿一个党员在坚持，在连阳中心县委的直接领导下，渡［度］过了许多黑夜，迎来了全国解放，这个据点，一直忠诚地完满地完成中共地下党交下来的任务。

护航大队的建立及其斗争（节选）①

刘　培

1943 年 7 月 6 日，马鞭战斗胜利之后，大鹏湾的斗争形势发生了很大的变化，总队曾生指示我们将中队的海队武装船只迅速从大鹏湾抽调四条船到大亚湾活动，以便控制整个大亚湾港，稳定大鹏半岛的局面。8 月，我们独立中队从岭坳转移到枫木浪。中旬的一天，曾生来到枫木浪找我们几个中队干部开会。曾生说："根据斗争形势的发展，总队党委决定，把独立中队扩建成为护航大队，刘培任大队长，调曾源任政委（赖仲元调任大鹏区人民政府区长），叶基任副大队长。陆上编二个中队、一个独立小队，海上编二个中队。"曾生还说："护航大队成立之后的任务主要向东发展，开辟稔平半岛，打通至汕头的海上交通线，争取早日和韩江那边联系起来，团结新区可能团结的一切力量，共同打击那里的日伪军；还要提高警惕，严防国民党顽固派的突然袭击，坚持'人不犯我，我不犯人，人若犯我，我必犯人'的自卫斗争原则，解放那里的人民群众，壮大革命力量，迎接抗日战争的最后胜利。"

根据曾生的指示，我们大队几个领导干部对部队进行了调整，一中队由叶基兼任中队长，韩藻光任指导员；二中队（原名展明中队，是纪念叶展明烈士命名的）由赖祥任中队长，林英任指导员；袁贤任独立小队长，刘贤任指导员。海队一中队在大鹏湾西海活动，由吴海任中队长；海队二中队在大亚湾东海活动，由邓金任中队长。

---

① 收录于中共惠阳县委党史办公室、东纵边纵惠阳县老战士联谊会编：《东纵战斗在惠阳》，广东人民出版社，1993 年，第 263—279 页。

一

1943年年底，根据总部指示，大鹏半岛以西海上斗争任务，移交给港九大队负责，调护航大队在大鹏湾的两条武装船（连人带武器）给港九大队海队，其余武装船只迅速到东面大亚湾海域，加强向东发展力量。从此，我们大队主要是在大鹏半岛以东沿海及稔平半岛、大亚湾海域开展对敌、伪、顽的斗争，发展和扩大抗日根据地，壮大抗日力量。

……

二

1943年下半年，特别是马鞭海面歼灭伪海军后，大鹏半岛的斗争形势起了很大变化，流窜在大鹏半岛的国民党散兵游勇和政治土匪、经济土匪都被我们全部肃清，整个大鹏半岛完全为我们所控制。总部为了建设大鹏半岛抗日根据地，决定成立大鹏区人民政府，调独立中队政委赖仲元当区长。同时，为了使军事工作与民运工作紧密结合在一起，更好地完成根据地建设的任务，总部还决定把大鹏半岛一带地区的民运工作统一归护航大队领导。在马鞭海面战斗时，赖仲元带领李汉兴深入发动岭坳群众，组织渔民配合部队去侦察敌情，选定参战渔船和渔民，做好船主、渔民及其家属的思想工作，提高他们的胜利信心。战斗结束后，赖亲自起草马鞭海面全歼伪海军的胜利告大鹏群众书。护航大队把大鹏半岛的民运工作接过来后，又由曾源政委亲自抓这个工作，还在枫木浪办了两期民运训练班，共三十多人，每期一个月，培训民运骨干，由曾源和陈生、罗哲明亲自讲课。同时又组织了两个民运工作队深入大鹏半岛各乡镇，开展群众工作。

……

我们非常重视妇女工作。每次召开民运工作会议，都要汇报检查和布置妇女工作。大鹏半岛各村镇都办起了夜校、识字班和组织妇女会，由民运工作同志上课。还向妇女宣传党的抗日救国的方针、政策，宣传妇女解放的道理，宣传妇女在革命运动中的重要地位和作用。同时动员和组织妇女参加各项社会活动和支前工作。在 5 月的反顽斗争中，大鹏半岛广大妇女积极参加了斗争，她们抬担架、送茶饭、埋地雷、挖石头，忙个不停。特别是上下径心、铁西湖、花树尾、坝岗、小桂等一带靠近前线的乡村妇女们，表现尤为突出。她们在村妇女会的领导下做好饭菜送到阵地上，有的做成饭团，在饭团里夹上猪肉，有的还夹上鸡球，使指战员吃得非常高兴，战斗情绪更加高昂。有些妇女还到阵地上和战士们一起挖石头，垒好，当敌人来攻，就将石头往下推砸敌人。

抗日战争时期东莞县妇女救亡运动的一个侧面①

梁燕云

一九三七年“七七”事变之后，我家从广州迁回故乡——东莞，我转学到东莞中学继续念书。该校是一间有革命传统的学校，当时救亡运动已相当活跃。我从一九三六年开始，就在广州参加了党的外围组织“抗日救国五人团”，和“中国革命青年同盟”（简称“中青”），从事党领导下的学生运动，回来后，即投入东莞的抗日救亡运动的洪流中去。

国家兴亡　匹夫有责

东莞县在我党的领导下，当时正利用国共合作的大好时机，以中学生和小学教师为主，开展各种形式的抗日救亡活动，如办民校、夜校、演讲、演戏、唱救亡歌曲……等等，宣传发动群众，内容主要是宣传“国家兴亡，匹夫有责”“宁为玉碎，不作瓦全”，以及宣传东北论［沦］亡后，人民成了亡国奴的悲惨境遇，揭露日本帝国主义对我国人民奸淫烧杀的暴行，分析抗战形势，号召不愿做亡国奴的人起来战斗，有钱出钱，有力出力。同时，利用国民党153师政训处办的军训班、救护班，通过党的组织领导，发动群众踊跃参加受训。当时的负责人是县委宣传部长兼武装部长王作尧同志。训练是利用业余时间，早上五时开始的。

参加受训的女同志有我和赵学、何佳（原名何巧图）、何小士、刘清（原名刘格兰）、何竹、何淑仪、叶英等，还有其他一些女学生和教师二三十人。

---

① 收录于中共东莞县委党史研究办公室、中共东莞县委党史资料征集办公室编：《东莞烽火》第一册，1982年，第108–116页。

我的任务主要是做妇女的工作，并参加话剧演出和演讲。曾演过华侨青年回国参加抗战为内容的话剧《回春之曲》，我饰演女主角梅娘。在还相当封建的莞城，学生演的文明戏使东莞一时为之哄［轰］动。以后还多次演过街头剧。

莞城当时有一间“阳光书店”，是革命同志谢阳光、赵学夫妇开设的，专卖进步书籍，是团结教育青年的一个点。还有我党掌握的《东莞新闻》社，何鼎华同志负责，当时都起了很大的宣传鼓动作用。

一九三七年十二月十八日，我加入中国共产党，是当时女同志中参党较早的一个。从此，我直接在党的领导下，由县委书记姚永光（现名李永泉）领导下，投身党的工作。

由于干部少，工作需要，组织上动员我不要再读书，脱产出来工作。于是，我以家庭经济困难为由，办理退学，到莞城力行小学教书，该校实际上是掩护我县委机关的，校长是何与城同志。

那时已先后成立“青抗会”、“教抗会”和“妇抗会”等组织。“妇抗会”全称是“东莞县妇女抗敌同志会”，一九三八年一月成立，参加的有一千人左右，重点在东莞县城活动，各区、乡都有人参加，由何佳同志任主席，我与赵学光同志是常委。初时，该会只有我一个党员，同年三四月间，我先后介绍了何佳、赵学光同志参党，后来组织又派来梅爱芳同志（党员，后脱党），我们便成立了第一个妇女支部，梅任支书。以后又增加了尹柳眉（抗战期间病逝）、李楠……等同志，共七八人，梅仍任支书，我为副支书，由县委组织部长袁鉴文同志领导。

妇抗会经常作形势分析，开妇女演讲会、演戏，宣传教育群众，并设献金台，动员群众献金支援抗战，参加我党掌握的军训班和救护班。抗日救亡工作深入到每个学校、工厂（手工业厂）、店员、家庭妇女、尼姑斋姑中去。

武装起来　打鬼子去

武汉失守后，国民党军队望风而逃。一九三八年九十月间，东莞县国民党政府和军队也准备逃跑。我党通过统战关系，做他们的工作，他们也迫于群众要求抗日的压力，同意发一部分枪枝弹药给我们，由王作尧同志负责，成立抗日壮丁模范队（群众习惯称为“老模”队）。

十月十一日，日寇在大鹏湾登陆，国民党军队一枪未发，率先逃循［遁］，日寇得以无阻挡地向广州进发。我们壮丁常备队一个中队驻在石龙附近的榴花塔下，大家对当时的现象无不义愤填膺，个个磨［摩］拳擦掌，要与日寇决一死战。中队长陈昶同志毅然决定，除少数留守外，带队过江到石碣刘屋，阻击日寇向莞城南侵。东江河畔，响起了抗日救国的枪声。我们敢于以落后的单响旧枪，抗击全副装备的日本骑兵，凭的是抗日救国的热情和高昂的士气。战斗结果，我们牺牲了十一个同志，虽然未能阻止日寇入侵，但对广大群众起了很大的鼓舞作用。当时一起过江作战的女同志，记得有我和陈福媛（陈文慧）。

敌人占领广州等大中城市后，莞城、石龙虎门、太平都驻有鬼子，铁路、航运、公路等交通要道的主要圩场，则由汉奸队伍把守。日伪军经常出动“扫荡”，对群众大肆奸淫烧杀。这时，我们以小分队、小组为单位，分散在山区农村，主要是大岭山和清溪苦草洞一带活动，与当地农民打成一片，参加劳动，替他们治病，向他们宣传揭露敌人的暴行，动员群众参加抗日活动，参加抗日游击队。

一九三八年底至三九年初，敌人四出“扫荡”，我们连续转移到深圳与南头之间的河边，无法突破敌人包围，迫得连夜将枪枝武器秘密埋藏起来，装成难民的样子，涉水过河，到达英租界元朗。几十人中，女同志占三分之一。组织通知，有亲友的投亲靠友，没有亲友的由组织安排，安排不下的暂时到难民营，待机集中，我被安排在袁教民同志的亲戚家里住下。我们都分别控诉日寇暴行，动员香港同胞支援抗战。住了大概十几天，组织即通知我们分批回去坚持斗争。

我返回后，在政工队工作，队长是黄佳同志，他爱人李兰芳同志也在一个队里。

深入敌后　发动群众

一九三九年二三月间，我党要开辟东莞水乡一带沦陷区的工作，因为我是水乡人，便于掩护，组织上便派我回去做地下工作。还有一些家在水乡的同志也分别被派回去了。我们以灰色面目出现，有的在家耕田，有的做生意，有的则教私塾，还有个别同志打入汉奸、土匪队伍内部做工作。

我是望牛墩寮厦人，陈昶、陈福媛同志是对河的望角村人。我的工作由陈昶同志领导。我在村中办了一间私塾请望牛墩姓徐的女同志（名字忘记了，当时党的培养对象）来做老师，我则到谷涌去教私塾。

当时，沦陷区人民处于水深火热之中，汉奸土匪横行，日寇更经常下乡扫荡，群众提心吊胆过日子，对日寇、汉奸、土匪的暴行无不恨之入骨。因此，只要一有火种，就很容易燃烧起来。我们虽然教的尽是《成语考》、《三字经》之类的古书，但却古书新讲，经常结合实际，向学生讲些有关岳飞、杨家将、梁红玉击鼓抗金兵、花木兰代父从军和文天祥死不降元等民族英雄故事，宣传山区人民抗日事绩［迹］，树立抗日救国的思想。我们还利用村中的封建习俗，组织“七姐会”、“姐妹会”、“结同心”等形式，团结教育群众，开展妇运工作。

一九四〇年初，我调到蒋管区清溪圩鹿鸣学校教书，与何佳同志在一起。那时已处在国民党反共高潮，我曾生、王作尧部队一部分人员在敌伪顽合围中，突围东移，向海陆丰进发，牺牲很大。不久，又回到惠东宝前线。党当时对地下党员的方针是长期掩蔽、积蓄力量、等待时机。他们主要是团结教育学生，该校领导比较反动，对我们有些怀疑，所以，我只教了一学期，便转到惠阳县龙岗岗具小学教书。龙岗是李一清、张启秀同志的家乡，该地现属深圳市。年底我又回到东莞水乡。

一九四一年初，我在潢涌塘厦村教私塾，接替曾玲同志（她调走）的工作，由黄庄平同志领导，联络点在中堂小东向六嫂家里。小东向是陈成来同志家乡，他打入当地土匪头陈炳辉处做马弁，六嫂是地下党交通员，她家是交通站。她是个寡妇，有两个女儿参加游击队牺牲了。当时水乡不少乡村有我们地下党的组织，高埗抗战前就是我党的一个据点，所以，群众基础较好，一直是区委机关的所在地。罗慧贤、赵学、刘妈（王夫）、黄庄平等同志先后在那里工作过，高埗出来参加革命的同志也较多。我家乡寮厦当时也建立了党组织和“姐妹会”，党员有梁意、梁映仙、梁凤，还有外围的进步群众咸佳、春花、梁同欢等，一起从事地下活动。望角、望牛墩、锦涡、道滘、鹤田、麻涌等地都有我们的同志在那里活动，但因单线联系，不许发生横的关系，虽知也不往来。

我除在潢涌塘厦村工作外，还领导鹤田的工作，杜佛容同志（现名杜娟，杜屋村人）在那里教私塾，我发展了她入党。当时仍以灰色面目出现，以各种形式宣传教育群众，组织党的外围组织，从中发展党员。

那里需要　到那里去

一九四一年六七月间，组织通知我去参加县委办的区干学习班，学了一个月，调到清溪区委当妇女部长，当时太平洋战争爆发，香港已为日寇占领，而清溪则为蒋管区，国民党县政府驻在石马。我开始住在清溪油甘埔村，以教书为掩护。一九四二年初，我以周清表嫂身份，住在石鼓私人接生的卫生院，与周清、李琼珍（医生）、周福兴（工人）同志一起住，以后又住在李琼珍同志家乡周福兴同志家里。有时她们出去了，我还充当医生，临时替人接生。

清溪区游击队在附近活动，日寇有时来“扫荡”一下。当时区委书记是黄克同志，杨培同志是区委宣传部长。因为原来的区委书记黄万顺妇女部长黎少弟同时被捕，所以才调我和黄克两人来接替他们的。我在区委主要是抓妇女工作，领导油甘埔村党支部，党员有教师张吉祥（现名张军）、一个农民和一个蒋管区乡长身份的男同志。苦草洞、铁场有一个妇女支部，姓韩的青年女教师和两个斋姑是党员。一个石鼓支部，党员罗涛、周爱莲两同志打入塘厦伪区府、石马伪县府工作，周清、李琼珍、周福兴三同志则在石鼓开接生卫生院，还个别联系么泥圩的张平同志、土桥的李章同志。

这期间，党组织有一定的发展，李琼珍同志在林村发展了派哥嫂为党员；罗涛、周爱莲同志发展了他的姐姐和姐夫温某为党员；周清同志在石鼓发展了黄某为党员。

当时，罗涛、周爱莲同志搜集到国民党政府里的情报，就送到石鼓卫生院她妹妹周清同志处，再由周清转送到目的地。

一九四二年，区委办了一期党员训练班，培养和教育党员。参加学习的有李章、张平和铁场那两个斋姑等女同志。我们通过女游击队员莫福弟（高埗人，战斗被俘后，仍坚持反动派作斗争，最后被杀害）的英勇事迹，教育党员。

一九四二年底，我离开清溪，调到宝安西乡。那里距南头仅十里，驻有日本鬼子和伪军，属沦陷区。我爱人王士钊当宝安县委书记，我们在那里开了一间山货店作掩护，公开身份是夫妻店，我是老板娘，店员陈佳同志是区委书记，另有三个店员是群众。还有个党员麦尧同志打入西乡黄合伪军那里做地下工作。

我除掩护县委机关外，主要负责县委政治交通站，以买货贩货为名，将县委的指示向下传达，将下面收集的情报和工作情况向县委书记汇报。我联系的人不多，一条线是在虎门镇口当伪乡长的万明同志，每次去太平镇山货店进货时，都住在万明同志家里。另一条线是到公明圩黄树佳（县委负责人之一）及其爱人李兰芳同志那里，他们也开一个山货店作掩护。其次，还到公明圩的合口村麦耀同志那里联系。

抗战胜利　来之不易

一九四三年，东江抗日游击纵队（简称“东纵”）成立，同时建立广九铁路两侧的民主政权，我爱人王士钊调任东宝路西行政督导处副主任，我们一走，将会暴露，于是将山货店以收盘顶手形式，交由另一些同志处理。我于一九四五年初，也调到督导处工作，当时是谭天度同志任主任，何鼎华、王士钊同志为副主任。

同年二月，我调到东莞新五区霄边（我区政府所在地）中心小学当校长。当时新五区区长是大革命时期的老同志蔡如平，万明同志是区委书记，万容之同志是区委。学校教职员有磊夫、龚某、黎少英、黎少弟、梁丹等进步同志，但党员只有我和我的保姆梁凤两人。我们组织了区“教抗会”和“妇抗会”，我兼任主席。主要活动是宣传抗日形势和东纵抗日战绩，宣传抗战必胜和民主政权的各种政策法令。

新五区地处边沿，与虎门太平相隔不远，日伪经常出动袭击。但群众是拥护我们的，因此，我们消息很灵通，一般没有受什么损失。我住在张医生家里，她是妇儿科医生，有个女儿参军牺牲了，因此也是烈属。有时她不在家，我一样代替她当医生去接生。

到六月十九日，苏联红军攻克柏林的消息传来，我们大肆宣传庆祝，对解放区鼓舞很大。事后，我调返路西行政督导处当组织干事，兼政治科科员，科长是赵督生同志，一起工作的有陈新同志和其他女同志。我曾到宝安刘村发动组织农会，开展减租减息运动，打击恶霸和反动地主。袁蔚霞同志在那里教书。九月份，我又到东宝中学当教师，兼公明圩中心小学校长。刘村工作由袁蔚霞同志接手。

一九四五年秋，日本无条件投降，我们艰苦奋斗了八年，终于迎来了抗日战争的胜利。人民欢欣鼓舞，抗日游击队战士、政权人员和日军投降过来的“反战同盟”成员一起，与群众热闹地庆祝了一番。

但是，好景不长，到一九四五年底，形势越来越紧张，国民党反动派要夺取人民抗日胜利的果实，阴谋发动内战，不让人民过太平日子。国民党新一军卫立煌部向我东江纵队进行“填空格”式的“围剿”，为了便于战斗，部队和地方政权将老弱妇孺和非战斗人员分批疏散，掩蔽起来。不久，毛主席到重庆与蒋介石谈判，决定东纵北撤。

一九四六年六月三十日，我接到通知即往沙鱼涌集中，乘美国运输舰北撤山东，准备迎接新的战斗。

梁燕云（原名梁坤义，曾用名梁霞冰）

一九八一年八月二十一日写于广州

继承李本立烈士遗志的罗慧贤同志①

梁燕云

罗慧贤同志一九一一年出生于东莞城的一个手工业工人家庭，从小由父母之命与李本立订了婚。李的父亲李仲台是前清秀才，以教书为业，莞城人，有一子三女，本立为长，在东莞中学读书。一九二四年，李本立开始参加革命活动，当年十二月团东莞特支成立，李本立是成员之一，东莞中学成立“新学生社”出李本立同志负责。一九二五年国共合作，改组后的国民党部，有一批共产党员在党部任职，李任组织干事。一九二六年三月，李本立调往广州训练一个月，回东莞筹办粤校地委，四月选任地委书记。十一月东莞特支改组成立中共东莞县第一届县委会，县委书记由李本立同志担任，机关设在莞城内新兴坊半边井附近少将第的琴芬园。

由于本立奔波革命，危险性大，又是家中独子，父母迫他结婚，他向家庭提出三个条件：一、女方一定要读书，二、不举行旧式婚礼，三、婚后不能限制他个人自由。父母急于儿子结婚都同意了。而罗慧贤的母亲认为女儿年纪太小，且有个堂兄未娶，不宜扒头（迷信认为妹先嫁、兄后娶会对兄不利）。但现在不嫁女，又怕学生仔的女婿将来变卦，于是只好答应。这样罗慧贤便在父母之命，媒妁之言，于一九二六年农历八月年仅十五岁就结婚了，是婚后才恋爱的。

由于罗慧贤孝顺翁姑，体贴丈夫，并在丈夫的教育影响下，逐渐懂得革命的道理，支持丈夫的革命事业。当时党的机关设在琴芬园（公开是李本立与同学租用的书房），在住宅（祖屋）隔邻，经常有同志在此开会过

① 收录于中共东莞县委党史研究办公室、中共东莞县委党史资料征集办公室编：《东莞烽火》第二册，1983 年，第 17—20 页。

夜，都是通知她煮饭，由本立堂弟福祯送饭的。一九二七年四月十二日蒋介石发动反革命叛变，十五日广州即发生反革命大屠杀，东莞反动派立即猖狂起来，要搜查共产党机关。由于领导人早有准备，及早离去，并即转移党的文件，罗慧贤当时虽不是共产党员，但是党的忠诚拥护者。积极帮助党转移文件，用陶埕内放文件，半夜埋在南薰园（李仲台租用的书房）的花园地下，使反动派一无所获。

李本立撤离莞城，到石龙找不到关系，便到广州父亲的朋友赖丰衢（商人）家里暂避，因东莞已悬奖通缉，故通知家里送钱给他转去香港，通过赖某的关系到西营盘第二街常丰里在笏臣学校帮助教书，罗慧贤到香港与李同住便于掩护。几月后，李本立到北平中国大学读书，罗即返回莞城家里。当时白色恐怖愈来愈严重，本立的堂弟李福祯、大妹李勤媛都是共产党，仍在东莞中学读书，党设在木石居的机关被搜查，当时怕埋在南薰园的文件不安全，半夜由罗慧贤挖出来运回祖屋（南薰园在祖屋巷口对面），在灶里煮水将油印的文件全部烧掉，进步的书籍（禁书）转移到外家，故在一九二八年十二月一天上午李勤媛在莞中（初中三学生）被捕时，福祯逃出后去了南洋，在木石居的县委机关被破坏，南薰园和住宅被搜查，虽掘地三天也一无所获。这与罗慧贤支持革命，为党工作分不开。

李勤媛被捕，全家十分紧张，由于李仲台的学生很多是国民党军政官员，特别是东莞的军阀政客李扬敬（是地方系陈济堂的军长，后任省民政厅厅长）是李仲台的学生，其父李明生又是仲台的同宗兄弟。仲台多方为女求情。而反动的国民党对革命的政策是“宁杀错一千，也不放过一个”，对年仅十六岁的李勤媛，虽得不到任何口供和证据的情况下，仍判了十年徒刑（后因病被释放回家，实坐了三年牢）。

李勤媛被释放后，即到北平找哥哥李本立，改名在天津读书，继续从事革命活动（据说李本立当时是我地下党北平市市委书记，未查实），一九三一年九·一八事件后，李本立所在机关受破坏，本立来不及穿鞋，只穿拖鞋作病人从医院只身逃了出来。回到东莞家里，仍常出广州找关系联系。

一九三二年，组织通过在香港教书的谭少虹同志（原在木石居机关负责人）叫李本立到广西南宁中学教书，任教务主任，大妹李勤媛也转到南宁中学做教员，罗慧贤则以家属身份随去掩护和照顾生活，该校训育主任很反动，对本立兄妹比较注意。一九三三年，本立积劳患了肺病，于是罗与他回到东莞家里养病，不久便病逝。那时罗慧贤才二十二岁，又无儿女（生过一个女孩，几个月便夭折），年青寡妇在封建的旧社会是不好过的。开始时只在家里织灯笼（手工业）以消磨岁月，也挣些零用钱。

李勤媛在哥哥离开广西后也跟着离开，到福建参加蔡廷楷［锴］、蒋光鼐建立的福建人民政府（反蒋的）工作，福建人民政府失败后返回广东，对革命前途悲观失望，后与一个国民党军官钟某结了婚。罗慧贤对她的失节行为很不满，坚信丈夫的革命事业是正义的、必胜的，想继承丈夫的革命遗志。但当时自大革命失败后广东与东莞的党组织受到破坏，政治空气死气沉沉，她一个非党的青年寡妇，又能干什么呢！？

为了冲破封建家庭对寡妇的牢笼，争取出去工作，独立生活，先在本立伯父李伯仁（老塾师）的西门求是小学做教员。一九三七年抗战前后，东莞救亡活动蓬勃发展，为了离开家庭便于参加抗日救亡活动，经我帮助由县委袁鉴文同志安排，于一九三八年春节后到水乡高埗教书，那里一直是我地下党活动的据点，因她很早就受革命的影响，故很快由王河同志介绍入党。从此，她便继承丈夫同志的未竟事业，在党的领导下，不怕牺牲、不怕艰苦，勤勤恳恳地干革命。

在高埗她以教员的身份，在教课时，分析抗日形势和讲故事等形式宣传抗日救国，发动群众参加救亡活动，积极培养发展党员，后来参加了县妇抗会活动和东莞第二期军训班学习，在她的影响下，本立的二妹参加了第一期军训，三妹也参加了第二期军训。同年十月，日寇进攻华南，我东莞党成立抗日模范壮丁队，她是早期参加的女同志之一，并和一批高埗的女青年到部队，在东莞百花洞、苦草洞带活动。

四六年六月二十九日东纵北撤山东，罗慧贤同志随军北撤。曾到华东中央党校学习，后派到地方搞土改复查，参加解放天津，在天津工会工作。

四九年十月大军解放广州，她回到广州一直在广州市工会和纺织部门工作。她缅怀革命烈士，继承李本立同志的革命遗志，保持党的优良传统，工作勤勤恳恳，生活艰苦朴素，抚养关怀本立同志的母亲和庶母，使婆婆能安享晚年。李本立同志若泉下有知，可安息了。

现罗慧贤同志已年越七十，身体尚好，准备离休后为党做些力所能及的工作。

越南华侨青剧队①的回忆②

梁励行

日本帝国主义侵略中国，“七·七”芦沟桥事变，抗日战争开始，越南爱国华侨救亡运动也随之而起。华侨各界人士纷纷奋起救国，走上街头卖花，到各处演剧宣传，进行抗日救国教育及募捐活动。同时还开展抵制日货，不用日货等等各种形式，唤起侨胞群众，投入抗日救国浪潮。越南爱国华侨青年也纷纷组织起来。我们华侨青年国防话剧流动宣传队，是由几个共产党员和爱国青年组成的，绝大部份是无党无派的工人和学生，也有一人是国民党员，主要是共产党领导的。我们到各处演剧宣传抗日救国，募捐所得之款，除了队的开支外，余下的全部款项寄回祖国支援抗日（我们的演出全部经费都由当地侨领们负责卖票收款，只给我们住宿，吃饭、车费，除此外所余之款是由侨领们汇回祖国的）。

随着抗日战争的发展，日本帝国主义的反动势力伸向越南，迫害越南侨胞。一九三九年，法政府也随着日本反共政策，对爱国华侨施加压力，对各爱国华侨剧团发出禁令，不准宣传抗日救国，对有共产党分子嫌疑活动的团体要驱逐出境，甚至拘留逮捕。我们剧团也不能立足于越南，决定回祖国抗日。于一九三九年九十月，分批回到香港集中后，即前往广东东江惠阳坪山参加抗日部队新编大队（曾生同志当大队长）。我们全队

---

① 青剧队最早是于1938年9月在柬埔寨金边市由凌勇毅、刘介民以及连家旺、肖克、朱国英、叶茵等十二人发起组织的一个越南华侨青年国防话剧流动宣传队，由凌勇毅做领队，到磅湛、马德望等城镇演剧宣传抗日救国。后来增加很多人，那时是由彭克领导的。（彭克是中国共产党员）据卢新说，他和刘介文、关铁冷都是中共党员。——原书注

② 收录于中共东莞县委党史研究小组办公室、中共东莞县委党史资料征集小组办公室编：《东莞烽火》第八册，广东省东莞县印刷厂，1985年，第68-70页。

二十一人，男十四人：刘山鹰（又名刘介民）、凌勇毅（已死）、徐一民、络克、卢新、彭克（死于越南）、陈守克（又名陈追清）、谢日畅、吴信和、谭勒特（牺牲）、赵鹏飞（死于牢）、巍立佳（牺牲），还有两人忘记名字；女的七名：容克波、梁励行、庄志民、关平楚（又名关菊）、叶焰邻（又名叶茵）、朱史克（又名朱金玉，被敌人活宰）、关铁冷。

参加青剧队人员，年龄最大的二十八岁，最小十五岁。我们许多人是经过同各方面的斗争，如社会上、亲友们，尤其是家庭中的斗争更激烈。有的人是两三次逃跑出来，家人捉她到警察局，最后还是压制不住她抗日爱国之心，她又化装逃出家，偷偷上了船和队里人同归祖国。当时路费都是自己筹备的，我们冲破了重重困难，才能回到祖国参加抗日。

我们青剧队到了游击队新编大队后，发生了一场争论。有两种意见：一种是到延安去，或留在游击队里；一种是想到国民党地区去。但经过曾生大队长的教育和同志们的帮助，看清形势，也介绍了国民党的情况，最后被说服了，全队同志就留下来。我们被编为政工队，任务是宣传演出，教育动员群众起来抗日救国。

一九四〇年春天，国民党发动第一次反共高潮，疯狂包围我游击区惠阳坪山，当时正是“三八”妇女节，我们政工队正在台上演出，部队得情报后，于三月八日连夜撤出坪山，开始东移到海丰陆丰去，政工队跟随部队战斗，沿途作宣传鼓动工作，并向当地群众宣传部队抗日的宗旨，做群众工作。经过几个月的行军战斗后，部队损失很大，因为那里是国民党大后方，国民党军队经常袭击包围我们。后接到中央指示：我们部队到海丰陆丰，不面对日寇，到国民党大后方地区打游击是错误的，而应转移到敌后地区坚持抗日。

部队遵照中央的指示，立即化整为零，分散转移，有从陆路也有从水路，集中到了东莞山区一带活动。我们政工人员分到各村去作民运工作，我是分到大王岭村，容克被分到另一条村，都是以小学教师为掩护身份，主要任务是组织民兵和妇女与部队并肩抗日。

经过东移的残酷战斗后，我们青剧队人员在分散绕道归队集中时，大部份同志已见不到了，有的被俘了，有的牺牲了，有的病倒了，有的找不到部队联系，另谋职业了，也有极少数面对残酷的斗争，艰苦的生活动摇了，有的回越南了。

一九八三年十二月，东纵四十周年纪念活动，我们青剧队的人员尚有六人联系上，在海南工作的有庄志民，在广州工作的有容克波（已离休）、吴菊（已退休）、叶茵（已退休）、卢新（已退休），在北京工作的有梁励行（已离休）。

抗日游击队的母亲——凌娘①

梁雪英

凌娘是港九新界西贡昂窝村一位善良的农家主妇，她有两个儿子，一个叫刘茂华，参加了港九大队当税收员，另一个叫刘已长则在家务农，两个媳妇也在家务农；家里有四个孙子由凌娘照顾并料理家务。

1941年冬，日本侵略军占领了港九新界后，港九大队的大队部和军需都驻扎在西贡昂窝凌娘家，她家是该村的制高点，房屋背后有一片松树林，敌人曾来“扫荡”几次，都不敢进入这片松树林。所以昂窝村成了大队部的好驻地，港九大队的人员穿梭式地人来人往，有交通情报员、有运送军需品人员，也有武工队、护航队的战士，还有回大队部请示汇报工作和出击敌人胜利归来，以及一些轻伤回来医治的同志们，大家一进门就象儿子见到母亲一样高声叫“亚娘”。凌娘也象母亲见到儿子一样十分体贴地问寒问暖，叫媳妇煮饭给同志们吃，烧水给同志们洗澡；凌娘看到有的同志在行军打仗时弄伤了手脚，她马上到屋后山坡上找些生草药给同志们敷伤口；她发现有的同志患病，就采回生草药熬了给同志们治病。她成了我们部队的好医生。1943年初，我在大队部驻地一带搞民运工作，在凌娘家病倒了，整天昏昏迷迷，病情还很危急，欧连、陈东明、刘黑仔等同志轮流看守着我到天亮，凌娘还杀了只公鸡替我敷心窝，刘黑仔用万金油为我“钳沙”，但是病情仍没有好转。有一个晚上还急救了好几次，第二天清早江水同志去西贡墟请了一位老中医，乘一艘舢舨［板］小船通过敌人封锁线，接到昂窝村凌娘家为我诊病。这位老中医说：病者是患了大热

---

① 收录于广东妇女运动历史资料编纂委员会编印：《香港妇女运动资料汇编（1937年—1949年）》，1994年，第134−136页。

症，出“标蛇”，病情很严重，连舌头都黑了，有生命的危险，所以不肯开药方。有些同志考虑到群众有封建思想，如我在凌娘家阁楼死了不好办，要把我抬到草屋去。凌娘得知后马上制止了他们的做法，说：“医生不肯开药方治病，那末就由我来医她的病。”她还说不让把我抬去草屋，说：“如医治无效，在我家死了也不怕，何况是个救国救民的好人！”于是她马上到屋后，砍下了一棵芭蕉树，拿蕉树身锤出水汁来喂我，我喝了几汤匙后，感到心里很凉快，一时清醒过来，要求凌娘再给我喝蕉树汁。这样在凌娘象母亲爱护儿女一样的亲切关怀下，精心地医治和护理我，终于我救活了！是她给了我第二次生命！我才能继续坚持抗日的工作。

凌娘就是这样象爱护儿女一样爱护着我们的同志，因此大家都亲切地称她是游击队的母亲。我经常去敌人驻地附近的村庄搞抗日宣传工作，凌娘怕我会碰到敌人，给我一扎假头发驳梳起个后髻，化装成当地的农妇。凌娘虽然是文盲，但她接受政治教育的能力很强，通过抗日救亡教育，她大大提高了认识和觉悟，参加了“游击之友”，庄严地举行了宣誓仪式，每月还交缴一角钱“游击之友”活动经费。凌娘爱队如家，当她的大儿子刘已长每天要去西贡圩买莫菜时，凌娘就布置她的儿子去侦察敌人动态。有一次她的大儿子得悉西贡墟敌人增加了驻兵的消息，就赶回来向大队长蔡国梁、军需欧连同志汇报，凌娘知道了敌情，就主动叫两个媳妇帮助我部队军需上山掩蔽物资。她们为了部队的工作，经常是舍弃了家务和幼小的孩子，全家来帮助，有时还干到深夜才回家。凌娘的大儿媳是村的妇女会长，凡是有我们的队伍到该村时，妇女会长就动员每家妇女送一担草给同志们煮饭、烧水，而我部队给回柴草费，妇女们都不愿收，于是把柴草费集中给妇女会作经费，办识字班，通过学习提高妇女们的认识和思想觉悟。她们普遍反映：抗日救国，人人有责，我们出一担草算得了什么？部队的同志用生命保家卫国，我们应该向她们学习。此后，妇女们还经常在黑夜里帮助部队运送粮食、弹药和物资等。

原载1987年5月出版的《回顾港九大队》（下集）

办妇女班一个失败的教训①

——一个失败者的自述

梁 真

还是一年半以前的事吧，当着我离开了△△的妇女武装团队以后，我被派到△△团的部队工作，故乡惠阳还未沦陷之前，我庆幸地随着了部队返到故乡△△镇上来，担任武装妇女的工作。

△△镇，这是惠阳一个交通据点，水陆中枢。离开了三年的故乡，照理一切都应该比前进步、转变，可是故乡给我的印象是怎样呢？一切都像死水一般的平寂，因为没有听过敌人的炮声，更没有传播过什么抗战的声息，民运工作谈不上了，文化教育还未建立起新的根基。特别使我注意的就是乡下的妇女，到今日还是被封建残余势力牢牢地束缚着，简直喘不过气来，打妻、童养媳的风气依然是根深蒂固地没有改变。

怎样才能把她们武装起来呢？一提到这问题，马上想到妇女识字班的号召是比较有办法，经过上级的许可，及上级的帮忙，妇女班是决定开办了。

凭着军队的威风，在抵达△△镇的第四天，马上召集了△△镇乡的保甲长开了一个会议，经过显浅的解释班的设立意义后，带着七分征兵的形式，半命令半说服的神气，限着△月△日前各保负责送出青年妇女△△名，参与妇女班训练。

“唔……女兵……抽……女壮丁！”一个老伯父，苦着脸摇头叹息的自言自语，内心里似乎蕴藏着无限的恐惧似的。

---

① 收录于中共广东省委党史研究室编：《华南抗战号角——〈新华南〉》，广东人民出版社，1999年，第219–222页。

村里为了这事，似乎特别紧张起来，乡下人怯着军队的“鬼枪”，经过大约廿天的样子，一保一保的交出妇女来了，大家一方面想求知，另方面又疑神疑鬼，但怯于威势，年青的妇女卅多个被送到班里来了！王二嫂和李三娘也来凑凑热闹，班终于在一天晚上成立起来了。

我用不着费去九牛二虎之力，用不着什么说服与宣传，三十多个年青的媳妇姑娘，已经团结在我的周围了。为了小小胜利，冲昏了自己的头脑，内心里扬扬得意高兴到了不得，一团热的火，似乎把我身体燃烧着。

课终于上了，“女人”为了想减少自己痛苦，她们许多时也想靠靠这小门路，因为农村妇女是最痛苦不过的，整天的困在家里，过着厨房孩子的生活，把她们弄到头昏眼花，丈夫翁姑的打骂还不计算在内。每当着我讲妇女问题的时候，她们就诉说自己的身世，诉说自己的痛苦，迸出了被压迫的呼声。“女人”最喜欢讲她自己切身的事情，而且从未厌倦过。我太兴奋了，同时也太冲动了，按不住自己的热情，曾借着某一次上课的一个机会，站在妇女的立场论点，骂了那些男子们一顿，场面是太紧张太热烈了，似乎是替被人欺负的妇女透了一口气。过后，她们愈发和我接近起来，什么事也要求我代她们想办法，简直当我是“女菩萨”一样，可是村里的男人们由此而痛恨我了。不过，我没有把它认为是问题，没有把它放在眼内。

不幸的事情终于降临了……一天，年青的小媳妇王秀英哭得像杀猪般奔过来，她哭哭啼啼地告诉我，为了家庭的小口角，便被丈夫绑在床上，乱鞭打了一顿。丈夫打完了，婆娘又接手打下去，打得她死去活来，还要听那些年长的妯娌们冷嘲热讽地讥刺。

“哼，读书好？读了书会骂婆娘。”

她说要死了，这场面是太感动了，她认定我是她的救星，我为了她的悲惨命运，热愤燃烧我的心头，于是丝毫不思索的，准备以战斗姿态，对顽固青年势力作有力的斗争，马上报告给长官，鼓动了长官，得了长官的热烈帮忙，叫了两个卫兵，恶狠狠地把王秀英的丈夫和她的婆娘传到营房来，申饬了一番，还打了三十大板屁股才赶回家里去。

事情是暂时安定下来了，但是全村都哄［轰］动起来，乡下的男人们个个敢怒而不敢言。大约两三天后，不约而同地上学的妇女们渐渐地少了起来，在屋角、在墟场、在有人们活动的地方，人人都谈论着这件事，老婆婆更是锥心锥骨地嚷着："读书，打婆娘，读来做什么？"另一些男子也气忿［愤］地叫着："千千祈祈，不要给女人读书，读了书，骂丈夫……"村里的流言，一天一天的利害，一句一句的传到我的耳朵里，似乎他们都一致认定了女先生是教坏了人，不敢放妇女们来读书了！

事情愈弄愈糟下去，这时来解释是迟了。我碰了一鼻子灰，于是便不得不暂时跟一部分的部队离开了故乡。我万二分的创痛，我失败了！

时间大约过了大半年，我接读了一位间接相识的女同志从故乡寄来的信："……头痛死了！在△△镇，要开展妇女工作，障碍太多了，所谓打家娘打丈夫的故事，深深地印在人们的脑海里，就因为这件事，不肯放妇女们出来读书，这里的妇女工作，比拓荒还要难呵！"

我的良心受了很大的责备，以前播下了不良的种子，使别人得到不良的果实。这一次从错误中失败中接受了许多教训，我虚心地检讨这个失败的原因：

第一，自己对妇女问题没有把握正确的观点。领导方式的错误，把妇女问题看成了男女性间的问题，而不把妇女问题看成了与民族解放是血肉相关的问题。由于这个出发点没有正确的启示妇女痛苦的根源与解放的途径，这是说明了政治教育是万分重要的，离开了正确的政治教育，一切问题都谈不到。

第二，家庭关系不具体的把握。主要的只看妇女的家庭问题，只站在妇女方面去解决，没有好好地替她弄好家庭的良好关系，维持和善基础。同时，不说服老婆婆，不曾强调读书的成绩，使他们觉得她读书的好处，放心放她们到学校来，这样一来弄出了家庭惨痛的裂痕。

第三，纯感情至上主义。妇女是感情化的，这一次的失败也由于自己在领导上处处感情作事。感情对问题只认识一面，而不认识全体。冷静分析问题的不够，发展到跟着群众的尾巴走，即如将该丈夫婆娘各打三十板的事，多多少少是渲染了这种感情作用的缘故。

第四，生活态度的不严肃。主要的个人行动的不检点，很虚心的检讨着，自己有时的确会犯了上茶楼的恶习，男女关系的失常，失了自己对乡民的信仰，减少她们尊崇的观念！这也是失败的根源。

第五，不经常接近群众，倾听群众的意见，向群众学习。这方面使广大的妇女群众不能接受经常耐心教育，多了解她们自己，充实自己的条件；另方面不了解妇女群众的生活，这样便很难替她们适当的解决部分的痛苦。

我接受了上述失败的经验教训，我准备从这失败的经验教训中更好好地磨炼我自己，准备开展今后妇女工作的到来，因为从失败中所获的教训，从错误中所得的教育是最宝贵的。经验是大家的，谨此作为供大家参考。

（《新华南》第二卷第八期，1940 年 7 月 1 日）

紧急营救号令：忆香港的一次营救斗争①

梁　广

抗日战争初期，我党就有一些机构设在香港。廖承志同志所领导的八路军驻香港办事处，是中共中央和八路军的代表机关，有电台和中央联系，还有其他一些机构。他们外出活动，都用八路军办事处的名义，但各有各的任务。当时，我是中共粤南省委书记，杨康华是香港市委书记，市委属省委领导，两家办事机构都在九龙，是秘密的。

当时，香港云集着许多爱国民主人士和文化界人士。日军占领九龙时，我们正在香港开会。参加会议的有中共南方工作委员会副书记张文彬、东江游击队政委尹林平、粤北省委饶彰风等人，还有我。

战事爆发，我们几个人都在那里出不来。党的不少干部和民主人士、文化界人士、国际友人，都被困留在那里。这时，潘汉年和刘少文同志向我口头传达了党中央和南方局的紧急电报，要我们不惜一切代价抢救困在香港的民主人士、文化界人士和我党的干部，为了布置和安排整个抢救工作，廖承志、连贯、张文彬、尹林平都先后从香港偷渡至九龙，到了东江游击队；我和刘少文留下来负责香港方面的抢救工作。当时，香港党组织还没有暴露，对社情又熟悉，工作比较方便，但对上头精神了解不及时，对文化界人士的情况不清楚，而刘少文那里有电台，知道上级指示快，又掌握文化人情况。因此，我们要依靠刘少文提供上级指示精神和文化人的姓名、地址，才能开展工作。他们也要依靠我们，才能将中央指示具体落实。

我们的任务是如何设法把民主人士和文化人士找到，把他们带到安全

① 收录于刘中国、余俊杰等编：《白石龙大营救文献》，花城出版社，2015 年，第 96—97 页。

地点，安排好生活，准备船只将他们送出香港。那么多的抢救对象，又都隐蔽了起来，在香港沦陷之后白色恐怖的日子里，要找到他们，就像大海里捞针那样难。我们只有依靠熟悉港情的黄施民、潘柱、陈文汉等人进行单线活动。黄是香港人，还是香港市委委员，属于我一个系统的。潘原是在刘少文同志手下工作的。陈文汉是摩托车工会负责人，司机。他们每人负责联系几个骨干，那些骨干又联系几个人。那时香港市委领导下有二千多党员。我们通过骨干到各个党支部活动，把抢救任务秘密交给支部去完成。

抢救工作光靠地下党还不够，许多事要利用社会关系，依靠群众去做。特别是交通联络方面，我们想了许多办法，利用了一些老人、小孩当交通员。他们对当地情况熟悉，行动时不容易被敌人发觉，比我们好开展工作。当时，有个姑娘叫方兰，才十几岁，给我当交通员，完成任务很出色。第一次派她恢复港九交通联系时，敌人还严密封锁海峡，但她机智勇敢，通过群众帮助，终于把交通线恢复起来，对我们沟通港九两地党组织的联系，起了很大作用。

我们把民主人士和文化界人士找到后，利用各种关系，及时疏散出去。大多数人主要从两条路线输送出去。一条是从西线走水路，经澳门、中山、台山、湛江等地，辗转到内地。走这条路线的，主要靠朋友和熟人帮助，只在澳门有党的交通站，通过他们的关系，回到内地。另一条是经九龙出走，由东江游击队接应和护送。和游击队的联系，主要由我负责。因为我原来也是这支游击队的领导人，而且游击队在香港设有交通站，我对他们的情况熟悉，联系工作也比较方便。

香港党组织执行党中央抢救文化人的指示，是坚定不移的，可说是不惜一切代价，许多人是冒着生命危险去完成的。例如有一次，我们叫潘柱到长洲岛去找一个国际友人，他没有找到，不知道遇到了什么意外情况，几天不回来。大家以为他被日军巡逻艇打死了，非常焦急。后来，他克服了许多艰难险阻，终于回来了。香港有个玛丽医院，是皇家医院，在半山腰上，设备非常好，有一批影响较大的国际友人、民主人士、国民党官员、英军官员都藏在那里。敌人也知道里面有重要人物，警戒很严，不准进出。由于组织营救的人员对医院情况熟悉，想办法从下水道里进去，又从下水道里把受难者一个一个营救出来。

经过党组织和广大群众的共同努力，终于完成了抢救任务。整个抢救工作没有发生差错。后来，中央来电嘉奖，表扬了潘柱、黄施民、陈文汉三位同志。这个电报是我向他们传达的。

（黄昌伟、黄继祥／整理）

党中央的重大决策（节选）①

——香港沦陷后我党营救著名民主人士和文化人脱险的回忆

连　贯

……

下

从港九脱险通过宝（安）、惠（阳）游击区到达惠州的文化人和民主人士，要继续向后方转移，必经老隆。老隆是龙川县的重镇，处在东江的上游，东江的航运那里是终点。当时，国民党顽固派已经知道有大批的进步文化人和民主人士，从香港进入东江游击区，要经老隆到内地去，便在码头上设关卡和检查站，并派出特务到酒楼、旅店里放哨，企图缉捕他们。

为使集聚惠州的文化人和民主人士，能迅速安全地通过老隆向北转移，我特地到老隆建立了一个秘密联络站，专门组织接送工作。

协助我工作的，主要是东江后方特委书记梁威林领导的地下党。此外，还有原在香港和乔冠华一起主办《香港中国通讯社》的胡一声（党员）、郑展等同志，他们是在香港沦陷后脱险，到达东江游击队的前线基地白石龙的。由于他们都是梅县人，又有归侨的身份，游击队的领导人曾生派他们回家乡，以做生意为名开展统战工作。我是在惠州时，通过秘密联络站的卢伟如同志和他们接上头的。

---

① 收录于刘中国、余俊杰等编：《白石龙大营救文献》，花城出版社，2015 年，第 98–104 页。

老隆的联络站，设在“义孚行”和“香港汽车材料行”。这些商行的老板，都是我们地下党有联系的统战关系。文化人和民主人士从惠州乘船到了老隆，就由交通员带着到这两个商行找我和郑展，然后我们就以接待“香港股东”和“逃难家属”的名义，给他们安排食宿。因为他们都持有我地下党用钱买来的、均为假姓名的“难民证”，加上商行身份的掩护，一般都能蒙混过关。但是，鉴于国民党特务缉捕很紧，文化人和民主人士到老隆后，也不能久留，多数人住一两晚，即乘我们联系的车辆，前往韶关转桂林，少数人就由胡一声等护送，经兴宁、梅县、大埔等地，前往闽西南，再辗转到苏北抗日根据地。黄药眠、郑书祥等几十人，就是从这条路线，被护送走的。此外，还有少数影响比较大的文化人和民主人士，我们根据周恩来同志的指示，为了他们的安全，先安排在附近的乡村隐蔽下来，找机会再护送走。

何香凝和柳亚子，我们原来就是打算在路经老隆时，把他们先隐蔽下来的。当他们在地下党和游击队的安排下，乘船从香港偷渡到海丰时，却出了预想不到的情况，国民党当局在检查这艘“难民船”时，认出了何香凝。何香凝是国民党元老，又是国民党的中央委员，很多人见过她的照片。国民党海丰县党部不敢怠慢，连忙把何香凝接上岸，还开会“庆祝何香凝委员脱险”。在兴宁的国民党中央委员罗翼群也赶去迎接她。以后把她送往韶关、桂林。柳亚子因为化了装，没被认出。他与女儿柳无垢，以及廖承志的爱人经普椿和孩子，由我们交通员护送到老隆。然后把他们安排到兴宁水口的地下党员张直心家，隐蔽了一段时间，待情况缓和后才转送到桂林。

此外，我们计划先隐蔽一段时间再走的，还有茅盾、邹韬奋等文化人。可是茅盾到老隆后，却不肯隐蔽。经我们再三劝说，他仍执意要冒险走，说：“国民党要杀便杀！”我们只好派人护送他乘汽车到韶关，从那里转到桂林，最后安全到达重庆。

邹韬奋大概是在4月下旬到的老隆。当时我党获悉，国民党反动当局已密令各地特务机关，严密侦察邹韬奋行踪，“一经发现，就地惩办”。为此，南方局周恩来同志发来急电，指示一定要将他就地隐蔽，保证他的安全。经研究，我们决定将邹韬奋送往梅县余坑乡江头村陈炳传同志的家里隐蔽。陈炳传（又名陈启昌）是大革命时期的党员，当时公开身份是“侨兴行”的经理。他的家乡是个偏僻的山村，大革命时期是“苏维埃村”，群众基础好，因此邹韬奋化名李尚清，以“侨兴行”股东的商人身份，在这里隐居是比较安全的。我特将组织的决定，告诉了邹韬奋，说明他暂不能前往桂林与妻儿团聚的原因。他表示完全听从组织的安排。于是，我立即叫女儿连洁和郑展以表兄妹的关系，随陈炳传一道，护送邹韬奋前在梅县江头村。

在粤北，除了我负责在老隆接应文化人外，乔冠华到韶关也建立了接应文化人的联络站。他那个联络站，是以“侨兴行”为据点的。这个商行，是我们党在一年前，为了做国民党上层人物的统战工作，同时也为游击队筹集资金和物资而设立的，该行的经理，就是前边讲到的陈炳传。董事长是温康兰，也是一个老共产党员，早年他在德国读书时，就认识乔冠华。主持日常业务的，是一个民主人士，叫邱克辉，也是靠近我们党的。

当时，韶关是国民党广东省的临时省会，关卡林立，戒备森严。我记得文化人张铁生，在香港女青年会两个青年的掩护下，从老隆到韶关，就遭到盘查，险些出问题。在这种情况下，乔冠华和温康兰充分利用“侨兴行”与国民党朝野官员、城乡绅士建立的关系网做掩护，保障了途经韶关的文化人的安全。他们还通过国民党中的左派人士（包括乔冠华的留德同学赵一肩）的帮助，为文化人的食宿和交通，提供了方便。另外，“侨兴行”在广东、广西，湖南等省都的汽车无偿地运载自己的家属或走私货物。因此，对他们的汽车，常常大开方便之门，甚至过关时不受检查。我们利用这个有利条件，安排了许多文化人乘坐“侨兴行”的汽车，在敌人眼皮子底下溜了过去。

6月初，由于南方工作委员会委员郭乾（潜）被捕叛变，粤北省委遭到破坏，粤北省委书记李大林和廖承志相继在韶关被捕。张文彬赴闽西南找南委书疽［记］方方同志，也在途中大埔县高陂镇被捕。当时，粤北省委的严重同志，机智地将电台及时转移，并将此情况电报党中央和重庆南方局。周恩来同志发来电报，要我立即撤到东江游击队去。我接到指示后，来不及向老婆孩子告别，只找郑展交代了任务（当时尚未脱险的文化人已所剩无几了），特别嘱咐他要千方百计将邹韬奋安全送走。后来他们果然机智勇敢地完成了这个任务。

在粤北接应文化人和民主人士的工作，从2月初开始，到9月下旬将邹韬奋最后一个护送走，历时近九个月，在此期间，周恩来同志曾多次来电报给予指示，并汇来了营救经费。廖承志同志和粤北省委，配合我们做了大量的工作，保证了文化人和民主人士安全通过粤北的“国统区”，向大后方顺利转移。

选自《贤者不朽——连贯同志纪念文集》，中国华侨出版社。

一九四二年在香港抢救文化人士及知名民主人士的情况（节选）①

连　贯

……

何香凝和柳亚子是我们抢救的重点人物。为了避免在途中遭国民党的搜捕，决定安排他们从海上坐船直接到海丰一带上岸，然后转送内地。香港沦陷前，我们与廖安祥合伙做生意时，有条机帆船，正好用来运送何、柳逃离香港。当时，船上除何香凝、柳亚子父女及廖承志的妻儿外，还有很多真正的逃难者。当船抵达海丰时，碰到了一个意料不到的情况：国民党在检查这艘从香港来的难民船时，发现何老太太，这真是非同小可，因为何香凝是国民党中央委员，比较多人认识她。海丰国民党当局不敢怠慢，把何香凝接上岸，并开了欢迎大会“庆祝何香凝委员脱险”，当地报纸还登了一则消息。国民党中央委员罗翼群得悉，亲自驱车到海丰，将她接去兴宁。

而柳亚子由于化了装，没被人认出。他们父女及廖承志妻儿由我党的同志掩护，经过千辛万苦来到老隆。我征得柳老同意，把他送往兴宁水口一个同志家里暂住一段时间，然后再从那里转送桂林。

……

（陈牧汀、谭力浠、陈军号、杨锦照／整理）

① 收录于中共惠阳地委党史办公室编：《东江党史资料汇编》第三辑，1984 年，第 32—36 页。

东江纵队交通工作的特点（节选）①

黎崇勋

……

一、多功能的切不断的交通网

东纵成立后，随着部队活动地区的不断扩大，我们的交通线也不断向前延伸，以纵队司令部所在地罗浮山为中心通向各支队的活动地区，构成四通八达的交通网。虽然有的支队已配有电台，但部队的通信联络主要还是靠我们的交通站它担负着纵队司令部、支队、大队之间的联系；人员来往的护送和接待；宣传品、书报和同志们书信传递，以及部队军需物资的转送……等繁重任务。此外，还有不少交通站承担着搜集和转送敌伪和顽军活动的情报工作，特别是那些在边缘区和敌占区的交通站，常常是监视敌人的眼睛，有的交通站就是隐蔽在敌人的占领区，并与我们的情报站在同一地点。如当时广州、石龙的交通站就是这样，由于他们所处的环境不同，因而交通员的活动形式和方法也有所不同，他们随时都有被敌人发现而遭受逮捕的危险，而执行这些艰巨任务的往往是一些十四五岁的“小鬼”和女同志，现在看来有点不可想象。而神奇巧妙地通过敌人的封锁和检查，完成传送任务的，正是这些“小鬼”和女同志。

……

---

① 收录于中共宝安县委党史办公室编：《回顾东纵交通工作》，广东人民出版社，1987年，第6–10页。

双岗人民在革命战争中的贡献（节选）[①]

黎景培

厚街镇双岗管理区，是我市较早评划为抗日战争游击根据地的老区村庄。双岗人民不论在抗日战争年代还是解放战争年代，都积极配合地下党和部队开展对敌斗争，为抗御外来侵略和解放祖国的事业作出了出色的贡献，深为人民所称颂。

一、敌占区中安全可靠的革命根据地

……

抗日战争爆发后，双岗进步知识青年詹伟康（莞中学生）、林淦（师范学生）已靠拢共产党并投身抗日救亡宣传活动，詹伟康参党后，曾于1938年秋任莞太区委书记，并受命回双岗当小学校长作掩护，其时在东莞党干训练班刚结业的女青年陈福媛（陈文慧）也由组织分配在莞太区委负责组织工作，也到双岗小学教书以掩护革命活动。1938年5月，已参党被安排在增城瓦窑小学任教的林淦也由组织调动回到厚街双岗，他们从外地带回不少抗日宣传资料和政治读物，这样使双岗的抗日宣传、组织群众、开展武装活动等搞得十分活跃，群众觉悟水平提高很快。同年冬，林淦、詹伟康及一批武装活动积极分子如林冲、林云清等由组织安排到清溪苦草洞参如［加］东宝边区人民抗日游击队。1939年底，曾、王部队东移时，林淦与林云清因病请假回到双岗，没有赶上随队“东移”，他们又在家乡做了大量的宣传组织发动群众工作，使双岗人民群众爱国救国的思

---

① 收录于傅泽铭主编：《永远的心碑——厚街革命斗争纪实》，广东人民出版社，2006年，第468—472页。

想打下了扎实的基础。1940年春，厚街各乡已先后建立和发展了党组织，此时，双岗党支部成立了，由陈文慧任支部书记，党支部建立起自己的外围组织——抗日大同盟，并依靠它作为广泛联系群众的纽带，以配合武装斗争。

……

二、出色的情报交通网

为配合对敌斗争，地下党和部队都一直注重做好地下交通情报站等工作，早在1939年初，抗日模范壮丁队在苦草洞集结整训后，王作尧已派出侦察小队长陈文回到厚街桥头，组建了厚街、桥头、双岗、涌口、河田、赤岭、沙塘等地地下交通情报网，在双岗，经林淦、王步尧等培养训练的一批地下交通情报人员发挥了很好的作用，这里仅举几个为例：

林伴兴，下环村人，1942年由何佳培养介绍入党，由她一直担任珠纵与东纵秘密交通联络工作，经常冒着生命危险以农妇装束带文件，以至枪枝（短枪）弹药运送有关领导及部队同志，在怀孕七八个月期间，还经常执行任务，早出夜归，不辞劳苦，一次用竹篮盛着手枪送去大岭山，一次带三个武装人员和信件找王步尧，都与敌人狭路相逢，两次都以其机智勇敢化险为夷，首长称赞她是个出色交通员。

王映南（林淦爱人）从1941年开始做地下交通工作，她经常冒着生命危险送情报、送弹药。她多次因林淦被反动势力追捕而受牵连，经常不得归家。常常一个月中有廿多晚住在咸草田里。反动分子陈太曾把她房屋拆掉，加以迫害，她毫不灰心丧志，反而更加激发她对敌斗争的决心。她做交通工作直至解放前夕，长期以来没有发生任何事故，且她以极其丰富的斗争经验培养一批新地下交通员成长。

此外，在双岗情报工作出色的还有林桃楠（林淦之弟）、陈冬贵、林美田、欧坤、林成以及林耀烈士的母亲等，他们在对敌斗争的情报交通工作中都作出了重大贡献。

……

路西新一区抗日民主政权的建立（节选）①

卢鉴明　陈鉴泉　邝耀水

一

1943 年 11 月 11 日，敌寇重新占领了广九铁路，进而占领了沿线的常平、樟木头、塘厦、平湖等地，顽军不战而逃。15 日，我“广东人民抗日游击总队”号召各界民众，立即武装起来，建立抗日民主政权，坚持敌后抗战。随后，我军粉碎了日伪军近万人对我大岭山抗日根据地的万人大“扫荡”。12 月 2 日，“东江纵队”正式公开宣布成立。部队不断胜利、壮大，解放区不断扩展，为建立抗日民主政权创造了基础和条件。年底“东纵”第一支队第三大队政委罗衡（卢伟如）在当地地下党组织和很好的群众基础的东坑建立了抗日民主乡政权，选出卢敬宜为乡长。

……

二

新一区政府成立之后，我们根据党的政策及上级的指示，结合本地区的实际情况，主要进行了以下几项工作：

（一）发动群众，组织群众，支援抗战，保卫家乡

……

1944 年 10 月，成立新一区“妇抗会”，推选罗学文为主任，黄巧、陈嫦为副主任，领导妇女进行抗日斗争。平时“妇抗会”发动妇女推动亲

① 收录于中共广东省东莞市委党史研究室编：《东莞抗日实录》，中共党史出版社，2006 年，第 425—429 页。

人参加民兵组织，参加“减租减息”运动，动员参军；在战斗中送水送饭，募捐慰劳部队，东坑乡“妇抗会”做得最为出色。

……

三

……

新一区在抗日战争中不仅在支前、扩军、建政、发展经济都在路西东宝地区起到模范带头作用，而且对支援部队筹款、筹粮也起到很大作用。

（原载东莞《老干生活》1995年第3期）

我的母亲何香凝①

廖梦醒

“七七”卢沟桥事变后，母亲在上海已呆不下去了，就在一九三七年冬到了香港。

太平洋战争爆发后，日本帝国主义占领了香港。母亲什么贵重的物品也没有带，只带了一只小小的皮包离家。许多画稿和母亲的得意之作以及父亲最喜爱的绢绘狮子画轴等全部弃置，终于全部损失了。

在八年抗战期间，母亲流浪生活无时得到安宁，但是每一次在遇到困难时，都得到共产党方面的关怀照顾和援助。香港沦陷时，母亲和柳亚子先生一起，是乘坐共产党方面准备的船只前往东江的。船原是机帆船，但因当时敌人要没收一切机器，船主就无奈地拆下了机器，将之沉入海。因此，这条船只得依靠两张布帆，借风力行驶。可是出海之后，偏偏海面上一点风也没有。原本可以两天到达东江的，却在香港海面徘徊多日。为此，船上的食水和粮食都已告罄，其他的乘客也都焦虑，忧心起来，船主就下船到岸上去取淡水。在途中，船上的人碰到共产党领导的游击队的巡逻队，他们立刻把这件事向游击队报告了。船主把这件事情告诉母亲，并和母亲商量说：“游击队知道您的名字，告诉他们您在这船上，请他们帮助如何？”母亲就说：“好，就这样做吧！”

游击队听到船上有廖仲恺烈士夫人，立刻就向上级报告，然后再回来，除写信表示敬意外，还送来了煮好的鸡和牛奶，写明“请交给老人”，送给母亲。此外，还给船上其他的人送来了几箩重达百斤的番茨。这时船上装足了淡水，困难解决了。海上风也起了，船便驶向东江的海丰。母亲

① 收录于中共惠阳地委党史办公室编：《东江党史资料汇编》第三辑，1984 年，第 136—137 页。

当时感怀之下，写了一首诗：《香港沦陷回粤东途中感怀》。

水尽粮空渡海丰，
敢将勇气抗时穷。
时穷见节吾侪责，
即死还留后世风。

母亲到了海丰以后，也是在共产党方面的帮助下再到达桂林，但在桂林没呆多久，这个城市又沦陷了。在赴桂林的途中，母亲又作了一首诗：《香港沦陷后赴桂林有感》。

万里飘零意志坚，
怕为俘虏辱当年。
河山不复宁头断，
逆水舟行勇向前。

（摘自《集萃》一九八三年第一期，四川省图书馆编辑出版）

“五大”交通工作的片断回忆（节选）①

罗文枢

一

我于1940年底参加广东抗日游击队第五大队（即王作尧大队）做交通工作。当时部队刚从海陆丰返回东莞、宝安敌后，开展游击战争。“五大”在宝安、阳台山区活动，常驻布吉乡的雪竹径、杨美、南坑一带山沟里。

……

三

……

交通员不但工作艰巨而且生活艰苦，送信靠两条腿跑，在中途往往没有饭吃，有时带有伙食费，没有地方买，有时只有在接近我们游击区的地方买些干粮吃，晚上更难找到吃的东西。

1941年5、6月间，黄义芳同志带我们到霄边附近小村一个亚婆家里，设了中途的“驻脚点”，不仅解决了路上的吃饭问题，还可探听周围情况。

亚婆是游击队黄添同志的母亲，她对我们象对待亲孙子一样好。我们每次到她家，都有番薯或米粥吃，我们也交还伙食钱给她。

可惜好景不长，不久，亚婆被捕，敌人施行毒刑，用铁丝在她头上打箍。但不管敌人施行何种毒刑和利诱，亚婆仍是守口如瓶，不吐露半点情

---

① 收录于中共宝安县委党史办公室编：《回顾东纵交通工作》，广东人民出版社，1987年，第53—59页。

况。亚婆由于身体遭到摧残，被敌人释放后，不久就去世了。

自亚婆被捕后，我们再不敢到她那个村。1942 年陈力辉介绍我们到长圳村找到民运队员杨彩萍。她帮助我们在长圳村设“驻脚点”才解决中途吃饭问题。通过杨彩萍还可以了解到沿途情况，使我们交通工作更心中有数，更加安全地完成上级交给我们的光荣任务。

回忆一[1][2]

罗许月[3]

我一九一七年出生于香港新界沙头角南涌罗屋村，少年时家境还比较殷实。我在家中排行第二，上面有一位大姐，下面是三个弟弟，最小的是个妹妹，生活基本上还是衣食无忧。

我的父母亲很开明，相当重视对子女的文化教育，不仅我的三个弟弟自幼被送入学堂，饱读诗书，一直到大学毕业。而且，不顾别人非议，也让我在八九岁时进入私塾，后来还读到小学毕业。这在当时很不简单，我们周围五六条村庄，只有我一个女孩子读了那么多的书。由于父母的开明，弟弟们读书比较多，在学校里接触了许多进步思想，又在社会上认识了一些共产党员革命同志，在他们的教育影响下，很早就投身革命，为党的事业而奋斗。

最初，是二弟罗汝澄先行动起来，投入了革命的队伍，随后三弟罗欧锋、大弟罗汝中都参加了革命斗争。当时是日本帝国主义开始侵略我们中国，全国广大的热血青年都奋起参加抗日斗争。有的拿起武器与日本鬼子血战，有的在后方发动群众，保障后勤。

一九四一年底，日本军队开始进攻香港，面对如此惨烈的人祸灾难，我也毅然奋起，在弟弟的引荐下，投身革命。组织上也帮我把罗乙昭的名字改为罗许月。

这时，我已二十四五岁，身边的同志除了少数领导，大多都比我年纪

---

① 标题为编者所加。——编者注

② 收录于李建国编著:《从东江纵队到粤赣湘边纵队》，广东人民出版社，2015 年，第 142—144 页。

③ 作者写下此篇回忆时任东纵香港东部交通站站长。——原书注

小，而且我是当时已成为领导的罗汝澄、罗欧锋的姐姐，所以大伙都自然而然地喊我“月姐”。从此，“月姐”这个名字就在同志们中间传开了，并且一直沿用到六七十年后的今天。

不久，我成为了东江纵队在香港东部交通站的负责人，保障香港大埔至内地抗日游击区的交通线畅通，影响更大，名气也渐渐更响，连纵队领导们也都亲切地称呼我为“月姐”。

同时，日本鬼子和汉奸也开始注意我们，我的名字早就上了他们的黑名单，千方百计地想抓住我，破坏我们的交通线。但是在老百姓的掩护下，他们的阴谋都最终以失败而告终。

抗日战争胜利后，东江纵队按国共“双十协定”，北撤山东，我奉命留下来，自筹经费，维持生活。

一九四六年六月三十日，东江纵队的一部分领导和战友奉上级命令，按国共“双十协定”在沙鱼涌登上美国军舰，北撤到山东烟台。然而，东江纵队一万一千多名同志，只让两千多人北撤，剩下来的将近一万人都只能原地复员、解散，自谋生路。

作为声名显赫的交通站长，我根本无法再“复员”了，敌人已像猎犬一般死死盯上了我，而且他们还采取那些“五户联保”、“强迫自新”之类的残酷政策，妄图迫使人民群众疏远我们，不敢与我们来往，从而困死我们。

当时，我自己心里也很清楚，即使有许多群众真心地愿意帮助我，我也不愿意很明显地接近他们，生怕因为自己的身份，会牵连他们受苦受难，甚至惹上杀身之祸。

怎么办呢？我们最擅长的发动群众、依靠群众，保存自己，打击敌人的制胜法宝，这时都不方便使用了。主力北撤之后，人民群众重新陷入水深火热之中，同时绝大部分同志都留在了国统区，流落到香港的人员数量也相当可观，组织上的经费自然十分紧张，我再向上级伸手？既不是我“月姐”的风格，也是十分的不现实。

在这样的形势下，我决定自力更生，依靠我们的双手，开展生产，保障我们的生命安全。我把一部分原来交通站的同志以及其他部门机构的同志组织起来，在香港新界一处荒僻的地区——红石门，开展生产活动，进行自救和隐蔽待命，结果取得了相当不错的效果。

红石门，位于香港新界一处荒僻的海湾，从深圳过去，要先到沙头角，然后转往鸭洲，之后再到吉澳，最后到荔枝窝海边。记得从荔枝窝开始，还需要再坐一程船，才能到达红石门。加之当年交通十分闭塞，除了当地农民群众，外人很少前往红石门。

我和同志们在当地农民群众的支持下，开荒种地，下海打鱼，生活虽然清贫艰苦，但温饱问题解决了，同时也避过了国民党的追捕和当时反动的港英当局的迫害，过上了相对安全平静的生活，一直坚持到一九四六年底，上级党组织发来“重建武装，与国民党反动派展开武装斗争”的指示。

回忆二①②

罗许月

一九四六年底，上级党组织发来“重建武装，与国民党反动派展开武装斗争”的指示。

我们接到上级党组织的指示之后，人人欢欣鼓舞。我们虽然地处偏僻，但敌人的暴行逆施和战友、群众惨遭迫害甚至杀戮的消息，仍然不时传来，激起我们满腔的义愤，大家早就摩拳擦掌，希望赶快拿起武器，向国民党报仇雪恨了。

而且我们也不服气，当初，日本鬼子打来的时候，国民党的部队望风而逃，是我们东江纵队在华南敌后甚至港澳的敌人腹地坚持战斗，英勇杀敌，最终打败了他们，赶走了侵略者。而当初不堪一击的国民党军队如今耀武扬威地回来了，还这样肆无忌惮地迫害我们这些抗日战士和人民群众，我们为什么就不能拿起武器来和他们战斗呢？那么凶恶的日本鬼子我们都不怕，难道还要怕这些“疴疴鸡”吗？

现在好了，我们终于可以重新拿起武器，扬眉吐气地和这些残暴的敌人作战了，我们一定能打败他们，建立人民当家做主的新中国。

接到上级指示后，我们立即行动起来，迅速将抗战期间非常活跃、作用极大的交通站恢复了，我仍然担任站长。

除了我们一起在红石门同甘苦共患难的同志，在其他地方隐蔽待命的同志也都闻风赶来。我把大家组织好，按照上级的指示，恢复了香港大埔至内地惠、东、宝地区东片的交通线，及时地迎送人员、物资和情报进入内地的游击区，协助领导同志和武装部队的战友恢复建立革命根据地。

---

① 标题为编者所加。——编者注

② 收录于李建国编著：《从东江纵队到粤赣湘边纵队》，广东人民出版社，2015年，第166—167页。

抢救美国飞行员伊根中尉的回忆（节选）①

罗雨中（柳青）

四十年过去了，营救美国飞行员伊根中尉的经历犹在眼前。

……

夜静了，哨兵在外面巡逻，海浪一浪接一浪的冲击声，海上渔船的灯光影射［映］海水闪闪发亮，这是多么美好的海湾。飞行员辗转反侧，好像思绪万千，不能入睡。真的，光是今天的经过，就够他思考了。“柳先生，我不妨碍你睡眠吗？你愿意和我再谈一会吗？”我说：“可以，不必客气，这是难得的机会，畅谈个痛快吧。”中尉飞行员说：“你多大年几［纪］，参军多久，结了婚吗？”“已二十四岁了，参加抗日游击队已五年，我爸爸是老华侨，想抱孙，所以我早结婚，已有两个小女儿了。妻子在家乡搞妇女抗日工作。”“我也结了婚，妻子在美国，有一男一女，他们会很想念我。”我说：“是的，战火漫天的年代，法西斯侵略者不让我们有和平的日子过，要全世界人民做它的奴隶，毁灭善良人们的美好家庭，那我们唯一的选择就是战斗，战斗，坚决消灭敌人。”“你常见到你的妻子和孩子吗？”我说：“不，我们是打游击战争，整天往敌人的心脏里钻，吃无定时，住无定处，所处的环境是恶劣和艰苦的。妻子在家乡，我和她不在一个地区工作，见面的机会极少。”“中队长叫什么名？你过去认识他吗？他的容貌、讲话、动作都有点像你，你有兄弟姐妹几人？”“是的，你真有军人的独特的锐利眼光。中队长叫欧锋，是我的三弟，他妻子是随军的卫生员；二弟叫李澄，也是个中队长，他的妻子是个交通站长。为了方便工作，我们都改了姓。”“啊！真了不起，你们很爱国，都出来打日本

---

① 收录于中共深圳市委党史研究委员会办公室编：《广九烈焰》，1983 年，第 206-213 页。

军。”“我们游击队战士在营救国际友人及配合盟军作战方面，出生入死，做了大量工作。香港沦陷后，我们的战士深入到港九地区的深水步［埗］、七姐妹、亚皆老街、尖沙咀、荔枝角、马六围等集中营抢救盟军，救出了不少军官、士兵及香港政府高级官员，在营救你们美国飞行员中，抢救克尔中尉和你是比较艰苦的。我们的营救工作，在世界反法西斯统一战线上，起到了不容忽视的作用；特别是在巩固中国人民和世界人民的感情友谊方面，是有着很深远的历史意义的。”“啊！柳先生，你的谈话，使我十分感动，使我详细了解到你们抗日游击队是我们真正的好朋友。我们祝愿，在共同打败法西斯后，我们再高兴相会。今晚我们谈得太好了，谢谢你，我们休息，Good Night！ See You Tomorrow.”

……

东莞县铁场围村姐妹会的活动①

罗惠贤

一九三九年元月，王作尧同志领导的东宝惠边人民抗日游击大队在苦草洞整训，历时一个月。整训结束后，部队离开苦草洞到东莞、惠阳交界的黎村一带活动。当时我是游击头队民运队队员，为了开展地方群众工作，队长卢克敏安排我到铁场围小学，要我站稳脚跟，以小学教员的身份开展妇女抗日救亡工作，秘密发展党组织。

当时铁场围小学，校长是开明绅士韩定郎，教员韩惕求（本村人）我和一位姓黄的进步青年，共三人。

铁场围的老百姓，都是客家籍人。我在这里教书，做群众工作就必须学会讲客家话，我首先就要过好语言关，每晚备课都请女学生韩日林教我，第二天就用刚学会的客家话讲课，就这样，我很快就能用客家话与人交谈了。

上级指示，要开展群众性的抗日救亡工作，首先就得关心群众的切身利益，要用适合当地的风俗习惯和群众爱好的形式把群众组织起来。我根据这个指示，以教员身份进行家访，了解群众情况。

当时，铁场围一带的风俗，妇女死了，要娘家人来“封棺”。封棺时男家要付一笔钱，贫苦人家拿不出钱来，封不了棺，就不能下葬。这就愁煞了活人；死了人要“买水”给死者洗脸。这种仪式要嫡亲、长子或长孙（财产的继承人）负责，没有儿孙的人家，特别是没有遗产的贫苦人家“买水”就成了问题，这些风俗习惯一时改变不了，而农民群众把红白

---

① 收录于中共东莞市委党史办公室编：《东莞烽火》第九册，广东省东莞市印刷厂，1986 年，第 126—128 页。

喜事又看得很重，如能在这方面减轻群众的精神负担和经济负担，组织群众就会具有号召力。于是我在妇女群众中串连组织姐妹会。我说："有了姐妹会，庄户人家有红白喜事就不用发愁了。无钱出封棺费吗？由姐妹会来封棺，不要钱。无人'买水'吗？由姐妹会负责。结婚也可以由姐妹会做证婚人，张罗张罗。"以这种为群众服务的宗旨，号召农村妇女组织起来果然有效，很快地，铁场围的姐妹会成立了。并且在村中的婚丧嫁娶等事，开展了互助活动，如上围的老太婆李亚婆，无儿无女，又因贫穷死了，由姐妹会会长黄三"封棺"、"买水"。开明绅士韩作寰、地主韩作民的儿子结婚、穷苦人家李慎明结婚都由姐妹会做证婚人，这种行动深得人心，连老婆婆、小姑娘都纷纷要求参加姐妹会，往往是婆、媳、孙女三代人一起参加，地主韩作民的女儿、开明绅士韩作寰（解放后土改时划为富农）的妻子，也参加了姐妹会。

为了便于开展工作，姐妹会需要活动基金，所以规定：每个人入会者要交两斗谷（折价八角钱），贫苦妇女如何筹钱呢？我就和积极分子商量，终于想出了一个好的办法。当地秋收以后，田里习惯种麦豆，麦豆顶粮，麦豆的叶、杆［秆］是很好的绿肥，我们以姐妹会的名义向开明绅士韩作寰借了一块靠近围边的田来种麦豆，麦豆卖去的价钱作姐妹会基金，麦豆叶、杆［秆］给韩作寰用来肥田。在抗日统一战线的影响下，在"国家兴亡，匹夫有责"的感召下，韩作寰答应借田了，我们又组织贫苦妇女产草皮烧土灰作麦豆肥料，结果，麦豆收成很好，活动基金就解决了。

姐妹会组织起来了，又有了活动基金，铁场围的妇女抗日救亡活动就开展得有声有色。我们经常利用节日、神旦日（她们不出田干活）组织妇女开大会，给姐妹们宣传抗日救亡的道理，有时还聚餐，搞得轰轰烈烈；我们还开办妇女夜校，组织铁场围小学学习成绩好的学生作小先生，教姐妹们读书识字，唱抗日救亡歌曲。

一九三九年，东宝惠边人民抗日游击队活跃在宝太线上，在敌后打击日寇，火烧宝深线上的大涌桥、摧毁敌人的交通要道，大规模破坏敌人的电话线，把日寇赶出南头城……。胜利的喜讯一个个传来，铁场围姐妹们的抗日情绪日益高涨，姐妹会发动大家编布绳鞋（千里马）、做喜饼、打米层（浮米糖）去慰劳我们的部队，当部队缴获的物资需要转移时，我们又发动姐妹会的青壮年姐妹去做“担脚”，搞运输。就在这一年里，我在姐妹会中发展了罗满、韩炳姑、韩日林、韩玉娣、李亚玉、谢婆（大只麻）、黄三等为共产党员，其中罗满、谢婆成为我党的秘密交通员，经常来往于惠阳县约场圩一带了解顽军的活动情况。

东纵电台工作片段（节选）①

伦永谦

从香港转移东江

1941年秋，我刚读完香港广州大学附中三年级，党组织让我停学到我党地下电台学习无线电通讯技术。从此我就由参加公开的青少年抗日救亡活动，完全转入进行秘密电台工作的生活，开始了我革命的新一页。

在香港九龙城某街道一幢独立楼房里，住着老少6个人的一“家”，这就是我所在的秘密电台的“家”。为了掩护电台工作，我和母亲、妹妹3人一同居住。当时电台台长王彦芝，是一位精明能干的女同志，在电台工作的还有戴机、江群好，他们都是我的老师。我在这个“家”里紧张而又愉快的过了几个月，电台的工作是顺利的，我的学习也有收获。但好景不长，1941年底，日军偷袭珍珠港，太平洋战争爆发，香港沦陷，王彦芝、戴机、江群好3位同志匆匆离“家”转移，电台停止活动。这个“家”只留下我和母亲、妹妹3人，还有电台和器材。日军于1941年12月18日全面占领香港、九龙，禁止老百姓通行。我的“家”无法和组织联系，既无钱又无食物，加上日军不分日夜闯入民宅搜查，处境艰难。我把电台和器材藏匿好后，日军多次入屋搜查，翻箱倒柜，但一无所获。战乱稍停，地下党领导人申光同志来找我们，看到我们和电台均安全，他十分高兴，叫我先把电台转移到旺角张础（又叫“大张”先生）那里。从九龙城到旺角，沿路都有日军岗哨盘查行人。我进行乔装打扮通过重重关

① 收录于中共宝安县委党史办公室编：《回顾东纵电台工作》，广东人民出版社，1989年，第48-50页。

卡，完成了转送电台的任务。

在申光的安排下，我的母亲和妹妹2人回原籍高要家乡暂住，我返东江游击区。待全部“家”产处理妥当之后，在一个晴朗的早晨，我和戴机、江群好会合，随身携带着不多的行李，跟着交通员，混在难民里面，翻过大雾山，进入东江宝安游击区，继续我的电台生活，这时已是1942年的初春。

东纵的通讯兵

从城市到农村，从和平环境到战争生活，对我来说又是一件新鲜事物。我到宝安抗日游击区时，部队的力量还不是很大，活动地区比较狭小，我们电台跟随着政委林平同志活动，大部分时间住在山上的草寮里，还得经常转移，生活艰苦，工作和学习的条件很差，但由于我们大多数都是共产党员，年青活泼，电台自领导到学员都情绪饱满地工作和学习。

当时戴机是电台台长，江群好是报务员，我算是一个老学员，他俩仍是我的老师。我以学习报务技术为主，亦学机务技术，急用先学，收发报课主要是学习英文字码、阿拉伯数码的抄收和拍发，英语会话，通报勤务用语；机务课主要学习无线电基础知识和电台的使用及维修。此外，还要牢记电报明码约2000字左右，一个中文字由4个阿拉伯字拼成，须得苦钻巧学。同时，我还要学会在香港时没有的课程，如焊接电源，把许多节大号电池焊成一个大“饼”；用嘴巴练习收发报，一有空就从嘴里发出“嘀滴哒哒［滴滴答答］”的音响，嘴巴变成了“高频喇叭”和电键。

随着部队力量的扩大，电台的驻地也从宝安迁到惠阳又迁到九龙新界，学员也陆续增多，何太、潘雪琼、韩继元和丘海生、李文等先后来到电台，由“大张”先生教我们学机务知识，从磁生电、电生磁的原理学起，大大提高我们的业务水平。

……

抗日战争的烽火越烧越旺，东江纵队日益壮大，各抗日游击根据地需要加强通讯联络。上级决定我和吴文辉、余绿波、李子芬4人随特委罗范群到新建立的粤中人民抗日解放军担任组建电台的工作。我们在 1944 年春天，离开了哺育我们成长的东江，从大鹏湾的海边走到中山的五桂山，在辽阔的粤中大地上，竖起了第一竿［杆］“红色”的天线，发出了永不消逝的电波。

忆宝安土洋交通分站[①]

赖裕娣

在那烽火连天的抗日战争年代里，交通工作既重要又危险，现在每当我回想起当年的岁月，那艰险的情景仍历历在目，记忆犹新。

我于 1943 年初调到宝安土洋交通分站任分站长，在该站工作了约两年时间。土洋交通站刚建立时，连站长在内仅有三个人，随着斗争的发展和工作需要，逐渐发展到 16 个交通员，并配备两条交通船。工作任务也从担任港九大队和护航大队的联络通讯任务开始扩展到担任东纵司令部、政治部、参谋处、电台、报社、兵工厂等直属部门，以及港九大队、护航大队、交通总站（当时设在坪山地区，我站属总站长李群芳领导）等多条路线的交通联络任务。我们主要负责传送信件、书报、传单和作战物品，如被服、子弹等以及护送来往的同志。护送里程一般近的约一二十里，远的约四五十里。当时我年仅 18 岁，我们站的交通运输员除黄义娣外，也全是些十四五岁的小鬼，象赖玉凤、赖志强、张志明、戴志明、严仔、梁仔、陈仔、章仔等，只有负责两条交通船的同志年龄大些，每条交通船都由一对夫妇负责。

我们站开始在宝安南澳、枫木朗一带活动，后来随着斗争的需要迂回在南澳、牛草棚、下沙村、葵涌、第三溪，葵涌圩、土洋、上洞、下洞以及大梅沙、小梅沙等沿海地方活动。由于斗争环境恶劣，我们一般都在晚上利用夜色的掩护来执行任务。每日天未黑，小交通员们就出发了。在一片漆黑的荒山野岭里行走，除了会有遭遇敌人的危险外，还会经常遇到出

① 收录于中共宝安县委党史办公室编：《回顾东纵交通工作》，广东人民出版社，1987 年，第 87−90 页。

没的野兽。但深知自己身负重任的交通员，力克一切困难，总是安全地把信件、物资和人员送到目的地。我在土洋交通站两年多的时间里，尽管斗争环境是那么艰苦、恶劣，敌情是那么凶险，但站里的交通运输员从未畏惧退缩过，他们奔走在各个部门、各个地段之间，尽忠尽职完成各项交通运输工作，受到上级和同志们的赞扬。

1943年冬的一天夜里，我与赖志强要把特急信件送到田心水子坑。我们从下沙出发时天正下着小雨，四周一片漆黑，几乎伸手不见五指。当走到叠福村附近的路上时，我一脚踩到一个软乎乎的东西上，由于重心不稳我马上向前扑去，被赖志强一把扶住。他告诉我说那是一具被日军枪杀的人的尸体，我当时吓得出了一身冷汗，因为长这么大，我还是第一次踩到死人，心里有点害怕。赖仔说："这是交通员常碰到的事。"

我们又继续前进，想到赖仔说的话我在暗暗责备自己：革命连死都不怕，还怕死人！

当我们走到葵涌第三溪时，听见狗吠得很厉害，紧接着，又听到了敌人的叫喊声。我们赶紧趴到竹林下，我拿出携带的一支驳壳枪，作好战斗准备。后来狗吠声渐渐平静下来，我们才绕道上田头山。走到半山腰时，突然听到吼叫声，开始我们还以为是敌人，仔细一听，是老虎在叫，而且声音越来越近，我和赖志强迅速爬到附近的树上动也不敢动，并把驳壳枪拿出来准备应付老虎的袭击。过了好一会，老虎从另一个方向走掉了，我们才爬下树来继续前进。第二天早上7点左右，我们到达田心水子坑。把特急信件及时送到刘培大队长手中，保证了作战计划的执行。刘大队长表扬了我们，还非常关心我们，问长问短，催我们去吃饭、休息。由于完成了任务，我心里很痛快，对一路发生的险情，也全抛在脑后了。我们的工作性质就是这样，常常单枪匹马地通过敌人封锁线，面对各种困难和险恶环境，并在其中受到考验和洗礼。

在战争年代尽管战斗频繁，炮火连天，而我们交通站由于工作的特殊性，一般情况下交通人员是没有枪支武器的，在四面受敌的环境里，既要保存自己，又要按时完成上级交给的各项交通运输任务，的确不是一件容易的事。当时我在土洋任分站长时，该站仅我是党员，年龄又比其它交通员大两三岁，平时，我常教育大家要忠于革命，树立坚强的意志克服困难险阻，完成好上级交给的任务。在生活上，我待大家象兄弟姐妹，除了和大家一样负责送信件、物品外，还教大家学习文化，唱抗日歌曲，讲革命故事，并经常给大家做饭、洗衣，晚上帮助盖好被子，大家都亲切地叫我“姐姐”。在斗争中，我们组成了一个团结、友爱和坚强的战斗集体。

1944 年春的一天，交通站驻在葵涌圩旁，国民党军队从南蛇岗坳开下来，与我们的部队接上火，打了起来。当时交通站还有 5 个交通员在家，敌人距离我们只有两里路了，一些群众来报信，叫我们快走，我闻讯后马上带着 5 个交通员往沙鱼涌撤退，沿路还通知正在打税的赖央同志一起离开。当我们乘交通船驶离海边时，听到了赶到沙鱼涌制高点的敌人的叫骂声和威胁的枪声。赖央说，幸亏我们通知他早走一步才脱离了险境，否则，后果就难以想象了。

有了广大群众对我们的支持，就有了坚强的后盾，这是我们在多年革命斗争中得出的深刻体会。我们和当地各村各户的关系非常密切，由于斗争需要，我们的站址流动性大，经常搬迁，我们每到一个村住下都发动全站交通运输员了解村中的基本情况，做好群众工作。在农忙时，我们帮助群众插秧、割禾、犁田，帮助困难户挑水做饭等。我们和群众共甘苦，群众也很拥戴我们，逢年过节就送东西给我们，发现有敌情就把我们隐蔽好，应付敌人。有一次，我们住在土洋村麦娘家，日军突然进村，麦娘赶快替我化装，说我是她的女儿，其他交通运输员也一一分散到各户，装扮成其中的家庭成员。由于全村老百姓口径一致，日军没觉察出破绽，使我们安然渡过难关。

我们站在土洋村住的时间较长，全村人都认识我们，彼此间结下了难以分割的深情厚意［谊］。正因为有了这些革命群众的支持，我们的交通站才得以在艰苦的环境中生存，并且不误时、无差错地完成各条路线的交通运输任务，发挥了极为重要的作用。

忘我的精神　顽强的斗志①

——记黎桂英烈士

龙若冰　叶绿茵

在广东东莞县梅塘村，有一座革命烈士纪念碑，纪念为广大劳苦大众的翻身解放，在抗日战争和解放战争中牺牲的革命烈士们。人们常常来这里瞻仰，缅怀先烈们艰苦奋斗的丰功伟绩。在这些为国捐躯的英雄中，有一位年轻的女共青团员，在火与血的斗争中献出了自己的青春。她牺牲时年仅十七岁。她的名字叫黎桂英。

一九四九年四月的一天，东莞大岭山区主力武工队正在学习刚发下来的《中国人民解放军向全国进军的命令》。黎桂英拿着团部介绍信和她的药箱来报到了。她曾在团直属卫生队工作过，后来又下到连队当卫生员，跟随部队接受过战斗的洗礼。来到武工队，刚好部队要扩编。队长看到黎桂英，第一句话就说："桂英同志，你暂时先改行。"黎桂英没有二话。她被编到战斗队，带着一批宣传品到老区去，发动青年参军，做新兵家属的工作。队伍扩充了，新战士需要整编和训练。当时缺少政工人员，没有管理生活的司务长，连炊事员也不齐，黎桂英就把卫生工作、生活管理、读报、下厨、开展文娱活动都抓起来。革命的需要就是她的分内事。她干起来不知疲倦，还能团结同志合作共事，和新战士相处得融融洽洽。最初黄副排长很为她担心，说："桂英白白嫩嫩，个子矮小，连药箱一起称大概也不够一担，怕经不起三日两头摔打。"后来看到连队生气勃勃的情景，不禁赞叹道："桂英同志，难得！"连队整编很快搞好了，正式被命名为

① 收录于广东省妇女运动历史资料编纂委员会东江组编：《南粤红棉——东纵女战士》，1983年，第165-170页。

粤赣湘边区纵队第一支队三团一营二连，独立活动于大岭山区。黎桂英是连队共青团支部委员，负责青、妇工作，任连队卫生员。

六月二十一日黄昏，黎桂英随一排出发，袭击驻扎在寮步圩国民党一〇九军一五四师的两个团部，破坏莞樟线东西两段敌交通通讯设施。这次战斗进行得很顺利，敌人被打得昏头转向。一排完成任务后就与在浮竹山的连队会合了。但是不久，敌军纠集三千之众反扑过来，连夜包围了浮竹山，妄想一举消灭二连。敌人的致命弱点就在于不敢打夜战和近战，所以尽管形成了包围圈，他们也要等天亮才敢发动进攻。

浮竹山突围战打响了。由一排掩护，二、三排及两个营干部向村南打石岭方向突围。连长叫黎桂英同志随二、三排先撤，但她却要留下，与一排的战士们一起阻击敌人。连长再三叫她先撤，她还是站到了战斗的最前列。

一排在村南门楼处把敌人的火力牵制住，二、三排很快就突围出去了。接着，一排也向打石岭方向冲去。刚冲到南门楼，就与由屋头岭进村的敌人一个连遭遇上了。黎桂英和战士们在连长的带领下，个个象猛虎下山，猝然冲到敌人堆里，同敌人短兵相接，展开肉搏战。敌人怕的正是近战，他们很快便溃不成军，掉过头向屋头岭上跑。一排战士紧追不舍。黎桂英照顾着一些受了轻伤的同志，虽然来不及给他们包扎，她还是不断地鼓动着他们：“追上，打！”

队伍抢占了屋头岭山腰的荔枝园，准备同敌人打一场恶战。这时，大家作好了最坏的打算，文件毁掉了，手表扔掉了，钱币也扯碎扔掉了。但黎桂英似乎并不着忙，只是一心一意地给伤员包扎伤口。一直到一切都拾掇好了，她才微笑着说：“我一切都准备好了。”

过了半个多小时，敌人约两个营和一个连的兵力向荔枝园扑来。敌人仗着人多，密密麻麻地蜂拥而来，包围圈越缩越小。敌我展开了激烈的枪战。突然，有个冲锋枪手中弹牺牲，敌人乘隙突入一排阵地，双方展开了肉搏战。黎桂英眼灵手快，双手举起药箱向冲在前头的一个敌兵砸去，接着一个箭步冲到倒下的冲锋枪手身边，抓起冲锋枪立即向敌人扫射。敌人被打退了。同志们迅速在山腰小屋集中，清点了人数，只有几个战士受了轻伤。黎桂英的药箱砸了，只好扯开几条毛巾，给伤员作了临时处理。这时，敌兵一个班偷偷爬进小屋，被通讯员李祥同志发现，他顺手抓起一杆枪，跳起来向敌兵射击，但却被敌人侧面射来的机枪子弹击中，倒下牺牲了。黎桂英一看怒火燃烧，端起冲锋枪就要往前冲，连长一把拉住她，紧接着一排机枪子弹擦过桂英头顶。连长拿过她手中的枪，向敌人射击，把偷袭的敌人打退了。

必须在敌人还未组织好进攻之前，先打下屋头岭南端，再居高临下攻下南门楼，才能向打石岭突围。同志们清点枪弹，只有黎桂英手里的冲锋枪是自动武器，手榴弹也只有十来个了，其中八个还是黎桂英和牺牲了的李祥同志从敌尸身上捡来的。黎桂英拿起三个手榴弹，把其余的分给了同志们。战士们抱着与敌人决一死战的决心，象一股猛烈的旋风，直卷上屋头岭南端的制高点。敌人还未弄清是怎么一回事，手榴弹就在他们中间爆炸了，子弹在他们身上开花了，枪托也砸到他们头上来了。几个脚快逃跑的，也被黎桂英手中的冲锋枪打倒了。只用了大约两分钟，就扫清了屋头岭的敌人。这时，只听连长一声吼："都跟我来！"战士们又向南门楼冲去。

正在冲锋的时候，黎桂英同志负了伤。一发机枪子弹从她左腰射入，从小腹穿出，伤口很大，鲜血直流，肠子也露了出来。黎桂英忍着剧痛，用衣服紧紧束住伤口，继续向敌人冲过去。

敌人被赶入了村，战士们抢占了南门楼，刻不容缓地向打石岭方向突围。黎桂英把压满子弹的冲锋枪和两个弹夹塞到连长手里，取过连长手中的步枪和子弹带。连长看到她腰部有一大渍血，要她赶快撤过打石岭。这时，敌人的火力疯狂地压了过来。汤班长对连长说："我来掩护，你指挥队伍快撤。"连长回头一看，发现黎桂英还站在哪里和敌人对射。等连长指挥队伍撤到打石岭下，回头来支援汤班长时，他看到黎桂英正和小腿受伤的汤班长，一前一后互相掩护着边打边撤。连长用冲锋枪击退了追击的敌人，黎桂英和汤班长才和同志们一起撤到打石岭上。

黎桂英的伤势很重，在掩护汤班长撤退时，伤口又受稻田水浸泡过。而这时连清洗伤口的药品和包扎的绷带都没有了。连长很着急，黎桂英却对他说：“不要管我。先组织好队伍，防止敌人追击。同志们是否都来齐了？检查一下看有没有伤号。”她完全忘记了自己的疼痛，关心的是患难与共的战友们。

队伍向黄婆山方向转移。走过佛岭后，黎桂英对背着她的连长说：“休息一下吧，你也够受的了。”“桂英同志”，连长问她，“我让你和教导员他们一起先走，你为什么不走？”黎桂英说：“眼看着就要发生伤亡了，卫生员难道可以先走？”连长又问：“打下南门楼时，你已经负了伤，叫你撤你为什么又不撤呢？”黎桂英说：“通讯员李祥同志牺牲了，他的工作总该有人做呀！我只不过晚些撤罢了，看，这不撤回来了吗？”听了这话，连长的喉咙象让什么堵住了，说不出话来。

黎桂英的伤口一阵一阵揪心地痛。她强忍着，不让自己呻吟。不久，他们和二、三排的同志们会合了。一看到同志们，黎桂英就说：“放我下来，放我下来。连长，你叫个同志烧些开水，弄点盐和棉花放到水里煮一下，帮受伤的同志洗好伤口。”她还是忘记了自己腰上的伤。当天下午，部队赶到黄婆岭，才找到担架，把黎桂英送到团卫生队。一到卫生队，她首先就催护送的卫生员携带药品赶回连队，又向同志们讲述浮竹山战斗的经过。不幸的是，黎桂英的伤势恶化了，抢救已来不及了。二十三日晚上，在梅塘田心后村，这位英勇的女卫生员停止了呼吸。在全国解放的晨曦开始普照大地的时候，黎桂英同志献出了自己宝贵的青春。同志们把她安葬在崖岭下。黎桂英为了新社会的诞生，为了让更多的人过上好日子，不惜以自己的生命献给共产主义事业。直到牺牲前的一刻，她仍然念念不忘同志们。她那一心为革命的无私无畏的光辉形象，永远铭刻在人们的心里。

解放后，黎桂英同志的遗骨由政府迁移到梅塘革命烈士纪念碑下，与在抗日战争中牺牲的革命烈士合葬在一起。

参加东江华侨回乡服务团的前前后后（节选）①

吕　平

……

“东团”博罗队二三事

1938年10月，日军在大亚湾登陆，惠州、博罗、广州等地相继沦陷，战火燃烧到祖国南方大地，广大爱国青年关心祖国命运，积极要求回乡参加抗日救亡工作。1939年1月初，我遵照党组织的指示，跟梁永思、李翼（杨德元）、郑重、沈△、岑新荣（梁超）、李锦辉、冯劲持、李游子、李冲（雷晓峰）、孙△△（女）等十一人，从香港回到祖国的怀抱，参加东江华侨回乡服务团。我们的行程是：先到坪山惠宝人民抗日游击总队部，学习毛泽东的《论持久战》、朱德的《论游击战争》等抗战理论。数天后，我们跟曾生、阮群英等步行到淡水。那时，惠宝人民游击队已经光复淡水，东江地区第一个抗日民主政权——惠阳县第二区行政委员会已经成立，严奎荣（严尚民）任主任。淡水人民抗日热情高涨，热烈欢迎我们回国参加抗战，有位姓邓的女同志拉我们到他家去，他的家整座大屋已被日军烧毁，她从地窖里拿出了一埕藏了三十多年的、能拉丝的老黄酒招待我们，表示欢迎。两天后，我们乘木船沿淡水河到达惠州，住在西湖边荔△园张友仁先生的别墅内。在惠州学习时，东团总部从惠州青年抗日先锋队中抽调了七个人来我们队，他们是：黄庄兰（女）、梁馨薇（梁瑜，女）、林雪菲（女）、李倩吾（女）、薛贤亮、李志刚、林志诚。成立了东

① 收录于中共惠阳县委党史办公室、东纵边纵惠阳县老战士联谊会编：《东纵战斗在惠阳》，广东人民出版社，1993年，第52—56页。

江华侨回乡服务团第三分团，梁永思任团长，李翼任副团长。1939 年 9 月，改为博罗队，李翼任队长。我在博罗的响水、新作塘、兰石等地活动时，最难忘的有三个片段：

……

为被捕战友送寒衣。1940 年初，国民党在全国掀起第一次反共高潮。国民党东江游击指挥所主任香翰屏、东江公署专员池中宽，捏造我博罗队勾结象头山土匪要攻打博罗城的罪名，并收买了叛徒李志刚（队员），企图将我博罗队一网打尽。1940 年 1 月底，博罗县长黄仲榆亲自出马捉人，我博罗队二十三名队员先后被捕下狱，仅七人幸免。当时我因患痔疮严重出血，经请假在香港治病，免遭囹圄之苦。事件发生后香港党组织将事变情况通知我，要我迅速返回惠州团部归队，我便将赴港前李翼、李冲二同志嘱带的棉衣、水笔文具用品等物带回来。当时被捕的同志被关押在惠州元妙观——国民党东江游击指挥所政治部的临时拘留所里。我在团部一位女同志的陪同下，将这些衣物亲自送到监狱交到李翼和李冲手里，使狱中难友见物思人，知道组织正在设法营救，增强了斗争的意志。随后，我跟随刘宣副团长调到河源县城，参加东团河源队工作。博罗队被捕的二十三位同志被解送韶关，路过河源城，我混杂在群众中赶去慰问战友，并向领导提出我的党组织关系问题。李翼关心我的政治生命，他说他入狱以后，党组织会派人与我联系的。

重返博罗开展地下活动。“博罗队事件”发生后，博罗县轰轰烈烈的抗日救亡运动，受到极大的冲击，然而这两年间，我党在博罗县培育的革命青年，按照党的指示，分散到全县各地，以教员、商人、职员等公开职业作掩护扎根群众之中，继续开展抗日救亡工作，正是：野火烧不尽，春风吹又生。1940 年 3 月初，东团党组织通过博罗县二区区长谭家驹（我地下党员）介绍我和叶恩禄、刘琼（女）三人到埔前小学当教师（我改名为吕文彬）开展地下活动。5 月，东江特委派方定恢复我和叶的党组织生活。在埔前小学一年的时间里，我们以教师的合法身份作掩护，开展了党的工作。以日校和夜校为基地，继续宣传我党的抗日主张。我们分别在埔前圩和农村办了两间夜校，扫除文盲、教唱救亡歌曲，学生近百人；以学校的名义，在埔前圩出壁报；1940 年的暑假期间，我们发动回乡度假的大、中学生，组成话剧团，在埔前圩公开演出抗日救亡节目，并到黄麻陂、石坝等地与当地回乡学生的剧团作联合演出；通过培养教育和工作考验，我们党小组发展了埔前小学教师宋茂时为党员。1941 年 1 月，我们三人继续受聘为该校教师，经我们的上级领导人方定批准，我们各自回家度寒假。就在这时，有一个姓罗的国民党特务向县政府告密，博罗县府发出密令，要逮捕我们三人，幸被提前返校的党小组长叶恩禄在乡长张剑秋办公室发现了该逮捕令，及时通知了我和刘琼，我又一次幸免入狱。

英德九龙武装起义中广大妇女的贡献①

鲁 焰

粤、桂、湘边纵队为了配合解放全国的形势，急需把连江两岸连成一片，开辟粤、桂、湘边区。英德县九龙乡位于英德西部，是一个贫困落后的山区，没有公路，山道崎岖，交通极不方便。但它是广宁、四会通向阳山、连县、曲江、乳源等地的要冲，该乡大山多、离县城较远，正是山高皇帝远的三不管地带。是发展武装斗争，建立游击根据地的好地方。

1948 年 4 月底，中共英、清、阳边区委员会书记谢鸿照派我去九龙做武装起义工作。他说："九龙地方很重要，国民党乡长罗佛金在九龙有他的社会地位，他的手上掌握着一批武装。我们要把他的人、枪和整个九龙地方都拿过来。"有利条件是地下党早和他有联系。其次他的大儿子叫罗发，原是阳山中学的学生，中共党员，在香港达德学院读书，现已调回九龙了，参加做他父亲的起义工作。罗佛金最爱这个儿子，罗发在家乡也很有威信，他的爱人叫冯蕴，是阳山中学的同学，两人还未结婚，已经派去金造村教书，做起义的配合工作，住、食都在罗发家中。由于冯蕴是顺德人，我假认是她表姊，从顺德来探望她，住、食在罗佛金家，不容易引起怀疑，我常利用这个关系自由自在地串门入户进行宣传串联。群众以为我是城市姑娘，见识广，出于好奇心，喜欢到各家各户贫苦农民家作客，所以也无怀疑。我对罗佛金本人及其家属从家常小事谈到国际、国内大事，无所不谈。还着重谈他儿子罗发有能力，可以干出一番大事，大有希望，目的使他相信罗发所干的事是好事。并谈到世界上有一个苏联社会主

---

① 收录于韶关市妇女联合会、清远市妇女联合会合编：《粤北妇女运动（1921—1949）》，1994 年，第 140–144 页。

义国家最强大，第二次世界大战是以苏联为主力军，出兵打退德国法西斯希特勒，中国和苏联参战才能打败德、意、日，取得第二次世界大战的胜利；宣传国民党政府腐败无能，兵败如山倒，大势已去，共产党强大，很快就是共产党的天下……等等。我广泛地和贫苦农民交朋友，如成观娣夫妻很穷，她原是童养媳，公公婆婆都去世了，我到她家时有人问是谁？她回答："是冯佩珍（即冯蕴）的表姊。"经过教育，成观娣的丈夫在九龙金造保卫战中参加民兵，参加战斗，成观娣也很积极，和全村的妇女一样，参加了九龙金造保卫战。后来她是九龙区妇女主任。

在工作有了基础之后，谢鸿照也经常亲自到九龙金造村与罗佛金联系，对他进行教育、争取，使他了解国民党大势快过去了，他本人年纪已50多岁，指出他的儿子罗发很有出息、有前途，将这些人和枪都交给共产党，对国家、对家庭都有好处。起义条件已经成熟，因罗佛金身体不好和家属安全等原因，在起义前我们安排护送他及其家属先去香港。他把武器交给我们，计有轻机枪3挺、长短枪100多支。

当时，为了加强起义部队的领导，粤、桂、湘边纵决定派林锋及周流等同志到金造村协助部署军事计划，从司令部东风团和在九龙地区隐蔽活动的同志中抽调20多人到九龙起义部队工作。1949年1月16日武装起义成功，起义的武装200多人成立了英、清、阳边区人民解放大队，番号是太阳队，直属粤、桂、湘边纵队，政委谢鸿照，大队长罗发，冯开平为大队副，唐凌鹰为教导员。大队下属两个中队、三个武工队、一个手枪队小队，还有一个小鬼班。

九龙武装起义，使英德县国民党政府大为震惊，疯狂镇压，曾三次调动重兵攻打九龙乡，以金造为中心，企图消灭刚组成的解放大队和杀害九龙民众，国民党兵所到之处，烧光、杀光、抢光。如国民党官兵放火烧九龙墟的商店和房屋。金造村就绑去100多名妇女。在春寒料峭的3月，强迫她们赤身露体，日夜囚禁在一间屋里，晚上便一个个拉去强奸、轮奸，白天则强迫她们磨米做苦工。真是惨无人道。

面对国民党官兵的滔天罪行，更激发起广大人民特别是妇女群众的仇恨，使我军更加团结，战士安慰群众，群众鼓励战士，纷纷要求战斗。在粤、桂、湘边纵政委兼司令梁嘉领导和指挥下，东风和火箭两个团共600余人，从清远转入英、清、边参加和领导了这次九龙金造保卫战，这是一场人民总动员的英勇斗争。

第一次金造保卫战是在1949年2月13日，当时英德县国民党县长周文浩带领英德地方反动武装600多人，以保警大队长张隆为首，率领反动武装300多人，从正面进攻金造，反动武装梁猛熊、伪自卫队副陈成英各率领200多人，从侧面配合张隆向金造进攻，由于军民团结战斗，击溃敌兵一个连，消灭敌人一个排，并生俘敌兵数名，缴获轻机枪两挺、步枪十余支、弹药一批（数千发），迫使敌人不得不撤出九龙地区。

第二次是在1949年2月18日，相距首战仅6天，敌人又开始蠢动，这次进攻的敌人比上次多一倍，是以广东省保安第17团第二营营长毅冠中为主力，混合反动地方武装，进攻的特点是从远处炮击我前沿阵地，可是发炮数十响没有一发命中我方阵地，敌人组织了5次冲锋均被击退。在我密集火力扫射下，把敌人杀伤在我阵地的前沿，尸横遍野，不能前进，敌人狼狈撤退。敌人的第三次进攻是1949年3月5日，由于两次败绩，使国民党英德县长周文浩坐卧不宁，频频向上告急，请求救兵，国民党从淮海战役败下阵来的残余胡连兵团153师473团。加上英德、清远两县地方反动武装，共3000多人，配有八二炮及六零炮数门。轻重机枪数十挺，从三面合击，包围金造村。并攻打各个村。战斗一开始，敌人向我发炮数百发后，又组织轻重机枪密集火力进攻。我们掩蔽在战壕里，沉着应战，等待敌人的队伍进入我前沿火力圈时，即以密集的火力大量毙伤敌人，敌人虽发动多次冲锋均被击退。

敌人一次又一次的失败，使守卫在苏坑的民兵，越战越勇，斗志昂扬。九龙的大山都是独立的又高又大的石山，石山中有不少石洞，是通通透透的，是天然的交通渠道，民兵们可在石洞中穿来穿去，他们熟识地形地物，利用这些石山、石洞作天然的屏障，居高临下，防守严密，不利于敌人攻击，有效地阻击敌人，敌人束手无策，只好以炮火乱轰乱打。

敌人正面进攻受制则寄于进攻独石寨，企图拿下独石寨，从背面威胁金造村，突破缺口，直捣金造村，但也遭到独石寨民兵的有力阻击，使敌人无法前进。

战斗中群众的斗志很高，广大妇女积极配合部队作战，提出：“要人有人，要力出力，要粮有粮，要肉劏猪”，对战斗部队鼓舞很大。

由于双方兵悬殊很大，粤、桂、湘边纵决定作战略转移，一千多群众和民众扶老携幼随部队安全转移到大洞、黎洞一带民主村庄。当地群众热情接待，为他们安排生活，表现出军民血肉相连的关系。部队虽然带领群众撤走，但仍留下武工队在九龙坚持工作。很快，解放大队又回到了九龙乡。

妇女在这次战斗中得到很大锻炼，发挥了很大作用，是一支不可忽视的重要力量。她们参加挖战壕、筑防御工事，一夜的时间内削竹钉一万多支，并浸上马、牛尿，把它装在村的周围，同时要磨米、煮饭送饭、送茶水上阵地，做六耳鞋等等供应部队。还要救护、医治伤病员、送信带路等等，不管白天黑夜，随叫随到完成任务。如罗路娣一家祖孙三代人，家住在九龙乡金造村对面叫氹仔的山上，这山只住他一家人，如有伤病员，部队都送到她家，祖母略懂草药，亲自上山采药为伤病员医病。有一伤员跌断了腰，在她家住有 3 个多月，是她祖母帮他医好后回部队去了。有一伤病员叫运友，伤势较重，已瘫痪了，大小便、冲凉、食饭都要她祖母、父亲、母亲服侍照顾。她父亲叫罗树英，是有名的猎人，打山猪、山野动物给游击伤病员增加营养。母亲还负责磨米、煮饭、担饭、送茶给山上打仗的游击队。路娣因年纪轻，跑路快，不管白天黑夜叫她送信或带路，她马上就走。九龙战斗之行，她觉悟提高，反对封建盲婚，毅然参加了解放大队郭坚负责的武工队，改名罗文，现是离休老干部。

黄群娣在金造保卫战部队撤出时参加解放大队，并参加了中国共产党，现是离休老干部。

罗水妹（罗坚）和罗路娣一齐参加解放大队的武工队，最初一个字都不认识，入部队后一个字一个字地学，现已成为农机二厂医疗室的厂医，不但懂得写汉字，还懂得写一般的常用的拉丁文、英文的简单药名。

九龙乡武装起义成功了，还培养锻炼出一批新的青年干部，他们经过无数次的苦战，坚持在英、清、阳边工作，组织群众，宣传党的方针、政策，直到 1949 年 10 月迎接南下大军解放了英、清、阳，解放大队编入北江军分区十二团。

后　记

历时一年有余，《广东东江地区妇女解放运动史料汇编》（全六册）终于完成，这是广东省妇女联合会、中共广东省委党史研究室继联合出版发行《广东原中央苏区妇女解放运动史料汇编》后，持续推进广东省妇女运动历史文献资料的搜集、整理和出版工作的又一重要阶段性成果。

记述中国妇女解放和发展的历史进程，总结妇女运动发展的历史规律，具有重要的历史价值和现实意义。广东省妇女联合会本着对历史高度负责的态度发起了广东东江地区妇女解放运动史料汇编与整理工作，并负责本套书的设计、统筹、协调和统稿；中共广东省委党史研究室发挥专业和资源优势，对本套书的纲目结构、标题设置、编写体例、资料来源等方面进行审读指导；华南师范大学马克思主义学院负责相关史料的收集挖掘、整理勘校等具体工作。

感谢华南师范大学马克思主义学院胡国胜教授带领研究团队亲赴广东东江地区开展实地调研，深入该区域的各县（市、区）党史研究室、档案馆、图书馆、妇联等部门查相关珍贵档案，并摘录了大量翔实的史料！感谢广州市、深圳市、东莞市、惠州市及所属县（市、区）的各级妇联、党史研究室、档案馆、图书馆等相关单位的鼎力配合！感谢广东东江纵队纪念馆、深圳市坪山区东江纵队纪念馆、罗浮山东江纵队纪念馆等专题纪念馆的大力支持！感谢广州市东江纵队研究会、

深圳市东江纵队粤赣湘边纵队研究会、东莞市东江纵队历史研究会、惠州市东江文化两纵历史研究会的全力协助！此外，我们在本次的史料汇编过程中参考了学界同行们的大量成果，恕不能在此一一列明，特表谢意。

本套书集取了党史、军事史、组织史、文艺史和其他方面的研究，是集体合作的成果。由于编写时间仓促，我们的专业基础、研究视野、学术功底等尚存缺欠，加上史料选编难度较大，本套书在考证和编辑方面难免存在纰漏和错误，殷切希望学界同道、广大读者批评指正。

编委会

2024 年 2 月